CB019045

DICIONÁRIO JURÍDICO

saraivajur.com.br
Visite nosso portal

Maria Helena Diniz

Titular de Direito Civil da PUCSP. Professora de Direito Civil Comparado, de Teoria Geral do Direito, de Filosofia do Direito e Coordenadora da Subárea de Direito Civil Comparado nos Cursos de Pós-Graduação em Direito da PUCSP.

DICIONÁRIO JURÍDICO

J – P

3ª edição
revista, atualizada e aumentada

Av. Marquês de São Vicente, 1697 – CEP 01139-904
Barra Funda – São Paulo-SP
Vendas: (11) 3613-3344 (tel.) / (11) 3611-3268 (fax)
SAC: (11) 3613-3210 (Grande SP) / 08000557688 (outras localidades)
E-mail: saraivajur@editorasaraiva.com.br
Acesse: www.saraivajur.com.br

FILIAIS

AMAZONAS/RONDÔNIA/RORAIMA/ACRE
Rua Costa Azevedo, 56 – Centro
Fone: (92) 3633-4227 – Fax: (92) 3633-4782 – Manaus

BAHIA/SERGIPE
Rua Agripino Dórea, 23 – Brotas
Fone: (71) 3381-5854 / 3381-5895
Fax: (71) 3381-0959 – Salvador

BAURU (SÃO PAULO)
Rua Monsenhor Claro, 2-55/2-57 – Centro
Fone: (14) 3234-5643 – Fax: (14) 3234-7401 – Bauru

CEARÁ/PIAUÍ/MARANHÃO
Av. Filomeno Gomes, 670 – Jacarecanga
Fone: (85) 3238-2323 / 3238-1384
Fax: (85) 3238-1331 – Fortaleza

DISTRITO FEDERAL
SIG QD 3 Bl. B - Loja 97 – Setor Industrial Gráfico
Fone: (61) 3344-2920 / 3344-2951
Fax: (61) 3344-1709 – Brasília

GOIÁS/TOCANTINS
Av. Independência, 5330 – Setor Aeroporto
Fone: (62) 3225-2882 / 3212-2806
Fax: (62) 3224-3016 – Goiânia

MATO GROSSO DO SUL/MATO GROSSO
Rua 14 de Julho, 3148 – Centro
Fone: (67) 3382-3682 – Fax: (67) 3382-0112 – Campo Grande

MINAS GERAIS
Rua Além Paraíba, 449 – Lagoinha
Fone: (31) 3429-8300 – Fax: (31) 3429-8310 – Belo Horizonte

PARÁ/AMAPÁ
Travessa Apinagés, 186 – Batista Campos
Fone: (91) 3222-9034 / 3224-9038
Fax: (91) 3241-0499 – Belém

PARANÁ/SANTA CATARINA
Rua Conselheiro Laurindo, 2895 – Prado Velho
Fone/Fax: (41) 3332-4894 – Curitiba

PERNAMBUCO/PARAÍBA/R. G. DO NORTE/ALAGOAS
Rua Corredor do Bispo, 185 – Boa Vista
Fone: (81) 3421-4246 – Fax: (81) 3421-4510 – Recife

RIBEIRÃO PRETO (SÃO PAULO)
Av. Francisco Junqueira, 1255 – Centro
Fone: (16) 3610-5843 – Fax: (16) 3610-8284 – Ribeirão Preto

RIO DE JANEIRO/ESPÍRITO SANTO
Rua Visconde de Santa Isabel, 113 a 119 – Vila Isabel
Fone: (21) 2577-9494 – Fax: (21) 2577-8867 / 2577-9565 – Rio de Janeiro

RIO GRANDE DO SUL
Av. Ceará, 1360 – São Geraldo
Fone: (51) 3343-1467 / 3343-7563
Fax: (51) 3343-2986 / 3343-7469 – Porto Alegre

SÃO PAULO
Av. Marquês de São Vicente, 1697 – Barra Funda
Fone: PABX (11) 3613-3000 – São Paulo

ISBN 978-85-02-07184-1 obra completa
ISBN 978-85-02-06344-0 (J - P)

Dados Internacionais de Catalogação na Publicação (CIP)
(Câmara Brasileira do Livro, SP, Brasil)

> Diniz, Maria Helena
> Dicionário jurídico / Maria Helena Diniz. – 3. ed. rev., atual. e aum. – São Paulo : Saraiva, 2008.
>
> Obra em 4 v.
>
> 1. Direitos - Dicionários I. Título
>
> 07-1436   CDU-34(03)

Índice para catálogo sistemático:

1. Dicionário técnico jurídico   34(03)

Diretor editorial Antonio Luiz de Toledo Pinto
Diretor de produção editorial Luiz Roberto Curia
Editora Manuella Santos
Assistente editorial Rosana Simone Silva
Produção editorial Ligia Alves
                Clarissa Boraschi Maria Coura
Preparação de originais Maria Lúcia de Oliveira Godoy
Arte e diagramação Cristina Aparecida Agudo de Freitas
                Gislaine Ribeiro
                Tavares Produção Gráfica
Revisão de provas Rita de Cássia Queiroz Gorgati
                Alzira Muniz Joaquim
                Adriana Barbieri de Oliveira
Serviços editoriais Karla Maria de Almeida Costa
Secretária Fabiana Dias da Rocha
Capa Roney S. Camelo

[DATA DE FECHAMENTO DA EDIÇÃO: 30-9-2007.]

Nenhuma parte desta publicação poderá ser reproduzida por qualquer meio ou forma sem a prévia autorização da Editora Saraiva.
A violação dos direitos autorais é crime estabelecido na Lei n. 9.610/98 e punido pelo artigo 184 do Código Penal.

JABACULÊ. Na *gíria*: 1) suborno com que, em dinheiro, se compra um jogador adversário. 2) Gorjeta.

JABUTICABAL. *Direito agrário.* Plantação de jabuticabeiras.

JACA. **1.** *Direito comparado.* Chefe superior de algumas tribos africanas. **2.** *Direito agrário.* Fruto da jaqueira. **3.** Na *gíria*, tolerância em exames escolares.

JAÇA. **1.** Substância heterogênea em pedra preciosa. **2.** Na *gíria* pode ter o sentido de calabouço.

JACAZINHO. *Direito agrário.* Pequeno cesto onde se plantam mudas de café, sendo com elas enterrado no solo.

JACÊNCIA. *Direito civil.* Condição do conjunto de bens arrecadados por falecimento de alguém e administrados por um curador até que apareçam os herdeiros ou haja declaração da vacância. É, portanto, o estado dos bens componentes da herança jacente.

JACENS HEREDITAS DICITUR QUAE HEREDEM NONDUM HABET SED HABERE SPECTAT; VACANS VERO QUAE NEC HABET NEC HABERE SPECTAT. *Direito romano.* Diz-se herança jacente a que não tem herdeiro, mas espera tê-los; vacante é a que não tem nem espera ter.

JACENTE. *Direito civil.* É a herança que não tem herdeiro, legítimo ou testamentário, notoriamente conhecido, ou que foi repudiada pelas pessoas sucessíveis. A herança jacente não representa a pessoa do *auctor successionis* e muito menos os herdeiros, nem tampouco é pessoa jurídica. Constitui, apenas, um acervo de bens arrecadado por morte do *de cujus* sujeito à administração e representação de um curador, a quem incumbem os atos conservatórios, sob fiscalização judicial durante um período transitório.

JACKSONIANA. *Medicina legal.* Forma de epilepsia localizada em metade do corpo, descrita pelo médico Jackson.

JACOBEU. *História do direito.* Partidário de uma seita político-religiosa que, no século XVII, existiu em Portugal.

JACOBINA. *Direito agrário.* Na Bahia é a terra coberta de mato espinhoso que não serve para a lavoura.

JACOBINISMO. *História do direito.* Partido dos jacobinos.

JACOBINO. *História do direito.* Membro do mais importante partido político na época da Revolução Francesa de 1789.

JACOBITA. *História do direito.* Partidário dos Stuart, após a abdicação de Jaime II do trono inglês em 1688.

JACOBITISMO. *História do direito.* Doutrina política dos jacobitas da Inglaterra, após 1688.

JACTAÇÃO. *Medicina legal.* Agitação desordenada do corpo causada por moléstia aguda ou perturbação nervosa.

JACTA EST ALEA. *Expressão latina.* A sorte está lançada.

JACTÂNCIA. **1.** Arrogância. **2.** Provocação. **3.** Instigação. **4.** Injusta ameaça. **5.** Ofensa injuriosa. **6.** Vanglória; vaidade. **7.** Atitude presunçosa; altivez. **8.** Ostentação. **9.** Atribuição de supostos direitos a si próprio. **10.** Gabolice.

JACTURA. *Direito civil.* Prejuízo; perda; dano.

JACTURA TURPI LUCRO PRAEFERENDA. *Expressão latina.* O prejuízo é preferível a um lucro torpe.

JACULAR. Ferir com dardo ou arma de arremesso.

JACULATÓRIA. *Direito canônico.* Oração curta e fervorosa dita em novenas.

JACUMAÍBA. *Direito marítimo.* Piloto de canoa, que navega pelos lagos ou baías.

JAEZ. **1.** Modo. **2.** Qualidade. **3.** Índole.

JAGUANÉ. *Direito agrário.* Gado vacum que tem o fio do lombo e a barriga brancos, com flancos negros ou vermelhos.

JAGUNÇO. **1.** *História do direito.* Partidário do grupo revolucionário de Antônio Conselheiro, na Campanha de Canudos (1896-1897). **2.** Na *linguagem comum*: a) cangaceiro; b) capanga.

JALAGE. *Termo francês.* Imposto sobre o vinho.

JALÃO. *Direito agrário.* Haste de madeira com ponta de ferro, utilizada para agrimensura.

JAMANTA. Veículo de grande dimensão usado para transportar carga pesada.

JAM SATIS EST. *Expressão latina.* Já é bastante.

JANEIRINHAS. *História do direito.* Devassas gerais ou inquirições realizadas por juízes de fora e ordinários e por corregedores, quando de suas correições, anualmente, no mês de janeiro.

JANELA. **1.** *Direito civil.* a) Abertura na parede externa de prédio para entrada de ar e luz; embargável se a menos de metro e meio do terreno vizinho ou se aberta a menos de setenta e cinco centímetros se cuja visão não incidir sobre a linha divisória ou se for perpendicular; b) massa de substância mineral existente na terra que possa ter valor na indústria, sendo bem imóvel distinto e não integrante do solo. 2. Na *gíria*, aula vaga.

JANGADA. *Direito marítimo.* Embarcação destinada à pesca e usada como meio de transporte, feita com toros de madeira, ligados entre si por fibras especiais.

JANÍZARO. 1. *História do direito.* Soldado da infantaria turca, nos séculos XIV e XIX, constituída de escravos, de filhos de súditos cristãos tomados como tributo e de conscritos. **2.** Nas *linguagens comum* e *jurídica*: a) tropa militar empregada, com violência, contra o povo; b) guarda-costa de um tirano.

JANTAR. 1. *História do direito.* Contribuição, em mantimentos, fornecida por vilas, mosteiros e ordens militares a bispos ou monarcas quando os visitavam. **2.** Na *linguagem comum*, refeição feita, em regra, à noite.

JAPONESISMO. 1. Modo de ser dos japoneses. **2.** Gosto pelas coisas japonesas.

JAQUE. *Direito marítimo.* **1.** Bandeira de sinalização. **2.** Pequena bandeira içada à proa, que indica a nacionalidade da embarcação.

JAQUEIRA. *Direito agrário.* Árvore produtora de jaca cuja madeira é aproveitada em marcenaria.

JAQUERIA. 1. *História do direito.* Revolta dos camponeses franceses contra os senhores nos meados do século XIV. **2.** Nas *linguagens comum* e *jurídica*, qualquer sublevação acompanhada de atos de selvageria.

JARDA. Medida inglesa cujo comprimento equivale a 91 centímetros ou 914 milímetros.

JARDIM. 1. *Direito marítimo.* Corredor da popa numa embarcação. **2.** Nas *linguagens comum* e *jurídica*, o terreno, público ou particular, destinado ao cultivo de plantas ornamentais e flores, sem fins lucrativos.

JARDIM BOTÂNICO. *Direito ambiental.* **1.** Terreno fechado onde são cultivadas plantas para estudo e exibição ao público. **2.** Área protegida, constituída no seu todo ou em parte, por coleções de plantas vivas cientificamente reconhecidas, organizadas, documentadas e identificadas, com a finalidade de estudo, pesquisa e documentação do patrimônio florístico do País, acessível ao público, no todo ou em parte, servindo à educação, à cultura, ao lazer e à conservação do meio ambiente. Os jardins botânicos terão por objetivo: a) promover a pesquisa, a conservação, a preservação, a educação ambiental e o lazer compatível com a finalidade de difundir o valor multicultural das plantas e sua utilização sustentável; b) proteger, inclusive por meio de tecnologia apropriada de cultivos, espécies silvestres, ou raras, ou ameaçadas de extinção, especialmente no âmbito local e regional, bem como resguardar espécies econômica e ecologicamente importantes para a restauração ou reabilitação de ecossistemas; c) manter bancos de germoplasma *ex situ* e reservas genéticas *in situ*; d) realizar, de forma sistemática e organizada, registros e documentação de plantas, referentes ao acervo vegetal, visando plena utilização para conservação e preservação da natureza, para pesquisa científica e educação; e) promover intercâmbio científico, técnico e cultural com entidades e órgãos nacionais e estrangeiros; e f) estimular e promover a capacitação de recursos humanos.

JARDIM CLONAL. *Direito agrário.* Conjunto de plantas, matrizes ou básicas, destinado a fornecer material de multiplicação de determinada cultivar.

JARDIM DAS NAUS. *Direito marítimo.* Corredor da popa dos navios.

JARDIM DE INFÂNCIA. Estabelecimento educacional para crianças de 4 a 5 anos.

JARDIM PÚBLICO. *Direito administrativo.* Praça pública ajardinada.

JARDIM ZOOLÓGICO. *Direito ambiental.* Parque onde animais silvestres são criados e mantidos em cativeiro ou em semiliberdade e expostos à visitação pública.

JARDINAGEM. Cultura de jardins.

JARDINEIRA. 1. *História do direito.* a) Veículo que foi usado como transporte coletivo, aberto nos lados e com bancos dispostos paralelamente, ocupando toda a largura do mesmo; b) carro de quatro rodas, puxado a cavalo, usado nas estâncias do Rio Grande do Sul. **2.** Na *linguagem comum*: a) mulher que trata de jardins; b) canteiro de flores no balcão da janela; c) suporte ornamental para plantas. **3.** Na *gíria*, carro de presos.

JARDINEIRO. O que trata de jardins.

JARDINISTA. 1. Artista que projeta jardins. **2.** Quem gosta de jardinagem.

JARGÃO. 1. Linguagem sem sentido. 2. Gíria. 3. Língua peculiar a uma profissão. 4. Dialeto híbrido decorrente de mistura de línguas.

JARGONOFASIA. *Medicina legal.* Patologia da linguagem pela qual o paciente interpõe termos desconexos em sua fala, tornando-a incompreensível (Croce e Croce Jr.).

JARI. *Direito de trânsito.* Sigla de Junta Administrativa de Recursos de Infrações, existente junto às repartições públicas que aplicam penas por infração de trânsito.

JARRA. *Direito marítimo.* Depósito de água potável.

JARRETEIRA. 1. *História do direito.* Antiga ordem da cavalaria inglesa. 2. *Direito comparado.* Conjunto dos vinte e cinco membros efetivos pertencentes à mais alta aristocracia da Inglaterra.

JAVA. Linguagem de programação para criar textos, desenhos e pinturas animadas.

JAVARDO. *Direito agrário.* Variedade de trigo rijo.

JAVARI. *Direito agrário.* Palmeira cujas amêndoas fornecem óleo comestível.

JAZIDA. 1. *Direito constitucional.* a) Depósito natural de minérios ou de pedras ou metais preciosos; b) reservatório ou depósito já identificado e possível de ser posto em produção. 2. *Direito marítimo.* Ancoradouro.

JAZIGO. Sepultura; túmulo.

J. CLS. *Direito processual.* Forma usada pelo magistrado para que os autos sejam remetidos à sua conclusão.

JEBIMBA. Casa de tavolagem de classe baixa.

JECA-TATU. *Sociologia jurídica.* Símbolo do roceiro paulista, quando doente, fraco e desanimado.

JECORAL. *Medicina legal.* Referente a fígado.

JEFFERISITA. Mineral consistente em vermiculita que contém ferro, alumínio e magnésio.

JEGUE. 1. *Direito agrário.* Jumento. 2. Na *gíria*, a farda sem ajuste usada pelo recruta.

JEIRA. 1. *História do direito.* a) Antiga medida agrária que variava de país a país; b) terreno lavrado durante um dia por uma junta de bois; c) serviço de lavoura gratuito, que era prestado pelo enfiteuta ao senhorio. 2. Na *linguagem comum* pode designar o serviço diário de um jornaleiro e sua remuneração por ele.

JEIRÃO. *História do direito.* Enfiteuta que pagava ao senhorio o tributo das jeiras.

JEJUM. *Direito canônico.* Abstinência de alimentos imposta por preceito eclesiástico, em certos dias, como penitência.

JEJUNO. *Medicina legal.* Parte do intestino delgado, entre o duodeno e o íleo.

JEJUNOTOMIA. *Medicina legal.* Incisão do jejuno.

JENNERIZAÇÃO. *Medicina legal.* Vacinação antivariólica descoberta por Jenner.

J'EN PASSE ET DES MEILLEURS. *Expressão francesa.* Usada em enumerações incompletas: omito alguns e dos melhores.

JEPCS. *História do direito.* Juizados Especiais de Pequenas Causas, que decidiam os litígios através de processo em que atuava a jurisdição provocada pela ação, levando a uma solução. Fundavam-se nos critérios da oralidade, simplicidade, informalidade, economia processual e celeridade (Waldemar Mariz de Oliveira Júnior).

JEQUE. Peça que, em Pernambuco, compõe os desvios nas estradas de ferro.

JERARQUIA. *Vide* HIERARQUIA.

JÉRSEI. *Direito agrário.* Raça de gado bovino leiteiro, oriundo da Ilha de Jersey.

JESUATO. *Direito canônico.* Ordem religiosa de Santo Agostinho, na Itália.

JESUÍTA. *Direito canônico.* Membro da Companhia de Jesus, que foi fundada por Santo Inácio de Loyola.

JESUITISMO. *Direito canônico.* Doutrina e modo de proceder dos jesuítas.

JETOM. 1. *Ciência política.* Subsídio pago aos parlamentares quando presentes às sessões ordinárias ou extraordinárias e às reuniões de comissões. 2. *Direito civil* e *direito comercial.* Pequena ficha que se entrega a membros de certas corporações para que recebam uma remuneração pelo seu comparecimento.

JETON DE PRÉSENCE. *Locução francesa.* Remuneração dada ao membro de órgão colegiado pela sua presença numa reunião.

JET-SKI. *Locução inglesa.* Moto aquática, normalmente com propulsão a jato d'água e que chega a desenvolver velocidades de até 30 a 40 nós. Sua manobrabilidade está condicionada a vários fatores, tais como o estado e as condições da água e do vento, e, principalmente, a habilidade inerente à prática do condutor com o tipo da máquina, a qual é fabricada em vários modelos. Os modelos de moto aquática irão definir o tipo de equilíbrio e o necessário movimento mínimo para se manter estável. Com todas essas condicionantes, torna-se necessária a adoção de determinadas medidas preventivas de segurança.

JEU DE MOTS. *Locução francesa.* Trocadilho; jogo de palavras.

JIA. Em Pernambuco e em Alagoas significa produto de furto ou de roubo.

JICS. *Direito processual.* Julgados Informais de Conciliação, que procuram a composição do litígio entre aqueles cujos interesses se chocam, sendo que o acordo entre os litigantes é homologado pelo juiz, servindo de título executivo judicial (Waldemar Mariz de Oliveira Júnior).

JILOAL. *Direito agrário.* Plantação de jilós.

JILOZAL. *Vide* JILOAL.

JINGLE. *Termo inglês.* Anúncio musicado em rádio ou televisão, usado em propagandas.

JINGO. Aquele que, por ser um exagerado patriota, se coloca contra tudo o que é estrangeiro.

JINGOÍSMO. Patriotismo belicoso.

JINGOÍSTA. Partidário do jingoísmo.

JINRIQUIXÁ. *Direito comparado.* Veículo leve de duas rodas puxado por um homem, usado no Extremo Oriente para transportar pessoas.

JIROTE. Na *gíria*, vagabundo ou vadio.

JIU-JITSU. *Locução japonesa.* Sistema educacional de autodefesa sem armas, consistente em fazer o oponente perder o equilíbrio, jogando-o no chão, imobilizando-o com destreza e golpes em partes mais vulneráveis do corpo.

JOA. *Direito militar.* Parte mais saliente que rodeia a boca do canhão.

JOALHARIA. *Direito comercial.* Estabelecimento onde se vendem jóias.

JOALHEIRO. *Direito comercial.* Fabricante ou vendedor de jóias.

JOALHERIA. *Vide* JOALHARIA.

JOANETE. 1. *Direito marítimo.* Vela imediatamente superior à gávea. 2. *Medicina legal.* Deformação crônica na articulação do primeiro osso do metatarso com a falange do dedo grande do pé.

JOB. *Termo inglês.* 1. Obra de empreitada. 2. Agrotar. 3. Fazer biscates. 4. Serviço; ocupação. 5. Intermediar compra e venda.

JOÇÁ. *Direito agrário.* Lanugem da cana-de-açúcar.

JOCO REMOTO. *Locução latina.* Falando sério.

JOCOSO. O que provoca riso.

JOEIRA. *Direito agrário.* Cesto chato ou peneira utilizado para separar o trigo da moinha.

JOEIRAR. *Direito agrário.* Passar o trigo pela joeira.

JOEIREIRO. *Direito agrário.* 1. Aquele que joeira. 2. O que faz ou vende joeiras ou peneiras.

JOELHEIRA. *Direito desportivo.* 1. Peça acolchoada usada pelo goleiro para proteger seus joelhos nas quedas. 2. Peça de malha elástica que resguarda os joelhos durante a prática de certos esportes.

JOGADA. 1. *Direito desportivo.* a) Lance de jogo; b) ato de jogar. 2. *Direito comercial.* Negócio arquitetado para obter lucro.

JOGADOR. 1. *Direito desportivo.* a) Aquele que conhece a teoria e a prática de determinado jogo; b) aquele que participa de competições desportivas. 2. *Direito civil.* Aquele que tem o vício do jogo. 3. *Direito penal.* Aquele que participa de jogos de azar. 4. *Direito comercial.* Especulador.

JOGADOR À ALTA. *Direito comercial.* Aquele que especula na alta dos títulos ou do câmbio; altista.

JOGADOR À BAIXA. *Direito comercial.* Aquele que especula na baixa do câmbio ou dos títulos; baixista.

JOGADOR DE BOLSA. *Direito comercial.* Especulador de bolsa.

JOGO. 1. *Direito civil.* Contrato aleatório em que duas ou mais pessoas prometem, entre si, pagar certa soma àquela que conseguir um resultado favorável de um acontecimento incerto. Todavia, ninguém é obrigado a pagar dívida de jogo, exceto se este for legalmente autorizado. 2. *Direito desportivo.* Atividade física ou mental exercida com base em normas, que devem ser observadas. 3. *Direito comercial.* Conduta pela qual se pretende auferir lucro. 4. *Direito marítimo.* Balanço do navio.

JOGO AUTORIZADO. *Direito civil.* Aquele regido por lei especial, por visar a uma utilidade social, trazendo proveito a quem o pratica, incrementando a destreza, a força, a coragem e a inteligência (p. ex., o futebol, o xadrez, o tênis etc.); estimulando atividades econômicas de interesse geral, como a criação de cavalos de raça, em se tratando de turfe, ou pelo benefício que dele aufere o Estado, empregando parte de seu resultado na realização de obras sociais, como no caso da loteria. Por ser lícito, há quem entenda que o vencedor terá direito de receber o crédito.

JOGO DE AZAR. *Direito penal.* Aquele em que o ganho ou a perda depende, exclusivamente, da sorte, sendo considerado contravenção penal se explorado em local público ou acessível ao público, por ser um atentado à fortuna e por constituir meio de corrupção. Pode ser carteado, como sete-e-meio, bacará etc., ou mecânico, como a roleta, máquina *fichet* etc.

JOGO DE BINGO. *Direito civil.* É aquele em que se sorteiam ao acaso números de 1 a 90, mediante sucessivas extrações, até que um ou mais concorrentes atinjam o objetivo previamente determinado, podendo ser realizado nas modalidades de jogo de bingo permanente e jogo de bingo eventual.

JOGO DE BOLSA. *Direito comercial.* Especulação de bolsa, que é uma operação aleatória, pela qual se compram ou vendem valores, mercadorias ou títulos de bolsa, prevendo uma eventual alta ou baixa, suscetível de acarretar lucro; resolvendo-se com o pagamento da diferença dos preços de cada transação. Trata-se do *contrato diferencial*, em que se estipula a liquidação exclusivamente pela diferença entre o preço ajustado e a cotação que eles tiveram no vencimento do ajuste.

JOGO DE CÁLCULO. Aquele em que a perda ou o lucro depende do cálculo.

JOGO DE CÂMBIO. *Direito cambiário* e *direito bancário.* Operação que visa explorar transações de bolsa, com o escopo de influir na cotação da moeda, de títulos ou de valores.

JOGO DE CONTAS. Operação contábil pela qual os descontos de um pagamento oficial passam a figurar de modo fictício, como despesa e como receita.

JOGO DE CRÉDITO. *Direito cambiário* e *direito bancário.* Emissão abusiva de letras de câmbio, notas promissórias, duplicatas etc., sem que haja fundo de reserva em valores, mercadorias ou produtos manufaturados.

JOGO DE EMPURRA. Ato de atribuir a responsabilidade a uma outra pessoa que, por sua vez, vem atribuí-la a outra.

JOGO DE SORTES. 1. Loteria. **2.** Rifa.

JOGO DIVERSIVO. *Direito desportivo.* Aquele em que se baseia na habilidade ou no cálculo do jogador, em exercícios físicos, torneios esportivos, atividades ginásticas ou atléticas. Geralmente é permitido por lei.

JOGO DO BICHO. *Direito penal.* Contravenção penal consistente numa espécie de loteria clandestina na qual se apostam em dezenas correspondentes a 25 grupos em que cada um tem o nome de um animal como: avestruz, águia, burro, borboleta, cachorro, cabra, carneiro, camelo, cobra, coelho, cavalo, elefante, galo, gato, jacaré, leão, macaco, porco, pavão, peru, touro, tigre, urso, veado e vaca.

JOGO EM COMÉRCIO. *Direito comercial.* Operação que, envolvendo risco, verse sobre títulos ou mercadorias negociáveis em bolsa, presumindo alta ou baixa de cotação, comprando-os ou vendendo-os, a termo ou a prazo, para obter lucro conforme a oscilação de seus preços.

JOGO FRANCO. 1. Franqueza na ação. **2.** Jogo à larga, na vigência de algum impedimento legal.

JOGO ILÍCITO. *Vide* JOGO PROIBIDO.

JOGO LÍCITO. *Vide* JOGO AUTORIZADO.

JOGO LIMPO. Aquele em que as normas são respeitadas.

JOGO PROIBIDO. *Direito penal.* Trata-se do jogo de azar em que o ganho ou perda depende da sorte, como o jogo do bicho, a roleta, a víspora, o jogo de dados, o campista, o bacará, a máquina *Fichet*, o pife-pafe, o sete-e-meio. É incriminado na Lei das Contravenções Penais.

JOGOS DA FORTUNA. 1. Vicissitudes. **2.** Eventualidades.

JOGOS OLÍMPICOS. 1. *História do direito.* Aqueles que se celebravam, na antiguidade grega, de quatro em quatro anos em honra de Júpiter. **2.** *Direito desportivo.* Competições desportivas internacionais realizadas de quatro em quatro anos, em país previamente escolhido.

JOGO TOLERADO. *Direito civil.* Aquele em que o resultado não depende exclusivamente da sorte, mas da habilidade do jogador, como o bridge, o pôquer, a canastra, o truco etc. Não constitui contravenção penal, porém a ordem jurídica não lhe regula os efeitos, por não passar de diversão sem utilidade, constituindo vício que merece repressão; por isso não poderá o credor exigir o pagamento de dívida resultante da perda, negando-se a *repetitio* ao perdedor que pagar.

JOGRAL. 1. *Direito autoral.* Peça literária que é declamada por um conjunto de pessoas. **2.** *História do direito.* Trovador que interpretava poemas ou canções na era medieval.

JOGUETE. 1. O que é objeto de ludíbrio ou zombaria. **2.** Aquele com quem alguém faz o que quer.

JÓIA. 1. *Direito civil.* Cota de admissão ou prêmio paga para ser admitido numa associação ou clube. **2.** *Direito comercial.* Objeto de adorno feito com metal ou pedra preciosa, tendo grande valor mercadológico. **3.** Na *linguagem comum:* a) em sentido figurado, indica pessoa ou coisa de grande valor ou a que se estima; b) designa, na comunidade escolar, a taxa paga pelo aluno por ocasião de sua matrícula. **4.** *Direito do trabalho.* Contribuição inicial que se paga a título de admissão em caixa de beneficência.

JOINDER IN ISSUE. *Expressão inglesa.* **1.** Conciliação entre as partes litigantes. **2.** Acordo.

JOINDER OF PARTIES. *Locução inglesa.* Litisconsórcio.

JOINED UNITS. *Direito comercial.* Tipo de *container* composto de unidades encaixáveis.

JOINT. *Termo inglês.* **1.** Ligado. **2.** Em comum. **3.** Conjunto.

JOINT ACCOUNT. *Locução inglesa.* Conta conjunta.

JOINT ACTION. *Locução inglesa.* Litisconsórcio.

JOINT ADVENTURE. *Vide JOINT VENTURE.*

JOINT AND SEVERAL LIABILITY. *Locução inglesa.* Solidariedade.

JOINT AUTHOR SHIP. *Locução inglesa.* Co-autoria.

JOINT CAUSE OF ACTION. *Locução inglesa.* Cumulação de pedidos.

JOINT CLAUSE. *Locução inglesa.* Cláusula prevista no Regulamento da Câmara de Comércio Internacional para as partes que não quiserem estipular o local da arbitragem. Por exemplo, as domiciliadas nos EUA resolverão suas pendências naquele país pela arbitragem da *American Arbitration Association*, e as fora dos EUA pela Câmara de Comércio Internacional. Os países da América Latina poderão, pela adoção da *joint clause*, solucionar seus litígios por arbitragem; se dentro da América Latina, pelas normas da *Inter American Commercial Arbitration Commission*, e, se fora, pelas da Câmara de Comércio Internacional.

JOINT ENTERPRISE. *Locução inglesa.* Empreendimento conjunto no qual há um acordo entre os membros de um grupo para a consecução de um propósito comum.

JOINT ESTATE. *Locução inglesa.* Composse.

JOINT OWNERSHIP. *Locução inglesa.* Condomínio.

JOINT STOCK ASSOCIATION. *Locução inglesa.* Sociedade por ações, ainda, irregular, não constituindo uma pessoa jurídica.

JOINT STOCK COMPANY. *Locução inglesa.* Sociedade anônima.

JOINT TAX RETURN. *Locução inglesa.* Declaração conjunta de imposto de renda.

JOINT TRIAL. *Locução inglesa.* Julgamento concomitante de dois ou mais réus.

JOINT VENTURE. *Locução inglesa.* **1.** Modalidade de *partnership* temporária, organizada para a execução de um único ou isolado empreendimento lucrativo e usualmente de curta duração. É uma associação de pessoas que combinam seus bens, dinheiro, esforços, habilidades e conhecimentos para executar uma única operação negocial lucrativa (Len Young Smith e G. Gale Roberson). **2.** Associação de empresas nacionais e estrangeiras, com transferência de tecnologia para exploração de certa atividade negocial, mercantil ou industrial, havendo participação do sócio estrangeiro até quarenta e nove por cento no capital. É, como ensina Rosmussen, a fusão de interesses entre uma empresa com um grupo econômico, pessoas jurídicas ou físicas, que pretendem expandir sua base econômica com estratégias de expansão e diversificação, com o objetivo de obter lucros ou benefícios, permanente ou temporariamente. Permitida está a realização de *joint venture* com empresa estrangeira cedente de tecnologia, que poderá aqui investir em condições de igualdade com o capital nacional, sendo que apenas sofrerá algumas restrições quanto ao direito aos benefícios e incentivos fiscais. É preciso ressaltar que cada uma das empresas associadas conserva sua personalidade jurídica, obrigando-se pelos investimentos feitos e fruindo dos resultados conforme o avençado no contrato. É também designado "*merger*".

JOIO. *Direito agrário.* Erva tóxica que cresce nas plantações de trigo.

JÓQUEI. *Direito civil.* **1.** Aquele profissional que monta o cavalo na corrida, tendo sua atividade sujeita à fiscalização da sociedade turfista. **2.** Clube de corrida de cavalo.

JOQUETA. *Direito civil.* Mulher que, por profissão, monta e dirige cavalo de corrida.

JORNADA. 1. *Direito militar.* Expedição. **2.** Nas *linguagens comum* e *jurídica:* o percurso feito num dia.

JORNADA DE TRABALHO. *Direito do trabalho.* Período de tempo, não excedente a 8 horas diárias, em que o empregado exerce sua atividade laboral. Não serão descontadas nem computadas como jornada extraordinária as variações de horário no registro de ponto não excedentes de cinco minutos, observando o limite máximo de dez minutos diários. O tempo despendido pelo empregado até o local de trabalho e para o seu retorno, por qualquer meio de transporte, não será computado na jornada de trabalho, salvo quando, tratando-se de local de difícil acesso ou não servido por transporte público, o empregador fornecer a condução.

JORNADA DE TRABALHO DOS EMPREGADOS DA CAIXA ECONÔMICA FEDERAL. *Direito bancário.* A duração normal de trabalho dos empregados da CEF é de 6 horas diárias, observado o máximo de 30 horas semanais.

JORNAL. 1. *Direito do trabalho.* a) Pagamento de um dia de trabalho; b) salário a que tem direito o empregado a cada dia de trabalho; diária devida ao trabalhador por dia efetivo de serviço; salário que se paga ao diarista. **2.** *Direito autoral.* a) Publicação informativa editada diariamente; b) periódico. **3.** *História do direito.* Diário de bordo em que os capitães anotavam os acontecimentos do dia. **4.** Na *linguagem contábil,* o livro onde diariamente se efetuam registros.

JORNALEIRO. 1. *Direito do trabalho.* Empregado diarista a quem é pago o jornal. **2.** Na *linguagem comum,* o entregador ou vendedor de jornal.

JORNAL FALADO. Programa de notícias de televisão ou de rádio.

JORNALISMO. 1. Imprensa periódica. **2.** Profissão de jornalista. **3.** Grupo de jornalistas.

JORNALISTA. 1. Aquele que tem a direção de um jornal. **2.** Redator de jornal. **3.** Colaborador de jornal.

JORNALISTA PROFISSIONAL. *Direito do trabalho.* Aquele que, mediante remuneração, trabalha numa empresa jornalística. É aquele que devidamente registrado no órgão regional do Ministério do Trabalho exerce função habitual e remunerada, em qualquer das seguintes atividades: a) redação, condensação, titulação, interpretação, correção ou coordenação de matéria a ser divulgada, contenha ou não comentário; b) comentário ou crônica, por meio de quaisquer veículos de comunicação; c) entrevista, inquérito ou reportagem escrita ou falada; d) planejamento, organização, direção e eventual execução de serviços técnicos de jornalismo, como os de arquivo, ilustração ou distribuição gráfica de matéria a ser divulgada; e) planejamento, organização e administração técnica; f) ensino de técnicas de jornalismo; g) coleta de notícias ou informações e respectivos preparos para divulgação; h) revisão de originais de matéria jornalística, com vistas à correção redacional e à adequação da linguagem; i) organização e conservação de arquivo jornalístico e pesquisa dos respectivos dados para a elaboração de notícias; j) execução de distribuição gráfica de texto, fotografia ou ilustração de cunho jornalístico, para fins de divulgação; k) execução de desenhos artísticos ou técnicos de cunho jornalístico, para fins de divulgação.

JORNALÍSTICA. Empresa que edita jornais, periódicos e transmite notícias etc.

JORNALÍSTICO. Relativo a jornal, jornalista ou ao jornalismo.

JÓRNEA. *História do direito.* Vestuário, que continha as armas da família, usado sobre a cota de malha.

JOSEFISMO. *História do direito.* Forma de governo idealizada por José II, Imperador do Sacro Império Romano, que tinha por escopo a submissão da Igreja ao Estado.

JOUER SERRÉ. *Locução francesa.* Agir com prudência.

JOYRIDERS. *Direito virtual. Hackers* que acessam sistemas da Internet apenas pelo desafio, com o escopo de olhar dados, sem intenção de prejudicar (Charles Palmer).

JUANQUE. *História do direito.* Povo antigo que vivia no norte da Índia.

JUBILAÇÃO. 1. *Direito educacional.* Aposentadoria honrosa de professor. **2.** Na *linguagem escolar,* a recusa de nova matrícula em instituição de ensino, após duas reprovações consecutivas nos exames finais. **3.** Na *linguagem comum,* alegria excessiva, contentamento.

JUBILADO. 1. *Direito educacional.* a) Professor emérito; b) aquele que recebeu jubilação. **2.** Na *linguagem escolar*: a) o aluno castigado privado de efetuar exames por ter sido reprovado várias vezes; b) aquele que se jubilou em instituição de ensino.

JUBILANTE. Que jubila.

JUBILAR. 1. *Direito educacional.* Conceder aposentadoria honrosa a um professor. **2.** Na *linguagem escolar,* recusar nova matrícula em instituição de ensino a aluno reprovado em exames finais por dois anos consecutivos.

JUBILEU. 1. *História do direito.* Norma mosaica pela qual a cada cinqüenta anos, por ocasião de uma solenidade pública, libertavam-se os escravos, os herdeiros entravam na posse da herança e os débitos eram perdoados. **2.** *Direito canônico.* a) Indulgência plenária concedida pelo Sumo Pontífice em certas solenidades; b) solenidade em que o Papa concede essa indulgência; c) qüinquagésimo ano de exercício da função sacerdotal. **3.** Na *linguagem comum* pode indicar: a) o qüinquagésimo aniversário de casamento; b) qüinquagésimo ano de exercício das atividades de uma instituição ou de um estabelecimento empresarial.

JUDAICO. Relativo a judeu.

JUDAÍSMO. Religião dos judeus.

JUDAIZAR. 1. Observar leis judaicas. **2.** Emprestar com usura.

JUDENGA. *História do direito.* Sisa devida pelos judeus.

JUDEREGA. *História do direito.* Tributo de trinta dinheiros que era pago por cada judeu como pena da venda de Cristo pelo mesmo preço.

JUDEU. 1. Israelita. **2.** Aquele que segue o judaísmo.

JUDEX DAMNATUR, UBI NOCENS ABSOLVITUR. *Expressão latina.* O juiz se condena, quando absolve um culpado.

JUDEX EST PERITUS PERITORUM. *Expressão latina.* O juiz é o perito dos peritos.

JUDEX EST TEMPUS JUDICANDI NON NIMIS COARCTARE NE REO DEFENSIO DEBITA AUFERATUR. *Brocardo latino.* É dever do juiz não limitar nimiamente o tempo de julgar para não tirar ao réu a defesa devida.

JUDEX EXTRA TERRITORIUM EST PRIVATUS. *Expressão latina.* Juiz fora de sua jurisdição é um particular.

JUDEX IDONEUS. *Locução latina.* Juiz idôneo ou juiz competente.

JUDEX, ILLE SAPIT, QUI TARDE CENSET, ET AUDI. *Aforismo jurídico.* Se queres ser bom juiz, ouve o que cada um diz.

JUDEX IN PROPRIA CAUSA NEMO ESSE POTEST. *Aforismo jurídico.* Ninguém pode ser juiz em causa própria.

JUDEX LENTUS ET CONSIDERATUS SIT. *Expressão latina.* O juiz deve ser calmo e refletido.

JUDEX NON DEBET LEGE CLEMENTIOR ESSE. *Aforismo jurídico.* O juiz não pode ser mais clemente do que a lei.

JUDEX PEDANTEUS. *Locução latina.* Juiz inferior, subjuiz.

JUDEX PRIVATUS. *Locução latina.* **1.** Simples particular escolhido pelas partes litigantes, com o concurso do juiz, para decidir o litígio. **2.** Juiz nomeado no processo.

JUDEX SECUNDUM ALLEGATA ET PROBATA, NON AUTEM SECUNDUM PROPRIAM CONSCIENTIAM, JUDICARE DEBET. *Aforismo jurídico.* O juiz deve julgar segundo o alegado e provado, e não por sua consciência.

JUDEX, ULTRA PETITA, CONDEMNARE NON POTEST. *Aforismo jurídico.* O juiz não pode condenar além do pedido, isto é, mais do que pede o autor da causa.

JUDGE–ADVOCATE. *Locução inglesa.* Promotor de Justiça, em tribunal de guerra.

JUDGE MADE LAW. *Expressão inglesa.* Direito elaborado por juízes.

JUDIARIA. 1. *História do direito.* Gueto; bairro que se mantinha à margem da estrutura municipal, onde ficavam os judeus, pois, como havia autonomia jurídica e administrativa, regia-se pelos seus direitos e usos e o seu "arrabi", rabino que tinha competência para julgar as causas civis e criminais, com base no direito talmúdico (João Bernardino Gonzaga). **2.** Grande número de judeus. **3.** Maus-tratos.

JUDICAÇÃO. *Direito processual.* **1.** Atividade do juízo e de seus órgãos auxiliares durante a pendência da causa, com o escopo de chegar à decisão final. **2.** Ação de julgar.

JUDICANTE. *Direito processual.* **1.** Aquele que julga por exercer função de juiz. **2.** Órgão que julga ou atividade de julgar. **3.** Judicativo.

JUDICATIVO. *Direito processual.* **1.** Judicante. **2.** Que tem o poder de julgar. **3.** Que prolata a sentença. **4.** Que decide a demanda.

JUDICATÓRIO. *Direito processual.* **1.** Relativo a julgamento. **2.** O que é próprio para decidir a demanda.

JUDICATUM SOLVI. *Locução latina.* Pague-se o que está julgado.

JUDICATURA. *Direito processual.* **1.** Magistratura. **2.** Função do magistrado. **3.** Poder de julgar. **4.** Poder Judiciário. **5.** Exercício do cargo de juiz. **6.** Tempo de duração desse exercício; prazo durante o qual o magistrado exerce sua função. **7.** Tribunal. **8.** Local onde se efetua o julgamento.

JUDICIAL. *Direito processual.* **1.** Referente à justiça. **2.** Que se realiza perante o poder judiciário. **3.** Relativo a juiz ou ao Tribunal. **4.** Forense. **5.** Documento, ato ou fato alusivo a juízo ou decorrente do poder judiciário. **6.** O que se faz em juízo.

JUDICIALIFORME. *Direito processual penal.* Forma judicial que toma a ação na fase policial ou forma acusatória que, nessa fase, assume o processo (Pontes de Miranda).

JUDICIALMENTE. *Direito processual.* **1.** Por meio do judiciário. **2.** Em juízo. **3.** De modo judicial.

JUDICIAL RECORDS. *Locução inglesa.* Autos do processo.

JUDICIAR. *Direito processual.* **1.** Decidir judicialmente ou em juízo. **2.** Sentenciar. **3.** Prolatar decisão judicial.

JUDICIARIEDADE. *Direito processual penal.* Princípio da jurisdicionalidade do procedimento penal que consagra a *nulla poena sine iudicio*, ou seja, o de que não há pena sem sentença condenatória.

JUDICIÁRIO. *Direito processual.* **1.** Poder incumbido de decidir litígios, aplicando a lei ao caso concreto. **2.** Referente à organização da justiça ou ao *Direito processual.* **3.** Judicial. **4.** Forense. **5.** Tudo o que se referir à administração da justiça ou aos magistrados.

JUDICIOSO. **1.** Sentencioso. **2.** Que indica prudência e bom senso.

JUDICIUM FACERE. *Locução latina.* Dar uma sentença.

JUDICIUM PRAECEPS, INSANI JUDICIS INDEX. *Expressão latina.* Sentença apressada é sinal de juiz de pouco senso.

JUDICIUM SUSCIPIT. *Locução latina.* Juízo recebido ou contestação que torna a lide litigiosa.

JUDÔ. *Direito desportivo.* Modalidade esportiva de jiu-jitsu.

JUGADA. **1.** *História do direito.* Tributo que recaía sobre terras lavradias, denominadas jugadeiras. **2.** *Direito agrário.* Terra que pode ser lavrada num dia por uma junta de bois; jeira.

JUGADEIRO. *Direito agrário.* **1.** Relativo a jugada. **2.** Aquele que é cultivador ou proprietário de jugada.

JUGADOR. *Direito agrário.* Instrumento de ferro usado para abater carneiros.

JUGADOURO. *Direito agrário.* Matadouro.

JUGAL. **1.** *Direito civil.* a) Matrimonial; b) referente a casamento; c) conjugal. **2.** *Medicina legal.* Relativo ao osso malar.

JUGAR. *Direito agrário.* Abater reses, seccionando a medula espinhal.

JUGER. *Termo francês.* **1.** Julgar. **2.** Emitir opinião. **3.** Raciocínio.

JUGO. **1.** *Direito agrário.* a) Junta de bois; b) canga; c) ato de jugar reses. **2.** *História do direito.* a) Dispositivo curvo que era colocado ao pescoço do vencido; b) símbolo de submissão que consistia numa lança colocada horizontalmente sobre duas outras cravadas no solo, sob a qual os romanos faziam passar seus inimigos vencidos. **3.** Nas *linguagens comum* e *jurídica*, pode ter o sentido de: a) opressão; b) submissão; c) domínio moral; d) dominação; e) agente opressivo que reduz à sujeição ou à obediência; f) autoridade.

JUGULAÇÃO. Ato de jugular.

JUGULADOR. Que jugula.

JUGULANTE. *Medicina legal.* Método terapêutico que procura debelar uma moléstia.

JUGULAR. **1.** *Medicina legal.* a) Extinguir uma doença; b) relativo ao pescoço; c) veia dupla do pescoço. **2.** *Direito penal.* Assassinar alguém degolando-o ou decapitando-o.

JUICIO DE AMPARO. *Direito comparado.* **1.** Figura jurídica do amparo que foi criada no México em 1852. **2.** Processo dos direitos fundamentais que foi disciplinado em 1919 no México (Othon Sidou).

JUIZ. **1.** *Direito processual.* a) Membro do Poder Judiciário; b) jurado no Tribunal do Júri; c) árbitro; d) aquele que, tendo autoridade pública, administra a justiça em nome do Estado; e) aquele que tem poder de julgar, prolatando uma sentença; f) magistrado. **2.** *Direito desportivo.* Aquele que num certame esportivo ou jogo faz com que as normas sejam cumpridas.

JUIZADO. *Direito processual.* 1. Função ou dignidade de juiz. 2. Período de tempo em que o magistrado exerce seu cargo. 3. Cargo de juiz. 4. Local onde o juiz exerce seu ofício.

JUIZADO DA INFÂNCIA E DA ADOLESCÊNCIA. *Direito processual.* É o competente para conhecer e decidir os assuntos alusivos à proteção da criança e do adolescente.

JUIZADO DE CAUSAS CÍVEIS DE MENOR COMPLEXIDADE. *Direito constitucional* e *direito processual.* Juizado especial para julgar causas cíveis de menor complexidade e de reduzida expressão econômica, provido por juízes competentes para a sua conciliação, julgamento e execução, na obtenção de celeridade processual e uma rápida prestação jurisdicional, por requerer procedimento sumário e oral.

JUIZADO ESPECIAL. *Direito processual.* Órgão composto por juízes togados, ou togados e leigos, responsáveis pela conciliação, julgamento e execução de causas cíveis de menor complexidade e de delitos penais de pequeno potencial ofensivo, observando procedimento sumário e oral, com o escopo de reduzir despesas e agilizar o processo. É o que procura a conciliação entre as partes, compondo amigavelmente o litígio.

JUIZADO ESPECIAL CÍVEL. *Direito processual civil.* É o que tem competência para conciliação, processo e julgamento das causas cíveis de menor complexidade, assim consideradas: a) as causas cujo valor não exceda a quarenta vezes o salário mínimo; b) as causas, qualquer que seja o valor, que versem sobre arrendamento rural e de parceria agrícola, de responsabilidade pelo pagamento de impostos, taxas, contribuições, despesas e administração de prédio em condomínio, de ressarcimento por danos em prédio urbano ou rústico, de reparação de dano causado em acidente de veículo de via terrestre, cobrança de seguro relativamente aos danos causados em acidente de veículo, ressalvados os casos de processo de execução para cobrança dos honorários dos profissionais liberais, ressalvado o disposto em legislação especial; c) a ação de despejo para uso próprio; d) as ações possessórias sobre bens imóveis de valor não excedente a quarenta vezes o salário mínimo. Compete ao Juizado Especial promover a execução dos seus julgados e dos títulos executivos extrajudiciais no valor de até 40 salários mínimos. Excluem-se de sua competência as causas de natureza alimentar, falimentar, fiscal e de interesse da Fazenda Pública e as relativas a acidentes de trabalho, resíduos e estado e capacidade das pessoas, ainda que de cunho patrimonial. A opção pelo procedimento importará em renúncia ao crédito excedente ao limite previsto legalmente, excetuada a hipótese de conciliação.

JUIZADO ESPECIAL CRIMINAL. *Direito processual penal.* É o que, provido por juízes togados ou togados e leigos, tem competência para a conciliação, o julgamento e a execução das infrações penais de menor potencial ofensivo respeitadas as regras de conexão e continência. Consideram-se infrações penais de menor potencial ofensivo, para os efeitos legais, as contravenções penais e os crimes a que a lei comine pena máxima não superior a dois anos, cumulada ou não com multa. O processo perante o juizado especial orientar-se-á pelos critérios da oralidade, informalidade, economia processual e celeridade, objetivando, sempre que possível, a reparação dos danos sofridos pela vítima e a aplicação de pena não privativa de liberdade. E, na reunião de processos, perante o juízo comum ou o tribunal do júri, decorrentes da aplicação das regras de conexão e continência, observar-se-ão os institutos de transação penal e da composição dos danos civis.

JUIZADO ESPECIAL DE PEQUENAS CAUSAS. *História do direito.* O órgão de justiça ordinária que tinha competência para decidir causas de pouco valor pecuniário, não excedente a vinte vezes o salário mínimo vigente, mediante procedimento sumário, prolatando a sentença dentro de cinco dias depois da conclusão da instrução, sendo que todos os atos processuais, desde a propositura da ação até a sentença, não podiam passar de noventa dias. O processo perante tal juizado orientava-se pelos critérios da oralidade, simplicidade, informalidade, economia processual e celeridade, buscando sempre que possível a conciliação das partes. Não se aplicava às causas de natureza falimentar, alimentar, fiscal e de interesse da Fazenda Pública, nem às relativas a acidentes do trabalho, a resíduos e ao estado e capacidade das pessoas, ainda que de cunho patrimonial. Apenas as pessoas físicas capazes eram admitidas a propor ação perante o Juizado Especial de Pequenas Causas, excluídos os cessionários de direito de pessoas jurídicas.

JUIZADO ESPECIAL FEDERAL CÍVEL. *Direito processual civil.* Aquele com competência para processar, conciliar e julgar causas até o valor de sessenta salários mínimos, bem como executar suas sentenças. Não se incluem na competência do Juizado Especial Cível: a) as causas entre Estado estrangeiro ou organismo internacional e Município ou pessoa domiciliada ou residente no País e as fundadas em tratado ou contrato da União com Estado estrangeiro ou organismo internacional; a disputa sobre direitos indígenas; as ações de mandado de segurança, de desapropriação, de divisão e demarcação, populares; execuções fiscais e por improbidade administrativa e as demandas sobre direitos ou interesses difusos, coletivos ou individuais homogêneos; b) sobre bens imóveis da União, autarquias e fundações públicas federais; c) para a anulação ou cancelamento de ato administrativo federal, salvo o de natureza previdenciária e o de lançamento fiscal; d) que tenham como objeto a impugnação da pena de demissão imposta a servidores públicos civis ou de sanções disciplinares aplicadas a militares. Podem ser partes no Juizado Especial Federal Cível: a) como autores, as pessoas físicas e as microempresas e empresas de pequeno porte; b) como rés, a União, autarquias, fundações e empresas públicas federais. Os Juizados Especiais serão instalados por decisão do Tribunal Regional Federal. O juiz presidente do Juizado designará os conciliadores pelo período de dois anos, admitida a recondução. O exercício dessas funções será gratuito, assegurados os direitos e as prerrogativas do jurado. Serão instalados Juizados Especiais Adjuntos nas localidades cujo movimento forense não justifique a existência de Juizado Especial, cabendo ao Tribunal designar a Vara onde funcionará. Na capital dos Estados, no Distrito Federal e em outras cidades onde for necessário, neste último caso, por decisão do Tribunal Regional Federal, serão instalados Juizados com competência exclusiva para as ações previdenciárias. Os Juizados Especiais serão coordenados por juiz do respectivo Tribunal Regional, escolhido por seus pares, com mandato de dois anos. O juiz federal, quando o exigirem as circunstâncias, poderá determinar o funcionamento do Juizado Especial em caráter itinerante, mediante autorização prévia do Tribunal Regional Federal, com antecedência de dez dias. O Conselho da Justiça Federal poderá limitar, por até três anos, a competência dos Juizados Especiais Cíveis, atendendo à necessidade da organização dos serviços judiciários ou administrativos. O Centro de Estudos Judiciários do Conselho da Justiça Federal e as Escolas de Magistratura dos Tribunais Regionais Federais criarão programas de informática necessários para subsidiar a instrução das causas submetidas aos Juizados e promoverão cursos de aperfeiçoamento destinados aos seus magistrados e servidores.

JUIZADOS ESPECIAIS CÍVEIS E CRIMINAIS. *Direito processual civil* e *direito processual penal.* São órgãos da justiça ordinária, criados pela União, no Distrito Federal e nos Territórios, e pelos Estados, para conciliação, processo, julgamento e execução, nas causas de sua competência. O processo orientar-se-á pelos critérios da oralidade, simplicidade, informalidade, economia processual e celeridade, buscando, sempre que possível, a conciliação ou a transação. Quanto aos Juizados Especiais Cíveis, o processo instaurar-se-à com a apresentação do pedido, escrito ou oral, à Secretaria do Juizado. O pedido escrito será apresentado à distribuição. O pedido oral será reduzido a termo perante a secretaria de qualquer dos Juizados e levado à distribuição. Onde houver apenas uma Vara, o processo se instaurará perante a secretaria do Juizado, que fará a comunicação ao Serviço de Distribuição para fins de registro. O Juizado Especial Criminal tem competência para conciliação, processo e julgamento das inflações penais de menor potencial ofensivo, assim consideradas as contravenções penais e os crimes a que a lei comine pena máxima não excedente a um ano, excetuados os casos em que a lei preveja procedimento especial. As turmas recursais, em número de duas, denominadas Turma Recursal Cível e Turma Recursal Criminal, serão compostas, cada uma, de três juízes de Direito titulares e três suplentes escolhidos pelo Conselho Especial dentre os integrantes da primeira quinta parte da lista de antigüidade, para exercício de suas funções por dois anos, permitida a recondução. As turmas recursais serão presididas pelo seu componente mais antigo, em rodízio anual, coincidindo a duração do mandato com o ano judiciário. Compete à Turma Recursal Cível julgar os recursos relativos a decisões proferidas pelos Juizados Especiais Cíveis do Distrito Federal e os embargos de declaração a seus acórdãos. Cabe à Turma

Recursal Criminal julgar os recursos relativos a decisões proferidas pelos Juizados Especiais Criminais do Distrito Federal e os embargos de declaração a seus acórdãos.

JUIZADO ESPECIAL FEDERAL CRIMINAL. *Direito processual penal.* Aquele que tem por finalidade processar e julgar os feitos de competência da Justiça Federal relativos às infrações de menor potencial ofensivo, ou seja, às que a lei comine pena máxima não superior a dois anos ou multa, respeitadas as regras de conexão e continência. E em caso de reunião de processos, perante o juízo comum ou o tribunal do júri, decorrente da aplicação das regras de conexão e continência, observar-se-ão os institutos de transação penal e da composição dos danos civis.

JUIZADO ITINERANTE. *Direito processual.* Sistema em que juízes se deslocam em *trailer* de duas salas, equipado com microcomputadores do tipo *notebook* para atender a população da periferia da capital do Estado de São Paulo, solucionando causas cujo valor não ultrapassa quarenta salários mínimos.

JUIZ AD QUEM. *Direito processual.* Aquele a quem o processo, em grau de recurso, é remetido.

JUIZ A QUO. *Direito processual.* Aquele de cuja decisão se recorre.

JUIZ–ÁRBITRO. *Direito processual civil.* 1. Pessoa acolhida para decidir por arbitragem. 2. Árbitro que resolve pendência extrajudicial ou judicial.

JUIZ CIVIL. *Direito processual civil.* Juiz do cível que tem competência para conhecer e julgar ações que versem sobre questões de direito civil.

JUIZ CLASSISTA. *História do direito.* Magistrado leigo ou não togado que representava, na Justiça do Trabalho, o empregado e o empregador. Era designado *vogal* na Junta de Conciliação e Julgamento, *juiz* no Tribunal Regional do Trabalho, e *ministro*, no Tribunal Superior do Trabalho.

JUIZ COLEGIAL. *Direito processual.* Aquele que não resolve à demanda isoladamente por ser membro de um órgão colegiado ou de um tribunal.

JUIZ COMPETENTE. *Direito processual.* Aquele que tem competência para conhecer e decidir determinada causa.

JUIZ CONSERVADOR. *História do direito.* Magistrado que tinha a incumbência, em alguns países, para solucionar contendas que envolviam os súditos, seus conacionais, em terra estrangeira.

JUIZ CORREGEDOR. *Direito processual.* Magistrado incumbido da fiscalização dos serviços auxiliares da Justiça, da Polícia Judiciária e dos presídios; tendo competência para fazer correições e aplicar penas disciplinares com recurso à Corregedoria-Geral da Justiça.

JUIZ CRIMINAL. *Direito processual penal.* Magistrado com competência para conhecer e decidir questões de direito penal.

JUIZ DA COROA. *História do direito.* Era o que julgava demandas que interessassem à Coroa.

JUIZ DAS VINTENAS. *História do direito.* Era aquele que julgava causas de pouca importância em aldeia com menos de vinte vizinhos ou casais. Chamava-se também "juiz pedâneo", por julgar de pé demandas de pouco vulto.

JUIZ DA TERRA. *História do direito.* Era aquele que eleito, anualmente, pelo povo e câmara do local, funcionava em caso de impedimento do juiz de fora. Recebia também o nome de "juiz ordinário".

JUIZ DE ALÇADA. *História do direito.* Membro de Tribunal de Alçada.

JUIZ DE ALMOTAÇARIA. *História do direito.* Cargo anexo ao juiz da Coroa, incumbido da polícia e economia da Corte.

JUIZ DE CASAMENTO. *Direito civil.* Aquele que tem competência para celebrar casamento.

JUIZ DE CASAMENTO DESIDIOSO. *Direito civil.* Aquele que age com desídia, devendo, além de ser responsabilizado criminalmente, pagar uma multa. Tal ocorre se: a) celebrar matrimônio antes de levantados os impedimentos opostos contra um dos nubentes; b) deixar de receber os impedimentos tempestivamente opostos; c) abstiver-se de opor os impedimentos que lhe constarem e forem dos que se opõem *ex officio*; d) se recusar a presidir, injustificadamente, casamento.

JUIZ DE DIREITO. *Direito processual.* Magistrado togado, titular de comarca ou vara, com competência para administrar a justiça em primeira instância.

JUIZ DE FATO. *História do direito.* Leigo que participava das decisões judiciais, como o vogal, na Justiça trabalhista e o jurado, no Tribunal do Júri, que apreciava tão-somente questões fáticas.

JUIZ DE FORA. *História do direito.* Magistrado versado em lei, por ser bacharel em direito e nomeado pelo rei para atuar, na era colonial, como administrador de justiça em local diverso daquele de onde vinha, e para presidir a câmara de vila ou cidade onde devia servir. Com sua chegada cessava a jurisdição do juiz da terra, ou melhor, do juiz ordinário.

JUIZ DE MENORES. *Direito processual.* Antiga denominação do juiz da Infância e da Adolescência.

JUIZ DE PAZ. 1. *Direito processual.* a) Leigo eleito para integrar, durante quatro anos, o quadro da Justiça de paz; b) denominação que era dada ao encarregado da habilitação e celebração de casamento. **2.** *História do direito.* Juiz distrital que era eleito, num Município, para atuar em conciliação de partes desavindas, processar e julgar cobranças de pequeno valor, praticar atos civis e criminais de sua alçada e realizar núpcias. Não precisava ser bacharel em direito para exercer tal função.

JUIZ DE PLANTÃO. *História do direito.* Aquele que atuava durante as férias forenses para receber e continuar certas ações, ou em dias nos quais o foro não funcionava para conhecer dos pedidos urgentes (Othon Sidou).

JUIZ DEPRECADO. *Direito processual.* É o magistrado ao qual se expede carta precatória para que algum ato processual seja realizado em sua jurisdição.

JUIZ DEPRECANTE. *Direito processual.* Aquele que remete carta precatória para que algum ato processual ou diligência se efetive em jurisdição de outro magistrado.

JUIZ DE PRIMEIRA INSTÂNCIA. *Direito processual.* É o juiz singular perante quem se instaura uma demanda para que a conheça e julgue.

JUIZ DE SEGUNDA INSTÂNCIA. *Direito processual.* Membro de tribunal que aprecia os recursos interpostos às sentenças de primeira instância. É, portanto, o juiz *ad quem.*

JUIZ DOS FEITOS DA FAZENDA. *Direito processual.* Aquele incumbido de decidir as causas de interesse da Fazenda pública, estadual ou municipal, de ordem fiscal ou não.

JUIZ DO TRABALHO. *Direito do trabalho.* Juiz togado que preside uma Vara trabalhista.

JUIZ ECLESIÁSTICO. *História do direito.* Aquele instituído pela lei canônica para conhecer e julgar determinadas causas.

JUIZ ELEITORAL. *Direito processual.* Membro integrante da justiça eleitoral.

JUIZ FEDERAL. *Direito processual.* Magistrado que integra a Justiça Federal, sendo titular de cada uma das varas que compõem a seção judiciária de cada Estado-membro da federação, com competência para solucionar questões em que a União é parte ou determinadas matérias de interesse federal e, inclusive, as causas relativas a direitos humanos sendo que, nas hipóteses de grave violação de direitos humanos, o Procurador-Geral da República, com a finalidade de assegurar o cumprimento de obrigações decorrentes de tratados internacionais de direitos humanos dos quais o Brasil seja parte, poderá suscitar, perante o Superior Tribunal de Justiça, em qualquer fase do inquérito ou processo, incidente de deslocamento de competência para a Justiça Federal.

JUIZ IMPEDIDO. *Direito processual.* Aquele que não pode atuar num determinado processo, por ter sido objeto de exceção de impedimento.

JUIZ INCOMPETENTE. *Direito processual.* Aquele que não tem, por lei, competência para conhecer e julgar sobre determinada matéria ou que, por título, não pode decidir sobre certos assuntos.

JUIZ INTERESSADO. *Direito processual civil.* Diz-se daquele que ao conduzir a causa vem a praticar atos que demonstram sua parcialidade, por pender em favor de uma das partes litigantes, o que induz suspeição.

JUIZ LEIGO. *Direito processual.* É aquele auxiliar de justiça, recrutado entre advogados com mais de cinco anos de experiência, ficando, então, impedido de exercer a advocacia perante os juizados especiais, enquanto no desempenho de suas funções nesses juizados.

JUIZ MILITAR. *Direito processual.* Auditor, que é o magistrado togado de primeiro grau da Justiça Militar.

JUIZ MUNICIPAL. *História do direito.* Aquele que exercia suas funções num certo município. Era o juiz preparador, pois cabia-lhe a instrução de processo a ser decidido por juiz de direito, o qual substituía em seus impedimentos ou faltas.

JUIZ NATURAL. *Direito processual* e *direito constitucional.* **1.** É aquele que se contrapõe ao juiz de exceção constituído para contingências particulares. Trata-se do magistrado que integra o Poder Judiciário, investido de jurisdição e revestido de garantia constitucional. **2.** Princípio que impede a criação de Tribunal *ad hoc* ou de órgão criado *ex post facto* e de exceção para processo e julgamento de causas cíveis e criminais. Tal princípio constitucional assim se enuncia: ninguém será processado nem sentenciado senão pela autoridade competente. **3.** Aquele que tem competência para julgar decorrente de norma constitucional. É, portanto, o órgão constitucionalmente constituído para conhecer e decidir o caso *sub judice.*

JUÍZO. 1. *Direito processual.* a) Foro; b) órgão da justiça integrado por magistrado, promotor, escrivão e demais auxiliares; c) órgão estatal incumbido da administração da justiça; d) conjunto de atos de discussão e julgamento numa demanda; e) complexo de atribuições do órgão judicante; f) tribunal; g) lugar onde se exerce a função de juiz; h) ação de julgar; i) decisão judiciária; j) jurisdição. **2.** *Lógica jurídica.* a) Ato de se pôr a existência de uma relação determinada entre dois ou mais termos; b) ato do pensamento que pode ser verdadeiro ou falso; c) operação lógica que afirma ou nega algo; d) afirmação da conveniência ou inconveniência entre dois conceitos (Port Royal; Locke); e) ato pelo qual a inteligência afirma ou nega uma idéia de outra idéia. É o coroamento do conhecimento intelectual; o termo final do processo de conhecer (Goffredo Telles Jr.). **3.** Na *linguagem psicológica* pode significar: a) decisão mental sobre o conteúdo de uma afirmação; b) elaboração de uma opinião que regerá o comportamento (Locke); c) qualidade consistente em bem julgar coisas que não constituem objeto de uma percepção imediata. **4.** Nas *linguagens comum* e *jurídica*: a) apreciação; b) parecer; c) opinião; d) sensatez; e) faculdade de comparar e julgar.

JUÍZO ADMINISTRATIVO. *Direito processual* e *direito administrativo.* Jurisdição voluntária ou graciosa que impede a formação do litígio, pois o órgão do Executivo investido do poder de julgar declara ou homologa direito incontroverso, relativo a assunto de seu peculiar interesse. Tal decisão, porém, é suscetível de ulterior apreciação pelo poder Judiciário.

JUÍZO *AD QUEM*. *Direito processual.* Aquele para o qual sobe o processo, em grau de recurso. Trata-se daquele ao qual se recorre de decisão prolatada em primeira instância.

JUÍZO *A QUO*. *Direito processual.* Aquele de onde o recurso sobe para outro. É aquele que prolatou a decisão de que se recorre a tribunal superior.

JUÍZO ARBITRAL. *Direito processual civil.* É o instituído, judicial ou extrajudicialmente, pelas partes litigantes tornando efetivo o compromisso, para que árbitros conheçam e decidam a pendência.

JUÍZO CÍVEL. *História do direito.* Antigamente era o competente para conhecer e decidir questões fundadas no *Direito civil.* Hoje, foi abolido com a unificação do processo civil e comercial.

JUÍZO COLEGIADO. *Direito processual.* **1.** Tribunal. **2.** Aquele em que a função de julgar se exerce conjuntamente, por três ou mais membros integrantes do Judiciário.

JUÍZO COLETIVO. *Vide* JUÍZO COLEGIADO.

JUÍZO COMERCIAL. *História do direito.* Aquele que conhecia e julgava questões de natureza mercantil, que, hodiernamente, são decididas pelo juízo cível, não mais existindo varas privativas para solucionar assuntos alusivos ao direito comercial.

JUÍZO COMUM. *Direito processual.* Aquele que é competente para conhecer e julgar todas as questões de sua jurisdição, não sujeitas a regime especial. É o órgão que conhece e decide questões civis, comerciais ou criminais entre pessoas que se encontram na condição de cidadãos, pouco importando seu *status* pessoal.

JUÍZO CONCILIATÓRIO. *História do direito.* **1.** Jurisdição do juiz de paz. **2.** Local onde o juiz de paz administrava a Justiça.

JUÍZO CONTENCIOSO. *Direito processual.* Aquele que resolve conflitos de interesse, qualificados por pretensões resistidas ou não satisfeitas (Carnelutti).

JUÍZO CRIMINAL. *Direito processual penal.* Órgão que tem competência para o conhecimento e a decisão de questões penais.

JUÍZO CRÍTICO. *Direito processual.* Aquele em que o magistrado forma seu convencimento, aplicando a norma ao caso *sub judice.*

JUÍZO DA FALÊNCIA. *Direito processual.* Procedimento cognitivo competente para decretar a falência do devedor empresário e tratar de recuperação judicial ou extrajudicial.

JUÍZO DE ADMISSIBILIDADE. *Direito processual civil.* É o relativo aos atos do procedimento e ao direito de invocar a prestação jurisdicional do Estado, averiguando se todos os pressupostos processuais indispensáveis à admissibilidade do julgamento do mérito foram atendidos, e se as condições da ação se encontram presentes (José Frederico Marques; Alfredo Buzaid).

JUÍZO DE ADMISSIBILIDADE DOS RECURSOS. *Direito processual civil.* Atividade pela qual o órgão judicante verifica se os requisitos para a interposição do recurso estão ou não presentes (José Carlos Barbosa Moreira).

JUÍZO DECLARATÓRIO. *Direito processual.* É a atividade jurisdicional que se opera num processo de ação declaratória.

JUÍZO DE DELIBAÇÃO. *Direito processual* e *direito internacional privado.* Modalidade de *exequatur*, em que o tribunal, em cuja jurisdição a sentença deve ser executada, certifica que sentença proferida *aliunde* atende a certos requisitos legais, imprimindo valor formal de ato de soberania estatal ao conteúdo do ato jurisdicional estrangeiro. Pelo sistema de delibação, o julgado alienígena, para produzir efeito no Brasil, deverá sujeitar-se à prévia análise de certos requisitos, sem que haja reexame do mérito da questão. Nesse juízo da delibação, o processo homologatório da sentença estrangeira, que é sumário, visa tão-somente o exame formal do cumprimento dos requisitos externos (obediência às formalidades extrínsecas reclamadas para sua execução, segundo a lei do Estado em que foi proferida; tradução em língua portuguesa feita por intérprete juramentado; autenticação pelo cônsul brasileiro) e internos (prolatação por juiz competente; citação das partes ou verificação de sua revelia conforme a lei onde foi proferida a decisão; trânsito em julgado) e da inocorrência de ofensa à ordem pública, aos bons costumes e à soberania nacional. É, portanto, o processo para homologação de sentença estrangeira pelo Superior Tribunal de Justiça.

JUÍZO DE DEUS. *História do direito.* Ordálio, que era o instituto pelo qual se submetiam ambos os litigantes, na Idade Média a duras provas como marcação com ferro em brasa, mergulho em água fervendo etc., sob a alegação de que aquele que sofresse menos ou suportasse mais as dores era inocente, por ser o protegido de Deus.

JUÍZO DE DIREITO. *Direito processual.* Jurisdição ou tribunais de comarca.

JUÍZO DE FATO. *Direito processual penal.* Tribunal do júri.

JUÍZO DE MÉRITO. *Direito processual.* Aquele que julga a lide, apreciando os fundamentos de fato e de direito da ação, pondo termo ao processo ao decidir o conflito de interesse qualificado pela pretensão de um dos litigantes e pela resistência do outro.

JUÍZO DE MÉRITO DO RECURSO INTERPOSTO. *Direito processual civil.* Apreciação da pretensão recursal pelo órgão judicante, dando, ou não, provimento ao recurso (José Carlos Barbosa Moreira).

JUÍZO DE PAZ. 1. *Vide* JUÍZO CONCILIATÓRIO. **2.** *Direito constitucional.* Órgão que pode ser criado pela União no Distrito Federal e territórios e pelos Estados nos Municípios, composto por cidadãos eleitos pelo voto direto universal e secreto, com mandato de 4 anos, para verificar habilitação matrimonial, celebrar casamento e conciliar partes litigantes.

JUÍZO DE REALIDADE. 1. *Filosofia geral.* É aquele que explica os fenômenos naturais, enunciando suas leis nos seguintes termos: S é P. **2.** *Lógica jurídica.* É o que se refere ao mundo da natureza, esgotando-se imediatamente no valor lógico do seu conteúdo de verdade (Cabral de Moncada).

JUÍZO DE RETRATAÇÃO. *Direito processual.* Diz-se daquele quando o magistrado, que prolatou erroneamente uma decisão, vem a reconhecer o engano, reformando seu julgamento anterior.

JUÍZO DE SALOMÃO. *Direito processual.* **1.** Julgamento feito por eqüidade à luz do bom senso. **2.** Pronunciamento judicial imparcial e reto.

JUÍZO DE SENTIDO. *Vide* JUÍZO REFERENCIAL.

JUÍZO DE VALOR. 1. *Filosofia geral.* a) Aquele cujo predicado é um valor, enunciando-se do seguinte modo: S deve ser P. Nesse juízo, há uma apreciação subjetiva de quem valora ou busca um sentido, procurando compreender o objeto a ser conhecido; b) julgamento que não procede diretamente da experiência. **2.** *Psicologia forense.* Apreciação reveladora das preferências pessoais de cada indivíduo de conformidade com suas tendências e com as influências sociais que venha a sofrer.

JUÍZO DIVISÓRIO. *Direito processual civil.* Aquele que conhece e julga ação de divisão e demarcação de terras particulares, decidindo todas as questões suscitadas.

JUÍZO ELEITORAL. *Direito processual.* Órgão incumbido de decidir questões de ordem eleitoral.

JUÍZO ESPECIAL. *Direito processual.* Foro privilegiado de pessoas que, por exercerem função pública de alto nível, devem ser julgadas pelo STF, como ocorre com o Presidente da República, por exemplo.

JUÍZO ESTIMATIVO. É aquele fundado em probabilidades.

JUÍZO EXECUTÓRIO. *Direito processual civil.* Aquele em que se processa a execução.

JUÍZO EXTRAORDINÁRIO. *Direito processual.* Órgão jurisdicional que é instaurado, em caráter excepcional e temporário, para resolver causa de natureza especial ou privilegiada.

JUÍZO FALIMENTAR. *Direito processual civil.* Aquele no qual corre o processo de recuperação judicial ou extrajudicial ou falência.

JUÍZO FEDERAL. *Direito processual.* É o que tem competência para conhecer e julgar causas de interesse da União.

JUÍZO FINAL. *Vide* JULGAMENTO FINAL.

JUÍZO GRACIOSO. **1.** *Vide* JUÍZO VOLUNTÁRIO. **2.** Justiça gratuita.

JUÍZO HIPOTÉTICO. *Lógica jurídica.* É uma proposição complexa, um organismo lógico, em que, além da afirmação ou negação, próprias de todas as proposições, existe sempre a expressão de uma hipótese, cuja verificação é suposta pela afirmação ou negação. Por tal razão, a proposição complexa chama-se supositiva ou hipotética. O juízo hipotético pode ser condicional, disjuntivo, conjuntivo e adversativo.

JUÍZO HIPOTÉTICO ADVERSATIVO. *Lógica jurídica.* Aquele em que o primeiro membro da alternativa é o aspecto primordial de qualquer ato jurídico, sendo o segundo apenas um substituto contingente da falta de cumprimento do que era devido. Logo, dever-se-á ter dois juízos hipotéticos enlaçados por uma conjunção adversativa, de tal sorte que o segundo membro não se apresente como simples alternativa, mas como conseqüência do não-cumprimento do enunciado no primeiro membro. Para expressar essa situação deve-se utilizar a seguinte fórmula adversativa: dado H deve ser P, *mas* se não-P, deve ser S (Avelino Quintas).

JUÍZO HIPOTÉTICO CONDICIONAL. *Lógica jurídica.* Aquele em que a verificação da hipótese é condição do que é afirmado ou negado, sendo que o membro que exprime a hipótese designa-se antecedente ou condição, e o outro, conseqüen-

te ou condicionado. Enuncia-se pela seguinte fórmula lógica: Se A é, deve ser B (Goffredo Telles Jr.). Para Kelsen, por exemplo, a proposição jurídica é um juízo hipotético de tipo condicional, por ser uma descrição objetiva da norma, sendo um enlace hipotético entre um fato jurídico condicionante e uma conseqüência jurídica: o "dever ser" da sanção, que está condicionado pela hipótese.

JUÍZO HIPOTÉTICO CONJUNTIVO. *Lógica jurídica.* Aquele em que a verificação da hipótese não é a única alternativa necessária, oposta ao que é afirmado ou negado, tendo como traço marcante a simultaneidade das proposições ligadas pela conjunção "e" (Goffredo Telles Jr.). Jorge Millas reconhece que na estrutura lógica da norma jurídica há uma coordenação conjuntiva de duas proposições hipotéticas, pois na expressão: "Se A é, B deve ser; *e* se B não é, deve ser S", aparece, como efeito, graças ao símbolo conjuntivo *e*, que indica a concorrência das duas proposições hipotéticas, e o alcance exato do *dever ser* da conduta principal: que "B deve ser" significa que se "B não é" (ou seja, se ocorre a conduta contrária), deve ser S (isto é, deve ocorrer a sanção).

JUÍZO HIPOTÉTICO DISJUNTIVO. *Lógica jurídica.* Aquele em que a verificação da hipótese é a única alternativa necessária, oposta ao que é afirmado ou negado (Goffredo Telles Jr.). Tal juízo tem a cópula *ou*, que enlaça dois juízos hipotéticos condicionais na seguinte fórmula proposta por Carlos Cássio, por exemplo. Dado fato temporal (FT) deve ser prestação (P) ou dada a não prestação (não-P) deve ser sanção (S).

JUÍZO HISTÓRICO. *Direito processual.* Exame do fato *sub judice* feito pelo magistrado para formar sua convicção.

JUÍZO IMEDIATO. *Direito da criança e do adolescente.* É o mais próximo do local onde está a criança e o adolescente, para proporcionar-lhe proteção jurisdicional mais rápida e eficaz (J. Moreira de Carvalho).

JUÍZO INDIVISÍVEL. *Direito processual.* Aquele peculiar da falência, em que se resolvem as questões a ela alusivas.

JUÍZO INTERIOR. *Vide* JUÍZO *A QUO.*

JUÍZO JURÍDICO. *Teoria geral do direito.* **1.** Parecer científico-jurídico de um jurista. **2.** Opinião de um jurisconsulto.

JUÍZO LOCAL. *Direito processual.* Foro da instância inferior relativamente ao da superior, em razão da diversidade de graus de jurisdição.

JUÍZO MONOCRÁTICO. *Direito processual.* Juízo singular ou de primeiro grau de jurisdição, no qual funciona um só juiz.

JUÍZO ORDINÁRIO. 1. *História do direito.* **Vide** JUIZ DA TERRA. **2.** *Direito processual.* O juízo comum que tem competência para conhecer e julgar as questões sobre relações da vida comum, cíveis ou criminais.

JUÍZO PETITÓRIO. *Direito processual civil.* Aquele em que são processadas as ações alusivas à propriedade.

JUÍZO POSSESSÓRIO. *Direito processual civil.* Juízo comum em que são decididas as questões relativas à posse.

JUÍZO PRIVATIVO. *Direito processual.* Aquele constituído para conhecer e julgar certas causas, como o de família e sucessões, de registro público, o eleitoral, o trabalhista etc.

JUÍZO PROBATÓRIO. *Direito processual civil.* Aquele em que o magistrado, de ofício ou a requerimento de parte, pode, em qualquer fase do processo, inspecionar pessoas ou coisas, para esclarecer fato, que interesse à decisão da causa.

JUÍZO REFERENCIAL. *Lógica jurídica.* Aquele que se refere às coisas ou ao mundo da cultura, remetendo a consciência para os valores. É também designado "juízo de sentido" (Cabral de Moncada).

JUÍZO REQUERIDO. *Direito processual civil.* O juízo deprecante que tem competência para julgar os embargos, na execução por carta, salvo se versarem unicamente vícios ou defeitos da penhora, avaliação ou alienação dos bens.

JUÍZO RESCISÓRIO. *Direito processual civil.* Aquele que tem competência para conhecer e decidir ação rescisória.

JUÍZO SINGULAR. *Vide* JUÍZO MONOCRÁTICO.

JUÍZO SUPERIOR. *Direito processual.* Tribunal para onde se recorre, interpondo recursos.

JUÍZO SUPOSITIVO. *Vide* JUÍZO HIPOTÉTICO.

JUÍZO TRABALHISTA. *Direito do trabalho.* Foro onde deve ser proposta a ação trabalhista e juízo competente para julgar causas alusivas às relações entre empregador e empregado.

JUÍZO UNIVERSAL. *Direito processual civil.* **1.** Aquele que conhece e decide todas as questões atinentes a uma certa matéria. Por exemplo, no direito falimentar, o juízo da falência é universal, pois nele devem ser habilitados os credores da massa falida e só ele tem competência para decidir ações e reclamações alusivas a bens e negócios da massa falida. É, portanto, aquele juízo em que, com exclusão de qualquer outro, no interesse de determinadas situações jurídicas objetivas criadas por lei, devem ser processadas, conhecidas e julgadas as ações ou pretensões relativas a um dado assunto ou a determinada pessoa ou coletividade. **2.** Aquele para onde convergem as ações alusivas à causa principal. Por exemplo, o juízo do inventário para a apreciação de questões de fato e de direito (Sebastião Amorim e Euclides de Oliveira). **3.** Aquele que abarca todas as ações relativas à causa principal.

JUÍZO VERDE. Pouca experiência.

JUÍZO VIRTUAL. *Lógica jurídica.* **1.** Conceito, enquanto função proposicional. **2.** Proposição sem asserção (Goblot).

JUÍZO VOLUNTÁRIO. *Direito processual.* Aquele exercido a não-litigantes, envolvendo questões, sem que haja lide, pretensão ou conflito de interesse, qualificado por uma pretensão resistida ou não satisfeita (Carnelutti).

JUIZ PARTICULAR. *Direito civil* e *direito processual civil.* Árbitro.

JUIZ PEDÂNEO. *Vide* JUIZ DAS VINTENAS.

JUIZ PENAL. *Direito processual penal.* Aquele a quem incumbe prover à regularidade do processo penal, conhecendo e julgando questões criminais.

JUIZ PREVENTO. *Direito processual civil.* Juiz de primeiro grau que veio a despachar, primeiramente, uma ação em caso de conexão de causas.

JUIZ PRIVATIVO. *Direito processual.* Aquele instituído, tendo competência *ratione personae*, como o juiz de casamento, o juiz da infância e da juventude etc.

JUIZ REVISOR. *Direito processual civil.* Juiz de tribunal que tem a função de examinar o voto do relator, com ele concordando ou efetuando outro.

JUIZ ROGADO. *Direito processual.* Aquele que cumpre carta rogatória.

JUIZ ROGANTE. *Direito processual.* Aquele que envia carta rogatória para ser cumprida no exterior.

JUIZ SECIONAL. *História do direito.* Denominação que era dada aos membros da Justiça Secional da União, com jurisdição nos Estados-membros da federação, com competência para conhecer e decidir questões de interesse da União. Correspondia, portanto, ao atual juiz Federal.

JUIZ SINGULAR. *Direito processual.* Juiz de primeira instância, que por não pertencer a uma corporação judiciária ou Tribunal, prolata sozinho a sua sentença. É o que dirige o processo e exerce suas funções individualmente.

JUIZ SUBSTITUTO. *Direito processual.* Aquele que exerce, no lugar do juiz titular, em suas férias, faltas ou impedimentos, as suas funções.

JUIZ SUMARIANTE. *Direito processual penal.* Aquele que preside o sumário, recebendo a queixa ou denúncia, designando dia e hora para o interrogatório, ordenando a citação do réu e a notificação do Ministério Público, do querelante ou do querelado (Othon Sidou).

JUIZ SUPLENTE. *Direito processual.* O nomeado para substituir os efetivos em suas licenças, férias, etc.

JUIZ SUSCITADO. *Direito processual.* Aquele que é tido como impedido ou contra quem há argüição de conflito de atribuição ou de jurisdição.

JUIZ TEMPORAL. *Direito processual.* Designação que se dá ao juiz secular, para distingui-lo do eclesiástico.

JUIZ TITULAR. *Direito processual.* Aquele que, efetiva ou permanentemente, está investido de autoridade para exercer suas funções no juízo singular da Comarca ou Vara ou como membro integrante de um tribunal. É o responsável por determinada unidade judiciária.

JUIZ TOGADO. *Direito processual.* Aquele que, formado em direito, foi aprovado em concurso de provas e títulos ou nomeado para fazer parte de qualquer tribunal por ser advogado ou membro do Ministério Público, perfazendo o percentual obrigatório, que consiste no terço ou no quinto constitucional. Não é togado, por exemplo, o jurado no tribunal do júri etc.

JUIZ TRABALHISTA. *Vide* JUIZ DO TRABALHO.

JUJUTSU. *Vide JIU-JITSU.*

JUKEBOX. Unidade com capacidade para armazenamento de vários discos ópticos.

JULGADO. 1. *Direito processual.* a) Decisão judicial prolatada por juízo singular ou coletivo; b) sentença que encerra o processo com ou sem julgamento do mérito; c) acórdão; d) coisa julgada ou irretratabilidade da decisão pronunciada; e) aquele que foi condenado ou absolvido por sentença; sentenciado; f) divisão territorial sobre a qual o juiz ordinário tem jurisdição; g) parte final da sentença, em que o magistrado decide a questão *sub judice.* **2.** *História do direito.* a) Cargo de juiz; b) povoado sem pelourinho e sem privilégio de vila, onde houvesse juiz e justiça própria. **3.** *Direito comparado.* Em Portugal, o território de jurisdição dos juízes municipais. **4.** Na *linguagem comum*: a) apreciado; b) imaginado; c) reputado; d) pensado.

JULGADOR. *Direito processual.* **1.** Aquele que julga. **2.** O que tem competência para conhecer e decidir a causa. **3.** Juiz ou magistrado. **4.** Tribunal. **5.** Árbitro. **6.** Sentenciador.

JULGAMENTO. *Direito processual.* **1.** Decisão. **2.** Sentença judicial. **3.** Ato ou efeito de julgar. **4.** Procedimento judicial. **5.** Peça processual em que está contida a decisão. **6.** Formação da convicção do magistrado sobre o caso *sub judice.* **7.** Escrito no qual o órgão judicante expõe os fundamentos que o levaram à decisão da causa. **8.** Ato decisório terminativo proferido pelo judiciário ou por órgão administrativo.

JULGAMENTO ABSOLUTÓRIO. *Direito processual penal.* Aquele que conclui pela absolvição do réu por reconhecer, por exemplo: a comprovação da inexistência do fato; a falta da prova da existência do fato; não constituir crime o fato perquirido; a inexistência de comprovação de ter o réu concorrido para a prática do crime ou da contravenção imputada; a existência de excludente de criminalidade ou da punibilidade do agente; a ausência de prova suficiente para a condenação.

JULGAMENTO ANTECIPADO DA LIDE. *Direito processual civil.* Aquele em que o juiz conhece diretamente do pedido, quando a questão de mérito for apenas de direito, ou, sendo de fato e de direito, não houver necessidade de produzir prova em audiência ou quando se der a revelia do réu.

JULGAMENTO *CITRA PETITA.* *Direito processual civil.* Aquele em que o magistrado não faz a apreciação de todo o pedido do autor, consubstanciando-se num ato decisório alusivo ao mérito da causa, mas incompleto por não decidir integralmente a lide. Nele há uma denegação parcial da justiça.

JULGAMENTO CONDENATÓRIO. *Direito processual penal.* Aquele em que o magistrado se convence da existência do fato criminoso e de sua prática pelo réu, vindo a condená-lo.

JULGAMENTO CONFORME O ESTADO DO PROCESSO. *Direito processual civil.* Encerramento da fase postulatória do processo de conhecimento, sem realização de audiência, cabível nos casos de extinção do processo, julgamento antecipado da lide e saneamento do processo.

JULGAMENTO CONSTITUTIVO. *Direito processual civil.* Aquele em que o magistrado reconhece uma nova situação jurídica.

JULGAMENTO DA DIVISÃO. *Direito processual civil.* Aquele que conhece e decide ação de divisão, ordenando que se faça a partilha.

JULGAMENTO DECLARATÓRIO. *Direito processual civil.* Aquele que declara ou reconhece o direito pre-existente.

JULGAMENTO DE CONCORRÊNCIA. *Direito administrativo.* Decisão da autoridade administrativa, na licitação, ao escolher uma das propostas apresentadas, considerando a qualidade, o preço e condições de pagamento etc.

JULGAMENTO DE CONCURSO. *Direito administrativo.* Decisão de órgão administrativo sobre veredito de banca examinadora; aprovando-o ou rejeitando-o.

JULGAMENTO DE FALÊNCIA. *Direito processual civil.* Decretação do estado de falência do devedor empresário, ordenando o início do processo de execução.

JULGAMENTO DEFINITIVO. *Direito processual.* É o que põe fim ao processo, mediante prolatação da decisão final.

JULGAMENTO DE TOMADA DE PREÇO. *Direito administrativo.* Ato da autoridade administrativa no procedimento licitatório da tomada de preços que, ao convocar genericamente um grupo determinado de pessoas cuja idoneidade já foi devidamente comprovada, vem a se decidir, após consultar previamente os preços, por um determinado fornecedor.

JULGAMENTO EM CONCURSO. *Direito administrativo.* Última fase de um concurso público, na qual a banca examinadora aprecia as provas e os títulos dos candidatos.

JULGAMENTO *EXTRA PETITA*. *Direito processual civil.* Aquele em que a sentença se refere a algo que não foi pedido pelo autor, na petição inicial, ou pelo reconvinte, na reconvenção. Aquele que decide fora do pedido, julgando coisa diferente da pedida.

JULGAMENTO FINAL. *Direito canônico.* O que será feito aos bons e aos maus por Deus no fim do mundo.

JULGAMENTO INTERLOCUTÓRIO. *Direito processual.* O constante no despacho dado no meio do processo para resolver questões incidentes.

JULGAMENTO NA LICITAÇÃO. *Direito administrativo.* Decisão tomada pela administração pública, classificando as propostas dos licitantes e selecionando a que melhor atender ao interesse público.

JULGAMENTO NO PROCESSO ADMINISTRATIVO. *Direito administrativo.* Decisão da autoridade administrativa sobre a existência ou não de alguma irregularidade, condenando ou absolvendo o indiciado.

JULGAMENTO *ORDINE NON SERVATO*. *Direito processual.* O que não segue as prescrições normativas.

JULGAMENTO *ORDINE SERVATO*. Aquele que está conforme a lei.

JULGAMENTO POR EQÜIDADE. *Teoria geral do direito* e *direito processual.* Poder discricionário dado pela lei, explícita ou implicitamente, ao magistrado, para que aprecie o caso *sub judice*, eqüitativamente, segundo a lógica do razoável. Tal julgamento é uma atividade condicionada aos subsistemas normativo, fático e valorativo, que compõem o sistema jurídico, com o escopo de adaptar e complementar a lei aplicável, revelando o direito latente.

JULGAMENTO PREPARATÓRIO. *Direito processual civil.* Despacho saneador.

JULGAMENTO SIMULTÂNEO. *Direito processual civil.* Decisão única prolatada pelo magistrado, resolvendo diversos litígios com diferente pretensão, por exemplo, julgando a ação e a reconvenção.

JULGAMENTO *ULTRA PETITA*. *Direito processual civil.* Decisão que vai além do pedido formulado.

JULGAMENTO *ULTRA PETITUM*. *Vide* JULGAMENTO *ULTRA PETITA*.

JULGAR. 1. *Direito processual.* a) Decidir a demanda; b) resolver o caso *sub judice* como juiz ou como árbitro; c) prolatar sentença final. **2.** Nas *linguagens comum* e *jurídica* em geral: a) avaliar; b) formar juízo crítico sobre alguma coisa ou pessoa; c) imaginar; supor; d) considerar; e) conjeturar.

JUMBORIZAÇÃO. *Direito marítimo.* É o aumento de uma embarcação.

JUMENTO. *Direito agrário.* Jegue ou burro que pela sua mansidão é muito usado no Nordeste como animal de montaria e carga dos lavradores.

JUMPING. *Termo inglês.* Suicídio ou projeção voluntária do corpo humano contra uma superfície.

JUNÇÃO. 1. *Direito processual civil.* Reunião de processos em caso de conexão de causas. **2.** *Direito civil.* Soma de posses mansas, pacíficas e contínuas, do atual possuidor e do seu antecessor, para fins de usucapião. **3.** Nas *linguagens comum* e *jurídica* em geral: a) união; b) ato ou efeito de juntar; c) reunião; d) soma; e) ligação.

JUNCO. *Direito comparado* e *direito marítimo.* Embarcação à vela, utilizada no Oriente.

JÚNIOR. 1. *Direito desportivo.* Designativo daqueles que pertencem à turma de concorrentes mais moços. **2.** *Direito civil.* Agnome, que é o sinal distintivo que se acrescenta ao nome completo para diferenciar do pai que tenha o mesmo nome.

JUNK. *Termo inglês. Direito financeiro.* **1.** Grau de investimento. **2.** Nota de avaliação de crédito para aplicação de alto risco. **3.** Investimento perigoso. **4.** Classificação de nível de risco, para empresas ou países avaliados como de pouca segurança financeira, e/ou pequena garantia de pagamento de compromissos a longo prazo (Luiz Fernando Rudge).

JUNK E-MAIL. *Locução inglesa* e *direito virtual.* **1.** Envio de grande quantidade de mensagens publicitárias, por meio de rede de computadores, às caixas postais eletrônicas dos usuários da Internet (Esther B. Nunes, Angela F. Chikung e Daniel G. Colombo). **2.** *E-mail* publicitário não solicitado enviado em grande quantidade. **3.** SPAM. **4.** Lixo eletrônico. **5.** Mensagem eletrônica sem sentido que ocupa espaço na caixa de correio do destinatário.

JUNK FAX. *Locução inglesa* e *direito virtual.* Fax que não foi solicitado.

JUNQUEIRA. *Direito agrário.* Raça brasileira de gado vacum, que é forte e corpulenta.

JUNQUEIRO. *Direito agrário.* Designa um tipo de bovino oriundo da seleção do gado caracu.

JUNTA. 1. *Ciência política.* Órgão corporativo dirigente de um Estado. **2.** *Direito comercial.* Órgão competente para a prática de atos registrários no Registro Público de Empresas Mercantis. **3.** *Direito processual.* Corporação com função judicante. **4.** *Medicina legal.* a) Conferência de médicos junto a um paciente, tratado por um deles; b) articulação óssea. **5.** *Direito administrativo.* a) Órgão judicante de cunho administrativo; b) conselho administrativo; c) corporação consultiva de administração ou de inspeção de uma repartição pública. **6.** Na *linguagem jurídica*: a) assembléia; b) comissão; c) mutirão; d) reunião de pessoas para deliberar algo ou para consecução de um determinado fim. **7.** *Direito agrário.* Par de bois.

JUNTA ADMINISTRATIVA. 1. *Direito administrativo.* Órgão constituído por várias pessoas que, em caráter permanente, deliberam, em conjunto, sobre atos administrativos. **2.** *Direito previdenciário.* Órgão que administra as caixas de beneficência e de aposentadoria.

JUNTA COMERCIAL. *Direito comercial* e *direito administrativo.* Órgão administrativo que tem competência para efetuar o Registro Público das Empresas Mercantis. É órgão local, com função de executar e administrar serviços registrários. Também denominado colégio comercial, pois, além dos atos registrários, está incumbido da nomeação de avaliadores comerciais, da rubrica dos livros mercantis, do processo de habilitação dos tradutores comerciais, da fiscalização do ofício de leiloeiro, de corretores de mercadoria e das empresas de armazéns-gerais etc. É um órgão existente em cada unidade federativa, com jurisdição na área da circunscrição territorial respectiva e sede na capital; subordina-se, administrativamente, ao governo de sua unidade federativa e, tecnicamente, ao Departamento Nacional de Registro do Comércio (DNRC). Caberá recurso ao diretor do Departamento Nacional do Registro do Comércio para apreciação de atos e decisões da Junta, pois esse órgão federal tem a função de estabelecer instruções disciplinares, supervisionar e controlar o registro e de atuar supletivamente em caso de deficiência dos serviços registrários. A Junta Comercial do Distrito Federal é subordinada administrativa e tecnicamente ao Departamento Nacional de Registro do Comércio (DNRC). As Juntas empresariais poderão desconcentrar seus serviços mediante convênios com órgãos da Administração direta, autarquias e fundações públicas e entidades privadas sem fins lucrativos, sendo-lhes competente: 1. Executar os serviços do registro de empresas mercantis, neles compreendidos: a) o arquivamento dos atos relativos à constituição, alteração, dissolução e extinção de sociedades empresárias, de cooperativas, das declarações de microempresas e empresas de pequeno porte, bem como dos atos relativos a consórcios e grupo de sociedades de que trata a lei de sociedade por ações; b) o arquivamento dos atos concernentes a sociedades empresárias estrangeiras autorizadas a funcionar no País; c) o arquivamento de atos ou documentos que, por determinação legal, seja atribuído ao Registro Público de Empresas Mercantis e daqueles que possam interessar ao empresário ou às sociedades empresárias; d) a autenticação dos instrumentos de escrituração das sociedades empresárias registradas e dos agentes auxiliares do comércio, nos termos de lei própria; e) a emissão de certidões dos documentos arquivados. 2. Elaborar a tabela de preços de seus serviços, observados os atos especificados em instrução normativa do Departamento Nacional de Registro do Comércio (DNRC). 3. Processar, em relação aos agentes auxiliares do comércio: a) a habilitação, nomeação, matrícula e seu cancelamento dos tradutores públicos e intérpretes comerciais; b) a matrícula e seu cancelamento de leiloeiros, trapicheiros e administradores de armazéns-gerais. 4. Elaborar os respectivos Regimentos Internos e suas alterações, bem como as resoluções de caráter administrativo necessárias ao fiel cumprimento das normas legais, regulamentares e regimentais. 5. Expedir carteiras de exercício profissional para agentes auxiliares do comércio, titular de firma mercantil individual e para administradores de sociedades empresárias e cooperativas, registradas no Registro Público de Empresas Mercantis, conforme instrução normativa do Departamento Nacional de Registro do Comércio (DNRC). 6. Proceder ao assentamento dos usos e práticas mercantis. 7. Prestar ao Departamento Nacional de Registro do Comércio (DNRC) as informações necessárias: a) à organização, formação e atualização do cadastro nacional das empresas em funcionamento no País; b) à realização de estudos para o aperfeiçoamento dos serviços de Registro Público de Empresas Mercantis; c) ao acompanhamento e à avaliação da execução dos serviços de Registro Público de Empresas Mercantis; d) à catalogação dos assentamentos de usos e práticas mercantis procedidos. 8. Organizar, formar, atualizar e auditar, observadas as instruções normativas do Departamento Nacional de Registro do Comércio (DNRC), o Cadastro Estadual de Empresas Mercantis (CEE), integrante do Cadastro Nacional de Empresas Mercantis (CNE).

JUNTA CONSULTIVA. *Direito administrativo.* Vogais que, em cada ministério, são ouvidos sobre a conveniência de certos negócios.

JUNTADA. *Direito processual.* **1.** Entrada de documento nos autos do processo, mediante termo de cartório. **2.** Ato de anexar qualquer peça ou documento nos autos processuais. **3.** Termo pelo qual se anexa documento nos autos do processo. **4.** É a união de um processo a outro, realizada por meio de anexação ou apensação, ou de um documento a um processo, realizado por meio de anexação.

JUNTADA POR ANEXAÇÃO. *Direito processual.* É a união definitiva e irreversível de um ou mais processos ou documentos a um outro processo considerado principal, desde que pertencentes a um mesmo interessado e que contenham o mesmo assunto.

JUNTADA POR APENSAÇÃO. *Direito processual.* É a união provisória de um ou mais processos a um processo mais antigo, destinada ao estudo e à uniformidade de tratamento em matérias semelhantes, com o mesmo interessado ou não.

JUNTA DE BOIS. *Direito agrário.* **1.** Par bovino. **2.** Dois bois de tração. **3.** Parelha de bois que são ajoujados para efetuarem certos trabalhos.

JUNTA DE CONCILIAÇÃO E JULGAMENTO. *História do direito.* Órgão de primeira instância da Justiça do Trabalho que decidia questões trabalhistas com a presença do juiz-presidente e de dois vogais, com mandato de três anos, que representavam o empregado e o empregador.

JUNTA DE CORRETORES. *Direito comercial.* Órgão que dirige os trabalhos diários da Bolsa de Mercadorias.

JUNTA DE JUSTIÇA. *História do direito.* Pequeno tribunal que, na era Colonial, existia em cada Capitania, composto do ouvidor e de dois bacharéis, para conhecer e decidir, em caráter sumário, os casos de intromissão injustificada da jurisdição eclesiástica nos assuntos temporais (Othon Sidou).

JUNTA DE PROGRAMAÇÃO FINANCEIRA. *Direito administrativo* e *direito financeiro.* Órgão integrante da estrutura organizacional do Ministério da Fazenda, tendo por finalidade coordenar a execução orçamentária, de modo a assegurar o efetivo equilíbrio entre receitas e despesas dos Orçamentos Fiscal e da Seguridade Social.

JUNTA DE SAÚDE. *Medicina legal.* **1.** Comissão de pessoas versadas em higiene pública. **2.** Conjunto de médicos, em regra, militares, que fazem a inspeção de militares e de empregados civis em estabelecimento militar.

JUNTA ELEITORAL. *Direito eleitoral.* Órgão da Justiça Eleitoral que se compõe de um juiz e de dois ou quatro cidadãos idôneos, nomeados sessenta dias antes da eleição, para resolver problemas relativos à apuração de votos, expedir boletins e diplomar os eleitos para cargos municipais.

JUNTA GOVERNATIVA. *Ciência política.* Governo transitório.

JUNTA MÉDICA. *Medicina legal.* Conjunto de dois ou mais médicos para exame de enfermo, em certas circunstâncias, e para atender a determinadas finalidades.

JUNTAR. 1. Associar-se, unir-se. **2.** Apanhar, pegar. **3.** Amasiar-se. **4.** Colocar junto de alguma coisa. **5.** Vir em seguida; seguir-se sucessivamente.

JUNTAS ADMINISTRATIVAS DE RECURSOS DE INFRAÇÕES (JARIS). *Direito de trânsito.* São órgãos de deliberação coletiva integrantes do Sistema Nacional de Trânsito, criados no âmbito do Departamento da Polícia Rodoviária Federal (DPRF), e têm por finalidade: a) julgar os recursos administrativos interpostos em razão de penalidades aplicadas por infrações à legislação de trânsito nas rodovias federais; b) diligenciar junto às unidades orgânicas do DPRF, visando reunir informações necessárias ao julgamento dos recursos interpostos; c) eliminar os problemas porventura existentes nas autuações e recursos; d) requisitar laudos, perícias, exames e provas para a instrução e julgamento dos recursos.

JUNTA SINDICAL. *História do direito.* Colegiado que dirigia a Bolsa de Valores, que também era denominado "câmara sindical". Hoje tal direção compete ao Conselho de Administração.

JURA. *Termo latino.* O direito.

JURA. Juramento.

JURA AD REM. *Locução latina.* Direito pessoal; direito que se tem sobre uma pessoa.

JURADO. 1. *Direito processual penal.* Membro do Tribunal do Júri que julga matéria de fato relativa a crime doloso contra a vida, ao responder a quesitos formulados pelo magistrado. **2.** Nas *linguagens comum* e *jurídica:* a) ameaçado; b) solenemente declarado; c) inimigo declarado. **3.** *História do direito.* a) Empregado da Câmara Municipal que tinha a incumbência de guardar a terra, para que nela não se fizessem danos, sob pena de pagar com seus bens os prejuízos que fossem causados por culpa sua; b) aquele que tinha a função de avaliar danos causados pelo gado alheio ou por outro fator, para que o agente pagasse a coisa devida.

JURA IN PERSONAM. *Vide JURA AD REM.*

JURA IN RE. *Locução latina.* Direito patrimonial.

JURA IN RE ALIENA. *Locução latina.* Direito sobre coisa alheia.

JURAMENTADO. 1. *Direito notarial.* Oficial, funcionário de cartório ou serventuário da justiça que tem fé pública, por efeito de compromisso ou juramento por ele prestado, podendo substituir o titular em suas faltas ou impedimentos. **2.** Na *linguagem jurídica* em geral: a) aquele que, no exercício de uma função, está sob juramento; b) diz-se do tradutor, concursado, cujas traduções são oficialmente aceitas em juízo.

JURAMENTO. 1. *História do direito.* Meio probatório que consistia na promessa feita solenemente em juízo pela qual a pessoa se comprometia, colocando a mão sobre a Bíblia, a revelar, como testemunha, toda a verdade sobre o fato que conhecia. **2.** *Direito civil.* Compromisso feito pelo testamenteiro, inventariante, curador e tutor antes de assumir sua função ou cargo. **3.** *Direito processual.* Compromisso prestado pela testemunha de dizer a verdade sobre o que lhe for perguntado.

JURAMENTO ASSERTÓRIO. *História do direito.* O outrora previsto nas Ordenações Filipinas, consistente num meio probatório em que se afirmava um fato presente ou pretérito. Denominava-se também juramento declaratório.

JURAMENTO CONFIRMATÓRIO. *História do direito.* Compromisso sob juramento de fazer ou cumprir algo, ou de confirmar uma convenção, previsto nas Ordenações Manuelinas e Filipinas.

JURAMENTO DA VERDADE. *Direito processual* e *direito penal.* Promessa, sob palavra de honra, feita pela testemunha, de dizer a verdade do que souber e lhe for perguntado, sob pena de cometer crime de falso testemunho.

JURAMENTO DE ALMA. *História do direito.* Também era designado "juramento decisório", pelo qual o autor demandava o réu para que comparecesse em juízo e declarasse, sob juramento, ser verdadeira sua obrigação, decidindo, assim, a causa. E se ele não viesse a juízo, o juramento do autor resolveria a demanda, pondo fim ao litígio. O pleito decidia-se conforme a afirmação feita no juramento da parte deferida.

JURAMENTO DE BANDEIRA. *Direito militar.* Ato solene pelo qual as pessoas chamadas para prestar serviço militar ou que a ele se apresentam prestam compromisso de defender a pátria, quando houver necessidade, garantindo a soberania nacional e a integridade de seu território.

JURAMENTO DE CALÚNIA. *História do direito.* Juramento feito pelos litigantes cuja afirmação era que não estavam agindo de má-fé. O autor jurava que não intentaria a ação maliciosamente, e o réu que não alegaria nem provaria algo usando de malícia, defendendo-se até o final da demanda, conforme sua consciência. Ambos os litigantes prestavam compromisso de agirem de boa-fé e de não usarem de fraudes.

JURAMENTO DECISÓRIO. *Vide* JURAMENTO DE ALMA.

JURAMENTO DECLARATÓRIO. *Vide* JURAMENTO ASSERTÓRIO.

JURAMENTO DE MALÍCIA. *Vide* JURAMENTO DE CALÚNIA.

JURAMENTO DE MOLÉSTIA. *Direito processual.* Alegação, devidamente comprovada, feita pelo advogado da causa, para demonstrar que se encontra impossibilitado de praticar atos processuais, no prazo estipulado, em virtude de enfermidade. Deve, para tanto, apresentar atestado médico.

JURAMENTO ESTIMATÓRIO. *Vide* JURAMENTO *IN LITEM.*

JURAMENTO FALSO. *Direito penal.* Ato de a testemunha declarar uma falsidade, que constitui crime de falso testemunho.

JURAMENTO HIPOCRÁTICO. Código de deontologia ou ética médica elaborado por Hipócrates, que todo médico, ao formar-se, jura cumprir os deveres nele exarados.

JURAMENTO IN LITEM. *História do direito.* Aquele que era feito para determinar o valor do objeto controvertido. Tal juramento estimatório era deferido pelo magistrado a uma das partes litigantes, até mesmo contra a vontade da outra. Atualmente, como o juramento não é mais considerado meio probatório, o exeqüente é quem estima o valor, tendo o juiz um poder moderador.

JURAMENTO JUDICIAL. *História do direito.* Aquele que era prestado em juízo.

JURAMENTO JURÍDICO. Promessa solene feita na colação de grau pelos bacharéis de direito, perante a congregação de professores, que tem o seguinte teor: "*Ego (...) promitto me, semper principiis honestatis inhaerentem mei gradus nuneribus perfuncturum atque operam meam iure patrocinando iustitia exequenda et bonis moribus praecipiendis nunquam causa Humanitatis de futurum*". Ou seja, "eu (...) prometo que, sempre fiel aos princípios da honestidade, cumprirei os deveres inerentes ao meu grau, e que a minha atuação no patrocínio da Justiça e na observância dos bons costumes nunca faltará à causa da Humanidade".

JURAMENTO NECESSÁRIO. *História do direito.* Juramento determinado ou deferido por ofício do magistrado como meio probatório, pouco importando que houvesse ou não pedido das partes, para complementar, suprir ou reforçar a prova, não produzida suficientemente. Também era designado "juramento supletório".

JURAMENTO PROMISSÓRIO. *Vide* JURAMENTO CONFIRMATÓRIO.

JURAMENTO PROVISÓRIO. *Vide* JURAMENTO CONFIRMATÓRIO.

JURAMENTO PURGATÓRIO. *História do direito.* Julgamento deferido pelo juiz a um dos litigantes para dar como certo o que era provável.

JURAMENTO SUPLETÓRIO. *Vide* JURAMENTO NECESSÁRIO.

JURAMENTO VOLUNTÁRIO. *História do direito.* Aquele que era feito pela vontade da parte que o prestava, sem que houvesse qualquer ato do juiz ordenando-o.

JURAMENTUM VERITATIS. *Locução latina.* Juramento da verdade.

JURAMENTUM VINCULUM INIQUITATIS ESSE NON DEBET. *Aforismo jurídico.* Juramento não deve ser vínculo da iniqüidade.

JURA NOVIT CURIA. **1.** *Brocardo latino.* O direito é do conhecimento dos juízes. **2.** *Direito processual.* Princípio pelo qual o órgão judicante deverá ter, pela sua função de aplicar a lei, conhecimento preciso do direito nacional e saber encontrar a norma aplicável ao caso *sub judice*. Tal princípio apresenta duas faces: a) o dever do magistrado de conhecer e aplicar de ofício a norma; b) o poder de o juiz procurar e aplicar a lei, ainda que não alegada e provada pelas partes. Daí os seguintes corolários do *iura novit curia*: a) os litigantes apenas deverão provar os fatos, pois ao juiz ou tribunal competirá dizer qual a norma que lhes será aplicável; b) o Judiciário, ante a proibição do *non liquet*, não poderá eximir-se de sentenciar, nem mesmo em caso de lacuna ou obscuridade, uma vez que a lei lhe dá os meios supletivos e interpretativos.

JURARE IN VERBA MAGISTRI. *Expressão latina.* Jurar na palavra do mestre.

JURARE SANGUINIS NULLO JURE CIVILE DIRIMI POSSUNT. *Expressão latina.* Os direitos de sangue não podem ser dirimidos por nenhum direito civil.

JURATÓRIO. Juramento.

JURE AUT INJURIA. *Locução latina.* A torto e a direito.

JURE ET DE JURE. *Locução latina.* De direito e por direito. *Vide JURIS ET DE JURE.*

JURE ET FACTO. *Locução latina.* De direito e de fato.

JURE GESTIONIS. *Locução latina.* Por direito de gestão.

JURE MERITO. *Locução latina.* Por direito legítimo.

JURE OPTIMO. *Locução latina.* Com todo o direito.

JURE PROPRIO. *Locução latina.* Por direito próprio.

JURE REPRESENTATIONIS. *Locução latina.* Por direito de representação.

JURE SUO. *Locução latina.* Por ser direito seu.

JURE SUO, ABSQUE IPSIUS CULPA, NEMO PRIVANDUS EST. *Aforismo jurídico.* Ninguém, sem culpa sua, pode ser privado do seu direito.

JURE SUO QUI UTITUR, NEMINI INJURIAM FACIT. *Aforismo jurídico.* Quem exerce seu direito, nenhum dano causa.

JURE TERTIIS. *Locução latina.* Em razão do direito de terceiros.

JURE UTI DEBET, QUI IN JUS SUCCEDIT ALTERIUS. *Aforismo jurídico.* O direito de outro deve ser exercido por quem o sucede no seu direito.

JÚRI. 1. *Direito processual penal.* a) Tribunal presidido por um juiz de direito, composto por vinte e um cidadãos moralmente idôneos, convocados para julgar crimes dolosos contra a vida, consumados ou tentados, entre os quais sete serão sorteados para compor o conselho de sentença em cada sessão de julgamento; b) conjunto de cidadãos que podem ser jurados, com o dever de apreciar fatos levados ao seu conhecimento, afirmando ou negando a existência do crime imputado ao réu, ao responderem os quesitos formulados pelo magistrado, que com base nas respostas dadas dará a decisão e aplicará a pena cabível. **2.** Nas *linguagens comum* e *jurídica* em geral, é a comissão que tem a incumbência de avaliar o mérito de alguma coisa ou pessoa.

JURIDICAMENTE. *Direito processual.* Diz-se do que seguiu, em juízo, as normas legais e o rigor técnico.

JURIDICIDADE. *Teoria geral do direito.* **1.** Qualidade de jurídico de um fato ou de um ato. **2.** Caráter daquilo que é jurídico, por estar conforme ao direito e à justiça. **3.** Licitude. **4.** Legalidade.

JURÍDICO. *Teoria geral do direito.* **1.** Lícito. **2.** Aquilo que está conforme as leis. **3.** Relativo às normas de direito. **4.** O que é feito por via da justiça. **5.** Referente ao direito. **6.** Legal.

JURIGENIA. *Teoria geral do direito.* Estudo da evolução histórica do direito.

JURÍGENO. *Teoria geral do direito.* **1.** O que produz ou gera direito. **2.** Costume que cria direito.

JURIS APICES. *Locução latina.* Utilizar do direito; sutilezas jurídicas.

JURISCIENTE. *Vide* JURISCONSULTO.

JURIS CONDITORES. *Locução latina.* Legisladores; criadores do direito.

JURISCONSULENTE. *Teoria geral do direito.* Aquele que faz consulta jurídica a um profissional de direito.

JURISCONSULTO. *Teoria geral do direito.* Aquele que, por possuir notável saber jurídico, elabora pareceres, ao ser consultado sobre questões jurídicas. Trata-se daquele cujas opiniões podem formar uma doutrina, pois ao responder, quando consultado, aos quesitos relativos a um caso concreto acaba por interpretar as leis a ele aplicáveis.

JURISDIÇÃO. 1. *Direito canônico.* Poder de exercer um ministério espiritual, próprio do papa, cardeais, bispos e sacerdotes. **2.** *Direito processual.* a) Judicatura; b) administração da justiça pelo Poder Judiciário; c) poder-dever de aplicação do direito objetivo, conferido ao magistrado; d) atividade exercida pelo Estado para aplicação de normas jurídicas ao caso concreto; e) poder de conhecer e julgar casos concretos dentro dos limites da competência outorgada; f) soma de atividades e de atribuições do juiz; g) área territorial onde a autoridade judiciária exerce seu poder de julgar; h) compreende o poder de decisão; o de compelir, no processo de execução, o vencido a cumprir a decisão; o de ordenar notificação das partes ou testemunhas; o de documentação, que advém da necessidade de representação por escrito dos atos processuais e rege-se pelo princípio da investidura, da indelegabilidade e da aderência ao território (Moacyr Amaral Santos); i) poder de dizer o direito. **3.** *Direito agrário.* Responsabilidade do vaqueiro numa fazenda. **4.** *Ciência política.* Autoridade do detentor da soberania de governar e legislar.

JURISDIÇÃO ADMINISTRATIVA. 1. *Direito processual.* Aquela em que o juiz se manifesta a respeito de fatos que, não sendo objeto de conflito de interesses ou de litígio, pela sua importância relativamente ao patrimônio ou à pessoa, requer interposição do judiciário. A ação do judiciário é meramente preventiva, pois assegura direitos. A vontade das partes converge para a mesma finalidade, operando *inter volentes*, e a decisão do magistrado faz coisa julgada material, por ser ato de administração de interesses privados, procurando atingir um resultado conveniente. É, portanto, uma atividade administrativa do órgão judicante para tutelar direitos individuais, concernentes a certos negócios jurídicos (José Frederico Marques). Deveras não havendo disputa entre as partes, a sentença será apenas homologatória da vontade ou do acordo das partes ou dará eficácia a certos atos. **2.** *Direito administrativo.* Poder conferido à autoridade administrativa para que conheça e resolva certos fatos não litigiosos.

JURISDIÇÃO AMBULATÓRIA. Aquela que não tem sede fixa.

JURISDIÇÃO APELÁVEL. *Direito processual.* Diz-se daquela em que suas decisões podem ser devolvidas para serem conhecidas por autoridade de instância superior, que as confirmarão ou modificarão.

JURISDIÇÃO CIVIL. *Direito processual civil.* Relativa às causas cíveis e comerciais, compondo os conflitos de interesses de particulares que não estejam sujeitos à jurisdição especial.

JURISDIÇÃO COMPLEMENTAR. *Direito processual.* Poder outorgado a juiz para completar a atribuição que lhe foi conferida, por exemplo, para conhecer da execução, desde que a sentença exeqüenda tenha sido por ele prolatada.

JURISDIÇÃO CONSTITUCIONAL. *Direito constitucional* e *direito processual.* Aquela que tem competência para resolver litígios ou conflitos constitucionais; ante o controle da constitucionalidade das leis exercido pelo Poder Judiciário.

JURISDIÇÃO CONSULAR. *Direito internacional público.* É o território no qual o consulado desempenha suas funções.

JURISDIÇÃO CONTENCIOSA. *Direito processual.* Aquela que conhece e decide um litígio e como há decisório ter-se-á coisa julgada. É a que ocorre *inter nolentes*, ou seja, entre partes litigantes que resistem, ou, ainda, *inter invitos*, visto que as partes procedem contra a sua vontade. Tem, portanto, por objetivo a composição de um conflito de interesses ou de um litígio ou lide formada entre partes adversas.

JURISDIÇÃO CONVENCIONAL. *Direito civil* e *direito processual civil.* **1.** Jurisdição fundada no compromisso, no qual as partes resolvem que a solução da controvérsia seja dada por árbitros por elas escolhidos. **2.** Juízo arbitral.

JURISDIÇÃO CORRECIONAL. *Direito processual.* **1.** Circunscrição pertencente à autoridade que exerce função de polícia judiciária. **2.** Aquela outorgada para conhecimento e julgamento de contravenções que não são consideradas crimes (De Plácido e Silva).

JURISDIÇÃO CRIMINAL. *Direito processual penal.* A que é exercida para conhecer e julgar causas de natureza penal.

JURISDIÇÃO CUMULADA. *Direito processual.* Jurisdição atribuída ao magistrado, outorgando-lhe poderes relativos a outra jurisdição, dando-lhe competência para conhecer e decidir causas pertencentes a várias jurisdições. Trata-se da duplicidade de jurisdições de que está investido o juiz.

JURISDIÇÃO CUMULATIVA. *Direito processual.* **1.** Competência jurisdicional para conhecer e julgar causas conexas. **2.** Jurisdição exercida por mais de um magistrado, de igual hierarquia, firmando sua competência pela prevenção. Escolhe-se o juiz pela distribuição.

JURISDIÇÃO DELEGADA. *Direito processual.* Aquela que não é própria de uma autoridade legalmente autorizada a exercê-la, por força de uma delegação que lhe foi feita.

JURISDIÇÃO DISCRICIONÁRIA. 1. *História do direito.* Avocatória no STF, ou seja, poder do STF de processar e julgar, originariamente, causas processadas perante juízos ou tribunais cuja avocação deferia, a pedido do procurador-geral da República, quando decorresse imediato perigo de grave lesão à ordem, à saúde, à segurança ou às finanças públicas, para que se suspendessem os efeitos de decisão proferida e para que o conhecimento integral da lide lhe fosse devolvido. **2.** *Direito comparado. Writ of certiorari* norte-americano que depende da discrição judicial e concedido quando: um tribunal estadual houver decidido matéria federal que não esteja conforme aos precedentes do Supremo Tribunal; um Tribunal de Apelação tiver proferido decisão em desacordo com a de outro Tribunal de Apelação sobre o mesmo assunto ou decidido uma importante questão num Estado, contrária à lei estadual ou federal aplicável; uma revisão dos julgamentos da *Court of Claims* ou do Tribunal de Apelação for necessária em matéria aduaneira ou de patentes.

JURISDIÇÃO DO TOURO. *Direito comparado.* Local marcado no touro pelo toureiro para ali se executar a sorte.

JURISDIÇÃO ECLESIÁSTICA. *Direito canônico.* Jurisdição secular outorgada a autoridade eclesiástica, para que nos casos sujeitos ao seu conhecimento e julgamento sejam aplicadas as normas canônicas.

JURISDIÇÃO ESPECIAL. *Direito processual.* Competência do magistrado para conhecer e julgar certos casos especiais, atendendo a condição das pessoas neles envolvidos. Por exemplo, jurisdição militar.

JURISDIÇÃO ESTADUAL. *Direito processual.* Poder do órgão judicante que só pode ser exercido dentro do território de um Estado membro da Federação.

JURISDIÇÃO EXCEPCIONAL. *Direito processual* e *direito constitucional.* Aquela que é exercida como medida de exceção. Por exemplo, a instituída para conhecer e julgar crimes de responsabilidade do presidente da República. Constitui uma jurisdição de privilégio para deliberar casos alusivos a certas pessoas que, em razão de norma constitucional, têm um tratamento especial.

JURISDIÇÃO EXCLUSIVA. *Direito processual.* A privativa de um magistrado, excluindo os demais da mesma categoria do exame da matéria. É aquele poder outorgado a um juiz para conhecer e julgar causa alusiva a certa matéria, com exclusão de qualquer outro juiz da mesma circunscrição.

JURISDIÇÃO EXTRAORDINÁRIA. *Vide* JURISDIÇÃO ESPECIAL.

JURISDIÇÃO EXTRATERRITORIAL. *Direito internacional privado.* Aplicação extraterritorial de normas nacionais, decorrente da nacionalidade dos agentes, da universalidade do crime, do objeto da lide, dos valores que afetam o Estado em seu território ou da segurança nacional.

JURISDIÇÃO FEDERAL. *Direito processual.* Pode ser exercida em todo o território do país, como a do Supremo Tribunal Federal.

JURISDIÇÃO GRACIOSA. *Vide* JURISDIÇÃO ADMINISTRATIVA.

JURISDIÇÃO HONORÁRIA. *Vide* JURISDIÇÃO ADMINISTRATIVA.

JURISDIÇÃO IMPRORROGÁVEL. *Direito processual.* Aquela em que o poder, outorgado à autoridade competente, é privativo ou exclusivo.

JURISDIÇÃO INAPELÁVEL. *Direito processual.* Aquela que não admite apelação, visto ser irrecorrível a decisão nela prolatada, por se tratar de jurisdição superior.

JURISDIÇÃO INFERIOR. *Direito processual.* É a do juízo *a quo*, ou seja, a exercida na primeira instância.

JURISDIÇÃO *INTER INVITOS*. *Vide* JURISDIÇÃO CONTENCIOSA.

JURISDIÇÃO *INTER NOLENTES*. *Vide* JURISDIÇÃO CONTENCIOSA.

JURISDIÇÃO *INTER VOLENTES*. *Vide* JURISDIÇÃO ADMINISTRATIVA.

JURISDIÇÃO LEGAL. *Direito processual.* Aquela decorrente do próprio ofício do juiz, por nascer da lei que o investe na magistratura para conhecer e decidir casos submetidos à sua apreciação. Opõe-se à jurisdição convencional, decorrente de convenção das partes ao firmarem um compromisso.

JURISDIÇÃO LIMITADA. *Direito processual.* Aquela que se restringe ao poder de apreciar um ponto da causa, uma parte do processo ou determinados atos ou fatos processuais, não dando autoridade ao juiz para levar o processo até o final, julgando-o.

JURISDIÇÃO MILITAR. 1. *Direito processual.* Poder exercido para conhecer e julgar crimes e contravenções militares. **2.** *Direito administrativo.* É a que se exerce para que, em negócios militares, sejam cumpridos os fins constitucionais relativos à missão das forças armadas, conforme normas regulamentares.

JURISDIÇÃO MOMENTÂNEA. *Direito civil* e *direito processual.* Estabelecida, em caráter transitório, por convenção das partes que, por meio de compromisso, instauram um juízo arbitral para solucionar o litígio.

JURISDIÇÃO MUNICIPAL. *Direito processual.* Aquela que só pode exercer-se dentro do território de um Município.

JURISDIÇÃO NÃO-CONTENCIOSA. *Vide* JURISDIÇÃO ADMINISTRATIVA.

JURISDIÇÃO NECESSÁRIA. *Direito processual.* Aquela que não pode deixar de ficar sob o poder que dela decorre, por ser indeclinável ou irrecusável.

JURISDIÇÃO ORDINÁRIA. *Direito processual.* Competência dada ao órgão judicante para apreciar qualquer questão que não seja alusiva à jurisdição especial ou excepcional. Estende-se o poder de decisão a todas as causas em geral, por pertencer aos órgãos da justiça comum.

JURISDIÇÃO ORIGINÁRIA. *Direito processual.* Poder atribuído a determinado magistrado ou tribunal, com exclusão de qualquer outro.

JURISDIÇÃO PENAL. *Vide* JURISDIÇÃO CRIMINAL.

JURISDIÇÃO PERMANENTE. *Direito processual.* Instituída em caráter efetivo aos magistrados para administração da justiça.

JURISDIÇÃO PLENA. *Direito processual.* Poder da autoridade competente para apreciar e decidir a totalidade da ação, ou todos os pontos do processo.

JURISDIÇÃO PREVENTA. *Direito processual.* Aquela que firma a competência do juiz pela prevenção, excluídos os demais, muito comum em casos de jurisdição cumulativa ou prorrogada. Jurisdição de um magistrado competente, antecipada pela de outro também competente (Pereira e Sousa).

JURISDIÇÃO PRIVATIVA. *Direito processual.* Competência exclusiva de um juiz ou tribunal para apreciar determinada matéria.

JURISDIÇÃO PRÓPRIA. *Direito processual.* Aquela pertencente originariamente a um juiz ou tribunal, sendo-lhe conferida de modo direto.

JURISDIÇÃO PRORROGADA. *Direito processual.* **1.** Firmada por prevenção, desde que prorrogável, em conseqüência da jurisdição cumulativa, por haver vários juízes competentes. Com a prorrogação, em razão da competência que se firmou pela prevenção, os demais magistrados ficam excluídos da apreciação da causa. **2.** Aquela que se dá quando o devedor, no contrato, renuncia o foro do domicílio, obrigando-se a submeter a eventual demanda em foro diverso. **3.** Ocorre quando o réu deixa de argüir a exceção de incompetência ou declinatória do foro, dentro do prazo legal, consentindo em submeter-se a um juiz, que podia afastar.

JURISDIÇÃO SECULAR. *Direito processual.* Quando pertence à autoridade civil.

JURISDIÇÃO SEMIPLENA. *Vide* JURISDIÇÃO LIMITADA.

JURISDIÇÃO SUPERIOR. *Direito processual.* Aquela exercida em segunda instância, em que o tribunal aprecia causa que já foi julgada pelo juiz de primeira instância, ao decidir o recurso interposto pela parte vencida.

JURISDIÇÃO TEMPORAL. *Vide* JURISDIÇÃO SECULAR.

JURISDIÇÃO VOLUNTÁRIA. *Direito processual.* **1.** É a atividade administrativa exercida pelo Judiciário para tutelar direitos subjetivos (José Frederico Marques). **2.** *Vide* JURISDIÇÃO ADMINISTRATIVA.

JURISDICIONADO. *Direito processual.* **1.** Aquele que recebeu jurisdição. **2.** O que está sujeito a certa jurisdição; aquele que está sob a jurisdição de determinado juiz ou tribunal.

JURISDICIONAL. *Direito processual.* Referente a jurisdição.

JURISDICIONALISMO. *Direito canônico.* Política eclesiástica em que o Estado exerce ingerência nos atos da autoridade religiosa, em matéria não dogmática, como, por exemplo, ao controlar a publicação de atos eclesiásticos; rever sentença de autoridade religiosa; restringir o uso da propriedade eclesiástica etc. (Salvatorelli e Gismondi).

JURISDICIONANTE. *Direito processual.* Quem exerce jurisdição.

JURISDICIONAR. *Direito processual.* **1.** Exercer jurisdição. **2.** Submeter-se a uma jurisdição.

JURISDICTIO. *Termo latino.* Função específica do Poder Judiciário de dizer o direito ao julgar as controvérsias submetidas à sua apreciação.

JURISDICTIONAL AMOUNT. *Locução inglesa.* Valor da causa.

JURIS ET DE JURE. *Locução latina.* De direito e por direito. Aplica-se tal locução para indicar a presunção instituída por lei, sendo absoluta e indiscutível ou inatacável. É a presunção de verdade atribuída pela lei a certos fatos que não comporta prova em contrário.

JURISFAÇÃO. *Filosofia do direito.* Termo empregado por Miguel Reale para indicar a formação do direito em sua amplitude.

JURISFILÓSOFO. *Filosofia do direito.* Aquele versado em filosofia jurídica.

JURIS IGNORANTIUM ETIAM RUSTICUM HOMINEM NON EXCUSAT. *Expressão latina.* A ignorância do direito não escusa nem mesmo o homem inculto, rústico ou ingênuo.

JURIS–INTEGRATIVA. *Direito processual.* Atividade processual, coadjuvante do aperfeiçoamento de atos e negócios jurídicos, que sem ela não teriam validade (Celso Neves).

JURIS JURANDI CONTEMPTA RELIGIO SOLUM DE UM VINDICEM HABET. *Expressão latina.* Quem viola a santidade do juramento não pode ser devidamente punido, senão por Deus.

JURISMO. *Teoria geral do direito.* **1.** Aquilo que é próprio ou peculiar ao direito. **2.** Regime de observância de normas jurídicas. **3.** Conjunto de hábitos profissionais da "classe" jurídica, ou seja, de advogados, promotores, juízes etc.

JURIS NOMEN A JUSTITIA DESCENDIT. *Aforismo jurídico.* O direito deriva seu nome da justiça.

JURIS ORDINE NON SERVATO. *Expressão latina.* Não observada a prescrição da lei.

JURISPERÍCIA. Qualidade de jurisperito.

JURIS PERITISSIMUS. *Locução latina.* Peritíssimo em direito; aquele que é profundo conhecedor de normas e extremamente versado em ciência jurídica.

JURISPERITO. 1. *História do direito.* Aquele que conhecia o direito canônico e o direito civil. **2.** *Teoria geral do direito.* a) Jurisconsulto; b) o que tem experiência jurídica pela prática; c) pessoa de notável saber jurídico que emite pareceres

sobre questões de direito; d) em sentido técnico, o versado em leis, não sendo consultor. Aquele que não se dedica a divulgar o direito através de escritos nem atende a consultas nem dá pareceres; e) o que funciona como perito em processo judicial.

JURIS PRAECEPTA. *Locução latina.* Preceitos jurídicos enunciados por Ulpiano no Digesto e contidos nos Institutos de Justiniano.

JURIS PRAECEPTA SUNT HAEC: HONESTE VIVERE; NEMINEM LAEDERE; JUS SUUM CUIQUE TRIBUERE. *Aforismo jurídico.* Os preceitos jurídicos são estes: viver honestamente; a ninguém ofender e dar a cada um o que é seu.

JURISPRUDÊNCIA. 1. *Teoria geral do direito.* Ciência do Direito. **2.** *Direito processual.* a) Conjunto de decisões judiciais uniformes ou não; b) conjunto de decisões uniformes de juízes e tribunais sobre uma dada matéria.

JURISPRUDÊNCIA ADMINISTRATIVA. *Direito comparado* e *direito processual.* **1.** Conjunto de decisões dos tribunais administrativos, nos países que admitem contencioso administrativo. **2.** Complexo de decisões do Poder Judiciário, versando sobre matéria de direito administrativo.

JURISPRUDÊNCIA DEFINIDA. *Direito processual.* **1.** Súmula dos tribunais superiores. **2.** Direito criado pelos tribunais superiores de um país (Othon Sidou).

JURISPRUDÊNCIA DOS CONCEITOS. *Filosofia do direito.* Doutrina alemã pela qual o jurista tem a função de desvendar no sistema jurídico a solução dos problemas suscitados pelas situações fáticas, apontando as normas a elas aplicáveis.

JURISPRUDÊNCIA DOS INTERESSES. *Filosofia do direito.* Corrente desenvolvida na Alemanha por Heck, Max Rümelin, Paul Oertmann, Soll, Müller-Erzbach, dentre outros, que fixou princípios a serem seguidos pelos juízes na elaboração de suas decisões, e conheceu a ordem jurídica como um conjunto de leis que produzem efeitos na vida real, afetando a vida humana, que está sempre se modificando, de modo que os interesses cambiantes estão em constante competição, apresentando demandas contraditórias. Para tornar mais compreensíveis as normas jurídicas e os interesses da vida, surge a ciência jurídica, classificando-os em conceitos gerais. Os mandamentos jurídicos resultam das necessidades práticas da vida, da variação e do ajuste dessas necessidades feitos pelo legislador. A função judicial é também a de ajustar os interesses, como o legislador o faria se tivesse que legislar sobre aquele caso. Na determinação judicial do direito devem-se proteger interesses atuais que, para sua realização, dependem do conhecimento daqueles interesses, cuja satisfação foi exigida na formulação da norma que está sendo interpretada. A jurisprudência dos interesses não confina o juiz a mera função cognoscitiva, permite que ele construa normas para situações não previstas pelo emprego da analogia, levando em conta a valoração de interesses da comunidade que inspirou aquele dispositivo.

JURISPRUDÊNCIA E PRAXE DA CÚRIA ROMANA. *Direito canônico.* Modo habitual de agir dos dicastérios romanos, quer na resolução de questões administrativas, quer na decisão das judiciárias (Hortal).

JURISPRUDÊNCIA EUREMÁTICA. *Teoria geral do direito.* Aquele que se ocupa dos euremas, ou melhor, das prevenções que procuram assegurar a validez dos atos jurídicos.

JURISPRUDÊNCIA INTERNACIONAL. *Direito internacional público.* **1.** Conjunto de decisões arbitrais proferidas no julgamento de controvérsias entre países. **2.** Conjunto de decisões judiciais relativas à solução de demandas que envolvem dois ou mais países. **3.** Em sentido amplo poderia abranger não só o conjunto de pareceres da Corte de Haia, no exercício de sua competência consultiva, mas também o produto não-obrigatório, tais como laudo, parecer, relatório de mediadores ou de comissões de conciliação das instâncias diplomáticas (Rezek).

JURISPRUDENCIAL. Relativo à jurisprudência.

JURISPRUDÊNCIA NORMATIVA. *Teoria geral do direito* e *filosofia do direito.* É a que descreve seu objeto particular como qualquer outra ciência empírica, mas seu objeto está constituído por normas e não por tipos de comportamento real (Kelsen). Trata-se da dogmática jurídica.

JURISPRUDÊNCIA SOCIOLÓGICA. *Sociologia jurídica.* Ciência empírica que descreve tipos de comportamento real (Kelsen).

JURISPRUDÊNCIA SOCIOLÓGICA NORTE-AMERICANA. *Filosofia do direito.* Corrente que teve, nos EUA, como prosélitos, dentre outros, Roscoe Pound, Benjamin N. Cardozo e Louis Brandeis, que procura solucionar os problemas práticos da função judicial, que surgiam na dinâmica e na aplicação judicial da *common law.* A *sociological jurisprudence,* ao constatar que a *common law* era uma ordem jurídica inadequada para solucionar, de modo justo, os problemas surgidos nos novos tempos, entendeu não só que eram necessárias novas normas, como também que as velhas disposições normativas requeriam uma nova interpretação, ao serem relacionadas com os novos fatos, o que seria impossível pelo emprego do método dedutivo. Para tanto era imprescindível uma operação prévia, que consistia na análise compreensiva da realidade dos tempos atuais e numa correta ponderação valorativa das realidades sociais produzidas na época presente. O conhecimento social da realidade atual era a base para a formulação de normas gerais e individuais realmente inspiradas num critério de justiça. Assim sendo, o trabalho do jurista teórico, do legislador e do juiz não devia limitar-se a um processo lógico, mas conter um conhecimento sociológico da realidade presente.

JURIS PRUDENS. *Locução latina.* Conhecedor do direito.

JURISPRUDENTE. *Vide* JURISCONSULTO.

JURISPUBLICISTA. *Teoria geral do direito.* Aquele que escreve sobre direito público.

JURIS SENSU. *Locução latina.* No sentido do direito.

JURISTA. 1. *Teoria geral do direito.* Aquele que, por ser profundo conhecedor do direito, escreve livros ou monografias jurídicas com assiduidade. **2.** Na *linguagem comum*: a) aquele que empresta dinheiro a juros; b) aquele que, tendo títulos de dívida pública, recebe os respectivos juros; c) aquele que vive da aplicação de capitais em mútuos, de cujas operações tira juros; d) capitalista.

JURISTA FILÓSOFO. *Filosofia do direito.* Jurista que, baseado na realidade jurídica, investiga seus princípios e fundamentos (Bobbio).

JURIS TANTUM. *Locução latina.* De direito até que se prove o contrário; que resulta do direito. Presunção relativa que admite prova em contrário.

JURÍSTICA. *Filosofia do direito.* Termo propugnado por Levy-Bruhl para indicar Ciência do Direito, distinguindo-a do direito.

JURÍSTICO. Relativo a jurista.

JURISTISCHE TATSACHE. *Locução alemã.* Fato jurídico.

JURI SUO QUILIBET RENUNTIARE POTEST. *Aforismo jurídico.* Pode cada um renunciar seu direito.

JURO. 1. *Direito bancário.* Rendimento de capital empregado. **2.** *Direito civil.* a) Taxa percentual que incide sobre um valor ou quantia em dinheiro; b) pagamento que decorre da utilização de capital alheio, constituindo, portanto, fruto civil.

JURO BANCÁRIO. *Direito bancário.* Juro que o banco cobra do tomador de dinheiro por empréstimo.

JUROS ACUMULADOS. *Direito comercial* e *direito civil.* Os devidos, já vencidos, que, periodicamente, são incorporados ao capital. Trata-se dos juros de juros, ou seja, os computados sobre o capital acrescidos dos juros que produziu. São aqueles somados ou integrados periodicamente ao capital para produzir novos juros no período seguinte. Trata-se do anatocismo ou capitalização de juros, vedada por lei.

JUROS CAPITALIZADOS. *Vide* JUROS ACUMULADOS.

JUROS COMPENSATÓRIOS. *Direito civil.* Aqueles que decorrem de uma utilização consentida do capital alheio, pois estão, em regra, preestabelecidos no título constitutivo da obrigação, no qual os contratantes fixam os limites de seu proveito, enquanto durar o negócio jurídico, ficando, portanto, fora do âmbito da inexecução. Trata-se dos juros-frutos ou juros remuneratórios, que podem ser convencionados com ou sem taxa fixa. Se as partes não a fixarem, ela será a que estiver em vigor para a mora do pagamento de imposto devido à Fazenda Nacional.

JUROS COMPOSTOS. *Vide* JUROS ACUMULADOS.

JUROS CONVENCIONAIS. *Direito civil.* Os existentes por força de convenção ou de contrato, elaborado pelas partes, cuja taxa não pode ultrapassar os limites legais.

JUROS DE JUROS. *Vide* JUROS ACUMULADOS.

JUROS DE MORA. *Vide* JUROS MORATÓRIOS.

JUROS-FRUTOS. *Vide* JUROS COMPENSATÓRIOS.

JUROS LEGAIS. *Direito civil.* Aqueles cuja taxa é fixada em lei ou os devidos por força de lei.

JUROS MERCANTIS. *Direito comercial.* Aqueles que podem ser exigidos desde o tempo do desembolso, mesmo que não sejam estipulados, nos casos permitidos por lei. Fora daí, não sendo estipulados, só podem ser exigidos havendo mora no pagamento de dívidas líquidas e nas ilíquidas, apenas depois de sua liquidação. Mas é vedado contar juros de juros, salvo se se tratar de acumulação de juros vencidos aos saldos líquidos em conta corrente de ano a ano.

JUROS MORATÓRIOS. *Direito civil.* Consistem na indenização pelo retardamento da execução da dívida.

JUROS MORATÓRIOS CONVENCIONAIS. *Direito civil.* Aqueles estipulados pelas partes, para efeito de atraso no cumprimento da obrigação, cuja taxa vai até 12% anuais ou 1% ao mês.

JUROS MORATÓRIOS LEGAIS. *Direito civil.* Aqueles que são devidos, ante o fato de as partes não os convencionarem, na taxa que estiver em vigor para a mora do pagamento de impostos devidos à Fazenda Nacional.

JUROS NOMINAIS. *Economia política.* Os que traduzem uma incorporação do valor depreciado ou majorado da moeda aos patrimônios do devedor ou do credor (José Tadeu de Chiara).

JUROS ORDINÁRIOS. *Vide* JUROS SIMPLES.

JUROS REAIS. 1. *Economia política.* Aqueles que correspondem à taxa nominal de juros acrescida ou deduzida do percentual relativo à valorização ou desvalorização da moeda (José Tadeu de Chiara). **2.** *Direito civil.* Os alusivos ao interesse do credor sobre o principal da obrigação, sendo, monetariamente, corrigido até o mês correspondente ao vencimento e calculado em taxa percentual até 12% ao ano (Othon Sidou).

JUROS RECÍPROCOS. *Direito bancário.* Próprios da conta corrente, em que as parcelas devedoras e credoras se modificam conforme se realizam as operações, computando-se os juros, de lado a lado, por um e outro dos contratantes, sobre as somas representativas de saldos que se verificarem dia a dia. Logo, o credor de hoje se credita pelos juros referentes ao saldo, o mesmo ocorrendo com o de amanhã. Com isso, haverá uma reciprocidade de juros, já que cada um é devedor dos que correspondem ao saldo verificado em determinado momento (De Plácido e Silva).

JUROS REMUNERATÓRIOS. *Direito civil.* Aqueles convencionados como remuneração de um mútuo feneratício.

JUROS SIMPLES. *Direito civil.* Aqueles que não se acumulam nem se capitalizam, uma vez que são apenas computados sobre o capital primitivo que permanece invariável, durante o tempo em que vigorar a obrigação até a liquidação do débito. São, portanto, aqueles juros que não geram novos juros, já que não incidem sobre juros capitalizados nem se incorporam ao capital; seu percentual vem a incidir tão-somente sobre o capital principal, indicado na obrigação assumida.

JUROS SOBRE CAPITAL PRÓPRIO. *Direito comercial.* Forma de remuneração ao acionista da empresa, oriunda do lucro retido em períodos anteriores (Luiz Fernando Rudge).

JUROS VENCIDOS. *Direito civil.* Os rendimentos do capital que podem ser exigidos pelo credor, ante o fato de já haver transcorrido o prazo em que são devidos.

JUROS VINCENDOS. *Direito civil.* Aqueles rendimentos do capital que são inexigíveis pelo credor, que terá de esperar seu vencimento ou o advento do termo final.

JUS. *Termo latino.* Direito, objetiva ou subjetivamente, considerado, que se opunha ao "fas".

JUS ABSTINENDI. *Locução latina.* Direito de se abster ou de deixar de fazer alguma coisa.

JUS ABUTENDI. *Locução latina.* Direito de abusar; direito do titular de dispor da coisa que lhe pertence; direito do proprietário de usar do bem como que lhe aprouver.

JUS ACCUSATIONIS. *Locução latina.* Direito de acusar.

JUS ACTIONIS. *Locução latina.* Direito de ação (em sentido material); direito de recorrer à tutela jurisdicional para prevenir uma lesão, obter declaração de uma relação jurídica ou reparação de mal causado em razão de violação de lei.

JUS AD BELLUM. *Locução latina.* Direito à guerra; direito de fazer a guerra, se ela parecer justa.

JUS ADCRESCENDI. *Locução latina.* Direito de acrescer.

JUS AD REM. *Locução latina.* Direito pessoal oriundo de uma obrigação assumida.

JUS AGENDI. *Locução latina.* Direito de agir; de proceder em juízo.

JUSAGRARISMO. *Direito agrário.* Tudo que se relaciona com o direito agrário.

JUSAGRARISTA. *Direito agrário.* Jurista especializado em questões de direito agrário.

JUS ALLEGATUR NON PROBATUR. *Expressão latina.* O direito objetivo se alega, não se prova.

JUS AMBULANDI. *Locução latina.* Direito de locomover-se; direito de ir e vir.

JUSANTE. *Direito marítimo.* Refluxo da maré ou baixa-mar.

JUS APPLICATIONIS. 1. *Locução latina.* Direito de herdar quando não há herdeiros nem testamento; direito que cabe ao poder público incorporar ao seu patrimônio bens da herança vacante. **2.** *Direito romano.* Direito do cidadão romano de herdar bens de estrangeiro a quem protegia, ou do patrono sobre bens de cliente estrangeiro, que falecia sem deixar testamento (De Plácido e Silva).

JUS AUTEM GENTIUM OMNI HUMANI COMMUNE EST. *Direito romano.* O direito das gentes é comum a todos os homens.

JUS CAPIENDI. *Locução latina.* Direito de entrar na propriedade de bens deixados em testamento.

JUS CERTUM. *Locução latina.* Direito certo; direito subjetivo que, sendo objeto de litígio, foi decidido.

JUSCIBERNÉTICA. *Teoria geral do direito.* Toda e qualquer aplicação da cibernética ao direito (Mário G. Losano). Procura compreender a conduta humana em termos de comportamento das máquinas, colocando à disposição do jurista e do aplicador os recursos dos computadores eletrônicos. A informática jurídica, a partir da juscibernética, procura fornecer ao jurista, por meio de um "banco de dados", o que lhe for exigido do aprendizado da linguagem cibernética, para a elaboração eletrônica dos dados jurídicos, pois só se usa a linguagem algorítmica (fórmulas lógico-matemáticas finitas).

JUS CIVILE. *Locução latina.* Direito civil dos romanos que também denominava-se *jus quiritium*. Era o direito específico da cidade romana, o direito positivo dos quirites, ou seja, dos cidadãos romanos.

JUS CIVILE EST AEQUITAS CONSTITUTA IIS QUI EIUSDEM CIVITATIS SUNT AD RES SUAS OBTINENDAS. *Expressão latina.* O direito civil é a eqüidade constituída para os que são da mesma cidade e, dessa forma, obtenham o que é seu.

JUS CIVILE PAPIRIANUM. *Locução latina.* Compilação dos costumes feita por Papirus Cursor, no século IV a.C.

JUS CIVILE VIGILANTIBUS SCRIPTUM EST. *Expressão latina.* O direito civil é para os que não dormem.

JUS CIVITATIS. *Locução latina.* Direito da cidade.

JUS CIVITATIS PROPRIUM QUOD QUISQUE POPULUS SIBI IPSE CONSTITUIT. *Expressão latina.* O direito próprio da cidade é o que cada povo constituiu para si mesmo.

JUS COGENS. *Locução latina.* Direito cogente; direito que obriga; conjunto de normas de ordem pública ou de imperatividade absoluta ou impositiva.

JUS COMMUNE. *Locução latina.* Direito comum aplicável a todos; conjunto de normas que rege casos normais.

JUS COMMUNE PROBANDUM NON EST. *Brocardo latino.* O direito comum não deve ser provado.

JUS CONDENDUM. *Locução latina.* Aquele que está em vias de se transformar em direito; direito que deve ser criado; direito futuro; direito a constituir.

JUS CONDITUM. *Locução latina.* Direito positivo já elaborado; direito constituído; direito vigente.

JUS CONNATUS. *Locução latina.* Direito natural.

JUS CONNUBII. *Locução latina.* Direito de convolar núpcias.

JUS CONSTITUENDUM. *Locução latina.* Direito que deve ser constituído; direito a se constituir.

JUS CONSTITUTUM. *Locução latina.* Direito vigente; direito constituído.

JUS CONSUETUDINARIUM. *Locução latina.* Direito consuetudinário, baseado no costume.

JUS CONSUETUDINIS ESSE PATITUR ID QUOD VO-LUNTATE OMNIUM SINE LEGE VETUSTAS COMPRO-BAVIT. *Direito romano.* Direito consuetudinário é aquele que a Antigüidade aprovou, sem lei, pela vontade de todos.

JUS CORRIGENDI. 1. *Direito romano.* Poder absoluto do *pater familias* sobre a mulher, filhos e escravos. **2.** *História do direito.* Direito de correção pela aplicação de castigos, desde que não causasse lesão corporal grave ou morte. **3.** *Direito civil.* Direito de corrigir filhos, castigando-os moderadamente.

JUS DELATIONIS. *Locução latina.* Direito do sucessor de aceitar ou repudiar herança, após a abertura da sucessão.

JUS DELATUM. *Locução latina.* Direito prolatado ou proferido. Tal locução diz respeito à norma emitida pela autoridade competente ou à decisão judicial transitada em julgado.

JUS DELIBERANDI. *Locução latina.* Direito de deliberar.

JUS DICERE. *Locução latina.* Administração da justiça; o que foi estabelecido pelo órgão judicante; julgar.

JUS DISCIPLINANDI VEL CORRIGENDI. *Locução latina.* Direito de disciplinar ou de corrigir, próprios do detentor do pátrio poder (hoje poder familiar), na criação e educação dos filhos menores, aplicando-lhes castigos moderados ou exigindo-lhes respeito e obediência.

JUS DISPONENDI. *Locução latina.* Direito de dispor da coisa a título oneroso ou gratuito, abrangendo o poder de consumi-la e o de gravá-la de ônus ou de submetê-la ao serviço de outrem.

JUS DISPOSITIVUM. *Locução latina.* Conjunto de normas de imperatividade relativa aplicáveis na ausência da declaração da vontade dos interessados ou que não proíbem de modo absoluto, permitindo, no entanto, ação ou abstenção. Trata-se do direito dispositivo.

JUS DIVIDENDI. *Locução latina.* Direito de dividir.

JUS DOMINII. *Locução latina.* Direito de propriedade.

JUS DONATUM. *Locução latina.* Valor dos bens doados em vida pelo *de cujus* e das despesas que devem ser colacionadas.

JUS EDICENDI. *Locução latina.* Direito de legislar.

JUSEPES. Na *gíria*, a pessoa armada que, por isso, pode defender-se.

JUS EST ACTIO IPSA. *Direito romano.* O direito é a própria ação.

JUS EST ARS BONI ET AEQUI. *Expressão latina.* O direito é a arte ou a técnica da investigação do bom e do justo.

JUS EST FACULTAS AGENDI. *Direito romano.* O direito é a faculdade de agir.

JUS EST IN TACITA ET VERISIMILI MENTE CON-TRAHENTIUM. *Brocardo latino.* O direito está na intenção tácita e verossimilhante dos contraentes.

JUS EST NORMA AGENDI. *Expressão latina.* O direito é a norma de agir.

JUS EST NORMA LOQUENDI. *Expressão latina.* A lei é a norma da linguagem.

JUS ET FURI DICITUR. *Locução latina.* Até ao ladrão se faz justiça.

JUS ET OBLIGATIO SUNT CORRELATA. *Aforismo jurídico.* A todo direito corresponde um dever ou uma obrigação.

JUS EUNDI. *Locução latina.* Direito de ir e vir.

JUS EX FACTO ORITUR. *Aforismo jurídico.* O direito nasce do fato.

JUS EXTRAORDINARIUM. *Locução latina.* Direito extraordinário; direito especial.

JUSFILOSOFIA. *Vide* FILOSOFIA DO DIREITO.

JUS FISCALE. *Locução latina.* Direito fiscal.

JUS FRUENDI. *Locução latina.* Direito de percepção dos frutos e de utilização dos produtos da coisa. Trata-se do direito de fruir do bem ou de explorá-lo economicamente.

JUS FUTURUM. *Locução latina.* Direito futuro.

JUS GENERALE. *Locução latina.* *Vide JUS COMMUNE.*

JUS GENTIUM. *Locução latina.* **1.** Direito das gentes. **2.** O que regra as relações entre cidadãos romanos e estrangeiros. **3.** Direito internacional da era romana. **4.** Direito aplicado aos *peregrini* (estrangeiros), ou aos que não nascessem em Roma. **5.** Direito comum a todas as nações.

JUS GLADI. *Locução latina.* Direito da força.

JUS HABENDI. *Locução latina.* Direito de deter materialmente uma coisa com a intenção de tê-la como sua; direito de possuir.

JUS HEREDITATIS. *Locução latina.* Direito de herança.

JUS HEREDITATIS INCORPORALE EST. *Expressão latina.* O direito de herança é incorpóreo.

JUS HONORARIUM VIVA VOX EST JURIS CIVILIS. *Direito romano.* O direito honorário é a viva voz do direito civil.

JUS IMMUNITATIS. *Locução latina.* Direito de imunidade.

JUS IMPERII. *Locução latina.* Poder do titular do *imperium.*

JUS IN AGRO VECTIGALI. *Locução latina.* **1.** Direito de arrendamento agrícola pelo qual o colono adquire os frutos por ser possuidor de boa-fé. A sua posse é protegida pelos interditos possessórios e, além disso, pode ceder ou transmitir seus direitos. **2.** Direito de enfiteuse.

JUS IN ARMIS. *Expressão latina.* O direito reside nas armas ou na força.

JUS IN BELLO. *Locução latina.* Direito de guerra ou direito aplicável na guerra.

JUS IN CORPUS. *Locução latina.* Direito ao corpo.

JUS IN RE. *Locução latina.* Direito real; direito sobre a coisa.

JUS IN RE ALIENA. *Locução latina.* Direito real sobre coisa alheia.

JUS IN RE PROPRIA. *Locução latina.* Direito sobre coisa própria.

JUSINTERNACIONALISTA. *Direito internacional.* Jurista versado em direito internacional.

JUS INVENTIONIS. *Locução latina.* Direito de adquirir o tesouro encontrado.

JUS JUDICANDI. *Locução latina.* Direito-dever de julgar.

JUS JURA CONDENDI. *Locução latina.* **1.** Direito de produzir normas e de instituir direitos subjetivos. **2.** Direito de declarar direitos.

JUS JURANDUM LIBERTI. *Direito romano.* Juramento do liberto, prometendo realizar alguns serviços ao seu antigo senhor.

JUSLABORISTA. *Direito do trabalho.* Jurista especializado em direito do trabalho.

JUS LEGITIMO MODO PARTUM. *Locução latina.* Direito adquirido de modo legítimo.

JUS LEGITIMUM. *Locução latina.* Direito legítimo fundado em lei.

JUS LIBERTATIS. *Locução latina.* Direito à liberdade.

JUS LOCI. *Locução latina.* Direito do lugar.

JUS MANENDI ET AMBULANDI. *Locução latina.* Direito de permanecer num certo local e de se locomover, garantido pelo *habeas corpus.*

JUSMATERNALISMO. *Sociologia jurídica* e *sociologia geral.* Organização social em que prevalece a autoridade maternal ou avuncular e a ascendência, herança e sucessão matrilineares.

JUS MORIBUM CONSTITUTUS. *Locução latina.* Direito constituído pelos costumes (*mores maiorum*); direito consuetudinário.

JUS MULTAE DICTIONIS. *Expressão latina.* Direito de impor multas.

JUS MURMURANDI. *Locução latina.* Direito de murmurar.

JUS NATURALE. *Locução latina.* Direito natural.

JUS NATURALE EST QUOD NATURA OMNIBUS ANIMALIBUS DOCUIT. *Expressão latina.* O direito natural é o que foi ensinado pela natureza a todos os animais.

JUSNATURALISMO. *Filosofia do direito.* Característica do direito natural.

JUSNATURALISMO DE CONTEÚDO VARIÁVEL DE RUDOLF STAMMLER. *Filosofia do direito.* **Teoria que** rejeita o direito natural material, enaltecendo o método formal como o apropriado para sistematizar uma dada matéria social, em cada momento histórico, no sentido de direito justo. Há uma só idéia de justiça e inúmeros direitos justos, conforme as variações da matéria social e as diversas circunstâncias de cada época. O direito justo é um direito positivo, cujo conteúdo volitivo possui a propriedade de justeza. A idéia de direito justo é um mero princípio regulativo, um critério do qual todo direito positivo se aproxima sem esgotá-lo, transformando-se o direito em tentativa de direito justo.

JUSNATURALISMO DE DEL VECCHIO. *Filosofia do direito.* Corrente que propugnava uma volta pura e simples às concepções clássicas, dando-lhes uma nova base idealista depurada, procurando tornar compatíveis os vários materiais histórico-condicionados com a pureza formal do ideal do justo, permanente e imutável. Para Giorgio del Vecchio, na fixação do ideal de justiça, o primeiro problema é saber o que seja a natureza humana, enfocada no plano da causalidade ou no da finalidade. Salienta, ainda, que é no aspecto teleológico da natureza humana, vista como uma ordem valorativa em que se deve fundar a moral e o direito. Para ele o direito natural racional considera não só as justas pretensões da pessoa, mas também as suas obrigações nacionais para com outrem. O direito natural representa o reconhecimento das propriedades e exigências essenciais da pessoa humana.

JUSNATURALISMO DE TIPO OBJETIVO E MATERIAL. *Filosofia do direito.* Concepção de espírito tomista reinante na era medieval, que estabelecia o valor moral da conduta pela consideração da natureza do respectivo objeto, conteúdo ou matéria, tomada como base de referência à natureza do sujeito humano, considerado na sua realidade empírica, mas enquanto reveladora do seu dever-ser real e essencial. O direito natural era o conjunto de normas ou de primeiros princípios morais imutáveis, de dever-ser, consagrados ou não na legislação da sociedade, visto que resultavam da natureza das coisas, especialmente da natureza humana, sendo, por isso, apreendidos imediatamente pela inteligência humana como verdadeiros.

JUSNATURALISMO DE TIPO SUBJETIVO E FORMAL. *Filosofia do direito.* Aquela concepção que arreda as raízes teleológicas do jusnaturalismo baseando seus fundamentos na identidade da razão humana e, a partir de então, concebendo a natureza do ser humano: a) como genuinamente social (Grotuis, Pufendorf e Locke) ou b) como originariamente associal ou individualista (Hobbes, Spinoza, Rousseau).

JUSNATURALISTA. *Filosofia do direito.* Prosélito do jusnaturalismo.

JUS NON SCRIPTUM. *Locução latina.* Direito não escrito, oriundo do costume, ou seja, do consentimento tácito do povo, que reiteradamente o pratica.

JUS NOVORUM. *Locução latina.* **1.** Direito a novas deduções, no juízo *ad quem*, que não foram levantadas no *a quo*. **2.** Direito à juntada de novas provas, comprovada a força maior (Afonso Celso F. de Rezende).

JUS NOVUM. *Locução latina.* Direito novo.

JUS PACIENDI. *Locução latina.* Direito relativo ao dever de tolerar.

JUS PASCENDI. *Locução latina.* Direito de pastagem.

JUSPATERNALISMO. *Sociologia jurídica* e *sociologia geral.* Organização social caracterizada pelo predomínio da autoridade paterna, ascendência patrilocal, herança e sucessão patrilinear.

JUS PATRIAE. *Locução latina.* Direito da pátria.

JUS PATRIUM. *Locução latina.* Direito pátrio ou do país a que alguém, pela sua nacionalidade, está ligado.

JUS PERSEQUENDI. *Locução latina.* **1.** Direito de reivindicar a coisa que se encontra indevidamente em poder de outrem. **2.** Direito de seqüela.

JUS PERSEQUENDI IN JUDICIO QUOD SIBI DEBETUR. *Expressão latina.* Direito de demandar em juízo o que lhe é devido.

JUS PIGNORIS. *Locução latina.* Direito real de penhor.

JUS POENITENDI. *Locução latina.* Direito de arrependimento.

JUS POLITIAE. *Locução latina.* **1.** Direito de polícia. **2.** Direito de governar.

JUSPOSITIVISMO. *Filosofia jurídica.* Corrente que constitui uma tentativa de amoralização completa da ciência jurídica e do direito. Visa a eliminação do direito natural como fundamento moral pela: a) amoralização psicossocial do direito, feita por Von Ihering que procurou eliminar a moral do direito fundando-o no fator psicossocial do interesse geral, garantido pelo poder coercitivo do Estado, e por Henri de Page, que o funda na força social; b) amoralização político-estatal de Jelinek e Waline, que fundam o direito positivo no poder soberano do Estado que, por voluntária autolimitação e auto-regulamento, outorga aos cidadãos direitos subjetivos de ordem pública, que constituem base de todos os direitos subjetivos de ordem privada; c) amoralização lógico-técnica de Kelsen, para quem a ciência jurídica só pode conhecer normas, procurando o fundamento objetivo e racional da validade numa hipótese de trabalho lógico-técnico-jurídico. Logo, a validade da norma jurídica é explicada pela da norma hierarquicamente superior, sendo que a validez da norma constitucional é justificada pela norma hipotética fundamental, que não é positiva (Van Acker). O juspositivismo procura reconhecer apenas o direito positivo.

JUS POSSESSIONIS. *Locução latina.* Direito de posse fundado na propriedade.

JUS POSSIDENDI. *Locução latina.* **1.** *Vide JUS POSSESSIONIS.* **2.** Direito de possuir.

JUS POSTERIUS DEROGAT PRIORI. *Expressão latina.* Direito posterior derroga o anterior.

JUS POSTLIMINIUM. *Locução latina.* **1.** Direito de fazer com que o prisioneiro escravizado voltasse à condição jurídica anterior à submissão inimiga, exceto no que dizia respeito à posse e ao matrimônio. O *jus postliminium* não era aplicado ao traidor da pátria, ao que era entregue aos inimigos pelos romanos e que de volta não era recebido por seus concidadãos; ao aprisionado por ladrão ou pirata; aos casos de guerra civil. **2.** Direito de voltar à pátria.

JUS POSTULANDI. *Locução latina.* Direito de falar, em nome das partes, no processo, que compete ao advogado.

JUS PRAEFERENDI. *Locução latina.* Direito de preferência.

JUS PRAESENS. *Locução latina.* Direito presente; direito completamente adquirido.

JUS PRIMAE NOCTIS. *Expressão latina.* Direito que, na era medieval, tinha o senhor feudal, por ocasião das núpcias de seus servos, de dormir com a recém-casada antes de seu marido. Tratava-se do direito da primeira noite.

JUS PRIVATUM. *Locução latina.* Direito privado.

JUS PRO AFFINITATE. *Locução latina.* **1.** Vínculo jurídico entre um dos cônjuges e os parentes do outro. **2.** Direito por afinidade.

JUS PRO CONSANGUINITATE. *Locução latina.* **1.** Direito resultante de parentesco consangüíneo. **2.** Direito por consangüinidade.

JUS PROHIBENDI. *Locução latina.* Direito do condômino de impedir a venda da coisa comum.

JUS PROPRIETATIS. *Locução latina.* Direito de propriedade.

JUS PROTIMESEOS. *Locução latina.* **1.** Direito de opção do senhorio pelo qual o enfiteuta, que for alienar o bem, deve dar-lhe preferência sobre os demais compradores, nas mesmas condições. **2.** Direito de prelação ou direito de preferência.

JUS PUBLICE RESPONDENDI. *Locução latina.* Direito de responder pública e oficialmente à consulta verbal que tinham os jurisconsultos (*juris conditores*).

JUS PUBLICUM. *Locução latina.* Direito público.

JUS PUBLICUM PRIVATORUM PACTIS MUTARI NON POTEST. *Expressão latina.* O direito público não pode ser modificado por pactos privados.

JUS PUNIENDI. *Locução latina.* Direito de punir do Estado.

JUS QUERELANDI. *Locução latina.* Direito de litigar em juízo.

JUS QUIRITIUM. *Vide JUS CIVILE.*

JUS RATIONIS ABEST, UBI SAEVA POTENTIA REGNAT. *Expressão latina.* Onde há força, o direito perde.

JUS REFORMANDI. *Locução latina.* Direito de reformar.

JUS REIVINDICANDI. *Locução latina.* Direito de reivindicar; poder que tem o proprietário de mover ação para obter o bem de quem injustamente o detenha, em virtude de seu direito de seqüela.

JUS RELICTUM. *Locução latina.* Direito sobre bens existentes à data da morte do *auctor successionis*, que integram a herança.

JUS REPRESENTATIONIS OMNIMODAE. *Locução latina.* Direito de representar o todo de que se reveste o Chefe de Estado.

JUS RESISTENTIAE. *Locução latina.* Direito de resistência à opressão ou ao ato ilegal do poder político.

JUS RETENTIONIS. *Locução latina.* Direito de retenção, ou melhor, direito de reter coisa alheia.

JUS RETORSIONIS. *Locução latina.* Direito de retorsão, ou seja, direito do ofendido em sua dignidade de devolver a injúria recebida, sem cometer novo delito.

JUS SANGUINIS. 1. *Locução latina.* Direito de sangue. **2.** *Direito internacional privado.* Critério de determinação da nacionalidade da pessoa que, embora nascida em território estrangeiro, é considerada da mesma nacionalidade de seus pais. Princípio que considera como nacionais os filhos de pais nascidos no País. *Vide* DIREITO DE SANGUE.

JUS SCRIPTUM. *Locução latina.* Direito escrito.

JUS SEPULCHRI. *Locução latina.* Direito ao sepultamento, que assegura a intocabilidade do morto e a custódia da sepultura a seus parentes.

JUS SINGULARE. *Locução latina.* Direito singular, aplicável a algum caso específico.

JUS SINGULARE EST, QUOD TENOREM RATIONIS PROPTER ALIQUAM UTILITATEM AUCTORITATE CONSTITUENTIUM INTRODUCTUM EST. *Direito romano.* O direito singular é aquele que, contra o teor da razão – do direito em geral –, foi instituído pela autoridade dos que o constituem, tendo em vista alguma utilidade.

JUS SOLI. 1. *Locução latina.* Direito do solo. **2.** *Direito internacional privado.* Critério pelo qual a nacionalidade da pessoa será a do lugar onde nascer.

JUS STILLICIDII. *Locução latina.* Direito de servidão consistente em receber, no prédio serviente, águas pluviais dos telhados vizinhos.

JUS SUFFRAGII. *Locução latina.* Direito de votar.

JUS SUMMUM SAEPE SUMMA MALITIA EST. *Expressão latina.* O direito em todo seu rigor é, às vezes, grande injustiça.

JUS SUPERVENIENS. *Locução latina.* Justiça superveniente.

JUS SUPRA JURA. *Expressão latina.* Direito sobre direito.

JUS SUUM UNICUIQUE TRIBUE. *Expressão latina.* Dar a cada um aquilo a que tem direito.

JUSTA. 1. *História do direito.* a) Competição ou torneio na Idade Média em que dois cavaleiros combatiam à lança por um prêmio; b) duelo. **2.** Na *gíria*, central de polícia. **3.** Nas *linguagens comum* e *jurídica*: a) a decisão ou atitude legíti-

ma ou conforme à lei; b) o debate de alto nível intelectual entre dois debatedores (Othon Sidou).

JUSTA CAUSA. 1. *Direito civil.* a) Motivo justificador da rescisão de contrato de locação de coisa, ante os casos previstos em lei; b) razão para extinguir prestação de serviço sem justa causa, sem que haja culpa de qualquer dos contratantes, ou por justa causa, fundada em culpa de uma das partes. Se prestador for despedido sem justa causa terá direito à integralidade da remuneração vencida e à metade que lhe caberia ao termo legal do contrato, a título de indenização. Se o prestador de serviço se despedir sem justa causa, tem direito à retribuição vencida, mas responderá por perdas e danos. **2.** *Direito do trabalho.* a) Razão para rescindir contrato trabalhista, por parte do empregado ou do empregador, fundada em lei; b) infração contratual ou legal determinante da rescisão do contrato de trabalho, por culpa do empregador ou por culpa do empregado, pela prática de atos previstos em lei, tais como: redução do trabalho, afetando o salário; exigência de serviços superiores às forças do empregado ou contrários aos bons costumes; embriaguez em serviço; violação de segredo empresarial, indisciplina, desídia, abandono de emprego etc. **3.** *Direito processual civil.* Acontecimento imprevisto, alheio à vontade, que vem a impedir a prática de um ato processual. **4.** *Direito processual penal.* Coexistência de fundamento legal e razoável e de legítimo interesse na pretensão punitiva do Estado, que devem ser apreciados pelo órgão judicante em cada caso concreto, averiguando se houve o crime ou contravenção, se o fato delituoso foi praticado pelo acusado etc.

JUSTA CAUSA PARA RESCISÃO DO CONTRATO DE TRABALHO DE EMPREGADO DA CAIXA ECONÔMICA FEDERAL. Motivo que justifica a extinção do contrato de trabalho, como: a) reincidência em falta punida com penalidade de suspensão de trinta dias; b) crime contra a Administração Pública em geral e a Administração da CEF em particular; c) crime praticado no exercício ou em decorrência do cargo ou função; d) improbidade; e) incontinência de conduta ou mau procedimento; f) negociação habitual por conta própria ou alheia, sem permissão e quando constituir ato de concorrência ou for prejudicial ao serviço; g) condenação criminal passada em julgado, caso não tenha havido suspensão da execução da pena; h) desídia no desempenho das respectivas funções; i) embriaguez habitual ou em serviço; j) violação de segredo da CEF; k) ato de indisciplina ou de insubordinação; abandono de emprego; l) ato lesivo à honra ou à boa fama praticado no serviço contra qualquer pessoa, ou ofensas físicas, nas mesmas condições, salvo em caso de legítima defesa, própria ou de outrem; m) ato lesivo à honra ou à boa fama ou ofensas físicas praticadas contra superiores hierárquicos, salvo em caso de legítima defesa, própria ou de outrem; n) prática de jogos de azar; o) acumulação remunerada de cargos, expressamente proibida, na hipótese de evidente má-fé.

JUSTA CAUSA POSSESSIONIS. *Locução latina.* Posse fundada em justa causa; posse decorrente *ex justo título.*

JUSTA DOR. *Direito civil.* Choque emocional sofrido pelo cônjuge ultrajado em sua honra.

JUSTAE NUPTIAE. 1. *Locução latina.* Justas núpcias que requeria na era romana consentimento, idade e o *conubium.* **2.** *Direito civil.* Casamento feito conforme a lei e reconhecido juridicamente.

JUSTA E PRÉVIA INDENIZAÇÃO NA DESAPROPRIAÇÃO. *Direito administrativo* e *direito constitucional.* Exigência constitucional para que o poder público possa desapropriar bem alheio, que deve ser pago ao expropriado antes da aquisição da propriedade, conforme o valor dela porque não se pode afetar o patrimônio do expropriado, devendo-se, ainda, reparar todo e qualquer prejuízo havido. A garantia constitucional prevê tão-somente a possibilidade de se substituir o objeto sobre o qual se exerce o domínio por uma integral indenização capaz de habilitar o expropriado a adquirir outro bem equivalente. Logo, não poderá a expropriação transformar-se numa antipropriedade, pagando-se o valor venal para efeito fiscal. A obrigação indenizatória desaguará, portanto, na equação *justo-preço-atual.* Deverão ser considerados no cômputo da indenização para que seja justa. a) O valor do bem no mercado e não o venal para efeito fiscal; b) as benfeitorias úteis e necessárias; a mata virgem; as reservas florestais não nativas; as acessões naturais e artificiais; c) os juros moratórios, devidos pela demora de pagamento da indenização, computados a partir do trânsito em julgado da sentença condenatória; d) os juros compensatórios, devidos pelo expro-

priante a título de compensação pela perda autorizada da posse; e) a correção monetária; f) o fundo de comércio; g) as despesas acarretadas aos expropriados, incluindo dano emergente e lucro cessante; h) as despesas processuais e honorários advocatícios etc. Com isso o expropriado terá direito à compensação indenizatória integral pela perda da propriedade.

JUSTAFLUVIAL. *Direito civil* e *direito comercial.* **1.** Marginal. **2.** Ribeirinho. **3.** O que se situa nas margens de um rio.

JUSTA INDENIZAÇÃO EM CASO DE DESAPROPRIAÇÃO PARA EFEITOS DE REFORMA AGRÁRIA. *Direito administrativo.* É a que reflita o preço atual de mercado do imóvel em sua totalidade, aí incluídas as terras e acessões naturais, matas e florestas e as benfeitorias indenizáveis, observados os seguintes aspectos: a) localização do imóvel; b) aptidão agrícola; c) dimensão do imóvel; d) área ocupada e ancianidade das posses; e) funcionalidade, tempo de uso e estado de conservação das benfeitorias. Verificado o preço atual de mercado da totalidade do imóvel, proceder-se-á à dedução do valor das benfeitorias indenizáveis a serem pagas em dinheiro, obtendo-se o preço da terra a ser indenizado em TDA. Integram o preço da terra as florestas naturais, matas nativas e qualquer outro tipo de vegetação natural, não podendo o preço apurado superar, em qualquer hipótese, o preço de mercado do imóvel. O laudo de avaliação será subscrito por engenheiro agrônomo com registro de Anotação de Responsabilidade Técnica (ART), respondendo o subscritor, civil, penal e administrativamente, pela superavaliação comprovada ou fraude na identificação das informações.

JUSTAM ANIMATUM. *Locução latina.* Justiça viva; magistrado, na terminologia aristotélica.

JUSTAM CAUSAM POSSESSIONIS. *Vide JUSTA CAUSA POSSESSIONIS.*

JUSTAMURAL. *Medicina legal.* Ao lado da parede de um órgão (Croce e Croce Jr.).

JUSTAPOSIÇÃO. 1. Ato ou efeito de justapor, sobrepor ou aproximar. **2.** Aposição. **3.** Ato de colocar algo em contigüidade.

JUSTAPOSTO. 1. Aposto. **2.** Unido em contigüidade. **3.** Colocado junto. **4.** Sobreposto.

JUSTAR. 1. Ajustar. **2.** Acertar contas. **3.** Disputar algo com alguém; competir. **4.** Assalariar.

JUSTA SENTENTIA. *Locução latina.* Decisão judicial conforme ao direito e à justiça.

JUSTAS NÚPCIAS. *Vide JUSTAE NUPTIAE.*

JUSTA UXOR. *Locução latina.* Esposa legítima; mulher casada segundo as formalidades legais.

JUSTA UXORI NATI. *Expressão latina.* Filhos nascidos da esposa legítima.

JUSTE FACIENS, NON DICITUR GRAVARE. *Aforismo jurídico.* Procedendo justamente, a ninguém se prejudica.

JUSTE FIT, QUOD LEGE PERMITTENTE FIT. *Aforismo jurídico.* Justamente se faz o que é permitido por lei.

JUSTE–MILIEU. *Locução francesa.* Justo meio. Norma segundo a qual o Poder Executivo deve ficar igualmente distanciado das extremas direita e esquerda.

JUSTE PETITA NON SUNT DENEGANDA. *Aforismo jurídico.* Aquilo que é pedido justamente não deve ser denegado.

JUSTE POSSIDET, QUI AUCTORITATE JUDICIS POSSIDET. *Aforismo jurídico.* Justamente possui, quem possui por autoridade judicial.

JUSTEZA. 1. *Direito militar.* Valor do tiro em grupamento, medido pelos graus de regulação e precisão. **2.** Nas *linguagens comum* e *jurídica*: a) certeza; b) precisão, exatidão; c) qualidade ou caráter do que é justo; d) conveniência.

JUSTIÇA. 1. *Filosofia do direito.* a) *Ratio juris*, ou seja, a razão de ser ou o fundamento da norma, que está vinculado a fins que legitimam sua vigência e eficácia; b) virtude de que visa produzir a igualdade nas relações humanas e assegurar efetivamente o devido a cada um; c) aquilo que é conforme ao direito; d) o que tem por fim coordenar as atividades e os esforços diversificados dos membros da comunidade e distribuir direitos, poderes e deveres entre eles, de modo a satisfazer as razoáveis necessidades e aspirações dos indivíduos e, ao mesmo tempo, promover o máximo de esforço produtivo e coesão social (Bodenheimer); e) realização da ordem social justa; f) virtude de dar a cada um o que é seu por direito; g) virtude de que envolve em sua dialeticidade o homem e a ordem justa por ele instaurada, que é projeção do ser humano e valor-fonte de todos os valores no processo dialógico da história (Miguel Reale); h) valor jurídico, a cuja realização devem tender as normas e as instituições jurídicas; i) virtude da convivência humana, ou seja, de dar a cada um o que lhe é devido, segundo uma igualdade simples ou proporcional, exigindo, portanto, uma atitude de respeito para com os outros, dando-lhes aquilo o que tenham o direito de ter ou de fazer. Daí as três notas essenciais da justiça em sentido estrito: a alteridade (ou pluralidade de pessoas); o devido (ou exigibilidade), e a igualdade (ou relação de conformidade quanto à quantidade) simples ou proporcional; j) qualidade do que é justo. **2.** *Direito processual.* a) Poder Judiciário; b) conjunto de magistrados e de pessoas que servem juntamente com eles; c) função jurisdicional; jurisdição; d) autoridade judicial que aplica o direito aos casos concretos; e) exercício do poder de julgar; f) poder de conhecer; e decidir os direitos de alguém; g) organização judiciária; h) capacidade de julgar conforme o direito e os ditames da consciência.

JUSTIÇA AGRÁRIA. *Direito comparado.* Justiça especial existente em alguns países que conhece e julga litígios relativos à atividade agrária, ao imóvel rural, ao módulo rural; à empresa agrária, à tributação rural, ao latifúndio, ao minifúndio, ao cadastramento rural, ao crédito rural, ao seguro rural, à reforma agrária, à colonização, ao regime de caça e pesca, ao cooperativismo rural, ao direito agrário, à desapropriação por interesse social etc.

JUSTIÇA COMUM. *Direito processual.* O órgão competente para julgar causas não sujeitas a um regime especial, como as civis, as comerciais e as criminais.

JUSTIÇA COMUTATIVA. *Filosofia do direito.* Modalidade de justiça particular, cujo objeto é o bem do particular, pela qual um particular dá a outro particular aquilo que lhe é devido, segundo uma igualdade simples ou absoluta. Na justiça comutativa, o devido é rigoroso, por ser relativo a um direito próprio da pessoa (por exemplo, o direito da personalidade, o direito ao cumprimento de obrigações positivas, como a entrega de uma coisa, o pagamento de uma certa quantia pecuniária). A igualdade é simples, por consistir na equivalência entre dois objetos, sem levar em conta a condição das pessoas. Por exemplo, o que se dá nas relações de compra e venda, em que "A", ao adquirir uma jóia que vale R$ 10.000,00, deve pagar ao vendedor "B" igual valor em dinheiro. *Vide* COMUTATIVA.

JUSTIÇA CORRETIVA. *Filosofia do direito.* É a existente entre particulares desigualados injustamente, em razão de situação de coordenação devida a uma indiscriminação situacional oriunda de lei, que requer o restabelecimento da eqüidistância entre aqueles particulares. *Vide* JUSTIÇA DIORTÓTICA.

JUSTIÇA DE FUNIL. Aquela que é arbitrária ou liberal, ampla para uns e restrita para outros.

JUSTIÇA DE MÃO PRÓPRIA. *História do direito.* Realização forçada do direito pela ação de quem não é juiz estatal, que o substituía, sendo, atualmente, apenas admitida em casos de desforço imediato e legítima defesa da posse.

JUSTIÇA DE MOURO. Crueldade ou extremo rigor na aplicação da norma.

JUSTIÇA DE PAZ. *Direito constitucional* e *direito processual.* Órgão formado por cidadãos eleitos por voto direto, com mandato de quatro anos, com competência para averiguar a habilitação matrimonial, celebrar casamento e exercer funções conciliatórias, sem caráter jurisdicional.

JUSTIÇA DESPORTIVA. *Direito desportivo.* Órgão competente para tutelar os interesses desportivos do atleta, não só contra atos legislativos, executivos, judiciais e contra lesão concreta que tenha sofrido em razão de violação contratual, mas também de obter indenização por dano físico ou material causado dolosamente pelo adversário num campeonato, disputa, certame ou torneio; de pleitear reabilitação, anistia, relevação e comutação de pena aplicada por órgãos desportivos; de solicitar uma modificação da legislação desportiva e de defender-se em qualquer processo desportivo instaurado, compreendendo a ciência da acusação, a vista dos autos, a oportunidade para oferecimento da contestação e provas, a inquisição de testemunhas e a observância do devido processo legal. Não é um órgão jurisdicional integrante do Judiciário, mas apenas uma justiça administrativa do Ministério de Desportos. Trata-se de um órgão de administração do sistema desportivo nacional, composto por membros nomeados pelas entidades desportivas, pela OAB, por árbitros e atletas, com mandato de quatro anos e com competência para processar e julgar as infrações disciplinares e às competições desportivas. Urge lembrar, ainda, que o Poder Judiciário só admitirá ações relativas à disciplina e às competições desportivas, após esgotarem-se as instâncias de justiça desportiva,

que terá prazo máximo de sessenta dias, contados da instauração do processo para proferir a decisão final.

JUSTIÇA DIORTÓTICA. *Filosofia do direito.* Disposição de pôr as coisas em seu lugar. Visa apenas medir impessoalmente o dano e a perda. Leva em conta as coisas que devem ser igualadas (Tércio Sampaio Ferraz Júnior). O mesmo que JUSTIÇA COMUTATIVA, RETIFICADORA, CORRETIVA ou RETRIBUTIVA.

JUSTIÇA DISTRIBUTIVA. *Filosofia do direito.* Modalidade de justiça particular cujo objeto é o bem do particular, ocorrendo quando a sociedade dá a cada particular o bem que lhe é devido segundo uma igualdade proporcional ou relativa. O grupo social (Estado, sociedade internacional, empresa, família etc.) reparte aos particulares aquilo que pertence a todos, assegurando-lhes uma eqüitativa participação no bem comum, conforme a necessidade, o mérito e a importância de cada indivíduo. A igualdade proporcional é a que se realiza na distribuição dos benefícios e dos encargos entre os membros de uma comunidade, considerando-se a situação das pessoas. Assim, pela justiça distributiva, a sociedade visa assegurar ao particular sua parcela no bem comum, distribuída conforme a posição que ele ocupa como membro do grupo social, tendo em vista o seu mérito, a natureza do serviço prestado, a sua condição econômica ou capacidade contributiva e o seu tempo de serviço. Por exemplo, se "A" contribui com R$ 50.000,00, recebe 5%, se "B" entra com R$ 30.000,00, recebe 3%, e se "C" entra com R$ 20.000,00, recebe 2% dos lucros empresariais.

JUSTIÇA DIVINA. *Direito canônico.* Poder de Deus de regular todas as coisas com igualdade.

JUSTIÇADO. *Direito comparado.* Aquele que foi condenado à morte e executado.

JUSTIÇA DO TRABALHO. *Direito do trabalho.* **1.** Órgão com jurisdição específica, composto pelo Tribunal Superior do Trabalho, Tribunais Regionais do Trabalho e Juízes do Trabalho para conhecer, conciliar, dirimir ou decidir dissídios trabalhistas que se dão entre empregados e empregadores e demais controvérsias resultantes nas relações de trabalho, regidas por normas especiais ou pela legislação social. **2.** É a que tem competência para conciliar e julgar os dissídios que tenham origem no cumprimento de convenções coletivas de trabalho ou acordos coletivos de trabalho, mesmo quando ocorram entre sindicatos ou entre sindicato de trabalhadores e empregador. Compete à Justiça do Trabalho processar e julgar: as ações oriundas da relação de trabalho, abrangidos os entes de direito público externo e da administração pública direta e indireta da União, dos Estados, do Distrito Federal e dos Municípios; as ações que envolvam exercício do direito de greve; as ações sobre representação sindical, entre sindicatos, entre sindicatos e trabalhadores, e entre sindicatos e empregadores; os mandados de segurança, *habeas corpus* e *habeas data*, quando o ato questionado envolver matéria sujeita à sua jurisdição; os conflitos de competência entre órgãos com jurisdição trabalhista; as ações de indenização por dano moral ou patrimonial, decorrentes da relação de trabalho; as ações relativas às penalidades administrativas impostas aos empregadores pelos órgãos de fiscalização das relações de trabalho; a execução, de ofício, das contribuições sociais, e seus acréscimos legais, decorrentes das sentenças que proferir; outras controvérsias decorrentes da relação de trabalho, na forma da lei.

JUSTIÇA ELEITORAL. *Direito eleitoral.* Órgão composto pelo Tribunal Superior Eleitoral, pelos Tribunais Regionais Eleitorais, juízes eleitorais e juntas eleitorais. Especializado em tratar assuntos ligados ao alistamento e processo eleitoral, às eleições, à apuração de votos, à expedição de diplomas aos eleitos, aos partidos políticos e aos crimes eleitorais, às argüições de inelegibilidade etc. Só se pode recolher as decisões dos Tribunais Regionais Eleitorais se: forem inconstitucionais ou ilegais; denegarem *habeas corpus*, mandado de injunção, mandado de segurança, *habeas data*; versarem sobre inelegibilidade ou expedição de diplomas em eleições federais ou estaduais; houver interpretação legal divergente entre dois ou mais tribunais; anularem diplomas ou decretarem perda de mandatos eletivos federais ou estaduais.

JUSTIÇA ESPECIAL. *Direito constitucional* e *direito do trabalho.* Abrange a Justiça Federal, a Justiça Militar, a Justiça Eleitoral e a Justiça do Trabalho.

JUSTIÇA ESTADUAL. *Direito processual.* Órgão da justiça comum com competência e jurisdição para decidir questões cíveis, comerciais e criminais em cada Estado-Membro da federação. A ela compete conhecer e julgar tudo o que não couber nas funções das justiças especiais (José Frederico Marques). A justiça estadual compõe-se de juízes como órgãos individuais de administração de justiça, tribunal de alçada civil e criminal e tribunal de justiça.

JUSTIÇA ESTATAL. *Direito processual.* Órgão do poder público cuja jurisdição permite-lhe zelar pela administração da justiça e promover a aplicação das normas jurídicas ao conhecer e julgar cada caso concreto submetido à sua apreciação.

JUSTIÇA FEDERAL. *Direito processual* e *direito constitucional.* Órgão composto por juízes federais e pelos Tribunais Regionais Federais que decide litígios que envolvem interesse público. Compete aos Tribunais Regionais Federais: a) processar e julgar, originariamente, os juízes federais da área de sua jurisdição, incluídos os da Justiça Militar e da Justiça do Trabalho, nos crimes comuns e de responsabilidade e os membros do Ministério Público da União, ressalvada a competência da Justiça Eleitoral; as revisões criminais e as ações rescisórias de julgados seus ou dos juízes federais da região; os mandados de segurança e os *habeas data* contra ato do próprio Tribunal ou do juiz federal; os *habeas corpus*, quando a autoridade coatora for juiz federal; os conflitos de competência entre juízes federais vinculados ao Tribunal; b) julgar, em grau de recurso, as causas decididas pelos juízes federais e pelos juízes estaduais no exercício da competência federal da área de sua jurisdição. Aos juízes federais compete processar e julgar: as causas em que a União, entidade autárquica ou empresa pública federal forem interessadas na condição de autoras, rés, assistentes ou oponentes, exceto as de falência, as de acidente de trabalho e as sujeitas à Justiça Eleitoral e à Justiça do Trabalho; as causas entre Estado estrangeiro ou organismo internacional e Município de pessoa domiciliada ou residente no País; as causas fundadas em tratado ou contrato da União com Estado estrangeiro ou organismo internacional; os crimes políticos e as infrações penais praticadas em detrimento de bens, serviços ou interesse da União ou de suas entidades autárquicas ou empresas públicas, excluídas as contravenções e ressalvada a competência da Justiça Militar e da Justiça Eleitoral; os crimes previstos em tratado ou convenção internacional quando, iniciada a execução no País, o resultado tenha ou devesse ter ocorrido no estrangeiro, ou reciprocamente; os crimes contra a organização do trabalho e, nos casos determinados por lei, contra o sistema financeiro e a ordem econômico-financeira; os *habeas corpus*, em matéria criminal de sua competência ou quando o constrangimento provier de autoridade cujos atos não estejam diretamente sujeitos a outra jurisdição; os mandados de segurança e os *habeas data* contra ato de autoridade federal, excetuados os casos de competência dos Tribunais Federais; os crimes cometidos a bordo de navios ou aeronaves, ressalvada a competência da Justiça Militar; os crimes de ingresso ou permanência irregular de estrangeiro; a execução de carta rogatória, após o *exequatur* e de sentença estrangeira, após a homologação; as causas referentes à nacionalidade, inclusive a respectiva opção e à naturalização; a disputa sobre direitos indígenas.

JUSTIÇA FEDERAL DE PRIMEIRO GRAU. *Direito processual.* Compõe-se de cem varas assim distribuídas: a) dezoito Varas na 1ª Região, sendo nove Varas de Execução Fiscal e nove Varas Cíveis; b) quinze Varas na 2ª Região, sendo oito Varas de Execução Fiscal e sete Varas Cíveis; c) quarenta Varas na 3ª Região, sendo vinte Varas de Execução Fiscal e vinte Varas Cíveis; d) quinze Varas na 4ª Região, sendo oito Varas de Execução Fiscal e sete Varas Cíveis; e) doze Varas na 5ª Região, sendo seis Varas de Execução Fiscal e seis Varas Cíveis. Cabe a cada Tribunal Regional Federal, no âmbito de sua Região, mediante ato próprio, estabelecer a competência e jurisdição das Varas ora criadas, bem como transferir-lhes a sede de um Município para outro, de acordo com a conveniência do Tribunal e a necessidade de agilização da prestação jurisdicional. Os Tribunais Regionais Federais poderão, em caráter excepcional e quando o acúmulo de serviço o exigir, convocar juízes federais ou juízes federais substitutos, em número equivalente ao de juízes de cada Tribunal, para auxiliar em segundo grau, nos termos de resolução a ser editada pelo Conselho da Justiça Federal.

JUSTIÇA GERAL. *Vide* JUSTIÇA SOCIAL.

JUSTIÇA GRATUITA. *Direito processual.* Assistência judiciária consistente no benefício outorgado ao litigante pobre, concedendo-lhe o exercício do direito de ação, utilizando gratuitamente os serviços de um advogado e isentando-o do pagamento de taxas, custas processuais e honorários advocatícios.

JUSTIÇA ITINERANTE. *Direito processual.* Também chamada *justiça móvel*, instalada pelos Tribunais Regionais Federais, Tribunais Regionais do Trabalho e Tribunais de Justiça, com realização de audiências e demais funções de atividade jurisdicional, nos limites territoriais da respectiva jurisdição, servindo-se de equipamentos públicos e comunitários.

JUSTIÇA LEGAL. *Vide* JUSTIÇA SOCIAL.

JUSTIÇAMENTO. 1. *Direito comparado.* Efetivação da pena de morte. **2.** *Direito processual.* Ato de aplicar a lei, impondo a sanção cabível ao caso *sub judice.*

JUSTIÇA MILITAR. *Direito militar.* Justiça especial com competência para conhecer e julgar crimes militares.

JUSTIÇA MILITAR ESTADUAL. *Direito militar.* Órgão competente para processar e julgar policiais e bombeiros militares nos crimes que lhes são peculiares. Órgão a ser criado por lei estadual desde que o Tribunal de Justiça o proponha. A lei estadual poderá criar, mediante proposta do Tribunal de Justiça, a Justiça Militar estadual, constituída, em primeiro grau, pelos juízes de direito e pelos Conselhos de Justiça e, em segundo grau, pelo próprio Tribunal de Justiça, ou por Tribunal de Justiça Militar nos Estados em que o efetivo militar seja superior a vinte mil integrantes. Compete à Justiça Militar estadual processar e julgar os militares dos Estados, nos crimes militares definidos em lei e as ações judiciais contra atos disciplinares militares, ressalvada a competência do júri quando a vítima for civil, cabendo ao tribunal competente decidir sobre a perda do posto e da patente dos oficiais e da graduação das praças. Compete aos juízes de direito do juízo militar processar e julgar, singularmente, os crimes militares cometidos contra civis e as ações judiciais contra atos disciplinares militares, cabendo ao Conselho de Justiça, sob a presidência de juiz de direito, processar e julgar os demais crimes militares.

JUSTIÇA MÓVEL. *Vide* JUSTIÇA ITINERANTE.

JUSTIÇA OBJETIVA. *Filosofia do direito.* Qualidade da ordem social. Caso em que o jusfilósofo e o jurista vêem na justiça uma exigência da vida em sociedade, e um princípio superior da ordem social. Pode ainda significar a própria legislação (justiça penal, civil, trabalhista etc.) ou o órgão encarregado de sua aplicação (por exemplo, comparecer perante a justiça). É, como prefere Franco Montoro, a ordem social que garante a cada um o que lhe é devido.

JUSTIÇA OFICIAL. *Direito processual.* É a feita pelo órgão jurisdicional, na aplicação da norma ao caso concreto, compondo o conflito de interesses, e elaborando uma decisão judicial.

JUSTIÇA ORDINÁRIA. *Vide* JUSTIÇA COMUM.

JUSTIÇA PARTICULAR. *Filosofia do direito.* Aquele que tem por objeto o bem do particular, podendo ser comutativa ou distributiva.

JUSTIÇA PRIVADA. *História do direito.* Era aquela em que a própria vítima ou um grupo lesado procurava a reparação da ofensa, sem recorrer aos meios estatais, usando de vingança, assegurando, com recurso à força, o seu direito.

JUSTIÇAR. *Direito comparado.* Aplicar a pena de morte.

JUSTIÇA RETIFICADORA. *Vide* JUSTIÇA DIORTÓTICA.

JUSTIÇA RETRIBUTIVA. *Vide* JUSTIÇA DIORTÓTICA.

JUSTIÇA SOCIAL. *Filosofia do direito.* Também designada justiça geral ou legal, é aquela em que as partes da sociedade, isto é, governantes e governados, indivíduos e grupos sociais, dão à comunidade o bem que lhe é devido, observando uma igualdade proporcional. Os membros da coletividade dão a esta sua contribuição para o bem comum, que é o fim da sociedade e da lei, proporcionalmente à função e responsabilidade na vida social. Esta justiça está presente, por exemplo, na prestação de serviço militar ou público, no pagamento de impostos etc.

JUSTIÇA SUBJETIVA. *Filosofia do direito.* Qualidade da pessoa, como virtude ou perfeição subjetiva. Consiste, na lição de Franco Montoro, na virtude de dar ao indivíduo seu direito.

JUSTIÇA UNIVERSAL. *Filosofia do direito.* **1.** O que é conforme a lei. **2.** Abrange e considera toda ação prescrita pela lei, em certo sentido, como justa, pois o Estado tem por fim seu próprio bem, que é o de todos os cidadãos (Aristóteles).

JUSTICIALIZAÇÃO DA POLÍTICA. *Ciência política* e *direito processual.* Tendência que leva à politização da justiça (Manoel Gonçalves Ferreira Filho).

JUSTICIE-OMBUDSMEN. *Ciência política.* Justiça para todos. Tal locução é a abreviada pelo uso do termo *ombudsman.*

JUSTIFICABILIDADE. Qualidade do que é justificável.

JUSTIFICAÇÃO. 1. *Direito canônico.* Elevação da pessoa, de estado de pecado ao de graça. **2.** *Direito processual.* a) Prova do fato alegado; b) instrumento da prova; c) procedimento para constituir prova sobre a existência da relação jurídica ou de um fato; d) o que serve para justificar; e) fundamento; f) ato ou efeito de justificar-se; g) comprovação judicial de algum fato mediante apresentação de documentos ou inquirição de testemunha; h) medida cautelar nominada que tem por fim provar algo sem caráter contencioso, servindo como elemento probatório em processo regular ou de documento para o requerente. **3.** *Lógica jurídica.* Juízo ou raciocínio pelo qual se dá as razões que apóiam os sentimentos.

JUSTIFICAÇÃO PRÉVIA. *Direito processual civil.* Medida que pode ser determinada pelo magistrado, havendo falta de prova documental concludente, para garantir ao autor condições favoráveis no andamento do processo (Othon Sidou).

JUSTIFICACIONISMO. *Filosofia geral.* Tese do racionalismo e do empirismo, pelos quais o conhecimento se compõe de proposições cuja verdade se considera provada por evidências intuitivas, princípios racionais, por experiência etc., usando-se a lógica dedutiva, a indutiva ou ambas (Lakatos e Musgrave).

JUSTIFICADO. *Direito processual.* **1.** Aquele contra quem se faz uma justificação. **2.** Aquele que é citado numa justificação judicial. **3.** Que se justificou.

JUSTIFICANTE. *Direito processual.* **1.** Aquele que requer, judicialmente, uma justificação. **2.** O que promove, em juízo, a justificação.

JUSTIFICAR. 1. *Direito processual.* a) Provar algo em juízo, mediante justificação; b) demonstrar inocência de alguém; c) fazer com que algo pareça justo, apresentando os fundamentos para tanto. **2.** *Direito canônico.* Absolver.

JUSTIFICATIVA. 1. *Direito processual.* Prova que demonstra a realidade de algo ou a existência de uma relação jurídica. **2.** *Direito penal* e *direito civil.* Conjunto de circunstâncias que excluem a antijuridicidade como legítima defesa, estado de necessidade, estrito cumprimento do dever legal e exercício regular do direito.

JUSTIFICATIVO. Aquilo que é idôneo para justificar algo.

JUSTIFICATÓRIO. *Vide* JUSTIFICATIVO.

JUSTIFICÁVEL. Aquilo que pode ser justificado.

JUSTIFICÁVEL CONFIANÇA. *História do direito.* Condição exigida para o crime de sedução, consistente na convicção da seduzida da idoneidade moral do sedutor.

JUSTINIÂNEO. *Vide* JUSTINIANEU.

JUSTINIANEU. *História do direito.* **1.** Referente ao imperador Justiniano. **2.** Qualificativo do direito codificado por Justiniano.

JUSTINIANO. *Vide* JUSTINIANEU.

JUST–IN–TIME (JIT). *Direito comercial.* Sistemática de gestão de estoques em que os componentes, matérias-primas e mercadorias em geral chegam ao local de destino exatamente quando necessários (James G. Heim).

JUSTITIA EST CONSTANS, AC PERPETUA VOLUNTAS JUS SUUM CUIQUE TRIBUENDI. *Aforismo jurídico.* A justiça é a constante e perpétua vontade de dar o que é devido a seu dono.

JUSTITIA ET FIDE CONSERVABITUR. *Expressão latina.* Conservar-se-á com fé e justiça.

JUSTITIA EX MORE. *Locução latina.* Decisão decorrente de um julgamento feito pela coletividade sobre a juridicidade ou injuridicidade de certo ato, conforme o direito consuetudinário.

JUSTITIA HOSTES VINCERE GLORIOSIUS EST QUAM ARMIS. *Expressão latina.* É mais glorioso vencer o inimigo pela justiça do que pelas armas.

JUSTITIA OMNIUM EST DOMINA ET REGINA VIRTUTUM. *Expressão latina.* A justiça é a rainha e senhora de todas as virtudes.

JUSTITIA RECTORUM LIBERABIT EOS; ET IN INSIDIIS SUIS CAPIENTUR INIQUI. *Expressão latina.* A retidão dos justos os livrará e em seus próprios laços serão colhidos os ímpios.

JUSTITIA SUUM CUIQUE DISTRIBUIT. *Expressão latina.* A justiça dá a cada um o que é seu.

JUSTO. 1. *Filosofia do direito.* a) Que é conforme a um direito; b) aquilo que é exato ou correto; c) aquele que possui um bom juízo moral; d) aquilo que é conforme a justiça. **2.** *Direito civil* e *direito comercial.* a) Ajustado; b) o que foi combinado; c) o que é certo ou estabelecido entre os contratantes.

JUSTO IMPEDIMENTO. *Direito processual.* Motivo que justifica ausência ou prorrogação ou perda de prazo.

JUSTO JURE. *Locução latina.* Com todo o direito.

JUS TOLLENDI. *Locução latina.* Direito de levantar benfeitorias voluptuárias.

JUSTO MODO. *Locução latina.* De maneira justa.

JUSTO MORE. *Locução latina.* Justo costume.

JUSTO PREÇO. Valor real da coisa de conforme com o mercado ou cotação da bolsa.

JUSTO TÍTULO. *Direito civil.* **1.** Ato, fato ou documento idôneo para aquisição ou transferência de propriedade. **2.** Uma das condições legais para obter a declaração da usucapião ordinária de bem móvel ou imóvel. **3.** Ato que pode servir de fundamento à aquisição de um direito real, ainda que contenha algum vício ou uma irregularidade.

JUS TRIBUTI. *Locução latina.* Direito de tributar.

JUSTUM EST, UT ILLE, QUI ALIUM DECIPERE VOLUIT, SUAM SENTIAT JACTURAM. *Aforismo jurídico.* Justo é sofrer, quem quiser enganar a outrem.

JUSTUM MATRIMONIUM. *Vide JUSTAE NUPTIAE.*

JUSTUS TIMOR. *Locução latina.* Justo temor.

JUS UTENDI. 1. *Locução latina.* Direito de usar da coisa. **2.** *Direito civil.* Um dos elementos constitutivos da propriedade que é o de tirar todos os serviços que ela pode prestar, sem que haja alteração em sua substância. O titular do *jus utendi* pode empregá-lo em seu proveito próprio ou no de terceiro, bem como deixar de utilizá-lo, guardando-o ou mantendo-o inerte. É o direito de usar da coisa, dentro dos limites legais, retirando suas vantagens.

JUS UTENDI ET FRUENDI. *Locução latina.* Direito de uso e fruição.

JUS UTENDI, FRUENDI ET ABUTENDI RE SUA QUATENUS JURIS RATIO PATITUR. *Expressão latina.* Direito de usar, gozar e dispor de coisa própria até onde a razão do direito suporta.

JUS VARIANDI. 1. *Locução latina.* Direito de transferência de funções. **2.** *Direito do trabalho.* Direito de o empregador alterar a função do empregado se verificar que não tem qualificação para tal; de pretender promover o empregado para uma qualificação superior à convencional ou se precisar transferi-lo para outro serviço afim, dentro da mesma qualificação.

JUS VICINITATIS. *Locução latina.* Direito de vizinhança.

JUS VINDICANDI. *Locução latina.* Direito de reclamar.

JUS VITAE ET NECIS. *Locução latina.* Direito de vida e de morte.

JUS VOLENTES DUCIT, NOLENTES TRAHIT. *Expressão latina.* O direito conduz os que querem e arrasta os que não querem.

JUVENATO. *Direito canônico.* Estágio existente em algumas ordens religiosas para os jovens que pretendem seguir a vida eclesiástica.

JUVENILISMO. *Medicina legal.* Infantilismo.

JUVENTUDE. 1. Adolescência. **2.** Condição de quem é jovem.

JUVENTUDE TRANSVIADA. Conjunto de jovens que se desviam dos bons costumes.

JUZGO. 1. *Termo espanhol.* Dos juízes. **2.** *História do direito.* a) Justiça perfeita; b) decisão judicial.

KABILA. *Termo árabe.* **1.** Tribo africana da região setentrional. **2.** Comboio de mercadores, comum no interior da África ou da Ásia.

KAHN. *Medicina legal.* Reação de precipitação feita em tubo de ensaio, utilizando como antígeno a cardiolipina (fosfolípide extraído do coração bovino). Trata-se do método sorológico para descobrir a sífilis.

KAISER. *Termo alemão.* Imperador; monarca alemão desde a unificação do império germânico até o final da Primeira Guerra Mundial.

KAISERISMO. *Ciência política* e *história do direito.* Partido do *Kaiser* alemão.

KAISERISTA. *História do direito.* Partidário do kaiserismo.

KAIZEN. *Direito comercial.* Processo de melhorias contínuas, com bom senso e baixos investimentos (James G. Heim).

KAKISTOCRACIA. *Ciência política.* Governo dos piores.

KALENDARIUM. **1.** *Termo latino.* Calendário. **2.** *Direito romano.* a) Dia de prestação de contas; contagem para fins civis dos dias; b) registro ou livro de cômputo.

KALKIDAN. *Direito comparado.* Forma solene de casamento do direito abissínio, também usada entre o povo nativo da Eritréia.

KAMIKAZE. *Termo japonês* e *história do direito.* **1.** Avião com explosivos, usado pelos japoneses durante a Segunda Guerra Mundial, com o escopo de provocar choque suicida num alvo, em regra, navio de guerra dos aliados. **2.** Piloto desse avião, que pertencia ao corpo aéreo de assalto japonês.

KANBAN. *Termo japonês.* Sistema que usa cartões para controle e programação de produção, do uso, do fornecimento e movimentação de estoques (James G. Heim).

KANTIANO. *Filosofia do direito.* Relativo à teoria de Kant.

KANTISMO. *Filosofia do direito.* Sistema doutrinário criado por Emmanuel Kant, que busca a determinação dos limites, alcance e valor da razão, reduzindo o conhecimento aos dados da experiência. Propugna a necessidade de fundamentar a moral nos imperativos categóricos estipulados pela razão prática.

KANTISTA. *Filosofia do direito.* Partidário do kantismo.

KBYTE (KB). Mil dígitos.

KEEL. *Termo inglês.* Embarcação transportadora de carvão.

KEEPER. *Termo inglês.* Carcereiro.

KEEPING. *Termo inglês.* **1.** Custódia. **2.** Guarda. **3.** Cargo. **4.** Sustento.

KEIRETSU. *Vide ZAIBATSU.*

KELLOGG. *Direito internacional público.* Pacto criado por Briand e Kellogg, firmado por quatorze Estados, em Paris, no ano de 1928, que condenava a guerra como método de solução de pendências internacionais e pregava o emprego de meios pacíficos para a obtenção da resolução dos conflitos entre países.

KELSENIANO. *Vide* KELSIANO.

KELSENISMO. *Filosofia do direito.* Teoria criada por Hans Kelsen que pretendeu purificar a ciência do direito, submetendo-a a uma dupla depuração. A primeira procurou afastá-la de quaisquer influências sociológicas, liberando-a da análise de aspectos fáticos que porventura estivessem ligados ao direito, remetendo o estudo desses elementos sociais às ciências causais (sociologia e psicologia jurídicas, por exemplo) uma vez que, na sua concepção ao jurista, *stricto sensu*, não interessa a explicação causal das instituições jurídicas. A segunda retira do âmbito da apreciação da ciência jurídica a ideologia e os aspectos valorativos, ou seja, toda e qualquer investigação moral e política, relegando-os à ética, à política, à religião e à filosofia da justiça. Feitas as purificações antisociológicas e antiideológicas, Kelsen constitui como objeto específico da ciência jurídica a norma de direito.

KELSIANO. *Filosofia do direito.* Jurista adepto do kelsenismo.

KERIGMA. *Direito canônico.* Primeira proclamação de uma verdade evangélica que, às vezes, se opõe à catequese mais elaborada teologicamente (Lalande).

KERNICTERUS. *Medicina legal.* Grave icterícia do recém-nascido, associada, em regra, a doença hemolítica.

KEY MONEY. *Locução inglesa.* **1.** Luvas. **2.** Quantia paga como garantia.

KEYNESIANISMO. *Economia política.* Teoria econômica criada por John Maynard Keynes, propugnando a necessidade de colaboração econômica e a intervenção estatal nas situações de subemprego, sem prejuízo da liberdade individual. Visava suprimir o desemprego, realizando o pleno emprego.

KEYNESIANO. *Economia política.* Partidário do keynesianismo.

KIBUTZ. *Termo hebraico.* Pequena fazenda ou colônia, em Israel, organizada com a cooperação de todos os co-proprietários.

KICKBACK. *Termo inglês.* **1.** Propina. **2.** Suborno. **3.** Comissão.

KIDNAPPING. *Termo inglês.* Seqüestro.

KILOBAR. *Direito financeiro.* Barra de ouro *bullion* popular no mercado financeiro, com peso de 1.000 gramas (Luiz Fernando Rudge).

KINDERGARTEN. *Termo alemão.* Jardim de infância.

KINGSHIP. *Termo inglês.* Monarquia.

KIRIE. *Direito canônico.* Parte da missa em que se invoca, por três vezes, a Deus.

KIT. *Termo inglês.* É o conjunto de produtos de marcas, formas ou tamanhos diferentes em uma mesma embalagem.

KITCHENETTE. *Termo inglês.* **1.** Pequena cozinha. **2.** Apartamento de quarto e sala conjugados.

KITING. *Termo inglês.* Ato de emitir cheque sem fundo.

KIZOUKUIN. *Termo japonês.* Câmara Alta ou Senado, no Japão.

KLAGE. *Termo alemão.* Ação.

KLAGEVORAUSSETZUNGEN. *Termo alemão.* Pressupostos da ação.

KNOCKDOWN. *Termo inglês.* Preço mínimo pedido num leilão.

KNOT. *Termo inglês.* Milha marítima.

KNOW ALL MEN. *Locução inglesa.* Saibam todos.

KNOW-HOW. *Vide* CONTRATO DE IMPORTAÇÃO DE TECNOLOGIA.

KNOW-HOW COMBINADO. *Vide KNOW-HOW* PLURAL.

KNOW-HOW CONFIDENCIAL. *Direito de propriedade industrial.* Aquele em que a tecnologia transferida passa, na fase de execução, a ser conhecida pelo engenheiro responsável pelo desenvolvimento do produto, que não poderá transmitir a ninguém as técnicas de execução (Gnocchi).

KNOW-HOW MISTO. *Vide KNOW-HOW* PLURAL.

KNOW-HOW PLURAL. *Direito de propriedade industrial.* Aquele que transfere licença, exploração de patente, marcas, cooperação em programas de pesquisa, prestação de serviços de assistência técnica e científica. É também designado "*know-how* combinado ou misto".

KNOW-HOW PURO. *Direito de propriedade industrial.* É o *know-how* simples em que a transferência de tecnologia se opera, isoladamente, no que diz respeito à maneira de se fabricar determinado produto.

KNOW-HOW RESERVADO. *Direito de propriedade industrial.* Aquele em que a tecnologia é conhecida pelos funcionários que elaborarão o produto, mas que têm o dever de sigilo.

KNOW-HOW SECRETO. *Direito de propriedade industrial.* Aquele em que a tecnologia apenas será conhecida do diretor técnico, ou de seu substituto, responsável pela sua execução (Gnocchi).

KNOW-HOW SIMPLES. *Vide KNOW-HOW* PURO.

KNOW-HOW ULTRA SECRETO. *Direito de propriedade industrial.* Aquele em que o conhecimento da tecnologia transferida fica restrito ao presidente e vice-presidente da empresa licenciada, que devem ordenar que a execução do produto se faça de modo altamente sigiloso (Gnocchi).

KNUT. *História do direito.* Pena corporal que, suprimida em 1845 na Rússia, consistia em flagelar as costas de condenados não pertencentes à nobreza com chicote de couro contendo na ponta bolas de metal.

KODACHROME. Nome comercial de filmes próprios para fotografias coloridas.

KOLKOZ. *Termo russo.* Fazenda coletiva administrada pelo Estado, que a dá aos camponeses, organizados em cooperativas, em usufruto, para cultivo comum.

KOLKOZIEN. *Termo russo.* Camponês, usufrutuário do *kolkoz.*

KONKURSORDNUNG. *Termo alemão.* Lei de Falências e Insolvência Civil Alemã.

KONSOMOL. *Direito comparado.* União da juventude comunista.

KONSTRUKTIONSFEHLER. *Termo alemão.* Defeitos de construção.

KONSUMENTOMBUDSMAN. *Termo alemão.* Entidade privada para a defesa do consumidor, junto ao fornecedor, fazendo, na qualidade de mediadora, com que suas disputas sejam solucionadas amigavelmente, sem contudo impedir que haja reivindicação de seus direitos por via judicial.

KONZERN. *Termo alemão.* **1.** Maioria acionária que constitui o grupo industrial ou grupo de empresas consorciadas, caracterizada pela restrição à concorrência, submetendo-se a um comando econômico. Constitui uma conseqüência do processo de concentração na economia. **2.** Na Alemanha, é o conjunto de empresas associadas juridicamente independentes, mas que, por terem uma única direção, constituem uma unidade econômica.

KONZERNNUNTERNEHMEN. *Termo alemão.* Cada uma das empresas consorciadas, reunidas sob a direção de uma empresa dominante, constituindo um *Konzern*.

KONZERNSPITZE. *Termo alemão.* Responsabilidade dos integrantes da direção unificada do *Konzern*.

KORRESPONDENT REEDER. *Termo alemão.* Armador-gerente que administra os interesses sociais de sociedade náutica, em que navio comum é explorado por compartes.

KRACH. *Termo alemão.* Quebra financeira.

KRAFT. *Termo alemão.* **1.** Força. **2.** Papel forte feito com polpa tratada com sulfato, usado para sacos de papel ou para embrulho de mercadorias.

KRAUSISMO. *Filosofia geral.* Sistema de Karl Christian Friedrich Krause, denominado panenteísmo, pelo qual a sociedade ideal resulta da relação orgânica entre o homem e o universo, à imagem de Deus.

KRAUSISTA. *Filosofia geral.* **1.** Relativo a krausismo. **2.** Adepto da Teoria de Krause.

KREDITANSTALT FÜR WIEDERAUFBAU (KFW). *Direito comparado.* Agência oficial do governo alemão que administra recursos da cooperação financeira direcionados a projetos de desenvolvi-

mento, principalmente nas áreas de meio ambiente, saneamento e saúde.

KREMLIN. *Termo russo.* **1.** Governo soviético. **2.** Cidadela fortificada entre os povos eslavos. **3.** Antiga fortaleza, situada em Moscou, onde residia o czar, sendo hoje a sede do governo russo.

KU-KLUX-KLAN. *Direito comparado.* Sociedade secreta fundada no Tennessee, nos EUA, em 1865, que, para manter a supremacia dos brancos sobre os negros, judeus e católicos, agridem os que não tenham origem saxã, nem pertençam ao protestantismo.

KULTURKAMPF. *Termo alemão.* Conflito entre o governo civil e o eclesiástico, desencadeado na Alemanha por Bismarck, principalmente, devido ao controle da educação e nomeação de dignatários.

KULTURWISSENSCHAFTEN. *Termo alemão.* Ciências culturais.

KVEIM. *Medicina legal.* Emulsão, salina do baço ou nódulo linfático afetados, de pessoa com parcoidose.

KVUTZAH. *Termo hebraico.* Tipo de colônia coletiva socialista, onde as famílias judias viviam comunitariamente, trabalhando no cultivo do solo, retirando da produção obtida lucros e o necessário para a sobrevivência do grupo.

KW. Símbolo de quilowatt ou quilovátio.

KWASHIORKOR. *Medicina legal.* **1.** Desnutrição muito grave; pelagra infantil. **2.** Tipo de desnutrição severa, em que o corpo privado de nutrientes consome seus próprios recursos e modifica suas funções, como o equilíbrio celular. A água das células migra de forma diferente, formando edemas que incham o corpo. A pele ressecada rompe-se com a pressão, surgindo úlceras que infeccionam. Os cabelos tornam-se brancos ou avermelhados.

KWH. Símbolo de quilovátio-hora.

LÃ. 1. *Direito agrário.* a) Pêlo animal, principalmente de ovelhas e carneiros; b) algodão em rama, no Nordeste; c) lanugem de determinadas plantas. **2.** Na *linguagem comum,* tecido feito com pêlo animal.

LABAÇA. *Direito marítimo.* Suplemento de madeira que é pregado nas faces dos vãos ou das cavernas das embarcações, para receber as tábuas que ali deverão ser colocadas.

LABADISMO. *Direito canônico.* Corrente teológica de Jean de Labadie, que preconizava, dentro do protestantismo, a abolição da hierarquia eclesiástica, o retorno aos costumes da primitiva Igreja, com comunidade de bens, e a interpretação da Bíblia, apenas se houvesse imediata inspiração do Espírito Santo.

LABADISTA. *Direito canônico.* Sectário do labadismo.

LABAREDA. 1. *Direito agrário.* Cor de animal, vermelho-dourada, muito viva. **2.** Na *linguagem comum*: a) impetuosidade; b) língua de fogo; grande chama; c) ardor, paixão.

LÁBARO. *História do direito.* Estandarte romano na era imperial.

LABEL. *Termo inglês.* Marca sindical colocada no produto destinado à venda, identificando sua origem e condições de fabricação.

LABÉU. *Direito penal.* Injúria; desonra; infâmia, que ataca a honorabilidade de alguém; mancha na reputação.

LÁBIA. 1. Loquacidade. **2.** Astúcia. **3.** Falas adocicadas para enrolar alguém, captando favores.

LABIDÔMETRO. *Medicina legal.* Escala adaptada aos cabos do fórceps que indica o grau de afastamento das colheres.

LABILIDADE. *Psicologia forense.* Instabilidade emocional.

LÁBIO. *Medicina legal.* **1.** Cada uma das margens móveis que contornam a boca. **2.** Prega em cada lado da fenda vulvar.

LÁBIO LEPORINO. *Medicina legal.* Fenda ou fissura congênita, unilateral ou bilateral, do lábio superior, em que a pessoa aparenta ter um beiço de lebre, perturbando sua fala e a deglutição. Tal deformidade só pode ser corrigida mediante intervenção cirúrgica, na primeira infância.

LABIOLOGIA. Arte de ensinar o surdo-mudo a falar e a ler palavras pronunciadas por outrem.

LABIRINTO. 1. *Medicina legal.* Canais interco-municantes, como os dos ouvidos internos, dos rins

etc. **2.** Na *linguagem comum:* a) recinto com um emaranhado de passagens; b) prédio que apresenta divisões complicadas, tornando difícil encontrar sua saída; c) coisa complicada.

LABIRINTO DE PORTEUS. *Medicina legal.* Escala simplificada usada para avaliar a capacidade mental em surdos-mudos e analfabetos (Croce e Croce Jr.).

LABOR. Trabalho.

LABORADOR. 1. *Direito agrário.* Cultivador ou lavrador. **2.** *Direito do trabalho.* Aquele que trabalha.

LABORAR. 1. *Direito agrário.* Cultivar a terra. **2.** *Direito do trabalho.* Trabalhar.

LABORARE EST ORARE. *Expressão latina.* Trabalhar é orar.

LABORAR EM EQUÍVOCO. *Direito civil.* Incorrer em erro (Geraldo Magela Alves).

LABORATORIAL. Referente a laboratório.

LABORATÓRIO. 1. *Direito de propriedade industrial.* Local onde, numa fábrica, são fabricados ou manipulados produtos farmacêuticos, químicos ou de higiene, ligados à saúde pública. **2.** *Medicina legal.* Local onde se fazem experiências ou pesquisas científicas. **3.** Nas *linguagens comum* e *jurídica*: o lugar onde são efetuados determinados trabalhos fotográficos ou cinematográficos, como revelação, ampliação e montagem de filmes. **4.** *Direito espacial.* a) Aparelho que simula condições de um veículo espacial; b) nave, com ou sem tripulação, que transporte medidores, radiotransmissores, registradores para obter informações científicas sobre as condições do espaço externo ou das regiões atmosféricas da Terra.

LABORATÓRIO DE ANÁLISE DE MICOTOXINAS EM PRODUTOS, SUBPRODUTOS E DERIVADOS DE ORIGEM VEGETAL. *Direito agrário.* É o pertencente a entidade pública ou privada que, por decisão da Coordenação de Laboratório Vegetal (CLAV) e do Departamento de Defesa e Inspeção Vegetal (DDIV) da Secretaria de Defesa Agropecuária (SDA), do Ministério da Agricultura e do Abastecimento (MA), for credenciado para realizar análises de micotoxinas em produtos, subprodutos e derivados de origem vegetal, bem como emitir o respectivo laudo e/ou certificado de análise.

LABORATÓRIO DE ANÁLISE DE SEMENTES E MUDAS. *Direito agrário.* Unidade constituída e credenciada especificamente para proceder à análise de sementes e expedir o respectivo boletim ou certificado de análise, assistida por responsável técnico.

LABORATÓRIO DE ANÁLISES. *Medicina legal.* Local apropriado para investigar certas doenças pelo exame de sangue, urina, fezes etc.

LABORATÓRIO DE REFERÊNCIA E PRODUTOR. *Medicina legal.* Laboratório credenciado pelo Ministério da Saúde, em função de competência específica, para produzir painéis de soros conhecidos e avaliar os resultados obtidos pelas Unidades Hemoterápicas, por intermédio de laudos técnicos.

LABORATÓRIO FARMACÊUTICO. Local onde as receitas médicas são aviadas ou onde os medicamentos são preparados.

LABORATÓRIO INDUSTRIAL HOMEOPÁTICO. Aquele que manipula e fabrica tintura-mãe, produtos oficinais homeopáticos, medicamentos homeopáticos industrializados e outros, de uso em homeopatia, para venda a terceiros devidamente legalizados perante as autoridades competentes. Só poderá funcionar com autorização da ANVISA, sob supervisão do farmacêutico, de acordo com a legislação farmacêutica em vigor, observadas as exigências de instalação que lhe são peculiares e as condições estabelecidas segundo a natureza dos produtos fabricados ou manipulados.

LABORATÓRIO OFICIAL. *Direito agrário.* Laboratório do Ministério da Agricultura e do Abastecimento, ou congênere da União, dos Estados e do Distrito Federal com competência delegada por meio de credenciamento, destinado à análise físico-química de natureza fiscal, pericial e de controle de qualidade de agrotóxicos, seus componentes e afins.

LABORATÓRIO NACIONAL DE COMPUTAÇÃO CIENTÍFICA (LNCC). É unidade de pesquisa integrante da estrutura do Ministério da Ciência e Tecnologia (MCT). O LNCC tem por finalidade a Pesquisa e o Desenvolvimento em Computação Científica e, especificamente: a) realizar pesquisa e desenvolvimento nos diversos campos da computação científica, em especial, a criação e aplicação de modelos e métodos matemáticos e computacionais na solução de problemas científicos e tecnológicos; b) promover a formação avançada de recursos humanos em suas áreas de atuação; c) difundir e esti-

mular as áreas de sua atuação, mediante cursos, conferências, seminários e reuniões, bem como pela publicação de obras que divulguem o conhecimento nessas áreas; d) promover o intercâmbio científico, tecnológico e educacional com universidades e instituições de pesquisa nacionais e internacionais, e a interação com os setores produtivo e governamental; e) manter relações com organizações nacionais, estrangeiras e internacionais visando ao intercâmbio de pessoal técnico-científico e de informações relativas às suas áreas de atuação; f) desenvolver, instalar e administrar recursos computacionais de alto desempenho, em consonância com suas finalidades e acessíveis às comunidades científica, tecnológica e empresarial; g) exercer a coordenação do Sistema Nacional de Processamento de Alto Desempenho (SINAPAD) e do Laboratório Nacional de Bioinformática; h) manter uma biblioteca atualizada de ferramentas e utilitários de programação em computação científica, dando assistência em sua utilização; i) dar assistência para a utilização de seu ambiente computacional de alto desempenho; j) organizar e manter um acervo bibliográfico e de documentação especializado e atualizado em assuntos ligados às suas áreas de atuação; k) desenvolver programas de computação para aplicações científicas e tecnológicas; l) propiciar aos usuários oportunidades de treinamento visando à melhor utilização de seu ambiente computacional, bem como colocar à disposição a documentação existente sobre este; m) celebrar acordos ou convênios com outras instituições para a execução conjunta ou de apoio a projetos de pesquisa, educacionais e de desenvolvimento técnico-científico, desde que pertinentes à sua finalidade; n) colaborar, dentro de sua competência, com programas de apoio ao desenvolvimento científico e tecnológico do País, particularmente aqueles promovidos por entidades de fomento à pesquisa; o) promover parceria tecnológica com a micro e a pequena empresa, incluindo o suporte, a instalação e a gestão, visando fomentar a criação e o desenvolvimento de incubadoras de base tecnológica, com objetivo de desenvolver novos empreendimentos e a transferência de tecnologias; p) desenvolver, produzir e comercializar produtos oriundos de suas pesquisas, celebrando para tanto contratos, convênios, acordos e ajustes, resguardados os direitos relativos à propriedade intelectual;

q) criar mecanismos de captação de novos recursos financeiros para a pesquisa e ampliar as receitas próprias. O LNCC deve executar suas atividades dentro do elevado padrão de qualidade, constituindo-se em centro de referência em suas áreas de atuação e dando apoio às atividades de computação científica no País.

LABORATÓRIO PRIVADO. *Direito agrário.* Laboratório pertencente a empresa privada, com competência delegada pelo Ministério da Agricultura, Pecuária e do Abastecimento, por meio de credenciamento, destinado à análise físico-química para o controle de qualidade de agrotóxicos, seus componentes e afins.

LABORATÓRIO QUÍMICO. Local onde se fazem pesquisas químicas.

LABORATÓRIOS NACIONAIS AGROPECUÁRIOS. *Direito agrário.* Unidades descentralizadas do Ministério da Agricultura, Pecuária e Abastecimento, consoante orientações técnicas da Secretaria de Defesa Agropecuária, a quem compete promover o suporte laboratorial aos programas e às ações de competência dessa Secretaria em especial: 1. realizar estudos, ensaios, desenvolver e atualizar metodologias, bem como produzir e manter materiais de referência; 2. realizar análises fiscais, periciais, de monitoramento e de diagnóstico; 3. garantir a implantação e implementação: a) do sistema de garantia da qualidade, por meio de Unidades de Garantia da Qualidade (UGQ); e b) da gestão integrada de biossegurança em laboratórios; 4. promover ações de divulgação das atividades laboratoriais e de realização de eventos; 5. implementar, em consonância com a Coordenação-Geral de Apoio Laboratorial, da Secretaria de Defesa Agropecuária (CGAL/SDA), observadas as orientações específicas da Secretaria-Executiva do Ministério: a) elaboração de propostas para termos de parceria e de cooperação técnica com entidades públicas e privadas; b) formulação e execução de programações operacionais, orçamentárias e financeiras; e c) execução de atividades de administração geral.

LABORATORISTA. Aquele que trabalha em laboratório.

LABOR IMPROBUS OMNIA VINCIT. *Expressão latina.* O trabalho perseverante tudo vence.

LABORIOSO. 1. Incansável; ativo. **2.** Aquele que labora. **3.** Difícil.

LABORISMO. *Ciência política* e *direito comparado.* Movimento operário, com ideologia socialista ou reformista sem ser marxista, que veio a ser o atual Partido Trabalhista inglês.

LABORISTA. *Direito comparado* e *ciência política.* **1.** Pessoa ligada ao laborismo. **2.** Adepto do Partido Trabalhista inglês.

LABOR SENECTUTIS OBSONIUM. *Expressão latina.* O trabalho é o sustento da velhice.

LABORTERAPIA. *Medicina legal.* Terapêutica ocupacional muito eficaz em doenças nervosas ou mentais.

LABOUR. *Termo francês.* Lavoura.

LABREGO. 1. *Direito agrário.* Arado que possui um varredouro, apropriado para limpar a terra das raízes soltas. **2.** Na *linguagem comum:* em *sentido pejorativo* significa camponês.

LAB'TESTS. *Locução inglesa.* Exames de laboratório.

LABUTA. Trabalho.

LABUTAR. 1. Trabalhar com perseverança. **2.** Esforçar-se.

LACAIO. *Direito penal.* Em *sentido pejorativo*, aquele que pratica atos condenáveis para agradar o chefe. Com isso, às vezes, quem chamar uma pessoa de lacaio, pode estar cometendo injúria.

LACAMBECHE. No Ceará, é uma antiga espingarda de pederneira.

LACERAÇÃO. *Medicina legal.* **1.** Ferida causada ao raspar-se um tecido suscetível de infeccionar-se. **2.** Ato ou efeito de lacerar.

LACERADO. *Medicina legal.* O que se lacerou.

LACEROCONTUSO. *Medicina legal.* Ferimento causado por instrumento cortocontundente, sendo por isso denominado, mais apropriadamente, lesão cortocontusa.

L'ACHARNEMENT THÉRAPEUTIQUE. *Medicina legal.* Obstinação terapêutica que consiste na conduta médica de utilizar processos mais nocivos do que a doença, por ser esta incurável (Debray e Cuyas).

LACÍNIA. *Medicina legal.* Corte estreito, longo e irregular peculiar na ferida contusa.

LAÇO. 1. *Medicina legal.* a) Objeto maleável, de pequeno diâmetro, idôneo a produzir constrição em alguma parte do corpo, utilizado em homicídio, suicídio e pena capital. Pode causar morte por enforcamento, se colocado ao redor do pescoço da vítima, inibindo a entrada de ar no pulmão e os movimentos do coração; b) objeto que, se comprimido pelo processo do torniquete, vem a estancar a hemorragia. **2.** *Direito civil.* a) Vínculo que liga uma pessoa a outra por parentesco ou por casamento; b) fraude; c) armadilha de caça. **3.** *Direito penal.* Traição; ardil. **4.** Na *linguagem comum,* o nó dado numa fita, usado como ordenamento, distintivo ou insígnia. **5.** *Direito agrário.* Corda de couro cru trançada, de 15 a 25 metros de comprimento, contendo uma argola na extremidade, muito usada para, em campo aberto, apanhar reses.

LAÇO DE PARENTESCO. *Direito civil.* Consangüinidade; liame existente entre parentes.

LAÇO DE SANGUE. *Vide* LAÇO DE PARENTESCO.

LACÔNICO. *Retórica jurídica.* Dito breve ou conciso.

LACONISMO. *Retórica jurídica.* Modo ou estilo de expor assuntos sinteticamente.

LACONISMO UTAR. *Expressão latina.* Dizer tudo em poucas palavras. Ser lacônico.

LACONIZAR. *Retórica jurídica.* Expor em estilo lacônico, ou seja, breve e concisamente.

LACRADO. Fechado; selado com lacre.

LACRADOR. 1. Aquele que fecha documentos. **2.** Encarregado de lacrar garrafas nos armazéns de vinho. **3.** Aquele que sela mercadorias, colocando lacres.

LACRAR. 1. Aplicar lacre. **2.** Autenticar chapa de numérica que identifica automóveis.

LACRE. Substância resinosa misturada com corante, utilizada para fechar garrafas, pacotes, documentos, testamentos, cartas etc.

LACRIMA-CHRISTI. Vinho moscatel muito fino, originário de vinhas cultivadas nas cercanias de Vesúvio.

LACRIMOGÊNEO. *Medicina legal.* Gás ou qualquer substância que provoca lágrimas, muito usado pelos policiais ou militares para dispersar multidão ou para fazer com que marginais saiam de onde estão escondidos.

LA CRITIQUE EST AISÉE, L'ART EST DIFFICILE. *Expressão francesa.* A crítica é fácil, a arte difícil.

LACTAÇÃO. *Medicina legal.* **1.** Secreção e excreção do leite. **2.** Ato ou efeito de amamentar.

LACTACIDEMIA. *Medicina legal.* Existência de ácido láctico no sangue.

LACTADO. *Medicina legal.* Amamentado.

LACTAGOL. Extrato seco dos grãos do algodoeiro, muito usado como produto farmacêutico.

LACTÂNCIA. *Medicina legal.* Período da vida em que se dá a amamentação da criança.

LACTANTE. *Medicina legal.* Aquela que amamenta.

LACTAR. *Medicina legal.* **1.** Amamentar. **2.** Mamar.

LACTÁRIO. 1. Relativo à amamentação. **2.** O que segrega leite. **3.** Estabelecimento que fornece leite, gratuitamente, às crianças carentes.

LACTENTE. *Medicina legal.* Aquela criança que está no período da amamentação.

LACTICEMIA. *Medicina legal.* Excesso de ácido láctico no sangue.

LACTICÍNIO. *Direito agrário.* Produto fabricado à base de leite, como manteiga, queijo etc.

LACTICULTOR. *Direito agrário.* Pecuarista, criador de gado leiteiro.

LACTICULTURA. *Direito agrário.* Pecuária voltada à produção de leite.

LACTIFOBIA. *Medicina legal.* Repugnância ao leite.

LACTÍFUGO. *Medicina legal.* Agente que faz secar o leite.

LACTÓCRITO. Instrumento apropriado para averiguar a quantidade de gordura existente no leite.

LACTODENSIMETRIA. Medidor da densidade do leite.

LACTODENSÍMETRO. Instrumento que pode determinar o teor da nata do leite ao medir sua densidade.

LACTOSE. *Medicina legal.* Açúcar presente no leite.

LACTOSÚRIA. *Medicina legal.* Presença de lactose na urina.

LACTOVISCOSÍMETRO. Instrumento que, pela viscosidade do leite, descobre sua adulteração por aguagem.

LACTUME. *Medicina legal.* Eczema aquoso que se manifesta na cabeça da criança em período de amamentação.

LACTUSISMO. *Medicina legal.* Intoxicação causada pelo consumo de ervas de seiva leitosa como, por exemplo, alface, que se caracteriza por forte sonolência.

LACUNA. 1. *Teoria geral do direito.* a) Diz-se do possível caso em que o direito objetivo não oferece, em princípio, uma solução; b) o que ocorre quando uma exigência do direito, fundamentada objetivamente pelas circunstâncias sociais, não encontra satisfação na ordem jurídica (Binder); c) o estado incompleto do sistema jurídico; d) falha, omissão, insuficiência, falta; e) imperfeição insatisfatória dentro da totalidade jurídica (Engisch). **2.** *Medicina legal.* Pequeno orifício que se forma pela reunião de folículos comuns das mucosas (Croce e Croce Jr.). **3.** *Direito comercial.* Vício de escrituração mercantil, ou seja, espaço em branco deixado no lançamento, para ulteriormente se acrescentar palavras, que o alterem.

LACUNA AUTÊNTICA. *Teoria geral do direito.* Dá-se quando, a partir da análise da lei, é impossível a obtenção de uma decisão a um caso concreto. É considerada como "lacuna *de lege lata*" (Zitelmann).

LACUNA AXIOLÓGICA. *Teoria geral do direito.* Ausência de norma justa, isto é, existe um preceito normativo, mas, se for aplicado, sua solução será insatisfatória ou injusta.

LACUNA CRÍTICA. *Vide* LACUNA *DE LEGE FERENDA*.

LACUNA DE COLISÃO. *Vide* LACUNA DE CONFLITO.

LACUNA DE CONFLITO. *Teoria geral do direito.* **1.** É a que supõe exigência de uma adequação e de um ponto de acordo das normas existentes com a sobrevinha (Betti). **2.** Antinomia real que se apresenta no caso de duas normas contraditórias se excluírem reciprocamente, obrigando o órgão judicante a solucionar o caso *sub judice*, segundo os critérios de preenchimento de lacunas. Mas, para que se tenha presente essa antinomia é mister três elementos: incompatibilidade, indecidibilidade e necessidade de decisão. Só haverá lacuna de conflito se, após a interpretação adequada das normas, a incompatibilidade entre elas perdurar (Klug; Ferraz Jr.). É denominada por Ziembinski de "lacuna lógica".

LACUNA DE CONHECIMENTO. *Teoria geral do direito.* Denominação dada por Alchourrõn e Bulygin ao caso individual que, por falta de conhecimento das suas propriedades fáticas, ou seja, por falta de informação fática, o juiz não sabe se pertence ou não a uma determinada classe ou tipo.

LACUNA DE CONSTRUÇÃO. *Teoria geral do direito.* Surge quando houver uma omissão nas regras de organização de um sistema legal, tão fre-

qüentes aos sistemas legais contemporâneos, que contêm diretrizes que fixam os deveres impostos aos sujeitos de direito pelo legislador e as de organização, que são normas de conduta dirigidas a outros sujeitos ao atribuir-lhes um poder. Se houver omissão nas normas de organização, temos a autêntica lacuna, pois seriam situações em que a lei nos apresenta uma norma segundo a qual determina que uma relação jurídica se dê de tal modo, sem contudo especificar as várias possibilidades para a consecução do que nela está previsto, deixando "em branco" as decisões de detalhe ou sem eleger qual das possibilidades deseja (Ziembinski).

LACUNA DE JURE CONDENDO. *Teoria geral do direito.* Ausência de norma justa. É também designada de lacuna axiológica, ideológica, imprópria, objetiva, ou ainda *de lege ferenda*, já que se trata de uma lacuna no sentido de uma confrontação entre o que é direito positivo e o que deveria ser direito, ou melhor, entre o que é sistema real e um sistema ideal, na medida em que, por exemplo, o grande desenvolvimento das relações sociais ou o aparecimento de novas invenções e situações acarretaram o ancilosamento do direito positivo (Bobbio).

LACUNA DE JURE CONDITO. *Teoria geral do direito.* Trata-se da lacuna real, propriamente dita ou, ainda, subjetiva, imputável ao legislador e que seria uma lacuna dentro do sistema (Bobbio).

LACUNA DE LEGE FERENDA. *Teoria geral do direito.* A lacuna do ponto de vista de um futuro direito mais perfeito. Também chamada lacuna político-jurídica, crítica ou imprópria, pois pode motivar o legislador a reformular o direito, por ser injusto ou por ter caído em desuso (Engisch).

LACUNA DE LEGE LATA. *Teoria geral do direito.* A lacuna no direito vigente, sendo por isso considerada autêntica (Zitelmann e Engisch).

LACUNA DEONTOLÓGICA. *Teoria geral do direito.* Inadequação da ordem normativa ao "dever-ser" (Sollen), ou seja, àquilo que deve ser. Trata-se de uma lacuna de dever-ser, quando há uma coisa em relação ao processo de avaliação que não se pode avaliar, por faltar um critério. Tal lacuna contém duas subespécies: a) a ideológica, se relacionada a um critério transcendente, isto é, extrínseco à ordem jurídica, expressando a ausência de uma qualificação justa de um comportamento e a presença de uma norma que difere daquilo que se estima como justo, apresentando uma inadequação da ordem normativa em relação a uma ideologia dessa mesma ordem; e b) a teleologia ou técnica, que apresenta uma inadequação da ordem normativa a um fim imanente à própria ordem, contendo uma ausência de eficácia ou, por outras palavras, integrando a ausência de uma norma cuja validade é condição de eficácia de outra (Amedeo Conte).

LACUNA DE PREVISÃO. *Teoria geral do direito.* A dependente de definição total ou parcial de qualquer elemento do tipo legal ou do estatuído no preceito (Betti).

LACUNA DE RECONHECIMENTO. *Teoria geral do direito.* Decorre do que Hart denomina "problema de penumbra". Concerne ao caso individual que, em virtude de indeterminação semântica dos conceitos que caracterizam um caso genérico, o magistrado não sabe se pertence ou não ao caso em tela (Alchourrón e Bulygin).

LACUNA DE REGULAÇÃO. *Teoria geral do direito.* Diz respeito a uma norma jurídica que se apresenta incompleta, relativamente a um setor material. Essa espécie de lacuna pode ser aberta ou oculta. Será aberta, quando faltar na lei uma ordem positiva que não atinge o fim da regulação; e oculta, quando faltar uma limitação para determinados casos de uma norma dada, isto é, uma "ordem negativa de validade" (Larenz).

LACUNA DERIVADA. *Vide* LACUNA SECUNDÁRIA.

LACUNA DE SEGUNDO GRAU. *Teoria geral do direito.* Ausência de norma determinante dos instrumentos de constatação e do preenchimento das lacunas, como ocorre no direito alemão.

LACUNA DE VALORAÇÃO. *Vide* LACUNA AXIOLÓGICA.

LACUNA DIKELÓGICA. *Teoria geral do direito.* Aquela que ocorre na falta de norma requerida pela justiça, que, por sua vez, pode ser *direta*, se a omissão se deve a motivos históricos em que o legislador não pôde prever a necessidade das normas, ou *indireta*, se a norma existente for tão injusta que não se pode ser aplicada (Goldschmidt).

LACUNA EXTERNA. *Teoria geral do direito.* Aquela que para ser preenchida requer a extensão do sistema do caso concreto não previsto, mediante recurso analógico (Krings).

LACUNA IDEOLÓGICA. *Vide* LACUNA *DE JURE CONDENDO.*

LACUNA IMANENTE. *Teoria geral do direito.* Aquela existente dentro da ordem jurídica, enquanto esta disciplina uma determinada questão e não outra que com ela se relaciona (Schreier).

LACUNA IMPRÓPRIA. *Vide* LACUNA *DE LEGE FERENDA.*

LACUNA INTENCIONAL. *Teoria geral do direito.* Aquela deixada em aberto pelo legislador porque a matéria é complexa ou porque não se sente em condições, entendendo que é melhor que o juiz a preencha ao examinar o caso *sub judice.* Também denominada voluntária.

LACUNA INTERNA. *Teoria geral do direito.* A que se apresenta dentro dos limites do sistema legal, tendo por suposto a sua colmatação, pois surge quando a lei emprega alguns termos, sem fornecer sua definição, ou seja, quando tal lei é ambígua, obscura ou imprecisa, caso em que são colmatados pelos tribunais (Krings).

LACUNA *INTRA LEGEM.* *Vide* LACUNA TÉCNICA.

LACUNA JURÍDICA. *Teoria geral do direito.* Incompletude do sistema, resultante de uma análise dinâmica do direito. Tal lacuna pode dividir-se em três espécies: *normativa*, se se tiver ausência de norma sobre determinado caso; *ontológica*, se houver norma, mas que corresponda aos fatos sociais, quando, por exemplo, o grande desenvolvimento das relações sociais e o progresso técnico acarretaram o ancilosamento da norma positiva; *axiológica*, na hipótese de ausência de norma justa, isto é, se existe um preceito normativo, mas, se for aplicado, sua solução será insatisfatória ou injusta. O direito é lacunoso, mas, ao mesmo tempo, sem lacunas. O que poderia parecer um paradoxo, se se propusesse o conceito de lacuna do ponto de vista estático (Ferraz Jr.). É lacunoso porque a vida social apresenta nuanças infinitas nas condutas humanas, problemas surgem constantemente, mudam-se as necessidades com os progressos, o que torna impossível a regulamentação por meio de norma jurídica, de toda sorte de comportamento, mas é concomitantemente sem lacunas porque o próprio dinamismo do direito apresenta soluções que serviriam de base para qualquer decisão, seja ela do órgão jurisdicional, seja ela do Poder Legislativo.

LACUNA LÓGICA. *Vide* LACUNA DE CONFLITO.

LACUNA NÃO-AUTÊNTICA. *Teoria geral do direito.* Aquela que ocorre quando o fato-tipo está previsto em disposição legal, mas a solução possível é tida como insatisfatória ou falsa (Zitelmann).

LACUNA NÃO-INTENCIONAL. *Teoria geral do direito.* Lacuna involuntária que surge quando o elaborador da norma não observou o direito cabalmente (lacuna de previsão), seja porque a matéria não existia na época (lacuna desculpável), seja porque não examinou o caso corretamente (lacuna indesculpável).

LACUNA NORMATIVA. *Teoria geral do direito.* Ausência de norma que regule certo caso.

LACUNA NORMOLÓGICA. *Teoria geral do direito.* Ausência de norma requerida por outra, isto é, que não se normativiza por lei ou que não se regulamenta por decreto etc. (Goldschmidt).

LACUNA OBJETIVA. *Vide* LACUNA *DE JURE CONDENDO*.

LACUNA ONTOLÓGICA. *Teoria geral do direito.* **1.** Ausência de norma correspondente aos fatos sociais, em razão de o grande desenvolvimento das relações sociais e do progresso técnico terem acarretado o ancilosamento daquela norma. **2.** Inadequação da ordem jurídica quanto ao "ser" (Sein); aquilo que é, abrangendo a lacuna crítica e a diacrítica. Há lacuna crítica quando for impossível uma avaliação deôntica de um comportamento segundo a norma, devido à incompletude da ordem jurídica. A lacuna crítica pode ser: a) objetiva, na hipótese de não qualificação deôntica das condutas, isto é, nos casos em que um comportamento não tem *status* deôntico, pelo fato de nenhuma prescrição normativa qualificar sua omissão ou comissão, isto é, quando, pelo menos, um comportamento não é permitido nem proibido. Nesse caso, temos três hipóteses de lacuna: a comissão de um comportamento, que não é permitida nem proibida; a omissão de um comportamento, que não é nem permitida nem proibida; a comissão e omissão de, pelo menos, um comportamento, que não são nem permitidas nem proibidas; b) subjetiva, derivada de impossibilidade de reconhecer se uma norma é válida ou da impossibilidade de a conhecer. A impossibilidade de reconhecer essa norma pode derivar de sua antinomia com uma outra norma. Caso em que está presente uma lacuna lógica. Essa lacuna

lógica pode, por sua vez, ser distinguida em duas espécies: lacuna lógica consistente na antinomia normativa, em que um comportamento, ou a comissão ou a omissão, é permitido por uma norma e proibido por outra; e lacuna lógica, consistente na antinomia de normas sobre normas e na conseqüente impossibilidade de se saber qual entre as normas incompatíveis é válida. A impossibilidade de conhecê-la pode advir da indeterminação semântica de sua expressão. A lacuna diacrítica deriva da impossibilidade de uma decisão ou de uma resolução para o caso concreto controvertido (Amedeo Conte).

LACUNA ORIGINÁRIA. *Vide* LACUNA PRIMÁRIA.

LACUNA POLÍTICO-JURÍDICA. *Vide* LACUNA *DE LEGE FERENDA*.

LACUNA POSTERIOR. *Vide* LACUNA SECUNDÁRIA.

LACUNA PRÁTICA. *Teoria geral do direito.* Presença de uma norma considerada pelo juiz, no estado atual de nossas concepções e de nossos costumes, como inadequada (Foriers).

LACUNA PRIMÁRIA. *Teoria geral do direito.* A existente na ordem jurídico-normativa desde o momento de sua gênese.

LACUNA PRÓPRIA. *Vide* LACUNA *DE LEGE LATA*.

LACUNA PROPRIAMENTE DITA. *Vide* LACUNA *DE JURE CONDITO*.

LACUNA PROVISÓRIA. *Teoria geral do direito.* Aquela que pode ser suprida pela força interna do direito, porém não eliminada pelo judiciário.

LACUNA REAL. *Vide* LACUNA *DE JURE CONDITO*.

LACUNA SECUNDÁRIA. *Teoria geral do direito.* Também chamada derivada ou posterior, uma vez que aparece ulteriormente à gênese da norma, em conseqüência de uma modificação da situação fática, em virtude de progresso econômico e técnico, ou de aparecimento de figuras contratuais que não se encaixem nos tipos jurídicos predeterminados de um sistema, ou devido a uma mutação do sistema de valores em relação à ordem jurídica.

LACUNA SUBJETIVA. *Vide* LACUNA *DE JURE CONDITO*.

LACUNA SUPERVENIENTE. *Vide* LACUNA SECUNDÁRIA.

LACUNA TÉCNICA. *Teoria geral do direito.* Ausência pura e simples de uma regulamentação. Dá-se quando o legislador se omitir de ditar norma indispensável à aplicação de outra (Kelsen, Foriers, Conte).

LACUNA TRANSCENDENTE. *Teoria geral do direito.* Ausência total de regulamentação de um fato social (Schreier).

LACUNA VOLUNTÁRIA. *Vide* LACUNA INTENCIONAL.

LACUNOSIDADE. *Teoria geral do direito.* Estado de lacunoso.

LACUNOSO. *Teoria geral do direito.* **1.** Que tem lacuna. **2.** Referente a lacuna.

LACUSTRE. 1. Relativo a lago. **2.** Aquilo que cresce ou vive no lago. **3.** Povo que vive à beira do lago. **4.** O que está sobre o lago.

LADA. *Direito administrativo.* **1.** Faixa de rio navegável, paralela à margem. **2.** Pequena corrente de água.

LADAINHA. 1. *Direito canônico.* Oração que contém curtas invocações e respostas repetidas, dirigidas aos santos, a Deus ou à Virgem Maria. **2.** *Retórica jurídica.* Discurso longo e fastidioso.

LADÁRIO. *Direito canônico.* **1.** Procissão de penitência que se dirige a um santuário. **2.** Prece pública, pedindo a proteção divina em caso de calamidade.

LADEAR. 1. Acompanhar alguém indo ao seu lado. **2.** Contornar dificuldades. **3.** Tergiversar sobre uma questão, dela fugindo, usando de subterfúgios.

LÃ DE BORREGO. 1. Na *linguagem comum,* limo que, em razão de fatores exógenos, se forma nas salinas. **2.** *Direito agrário.* A advinda da primeira tosquia de ovino, que ainda nem completou um ano de idade, apresentando mechas pouco consistentes.

LÃ DE CAMPO. *Direito agrário.* A originária de ovinos mortos no campo, que já sofreu ação das intempéries, apresentando odor peculiar, cor branca escura com tons esverdeados e fibras ressequidas (Fernando P. Sodero).

LADEIRA. Via pública que apresenta um forte declive.

LÃ DE PELEGO. *Direito agrário.* A que se retira mecânica ou quimicamente das peles de ovinos abatidos em qualquer idade.

LÃ DE RETOSA. *Direito agrário.* Aquela que é produzida após uma ou mais tosquias do ovino, retirada antes do término do período normal de crescimento, de doze meses.

LÃ DE VELO. *Direito agrário.* A advinda de várias regiões do corpo do ovino, exceto do ventre, da cabeça e dos membros, durante o período normal de crescimento, ou seja, de doze meses (Fernando P. Sodero).

LADINAGEM. Ato de ser ladino.

LADINHO. 1. Pureza da língua latina. **2.** Legítimo. **3.** Puro.

LADINICE. Qualidade de ladino.

LADINO. 1. *História do direito.* Escravo aprendiz de qualquer ofício ou arte, que era catequizado ou que fazia serviço da casa ou do campo. **2.** *Direito comparado.* Dialeto sefardita, consistente numa mistura de espanhol com hebraico, falado na Turquia, no norte da África, Grécia e Palestina. **3.** Na *linguagem comum,* astuto ou ardiloso.

LADO. 1. Posição ou face. **2.** Parte direita ou esquerda de corpo ou de objeto. **3.** Porção externa da coisa voltada para determinada direção. **4.** Cada uma das equipes que competem em um jogo desportivo. **5.** Opinião; partido ou decisão que se toma. **6.** Linha lateral de parentesco. **7.** Facção armada. **8.** Linha divisória.

LADO FRACO. Ponto vulnerável de uma pessoa.

LADO VULNERÁVEL. *Vide* LADO FRACO.

LADRA. 1. *Direito penal.* Mulher que rouba ou pratica furtos. **2.** *Medicina legal.* Larva de tênia que causa ladraria. **3.** *Direito agrário.* Vara para apanhar frutas.

LADRÃO. 1. *Direito agrário.* a) Rebento vegetal que prejudica o desenvolvimento das plantas; b) broto que, na planta, nasce abaixo do enxerto. **2.** *Direito civil.* a) Cano de caixa-d'água ou de reservatórios por onde escoa o líquido excedente; b) tubo de descarga; c) abertura colocada em tanques, açudes etc., para extravasamento de águas excessivas. **3.** *Direito penal.* a) Aquele que furta ou rouba; b) aquele que, fraudulentamente, se apropria do alheio; c) estelionatário, peculatário. **4.** *História do direito.* a) Soldado que ficava ao lado do príncipe para guardá-lo; b) soldado mercenário que se dedicava ao saque.

LADRÃO DE ESTRADA. *Direito penal.* Salteador.

LADRÃO FORMIGUEIRO. *Direito penal.* **1.** Aquele que furta coisas de valor diminuto. **2.** Aquele que se esconde para praticar o furto. **3.** Aquele que furta aos poucos, paulatina e continuamente.

LADRARIA. *Medicina legal.* Doença de porcos que, devido à infestação dos seus músculos e vísceras pelas ladras (*Taenia solium*), ou seja, larvas de tênia, se transmite ao homem.

LADRIÇO. *Direito agrário.* Corda com que se prende o pé do cavalo ao travão.

LADRILHAR. *Direito civil.* Revestir algo com ladrilhos.

LADRILHEIRO. 1. *Direito comercial.* O que fabrica ou vende ladrilhos. **2.** *Direito do trabalho.* Profissional especializado em colocar ladrilhos.

LADROAGEM. *Direito penal.* **1.** Classe dos ladrões. **2.** Vício de roubar. **3.** Ladroeira. **4.** Desonestidade no negócio ou no comércio.

LADROEIRA. *Direito penal.* **1.** Ato ou efeito de roubar. **2.** Local onde o ladrão se esconde. **3.** Descaminho continuado de valores. **4.** Extorsão. **5.** Fraude. **6.** Desonestidade no comércio.

LADROICE. 1. *Direito penal.* a) Furto ou roubo; b) *Vide* LADROAGEM e LADROEIRA. **2.** *Direito comercial.* Venda feita a preço elevado para obter lucros exagerados.

LADROÍSMO. *Direito penal.* Costume de roubar.

LADY. *Termo inglês.* **1.** Título dado na Inglaterra às senhoras que pertencem à nobreza. **2.** Tratamento que se dá àquelas que têm modos refinados ou possuem elevada posição social.

LÃ EM BRUTO. *Direito agrário.* Lã não lavada, como vem da tosquia.

LÃ EPIDÊMICA. *Direito agrário.* É a oriunda de ovinos enfermos, apresentando mechas embaraçadas, pontas retorcidas, ausência de resistência e de brilho.

LAESIO ENORMIS. *Locução latina.* Lesão enorme.

LAGAMAR. *Direito marítimo.* **1.** Cova no fundo do mar ou de um rio. **2.** Lagoa de água salgada. **3.** Parte abrigada de um porto. **4.** Local onde se pode, com segurança, fundear a embarcação. **5.** Inundação pluvial das margens dos rios em Minas Gerais.

LAGÃO. *Direito comparado.* Embarcação indiana, similar à galera.

LAGAR. *Direito agrário.* **1.** Tanque onde certos frutos (azeitonas, uvas etc.) são espremidos e reduzidos a líquido. **2.** Estabelecimento ou local onde se coloca aquele tanque. **3.** Oficina que contém aparelhos necessários para extrair o azeite da azeitona, o sumo de frutas e o vinho das uvas.

LAGARADA. *Direito agrário.* **1.** Quantidade de frutos colocados no lagar. **2.** O que resulta da redução das frutas a líquido.

LAGARADIGA. *História do direito.* Pensão devida pelos que exploravam o lagar de azeite ou de vinho. Quantia que devia ser paga pelos que se serviam do lagar.

LAGARAGEM. *Direito agrário.* **1.** Conjunto das operações feitas no lagar. **2.** Pagamento feito ao dono do lagar ou ao que nele trabalha, por cada moldura; lagaradiga ou maquia.

LAGAREIRO. *Direito agrário.* **1.** Relativo a lagar. **2.** Dono do lagar. **3.** Trabalhador em lagar.

LAGARIÇA. *Direito agrário.* Pequeno lagar.

LAGARIÇO. *Direito agrário.* **1.** Referente a lagar. **2.** Próprio de lagar.

LÁGIDA. *História do direito.* Dinastia grega que, fundada por Ptolomeu Lago, reinou no Egito, de 306 a 30 a.C.

LAGO. 1. *Direito administrativo.* Grande porção de água cercada de terra, que se for navegável constitui água pública. **2.** *Direito civil.* Grande espaço de águas dormentes não navegáveis, cercado de terras por todos os lados.

LAGOA. 1. *Direito civil.* Pequeno lago ou porção de águas cotagnadas ou pantanosas. **2.** *Direito administrativo.* Porção de água navegável, alimentada por rio de uso comum, que é tida como bem público, mesmo se situada em terras particulares.

LAGO DE BARRAGEM. Aquele originário de aluvião fluvial, detritos etc.

LAGO DE EROSÃO. O formado em áreas cavadas por erosão glacial ou fluvial.

LAGO DE SANGUE. *Medicina legal.* Poça de sangue encontrada ao redor da vítima, resultante de acidente ou de homicídio praticado com o uso de instrumento cortante.

LAGOFTALMIA. *Medicina legal.* Paralisia de uma pálpebra que a impede de recobrir todo o globo ocular.

LAGOQUILIA. *Medicina legal. Vide* LÁBIO LEPORINO.

LAGOSTEIRA. *Direito marítimo.* Chalupa usada na pesca da lagosta.

LAGOSTEIRO. 1. Aquele que pesca ou vende lagosta. **2.** Aquilo que serve para pescar lagostas.

LAGOSTOMIA. *Vide* LAGOQUILIA.

LÁGRIMA. **1.** *Medicina legal.* Líquido segregado pelas glândulas lacrimais. **2.** *Direito agrário.* a) Suco destilado por determinadas árvores ou plantas; b) resina que surge no tronco de certas árvores.

LAGUEL. *Direito comparado.* Pequena embarcação usada no mar da Arábia.

LAGUNA. **1.** *Direito agrário.* Espécie de cafeeiro. **2.** *Direito marítimo.* Braço de mar pouco profundo que fica entre ilhas ou bancos de areia.

LAICALISMO. *Ciência política.* **1.** Secularismo. **2.** Conjunto de poderes outorgados a leigos e não a eclesiásticos.

LAICATO. Conjunto de leigos.

LAICIDADE. Qualidade de laico.

LAICISMO. *Ciência política.* **1.** Rejeição ao clericalismo, ou seja, da influência do clero na vida pública, interferindo em negócios estatais ou no governo. **2.** Teoria do Estado leigo fundada na concepção de que o poder político é autônomo no que atina à religião. **3.** Teoria da cultura leiga que defende a emancipação da filosofia e da moral da religião (Zanone e Calogero).

LAICIZAÇÃO. *Ciência política.* Exclusão da Igreja dos negócios do Estado.

LAICIZAR. *Ciência política.* Tornar laico.

LAICO. **1.** Leigo. **2.** Secular; próprio do mundo. **3.** Aquele que não entende do assunto; ignorante. **4.** Estranho. **5.** Profano, com relação à sociedade secreta, como a maçonaria.

LAICOCEFALISMO. Doutrina que concede a leigos o direito de governar a Igreja e o de, em certas hipóteses, administrar os sacramentos.

LAIDAR. *História do direito.* **1.** Causar alguma lesão a alguém. **2.** Aleijar.

LAIS. *Direito marítimo.* Ponta de verga.

LAISSEZ FAIRE, LAISSEZ ALLER. *Expressão francesa.* Lema da escola fisiocrata, criado por Quesnay, que significa "deixai produzir, deixai prosperar". Para essa doutrina a terra é a única fonte de riqueza, logo urge aumentar sua produção, para que haja prosperidade.

LAISSER FAIRE, LAISSER PASSER, LE MONDE VA DE LUI-MÊME. *Expressão francesa.* "Deixar fazer, deixar passar, o mundo caminha por si só." Princípio aplicado por Turgot-Gournay à economia a ser regida por leis naturais, como a lei da oferta e da procura.

LAISSEZ-PASSER. *Direito internacional privado.* Documento de viagem, de propriedade da União, concedido pelo Departamento de Polícia Federal, no território nacional, e pelo Ministério das Relações Exteriores, no exterior, ao estrangeiro portador de documento de viagem não reconhecido pelo governo brasileiro, ou que não seja válido para o Brasil. Tem validade pelo tempo necessário a uma única viagem, de ida e volta, nunca superior a dois anos, e é recolhido conforme o caso quando da chegada ou da saída de seu titular no País.

LAIVADO. **1.** Imperfeito. **2.** Manchado.

LAIVO. **1.** Mancha, nódoa. **2.** Noção rudimentar. **3.** Vestígio.

LAJE. **1.** Bloco de concreto armado, em forma de piso, que separa os andares de um prédio. **2.** Pedra que cobre sepultura.

LAJEADO. **1.** Pavimento coberto de laje. **2.** Regato cujo leito é de pedra.

LAJEADOR. Aquele que assenta lajes.

LAJEOLA. Pequena laje.

LAJOTA. *Vide* LAJEOLA.

LALAÇÃO. *Medicina legal.* **1.** Lambdacismo. **2.** Balbuciação infantil.

LALAU. Na *gíria* significa malandro.

LA LIBERALITÀ NON CONSISTE NEL DAR MOLTO, MA NEL DAR SAGGIAMENTE. *Provérbio italiano.* A liberalidade não consiste em dar muito, mas em dar com sabedoria.

LALOFOBIA. *Medicina legal.* Pavor mórbido de falar, que pode, às vezes, associar-se à gagueira.

LALÓFOBO. *Medicina legal.* Aquele que sofre de lalofobia.

LALOMANIA. *Medicina legal.* Loquacidade mórbida ou doentia.

LALOMANÍACO. *Medicina legal.* Aquele que tem lalomania.

LALONEUROSE. *Medicina legal.* Perturbação nervosa da fala.

LALOPATIA. *Medicina legal.* Nome genérico de qualquer perturbação da linguagem.

LALOPLEGIA. *Medicina legal.* Paralisia dos órgãos da linguagem, que impossibilita seu portador de articular palavras.

LAMA. **1.** *Direito comparado.* Sacerdote do lamaísmo. **2.** *Direito penal.* a) Desdita; desgraça; b) perda do bom nome.

LAMAÍSMO. *Direito comparado.* Budismo praticado na Mongólia, na China do Norte e no Tibete, contendo diversos rituais e práticas xamanísticas.

LÂMANE. *Direito comparado.* Casta indiana encarregada de transportar mercadorias em bois.

LAMARÃO. **1.** Lagoa que, em Pernambuco e Paraíba, se forma em depressões do terreno durante as chuvas. **2.** Lamaçal. **3.** Lodo que a baixa-mar deixa a descoberto.

LAMASERIA. *Direito comparado.* Convento de lamas tibetanos.

LAMBAIA. Na *gíria*, o furto de carteira no bolso da vítima.

LAMBAIO. **1.** *Direito agrário.* Tipo de vassoura utilizada nos engenhos de bangüê, para retirar a espuma do açúcar das tachas de cozer. **2.** Na *linguagem comum:* a) servente de péssima qualidade; b) esfregão para lavar fornos de padaria; c) guloso.

LAMBANÇA. **1.** Trapaça. **2.** Intriga. **3.** Mentira. **4.** Adulação. **5.** Vadiagem. **6.** Serviço malfeito. **7.** Tumulto.

LAMBANCEIRO. Trapaceiro.

LAMBAREIRO. **1.** *Direito agrário.* Peça do volante do engenho de serrar madeira. **2.** *Direito marítimo.* a) Talha utilizada para colocar as âncoras na posição horizontal; b) cabo limitado de um lado por um sapatilho e de outro por um gato.

LAMBAZ. *Direito marítimo.* Vassoura especial para lavar e enxugar o convés ou anteparos da embarcação.

LAMBAZAR. *Direito marítimo.* Lavar e enxugar o navio com lambaz.

LAMBDA. *Medicina legal.* Ponto de união das suturas sagital e lambdóidea no crânio.

LAMBDACISMO. *Medicina legal.* Pronúncia viciosa, devido à incapacidade de articular certos sons, trocando o *n* e *r* pelo *l*, que pode ser encontrada, por exemplo, na pessoa que portar alguma malformação da úvula ou do palato ou na que sofrer de oligofrenia.

LÂMBDICO. *Medicina legal.* Ângulo póstero-superior dos parietais.

LAMBDÓIDEA. *Medicina legal.* Sutura craniana occipitoparietal.

LAMBEDOR. No sertão baiano, o terreno salgado e alagadiço onde os animais sequiosos de sal lambem a terra.

LAMBEL. *Direito comparado.* Cotica de brasão que distingue o ramo não primogênito.

LAMBE-LAMBE. Na *gíria,* o fotógrafo ambulante.

LAMBETA. **1.** Intrigante. **2.** Adulador. **3.** Delator. **4.** Na gíria, tem o sentido de propina.

LAMBIDELA. **1.** Gorjeta. **2.** Pechincha.

LAMBIDO. **1.** Imprudente. **2.** Descarado. **3.** Obra de arte retocada excessivamente.

LAMBISGÓIA. **1.** Pessoa antipática ou intrometida. **2.** Pessoa fraca que pouco sabe ou pode fazer (Laudelino Freire). **3.** Mexeriqueira.

LAMBISGOICE. Mexerico.

LAMBORADA. Pancada com açoite ou chicote.

LAMBRETA. Nome comercial de pequena moto oriunda da Itália.

LAMBRIS. Revestimento de madeira em paredes e tetos.

LAMBUJEM. **1.** Barro muito fino usado em olaria. **2.** Luvas ou gratificação. **3.** Pequeno lucro que serve para enganar alguém. **4.** Vantagem concedida por um jogador a outro, em jogo ou aposta. **5.** Desconto ou oferta para atrair freguesia. **6.** Bonificação.

LÃ MEIRINHA. *Direito agrário.* Lã do gado meirinho, que se caracteriza por ser muito fina.

LAMEIRO. **1.** *Direito desportivo.* Cavalo de corrida que é mais veloz em pistas molhadas ou lamacentas. **2.** *Direito agrário.* a) Terra encharcada que produz muito pasto; b) terra que surge com a vazante fluvial, sendo muito aproveitada para cultivo. **3.** *Direito marítimo.* Barco de ferro que, contendo caixas de ar nas extremidades e portas no fundo, é utilizado para transporte de lama advinda de dragagem do porto. **4.** Na *linguagem comum*, um tipo de pneu, dotado de sulcos mais salientes, utilizado em estradas de terra ou lamacentas.

LAMENTAÇÃO. **1.** Clamor, queixa. **2.** Pranto. **3.** Canto fúnebre. **4.** Lástima.

LAMI. *História do direito.* Turco nobre que, na Palestina, exercia as funções de juiz.

LÂMINA DE SANGUE. *Medicina legal.* Tipo de exame que consiste em espalhar o sangue em fina camada de lâmina de vidro, submetendo-o à ação de corante especial, para examiná-lo em microscópio.

LAMINADOR. *Direito agrário.* Trabalhador rural que procede ao beneficiamento rudimentar da borracha, no próprio estabelecimento de exploração florestal.

LÂMINA HISTOLÓGICA. *Medicina legal.* Método laboratorial apropriado para analisar ao microscópio lâminas de tecido humano ou animal, submetidas à ação de corante.

LAMINÁRIA. *Medicina legal.* Abortivo consistente em alga seca, a qual é inserida no canal cervical, onde vem, ao intumescer, dilatá-lo, provocando a morte do feto.

LAMMERS. *Direito virtual.* **1.** Aqueles que se apropriam de programas que os *hackers* disponibilizam na rede. **2.** Aprendizes de *crackers* (Amaro Moraes e Silva Neto).

LAMPIANISTA. *História do direito.* Encarregado de limpar, acender e apagar os lampiões da iluminação pública.

LAMPO. *Direito agrário.* Fruto que vem fora do tempo.

LAMPOON. *Termo inglês.* Pasquim.

LAMPTÉRIAS. *História do direito.* Festas gregas iluminadas de archotes em honra de Dioniso, após as vindimas.

LAMÚRIA. **1.** Queixa. **2.** Lamentação. **3.** Súplica. **4.** Lástima.

LAN. *Direito virtual.* Abreviação de *Local Area Network.* Rede de Área Local de computadores que permite aos usuários a troca de informações, compartilhando inclusive impressoras ou *modens* (Afonso Celso F. Rezende).

LANA-CAPRINA. *Locução latina.* **1.** Insignificância. **2.** Irrelevância.

LANADA. *Direito militar.* Instrumento próprio para limpar o interior das peças, que tem a forma de hasta e na sua ponta um revestimento de pele de carneiro.

LANÇA. **1.** *Direito agrário.* Pau roliço que atravessa o mourão com que se empam as videiras. **2.** *Direito militar.* Arma de arremesso que contém uma hasta com lâmina pontiaguda em sua extremidade. **3.** *Direito marítimo.* Antena fixada por um dos extremos no pé e pelo outro no calcês do mastro.

LANÇA-BOMBAS. *Direito militar.* Dispositivo apropriado para soltar, em aviões de bombardeio, as bombas por eles transportadas.

LANÇA-CABOS. *Direito agrário.* Aparelho salva-vidas que utiliza foguete para levar um cabo da costa, ou de um navio, para outro que está a naufragar.

LANÇADA. **1.** Golpe de lança. **2.** Lesão causada por lança.

LANÇADO. **1.** *Direito autoral.* Livro colocado na praça. **2.** *Direito comercial.* O que foi escriturado. **3.** *Direito tributário.* O que foi, para efeito de tributação, registrado na repartição fiscal.

LANÇADOR. **1.** *Direito processual civil.* O que, para arrematação da coisa, oferece lanço numa hasta pública ou em leilão. **2.** *Direito tributário.* Agente público que efetua o lançamento do tributo.

LANÇADOR DA OPÇÃO. *Direito financeiro.* Investidor que vende a opção de compra ou de venda. Assume obrigação com o titular da opção de vender ou comprar certa quantidade do ativo-objeto a um preço fixado, até o vencimento da opção ou em determinada data (Luiz Fernando Rudge).

LANÇA-GRANADAS. *Direito militar.* Aparelho arremessador de granadas.

LANÇAMENTO. **1.** *Direito comercial.* a) Verba escriturada; b) escrituração de verba em livros mercantis. **2.** *Direito agrário.* a) Aproximação da fêmea e do macho para cobrição; b) ato de cobrição. **3.** *Direito autoral.* a) Primeira edição de uma obra literária; b) primeira apresentação de um artista ou de um filme. **4.** *Direito tributário.* Complexo de operações efetuadas para organizar mapas dos contribuintes, sejam pessoas físicas ou jurídicas. **5.** *Direito processual civil.* Lanço. **6.** *Direito processual penal.* Ato pelo qual o magistrado, em determinados casos, afasta da ação penal pública o querelante, pela não-apresentação do libelo, no prazo legal, declarando-a perempta e devolvendo-a ao Ministério Público. **7.** *Direito marítimo.* Ato de lançar uma embarcação ao mar.

LANÇAMENTO AO MAR. *Direito marítimo.* **1.** Ato de lançar o navio, sua âncora, seus equipamentos ou carga ao mar. **2.** Navegação da embarcação que acaba de deixar os diques de construção ou reparo.

LANÇAMENTO COMO ATO ADMINISTRATIVO. *Direito tributário.* Ato declaratório que vem, tão-somente, formalizar a pretensão do sujeito ativo, pois a obrigação tributária surge na data da ocorrência do fato gerador do tributo, conferindo liquidez ao crédito fiscal (Geraldo Ataliba, Amílcar de Araújo Falcão, Heinz Paulick, Paulo de Barros Carvalho).

LANÇAMENTO COMUM. *Direito tributário.* Tributação incidente sobre rendas declaradas, voluntariamente, pelo contribuinte.

LANÇAMENTO DA PEDRA FUNDAMENTAL. Início ou fundação de um prédio ou monumento, que vai ser construído.

LANÇAMENTO DE ESTRUTURA COMPLEXA. *Direito tributário.* É o que se concretiza em uma pluralidade de atos do fisco e do contribuinte, de tal sorte que, só após o desempenho do ato final do procedimento, ocorre a sua eficácia de reconhecimento e qualificação da obrigação (Geraldo Ataliba).

LANÇAMENTO DE ESTRUTURA UNITÁRIA. *Direito tributário.* É o que se exaure em uma só manifestação da autoridade administrativa encarregada da função tributária, que, por ser suficiente para o reconhecimento e qualificação do fato imponível, dá plena eficácia à obrigação tributária (Geraldo Ataliba).

LANÇAMENTO DEFINITIVO. *Direito tributário.* Diz-se daquele ato administrativo declaratório que não comporta quaisquer revisões, por ser o pronunciamento final da Fazenda Pública a respeito do tributo, ao formalizar a pretensão do sujeito ativo.

LANÇAMENTO DE IDÉIA. 1. Propagação de uma teoria. **2.** Instituição de um plano. **3.** Estabelecimento de um projeto.

LANÇAMENTO DE LIVRO. *Direito autoral.* Primeira publicação de uma obra literária, lançando-a no mercado.

LANÇAMENTO DE PARTILHA. *Direito processual civil.* Ato de se lançar a partilha nos autos, após a resolução das reclamações.

LANÇAMENTO DE PROVA. *Direito processual.* Exclusão de provas.

LANÇAMENTO DIRETO. *Direito tributário.* Trata-se do lançamento de ofício, como o do IPTU, por ser promovido por iniciativa do lançador ou representante do fisco, que efetua o arbitramento ou estimativa do *quantum* do crédito fiscal a ser pago pelo contribuinte.

LANÇAMENTO DO EMPRÉSTIMO. *Direito civil* e *direito comercial.* Ato de oferecer um empréstimo ou de colocar títulos em que este vai efetivar-se (De Plácido e Silva).

LANÇAMENTO ESPACIAL. *Direito espacial.* É a operação para colocar, ou tentar colocar, um veículo lançador e sua carga útil em trajetória suborbital, em órbita terrestre espacial, ou em qualquer outra no espaço exterior.

LANÇAMENTO *EX OFFICIO.* *Vide* LANÇAMENTO DIRETO.

LANÇAMENTO MISTO. *Vide* LANÇAMENTO POR DECLARAÇÃO.

LANÇAMENTO POR DECLARAÇÃO. *Direito tributário.* Aquele baseado na declaração do contribuinte, como o do ITR, IPTU, e como ocorria com o IR (pessoa física). Tal lançamento é feito com colaboração do contribuinte ao prestar informações para que a autoridade administrativa aplique a legislação tributária, calculando o valor do tributo devido e notificando o contribuinte para que efetue o pagamento do crédito (Láudio Camargo Fabretti).

LANÇAMENTO POR HOMOLOGAÇÃO. *Direito tributário.* **1.** Ato de autoridade pública de confirmar, não só a existência do fato gerador tributário e do crédito fiscal, devida e antecipadamente quitado pelo contribuinte, como o IPI, o ICMS, o IR, como também a declaração do contribuinte de que nenhum imposto era por ele devido, isentando-o do pagamento do tributo. **2.** Trata-se do autolançamento, por ser feito em sua totalidade pelo contribuinte, tendo como principal característica o pagamento do tributo antes do início de qualquer procedimento por parte da autoridade administrativa. O contribuinte presta informações à autoridade administrativa, calcula o valor do tributo devido, recolhendo-o, efetuando, ele próprio, sua notificação para o recolhimento, e aguarda a confirmação, ou não, se seus atos estão conformes com a legislação tributária, por parte da autoridade administrativa (Láudio Camargo Fabretti).

LANÇAMENTO PRESUMIDO. *Direito tributário.* É o que resulta de presunção do valor econômico da matéria tributável, em virtude de dificuldade na apuração daquele valor, decorrente de peculiaridades próprias a certas atividades (Geraldo Ataliba).

LANÇAMENTO PROVISÓRIO. *Direito tributário.* Ato que, segundo alguns autores, pode ser alterado, comportando revisão, no decorrer do procedimento administrativo contraditório.

LANÇAMENTO SIMPLES. *Direito tributário.* Dá-se quando os elementos para taxação são provenientes de declaração espontânea do contribuinte, dentro do prazo regulamentar.

LANÇAMENTO TRIBUTÁRIO. *Direito tributário.* **1.** Ato jurídico administrativo, da categoria dos simples, modificativos ou assecuratórios e vinculados, mediante o qual se declara o acontecimento do fato jurídico tributário, se identifica o sujeito passivo da obrigação correspondente, se determina a base de cálculo e a alíquota aplicável, formalizando o crédito e estipulando os termos da sua exigibilidade (Paulo de Barros Carvalho). **2.** Taxação de impostos e sua inscrição no livro fiscal pelo lançador para efeito de arrecadação e fiscalização. **3.** Fixação do valor da obrigação do contribuinte ante a ocorrência do fato gerador do tributo. **4.** Ato administrativo de verificação da ocorrência do fato gerador do crédito fiscal, de cálculo do *quantum* a ser pago pelo contribuinte; de identificação do sujeito passivo e de propor a aplicação de penalidade cabível. **5.** Individualização da obrigação, figurada abstrata e hipoteticamente na lei e concretizada pela ocorrência do fato gerador (Geraldo Ataliba). **6.** Ato administrativo declaratório de caráter obrigatório com a finalidade de criar formalmente a obrigação tributária (Geraldo Ataliba). **7.** Verificação oficial da ocorrência do fato gerador e a determinação precisa e caracterizada de todos os seus aspectos (Geraldo Ataliba). **8.** Procedimento de gestão tributária ou conjunto de atos tendentes à cobrança do crédito tributário (Estevão Horvath). **9.** Ato jurídico administrativo que declara o acontecimento do fato jurídico tributário, identifica o sujeito passivo da obrigação correspondente e determina a base de cálculo e a alíquota aplicável, formalizando o crédito e estipulando os termos de sua exigibilidade (Estevão Horvath).

LANÇAR. 1. Arremessar algo. **2.** Desaguar. **3.** Dar por extinta alguma coisa. **4.** Privar alguém da prática de certo ato. **5.** Arriscar-se. **6.** Emitir. **7.** Impor um dever ou obrigação. **8.** Oferecer certo preço ou lance num leilão. **9.** Dirigir. **10.** Fazer germinar. **11.** Causar. **12.** Escriturar em livro mercantil. **13.** Lavrar escritura em livro de notas. **14.** Divulgar. **15.** Disseminar; espalhar. **16.** Projetar. **17.** Fixar montante de imposto. **18.** Manifestar-se por cota, destacando tópico de interesse da parte. **19.** Averbar de suspeição a testemunha. **20.** Cominar pena. **21.** Escrever. **22.** Declarar. **23.** Editar; publicar obra. **24.** Imputar. **25.** Pôr em voga. **26.** Entregar-se por completo. **27.** Vazar as suas águas; desaguar. **28.** Exibir um filme pela primeira vez. **29.** Tomar com avidez. **30.** Enterrar. **31.** Dar direção a alguma coisa. **32.** Inscrever nome.

LANÇAR A BARRA ADIANTE. 1. Vencer. **2.** Levar vantagem sobre alguém.

LANÇAR A BARRA MAIS LONGE. Obter mais vantagem.

LANÇAR A CONTA. Atribuir ou imputar algo a alguém.

LANÇAR A MARGEM. Abandonar.

LANÇAR AO MAR. *Direito marítimo.* **1.** Pôr uma embarcação para navegar. **2.** Jogar âncora ou carga do navio ao mar.

LANÇAR AOS PÉS. 1. Submeter-se. **2.** Colocar-se à disposição de alguém.

LANÇAR CONTAS. Calcular.

LANÇAR EM FACE. Acusar.

LANÇAR EM FERRO. *Direito processual penal.* Colocar alguém na prisão.

LANÇAR EM ROSTO. Censurar.

LANÇAR EM TERRA. Desembarcar.

LANÇAR FERRO. 1. *Direito marítimo.* Fundear navio. **2.** *Direito penal.* Algemar.

LANÇAR INCULCAS. Tomar informações.

LANÇAR LUZ. Esclarecer.

LANÇAR MÃO. Servir-se de alguma coisa para obtenção de uma finalidade; aproveitar.

LANÇAR MÃO DA PALAVRA. Aceitar palavra como penhor.

LANÇAR NA BALANÇA. 1. Pesar. **2.** Avaliar.

LANÇAR NO PAPEL. Escrever.

LANÇAR OS ALICERCES. 1. Dar início a uma construção. **2.** Estabelecer uma nova teoria ou doutrina.

LANÇAR OS OLHOS. Examinar.

LANÇAROTE. *Direito agrário.* Tratador de cavalo de padreação.

LANÇAR POEIRA NOS OLHOS. Enganar, iludir; ludibriar.

LANÇAR POR TERRA. Derrubar.

LANÇAR RAÍZES. Desenvolver.

LANÇAR-SE AO LONGE. Arriscar-se.

LANÇAR-SE DE ALGUMA COISA. *História do direito.* Escusar-se, desobrigar-se.

LANÇAR-SE DE CABEÇA. Entrar num negócio muito arriscado.

LANÇAR-SE PELO COSTUME. *Direito processual.* Declarar uma testemunha suspeita em razão de parentesco, amizade ou rancor.

LANÇAR SUSPEITA. Duvidar da honestidade de alguém.

LANÇAR UMA MORDAÇA. Impor silêncio a alguém, fazendo ameaças.

LANÇAR UMA SOMBRA. Obscurecer; diminuir a importância de algo.

LANÇAR VISTAS. Dirigir atenção para alguma coisa.

LANCASTERIANO. Método de ensino primário, criado por Lancaster, consistente em fazer com que os alunos de classes superiores venham a ensinar os das inferiores.

LANCASTRIANO. *História do direito.* Partidário da casa real de Lancastre, na Inglaterra.

LANÇA-TORPEDOS. *Direito militar.* Aparelho colocado a bordo dos navios de guerra, em regra, submarinos, para lançar torpedos.

LANCE. 1. *Direito processual civil.* Oferta verbal de preço pela coisa apregoada em hasta pública ou leilão, sempre superior à anteriormente feita, para obter sua arrematação. **2.** *Direito agrário.* Proporção no eqüídeo. **3.** *Direito desportivo.* a) Jogada; b) hábil intervenção de um ou mais jogadores, feita durante o jogo. **4.** *Direito civil.* a) Parada nos jogos de azar; b) parte de uma escada que se compreende entre dois patamares; c) secção de muro; d) extensão de uma fachada. **5.** *Direito marítimo.* Operação que vai do lançamento de rede de pesca ao mar até seu recolhimento, puxando-a com os peixes que ali estiverem emaranhados. **6.** Na *linguagem comum:* a) sorte, eventualidade; b) risco; c) vicissitude; d) ocasião; e) fato difícil; f) façanha; g) preço oferecido por um lote; h) descrição de ato notável; i) impulso; j) aventura. **7.** *Direito comercial.* Anúncio de preço e quantidade de um ativo ou valor mobiliário, oferecidos em pregão de bolsas, para negociação pelos representantes das corretoras (Luiz Fernando Rudge).

LANCE DE CASAS. 1. Quarteirão de casas. **2.** Série de casas contíguas.

LANCE DE OLHOS. Análise rápida e superficial.

LANCE DE PESCA. *Direito marítimo.* Largada do(s) aparelho(s) de pesca no meio aquático, com a finalidade de captura de pescado.

LANCE EXTREMO. Situação perigosa em que uma pessoa vem a arriscar sua vida ou reputação.

LANCETA. 1. *Direito agrário.* Cutelo com o qual as reses são abatidas no matadouro. **2.** *Medicina legal.* Instrumento pontiagudo com dois gumes usado para abertura de abscessos ou para efetuar sangrias.

LANCETAR. *Medicina legal.* Drenar abscesso com a lanceta.

LANCHA. *Direito marítimo.* Pequeno barco movido a motor para esporte, passeio, navegação costeira, pesca, transporte de mercadoria ou serviços de navio.

LANCHA-CANHONEIRA. *Direito militar.* Lancha que contém canhão.

LANCHA DE PRÁTICO. *Direito marítimo.* Embarcação padronizada e homologada pelo Capitão dos Portos com jurisdição sobre a zona de praticagem para ser empregada no transporte do prático para o embarque e desembarque nos navios.

LANCHA SALVA-VIDAS. *Direito marítimo.* Embarcação que contém aparelhos especiais para salvar náufragos.

LANCHA-TORPEDEIRA. *História do direito* e *direito militar.* Pequena embarcação de guerra, de alta velocidade, que lançava torpedos, antes da criação dos submarinos.

LANCHE. Merenda.

LANCHEIRO. 1. *Direito marítimo.* a) Tripulante de baleeira; b) dono de lancha. **2.** *Direito comercial.* Empregado de bar ou lanchonete encarregado do preparo de lanches.

LANCHONETE. *Direito comercial.* Estabelecimento especializado na preparação de refeições ligeiras, servidas, em regra, no balcão.

LANCINANTE. *Medicina legal.* Dor aguda e forte que dá impressão de que a carne está se lacerando.

LANÇO. *Vide* LANCE.

LAND. *Termo inglês.* Terra.

LANDAL. *Direito agrário.* Charneca árida.

LAND DAMAGES. *Locução inglesa.* Indenização por desapropriação de imóvel.

LANDED PROPERTY. *Locução inglesa.* Propriedade imobiliária.

LANDED SECURITY. *Locução inglesa.* Hipoteca.

LANDELORDISMO. *Direito comparado* e *direito agrário.* Sistema agrário inglês que se caracteriza por latifúndios senhoriais, ou seja, pertencentes aos *lords.*

LÄNDER. *Termo alemão.* Estado.

LANDGRAVE. *Termo alemão.* Conde ou príncipe alemão, que, antes de 1806, possuía certa jurisdição territorial.

LANDGRAVIADO. *História do direito.* **1.** Dignidade de *landgrave.* **2.** Território administrativo que ficava, na Alemanha, sob a jurisdição de um *landgrave.*

LANDLORD. *Termo inglês.* Dono de uma propriedade; proprietário.

LANDLORD'S WARRANT. *Locução inglesa.* Cláusula contratual pela qual o locador pode arrestar bens do inquilino, para cobrir aluguéis atrasados.

LANDRECHT. *Termo alemão.* Direito do lugar ou da terra.

LANDSGEMEINDE SUÍÇA. *Direito comparado.* Assembléia aberta a todos os cidadãos do Cantão suíço (pouco populoso) que tenham o direito de votar. Tal assembléia se reúne, ordinariamente, uma vez por ano, em um domingo de primavera, embora possa haver reuniões extraordinárias, para votar leis ordinárias e emendas à Constituição do Cantão, tratados intercantonais, autorização para cobrança de tributos e para realização de grandes despesas públicas etc. (Marcel Bridel). Seus trabalhos são preparados pelo Conselho Cantonal, sendo que o eleitorado limita-se a aprovar ou não as propostas desse Conselho.

LANGÓIA. *Medicina legal.* Doença do sono, em certas regiões da África.

LANIFÍCIO. *Direito comercial.* Indústria onde se produz tecido feito de lã ou novelos de lã.

LANISTA. *História do direito.* Treinador de gladiadores, em Roma.

LANSING–ISHII. *Direito internacional público.* Acordo referente à imigração japonesa nos Estados Unidos, firmado em 2 de novembro de 1917.

LANTERNA. 1. *Direito marítimo.* Câmara de vidro onde se encontra o foco luminoso de um farol. **2.** Nas *linguagens comum* e *jurídica:* a) clarabóia; b) fresta onde entra luz; c) dispositivo colocado em veículos e locomotivas para servir de sinalização e iluminação; d) lâmpada portátil alimentada por pilhas.

LANTERNEIRO. 1. *Direito do trabalho.* Operário especializado em recompor as partes amassadas de carroçaria de automóveis. **2.** *Direito comercial.* Aquele que tem indústria de lanternas. **3.** *Direito canônico.* O que carrega lanternas em procissão.

LANTERNINHA. 1. *Direito comercial.* Aquele que indica o lugar nos cinemas. **2.** Na *gíria desportiva,* o competidor classificado em último lugar.

LANTUNITA. *História do direito.* Dinastia dos príncipes almorávidas.

LANUGEM. 1. *Direito agrário.* Pêlos que cobrem determinadas frutas ou folhas. **2.** *Medicina legal.* a) Penugem que cobre o feto, desaparecendo nos primeiros dias após seu nascimento; b) pêlo que nasce na face do adolescente antes da barba.

LAP. *Direito comercial marítimo* e *direito internacional privado.* Sigla da cláusula "livre de avaria particular", que visa cobrir perda total, contribuição em avaria grossa ou avaria particular que tenha relação com encalhe, colisão ou naufrágio de navio.

LAPA. *Direito comercial marítimo* e *direito internacional privado.* Sigla da cláusula "livre de avaria particular absolutamente", que tem por escopo a cobertura da perda total e a contribuição para os danos resultantes de avaria grossa.

LAPÃO. *Sociologia geral.* Povo que habita o norte da Escandinávia, Finlândia, de raça mongolóide e nômade; que pesca e caça mamíferos marinhos e leva as renas para pastarem.

LAPARÃO. *Medicina legal.* Inflamação dos vasos linfáticos e dos gânglios.

LAPARECTOMIA. *Medicina legal.* Ablação de parte da parede do abdome.

LAPARELITROTOMIA. *Medicina legal.* Modalidade de operação cesariana.

LAPARISTEROTOMIA. *Medicina legal.* Laparotomia com incisão uterina.

LÁPARO. *Direito agrário.* **1.** Filhote de coelho. **2.** Lebre macho até três meses de idade.

LAPAROCELE. *Medicina legal.* Hérnia lombar.

LAPAROMIITE. *Medicina legal.* Inflamação dos músculos abdominais e lombares.

LAPAROPLASTIA. *Medicina legal.* Restauração cirúrgica da parede do abdome.

LAPARORRAFIA. *Medicina legal.* Sutura das paredes abdominais.

LAPAROSCOPIA. *Medicina legal.* Cirurgia para exame que permite diagnosticar a esterilidade e averiguar não só a integridade e permeabilidade das trompas, como também verificar o estado dos ovários, útero e peritônio (Roger Abdelmassih).

LAPAROSPLENOTOMIA. *Medicina legal.* Cirurgia consistente na ablação do baço através da parede do abdome.

LAPAROTOMIA. *Medicina legal.* Abertura da cavidade abdominal.

LAPAROTOMIA EXPLORADORA. *Medicina legal.* Cirurgia que esgotado o diagnóstico médico consiste em abrir o abdome para examiná-lo, procurando alguma lesão ou moléstia.

LAPIDAÇÃO. 1. *História do direito.* Pena capital consistente em apedrejar o condenado até matá-lo. **2.** *Direito comercial.* Ato de lapidar pedras preciosas. **3.** Na *linguagem comum*, aperfeiçoamento do conhecimento e das maneiras de alguém; boa educação.

LAPIDARIA. *Direito comercial.* Oficina ou estabelecimento onde as pedras preciosas são lapidadas.

LAPIDÁRIO. *Direito comercial.* **1.** Joalheiro; artífice especializado em lapidar pedras preciosas. **2.** O que vende pedras preciosas. **3.** Instrumento apropriado para polir peças de relojoaria.

LAPIDEM OMNEM MOVERE. *Expressão latina.* Intentar todos os meios.

LAPILOSO. *Direito agrário.* Fruto que contém, no mesocarpo, corpos muito duros, como, por exemplo, a pêra.

LÁPIS. *Direito civil.* Estilete de grafita envolvido em madeira, apropriado para desenhar e escrever, mas que não pode ser usado em assinaturas, em documentos ou em peças processuais, embora seja aceito como prova a título de indício ou presunção.

LAPSE. *Termo inglês.* **1.** Extinção do mandato em razão de falecimento do mandante. **2.** Prescrição.

LAPSO. 1. Engano involuntário. **2.** Decurso do tempo; prazo.

LAPSO DECADENCIAL. *Direito civil.* Prazo estabelecido pela lei ou pela vontade unilateral ou bilateral para extinguir o direito potestativo pela falta de seu exercício pelo seu titular, atingindo indiretamente a ação. Tal prazo corre contra todos, não admitindo sua suspensão ou interrupção em favor daqueles contra os quais não corre a prescrição, exceto nos casos previstos em lei. A decadência decorrente de prazo legal pode ser considerada e julgada de ofício pelo juiz, independentemente de argüição pelo interessado. A decadência oriunda de prazo prefixado por lei não poderá ser renunciada pelas partes nem antes nem depois de consumada.

LAPSO DE TEMPO. Decorrer do tempo; duração.

LAPSO PRESCRICIONAL. *Direito civil.* Prazo fixado por lei para exercício da pretensão de obter a prestação devida em razão da violação de um direito subjetivo. Se a ação (em sentido material) não for proposta dentro daquele lapso temporal operar-se-á a extinção da pretensão. A prescrição pode ser suspensa, interrompida ou impedida pelas causas legais. A prescrição das ações pode ser, *ex officio*, decretada pelo órgão judicante, inclusive em benefício de absolutamente incapaz. A prescrição, após sua consumação, poderá ser renunciada pelo prescribente.

LAPSUS CALAMI. *Locução latina.* Erro que, por descuido, escapa a quem escreve.

LAPSUS LINGUAE. *Locução latina.* **1.** Erro que se comete, por distração, ao falar. **2.** Lapso de linguagem. **3.** Erro verbal de pequena gravidade.

LAPSUS LOQUENDI. *Vide LAPSUS LINGUAE.*

LAPSUS MEMORIAE. *Locução latina.* Deslize de escrita ou de memória.

LAPSUS SCRIBENDI. *Vide LAPSUS CALAMI.*

LAQUEAÇÃO. *Medicina legal.* Interrupção de circulação de uma veia ou artéria ou ato de ligar veia cortada ou ferida.

LAQUEADURA. *Medicina legal.* Cirurgia feita nas trompas de Falópio para evitar gravidez.

LAQUEÁRIO. *História do direito.* Gladiador que usava um laço como arma com o intuito de impedir os movimentos do adversário.

LAR. 1. Família. **2.** Morada; casa de habitação. **3.** Pátria. **4.** Lareira. **5.** Sede da família. **6.** Domicílio da sociedade conjugal.

LA RAISON DU PLUS FORT EST TOUJOURS LA MEILLEURE. *Expressão francesa.* A razão do mais forte é sempre a melhor.

LARANJA. *Direito agrário.* Fruta cítrica, produzida pela laranjeira, contendo suco refrescante e adocicado.

LARANJAL. *Direito agrário.* Plantação de laranjeiras.

LARANJÃO. *Direito agrário.* Raça bovina comum no Piauí.

LARANJEIRA. *Direito agrário.* Árvore frutífera produtora de laranjas.

LARANJEIRO. *Direito agrário.* **1.** Dono do laranjal. **2.** Plantador ou vendedor de laranjas. **3.** Aquele que encaixota laranjas. **4.** Variedade de feijão.

LARANJO. *Direito agrário.* Boi cor de laranja.

LARAPIAR. Na *linguagem do povo* significa: furtar ou roubar.

LARÁPIO. 1. Na *linguagem popular*: ladrão; aquele que tem o costume de roubar ou furtar; gatuno. **2.** *História do direito.* Iniciais de Lucius Antonius Ruffus Appius (L. A. R. APPIUS), pretor romano, que era considerado venal pelos seus atos de peculato e pelas suas decisões favoráveis àquele que lhe pagasse mais.

LARCENY. *Termo inglês.* **1.** Roubo. **2.** Furto.

LARCENY BY DECEPTION. *Locução inglesa.* Estelionato.

LARCENY BY FRAUD. *Locução inglesa.* Estelionato.

LAR DOMÉSTICO. *Direito civil.* Casa da família.

LAREIRA. *Direito civil.* **1.** Local apropriado para acender o fogo, aquecendo um ambiente. **2.** Aquecedor elétrico.

LAREIRO. *Direito civil.* Relativo a lar ou a lareira.

LARGADA. *Direito desportivo.* Partida ou saída dos competidores em obediência a um sinal.

LARGADO. *Direito agrário.* **1.** Cavalo manso que há muito tempo não é montado, tornando-se velhaco. **2.** Cavalo indomável não cuidado por ninguém.

LARGAR O HÁBITO. Renunciar à vida eclesiástica.

LARGITIONEM FUNDUM NON HABERE. *Expressão latina.* A liberalidade não tem fundo.

LARGUEZA. *Direito civil.* **1.** Generosidade. **2.** Liberalidade. **3.** Prodigalidade. **4.** Tolerância.

LARGURA. Dimensão transversal de alguma coisa.

LARINGE. *Medicina legal.* Parte da extremidade superior do trato respiratório, responsável pela fonação, por conter as cordas vocais. É, portanto, o órgão da voz.

LARINGISMO. *Medicina legal.* Espasmo dos músculos da laringe.

LARINGISMO ESTRIDULOSO. *Medicina legal.* Moléstia infantil causada por espasmo laríngeo repentino, provocando desenvolvimento de cianose e inspiração crescente.

LARINGITE. *Medicina legal.* Inflamação aguda ou crônica da membrana mucosa da laringe.

LARINGOCELE. *Medicina legal.* Hérnia da mucosa laríngea.

LARINGONECROSE. *Medicina legal.* Necrose da laringe.

LARINGOPLEGIA. *Medicina legal.* Paralisia da laringe.

LARINGOPUNCTURA. *Medicina legal.* Cirurgia para remover tumor da laringe.

LARINGORRÉIA. *Medicina legal.* Secreção abundante da mucosa laríngea.

LARINGOSPASMO. *Medicina legal.* Oclusão espasmódica da laringe.

LA ROUE DE LA FORTUNE. *Expressão francesa.* As vicissitudes humanas.

LARVADO. *Medicina legal.* Mal que se manifesta sob a aparência de uma outra moléstia.

LÃ SARNOSA. *Direito agrário.* É a que apresenta crostas provocadas por descamação epitelial, causada por ácaros, não tendo resistência alguma e além disso é áspera.

LASCÍVIA. *Direito penal.* Falta de pudor; libertinagem; luxúria; sensualidade excessiva; devassidão; libidinagem; obscenidade.

LASCIVO. *Direito penal.* Libertino; devasso; libidinoso.

LASER. 1. *Termo inglês.* Sigla de *light amplification by stimulated emission of radiation* (amplificação da luz por emissão estimulada de radiação). Luz concentrada que pelas suas grandes propriedades pode ser usada na medicina (extração de tumores cancerígenos; solução de problemas dermatológicos etc.), na indústria etc. **2.** *Direito comercial.* Amplificação da luz pela emissão estimulada de radiação, muito usada nas indústrias e na engenharia. **3.** *Medicina legal.* Feixe de luz acromático, muito condensado, bastante usado pelos médicos, por exemplo, para destruir pequenos tumores, para fixar retinas desprendidas, ou para analisar a composição de pequenas amostras. **4.** *Direito militar.* Emissão estimulada de radiação, aplicada em armamento estratégico, como bombas de canhão, cujo escopo é pulverizar satélites, destruir mísseis a quilômetros de distância, tanques inimigos, bem como aparelhos para desregular os do adversário.

LASSALISTA. *Direito canônico.* Membro do Instituto dos Irmãos das Escolas Cristãs, fundado em 1680, na França, por São João Batista de la Salle.

LASSALLIANO. *Ciência política.* Partidário do socialismo alemão fundado por Fernando Lassalle.

LASSALLISMO. *Ciência política.* Doutrina social de Fernando Lassalle.

LAST BUT NOT LEAST. *Expressão inglesa.* Último, mas não o menos importante, que é usada para

LASTRAÇÃO

ressalvar, numa numeração de pessoas, aquela citada por último.

LASTRAÇÃO. *Direito marítimo.* Uso de material, líquido ou sólido, pesado para estabelecer o ponto exato de flutuação da embarcação, permitindo sua segurança e navegabilidade.

LASTRADOR. *Direito marítimo.* Aquele que lastra; o que põe lastro.

LASTRAGEM. *Vide* LASTRAÇÃO.

LASTRAR. *Direito marítimo.* Colocar matérias pesadas no navio para garantir seu equilíbrio.

LAST RESORT. *Locução inglesa.* Última instância.

LASTRO. 1. *Direito marítimo.* a) Peso colocado no porão ou outro lugar da embarcação para que haja equilíbrio e segurança na navegabilidade; b) conjunto de paus que formam o corpo da jangada. **2.** *Economia política.* Depósito em ouro que garante a circulação do papel-moeda. **3.** *Direito agrário.* a) Terreno plano e limpo onde se colocam folhas da carnaubeira para secar, com a finalidade de extrair-lhes o pó de onde provém a cera; b) peça colocada no trator ou máquina agrícola para dar-lhe maior estabilidade e penetração no solo. **4.** Na região de Minas Gerais, diz-se da locomotiva usada nos trabalhos de manobras do material rodante das estradas de ferro ou nos socorros aos comboios em caso de acidente. **5.** *Direito comercial.* a) Base real de certa atividade mercantil ou da emissão de título; b) 10% do valor subscrito, imprescindível para a subscrição inicial da sociedade anônima, e 50% que, em se tratando de seguradora, constitui o percentual de subscrição em dinheiro; c) capital de giro do empresário, essencial para a movimentação de seus negócios. **6.** *Direito bancário.* Reserva obrigatória que garanta a liquidez das operações efetuadas pelos bancos.

LASTRO CAMBIAL. 1. *Direito cambiário.* Base real na qual a emissão de títulos de crédito vem a se apoiar. **2.** *Direito internacional privado* e *direito bancário.* Fundo de reserva no exterior que mantém o valor cambial da moeda.

LASTRO ECONÔMICO. *Direito empresarial* e *direito comercial.* Recurso disponível de uma empresa ou empresário, que faz com que se o considere, na praça, economicamente forte.

LASTRO FINANCEIRO. *Economia política.* Fundo ouro que garante a emissão de papel-moeda e de títulos internacionais.

LATA. 1. *Direito agrário.* Vara transversal da parreira. **2.** *Direito marítimo.* Trave que atravessa a embarcação, de costado a costado, sobre a qual é assentada a coberta superior.

LATA CULPA. *Locução latina.* Culpa excessiva.

LATADA. *Direito agrário.* **1.** Parreira. **2.** Grade de varas que sustenta a videira ou qualquer trepadeira.

LATEJANTE. *Medicina legal.* Que lateja.

LATEJAR. *Medicina legal.* **1.** Pulsar. **2.** Ter movimento pulsativo provocado por tumor ou infecção. **3.** Palpitar.

LATEJO. *Medicina legal.* **1.** Pulsação. **2.** Ação ou efeito de latejar.

LATÊNCIA. *Medicina legal.* Incubação, que é o período entre a invasão do micróbio e a manifestação da moléstia.

LATENTE. 1. Oculto. **2.** Subentendido.

LATERAL. 1. O que não é relativo ao caso que se está tratando. **2.** Face perpendicular à da frente de um bem móvel ou imóvel. **3.** Parentesco colateral. **4.** Diz-se do que está situado do lado. **5.** Referente a lado.

LATERANENSE. *Direito canônico.* Relativo ao Concílio de Latrão.

LATERIFLEXÃO. *Medicina legal.* Curvatura para o lado.

LATERIPOSIÇÃO. *Medicina legal.* Deslocamento para um ou outro lado.

LATERIVERSÃO. *Medicina legal.* Versão para o lado esquerdo ou direito.

LATEROCIDÊNCIA. *Medicina legal.* Apresentação de flanco, no parto.

LATEROPULSÃO. *Medicina legal.* Tendência involuntária de cair para um dos lados.

LATET ANGUIS IN HERBA. *Expressão latina.* O que está encoberto.

LÁTEX. *Direito agrário.* Suco leitoso e espesso de determinadas plantas, como a seringueira, do qual advém a borracha.

LATÍBULO. 1. Esconderijo. **2.** Local oculto onde se pratica atos degradantes.

LATICAR. *Direito agrário.* Extrair látex.

LATICLAVO. *História do direito.* Faixa de púrpura usada por senador ou alto dignatário, na frente de sua túnica, indicativa do cargo por ele ocupado.

LATIFUNDIADO. *Direito agrário.* Em que há latifúndio.

LATIFUNDIÁRIO. *Direito agrário.* **1.** Proprietário de latifúndio. **2.** Referente a latifúndio.

LATIFÚNDIO. 1. *Direito agrário.* Imóvel rural assim classificado pelo INCRA por ser uma área de excessiva dimensão, concentrada nas mãos de um só proprietário, ou por se apresentar inadequadamente explorada, qualquer que seja sua dimensão. **2.** *Direito romano.* Grande domínio privado da aristocracia da antiga Roma.

LATIFÚNDIO IMPRODUTIVO. *Direito agrário.* Extensão de terra, em regra, superior ao módulo rural que permanece inaproveitada.

LATIFÚNDIO POR DIMENSÃO. *Direito agrário.* Imóvel rural com área superior ao módulo em 600 vezes o módulo médio da propriedade ou 600 vezes a área média dos imóveis rurais na respectiva zona, tendo-se em vista as condições ecológicas, sistemas agrícolas regionais e o fim a que se destina.

LATIFÚNDIO POR EXPLORAÇÃO. *Direito agrário.* Imóvel rural com área igual ou superior ao módulo da propriedade rural até 600 vezes, desde que seja inexplorada relativamente às possibilidades físicas, econômicas e sociais do meio, com fins especulativos, ou que seja explorada de modo deficiente ou inadequado, não podendo, assim, ser considerada como empresa rural.

LATIFUNDISTA. *Direito agrário.* Dono de latifúndio.

LATIM. Língua falada no Lácio e depois em Roma, e usada na Idade Média e na atualidade como cultura.

LATINA. *Direito marítimo.* Vela de forma triangular.

LATINIDADE. Caráter do povo da raça latina ou de língua neolatina.

LATINISMO. Palavra, termo ou locução peculiar à língua latina.

LATINISTA. Conhecedor do latim.

LATINIZAR. Usar termos, locuções ou expressões latinas.

LATINO. 1. *Direito canônico.* a) Referente à Igreja Católica do Ocidente; b) católico do Ocidente. **2.** *Direito marítimo.* Barco que possui velas triangulares. **3.** Na *linguagem comum*, pode ter o sentido de: a) pessoa pertencente a uma das nações neolatinas; b) relativo ao latim; c) escrito em latim; d) o que é versado em latim.

LATINO-AMERICANISMO. Modo de ser social, político ou moral do povo latino-americano.

LATINO-AMERICANO. 1. Referente a um dos países cuja língua oficial é uma das neolatinas. **2.** Parte da América onde estão situados tais países.

LATINOFILIA. Forte tendência para os valores da latinidade e pela língua latina.

LATINOFOBIA. *Medicina legal.* Pavor ao latim e aos latinos.

LATINOLATRIA. Paixão exagerada pelo latim.

LATINÓRIO. 1. Latim eclesiástico. **2.** Má tradução de trechos ou expressões latinas. **3.** Citação, fora de propósito, de termos ou expressões latinas.

LATIRISMO. *Medicina legal.* Intoxicação provocada pela ingestão de sementes de leguminosas, como, por exemplo, ervilhas, chicharo, cizirão, que se caracteriza por sintoma de paraplegia espasmódica.

LATITUDE. 1. Largura; extensão. **2.** Liberdade de ação.

LATITUDE ASTRONÔMICA. *Direito espacial.* Distância angular entre o plano equatorial terrestre e a direção da gravidade de certo lugar.

LATITUDE CELESTE. *Direito espacial.* Distância angular entre um corpo celeste e a eclíptica.

LATITUDE CELESTE GEOCÊNTRICA. *Direito espacial.* Distância angular entre um corpo celeste e a eclíptica vista do centro da Terra.

LATITUDE CELESTE HELIOCÊNTRICA. *Direito espacial.* Distância angular entre um corpo celeste e a eclíptica considerada do centro do Sol.

LATITUDE MERIDIONAL. *Vide* LATITUDE SUL.

LATITUDE NORTE. É a contada no hemisfério norte.

LATITUDE SUL. É a que se conta no hemisfério sul.

LATITUDINÁRIO. 1. Aquele que se desvia dos padrões estabelecidos doutrinariamente, especialmente em temas religiosos. **2.** Arbitrário na interpretação.

LATITUDINARISMO. Sistema teológico inglês que, no século XVII, sustentava a tolerância religiosa e a idéia de que todos os homens se salvariam.

LATITUDINARISTA. Partidário do latitudinarismo.

LATO. *Teoria geral do direito.* **1.** Amplo. **2.** Extensivo.

LATOARIA. *Direito comercial.* **1.** Loja onde são vendidos objetos de latão ou lata. **2.** Ofício de latoeiro. **3.** Funilaria.

LATOEIRO. *Direito comercial.* **1.** O que fabrica, conserta ou vende objetos de lata ou de latão. **2.** Funileiro.

LATOMIA. *História do direito.* Pedreira abandonada que servia de prisão.

LATO SENSU. *Locução latina.* Em sentido amplo.

LATRIA. *Direito canônico.* Adoração a Deus.

LATROCIDA. *Direito penal.* Aquele que fere ou mata para roubar.

LATROCINAR. *Direito penal.* Praticar latrocínio.

LATROCÍNIO. *Direito penal.* Crime duplo consistente em cometer homicídio ou lesão corporal grave com o objetivo de roubar coisa móvel alheia.

LAUDA. Cada um dos lados de uma folha de papel.

LAUDABILIDADE. Qualidade do que é digno de louvor.

LAUDÂNICO. *Medicina legal.* Narcótico.

LAUDANINA. *Medicina legal.* Alcalóide venenoso cristalino obtido do ópio.

LAUDANIZADO. *Medicina legal.* **1.** Que contém láudano. **2.** Narcotizado.

LAUDANIZAR. *Medicina legal.* Narcotizar.

LÁUDANO. *Medicina legal.* Medicamento que contém tintura de ópio.

LAUDATO INGENTIA RURA, EXIGUUM COLITO. *Expressão latina.* Louva as grandes propriedades, mas cultiva uma pequena.

LAUDATORE NIHIL INSIDIOSIUS. *Expressão latina.* Nada mais traidor que um adulador.

LAUDATÓRIO. **1.** Que contém louvor. **2.** Referente a louvor.

LAUDÁVEL. *Medicina legal.* Diz-se do pus, sangue ou linfa de bom aspecto.

LAÚDE. *Direito marítimo.* Embarcação apropriada para a pesca do atum.

LAUDEL. *História do direito.* Vestidura militar, revestida de couro ou de lâminas de metal, para preservar o soldado dos golpes de espada.

LAUDÊMIO. **1.** *História do direito.* Compensação paga pelo enfiteuta, que vendia o bem enfitêutico, ao senhorio direto por sua renúncia ao direito de opção na transferência do domínio útil. **2.** *Direito civil.* Compensação exigível se alienação fiduciária tiver por objeto bem enfitêutico, havendo consolidação do domínio útil no fiduciário.

LAUDO. *Direito processual.* Parecer escrito de árbitro ou perito, expondo a perícia realizada, respondendo aos quesitos propostos pelo magistrado ou pelos interessados, e consignando o resultado de exame pericial.

LAUDO ARBITRAL. *Direito processual* e *direito internacional.* **1.** Decisão dos árbitros; sentença arbitral. **2.** Documento que contém aquela decisão. Trata-se da peça escrita fundamentada onde os árbitros, no juízo arbitral, expõem suas observações e estudos e fazem constar sua decisão. A sentença arbitral não fica sujeita a recurso ou a homologação pelo Poder Judiciário. Mas se se tratar de sentença arbitral estrangeira só produzirá efeito após a homologação judicial.

LAUDO DE AVALIAÇÃO. Termo de avaliação ou ato escrito do avaliador atribuindo preço ou valor da coisa avaliada por ele devidamente identificada.

LAUDO DE CAPACITAÇÃO TÉCNICA. Documento expedido pelo organismo de inspeção, após homologação da empresa, comprobatório da capacitação para fabricação/transformação de veículos.

LAUDO DE CONSTATAÇÃO. *Medicina legal.* Laudo toxicológico de caráter provisório que, apesar de não ter certeza científica, procura identificar do melhor modo possível a substância *sub examine.*

LAUDO DEFINITIVO. *Medicina legal.* Laudo final.

LAUDO IRREGULAR. *Medicina legal.* É o que contém alguma falha ou omissão, não sendo aceito pela autoridade, que ordenará, se possível, aos peritos que o corrijam. Feita a correção, será considerado como se tivesse sido desde o começo apresentado com precisão ou exatidão.

LAUDO MÉDICO-LEGAL. *Medicina legal.* Relatório escrito e fundamentado, assinado por dois médicos legistas, esclarecendo a *causa mortis*, o instante em que se deu a lesão, o instrumento do crime etc., seguindo certas normas para possibilitar uma análise melhor por parte dos advogados e representantes da Justiça Pública. O laudo deve conter: a) preâmbulo, onde o perito escreverá seu nome, os títulos de que é portador, o nome da autoridade que o nomeou, o motivo da perícia, o nome e qualificação do paciente a ser examinado; b) histórico, que diz respeito à anamnese dos exames clínicos, narrando tudo que possa interessar para o esclarecimento do fato; c) descrição, onde minuciosa e precisamente deverá anotar todas as lesões, descrevendo seus caracteres e sintomas encontrados, apresentando esquemas, gráficos, fotografias etc.; d) discussão, onde fará seu diagnóstico, externando sua opinião, transcrevendo as dos melhores autores; e) conclusão, sintetizando seu ponto de vista, devidamente baseado em elementos objetivos e comprovados; f) resposta aos quesitos de modo sucinto e claro, e, se possível, através dos advérbios "sim" ou "não" (A. Almeida Jr. e J. B. de O. e Costa Jr.). Tal parecer deverá ser incluído nos autos processuais.

LAUDO PERICIAL. *Direito processual.* Parecer escrito e fundamentado do perito sobre a matéria submetida à sua apreciação, contendo exposição das operações e ocorrências da diligência, respondendo aos quesitos formulados e apresentando suas conclusões.

LAUDO UNÂNIME. *Medicina legal.* Diz-se daquele em que não há qualquer divergência de opiniões entre os peritos que examinaram o caso.

LÁUREA. 1. Grau acadêmico. **2.** Prêmio por mérito.

LAUREADO. 1. Aquele que obteve láurea acadêmica. **2.** Premiado. **3.** Aplaudido. **4.** Elogiado. **5.** Célebre, insigne.

LAUREAR. 1. Galardoar por mérito literário ou artístico. **2.** Aplaudir. **3.** Elogiar. **4.** Homenagear.

LAURO. Prêmio.

LAUS ALIT ARTES. *Expressão latina.* O elogio alimenta as artes.

LAUS IN ORE PROPRIO VILESCIT. *Expressão latina.* O louvor na própria boca envilece.

LAUSPERENE. *Direito canônico.* Exposição contínua e sucessiva do Santíssimo Sacramento em todas as Igrejas de uma cidade.

LAUTELO. *Direito comparado.* Embarcação de pesca siciliana.

LAVADA. Em *gíria desportiva* significa derrota por grande diferença de pontos.

LAVADEIRA. Na *linguagem da mineração,* é o local onde o cascalho é lavado.

LAVADO GÁSTRICO. *Medicina legal.* Líquido que lavou o estômago para tratamento de envenena-

mento ou para coleta de material para exame em laboratório.

LAVAGEM. 1. *Direito agrário.* a) Água que se junta a restos de comida que se dão aos porcos como alimento; b) processo de retirada das sujidades das castanhas ou outros frutos com o uso da água. **2.** *Medicina legal.* Irrigação de órgão, como intestinos, estômago, vagina.

LAVAGEM CEREBRAL. *Medicina legal.* Doutrinação forçada que, mediante sonoterapia, produtos químicos, estimulação elétrica, isolamento, ameaça, cansaço sistematicamente produzido, induz a pessoa a abandonar suas convicções políticas, sociais ou religiosas; a alterar sua reação e a aceitar idéias padronizadas contrastantes.

LAVAGEM DE DINHEIRO. *Direito penal.* **1.** Crime consistente no falseamento contábil e documental, dando aparência lícita a dinheiro advindo de ato negocial escuso. **2.** Ato de limpar bens, direito ou valores, apagando a mancha caracterizadora da origem ilícita e reingressando os capitais lavados, no circuito econômico-financeiro, para empregá-los em negócio lícito (Maierovitch).

LAVAGEM QUÍMICA. *Direito penal.* Alteração de documento, empregando produto químico.

LAVANDARIA. *Direito comercial.* Estabelecimento especializado em limpeza de roupas.

LAVANDERIA. *Vide* LAVANDARIA.

LAVA-PÉS. *Direito canônico.* Cerimônia litúrgica em que, na quinta-feira santa, se comemora o fato de Cristo ter lavado os pés de seus discípulos.

LAVAR. 1. Limpar. **2.** Banhar-se em água limpa. **3.** Purificar. **4.** Reabilitar-se.

LAVAR A HONRA. Vingar injúria.

LAVAR AS MÃOS. Eximir-se de responsabilidade.

LAVEGO. *Direito agrário.* Arado com varredouro.

LÃ VENTRAL. *Direito agrário.* É a retirada do ventre do ovino.

LAVÍNIA. *Direito agrário.* Raça bovina de corte advinda do cruzamento de zebu com *shwitz.*

LAVISH. *Termo inglês.* Pródigo.

LAVOR. 1. Artesanato. **2.** Trabalho manual. **3.** Ocupação intelectual. **4.** Cristalização superficial nas salinas que impede a formação do sal.

LAVOURA. *Direito agrário.* **1.** Agricultura. **2.** Atividade agrária que explora a terra, cultivando-a para dela retirar a maior quantidade de produtos, na época da colheita. **3.** Cultivo da terra. **4.** Lavra. **5.** Terra lavrada e cultivada. **6.** Ato de preparar terreno para semeadura, sementeiras ou plantação.

LAVOURA PERIÓDICA. *Vide* LAVOURA TEMPORÁRIA.

LAVOURA PERMANENTE. *Direito agrário.* Diz-se do cultivo de plantas que, uma vez semeadas, dão frutos de tempos em tempos.

LAVOURA TEMPORÁRIA. *Direito agrário.* Plantio de cereais e vegetais que devem ser periodicamente plantados, já que perecem com a colheita.

LAVOURA XERÓFILA. *Direito agrário.* Cultivo em terras áridas ou semi-áridas de vegetais ou plantas que possam resistir às secas, como, por exemplo, o cacto mexicano, a palma doce, a palma forrageira.

LAVOUREIRO. *Direito agrário.* **1.** Agricultor. **2.** É aquele lavrador de produtos agrícolas. **3.** O que cuida da produção de vegetais. **4.** Relativo à lavoura.

LAVOURISTA. *Vide* LAVOUREIRO.

LAVRA. 1. *Direito agrário.* a) Lavoura ou cultivo da terra; b) terra lavradia; c) no Rio Grande do Sul, designa a lavoura do algodão. **2.** Na *linguagem da mineração* pode ter o sentido de: a) local onde se pesquisa ou se encontra diamante; b) terreno de mineração de onde se extrai ouro ou diamante; c) exploração e aproveitamento industrial de jazidas de minérios; d) conjunto de operações coordenadas de extração de petróleo ou gás natural de uma jazida e de preparo para sua movimentação; e) conjunto de operações coordenadas objetivando o aproveitamento industrial da jazida, desde a extração de substâncias minerais úteis até o seu beneficiamento. **3.** *Direito autoral.* Autoria; invenção.

LAVRADAGEM. *Direito agrário.* Conjunto de lavradores.

LAVRADEIRO. *Direito agrário.* Animal que trabalha na lavoura.

LAVRADIO. *Direito agrário.* **1.** Terreno apropriado para ser lavrado. **2.** Ato de lavrar a terra.

LAVRADO. 1. *Direito agrário.* a) O que foi arado ou cultivado; b) na ilha de Marajó, diz-se do campo extenso sem árvores ou com pouca vegetação. **2.** *Direito registrário.* a) Escrito em ata; b) registrado em livro. **3.** *História do direito.* Terreno de cascalho que era revolvido para a lavra de ouro de aluvião.

LAVRADOR. *Direito agrário.* **1.** Agricultor; aquele que trabalha na lavoura. **2.** Proprietário de terras onde se exploram atividades agrícolas. **3.** Lavoureiro. **4.** Aquilo que serve para lavrar.

LAVRADORAGEM. *Direito agrário.* Porção de lavradores.

LAVRADORAL. *Direito agrário.* Referente a lavrador.

LAVRAGEM. 1. *Direito agrário.* Ato ou efeito de lavrar. **2.** Em *linguagem de mineração* é o ato de extrair metal ou pedra preciosa da mina.

LAVRAMENTO. 1. *Direito agrário.* Lavoura. **2.** *Economia política.* Cunhagem de moedas.

LAVRANTE. 1. *Direito agrário.* Agricultor que lavra a terra. **2.** *Direito comercial.* Ourives que trabalha com metais e pedras preciosas.

LAVRAR. 1. *Direito agrário.* a) Cultivar terras; b) revolver a terra com arado ou charrua, preparando-a para a semeadura e plantação de vegetais. **2.** *Economia política.* Cunhar moedas. **3.** *Direito notarial.* a) Exarar por escrito; b) fazer escritura; c) registrar títulos e documentos. **4.** Na *linguagem de mineração* é pesquisar ou explorar jazidas de minérios.

LAVRATURA. 1. *Direito notarial.* a) Escritura; b) ato de lavrar documentos ou de inscrever ou registrar em livro próprio ato ou contrato. **2.** Nas *linguagens comum* e *jurídica* significa fazer constar por escrito. **3.** *Direito processual.* Ato forense que se dá com a intervenção do serventuário e, algumas vezes, com a do magistrado (Othon Sidou).

LAW. *Termo inglês.* Direito; direito objetivo.

LAW–BREAKER. *Locução inglesa.* Aquele que viola as normas jurídicas.

LAW ENFORCEMENT OFFICER. *Expressão inglesa.* Autoridade policial.

LAWFUL. *Termo inglês.* **1.** Legal. **2.** Lícito. **3.** Válido. **4.** Legítimo.

LAWFUL AGE. *Locução inglesa.* Maioridade.

LAWFULNESS. *Termo inglês.* **1.** Legalidade. **2.** Legitimidade.

LAWLESS. *Termo inglês.* **1.** Ilegal. **2.** Ilegítimo.

LAW–MAKING TREATIES. *Expressão inglesa.* Tratados normativos.

LAWN–TENNIS. 1. *Locução inglesa.* Tênis. **2.** *Direito internacional privado.* Terminologia usada metaforicamente pelos internacionalistas ao se referirem ao reenvio, pois se se o admitissem ter-se-ia um *perpetuum mobile* ou presenciar-se-ia uma infindável partida de *lawn-tennis* jurídico-internacional, uma vez que não se teria razão jurídica alguma para que se terminasse qualquer dos lances; logo o magistrado arbitrariamente poria fim ao jogo. Realmente, se se aceitasse a devolução ou reenvio feito pela norma de direito internacional privado do foro ao direito estrangeiro como um todo, inclusive às suas normas conflituais, não se poderia evitar que o retorno feito por esta última lei se operasse em favor de norma de direito internacional privado de um terceiro país, formando um *circulus inextricabilis*, que obstaria a aplicação de qualquer direito substancial.

LAW-SUIT. *Locução inglesa.* **1.** Litígio. **2.** Causa. **3.** Demanda.

LAWYER. *Termo inglês.* **1.** Jurisconsulto. **2.** Advogado.

LAXAÇÃO. Atenuação.

LAXISMO. Doutrina que visa limitar em excesso o dever moral.

LAYOFF. *Termo inglês.* Dispensa de empregado.

LAYOUT. *Termo inglês.* **1.** Planejamento de trabalho, especificando todos os caracteres que devem ser empregados na composição de anúncios, obra mercantil ou obra editada. **2.** Forma como os textos ou títulos são dispostos numa página.

LAYTIME. *Direito marítimo* e *direito internacional privado.* Estadias, isto é, prazo gratuitamente colocado à disposição do afretador para carregar ou descarregar navio no porto de destino (Rodière).

LAY WITNESS. *Locução inglesa.* Testemunha que desconhece o assunto sobre o qual depõe.

LAZARAR. *História do direito.* Fazer cumprir pena corporal ou patrimonial, pagando o mal que fez.

LAZARETO. **1.** *Medicina legal.* Leprosário. **2.** *Direito marítimo.* Estabelecimento isolado que existe nos portos, próprio para deixar de quarentena os viajantes oriundos de países onde há alguma moléstia contagiosa ou epidemia.

LAZER. Tempo livre; folga.

LAZZARONI. *Termo italiano.* Pessoas da classe menos favorecida de Nápoles, que viviam de pequenos trabalhos e, anualmente, escolhiam seu líder, ou seja, o *Capo Lazzaro.*

L. B. Abreviação de *lectori benevolo*, que significa "ao leitor benévolo", e é colocada no início de um livro, no prefácio, por exemplo, como explicação preliminar.

LCL. *Direito comercial.* Indica menos de uma carga de *container.* Refere-se a cargas em quaisquer quantidades para serem conteinerizadas. São entregues ao transportador pelo usuário e por aquele aceitas, sendo usadas para cálculo da taxa de frete.

LEAD. *Termo inglês.* **1.** Cabeça da notícia, que capta a sua essência e prende a atenção do leitor. **2.** Primeiro parágrafo de matéria que contém informações essenciais de uma notícia.

LEADING CASE. *Locução inglesa.* Caso concreto que requer formação de jurisprudência.

LEAL. **1.** Nas *linguagens comum* e *jurídica:* a) conforme a lei; b) sincero; c) franco, honesto; d) fiel; e) o que é feito de acordo com a probidade e a honra; f) aquele que inspira confiança. **2.** *História do direito.* Antiga moeda portuguesa da época de D. João I.

LEALDAÇÃO. *História do direito.* Verificação alfandegária. Tratava-se do ato pelo qual se faziam as declarações junto à alfândega, relativas às mercadorias importadas e exportadas, para evitar evasão da moeda.

LEALDADE. **1.** Fidelidade. **2.** Qualidade daquele que é leal. **3.** Sinceridade. **4.** Honestidade, que é dever do trabalhador e do servidor público. **5.** Probidade processual que devem ter o advogado e os litigantes na instauração e no curso do processo.

LEALDADO. **1.** *História do direito.* a) O que foi declarado na alfândega a respeito de mercadorias importadas; b) inspecionado; verificado. **2.** *Direito agrário.* Diz-se do açúcar muito limpo.

LEALDADOR. *História do direito.* Antigo fiscal de mercadorias importadas.

LEALDAMENTO. *História do direito.* **1.** *Vide* LEALDAÇÃO. **2.** Juramento que se fazia na alfândega de que as mercadorias importadas destinavam-se ao uso doméstico. **3.** Antigo tributo que se pagava aos alcaides-mores nas alfândegas (João Baptista Villela).

LEALDAR. *História do direito.* **1.** Declarar à autoridade competente as mercadorias importadas, sob pena de entenderem contrabandeadas. **2.** Controlar mercadoria que saia para garantir o bom estado da balança mercantil, comparando

LEALISMO   79   **LEA**

os efeitos importados e os exportados. **3.** Verificar os efeitos importados na alfândega, legalizando sua entrada no país, por satisfazerem as exigências legais. **4.** Estar habilitado para morar em Lisboa.

LEALISMO. 1. *Ciência política.* Fidelidade àquele que governa o país ou ao governo nele estabelecido, por entendê-lo legítimo. **2.** *Teoria geral do direito.* Fidelidade à lei (Guyau).

LEÃO-DE-CHÁCARA. Em *gíria*, aquele que vigia casa de diversão, como boate, restaurante, bar etc.

LEÃO-DO-MAR. Marinheiro com grande experiência.

LEASE. *Termo inglês.* Locação.

LEASE-BACK. *Locução inglesa.* Contrato pelo qual uma empresa proprietária de certo bem (móvel ou imóvel) o vende ou o dá em dação em pagamento a outra (instituição financeira, companhia de seguro, firma de *leasing* etc.) que, ao adquiri-lo, imediatamente o arrenda à vendedora. O próprio arrendatário efetua a venda de bens ou de equipamentos, mudando seu título jurídico relativamente a eles, passando de proprietário a arrendatário, que deverá pagar aluguel. É também designado *cession bail* ou *leasing* de retorno.

LEASEHOLD. *Termo inglês.* **1.** Arrendamento. **2.** Direito real que recai sobre imóvel alugado. **3.** Direito de usar propriedade alheia sob condições previamente estipuladas num contrato, tendo por objeto um bem tangível (Joel Dias Figueira Jr.).

LEASE PURCHASE. *Locução inglesa. Leasing* utilizado na atividade aeroviária ou ferroviária. O *trustee* emite certificados similares a debêntures, para aquisição de numerário a fim de obter o bem a ser arrendado, de modo que a locatária, apenas quando resgatar todos os certificados, adquirirá a propriedade do bem (Sílvio de Salvo Venosa).

LEASE WITH OPTION TO PURCHASE. *Locução inglesa.* Locação com opção de compra.

LEASING. *Termo inglês.* Arrendamento mercantil.

LEASING DE BENS PRODUZIDOS NO EXTERIOR. *Direito internacional privado.* Contrato de arrendamento mercantil de bens produzidos no exterior, que pode ser celebrado, por prazo não inferior a cinco anos, entre uma entidade com sede no exterior e a usuária final do bem no Brasil, dentro de sua atividade econômica, tendo por objeto, inclusive, bens de capital sem similar nacional, desde que obedecidas, para seu ingresso no país, no que couberem, as normas que regem a importação.

LEASING DE RETORNO. *Vide LEASE-BACK.*

LEASING FINANCEIRO. *Direito comercial.* É o contrato pelo qual uma pessoa jurídica ou física, pretendendo utilizar determinado equipamento, comercial ou industrial, ou certo imóvel, consegue que uma instituição financeira o adquira, arrendando-o ao interessado por tempo determinado, possibilitando-se ao arrendatário, findo tal prazo, optar entre a devolução do bem, a renovação do arrendamento, ou a aquisição do bem arrendado mediante um preço residual, previamente fixado no contrato, isto é, o que fica após a dedução das prestações até então pagas. Trata-se do *financial leasing* norte-americano, do *crédit-bail* dos franceses, do *hire-purchase* dos ingleses, da *locazione finanziaria* dos italianos, *finanzierungs leasing* ou *miet* dos alemães, *locationi financement* dos belgas. *Vide* ARRENDAMENTO MERCANTIL.

LEASING IMOBILIÁRIO. *Direito comercial.* Contrato pelo qual a empresa, em regra, não adquire prédio construído, mas prefere comprar terreno e custear a construção do imóvel, segundo instruções do cliente, para depois arrendá-lo. Por ser muito dispendioso, tal arrendamento é feito por vinte ou trinta anos.

LEASING MOBILIÁRIO. *Direito comercial.* Contrato de *leasing* financeiro relativo a qualquer bem móvel, de valor apreciável (máquinas, aparelhos especializados), fabricado ou vendido por empresa que não seja a arrendadora e que deverá ser por esta adquirido para atender o cliente que o escolhera.

LEASING OPERACIONAL. *Direito comercial.* Cessão de uso a curto prazo, que é o contrato realizado com bens adquiridos pelo locador junto a terceiro, sendo dispensável a intervenção da instituição financeira, que poderá efetivá-lo, contudo, se autorizada pelo Conselho Monetário Nacional. O mesmo material, estocado pelo locador, poderá ser alugado várias vezes a locatários diversos, e o locador, por sua vez, comprometer-se-á a prestar serviços de manutenção do bem locado. É, ainda, rescindível a qualquer tempo pelo locatário, e em função do maior ou menor valor residual se determina a rentabilidade dessa operação.

LEBENSFORM. *Termo alemão.* Forma da vida.

LEBENSRAUM. *Termo alemão.* Espaço vital, que é o direito que tem cada país ao espaço necessário para desenvolver-se naturalmente.

LEBENSWELT. *Termo alemão.* Mundo da vida comum.

LEBRADO. *Direito agrário.* Cavalo cuja cabeça apresenta convexidade abaixo da testa.

LECIONAL. Relativo a lição.

LECIONANDO. Aquele que recebe lição de alguém.

LECIONAR. 1. Dar aulas ou lições. **2.** Dedicar-se ao magistério.

LECIONISTA. Professor particular.

LECTIO SENATUS. *Locução latina.* Lista do Senado, organizada pelos censores, que continha os nomes dos senadores.

LECTURIS SALUTEM. *Expressão latina.* Saudações aos que lerem, muito usada pelos copistas no início de seus trabalhos.

LEFEVRISTA. Sectário da filosofia de Jacques Lefèvre.

LEGAÇÃO. *Direito internacional público.* **1.** Embaixada. **2.** Missão diplomática permanente. **3.** Representação diplomática inferior à embaixada, mantida por um país junto a outro, chefiada por enviado extraordinário, ministro plenipotenciário, ministro residente, ou encarregado de negócios efetivos. **4.** Tempo de duração de uma legacia. **5.** Cargo e exercício de legacia. **6.** Sede da embaixada ou de uma missão diplomática. **7.** Membros de uma missão diplomática. **8.** Residência de diplomata estrangeiro. **9.** Repartição dirigida por diplomata estrangeiro. **10.** Posto diplomático que, geralmente, fica sob a chefia de um ministro plenipotenciário. **11.** Território do Estado da Igreja que, outrora, era governado por um legado do Papa.

LEGACIA. *Direito internacional público.* **1.** Função, ofício ou dignidade conferida pelo direito de legação. **2.** Investidura de legado, conferida a um prelado para representar o Papa. **3.** Território assistido por um legado ou submetido à sua jurisdição.

LEGADO. 1. *Direito internacional público.* a) Representante diplomático extraordinário do Papa, escolhido dentre os cardeais, para alguma missão especial; b) núncio pontifício que representa o Sumo Pontífice junto aos governos se-

culares; c) enviado de um país para cuidar, em outro, de negócios ou interesses recíprocos ou referentes a uma legação; d) aquele que exerce uma legação. **2.** Em *sentido figurado* é aquilo que uma pessoa, escola literária etc. transmite à posteridade. **3.** *História do direito.* a) Prelado que era encarregado pelo Papa do governo, de Territórios pontifícios; b) comissário do Senado, que fiscalizava as antigas províncias romanas; c) comandante de uma legião na Roma antiga. **4.** *Direito civil.* Disposição testamentária a título singular, pela qual o testador deixa, à pessoa estranha ou não à sucessão legítima, um ou mais objetos individualizados ou uma certa quantia em dinheiro.

LEGADO A AUTARQUIA. *Direito civil* e *direito administrativo.* Disposição testamentária em que o testador deixa dinheiro ou bens a uma autarquia, que é uma pessoa jurídica de direito público, que só pode aceitar se não contrariar o princípio da especialidade, ou seja, desde que não a obrigue a efetuar atos alheios à sua atividade funcional (Ferrara, Rivero, Debbasch e Bonnard).

LEGADO ALTERNATIVO. *Direito civil.* Disposição testamentária em que o testador deixa ao herdeiro a opção de entregar ao legatário uma entre duas coisas de espécies diferentes.

LEGADO A TERMO. *Direito civil.* Aquele em que sua eficácia está limitada no tempo, ou seja, a um evento futuro e certo, aperfeiçoando-se ou extinguindo-se com o advento do prazo fixado pelo testador.

LEGADO A TÍTULO PARTICULAR. *Direito civil.* Disposição testamentária em que o *de cujus* deixa a determinada pessoa um ou mais bens singulares ou particulares.

LEGADO A TÍTULO UNIVERSAL. *Direito civil.* Trata-se, na verdade, de herança e não de legado, que é sempre a deixa a título singular. É, portanto, a disposição do testamento que dá a alguém a parte ideal ou todo o espólio, sem nada particularizar.

LEGADO COM ENCARGO. *Direito civil.* Disposição testamentária na qual o testador grava a coisa legada com encargo ou obrigação do legatário, caso em que a aceitação indica anuência ao ônus que acompanha a liberalidade, sendo que o legatário será obrigado a prestar caução muciana, se assim o exigirem os interessados no adimplemento do modo.

LEGADO CONDICIONAL. *Direito civil.* Disposição testamentária a título particular, cujo efeito está subordinado a evento futuro e incerto, desde que não seja captatório, caso em que será nulo o legado.

LEGADO CULTURAL. *Sociologia geral.* Língua, tradições e costumes que passam de uma geração a outra.

LEGADO DE ALIMENTOS. *Direito civil.* Deixa testamentária que constitui uma modalidade de legação de prestação periódica e abrange o indispensável à vida: alimentação, vestuário, medicamentos, habitação, e, se o legatário for menor, educação, sendo arbitrado pelo magistrado conforme as forças da herança, as necessidades do alimentário (legatário) e a circunstância de, em vida, estar o alimentário na dependência do *de cujus*, salvo se o testador legou uma quantia certa em prestações periódicas.

LEGADO DE COISA ALHEIA. *Direito civil.* Deixa testamentária em que o testador confere ao legatário bem que não lhe pertence; que será considerada ineficaz, exceto se: a) a coisa legada for posteriormente adquirida pelo testador, a qualquer título; b) o disponente, expressamente, determinar que o bem alheio seja adquirido pelo herdeiro para ser entregue ao legatário, caso em que se tem uma disposição modal; c) o testador ordenar que o herdeiro, ou legatário, entregue coisa de sua propriedade a outrem (sublegado); não sendo isso cumprido, entender-se-á que renunciou a herança ou o legado. Impõe, portanto, um encargo ao herdeiro ou legatário, que tem a opção de aceitar a herança ou o legado, entregando objeto que lhe pertence a terceiro, ou seja, ao sublegatário, conforme disposição testamentária, ou de conservar esse bem em seu patrimônio, renunciando, implicitamente, a herança ou o legado; d) o legado for de coisa, que se determine pelo gênero, ou pela espécie; será cumprido, ainda que tal coisa não exista entre os bens deixados pelo testador, cabendo ao testamenteiro comprá-lo com os recursos do espólio.

LEGADO DE COISA CERTA. *Vide* LEGADO DE COISA SINGULARIZADA.

LEGADO DE COISA CERTA PERTENCENTE AO LEGATÁRIO. *Direito civil.* Deixa testamentária nula por consistir no fato de o testador deixar ao legatário coisa certa que, na data do testamento, já era do legatário, dispondo do que não é seu.

LEGADO DE COISA COMUM. *Direito civil.* Disposição testamentária em que a coisa legada pertence ao testador apenas em parte, ou ao herdeiro ou ao legatário. E só quanto a essa parte valerá o legado, de modo que, em relação à parte que não for do disponente, nulo será o legado, por versar sobre bem alheio, exceto se havia encargo alusivo à sua aquisição. O mesmo ocorrerá se o testador for condômino da coisa legada, restringindo-se a validade da deixa testamentária somente à parte que realmente pertença ao testador.

LEGADO DE COISA INCERTA. *Direito civil.* Deixa testamentária em que o testador confere ao legatário direito sobre coisa que se determine pelo gênero ou pela espécie, ou sobre bem, ou quantidade, que deva tirar-se de certo local.

LEGADO DE COISA LOCALIZADA. *Direito civil.* É o legado de coisa que deva tirar-se de certo lugar e que só valerá se nele for achada. Se nada se encontrar, ineficaz será a deixa, salvo se se provar que foi a título transitório removida por outrem ou pelo *auctor successionis*. Trata-se do legado de coisa que deva estar habitual e permanentemente no local indicado pelo *de cujus*, porque assim o exige a natureza dela ou o uso comum, ou o do testador em particular, e de coisa que temporariamente se encontrar em lugar diverso, ao qual deverá retornar oportunamente, como na hipótese de o testador ter legado um quadro que se achava na sua casa de campo, e que no instante do óbito havia sido removido para substituição de moldura.

LEGADO DE COISA MÓVEL DETERMINADA PELO GÊNERO OU PELA ESPÉCIE. *Direito civil.* Disposição de última vontade, pela qual o testador deixa ao legatário bem móvel que se determine pelo gênero ou pela espécie. Mesmo que inexista entre as coisas que constituem o acervo hereditário, o testamenteiro, o herdeiro ou legatário deverá comprá-lo com os recursos do espólio, para satisfazer o legado.

LEGADO DE COISA SINGULARIZADA. *Direito civil.* Dá-se quando o testador legar não só coisa sua, singularizando-a, determinando-a pelo gênero e a espécie, mas também a própria coisa legada, separando-a, individualizando-a de todas as outras, mesmo que existam muitas do mesmo gênero ou da mesma espécie, por exemplo: a casa situada na Avenida Morumbi, n. 145. Só valerá esse legado se tal bem for encontrado e pertencer ao autor da herança ao tempo da abertura da sucessão. Transfere, também, esse legado ao legatário os frutos que a coisa produzir desde a morte do testador, salvo se dependente de condição suspensiva ou de termo inicial.

LEGADO DE CORPO CERTO. *Vide* LEGADO DE COISA SINGULARIZADA.

LEGADO DE CRÉDITO. *Direito civil.* É o legado daquilo que se deve ao testador. O legado de crédito tem por objeto um título de crédito, do qual é devedor terceira pessoa, que é transferido pelo testador ao legatário, e que, entretanto, somente valerá até a concorrente quantia do crédito ao tempo da abertura da sucessão. O legatário terá direito apenas aos juros vencidos desde a morte do *de cujus*, exceto se no testamento houver declaração em contrário. Trata-se de uma cessão *mortis causa* ou transferência de dívida ativa do testador, por ato de última vontade, ao legatário, que passará a ser o novo credor. Esse legado só se limita às dívidas existentes na data do testamento, não compreendendo as posteriores, salvo se houver disposição testamentária em contrário. Se a débito se vencer e for pago em vida do disponente, o legado ficará sem objeto, exceto se o testador guardou em separado, para o legatário, a quantia recebida.

LEGADO DE DÉBITO. *Direito civil.* **1.** Ato de impor ao legatário o encargo de pagar a outrem dívida do testador ou de ordenar que se pague ao legatário dívida de terceiro. **2.** É aquele feito pelo testador devedor ao seu credor, de modo que, se o disponente pagá-la depois da facção testamentária, cessará o legado (Itabaiana de Oliveira).

LEGADO DE IMÓVEL. *Direito civil.* Deixa testamentária outorgando imóvel ao legatário, que não abrange as aquisições posteriores, contíguas ou não ao prédio legado, pois por não estarem em seu patrimônio por ocasião da facção testamentária, deles não poderia cogitar o testador ao legar, a não ser que tenha disposto, no testamento, ao contrário. As benfeitorias necessárias, úteis e voluptuárias, feitas no imóvel legado, pertencerão ao legatário, sem haver nenhuma obrigação de indenizá-las, desde que existentes no momento da abertura da sucessão. Se posteriores à abertura da sucessão, assistirá aos herdeiros ou ao espólio o direito de reembolso das quantias despendidas.

LEGADO DE PENSÃO. *Vide* LEGADO DE PRESTAÇÃO PERIÓDICA.

LEGADO DE PRESTAÇÃO PERIÓDICA. *Direito civil.* Liberalidade *causa mortis* consistente em conceder ao legatário o direito de perceber, periodicamente, uma quantia ou os frutos de um bem.

LEGADO DE QUANTIDADE. *Direito civil.* Legado de coisas até a quantidade que se encontrar, valerá quanto ao número de bens legados efetivamente encontrados. Mesmo de quantidade inferior, nada for encontrado, ineficaz será a deixa, a não ser que se demonstre que foram proposital e dolosamente retirados por outrem.

LEGADO DE QUITAÇÃO DE DÍVIDA. *Direito civil.* É a deixa testamentária que importa o perdão do débito por parte do testador, que é o credor, do legatário devedor, cumprindo-se pela entrega do título ou passando-se a quitação, abrangendo, salvo disposição em contrário, os juros.

LEGADO DE RENDA. *Vide* LEGADO DE PRESTAÇÃO PERIÓDICA.

LEGADO DE RENDA VITALÍCIA. *Direito civil.* Concessão ao legatário do direito de perceber uma quantia ou os frutos, ou rendimentos, de um bem enquanto viver.

LEGADO DE UNIVERSALIDADE. *Direito civil.* É aquele em que o testador lega uma espécie inteira e não somente algumas unidades. Tal legado abrange todas as coisas do gênero existentes no espólio, ressalvando-se aquelas que sejam acessórias de outra ou a ela ligadas como parte integrante. Por exemplo: se houver legado dos livros da biblioteca do *de cujus* ou dos seus livros (Clóvis Beviláqua, Caio Mário da Silva Pereira).

LEGADO DE USUFRUTO. *Direito civil.* Ato pelo qual o testador confere o direito real a alguém de retirar, temporariamente, de um bem os frutos e utilidades que ele produz, sem alterar-lhe a substância, deixando a sua propriedade ao herdeiro. Sendo a temporariedade um elemento característico do usufruto, se o testador fizer legado de usufruto sem fixação de tempo, entender-se-á que o deixou ao legatário por toda a sua vida.

LEGADO *ELECTIONIS*. *Direito civil.* É aquele em que o testador indica herdeiro ou legatário para escolher uma entre mais coisas por ele apontadas, e se a pessoa a quem couber a opção vier a falecer antes de fazer a escolha, seu direito de opção transmitir-se-á aos seus herdeiros, por ser um direito que já se integrou ao patrimônio do herdeiro ou legatário.

LEGADO EM DINHEIRO. *Direito civil.* Quantia em dinheiro deixada ao legatário pelo testador que só vence juros desde o dia em que se constituir em mora a pessoa obrigada a prestá-lo.

LEGADO MODAL. *Vide* LEGADO COM ENCARGO.

LEGADO *OPTIONIS.* *Direito civil.* É aquele em que a escolha foi deixada ao legatário, que terá o direito de escolher a melhor coisa que existir, do gênero ou espécie, no acervo hereditário. E se não houver na herança coisa da espécie indicada pelo disponente, o herdeiro deverá adquirir e entregar outra congênere ao legatário, guardando o meio-termo entre as de melhor e pior qualidade.

LEGADO PIO. *Direito civil.* É aquele em que o testador deixa determinados bens a instituições de caridade ou assistenciais.

LEGADO POR CERTA CAUSA. *Direito civil.* É aquele em que o testador, no ato de última vontade, declara por que fez a liberalidade. Dá-se por haver motivo concernente ao passado, que levou o testador a instituí-lo.

LEGADO PRECÍPUO. *Direito civil.* É o pré-legado, ou seja, legado em que o legatário é o herdeiro legítimo.

LEGADO PURO E SIMPLES. *Direito civil.* É a deixa testamentária que produz seus efeitos independentemente de qualquer fato, apesar de o legatário não entrar na posse da coisa legada por autoridade própria, devendo pedi-la ao herdeiro, exceto se o testador, expressa ou tacitamente, facilitar-lhe. Não está, portanto, submetido a uma condição ou encargo.

LEGADO *SUB CAUSA.* *Vide* LEGADO POR CERTA CAUSA.

LEGADO UNIVERSAL. *Vide* LEGADO A TÍTULO UNIVERSAL.

LEGAL. *Teoria geral do direito.* **1.** O que é conforme a lei. **2.** Legítimo. **3.** Aquilo que está de acordo com o direito por estar autorizado pela lei, pelo costume e pela jurisprudência. **4.** Prescrito pela lei. **5.** Relativo à lei. **6.** Em ordem, regular.

LEGAL ADDRESS. *Locução inglesa.* Domicílio legal.

LEGAL DISCRETION. *Locução inglesa.* Discricionariedade judicial.

LEGAL DUTY. *Locução inglesa.* Dever legal.

LEGAL FATHER. *Locução inglesa.* Pai jurídico.

LEGAL FEES. *Locução inglesa.* Honorários advocatícios.

LEGALIDADE. **1.** *Teoria geral do direito.* a) Qualidade do que é conforme à lei; b) formalidade legal; c) poder legal; d) legitimidade apenas em sentido amplo; e) juridicidade; f) qualidade do exercício do poder no sentido da *tyrannia quoad exercitium* (Bobbio); g) característica do que é regido por lei. **2.** *Filosofia do direito* e *ciência política.* a) Sistema dos legalistas; b) qualidade do exercício do poder, que se constitui em um problema relativo às formas de atuação e desempenho de um sistema político (Norberto Bobbio); c) existência de um conjunto escalonado de leis, estruturado em função de um conceito de Poder Público que diferencia os campos de ação dos setores público e privado, e a conformidade de todos os atos praticados não apenas pelos governados, mas também pelos próprios governantes (José Eduardo Faria). **3.** *Direito administrativo.* Princípio que deve informar a administração pública, no Estado de direito, dominando toda a atividade estatal. **4.** *Direito constitucional.* a) Princípio pelo qual "ninguém será obrigado a fazer ou deixar de fazer alguma coisa senão em virtude de lei"; b) princípio pelo qual tudo deve ser conforme a Constituição e as leis.

LEGALIDADE DO LANÇAMENTO. *Direito tributário.* Qualidade do lançamento, rigorosamente legal, por ter apurado a ocorrência do fato gerador, classificando-o e calculando o tributo na forma da lei vigente ao tempo do fato gerador (Geraldo Ataliba).

LEGALIDADE DO PODER. *Filosofia do direito.* Qualidade do exercício do poder de conformidade com as leis estabelecidas (Norberto Bobbio).

LEGALISMO. **1.** *Ciência política.* Opinião ou ação de legalista. **2.** *Teoria geral do direito.* a) Legalidade; b) cumprimento ou observância da lei.

LEGALISTA. *Ciência política.* **1.** Opinião ou ato de legalista. **2.** Quem combate, em época de revolução, apoiando o governo legal e lutando pela observância da lei e das instituições jurídicas e políticas.

LEGALIZAÇÃO. *Teoria geral do direito.* Ação ou efeito de legalizar.

LEGALIZAR. *Teoria geral do direito.* **1.** Tornar legal. **2.** Legitimar. **3.** Autenticar.

LEGAL OBLIGATION. *Locução inglesa.* Obrigação legal.

LEGAMENTO. *Direito civil.* Ação ou efeito de legar.

LEGANTE. 1. *Direito civil.* Testador que, em deixa testamentária, faz legado em favor de alguém. **2.** Em *gíria* quer dizer pistola.

LEGAR. 1. *Direito civil.* a) Fazer um legado testamentário; b) constituir sucessor a título singular. **2.** *História do direito.* Ligar ou obrigar.

LEGASTENIA. *Medicina legal.* Fraqueza congênita da faculdade de ler e escrever.

LEGATÁRIO. 1. *Direito civil.* a) Titular de um legado; b) aquele que foi contemplado, num testamento, com um legado; c) aquele a quem se deixou um legado. **2.** *Teoria geral do direito.* a) Tudo o que advém de lei; b) o que é revestido de legalidade (Pontes de Miranda).

LEGATIO EST DONATIO QUAEDAM A DEFUNCTO DERELICTA. *Expressão latina.* O legado é uma doação qualquer deixada pelo falecido.

LEGATÓRIO. *Direito civil.* **1.** Relativo a legado. **2.** Que envolve legado.

LEGATUM LIBERATIONS. *Locução latina.* O mesmo que LEGADO DE QUITAÇÃO DE DÍVIDA.

LEGATUM NOMINIS. *Locução latina.* O mesmo que LEGADO DE CRÉDITO.

LEGATUM OPTIONIS. *Direito civil.* É aquele em que o legatário tem direito de escolher a melhor coisa que existir, do gênero ou espécie, indicada pelo testador, no acervo hereditário.

LEGÁVEL. *Direito civil.* O que pode ser legado.

LEGE LATA. *Locução latina.* Lei em sentido amplo.

LEGEM BREVEM ESSE OPORTET, QUO FACILIUS AB IMPERITIS TENEATUR. *Expressão latina.* É preciso que a lei seja breve e clara para que os leigos a compreendam e melhor se recordem dela.

LEGEM HABEMUS. *Locução latina.* Temos lei.

LEGEM PATERE QUAM FECISTI. *Expressão latina.* Suporta a lei que fizeste.

LEGENDA. 1. Letreiro ou inscrição colocada acima ou à margem de uma ilustração, gravura, desenho etc., esclarecendo seu significado. **2.** Pequeno texto explicativo de uma fotografia a que se refere. **3.** Diálogos impressos colocados em filmes de língua estrangeira. **4.** Inscrição de moeda ou medalha. **5.** Divisa inscrita em escudo de armas. **6.** Relato da vida de santos. **7.** Lenda.

LEGENDISTA. O que faz legendas de filmes ou de anúncios comerciais.

LEGE, QUAESO. *Expressão latina.* Leia antes de criticar.

LEGE QUOD NON CAVETUR, IN PRACTICA NON HABETUR. *Aforismo jurídico.* Lei omissa não se supre pela prática.

LEGES. *Termo latino.* Leis.

LEGES BARBARORUM. *Locução latina.* Leis dos bárbaros; conjunto de normas dos povos nórdicos que invadiram o Império Romano, no século II.

LEGES BELLO SILUERE COACTAE. *Expressão latina.* As leis, violentadas pela guerra, emudeceram.

LEGES BONAE MALIS EX MORIBUS PRO-CREANTUR. *Expressão latina.* Há boas leis que se originam de maus costumes.

LEGES MORI SERVIUNT. *Expressão latina.* As leis obedecem ao costume.

LEGES NIHIL IN EIS DEBET ESSE INUTILE AC SUPERFLUUM SINE MINISTERIO ALIQUID OPERANDO. *Aforismo jurídico.* Leis em nada devem ser inúteis e supérfluas, sem produzirem algum efeito.

LEGES POSTERIORES DEROGANT CONTRARIA PRIORES. *Aforismo jurídico.* Leis posteriores derrogam as anteriores que lhes forem contrárias.

LEGES UT FACIES COELI ET MARIS VARIENTUR. *Brocardo latino.* Variam as leis como as faces do céu e do mar.

LEGIÃO. 1. *História do direito.* Corpo do antigo exército romano, que se compunha de 300 soldados de cavalaria e de 4 a 6 mil de infantaria. **2.** *Direito civil.* Associação, de fim combativo, para difusão de idéias ou consecução de certos fins. **3.** *Direito militar.* Divisão do exército.

LEGIÃO DE HONRA. *Direito comparado.* Ordem francesa, civil e militar, que foi instituída por Napoleão I, tendo como grão-mestre o Presidente da República.

LEGIÃO ESTRANGEIRA. *Direito comparado.* Corpo de voluntários composto por cidadãos estrangeiros, que passam a servir um país, principalmente a França.

LEGIBUS IMPOSITIS OMNE NECESSE CARET. *Expressão latina.* A necessidade não conhece leis.

LEGIBUS, NON EXEMPLIS, EST JUDI-CANDUM. *Aforismo jurídico.* Deve-se julgar por leis e não por exemplos.

LEGIBUS SOLUIT SIMUS ATTAMEN LE-GIBUS VIVIMUS. *Brocardo latino.* Somos livres pelas leis, mas vivemos por elas.

LEGIFERAÇÃO. *Teoria geral do direito* e *direito constitucional.* **1.** Ato ou efeito de legislar. **2.** Conjunto de leis de um país. **3.** Complexo de normas de determinado ramo jurídico. **4.** Elaboração de leis pelo poder competente.

LEGIFERANTE. *Teoria geral do direito* e *direito constitucional.* Referente à elaboração da lei.

LEGIFERAR. *Teoria geral do direito* e *direito constitucional.* Legislar.

LEGÍFERO. *Teoria geral do direito* e *direito constitucional.* Legislador; aquele que faz leis.

LEGIONÁRIO. 1. *Direito militar.* a) Relativo a legião; b) militar de uma legião. **2.** *Direito comparado.* Membro da ordem francesa da Legião de Honra e da Legião Estrangeira.

LEGIS ACTIONES. *Locução latina.* Ações da lei.

LEGIS AUXILIUM FRUSTRA INVOCAT QUI COMMITTIT IN LEGEM. *Aforismo jurídico.* Em vão invoca o auxílio da lei, quem age contra ela.

LEGIS CASUS UBI EST, CESSAT OMNIS DISPUTATIO. *Aforismo jurídico.* Lei não admite disputa em seu caso.

LEGIS DISPOSITIO. *Locução latina.* Disposição legal.

LEGISLAÇÃO. *Teoria geral do direito* e *direito constitucional.* **1.** Ato de legislar do poder competente; atividade legiferante, que é considerada a fonte formal estatal. **2.** Conjunto de leis de um país, de um Estado-membro ou Município. **3.** Complexo de leis sobre determinado assunto de um ramo jurídico. **4.** Ciência das leis. **5.** Processo pelo qual um ou vários órgãos estatais formulam normas jurídicas de observância geral. **6.** Conjunto de atos jurídicos brasileiros, incluindo a Constituição, leis, decretos, códigos, regulamentos, portarias, resoluções e instruções normativas.

LEGISLAÇÃO AGRÁRIA. *Direito agrário.* Complexo de normas alusivas às atividades agrícolas, pecuárias, agroindustrial e extrativas, às relações econômico-jurídicas do rurícola, ao imóvel rural, ao uso e à propriedade da terra, aos contratos agrários, à função social da propriedade.

LEGISLAÇÃO ANTITRUSTE. *Direito penal, direito do consumidor* e *direito empresarial.* **1.** Complexo de leis relativas a crimes peculiares, ao domínio dos mercados nacionais, à eliminação da concorrência, à prática de monopólio e formação de grupo econômico por agregação de empresas em detrimento da livre deliberação dos vendedores e compradores (Othon Sidou). **2.** Conjunto de leis sobre a prevenção e a repressão às infrações contra a ordem econômica, orientada pelos ditames constitucionais de liberdade de iniciativa, livre concorrência, função social da propriedade, defesa dos consumidores e repressão ao abuso do poder econômico.

LEGISLAÇÃO CODIFICADA. *Teoria geral do direito.* Corpo orgânico de normas sobre certo ramo do direito, como o Código Civil, o Código Penal, o Código de Processo Civil etc.

LEGISLAÇÃO COMPARADA. *Teoria geral do direito.* Conjunto de leis aplicadas a povos alienígenas de igual nível cultural, que são analisadas tendo por escopo sua confrontação com as normas nacionais, estabelecendo seus pontos de contato e os divergentes.

LEGISLAÇÃO CONCORRENTE. *Direito constitucional.* Conjunto de normas constitucionais que estabelecem a competência legislativa concorrente da União, dos Estados e Municípios sobre: a) direito tributário, financeiro, penitenciário, econômico e urbanístico; b) orçamento; c) juntas comerciais; d) custas dos serviços forenses; e) produção e consumo; f) florestas, caça, pesca, fauna, conservação da natureza, defesa do solo e dos recursos naturais, proteção ao meio ambiente e controle da poluição; g) proteção ao patrimônio histórico, cultural, artístico, turístico e paisagístico; h) responsabilidade por dano ao meio ambiente, ao consumidor, a bens e direitos de valor artístico, estético, histórico, turístico e paisagístico; i) educação, cultura, ensino e desporto; j) criação, funcionamento e processo do juizado de pequenas causas; k) procedimentos em matéria processual; l) previdência social, proteção e defesa da saúde; m) assistência jurídica e defensoria pública; n) proteção e integração social de pessoas portadoras de necessidades especiais; o) proteção à infância e à juventude; p) organização, garantias, direitos e deveres das polícias civis. No âmbito da legislação concorrente, a competência da União limitar-se-á a estabelecer normas gerais, o que não excluirá a suplementar dos Estados. Se não houver lei federal sobre normas gerais, os Estados exercerão a competência legislativa plena, para atender as suas peculiaridades. A superveniência de lei federal sobre normas gerais suspenderá a eficácia da lei estadual, no que lhe for contrário.

LEGISLAÇÃO CONSOLIDADA. *Teoria geral do direito.* Reunião de leis esparsas vigentes sobre determinado assunto, como a Consolidação das Leis do Trabalho.

LEGISLAÇÃO DE MENORES. *Direito da criança e do adolescente.* Complexo de normas contidas no Estatuto da Criança e do Adolescente, assegurando ao menor todos os direitos fundamentais inerentes à pessoa humana, que deverão ser respeitados, prioritariamente, não só pela família, pela sociedade, como também pelo Estado, sob pena de responderem pelos danos causados.

LEGISLAÇÃO DO INQUILINATO. *Direito civil* e *direito comercial.* Conjunto de normas que visa regular as relações jurídicas *ex locato* atinentes a imóveis urbanos, tenham eles fins residenciais ou não residenciais, excluindo de sua abrangência determinadas locações, que serão disciplinadas pelo Código Civil e por leis especiais, tais como: a) locações de imóveis de propriedade da União, dos Estados e dos Municípios, de suas autarquias e fundações públicas; b) locações de vagas autônomas de garagem ou de espaços para estacionamento de veículos; c) locações de espaços destinados à publicidade; d) locações em *apart*-hotéis, hotéis-residência ou equiparados, como o *flat service*; e e) as modalidades de arrendamento mercantil. *Vide* LEI DO INQUILINATO.

LEGISLAÇÃO DO PESSOAL. *Direito administrativo.* Conjunto de preceitos normativos contidos no Estatuto dos Funcionários Públicos, regulando o funcionalismo público civil.

LEGISLAÇÃO DO TRABALHO. *Direito do trabalho.* Conjunto de normas alusivas à organização do trabalho, às relações entre patrão e empregado, ao contrato trabalhista e à proteção do trabalhador.

LEGISLAÇÃO ECONÔMICA. *Economia política.* Complexo de normas de conteúdo econômico, que visam não só a defesa e harmonia dos interesses individuais e coletivos definidos pela ideologia adotada no ordenamento jurídico, mas também a disciplina das atividades político-econômicas colocadas em prática para a concretização daquela ideologia (Washington Peluso Albino de Sousa).

LEGISLAÇÃO ESPECIAL. *Teoria geral do direito.* Conjunto de normas concernentes a certa matéria jurídica ou a determinado ramo do direito. Por exemplo: a lei sobre sociedade anônima; a lei sobre locação de imóveis urbanos etc.

LEGISLAÇÃO ESTADUAL. *Direito constitucional* e *teoria geral do direito.* Conjunto de leis editadas pelo Estado-membro da Federação, dentro de sua competência legislativa.

LEGISLAÇÃO ESTRANGEIRA. *Teoria geral do direito.* Complexo de normas relativas a uma nação alienígena.

LEGISLAÇÃO EXTRAVAGANTE. *Teoria geral do direito.* Complexo de preceitos legais editados isoladamente, como, por exemplo, a lei do inquilinato, a lei de alimentos etc.

LEGISLAÇÃO FEDERAL. *Teoria geral do direito* e *direito constitucional.* Complexo de leis editadas pela União, por meio do Legislativo ou do Executivo.

LEGISLAÇÃO GERAL. *Teoria geral do direito.* Conjunto de normas vigentes em todo o território do país.

LEGISLAÇÃO LOCAL. *Teoria geral do direito.* Conjunto de leis que vigoram em parte do território do país.

LEGISLAÇÃO MUNICIPAL. *Teoria geral do direito.* Complexo de leis emanadas pela Câmara Municipal e pelo Prefeito.

LEGISLAÇÃO NACIONAL. *Vide* LEGISLAÇÃO GERAL.

LEGISLAÇÃO RURAL. *Vide* LEGISLAÇÃO AGRÁRIA.

LEGISLAÇÃO SIMBÓLICA. *Filosofia do direito.* Legislação que constitui tentativa de apresentar o Estado como identificado com os valores ou fins por ela formalmente protegidos, sem qualquer novo resultado quanto à concretização normativa (Marcelo Neves). Tem, como ensina Kindermann, por conteúdo: a) confirmar valores sociais; b) demonstrar a capacidade de ação do Estado; c) adiar a solução dos conflitos sociais por meio de compromissos dilatórios.

LEGISLAÇÃO SOCIAL. *Direito do trabalho* e *direito tributário.* Conjunto de normas disciplinadoras das relações trabalhistas e de princípios norteadores da assistência e previdência social.

LEGISLAÇÃO SUPLEMENTAR. *Direito constitucional.* Complexo de leis editadas pelos Estados-membros, com autorização dada pela norma constitucional, para suplementar a legislação federal, e pelos Municípios para suplementar a federal e a estadual.

LEGISLAÇÃO TRABALHISTA. *Vide* LEGISLAÇÃO DO TRABALHO.

LEGISLAÇÃO TRIBUTÁRIA. *Direito tributário.* Conjunto de normas relativas aos tributos e às relações jurídicas a eles concernentes.

LEGISLAÇÃO VIGENTE

LEGISLAÇÃO VIGENTE. *Teoria geral do direito.* Conjunto de leis existentes em determinada época.

LEGISLADO. *Teoria geral do direito.* O que é regido por lei.

LEGISLADOR. *Teoria geral do direito* e *direito constitucional.* **1.** Aquele que elabora leis. **2.** Membro do Poder Legislativo, como o vereador, o deputado estadual e o federal, o senador.

LEGISLAR. *Teoria geral do direito* e *direito constitucional.* **1.** Emitir ou elaborar leis. **2.** Decretar lei sobre certo assunto. **3.** Técnica que institui leis, adequando-as aos fins jurídicos.

LEGISLATIVO. *Direito constitucional* e *teoria geral do direito.* **1.** Relativo à legislação. **2.** O que diz respeito ao poder de editar leis. **3.** Aquilo que é concernente aos atos do órgão competente para legislar. **4.** Poder que tem competência para elaborar leis.

LEGISLATORIAL. *Teoria geral do direito.* Referente a legislador.

LEGISLATÓRIO. *Teoria geral do direito.* **1.** Ato legislativo. **2.** O que tem força de lei. **3.** Aquilo que obriga, como a lei. **4.** Relativo à legislação.

LEGISLATURA. *Ciência política* e *direito constitucional.* **1.** Duração do mandato dos membros do Poder Legislativo. **2.** Funcionamento do órgão competente para elaborar leis. **3.** Exercício da função legiferante. **4.** Época em que se realizam as reuniões dos deputados e senadores em assembléias. **5.** Conjunto de poderes que têm a função de estabelecer leis.

LEGISLATURA CONTÍNUA. *Ciência política* e *história do direito.* Era a do Senado, que permanecia, durante a vigência da Constituição de 1934, com a Assembléia reunida, para resguardar as prerrogativas do Poder Legislativo; providenciava sobre vetos presidenciais e convocava extraordinariamente a Câmara dos Deputados, e para tanto funcionava com metade de seus membros nos períodos de intervalos das sessões legislativas (Luiz Bispo).

LEGISLATURA DESCONTÍNUA. *Ciência política.* É a dividida em sessões legislativas, com ou sem intervalos periódicos, funcionando em época de recesso, mediante convocação extraordinária.

LEGISLATURA PERMANENTE. *História do direito.* Foi idealizada por Locke, devendo elaborar leis em pequeno prazo para entregar a sua execução a outro corpo, dissolvendo-se em seguida. Era permanente apenas para a execução de seu trabalho, que devia ser feito em breve espaço de tempo, embora tivesse curta permanência.

LEGISLATURA TEMPORÁRIA. *Ciência política.* É a fixada para certo tempo predeterminado, findo o qual dissolver-se-á e uma nova chamada eleitoral comporá outra. Pode ser contínua ou descontínua. *Vide* LEGISLATURA CONTÍNUA e LEGISLATURA DESCONTÍNUA.

LEGISLÁVEL. *Ciência política* e *direito constitucional.* Que se pode legislar.

LEGISLORRÉIA. Superabundância de leis.

LEGIS MANUS LONGA. *Expressão latina.* A mão da lei é longa.

LEGIS MENTI MAGIS EST ATTENDENDA QUAM VERBIS. *Aforismo jurídico.* Na lei deve-se atender mais ao seu espírito do que às suas palavras.

LEGISMO. 1. *Teoria geral do direito.* Influência exercida pela lei. **2.** *Medicina legal.* Procedimento de médico-legista.

LEGISPERITO. 1. *Teoria geral do direito.* a) Jurisconsulto; b) perito em leis. **2.** *Medicina legal.* Médico-legista.

LEGISSIGNO ICÔNICO. *Filosofia geral* e *semiótica.* Tipo ou lei geral na medida em que exige que cada um de seus casos venha a corporificar uma qualidade definida que o torna adequado para mentalizar a idéia de um objeto similar (Peirce).

LEGISSIGNO INDICIAL DICENTE. *Filosofia geral* e *semiótica.* Tipo ou lei geral que requer que cada caso seu seja afetado pelo seu objeto, para que possa fornecer uma informação definida sobre esse objeto (Peirce).

LEGISSIGNO INDICIAL REMÁTICO. *Filosofia geral* e *semiótica.* Tipo ou lei geral que requer que cada um de seus casos seja afetado por seu objeto, atraindo a atenção para esse objeto (Peirce).

LEGISTA. 1. *Medicina legal.* Médico especializado em *Medicina legal.* **2.** *Teoria geral do direito.* a) Jurisperito; b) aquele que conhece leis com profundidade; c) o que estuda leis; d) jurisconsulto; e) douto em leis.

LEGIS VIRTUS HAEC EST: IMPERARE, VETARE, PUNIRE, PERMITTERE. *Brocardo latino.* A virtude da lei é esta: imperar, proibir, punir e permitir.

LEGÍTIMA. 1. *Direito civil.* Porção de bens que o testador não pode dispor por estar reservada aos herdeiros necessários (descendentes, ascendentes ou cônjuge). **2.** Na *linguagem comum* é uma das divisões da salina. **3.** *Teoria geral do direito.* Norma que se sustenta num valor.

LEGITIMA AETAS. *Locução latina.* Idade legal.

LEGITIMAÇÃO. 1. *História do direito.* Benefício legal que dava a condição de legítimo ao filho ilegítimo; para tanto requeria o subseqüente casamento de seus pais, mesmo *in extremis*, possibilitando aos genitores reparar sua falta e reabilitar o filho perante a sociedade. A legitimação *per subsequens matrimonium* operava-se *ipso jure* com o casamento dos pais, sem que houvesse necessidade de qualquer declaração volitiva. **2.** *Ciência política.* a) Reconhecimento da autenticidade dos poderes dos representantes do povo ou da nação estrangeira; b) operação pela qual o poder estabelecido por uma revolução vitoriosa torna-se legítimo (Manoel Gonçalves Ferreira Filho). **3.** *Teoria geral do direito.* a) Habilitação para determinado ato ou fim; b) ato ou efeito de legitimar ou de tornar algo legítimo ou conforme à lei; c) validação de certo ato ou negócio jurídico para a produção de efeitos legais; d) legalização. **4.** *Direito cambiário.* Situação jurídica do legítimo possuidor de um título cambial. **5.** *Direito processual civil.* a) Poder que, no processo de conhecimento, pertence aos titulares da relação jurídica litigiosa, pois a sentença de mérito é proferida para eles; b) no processo de execução, é o poder conferido àqueles entre os quais se produziu o título executivo (Cândido R. Dinamarco); c) capacidade processual ou capacidade de estar em juízo (*legitimatio ad processum*), que é a de praticar atos processuais ou de ter ciência deles, por si ou mediante representante por si próprio designado (José Frederico Marques); d) capacidade postulatória ou poder de agir e de falar em nome das partes no processo (José Frederico Marques). **6.** *Direito civil.* a) Posição das partes, num negócio jurídico concreto e determinado, em virtude do qual elas têm competência para praticá-lo (Mário Sales Penteado); b) consiste em saber se uma pessoa tem ou não competência para estabelecer determinada relação jurídica, sendo, portanto, um pressuposto subjetivo-objetivo. P. ex.: ascendente está legitimado a vender imóvel a descendente, se os demais consentirem, bem como seu cônjuge.

LEGITIMAÇÃO ADOTIVA. *História do direito.* Designação que se dava, outrora, à atual adoção plena ou legitimante, pela qual o menor adotado passa a ser, irrevogavelmente, para todos os efeitos legais, filho legítimo dos adotantes, desligando-se de qualquer vínculo com os pais de sangue e parentes, salvo os impedimentos matrimoniais.

LEGITIMAÇÃO ANÔMALA. *Direito processual civil.* É aquela subsistente para as partes em razão de alienação da coisa ou do direito litigioso, a título particular e por ato *inter vivos* (Othon Sidou).

LEGITIMAÇÃO APARENTE. *Direito comparado.* Aquela em que um terceiro é investido no título jurídico que pertencia a outrem, em razão de uma aparência de direito, baseada na suposição de que o direito pertencia àquele terceiro. Substitui-se um título jurídico legítimo por outro de fato, juridicizado pela norma no lugar do primeiro, de tal sorte que a norma dá prevalência ao aparente contra o legítimo, ao legitimá-lo, protegendo, assim, a boa-fé. Por exemplo, na Alemanha, é caso de legitimação aparente a força liberatória do pagamento do débito, feito de boa-fé, a quem não é o legítimo titular do crédito, se se tratar de obrigação delitual por dano à coisa móvel que esteja na posse do prejudicado no momento da lesão e seja o verdadeiro credor desconhecido (Torquato Castro).

LEGITIMAÇÃO ATIVA AO PROCESSO DE EXECUÇÃO FORÇADA. *Direito processual civil.* Poder outorgado ao credor, assim reconhecido no título executivo.

LEGITIMAÇÃO CAUSAL. 1. *Direito comparado.* É a causa posta pelas partes que funda um negócio jurídico, de modo que a norma não permite a exigibilidade do crédito, senão enquanto ligado ao título. Logo, para que o credor possa exigir o crédito, deverá deduzir, juntamente com sua pretensão, o título legitimário em que seu crédito se funda. Tal legitimação é normal nos países latinos (Torquato Castro). **2.** *Direito processual civil.* Vide *LEGITIMATIO AD CAUSAM.*

LEGITIMAÇÃO DE POSSE. 1. *História do direito.* a) Reconhecimento do domínio direto de terras aforadas; b) reconhecimento de posse de terras devolutas em poder do primeiro ocupante, não tendo outro título senão a sua ocupação; c) revalidação de posse de terras devolutas em poder do segundo ocupante, desde que não tivessem sido adquiridas por ele por títulos legítimos; d) revalidação de concessões e sesmarias, legitimando posses mansas e pacíficas; e) reconhecimento de terras devolutas efetivamente possuídas, desde que presentes os requisitos de morada habitual, exploração efetiva e mediata. **2.** *Direito administrativo* e *direito agrário.* Ato administrativo pelo qual se torna legítima a posse de terras públicas rurais ou devolutas, desde que o posseiro ou ocupante não seja proprietário de imóvel rural e comprove sua morada permanente e cultura efetiva, pelo prazo mínimo de um ano.

LEGITIMAÇÃO FORMAL. 1. *História do direito.* Observância da forma rigorosa para garantir a juridicidade e validade do ato negocial na era romana. **2.** *Direito cambiário.* Exigência da forma, que é essencial para garantir a circulabilidade dos títulos de crédito. De tal modo que o direito de crédito integra-se à cártula, que com ele circula pelo endosso ou pela posse (Ferri). **3.** *Direito comparado.* Titularidade do adquirente de coisa móvel, desde que, no direito alemão, francês ou italiano, tenha recebido de boa-fé a posse do bem a título de proprietário ou por direito real (Torquato Castro).

LEGITIMAÇÃO MATERIAL. *Vide LEGITIMATIO AD CAUSAM.*

LEGITIMAÇÃO PROCESSUAL. *Vide LEGITIMATIO AD PROCESSUM.*

LEGÍTIMA DEFESA. 1. *Direito civil* e *direito penal.* Ato lesivo que não é tido como ilícito ou crime, por ser excludente de antijuridicidade e de responsabilidade civil e penal, já que consiste no uso moderado de meios necessários para repelir injusta agressão, atual ou iminente, a direito seu ou de outrem. **2.** *Direito internacional público.* Garantia da defesa dos países com recursos próprios, com reação imediata e espontânea, inclusive com o uso da força proporcional à agressão que sofreu contra o seu território, as suas Forças Armadas, com respaldo em acordos ou tratados internacionais.

LEGÍTIMA DEFESA DA HONRA. Utilização moderada de meios necessários para repelir agressão injusta, atual ou iminente, da própria honra ou da de outrem.

LEGÍTIMA DEFESA DA POSSE. *Direito civil.* Resquício de justiça privada, em caso de turbação, em que o possuidor, direto ou indireto, molestado, pode reagir, pessoalmente ou por sua própria força, contra o turbador, desde que tal reação seja incontinenti ou sem demora e se dirija contra ato turbativo real e atual, mediante emprego de meios estritamente necessários para manter-se na posse. Essa autodefesa somente poderá ser exercida contra o próprio autor da turbação e não contra terceiros.

LEGÍTIMA DEFESA DE PATRIMÔNIO. Emprego moderado de medidas necessárias para afastar agressão injusta, atual ou iminente, de patrimônio próprio ou alheio.

LEGÍTIMA DEFESA DE TERCEIRO. *Direito civil* e *direito penal.* Uso moderado de meios que forem imprescindíveis para reagir contra agressão injusta, atual ou iminente, de direito de terceiro.

LEGÍTIMA DEFESA PRÓPRIA. *Direito civil* e *direito penal.* Emprego moderado de meios para afastar injusta agressão, atual ou iminente, a direito próprio.

LEGÍTIMA DEFESA PUTATIVA. *Direito penal.* Reação de alguém que, empregando moderadamente meios necessários, supõe, erroneamente, pelas circunstâncias, defender-se de uma agressão injusta e iminente, que, na realidade, inexiste. É causa de isenção penal.

LEGÍTIMA DEFESA RECÍPROCA. *Direito penal.* Teoria sustentada pela primeira vez por Eurico Ferri, segundo a qual duas pessoas ou grupos adversários, com ânimos em estado de tensão, empreendem, de modo simultâneo, ao julgarem que um deles deu início ao ataque injusto, uma reação defensiva para repeli-lo, isentando-se de pena. A grande maioria dos penalistas não acatou essa doutrina, entendendo ser um contra-senso falar-se em legítima defesa contra legítima defesa, sendo mais conveniente admitir a legítima defesa putativa.

LEGÍTIMA DEFESA SUBJETIVA. *Vide* LEGÍTIMA DEFESA PUTATIVA.

LEGITIMADO. 1. *História do direito.* Filho que passava à condição de legítimo pelo matrimônio subseqüente de seus pais. **2.** *Direito agrário.* Ato pelo qual o Estado reconhece, dentro do âmbito legal, a legitimidade da posse de terras devolutas. **3.** *Teoria geral do direito.* O que se revestiu de formalidades legais ou o que se legalizou. **4.** *Direito cambiário.* Aquele que possui título de modo autorizado ou não contrariado pelas declarações nele exaradas.

LEGITIMADOR. Aquele que legitima.

LEGITIMAE CONTROVERSIAE. *Locução latina.* Discussão regida por lei.

LEGITIMA POENA. *Locução latina.* Pena imposta por lei.

LEGITIMAR. 1. Legalizar. **2.** Reconhecer um poder, um título, uma posse como autêntico ou legítimo. **3.** Habilitar-se para a prática de determinados atos ou para o exercício de certos direitos. **4.** Tornar algo legítimo para que possa produzir efeitos legais. **5.** Equiparar filho à situação do legítimo por casamento posterior dos pais, como admitia o Código Civil de 1916. **6.** Dar um fundamento a uma pretensão. **7.** Justificar.

LEGITIMÁRIA. *Direito civil.* Cota hereditária reservada pela lei ao herdeiro necessário, titular da metade indisponível do *auctor successionis*, que é a legítima.

LEGITIMÁRIO. 1. *Teoria geral do direito.* Diz-se do título, ou seja, da relação de pertinência a uma pessoa de direito de uma posição de sujeito configurada pela norma em determinada situação jurídica (Torquato Castro). **2.** *Direito civil.* a) Herdeiro necessário; b) referente à legítima.

LEGITIMATIO AD CAUSAM. *Direito processual civil.* Legitimação para a causa que é uma das condições da ação, consistente na pertinência subjetiva da ação, pois esta só pode ser proposta por quem tiver a titularidade do interesse subordinante, ou prevalecente, da pretensão, em face daquele cujo interesse, de conseqüência, esteja subordinado ao do autor (Alfredo Buzaid). Trata-se, como diz José Frederico Marques, da legitimação para agir judicialmente como autor ou réu, ou melhor, da titularidade do direito de ação.

LEGITIMATIO AD PROCESSUM. *Direito processual civil.* Capacidade de estar em juízo, ou para a prática de atos processuais válidos em nome próprio, ou por conta de outrem. Trata-se de um pressuposto processual.

LEGITIMATIVO. *Vide* LEGITIMADOR.

LEGITIMÁVEL. 1. *Teoria geral do direito.* O que se pode legitimar. **2.** *Direito agrário.* Diz-se da situação possessória de posseiro de terras devolutas que pode ser reconhecida como legítima por ato governamental.

LEGITIMIDADE. 1. *Ciência política.* a) Direito de suceder ao trono de um monarca falecido, conferido pela primogenitura ou pela exclusão legal do primogênito; b) doutrina política dos legitimistas; c) partido dos legitimistas; d) homologação do poder governamental pelo consentimento popular; e) adequação do poder à idéia de direito predominante na coletividade;

f) o que diz respeito ao título para o exercício do poder, que é dado pela autoridade resultante do poder que provém da ação de muitos, na comunidade de uma adesão a uma mesma lei; g) atributo do Estado consistente na presença, em uma grande parte da população, de um grau de consenso suscetível de assegurar a obediência, sem o emprego da força (Lucio Levi). **2.** *Teoria geral do direito.* a) Legalidade; b) qualidade do que é legítimo; c) caráter do que está conforme à lei e à justiça; d) condição do que se legitimou; e) qualidade do título para o exercício do poder no sentido da *tyrannia absque titulo* (Bobbio); f) questão puramente ideológica, que se reduz a certos conjuntos de valores, que constituem símbolos de preferência, permanentes e indeterminados, entendidos como fórmulas integradoras e sintéticas para a representação do consenso social (José Eduardo Faria, Deutsch, Friedrich, Tércio Sampaio Ferraz Jr.). **3.** *Lógica jurídica.* a) Coerência lógica; b) o que está de acordo com os princípios lógicos ou racionais; c) racionalidade.

LEGITIMIDADE AD CAUSAM. *Vide* LEGITIMATIO AD CAUSAM.

LEGITIMIDADE AD PROCESSUM. *Vide* LEGITIMATIO AD PROCESSUM.

LEGITIMIDADE DA NORMA JURÍDICA. *Teoria geral do direito.* Correspondência entre o comando nela contido e o sentido admitido pelo grupo social.

LEGITIMIDADE DAS PARTES. *Direito processual civil.* É, no plano material, a titularidade ativa ou passiva na relação jurídica litigiosa, e, no plano processual, a capacidade processual ou de estar em juízo (José Frederico Marques).

LEGITIMIDADE DO EXERCÍCIO. *Filosofia do direito.* Qualidade do poder, cujo exercício se dá seguindo os ditames das leis estabelecidas (Norberto Bobbio). *Vide* LEGALIDADE DO PODER.

LEGITIMIDADE DO PODER. *Filosofia do direito.* Qualidade do título do poder que justifique a dominação de seu detentor, constituindo o fundamento do dever de obediência que se deve ter a ele (Norberto Bobbio).

LEGITIMIDADE DO TÍTULO. *Filosofia do direito.* Atributo do poder, cujo detentor possui um título justificador de sua dominação (Norberto Bobbio). *Vide* LEGITIMIDADE DO PODER.

LEGITIMIDADE TÉCNICA. *Teoria geral do direito.* **1.** Diz-se da qualidade da norma ilegal que, apesar de não ter o requisito formal de vigência, é acatada pela comunidade, tendo plena eficácia social, por atender aos interesses da coletividade (Paes de Barros Leães). **2.** Afinidade de uma determinada medida do governo com o problema ou situação indesejável que visa esconjurar. É aquela que repousa na afirmação do agir do poder público com a problemática conjuntural a ser disciplinada (Napoleão Nunes Maia Filho).

LEGITIMISMO. *Ciência política.* Partido ou opinião dos legitimistas.

LEGITIMISTA. *Ciência política.* **1.** Aquele que defende o princípio da dinastia legítima. **2.** Defensor, em Portugal, das pretensões de D. Miguel de Bragança ou de sua descendência ao trono português. **3.** Partidário, na França, do ramo mais velho dos Bourbons, que perdeu o trono em 1830 para o ramo Orléans.

LEGÍTIMO. **1.** *Ciência política.* a) Diz-se do poder que está de acordo com o consenso popular; b) poder ou força exercida pela idéia de um bem a realizar sobre as consciências solidarizadas pelo império dessa mesma idéia e capaz de impor, aos membros do grupo, as atitudes que ela determina (Goffredo Telles Jr.); c) soberano que assume o trono, numa monarquia, de conformidade com as normas vigentes relativas à sucessão. **2.** *Teoria geral do direito.* a) Legal; o que está conforme à lei; b) aquilo que está protegido legalmente; c) o que tem força de lei; d) fundado em lei; e) válido; f) regular; g) lícito; h) o que deriva da lei; i) conforme à justiça ou à eqüidade. **3.** *Lógica jurídica.* a) Lógico; b) concludente. **4.** *Direito civil.* a) Didaticamente se diz do filho concebido na constância do matrimônio por meio natural, por inseminação artificial homóloga ou heteróloga (consentida pelo marido), ou por fertilização *in vitro* (com material germinativo do marido e da mulher) na constância do matrimônio; b) diz-se do documento autêntico.

LEGÍTIMO INTERESSE. *Direito processual civil.* Condição justificadora da presença do autor ou do réu em juízo, pois para propor ou contestar ação, com o escopo de obter tutela jurisdicional, é necessário um real interesse econômico ou moral, violado ou ameaçado por ato comissivo ou omissivo.

LEGÍVEL. Escrito que se pode ler, por estar nítido.

LEGOGRAFIA. *Teoria geral do direito.* Descrição das leis.

LEGOMANIA. *Ciência política.* Mania de editar leis em demasia.

LEGRA. *Medicina legal.* **1.** Instrumento apropriado para observar fraturas cranianas. **2.** Aparelho usado na legradura.

LEGRADURA. *Medicina legal.* Intervenção cirúrgica que consiste na raspagem de ossos fraturados.

LEGRE. *Direito agrário.* Instrumento de aço, com ponta curvada, usado para emparelhar casco de cavalo.

LÉGUA. Medida itinerária de extensão variável, segundo cada nação, sendo que no Brasil tem de 6.000 a 6.600 metros lineares, conforme a região.

LÉGUA DE BEIÇO. *Direito agrário.* Distância que, por ser mal calculada e feita pela indicação vaga do caipira ou sertanejo com o beiço inferior distendido na direção do local apontado, supõe-se pequena quando, na verdade, é grande (Fernando P. Sodero).

LÉGUA DE CAMPO. *Vide* LÉGUA DE SESMARIA.

LÉGUA DE CASCO DE CAVALO. *Direito agrário.* Medida arbitrária que permite calcular pela marcha do animal, durante um certo tempo regulado pelo sol, a extensão do trecho percorrido por ele (Fernando Pereira Sodero).

LÉGUA DE FILHO. *Direito agrário.* Expressão sertaneja usada para indicar, por exemplo, a distância maior que a da légua legal.

LÉGUA DE SESMARIA. *História do direito.* Medida itinerária que equivalia a 3.000 braças ou a 6.600 metros quadrados, ou, ainda, a 4.356 hectares. É utilizada com a denominação de "légua de campo" no Rio Grande do Sul e no Maranhão (Fernando P. Sodero).

LÉGUA MARÍTIMA. Vigésima parte do grau, computada no círculo máximo da Terra, ou 5.555,55 metros.

LÉGUA MINEIRA. Distância muito maior em cálculo do que a légua comum (Bernardino José de Souza).

LEGULEIO. **1.** Rábula. **2.** Advogado que usa de subterfúgios para protelar o andamento da causa ou confundir a questão (De Plácido e Silva). **3.** Jurisperito ou funcionário público que segue rigorosamente as formalidades legais ou interpreta a letra da lei sem atender ao seu espírito ou intenção.

LEGULISMO. *Teoria geral do direito.* **1.** Qualidade de leguleio. **2.** Sistema que propugna a estrita observância da letra da lei, exaltando a interpretação literal, rechaçando a busca do real sentido normativo. **3.** Argumento apresentado pelo leguleio ao interpretar literalmente a lei e ao atender rigorosamente as formalidades legais.

LEGUME. *Direito agrário.* Produto de horticultura como vagem, ervilha, beterraba etc.

LEGUMEIRO. *Direito agrário.* **1.** Relativo a legume. **2.** Onde crescem os legumes.

LEGUMISTA. *Direito agrário.* O que cuida das plantas leguminosas ou legumes.

LEGUM MAGISTER. *Locução latina.* Mestre das leis.

LEGUM OMNES SERVI SUMUS, UT LIBERI ESSE POSSIMUS. *Expressão latina.* Somos todos escravos das leis para que possamos ser livres.

LEI. *Teoria geral do direito.* **1.** Produto da legislação. **2.** Norma jurídica, escrita ou costumeira. Em sentido amplíssimo, a lei é toda norma geral de conduta, que disciplina as relações de fato incidentes no direito e cuja observância é imposta pelo poder estatal, como, por exemplo, a norma legislativa, a consuetudinária e as demais, ditadas por outras fontes do direito, quando admitidas pelo legislador. **3.** Em sentido amplo, abrange a norma jurídica escrita, seja a lei propriamente dita, decorrente do Poder Legislativo, seja o decreto, o regulamento ou outra norma baixada pelo Poder Executivo. Compreende todo ato de autoridade competente para editar norma geral, sob forma de injunção obrigatória, como: a lei constitucional, a lei complementar, a lei ordinária, a lei delegada, a medida provisória, o decreto legislativo, a resolução do Senado, o decreto regulamentar, a instrução ministral, a circular, a portaria e a ordem de serviço. **4.** Em sentido estrito ou técnico, é apenas a norma jurídica elaborada pelo Poder Legislativo, por meio de processo adequado.

LEI ABSOLUTA. *Vide* LEI COGENTE.

LEI ADJETIVA. *Teoria geral do direito.* É a que regula o modo ou processo de efetivação das relações jurídicas, fazendo valer o direito ameaçado ou violado, tal como, por exemplo, o artigo do Có-

digo de Processo Civil ou do Código de Processo Penal. Trata-se da lei processual.

LEI ADMINISTRATIVA. *Direito administrativo.* É aquela que pauta a ação da Administração Pública (Matos de Vasconcelos). Declaração solene feita pelo órgão competente para disciplinar a Administração Pública e as relações que envolvem as pessoas jurídicas de direito público, servidores e administrados, traçando diretrizes para a consecução das finalidades estatais.

LEI *AD TEMPUS.* *Vide* LEI TEMPORÁRIA.

LEI AGRÁRIA. **1.** *Direito agrário.* É a que regulamenta a distribuição e a posse da terra. *Vide* LEGISLAÇÃO AGRÁRIA. **2.** *História do direito.* a) Complexo de preceitos que, para beneficiar os plebeus, impediam, na Roma antiga, os nobres de açambarcar terrenos públicos; b) cada uma das leis que visavam empreender, em Roma, a reforma agrária ou que distribuíam entre as cidades as terras conquistadas.

LEI AMBÍGUA. *Teoria geral do direito.* Aquela que contém termos dúbios que podem ser empregados, ante sua obscuridade, em mais de um sentido.

LEI ANACRÔNICA. *Teoria geral do direito.* Diz-se daquela ultrapassada pelo desenvolvimento da sociedade (Othon Sidou).

LEI ANTITRUSTE. *Vide* ANTITRUSTE e LEGISLAÇÃO ANTITRUSTE.

LEI ÂNUA. *Direito constitucional* e *direito tributário.* Diz-se da lei orçamentária que, tendo a duração de um ano, é aplicada ao orçamento público, cujo exercício financeiro é anual. Tal lei, que contém a fixação da despesa e a previsão da receita de um ente público, deve ser lançada no programa orçamentário do exercício anterior para ter vigência no exercício seguinte. É, portanto, aquela que, anualmente, é promulgada para fixar a despesa e a receita públicas.

LEI ANUAL. *Vide* LEI ÂNUA.

LEI AQUÍLIA. *História do direito.* Lei plebiscitária que foi proposta pelo tribuno da plebe. Aquilius, em 286 a.C., relativa à responsabilidade pelos prejuízos causados, culposamente, em bem alheio.

LEI ARTIFICIAL. *Teoria geral do direito.* Diz-se daquela que, apesar de vigente, é destituída de eficácia social, sendo, em regra, descumprida por não encontrar correspondência nos anseios da sociedade.

LEI ASSISTENCIAL. *Direito previdenciário.* É a relativa à hipossuficiência em geral, pertencente ao direito da segurança social (Cesarino Jr.). É também chamada "lei previdencial".

LEI ÁUREA. *História do direito.* Lei que, em 13 de maio de 1888, extinguiu a escravidão no Brasil. Tal norma foi redigida por Ferreira Vianna e promulgada pela Princesa Isabel.

LEIAUTE BRASILEIRO DE CONTABILIDADE DIGITAL. *Direito virtual.* Alinhado às Normas Brasileiras de Contabilidades (NBCs), para fins de escrituração, geração e armazenamento de informações contábeis em meio digital. Os objetivos do Leiaute Brasileiro de Contabilidade Digital para fins de escrituração, geração e armazenamento de informações contábeis em meio digital são: a) padronizar os procedimentos para a escrituração contábil digital e para a emissão das Demonstrações Contábeis, o plano de contas referencial para a geração do Leiaute Brasileiro de Contabilidade, para permitir a disponibilização de informações digitais para terceiros autorizados e a guarda desses arquivos pelos prazos legais em território nacional; b) estabelecer a estrutura e as características dos lançamentos contábeis e das Demonstrações Contábeis a serem inseridas no Livro Diário Digital; c) estabelecer a estrutura e as características dos lançamentos contábeis a serem inseridos nos Livros Auxiliares Digitais; d) adequar a padronização dos procedimentos de escrituração contábil digital, sua disponibilização para terceiros autorizados e sua guarda pelos prazos legais, visando à harmonização contábil.

LEI AUTO–APLICATIVA. *Vide* LEI AUTO-EXECUTÁVEL.

LEI AUTO–EXECUTÁVEL. *Teoria geral do direito.* Aquela que pode produzir efeito, executando o dever imposto, independentemente de qualquer outra.

LEI AUTO–EXECUTÓRIA. *Vide* LEI AUTO-EXECUTÁVEL.

LEI AUTÔNOMA. *Teoria geral do direito.* **1.** *Vide* NORMA AUTÔNOMA. **2.** É a completa em seu conteúdo.

LEI AVOENGA. *Vide* LEI DO AVOENGO.

LEI BÁSICA. *Direito constitucional* e *teoria geral do direito.* Constituição de um país.

LEI BRASILEIRA. *Teoria geral do direito.* É a promulgada no Brasil pela autoridade competente.

LEI CAMBIÁRIA. *Direito cambiário.* É a que disciplina as letras de câmbio, as notas promissórias etc. e rege as operações cambiais.

LEI CIVIL. *Direito civil.* Lei que regula as relações familiares, patrimoniais e obrigacionais que se formam entre indivíduos encarados como tais, ou seja, enquanto membros da sociedade (Serpa Lopes). É a norma que rege os direitos e obrigações da ordem privada, concernentes às pessoas, aos bens e às suas relações. É o próprio Código Civil.

LEI COGENTE. *Teoria geral do direito.* Lei de ordem pública que, sendo essencial à convivência nacional e à organização do Estado, tutela interesses fundamentais e impõe comportamentos obrigatórios, evitando que a vontade dos particulares perturbe a vida social. Pode agrupar-se numa das seguintes categorias normativas: a) a de organização social, como a que rege a família, a liberdade individual etc.; b) a de organização política, como a constitucional, a administrativa, a fiscal, a relativa à organização judiciária; c) a de organização econômica, como a atinente ao salário, à moeda, ao regime de bens, à inalienabilidade etc.; d) a de organização moral, como a proibição da poligamia ou dos pactos sucessórios, a exclusão de responsabilidade civil etc. (Serpa Lopes).

LEI COMERCIAL. *Direito comercial.* Lei disciplinadora das atividades econômicas do empresário e das sociedades empresárias, voltadas à produção e circulação de bens e serviços.

LEI COMISSÓRIA. *História do direito.* Lei que autorizava, no direito romano, o credor a solicitar, a título de pagamento, o bem dado em garantia real.

LEI COMPLEMENTAR. *Direito constitucional.* É a alusiva à estrutura estatal ou aos serviços do Estado, constituindo as leis de organização básica, cuja matéria está prevista na Constituição, e, para sua existência, exige-se a maioria absoluta nas duas Casas do Congresso Nacional. A lei complementar é muito utilizada, por exemplo, no setor tributário, por ser o veículo próprio das normas gerais de *Direito tributário*. *Vide* COMPLEMENTAR.

LEI COMPLEMENTATIVA. *Teoria geral do direito.* Aquela que vem a completar o sentido de uma outra disposição legal.

LEI COMPLEXA. *Teoria geral do direito.* Diz-se da que rege um instituto jurídico complexo, como a lei falimentar, por exemplo (Othon Sidou).

LEI COMUM. *Teoria geral do direito.* **1.** A que vigora em todo o território do país (Cunha Gonçalves). **2.** Aquela que regula comportamentos relativos à vida humana em geral.

LEI CONSTITUCIONAL. *Direito constitucional.* Aquela que se sobrepõe a todas as normas integrantes do ordenamento jurídico, por constituir-se em cada um dos dispositivos contidos na Constituição. É uma autêntica sobrenorma, pois não trata, de modo direto, do comportamento normado, mas do conteúdo ou da forma que as demais normas, a ela subjacentes, devem conter, limitando a ação legislativa.

LEI CONSUETUDINÁRIA. *Teoria geral do direito.* É a decorrente do costume.

LEI CORRETIVA. *Teoria geral do direito.* Diz-se daquela que é republicada no diário oficial, antes de sua entrada em vigor, para corrigir erro substancial de seu texto, que possa alterar total ou parcialmente o seu sentido. Assim, se durante a *vacatio legis*, a lei vier a ser corrigida em seu texto, que, por conter erro substancial, enseja nova publicação, os prazos de quarenta e cinco dias e três meses começam a correr da nova publicação, anulando-se o tempo decorrido.

LEI CRIMINAL. *Direito penal.* Aquela que define os crimes e as penas, como o Código Penal.

LEI DA BOA RAZÃO. *História do direito.* Norma interpretativa das Ordenações Filipinas, baixada pelo Marquês de Pombal e editada em 1769.

LEI DA GUERRA. *Direito internacional público.* Conjunto de normas que devem ser observadas pelas forças militares dos Estados beligerantes.

LEI DA NECESSIDADE. A que deve ser acatada, ante as circunstâncias, apesar de não ter sido decretada.

LEI DA OFERTA E DA PROCURA. *Economia política.* Princípio que rege a variação do preço dos bens e utilidades, que constitue objeto de comércio, pelo qual, quando a oferta ultrapassar a procura, o preço abaixa, e, quando a procura for maior do que a oferta, o preço sobe. Por esse princípio, o valor das mercadorias é estabelecido em função da oferta de produtos e da procura dos consumidores. A flutuação mercadológica do preço dependerá do excesso ou da escassez de mercadoria colocada no comércio.

LEI DARCY RIBEIRO. *Vide* LEI DE DIRETRIZES E BASES DA EDUCAÇÃO NACIONAL.

LEI DA RESPONSABILIDADE FISCAL. *Direito tributário.* É a que estabelece parâmetros dentro dos quais a conduta administrativa deve se pautar e fixar critérios de planejamento financeiro. Contém um conjunto de deveres de natureza jurídica ou contábil a serem seguidos pelo administrador público, restringindo sua discricionariedade (Cristian V. de Pinho).

LEI DA ROLHA. Lei de censura à imprensa ou a que tolhe a manifestação do pensamento.

LEI DAS CITAÇÕES. *História do direito.* Designação dada às *leges citae*, que se destinavam à unificação do direito, sendo a mais conhecida a dos imperadores Valentiniano III e Teodósio II (ano 426), que reconheciam a autoridade das opiniões dos jurisconsultos, como Papiniano, Gaio, Paulo, Ulpiano e Modestino, na solução de questões controvertidas.

LEI DAS CONTRAVENÇÕES PENAIS. *Direito penal.* É a que disciplina os fatos que não são crimes, considerando-os como contravenções penais, impondo suas respectivas penas, uma vez que ofendem direito alheio.

LEI DAS DOZE TÁBUAS. *História do direito.* Aquela que foi promulgada em 452 a.C., também denominada "lei decenviral", vindo a constituir-se no primeiro direito escrito romano e na base de toda a ordem jurídica romana, que foi gravado em doze tábuas de bronze e organizado por decênviros. As três primeiras tábuas eram alusivas ao processo civil; as quatro seguintes ao direito civil; a oitava, ao direito penal; a nona, ao direito público; a décima, à religião, e as duas últimas, às matérias complementares das dez anteriores.

LEI DA SELVA. Domínio da força no mundo selvagem.

LEI DAS FÁBRICAS. *História do direito.* Trata-se do *Factory Act* de 1819, promulgado na Inglaterra, que restringiu a exploração do trabalhador assalariado ao proibir, por exemplo, o trabalho de menor de nove anos em fábricas, ao estipular o número de horas para a jornada de trabalho etc.

LEI DAS LEIS. É a Lei de Introdução ao Código Civil.

LEI DAS NAÇÕES. *Direito internacional público.* Direito das gentes.

LEI DAS SETE PARTIDAS. *História do direito.* Código editado por D. Afonso X, o sábio, Rei de Castela, que compilou, na segunda metade do século XIII, não só normas e princípios de direito natural e das gentes, de direito romano justinianeu, como também de princípios dos glosadores e de direito hispano-germânico (Orgaz). Influenciou as Ordenações Afonsinas.

LEI DECENVIRAL. *Vide* LEI DAS DOZE TÁBUAS.

LEI DE CONFIRMAÇÃO. *História do direito.* Lei promulgada por D. João IV, em 1643, para confirmar e revalidar, em Portugal, as Ordenações Filipinas, após sua emancipação da Espanha, que se deu em 1640.

LEI DE CONVERSÃO. *Direito constitucional.* Diz-se da lei ordinária que torna definitiva uma medida provisória.

LEI DE DIRETRIZES E BASES DA EDUCAÇÃO NACIONAL. VIDE DIRETRIZES E BASES DA EDUCAÇÃO NACIONAL.

LEI DE DIRETRIZES ORÇAMENTÁRIAS (LDO). *Direito financeiro.* É a que traça metas e prioridades da Administração Pública, serve de critério para a elaboração da lei orçamentária anual e dispõe sobre modificações nas leis tributárias (Celso Bastos). É a mais significativa inovação e o melhor meio que a Constituição colocou à disposição do Congresso para que esse participe de forma efetiva e decisiva no processo de planejamento e orçamentação pública, sendo de grande importância no processo de formulação de políticas públicas e de direcionamento dos recursos públicos, colocado à disposição do Poder Executivo para execução da estratégia de ação do plano plurianual e para fixação, para o próximo exercício financeiro, das metas das ações prioritárias da Administração Pública federal, e do Congresso Nacional, para que este participe de forma efetiva e decisiva no processo de planejamento e orçamentação pública, mas, principalmente, para que exercite sua competência de fiscalização das finanças públicas da União, como controle externo, aperfeiçoando, se possível, não só os critérios para elaboração do orçamento subseqüente, mas também aqueles necessários para garantir um bom nível de profundidade e relevância de sua fiscalização da execução da lei de meios.

LEI DE DISPENSA. *Direito tributário.* Lei de moratória (Othon Sidou).

LEI DE DOIS TERÇOS. *Direito do trabalho.* Aquela que impõe às empresas o dever de manterem, no número e no valor da folha salarial, uma proporção de brasileiros não inferior a 2/3, incluindo nesse rol os portugueses e os estrangeiros que, domiciliados no Brasil há mais de dez anos, tenham consorte ou filho brasileiro (Othon Sidou).

LEI DE ECONOMIA. 1. *Ciência política.* Técnica de redação consistente em obter a concisão no texto legislativo, sem prejudicar sua objetividade e clareza. **2.** Nas *linguagens comum* e *jurídica,* indica hábito de fazer algo baseado na lei do menor esforço.

LEI DE EMERGÊNCIA. *Ciência política* e *direito constitucional.* É a editada ou decretada para atender às necessidades surgidas em circunstâncias graves ou críticas, como em caso, por exemplo, de calamidade pública. Caracteriza-se pela sua vigência temporária.

LEI DE EXCEÇÃO. *Ciência política.* Aquela que em situação política, excepcional e anormal vem a reduzir, suspender ou coibir, transitoriamente, o exercício dos direitos e garantias fundamentais dos cidadãos, para evitar a perturbação da ordem pública.

LEI DE EXECUÇÃO PENAL. *Direito penal.* É a que tem por escopo a efetivação da decisão criminal, impondo condições para que haja integração social do interno e do condenado.

LEI DE EXTRADIÇÃO. *Direito internacional público.* É a que disciplina a entrega de criminoso estrangeiro ao país que a solicita.

LEI DE FALÊNCIA. *Direito falimentar.* É a que dispõe sobre a caracterização e declaração da falência; os efeitos jurídicos da sentença que a declara; a administração da massa falida; a arrecadação e guarda dos bens, livros e documentos do falido; direitos e deveres do falido; a liquidação; inabilitação empresarial do falido; a extinção das obrigações; a recuperação judicial e extrajudicial, os crimes falimentares etc.

LEI DEFECTIVA. *Teoria geral do direito.* Aquela que, por não corresponder à realidade social ou à valoração vigente na sociedade atual, não possui eficácia social, sendo descumprida ou não aplicada. Trata-se de uma lei incompleta por apresentar "lacuna ontológica" ou "lacuna axiológica". *Vide* LEI ARTIFICIAL.

LEI DE FUNDO. *Teoria geral do direito.* É a denominação que visa indicar a lei que privilegia, em seu teor, determinados assuntos. Por exemplo: a lei de fundo educativo ou a de fundo econômico.

LEI DE GRESHMAN. *Economia política.* Lei econômica, enunciada por Thomas Greshman, pela qual a moeda má expulsa a boa, que se desloca para o exterior.

LEI DE IMPERATIVIDADE ABSOLUTA. *Teoria geral do direito.* É a lei impositiva, também chamada de ordem pública porque ordena ou proíbe algo de modo absoluto. Determina, em certas circunstâncias, a ação, a abstenção ou o estado das pessoas, sem admitir qualquer alternativa, vinculando o destinatário a um único esquema de conduta. Ensina-nos Goffredo Telles Jr. que a imperatividade absoluta de algumas normas é motivada pela convicção de que determinadas relações ou estados da vida social não podem ser deixados ao arbítrio individual, o que acarretaria graves prejuízos para a sociedade. A norma impositiva tutela interesses fundamentais, diretamente ligados ao bem comum, por isso é também chamada de ordem pública.

LEI DE IMPERATIVIDADE RELATIVA. *Vide* LEI DISPOSITIVA.

LEI DE IMPRENSA. É a disciplinadora não só da atividade exercida pela imprensa, mas também de seus crimes, de sua responsabilidade civil e penal, da ação penal e de seu respectivo processo.

LEI DE INTRODUÇÃO AO CÓDIGO CIVIL. *Teoria geral do direito* e *direito internacional privado.* Norma preliminar à totalidade do ordenamento jurídico nacional. É uma *lex legum*, ou seja, lei das leis, isto é, um conjunto de normas sobre normas. Não rege as relações de vida, mas sim as normas, não sendo parte componente do Código Civil, uma vez que engloba não só o direito civil, mas também os diversos ramos do direito privado e público, notadamente a seara do *Direito internacional privado.* É uma norma cogente brasileira, por determinação legislativa da soberania nacional, aplicável a todas as leis. É um *código de normas*, já que tem por conteúdo a disciplina: a) do início e do tempo de obrigatoriedade da lei; b) da garantia da eficácia global da ordem jurídica, não admitindo a ignorância da lei vigente, que a comprometeria; c) dos mecanismos de integração das normas, quando houver lacuna; d) dos critérios de hermenêutica jurídica; e) do direito intertemporal, para assegurar a certeza, segurança e estabilidade do ordenamento jurídico-positivo, preservando as situações consolidadas em que o interesse individual prevalece; f) do direito internacional privado brasileiro, abrangendo normas pertinentes à pessoa e à família, aos bens, às obrigações, à sucessão por morte ou por ausência, à competência judiciária brasileira, à prova dos fatos ocorridos em país estrangeiro, à prova do direito alienígena, à execução de sentença proferida no exterior, à proibição do retorno aos limites da aplicação de leis, atos e sentenças de outro país no Brasil; g) dos atos civis praticados, no estrangeiro, pelas autoridades consulares brasileiras.

LEI DELEGADA. *Direito constitucional.* Aquela que, estando no mesmo plano da lei ordinária, é elaborada e editada pelo Presidente da República (delegação *externa corporis*), por Comissão do Congresso Nacional, ou de qualquer de suas Casas (delegação *interna corporis*), em razão de permissão do Poder Legislativo, e nos limites postos por este.

LEI DE LOCAÇÃO DE PRÉDIOS URBANOS. *Vide* LEI DO INQUILINATO.

LEI DE LUVAS. *História do direito.* Era a denominação que se dava ao Decreto n. 24.150/34, que disciplinava as locações industriais e mercantis e proibia a cobrança de luvas.

LEI DE LYNCH. *História do direito.* Dizia respeito, nos Estados Unidos da América do Norte, na época de sua colonização, a uma modalidade de justiça privada coletiva, pela qual o criminoso era imediatamente julgado, sumariamente, e executado pelo povo revoltado, no local em que era encontrado. Tratava-se do linchamento.

LEI DE MEIOS. *Direito tributário.* **1.** Orçamento público. **2.** Lei orçamentária que estabelece e prevê as despesas e receitas do Estado. **3.** Permissão de acesso ao dinheiro público, dada pelas câmaras legislativas, por ocasião do recesso parlamentar, ao governo.

LEI DE ORDEM PRIVADA. *Teoria geral do direito.* Diz-se daquela que impõe diretrizes disciplinadoras de interesses privados, regendo relações entre particulares ou deles com o Estado.

LEI DE ORDEM PÚBLICA. *Vide* LEI COGENTE e LEI DE IMPERATIVIDADE ABSOLUTA.

LEI DE ORDEM PÚBLICA INTERNA. *Teoria geral do direito.* É aquela que, em um país, estabelece os princípios indispensáveis à organização do Estado, sob o prisma social, político, econômico e moral, seguindo os preceitos de direito. Como tão bem define Clóvis Beviláqua, faz com que todos caiam sob seu comando, por serem leis marcadas pelo interesse público relevante, não permitindo que a vontade individual nelas interfira.

LEI DE ORDEM PÚBLICA INTERNACIONAL. *Direito internacional privado.* **1.** Conjunto de princípios cuja manutenção será indispensável à organização da vida social e dos que se relacionam, diretamente, com a proteção da organização do Estado, sob o ponto de vista político, econômico e social (Clóvis Beviláqua). **2.** Conjunto de normas que, dadas as idéias particulares admitidas em determinado país, são tidas como alusivas aos interesses religiosos, morais, políticos ou econômicos (Despagnet). **3.** É a obrigatória a todos os que residirem num determinado território, sejam ou não nacionais, como a norma constitucional e a da justiça individual (Othon Sidou).

LEI DE ORGANIZAÇÃO JUDICIÁRIA. *Direito processual.* Conjunto de preceitos regulamentadores da composição, da disciplina e da atuação dos órgãos do Poder Judiciário.

LEI DE POLÍCIA. *Direito administrativo.* A que contém norma relativa ao poder de polícia, com o qual a Administração Pública controla os excessos do direito individual, estabelecendo um equilíbrio na ordem social.

LEI DE REPRESSÃO. *Ciência política.* **1.** Lei despótica e opressiva. **2.** Lei enérgica ou medida violenta contra abusos e excessos da população.

LEI DE SEGURANÇA NACIONAL. *Direito penal.* É a que define os crimes contra a segurança nacional, externa e interna, a ordem política e social, e estabelece seu processo e julgamento.

LEI DE TALIÃO. *História do direito.* Era a que estabelecia uma proporção entre a ofensa e a pena, ordenando que se aplicasse ao autor do crime ou réu o mesmo dano pessoal que causou à vítima, tendo por base a parêmia "olho por olho, dente por dente", que consagrava o critério de equivalência da reparação.

LEI DE USURA. É a que visa impedir abusos de exploração de pessoas menos favorecidas pela cobrança de juros exagerados, em razão dos empréstimos fornecidos.

LEI *DICTUM DE NULLO.* *Lógica jurídica.* É uma das leis fundamentais do silogismo categórico, que assim se enuncia: o que é negado universalmente de algum sujeito, não pode deixar de ser negado dos demais nele contidos (*quidquid universaliter distributive negatur de aliquo subjecto, nequit non negari de particularibus, quae subjecto illo continentur*), ou, em outras palavras, o que não é válido para um, não

vale para ninguém; o que repugna o gênero, repugnará as espécies nele compreendidas, e o que repugna a espécie, repugna também aos indivíduos que esta contém. Sob o prisma da compreensão, tal lei deve ser assim enunciada: *nota repugnans notae rei, repugnat rei ipsi* (a nota que repugnar a nota de um objeto, repugnará ao mesmo objeto).

LEI *DICTUM DE OMNI.* *Lógica jurídica.* É uma das leis fundamentais do silogismo categórico, pela qual o que se afirma universalmente de algum sujeito, não pode deixar de ser afirmado dos demais nele compreendidos (*quidquid universaliter distributive affirmatur de aliquo subjecto nequit non affirmari de particularibus, quae subjecto illo includuntur*). Segundo essa lei, o que convém ao gênero convém às espécies nele compreendidas, e o que convém à espécie, também é conveniente aos sujeitos nela contidos. Logo, tal lei assim pode ser enunciada: *nota notae rei est nota rei ipsius* (a nota da nota de uma coisa é sua própria nota).

LEI DIRETIVA. *Vide* LEI PRECEITUAL.

LEI DISPOSITIVA. *Teoria geral do direito.* É a lei de imperatividade relativa que não ordena nem proíbe de modo absoluto; permite ação ou abstenção ou supre declaração de vontade não existente.

LEI DIVINA. *Direito canônico.* É a estabelecida ou imposta pela revelação.

LEI DO AVOENGO. *História do direito.* Lei portuguesa que, na era das Ordenações Afonsinas, dava aos descendentes o direito de preferência na aquisição de bens que haviam sido de seus antepassados, retornando ao patrimônio do neto ou bisneto, e pagando-se um *quantum* indenizatório àquele que os adquirira. Tal direito era designado "retrato por consangüinidade".

LEI DO DOMICÍLIO. *Direito internacional privado.* Elemento de conexão pelo qual a lei pessoal é a do país onde a pessoa está domiciliada. A *lex domicilii* é a competente para reger questões relativas ao começo e fim da personalidade, ao nome, à capacidade, ao direito de família e sucessões e à competência da autoridade judiciária. É, portanto, a do país em que é domiciliada a pessoa (*lex domicilii*). A adoção da *lex domicilii* por muitas nações deu-se para provocar a integração de imigrantes na vida nacional, uma vez que é no lugar onde se fixam com ânimo definitivo que se desenvolvem suas atividades, pouco importando sua nacionalidade.

LEI DO INQUILINATO. *Direito civil* e *direito comercial.* É a que rege a locação predial urbana, não só para fins residenciais, industriais ou mercantis, como também para temporada. Exclui de sua égide as locações de imóveis de propriedade da União, dos Estados e dos Municípios, de suas autarquias e fundações públicas; de vagas autônomas de garagem ou de espaços para estacionamento de veículos; de espaços destinados à publicidade; de *apart-hotéis*, hotéis-residência ou equiparados, assim considerados aqueles que prestam serviços regulares a seus usuários e como tais sejam autorizados a funcionar; e o arrendamento mercantil, em qualquer de suas modalidades. Isto porque as locações acima arroladas continuam regidas pelo Código Civil e pelas leis especiais.

LEI DO LEVIRATO. *História do direito.* Lei hebraica pela qual a viúva sem filhos ou sem filhos varões era obrigada a casar-se com o irmão de seu falecido marido, ou com o herdeiro do nome deste, para garantir a descendência da família e evitar que dela saísse o patrimônio.

LEI DO LUGAR. *Direito internacional privado.* Elemento de conexão pelo qual se aplica a lei do local onde ocorreram certos fatos ou se praticaram determinados atos; pode determinar a lei aplicável ou a competência jurisdicional ou administrativa. Abrange a lei do lugar do ato (*lex loci actus*); a do local da celebração (*lex loci celebrationis*); a do lugar do contrato (*lex loci contractus*), quanto à sua forma extrínseca; a do local da situação da coisa (*lex loci rei sitae*); a do lugar da solução da causa (*lex loci solutionis*); a do lugar que rege o ato (*lex locus regit actum*); a do lugar da prática do delito (*lex loci delicti*). Assim, pelo princípio da territorialidade, no Brasil, a norma nacional aplica-se no território do Estado, inclusive ficto, como embaixada, consulado e navio de guerra, onde quer que se encontrem, navios mercantes em águas territoriais ou em alto-mar, navios estrangeiros, menos os de guerra, em águas territoriais, aeronaves no espaço aéreo do Estado, assemelhando-se a posição dos aviões de guerra à dos barcos marciais. Regula, ainda, o princípio da territorialidade, o regime de bens e obrigações, já que se aplica a *lex loci rei sitae* para qualificar bens e reger as relações a eles concernentes, embora a Lei de Introdução ordene a aplicação da lei do domicílio do proprietário, quanto aos bens móveis que ele trouxe, ou se se destinarem a transporte para outros lugares; a norma *locus regit actum* regula as obrigações que se sujeitam às normas do país em que se constituírem, bem como a prova de fatos ocorridos em país estrangeiro.

LEI DO LUGAR DA CONSTITUIÇÃO DA SOCIEDADE OU FUNDAÇÃO. *Direito internacional privado.* É a que rege, no Brasil, questões sobre constituição, funcionamento e dissolução da sociedade e fundação, tendo-se em vista que a pessoa jurídica poderá ter sido constituída em um determinado país para exercer suas atividades em outro Estado; os sócios poderão ter várias nacionalidades ou até mesmo domicílios em outros países; o capital social poderá estar subscrito em vários Estados; a sede da pessoa jurídica poderá estar em dado país. A Lei de Introdução ordena que se aplique o direito vigente no local da constituição da sociedade ou da fundação, pouco importando a lei do lugar onde se dá o exercício de sua atividade, desprezando, ainda, o critério do domicílio dos sócios ou dos fundadores, do país da subscrição do capital social, da sede empresarial, da autonomia da vontade. A pessoa jurídica deve submeter-se à lei do Estado em que se constituir, que irá determinar as condições de sua existência ou do reconhecimento de sua personalidade jurídica.

LEI DO LUGAR DA SITUAÇÃO DA COISA. *Direito internacional privado.* É o critério jurídico para regular coisas móveis de situação permanente, inclusive de uso pessoal, ou imóveis. Tal critério importa na determinação do território, que é o espaço limitado no qual o Estado exerce competência. A *lex rei sitae* é a aplicada para qualificar bens, reger relações a eles concernentes e disciplinar as ações que os asseguram. Regulará os bens móveis, em situação permanente, ou imóveis, considerados individualmente, pertencentes a nacionais ou estrangeiros, domiciliados ou não no país, a lei do país onde se situarem. O princípio *mobilia sequuntur personam* somente aplica-se aos móveis em estado de mobilidade.

LEI DOMICILIAR. *Vide* LEI DO DOMICÍLIO.

LEI DO MÍNIMO. *Direito agrário.* Lei de Liebig, pela qual a fertilidade de um solo relativamente a certa cultura rege-se pelo elemento nutritivo que nele houver em menor quantidade no instante de sua assimilação pelos vegetais.

LEI DO PAVILHÃO. *Direito internacional privado.* É a da nacionalidade da aeronave ou do navio, que regula todos os seus direitos obrigacionais ou reais. Tal lei é a do lugar do registro ou matrícula da embarcação ou avião, exceto se militar, hipótese em que sua bandeira será a do país a que pertencer.

LEI DOS PARTIDOS POLÍTICOS. *Ciência política.* É a que regula a criação, fusão, incorporação e extinção de partidos políticos.

LEI DOS SEXAGENÁRIOS. *História do direito.* Norma que, em 1885, deu alforria a todos os escravos com mais de sessenta anos de idade.

LEI DO VALOR. *Economia política.* Lei da oferta e da procura.

LEI DO VENTRE LIVRE. *História do direito.* Lei promulgada em 28-9-1871, no Brasil, pela qual todos os filhos de escravos, nascidos a partir da data de sua promulgação, eram livres.

LEI DRACONIANA. *Teoria geral do direito.* É aquela que contém preceitos extremamente severos ou demasiadamente rigorosos.

LEI EBÚCIA. *História do direito.* Foi a que, no direito romano, introduziu o processo *per formulas*, prescrevendo o das *legis actiones*, abolindo grande parte delas. Com o advento da *lex aebutia*, não mais puderam subsistir as ações da lei em concorrência com a nova forma procedimental.

LEI ECONÔMICA. *Economia política.* **1.** É a enunciada pelos economistas, para indicar relações necessárias de certos fenômenos, como, por exemplo, a de Gresham, que enuncia que, quando num país circulam duas moedas, das quais uma é considerada boa pelo público e a outra má, a má expulsa a boa; aquela pela qual os produtores que acham insuficiente o preço da mercadoria, diminuem a sua produção; aquela que enuncia o desaparecimento do ouro, de sua circulação monetária, quando o papel-moeda é emitido em quantidade exagerada. Logo, a lógica demonstra-a, ao passo que a experiência a verifica (Henri Guitton). **2.** Norma de direito positivo alusiva a problemas de ordem econômica, por exemplo, como a que proíbe a exportação de capitais ou regula nacionalização de empresas.

LEI ELEITORAL. *Direito eleitoral.* É a que se refere ao processo eleitoral.

LEI EM TESE. *Teoria geral do direito.* Diz-se daquela que se mantém *in abstracto*, não tendo ainda produzido efeitos *in concreto*, por não ter havido sua aplicação.

LEI ESCRITA. *Teoria geral do direito.* É a norma positiva que, para alguns autores, contrapõe-se à norma consuetudinária, por não ser escrita. Todavia, urge lembrar que o costume não se contrapõe ao direito escrito, mas ao legislado, pois, hodiernamente, o costume é formulado por escrito em repertórios, por exemplo, nos "Assentamentos de Usos e Costumes da Praça do Estado de São Paulo", feitos pela Junta Comercial, com o objetivo de fixá-los e de prová-los.

LEI ESPARSA. *Vide* LEI EXTRAVAGANTE.

LEI ESPECIAL. *Teoria geral do direito.* É a que se ocupa somente de alguns institutos jurídicos, de pessoas que ocupam certa posição ou cargo, ou de determinadas matérias, dando-lhes tratamento diverso. Por exemplo, a lei de locação predial urbana; a lei de sociedade anônima etc.

LEI ESTADUAL. *Direito constitucional.* É a emitida pelo Estado federado dentro da esfera de competência normativa estabelecida pela Constituição Federal, para ter vigência nos limites de seu território. *Vide* LEGISLAÇÃO ESTADUAL.

LEI ESTRANGEIRA. *Direito internacional privado.* É a vigente em país estrangeiro, que poderá, conforme o elemento de conexão apontado pela *lex fori*, ser aplicada num dado Estado, desde que não fira a soberania nacional e a ordem pública. A norma estrangeira é considerada como um fato, cuja demonstração competirá a quem a alegar. Os meios de prova da lei estrangeira serão indicados pelo *ius fori*, como, por exemplo: a) apresentação do jornal oficial em que venha publicada a lei; b) certidão autenticada por autoridade diplomática ou consular, contendo relatório sobre texto legal, vigência e sentido do direito aplicável; c) declaração de dois advogados em exercício no país a que o direito que se pretende aplicar pertence, declarando a vigência da norma, e, se houver, pode-se pedir ao tribunal, Procuradoria-Geral, Secretaria ou Ministério da Justiça, desse país, informação sobre o conteúdo e existência daquela lei; d) pedido por carta rogatória de informação sobre o texto legal, sentido e vigência da norma; e) referências a obras doutrinárias alienígenas; f) pareceres de juristas de nomeada do Estado, cuja norma se pretende provar. O termo "lei estrangeira" está sendo empregado em sentido amplo, indicando a lei, o decreto, o regulamento, o costume etc. Logo, para a prova do costume ou uso comercial no direito francês, é praxe, quando exigida, a expedição de um atestado chamado *parère*, fornecido pelas câmaras de comércio ou pelos sindicatos profissionais.

LEI EXCEPCIONAL. *Teoria geral do direito.* **1.** É a que visa disciplinar alguma situação anômala, como epidemia, guerra, revolução, cataclisma, calamidade pública, tendo duração ou vigência temporária, uma vez que é aplicada apenas durante o período de emergência. **2.** É a que altera algum princípio genérico de uma instituição jurídica, com o escopo de atender a alguma situação particularizada (Othon Sidou). **3.** É a que rege um setor particular de relações jurídicas, de modo oposto àquele que, em regra, vige para a generalidade das relações do mesmo gênero (Ana Prata).

LEI *EX POST FACTO*. *Direito penal.* **1.** A que agrava a pena do delito, após sua perpetração, altera normas probatórias, com o fim de impor a condenação do agente por diminuir o valor probante das provas ao tempo em que o crime se deu. **2.** Lei que declara criminosa uma comissão ou omissão antes inimputável, contrariando o princípio de que não há crime quando uma lei anterior não o tenha qualificado (De Plácido e Silva).

LEI EXTRATERRITORIAL. *Direito internacional privado.* Aquela que produz efeito em território estrangeiro, alheio àquele onde foi emitida. É muito comum às leis pessoais, como a da nacionalidade e a do domicílio, que acompanham a pessoa, por ser seu estatuto pessoal.

LEI EXTRAVAGANTE. 1. *Teoria geral do direito.* Lei esparsa, ou seja, a editada isoladamente como, por exemplo, a Lei do Inquilinato; a Lei das Sociedades Anônimas. Em regra, advém após a promulgação de um código, para completá-lo ou para revogar alguns de seus preceitos relativos à matéria que a ele diz respeito. *Vide* LEGISLAÇÃO EXTRAVAGANTE. **2.** *História do direito.* Consolidação de diplomas não contidos nas Ordenações, feita por Duarte Nunes, por ordem de D. Sebastião, em 1569.

LEI FAILLIOT. *História do direito.* Lei francesa que foi promulgada em 1918 para determinar a revisão judicial dos contratos por onerosidade excessiva decorrente de fato superveniente.

LEI FEDERAL. *Teoria geral do direito* e *direito constitucional.* É a editada pelo Poder Legislativo da União na matéria de sua competência.

LEIFEMIA. *Medicina legal.* Falta de sangue.

LEI FINANCEIRA. *Direito financeiro.* Aquela que determina a natureza, o montante e a destinação dos recursos e encargos do Estado, contendo autorização para angariar receitas e pagar despesas ou débitos, compreendendo o orçamento.

LEI FÍSICA. *Vide* LEI NATURAL.

LEI FLEURY. *Direito processual penal.* Denominação que se deu à lei que veio a liberar o réu primário da prisão, permitindo-o apelar, em liberdade, da sentença que o condenou.

LEI FORMAL. 1. *Teoria geral do direito.* Lei adjetiva relativa a procedimentos processuais. É, como ensina Kelsen, a norma geral pela qual se regula a organização e o processo das autoridades judiciais e administrativas, contendo-se nos chamados códigos de processo civil e penal e nas leis relativas ao processo administrativo e até mesmo trabalhista. É, portanto, a que rege os modos pelos quais o Estado faz valer ou atuar as leis substantivas ou materiais. **2.** *Direito administrativo.* a) Ato administrativo que tem a forma de lei (Bullrich); b) forma sob a qual se manifesta a vontade do Estado (Paul Laband). **3.** *Ciência política* e *direito constitucional.* a) Preceito legal emanado do Poder Legislativo; b) ato legislativo que tem a forma constitucional de lei (Bielsa); c) é a que rege o processo de elaboração das leis.

LEI FUNDAMENTAL. *Direito constitucional.* Constituição do país.

LEIGAL. Relativo a leigo.

LEI GERAL. 1. *Teoria geral do direito.* a) Lei promulgada para reger genericamente um ramo jurídico, como ocorre com a consolidada ou codificada; b) aquela que institui o regime-regra da relação jurídica por ela disciplinada; c) lei comum aplicável, em sua generalidade, a todas as pessoas sem qualquer distinção. É aquela que se aplica indistintamente a pessoas, bens etc., contrapondo-se à lei especial, que diz respeito a uma certa categoria de pessoas ou bens. **2.** *História do direito.* Unificação do direito tentada, em Portugal, por D. Afonso II, contendo leis para terem vigência em todo o reino, substituindo a legislação dispersa.

LEIGO. 1. *Direito canônico.* Aquele que não faz parte do clero. **2.** Nas *linguagens comum* e *jurídica,* significa: a) o que desconhece certo assunto; b) pessoa não versada em algum ramo de conhecimento ou arte.

LEI IMPERATIVA. *Teoria geral do direito.* É a prescritiva, que impõe deveres ao comportamento humano, proibindo, obrigando ou permitindo, regulamentando a conduta humana social e indicando como se deve agir no complexo da realidade social a que se ajusta, sob a inspiração de valores.

LEI IMPERFEITA. *Teoria geral do direito.* **1.** É aquela cuja violação não acarreta qualquer conseqüência jurídica. Não é propriamente uma norma jurídica, por faltar-lhe o autorizamento, como a que prescreve que a dívida de jogo não deve ser paga, pois, se violada, o credor não está autorizado a exigir seu adimplemento (Goffredo Telles Jr.). **2.** Norma não autônoma (Kelsen), que não estatui sanção, mas que tem juridicidade se estiver ligada a uma outra que a estatuiu, visto que estabelece apenas negativamente o pressuposto da sanção. Por exemplo, o pagamento de débito de jogo não é exigível, por ser ilícito o jogo, sendo nulo qualquer ato que pretenda validar tal dívida; mas se ocorrer seu adimplemento, outra norma ordena que não se terá repetição.

LEI IMPOSITIVA. *Vide* LEI DE IMPERATIVIDADE ABSOLUTA.

LEI INCONSTITUCIONAL. *Teoria geral do direito.* Aquela que viola a Constituição, desaparecendo do ordenamento jurídico apenas quando o STF a declarar inconstitucional e o Senado suspender sua execução.

LEI INDIVIDUAL. *Teoria geral do direito.* Aquela que se dirige a uma pessoa ou a um grupo, instituindo, por exemplo, direito a pensão, concedendo honrarias, autorizando viagem com ou sem ônus para o erário (Othon Sidou).

LEI INEFICAZ. *Teoria geral do direito.* Diz-se daquela norma que apesar de vigente não possui eficácia social, por estar em desacordo com a realidade, que evoluiu.

LEI INJUSTA. *Teoria geral do direito.* É a que não confere aquilo que é devido ao ser humano.

LEI INSTITUCIONAL. *Teoria geral do direito.* Disciplina a estrutura de um órgão de função pública (Manoel Gonçalves Ferreira Filho).

LEI INSTRUMENTAL. *Vide* LEI FORMAL.

LEI INTERCALAR. *Direito constitucional.* Lei complementar.

LEI INTERMEDIÁRIA MAIS BENÉFICA. *Direito penal.* Lei penal editada posteriormente a uma norma e anteriormente a outra, sendo mais favorável que as outras duas, retroagindo em relação à primeira e tendo ultra-atividade em face da terceira, que, sendo mais severa, não retroage.

LEI INTERNACIONAL. *Direito internacional público.* **1.** Diz-se daquela que, com a observância de tratados e convenções entre Estados Soberanos, pode ter aplicação em várias nações, como a lei uniforme internacional sobre letra de câmbio. **2.** Tratado ou convenção entre Estados.

LEI INTERPRETATIVA. *Teoria geral do direito.* Aquela que elucida o conteúdo, sentido ou alcance de outra.

LEI IRRETROATIVA. *Teoria geral do direito.* Aplicável apenas aos fatos subseqüentes à entrada de sua vigência, não prejudicando o direito adquirido, o ato jurídico perfeito e a coisa julgada.

LEI JURÍDICA. *Teoria geral do direito.* Elaborada pelo Poder Legislativo.

LEI KOCH. *História do direito.* Lei alemã de 1927 que combatia a moléstia venérea e a extinção do sistema repressivo que controlava a prostituição.

LEILÃO. *Direito civil* e *direito comercial.* Venda pública de bens móveis ou imóveis a quem der o maior lance, efetuada sob pregão de leiloeiro devidamente matriculado na junta comercial.

LEILÃO ADMINISTRATIVO. *Direito administrativo.* Modalidade de licitação entre quaisquer interessados para a venda de bens móveis inservíveis para a Administração, ou de produtos legalmente apreendidos ou penhorados, ou para alienação de imóveis a quem oferecer maior lance, igual ou superior ao da avaliação.

LEILÃO ADUANEIRO. *Direito alfandegário.* Venda em hasta pública de mercadoria que foi abandonada e não despachada dentro do prazo legal ou cujo dono sofreu a pena de sua perda (Othon Sidou).

LEILÃO A VIVA VOZ. *Direito comercial.* Venda pública em bolsa de valores em que as ofertas são apregoadas a viva voz pelos representantes das corretoras (Luiz Fernando Rudge).

LEILÃO JUDICIAL. *Direito processual civil.* Venda pública de bens móveis levada a efeito por leiloeiro oficial, como auxiliar do juízo onde tem curso o feito, para efeito de execução por quantia certa.

LEILÃO *ON-LINE*. *Vide* PREGÃO ELETRÔNICO.

LEILÃO VIRTUAL. *Vide* PREGÃO ELETRÔNICO.

LEI LIMITATIVA. *Teoria geral do direito.* Aquela que vem a restringir a eficácia de uma norma impondo condições ou prazos.

LEILOAMENTO. 1. Ato de leiloar. 2. Pregão de mercadorias. 3. Contrato com o leiloeiro para a venda pública. 4. Venda por meio de leilão. 5. Praceamento ou hasta pública.

LEILOAR. 1. Colocar algo em leilão. 2. Apregoar em leilão. 3. Executar atos necessários para a efetivação do leilão.

LEI LOCAL. *Teoria geral do direito.* Aquela que vigora em parte do território do país.

LEILOEIRO. *Direito comercial* e *direito processual civil.* 1. Organizador de leilão. 2. Pregoeiro em leilão. 3. Agente auxiliar do comércio com atribuição legal para efetuar leilão. 4. Agente comercial autônomo escolhido pelo credor, a quem poderá ser atribuída a alienação de bens móveis penhorados ao devedor (Cesar Montenegro). 5. É o que, estando matriculado pela Junta Comercial, exerce suas funções em todo o território da unidade federativa de jurisdição da Junta que o matriculou, por ter preenchido os seguintes requisitos: a) idade mínima de 25 anos completos; b) ser cidadão brasileiro; c) encontrar-se no pleno exercício dos seus direitos civis e políticos; d) estar reabilitado, se falido, caso a falência não tenha sido culposa ou fraudulenta; e) não estar condenado por crime, cuja pena vede o exercício da atividade empresarial; f) não exercer o comércio direta ou indiretamente, no seu ou alheio nome, e não participar de sociedade de qualquer espécie; g) não ter sido anteriormente destituído da profissão de leiloeiro; h) ser domiciliado, há mais de cinco anos, na unidade federativa onde pretenda exercer a profissão; i) ter idoneidade, mediante apresentação de identidade e certidões negativas da justiça federal e comum nos foros cível e criminal, correspondentes ao distrito em que o candidato tiver o seu domicílio, relativas ao último qüinqüênio. É pessoal o exercício das funções de leiloeiro, que não pode delegá-las, senão por moléstia ou impedimento ocasional, a seu preposto, cabendo ao leiloeiro comunicar o fato à Junta Comercial. O preposto indicado pelo leiloeiro é considerado mandatário legal do proponente para o efeito de substituí-lo e de praticar, sob a responsabilidade daquele, os atos que lhe forem inerentes. A dispensa do preposto dá-se mediante simples comunicação do leiloeiro à Junta Comercial, acompanhada da indicação do respectivo substituto, se for o caso, ou a pedido do preposto.

LEILOEIRO RURAL. *Direito comercial.* Agente oficial encarregado da venda pública de estabelecimentos rurais, semoventes, produtos agrícolas, máquinas usadas na agricultura etc.

LEI MAIOR. *Teoria geral do direito.* É a constituição do país.

LEI MAIS BENIGNA. *Teoria geral do direito.* É a que, em relação a outra, prescreve uma sanção mais branda para situações idênticas.

LEI MAIS QUE PERFEITA. *Teoria geral do direito.* Aquela que, em caso de sua violação, autoriza a aplicação de duas sanções: a nulidade do ato praticado ou o restabelecimento da situação anterior e, ainda, a imposição de uma pena ao infrator.

LEI MARCIAL. *Direito militar* e *direito constitucional.* 1. A que autoriza o uso da força, em determinadas circunstâncias. 2. É a do governo militar instituído numa nação, em caso de emergência ou em situação perigosa para a segurança do país, durante a qual se suspende a lei ordinária. 3. É a relativa às forças armadas do Estado e aos preceitos que as regulam. 4. É a imposta pelo governo de ocupação de um dado território. 5. Precedente rudimentar do estado de sítio (Sanchez Viamonte). 6. *In sensu strictiore* é a aplicável quando a força militar não tira a da autoridade civil, por ser chamada a auxiliá-la na execução de suas funções civis (Westel Woodbury Willoughby). 7. Lei de guerra ou do combate, que confere plenos poderes para os beligerantes ou militares na área onde se dão as operações bélicas ou hostilidades, para que tomem todas as providências necessárias para debelar a situação (García Pelayo). 8. Não é uma lei, mas um modo especial de enfrentar uma crise, em virtude da qual as pessoas ficam sujeitas à jurisdição militar, como se estivessem em situação de guerra (Orgaz).

LEI *MATER*. *Teoria geral do direito.* Constituição de um Estado Soberano. Trata-se da lei básica.

LEI MATERIAL. *Teoria geral do direito.* 1. Lei substantiva. 2. Norma geral que é lei, no fundo, na substância ou matéria (Bullrich). 3. É a que confere direitos e impõe deveres, definindo e regulando relações jurídicas, como a civil, a penal, a comercial, a administrativa etc. 4. É a norma geral que determina o conteúdo dos atos judiciais e administrativos (Hans Kelsen). 5. Disposição legal pela qual o Estado cria direito (Gascón y Marín).

LEI MENOS QUE PERFEITA. *Teoria geral do direito.* É aquela que autoriza, em sendo violada, a aplicação de pena ao violador, mas não a nulidade ou anulabilidade do ato que a infringiu.

LEI MENTAL. *História do direito.* Lei portuguesa da Idade Média relativa à sucessão da coroa. Aplicada por D. João I, determinando que os bens ou terras doados voltassem à propriedade da coroa em caso de morte do herdeiro varão, só foi publicada em 1434 e revogada em 1832.

LEI MILITAR. *Direito militar.* É a que advém do foro militar, sendo aplicável tão-somente ao exército permanente, ou melhor, às forças armadas constituídas pelo Exército, Marinha e Aeronáutica.

LEI MISSÍVEL. *Teoria geral do direito.* É a que se desvia dos fins para cuja consecução foi emitida.

LEI MISTA. *Teoria geral do direito.* É a que contém dispositivos de caráter substantivo e adjetivo ao mesmo tempo, como a CLT ou a Lei de Locações de Imóveis Urbanos.

LEI MODIFICATIVA. *Teoria geral do direito.* Aquela que altera parcialmente uma norma.

LEI MORAL. *Teoria geral do direito.* Lei da liberdade em oposição à lei da natureza, que é necessária. É a que manifesta uma função de vontade, por ser prescritiva de conduta que instaura um dever-ser. É a que tem por fim provocar um comportamento. Postula uma conduta que, por alguma razão, se estima valiosa. Exprime o que deve ser, manda que se faça algo, e, talvez, não seja cumprida, isto porque o seu suposto filosófico é a liberdade dos sujeitos a que obriga. É a que se situa no campo da atividade humana representada pela consciência e a liberdade. É uma norma ética que impõe um dever ou uma direção ao comportamento humano, podendo ser jurídica, social ou religiosa.

LEI MORGANÁTICA. *História do direito.* Era a que regia, em Portugal, o casamento morganático, ou seja, a união entre um nobre com uma mulher de condição inferior, tendo como efeito retirar da esposa e dos filhos o direito de herdar as propriedades do marido ou pai.

LEI MOSAICA. Refere-se aos mandamentos revelados a Moisés no Monte Sinai.

LEI MUNICIPAL. *Teoria geral do direito* e *direito constitucional.* **1.** É a editada pelos vereadores de um Município para reger certas situações dentro de certo âmbito de ação, numa esfera privativa de competência, sobre assuntos de interesse local. **2.** É a elaborada pela Câmara Municipal para, depois de sancionada pelo prefeito, ter vigência nos limites do Município (Cesar Montenegro).

LEI NACIONAL. 1. *Teoria geral do direito.* Aquela vigorante em todo o território do país. **2.** *Direito internacional privado.* É a do Estado cuja nacionalidade possui o indivíduo, que deve ser aplicada em certos casos, em que a *lex fori* a adotou como elemento de conexão. É a *lex patriae*, ou seja, a lei do país de origem da pessoa ou à qual está vinculado politicamente.

LEI NÃO AUTÔNOMA. *Vide* NORMA NÃO AUTÔNOMA.

LEI NATURAL. *Teoria geral do direito.* **1.** Aquela que se opõe à lei moral, por ser descritiva e por representar uma função de conhecimento, tendo por finalidade a explicação de relações constantes entre fenômenos. Tal lei é constatativa, indicativa de uma certa ordem que se verifica em qualquer setor da natureza. Constitui, portanto, a comprovação de um fato já existente antes dela. É uma fórmula de relações necessárias e constantes entre os fenômenos, sendo a expressão do princípio da causalidade, segundo o qual verificada a causa ter-se-á um determinado efeito (Hans Kelsen). **2.** Lei científica. **3.** Lei gravada no coração humano (São Tomás de Aquino). **4.** É a forma originária da justiça, que constitui o substrato da lei moral e da lei jurídica. **5.** É a razão suprema deduzida da natureza das coisas, que, apesar de não escrita, nos impulsiona a agir retamente e nos afasta do delito (Cícero).

LEI NO ESPAÇO. *Teoria geral do direito.* Locução empregada para designar a vigência espacial da norma e a questão de sua territorialidade ou extraterritorialidade.

LEI NO TEMPO. *Teoria geral do direito.* Locução indicativa da vigência temporal da lei e do problema de sua retroatividade ou irretroatividade.

LEI NOVA. *Teoria geral do direito.* Diz-se daquela que, ao entrar em vigor, revoga outra, regendo os atos jurídicos levados a efeito a partir de sua vigência.

LEI NOVA INCRIMINADORA. *Direito penal.* É a que considera crime algum comportamento tido como indiferente pela lei anterior, sendo por isso irretroativa. Se não há crime sem lei anterior, a lei nova incriminadora não pode retroagir para atingir ações perpetradas antes de sua vigência (Damásio E. de Jesus).

LEI NOVA MAIS BENÉFICA. *Direito penal.* É a lei penal posterior que, embora não exclua a incriminação, vem a favorecer o agente, aplicando-se a fato anterior, ainda que decidido por sentença condenatória transitada em julgado.

LEI NOVA PREJUDICIAL. *Direito penal.* É aquela que, editada posteriormente a uma outra, sem criar nova incriminação ou abolir a precedente, vem a agravar a situação do agente, sendo, por tal razão, irretroativa (Damásio E. de Jesus).

LEI ORÇAMENTÁRIA. *Direito constitucional, direito financeiro* e *direito tributário.* É a que aprova o orçamento público.

LEI ORÇAMENTÁRIA ANUAL. *Direito constitucional, direito financeiro* e *direito tributário.* Aquela que contém a previsão da receita e a fixação da despesa para o período do exercício financeiro que tem a duração de um ano.

LEI ORÇAMENTÁRIA PLURIANUAL. *Direito constitucional.* Aprova as despesas de capital para programas de duração continuada, que extravasem o orçamento anual em que foram iniciados (Celso Bastos).

LEI ORDINÁRIA. *Direito constitucional.* Editada pelo Poder Legislativo da União, Estados e Municípios, no campo de suas competências constitucionais, com a sanção do chefe do Executivo.

LEI ORGÂNICA. *Teoria geral do direito.* Rege a atuação de um órgão público ou serve de fundamento e organiza uma instituição jurídica.

LEI ORGÂNICA DA ADVOCACIA-GERAL DA UNIÃO (LOAGU). Conjunto de normas sobre as funções institucionais e composição da Advocacia-Geral da União.

LEI ORGÂNICA DA MAGISTRATURA. *Direito processual.* É a que contém normas atinentes à organização da magistratura.

LEI ORGÂNICA DE ASSISTÊNCIA SOCIAL (LOAS). *Direito previdenciário.* É a que estabelece, dentre suas diretrizes, a organização das ações de assistência social em sistema descentralizado e participativo. Este sistema oportuniza a efetiva partilha de poder, a definição de competência das três esferas de Governo, a prática da cidadania participativa por meio de Conselhos de Assistência Social e as transferências de responsabilidades pela execução dos serviços, programas e projetos para Estados, Distrito Federal e Municípios, devidamente acompanhados do correspondente repasse de recursos, co-operação técnica, acompanhamento, avaliação e fiscalização. A Lei Orgânica de Assistência Social condiciona para o repasse de recursos a efetiva instituição e funcionamento de Conselhos e Fundos de Assistência Social, bem como a elaboração do Plano de Assistência Social.

LEI ORGÂNICA DO MUNICÍPIO. *Direito administrativo.* É a que disciplina a administração municipal. Deve ser votada em dois turnos, com o interstício de dez dias, no mínimo, e aprovada por dois terços da Câmara Municipal.

LEI ORGÂNICA NACIONAL DO MINISTÉRIO PÚBLICO. É a que dispõe sobre normas gerais para a organização do Ministério Público dos Estados.

LEI PENAL. *Direito penal.* Lei material que define crimes e comina penas.

LEI PENAL ABERTA. *Vide* LEI PENAL EM BRANCO.

LEI PENAL EM BRANCO. *Direito penal.* Aquela que necessita de complemento, por ser genérica, uma vez que seu conteúdo é indeterminado, sendo preciso apenas quanto à sanção. Seu complemento pode estar na própria lei ou é fornecido por outra a ser emitida *in futuro* (Mezger). É, portanto, aquela que impõe sanção sem definir o tipo penal, pois a pena é prevista para infração de norma já existente, mas cujo conceito pode ser alterado futuramente.

LEI PENAL MAIS BENIGNA. *Direito penal.* Aquela que, entrando em vigor, vem a beneficiar o agente, aplicando-se, por ser retroativa, a fato anterior à sua vigência.

LEI PERFEITA. *Teoria geral do direito.* Aquela cuja violação leva a autorizar a declaração da nulidade ou a possibilidade de anulação do ato praticado contra sua disposição e não a aplicação de pena ao seu transgressor.

LEI PERIÓDICA. *Vide* LEI TEMPORÁRIA.

LEI PERMANENTE. *Teoria geral do direito.* Aquela que não contém em si qualquer previsão do prazo de sua duração, produzindo efeitos até sua revogação. É a que vigora, ante a ausência de previsão de seu termo final, indefinidamente, irradiando efeitos até que outra a revogue. A cessação de sua obrigatoriedade dar-se-á pela força revocatória superveniente de outra norma. É a que tem vigência permanente, ou seja, para o futuro, sem prazo determinado, durando até que seja revogada por outra da mesma hierarquia ou de hierarquia superior.

LEI PERMISSIVA. *Teoria geral do direito.* Lei de imperatividade relativa ou dispositiva que permite uma ação ou abstenção.

LEI PERPÉTUA. *História do direito.* Pretensa lei havida no direito romano, pertencente ao grupo das *leges sacratae*, de vigência eterna, das quais não se tem, contudo, vestígio (Othon Sidou).

LEI PESSOAL. *Direito internacional privado.* Aplicável às pessoas conforme o elemento de conexão apontado pela *lex fori* seja a nacionalidade ou o domicílio, regendo-as em suas relações de direito privado em qualquer lugar onde se encontrarem. Diz respeito, portanto, ao estatuto pessoal.

LEI POLÍTICA. *Ciência política.* Aquela que tem por escopo a conservação do Estado, regendo os poderes públicos.

LEI POSITIVA. *Teoria geral do direito.* **1.** Lei civil que obriga de modo efetivo (Hobbes). **2.** Ordenação da razão para o bem comum, promulgada por quem é responsável pela comunidade (São Tomás de Aquino). **3.** Preceito comum, justo e estável, suficientemente promulgado (Suarez). **4.** Decorrente do Poder que tem competência normativa.

LEI POSTERIOR. *Teoria geral do direito.* Aquela que vem a revogar no todo ou em parte, expressa ou tacitamente, alguma norma anterior por regular inteiramente a matéria nela tratada ou por ser com ela incompatível. É a promulgada após outra já existente que disciplinava o mesmo assunto.

LEI PRECEITUAL. *Teoria geral do direito.* Estabelece um preceito geral, que deve ser utilizado na interpretação de normas. É uma norma diretiva, cuja finalidade é orientar o intérprete e o aplicador (Mazzoni).

LEI PRECEPTIVA. *Teoria geral do direito.* Aquela que contém alguma norma de proceder, impondo uma ordem a ser obedecida, sendo, portanto, cogente.

LEI PREVIDENCIAL. *Vide* LEI ASSISTENCIAL.

LEI PREVIGENTE. *Teoria geral do direito.* Aquela que teve vigência anterior.

LEI PRIMÁRIA. *Vide* NORMA PRIMÁRIA.

LEI PRINCIPAL. *Teoria geral do direito.* Emana do Poder Legislativo, opondo-se à secundária, que advém do Executivo, como decreto, regulamento, aviso, instrução etc.

LEI PROCESSUAL. *Direito processual.* Aquela que contém norma de atuação da lei substantiva alusiva a procedimentos processuais e ao exercício da função jurisdicional, sendo também designada "lei adjetiva".

LEI PROIBITIVA. *Vide* NORMA PROIBITIVA.

LEI PROVISÓRIA. *Vide* LEI TEMPORÁRIA.

LEIRA. *Direito agrário.* **1.** Sulco aberto já preparado para receber a semente. **2.** Pequeno campo cultivado. **3.** Canteiro entre dois regos, por onde a água corre.

LEIRÃ. *Direito agrário.* Espécie de uva branca.

LEIRÃO. *Direito agrário.* No Nordeste, é uma grande leira aberta em terreno úmido, sujeito a inundação, para facilitar a drenagem do solo e evitar que os tubérculos plantados venham a apodrecer.

LEIRAR. *Direito agrário.* Dividir a terra em leiras.

LEI REAL. *Direito civil.* É a que disciplina os bens juridicamente protegidos, ocupando-se do *ius in re.*

LEI RECEBIDA. *Teoria geral do direito.* Aquela recepcionada pela nova Carta Magna por não conflitar com ela.

LEI REDENTORA. *História do direito.* Lei Áurea, que aboliu a escravidão no Brasil em 13 de maio de 1888.

LEI REGULAMENTAR. *Direito administrativo* e *direito constitucional.* Decreto ou ato governamental que visa concretizar ou explicitar uma lei, tornando-a, em certos casos, exeqüível.

LEI REMISSIVA. *Teoria geral do direito.* É a que se reporta a outro texto legal.

LEI REPRESSIVA. *Direito penal.* Aquela que reprime crimes prevendo penas e punindo ações tidas como lesivas à segurança pública e à ordem social.

LEI REPRISTINATÓRIA. *Teoria geral do direito.* É a que expressamente restaura a eficácia de uma norma revogada por outra, revalidando-a.

LEI RETIFICATIVA. *Teoria geral do direito.* É a que vem corrigir texto de uma outra lei, antes que ela entre em vigor ou mesmo durante sua vigência.

LEI RETROATIVA. *Teoria geral do direito.* Aquela que, ao entrar em vigor, vem a alcançar situações ou relações jurídicas já consumadas sob a égide de lei anterior. É a que retroage no tempo.

LEI RIPUÁRIA. *História do direito.* Era a do povo franco-ripuário, que habitava à margem esquerda do rio Reno, escrita por ordem de Teodósio II.

LEI RÓDIA. *Direito internacional privado.* Norma consuetudinária internacional, de caráter associativo, que impõe a repartição dos prejuízos entre os beneficiários de alguma medida de salvação comum, tomada com sacrifício de outros participantes da mesma viagem marítima (Elcir Castello Branco).

LEI RURAL. *Direito comparado.* Código rural existente em alguns países, como o México e a Argentina, que contém toda a disciplina jurídica das atividades levadas a efeito no campo ou no setor rural.

LEI SÁLICA. *História do direito* e *direito comparado.* Era a que excluía as mulheres da sucessão do trono, aplicada, ainda hoje, em alguns países monárquicos como o Principado de Mônaco.

LEIS DA INDUÇÃO. *Lógica jurídica.* **1.** São as que podem suscitar a certeza moral sobre a essência e a causa dos fenômenos estudados, como a: a) lei da presença, pela qual sempre que se apresentar um fenômeno outro se produzirá; b) lei da ausência, pela qual sempre que um agente inexistir, outro deixará de produzir-se por ser dependente daquele; c) lei das variantes, pela qual sempre que variar um agente, o fenômeno variará na mesma proporção (Bacon de Verulamio). **2.** São os cânones da indução, que constituem, segundo Stuart Mill, princípios reguladores da investigação experimental, tais como o do: a) método de concordância, pelo qual se dois ou mais casos do fenômeno investigado possuem apenas uma circunstância em comum, esta será a sua causa ou o seu efeito; b) método da diferença, pelo qual um caso em que o fenômeno estudado tem lugar ou outro no qual não tenha lugar possuem todas as circunstâncias em comum, com exceção de uma, que se dá tão-somente no primeiro; tal circunstância única na qual diferem será a causa, ou o efeito, ou uma parte indispensável da causa do fenômeno investigado; c) método combinado de concordância e diferença, pelo qual dois ou mais casos nos quais tem lugar o fenômeno analisado possuem somente uma circunstância em comum, enquanto dois ou mais casos nos quais não tem lugar não possuem nada em comum, salvo a ausência dessa circunstância; a circunstância única na qual os dois grupos de casos diferem é a causa, ou o efeito, ou uma parte indispensável da causa do fenômeno estudado; d) método de resíduo pelo qual se se subtrair de qualquer fenômeno a parte que, segundo induções precedentes, constitui o efeito de certos antecedentes, resultará que o resíduo do fenômeno é o efeito dos restantes antecedentes; e) método de variações concomitantes, pelo qual o fenômeno que varia de algum modo, enquanto outro varia em alguma relação particular, é a causa ou o efeito desse fenômeno, ou está com ele relacionado mediante algum fato de índole causal.

LEIS DEÔNTICAS. *Lógica jurídica.* Tautologias proposicionais deônticas que contêm fórmulas da linguagem normativa. Por exemplo: a) a lei do terceiro excluído, pela qual um comportamento está permitido ou não está; b) o princípio de subcontrariedade, que é um axioma, insuscetível de demonstração dentro do sistema, mas do qual é possível formular uma justificação nacional. Por exemplo, está permitido apostar ou está permitido não apostar. Por esta lei nem tudo pode estar proibido, ante o requisito do mínimo de liberdade; logo, se a lei não pretende deixar alguma margem de liberdade, deverá ao menos permitir que se cumpram as obrigações ou não se pratiquem as condutas proibidas. Assim se enuncia essa lei: dada uma ação determinada, está permitido cumpri-la ou omiti-la. As possibilidades da ação ou omissão estão igualmente permitidas; c) o axioma da contrariedade deôntica que afirma que um mesmo comportamento não pode ser ao mesmo tempo obrigatório e proibido; d) a lei de subalternação deôntica, pela qual o que é obrigatório está permitido; por exemplo, se alguém está obrigado a pagar as dívidas, tem permissão para solvê-las; ou pela qual se algo está proibido, permitida estará sua omissão; por exemplo, se o ato de fumar está vedado, o de não fumar está permitido; e) a lei da contradição deôntica que enuncia que uma conduta não pode ser obrigatória quando se permite sua omissão, nem mesmo pode estar, ao mesmo tempo, proibida e permitida. Logo, se é proibido fumar, não pode ser permitido fazê-lo. As fórmulas deônticas não se referem ao real comportamento, mas à qualificação normativa das condutas, independentemente do fato de sua realização ou não; f) o princípio de distribuição da permissão, que assim pode ser enunciado: a disjunção de dois atos está permitida se, e somente se, pelo menos um dos atos da disjunção for permitido; g) o teorema de distribuição da obrigação, pelo qual a conjunção de dois atos é obrigatória se, e apenas se, cada

LEIS DO ESPÍRITO

um deles for obrigatório; h) o teorema da obrigação alternativa, pelo qual, se é obrigatória a realização de um ato ou é obrigatória a realização de outro, então é obrigatório realizar um ou outro; i) o teorema da permissão conjunta, segundo o qual se a conjunção de dois atos está permitida, cada um deles também estará permitido; j) o teorema da permissão mínima, que assim se enuncia: é logicamente inadmissível estar obrigado a optar entre duas alternativas proibidas (Echave, Urquijo e Guibourg).

LEIS DO ESPÍRITO. *Filosofia geral.* **1.** Axiomas fundamentais, aos quais o pensamento, para ser válido, deve conformar-se. **2.** Axiomas que devem ser aplicados pelo pensamento na representação que faz do mundo exterior. **3.** Leis seguidas pelos fenômenos psíquicos no seu desenvolvimento, como, por exemplo, as da associação das idéias (Lalande).

LEI SECRETA. *Ciência política.* Aquela que, por não ser publicada, só é conhecida do governo autoritário para atingir a consecução de seus fins antidemocráticos (Othon Sidou).

LEI SECUNDÁRIA. *Vide* NORMA SECUNDÁRIA.

LEIS FUNDAMENTAIS DO SILOGISMO CATEGÓRICO. *Lógica jurídica.* São as leis *dictum de omni* e *dictum de nullo* abrangidas na aplicação do princípio da identidade e contradição (Puigarnau). *Vide LEI DICTUM DE OMNI* e *LEI DICTUM DE NULLO.*

LEISHMANIOSE. *Medicina legal.* Moléstia infecciosa provocada por um parasita, transmitido por mosquitos flebotomídeos descobertos por William Boog Leishman. A leishmaniose cutânea causa inchaço no local da picada, formando uma ferida que deixa cicatriz muito marcada, e, além disso, se a doença não for tratada, com o tempo a boca e o nariz desfiguram-se. A leishmaniose visceral provoca aumento no volume do fígado, baço e nódulos linfáticos, causa anemia, diarréia, tosse, febre, perda de peso e sudorese. Essa moléstia pode atingir as vísceras, a pele ou as mucosas do nariz, boca e laringe.

LEI SIMPLES. *Teoria geral do direito.* Diz-se daquela que se refere a uma só matéria ou assunto.

LEI SINGULAR. *Teoria geral do direito.* É a que institui benefício ou algum proveito a certas pessoas, não comportando interpretação extensiva nem aplicação analógica.

LEIS LÓGICAS. *Lógica jurídica.* São fórmulas proposicionais de tal sorte que, se nelas se substituírem as variáveis por constantes do tipo a que se referem, o resultado será sempre uma proposição logicamente verdadeira. Cada lei lógica enuncia uma tautologia, de tal maneira que sua verdade formal se mantém em todos os exemplos que, com sua estrutura, forem obtidos por meio da interpretação de variáveis. São leis lógicas a da identidade, a da não contradição e a do terceiro excluído. O princípio da identidade está assim formulado: uma coisa é uma coisa, e outra coisa é outra coisa; conseqüentemente, toda proposição é equivalente a si mesma. O princípio da não contradição estabelece que nenhuma proposição pode ser, concomitantemente, verdadeira ou falsa. O princípio do terceiro excluído pode ser assim enunciado: toda proposição é verdadeira ou falsa; com isso está excluída qualquer terceira possibilidade que não seja sua verdade ou sua falsidade.

LEIS REGULADORAS DA CONVERSÃO. *Lógica jurídica.* São as que indicam quais as proposições que se convertem simplesmente e quais as acidentalmente convertidas, como: a) a negativa total e a afirmativa particular convertem-se simplesmente; b) a negativa total e a afirmativa total convertem-se acidentalmente; c) a negativa particular não se converte.

LEI SUBSTANTIVA. *Vide* LEI MATERIAL.

LEIS UNIFORMES SOBRE TÍTULO DE CRÉDITO. *Direito cambiário* e *direito internacional privado.* Conjunto de normas aprovadas na Convenção de Genebra relativas às letras de câmbio e notas promissórias, ratificado pelo Brasil em 1966.

LEI SUNTUÁRIA. *Ciência política.* É aquela que, como medida de exceção em época de crise, tem por escopo restringir os gastos imoderados, o consumo de artigos de luxo ou de bens supérfluos, e a dissipação inútil do capital.

LEI SUPLETIVA. *Teoria geral do direito.* Lei de imperatividade relativa ou dispositiva que supre a falta de manifestação de vontade das partes; só se aplica, então, na ausência da declaração de vontade dos interessados. Se estes nada estipularem em determinadas circunstâncias, a norma o faz em lugar deles. Por exemplo, não havendo pacto antenupcial, ou sendo nulo, vigorará, quanto aos bens, entre os cônjuges, o regime de comunhão parcial.

LEI SUPLETÓRIA. *Vide* LEI SUPLETIVA.

LEITÃO. *Direito agrário.* Porco novo e pequeno.

LEITE. 1. *Medicina legal.* Líquido branco e opaco segregado pelas glândulas mamárias. **2.** *Direito agrário.* a) Suco branco de alguns vegetais; b) secreção, muito nutritiva, produzida pelas tetas das vacas, cabras etc. e comercializada pelo produtor.

LEITEGADA. *Direito agrário.* Conjunto de leitões nascidos num só parto.

LEITEIRO. 1. *Direito agrário.* Diz-se do gado produtor de leite. **2.** *Direito comercial.* O que vende ou entrega leite.

LEI TEMPORÁRIA. *Teoria geral do direito.* **1.** *Vide* LEI EXCEPCIONAL. **2.** A que contém o prazo com que se demarca o tempo de sua vigência. É, portanto, a que tem o prazo de sua vigência estabelecido pelo legislador. **3.** Aquela que vigora apenas até a consecução da finalidade a que se propõe, p. ex., lei que manda suspender a realização de um concurso para preencher vagas com os contratados, a fim de que se efetivem; com o aproveitamento do último funcionário contratado, tal lei cessará de existir. **4.** Emanada para atender estado de sítio ou guerra ou para prover situação de emergência oriunda de calamidade pública, pois cessada a anormalidade extinguir-se-á. **5.** Destinada a vigorar apenas enquanto durar certa circunstância.

LEITE PASTEURIZADO. *Direito agrário.* É o leite fluido elaborado a partir do leite cru refrigerado na propriedade rural que apresente as especificações de produção, de coleta e de qualidade dessa matéria-prima contidas em regulamento técnico próprio e que tenha sido transportado a granel até o estabelecimento processador.

LEITERIA. *Direito comercial.* **1.** Depósito de leite. **2.** Estabelecimento mercantil onde se vende leite.

LEI TERRITORIAL. *Direito internacional privado.* Aquela com vigência somente no território do país que a impôs. Produz efeitos nos limites da jurisdição do poder que o emitiu, não alcançando pessoas, bens ou atos fora daquelas limitações espaciais.

LEITMOTIV. *Termo alemão.* **1.** Idéia diretriz de uma ação. **2.** Razão determinante. **3.** Motivo relevante.

LEITO. 1. *Direito civil.* a) Matrimônio; cama conjugal; b) álveo do rio, ou seja, porção de terra escavada entre as margens, por onde correm as águas fluviais. **2.** Na *linguagem comum* é: a) o móvel para repouso que se coloca nos dormitórios; b) aquilo que serve de base para algo. **3.** Na *linguagem jurídica* em geral, pode ter acepção de: a) aquilo por onde corre ou anda alguma coisa; b) superfície de um carro onde a carga é assentada; c) corpo da via férrea onde se assentam dormentes e trilhos; d) faixa de terra ocupada pela rodovia; superfície aplainada de uma rua ou estrada; e) qualquer superfície regularizada, obtida por meio de terraplenagem, sobre a qual está assentado o pavimento. **4.** *Medicina legal.* Parte interna e inferior do sulco deixado pelo laço em caso de estrangulamento ou enforcamento (Croce e Croce Jr.).

LEITO ANTERIOR. *Direito civil.* Casamento realizado antes daquele a que se está fazendo menção. Logo, quando se faz referência a filho de leito anterior, alude-se àquele que foi concebido na constância do matrimônio anterior.

LEITO AUXILIAR REVERSÍVEL. *Medicina legal.* É o leito auxiliar (ou de observação) que pode ser revertido para um leito de internação em caso de necessidade.

LEITO DE BERÇÁRIO PARA RECÉM-NASCIDO SADIO. *Medicina legal.* Berço destinado ao recém-nascido sadio e localizado em berçário, longe do leito da mãe. Não são contabilizados como leitos hospitalares de internação.

LEITO DE CURTA PERMANÊNCIA. *Medicina legal.* Leito hospitalar cuja duração média da internação é menor do que trinta dias.

LEITO DE ESTRADA. *Direito administrativo.* **1.** Centro de uma via pública, por onde transitam veículos. **2.** Local onde correm os trilhos devidamente montados em dormentes.

LEITO DE INTERNAÇÃO EM BERÇÁRIO. *Medicina legal.* Berço destinado a alojar recém-nascidos prematuros ou que apresentem alguma patologia que necessite de tratamento hospitalar. A situação do recém-nascido é uma situação singular dentre os pacientes de um hospital. O recém-nascido normal não é formalmente internado e, portanto, não é um paciente hospitalar. Por outro lado, o recém-nascido patológico é internado e às vezes passa um longo período dentro do hospital. As normas específicas de internação de recém-nascidos podem variar de hospital para hospital. Os leitos de berçário são contabilizados como leitos hospitalares. A partir de 24 horas de permanência do recém-nascido em qualquer berço que não seja o berço de recém-nascido em alojamento conjunto, ele deve ser contabilizado como paciente internado e o berço onde ele está deve ser contabilizado como leito de internação.

LEITO DE LONGA PERMANÊNCIA. *Medicina legal.* Leito hospitalar cuja duração média de internação é maior ou igual a trinta dias. A definição de leitos de curta permanência como aqueles em que a média de internação é menor que trinta dias foi excluída por acreditarmos que tal definição estaria em desacordo com as políticas de redução de média de permanência definidas pelo Ministério da Saúde.

LEITO DE OBSERVAÇÃO EM BERÇÁRIO. *Medicina legal.* Berço auxiliar para observação das primeiras horas de vida do recém-nascido, por um período máximo de 24 horas, até que ele seja liberado para o berço do alojamento conjunto ou leito de berçário para recém-nascido sadio ou então internado em um leito de internação em berçário. A partir de 24 horas de permanência do recém-nascido em berço que não seja o berço de recém-nascido em alojamento conjunto ou o leito de berçário para recém-nascido sadio, esse berço deve ser considerado um leito extra de internação em berçário.

LEITO DE OBSERVAÇÃO REVERSÍVEL. *Medicina legal.* É o leito hospitalar de observação que pode ser revertido para um leito de internação em caso de necessidade. A definição de leito de observação reversível implica que já exista por parte do hospital uma estratégia para a reversibilidade desses leitos em caso de necessidade, como, por exemplo, a forma de realocação de recursos humanos e de disponibilidade de recursos materiais.

LEITO DE PROCUSTO. 1. *Filosofia geral.* Interpretação forçada e arbitrária para submeter uma opinião a um determinado sistema. **2.** *História do direito.* Leito de ferro onde Procusto, salteador de Ática, colocava sua vítima, mutilando-a até ficar do seu comprimento.

LEITO DESOCUPADO OU VAGO. *Medicina legal.* Leito que está em condições de ser ocupado, mas que não está sendo utilizado por um paciente no momento do censo.

LEITO-DIA. *Medicina legal.* Unidade de medida que representa a disponibilidade de um leito hospitalar de internação por um dia. Os leitos-dia correspondem aos leitos operacionais ou disponíveis, aí incluídos os leitos extras com pacientes internados, o que significa que o número de leitos-dia pode variar de um dia para outro de acordo com o bloqueio e desbloqueio de leitos e com a utilização de leitos extras.

LEITO DO RIO. *Direito civil.* Álveo do rio, ou melhor, depressão de terreno coberta pelas águas fluviais que nela correm normalmente.

LEITO ESPECIALIZADO. *Medicina legal.* Leito hospitalar destinado a acomodar pacientes de determinada especialidade médica.

LEITO-HORA. *Medicina legal.* Unidade de medida que representa a disponibilidade de um leito hospitalar de observação ou auxiliar por uma hora.

LEITO HOSPITALAR DE INTERNAÇÃO. *Medicina legal.* É a cama numerada e identificada à internação de um paciente dentro de um hospital, localizada em um quarto ou enfermaria, que se constitui no endereço exclusivo de um paciente durante sua estada no hospital e que está vinculada a uma unidade de internação ou serviço. Não devem ser considerados leitos hospitalares os leitos de observação ou auxiliares, os berços de alojamento conjunto e as camas destinadas a acompanhantes e funcionários do hospital. Excepcionalmente, uma maca pode corresponder a um leito extra.

LEITO HOSPITALAR DE OBSERVAÇÃO OU AUXILIAR. *Medicina legal.* São leitos destinados a pacientes sob supervisão médica e/ou de enfermagem, para fins diagnósticos ou terapêuticos, por período inferior a 24 horas. Os leitos de observação ou auxiliares não devem ser considerados leitos hospitalares de internação, exceto quando do eles estiverem sendo utilizados como leitos extras para internação ou quando os pacientes permanecerem nesses leitos por mais de 24 horas por qualquer razão. Os conceitos de capacidade planejada, instalada e operacional podem ser utilizados em relação aos leitos auxiliares, tomando-se cuidado em evitar confusão com essas mesmas definições para os leitos de internação do hospital.

LEITO INDIFERENCIADO. *Medicina legal.* Leito hospitalar destinado a acomodar pacientes de qualquer especialidade médica.

LEITO INFANTIL. *Medicina legal.* Leito destinado à internação de crianças enfermas, até o limite de idade definido pelo hospital. O limite de idade para internação em leitos infantis pode variar de hospital para hospital e, em geral, será até a idade de 14 anos.

LEITO NÃO ESPECIALIZADO. *Medicina legal.* Leito hospitalar destinado a acomodar pacientes de qualquer especialidade médica.

LEITO OCUPADO. *Medicina legal.* Leito que está sendo utilizado por um paciente. Se um paciente está internado em um leito, porém se encontra temporariamente fora dele, por exemplo, para a realização de um exame ou procedimento cirúrgico, o leito é considerado ocupado, desde que o paciente vá retornar para aquele leito após o término do procedimento. Um leito é considerado ocupado até a saída efetiva do paciente deste leito.

LEITOR. 1. Aquele que lê, habitualmente, obras literárias ou publicações periódicas. **2.** Aquele que dá parecer sobre certo livro a pedido das editoras. **3.** Professor comissionado que, em Universidade estrangeira, ministra aulas sobre a língua e a literatura de seu País. **4.** Aquele que, nas casas religiosas, lê em voz alta durante as refeições.

LEITORA. *Direito virtual.* Parte de um computador eletrônico que tem a função de extrair informações de um registro.

LEITORADO. Público leitor.

LEITORAL. Relativo a leitor.

LEITOS BLOQUEADOS. *Medicina legal.* Leitos que são habitualmente utilizados para internação, mas que no momento em que é realizado o censo não podem ser utilizados por qualquer razão (características de outros pacientes que ocupam o mesmo quarto ou enfermaria, manutenção predial ou de mobiliário, falta transitória de pessoal). A falta de roupa de cama limpa não deve ser considerado motivo de bloqueio de leito.

LEITOS DE ISOLAMENTO. *Medicina legal.* Leitos de internação instalados em ambiente dotado de barreiras contra contaminação e destinados à internação de pacientes suspeitos ou portadores de doenças transmissíveis.

LEITOS DE ISOLAMENTO REVERSO. *Medicina legal.* Leitos de internação instalados em ambiente dotado de barreiras contra contaminação e destinados à proteção de pacientes altamente susceptíveis a infecções, como os imunodeprimidos e muito queimados.

LEITOS DE PRÉ-PARTO. *Medicina legal.* Leitos auxiliares localizados nas salas de pré-parto e que são utilizados pelas pacientes durante o trabalho de parto até o momento da sua realização.

LEITOS DE RECUPERAÇÃO PÓS-CIRÚRGICA E PÓS-ANESTÉSICA. *Medicina legal.* Leitos auxiliares destinados à prestação de cuidados pós-anestésicos ou pós-operatórios imediatos a pacientes egressos do bloco cirúrgico e que são utilizados por esses pacientes até que eles tenham condições de serem liberados para o leito de internação.

LEITOS DESATIVADOS OU DESINSTALADOS. *Medicina legal.* Leitos que nunca foram ativados ou que deixam de fazer parte da capacidade instalada do hospital por alguma razão de caráter mais permanente, como, por exemplo, o fechamento de uma unidade do hospital. Os leitos bloqueados por motivos transitórios (características de outros pacientes que ocupam o mesmo quarto ou enfermaria, manutenção predial ou de mobiliário, falta transitória de pessoal) não devem ser considerados leitos desativados e sim bloqueados, porque voltarão a ser disponíveis tão logo se resolva o problema que deu origem ao bloqueio.

LEITOS DE UNIDADE DE TRATAMENTO INTENSIVO (UTI). *Medicina legal.* Leitos destinados ao tratamento de pacientes graves e de risco que exigem assistência médica e de enfermagem ininterruptas, além de equipamentos e recursos humanos especializados. As UTIs podem prestar atendimento nas modalidades neonatal, pediátrica e adulta. Os leitos de UTI devem ser considerados leitos hospitalares de internação.

LEITOS DE UNIDADE DE TRATAMENTO INTERMEDIÁRIO. *Medicina legal.* Leitos destinados à internação de pacientes oriundos da UTI, que não mais necessitam de cuidados intensivos, mas que ainda requerem atenção especial diferenciada da adotada na unidade de internação.

LEITOS EXTRAS. *Medicina legal.* Camas ou macas que não são habitualmente utilizadas para internação, mas que por qualquer razão são ativadas, seja em áreas que habitualmente não seriam destinadas à internação, seja em áreas que passam a comportar mais leitos do que normalmente comportam, mesmo que esses leitos sejam disponibilizados em condições diferentes das habituais. A utilização de leitos extras implica que a capacidade operacional do hospital (ou da unidade onde se localizam os leitos extras) está sendo aumentada.

LEITOS INDISPONÍVEIS OU LEITOS INTERDITADOS OU LEITOS BLOQUEADOS. *Medicina legal.* Leitos que são habitualmente utilizados para internação, mas que no momento em que é realizado o censo não podem ser utilizados por qualquer razão (características de outros pacientes que ocupam o mesmo quarto ou enfermaria, manutenção predial ou de mobiliário, falta transitória de pessoal). A falta de roupa de cama limpa não deve ser considerado motivo de bloqueio de leito.

LEITOS INSTALADOS. *Medicina legal.* Leitos que são habitualmente utilizados para a internação, mesmo que alguns deles eventualmente não possam ser utilizados por um certo período, por qualquer razão.

LEITOS INSTALADOS OU LEITOS PERMANENTES. *Medicina legal.* Leitos fixos ou leitos ativos (capacidade hospitalar instalada); leitos que são habitualmente utilizados para internação, mesmo que alguns deles eventualmente não possam ser utilizados por um certo período por qualquer razão.

LEITOS INSTITUCIONAIS OU LEITOS PLANEJADOS. *Medicina legal.* Leitos totais (capacidade hospitalar institucional, planejada ou total); é a capacidade máxima de leitos do hospital, levando-se em conta a área física destinada à internação e de acordo com a legislação em vigor, mesmo que parte desta área esteja desativada por qualquer razão.

LEITOS OPERACIONAIS. *Medicina legal.* São os leitos em utilização e os leitos passíveis de serem utilizados no momento do censo, ainda que estejam desocupados. Inclui os leitos extras que estiverem sendo utilizados.

LEITOS OPERACIONAIS OU LEITOS DISPONÍVEIS. *Medicina legal.* Capacidade hospitalar operacional. São os leitos em utilização (inclusive os extras) e os leitos passíveis de serem utilizados no momento do censo, ainda que estejam desocupados.

LEITOS PLANEJADOS. *Medicina legal.* Aqueles previstos para existir num hospital, levando-se em conta a área física destinada à internação e de acordo com a legislação em vigor mesmo que parte desses leitos esteja desativada.

LEITO VAGO. *Medicina legal.* Leito que está em condições de ser ocupado, mas que não está sendo utilizado por um paciente no momento do censo. Os leitos extras desocupados não são considerados leitos vagos.

LEI TRABALHISTA. *Direito do trabalho.* **1.** *Vide* LEGISLAÇÃO DO TRABALHO. **2.** Cada uma das leis reunidas na Consolidação das Leis do Trabalho. **3.** Lei social que, regulando as relações de trabalho subordinado, visa diretamente o trabalhador subordinado, individual ou coletivamente, pertencente à seara do direito do trabalho (Cesarino Jr.).

LEI TRANSITÓRIA. *Vide* LEI TEMPORÁRIA.

LEI TRIBUTÁRIA. *Direito tributário.* **1.** *Vide* LEGISLAÇÃO TRIBUTÁRIA. **2.** Lei material disciplinadora do comportamento humano que vai corresponder à previsão de entrega compulsória de dinheiro aos cofres públicos (Marco Aurélio Greco).

LEITURA. 1. Ação de ler em voz alta, que é formalidade exigida para a efetivação de determinados atos jurídicos. **2.** Escritura para ler. **3.** Explicação de certa matéria para ser lida. **4.** Modo pelo qual se pode ter ciência do conteúdo de determinados documentos. **5.** Aquilo que se lê mental ou oralmente. **6.** Arte de decifrar um texto escrito.

LEI UNIFORME. *Teoria geral do direito.* Diz-se daquela que se orienta num só objetivo, em regra indicado na ementa (Othon Sidou).

LEIVA. *Direito agrário.* **1.** Sulco lavrado. **2.** Sulco do arado. **3.** Leira. **4.** Gleba. **5.** Cada torrão de terra gramada, transplantado, que vai formando uma relva no jardim.

LEI VIGENTE. *Teoria geral do direito.* **1.** Que está em vigor, podendo ser invocada para produzir, concretamente, efeitos. **2.** Aquela que tem existência específica em determinada época, regendo relações sociais.

LEMA. 1. *Filosofia jurídica.* a) Proposição preliminar cuja demonstração prévia é imprescindível para comprovar a tese principal. É a proposição usada para demonstrar outra; b) diz-se das premissas do silogismo; c) tese; aquilo que se aceita; d) proposição suposta como verdadeira pela ciência, sem ser demonstrada (Kant); e) argumento. **2.** Nas *linguagens comum* e na *jurídica,* pode ter o sentido de: a) *slogan*; b) divisa ou emblema; c) preceito escrito. **3.** *Direito agrário.* Glumela inferior de gramínea. **4.** *Medicina legal.* Sebo palpebral.

LEMÁTICO. Referente ao lema.

LEMBRADO. 1. Memorável. **2.** O que se conservou na memória.

LEMBRANÇA. 1. Leve repreensão; admoestação. **2.** Objeto dado por alguém. **3.** Faculdade da memória. **4.** Recordação. **5.** Idéia.

LEME. *Direito aéreo* e *direito marítimo.* Peça adaptada à parte posterior do avião ou do navio para regular sua direção.

LEME DE PROFUNDIDADE. *Direito aéreo.* Superfície de comando destinada a levantar ou a abaixar o nariz da aeronave durante o vôo.

LÊMICO. *Medicina legal.* Epidêmico.

LE MIEUX EST L'ENNEMI DU BIEN. *Expressão francesa.* O melhor é inimigo do bom.

LEMOLOGIA. *Medicina legal.* Ciência das moléstias contagiosas.

LEMPIRA. *Direito comparado.* Unidade monetária de Honduras, dividida em cem centavos.

LENA. *Direito penal.* Alcoviteira; aquela que explora o lenocínio.

LENÃO. *Direito penal.* Rufião; aquele que tira proveito da prostituição.

LENÇARIA. *Direito comercial.* **1.** Comércio de tecidos de linho ou algodão. **2.** Estabelecimento onde se fabricam ou se vendem lenços.

LENÇOL. 1. Em *gíria desportiva* é o lance em que o futebolista atira a bola por cima do adversário, para passá-la ao seu companheiro de equipe. **2.** *Direito civil.* Peça de tecido que guarnece a cama, servindo também de coberta, que é coisa móvel que pode servir de objeto de codicilo. **3.** *História do direito.* Rede para pescar.

LENÇOL DE ÁGUA. *Direito civil.* Depósito ou reserva natural de água que se forma em pequena profundidade no subsolo; manancial de água.

LENÇOL FREÁTICO. *Vide* LENÇOL DE ÁGUA.

LENÇOL SUBTERRÂNEO. *Direito civil.* Corrente líquida subterrânea que corre sobre uma camada de terreno impermeável.

LENÇOL SUPERFICIAL. *Vide* LENÇOL DE ÁGUA.

LENDA. *Direito autoral.* **1.** Narração escrita ou oral na qual fatos históricos são alterados pela imaginação do povo. **2.** Conto. **3.** Narrativa escrita.

LENDING. *Termo inglês.* Empréstimo.

LENGNUNG DER JURISTICHEN PERSON. *Expressão alemã.* Negação da pessoa jurídica.

LENHA. 1. *Direito agrário.* Toras de madeira produzidas pela indústria extrativa para determinadas finalidades, inclusive para servir de combustível. **2.** *Direito civil.* Bem móvel por antecipação, decorrente de árvores abatidas.

LENHADOR. *Direito agrário.* Trabalhador rural que corta ou colhe lenha.

LENHAMENTO. *Direito agrário.* Corte de madeira para ser queimada.

LENHARIA. *Direito agrário.* Depósito de lenha.

LENHEIRA. *Direito agrário.* Local na mata onde a lenha é cortada e tirada.

LENHEIRO. *Direito agrário.* **1.** Lenhador. **2.** Negociante de lenha. **3.** Lugar onde a lenha é cortada ou empilhada.

LENHOSO. *Medicina legal.* Diz-se de alguns órgãos, como a próstata, que passam a ter um aspecto similar à madeira, em razão de neoplasia maligna.

LENIMENTO. *Medicina legal.* **1.** Sedativo. **2.** Lenitivo; remédio para acalmar a dor.

LENINISMO. *Ciência política* e *sociologia jurídica.* **1.** Doutrina social fundada por Lenin. **2.** Bolchevismo. **3.** Regime político, baseado na teoria de Lenin, que foi implantado na União Soviética, estabelecendo o poder absoluto da classe operária. **4.** Interpretação teórico-prática do marxismo feita por Lenin (Besancon, Settembrini, Harding e Liebman).

LENINISTA. *Ciência política* e *sociologia jurídica.* Partidário do leninismo.

LENOCÍNIO. *Direito penal.* **1.** Crime contra os costumes consistente em explorar, provocar ou facilitar a prostituição, abrangendo, portanto: o caftinismo, pelo qual o agente, envolvido em tráfico de pessoas, entrega-as à posse de outrem; o proxenetismo, em que o agente, na qualidade de intermediário, procura homem a quem entregar a mulher para a prática de atos de lascívia e o rufianismo, caso em que o agente vive à custa da mulher por ele explorada, participando diretamente de seus lucros ou fazendo-se sustentar por ela. **2.** Alcoviteirice.

LENOCÍNIO QUESTUÁRIO. *Direito penal.* Crime cujo agente, ao promover ou facilitar a entrada no país de mulher que nele venha exercer prostituição ou a saída da que vai exercê-la no exterior, movido pelo fim ignóbil e vil do lucro, deverá ser punido não só com reclusão, mas também com multa.

LENTE. **1.** Leitor. **2.** Professor. **3.** Vidro de aumento.

LENTEIRO. *Direito agrário.* **1.** Pântano. **2.** Terra úmida onde crescem ervas.

LEONINA SOCIETAS. *Locução latina.* Sociedade leonina, ou seja, em benefício do mais forte.

LEONINO. **1.** *Medicina legal.* a) Referente à fácies dos leprosos; b) relativo à face deformada pela leontíase. **2.** *Direito civil, direito comercial* e *direito do consumidor.* Diz-se do contrato ou cláusula que confere a um dos contratantes alguma vantagem excessiva, em detrimento do outro, contrariando o princípio da eqüipolência contratual.

LEONISMO. *Direito canônico.* Heresia que, no século IV, consistia em negar os sacramentos e a autoridade da Igreja.

LEONISTA. *Direito canônico.* Partidário do leonismo.

LEONTÍASE. *Medicina legal.* **1.** Fácies dos leprosos. **2.** Hipertrofia bilateral e simétrica dos ossos do crânio e da face, que causa uma expressão facial leonina.

LEPIDOSE. *Medicina legal.* Erupção escamosa.

LEPRA. *Medicina legal.* Hanseníase, doença crônica, infectocontagiosa, generalizada, que apresenta manifestações na pele, alterações nervosas e dos órgãos internos (Oswaldo Pataro).

LEPROFOBIA. *Medicina legal.* Pavor à lepra.

LEPRÓIDE. *Medicina legal.* Doença cutânea cujo aspecto é similar ao da lepra.

LEPROMA. *Medicina legal.* Tumor modular; lesão característica da lepra.

LEPROSÁRIO. Local ou hospital onde ficam os leprosos isolados para fins de tratamento da hanseníase.

LEPROSE. *Direito agrário.* Doença comum dos limoeiros e laranjeiras, que se caracteriza pelo aparecimento de manchas deprimidas nas frutas, ramos, folhas e troncos.

LEPROSÓRIO. *Vide* LEPROSÁRIO.

LEPTOCEFALIA. *Medicina legal.* Altura e estreiteza anormais da cabeça.

LEPTOFONIA. *Medicina legal.* Debilidade vocal.

LEPTOLOGIA. *Retórica jurídica.* Discurso minucioso e sutil, demonstrando a cultura e o estilo fino do orador.

LEPTOSPIROSE. *Medicina legal.* Infecção causada por parasitas do gênero leptospira, que se manifesta em época de chuvas, quando ocorre inundação, com a presença de ratos que eliminam, através da urina, a leptospira. Trabalhador de rede de esgoto, capturador de ratos e rizicultor contraem facilmente essa doença, a qual se caracteriza pela icterícia súbita, febre elevada, sinais de meningite e por dores nas panturrilhas das pernas.

LEPTOSSÔMICOS. *Psicologia forense* e *medicina legal.* Aqueles que são magros e esguios, apresentando pernas e braços compridos e nariz longo (Kretschmer).

LEQUÉSSIA. Em Goiás significa embriaguez.

LER. **1.** Compreender o que está contido num texto escrito. **2.** Ficar ciente, pela leitura, do conteúdo de um documento. **3.** Pronunciar em voz alta o que está escrito. **4.** Percorrer com a vista, averiguando o teor de um texto. **5.** Interpretar por meio da leitura. **6.** Explicar. **7.** Perscrutar. **8.** Estudar. **9.** Sigla de Lesões por Esforços Repetitivos (LER), agora com a designação de Distúrbios Osteomusculares Relacionados ao Trabalho (DORT) que é um grande problema da saúde pública em muitos dos países industrializados. A terminologia DORT tem sido preferida por alguns autores em relação a outras, tais como: Lesões por Traumas Cumulativos (LTC), Lesões por Esforços Repetitivos (LER), Doença Cervicobraquial Ocupacional (DCO) e Síndrome de Sobrecarga Ocupacional (SSO), por evitar que na própria denominação já se apontem causas definidas (como, por exemplo: "cumulativo" nas LTC e "repetitivo" nas LER) e os efeitos (como, por exemplo: "lesões" nas LTC e LER). Entende-se LER/DORT como uma síndrome relacionada ao trabalho, caracterizada pela ocorrência de vários sintomas concomitantes ou não, tais como: dor, parestesia, sensação de peso, fadiga, de aparecimento insidioso, geralmente nos membros superiores, mas podendo acometer membros inferiores. Entidades neuro-ortopédicas definidas como tenossinovites, sinovites, compressões de nervos periféricos, síndromes miofaciais, que podem ser identificadas ou não. Freqüentemente são causa de incapacidade laboral temporária ou permanente. São resultado da combinação da sobrecarga das estruturas anatômicas do sistema osteomuscular com a falta de tempo para sua recuperação. A sobrecarga pode ocorrer seja pela utilização excessiva de determinados grupos musculares em movimentos repetitivos com ou sem exigência de esforço localizado, seja pela permanência de segmentos do corpo em determinadas posições por tempo prolongado, particularmente quando essas posições exigem esforço ou resistência das estruturas músculo-esqueléticas contra a gravidade. A necessidade de concentração e atenção do trabalhador para realizar suas atividades e a tensão imposta pela organização do trabalho são fatores que interferem de forma significativa para a ocorrência das LER/DORT.

LERESE. *Medicina legal.* Loquacidade insana ou senil.

LER NAS ENTRELINHAS. *Teoria geral do direito.* Perceber ou interpretar o sentido do texto, alcançando a verdadeira ou real intenção do seu autor.

LE ROI EST MORT, VIVE LE ROI. *Expressão francesa.* O rei morreu, viva o rei. Frase que era pronunciada na França ao proclamar-se o novo rei, lembrando a ingratidão humana, ou seja, o fato de os homens se esquecerem logo de um ídolo, bastando sua queda para se apegarem ao seu sucessor.

LERO–LERO. Na *gíria* é: conversa fiada; palavras sem proveito.

LER PELA MESMA CARTILHA. Ter a mesma opinião de outra pessoa.

LESA–CIÊNCIA. Ofensa à ciência.

LESADO. 1. Aquele que foi prejudicado. **2.** O que sofreu gravame. **3.** Vítima do dano patrimonial ou moral. **4.** O que sofreu a lesão. **5.** Ferido.

LESADO DIRETO. *Direito civil.* É o titular do bem jurídico imediatamente danificado (Mosset Iturraspe).

LESADO INDIRETO. *Direito civil.* É aquele que, não sendo a vítima direta do fato lesivo, vem a sofrer com esse evento, por experimentar um menoscabo ou uma lesão a um bem jurídico patrimonial ou moral em razão de sua relação ou vinculação com o lesado direto. Ou, como prefere Juan M. Farina, é a pessoa na qual o dano incide mediatamente por repercussão do prejuízo causado diretamente a outra, com a qual tem vínculo. Ou, ainda, como nos ensina Mosset Iturraspe, é aquele que mediatamente teve prejuízo em seus direitos ou bens, isto é, é aquele que sofre lesão em seu interesse porque um bem jurídico alheio foi danificado. Fácil é perceber que o lesado indireto não se confunde com o terceiro que se sub-roga nos direitos da vítima direta, em razão de relação contratual,

contra o responsável pelo dano, pois ele pagou as despesas do prejuízo; não por ter sofrido um dano indireto em razão da lesão, mas por ter de suportá-las em virtude de uma obrigação própria, isto é, de um vínculo contratual por ele mesmo assumido, como ocorre, por exemplo, com o segurador que paga o dano ocorrido à coisa segurada.

LESADOR. Aquele que ofende ou prejudica alguém.

LESA–HUMANIDADE. Ofensa à humanidade.

LESA–LEGALIDADE. Ofensa à legalidade.

LESA–MAJESTADE. *História do direito.* Crime de lesa-majestade perpetrado contra membro da casa reinante ou poder supremo que, segundo as Ordenações Filipinas, podia ser de: a) primeira cabeça, como o regicídio, rebelião, alta traição etc., punido com morte cruel, confisco de bens e pena infamante que alcançava os descendentes do lesante; ou b) segunda cabeça, se perturbasse apenas a ordem e a segurança pública.

LESA–MORALIDADE. Ofensa à moral.

LESANTE. 1. Aquele que lesa. **2.** Lesador. **3.** Quem causa o dano patrimonial ou moral.

LESÃO. 1. Nas *linguagens comum* e *jurídica*, pode significar: a) ato ou efeito de lesar; b) dano moral ou patrimonial; gravame; prejuízo; c) violação de um direito; d) ofensa; e) ação provocadora de um prejuízo; f) ultraje; g)perda de uma chance. **2.** *Medicina legal.* a) Alteração patológica de tecidos e órgãos; b) dano físico-morfológico ou funcional dos tecidos (Gilberto de Macedo); c) ferida; d) enfermidade; e) morbidez orgânica; f) deformidade. **3.** *Direito civil.* a) Prejuízo material sofrido por uma das partes contratantes resultante da falta de equivalência entre as prestações impostas pelo contrato (Planiol e Ripert); b) perda; c) instituto que visa proteger o contratante, que se encontra em posição de inferioridade, ante o prejuízo por ele sofrido na conclusão do contrato, devido à desproporção existente entre as prestações das duas partes. Se alguma pessoa tirar proveito da necessidade de outra, estar-se-á bem próximo da coação, e, se se prevalecer da inexperiência de outrem, ter-se-á situação bastante similar ao dolo. Por tais razões poder-se-á incluir a lesão entre os vícios de consentimento. A lesão dar-se-á quando alguém, sob premente necessidade, leviandade ou por inexperiência contratual, se obrigar a uma prestação muito desproporcional ao valor da prestação proposta. Configura, portanto, ato ilícito em razão do excesso, que é um abuso, suscetível de anulação, dispensando-se a prova do dolo da parte que tirou proveito com a lesão, bastando comprovação do prejuízo. Trata-se da *lesão especial*. **4.** *História do direito.* Instituto introduzido por um rescrito de Diocleciano e Maximiliano que admitia a rescisão da venda pelo vício consistente em enganar uma das partes relativamente a uma quantia além da metade do preço. **5.** *Direito canônico.* Instituto que visa assegurar o mais perfeito equilíbrio entre a prestação e a contraprestação proibindo a exploração ou a imposição de juros, ou ainda fraudes do justo preço, justo salário.

LESÃO ACIDENTAL. *História do direito.* Dava-se quando as partes, estando de boa-fé, acertavam um negócio, desconhecendo o real valor do objeto.

LESÃO CICATRICIAL. *Medicina legal.* Cicatriz.

LESÃO CONSOLIDADA. *Medicina legal.* **1.** Diz-se daquela que não pode apresentar melhora com novo tratamento. **2.** Fratura em que se formou calo ósseo (Croce e Croce Jr.).

LESÃO CONSTITUÍDA. *Vide* LESÃO CONSOLIDADA.

LESÃO CORPORAL. **1.** *Direito penal, direito civil* e *medicina legal.* Dano corporal físico ou psíquico. **2.** *Direito penal.* a) Crime consistente na ofensa da integridade corporal ou da saúde de outrem; ou de ambas conjuntamente, punido com privação da liberdade; b) ato voluntário praticado sobre o físico de outrem, cometido não com o escopo de matar, mas de ofender a pessoa na sua inviolabilidade, material ou mental (Bento de Faria).

LESÃO CORPORAL CULPOSA. *Direito penal.* Ofensa física ou mental que se dá em razão de negligência, imprudência ou imperícia do agente, punida com detenção. O agente não quis o resultado. Tal pena poderá ser aumentada se a lesão resultar de inobservância de regra técnica de profissão, arte ou ofício, ou se ao agente deixar de prestar imediato socorro à vítima, não procurando diminuir as conseqüências de seu ato ou fugindo para evitar prisão em flagrante.

LESÃO CORPORAL DOLOSA. *Direito penal.* Dano físico ou mental que se dá quando o agente quer o resultado ou assume o risco de produzi-lo. Essa lesão corporal pode ser leve, grave ou gravíssima.

LESÃO CORPORAL GRAVE. *Medicina legal* e *direito penal.* Ofensa que ocasiona incapacidade para as ocupações habituais por mais de trinta dias, perigo de vida, debilidade permanente de membro, sentido ou função, aceleração de parto, punida com reclusão.

LESÃO CORPORAL GRAVÍSSIMA. *Medicina legal* e *direito penal.* Ofensa, punida com reclusão, de que resulta: incapacidade permanente para o trabalho, enfermidade incurável, perda ou inutilização de membro, sentido ou função, deformidade permanente e aborto.

LESÃO CORPORAL LEVE. *Medicina legal.* Ofensa que não acarreta perigo de vida, pois a vítima pode recuperar-se dentro de trinta dias, como ocorre nas contusões, equimoses, escoriações etc.

LESÃO CORPORAL PRIVILEGIADA. *Direito penal.* Ofensa praticada pelo agente impelido por motivo de relevante valor social ou moral ou sob o domínio de violenta emoção, logo em seguida a injusta provocação da vítima; constitui causa de diminuição da pena.

LESÃO CORPORAL SEGUIDA DE MORTE. *Direito penal.* Homicídio preterdoloso, que é crime qualificado pelo resultado, que o agente não quis nem assumiu o risco de produzir. Pune-se a lesão corporal a título de dolo e o resultado qualificador (morte) pela culpa (Damásio E. de Jesus).

LESÃO CORTOCONTUSA. *Medicina legal.* Provocada por instrumento cortocontundente, como machado, enxada.

LESÃO DE ARRASTO. *Medicina legal.* Ferimento causado pelo impulso das águas no afogado, em sua fronte, mãos ou joelhos, se permanecer em decúbito ventral, ou em seus calcanhares ou região occipital, se estiver em decúbito dorsal.

LESÃO DE DEFESA. *Medicina legal.* Ferida causada por instrumento cortante ou perfurocortante, nas mãos, braços ou no corpo da vítima, indicando que ela tentou defender-se dos golpes sofridos, excluindo a hipótese de suicídio.

LESÃO DE DIREITO INDIVIDUAL. *Direito constitucional.* Ato advindo de abuso de poder, cometido por autoridade pública, que venha a prejudicar o direito ou a garantia individual consagrada em norma constitucional, autorizando o lesado a fazer uso de medidas jurídicas para evitá-lo ou fazê-lo cessar, como, por exemplo, o mandado de segurança e o *habeas corpus*.

LESÃO EM SANFONA. *Medicina legal.* Ferimento que, em regra, ocorre no abdome, apresentando um trajeto muito maior do que o comprimento da lâmina do instrumento que o provocou, devido à violência do golpe desferido pelo agente.

LESÃO ENORME. *História do direito.* Ocorria quando o dano de um dos contratantes ultrapassava a metade do valor do justo preço. Dava-se, portanto, quando a prestação era inferior à metade do justo valor da outra (lesão *ultra dimidium*). A lesão *ultra dimidium* no direito romano, introduzida por Diocleciano e Maximiliano, foi abolida por Teodósio e restabelecida por Justiniano, permitia a rescisão da venda.

LESÃO ENORMÍSSIMA. *História do direito.* Vício do contrato bilateral previsto nas Ordenações Filipinas, que consistia no fato de uma das prestações exceder o duplo ou dois terços do justo valor da outra, acarretando desequilíbrio nas prestações, pois o lesado apenas vinha a receber um terço do valor da prestação. Tal lesão retirava do negócio qualquer possibilidade de sua recuperação. Logo, a simples demonstração em juízo da excessiva desproporcionalidade prestacional era suficiente para a declaração de sua nulidade, dando-se ao prejudicado o direito à restituição dos frutos e da própria coisa (Corrêa Telles; Manuel de Almeida e Sousa de Lobão; Cândido Mendes de Almeida; Caio Mário da Silva Pereira).

LESÃO ESPECIAL. *Direito civil.* Dá-se quando uma pessoa, por necessidade, leviandade ou por inexperiência contratual, vier a obrigar-se a uma prestação desproporcional ao valor da prestação proposta. Tal desproporção deverá ser apreciada segundo os valores vigentes ao tempo em que foi celebrado o negócio jurídico. Todavia, não haverá decretação da anulação desse ato negocial, se se oferecer suplemento suficiente, ou se a parte favorecida concordar com a redução do proveito. Trata-se da *lesão especial,* terminologia proposta por Antônio Junqueira de Azevedo, por se limitar à exigência de excesso nas vantagens e desvantagens, causada pela necessidade ou inexperiência de uma das partes, ao efetivar o contrato sem cogitar de dolo de aproveitamento da parte beneficiada, ou seja, não há que se indagar da má-fé ou ilicitude da conduta do outro contratante. Conseqüentemente a sua sanção será a anulabilidade, permitindo-se, contudo, a oferta de suplemento idôneo para eliminar a desproporção.

LESÃO ESPORTIVA. *Direito penal* e *direito desportivo.* Contusão sofrida por atleta, durante uma partida, provocada pelo seu adversário dolosamente. Se não houver dolo, ter-se-á — havendo observância das regras do esporte praticado — exclusão de ilicitude, por ter havido dano decorrente de exercício regular de direito (Acquaviva). A lesão ocorrida é considerada acidente.

LESÃO INCISA. *Medicina legal.* Ferimento provocado por instrumento cortante, como faca, canivete ou navalha.

LESÃO INTENCIONAL. *História do direito.* Delineava-se quando o beneficiário facilitava a transferência da coisa para si tendo o conhecimento de que seu preço estava além do justo valor.

LESÃO MORTAL. *Direito penal.* Lesão corporal da qual resulta a morte da vítima, pelo local atingido ou pela intensidade da ação. Por exemplo, lesão penetrante no abdome ou no crânio acompanhada de hemorragia interna.

LESÃO OBJETIVA. *Vide* LESÃO ESPECIAL.

LESÃO PERFUROCONTUSA. *Medicina legal.* Ferida causada por instrumento perfurocontundente, como, por exemplo, um projétil de arma de fogo.

LESÃO PERFUROINCISA. *Medicina legal.* Ferimento provocado por instrumento perfurocortante, que, além de perfurar, corta o tecido; é o que sucede com o punhal.

LESÃO PERMANENTE. 1. *Medicina legal.* a) Lesão incurável; b) dano anatômico ou funcional que cause: incapacidade parcial por debilidade duradoura de membro, sentido ou função; incapacidade permanente para o exercício de qualquer profissão, definitiva ou apenas excepcionalmente curável, pouco importando que haja uma provável e remota possibilidade de readaptação da vítima em outro trabalho; lesão ainda presente após um ano de tratamento (Croce e Croce Jr.). **2.** *Direito civil.* Perda ou diminuição da capacidade laborativa da vítima que obriga o ofensor a pagar uma indenização que abranja as despesas do tratamento, os lucros cessantes até o final da convalescença e uma pensão correspondente à importância do trabalho para que se inabilitou ou da depreciação que ela sofreu.

LESÃO PESSOAL. *Medicina legal.* Denominação dada à lesão corporal por Flamínio Fávero, ante o fato de ser mais abrangente, albergando tanto a ofensa física como a psíquica.

LESÃO POR PROJÉTIL DE ARMA DE FOGO. *Medicina legal.* Ferimento causado por instrumento perfurocontundente, que, pela força de expansão dos gases, penetra no corpo da vítima, em regra atravessando-o. Por isso a lesão vem a apresentar um orifício de entrada, trajeto e orifício de saída. O orifício de entrada pode ter a forma circular ou ovalar; alongada, se o tiro for oblíquo; linear, se a bala for tangencial; irregular, se à queima-roupa; ou, ainda, atípica, se em caso de bala que ricocheteia. Esse orifício de entrada pode apresentar: a) uma orla de contusão ou orla erosiva, como preferem Piédelièvre e Desoille, pois o orifício da epiderme fica maior que o da derme, que passa, então, a exibir uma pequena orla escoriada, contundida e de coloração escura; b) uma orla de enxugo, pois a bala coberta de pólvora ao entrar na pele limpa-se nas bordas da ferida; c) uma zona de tatuagem, pois se o tiro for dado de perto os grânulos de pólvora depositam-se em torno do orifício de entrada, informando a distância e a direção do tiro; d) uma zona de esfumaçamento produzida pelos elementos pulverulentos da pólvora incompletamente queimada que cobrem a zona da tatuagem; e) uma zona de chamuscamento provocada pelos gases superaquecidos ou pelos grânulos de pólvora queimados fora do cano do revólver, que venham a chamuscar os pêlos ou a pele da região atingida. A extensão da lesão causada por bala é o trajeto por esta seguido no interior do corpo da vítima. O orifício de saída, em regra, é maior do que o de entrada, porque o projétil de arma de fogo, além de ser deformado pelos ossos, pode conter fragmentos de tecidos e sua força é menor do que na entrada; tem a forma irregular e não apresenta orla de contusão ou de enxugo, nem mesmo zona de tatuagem.

LESÃO *POST MORTEM*. *Medicina legal.* Ferida produzida em cadáver.

LESÃO PROFUNDA. *Medicina legal.* Ferida causada por instrumento contundente que exerce sua ação por deslizamento ou pressão. Por exemplo, luxação, fratura, ruptura de vísceras.

LESÃO PUNCTÓRIA. *Medicina legal.* É a ferida causada por instrumento perfurante, como estilete.

LESÃO QUALIFICADA. *Direito penal.* Aquele crime que, conforme a gravidade do dano causado, terá a pena aumentada segundo o grau atingido pelo resultado que ultrapassou a *intentio*

do agente. A lesão corporal é punida a título de dolo, levando-se em conta o resultado qualificador, que vem a agravar a sanção penal, a título de culpa, já que o objetivo alcançado foi além da intenção do agente. Trata-se do crime preterintencional ou preterdoloso.

LESÃO SUBJETIVA. *Vide* LESÃO USURÁRIA.

LESÃO SUPERFICIAL. *Medicina legal.* Ferida leve provocada por instrumento contundente (pau, pedra), como, por exemplo, escoriação, contusão, hiperemia, edema traumático.

LESÃO TEMPORÁRIA. *Medicina legal.* Incapacidade temporária da vítima para o trabalho por um período de tempo nunca superior a um ano.

LESÃO-TIPO. *Medicina legal.* Grupo de lesão que pode interessar um órgão ou uma parte do organismo (Croce e Croce Jr.).

LESÃO *ULTRA DIMIDIUM*. *Vide* LESÃO ENORME.

LESÃO USURÁRIA. 1. *Direito civil.* Ato pelo qual alguém, ante necessidade ou inexperiência, com dolo de aproveitamento, ou seja, com intenção de tirar vantagem, induz outrem a realizar negócio, praticando usura. Requer a ocorrência de requisito: a) objetivo, que se configura pelo lucro, pela desproporção das prestações dos contratantes; b) subjetivo, ou seja, de dolo, de aproveitamento, de necessidade, de inexperiência, leviandade, ou ignorância alheia, induzindo a vítima a realizar negócio que lhe será prejudicial, mesmo que não se tenha intenção de lesá-la. Será bastante que haja proveito da posição de inferioridade da vítima, obtendo lucro desproporcional. Sendo ato ilícito requer como sanção a nulidade ou a rescindibilidade negocial, verificando-se, para tanto, qual foi a vontade do autor da lesão. **2.** *Direito penal.* Crime contra a economia popular consistente em obter ou estipular qualquer contrato, abusando da premente necessidade, inexperiência ou leviandade de outra parte, lucro patrimonial que exceda o quinto do valor corrente ou justo da prestação feita ou prometida.

LESÃO-VÍCIO. *Direito do consumidor.* Prevalecimento por parte do fornecedor da fraqueza ou ignorância do consumidor, tendo em vista sua idade, saúde, conhecimento ou condição social, para impingir-lhe seus produtos e serviços e exigir dele vantagem excessiva.

LESA-PÁTRIA. *Direito penal.* **1.** Crime ou atentado contra a pátria que, além de ser ofensivo à segurança nacional, compromete a integridade da Nação. **2.** Crime de alta traição.

LESAR. *Direito civil* e *direito penal.* **1.** Ofender a integridade física ou a mental. **2.** Causar lesão. **3.** Prejudicar. **4.** Violar direito. **5.** Acarretar dano patrimonial ou moral. **6.** Ofender a reputação ou os interesses de alguém.

LESA-SOCIEDADE. Atentado contra a sociedade.

LESBIANISMO. *Medicina legal.* Homossexualismo entre mulheres, que abrange o tribadismo, safismo e clitorismo.

LESBIANO. *Medicina legal.* Diz-se do amor homossexual entre mulheres.

LÉSBICA. *Medicina legal.* Mulher que se entrega a prática homossexual.

LESBICISMO. *Vide* LESBIANISMO.

LÉSBIO. *Medicina legal.* Relativo a relação sexual anormal entre duas mulheres.

LESBISMO. *Vide* LESBIANISMO.

LÉSINE. *Termo francês.* Sovinice.

LESIONAL. *Direito civil* e *direito penal.* Referente a lesão.

LESIONAR. *Direito civil* e *direito penal.* Produzir lesão.

LESIVIDADE. *Direito civil* e *direito penal.* Qualidade do que é lesivo.

LESIVO. *Direito civil* e *direito penal.* **1.** O que causa lesão. **2.** Aquilo que é prejudicial. **3.** Diz-se do ato que ofende a moral ou os interesses de alguém.

LESO. 1. *Direito civil* e *direito penal:* a) ferido; b) ofendido; c) aquele que sofreu contusão; d) violado. **2.** Na *linguagem comum* pode ter o sentido de: a) tolhido; b) sem dinheiro; c) apalermado.

LESO-DIREITO. Direito ofendido.

LESÕES PESSOAIS POR EMOÇÃO. *Medicina legal.* Efeitos corporais provocados por forte emoção, que causa alteração somática, como: palidez, glicosúria, diabete emotivo, secura da boca, diarréia emotiva, canície súbita, bócio, rubor, tremor, flacidez das pernas, sudorese, variação da tensão arterial, aumento de secreção de adrenalina, icterícia, asma, impotência *coeundi*, aborto emotivo, aceleração do coração, mutismo, cegueira, morte etc.

LESÕES POR ESFORÇOS REPETITIVOS. *Vide* LER, *item* 9.

LESO-PATRIOTISMO. *Direito penal.* Crime contra o patriotismo.

LESSEE. *Termo inglês.* **1.** Arrendatário. **2.** Inquilino.

LESTES. *Direito marítimo.* Termo indicativo do navio que está livre de carga.

LESTO. *Direito marítimo.* Desembaraçado ou livre de carga.

LETAL. *Direito penal* e *medicina legal.* **1.** Aquilo que provoca a morte. **2.** Diz-se da arma ou instrumento que produziu o óbito. **3.** Mortal. **4.** Relativo a morte. **5.** Mortífero.

LETALIDADE. *Medicina legal.* **1.** Conjunto de óbitos. **2.** Qualidade de letal. **3.** Mortalidade. **4.** Número de óbitos em relação ao de pacientes entre os quais ocorrem.

LETARGIA. *Medicina legal.* **1.** Depressão. **2.** Estado patológico que leva o paciente a um sono profundo que parece suspender a respiração e a circulação, dando-lhe um aspecto similar ao de morte aparente. É uma alteração do sono, do qual despertará com muita dificuldade. Muito comum em determinadas doenças mentais, encefalite endêmica, meningite tuberculosa etc.

LETÁRGICO. *Medicina legal.* Relativo a letargia.

LETARGO. *Vide* LETARGIA.

L'ÉTAT C'EST MOI. *Ciência política.* Expressão francesa que resume o absolutismo monárquico do século XVIII. Trata-se de uma resposta dada por Luís XIV em 1676 a uma interpelação que lhe foi feita, significando "o Estado sou eu".

LETIVO. *Direito educacional.* Relativo ao regime escolar.

LETMOFOBIA. *Medicina legal.* Pavor mórbido de precipício.

LETOLOGIA. *Medicina legal.* Incapacidade de lembrar a palavra apropriada no momento oportuno.

LETOMANIA. *Medicina legal.* **1.** Tendência mórbida ao suicídio. **2.** Mania do suicídio.

LETOMANÍACO. *Medicina legal.* Aquele que sofre de letomania.

LETRA. 1. Cada um dos símbolos gráficos representativos dos fonemas. **2.** Elemento gráfico, vogal ou consoante, que forma o alfabeto. **3.** Inciso de lei, que subdivide parágrafo. **4.** Caligrafia; modo peculiar da escrita de cada pessoa. **5.** Carta. **6.** Escritura. **7.** Palavra que entra na composição de siglas indicativas de instituições jurídicas ou de estabelecimentos mercantis. **8.** Papel representativo da moeda. **9.** Palavra escrita. **10.** Texto em verso que acompanha música. **11.** Letreiro; inscrição. **12.**

Saber. **13.** Conjunto de conhecimentos adquiridos por meio de estudos literários. **14.** Sentido expresso numa escrita. **15.** Documento de uma operação cambial. **16.** Título de crédito.

LETRA A LETRA. *Teoria geral do direito.* Literalmente; palavra por palavra.

LETRA APOSTÓLICA. *Direito canônico.* Bula ou ato emanado da Santa Sé.

LETRA ARGUMENTO. *Lógica jurídica.* Diz-se da variável em relação a uma letra predicado.

LETRA CAUCIONADA. *Direito cambiário* e *direito bancário.* É a entregue como garantia de uma caução de título de crédito, prestada a um estabelecimento bancário. Não há uma transferência de título, pois este é entregue como penhor, com o escopo de assegurar o adiantamento ou empréstimo feito.

LETRA DA COMPANHIA. *Direito militar.* Letra alfabética marcada nos uniformes para indicar a companhia a que os soldados pertencem.

LETRA DA DIVISA. Palavras que compõem uma divisa.

LETRADAL. Relativa a letrado.

LETRA DA LEI. *Teoria geral do direito.* Texto legal que deve ser interpretado, ao se empregar a técnica da interpretação literal, procurando desvendar o sentido dos termos contidos na lei.

LETRA DE CÂMBIO. *Direito cambiário.* Título de crédito, ao portador ou nominativo, contendo ordem escrita do emitente (sacador) ao aceitante (sacado) para que pague determinada quantia a terceiro (tomador), que é o beneficiário no local e no prazo designado; transferível por endosso. É uma ordem de pagamento à vista ou a prazo.

LETRA DE CÂMBIO À VISTA. *Direito cambiário.* É aquela exegível à apresentação.

LETRA DE CÂMBIO DE FAVOR. *Direito cambiário.* É a sacada em decorrência de alguma liberalidade; logo, o sacador não é credor do sacado. O sacador extrai, com o intuito de obter numerário, uma ordem de pagamento contra o pretenso devedor, que aceita o título mesmo que nada deva. O aceitante não poderá fugir ao adimplemento da obrigação assumida, alegando graciosidade do aceite (De Plácido e Silva).

LETRA DE CÂMBIO DE RISCO MARÍTIMO. *Vide* LETRA DE CÂMBIO MARÍTIMO.

LETRA DE CÂMBIO EM FAVOR DO SACADO. *Direito internacional privado* e *direito cambiário.* Aquela em que o beneficiário é o sacado, permitida pela Lei Uniforme de Genebra.

LETRA DE CÂMBIO INCOMPLETA. *Direito cambiário.* É aquela a que falta algum dos requisitos exigidos por lei.

LETRA DE CÂMBIO MARÍTIMO. *Direito comercial.* Letra de empréstimo tomado pelo capitão ou comandante de navio. É o instrumento do contrato de câmbio marítimo ou empréstimo de dinheiro a risco marítimo.

LETRA DE COBERTURA. *Direito internacional privado* e *direito cambiário.* Título emitido para atender reclamos do comércio internacional. Ante o fato da oscilação da moeda estrangeira, o pagamento é feito por compensação, por meio de saque ou letra de câmbio, feita por via bancária, já que o banco adquire e vende aquele título, regularizando sua circulação. Por exemplo, se uma pessoa precisa enviar dinheiro para o exterior, não tendo mercadoria sobre a qual possa emitir letra de câmbio, adquire saque junto ao banco que, mediante ordem dada ao seu agente no exterior, fará a cobertura cambial.

LETRA DE CRÉDITO DO AGRONEGÓCIO (LCA). *Direito agrário* e *direito financeiro.* É título de crédito nominativo, de livre negociação, representativo de promessa de pagamento em dinheiro e constitui título executivo extrajudicial. A LCA é de emissão exclusiva de instituições financeiras públicas ou privadas. A LCA terá os seguintes requisitos, lançados em seu contexto: a) o nome da instituição emitente e a assinatura de seus representantes legais; b) o número de ordem, o local e a data de emissão; c) a denominação "Letra de Crédito do Agronegócio"; d) o valor nominal; e) a identificação dos direitos creditórios a ela vinculados e seus respectivos valores; f) taxa de juros, fixa ou flutuante, admitida a capitalização; g) data de vencimento ou, se emitido para pagamento parcelado, discriminação dos valores e das datas de vencimento das diversas parcelas; h) o nome do titular; i) cláusula "à ordem". Os direitos creditórios vinculados à LCA: a) deverão ser registrados em sistema de registro e de liquidação financeira de ativos autorizado pelo Banco Central do Brasil; e b) poderão ser mantidos em custódia.

LETRA DE CRÉDITO IMOBILIÁRIO (LCI). *Direito bancário.* É a emitida por bancos comerciais, bancos múltiplos com carteira de crédito imobiliário, Caixa Econômica Federal, sociedades de crédito imobiliário, associações de poupança e empréstimo, companhias hipotecárias e demais espécies de instituições expressamente autorizadas pelo Banco Central do Brasil, independentemente de tradição efetiva, lastreada por créditos imobiliários garantidos por hipoteca ou por alienação fiduciária de coisa imóvel, conferindo aos seus tomadores direito de crédito pelo valor nominal, juros e, se for o caso, atualização monetária nelas estipulados. A LCI será emitida sob a forma nominativa, podendo ser transferível mediante endosso em preto, e conterá: o nome da instituição emitente e as assinaturas de seus representantes; o número de ordem, o local e a data de emissão; a denominação "Letra de Crédito Imobiliário"; o valor nominal e a data de vencimento; a forma, a periodicidade e o local de pagamento do principal, dos juros e, se for o caso, da atualização monetária; os juros, fixos ou flutuantes, que poderão ser renegociáveis, a critério das partes; a identificação dos créditos caucionados e seu valor; o nome do titular; e cláusula à ordem, se endossável. A critério do credor, poderá ser dispensada a emissão de certificado, devendo a LCI sob a forma escritural ser registrada em sistemas de registro e liquidação financeira de títulos privados autorizados pelo Banco Central do Brasil. A LCI poderá ser atualizada mensalmente por índice de preços, desde que emitida com prazo mínimo de trinta e seis meses. É vedado o pagamento dos valores relativos à atualização monetária apropriados desde a emissão, quando ocorrer o resgate antecipado, total ou parcial, em prazo inferior ao estabelecido legalmente, da LCI emitida com previsão de atualização mental por índice de preços. A LCI poderá contar com garantia fidejussória adicional de instituição financeira. A LCI poderá ser garantida por um ou mais créditos imobiliários, mas a soma do principal das LCI emitidas não poderá exceder o valor total dos créditos imobiliários em poder da instituição emitente. A LCI não poderá ter prazo de vencimento superior ao prazo de quaisquer dos créditos imobiliários que lhe servem de lastro. O crédito imobiliário caucionado poderá ser substituído por outro crédito da mesma natureza por iniciativa do emitente da LCI, nos casos de liquidação ou vencimento antecipados do crédito, ou por solicitação jus-

tificada do credor da letra. O endossante da LCI responderá pela veracidade do título, mas contra ele não será admitido direito de cobrança regressiva.

LETRA DE EXPORTAÇÃO. *Direito internacional privado.* Título de crédito que acompanha a mercadoria exportada (Geraldo Magela Alves).

LETRA DE IMPORTAÇÃO. *Direito internacional privado.* Título de crédito que segue a mercadoria importada (Geraldo Magela Alves).

LETRA DE RISCO. *Vide* LETRA DE CÂMBIO MARÍTIMO.

LETRA DESCONTADA. *Direito cambiário.* Título vendido pelo seu proprietário (cedente) a um banco ou estabelecimento empresarial (cessionário), que não precisará prestar contas ao cedente do valor do título quando vier a recebê-lo. O cedente e os coobrigados do título respondem *in solidum* pelo seu pagamento até que o aceitante o cumpra. O cessionário pagará ao cedente o valor cambiário com a dedução dos juros (De Plácido e Silva).

LETRA DE TERRA. *História do direito.* Letra de câmbio ou título de crédito cujo sacador residia na mesma terra do aceitante. Era aceita, passada e paga, portanto, na mesma província do Império.

LETRADO. 1. Aquele que é versado em letras. **2.** Aquele que tem estudo e saber; culto. **3.** Jurisconsulto; jurista. **4.** Advogado. **5.** Erudito; sábio.

LETRA DOCUMENTÁRIA. *Direito internacional privado.* Também designada de "crédito documentado" (*trust receipt*), que, segundo a Câmara de Comércio Internacional, é o acerto, qualquer que seja sua denominação ou tipo, pelo qual um banco (emitente), agindo conforme o pedido e instruções de um cliente (emissor da ordem), é encarregado de efetuar o pagamento a terceiro (beneficiário), ou à sua ordem; ou de pagar, de aceitar ou negociar os efeitos do comércio (títulos) criados pelo beneficiário, ou de autorizar que tais pagamentos sejam efetuados, ou que tais títulos sejam pagos, aceitos ou negociados por um outro banco, contra a remessa de documentos determinados e desde que as condições estipuladas sejam respeitadas. E para Luiz Gastão Paes de Barros Leães é a prática bancária de uso no comércio internacional, como meio de dar execução às operações de importação e exportação de mercadorias.

A letra documentária permitirá proporcionar ao vendedor relativa segurança na cobrança do preço, pois o financiador ao fornecer o dinheiro receberá o *title* (domínio) sobre a coisa, que ficará em poder do comerciante, que estará autorizado a vendê-la e pagar ao financiador. É transmissível juntamente ao conhecimento de embarque e garantia pela mercadoria embarcada. É, portanto, uma letra de câmbio sacada pelo vendedor sobre o comprador, acompanhada de documentos representativos da mercadoria, indicando as formas de venda CIF, FAS, FOB etc. O banco, ao intermediar a operação, aceitando a letra de câmbio ou fazendo o pagamento contra a entrega dos documentos convencionados, efetua uma declaração unilateral de vontade que se situa no âmbito dos títulos de crédito. Como forma de pagamento a letra documentária poderá apresentar-se por: pagamento direto em moeda, pois o banco pagará contra a entrega dos documentos; aceite, se o banco aceitar uma ou várias letras sacadas contra ele, deixando a cargo do credor, se ele o quiser, de ir descontá-las em outro banco; negociação, se o banco também descontar as letras apresentadas (Waldirio Bulgarelli).

LETRA DO TESOURO NACIONAL (LTN). *Direito financeiro.* As LTN são títulos que têm as seguintes características: a) prazo: definido pelo Ministro de Estado da Fazenda, quando da emissão do título; b) modalidade: nominativa e negociável; c) valor nominal: múltiplo de mil reais; d) rendimento: definido pelo deságio sobre o valor nominal; e) resgate: pelo valor nominal, na data de vencimento. As LTN devem ser emitidas, adotando-se uma das seguintes formas, a ser definida pelo Ministro de Estado da Fazenda: a) oferta pública, com a realização de leilões, podendo ser ao par, com ágio ou deságio; b) direta, em operações com autarquia, fundação, empresa pública ou sociedade de economia mista, integrantes da Administração Pública Federal, mediante expressa autorização do Ministro de Estado da Fazenda, não podendo ser colocadas por valor inferior ao par.

LETRA HIPOTECÁRIA. *Direito civil* e *direito cambiário.* Título de crédito ao portador ou nominativo, transferível por endosso, emitido por banco, sob garantia de todo o seu ativo, representado este pelo crédito hipotecário do banco emissor contra terceiro. É emitido sob garantia hipotecária ou sob o valor da hipoteca levada a efeito. É também denominada cédula hipotecária,

por ter caráter de papel-valor, incorporando não apenas o crédito como também a garantia hipotecária. Consiste num título de crédito circulante e representativo de empréstimo a longo prazo com garantia hipotecária, feito por banco.

LETRA IMOBILIÁRIA. *Direito cambiário.* Título de crédito que serve de meio para captar recursos de terceiros, sendo uma promessa de pagamento emitida pela sociedade de crédito imobiliário.

LETRA MISSIVA. Carta.

LETRA MORTA. *Teoria geral do direito.* **1.** Lei que tem vigência, mas não tem eficácia social. **2.** Norma não aplicada. **3.** Lei que, apesar de não estar revogada, caiu em desuso.

LETRA NEGOCIÁVEL. *Direito cambiário.* Letra de câmbio que pode ser transferida por endosso.

LETRA PROMISSÓRIA. *Direito cambiário.* Nota promissória que é a promessa de pagamento de certa quantia em dinheiro feita por escrito por alguém em favor ou à ordem de outrem.

LETRA PRÓPRIA. *Direito civil.* Locução que designa a escrita de próprio punho.

LETRAS DO BANCO CENTRAL DO BRASIL. *Direito bancário.* São títulos emitidos pelo Banco Central do Brasil, sob a forma escritural, para venda a termo a bancos comerciais estaduais e a instituições financeiras estaduais, detentoras de carteira comercial, previamente credenciados pelo Banco Central do Brasil.

LETRAS FINANCEIRAS DO TESOURO (LFT). *Direito financeiro.* Título com as seguintes características: a) prazo: definido pelo Ministro de Estado da Fazenda, quando da emissão do título; b) modalidade: nominativa; c) valor nominal na data-base: múltiplo de R$ 1.000,00 (mil reais); d) rendimento: taxa média ajustada dos financiamentos diários apurados no Sistema Especial de Liquidação e de Custódia (SELIC) para títulos públicos federais, divulgada pelo Banco Central do Brasil, calculada sobre o valor nominal; e) resgate: pelo valor nominal, acrescido do respectivo rendimento, desde a data-base do título.

LETRAS HUMANAS. **1.** Disciplinas relativas ao estudo de humanidades, como a literatura, a história, a filosofia, a retórica etc. **2.** Belas Artes que abrangem a escultura e a pintura.

LETRAS JURÍDICAS. **1.** Literatura jurídica. **2.** Conjunto de obras científico-doutrinárias relativas ao direito.

LETREIRISTA. 1. Operário especializado em montar letreiros. **2.** Artista gráfico que cria letreiros de propaganda.

LETREIRO. *Direito comercial.* **1.** Inscrição que individualiza firmas ou estabelecimentos empresariais por corresponder à sua própria denominação. Tal inscrição pode ser feita em placa, tabuleta, parede ou em letra de luz néon ou de metal. **2.** Legenda. **3.** Marcação de volumes de mercadorias, por meio de palavras ou letras, para serem despachadas. **4.** Etiqueta. **5.** Rótulo.

LETRISTA. 1. Letreirista. **2.** Aquele que faz letra para uma composição musical.

LETTERE DI CONFORTO. *Direito internacional privado.* Carta de conforto.

LETTERE D'INTENTO. *Direito internacional privado.* Carta de intenção.

LETTER ROGATORY. *Locução inglesa.* Carta rogatória.

LETTERS OF UNDERSTANDING. *Direito internacional privado.* Cartas de intenção.

LETTING DIE. *Locução inglesa.* Deixar morrer; eutanásia passiva.

LETTRE-DE-CACHET. *História do direito.* Ordem do rei que obrigava alguém a fazer algo, até mesmo a se casar ou a se afastar do convívio social (Foucault).

LETTRE DE PATRONAGE. 1. *Expressão francesa.* Carta de patrocínio. **2.** *Direito internacional privado.* Acordo de princípios.

LEUCANEMIA. *Medicina legal.* Moléstia caracterizada pela presença de leucemia linfóide e anemia perniciosa.

LEUCEMIA. *Medicina legal.* Doença mortal no sangue caracterizada pelo aumento da produção de glóbulos brancos ou leucócitos e pela diminuição do número de corpúsculos vermelhos.

LEUCOCITEMIA. *Vide* LEUCEMIA.

LEUCÓCITO. *Medicina legal.* Glóbulo branco do sangue.

LEUCOCITOSE. *Medicina legal.* Aumento excessivo do número de glóbulos brancos no sangue, em razão de alguma doença infecciosa.

LEUCODERMIA. *Medicina legal.* Vitiligem, ou seja, brancura anormal da pele em áreas circunscritas devida à falta congênita de pigmentação normal.

LEUCOMAÍNA. *Medicina legal.* Alcalóide que se forma no tecido ou nos órgãos de animal vivo, durante o estado patológico.

LEUCOMAINEMIA. *Medicina legal.* Excesso de leucomaínas no sangue.

LEUCOMELANODERMIA. *Medicina legal.* Perturbação da pigmentação da pele, que passa a ter zonas de pigmentação excessiva adjacentes e zonas de pigmentação deficiente.

LEUCONÍQUIA. *Medicina legal.* Mancha branca que aparece na unha.

LEUCOPATIA. *Vide* LEUCODERMIA.

LEUCOPENIA. *Medicina legal.* Diminuição de leucócitos no sangue.

LEUCOPLASTIA. *Medicina legal.* Moléstia comum em pessoas de meia-idade ou de idade avançada, que se caracteriza pela formação de placas brancas e espessas na língua, gengiva, na face interna das maçãs do rosto e na superfície da membrana mucosa dos órgãos genitais.

LEUCOPRÉIA. *Medicina legal.* Corrimento ou fluxo viscoso e esbranquiçado decorrente de inflamação ou congestão da vagina ou do útero.

LEUCOSE. *Medicina legal.* Doença dos vasos linfáticos.

LEUCOTAXIA. *Medicina legal.* Reunião de leucócitos em regiões inflamadas.

LEUCOTRIQUIA. *Medicina legal.* Descoloração dos cabelos.

LEUQUEMIA. *Vide* LEUCEMIA.

LEV. *Direito comparado.* Unidade monetária da Bulgária, subdividida em cem estotincas.

LEVA. 1. *Direito marítimo.* Ato de levantar âncoras para navegar. **2.** *Direito militar.* a) Recrutamento; b) alistamento de tropas. **3.** *Direito comercial.* a) Ato de transportar algo; b) condução de alguma coisa; c) transporte de pessoas em conjunto ou em grupo.

LEVADA. 1. *Direito agrário.* a) Açude; b) rego para levar a água pluvial ao tanque; c) corrente de água que rega campos, dando movimento a moinhos ou a engenhos. **2.** *Direito militar.* Levantamento do cerco de uma cidade.

LEVADO. *Direito agrário.* Marca feita na orelha do gado, cortando-se uma tira fina no sentido longitudinal.

LEVADOR. 1. *História do direito.* a) Aquele que conduzia os presos para serem julgados; b) sedutor que raptava mulheres. **2.** *Direito comercial.* Aquele que conduz ou transporta alguma coisa.

LEVADOURA. **1.** *Direito marítimo.* Embarcação munida de aparelhos apropriados para tirar a carga de outra. **2.** *Direito agrário.* Alavanca reguladora da altura das mós nos moinhos.

LEVANTAMENTO. **1.** *Direito processual civil.* a) Ato para suspender ou cessar restrições impostas em determinadas circunstâncias, executado mediante autorização judicial formalizada por meio de alvará ou mandado. Por exemplo, levantamento de interdição ou do dinheiro depositado em juízo. Trata-se da cessação ou suspensão de efeitos de uma medida judicial ante o fato da causa que a originou ter desaparecido; b) arrolamento. **2.** *Direito agrário.* a) Levada; b) operação consistente em juntar café derriçado. **3.** *Direito civil.* a) Acréscimo; b) ação de levantar obra; c) empréstimo de dinheiro. **4.** *Direito penal.* Rebelião premeditada, insurreição; revolta; levante. **5.** *História do direito.* Abolição. **6.** Nas *linguagens comum* e *jurídica* pode ter o sentido de estatística.

LEVANTAMENTO CADAVÉRICO. *Medicina legal.* Ato obrigatório do médico-legista, em hipótese de morte violenta, apurando as causas do óbito, o tempo em que se deu.

LEVANTAMENTO DE DINHEIRO. *Direito civil.* **1.** Empréstimo de dinheiro. **2.** Mútuo feneratício.

LEVANTAMENTO DO LOCAL. *Direito processual penal.* Ato de documentar minudentemente a área onde se deu o crime para auxiliar a Justiça no seu esclarecimento.

LEVANTAMENTO DOS TRABALHADORES PORTUÁRIOS EM ATIVIDADE. Cadastramento de trabalhadores portuários em atividade, com o objetivo de: a) apoiar o planejamento do treinamento e da habilitação profissional do trabalhador portuário com vínculo empregatício e avulso; b) fornecer subsídios à tomada de medidas que contribuam para o equilíbrio social nas relações capital-trabalho, em face da modernização do processamento de cargas e do aumento da produtividade nos portos; c) fornecer elementos que possibilitem a fiscalização da atuação dos órgãos de gestão de mão-de-obra; d) atender a outras necessidades consideradas essenciais ao planejamento econômico e social; e) identificar os trabalhadores portuários com vínculo empregatício e avulsos em atividade. O levantamento será coordenado pelo Grupo Executivo de Modernização dos Portos (GEMPO), e abrangerá os trabalhadores portuários com vínculo empregatício e avulsos em atividade. Para fins de dimensionamento do contingente total de mão-de-obra com vínculo empregatício com as administrações dos Portos, serão levantados os trabalhadores em capatazia e todos os demais com vínculo empregatício direto com as administrações dos portos. Não serão levantados os empregados de terceiros que, por força de contrato de trabalho, prestem serviços às administrações dos portos organizados.

LEVANTAR. **1.** Ficar em pé. **2.** Erguer. **3.** Hastear. **4.** Edificar. **5.** Dar mais altura a alguma coisa. **6.** Aumentar intensidade. **7.** Convalescer-se. **8.** Reabilitar-se. **9.** Propor. **10.** Rebelar-se. **11.** Excitar. **12.** Arrecadar. **13.** Retirar. **14.** Reunir tropa ou animais. **15.** Efetuar medições, demarcando prédio e reduzindo tudo a desenho. **16.** Aumentar preço. **17.** Obter dinheiro mediante empréstimo. **18.** Arrolar; inventariar. **19.** Fazer estatística. **20.** Tirar o gado do campo ou do local onde estiver. **21.** Cessar.

LEVANTAR A CABEÇA. **1.** Recuperar posição perdida. **2.** Reaver fortuna.

LEVANTAR ÂNCORA. *Direito marítimo.* Navegar.

LEVANTAR CAUÇÃO. Retirar o dinheiro caucionado (Geraldo Magela Alves).

LEVANTAR DIFICULDADES. **1.** Promover obstáculos. **2.** Levantar dúvidas.

LEVANTAR FERRO. *Direito marítimo.* Navegar.

LEVANTAR HIPOTECA. *Direito civil.* Liberar imóvel hipotecado.

LEVANTAR O CORPO. *Direito canônico.* Proceder à encomendação de um defunto, para acompanhá-lo à sepultura.

LEVANTAR O SEQÜESTRO. Restituir o bem seqüestrado ao seu dono.

LEVANTAR TESTEMUNHO. *Direito processual* e *direito penal.* Mentir, em juízo, para desabonar alguém.

LEVANTE. **1.** *Direito penal.* a) Motim; b) rebelião; c) revolta; d) sedição. **2.** *Direito agrário.* Hortelã; erva aromática cultivada para extração do mentol. **3.** *Direito internacional público.* Território dos países banhados pelo Mediterrâneo Oriental.

LEVANTINO. *Direito internacional público.* Referente aos países do Levante.

LEVANTO. *Direito civil.* Ato de levantar a caça.

LEVAR. **1.** Transportar. **2.** Conduzir algo de um local para outro. **3.** Guiar. **4.** Deixar o porto, seguindo viagem. **5.** Fazer chegar. **6.** Induzir;

persuadir. **7.** Partir. **8.** Apanhar. **9.** Consumir ou passar o tempo. **10.** Gastar; empregar. **11.** Ter em mente. **12.** Mostrar; aparentar. **13.** Receber castigo. **14.** Ser portador de alguma coisa. **15.** Lucrar.

LEVAR A CABO. Terminar.

LEVAR À CENA. *Direito civil.* Representar peça teatral.

LEVAR À SEPULTURA. Causar a morte.

LEVAR EM CONSIDERAÇÃO. 1. Atender. **2.** Fazer caso.

LEVAR MÁ-VIDA. Viver desonestamente.

LEVAR O TOCO. Em *gíria* significa: a) repartir o produto da coisa furtada vendida; b) subornar.

LEVE. 1. Aquilo que tem pouco peso. **2.** Superficial. **3.** Fraco. **4.** Fácil de cumprir. **5.** Que mal se pode sentir. **6.** Pouco carregado. **7.** De pouca densidade. **8.** Sem gravidade.

LEVE AERE ALIENUM DEBITOREM FACIT, GRAVE INIMICUM. *Expressão latina.* Quem emprestar quantia pequena, terá um devedor; mas se grande, um inimigo.

LEVEDURA. *Medicina legal.* Microrganismo capaz de atuar como fermento. Na área médica é muito utilizado pela sua riqueza em vitaminas solúveis em água, como: ácido nicotínico, ácido pantotênico; riboflavina; pirodixina; tiamina.

LEVEDURA DE CERVEJA. Fermento obtido como subproduto de cervejaria e empregado na panificação e na dieta, por ter um complexo de vitamina B.

LEVERAGED BUYOUT. *Locução inglesa.* Aquisição de uma empresa com recursos emprestados por terceiros, tendo como garantia do empréstimo os ativos da empresa adquirida ou outros ativos dos compradores (Luiz Fernando Rudge).

LEVIANDADE. Qualidade de leviano.

LEVIANO. 1. Imprudente. **2.** Insensato. **3.** Que tem pequena carga.

LEVIATÃ. *Sociologia jurídica* e *teoria geral do direito.* Obra de Hobbes que afirma a existência de um estado primitivo e natural da humanidade, em que o homem vivia em luta constante contra outro. Com a organização da sociedade isso desapareceu, mediante um pacto político que deu ao soberano poderes absolutos. Para Hobbes, no estado natural, livre de qualquer obrigação social, o homem tinha o direito de tudo fazer

e ter, não havendo distinção entre o bem e o mal, o justo e o injusto, o meu e o seu. Como essa liberdade associal e pretensão de igualdade provocaram um estado de guerra, oriundo da cobiça, do instinto de segurança e do desejo de glória, inerentes à natureza humana, os homens foram levados a celebrar um contrato social, entregando a um governo absoluto o poder de estabelecer a ordem jurídica, garantindo todos os acordos ou pactos necessários à vida pacífico-social e interindividual. Segundo Hobbes, as leis naturais são as normas morais que incutem no ser humano o desejo de assegurar sua autoconservação e defesa por uma ordem político-social garantida por um poder coercitivo absoluto.

LEVIRATO. *Vide* LEI DO LEVIRATO.

LEVIUS FIT PATIENTIA QUIDQUID CORRIGERE EST NEFAS. *Expressão latina.* A paciência ameniza o inevitável.

LEVOGRAMA. *Medicina legal.* Eletrocardiograma para averiguar se há hipertrofia do ventrículo esquerdo.

LEVULOSÚRIA. *Medicina legal.* Presença de levulose, ou seja, frutose ou açúcar de frutos na urina.

LEVY. *Termo inglês.* **1.** Arrecadação de tributo. **2.** Recrutamento de soldado. **3.** Levantamento de dinheiro. **4.** Cobrança.

LEWDNESS. *Termo inglês.* Libertinagem.

LEX. *Termo latino.* Lei.

LEX AD TEMPUS. *Locução latina.* Lei temporária.

LEX AEBUTIA DE FORMULIS. *Expressão latina.* Lei de organização judiciária que, na antigüidade romana, foi marco inicial do procedimento por meio de fórmulas escritas, que substituiu o oral das *legis actiones.*

LEX AQUILIA DE DAMNO DATO. *Expressão latina.* Lei aquília, votada num plebiscito, relativa à responsabilidade pelos danos culposamente causados em coisa alheia.

LEX CAUSAE. 1. *Locução latina.* Lei da causa. **2.** *Direito internacional privado.* Lei competente para reger a relação jurídica decorrente de um delito.

LEX CINCIA DE DONIS ET MUNERIBUS. *Expressão latina.* Lei que, no ano 204 a.C., limitou as doações ou munificências, refletindo na seara das sucessões. Tal lei tinha como fins: impedir a venalidade dos defensores judiciais e coibir o abuso das doações excessivas.

LEX COMMISSORIA. *Locução latina.* **1.** Pacto comissório. **2.** Na era romana constituía uma subfigura da *fiducia* e integrava as modalidades da *emptio venditio,* juntamente com a adjudicação até certo dia (*additio in diem*) e a retrovenda (Othon Sidou).

LEX DATA. *Locução latina.* Lei dada ou lei concedida, elaborada pelo Senado sem que se fizesse qualquer consulta ao povo.

LEX DOMICILII. *Locução latina.* Lei do domicílio.

LEX DUODECIM TABULORUM. *Expressão latina.* Lei das Doze Tábuas.

LEX EST COMMUNE PRAECEPTUM, VIRORUM PRUDENTIUM, DELICTORUM QUAE SPONTE VEL IGNORANTIA CONTRAHUNTUR COERCITIO, COMMUNIS REI PUBLICAE SPONSIO. *Expressão latina.* Lei é o preceito comum, o ditado de pessoas prudentes, a repressão dos delitos que se cometem voluntariamente ou por ignorância, o convênio comum da república.

LEX EST ID CUI OMNES HOMINES PARERE DECET PROPTER MULTA ET MAXIMA, QUIA LEX OMNIS DONUM DEI EST. *Brocardo latino.* A lei é aquilo a que todos os homens devem obedecer por muitas e importantes razões, porque toda a lei é um dom de Deus.

LEX EST QUOD NOTAMUS. *Expressão latina.* O que escrevemos é a lei (antiga divisa da Câmara dos Notáveis em Paris).

LEX EST QUOD POPULUS JUBET ET CONSTITUIT. *Expressão latina.* A lei é aquilo que o povo ordena e constitui.

LEX FALCIDIA DE LEGATIS. *Expressão latina.* Lei que regularizava as limitações impostas aos legados, assegurando aos herdeiros a quarta dos bens do testador; conseqüentemente o testador só poderia legar até três quartos de seu patrimônio, sob pena de nulidade.

LEX FORI. *Locução latina.* Lei do foro onde se resolve o litígio, proferindo decisão, sendo competente, portanto, para reger a forma do processo.

LEX FUNDAMENTALIS. *Locução latina.* Lei fundamental, a Constituição do país.

LEX FURIA TESTAMENTARIA. *Expressão latina.* Lei que estabelecia, na era romana, o limite máximo de um mil asses para os legados, dando ao herdeiro direito de mover ação executiva para haver do beneficiário o quádruplo do excesso proibido. Essa lei não abrangia os parentes consangüíneos do testador até o sexto grau.

LEX HABITACIONIS. *Locução latina.* Lei da habitação, que, na verdade, é a lei do domicílio.

LEXICOGRAFIA. *Direito autoral.* **1.** Técnica de definir palavras. **2.** Arte de fazer dicionário.

LEXICÓGRAFO. *Vide* LEXICÓLOGO.

LEXICOLOGIA. *Direito autoral.* Ciência das palavras quanto à sua formação, derivação, etimologia e significado.

LEXICÓLOGO. *Direito autoral.* Dicionarista.

LEX IMPERAT NON DOCET. *Expressão latina.* A lei escrita deve ditar o preceito, sem explicá-lo.

LEX IMPERFECTA. *Locução latina.* Lei imperfeita cuja violação não acarretava nenhuma conseqüência, nulidade ou pena.

LEX INCERTA CERTUM OBLIGATIONEM IMPONERE NEQUIT. *Aforismo jurídico.* Lei incerta não pode impor obrigação certa.

LEX INTER PARTES. *Locução latina.* Lei entre as partes.

LEXIS. *Lógica jurídica.* Enunciado que pode ser verdadeiro ou falso, mas que é considerado somente no seu conteúdo, sem qualquer negação ou afirmação atual, sendo designado "juízo virtual" (Goblot).

LEX LATA. *Locução latina.* Lei promulgada.

LEX LEGUM. **1.** *Locução latina.* Lei das leis. **2.** *Ciência política.* Constituição do país. **3.** Lei que rege a aplicação espácio-temporal das normas; Lei de Introdução ao Código Civil.

LEX LICINIA. *Locução latina.* Lei plebiscitária que, no ano 367 a.C., estipulava, com o intuito de impedir criação de latifúndio, o máximo de 500 jeiras por proprietário.

LEX LIVIA. *Locução latina.* Lei de reforma agrária do ano 123 ou 122 a.C.

LEX LOCI. *Locução latina.* Lei do lugar.

LEX LOCI ACTUS. *Expressão latina.* Lei do lugar do ato, que rege a forma dos atos jurídicos, na seara internacional.

LEX LOCI CELEBRATIONIS. *Expressão latina.* Lei do local da celebração.

LEX LOCI CONTRACTUS. *Expressão latina.* Lei do lugar do contrato.

LEX LOCI DELICTI COMMISSI. *Expressão latina.* Lei do lugar onde o delito foi praticado.

LEX LOCI DOMICILII. *Expressão latina.* Lei do lugar do domicílio.

LEX LOCI HABITATIONIS. *Expressão latina.* Lei do local da habitação.

LEX LOCI REI SITAE. *Expressão latina.* Lei do lugar da situação da coisa.

LEX LOCI SOLUTIONIS. *Expressão latina.* **1.** Lei do lugar da solução. **2.** Lei do local do cumprimento do ato negocial.

LEX MERCATORIA. *Direito internacional privado.* Teoria fundada na constatação de que os contratantes pretendem unificar o regime jurídico da venda internacional e as operações complementares mediante contratos. O *jus gentium* dos empresários, designado de *lex mercatoria*, consiste num sistema de relações onde se misturam o direito, os princípios ou usos mercantis e a eqüidade. O *jus mercatorum* ou a nova *lex mercatoria* está desvinculado de qualquer ordenamento jurídico estatal, sendo anacional, ou seja, um direito corporativo autônomo, decorrente do comércio internacional. Constitui, tão-somente, um conjunto de normas originárias de operações de comércio internacional, ou melhor, de relações econômicas internacionais, que não se submetem a nenhum direito estatal. Trata-se de um direito uniforme regido por normas de origem profissional ou consuetudinárias e por princípios emanados de sentenças prolatadas em juízo arbitral. Conseqüentemente, *a new merchant law* seria um direito transnacional, construído no interior da sociedade internacional mediante usos ou práticas uniformes no comércio internacional.

LEX MINUS QUAM PERFECTA. *Expressão latina.* Lei menos que perfeita, uma vez que apenas impõe sanção à sua violação, não admitindo a nulidade do ato.

LEX MITIOR. **1.** *Locução latina.* Lei mais benéfica. **2.** *Direito tributário.* Locução usada para indicar a lei fiscal mais benéfica ao ato pretérito, desde que este não esteja julgado definitivamente. **3.** *Direito penal.* Lei que, por reduzir a pena do crime, é retroativa para benefício do condenado.

LEX NEMINEM COGIT AD VANA SEU INUTILIA. *Aforismo jurídico.* A lei não obriga ninguém a atos vãos ou inúteis.

LEX NEMINEM COGIT OSTENDERE QUOD NESCIRE PRAESUMITUR. *Aforismo jurídico.* A lei não obriga ninguém a declarar aquilo que se presume que não sabe.

LEX NON COGIT AD IMPOSSIBILIA. *Aforismo jurídico.* A lei não obriga ninguém a fazer o impossível.

LEX NON EST IMPONENDA ALIIS AB EO, QUI IPSAM NEGLIGIT OBSERVARE. *Aforismo jurídico.* A lei não deve ser imposta aos outros por quem não a observa.

LEX OMNIS AUT JUBET, AUT VETAT. *Expressão latina.* Toda lei manda ou proíbe.

LEX PATRIAE. *Locução latina.* Lei da pátria ou lei da nacionalidade.

LEX PERFECTA. *Locução latina.* Lei perfeita que era aquela que, além da nulidade do ato que lhe fosse contrário, impunha pagamento de uma multa.

LEX PLAETORIA. *Locução latina.* A que considerava inválidos atos negociais concluídos por adolescentes e que os envolvesse em ruína.

LEX POETELIA PAPIRIA DE NEXI. *Expressão latina.* Lei que veio a extinguir em 314 a.C. a escravização do devedor insolvente.

LEX POSTERIOR DEROGAT PRIORI. *Expressão latina.* Lei posterior derroga a anterior.

LEX POSTERIOR GENERALIS NON DEROGAT PRIORI SPECIALI. *Expressão latina.* Lei posterior geral não revoga a anterior especial.

LEX POSTERIOR INFERIORI NON DEROGAT PRIORI SUPERIORI. *Expressão latina.* Lei posterior inferior não revoga a anterior superior.

LEX POTEST PLUS QUAM FACTUM. *Aforismo jurídico.* A lei pode mais do que o fato.

LEX PRAECEPTO OBTEMPERANS, CONSULTE AGIT. *Aforismo jurídico.* Lei obedecida em seu preceito, justifica seu executor.

LEX PRIVATA. *Locução latina.* Lei privada.

LEX PROPERANDUM. *Locução latina.* Constituição de Justiniano que instituiu a fonte da prescrição.

LEX PUBLICA. *Locução latina.* Lei pública.

LEX, QUAMVIS DURA, SERVANDA EST, ET CASUS LEGIS ATTENDITUR. *Aforismo jurídico.* A lei, ainda que dura, deve ser cumprida e com atenção ao caso dela.

LEX REGIA. *Locução latina.* Lei pela qual o povo conferiu ao príncipe todo o poder de legislar.

LEX REI SITAE. *Expressão latina.* Lei do lugar onde a coisa se situa.

LEX RHODIA DE JACTU. *Vide* LEI RÓDIA.

LEX ROGATA. *Locução latina.* Lei rogada.

LEX SALTUS. *Locução latina.* Lei agrária que considerou a enfiteuse como contrato distinto da venda e do arrendamento.

LEX SANGUINIS. *Locução latina.* Lei do sangue, determinada pela hereditariedade de ascendente a descendente.

LEX SATURA. *Vide* LEI MISSÍVEL.

LEX SEMPRONIA AGRARIA. *Expressão latina.* Lei de reforma agrária de 133 a.C. que previa a distribuição de 500 jeiras a cada família e a desapropriação de terras públicas.

LEX, SI ALIUD VOLUISSET, EXPRESSISSET. *Aforismo jurídico.* A lei, se outra coisa quisesse, expressaria claramente.

LEX SOLI. *Locução latina.* Lei do país de nascimento da pessoa.

LEX SPECIALIS DEROGAT LEGI GENERALI. *Expressão latina.* Lei especial prevalece sobre a geral.

LEX SUPERIOR DEROGAT LEGI INFERIORI. *Expressão latina.* Lei superior revoga a inferior.

LEX TALIONIS. *Vide* LEI DE TALIÃO.

LEX, UBI NON DISTINGUIT, NEC NOS DISTINGUERE DEBEMUS. *Aforismo jurídico.* Onde a lei não distingue, também não devemos distinguir.

LEX VIDET IRATUM, IRATUS LEGEM NON VIDET. *Expressão latina.* A lei vê o irado, porém este não vê a lei.

LEX VOCONIA DE MULIERUM HEREDITATE. *Expressão latina.* Lei que no ano 169 a.C. restringiu a capacidade jurídica da mulher, mesmo que fosse esposa ou filha do testador, no que atinava à sucessão testamentária e, inclusive, chegou a impedi-la de ser instituída herdeira por importância superior a 100 mil asses e de ser legatária em importância pecuniária maior do que a recebida pelo herdeiro.

LEX WISIGOTHORIUM. *Locução latina.* Lei dos visigodos, conhecida na Espanha sob a denominação de *fuero juzgo*.

LEZÍRIA. *Direito agrário.* **1.** Terra das margens do rio que se alagam por ocasião das enchentes. **2.** Terra baixa e alagadiça adequada para a plantação de arroz.

LFTP. Abreviatura de Letras Financeiras do Tesouro do Estado de São Paulo.

LGPL. *Direito virtual.* Abreviação de *GNU Lesser General Public License* (Licença menos pública geral de GNU), que permite a integração com qualquer outra modalidade de *software*, inclusive o *software* proprietário (Silmara B. Nogueira).

LHARAMBA. *Direito comparado.* O mais alto grau hierárquico dos lamas do Tibet.

LI. *Direito comparado.* Medida itinerária da China, equivalente a 576 metros.

LIAÇA. *Direito comercial.* Feixe de palha apropriado para embalar vidros.

LIAMBA. *Direito penal.* Maconha.

LIAME. **1.** *Teoria geral do direito.* Vínculo. **2.** *Direito marítimo.* Cordame de embarcações de vale.

LIANÇA. **1.** Aliança. **2.** União.

LIBAMBO. *História do direito.* Cadeia de ferro que prendia pelo pescoço um lote de presos, quando iam executar o serviço que lhes era incumbido.

LIBANGU. *Direito comparado.* Na Indochina é prioresa das freiras budistas.

LIBATA. *História do direito.* Senzala.

LIBELA. *Direito romano.* Moeda de prata que, na antigüidade romana, valia a décima parte do denário.

LIBELADO. *Direito processual penal.* Acusado que tem contra si um libelo-crime acusatório, depois de ter sido pronunciado para julgamento no Tribunal do Júri.

LIBELAR. *Direito processual penal.* Formar libelo de acusação.

LIBELÁRIO. *Direito processual penal.* Quem acusa por meio de libelo ou formula acusação.

LIBELÁTICO. *História do direito.* Cristão que, para fugir do martírio, subornava o magistrado investigador, para que este lhe fornecesse um libelo ou certificado de que havia sido sacrificado.

LIBELISTA. O mesmo que LIBELÁRIO.

LIBELO. **1.** *Direito processual penal.* Escrito articulado do órgão do Ministério Público, expondo a ação delituosa, suas circunstâncias agravantes, concluindo pelo pedido de aplicação da pena ou da eventual medida de segurança a que o réu deve ser condenado. Tal libelo, que é peça essencial nos processos por crimes dolosos contra a vida, deve ser assinado pelo promotor de justiça e conter os seguintes requisitos legais: nome do réu; exposição, deduzida por artigos, do fato delituoso; indicação não só das circunstâncias agravantes ou que influam na fixação da pena, como também da eventual medida de segurança aplicável, em caso de inimputabilidade total ou parcial do acusado, que então deverá ser absolvido na fase de pronúncia. Se houver mais de um réu, deverá haver um libelo para cada um deles. **2.** *História do direito.* Documento escrito e articulado pelo qual o autor propunha a espécie da questão que devia ser tratada em juízo, e concluía pela condenação do réu.

LIBELO ACUSATÓRIO. *Direito processual penal.* Exposição escrita e articulada feita pelo Ministério Público, sobre o fato criminoso, constituindo o instrumento formal da acusação na segunda fase da ação penal no processo por crime doloso contra vida. Consiste na ratificação da denúncia feita após a pronúncia do réu.

LIBELO BIFRONTE. *Direito processual penal.* Libelo dirigido ao conselho de sentença e ao juiz (Hermínio Alberto Marques Porto).

LIBELO INEPTO. *Direito processual penal.* **1.** Diz-se do libelo que não apresenta algum dos requisitos legais indispensáveis para sua recepção pelo órgão judicante, que, então, o julgará inepto, devolvendo-o ao órgão do Ministério Público, para que este, dentro do prazo de 48 horas, venha a apresentar outro (Vitral). **2.** Libelo que contenha articulação confusa ou contraditória ou descrição de fato não justificado ou inverossímel (De Plácido e Silva).

LIBELO INFAMATÓRIO. *Direito penal.* Panfleto infamante, difamatório ou injurioso, mesmo que tenha caráter satírico.

LIBENTE. **1.** Afável. **2.** Aquele que é prestativo.

LIBENTER. *Termo latino.* Voluntariamente.

LIBERAÇÃO. **1.** *Direito espacial.* Ato de escapar um míssil do campo de gravitação da Terra. **2.** *Direito civil.* a) Extinção do débito; quitação da dívida; b) libertação de ônus; c) cessação ou isenção de responsabilidade. **3.** *Direito tributário.* Desoneração do encargo fiscal. **4.** *Direito processual penal.* a) Ato ou efeito de colocar o preso ou detido em liberdade; b) restituição da liberdade ao condenado que cumpriu sua pena ou em razão de ordem legal dada por autoridade competente; c) absolvição ou isenção de culpabilidade. **5.** *Direito comercial.* a) Ordem em benefício do comprador para entrega de determinada partida de mercadoria cuja distribuição se encontrava sujeita à fiscalização; b) cancelamento de restrições legais ao livre mercado de certos produtos.

LIBERAÇÃO COMERCIAL. *Direito internacional privado* e *direito tributário.* É a redução progressiva e automática do imposto de importação aplicado sobre produtos negociados entre os países do Mercosul, até chegar a uma situação de imposto zero.

LIBERAÇÃO DE CARGA. *Direito internacional privado.* Autorização para transporte de carga reservada em embarcação que não seja de bandeira brasileira.

LIBERAÇÃO DE EMBARCAÇÃO. *Direito internacional privado.* Autorização de afretamento total ou parcial de embarcação estrangeira por empresa brasileira de navegação para o transporte de carga reservada.

LIBERAÇÃO INUNDATIVA. *Direito ambiental.* Liberação maciça de ACBs (agentes de controle biológico) com expectativa de lograr a redução rápida de uma população de uma praga.

LIBERA CHIESA IN LIBERA STATO. *Expressão italiana.* A Igreja livre no Estado livre. Frase que indicava a preponderância dos princípios liberais, durante a unificação da Itália.

LIBERADO. **1.** *Direito civil.* a) Quite; desobrigado; b) o que está livre de ônus e de encargos; c) beneficiário da liberação; d) isento de responsabilidade civil. **2.** *Direito penal.* a) Sentenciado que obteve livramento condicional; b) diz-se do condenado que cumpriu sua pena ou medida de segurança imposta, sendo, por isso, colocado em liberdade; egresso. **3.** *Direito comercial.* a) Produto desembaraçado; b) diz-se do preço que não se mantém dentro dos limites fixados.

LIBERADO CONDICIONAL. *Direito penal* e *direito processual penal.* Condenado que, por ter cumprido uma parte da sua pena e preenchido certos requisitos legais, vem a obter livramento condicional, desde que aceite determinadas condições, que constituem restrições à sua liberdade, ou seja, obrigações de fazer ou de não fazer.

LIBERADO DEFINITIVO. *Direito processual penal.* Egresso, ou seja, o que foi colocado, definitivamente, em liberdade por ter cumprido toda a sua pena.

LIBERAE ENIM SUNT COGITATIONES NOSTRAE. *Expressão latina.* Nossos pensamentos são livres.

LIBERAL. **1.** *Ciência política.* a) Partidário do liberalismo político e econômico; liberalista; b) aquele que tem idéias liberais; c) o que não está subordinado a um poder intervencionista; d) regime em que cada um pode professar suas idéias religiosas ou político-sociais. **2.** Nas *linguagens comum* e *jurídica* é: a) o que tem opinião tolerante ou avançada sobre a vida social; b) sectário da liberdade; c) profissão de nível superior exercida por conta e risco e com autonomia, como a advocacia, a odontologia, a medicina, a engenharia. **3.** *Direito civil.* Ato a título gratuito que confere benefício a alguém. **4.** *Direito processual civil.* Diz-se do magistrado condescendente, não apegado ao rigor legal e que age aplicando a eqüidade.

LIBERAL-DEMOCRACIA. *Ciência política.* Modelo político que, implantado pela Revolução Americana, com a Declaração da Independência dos EUA, em 1776, e pela Revolução Francesa, com a Declaração dos Direitos do Homem, em 1789, baseando-se na separação de poderes, reserva ao Estado função de garantir a liberdade individual e promover o bem-estar social.

LIBERALIDADE. 1. Na *linguagem comum* indica: a) qualidade de liberal; b) disposição para aceitar idéias liberais. **2.** *Direito civil.* Ato jurídico, *causa mortis* ou *inter vivos* que, a título gratuito, confere bens, direitos e vantagens a alguém.

LIBERALIDADE A PESSOA JURÍDICA DE DIREITO PÚBLICO DE ADMINISTRAÇÃO INDIRETA. *Direito administrativo.* Doação pura e simples contemplando autarquia ou fundação pública com dinheiro ou bens para que atenda à consecução de suas finalidades.

LIBERALIDADE NA SOCIEDADE. *Direito comercial.* Ato jurídico a título gratuito defeso ao administrador de sociedade anônima e ao gerente de sociedade por quotas, a conta dessas (Othon Sidou).

LIBERALISMO. 1. *Ciência política.* a) Teoria que propugna não só a independência do Legislativo e do Judiciário em relação ao Executivo, como também assegura as garantias constitucionais do homem e as liberdades individuais; b) condição necessária para a organização social, que reclama o direito de liberdade de pensamento (Halévy; Ranzoli). **2.** *Economia política.* Doutrina pela qual o Estado não deve ter qualquer intervenção econômica, nem pode exercer funções mercantis ou industriais. **3.** Na *linguagem comum* é: a) o respeito que se deve ter pela independência alheia; a tolerância e a confiança nos efeitos da liberdade (Lalande); b) o conjunto de teorias liberais.

LIBERALISMO BIOLÓGICO. *Medicina legal* e *biodireito.* Aquele que, em caso de uso de técnicas de fertilização assistida, para obter embrião geneticamente superior ou com caracteres gené-

ticos predeterminados, faz com que, como diz Testart, pessoas economicamente privilegiadas possam ter prole melhor.

LIBERALISMO ECONÔMICO. *Economia política.* Teoria que tendo por lema o *laissez-faire, laissez-passer que le monde va de lui-même,* exalta a liberdade de trabalho e das trocas e a não-intervenção estatal nas relações econômicas. É a doutrina que preconiza a liberdade nas atividades econômicas, industriais ou mercantis, sem que haja qualquer controle do Estado, que se limita tão-somente a garantir a execução dos serviços públicos.

LIBERALISMO HUMANITÁRIO. *Vide* IDÉIA LIBERAL-HUMANITÁRIA.

LIBERALISMO MÉDICO. *Medicina legal.* Conjunto de idéias e princípios professados pelos liberais da medicina (Veloso de França).

LIBERALISMO POLÍTICO. *Ciência política.* Doutrina oposta ao autoritarismo por colocar o indivíduo e o interesse individual acima do Estado e do interesse público ou social, preconizando a independência dos três poderes: Executivo, Judiciário e Legislativo.

LIBERALISTA. 1. Relativo ao liberalismo. **2.** Sequaz das doutrinas do liberalismo econômico e político. **3.** Liberal.

LIBERALIZAÇÃO. *Economia política.* Levantamento do controle de preço de certos produtos.

LIBERALIZANTE. 1. Que torna liberal. **2.** Aquilo que liberta de idéias preconceituosas.

LIBERALIZAR. 1. Dar com liberdade. **2.** Tornar-se liberal.

LIBERANDO. *Direito processual penal.* Diz-se do condenado que solicita livramento condicional, por estar em condições de obtê-lo.

LIBER ANIMUS NIHIL PERTIMESCIT. *Expressão latina.* Quem não deve, não teme.

LIBERAR. 1. *Direito cambiário.* Livrar o câmbio de restrições. **2.** *Economia política.* Excluir produtos de tabelas obrigatórias de preços. **3.** *Direito civil.* a) Pagar ou quitar um débito; b) liquidar uma dívida; c) desobrigar; d) reconhecer a não-existência de um encargo ou ônus; desonerar; e) isentar de responsabilidade civil. **4.** *Direito processual penal.* Libertar preso. **5.** *Direito comercial.* a) Autorizar o livre mercado de determinadas mercadorias; b) conceder liberação, para o consumo público, de certa quota de mercadoria cuja distribuição é controlada pelo Estado e fiscalizada em épocas anormais.

LIBERARE SERVOS. *Locução latina.* Libertar escravos.

LIBERAR UMA AÇÃO. Pagar totalmente seu valor de emissão.

LIBERATIVO. 1. Que desobriga. **2.** Que liberta. **3.** Aquilo que isenta.

LIBERATÓRIO. 1. Relativo a liberação. **2.** O que é próprio para liberar ou representar valores pecuniários (Aurélio Buarque de Holanda Ferreira). **3.** O que libera de um débito ou de uma obrigação.

LIBERCRACIA. *Direito constitucional.* Modelo constitucional que visa estruturar uma organização política que tinha a liberdade por fim último e o bem-estar por finalidade mediata, assegurando o respeito ao princípio liberal, limitando e dividindo o poder para garantir aquela liberdade contra o abuso; reconhecendo a origem popular do poder e a formação de um sistema representativo autêntico e consagrando a continuidade estatal para a consecução de seus objetivos permanentes, com a previsão de um poder de arbitragem e de um poder de emergência para a solução de graves crises (Manoel Gonçalves Ferreira Filho).

LIBERDADE. 1. Na *linguagem filosófica* é: a) o bem principal que a existência ética traz como complemento à base estética da vida (Kierkegaard); b) a primeira e a última palavra do esclarecimento da existência (Jaspers); c) a essência da verdade (Heidegger); d) a possibilidade de escolher fins (Sartre); e) o livre-arbítrio; a autodeterminação (Aristóteles); f) estado daquele que faz o que quer e não o que o outro deseja; ausência de constrangimento alheio (Lalande); g) a *ratio essendi* da lei moral, de tal sorte que esta é a *ratio cognoscendi* da liberdade (Kant); h) termo cujo significado, no mínimo, contém um membro de um conjunto cuja qualidade só se entende na relação com esse conjunto (Scheller); i) qualidade do que não está sujeito a nenhum tipo de constrangimento físico, psíquico, moral ou intelectual (Jacques Robert). **2.** *Filosofia do direito.* a) Poder do homem para agir numa sociedade político-organizada por determinação própria, dentro dos limites legais e sem ofensa a direitos alheios; b) poder de praticar qualquer ato não vedado por lei; c) estado ou condição de homem livre. **3.** *Sociologia geral.* a) Grau mais ou menos elevado de independência do indivíduo em relação ao grupo social a que pertence (Lalande); b) modo de proceder não sancionado pelas convenções sociais; c) é a independência que se situa no contexto sociocultural, apoiada numa idéia nuclear: o trabalho humano (Marx). **4.** *Psicologia forense.* Estado do ser em que há o máximo possível de independência volitiva. **5.** *Direito civil.* a) Estado daquele que efetua ato negocial sem qualquer coação física ou moral; b) condição daquele que manifesta livremente sua vontade. **6.** *Direito internacional público.* a) Independência de um Estado; b) imunidade; c) condição da comunidade que não está sujeita a nenhum controle político estrangeiro. **7.** Na *linguagem comum* pode ter o significado de: a) atrevimento; b) familiaridade importuna; c) intimidade abusiva. **8.** *Direito constitucional* e *direito penal.* Direito de ir e vir.

LIBERDADE ASSISTIDA. *Direito da criança e do adolescente.* Medida socioeducativa aplicada pelo juiz a adolescente que cometeu algum ato infracional, nomeando-se um orientador para acompanhá-lo e orientá-lo durante seis meses no mínimo, podendo ser prorrogada ou substituída por outra mais adequada.

LIBERDADE CIVIL. *Direito civil.* **1.** Poder de fazer prevalecer a própria vontade, desde que não venha a coibir a de outrem. **2.** Poder de praticar atos que não sejam proibidos por lei.

LIBERDADE CONDICIONAL. *Direito processual penal* e *direito penal.* Benefício legal pelo qual se concede àquele que cumpriu parte da sanção penal, que lhe foi imposta, liberdade restrita subordinada a determinadas condições, que por ele devem ser observadas, sob pena de sofrer revogação do livramento.

LIBERDADE CONTRATUAL. *Direito civil.* Liberdade das partes de impor cláusulas e condições ao contrato, criando até mesmo novos tipos de atos contratuais ao dispor livremente de seus interesses. Trata-se do poder dos contratantes de estipular, como melhor lhes convier, mediante acordo de vontades, a disciplina de seus interesses, fixando o conteúdo do contrato e suscitando efeitos tutelados pela ordem jurídica.

LIBERDADE DA ATIVIDADE DE COMUNICAÇÃO. *Direito constitucional.* Direito de manifestar pensamento mediante meios de informação e divulgação, desde que não haja abuso dessa liberdade, que configura um dos crimes na exploração ou utilização daqueles meios, previsto em lei penal.

LIBERDADE DE AGIR. *Direito constitucional.* É a de fazer tudo aquilo que se pretende, desde que não seja proibido legalmente.

LIBERDADE DE ASSOCIAÇÃO. *Direito constitucional.* Direito assegurado constitucionalmente aos cidadãos, de se reunirem, formando grupos organizados, associações ou sociedades para atender a vários fins lícitos, sejam eles políticos, religiosos, educativos, desportivos, de beneficência, culturais, científicos, econômicos etc.

LIBERDADE DE CÁTEDRA. *Direito educacional.* Aquela que têm os professores catedráticos, hoje titulares, de lecionar, expondo suas idéias sem qualquer censura.

LIBERDADE DE COMÉRCIO E INDÚSTRIA. *Direito constitucional.* Direito concedido a qualquer cidadão de fundar e explorar estabelecimento empresarial, que está subordinado a normas de ordem pública e tributárias.

LIBERDADE DE COMUNICAÇÃO ARTÍSTICA, CIENTÍFICA E INTELECTUAL. *Direito constitucional.* Direito garantido pela Constituição à livre expressão de atividade artística, científica e intelectual, independentemente de censura e de licença.

LIBERDADE DE CONSCIÊNCIA. *Direito constitucional.* Direito assegurado a todos de adotar ou exercer livremente qualquer culto religioso, em recinto público ou particular, desde que não se atente à ordem pública e aos bons costumes.

LIBERDADE DE CONSUMO. *Economia política.* Direito que tem a pessoa de empregar como quiser os seus recursos disponíveis, fazendo as despesas que lhe convier (Henri Guitton).

LIBERDADE DE CONTRATAR. *Direito civil.* Poder de alguém de decidir se e quando estabelecerá com outrem um contrato. É a liberdade de elaborar, materialmente, contratos, independentemente da discussão de suas cláusulas.

LIBERDADE DE CRENÇA RELIGIOSA. *Vide* LIBERDADE DE CONSCIÊNCIA.

LIBERDADE DE CULTO. *Vide* LIBERDADE DE CONSCIÊNCIA.

LIBERDADE DE DISPOSIÇÃO DO PRÓPRIO CORPO. *Direito civil.* É a concernente ao direito de consentir, ou não, em transplantes, intervenções cirúrgicas e terapias; alterar o corpo por razões estéticas; praticar atividades ou jogos que envolvam risco.

LIBERDADE DE ENSINO. *Direito constitucional.* **1.** Liberdade de ensinar, sem que haja interferência estatal no método de ensino e na teoria ou no conteúdo do programa escolhidos pelo professor. **2.** Liberdade de instituir ensino, ou seja, direito à livre-iniciativa para abrir estabelecimentos de ensino, que, contudo, serão fiscalizados pelo Estado.

LIBERDADE DE EXPRESSÃO. *Direito constitucional.* Direito, assegurado pela Carta Magna, de se expressar livremente.

LIBERDADE DE EXPRESSÃO ARTÍSTICA, CIENTÍFICA E INTELECTUAL. *Vide* LIBERDADE DE COMUNICAÇÃO ARTÍSTICA, CIENTÍFICA E INTELECTUAL.

LIBERDADE DE IMPRENSA. *Direito constitucional.* Direito do jornalista de publicar notícias sem necessidade de censura prévia ou autorização, embora possa sofrer aplicação de pena em caso de abuso.

LIBERDADE DE INDIFERENÇA. *Filosofia geral.* Liberdade de decisão entre duas coisas opostas, independentemente de qualquer motivo determinante.

LIBERDADE DE INICIATIVA. *Direito constitucional.* É a do livre mercado.

LIBERDADE DE IR, VIR E FICAR. *Direito constitucional.* Direito garantido pela Constituição a todo cidadão de locomover-se livremente pelo território nacional em tempo de paz, podendo nele entrar e dele sair. Se for injustamente cerceado em sua liberdade de locomoção, caberá o recurso de *habeas corpus*. É também designada "liberdade de locomoção" e "liberdade pessoal".

LIBERDADE DE LOCOMOÇÃO. *Vide* LIBERDADE DE IR, VIR E FICAR.

LIBERDADE DE MANIFESTAÇÃO DE CONVICÇÃO FILOSÓFICA E POLÍTICA. *Direito constitucional.* Direito de expressar livremente idéias políticas e filosóficas, exceto se invocadas para não cumprir dever legal a todos imposto.

LIBERDADE DE MANIFESTAÇÃO DE PENSAMENTO. *Direito constitucional.* Aquela garantida pela Lei Maior aos cidadãos para externar suas idéias políticas, científicas, religiosas etc., ou opiniões, por meio de correspondência, da imprensa, da telecomunicação etc., vedando pela sua torpeza o anonimato.

LIBERDADE DE MOVIMENTAÇÃO CORPORAL E DE CIRCULAÇÃO. É a que envolve proibição de: escravidão; trabalho forçado; confinamento sem previsão legal; transporte contra a vontade; internamento; migração; exílio, salvo decisão judicial; impedimento de sair e de entrar do País (José Afonso da Silva e Vitorino Ângelo Filipin).

LIBERDADE DE ORGANIZAÇÃO RELIGIOSA. Livre criação de cultos ou de igrejas, ante a separação entre Igreja e Estado, proibindo-se ao poder público estabelecê-los, o que não exclui seu vínculo diplomático com a Santa Sé, na qualidade de Estado do Vaticano e não na de Igreja.

LIBERDADE DE PENSAMENTO. *Vide* LIBERDADE DE MANIFESTAÇÃO DE PENSAMENTO.

LIBERDADE DE PENSAR. *Direito constitucional.* Liberdade de ter a opinião que se julgar verdadeira ou boa.

LIBERDADE DE REUNIÃO. *Direito constitucional.* Direito assegurado pela Constituição aos cidadãos de se reunirem pacificamente em local aberto ao público, sem qualquer autorização, para discutirem e resolverem, conjuntamente, determinado assunto, desde que não atentem aos bons costumes, à segurança ou tranqüilidade social ou não frustre outra reunião anteriormente convocada para o mesmo lugar, sendo exigido tão-somente um aviso prévio à autoridade competente.

LIBERDADE DE TRABALHO, OFÍCIO OU PROFISSÃO. *Direito constitucional.* Direito garantido pela Carta Magna ao conceder a todos o livre exercício de qualquer trabalho, ofício ou profissão, desde que preenchidas as qualificações profissionais estabelecidas legalmente. Tal direito proíbe que se constranja alguém, mediante ameaça ou violência, a exercer ou não profissão, ou a trabalhar ou não durante determinados dias.

LIBERDADE DO AR. *Direito aeronáutico.* Interligação dos diferentes povos mediante navegação aérea comercial, subordinada à soberania dos Estados. Dentre os direitos da navegação aérea, podemos citar: a) direito de sobrevoar o espaço jurisdicional de um Estado sem aterrissagem; b) direito de aterrissagem num país, de uma aeronave matriculada em outro Estado, para reabastecimento, por exemplo, não podendo fazê-lo para atender a finalidades comerciais; c) direito de desembarcar, em território do Estado contratante, passageiros, mala postal e cargas provenientes do país do pavilhão da aeronave; d) direito de embarcar, em território do Estado contratante, passageiros e carga destinados ao Estado do pavilhão da aeronave; e) direito de embarcar, em território do Estado contratante, passageiros e carga destinados a qualquer terceiro Estado contratante e de desembarcar, em território do Estado contratante, passageiros e carga procedentes de qualquer terceiro Estado (Convenção de Chicago de 1944).

LIBERDADE DOS MARES. *Direito internacional público* e *direito marítimo.* Direito concedido às embarcações de todos os países de navegar e explorar, livremente, o alto-mar, desde que não venham violar a liberdade de outra. Tal direito poderá, em tempo de guerra, sofrer limitações impostas pelas nações beligerantes ou por normas de direito internacional público.

LIBERDADE DO TRABALHO. *Direito do trabalho.* Direito de escolher e de exercer a profissão como empregador ou empregado.

LIBERDADE DO VENTRE. *História do direito.* Liberdade que foi concedida aos filhos de escravos, pela Lei do Ventre Livre.

LIBERDADE ECONÔMICA. *Economia política* e *direito constitucional.* **1.** Direito que a Lei Maior assegura a todos de exercer livremente qualquer atividade econômica, independentemente de autorização de órgãos públicos, exceto nos casos previstos legalmente. **2.** Direito de estabelecer e administrar uma empresa desde que não venha ser um atentado aos bons costumes e à ordem pública.

LIBERDADE, IGUALDADE E FRATERNIDADE. *História do direito.* Tema da Revolução Francesa de 1793, que foi adotado por muitos países democráticos e pela Maçonaria.

LIBERDADE INDIVIDUAL. *Direito constitucional.* Aquela que todos os cidadãos têm de não sofrerem restrições no exercício de seus direitos, salvo nos casos determinados por lei.

LIBERDADE INDUSTRIAL. *Direito comercial.* Liberdade para instituição e funcionamento de empresa industrial, sob o princípio da livre concorrência, sem intervenção do Estado, desde que satisfeitas as exigências fiscais e sanitárias.

LIBERDADE JURÍDICA. *Filosofia do direito.* Possibilidade de um ato contrário ao que determina a norma, pois, se assim não for, não se poderia considerar a norma um "dever ser" em cuja estrutura está a possibilidade da imputação de uma sanção a um comportamento delituoso que a provoca (Ferraz Jr.). Deveras, ensina Kelsen que "não se imputa algo ao homem porque ele é livre, mas ao contrário, o homem é livre porque se lhe imputa algo. Imputação e liberdade estão, de fato, essencialmente ligadas entre si". O direito é liberdade jurídica, por ser essa uma opção por comportamento por ele normado, ou seja, de praticar ou não o ilícito.

LIBERDADE NATURAL. Capacidade humana de usar, de acordo com sua vontade, suas faculdades e aptidões.

LIBERDADE NO EGOLOGISMO EXISTENCIAL. *Filosofia do direito.* É a correlação entre o fazer de um e o impedir de outro, por ser o direito a conduta humana em sua interferência intersubjetiva relacionada a valores. O cerne da doutrina egológica, preconizada por Carlos Cóssio, aparece ao determinar que o direito não é produto da razão, nem de normas, mas se oferece dado na experiência como conduta compartida. Logo, o legislador não cria o direito; este está na conduta humana que constitui uma experiência de liberdade. A norma é apenas o conceito que pensa a conduta como liberdade. A liberdade é um *prius*. O homem é metafisicamente livre; logo, todos os seus comportamentos são "ontologicamente" permitidos; a norma opera impondo restrições a essa liberdade humana, ao proibir alguma conduta. O axioma ontológico da liberdade permite afirmar a prioridade da permissão sobre a proibição; para que um comportamento seja proibido é preciso uma norma, mas para que seja permitido não é necessário norma alguma, pois todo o comportamento traz em si uma permissão, que não é mais do que a própria expressão da liberdade humana. Conseqüentemente, a permissão de toda conduta não proibida se dá de modo imprescindível, em todo sistema jurídico, que, por sua vez, para a Egologia, é um sistema de condutas e não de normas. Essas condutas, como são o próprio direito, contêm sempre, como parte de sua essência, a liberdade de realizá-las.

LIBERDADE PESSOAL. *Vide* LIBERDADE DE IR, VIR E FICAR.

LIBERDADE POLÍTICA. *Direito constitucional.* **1.** Direito reconhecido ao cidadão de limitar o poder do governo, que não só abrange as liberdades de consciência, individual, de reunião, como também a existência de uma constituição, *self-government*, exercício do poder por representantes eleitos etc. (Mill). **2.** Direito do povo de governar por si mesmo, escolhendo seus governantes, pela forma de governo por ele próprio instituída (De Plácido e Silva). **3.** É a tranqüi-

lidade de espírito que provém da opinião que cada cidadão faz de sua segurança; e para que se tenha esta liberdade é preciso que o governo seja tal que um cidadão não tenha por que temer a outro cidadão, por estar o governo estruturado segundo a fórmula de "separação de poderes" (Montesquieu). **4.** Direito de debater os negócios públicos, de organizar partidos, de apresentar candidatos, de votar, sempre sem a interferência do governo (Manoel Gonçalves Ferreira Filho). **5.** Poder garantido ao cidadão de constituir e desconstituir o governo (Othon Sidou). **6.** Exercício dos direitos de votar e de ser votado assegurados constitucionalmente.

LIBERDADE PROFISSIONAL. *Direito constitucional.* Direito assegurado a todo e qualquer cidadão de escolher livremente uma profissão ou de dedicar-se a qualquer tipo de trabalho, comercial, industrial, manual e intelectual, sem autorização governamental, exceto os casos de restrição legal.

LIBERDADE PROVISÓRIA. *Direito constitucional* e *direito processual penal.* **1.** Direito assegurado ao indiciado, em razão da infração cometida ou ao réu primário, mediante fiança, para defender-se solto. Com isso o acusado é livre para locomover-se, mas fica vinculado a certas obrigações decorrentes do processo. **2.** Outorgada a um acusado durante a instrução, se as investigações não exigirem sua detenção. **3.** É um estado de liberdade limitada pelos fins do processo penal (Manzini). Constitui um benefício legal decorrente da renúncia do Estado do seu poder de conservar a custódia preventiva do réu.

LIBERDADES ESPIRITUAIS. *Direito constitucional.* Envolvem a: a) liberdade de sentimento, tutelando a autonomia de cultivo, afirmação, desenvolvimento dos sentimentos (Capelo de Sousa); b) liberdade de pensamento, que assegura o autoconhecimento intelectivo de cada ser humano, tendo liberdade para formar opiniões, modelar a própria vida; aderir a valores em relação a qualquer área; conceber o mundo de acordo com a própria convicção (Pimenta Bueno); c) liberdade de decisão atinente à: autodeterminação do processo deliberativo de cada ser humano; autonomia quanto ao conteúdo dos atos de vontade; d) liberdade de ação ou omissão, ou seja, de agir ou não agir; e) liberdade de criação, que se conforma à liberdade geral de ação e da expressão do pensamento; f) liberdade de consciência, que se caracteriza pela interioridade de cada ser humano, pois cada homem pode determinar-se e, assim, procurar a verdade interior de si mesmo, a fim de encontrar o significado dos dados fornecidos pelos seus sentidos, pelas suas funções cognitivas e pelas suas experiências pessoais, de molde a resultar nas suas convicções interiores e na sua tranqüilidade espiritual (José Afonso da Silva e Vitorino Ângelo Filipin).

LIBERDADE SEXUAL. *Direito penal.* Direito de disposição do próprio corpo ou de não ser forçado a praticar ato sexual. Constituirão crimes contra liberdade sexual: o ato de constranger mulher à conjunção carnal, mediante violência ou grave ameaça; o atentado violento ao pudor, forçando alguém a praticar ato libidinoso diverso da conjunção carnal; a conjunção carnal com mulher honesta, mediante fraude; o ato de induzir mulher honesta, mediante fraude, a praticar ato libidinoso.

LIBERDADE SINDICAL. *Direito constitucional.* Direito dos trabalhadores da mesma categoria profissional de formarem ou de se filiarem a um sindicato para defender seus interesses.

LIBERDADE SOCIOPOLÍTICA. *Ciência política.* É a de participação política, consistente no direito do cidadão de tomar parte na vida política e na direção dos assuntos públicos do País, de ser esclarecido objetivamente sobre atos públicos e informado acerca da gestão pública, de votar e de ser eleito e de acesso a cargos públicos (José Afonso da Silva).

LIBERDADES PÚBLICAS. *Direito constitucional.* **1.** Direitos fundamentais do cidadão consagrados na Constituição, que constituem restrições aos três poderes do Estado: Executivo, Legislativo e Judiciário. Tais liberdades podem ser: a) individuais, como a de ir, vir e ficar; a de opinião, de religião, de ensino, de comércio e indústria, a profissional; ou b) coletivas, como de reunião, a sindical, de associação etc. **2.** Poderes de autodeterminação reconhecidos e organizados pelo Estado, pelos quais o homem, nos diversos domínios, escolhe o comportamento que pretende assumir (Jean Rivero).

LIBERDADES SOCIOCULTURAIS. *Direito constitucional.* Abrangem a: a) liberdade de estado, referente à autodeterminação do homem em face do seu relacionamento com os demais membros da comunidade, ou com esta, assegurando-se-lhe personalidade jurídica e capacidade jurídica plenas (Capelo de Sousa); b) liberdade de religião e de culto, que garante a autodeterminação de cada um em professar, exprimir, praticar ou alterar as suas convicções religiosas, individualmente ou com outras pessoas; liberdade à intimidade dessas convicções; proibição de discriminação por causa das mesmas convicções (Vitorino Ângelo Filipin); c) liberdade de expressão e de informação, que visa garantir não só a liberdade de exprimir e divulgar livremente o pensamento pela palavra escrita, falada ou pela mímica, pela imagem ou por qualquer outro meio, como também o poder de informar, informar-se e ser informado (Vitorino Ângelo Filipin); d) liberdade de reunião e de manifestação, concernente à possibilidade de se reunir com outrem ou se manifestar só ou acompanhado, mesmo em lugares públicos, sem necessidade de qualquer autorização, desde que pacificamente e sem armas (Pontes de Miranda); e) liberdade de associação, relativa às atividades culturais, recreativas, políticas, sindicais, patronais e econômicas, desde que não promovam a violência e tenham fins contrários às leis penais; f) liberdade de educação, relativa à autodeterminação de cada ser humano tanto no processo como no conteúdo das atividades de aprendizagem e de ensinar (John Dewey).

LIBERDADES SOCIOECONÔMICAS. *Direito constitucional, direito civil* e *direito comercial.* Dizem respeito à: a) liberdade de atividade da força de trabalho; autodeterminação de cada ser humano sobre a sua própria força de trabalho e de escolher a atividade que melhor lhe aprouver; assim ninguém pode ser compelido ao trabalho e muito menos sem remuneração; b) liberdade de iniciativa econômica, que protege o direito de: livre acesso em condições igualitárias à iniciativa da produção econômica; iniciar e prosseguir livremente qualquer atividade econômica legalmente admitida, sobretudo em face de impedimentos e perturbações de outrem, independentemente de possuir ou não estabelecimento empresarial; exigir a lealdade e a liberdade de concorrência; c) liberdade negocial, que, basicamente, coloca a salvo o poder de autodeterminação de cada ser humano para, dentro dos limites da lei, livre e esclarecidamente, praticar, deixar de praticar ou fixar o conteúdo de atos, negócios ou contratos dotados de eficácia jurídica que basicamente regulam a sua inserção na sociedade (José Lourenço); d) liberdade de apropriação de bens e sua transmissão, ao tutelar o direito de adquirir ou não, por título ou modo legítimo, tudo o que juridicamente seja suscetível de apropriação individual, bem como o de, voluntariamente, transmitir os bens ou interesses adquiridos em vida ou por morte (Vitorino Ângelo Filipin).

LIBERDADE VIGIADA. *Direito penal* e *direito processual penal.* Medida de segurança pessoal não detentiva que visa adaptar o condenado à vida social, desde que esteja sob a vigilância especial da autoridade competente.

LIBERDOSO. 1. Que age com liberdade. **2.** Em que há liberdade.

LIBÉRIA. *Direito agrário.* Tipo de café.

LIBERI NATURALES. *Direito romano.* Filhos oriundos de concubinato.

LÍBERO. *Direito desportivo.* Zagueiro, no futebol, que atua à frente ou na retaguarda da linha de beques, não marcando, em especial, nenhum dos adversários, cobrindo eventuais falhas de seus companheiros de equipe.

LIBERO ANIMO. *Locução latina.* Com imparcialidade; com isenção de ânimo; sem intenção.

LIBERTAÇÃO. Ato de libertar.

LIBERTADO. Aquele que não mais está privado de sua liberdade.

LIBERTADOR. 1. Aquele que dá liberdade ou que liberta alguém, tornando-o livre. **2.** Próprio para libertar.

LIBERTAR. 1. Dar liberdade. **2.** Tornar livre. **3.** Liberar. **4.** Emancipar. **5.** Tirar da prisão. **6.** Pôr-se em liberdade. **7.** Tornar quite.

LIBERTÁRIA. *Filosofia do direito.* Diz-se da teoria que preconiza a forma do individualismo que não reconhece qualquer limite convencional e legal à liberdade individual, único dos seus direitos na medida de sua potência (Hémon).

LIBERTÁRIO. *Ciência política.* **1.** Anarquista; partidário da doutrina do anarquismo. **2.** Liberal. **3.** Adepto da liberdade total, sem quaisquer restrições.

LIBERTARISMO. *Filosofia geral.* **1.** Teoria filosófica do livre-arbítrio. **2.** Doutrina que defende a liberdade individual como um fim em si.

LIBERTAS. *Termo latino.* Liberdade.

LIBERTAS AD TEMPUS DARI NON POTEST. *Expressão latina.* A liberdade não pode ser outorgada por tempo limitado.

LIBERTAS AGENDI. *Locução latina.* Liberdade de agir.

LIBERTAS EST NATURALIS FACULTAS EJUS QUOD CUIQUE FACERE LIBET NISI SI QUID VI AUT JURE PROHIBETUR. *Expressão latina.* Liberdade é a faculdade natural de fazer o que se deseja, desde que não haja proibição da força ou direito.

LIBERTAS EST POTESTAS FACIENDI ID QUOD JURE LICET. *Aforismo jurídico.* Liberdade é o poder de fazer aquilo que é permitido juridicamente.

LIBERTAS QUAE SERA TAMEN. *Expressão latina.* Liberdade ainda que tardia. Divisa da Inconfidência Mineira, que, hoje, é a do Estado de Minas Gerais.

LIBERTAS SUB LEGE. *Expressão latina.* A liberdade está sob a lei.

LIBERTICIDA. *Ciência política.* Diz-se daquele que visa destruir as liberdades políticas de um Estado.

LIBERTICÍDIO. *Ciência política.* Destruição da liberdade política de uma nação.

LIBERTINAGEM. 1. Devassidão. **2.** Licenciosidade. **3.** Vida de libertino.

LIBERTINICE. 1. Qualidade de libertino. **2.** Libertinismo.

LIBERTINISMO. *Vide* LIBERTINICE.

LIBERTINO. 1. Libidinoso. **2.** Devasso. **3.** Licencioso. **4.** Sensual. **5.** Lascivo. **6.** Aquele que tem vida desregrada. **7.** Depravado.

LIBERTISMO. *Filosofia geral.* Termo usado por Bergson para indicar o gênero de teorias integrantes de sua filosofia.

LIBERTISTA. Partidário da teoria do livre-arbítrio.

LIBERTO. 1. *História do direito.* Escravo que passava a ser livre. **2.** *Direito processual penal.* Aquele que foi colocado em liberdade; solto.

LIBIDINAGEM. *Direito penal.* **1.** Conjunção carnal ilícita. **2.** Ato suscetível de excitar concupiscência, diverso da conjunção carnal, como atentado ao pudor, masturbação, clitorismo, safismo etc. **3.** Desejo erótico incontido. **4.** Ato libidinoso. **5.** Sensualidade.

LIBIDINOSIDADE. *Direito penal.* Ato ou qualidade de libidinoso.

LIBIDINOSO. *Direito penal.* **1.** Lascivo. **2.** Concupiscente. **3.** Relativo a libido. **4.** Devasso. **5.** Aquele que pratica libidinagem.

LIBIDO. *Direito penal.* **1.** Desejo sexual. **2.** Psicossexualidade. **3.** Impulso motivador da atividade sexual.

LIBIDO DOMINANDI. 1. *Locução latina.* Vontade dominante. **2.** *Direito comercial.* a) Vontade dominante questionada pelo proprietário do crédito cartular; b) exigibilidade dos recursos cartulários, provocada por quem dispõe do poder de saque, isto é, pelo beneficiário do título (Hilário de Oliveira).

LIBIDO NARCISISTA. *Medicina legal.* Instinto sexual que se volta para o próprio corpo.

LIBIDO OBJETAL. *Medicina legal.* Desejo sexual orientado para uma pessoa ou objeto.

LIBIDO SUBLIMADA. *Medicina legal.* Manifestação mental do instinto sexual para atividades intelectuais (Croce e Croce Jr.).

LIBITINÁRIO. *Direito romano.* Funcionário que presidia as cerimônias fúnebres.

LÍBITO. Arbítrio; talante; preferência de alguém; agrado; desejo.

LIBOMBO. 1. Na *linguagem comum* é a leva de pessoas que emigram para o sul do Brasil em busca de trabalho. **2.** *Direito agrário.* Conjunto de bóias-frias.

LIBOR. *Direito internacional privado.* **1.** Sobretaxa de juros sobre financiamentos bancários internacionais de grande vulto, que é cobrada acima das do mercado, conforme os riscos do negócio ou o crédito do devedor (Othon Sidou). **2.** Abreviação de *London Interbank Offered Rate*, que é a taxa de juros praticada entre bancos internacionais, entre bancos e grandes empresas, entre bancos e governos, no mercado do eurodólar. Tal taxa é acrescida de prêmios, em empréstimos de maior risco (Luiz Fernando Rudge).

LIBRA. *Direito comparado.* **1.** Medida de massa igual a 0,4535923 kg, usada no sistema inglês de pesos e medidas. **2.** Unidade monetária de alguns países.

LIBRA ESTERLINA. *Direito comparado.* Unidade monetária e moeda do Reino Unido da Grã-Bretanha.

LIBRAR. 1. Equilibrar. **2.** Basear, fundamentar. **3.** Suspender.

LIBRARÍOLO. *Direito romano.* Copista.

LIBRIPENDE. *Direito romano.* O que pagava o saldo às tropas de Roma, antes das guerras de Pirro.

LIBRI VIVI MAGISTRI SUNT. *Expressão latina.* Livros são mestres vivos.

LIBURNO. *Direito romano.* Escravo que transportava a liteira dos nobres ou ricos.

LIÇA. 1. Luta. **2.** Local destinado a torneio. **3.** Lugar onde altas questões são discutidas. **4.** Peça de máquina de tecidos, que levanta os fios.

LICANTROPIA. *Medicina legal.* Doença mental que leva o paciente à crença de que é um lobisomem.

LICANTROPO. *Medicina legal.* Aquele que sofre de licantropia.

LIÇÃO. 1. Matéria ou aula ministrada por um professor aos seus alunos. **2.** Ensinamento. **3.** Opinião de um jurista. **4.** Trabalho escolar preparado pelo discípulo. **5.** Conselho que orienta o comportamento. **6.** Experiência que serve de exemplo, principalmente em caso de falta ou erro. **7.** Repreensão; castigo. **8.** Leitura. **9.** Exemplo. **10.** Exposição publicada para aprendizagem. **11.** Parte da matéria que o professor marca para o educando estudar.

LICC. *Teoria geral do direito* e *direito internacional privado.* Lei de Introdução ao Código Civil.

LICEAT CONCEDERE VERIS. *Expressão latina.* Digamos a verdade.

LICEIDADE. 1. Licitude. **2.** Aquilo que é lícito.

LICENÇA. 1. *Direito administrativo.* a) Ato administrativo vinculado, unilateral, pelo qual o Poder Público concede ao jurisdicionado a faculdade de exercer uma atividade, desde que preenchidos os requisitos legais. Por exemplo: licença para edificar; b) permissão dada ao servidor público para interromper, durante certo período, o serviço, ante a ocorrência de algum motivo previsto em lei; afastamento autorizado do cargo; c) documento comprobatório da autorização concedida pela Administração Pública para a prática de certos atos. **2.** *Direito de propriedade industrial.* Autorização dada pelo detentor da patente de invenção a outrem para explorá-la. Esse contrato de licença deve ser averbado no INPI para produzir efeitos relativamente a terceiro. Essa licença pode ser compulsória, voluntária e de uso de marca. **3.** *Direito militar.* Permissão concedida a militares para ausentarem-se de seus serviços. **4.** *Direito de trânsito.* a) Placa numérica que identifica um veículo; b) carteira de habilitação profissional que permite dirigir veículo. **5.** Na *linguagem jurídica,* em geral, pode significar: a) consenso; autorização; b) desregramento moral; vida dissoluta; c) dispensa; d) isenção de fazer aquilo a que se estava obrigado. **6.** Na *terminologia universitária,* é o grau de licenciado, ou melhor, o conferido àquele que, tendo concluído o curso, está habilitado para o exercício da profissão. **7.** *Direito do trabalho.* Dispensa legal ou contratual do empregado do exercício do trabalho para repouso ou por motivos especificados em lei. **8.** *Direito canônico.* Permissão dada pelo superior ao sacerdote para praticar determinado ato ou exercer determinada atividade prevista em lei. **9.** *Direito espacial.* Ato administrativo de competência da AEB, outorgado à pessoa jurídica, singular, associada ou consorciada, habilitando-a à execução de atividades espaciais de lançamento no território brasileiro.

LICENÇA À ADOTANTE. *Direito civil* e *direito do trabalho.* A licença à adotante será de 120 dias, se a criança tiver até um ano de idade; 60 dias, se tiver mais de um ano até 4 anos de idade; e de 30 dias, se o adotado tiver mais de 4 anos e até 8 anos de idade.

LICENÇA À GESTANTE. *Vide* LICENÇA-MATERNIDADE.

LICENÇA AMBIENTAL. *Direito ambiental.* Ato administrativo pelo qual o órgão ambiental competente estabelece as condições, restrições e medidas de controle ambiental que deverão ser obedecidas pelo empreendedor, pessoa física ou jurídica, para localizar, instalar, ampliar e operar empreendimentos ou atividades utilizadoras dos recursos ambientais, consideradas efetiva ou potencialmente poluidoras ou aquelas que, sob qualquer forma, possam causar degradação ambiental.

LICENÇA ANUAL REMUNERADA. *Direito administrativo.* Afastamento do cargo concedido, anualmente, pela Administração Pública ao servidor durante certo período, sem prejuízo de seus vencimentos.

LICENÇA COMPLEMENTAR. *Direito internacional privado.* Delegação feita pelo país de destino ou de trânsito à transportadora que possui licença originária.

LICENÇA COMPULSÓRIA. *Direito de propriedade industrial.* É aquela imposta ao titular de patente que exerceu abusivamente seus direitos ou que, por meio dela, praticou abuso de poder econômico, comprovado por decisão administrativa ou judicial. Ensejam licença compulsória: a) a não-exploração do objeto da patente no território brasileiro por falta de fabricação ou fabricação incompleta do produto, ou, ainda,

a falta de uso integral do processo patenteado, ressalvados os casos de inviabilidade econômica, quando será admitida a importação; ou b) a comercialização que não satisfizer às necessidades do mercado. Tal licença ainda será concedida quando, cumulativamente, ficar caracterizada situação de dependência de uma patente em relação a outra ou o objeto da patente dependente constituir substancial progresso técnico em relação à patente anterior e o titular não realizar acordo com o titular da patente dependente para exploração da patente anterior. Essa licença compulsória é concedida sem exclusividade, não se admitindo sublicenciamento. Trata-se de sanção ao titular que não iniciou a exploração de sua patente no prazo de três anos de sua concessão se não provar que isso se deu em função de força maior (Cláudia Villagra da Silva Marques) ou que a comercializou sem atender às necessidades do mercado.

LICENÇA COMPULSÓRIA DE PATENTE. *Direito de propriedade industrial.* É a concedida para uso público não comercial, nos casos de emergência nacional ou interesse público, assim declarados pelo Poder Público, desde que constatado que o titular da patente ou seu licenciado não atende a essas necessidades. Entende-se por emergência nacional o iminente perigo público, ainda que apenas em parte do território nacional. Consideram-se de interesse público os fatos relacionados, dentre outros, à saúde pública, à nutrição, à defesa do meio ambiente, bem como aqueles de primordial importância para o desenvolvimento tecnológico ou socioeconômico do País. O ato do Poder Executivo Federal que declarar a emergência nacional ou o interesse público será praticado pelo Ministro de Estado responsável pela matéria em causa e deverá ser publicado no *Diário Oficial da União.* Constatada a impossibilidade de o titular da patente ou o seu licenciado atender à situação de emergência nacional ou interesse público, o Poder Público concederá, de ofício, a licença compulsória, de caráter não exclusivo, devendo o ato ser imediatamente publicado no *Diário Oficial da União.* O ato de concessão da licença compulsória para o uso público não comercial estabelecerá, dentre outras, as seguintes condições: a) o prazo de vigência da licença e a possibilidade de prorrogação; b) aquelas oferecidas pela União, em especial a remuneração do titular; c) a obrigação de o titular, se preciso, transmitir as informações necessárias e suficientes à efetiva reprodução do objeto protegido, a supervisão de montagem e os demais aspectos técnicos e comerciais aplicáveis ao caso em espécie. Na determinação da remuneração cabível ao titular, serão consideradas as circunstâncias econômicas e mercadológicas relevantes, o preço de produtos similares e o valor econômico da autorização. A autoridade competente poderá requisitar informações necessárias para subsidiar a concessão da licença ou determinar a remuneração cabível ao titular da patente, assim como outras informações pertinentes aos órgãos e às entidades da Administração Pública, direta e indireta, federal, estadual e municipal. No caso de emergência nacional ou interesse público que caracterize extrema urgência, a licença compulsória poderá ser implementada e efetivado o uso da patente, independentemente do atendimento prévio das condições estabelecidas legalmente. Se a autoridade competente tiver conhecimento, sem proceder a busca, de que há patente em vigor, o titular deverá ser prontamente informado desse uso. A exploração da patente licenciada poderá ser realizada diretamente pela União ou por terceiros devidamente contratados, ficando impedida a reprodução do seu objeto para outros fins, sob pena de ser considerada como ilícita. Nos casos em que não seja possível o atendimento às situações de emergência nacional ou interesse público com o produto colocado no mercado interno, ou se mostre inviável a fabricação do objeto da patente por terceiro, ou pela União, poderá esta realizar a importação do produto objeto da patente, desde que tenha sido colocado no mercado diretamente pelo titular ou com seu consentimento. A contratação de terceiros para exploração da patente compulsoriamente licenciada será feita mediante licitação. Atendida a emergência nacional ou o interesse público, a autoridade competente extinguirá a licença compulsória, respeitados os termos do contrato firmado com o licenciado. A autoridade competente informará ao Instituto Nacional da Propriedade Industrial (INPI), para fins de anotação, as licenças para uso público não comercial, bem como as alterações e a extinção de tais licenças.

LICENÇA DE CAÇA. *Direito civil, direito penal* e *direito administrativo.* Autorização dada pela autoridade competente para o trânsito com armas de caça e para o exercício da caça ou tiro ao vôo, desde que observados os regulamentos administrativos e normas especiais, sob pena de cometer contravenção penal punível com prisão simples ou multa.

LICENÇA DE FAVOR. *Direito militar.* Concedida a militar, verbalmente, para que possa, por determinados dias, ficar afastado de suas funções sem perda de vencimentos.

LICENÇA DE FUNCIONAMENTO DE ESTAÇÃO DE RADIOAMADOR. *Direito das comunicações.* É o documento que autoriza a instalação e o funcionamento de estação do serviço de radioamador. A Licença de Funcionamento de Estação de Radioamador é pessoal e intransferível, e obedecerá ao modelo fixado em norma, onde constarão, necessariamente, o nome do permissionário, a classe, o indicativo de chamada e a potência autorizada. A cada tipo de estação corresponderá uma Licença de Funcionamento de Estação de Radioamador.

LICENÇA DE IMPORTAÇÃO (LI). *Direito internacional privado.* Autorização eletrônica, obtida previamente à importação, junto à Secretaria de Comércio Exterior (SECEX), via módulo específico do SISCOMEX, que permite a entrada de mercadorias/materiais no País, quando estes estiverem sujeitos a controles especiais pelo órgão licenciador.

LICENÇA DE OCUPAÇÃO. *Direito agrário.* Título que permite ao posseiro ocupar terras devolutas federais, em especial na Amazônia Legal, explorando-as, tornando-as produtivas com seu trabalho. Tal permissão conduz à legitimação da posse. É uma espécie de comodato entre a União e o ocupante de terra pública.

LICENÇA DE PESCA. *Direito civil* e *direito administrativo.* Autorização dada a pescadores para explorar, com fins comerciais, desportivos ou científicos, a fauna aquática, atendendo aos atos emanados do órgão competente e às normas específicas, sob pena de ser cassada.

LICENÇA DE PESQUISA SÍSMICA (LPS). *Direito ambiental.* Ato administrativo pelo qual o IBAMA autoriza e estabelece condições, restrições e medidas de controle ambiental que devem ser seguidas pelo empreendedor para a realização das atividades de aquisição de dados sísmicos.

LICENÇA DE TRABALHO NÃO REMUNERADA. *Direito do trabalho.* Permissão legal ou do empregador que confere ao empregado faculdade de deixar de prestar serviço, durante certo período de tempo, sem contudo perceber remuneração.

LICENÇA DE TRABALHO REMUNERADA. *Direito do trabalho.* Autorização legal ou do empregador permitindo ao empregado que se afaste de suas funções, sem que perca o direito à percepção do seu salário.

LICENÇA DE TRANSPORTE. *Direito ambiental.* Documento expedido pelo IBAMA que autoriza o transporte de animais silvestres entre estabelecimentos de cria e recria e a movimentação do plantel.

LICENÇA DE TRIPULANTE. *Direito aeronáutico.* Documento expedido por autoridade competente dando habilitação para alguém ser tripulante de aeronave.

LICENÇA DE USO DE CERTIFICADOS E DE MARCAS DE CONFORMIDADE. *Direito de propriedade industrial.* Documento vinculado a um certificado de conformidade e emitido de acordo com as regras de um sistema de certificação, pelo qual um organismo de certificação outorga a uma pessoa física ou jurídica o direito de utilizar certificados ou marcas de conformidade, em seus produtos, de acordo com as regras do programa de certificação pertinentes.

LICENÇA DE USO DE MARCA. *Direito de propriedade industrial.* Aquela em que o titular de registro ou depositante de pedido de registro concede licença para uso de marca, sem prejuízo de seu direito de exercer controle efetivo sobre as especificações, natureza e qualidade dos respectivos produtos ou serviços. O licenciado pode ser investido pelo titular de todos os poderes para agir em defesa da marca, sem prejuízo dos seus próprios direitos.

LICENÇA EM BLOCO DE ACESSOS DE ESTAÇÕES. *Direito das comunicações.* É o ato administrativo de expedição de licença de um conjunto de acessos de estações, em nome da concessionária, permissionária e autorizada de serviços de telecomunicações e de uso de radiofreqüência.

LICENÇA ESPECIAL. *Direito administrativo.* Direito de um funcionário público afastar-se durante três meses do serviço, a título de recompensa, após cada qüinqüênio de exercício efetivo e ininterrupto, desde que preenchidos os requisitos estatutários. Trata-se da licença-prêmio.

LICENÇA FACULTATIVA. *Vide* LICENÇA VOLUNTÁRIA.

LICENÇA-INCENTIVO SEM REMUNERAÇÃO. *Direito administrativo.* É a licença sem remuneração com pagamento de incentivo em pecúnia, de natureza indenizatória, correspondente a seis vezes a remuneração a que faz jus, na data em que for concedida, ao servidor da administração direta, autárquica e fundacional do Poder Executivo da União, ocupante exclusivamente de cargo de provimento efetivo, desde que não esteja em estágio probatório. Tal licença terá duração de três anos consecutivos, prorrogável por igual período, vedada a sua interrupção, a pedido ou no interesse da Administração. A critério da Administração, a licença poderá ser concedida em ato do dirigente do órgão setorial ou seccional do Sistema de Pessoal Civil da Administração Federal (SIPEC), que deverá conter, além dos dados funcionais do servidor, o período da licença, mediante publicação em boletim interno.

LICENÇA-MATERNIDADE. *Direito constitucional* e *direito do trabalho.* **1.** Período de descanso de cento e vinte dias concedido à gestante, antes e depois do parto, sem que haja qualquer prejuízo ao seu emprego e ao salário. **2.** É a concedida à empregada que adotar ou obtiver guarda judicial para fins de adoção de criança: até 1 ano de idade, o período de licença será de cento e vinte dias; b) a partir de 1 ano até 4 anos de idade, o período de licença será de sessenta dias; c) a partir de 4 anos até 8 anos de idade, o período de licença será de trinta dias. A licença-maternidade só será concedida mediante apresentação do termo judicial de guarda à adotante ou guardiã.

LICENÇA ORIGINÁRIA. *Direito internacional privado.* Delegação para realizar transporte coletivo rodoviário internacional de passageiros, feita pelo país signatário de acordo sobre transporte internacional terrestre à transportadora sob sua jurisdição.

LICENÇA PARA CAPACITAÇÃO. *Direito administrativo.* É a concedida a servidor após cada qüinqüênio de efetivo exercício, para, no interesse da Administração, afastar-se do cargo, com a respectiva remuneração, por até três meses, para participar de curso de capacitação profissional.

LICENÇA PARA CONSTRUÇÃO. *Direito administrativo.* Ato administrativo que contém permissão dada pela Administração Pública, no exercício do seu poder de polícia, para edificação, controlando a observância da legislação específica, das posturas municipais e dos regulamentos administrativos. Tal licença concretiza-se mediante alvará para edificar.

LICENÇA PARA FUNCIONAMENTO. *Direito das comunicações.* É o documento expedido pelo Ministério das Comunicações que habilita a estação a funcionar em caráter definitivo.

LICENÇA PARA FUNCIONAMENTO DE ESTAÇÃO. *Direito das comunicações.* O ato administrativo que autoriza o início do funcionamento de estação individual, em nome da concessionária, permissionária e autorizada de serviços de telecomunicações e de uso de radiofreqüência.

LICENÇA PARA FUNCIONAMENTO DE ESTAÇÃO DE RADIOAMADOR. *Direito das comunicações.* É o documento que autoriza a instalação e o funcionamento de estação do serviço de radioamador, com o uso das radiofreqüências associadas.

LICENÇA PARA SERVIÇO MILITAR. *Direito administrativo.* Licença dada a funcionário para faltar durante o período em que prestar o serviço militar obrigatório.

LICENÇA PARA TRATAMENTO DE SAÚDE. *Direito administrativo.* Concedida pela administração ao funcionário público doente para afastar-se do serviço durante o tempo que for necessário, baseado em laudo ou atestado médico, sem que haja qualquer prejuízo de sua remuneração.

LICENÇA PARA TRATAR DE INTERESSE PARTICULAR. *Direito administrativo.* Afastamento concedido a funcionário até dois anos, sem direito à remuneração, para cuidar de interesses particulares.

LICENÇA PARA USO DA MARCA DA CONFORMIDADE. *Direito de propriedade industrial.* Documento emitido de acordo com os critérios estabelecidos pelo Inmetro, pelo qual a OCP outorga a uma empresa, fabricante ou importador, mediante um contrato, o direito de utilizar a identificação da certificação em seus produtos.

LICENÇA–PATERNIDADE. *Direito constitucional* e *direito do trabalho.* Período de descanso de cinco dias dado ao pai, inclusive se adotante, contado do nascimento de seu filho ou da adoção.

LICENÇA POR ACIDENTE EM SERVIÇO. *Direito previdenciário.* Aquela a que tem direito o empregado de afastar-se do trabalho sem prejuízo de sua remuneração, por ter sofrido dano psíquico ou físico durante o exercício de suas funções.

LICENÇA POR MOTIVO DE DOENÇA EM FAMÍLIA. *Direito administrativo.* Afastamento do funcionário por moléstia de ascendente, descendente ou colateral, afim ou consangüíneo, até o segundo grau, desde que se comprove ser indispensável a sua assistência pessoal.

LICENÇA–PRÊMIO. *Vide* LICENÇA ESPECIAL.

LICENÇA REGISTRADA. *Direito militar.* É a concedida sem vencimentos aos praças e aos oficiais, com metade do soldo.

LICENÇAS DO SERVIDOR. *Direito administrativo* e *direito previdenciário.* São as concedidas por lei ao servidor público, tais como por motivo de: a) doença de familiares; b) acompanhamento do cônjuge que for exercer algum mandato eletivo ou prestar serviços em outro ponto do território nacional ou no exterior; c) serviço militar; d) atividade política; e) prêmio por assiduidade após cada qüinqüênio de efetivo e ininterrupto serviço; f) interesses ou assuntos particulares por dois anos consecutivos, sem direito à remuneração; g) mandato classista em confederação, federação, associação de classe ou sindicato.

LICENÇA VOLUNTÁRIA. *Direito de propriedade industrial.* É a que decorre de contrato de licença para exploração em que o titular da patente ou o depositante investe o licenciado de todos os poderes para explorá-la e agir em sua defesa.

LICENCIAÇÃO. *Vide* LICENCIAMENTO.

LICENCIADO. 1. *Direito administrativo.* a) Aquele que tem licença; b) o que se licenciou; c) autorizado por licença. **2.** *Direito militar.* Militar com licença ou aquele que terminou seu tempo de serviço. **3.** *Direito de trânsito.* a) Diz-se de veículo que obteve placa de licença; b) aquele que está habilitado para dirigir veículos automotores. **4.** Na *linguagem universitária.* Aquele que tem grau de licenciatura. **5.** Na *linguagem jurídica* pode, ainda, ter o sentido de: a) isento; b) despedido; dispensado do serviço; c) aquele que exerce profissão liberal. **6.** *Direito do trabalho.* Aquele que recebeu licença para se afastar do trabalho.

LICENCIAMENTO. 1. *Direito de trânsito.* a) Autenticação da placa numérica identificadora de veículo automotor autorizado a trafegar; b) procedimento anual, relativo a obrigações do proprietário de veículo, comprovado por meio de documento específico (Certificado de Licenciamento Anual). **2.** *Direito administrativo.* Licença outorgada a funcionário para afastar-se, temporariamente, do cargo. **3.** *Direito do trabalho.* Dispensa do empregado do serviço.

LICENCIAMENTO AMBIENTAL. 1. *Direito ambiental.* Instrumento não-jurisdicional da Política Nacional do Meio Ambiente para tutela ambiental preventiva. Nele há três etapas de procedimento administrativo, a saber: a) formação do

LICENCIAMENTO DA RESERVA

EIA/RIMA ou apresentação do RAIAS; b) formação, ou não, da audiência pública; e c) concessão da licença ambiental (Celso A. P. Fiorillo e Marcelo A. Rodrigues). **2.** É o procedimento administrativo pelo qual o órgão ambiental competente licencia a localização, instalação, ampliação e operação de empreendimentos e atividades utilizadoras de recursos ambientais considerados efetiva ou potencialmente poluidoras; ou daquelas que, sob qualquer forma, possam causar degradação ambiental, considerando as disposições legais e regulamentares e as normas técnicas aplicáveis ao caso. **3.** Conjunto de atos administrativos pelos quais o órgão de meio ambiente aprova a viabilidade do local proposto para uma instalação de tratamento ou destinação final de resíduos, permitindo a sua construção e operação, após verificar a viabilidade técnica e o conceito de segurança do projeto.

LICENCIAMENTO DA RESERVA. *Direito militar.* Passagem para o quadro da reserva de praças que atingiram o tempo necessário de serviço como efetivos.

LICENCIAMENTO DE IMPORTAÇÃO. *Direito internacional privado.* É exigido às mercadorias sujeitas a licenciamento não automático e solicitado por via eletrônica pelo importador ou seu representante legal, por intermédio do SISCOMEX (Módulo Importação).

LICENCIAMENTO DE INSTALAÇÕES RADIATIVAS. *Direito ambiental.* Ato administrativo pelo qual o Conselho Nacional de Energia Nuclear (CNEN) aprova a viabilidade do local proposto para uma instalação radiativa e permite a sua construção e operação, após verificar a viabilidade técnica e o conceito de segurança do projeto.

LICENCIAMENTO DE VEÍCULO. *Direito de trânsito.* Licença concedida ao veículo para poder trafegar.

LICENCIAMENTO *EX OFFICIO.* *Direito militar.* Ato pelo qual se transfere, imediatamente, para a reserva não remunerada o guarda-marinha, o aspirante-a-oficial e as demais praças empossados em cargos ou empregos públicos permanentes e alheios às suas carreiras.

LICENCIANDO. O que vai receber grau de licenciado.

LICENCIAR. 1. Conceder licença. **2.** Dispensar ou isentar temporariamente do serviço. **3.** Concluir curso superior obtendo grau de licenciado. **4.** Autenticar placa de identificação de veículo.

LICENCIATURA. 1. Ato ou efeito de licenciar-se. **2.** Grau universitário.

LICENCIÁVEL. O que pode ser licenciado.

LICENCIOSIDADE. *Direito penal.* Qualidade de licencioso.

LICENCIOSO. *Direito penal.* **1.** Contrário aos bons costumes. **2.** Libertino. **3.** Ofensivo ao pudor. **4.** Desregrado. **5.** Indecente.

LICET? *Termo latino.* É lícito? É permitido?

LICEU. 1. *História do direito.* Escola onde Aristóteles ensinava filosofia. **2.** Na *linguagem jurídica* indica: a) estabelecimento de ensino; b) escola profissional; c) agremiação cultural com finalidade didática.

LICHTENBERG. *Medicina legal.* Designação dada à marca elétrica provocada em ser humano vivo, atingido por raio ou eletricidade atmosférica, ou, ainda, por descarga elétrica industrial ou domiciliar de alta tensão. Tal figura caracteriza-se por desenhos róseos ramificados que aparecem na epiderme.

LICIATÓRIO. Pente do tear.

LICITAÇÃO. 1. *Direito administrativo.* Instituto de direito administrativo para eleger um contratante com a Administração Pública precedendo, portanto, ao contrato administrativo, com o escopo de garantir o princípio da isonomia e de selecionar a proposta mais vantajosa para a administração. É, na lição de Adilson de Abreu Dallari, um procedimento administrativo unilateral, discricionário, destinado à seleção de um eventual e futuro contratante com a Administração Pública para a aquisição ou a alienação de bens, a prestação de serviços e a execução de obras, mediante escolha da melhor proposta apresentada pelo particular. Seis são os procedimentos licitatórios que atendem aos princípios da legalidade, impessoalidade, moralidade, igualdade, publicidade, probidade administrativa, vinculação ao instrumento convocatório e do julgamento objetivo: concorrência, tomada de preços, convite, concurso, leilão e pregão. As fases da licitação são as seguintes: a) abertura da licitação, que se constitui num chamamento público aos particulares para que apresentem ofertas; b) habilitação de licitantes, que se destina à verificação da idoneidade dos proponentes, analisando sua capacidade jurídica para assumir obrigações e responsabilidades, sua capacidade técnica para executar materialmente o conteúdo da obrigação assumida e sua capacidade financeira para suportar os ônus inerentes à execução da obrigação e às responsabilidades dela oriundas; c) classificação das propostas viáveis, formuladas por proponentes idôneos; d) adjudicação, que qualifica uma proposta como aceitável pelos seus caracteres intrínsecos; e) aprovação do procedimento que confere eficácia à seleção feita, correspondendo a uma aceitação da promessa de contrato formulada pelo adjudicatório, surgindo o vínculo contratual entre a administração e o particular, relativo à promessa de contrato. **2.** *Direito civil* e *direito processual civil.* a) Proposta ou oferta do preço, que precede a arrematação no leilão ou hasta pública; b) ato pelo qual herdeiros ou condôminos disputam entre si a aquisição de bem doado inoficiosamente, insuscetível de divisão cômoda, que será adjudicado àquele que oferecer maior preço; c) oferta de maior quantia em caso de mais de um credor concorrente para obter adjudicação de bem penhorado, pois, se nenhum oferecer maior preço, o credor hipotecário preferirá ao exeqüente e aos credores concorrentes.

LICITAÇÃO EM CURSO. *Direito administrativo.* É aquela cujo instrumento de contrato ou outro instrumento hábil, como carta-contrato, nota de empenho de despesa, autorização de compra ou de ordem de execução de serviço, não tenha sido, ainda, formalizado.

LICITAÇÃO NAS EMPRESAS ESTATAIS. *Direito administrativo.* Procedimento pelo qual as empresas públicas e sociedades de economia mista convidam o público para fazer proposta, para escolher a mais vantajosa e efetuar com o ofertante, ulteriormente, um contrato para prestação de serviços, alienação de bens ou execução de obras, seguindo seus regulamentos próprios ou os princípios que regem a licitação, por ser isso conveniente, na prática.

LICITADOR. *Vide* LICITANTE.

LICITANTE. 1. *Direito administrativo.* Aquele que licita, oferecendo uma oferta ao participar do procedimento licitatório. **2.** *Direito processual civil.* Lançador em leilão ou hasta pública.

LICITAR. 1. *Direito administrativo.* a) Pôr em licitação; b) oferecer proposta num procedimento licitatório. **2.** *Direito processual civil.* a) Pôr em leilão; b) cobrir lanço em hasta pública ou partilha judicial; c) oferecer uma quantia em ato de arrematação ou adjudicação.

LICITATÓRIO. *Direito administrativo* e *direito processual civil.* Relativo a licitação.

LÍCITO. *Teoria geral do direito.* **1.** Aquilo que é conforme a lei. **2.** Permitido juridicamente. **3.** O que não está proibido legalmente. **4.** Segundo a justiça; justo. **5.** Consentido. **6.** De acordo com a moral e os bons costumes. **7.** O que se pode fazer, por não estar vedado em lei. **8.** Regular.

LICITUDE. *Teoria geral do direito.* **1.** Qualidade do que é lícito, do que é legal. **2.** Legalidade. **3.** Juridicidade. **4.** Moralidade. **5.** Liceidade.

LICOMANIA. *Vide* LICANTROPIA.

LICORISTA. *Direito comercial.* Fabricante ou vendedor de licores.

LICP. *Direito penal.* Lei de Introdução ao Código Penal e à Lei das Contravenções Penais, que rege determinadas situações, diante de novos preceitos, caracterizando-se pelo caráter transitório de seus 27 dispositivos.

LICTOR. *Direito romano.* Oficial que na antigüidade romana tinha a função de prender e punir criminosos e proteger, em público, os supremos magistrados ou cônsules, conduzindo-os ao levar uma machadinha rodeada de um feixe de varas.

LIDA. 1. Trabalho. **2.** Luta.

LIDADOR. 1. *Direito do trabalho.* Aquele que trabalha afanosamente ou com esforço. **2.** *Direito agrário.* Hábil na lida pastoril.

LIDE. *Direito processual civil.* **1.** Questão judicial. **2.** Debate entre autor e réu para obter uma decisão de mérito. **3.** Litígio. **4.** Pendência. **5.** Processo. **6.** Em sentido técnico é o objeto principal do processo civil; o conflito de interesses qualificado pela pretensão do autor e pela resistência do réu (Carnelutti e Buzaid); o mérito da causa (Rogério Lauria Tucci).

LIDE PENAL. *Direito processual penal.* Conflito entre a pretensão de punir do Estado e o direito da liberdade do acusado de não sofrer a pena (Carlos Alberto Teixeira Paranhos).

LIDE PENDENTE. *Direito processual civil.* **1.** Constatação, num processo em curso, de outro precedente com tríplice identidade de elementos: partes, de pedido e causa de pedir; litispendência; repetição ou reprodução de ação anteriormente ajuizada; identidade de causas. **2.** Existência de lide em andamento, ou seja, que se encontra no período entre a citação e a sentença final e definitiva.

LÍDER. 1. *Ciência política.* a) Chefe de partido político; b) parlamentar eleito entre os filiados ao seu partido para coordenar a bancada na assembléia; representante de uma bancada parlamentar na assembléia. **2.** Nas *linguagens comum* e *jurídica* em geral, pode ter o sentido de: a) dirigente; b) representante de um grupo; c) guia.

LIDERADO. O que é coordenado ou dirigido por um líder.

LIDERANÇA. 1. Função de líder. **2.** Capacidade de chefia. **3.** *Ciência política.* Capacidade de persuadir ou dirigir homens, em razão de qualidades pessoais e não da função exercida (Mac Iver e Page).

LIDERAR. 1. Chefiar. **2.** Dirigir na qualidade de líder do grupo. **3.** Exercer liderança.

LÍDER CARISMÁTICO. 1. Aquele que, pelo seu poder extraordinário, influencia grupos, que cultuam sua personalidade por admirarem sua intelectualidade, seus dotes morais, artísticos etc. **2.** Aquele que possui prestígio pessoal aceito pelos dirigidos.

LIDE RECONVENCIONAL. *Direito processual civil.* Demanda reconvencional proposta pelo réu nos mesmos autos processuais em que corre a ação do autor.

LIDE TEMERÁRIA. *Direito processual civil.* Diz-se, sem rigor técnico, da ação iniciada e continuada com má-fé, leviandade e imprudência, tendo-se consciência da ausência de direito (Pereira Braga, Eliézer Rosa).

LIDIMAR. Tornar legítimo; autenticar.

LIDIMIDADE. 1. Legitimidade. **2.** Qualidade do que é lídimo.

LÍDIMO. 1. Legítimo. **2.** Autêntico. **3.** Genuíno. **4.** Puro.

LIDITE. *Direito militar.* Forte explosivo que, por conter ácido pícrico, é usado na fabricação de bombas.

LIDO. 1. *História do direito.* Colono, de tribo germânica medieval, pertencente a uma categoria superior. **2.** Na *linguagem comum*, tem o sentido de erudito.

LIEBES GEMEINS CHAFT. *Termo alemão.* Comunidade de amor.

LIE DETECTOR. *Medicina legal.* Detector de mentiras; polígrafo ou aparelho eletrônico que permite, por registrar graficamente as alterações respiratórias e circulatórias, averiguar o grau de verdade ou mentira na confissão da pessoa acusada, submetida a um interrogatório, avaliando a sinceridade de suas afirmações.

LIEN. *Termo inglês.* **1.** Direito de retenção. **2.** Hipoteca.

LIENOMIELOMALACIA. *Medicina legal.* Amolecimento do baço e da medula óssea.

LIENOSO. *Medicina legal.* Aquele que sofre de alguma moléstia do baço.

LIENTERIA. *Medicina legal.* Diarréia em que há evacuação do alimento ingerido sem a completa digestão.

LIFEMIA. *Medicina legal.* Falta de sangue.

LIFREDING. *Vide* FRANQUIA INDUSTRIAL.

LIFTVAN. *Direito comercial.* Furgão-contêiner.

LIFT VANS. *Locução inglesa.* Caminhões leves com carroceria fechada.

LIGA. 1. *Direito internacional público.* União, aliança ou pacto entre Estados para a defesa de interesses comuns como ocorreu com a Liga Árabe, a Liga Latina, a Liga Santa, a Liga das Nações. **2.** *Direito civil.* Associação desportiva, cultural, política. **3.** *Economia política.* Proporção em que um metal menos valioso entra em outro mais precioso para dar-lhe mais qualidade. Trata-se do título determinante do grau de fineza da moeda.

LIGA CAMPONESA. *História do direito.* Organização de trabalhadores que buscava a reforma agrária no Brasil.

LIGAÇÃO. 1. *Direito civil.* Concubinato. **2.** *Lógica jurídica.* Coerência. **3.** *Direito militar.* a) Serviço de informações; b) estabelecimento e manutenção de serviço de informações recíprocas entre forças aliadas em operação, para coordenar seus esforços e ações. **4.** Nas *linguagens comum* e *jurídica* em geral, significa: a) ato de estabelecer comunicação entre duas pessoas por telefone; b) união; c) ato ou efeito de ligar; d) laço de amizade; afinidade de sentimento.

LIGAÇÃO INTER-REGIONAL. É aquela cujos terminais se encontram em diferentes regiões geográficas do País.

LIGAÇÃO PREDIAL. *Direito administrativo* e *direito urbanístico.* Derivação da água da rede de distribuição que se liga às edificações ou pontos de consumo por meio de instalações assentadas na via pública até a edificação.

LIGAÇÃO REGIONAL. É aquela em que os terminais se encontram em uma mesma região geográfica do País.

LIGA DAS NAÇÕES. *História do direito.* Criada após a 1ª Guerra Mundial para atender a interesses econômicos e pacifistas.

LIGADO. 1. Unido. **2.** Relacionado. **3.** Em *gíria*, é o que está sob efeito de droga.

LIGADURA. *Medicina legal.* Atadura de um vaso sangüíneo para constringi-lo, por meio de fios de natureza variável, impedindo a circulação do sangue.

LIGADURA DO CORDÃO UMBILICAL. *Medicina legal.* Constrição do cordão umbilical feita com fio esterilizado logo após o nascimento da criança, que constituirá o umbigo.

LIGADURA EXPULSIVA. *Medicina legal.* Compressão que auxilia a saída do pus.

LIGAL. *Direito agrário.* Couro que cobre carga transportada por animais, para protegê-la das intempéries.

LIGA LATINA. *História do direito.* Criada em 1865 e extinta com a 1ª Guerra Mundial, consistia numa reunião monetária entre Bélgica, França, Itália e Suíça.

LIGAME. 1. Vínculo. **2.** Ligação. **3.** Impedimento matrimonial.

LIGAMENTO. *Medicina legal.* Cordão fibroso que une o osso na articulação, permitindo, pela sua elasticidade, o seu movimento.

LIGAMENTOPEXIA. *Medicina legal.* Intervenção cirúrgica que visa corrigir desvios do útero, encurtando os seus ligamentos redondos.

LIGA NACIONALISTA. *História do direito.* Associação inspirada em Olavo Bilac e extinta em 1924, constituída por membros das faculdades de direito, de engenharia e de medicina e imbuída de idéias liberais, com o escopo de: a) manter na Federação dos Estados a unidade nacional; b) pugnar pela efetividade do voto; c) desenvolver a instrução popular; d) promover a educação cívica do povo; e) concorrer para a defesa nacional.

LIGAR. 1. Unir. **2.** Juntar. **3.** Incorporar. **4.** Dar coerência. **5.** Coligar-se. **6.** Estabelecer comunicação entre duas pessoas ao digitar os números ou ao girar o disco do telefone. **7.** Reduzir a pureza de um metal, misturando-o com outro menos precioso.

LIGAR–SE. *Direito civil.* Unir-se em concubinato.

LIGA SANTA. *História do direito.* Foi a fundada em 1576 para defender o catolicismo.

LIGHT AMPLIFICATION BY STIMULATED EMISSION OF RADIATION (*LASER*). *Expressão inglesa.* Amplificação da luz por emissão estimulada de radiação. Trata-se do *laser,* usado para extirpar tumor cancerígeno; eliminar tatuagens; corrigir miopia e astigmatismo; guiar mísseis etc.

LÍGIA. *História do direito.* Dizia-se da herança que, contendo encargo atribuído ao *de cujus*, obrigava os herdeiros que a aceitavam a cumpri-lo, continuando o ônus que recaía sobre o *auctor successionis.*

LÍGIO. *História do direito.* Vassalo que, na Idade Média, por ter recebido terras ou favores do senhor feudal, tinha obrigação de servi-lo, na guerra ou na paz.

LÍGULA. 1. *Direito romano.* Medida de capacidade para líquidos. **2.** *Medicina legal.* Espécie de verme intestinal.

LIGULOSE. *Medicina legal.* Doença parasitária provocada por lígula, que é um tipo de verme intestinal; verminose causada por lígulas.

LIGURA. *Direito agrário.* Corda que, na região Norte do Brasil, prende ao fueiro de um carro o chifre de um boi que se pretende amansar.

LIKE–MINDED. *Locução inglesa.* Da mesma opinião.

LIMENARCA. *História do direito.* **1.** Aquele que, na antigüidade grega, governava um porto. **2.** Comandante das tropas romanas que guardavam as fronteiras.

LIMENARQUIA. *História do direito.* Função de limenarca.

LIMIAR. 1. Entrada. **2.** Soleira da porta. **3.** Patamar junto à porta. **4.** Início. **5.** Preliminar.

LIMIAR ABSOLUTO. *Psicologia forense.* Grandeza de excitação mínima que uma sensação pode provocar.

LIMIAR DIFERENCIAL. *Psicologia forense.* Menor diferença na grandeza da excitação suficiente para gerar duas sensações diversas, que variam conforme a pessoa ou o estado psicológico em que se encontra.

LIMIAR PSÍQUICO. *Psicologia forense.* Valor mínimo de intensidade de um estímulo para causar uma reação emocional ou motora.

LIMINAR. *Direito processual civil.* Providência tomada pelo órgão judicante, antes de discutir o feito, para resguardar direito alegado, evitando dano irreparável.

LIMITAÇÃO. 1. Ato ou efeito de limitar. **2.** Restrição; contenção. **3.** Redução; diminuição. **4.** Modificação. **5.** Exceção. **6.** Determinação; fixação. **7.** Insuficiência. **8.** Característica do que apresenta um limite. **9.** O que estabelece as proporções de um bem ou de uma conduta, delineando sua menor ou maior amplitude, da qual não poderá sair.

LIMITAÇÃO DA VONTADE. *Direito civil.* **1.** Restrição à vontade aceita pelo contratante. **2.** Autolimitação volitiva.

LIMITAÇÃO DE COMPETÊNCIA TRIBUTÁRIA. *Direito constitucional* e *direito tributário.* Restrição ao poder de lançar tributo operada: a) pelos princípios constitucionais da: legalidade; anterioridade; irretroatividade da lei tributária; tipologia tributária; proibição de tributo com efeito de confisco; vinculabilidade da tributação; uniformidade geográfica; não-discriminação tributária, em razão da procedência ou destino dos bens; territorialidade da tributação; indelegabilidade da competência tributária (Paulo de Barros Carvalho); b) pelo respeito às imunidades tributárias etc.

LIMITAÇÃO DE DIREITO. *Direito civil.* Restrição legal ou contratual ao exercício de um direito.

LIMITAÇÃO DE FIM DE SEMANA. *Direito penal.* Pena restritiva de direito, consistente na obrigação de o condenado permanecer, aos sábados e domingos, por cinco horas diárias, em casa de albergado ou outro estabelecimento adequado. Durante esse tempo poderão ser ministrados ao condenado cursos e palavras ou atribuídas atividades educativas.

LIMITAÇÃO DE PODER. *Direito civil.* Indicação ou declaração do poder concedido a alguém, estabelecendo os atos que pode, validamente, praticar.

LIMITAÇÃO DE PRÉDIO. *Direito civil.* Demarcação de seus limites, assinalando a linha divisória da propriedade, delineando sua extensão.

LIMITAÇÃO DE RESPONSABILIDADE. *Direito civil.* Determinação de certos deveres ou fixação de valores inferiores aos que, em regra, se teria em caso de indenização do dano.

LIMITAÇÕES ADMINISTRATIVAS. *Direito administrativo* e *direito constitucional.* Restrições imprescindíveis aos interesses públicos como: a) as que, em face do interesse da cultura e da proteção do patrimônio histórico e artístico nacional, proíbem a demolição ou modificação de construções tidas como monumentos históricos; b) as que, inspiradas na prosperidade pública, visam a proteção da lavoura, do comércio e da indústria, dirigindo a economia, limitando a produção de mercadorias no que concerne à sua qualidade e regulamentando o exercício de determinadas atividades econômicas; c) as que, com base no interesse da economia popular, prescrevem normas condizentes ao abastecimento, aos preços, fixando-os em tabelas, e ao racionamento de certos produtos; d) as que, por razões estéticas, urbanísticas e higiênicas, executam planos que interferem no exercício do direito de construção, exigindo que os prédios obedeçam a certo alinhamento, obrigando que o dono do imóvel mure seu terreno, calce o passeio etc.; e) as que, baseadas no interesse da saúde pública, proíbem culturas nocivas, interditam o uso das águas, impedem a habitação em locais insalubres, a venda de alimentos deteriorados, a fabricação de certos remédios e a localização em zonas urbanas de indústrias perigosas etc.; f) as que, no interesse do bom funcionamento dos serviços públicos como os de correio, telégrafo, telefone, energia elétrica, permitem que o Estado exija dos proprietários que facilitem tais serviços, consentindo, por exemplo, que fios telefônicos se distendam sobre suas propriedades; g) as do Código de Mineração, concernentes à ocupação dos terrenos vizinhos às jazidas e à constituição compulsória das servidões; h) as do Código Florestal, que declara serem as florestas particulares do interesse do patrimônio florestal; i) as das leis sobre a proteção de aeroportos, preceituando, como aquela pela qual as construções não podem exceder a certa altura, dentro do setor de aproximação dos aviões, para que não haja ameaça à segurança do vôo; j) as da lei que rege o seqüestro e a perda de bens em caso de enriquecimento ilícito por influência de abuso de cargo ou função; l) as das leis que dispõem que os proprietários de terrenos onde sejam exigidos sinais geodésicos, por órgãos técnicos da União, serão notificados da sinalização e das obrigações para sua conservação; m) a que proíbe aos proprietários edificações em terrenos rurais marginais das estradas de rodagem; n) as do Estatuto da Cidade sobre diretrizes gerais da política urbana, reguladoras do uso da propriedade urbana em prol do bem coletivo, da segurança e do bem-estar dos cidadãos bem como do equilíbrio ambiental etc.

LIMITAÇÕES AO DIREITO DE PROPRIEDADE RURAL. *Direito agrário.* Visam dar melhor aproveitamento às terras, procurando distribuí-las de molde a atender aos princípios da justiça social e ao aumento de sua produtividade. Além de extinguirem as formas de ocupação e exploração da terra contrárias à sua função social, também estabelecem normas a respeito da alienação desses terrenos rurais, que só pode concretizar-se, por exemplo, com a aprovação do Instituto Brasileiro de Reforma Agrária. A instituição de usucapião *pro labore* constitui, por exemplo, uma limitação do direito de propriedade de quem abandonou o imóvel rural.

LIMITAÇÕES AO DOMÍNIO EM RAZÃO DO INTERESSE PRIVADO. *Direito civil.* São as restrições que se inspiram no princípio da relatividade dos direitos e no propósito de sua coexistência harmônica e pacífica, fundando-se no próprio interesse do titular do bem ou de terceiro a quem ele pretenda beneficiar, não afetando dessa forma a extensão do exercício do direito de propriedade. Caracteriza-se por sua bilateralidade, ante o vínculo recíproco que estabelece (Messineo). Dentre as restrições que se fundam no interesse privado, temos: a) as servidões prediais; b) as que cominam pena de nulidade para doação de todos os bens, sem reserva de usufruto do doador; c) as disposições que protegem a família; d) as que proíbem doações do cônjuge adúltero ao seu cúmplice; e) as da Lei do Inquilinato e as da lei sobre loteamento; f) as relações decorrentes do direito de vizinhança; e g) as sobre condomínio (Orlando Gomes e W. Barros Monteiro).

LIMITAÇÕES À PROPRIEDADE DECORRENTE DE LEI ELEITORAL. *Direito eleitoral.* São as que determinam a cessão obrigatória e gratuita de propriedade particular para o funcionamento das mesas receptoras nos dias de eleição.

LIMITAÇÕES À PROPRIEDADE DE NATUREZA MILITAR. *Direito militar.* São restrições à propriedade para atender à segurança do povo como: a requisição de móveis ou imóveis necessários às Forças Armadas e à defesa da nação; as alusivas às transações de imóveis particulares situados na faixa de até 150 km da fronteira do território nacional; as concernentes aos aforamentos de terrenos e às construções de edifícios em zonas fortificadas, proibindo sua reconstrução nas proximidades dos terrenos das fortificações; as relativas à requisição de bens destinados a transporte aéreo e às normas referentes às zonas indispensáveis à defesa do país.

LIMITAÇÕES À PROPRIEDADE EM VIRTUDE DO INTERESSE SOCIAL. *Direito constitucional* e *direito administrativo.* São as que pressupõem a idéia de subordinação do direito de propriedade aos interesses públicos e às conveniências sociais.

São limitações imprescindíveis ao bem-estar coletivo e à própria segurança da ordem econômica e jurídica do país. Essas restrições, pertencendo à seara do direito público, passam a ser partes integrantes da estruturação legal do domínio, atingindo-o em toda sua extensão ou em parte dela. Como não estabelecem vínculos recíprocos, têm por característica a sua unilateralidade, sacrificando os interesses particulares sob o fundamento de que devem se subordinar ao interesse público (Orlando Gomes, Serpa Lopes). Tais limitações podem ser constitucionais, administrativas, militares ou eleitorais.

LIMITAÇÕES CONSTITUCIONAIS À PROPRIEDADE. *Direito constitucional.* São as que visam realizar o desenvolvimento nacional e a justiça social com base nos seguintes princípios: liberdade de iniciativa; valorização do trabalho como condição da dignidade humana; função social da propriedade; harmonia e solidariedade entre as categorias sociais de produção; repressão ao abuso do poder econômico, caracterizado pelo domínio dos mercados; eliminação da concorrência e aumento arbitrário dos lucros e expansão das oportunidades de emprego produtivo. Dentre tais restrições, salientamos: a desapropriação por necessidade ou utilidade pública e por interesse social, mediante prévia e justa indenização; a distinção da propriedade sobre jazidas, minas e demais recursos minerais e dos potenciais de energia hidráulica da propriedade do solo para o efeito de exploração ou aproveitamento, que pertencerá à União, garantindo ao concessionário a propriedade do produto da lavra; o confisco de terras onde se cultivam ilegalmente plantas psicotrópicas; os bens tombados etc.

LIMITAÇÕES DE GARANTIA À PROPRIEDADE. *Direito civil.* Direitos reais de garantia sobre coisa alheia, como hipoteca, penhor, anticrese, alienação fiduciária em garantia e venda com reserva de domínio.

LIMITAÇÕES LEGAIS AO DIREITO DE PROPRIEDADE. *Direito civil* e *direito constitucional.* São as que estão contidas em leis especiais. Têm por objetivo proteger não só o interesse público, social ou coletivo, bem como o interesse privado ou particular considerado em função da necessidade social de coexistência pacífica.

LIMITADA. *Direito comercial.* Termo obrigatório que deve ser aposto, abreviadamente, ao nome da sociedade limitada, indicando que a responsabilidade dos seus sócios se limita ao montante da cota subscrita por cada um.

LIMITADO. 1. Aquilo que apresenta restrições impostas por lei e por contrato. **2.** Restrito. **3.** Fixado. **4.** Delimitado, demarcado.

LIMITADOR. *Vide* LIMITANTE.

LIMITANTE. Que limita.

LIMITAR. 1. Restringir. **2.** Confinar. **3.** Ter como limite. **4.** Determinar os limites; demarcar. **5.** Servir de limite. **6.** Seguir certa prescrição. **7.** Reduzir despesas. **8.** Circunscrever-se.

LIMITATION OF ACTION. *Locução inglesa.* Prescrição da ação.

LIMITATIVA. *Lógica jurídica.* Proposição particular que afirma ou nega o predicado de uma parte apenas da extensão do sujeito (Couturat).

LIMITATIVO. 1. Que limita ou demarca algo. **2.** Aquilo que serve de limite. **3.** O que restringe. **4.** O que deve ser compreendido em sentido restrito. **5.** Diz-se do juízo indefinido, que é o juízo afirmativo de predicado negativo (Kant).

LIMITE. 1. *Direito civil.* a) Linha de demarcação de prédios ou terras; linha demarcatória; b) marco. **2.** *Direito internacional público.* Linha real ou imaginária de fronteira, ou de demarcação entre territórios de dois ou mais Estados vizinhos; divisa. **3.** Nas *linguagens comum* e *jurídica*, em geral, pode ter o sentido de: a) ponto máximo que não se deve ultrapassar; b) o que marca o começo ou o fim de um espaço de tempo.

LIMITE COM O MAR. *Direito internacional público.* Mar territorial, ou seja, a parte do oceano que é tida como integrante do território estatal. Conseqüentemente, cada país pode explorar o solo e subsolo marinhos, situados na faixa do mar territorial.

LIMITE DA PENA. *Direito penal.* Tempo de duração máxima da execução da pena privativa da liberdade, que não pode ultrapassar trinta anos, e, se sobrevier condenação por fato posterior ao início do cumprimento da pena, far-se-á uma nova unificação da pena, desprezando-se o período de pena já cumprido.

LIMITE DE ALTA OU DE BAIXA. *Economia política.* Valor estipulado diariamente pela Bolsa de Valores como ponto máximo de preço para negociação de uma ação.

LIMITE DE CAPTURA. *Direito ambiental.* Quantidade de pescado a ser permitida em cada Estação Anual de Pesca, estabelecida em ato normativo específico. O mesmo que COTA DE CAPTURA ou CAPTURA TOTAL PERMITIDA.

LIMITE DE OSCILAÇÃO DIÁRIA. *Direito comercial.* Variação máxima permitida, por pregão, para mais ou para menos na cotação de um contrato, em relação à cotação anterior (Luiz Fernando Rudge).

LIMITED PARTNERSHIP. *Direito comparado.* Na Inglaterra, é a sociedade personalizada em que cada sócio atua como se fosse agente do outro, salvo expressa estipulação contratual que indica um deles, que é o *general partner*, para agir em nome dos demais, que são *limited partners* (Philip S. James).

LIMITE MÁXIMO DE RESÍDUO (LMR). *Direito ambiental* e *direito agrário.* Quantidade máxima de resíduo de agrotóxico ou afim oficialmente aceita no alimento, em decorrência da aplicação adequada numa fase específica, desde sua produção até o consumo, expressa em partes (em peso) do agrotóxico, afim ou seus resíduos por milhão de partes de alimento (em peso) (ppm ou mg/kg).

LIMITES. *Direito financeiro.* Limites máximo e mínimo, expressos em Reais (R$) ou na unidade monetária em vigor, de compra e venda de Títulos no Tesouro Direto estabelecidos pelo STN para os Investidores e controlados por CPF.

LIMITES DO PARENTESCO. *Direito civil.* Indicações dos pontos máximos de produção de seus efeitos, que irão até o infinito para os parentes na linha reta, e até o quarto grau para os da linha colateral.

LIMITES ENTRE PRÉDIOS. *Direito civil* e *direito processual civil.* Marcos divisórios entre prédios contíguos, que conferem direitos recíprocos aos proprietários, no que diz respeito à linha lindeira e pela possibilidade de haver diferenças de áreas atribuídas ou não a um dos vizinhos pela definição da divisa. Por isso o proprietário ou titular de um direito real tem legitimidade para, a qualquer tempo, propor a ação demarcatória, que é imprescritível e irrenunciável, levantar a linha divisória entre dois prédios, aviventar rumos apagados e renovar marcos destruídos ou arruinados. Poderá ele ajuizar essa ação, ainda que não esteja na posse do imóvel demarcando, devendo cumular a ação de demarcação com o pedido de restituição de áreas.

LIMITES OBJETIVOS DA LEI. *Direito constitucional.* Restrições constitucionais à atividade legislativa, apontadas por Lavagna: a) as resultantes das matérias tratadas pela Constituição; b) as oriundas da competência da lei ordinária; c) as decorrentes das matérias reservadas a outras modalidades normativas como, por exemplo, resoluções, lei complementar etc.; d) as dos conteúdos necessários da lei.

LIMITES PARA O PLANTIO DE ORGANISMOS GENETICAMENTE MODIFICADOS. *Biodireito.* São as faixas limites para os seguintes organismos geneticamente modificados nas áreas circunvizinhas às unidades de conservação, em projeção horizontal a partir do seu perímetro, até que seja definida a zona de amortecimento e aprovado o Plano de Manejo da unidade de conservação: a) quinhentos metros para o caso de plantio de soja geneticamente modificada, evento GTS40-3-2, que confere tolerância ao herbicida glifosato; b) oitocentos metros para o caso de plantio de algodão geneticamente modificado, evento 531, que confere resistência a insetos; e c) cinco mil metros para o caso de plantio de algodão geneticamente modificado, evento 531, que confere resistência a insetos, quando existir registro de ocorrência de ancestral direto ou parente silvestre na unidade de conservação. O Ministério do Meio Ambiente indicará as unidades de conservação onde houver registro de ancestral direto ou parente silvestre de algodão geneticamente modificado, evento 531, com fundamento no zoneamento proposto pela Empresa Brasileira de Pesquisa Agropecuária (EMBRAPA). Esses limites poderão ser alterados diante da apresentação de novas informações pela Comissão Técnica Nacional de Biossegurança (CTNBio).

LIMITES TERRITORIAIS. *Direito internacional público.* Linhas divisórias artificiais ou naturais entre os territórios de dois ou mais países; fronteiras.

LIMÍTROFE. *Direito civil* e *direito internacional público.* 1. O que serve de limite comum. 2. Confinante; lindeiro. 3. Contíguo à fronteira de um país.

LIMNENIA. *Medicina legal.* Caquexia ou anemia malárica.

LIMOAL. *Direito agrário.* Pomar de limoeiros.

LIMOSE. *Medicina legal.* Fome anormal advinda de algum estado mórbido.

LIMOTERAPIA. *Medicina legal.* Tratamento de doença pelo jejum ou dieta magra.

LIMPA. Em *gíria* quer dizer ladroagem, saque.

LIMPAÇÃO. Na região pernambucana designa conjunto de operações que completam a construção de um edifício, como pintura, ornatos etc.

LIMPADOR. *Direito agrário.* 1. Máquina de joeirar e limpar o trigo. 2. Trabalhador rural encarregado da limpeza do solo, para o plantio de gramíneas ou cereais.

LIMPADURA. *Direito agrário.* O que fica dos cereais joeirados.

LIMPALHOS. *Direito agrário.* Restos de cereais que ficam no celeiro, após a retirada dos melhores grãos.

LIMPAR. 1. *Direito agrário.* Joeirar trigo. 2. Em *gíria*, significa: a) furtar, roubar; b) escoimar de maus elementos. 3. Na *linguagem comum* pode ter o sentido de: a) tirar a sujeira; b) ganhar no jogo; c) deixar sem recursos ou sem dinheiro; d) desfazer má impressão produzida em alguém, reconquistando seu apreço; e) comer todo o conteúdo de um prato, sem nada deixar.

LIMPA-TRILHOS. Armação forte que remove obstáculos encontrados pela locomotiva sobre os trilhos.

LIMPEZA. 1. *Direito agrário.* Destruição ou retirada de ervas daninhas. 2. *Direito administrativo* e *direito do trabalho.* a) Corpo de empregados, como serventes ou faxineiros, encarregados da remoção de sujeira ou do asseio; b) consiste na remoção de sujidade visível e detritos dos artigos realizada com água adicionada de sabão ou detergente, de forma manual ou automatizada, por meio da ação mecânica, e no estado de asseio dos artigos e de superfícies, reduzindo a população microbiana no ambiente, mediante a aplicação de processos químico, mecânico ou térmico, num determinado período de tempo; c) operação de remoção de substâncias minerais e ou orgânicas indesejáveis, tais como terra, poeira, gordura e outras sujidades.

LIMPEZA DOS LOCAIS DE TRABALHO. *Direito do trabalho* e *direito ambiental.* Estado de higiene compatível com a atividade exercida nos locais de trabalho.

LIMPEZA PÚBLICA. *Direito administrativo.* Serviço de remoção de sujeira, lixo ou detritos de vias públicas para manter a cidade asseada.

LIMPIDEZ. 1. Ingenuidade. 2. Transparência. 3. Nitidez. 4. Qualidade de límpido.

LIMPO. 1. *Direito agrário.* a) Livre de ervas daninhas; b) lugar aberto no mato; c) campo. 2. Nas *linguagens comum* e *jurídica*, em geral, quer dizer: a) isento; b) documento que não apresenta teor desabonador; c) o que não contém erros ortográficos ou vícios de linguagem; d) honesto; e) que não está sujo; f) que não tem mistura com substância estranha; g) claro, evidente; h) líquido; livre de descontos; i) perfeito. **3.** Em *gíria* é aquele que não denuncia o ladrão.

LIMPO DE MÃOS. Bom administrador de bens alheios.

LIMUSINE. Automóvel de passeio fechado, tipo cupê, muito espaçoso.

LINCHADOR. *Direito penal.* Aquele que lincha.

LINCHAGEM. *Vide* LINCHAMENTO.

LINCHAMENTO. *Direito penal.* **1.** Ato de linchar. **2.** Crime praticado em concurso de pessoas, ou por multidão, consistente em fazer justiça privada, julgando e executando sumariamente um suposto criminoso, sem o devido processo legal prévio. O linchamento foi instituído nos EUA por Lynch.

LINCHAR. *Direito penal.* Praticar linchamento.

LINDA. Linde; marco; limite; linha que não se pode ultrapassar, sem licença.

LINDANTE. Confinante.

LINDAR. **1.** Demarcar. **2.** Confinar. **3.** Estabelecer limites.

LINDE. **1.** Limite. **2.** Linha divisória. **3.** Fronteira. **4.** Estrema.

LINDEIRA. **1.** Verga superior de janela ou de porta. **2.** Ombreira de porta.

LINDEIRO. **1.** Confinante. **2.** Que limita. **3.** Limítrofe. **4.** Aquele que possui um prédio vizinho a outro. **5.** Confrontante.

LINDO–PARDO. *Direito agrário.* Tipo de maçã, pequena e pardacenta.

LINEA RECTA SEMPER PRAEFERTUR TRANSVERSALI. *Aforismo jurídico.* Na herança os descendentes têm preferência sobre os colaterais.

LINER. *Termo inglês.* Aeronave ou navio de uma linha de navegação.

LINER BOOKING NOTE. *Direito marítimo.* Documento onde fica instrumentado o compromisso de reserva de espaço num navio. Esse documento é feito em formulário próprio conforme padrão fixado pela *Baltic and International Maritime Conference.* Nessa nota de reserva indica-se o nome do navio, o porto de embarque e o de desembarque, a descrição da mercadoria por embarcar, seu peso e volume, data de embarque, preço do frete e condições de pagamento, transcrição integral dos termos do conhecimento de embarque.

LINER TERMS. *Direito marítimo* e *direito internacional privado.* Fretes que incluem despesas de embarque e desembarque, que ficam a cargo do armador.

LINFA. *Medicina legal.* Líquido incolor que circula no organismo em vasos linfáticos, contendo em suspensão glóbulos brancos. A linfa constitui uma defesa contra a invasão de micróbios.

LINFADENITE. *Medicina legal.* Inflamação no gânglio linfático.

LINFADENOSE. *Medicina legal.* Proliferação do tecido linfático que provoca alteração sangüínea característica da leucemia linfóide.

LINFANGIOFLEBITE. *Medicina legal.* Inflamação dos vasos linfáticos.

LINFANGIOMA. *Medicina legal.* Tumor congênito provocado pela excessiva dilatação de vasos linfáticos.

LINFATISMO. *Medicina legal.* Estado mórbido decorrente do excesso de crescimento do tecido linfático, que vem a diminuir a vitalidade de seu portador, retardando seu desenvolvimento ou conduzindo-o à morte.

LINFEDEMA. *Medicina legal.* Tumefação edematosa num órgão, causada por obstrução de vaso linfático.

LINFOBLASTOMA. *Medicina legal.* Tumor maligno do gânglio linfático.

LINFOCITOFTISE. *Medicina legal.* Doença fatal de recém-nascido, que se caracteriza por extrema linfocitopenia no sangue periférico e pelo pequeno número de linfócitos nos órgãos linforreticulares.

LINFODERMIA. *Medicina legal.* Moléstia dos vasos linfáticos da pele, causada pela leucemia.

LINFOGRANULOMA INGUINAL. *Vide* LINFOGRANULOMA VENÉREO.

LINFOGRANULOMATOSE MALIGNA. *Medicina legal.* Hiperplasia indolor, progressiva e fatal do gânglio linfático, baço etc. Também designada "doença de Hodgkin".

LINFOGRANULOMA VENÉREO. *Medicina legal.* Doença venérea que atinge os tecidos linfáticos da região ilíaca e inguinal.

LINFOMA. *Medicina legal.* Tumor constituído de tecido linfóide.

LINFOMATOSE. *Medicina legal.* Presença de vários linfomas espalhados pelo corpo.

LINFORRAGIA. *Medicina legal.* Derramamento de linfa provocado pela ruptura de vaso linfático.

LINFOSSARCOMA. *Medicina legal.* Neoplasma ou tumor maligno do tecido linfóide, causado pela proliferação de linfócitos atípicos.

LINGOTAMENTO. Ato de produzir lingotes.

LINGOTE. Massa de metal fundido em forma conveniente para seu transporte, armazenagem etc.

LÍNGUA. 1. *Direito internacional público.* Idioma oficial de um país. **2.** *Medicina legal.* Órgão muscular achatado, móvel e situado na cavidade bucal, com as funções de: articular sons vocais; degustar alimentos, ajudando a degluti-los. **3.** Na *linguagem jurídica* pode significar: a) expressão; b) linguagem; c) intérprete; d) sistema de signos que possibilita a comunicação entre os membros de um grupo ou comunidade.

LÍNGUA BRASILEIRA DE SINAIS (LIBRAS). 1. Forma de comunicação e expressão em que o sistema lingüístico de natureza visual-motora, com estrutura gramatical própria, constitui um sistema lingüístico de transmissão de idéias e fatos, oriundos de comunidades de pessoas surdas do Brasil. **2.** Sinais pelos quais pessoas surdas interagem com o mundo. **3.** Disciplina curricular obrigatória, que deverá ser inserida nos cursos de formação de professores para o exercício do magistério, em nível médio e superior, e nos cursos de Fonoaudiologia, de instituições de ensino, públicas e privadas, do sistema federal de ensino e dos sistemas de ensino dos Estados, do Distrito Federal e dos Municípios. Constituir-se-á disciplina curricular optativa nos demais cursos de educação superior e na educação profissional.

LÍNGUA CRIOULA. *História do direito.* Dialeto colonial português, formado por termos indígenas e vernáculos.

LÍNGUA DIPLOMÁTICA. *Direito internacional público.* Idioma em que é redigido o ato internacional, que é a língua oficial do país ou do organismo internacional onde deve ser depositado (Othon Sidou).

LINGUADO. 1. Em *gíria* significa: a) letra de câmbio; b) bolsa de dinheiro. **2.** *Direito marítimo.* a) Nome vulgar de um peixe marinho; b) paralelepípedo de ferro fundido com que se las-

tram navios. **3.** *Direito comparado.* Designativo do animal que, num escudo, apresenta a língua coberta de esmalte diferente. **4.** *Direito comercial.* Lingote.

LÍNGUA D'OC. *História do direito.* Dialeto falado no sul da França, com exceção do País Basco, em que o sim (*oui*) era pronunciado *oc*.

LÍNGUA D'OIL. *História do direito.* Dialeto que era falado no norte da França, em que se pronunciava a partícula afirmativa *oui* como sendo *oil*.

LÍNGUA EXTINTA. Aquela desaparecida, não mais existente em qualquer documento.

LINGUAFONE. Fonógrafo usado para ensinar pronúncia de línguas estrangeiras.

LINGUAGEM. 1. Sistema de signos que serve como meio de comunicação entre pessoas. **2.** Expressão do pensamento (Delacroix). **3.** Signo lingüístico que contém dois elementos: imagem acústica (som) e conceito (idéia, conotação). Trata-se da linguagem oral, que é um sistema de signos verbais (Saussure). **4.** Sistema de símbolos cujo emprego é regido por regras adequadas, caso em que se tem a linguagem escrita. **5.** Objeto de estudo da lingüística, da psicologia, da sociologia, da antropologia, da informática, enfim, das ciências sociais (Silvio de Macedo). **6.** Uso da palavra articulada ou escrita como meio de expressão. **7.** Idioma. **8.** Dialeto. **9.** Meio de expressão de que dispõe um artista. **10.** Modo de expressão que varia conforme a profissão. **11.** Estilo.

LINGUAGEM AFETIVA. Forma de expressão de sentimentos e emoções.

LINGUAGEM ARTIFICIAL. Sistema de sinais convencionais que só podem ser interpretados por quem conhece o sentido por eles representados, como, por exemplo, o braile, o alfabeto do surdo-mudo.

LINGUAGEM CLARA. É a que pode ser compreendida por qualquer pessoa.

LINGUAGEM DA CIÊNCIA DO DIREITO. *Vide* LINGUAGEM DO JURISTA.

LINGUAGEM DE BANCO DE DADOS. *Direito virtual.* É a utilizada pelos programas gerenciadores de bancos de dados para acessar ou efetuar pesquisas.

LINGUAGEM DE MACROS. *Direito virtual.* É a de programação simplificada, que possibilita escrever macros ou criar planilhas.

LINGUAGEM DE *SCRIPT*. É a linguagem de programação desenvolvida para uma aplicação específica.

LINGUAGEM DO JURISTA. *Teoria geral do direito* e *semiótica.* Aquela em que o jurista fala das normas, por meio de proposições relacionadas logicamente, sem apresentar contradições. A ciência do direito, que é a ciência em que os juristas procuram conhecer o direito positivo, também tem sua linguagem, que se dirige ao direito (linguagem-objeto), pela qual fixa e comunica o conhecimento. As proposições-objeto são prescritivas (normativas), mas as sobreproposições (da ciência jurídica) são descritivas ou teoréticas. Logo, a linguagem da ciência do direito ou a do jurista constituem uma metalinguagem por ser um sistema de linguagem dirigido à linguagem-objeto.

LINGUAGEM FIGURADA. Maneira peculiar ou especial de falar ou de escrever, utilizando figuras de retórica.

LINGUAGEM FORMALIZADA. *Vide* LINGUAGEM LÓGICA.

LINGUAGEM HTML. *Direito virtual.* Linguagem de marcação de texto (*Hypertext markup language*), utilizada para criar páginas divulgadas na *World Wide Web*, que é o serviço mais popular da internet.

LINGUAGEM JORNALÍSTICA. Aquela que, para atingir o grande público, deve ser clara e direta ao comunicar os acontecimentos ou a notícia.

LINGUAGEM JUDICIAL. *Teoria geral do direito* e *semiótica jurídica.* É a empregada pelo órgão judiciário, que tem poder normativo, ao emitir sentença ou acórdão, que é norma jurídica individual.

LINGUAGEM LEGAL. *Teoria geral do direito* e *semiótica jurídica.* Linguagem utilizada pelo direito, ou seja, pelos órgãos que têm poder normativo, ou melhor, é a linguagem das leis, entendendo estas no sentido amplo de normas jurídicas. Assim, sob o prisma lingüístico, ao se predicar "isto é uma norma", está se referindo a uma proposição deôntica ou normativa, que pode ser válida ou inválida. O direito positivo oferta a linguagem-objeto. A linguagem legal inclui a normativa e a não normativa, que consiste nas definições de expressões que compõem as proposições normativas, feitas pelo legislador. Embora os termos definidos pertençam a uma linguagem-objeto, as proposições definitórias pertencem à metalinguagem. Ter-se-á a linguagem normativa da linguagem legal e a metalinguagem dessa linguagem normativa contida na linguagem legal. Esta caracteriza-se por uma classe de linguagens: a normativa e sua metalinguagem (Ferraz Jr. e Juan-Ramon Capella).

LINGUAGEM LÓGICA. *Lógica jurídica.* Utilizada para apreensão de formas lógicas, sendo por isso uma linguagem formalizada, que se vale de símbolos-de-variáveis para, libertando-se do extralógico, reter a pura forma ou de símbolos-de-constantes, com função operatória de quantificar um sujeito ou um predicado, de relacionar uma variável-de-sujeito com uma variável-de-predicado ou de conectar enunciados ou proposições. É a linguagem da ciência da lógica, constituindo um sistema de símbolos com algum sentido (Lourival Vilanova).

LINGUAGEM NATURAL. *Teoria geral do direito* e *semiótica jurídica.* Conjunto de sinais usados e interpretados instintivamente pelos seres humanos, como olhares, fala, gestos etc. A linguagem natural não é precisa, por possuir expressões ambíguas, termos vagos e palavras que se apresentam com significado emotivo, que leva o seu intérprete a desentranhar o sentido dos termos empregados, mediante uma leitura significativa, que, por sua vez, constituirá uma metalinguagem.

LINGUAGEM NORMATIVA. *Filosofia do direito.* Linguagem usada pelo poder com competência para normar, para permitir, proibir ou obrigar algo; conferir direitos; afirmar uma competência; estabelecer uma responsabilidade civil ou criminal a quem violar norma ou causar dano etc.

LINGUAGEM OBJETO. *Teoria geral do direito* e *semiótica jurídica.* É a linguagem estudada ou sobre a qual se fala (Juan-Ramon Capella).

LINGUAGEM PLURISSIGNIFICATIVA. *Teoria geral do direito.* Aquela que tem mais de um sentido.

LINGUAGEM SECRETA. É aquela em que são utilizados códigos ou expressões decifráveis por chaves, sendo apenas entendida por quem conhece os códigos ou tem a chave, que são os elementos que traduzem as palavras ou cifras empregadas.

LÍNGUA GERAL. *História do direito.* A língua tupi-guarani, que, sendo sistematizada pelos jesuítas, foi falada, nos primórdios da colonização, em todo o Brasil.

LÍNGUA INDÍGENA. Dialeto dos índios brasileiros cujo ensino é assegurado às suas comunidades.

LINGUAJAR. 1. Linguagem popular. **2.** Dialeto. **3.** Modo de falar.

LINGUA LUBRICA NON EST FACILE AD POENAM TRAHENDAM. *Aforismo jurídico.* Língua dificilmente incorre em pena.

LÍNGUA-MÃE. Aquela da qual outra deriva.

LÍNGUA MATERNA. A do país em que nascemos.

LÍNGUA-MATRIZ. A que deu origem a outras.

LÍNGUA MORTA. Idioma que não é mais falado, sendo conhecido tão-somente por documentos escritos.

LÍNGUA NACIONAL. Idioma oficial de uma nação, no qual devem ser escritos todos os documentos para terem validade jurídica.

LÍNGUA PORTUGUESA. Idioma falado em Portugal, Brasil, Angola, Cabo Verde, Guiné-Bissau, Moçambique, São Tomé, Príncipe, Açores, Ilha da Madeira, Ceilão, Diu, Goa, Macau e Timor Leste.

LINGUARÁ. Intérprete da língua indígena perante os brancos e vice-versa.

LINGUÁRIO. *História do direito.* Multa que se aplicava àqueles que faziam uso de linguagem ofensiva ou indecorosa.

LINGUATULOSE. *Medicina legal.* Infestação de linguátulas, ou seja, de vermes alongados que se instalam nas vias nasais e respiratórias. Tal moléstia é mais comum em cavalos, ovinos, caprinos e caninos do que no ser humano.

LÍNGUA VIVA. É a comumente falada por qualquer nação.

LINGÜISTA. Aquele que é versado no estudo de línguas.

LINGÜÍSTICA. 1. Estudo científico da linguagem. **2.** Ciência da linguagem. **3.** Análise da utilização da linguagem, situando nela uma estrutura profunda (significado) e uma superficial (sons). Essa lingüística atual de Chomsky é uma ciência da língua no seu aspecto oral, vivo e concreto.

LINGÜÍSTICA DIACRÔNICA. *Filosofia geral* e *semiótica.* É a que, na lição de Saussure, estuda as relações entre termos sucessivos, não percebidos por uma mesma consciência coletiva, e que se substituem uns aos outros sem formar sistema entre si.

LINGÜÍSTICA DO DIÁLOGO. *Teoria geral do direito* e *semiótica jurídica.* Diz-se da pragmática que, não sendo uma espécie de procedimento analítico meramente adicional à análise sintática e semântica, nem uma teoria da ação locucionária, toma por base a intersubjetividade comunicativa, tendo por centro diretor da análise o princípio da interação, ocupando-se do ato de falar enquanto uma relação entre emissor e receptor, na medida em que for mediada por signos lingüísticos (Tércio Sampaio Ferraz Jr.).

LINGÜÍSTICA JURÍDICA. Disciplina que visa estudar a linguagem jurídica. Trata-se da semiótica jurídica ou teoria da linguagem jurídica que se ocupa dos sinais que envolvem três tipos de relações, visto que se relacionam com outros sinais, com objetos e com pessoas. Daí as três dimensões da *semiótica: sintática*, que estuda os sinais relacionados entre si mesmos, prescindindo dos usuários e das designações; *semântica*, que encara os objetos denotados pelos sinais; e a *pragmática*, que estuda os símbolos, suas significações e as pessoas ligadas ao uso dos sinais.

LINGÜÍSTICA SINCRÔNICA. *Filosofia geral* e *semiótica.* É a que se ocupa das relações lógicas e psicológicas entre termos coexistentes e que formam sistema, tais como são percebidos pela consciência coletiva (Saussure). Tem por objeto estabelecer princípios fundamentais e fatos constitutivos correspondentes a cada língua em qualquer dos seus estágios (Luis Alberto Warat).

LINGÜÍSTICO. *Teoria geral do direito* e *semiótica jurídica.* Referente à lingüística.

LINHA. 1. *Direito agrário.* a) Picada ou zona colonial, cuja povoação se estende às margens de uma reta da estrada geral e também às longas faixas de terreno na divisa do território em colônias (Masson, Bernardino José de Souza); b) fio de linho, de algodão ou seda; c) fio com anzol para pesca. **2.** *Direito civil.* a) Sucessão de ascendentes e descendentes de uma pessoa; b) série de pessoas que provêm do mesmo tronco, sem descenderem umas das outras; c) traço que separa prédios contíguos. **3.** Nas *linguagens comum* e *jurídica* em geral, pode ter o sentido de: a) sistema de fios metálicos que liga uma estação telefônica ou telegráfica com outra; b) fileira; fila; c) contrato que possibilita efetuar uma ligação telefônica; d) regra ou padrão de conduta que deve ser seguido; e) orientação adotada por um grupo; f) dignidade; g) elegância. **4.** *Direito comercial.* a) Trajeto; b) rota; c) serviço regular de transporte num certo itinerário. **5.**

Direito desportivo. a) Na esgrima é o espaço que fica entre os dois adversários; b) cinco jogadores atacantes, no futebol. **6.** *Direito militar.* a) Conjunto de navios de guerra que navegam ou combatem em fila; b) disposição de militares que, colocados um ao lado do outro, formam fileiras; c) direção geral da posição das tropas numa manobra ou no combate; d) frente de combate; espaço ocupado por uma porção do exército disposto para entrar em combate; e) trincheira. **7.** *História do direito.* Antiga unidade de medida de comprimento, equivalente a 2,3 milímetros. **8.** *Direito administrativo.* Serviço de transporte coletivo de passageiros executado em uma ligação de dois pontos terminais, nela incluídos os seccionamentos e as alterações operacionais efetivadas, aberto ao público em geral, de natureza regular e permanente, com itinerário definido no ato de sua delegação ou outorga.

LINHA AÉREA. *Direito aeronáutico.* Rota aérea.

LINHA ASCENDENTE. *Direito civil.* Relação de parentesco entre uma pessoa e seu pai, avô, bisavô etc. É a geração que se conta, por exemplo, dos netos e filhos para os pais e avós.

LINHAÇA. *Direito agrário.* Semente do linho.

LINHA COLATERAL. *Direito civil.* Relação de parentesco entre aqueles que, provindo de tronco comum, não descendem uns dos outros. Por exemplo: irmãos, tios, sobrinhos e primos.

LINHA DA CARGA. *Direito comercial marítimo.* Marca de franco bordo, que é feita no costado do navio, indicativa do limite máximo de sua imersão, com a carga a ser transportada.

LINHA–D'ÁGUA. *Direito marítimo.* **1.** Secção que descreve a superfície da água à roda do navio (Laudelino Freire). **2.** Linha de flutuação da embarcação. **3.** Faixa pintada no casco do navio, na altura até onde ele afunda em condições comuns de carregamento.

LINHA DE BARCA. *Direito marítimo.* Linha graduada em nós usada para medir a velocidade do navio.

LINHA DE CRÉDITO PARA PRODUÇÃO DE UNIDADES HABITACIONAIS OU LOTES URBANIZADOS EM ÁREAS ADQUIRIDAS OU COM INFRA-ESTRUTURA FINANCIADA COM RECURSOS DO FGTS. *Direito bancário.* Linha de crédito que visa propiciar o retorno dos recursos aplicados ou a geração de benefícios sociais, por meio da destinação adequada para as áreas adquiridas ou com infra-

estrutura financiada pelo FGTS, tendo como opção de enquadramento: a) produção de unidades habitacionais ou lotes urbanizados; b) produção de unidades habitacionais a famílias com renda superior a doze salários mínimos; c) alienação de área para fins industriais, comerciais ou de prestação de serviços.

LINHA DE DEFESA. *Direito militar.* Entrincheiramento feito para proteger do ataque inimigo os soldados ou a praça sitiada.

LINHA DE DEMARCAÇÃO. *Direito civil* e *direito processual civil.* Linha que se traça num terreno para a fixação de limites.

LINHA DE ELEVAÇÃO. *Direito militar.* Prolongação do eixo da alma quando se aponta uma peça de artilharia.

LINHA DE ESTRADA DE FERRO. Trilho da ferrovia.

LINHA DE FEMINILIDADE. *Direito civil.* Descendência que vem por parte da mulher.

LINHA DE FLUTUAÇÃO. *Direito marítimo.* Linha de água em que o navio se encontra boiando, que separa sua parte imersa da emersa.

LINHA DE FOGO. *Direito militar.* Linha da frente de combate.

LINHA DE FRONTEIRA. *Direito internacional público.* **1.** Linha divisória ou marco que separa Estados limítrofes. **2.** Divisa entre países vizinhos.

LINHA DE FUNDO. 1. *Direito desportivo.* Linha que vai de um córner a outro, passando pelo gol, ou melhor, é a linha de cada uma das extremidades de um campo de futebol, constituída pelos prolongamentos da linha do gol, para a esquerda e para a direita, desde os postes até os ângulos de escanteio. **2.** *Direito agrário.* Linha de pesca, contendo chumbada.

LINHA DE GOL. *Direito desportivo.* O mesmo que LINHA DE FUNDO.

LINHA DE MÃO. *Direito agrário.* Linha de pesca, munida de anzol, provida ou não de chumbada.

LINHA DE MASCULINIDADE. *Direito civil.* Descendência por parte do varão.

LINHA DE MEIO CAMPO. *Direito desportivo.* Paralela à linha de fundo, traçada na metade exata do comprimento do campo, dividindo-o em duas partes iguais e unindo as linhas laterais.

LINHA DE META. *Direito desportivo.* Trecho da linha de fundo que se situa entre os postes da meta.

LINHA DE MIRA. *Direito militar.* Linha imaginária visual do atirador que passa pelo ponto de mira e se prolonga até o alvo.

LINHA DE MONTAGEM. *Direito comercial* e *direito do trabalho.* Disposição de máquinas e de operários em linha, de maneira que o trabalho vai passando de um a outro até que o produto fique montado.

LINHA DE NAVEGAÇÃO. *Direito comercial marítimo.* Cada um dos serviços regulares de transporte fornecido pela empresa de navegação entre os portos de um mesmo país ou entre as diversas nações.

LINHA DE PARENTESCO. *Direito civil.* **1.** Vínculo de sangue, de afinidade ou de adoção que liga um parente a outro. **2.** Grau ou geração numa família.

LINHA DE PROJEÇÃO. *Direito militar.* Prolongamento do eixo de uma arma de fogo em posição de pontaria.

LINHA DE PRUMO. *Direito marítimo.* Linha graduada em metros ou braças, ligada por uma das extremidades a uma chumbada, usada para medir a profundidade do mar.

LINHA DE RESERVA. *Direito militar.* Quadro que compõe a reserva das forças armadas.

LINHA DE RESPEITO. **1.** *Direito internacional público.* Linha imaginária determinante da fronteira marítima de um país, por demarcar suas águas territoriais. **2.** *História do direito.* Divisa de um seringal que era fixada por um rio ou igarapé, para evitar que fosse explorado por outrem.

LINHA DESCENDENTE. *Direito civil.* Relação de parentesco apresentada pelos filhos, netos e bisnetos de uma pessoa. É a geração contada dos pais ou avós ou bisavós para filhos, netos e bisnetos etc.

LINHA DE SERTÃO. *História do direito.* Linha de fundo nas sesmarias.

LINHA DE TIRO. *Direito militar.* **1.** *Vide* LINHA DE PROJEÇÃO. **2.** Escola ou instrução militar para preparar reservistas; tiro-de-guerra. **3.** Local onde se exercita com armas de fogo portáteis.

LINHA DE VISADA. *Direito militar.* Prolongamento da linha de mira até o ponto visado.

LINHA DE VÔO. *Direito aeronáutico.* Área de estacionamento e serviço para aeronaves, incluindo rampas, hangares etc.

LINHA DIANTEIRA. *Direito desportivo.* Conjunto de jogadores de futebol que têm por função primordial a de chutar em gol.

LINHA DIRETA. *Direito civil.* Série de grau de parentesco entre pessoas que descendem umas das outras.

LINHA DIVISÓRIA. **1.** *Direito civil.* Limite entre prédios vizinhos. **2.** *Direito desportivo.* Linha intermediária que divide o campo ao meio.

LINHA DO JUNDU. *Direito civil.* Linha que, ao longo da faixa litorânea, separa os terrenos de marinha das terras particulares.

LINHA DURA. **1.** *Ciência política.* a) Política que impõe medidas severas contra a subversão e corrupção; b) os que estão à frente dessa política; c) conjunto de partidários dessa política. **2.** *História do direito.* Posição mais severa, no sistema de governo militar implantado em 31 de março de 1964, no Brasil, que apresentou muitas reformas.

LINHA FÉRREA. Estrada de ferro; ferrovia.

LINHAGEM. **1.** *Direito civil.* a) Linha de parentesco; b) ascendência; c) descendência; d) estirpe. **2.** *Sociologia geral.* Condição social. **3.** *Direito agrário.* Tecido grosso de linho.

LINHA GEODÉSICA. Linha reta abstrata traçada entre dois acidentes geográficos para fixar limites entre terras particulares, regiões ou países (Othon Sidou).

LINHA INDIRETA. *Vide* LINHA COLATERAL.

LINHA INTERMEDIÁRIA. *Direito desportivo.* Linha divisória.

LINHA JUSTA. *Ciência política.* Orientação ortodoxa marxista-leninista, no comunismo.

LINHA LATERAL. *Direito desportivo.* Cada uma das linhas que formam, no sentido do comprimento, os lados de um campo de futebol.

LINHA MAGISTRAL. É a traçada por perito ou engenheiro num terreno ou papel para representar o plano de uma cidade, fortificação etc.

LINHA MÉDIA. *Direito desportivo.* Grupo de jogadores que faz a ligação entre o ataque e a defesa do time.

LINHÃO. Designação dada, em São Paulo, ao tronco principal de transmissão da energia elétrica.

LINHA OBLÍQUA. *Vide* LINHA COLATERAL.

LINHA PERIMÉTRICA. *Direito civil* e *direito processual civil.* É a que divide dois prédios contíguos.

LINHA PREDICAMENTAL. *Lógica jurídica.* **1.** É a relativa aos predicados. **2.** Seqüência de termos que, partindo de um conceito, permite chegar a um gênero (Locke).

LINHARADA. *Direito agrário.* Colheita do linho.

LINHA RETA. *Direito civil.* **1.** Relação de parentesco que desce diretamente do ascendente ao descendente ou que sobe do descendente ao ascendente. **2.** Parentesco consangüíneo entre pessoas que têm entre si relações de ascendência e descendência. **3.** Vínculo de sangue que une aqueles que descendem uns dos outros.

LINHAS DE BASE. *Direito marítimo* e *direito internacional público.* São aquelas estabelecidas de acordo com a Convenção das Nações Unidas sobre o Direito do Mar, a partir das quais se mede a largura do mar territorial.

LINHAS DE ENFIAMENTO. *Direito marítimo.* Cruzamento de luzes ou sinais, indicativo de entrada do porto.

LINHAS HORÁRIAS. As que indicam as horas no relógio solar.

LINHA SIMPLES. *Direito militar.* Disposição dos navios de guerra numa só linha.

LINHA TELEGRÁFICA. **1.** Fio metálico que conduz a corrente elétrica nos telégrafos. **2.** Série de postes telegráficos que vai de uma estação a outra.

LINHA TRANSVERSAL. *Vide* LINHA COLATERAL.

LINHEIRO. **1.** *Direito agrário.* Aquele que prepara o linho. **2.** *Direito comercial.* Aquele que negocia linhas e linho.

LINHO. *Direito agrário.* **1.** Planta da qual se extraem fibras para fiação e óleo de linhaça. **2.** Tecido de linho.

LINIMENTO. *Medicina legal.* Medicamento oleoso que serve para friccionar a pele, acelerando a circulação do sangue, aliviando a dor.

LINITE. *Medicina legal.* Gastrite com inflamação da rede perivascular.

LINK. *Direito virtual.* **1.** Texto sublinhado ou imagem que, ao ser clicada, apresenta outra página ou documento (Amaro Moraes e Silva Neto). **2.** Palavra-chave que conduz a outras páginas na internet.

LÍNTER. *Direito agrário.* Penugem que permanece na semente após o descaroçamento do algodão.

L'INTERÊT EST LA MÉSURE DE L'ACTION. *Expressão francesa.* O interesse é a medida da ação.

LIOFILIZAÇÃO. *Medicina legal.* Operação de desidratar tecido, sangue ou soro por meio de congelação brusca e, a seguir, alta pressão em vácuo.

LIPAROCELE. *Medicina legal.* **1.** Tumor escrotal sebáceo. **2.** Hérnia que contém material gorduroso.

LIPECTOMIA. *Medicina legal.* Extirpação de tecido adiposo.

LIPEMANIA. *Medicina legal.* **1.** Loucura que leva o paciente a um estado melancólico ou depressivo, suscetível de levá-lo ao suicídio. **2.** Melancolia ou delírio depressivo.

LIPEMANÍACO. *Medicina legal.* **1.** Relativo a lipemania. **2.** Aquele que sofre de melancolia delirante.

LIPEMIA. *Medicina legal.* Presença anormal de gordura ou lípides no sangue.

LIPIDIOMIA. *Medicina legal.* Aumento de lípides no sangue.

LIPOCONDRODISTROFIA. *Medicina legal.* Desordem, em regra congênita, que, atingindo cartilagens, pele, cérebro, fígado, baço, córnea, tecidos subcutâneos, caracteriza-se por defeitos no esqueleto e pela presença de deficiência mental. É designada "doença de Hurler".

LIPOFRENIA. *Medicina legal.* Atividade cerebral reduzida.

LIPOGRAFIA. Omissão involuntária, no ato de escrever, de uma letra ou sílaba.

LIPOMA. *Medicina legal.* Tumor benigno indolor e arredondado, contendo sebo, que pode surgir, debaixo da pele, em qualquer parte do organismo.

LIPOMATOSE. *Medicina legal.* Deposição anormal de gordura nos tecidos subcutâneos.

LIPOMERIA. *Medicina legal.* Ausência congênita de um membro ou de parte dele.

LIPOTE. *História do direito.* Contas de barro vidrado que eram usadas, outrora, como moedas em Moçambique.

LIPOTIMIA. *Medicina legal.* Vertigem; desmaio.

LIPSANOLOGIA. Ciência que estuda relíquias dos santos.

LIPÚRIA. *Medicina legal.* Presença de gordura na urina.

LÍQUEN. *Medicina legal.* Dermatose crônica que se caracteriza por pápulas avermelhadas e sólidas.

LIQUENIFICAÇÃO. *Medicina legal.* Processo pelo qual, em razão de irritação crônica, a pele endurece e se torna coriácea.

LIQUENÓIDE. *Medicina legal.* Moléstia da língua, comum em criança pequena, caracterizada por manchas eruptivas brancas, circundadas por anéis amarelos.

LÍQUIDA. *Direito civil.* Diz-se da obrigação certa quanto à existência, cuja prestação compreende coisa determinada.

LIQUIDAÇÃO. 1. *Direito comercial.* a) Encerramento de uma atividade empresarial, com a venda do ativo para pagar, total ou parcialmente, os credores. É o conjunto de atos exercidos pelos sócios autorizados para administrar uma sociedade, depois de dissolvida, para realizar o ativo e pagar o passivo e partilhar o saldo, se houver, de acordo com a lei ou os estatutos. Com a liquidação, deixa de existir a razão social com que a empresa foi registrada; b) venda de mercadoria a preços reduzidos para renovar estoques ou facilitar balanços; c) apuração, em período preestabelecido, de operações realizadas a termo em bolsas, mediante entrega das mercadorias e títulos negociados, ou pagamento de diferença das cotações ou, ainda, mediante aprazamento das partes. **2.** *Direito civil.* a) Extinção da obrigação com o seu pagamento ou por qualquer outro meio; b) ato de apurar uma conta e pagar seu saldo; c) resgate de título; d) operação para reduzir a quantias certas, valores que não o eram; e) ato de tornar uma obrigação líquida e certa, possibilitando seu cumprimento. **3.** *Direito falimentar.* Período do processo de falência em que se procede à realização do ativo, para pagar os credores da massa falida. **4.** *Direito processual civil.* a) Meio de exeqüibilidade da sentença, que fixa o valor e determina o objeto da condenação; b) cálculo judicial, no processo de inventário, do imposto de transmissão *causa mortis*, discriminando as parcelas cabíveis a cada um dos herdeiros contemplados na partilha.

LIQUIDAÇÃO AMIGÁVEL. *Direito comercial.* **1.** É a promovida, espontaneamente, pelos próprios sócios, que nomeiam o liquidante e estipulam, dentro dos critérios legais, as normas para a liquidez. **2.** É a resultante de acordo entre os credores (Othon Sidou).

LIQUIDAÇÃO ANTECIPADA DE CRÉDITO. *Direito do consumidor.* Direito do consumidor-mutuário de liquidar antecipadamente o crédito concedido pelo fornecedor-mutuante, no todo ou em parte, fazendo jus à redução proporcional de juros e à informação do valor da amortização extraordinária, uma vez que houve devolução do objeto de mútuo (Nelson Nery Jr. e Fábio Ulhoa Coelho).

LIQUIDAÇÃO BRUTA EM TEMPO REAL. *Direito civil.* Liquidação de obrigações, uma a uma, em tempo real.

LIQUIDAÇÃO CONTENCIOSA. *Vide* LIQUIDAÇÃO JUDICIAL.

LIQUIDAÇÃO CONVENCIONAL. *Direito civil.* É aquela em que o ressarcimento do dano se perfaz por acordo de vontade das partes interessadas que estipulam seu *quantum* e suas condições. Os interessados, no intuito de evitarem um litígio, mediante transação, determinam amigavelmente o montante da indenização e as formas que entenderem satisfatórias ou convenientes aos seus interesses. Nada obsta, portanto, que a vítima receba quantia inferior ao valor do prejuízo sofrido, desde que a julgue adequada.

LIQUIDAÇÃO DA HERANÇA. *Vide* LIQUIDAÇÃO DO INVENTÁRIO.

LIQUIDAÇÃO DA OBRIGAÇÃO. *Direito civil.* **1.** Ato de fixar o valor da prestação indeterminada (Clóvis Beviláqua), para que esta se possa cumprir. **2.** Satisfação de uma obrigação pelo seu pagamento ou cumprimento. **3.** Resgate.

LIQUIDAÇÃO DA SENTENÇA. *Direito processual civil.* Fixação, em quantidade certa, do valor da condenação, sendo ilíquida a sentença, que pode dar-se por cálculo do contador, por arbitramento, por perito ou por artigos. Quando a sentença não determinar o valor devido, proceder-se-á sua liquidação. Não é mais processo autônomo, pois a liquidação de sentença é uma fase do processo cognitivo, iniciando-se com o requerimento da parte, sendo a parte contrária dele intimada na pessoa do advogado. Não há mais necessidade de citação, visto que a solução não será dada por sentença, mas por decisão interlocutória da qual caberá agravo de instrumento. É, portanto, o ato judicial preliminar ou preparatório da execução que visa fixar o valor da condenação, se a sentença for ilíquida. Com isso a sentença torna-se exeqüível, habilitando o credor a formular sua pretensão executiva. Nos processos sobre procedimento comum sumário, nas causas, qualquer que seja seu valor de ressarcimento por danos causados em acidente de veículo de via terrestre ou de cobrança de seguro, relativamente aos danos provocados em acidente de veículo, ressalvados os casos de processo de execução, é defesa a sentença ilíquida, cumprindo ao juiz, se for o caso, fixar de plano, a seu prudente critério, o valor devido. A liquidação poderá ser requerida na pendência de recurso, processando-se em autos apartados, no juízo de origem, cumprindo ao liquidante instruir o pedido com cópias das peças processuais pertinentes. Há possibilidade de o próprio credor instruir o pedido, visando à execução da condenação, com a memória discriminada e atualizada do cálculo, quando a determinação do *quantum* indenizatório depender apenas de cálculo aritmético. Quando a elaboração da memória do cálculo depender de dados existentes em poder do devedor ou de terceiro, o juiz, a requerimento do credor, poderá requisitá-los, fixando prazo de até trinta dias para o cumprimento da diligência. E se os dados não forem, injustificadamente, apresentados pelo devedor, reputar-se-ão corretos os cálculos do credor, e se não o forem pelo terceiro, o juiz ordenará o depósito, dentro de cinco dias, impondo ao requerente que embolse das despesas que tiver. Poderá o juiz valer-se do contador do juízo, quando a memória apresentada pelo credor aparentemente exceder os limites da decisão exeqüenda e, ainda, nos casos de assistência judiciária. Se o credor não concordar com os cálculos do contador, far-se-á a execução pelo valor originariamente pretendido, mas a penhora terá por base o valor encontrado pelo contador.

LIQUIDAÇÃO DE ESTOQUE. *Direito comercial.* Venda de produtos a preços baixos ou remarcados, para lhes dar saída rápida, com o escopo de renovar estoque.

LIQUIDAÇÃO DE FIRMA. *Direito comercial.* Fim de um negócio mercantil, rateando-se o ativo aos credores e aos sócios (Geraldo Magela Alves).

LIQUIDAÇÃO DE QUOTA. *Direito comercial.* Apuração, mediante balanço especial, do valor da quota de sócio falecido, exonerado ou excluído, não podendo servir de base o último balanço do exercício, por não exprimir o valor real do patrimônio social. Isto se dá sempre que houver uma dissolução parcial da sociedade, para tornar possível aos herdeiros e ao sócio excluído exigirem, como credores que são, o valor da parte do capital social e dos lucros a que têm direito. É preciso esclarecer que tais pessoas somente têm o direito ao valor da quota de liquidação; inadmissível será, portanto, a pretensão a uma parte no valor do "achalandage", isto é, da freguesia, das reservas sociais, da reputação do estabelecimento empresarial, do ponto etc., que não entra no balanço especial, por não constituir haveres do sócio falecido ou excluído e por não operar qualquer transmissão da sua quota societária. Com a dissolução parcial da sociedade, o quotista que dela se re-

tira perde a condição de sócio, e com a liquidação de sua quota far-se-á a transferência do valor a ela referente a quem de direito, acarretando uma diminuição do capital social.

LIQUIDAÇÃO DE SOCIEDADE. *Direito comercial.* Processo de realização do ativo e pagamento do passivo de sociedade dissolvida (Waldirio Bulgarelli).

LIQUIDAÇÃO DIFERIDA. *Direito bancário.* Liquidação realizada em momento posterior ao de aceitação das operações que dão origem às correspondentes obrigações.

LIQUIDAÇÃO DO DANO. *Direito civil* e *direito processual civil.* É a fixação da prestação pecuniária que é objeto da obrigação de reparar o dano patrimonial e/ou moral causado. Sua função jurídica será tornar efetiva a reparação do prejuízo sofrido pelo lesado, ou melhor, fixar concretamente o montante dos elementos apurados na reparação, apreciando-se o prejuízo integral produzido pelo fato lesivo, abrangendo o dano emergente e o lucro cessante. O magistrado, para tanto, deverá averiguar o grau de culpa do lesante; a situação econômica da vítima ou do causador do dano, desde que esta influa sobre o montante do prejuízo; a influência de acontecimentos exteriores ao fato prejudicial e o lucro obtido pelo ofendido com a reparação do dano, desde que vinculado ao fato gerador da obrigação de indenizar.

LIQUIDAÇÃO DO IMPOSTO DE TRANSMISSÃO *CAUSA MORTIS*. *Direito processual civil.* Procedimento preparatório da partilha, ordenado pelo juiz do inventário, após a ouvida das partes sobre as declarações finais do inventariante, para calcular o imposto de transmissão *causa mortis,* remetendo, para tanto, os autos ao contador do juízo, que deverá ater-se à legislação fiscal, levando em conta a natureza da sucessão, o valor total dos bens, as dívidas passivas, as despesas judiciais, a existência de bens colacionados, que são excluídos do cálculo, o regime de bens no casamento, se casado o inventariado.

LIQUIDAÇÃO DO INVENTÁRIO JUDICIAL. *Direito processual civil.* Apuração do líquido dos bens deixados pelo defunto, encerrando-se o inventário com uma sentença de mérito, que é o julgamento do cálculo do imposto de transmissão *causa mortis,* dando início à partilha. A apuração daquele líquido decorre, portanto, da separação dos bens do espólio, dos valores para pagamento dos encargos do inventário, do imposto *causa mortis* e dos débitos do *auctor successionis.*

Dessa separação restam os bens partilháveis, que constituem o líquido da herança.

LIQUIDAÇÃO EXTRAJUDICIAL. *Direito comercial.* Intervenção econômico-estatal numa empresa ou instituição financeira para restabelecer suas finanças e satisfazer a seus credores. Disso resulta, em regra, a paralisação das atividades, pois sua continuidade operacional poderia trazer danos à coletividade e repercussões funestas no mercado. Como conseqüência poderá advir a falência ou o seu fechamento (Geraldo Magela Alves; Othon Sidou; Galbraith; Rubens Requião). Trata-se de um processo administrativo similar ao falimentar (Arnoldo Wald). É um ato de natureza administrativa que, como instituto jurídico, tem o cunho de parafalimentar, isto é, paralelo à falência, pois atua na esfera do Poder Executivo, através de processamento, de certa forma, semelhante ao da falência (Penalva Santos).

LIQUIDAÇÃO FORÇADA. *Direito falimentar.* É a imposta por lei em razão de falência, por exemplo.

LIQUIDAÇÃO IMPRÓPRIA. *Direito processual civil.* Ato judicial preparatório da execução destinado a individuar bens, se a sentença foi omissa quanto à sua determinação.

LIQUIDAÇÃO JUDICIAL. 1. *Direito processual civil.* É aquela levada a efeito perante a autoridade judicial competente, que nomeará o liquidante. É a que se efetiva, em juízo, mediante a atuação do magistrado, obedecendo, conforme o dano, aos critérios processuais. Há danos que podem ser avaliados por mera operação aritmética; outros requerem, para tanto, o arbitramento, ante a impossibilidade de avaliar matematicamente o quantitativo pecuniário a que tem direito o ofendido. Da decisão de liquidação caberá agravo de instrumento. **2.** *Direito comercial.* Aquela que sob a direção do juiz decreta a dissolução da sociedade empresária.

LIQUIDAÇÃO LEGAL. *Direito civil.* Aquela em que a própria lei determina seu contorno e o meio de efetivação do pagamento. A lei não delimita o *quantum* da indenização nem o modo pelo qual deve ser calculada, mas visa declarar em que deve consistir a indenização nos casos, por exemplo, de homicídio, lesão corporal, injúria ou calúnia, violência sexual ou ultraje ao pudor, usurpação ou esbulho do alheio, estabelecendo os elementos constitutivos da composição do dano, ou melhor, critérios da indenização. A lei traça normas gerais para a fixação da indeni-

zação, de forma que, se o dano atingir direitos da personalidade ou mesmo os materiais arrolados em preceito normativo, o montante da indenização será estabelecido em função dos elementos discriminados legalmente.

LIQUIDAÇÃO POR ARBITRAMENTO. *Direito processual civil.* Aquela feita em juízo, quando determinada pela sentença ou convencionada pelas partes ou quando o exigir a natureza do objeto da liquidação, ante a impossibilidade de avaliação matemática do *quantum* pecuniário a que tem direito o lesado. Deveras, há casos, principalmente de dano moral, em que a liquidação se faz mediante arbitramento, que é feito por peritos no curso da ação de indenização, que calculam o montante a ser pago à vítima.

LIQUIDAÇÃO POR ARTIGOS. *Direito processual civil.* Liquidação de sentença para determinação do valor da condenação se houver necessidade de se alegar e provar fato novo, observando-se o procedimento comum do Código de Processo Civil.

LIQUIDAÇÃO POR CÁLCULO. *Direito processual civil.* Liquidação de sentença consistente na apuração do *quantum* da condenação, a ser exigido na execução, mediante simples operação aritmética.

LIQUIDAÇÃO POR CÁLCULO DO CONTADOR. *História do direito.* Não mais subsiste como processo autônomo, foi absorvida pelo processo de execução. Era usada em casos em que a base da condenação podia ser estabelecida por meio de simples operação aritmética. Para tanto os autos eram remetidos à contadoria judicial, após o requerimento da liquidação e a citação do devedor. Feita a conta, o magistrado dava vista às partes pelo prazo comum de cinco dias, homologando-a se não fosse impugnada. Se houvesse impugnação, os autos retornavam ao contador, para que tomasse as medidas necessárias ou para que rejeitasse os argumentos apresentados pelo impugnante, por serem improcedentes.

LIQUIDAÇÃO POR DIFERENÇA. *Direito comercial.* Apuração do saldo havido entre as operações a termo de bolsa e entrega do credor das mercadorias e títulos negociados ou o pagamento das diferenças das cotações. Relacionam-se as parcelas do crédito e do débito correspondentes às operações efetuadas pelo cliente, que, então, pagará apenas a diferença apurada, quando devedor, ou receberá a que lhe couber, se credor. Trata-se de uma liquidação por meio de compensações fundadas nas várias operações promovidas (De Plácido e Silva).

LIQUIDAÇÃO PRECIPITADA. *Direito comercial.* Diz-se daquela que é feita injustificada e ruinosamente mediante processos contrários às normas mercantis e pondo em risco os valores liquidados. Por exemplo, se o empresário, sem motivo plausível, vender suas mercadorias por preço abaixo do custo, poderá ter a diminuição de seu ativo e colocar em perigo a própria solvência comercial.

LIQUIDAÇÃO PRÓPRIA. *Direito processual civil.* Ato judicial preparatório da execução que visa a determinação do *quantum* pecuniário da condenação, por ser ilíquida a sentença.

LIQUIDAÇÃO VOLUNTÁRIA. *Direito comercial.* **1.** Dá-se quando o ativo excede o passivo e o negócio vem a efetivar-se por vontade das partes. **2.** *Vide* LIQUIDAÇÃO AMIGÁVEL.

LIQUIDADO. 1. *Direito processual civil.* Diz-se daquele contra o qual se oferecem artigos de liquidação de sentença. **2.** Na *linguagem jurídica* em geral indica: a) o que se liquidou; b) o que se encontra extinto; c) pago; d) resgatado; e) dissolvido; f) cumprido; g) incapacitado, inutilizado; h) aniquilado.

LIQUIDADOR. 1. Que apura contas. **2.** Liquidante. **3.** Que liquida. **4.** Liquidatário.

LIQUIDANDA. 1. *Direito processual civil.* Sentença ilíquida que se encontra em fase de liquidação. **2.** *Direito comercial.* Sociedade que está em liquidação.

LIQUIDANDO. 1. Que está em liquidação. **2.** O que está sendo liquidado.

LIQUIDANTE. 1. *Direito comercial* e *direito civil.* a) Em sentido estrito é aquele que está encarregado de proceder à liquidação de uma sociedade simples ou empresária dissolvida, praticando todos os atos que forem necessários; b) aquele que promove a liquidação da massa falida quando tal tarefa não for incumbida ao administrador judicial. **2.** Na *linguagem jurídica* pode ter, ainda, o sentido de: a) conclusivo; terminante; b) aquele que liquida.

LIQUIDAR. 1. Resgatar título. **2.** Pagar ou solver obrigação. **3.** Apurar. **4.** Encerrar transação comercial. **5.** Fazer liquidação. **6.** Determinar valor. **7.** Fixar o *quantum* que servirá de base à execução. **8.** Verificar o líquido.

LIQUIDATÁRIO. 1. *Direito comercial* e *direito falimentar.* a) O mesmo que LIQUIDANTE; b) em sentido estrito, aquele que promove a liquidação da massa falida naqueles regimes em que tal função não compete ao administrador judicial. Liquidante da massa falida; c) o que administra a massa falida durante o período de sua liquidação, função essa que, hodiernamente, é exercida pelo administrador judicial. **2.** *História do direito.* Aquele que, no processo de falência, exercia as funções do atual síndico.

LIQUIDÁVEL. Que se pode liquidar.

LIQUIDEZ. 1. *Direito civil* e *direito processual civil.* a) Qualidade ou estado do que é líquido; b) aquilo cujo montante está definido ou determinado; c) exatidão e certeza do apurado; d) caráter da obrigação líquida e certa. **2.** *Direito comercial.* Grau de negociabilidade de um título, possibilitando sua transformação em dinheiro a qualquer tempo.

LIQUIDEZ BANCÁRIA. *Direito bancário.* Disponibilidade da moeda em caixa do sistema bancário ou realizável a curto prazo.

LIQUIDEZ DA DÍVIDA. *Vide* LIQUIDEZ DA OBRIGAÇÃO.

LIQUIDEZ DA OBRIGAÇÃO. *Direito civil.* Caráter da obrigação que é certa quanto à sua existência e determinada quanto ao seu objeto.

LIQUIDEZ DA SENTENÇA. *Direito processual civil.* Diz-se daquela em que há uma determinação clara e precisa do valor ou do objeto da condenação.

LIQUIDEZ IMEDIATA. *Direito comercial.* Condição da empresa que possui disponibilidade de seu capital de giro para a realização de seus investimentos e pagamento de suas dívidas, garantindo ao investidor o retorno do que nela investir (Geraldo Magela Alves).

LÍQUIDO. 1. *Direito comercial.* a) Disponível; b) livre de descontos ou de despesas; c) aquilo que está com o peso da embalagem deduzido. **2.** *Direito civil* e *direito processual civil.* a) Apurado; exato ou certo; determinado com exatidão e certeza; b) saldo apurado, com a dedução de todas as despesas, encargos e débitos. **3.** *Medicina legal.* Humor orgânico.

LÍQUIDO AMNIÓTICO. *Medicina legal.* Substância albuminosa salina, contida no âmnio, de cor amarelada ou esverdeada, que protege o feto durante a vida intra-uterina.

LÍQUIDO CEFALORRAQUIDIANO. *Medicina legal.* Líquido secretado pelos vasos capilares dos ventrículos cerebrais, que serve de amortecedor para o cérebro e medula espinhal e de transporte das matérias residuais dos processos metabólicos. Seu exame é importantíssimo no diagnóstico de meningite e tumores do sistema nervoso central.

LÍQUIDO DE DAKIN. *Medicina legal.* Solução anti-séptica para tratamento de feridas, contendo hipoclorito de sódio neutralizado por 0,5% de ácido bórico.

LÍQUIDO E CERTO. *Direito constitucional, direito civil* e *direito processual civil.* **1.** Diz-se do débito que não pode ser contestado pelo seu valor ou objeto. **2.** O que está juridicamente definido, insuscetível de dúvidas ou contestação (José Náufel); incontroverso. **3.** Direito garantido pelo mandado de segurança, se ameaçado ou violado, por apresentar-se, em juízo, devidamente comprovado pela documentação oferecida e legalmente assegurado, não precisando ser esclarecido com provas complementares nem com o exame de provas em dilações, por ser em si mesmo inconcusso e concludente. **4.** O que tem existência atual e se encontra perfeitamente determinado em sua quantidade e qualidade. **5.** Diz-se do título que já contém uma declaração do direito nele constante, tornando certa a obrigação e determinado o seu valor.

LÍQUIDO ESPERMÁTICO. *Medicina legal.* Sêmen; esperma.

LÍQUIDO FISIOLÓGICO. *Medicina legal.* Soro fisiológico; solução de cloreto de sódio puro a nove por mil.

LÍQUIDO PRECOITAL. *Medicina legal.* Serosidade que lubrifica os órgãos genitais por ocasião do ato sexual.

LÍQUIDO PRODUTO. *Direito comercial.* Saldo apurado nas vendas, já deduzido das despesas.

LÍQUIDO SEROSO. *Medicina legal.* Líquido branco-amarelado similar ao soro do sangue (Croce e Croce Jr.).

LÍQUIDO SEROSSANGUINOLENTO. *Medicina legal.* Líquido de cor semelhante à do soro que contém sangue (Croce e Croce Jr.).

LÍQUIDOS INFLAMÁVEIS. São líquidos, misturas de líquidos, ou líquidos contendo sólidos em solução ou em suspensão (como tintas, vernizes, lacas etc., excluídas as substâncias que tenham sido classificadas de forma diferente, em função de suas características perigosas) que produzem vapores inflamáveis a temperaturas de até 60,5ºC, em teste de vaso fechado, ou até 65,6ºC, em teste de vaso aberto, conforme normas brasileiras ou normas internacionalmente aceitas.

LÍQUIDO SINOVIAL. *Medicina legal.* Humor amarelo-claro, rico de proteínas, existente nas articulações, que preenche o espaço intra-articular, tendo a função de nutrir e lubrificar as cartilagens vasculares.

LÍQUOR. *Vide* LÍQUIDO CEFALORRAQUIDIANO.

LIRA. **1.** *Direito comparado.* Unidade monetária da Itália e do Vaticano. **2.** *Medicina legal.* Parte posterior do corpo do fórnice cerebral. **3.** *Direito agrário.* Aparelho apropriado para cortar coalhada na fabricação do queijo.

LISA. *Direito agrário.* Na ilha de Marajó, diz-se da vaca ainda não coberta ou que não teve cria.

LISE. *Medicina legal.* **1.** Desaparecimento lento dos sintomas de uma moléstia. **2.** Destruição de bactérias pela ação de anticorpos ou lisinas.

LISEMIA. *Medicina legal.* Desintegração do sangue.

LIS LITEM GENERAT. *Expressão latina.* Uma demanda traz outra.

LIS MINIMIS VERBIS INTERDUM MAXIMA CRESCIT. *Expressão latina.* Muitas vezes, de palavras insignificantes surgem grandes demandas.

LISO. *Direito agrário.* Diz-se do animal que está começando a engordar.

LISOL. **1.** *Direito agrário.* Planta têxtil do Maranhão. **2.** *Medicina legal.* Desinfetante e anti-séptico com potência germicida derivada do ortohidroxidifenil. Tal produto forma-se pela mistura de sabão e cresóis.

LISOLAGEM. *Medicina legal.* Desinfecção por meio de lisol.

LISOZIMA. *Medicina legal.* Substância bacteriolítica encontrada na saliva e nas lágrimas.

LISSA. **1.** *Medicina legal.* Hidrofobia; raiva. **2.** *Direito agrário.* Cordel vertical, no tear ordinário.

LISSOFOBIA. *Medicina legal.* Pavor de contrair raiva.

LISSOFÓBICO. *Medicina legal.* Relativo a lissofobia.

LISTA. **1.** *Direito marítimo.* Esteira do navio. **2.** *Direito eleitoral.* Cédula de votação, onde o eleitor escreve o nome daqueles que escolheu para ocupar os cargos eletivos. **3.** *Direito comercial.* a) Cardápio; menu; b) catálogo de mercadorias. **4.** Na *linguagem do direito* é o rol de bens ou de pessoas anotadas para a satisfação de alguma exigência legal.

LISTÃ. *Direito agrário.* Variedade de uva.

LISTA CIVIL. *Direito comparado.* Dotação da família real paga pela nação.

LISTA DE CHAMADA. *Direito educacional.* Relação dos alunos matriculados num estabelecimento de ensino, onde se verificam e anotam seus comparecimentos e suas faltas às aulas.

LISTA DE CONVOCAÇÃO. *Direito militar.* Rol dos convocados para prestar serviço militar.

LISTA DE DONATIVOS. Relação daqueles que contribuem, voluntariamente, com dinheiro ou espécie para prestar auxílio a asilos, hospitais, orfanatos ou instituições beneficentes.

LISTA DE EXCEÇÕES. *Direito internacional privado.* Lista de produtos sensíveis elaborada, separadamente, pelo Estado Parte do Tratado de Assunção para assegurar uma proteção a certos produtos nacionais, para que possam enfrentar uma concorrência nacional.

LISTA DE LOTERIA. *Direito penal.* Relação de sorteio ou avisos alusivos a loteria, feita por quem não estava autorizado e onde ela não possa legalmente circular; o ato de imprimir tal lista constitui contravenção penal.

LISTA DE PREÇOS. *Direito comercial.* Tabela de preços das mercadorias a serem vendidas em estabelecimentos empresariais, elaborada pelo empresário.

LISTA DE PRODUTOS SENSÍVEIS. *Vide* LISTA DE EXCEÇÕES.

LISTA DE SUBSCRITORES. *Direito comercial.* Rol daqueles que subscreveram ações de sociedade anônima, com a indicação de sua qualificação e do número das ações subscritas.

LISTAGEM. 1. *Direito virtual.* Lista contínua, em computador. **2.** *Direito internacional privado.* Relação dos produtos exportados, indicando marca, peso, volume etc.

LISTAGEM HIERÁRQUICA. *Direito comercial.* É a que se compõe de tópicos abrangentes subdivididos em subtópicos especializados que, por sua vez, se subdividem em outros, para facilitar a localização de certa informação em um depósito de dados.

LISTA GERAL. Relação dos números premiados pela loteria.

LISTA GERAL DE JURADOS. *Direito processual penal.* Relação de cidadãos escolhidos por conhecimento pessoal do juiz, por informação fidedigna ao juiz ou por requisição judicial às autoridades locais, sindicatos, associações de classe, repartições públicas, para, mediante sorteio, servirem durante o ano como jurados.

LISTA NEGRA. 1. *Direito internacional público.* Relação de pessoas físicas ou jurídicas suspeitas de país beligerante, residentes em país neutro, com as quais os súditos do país adversário não podem comerciar. **2.** *Direito bancário.* Rol dos emitentes de cheques sem fundos. **3.** *Direito comercial.* Relação de pessoas cadastradas em banco de dados por não honrarem seus deveres como compradores ou usuários (Othon Sidou).

LISTA NEGRA DE EMPREGADOS. *Direito do trabalho.* Cadastro com os nomes de trabalhadores com reclamações tramitando na justiça trabalhista, com o escopo de conhecer qual seria o efetivo espírito de emulação desses empregados candidatos às vagas existentes (Marcelo Pinto). Esta lista discriminatória de empregados não pode ser mantida pelo empregador.

LISTÃO. 1. *Direito agrário.* Diz-se do bovino cuja pelagem, ao longo do espinhaço, possui cor diversa da do restante do corpo. **2.** Na *linguagem comum* significa: a) faixa; lista grande; b) régua de carpinteiro.

LISTÁRIO. *História do direito.* Feitor encarregado de efetuar o registro do número e do peso dos diamantes encontrados.

LISTA SÊXTUPLA. *Direito constitucional.* Relação de nomes de seis advogados, elaborada pelo Conselho Federal e Conselhos Seccionais da OAB, a ser encaminhada aos Tribunais Judiciários, que escolherão um deles para ocupar o cargo.

LISTAS DE *E-MAILS*. *Direito virtual.* Grupos interessados em determinado assunto, para que as mensagens sejam enviadas a todos os membros que se inscreverem voluntariamente.

LISTA TELEFÔNICA. Livro que contém a relação dos assinantes com os respectivos endereços e número de telefone.

LISTA TRÍPLICE. *Direito constitucional.* Relação contendo três nomes de advogados ou de membros do Ministério Público, elaborada por tribunal, com base numa lista sêxtupla indicada pelos órgãos de classe, e enviada ao chefe do Poder Executivo, que escolherá, então, um de seus integrantes para ocupar cargo no Judiciário.

LIST DER VERNUNFT. *Locução alemã.* Astúcia da razão (Hegel).

LÍSTER. *Direito agrário.* Raça bovina inglesa.

LISTING. *Termo inglês.* Alistamento militar.

LIST OF THE CREW. *Direito marítimo.* Rol de equipagem.

LITEM NE QUAERE, CUM LICET FUGERE. *Expressão latina.* Melhor um mau acordo, que boa demanda.

LITEM PARIT LIS, NOXA ITEM NOXAM PARIT. *Expressão latina.* Uma demanda acarreta outra, do mesmo modo que a um dano se segue outro.

LITE PENDENTE. *Locução latina.* Durante a lide; lide em andamento ou em curso.

LITERAL. *Teoria geral do direito.* **1.** Conforme a letra dos textos. **2.** O que atende ao sentido rigoroso das palavras. **3.** Restrito. **4.** Exato. **5.** Processo interpretativo que busca o sentido das palavras do texto legal ou normativo, tendo por primeira tarefa estabelecer uma definição, ante a indeterminação semântica dos vocábulos, que são, em regra, vagos ou ambíguos. Por esse processo ou técnica interpretativa, que se funda sobre regras de gramática e de lingüística, examina o intérprete cada termo do texto normativo, procurando os seus sentidos possíveis e o aplicador opta ou decide por um deles. **6.** O que está escrito.

LITERALIDADE. 1. *Teoria geral do direito.* a) Exatidão; b) qualidade do que é literal; c) estado da língua representado pelos textos escritos; d) forma escrita de um ato jurídico; e) declaração escrita. **2.** *Direito comercial.* Requisito essencial do título de crédito, cujo teor contém todo o direito nele representado, tornando inquestionável o que nele constar (Luiz Fernando Rudge).

LITERALISMO. *Teoria geral do direito.* Tendência de aplicar a técnica da interpretação literal, seguindo a letra da lei.

LITERALISTA. *Teoria geral do direito.* Qualidade daquele que aplica o processo interpretativo literal.

LITERALMENTE. 1. De modo literal. **2.** À letra.

LITERÁRIO. *Direito autoral.* Relativo à literatura ou a letras.

LITERATURA. 1. *Direito autoral.* a) Conjunto de obras literárias sobre determinado assunto; b) técnica ou arte de composição de escritos literários, em prosa ou em verso. **2.** *Direito comercial.* Boletim contendo propaganda de produtos ou mercadorias.

LITERATURA DE FICÇÃO. *Direito autoral.* Conto; romance.

LITERATURA DE VANGUARDA. *Direito autoral.* Aquela que, pelo seu modernismo, constitui reação contra os moldes literários da geração anterior.

LITEROFOBIA. *Medicina legal.* Horror à instrução ou às letras.

LITES EX LITIBUS ORIRI NON DEBENT. *Expressão latina.* Lides não devem nascer de lides.

LITÍASE. *Medicina legal.* Formação de cálculos nas vias urinárias e biliares.

LITIGAÇÃO. *Direito processual civil.* **1.** Ato de litigar. **2.** Questão judicial.

LITIGÂNCIA DE MÁ-FÉ. *Direito processual civil.* Diz-se do ato de deduzir pretensão ou defesa contra texto expresso de lei ou fato incontroverso; alterar a verdade dos fatos; usar do processo para conseguir objetivo ilegal; opor resistência injustificada ao andamento do processo; proceder de modo temerário em qualquer incidente ou ato do processo; provocar incidentes manifestadamente infundados e interpor recurso manifestamente protelatório. Tal conduta do autor ou réu pode gerar a sua condenação na indenização da parte contrária dos prejuízos e todas as despesas que efetuou mais os honorários advocatícios. Se forem dois ou mais os litigantes de má-fé, o órgão judicante condenará cada um na proporção do seu respectivo interesse na causa, ou solidariamente aqueles que se coligarem para lesar a parte contrária. O valor da indenização será desde logo fixado pelo magistrado, em quantia não superior a 20% sobre o valor da causa, ou liquidado por arbitramento, baseado nos prejuízos sofridos, mais honorários advocatícios e despesas efetuadas, como também a multa em quantia não superior a 1% (um por cento) sobre o valor da causa. Nas relações de consumo, em caso de litigância de má-fé, a associação autora e os diretores responsáveis pela propositura da ação serão solidariamente condenados em honorários advocatícios e ao décuplo das custas, sem prejuízo da responsabilidade por perdas e danos.

LITIGANTE. *Direito processual civil.* **1.** Cada uma das partes processuais: autor e réu. **2.** Aquele que litiga. **3.** Referente a litígio.

LITIGANTIUM SUBTERFUGIIS EST OB-VIANDUM. *Aforismo jurídico.* Litigantes usam de muitos subterfúgios que devem ser obviados.

LITIGAR. *Direito processual civil.* **1.** Ter litígio. **2.** Questionar em juízo.

LITIGARE CUM VENTIS. *Expressão latina.* Litigar à toa.

LITIGATION. *Termo inglês.* **1.** Contenda. **2.** Litígio. **3.** Pleito judicial.

LITIGÁVEL. *Direito processual civil.* **1.** Discutível judicialmente. **2.** Contestável. **3.** Diz-se daquilo sobre o que pode haver litígio.

LITÍGIO. *Direito processual civil.* **1.** Questão judicial. **2.** Discussão formada em juízo. **3.** Controvérsia. **4.** Contestação. **5.** Causa. **6.** Conflito de interesses onde há pretensão de uma das partes processuais e resistência de outra.

LITÍGIO INTERNACIONAL. *Direito internacional público.* Conflito de interesses de ordem política ou jurídica, entre dois ou mais países, solucionado por via diplomática, pela arbitragem ou, ainda, pela guerra. O litígio internacional de caráter jurídico pode advir de: a) violação de tratados e convenção; b) desconhecimento por um Estado dos direitos de outro; c) ofensa a princípios de direito internacional, na pessoa de um cidadão estrangeiro (Hildebrando Accioly).

LITIGIOSO. *Direito processual civil.* **1.** O que foi contestado. **2.** O que envolve litígio. **3.** O que é objeto de discussão judicial.

LITIS AESTIMATIO. *Locução latina.* Indenização em quantia estimada; valor da coisa devida.

LITISCONEXÃO. *Direito processual civil.* Conexão de causas.

LITISCONSORCIAL. *Direito processual.* Relativo a litisconsórcio.

LITISCONSÓRCIO. **1.** *Direito processual civil.* Vínculo que, nos casos previstos em lei, prende vários autores ou réus num só processo pela comunhão de interesses, para discutirem uma só relação jurídica material. É a pluralidade de partes num mesmo processo. **2.** *Direito processual penal.* Vínculo entre co-autores do mesmo delito, pois a queixa contra um deles obriga todos ao processo, fazendo que o Ministério Público vele por sua indivisibilidade (Othon Sidou).

LITISCONSÓRCIO ATIVO. *Direito processual civil.* Vínculo que une num processo dois ou mais litigantes, na posição de co-autores, tendo-se um só réu.

LITISCONSÓRCIO FACULTATIVO. *Direito processual civil.* Aquele em que duas ou mais pessoas podem, se quiserem, funcionar como partes, ativa ou passivamente, num processo. Não são obrigados a ingressar necessariamente no mesmo processo, pois poderão formular separadamente suas ações. É, portanto, o que decorre da vontade dos litigantes, pois o órgão judicante não poderá impô-lo. Assim, duas ou mais pessoas poderão litigar, voluntariamente, no mesmo processo, em conjunto, ativa ou

passivamente, quando: a) entre elas houver comunhão de direitos e de obrigações relativamente à lide; b) os direitos ou as obrigações derivarem do mesmo fundamento de fato ou de direito; c) entre as causas houver conexão pelo objeto ou pela causa de pedir; d) ocorrer afinidade de questões por um ponto comum de fato ou de direito. O magistrado poderá limitar o número de litisconsortes quando este comprometer a rápida solução do litígio ou dificultar a defesa, interrompendo-se o prazo para resposta, que recomeçará da intimação da decisão.

LITISCONSÓRCIO FACULTATIVO RECUSÁVEL. *Direito processual civil.* Aquele que, por conter inúmeros litisconsortes facultativos, comprometendo a rápida solução do litígio ou dificultando a defesa, possibilita ao magistrado limitar o número de litigantes, tornando viável o exercício da jurisdição, o princípio da economia processual e o direito de ampla defesa.

LITISCONSÓRCIO MISTO. *Direito processual civil.* Aquele em que há mais de um autor e mais de um réu em litígio.

LITISCONSÓRCIO MULTITUDINÁRIO. *Direito processual civil.* *Vide* LITISCONSÓRCIO FACULTATIVO RECUSÁVEL.

LITISCONSÓRCIO NECESSÁRIO. *Direito processual civil.* Aquele em que, por lei ou pela natureza da relação jurídica, o juiz tiver de decidir a lide de modo uniforme para todas as partes, caso em que a eficácia da sentença dependerá da citação de todos os litisconsortes no processo.

LITISCONSÓRCIO PASSIVO. *Direito processual civil.* Vínculo que une num processo mais de um réu e um só autor.

LITISCONSÓRCIO RECÍPROCO. *Vide* LITISCONSÓRCIO MISTO.

LITISCONSÓRCIO SIMPLES. *Vide* LITISCONSÓRCIO UNITÁRIO.

LITISCONSÓRCIO UNITÁRIO. *Direito processual civil.* Aquele em que a sentença é uniforme para todos os litisconsortes.

LITISCONSÓRCIO VOLUNTÁRIO. *Vide* LITISCONSÓRCIO FACULTATIVO.

LITISCONSORTE. *Direito processual civil.* Aquele que litiga, juntamente, com outro, no mesmo processo, colocando-se na posição de autor ou réu, para defender interesses comuns.

LITISCONTESTAÇÃO. *Direito processual civil.* Estado da lide após o oferecimento da contestação pelo réu, contrapondo-se à pretensão do autor.

LITIS CONTESTATIO. *Locução latina.* **1.** Contestação da lide. **2.** Tomada de testemunho da lide.

LITISCRESCÊNCIA. *Direito romano.* Aumento do valor da condenação ao dobro, e, até mesmo, ao quádruplo, quando o réu era contumaz ou não reconhecia o direito do autor.

LITIS DECISIO. *Locução latina.* Decisão da lide; sentença.

LITISDENUNCIAÇÃO. *Direito processual civil.* Denunciação da lide. Ato processual pelo qual o autor ou o réu, dependendo da natureza do litígio, denuncia a lide a terceiro de quem houve a coisa ou o direito real, ou a quem esteja obrigado por lei ou por contrato a indenizar, em ação regressiva, o prejuízo pela perda da ação (Marcos Afonso Borges).

LITISDENUNCIADO. *Direito processual civil.* Aquele de quem o réu recebeu a coisa ou o direito real ou quem tem de indenizar em ação regressiva (Pontes de Miranda).

LITISDENUNCIANTE. *Direito processual civil.* Autor ou réu que denuncia a lide a terceiro.

LITISDENUNCIAR. *Direito processual civil.* Comunicar a lide a terceiro.

LITIS NOMEN SIGNIFICAT SIVE IN REM SIVE IN PERSONAM SIT. *Expressão latina.* A palavra "lide" significa ação, quer seja real, quer seja pessoal.

LITISPENDÊNCIA. *Direito processual civil.* **1.** Exceção oposta fundada na reprodução, em juízo, de ação anteriormente ajuizada e que se encontra, ainda, em curso. Havendo ajuizamento de ação idêntica a uma outra pendente de decisão ou concurso de duas ações, simultaneamente ou não, no mesmo juízo, apresentando identidade de partes, a mesma causa de pedir e o mesmo pedido, o réu deverá argüir litispendência antes da discussão do mérito, podendo o magistrado declará-la *ex officio*. A ação proposta posteriormente à que está em curso deve ser, então, paralisada pela inadmissibilidade de seu prosseguimento, obstando-se assim a prolatação de sentenças contraditórias sobre o mesmo litígio. **2.** Existência de lide em curso, ainda não decidida.

LITISPENDENTE. *Direito processual civil.* Relativo à litispendência.

LITOCLASTIA. *Medicina legal.* Redução de cálculos da bexiga a fragmentos.

LITODIÁLISE. *Medicina legal.* Dissolução de cálculos vesicais pela injeção de solventes.

LITOPÉDIO. *Medicina legal.* Feto que morreu no útero, sofrendo ulterior calcificação.

LITORAL. *Direito administrativo.* **1.** Beira-mar. **2.** Parte da terra onde chega o máximo fluxo das altas marés hibernais, incluindo os terrenos de marinha. **3.** Região costeira do país.

LITORINA. *Direito comercial.* Automotriz utilizada nas ferrovias para transportar passageiros.

LITOTE. *Filosofia do direito.* Figura retórica que diminui o valor conferido às coisas e o significado habitual dos fatos (Sudatti).

LITOTOMIA. *Medicina legal.* Remoção de cálculos por meio de incisão da bexiga.

LITOTRIPSIA. *Medicina legal.* Esmagamento de cálculo na bexiga para possibilitar sua eliminação pela urina.

LITRAGEM. *Direito comercial.* Medição em litros.

LITRO. *Direito comercial.* Unidade de medida de capacidade correspondente a um decímetro cúbico.

LITTERA BOLONIENSIS. *História do direito.* Denominação dada pela Escola de Bolonha à resenha crítica dos digestos justinianeus, transformados em texto escolar do *jus civile* europeu.

LITTERATIM. *Termo latino.* Textualmente; palavra por palavra.

LITURGIA. *Direito canônico.* **1.** Ciência que trata das cerimônias e dos rituais da Igreja. **2.** Ordem das cerimônias e preces que compõem o serviço divino. **3.** Rito.

LITURGO. *Direito romano.* Escravo do Estado.

LITÚRIA. *Medicina legal.* Presença de cálculo na urina.

LIVEDO. *Medicina legal.* Mancha arredondada e arroxeada na pele, indicativa de algum distúrbio circulatório periférico.

LIVELÁRIO. *História do direito.* Contratante que, na Idade Média, recebia terra desde que pagasse foro compensatório ao senhorio.

LIVELO. *História do direito.* Instituto de direito obrigacional pelo qual, na era medieval, havia possibilidade de utilizar economicamente terra alheia mediante pagamento de um foro compensatório ao senhor feudal.

LIVESTOCK CONTAINER. *Locução inglesa.* Forma de *container* apropriada para transporte de animais.

LIVING. *Termo inglês.* Sala de estar.

LIVOR CADAVÉRICO. *Medicina legal.* Mancha negro-azulada que surge no cadáver, nas regiões mais declives, causada pelo acúmulo de

LIVRAISON 165 LIV

sangue, oriundo da parada de circulação, em razão da ação da gravidade.

LIVRAISON. *Termo francês.* Parte de uma obra que se entrega aos assinantes.

LIVRAMENTO. 1. *Medicina legal.* Expulsão da placenta, após o parto. **2.** *Direito processual penal.* a) Soltura de preso; b) libertação; resgate. **3.** *Direito civil.* Ato de eximir-se de um encargo ou de uma obrigação. **4.** *História do direito.* a) Jurisdição concedida ao juiz para conhecimento de processo de livramento, decretando-o ou não; b) jurisdição outorgada a juiz para livrar, despachar e decidir causas.

LIVRAMENTO CONDICIONAL. *Direito processual penal* e *direito penal.* Benefício concedido ao condenado pelo juiz, desde que satisfeitas as exigências legais e cumprida uma parte da pena privativa de liberdade, antecipando, a título precário, sua liberdade, sob a condição de voltar à prisão se não tiver comportamento adequado ou se não cumprir as obrigações impostas. É, portanto, a concessão da liberdade provisória ao condenado que cumpriu parte da pena, mediante determinados requisitos, antecipando sua volta à coletividade.

LIVRANÇA. *História do direito.* **1.** Título de crédito similar à nota promissória, pelo qual o emitente se obrigava a pagar, dentro de determinado prazo, a alguém uma quantia em dinheiro. Era, portanto, um documento escrito no qual uma pessoa física ou jurídica reconhecia sua dívida, obrigando-se a pagá-la, à vista ou no prazo avençado, àquele a quem fora passado, ou à sua ordem, e, mesmo, ao portador. **2.** Guia expedida pela autoridade competente para pagamento de tributo ao erário.

LIVRANÇA EM BRANCO. *Direito internacional privado* e *direito comparado.* Caução bancária especial pela entrega de título executivo (livrança em branco) a ser pago pelo responsável que o avaliza e é um terceiro, cujo patrimônio responde pelo pagamento do mesmo débito. É usual em Portugal.

LIVRAR. 1. *Direito alfandegário.* Despachar mercadoria importada. **2.** *Direito tributário.* Isentar. **3.** *Medicina legal.* Expulsar placenta. **4.** *Direito processual penal.* a) Dar liberdade a preso; b) ser absolvido. **5.** *Direito civil.* Exonerar.

LIVRARIA. 1. *Direito comercial.* Estabelecimento especializado na venda de livros. **2.** *Direito civil.* Coleção de livros; biblioteca.

LIVRAR-SE FORRO. *Direito civil.* Liberar-se de uma obrigação.

LIVRAR-SE SOLTO. *Direito processual penal.* Ser processado, penalmente, em liberdade.

LIVRE. 1. *Direito desportivo.* Luta em que não há golpes proibidos. **2.** *Direito autoral.* Tradução em que não se segue o texto à risca. **3.** *Direito processual penal.* a) Absolvido; b) solto; colocado em liberdade. **4.** *Direito civil.* a) Espontâneo; b) não comprometido por uma obrigação; c) disponível; d) amor praticado entre pessoas não casadas; e) aquele que pode dispor de sua pessoa e de seus bens; f) que não está casado; g) desonerado. **5.** *Teoria geral do direito.* a) O que goza de liberdade pessoal; b) o que não está proibido; permitido; c) não sujeito a limitações; d) irrestrito. **6.** *Ciência política.* a) Independente; b) país que possui liberdade política; c) o que goza de seus direitos políticos. **7.** *Direito militar.* Aquele que não ficou sujeito ao serviço militar.

LIVRE ACESSO. 1. *Direito de trânsito.* Via desimpedida. **2.** Nas *linguagens comum* e *jurídica,* indica tudo o que pode ser atingido sem dificuldade.

LIVRE APRECIAÇÃO DA PROVA. *Direito processual civil.* Princípio processual pelo qual o órgão judicante firma sua convicção baseado nas provas, nos fatos e circunstâncias constantes nos autos e na impressão que colheu do processo.

LIVRE-ARBÍTRIO. *Filosofia geral.* Faculdade do ser humano de autodeterminação, firmada na sua liberdade de escolha, baseada em sua própria vontade. Princípio da liberdade da vontade de escolher o que se quer ou o que não se quer fazer.

LIVRE-CÂMBIO. 1. *Economia política.* Liberdade de comércio, sem restrição à livre concorrência. **2.** *Direito internacional privado.* Comércio entre nações, não sujeito a direitos ou impostos aduaneiros, havendo liberdade nas exportações e importações.

LIVRE-CAMBISMO. 1. *Ciência política.* Forma de individualismo limitada pelo respeito aos direitos e liberdades dos outros (Sérgio Ricossa). **2.** *Economia política.* Doutrina que propugna o livre-câmbio e a liberdade econômica.

LIVRE-CAMBISTA. *Economia política.* Adepto do livre-cambismo.

LIVRE CIRCULAÇÃO. *Direito tributário.* Passagem livre dos bens dos produtores para os revendedores, investidores e consumidores, que constitui base para a cobrança do imposto sobre operações relativas à circulação de mercadorias.

LIVRE COMÉRCIO. *Direito alfandegário.* Sistema intermediário entre o livre-cambismo e o protecionismo, pelo qual a cobrança de impostos aduaneiros deve possibilitar que as mercadorias importadas tenham o mesmo preço das nacionais.

LIVRE CONCORRÊNCIA. *Economia política* e *direito comercial.* Liberdade dada aos empresários para exercerem suas atividades segundo seus interesses, limitadas tão-somente pelas leis econômicas.

LIVRE CONVENCIMENTO. *Direito processual.* Princípio pelo qual o magistrado pode apreciar livremente as provas constantes nos autos, dando-lhes a força ou o valor que entender, guiado pela prudência objetiva e pelo bom senso, indicando na decisão os motivos que formaram seu convencimento ou convicção. Trata-se do exame das provas segundo a consciência do juiz e a impressão geral que colheu do processo, desde que atenda aos fatos e às circunstâncias constantes dos autos.

LIVRE CONVICÇÃO. *Vide* LIVRE CONVENCIMENTO.

LIVRE-CULTISMO. Doutrina da liberdade dos cultos.

LIVRE DE AVARIA PARTICULAR (LAP). *Direito internacional privado* e *direito comercial marítimo.* Trata-se de cláusula *free of particular average unless*, contida em seguros marítimos, que desobriga o segurador de indenizar prejuízo oriundo de risco que exponha a carga ou o navio, ou seja, de avaria simples, obrigando-o a cobrir danos diretamente decorrentes de naufrágio, incêndio, encalhe, abalroação e colisão, desde que haja nexo de causalidade entre a destruição ou submersão com a combustão pelas chamas, o choque de um navio com outro ou a prisão do casco nos baixios. Será preciso demonstrar a ocorrência desses eventos, se as mercadorias se encontravam a bordo, mediante a apresentação do diário de bordo, o qual relatará o sinistro, ou a comunicação à Capitania dos Portos por ocasião da entrada do navio no porto. Apesar de existir tal garantia, a seguradora deverá pagar o valor de qualquer volume segurado que vier a se perder na baldeação, armazenagem ou descarga em porto de arribada ou em porto intermediário de escala. A seguradora terá responsabilidade, em todos esses casos, sob a forma padrão da apólice marítima inglesa, que contiver a cláusula de carga WA.

LIVRE DE AVARIA PARTICULAR ABSOLUTAMENTE (LAPA). *Direito internacional privado* e *direito comercial marítimo.* Cláusula cuja garantia compreende a perda total, quando os danos sofridos pelo objeto segurado atingirem 3/4 de seu valor, e a avaria grossa.

LIVRE DE AVARIA RECÍPROCA. *Direito internacional privado* e *direito comercial marítimo.* Cláusula de avaria grossa que visa ratear entre o frete, a carga e o navio os prejuízos decorrentes de causas que os atinjam conjuntamente. Ante tal dever de contribuir para os danos e despesas extraordinárias, os fretadores ressalvam, na carta de partida e nos conhecimentos, os direitos mútuos de não contribuir para as avarias que sofrerem, por isso essa cláusula terá por finalidade resguardar a obrigação comum de ratearem os prejuízos das avarias grossas. Essa cláusula terá por escopo exonerar o fretador de responsabilidade pelos danos recíprocos, desde que não se determine sua culpabilidade pelo sinistro.

LIVRE DE GREVE, TUMULTO E COMOÇÃO CIVIL. *Direito internacional privado.* Cláusula que garante perda ou dano causado por grevista, trabalhadores em *lock-out*, pessoas que participarem de distúrbios trabalhistas, tumultos ou comoção civil. Se essa cláusula for cancelada, as cláusulas de greves, tumultos e comoções civis do *Institute Strikes-Riots and Civil Commotions Clauses* farão parte do contrato.

LIVRE DE HOSTILIDADE. *Direito internacional privado.* Cláusula que exonera o segurador de danos conseqüentes de operações bélicas, sendo que cessa a cobertura na hipótese de a viagem ser retardada ou a rota mudada por causa de hostilidades ou se a mercadoria for descarregada no porto de destino, ao costado do navio condutor. Se a mercadoria segurada permanecer a bordo do navio condutor, depois de chegar ao porto de destino, a cobertura dada por tal cláusula terá vigência pelo prazo de quinze dias contados da meia-noite do dia em que o navio condutor chegar àquele porto; o mesmo se diga se houve transbordo, para outro navio condutor, em qualquer porto ou lugar. A garantia decorrente dessa cláusula não excluirá colisão, contato com objeto (com exceção de mina ou torpedo), encalhe, incêndio, a não ser se causado por ato de hostilidade de força naval, militar ou área associada a uma potência. Essa cláusula garantirá também conseqüências decorrentes de guerra civil, revolução, rebelião, insurreição ou pirataria. Se a mercadoria for reembarcada para o destino indicado na apólice ou qualquer outro, o seguro se reiniciará desde que seja dado aviso prévio do início da viagem suplementar, pagando-se prêmio adicional a partir do instante em que a mercadoria for colocada a bordo do navio condutor, que fará a viagem suplementar. Se essa cláusula for cancelada, as cláusulas de guerra do *Institute War Clauses* deverão vir a fazer parte desse seguro.

LIVRE DE RAISON. *Expressão francesa.* Livro de contas.

LIVRE DE TODAS AS AVARIAS. *Direito internacional privado* e *direito comercial marítimo.* Cláusula livre de avarias que ensejará apenas a garantia da perda total por naufrágio, ou por desaparecimento da embarcação transportadora, desonerando a seguradora das avarias particulares e das grossas.

LIVRE DISPOSIÇÃO. *Direito civil.* Poder de dispor do bem como quiser, cedendo-o, alienando-o, onerando-o etc.

LIVRE-DOCÊNCIA. *Direito educacional.* **1.** Categoria de livre-docente. **2.** Cargo de livre-docente, ocupado mediante concurso aberto pela instituição de ensino superior.

LIVRE-DOCENTE. *Direito educacional.* **1.** Professor concursado autorizado a lecionar numa universidade, apesar de não ter a qualidade de efetivo, isto é, de não ser o titular da cadeira. **2.** Título universitário de professor obtido mediante concurso de títulos e provas, que não assegura o exercício efetivo da cadeira, mas constitui requisito para a inscrição ao concurso para titular.

LIVRE EMPRESA. *Economia política.* Sistema que se baseia na iniciativa privada que, técnica e economicamente, se destina à produção, combinando natureza, trabalho e capital, visando a percepção de lucros, assumindo o empresário todos os riscos decorrentes da sua atividade.

LIVRE-ESCAMBISTA. *Vide* LIVRE-CAMBISTA.

LIVRE EXAME. *Filosofia geral.* Liberdade de opinião pela qual o ser humano só crê naquilo que sua razão aceitar.

LIVRE INICIATIVA. *Direito constitucional* e *economia política.* Sistema que preconiza o livre exercício da atividade econômica privada, na qual o Estado participa tão-somente como agente normativo de fiscalização, incentivo e planejamento (Othon Sidou).

LIVRE INVESTIGAÇÃO CIENTÍFICA. *Teoria geral do direito.* Processo integrativo do direito que, por ser fonte supletiva, na teoria de François Geny, visa suprir, mediante a livre apuração de novas

normas, as omissões das normas jurídicas existentes. Essa investigação é livre porque não se submete a uma autoridade positiva e é científica porque pode dar bases sólidas aos elementos objetivos descobertos pela ciência jurídica. A livre investigação científica deve basear-se em três princípios: a) o da autonomia da vontade; b) o da ordem e do interesse público; e c) o do justo equilíbrio ou harmonização dos interesses privados opostos, pois o aplicador deve considerar a respectiva força desses interesses, pesando-os na balança da justiça, para saber a qual deles deve dar preponderância, levando em conta as convicções sociais vigentes, resolvendo de modo que se produza o devido equilíbrio.

LIVREIRO. **1.** *Direito comercial.* a) Comerciante especializado na venda de livros; b) negociante de livros; c) relativo a livros; d) pessoa jurídica ou representante comercial autônomo que se dedica à venda de livros. **2.** *História do direito.* Aquele que mandava escrever, ditando ao copista, o texto que se transformaria em obra que seria vendida.

LIVREIRO-EDITOR. *Direito autoral* e *direito comercial.* Aquele que divulga, distribui e vende as obras que manda imprimir por sua conta.

LIVRE NOMEAÇÃO. *Direito administrativo.* Provimento de cargo público que se dá pela livre escolha do chefe do Poder Executivo, dentre aqueles que têm competência ou que são credenciados para ocupá-lo.

LIVRE NOMEAÇÃO ABSOLUTA. *Direito administrativo.* Escolha da pessoa para ocupar cargo público feita pelo chefe do Poder Executivo, sem interferência de qualquer outro poder, por meio de ato administrativo simples. Como, por exemplo, a nomeação dos ministros de Estado.

LIVRE NOMEAÇÃO RELATIVA. *Direito administrativo.* É aquela que se perfaz por meio de ato administrativo complexo, uma vez que depende não só da manifestação do Poder Executivo, mas também da de outro poder. Por exemplo, a nomeação de embaixador requer, além da designação do chefe do Poder Executivo, a aprovação ou anuência do Senado.

LIVRE-PENSADOR. *Filosofia geral.* Diz-se daquele que forma sua opinião sem sofrer quaisquer influências de autoridade ou da tradição, acatando tão-somente aquilo que for aceito pela sua razão.

LIVRE PERMUTA. *Vide* LIVRE-CÂMBIO.

LIVRE-PERMUTISMO. *Vide* LIVRE-CAMBISMO.

LIVRE PRÁTICA. *Direito marítimo.* Autorização a ser emitida pelo órgão de vigilância sanitária a uma embarcação procedente ou não do exterior a entrar em um porto do território nacional e iniciar as operações de desembarque e embarque de cargas e viajantes. A concessão da Livre Prática deverá ser precedida da análise das condições operacionais e higiênico-sanitárias do meio de transporte e do estado sanitário de seus tripulantes e passageiros.

LIVRE PRÁTICA A BORDO. *Direito marítimo.* Autorização dada pelo órgão de vigilância sanitária a uma embarcação para entrar no porto e iniciar as operações, emitida a bordo após a realização de uma inspeção sanitária satisfatória. A embarcação poderá aguardar a inspeção sanitária local a critério da autoridade sanitária local em fundeadouro de visita ou atracada. A Livre Prática a Bordo será concedida: a) à embarcação com origem ou escala(s) em áreas de ocorrência de casos de febre amarela e/ou malária, mediante inspeção sanitária em fundeadouro de visita; b) à embarcação procedente de área de ocorrência de casos de cólera cujas informações prestadas sobre o estado sanitário de bordo indiquem a presença de casos suspeitos, estejam incompletas ou sejam insuficientes. Nesse caso, a emissão da Livre Prática estará condicionada a inspeção sanitária a bordo em fundeadouro de visita; c) à embarcação procedente de área de ocorrência de casos de peste cujas informações prestadas sobre o estado sanitário de bordo indiquem a presença de casos suspeitos e/ou mortandade de ratos a bordo, estejam incompletas ou sejam insuficientes. Nesse caso a emissão da Livre Prática estará condicionada a inspeção sanitária a bordo em fundeadouro de visita; d) à embarcação que opere translado de cadáver ou que informe, quando da apresentação das informações para a autorização da Livre Prática, sobre a ocorrência, a bordo, de caso de óbito, anormalidade clínica em viajante (passageiro e tripulante) e de acidente envolvendo cargas que possam produzir agravos à saúde coletiva e ao meio ambiente. Nesse caso, a emissão da Livre Prática estará condicionada a inspeção sanitária a bordo em fundeadouro de visita; e) à embarcação procedente de área indene cujas informações prestadas pela empresa transpor-

tadora para a autorização da Livre Prática estejam incompletas ou sejam insuficientes para a conclusão do estado sanitário de bordo. Nesse caso, a emissão da Livre Prática estará condicionada a uma inspeção sanitária a bordo que acontecerá em fundeadouro de visita ou com a embarcação atracada, a critério da autoridade sanitária local.

LIVRE PRÁTICA VIA RÁDIO. *Direito marítimo.* Autorização para entrada de embarcação em um porto, emitida pelo órgão de vigilância sanitária em conformidade com a avaliação das informações do estado sanitário de bordo, permitindo à embarcação a operação de desembarque e embarque de cargas e viajantes. No entanto, não a isenta de ser submetida, quando atracada, a uma inspeção sanitária. A Livre Prática via Rádio será concedida: a) à embarcação procedente de área de ocorrência de casos de cólera cujas informações prestadas sobre o estado sanitário de bordo não indiquem a presença de casos suspeitos, estejam completas ou sejam suficientes; b) à embarcação procedente de área de ocorrência de casos de peste cujas informações prestadas sobre o estado sanitário de bordo não indiquem a presença de casos suspeitos, nem a ocorrência de mortandade de ratos a bordo, e estejam completas ou sejam suficientes; c) à embarcação procedente de área indene cujas informações prestadas pela empresa transportadora para a autorização da Livre Prática estejam completas e sejam suficientes para a conclusão do estado sanitário de bordo.

LIVRO. **1.** *Direito autoral.* a) Obra literária, científica ou artística que estiver em texto impresso; b) divisão de obra literária. **2.** *Direito comercial.* Registro no qual o empresário faz o assento das operações mercantis. **3.** *Direito internacional público.* Reunião de documentos diplomáticos relativos a certo assunto ou a determinado período de tempo, publicados pelo governo para ciência do público.

LIVRO AMARELO. *Direito comparado* e *direito internacional público.* Livro de capa amarela no qual a diplomacia francesa expõe toda a correspondência mantida com os demais países referente a assuntos governamentais controvertidos.

LIVRO-ATA. *Direito civil* e *direito comercial.* Livro em branco destinado a anotações ou registros de deliberações tomadas em associações ou sociedades.

LIVRO AUTÊNTICO. Aquele que está revestido das formalidades legais possuindo fé necessária para comprovar os fatos nele registrados.

LIVRO AUXILIAR. *Direito comercial.* Aquele que, apesar de não ser obrigatório, é adotado para facilitar a escrituração mercantil, como, por exemplo: o livro-caixa, o borrador, o contas-correntes, o registro de obrigações a receber e a pagar, o livro de balancetes, o livro de estoques, o razão, o livro de inventário etc.

LIVRO AZUL. *Direito comparado* e *direito internacional público.* Livro de capa azul em que está contida toda a correspondência diplomática expedida pela chancelaria inglesa, relativa a questões controvertidas com outros Estados.

LIVRO BRANCO. *Direito comparado* e *direito internacional público.* Relatório oficial, encadernado em branco, contendo correspondência diplomática, versando sobre questões governamentais da Alemanha, Japão, Portugal e Vaticano.

LIVRO BROCHADO. *Direito autoral.* Livro ligeiramente costurado com fio flexível metálico ou têxtil, coberto com capa de cartolina.

LIVRO-CAIXA. *Direito comercial.* Livro auxiliar de escrituração em que são registradas as entradas e saídas de dinheiro.

LIVRO CIENTÍFICO. *Direito autoral.* Diz-se daquele que versa sobre as ciências, sejam elas jurídicas, físicas, sociológicas etc.

LIVRO COMERCIAL. *Direito comercial.* Cada um daqueles livros contábeis e fiscais que os estabelecimentos comerciais ou empresas devem ter para escrituração contábil e registro de suas operações, bem como das atividades empresariais para que possam, em qualquer tempo, conhecer sua situação.

LIVRO COPIADOR. *Direito comercial.* Livro em branco no qual são copiadas as cartas, contas-assinadas etc. É um livro de registro de correspondência expedida, inclusive faturas.

LIVRO DA NAVEGAÇÃO. *Vide* LIVRO DE BORDO.

LIVRO DA RECEITA E DESPESA DA EMBARCAÇÃO. *Direito comercial marítimo.* Livro obrigatório em que o capitão deve escriturar regularmente, lançando em forma de contas correntes a despesa e a receita do navio, registrando cada um dos membros da tripulação, declarando seus vencimentos.

LIVRO DE AÇÕES. *Direito comercial.* Livro obrigatório nas sociedades anônimas para registro e transferência de ações.

LIVRO DE AMOSTRAS. Coleção de amostras reunidas como as folhas de um livro.

LIVRO DE ATA. *Direito civil* e *direito comercial.* Aquele em que se fazem registros de atos de associações ou sociedades.

LIVRO DE BORDO. *Direito comercial marítimo.* Livro oficial obrigatório no qual o capitão do navio deve registrar diária e regularmente todas as ocorrências havidas, trabalhos realizados, reparos feitos, danos ou avarias sofridas pela embarcação ou carga, deliberações tomadas pelos oficiais ou protestos por ele feitos etc.

LIVRO DE CARGA. *Direito comercial marítimo.* Livro obrigatório no qual se assentam diariamente não só as entradas e saídas da carga, declarando as marcas, números de volumes, nome dos carregadores e consignatários, portos de carga e descarga, fretes ajustados etc., mas também nomes de passageiros, indicando seu destino, condições da passagem e a relação da bagagem.

LIVRO DE CARGA E DESCARGA DE MERCADORIAS. *Vide* LIVRO DE ESTOQUES.

LIVRO DE CHEQUES. *Direito bancário.* Talão de cheques fornecido pelo banco aos seus depositantes para que possam efetuar a retirada das quantias que nele depositaram.

LIVRO DE CONTABILIDADE. *Direito comercial.* Designação genérica de livros mercantis e fiscais que o empresário deve ter e manter devidamente escriturados, para contabilização de todos os fatos econômicos e administrativos.

LIVRO DE DUPLICATAS. *Direito comercial.* Livro fiscal de uso obrigatório pelos atacadistas para registrar duplicatas extraídas nas vendas a prazo.

LIVRO DE ESCRITURAÇÃO. *Direito comercial.* Denominação que abrange todos os livros usados num estabelecimento empresarial, p. ex., o livro Diário, de uso obrigatório; o Balancetes Diários e Balanços, se adotar o sistema de fichas de lançamentos; o Razão, que constitui o índice do Diário; o Contas-Correntes, no qual são registradas e lançadas as operações individuais, e o Caixa, em que se registram as entradas e saídas de dinheiro.

LIVRO DE ESTOQUES. *Direito comercial.* Utilizado para registro de mercadorias escrituradas por espécies, anotando-se suas entradas (cargas) e saídas por venda (descargas).

LIVRO DE FABRICAÇÃO. *Direito comercial.* Livro de natureza fiscal no qual se registram as produções de artigos sujeitos a pagamento de impostos.

LIVRO DE INSPEÇÃO DO TRABALHO. *Direito do trabalho.* Livro obrigatório em todas as empresas empregadoras sujeitas à inspeção do trabalho, autenticado pela Delegacia Regional do Trabalho, Posto de fiscalização, órgão competente do INSS ou, na falta destes, pela autoridade federal, estadual ou municipal, uma vez que serve para registro da visita do agente de inspeção credenciado ao estabelecimento e de todas as irregularidades por ele verificadas.

LIVRO DE INVENTÁRIO. *Direito comercial.* Livro no qual o empresário registra os bens e mercadorias que compõem o ativo ou patrimônio da firma.

LIVRO DE MOVIMENTO DE ESTAMPILHAS. *Direito comercial.* Livro de natureza fiscal para escrituração, feita no livro de fabricação, da aquisição e emprego de estampilhas de vendas mercantis.

LIVRO DE NOTAS. *Direito registral.* Livro em que os escrivães, notários ou tabeliães lavram os contratos, testamentos e demais atos solenes, levados a efeito por escritura pública, em seus ofícios, a pedido dos interessados.

LIVRO DE OCORRÊNCIAS. *Direito processual penal.* Livro utilizado em delegacias de polícia, no qual são registrados os fatos ocorridos em sua jurisdição, alusivos a queixas, delitos e contravenções, servindo de base para a formação do inquérito policial (Othon Sidou).

LIVRO DE OPINIÕES DO HÓSPEDE. *Direito comercial.* Livro colocado na portaria ou na recepção dos meios de hospedagem, à disposição de seus hóspedes, para registro de elogios ou reclamações sobre o estabelecimento, com o escopo de obter a melhoria de qualidade do empreendimento.

LIVRO DE OURO. 1. *História do direito.* Livro de registro genealógico das famílias pertencentes à aristocracia da região. **2.** *Direito civil.* Livro em que são inscritos os nomes daqueles que contribuem pecuniariamente para a consecução de um fim altruístico. **3.** Na *linguagem comum:* a) livro excelente; b) livro que contém preceitos de moral, higiene etc.

LIVRO DE PONTO. *Direito do trabalho.* Livro onde empregados e operários assinam a entrada e a saída no seu horário, indicando sua presença e pontualidade.

LIVRO DE REGISTRO. *Direito registral.* Livro público em que devem ser assentados, por necessidade ou interesse de ordem pública, determinados fatos para sua perpetuação e comprovação. Por exemplo, Livro de Registro Civil, Livro de Registro de Títulos e Documentos, Livro de Registro de Imóveis etc.

LIVRO DE REGISTRO DA CORRESPONDÊNCIA. *Vide* LIVRO COPIADOR.

LIVRO DE REGISTRO DE EMPREGADO. *Direito do trabalho.* Livro no qual se registram não só os empregados que exercem continuamente suas funções, uniformizando dados imprescindíveis à produção de certos efeitos jurídicos, como também os eventos ocorridos, os direitos e obrigações decorrentes da relação trabalhista. Tal livro serve de elemento probatório perante a Justiça do Trabalho, Justiça Comum, repartições públicas etc.

LIVRO DE REGISTRO DO INVENTÁRIO DE ESTOQUES. *Direito comercial.* É o usado por estabelecimento mercantil que tenha mercadorias, matérias-primas, produtos, materiais de embalagem estocados, para arrolá-los em grupo, pelo seu valor e com especificações que possibilitam sua perfeita identificação. O arrolamento de cada grupo deve ser efetuado separadamente, conforme define a ordenação da Tabela de Incidência do Imposto sobre Produtos Industrializados, que não é aplicável a estabelecimento comercial não equiparado a industrial. A escrituração desse livro deve ser efetuada dentro de 60 dias contados da data do balanço.

LIVRO DE *THOT*. *História do direito.* Código de Leis do Egito Antigo.

LIVRO DE TRANSIÇÃO. *Ciência política.* Livro a ser elaborado por cada Ministério, relacionado ao processo de transição governamental, contendo: a) informação sucinta sobre decisões tomadas em período recente, que possam ter repercussão de especial relevância para o sucessor do Ministério; b) lista das entidades com as quais o Ministério mais freqüentemente interage, em especial órgãos da Administração Pública Federal e organismos internacionais, com menção aos temas que motivam essa interação; c) lista das comissões do Congresso Nacional com as quais o Ministério mais interage; d) versão atualizada da Agenda 100 do Ministério, a ser fornecida pela Casa Civil da Presidência da República.

LIVRO DE VENDAS À VISTA. *Direito comercial.* Livro de natureza fiscal para anotação diária do total das vendas à vista realizadas pelo estabelecimento mercantil, para que se cumpra com regularidade o pagamento do imposto devido.

LIVRO DIDÁTICO. *Direito autoral.* Aquele destinado ao uso de alunos.

LIVRO DO ANO. *Direito autoral.* Anuário ilustrado, contendo os principais acontecimentos mundiais ocorridos no ano precedente, em regra publicado como complemento de uma enciclopédia.

LIVRO DO PORTALÓ. *Direito comercial marítimo.* Conjunto de conhecimentos de mercadorias relacionados quando não há a bordo o Livro de Carga.

LIVRO DO TOMBO. *Direito canônico.* Livro paroquial em que se assentam as principais ocorrências relativas à situação patrimonial e à vida religiosa da paróquia.

LIVRO EM BRANCO. *Direito comercial.* Aquele em que não há nada impresso e que é usado para escrituração mercantil ou para registros diversos em firmas comerciais.

LIVRO ENCADERNADO. *Direito autoral.* Aquele protegido por capa forrada de couro, pergaminho etc.

LIVRO FACULTATIVO. *Direito comercial.* Aquele que não é obrigatoriamente exigido por lei, sendo usado voluntariamente pelo empresário, embora seja dispensável. Por exemplo, o livro de registro.

LIVRO FISCAL. 1. *Direito comercial.* Aquele que é utilizado na atividade empresarial por exigência do fisco, por constituir elemento hábil para fiscalização do pagamento dos tributos. **2.** *Direito tributário.* a) Livro de escrituração exigido por lei para possibilitar o controle do exato cumprimento das obrigações tributárias; b) aquele utilizado nas repartições arrecadadoras para escrituração dos impostos devidos pelos contribuintes.

LIVRO–JORNAL. *Direito comercial.* Diário usado para escrituração, utilizado dia a dia na escrituração das operações levadas a efeito em estabelecimento empresarial.

LIVRO LITERÁRIO. *Direito autoral.* É o de literatura de ficção: romance, conto e poesia.

LIVRO NEGRO. *Direito administrativo.* Livro em que se assentam as faltas e infrações de funcionários públicos.

LIVRO–PROTOCOLO. *Direito administrativo.* É o usado nas repartições públicas para registrar a entrada de documento, anotando seu curso até que seja despachado ou solucionado pela autoridade competente.

LIVROS IRREGULARES. *Direito comercial.* Livros comerciais e fiscais que não estão devidamente legalizados, apresentando escrituração fora dos termos exigidos pela lei para sua execução, perdendo, por isso, sua autenticidade e valor probatório.

LIVROS NECESSÁRIOS. *Direito comercial.* Aqueles que, apesar de não serem exigidos legalmente, são, apesar de facultativos, imprescindíveis para efetivação de certos fins mercantis ou industriais, pois sem eles não se pode realizar a escrituração regular. Dentre eles temos o livro Razão, o Caixa e o Contas-Correntes.

LIVROS OBRIGATÓRIOS. *Direito comercial.* Aqueles reclamados por lei e que devem ser devidamente autenticados, p. ex.: o Diário, o Registro de Duplicatas, Entrada e Saída de Mercadorias, o Registro de Ações Nominativas etc.

LIVROS OFICIAIS. *Vide* LIVROS PÚBLICOS.

LIVROS PÚBLICOS. 1. *Direito administrativo.* São os utilizados pelas repartições públicas para lavrar atos públicos ou fatos de interesse público. **2.** *Direito registrário.* Livros de uso encontrados nos cartórios, como os de notas e os de registro civil.

LIVROS SOCIAIS. *Direito comercial.* Os livros obrigatórios da sociedade anônima, exigidos legalmente, tais como: Livro de Registro de Ações Nominativas; Livro de Registro de Ações Endossáveis; Livro de Transferência de Ações Nominativas; Livro de Registro de Partes Beneficiárias Nominativas; Livro de Transferência de Partes Beneficiárias Nominativas; Livro de Registro de Partes Beneficiárias Endossáveis; Livro de Registro de Debêntures Endossáveis; Livro de Registro de Bônus de Subscrição Endossáveis; Livro de Registro de Ações Endossáveis; Livro de Atas das Assembléias Gerais; Livro de Presença dos Acionistas; Livro de Atas das Reuniões do Conselho de Administração; Livro das Reuniões da Diretoria e Livro de Atas e Pareceres do Conselho Fiscal.

LIVRO–TALÃO. *Direito comercial.* Livro em que a escrituração é feita em folhas, destacando-se uma parte delas, que é o canhoto. É muito usado para recibo, fatura, guia de pagamento etc.

LIVRO V DAS ORDENAÇÕES FILIPINAS. *História do direito.* Era o que continha as normas penais que vigoraram no Brasil até 1830.

LIVRO VERDE. *Direito comparado* e *direito internacional público.* Livro de capa verde em que, na Itália, é exarada toda a sua correspondência diplomática.

LIVRO VERMELHO. *Direito comparado* e *direito internacional público.* Livro de capa vermelha utilizado na chancelaria espanhola, no qual estão contidos os documentos e correspondência diplomática.

LIXÃO. *Direito ambiental.* Disposição de resíduos *in natura* no solo, sem nenhuma forma de proteção ou tratamento.

LIXEIRO. *Direito administrativo.* Servidor que recolhe o lixo das vias públicas.

LIXO. *Direito ambiental.* Resíduo advindo de processo de produção, transformação ou utilização.

LIXO ATÔMICO. *Direito ambiental.* Material radioativo advindo do uso de combustível nuclear.

LLOYD. *Termo inglês.* Nome adotado por várias companhias marítimas.

LLOYDBRAS. Abreviatura de Companhia de Navegação Lloyd Brasileiro.

LÓ. *Direito marítimo.* **1.** Lado da embarcação virado para o vento. **2.** Parte em que as velas do navio são amuradas.

LOAD FACTOR. *Locução inglesa.* Estimativa de lucro nas operações de carga e descarga de mercadorias em número e volume suficientes que compensem o exercício do navio (Geraldo Bezerra de Moura).

LOADING DOCK. *Locução inglesa.* Embarcadouro.

LOAN-OFFICE. *Locução inglesa.* Casa de penhores.

LOAN SHARKING. *Locução inglesa.* Agiotagem.

LOBBING. *Termo inglês.* Instituto decorrente da prática do *lobby* (Othon Sidou).

LOBBY. *Termo inglês.* **1.** Pessoa ou grupo que procura influenciar decisões governamentais ou parlamentares, fazendo com que venham a atender a seus interesses particulares. **2.** Grupo de pressão.

LOBBYING. *Termo inglês.* Processo pelo qual os representantes de grupos de pressão levam ao conhecimento dos parlamentares as intenções de seus grupos (Pasquino, Ehrlich, Key, Maynaud e Wootton).

LOBBYIST. *Termo inglês.* **1.** Aquele que pratica *lobbying.* **2.** Lobista.

LOBINHO. **1.** *Direito civil.* Categoria de escoteiros que alberga crianças com menos de dez anos. **2.** *Medicina legal.* Cisto sebáceo.

LOBISTA. *Ciência política.* Aquele que exercita *lobby.*

LOBO-DO-MAR. Marinheiro com muita experiência nas lides do mar.

LOBOTOMIA. *Medicina legal.* Incisão cerebral para separar fibras nervosas, aliviando alguma desordem mental.

LOBUNO. *Direito agrário.* Eqüídeo de cor acinzentada.

LOCAÇÃO. **1.** *Vide* CONTRATO DE LOCAÇÃO. **2.** Demarcação, por meio de estacas, do eixo de uma via férrea ou estrada de rodagem projetada, ou do lugar a ser ocupado por uma construção de uma obra-de-arte. **3.** Local fora do estúdio cinematográfico onde se filmam as cenas externas. **4.** Aquisição de bilhetes horas antes de um espetáculo teatral, que, por isso, são onerados com uma percentagem.

LOCAÇÃO A CASCO NU. *Direito comercial marítimo.* Aluguel de embarcação sem a tripulação.

LOCAÇÃO AGRÍCOLA. *Direito agrário.* Contrato pelo qual alguém presta a outrem serviços rurais, durante certo tempo.

LOCAÇÃO COMERCIAL. *Direito comercial.* Contrato pelo qual o empresário aluga prédio para desempenhar suas atividades mercantis. *Vide* LOCAÇÃO NÃO-RESIDENCIAL.

LOCAÇÃO DE BOXES DO MERCADO MUNICIPAL. *Direito administrativo.* Concessão de uso de locais no mercado municipal regida por normas administrativas.

LOCAÇÃO DE COISA MÓVEL. *Direito civil.* Contrato pelo qual o locador se obriga a ceder ao locatário, por certo tempo, o uso e gozo de bem móvel infungível, mediante pagamento de aluguel. Só pode ser locada coisa móvel infungível (livro, roupa, talher, veículo, telefone, cofre, filme cinematográfico, animal reprodutor etc.), pois, se fungível (café, vinho etc.), ter-se-á mútuo. Contudo, em casos excepcionais, bem fungível poderá ser alugado quando seu uso e gozo for concedido *ad pompam vel ostentationem*, como, por exemplo, se alguém ceder ao locatário, por determinado prazo e aluguel, vinte garrafas de vinho, a fim de que elas sirvam de ornamentação na inauguração de um negócio. Tal locação rege-se pelas normas contidas no Código Civil.

LOCAÇÃO DE ESPAÇO DESTINADO À PUBLICIDADE (*OUT-DOOR*). *Direito publicitário.* Contrato pelo qual se alugam telhados, paredes etc. de edifício para fins publicitários ou para instalação de cartazes propagandísticos, regido pelo direito comum por leis municipais. Para a exposição de propaganda, locação de espaço em prédio, montagem de estrutura ou suporte apropriados à sustentação da mensagem, imprescindível será saber se existe servidão constituída, por convenção, em favor de prédio mais alto. É a chamada "servidão de panorama" ou "servidão de prospecto". Admite-se a favor da agência de propaganda não só a servidão de luz, da qual os vizinhos acatam o foco de luz proveniente de anúncios luminosos, mas também a servidão de travejamento, pelo apoio que prédio contíguo dará à estrutura que sustentará a propaganda, mesmo que não haja acordo escrito e já decorrido um ano e dia da instalação e uso diário, sem qualquer oposição. Nessas hipóteses, se em tais servidões danos forem causados, impor-se-á a sua reparação e desmontagem dos suportes propagandísticos.

LOCAÇÃO DE IMÓVEIS DE PROPRIEDADE DA UNIÃO, DOS ESTADOS E DOS MUNICÍPIOS, DE SUAS AUTARQUIAS E FUNDAÇÕES PÚBLICAS. *Direito administrativo.* Concessão de uso de prédios públicos urbanos, regida pela legislação que lhe é própria.

LOCAÇÃO DE IMÓVEIS RURAIS. *Direito agrário.* Contrato pelo qual alguém aluga prédio rural (moinho de água e vento, galpão, curral, engenho, terreno destinado a lavoura, celeiro, paiol etc.) para fins de exploração agrícola, pecuária, extrativa ou agroindustrial, regido pelo Estatuto da Terra e subsidiariamente pelo Código Civil. *Vide* ARRENDAMENTO RURAL.

LOCAÇÃO DE IMÓVEIS URBANOS. *Direito civil* e *direito comercial.* Espécie do gênero locação de coisa, mas devido às situações especiais e aos interesses socioeconômicos e políticos que a envolvem, requer, além do Código Civil, normas de caráter geral, bem como normas específicas que a regulamentem para uma adequada produção de efeitos jurídicos concretos, satisfazendo as necessidades sociais e econômicas, sem impor limitações demasiadas ao direito de propriedade. É o contrato pelo qual alguém cede a outrem, mediante pagamento de aluguel, o uso de imóvel (terreno, casa, apartamento ou sala), destinado à moradia ou ao comércio e indústria, não importando sua localização.

LOCAÇÃO DE OBRA. *Vide* EMPREITADA.

LOCAÇÃO DE SERVIÇOS. *Vide* CONTRATO DE LOCAÇÃO DE SERVIÇO.

LOCAÇÃO DE TRABALHO. *Direito civil.* Trata-se da prestação de serviço, que não se ajuste ao conceito legal de contrato de trabalho. Contrato pelo qual alguém, mediante remuneração, cede a outrem sua atividade laborativa, podendo constituir: a) uma *locatio operis*, se se tiver por fim a realização de uma obra específica, como ocorre, por exemplo, quando se contrata um escultor, um músico, um poeta etc., que se compromete a entregar o trabalho encomendado, cessando, com sua entrega, o seu relacionamento com a pessoa que o contratou; b) uma *locatio operarum*, em que o prestador de serviço encarrega-se de um trabalho que pode ser até mesmo por prazo determinado, não superior a 4 anos.

LOCAÇÃO DE VAGAS AUTÔNOMAS DE GARAGEM OU DE ESPAÇOS PARA ESTACIONAMENTO DE VEÍCULOS. 1. *Direito civil.* Locação regida pelo direito comum, a qual pode dar-se: a) por proprietário de fração autônoma de abrigo para veículo, o qual pode cedê-la ou alugá-la, juntamente com a unidade e com o uso das partes comuns do condomínio, a estranho; b) por proprietário que não pode alugar, salvo se se tratar de edifício-garagem, espaço para veículo a estranho, em separado da unidade autônoma por ser uma serventia dela. **2.** *Direito comercial.* Locação de terreno para a guarda de automóveis, incluída na proteção da norma inquilinária reguladora de locação de imóvel urbano, se o estacionamento estiver anexo a bancos ou a lojas, deles funcionando como verdadeira extensão, sendo elementos asseguradores do fundo de comércio a ser tutelado legalmente, dando-se assim ao locatário o direito à renovatória, embora o contrato se subordine ao direito comum. Muitos a consideram como contrato de depósito remunerado. **3.** *Direito administrativo.* Permissão de exploração de estacionamento em vias e logradouros públicos do Município pela Empresa Municipal de Urbanização (Emurb), a título gratuito ou oneroso, sendo que o período máximo de estacionamento contínuo será de duas horas, vedada sua prorrogação.

LOCAÇÃO MERCANTIL. *Vide* LOCAÇÃO NÃO RESIDENCIAL.

LOCAÇÃO NÃO RESIDENCIAL. *Direito comercial.* Contrato de locação de imóvel urbano destinado a fins comerciais ou industriais de qualquer espécie, abrangendo atividade empresarial, exercida em hospital, unidade sanitária, oficial, asilo, estabelecimento de saúde e de ensino autorizados e fiscalizados pelo Poder Público. O processo de renovação compulsória desse contrato só será efetivado se: a) a locação do contrato a renovar for por tempo determinado; b) o prazo mínimo da locação do contrato a renovar for de cinco anos; e c) o locatário estiver em exploração do seu comércio e indústria, no mesmo ramo, pelo prazo mínimo ininterrupto de três anos. Assim, o locatário que exercer atividade mercantil ou industrial, explorando pelo menos há três anos o mesmo ramo e tendo contratado a locação pelo prazo mínimo de cinco anos, terá direito de renovar, pelo mesmo prazo, o contrato, tutelando-se, assim, o fundo de comércio criado pelo locatário.

LOCAÇÃO PARA TEMPORADA. *Direito civil.* Contrato de locação de imóvel urbano, mobiliado ou não, por prazo não superior a três meses, para servir de residência temporária ao locatário, podendo ocorrer nas seguintes hipóteses: férias, descanso, estudos, tratamento de saúde, ou até mesmo realização de obras no prédio em que reside. Temporada, no caso, significa época do ano escolhida para determinadas realizações por parte do locatário. A locação para temporada não se restringe apenas a imóvel situado em estâncias climáticas hidrominerais ou na orla marítima. Pouco importa a localização do imóvel urbano, exige-se tão-somente o preenchimento dos requisitos acima arrolados.

LOCAÇÃO PREDIAL. *Direito civil* e *direito comercial.* Contrato que visa locar prédio urbano, residencial ou não, mediante pagamento de aluguel.

LOCAÇÃO RESIDENCIAL. *Direito civil.* Contrato de locação de imóvel urbano para fins de moradia, que pode ser: a) feito por escrito, por prazo igual ou superior a dois anos e meio, podendo cessar de pleno direito, findo o prazo estipulado, independentemente de prévia notificação ou aviso. Na hipótese de o inquilino não devolver o imóvel, o locador está autorizado a promover o despejo. Mas se, vencido o prazo contratual, não havendo entrega do prédio nem promovendo o locador a retomada, o in-

quilino continuar na posse do bem por mais de trinta dias sem que o locador se oponha, presumir-se-á prorrogada a locação, mantidas as condições anteriormente ajustadas, possibilitando-se fixação de novo aluguel ou de reajustes, mas sem prazo determinado. O locador, em havendo essa prorrogação, poderá, sem apresentar qualquer justificativa, a qualquer momento, denunciar a locação, dando por fim a avença locatícia, desde que conceda ao inquilino prazo de trinta dias para desocupar o imóvel locado; b) convencionada, verbalmente ou por escrito, por prazo inferior a trinta meses. Findo o tempo estipulado de duração contratual, ter-se-á sua prorrogação automática por prazo indeterminado e o locador somente estará autorizado a reaver o imóvel se: 1) houver rescisão do contrato em razão de distrato, de prática de infração legal ou contratual pelo locatário, de falta de pagamento de aluguel e demais encargos locativos no prazo convencionado, de necessidade de reparações urgentes determinadas pelo Poder Público; 2) ocorrer extinção de contrato de trabalho, sendo o prédio locado destinado à moradia de empregado em razão de vínculo empregatício; 3) tiver necessidade do imóvel para uso próprio, de seu cônjuge ou companheiro, ou para uso residencial de ascendente ou descendente que não disponha, assim como seu cônjuge ou companheiro, de imóvel residencial próprio; 4) pedir o imóvel para demolição e edificação licenciada ou para a realização de obras, aprovadas pelo Poder Público, desde que aumentem a área construída em, no mínimo, 20%; e sendo o imóvel destinado à exploração de hotel ou pensão, em 50%, não abrangendo, portanto, simples obras de ampliação de cômodos; e 5) a vigência ininterrupta do contrato de locação for superior a cinco anos.

LOCAÇÃO RURAL. *Vide* ARRENDAMENTO RURAL e LOCAÇÃO DE IMÓVEIS RURAIS.

LOCAÇÃO VINCULADA. *Direito civil.* Contrato pelo qual o empregador aluga imóvel a empregado, para fins residenciais, de modo que se extinto o vínculo empregatício autorizada está sua retomada.

LOCADOR. 1. *Direito civil* e *direito comercial.* a) Aquele que cede o uso e gozo de bem móvel ou imóvel ao locatário, mediante pagamento de aluguel; b) aquele que presta serviço em razão de contrato de locação. **2.** *Direito agrário.* Arrendador.

LOCADORA. *Direito comercial.* Agência especializada em aluguéis.

LOCAIS. *Medicina legal.* Fato de que uma dada excitação dá origem a uma sensação constante, quando a natureza das terminações nervosas às quais se aplica é a mesma; a um sistema de sensações acessórias, variáveis conforme o ponto excitado, mas constantes para um mesmo ponto e que, por conseqüência, permitem a localização da sensação principal. Tais sensações acessórias são os sinais locais (Lotze).

LOCAIS PERIGOSOS OU INSALUBRES (INDEPENDENTE DO USO DE EQUIPAMENTOS DE PROTEÇÃO INDIVIDUAL). *Direito do trabalho.* São: 1) trabalhos subterrâneos, pedreiras, garimpos e minerações em subsolo a céu aberto; 2) curtumes e industrialização do couro; 3) matadouro; 4) locais onde houver livre desprendimento de poeiras vegetais e minerais; 5) cerâmicas; 6) olarias nas áreas de fornos e exposição à umidade excessiva; 7) fábrica de botões e outros artefatos de nácar, de chifre ou osso; 8) fábricas de cimento; 9) colchoarias; 10) fábricas de cortiças, de cristais, de esmaltes, de estopas, de gesso, de louças, de vidros e vernizes; 11) peleterias; 12) fábricas de porcelanas e produtos químicos; fábricas de artefatos de borracha; 13) destilarias e depósitos de álcool; 14) fábricas de cerveja; 15) oficinas mecânicas e borracharias; 16) câmaras frigoríficas; 17) tinturarias; 18) lavanderias; 19) serralherias; 20) indústrias de móveis; 21) madeireiras e serrarias; 22) estamparias; 23) salinas; 24) carvoarias; 25) esgotos; 26) hospitais, serviços de emergência, enfermarias, ambulatórios, postos de vacinação e outros estabelecimentos destinados ao cuidado da saúde humana em que se tenha contato direto com os pacientes ou se manuseiem objetos de uso desses pacientes não previamente esterilizados; 27) hospitais, ambulatórios e postos de vacinação de animais, quando em contato direto com tais animais; 28) contato em laboratórios com animais destinados ao preparo de soro, vacinas e outros produtos similares; 29) cemitérios; 30) estábulos e cavalariças.

LOCAL. 1. Lugar ou área onde se deu um fato. 2. Narrativa de acontecimento publicada num jornal. 3. Notícia relativa à localidade dada por um jornal. 4. Relativo a certo lugar. 5. Circunscrito a certa região. 6. O que depende do lugar.

LOCAL DA INFRAÇÃO PENAL. *Direito penal.* Lugar onde ocorreu a prática do crime ou da contravenção penal. *Vide* LOCAL DO CRIME.

LOCAL DE DESEMBARAÇO. *Direito alfandegário.* É o recinto alfandegado onde é realizado o despacho e o desembaraço aduaneiro.

LOCAL DE ENTRADA. *Direito alfandegário.* É o porto, aeroporto ou unidade aduaneira que jurisdiciona o ponto de fronteira alfandegado de chegada da mercadoria sob vigilância sanitária no País.

LOCAL DE MORTE. *Medicina legal.* Lugar onde se suspeita ter ocorrido morte violenta, que deve ser submetido à inspeção do perito criminal.

LOCAL DE TRABALHO. *Direito do trabalho.* Lugar, estipulado no contrato trabalhista, em que o empregado deve estar presente para a prestação do serviço. O empregador não poderá transferir o empregado para outra localidade, salvo se: não acarretar mudança do domicílio do empregado; estiver implícita ou explicitamente prevista no contrato; se tratar de empregado que exerce cargo de confiança; houver necessidade do serviço, devidamente comprovada.

LOCAL DO CRIME. *Direito penal.* 1. Local onde ocorreu a ação ou omissão criminosa, no todo ou em parte, ou onde se produziu ou deveria produzir-se o resultado. 2. Lugar onde se deu a consumação do crime. Esse local pode ser: *interior*, se o evento se deu em recintos fechados como salas, quartos, hospital etc. ou *a céu aberto*, se ocorreu em rua, praça, campo ou estrada.

LOCALIDADE. 1. Área geográfica onde se situa um povoado, cidade, vila etc. 2. Lugar certo, indicado ou determinado. 3. Sítio; ponto onde ocorreu um fato. 4. Espaço limitado. 5. Todo lugar do território nacional onde exista aglomerado permanente de habitantes, nos termos e critérios adotados pelo Instituto Brasileiro de Geografia e Estatística – IBGE.

LOCALISMO. 1. Bairrismo. 2. Regionalismo. 3. Aquilo que é peculiar a uma localidade. 4. Paixão por interesses locais. 5. *Ciência política* e *teoria geral do direito.* É o que visa favorecer condições que possibilitem a produção direta e a movimentação de bens e serviços, acentuando processos decisórios alicerçados em técnicas de ação comunitária e participativa, e reforçando regionalmente a implementação deliberatória e executiva das ações coletivas e de suas funções no âmbito da família, vizinhança, Igreja, associação de bairro etc. (Wolkmer, Nisbet e Villasante).

LOCALISTA. 1. Regionalista. **2.** Relativo a um certo lugar. **3.** Aquele que publica notícias da localidade. **4.** Redator da seção noticiosa de um jornal.

LOCALIZAÇÃO. 1. Nas *linguagens comum* e *jurídica:* a) ato ou efeito de localizar; b) qualidade do que está localizado; c) lugar determinado; d) ação de colocar algo num certo lugar; e) fato de alguma coisa estar ali colocada. **2.** *Direito militar.* Determinação feita por aparelho ou radar da posição exata em que se encontram aviões ou submarinos, aliados ou inimigos. **3.** *Medicina legal.* a) Determinação da posição exata de um objeto estranho, de uma infecção ou de uma lesão no organismo humano; b) operação psicológica com que se representam qualidades sensíveis e objetos percebidos.

LOCALIZAR. 1. Determinar o local. **2.** Fixar a situação geográfica de alguma coisa. **3.** Atribuir sede. **4.** Estabelecer-se num ponto. **5.** Descobrir paradeiro de alguém.

LOCAL PRIVADO DE USO COLETIVO. Aquele destinado às atividades de natureza comercial, cultural, esportiva, financeira, recreativa, social, religiosa, de lazer, educacional, laboral, de saúde ou de serviços, entre outras.

LOCAL PÚBLICO. Aquele que seja aberto ao público, destinado ao público ou utilizado pelo público, cujo acesso seja gratuito ou realizado mediante taxa de ingresso.

LOCANDA. *Direito comercial.* Taberna.

LOCANDEIRO. *Direito comercial.* **1.** Comerciante em taberna. **2.** Locatário de taberna. **3.** Proprietário de taberna.

LOCAR. *Direito agrário, direito civil* e *direito comercial.* **1.** Alugar coisa. **2.** Dar ou tomar em arrendamento; arrendar. **3.** Localizar. **4.** Marcar o sítio de uma construção ou o eixo de uma estrada com estaca. **5.** Ajustar serviço.

LOCÁRIO. *História do direito.* Aquele que, na antigüidade romana, alugava cadeiras dos espetáculos ou vendia entradas nos teatros.

LOCATÁRIO. 1. *Direito civil* e *direito comercial.* a) Inquilino; b) o que paga aluguel; c) aquele que recebe a posse de coisa móvel ou imóvel, para utilizá-la e restituí-la, findo o prazo da locação. **2.** *Direito agrário.* Arrendatário.

LOCATÍCIO. *Direito civil* e *direito comercial.* Relativo a locação.

LOCATIO CONDUCTIO OPERARUM. *Expressão latina.* Locação de serviço.

LOCATIO CONDUCTIO OPERIS. *Expressão latina.* Locação de obra ou empreitada.

LOCATIO CONDUCTIO RERUM. *Expressão latina.* Locação de coisa.

LOCATION COQUE NUE. *Expressão francesa.* Locação de casco nu.

LOCATION FINANCEMENT. *Locução francesa. Leasing* ou arrendamento mercantil, na Bélgica.

LOCATIO OPERARUM. *Locução latina.* Locação ou prestação de serviço.

LOCATIO OPERIS. *Locução latina.* Locação de obra; empreitada.

LOCATIO REI. *Locução latina.* Locação de coisa.

LOCATIVO. *Direito civil* e *direito comercial.* **1.** Referente à locação. **2.** O que resulta de locação. **3.** Relativo a lugar.

LOCAUTE. 1. *Direito do trabalho.* a) Coligação de empregadores que, respondendo a uma ameaça de greve de seus empregados, fecham a empresa; b) greve patronal. **2.** *Direito penal.* Paralisação, vedada em lei, das atividades empresariais por iniciativa do patrão, com o escopo de frustrar o atendimento das reivindicações dos operários. **3.** *Vide LOCK-OUT.*

LOCAZIONE FINANZIARIA. *Locução italiana.* Arrendamento mercantil, na Itália.

LOC. CIT. Abreviatura de *loco citato.*

LOCELO. Sepulcro pequeno.

LOCI ARGUMENTORUM. *Lógica.* **1.** Lugares ou artigos gerais aos quais se podem referir as provas utilizadas nas várias matérias tratadas. **2.** Parte da lógica denominada "invenção" (Port-Royal). **3.** *Vide* LUGARES DA LÓGICA.

LOCK-IN. *Locução inglesa.* Greve de ocupação.

LOCK-OUT. *Termo inglês.* **1.** Locaute. **2.** Fechamento de empresa por ordem de patrão, suspendendo trabalho em represália à greve de empregado.

LOCO. *História do direito.* **1.** Unidade fundamental da falange macedônia, consistente numa fila de 16 homens. **2.** Disposição do exército, na antigüidade grega.

LOCO CITATO. *Locução latina.* Trecho de obra anteriormente mencionado; no lugar citado.

LOCO IGNOMINIAE EST APUD INDIGNUM DIGNITAS. *Expressão latina.* No indigno, a indignidade se converte em ignomínia.

LOCOÍSMO. *Direito agrário.* Doença que ataca cavalos, bovinos e ovinos, causada por enve-

LOCOMOBILIDADE

nenamento com plantas do gênero astrágalo, oxítrope etc.

LOCOMOBILIDADE. Propriedade de deslocar-se.

LOCOMOÇÃO. *Direito comercial.* Ato ou efeito de transportar carga ou passageiro de um local a outro.

LOCOMOTIVA. Veículo que, nas vias férreas, impulsionado por máquina a vapor, motor diesel ou elétrico, conduz passageiros ou vagões para carga.

LOCOMOTIVIDADE. Capacidade de locomoção inerente aos animais.

LOCOMOTIVO. Relativo à locomoção.

LOCOMOTOR. O que opera a locomoção.

LOCOMÓVEL. **1.** Aquilo que pode se locomover. **2.** O que pode ser mudado de lugar. **3.** Máquina a vapor sobre rodas.

LOCOMOVER. Deslocar-se de um lugar para outro.

LOCUÇÃO. **1.** Linguagem. **2.** Maneira de falar. **3.** Frase. **4.** Expressão.

LOCUCIONAR. Exprimir.

LÓCULI. *Direito canônico.* Túmulos cristãos que estão nas catacumbas.

LOCULOS PRIUS CONSULE. *Expressão latina.* Fazei primeiro contas com a bolsa.

LOCUPLETAÇÃO. *Direito civil.* Ato ou efeito de locupletar.

LOCUPLETAMENTO. *Vide* ENRIQUECIMENTO.

LOCUPLETAMENTO ILÍCITO. *Vide* ENRIQUECIMENTO ILÍCITO.

LOCUPLETAR. *Direito civil.* Enriquecer-se.

LOCUPLETARI NON DEBET ALIQUIS CUM ALTERIUS INJURIA, VEL JACTURA. *Expressão latina.* Não devemos enriquecer causando prejuízo a outrem.

LOCUS ARTIFICIALIS. *Locução latina.* Ambiente artificial, ditado por regras de economia (Hilário de Oliveira).

LOCUS DELICTI COMMISSI. *Expressão latina.* Lugar onde o crime foi praticado.

LOCUS NATURALIS. *Locução latina.* Local natural, oferecido pelo mercado financeiro (Hilário de Oliveira).

LOCUS PECUNIAE PRO SOLUTIO. *Expressão latina.* Local estabelecido para pagamento (Hilário de Oliveira).

LOCUS REGIT ACTUM. *Aforismo jurídico.* A lei do lugar rege o ato.

LOCUSTA. *Direito agrário.* **1.** Gafanhoto. **2.** Espigueta dos cereais.

LOCUSTICIDA. *Direito agrário.* Solução concentrada de arseniato de sódio e açúcar, usada para destruir gafanhotos depredadores das plantações.

LOCUTOR. *Direito do trabalho.* Profissional que tem a função de apresentar programas ou ler textos noticiosos em estações de rádio e de televisão.

LOCUTÓRIO. **1.** *Direito canônico.* Parlatório ou sala em convento ou mosteiro destinada à conversação com visitantes. **2.** *Direito processual penal.* Local, separado ou não por grades, onde os presos conversam com as pessoas que os visitam.

LODGER. *Termo inglês.* **1.** Locatário. **2.** Hóspede.

LOEMP. Abreviatura de Lei Orgânica Estadual do Ministério Público.

LÖFFLER. *Medicina legal.* Síndrome que consiste no conjunto de sintomas respiratórios sem causa específica como febre, fadiga, respiração difícil.

LOFTS. *Direito imobiliário.* Apartamentos para solteiros de alto poder aquisitivo com arquitetura diferenciada e decoração assinada, situados em boa localização e com uma completa estrutura de serviços para os moradores, apesar de a área útil ser pequena, variando de 33 a 68m^2.

LOGADECTOMIA. *Medicina legal.* Excisão de uma parte da conjuntiva.

LOGADITE. *Medicina legal.* Inflamação da esclerótica; conjuntivite.

LOGAFASIA. *Medicina legal.* Impossibilidade verbal de exprimir idéias, em razão de uma afecção cerebral.

LOGAGNOSIA. *Medicina legal.* Impossibilidade de reconhecimento de uma palavra escrita ou verbal, apesar de o paciente poder ler e ouvir sons.

LOGAMNÉSIA. *Medicina legal.* Esquecimento da palavra escrita e falada.

LOGAMNÉSICO. *Medicina legal.* **1.** Aquele que sofre de logamnésia. **2.** Referente à logamnésia.

LOG-BOOK. *Locução inglesa.* **1.** Diário de navegação. **2.** Caderneta escolar.

LOGEUR. *Termo francês.* Locador de quartos mobiliados.

LÓGICA. **1.** Teoria da demonstração (Aristóteles). **2.** Ciência das formas do pensamento (Liard). **3.** Estudo das condições da atividade puramente intelectual (Goblot). **4.** Conjunto de estudos que têm por fim a determinação dos processos intelectuais que constituem condição geral do conhecimento verdadeiro. **5.** Ciência que estuda as leis do raciocínio. **6.** Raciocínio coerente. **7.** Ciência do dever das ações intelectuais; ciência da argumentação, enquanto esta é diretiva da operação de raciocinar; ciência do produto do raciocínio, enquanto diretivo da operação de raciocinar (Goffredo Telles Jr.). **8.** Ciência da conseqüência e da verdade da argumentação (Leonardo Van Acker). **9.** Parte da filosofia que trata das formas do pensamento e das leis pelas quais se chega à verdade (Puigarnau). **10.** Ciência que tem por objeto determinar todas as operações intelectuais válidas que tendem para o conhecimento do verdadeiro (Keynes). **11.** Análise das formas e das leis do pensamento sob o prisma racionalista e crítico e sob o ponto de vista experimental descritivo (Lalande). **12.** Encadeamento regular e necessário das coisas e dos pensamentos (Lalande). **13.** Ciência da idéia pura, isto é, da idéia no elemento abstrato do pensamento (Hegel). **14.** Estudo das inferências corretas do ponto de vista de sua validade (Antônio Xavier Teles). **15.** Ciência racional não apenas segundo a forma, mas segundo a matéria; uma ciência *a priori* das leis necessárias do pensamento, não relativamente aos objetos particulares, mas especialmente a todos os objetos em geral; é, então, uma ciência do direito de uso do entendimento e da razão em geral, não de forma subjetiva, isto é, não segundo princípios empíricos (psicológicos), como o entendimento pensa, mas de forma objetiva, isto é, segundo princípios *a priori*, como deve pensar (Kant). **16.** Ciência das operações do entendimento que são subordinadas à estimação da evidência, sendo seu objetivo a análise correta do raciocínio de inferência (Stuart Mill).

LÓGICA ALÉTICA. *Lógica jurídica.* Lógica do discurso comum, cujos valores são a verdade e a falsidade.

LÓGICA ALGORÍTMICA. *Vide* LÓGICA SIMBÓLICA.

LÓGICA APLICADA. *Lógica jurídica.* **1.** Aquela que estuda os meios dos quais dispõe o entendimento humano para alcançar a certeza de que o conhecimento obtido é verdadeiro segundo seu conteúdo objetivo. Ocupa-se da possibilidade da certeza do conhecimento verdadeiro,

da valoração crítica das fontes do conhecimento e da determinação dos critérios de verdade; refere-se ao diálogo, à discussão, ao debate ou à polêmica, considerando não só as várias espécies de argumentação conducentes à verdade, como também o sofisma (Puigarnau). **2.** É a que decorre do conceito de validade do pensamento, ou seja, este é válido se coerente consigo mesmo, isento de contradições e expresso em raciocínios que levem a um conhecimento verdadeiro.

LÓGICA APOFÂNTICA. *Lógica.* É a que se refere a situações reais ou ao "ser".

LÓGICA ARISTOTÉLICA. *Lógica jurídica.* Lógica silogística construída sobre conceitos, proposições e demonstrações. Aristóteles distingue entre silogismo apodíctico, que parte de premissas verdadeiras e leva à conclusão necessária do dialético, que, partindo de opiniões da maioria, leva a uma conclusão provável. É a lógica das demonstrações.

LÓGICA–ARTE. *Lógica jurídica.* Aquela que estabelece as regras lógicas do raciocínio, das proposições e dos conceitos, sendo, por isso, um instrumento para a ciência (Kalinowski e Copi).

LÓGICA–CIÊNCIA. *Lógica jurídica.* É o estudo das estruturas ou dos princípios das operações próprias da razão ou do pensamento (Fatone).

LÓGICA DA LINGUAGEM. *Lógica jurídica.* **1.** Teoria geral dos sinais. **2.** Semiótica.

LÓGICA DAS NORMAS. *Vide* LÓGICA DEÔNTICA.

LÓGICA DEDUTIVA. *Lógica jurídica.* Estudo da demonstração que compreende a análise das operações do raciocínio dedutivo, de suas propriedades e encadeamentos. É a que trata das formas silogísticas do pensamento jurídico.

LÓGICA DE FERRO. Argumentação irrefutável.

LÓGICA DEÔNTICA. *Lógica jurídica.* **1.** É a que procura indagar da validade lógica e aplicação formal das proposições normativas. As proposições normativas, independentemente de seu conteúdo, constituem o objeto da lógica deôntica, que procura estudar as suas leis formais. A lógica deôntica é a lógica do discurso normativo, cujos valores são a validade ou a invalidade. Procura, portanto, sistematizar as condições de validade das proposições normativas, sendo uma lógica jurídica proposicional, cujos enunciados referem-se ao "dever-ser". **2.**

LÓGICA DEÔNTICA TRIVALENTE

Aplicação e desenvolvimento da lógica simbólica a proposições que se caracterizam por ser válidas ou inválidas (Mario Losano).

LÓGICA DEÔNTICA TRIVALENTE. *Lógica jurídica.* É, na lição de Lourival Vilanova, a lógica que estuda os três possíveis modos de referência da proposição normativa, que divide o universo da conduta humana, juridicamente regulada, na tríplice modalidade do proibido, do obrigatório e do permitido. Analisa sua dimensão semântica, a relação da proposição, como símbolo, com o objeto denotado, pois nada impede o estudo sintático dos valores modais, que dá lugar a um cálculo formal trivalente, no pressuposto de que os três modos sejam irredutíveis e mutuamente excludentes e exaustivos das possibilidades modais – deônticas de ordenação da conduta. Para a análise sintática os modos são meros valores de proposições normativas, aptos a entrar na combinatória formal, obedecendo às leis lógicas. Assim, por exemplo, verifica-se quais relações formais advêm do functor nominal "não" prefixado aos valores obrigatório (O), proibido (P) e permitido ou facultado (F).

LÓGICA DE *PORT-ROYAL*. *Lógica jurídica.* **1.** Arte de pensar. **2.** Arte de bem dispor uma série de pensamentos para descobrir a verdade ou provar a outros a verdade conhecida (Puigarnau).

LÓGICA DIALÉTICA. *Vide* LÓGICA JURÍDICA DECISIONAL.

LÓGICA DO CONCEITO JURÍDICO. *Lógica jurídica.* Estudo do termo, ou seja, o último elemento lógico daqueles em que se decompõe a argumentação jurídica. O conceito ou termo é produto da simples apreensão, que é a operação inicial pela qual o espírito obtém os primeiros elementos que, depois, mediante operações ulteriores do juízo e do raciocínio, se conjugam uns com os outros (Goffredo Telles Jr.).

LÓGICA DO CONCRETO. *Lógica jurídica.* Aquela que abrange um processo de conhecimento correspondente à vida real do direito, ou seja, aos problemas jurídicos concretos (Perelman, Viehweg, Giuliani e Recaséns Siches).

LÓGICA DO JUÍZO JURÍDICO. *Lógica jurídica.* É a que se ocupa do juízo, que é o primeiro movimento de composição intelectual cujo produto é a proposição jurídica. Tal proposição é o organismo lógico em que os termos são ligados por afirmação ou por negação (Goffredo Telles Jr.).

LÓGICA DO RACIOCÍNIO JURÍDICO. *Lógica jurídica.* É a que estuda a argumentação jurídica, que é o organismo lógico formado de várias proposições, das quais uma, a conclusão (conseqüente), é inferida de outras premissas (antecedentes) (Goffredo Telles Jr.).

LÓGICA DO RAZOÁVEL. *Filosofia do direito.* Aquela que, segundo Recaséns Siches, é a apropriada para a solução mais justa dos problemas humanos, sejam eles políticos, sociais ou econômicos. A lógica do razoável destina-se a compreender, buscando o sentido dos fatos ou objetos humanos, mediante operações estimativas. É uma lógica que se inspira na razão projetada sobre os assuntos humanos, permeada por pontos de vista axiológicos, por conexões entre valores e fins, por relações entre fins e meios, aproveitando as lições da experiência humana prática e histórica, que se inspiram na consideração dos problemas práticos que demandam tratamento justo e eficaz. A lógica do razoável está condicionada pela realidade concreta do mundo em que opera. Não é uma lógica abstrata, cuidando apenas da conseqüência das proposições, visto estar impregnada de critérios axiológicos; também não apresenta solução abstrata, idealizada, considerada como sendo a melhor para todos os tempos e lugares, mas sim uma solução concreta para cada caso, que pode até mesmo ser anti-silogística. A lógica do razoável não autoriza o juiz em sua atividade interpretativa e aplicadora de normas, a saltar por cima do ordenamento jurídico vigente, mas o obriga a manter-se fiel às normas, ensinando-o a conhecer autenticamente qual é a norma aplicável, a interpretar melhor a verdadeira vontade da lei relativamente a cada caso *sub judice*, dando-lhe a solução mais justa possível. A norma jurídica não pode ser entendida como o emprego de um processo dedutivo. O jurista, o legislador e o juiz devem inspirar-se em valores diferentes dos da correção lógica, não devem buscar valores veritativos absolutos de verdade ou falsidade, mas sim realizar operações estimativas, influenciados pela realidade do meio concreto em que vive o homem para adequar as soluções aos casos reais, atendendo aos fins almejados pelo direito. Na lógica do razoável deve haver um processo de investigação dos fatos em que se inspira a ordem jurídica vigente, para que haja maior satisfação na solução e na interpretação jurídica.

LÓGICA ESCOLÁSTICA. *Filosofia geral.* Sistema em que figuravam a retórica e a dialética, que eram, respectivamente, as artes da eloqüência e da persuasão.

LÓGICA ESPECIAL. *Lógica.* É a alusiva a domínios específicos do conhecimento, que se caracterizam pelo seu objeto.

LÓGICA EXPERIMENTAL. *Lógica jurídica.* Lógica que, em vez de levar em conta os antecedentes, tem seu centro de gravidade na consideração das conseqüências. É uma lógica de previsão de probabilidades cujo escopo constituiria averiguar os efeitos prováveis. A lógica do jurista deve prever as conseqüências que decorrerão da aplicabilidade das normas. Logo, as conseqüências prováveis é que deverão constituir o cerne da lógica jurídica, ou seja, da interpretação do direito. A verdadeira interpretação é, em suma, aquela que produziria conseqüências provavelmente justas em casos concretos (John Dewey).

LÓGICA FORENSE. *Lógica jurídica.* Aplicação dos princípios e regras da lógica, não só à atividade jurisdicional como também à funcional dos advogados e membros do Ministério Público (Othon Sidou).

LÓGICA FORMAL. *Lógica jurídica.* **1.** É a que estuda as condições da conseqüência da argumentação (Leonardo Van Acker). **2.** Considera a disposição dada aos elementos que compõem a argumentação (Goffredo Telles Jr.). **3.** É o estudo dos conceitos, juízos e raciocínios considerados nas formas em que são enunciados, abstraindo a matéria a que se aplicam, para determinar *in abstracto* as suas propriedades, validade, encadeamento e as condições sob as quais se aplicam uns aos outros ou se excluem mutuamente (Lalande e De Morgan).

LÓGICA GENÉTICA. **1.** Estudo genético do conhecimento considerado como função psíquica, averiguando como se opera a faculdade de conhecer sua utilidade e seus resultados. **2.** Descrição das alterações do pensamento egocêntrico infantil pela progressiva assimilação do pensamento adulto socializado.

LÓGICA GERAL. *Lógica jurídica.* É o estudo que tem por objeto a determinação das operações discursivas do espírito, conducentes à verdade ou ao erro. Logo, constitui uma análise das implicações rigorosas, das operações indutivas, das hipóteses, do método científico etc., sob o prisma de seu valor probante (Lalande).

LÓGICA INDUTIVA. *Lógica jurídica.* É a que se ocupa da indução ou das operações de inferência.

LÓGICA JUDICIÁRIA. *Vide* LÓGICA FORENSE.

LÓGICA JURÍDICA. Ciência das leis e das operações formais do pensamento jurídico ou a reflexão crítica sobre a validade desse pensamento, indicando como deve o intelecto agir. Visa guiar e controlar a atividade científico-jurídica ao analisar a norma em seu aspecto proposicional, operando com o functor *dever-ser.* É um instrumento da dogmática jurídica que tem por objeto conhecer e sistematizar regras atinentes às operações intelectuais utilizadas no estudo do direito, assim como na interpretação, na integração, na elaboração e na aplicação jurídicas. Tais operações envolvem desde a simples elaboração de conceitos relacionados ao fenômeno jurídico até os procedimentos mentais de raciocínio ou argumentação. Entre os conceitos e raciocínios estão os juízos e as proposições jurídicas, donde se infere sua clássica divisão em lógica dos conceitos, das proposições e dos raciocínios jurídicos. Ocupa-se com a manifestação do pensamento jurídico-científico, enquanto exprime atos de conhecimento, que serão tidos como verdadeiros se enunciados com observância dos princípios lógicos, leis e regras do bem-pensar. Preocupa-se, ainda, com a questão da validade lógica dos enunciados contidos no discurso normativo.

LÓGICA JURÍDICA COMO METODOLOGIA. *Lógica jurídica.* Lógica aplicada que serve de instrumento metodológico da investigação científico-jurídica (Lourival Vilanova).

LÓGICA JURÍDICA DECISIONAL. *Lógica jurídica.* Dialética jurídica que procura verificar quais são as condições de validade dos raciocínios do jurista, que ante a complexidade do direito deve ater-se não só às normas, mas também fazer referência a fatos e valores jurídicos, na tarefa hermenêutica, na busca da decidibilidade, indicando soluções variáveis a eventuais conflitos. A investigação dialético-jurídica dá sentido ao desenvolvimento do direito. É necessária uma compreensão dialética do direito, pois a realidade jurídica, segundo Miguel Reale, é temporal, mutável e tridimensional e, além disso, uma composição necessária de estabilidade e movimento. A dialética da complementaridade desdobra-se em várias perspectivas, tais como as que correlacionam termos opostos, numa relação de implicação ou de funcionalidade entre contrários, entre meios e fins, entre forma e conteúdo ou entre as partes e o todo. As normas positivadas não são esquemas inertes, mas realidades que se inserem no ordenamento jurídico, modificando significações, recebendo novos impactos de novos fatos e valores componentes da estrutura social de cada época. Tal compreensão dialética vem a legitimar os processos da lógica persuasiva.

LÓGICA KANTIANA. *Lógica.* Estudo das formas puras do pensamento.

LÓGICA MATEMÁTICA. *Vide* LÓGICA SIMBÓLICA.

LÓGICA MATERIAL. *Lógica jurídica.* Aquela que estuda as condições da verdade da argumentação jurídica, por meio da análise dos elementos componentes daquela argumentação (Leonardo Van Acker).

LÓGICA MODAL. *Lógica jurídica.* É a que gira em torno de quatro noções modais: aléticas (necessário, possível, contingente e impossível); epistêmicas (verificado, falsificado e não decidido); deônticas (obrigatório, permitido, obrigado e indiferente); e existenciais (universal, existente e vazio).

LÓGICA MODAL ALÉTICA. *Lógica jurídica.* Aquela que se ocupa tanto da possibilidade como da necessidade, que, por modificarem o sentido da verdade, são modalidades da qual fazem parte, estando intimamente relacionadas entre si, pois uma pode ser definida, partindo da outra. Isto é assim porque os enunciados de uma ciência nem sempre são simplesmente verdadeiros, já que muitas vezes são formulados como necessariamente verdadeiros ou como de verdade meramente possível (Aristóteles; Echave; Urquijo; e Guibourg).

LÓGICA NATURAL. Modo de raciocinar, tal como se exerce de fato (Lalande).

LÓGICA NEBULOSA. *Direito virtual.* Capacidade de um computador de tomar decisão que, provavelmente, seja a mais correta, com base em informações incompletas.

LÓGICA NORMATIVA. *Vide* LÓGICA DEÔNTICA.

LÓGICA PRÁTICA. *Vide* LÓGICA-ARTE.

LOGICAR. *Lógica.* Raciocinar; discorrer logicamente.

LÓGICA RACIONAL. *Lógica jurídica.* É a lógica dedutiva, silogística, alheia a critérios axiológicos. Por isso, no processo de produção jurídica, tem alcance muito limitado, por aplicar-se apenas na área dos conceitos jurídicos *a priori*, por ser neutra aos valores éticos, jurídicos e políticos.

LÓGICA REAL. *Lógica.* Parte da lógica genética que visa a explicação da idéia de realidade e o conhecimento do real (Baldwin).

LÓGICA SIMBÓLICA. *Lógica jurídica.* É a que, empregando técnicas de formalização de tipo matemático, se utiliza de signos ou símbolos, substituindo os termos e conceitos, para estabelecer suas leis e teses, independentemente de qualquer conteúdo, ou seja, sem quaisquer referências a situações reais. Essa técnica permite a abstração total do conteúdo referente ao real. É, no dizer de Lalande, o algoritmo em que se combinam notações puramente formais, definidas por uma axiomática decisória e abstrata, e tais que o sistema assim constituído seja suscetível de ser aplicado à lógica. Em suma, é a ciência do desenvolvimento e representação de princípios lógicos mediante símbolos, ocupando-se de raciocínios com mais de duas premissas.

LÓGICA TEÓRICA. *Vide* LÓGICA-CIÊNCIA.

LÓGICA TRANSCENDENTAL. *Lógica jurídica.* Lógica das condições *a priori* da existência e do conhecimento. Visa demonstrar como as condições do conhecimento são também as do objeto por aquele criado, admitindo, para tanto, categorias *a priori*.

LOGICIÈL. *Vide* SOFTWARE.

LOGICISMO. *Filosofia geral.* **1.** Doutrina para a qual a lógica é o princípio de toda a filosofia. **2.** Filosofia que se baseia na preponderância da lógica em todas as ciências.

LÓGICO. *Lógica.* **1.** Conforme os princípios e regras lógicas. **2.** Referente à lógica. **3.** Coerente.

LOGIN. *Termo inglês.* **1.** Código usado para acessar um sistema. **2.** Processo de entrada num sistema informatizado (Afonso Celso F. de Rezende).

LOGISTA. *Lógica.* Aquele que é versado em logística.

LOGÍSTICA. **1.** *Lógica.* a) Conjunto de sistemas de algoritmos aplicados à lógica; b) lógica simbólica. **2.** *Direito militar.* Ciência que trata do recrutamento, alojamento, instrução, equipamento, transporte de tropas, armazenamento e distribuição de material, hospitalização, operações destinadas a auxiliar o desempenho de funções militares etc. **3.** *Direito comercial.* a) É o sistema de administrar qualquer tipo de negócio de forma integrada e estratégica, planejando e coordenando todas as atividades, otimizando todos os recursos disponíveis, visando o ganho global no processo no sentido operacional e financeiro (Marcos Valle Verlangieri); b) é o processo de planejar, implementar e controlar, eficientemente, o custo correto, o fluxo e a armazenagem de matérias-primas, o estoque durante a produção, os produtos acabados e as informações relativas a estas atividades, desde o ponto de origem até o ponto de consumo, visando atender aos requisitos exigidos pelo cliente (*Council of Logistics Management*); c) tecnologia de planejamento e execução de infra-estrutura necessária na administração de sociedades empresárias, atuantes em segmento econômico competitivo, para a redução de preços sem comprometer o lucro e para a melhoria de qualidade dos produtos ou serviços oferecidos ao mercado (Fábio Ulhoa Coelho).

LOGÍSTICA EMPRESARIAL. *Direito comercial.* Trata-se de todas as atividades de movimentação e armazenagem que facilitam o fluxo de produtos desde o ponto de aquisição da matéria-prima até o ponto de consumo final, assim como dos fluxos de informação que colocam os produtos em movimento, com o propósito de providenciar níveis de serviço adequados aos clientes a um custo razoável (Ronald H. Ballou).

LOGÍSTICA REVERSA OU INVERSA. *Direito comercial.* **1.** No mercado é considerada como o caminho que a embalagem toma após a entrega dos materiais, no sentido da reciclagem das mesmas. Nunca voltando para a origem. **2.** Muitos profissionais também utilizam esta expressão para considerar o caminho inverso feito para a entrega, voltando para a origem, só que agora somente com as embalagens. Nesse caso, tratam-se de embalagens reutilizáveis ou retornáveis, que são mais caras e específicas, próprias para acondicionar determinados materiais. Ocorre muito no setor automotivo para o transporte, por exemplo, de pára-choques, painéis etc. (James G. Heim). **3.** Reciclagem de embalagem após a entrega dos materiais ou mercadorias.

LOGÍSTICO. *Direito militar.* Relativo à logística.

LOGO. Imediatamente depois.

LOGOCOFOSE. *Medicina legal.* Impossibilidade de compreensão da linguagem falada.

LOGÓGRAFO. *História do direito.* Escritor que, na Grécia antiga, fazia, profissionalmente, discursos ou crônicas para outrem.

LOGOMANIA. *Medicina legal.* Mania de discurso.

LOGOMAQUIA. *Filosofia geral.* **1.** Discussão na qual os interlocutores tomam as mesmas palavras em sentidos diferentes. **2.** Argumentação verbal alusiva a termos mal definidos (Lalande).

LOGOMARCA. *Direito de propriedade industrial.* **1.** Conjunto formado pela representação gráfica do nome de determinada marca, em letras de traçado específico, fixo e característico (logotipo) e seu símbolo visual (figurativo ou emblemático). **2.** Representação visual de qualquer marca.

LOGON. *Direito virtual.* Processo pelo qual um usuário identifica-se digitando uma senha ao dar início a um trabalho em computador.

LOGONEUROSE. *Medicina legal.* Perturbação da linguagem provocada por distúrbios neuróticos.

LOGOPATIA. *Medicina legal.* Perturbação da linguagem, decorrente de problema no centro nervoso.

LOGOPLEGIA. *Medicina legal.* Paralisia dos órgãos da fala.

LOGORRÉIA. *Medicina legal.* Alienação mental que leva o paciente a ter uma impulsiva e mórbida necessidade de falar com excesso. É muito comum na fase maníaca da psicose maníaco-depressiva.

LOGOS. *Filosofia geral.* **1.** Razão como manifestação do ser supremo (Platão). **2.** Princípio racional que governa o universo (Heráclito); razão; princípio de inteligibilidade.

LOGOSOFIA. *Filosofia geral.* Ciência que estuda o homem pelo próprio homem, induzindo-o a conhecer seu íntimo, seus sentimentos, desejos e necessidades (Pecotche).

LOGOSPASMO. *Medicina legal.* Emissão espasmódica das palavras.

LOGOTECNIA JURÍDICA. *Filosofia do direito.* Ciência filosófico-jurídica que busca a significação técnica e o emprego correto dos termos ou das palavras jurídicas.

LOGOTÉCNICO. *Filosofia do direito.* Cientista especializado em logotecnia jurídica.

LOGÓTETA. *História do direito.* Chanceler que, no Império Bizantino, tinha como função a superintendência das rendas públicas.

LOGOUT. *Termo inglês.* Ato de desconectar a ligação de um sistema ou de um computador.

LOGRAÇÃO. *Direito civil* e *direito penal.* **1.** Ato ou efeito de lograr. **2.** Burla.

LOGRADOR. 1. *Direito civil* e *direito penal.* Aquele que aufere vantagem iludindo outrem. **2.** *Direito agrário.* No Nordeste, é parte de uma fazenda onde se trata do gado, principalmente dos animais feridos.

LOGRADOURO. 1. *Direito administrativo.* a) Terreno municipal destinado ao uso comum do povo; b) praça, jardim, horto, parque etc., de livre acesso a todos; c) pastagem pública para gado de certa região ou povoado. **2.** *Direito agrário.* Terreno que serve para estrumeira.

LOGRADOURO PÚBLICO. *Direito de trânsito.* **1.** É o espaço livre destinado pela municipalidade à circulação, parada ou estacionamento de veículos, ou à circulação de pedestres, tais como calçada, parques, áreas de lazer e calçadões. **2.** É a parte de qualquer edifício público, terreno, via pública, curso d'água ou outro local que for de acesso público, permanente, periódica ou ocasionalmente, e inclui qualquer local comercial, empresarial, cultural, histórico, educacional, religioso, governamental, de entretenimento, recreativo ou similar que esteja acessível ou for aberto ao público.

LOGRAMENTO. *Direito civil* e *direito penal.* Ato de lograr.

LOGRAR. *Direito civil* e *direito penal.* **1.** Auferir vantagem. **2.** Aproveitar-se. **3.** Enganar, iludir, burlar, defraudar.

LOGRATIVO. *Direito civil* e *direito penal.* Que logra.

LOGREIRO. *Direito civil* e *direito penal.* Que burla; que faz cair em engano.

LOGRO. *Direito civil* e *direito penal.* **1.** Ato ou efeito de lograr. **2.** Ato de enganar alguém para obter vantagem ilícita. **3.** Burla. **4.** Manobra ardilosa para iludir alguém. **5.** Dolo. **6.** Preço excessivo. **7.** Fraude.

LOISIR. *Termo francês.* Fazer.

LOJA. *Direito comercial.* Estabelecimento que vende mercadorias a varejo, especialmente artigos que não sejam gêneros alimentícios.

LOJA DE MIUDEZAS. *Direito comercial.* Armarinho; estabelecimento mercantil que vende mercadorias de pouco valor, como, por exemplo, aviamentos de costura.

LOJA DE MODAS. *Direito comercial.* Casa especializada na venda de roupas de senhoras.

LOJA FRANCA. *Direito aduaneiro.* Estabelecimento instalado em zona primária de porto ou aeroporto alfandegado, destinado à comercialização, mediante pagamento em moeda estrangeira conversível e com isenção de tri-

butos, de mercadoria, nacional ou estrangeira, a passageiro em viagem internacional. As atividades desenvolvidas em loja franca podem ser exercidas, mediante autorização da Secretaria da Receita Federal, por pessoas jurídicas de direito privado que tenham como principal objeto social, cumulativamente ou não, a importação ou a exportação de mercadorias. A loja franca pode ter mais de uma unidade de venda no mesmo porto ou aeroporto, desde que atendidas as exigências para o alfandegamento do local. É assegurada à loja franca, mediante prévio alfandegamento pela Secretaria da Receita Federal, a instalação de unidades complementares de venda, em outras áreas ou em outros terminais do mesmo porto ou aeroporto, nas hipóteses de deslocamento total ou parcial do fluxo de passageiros e de outros eventos que acarretem a quebra do equilíbrio econômico-financeiro do empreendimento. A loja franca deve ter, no mínimo, um depósito para guarda das mercadorias que constituam o seu estoque, instalado em zona primária de porto ou aeroporto ou em zona secundária, em recinto previamente alfandegado. As mercadorias permanecem em depósito de loja franca, com suspensão de tributos e sob controle fiscal, sendo que a sua venda converte automaticamente a suspensão em isenção de tributos. Somente podem adquirir mercadorias em loja franca: a) tripulante de aeronave ou embarcação em viagem internacional de partida; b) passageiro saindo do País, portador de cartão de embarque ou de trânsito; c) passageiro chegando do exterior, identificado por documentação hábil e anteriormente à conferência de sua bagagem acompanhada, situação em que a mercadoria é considerada nacionalizada; d) empresas de navegação aérea ou marítima, em viagem internacional, visando ao consumo a bordo ou à venda a passageiros, isentas de impostos, quando em águas ou espaço aéreo internacionais; e) missões diplomáticas, repartições consulares e representações de organismos internacionais de caráter permanente e seus integrantes ou assemelhados.

LOJA MAÇÔNICA. *Direito civil.* **1.** Sede ou sala onde se dão as sessões de uma associação maçônica. **2.** Conjunto dos membros de qualquer seção de uma ordem de maçonaria.

LOJAS–ÂNCORAS. *Direito empresarial.* Grandes lojas de departamentos em *shopping center* que, por serem pontos de atração ao público, impelem clientela às lojas menores, promovendo campanhas publicitárias e criando condições favoráveis à exploração do comércio.

LOJAS DE DEPARTAMENTOS. *Vide* LOJAS-ÂNCORAS.

LOJAS MAGNÉTICAS. *Direito empresarial.* Lojas menores também designadas, num *shopping center*, de lojas satélites por usufruírem dos benefícios trazidos pelas lojas-âncoras, atraindo para si sua clientela.

LOJAS SATÉLITES. *Vide* LOJAS MAGNÉTICAS.

LOJISTA. 1. *Direito comercial.* a) Comerciante varejista que vende em loja; b) dono ou gerente de uma loja de comércio. **2.** *Direito romano.* Encarregado pelo Imperador de administrar os bens da comunidade.

LOLÓ. Na *gíria,* quer dizer: a) pederasta passivo, desde que menor; b) ladrão, que seja menor.

LOMAN. *Direito processual.* Abreviatura da Lei Orgânica da Magistratura Nacional, regulamentadora da competência, direitos e obrigações dos membros do Poder Judiciário.

LOMBADA. 1. *Direito agrário.* Dorso de boi. **2.** *Direito autoral.* O lado de um livro onde se colocam o nome de seu autor e seu título.

LOMBALGIA. *Medicina legal.* Dor na região lombar.

LOMBARDA. *Direito agrário.* Espécie de couve.

LOMBARDEIRO. *Direito agrário.* Diz-se do touro que apresenta no lombo uma mancha de cor diversa da do resto do corpo.

LOMBARDO. *Direito agrário.* Touro negro com lombo acastanhado.

LOMBILHARIA. *Direito comercial.* Casa onde são fabricados e vendidos lombilhos.

LOMBILHEIRO. *Direito comercial.* Negociante de lombilhos e objetos de montaria.

LOMBILHO. *Direito agrário.* **1.** Sela pequena. **2.** Parte dos arreios que pode substituir a sela, o selim e o serigote.

LOMBOCOLOTOMIA. *Medicina legal.* Incisão no cólon através da região lombar.

LOMBRICOSE. *Medicina legal.* Estado patológico provocado pela lombriga, verme nemaltelminto *Ascaris lombricoides,* parasita do intestino delgado.

LOMBROSIANO. *Direito penal.* **1.** Relativo à teoria de Lombroso, que explica o crime dentro de uma causalidade rigorosa, apreendendo, na pessoa do delinqüente, estigmas reveladores da criminalidade. Concebe a figura do criminoso nato

que, pela presença de anomalias anatômicas e fisiopsicológicas, seria o indivíduo propenso a praticar delitos como o tipo selvagem, transportado por atavismo a tempos muito distantes daqueles em que deveria ter vivido. **2.** Diz-se daquele que, conforme a doutrina de Lombroso, apresenta os estigmas físico-mentais definidos do criminoso, tendo tendência atávica para o crime. **3.** Prosélito dessa teoria.

LOMBROSISTA. *Direito penal.* Pessoa partidária da idéia de Cesare Lombroso de que o delinqüente possui caracteres físicos e mentais peculiares.

LOMPARDO. *Direito agrário.* Touro que apresenta o lombo pardo mais escuro do que o restante do corpo.

LOMPU. Abreviatura de Lei Orgânica do Ministério Público da União.

LONA. 1. Na *gíria,* papel-moeda. **2.** Na *linguagem comum,* o tecido grosso e forte utilizado na fabricação de sacos, sapatos, tendas, toldos, velas de embarcação etc.

LONG. *Termo inglês.* **1.** Comprado. **2.** Dado. **3.** Ativo. **4.** Posição de ativos, títulos e valores mobiliários. **5.** Investidor que mantém posição que o beneficia nos mercados em alta (Luiz Fernando Rudge).

LONGA CONSUETUDO. *Locução latina.* Costume antigo.

LONGA MANU. 1. *Direito civil.* Forma de tradição consensual, que é um dos modos aquisitivos da posse, pela qual não é preciso que o adquirente ponha a mão na coisa, para ser tido como possuidor, basta que ela esteja à sua disposição. **2.** *Locução latina.* Longa mão.

LONGA-METRAGEM. *Direito autoral.* Filme que tem duração média de cem minutos.

LONGÂNIME. 1. Indulgente. **2.** Generoso. **3.** Resignado.

LONGANIMIDADE. 1. Generosidade. **2.** Qualidade de longânime.

LONG-BOAT. *Locução inglesa.* Lancha de bordo.

LONGE. 1. Grande distância no espaço ou no tempo. **2.** Ordem de afastamento. **3.** Leve semelhança. **4.** Indício. **5.** Suspeita.

LONGEVIDADE. *Medicina legal.* Duração da vida além do período habitual.

LONGEVIDADE ZOOTÉCNICA. *Direito agrário.* Utilização longeva do gado na produção de serviços.

LONGEVO. Que tem muita idade; idoso.

LONGINQÜIDADE. Qualidade de longínquo.

LONGÍNQUO. 1. Remoto. **2.** Distante. **3.** Que vem de longe. **4.** O que há de vir no futuro; porvindouro.

LONGISSIMI TEMPORIS. *Locução latina.* Tempo imemorial.

LONGISSIMI TEMPORIS PRAESCRIPTIO. *Direito romano.* Prescrição aquisitiva que requeria o transcurso de trinta anos, sem justo título e boa-fé.

LONGI TEMPORIS PRAESCRIPTIO. *Direito romano.* Exceção que possibilitava a aquisição do domínio por estrangeiros excluídos do usucapião, os quais possuíam a coisa há longo tempo (dez anos entre presentes e vinte entre ausentes), tendo justo título e boa-fé.

LONGO. 1. Que dura muito. **2.** Demorado. **3.** Comprido.

LONGO CURSO. *Direito comercial marítimo.* Navegação de alto-mar reservada a navios que se opera entre portos nacionais e estrangeiros, atravessando os mares.

LONG–PLAYING. *Direito autoral.* Disco que comporta 33 ou 45 rotações por minuto.

LONGUM ITER EST PER PRAECEPTA BREVE ET EFFICAX PER EXEMPLA. *Expressão latina.* Longo é o caminho ensinado pela teoria; breve e eficaz pelo exemplo.

LONMP. Abreviatura de Lei Orgânica Nacional do Ministério Público.

LOOTER. *Termo inglês.* Saqueador.

LOQUACIDADE. 1. Eloqüência. **2.** Indiscrição.

LOQUIAL. *Medicina legal.* Referente a lóquios.

LOQUIOMETRIA. *Medicina legal.* Distensão uterina provocada pela retenção dos lóquios.

LOQUIORRAGIA. *Medicina legal.* Descarga superabundante dos lóquios.

LÓQUIOS. *Medicina legal.* Corrimento uterino e vaginal sanguinolento e seroso durante certo tempo, após o parto ou o aborto, até que se dê a reconstrução do endométrio do útero.

LORCHA. *Direito comparado.* Embarcação ligeira de dois ou três mastros, muito usada na China, Filipinas e Tailândia.

LORD. *Termo inglês.* **1.** Membro da câmara alta do Parlamento inglês. **2.** Título de alta nobreza da Inglaterra. **3.** Título honorífico conferido a altos funcionários, a certos ministros ou a bispos anglicanos.

LORD CHANCELLOR. *Locução inglesa.* Presidente da Câmara dos Lordes.

LORD CHIEF JUSTICE. *Expressão inglesa.* Presidente do Supremo Tribunal de Justiça.

LORDE-MAIOR. *Direito comparado.* Título dado ao prefeito de Londres e aos de determinadas cidades inglesas.

LORDOSE. *Medicina legal.* Aumento anormal da curvatura da coluna vertebral que se dá, por exemplo, em estágio avançado da gravidez, em moléstias de articulações etc.

LORDÓTICO. *Medicina legal.* Referente a lordose.

LORÓ. Na *gíria,* significa ladrão; comprometedor; denunciador.

LOROTA. 1. Mentira. **2.** Gabolice.

LOROTEIRO. 1. Embusteiro. **2.** Mentiroso.

LORPA. Imbecil; tolo.

LOSS LEADER. *Locução inglesa.* Venda de produto abaixo do preço para atrair clientela.

LOTA. *Direito comercial.* **1.** Venda de peixe, por lotes, em leilão, aos revendedores. **2.** Local onde são feitos leilões de peixe. **3.** Porção de peixe que é leiloado de uma só vez. **4.** Lugar onde se faz o cálculo do imposto do pescado.

LOTAÇÃO. 1. *Direito agrário.* Beneficiação de um vinho pela sua mistura com outros, dando-lhe uma qualidade melhor. **2.** *Direito comercial.* a) Quantidade de passageiros que pode ser transportada por um veículo; b) carro que transporta passageiros mediante pagamento de uma tarifa fixa, num determinado percurso; c) cômputo da capacidade máxima de carga de um navio, vagão etc.; d) conjunto de lugares que podem ser ocupados; e) número máximo de pessoas autorizadas a embarcar, incluindo tripulação, passageiros e profissionais não-tripulantes. **3.** *Direito administrativo.* a) Fixação do número certo de servidores componentes de uma repartição pública; b) cômputo dos proventos totais de um cargo público. **4.** Nas *linguagens comum* e *jurídica*: a) avaliação; b) orçamento; c) ação ou efeito de lotar; d) cálculo de rendimento. **5.** *Direito marítimo.* Quantidade máxima de pessoas autorizadas a embarcar, incluindo tripulação, passageiros e profissionais não tripulantes (aqueles que prestam serviços a bordo, não relacionados com a operação da embarcação), levando em consideração a segurança da embarcação e a salvaguarda da vida humana nas águas. **6.** *Direito de trânsito.* É a carga útil máxima, incluindo condutor e passageiros, que o veículo transporta, expressa em quilogramas para os veículos de carga, ou número de pessoas, para os veículos de passageiros.

LOTADO. 1. *Direito agrário.* Diz-se do vinho beneficiado por lotação. **2.** *Direito administrativo.* Funcionário fixado no local onde exerce o serviço público ou onde ocupa o cargo. **3.** *Direito comercial.* a) Que se lotou; b) que tem lotação completa.

LOTADOR. 1. Aquele que faz lotação. **2.** Aparelho que distribui pólvora em lotes, com propriedades iguais.

LOTAR. 1. *Direito comercial.* a) Calcular a capacidade de carga de um veículo transportador; b) determinar o número de passageiros que podem ser transportados por um veículo; c) completar a lotação de um veículo; d) dividir em lotes. **2.** *Direito administrativo.* Colocar funcionário em certa repartição pública. **3.** *Direito agrário.* Misturar vinho com outros, beneficiando-o ao transmitir-lhe as qualidades destes.

LOTE. 1. *Direito agrário.* a) Certo número de cabeças de gado; b) cada uma das partes medidas e separadas de uma área de terra para fins agrícolas ou de colonização; c) quantidade definida de sementes ou de mudas, identificada por letra, número ou combinação dos dois, da qual cada porção é, dentro de tolerâncias permitidas, homogênea e uniforme para as informações contidas na identificação. **2.** *Direito civil.* a) Quinhão hereditário; cada uma das porções de um todo que é distribuída a várias pessoas numa partilha; b) cada uma das áreas desmembradas de um imóvel urbano para fins de edificação. **3.** *Direito processual civil.* Porção de objetos arrematados, num só lance, em leilão ou hasta pública. **4.** *Direito comercial.* a) Certa quantidade de mercadorias do mesmo gênero e espécie; partida; b) cada grupo de animais cargueiros, com um condutor, em que se dividem as tropas de carga; c) grupo de mercadorias fabricadas em iguais condições para fins de controle; d) modo particular de vender peixe; e) porção de peixe vendido em lota; f) conjunto de artigos de um mesmo tipo processado pelo mesmo fabricante, em um determinado espaço de tempo, sob condições essencialmente iguais; g) quantidade de um produto obtido em um ciclo de produção de etapas contínuas e que se caracteriza por sua homogeneidade; h) quantidade de produtos com as mesmas especificações de identi-

dade, qualidade e apresentação, processados pelo mesmo fabricante ou fracionador, em um espaço de tempo determinado, sob condições essencialmente iguais. A identificação do lote é de responsabilidade do embalador; i) quantidade definida de matéria-prima, material de embalagem ou produto terminado fabricado em um único processo ou série de processos, cuja característica essencial é a homogeneidade e qualidade dentro dos limites especificados. Na fabricação contínua, o lote corresponde a uma fração definida da produção. Algumas vezes é necessário dividir o lote em sublotes que posteriormente serão misturados para formar um lote homogêneo final.

LOTEADO. Que se loteou.

LOTEAMENTO. 1. *Direito urbanístico.* a) Parcelamento da terra em lotes, abrindo-se ou prolongando-se logradouros públicos para os quais tenham testada; b) projeto de divisão de terras. **2.** *Direito civil* e *direito agrário.* Divisão de imóvel urbano ou rural, mais ou menos extenso, em lotes, para ulterior venda por oferta pública, edificação, exploração econômica da terra ou colonização.

LOTEAMENTO CLANDESTINO. *Direito urbanístico.* É o desconhecido oficialmente pelo Poder Público por inexistir solicitação de aprovação ou o que deriva do indeferimento do pedido, por não atender as exigências legais. É implantado pelo loteador sem a chancela oficial, com a abertura de ruas, demarcação de quadras e lotes, vendas, ultimando-se com a edificação de casas pelos adquirentes (José Carlos de Freitas).

LOTEAMENTO COMUM. O mesmo que LOTEAMENTO CONVENCIONAL.

LOTEAMENTO CONVENCIONAL. *Direito urbanístico.* Loteamento para fins urbanos, consistente na subdivisão de gleba em lotes destinados a edificação, com abertura de novas vias de circulação, de logradouros públicos ou prolongamento, modificação ou ampliação das vias existentes.

LOTEAMENTO FECHADO. 1. *Direito civil.* Modalidade de condomínio especial que constitui um bairro urbanizado para fins residenciais ou recreativos (clubes de campo), dotado de vias públicas particulares e de áreas de lazer pertencentes ao domínio privado auto-regulamentado por convenções assembleares (Sílvio Venosa, Arnaldo Rizzardo, J. Nascimento Franco e Nisske

Gondo). **2.** *Direito urbanístico.* Aquele cujo ingresso só é permitido aos moradores e pessoas por eles autorizadas e com equipamentos e serviços urbanos próprios, para auto-suficiência da comunidade (Hely Lopes Meirelles). Também designado de loteamento em condomínio, loteamento integrado, condomínio horizontal e loteamento *privé.*

LOTEAMENTO IRREGULAR. *Direito administrativo* e *direito registrário.* Aquele que não se encontra regularmente registrado em Cartório de Imóveis ou que não está sendo executado regularmente.

LOTEAMENTO PARA FINS URBANOS. O mesmo que LOTEAMENTO CONVENCIONAL.

LOTEAMENTO RURAL. *Direito agrário.* Processo de divisão de terras em lotes para serem vendidos e destinados à colonização e à exploração agrícola, pecuária, extrativa vegetal ou agroindustrial, com a observância de requisitos legais.

LOTEAMENTO URBANÍSTICO. O mesmo que LOTEAMENTO CONVENCIONAL.

LOTEAMENTO URBANO. *Direito civil.* Desmembramento de imóvel urbano em áreas destinadas à edificação de qualquer natureza, com a observância das formalidades legais, dos regulamentos administrativos e posturas municipais.

LOTEAR. Dividir em lotes.

LOTECA. Designação dada pelo povo à Loteria Esportiva.

LOTE DE CONCESSÃO FLORESTAL. *Direito administrativo.* Conjunto de unidades de manejo a serem licitadas.

LOTE FAMILIAR. *Direito agrário.* Imóvel rural explorado diretamente pelo agricultor e sua família e que lhes garanta a subsistência, admitida a contratação de mão-de-obra complementar e de serviços de terceiros, possibilitando o progresso social e econômico.

LOTEIRO. *Direito civil.* Proprietário de um ou mais lotes.

LOTE LINDEIRO. *Direito de trânsito.* É aquele situado ao longo das vias urbanas ou rurais e que com elas se limita.

LOTE-PADRÃO URBANO. *Direito urbanístico.* É aquele de forma retangular, com uma só frente ou testada, com as medidas-padrão adotadas pela municipalidade em que esteja localizado, ou estabelecidas pela SPU (Secretaria do Patrimônio da União) quando da elaboração da Planta de Valores Genéricos.

LOTERIA. *Direito civil* e *direito penal.* Concurso de prognósticos sobre resultado de sorteio de números, fazendo depender a distribuição do prêmio em dinheiro daquele sorteio. É considerado como jogo de azar e contravenção penal se não estiver autorizado por lei ou pela autoridade pública competente. A loteria federal e a estadual são tidas como lícitas, por estarem autorizadas, restringindo sua exploração ou concessão à União e aos Estados, derrogando assim as normas penais alusivas ao jogo de azar. A loteria federal terá livre circulação em todo o Brasil e a estadual apenas no território do Estado, conforme lei especial que a criou.

LOTERIA DE PROGNÓSTICOS ESPORTIVOS. *Direito civil.* Modalidade de loteria na qual o apostador indica seus prognósticos sobre resultados de competições esportivas.

LOTERIA DE PROGNÓSTICOS NUMÉRICOS. *Direito civil.* Modalidade de loteria na qual o apostador indica seus prognósticos num universo de números.

LOTERIA ESPORTIVA FEDERAL. *Direito desportivo.* Concurso de prognósticos esportivos em que os ganhadores são aqueles que vierem a acertar os resultados dos jogos de futebol estipulados. A arrecadação obtida em cada teste da Loteria Esportiva Federal será destinada para pagamento dos prêmios, incluindo o valor alusivo ao imposto sobre a renda (45%); à Caixa Econômica Federal (20%), para custear totalmente a administração dos concursos de prognósticos desportivos; às entidades desportivas (10%) constantes do teste pelo uso de suas denominações ou símbolos; e ao Fundo Nacional de Desenvolvimento Desportivo (15%). A participação em cada concurso consistirá no registro dos prognósticos indicados pelos apostadores sobre as competições esportivas nacionais ou internacionais, contidas em bilhetes fornecidos pela Caixa Econômica Federal, através de revendedores credenciados, mediante pagamento do preço correspondente às apostas efetuadas, caracterizando a vinculação do apostador ao concurso e à aceitação de todos os dispositivos normativos.

LOTERIA INSTANTÂNEA. *Direito civil.* Modalidade de loteria na qual os apostadores conhecem os resultados ao revelarem as combinações de números, símbolos ou caracteres que se encontram encobertos em área raspável.

LOTÉRICO. Relativo à loteria.

LOTES RURAIS. *Direito agrário.* Áreas de terras provenientes de loteamento rural, destinadas à venda a lavradores para fins de exploração econômica e de colonização.

LOTE URBANIZADO. *Direito urbanístico.* Parcela legalmente definida de uma área, em conformidade com as diretrizes de planejamento urbano municipal ou regional, que disponha de acesso por via pública e, no seu interior, no mínimo, soluções de abastecimento de água e esgotamento sanitário e ainda instalações que permitam a ligação de energia elétrica.

LOTO. *Direito civil.* Jogo de azar em que são utilizados cartões contendo números, para serem marcados à medida que vão sendo sorteados, ganhando quem conseguir cobrir as fileiras de números ou uma série combinada. Trata-se da víspora.

LOTOGOL. *Direito civil.* Prognóstico consistente na indicação da quantidade de gols obtidos por cada um dos competidores no tempo regulamentar da partida.

LOUÇARIA. *Direito comercial.* Estabelecimento onde se vende louça.

LOUCEIRO. *Direito comercial.* Fabricante ou vendedor de louças.

LOUCO. **1.** *Medicina legal.* Doente mental; alienado ou aquele que perdeu a razão. **2.** Na *linguagem comum*: a) insensato; b) imoderado; c) dominado pela paixão; d) extravagante; e) fora do comum; extraordinário.

LOUCO DE TODO O GÊNERO. *História do direito.* Expressão que abrangia toda a espécie de desequilíbrio mental, ainda que o mesmo seja interrompido por intervalos de lucidez e desde que haja um processo de interdição. Trata-se hoje do alienado mental, considerado, por sentença, absoluta (havendo falta de discernimento) ou relativamente (em caso de discernimento reduzido) incapaz para praticar atos na vida civil, conforme a gravidade da moléstia, devendo, então, ser representado ou assistido por curador.

LOUCO FURIOSO. *Medicina legal.* Alienado mental violento nos gestos, no momento de fúria.

LOUCURA. **1.** *Medicina legal.* a) Qualidade daquele que, por doença mental, sofre modificação no comportamento e desagregação da personalidade; b) estado de quem é louco; c) alienação mental; d) ato próprio de louco. **2.** Na *linguagem comum* quer dizer: a) insensatez; b) extravagância; c) mania; d) falta de tino ou imprudência.

LOUCURA CIRCULAR. *Medicina legal.* Alienação mental caracterizada pela alternância com períodos regulares de alegria e tristeza.

LOUCURA DA PERSEGUIÇÃO. *Medicina legal.* Sentimento anormal que leva o doente mental a crer que está sendo atormentado por inimigos.

LOUCURA DAS GRANDEZAS. *Medicina legal.* Sentimento mórbido ou anormal de poder, que leva o paciente a imaginar-se rico e poderoso.

LOUCURA MORAL. *Medicina legal.* Perturbação psíquica consistente na ausência do sentimento de moralidade e na falta de discernimento entre o bem e o mal. É muito comum nos toxicômanos e criminosos perversos.

LOUQUEJAR. Cometer loucuras ou imprudências.

LOUREIRA. **1.** Na *linguagem comum,* mulher que leva vida desregrada. **2.** *Direito agrário.* Espécie de uva branca da região do Minho, em Portugal.

LOUVAÇÃO. *História do direito.* **1.** Escolha de peritos ou de avaliadores. **2.** Nomeação de árbitros. **3.** Avaliação feita por peritos.

LOUVADIO. *História do direito.* Juiz escolhido pelas partes por meio da louvação para solucionar a controvérsia; árbitro.

LOUVADO. *História do direito.* Perito ou avaliador escolhido pela parte no curso de um processo.

LOUVAMENTO. *História do direito.* Sentença arbitral.

LOW JUSTICE. *Locução inglesa.* Juizado de Pequenas Causas.

LOW TEMPERATURE, LONG TIME (LTLT). *Direito agrário.* É equivalente à expressão em vernáculo "Baixa Temperatura/Longo Tempo" para produção de leite pasteurizado para abastecimento público ou para a produção de derivados lácteos, desde que: a) o equipamento de pasteurização a ser utilizado cumpra com os requisitos ditados pelo Regulamento de Inspeção Industrial e Sanitária de Produtos Animal (RIISPOA) ou em regulamento técnico específico, no que for pertinente; b) o envase seja realizado em circuito fechado, no menor tempo possível e sob condições que minimizem contaminações; c) a matéria-prima satisfaça às especificações de qualidade estabelecidas pela legislação referente à produção de leite pasteurizado, excetuando-se a refrigeração do leite e o seu transporte a granel, quando o leite puder ser entregue em latões ou tarros e em temperatura ambiente ao estabelecimento processador no máximo duas horas após o término da ordenha.

LOXARTRO. *Medicina legal.* Deformidade de uma articulação que, sem qualquer luxação, se torna oblíqua.

LÓXIA. *Medicina legal.* Torcicolo.

LOXOCIESE. *Medicina legal.* Posição oblíqua do feto no útero.

LOXODROMIA. *Direito marítimo.* Linha de navegação, representada nas cartas marítimas por uma linha reta, que corta, sob o mesmo ângulo, todos os meridianos.

LOYOLISTA. *Direito canônico.* **1.** Relativo à Ordem dos Jesuítas. **2.** Partidário das idéias de Santo Inácio de Loyola e pertencente à sua ordem.

LPGA TOUR. *Direito desportivo.* Circuito anual norte-americano, com cerca de vinte e cinco torneios de golfe feminino.

LSD. *Medicina legal.* Abreviatura de *Liserg Saure Diethylamid*, ou seja, da dietilamida do ácido lisérgico, substância tóxica provocadora de alucinações que duram, em média, duas horas, suscetíveis de levar à prática de homicídio ou suicídio; podendo causar como efeitos: náuseas, vômitos, perturbações psicomotoras, esquizofrenia, dilatação da pupila, sudação, alterações no paladar e no olfato, ansiedade etc.

LTDA. *Direito comercial.* Abreviatura de "limitada", usada posposta à denominação das sociedades limitadas.

LUA ARTIFICIAL. *Direito espacial.* Satélite.

LUA–DE–MEL. Primeiro mês ou primeiros dias que se seguem ao casamento.

LUCARNA. *Vide* LUCERNA.

LUCELA. Sepulcro pequeno e humilde.

LÚCERE. Na *gíria,* o policial que aceita dinheiro do ladrão para não prendê-lo.

LUCERNA. *Direito civil.* **1.** Clarabóia. **2.** Janela em telhado para clarear sótão. **3.** Fresta numa parede para possibilitar entrada de luz no interior do prédio.

LUCERNA IURIS. *Locução latina.* Guia do direito.

LUCERNÁRIO. *História do direito.* Poço usado pelos cristãos primitivos para chegar às catacumbas.

LUCET RES. *Locução latina.* Clareza; evidência de alguma coisa.

LUCIDA INTERVALLA. *Medicina legal.* Período em que o doente mental apresenta-se lúcido, mostrando penetração de inteligência.

LUCIDEZ. *Medicina legal.* **1.** Estado daquele que é lúcido. **2.** Qualidade psicológica da pessoa que tem perfeito juízo, idéias precisas, discernimento e compreensão das coisas. **3.** Momento em que o alienado mental recupera o raciocínio.

LÚCIDO. *Medicina legal.* **1.** Que mostra raciocínio ou uso da razão. **2.** Que tem entendimento claro. **3.** Que apresenta a qualidade de lucidez.

LÚCIDO INTERVALO. *Vide LUCIDA INTERVALLA.*

LUCRAR. *Direito comercial.* **1.** Auferir lucro; tirar lucro. **2.** Lograr. **3.** Obter vantagem.

LUCRATIVIDADE. *Direito comercial.* Qualidade ou estado do que é lucrativo.

LUCRATIVO. *Direito comercial.* **1.** O que dá lucro. **2.** Vantajoso.

LUCRO. *Direito comercial.* **1.** Ganho líquido obtido com especulações, depois de descontadas as despesas. **2.** Proveito ou vantagem decorrente de uma operação empresarial. **3.** Cota-parte do produto ou do respectivo preço que cabe ao empresário (Papaterra Limongi). **4.** Resultado pecuniário advindo de um negócio. **5.** Diferença entre o capital empregado e aquilo que ele produziu.

LUCRO ARBITRADO. *Direito tributário.* É o estipulado na legislação, relativo a imposto sobre a renda, para determinação do lucro de pessoas jurídicas, sendo aplicado, por exemplo, se: o contribuinte não fizer a escrituração exigida pelas leis fiscais e comerciais ou se sua escrituração contiver vícios que impossibilitem a verificação do seu lucro ou que revelem fraudes; o contribuinte recusar-se a apresentar seus livros à autoridade fiscal etc.

LUCRO BRUTO. *Economia política.* Diferença existente entre o preço de venda e o de compra, sem dedução das despesas havidas.

LUCRO CAMBIAL. Vantagem obtida numa operação de câmbio com moeda estrangeira (Geraldo Magela Alves).

LUCRO CESSANTE. *Direito civil.* **1.** Dano negativo ou privação de um ganho lícito esperado pelo credor do adimplemento da prestação pelo devedor. Trata-se do lucro que se deixou de auferir, em razão do descumprimento de uma obrigação pelo devedor. **2.** Benefício que o lesado deixou de obter em virtude de uma lesão. **3.** Aquele que, razoavelmente, se deixou de ter; é a diminuição potencial do patrimônio (Clóvis Beviláqua). **4.** Lucro de que se foi privado pela ocorrência de ato ou fato alheio à vontade.

LUCRO DA EXPLORAÇÃO. *Direito tributário.* Espécie de redução do imposto sobre a renda devido pela pessoa jurídica sujeita ao lucro real. É apurado a partir do lucro líquido, deduzido da parte das receitas financeiras excedentes às despesas, dos rendimentos e dos prejuízos das participações societárias etc. (Eduardo M. F. Jardim).

LUCRO ESTIMADO. *Direito tributário.* Alternativa provisória que o IR oferece às pessoas jurídicas obrigadas à apuração pelo lucro real. Elas podem, durante o ano, estimar o lucro pelos mesmos percentuais aplicáveis para determinar o lucro presumido. A diferença é que, no final do ano-calendário, devem apresentar as demonstrações financeiras e a declaração anual pelo lucro real (Láudio Camargo Fabretti).

LUCRO ILÍCITO. *Direito penal.* É a vantagem obtida por meios ilegais.

LUCRO INFLACIONÁRIO. 1. *Economia política.* Saldo credor da conta de atualização monetária, que se ajusta pela diminuição das variações monetárias, das receitas e despesas financeiras computadas no lucro líquido do período-base (Geraldo Magela Alves). **2.** *Direito tributário.* Aquele que, segundo a legislação do imposto sobre a renda, resulta da diferença entre o ativo permanente e o patrimônio líquido da pessoa jurídica.

LUCRO LÍCITO. *Direito comercial.* **1.** É o decorrente de alguma atividade econômica ou empresarial autorizada legalmente. **2.** Aquele auferido com observância dos preceitos legais.

LUCRO LÍQUIDO. *Direito comercial.* Proveito real representado pela diferença entre o preço da aquisição e o total dos gastos na efetivação da operação ou na produção da mercadoria. Decorre, portanto, da compensação entre a receita e a despesa. É o apurado após todas as deduções legais relativas às despesas, amortizações etc.

LUCRO NASCENTE. *Direito civil.* Ganho produzido por certa quantia pecuniária ou por coisas fungíveis, em razão de contrato de empréstimo, contendo cláusula fixando juros.

LUCRO OPERACIONAL. *Direito tributário.* É o determinado deduzindo-se da receita líquida de vendas e serviços o custo de vendas e as despesas operacionais (Láudio Camargo Fabretti).

LUCRO PRESUMIDO. *Direito tributário.* Modalidade de determinação do imposto sobre a renda devido por pessoa jurídica com receita bruta anual igual ou inferior ao teto legal, ou seja, a 9.600.000 UFIRs (Eduardo M. F. Jardim).

LUCRO REAL. 1. *Direito comercial.* Lucro líquido, já abatida a carga tributária (Geraldo Magela Alves). **2.** *Direito tributário.* Fórmula de apuração do imposto sobre a renda de pessoa jurídica com escrituração regular e receita anual igual ou superior ao teto legal, ou melhor, a 9.600.000 UFIRs.

LUCROS E PERDAS. *Direito comercial.* **1.** Escrituração mercantil das receitas e despesas, em que se lançam, nas respectivas colunas, os lucros obtidos, os prejuízos havidos e despesas gerais da empresa. O saldo apurado entre o crédito e o débito é o lucro real ou o dano sofrido. Designa os resultados obtidos pela empresa em certo período.

LUCROS EVENTUAIS. *Direito comercial.* Ganhos eventuais.

LUCROSO. *Vide* LUCRATIVO.

LUCROS SUSPENSOS. *Direito comercial.* Lucros verificados que não são distribuídos aos sócios, ficando mantidos em reserva para suprir eventuais danos empresariais e para atender despesas imprevisíveis. Todavia, poderão ser distribuídos em exercício financeiro posterior.

LUCRUM ASSUMIT SIBI NATURAM ILLAM, QUAM HABET CAPITALE. *Aforismo jurídico.* O lucro tem a mesma natureza do seu capital.

LUCRUM CESSANS. *Locução latina.* Lucro cessante.

LUCRUM EMERGENS. *Locução latina.* Lucro emergente.

LUCRUM FACIT QUI VOLUNTATEM SUAM IMPLET. *Aforismo jurídico.* Lucro faz quem cumpre sua vontade.

LUCRUM SINE ONERE ESSE NON DEBET. *Aforismo jurídico.* Lucro não deve ser sem ônus.

LUCRUM TURPE ACCUSATIO NATURAE EST. *Expressão latina.* Um lucro ilícito é uma acusação contra a natureza.

LUCTÍFERO. 1. Desastroso. **2.** Que causa calamidade.

LUCUBRAÇÃO. *Direito autoral.* **1.** Produto de trabalho intelectual ou científico. **2.** Estudo laborioso e assíduo. **3.** Obra literária esmerada e douta.

LUDAMBULISMO. Turismo.

LUDÍBRIO. 1. Engano. **2.** Ato de iludir alguém. **3.** Zombaria; escárnio.

LÚDICO. 1. *História do direito.* Referente aos antigos jogos públicos. **2.** Na *linguagem comum,* relativo a brinquedos ou a jogos.

LUDIMANIA. Paixão pelos esportes.

LUDISMO. *História do direito.* Movimento operário de protesto, que se deu na Inglaterra no início do século XIX, propugnando a destruição de certos tipos de máquinas industriais para obter melhores salários, freando a mecanização completa da produção têxtil (Hobsbawm).

LUDITAS. *História do direito.* Sequazes do ludismo.

LUES. *Medicina legal.* Sífilis.

LUÉTICO. *Medicina legal.* Sifilítico.

LUFA. *Direito marítimo.* Vela de navio.

LUGAR. 1. Espaço ocupado por alguma coisa. **2.** Localidade. **3.** Sítio onde se encontra algo. **4.** Situação de um bem. **5.** Região; povoado. **6.** Posição social; classe; categoria. **7.** Posto ou cargo ocupado por alguém. **8.** Emprego. **9.** Sede de um negócio; domicílio. **10.** Residência. **11.** Ensejo; oportunidade. **12.** Situação numa ordem ou série. **13.** Assento marcado e determinado. **14.** Vaga. **15.** Trecho de alguma obra.

LUGAR ACESSÍVEL AO PÚBLICO. Aquele onde é permitida a entrada de qualquer pessoa, mediante pagamento, ou não, de ingresso. Por exemplo: hotel, cinema, teatro. Para efeitos penais são equiparados a lugar acessível ao público: a) casa particular ou casa de habitação coletiva onde se realizam jogos de azar; b) sede ou dependência de associação ou sociedade onde se proporciona jogo de azar; e c) estabelecimento destinado à exploração de jogo de azar, mesmo que haja dissimulação desse destino.

LUGAR CERTO. *Direito civil.* Espaço cuja área está demarcada por divisas, demonstrando exatidão em sua dimensão.

LUGAR-COMUM. 1. Na *linguagem comum:* a) idéia muito debatida; b) banalidade; c) modo proverbial de falar. **2.** *Filosofia geral* e *filosofia do direito.* *Topoi* ou ponto de vista indeterminado que preside a solução de um caso. **3.** *Lógica.* a) Artigo geral ao qual se pode referir a prova de que se serve na matéria da qual se trata (Port-Royal); b) fonte de onde podem ser tiradas argumentações ou provas.

LUGAR DA INFRAÇÃO. Local onde se deu a violação da norma legal.

LUGAR DE EXPIAÇÃO. *Direito canônico.* Purgatório.

LUGAR DEFESO. Aquele cuja entrada está proibida.

LUGAR DE HONRA. 1. Local que se reserva, numa solenidade, a determinadas pessoas. **2.** Local concedido por cortesia a pessoas que merecem consideração. **3.** Lugar de distinção.

LUGAR DO COSTUME. 1. Aquele onde alguém habitualmente exerce seu ofício. **2.** Local onde por hábito certas coisas devem ser feitas ou determinados atos, realizados.

LUGAR DO CRIME. *Direito penal.* Local onde se deu o delito omissivo ou comissivo ou onde se produziu ou deveria produzir-se o resultado.

LUGAR DO FATO. *Teoria geral do direito.* Localidade em que se expediu o enunciado jurídico-prescritivo (Paulo de Barros Carvalho).

LUGAR DO PAGAMENTO. *Direito civil.* Local do cumprimento da obrigação que pode dar-se no domicílio do devedor ou no do credor; no lugar estipulado por convenção, no presumido pelas circunstâncias e natureza do negócio ou no determinado por lei.

LUGAR ERMO. *Direito penal.* Local não habitado ou não freqüentado, que constitui causa de aumento de pena, por exemplo, no crime de violação de domicílio ou de abandono de incapaz.

LUGARES-COMUNS. *Filosofia geral.* Argumentos que servem a qualquer ciência (Aristóteles).

LUGARES DA LÓGICA. *Lógica.* São o gênero, a espécie, a diferença, o próprio, o acidente, a definição e a divisão (Lalande).

LUGARES DA ORDEM. *Filosofia geral.* Argumentos que enaltecem a superioridade do anterior sobre o posterior, da causa, do princípio ou da finalidade (Perelman e Olbrechts-Tyteca).

LUGARES DA QUALIDADE. *Filosofia geral.* Argumentos que contestam a virtude dos números, exaltando a verdade (Perelman e Olbrechts-Tyteca).

LUGARES DA QUANTIDADE. *Filosofia geral.* Argumentos que afirmam que uma coisa é melhor do que outra por razões quantitativas (Chaim Perelman e Lucie Olbrechts-Tyteca).

LUGARES DE GRAMÁTICA. *Teoria geral do direito.* Constituem a etimologia e as palavras da mesma raiz (Lalande).

LUGARES DE METAFÍSICA. *Filosofia geral.* São, segundo Lalande, a causa e o efeito; o todo e a parte e os termos opostos (relativos, contrários, privativos e contraditórios).

LUGARES ESPECÍFICOS. *Filosofia geral.* Argumentos próprios de uma ciência particular (Aristóteles).

LUGARES SAGRADOS. *Direito canônico.* São os destinados ao culto divino ou à sepultura dos fiéis, mediante dedicação ou bênção.

LUGARES SANTOS. *Direito canônico.* Locais onde se deram a vida, paixão e morte de Cristo.

LUGARES SELETOS. *Direito autoral.* Coletânea de textos extraídos das obras de vários autores.

LUGAR EXPOSTO AO PÚBLICO. *Direito penal.* Aquele que, apesar de não ser público, está franqueado a um número indeterminado de pessoas. Se a prática de um ato obsceno no local for observada, constituirá crime contra os costumes.

LUGAR INACESSÍVEL. *Direito processual civil.* **1.** Local onde não se pode chegar por ser perigoso ou por estar interditado. **2.** País que se recusa a cumprir carta rogatória.

LUGAR NO FATO. *Teoria geral do direito.* Intervalo territorial em que se deu o evento relatado enunciativamente (Paulo de Barros Carvalho).

LUGAR PRIVILEGIADO. *História do direito.* Aquele que não se sujeitava à polícia.

LUGAR PÚBLICO. **1.** *Direito administrativo.* a) Aquele que pode ser freqüentado por todos por ser bem de uso comum do povo; b) logradouro público; c) repartição pública onde a pessoa pode ingressar livremente ou submetendo-se ao preenchimento de certas condições. **2.** *Direito civil.* Residência que se torna acessível a qualquer pessoa durante a celebração da cerimônia do casamento.

LUGAR SAGRADO. *Direito canônico.* **1.** Destinado ao culto divino e à sepultura dos fiéis, mediante bênção prescrita nos livros litúrgicos. **2.** Igreja.

LUGAR SEGURO. Aquele onde não se corre risco algum.

LUGAR SUBSTANCIAL. *Direito civil.* Aquele em que nos instrumentos particulares ou públicos são declarados: o nome das partes, o objeto de que se trata, as condições contratuais, a data, a assinatura dos interessados e das testemunhas.

LUGAR SUSPEITO. **1.** Local onde há devassidão e corrupção. **2.** Local perigoso por haver riscos à saúde e à vida.

LUGAR-TENÊNCIA. Categoria ou qualidade de lugar-tenente.

LUGAR-TENENTE. Aquele que, provisoriamente, substitui outrem, desempenhando suas funções, na qualidade de auxiliar.

LÚGUBRE. **1.** Fúnebre. **2.** Funesto. **3.** Relativo a luto.

LUÍS. *História do direito.* **1.** Antiga moeda de ouro que valia, na França, 24 libras. **2.** Moeda francesa, vigente até 1928, cujo valor correspondia a 20 francos.

LUISIANA. *Direito agrário.* Espécie de videira americana.

LULISMO. Doutrina teológica que pregava ser toda a verdade demonstrável pela razão.

LULISTA. Adepto do lulismo.

LUMBAGO. *Medicina legal.* Dor aguda na região lombar.

LUME. **1.** *Direito agrário.* a) Parte inferior e anterior do casco do cavalo; b) porção anterior da ferradura correspondente àquela parte. **2.** Nas *linguagens comum* e *jurídica*: a) luz; b) guia; c) saber; doutrina; d) perspicácia; penetração.

LUMEEIRA. *Vide* LUCERNA.

LUMINAR. Pessoa douta ou muito culta que enriquece a ciência.

LUMINOSO. Anúncio de propaganda iluminado com lâmpadas ou gás néon.

LUMP SUM FREIGHT. *Vide* FRETE GLOBAL.

LUNÁTICO. *Medicina legal.* **1.** Influenciado pela lua. **2.** Maníaco. **3.** Doente mental com intervalos de lucidez, cujo acesso se supõe relacionado com alguma fase da lua.

LUNATISMO. *Medicina legal.* **1.** Mania transitória. **2.** Oftalmia periódica.

LUNETA. **1.** *História do direito.* Parte da guilhotina na qual se assentava o pescoço do condenado. **2.** *Direito militar.* Instrumento de aço usado para medir calibre dos projéteis. **3.** *Direito civil.* Janela oval ou redonda apropriada para entrada de luz num prédio. **4.** Na *linguagem comum:* a) telescópio; b) lente encaixada numa armação, acavalada no nariz para auxiliar a vista; c) monóculo.

LUNIL. Na *gíria:* a) ladrão que se passa por policial; b) falso policial.

LUPA. **1.** *Medicina legal.* Quisto sebáceo no couro cabeludo. **2.** *Direito agrário.* Tumor mole que aparece no joelho dos quadrúpedes. **3.** Na *lin-*

guagem comum: a) lente; b) microscópio; c) vidro de aumento utilizado para observar pequenos objetos.

LUPAÉ. Na *gíria:* ladra.

LUPANAR. *Direito penal.* Casa de prostituição; bordel; prostíbulo de mulheres que se entregam ao meretrício.

LUPANÁRIO. *Direito penal.* Referente a lupanar.

LUPO. *Medicina legal.* Moléstia que se caracteriza pela lesão cutânea destrutiva.

LUPO ERITEMATOSO SISTÊMICO. *Medicina legal.* Inflamação da pele que provoca não só o aparecimento de manchas discóides avermelhadas com centros deprimidos, cobertas com crostas, que ao caírem deixam cicatrizes esbranquiçadas, mas também febres, dores articulares, distúrbios nervosos, digestivos e renais, pleurisia, emagrecimento, pericardite etc.

LUPO POR HIDRALAZINA. *Medicina legal.* Síndrome similar ao lupo eritematoso sistêmico, que se dá após um ano ou dois de tratamento com hidralazina, empregada como agente hipotensor.

LUPOSO. *Medicina legal.* Relativo a lupo.

LUPO VULGAR. *Medicina legal.* Tuberculose cutânea.

LÚPUS. *Medicina legal.* **1.** Doença crônica que pode atingir a pele e, até mesmo, comprometer rins, coração e pulmões. Moléstia incurável, não contagiosa, que desorganiza o sistema de defesa do organismo, sendo mais comum em pessoas do sexo feminino. **2.** *Vide* LUPO.

LURDINHA. Na *gíria:* metralhadora portátil.

LUSITANISMO. Costume próprio dos portugueses.

LUSTRA. Na *gíria*: vagabundo.

LUSTRAL. *História do direito.* O que se realizava de cinco em cinco anos.

LUSTRO. 1. Nas *linguagens comum* e *jurídica:* período de cinco anos. Trata-se do qüinqüênio. **2.** *História do direito.* Cerimônia pública de purificação, quando, em Roma, se fazia o recenseamento da população, realizado de cinco em cinco anos.

LUTA. 1. *Direito militar.* a) Combate; b) batalha; pugna entre forças armadas; c) guerra. **2.** *Direito desportivo.* Competição entre dois atletas que, mediante observância de certas regras, se agarram corpo a corpo, procurando derrubar um ao outro, medindo forças. **3.** *Ciência política.* a) Oposição partidária; b) conflito entre partidos políticos. **4.** Nas *linguagens comum* e *jurídica:*

a) conflito de idéias; b) esforço para defender a integridade física e mental; c) lida; d) qualquer forma de competição entre duas ou mais pessoas; e) empenho para atingir determinado objetivo.

LUTA DE CLASSE. *Sociologia geral.* Contenda entre classes de níveis socioeconômicos diferentes, procurando melhorar sua condição ou manter sua posição.

LUTADOR. *Direito desportivo.* Atleta que participa de uma luta.

LUTA–LIVRE. *Direito desportivo.* Luta entre dois atletas, utilizando qualquer tipo de golpe.

LUTA PELA VIDA. Luta pela sobrevivência.

LUTAR. 1. Combater. **2.** Despender forças. **3.** Trabalhar com afinco para atingir certo objetivo. **4.** Enfrentar. **5.** Resistir. **6.** Disputar; competir.

LUTEINOTERAPIA. *Medicina legal.* Emprego terapêutico da progesterona.

LUTEOMA. *Medicina legal.* Tumor maligno oriundo do corpo amarelo do ovário.

LUTERANISMO. Doutrina religiosa professada por Martinho Lutero; protestantismo.

LUTO. *Direito civil.* **1.** Veste escura colocada pela família do falecido em sinal de pesar. **2.** Tempo de duração de uso dessas vestes. **3.** Tristeza ou dor pela morte de alguém. **4.** Morte. **5.** Período legal no qual, em respeito a esse sentimento, se suspendem certos deveres.

LUTO ALIVIADO. *Direito civil.* Traje negro com algumas peças brancas ou cinzas.

LUTO NACIONAL. *Direito administrativo.* Manifestação oficial de pesar pela morte de pessoa importante.

LUTO OFICIAL. *Direito administrativo.* Conjunto de solenidades ou de medidas ordenadas por autoridade pública em sinal de pesar e de homenagem por um falecimento que entristece o País.

LUTO PESADO. *Direito civil.* Vestuário completamente negro.

LUTUOSA. *História do direito.* Prestação que, na Idade Média, era devida pelos herdeiros do enfiteuta ao senhorio direto, exigida por ocasião do seu óbito.

LUVA. 1. *Direito desportivo.* a) Quantia paga ao atleta pela assinatura do contrato de prestação de serviços profissionais com uma entidade desportiva; b) peça de couro sem separação para os dedos usada na luta de boxe para proteção das mãos e para amortecer a força dos golpes.

2. Nas *linguagens comum* e *jurídica:* a) peça de vestuário usada como adorno, higiene ou para resguardar as mãos do frio; b) gratificação ou recompensa que se dá a alguém, que interveio ou prestou qualquer favor ou serviço na concretização de um negócio.

LUVA DE PARAFINA. *Medicina legal.* Prova indicativa da pessoa que disparou a arma do crime, consistente em fazer um molde de parafina em sua mão, para captar fuligem e nitratos oriundos da pólvora combusta.

LUVAS. *Direito comercial.* **1.** Quantia em dinheiro, além do preço do aluguel, não anotada no contrato, paga pelo locatário ao locador no contrato inicial da locação comercial para que tenha preferência na locação ou por ocasião da renovação. **2.** Valor do aviamento, cobrado no ato da venda ou transferência do estabelecimento mercantil ou industrial.

LUXAÇÃO. *Medicina legal.* **1.** Saída da extremidade de um osso para fora de sua cavidade articular, com ou sem derramamento do líquido sinovial. **2.** Desconjuntamento ou deslocamento de articulação.

LUXADO. *Medicina legal.* Deslocado; desarticulado.

LUXO. **1.** O que é supérfluo. **2.** Ostentação. **3.** Aquilo que traz mero deleite ou recreio.

LUXÚRIA. *Direito penal.* **1.** Devassidão. **2.** Lascívia. **3.** Corrupção de costumes. **4.** Intensidade anormal dos desejos sexuais; sensualidade exagerada, conducente a desvios ou aberrações sexuais.

LUXURIAR. *Direito penal.* **1.** Entregar-se a atos de libertinagem. **2.** Estimular a luxúria.

LUZ. **1.** Claridade resultante do sol, de lâmpada, lampião, vela etc. **2.** O que esclarece algo; elucidação. **3.** Evidência. **4.** Razão enquanto conjunto de verdades imediatamente evidentes ao espírito. **5.** Interior de qualquer órgão tubular humano, como o intestino, por exemplo.

LUZ ALTA. *Direito de trânsito.* É o facho de luz do veículo destinado a iluminar a via até uma grande distância do veículo.

LUZ BAIXA. *Direito de trânsito.* É o facho de luz do veículo destinado a iluminar a via diante do veículo, sem ocasionar ofuscamento ou incômodo injustificáveis aos condutores e outros usuários da via que venham em sentido contrário.

LUZ DE FREIO. *Direito de trânsito.* É a luz do veículo destinada a indicar aos demais usuários da via, que se encontram atrás do veículo, que o condutor está aplicando o freio de serviço.

LUZ DE MARCHA À RÉ. *Direito de trânsito.* É a luz do veículo destinada a iluminar atrás do veículo e advertir aos demais usuários da via que o veículo está efetuando ou a ponto de efetuar uma manobra de marcha à ré.

LUZ DE NEBLINA. *Direito de trânsito.* É a luz do veículo destinada a aumentar a iluminação da via em caso de neblina, chuva forte ou nuvens de pó.

LUZ DE POSIÇÃO. *Direito de trânsito.* Trata-se da lanterna. É a luz do veículo destinada a indicar a presença e a largura do veículo.

LUZES. *Filosofia geral.* Movimento filosófico do século XVIII, que se caracterizou pela fé na razão e nos efeitos da instrução.

LUZIA. *História do direito.* Partido liberal que, em Minas Gerais, deu início à Revolução de 1842.

LUZ INDICADORA DE DIREÇÃO. *Direito de trânsito.* É o pisca-pisca; luz do veículo destinada a indicar aos demais usuários da via que o condutor tem o propósito de mudar de direção para a direita ou para a esquerda.

MÁ. *Direito agrário.* **1.** Arrieira ou tumor maligno que se desenvolve no intestino dos bovinos. **2.** Cânhamo da Índia.

MÁ-ADAPTAÇÃO. Adaptação inadequada.

MAAMUDE. *História do direito.* Moeda de ouro e prata que vigorava na Índia e na Turquia.

MAAR. *Direito comparado.* Aquele que pertence às classes deserdadas da Índia.

MAARÂNI. *Direito comparado.* Mulher do grão-rajá na Índia.

MACA. **1.** *Medicina legal.* Padiola usada para transportar doentes. **2.** *Direito marítimo.* Cama de lona que, a bordo, os marinheiros utilizam para descansar.

MAÇÃ. *Direito agrário.* **1.** Fruto da macieira. **2.** Variedade de banana. **3.** Espécie de cana-de-açúcar.

MACABRO. **1.** Lúgubre. **2.** Horrível.

MACACO. **1.** Na *linguagem comum:* a) símio; b) máquina apropriada para levantar grandes pesos. **2.** *Direito agrário.* a) Ajudante de vaqueiro; b) cavalo de certa cor escura. **3.** Na *gíria*: a) alforje; b) dinheiro; c) polícia.

MACACO VELHO. Aquele que é astuto ou experimentado.

MACADAME. *Direito administrativo.* **1.** Processo de pavimentação de rua, usando-se uma camada de brita, pó de pedra e água ou argamassa líquida de cimento calcada com um rolo compressor. **2.** Estrada ou rua pavimentada por esse processo.

MACAMBÉ. Na *gíria,* o soldado insubordinado.

MACANÁ. *História do direito.* Clava usada, durante a guerra, pelos povos selvagens.

MACAQUEIRO. *Direito agrário.* Trabalhador rural da lavoura baiana de cacau.

MACARTHISMO. *História do direito.* Anticomunismo absoluto do segundo pós-guerra. Esse movimento foi liderado pelo senador dos EUA McCarthy, que formulou a tese de que o insucesso americano em política externa explicava-se pela infiltração, no aparelho estatal, de agitadores ou espiões comunistas ou de seus simpatizantes, que lhe retiravam a ação para possibilitar a vitória sobre a União Soviética (Bonazzi; Griffith; Rogin; Rovere). Esse movimento norte-americano, criado em 1950, cometeu muitos excessos, perseguindo e punindo suspeitos de tendência política esquerdista (João Bernardino Gonzaga).

MACAXEIRAL. *Direito agrário.* Plantação de macaxeira ou mandioca.

MACCHABÉE. Na *gíria* parisiense é o cadáver daquele que se afogou no rio Sena.

MACE. *Direito comparado.* Moeda chinesa, que constitui a décima parte do Tael.

MÁCEA. *Direito agrário.* Gamela onde os animais comem.

MACEDONIANO. *História do direito.* Decreto do senado romano que dizia respeito à usura.

MACEGA. *Direito agrário.* **1.** Capim natural muito amadurecido, grosso e fibroso. **2.** Erva daninha.

MACEIRA. Embarcação de pesca com dois tripulantes, que possui a forma de tabuleiro.

MACERAÇÃO. **1.** *Medicina legal.* Amolecimento dos tecidos orgânicos em água ou líquido em que estiver imerso. Esse fenômeno pode apresentar-se em algumas pessoas afogadas, destacando a pele em grandes retalhos. **2.** *Direito canônico.* Mortificação corporal mediante uso de cilícios, jejuns ou disciplinas rigorosas.

MACERAÇÃO FETAL. *Medicina legal.* Processo transformativo pelo qual passa o feto morto, no interior do útero, do sexto ao nono mês de gestação, provocado pela ação do líquido amniótico, que deixa de ser asséptico.

MACERADO. *Medicina legal.* O que sofreu maceração.

MACETE DE APARAR CASCO. *Direito agrário.* Instrumento de madeira com que se bate no cabo da faca, para cortar casco de animal.

MACHADO. **1.** *Direito agrário.* Instrumento cortante apropriado para cortar lenha. **2.** *História do direito.* Instrumento de suplício com que o carrasco decepava a cabeça dos condenados. **3.** *Direito marítimo.* Instrumento usado em manobras para picar mastros, mastaréus, amarras etc.

MACHILA. *Direito comparado.* Rede ou maca usada para transportar pessoas na Índia e na África.

MACHILEIRO. *Direito comparado.* Condutor de machila.

MÁCHIO. *Direito agrário.* Doença que seca os grãos dos cereais.

MACHO. *Direito agrário.* Animal cujos órgãos reprodutores produzem microgametas.

MACHTTHEORIE. *Termo alemão.* Teoria da força.

MACHTTYPUS. *Termo alemão.* Homem violento.

MACHTZWECK. *Termo alemão.* Poder.

MACICEZ. 1. Qualidade do que é maciço, compacto, sem cavidades. **2.** Som abafado.

MACICEZ HEPÁTICA. *Medicina legal.* Sonoridade maciça dada pela percussão do fígado (Croce e Croce Jr.).

MAÇOM. *Direito civil.* Iniciado na maçonaria.

MÁ COMPANHIA. Pessoa cuja companhia é inconveniente, inidônea, inescrupulosa, dada à prática de atos condenáveis etc.

MAÇONARIA. *Direito civil.* Associação secreta de pessoas que professam princípios de fraternidade para obtenção de fins lícitos (humanitários, educativos, filosóficos etc.); sua finalidade e seu conteúdo ideológico ou místico apenas são revelados aos iniciados.

MÁ CONDUTA. 1. *Direito administrativo.* Comportamento equívoco do agente público no exercício de suas funções ou nas suas atividades particulares que reflitam no âmbito funcional ou que possam influir no prestígio da função pública. Constitui motivo de demissão e é considerado impedimento para o acesso ao cargo público. Por exemplo, seria tido como má conduta: escândalo público, prática de jogo proibido, freqüência a locais suspeitos etc. (Cretella Jr.). **2.** Na *linguagem comum:* a) péssimo comportamento; b) ato de violar a lei e os bons costumes.

MACONHA. *Direito penal* e *medicina legal.* Planta da família das canabináceas (*Cannabis sativa*) que, por ser alucinógena, é, em regra, consumida sob forma de cigarro, causando distúrbios psíquicos por agir sobre os centros nervosos superiores.

MACONHEIRO. 1. *Direito penal* e *medicina legal.* a) Viciado em maconha; b) Vendedor de maconha. **2.** *Direito civil.* Pessoa relativamente incapaz, se o vício em maconha reduzir seu discernimento, dando origem à sua interdição, para que pratique atos na vida civil devidamente assistida por um curador.

MAÇÔNICO. *Direito civil.* Relativo à maçonaria.

MAÇONISMO. *Vide* MAÇONARIA.

MAÇONIZAR. *Direito civil.* Tornar-se maçom.

MACOTA. Homem que tem grande prestígio numa localidade pela sua riqueza ou posição política.

MACOTEIRO. *Vide* MACOTA.

MACRENCEFALIA. *Medicina legal.* Hipertrofia encefálica.

MACROANÁLISE. *Sociologia geral.* Análise de relações entre grupos sociais ou situações sociais.

MACROBIA. Longevidade.

MACROBIOÉTICA. *Direito ambiental.* É a parte da bioética que trata de questões ecológicas, em busca da preservação da vida humana (Marco Segre).

MACROBIÓTICA. *Medicina legal.* Conjunto de regras de higiene e de alimentação que traçam meios para prolongar a vida.

MACROBLEFARIA. *Medicina legal.* Anomalia que se caracteriza pelo grande desenvolvimento das pálpebras.

MACROCARDIA. *Medicina legal.* Coração anormalmente grande.

MACROCEFALIA. *Medicina legal.* Desenvolvimento incomum da cabeça ou de parte dela.

MACROCOSMO. *Filosofia geral.* Correspondência entre cada uma das partes do corpo humano com as que constituem o universo (Fludd).

MACRODATILIA. *Medicina legal.* Excessivo desenvolvimento dos dedos.

MACRODIAGNÓSTICO DA ZONA COSTEIRA. Reúne informações, em escala nacional, sobre as características físico-naturais e socioeconômicas da zona costeira, com a finalidade de orientar ações de preservação, conservação, regulamentação e fiscalização dos patrimônios naturais e culturais.

MACRODONTIA. *Medicina legal.* Anomalia que se caracteriza pelo desenvolvimento anormal dos dentes.

MACROECONOMIA. *Economia política.* Estudo global dos fatos econômicos de um dado setor e do comportamento do todo como unidade, mediante o emprego de processos de macroanálise.

MACROECONÔMICO. *Economia política.* Referente à macroeconomia.

MACROESTESIA. *Medicina legal.* Perturbação da sensibilidade, pela qual o paciente tem a impressão de serem os objetos maiores do que são.

MACROGENITOSSOMIA. *Medicina legal.* Excessivo e prematuro desenvolvimento dos órgãos genitais.

MACROGLOBULINEMIA ESSENCIAL. *Medicina legal.* Moléstia que provoca proliferação anormal de células linfóides atípicas e a presença, no soro, de globulina de elevado peso molecular.

MACROGLOSSIA. *Medicina legal.* Anormalidade caracterizada pelo grande volume da língua.

MACROGRAFIA. *Medicina legal.* Escrita de tamanho grande que revela presença de moléstia nervosa.

MACROJURÍDICO. *Economia política.* Regulamentação do processo econômico instrumentada pelas normas de direito econômico (Eros Grau).

MACROMASTIA. *Medicina legal.* Crescimento exagerado das glândulas mamárias.

MACROPODIA. *Medicina legal.* Desenvolvimento dos pés em excesso.

MACROPSIA. *Medicina legal.* Perturbação da visão, conducente em fazer com que os objetos pareçam ser maiores do que, na verdade, são.

MACROQUIRIA. *Medicina legal.* Anomalia congênita que se caracteriza pelo exagerado comprimento das mãos.

MACROSSOCIOLOGIA. *Sociologia geral.* Estudo dos grupos ou das massas no que atina ao seu comportamento global, abrangendo as suas várias inter-relações.

MACROSSOCIOLOGIA GENÉTICA DO DIREITO. *Sociologia jurídica.* Sociologia jurídica genética que estuda as transformações do direito no meio social, verificando as influências dos diversos fatores sociais na gênese do direito e a atuação do direito sobre a sociedade, ou a verificação dos efeitos produzidos pelo direito no meio social, concluindo que: a) o direito emana da sociedade como resultante do poder social que o apóia e o impõe, aplicando sanções aos transgressores; como reflexo dos objetivos, dos valores e das necessidades sociais, pois procura assegurar o respeito aos valores que os membros da sociedade consideram necessários à convivência social, como, por exemplo, segurança, interesse público, justiça etc.; como manifestação ou efeito de fatores sociais, sejam eles geográficos, raciais, religiosos, técnico-científicos ou econômicos etc.; b) o direito influencia a sociedade como um instrumento de controle social, reconhecido pela comunidade por: conter normas imperativo-autorizantes; garantir a manutenção da ordem social; ser o principal agente da mudança social etc.

MACROSSOCIOLOGIA JURÍDICA DIFERENCIAL. *Sociologia jurídica.* Sociologia jurídica diferencial que estuda o ordenamento jurídico dos grupos particulares e das sociedades globais, fixando-lhes a tipologia jurídica pela análise das relações entre os tipos de sociedade e as espécies de direito correspondentes. Nesse exame conclui o sociólogo do direito que: a) todo grupo social institucionalizado (empresa, família, igreja, escola etc.) possui um direito social interno, elaborado e aplicado por ele, já que possui um poder normativo. Esse direito é reconhecido pelo Estado que, às vezes, é chamado a decidir casos eventuais, por recurso dos interessados, aplicando o direito do grupo, podendo haver, além disso, uma intervenção estatal na regulamentação das atividades do grupo. Havendo conflito entre as normas do grupo e as do Estado, prevalecem, teoricamente, as estatais, embora, na prática, possam preponderar as do grupo; b) o ordenamento jurídico varia conforme o tipo de sociedade global. Por exemplo, nas sociedades de base técnico-burocrática, o ordenamento jurídico caracteriza-se pela prevalência de normas decretadas pelo chefe de Estado, de acordo com sua inspiração, e pelo intenso assessoramento técnico-propagandístico e burocrático que o cerca. Nas sociedades de capitalismo organizado, o ordenamento jurídico é caracterizado por uma maior extensão dos direitos do Estado em relação aos grupos particulares, predominando o direito organizado. Já nas sociedades planificadas, segundo um coletivismo centralizador (por exemplo, a China), a regulamentação jurídica perde terreno para a regulamentação da produção e, ao lado e acima do ordenamento jurídico-estatal, existe a ordem jurídica do partido, que é um superestado. O estudo desses diferentes ordenamentos jurídicos, vinculando-os a suas origens e a fatores de ordem econômica e social, é importante para o conhecimento do direito em sua realidade sociocultural.

MACROSSOMATIA. *Medicina legal.* Anomalia congênita caracterizada pela excessiva grossura e grandeza de todo o corpo.

MÁCULA. 1. Infâmia. **2.** Desonra.

MÁCULA LÚTEA. *Medicina legal.* Glândula de secreção endócrina que produz progesterona. Também designada "corpo amarelo".

MACULAR. 1. Desonrar. **2.** Difamar. **3.** Infamar.

MACUTA. *História do direito.* Antiga moeda portuguesa de cobre, que teve vigência em Angola.

MADAROSE. *Medicina legal.* Moléstia que provoca queda de cabelos e das pestanas.

MADEIRA. *Direito agrário.* **1.** Substância sólida e fibrosa que é parte integrante do tronco das plantas. **2.** Vinho da Ilha da Madeira.

MADEIRAMENTO. Armação de madeira.

MADEIRAR. 1. Colocar madeira em alguma coisa. **2.** Fazer ou assentar a armação de madeira.

MADEIREIRO. 1. *Direito agrário.* Trabalhador rural encarregado da derrubada da mata e do preparo da lenha para venda. **2.** *Direito comercial.* a) Carpinteiro; b) comerciante de madeiras.

MADHOUSE. *Termo inglês.* **1.** Hospício. **2.** Manicômio.

MADRAÇAL. *História do direito.* **1.** Casa de aposentadoria. **2.** Escola de primeiras letras.

MADRAGUE. *Direito agrário.* Instalação de pesca em águas rasas, composta por estaqueamento que sustenta redes e colocada de modo a fazer com que os peixes se dirijam para um compartimento fechado.

MADRASTA. *Direito civil.* Parentesco por afinidade em linha reta, da mulher casada ou da companheira em relação à prole que seu marido, viúvo ou divorciado, ou companheiro, teve do leito anterior.

MADRE. *Direito canônico.* Religiosa que é ou foi superiora.

MADRINHA. 1. *Direito agrário.* O animal que, provido de guizo, serve de guia ao rebanho, conduzindo-o a certo lugar. **2.** Nas *linguagens comum* e *jurídica:* a) protetora; b) mulher que serve de testemunha em casamento, batizado, crisma etc.

MADURAR. *Direito agrário.* Sazonar frutos.

MADUREIRO. *Direito agrário.* Local onde os frutos são colocados para amadurecerem.

MADUREZA. 1. *Direito agrário.* a) Qualidade ou estado de maduro; b) maturidade ou sazonamento dos frutos. **2.** *Medicina legal.* Estado de um abscesso que está em vias de supurar. **3.** Na *linguagem escolar,* curso para adultos, com idade mínima de 16 anos, contendo exames supletivos. **4.** Na *linguagem comum,* a perfeição de um plano ou projeto em que se pensou durante algum tempo.

MADURO. 1. *Direito agrário.* O fruto sazonado. **2.** *Medicina legal.* a) Abscesso que está para rebentar; b) aquele que não é moço. **3.** Na *linguagem comum:* a) sábio; b) prudente; c) o projeto ou plano que está prestes a produzir o resultado esperado.

MADUROMICOSE. *Medicina legal.* Infecção crônica destrutiva que ataca, em regra, os pés.

MÃE. *Direito civil.* Ascendente feminino em primeiro grau.

MÃE ADOTIVA. *Direito civil.* Aquela que adota alguém como filho.

MÃE CRECHEIRA. *Direito do trabalho.* **1.** Prestação de serviços, consistente no atendimento de crianças da comunidade, que gera vínculo empregatício entre as partes. **2.** Trata-se de contrato de trabalho especial, em que a empregada somente se beneficia dos direitos assegurados em lei, taxativamente. A mãe crecheira realiza trabalhos pertinentes à maternidade social das crianças sob sua responsabilidade, cuidando de sua alimentação, higiene, saúde, vestuário e demais necessidades, tratando-as com respeito, carinho e afeto, para lhes proporcionar a possibilidade de convivência familiar e a boa formação do cidadão. Trata maternalmente crianças órfãs ou abandonadas recolhidas à instituição, não importando sexo, raça ou outras características, dedicando-lhes amor e carinho, orientando-as em suas indagações e estimulando seu desenvolvimento, em toda sua amplitude, a convivência familiar; orienta a participação das crianças na vida da comunidade, acompanhando-as em passeios, excursões, atividades religiosas, cívicas e demais eventos previstos, para promover a sua integração social; cuida da saúde das crianças, observando seu estado geral e levando-as periodicamente ao médico, para possibilitar seu desenvolvimento físico e mental sadios; conserva o vestuário das crianças, as roupas de cama e mesa da casa, lavando, passando e cosendo, quando necessário, para mantê-las em condições de uso; prepara e serve alimentação das crianças, cozinhando, arrumando a mesa e observando o uso correto de talheres, pratos, copos e guardanapos, para possibilitar a oportunidade de ensinar-lhes o correto procedimento durante as refeições; veste e prepara as crianças, observando vestimentas e material de estudo, para encaminhá-las à escola; cuida da higiene diária das crianças, banhando-as, vestindo-as e transmitindo hábitos de higiene pessoal, para lhes proporcionar asseio e boa aparência.

MÃE DA CRISTANDADE. A Igreja.

MÃE DE FAMÍLIA. 1. *Direito civil.* Mulher casada, ou companheira, que tem filhos. **2.** *Direito agrário.* Rede para pesca de camarões.

MÃE-PÁTRIA. *Direito internacional público.* Estado em relação às suas colônias.

MAESTRO. *Direito autoral.* **1.** Compositor de música. **2.** Regente de orquestra ou orfeão.

MÃE SUBSTITUTA. *Biodireito.* Aquela que cede o útero para gestação de embrião formado com material genético alheio.

MÁ-EXECUÇÃO. *Direito civil.* **1.** Não cumprimento da prestação nos limites legais ou contratuais. **2.** Execução viciosa, incompleta ou imperfeita por não ter alcançado os objetivos do negócio ou por ter ultrapassado os limites estipulados.

MÁ-FAMA. *Direito civil* e *direito penal.* Qualidade negativa de alguém no que atina à sua reputação ou ao seu crédito.

MÁ-FÉ. **1.** *Direito civil.* a) Dolo; b) intenção de prejudicar alguém ou de alcançar um fim ilícito; c) conhecimento de vício; d) ciência do mal, do engano ou da fraude. **2.** *Direito penal.* Intenção criminosa. **3.** *Direito processual civil.* Ânimo do litigante de alterar a verdade.

MÁFIA. *Direito penal.* Associação, originária da Sicília, que agrega pessoas para a prática do crime organizado, sendo operada em vários países.

MAFIOSO. *Direito penal.* Membro da máfia.

MÁ-FIRMA. Aquele que não é digno de confiança.

MÁ-FORMAÇÃO. *Medicina legal.* Anomalia congênita ou adquirida.

MAGANO. **1.** *História do direito.* Negociante de escravos. **2.** *Direito agrário.* Contratador de animais.

MAGAREFE. *Direito agrário.* Encarregado de matar e esfolar reses, no matadouro.

MAGASIN. *Termo francês.* **1.** Loja. **2.** Estabelecimento.

MAGASINAGE. *Termo francês.* Armazenagem.

MAGASINS DE GRANDE SURFACE. *Expressão francesa.* Centro comercial; hipermercado.

MAGAZINE. **1.** *Direito comercial.* a) Estabelecimento empresarial que coloca vários tipos de mercadorias à venda; b) casa comercial especializada em modas. **2.** *Direito autoral.* Publicação periódica ilustrada que versa sobre temas variados.

MAGAZINEIRO. *Direito autoral.* Redator de magazine.

MAGIA. **1.** *História do direito.* a) Tribo que constituía o povo dos medas; b) casta sacerdotal en-

tre os medas e persas. **2.** *Sociologia geral.* Conjunto de práticas baseadas na crença da existência de leis de correspondência por simpatia e antipatia (Frazer). **3.** Na *linguagem comum,* a arte de agir sobre a natureza, mediante o emprego de processos ocultos (Martin del Rio).

MAGIAR. Relativo à Hungria.

MAGICATURA. Mecanismo de fraude em eleições políticas.

MAGIS RES QUAM VERBA INTUENDA SUNT. *Aforismo jurídico.* Deve-se atender mais aos fatos do que às palavras.

MAGIS SPECTANDUM QUID LICEAT QUAM QUID EXPEDIAT. *Expressão latina.* Deve-se olhar mais ao que é lícito do que ao que convém.

MAGISTER. *Termo latino.* Mestre.

MAGISTER DIXIT. *Locução latina.* O mestre o disse, logo não se pode replicar.

MAGISTERIAL. Relativo ao magistério.

MAGISTERIA POTESTAS. *Locução latina.* Poder de ensinar.

MAGISTÉRIO. *Direito educacional.* **1.** Ofício de professor. **2.** Professorado.

MAGISTERIUM MORUM. *Locução latina.* Censor dos costumes.

MAGISTER MAGNUS. *Locução latina.* Grande mestre.

MAGISTER NAVIS. *Locução latina.* Comandante de navio.

MAGISTRADO. **1.** *Direito processual civil* e *direito processual penal.* Juiz concursado ou togado que tem a função de julgar em primeiro e segundo grau ou em grau especial de jurisdição, submetendo-se à Lei Orgânica da Magistratura Nacional e às normas regimentais. É membro do Poder Judiciário, podendo ser juiz, desembargador e ministro de tribunal. **2.** *Direito administrativo.* Chefe da Nação, que é o primeiro magistrado.

MAGISTRADO ADMINISTRATIVO. *Direito administrativo.* Governador.

MAGISTRADO DO MINISTÉRIO PÚBLICO. *Direito processual.* Representante do Ministério Público.

MAGISTRAL. **1.** Relativo a mestre. **2.** Perfeito.

MAGISTRANDO. Candidato a mestre.

MAGISTRATUM LEGEM ESSE LOQUENTEM. *Brocardo latino.* O magistrado é a lei que fala.

MAGISTRATURA. *Direito processual.* **1.** Carreira ou cargo de magistrado. **2.** Corpo de juízes ou magistrados de todos os graus que integram o Poder Judiciário. **3.** Função de magistrado. **4.** Classe dos magistrados. **5.** Múnus público exercido por magistrados.

MAGISTRATUS EST LEX LOQUENS; LEX AUTEM EST MUTUS MAGISTRATUS. *Expressão latina.* O magistrado é a lei que fala; a lei é o magistrado, quando não fala.

MAGISTRUM NAVIS ACCIPERE DEBEMUS, CUITOTIUS NAVIS CURA MANDATA EST. *Expressão latina.* Devemos entender por chefe, comandante, capitão do navio aquele a quem cabe a obrigação de todo o navio.

MAGNA. *Termo latino.* Grande; principal; o que está acima de qualquer coisa.

MAGNA CARTA. 1. *Direito constitucional.* Constituição de um país. **2.** *História do direito.* A mais antiga Constituição inglesa, outorgada pelo rei João Sem Terra em 5 de junho de 1215 aos Barões da Inglaterra, em Runnymead, próximo a Windsor. Tratava-se da *Magna Charta seu Concordia inter Regni Angliae et Barones preconcessione Libertatum Ecclesiae et Regni Angliae*, que continha vários artigos alusivos às liberdades individuais.

MAGNA CULPA DOLUS EST. *Expressão latina.* A culpa grave assemelha-se ao dolo.

MAGNA DISPOSITIO EST, HOSTEM FAME MAGIS URGERE, QUAM FERRO. *Expressão latina.* É boa tática procurar vencer o inimigo, antes pela fome que pelas armas.

MAGNA EST VIS ET AUTORITAS AEQUITATIS. *Brocardo latino.* Grande é a força e autoridade da eqüidade.

MAGNA GLOSA. *Teoria geral do direito.* Trabalho de interpretação do *corpus juris* feito por Acúrsio no século XIII.

MAGNANIMIDADE. 1. Liberalidade. **2.** Generosidade.

MAGNÂNIMO. 1. Liberal. **2.** Generoso. **3.** Nobre.

MAGNATA. 1. Na *linguagem comum*, aquele que é ilustre e influente. **2.** *História do direito.* Nobre que tinha grande poder na Hungria e na Polônia.

MAGNICIDA. *Direito penal.* Aquele que assassina uma pessoa importante.

MAGNICÍDIO. *Direito penal.* Assassínio de um homem ilustre ou importante (alto dignitário, chefe de Estado, político eminente).

MAGNIFICENTÍSSIMO REITOR. *Direito educacional.* Tratamento dado a reitor de universidade.

MAGNÍFICO. *Direito educacional.* Tratado cerimonioso e respeitoso que se dá, em documentos, ao reitor universitário.

MAGNILOQÜÊNCIA. *Retórica jurídica.* Linguagem pomposa e empolada.

MAGNIS ITINERIBUS. *Locução latina.* Em marchas forçadas.

MAGNO. 1. Grande. **2.** Importante.

MÁGOA. 1. Desgosto. **2.** Pesar. **3.** Nódoa advinda de uma contusão ou ferimento.

MAGRÉM. *Direito agrário.* Estação da seca do Nordeste em que o gado emagrece.

MAHNVERFAHEN. *Termo alemão.* Procedimento monitório.

MAIA. Povo indígena do sul do México e da Guatemala.

MAIEUSOFOBIA. *Medicina legal.* Pavor mórbido do parto.

MAIEUSOMANIA. *Medicina legal.* Loucura que pode sobrevir ao parto.

MAIÊUTICA. 1. *Medicina legal.* Obstetrícia. **2.** *Filosofia geral.* a) Forma pedagógica usada por Sócrates, consistente no uso de perguntas, com o escopo de obter, por indução, um conceito geral do objeto em estudo; b) método usado por Sócrates, que conduzia o interlocutor a descobrir, por si só, a verdade.

MAIÊUTICO. *Filosofia geral.* Relativo à maiêutica.

MAIL–BAG. *Locução inglesa.* Mala postal.

MÁ ÍNDOLE. 1. Qualidade do perverso. **2.** Mau caráter.

MAINFRAME. *Termo inglês.* **1.** Sistema principal. **2.** Computador de grande porte, cujo processamento de dados é centralizado (Afonso Celso F. de Rezende).

MAIN OFFICE. *Locução inglesa.* Sede da empresa.

MAINPRIZE. Vide *WRIT OF MAINPRIZE*.

MAINTENANCE AND CURE. *Locução inglesa.* Auxílio-doença.

MAINTENANCE BOND. *Locução inglesa.* **1.** Seguro que garante um contrato, ressarcindo o contratante lesado por vício impeditivo do serviço avençado. **2.** Garantia de manutenção.

MAIOR. 1. *Direito civil.* a) Aquele que completou dezoito anos ou foi emancipado, tendo capacidade para praticar, por si só, os atos da vida civil, regendo seus bens e sua pessoa; b) condição do que atingiu a maioridade civil. **2.** Nas *linguagens comum* e *jurídica:* a) aquilo que excede a algo em grandeza, extensão, número, qualidade, duração etc.; b) mais elevado. **3.** *Lógica jurídica.* a) Primeira proposição de um silogismo; b) premissa do silogismo categórico que contém o termo maior; c) premissa de um silogismo hipotético ou disjuntivo, que contém a hipótese ou a alternativa; d) termo maior de um silogismo categórico que serve de predicado à conclusão.

MAIOR ABSORBET MINOREM. *Expressão latina.* O maior abrange o menor.

MAIORAL. 1. *Direito comparado.* No Ceilão, o chefe de aldeia. **2.** *Direito agrário.* a) O maior dos animais de um rebanho; b) carneiro ou bode reprodutor. **3.** *Direito canônico.* Prelado de casa religiosa. **4.** Na *gíria,* o delegado de polícia.

MAIORIA. *Ciência política.* a) Maior parte de eleitores que manifestam sua vontade por meio de sufrágios numa eleição; b) partido mais numeroso que apóia o governo na assembléia legislativa, sustentando-o; c) grupo de parlamentares, pertencentes a um partido que suplanta no voto a minoria. **2.** *Direito civil* e *direito comercial.* Maior número de votos para a tomada de resoluções pelos que integram uma corporação, sociedade ou associação em suas reuniões. Trata-se da decisão de um colegiado deliberada conforme a vontade predominante de seus membros.

MAIORIA ABSOLUTA. *Ciência política.* É a metade mais um dos votos dos componentes de um colegiado e não apenas dos votantes presentes.

MAIORIA DE CAPITAL. *Direito comercial.* É a que leva em conta o valor do capital representado, sem atentar ao número de pessoas.

MAIORIA DE DOIS TERÇOS. É a que compreende dois terços ou duas partes dos votantes.

MAIORIA DE PESSOAS. É a que leva em consideração o voto *per caput* ou voto singular, por dar relevo ao número real de pessoas.

MAIORIA ESPECIAL. *Vide* MAIORIA QUALIFICADA.

MAIORIA OCASIONAL. Ocorre quando a maioria relativa resultar da presença de certos membros que não revelem o real pensamento dos membros votantes do corpo deliberativo ou colegiado.

MAIORIA QUALIFICADA. Também designada maioria especial ou reforçada, dá-se quando se atinge o número exigido por lei ou conforme regulamento do colegiado, em relação a determinadas matérias que devem ser deliberadas.

MAIORIA REFORÇADA. *Vide* MAIORIA QUALIFICADA.

MAIORIA RELATIVA. *Vide* MAIORIA SIMPLES.

MAIORIA SIMPLES. *Direito civil.* É a que compreende mais da metade dos votos apurados dos votantes que comparecerem, sem levar em conta a totalidade dos que possam votar.

MAIORIDADE. 1. *Direito civil.* Estado da pessoa que atingiu 18 anos de idade ou que foi emancipada, entrando legalmente no gozo de todos os direitos civis, por ter alcançado plena capacidade civil. O emancipado é considerado maior, apesar de não ter atingido a maioridade pela idade. **2.** *Direito civil* e *direito comercial.* Desenvolvimento completo de uma sociedade. **3.** *Ciência política.* Aquela pela qual a pessoa adquire direito de votar, ao alcançar a idade para se alistar como eleitora.

MAIOR INDAGAÇÃO. Alta indagação.

MAIORISTA. 1. *História do direito.* Adepto da antecipação da maioridade de D. Pedro II. **2.** *Ciência política.* Partidário do sistema eleitoral baseado na maioria dos votos.

MAIOR QUANTIA. *Direito bancário* e *direito tributário.* **1.** Maior saldo devedor, anotado durante o ano, em relação ao excesso da quantia emprestada. Trata-se do excesso de retiradas mais elevado, ocorrido em determinado dia, que, no entanto, não pode ultrapassar o *quantum* mutuado. **2.** Saldo devedor mais elevado em qualquer dia anotado, no período do ano em curso, quando não há contrato (De Plácido e Silva).

MAIRIE. *Termo francês.* Sede do Conselho Municipal.

MAISON D'ARRÊT. *Locução francesa.* Prisão.

MAIS-VALIA. *Economia política.* **1.** Diferença entre o preço de custo e o da venda. **2.** Aumento do valor de uma mercadoria. **3.** Diferença entre o valor produzido pelo trabalho do operário e a remuneração que lhe é paga, da qual se aproveita o capitalista (Marx). **4.** Lucro.

MAÎTRE DE L'AFFAIRE. *Locução francesa.* Acionista controlador.

MAJESTADE. *Direito comparado.* **1.** Tratamento honorífico dado aos reis, imperadores e suas esposas. **2.** Poder real.

MAJOR. *Direito militar.* Oficial do Exército que ocupa posto imediatamente inferior ao de tenente-coronel.

MAJORAÇÃO. *Direito penal, direito civil, direito comercial* e *direito tributário.* Aumento de pena, de tributo, de preço ou do valor de algo.

MAJORAÇÃO DA PENA DE HOMICÍDIO. *Direito penal.* No *homicídio culposo*, a pena é aumentada de um terço, se o crime resulta de inobservância de regra técnica de profissão, arte ou ofício, ou se o agente deixa de prestar imediato socorro à vítima, não procura diminuir as conseqüências do seu ato, ou foge para evitar prisão em flagrante. Sendo *doloso o homicídio*, a pena é aumentada de um terço se o crime é praticado contra pessoa menor de quatorze ou maior de sessenta anos.

MAJORAÇÃO DE PREÇO. Aumento do preço de aquisição de certas mercadorias.

MAJORAÇÃO DA PENA EM RAZÃO DE INJÚRIA. *Direito penal.* Haverá aumento de pena se a injúria consistir na utilização de elementos referentes a raça, cor, etnia, religião, origem ou a condição de pessoa idosa ou portadora de deficiência e se se dirigir contra maior de 60 anos ou portador de deficiência.

MAJORAÇÃO DE TRIBUTO. *Direito tributário.* Elevação do preço de um tributo pelo Poder Legislativo ou pelo Executivo, nos limites legais, mediante manipulação da base de cálculo ou alíquota.

MAJORANTE. *Direito penal.* Causa que agrava a pena por determinação legal, como a reincidência do delinqüente ou a circunstância em que se perpetrou o delito.

MAJORAR. Aumentar preço, tributos, tarefas etc.

MAJORAT. *Termo francês.* Morgado.

MAJOR-AVIADOR. *Direito militar.* Oficial da Aeronáutica, de posto imediatamente inferior ao de tenente-coronel-aviador.

MAJOR-BRIGADEIRO. *Direito militar.* Oficial da aeronáutica, de graduação inferior à de tenente-brigadeiro e superior à de brigadeiro-do-ar. Corresponde, no Exército, ao general-de-divisão, e, na Marinha, ao de vice-almirante.

MAJOR E LONGINGUO REVERENTIA. *Brocardo latino.* De longe é maior a reverência.

MAJORENGO. Na *gíria,* autoridade policial.

MAJORIA. *Direito militar.* Posto de major.

MAJORITÁRIO. 1. *Ciência política.* O partido que conta com a maioria do eleitorado. **2.** *Direito civil* e *direito comercial.* Relativo à maioria.

MAJORITY STOCKHOLDER. *Locução inglesa.* Acionista majoritário.

MAJUS. *História do direito.* Piratas que infestavam as costas da península hispânica.

MAKING LAW. *Locução inglesa.* Formação de jurisprudência.

MAL. 1. *Direito civil.* a) Prejuízo; b) dano moral ou patrimonial. **2.** *Medicina legal.* a) Estado mórbido impressionante como tuberculose, lepra, raiva etc.; b) doença epidêmica; c) moléstia. **3.** *Direito penal.* a) Ofensa física; b) punição; c) ataque verbal contra alguém, magoando ou causando sofrimento. **4.** Nas *linguagens comum* e *jurídica:* a) contra a moral, o direito e a justiça; b) com dificuldade; c) de modo diferente do que devia ser; d) pouco; e) muito doente; f) o que pode ser objeto de censura ou desaprovação; g) insucesso.

MALA. 1. *Direito comparado.* Encantador de serpentes. **2.** *Direito comercial.* Recipiente apropriado para, numa viagem, guardar e transportar roupas ou objetos de uso pessoal. **3.** Na *linguagem comum:* a) veículo que transporta correspondência; b) saco de couro ou lona usado pelos agentes do correio para transportar, por via aérea, terrestre ou marítima, a correspondência.

MALABAR. 1. *Direito agrário.* Gado bovino advindo do cruzamento de touro zebu com vacas nacionais. **2.** *Direito comparado.* Povo que habita a costa ocidental da Índia.

MALACIA. *Medicina legal.* **1.** Debilidade. **2.** Estado de amolecimento de um tecido orgânico.

MAL-ACONDICIONADO. *Direito comercial.* Bem ou produto que apresenta mau acondicionamento, não tendo boas condições para o transporte.

MALA CONSULAR. O mesmo que MALA DIPLOMÁTICA.

MALACOSTEOSE. *Medicina legal.* Amolecimento dos ossos.

MALADIA. *História do direito.* **1.** Terra ocupada por vassalos, sujeita a encargos feudais. **2.** Serviços prestados, inclusive militares, pelo enfiteuta ao senhorio em troca de defesa. **3.** Doença.

MALA DIPLOMÁTICA. *Direito internacional público.* Mala remetida pelo governo à sua legação ou embaixada no exterior, contendo correspondência inviolável. É o volume que contém: a) documentos diplomáticos ou consulares, apresentados sob qualquer meio físico; b) material destinado a uso oficial da representação do Estado acreditado, notadamente papel timbrado, envelopes, selos, carimbos, caderneta de passaporte, insígnias de condecorações; c) objetos e equipamentos destinados a uso oficial da representação do Estado acreditado, notadamente equipamentos de informática e de comunicação, protegidos pelo sigilo ou cuja remessa e despacho aduaneiro, no regime comum de importação ou de exportação, possam comprometer a segurança daqueles.

MALA DIRETA. Mensagem enviada pelo correio a uma série de pessoas selecionadas, com o escopo de divulgar produtos ou serviços, colher dados informativos, efetuar vendas, angariar fundos etc.

MALA DO CORREIO. Mala contendo correspondência a ser remetida de uma repartição do correio a outra.

MALA EXISTIMATIO. *Locução latina.* Má reputação.

MALA FIDE. *Locução latina.* Má-fé.

MALA FORTUNA. *Filosofia geral.* Hipótese excepcional que leva o ser humano, por força das contingências, a viver só (Santo Tomás de Aquino).

MALA GRAMMATICA NON VITIAT CHARTAM. *Aforismo jurídico.* A má gramática não vicia o documento.

MALA M. Mala especial que contém impressos de um mesmo remetente para um mesmo destinatário.

MAL-AMERICANO. Sífilis.

MALANDRO. *Direito penal.* **1.** Vadio. **2.** Tratante. **3.** Gatuno.

MALANEMIA. *Medicina legal.* Doença do sono.

MALA NON SUNT FACIENDA UT INDE EVENIANT BONA. *Aforismo jurídico.* Não se deve fazer o mal para adquirir bens ou coisas boas.

MALA OMNIA PATI MELIUS, QUAM MALO CONSENTIRE. *Aforismo jurídico.* Antes sofrer o mal do que consenti-lo.

MALA-POSTA. *História do direito.* Diligência que transportava as malas do correio.

MALA POSTAL. 1. Saco ou malote em que são colocadas as cartas para serem transportadas de um local para outro em aeronaves, veículos ou embarcações. **2.** Mala do correio.

MALA PRAXIS. *Locução latina.* **1.** Má praxe. **2.** Inépcia profissional.

MALA PUBLICA IN PLEBEM RECIDUNT. *Expressão latina.* Males públicos recaem sempre sobre o povo.

MALÁRIA. *Medicina legal.* Infecção que se caracteriza por febre intermitente e renitente, anemia e manifestações nervosas causadas pelos protozoários do gênero *Plasmodium.* Tal moléstia é muito comum nas regiões tropicais, em zonas quentes e pantanosas e nas margens alagadas de cursos de água.

MALBARATAR. 1. *Direito comercial.* Vender mercadorias com prejuízo. **2.** *Direito civil.* Dilapidar ou dissipar bens.

MAL BRUTO. *Medicina legal.* Lepra.

MAL DA PRAIA. *Medicina legal.* Erisipela.

MAL-DAS-MONTANHAS. *Medicina legal.* Diminuição da pressão atmosférica, causando náusea, dor muscular, síncope, cefalalgia etc.

MAL-DE-BARRACA. *Medicina legal.* Doença venérea.

MAL DE BRIGHT. *Medicina legal.* Nefrite.

MAL DE CHIFRE. *Direito agrário.* Epizootia dos bovinos, que ataca a base dos chifres, provocando-lhes a queda.

MAL-DE-ENGASGUE. *Medicina legal.* Disfagia espasmódica.

MAL DE HANSEN. *Medicina legal.* Lepra.

MAL-DE-JAVA. *Direito agrário.* Praga que atinge o cafezal, devastando-o.

MAL-DE-LUANDA. *Medicina legal.* Escorbuto.

MAL DE PARKINSON. *Medicina legal.* É um quadro mórbido de etiologia ainda não estabelecida, resultante do comprometimento do Sistema Nervoso Extra-Piramidal e caracterizado pelos seguintes sinais: a) tremor — hipercinesia, predominantemente postural, rítmica e não intencional, que diminui com a execução de movimentos voluntários e pode cessar com o relaxamento total; b) rigidez muscular — sinal característico e eventualmente dominante, acompanha-se do exagero dos reflexos tônicos de postura e determina o aparecimento de movimentos em sucessão fracionária, conhecidos como "sinal da roda dentada" (Negro); c) oligocinesia — diminuição da atividade motora espontânea e conseqüente lentidão de movimentos.

MAL-DE-SETE-DIAS. *Medicina legal.* Tétano umbilical que pode afetar recém-nascido.

MAL DO MUNDO. *Medicina legal.* Doença venérea.

MAL DOS MERGULHADORES. *Medicina legal.* Aumento de pressão atmosférica que provoca dor e zumbido no ouvido, dando origem a hemorragia, paralisia e embolia.

MALDOSO. 1. Aquele que tem má índole. 2. Malicioso.

MALEABILIDADE. Flexibilidade.

MALE CUNCTA MINISTRAT IMPETUS. *Aforismo jurídico.* A paixão nunca é boa conselheira.

MALEDICUS A MALEFICO NON DISTAT NISI OCCASIONE. *Expressão latina.* Basta uma ocasião para que o caluniador, ou maledicente, se torne maléfico.

MAL-EDUCADO. 1. Sem educação. 2. Indelicado. 3. Descortês.

MALE ENIM NOSTRO IURE UTI NON DEBEMUS. *Brocardo latino.* Não devemos fazer uso do nosso direito de maneira inadequada.

MALEFICÊNCIA. 1. Disposição para a prática do mal. 2. Qualidade de maléfico.

MALEFÍCIO. *Direito civil* e *direito penal.* 1. Dano. 2. Prejuízo. 3. Delito cometido. 4. Mal já produzido. 5. Resultado do dano ou do crime.

MALEFICIUM. *Termo latino.* Delito.

MALÉFICO. *Direito civil* e *direito penal.* 1. Prejudicial. 2. Danoso. 3. Mal-intencionado. 4. Aquilo que causa ou provoca o mal.

MALEITA. *Vide* MALÁRIA.

MAL-ELEFANTINO. *Medicina legal.* Elefantíase.

MAL-EMPREGADO. Aquilo que poderia ter sido bem aproveitado e não o foi.

MAL-ENTENDIDO. 1. Mal interpretado. 2. Equívoco.

MAL-ENTRADA. *História do direito.* Multa que devia ser paga pelo preso pelo seu recolhimento à prisão.

MALES HIGIÊNICOS. *Medicina legal.* Doenças venéreas transmitidas em razão de promiscuidade ou prostituição.

MALESSO. *Direito agrário.* Touro de mau sangue.

MAL-ESTAR. 1. Constrangimento. 2. Situação incômoda. 3. Indisposição física ou moral.

MAL-ESTREADO. Aquele que não teve sucesso numa estréia.

MALEVOLÊNCIA. Qualidade de malevolente.

MALEVOLENTE. Pessoa que deseja o mal a alguém.

MALÉVOLO. *Vide* MALEVOLENTE.

MALFAIRO. *História do direito.* Adultério da mulher.

MALFAMADO. Que não tem boa fama.

MALFAZEJO. 1. Danoso. 2. Maléfico. 3. Que se contenta em prejudicar ou fazer o mal a alguém.

MALFEITO. 1. Mal executado. 2. Injusto. 3. Maldoso.

MALFEITOR. *Direito penal.* 1. Criminoso; bandido. 2. Pessoa que tem por hábito praticar delitos e contravenções. 3. Facínora.

MALFEITORIA. *Direito penal.* 1. Crime. 2. Malefício.

MALFERIDO. *Direito civil* e *direito penal.* Ferido com gravidade.

MALFERIR. *Direito civil* e *direito penal.* Ferir gravemente.

MALFORMAÇÃO. *Medicina legal.* Deformação congênita de qualquer parte do corpo.

MALFORMADO. *Medicina legal.* Aquele que apresenta algum defeito congênito.

MALGOVERNAR. *Ciência política* e *direito administrativo.* Fazer má administração governamental.

MALHA. 1. *Direito agrário.* a) Mancha na pele dos animais; b) conjunto de fios de seda ou náilon da rede para apanhar peixes; c) porção de pêlos destacada da pelagem dos eqüídeos. 2. *Direito marítimo.* Nó corredio, no qual o cabo corre por meio de alça, formada por um chicote dobrado, amarrado por uma linha ao cabo. 3. *História do direito.* Trama de peças de armadura. 4. *Direito penal.* Surra.

MALHABICE. *Termo francês.* 1. Inábil. 2. Incompetente.

MALHAÇÃO. *Direito agrário.* Ato de debulhar vagens de feijão no terreiro.

MALHADA. *Direito agrário.* 1. Curral de gado. 2. Rebanho de ovelha. 3. Cabana de pastores. 4. Local onde o gado, em lotes, dorme ou é reunido para ser trabalhado. 5. Pequena plantação de fumo.

MALHA DENSA DE SONDAGEM. *Direito ambiental.* Representa um reticulado de furos de sondagem executados em espaçamentos regulares de 100 x 100 metros, ou menos.

MALHADO. *Direito agrário.* **1.** Gado que está em descanso. **2.** Animal que tem manchas.

MALHADOR. 1. *Direito penal.* Aquele que gosta de bater em alguém ou de zombar dos outros. **2.** *Direito agrário.* a) Trabalhador rural encarregado de debulhar cereais com mangual; b) local onde o gado solto se deita para descansar e ruminar.

MALHADOURO. *Direito agrário.* Lugar onde os cereais são debulhados.

MALHAL. 1. *Direito agrário.* Travessa que se assenta no pé da uva e sobre a qual carrega a vara do lagar. **2.** *Direito autoral.* Suporte no qual o escultor coloca a pedra que trabalha.

MALHAR. 1. *Direito agrário.* a) Reunir, em certo local, gado para pastar; b) estar o gado na malhada; c) debulhar cereais na eira. **2.** *Direito penal.* a) Espancar; b) escarnecer; caluniar; criticar.

MALHARIA. *Direito comercial.* Indústria de artigos de malha.

MALHAS DA LEI. *Direito penal.* Expressão que indica ter sido o agente apanhado ao cometer o delito e apenado na forma legal (Othon Sidou).

MALÍCIA. *Direito civil* e *direito penal.* **1.** Propensão que alguém tem para a prática do mal. **2.** Astúcia. **3.** Ardil para, intencionalmente, prejudicar uma pessoa. **4.** Dolo. **5.** Dissimulação. **6.** Esperteza conducente a uma fraude.

MALICIOSO. *Direito civil* e *direito penal.* **1.** Que tem malícia. **2.** Esperto. **3.** Sagaz. **4.** Finório.

MALICIOUS ACT. *Locução inglesa.* Ato doloso.

MALICIOUS PROSECUTION. *Locução inglesa.* Lide temerária.

MALI CIVES. *Locução latina.* Maus cidadãos que faltam aos seus deveres.

MALIGNO. 1. Malicioso. **2.** Pernicioso. **3.** Nocivo.

MAL INEVITÁVEL. *Vide* MAL NECESSÁRIO.

MÁ-LÍNGUA. Aquele que fala mal de todos.

MAL-INTENCIONADO. Indivíduo que, por sua má-índole, tem más intenções.

MALINU. *Direito comparado.* Doutor entre os mouros, na África Oriental.

MALITIA CRESCENTE ET POENA CRESCERE DEBET. *Expressão latina.* Se a má-fé crescer, a pena deverá aumentar.

MALITIA SUPPLET A ETATEM. *Brocardo latino.* A malícia supre a idade.

MALITIIS NON EST INDULGENDUM. *Expressão latina.* Não se deve ter indulgência com atos oriundos de más intenções.

MALLS. *Termo inglês.* Galerias, praças ou corredores em *shopping center* para os quais se abrem as lojas e destinados à circulação do público.

MAL MAIOR. *Direito penal* e *direito civil.* Aquele acontecimento que pode resultar em dano mais grave do que o produzido.

MALMONTADO. *Direito agrário.* Aquele que tem cavalos ruins para montar ou para o serviço.

MAL NECESSÁRIO. *Direito civil* e *direito penal.* É o indispensável para reprimir ou evitar uma ofensa maior, sendo cometido por quem se encontrar em legítima defesa ou estado de necessidade. Logo, por ser uma reação justificada, não constitui crime ou ilicitude.

MALNUTRIÇÃO. *Medicina legal.* Deficiência de nutrição provocada por ingestão inadequada de nutrientes ou por sua utilização reduzida.

MALO ANIMO. *Locução latina.* Má-intenção.

MALOCA. 1. *Direito agrário.* a) Gado reunido pelos vaqueiros e conduzidos aos currais; b) gado que costuma pascer em determinado pasto na fazenda de criação. **2.** Nas *linguagens jurídica* e *comum:* a) favela; b) aldeia e habitação de índios; c) grupo de salteadores ou bandidos, no Rio Grande do Sul. **3.** Na *gíria,* moradia eventual de menor vadio ou de malandro.

MALOCA DE PEIXE. *Direito agrário.* No Pará designa cardume de peixes ou local onde se reúnem.

MALOCA DE SERINGUEIRAS. *Direito agrário.* Floresta de seringais nativos.

MALOCADO. Índio que vive em aldeia.

MALOGRADO. 1. Aquilo que não teve o fim desejado. **2.** Frustrado.

MALOGRAR. 1. Estragar. **2.** Frustrar.

MALOGRO. 1. Frustração. **2.** Ato de inutilizar ou estragar algo. **3.** Não consecução de um objetivo. **4.** Revés.

MALOMBADA. *Direito marítimo.* Pedaços de cabos velhos, que não mais têm utilidade.

MALOQUEIRO. Na *gíria,* chofer de táxi, contratado por cassino clandestino, que faz viagens curtas.

MALO QUI CONSENTIT, MALUM IPSE FACERE DICITUR. *Aforismo jurídico.* Faz o mal quem nele consente.

MALOTE. **1.** Pequena mala. **2.** Serviço organizado de transporte regular de correspondência, documentos e objetos de pouco valor. **3.** Oleado com que o soldado enrola o capote.

MALPARIÇÃO. *Direito penal* e *medicina legal.* Aborto provocado.

MALQUERENÇA. **1.** Inimizade. **2.** Malevolência.

MALQUISTO. **1.** Aquele que adquiriu inimigos. **2.** Que tem má fama.

MAL SECRETO. **1.** *Medicina legal.* Doença venérea. **2.** Na *linguagem comum,* dor moral oculta.

MALSIM. **1.** Fiscal de alfândega. **2.** Aquele que zela pelo cumprimento dos regulamentos policiais. **3.** Espião. **4.** Denunciante.

MALTA. **1.** *Direito agrário.* Grupo de trabalhadores que se transporta de um local a outro para procurar trabalho agrícola. **2.** Na *linguagem comum* indica: a) malandragem; b) grupo de indivíduos de baixa condição.

MALTE. Cevada que germinou e secou, apropriada para a fabricação de cerveja.

MALTÊS. **1.** *Direito agrário.* Trabalhador rural que não tem domicílio certo por viver em malta. **2.** Na *linguagem jurídica:* a) referente à ordem militar de Malta; b) cavaleiro que pertence à ordem de Malta.

MALTHUSIANISMO. *Economia política* e *sociologia jurídica.* Teoria criada por Thomas Robert Malthus, em 1798, segundo a qual propugna o controle da natalidade e a limitação da prole por razões econômicas e para evitar o aumento populacional excessivo ou a explosão demográfica, defendendo a humanidade da falta de meios de subsistência.

MALTHUSIANO. Adepto do malthusianismo.

MALTHUSISMO. *Vide* MALTHUSIANISMO.

MALTOSÚRIA. *Medicina legal.* Presença de maltose, ou seja, de açúcar dissacáride cristalino, dextrogiro, fermentável na urina.

MALTRATAR. *Direito civil* e *direito penal.* **1.** Lesar fisicamente. **2.** Tratar alguém com violência. **3.** Espancar. **4.** Destruir. **5.** Danificar; causar dano.

MAL TRISTE. *Direito agrário.* Infecção que afeta o gado, transmitida pelo carrapato-boi, que destrói os glóbulos sanguíneos.

MALUM QUIA MALUM. *Brocardo latino.* Mal porque é mal.

MALUM QUIA PROHIBITUM. *Brocardo latino.* É um mal porque é proibido.

MALUNGO. *História do direito.* Autodenominação entre os negros, a bordo de um mesmo navio vindo da África.

MAL-USAR. **1.** Uso indevido ou abusivo. **2.** Usar mal. **3.** Abusar.

MALUS NIHIL OMNINO IN UNA SPECIE DELICTI, MAGNAM IN ALIA CONTRA SE HABET SUSPICIONEM. *Aforismo jurídico.* Mau por uma espécie de delito, tem em outras espécies grande suspeita contra si.

MALUS SEMEL, SEMPER PRAESUMITUR MALUS. *Aforismo jurídico.* Mau uma vez, mau sempre se presume.

MALUS USUS EST ABOLENDUS. *Aforismo jurídico.* Um mau costume deve ser abolido.

MALVADEZ. *Direito penal.* **1.** Perversidade. **2.** Ferocidade. **3.** Mal praticado com requintes ou com impiedade.

MALVADO. *Direito penal.* **1.** Aquele que é cruel. **2.** Perverso. **3.** O que pratica atos impiedosos. **4.** Mau.

MALVASIA. *Direito agrário.* Qualidade de uva muito doce, originária da Grécia.

MALVASIA VERMELHA. *Direito agrário.* Tipo de uva cujos bagos, muito doces e aromáticos, têm cor rosa.

MALVERSAÇÃO. *Direito penal.* Dilapidação. Desvio de bens ou valores pelo mau administrador público (peculato) ou privado (apropriação indébita), durante o exercício do cargo, enriquecendo-se, abusivamente, à custa do administrado.

MALVERSADOR. *Direito penal.* Administrador que pratica peculato ou comete crime de apropriação indébita.

MALVERSÃO. *Vide* MALVERSAÇÃO.

MALVERSAR. *Direito penal.* **1.** Administrar mal os bens públicos ou particulares, dilapidando-os ou desviando-os. **2.** Dilapidar ou subtrair bens ou valores administrados.

MALVERSER. *Termo francês.* **1.** Prevaricar. **2.** Desviar dinheiro.

MALVISTO. **1.** Desacreditado. **2.** O que tem má fama.

MAMA. *Medicina legal.* Glândula que secreta leite, situada na parte anterior do tórax.

MAMADO. *Direito agrário.* Bezerro que, em cada sessão de ordenha, já mamou.

MAMALGIA. *Medicina legal.* Dor na mama.

MAMÃO. *Direito agrário.* **1.** Rês que ainda mama. **2.** Fruto do mamoeiro.

MAMAR. 1. *Medicina legal.* Sugar leite da mama. **2.** Na *gíria:* a) obter lucros de maneira ilícita numa empresa ou administração pública; b) embriagar-se; c) ludibriar.

MAMARRACHO. *Direito autoral.* Escultura ou pintura malfeita.

MAMATA. *Ciência política.* **1.** Propina. **2.** Negócio pelo qual político ou funcionário desonesto por ele protegido auferem lucros ilícitos.

MAMBEMBE. 1. De pouco valor. **2.** Companhia teatral medíocre que percorre as cidades do interior de um Estado.

MAMBIRA. *Direito agrário.* Camponês.

MAMELUCO. 1. *Sociologia geral.* Filho de branco com índio. **2.** *História do direito.* Soldado de tropa turco-egípcia, que era composta por escravos, vindo depois a dominar o Egito.

MAMERTINA. *História do direito.* Prisão romana que foi construída por Sérvio Túlio.

MAMITE. *Medicina legal.* Inflamação na mama.

MAMOGÊNICO. *Medicina legal.* Hormônio hipofisário que causa o crescimento dos alvéolos ou canais da mama.

MAMOTE. *Direito agrário.* Bezerro crescido que ainda mama.

MAMPARRA. 1. Fraude. **2.** Engano. **3.** Subterfúgio. **4.** Pequeno roubo. **5.** Preguiça.

MAMPARREAÇÃO. 1. Vadiagem. **2.** Usar de evasivas.

MAMPOSTA. *História do direito.* **1.** Ato de levar alguém à prisão. **2.** Tropa de soldados de reserva.

MAMPOSTARIA. *História do direito.* Cargo ou função de mamposteiro.

MAMPOSTEIRO. *História do direito.* **1.** Aquele que arrecadava rendas para resgatar cativos. **2.** Encarregado da substituição de uma pessoa em algum cargo, função ou negócio.

MAMULENGO. *Direito autoral.* Representação teatral usando fantoches ou bonecos animados pela mão do encenador.

MANADA. *Direito agrário.* Rebanho.

MANADIO. *Direito agrário.* Referente a manada.

MANAGEMENT. *Direito empresarial.* **1.** Contrato relacionado com os sistemas de controle de estoque, de custos e treinamento de pessoal (Fábio Ulhoa Coelho). **2.** Administração da empresa.

MANAGER. *Termo inglês.* **1.** Administrador. **2.** Gerente técnico de negócios públicos. **3.** Líder de partido político. **4.** Presidente da Câmara Municipal. **5.** Burguês, empresário, empreendedor.

MANAGER'S CHECK. *Locução inglesa.* Cheque administrativo que é emitido pelo banco em favor de alguém.

MANAGING. *Termo inglês.* **1.** Diretor. **2.** Governo. **3.** Direção. **4.** Administração.

MANAGING–PARTNER. *Locução inglesa.* Sócio-gerente.

MANAÍBA. *Direito agrário.* **1.** Tolete do caule da mandioca que é cortado para o plantio. **2.** Muda de mandioca.

MANANCIAL. 1. *Direito agrário.* Celeiro abundante. **2.** *Direito civil.* a) Nascente de água; b) fonte.

MANCADA. Lapso numa afirmação relativa a uma teoria científica ou fato.

MANCADOR. *Direito agrário.* **1.** Cavalo que manca. **2.** Cavaleiro que, por incúria ou ignorância, torna manco um cavalo.

MANCAL. *Direito agrário.* Peça de ferro sobre a qual gira a carapuça da moenda de cana-de-açúcar.

MANCAR. 1. *Medicina legal.* a) Coxear; b) ficar manco. **2.** Nas *linguagens comum* e *jurídica,* faltar a um compromisso. **3.** Na *gíria,* ser surpreendido num furto ou roubo.

MANCARRÃO. *Direito agrário.* Cavalo velho que se tornou imprestável.

MANCEBA. *Direito civil.* Amásia; concubina.

MANCEBIA. *Direito civil.* Concubinato.

MANCEBO. 1. *História do direito.* a) Artista ou oficial assalariado; b) moço. **2.** *Direito civil.* Aquele que vive em concubinato. **3.** Na *linguagem comum,* cabide para pendurar roupa, formado de uma haste com braços.

MANCENILHA. *Direito agrário.* Qualidade de azeitona.

MANCHA. 1. *Medicina legal.* Mudança de coloração da pele. **2.** *Direito agrário.* a) Doença que ataca o fumo; b) carbúnculo do gado *vacum*; c) no Pará designa concentração de árvores de mate em certa área. **3.** *Direito autoral.* a) Esboço de um quadro, contendo figuras obtidas sinteticamente por meio de manchas de diversas cores; b) pincelada. **4.** *Direito civil* e *direito penal.* Nota infamante na reputação.

MANCHA-ANGULAR. *Direito agrário.* Moléstia, causada pelo *Bacterium malvacearum,* na folha do algodoeiro.

MANCHA DA FENDA PALPEBRAL. *Medicina legal.* Alteração senil do globo ocular que consiste no aparecimento de uma dobra conjuntiva cinzenta e transparente que, vinda do limbo da conjuntiva bulbar, cobre gradualmente a córnea, sob forma de depósito triangular (A. Almeida Jr. e J. B. de Oliveira e Costa Jr.).

MANCHA-DE-FERRO. *Direito agrário.* Doença do cafezal provocada pelo fungo *Spholrella coffeicola.*

MANCHADO. 1. *Direito agrário.* Pêlo de gado *vacum* que contém zonas de outra cor. **2.** Na *linguagem comum,* desacreditado.

MANCHA GERMINATIVA. *Direito agrário.* Nucléolo do núcleo do ovo.

MANCHA GORDA. *Direito agrário.* Praga produzida pelos esporos do *Ceromyces phaseolorum* em determinadas leguminosas.

MANCHA NEGRA. *Direito agrário.* Epizootia dos bovídeos.

MANCHAR. 1. *Direito civil* e *direito penal.* Infamar; denegrir. **2.** *Direito ambiental.* Poluir.

MANCHAR AS MÃOS. Praticar ato censurável.

MANCHAR UM QUADRO. *Direito autoral.* Dar pinceladas claras e escuras, antes de as unir e empastar.

MANCHAS DE PALTAUF. *Medicina legal.* Manchas de cor vermelho-clara que aparecem no pulmão em decorrência de hemorragia, no caso de morte por afogamento.

MANCHAS DE TARDIEU. *Medicina legal.* Manchas que surgem no pulmão, coração e órgãos encefálicos, em razão do aumento da pressão sanguínea, em casos de enforcamento, afogamento, tifo, meningite, intoxicação por arsênio, fósforo, benzol etc.

MANCHA VERDE ABDOMINAL. *Medicina legal.* É a que surge, depois da autólise, na fossa ilíaca direita do cadáver, no início de sua putrefação.

MANCHE. *Termo francês.* Alavanca de comando.

MANCHEAR. *Direito agrário.* Provocar a fermentação do cacau.

MANCHESTERIANISMO. *Economia política.* Teoria de liberalismo econômico desenvolvida por Manchester.

MANCHESTERIANO. *Economia política.* **1.** Referente ao manchesterianismo. **2.** Sequaz dessa teoria econômica.

MANCHETE. *Direito autoral.* **1.** Título principal de uma edição jornalística. **2.** Notícia sensacional, impressa em caracteres grandes, na parte superior do rosto do jornal.

MANCHIL. 1. *História do direito.* a) Antiga arma usada nas guerras; b) foice. **2.** Na *linguagem comum,* o cutelo do açougueiro.

MANCHILHA. *Direito agrário.* Espécie de epizootia de bovídeos.

MANCHOQUEIRA. *Direito agrário.* Acúmulo de vários rebentos de raízes.

MANCINISMO. Uso da mão esquerda; canhotismo.

MANCIPAÇÃO. 1. *Direito romano.* Transmissão voluntária de uma propriedade, feita por *alieni iuris,* na presença de testemunhas, mediante a formalidade *aes et libra.* **2.** *Direito civil.* Alienação de um bem, observando-se determinadas formalidades.

MANCÍPIO. *História do direito.* Escravo.

MANCO. 1. *Direito marítimo.* Peça entalhada nos gios da embarcação. **2.** *Direito agrário.* Animal que manqueja. **3.** *Medicina legal.* a) Pessoa que manca; b) aquele que tem pouca inteligência.

MANCOMUNAÇÃO. *Direito penal.* Acordo de duas ou mais pessoas para prejudicar outrem ou para perpetrar crime.

MANCOMUNADO. *Direito penal.* **1.** Aquele que participa de fraude. **2.** Conluiado para a prática de ato escuso.

MANCOMUNAR. *Direito penal.* Praticar ato simulado ou delituoso, em conluio com outrem, para lesar a terceiro.

MANCOMUNIDADE. *Direito penal.* Estado de mancomunado, conducente à co-autoria de um delito.

MANCORNAR. *Direito agrário.* Pegar o touro pelas hastes para derrubá-lo.

MANDA. 1. *História do direito.* a) Legado; b) deixa testamentária. **2.** *Direito autoral.* Remissão feita num texto para outro trecho da obra, para esclarecer o leitor do que se afirma.

MANDA-CHUVA. 1. Chefe político. **2.** Magnata. **3.** Pessoa influente.

MANDADA. *Direito civil.* Distribuição de cartas entre parceiros do jogo.

MANDADEIRO. 1. Mensageiro. 2. Missivo. 3. Mandatário. 4. Referente a mandado.

MANDADO. 1. Ato de mandar. 2. Ordem ou despacho de autoridade administrativa ou judicial para que se cumpra uma diligência ou se dê ciência à realização ou não de algo. 3. Que recebeu ordem. 4. Ordem de superior a inferior.

MANDADO DE BUSCA E APREENSÃO. *Direito processual penal.* Meio acautelatório e coercitivo de prova consistente no apossamento de objetos, do acusado ou da vítima, ordenado por escrito pela autoridade policial ou judiciária, *ex officio* ou a requerimento de interessado.

MANDADO DE CITAÇÃO. *Direito processual civil* e *direito processual penal.* Ato judicial, cumprido pelo oficial de justiça, pelo correio ou por edital, que tem por escopo ordenar ao réu o seu comparecimento em juízo, citando-o para apresentar sua defesa contra a ação que lhe foi proposta.

MANDADO DE CUMPRIMENTO. Consiste na expressão "o Congresso Nacional decreta e eu sanciono", aposta no ato legislativo, conferindo-lhe obrigatoriedade (Othon Sidou).

MANDADO DE EMBARGO DE OBRA NOVA. *Direito processual civil.* Ordem judicial contra o proprietário ou construtor, suspendendo obra nova que lesa prédio vizinho ou coisa comum ou que está sendo construída contra as posturas ou regulamentos administrativos. Tem por escopo impedir a continuação da obra até que fique decidido o pedido do embargante, responsável pela propositura da ação de nunciação de obra nova.

MANDADO DE ENTREGA. *Direito processual civil.* Ordem de entrega ao adjudicante de bem móvel penhorado, expedida pelo juiz para que a adjudicação seja considerada perfeita e acabada logo após sua lavratura e assinatura do auto pelo magistrado, pelo adjudicante, pelo escrivão e, se for presente, pelo executado.

MANDADO DE EXECUÇÃO. *Vide* MANDADO DE PENHORA.

MANDADO DE GARANTIA. *História do direito.* Instituto que visava anteceder o mandado de segurança proposto por Alberto Torres em 1914.

MANDADO DE IMISSÃO DE POSSE. *Direito processual civil.* 1. Ordem judicial para que o imóvel seja entregue ao credor. 2. Ordem determinada pelo magistrado para que se retire o bem da posse daquele que indevidamente a detém, a fim de que nela se imita aquele que tem o direito de tê-la.

MANDADO DE INJUNÇÃO. *Direito constitucional.* Procedimento pelo qual se visa obter ordem judicial que determine a prática ou a abstenção de ato, tanto da administração pública, como do particular, por violação de direitos constitucionais, fundada na falta de norma regulamentadora (Irineu Strenger). É, portanto, um remédio jurídico contra atos da administração pública ou de particular, desde que haja lacuna técnica, ou seja, ausência de uma norma imprescindível para que outra produza efeitos jurídicos. Parece-nos que o órgão judicante deveria decidir por meio da integração, colmatando aquela lacuna. Se, havendo omissão legislativa, ocorrer dano a alguém, por inviabilizar o exercício de direito e liberdade constitucional e da prerrogativa inerente à sua nacionalidade e cidadania, o Poder Judiciário decidirá a lide, aplicando ao caso concreto a analogia, os costumes e princípios gerais de direito, atendendo ao bem comum e ao fim social, ou, ainda, se isso for impossível, analogicamente, aos princípios e disposições normativas de outros países, nos quais se regule o mesmo direito, ou direito similar, ou presumido na norma constitucional. Com isso a Magna Carta pretende dar legitimação ativa, ou seja, a possibilidade de ingressar em juízo a quem quer que venha a sofrer um gravame ou impedimento de desfrutar bem jurídico nela contemplado, desde que o dispositivo constitucional dependa de regulamentação faltante (Celso Antônio Bandeira de Mello). O magistrado, criando uma norma individual, tem autorização constitucional para preencher a lacuna técnica, devendo, para tanto, manter-se dentro dos limites marcados pelo direito. Não cria direito novo, mas apenas uma norma individual, que se aplica só ao caso que lhe deu origem. O Judiciário, portanto, não daria uma decisão substituindo o legislador, eliminando a lacuna técnica, nem tampouco recomendaria ao legislador a feitura da lei. Entendemos que a integração da lacuna não se situa no plano legislativo nem é uma delegação legislativa ao juiz, pois ela não cria novas normas jurídicas gerais.

MANDADO DE MANUTENÇÃO DE POSSE. *Direito processual civil.* Ordem judicial para que, em caso de turbação, o possuidor seja mantido na sua posse.

MANDADO DE PENHORA. *Direito processual civil.* **1.** Ordem judicial para que sejam penhorados tantos bens do devedor quantos bastem para o pagamento do principal, juros, custas judiciais e honorários advocatícios. Trata-se do mandado executivo expedido para que se tenha início à execução de débito líquido e certo ou de uma sentença. **2.** Ordem judicial para pagamento sob pena de penhora.

MANDADO DE PRISÃO. *Direito processual penal.* Ordem escrita emanada de autoridade competente determinando a prisão de alguém por razão que a autorize legalmente. Tal mandado deve conter os seguintes requisitos: a) ser lavrado pelo escrivão do feito e assinado pela autoridade policial, judicial ou administrativa que ordena a prisão; b) ter a designação do nome da pessoa que deve ser presa, bem como de sua alcunha ou sinais característicos (tatuagem, defeito físico etc.); c) mencionar o delito que motiva a prisão; d) declarar o valor da fiança, se afiançável o crime; e) ser dirigido, em duas vias, ao agente que tiver qualidade para executá-lo. Mas se houver urgência para a prisão, o magistrado poderá requisitá-la por telegrama, desde que indique a razão e o valor da fiança, se o delito for afiançável.

MANDADO DE SEGURANÇA. *Direito constitucional* e *direito processual.* Remédio constitucional cabível para proteger direito líquido e certo ameaçado ou violado de interessado (pessoa física ou jurídica), por ato ou omissão ilegal ou inconstitucional, inclusive se praticado por autoridade ou agente público. O mandado de segurança surge da necessidade de se proteger o direito do indivíduo contra atos ilegais ou inconstitucionais do Poder Público. Requer dois pressupostos: a) a aplicação indevida da lei ou da Constituição ou sua não-aplicação pela autoridade pública; b) a comprovação, de plano, do fato relacionado com o direito. Quem conta com um direito líquido e certo deve guardá-lo, juridicamente, contra toda e qualquer ameaça fundada, da mesma maneira que se procede com referência ao já violado. Ao Judiciário compete restaurar a ordem, restabelecendo o direito violado, e evitar que se desorganize o Estado, garantindo os cidadãos contra aqueles que lhes querem violar o direito. O ato impugnado poderá estar de acordo com a lei e sendo esta inconstitucional, ferindo direito líquido e certo de terceiros, o ato poderá e deverá ser desconstituído por via de mandado de segurança.

MANDADO DE SEGURANÇA COLETIVO. *Direito constitucional* e *direito processual.* Ação de mandado de segurança impetrada por entes representativos (partidos políticos, sindicatos, associações ou entidades de classe) na defesa dos direitos líquidos e certos ou interesses dos seus membros ou associados.

MANDADO DE SOLTURA. *Direito processual penal.* Alvará de soltura que consiste na ordem judicial de relaxamento da prisão, cessando a coação estatal.

MANDADO *DE SOLVENDO.* *Direito processual.* Ordem judicial para pagamento de certa quantia, como, por exemplo, a de citação inicial, na execução, feita para que o devedor venha a pagar o débito sob pena de penhora.

MANDADO EXECUTIVO. *Vide* MANDADO DE PENHORA. Trata-se de uma ordem de penhora ou de execução.

MANDADO JUDICIAL. *Direito processual.* Ordem escrita do magistrado determinando que, no curso do processo, se faça algo ou se abstenha de efetuar aquilo que se vem fazendo, sob as penas legais.

MANDADO POSSESSÓRIO. *Direito processual civil.* Ordem judicial expedida em favor do possuidor, não só para a manutenção ou reintegração de sua posse, em caso de turbação ou de esbulho, bem como para proibir que o réu venha a cometer tais atos, sob pena de multa, ou, ainda, para determinar que o imóvel seja entregue ao credor.

MANDADOR. 1. *Direito agrário.* Representante dos donos de armações de pesca. **2.** Na *linguagem jurídica,* aquele que emite ordens.

MANDALETE. *Direito agrário.* Empregado rural encarregado de tarefas leves ou de levar recados.

MANDAMENTAL. 1. *Direito processual.* Ordem judicial dirigida a órgão da Administração Pública para que faça ou deixe de fazer algo (Othon Sidou). **2.** *Teoria geral do direito.* É o que contém um mandamento.

MANDAMENTO. 1. *Teoria geral do direito.* a) Disposição legal; b) preceito normativo. **2.** *Direito processual.* Mandado ou ordem judicial. **3.** *Direito militar.* Voz de comando. **4.** *Direito canônico.* a) Cada um dos preceitos da Igreja: ouvir missa, confessar-se, comungar, jejuar e pagar o dízimo; b) cada um dos dez preceitos que constituem o Decálogo.

MANDAMENTO JUDICIAL. *Direito processual.* Ordem proveniente de órgão do Poder Judiciário.

MANDAMENTO LEGAL. *Teoria geral do direito.* Prescrição de lei.

MANDAMUS. *Termo latino* e *direito comparado.* Remédio jurídico anglo-americano cujo objetivo é impelir a administração ou autoridade a fazer o que, ilegalmente, se recusa, protegendo o direito privado e o respeito à lei. É uma ordem privilegiada que impõe a uma pessoa física ou jurídica o exercício de dever público que lhe foi imposto por lei (Foulkes).

MANDÂNCIA. Ato ou abuso de mandar.

MANDANTE. 1. *Direito civil.* Aquele que, por meio de mandato, investe alguém de poderes para praticar atos ou administrar interesses em seu nome. É, portanto, o interessado na realização de certo ato negocial que não possa ou não saiba praticá-lo, efetuando-o por meio de outra pessoa. É o outorgante da procuração ou mandato, o qual contrai obrigações e adquire direitos como se tivesse tomado parte pessoalmente no negócio jurídico. **2.** *Direito penal.* Aquele que manda uma pessoa executar um crime ou contravenção. Trata-se do autor intelectual de uma ação criminosa.

MANDANTES CONJUNTOS. *Direito civil.* Aqueles que outorgam mandato para que mandatário efetive negócio comum, responsabilizando-se cada um, solidariamente, pelo compromisso firmado, tendo, contudo, direito de regresso pelo *quantum* pago, em relação aos demais.

MANDANTES MENORES. *Direito civil.* Outorgantes de procuração que, por serem maiores de dezesseis anos e menores de dezoito anos de idade, o fazem assistidos pelos seus representantes legais, mediante instrumento público.

MANDANTE SOLIDÁRIO. *Vide* MANDANTES CONJUNTOS.

MANDAR. 1. Passar procuração. **2.** Ordenar. **3.** Governar. **4.** Exercer autoridade. **5.** Prescrever. **6.** Enviar. **7.** Incumbir. **8.** Deportar. **9.** Nomear alguém para um cargo. **10.** Exigir. **11.** Arremessar.

MANDAR A ESTAMPA. Imprimir.

MANDAR EM TESTAMENTO. *Direito civil.* **1.** Legar. **2.** Dispor de bens por via testamentária.

MANDARIM. *História do direito.* **1.** Alto funcionário da China Imperial. **2.** Dialeto oficial na China.

MANDARINATO. 1. *História do direito.* a) Classe dos mandarins; b) cargo de mandarim. **2.** *Ciência política.* Classe privilegiada de áulicos de qualquer governo (Othon Sidou).

MANDARINETE. *História do direito.* Autoridade que pertencia a uma categoria imediatamente inferior à de mandarim.

MANDARÍNICO. *História do direito.* Relativo a mandarim.

MANDARINISMO. *História do direito.* **1.** Sistema de concurso de provas exigido na China aos candidatos a ocupar cargos públicos. **2.** Opinião de mandarim. **3.** Governo dos mandarins.

MANDARINO. *História do direito.* Dialeto chinês.

MANDATÁRIO. *Direito civil.* Representante do mandante que fala e age em seu nome e por conta deste. Também chamado de procurador ou executor do mandato. Podem ser constituídos mandatários: a) o plenamente capaz e o emancipado; b) o menor de dezoito anos, não emancipado, mas não tendo o mandante ação contra ele senão de conformidade com as normas gerais, aplicáveis às obrigações contraídas por menores. O mandante poderá nomeá-lo procurador, porém se perceber que fez má escolha, que se queixa da própria incúria, deverá, então, arcar com as conseqüências do seu ato, assumindo a responsabilidade de todos os atos praticados pelo representante, nos limites dos poderes outorgados. Mas terceiro, que tratou com o representante, nada terá que ver com as conseqüências da má escolha; só lhe interessará a regularidade dos poderes do mandatário; c) a pessoa casada, mesmo sem outorga conjugal; d) o pródigo e o falido, porque a restrição que os atinge se limita à disposição de bens de seu patrimônio, não os impedindo de exercer tais atividades. Por outro lado, serão incapazes para o exercício do mandato: a) os estrangeiros, que não poderão representar, nas reuniões de assembléia geral, os acionistas brasileiros; b) os funcionários públicos efetivos ou adidos em disponibilidade ou aposentados, que não poderão ser procuradores perante qualquer repartição administrativa, federal, estadual ou municipal, mas que poderão, quanto ao mais, ser mandatários. Mas o funcionário público da União poderá pleitear como procurador junto a repartição pública somente se se tratar de percepção de vencimentos e vantagens de parentes até o segundo grau.

MANDATÁRIO *AD JUDICIA.* *Direito processual.* Aquele que tem poderes para agir em juízo, defendendo os interesses do mandante.

MANDATÁRIO *AD NEGOTIA.* *Direito civil.* Aquele que recebe mandato para gerir negócio do mandante.

MANDATÁRIO ANTERIOR. *Direito civil.* Mandatário substabelecente.

MANDATÁRIO APOSTÓLICO. *Direito canônico.* Aquele em favor de quem o Sumo Pontífice expede o mandato.

MANDATÁRIO BASTANTE. *Vide* MANDATÁRIO SUFICIENTE.

MANDATÁRIO CIVIL. *Direito civil.* Aquele que, em nome e por conta do mandante, pratica atos de natureza civil.

MANDATÁRIO COMERCIAL. *Direito comercial.* É o que, por força de mandato, executa atividades econômicas organizadas, voltadas à produção e circulação de bens e serviços e efetiva negócios mercantis na qualidade de procurador do empresário.

MANDATÁRIO CONVENCIONAL. *Direito civil.* Aquele a quem o mandante concede um mandato para atuar em seu nome e assinar por ele ao praticar atos de seu interesse.

MANDATÁRIO DA NAÇÃO. *Ciência política.* Cada um dos deputados.

MANDATÁRIO DO POVO. *Vide* MANDATÁRIO DA NAÇÃO.

MANDATÁRIO ESPECIAL. *Direito civil.* Aquele que está munido de poderes especiais para a prática de determinados atos e negócios, indicados no mandato.

MANDATÁRIO EXTRAJUDICIAL. *Vide* MANDATÁRIO *AD NEGOTIA.*

MANDATÁRIO FALSO. *Direito civil.* Aquele que se apresenta com procuração falsa ou que sabe já estar revogada pelo mandante.

MANDATÁRIO GERAL. *Direito civil.* Aquele a quem o mandante confere poderes para gerir ou administrar todos os seus negócios.

MANDATÁRIO ILEGÍTIMO. *Direito civil.* Aquele que, apesar de ter procuração, não possui capacidade nem poderes para seu exercício, por não estar autorizado pela lei ou pelo mandante para a prática de atos em nome deste ou por não apresentar o instrumento do mandato os requisitos legais.

MANDATÁRIO INSUFICIENTE. *Direito civil.* Aquele que, apesar de ser procurador legítimo, relativamente a determinados atos, age, em relação a outros, de modo abusivo, por não ter poderes necessários para sua prática. O mandante só será responsável pelos atos que autorizou. O mandatário que exceder os poderes do mandato será tido como mero gestor de negócios, enquanto não se der a ratificação de seus atos pelo mandante. O mandatário insuficiente é considerado como procurador não bastante.

MANDATÁRIO JUDICIAL. *Vide* MANDATÁRIO *AD JUDICIA.*

MANDATÁRIO LEGAL. *Direito civil.* Aquele que é instituído por força de lei, como, por exemplo, o pai, em relação aos bens dos filhos; curador ou tutor, quanto aos bens do curatelado ou do pupilo; o inventariante, no que atina aos bens do espólio; o administrador judicial, relativamente à massa falida. Tal mandatário personaliza o representado.

MANDATÁRIO LEGÍTIMO. *Direito civil.* Aquele que está munido de mandato legítimo ou passado conforme as formalidades legais.

MANDATÁRIO NÃO BASTANTE. *Vide* MANDATÁRIO INSUFICIENTE.

MANDATÁRIO POSTERIOR. *Direito civil.* Aquele que vem a suceder outro no desempenho de um mandato, em caso de outorga de novo mandato para a mesma finalidade ou de substabelecimento.

MANDATÁRIOS CONJUNTOS. *Direito civil.* Cada um dos procuradores constituídos pelo mandante num mesmo mandato, para agir unidos na efetivação do negócio.

MANDATÁRIOS DISTRIBUTIVOS. *Direito civil.* Cada um dos procuradores nomeados coletivamente, na mesma procuração, desde que os poderes próprios de cada um estejam devidamente distribuídos pelo mandante. Neste mandato, cada mandatário instituído terá a incumbência de realizar negócios, atendendo a fins diversos; respondendo tão-somente pelo ato que tiver de executar.

MANDATÁRIO SEM REPRESENTAÇÃO. *Direito cambiário.* Emitente do cheque sacado por conta de terceiro, que age sem representação. Apesar de estar previamente autorizado para tanto, responde pessoalmente pelos papéis que emitir.

MANDATÁRIO SOLIDÁRIO. *Direito civil.* Aquele que ao ser nomeado juntamente com outro pode efetivar negócios indicados na procuração, sendo solidariamente responsável, desde que tal solidariedade seja expressa.

MANDATÁRIO SUBSTABELECENTE. *Direito civil.* Procurador anterior a um substabelecimento. O

MANDATÁRIO SUBSTABELECIDO   215   **MAN**

substabelecente só responde pelos atos do substabelecido se este for notoriamente incapaz ou insolvente no mandato judicial; o substabelecente só se livra da responsabilidade se o mandante for notificado do substabelecimento.

MANDATÁRIO SUBSTABELECIDO. *Direito civil.* É o procurador posterior ao substabelecimento.

MANDATÁRIO SUCESSIVO. *Direito civil.* É aquele que, em obediência à ordem de nomeação contida no mandato, é constituído pelo mandante para, na falta do outro, sucedê-lo.

MANDATÁRIO SUFICIENTE. *Direito civil.* É aquele que tem poderes necessários para a prática ou execução de negócios indicados no mandato. Trata-se do mandatário bastante.

MANDAT-CONTRIBUTIONS. *Locução francesa.* Ordem de pagamento de impostos.

MANDAT D'ARRÊT. *Locução francesa.* Ordem de prisão.

MANDATÍCIO. *Direito civil.* Relativo a mandato.

MANDATO. 1. *Direito civil.* É o contrato pelo qual alguém (mandatário ou procurador) recebe de outrem (mandante) poderes para, em seu nome, praticar atos ou administrar interesses. **2.** *Ciência política.* a) Poder outorgado pelos eleitores a deputados, senadores e vereadores para os representarem; b) delegação política. **3.** *Direito internacional público.* Estado de proteção de um povo perante um Estado soberano. **4.** *Direito canônico.* Cerimônia do lava-pés. **5.** Na *linguagem jurídica* em geral: ordem de superior para inferior.

MANDATO *AD JUDICIA.* *Direito civil* e *direito processual.* Aquele destinado a obrigar o mandatário (advogado, regularmente inscrito na OAB) a agir em juízo em nome do constituinte. Seu instrumento poderá ser datilografado ou impresso, bastando que seja assinado pelo outorgante, sem necessidade de firma reconhecida. Poderão ser procuradores em juízo todos os legalmente habilitados, que não forem: a) menores de 18 anos, não emancipados ou não declarados maiores; b) juízes em exercício; c) escrivães ou outros funcionários judiciais, correndo o pleito nos juízos onde servirem e não procurando eles em causa própria; d) pessoas inibidas por sentença de procurar em juízo ou de exercer ofício público; e) ascendentes, descendentes ou irmãos do juiz da causa; f) ascendentes ou descendentes da parte adversa, exceto em causa própria; g) deputados e senadores, que desde a posse não poderão patrocinar causa contra

pessoa jurídica de direito público; h) vereadores, que desde a posse não poderão patrocinar causas contra o Distrito Federal ou contra a União; i) indivíduos que se enquadrem nos impedimentos e incompatibilidades para procurar em juízo, enumerados na Lei que rege a Ordem dos Advogados do Brasil; j) Membros do Ministério Público. Os estagiários apenas poderão praticar atos judiciais privativos da advocacia em conjunto com advogado e sob a responsabilidade deste. A procuração geral para o foro habilita o advogado a praticar todos os atos processuais, salvo para receber citação inicial, confessar, reconhecer a procedência do pedido, transigir, desistir, renunciar ao direito sobre que se funda a ação, receber, dar quitação e firmar compromisso. Será, ainda, necessária a outorga de poderes especiais para: oferecimento de queixa-crime; renúncia ao direito de queixa; aceitação do perdão; exercício do direito de representação; argüição da suspeição do juiz e de falsidade; cancelamento do bem de família; requerimento de falência. Trata-se do mandato judicial.

MANDATO *AD LITEM.* *Direito processual.* Aquele pelo qual o magistrado investe alguém de poderes para a defesa em juízo dos interesses do réu ausente ou revel.

MANDATO *AD NEGOTIA.* *Direito civil.* É o mandato extrajudicial, pois a ação do mandatário se dá fora do âmbito judicial, uma vez que é o contrato pelo qual o mandante lhe confere poderes para praticar, em seu nome, certos atos ou negócios.

MANDATO *ALIENA GRATIA.* *Direito civil.* É aquele em que o mandante outorga poderes ao mandatário para praticar um ato atendendo a interesse de terceiro, beneficiando-o.

MANDATO AO PORTADOR. *História do direito.* Cheque ao portador.

MANDATO *APUD ACTA.* *Direito processual trabalhista* e *direito processual penal.* É o lavrado pelo escrivão por advir de um ato judicial de nomeação do mandatário com poderes outorgados para o ato e no momento do ato processual.

MANDATO CIVIL. *Direito civil.* Aquele que é levado a efeito para a efetivação de negócio ou para a prática de atos de natureza civil, atendendo a interesses do mandante. Nessa modalidade de mandato, as obrigações do procurador não consistem na prática ou na administração de interesses mercantis, sendo, em regra, gratuito se não foi estipulada retribuição ou se não tiver por objeto atividade ou gestão que o mandatário exerça por ofício ou profissão lucrativa.

MANDATO CLASSISTA. *Direito do trabalho.* Função eletiva de direção ou representação exercida por uma confederação, federação, associação de classe ou sindicato (Othon Sidou).

MANDATO COLETIVO. *Direito civil.* Aquele que contém pluralidade de mandatários ou mandantes, sendo outorgado a várias pessoas ou por várias pessoas. Pode ser conjunto, solidário, sucessivo ou distributivo.

MANDATO COMERCIAL. *Direito comercial.* **1.** Aquele confiado pelo empresário a outrem, no que diz respeito à gestão de negócios mercantis. Assim, o mandatário age e se obriga em nome do comitente. **2.** Aquele em que o mandatário tiver de praticar atividades econômicas organizadas voltadas à produção e circulação de bens e serviços, mesmo que o mandante ou mandatário não seja empresário, sendo normalmente oneroso (Carvalho de Mendonça).

MANDATO COM PODERES ESPECIAIS. *Direito civil.* Aquele em que o mandante outorga poderes ao mandatário para praticar atos de alienação ou disposição, exorbitando dos poderes de administração ordinária. Por exemplo: aceitação de doação com encargo, novação, remissão de dívida, emissão de cheque etc.

MANDATO COM REPRESENTAÇÃO DIRETA. *Direito civil.* Contrato no qual o mandatário, munido de procuração, está autorizado pelo mandante a agir em seu nome, representando-o.

MANDATO COM REPRESENTAÇÃO INDIRETA. *Direito civil.* O mesmo que MANDATO SEM REPRESENTAÇÃO.

MANDATO CONDICIONAL. *Direito civil.* Aquele que se subordina a uma condição imposta pelo mandante que pode ser revocatória se impuser revogação e conseqüente extinção do mandato; suspensiva, se suspender sua execução até o advento de acontecimento futuro e incerto; resolutiva, se da extinção da obrigação decorrer o término do mandato; dilatória, se prorrogar a execução do mandato ou impuser prazo para seu cumprimento.

MANDATO CONJUNTO. *Direito civil.* Aquele que contém vários procuradores que não podem agir separadamente.

MANDATO CONSULAR. *Direito internacional privado.* É o outorgado pelo cônsul, enquanto estiver exercendo sua função notarial.

MANDATO CONVENCIONAL. *Direito civil.* É o que se forma mediante contrato firmado pelo acordo de vontades entre mandante e mandatário. O procurador, portanto, assina pela pessoa representada (mandante) ao executar os negócios que lhe foram por ele incumbidos. Trata-se do mandato voluntário por nascer da manifestação da vontade dos contratantes.

MANDATO–CUSTÓDIA. *Direito civil.* Depósito pelo qual o depositário se compromete a conservar o bem e a devolvê-lo assim que for pedido. Os atos do depositário não obrigam o depositante, mesmo que originem obrigações com terceiro.

MANDATO DE ADMINISTRAÇÃO. *Direito civil* e *direito comercial.* Mandato *ad negotia* que atribui poderes ao procurador para administrar estabalecimento e os negócios do mandante.

MANDATO DE ASSISTÊNCIA. *Direito processual.* Aquele em que o juiz designa como mandatário um advogado que integra entidade de direito público, o qual presta assistência judiciária para defender o necessitado, sendo beneficiado pela justiça gratuita.

MANDATO DE CAUÇÃO *DE RATO*. *Direito processual.* Compromisso assumido por advogado de apresentar procuração dentro de 15 dias, por ter praticado atos em caso de urgência sem ela, tornando-os válidos.

MANDATO DE CRÉDITO. *Direito comparado.* Aquele em que o mandante encarrega alguém de conceder crédito a um terceiro (Pedro Romano Martinez e Pedro Fuzeta da Ponte).

MANDATO DISTRIBUTIVO. *Direito civil.* Instrumento pelo qual o mandante institui dois ou mais mandatários, atribuindo a cada um poderes próprios para a prática de atos diversos.

MANDATO ELETIVO. *Ciência política.* Aquele em que o povo, por meio de voto secreto e direto, elege um cidadão para representá-lo no Poder Legislativo (municipal, estadual ou federal) ou um governante para seu representante no Poder Executivo.

MANDATO EM CAUSA PRÓPRIA. *Direito civil.* Aquele que, por conter cláusula *in rem propriam*, converte o mandatário em dono do negócio, dando-lhe poderes para administrá-lo como coisa própria, auferindo todas as vantagens ou benefícios dele resultantes, apesar de agir em nome do mandante. Em suma, tal mandato importa em cessão de direito ou transferência de uma coisa. Por outras palavras, é aquele em que se confere procuração em benefício do mandatário (Caio Mário da Silva Pereira) para que venha a agir em seu próprio interesse, angariando, para si, as vantagens obtidas com o negócio.

MANDATO EM TERMOS GERAIS. *Direito civil.* Aquele que só confere ao mandatário poderes de administração ordinária, como, por exemplo, pagar impostos, fazer reparações, contratar e despedir empregados.

MANDATO ENTRE AUSENTES. *Direito civil.* Aquele estabelecido na ausência de uma das partes, presumindo-se aceito quando o negócio a ser efetivado for da profissão do mandatário e este não o recusou imediatamente (Othon Sidou).

MANDATO ESCRITO. *Direito civil.* Aquele em que o mandante atribui poderes ao mandatário por meio de instrumento particular, como ocorre na aceitação de títulos cambiais, na outorga de fiança, na emissão de cheques etc.; ou público, nos casos expressos em lei.

MANDATO ESPECIAL. *Direito civil.* Relativo a um ou mais negócios determinados do mandante.

MANDATO EXPRESSO. *Direito civil.* Aquele que é específico daqueles casos que exigem procuração, contendo poderes especiais, pois a manifestação desses poderes deverá ser revelada de modo inequívoco.

MANDATO EXTRAJUDICIAL. *Vide* MANDATO *AD NEGOTIA.*

MANDATO FACULTATIVO. *Direito civil.* Aquele em que o mandante deixa ao procurador o direito de escolher, a seu critério, os meios para o executar ou cumprir.

MANDATO GERAL. *Direito civil* e *direito comercial.* Aquele que compreende todos os negócios do mandante, como, por exemplo, a procuração da mulher ao marido, para administrar ou vender todos os bens; ou a do pai ao filho maior, para dirigir e administrar seus interesses, inclusive, os empresariais.

MANDATO GRATUITO. *Direito civil.* Aquele em que não há remuneração do procurador pelo mandante.

MANDATO IMPERATIVO. 1. *Direito civil.* Aquele em que o mandante obriga o mandatário a proce-

der conforme suas prescrições, estabelecendo a forma de sua execução. **2.** *Ciência política* e *história do direito.* Mandato político concedido por uma circunscrição eleitoral a um delegado para que este a representasse.

MANDATO *IN REM PROPRIAM.* *Vide* MANDATO EM CAUSA PRÓPRIA.

MANDATO *IN SOLIDUM.* *Vide* MANDATO SOLIDÁRIO.

MANDATO INSTITÓRIO. *Direito comercial.* Aquele em que o mandante institui procurador para a realização de atividades econômicas organizadas, voltadas à produção e circulação de bens e serviços, outorgando-lhe, para tanto, poderes gerais.

MANDATO IRREVOGÁVEL. *Direito civil.* Aquele em que o mandante renunciou, expressamente, mediante cláusula, ao direito de demitir *ad nutum* o procurador, não podendo pela sua vontade retirar seus poderes. Mas tal mandato poderá desfazer-se pela vontade de ambos os contratantes. Tal irrevogabilidade poderá, em certos casos, decorrer de imposição de lei.

MANDATO JUDICIAL. *Vide* MANDATO *AD JUDICIA.*

MANDATO JUDICIÁRIO. *Direito processual.* Aquele, de caráter especial, em que a autoridade judicial defere a alguém poderes limitados para exercer cargo ou função judicial.

MANDATO LEGAL. *Direito civil.* O decorrente de imposição legal, que outorga poderes ao mandatário para realizar atos de administração, no que atina aos bens de determinadas pessoas. Assim, por exemplo, são mandatos legais: a) o do pai ou o da mãe, em relação aos bens dos filhos; b) o do tutor ou o do curador, no que concerne aos bens do tutelado ou curatelado; c) o do administrador judicial, quanto aos bens da massa falida etc.

MANDATO LEGISLATIVO. *Ciência política.* Poder de representação outorgado ao representante do povo ou dos Estados, eleito por meio de voto para que participe do Poder Legislativo, no período de sua legislatura.

MANDATO MERCANTIL. *Vide* MANDATO COMERCIAL.

MANDATO *OMNIUM RERUM.* *Vide* MANDATO GERAL.

MANDATO ONEROSO. *Direito civil* e *direito comercial.* Aquele em que a atividade do mandatário é remunerada *a forfait*, pouco importando se o negócio por ele efetivado veio a alcançar ou não o efeito esperado. Isto é assim porque o mandatário assume uma obrigação de meio e não de resultado.

MANDATO OUTORGADO PELO DEVEDOR AO CREDOR. *Direito bancário.* Procuração em que o mutuário outorga poderes ao banco, autorizando-o a preencher e emitir título representativo de débito, para possibilitar o protesto e a instrução do processo de execução por inadimplemento.

MANDATO PLURAL. *Direito civil.* Aquele que contém vários procuradores.

MANDATO PLURAL CONJUNTO. *Vide* MANDATO CONJUNTO.

MANDATO PLURAL FRACIONÁRIO. *Direito civil.* Aquele em que a ação de cada mandatário está delimitada, devendo cada qual agir somente em seu setor.

MANDATO PLURAL SOLIDÁRIO. *Direito civil.* Aquele em que cada mandatário pode agir independentemente da ordem de nomeação.

MANDATO PLURAL SUBSTITUTIVO. *Direito civil.* Aquele em que cada mandatário pode agir na falta do outro pela ordem de nomeação. Também designado mandato plural sucessivo, pois o mandatário posterior é mero substituto do precedente.

MANDATO PLURAL SUCESSIVO. *Vide* MANDATO PLURAL SUBSTITUTIVO.

MANDATO POPULAR. *Ciência política.* Poder conferido pelos eleitores aos seus representantes.

MANDATO POR CARTA. *Direito civil.* É o feito por carta, desde que haja aceitação do mandatário.

MANDATO POR TELEGRAMA OU RADIOGRAMA. *Direito civil.* Procuração cuja transmissão se dá via telex, sendo sua prova difícil, por depender de testemunhas e da idoneidade do emissor telegráfico.

MANDATO PRESIDENCIAL. *Ciência política* e *direito constitucional.* Período de investidura do Presidente da República.

MANDATO PRESUMIDO. *Vide* MANDATO TÁCITO.

MANDATO REPRESENTATIVO. *Vide* MANDATO ELETIVO.

MANDATO REVOGÁVEL. *Direito civil.* Aquele que pode ser revogado unilateralmente pelo mandante, o qual, *ad nutum*, pode demitir o procurador.

MANDATÓRIO. *Ciência política.* **1.** Aquilo que encerra uma ordem que não pode ser alterada. **2.** Que manda.

MANDATORY PROVISIONS. *Locução inglesa.* Prescrições mandatórias, que são normas constitucionais materiais e essenciais, de cumprimento irrecusável.

MANDATORY REFERENDUM. *Locução inglesa.* Veto popular, nos EUA.

MANDATO SEM REPRESENTAÇÃO. *Direito civil.* Ocorre quando o mandatário age por conta do mandante, porém em nome próprio.

MANDATO SINGULAR. *Direito civil.* Aquele em que o mandante comete o encargo a um só procurador.

MANDATO SOCIAL. *Direito civil.* Conferido ao sócio, na qualidade de administrador ou liquidante, mediante contrato social, para que venha a agir em nome e por conta da sociedade.

MANDATO SOLIDÁRIO. *Vide* MANDATO PLURAL SOLIDÁRIO.

MANDATO SUCESSIVO. *Vide* MANDATO PLURAL SUCESSIVO.

MANDATO TÁCITO. *Direito civil.* Aquele em que a aceitação do encargo cometido pelo mandante se dá por atos que a presumem. Por exemplo, se houver começo de execução; se alguém for portador de nota promissória, quando então se presumirá que tem mandato para inserir a data e o local da emissão; se o indivíduo for produtor fonográfico, caso em que terá mandato tácito do artista para perceber do usuário os proventos pecuniários decorrentes da execução pública dos fonogramas e reparti-los com o artista. Só é admissível para os casos em que não se exige mandato expresso, podendo provar-se por todos os meios permitidos legalmente.

MANDATO VERBAL. *Direito civil.* Mandato efetivado por via oral, sendo permitido apenas nos casos em que não se exige mandato escrito, podendo ser provado por meio de testemunhas ou por modos admitidos em direito.

MANDATO VIA FAX. *Direito civil.* É o feito por instrumento público ou particular reproduzido e enviado por meio de fax, em razão de urgência. Todavia, será preciso que se envie o original posteriormente, uma vez que sua cópia pode apagar-se com o passar do tempo.

MANDATO VOLUNTÁRIO. *Vide* MANDATO CONVENCIONAL.

MANDATUM AD JUDICIA. *Locução latina.* Mandato para agir em juízo.

MANDATUM DE NON FACIENDO. *Locução latina.* Ordem de não fazer ou para abster-se de algum ato.

MANDATUM EXPIRAT MORTE MANDANTIS. *Aforismo jurídico.* Mandato se extingue com a morte do mandante.

MANDATUM IN FACIENDO. *Locução latina.* Ordem para realizar algum ato.

MANDATUM NON PRAESUMITUR. *Aforismo jurídico.* Mandato não se presume.

MANDATUM PECUNIAE CREDENDAE. *Expressão latina.* Mandato para empréstimo de dinheiro.

MANDATUM, RE INTEGRA, RECUSARI POTEST. *Aforismo jurídico.* Mandato, sem nenhuma execução, pode ser recusado.

MANDATUM SOLVITUR MORTE. *Expressão latina.* Com a morte, resolve-se o mandato.

MANDATUM SPECIALE DETRAHIT GENERALE. *Aforismo jurídico.* Mandato especial derroga o geral.

MANDÍBULAS. *Medicina legal.* Cada um dos ossos da cabeça em que se encaixam os dentes, também designados "maxilares".

MANDIGÜERA. *Direito agrário.* Leitãozinho que nasce enfezado, sendo suprimido pelo criador para que os mais robustos possam vingar melhor.

MANDIOCAL. *Direito agrário.* Plantação de mandioca.

MANDIOQUEIRO. *Direito agrário.* **1.** Agricultor que se dedica a cultivar mandioca. **2.** Em Minas Gerais, chamado também de homem da roça ou caipira.

MANDO. **1.** Ordem. **2.** Ato de mandar. **3.** Comando.

MANDONAR. Mandar arbitrariamente.

MANDONISMO. **1.** Tirania. **2.** Abuso no ato de mandar. **3.** Prepotência.

MANDRACO. *Direito desportivo.* No Rio Grande do Sul, o amuleto usado por jogador profissional, que consiste numa velha moeda que, durante o jogo, carrega no bolso.

MANDRIÃO. Indolente.

MANDRIL. **1.** *Medicina legal.* Fio metálico colocado na agulha de injeção para conservar sua permeabilidade. **2.** *Direito militar.* Peça de artilharia usada para alisar o olhal do projétil até que adquira a forma conveniente para receber a espoleta. **3.** Na *linguagem comum:* a) o macaco da África ocidental e costa da Guiné; b) eixo de máquina-ferramenta inserido numa peça a ser trabalhada, para segurá-la durante a usinação; c) peça que alisa furos grandes em trabalho mecânico; d) dispositivo que segura e gira a broca na furadeira.

MANDUA. *Direito comparado.* Tenda usada no Ceilão.

MANEABILIDADE. **1.** *Direito militar.* Exercício militar pelo qual a tropa efetua o reconhecimento do terreno e nele executa manobras elementares. **2.** Na *linguagem comum*, aquilo que é manejável.

MANEADOR. *Direito agrário.* **1.** Correia de couro usada para amarrar animal ou para pô-lo à soga. **2.** O que prende o animal com uma corda.

MANEAR. **1.** *Direito agrário.* Prender animal com corda ou laço. **2.** Na *linguagem comum*, aquilo que é maleável.

MANECA. *Direito do trabalho.* Modelo profissional que desfila para venda de modas.

MANEGA. *Direito marítimo.* Aparelho utilizado na construção dos navios para fazer chegar as tábuas ao lugar próprio.

MANEGAR. *Direito marítimo.* Colocar a baliza de modo a cortar a quilha verticalmente em ângulo reto.

MANEIA. *Direito agrário.* Guasca usada para prender o cavalo pelas mãos, evitando que ele venha a correr.

MANEIO. **1.** Nas *linguagens comum* e *jurídica:* a) administração; b) lucro; c) laboração; d) ato de manejar; e) trabalho manual. **2.** *Direito agrário.* Gorduras ou protuberâncias adiposas nas reses, que permitem avaliar seu estado de engorda. **3.** *História do direito.* Tributo que era pago pelos assalariados, incidente sobre os lucros de fábricas.

MANEIRA. **1.** *Direito autoral.* Estilo de um autor ou de um artista. **2.** Nas *linguagens comum* e *jurídica:* a) habilidade; b) uso; c) meio de execução de ato; d) modo de ser; e) método para realizar algo; f) interpretação.

MANEIRA DE PENSAR. **1.** Opinião. **2.** Parecer.

MANEIRISMO. *Medicina legal.* Afetação exagerada, acompanhada de gestos sem sentido, que se manifesta em homossexual exibicionista.

MANEIRISTA. 1. *Direito autoral.* Autor ou artista que não varia de estilo. **2.** Na *linguagem comum:* afetado.

MANEIRO. 1. Pequenas canoas da Amazônia, fáceis de manobrar. **2.** Manual. **3.** Ágil. **4.** De manejo fácil.

MANEJAR. 1. Administrar. **2.** Governar. **3.** Ter conhecimento de uma arte ou disciplina. **4.** Exercer, desempenhar. **5.** Dirigir algo com as mãos.

MANEJO. 1. *Direito agrário.* a) Aparelho que visa a adaptação de máquinas de tração animal para aumentar a força do animal; b) arte de domar ou ensinar cavalos; c) ato de submeter animais a cuidados de higiene e alimentação. **2.** *Direito militar.* Manobra militar. **3.** Na *gíria*, artimanha. **4.** *Direito ambiental.* Todo e qualquer procedimento que vise assegurar a conservação da diversidade biológica e dos ecossistemas.

MANEJO AMBIENTAL PARA CONTROLE DA FAUNA SINANTRÓPICA NOCIVA. *Direito ambiental.* Eliminação ou alteração de recursos utilizados pela fauna sinantrópica, com intenção de alterar sua estrutura e composição, e que não inclua manuseio, remoção ou eliminação direta dos espécimes.

MANEJO DE RESÍDUOS DE SERVIÇOS DE SAÚDE. É a ação de gerenciar os resíduos de serviços de saúde, nos seus aspectos intra e extra-estabelecimento, desde a geração até a sua disposição final, incluindo: segregação, descarte, acondicionamento, identificação, coleta, transporte interno, tratamento preliminar, armazenamento temporário e externo, higienização, segurança ocupacional, coleta e transporte externo, tratamento final e disposição final de resíduos de serviços de saúde.

MANEJO FLORESTAL. *Direito agrário.* Silvicultura que visa à exploração periódica de florestas, sem contudo afetá-las.

MANEJO FLORESTAL SUSTENTÁVEL. *Direito ambiental.* Administração da floresta para a obtenção de benefícios econômicos, sociais e ambientais, respeitando-se os mecanismos de sustentação do ecossistema objeto do manejo e considerando-se, cumulativa ou alternativamente, a utilização de múltiplas espécies madeireiras, de múltiplos produtos e subprodutos não madeireiros, bem como a utilização de outros bens e serviços de natureza florestal.

MANEQUIM. 1. *Direito comercial.* a) Boneco usado nas vitrinas de estabelecimento comercial para exposição de roupas ou para assentar trabalhos de costura; b) aquele que posa para fotos ou comerciais de propaganda. **2.** *Direito autoral.* Aquele que posa para escultor ou pintor. **3.** *Direito do trabalho.* Modelo profissional. **4.** Na *linguagem comum,* aquele que, não tendo vontade própria, se deixa guiar pela opinião alheia.

MANETA. *Medicina legal.* Aquele que não tem braço ou mão.

MANETE. 1. *Direito aeronáutico.* Acelerador do motor da aeronave. **2.** Na *linguagem comum,* uma pequena alavanca de comando de uma máquina.

MANGA. *Direito agrário.* **1.** Pasto cercado. **2.** Cerca divergente a partir da porta do curral que facilita a entrada do gado. **3.** Corredor de cercas por onde, no Nordeste, o vaqueiro conduz o gado à aguada. **4.** Linha formada por pessoas para obrigar a passagem de animais para certo local. **5.** Fruto da mangueira.

MANGABAL. *Direito agrário.* Plantação de mangabeira.

MANGABEIRA. *Direito agrário.* Árvore cujo látex branco produz borracha de qualidade inferior e cujos frutos comestíveis são usados na fabricação de álcool, vinagre, vinho, xarope e compota.

MANGABEIRO. *Direito agrário.* Aquele que está encarregado de extrair látex da mangabeira.

MANGAL. *Direito agrário.* Plantação de mangueiras.

MANGA–LARGA. *Direito agrário.* Raça brasileira de cavalo de sela.

MANGALHOS. *Direito comercial.* Produtos de indústria e lavoura doméstica que são vendidos nas feiras do interior de Pernambuco.

MANGANELA. *História do direito.* Pequena máquina de guerra da Idade Média, apropriada para arremessar pedras ou dardos.

MANGAR. 1. Enganar. **2.** Zombar com aparência de seriedade. **3.** Matar o tempo. **4.** Mendigar.

MANGONE. *História do direito.* Antigo mercador de escravos, em Roma.

MANGRA. *Direito agrário.* Ferrugem do trigo.

MANGRADO. *Direito agrário.* O fruto seco.

MANGUÁ. *Direito agrário.* No Norte, a correia usada para açoitar animal.

MANGUAL. 1. *Direito agrário.* Instrumento constituído de duas varas, utilizado para malhar cereais. **2.** *Direito comparado.* Arma de árabe africano que consiste num pau comprido, ao qual se prendem pequenos toros, sendo descarregados com ambas as mãos contra o inimigo.

MANGUAPA. *Direito agrário.* Cavalo que cavalga bem.

MANGUARA. *Direito agrário.* **1.** Vara para bater feijão. **2.** Pau em que levam aves domésticas, atadas pelos pés e nele enfiadas. **3.** Bastão que auxilia a marcha em terreno escorregadio.

MANGUEIRA. 1. *Direito agrário.* a) Árvore que produz manga; b) no Rio Grande do Sul, o curral onde o gado é recolhido. **2.** *Direito marítimo.* Manga larga dos encerados que tapa a escotilha durante o combate.

MANGUEIRAL. *Direito agrário.* Plantação de mangueiras.

MANGUEIRO. *Direito agrário.* Chiqueiro de porcos.

MANGUELA. *Direito comparado.* Embarcação usada na Ásia.

MANHEIRO. *Direito agrário.* No Rio Grande do Sul, o gado que anda devagar quando vem tocado para a mangueira.

MANHOOD. *Termo inglês.* Maioridade.

MANIA. *Medicina legal.* **1.** Doença mental em que a pessoa torna-se agressiva, violenta, loquaz, irônica, sarcástica. Tais sintomas podem manifestar-se em caso de demência senil, psicose maníaco-depressiva, esquizofrenia etc. **2.** Perturbação mental que se limita a uma só ordem de fatos, como, por exemplo, cleptomania. **3.** Paixão mórbida ou excessiva por alguma coisa. **4.** Excentricidade.

MANÍACO. *Medicina legal.* **1.** Aquele que tem mania. **2.** Excêntrico.

MANIAGAR. *Direito comparado.* Em certas regiões da Índia, o chefe de aldeia.

MANIATADO. *Direito processual penal.* **1.** Algemado. **2.** Preso.

MANICA. *Direito agrário.* A menor das três bolas com que o campeiro boleia o animal que está correndo.

MANICACA. Na *gíria,* o calouro na aviação.

MANIÇOBA. *Direito agrário.* **1.** Folha da mandioca. **2.** Árvore que fornece látex para produção de borracha de qualidade não muito inferior que a da seringueira e sementes para extração de óleo.

MANIÇOBAL. *Direito agrário.* Local onde há grande número de maniçoba.

MANIÇOBEIRO. *Direito agrário.* Trabalhador rural que extrai o látex da maniçoba.

MANICOMIAL. *Direito penal.* Referente a manicômio.

MANICÔMIO. *Direito penal* e *medicina legal.* **1.** Hospital especializado no tratamento de doenças mentais. **2.** Hospício.

MANICÔMIO JUDICIÁRIO. *Direito penal.* Estabelecimento psicopático onde são recolhidos os delinqüentes, desde que doentes mentais. Hoje designa-se Hospital de custódia e tratamento psiquiátrico.

MANICURO. *Direito do trabalho.* Aquele que trata das mãos da clientela, aparando, polindo e esmaltando-lhe as unhas.

MANIFESTAÇÃO. 1. Nas *linguagens comum* e *jurídica:* a) declaração pública de uma opinião; b) divulgação; c) demonstração pública relativamente a determinadas pessoas ou a certos fatos; d) declaração de vontade. **2.** *Ciência política.* Expressão de agrado ou desagrado, em reunião popular de caráter político (Othon Sidou). **3.** *Direito administrativo.* Parecer sobre um assunto.

MANIFESTAÇÃO DA VONTADE. *Direito civil.* Declaração da vontade, expressa ou tácita, e às vezes por meio do silêncio, que revela a intenção de se efetivar um ato negocial.

MANIFESTAÇÃO DO PENSAMENTO. *Direito constitucional.* Liberdade para difundir idéias, por qualquer modo e sem censura, vedado o anonimato.

MANIFESTAÇÃO EXPLÍCITA DA PRÓPRIA VONTADE DO PACIENTE TERMINAL. *Medicina legal.* Declaração da vontade pelo doente terminal relativamente ao tratamento desejado, como, por exemplo, na ocorrência de inconsciência ou demência irreversível, o uso de hidratação e alimentação parenterais, bem como a retirada de tecidos e órgãos do seu corpo para fins terapêuticos e científicos.

MANIFESTADOR. Aquele que manifesta algo.

MANIFESTA HAUD INDIGENT PROBATIONE. *Expressão latina.* O evidente não precisa ser provado.

MANIFESTANTE. *Vide* MANIFESTADOR.

MANIFESTAR. 1. *Direito alfandegário.* Dar ao manifesto na alfândega ou em outra estação fiscal. **2.** Nas *linguagens comum* e *jurídica:* a) revelar; b) exprimir uma opinião; c) tornar público.

MANIFESTO. 1. *Direito comercial.* a) Documento autenticado em que o comandante do navio mercante relaciona a carga transportada e os portos de origem e retorno; b) declaração trazida ao público para lançamento de empréstimos das sociedades anônimas ou para abertura de subscrição pública de capital para sua formação. **2.** *Direito alfandegário.* Declaração do fiscal da Fazenda Pública relativa às mercadorias vendidas sujeitas a certos impostos. Consiste num guia de alfândega. **3.** Nas *linguagens jurídica* e *comum*: a) declaração pública; b) inequívoco; c) convincente; d) escrito que revela algo; e) documento pelo qual o governante expõe ao povo os motivos de uma deliberação ou ato.

MANIFESTO DE CARGA. *Direito marítimo.* Documento que contém o rol das mercadorias embarcadas no navio.

MANIFESTO INTERNACIONAL DE CARGA. *Direito internacional privado* e *direito alfandegário.* Declaração de Trânsito Aduaneiro (MIC-DTA) que ampara cargas em trânsito aduaneiro de entrada ou de passagem de conformidade com o estabelecido em acordo internacional e na legislação específica.

MANINA. *Direito agrário.* A vaca que não fica prenha.

MANINHO. 1. *Direito civil.* O conjunto de bens de falecido que não deixou filhos. **2.** *Direito agrário.* a) Estéril; b) silvestre; c) não aproveitado pela cultura; d) terreno inculto; charneca. **3.** *Direito administrativo.* Que é de logradouro público.

MANIOGRAFIA. *Medicina legal.* Tratado ou estudo sobre alienação mental.

MANIOGRÁFICO. *Medicina legal.* Relativo à maniografia.

MANIÓGRAFO. *Direito autoral.* Autor de livro sobre alienação mental.

MANIPULAÇÃO. 1. Na *linguagem comum:* preparação manual de produtos farmacêuticos, químicos etc. **2.** *Ciência política.* Relação sociopolítica que faz intermediação entre indivíduos ou grupos (Goodin; Stoppino). **3.** *Direito financeiro.* Operação no mercado financeiro que procura ganhos, prejudicando os demais participantes do mercado, por meio de: divulgação de informações falsas; resultados fraudados; demonstração financeira forjada e preço de ativos e *commodities* distorcidos da realidade (Luiz Fernando Rudge).

MANIPULAÇÃO DA INFORMAÇÃO. É a que pode aparecer como: a) fornecimento de falsas informações sobre acontecimentos para levar alguém a ter certo comportamento. Trata-se da mentira; b) supressão de informação, deixando-se de publicar determinadas notícias, restringindo a base do conhecimento e limitando as alternativas de escolha; c) emissão incessante de grande número de informações, total ou parcialmente contraditórias, saturando a capacidade de recepção e de avaliação da mensagem pelo destinatário, levando-o a uma atitude defensiva de indiferença; d) artifício propagandístico; e) doutrinamento (Brown; Stoppino).

MANIPULAÇÃO DE ALIMENTOS. *Direito comercial.* São as operações que são efetuadas sobre a matéria-prima até a obtenção de um alimento preparado, envolvendo as etapas de preparação, embalagem, armazenamento, transporte e distribuição.

MANIPULAÇÃO FÍSICA. *Medicina legal.* Emprego de instrumentos químicos ou elétricos pelo manipulador, que alteram os mecanismos físicos e o estado do organismo de alguém, levando-o a ter receptividade às mensagens. P. ex.: a administração de psicofármacos, que atuam no sistema nervoso central, como o pentotal (soro da verdade), e a estimulação elétrica do cérebro (Stoppino).

MANIPULAÇÃO GENÉTICA. *Biodireito.* Técnica de engenharia genética que desenvolve experiências para alterar patrimônio genético, transferir parcelas do patrimônio hereditário de um organismo vivo a outro ou operar novas combinações de genes para lograr, p. ex., na reprodução assistida, a concepção de uma pessoa com caracteres diferentes ou superar alguma enfermidade congênita.

MANIPULAÇÃO PSICOLÓGICA. *Psicologia forense.* É a que opera sobre a estrutura das motivações, baseada na vulnerabilidade do sujeito, ao se explorar os determinismos psíquicos inconscientes de alguém para dirigir, veladamente, seu comportamento, inibindo os seus reflexos adquiridos, as idéias, os princípios morais e até a sua identidade. P. ex., o uso de *slogan*, símbolos, lavagem cerebral etc.

MANIPULAÇÃO SOCIAL. *Sociologia jurídica.* Relação em que alguém, intencionalmente, determina certo comportamento de outrem, sem que este note que tal conduta é por ele querida, uma vez

MANIPULADOR

223

MAN

que o leva a crer que a escolhe livremente. O sujeito é manipulado sem saber que o é e crê tomar a sua decisão de modo livre e consciente (Stoppino).

MANIPULADOR. 1. *Direito comercial* e *direito ambiental.* Aquele que faz manipulação. **2.** Instrumento transmissor de sinais telegráficos. **3.** O que se dedica ao preparo de fórmulas de defensivos agrícolas. **4.** Pessoa física ou jurídica habilitada e autorizada a fracionar e reembalar agrotóxicos e afins, com o objetivo específico de comercialização.

MANIPULADOR DE ALIMENTOS. *Direito comercial* e *direito do trabalho.* Qualquer pessoa que manipula diretamente alimento envasado ou não, equipamentos e utensílios utilizados para seu processamento ou superfícies que entram em contato com o alimento.

MANIPULAR. 1. Na *linguagem comum:* preparar algo com a mão. **2.** *História do direito.* Soldado romano pertencente ao manípulo.

MANIPULÁRIO. *Direito romano.* Chefe de um manípulo ou milícia romana.

MANÍPULO. 1. *Direito romano.* Haste contendo sinais simbólicos que servia de bandeira à tropa romana. **2.** Na *linguagem comum:* 1. Manipulador. 2. Manivela.

MANIPUTO. *História do direito.* Designação dada ao rei de Portugal por alguns povos negros.

MANIQUEÍSMO. *Filosofia geral.* Doutrina fundada por Maniou Maniqueu, no século III, que pregava a criação do Universo pelo combate entre os princípios do bem e os do mal.

MANIQUEÍSTA. *Filosofia geral.* Partidário no maniqueísmo.

MANIQUEU. *Filosofia geral.* Referente a maniqueísmo.

MANIRROTO. Perdulário.

MANISMO. *Filosofia geral.* Teoria proposta por Spencer, segundo a qual o culto dos mortos é a origem das religiões.

MANIVA. *Direito agrário.* **1.** Mandioca. **2.** Rama de mandioca destinada ao plantio.

MANIVELA. *Direito civil.* Testa-de-ferro.

MANIVÉRSIA. *Direito civil* e *direito penal.* Fraude.

MANJARRA. *Direito agrário.* **1.** Pau a que se prende o animal que faz andar a atafona. **2.** Prensa utilizada na manipulação do tabaco.

MANJEDOURA. *Direito agrário.* Tabuleiro em que se coloca comida aos animais que estão no estábulo.

MANJORRA. *Direito agrário.* Travessa que fixa ao eixo central da nora, onde o animal é atrelado para fins de extração de água de poço.

MANJUBA. Na *gíria:* a) salário; b) propina; c) gorjeta; d) refeição.

MANNGELD. *Termo alemão.* Preço do homem.

MANO. *Direito civil.* Irmão.

MANOBRA. 1. *Direito militar.* Exercício de unidade militar de conformidade com o plano preestabelecido, para treinar soldados em guerra ou em situação perigosa. **2.** *Direito aeronáutico.* Conjunto de normas regulamentares que se deve seguir antes da aterrissagem do avião. **3.** *Direito marítimo.* a) Cabo que governa as velas; b) trabalho feito por marinheiro; c) arte de governar ou dirigir um navio; d) exclusivamente para efeito da manutenção da habilitação de prático e do cumprimento do estágio de qualificação de praticante de prático, entende-se como manobra o ato ou o efeito de movimentar uma embarcação, a fim de atracar, amarrar a bóia, fundear, desamarrar ou suspender ou largar da bóia para demandar outro ponto. A realização de uma manobra completa exigirá sempre o cumprimento de uma derrota. **4.** Na *linguagem ferroviária,* o vaivém da locomotiva para colocar o trem na linha conveniente. **5.** *Direito do trabalho.* a) Trabalho feito com as mãos; b) processo que requer habilidade do manobrador. **6.** *Direito de trânsito.* É o movimento executado pelo condutor para alterar a posição em que o veículo está no momento em relação à via.

MANOBRADOR. 1. Aquele que manobra. **2.** Manobreiro.

MANOBRA FRAUDULENTA. *Direito civil* e *direito penal.* **1.** Meio astucioso de enganar alguém, para a consecução de certos fins, a ponto de prejudicá-lo. **2.** Processo doloso para ludibriar alguém ou para induzi-lo a erro. **3.** Ato ardiloso que é um dos elementos do estelionato.

MANOBRAR. 1. Fazer manobra. **2.** Atuar. **3.** Levar a efeito evolução militar ou náutica.

MANOBRÁVEL. Aquilo que pode ser manobrado.

MANOBREIRO. 1. Manobrador. **2.** Encarregado de manobras náuticas e férreas.

MANOBRISTA. *Direito do trabalho.* **1.** Aquele que, profissionalmente, faz manobras de automóveis, nas garagens, ou de navios. **2.** Manobreiro.

MANOCA. *Direito agrário.* Rolo de cinco ou seis folhas de tabaco, assim dispostas para secar.

MANOCAGEM. *Direito agrário.* Operação de manocar o tabaco.

MANOCAR. *Direito agrário.* Formar molho de folhas de fumo para que possam secar.

MANOEUVRE. *Termo francês.* **1.** Manobra militar. **2.** Operário não especializado.

MANÓGRAFO. Aparelho usado para registrar velocidade de motor a explosão.

MANOJEIRO. *Direito agrário.* Aquele que ata os velos deixados pelo tosquiador no local onde se tosquia o gado ovino.

MANOPLA. *História do direito.* **1.** Chicote de cocheiro. **2.** Luva de ferro de armadura.

MANOTAÇO. *Direito agrário.* Pancada dada pelo cavalo com um ou os dois membros anteriores.

MANOTEADOR. *Direito agrário.* O cavalo que dá pancada com as patas anteriores.

MANQUE. *Termo francês.* **1.** Defeito **2.** Ausência.

MANQUEANTE. *Direito agrário.* Animal que manqueja.

MANQUECER. *Direito agrário.* Tornar-se, o animal, manco.

MANQUEIRA. *Direito agrário.* Irregularidade da marcha de um animal que se tornou manco.

MANQUEJAR. **1.** *Direito agrário.* Estar manco. **2.** *Direito marítimo.* Ficar atrás de navios por não poder, a embarcação, acompanhar sua andadura.

MANSA E PACÍFICA. *Direito civil.* Posse exercida, durante certo período de tempo, sem qualquer oposição de terceiro.

MANSÃO. *Direito civil.* Residência luxuosa.

MANSARDA. *Direito civil.* **1.** Água furtada. **2.** Morada miserável.

MANSIDÃO. **1.** Brandura. **2.** Serenidade. **3.** Índole pacífica.

MANSIONÁRIO. *História do direito.* **1.** Sacristão que tinha a guarda da igreja, nela residindo. **2.** Beneficiado de ordem imediatamente inferior à dos cônegos. **3.** Aposentador.

MANSO. **1.** *Direito agrário.* a) Cultivado; b) seringueiro acostumado à terra e afeito aos usos da extração do látex; c) animal amansado ou domado. **2.** Na *gíria*, é o marido ultrajado, mas complacente.

MAN SPRICHT DEUTSCH. *Expressão alemã.* Fala-se alemão. Tais palavras são colocadas em vitrinas de lojas para indicar que nelas existem pessoas que entendem a língua alemã.

MANTALONA. *Direito comparado.* Tecido usado na Índia para fabricar velas de embarcações.

MANTA ORGÂNICA FLORESTAL. *Direito ambiental.* Solo orgânico advindo da deposição lenta de detritos vegetais da floresta.

MANTAR. *Direito agrário.* Cavar a terra em mantas para plantio de bacelos.

MANTEIGARIA. *Direito comercial.* Estabelecimento especializado em fabricar e vender manteiga.

MANTEIGUEIRO. *Direito comercial.* Fabricante ou vendedor de manteiga.

MANTEIRO. *Direito comercial.* Aquele que fabrica e vende mantas.

MANTEL. *Direito canônico.* Toalha de altar.

MANTELETE. **1.** *Direito militar.* Parapeito adiante da tropa que cerca uma praça. **2.** *Direito canônico.* Veste eclesiástica colocada por cima do roquete.

MANTENÇA. *Direito civil.* **1.** Sustento necessário para a sobrevivência de uma pessoa. **2.** Alimentos. **3.** Despesa com a conservação de um bem. **4.** Suprimento de víveres. **5.** Manutenção.

MANTENEDOR. **1.** *Direito canônico.* Designação dada, no Amazonas, ao responsável pelas cerimônias religiosas em honra de Santo Antônio. **2.** Nas *linguagens comum* e *jurídica* pode ser aquele que mantém algo; defensor.

MANTENENTE. *Vide* MANTENEDOR.

MANTENIMENTO. Manutenção.

MANTER. *Direito civil.* **1.** Dar alimentos; prover a subsistência de alguém. **2.** Sustentar na posse de alguma coisa. **3.** Conservar. **4.** Ratificar; confirmar.

MANTEÚDA. *Direito civil.* Diz-se da concubina que é mantida, no sentido econômico, pelo amante.

MANTEÚDO. *Direito agrário.* Diz-se do boi ou cavalo robusto, apesar da parca alimentação e da realização de serviço duro.

MANTICOSTUMES. *Teoria geral do direito.* O que mantém os costumes, os usos e as tradições.

MANTIDO. *Direito civil.* Sustentado.

MANTIMENTO. *Direito civil.* **1.** Víveres. **2.** O que se despende com a manutenção e conservação de alguma coisa.

MANTO. *Medicina legal.* Substância parda que reveste externamente o cérebro.

MANUAL. 1. Nas *linguagens comum* e *jurídica:* a) relativo à mão; b) referente ao trabalho realizado com as mãos; c) pequeno livro ou compêndio que contém resumo ou noções fundamentais relativas a um determinado assunto. **2.** *Direito canônico.* Livro que contém os rituais dos sacramentos.

MANUAL DE AVALIAÇÃO TÉCNICA DE IMÓVEIS DA UNIÃO. *Direito administrativo.* É o destinado a descrever procedimentos que conduzam a uma homogeneização das avaliações de imóveis, nos serviços afetos à Secretaria do Patrimônio da União.

MANUAL DE BOAS PRÁTICAS DE FABRICAÇÃO. *Direito comercial* e *direito ambiental.* Documento que descreve as operações realizadas pelo estabelecimento, incluindo, no mínimo, os requisitos sanitários dos edifícios, a manutenção e higienização das instalações, dos equipamentos e dos utensílios, o controle da água de abastecimento, o controle integrado de vetores e pragas urbanas, a capacitação profissional, o manejo dos resíduos, o controle da higiene e saúde dos manipuladores e o controle e garantia da qualidade sanitária do produto final.

MANUAL DE EXECUÇÃO NACIONAL. *Direito internacional público.* Consolidação das normas e procedimentos de cooperação técnica internacional dos organismos internacionais, adaptadas à realidade do país receptor.

MANUAL DE SEGURANÇA. *Direito espacial.* Documento específico de cada centro de lançamento, que estabelece parâmetros, exigências e métodos para atender às diretrizes do Regulamento de Segurança.

MANUBALISTA. *História do direito.* Máquina de guerra que lançava dardos.

MANUBIAL. *Direito militar.* Referente a despojos do inimigo.

MANUFACTURER. *Termo inglês.* **1.** Produtor. **2.** Fabricante. **3.** Industrial.

MANUFATURA. *Direito empresarial.* **1.** Grande estabelecimento industrial. **2.** Trabalho manual. **3.** O que é produzido com aproveitamento de matéria-prima. **4.** Produto industrial. **5.** Fabricação.

MANUFATURADOR. *Direito empresarial.* O que manufatura.

MANUFATURAR. *Direito empresarial.* Fabricar.

MANUFATUREIRO. *Direito empresarial.* Relativo à manufatura.

MANU MILITARI. *Locução latina.* **1.** Pela mão militar; militarmente. **2.** Ato violento praticado por militar ou civil. **3.** Ordem cumprida mediante uso de força armada. **4.** Força pública.

MANUMISSÃO. *História do direito.* Alforria; libertação de escravos.

MANUMISSIO AUTEM EST DATIO LIBERTATIS. *Expressão latina.* A manumissão é a dação da liberdade.

MANUMISSO. *História do direito.* Escravo alforriado.

MANUMISSOR. *História do direito.* Aquele que libertava seu escravo.

MANUMITENTE. *Vide* MANUMISSOR.

MANUMITIR. *História do direito.* Libertar escravo; alforriar.

MANUS. *Direito romano.* Poder do *pater familias* sobre coisas ou pessoas que dele dependiam.

MANUSCREVER. Escrever à mão.

MANUSCRITO. *Direito autoral.* **1.** O original, do próprio punho, ou datilografado, com emendas manuscritas do autor, ou ainda as provas impressas do livro com corrigendas por ele feitas à mão. **2.** Original de uma obra intelectual. **3.** Obra escrita à mão. **4.** Texto literário antes de ser divulgado ao público.

MANUSEIO. Ato de manejar.

MANUS INJECTIO. 1. *Locução latina.* Apreensão corporal. **2.** Pela *legis actio per manus injectionem*, o credor fazia apresentar o devedor ao magistrado para que fosse processado, e o conduzia à prisão privada, se não pagasse o débito ou apresentasse um fiador (Sílvio Meira). **3.** Ação executória para se apoderar de coisa ou de pessoa.

MANUS MARITALIS. *Vide* MANUS MARITI.

MANUS MARITI. *Locução latina.* Poder exercido sobre a mulher que era adquirida pelo *usus*, se coabitasse com o marido durante um ano; pela *confarreatio*, se marido e mulher serviam-se de um bolo, durante a cerimônia, na presença de dez testemunhas; pela *coemptio*, se a mulher se submetia ao marido mediante uma venda solene fictícia em presença de cinco testemunhas e do *libripens*, que simbolizava o ato mercantil. Trata-se do poder marital. A mulher *in manu* ficava *loco filiae*, isto é, tomava o lugar de filha, logo em relação aos filhos sua posição jurídica era a de irmã (*loco sororis*), tendo direito a quinhão hereditário idêntico (Sílvio Meira).

MANUS REGUM LONGA. *Expressão latina.* Os reis abrangem muito com seu poder.

MANUS TENERE. *Locução latina.* Ter em mão.

MANUSTÉRGIO. *Direito canônico.* Pequena toalha de linho bordada, onde o celebrante enxuga, no momento do lavabo, os dedos.

MANUSTURBAÇÃO. *Medicina legal.* Masturbação.

MANUTENÇA. *Vide* MANUTENÇÃO.

MANUTENÇÃO. *Direito civil.* 1. Conservação. 2. Despesa com a conservação do bem. 3. Ratificação. 4. Sustento necessário à subsistência de alguma pessoa. 5. Mantença.

MANUTENÇÃO DE POSSE. *Direito processual civil.* Ação apropriada para manter o possuidor, que sofreu turbação, na sua posse.

MANUTENÇÃO DE RODOVIAS PAVIMENTADAS. *Direito administrativo.* Serviços de reparos dos defeitos ocasionados pelo desgaste natural, face ao uso ou à exposição às intempéries, onde se procura reabilitar as funções de trafegabilidade, em caráter preventivo, com intervenções singelas, de baixo custo, tais como a sinalização horizontal e a recuperação asfáltica.

MANUTENÇÃO MILITAR. *Direito militar.* Estabelecimento que fabrica pães para as tropas.

MANUTENÊNCIA. *Vide* MANUTENÇÃO.

MANUTENIDO. *Direito processual civil.* Possuidor que foi mantido em sua posse por ordem ou mandado judicial.

MANUTENIR. 1. *Direito civil.* a) Sustentar; b) manter. 2. *Direito processual civil.* Assegurar, mediante ordem judicial, a posse de alguém.

MANUTENÍVEL. *Direito civil.* Aquilo que pode ser mantido.

MANUTÉRGIO. *Vide* MANUSTÉRGIO.

MANUTIR. Manter.

MANVIO. *Direito marítimo.* Extremidade do cabo, que tem a forma de chicote.

MANZANILHA. *Direito agrário.* Azeitona.

MANZARI. *Direito agrário.* Cacho de cocos.

MANZUÁ. *Direito agrário.* Engradado de varas, usado na pesca, onde o peixe entra por uma abertura, não mais podendo sair por não encontrar a saída.

MÃO. 1. *Medicina legal.* Extremidade do membro superior do ser humano, que serve para apreender objeto e para exercício do tato. 2. *Direito civil.* a) Posse; b) domínio. 3. *Direito agrário.* a) Gavinha

de planta trepadeira; b) medida sertaneja usada na venda do milho não debulhado. 4. *Direito de trânsito.* a) Cada um dos sentidos do trânsito na estrada ou na rua; b) lado direito de quem vai guiando um veículo. 5. *Ciência política.* Poder.

MÃO-ABERTA. *Direito civil.* Esbanjador de dinheiro.

MÃO AMIGA. Benfeitor ou protetor.

MÃO ARMADA. *Direito militar.* Uso de força ou de porte de arma ofensiva.

MÃO COMUM. *Direito civil.* Diz-se do testamento conjuntivo que, proibido por lei, é realizado por duas ou mais pessoas, num só ato, dispondo em benefício mútuo ou de terceiro.

MÃO DE BARCA. Cabo que prende a embarcação à rede sardinheira.

MÃO DE FERRO. 1. *Direito agrário.* Ancinho de dentes longos e curvos usado pelo horticultor. 2. *Ciência política.* a) Potência tirânica; b) opressão.

MÃO-DE-OBRA. *Direito do trabalho* e *direito comercial.* 1. Conjunto de operários que efetuam um serviço. 2. Custo da execução de uma obra. 3. Ação do trabalhador sem que se considere o material por ele empregado. 4. Trabalho remunerado, manual ou mecânico, do qual resulta um produto. 5. Complexo de pessoas existentes no mercado de trabalho.

MÃO-DE-VACA. 1. *Direito agrário.* a) Mocotó; b) canela e falanges do gado bovino, com suas respectivas carnes. 2. Na *linguagem comum* diz-se daquele que é avarento ou mesquinho.

MÃO EXPEDIDA. A que escreve rapidamente.

MÃO FIRME. Aquele que não treme ao escrever ou ao executar qualquer serviço.

MÃO-FRANCESA. *Direito civil.* Braço que sustenta os beirais do telhado, caixa-d'água etc.

MÃO-FURADA. *Direito civil.* Perdulário; gastador.

MAOÍSMO. *Ciência política.* Formulação ideológica chinesa que, inspirada em Mao Tsé-Tung, foi entendida como uma concepção alternativa à totalidade do movimento operário e comunista (Pischel, Ch'en e Schram).

MÃO-LEVE. *Direito penal.* Gatuno.

MAOMETISMO. 1. Religião fundada por Maomé. 2. Muçulmanismo.

MÃO-MORTA. *História do direito.* 1. Estado de bens inalienáveis, como eram os das entidades religiosas, hospitais etc. 2. Privação de um poder. 3. Proibição dos vassalos de disporem de seus bens. 4. Taxa cobrada para afastar tal proibição. **5.** Direito do senhor feudal de recolher a herança deixada pelo súdito sem herdeiro varão. **6.** Entidade isenta de imposto de transmissão.

MAONA. *História do direito.* Tipo de embarcação muito antiga.

MÃO-PENDENTE. *Direito penal.* Oferta para suborno.

MÃOS-LIMPAS. *Direito administrativo.* Integridade na administração de algum cargo.

MÃOZEIRA. *Direito agrário.* Diz-se do animal que, ao lavrar, só trabalha bem de um lado.

MAPA. **1.** *Direito autoral.* a) Carta geográfica protegida como obra intelectual; b) quadro sinótico. **2.** *Direito civil.* a) Relação; lista; b) representação plana e reduzida da superfície terrestre. **3.** *Direito comercial.* Catálogo.

MAPA GEOGRÁFICO. Delineação das terras e dos mares.

MAPA HIDROGRÁFICO. Representação dos mares e rios da Terra.

MAPA-MÚNDI. Delineação de toda a superfície terrestre, nos dois hemisférios.

MAPA TOPOGRÁFICO. Representação minudente de uma localidade e de suas cercanias.

MAPEAMENTO. Ato ou efeito de mapear.

MAPEAR. Delinear numa superfície plana os contornos geográficos de uma dada região.

MÁ PRÁTICA MÉDICA. *Direito penal* e *direito civil.* Desvio da ciência médica de sua finalidade humanitária e uso da medicina para atentar contra a dignidade do ser humano (Leonard Michael Martin).

MAQUERA. *História do direito.* Tipo de sabre largo e curto, usado antigamente.

MAQUETE. **1.** Esboço de um edifício. **2.** Modelo reduzido. **3.** Esboço em pequena escala, em três dimensões, de uma escultura.

MAQUIA. **1.** *Direito militar.* Combate. **2.** *Direito agrário.* Porção arrecadada pelos moleiros ou lagareiros a título de remuneração do grão ou da azeitona por eles moída. **3.** *História do direito.* Medida de grãos e de farinha, que correspondia a dois selamins ou à oitava parte de um alqueire. **4.** *Direito do trabalho.* Rendimento auferido, pelo trabalhador não salariado, do trabalho que realizou.

MAQUIADOR. *Vide* MAQUILADOR.

MAQUIAGEM. *Vide* MAQUILAGEM.

MAQUIAVELICE. Astúcia; ardil; perfídia.

MAQUIAVÉLICO. *Ciência política.* **1.** Relativo a maquiavelismo. **2.** Astuto, ardiloso. **3.** Estilo de vida em que a habilidade é a maior das virtudes para alcançar objetivos político-sociais.

MAQUIAVELISMO. *Ciência política.* **1.** Teoria política criada por Nicolau Bernardo Maquiavel, que tinha por base a astúcia ou a perfídia, por considerá-la a grande virtude do *homo politicus.* **2.** Modo político de agir que revela falsidade e falta de escrúpulos, por empregar a fraude (Sérgio Pistone). **3.** Capacidade diplomática.

MAQUIAVELISTA. *Ciência política.* Adepto do maquiavelismo.

MAQUILADOR. *Direito do trabalho.* Profissional encarregado de caracterizar atores nos teatros, na televisão e no cinema, conforme os personagens que representam.

MAQUILAGEM. **1.** Ato ou efeito de pintar o rosto. **2.** Uso de cosméticos, visando o embelezamento.

MAQUILAR. **1.** Usar cosmético. **2.** Pintar o próprio rosto ou de outrem.

MAQUIMONO. *Direito comparado.* Escrita ou pintura que, no Japão, se aplica num papel que será depois enrolado.

MÁQUINA. **1.** *Direito comercial.* a) Aparelho utilizado para produção de algo, evitando esforço humano, uma vez que mecaniza o trabalho; b) instrumento empregado na indústria. **2.** *Direito de trânsito.* Veículo motor.

MÁQUINA AGRÍCOLA. *Direito agrário.* Instrumento destinado à lavoura como, p. ex., semeadora, debulhadora, ceifeira, charrua etc.

MAQUINAÇÃO. *Direito penal.* **1.** Conluio. **2.** Trama secreta, mediante emprego de meios ardilosos.

MÁQUINA DA VERDADE. *Medicina legal.* Polígrafo ou cardiopneumopsicograma que revela mentira ao registrar a influência do estado ou da reação emocional daquele que depõe e mente, ao ser submetido a perguntas e testes, pelas alterações da pressão arterial, da pulsação, dos ritmos da respiração e pelo desencadeamento do reflexo pela resistência que o corpo oferece à passagem, pelo circuito, de corrente galvânica. É o detector de mentiras (Croce e Croce Jr.).

MÁQUINA DE GUERRA. *História do direito.* Aquela usada antes da invenção da pólvora para cercar praças e cidades ou para combates em campo.

MÁQUINA DO ESTADO. *Direito administrativo.* Conjunto dos poderes públicos e dos funcionários encarregados da Administração Pública.

MAQUINADOR. *Direito penal.* Aquele que faz maquinação para lesar alguém e obter proveito próprio.

MÁQUINA FOTOGRÁFICA. Câmara fotográfica.

MÁQUINA INTELIGENTE. *Direito virtual.* Tipo de máquina que, devido ao alto grau de controle automático, pode efetuar complexos serviços sem a participação humana.

MAQUINAL. 1. Referente a máquinas. **2.** Inconsciente. **3.** Automático.

MÁQUINA PROFISSIONAL. *Direito civil, direito processual civil* e *direito do trabalho.* Aparelho utilizado por alguém para desempenhar sua atividade profissional, sendo impenhorável.

MAQUINAR. 1. *Direito penal.* a) Planejar algo ocultamente para prejudicar alguém; b) conspirar. **2.** *Direito autoral.* Criar projetos.

MAQUINARIA. *Direito comercial.* **1.** Conjunto de máquinas. **2.** Arte de construir máquinas.

MAQUINÁRIO AGRÍCOLA. *Direito agrário.* Conjunto de máquinas usadas na moderna agricultura como, p. ex., o trator, o arado, a colheitadeira, a semeadeira, a enfardadeira etc.

MÁQUINAS DAS FÁBRICAS. *Direito comercial.* Aparelhos de um estabelecimento industrial usados para elaboração de seus produtos.

MAQUINETA. 1. *Direito canônico.* a) Redoma que contém imagens religiosas; b) sacrário onde o Santíssimo Sacramento fica exposto sobre o altar. **2.** *Direito comercial.* a) Pequena máquina; b) aparelho utilizado na indústria têxtil; c) pequena locomotiva usada na execução de serviços auxiliares. **3.** Na *gíria* é o aparelho empregado no arrombamento de cofres-fortes.

MAQUINISMO. 1. *Filosofia geral.* Doutrina fundada por Descartes, que entende serem insensíveis os animais. **2.** *Direito empresarial.* a) Conjunto de peças de uma máquina; b) porção de máquinas; c) aparelho; d) uso de máquinas na produção industrial. **3.** *Direito autoral.* Cenário de um teatro.

MAQUINISTA. *Direito do trabalho.* **1.** Aquele que dirige um trem. **2.** Encarregado do cenário teatral. **3.** Aquele que constrói máquinas. **4.** Operário que trabalha com máquinas industriais.

MAQUINIZAR. *Direito comercial.* **1.** Prover a indústria de máquinas. **2.** Produzir com máquinas.

MAQUINO. Na *gíria* é o salteador de estradas.

MAQUINOFATURA. *Direito comercial.* **1.** Produto advindo da atividade de máquinas. **2.** Criação de produtos mediante o emprego de máquina.

MAQUINOFATUREIRO. *Direito comercial.* Relativo à maquinofatura.

MAQUIS. *História do direito.* **1.** Guerrilheiros franceses que, na Segunda Guerra Mundial, combateram os alemães. **2.** Bandidos da Córsega.

MAR. 1. *Direito canônico.* Título dos bispos maronitas da Síria. **2.** *Direito administrativo* e *direito internacional público.* Massa de água salgada, que constitui um dos bens de cada país, dentro dos limites do seu território flutuante.

MARÁ. 1. *Direito marítimo.* Vara que impele a embarcação ou que é usada para amarrá-la ou retesar a vela. **2.** *Direito agrário.* a) Ramo delgado de árvore; b) estaca onde se amarra o gado; c) vara que é colocada no fundo do lago para fixação da linha do anzol.

MARACHA. 1. Muro que divide as peças da salina. **2.** Pequena restinga.

MARACHÃO. 1. *Direito agrário.* Monte de terra colocado ao redor da planta para protegê-la do sol. **2.** Nas *linguagens comum* e *jurídica:* a) dique; b) aterro natural; c) restinga.

MARACOTÃO. *Direito agrário.* Espécie de pêssego.

MARACOTEIRO. *Direito agrário.* Pessegueiro enxertado em marmeleiro.

MARACUJÁ. *Direito agrário.* Fruto ácido comestível, próprio para sucos.

MAR ADJACENTE. *Vide* MAR TERRITORIAL.

MARAFA. *Direito penal.* No Rio de Janeiro designa a prostituta.

MARAFAIA. *Direito penal.* Meretriz, no Estado de Pernambuco.

MARAGATISMO. *História do direito.* Partido político dos maragatos.

MARAGATO. *História do direito.* Adepto do maragatismo, fundado em 1893 por Gaspar de Silveira Martins, que se opunha à ideologia política do partido dominante, chefiado por Júlio Prates Castilho.

MARAJÁ. 1. *Direito administrativo.* Diz-se do funcionário público ou de empresa estatal que recebe proventos acima do valor do mercado de trabalho (Othon Sidou). **2.** *Direito comparado.* Príncipe da Índia. **3.** *Direito agrário.* Espécie de palmeira.

MAR ALTO. *Direito internacional público.* Ponto do mar que pertence a todos os países; logo, cada um deles pode nele navegar livremente, por não estar submetido a nenhum poder jurisdicional. Trata-se do pleno mar ou do mar livre.

MARAMBAIA. 1. *Direito marítimo.* Marinheiro que prefere ficar em terra a estar embarcado. **2.** Na *gíria* é marinheiro namorador.

MARANHA. 1. Fio enredado. **2.** Negócio intrincado. **3.** Astúcia. **4.** Ato de furtar-se ao trabalho.

MARANI. *Direito comparado.* Esposa do marajá.

MARAR. Na *gíria* quer dizer: **1.** esfaquear. **2.** Matar.

MARASCA. *Direito agrário.* Cereja amarga apropriada para a produção do licor marasquino.

MARASMÁTICO. *Medicina legal.* Apático.

MARASMO. 1. *Medicina legal.* a) Apatia; b) melancolia; c) magreza ou fraqueza excessiva; d) deperecimento infantil provocado por falta de nutrição; e) tipo de desnutrição severa em que, sem receber os nutrientes necessários para manter as funções vitais como respiração e batimentos cardíacos, o corpo passa a buscar energia nas reservas de gordura e nos músculos. A criança com marasmo está extremamente emagrecida, tendo os traços emaciados e os músculos atrofiados. A pele parece a de um idoso, grande demais para o corpo. **2.** *Direito comercial.* Diminuição de atividades mercantis.

MARASMO SENIL. *Medicina legal.* Processo comum, na velhice, que atrofia os músculos.

MARATONA. 1. *Direito desportivo.* a) Corrida pedestre de longo percurso com pelo menos 42,195 quilômetros de distância; b) competição de qualquer esporte. **2.** *História do direito.* Corrida comemorativa, na antiga Grécia, do dia do soldado, com percurso de 42,5 quilômetros, indo de Maratona a Atenas. **3.** Na *gíria* é a sessão de viciados em cocaína para prática do vício.

MARAUDE. *Termo francês.* Furto ou saque de produtos agrícolas.

MARAUDING. *Termo inglês.* Pilhagem.

MARAVEDI. *História do direito.* Moeda gótica que era usada em Portugal e Espanha.

MARAVIDIL. *Vide* MARAVEDI.

MARCA. 1. *Direito comercial* e *direito de propriedade intelectual.* a) Sinal distintivo colocado em produtos de indústria ou comércio para diferenciá-los de outros idênticos ou similares, de origem diversa, permitindo que o público os conheça; b) rótulo, etiqueta; c) em propaganda é o nome, símbolo ou desenho que identifica mercadorias ou serviços de uma empresa, distinguindo-os dos de seus concorrentes; d) iniciais da firma do destinatário, que o expedidor coloca nos volumes de mercadorias despachados; e) sinal usado para distinguir a origem da carga exportada. **2.** *Direito internacional público.* Fronteira; limite. **3.** *Direito marítimo.* a) Ponto fixo na costa, que determina a posição do navio; b) baliza. **4.** *Direito agrário.* a) Instrumento de bronze ou ferro usado para marcar animais; b) sinal impresso a fogo no corpo do animal, pelo pecuarista. **5.** *Medicina legal.* Vestígio deixado no corpo ou na pele por uma moléstia ou pancada. **6.** *História do direito.* Grandeza prescrita por lei.

MARCA–BORRADA. *Direito agrário.* Animal ordinário que, por descuido, foi marcado.

MARCAÇÃO. 1. *Direito agrário.* Ato ou período em que se marca animais, imprimindo a fogo no seu couro o sinal de propriedade de seu dono. **2.** *Direito cambiário* e *história do direito.* Ato pelo qual o portador do cheque permitia que o sacado marcasse o pagamento para dia certo, após a apresentação (Othon Sidou). **3.** *Direito comercial.* Ato de rotular mercadorias; rotulagem.

MARCAÇÃO DE ANIMAIS. 1. *Direito agrário.* a) Ferração de animais, principalmente do gado, imprimindo, em seu couro, com ferro em brasa, a marca de seu proprietário; b) ato, período ou local onde se aplica nos animais o sinal usado pelo pecuarista ou fazendeiro, indicando sua propriedade. **2.** *Direito penal.* Ato delituoso que consiste em alterar por meio de impressão a fogo sinal indicativo de propriedade em gado alheio.

MARCAÇÃO DE CHEQUE. *História do direito.* Era o consentimento dado pelo portador ao sacado para marcar o cheque para seu pagamento em determinado dia, exonerando os demais responsáveis. Com isso o cheque não podia ser objeto de contra-ordem de pagamento, nem ser protestado contra o emitente e eventuais avalistas e endossantes, nem servia de título extrajudicial para sua cobrança, salvo contra o sacado. Assim, passava-se a vincular só o portador e o banqueiro, logo sua transferência apenas podia dar-se por cessão.

MARCAÇÃO DE GADO. *Vide* MARCAÇÃO DE ANIMAIS.

MARCA COLETIVA. *Direito de propriedade intelectual.* Aquela usada para identificar produtos ou serviços provindos de membros de uma determinada entidade.

MARCA COM FALSA INDICAÇÃO DE PROCEDÊNCIA. *História do direito.* Crime que consistia no uso, em produtos, de marca indicativa de falsa procedência ou na venda ou exposição à venda de produto com falsa indicação de sua origem. *Vide* CRIMES CONTRA INDICAÇÕES GEOGRÁFICAS E DEMAIS INDICAÇÕES.

MARCA DE ANIMAL. *Vide* MARCAÇÃO DE ANIMAIS.

MARCA DE CERTIFICAÇÃO. *Direito de propriedade intelectual.* Aquela que se destina a atestar a conformidade de um produto ou serviço com determinadas normas ou especificações técnicas, notadamente quanto à qualidade, natureza, material utilizado e metodologia empregada.

MARCA DE COMÉRCIO. *Direito de propriedade industrial.* Sinal distintivo, devidamente registrado, utilizado pelo empresário para assinalar suas mercadorias fabricadas por outrem. Por indicar sua procedência, constitui uma garantia para o consumidor.

MARCA DE CONFORMIDADE. Marca registrada, aposta ou emitida de acordo com as regras de um sistema de certificação, indicando confiança de que o correspondente produto está em conformidade com uma norma específica ou outro documento normativo.

MARCA DE EXPORTAÇÃO. *Direito internacional privado.* Sinal colocado em mercadorias ou produtos exportados para identificação de sua origem. É também denominada "marca de origem".

MARCA DE FÁBRICA. *Direito de propriedade industrial.* É também designada "marca de indústria", por ser o sinal distintivo, devidamente registrado, colocado pelo fabricante ou industrial em seus produtos, garantindo-os, identificando-os e indicando sua procedência.

MARCA DE FOGO. *Vide* MARCAÇÃO DE ANIMAIS.

MARCA DE GADO. *Vide* MARCAÇÃO DE ANIMAIS.

MARCA DE GENOMA. *Biodireito.* O mesmo que IMPRESSÃO GENÔMICA.

MARCA DE INDÚSTRIA. *Vide* MARCA DE FÁBRICA.

MARCA DE LABORATÓRIO. *Direito de propriedade industrial.* Sinal que identifica produtos farmacêuticos ou veterinários.

MARCA DE ORIGEM. *Vide* MARCA DE EXPORTAÇÃO.

MARCA DE SERVIÇO. *Direito de propriedade industrial.* Sinal que, estando no Registro de Propriedade Industrial, é utilizado por uma empresa ou profissional autônomo com o objetivo de distinguir os serviços que fornece ao consumidor.

MARCADO. 1. *Direito desportivo.* Diz-se do jogador, num certame, que tem junto de si um adversário dificultando sua *performance* ou jogadas. **2.** *Direito civil.* Diz-se do prazo avençado ou estipulado para o vencimento de uma obrigação. **3.** *Direito agrário.* Animal que tem a marca de seu proprietário. **4.** *Direito de propriedade industrial.* Produto ou serviço que tem sinal distintivo que o diferencia de outro idêntico. **5.** *Medicina legal.* Portador de uma qualidade física ou psíquica ou de alguma tara.

MARCADOR. 1. *Direito agrário.* Trabalhador rural encarregado de aquecer os ferros e de os levar para apor no animal o sinal de seu proprietário. Trata-se do "marqueiro". **2.** *Direito desportivo.* a) Adversário de um jogador que impede suas jogadas; b) tabuleta onde os gols ou pontos são marcados; placar.

MARCADOR DE DESBASTE. *Direito agrário.* Trabalhador rural que, numa equipe, está encarregado de efetuar atividades próprias do inventário florestal, como anotações em ficha das indicações ditadas pelo medidor ou mateiro relativas ao diâmetro, por exemplo; realização da cubagem da madeira inventariada, usando tabelas de volume etc. (Fernando Pereira Sodero).

MARCADORES BIOLÓGICOS. *Medicina legal.* Moléculas contidas na célula tumoral, cuja detecção pode ser efetuada por simples técnicas laboratoriais, como a histoquímica e a imuno-histoquímica (Vera Luiza Capelozzi).

MARCA DOS VOLUMES. *Direito comercial* e *direito de propriedade industrial.* Sinal usado por empresário para distinguir os volumes expedidos por seu estabelecimento, contendo as iniciais do destinatário, número etc. Tal marca é reproduzida nos conhecimentos e nas faturas.

MARCADOURO. *Direito agrário.* Parte da anca do animal onde, em regra, é colocada a marca de seu proprietário.

MARCA ELÉTRICA DE JELLINER. *Medicina legal.* Lesão cutânea causada por ação da corrente elétrica, que vem a servir de ponto de referência da entrada daquela energia no organismo humano, embora possa, muito raramente, indicar o da saída.

MARCA ESTRANGEIRA. *Direito de propriedade industrial.* É o sinal indicativo de produtos alienígenas, registrado conforme as convenções e tratados internacionais assinados pelo Brasil, sendo por isso equiparado à marca nacional.

MARCA FIGURATIVA. *Direito de propriedade intelectual.* É constituída por desenho, imagem, figura ou qualquer forma estilizada de letra e número, isoladamente, bem como dos ideogramas de línguas, tais como o japonês, chinês, hebraico etc. Nesta última hipótese, a proteção legal recai sobre o ideograma em si, e não sobre a palavra ou termo que ele representa, ressalvada a hipótese de o requerente indicar no requerimento a palavra ou termo que o ideograma representa, desde que compreensível por uma parcela significativa do público consumidor, caso em que se interpretará como marca mista.

MARCA GENÉRICA. *Direito de propriedade industrial.* Sinal identificador da origem de produtos diferenciados por marcas específicas.

MARCA MISTA. *Direito de propriedade intelectual.* É constituída pela combinação de elementos nominativos e elementos figurativos ou de elementos nominativos, cuja grafia se apresente de forma estilizada.

MARCA NÃO REGISTRÁVEL. *Direito de propriedade industrial.* Sinal legalmente insuscetível de assento no Instituto Nacional de Propriedade Industrial, como: emblema oficial, desenho imoral, brasão etc.

MARÇANO. *Direito do trabalho.* Aprendiz de caixeiro.

MARCA NOMINATIVA. *Direito de propriedade intelectual.* É constituída por uma ou mais palavras no sentido amplo do alfabeto romano, compreendendo, também, os neologismos e as combinações de letras e/ou algarismos romanos e/ou arábicos.

MARCA NOTÓRIA. *Direito de propriedade industrial.* Marca de indústria, de comércio ou de serviço, que, por ter caído no conhecimento do grande público, passa a ser privilegiada, tendo proteção extensiva a todas as classes dos privilégios e registros industriais.

MARCANTE. 1. O que marca. **2.** Notável.

MARCA-PASSO. *Medicina legal.* Dispositivo de emergência usado para restabelecer o ritmo do coração ou para estabilizar sua pulsação.

MARCA-PASSO ELETRÔNICO. *Medicina legal.* Pequeno aparelho colocado por baixo da pele do peito ou do abdome que produz impulsos elétricos, forçando o coração a ter um ritmo regular.

MARCAR. 1. *Direito desportivo.* Vigiar um adversário, impedindo suas jogadas. **2.** *Direito agrário.* Assinalar gado com ferro em brasa. **3.** *Direito de propriedade industrial.* Colocar marca ou sinal em produto ou serviço. **4.** *Direito marítimo.* Visar um objeto para determinar seu azimute. **5.** *História do direito.* Imprimir num criminoso um sinal infamante.

MARCAR A DERROTA. *Direito marítimo.* Assinalar na carta o rumo que a embarcação deve seguir.

MARCA REGISTRÁVEL. *Direito de propriedade industrial.* Sinal identificador de produtos e serviços, suscetível de registro no Instituto Nacional de Propriedade Industrial, assegurando o seu uso exclusivo e sua propriedade a determinada pessoa, desde que não colida com o já registrado anteriormente e não se inclua dentre aqueles vedados por lei.

MARCAR PASSO. Não progredir.

MARCAS UNGUEAIS. *Medicina legal.* Escoriações que, em caso de esganadura, são produzidas pelas unhas do lesante.

MARCAS VIÁRIAS. *Direito de trânsito.* É o conjunto de sinais constituídos de linhas, marcações, símbolos ou legendas, em tipos e cores diversos, apostos ao pavimento da via.

MARCA TRIDIMENSIONAL. *Direito de propriedade intelectual.* É constituída pela forma plástica (entende-se por forma plástica a configuração ou a conformação física) de produto ou de embalagem, cuja forma tenha capacidade distintiva em si mesma e esteja dissociada de qualquer efeito técnico.

MARCELIANISMO. Doutrina herética proposta no século IV pelo Bispo Marcelo, segundo o qual o Filho e o Espírito Santo apenas se destacavam da unidade divina para atender aos objetivos da criação e da redenção.

MARCELIANISTA. 1. Relativo ao marcelianismo. **2.** Partidário do marcelianismo.

MARCENARIA. 1. Oficina de marceneiro. **2.** Arte do marceneiro.

MARCENEIRO. *Direito do trabalho.* Aquele que fabrica e repara móveis.

MARCERIA. *História do direito.* Mercearia.

MARCHA. 1. *Direito agrário.* Modo especial de andar de certos animais de montaria. **2.** *Direito processual.* Andamento regular de um processo, segundo a lei ou as formalidades praticadas na ordem estabelecida por norma. **3.** *Direito militar.* a) Percurso feito por uma tropa; b) cadência em desfile militar. **4.** Na *linguagem comum*, designa: a) modo de comportamento; b) seqüência; c) curso normal.

MARCHA ANSERINA. *Medicina legal.* Aquela em que o paciente passa a gingar como um pato.

MARCHA A RÉ. *Direito de trânsito.* Movimento para trás feito por um veículo.

MARCHA DA OSSIFICAÇÃO. *Medicina legal.* Evolução do crescimento ósseo feita através dos pontos de ossificação, que determina a idade da pessoa (Croce e Croce Jr.).

MARCHADOR. *Direito agrário.* Cavalo de passo largo e compassado.

MARCHA FÚNEBRE. Música triste, apropriada para enterro solene ou comemoração fúnebre.

MARCHAND. *Termo francês.* Negociante.

MARCHANDAGE. 1. *Termo francês.* Ação de negociar. **2.** *História do direito.* Intermediação de mão-de-obra, abolida, na França, em 1848.

MARCHANDISE. *Termo francês.* Mercadoria.

MARCHANTARIA. *Direito comercial.* Negócio de marchante.

MARCHANTE. 1. *Direito comercial.* Comerciante de gado abatido, que o fornece para açougues. Trata-se do atacadista de carne. **2.** Na *gíria* diz-se daquele que sustenta uma amante ou que paga as despesas.

MARCHAR. 1. *Direito militar.* Andar em cadência militar. **2.** *Direito processual.* Seguir o processo nos trâmites legais. **3.** *Direito agrário.* Andar o cavalo na chamada marcha de passo.

MARCHE-MARCHE. *Direito militar.* Voz de comando para que a tropa execute o passo mais rápido.

MARCIAL. *Direito militar.* **1.** Diz-se da lei que permite o uso da força armada em determinados casos. **2.** Relativo a militares ou à guerra.

MARCIÁLICO. *Direito militar.* Belicoso.

MARCIALIDADE. *Direito militar.* **1.** Belicosidade. **2.** Qualidade de marcial.

MARCIALIZAR. *Direito militar.* **1.** Militarizar. **2.** Tornar marcial.

MARCO. 1. *Direito civil.* Sinal colocado, na demarcação de terras, em suas linhas divisórias,

para separá-las do prédio contíguo. **2.** *Direito internacional público.* a) Fronteira; b) unidade monetária da Alemanha, subdividida em 100 *pfenige.*

MARCO ARTIFICAL. *Direito civil.* Qualquer sinal colocado por homens para limitar dois territórios.

MARCO MILIÁRIO. 1. *História do direito.* Baliza de pedra que era colocada pelos romanos em estradas, de mil em mil passos. **2.** Na *linguagem comum,* o que pela sua importância, futuramente, torna conhecida uma data ou época.

MARCO NATURAL. Sinalização indicada por vale, rio, ribeirão, montanha etc., separando territórios.

MAR CONTÍGUO. *Direito internacional público.* Faixa marítima de Estado ribeirinho, situada entre o mar territorial e o alto-mar, onde é exercida a polícia aduaneira e sanitária.

MARCO POSTAL. Pequeno receptáculo público de correspondência, colocado na rua, destinado ao correio.

MARCO QUILOMÉTRICO. *Direito administrativo* e *direito de trânsito.* Aquele que, em estradas, indica as distâncias quilométricas.

MARCO VELHO. *História do direito.* Moeda portuguesa que equivalia a 27 soldos.

MAR DE ROSAS. 1. Período ou vento propício à navegação. **2.** Tempo de felicidade e prosperidade.

MARÉ. *Direito marítimo.* **1.** Fluxo e refluxo do mar. **2.** No Pará é a distância itinerária de um ponto a outro, nas viagens fluviais dependentes do fluxo e refluxo das águas.

MAREAÇÃO. *Direito marítimo.* **1.** Manobra ou manejo de navio. **2.** Conjunto de aparelhos apropriados para manobrar a embarcação.

MAREAGEM. *Direito marítimo.* **1.** Complexo de peças da embarcação utilizadas para que o navio possa navegar. **2.** Direção assumida pela embarcação.

MAREANTE. *Direito marítimo.* Marinheiro.

MAREAR. 1. *Direito marítimo.* a) Manejar ou dirigir um navio; b) manobrar uma embarcação para navegar, seguindo seu rumo; c) preparar o navio para que ele possa seguir um rumo determinado. **2.** Na *gíria*: a) matar; b) esfaquear.

MARECHAL. 1. *Direito militar.* Chefe supremo do exército em período de guerra, sendo um posto imediatamente superior ao de general-de-exército. **2.** *Ciência política.* Pessoa muito importante num partido político.

MARECHAL-DE-CAMPO. *História do direito.* Patente militar que, na Colônia e no Império, estava abaixo do tenente-general.

MARÉ CHEIA. Ponto mais alto a que a maré sobe; preamar.

MARE CLAUSUM. 1. *Locução latina.* Mar fechado. **2.** *Direito internacional público.* Mar interior que está sujeito à soberania do país que o circunda.

MARE LIBERUM. 1. *Locução latina.* Mar livre. **2.** *Direito internacional público.* Mar alto pertencente a todos, onde prevalece o princípio da liberdade de navegação.

MAREMA. *Direito agrário.* Terreno pantanoso situado à beira-mar, que no inverno é ótimo para o pasto.

MARE MAGNUM. *Locução latina.* **1.** Grande mar. **2.** Vastidão do mar. **3.** O que é difícil de reorganizar. **4.** Acúmulo caótico de material (Renzo Tosi).

MAREMOTO. *Direito civil.* Força maior consistente no tremor do mar.

MARENAGE. *História do direito.* Direito concedido pelo senhor feudal ao vassalo para tirar madeira de suas florestas, utilizando-a em construção ou edificação.

MARE NOSTRUM. *Direito romano.* Designação dada pelos romanos ao Mar Mediterrâneo.

MARÉ VAZANTE. *Direito marítimo.* Baixa-mar; maré baixa.

MARÉ VAZIA. *Vide* MARÉ VAZANTE.

MARGAR. *Direito agrário.* Adubar ou corrigir um terreno com marga, isto é, com calcário argiloso.

MARGEM. 1. *Economia política.* Parte do valor da operação a termo em Bolsa de Valores, que o comprador deposita como garantia contra eventuais não-liquidações da operação contratada. **2.** *Direito agrário.* Leira de terra lavrada, que se compreende entre dois sulcos. **3.** *Direito civil.* Terreno que ladeia um rio. **4.** *Direito administrativo.* a) Praia; b) faixa de terra ao longo de águas públicas; beira de rio público.

MARGEM ANTIGA. *Direito civil.* Extremidade de um terreno que existia antes de sua alteração por fato superveniente.

MARGEM DA ESTRADA. Terreno que, lateralmente, limita-se com uma estrada.

MARGEM DE DUMPING. *Direito internacional privado.* É a diferença entre o valor normal e o preço da exportação, determinada com base em comparação entre o valor normal médio ponderado e a média ponderada dos preços de todas as transações comparáveis de exportação ou o valor normal e os preços de exportação apurados em cada transação.

MARGEM DE GARANTIA. *Direito civil.* Diferença que pode existir entre o valor de um penhor e a soma adiantada, prevenindo uma possível desvalorização.

MARGEM DE LESÃO. *Medicina legal.* Orla de uma lesão ou ferida.

MARGEM DE LUCRO. *Direito comercial.* Diferença entre o preço da venda e o da compra de uma mercadoria.

MARGEM DE SEMENTEIRA. *Direito agrário.* Leira.

MARGEM DE SOLVÊNCIA DAS SOCIEDADES SEGURADORAS. *Direito securitário.* É a suficiência do Ativo Líquido para cobrir montante igual ou maior que os seguintes valores: a) 0,20 vezes do total da receita líquida de prêmios emitidos nos últimos doze meses; b) 0,33 vezes a média anual do total nos sinistros retidos nos últimos trinta e seis meses.

MARGENS DAS ÁGUAS. *Direito marítimo.* São as bordas dos terrenos onde as águas tocam em regime de cheia normal sem transbordar ou de preamar de sizígia.

MARGINAL. 1. *Sociologia geral.* a) Diz-se daquele que tem conduta anormal ou que é mais ou menos delinqüente, vivendo, por isso, à margem das normas sociais; b) descendente de imigrante, que se caracteriza pela incorporação de valores de duas culturas divergentes e pela assimilação incompleta de ambas. **2.** *Economia política.* Improdutivo. **3.** *Direito administrativo.* Via pública ou área de terras situada ao lado de um rio. **4.** *Direito penal.* a) Delinqüente; b) vadio; c) aquele que vive à margem da lei. **5.** *Direito civil.* O que se encontra no limite de uma região ou na fronteira.

MARGINÁLIA. Diz-se da anotação que se faz à margem de um livro (Othon Sidou).

MARGINALIDADE. *Sociologia geral.* Qualidade ou condição do marginal.

MARGINALISMO. *Economia política.* Análise econômica que ressalta o valor de um determinado produto pelas suas utilidades marginais ou mais fracas, que motivam o indivíduo voltado para a economia, por julgá-lo, por isso, conveniente.

MARGINALISTA. *Economia política.* Adepto do marginalismo.

MARGINALIZADO. *Economia política.* Diz-se do indivíduo improdutivo ou que não tem condições de manter uma família, vivendo, por tal motivo, à margem do grupo social.

MARGINAR. **1.** Na *linguagem comum* significa: anotar na margem de um livro ou de folha de papel. **2.** *Direito processual.* Efetuar anotação em folha dos autos, o que é vedado pela lei processual.

MARGRAVE. *História do direito.* Título dado, em alguns principados da Alemanha, aos chefes de províncias fronteiriças.

MARGRAVIATO. *História do direito.* **1.** Cargo de margrave. **2.** Território alemão que estava sob jurisdição de um margrave.

MARIA-FUMAÇA. Locomotiva a vapor.

MARIAGE. *Termo francês.* Casamento.

MARIA MONTISQUE POLLICERI. *Expressão latina.* **1.** Prometer mares e montes. **2.** Fazer promessas impossíveis de serem cumpridas (Renzo Tosi).

MARIANO. *Direito canônico.* Referente ao culto à Virgem Maria.

MARIATO. *Direito militar* e *direito marítimo.* Conjunto de bandeiras e galhardetes utilizados como sinais na Marinha.

MARICIDA. *Direito penal.* Diz-se da mulher que mata o seu marido.

MARICÍDIO. *Direito penal.* Assassinato do marido pela própria mulher, o que constitui circunstância agravante.

MARICULTURA SUSTENTÁVEL. *Direito ambiental.* A maricultura, pelas suas peculiaridades e por se desenvolver em ecossistemas de características próprias, principalmente no que diz respeito ao seu caráter público e ao uso difuso destes espaços, exige a definição de estratégia que combine ações com as seguintes finalidades específicas: manter a dinâmica ecossistêmica, preservar as condições e a qualidade do meio e aproveitar a potencialidade econômica da maricultura. O crescimento dessa atividade é importante, desde que desenvolvida de modo sustentável nos aspectos econômico, social e ambiental. Para tanto, a maricultura deve ser planejada em consonância com os princípios de gestão integrada dos ambientes costeiros e marinhos, de forma a evitar os conflitos de uso entre as atividades que competem pela ocupação dos espaços e utilização dos recursos naturais costeiros e marinhos, tais como: extrativismo, pesca, turismo, tráfego aquaviário etc. A maricultura é alternativa capaz de trazer importante contribuição para o incremento da produção pesqueira nacional. Todavia, sua viabilização, em escala nacional, não pode se dar fora do contexto do gerenciamento costeiro e da avaliação de seus impactos ambientais derivados da poluição, da degradação dos ecossistemas naturais e do perigo potencial de introdução de espécies exógenas ou geneticamente modificadas. Deve-se observar, também, as interações potenciais de projetos de maricultura com outras atividades tradicionais de extrativismo costeiro, incluindo as suas repercussões socioeconômicas.

MARIDAGEM. *Direito civil.* **1.** Vida de casados. **2.** Ato de maridar.

MARIDANÇA. *Vide* MARIDAGEM.

MARIDAR. *Direito civil.* Casar-se.

MARIDO. *Direito civil.* **1.** Cônjuge; varão. **2.** Aquele que vive com uma mulher, em razão de casamento.

MARIDO CONUÇUDO. *História do direito.* Aquele que publicamente era tido aos olhos de todos como marido.

MARINAS. *Direito desportivo.* Organizações prestadoras de serviços aos navegantes amadores e desportistas náuticos e afins, devidamente regularizadas junto às autoridades competentes e cadastradas nas Capitanias, Delegacias e Agências.

MARINGÁ. *Direito agrário.* **1.** Diz-se da cabra malhada de branco e preto. **2.** Diz-se do boi que tem pêlo claro salpintado de negro.

MARINHA. **1.** *Direito militar.* a) Órgão que, encarregado da defesa do país, integra as Forças Armadas e é composto pelos navios de guerra e pelas forças navais de terra; b) instituição nacional permanente e regular, organizada com base na hierarquia e na disciplina, sob a autoridade suprema do Presidente da República, destinada à defesa da Pátria, à garantia dos poderes constitucionais e, por iniciativa de qualquer destes, da lei e da ordem. **2.** *Direito marítimo.* a) Administração marítima; b) serviço de marinheiros; c) arte de navegar; d) relativo ao mar. **3.** *Direito civil.* Diz-se do terreno à beira-mar, pertencente ao Estado, que pode dá-lo em enfiteuse.

MARINHA DE GUERRA. *Direito militar.* Órgão integrante das Forças Armadas, que abrange os navios de guerra de um país, sua tripulação e equipagem. É a armada ou força militar de mar que, juntamente com a Aeronáutica e o Exército, se encarrega da defesa nacional e da garantia dos poderes constituídos.

MARINHAGEM. *Direito marítimo.* **1.** Conjunto de marinheiros. **2.** Pessoal encarregado da manobra do navio. **3.** Arte de navegar.

MARINHA MERCANTE. *Direito comercial marítimo.* Conjunto de embarcações ou navios utilizados para fins de navegação comercial, isto é, para transporte de carga e de passageiros. Trata-se, como prefere Geraldo Magela Alves, da frota comercial nacional.

MARINHAR. *Direito marítimo.* **1.** Dirigir ou manobrar uma embarcação. **2.** Prover o navio de marinheiros.

MARINHARIA. **1.** *Direito do trabalho.* Profissão de marinheiro. **2.** *Direito comercial marítimo.* Marinhagem.

MARINHEIRO. *Direito marítimo.* a) Relativo à marinharia ou ao navio preparado para navegar; b) marujo; homem do mar; c) aquele que manobra o navio. **2.** *Direito militar.* Aquele que serve na Marinha. **3.** Na *gíria* é o que traz dinheiro consigo e diz que não o tem. **4.** *Direito do trabalho.* Aquele que trabalha numa embarcação sob as ordens do capitão ou comandante.

MARINHEIRO DE PRIMEIRA CLASSE. *Direito militar.* Graduação que, na Marinha, é imediatamente inferior à de cabo e imediatamente superior à de marinheiro de segunda classe. Corresponde ao soldado no Exército.

MARINHEIRO DE PRIMEIRA VIAGEM. Diz-se daquele que faz algo pela primeira vez.

MARINHEIRO DE SEGUNDA CLASSE. *Direito militar.* Graduação hierárquica que, na Marinha, é inferior à do marinheiro de primeira classe e superior à de grumete.

MARINHO. *Direito marítimo.* **1.** Referente ou pertencente ao mar. **2.** Originário do mar. **3.** Existente no mar.

MAR INTERIOR. *Direito internacional público.* É o localizado nas reentrâncias do litoral, isto é, em enseada, baía, golfo, estuário etc., estando sob a jurisdição do Estado circundado por ser parte integrante de seu território.

MARISCAL. *História do direito.* Oficial que era incumbido da provisão de alimentos à tropa, da aferição de pesos e medidas, da vigilância às sentinelas e do exercício de jurisdição civil e criminal em assuntos peculiares ao Exército (De Plácido e Silva).

MARISMA. *Direito marítimo.* Terrenos baixos, costeiros, pantanosos, de pouca drenagem, essencialmente alagados por águas salobras e ocupados por plantas halófitas anuais e perenes, bem como por plantas de terras alagadas por água doce.

MARISTA. *Direito canônico.* **1.** Aquele que pertence à Sociedade de Maria, ordem religiosa fundada em 1816, em Bordéus. **2.** Religioso que é membro de congregação devotada à Virgem Maria.

MARITABILIDADE. *Direito civil.* Grau de possibilidade que a mulher tem de, ao alcançar certa idade, convolar núpcias.

MARITÁGIO. *História do direito.* **1.** Dote dado pelo pai, na era medieval, à filha que ia contrair matrimônio. **2.** Privilégio do senhor feudal de passar a primeira noite de núpcias com a mulher de seu vassalo.

MARITAL. *Direito civil.* **1.** Nupcial. **2.** Relativo a marido. **3.** Conjugal. **4.** Matrimonial.

MARITICIDA. *Vide* MARICIDA.

MARITICÍDIO. *Vide* MARICÍDIO.

MARITIMISTA. Pessoa versada em direito marítimo.

MARÍTIMO. **1.** *Direito marítimo.* a) Marinheiro; b) marinho; c) aquele que se dedica à navegação por mar; d) naval; e) que vive no mar; f) tripulante. **2.** *Direito do trabalho.* Aquele que trabalha na marinha mercante, prestando serviços a bordo de uma embarcação.

MAR JURISDICIONAL. *Direito internacional público.* Trata-se do mar territorial ou do mar interior, por ser aquele que se encontra sob a jurisdição de um Estado soberano.

MARKET. *Termo inglês.* **1.** Mercado. **2.** Praça. **3.** Bolsa.

MARKET CAPITALIZATION. *Locução inglesa.* **1.** Valor do mercado. **2.** Somatória do valor das ações emitidas para negociação num determinado mercado, valorizada a preços correntes (Luiz Fernando Rudge).

MARKETING. *Termo inglês.* **1.** Técnica de propaganda e de comercialização. **2.** Prática de atos direcionados ao escoamento de produtos e serviços ao consumidor. **3.** Tipo de oferta ou informação de produto ou serviço ligada à sua circulação (Antônio Herman V. Benjamin). **4.** Operação mercadológica relativa a um produto, que vai desde a planificação de sua produção até o instante de sua aquisição pelo público consumidor. **5.** Estudo do mercado para lançamento da venda de um produto (Geraldo Magela Alves). **6.** Complexo de atividades mercantis voltadas ao planejamento do lançamento e distribuição de certo produto ou serviço no mercado. **7.** Política comercial adotada por uma empresa para vender seus produtos, com mais eficiência e rapidez, empregando estratégias de vendas, atendendo às tendências do mercado consumidor.

MARKET PRICE. *Locução inglesa.* Preço de mercado; preço corrente.

MARKET SHARE. *Locução inglesa.* **1.** Fatia do mercado. **2.** Índice de participação mercadológica, que expressa a fração de mercado controlada por uma empresa, ou a participação de certo produto no total das vendas (Luiz Fernando Rudge).

MARKET VALUE. *Locução inglesa.* Valor de mercado.

MAR LIVRE. *Direito internacional público.* É o mar alto, que pertence a todos, no qual a colocação de cabos e oleodutos, a presença de submarinos, a pesca e a navegação são livres, uma vez que não se sujeita a nenhuma jurisdição estatal. É uma *res communis.*

MAR MARGINAL. *Vide* MAR TERRITORIAL.

MARMITA. **1.** Em *gíria* é a prostituta que sustenta um rufião. **2.** Na *linguagem comum* vem a ser o conjunto de vasilhas que, se adaptando umas às outras, servem para transporte de alimentos.

MARMITEIRO. **1.** Na *linguagem comum* diz-se do operário ou trabalhador que leva, ao local de trabalho, o seu almoço numa marmita. **2.** *Direito do trabalho.* Entregador de marmitas em domicílio; aquele que é contratado por uma pensão para levar comida a seus fregueses.

MARMORISTA. **1.** *Direito do trabalho.* Operário especializado em cortar e colocar mármores. **2.** *Direito autoral.* Artista que faz suas esculturas em mármore.

MARNOTA. Local na salina onde se junta a água para obtenção do sal.

MARNOTEIRO. *Direito do trabalho.* Trabalhador das salinas.

MARNOTO. *Vide* MARNOTEIRO.

MAROMBA. *Direito agrário.* No Norte, significa manada de bois.

MAR PATRIMONIAL. *Direito internacional público.* Zona adjacente ou contígua ao mar territorial, onde o Estado costeiro exerce, com soberania, os seus direitos sobre recursos naturais, renováveis ou não, que, porventura, existirem em suas águas, leito e subsolo.

MARQUEIRO. *Direito agrário.* Aquele trabalhador rural que, com ferro em brasa, coloca no gado o sinal de seu proprietário. Trata-se do marcador.

MARQUÊS. **1.** *História do direito.* a) Mestre de cavalaria; b) aquele que tinha o comando da guarda das fronteiras de um Estado. **2.** *Direito comparado.* Título de nobreza, superior ao de conde e inferior ao de duque.

MARQUESADO. *Direito comparado.* Dignidade de marquês.

MARQUISE. *Termo francês.* **1.** Sobretoldo, laje de cimento ou alpendre colocado, em regra, na fachada de prédios, logo acima do andar térreo. **2.** Grande laje utilizada em anfiteatro para proteger os espectadores do sol e da chuva.

MARRA. *Direito agrário.* **1.** Pequena enxada apropriada para capinar. **2.** Clareira em olival ou vinhedo.

MARRÃ. *Direito agrário.* **1.** No Norte é a ovelha nova. **2.** Leitoa que deixou de mamar.

MARRALHEIRO. Aquele que astuciosamente ilude outrem.

MARRANO. *Direito agrário.* Gado ruim (Rio Grande do Sul).

MARRÃO. Na *gíria* designa aquele que foi surpreendido durante a prática de um crime.

MARRETA. Na *gíria* é o negocista; picareta.

MARRETAGEM. Na *gíria* é a realização apressada de um trabalho.

MARRETEIRO. *Direito comercial.* Em São Paulo, aquele que, estando licenciado, vende quinquilharias em feiras ou local público.

MARRIAGE DE RAISON. *Expressão francesa.* Casamento por interesse.

MARRIAGE SETTLEMENTS. *Locução inglesa.* Contratos nupciais.

MARROTE. *Direito agrário.* Leitão não castrado.

MARROTEIRO. Capataz do marnoteiro.

MARRUÁ. *Direito agrário.* **1.** Novilho ainda não domesticado. **2.** Touro.

MARRUEIRO. *Direito agrário.* **1.** Domador de touro ou marruá. **2.** Pastor de gado.

MARTA. 1. *Direito agrário.* Variedade de uva branca americana. **2.** Na *linguagem comum* é um pequeno mamífero muito procurado por sua valiosa pele.

MARTELO. 1. *Medicina legal.* a) Larva do mosquito transmissor da febre amarela; b) instrumento de ferro com cabo de madeira que pode causar lesões corporais. **2.** *Direito desportivo.* Aparelho de arremesso, com peso não inferior a 7.257 kg, utilizado no atletismo, composto de uma esfera de bronze presa a um arame de aço que contém um pegadouro na extremidade.

MAR TERRITORIAL. *Direito internacional público.* Faixa do mar adjacente regida pela lei do Estado cujas costas banha. É a parte de doze milhas do oceano, que integra o território nacional, indo das costas territoriais até os limites do altomar. *Vide* MAR JURISDICIONAL.

MARTILHAR. 1. *Direito agrário* e *direito desportivo.* Aprontar um cavalo para correr. **2.** *Direito militar.* Engatilhar arma de fogo.

MARTINETE. *Direito empresarial.* Grande martelo, movido por água ou vapor, usado para bater peças de ferro a frio em indústria metalúrgica.

MARTINISMO. *Filosofia geral.* Sistema místico que se baseia na cabala do judaísmo.

MÁRTIR. 1. *Direito canônico.* Aquele que sofreu tormentos por sustentar a fé no cristianismo. **2.** Na *linguagem comum* é aquele que é vítima de maus-tratos.

MARTÍRIO. 1. *Direito canônico.* Suplício de mártir. **2.** Na *linguagem comum* significa sofrimento.

MAR TRAVESSO. *Direito marítimo.* Água que bate no costado do navio.

MARUJA. *Direito marítimo.* Tripulação de uma embarcação; marinhagem; equipagem.

MARUJO. *Direito marítimo.* Marinheiro.

MARULHO. *Direito marítimo.* Agitação das ondas do mar.

MARXISMO CLÁSSICO. *Filosofia geral* e *sociologia jurídica.* Sistema doutrinário social-filosófico, criado por Karl Marx e Engels, de cunho nitidamente materialista, baseado na teoria da luta de classes, na concentração do capital e na revolução proletária, com o escopo de, pondo fim às desigualdades sociais, obter a implantação de uma sociedade sem classes e da ditadura do proletariado. Essa teoria não só abriu caminho para a sociologia epistemológica de Sorokin, Scheler etc., como também deu suporte à doutrina do campo social de Lewin, Lindberg, Dodd e outros, e à teoria das situações sociais de Znanniecki e à do funcionalismo de Malinowski.

MARXISMO-LENINISMO. *Filosofia geral* e *sociologia jurídica.* Doutrina desenvolvida por Lenin e fundada na teoria de Marx e Engels, constituindo-se na ciência relativa às leis do desenvolvimento da natureza e da sociedade, à revolução das massas exploradas, à vitória do socialismo e à construção da sociedade comunista (Rosenthal e Iudin). Trata-se do materialismo dialético, que fundamenta a legitimidade da revolução proletária e da ditadura do proletariado, a qual é dirigida pelo partido comunista, extremamente ativista e organizado. É também designada de "bolchevismo".

MARXISTA. *Sociologia jurídica.* Adepto do marxismo.

MARYLAND. *Termo inglês.* Espécie de tabaco.

MASCADOR. No Rio Grande do Sul designa o galo de briga que pega, com freqüência, seu adversário com o bico, sem contudo lhe bater com os tarsos.

MASCALADENITE. *Medicina legal.* Inflamação dos gânglios axilares.

MASCALEFIDROSE. *Medicina legal.* Sudação axilar exagerada.

MASCARADO. 1. *Direito agrário.* Diz-se do cavalo ou do boi que tem cara branca. **2.** *Direito desportivo.* Atleta pouco hábil que, pela sua simpatia, recebe qualidades da torcida. **3.** *Direito militar.* Bateria composta de canhões escondidos no mato.

MÁSCARA EQUIMÓTICA. *Medicina legal.* Equimose ou ponto hemorrágico que aparece no rosto, no pescoço ou na parte superior do tórax, em casos de asfixias mecânicas por compressão do tórax e das acompanhadas de constrição do pescoço.

MÁSCARA GRAVÍDICA. *Medicina legal.* Mancha que pode surgir no rosto, durante a gravidez.

MASCATARIA. *Direito do trabalho.* Profissão de mascate.

MASCATE. 1. *História do direito.* Denominação dada pelos brasileiros de Olinda aos portugueses de Recife, por ocasião da Guerrra dos Mascates, que se iniciou em 1710, em Pernambuco. **2.** *Direito do trabalho.* Vendedor ambulante.

MASCATEAÇÃO. *Vide* MASCATARIA.

MASCATEAGEM. *Vide* MASCATARIA.

MASCATEAR. *Direito do trabalho.* **1.** Vender mercadoria pelas ruas. **2.** Exercer a profissão de mascate.

MASCAVADO. *Direito agrário.* Açúcar não refinado.

MASCAVINHO. *Direito agrário.* Açúcar mais claro que o mascavado.

MASCAVO. *Vide* MASCAVADO.

MASCOTE. Diz-se daquilo que dá sorte.

MASCOTO. Martelo que reduz o metal a pó, nas fábricas de moeda.

MASCULINIDADE. *Medicina legal.* Virilidade.

MASCULINO. *Medicina legal.* **1.** Relativo ao sexo do varão. **2.** Próprio do homem.

MÁ SEQUIDÃO. *Direito agrário.* Moléstia que seca os bagos de uvas ainda verdes.

MASMORRA. 1. *História do direito.* a) Cárcere subterrâneo da era medieval; b) celeiro subterrâneo que, entre os mouros, também era utilizado como prisão. **2.** Na *linguagem comum* indica quarto desconfortável, sem ventilação e com pouca iluminação.

MASOQUISMO. 1. *Medicina legal.* Perversão sexual pela qual a pessoa só atinge o prazer através de sofrimento provocado por violências físicas ou psíquicas impostas pelo seu parceiro de leito. Pode levar ao suicídio e homicídio, principalmente na hipótese de enforcamento masoquista. Trata-se da algolagnia passiva. **2.** *Direito civil.* Satisfação ou excitação sexual obtida apenas por meio de sofrimento, que constitui causa de separação judicial ou até mesmo de anulação do casamento, se muito acentuada.

MASOQUISTA. *Medicina legal.* **1.** Aquele que é portador da perversão do masoquismo. **2.** O que pratica masoquismo.

MASSA. 1. *Direito agrário.* Vinho fabricado na cidade de Massa, na Toscana. **2.** Na *linguagem comum* é a reunião de matérias, formando uma pasta. **3.** *Sociologia jurídica.* a) Povo; multidão; b) conjunto de pessoas definido por um fim visa-

do por determinada atividade; propaganda de massa. **4.** *Direito comercial.* a) Pecúlio ou fundo de uma sociedade; b) totalidade de bens e débitos do falido. **5.** *Direito autoral.* a) Parte do quadro que apresenta grande luz ou sombra; b) conjunto de uma obra de arquitetura. **6.** *Direito civil.* a) Universalidade de bens e de direitos; b) conjunto de titulares das dívidas de um devedor insolvente. **7.** *Direito militar.* Força concentrada de arma, apresentando-se como um corpo compacto.

MASSA ATIVA. *Direito civil* e *direito comercial.* Conjunto ou total dos valores ou créditos apurado, constante numa coluna de conta corrente. É a totalidade de lançamento de crédito.

MASSA ATIVA BRUTA. *Direito civil* e *direito comercial.* É o total dos valores computado em atenção aos encargos e despesas que pesam sobre ele.

MASSA ATIVA LÍQUIDA. *Direito civil* e *direito comercial.* É o total de haveres apurado, livre de quaisquer encargos.

MASSA ATÔMICA. *Direito ambiental* e *direito nuclear.* Massa composta de $6,02.10^{23}$ átomos.

MASSACRAR. *Direito penal.* Chacinar; matar em massa.

MASSACRE. *Direito penal.* Morticínio cruel; matança cruel de grande número de pessoas numa ação bélica; chacina.

MASSA DE BENS. *Direito civil.* Universalidade de bens, que constitui o patrimônio.

MASSA DE CONTRIBUIÇÃO. *Direito comercial marítimo.* Soma apurada no regulamento das avarias, com base na qual se faz o rateio contributivo dos interessados, ou seja, daqueles que devem pagar a indenização pelos danos.

MASSA DE CRÉDITO. *Vide* MASSA ATIVA.

MASSA DE CREDORES. *Direito comercial* e *direito civil.* É a que compreende todos os titulares das dívidas do falido ou do insolvente.

MASSA DE TIRO. *Direito militar.* Quantidade de pólvora na bomba.

MASSA–DEVE. *Vide* MASSA PASSIVA.

MASSA DOS DÉBITOS. *Vide* MASSA PASSIVA.

MASSA ENCEFÁLICA. *Medicina legal.* É a parte do sistema nervoso central composta pelo cérebro e cerebelo (Croce e Croce Jr.).

MASSA FALIDA. *Direito falimentar.* Acervo de bens do comerciante falido, que constituem o ativo e o passivo de seu patrimônio, arrecadado pelo

MASSAGEM | 239 | **MAS**

administrador judicial na falência, por estar sujeito a execução coletiva, cujo produto será rateado, na forma da lei, entre os seus credores.

MASSAGEM. *Medicina legal.* Fricção, percussão e compressão do corpo para obtenção de fins terapêuticos, estimulando a circulação ou aumentando a flexibilidade muscular.

MASSAGISTA. *Direito do trabalho.* Aquele profissional especializado em massagens.

MASSA-HAVER. *Vide* MASSA ATIVA.

MASSA HEREDITÁRIA. *Direito civil.* Conjunto de bens deixado pelo *de cujus*, transmitido, com a abertura da sucessão, aos seus herdeiros, arrecadado e administrado pelo inventariante para promover a partilha. Trata-se do espólio.

MASSA INSOLVENTE. *Direito processual civil.* Conjunto de bens arrecadados por ocasião da execução por quantia certa contra devedor insolvente, que fica sob a responsabilidade de um administrador que, por sua vez, exerce suas atribuições sob a superintendência do magistrado, até a ocorrência da alienação em leilão ou praça.

MASSA INTESTINAL. *Medicina legal.* Conjunto de alças do intestino delgado (Croce e Croce Jr.).

MASSAL. Referente a uma multidão.

MASSAME. 1. *Direito marítimo.* Cordame de navio. **2.** *Direito agrário.* Lastro de poço formado de pedra e argamassa.

MASSA MUSCULAR. *Medicina legal.* Conjunto de músculos.

MASSA PASSIVA. 1. *Direito civil* e *direito comercial.* Total das dívidas. **2.** *Direito marítimo.* Soma dos prejuízos ocorridos nas avarias, que deve ser paga pelos obrigados à contribuição.

MASSA SALARIAL. *Direito econômico, direito comercial* e *direito do trabalho.* Valor global das obrigações sociais e dos salários pagos aos empregados de uma empresa (Afonso Celso F. de Rezende).

MASSEIRO. *Direito do trabalho.* **1.** Ajudante de pedreiro, encarregado de preparar a argamassa. **2.** Aquele que prepara a massa de pão na padaria.

MASSENVERTRAG. *Termo alemão.* Contrato de massa.

MASSORAH. *Termo hebraico.* Trabalho crítico dos doutores judeus sobre a grafia e leitura correta da Bíblia.

MASSORETA. Cada um dos doutores judeus que atua como colaborador da *massorah.*

MASSORÉTICO. Texto aceito pela tradição na exegese judaica.

MASTADENITE. *Medicina legal.* Inflamação da glândula mamária.

MASTALGIA. *Medicina legal.* Dor na mama.

MASTARÉU. *Direito marítimo.* Cada um dos mastros suplementares.

MASTATROFIA. *Medicina legal.* Atrofia da mama.

MASTAUXE. *Medicina legal.* Hipertrofia da mama.

MASTECTOMIA. *Medicina legal.* Ablação da mama.

MASTECTÔMICO. *Medicina legal.* Relativo à mastectomia.

MASTELCOSE. *Medicina legal.* Ulceração da mama.

MASTER FRANCHISING. *Locução inglesa.* **1.** Franquia-mestre. **2.** Franquia-piloto.

MASTERS. *Direito desportivo.* Torneio anual masculino de golfe, em que competem os melhores golfistas profissionais do mundo.

MASTER-TICKET. *Direito aeronáutico.* Bilhete de passagem coletivo, para transporte aéreo para grupo e em viagem de fretamento. Anexa-se a cada cupom de vôo a lista com identificação nominal dos passageiros.

MASTERY. *Termo inglês.* **1.** Domínio. **2.** Governo. **3.** Poder. **4.** Destreza. **5.** Vantagem. **6.** Maestria.

MASTIM. 1. *Direito agrário.* Cão que guarda o gado. **2.** Na *linguagem comum* pode designar: a) agente policial; b) aquele que tem má língua.

MASTITE. *Medicina legal.* Inflamação das mamas causada por infecção, por desenvolvimento de uma lesão dos tecidos mamários, por distúrbios de menstruação, por abortos ou partos prematuros.

MASTODINIA. *Medicina legal.* Dor na glândula mamária.

MASTOIDALGIA. *Medicina legal.* Dor na região mastóidea.

MASTOIDITE. *Medicina legal.* Inflamação da apófise mastóide, que pode lesar o ouvido interno, ocasionando meningite. Tal infecção pode apresentar-se após um ataque de difteria, sarampo ou escarlatina.

MASTOMENIA. *Medicina legal.* Menstruação vicária, pelas mamas.

MASTONCOSE. *Medicina legal.* Tumefação mamária ou tumor das mamas.

MASTOPLASTIA. *Medicina legal.* Operação plástica da mama.

MASTOPTOSE. *Medicina legal.* Caída das mamas.

MASTREAÇÃO. *Direito marítimo.* Conjunto de mastros que suportam as velas da embarcação.

MASTREAR. *Direito marítimo.* Guarnecer o navio com mastros.

MASTRO. 1. *Direito desportivo.* Pau comprido usado pelos ginastas. **2.** *Direito marítimo.* Tronco vertical utilizado para sustentar as velas de uma embarcação. **3.** Na *linguagem comum* é o pau no qual se hasteia a bandeira.

MASTRO DA GATA. *Direito marítimo.* Aquele que se eleva sobre o mastro da mezena.

MASTRO DA MEZENA. *Direito marítimo.* O mais próximo da popa do navio.

MASTRO DE GURUPÉS. *Direito marítimo.* Aquele que, colocado na extremidade da proa, forma com o plano do horizonte um ângulo de 36°.

MASTRO DO TRAQUETE. *Direito marítimo.* É o situado à ré da roda de proa, a uma quinta parte do comprimento da embarcação.

MASTRO GRANDE. *Direito marítimo.* **1.** É o mais elevado do navio. **2.** É o mastro da ré, se o navio só tiver dois.

MASTRO MILITAR. *Direito militar.* É o mastro de ferro oco que, nos navios de guerra, contém sinais ou armas.

MASTRO REAL. *Direito marítimo.* É aquele que se prolonga pelos mastaréus, podendo ser o grande, o do traquete ou o da mezena.

MASTURBAÇÃO. *Medicina legal.* Estimulação digital, manual ou instrumental, por si ou por outrem, dos órgãos genitais, para obtenção do prazer sexual, acompanhado ou não de orgasmo (Croce e Croce Jr.).

MATA. *Direito agrário.* **1.** Floresta; bosque. **2.** Vasto terreno coberto de árvores silvestres.

MATA–BOI. *Direito agrário.* Correia de couro que liga o eixo ao leito da carreta.

MATA–BORRÃO. 1. Na *linguagem comum* diz-se do papel que seca a escrita. **2.** Em *gíria* indica o bêbado inveterado ou alcoólatra.

MATA–BURRO. *Direito agrário.* Fosso escavado na boca da porteira, coberto de traves, para impedir a passagem de animais.

MATAÇÃO. *História do direito.* **1.** Locação de terra rural para cultivo similar à atual parceria agrícola. **2.** Quantia que se pagava por aquela locação.

MATA CILIAR. *Direito ambiental.* É a que margeia e recobre rio, riacho, córrego, lago, represa e olhos d'água, por ser vegetação que se beneficia dos nutrientes que se acumulam nas margens dos cursos d'água e, em contrapartida protegem suas margens da erosão e evitam o assoreamento, garantindo a constância do volume de água e dos lençóis freáticos, o aumento da fauna silvestre e aquática, o controle da temperatura, com um clima mais ameno, evita o transporte de defensivos agrícolas para os cursos d'água e possibilita a valorização da propriedade rural etc. (José Fernando Vidal de Sousa).

MATADO. 1. *Direito agrário.* a) Fruto colhido antes do tempo; b) animal de serviço que apresenta matadura. **2.** Na *linguagem comum* diz-se do que está mal-acabado ou malfeito.

MATADOR. 1. *Direito penal.* a) O que causou a morte; b) assassino. **2.** *Direito agrário.* Compartimento do curral de peixes. **3.** *Direito comparado.* Toureiro a quem cabe matar o touro. **4.** Na *linguagem comum* é: a) o que acerta charadas; b) o meio necessário para alcançar certo fim.

MATADOURO. 1. *Direito agrário.* Local onde as reses são abatidas para consumo público, que deve ser submetido a inspeção veterinária oficial e fiscalizado pela autoridade municipal e seguir as normas de caráter sanitário. **2.** Em *gíria* é o lugar destinado a encontro amoroso de ocasião.

MATADURA. *Direito agrário.* Ferida provocada pelo roçar dos arreios no corpo de animal de serviço.

MATAGAL. *Direito agrário.* **1.** Terreno repleto de plantas bravas. **2.** Grande bosque espesso.

MATAGOSO. *Direito agrário.* Terreno coberto de plantas silvestres.

MATALOTADO. *Direito marítimo.* Diz-se do navio provido de matalotagem.

MATALOTAGEM. *Direito marítimo.* **1.** Provisão de mantimentos de um navio ou do marinheiro para suprir as necessidades surgidas durante a viagem. **2.** Equipagem.

MATALOTE. *Direito marítimo.* **1.** Companheiro em viagem marítima. **2.** Marinheiro. **3.** Embarcação que serve de baliza para as manobras de outra. **4.** Navio mercante mal-aparelhado e mal construído.

MATAME. Na *linguagem da mineração* é o resguardo ou anteparo feito de pedras para remansear a água onde se pratica garimpagem.

MATA–MOSQUITO. *Direito administrativo.* Funcionário do serviço de saúde pública que tem a incumbência de desinfetar e destruir focos de larvas de mosquitos.

MATANÇA. 1. *Direito agrário.* Ato de abater reses para consumo público. **2.** *Direito penal.* Assassinato simultâneo de várias pessoas; carnificina. **3.** *Direito desportivo.* Jogo violento.

MATA–PASTO–CABELUDO. *Direito agrário.* Alfafa muito nutritiva.

MATAR. 1. *Direito penal.* a) Assassinar; b) suicidar-se. **2.** *Direito agrário.* a) Abater reses; b) fazer murchar as plantas; c) produzir matadura. **3.** Na *linguagem comum* pode ter o sentido de: a) causar dano à saúde; b) esforçar-se para obter algo; c) sacrificar-se; d) cansar-se; e) extinguir; f) decifrar. **4.** Em *gíria* significa: a) deixar de comparecer às aulas; b) não dar aula completa.

MATARIA. *Vide* MATAGAL.

MATAR NA CABEÇA. Em *gíria* quer dizer: apresentar um argumento decisivo contra alguém.

MATAR O TEMPO. Empregar o tempo em recreações ou ocupações, evitando a inação.

MATAR–SE POR SUAS MÃOS. 1. Entregar-se a prazeres desordenados. **2.** Efetuar trabalhos excessivos.

MATA VIRGEM. *Direito agrário.* Floresta ainda não explorada.

MATCH PLAY. *Direito desportivo.* Partida de golfe em que o vencedor é aquele que ganhar mais buracos, com o menor número de tacadas.

MATE. 1. *Direito agrário.* Erva-mate de cujas folhas secas se prepara o chá. **2.** *Direito desportivo.* Xeque-mate, que é o lance decisivo no jogo de xadrez.

MATE AFOGADO. *Direito desportivo.* Aquele lance em que o rei, no jogo de xadrez, fica totalmente cercado, tornando impossível socorrê-lo.

MATEIRO. *Direito agrário.* **1.** Guarda de matas. **2.** Aquele que tem habilidade para orientar-se no mato e nas atividades peculiares a esse meio. **3.** O que anda ou vive no mato. **4.** Matagal. **5.** Habitante da zona da mata. **6.** Aquele que cultiva e explora erva-mate. **7.** Caipira.

MATEJAR. *Direito agrário.* Cortar lenha no mato.

MATEOSIOLOGIA. *Filosofia geral.* Teoria da classificação das ciências sob o prisma do ensino (Ampère).

MATER FAMILIAS. *Locução latina.* Esposa legítima do *pater familias*, que, ao seu lado, compunha a *domus*.

MATÉRIA. 1. *Filosofia geral.* a) Objeto natural transformado pelo trabalho humano, tendo em vista a consecução de um fim; b) dado físico ou psíquico recebido e elaborado por uma atividade (Mansel); c) elemento potencial e indeterminado do ser que, quando recebe uma forma, se torna um objeto; d) aquilo que é objeto de intuição no espaço (Kant); e) é o conteúdo em contraposição à forma; f) substância de que o corpo se forma; g) substância constituinte de um corpo físico. **2.** *Direito civil.* Tudo o que pode ser objeto de uma relação jurídica. **3.** *Direito processual.* a) Assunto a ser debatido num processo e que serve de fundamento a uma pretensão e a uma decisão judicial; b) questão de fato sobre a qual versa uma demanda. **4.** *Medicina legal.* Substância excretada pelo corpo vivo. **5.** Na *linguagem jurídica* em geral, pode significar: a) aquilo que se seleciona para qualquer fim; b) tema de exposição, argumentação ou discussão; c) conteúdo de uma disciplina jurídica ministrada numa faculdade; d) objeto de estudo em questões forenses ou administrativas. **6.** *Direito autoral.* a) Texto original; b) parte de um texto sem os títulos.

MATÉRIA A DISCUTIR. Questão controvertida a ser discutida.

MATÉRIA ADMISSÍVEL. Aquela considerada oportuna, por seu conteúdo e natureza, para ser incluída numa discussão.

MATÉRIA CIVIL. 1. *Direito civil.* Aquela que é regida pela lei civil, que a soluciona. **2.** *Direito processual civil.* Aquela que dá lugar à ação cível.

MATÉRIA COMERCIAL. *Direito comercial.* Soma de relações jurídicas decorrentes de normas, princípios e institutos que regulam a prática de atividades econômicas organizadas para a produção e circulação de bens e serviços. Trata-se do objeto de uma questão regida pelo direito mercantil.

MATÉRIA CONSTITUCIONAL. *Direito constitucional.* É a alusiva às funções e competência dos Poderes Executivo, Legislativo e Judiciário, e aos limites ao exercício daquelas competências públicas. É a atinente, portanto, à organização político-estatal nos seus elementos essenciais, ao regime político e à forma do Estado, ao estabelecimento dos órgãos estatais substanciais, às suas funções e às suas relações com os cidadãos e ao reconhecimento e garantia de direitos fundamentais que limitam a ação do poder.

MATÉRIA CRIMINAL. *Direito processual penal.* Diz-se daquela que dá lugar à ação em juízo criminal.

MATÉRIA DE DIREITO. *Direito processual.* 1. É o fundamento jurídico do pedido ou da ação. 2. Questão de direito que leva à averiguação do direito objetivo aplicável ao fato comprovado. 3. Tema, em discussão judicial, fundado numa norma jurídica.

MATÉRIA DE ESTADO. *Ciência política.* Aquela que se relaciona ao governo.

MATÉRIA DE FATO. *Direito processual.* 1. Questão de fato. 2. Acontecimento que, por estar ligado a uma matéria de direito, constitui base para mover uma ação judicial.

MATÉRIA DE RECEBER. *Direito processual.* Requerimento, libelo etc., que preenche as condições legais para ser admitido em juízo.

MATÉRIA FECAL. *Medicina legal.* Resíduo alimentício inútil, armazenado pelo intestino grosso e expelido pela contração do reto.

MATÉRIA IMPERTINENTE. Questão inoportuna que não deve ser objeto de um estudo ou discussão.

MATÉRIA IRRELEVANTE. Diz-se daquela que não traz nenhuma contribuição ou subsídio para esclarecer uma questão em debate.

MATÉRIA JORNALÍSTICA. É o artigo ou comentário divulgado pelo jornal ou revista, sem qualquer remuneração especial pela sua publicação.

MATÉRIA JULGADA. *Direito processual.* Coisa julgada material, que se dá pela preclusão dos prazos para interpor recursos.

MATERIAL. 1. *Filosofia geral.* a) Aquilo que se opõe a formal, por ser relativo à matéria; b) o que pertence à matéria, sendo o oposto a espiritual. **2.** *Direito civil.* a) Aquilo que é corpóreo, por possuir substância tangível; b) o que é necessário para a realização de uma obra. **3.** Na *linguagem da mineração* é tudo que pode ser tirado da terra. **4.** *Direito autoral.* Conjunto de idéias para compor uma obra intelectual. **5.** *Direito marítimo.* É todo componente, acessório, dispositivo, equipamento ou outro produto cuja aprovação pelo Governo brasileiro seja requerida por regulamentos nacionais e internacionais, para aplicação nas embarcações, plataformas marítimas e em atividades náuticas esportivas.

MATERIAL BÉLICO. *Direito militar.* Armamento e outros petrechos ou objetos de guerra das forças armadas.

MATERIAL BIOLÓGICO. *Biodireito.* Todo material que contenha informação genética, capaz de auto-reprodução ou de ser reproduzido em um sistema biológico, idêntica e ilimitadamente.

MATERIAL DE CONSTRUÇÃO. *Direito civil.* Conjunto de coisas necessárias à construção de um prédio, como, por exemplo, tijolos, cal, cimento, pedra, areia, madeira, telha etc.

MATERIAL DE CONSUMO. *Direito civil.* Tudo que se gasta pelo uso.

MATERIAL DE EMBALAGEM. *Direito comercial.* Recipientes como latas, caixas de papelão e de outros materiais, outras caixas, sacos ou materiais para envolver ou cobrir produtos, tais como papel laminado, películas, plástico, papel encerado e tela.

MATERIAL DE EXPEDIENTE. *Direito administrativo* e *direito comercial.* Tudo que é utilizado numa repartição pública ou num escritório, como papel, lápis, caneta etc.

MATERIAL DE GUERRA. *Vide* MATERIAL BÉLICO.

MATERIAL DRAGADO. *Direito ambiental.* Material retirado ou deslocado dos leitos dos corpos d'água decorrente da atividade de dragagem e transferido para local de despejo autorizado pelo órgão competente.

MATERIAL ESCOLAR. *Direito educacional.* Diz-se de tudo que for relativo a utensílios de uso num estabelecimento de ensino, como lousa, giz, apagador, carteiras, livros, mesas etc.

MATERIAL ESPECIFICADO. *Direito ambiental.* Material especialmente preparado para o processamento, uso ou produção de material nuclear.

MATERIAL EXPLOSIVO. *Direito ambiental.* Qualquer composto, mistura ou artigo que possa produzir uma substancial liberação de gás ou calor, com ou sem contato com chama ou faísca, provocando aumento repentino de volume.

MATERIAL FERROVIÁRIO. É o empregado em ferrovias. Esse material pode ser: a) fixo, como trilho; ou b) rodante, como a locomotiva ou vagões.

MATERIALIDADE. 1. Qualidade do que é material. **2.** Circunstância material que constitui um fato, com abstração dos motivos.

MATERIALIDADE DO SUBSTRATO. *Filosofia do direito.* Limite de sentidos possíveis em relação à conduta a que se refere a Estimativa Jurídica, uma das perspectivas da ciência jurídica, segundo a Egologia. É a materialidade do substrato que exclui as várias possibilidades de sentido; assim, se se tratar de homicídio, não se lhe pode aplicar a lei de cheque, porque a materialidade daquela conduta é diversa da representada pela lei de cheque (Carlos Cossio).

MATERIALISMO. 1. *Filosofia geral.* Teoria que só admite a matéria como substância e como única realidade (Hobbes). **2.** *Psicologia.* Doutrina que considera os estados da consciência como epifenômenos, que apenas podem ser explicados por uma ciência se referidos a fenômenos fisiológicos (Ribot). **3.** *Ética.* Concepção que considera o prazer, o bem-estar e a riqueza como os interesses vitais fundamentais.

MATERIALISMO ANTROPOLÓGICO. É a teoria que nega a existência da alma.

MATERIALISMO DIALÉTICO. 1. *Sociologia jurídica.* Teoria que considera o universo como um todo, formado pela mutação das idéias determinadas pela transformação da matéria. **2.** *Filosofia geral.* Doutrina pela qual a razão não pode admitir a existência de algo que não possa ser percebido pelos sentidos.

MATERIALISMO FENOMENISTA. É o que busca a descoberta do fenômeno (Mach).

MATERIALISMO FILOSÓFICO-MARXISTA. É a doutrina que, elaborada por Marx e Engels, foi desenvolvida por Lenin. *Vide* MARXISMO-LENINISMO.

MATERIALISMO HILOZOÍSTA. É a teoria que vê o espírito como algo derivado da natureza (Haeckel).

MATERIALISMO HISTÓRICO. *Sociologia jurídica.* Concepção sociofilosófica idealizada por Marx e Engels, segundo a qual a economia constitui o fator determinante e a estrutura essencial de todos os fenômenos históricos e sociais.

MATERIALISMO MECANICISTA. Doutrina pela qual a realidade do mundo está submetida e é concebida segundo número e medida (Helnholtz).

MATERIALISMO RUSSO PRÉ-MARXISTA. *História do direito.* Corrente que expressou a luta do campesinato contra a servidão da gleba (Belinski, Herzen, Dobroliubov e Chernichevski).

MATERIALISMO VULGAR. Corrente que entende ser a matéria a única realidade existente, ne-

gando o papel ativo da consciência (Moleschot, Büchner e Vogt).

MATERIALISTA. 1. Referente ao materialismo. **2.** Adepto do materialismo. **3.** Aquele que só busca satisfazer os sentidos. **4.** Em *gíria carioca* designa o mercador de materiais de construção.

MATERIALÍSTICO. Próprio do materialismo.

MATERIAL NUCLEAR. *Direito ambiental* e *direito nuclear.* **1.** Combustível nuclear e produto ou rejeito radioativo. **2.** Os elementos nucleares ou seus subprodutos definidos em lei.

MATERIAL PERMANENTE. Aquele que não se consome, resistindo ao uso.

MATERIAL PROPAGATIVO. *Direito agrário.* É toda e qualquer parte da planta ou estrutura vegetal utilizada na sua reprodução e multiplicação.

MATERIAL RADIOATIVO. *Direito ambiental.* Material emissor de qualquer radiação eletromagnética ou particulada, direta ou indiretamente ionizante.

MATERIAL RETRORREFLETIVO. *Direito marítimo.* É um material que reflete, na direção oposta, um feixe de luz que incide sobre ele, e destina-se a facilitar a localização, à noite, do equipamento salva-vidas no qual for aplicado.

MATERIAL SIGILOSO. Toda matéria, substância ou artefato que, por sua natureza, deva ser de conhecimento restrito.

MATÉRIA MÉDICA. *Medicina legal.* **1.** Parte da medicina que se ocupa dos medicamentos. **2.** Conjunto de substâncias que podem ser aplicadas na busca da cura das moléstias.

MATÉRIA MÉDICA HOMEOPÁTICA. *Direito do consumidor.* Publicação que contém o conjunto de manifestações físicas e psíquicas, obtidas através da experimentação de determinada substância (droga), quando administrada a indivíduos sadios e sensíveis. Compõem ainda este conjunto as informações advindas da farmacologia, da toxicologia e da terapêutica.

MATERIAM SUPERABAT OPUS. *Expressão latina.* O trabalho excede ao tema.

MATÉRIA NOVA. *Direito processual.* Fato novo que surge durante o andamento do processo, alterando a situação anterior, vindo, por isso, a integrar a lide, sem constituir um novo pedido ou causa nova.

MATÉRIA PAGA. Notícia ou artigo cuja inserção num jornal ou revista se dá mediante pagamento de uma certa quantia. Trata-se de matéria publicitária.

MATÉRIA PENAL. *Direito penal.* É a que pertence à seara do direito penal, sendo por ele regida.

MATÉRIA PREDOMINANTE. 1. *Direito processual.* Diz-se da questão principal, em torno da qual gira toda a controvérsia judicial. **2.** *Direito tributário.* Em relação à classificação das mercadorias manufaturadas, diz-se daquela que se apresenta em maior quantidade ou a que, revestindo o produto, se mostra a mais evidente (De Plácido e Silva).

MATÉRIA PREFERENCIAL. *Direito comercial.* Aquela que deve ser tratada em primeiro lugar no julgamento de uma causa por ter influência nas demais questões que a ela se subordinam.

MATÉRIA PREJUDICIAL. *Direito processual.* É a questão que deve ser solucionada antes do julgamento do *meritum causae*, por ser relativa aos pressupostos processuais, às condições da ação e à matéria de ordem substancial.

MATÉRIA–PRIMA. *Direito comercial.* Substância bruta ou pouco elaborada, utilizada na fabricação de alguma coisa. É aquela que alterada ou transformada dá origem a uma espécie nova ou a um novo produto. Substância, produto ou organismo utilizado na obtenção de um ingrediente ativo, ou de um produto que o contenha por processo químico, físico ou biológico.

MATÉRIA PUBLICITÁRIA. É a divulgada por um anunciante, alheio ao jornal ou revista, mediante autorização e pagamento de uma quantia a título de remuneração. *Vide* MATÉRIA PAGA.

MATÉRIA RECICLÁVEL. *Direito ambiental.* Material que, após receber tratamento e/ou beneficiamento, pode ser reutilizado ou transformado em matéria-prima para fabricação de novo produto.

MATÉRIA RELEVANTE. *Direito processual.* É aquela que, por sua oportunidade, pertinência e juridicidade, pode exercer influência na solução de uma controvérsia, ou seja, na decisão da causa.

MATÉRIA SUMÁRIA. *Direito processual.* Contestação determinada pela lei que, por ser urgente e de pouca importância, deve ser solucionada de imediato.

MATÉRIA TRIBUTÁVEL. *Direito tributário.* Objeto sobre o qual incide o tributo, tal como: produto, mercadoria, rendimento etc.

MATÉRIA VELHA. *Direito processual.* Diz-se da questão de fato que já foi alegada, discutida e decidida na causa principal.

MATERNAL. *Direito educacional.* Grau inicial de escolarização de crianças de pouca idade.

MATERNIDADE. 1. *Direito civil.* a) Hospital para assistência de parturientes; clínica especializada em obstetrícia; b) laço de parentesco entre mãe e filho; c) qualidade de mãe. **2.** *Direito do trabalho.* Estado de mãe protegido pelas leis trabalhistas, tal como: licença remunerada antes e depois do parto; salário-maternidade; auxílio-natalidade; descanso, durante a jornada de trabalho, para amamentar filho. **3.** *Direito canônico.* a) Tratamento dado às religiosas que têm o título de madre (Cândido de Figueiredo); b) Igreja matriz (Du Cange).

MATERNO. *Direito civil.* **1.** Relativo à mãe. **2.** Do lado da mãe. **3.** Procedente da mãe.

MATER RIXARUM. *Locução latina.* Fonte de todos os males.

MATESIOLOGIA. *Direito educacional.* Ciência do ensino em geral.

MATE'S RECEIPT. *Direito marítimo* e *direito internacional privado.* Recibo provisório assinado pelo piloto do navio e entregue ao embarcador, indicando que a carga foi embarcada mas que ainda deve ser verificada. Tem valia apenas entre as partes como prova da entrega da mercadoria.

MATILHA. *Direito civil.* Grupo de cães de caça.

MATILHEIRO. *Direito civil.* Condutor de cães atrelados para a caça.

MATINAS. *Direito canônico.* Primeira parte da reza do ofício divino.

MATINÉE. *Termo francês.* Sessão cinematográfica que se dá antes do anoitecer.

MATIZ. *Ciência política.* Modo de pensar relativamente a uma ideologia política.

MATO. *Direito agrário.* **1.** Roça; campo; meio rural. **2.** Terreno ou campo inculto, coberto de árvores. **3.** Plantas agrestes de pequena dimensão como moita, urzes, capão, tojos etc.

MATO BOM. *Direito agrário.* Diz-se daquele cuja vegetação indica a fertilidade da terra, que é própria para a cultura após a sua derrubada.

MATO RALO. *Direito agrário.* Aquele cujo terreno é pobre em humo, sendo inapropriado para a cultura.

MATO RUIM. *Vide* MATO RALO.

MATRACA. 1. *História do direito.* Instrumento de madeira com que os mascates ou vendedores ambulantes se anunciavam nas ruas por onde passavam, chamando a freguesia. **2.** Na *linguagem comum* diz-se daquele que fala muito.

MATRAL. *Vide* MATERNO.

MATREIRO. *Direito agrário.* Diz-se, no Rio Grande do Sul, do animal difícil de se pegar e até de se achar.

MATRIARCA. *Sociologia jurídica.* Mãe que exerce a chefia sobre sua família.

MATRIARCADO. *Sociologia jurídica.* **1.** Modalidade de organização sociopolítica, em que a mulher, por ser a base da família, nela exerce autoridade preponderante. **2.** Autoridade máxima da mulher, e não do marido, na família em algumas tribos africanas.

MATRIARCAL. *Sociologia jurídica.* Relativo ao matriarcado.

MATRICIDA. *Direito penal.* Aquele que comete matricídio; filho que mata sua própria mãe.

MATRICÍDIO. *Direito penal.* Homicídio cometido pelo filho contra sua mãe, que constitui agravante da pena.

MATRÍCULA. **1.** *Direito registrário.* Ato cadastral de individualização de um imóvel, feito na circunscrição imobiliária de sua situação. **2.** *Direito militar.* Registro de inscrição dos nomes dos soldados, à medida que assentam praça. **3.** Nas *linguagens jurídica* e *comum* pode ter o sentido de: a) inscrição periódica numa escola; b) emolumento pago pelo aluno que pretende se inscrever num estabelecimento de ensino; c) inclusão, em livro apropriado, de nomes de repartições, firmas ou de pessoas obrigadas a cumprir certos deveres; d) inscrição em registros particulares ou oficiais, que garante determinados direitos e o exercício de certas profissões. **4.** *Direito comercial.* Inscrição exigida aos leiloeiros, corretores de mercadorias, avaliadores, tradutores e intérpretes comerciais, pessoas físicas ou jurídicas que pretendem estabelecer empresas de armazéns gerais.

MATRÍCULA DA EQUIPAGEM. *Direito marítimo.* Rol da tripulação da embarcação, abrangendo o capitão, os oficiais, marinheiros e demais pessoas empregadas para executar serviços do navio. Tal documento é necessário a bordo, por constituir prova do ajuste entre o capitão e a tripulação, na ausência de algum outro título contratual.

MATRÍCULA DE AERONAVE. *Direito aeronáutico.* Ato que confere nacionalidade à aeronave.

MATRÍCULA DE IMÓVEL. *Direito registrário.* Ato sem o qual nenhum registro ou averbação será efetuado. Constitui ato pelo qual se individualiza cada imóvel, e é feito no cartório da circunscrição imobiliária da sua situação. O serventuário relatará no Livro n. 2: a) quanto ao imóvel, seus caracteres, sua localização, suas confrontações, sua área, sua denominação e sua designação cadastral, se houver, extraindo tais dados do título apresentado em cartório, que deu causa ao negócio; e se houver alguma discrepância, na caracterização do imóvel, entre o título exibido e o anteriormente registrado, deverá rejeitá-lo, por ser impossível o assento do bem; e b) quanto ao proprietário, se pessoa física, sua qualificação, seu número de Registro Geral da cédula de identidade e de inscrição no CPF; se pessoa jurídica, o seu número de inscrição no CGC. A matrícula consiste, portanto, num simples cadastro da unidade físico-jurídica de cada imóvel, registrando e exteriorizando sua perfeita individuação.

MATRÍCULA DE LEILOEIRO. *Direito comercial.* Matrícula concedida pela Junta Comercial para o exercício da profissão de leiloeiro. O leiloeiro exerce as suas atribuições em todo o território da unidade federativa de jurisdição da Junta Comercial que o matriculou. A concessão da matrícula, a requerimento do interessado, depende exclusivamente da comprovação dos requisitos de: a) idade mínima de vinte e cinco anos completos; b) ser cidadão brasileiro; c) encontrar-se no pleno exercício dos seus direitos civis e políticos; d) estar reabilitado, se falido, caso a falência não tenha sido culposa ou fraudulenta; e) não estar condenado por crime cuja pena vede o exercício da atividade mercantil; f) não exercer o comércio direta ou indiretamente, no seu ou alheio nome, e não participar de sociedade de qualquer espécie; g) não ter sido anteriormente destituído da profissão de leiloeiro; h) ser domiciliado, há mais de cinco anos, na unidade federativa onde pretenda exercer a profissão; i) ter idoneidade, mediante apresentação de identidade e certidões negativas da Justiça Federal e comum nos foros cível e criminal, correspondentes ao distrito em que o candidato tiver o seu domicílio, relativas ao último qüinqüênio. Deferido o pedido de matrícula, por decisão singular, a Junta Comercial concede o prazo de vinte dias úteis para o interessado prestar fiança e assinar o termo de compromisso. A fiança deve ser prestada, na forma da lei, no valor arbitrado pela Junta Comercial. Essa garantia e o seu levantamento são efetuados sempre à requisição da Junta Comercial que tenha matriculado o leiloeiro. Na hipótese de alteração do valor arbitrado pela Junta Comercial, este somente é exigido nos novos pedidos de matrícula. Aprovada a fiança e assinado o termo de compromisso, a Junta Comercial, por portaria de seu presidente, procede à matrícula do requerente e expede a Carteira de Exercício Profissional. É pessoal o exercício das funções de leiloeiro, que não pode delegá-las, senão por moléstia ou impedimento ocasional, a seu preposto, cabendo ao leiloeiro comunicar o fato à Junta Comercial. O preposto indicado pelo leiloeiro é considerado mandatário legal do proponente para o efeito de substituí-lo e de praticar, sob a responsabilidade daquele, os atos que lhe forem inerentes. A dispensa do preposto ocorre mediante simples comunicação do leiloeiro à Junta Comercial, acompanhada da indicação do respectivo substituto, se for o caso, ou a pedido do preposto. O cancelamento da matrícula do leiloeiro é instruído com os livros que possuir, para a autenticação do termo de encerramento, a Carteira de Exercício Profissional e o recolhimento do preço devido, sendo o ato de cancelamento publicado no órgão de divulgação da Junta Comercial.

MATRÍCULA DE NAVIO. *Direito marítimo.* Documento identificador do navio, que prova sua propriedade e define sua nacionalidade e bandeira, indicando sua disciplina jurídica, seus direitos e seus deveres quando em trânsito em águas internacionais. Tal documento é imprescindível para sua entrada em qualquer porto e livre circulação em águas nacionais (Elcir Castello Branco).

MATRÍCULA DE VEÍCULO. *Direito de trânsito.* Inscrição de veículos automotores no Departamento de Trânsito para que possam circular, livremente, pelas vias públicas. Com ela, expedido será o certificado de registro ou de propriedade, contendo: marca, modelo, cor, número do chassi ou do motor, nome e endereço do proprietário etc.

MATRICULADO. 1. O que consta de uma matrícula. **2.** Inscrito.

MATRÍCULA DO COMERCIANTE. *História do direito.* Registro que, outrora, se fazia, no Tribunal do Comércio do Império, do comerciante.

MATRÍCULA ESCOLAR. *Direito educacional.* Inscrição periódica feita num estabelecimento de ensino por aquele que pretende freqüentar algum curso nele ministrado.

MATRICULAR. 1. Alistar-se. **2.** Dar número de matrícula a algum objeto. **3.** Inscrever-se. **4.** Relativo à matrícula.

MATRÍCULA TORRENS. *Direito registral.* Trata-se do Registro Torrens, que consiste num especial ato registrário da propriedade imóvel rural que, mediante sentença transitada em julgado, confere um direito incontestável a quem o fizer, por tornar-se portador de um título de propriedade que o protege de ulteriores impugnações. O sistema Torrens faz da matrícula do imóvel no registro fundiário uma prova bastante segura do direito de propriedade, dando à inscrição caráter constitutivo, reforçando a fé pública e restringindo os casos de ação contra terceiros adquirentes, pois o certificado desse registro passa a servir de base a todas as transações posteriores. Com tal registro, há certeza quanto à titularidade do imóvel e quanto às suas características topográficas e definitórias. Todavia, é, hodiernamente, inoperante na prática registrária brasileira, com exceção de Goiás, Mato Grosso e Pará. Mas apesar disso, Paulo Torminn Borges chega a apontar algumas vantagens dele decorrentes, tais como as de: a) acabar com a instabilidade dos direitos dominiais, fazendo com que correspondam com exatidão aos respectivos títulos; b) dar maior maleabilidade à sua circulação econômica; c) possibilitar a aquisição de um título inobjetável; d) proteger os negócios sobre propriedade territorial contra fraudes; e) suprimir os riscos dos pleitos; f) gerar a garantia estatal aos proprietários inscritos e, em conseqüência, a responsabilidade pecuniária do erário para com os lesados por erros na matrícula ou na entrega dos títulos; g) conferir publicidade real; h) simplificar e facilitar o exame das condições atuais da propriedade; e i) valorizar a propriedade.

MATRILINEAR. *Direito civil.* Diz-se da sucessão por linha materna.

MATRILINEARIDADE. *Sociologia jurídica.* Organização familiar em que se conta a descendência em linha materna.

MATRILOCAL. *Direito comparado.* Instituição pela qual o marido é obrigado a seguir sua esposa, residindo onde ela morar.

MATRILOCALIDADE. *Direito comparado.* Regime matrimonial matrilocal existente em determinadas sociedades.

MATRIMONIAL. *Direito civil.* Relativo a matrimônio.

MATRIMONIALIDADE. *Sociologia jurídica.* Relação entre o número de matrimônios e a população feminina e masculina em idade nupcial.

MATRIMONIAMENTO. *Direito civil.* Casamento.

MATRIMONIANDO. *Direito civil.* Aquele que está para se casar.

MATRIMONIAR. *Direito civil.* Casar; contrair núpcias.

MATRIMONIÁVEL. *Direito civil.* Que pode casar-se.

MATRIMÔNIO. *Direito civil.* Casamento.

MATRIMÔNIO CLANDESTINO. *Direito civil.* Diz-se do realizado sem as condições legais de publicidade. *Vide* CASAMENTO CLANDESTINO.

MATRIMÔNIO CONSUMADO. *Direito civil.* Aquele em que houve prática de ato sexual entre os cônjuges.

MATRIMÔNIO DE CONSCIÊNCIA. *Direito civil.* Aquele levado a efeito sem atender às formalidades exigidas por lei, constituindo um concubinato puro ou união estável.

MATRIMÔNIO DE PROVA. *Direito civil.* Aquele em que as pessoas vivem juntas, com a intenção de averiguar se há entre elas compatibilidade, para depois contraírem núpcias. Trata-se, na verdade, de concubinato puro ou união estável.

MATRIMÔNIO ESPIRITUAL. *Direito canônico.* É o existente entre Cristo e as religiosas, e entre o bispo e a Igreja.

MATRIMÔNIO FICTÍCIO. *Vide* CASAMENTO SIMULADO.

MATRIMÔNIO FIDUCIÁRIO. *Vide* CASAMENTO SIMULADO.

MATRIMÔNIO MISTO. *Direito canônico.* É o entre duas pessoas batizadas, das quais uma tenha sido batizada na Igreja Católica ou nela recebida depois do batismo, e que não tenha dela saído por ato formal, e outra pertencente a uma Igreja ou comunidade eclesial que não esteja em plena comunhão com a Igreja Católica. Só é permitida a celebração desse matrimônio se houver licença expressa da autoridade competente.

MATRIMÔNIO PUTATIVO. *Vide* CASAMENTO PUTATIVO.

MATRIMÔNIO RATO. *Direito canônico.* É aquele que foi celebrado com todas as formalidades legais, mas não consumado por não ter havido entre os cônjuges nenhuma relação sexual. *Vide* CASAMENTO RATO.

MATRIMÔNIO RELIGIOSO. *Direito canônico.* Pacto matrimonial pelo qual o homem e a mulher constituem entre si o consórcio de toda a vida, por sua índole natural ordenado ao bem dos cônjuges e à geração e educação da prole; entre batizados, foi por Cristo elevado à dignidade de sacramento.

MATRIMÔNIO SECRETO. *Direito civil.* Diz-se do que foi contraído sem o conhecimento dos pais dos nubentes e do público.

MATRIMÔNIO SIMULADO. *Vide* CASAMENTO SIMULADO.

MATRIMONIUM CUM MANU. *Direito romano.* Aquele em que a mulher trocava os direitos de filha, perdia sua agnação e passava à sujeição do *pater familias* do marido. Tal casamento podia dar-se por uma das seguintes cerimônias: *confarreatio*, *coemptio* e *usus*.

MATRIMONIUM INTER INVITOS NON CONTRAHITUR. *Aforismo jurídico.* O matrimônio entre pessoas que não dão seu consentimento não tem validade.

MATRIMONIUM SINE MANU. *Direito romano.* Aquele que independia de qualquer solenidade, pois bastava o consenso das partes, baseando-se na *affectio*. Era suficiente para sua configuração a entrega da mulher, pelo respectivo *pater* ou tutor, em casa do marido (*deductio in domum*), que seria o domicílio comum futuro. Tal *matrimonium* não alterava o *status* familial da mulher; se ela fosse *sui juris*, assim permanecia, sob a tutela do mesmo tutor; mas se fosse *alieni juris*, ficava submetida à mesma *potestas*, permanecendo na mesma família. Era a mulher uma estranha à família civil do marido, logo nunca seria *mater familias*, mesmo se seu esposo fosse *pater familias*, sendo tão-somente *uxor* (Monier; Othon Sidou; Bonfante).

MÁTRIO–PODER. *Direito civil.* Complexo de direitos e deveres da mãe em relação aos seus filhos menores.

MATRIZ. **1.** *Medicina legal.* Útero. **2.** *Direito comercial.* Estabelecimento principal em relação a sucursais, filiais ou agências por ele controladas. Trata-se da sede de uma empresa onde se situa a administração geral, por ser o centro de sua atividade jurídica e negocial. **3.** *Direito* *de propriedade industrial.* Molde em que determinados objetos metálicos são fundidos **4.** *Direito canônico.* a) Igreja principal de uma localidade; b) Igreja que tem jurisdição sobre outras da mesma circunscrição. **5.** *Direito agrário.* Rês ou rebanho de gado puro, que serve para formar reprodutores.

MATRIZ QUEIMADA. *Direito de propriedade industrial.* Diz-se do molde que, gasto pelo uso, não dá boa fundição.

MATRONA. Vide *MATER FAMILIAS.*

MATRONÍMIA. *Direito civil.* Derivação do nome de uma família a partir do nome da mãe ou do de parente matrilinear.

MATRONÍMICO. *Direito civil* e *direito comparado.* Regime no qual o filho recebe o nome da mãe.

MATRÔNIMO. *Direito civil.* Relativo a matronímia.

MATRUCAR. *Direito agrário.* Espostejar reses abatidas.

MATRUCO. *Direito agrário.* Cada um dos quartos da rês abatida.

MATRUQUEIRO. *Direito agrário.* **1.** Magarefe encarregado de espostejar rês abatida. **2.** Trem que transporta a carne do matadouro.

MATULAGEM. *Direito penal.* Vadiagem praticada por um grupo de pessoas desocupadas.

MATUMBO. *Direito agrário.* Cova onde se planta mandioca.

MATUNGO. *Direito agrário.* **1.** Cavalo sem raça. **2.** Cavalo ruim, muito velho ou imprestável.

MATURAÇÃO. **1.** *Medicina legal.* Estado de supuração de um abscesso. **2.** *Psicologia forense.* Aspecto do desenvolvimento mental oriundo de modificações funcionais, que levam a pessoa a ter comportamentos complexos.

MATURAÇÃO OVULAR. *Medicina legal.* Processo que prepara o óvulo para a fecundação, aumentando, progressivamente, seu volume, reduzindo a cromatina nuclear, acumulando no protoplasma reservas nutridoras, seguido de eclosão do folículo maduro e sua captação pelas fímbrias tubárias (Croce e Croce Jr.).

MATURATIVO. *Medicina legal.* Agente auxiliar da supuração.

MATURIDADE. **1.** *Direito civil.* Diz-se da fase em que a pessoa se torna capaz para praticar atos na vida civil, por ter atingido, com a idade de dezoito anos, o pleno desenvolvimento. **2.** Na *linguagem comum* tem o sentido de idade madura.

MATURIDADE FETAL. *Medicina legal.* Estado de pleno desenvolvimento do feto, que o torna apto para a vida extra-uterina, por apresentar condições de vitalidade.

MATURIDADE SEXUAL. *Medicina legal.* Estado em que na pessoa se desenvolveram por completo os caracteres sexuais primários e secundários.

MATURIDADE SEXUAL FEMININA. *Medicina legal.* Estado em que a adolescente apresenta pleno desenvolvimento de seus caracteres sexuais primários (ou seja, das trompas, útero, vagina e vulva) ou secundários (pilosidade, mamas), tendo tido sua primeira menstruação ou ovulação (Croce e Croce Jr.).

MATURIDADE SEXUAL MASCULINA. *Medicina legal.* Estado do rapaz que tem capacidade *coeundi* e *generandi*, apresentando caracteres sexuais plenamente desenvolvidos, como pilosidade, tonalidade vocal baritonada, pênis etc.

MATURIDADE SOCIAL. *Sociologia geral.* Grau em que o comportamento, a socialização e a estabilidade afetiva da pessoa adulta refletem sua adaptação ao meio em que vive.

MATURITY. *Termo inglês.* **1.** Maturação. **2.** Data média de vencimento e recebimento de direitos gerados pelas vendas mercantis, cedidos em determinado mês a uma empresa de *factoring.* **3.** Data de vencimento de investimentos e obrigações com pagamento integral (Luiz Fernando Rudge).

MATURITY FACTORING. *Locução inglesa.* Faturização no vencimento, que se dá se as faturas representativas dos créditos do faturizado forem remetidas ao faturizador, sendo por ele liquidadas no seu vencimento. Não haverá qualquer adiantamento do valor dos créditos cedidos; exclui-se a atividade de financiamento, embora subsistam a gestão e a cobrança das faturas como garantia do pagamento na data do vencimento.

MATURRANGADA. *Direito agrário.* **1.** Serviço de campo malfeito. **2.** Grupo de maturrangos. **3.** Falta cometida na arte de montar ou de andar a cavalo.

MATURRANGO. *Direito agrário.* **1.** Aquele que, sem entender o serviço do campo, lida com o gado. **2.** O que monta mal.

MATUTINO. **1.** Diz-se do jornal que circula pela manhã. **2.** Referente à manhã.

MATUTO. *Direito agrário.* Roceiro.

MAU. 1. Irregular. **2.** Contrário à justiça e ao direito. **3.** Nocivo. **4.** Que exprime maldade. **5.** Inconveniente, inoportuno. **6.** Aquele que não cumpre suas obrigações. **7.** Estado de deterioração de um bem. **8.** Perverso. **9.** Desfavorável. **10.** Condenável.

MAU APARELHAMENTO DA EMBARCAÇÃO. *Direito marítimo.* Deficiência nos equipamentos, peças, acessórios ou sobressalentes, em desacordo com a técnica ou exigências regulamentares.

MAU PROCEDIMENTO. 1. Nas *linguagens comum* e *jurídica:* a) conduta condenável por ser atentatória à honra, à moral e aos bons costumes; b) falta de cumprimento de um dever moral ou jurídico; c) modo de conduzir-se em desacordo com os princípios impostos pela vida social. **2.** *Direito do trabalho.* a) Comportamento irregular do empregado, incompatível com as normas exigidas pelo senso comum do homem médio (Amauri Mascaro Nascimento), constituindo justa causa para o empregador despedi-lo; b) ato faltoso grave que impossibilita a manutenção do vínculo empregatício (Wagner Giglio); c) ato doloso pelo qual o empregado pretende causar dano, real ou potencial, ao empregador (Antonio Lamarca).

MAUS COSTUMES. Atos ofensivos à moral, por não atenderem às normas consuetudinárias sociais e morais impostas pela sociedade.

MÁUSER. Certo tipo de arma de fogo.

MAUSOLÉU. Sepulcro suntuoso.

MAUS-TRATOS. *Direito penal.* **1.** Crime consistente não só em submeter uma pessoa, sob sua autoridade, guarda ou vigilância, a trabalhos excessivos, a uma disciplina abusiva, como também em privá-la de alimentação ou cuidados indispensáveis, expondo-a a perigo de vida ou de saúde. **2.** Imposições de castigos imoderados.

MAUS-TRATOS CONTRA CRIANÇAS E ADOLESCENTES. *Direito da criança e do adolescente.* São atos de ação (físicos, psicológicos e sexuais) ou de omissão (negligência) praticados contra criança/adolescente, sendo capaz de causar danos físicos, sexuais e/ou emocionais. Esses maus-tratos podem ocorrer isolados, embora freqüentemente estejam associados. Dentre eles: negligência e abandono, sevícias físicas (abuso físico), abuso sexual, abuso psicológico. Para cada criança ou adolescente atendido nas entidades do Sistema Único de Saúde deverá ser preenchida uma ficha, constando no verso desta a relação de instituições locais que prestem atendimento a crianças e adolescentes em situação ou risco de violência, com telefones e informações úteis. Em caso de dúvida ou necessidade de apoio para encaminhamento/discussão do caso, dever-se-á contatar as Gerências dos Programas da Criança e do Adolescente das Secretarias Municipais e Estaduais de Saúde e do Distrito Federal. A comunicação dos casos suspeitos ou confirmados de maus-tratos/abuso sexual contra crianças e adolescentes é obrigatória pelo Estatuto da Criança e do Adolescente. Para comunicar esses casos, os profissionais devem utilizar a Ficha de Comunicação que contém instrutivo para preenchimento no verso. A ficha deve ser enviada pela direção da unidade, o mais rapidamente possível, ao Conselho Tutelar da Área de moradia da criança/adolescente e para a Secretaria Municipal de Saúde, a quem caberá o posterior envio à Secretaria de Estado de Saúde. Recomenda-se que, além do encaminhamento da ficha ao Conselho Tutelar, seja sempre realizado um contato telefônico entre o serviço de saúde e o Conselho, propiciando a discussão da melhor conduta para o caso. A atenção/comunicação dos casos é responsabilidade da unidade como um todo, e não apenas dos profissionais que fizeram o atendimento, portanto, todos devem estar atentos à identificação dos casos e comprometidos com o acompanhamento dessas crianças e adolescentes. É importante que a gerência local de saúde conheça o número e a natureza dos casos atendidos, de forma a definir as estratégias de intervenção adequadas. É fundamental que todos os setores e profissionais da unidade recebam essa ficha com o respectivo instrutivo e compreendam a importância do seu adequado preenchimento.

MAU-USO. *Direito civil* e *direito penal.* **1.** Uso nocivo ou anormal de um bem. **2.** Utilização irregular ou imprópria de uma coisa ou de um direito.

MAVÓRCIO. *Direito militar.* Bélico.

MAVORTISMO. *Direito militar.* Belicosidade.

MAXAMBOMBA. 1. Caminho de ferro. **2.** Trole usado nos portos do Rio Taquari para serviço de carga e descarga da embarcação a vapor.

MAXIDESVALORIZAÇÃO. *Economia política.* Desvalorização de uma moeda em porcentagem elevada (Luiz Fernando Rudge).

MAXILARES. *Vide* MANDÍBULAS.

MAXILITE. *Medicina legal.* Inflamação das maxilas.

MÁXIMA. *Teoria geral do direito.* **1.** Brocardo, axioma, aforismo. **2.** Princípio que, por ser evidente, é admitido cientificamente. **3.** Sentença que exprime uma verdade. **4.** Fórmula breve que contém um princípio lógico ou jurídico ou uma norma de conduta.

MÁXIMA JURÍDICA. *Teoria geral do direito.* Brocardo que expressa uma verdade jurídica.

MAXIMAL. Aquilo que é um máximo.

MAXIMALISMO. *Ciência política.* **1.** Programa político voltado à realização de ideais socialistas (Bongiovanni). **2.** Bolchevismo.

MAXIMALISTA. *Ciência política.* Adepto do comunismo bolchevista.

MAXIMÁRIO. Coleção de máximas.

MÁXIMAS DE EXPERIÊNCIA. *Direito processual.* Recursos excepcionais de que se pode valer, no cível ou no crime, o órgão judicante, devido ao seu caráter supletivo. Tais máximas não podem ser invocadas se houver preceito legal disciplinando a matéria, nem ser criadas arbitrariamente pelo magistrado, pois a lei exige como seu requisito necessário a observação do que comumente acontece. Ao elaborá-las, o juiz age indutivamente, pois, partindo de sua experiência vivencial, procede à observação de fatos particulares, dando-lhes uma significação, extraindo uma regra, de conformidade com aquilo que de mais comum sucede. O órgão judicante pode aplicá-las ao interpretar uma lei, ao avaliar provas, ao verificar as alegações das partes, ao deslindar o significado de certos conceitos normativos indeterminados, como "mulher honesta", "preço vil" etc. As máximas de experiência podem ser, por sua vez, objeto de prova, e o juiz tem permissão de se informar sobre elas. Tais máximas são juízos gerais de fato, formados pela observação daquilo que comumente acontece (Chiovenda).

MÁXIME. Principalmente, especialmente, sobretudo, mormente.

MAXIMIZAR. Atingir o ponto máximo.

MÁXIMO. **1.** O mais alto grau. **2.** Limite extremo. **3.** Apogeu. **4.** O que está acima de todos. **5.** Absoluto. **6.** Valor maior.

MAXIMUM. *Termo latino.* Máximo.

MAXIMUM EXPECTED UTILITY. *Expressão inglesa.* Máxima utilidade esperada.

MAXIMUS MAGISTER POPULUS. *Expressão latina.* O povo é um grande mestre.

MAYDAY. *Termo inglês.* Palavra usada pela radiotelegrafia norte-americana para indicar sinal de perigo.

MAZANZAR. Demorar na execução de um serviço.

MAZARINISMO. *História do direito.* Política do cardeal Mazarino que, no cargo de Primeiro-Ministro, governou a França de 1641 a 1661.

MAZARINISTA. *História do direito.* **1.** Relativo a mazarinismo. **2.** Partidário da política de Mazarino.

MAZELA. **1.** Mancha na reputação. **2.** Ferida. **3.** Enfermidade.

MAZODINIA. *Medicina legal.* Dor nas mamas.

MAZÓLISE. *Medicina legal.* Desprendimento da placenta.

MAZOMBO. *História do direito.* Dizia-se do filho de europeus que nascia no Brasil no período colonial.

MAZORCA. Tumulto; anarquia.

MAZUTE. Resíduo de petróleo usado como óleo combustível.

ME. *Direito comercial.* Abreviatura de microempresa.

MEAÇÃO. **1.** *Direito civil.* a) Metade de um bem; b) condomínio de metade por metade; aquilo que é pertencente a duas pessoas, em partes iguais; c) parte cabível, ao término da sociedade ou do vínculo matrimonial, a cada cônjuge, sendo o regime de comunhão universal ou parcial; d) co-propriedade entre dois vizinhos de muro, parede, cerca, vala ou valado de prédios confinantes; e) metade ideal do patrimônio comum a que, no inventário, tem direito o cônjuge sobrevivente, na qualidade de sócio dos bens da sociedade conjugal por ter se casado com o cônjuge falecido sob o regime de comunhão universal ou parcial, pois a outra metade consiste na herança que será partilhada entre os herdeiros do *de cujus*; f) parte disponível do acervo hereditário, da qual o testador pode dispor; g) legítima dos herdeiros necessários correspondente à metade da herança, que é indisponível; h) metade dos bens adquiridos onerosamente ou com o esforço comum, durante a convivência a que tem direito o convivente, finda a união estável; i) metade dos bens adquiridos pelo casal, a título oneroso, na constância do casamento, a que tem direito cada cônjuge, na dissolução da sociedade conjugal, sendo o regime de participação final nos aqüestos. **2.** *História do direito.* Divisão ao meio dos frutos colhidos, entre o agricultor e o dono da terra (parceiro-proprietário), que era feita no antigo sistema de parceria.

MEAÇÃO RESGUARDADA. *Direito civil.* Cautela legal pela qual somente respondem, em caso de execução, os bens particulares do cônjuge devedor e os comuns até o limite de sua meação.

MEACO. *Direito comparado.* Toldo de determinado tipo de embarcação asiática.

MEADO. Aquilo que chegou ao meio; o meio do mês.

MEAGO. O meio.

MEANNESS. *Termo inglês.* **1.** Infâmia. **2.** Baixeza.

MEÃO. 1. *Direito agrário.* a) Diz-se do cavalo cuja marcha habitual é o meio; b) peça central da roda de bois. **2.** Na *linguagem comum* é o que ocupa posição intermediária ou média.

MEAR. 1. Chegar ao meio. **2.** Dividir ao meio.

MEATO. *Medicina legal.* **1.** Pequeno canal. **2.** Orifício externo de um canal. **3.** Abertura.

MEATO URETRAL. *Vide* MEATO URINÁRIO.

MEATO URINÁRIO. *Medicina legal.* Orifício externo da uretra, pelo qual se expulsa a urina.

MEA VOLUNTATE. *Locução latina.* Por minha livre vontade.

MECÂNICA. 1. *Direito comercial.* Conjunto de máquinas de uma indústria. **2.** Na *linguagem comum* designa: a) ciência que trata das leis do movimento e do equilíbrio e de sua aplicação à construção e à utilização de máquinas; b) combinação de peças para produção do movimento.

MECÂNICA ANALÍTICA. *Filosofia geral.* Teoria matemática das leis do movimento e do equilíbrio. Tal ciência teórica divide-se em: a) *cinemática*, que estuda as propriedades geométricas dos movimentos na sua relação com o tempo, sem intervenção das noções de força ou de massa; b) *estática*, que analisa as forças em estado de equilíbrio; e c) *dinâmica*, que estuda o movimento na sua relação com a força (Ampère; Appell). É também designada de mecânica racional ou teórica.

MECÂNICA ANIMAL. Aplicação dos princípios de mecânica ao estudo dos movimentos dos animais.

MECÂNICA CELESTE. *Filosofia geral.* Ciência que estuda o movimento dos astros.

MECÂNICA INDUSTRIAL. *Direito empresarial.* Arte de construir, conservar e utilizar máquinas.

MECÂNICA QUÂNTICA. *Filosofia geral.* Mecânica dos fenômenos aos quais pode ser aplicada a teoria dos quanta.

MECÂNICA RACIONAL. *Vide* MECÂNICA ANALÍTICA.

MECÂNICA TEÓRICA. *Vide* MECÂNICA ANALÍTICA.

MECANICISMO. *Medicina legal.* Explicação biológica dos fenômenos vitais segundo as leis mecânicas.

MECÂNICO. 1. Relativo a máquinas. **2.** Aquilo que requer o trabalho das mãos ou das máquinas. **3.** O que é determinado por condições antecedentes invariáveis, agindo por meio das leis do movimento (Liard). **4.** O que pode ser reduzido às fórmulas analíticas empregadas pela mecânica racional (Lippmann). **5.** Aquilo que é feito, automaticamente, sem vontade. **6.** O que exclui a força da representação das coisas (Rey). **7.** Aquele que tem conhecimento de mecânica. **8.** Profissional especializado em construção, conserto e conservação de máquinas.

MECÂNICO DE AUTOMÓVEL. *Direito do trabalho.* Aquele que repara e conserva veículos automotores.

MECÂNICO DE MANUTENÇÃO. *Direito do trabalho.* **1.** Aquele que repara e conserva máquinas, ferramentas e máquinas operatrizes de uso industrial. **2.** O que faz reparações elétricas elementares.

MECÂNICO DE RÁDIO. *Direito do trabalho.* Aquele versado na reparação de receptores de rádio e sistemas de audioamplificação. Trata-se do radiotécnico.

MECÂNICO DE REVÓLVER. *Direito do trabalho.* Preparador e manejador de torno em cuja torre e porta-ferramentas se fixam várias ferramentas de corte. Trata-se do torneiro automático.

MECÂNICO DIESEL. *Direito do trabalho.* Aquele especializado em reparação e conservação de motores diesel estacionários e de veículos terrestres e marítimos.

MECANISMO. 1. Disposição de partes que compõem uma máquina. **2.** Técnica de manejo de um instrumento. **3.** Combinação de órgãos para que funcionem conjuntamente. **4.** Processo que permite a determinação de uma série de fases dependentes umas das outras (Lalande). **5.** Teoria filosófica que admite que fatos se liguem a um sistema de determinações mecânicas (Lalande). **6.** Doutrina científica explicativa dos fenômenos físicos pelo movimento.

MECANISMO DA REPERCUSSÃO GERAL. *Direito processual.* No recurso extraordinário, o recorrente deverá demonstrar a repercussão geral das questões constitucionais discutidas no caso, nos termos da lei, a fim de que o Tribunal examine a admissão do recurso, somente podendo recusá-lo pela manifestação de 2/3 de seus membros. No STF pelo voto de 8 ministros será possível rejeitar julgamento de um recurso extraordinário.

MECANISMO DA RIGIDEZ CADAVÉRICA. *Medicina legal.* Processo que se caracteriza pela rigidez de todos os músculos do falecido, decorrente de sua acidificação e desidratação. Esse processo tem início entre a terceira e quarta hora após a morte, completando-se depois de oito ou treze horas da morte, e prolongando-se entre vinte e quatro e setenta e duas horas (José Lopes Zarzuela).

MECANISMO DE DEFESA. **1.** *Medicina legal.* Reação defensiva do organismo. **2.** *Psicologia forense.* a) Processo mental inconsciente, como repressão, sublimação, projeção, simbolização, dissociação, regressão, conversão etc., que leva o ego a encontrar solução para problemas tomando medidas realistas ou invocando meios deformadores da realidade; b) de acordo com Freud, é o conjunto de operações que objetiva eliminar ou diminuir qualquer alteração suscetível de pôr em risco a integridade e a consistência do indivíduo biopsicológico. A defesa assume, freqüentemente, um caráter compulsivo e opera, ao menos de modo parcial, inconscientemente. As defesas do *ego*, segundo Fordham, podem ser consideradas normais. Entretanto, se acarretarem uma tendência à onipotência, tal fato poderá conduzir à rigidez psíquica e à inflação da consciência (Lídia Reis de Almeida Prado).

MECANIZAÇÃO. *Economia política, direito comercial* e *direito agrário.* Uso da máquina na indústria, na agricultura etc., para substituir o trabalho humano.

MECANIZAÇÃO AGRÍCOLA. *Direito agrário.* Utilização de máquinas na agricultura, levando em conta o mercado de mão-de-obra da região e a capacitação de pessoal para manutenção e uso de maquinaria, com o escopo de aumentar a produtividade.

MECENAS. Protetor das letras.

MECENATO. Proteção às letras, às artes e às ciências.

MÉCIA. *Direito agrário.* Espécie de pêra de inverno.

MECÔNIO. *Medicina legal.* Primeira evacuação de recém-nascido.

MECONISMO. *Medicina legal.* Intoxicação provocada pelo ópio.

MECONOFAGIA. *Medicina legal.* Ingestão de ópio.

MECONÓFAGO. *Medicina legal.* Diz-se daquele que ingere ópio.

MEDA. *Direito agrário.* Montão de feixe de trigo ou de palha colocado em forma de cone.

MEDALHA. **1.** Na *linguagem comum* é a peça metálica, em regra, redonda, onde se cunham datas, figuras notáveis ou sinais, com o escopo de perpetuar algum evento histórico. **2.** *Direito canônico.* Peça de devoção que pode ser benta por algum dignitário eclesiástico. **3.** *História do direito.* Nome dado à moeda dos povos antigos. **4.** *Direito militar.* Insígnia de ordem militar. **5.** *Direito do trabalho.* Chapa contendo número, que é usada por encarregados de serviços especiais.

MEDALHA CORPO DE TROPA. *Direito militar.* É conferida para premiar os militares de carreira do Exército que, por dedicação, abnegação e capacidade profissional, hajam prestado bons serviços em organizações militares de Corpo de Tropa do Exército Brasileiro por mais de dez anos, ininterruptos ou não.

MEDALHA DA VITÓRIA. *Direito militar.* É a que se destina a agraciar as personalidades e instituições que tenham contribuído para a difusão dos feitos da Força Expedicionária Brasileira durante a 2ª Guerra Mundial, participado de conflitos internacionais na defesa dos interesses do País, integrado missões de paz, prestado serviços relevantes ou apoiado o Ministério da Defesa no cumprimento de suas missões constitucionais. O primeiro lugar obtido nos Cursos de Formação de Oficiais e Sargentos das Forças Armadas será considerado serviço relevante prestado ao Ministério da Defesa. A Medalha da Vitória é concedida: a) a personalidades civis e militares, brasileiras ou estrangeiras, policiais militares e bombeiros militares, organizações militares e instituições civis nacionais que tenham contribuído para a difusão dos feitos da Força Expedicionária Brasileira durante a 2ª Guerra Mundial; b) a militares das Forças Armadas brasileiras, civis brasileiros, policiais militares e bombeiros militares brasileiros que tenham participado de conflitos internacionais na defesa dos interesses do País ou integrado missões de paz; c) a personalidades civis e militares, brasileiras ou estrangeiras, policiais militares e bombeiros militares, organizações militares e instituições civis nacionais que tenham prestado serviços relevantes ou apoiado o Ministério da Defesa no cumprimento de suas missões constitucionais; e d) aos primeiros colocados nos Cursos de Formação de Oficiais e Sargentos das Forças Armadas.

MEDALHA DE MÉRITO. Prêmio conferido àquele que pratica ato meritório por ter se distinguido em concursos, exposições, nas artes, nas ciências, ou por ter realizado alguma ação de coragem ou filantrópica.

MEDALHA DE "MÉRITO DA AVIAÇÃO DE SEGURANÇA PÚBLICA MAJOR IBES CARLOS PACHECO". É a destinada a agraciar pessoas físicas ou jurídicas, civis ou militares, nacionais ou estrangeiras, merecedoras do reconhecimento público por terem prestado contribuições relevantes às instituições e ao povo brasileiro nas áreas de pesquisa, administração, planejamento, ensino e operação da Aviação de Segurança Pública.

MEDALHADOR. Aquele que faz medalhas.

MEDALHA "MÉRITO DESPORTIVO MILITAR". *Direito desportivo.* É destinada a agraciar militares brasileiros que se tenham destacado em competições desportivas nacionais e internacionais, bem como militares e civis brasileiros ou estrangeiros que tenham prestado relevantes serviços ao desporto militar do Brasil.

MEDALHÃO. 1. Medalha grande. **2.** Pessoa importante. **3.** Diz-se do que possui muitas condecorações. **4.** Aquele que, sem ter talento, possui fama pela sua habilidade de imitar ou de aproveitar o que já está feito.

MEDALHEIRO. 1. Fabricante ou vendedor de medalhas. **2.** Coleção de medalhas.

MEDALHISTA. 1. Colecionador de medalhas. **2.** Aquele que estuda medalhas.

MEDAL PLAY. *Direito desportivo.* Partida de golfe em que o vencedor é aquele que completa o circuito de buracos com menos tacadas.

MÉDIA. 1. Em *gíria comercial* designa a xícara de café com leite. **2.** Em *estatística* é o resumo de vários dados num só número. **3.** Na *linguagem escolar* pode indicar: a) quantidade mínima de pontos que se deve obter para ser aprovado em concurso ou exame; b) valor indicativo, no final de cada ano, do aproveitamento do aluno. **4.** Na *técnica negocial* é aquela que revela o índice das operações feitas num determinado período. **5.** Na *linguagem aritmética* é: a) o quociente da divisão de uma soma ou do total de várias quantidades pelo número delas; b) valor médio; c) quantidade representativa do meio entre muitas coisas.

MÉDIA ARITMÉTICA COMPOSTA. *Vide* MÉDIA ARITMÉTICA PONDERADA.

MÉDIA ARITMÉTICA PONDERADA. É o quociente da divisão, pela soma dos pesos, do total dos produtos de cada número dado pelo seu respectivo peso.

MÉDIA ARITMÉTICA SIMPLES. É o quociente da divisão de uma soma pelo número das parcelas.

MEDIAÇÃO. 1. *Direito comercial. Vide* CONTRATO DE MEDIAÇÃO. **2.** *Direito internacional público.* Processo pacífico pelo qual uma terceira potência visa propor uma solução a conflitos internacionais entre duas ou mais nações, reaproximando-as ou facilitando suas negociações. **3.** *Direito processual civil.* a) Intervenção judicial em causas familiares ou em litígios atinentes a direitos patrimoniais privados; b) ato do conciliador em causas menores da competência de juízo especial, procurando obter um acordo entre as partes, pondo fim à demanda; c) conjunto de técnicas desenvolvidas por profissionais designados "conciliadores", que buscam superar impasses ou manter negociações (Gevaerd); d) é a autocomposição entre as partes em que a solução é dada por estas, estimulando o mediador a criatividade dos envolvidos, sem fazer sugestões; não é adversarial. Pressupõe negociação e é aplicável a todos os conflitos, em especial aos objetivos (Luiz G. Martins da Silva); e) técnica de resolução de conflitos trabalhistas, familiares e comunitários, inclusive para elaboração de acordos comerciais e industriais operativos e cooperativos para fusões, incorporações, compra e venda empresariais. É uma forma de negociação direta entre as partes em conflito em que terceira pessoa previamente treinada em técnicas de negociação, munida de conhecimentos multidisciplinares de psicologia e sociologia, é convidada não para decidir, mas para conduzir as partes a uma solução, facilitando o acordo; f) integra a *Alternative Dispute Resolution* (ADR), constituindo uma alternativa extrajudicial ou meio de solução de disputas, ou conflitos de interesses muito usual em diversos países, como, por exemplo, nos Estados Unidos, especialmente em conflitos relativos a questões trabalhistas, à empreitada, ao direito imobiliário, ao seguro, à franquia, ao direito de família, à responsabilidade civil, ao contrato internacional etc. É uma técnica de manejo comportamental que busca manter a negociação das partes sob o controle de um conciliador, profissional neutro, capacitado para superar impasses; g) técnica não adversarial de solução de conflito, pela qual dois ou mais litigantes (pessoas físicas ou jurídicas) recorrem a um especialista neutro, para que, mediante realização de reuniões conjuntas ou separadas, obtenham uma resolução consensual e satisfatória daquele litígio. Pode ser empregada no âmbito familiar (entre casais, pais e filhos), quando tratar-se de questões atinentes a guarda de filhos, partilha de bens, ou quando referir-se a condomínio, locação, direitos autorais, reparação de dano moral e pessoal, dissídios coletivos e individuais de trabalho, controvérsias entre sócios, conflitos oriundos de contrato, *joint-ventures*, *leasing* etc. (Adolfo Braga Neto); h) composição particular da lide (Sálvio de Figueiredo Teixeira) por meio de mediador que auxilia os mediados na busca de uma solução; i) método de solução extrajudicial de litígio pelo qual o mediador (terceiro) procura estabelecer um diálogo entre os litigantes suscetível de identificar as questões controvertidas, para atingir uma solução amigável, sem dar qualquer opinião àquelas partes.

MEDIAÇÃO FAMILIAR. *Direito comparado* e *direito processual civil.* Na França, é o acompanhamento dos pais, separados ou divorciados, através da gestão de seus conflitos, para a tomada de uma eficaz, ponderada e rápida decisão que venha a trazer, nos limites de sua responsabilidade, uma solução satisfatória ao interesse da criança, no que atina ao direito de guarda e de visita, à pensão alimentícia etc. (Jacqueline Mourret). Um mediador, profissional qualificado, busca o diálogo entre os envolvidos para que firmem

acordos que atendam às necessidades de todos e conduzam à co-responsabilidade parental, mantendo a relação pai, mãe e filho, havendo o término da conjugalidade, transformando a falência do casamento em uma relação estável parental. Observa Águida Arruda Barbosa que essa moderna técnica vem sendo desenvolvida na França, nos EUA, na Espanha, na Argentina e em outros países, onde as partes são ouvidas pelo juiz da Vara de Família, juntamente com um psicólogo e assistente social, e encaminhadas para um programa que contém quatro a cinco sessões de psicologia, para decodificação dos anseios das partes e elaboração de um projeto que satisfaça às aspirações de cada um e aos interesses da criança, e defina a responsabilidade parental. Em suma, a mediação familiar busca o entendimento do sofrimento, a contenção de angústia, propiciando o surgimento de novas proposições, com o acompanhamento da decisão e a ajuda na reorganização da vida das pessoas envolvidas no conflito.

MEDIAÇÃO MANDATÓRIA. *Direito comparado.* É a que integra a fase processual de conciliação, sendo de iniciativa judicial, após iniciado ou julgado o feito muito comum nos processos litigiosos de família, envolvendo divórcio, partilha de bens, alimentos, visita a filhos, levando a solução do litígio por meio de mediador que conduz à decisão tomada pelas partes. Nos litígios alusivos ao direito de família, abriu, nos EUA, um mercado de trabalho para mediadores profissionais, devidamente habilitados perante as Cortes, que os designam para atuarem nos feitos, conforme o rol de indicações. É útil por reduzir prazos e custas (Gevaerd).

MEDIAÇÃO NA NEGOCIAÇÃO COLETIVA DE NATUREZA TRABALHISTA. *Direito do trabalho.* Composição do conflito pelo mediador escolhido pelas partes, de comum acordo, se frustrada a negociação direta, na respectiva data-base anual. Se as partes divergirem ou se se considerarem sem as condições adequadas para, em situação de equilíbrio, participarem da negociação direta, poderão, desde logo, solicitar ao Ministério do Trabalho e Emprego a designação do mediador. Essa designação, feita pelo Delegado Regional do Trabalho, se a negociação for de âmbito local ou regional, ou pelo Secretário de Relações do Trabalho do Ministério do Trabalho e Emprego, se se tratar de negociação de âmbito nacional, poderá recair em: a) mediador previamente cadastrado, desde que as partes concordem quanto ao pagamento dos honorários por ele proposto por ocasião de sua indicação; ou b) servidor do quadro do Ministério do Trabalho e Emprego, sem ônus para as partes. O mediador designado terá prazo máximo de trinta dias para concluir o processo de negociação, salvo acordo expresso das partes interessadas. Todavia, o Delegado Regional do Trabalho poderá, ante circunstâncias de ordem pública, solicitar a redução no prazo de negociação. Se não houver entendimento entre as partes, na negociação direta ou por intermédio de mediador, lavrar-se-á, de imediato, ata contendo os motivos do conflito e as reivindicações de natureza econômica.

MEDIAÇÃO PARA SERVIR À LASCÍVIA DE OUTREM. *Direito penal.* Crime consistente em induzir alguém a submeter-se aos desejos sexuais de outra pessoa, punido com reclusão, acrescido de multa se perpetrado com o fim de lucro. Trata-se do lenocínio.

MEDIAÇÃO VOLUNTÁRIA. *Direito comparado.* É a que se dá por acordo de vontade das partes, incentivadas por seus advogados (Gevaerd).

MÉDIA DE PACIENTES-DIA. *Medicina legal.* Relação entre o número de pacientes-dia em determinado período e o número de dias do mesmo período.

MÉDIA DE PERMANÊNCIA. *Medicina legal.* Relação entre o total de pacientes-dia em determinado período e o total de pacientes que tiveram saída do hospital nesse mesmo período.

MEDIADOR. *Direito processual civil.* 1. Medianeiro. 2. Aquele que age por mediação para, com sua intercessão, aproximar as partes ou solucionar controvérsias.

MÉDIA EMPRESA. *Direito comercial.* Aquela com receita bruta anual acima de R$ 2.133.222,00 até R$ 35.000.000,00.

MEDIANEIRA. *Direito penal.* Alcoviteira.

MEDIANEIRISMO. Ato de interceder em favor de outrem, exercendo funções de mediador.

MEDIANEIRO. *Vide* MEDIADOR.

MEDIANIA. 1. *Direito marítimo.* Espaço que fica entre as sicordas da popa e a proa. 2. Na *linguagem comum* significa: a) meio-termo entre a riqueza e a pobreza; b) termo médio.

MEDIANO. 1. Medíocre. 2. Regular. 3. Moderado. 4. O que pertence à classe média.

MÉDIA PROPRIEDADE RURAL. *Direito agrário.* 1. Imóvel rural de área superior a quatro e até quinze módulos fiscais. 2. Imóvel rural que, pela sua área e atividade que explora, se situa entre a propriedade familiar e a empresa rural.

MEDIAR. 1. Pertencer à média. 2. Tratar como mediador.

MEDIASTINITE. *Medicina legal.* Inflamação do tecido celular do mediastino.

MEDIASTINO. *Medicina legal.* Cada um dos dois espaços existentes entre as pleuras, situados diante de coluna vertebral e atrás do esterno. Nessa cavidade ficam alojados o coração, o tronco braquiocefálico, o esôfago etc.

MEDIATÁRIO. *Vide* MEDIADOR.

MEDIATIZAR. 1. Servir de mediador. 2. Fazer com que soberano ou Estado deixe de depender, imediatamente, do poder de uma confederação. 3. Tornar mediato o que era imediato.

MEDIATO. 1. *Filosofia geral.* a) O que depende de outra coisa; b) diz-se do termo que está em relação com um outro por intermédio de um terceiro; c) causa que produz efeito por intermédio de outra causa. 2. Na *linguagem jurídica* indica: a) o que vem indiretamente por intermédio de outro ou de terceiro; b) diz-se do efeito que não é produzido pelo próprio ato, mas que vem a atingi-lo por força de outro (De Plácido e Silva); c) o que comporta intermediário.

MEDIATOR. *Vide* MEDIADOR.

MEDICAÇÃO. *Medicina legal.* Ato de medicar, empregando remédios ou medidas terapêuticas.

MEDICAÇÃO SINTOMÁTICA. *Medicina legal.* Utilização de remédios para combater sintomas da doença, sem, contudo, eliminar sua causa (Croce e Croce Jr.).

MEDICAL FUTILITY. *Locução inglesa.* Futilidade médica.

MEDICAMENTO. *Medicina legal.* Remédio para curar moléstias ou para paliar dores ou, ainda, para fins de diagnóstico.

MEDICAMENTO AVIADO. *Medicina legal.* É o feito em farmácia, conforme fórmula prescrita pelo médico em receita.

MEDICAMENTO DE REFERÊNCIA. *Direito do consumidor.* Medicamento inovador registrado no órgão federal responsável pela vigilância sanitária e comercializado no País, cuja eficácia, seguran-

MEDICAMENTO EM DESACORDO COM RECEITA MÉDICA

ça e qualidade foram comprovadas cientificamente junto ao órgão federal competente, por ocasião do registro.

MEDICAMENTO EM DESACORDO COM RECEITA MÉDICA. *Direito penal.* Crime contra a saúde pública, punido com detenção ou multa, consistente em fornecer substância medicinal ou remédio contrário ao prescrito no receituário médico.

MEDICAMENTO EXTERNO. *Medicina legal.* É aquele que só pode ser aplicado sobre o corpo.

MEDICAMENTO GENÉRICO. *Direito do consumidor.* Medicamento similar a um produto de referência ou inovador, que pretende ser como este intercambiável, geralmente produzido após a expiração ou renúncia da proteção patentária ou de outros direitos de exclusividade, comprovada a sua eficácia, segurança e qualidade.

MEDICAMENTO HOMEOPÁTICO. *Direito do consumidor.* Toda apresentação farmacêutica destinada a ser ministrada segundo o princípio da similitude, com finalidade preventiva e terapêutica, obtida pelo método de diluições seguidas de sucussões e/ou triturações sucessivas.

MEDICAMENTO HOMEOPÁTICO INDUSTRIALIZADO ISENTO DE REGISTRO. *Direito do consumidor.* Medicamento simples (com um único componente ativo de Matéria Médica Homeopática estabelecida), considerando todas suas formas farmacêuticas derivadas, sem marca ou nome comercial, compreendendo somente as dinamizações decimais e centesimais, a partir da primeira dinamização destas escalas oficiais, cuja preparação deve seguir obrigatoriamente os métodos oficiais descritos na Farmacopéia Homeopática Brasileira, edição em vigor, e na ausência em seu conteúdo, compêndios oficiais reconhecidos pela ANVISA.

MEDICAMENTO HOMEOPÁTICO INDUSTRIALIZADO PASSÍVEL DE REGISTRO. *Direito do consumidor.* Medicamento simples (componente único) ou composto (com 2 ou mais componentes), com marca ou nome comercial, cuja preparação deve seguir obrigatoriamente os métodos oficiais descritos na Farmacopéia Homeopática Brasileira, edição em vigor, e compêndios oficiais reconhecidos pela ANVISA, dinamizados, e cuja fórmula é constituída por substâncias de comprovada ação terapêutica, descritas nas matérias médicas homeopáticas ou nos compêndios oficiais ou estudos clínicos ou revistas indexadas.

MEDICAMENTO INOVADOR. *Direito do consumidor.* Medicamento comercializado no mercado nacional, composto por, pelo menos, um fármaco ativo, sendo que esse fármaco deve ter sido objeto de patente, mesmo já extinta, por parte da empresa responsável por seu desenvolvimento e introdução no mercado do país de origem. Em geral, o medicamento inovador é considerado medicamento de referência, entretanto, na sua ausência, a ANVISA indicará o medicamento de referência.

MEDICAMENTO INTERNO. *Medicina legal.* Aquele que deve ser injetado ou ingerido.

MEDICAMENTO MAGISTRAL. *Medicina legal.* É aquele feito com base em receita médica.

MEDICAMENTO PREPARADO. *Medicina legal.* Produto de laboratório.

MEDICAMENTOS BIOEQUIVALENTES. *Direito do consumidor.* São equivalentes farmacêuticos que, ao serem administrados na mesma dose molar, nas mesmas condições experimentais, não apresentam diferenças estatisticamente significativas em relação à biodisponibilidade.

MEDICAMENTOS EM SUBSTÂNCIA. *Medicina legal.* São aqueles administrados no seu estado natural.

MEDICAMENTOS EXTEMPORÂNEOS. *Medicina legal.* Aqueles que somente devem ser preparados no instante de sua prescrição pelo médico.

MEDICAMENTO SIMILAR. *Direito do consumidor.* Aquele que contém o mesmo ou os mesmos princípios ativos, apresenta a mesma concentração, forma farmacêutica, via de administração, posologia e indicação terapêutica, e que é equivalente ao medicamento registrado no órgão federal responsável pela vigilância sanitária, podendo diferir somente em características relativas ao tamanho e forma do produto, prazo de validade, embalagem, rotulagem, excipientes e veículos, devendo sempre ser identificado por nome comercial ou marca.

MEDICAMENTOS OFICINAIS. *Medicina legal.* Os que já se encontram preparados em farmácias.

MEDICAMENTOS RESTRINGENTES. *Medicina legal.* Aqueles próprios para fortificar.

MEDICAMINA. *Medicina legal.* Droga ou substância que mata.

MEDICANDO. *Medicina legal.* O que vai ser medicado.

MEDIÇÃO. *Direito civil, direito processual civil* e *direito agrário.* **1.** Medida. **2.** Ato ou efeito de medir algo para levantar uma planta ou delimitar sua área.

MEDICATIVO. *Medicina legal.* Terapêutico.

MEDICATRIZ. *Medicina legal.* O que tem propriedade medicamentosa ou terapêutica.

MEDICÁVEL. *Medicina legal.* Suscetível de tratamento médico.

MEDICINA. *Medicina legal.* **1.** Ciência e arte de curar e prevenir moléstias. **2.** Profissão de médico.

MEDICINA ALOPATA. *Medicina legal.* É aquela que utiliza, para combater as doenças, meios contrários a elas.

MEDICINA ANTROPOSÓFICA. *Medicina legal.* Apresenta-se como uma abordagem médico-terapêutica complementar, de base vitalista, cujo modelo de atenção está organizado de maneira transdisciplinar, buscando a integralidade do cuidado em saúde. Entre os recursos terapêuticos da Medicina Antroposófica, destacam-se: a utilização de aplicações externa (banhos e compressas), massagens, movimentos rítmicos, terapia artística e uso de medicamentos naturais (fitoterápicos e medicamentos diluídos e dinamizados).

MEDICINA ASTRONÁUTICA. *Direito espacial* e *medicina legal.* A que se dedica à análise e à terapêutica de problemas médicos e psicológicos oriundos de viagens interplanetárias ou da exploração do espaço cósmico.

MEDICINA CRIMINAL. *Medicina legal.* É a medicina legal aplicada às questões criminais (De Plácido e Silva).

MEDICINA DO TRABALHO. *Direito do trabalho.* Medicina que visa a prevenção de males ou acidentes oriundos da atividade laboral e o combate a doenças profissionais.

MEDICINA FORENSE. *Vide* MEDICINA LEGAL.

MEDICINA HOMEOPATA. *Medicina legal.* É a que usa dose mínima de medicamento, suscetível de produzir em pessoa sadia efeitos similares aos sintomas da moléstia que quer combater.

MEDICINAL. **1.** Relativo à medicina. **2.** O que serve para curar moléstias. **3.** Aquilo que é usado para tratar de um mal físico ou mental.

MEDICINA LABORAL. *Vide* MEDICINA DO TRABALHO.

MEDICINA LEGAL. É a que auxilia a justiça no esclarecimento da verdade sobre causas do crime, realizando perícias e aplicando conhecimentos médicos.

MEDICINA OPERATÓRIA. *Medicina legal.* Aquela especializada em cirurgia.

MEDICINA PALIATIVA. *Medicina legal* e *biodireito.* Especialidade médica que surgiu no Reino Unido há 20 anos, com base nos estudos da assistente social, médica e pesquisadora Cicely Saunders, para proporcionar melhor qualidade de vida a pacientes de doenças incuráveis com perspectiva de morte e também a seus familiares. A idéia é diminuir o tanto quanto possível as dores físicas e psicológicas a partir do diagnóstico.

MEDICINA PREVENTIVA. *Medicina legal.* Atividade médica que visa a prevenção de moléstias ou de danos à saúde.

MEDICINA PÚBLICA. *Medicina legal.* Parte da medicina legal que se volta às questões relativas à higiene pública.

MEDICINA RÚSTICA. *Direito agrário.* Conjunto de técnicas; fórmulas feitas com ervas, cascas, raízes, folhas etc.; benzeduras e práticas de uso na zona rural para a cura e prevenção de doenças.

MEDICINA SINTOMÁTICA. *Medicina legal.* Aquela que combate os sintomas de uma moléstia, sem atender a sua causa.

MEDICINA SOCIAL. Estudo de meios econômico-sociais para a preservação, a recuperação e o melhoramento da saúde, tendo por base a análise das interações humanas, sob o prisma educacional e econômico (Cesarino Júnior).

MEDICINA TRANSFUSIONAL. *Medicina legal.* É a que presta serviços de hemoterapia, imuno-hematologia e Banco de Sangue para fins de transfusão.

MEDICINA VETERINÁRIA. É a ciência e arte de curar animais.

MÉDICO. **1.** Aquele que exerce legalmente a medicina, sendo portador de título de grau universitário. **2.** O que pode conservar e restituir a saúde. **3.** Referente à medicina.

MÉDICO ASSISTENTE. **1.** Aquele que trata regularmente o paciente. **2.** Auxiliar de outro numa intervenção cirúrgica.

MÉDICO-CIRURGIÃO. Aquele especializado em cirurgias.

MÉDICO-ESPECIALISTA. Aquele que se especializou no tratamento de certos órgãos.

MÉDICO-LEGISTA. *Medicina legal.* Aquele que se dedica à medicina legal, efetuando perícias, prestando serviços no esclarecimento de crimes e nas investigações de necropsia.

MÉDICO-OPERADOR. *Vide* MÉDICO-CIRURGIÃO.

MÉDICO VETERINÁRIO CREDENCIADO. *Direito agrário.* **1.** É o médico veterinário oficial, estadual e municipal, ou profissional liberal, que recebeu delegação de competência do Serviço Veterinário Oficial Federal, para emissão de Guia de Trânsito Animal (GTA). **2.** Médico veterinário credenciado pelo Serviço de Sanidade Animal para realização de coleta e envio de material para a realização de diagnóstico laboratorial de mormo.

MÉDICO VETERINÁRIO OFICIAL. *Direito agrário.* Médico veterinário pertencente ao serviço de defesa sanitária animal, estadual ou federal.

MÉDICO VETERINÁRIO OFICIAL PARA CERTIFICAÇÃO SANITÁRIA. *Direito agrário.* É o Fiscal Federal Agropecuário com formação profissional em medicina veterinária ou o médico veterinário do serviço oficial de Defesa Sanitária Animal.

MEDIDA. 1. *Direito processual.* a) Meio que visa a conservação de um direito, a prevenção de fatos e o cumprimento da lei; b) providência material levada a efeito pelo magistrado. **2.** Nas *linguagens comum* e *jurídica* significa: a) decisão de uma autoridade para alcançar um fim; b) grandeza conhecida, que serve de padrão na avaliação de outra quantidade da mesma natureza. Assim são medidas determinantes do comprimento: o metro, o pé, a braça, o palmo etc.; da capacidade: o litro, o selamim, o almude etc.; das superfícies: o quilômetro quadrado, o alqueire, a jeira, o are etc.; do peso: o quilograma; c) régua graduada; d) ação de medir; e) resultado da medição; f) cálculo.

MEDIDA ACAUTELATÓRIA. *Direito processual civil.* Medida cautelar atípica, inespecífica ou inominada, determinada pelo magistrado com o escopo de evitar dano irremediável a qualquer dos litigantes, havendo fundado receio de que um deles cause, antes do julgamento da lide, lesão ao outro. Para tanto poderá o juiz autorizar ou vedar a prática de certos atos, ordenar a guarda judicial de pessoas e depósito de bens e impor a prestação de caução.

MEDIDA ADMINISTRATIVA DE JUÍZO. *Direito processual.* Providência semidiscricional tomada pelo juiz por imperativo de seus múnus, sendo por isso irrecorrível (Othon Sidou).

MEDIDA CAUTELAR. 1. *Direito processual civil.* a) É a ação que tem por fim prevenir a eficácia do processo principal que com ela se relaciona (Marcus Cláudio Acquaviva). É o procedimento preventivo ou provisional que, ante o *periculum in mora* e o *fumus boni iuris*, se instaura antes da ação principal ou no curso dela, para evitar prejuízo em caso de ser julgada procedente a ação a que se vincula em prol do postulante; b) providência de natureza cautelar, requerida pelo autor, a título de antecipação de tutela, por simples petição nos próprios autos principais, que poderá ser deferida pelo juiz, se presentes os respectivos pressupostos, em caráter incidental do processo ajuizado; c) pode ser preparatória ou incidental. A preparatória visa a antecipação de providências acautelatórias de direito das partes e a composição da prova necessária ao julgamento favorável da pretensão resistida na ação a ser manifestada perante o Estado/juiz. A incidental permite à parte preservar ou assegurar direitos no curso do processo (Francisco Peçanha Martins). **2.** *Direito constitucional.* Medida que, nas representações por inconstitucionalidade oferecida pelo Procurador Geral da República, visa paralisar a eficácia da norma inconstitucional durante a pendência do julgamento.

MEDIDA CAUTELAR ATÍPICA. *Vide* MEDIDA ACAUTELATÓRIA.

MEDIDA CAUTELAR CONSERVATIVA. *Direito processual civil.* É a medida cautelar preservativa, cujos efeitos não estão condicionados à ação principal. Por exemplo: ação de justificação, protesto, notificação e interpelação (Othon Sidou).

MEDIDA CAUTELAR CONSTRITIVA. *Direito processual civil.* Procedimento provisional de natureza preparatória ou incidental, que se vincula a uma ação principal, que deve ser ajuizada dentro de trinta dias da sua efetivação, sob pena de cassação de sua eficácia, e provoca um constrangimento àquele contra quem foi imposta. São dessa natureza: o arresto, seqüestro, busca e apreensão, caução, exibição, produção antecipada de provas, alimentos provisionais e arrolamento de bens.

MEDIDA CAUTELAR ESPECÍFICA. *Direito processual civil.* Medida cautelar típica ou nominada, que abrange arresto, seqüestro, caução, busca e apreensão, exibição, produção antecipada de provas, alimentos provisionais, arrolamento de bens, justificação, protesto, notificação, interpelação, homologação de penhor legal, posse em nome do nascituro, atentado, apreensão de títulos; obras de conservação em coisa litigiosa ou judicialmente apreendida; entrega de bens de uso pessoal do cônjuge e dos filhos; posse provisória dos filhos em caso de separação judicial ou anulação de casamento; afastamento do menor autorizado a contrair casamento contra a vontade dos pais; depósito de menores ou incapazes castigados imoderadamente por seus pais, tutores ou curadores, ou por eles induzidos à prática de atos contrários à lei ou à moral; afastamento temporário de um dos cônjuges da morada do casal; guarda e educação dos filhos, regulado o direito de visita e interdição ou a demolição de prédio para resguardar a saúde, a segurança ou outro interesse público.

MEDIDA CAUTELAR FISCAL. *Direito tributário.* É a que pode ser proposta à Procuradoria da Fazenda Nacional por solicitação das unidades administrativas da Secretaria da Receita Federal, sempre que o sujeito passivo de crédito tributário ou não tributário, regularmente constituído: **1.** sem domicílio certo: a) tenta ausentar-se; b) aliena ou tenta alienar bens que possui; c) deixa de pagar a obrigação no prazo fixado; **2.** tendo domicílio certo, ausenta-se ou tenta ausentar-se, visando a elidir o adimplemento da obrigação; **3.** caindo em insolvência: a) aliena ou tenta alienar bens que possui; b) contrai ou tenta contrair dívidas extraordinárias; c) põe ou tenta pôr seus bens em nome de terceiros; d) comete qualquer ato, distinto dos relacionados nas alíneas anteriores, tendente a frustrar a execução judicial da dívida ativa; **4.** notificado para recolher crédito fiscal vencido, deixa de fazê-lo no prazo fixado, sempre que presente qualquer outro ato tendente a frustrar a pretensão da Fazenda Pública; **5.** possuindo bens de raiz, tenta aliená-los, hipotecá-los ou dá-los em anticrese, sem que tenha reservado algum ou alguns, livres e desembaraçados, de valor igual ou superior à pretensão da Fazenda Pública. Urge lembrar que, se houver depósito de importância suficiente para garantir o pagamento do crédito, não será necessária tal medida. A comprovação da ocorrência das hipóteses relacionadas neste artigo poderá ser feita mediante a apresentação: 1) de documen-

tos que demonstrem: a) falta de pagamento da obrigação no prazo fixado; b) venda, transferência, cessão ou doação de bens móveis ou imóveis, títulos ou valores mobiliários, do sujeito passivo, ou tentativa de praticar qualquer desses atos; c) celebração ou tentativa de celebração, pelo sujeito passivo, de contrato constitutivo de hipoteca ou anticrese; d) contratação de serviços especializados em venda de bens móveis ou imóveis, títulos ou valores mobiliários, pelo sujeito passivo; e) existência de obrigações do sujeito passivo em valor superior ao de suas disponibilidades; f) contração ou tentativa de contrair dívidas extraordinárias por parte do sujeito passivo; g) remessa ilegal de divisas para o exterior, por parte do sujeito passivo, seu sócio ou acionista controlador; h) incapacidade financeira do sócio ou acionista controlador do sujeito passivo para ocupar tal posição; i) ausência, por parte da pessoa que aparece como responsável, de poderes para representar o sujeito passivo; j) inexistência de domicílio certo, do sujeito passivo, seu sócio ou acionista controlador; k) desatendimento a sucessivas intimações fiscais pelo sujeito passivo ou procurador por ele designado; 2) outros documentos que denotem a ocorrência de qualquer das hipóteses acima mencionadas. É, portanto, a que visa assegurar a execução de dívida ativa da Fazenda Pública por meio da indisponibilidade de bens do devedor (Vicente Greco Filho).

MEDIDA CAUTELAR INCIDENTAL. *Vide* MEDIDA CAUTELAR CONSTRITIVA.

MEDIDA CAUTELAR INESPECÍFICA. *Vide* MEDIDA ACAUTELATÓRIA.

MEDIDA CAUTELAR INOMINADA. *Vide* MEDIDA ACAUTELATÓRIA.

MEDIDA CAUTELAR NOMINADA. *Vide* MEDIDA CAUTELAR ESPECÍFICA.

MEDIDA CAUTELAR PREPARATÓRIA. *Vide* MEDIDA CAUTELAR CONSTRITIVA.

MEDIDA CAUTELAR PREVENTIVA. *Direito processual civil.* Aquela que resguarda um direito que, eventualmente, se busca em ação autônoma, à qual serve de base. Abrange: justificação, protesto, notificação, interpelação, homologação do penhor legal, posse em nome do nascituro, atentado e apreensão de título.

MEDIDA CAUTELAR TÍPICA. *Vide* MEDIDA CAUTELAR ESPECÍFICA.

MEDIDA COERCITIVA. 1. *Direito internacional público.* Sanção aplicada por um Estado a outro, sob o controle da ONU, com a finalidade de solucionar, pacificamente, um litígio, sem recorrer à guerra. Como exemplos podemos citar: bloqueio pacífico, boicotagem, ruptura de relações diplomáticas, retorsão, represália etc. **2.** *Ciência política.* Meio legítimo adotado pelo Estado em caso de necessidade, determinado por guerra, agressão armada alienígena, perturbação da ordem social etc.

MEDIDA COMINATÓRIA. *Direito processual civil.* Preceito cominatório, ou seja, pedido feito pelo autor ao juiz para obrigar o réu a abster-se da prática de um ato, a tolerar uma atividade ou a prestar fato que não possa ser realizado por terceiro, sob pena de pagar pena pecuniária em caso de não-cumprimento da sentença (Othon Sidou).

MEDIDA COMPENSATÓRIA. *Direito internacional privado.* É a aplicada, mediante procedimento administrativo, com o escopo de compensar subsídio concedido, direta ou indiretamente, no país exportador, à fabricação, à produção, à exportação ou ao transporte de qualquer produto, cuja exportação ao Brasil cause dano à indústria doméstica.

MEDIDA CONSERVATIVA. *Direito processual civil.* É a medida cautelar preparatória que não se vincula à ação principal, não perdendo, por isso, sua eficácia, se ela não for instaurada dentro do prazo de trinta dias, contados da data de sua efetivação.

MEDIDA CONSTRITIVA. *Vide* MEDIDA CAUTELAR CONSTRITIVA.

MEDIDA DA PENA. *Direito processual penal.* Cálculo feito pelo juiz para determinar a pena aplicável ao crime, tendo por base os critérios legais.

MEDIDA DE CONTROLE. *Direito ambiental.* Procedimento adotado com o objetivo de prevenir, reduzir a um nível aceitável ou eliminar agente(s) físico(s), químico(s) e/ou biológico(s) que comprometam as condições higiênico-sanitárias da água mineral natural e da água natural.

MEDIDA DE EXCEÇÃO. *Direito administrativo.* Ato de autoridade administrativa ou política para assegurar a ordem diante de situações de emergência.

MEDIDA DE ORDEM INTERNA. *Direito administrativo.* Decisão tomada, no âmbito de uma repartição, por uma autoridade administrativa, mediante circular, regulamento, instrução ou aviso para o bom funcionamento ou aperfeiçoamento dos serviços públicos que se encontram sob sua direção.

MEDIDA DE PROTEÇÃO COLETIVA. *Direito do trabalho.* Dispositivo, sistema ou meio de abrangência coletiva destinado a preservar a integridade física e a saúde dos trabalhadores.

MEDIDA DE SEGURANÇA. *Direito penal* e *direito processual penal.* Sanção penal imposta a delinquente inimputável e, excepcionalmente, ao semi-imputável, cuja alta periculosidade é conhecida, restringindo sua liberdade mediante internação em hospital de custódia e tratamento psiquiátrico (medida de segurança detentiva) ou sujeição a tratamento ambulatorial (medida de segurança restritiva), realizando, assim, não só providência de proteção social, pela sua natureza preventiva, mas também educativa e terapêutica.

MEDIDA DISCIPLINAR. *Direito administrativo* e *direito civil.* Correição imposta administrativamente a funcionário de entidade pública ou privada, por ter violado a norma regulamentar ou por ter cometido infração contra a ordem e a disciplina no serviço.

MEDIDAGEM. 1. Trabalho de medir. **2.** Remuneração que se paga pela medição. **3.** Parte do objeto medido que pertence ao medidor.

MEDIDA JUDICIAL. *Direito processual.* Providência tomada pelo órgão judicante, mediante requerimento da parte ou por iniciativa sua, *ex officio*, em razão de seu poder jurisdicional e de polícia, desde que fundada em lei ou no interesse da justiça.

MEDIDA LEGISLATIVA. *Direito constitucional.* Decreto legislativo aprovado por maioria simples pelo Congresso sobre matéria de sua competência.

MEDIDA LIMINAR. 1. *Direito constitucional.* Medida cautelar que, no mandado de segurança, tendo como pressuposto o *fumus boni juris* e o *periculum in mora*, está no comando constitucional para que a sentença final favorável não resulte inócua, pois, se a lide for julgada procedente, a cautelar será absorvida pela sentença imediatamente exequível, mas não sobreviverá à sentença denegatória de mérito, porque com esta ficarão afastados os fundamentos da impetração. **2.** *Direito processual.* Providência urgente e provisória concedida, administrativa e discricionariamente, pelo juiz no início da causa, em regra, junto ao despacho da petição inicial, para prevenir violação de interesses, preservar a inteireza da sentença e a possibilidade do perigo da demora. Por ser medida administrativa do juízo, concedida a qualquer tempo e suscetível de revogação, não é recorrível.

MEDIDA LIMINAR POSSESSÓRIA. *Direito processual civil.* Decisão judicial que nega ou defere a liminar relativa à concessão da manutenção ou da reintegração da posse *initio litis.* A ação de força nova espoliativa, se o esbulho datar de menos de ano e dia, inicia-se pela expedição do mandado liminar, a fim de reintegrar o possuidor imediatamente na sua posse.

MEDIDA POLICIAL. *Direito penal.* Providência, preventiva ou repressiva, tomada pela autoridade policial para manter a ordem e defender o cidadão.

MEDIDA POPULISTA. *Ciência política.* É a adotada por alguns governantes com o escopo de atrair a simpatia da população.

MEDIDA PREPARATÓRIA. *Vide* MEDIDA CAUTELAR CONSTRITIVA.

MEDIDA PRESERVATIVA. *Vide* MEDIDA CAUTELAR.

MEDIDA PREVENTIVA. *Direito processual.* É a medida acautelatória pedida no curso do processo da ação principal para prevenir prejuízo contra algum direito ou o não-cumprimento do objetivo pretendido pela parte litigante, salvaguardando seus interesses. Trata-se da medida cautelar que assegura a futura eficácia do processo principal, garantindo o resultado da tutela jurisdicional.

MEDIDA PROVISIONAL. *Direito processual civil.* Medida cautelar consistente na providência material tomada pelo órgão judicante para preservar uma situação fática relevante para a futura prestação jurídica. Exigindo para tanto, conforme o caso, obras de conservação no bem litigioso ou judicialmente apreendido; entrega de bens de uso pessoal do cônjuge e dos filhos; posse provisória dos filhos em caso de separação judicial ou anulação de casamento; afastamento do menor autorizado a contrair núpcias contra a vontade dos pais; depósito de menores ou incapazes castigados imoderadamente por seus pais, tutores ou curadores, ou por eles induzidos à prática de atos contrários à lei ou à moral; afastamento temporário de um dos côn-

juges da morada do casal; guarda e educação dos filhos, regulado o direito de visita; interdição ou demolição de prédio para resguardar a saúde, a segurança ou outro interesse público. *Vide* MEDIDA CAUTELAR ESPECÍFICA.

MEDIDA PROVISÓRIA. 1. *Direito constitucional.* Norma expedida pelo Presidente da República, no exercício de competência constitucional, estando no mesmo escalão hierárquico da lei ordinária, embora não seja lei. O Presidente da República pode adotar medida provisória, com força de lei, em caso de relevância para o interesse nacional e urgência, devendo submetê-la, de imediato, ao Congresso Nacional, que, se estiver em recesso, será convocado extraordinariamente para reunir-se no prazo de cinco dias. Tal medida provisória perderá sua eficácia, desde a edição, se não for convertida em lei dentro de sessenta dias, prorrogáveis por uma única vez por igual prazo, a partir de sua publicação, devendo o Congresso Nacional disciplinar as relações jurídicas dela decorrentes. É vedada a edição de medidas provisórias sobre matéria: 1) relativa a: a) nacionalidade, cidadania, direitos políticos, partidos políticos e direito eleitoral; b) direito penal, processual penal e processual civil; c) organização do Poder Judiciário e do Ministério Público, a carreira e a garantia de seus membros; d) planos plurianuais, diretrizes orçamentárias, orçamento e créditos adicionais e suplementares; 2) que vise a detenção ou seqüestro de bens, de poupança popular ou qualquer outro ativo financeiro; 3) reservada a lei complementar; 4) já disciplinada em projeto de lei aprovado pelo Congresso Nacional e pendente de sanção ou veto do Presidente da República. Medida provisória que implique instituição ou majoração de impostos, exceto os previstos legalmente, só produzirá efeitos no exercício financeiro seguinte se houver sido convertida em lei até o último dia daquele em que foi editada. As medidas provisórias, ressalvadas as exceções legais, perderão eficácia, desde a edição, se não forem convertidas em lei no prazo de sessenta dias, prorrogável, uma vez, por igual período, devendo o Congresso Nacional disciplinar, por decreto legislativo, as relações jurídicas delas decorrentes. Tal prazo contar-se-á de publicação da medida provisória, suspendendo-se durante os períodos de recesso do Congresso Nacional. A deliberação de cada uma das Casas do Congresso Nacional sobre o mérito das medidas provisórias dependerá de juízo prévio sobre o atendimento de seus pressupostos constitucionais. Se a medida provisória não for apreciada em até quarenta e cinco dias contados de sua publicação, entrará em regime de urgência, subseqüentemente, em cada uma das Casas do Congresso Nacional, ficando sobrestadas, até que se ultime a votação, todas as demais deliberações legislativas da Casa em que estiver tramitando. Prorrogar-se-á uma única vez por igual período a vigência de medida provisória que, no prazo de sessenta dias, contado de sua publicação, não tiver a sua votação encerrada nas duas Casas do Congresso Nacional. As medidas provisórias terão sua votação iniciada na Câmara dos Deputados. Caberá à comissão mista de Deputados e Senadores examinar as medidas provisórias e sobre elas emitir parecer, antes de serem apreciadas, em sessão separada, pelo plenário de cada uma das Casas do Congresso Nacional. É vedada a reedição, na mesma sessão legislativa, de medida provisória que tenha sido rejeitada ou que tenha perdido sua eficácia por decurso de prazo. Não editado o decreto legislativo até sessenta dias após a rejeição ou perda de eficácia de medida provisória, as relações jurídicas constituídas e decorrentes de atos praticados durante sua vigência conservar-se-ão por ela regidas. Havendo medidas provisórias em vigor na data de convocação extraordinária do Congresso Nacional, serão elas automaticamente incluídas na pauta da convocação. Aprovado projeto de lei de conversão alterando o texto original da medida provisória, esta manter-se-á integralmente em vigor até que seja sancionado ou vetado o projeto. Com isso freia-se o poder normativo do Presidente da República, tornando o Congresso Nacional responsável pela decisão do Executivo. **2.** *Direito processual civil.* Medida administrativa do juízo, de caráter transitório, para regularizar uma situação, até que se dê uma solução definitiva ao caso *sub judice.* Por exemplo, liminar em mandado de segurança e nos interditos possessórios.

MEDIDA REVOLUCIONÁRIA. Diz-se daquela que possui conteúdo violento e extraordinário.

MEDIDAS *ANTIDUMPING* PROVISÓRIAS. *Direito internacional privado.* São as que poderão ser aplicadas se: 1) uma investigação tiver sido aberta e se ato que contenha a determinação de abertura tiver sido publicado e às partes interessadas tiver sido oferecida oportunidade adequada de se manifestarem; 2) uma determinação preliminar positiva da existência de *dumping* e de conseqüente dano à indústria doméstica tiver sido alcançada; 3) as autoridades decidirem que tais medidas são necessárias para impedir que ocorra dano durante a investigação; 4) houver decorrido pelo menos sessenta dias da data da abertura da investigação. O valor da medida *antidumping* provisória não poderá exceder a margem de *dumping.* Medidas *antidumping* provisórias serão aplicadas na forma de direito provisório ou de garantia estabelecida pela Secretaria da Receita Federal, cujo valor será equivalente ao provisoriamente determinado do direito *antidumping.* O desembaraço aduaneiro dos bens objeto de medidas *antidumping* provisórias dependerá do pagamento do direito ou da prestação da garantia. No caso de direito provisório, este será recolhido, e, no caso de garantia, esta será prestada mediante depósito em dinheiro ou fiança bancária, juntamente com termo de responsabilidade. A exigibilidade dos direitos provisórios poderá ficar suspensa até a decisão final, desde que o importador ofereça garantia equivalente ao valor integral da obrigação. As partes interessadas serão notificadas da decisão de aplicar medidas *antidumping* provisórias, e será publicado ato que contenha tal decisão, no *Diário Oficial da União.* A vigência das medidas *antidumping* provisórias será limitada a um período não superior a quatro meses, exceto nos casos em que, por decisão das autoridades e a pedido de exportadores que representem percentual significativo do comércio em questão, poderá ser de até seis meses. Os exportadores que desejarem a extensão do prazo de aplicação da medida *antidumping* provisória solicitá-la-ão por escrito, no prazo de trinta dias antes do término do período de vigência da medida. Na hipótese de se decidir, no curso da investigação, que uma medida *antidumping* provisória inferior à margem de *dumping* é suficiente para extinguir o dano, os períodos previstos passam a ser de seis e nove meses, respectivamente.

MEDIDAS APLICÁVEIS A RESPONSÁVEIS POR MENOR. *Direito da criança e do adolescente.* São as aplicáveis aos pais, ou responsável, que não atenderem aos direitos do menor. Por exemplo: a) encaminhamento a programa oficial ou comunitário de promoção à família; b) inclusão em programa oficial ou comunitário de auxílio,

MEDIDA SATISFATIVA

orientação e tratamento a alcoólatras e toxicômanos; c) encaminhamento a tratamento psicológico ou psiquiátrico; d) encaminhamento a cursos ou programas de orientação; e) obrigação de matricular o filho ou pupilo e acompanhar sua freqüência e aproveitamento escolar; f) obrigação de encaminhar a criança ou o adolescente a tratamento especializado; g) advertência; h) perda da guarda; i) destituição da tutela; j) suspensão ou destituição do poder familiar; k) afastamento da moradia comum, como medida cautelar, se se verificar a hipótese de maus-tratos, opressão ou abuso sexual por eles cometidos contra o menor.

MEDIDA SATISFATIVA. *Direito processual civil.* Medida preventiva ou provisória tomada, liminarmente, em mandado de segurança, interditos possessórios e ação cautelar, quando autorizar a imediata fruição do direito que está sendo questionado em juízo (Othon Sidou).

MEDIDAS DE POLÍTICA ECONÔMICA DE APOIO À PRODUÇÃO E À COMERCIALIZAÇÃO DO ÁLCOOL COMBUSTÍVEL. *Direito agrário.* Medidas a serem implementadas pelo Ministério da Agricultura, Pecuária e Abastecimento mediante prévia deliberação do Conselho Interministerial do Açúcar e do Álcool (CIMA): a) financiamento à estocagem do produto, com ou sem equalização da taxa de juros; b) oferta antecipada de garantia de preços por meio de promessa de compra e venda futura de álcool, cabendo ao interessado exercer ou não a opção de entrega do produto; c) aquisição e venda de álcool combustível; d) prêmio a ser pago segundo o volume de produção própria, de modo a promover o escoamento do produto; e) equalização de custos de produção da matéria-prima, inclusive sob a forma de equalização da taxa de juros; f) financiamento voltado para a aquisição de Cédula de Produto Rural (CPR) com ou sem equalização da taxa de juros.

MEDIDAS DE PROTEÇÃO AO IDOSO. *Direito civil.* São aplicáveis sempre que os direitos reconhecidos do idoso forem ameaçados ou violados: a) por ação ou omissão da sociedade ou do Estado; b) por falta, omissão ou abuso da família, curador ou entidade de atendimento; c) em razão de sua condição pessoal. As medidas de proteção ao idoso previstas em lei poderão ser aplicadas, isolada ou cumulativamente, e levarão em conta os fins sociais a que se destinam e o fortalecimento dos vínculos familiares e co-

munitários. Verificada qualquer lesão ao direito do idoso, o Ministério Público ou o Poder Judiciário, a requerimento daquele, poderá determinar, dentre outras, as seguintes medidas: a) encaminhamento à família ou curador, mediante termo de responsabilidade; b) orientação, apoio e acompanhamento temporários; c) requisição para tratamento de sua saúde, em regime ambulatorial, hospitalar ou domiciliar; d) inclusão em programa oficial ou comunitário de auxílio, orientação e tratamento a usuários dependentes de drogas lícitas ou ilícitas, ao próprio idoso ou à pessoa de sua convivência que lhe cause perturbação; e) abrigo em entidade; f) abrigo temporário.

MEDIDAS DE PROTEÇÃO AO MENOR. *Direito da criança e do adolescente.* São as aplicáveis, isolada ou cumulativamente, sempre que os direitos da criança e do adolescente forem ameaçados ou violados por ação ou omissão da sociedade ou do Estado; por falta, omissão ou abuso dos pais ou do responsável; ou em razão de sua conduta. A autoridade competente, levando em conta as necessidades pedagógicas e o fortalecimento dos vínculos familiares e comunitários, determinará a aplicação de uma das seguintes medidas: a) encaminhamento aos pais ou responsável, mediante termo de responsabilidade; b) orientação, apoio e acompanhamento temporários; c) matrícula e freqüência obrigatórias em estabelecimento oficial de ensino fundamental; d) inclusão em programa comunitário ou oficial de auxílio à família, à criança e ao adolescente; e) requisição de tratamento médico, psicológico ou psiquiátrico, em regime hospitalar ou ambulatorial; f) inclusão em programa oficial ou comunitário de auxílio, orientação e tratamento a alcoólatras e toxicômanos; g) abrigo em entidade, que é medida provisória e excepcional, utilizável como forma de transição para a colocação em família substituta, não implicando privação de liberdade; h) colocação em família substituta.

MEDIDAS EDUCATIVAS RELATIVAS À INFRAÇÃO ENVOLVENDO DROGAS. *Direito penal.* Quem adquirir, guardar, tiver em depósito, transportar ou trouxer consigo, para consumo pessoal, drogas sem autorização ou em desacordo com determinação legal ou regulamentar será submetido às seguintes penas: advertência sobre os efeitos das drogas; prestação de serviços à comunidade; medida educativa de comparecimento a programa ou curso educativo, pelo prazo máximo de 5 meses, aumentado para 10 meses, em caso de reincidência. Às mesmas medidas submete-se quem, para seu consumo pessoal, semeia, cultiva ou colhe plantas destinadas à preparação de pequena quantidade de substância ou produto capaz de causar dependência física ou psíquica. Para determinar se a droga destinava-se a consumo pessoal, o juiz atenderá à natureza e à quantidade da substância apreendida, ao local e às condições em que se desenvolveu a ação, às circunstâncias sociais e pessoais, bem como à conduta e aos antecedentes do agente. A prestação de serviços à comunidade deverá ser cumprida em programas comunitários, entidades educacionais ou assistenciais, hospitais, estabelecimentos congêneres, públicos ou privados sem fins lucrativos, que se ocupem, preferencialmente, da prevenção do consumo ou da recuperação de usuários e dependentes de drogas. Para garantia do cumprimento dessas medidas educativas a que injustificadamente se recuse o agente, poderá o juiz submetê-lo, sucessivamente, a: a) admoestação verbal; b) multa. Caso em que o juiz, atendendo à reprovabilidade da conduta, fixará o número de dias-multa, em quantidade nunca inferior a 40 (quarenta) nem superior a 100 (cem), atribuindo depois a cada um, segundo a capacidade econômica do agente, o valor de um trinta avos até 3 (três) vezes o valor do maior salário mínimo. Os valores decorrentes da imposição da multa serão creditados à conta do Fundo Nacional Antidrogas. O juiz determinará ao Poder Público que coloque à disposição do infrator, gratuitamente, estabelecimento de saúde, preferencialmente ambulatorial, para tratamento especializado.

MEDIDAS ESPECIAIS DE CONTROLE. *Direito ambiental.* Medidas adicionais de controle necessárias para permissão de trabalho em espaços confinados em situações peculiares, tais como trabalhos a quente, atmosferas IPVS ou outras.

MEDIDAS ESPECIAIS DE SEGURANÇA. Medidas destinadas a garantir sigilo, inviolabilidade, integridade, autenticidade, legitimidade e disponibilidade de dados e informações sigilosos. Também objetivam prevenir, detectar, anular e registrar ameaças reais ou potenciais a esses dados e informações.

MEDIDAS PROTETIVAS DE URGÊNCIA À OFENDIDA EM CASO DE VIOLÊNCIA DOMÉSTICA. *Direito penal.*

Poderá o juiz, quando necessário, sem prejuízo de outras medidas: a) encaminhar a ofendida e seus dependentes a programa oficial ou comunitário de proteção ou de atendimento; b) determinar a recondução da ofendida e a de seus dependentes ao respectivo domicílio, após afastamento do agressor; c) ordenar o afastamento da ofendida do lar, sem prejuízo dos direitos relativos a bens, guarda dos filhos e alimentos; d) determinar a separação de corpos. Para a proteção patrimonial dos bens da sociedade conjugal ou daqueles de propriedade particular da mulher, o juiz poderá determinar, liminarmente, as seguintes medidas, entre outras: a) restituição de bens indevidamente subtraídos pelo agressor à ofendida; b) proibição temporária para a celebração de atos e contratos de compra, venda e locação de propriedade em comum, salvo expressa autorização judicial; c) suspensão das procurações conferidas pela ofendida ao ofensor; d) prestação de caução provisória, mediante depósito judicial, por perdas e danos materiais decorrentes da prática de violência doméstica e familiar contra a ofendida.

MEDIDAS PROTETIVAS DE URGÊNCIA QUE OBRIGAM O AGRESSOR EM CASO DE VIOLÊNCIA DOMÉSTICA CONTRA A MULHER. *Direito penal.* Constatada a prática de violência doméstica e familiar contra a mulher, o juiz poderá aplicar, de imediato, ao agressor, em conjunto ou separadamente, as seguintes medidas protetivas de urgência, entre outras: 1) suspensão da posse ou restrição do porte de armas, com comunicação ao órgão competente; 2) afastamento do lar, domicílio ou local de convivência com a ofendida; 3) proibição de determinadas condutas, entre as quais: a) aproximação da ofendida, de seus familiares e das testemunhas, fixando o limite mínimo de distância entre estes e o agressor; b) contato com a ofendida, seus familiares e testemunhas por qualquer meio de comunicação; c) freqüentação de determinados lugares a fim de preservar a integridade física e psicológica da ofendida; 4) restrição ou suspensão de visitas aos dependentes menores, ouvida a equipe de atendimento multidisciplinar ou serviço similar; 5) prestação de alimentos provisionais ou provisórios. Tais medidas não impedem a aplicação de outras previstas na legislação em vigor, sempre que a segurança da ofendida ou as circunstâncias o exigirem, devendo a providência ser comunicada ao Ministério Público.

Para garantir a efetividade das medidas protetivas de urgência, poderá o juiz requisitar, a qualquer momento, auxílio da força policial.

MEDIDAS SOCIOEDUCATIVAS IMPOSTAS PELA PRÁTICA DE ATO INFRACIONAL PELO MENOR. *Direito da criança e do adolescente.* São as aplicáveis ao menor infrator, considerando sua capacidade para cumpri-las, as circunstâncias e a gravidade da infração. Tais medidas poderão ser: a) advertência ou admoestação verbal reduzida a termo e assinada, desde que haja prova da materialidade e indícios suficientes da autoria; b) obrigação de reparar o dano patrimonial, devolvendo a coisa ou ressarcindo o prejuízo do lesado; c) prestação de serviços à comunidade, a título gratuito, por prazo não superior a seis meses, junto a entidades assistenciais, hospitais, escolas etc., de acordo com suas aptidões, desde que a cumpra durante a jornada máxima de oito horas semanais, aos sábados, domingos e feriados ou em dias úteis, de modo a não prejudicar sua freqüência escolar ou seu trabalho normal; d) liberdade assistida, hipótese em que a autoridade designará pessoa capacitada para acompanhá-lo e orientá-lo; e) inserção em regime de semiliberdade, que lhe possibilitará a realização de atividades externas, independentemente de autorização judicial; f) internação em estabelecimento educacional, que poderá privá-lo da liberdade pelo período máximo de três anos ou até que atinja a maioridade, permitindo-lhe atividades externas, a critério da equipe técnica da entidade, salvo expressa determinação judicial. Essa medida ser-lhe-á aplicada somente quando houver: ato infracional cometido mediante grave ameaça ou violência à pessoa; reiteração no cometimento de outras infrações graves e descumprimento reiterado e injustificável da medida anteriormente imposta.

MEDIDOR. 1. *Direito agrário.* Trabalhador rural que, em equipe, efetua várias tarefas peculiares às operações de inventário florestal, medindo a altura das árvores, auxiliando na medição de seu diâmetro etc. (Fernando P. Sodero). **2.** Nas *linguagens comum* e *jurídica* pode ter o sentido de: a) aparelho utilizado para medir o consumo de energia elétrica, água, gás etc.; b) registrador; c) aquele que mede.

MEDIDOR DE COMBUSTÍVEL. *Direito de trânsito.* Sistema de medição destinado a abastecer os tanques dos veículos motorizados para o tráfego de estradas, embarcações de recreio e pequenas aeronaves com combustível líquido.

MEDIEVAL. Referente à Idade Média.

MEDIEVALISMO. *História do direito.* **1.** Civilização medieval. **2.** Estudo das instituições da Idade Média e de seus costumes.

MEDIEVO. *História do direito.* **1.** Medieval. **2.** Relativo à Idade Média.

MÉDIO. 1. Quociente decorrente da divisão da soma de uma série de grandezas pelo número delas. **2.** O que separa duas coisas. **3.** Aquilo que se encontra entre dois extremos. **4.** Meio-termo. **5.** Jogador de futebol que fica na linha entre a dos atacantes e a dos zagueiros.

MEDIOCRACIA. *Sociologia jurídica.* Burguesia; predominância social da classe média.

MEDIOCRATA. *Sociologia jurídica.* Burguês.

MEDÍOCRE. 1. Médio. **2.** Que está entre bom e mau.

MÉDIO–LIGEIRO. *Direito desportivo.* Lutador de boxe amador que pertence à categoria de peso entre 67 e 71 kg.

MEDIO TUTISSIMUS IBIS. *Expressão latina.* Pelo meio se está seguro, evitando-se os extremos.

MÉDIO–VOLANTE. *Direito desportivo.* Jogador de futebol que, na linha média, tem a incumbência de atacar e defender, fazendo também papel de dianteiro.

MEDIR. 1. Determinar a medida ou extensão de alguma coisa. **2.** Calcular. **3.** Ajustar ou regular.

MEDITAÇÃO. 1. Reflexão. **2.** Ato ou efeito de meditar.

MEDITAR. 1. Pensar muito sobre alguma coisa. **2.** Ponderar. **3.** Estudar.

MEDIUM LEGITIMUM PERSEQUENDI IN JUDICIO JURA QUAE CUIQUE COMPETUNT. *Expressão latina.* Meio legítimo para reclamar, judicialmente, um direito de que se é titular.

MEDÍVEL. Aquilo que pode ser medido.

MEDO. 1. *Direito marítimo.* Duna, ou seja, monte de areia que se acumula à beira-mar. **2.** *Direito militar.* Temor ao perigo; covardia que leva o soldado a fugir do cumprimento do dever. **3.** *Direito civil* e *direito penal.* a) Receio à ocorrência de um prejuízo que não se pode evitar; b) intimidação que constrange alguém a agir contra sua vontade; c) temor fundado de dano iminente à sua pessoa, à sua família, ou aos seus bens, que é um dos elementos essenciais para que se configure a coação, suscetível de anular o negócio; d) sentimento resultante da idéia de um perigo real ou aparente ou de uma ameaça; resposta emocional a um perigo. **4.** Na *linguagem comum* quer dizer: a) apreensão; b) receio de ofender ou de prejudicar alguém; c) pavor.

MEDORRÉIA. *Medicina legal.* Corrimento pela uretra.

MEDULA. 1. *Medicina legal.* a) Parte do sistema nervoso central, que se aloja no canal raquidiano; b) substância que preenche o interior dos ossos longos. **2.** Nas *linguagens comum* e *jurídica* pode ter o sentido de essencial.

MEDULITE. *Medicina legal.* Inflamação da medula óssea.

MEEIRA. *Direito agrário.* Colheita de algodão que se dá logo após a primeira, chamada baixeira.

MEEIRO. 1. *História do direito.* Parceiro não-proprietário, que tinha direito à meação da produção obtida, no antigo sistema de parceria, anterior ao Estatuto da Terra. Era o parceiro que trabalhava "a meia", recebendo metade da produção que conseguia da terra. **2.** *Direito agrário.* a) Condição do proprietário do fundo agrícola e do parceiro cultivador, no que atina à parcela cabível a cada um deles, que pode ser maior ou menor para o parceiro cultivador; menor ou maior para o parceiro proprietário; b) aquele que, por possuir contrato de meação com o proprietário da terra, divide com ele os rendimentos auferidos; c) aquele que, comprovadamente, tem contrato com o proprietário de terra ou detentor da posse e da mesma forma exerce atividade agrícola, pastoril ou hortifrutigranjeira, dividindo os rendimentos auferidos; d) diz-se do cavalo cuja marcha habitual é o movimento à média altura. **3.** *Direito civil.* a) Diz-se do cônjuge casado em regime de comunhão, que tem direito à metade ideal dos bens comuns do casal e do casado sob o regime de participação final nos aqüestos, que tem, havendo dissolução da sociedade conjugal, direito à metade dos bens adquiridos onerosamente pelo casal durante a constância do casamento; b) aquele a quem, no inventário, cabe metade dos bens deixados pelo *de cujus.*

MEETING. *Termo inglês.* Comício.

MEETING OF MINDS. *Locução inglesa.* Acordo de vontades.

MEGABYTE. *Direito virtual.* **1.** Medida de capacidade de memória de um computador, correspondente a 1.048.576 *bytes.* **2.** Um milhão de dígitos.

MEGALEPATIA. *Medicina legal.* Aumento do volume do fígado.

MEGALISMO. *Medicina legal.* **1.** Tendência para a grandeza; megalomania; delírio de grandeza. **2.** Mania de fazer coisas grandiosas. **3.** Disposição de espírito conducente à valorização errônea de situação social, da capacidade intelectual ou do poder, levando a pessoa a ter delírios e a apresentar traços mórbidos da personalidade, que podem ferir o seu senso crítico. Trata-se da loucura das grandezas, como diz Lalande.

MEGALOCARDIA. *Medicina legal.* Aumento excessivo do coração.

MEGALOCELE. *Medicina legal.* Aumento do volume do ventre, provocado por tumefação dos intestinos.

MEGALOMANIA. *Vide* MEGALISMO.

MEGALOMANÍACO. *Vide* MEGALÔMANO.

MEGALÔMANO. *Medicina legal.* **1.** Relativo à megalomania. **2.** Aquele que sofre de megalomania.

MEGALONEFRIA. *Medicina legal.* Desenvolvimento excessivo dos rins.

MEIA. *História do direito.* Sistema de parceria agrária pelo qual o parceiro não-proprietário entregava metade da colheita ou da produção obtida na pecuária, na exploração florestal ou na extrativa vegetal ou animal. Era também denominada "a meias" ou "ameiação".

MEIA-ÁGUA. *Direito civil.* Telhado de um só plano, que resguarda a construção das águas da chuva e do sol. Em regra, constitui uma puxada da casa, e, se construída isoladamente, é denominada casinhola.

MEIAÇÃO. 1. *Vide* MEIA. **2.** O mesmo que MEAÇÃO.

MEIA-CARA. *História do direito.* Escravo que, após a proibição do tráfico de negros, era importado por meio de contrabando.

MEIA-COMISSÃO. *Direito comercial.* **1.** Parte da remuneração devida pelo comitente ao comissário, quando retira o mandato antes de concluído, sem que haja justa causa. **2.** Direito do comissário à parte de sua remuneração, em razão de estipulação contratual ou de uso observado em determinadas praças, mesmo quando não chega a realizar a operação.

MEIA-DIREITA. *Direito desportivo.* Jogador de futebol que, na linha dianteira, fica entre o centro-avante e o extrema-direita.

MEIA-DIVISÃO. *Direito agrário.* Contrato verbal entre parceiro-outorgante ou arrendador e parceiro-outorgado ou arrendatário, pelo qual acordam em dividir pela metade os frutos colhidos.

MEIA-ESQUERDA. *Direito desportivo.* Futebolista que, na linha dianteira, fica entre o centro-avante e o extrema-esquerda.

MEIA-GARRAFA. *Direito comercial.* Receptáculo apropriado para guardar líquidos, com capacidade para até um terço de litro.

MEIA-LARANJA. *Direito marítimo.* Escotilha que permite a passagem às antecâmaras dos navios.

MEIA-LONA. *Direito marítimo.* Tecido grosseiro com o qual se fazem as velas das embarcações.

MEIA-LUA. *Direito agrário.* No Rio Grande do Sul, é o sinal, em forma de uma crescente, que alguns animais apresentam no meio da testa.

MEIA-MARCHA. *Direito agrário.* Passo da cavalgadura menos rápido e mais macio que a marcha.

MEIA-NACIONALIDADE. *Direito internacional privado.* Dupla nacionalidade admitida entre nós em caso de *jus sanguinis*, por não se caracterizar como uma naturalização voluntária, posto que filho ou neto de estrangeiro, nascido no Brasil, será brasileiro pelo *jus soli*, mas já teria sua segunda nacionalidade em razão da origem de seus ascendentes.

MEIA-NAU. *Direito marítimo.* Linha da popa à proa, igualmente distante das duas amuradas.

MEIA-PAREDE. *Direito civil.* Parede que é construída pela metade, não atingindo o forro, servindo apenas para dividir ambientes.

MEIA-PRAÇA. Garimpeiro associado a outrem ou que recebe provisões de terceiro.

MEIA-PROVA. *Direito processual.* Diz-se da prova incompleta, não decisiva.

MEIAS. 1. O mesmo que MEIA. **2.** Contrato em que se estipula a divisão, entre os contratantes, em partes iguais dos lucros ou das perdas.

MEIA-USANÇA. *História do direito.* Letra sacada a quinze dias.

MEIA-VOLTA. 1. *Direito militar.* Movimento circular do corpo, para que a frente venha a voltar-se em sentido contrário ao anterior. **2.** *Direito marítimo.* Nó simples de marinheiro.

MEIEIRO. *Vide* MEEIRO.

MEIO. 1. Na *linguagem comum:* a) metade de um todo; b) médio; c) centro; d) aquilo que serve de comunicação; e) intermediário; f) expediente adotado para obter um fim; g) ambiente; h) recurso; i) maneira de levar a efeito uma ação; j) hábitat. **2.** *Sociologia geral.* Conjunto de fatores externos que influenciam na vida de uma pessoa ou de um grupo. **3.** *Direito penal.* Forma pela qual a intenção e a vontade criminosa se exteriorizam para realizar o resultado (Antolisei).

MEIO AMBIENTE. *Direito ambiental.* **1.** Hábitat, ou seja, lugar onde se vive sob influência das leis físico-naturais, cuja fauna e flora devem ser preservadas, devendo-se para tanto combater a poluição e as práticas que possam ser lesivas a elas, sob pena de responsabilidade civil e penal. **2.** É a interação do conjunto de elementos naturais, artificiais e culturais que propiciam o desenvolvimento equilibrado da vida humana (José Afonso da Silva). **3.** Conjunto de condições, leis, influências e interações de ordem física, química e biológica, que permite, abriga e rege a vida em todas as suas formas. É, por isso, um patrimônio público que deve ser preservado. **4.** Conjunto de condições físicas, químicas, biológicas, entre outras, favorável à existência, manutenção e desenvolvimento de vida animal e vegetal, em interdependência (Antonio Silveira Ribeiro dos Santos).

MEIO AMBIENTE ARTIFICIAL. *Direito ambiental.* **1.** É, segundo Celso A. P. Fiorillo e Marcelo A. Rodrigues, o constituído pelo espaço urbano construído, consubstanciado no conjunto de edificações (espaço urbano fechado) e dos equipamentos públicos (espaço urbano aberto). **2.** Tudo que é construído por obra humana. Subdivide-se em: a) meio ambiente artificial externo, que corresponde ao meio ambiente urbano; b) meio ambiente artificial interno, correspondente aos bens móveis e imóveis de uma empresa ou sociedade, onde haja trabalho humano; e c) meio ambiente cultural, que é o patrimônio histórico, cultural, paisagístico e turístico do povo (José Afonso da Silva).

MEIO AMBIENTE CULTURAL. *Direito ambiental.* É o integrado pelo patrimônio histórico, artístico, arqueológico, paisagístico e turístico (José Afonso da Silva).

MEIO AMBIENTE DO TRABALHO. *Direito ambiental.* Limite físico do local do trabalho, onde se deve tutelar a saúde e a segurança do trabalhador, protegendo-se o meio ambiente do trabalho de poluições (Celso Antonio Pacheco Fiorillo e Marcelo Abelha Rodrigues).

MEIO AMBIENTE FÍSICO. *Direito ambiental.* É o constituído pela flora, fauna, água, o ar e o solo.

MEIO AMBIENTE NATURAL. *Direito ambiental.* É o que se constitui pelo solo, ar, água, flora e fauna (Celso Antonio Pacheco Fiorillo e Marcelo Abelha Rodrigues). Corresponde aos recursos da natureza. *Vide* MEIO AMBIENTE FÍSICO.

MEIO–BUSTO. *Direito autoral.* Escultura que representa a cabeça e o pescoço.

MEIO–CANGOTILHO. *Direito agrário.* Corte da crina do cavalo só até a metade do pescoço.

MEIO–CIRCULANTE. *Economia política.* Total de dinheiro colocado em circulação no país.

MEIO–COPEIRO. *Direito agrário.* Engenho de açúcar movido a água, sendo que esta toma a roda pelo meio, abaixo do eixo.

MEIO CRUEL. *Direito penal.* Ato que causa à vítima muitos sofrimentos físicos, sem necessidade, sendo circunstância agravante de pena por revelar a perversidade ou falta de sensibilidade do agente.

MEIO DE COMUNICAÇÃO SIGILOSA. *Direito virtual.* Aquele no qual se transmitem dados, informações ou conhecimentos sigilosos, requerendo, por isso, dispositivos de criptografia.

MEIO DE CULTURA. 1. *Medicina legal.* Mistura empregada para o cultivo de germes ou organismos inferiores. **2.** Na *linguagem comum* é o modo de obter conhecimentos.

MEIO DE HOSPEDAGEM. *Direito comercial.* Estabelecimento que: a) seja licenciado pelas autoridades competentes para prestar serviços de hospedagem; b) seja administrado ou explorado comercialmente por empresa hoteleira e que adote, no relacionamento com os hóspedes, contrato de hospedagem, com as características definidas em regulamento e nas demais legislações aplicáveis. Deve oferecer aos hóspedes, no mínimo: 1) alojamento, para uso temporário do hóspede, em Unidades Habitacionais (UH) específicas a essa finalidade; 2) serviços mínimos necessários ao hóspede, consistentes em: a) portaria/recepção para atendimento e controle permanente de entrada e saída; b) guarda de bagagens e objetos de uso pessoal

dos hóspedes, em local apropriado; c) conservação, manutenção, arrumação e limpeza das áreas, instalações e equipamentos; 3) padrões comuns. Considerar-se-á meio de hospedagem de turismo o estabelecimento que, além das condições acima, atenda: a) aos padrões classificatórios previstos em norma; b) as condições para manutenção permanente desses padrões.

MEIO DE PROTEÇÃO TÉRMICA. É um saco ou uma roupa feita de material impermeável à água e de baixa condutividade térmica. Sua constituição é mais simples que da roupa de imersão. Dificulta a movimentação daquele que a esteja usando.

MEIO DE VIDA. 1. Negócio. **2.** Ocupação. **3.** Emprego ou ofício.

MEIO–DIA. 1. Metade de um dia útil. **2.** Hora em que o sol se encontra no ponto mais alto do seu curso diurno; as doze horas.

MEIO DIRETO. *Direito penal.* Aquele por meio do qual o agente desenvolve a ação criminosa imediata sobre a vítima.

MEIO EXECUTIVO. *Direito processual civil.* **1.** É o realizado pelo órgão jurisdicional para conseguir do devedor (executado) aquilo a que o credor (exeqüente) tem direito. **2.** Modo pelo qual se processa uma execução em juízo.

MEIO EXECUTÓRIO. *Vide* MEIO EXECUTIVO.

MEIO EXTREMO. Recurso utilizado apenas em último caso.

MEIO–FIO. 1. *Direito administrativo.* Fileira de pedra ou cimento que serve para arrematar as calçadas das ruas. Trata-se da "guia". **2.** *Direito marítimo.* Anteparo que, no porão, vai da popa à proa para equilibrar a carga, evitando que esta se desloque de um lado para outro.

MEIO FÍSICO. *Direito penal.* Aquele empregado por intermédio de faca, arma de fogo etc.

MEIO FRAUDULENTO. *Direito penal.* Aquele que se produz, procurando viciar a vontade de alguém.

MEIO IDÔNEO. *Direito penal.* Aquele que é apto para a produção do resultado pretendido pelo criminoso.

MEIO INDIRETO. *Direito penal.* O que serve como intermediário para a execução do delito.

MEIO INIDÔNEO. *Direito penal.* Diz-se daquele que não tem aptidão para a obtenção do fim delituoso pretendido pelo agente.

MEIO INSIDIOSO. *Direito penal.* Diz-se daquele dolosamente utilizado, às ocultas, pelo criminoso para atacar, traiçoeira e inadvertidamente, a vítima, alcançando o resultado almejado de modo eficaz.

MEIO INTERNO. *Medicina legal.* Linfa, sangue, líquido intersticial.

MEIO–IRMÃO. *Direito civil.* Diz-se daquele que é irmão só por parte de mãe ou de pai.

MEIO–MÉDIO. *Direito desportivo.* Pugilista da categoria que fica entre a dos leves e médios, pesando entre 61,23 a 66,67 kg.

MEIO MISTO. *Direito penal.* Diz-se daquele em que figuram instrumentos, mecanismos morais etc. para a prática do crime.

MEIO MORAL. *Direito penal.* Traumatismo psíquico causado na vítima.

MEIO NATURAL. *Vide* MEIO AMBIENTE.

MEIO NEGATIVO. *Direito penal.* Uso de ação omissiva, como, por exemplo, negação de prestação de socorro.

MEIO ORDINÁRIO. *Direito processual civil.* **1.** Dever de procurar a ação apropriada para um dado caso concreto. **2.** Meio comum ou procedimento ordinário.

MEIO–PESADO. *Direito desportivo.* Pugilista cuja categoria fica abaixo da dos pesados, pesando, portanto, de 72,57 a 79,37 kg.

MEIO POR AÇÃO. *Direito penal.* Prática de ato criminoso; ação criminosa por comissão.

MEIO POR OMISSÃO. *Vide* MEIO NEGATIVO.

MEIO POSITIVO. *Direito penal.* É o utilizado na ação delituosa como arma de fogo, no homicídio.

MEIOS. Bens de fortuna; haveres.

MEIO–SANGUE. *Direito agrário.* Animal originário de reprodutores, dos quais apenas um é puro-sangue.

MEIOS DE PROVA. *Direito processual.* Expedientes usados em juízo para convencer o magistrado da veracidade do fato alegado ou de um ato negocial, tais como: documento, confissão, presunção, testemunho, indício, arbitramento, exame, vistoria etc.

MEIOS DE PROVA DE AÇÃO PRATICADA POR ORGANIZAÇÃO CRIMINOSA. *Direito processual penal.* São os admitidos por lei, em qualquer fase de persecução criminal, para apurar ação de quadrilha ou bando, como, entre outros: a) ação controlada, que consiste em retardar a interdição policial do que se supõe ação praticada por organizações criminosas ou a ela vinculado, desde que mantida sob observação e acompanhamento para que a medida legal se concretize no momento mais eficaz do ponto de vista da formação de provas e fornecimento de informações; b) acesso a dados, documentos e informações fiscais, bancárias, financeiras e eleitorais. Como em tal caso ocorre possibilidade de violação de sigilo preservado pela Constituição ou por lei, a diligência será realizada pessoalmente pelo juiz, adotado o mais rigoroso segredo de justiça. Para realizar a diligência, o juiz poderá requisitar o auxílio de pessoas que, pela natureza da função ou profissão, tenham ou possam ter acesso aos objetos do sigilo. O juiz, pessoalmente, fará lavrar auto circunstanciado da diligência, relatando as informações colhidas oralmente e anexando cópias autênticas dos documentos que tiverem relevância probatória, podendo, para esse efeito, designar uma das pessoas acima referidas como escrivão *ad hoc*. O auto de diligência será conservado fora dos autos do processo, em lugar seguro, sem intervenção de cartório ou servidor, somente podendo a ele ter acesso, na presença do juiz, as partes legítimas na causa, que não poderão dele servir-se para fins estranhos a esta, e que estão sujeitas às sanções previstas pelo Código Penal em caso de divulgação. Os argumentos de acusação e defesa que versarem sobre a diligência serão apresentados em separado para serem anexados ao auto da diligência, que poderá servir como elemento na formação da convicção final do juiz. Em caso de recurso, o auto da diligência será fechado, lacrado e endereçado em separado ao juízo competente para revisão, que dele tomará conhecimento sem intervenção das secretarias e gabinetes, devendo o relator dar vistas ao Ministério Público e ao defensor em recinto isolado, para o efeito de que a discussão e o julgamento sejam mantidos em absoluto segredo de justiça.

MEIOS FINANCEIROS INDIRETOS. *Direito administrativo.* Consiste na privação por parte da Administração do ingresso de receita em seu Tesouro com base em isenções normativamente estabelecidas com o fim de fomentar determinada atividade. Assim, o Estado, para estimular o desempenho de serviços pela iniciativa privada, considerados de relevante interesse público, renuncia a créditos tributários, pela concessão de imunidades ou isenções de tributos (Silvio Luis Ferreira da Rocha).

MEIOS JUDICIAIS. *Direito processual.* Todos os praticados por meio de intervenção do magistrado.

MEIOS LEGAIS. Diz-se dos admitidos legalmente para a obtenção de um fim lícito.

MEIO SOCIAL. *Sociologia geral.* Soma das condições sociais em que se situa uma pessoa; esfera social do indivíduo.

MEIO-SOLDO. *Direito militar.* Metade dos vencimentos percebidos pelo militar, correspondente ao posto em que ele se reforma ou à pensão destinada aos seus beneficiários.

MEIO-TERMO. Termo médio entre dois extremos.

MEIRINHADO. *História do direito.* **1.** Jurisdição dos magistrados que, outrora, eram designados como "meirinhos". **2.** Cargo de meirinho. **3.** Duração desse cargo. **4.** Território que era governado pelo meirinho.

MEIRINHO. 1. *História do direito.* a) Antigo magistrado que governava uma comarca; b) beleguim ou oficial de diligências, que corresponde ao atual oficial de justiça. **2.** *Direito agrário.* a) Gado lanígero que pasta, durante o verão, nas montanhas, e no inverno, nas planícies; b) lã desse gado.

MEIRINHO-MOR. *História do direito.* Pessoa do sexo masculino, de alta linhagem, ou funcionário de alto nível que, por ordem do rei, tinha a incumbência de distribuir a justiça, na qualidade de primeiro magistrado da comarca, tendo a seu mando meirinhos, que cumpriam mandados no território sob sua jurisdição.

MEJORA. *Direito comparado.* Legado de liberação, pelo qual na Argentina e na Espanha o testador, baseado na sua parte disponível, pode fazer legado para beneficiar herdeiro necessário.

MEL. *Direito agrário.* Substância preparada pelas abelhas, à custa do néctar recolhido de certas flores, através da transformação da sacarose em glucose e levulose e sua ulterior concentração.

MELA. *Direito agrário.* **1.** Campo talado pela seca. **2.** Moléstia vegetal que não deixa as plantas se desenvolverem, secando, ainda, seus frutos.

MELADERMIA. *Medicina legal.* Cor escura da pele em decorrência de determinadas doenças.

MELADO. *Direito agrário.* **1.** Diz-se do vegetal atacado de mela. **2.** No Rio Grande do Sul, é o cavalo que tem o contorno dos olhos branco.

MELALGIA. *Medicina legal.* Dor ou gota nos membros.

MELANCIAL. *Direito agrário.* Plantação de melancias.

MELANCLOROSE. *Medicina legal.* Icterícia pela qual a pele fica amarela-esverdeada.

MELANCOLIA. *Medicina legal.* **1.** Estado de humor que leva a pessoa a uma profunda e anormal tristeza, à inatividade motora, ao pessimismo, à inibição do pensamento etc. **2.** Psicose maníaco-depressiva.

MELANCOLIA ANSIOSA. *Medicina legal.* Perturbação mental que se caracteriza pela ansiedade.

MELANCOLIA ATÍPICA. *Medicina legal.* Forma de esquizofrenia.

MELANCOLIA EVOLUTIVA. *Medicina legal.* Trata-se da reação psicótica involutiva, que se caracteriza por depressão mental sofrida, em regra, por pessoas de meia-idade que, ao se convencerem de que não mais poderão realizar seus sonhos, passam a ter insônias, tendências ao suicídio, manifestações de culpa etc.

MELANCOLIA INVOLUTIVA. *Vide* MELANCOLIA EVOLUTIVA.

MELANEMIA. *Medicina legal.* Estado mórbido pelo qual no sistema arterial se tem sangue venoso.

MELANEMO. *Medicina legal.* Substância negra vomitada e dejetada pelas vítimas da febre amarela.

MÉLANGES. *Termo francês.* Livro de muitos autores, que escrevem para prestar homenagens a um grande jurista.

MELANINA. *Medicina legal.* Pigmento preto que dá cor à pele e protege as papilas da ação da luz (Croce e Croce Jr.).

MELANISMO. *Medicina legal.* Pigmentação negra da pele, que se dá na doença de Addison ou em outras moléstias carenciais.

MELANODERMIA. *Medicina legal.* Coloração negra da pele causada pelo acúmulo de pigmento melânico na camada profunda da epiderme.

MELANOMA. *Medicina legal.* Tumor que apresenta cor escura devida à proliferação de células ricas em melanina.

MELANORRAGIA. *Medicina legal.* Hemorragia ou fluxo menstrual de sangue negro.

MELANOSE. 1. *Medicina legal.* Escurecimento do sangue, de órgãos e tecidos, provocado por depósitos anormais de melanina. **2.** *Direito agrário.* a) Moléstia de plantas do gênero citro, devida ao fungo *Phomopsis citri*; b) doença que ataca videira americana.

MELANÚRIA. *Medicina legal.* Emissão de urina pardo-escura, ante a presença de grande quantidade de melanina.

MELANURINA. *Medicina legal.* Substância negra que aparece na urina de certos enfermos.

MELEIRA. *Direito agrário.* **1.** Sujeira que o mel produz. **2.** No Rio Grande do Sul, diz-se da colméia de abelhas silvestres.

MELENA. *Medicina legal.* **1.** Vômito negro. **2.** Fezes negras que advêm de hemorragias intestinais.

MELHOR. **1.** Aquele que é mais perfeito. **2.** O que vale mais pela sua qualidade. **3.** Aquilo que é superior em comparação a outro objeto. **4.** O mais acertado.

MELHORADO. **1.** Corrigido. **2.** Aperfeiçoado.

MELHORAMENTO. *Direito civil.* **1.** Ato ou efeito de melhorar uma coisa. **2.** Benfeitoria útil, necessária ou voluptuária.

MELHORAMENTO PÚBLICO. *Direito administrativo.* Obra levada a efeito pela Administração Pública em proveito da coletividade, dando-lhe maior comodidade ou embelezando o local.

MELHORIA. **1.** *Direito civil.* a) *Vide* MELHORAMENTO; b) condição daquilo que se tornou mais útil, mais cômodo ou mais agradável. **2.** *Direito comercial.* Maior lucro negocial. **3.** *Direito administrativo.* Aumento de vencimentos.

MELHORIA DE HABITAÇÃO. *Direito urbanístico.* São obras e serviços que permitam sanar problemas de salubridade e segurança.

MELHORISTA. *Direito agrário* e *direito de propriedade intelectual.* **1.** Criador que busca aperfeiçoar geneticamente as plantas ou os rebanhos. **2.** Pessoa física que obtiver, cultivar e estabelecer descritores, isto é, caracteres morfológicos, fisiológicos, bioquímicos ou moleculares herdados geneticamente, que a diferencie das demais. **3.** Pessoa física habilitada para execução do processo de melhoramento de plantas, responsável pela manutenção das características de identidade e pureza genética de uma cultivar, ou engenheiro agrônomo ou engenheiro florestal, na sua área de competência, responsável pela manutenção das características de identidade e pureza genética de uma cultivar. *Vide* CULTIVAR.

MELIANTE. *Direito penal.* **1.** Criminoso. **2.** Aquele que tem péssimos costumes. **3.** Libertino. **4.** Malandro. **5.** Vadio. **6.** Aquele que é considerado pela sua conduta perniciosa à sociedade.

MELICÉRIS. *Medicina legal.* Tumor composto por líquido amarelado similar à consistência do mel.

MELINDRAR. **1.** Ofender. **2.** Magoar.

MELINDRISMO. Qualidade daquele que se ofende com facilidade.

MELIOR CERTA PAX QUAM SPERATA VICTORIA. *Brocardo latino.* É melhor uma paz certa do que uma vitória esperada.

MELIORIS CONDITIONIS EMPTOR NON SIT QUAM FUIT VENDITORIS. *Expressão latina.* O comprador não pode ter melhores direitos ou condições do que o vendedor.

MELIORISMO. *Filosofia geral.* Teoria pela qual o mundo não é bom nem mau por estar em vias de aperfeiçoamento.

MELIORISTA. *Filosofia geral.* Partidário do meliorismo.

MELIOR TUTIORQUE EST CERTA PAX QUAM SPERATA VICTORIA. *Expressão latina.* É melhor e mais segura a paz certa do que a vitória esperada.

MELISSOFOBIA. *Medicina legal.* Pavor mórbido às abelhas.

MELITAGRA. *Medicina legal.* Eczema que apresenta aspecto semelhante ao favo de mel.

MELIUS EST BELICOSA LIBERTAS QUAM SERVITUS PACIFICA. *Expressão latina.* É preferível uma liberdade belicosa a uma servidão pacífica.

MELIUS EST INTACTA JURA SERVARE QUAM VULNERATAM CAUSA REMEDIUM QUAERERE. *Brocardo latino.* É melhor conservar intactos os direitos do que procurar remédio para sua violação.

MELIUS EST PARUM CUM JUSTITIA, QUAM MULTI FRUCTUS CUM INIQUITATE. *Expressão latina.* Melhor é o pouco com justiça do que o muito com iniqüidade.

MELIUS EST PAUCA CAUTE AGERE, QUAM MULTIS INTERESSE PERICULOSE. *Aforismo jurídico.* Melhor é a cautela do pouco, que o perigo do muito.

MELIUS EST PAUCA DIVIDIRE QUAM TOTUM PERDERE. *Expressão latina.* É melhor dividir o pouco do que perder tudo.

MELIUS EST, SENSUM MAGIS QUAM VERBA AMPLICTI. *Expressão latina.* É melhor ater-se ao sentido que às palavras.

MELIUS TITULUM NON HABERE QUAM VITIO SUM. *Brocardo latino.* É melhor não ter o título do que tê-lo com algum vício.

MELOAL. *Direito agrário.* Plantação de melão.

MELOSA. *Direito agrário.* Praga que dá em laranjeira.

MELOTERAPIA. *Medicina legal.* Tratamento de algumas doenças mentais ou nervosas por meio de música.

MEMBRANA. *Medicina legal.* a) Película ou tecido tênue que envolve determinados órgãos; b) cada um dos invólucros que protegem o embrião humano, assegurando a nutrição, a respiração e a excreção, como o saco vitelino, a alantóide, o âmnio, o córion, a placenta e a decídua.

MEMBRO. **1.** *Direito civil.* a) Diz-se daquele que integra uma sociedade ou associação; trata-se, portanto, do sócio ou do associado de uma pessoa jurídica; b) aquele que pertence a uma família. **2.** *Medicina legal.* Órgão apendicular ligado ao tronco do ser humano para realizar funções de locomoção e preensão.

MEMBRO DA TRIPULAÇÃO. *Direito marítimo.* Aeronauta devidamente habilitado exercendo função a bordo.

MEMBRO DE COMPENSAÇÃO OU AGENTE DE COMPENSAÇÃO. *Direito bancário.* Pessoa jurídica, instituição financeira ou a ela equiparada, responsável perante aqueles a quem presta serviços e perante a câmara de compensação e de liquidação pela compensação e liquidação das operações com valores mobiliários sob sua responsabilidade.

MEMBRO GENITAL. *Medicina legal.* Pênis.

MEMBRO NATO. *Direito civil.* Aquele que em razão da função que exerce ou exerceu passa a participar de um órgão colegiado, permanente ou temporariamente.

MEMBROS DE INSTITUTO DE VIDA RELIGIOSA. *Direito civil* e *direito canônico.* São os que emitem voto determinado, ou seu equivalente, devidamente aprovado pela autoridade religiosa competente.

MEMBROS DE ORDEM OU CONGREGAÇÃO RELIGIOSA. *Direito civil* e *direito canônico.* São os que emitem ou nelas professam os votos adotados.

MEMBROS INFERIORES. *Medicina legal.* Pernas e pés.

MEMBROS PÉLVICOS. *Vide* MEMBROS INFERIORES.

MEMBROS SUPERIORES. *Medicina legal.* Braços e mãos.

MEMBROS TORÁCICOS. *Vide* MEMBROS SUPERIORES.

MEMBRO VIRIL. *Vide* MEMBRO GENITAL.

MEMENTO TERAPÊUTICO. *Direito do consumidor.* Conjunto de informações técnico-científicas orientadoras sobre medicamentos para o seu uso racional, editado pelos Laboratórios Oficiais, disponibilizado aos profissionais de saúde.

MEMORABILIDADE. **1.** Qualidade do que pode ser lembrado ou daquilo que é digno de memória (Lachelier). **2.** Relação do número de testemunhos verdadeiros com o número total dos testemunhos alusivos à circunstância (Claparéde). **3.** Aptidão de um objeto para dar lugar a um depoimento justo (Croce e Croce Jr.).

MEMORALÍSTICA. *Direito autoral.* Gênero dos livros de memórias e comentários pessoais.

MEMORANDO. **1.** *Direito internacional público.* Nota diplomática de um país a outro, indicando o estado em que se encontra uma dada questão de interesse comum. **2.** *Direito comercial.* Impresso contendo breves comunicações entre empresários sobre uma operação mercantil ou lançamento. **3.** Na *linguagem comum* pode ter o sentido de aviso por escrito ou participação. **4.** *Direito autoral.* Diz-se daquele sobre quem se escrevem as memórias.

MEMORANDUM. *Termo latino.* O que deve ser lembrado.

MEMORANDUM CHECK. *Direito internacional privado.* Promessa de pagamento a ser feito num banco. É muito comum no sistema anglo-americano, principalmente nos EUA.

MEMORANDUM OF UNDERSTANDING. *Direito internacional privado.* Carta de intenção.

MEMORATIVO. **1.** Comemorativo. **2.** Que traz à memória.

MEMORÁVEL. **1.** Notável. **2.** Digno de ser lembrado.

MEMÓRIA. **1.** *Medicina legal.* a) Faculdade humana de reter, recordar e reconhecer impressões, experiências ou situações anteriores; b) lembrança do que se passou; c) capacidade de recordar (Nágera); d) função da consciência que evoca o passado (Goffredo Telles Jr.). **2.** *Direito canônico.* Comemoração de um santo. **3.** *Direito internacional público.* Nota diplomática. **4.** *Direito processual.* Fixação de fatos anteriores para serem mostrados posteriormente (De Plácido e Silva). **5.** Na *linguagem comum* pode ter o sentido de: a)

MEMORIAL

273

MEM

fama, reputação; b) monumento comemorativo de algum feito; c) vestígio. **6.** *Direito autoral.* Escrito científico ou literário enviado a um estabelecimento de ensino, a uma corporação ou ao governo para ser publicado.

MEMORIAL. 1. *Direito processual civil.* Peça apresentada após a audiência em juízo por um dos litigantes, expondo sua pretensão e os motivos que a amparam, fundamentando-a, substituindo, assim, o debate oral ante o fato de a causa apresentar questões complexas. **2.** *Direito comercial.* Borrador ou livro onde se anotam as operações empresariais realizadas e que, posteriormente, serão escrituradas em livro apropriado.

MEMORIAL DE INCORPORAÇÃO. *Direito civil.* Documento exigido por lei, elaborado em duas vias, contendo dados da obra programada numa seqüência metódica e encadeada.

MEMORIAL DESCRITIVO. *Direito processual civil.* Relatório técnico que, no processo de demarcação e divisão de bens de raiz, é apresentado ao órgão judicante pelo agrimensor, acompanhado de plantas e documentos.

MEMORIALISTA. *Direito autoral.* Aquele que escreve memórias.

MEMORIAR. *Direito autoral.* Escrever memórias.

MEMÓRIAS. *Direito autoral.* Narrações pessoais escritas para servir de subsídio histórico; escritos em que o autor revela acontecimentos que lhe dizem respeito ou que ocorreram à sua época.

MEMÓRIAS SECRETAS. *Direito autoral.* Publicação que contém particularidades históricas até então desconhecidas.

MEMORISTA. *Vide* MEMORIALISTA.

MENACMA. *Medicina legal.* Período menstrual.

MENAGEM. 1. *História do direito.* a) Prisão em local fora do cárcere, sob palavra do prisioneiro; b) princípio pelo qual o acusado aguardava o julgamento em liberdade; c) homenagem que era um privilégio concedido à nobreza, permitindo ao preso aguardar o julgamento em seu castelo ou casa. Não tinha lugar nos crimes punidos com pena de morte, no crime de desafio para duelo e no caso de conversação escandalosa com freiras nos mosteiros; d) palavra dada sobre o cumprimento de um contrato. **2.** *Direito penal.* Medida restritiva da liberdade de locomoção que, em caso de estado de sítio, retém em algum local, que não a prisão, pessoa

cuja participação política ou social se pretende neutralizar (Othon Sidou). **3.** *Direito penal militar.* Benefício concedido a indiciado ou acusado militar ou civil, oficial ou praça, nos crimes cujo máximo da pena privativa de liberdade não exceda a quatro anos, permitindo que fique preso sob palavra, fora de estabelecimento penal, em qualquer localidade, que pode ser sua casa, quartel etc., atendendo-se à natureza do delito perpetrado, aos seus antecedentes, e sendo vedado em caso de reincidência.

MENAICA. *Direito comparado.* Embarcação italiana de remos ou de vela latina, que contém mastro inclinado para frente.

MENARCA. *Medicina legal.* Primeira menstruação, que se dá, em regra, entre doze e quatorze anos de idade.

MENÇÃO. 1. Referência verbal ou escrita a um ato ou fato ou a alguma circunstância alheia, mas correlacionada a esse fato. **2.** Citação.

MENÇÃO HONROSA. 1. Distinção conferida a uma obra não premiada ou a pessoa que se distingue em concurso ou exame. **2.** Prêmio honorífico.

MENCHEVIQUE. *História do direito.* **1.** Partido político russo que se contrapunha ao bolchevismo radical. **2.** Membro desse partido, ou seja, de uma facção minoritária liderada por Kerensky, na Rússia, após a queda do czarismo.

MENCHEVIQUISMO. *História do direito.* Sistema implantado pelos mencheviques.

MENCIONAR. 1. Fazer menção. **2.** Citar.

MENDACEM MEMOREM ESSE OPORTERE. *Expressão latina.* Aquele que mente precisa ter memória.

MENDACI NE VERUM QUIDEM DICENTI CREDITUR. *Expressão latina.* Não se deve dar crédito a um mentiroso, nem mesmo quando ele disser a verdade.

MENDÁCULO. Labéu na reputação.

MENDAX FAMA. *Locução latina.* Falsa fama; fama mentirosa.

MENDAZ. Falso.

MENDICÂNCIA. *Direito penal.* Ato de pedir esmolas; condição daquele que vive de esmolas por ociosidade ou por cupidez, dando origem à contravenção penal punida com prisão simples. Logo, não se configurará contravenção penal se a ação de pedir esmolas se der por doença ou incapacidade para o trabalho.

MENDICANTE. *Direito penal.* Aquele que pede esmolas.

MENDICIDADE. *Direito penal.* **1.** Estado de mendigo. **2.** Ação de mendigar; mendicância.

MENDIGO. *Vide* MENDICANTE.

MENECMA. Sósia.

MENEIO. Ardil para obter algum fim.

MENELCOSE. *Medicina legal.* Menstruação vicária, por úlcera.

MENESTRA. Negócio embrulhado.

MENESTREL. *História do direito.* **1.** Poeta da era medieval. **2.** Músico ambulante ou que ficava a serviço do senhor feudal.

MENGO. Lã apta para ser laborada nos lanifícios.

MENINGE. *Medicina legal.* Cada uma das três membranas que recobrem o encéfalo e a medula espinhal: a pia-máter, a dura-máter e a aracnóide.

MENINGIOMA. *Medicina legal.* Tumor das meninges.

MENINGITE. *Medicina legal.* Inflamação das meninges.

MENINGOCELE. *Medicina legal.* Hérnia das meninges para o exterior do crânio ou da coluna vertebral, formando um cisto, contendo líquido cerebrospinal.

MENINO-PRODÍGIO. Diz-se da criança que possui capacidade artística ou intelectual excepcional para sua idade.

MENISCECTOMIA. *Medicina legal.* Ablação do menisco.

MENISMO. *História do direito.* Partido político de Mena Barreto.

MENOFANIA. *Medicina legal.* Aparecimento da menstruação.

MENOMETRORRAGIA. *Medicina legal.* Hemorragia uterina irregular.

MENOPAUSA. *Medicina legal.* Cessação natural da menstruação, acompanhada de mutações físicas.

MENOPLANIA. *Medicina legal.* Fluxo menstrual por via não natural.

MENOR. **1.** *Lógica jurídica.* a) Diz-se da segunda premissa de um silogismo; b) aquela premissa que contém o termo menor no silogismo categórico; c) aquela premissa que, no silogismo hipotético, enuncia que a condição está realizada ou que o seu efeito não o está; d) premissa que exclui uma das alternativas de um silogismo disjuntivo (Lalande). **2.** *Direito civil.* Aquele que ainda não atingiu a maioridade, sendo absolutamente incapaz até os dezesseis anos e relativamente incapaz até dezoito anos. **3.** Na *linguagem comum* diz-se daquilo que é inferior em graduação ou pequeno. **4.** *Direito da criança e do adolescente.* Diz-se da criança de até doze anos e do adolescente entre doze e dezoito anos. **5.** *Direito penal.* Aquele que por não ter dezoito anos não responde criminalmente, sendo inimputável.

MENOR ABANDONADO. *Direito da criança e do adolescente.* **1.** Aquele que não tem representante legal que o oriente, vigie ou atenda a seus interesses. **2.** Aquele que, até dezoito anos, se encontra privado de assistência familiar, social ou estatal. **3.** Aquele que se encontra em situação irregular.

MENOR EMANCIPADO. *Direito civil.* Aquele que, apesar de não ter atingido a idade de dezoito anos, tem capacidade para praticar por si atos na vida civil, por ter havido emancipação: a) *expressa*, mediante outorga de capacidade civil por concessão dos pais ou de um deles na falta do outro, no exercício do poder familiar; por escritura pública inscrita no Registro Civil competente, independentemente de homologação judicial, ou por sentença do juiz, ouvido o tutor; em ambas as hipóteses o menor terá de ter dezesseis anos completos; ou b) *tácita*, decorrente de casamento; exercício de emprego público efetivo; colação de grau em ensino superior, estabelecimento civil ou comercial com economia própria e serviço militar.

MENOR ENJEITADO. *Direito da criança e do adolescente.* Aquele recém-nascido ou que tendo tenra idade foi abandonado pelos pais à proteção de uma instituição ou de outra pessoa.

MENORES SOB TRATAMENTO ESPECIAL. *Direito da criança e do adolescente.* São aqueles menores de idade que se encontram cumprindo medida privativa de liberdade imposta por decisão judicial definitiva, pela prática de um delito.

MENOR EXPOSTO. *Vide* MENOR ENJEITADO.

MENORIDADE. **1.** *Direito civil.* Estado daquele que em relação à idade não pode praticar atos na vida civil sem estar devidamente representado, se contar até dezesseis anos, ou assistido, se tiver a idade entre dezesseis e dezoito anos. **2.** *Ciência política.* Estado daquele que não tem

MENORIDADE PENAL

capacidade eleitoral ativa por não ter a idade mínima de dezesseis anos. **3.** *Direito penal.* Inimputabilidade até dezoito anos de idade. **4.** *Direito do trabalho.* Estado do que se encontra na faixa etária entre quatorze e dezoito anos. **5.** Na *linguagem comum* significa a parte menor de um todo.

MENORIDADE PENAL. *Direito penal.* Inimputabilidade que alcança os menores de dezoito anos, que, por isso, não têm responsabilidade penal.

MENOR IMPÚBERE. *Direito civil.* Aquele que conta com menos de dezesseis anos de idade, sendo absolutamente incapaz, devendo ser representado em todos os atos da vida civil.

MENOR IMPUTÁVEL. *Direito penal.* Aquele que tem responsabilidade penal por ter completado dezoito anos.

MENOR INIMPUTÁVEL. *Direito penal.* Aquele que, por não ter ainda atingido a idade de dezoito anos, é irresponsável criminalmente.

MENOR NÚBIL. *Direito civil.* Aquele que tem aptidão para convolar núpcias, mediante consenso dos pais ou autorização judicial. A idade núbil para a mulher e para o homem é de dezesseis anos.

MENOR PÚBERE. *Direito civil.* Pessoa relativamente incapaz, maior de dezesseis anos e menor de dezoito, que pode praticar atos na vida civil desde que assistido pelo seu responsável.

MENORRAGIA. *Medicina legal.* Fluxo menstrual demasiadamente abundante.

MENOR RESPONSÁVEL. *Vide* MENOR IMPUTÁVEL.

MENOS. 1. Em menor número. **2.** Inferior em quantidade ou em valor. **3.** Inferior em posição. **4.** O que tem pouca importância.

MENOSCABO. 1. Depreciação. **2.** Dano ou prejuízo.

MENOSPREZAR. 1. Ter em pouca conta. **2.** Desprezar.

MENOS-VALIA. Diminuição do valor de uma coisa apreciada em dois momentos diferentes (Henri Capitant), que pode dar-se pelo desgaste, pelo uso, pela ação da natureza, pela obsolescência etc.

MENOXENIA. *Vide* MENOPLANIA.

MENSAGEIRO. 1. Aquele que leva e traz mensagens, isto é, correspondência ou pequenos pacotes. **2.** Carteiro.

MENSAGEIRO INTERNACIONAL. *Direito internacional privado.* Pessoa física que atua como portador de remessa expressa, na exportação e na importação, por conta de empresa de transporte expresso internacional.

MENSAGEM. 1. *Direito administrativo.* Relatório apresentado ao Legislativo pelo Presidente da República, alusivo a fatos ocorridos durante o ano civil ou a medidas aplicadas na vigência do estado de sítio. **2.** *Ciência política.* Comunicação oficial entre câmaras do Poder Legislativo. **3.** *Direito autoral.* Sentido profundo de uma obra literária ou filosófica, representando o legado de seu autor à cultura da humanidade. **4.** Na *linguagem comum* pode significar: a) recado; b) comunicação de uma idéia.

MENSAGENS CONFAC. *Direito aeronáutico.* **1.** Mensagens de Controle e Fiscalização da Aviação Civil. **2.** Aquelas contendo dados selecionados, referentes ao controle, à fiscalização e à cobrança, gerados pela operação de aeronaves e destinados ao SICONFAC.

MENSAGENS INSTANTÂNEAS. *Direito virtual.* Aquelas em que se usa comunicador instantâneo como o ICQ, proporcionando comunicação em tempo real com outra pessoa que está conectada à internet.

MENS AGITAT MOLEM. *Expressão latina.* A inteligência domina a matéria.

MENSAL. 1. Referente a mês. **2.** Período que dura um mês. **3.** O que se realiza de mês em mês. **4.** Diz-se do que é devido por um mês.

MENSALIDADE. 1. Quantia paga ou recebida por mês. **2.** Contribuição devida mensalmente. **3.** Mesada.

MENSALISTA. 1. *Direito administrativo.* Servidor extranumerário que, por auxiliar os funcionários públicos ou desempenhar serviços industriais do Estado, percebe salário, calculado por mês, correspondente a sua categoria. **2.** *Direito do trabalho.* a) Empregado cujo salário é devido por mês; b) aquele que recebe remuneração, pelos serviços prestados, calculada por mês e não por hora, dia, semana, quinzena ou tarefa.

MENSÁRIO. *Direito autoral.* Periódico publicado de mês a mês.

MENS LEGIS. *Locução latina.* Espírito da lei; intenção da lei.

MENS LEGISLATORIS. *Locução latina.* Intenção ou pensamento do legislador ao elaborar a norma.

MENS SANA IN CORPORE SANO. *Expressão latina:* **1.** Mente sadia em corpo são. **2.** Boa educação deve ter em vista o vigor intelectual e o físico.

MENSTRUAÇÃO. *Medicina legal.* Fluxo sangüíneo periódico (mensal) que se apresenta durante a maturidade sexual.

MÊNSTRUO. *Vide* MENSTRUAÇÃO.

MENSUAL. *Direito do trabalho.* No Rio Grande do Sul designa o assalariado que recebe sua remuneração calculada por mês.

MENSURA. Medida.

MENSURADOR. **1.** Aquele que mede. **2.** Funcionário de posto antropométrico, que faz a identificação do criminoso.

MENSURALISTA. *História do direito.* Compositor da época medieval.

MENSURAQUE JURIS VIS ERAT. *Expressão latina.* A medida do direito era a força.

MENSURATUM ET MENSURANS. *Locução latina.* Recebe a medida e dá a medida.

MENSURAR. **1.** Medir. **2.** Ter por medida.

MENSURÁVEL. O que se pode medir.

MENTAL. **1.** Relativo à mente. **2.** Intelectual.

MENTALIDADE. **1.** Modo de pensar; crença. **2.** Qualidade de mental. **3.** Estado psicológico. **4.** A mente.

MENTALISMO. *Psicologia forense.* Teoria pela qual em cada pessoa existe um número de fatos internos que constituem objeto da psicologia (Burloud).

MENTE. *Medicina legal.* **1.** Sede da inteligência, da emoção, do caráter, do desejo e do temperamento. **2.** Razão. **3.** Discernimento.

MENTECAPTO. *Medicina legal.* **1.** Alienado; idiota. **2.** Aquele que perdeu o uso da razão. **3.** O que tem inteligência pouco desenvolvida ou de baixo quociente intelectual.

MENTICÍDIO. *Sociologia geral.* **1.** Destruição sistemática e intencional da mente consciente com o intuito de levantar dúvida ou de substituí-la por idéias e atitudes opostas às normais, sujeitando a pessoa a sugestões, à ação de narcóticos, a torturas, a extensos interrogatórios. **2.** Aculturação de povo primitivo, levando-o à perda de seus valores característicos e ao seu desaparecimento como grupo étnico.

MENTI QUO LIBET IRE LICET. *Expressão latina.* O pensamento é livre.

MENTIR. *Medicina legal.* **1.** Negar a verdade. **2.** Proferir como verdadeiro o que é falso.

MENTIRA. **1.** *Medicina legal.* a) Afirmação consciente contrária à verdade; b) asserção falsa. **2.** *Direito penal.* Perjúrio.

MENTIRA ANTISSOCIAL. *Psicologia forense.* Pode ser espontânea, sugerida ou ensinada.

MENTIRA CONSCIENTE. *Medicina legal.* Afirmação de algo que se sabe ser falso ou não autêntico.

MENTIRA DEFENSIVA. *Psicologia forense.* Aquela com que o menor procura fugir do castigo.

MENTIRA ENSINADA. *Psicologia forense.* Aquela em que o interessado ensina o menor, sob ameaça de castigo, a faltar com a verdade.

MENTIRA ESPONTÂNEA. *Psicologia forense.* É a que se apresenta como: mentira lúdica, mentira vaidosa, mentira defensiva, mentira interesseira, mentira vingativa e mentira maligna.

MENTIRA FÍSICA. *Medicina legal.* Ato de pessoa sã simular acesso epilético, desmaios etc. para obter alguma vantagem pessoal.

MENTIRA INCONSCIENTE. **1.** Erro ou equívoco. **2.** Afirmação de inverdades sem saber de sua falsidade por sugestão, por reprodução de uma informação recebida, por alucinação etc.

MENTIRA INOCENTE. *Medicina legal.* Aquela asserção falsa e consciente que se faz sem ter qualquer propósito de prejudicar alguém.

MENTIRA INTERESSEIRA. *Psicologia forense.* Aquela com que a criança busca louvores ou benefícios.

MENTIRA LÚDICA. *Psicologia forense.* Aquela em que a criança mente por prazer, sem ter, às vezes, consciência do que está fazendo (A. Almeida Jr. e J. B. de O. e Costa Jr.).

MENTIRA MALIGNA. *Psicologia forense.* Aquela em que a criança tem a intenção de fazer mal a alguém (A. Almeida Jr. e J. B. de O. e Costa Jr.).

MENTIRA MÉDICA. *Medicina legal.* Ato piedoso do médico que oculta do paciente, por motivos psicológicos que possam agravar a moléstia, certas circunstâncias desta.

MENTIRA OFICIOSA. *Medicina legal.* Afirmação inverídica, sem que haja qualquer dano a terceiro, tendo apenas por objetivo causar-lhe prazer ou obter-lhe alguma utilidade.

MENTIRA PIEDOSA. *Psicologia forense.* Ato de esconder a verdade de alguém para poupar-lhe algum sofrimento.

MENTIRA SOCIAL. *Psicologia forense.* Mentira útil ao convívio social.

MENTIRA SUGERIDA. *Psicologia forense.* Aquela oriunda de perguntas sugestivas, que podem levar ao falso testemunho.

MENTIRA VAIDOSA. *Psicologia forense.* Aquela que advém do desejo de gabolice.

MENTIRA VINGATIVA. *Psicologia forense.* Simulação feita pela criança de alguma coisa ou de alguma lesão para vingar-se de algo. Por exemplo, fazer autoferimento para denunciar alguém que a repreendera.

MENTIROSO. **1.** Falso; oposto à verdade. **2.** Aquele que costuma dizer mentiras.

MENTISMO. *Medicina legal.* Morbidez mental que acarreta uma rápida sucessão de idéias, decorrente de alucinações, depravação da sensibilidade, ilusões etc., levando o paciente a sentir que passa por um fenômeno doentio.

MENTO. *Medicina legal.* Queixo.

MEO JUDICIO. *Locução latina.* **1.** Meu parecer. **2.** A meu juízo.

MERA ADMINISTRAÇÃO. *Direito civil.* Diz-se do ato que visa a conservação dos bens administrados e o que tende a promover sua frutificação normal.

MERALGIA. *Medicina legal.* Dor na coxa.

MERATROFIA. *Medicina legal.* Atrofia da coxa.

MERC. *Termo latino.* Mercadoria.

MERCADEJAR. *Direito comercial.* **1.** Ser mercador. **2.** Comerciar. **3.** Comprar ou vender mercadorias. **4.** Obter lucro ilícito.

MERCADINHO. *Direito comercial.* **1.** Quitanda. **2.** Pequeno mercado.

MERCADO. **1.** *Direito comercial.* a) Local onde se vendem mercadorias; b) centro de comércio; prédio onde se compram gêneros ou víveres; c) praça de comércio; d) conjunto de operações sobre determinada mercadoria; e) núcleo de população, local ou regional, onde há potencial de passageiros capaz de gerar demanda suficiente para a exploração econômica de uma linha de transporte rodoviário. **2.** *Economia política.* a) Relação estabelecida entre a oferta e a procura de bens, serviços e capitais; b) conjunto de atividades mercantis de certa região ou de determinada localidade; c) esfera das relações econômicas de compra e venda, das quais resulta o preço, havendo ajuste.

MERCADO-ALVO DO FACTORING. *Direito comercial.* Clientela do *factoring.* Em regra, é a pequena e a média empresa industrial que: a) sem acesso ao mercado de crédito, buscam, no *factoring,* dinheiro, redução de seus custos, maior competitividade de seus preços e produtos, e lucro; b) não possuem, apesar do acesso ao mercado de crédito, conhecimento técnico que lhes respalde a iniciativa de negociar com instituição financeira; c) são dirigidas por pessoas com capacidade técnica e usam do serviço da faturização para cuidar da gestão de caixa (dinheiro), enquanto se concentram na produção (Luiz Lemos Leite).

MERCADO CINEMATOGRÁFICO. *Direito comercial.* O conjunto formado pelas sociedades empresárias ou entes públicos, distribuidores de obras audiovisuais destinadas à exibição comercial, de caráter público ou privado, e pelas sociedades empresárias exibidoras responsáveis pelas salas, espaços, locais ou complexos de exibição pública nas quais realizadas, abrangidas as atividades secundárias, paralelas ou complementares, inerentes às de distribuição e exibição.

MERCADO CINZA. *Direito comercial.* **1.** Importação paralela. **2.** Forma de concorrência desleal parasitária, por haver comercialização de produto distribuído na zona de exclusividade do distribuidor por concorrente que os adquire de revendedores situados fora dessa zona (Fábio Ulhoa Coelho).

MERCADO COM DESCONTO. *Direito comercial.* Aquele em que o preço do mercado à vista é mais elevado que o do mercado a termo.

MERCADO COM PRÊMIO. *Direito comercial.* Aquele em que o preço do mercado a futuro ou a termo está mais alto que o do mercado à vista.

MERCADO COMUM. *Direito internacional privado, direito internacional público* e *direito alfandegário.* Bloco econômico de comércio formado por um conjunto de países onde há livre circulação de bens, serviços, capital e trabalho, numa região caracterizada pelo livre comércio e pela união aduaneira. Portanto, seus países-membros objetivam, além de estabelecer uma Área de Livre Comércio e de impor uma Tarifa Externa Comum (TEC), liberar trânsito de pessoas, capitais, serviços e mercadorias, criando um direito comunitário, cogente e superior às ordens jurídicas nacionais (Antonio Carlos Rodrigues do Amaral).

MERCADO COMUM DO CONE SUL (MERCOSUL). *Direito internacional público.* Criado pelo Tratado de Assunção, em 26 de janeiro de 1991, entrou em vigor em 1º de janeiro de 1995. É uma pessoa jurídica de direito internacional que tem por objetivos: a) a livre circulação de bens, serviços e fatores produtivos entre os países, mediante eliminação de direitos alfandegários e restrições não tarifárias à circulação de mercadorias etc.; b) o estabelecimento de uma tarifa externa comum e a adoção de uma política comercial comum em relação a terceiros Estados ou agrupamento de Estados; c) a coordenação de posições em foros econômico-comerciais regionais e internacionais; d) a coordenação de políticas macroeconômicas e setoriais, entre os Estados-Partes, de comércio exterior, agrícolas, industriais, fiscais, monetárias, cambiais e de capitais, alfandegárias, de transportes, de serviços e comunicações e outras que se acordem, a fim de assegurar condições adequadas de concorrência entre os Estados-Partes; e) o compromisso dos Estados-Partes de harmonizar suas legislações, nas áreas pertinentes, para lograr o fortalecimento do processo de integração.

MERCADO COMUM EUROPEU. *Direito internacional público.* União político-comercial das várias nações da Europa, com o escopo de obter a eliminação das tarifas alfandegárias, facilitando a circulação dos produtos entre si (Geraldo Magela Alves). Trata-se da União Européia.

MERCADO DA PERSONALIDADE. *Direito do consumidor.* Orientação mercantilista feita por pessoa inescrupulosa, que faz apresentar uma competência inexistente nos meios de comunicação (Cechine).

MERCADO DE BALCÃO. *Economia política* e *direito comercial.* É o realizado com a participação de pessoas autorizadas pela Comissão de Valores Mobiliários, negociando títulos obrigacionais não registrados em Bolsa. Efetua-se, portanto, fora da Bolsa.

MERCADO DE BALCÃO ORGANIZADO. *Direito comercial.* O segmento do mercado de capitais que compreende as operações realizadas por meio de um sistema, mantido e normatizado por uma entidade, autorizada a operar pela Comissão de Valores Mobiliários (CVM) (Fábio Ulhoa Coelho).

MERCADO DE BOLSA. *Economia política.* Mercado financeiro oficial onde se negociam títulos, ações e obrigações.

MERCADO DE CAPITAIS. *Direito comercial.* **1.** Local onde são negociados títulos e valores mobiliários emitidos por instituições financeiras (Othon Sidou). **2.** Aquele que opera capital para financiamento (Geraldo Magela Alves). **3.** É, segundo Carlos Alberto Bittar, aquele que negocia títulos e valores mobiliários emitidos por empresas públicas ou privadas, sendo a captação de recursos feita por entidades financeiras autorizadas que os aplicam em determinados setores, sob forma de financiamento ou investimento. **4.** Conjunto de meios e instrumentos geradores das negociações recíprocas entre investidores e grandes empresas (Philomeno Joaquim da Costa).

MERCADO DE CONSUMO. *Direito do consumidor.* **1.** Atividade desenvolvida pelo fornecedor, que tem como destinatário final o consumidor. **2.** Conjunto de pessoas que têm condições de adquirir produtos industriais e agrícolas colocados à venda.

MERCADO DE DERIVATIVOS. *Direito comercial.* Aquele que permite a operação de adquirir títulos com os quais se pretende pagar no futuro outros títulos, que já se comprometeu a comprar.

MERCADO DE ESTRUTURA HUMANA. *Medicina legal* e *direito penal.* Mercado de tecidos e órgãos humanos, vedado em lei, para fins de transplante.

MERCADO DE FUTUROS. *Direito comercial.* É o que possibilita a compra de um lote de mercadoria ou título por preço combinado no ato, mas que deverá ser pago somente em data futura, que vigorará a partir do dia do pregão até o do vencimento contratual.

MERCADO DE OPÇÃO. *Direito comercial.* O contrato bilateral que dá a uma parte o direito de, durante o prazo acordado, exigir da outra parte a entrega ou o recebimento de títulos ou valores imobiliários, por preço certo acordado previamente. É também denominado *contrato a prêmio*, porque a parte que assume a posição devedora recebe um valor inicial, o prêmio, que corresponde à sua obrigação de aguardar a manifestação do outro contratante sem poder dispor de sua propriedade (Rachel Sztajn).

MERCADO DE ÓRGÃOS E TECIDOS HUMANOS. *Direito penal.* Prática vedada juridicamente consistente em comercializar órgãos e tecidos humanos para fins de transplante e tratamento.

MERCADO DE TRABALHO. *Sociologia jurídica* e *economia política.* **1.** Esfera de relações econômicas na qual o patrão procura empregados e estes, ocupação. **2.** Oferta e procura de mão-de-obra.

MERCADO DE VALORES. *Direito comercial.* Atividades exercidas no mercado de capitais, alusivas à emissão, distribuição e negociação de títulos e valores.

MERCADO FINANCEIRO. *Economia política.* **1.** Aquele que utiliza o dinheiro como mercadoria. **2.** Aquele onde se fazem investimentos, negociando títulos de crédito a longo prazo, mediante um conjunto de ofertas e demandas de capital monetário.

MERCADO FIRME. *Direito comercial.* Situação mercadológica em que as cotações dos títulos negociados apresentam oscilações mínimas (Luiz Fernando Rudge).

MERCADO FUTURO. *Direito comercial.* Segmento do mercado que abrange operações de compra e venda realizada em pregão, de contrato autorizado pela bolsa de futuros, para liquidação em data futura prefixada (Luiz Fernando Rudge).

MERCADO IDÊNTICO. *Direito comercial.* Aquele em que o preço do mercado à vista é igual ao do mercado a termo.

MERCADO IMOBILIÁRIO. *Direito comercial.* Aquele que opera com imóveis.

MERCADO INTERNO. *Direito comercial.* Comércio.

MERCADOLOGIA. *Vide* MARKETING.

MERCADO MANUAL. *Direito bancário.* **1.** Venda ou troca de moedas de diversos países ou de *traveller's checks.* **2.** Comércio de dinheiro em espécie, sendo uma das moedas de país alienígena. **3.** Câmbio manual.

MERCADO MOBILIÁRIO. *Direito comercial.* Aquele que exerce atividade mercantil, operando com bens móveis ou ações.

MERCADO MONETÁRIO. *Economia política.* **1.** Aquele onde são negociados os títulos de crédito a curto prazo. **2.** *Direito bancário.* Conjunto formado por bancos comerciais e empresas financeiras de crédito que também participam do mercado de capitais, para realização de operações com títulos públicos de elevada liquidez (Luiz Fernando Rudge).

MERCADO NEGRO. *Direito penal.* **1.** Crime contra a economia popular, consistente em vender mercadoria fora dos preços estabelecidos para obter lucro extorsivo. **2.** Aquele que opera ilegalmente com moeda estrangeira (Geraldo Magela Alves). **3.** *Vide* MERCADO PARALELO.

MERCADO OLIGOPSONÍSTICO. *Direito comercial.* É o que apresenta muitos vendedores e poucos compradores. Por exemplo: o que contém várias fornecedoras de autopeças e poucas montadoras de automóveis (Luís Gustavo B. Neves).

MERCADO PARALELO. *Direito comercial.* **1.** Diz-se daquele cujas operações na Bolsa de Valores não são fiscalizadas nem regulamentadas. **2.** O que se opera paralelamente ao oficial. **3.** Segmento mercadológico onde ocorrem: operações financeiras executadas por agentes não pertencentes ao Sistema Financeiro Nacional; movimentações ilegais de fundos por quem não pode fazer uso do mercado financeiro; compra e venda de moeda estrangeira fora dos mercados organizados (Luiz Fernando Rudge).

MERCADO POTENCIAL. *Direito comercial.* Venda provável para determinado produto.

MERCADOR. *Direito comercial.* **1.** Comerciante. **2.** Aquele que vende a retalho.

MERCADORIA. *Direito comercial.* **1.** Coisa que serve de objeto à compra e venda mercantil. **2.** Aquilo que se compra para revender. **3.** Conjunto de bens móveis apropriáveis, que são objeto de comércio ou de circulação econômica, abrangendo os gêneros (produtos da terra), as fazendas ou efeitos (coisas carregadas a bordo para trocar ou vender).

MERCADORIA ABANDONADA. *Direito comercial.* Aquela que, remetida a alguém, não é procurada ou desembaraçada dentro do prazo estipulado; ou que não foi retirada do armazém ou do local onde se encontra à disposição de seu titular, no prazo determinado; que será vendida em leilão público, para retirar do produto da venda o que se deve. É a coisa destinada ao comércio, que não se encontra em poder do transpotador, carregador, consignatário ou depositante. Como seu titular não quer arcar com os tributos, taxas de armazenagem ou despesas de salvamento, vem a abandoná-la, permitindo, tacitamente, a sua venda para abater os custos. O abandono da mercadoria é um meio prático de repor a mercadoria em circulação, evitando que haja dano para o armazém ou fisco, e constituindo um procedimento de compensação de crédito mediante a disposição da coisa por aquele que a detém (Elcir Castello Branco).

MERCADORIA ASSEMELHADA. *Direito alfandegário.* Diz-se daquela não incluída na tarifa alfandegária, cujo imposto aduaneiro é calculado por outra, que lhe é similar.

MERCADORIA AVARIADA. *Direito comercial.* Aquela que se encontra em mau estado de conservação em razão de defeito de embalagem, de ação do tempo etc., impossibilitando-se o uso a que se destina.

MERCADORIA CONSIGNADA. *Direito comercial.* Diz-se daquela cujo pagamento está condicionado à sua venda.

MERCADORIA DEFEITUOSA. *Direito comercial.* Aquela que apresenta defeito de fabricação, que prejudica sua utilização ou diminui seu valor comercial.

MERCADORIA ESTRANGEIRA. *Direito internacional privado* e *direito comercial.* Aquela proveniente do exterior; coisa de procedência estrangeira.

MERCADORIA EXPORTADA. *Direito internacional privado* e *direito comercial.* Produto industrializado, semi-industrializado e matéria-prima, que sai de um país, destinando-se a um outro, onde será consumido.

MERCADORIA GROSSA. *Direito comercial.* Gênero de estiva ou aquela que, no veículo que a transporta, é subposta à outra, mais delicada.

MERCADORIA IMPORTADA. *Direito internacional privado* e *direito comercial.* É a adquirida no exterior para incorporar-se ao comércio interno (De Plácido e Silva).

MERCADORIA NACIONAL. *Direito comercial.* Produto fabricado ou produzido no país e incorporado ao seu comércio interno.

MERCADORIA NACIONALIZADA. *Direito comercial.* Produto estrangeiro que, após sua entrada regular no país e cumprimento das exigências fiscais, se incorpora ao comércio nacional.

MERCADORIA OMISSA. *Direito alfandegário.* Aquela que, por não estar incluída na lista tarifária aduaneira, nem mesmo por assemelhação, tem o imposto calculado na base de seu valor comercial (*ad valorem* de 50%).

MERCADORIA-PADRÃO. *Vide* MERCADORIA-TIPO.

MERCADORIAS ESTADUAIS. São as originárias de um Estado-membro da Federação, e que se destinam a outro.

MERCADORIAS GERAIS. *Direito comercial.* Mercadorias de um estabelecimento mercantil.

MERCADORIAS IMPORTADAS SOB VIGILÂNCIA SANITÁRIA. *Direito internacional privado.* São consideradas as matérias-primas, os insumos, os produtos acabados, os produtos a granel,

os produtos semi-elaborados e os produtos *in natura*, e os demais bens sob regime de vigilância sanitária, compreendendo, dentre outros, as seguintes classes de produtos e bens: a) alimento: é toda substância ou mistura de substâncias, no estado sólido, líquido, pastoso ou qualquer outra forma adequada, destinada a fornecer ao organismo humano os elementos normais, essenciais à sua formação, manutenção e desenvolvimento; b) cosmético: o produto de uso externo, destinado à proteção ou ao embelezamento das diferentes partes do corpo tais como pós faciais, talcos, cremes de beleza, creme para as mãos e similares, máscaras faciais, loções de beleza, soluções leitosas, cremosas e adstringentes, loções para as mãos, base de maquilagem e óleos cosméticos, rouges, blushes, batons, lápis labiais, preparados anti-solares, bronzeadores e simulatórios, rímeis, sombras, delineadores, tinturas capilares, agentes clareadores de cabelos, fixadores, laquês, brilhantinas e similares, tônicos capilares, depilatórios ou epilatórios, preparados para as unhas e outros; c) perfume: o produto de composição aromática à base de substâncias naturais ou sintéticas que, em concentração e veículos apropriados, tenha como principal finalidade a odorização de pessoas ou ambientes, incluindo os extratos, as águas perfumadas, os perfumes cremosos, os preparados para banhos e os odorizantes de ambientes, apresentados em forma líquida, gelatinizada, pastosa ou sólida; d) produto de higiene: o produto de uso externo, antissético ou não, destinado ao asseio ou à desinfecção corporal, compreendendo os sabonetes, xampus, dentifrícios, enxaguatórios bucais, antiperspirantes, desodorantes, produtos para barbear e após barbear, estípticos e outros; e) saneante domissanitário: é a substância ou preparação destinada à higienização, à desinfestação ou à desinfecção domiciliar, em ambientes coletivos ou públicos, em lugares de uso comum e no tratamento da água, compreendendo: inseticida, raticida, desinfetante, detergente e seus congêneres e outros; f) produto para diagnóstico: são os reagentes, padrões, calibradores, controles e materiais, junto com as instruções para seu uso, que contribuem para realizar uma determinação qualitativa ou semiquantitativa de uma amostra biológica e que não estejam destinados a cumprir função anatômica, física ou terapêutica alguma, que não sejam ingeridos, injetados ou inoculados em seres humanos e que são utilizados unicamente para prover informação sobre amostras obtidas do organismo humano; g) produtos para saúde: são aparelhos, instrumentos e acessórios usados em medicina, odontologia e atividades afins, bem como em educação física, em embelezamento ou em correção estética; h) produto para saúde usado: é aquele que após seu uso não foi submetido a qualquer processo de reforma ou revisão para colocá-lo nas condições técnicas e operacionais previstas quando de sua regularização na ANVISA; i) produto para a saúde recondicionado: é aquele que já foi usado e foi submetido a processo de reforma ou revisão que pode incluir a substituição de componentes, partes e peças, calibração, testes de qualidade, reesterilização ou etiquetagem, entre outros serviços necessários para colocar o produto nas condições técnicas e operacionais previstas quando de sua regularização na ANVISA, sob responsabilidade expressa da empresa detentora deste registro; j) medicamento: é todo produto farmacêutico, tecnicamente obtido ou elaborado, com finalidade profilática, curativa, paliativa ou para fins de diagnóstico; k) peças de vestuários: são roupas e calçados de uso pessoal, importados por meio de doação internacional; l) roupas de uso hospitalar: são produtos para saúde, tais como vestuários e demais peças de tecidos de algodão ou sintético, a serem utilizadas em pacientes e em ambientes médico-hospitalares; m) artefatos de materiais têxteis e sintéticos: são cortinas, cobertores, lençóis, fronhas, almofadas etc., importados por meio de doação internacional; n) matéria-prima: é a substância ativa ou inativa que se emprega na fabricação dos medicamentos e produtos; o) matéria-prima alimentar: é toda substância de origem vegetal ou animal, em estado bruto, que, para ser utilizada como alimento, sofre tratamento e/ou transformação de natureza física, química ou biológica; p) produto alimentício: é todo alimento derivado de matéria-prima alimentar ou de alimento *in natura* adicionado, ou não, de outras substâncias permitidas, obtido por processo tecnológico adequado; q) ingrediente: é qualquer substância, incluídos os aditivos alimentares, empregada na fabricação ou preparação de um alimento e que permanece no produto final, ainda que de forma modificada; r) insumo: é droga ou ingrediente de qualquer natureza, destinado a fabricação de produtos e seus recipientes; s) órgãos e tecidos: são de natureza humana, incluindo sangue de cordão umbilical, medula óssea, sangue placentário, cabelos e unhas.

MERCADORIA-TIPO. *Direito civil* e *direito comercial.* Moeda que é tida como mercadoria-padrão, devido à sua função em contratos de compra e venda (De Plácido e Silva).

MERCADORIA-TRABALHO. *Direito civil.* Força humana empregada, mediante pagamento de remuneração convencionada, na execução de obras ou serviços.

MERCADO SECUNDÁRIO. *Direito comercial.* Núcleo de população, local ou regional, que apresenta pequeno potencial de geração de demanda de transporte, incapaz, por si só, de viabilizar economicamente a implantação de linha nova, podendo ser suprido por formas de atendimento previstas em lei.

MERCADO SUBSIDIÁRIO. O mesmo que MERCADO SECUNDÁRIO.

MERCANCIA. *Direito comercial.* **1.** Ato de praticar habitualmente o comércio. **2.** Profissão do empresário. **3.** Mercadoria. **4.** Exercício do comércio com fito lucrativo. **5.** Atividade econômica organizada dirigida à produção e circulação de bens e serviços.

MERCANCIAR. *Direito comercial.* Mercadejar; comerciar; exercer o comércio.

MERCANDIA. *História do direito.* Ofício de mercador.

MERCANTE. *Direito comercial.* Relativo ao comércio, à mercancia ou ao movimento comercial.

MERCANTIL. *Direito comercial.* **1.** Que pratica o comércio. **2.** Referente a mercadorias. **3.** Comercial. **4.** Relativo a atividade empresarial.

MERCANTILIDADE. *Direito comercial.* Qualidade de mercantil.

MERCANTILISMO. 1. *Economia política.* a) Tendência para subordinar tudo ao comércio, visando o lucro; b) predomínio do interesse mercantil; c) prática econômica consistente em comprar barato e vender caro. **2.** *História do direito.* a) Fase em que, nos séculos XV a XVIII, a economia européia estava marcada pela intervenção governamental destinada à obtenção de acúmulo de riquezas; b) doutrina que se consolidou no século XVIII ao preconizar que a riqueza e o poder da nação estavam na posse de metais preciosos, como o ouro e a prata.

MERCANTILISTA. 1. *Economia política.* Relativo ao mercantilismo. **2.** *História do direito.* Partidário do mercantilismo.

MERCANTILIZAÇÃO. *Direito comercial.* Ato ou efeito de mercantilizar.

MERCANTILIZAR. *Direito comercial.* **1.** Tornar mercantil. **2.** Praticar atos de comércio.

MERCANTISMO. *Vide* MERCANTILISMO.

MERCAR. *Direito comercial.* **1.** Comprar mercadoria para revenda, com o objetivo de lucro. **2.** Comerciar. **3.** Mercadejar.

MERCARIA. *Direito comercial.* **1.** Profissão de mercador. **2.** Depósito de mercadorias.

MERCATÓRIO. *Vide* MERCANTIL.

MERCATORIS EST QUI NEGOTIATIONIS EXERCENDAE QUESTUS VEL FACIENDI CAUSA. *Expressão latina.* Comerciante é aquele que, para exercer a mercancia e obter lucro, compra mercadoria para revender.

MERCÁVEL. *Direito comercial.* Comerciável; suscetível de ser vendido no comércio.

MERCE. *História do direito.* Mercadoria.

MERCÊ. 1. *Direito processual.* Deferimento. **2.** *Direito do trabalho.* Salário; remuneração pelo serviço prestado. **3.** *Direito civil.* a) Tença; b) pensão; c) renda. **4.** *Direito penal.* a) Perdão; b) indulto. **5.** *Direito administrativo.* Nomeação para emprego público. **6.** Na *linguagem comum* pode ter o sentido de: a) favor, benefício; b) concessão de título honorífico; c) arbítrio; d) perdão.

MERCEAR. *Direito comercial.* Mercar.

MERCEARIA. *Direito comercial.* Loja de gêneros alimentícios.

MERCEEIRO. *Direito comercial.* É o obrigado por merceeria.

MERCEERIA. *Direito civil.* Obrigação daquele que recebe uma pensão por cumprir certos deveres religiosos ou encargos espirituais em sufrágio da alma daquele que o pensionou.

MERCENÁRIO. 1. Aquele que executa serviço pelo interesse exclusivo de perceber uma remuneração ou o salário ajustado, logo não trabalha por zelo. **2.** Aquele que loca serviço por paga. **3.** O que trabalha por suborno e não por dever. **4.** Soldado que, tendo em vista o pagamento do soldo, serve a um governo estrangeiro.

MERCENARISMO. Espírito interesseiro ou mercenário.

MERCEOLOGIA. *Direito comercial.* Parte da ciência do comércio que se ocupa da natureza, classificação e especificação das mercadorias e das operações comerciais sobre elas.

MERCEOLÓGICO. *Direito comercial.* Relativo à merceologia.

MERCHANDISING. 1. *Termo inglês.* Operação de planejamento para colocar um determinado serviço ou produto no mercado, no local, no tempo e no preço certos. **2.** *Direito autoral.* Contrato pelo qual, mediante retribuição, se comercializam obras intelectuais aplicadas a produtos industriais. Com isso, o valor intelectual passa a ser parte integrante do produto para despertar o interesse geral sobre ele. Por exemplo, os desenhos de Walt Disney inseridos em produtos industriais (Carlos Alberto Bittar).

MERCHANT–SERVICE. *Locução inglesa.* Marinha mercante.

MERCHANT–VESSEL. *Locução inglesa.* Navio mercante.

MÉRCIA. Em *gíria* é o negócio clandestino.

MERCIEIRO. *Direito comercial.* Dono de mercearia.

MERCIS APPELLATIO AD RES MOBILES TANTUM PERTINET. *Expressão latina.* O termo "mercadoria" refere-se apenas às coisas móveis.

MERCOSUL. *Direito internacional público.* **1.** Sigla de Mercado Comum do Cone Sul. **2.** Grupo econômico que, criado em 1991, se efetivou em 1995, instituindo a zona de livre comércio na América do Sul.

MERCY KILLING. *Locução inglesa.* Matar por piedade. Eutanásia ativa.

MERECEDOR. 1. Digno. **2.** Aquele que merece algo.

MERECER. 1. Tornar-se merecedor. **2.** Ter direito. **3.** Fazer jus a alguma coisa.

MERECIDO. 1. Que se mereceu. **2.** Justo. **3.** Devido.

MERECIMENTO. 1. Qualidade que torna uma pessoa digna de um prêmio ou castigo. **2.** Condição ou requisito para receber algo. **3.** Idoneidade. **4.** Aptidão; capacidade.

MERECIMENTO DO FUNCIONÁRIO PÚBLICO. *Direito administrativo.* **1.** Condição para promoção nos cargos de carreira, por considerar a excelente vida funcional do agente público, que demonstra sua competência. **2.** Situação do funcionário público, que o torna digno da promoção.

MÈRE DE SUBSTITUTION. *Expressão francesa.* Mãe de substituição que, além de emprestar o útero, pode fornecer o óvulo para a concepção.

MERENDA. 1. *História do direito.* Foro que era pago com gêneros como vinho, carne etc., pelo caseiro ao senhorio, quando entrava para o prazo. **2.** Na *linguagem comum* tem o sentido de lanche ou refeição ligeira.

MERENDA ESCOLAR. *Direito educacional.* Lanche que a criança come na escola, durante o recreio.

MERENDAL. *História do direito.* Medida de três varas e meia.

MERENDEIRA. *Direito administrativo.* Aquela encarregada de preparar os lanches em escola pública.

MEREPEIRO. *Direito agrário.* Cavalo marchador.

MÈRE PORTEUSE. *Locução francesa.* Mãe de substituição que recebe embrião formado com material genético do próprio casal.

MERETRICIAR. *Direito penal.* Prostituir-se.

MERETRICIATO. *Vide* MERETRÍCIO.

MERETRÍCIO. *Direito penal.* **1.** Atividade ou profissão de meretriz. **2.** Prostituição. **3.** Referente a meretriz. **4.** Prostíbulo ou local onde se pratica o comércio sexual. **5.** Comércio de mulher que mercadeja o próprio corpo.

MERETRÍCULA. *Direito penal.* Meretriz que ainda não alcançou a idade adulta.

MERETRIZ. *Direito penal.* Prostituta, ou seja, mulher que pratica ato sexual mediante pagamento em dinheiro.

MERGER. *Vide JOINT VENTURE.*

MERGULHADOR. *Direito do trabalho.* **1.** Aquele que trabalha debaixo da água, usando escafandro ou não. **2.** Pescador de pérolas.

MERGULHIA. *Direito agrário.* Introdução de vara de videira na terra para obter a multiplicação da planta.

MERGULHO. 1. *Vide* MERGULHIA. **2.** *Direito aeronáutico.* Vôo de descida íngreme da aeronave, com ou sem força de motor, com velocidade maior do que a máxima do vôo horizontal. **3.** *Direito marítimo.* Ação de mergulhar, imergindo na água.

MERÍCICO. *Vide* MERICISMO.

MERICISMO. *Medicina legal.* Moléstia psíquica ou neurose pela qual os alimentos ingeridos voltam, involuntariamente, à boca após terem estado no estômago.

MERIDIANO. 1. Na *linguagem comum* designa: a) aquilo que é relativo ao meio-dia; b) círculo que passa pelos pólos e corta o equador em ângulos retos. **2.** *História do direito.* Gladiador que combatia ao meio-dia.

MERINGITE. *Medicina legal.* Inflamação da membrana do tímpano.

MERINO. *Direito agrário.* Espécie de carneiro espanhol que possui lã muito fina e enrolada.

MERITÍSSIMO. *Direito processual.* Tratamento dado aos magistrados.

MÉRITO. 1. Nas *linguagens comum* e *jurídica* designa: a) merecimento; b) valor moral ou intelectual; c) o que torna algo digno de encômio, de aprovação, de estima ou de recompensa; d) capacidade; aptidão; e) qualidade louvável de uma obra ou de uma pessoa. **2.** *Direito administrativo.* Aspecto de um ato administrativo que o torna conveniente ou oportuno para o interesse público. **3.** *Direito processual.* Pretensão deduzida, em juízo; matéria sobre a qual versa o pedido do autor.

MERITOCRACIA. *Ciência política.* Sociedade onde prevalece o poder da inteligência ou da aptidão intelectual (Fischer, Riesman e Young).

MÉRITO DA AÇÃO. *Direito processual civil.* Merecimento do pedido do autor em relação à contestação do réu.

MÉRITO DA CAUSA. *Direito processual.* **1.** Lide. **2.** Pedido do autor. **3.** Conflito de interesses qualificado pela pretensão do autor e resistência do réu (Carnelutti). **4.** Parte da causa que abrange o conjunto de fatos examinados, juridicamente, pelo órgão judicante, para prolatar a decisão e solucionar a relação jurídica. **5.** Questão substancial do processo, ou seja, relação jurídica material, que constitui o objeto do processo (Ana Prata).

MÉRITO DO ATO ADMINISTRATIVO. *Direito administrativo.* **1.** Campo de liberdade suposto na lei e que efetivamente venha a remanescer no caso concreto, para que o administrador, segundo critérios de conveniência e oportunidade, decida-se entre duas ou mais soluções admissíveis perante a situação vertente, tendo em vista o exato atendimento da finalidade legal, ante a impossibilidade de ser objetivamente identificada qual delas seria a única adequada (Celso Antônio Bandeira de Mello). **2.** Uso feito pela administração dos poderes discricionários conferidos por lei (D'Alessio). **3.** Princípio da oportunidade (Amorth). **4.** Conveniência e oportunidade da prática do ato administrativo.

MERITÓRIO. Qualidade do que merece louvor ou prêmio.

MERITOSO. 1. Em que há mérito. **2.** Digno de elogio.

MERITUM CAUSAE. *Locução latina.* Mérito da causa.

MERMA. Quebra no peso de uma mercadoria.

MERO. 1. Simples. **2.** Puro. **3.** Sem mistura; genuíno. **4.** Sem qualquer condição. **5.** Livre de qualquer restrição ou influência. **6.** Exclusivo.

MÊS. 1. Espaço de trinta dias. **2.** Espaço temporal que vai de uma data de um mês até a igual data do mês seguinte. **3.** Duodécima parte de um ano.

MESA. 1. *Ciência política.* Órgão incumbido de dirigir trabalhos de uma sessão legislativa ou deliberativa, composto do presidente e secretários de uma assembléia. **2.** *Direito civil.* Conjunto de pessoas que deliberam ou resolvem assuntos de uma associação. **3.** *Direito alfandegário.* Designação de várias repartições da alfândega. **4.** Na *linguagem comum,* móvel que serve para execução de trabalhos, para decoração ou para colocação de iguarias durante a refeição.

MESADA. *Direito civil.* **1.** Mensalidade. **2.** Contribuição mensal que se dá a alguém para atender a sua subsistência ou para suas despesas ordinárias.

MESA-DE-RENDAS. *Direito alfandegário.* **1.** Repartição que tem funções similares às da alfândega. **2.** Posto aduaneiro onde, na ausência de alfândega, são pagos os direitos alfandegários e outros emolumentos.

MESAORTITE. *Medicina legal.* Inflamação da túnica média da aorta.

MESA RECEPTORA DE VOTOS. *Direito eleitoral.* Órgão composto por pessoas, nomeadas pelo juiz eleitoral, que dirigem os trabalhos de recolhimento dos votos dos eleitores, nas eleições diretas.

MESÁRIO. 1. *Direito eleitoral.* Membro componente da mesa receptora de votos, nomeado, em regra, entre os eleitores da própria seção eleitoral; e dentre esses prefere-se aqueles que tenham cultura, como os diplomados em escola superior, professores e serventuários da justiça. **2.** *Direito civil.* Cada uma das pessoas que fazem parte da mesa que dirige uma reunião ou assembléia de uma associação ou entidade corporativa.

MESARTERITE. *Medicina legal.* Inflamação na túnica média das artérias.

MESCALINA. *Medicina legal.* Alcalóide que produz alucinações, causando distúrbios da percepção, hilaridade etc.

MESENCEFALITE. *Medicina legal.* Inflamação na parte média do encéfalo, constituída pelos corpos quadrigêmeos e pedúnculos cerebrais.

MESENTERITE. *Medicina legal.* Inflamação da membrana serosa que, além de ser um prolongamento do peritônio, sustenta as vísceras abdominais inferiores.

MESNADA. *História do direito.* Tropa mercenária.

MESNADARIA. *História do direito.* Soldo percebido pelo soldado da mesnada.

MESNADEIRO. *História do direito.* Soldado da mesnada.

MESOCRACIA. *Ciência política.* Governo da burguesia.

MESOCRATA. *Ciência política.* Burguês.

MESOLOGIA. *Filosofia geral.* Estudo da relação existente entre os seres e seu meio.

MESORREGIÃO. Área institucionalizada pela Fundação Instituto Brasileiro de Geografia e Estatística (IBGE), para fins estatísticos, que respeita limites político-administrativos estaduais e municipais, individualizando-se por apresentar formas de organização do espaço geográfico em razão das seguintes dimensões: processo social como determinante, quadro natural como condicionante e a rede de comunicações e lugares como elemento de articulação social.

MESQUINHARIA. *Vide* MESQUINHEZ.

MESQUINHEZ. Avareza.

MESQUINHO. 1. *Direito agrário.* Cavalo que não deixa que se pegue em sua cabeça e orelhas, dificultando a colocação do cabresto, buçal ou freio. **2.** Na *linguagem comum* pode ter o sentido de: a) avarento; pouco generoso; b) aquele que tem poucos recursos financeiros; c) medíocre.

MESQUINO. *História do direito.* Servo que trabalhava na herdade do seu senhor (Laudelino Freire).

MESQUITA. Templo maometano ou muçulmano.

MESSALINA. Mulher libertina ou lasciva.

MESSE. 1. *Direito canônico.* Conversão de almas. **2.** Na *linguagem comum* quer dizer: a) ceifa; b) conquista; c) aquisição; d) lucro; proveito.

MESSIAS. *Direito canônico.* Jesus Cristo, redentor prometido no Antigo Testamento.

MESSÓRIO. *Direito agrário.* Que recolhe cereais.

MESTER. 1. *Direito do trabalho.* a) Trabalhador especializado em arte mecânica; b) arte manual. **2.** *História do direito.* Cada um dos quatro oficiais mecânicos do Senado que, no século XVII, concorriam com a Câmara na elaboração do Regimento dos Ofícios e da tabela de taxas e preços de mão-de-obra e dos produtos elaborados pelos ofícios mecânicos etc.

MESTIÇAGEM. *Sociologia geral.* **1.** Cruzamento de raças diferentes. **2.** Conjunto de mestiços.

MESTIÇAR. *Sociologia geral.* Cruzar-se com raças diferentes.

MESTIÇO. *Sociologia geral.* Aquele que advém do cruzamento de raças diversas.

MESTIZAÇÃO. *Direito agrário.* Reprodução de animais mestiços, feita sem que haja plano de acasalamento.

MESTRADO. *Direito educacional.* **1.** Dignidade de mestre. **2.** Curso de pós-graduação, que visa formar mestres. **3.** Exercício da dignidade de mestre. **4.** Conjunto de mestres.

MESTRADO PROFISSIONALIZANTE. *Direito educacional.* Designação de estudos e técnicas voltadas ao desempenho de um alto nível de qualificação profissional. Curso de pós-graduação que visa formar professores e juízes com visão ampla do direito, cujo corpo docente é integrado predominantemente por doutores, podendo uma parcela desse quadro ser constituída de profissionais de qualificação e experiência inquestionável em campo pertinente ao da proposta do curso. Há exigência de apresentação de uma dissertação, que demonstre o domínio da temática e a capacidade de expressar-se sobre ela (Antonio Rulli Junior).

MESTRAL. *Direito educacional.* Relativo a mestrado.

MESTRANÇA. 1. *Direito militar.* a) Conjunto de mestres de um arsenal, reunidos para assistirem a uma vistoria; b) prédio onde estão instaladas as oficinas de conserto de armas ou de materiais usados na guerra. **2.** Em *linguagem popular* é o conjunto de pessoas qualificadas de qualquer corporação, arte, indústria etc., reunidas para a consecução de uma finalidade. **3.** *Direito marítimo.* Arsenal onde se encontram cabos e objetos necessários às embarcações.

MESTRE. 1. Em *gíria* é o chefe do bando. **2.** *Direito educacional.* a) Educador; professor; aquele que ensina com arte e ciência, orientando os alunos com seus conhecimentos técnicos e científicos; b) título universitário acima de bacharel e abaixo de doutor; c) aquele de quem se tira uma lição. **3.** Nas *linguagens comum* e *jurídica* quer dizer: a) chefe de oficina; b) cão adestrado na caça; c) maçom que recebeu o terceiro grau; d) aquele que dirige ou comanda algo; e) o que é extraordinário; f) exímio; g) principal; h) chefe de uma escola de pintura; i) parede mais grossa de um edifício. **4.** *Direito marítimo:* a) comandante de navio mercante de pequena tonelagem e de diminuta importância; o que comanda pequena embarcação que navega em rios, lagos ou águas costeiras; b) capitão; c) cada uma das quatro velas principais da embarcação: a grande, o traquete, a gávea e o velacho. **5.** *Direito militar.* Aquele que tem a função de fiscalizar, no navio de guerra, o aparelho e o velame. **6.** *Direito do trabalho.* a) Chefe de operários; b) artífice em relação aos seus oficiais; c) aquele trabalhador que, numa unidade de produção de empresa industrial, coordena a implantação do programa de trabalho, distribui tarefas entre os operários e supervisiona sua execução, zelando, ainda, pelo cumprimento das normas empresariais, principalmente no que diz respeito à segurança do trabalho e higiene.

MESTRE-AMADOR. *Direito marítimo.* Apto para conduzir embarcações entre portos nacionais e estrangeiros nos limites da navegação costeira.

MESTRE-DE-ARMAS. *Direito desportivo.* Aquele que ensina esgrima.

MESTRE-DE-CAMPO. *História do direito.* Patente militar, do Brasil colonial e imperial, que se situava abaixo de brigadeiro e acima de coronel (Othon Sidou).

MESTRE-DE-CERIMÔNIAS. 1. *Direito canônico.* Sacerdote que dirige o cerimonial litúrgico. **2.** *Ciência política* e *direito administrativo.* Diz-se do funcionário encarregado de dirigir o cerimonial em atos solenes.

MESTRE-DE-OBRAS. *Direito do trabalho* e *direito civil.* Artífice encarregado da orientação de operários numa construção.

MESTRE-DE-VELAS. *Direito marítimo.* Diz-se daquele que, em terra, tem a função de cortar e aprestar as velas das embarcações.

MESTRE-ESCOLA. 1. Na *linguagem escolar* é o professor de ensino primário. **2.** *Direito civil.* Dignidade inferior, em cabidos.

MESTRE-SALA. *História do direito.* Funcionário da casa real que, nas recepções do paço ou nos atos de grande solenidade, se ocupava do cerimonial.

MESTRIA. 1. Categoria ou título de mestre. **2.** Conhecimento profundo de determinado assunto; grande saber. **3.** Perícia.

MESURAGE. *Termo francês.* Medição.

META. 1. Nas *linguagens comum* e *jurídica* significa: a) alvo; b) fim pretendido; c) marco; limite. **2.** *Direito desportivo.* a) Gol; b) poste ou sinal que nas regatas e corridas indica o ponto final da carreira.

METÁBOLE. *Retórica jurídica.* Sinonímia, ou seja, repetição da mesma idéia empregando-se termos diferentes (Perelman e Olbrechts-Tyteca).

METABOLISMO. *Medicina legal.* **1.** Processo físico-químico que mantém a vida no organismo. **2.** Conversão do alimento em energia.

METABOLISMO BASAL. *Medicina legal.* **1.** Medida de mudanças químicas ou de calorias produzidas no corpo em repouso absoluto. **2.** Conjunto de trocas energéticas imprescindíveis para a pulsação cardíaca, respiração etc.

METABOLOGIA. *Medicina legal.* **1.** Ciência que se ocupa do estudo dos distúrbios do metabolismo. **2.** Descrição de alterações ocorridas durante uma moléstia.

METABOLOGISTA. *Medicina legal.* Especialista em metabologia.

METACÊNTRICO. *Direito marítimo.* Diz-se da curva que se forma com a reunião dos metacentros, correspondente às possíveis inclinações do navio.

METACIÊNCIA. *Filosofia geral.* Ciência que tem por objeto o estudo de uma ciência dada (Juan-Ramon Capella).

METACRITÉRIOS DE SOLUÇÃO DE ANTINOMIAS DE SEGUNDO GRAU. *Teoria geral do direito.* Meta-regras que solucionam conflitos entre os critérios, que não podem ser ao mesmo tempo utilizados na resolução da antinomia, pois a aplicação de um leva à preferência de uma das normas, e a de outro resultaria na escolha da outra norma. Ter-se-á antinomia de segundo grau quando houver conflito entre os critérios: a) hierárquico e cronológico, hipótese em que sendo uma norma anterior-superior antinômica a uma posterior-inferior, pelo critério hierárquico, deve-se optar pela primeira, e pelo cronológico,

pela segunda. Para solucionar tal antinomia, a doutrina apresenta como metacritério *lex posterior inferiori non derogat priori superiori*. Como se vê, o critério cronológico não será aplicável, prevalecendo o hierárquico, por ser mais forte, visto que a competência se apresenta mais sólida do que a sucessão no tempo; b) de especialidade e o cronológico, se houver uma norma anterior-especial conflitante com uma posterior-geral; a primeira seria a preferida pelo critério da especialidade e a segunda, pelo cronológico. Neste caso valeria o metacritério *lex posterior generalis non derogat priori speciali*, que não tem, contudo, valor absoluto, dado que, às vezes, conforme o caso, *lex posterior generalis derogat priori speciali*; c) hierárquico e de especialidade, na hipótese de uma norma superior-geral ser antinômica a uma inferior-especial, em que prevalece a primeira, aplicando-se o critério hierárquico, e a segunda, utilizando-se o da especialidade. Em tal conflito não será possível estabelecer um metacritério geral, preferindo o critério hierárquico ao da especialidade, ou vice-versa, sem contrariar a adaptabilidade do direito. Poder-se-á optar por qualquer um deles, embora, segundo Bobbio, deverá, teoricamente, prevalecer o hierárquico, mas na prática pode haver supremacia do critério da especialidade, atendendo-se ao princípio da justiça: *suum cuique tribuere*, baseado na interpretação de que "o que é igual deve ser tratado como igual e o que é diferente, de maneira diferente". Esse princípio serviria numa certa medida para solucionar antinomia, tratando igualmente o que é igual e desigualmente o que é desigual, fazendo as diferenciações exigidas fática e valorativamente.

METACRÍTICA. 1. *Filosofia geral.* Crítica de uma crítica. **2.** *Filosofia do direito.* Um dos níveis da argumentação zetética, no qual a norma é questionada no seu sentido metanormativo, além de sua vigência, ou melhor, na sua eficácia e fundamento axiológico (Viehweg).

METADE. Cada uma das duas partes iguais resultantes de um todo dividido ao meio.

METADE DISPONÍVEL. *Direito civil.* Porção da totalidade dos bens de uma pessoa, ou de sua meação, se casada em regime de comunhão, que, livremente, pode ser disposta por ela, se tiver herdeiro necessário, pois se não o tiver poderá dispor da totalidade de seu patrimônio ou meação.

METAÉTICA. *Filosofia pura.* Estudo da natureza, da função e da justificação dos juízos morais (Adolfo S. Vásquez).

METAFÍSICA. *Filosofia geral.* **1.** Conhecimento das coisas divinas, de Deus e da alma, e dos princípios das ciências e da ação (Bonitz). **2.** Conhecimento de uma ordem especial de realidade (Lalande). **3.** Estudo das coisas em si mesmas. **4.** Conhecimento das causas primeiras do ser. **5.** Conhecimento das verdades morais ou do ideal (Liard). **6.** Conhecimento pela razão, visando atingir o fundo das coisas (Franck). **7.** Conhecimento absoluto obtido pela intuição direta das coisas (Bergson). **8.** Conhecimentos extraídos da faculdade de conhecer *a priori* por conceitos, sem o recurso aos dados da experiência (Kant). **9.** Conhecimento do real mediante uma análise crítico-reflexiva (Fouillée). **10.** Parte da filosofia, que se ocupa da essência do ser. **11.** É o estudo do ser enquanto ser.

METAFÍSICA DOS PROBLEMAS. *Filosofia geral.* Metodologia pela qual os problemas apontados por uma teoria podem ser acolhidos sem importar em aceitação daquela doutrina, ou seja, das soluções que ela propõe para as aporias (Hartmann).

METAFISICISMO. *Filosofia geral.* Influência da metafísica.

METAFÍSICO. *Filosofia geral.* **1.** Filósofo versado em metafísica. **2.** Relativo à metafísica. **3.** Aquilo cuja compreensão é difícil. **4.** Diz-se do objeto real que tem existência e não está na experiência, sendo valioso positiva ou negativamente (Edmund Husserl). **5.** Referente aos seres que têm natureza própria, por oposição à sua aparência (Lalande). **6.** Pertencente ao pensamento crítico e transitório, intermediário entre o estado teológico e o estado positivo do pensamento (Comte). **7.** Constitutivo do conhecimento *a priori*, que não deriva da experiência (Kant).

METÁFORA. *Retórica jurídica.* **1.** Uso de uma palavra em sentido diverso do próprio, por analogia. Uso de termo que, semanticamente, não é o que designa. **2.** Mudança da significação própria de uma palavra ou locução para outra significação, que apenas lhe convém em razão de uma comparação que, mentalmente, se pretende fazer (Dumarsais). **3.** Sofisma verbal que consiste em tomar a figura pela realidade.

METAFÓRICO. *Retórica jurídica.* **1.** Relativo à metáfora. **2.** Figurado.

METAFORISMO. *Retórica jurídica.* **1.** Simbolismo. **2.** Emprego de metáforas.

METAFORIZAR. *Retórica jurídica.* Exprimir por metáforas.

METÁFRASE. *Teoria geral do direito.* Interpretação de um texto difícil, utilizando palavras mais simples e claras, mantendo a idéia original.

METAJURÍDICO. *Filosofia do direito.* Qualificativo dado a fatores extrapositivos, que podem servir de critérios para a investigação da íntima conexão entre vigência e eficácia.

METALINGUAGEM. *Filosofia do direito* e *semiótica.* Sobre linguagem ou sistema de linguagem dirigido à linguagem-objeto. É uma proposição sobre proposição. Assim, se a tarefa da ciência jurídica é efetuar a descrição do direito positivo, cujos enunciados constituem um corpo lingüístico, ou seja, a linguagem legal, as suas proposições descritivas constituem uma metalinguagem. O direito positivo, objeto da reflexão científico-jurídica, constitui-se da linguagem-objeto. Logo, a metalinguagem é a linguagem do jurista que, no exercício de redação de um texto científico-jurídico, apresenta dois níveis: a) o da particularidade do texto, que vem do fato de ser de determinado autor, de vir escrito em tal língua, de estar ligado a certa intenção do autor, de ter sido redigido em determinada situação e de destinar-se a um certo público; b) o da sistematicidade, que toma forma através de um discurso condicionado, assentado sobre a articulação dos termos entre si, em sua estrutura sintática e semântica, tendo em vista a pretensão de verdade situada no âmbito das proposições descritivas. Fácil é perceber que a linguagem estudada ou sobre a qual se fala chama-se linguagem-objeto, e a linguagem no âmbito da qual se investiga a linguagem-objeto intitula-se metalinguagem, que encerra sinais de sinais, sendo uma linguagem de ordem superior à da linguagem-objeto.

METALISMO. *Economia política.* Doutrina econômica pela qual o dinheiro tem um valor intrínseco, ou seja, o da venda do metal com que se cunhou a moeda.

METALISTA. **1.** Engenheiro de minas. **2.** Perito em metalurgia. **3.** Partidário do metalismo.

METALITA. *Direito espacial.* Material leve apropriado para a construção de naves.

METALIZAR. **1.** *Economia política.* Reduzir o dinheiro circulante a metal. **2.** Na *linguagem comum* é revestir algo de ligeira camada de metal.

METALOFOBIA. *Medicina legal.* Pavor mórbido de tocar em metais.

METALÓGICA. *Lógica jurídica.* 1. Referente aos princípios ou fundamentos da lógica. 2. Aquilo relativo à lógica, apesar de ela não estar incluída.

METALURGIA. *Direito empresarial.* Processo de extração e de manipulação industrial de metais.

METALURGIA DOS PÓS. *Direito empresarial.* Produção de pós metálicos e sua utilização no fabrico de peças fundidas moldadas.

METALÚRGICO. *Direito empresarial.* 1. Relativo à metalurgia. 2. Aquele que se ocupa em metalurgia.

METAMORAL. 1. O que é referente aos princípios e aos fundamentos da moral (Lalande). 2. Aquilo que é transcendente em relação à realidade moral dada, necessário à sua inteligibilidade (Lévy-Bruhl).

METAMORFOPSIA. *Medicina legal.* Estado mórbido que faz o paciente ver os objetos deformados.

METANÓIA. *Psicologia forense.* Ao longo de sua obra, Jung chamou a atenção para a transformação psicológica da meia-idade. Descreve essa transição como crise, que ocorreria por volta dos quarenta anos, pois, nesse período da vida, a ênfase se transfere de uma instância externa (aquisição de uma identidade adulta, de uma situação familiar com casamento e paternidade e de uma posição profissional estabelecida) para uma interna. Nesse período – em que a reflexão sobre a morte pode ocorrer – é comum a ativação do arquétipo *animus/anima* e, em decorrência, a substituição da preocupação com o êxito exterior pela procura do sentido da própria existência (*self*) (Lídia Reis de Almeida Prado).

META OPTATA. *Locução latina.* 1. Resultado pretendido pelo criminoso. 2. Fim atingido.

METAPOLÍTICA. *Ciência política.* Política teórica.

METAPOSITIVIDADE DO DIREITO. *Teoria geral do direito* e *filosofia do direito.* Consideração de uma dimensão axiológica e fática do direito, que não é só norma.

METAPRINCÍPIOS DE INTERPRETAÇÃO. *Teoria geral do direito.* Princípios de interpretação ou de hermenêutica contidos em normas ou descobertos pela ciência do direito.

METAPSÍQUICO. Fenômeno mental que manifesta faculdades pouco conhecidas, como a telepatia, a premonição.

METASSEMIÓTICA. *Teoria geral do direito* e *filosofia do direito.* Disciplina que discorre sobre a semiótica.

METASSIMULAÇÃO. *Medicina legal.* Simulação de moléstia por uma pessoa sadia, para obter alguma vantagem.

METÁSTASE. 1. *Medicina legal.* a) Processo que transfere, por meio de vasos sangüíneos, bactérias ou células de um órgão a outro. O tumor cancerígeno do pulmão pode ser, por exemplo, disseminado por esse processo ao cérebro; b) tumor secundário, originário de um maligno primário, situado em outra parte do corpo. 2. *Retórica jurídica.* Figura pela qual o orador reputa a outrem as coisas a que ele se refere.

METATEORIA. *Teoria geral do direito* e *filosofia do direito.* Sistema formalizado em que se fala das proposições de uma determinada teoria (Juan-Ramon Capella).

METÁTESE. *Lógica jurídica.* Transposição dos termos de um raciocínio.

METATOPIA. *Medicina legal.* Desenvolvimento anormal dos elementos de um tecido, devido a uma causa patológica.

METATORE. *Termo latino.* Engenheiro das legiões romanas.

METATROFIA. *Medicina legal.* Atrofia resultante de fenômeno patológico.

MÉTAYAGE. *Termo francês.* Arrendamento de propriedade rural.

MÉTAYER. *Termo francês.* Arrendatário.

METECA. No Nordeste, é o soldado de polícia.

METECO. *História do direito.* Estrangeiro que era domiciliado em Atenas.

METEDOR. 1. *Direito agrário.* No Nordeste, é o trabalhador que, no engenho, coloca a cana-de-açúcar na moenda. 2. *Direito marítimo.* Pano que se enrola no mastro para preservá-lo de umidade.

METEMERINO. *Medicina legal.* Acesso de febre que se dá diariamente.

METEMPÍRICO. *Filosofia geral.* Que não pode ser objeto de experiência (Lewes).

METEOROLOGIA. Ciência que estuda as causas e os efeitos dos fenômenos atmosféricos.

METEOROLOGIA AERONÁUTICA. *Direito aeronáutico.* Aplicação da meteorologia aos problemas de navegação aérea.

METEOROLOGIA AGRÍCOLA. *Direito agrário.* Estudo dos fenômenos atmosféricos aplicado às plantações.

METEOROLOGIA MARÍTIMA. *Direito marítimo.* Aplicação da ciência que trata dos fenômenos atmosféricos aos problemas de navegação marítima.

METEOROLOGIA SINÓTICA. Estudo das condições meteorológicas, num dado momento, sobre uma grande área.

MÉTIER. *Termo francês.* Ofício, trabalho, função.

METODÊUTICA. *Filosofia geral.* Retórica especulativa (Peirce).

METÓDICO. *Teoria geral do direito.* Relativo a método.

MÉTODO. *Teoria geral do direito.* **1.** Caminho ordenado que conduz a ciência a fixar as bases da sistematização, garantindo a veracidade do conhecimento. **2.** Segundo Tércio Sampaio Ferraz Jr., é o conjunto de princípios de avaliação da evidência, de cânones para julgar a adequação das explicações propostas ou de critérios para selecionar hipóteses. **3.** É o meio que possibilita fundamentar a certeza e a validade do saber, por demonstrar que os enunciados científicos são verdadeiros. **4.** *Direito virtual.* Rotina de programação de computador com função definida.

MÉTODO ANALÍTICO. *Teoria geral do direito.* **1.** Aquele que emprega a análise. **2.** Método que vai do todo para as partes, decompondo o objeto em elementos constitutivos.

MÉTODO A POSTERIORI. *Teoria geral do direito.* Método experimental que vai dos fatos às leis.

MÉTODO A PRIORI. *Teoria geral do direito.* É o que procede de uma hipótese anterior, princípio ou lei para os fatos.

MÉTODO CANGURU. *Medicina legal* e *biodireito.* É um tipo de assistência neonatal que implica o contato pele a pele precoce entre mãe e o recém-nascido de baixo peso, de forma crescente e pelo tempo que ambos entenderem ser prazeroso e suficiente, permitindo, dessa forma, maior participação dos pais no cuidado ao seu recém-nascido. A posição canguru consiste em manter o recém-nascido de baixo peso, ligeiramente vestido, em decúbito prono, na posição vertical, contra o peito do adulto. Só será considerado como "método canguru" aquele realizado em unidades que permitem o contato precoce, feito de maneira orientada, por livre escolha da família, de forma crescente, segura e acompanhado de suporte assistencial por uma equipe de saúde adequadamente treinada. Esse método tem a vantagem de: a) aumentar o vínculo mãe-filho; b) diminuir o tempo de separação mãe-filho, evitando longos períodos sem estimulação sensorial; c) estimular o aleitamento materno, favorecendo maior freqüência, precocidade e duração da amamentação; d) proporcionar maior competência e ampliar a confiança dos pais no manuseio do seu filho de baixo peso, mesmo após a alta hospitalar; e) favorecer o melhor controle térmico; f) reduzir o número de recém-nascidos em unidades de cuidados intermediários, devido à maior rotatividade de leitos; g) propiciar um melhor relacionamento da família com a equipe de saúde; h) favorecer a diminuição da infecção hospitalar; i) diminuir a permanência hospitalar. Podem usá-lo: a) gestantes em situações clínicas ou obstétricas de maior risco para o nascimento de crianças de baixo peso; b) recém-nascidos de baixo peso, desde o momento de admissão na Unidade Neonatal até a sua alta hospitalar, quando deverão ser acompanhados por um ambulatório especializado; c) mães e pais que, com suporte da equipe de saúde, deverão ter contato com seu filho o mais precocemente possível e receber adequada orientação para participar do método.

MÉTODO COMPARATIVO. *Teoria geral do direito.* Método de investigação que se baseia na comparação.

MÉTODO DE COOPER. *Medicina legal.* Sistema de exercício de intenção eugênica e atlética.

MÉTODO DEDUTIVO. *Teoria geral do direito.* Técnica argumentativa que conclui do total para o particular.

MÉTODO DIALÉTICO. *Teoria geral do direito.* Aquele que visa a cognição de um objeto cultural em seu dinamismo, estabelecendo a relação entre seu substrato e sentido. Para tanto se vai do substrato ao sentido tantas vezes quanto for necessário.

MÉTODO DIDÁTICO. *Direito educacional.* É o aplicado ao ensino.

MÉTODO DISCURSIVO. *Teoria geral do direito.* É aquele pelo qual o espírito marcha por etapas, mediante um procedimento escalonado de verificações mediatas ou indiretas. Por exemplo: a dedução, que é a argumentação que conclui por intermédio de um elemento total, ou a indução, que é o argumento que conclui pelo particular, por meio de enumerações de casos particulares.

MÉTODO EMPÍRICO. *Teoria geral do direito.* Aquele que se dirige a conhecer as coisas reais, pertencentes à experiência.

MÉTODO EMPÍRICO-DIALÉTICO. *Teoria geral do direito.* Método peculiar preconizado pela teoria egológica do direito de Carlos Cossio, para a captação cognoscitiva do direito, passando da materialidade do substrato (conduta humana em interferência intersubjetiva) à vivência de seu sentido (realização de valores) e vice-versa, e assim indefinida, ou sucessivamente, até que se alcance um exato conhecimento do direito. Esse método é empírico porque se dirige ao direito, que é real e pertence à experiência, abrangendo a realidade do substrato e a realidade da vivência. E é dialético porque consiste na cognição de um objeto cultural em seu desenvolvimento, isto é, em sua dinâmica, estabelecendo uma relação ou diálogo entre substrato e sentido. Compreende-se o substrato pelo sentido e o sentido pelo substrato, por isso para o conhecimento do direito, enquanto objeto cultural egológico, só pode ser empregado o método empírico-dialético, devido à íntima integração entre substrato (elemento material) e sentido (vivência espiritual). O ato gnoseológico com o qual se constitui tal método é o da compreensão, pois o direito como objeto cultural implica sempre um valor. Compreender é ver as coisas segundo conexões determinadas de modo valorativo, revelando seu sentido. Dá-se um sentido à conduta sem lhe atribuir um valor, apenas a relaciona a um valor.

MÉTODO EXPERIMENTAL. *Vide* MÉTODO EMPÍRICO.

MÉTODO FENOMENOLÓGICO. *Filosofia do direito.* Aquele que, por meio da intuição, visa a descoberta da essência do objeto ou do puro *eidos*, prescindindo de suas particularidades, isolando dele tudo o que for acidental até atingir a idéia, ou seja, aquilo que é permanente, universal e necessário. Despreza-se o puramente fático e particular, devendo-se eliminar tudo o que resulte ao espírito como sendo acessório, em uma seleção gradual que tenha em vista destacar tão-somente as notas essenciais ou eidéticas do objeto, relacionadas entre si por fundamentação necessária (Edmund Husserl; Lyotard).

MÉTODO GIFT. *Medicina legal* e *biodireito.* Aquele que efetua a inseminação artificial ou a fecundação *in vivo.* Pelo método GIFT (*Gametha Intra Fallopian Transfer*), inocula-se o sêmen na mulher, sem que ocorra qualquer manipulação externa de óvulo ou de embrião.

MÉTODO HEURÍSTICO. *Filosofia geral.* Método que busca, na investigação do objeto, desvendar a verdade científica.

MÉTODO INDUTIVO. *Teoria geral do direito.* Técnica de argumentação que conclui do particular para o geral.

MÉTODO INTUITIVO. *Teoria geral do direito.* Apreensão do objeto de modo direto e imediato. É o que se projeta sobre o objeto sem que nada se interponha entre o sujeito cognoscente e o objeto que procura conhecer. É a representação imediata, sem nada de permeio, do objeto dentro do sujeito cognoscente.

MÉTODO INTUITIVO-COMPREENSIVO. *Filosofia do direito.* Aquele que tende à intuição de essências valiosas e de critério de valoração, buscando o sentido ou a significação para as construções jurídicas, compreendendo-as (Cabral de Moncada).

METODOLOGIA. 1. *Filosofia geral.* a) Característica geral do pensamento; b) exame dos critérios de interpretação; c) saber autônomo que apresenta implicações com o objeto e sujeito conhecedor, ante o fato de o caráter intencional da consciência e a correlação funcional subjetivo-objetiva serem condições do conhecimento. No conhecimento encontram-se, obrigatoriamente, frente a frente, a consciência cognoscente e o objeto conhecido; d) forma de inteligibilidade e de caminho que desvenda o objeto de estudo; e) arte de guiar o espírito na investigação da verdade; f) parte da lógica que se ocupa dos métodos do raciocínio. **2.** *Economia política.* Estudo dos métodos utilizados nas atividades dos economistas.

METODOLOGIA CIENTÍFICA. *Filosofia geral.* Subdivisão da lógica que visa o estudo *a posteriori* dos métodos científicos, que constituem os caminhos ordenados para conduzir a ciência à verdade.

METODOLOGIA DIDÁTICA. *Direito educacional.* Teoria dos processos de ensino para uma disciplina, facilitando o aprendizado do corpo discente.

METODOLOGIA JURÍDICA. *Filosofia do direito.* **1.** Análise crítica sobre um ramo do direito ou sobre um ordenamento jurídico, que submete à contínua revisão os procedimentos utilizados pelo jurista, estabelecendo os limites dentro dos quais os seus resultados são válidos ou não. **2.** Operação pela qual se constitui o objeto que deve ser governado pelo método que fixará as bases de sistematização da ciência jurídica. **3.** Epistemologia jurídica que constitui uma reflexão filosófica não só sobre a ciência do direito, limitando-se ao estudo de sua natureza, de seus métodos e de seu objeto, elaborando uma teoria do método da ciência jurídica, mas também sobre a origem, os limites e valor da faculdade humana de conhecer as condições de possibilidade do conhecimento e os critérios de validade do conhecimento, sendo uma teoria do conhecimento jurídico em todas as suas modalidades: conceitos jurídicos, proposições, raciocínio jurídico etc.

METODOLOGIAS PARA TESTE DE DNA. *Medicina legal.* Técnicas metodológicas para determinação da paternidade pelo DNA, que são: a) sondas multilocais (MLPs), que têm confiabilidade absoluta por permitirem a obtenção das Impressões Digitais de DNA que formam um padrão complexo de bandas absolutamente específico para cada indivíduo; b) sondas unilocais (SLPs); c) PCR. As duas últimas, apesar de eficientes, não são tão poderosas como as MLPs, porque apenas possibilitam traçar um perfil genético do indivíduo, auxiliando a perícia e confirmando exclusões de paternidade (Sérgio Danilo Pena).

METODOLÓGICO. *Filosofia geral.* Aquilo que se refere à metodologia.

MÉTODO LÓGICO-DISCURSIVO. *Vide* MÉTODO DISCURSIVO.

MÉTODO NORMOLÓGICO HIPOTÉTICO-DEDUTIVO. *Filosofia do direito.* Método empregado pela ciência jurídica para conhecer normas, criando um sistema normativo de tipo estático, baseado numa norma básica, por ela ideada, que constitui seu pressuposto. Isto porque o fundamento de validade e o conteúdo de validade das normas descritas nesse sistema são deduzidos por via de raciocínio lógico de uma norma pressuposta como norma hipotética fundamental, cuja natureza é lógico-formal (Kelsen).

MÉTODO NORMOLÓGICO LÓGICO-TRANSCENDENTAL. *Filosofia do direito.* Método utilizado pela ciência jurídica para descrever normas, criando

um sistema normativo de tipo dinâmico, fundado numa norma hipotética fundamental, de natureza lógico-transcendental, que apenas se limita a conferir a uma autoridade da comunidade jurídica o poder de estabelecer preceitos. A norma básica só fornece às normas o fundamento de validade. A norma hipotética fundamental é o instrumento de reconhecimento do direito por ser uma hipótese de trabalho lógico-técnico-jurídica que funda a validade do sistema. É somente por meio dela que o jurista pode dizer se determinada lei, decreto ou regulamento são, ou não, partes integrantes da ordem jurídica, isto é, se são, ou não, objeto de investigação jurídico-científica. Uma vez estabelecida a norma básica, por meio do método lógico-transcendental, o jurista pode asseverar que a norma pertencente ao sistema dinâmico vale porque nela descansa, pouco importando o seu conteúdo, isto porque a norma hipotética fundamental é condição de possibilidade do conhecimento; e equiparada às categorias kantianas, aplica-se a qualquer conteúdo normativo (Kelsen).

MÉTODO RACIONAL. *Filosofia geral.* Método que busca captar a essência do objeto.

MÉTODOS DE DISSOLUÇÃO DE CONTROVÉRSIA INTERNACIONAL. *Direito internacional público.* Meios para solucionar litígio entre Estados soberanos, que podem ser: a) métodos diplomáticos como negociações diretas feitas pelos próprios litigantes; mediação com a participação de um terceiro Estado, que auxiliará os países envolvidos na controvérsia a encontrar uma saída para o problema; congresso ou conferência para discutir a questão litigiosa, apresentando propostas solucionadoras; bons ofícios e consulta a um terceiro país alheio ao problema; b) métodos coercitivos como represália, boicote, retorsão, ruptura de relações diplomáticas; e c) métodos jurídicos como arbitragem ou recurso à Corte International da Justiça da ONU (Maristela Basso).

MÉTODOS DE DOSAGEM DO ÁLCOOL NO ORGANISMO. *Medicina legal.* Processos que transformam o álcool em produto de oxidação pela sua reação, a quente, com dicromato de potássio em solução sulfúrica, como: a) macrométodo de Nicloux, que tem por base a oxidação, a quente, do álcool comum pelo dicromato de potássio em solução de ácido sulfúrico concentrado; na presença de álcool, a solução de dicromato, que é alaranjada, passa a ser azul-esverdeada; b) macrométodo de Newman, que se baseia na oxidação do álcool comum a ácido acético pela mistura sulfocrômica. Tal processo é de grande exatidão; o álcool é destilado em banho-maria em um frasco de Erlenmeyer, adicionando-se ao sangue uma solução de sulfato de sódio; o álcool destilado borbulha na solução sulfocrômica, onde é oxidado a ácido acético; c) micrométodo de Widmark, que tem por base a propriedade do ácido sulfúrico concentrado de reagir com o álcool comum. Oxida-se o álcool com solução de dicromato de potássio, sendo o excesso deste oxidante titulado por iodometria (José Lopes Zarzuela).

MÉTODO SINTÉTICO. *Filosofia geral* e *lógica.* Método que parte dos elementos componentes do objeto para atingir o conhecimento do todo.

MÉTODO ZIFT. *Medicina legal* e *biodireito.* Aquele pelo qual se concretiza a ectogênese ou fertilização *in vitro.* O método ZIFT (*Zigot Intra Fallopian Transfer*) consiste na retirada de óvulo da mulher para fecundá-lo na proveta, com sêmen do marido, companheiro ou de outro homem, para depois introduzir o embrião no seu útero ou no de outra. Com a ectogênese surgem situações inusitadas, como: a) fecundação de um óvulo da esposa com esperma do marido, transferindo-se o embrião para o útero de outra mulher; b) fertilização *in vitro*, com sêmen e óvulo de estranhos, por encomenda de casal estéril, implantando-se o embrião no útero da mulher ou no de outra; c) fecundação, com sêmen do marido, de um óvulo não pertencente à mulher, mas implantado no seu útero; d) fertilização, com esperma de terceiro, de um óvulo não pertencente à esposa, com imissão do embrião no útero dela; e) fecundação na proveta de óvulo da esposa com material fertilizante do marido, colocando-se o embrião no útero da própria esposa; f) fertilização, com esperma de terceiro, de óvulo da esposa, implantado em útero de outra mulher; g) fecundação *in vitro* de óvulo da esposa com sêmen do marido, congelando-se o embrião para que, depois do falecimento daquela, seja inserido no útero de outra, ou para que, após a morte do marido, seja implantado no útero da mulher ou no de outra.

METONÍMIA. *Retórica jurídica.* Alteração do sentido natural das palavras através do emprego da causa pelo efeito.

METRAGEM. 1. Medição em metros. **2.** Quantidade de metros.

METRALGIA. *Medicina legal.* Dor no útero.

METRALHADORA. *Direito militar.* Arma de fogo automática que, contínua e intermitentemente, pode disparar grande número de projéteis devido à ação direta dos gases da própria carga de projeção.

METRANEMIA. *Medicina legal.* Isquemia uterina.

METRAR. Medir em metros.

METRAUXESIA. *Medicina legal.* Hipertrofia uterina.

METRELCOSE. *Medicina legal.* Ulceração do útero.

METRETA. *História do direito.* Medida para líquidos que era utilizada pelos atenienses.

METREURISE. *Medicina legal.* Dilatação do colo uterino.

MÉTRICO. Sistema de pesos e medidas baseado no metro.

METRIPERCINESE. *Medicina legal.* Excessiva contração uterina durante o parto.

METRIPEREMIA. *Medicina legal.* Hiperemia do útero.

METRIPERESTESIA. *Medicina legal.* Hiperestesia uterina.

METRITE. *Medicina legal.* Inflamação do útero causada por gonococos.

METRO. 1. Unidade de comprimento que constitui a base do sistema métrico decimal, calculada como a décima milionésima parte de um quarto do meridiano terrestre. **2.** Objeto que serve para medir.

METRÔ. *Direito administrativo.* Sistema de transporte urbano de passageiros por via subterrânea. Trata-se do transporte metroviário.

METRÓBATA. *História do direito.* Instrumento que, outrora, regulava o passo da infantaria.

METROCACE. *Medicina legal.* Gangrena do útero.

METROCELE. *Medicina legal.* Hérnia uterina.

METROFLEBITE. *Medicina legal.* Inflamação das veias do útero.

METROLOGIA. Conhecimento de pesos e medidas, suas bases e suas técnicas, assegurando sua uniformidade.

METROLOGIA HISTÓRICA. Estudo das medidas dos povos da antiguidade e dos dias atuais.

METROMALACIA. *Medicina legal.* Amolecimento do útero.

METROMANIA. *Medicina legal.* Furor uterino.

METROPERITONITE. *Medicina legal.* Inflamação do útero e do peritônio.

METRÓPOLE. 1. *Direito administrativo.* a) Cidade que é a capital de um país ou de um Estado-membro da Federação; b) centro de comércio ou civilização. **2.** *Direito canônico.* Igreja arquiepiscopal em relação às que dela dependem. **3.** *Direito internacional público.* É a nação relativamente às suas colônias.

METROPÓLIPO. *Medicina legal.* Pólipo uterino.

METROPOLITA. *Direito canônico.* Arcebispo da diocese.

METROPOLITANO. 1. *Direito administrativo.* Relativo à metrópole. **2.** *Direito canônico.* Prelado de uma metrópole, em relação aos prelados sufragâneos.

METROPTOSE. *Medicina legal.* Queda do útero.

METRO QUADRADO. 1. Unidade fundamental das medidas de superfície. **2.** Área de um quadrado cujos lados têm um metro de comprimento.

METRORRAGIA. *Medicina legal.* Hemorragia uterina não relacionada com o período menstrual, e que constitui sintoma de grave distúrbio.

METRORRÉIA. *Medicina legal.* Corrimento uterino.

METRORREXIA. *Medicina legal.* Ruptura do útero.

METROSSALPINGITE. *Medicina legal.* Inflamação do útero e das trompas.

METROTOMIA. *Medicina legal.* Operação cesariana.

METROTOXINA. *Medicina legal.* Toxina que, durante a gravidez, obsta a menstruação.

METROVIÁRIO. *Direito administrativo.* Aquilo que é pertinente ao metrô.

METTRE EN QUESTION. *Expressão francesa.* Submeter a discussão.

METUS EST INSTANTIS VEL FUTURI CAUSA MENTIS TREPIDATIO. *Expressão latina.* O medo é a trepidação mental em razão de um mal futuro ou presente.

METUS NON DEBET ESSE VANUS, IMAGINARIUS, SED PROBABILIS JUDICI. *Brocardo latino.* O medo não deve ser vão, imaginário, mas provado perante o juiz.

MEURTRE. *Termo francês.* Homicídio.

MEXER A TRETA. Intrigar.

MEXERICO. 1. Ação de revelar segredos ou de contar algo, provocando inimizade. **2.** Intriga.

MEXERIQUEIRO. Aquele que faz intriga, podendo instigar outrem a praticar crime, concorrendo, assim, para sua realização.

MEXERUFADA. *Direito agrário.* Comida de porcos.

MEXILHO. *Direito agrário.* Barra de ferro que, prendendo a aiveca ao teiró do arado, regula o seu maior ou menor afastamento.

MEXOALHO. *Direito agrário.* Adubo de terreno feito com caranguejos e plantas marinhas em putrefação.

MEZENA. *Direito marítimo.* Vela que se enverga na carangueja do mastro de ré.

MIALGIA. *Medicina legal.* Dor muscular.

MIASTENIA. *Medicina legal.* Doença do sistema nervoso que afeta os músculos voluntários que, ante o menor exercício, acusam fadiga, podendo levar o paciente a ter impossibilidade de alimentar-se, de sustentar algo nas mãos, de manter os olhos abertos.

MICADO. 1. *Direito comparado.* Título do imperador do Japão. **2.** *História do direito.* Título que outrora se dava à suprema autoridade religiosa do Japão.

MICÇÃO. *Medicina legal.* Ato de urinar.

MICETEMIA. *Medicina legal.* Presença de cogumelos no sangue.

MICETISMO. *Medicina legal.* Envenenamento por cogumelos.

MICETOMA. *Medicina legal.* **1.** Moléstia causada por fungos. **2.** Tumor localizado no pé, provocado por actinomicetos ou eumicetos.

MICMAC. *Termo francês.* Intriga.

MICO. *Direito comercial.* Diz-se do investimento que, em certo período, fica sem liquidez no mercado (Luiz Fernando Rudge).

MICOSE. *Medicina legal.* Excrescência cutânea fungosa.

MICOTOXINA. *Direito ambiental.* Substância tóxica, produzida por fungos, que pode causar dano à saúde do homem ou de animal.

MICRESTESIA. *Medicina legal.* Alteração da sensibilidade tátil, que provoca a sensação de que um objeto pesado tem menos peso.

MICROBALANÇA. Balança apropriada para avaliar pesos inferiores a um miligrama.

MICROBICIDA. *Direito ambiental.* Aquilo que serve para destruir micróbios animais ou vegetais.

MICROBIOÉTICA. *Biodireito.* Parte da bioética que cuida das relações entre médico e paciente, instituições de saúde pública ou privada e entre essas instituições e os profissionais da saúde (Marco Segre).

MICROBIOLOGIA. *Medicina legal.* Estudo dos micróbios ou seres vivos unicelulares (protistas) e acelulares (vírus).

MICROCAULIA. *Medicina legal.* Pequenez congênita do pênis.

MICROCEFALIA. *Medicina legal.* Idiotismo acarretado pelo fato de o cérebro ser pequeno.

MICROCÉFALO. *Medicina legal.* Diz-se daquele que é idiota por ter massa encefálica diminuta.

MICROCESÁRIA. *Direito penal* e *medicina legal.* Técnica abortiva direta utilizada a partir do terceiro mês de gravidez, para retirar, mediante operação cirúrgica, o produto da concepção com a placenta, por via abdominal. É também designada de "histerotomia".

MICROCHIPS. *Direito virtual. Transponders*, ou seja, pequenos aparelhos do tamanho de um grão de arroz implantados sob a pele, por meio de uma injeção ou pistola similar à utilizada em vacinação, que, ao serem lidos por um dispositivo de *scanner*, fornecem informações sobre seu portador. O uso de *microchips* cutâneos é útil para: identificação de animais, permitindo localizá-los em caso de perda; localização de pessoas seqüestradas; controle de acesso de funcionários em salas de segurança máxima onde se encontram documentos sigilosos; obtenção de informações precisas sobre pessoas doentes e sua condição de saúde.

MICROCLIMA. *Direito ambiental.* Estação climática própria de uma zona em razão de influências locais particulares, diferindo-se das regiões vizinhas.

MICROCURETA. *Direito penal* e *medicina legal.* Técnica abortiva direta consistente na colocação de dispositivo intra-uterino (DIU), que é um pequeno objeto com alças que, abandonado na cavidade uterina, provoca o deslocamento do embrião, evitando, portanto, a implantação do pequeno ser humano (blastócito) no nutriente do útero.

MICRODATILIA. *Medicina legal.* Malformação congênita que se caracteriza pelo tamanho anormalmente pequeno dos dedos.

MICRODÁTILO. *Medicina legal.* Aquele que tem dedos muito curtos.

MICRODONTIA. *Medicina legal.* Malformação consistente na pequenez dos dentes.

MICROECONOMIA. *Economia política.* **1.** Estudo dos caracteres e do comportamento de produtores e consumidores e das relações mercadológicas que entre eles intercorrem. **2.** Análise dos aspectos setoriais da economia (Othon Sidou). **3.** Estudo da ação econômica de indivíduos ou de pequenos grupos (Geraldo Magela Alves).

MICROEMPRESA. *Direito comercial.* **1.** Diz-se daquela cuja renda bruta anual não ultrapassa o limite legal, tendo por isso direito a um tratamento diferenciado ou simplificado na seara tributária, creditícia, previdenciária etc. **2.** É a sociedade, exceto a por ações, ou a firma individual, constituídas por pessoas físicas domiciliadas no País, cuja receita bruta anual (operacionais somadas às não operacionais) relativa, por exemplo, ao período de 1º de janeiro a 31 de dezembro de 2007 seja igual ou inferior a noventa e seis mil UFIRs – Unidade Fiscal de Referência. **3.** É a pessoa física (empresário) ou jurídica (sociedade empresária) cuja receita bruta anual chegue a até R$ 240.000,00.

MICROESTADOS. *Direito internacional público.* Estados soberanos que, por terem território pequeno e exígua dimensão demográfica, possuem parte de suas competências confiadas a um Estado vizinho, e não emitem moeda. Mas têm o exercício de seu direito à defesa nacional embora a segurança externa fique confiada àquela potência com quem mantêm laços de colaboração em razão de tratados bilaterais. Não têm, ainda, aceitação nas organizações internacionais de caráter político. São, por exemplo, microestados: Mônaco, que tem parte de sua competência confiada à França; São Marinho, que tem a sua a cargo da Itália; Liechtenstein, ligado à Suíça; Andorra, sob a proteção da Espanha (Rezek).

MICROFILMAGEM. Operação de fotografar ou filmar documentos, livros, quadros, folhetos em tamanho reduzido.

MICROFILMAGEM DE DOCUMENTOS OFICIAIS. Processo de reprodução em filme de documentos, dados e imagens, por meios fotográficos ou eletrônicos, em diferentes graus de redução. A microfilmagem abrange os documentos oficiais ou públicos, de qualquer espécie e em qualquer suporte, produzidos e recebidos pelos órgãos dos Poderes Executivo, Judiciário e Legislativo, inclusive da Administração indireta da União, dos Estados, do Distrito Federal e dos Municípios, e os documentos particulares ou privados, de pessoas físicas ou jurídicas. A

MICROFILME

emissão de cópias, traslados e certidões extraídos de microfilmes, bem assim a autenticação desses documentos, para que possam produzir efeitos legais, em juízo ou fora dele, é regulada por norma. A microfilmagem é feita em equipamentos que garantam a fiel reprodução das informações, sendo permitida a utilização de qualquer microforma. Em se tratando de utilização de microfichas, tanto o original como a cópia têm, na sua parte superior, área reservada à titulação, à identificação e à numeração seqüencial, legíveis com a vista desarmada, e fotogramas destinados à indexação. A microfilmagem, de qualquer espécie, é feita sempre em filme original, com o mínimo de 180 linhas por milímetro de definição, garantida a segurança e a qualidade de imagem e de reprodução, sendo obrigatória, para efeito de segurança, a extração de filme cópia do filme original. É vedada a utilização de filmes atualizáveis, de qualquer tipo, tanto para a confecção do original, como para a extração de cópias. O armazenamento do filme original deve ser feito em local diferente do seu filme cópia. Na microfilmagem pode ser utilizado qualquer grau de redução, garantida a legibilidade e a qualidade de reprodução. Quando se tratar de original cujo tamanho ultrapasse a dimensão máxima do campo fotográfico do equipamento em uso, a microfilmagem pode ser feita por etapas, sendo obrigatória a repetição de uma parte da imagem anterior na imagem subseqüente, de modo que se possa identificar, por superposição, a continuidade entre as seções adjacentes microfilmadas.

MICROFILME. Película reprodutora, em dimensão reduzida, de documento, quadro, livro ou folheto.

MICROFOBIA. *Medicina legal.* Pavor de micróbios.

MICROFÚNDIO. *Direito agrário.* Pequena propriedade agrícola.

MICROGLOSSIA. *Medicina legal.* Dimensão pequena e anormal da língua.

MICRO–HÁBITAT. *Direito ambiental.* Hábitat reduzido situado dentro de determinada área que é o hábitat geral.

MICROJURÍDICO. *Economia política.* Conjunto de regulamentações de relações econômicas compostas pelo direito comercial, protegendo diretamente os interesses individuais dos sujeitos envolvidos na relação mercantil, e indiretamente o interesse social (Eros Roberto Grau).

MICROMANIA. *Medicina legal.* Moléstia que conduz o paciente a crer que seu corpo está menor e que sua personalidade perdeu a importância.

MICROMEGALOPSIA. *Medicina legal.* Perturbação visual pela qual os objetos se mostram ora grandes demais ora muito pequenos.

MICROÔNIBUS. *Direito de trânsito.* Veículo automotor de transporte coletivo com capacidade para até vinte passageiros.

MICROPROPAGAÇÃO. *Direito agrário.* Método de propagação vegetativa de planta *in vitro*, por meio de cultura de tecidos.

MICRORGANISMO. *Medicina legal.* Bactéria, micróbio, bacilo, fungo, protozoário, vírus ou outra entidade biótica microscópica capaz de replicação ou reprodução.

MICRORGANISMO VIÁVEL. *Direito ambiental.* Microrganismo vivo e cultivável nos meios de cultura e nas condições ambientais específicas.

MICRORQUIA. *Medicina legal.* Pequenez demasiada dos testículos.

MICRORREGIÃO. *Direito constitucional* e *direito administrativo.* **1.** Subdivisão do Município para integrar a organização, o planejamento e a execução de funções públicas de interesse comum (Geraldo Magela Alves). **2.** Parte de mesorregião que apresenta especificidades quanto à organização do espaço, relativas à estrutura da produção agropecuária, industrial, de extrativismo mineral ou pesca, podendo, também, resultar da presença de elementos do quadro natural ou de relações sociais e econômicas particulares.

MICROSCÓPIO. *Medicina legal.* Instrumento óptico que amplia a imagem de pequenos seres, permitindo sua observação e análise.

MICROSFIGMIA. *Medicina legal.* Pulsação arterial fraca que dificilmente se torna palpável.

MICROSOFT. *Direito virtual.* Fundada nos Estados Unidos em 1975 por Bill Gates e Paul Allen, e presente no Brasil desde 1989, é a maior companhia de *software* do mundo.

MICROSOFT WINDOWS. *Direito virtual.* Criado em 1985, é o sistema operacional da *Microsoft* para armazenamento e gerenciamento de dados. Seu antecessor é o sistema operacional MS-DOS, criado em 1981. A versão atual foi criada em 2007 e é denominada *Windows* Vista. Esta versão substitui o *Windows* XP, que, por sua vez, substituiu o *Windows* 95.

MICROSSOCIOLOGIA. *Sociologia geral.* Estudo do comportamento social de pequenos grupos humanos.

MICROSSOCIOLOGIA JURÍDICA. *Sociologia jurídica.* Trata-se da sociologia jurídica analítica que estuda os dados elementares ou microscópicos da realidade jurídica, ocupando-se das relações jurídicas fundamentais e das camadas sedimentares. O sociólogo do direito, ao estudar a realidade jurídica, e partindo das realidades mais complexas ou globais (por exemplo, direito americano, direito brasileiro, direito das sociedades primitivas), ao decompô-las em suas partes, chega aos elementos mais simples, isto é, aos ordenamentos jurídicos de grupos particulares, que constituem síntese, no plano horizontal, de relações jurídicas (as contratuais, as de parentesco etc.), e, no plano vertical, de sedimentos jurídicos que abrangem o direito organizado (leis, decretos, sentenças etc.) e o direito espontâneo (costume, prática processual e administrativa, doutrina, *standards* jurídicos etc.). Sob o prisma sociológico-jurídico, o que importa é a realidade desses elementos e seu dinamismo na vida do direito.

MICROTRAUMA. *Medicina legal.* **1.** Lesão corporal leve ou ligeira. **2.** Dano psíquico de pouca significação, causado, por exemplo, por frustração, determinando estafa mental.

MICTÓRIO. *Medicina legal.* **1.** Diurético. **2.** Local onde se urina.

MICTURIÇÃO. *Medicina legal.* Necessidade de urinar com freqüência.

MIDDLE MARKET. *Locução inglesa.* Crédito para empresa de porte médio (Luiz Fernando Rudge).

MIDESE. *Medicina legal.* Supuração purulenta das pálpebras.

MÍDIA. *Direito de comunicação.* **1.** Meio de divulgação da ação publicitária. **2.** Encarregado, numa agência de propaganda, dos veículos e da compra de espaços de tempo para transmissão de anúncios. **3.** Seção de uma agência de propaganda que, além de fazer contato com jornais, rádio, televisão etc., apresenta estudo, efetua distribuições de anúncios etc. **4.** Conjunto de várias formas pelas quais se opera a comunicação de uma informação, como, por exemplo, a escrita, a falada, a por via de imagem etc.

MÍDIA ÓPTICA. *Direito virtual. Vide* CD-ROM.

MIDRÍASE. *Medicina legal.* **1.** Paralisia da íris. **2.** Dilatação da pupila.

MIDRIÁTICO. *Medicina legal.* **1.** Diz-se da droga que dilata a pupila, como cocaína, atropina etc. **2.** Paciente afetado pela midríase. **3.** Referente à midríase.

MIEDEMA. *Medicina legal.* Edema muscular causado por súbita contração do músculo.

MIELALGIA. *Medicina legal.* Dor na medula espinhal.

MIELASTENIA. *Medicina legal.* Fraqueza da medula espinhal.

MIELATELIA. *Medicina legal.* Desenvolvimento incompleto da medula espinhal.

MIELAUXESIA. *Medicina legal.* Hipertrofia da medula espinhal.

MIELENCEFALITE. *Medicina legal.* Inflamação da medula espinhal e do encéfalo.

MIELITE. *Medicina legal.* Inflamação da medula espinhal.

MIELOCELE. *Medicina legal.* Hérnia medular na espinha bifendida.

MIELOMA. *Medicina legal.* Tumor primário da medula óssea.

MIELOMALACIA. *Medicina legal.* Amolecimento da medula espinhal.

MIELOMA MÚLTIPLO. *Medicina legal.* Doença da medula óssea que apresenta tumores em vários ossos, podendo provocar fraturas espontâneas. Designa-se mielomatose.

MIELOMATOSE. *Vide* MIELOMA MÚLTIPLO.

MIELORRAGIA. *Medicina legal.* Hemorragia medular.

MIET. *Termo alemão.* Arrendamento mercantil.

MIGRAÇÃO DE APÓLICES. *Direito civil.* A transferência de apólice coletiva, em período não coincidente com o término da respectiva vigência.

MIGRAÇÃO EXTERNA. *Sociologia jurídica.* Ato de passar de um país para outro, que em relação à nação de origem chama-se emigração e em relação à de destino, imigração.

MIGRAÇÃO INTERNA. *Sociologia jurídica.* Ato de sair de uma região para entrar noutra da mesma nação.

MIGRAÇÃO INTERNACIONAL. *Vide* MIGRAÇÃO EXTERNA.

MIGRADOR. *Sociologia jurídica.* Aquele que migra; migrante; aquele que muda de uma região para outra.

MIGRANTE. *Vide* MIGRADOR.

MIGRATÓRIO. *Sociologia jurídica.* Referente à migração.

MIGUELISMO. *História do direito.* Partido político de D. Miguel de Bragança, que pregava o absolutismo.

MIGUELISTA. *História do direito.* Partidário do miguelismo.

MIÍASE. *Medicina legal.* Moléstia causada ao homem pela larva de determinadas espécies de moscas.

MIIODOPSIA. *Medicina legal.* Perturbação visual em que o paciente vê diante dos olhos pontos escuros, similares a moscas.

MIITE. *Medicina legal.* Inflamação muscular.

MILAGRE. *Direito canônico.* Fato surpreendente atribuído a uma causa sobrenatural, por ultrapassar o poder da natureza, sendo insuscetível de ser reduzido a leis conhecidas.

MILAGRE ECONÔMICO. *História do direito.* Crescimento econômico que, no Brasil, ocorreu entre 1968 e 1973.

MIL-COVAS. *Direito agrário.* No Norte é a área de 3.025 metros quadrados.

MILEAGE. *Termo inglês.* **1.** Imposto para conservação de estradas. **2.** Preço por milha. **3.** Comprimento em milhas.

MILENÁRIO. **1.** Na *linguagem comum* é: a) que contém mil; b) que tem mil anos. **2.** *História do direito.* a) Comandante militar godo; b) cristão que acreditava que o mundo teria fim no ano 1000.

MILENARISMO. Corrente que pregava o apocalipse ou o fim do mundo no ano 1000 da Era Cristã.

MILENARISTA. Adepto do milenarismo.

MILÊNIA. *História do direito.* Corpo de tropa dos godos, que compreendia duas qüingentárias.

MILÊNIO. Espaço de mil anos.

MILHA. **1.** *Direito internacional público.* Medida itinerária usada em vários países, com valor variável. **2.** *História do direito.* Medida itinerária que, na época romana, era equivalente a mil passos.

MILHAGEM. Contagem das milhas.

MILHAL. *Direito agrário.* Milharal, ou seja, plantação de milho.

MILHA MARÍTIMA. *Direito internacional público.* Unidade de distância usada em navegação e que corresponde a um mil, oitocentos e cinqüenta e dois metros.

MILHA NÁUTICA. *Vide* MILHA MARÍTIMA.

MILHARAL. *Vide* MILHAL.

MILHEIRAL. *Vide* MILHAL.

MILHEIRO. *Direito agrário.* **1.** Planta do milho. **2.** Espécie de uva preta.

MILHO. *Direito agrário.* Planta gramínea que desenvolve espigas, sendo muito usada na alimentação e na indústria.

MILIÁRIO. **1.** Relativo a milhas. **2.** Que marca distância itinerária.

MILÍCIA. *Direito militar.* **1.** Carreira militar. **2.** Corporação auxiliar das Forças Armadas sujeita à organização e disciplina militares. **3.** Força armada para fins de vigilância e polícia interna. **4.** Por extensão pode abranger: a) a arte ou exercício de guerra; b) a força militar.

MILÍCIA CRISTÃ. Cristandade.

MILICIANO. *Direito militar.* Soldado de milícias.

MILICO. *Direito militar.* Soldado de qualquer classe.

MILIONÁRIO. Aquele que possui muito dinheiro.

MILITÂNCIA. **1.** Qualidade de militante. **2.** Profissão militar.

MILITANTE. **1.** Aquele que está na ativa, exercendo sua profissão. **2.** O que combate por uma causa ou defende as idéias do grupo que integra.

MILITAR. *Direito militar.* **1.** Servidor público que integra as Forças Armadas, a Polícia Militar e o Corpo de Bombeiro, sujeitando-se às normas e disciplinas militares. **2.** Relativo às Forças Armadas ou à guerra. **3.** Próprio do que segue a carreira das armas.

MILITAR DA ATIVA. *Direito militar.* É o que integra, permanente ou temporariamente, as Forças Armadas.

MILITAR EM CAMPANHA. *Direito militar.* Aquele que está em guerra.

MILITARISMO. *Ciência política* e *direito militar.* **1.** Sistema político, infenso ao Estado de Direito, cuja cúpula é composta por militares que constituem o governo de um país. **2.** Conjunto de hábitos, atos, interesses e pensamentos ligados ao uso de armas, à guerra, mas que transcende os objetivos puramente militares. **3.** Controle dos militares sobre os civis (Pasquino, Lang, Nordlinger, Perlmutter e Stepan).

MILITARISTA. *Ciência política.* Adepto do militarismo.

MILITARIZAÇÃO. *Ciência política* e *direito militar.* Ato de militarizar.

MILITARIZAR. *Direito militar.* **1.** Organizar militarmente. **2.** Preparar-se militarmente.

MILITIA. *Termo inglês.* **1.** Guarda nacional. **2.** Milícia.

MILITOFOBIA. *Medicina legal.* Aversão à vida militar ou aos militares.

MILL AGENT FACTORING. *Vide DROP SHIPMENT FACTORING.*

MILLING. *Termo inglês.* Movimento fortuito e confuso entre membros de um grupo social, indicando inquietação crescente.

MILORDE. *Direito comparado.* Tratamento dado aos lordes da Inglaterra, quando se lhes dirige a palavra.

MIL-RÉIS. *História do direito.* Unidade do sistema monetário brasileiro que durou até 1942.

MIMEOGRAFIA. Cópia obtida com o uso de mimeógrafo.

MIMESE. **1.** *Retórica.* Figura pela qual o orador imita voz ou gesto de outrem. **2.** *Medicina legal.* Simulação de doença.

MIMETISMO. *Medicina legal.* Mania de imitação.

MÍMICA. Arte de exprimir o pensamento por meio de gesticulação ou de sinais, evidenciando atos volitivos daquele que não pode falar ou escrever. Trata-se de linguagem por gestos.

MÍMICO. **1.** Relativo à mímica. **2.** Aquele que usa linguagem gesticulada. **3.** Artista que interpreta cenas mudas.

MINA. **1.** *História do direito.* Unidade de peso e de moeda da antiguidade grega, que equivalia a 100 dracmas. **2.** *Sociologia geral.* Negro sudanês. **3.** Em *gíria:* mulher que sustenta malandro. **4.** *Direito militar.* a) Canal subterrâneo aberto para penetrar numa cidade sitiada; b) cova onde se coloca pólvora ou dinamite para, ao lançar-lhe fogo, provocar explosão; c) carga explosiva. **5.** *Direito civil* e *direito constitucional.* Local no subsolo onde se encontram metais, minérios, água ou outros produtos que podem ser explorados.

MINA SUBMARINA. *Direito militar.* Engenho bélico mergulhado no mar e que contém explosivo, podendo destruir um navio que o tocar.

MINEIRO. **1.** Relativo a mina. **2.** Aquele que trabalha ou explora uma mina. **3.** Nascido em Minas Gerais. **4.** Aquele que se ocupa da extração da erva-mate.

MINERAÇÃO. *Direito civil* e *direito constitucional.* **1.** Exploração e extração de metais, minérios etc. de uma mina. **2.** Purificação dos minérios.

MINERADOR. *Direito do trabalho.* Aquele que trabalha em mineração.

MINERAL. *Direito civil* e *direito constitucional.* **1.** Produto existente em uma mina. **2.** Elemento ou composto químico, sólido, homogêneo, cristalino, resultante de processo inorgânico da natureza, e que tem estrutura cristalográfica peculiar e composição química definida.

MINERALIZAÇÃO. **1.** Ato de fazer passar do estado de metal ao de mineral **2.** Modificação da água pela adição de substâncias minerais.

MINERALURGIA. Arte de aplicar metais à indústria.

MINERAR. Extrair de mina.

MINÉRIO. **1.** Produto ou mineral extraído da mina. **2.** Substância metalífera.

MINERVAE SUFFRAGIUM. *Locução latina.* Voto de Minerva; voto de desempate ou voto de qualidade.

MINERVAL. *Direito comparado.* Retribuição paga, em alguns países, pelos alunos externos aos seus professores.

MÍNGUA. **1.** Penúria. **2.** Carência. **3.** Escassez. **4.** Perda. **5.** Diminuição.

MINIFUNDIÁRIO. *Direito agrário.* Proprietário de imóvel rural com área inferior à do módulo da região (Fernando Pereira Sodero).

MINIFÚNDIO. *Direito agrário.* Propriedade agrícola de pequena extensão, sendo inferior ao módulo rural da região, com agricultura mecanizada ou de subsistência.

MÍNIMA. **1.** Valor mais baixo que se observa num certo fenômeno em determinado período. **2.** Pena mais branda que pode ser aplicada a um criminoso.

MINIMA DE MALIS. *Locução latina.* Dos males, o menor.

MINIMAL. **1.** *Lógica jurídica.* Diz-se da proposição que enuncia que o atributo é afirmado ao mínimo de alguns dos indivíduos que formam a extensão do sujeito, sem contudo excluir a hipótese de que convém a todos (Lalande). **2.** Na *linguagem comum* designa: a) aquilo que se sujeita a uma condição de mínimo; b) o que é um mínimo.

MINIMIZAR. 1. Reduzir ao número, grau ou extensão menor possível. **2.** Depreciar.

MÍNIMO. 1. Valor ou limite mais baixo. **2.** Que é o menor. **3.** Diz-se do salário mais reduzido que pode ser pago ao trabalhador.

MÍNIMO ÉTICO. *Filosofia do direito.* Conjunto de valores éticos que constituem a condição *sine qua non* para que qualquer sociedade possa existir como comunidade de homens; logo as normas jurídicas devem ter uma substância de eticidade, dando a cada um o que é seu (Cabral de Moncada).

MINIMO MINIMORUM. *Locução latina.* O mínimo dos mínimos.

MÍNIMO SOCIAL. *Sociologia jurídica.* Conjunto de aspectos que a experiência comum indica como indispensáveis à vida de relação e à gregária (Mestière).

MINIMUM. *Termo latino.* **1.** O que há de menor em uma coisa. **2.** O grau ínfimo em que algo pode ser reduzido.

MINIPRODUTOR. *Direito agrário.* Pequeno produtor agrícola, pecuário, agroindustrial e extrativo, cujo valor total de produção vai até 100 MVR (maior valor-de-referência).

MINISTERIAL. *Ciência política.* **1.** Relativo a ministério. **2.** O que emana dos ministros.

MINISTERIALISMO. *Ciência política.* Sistema dos defensores incondicionais do governo e dos ministros.

MINISTERIALISTA. *Ciência política.* Partidário do ministerialismo.

MINISTERIÁVEL. *Ciência política.* Aquele que tem possibilidade de fazer parte de um ministério.

MINISTÉRIO. *Ciência política* e *direito administrativo.* **1.** Conjunto de ministros de Estado que auxiliam o chefe do Poder Executivo ao qual estão subordinados. **2.** Cargo público que dirige uma das grandes partes em que organicamente se divide a atividade estatal, concretizada na administração (Orlando). **3.** Parcela da administração dos negócios do Estado, que é atribuída a cada ministro. **4.** Tempo em que um ministro está na direção do negócio público. **5.** Exercício de uma função ou cargo. **6.** Gabinete governativo no sistema parlamentarista de governo. **7.** Função de ministro de Estado. **8.** Prédio onde funciona um departamento ministerial. **9.** Conjunto de departamentos ou serviços afins que estão sob a direção de um ministro de Estado.

MINISTÉRIO DA ADMINISTRAÇÃO FEDERAL E REFORMA DO ESTADO. *História do direito.* Órgão da Administração direta que tinha como área de competência os seguintes assuntos: a) políticas e diretrizes para a reforma do Estado; b) política de desenvolvimento institucional e capacitação do servidor, no âmbito da Administração Pública Federal direta, autárquica e fundacional; c) reforma administrativa; d) supervisão e coordenação dos sistema de pessoal civil, de organização e modernização administrativa, de administração de recursos de informação e informática e de serviços gerais; e) modernização da gestão e promoção da qualidade no Setor Público; f) desenvolvimento de ações de controle da folha de pagamento dos órgãos e entidades do Sistema de Pessoal Civil da Administração Federal (SIPEC).

MINISTÉRIO DA AERONÁUTICA. *História do direito.* Órgão de administração direta, outrora encarregado dos assuntos relativos a: a) formulação e condução da Política Aeronáutica Nacional, civil e militar, e contribuição para a formulação e condução da Política Nacional de Desenvolvimento das Atividades Espaciais; b) organização dos efetivos, aparelhamento e adestramento da Força Aérea Brasileira; c) planejamento estratégico e execução das ações relativas à defesa interna e externa do País, no campo aeroespacial; d) operação do Correio Aéreo Nacional; e) orientação, incentivo, apoio e controle das atividades aeronáuticas civis e comerciais, privadas e desportivas; f) planejamento, estabelecimento, equipamento, operação e exploração, diretamente ou mediante concessão ou autorização, conforme o caso, da infra-estrutura aeronáutica e espacial, de sua competência, inclusive os serviços de apoio necessários à navegação aérea; g) incentivo e realização de pesquisa e desenvolvimento relacionados com as atividades aeroespaciais; h) estímulo à indústria aeroespacial.

MINISTÉRIO DA AGRICULTURA, PECUÁRIA E ABASTECIMENTO. *Direito administrativo.* Órgão da Administração direta, tem como área de competência os seguintes assuntos: a) política agrícola, abrangendo produção e comercialização, abastecimento, armazenagem e garantia de preços mínimos; b) produção e fomento agropecuário, inclusive das atividades da heveicultura; c) mercado, comercialização e abastecimento agropecuário, inclusive estoques reguladores e estratégicos; d) informação agrícola; e) defesa sanitária animal e vegetal; f) fiscalização dos insumos utilizados nas atividades agropecuárias e da prestação de serviços no setor; g) classificação e inspeção de produtos e derivados animais e vegetais, inclusive em ações de apoio às atividades exercidas pelo Ministério da Fazenda, relativamente ao comércio exterior; h) proteção, conservação e manejo do solo, voltados ao processo produtivo agrícola e pecuário; i) pesquisa tecnológica em agricultura e pecuária; j) meteorologia e climatologia; k) cooperativismo e associativismo rural; l) energização rural, agroenergia, inclusive eletrificação rural; m) assistência técnica e extensão rural; n) política relativa ao café, açúcar e álcool; e o) planejamento e exercício da ação governamental nas atividades do setor agroindustrial canavieiro. Compete, ainda, ao Ministério da Agricultura, Pecuária e Abastecimento tratar de negociações agrícolas internacionais e apoiar as ações exercidas por outros Ministérios, relativamente ao comércio exterior.

MINISTÉRIO DA ASSISTÊNCIA E PROMOÇÃO SOCIAL. *História do direito.* Órgão da Administração Pública Federal direta, que tinha como áreas de competências os seguintes assuntos: a) política nacional de assistência social; b) normatização, orientação, supervisão e avaliação da execução da política de assistência social; c) orientação, acompanhamento, avaliação e supervisão de planos, programas e projetos relativos à área da assistência social; d) articulação, coordenação e avaliação dos programas sociais do governo federal; e) gestão do Fundo Nacional de Assistência Social; e f) aprovação dos orçamentos gerais do Serviço Social da Indústria (SESI), do Serviço Social do Comércio (SESC) e do Serviço Social do Transporte (SEST).

MINISTÉRIO DA CIÊNCIA E TECNOLOGIA. *Direito administrativo.* Órgão de administração direta, que age na área de: a) política nacional de pesquisa científica, tecnológica e de inovação; b) planejamento, coordenação, supervisão e controle das atividades da ciência e tecnologia; c) política de desenvolvimento de informática e automação; d) política nacional de biossegurança; e) política espacial e nuclear; f) controle da exportação de bens e serviços sensíveis.

MINISTÉRIO DA CULTURA. *Direito administrativo.* Órgão da Administração direta, que tem como

área de competência os seguintes assuntos: a) política nacional de cultura; b) proteção do patrimônio histórico e cultural; e c) assistência e acompanhamento ao Ministério do Desenvolvimento Agrário e ao Instituto Nacional de Colonização e Reforma Agrária (INCRA) nas ações de regularização fundiária para garantir a preservação da identidade cultural dos remanescentes das comunidades dos quilombos.

MINISTÉRIO DA DEFESA. *Direito administrativo.* Órgão da Administração federal direta, com a missão de exercer a direção superior das Forças Armadas, com vistas ao cumprimento de sua destinação constitucional e de suas atribuições subsidiárias, tem como área de competência os seguintes assuntos: a) política de defesa nacional; b) política e estratégia militares; c) doutrina e planejamento de emprego das Forças Armadas; d) projetos especiais de interesse da defesa nacional; e) inteligência estratégica e operacional no interesse da defesa; f) operações militares das Forças Armadas; g) relacionamento internacional das Forças Armadas; h) orçamento de defesa; i) legislação militar; j) política de mobilização nacional; k) política de ciência e tecnologia nas Forças Armadas; l) política de comunicação social das Forças Armadas; m) política de remuneração dos militares e pensionistas; n) política nacional de exportação de material de emprego militar, fomento às atividades de pesquisa e desenvolvimento, produção e exportação em áreas de interesse da defesa e controle da exportação de material bélico de natureza convencional; o) atuação das Forças Armadas, quando couber, na garantia da lei e da ordem, visando à preservação da ordem pública e da incolumidade das pessoas e do patrimônio, bem como sua cooperação com o desenvolvimento nacional e a defesa civil e ao apoio ao combate a delitos transfronteiriços e ambientais; p) logística militar; q) serviço militar; r) assistência à saúde, social e religiosa das Forças Armadas; s) constituição, organização, efetivos, adestramento e aprestamento das forças navais, terrestres e aéreas; t) política marítima nacional; u) segurança da navegação aérea e do tráfego aquaviário e salvaguarda da vida humana no mar; v) política aeronáutica nacional e atuação na política nacional de desenvolvimento das atividades aeroespaciais; x) infra-estrutura aeroespacial, aeronáutica e aeroportuária.

MINISTÉRIO DA EDUCAÇÃO. *Direito administrativo.* É o órgão da Administração direta que, além de formular e avaliar a política nacional de educação, zelar pela qualidade do ensino e velar pelo cumprimento de leis que o regem, tem como área de competência os seguintes assuntos: a) política nacional de educação; b) educação infantil; c) educação em geral, compreendendo ensino fundamental, ensino médio, ensino superior, educação de jovens e adultos, educação profissional, educação especial e educação a distância, exceto ensino militar; d) avaliação, informação e pesquisa educacional; e) pesquisa e extensão universitária; f) magistério; e g) assistência financeira a famílias carentes para a escolarização de seus filhos ou dependentes.

MINISTÉRIO DA FAZENDA. *Direito administrativo.* Órgão da Administração federal direta que tem em sua área de competência os seguintes assuntos: a) moeda, crédito, instituições financeiras, capitalização, poupança popular, seguros privados e previdência privada aberta; b) política, administração, fiscalização e arrecadação tributária federal, inclusive à destinada à previdência social, e aduaneira; c) atualização do plano de custeio da seguridade social, em articulação com os demais órgãos envolvidos; d) administração financeira e contabilidade públicas; e) administração das dívidas públicas interna e externa; f) negociações econômicas e financeiras com governos, organismos multilaterais e agências governamentais; g) preços em geral e tarifas públicas e administradas; h) fiscalização e controle do comércio exterior; i) realização de estudos e pesquisas para acompanhamento da conjuntura econômica; e j) autorizar, ressalvadas as competências do Conselho Monetário Nacional: 1. a distribuição gratuita de prêmios a título de propaganda quando efetuada mediante sorteio, vale-brinde, concurso ou operação assemelhada; 2. as operações de consórcio, fundo mútuo e outras formas associativas assemelhadas, que objetivem a aquisição de bens de qualquer natureza; 3. a venda ou promessa de venda de mercadorias a varejo, mediante oferta pública e com recebimento antecipado, parcial ou total, do respectivo preço; 4. a venda ou promessa de venda de direitos, inclusive cotas de propriedade de entidades civis, tais como hospital, motel, clube, hotel, centro de recreação ou alojamento e organização de serviços de qualquer natureza com ou sem rateio de despesas de manutenção, mediante oferta pública e com pagamento antecipado do preço; 5. a venda ou promessa de venda de terrenos loteados a prestações mediante sorteio; 6. qualquer outra modalidade de captação antecipada de poupança popular, mediante promessa de contraprestação em bens, direitos ou serviços de qualquer natureza; e 7. a exploração de loterias, inclusive os *sweepstakes* e outras modalidades de loterias realizadas por entidades promotoras de corridas de cavalos.

MINISTÉRIO DA INDÚSTRIA, DO COMÉRCIO E DO TURISMO. *História do direito.* Antigo órgão de administração direta federal, competente para resolver assuntos atinentes a: a) política de desenvolvimento da indústria, do comércio e dos serviços; b) propriedade industrial, marcas e patentes, e transferência de tecnologia; c) metrologia, normalização e qualidade industrial; d) comércio exterior; e) turismo; f) formulação da política de apoio à micro, pequena e média empresa; g) execução das atividades de registro do comércio; h) política relativa ao café, açúcar e álcool.

MINISTÉRIO DA INTEGRAÇÃO NACIONAL. *Direito administrativo.* Órgão da Administração direta que tem por objetivo: a) formulação e condução da política de desenvolvimento nacional integrada; b) formulação dos planos e programas regionais de desenvolvimento; c) estabelecimento de estratégias de integração das economias regionais; d) estabelecimento das diretrizes e prioridades na aplicação dos recursos dos programas de financiamento; e) estabelecimento das diretrizes e prioridades na aplicação dos recursos do Fundo de Desenvolvimento do Nordeste e do Fundo de Desenvolvimento da Amazônia; f) estabelecimento de normas para cumprimento de programas de financiamento dos fundos constitucionais e das programações orçamentárias dos fundos de investimentos regionais; g) acompanhamento e avaliação dos programas integrados de desenvolvimento nacional; h) defesa civil; i) obras contra as secas e de infra-estrutura hídrica; j) formulação e condução da política nacional de irrigação; k) ordenação territorial; l) obras públicas em faixas de fronteira.

MINISTÉRIO DA JUSTIÇA. *Direito administrativo.* É o órgão da Administração direta, tendo como área de competência os seguintes assuntos: a) defesa da ordem jurídica, dos direitos políticos e das garantias constitucionais; b) política judiciária; c) direitos dos índios; d) entorpecentes, segurança pública, Polícias Federal, Rodoviária e Ferroviária Federal e do Distrito Federal; e) defesa da ordem econômica nacional e dos direitos do consumidor; f) planejamento, coordenação e administração da política penitenciária nacional; g) nacionalidade, imigração e estrangeiros; h) ouvidoria-geral dos índios e do consumidor; i) ouvidoria das polícias federais; j) assistência jurídica, judicial e extrajudicial, integral e gratuita, aos necessitados, assim considerados em lei; k) defesa dos bens e dos próprios da União e das entidades integrantes da Administração Pública Federal indireta; l) articular, integrar e propor as ações do Governo nos aspectos relacionados com as atividades de repressão ao uso indevido, do tráfico ilícito e da produção não autorizada de substâncias entorpecentes e drogas que causem dependência física ou psíquica; m) coordenar e implementar os trabalhos de consolidação dos atos normativos no âmbito do Poder Executivo; e n) prevenir e reprimir a lavagem de dinheiro e cooperação jurídica internacional.

MINISTÉRIO DA MARINHA. *História do direito.* Órgão da Administração direta do governo federal, cuja área de competência versava sobre: a) política naval e doutrina militar naval; b) constituição, organização, efetivos e aprestamento das forças navais; c) planejamento estratégico e emprego das Forças Navais na defesa do País; d) orientação e realização de estudos e pesquisas do interesse da Marinha; e) política marítima nacional; f) orientação e controle da marinha mercante e demais atividades correlatas, no interesse da segurança da navegação, ou da defesa nacional; g) segurança da navegação marítima, fluvial e lacustre; h) adestramento militar e supervisão de adestramento civil no interesse da segurança da navegação nacional; i) polícia naval.

MINISTÉRIO DA PREVIDÊNCIA SOCIAL. *Direito administrativo.* Órgão federal da Administração direta, incumbido de zelar pelos assuntos relativos a: a) previdência social; b) previdência complementar.

MINISTÉRIO DA SAÚDE. *Direito administrativo.* Órgão federal da Administração direta, com competência para tratar de: a) política nacional de saúde; b) coordenação e fiscalização do Sistema Único de Saúde; c) saúde ambiental e ações de promoção, proteção e recuperação da saúde individual e coletiva, inclusive a dos trabalhadores e dos índios; d) informações de saúde; e) insumos críticos para a saúde; f) ação preventiva em geral, vigilância e controle sanitário de fronteiras e de portos marítimos, fluviais e aéreos; g) vigilância de saúde, especialmente quanto às drogas, medicamentos e alimentos; h) pesquisa científica e tecnológica na área de saúde.

MINISTÉRIO DAS CIDADES. *Direito administrativo.* Órgão da Administração federal direta, com competência para tratar de: a) política de desenvolvimento urbano; b) políticas setoriais de habitação, saneamento ambiental, transporte urbano e trânsito; c) promoção, em articulação com as diversas esferas de governo, com o setor privado e organizações não-governamentais, de ações e programas de urbanização, de habitação, de saneamento básico e ambiental, transporte urbano, trânsito e desenvolvimento urbano; d) política de subsídio à habitação popular, saneamento e transporte urbano; e) planejamento, regulação, normatização e gestão da aplicação de recursos em políticas de desenvolvimento urbano, urbanização, habitação, saneamento básico e ambiental, transporte urbano e trânsito; e f) participação na formulação das diretrizes gerais para conservação dos sistemas urbanos de água, bem assim para adoção de bacias hidrográficas como unidades básicas do planejamento e gestão do saneamento.

MINISTÉRIO DAS COMUNICAÇÕES. *Direito administrativo.* Órgão da Administração direta, que tem como área de competência os seguintes assuntos: a) política nacional de telecomunicações, inclusive radiodifusão; b) regulamentação, outorga e fiscalização de serviços de telecomunicações; c) controle e administração do uso do espectro de radiofreqüências; d) serviços postais. Tem ainda competência para: a) estabelecer as normas complementares dos serviços de RTV e de RpTV; b) outorgar autorização para a execução dos serviços de RTV e de RpTV; c) aprovar projetos de locais de instalação e de uso de equipamentos de estações de RTV e RpTV e expedir as respectivas licenças para funcionamento; d) fiscalizar, no que se refere ao conteúdo da programação, a execução do serviço de RTV em todo o território nacional, no que diz respeito à observância das disposições legais, regulamentares e normativas aplicáveis aos serviços; e e) instaurar procedimento administrativo para apurar infrações de qualquer natureza referentes aos serviços de RTV e RpTV e impor as sanções cabíveis.

MINISTÉRIO DAS RELAÇÕES EXTERIORES. *Direito administrativo.* Órgão da Administração direta, que tem como área de competência os seguintes assuntos: a) política internacional; b) relações diplomáticas e serviços consulares; c) participação nas negociações comerciais, econômicas, técnicas e culturais com governos e entidades estrangeiras; d) programas de cooperação internacional e promoção comercial; e) apoio a delegações, comitivas e representações brasileiras em agências e organismos internacionais e multilaterais. Cabe ao Ministério das Relações Exteriores auxiliar o Presidente da República na formulação da política exterior do Brasil, assegurar sua execução e manter relações com Estados estrangeiros, organismos e organizações internacionais.

MINISTÉRIO DE MINAS E ENERGIA. *Direito administrativo.* Órgão que constitui segmento da administração direta federal com incumbência de decidir sobre: a) geologia, recursos minerais e energéticos; b) aproveitamento da energia hidráulica; c) mineração e metalurgia; d) petróleo, combustível e energia elétrica, inclusive nuclear. Cabe, ainda, ao Ministério de Minas e Energia: a) energização rural, agroenergia, inclusive eletrificação rural, quando custeado com recursos vinculados ao Sistema Elétrico Nacional; e b) zelar pelo equilíbrio conjuntural e estrutural entre a oferta e a demanda de energia elétrica no País.

MINISTÉRIO DO ALTAR. *Direito canônico.* Sacerdócio.

MINISTÉRIO DO DESENVOLVIMENTO AGRÁRIO. *Direito administrativo.* Órgão da Administração direta incumbido da: a) reforma agrária; b) promoção do desenvolvimento sustentável do segmento rural constituído pelos agricultores familiares; c) identificação, reconhecimento, delimitação, demarcação e titulação das terras ocupadas pelos remanescentes das comunidades dos quilombos.

MINISTÉRIO DO DESENVOLVIMENTO SOCIAL E COMBATE À FOME. *Direito administrativo.* Órgão com competência para decidir sobre: a) política nacional de desenvolvimento social; b) política nacional de segurança alimentar e nutricional;

c) política nacional de assistência social; d) política nacional de renda de cidadania; e) articulação com os governos federal, estaduais, do Distrito Federal e municipais e a sociedade civil no estabelecimento de diretrizes para as políticas nacionais de desenvolvimento social, de segurança alimentar e nutricional, de renda de cidadania e de assistência social; f) articulação entre as políticas e programas dos governos federal, estaduais, do Distrito Federal e municipais e as ações da sociedade civil ligadas ao desenvolvimento social, à produção alimentar, alimentação e nutrição, à renda de cidadania e à assistência social; g) orientação, acompanhamento, avaliação e supervisão de planos, programas e projetos relativos às áreas de desenvolvimento social, segurança alimentar e nutricional, de renda de cidadania e assistência social; h) normatização, orientação, supervisão e avaliação da execução das políticas de desenvolvimento social, segurança alimentar e nutricional, de renda, de cidadania e de assistência social; i) gestão do Fundo Nacional de Assistência Social; j) coordenação, supervisão, controle e avaliação da operacionalização de programas de transferência de renda; k) aprovação dos orçamentos gerais do Serviço Social da Indústria (SESI), do Serviço Social do Comércio (SESC) e do Serviço Social do Transporte (SEST).

MINISTÉRIO DO DESENVOLVIMENTO, INDÚSTRIA E COMÉRCIO EXTERIOR. *Direito administrativo.* É o encarregado dos assuntos sobre: a) política de desenvolvimento da indústria, do comércio e dos serviços; b) propriedade intelectual e transferência da tecnologia; c) metrologia, normalização e qualidade industrial; d) políticas de comércio exterior; e) regulamentação e execução dos programas e atividades relativas ao comércio exterior; f) aplicação dos mecanismos de defesa comercial; g) participação em negociações internacionais relativas ao comércio exterior; h) formulação da política de apoio à microempresa, empresa de pequeno porte e artesanato; i) execução da atividade de registro de comércio.

MINISTÉRIO DO ESPORTE. *Direito administrativo.* Órgão da Administração direta, tem como área de competência os seguintes assuntos: a) política nacional de desenvolvimento da prática dos esportes; b) intercâmbio com organismos públicos e privados, nacionais, internacionais e estrangeiros, voltados à promoção do esporte; c) estímulo às iniciativas públicas e privadas de incentivo às atividades esportivas; e d) planejamento, coordenação, supervisão e avaliação dos planos e programas de incentivo aos esportes e ações de democratização da prática esportiva e inclusão social por intermédio do esporte.

MINISTÉRIO DO EXÉRCITO. *História do direito.* Órgão de administração direta federal que tinha os encargos de: a) política militar terrestre; b) organização dos efetivos, aparelhamento e adestramento das forças terrestres; c) estudos e pesquisas do interesse do Exército; d) planejamento estratégico e execução das ações relativas à defesa interna e externa do país; e) participação na defesa da fronteira marítima e na defesa aérea; f) participação no preparo e na execução da mobilização e desmobilização nacionais; g) fiscalização das atividades envolvendo armas, munições, explosivos e outros produtos de interesse militar; h) produção de material bélico.

MINISTÉRIO DO MEIO AMBIENTE. *Direito administrativo.* Órgão federal da Administração direta, cuja área de competência recai sobre assuntos concernentes a: a) política nacional do meio ambiente e dos recursos hídricos; b) política de preservação, conservação e utilização sustentável de ecossistemas, e biodiversidade e florestas; c) proposição de estratégias, mecanismos e instrumentos econômicos e sociais para a melhoria da qualidade ambiental e do uso sustentável dos recursos naturais; d) políticas para integração do meio ambiente e produção; e) políticas e programas ambientais para a Amazônia Legal; f) zoneamento ecológico-econômico.

MINISTÉRIO DO MEIO AMBIENTE, DOS RECURSOS HÍDRICOS E DA AMAZÔNIA LEGAL. *História do direito.* Órgão federal de administração direta, cuja área de competência recaia sobre assuntos concernentes a: a) planejamento, coordenação, supervisão e controle das ações relativas ao meio ambiente e aos recursos hídricos; b) formulação e execução da política nacional do meio ambiente e dos recursos hídricos; c) preservação, conservação e uso racional dos recursos naturais renováveis; d) implementação de acordos internacionais na área ambiental; e) política integrada para a Amazônia Legal.

MINISTÉRIO DO PLANEJAMENTO E ORÇAMENTO. *História do direito.* Órgão da Administração di-

reta, que tinha como área de competência os seguintes assuntos: a) formulação do planejamento estratégico nacional; b) coordenação e gestão do sistema de planejamento e orçamento federal; c) formulação de diretrizes e controle da gestão das empresas estatais; d) elaboração, acompanhamento e avaliação dos planos nacionais e regionais de desenvolvimento; e) realização de estudos e pesquisas socioeconômicas; f) formulação e coordenação das políticas nacionais de desenvolvimento urbano; g) administração dos sistemas cartográficos e de estatísticas nacionais; h) acompanhamento e avaliação dos gastos públicos federais; i) fixação das diretrizes, acompanhamento e avaliação dos programas de financiamento; j) defesa civil; k) formulação de diretrizes, avaliação e coordenação das negociações com organismos multilaterais e agências governamentais estrangeiras, relativas a financiamentos de projetos públicos.

MINISTÉRIO DO PLANEJAMENTO E ORÇAMENTO COMO GESTOR DA APLICAÇÃO DOS RECURSOS DO FGTS. *História do direito.* Órgão a quem competia: a) praticar todos os atos necessários à gestão da aplicação do FGTS, de acordo com as diretrizes e programas estabelecidos pelo Conselho Curador; b) expedir atos normativos relativos à alocação dos recursos para a implementação dos programas aprovados pelo Conselho Curador; c) definir as metas a serem alcançadas pelos programas de habitação popular, saneamento básico e infra-estrutura urbana; d) estabelecer os critérios, procedimentos e parâmetros básicos para a análise, seleção, contratação, acompanhamento e avaliação dos projetos a serem financiados com recursos do FGTS, com observância dos objetivos da política nacional de desenvolvimento urbano e das políticas setoriais de habitação popular, saneamento básico e infra-estrutura urbana, estabelecidas pelo governo federal; e) definir as prioridades, a metodologia e os parâmetros básicos que nortearão a elaboração dos orçamentos e planos plurianuais de aplicação dos recursos do FGTS; f) elaborar os orçamentos anuais e planos plurianuais de aplicação dos recursos, discriminando-os por unidade da Federação e submetendo-os, até 31 de julho de cada ano, ao Conselho Curador; g) acompanhar a execução dos programas de habitação popular, saneamento básico e infra-estrutura urbana, decorrentes da aplicação dos recursos do FGTS, implementadas pelo agente operador; h) subsidiar o Conselho Curador com estudos técnicos necessários ao aprimoramento dos programas de habitação popular, saneamento e infra-estrutura urbana; i) submeter ao Conselho Curador as contas do FGTS. O gestor da aplicação podia firmar convênios com os governos dos Estados e do Distrito Federal para, por intermédio de instâncias colegiadas constituídas de representantes do governo estadual, dos governos municipais, quando houvesse, e da sociedade civil, em igual número, enquadrar, hierarquizar e selecionar os pleitos de operações de crédito com recursos do FGTS.

MINISTÉRIO DO PLANEJAMENTO, ORÇAMENTO E GESTÃO. *Direito administrativo.* Órgão da Administração Federal direta incumbido das questões sobre: a) participação na formulação do planejamento estratégico nacional; b) avaliação dos impactos socioeconômicos das políticas e programas do Governo Federal e elaboração de estudos especiais para a reformulação de políticas; c) realização de estudos e pesquisas para acompanhamento da conjuntura socioeconômica e gestão dos sistemas cartográficos e estatísticos nacionais; d) elaboração, acompanhamento e avaliação do plano plurianual de investimentos e dos orçamentos anuais; e) viabilização de novas fontes de recursos para os planos de governo; f) coordenação da gestão de parcerias público-privadas; g) formulação de diretrizes, coordenação das negociações, acompanhamento e avaliação dos financiamentos externos de projetos públicos com organismos multilaterais e agências governamentais; h) coordenação e gestão dos sistemas de planejamento e orçamento federal, de pessoal civil, de administração de recursos de informação e informática e de serviços gerais, bem como das ações de organização e modernização administrativa do Governo Federal; i) formulação de diretrizes, coordenação e critérios de governança corporativa das empresas estatais federais; j) administração patrimonial; k) política e diretrizes para modernização do Estado.

MINISTÉRIO DOS TRANSPORTES. *Direito administrativo.* Órgão da Administração Federal direta que tem em sua área de competência: a) política nacional de transportes ferroviário, rodoviário e aquaviário; b) marinha mercante, portos e vias navegáveis; c) participação na coordenação dos transportes aeroviários.

MINISTÉRIO DO TRABALHO E EMPREGO. *Direito administrativo.* Órgão da Administração direta que tem como área de competência os seguintes assuntos: a) política e diretrizes para a geração de emprego e renda e apoio ao trabalhador; b) política e diretrizes para a modernização das relações do trabalho; c) fiscalização do trabalho, inclusive do trabalho portuário, bem como aplicação das sanções previstas em normas legais ou coletivas; d) política salarial; e) formação e desenvolvimento profissional; f) segurança e saúde no trabalho; g) política de imigração; h) cooperativismo e associativismo urbanos.

MINISTÉRIO DO TURISMO. *Direito administrativo.* Órgão da Administração direta que tem como área de competência os seguintes assuntos: a) política nacional de desenvolvimento do turismo, em suas dimensões econômica, social, cultural, ambiental e ética; b) promoção e divulgação do turismo nacional, no País e no exterior; c) estímulo às iniciativas públicas e privadas relacionadas às atividades turísticas; d) planejamento, coordenação, supervisão, execução e avaliação dos planos, programas, ações e projetos relacionados ao turismo; e) classificação dos serviços e empreendimentos turísticos; f) estímulo à certificação de pessoas, atividades, empreendimentos e equipamentos no âmbito do Sistema Brasileiro de Certificação; g) apoio ao desenvolvimento da infra-estrutura necessária ao turismo do País; e h) gestão do Fundo Geral de Turismo (FUNGETUR).

MINISTÉRIO PÚBLICO. *Direito processual.* Instituição permanente, essencial à função jurisdicional do Estado, que tem a incumbência de zelar pela defesa da ordem jurídica, do regime democrático e dos interesses sociais e individuais indisponíveis. Os seus membros têm as mesmas garantias da magistratura: vitaliciedade, inamovibilidade e irredutibilidade de vencimentos. E seus princípios institucionais são: o da unidade, o da indivisibilidade e o da autonomia funcional, administrativa e financeira. Na seara criminal pode investigar de modo direto as infrações penais; promover em juízo a apuração dos crimes; acusar e responsabilizar os criminosos; zelar pelos interesses gerais da sociedade; promover a ação penal pública; requisitar inquérito policial e diligências investigatórias; exercer o controle externo sobre a atividade policial; pedir a absolvição ou recorrer em favor do acusado se se convencer de sua inocência; impetrar *habeas corpus* se entender que o acusado sofre constrangimento ilegal. Na esfera cível pode: a) ser órgão agente, ao provocar o Poder Judiciário em várias ações, como nas de interdição, nulidade de casamento, declaração de inconstitucionalidade, nulidade de ato em fraude à lei, destituição do poder familiar, nas ações civis públicas em defesa de interesses difusos e coletivos, nas ações civis *ex delicto* etc.; b) oficiar numa série de feitos como órgão interveniente para, por exemplo, zelar pela indisponibilidade dos interesses de uma parte, suprir alguma inferioridade, assegurar o interesse público; c) exercer a administração pública de interesses privados. Cabe-lhe ainda atender o público, orientando os deficientes físicos, os necessitados, principalmente nas questões de família, de menores, de acidentes do trabalho etc., e intervir junto aos tribunais e Conselhos de Contas (Hugo Nigro Mazzilli).

MINISTÉRIO PÚBLICO DA UNIÃO. É o que abrange os Ministérios Públicos Federal, do Trabalho, Militar e do Distrito Federal e Territórios, que tem por chefe o procurador-geral da República, nomeado dentre os integrantes da carreira, maiores de 35 anos, com aprovação da maioria absoluta do Senado Federal.

MINISTÉRIO PÚBLICO DO DISTRITO FEDERAL E TERRITÓRIOS. *Direito processual.* Instituições que integram o Ministério Público da União, sob a direção do procurador-geral da República, apesar de terem seu próprio procurador-geral.

MINISTÉRIO PÚBLICO DO TRABALHO. *Direito processual.* Instituição inserida no Ministério Público da União, que atua perante a justiça trabalhista.

MINISTÉRIO PÚBLICO ESTADUAL. *Direito processual.* Instituição que atua em cada Estado membro da federação, nos juízos de primeira instância, representada pelos promotores de justiça, e nos de segunda instância, pelos procuradores de justiça. Tem por órgão superior o Colégio de Procuradores de Justiça, e é chefiado pelo procurador-geral do Estado.

MINISTÉRIO PÚBLICO FEDERAL. Conjunto de órgãos do Ministério Público da União, sob a chefia administrativa do procurador-geral da República. Seus membros são os procuradores-gerais, que representam a União em juízo. Exerce também funções eleitorais perante juízes e juntas eleitorais, por meio do promo-

tor eleitoral. É o órgão integrante do Ministério Público da União que tem por finalidade: a) promover, privativamente, a ação penal pública, na forma da lei; b) zelar pelo efetivo respeito dos Poderes Públicos e dos serviços de relevância pública aos direitos assegurados na Constituição Federal, promovendo as medidas necessárias a sua garantia; c) promover o inquérito civil e a ação civil pública, para a proteção do patrimônio público e social, do meio ambiente e de outros interesses difusos e coletivos; d) promover a ação de inconstitucionalidade ou representação para fins de intervenção da União e dos Estados, nos casos previstos na Constituição; e) defender judicialmente os direitos e interesses das populações indígenas; f) expedir notificações nos procedimentos administrativos de sua competência, requisitando informações e documentos para instruí-los, na forma da lei complementar respectiva; g) exercer o controle externo da atividade policial, na forma de lei complementar; h) requisitar diligências investigatórias e a instauração de inquérito policial, indicados os fundamentos jurídicos de suas manifestações processuais; i) exercer outras funções que lhe forem conferidas, desde que compatíveis com sua finalidade, sendo-lhe vedada a representação judicial e a consultoria jurídica de entidades públicas. O Ministério Público federal tem a seguinte estrutura: a) procurador-geral da República; b) procurador-geral eleitoral; c) Colégio de procuradores da República; d) Conselho Superior do Ministério Público federal; e) Câmaras de Coordenação e Revisão do Ministério Público federal; f) Corregedoria do Ministério Público federal; g) gabinete do procurador-geral da República; h) Assessoria Especial; i) Assessoria de Comunicação Social; j) Assessoria de Articulação Parlamentar; k) gabinetes dos subprocuradores-gerais da República; l) Procuradorias Regionais da República; m) Procuradorias da República nos Estados, no Distrito Federal e nos Municípios; n) Secretaria-Geral do Ministério Público federal.

MINISTÉRIO PÚBLICO MILITAR. *Direito processual.* Instituição que compreende o Ministério Público da União, com a atribuição de: promover, privativamente, a ação penal pública e a declaração de indignidade ou de incompatibilidade com o oficialato; manifestar-se em qualquer fase do processo, sob solicitação judicial ou de ofício, desde que haja interesse público que

MINISTÉRIOS | 307

justifique sua intervenção; exercer o controle externo da atividade da polícia judiciária militar (Hugo Nigro Mazzilli).

MINISTÉRIOS. *Direito administrativo.* Órgãos federais de Administração direta, que, no Brasil, são os seguintes: a) da Agricultura, Pecuária e Abastecimento; b) das Cidades; c) da Ciência e Tecnologia; d) das Comunicações; e) da Cultura; f) da Defesa; g) do Desenvolvimento Agrário; h) do Desenvolvimento, Indústria e Comércio Exterior; i) do Desenvolvimento Social e Combate à Fome; j) da Educação; k) do Esporte; l) da Fazenda; m) da Integração Nacional; n) da Justiça; o) do Meio Ambiente; p) de Minas e Energia; q) do Planejamento, Orçamento e Gestão; r) da Previdência Social; s) das Relações Exteriores; t) da Saúde; u) do Trabalho e Emprego; v) dos Transportes; x) do Turismo.

MINISTERIUM IUDICIS. *Locução latina.* Ofício do juiz.

MINISTRADO. *Ciência política.* Cargo de ministro.

MINISTRAL. *Ciência política.* Referente a ministro.

MINISTRAR. 1. *Ciência política.* Desempenhar a função de ministro. **2.** Nas *linguagens jurídica* e *comum* pode ter o sentido de: a) administrar; b) conferir; c) sugerir; d) fornecer.

MINISTRO. 1. *Ciência política.* Titular de um ministério. **2.** *Direito processual.* Título de juiz de tribunal superior como: Supremo Tribunal Federal, Superior Tribunal de Justiça, Tribunal de Contas, Superior Tribunal Militar, Tribunal Superior do Trabalho e Tribunal Superior Eleitoral. É a maior graduação no Poder Judiciário. **3.** *Direito internacional público.* a) Chefe da legação de um país; b) enviado de um governo junto a outro; c) diplomata que se encontra no ápice de sua carreira.

MINISTRO DA IGREJA. *Direito canônico.* **1.** Aquele que, tendo ordem sacra, exerce o sacerdócio. **2.** Padre da Igreja Católica.

MINISTRO DA MORTE. *Direito comparado.* Carrasco.

MINISTRO DE CULTO. Sacerdote ou pastor incumbido da realização de ofícios religiosos.

MINISTRO DE ESTADO. *Ciência política* e *direito administrativo.* **1.** Titular de um ministério que auxilia o Presidente da República. É aquele que dirige um conjunto de departamentos ou órgãos federais de administração pública direta, compreendidos na área de sua competência,

supervisionando-os e coordenando-os, devendo, ainda, dentre outras atribuições: referendar atos e decretos presidenciais; expedir instruções para execução de leis, decretos e regulamentos; elaborar relatório anual sobre as atividades de sua pasta; praticar atos relativos às suas funções ou de delegação do Presidente da República; prestar informações, quando convocado pela Câmara ou Senado, sobre assunto pertinente ao seu ministério. **2.** Titular da Casa Civil da Presidência da República. **3.** Titular do Estado-Maior das Forças Armadas.

MINISTRO DE ESTADO EXTRAORDINÁRIO DE SEGURANÇA ALIMENTAR E COMBATE À FOME. *História do direito.* Aquele que tinha competência para: a) formular e coordenar a implementação da Política Nacional de Segurança Alimentar e Nutricional, com o objetivo de garantir o direito humano à alimentação no território nacional; b) articular a participação da sociedade civil no estabelecimento de diretrizes para a Política Nacional de Segurança Alimentar e Nutricional; c) promover a articulação entre as políticas e programas dos governos federal, estaduais e municipais e as ações da sociedade civil ligadas à produção alimentar, alimentação e nutrição; d) estabelecer diretrizes e supervisionar e acompanhar a implementação de programas no âmbito da Política Nacional de Segurança Alimentar e Nutricional.

MINISTRO DO ALTAR. *Direito canônico.* Padre da religião católica.

MINISTRO DO SENHOR. *Vide* MINISTRO DO ALTAR.

MINISTRO DO SUPERIOR TRIBUNAL DE JUSTIÇA. *Direito processual.* Um dos trinta e três ministros nomeados pelo Presidente da República, dentre brasileiros com mais de 35 e menos de 65 anos, de notável saber jurídico e reputação ilibada, com a aprovação do Senado Federal.

MINISTRO DO SUPERIOR TRIBUNAL MILITAR. *Direito processual.* Cada um dos quinze membros do Superior Tribunal Militar, nomeados pelo Presidente da República depois de aprovada a indicação pelo Senado Federal, sendo três dentre oficiais-generais da Marinha; quatro dentre oficiais-generais do Exército; três dentre oficiais-generais da Aeronáutica, todos da ativa e do posto mais elevado da carreira; e cinco dentre civis, desde que brasileiros e maiores de 35 anos, sendo três dentre advogados de notório saber jurídico e conduta ilibada, com mais de dez anos de efetiva atividade profissional, e dois, por escolha paritária, dentre juízes auditores e membros do Ministério Público da justiça militar.

MINISTRO DO SUPREMO TRIBUNAL FEDERAL. *Direito processual.* Cada um dos onze componentes do Supremo Tribunal Federal, escolhidos dentre cidadãos com mais de 35 e menos de 65 anos de idade, de notável saber jurídico e reputação ilibada, nomeados pelo Presidente da República, depois de aprovada a escolha pela maioria absoluta do Senado Federal.

MINISTRO DO TRIBUNAL SUPERIOR DO TRABALHO. *Direito processual.* Cada um dos vinte e sete membros do Tribunal Superior do Trabalho, escolhidos e nomeados pelo Presidente da República, dentre brasileiros com mais de 35 e menos de 65 anos de idade, após aprovação do Senado Federal. Dezessete são togados e vitalícios, dos quais onze são eleitos dentre juízes de carreira da magistratura trabalhista; três dentre advogados; e três dentre os membros do Ministério Público do Trabalho. Dez são classistas e temporários, com representação paritária entre empregadores e empregados.

MINISTRO DO TRIBUNAL SUPERIOR ELEITORAL. *Direito processual.* Cada um dos sete membros do Tribunal Superior Eleitoral, sendo cinco escolhidos mediante eleição, pelo voto secreto (três dentre os Ministros do Supremo Tribunal Federal e dois dentre os Ministros do Superior Tribunal de Justiça); e dois eleitos por nomeação do Presidente da República, dentre seis advogados de notável saber jurídico e idoneidade moral, indicados pelo Supremo Tribunal Federal.

MINISTRO EVANGÉLICO. Ministro protestante; pastor.

MINISTRO EXTRAORDINÁRIO. *Direito internacional público.* Ministro plenipotenciário que é o agente diplomático de segunda classe, sendo chefe de uma legação ou missão. É sempre acreditado perante chefes de Estado, por representar seu país em outro ou em organismos internacionais. Tem as tarefas de: representar o Estado acreditante perante o acreditado; proteger os interesses do Estado acreditante e de seus nacionais; negociar com o governo do país acreditado; inteirar-se dos acontecimentos ocorridos no Estado acreditado, informando, por meios lícitos, o governo na nação acreditante;

promover relações amistosas e desenvolver relações econômicas, culturais e científicas entre os países acreditante e acreditado.

MINISTRO PLENIPOTENCIÁRIO. *Vide* MINISTRO EXTRAORDINÁRIO.

MINISTRO RESIDENTE. *Direito internacional público.* Agente diplomático que representa sua nação junto a outra, ocupando posição hierárquica inferior à de embaixador. Ocupa, portanto, a categoria abaixo de ministro plenipotenciário e acima de encarregados de negócios.

MINISTROS DE CONFISSÃO RELIGIOSA. São aqueles que consagram sua vida ao serviço de Deus e do próximo, com ou sem ordenação, dedicando-se ao anúncio de suas respectivas doutrinas e crenças, à celebração dos cultos próprios, à organização das comunidades e à promoção de observância das normas estabelecidas desde que devidamente aprovados para o exercício de suas funções pela autoridade religiosa competente.

MINISTROS DIPLOMÁTICOS. *Direito internacional público.* Agentes diplomáticos colocados como representantes ou delegados de seu Estado junto ao governo de outro, dividindo-se em três classes: a) embaixadores ou núncios, acreditados perante chefes de Estado e outros chefes de missão de categoria equivalente; b) enviados, ministros ou internúncios, acreditados perante chefes de Estado; e c) encarregados de negócios, acreditados perante ministros de relações exteriores.

MINISTRO SEM PASTA. *Ciência política.* Membro do Conselho de Ministro, que não tem a chefia de nenhum dos ministérios.

MINISTRO TOGADO. *Direito processual.* Juiz vitalício do Tribunal Superior do Trabalho.

MINI-UNIDADE LOTÉRICA. É o estabelecimento destinado à comercialização de todas as loterias federais (prognósticos e bilhetes) e dispõe de um equipamento que permita a captação de apostas e, ainda, deverá estar conjugada com outro estabelecimento comercial.

MINORAÇÃO. 1. Diminuição. **2.** Atenuação. **3.** Redução.

MINORANTE. *Direito penal.* Diz-se da atenuação legal da pena-base em razão da circunstância do crime e da condição pessoal do agente.

MINORAR. 1. Diminuir. **2.** Atenuar. **3.** Abrandar. **4.** Reduzir.

MINORIA. 1. Inferioridade em número ou quantidade. **2.** Parcela menos numerosa de uma corporação deliberativa.

MINORIA RACIAL. *Ciência política.* Povo que pertence a uma determinada raça e faz parte da população de um Estado, onde há predominância de raça diversa.

MINORIAS NACIONAIS. *Ciência política.* Grupos pertencentes a outro Estado, mas que estão sob a égide do país onde se encontram, submetendo-se às suas leis, desfrutando de garantias constitucionais apesar de sofrerem algumas restrições em certas atividades econômicas, no exercício de determinados cargos políticos etc.

MINORITÁRIO. 1. *Ciência política.* Diz-se do partido que obtém a minoria dos votos. **2.** Na *linguagem jurídica,* em geral, é aquilo alusivo à minoria. **3.** *Direito comercial.* Acionista com poucas ações ou que não tem participação do controle acionário da companhia (Luiz Fernando Rudge).

MINOR PORT ADDITIONAL. *Direito marítimo.* Adicional de porto, cobrado na hipótese em que a mercadoria é embarcada ou desembarcada em porto fora de sua rota.

MINÚCIA. 1. Pormenor. **2.** Insignificância. **3.** Descrição pormenorizada. Individualização pormenorizada de um bem.

MINUCIOSIDADE. 1. Particularidade. **2.** Minudência. **3.** Qualidade de minucioso.

MINUCIOSO. 1. Circunstanciado. **2.** O que foi individualizado com pormenores. **3.** Em que há minudência.

MINUDÊNCIA. 1. Minúcia. **2.** Exame atento e pormenorizado.

MINUDENCIAR. Expor minudenciosamente.

MINUDENTE. *Vide* MINUCIOSO.

MINUS. *Termo latino.* Menos.

MINUS CUI PROHIBITUR, MULTO MAGIS QUOD MAJUS EST INTERDICITUR. *Aforismo jurídico.* A quem se proíbe o menos, proíbe-se-lhe o mais.

MINUS HABENS. *Locução latina.* De parco entendimento.

MINUS QUAM VOLUIT. *Expressão latina.* Menos do que queria.

MINUS VALIA. *Locução latina.* **1.** Falta. **2.** Diminuição.

MINUTA. 1. Primeira redação de um documento, sujeita a uma revisão e aprovação. **2.** Traçado feito à vista de um terreno, no levantamento de uma planta.

MINUTA DE CONTRATO. *Direito civil* e *direito comercial.* Ajuste preliminar para a formação de um contrato, feito por escrito, contendo alguns pontos constitutivos de seu conteúdo (cláusulas ou condições) sobre os quais já chegaram os futuros contratantes a um acordo, para que sirva de modelo ao contrato que depois realizarão, mesmo que nem todos os detalhes tenham sido acertados. Não vincula, juridicamente, as partes, salvo se culposa ou dolosamente uma delas prejudicar a outra, gerando responsabilidade civil aquiliana.

MINUTA DO AGRAVO. *Direito processual civil.* Petição do agravo de instrumento. Alegação escrita feita resumidamente, expondo as razões pelas quais se interpõe o recurso de agravo, pedindo reforma da decisão que causou o gravame. Tal minuta conterá: a exposição do fato e do direito, as razões do pedido de reforma da decisão, e o nome e endereço completos dos advogados constantes do processo. Deverá, ainda, ser instruída, obrigatoriamente, com cópias da decisão agravada, da certidão da respectiva intimação e das procurações outorgadas aos advogados do agravante e do agravado, e, facultativamente, com outras peças que o agravante entender úteis.

MINUTAGEM. *Direito autoral.* Ato de minutar o roteiro de um filme.

MINUTANTE. 1. Aquele que elabora a minuta. **2.** Advogado que minuta um agravo de instrumento.

MINUTAR. 1. Projetar. **2.** Fazer rascunho. **3.** Alegar por escrito, pedindo reforma da decisão de que se agravou. **4.** Avaliar em minutos a duração de um filme, com base no seu roteiro.

MINUTO. 1. Sexagésima parte de uma hora. **2.** Muito pequeno.

MINUTOR. Aquele que faz minutas na chancelaria apostólica.

MIOCARDIA. *Medicina legal.* Afecção não inflamatória do miocárdio.

MIOCARDITE. *Medicina legal.* Inflamação do miocárdio, que é a parte muscular do coração.

MIOCELE. *Medicina legal.* Tumor muscular.

MIOCELIALGIA. *Medicina legal.* Dor nos músculos abdominais.

MIOCOLPITE. *Medicina legal.* Inflamação do músculo vaginal.

MIOCORDITE. *Medicina legal.* Inflamação dos músculos das cordas vocais.

MIOMA. *Medicina legal.* Tumor benigno constituído por tecido muscular.

MIONOSE. *Medicina legal.* Afecção muscular.

MIOPIA. *Medicina legal.* Pouca nitidez na visão de objetos situados a uma certa distância.

MIOPLEGIA. *Medicina legal.* Paralisia muscular.

MIOPRAXIA. *Medicina legal.* Diminuição funcional de um órgão, causada por inatividade prolongada ou por alguma lesão.

MIORREXE. *Medicina legal.* Ruptura de um músculo.

MIOSE. *Medicina legal.* Contração exagerada e permanente da pupila.

MIOSPASIA. *Medicina legal.* Moléstia nervosa que se manifesta por espasmo.

MIOSSALPINGITE. *Medicina legal.* Inflamação do músculo da Trompa de Falópio.

MIRA. 1. Pontaria. 2. Peça que em certas armas de fogo serve para dirigir a vista numa pontaria. 3. Disco com orifício, que permite a passagem de luz, existente em instrumentos apropriados para medição de distâncias sobre terrenos. 4. Sinal; baliza. 5. Objetivo; interesse; intenção; finalidade.

MIRABILE DICTU. *Locução latina.* Admirável de dizer.

MIRABILE VISUR. *Locução latina.* O que é belo para se ver.

MIRAMAR. Mirante voltado para o mar.

MIRANTE. 1. Construção no pico de um morro, própria para efetuar observações meteorológicas. 2. Ponto superior de um edifício, que permite avistar largo horizonte.

MIRC. *Direito virtual.* Centro de conversa com alcance internacional (Marilene Silveira Guimarães).

MIRÍADE. 1. Número de dez mil unidades. 2. Quantidade indefinida.

MIRIALITRO. Capacidade de dez mil litros.

MIRIÂMETRO. Medida itinerária equivalente a dez mil metros.

MIRIARE. Superfície com dez mil ares ou um quilômetro quadrado.

MISANDRIA. *Medicina legal.* Aversão mórbida ao sexo masculino.

MISANTROPIA. *Medicina legal.* Aversão aos homens, que leva a pessoa a evitar a sociedade.

MISCARIA. *Direito comercial.* 1. Amostra de estabelecimento comercial. 2. Loja com amostradores.

MISCELÂNEA. 1. *Direito autoral.* Compilação de escritos sobre variados temas de um só autor ou de diversos autores. 2. Na *linguagem comum* é a mistura de várias coisas.

MISCIGENAÇÃO. *Sociologia geral.* Mistura de raças diferentes.

MISCIGENISMO. *Sociologia geral.* Classe dos mestiços.

MISERABILIDADE. 1. Na *linguagem comum* significa: indigência; estado ou qualidade de miserável. 2. *Direito processual.* Situação daquele que não tem condições econômicas para pleitear seus direitos em juízo.

MISERABILIDADE JURÍDICA. *Direito processual.* Impossibilidade financeira para litigar judicialmente, o que gera o direito ao benefício da justiça gratuita.

MISERÁVEL. 1. *Direito processual.* Aquele que não dispõe de recursos para pleitear seus direitos em juízo, sendo beneficiado pela justiça gratuita. 2. Na *linguagem comum* pode significar: a) sovina, avarento; b) sem valor; c) mesquinho; d) aquele que se encontra na miséria.

MISÉRIA. 1. Falta de recurso. 2. Penúria. 3. Mesquinhez. 4. Procedimento vil.

MISÉRIA PSICOLÓGICA. *Psicologia forense.* Fraqueza moral que conduz à impotência para assimilar fenômenos psicológicos (Pierre Janet).

MISERICÓRDIA. 1. *Direito civil.* Termo usado para indicar instituição pia ou casa de caridade ou de assistência a indigentes ou necessitados. 2. *História do direito.* Punhal com que, outrora, os cavaleiros matavam seus adversários que não pediam misericórdia. 3. Na *linguagem comum* designa: a) perdão; b) comiseração.

MÍSERO. 1. Avarento. 2. Aquele que está na miséria.

MISGOVERNMENT. *Termo inglês.* 1. Mau governo. 2. Má administração.

MISOFOBIA. *Medicina legal.* Pavor mórbido de tocar certos objetos por medo de contaminação.

MISOGAMIA. *Medicina legal.* Horror ao casamento.

MISOGINIA. *Medicina legal.* Aversão mórbida às mulheres.

MISOGINISTA. *Vide* MISÓGINO.

MISÓGINO. *Medicina legal.* Aquele que tem horror às mulheres, não no sentido sexual, mas em relação aos direitos por elas pleiteados.

MISOLOGIA. *Medicina legal.* Horror ao raciocínio, às letras e às ciências.

MISOPEDIA. *Medicina legal.* Ódio mórbido às crianças ou à própria prole.

MISOPSIQUIA. *Medicina legal.* Repulsão à vida; depressão profunda que conduz o paciente a desejar a morte.

MISSA. *Direito canônico.* Cerimônia eucarística onde a Igreja Católica comemora o sacrifício de Cristo pela humanidade.

MISSACHTUNG DER RECHTFORM DER JURISTICHEN PERSON. *Expressão alemã.* Desestimação da forma da pessoa jurídica.

MISSÃO. 1. *Direito internacional público.* a) Comissão diplomática; b) conjunto de pessoas enviadas para cumprir tarefa ou função especial. **2.** *Direito canônico.* a) Estabelecimento dos missionários; b) os missionários; c) pregação dos missionários. **3.** Na *linguagem jurídica* em geral: a) incumbência; b) obrigação imposta ou contraída. **4.** *Direito administrativo.* Função especial ou temporária de que se incumbe um funcionário público.

MISSÃO ADMINISTRATIVA. *Direito administrativo.* **1.** Função temporária de que está incumbido um servidor público. **2.** Inércia do agente público diante de um fato que requer sua atuação, gerando responsabilidade civil do Estado por omissão (José Cretella Jr.).

MISSÃO BRASIL JUNTO ÀS NAÇÕES UNIDAS. *Direito internacional público.* É a que tem a responsabilidade de executar as diretrizes de política externa determinadas pelo presidente da República e pelo ministro de Estado das Relações Exteriores, além de assessorar e dar subsídios aos órgãos decisórios do Itamaraty no âmbito de atividades das Nações Unidas.

MISSÃO DIPLOMÁTICA. *Direito internacional público.* **1.** Conjunto de funcionários diplomáticos que constituem a representação oficial do governo de um país (acreditado) junto ao governo de outro (acreditante). **2.** Função especial da qual um Governo encarrega diplomata(s) ou agente(s) junto a outro país. É instrumento de intermediação política e administrativa do país.

MISSÃO DIPLOMÁTICA EXTRAORDINÁRIA. *Direito internacional público.* Delegação diplomática mantida, em caráter transitório, por um governo de um Estado junto ao de outro, sendo restrita a determinados negócios.

MISSÃO DIPLOMÁTICA ORDINÁRIA. *Direito internacional público.* Representação oficial permanente de um governo junto ao de uma nação estrangeira, instalada na embaixada.

MISSÃO ESPACIAL COMPLETA BRASILEIRA (MECB). *Direito espacial.* Representa o primeiro grande programa nacional no âmbito do espaço e a adoção do modelo, consagrado mundialmente, de desenvolvimento através de compromissos ambiciosos e de longo prazo. A MECB logrou êxito, merecendo destaque, entre seus resultados, o lançamento com grande sucesso do primeiro satélite desenvolvido no Brasil, o SCD1; a implantação da infra-estrutura básica para as futuras missões espaciais brasileiras, incluindo-se o Laboratório de Integração e Testes de Satélites (LIT) e o Centro de Rastreio e Controle de Satélites (CRC), ambos no Instituto Nacional de Pesquisas Espaciais, do Ministério da Ciência e Tecnologia. Resultados dignos de igual destaque foram a implantação do Centro de Lançamento de Alcântara (CLA) e a consecução das principais etapas de desenvolvimento do Veículo Lançador de Satélites, o VLS, ambos pelo Departamento de Pesquisa e Desenvolvimento do Comando da Aeronáutica.

MISSEXUALISMO CRÍTICO. *Medicina legal.* Estado intersexual transitório, que se dá na menopausa, na andropausa e na puberdade. Por exemplo, faz com que a mulher, na menopausa, assuma o poder no casamento, masculinizando-se, ou com que o homem, na andropausa, se torne submisso ao autoritarismo da mulher climatérica (Croce e Croce Jr.).

MISSEXUALISMO PSÍQUICO. *Medicina legal.* Estado intersexual que leva a mulher a ter comportamento viril, e o homem a apresentar caracteres próprios de procedimento feminino.

MISSÍCIO. *Direito romano.* Soldado a quem se dava baixa no serviço militar.

MÍSSIL. 1. *Direito espacial.* Objeto arremessado ao espaço. **2.** *Direito militar.* a) Arma autopropulsionada e dirigida em toda ou em parte de sua trajetória; b) projétil que, pelo seu sistema de propulsão, pode atingir grande distância.

MÍSSIL ANTIMÍSSIL. *Direito militar.* Míssil que intercepta outro míssil em vôo.

MÍSSIL AUTODIRIGIDO. *Direito militar.* Arma cuja manobra é guiada por dispositivo automático.

MÍSSIL BALÍSTICO. *Direito militar.* **1.** Míssil autopropulsor teleguiado na ascensão em um trajeto com arco alto, mas caindo livremente na descida.

MÍSSIL DIRIGIDO. *Direito militar.* Arma dirigida, no início, por telecomando e depois por comando próprio.

MÍSSIL DIRIGÍVEL. *Direito militar.* Arma cuja manobra pode ser dirigida durante todo o vôo ou parte dele.

MÍSSILES. *Direito romano.* Presentes dados pelo imperador ao povo no anfiteatro, ou tabuinhas com a indicação de prêmios a receber.

MISSILHARIA. *Direito espacial* e *direito militar.* Arte de utilização de foguetes.

MISSILHEIRO. *Direito espacial.* Técnico em missilharia.

MÍSSIL INTERCONTINENTAL. *Direito militar.* Arma cujo alcance é superior a 6.400 km.

MISSILÍSTICA. *Direito espacial* e *direito militar.* Técnica ou atividade relacionada com mísseis.

MÍSSIL RETARDADO. *Direito militar.* Diz-se daquele que é lançado no espaço a uma velocidade ligeiramente inferior à de libertação, pelo que voltará a cair ao fim de muitas horas ou dias.

MÍSSIL TELEGUIADO. *Direito militar.* Aquele que é usado no combate ou luta entre tanques ou aviões, cuja manobra é dirigida a distância.

MISSIONÁRIO. *Direito canônico.* Pregador de missões.

MISSIONARISMO. *Direito canônico.* Vida ou função de missionário.

MISSIONEIRO. *História do direito.* Habitante indígena das regiões onde se estabeleceram as antigas missões dos jesuítas.

MISSIONES IN POSSESSIONEM. *Direito romano.* Autorizações que eram dadas pelo juiz para que alguém tomasse posse de um patrimônio (*Missio in bona*) ou de coisa singularizada (*Missio in rem*).

MISSIVA. Carta.

MISSIVO. Tudo que se envia ou remete.

MISSÕES. *Direito canônico.* Expedições religiosas que visam a conversão dos povos para a fé.

MISSÕES DIPLOMÁTICAS PERMANENTES. *Direito internacional público.* Compreendem Embaixadas, Missões e Delegações permanentes junto a organismos internacionais. São criadas e extintas por decreto e têm natureza e sede fixadas no ato de sua criação.

MISSÕES E DELEGAÇÕES PERMANENTES. *Direito internacional público.* São as que têm a incumbência de assegurar a representação dos interesses do Brasil nos organismos internacionais junto aos quais estão acreditadas.

MISSÚRI. *Direito agrário.* Variedade de tabaco oriundo do Missouri, nos Estados Unidos da América do Norte.

MISTANÁSIA. *Medicina legal.* Eutanásia social, ou seja, morte miserável, fora e antes da hora, que nada tem de suave, boa ou indolor, que se dá quando: a) a grande massa de doentes, por motivo político, social e econômico, não chega a ser paciente, por não conseguir ingressar no sistema de atendimento médico; b) doentes que, sendo pacientes, tornam-se vítimas de erro médico; c) pacientes que são vítimas de má-prática profissional por razões econômicas, científicas ou sociopolíticas (Leonardo M. Martin).

MISTER. 1. Ocupação. **2.** Serviço. **3.** Necessidade.

MISTÉRIO. 1. *Direito canônico.* Verdade da religião cristã, imposta como dogma de fé. **2.** Na *linguagem comum* significa: a) aquilo que é inexplicável; b) enigma; c) segredo; d) dificuldade de se buscar a solução (Malebranche).

MÍSTICA. *Filosofia geral.* **1.** Crença moral ou social que se afirma sem ser justificada pelo raciocínio (Bergson). **2.** Tratado relativo às coisas espirituais.

MISTICISMO. *Filosofia geral.* **1.** Crença filosófica que admite comunicação entre o ser humano e a divindade. **2.** Tendência para acreditar no sobrenatural. **3.** Fanatismo por uma doutrina.

MÍSTICO. 1. *Filosofia geral.* a) Relativo ao espírito e não à matéria; b) aquele que professa o misticismo; c) o que escreve sobre misticismo; d) aquele que é dado à vida contemplativa. **2.** *Direito marítimo* e *direito comparado.* Embarcação com dois mastros, muito usada nas costas do Mediterrâneo. **3.** *Direito civil.* Contíguo.

MISTIFICAÇÃO. *Direito penal.* Ato de o agente usar de meio fraudulento para, enganando a vítima e induzindo-a em erro, obter proveito próprio.

MISTIFICAR. *Direito penal.* **1.** Abusar da credulidade alheia. **2.** Ludibriar alguém. **3.** Lograr.

MISTO. 1. *Direito comercial.* Diz-se do trem que transporta carga e passageiros. **2.** *Direito desportivo.* Diz-se do time composto de atletas amadores e profissionais. **3.** Na *linguagem comum* diz-se: a) do colégio que aceita alunos do sexo feminino e do sexo masculino; b) do que resulta da mistura de elementos de natureza diversa.

MISTOFORO. *História do direito.* Caso em que havia sujeição simultânea ao foro secular e eclesiástico.

MISTO–IMPÉRIO. *Ciência política.* Poder delegado pelo soberano aos magistrados para julgarem causas cíveis.

MISTRIAL. *Termo inglês.* Nulidade do primeiro julgamento por paralisação na deliberação ou por fato extraordinário.

MISTRO. *História do direito.* Antiga medida grega agrária e para líquidos.

MISTURA. 1. *Sociologia geral.* a) Cruzamento de raças; b) agrupamento de pessoas pertencentes a diversas camadas sociais. **2.** Na *linguagem comum* é a adição de substância estranha. **3.** *Direito civil.* a) Especificação; b) confusão; c) comistão.

MISTURA DE SEMENTES. *Direito agrário.* Mistura, em um mesmo lote, de sementes de espécies ou de cultivares distintas, individualmente inscritas no Registro Nacional de Cultivares (RNC), tecnicamente justificada e autorizada pelo Ministério da Agricultura, Pecuária e Abastecimento.

MISTURA EM TANQUE. *Direito agrário.* Associação de agrotóxicos e afins no tanque do equipamento aplicador, imediatamente antes da aplicação.

MISTUREIRO. *Direito penal.* Traficante que por meio de fraude mistura gêneros alimentícios.

MÍSULA. *Direito marítimo.* Curva em que, no navio de alto bordo, assenta a varanda da popa.

MITA. *História do direito.* Trabalho forçado imposto ao povo inca pelo rei.

MITAYOS. *História do direito.* Operários incas.

MITIFICAÇÃO. Aquilo que envolve mito.

MITIFICAR. Converter algo em mito.

MITIGAR. 1. Suavizar. **2.** Aliviar. **3.** Abrandar.

MITILICULTOR. *Direito agrário.* Aquele que exerce mitilicultura.

MITILICULTURA. *Direito agrário.* Criação de mexilhões, mediante fecundação artificial.

MITO. 1. *Filosofia geral.* a) Idéia que não corresponde à realidade; b) imagem de um futuro fictício (Sorel); c) exposição de uma doutrina, misturando fantasias com verdades subjacentes (Couturat, Robin); d) narração em que agentes impessoais são representados sob forma de seres pessoais, cujas ações têm sentido simbólico (Lalande); e) exposição simbólica de um fato; f) interpretação primitiva da origem do mundo; g) fábula; h) utopia; i) enigma; j) pessoa ou coisa incompreensível. **2.** *Sociologia geral.* a) Crença socialmente comunicada e inquestionada (Edelman); b) compreensão do mundo sem que se tenha consciência disso (Voigt).

MITOFOBIA. *Medicina legal.* Pavor à mentira.

MITOLOGIA. 1. Estudo dos mitos. **2.** História do culto com que os pagãos reverenciavam seus deuses, semideuses e heróis da antigüidade.

MITOMANIA. *Medicina legal.* Desequilíbrio psíquico que leva o paciente a contar mentiras para atrair atenção sobre sua pessoa ou alcançar a compaixão de outrem.

MITÔMANO. *Medicina legal.* Aquele que tem tendência doentia para a mentira e simulação.

MITO POLÍTICO. *Ciência política.* Ato volitivo baseado na aprendizagem intuitiva de uma verdade ligada às tendências de um partido, de um povo ou classe (Sorel, Bonazzi, Cassirer e Garcia Pelayo).

MITRA. 1. *Direito canônico.* a) Insígnia eclesiástica colocada na cabeça de bispos, arcebispos e cardeais, em determinadas cerimônias; b) dignidade ou jurisdição de um bispo ou arcebispo; c) poder espiritual do Sumo Pontífice. **2.** *História do direito.* Carapuça que era colocada na cabeça dos condenados pela Inquisição.

MITRAL. *Medicina legal.* Válvula que fecha o orifício auriculoventricular esquerdo.

MITRALISMO. *Medicina legal.* Tendência ao desenvolvimento de lesões na válvula mitral.

MITRIDATISMO. *Medicina legal.* Imunização contra substâncias tóxicas, mediante a ingestão contínua de doses gradualmente aumentadas.

MITRIDATIZAÇÃO. *Vide* MITRIDATISMO.

MIÚÇAS. 1. *Direito agrário.* Gados caprino e ovelhum. **2.** *História do direito.* Dízimos eclesiásticos que eram pagos em gêneros por miúdo.

MIUDAGEM. 1. *Direito agrário.* Gado miúdo, em regra, de cria. **2.** *Direito comercial.* O que resta de mercadorias em liquidação.

MIÚDAS. Lucros obtidos aos poucos.

MIUDEZA. **1.** Na *linguagem comum* significa: a) minúcia; b) pequenez. **2.** *Direito comercial.* a) Mercadoria de valor insignificante; objeto de pouco valor ou de tamanho reduzido; b) carne que se vende a retalhos pelas ruas; c) vísceras de aves e animais.

MIÚDOS. *Direito comercial.* **1.** Dinheiro em moedas de pouco valor. **2.** Vísceras de aves e de outros animais.

MIÚRO. *Medicina legal.* Diz-se do pulso que vai-se tornando gradualmente mais fraco.

MIXAR. **1.** Perder o valor. **2.** Estragar-se.

MIXE. **1.** Insignificante. **2.** Destituído de valor.

MIXEDEMA. *Medicina legal.* Moléstia provocada por insuficiência tireóidea.

MIXIDIOTISMO. *Medicina legal.* Mixedema com idiotismo conseqüente.

MIXOMA. *Medicina legal.* Tumor formado por tecido mucoso.

MIXONEUROSE. *Medicina legal.* Neurose decorrente de perturbação da secreção mucosa.

MIXÓRDIA. Produto falsificado por mistura fraudulenta.

MIXORRÉIA. *Vide* BLENORRÉIA.

MIXOSCOPIA. *Medicina legal.* Perversão sexual que se caracteriza pelo prazer de observar o nudismo de outrem e de assistir à prática de atos libidinosos ou à cópula carnal de outras pessoas. Trata-se do voyeurismo.

MIXURUM. *Direito agrário.* Ajuda mútua, na zona rural, sem que haja qualquer remuneração.

MNEME. *Psicologia forense.* Faculdade de reter as excitações recebidas do mundo exterior (Semon); memória.

MNÊMICO. *Psicologia forense.* Diz-se do ponto de vista que atribui os fenômenos hereditários à memória latente de gerações passadas.

MNEMO. Memória.

MNEMÔNICA. **1.** Referente à memória. **2.** Arte que facilita a operação de memorizar ou de decorar o que é difícil de reter.

MNEMÔNICO. **1.** O que se grava facilmente na memória. **2.** O que auxilia a memória.

MNEMONIMETRIA. Avaliação da memória.

MNEMOTECNIA. Arte de desenvolver e educar a memória.

MNESE. *Vide* MNEMO.

MOA. *Direito agrário.* Milho originário da Hungria.

MOAGEM COLONIAL. *Direito agrário.* É a realizada por unidades moageiras do tipo colonial, existentes no Rio Grande do Sul, com capacidade para moer 2.000 kg de trigo em grão por dia. Tal moagem é feita por conta do produtor de trigo, e seu resultado é destinado ao atendimento do consumo da sua própria família.

MOANSA. *Direito comparado.* Diretor espiritual entre os negros do Congo.

MOAR. *História do direito.* Quantia que, entre os hebreus, devia ser paga pelo noivo ao pai de sua futura mulher.

MOATRA. *História do direito.* Empréstimo de dinheiro a juros não permitidos, realizado sob a forma de venda ou de algum outro contrato, sendo suscetível de anulação por ocultar uma operação de usura. É o negócio fictício que tem finalidade fraudulenta ou dolosa.

MOBICA. *História do direito.* Escravo alforriado.

MÓBIL. **1.** Móvel. **2.** Motivo, razão.

MOBÍLIA. Conjunto de móveis que servem para a comodidade ou adorno interior de uma residência, escritório etc.

MOBILIARIA. *Direito comercial.* Estabelecimento que fabrica ou vende móveis.

MOBILIÁRIO. **1.** *Direito do trabalho.* Empregado ou operário que trabalha em mobílias. **2.** *Direito civil.* a) O que tem a natureza de bem móvel; b) conjunto de coisas móveis; c) relativo a bens móveis; d) diz-se do herdeiro que apenas herda bens móveis; e) mobília.

MOBILIÁRIO URBANO. *Direito urbanístico.* **1.** O conjunto de objetos existentes nas vias e espaços públicos, superpostos ou adicionados aos elementos da urbanização ou da edificação, de forma que sua modificação ou traslado não provoque alterações substanciais nestes elementos, tais como semáforos, postes de sinalização e similares, cabines telefônicas, fontes públicas, lixeiras, toldos, marquises, quiosques e quaisquer outros de natureza análoga. **2.** É o conjunto de elementos que podem ocupar o espaço público, implantados, direta ou indiretamente, pela Administração Municipal, com as seguintes funções urbanísticas: a) circulação e transportes; b) ornamentação da paisagem e ambientação urbana; c) descanso e lazer; d) serviços de utilidade pública; e) comunicação

MOBILIA SEQUUNTUR PERSONAS, IMMOBILIA VERO OSSA ADHAERENT

e publicidade; f) atividade comercial; g) acessórios à infra-estrutura.

MOBILIA SEQUUNTUR PERSONAS, IMMOBILIA VERO OSSA ADHAERENT. *Aforismo jurídico.* Os bens móveis acompanham as pessoas, os imóveis, porém, permanecem fixos.

MOBILIDADE. 1. *Direito civil.* Propriedade do que é móvel. **2.** *Sociologia geral.* Deslocamento de indivíduos ou de grupos no espaço social. **3.** Na *linguagem comum* significa: a) falta de estabilidade; b) movimento provocado por uma força qualquer.

MOBILIDADE SOCIAL. *Sociologia geral.* Mudança de indivíduos ou grupos de uma posição social para outra (Cavalli, Lopreato, Paci, Bendix e Lipset).

MOBILISMO. *Filosofia geral.* Crença segundo a qual a essência das coisas não só é individual e múltipla, mas também um incessante movimento, uma transformação contínua, sem leis fixas, tornando ineficaz qualquer tentativa de sua organização racional (Chide).

MOBILIZAÇÃO. 1. *Direito militar.* a) Soma de atos imprescindíveis para preparar e reunir as forças armadas, dispondo-as para a guerra (De Plácido e Silva); b) conjunto de operações militares e administrativas ou de providências preparatórias da defesa do país em caso de guerra ou agressão externas. **2.** *Direito comercial.* Circulação de valores que se encontram sem aplicação.

MOBILIZAÇÃO GERAL. *Direito militar.* Processo pelo qual a população de um país se prepara para enfrentar uma guerra (Pasquino).

MOBILIZAÇÃO POLÍTICA. *Ciência política.* Processo de ativação da massa por parte do governante ou chefe de organização política (Pasquino).

MOBILIZAÇÃO SOCIAL. *Sociologia geral.* Processo em que há a passagem de um comportamento para outro, rompendo com o antigo, induzindo novo padrão (Pasquino).

MOBILIZAR. 1. *Direito militar.* Passar do estado de paz para o de guerra, chamando ao serviço ativo as reservas para entrarem em campanha. **2.** *Direito comercial.* Pôr em circulação capitais, fundos ou títulos que se encontravam sem aplicação. **3.** *Direito civil.* Tornar novamente móvel o que, por incorporação ou anexação ao imóvel, se tinha imobilizado.

MOBRAL. *História do direito.* Movimento Brasileiro de Alfabetização.

MOCA. 1. Na *linguagem comum* tem o sentido de: a) traição; b) zombaria. **2.** *Direito agrário.* Variedade de café superior, originário da Arábia.

MOÇA. Mulher jovem.

MOCAMBEIRO. 1. *Direito agrário.* Gado que se esconde no mato. **2.** *História do direito.* Escravo fugitivo que se refugiava no mocambo.

MOCAMBO. 1. *Direito agrário.* a) Cerrado de mato onde o gado se esconde nos sertões; b) cabana no mato; c) abrigo daquele que vigia a lavoura no Nordeste. **2.** *História do direito.* Couto em que o escravo se recolhia quando fugia para o mato; território livre de escravos fugidos; quilombos. **3.** *Sociologia jurídica.* Favela do nordeste, composta por casa de palha, que constitui uma habitação comum, sem nenhum conforto, em regra, feita à beira das praias ou das estradas de rodagem.

MOÇÃO. *Ciência política.* **1.** Proposta, a respeito de uma questão a ser discutida, feita a uma assembléia com poderes de deliberação; apresentação de um assunto para ser discutido em assembléia. **2.** Deliberação tomada pelo órgão coletivo, endossando a proposta inicial.

MOÇÃO DE CENSURA. *Vide* MOÇÃO DE DESCONFIANÇA.

MOÇÃO DE CONFIANÇA. *Ciência política* e *direito comparado.* Proposta de apoio ao governo, no regime parlamentarista, que, sendo aprovada, implica a permanência do Gabinete (Othon Sidou).

MOÇÃO DE DESCONFIANÇA. *Ciência política* e *direito comparado.* No sistema parlamentarista é a proposta de apoio ao gabinete, apresentada ao Parlamento, que foi rejeitada, provocando a sua queda e demissão. A moção de censura ou de desconfiança revela que não mais existe o apoio da maioria parlamentar para que o Gabinete possa permanecer no governo.

MOÇÃO DE ORDEM. *Ciência política.* Questão que pode ser levantada em qualquer momento da discussão numa assembléia.

MODA. *Sociologia geral.* Variação contínua de pouca duração, que se dá na indumentária, fala, habitação, recreação etc.

MODAL. *Direito civil.* Diz-se do contrato ou cláusula que contém modo ou encargo.

MODALIDADE. 1. *Filosofia geral.* Propriedade que tem a substância de ter modos. **2.** *Lógica jurídica.* a) Caráter do juízo segundo o valor da afirmação: assertórico, problemático ou apodítico. Será assertórico se afirmar seu conteúdo a título da verdade; problemático, se não se pronunciar sobre seu valor; e apodítico, se declarar necessária a relação que exprime; b) característica da proposição, segundo a qual a relação que ela exprime é enunciada a título de fato ou declarada possível ou impossível, ou, ainda, necessária ou contingente (Aristóteles); c) diferença que a sensação apresenta enquanto relativa a sentido diferente (Wundt). **3.** *Direito civil.* Cláusula que modifica uma ou algumas das conseqüências naturais do negócio jurídico, como: condição, termo, encargo ou modo. Categoria modificadora dos efeitos normais do negócio jurídico, restringindo-os no tempo ou retardando seu nascimento ou exigibilidade. **4.** Nas *linguagens comum* e *jurídica* designa: a) cada aspecto ou diversa feição de um objeto ou negócio jurídico; b) espécie, classe.

MODALIDADE CONDICIONAL. *Direito civil.* Elemento acidental que subordina o efeito do negócio jurídico a evento futuro e incerto.

MODALIDADE CULPOSA. *Direito penal.* Crime culposo.

MODALIDADES DE LANÇAMENTO. *Direito tributário.* Tipos de singularidades procedimentais do ato jurídico administrativo, que é o lançamento. Tais modalidades, baseadas no grau de colaboração entre fisco e contribuinte, são: a) lançamento direto ou por ofício; b) lançamento misto ou por declaração; e c) lançamento por homologação. Essas modalidades previstas no Código Tributário Nacional são atinentes ao procedimento, quando, na verdade, ele não é da essência do lançamento; logo trata-se de espécies de procedimento e não de lançamento (Paulo de Barros Carvalho).

MODALIDADES DE LICITAÇÃO. *Direito administrativo.* São os procedimentos licitatórios que atendem aos princípios da legalidade, impessoalidade, moralidade, igualdade, publicidade, probidade administrativa, vinculação ao instrumento convocatório e do julgamento objetivo: a) *concorrência* efetuada mediante convocação genérica de um número indeterminado de pessoas, cuja idoneidade se verificará no curso do procedimento, e que, em função da máxima amplitude do chamamento, exige grande publicidade. A concorrência é a modalidade licitatória entre quaisquer interessados que, na fase inicial de habilitação preliminar, venham a comprovar que possuem os requisitos mínimos de qualificação exigidos no edital para execução de seu objeto; b) *tomada de preços* feita mediante convocação genérica de um grupo determinado de pessoas, cuja idoneidade já foi devidamente comprovada, e que, em função da relativa amplitude do chamamento, exige publicidade suficiente para atingir o grupo de pessoas ao qual se destina. É a modalidade de licitação entre interessados previamente cadastrados, ou que atenderem a todas as condições exigidas para cadastramento até o terceiro dia anterior à data do recebimento das propostas, observada a necessária qualificação; c) *convite* efetuado mediante convocação específica a pessoas determinadas, cuja idoneidade é presumida, e que, em função da estreiteza do chamamento, exige um mínimo de publicidade indispensável para a observância do princípio da isonomia. O convite é a modalidade licitatória entre, no mínimo, três interessados do ramo pertinente ao seu objeto, cadastrados ou não, escolhidos pela unidade administrativa, que fixará, em local apropriado, cópia do instrumento convocatório, estendendo-o aos demais cadastrados na especialidade, que manifestarem seu interesse com antecedência de até vinte e quatro horas da apresentação da proposta. Se existirem na praça mais de três possíveis interessados, a cada novo convite realizado para objeto idêntico ou similar será obrigatório o convite a, no mínimo, mais de um interessado, enquanto existirem cadastrados não convidados nas últimas licitações; d) *concurso* é apenas uma modalidade de licitação, idônea para obter estudo de terceiro, de natureza técnica, científica ou artística, em que se oferece trabalho criativo à Administração Pública, que o adquirirá para utilizá-lo na consecução de obra ou serviço. O concorrente vencedor terá direito ao prêmio avençado no edital publicado com antecedência mínima de quarenta e cinco dias, e não à realização da obra ou serviço; e) *leilão* é a modalidade de licitação entre quaisquer interessados para a venda de bens móveis inservíveis para a Administração ou de produtos legalmente apreendidos ou penhorados, ou para alienação de imóveis a quem oferecer maior lance, igual ou superior ao da avaliação; f) *pregão*, inclusive por meio de utilização de recursos de tecnologia da informação. Trata-se de modalidade de licitação em que a disputa pelo fornecimento de bens ou serviços é feita em sessão pública, por meio de propostas de preços escritas e lances verbais.

MODALIDADES OPERACIONAIS DE DESESTATIZAÇÃO

MODALIDADES OPERACIONAIS DE DESESTATI-ZAÇÃO. *Direito administrativo.* Modos de execução de desestatização, tais como: a) alienação, pela União, de direitos que lhe assegurem, diretamente ou através de outras controladas, preponderância nas deliberações sociais e o poder de eleger a maioria dos administradores da sociedade; b) alienação de participação societária, inclusive de controle acionário, preferencialmente mediante a pulverização de ações; c) alienação, arrendamento, locação, comodato ou cessão de bens e instalações; d) dissolução de sociedades ou desativação parcial de seus empreendimentos, com a conseqüente alienação de seus ativos; e) concessão, permissão ou autorização de serviços públicos. A transformação, a incorporação, a fusão ou a cisão de sociedades e a criação de subsidiárias integrais poderão ser utilizadas a fim de viabilizar a implementação da modalidade operacional escolhida.

MODALIZAR. 1. Impor modalidades. **2.** Dar outra feição.

MODELÁVEL. *Sociologia geral.* O que é adaptável ao ambiente social ou às circunstâncias fáticas.

MODELO. 1. *Direito de propriedade industrial.* a) Forma plástica utilizada na fabricação de um produto; b) representação, em pequena escala, de um objeto que será executado em ponto grande. **2.** *Filosofia geral.* a) Modo de ser da realidade; b) idéia; c) valor que deve ser imitado; d) modo de explicar a realidade; e) personalidade que exerce sugestão; f) estrutura lógica utilizada para dar conta de um conjunto de processos que possuem entre si certas relações (Jean Dubois). **3.** *Direito autoral.* Imagem (coisa ou pessoa) que se pretende reproduzir, desenhando, pintando ou esculpindo. **4.** *Direito do trabalho.* Empregado de lojas ou empresas que exibe seus vestidos, chapéus, ternos etc. à clientela. **5.** Na *linguagem comum* pode ter o sentido de: a) roupa ou acessório que é criação de uma casa de modas; b) artigo manufaturado; c) o que serve para ser imitado; d) aquele a quem se procura imitar nas ações ou maneiras de agir; e) pessoa exemplar; f) coisa perfeita que serve de padrão. **6.** *Direito processual.* Fórmula que deve ser seguida na redação de um ato processual.

MODELO ASSISTENCIAL EM SAÚDE MENTAL. *Direito civil* e *direito constitucional.* Conjunto de normas protetivas dos direitos de portadores de transtorno mental, sem discriminá-los, e que impõem a responsabilidade do Estado no desenvolvimento da política de saúde mental, na assistência e na promoção de ações de saúde àquelas pessoas, com a participação da sociedade e da família, buscando sua reinserção social e regulamentando sua internação em instituições apropriadas e a questão de pesquisas científicas para fins de diagnóstico e de terapia.

MODELO DE UTILIDADE. *Direito de propriedade industrial.* Disposição ou forma nova introduzida ou obtida em objetos conhecidos (ferramentas, utensílios, máquinas etc.), desde que se prestem a um trabalho ou uso prático.

MODELO DO DIREITO. *Filosofia do direito.* É o modelo dogmático elaborado no âmbito da ciência do direito como estrutura teórico-compreensiva do significado do modelo jurídico e de suas condições de vigência e de eficácia na sistemática do ordenamento jurídico. É uma estrutura teorética, referida ao modelo jurídico, cujo valor procura captar e atualizar em sua plenitude (Miguel Reale).

MODELO DOGMÁTICO. *Vide* MODELO DO DIREITO.

MODELO HERMENÊUTICO. 1. *Vide* MODELO DOGMÁTICO. **2.** Aquele que, na concepção de Miguel Reale, tem tríplice função: a) esclarecer a significação dos modelos jurídicos em vigor para o lícito comportamento dos destinatários e a decisão certa do magistrado; b) observar a insuficiência da interpretação inicial desses modelos, em função da superveniência de mutações operadas após a sua promulgação, propondo, progressivamente, novos conteúdos significativos, de conformidade com critérios semânticos jurídicos; c) reclamar sua revogação, por não corresponder ao mundo da vida.

MODELO INDUSTRIAL. *Direito de propriedade industrial.* Forma plástica que possa servir de tipo de fabricação de um produto industrial e que, ainda, se caracterize por nova configuração ornamental.

MODELO JURÍDICO. *Filosofia do direito.* Estrutura normativa que ordena fatos segundo valores, numa qualificação tipológica de comportamentos futuros, a que se ligam determinadas conseqüências queridas na forma enunciada, e resultantes de um processo de escolha do poder competente. O modelo jurídico estrutura-se devido à integração de fatos e valores, segundo normas postas em virtude de um ato concomitante de escolha e de prescrição (ato decisório), que pode ser tanto do legislador ou do juiz, como resultar das opções costumeiras, ou de estipulações fundadas na autonomia da vontade (Miguel Reale).

MODELO MATERIAL. É o que se parece com a coisa modelada, fornecendo uma representação pictórica (Nick e Rodrigues).

MODELOS DE COMPONENTES. *Direito empresarial.* Denominação de componentes para GNV, fabricados segundo um mesmo projeto e idênticos quanto aos aspectos de segurança, materiais, processos e demais requisitos normativos.

MODELO SIMBÓLICO. Idéia ou símbolo abstrato que representa o objeto, não sendo, portanto, similar à coisa real (Nick e Rodrigues).

MODELO VIVO. *Direito autoral.* Pessoa que serve de estudo a escultor ou a pintor ou desenhista.

MODEM. *Direito virtual.* Dispositivo que codifica os dados produzidos pelo computador, transmitindo-os por linha telefônica.

MODERAÇÃO. 1. Redução. **2.** Prudência. **3.** Comedimento.

MODERADO. 1. Que guarda o meio-termo entre os extremos. **2.** Que tem moderação. **3.** Que é prudente. **4.** Razoável. **5.** Não excessivo. **6.** Investidor ou fundo de investimento que procura aplicações bancárias com risco moderado e com retornos relativamente estáveis ao longo do tempo. **7.** Ativo de risco médio (Luiz Fernando Rudge).

MODERADOR. 1. O que governa ou dirige com prudência. **2.** Aquele que atenua ou reduz.

MODERAME. Moderação.

MODERAMEN INCULPATAE TUTELA. *Locução latina.* Moderação na defesa contra agressão física injusta e atual.

MODERANTE. Que modera.

MODERANTISMO. *Ciência política.* **1.** Sistema que preconiza a moderação em opiniões políticas. **2.** Conjunto de idéias moderadas em política.

MODERAR. 1. Pôr no meio-termo, entre os extremos. **2.** Evitar exageros. **3.** Diminuir. **4.** Conter. **5.** Tornar-se comedido ou prudente.

MODERNICE. 1. Uso exagerado de coisas novas. **2.** Obstinação pelo moderno.

MODERNIDADE. Qualidade do que é moderno.

MODERNISMO. 1. *Direito autoral.* Movimento literário e artístico, como o futurismo, o cubismo, o expressionismo, o surrealismo etc. **2.** *Direito canônico.* Movimento que pretende adaptar a teologia e a moral cristã às ciências e idéias modernas. **3.** Na *linguagem comum* tem o mesmo sentido de modernice.

MODERNISMO CATÓLICO. *Direito canônico.* Corrente que procura harmonizar as idéias religiosas com o progresso científico (Bedeschi, Houtin, Riviere e Vidler).

MODERNISTA. 1. *Direito autoral.* Diz-se da obra ou do autor que pertence ao modernismo. **2.** Na *linguagem comum* designa: aquele que usa exageradamente coisas novas ou modernas.

MODERNIZAÇÃO. 1. Ato de tornar-se moderno, adaptando-se à moda. **2.** *Direito marítimo.* a) Alteração de vulto que vise a aprimorar o desempenho da embarcação, de equipamentos e sistemas, sem modificar as características básicas de seu emprego; b) conjunto de alterações na embarcação que resulte em melhoria de suas condições de operação laborais, produtivas e ambientais, envolvendo a substituição, instalação ou reforma da maior parte de seus sistemas e equipamentos. **3.** *Ciência política.* Conjunto de mudanças que se operam na esfera política, social e econômica (Black, Pasquino e Lerner).

MODERNIZAÇÃO ECONÔMICA. *Economia política.* Processo pelo qual a organização da esfera econômica passa a ser mais eficiente e racional (Pasquino).

MODERNIZAÇÃO INSTITUCIONAL E RECURSOS HUMANOS DA PREVIDÊNCIA SOCIAL. *Direito previdenciário.* Tem por escopo a revisão da estrutura organizacional da Previdência Social; a busca da capacitação e qualificação do servidor através da descentralização dos programas de treinamento nos níveis gerencial, profissional e funcional; e a adequação da lotação ideal da força de trabalho por unidade organizacional. Para atingir tais objetivos deve: **1.** revisar a atual estrutura organizacional, objetivando a redução (horizontalização) dos níveis hierárquicos através da descentralização de competências e atribuições para as autoridades decisoras e para as unidades regionais e locais em todas as linhas da Previdência Social; **2.** estabelecer o quadro de lotação ideal de pessoal de cada unidade administrativa, visando ao efetivo desempenho da função institucional; **3.** manter atualizado o cadastro de todos os servidores da Previdência Social, identificando-os, em especial, por categoria funcional, formação profissional e área de lotação; **4.** treinar e capacitar não só os servidores, principalmente na área de informática, em razão da adoção de novas tecnologias, mas também as chefias no que concerne à adoção de técnicas gerenciais modernas, estimulando uma ação mais empreendedora; **5.** instituir um programa de acompanhamento dos resultados obtidos, após a realização dos cursos de treinamento e capacitação; **6.** viabilizar a implantação do plano de cargos e salários, junto à Secretaria de Recursos Humanos (SRH), no contexto de um projeto de valorização do servidor; **7.** melhorar a gratificação das gerências e chefias de postos, de modo a estimular a assunção de responsabilidades gerenciais por parte dos servidores; **8.** observar critérios técnicos, com base no mérito e na qualificação profissional, para provimento dos cargos em comissão e funções de confiança nos diversos níveis de direção e assessoramento; **9.** implantar um sistema de gratificação de desempenho/produtividade para os servidores da área de seguro social; **10.** treinar e capacitar adequadamente os servidores responsáveis pelo atendimento na Central 191; **11.** realizar concursos públicos para fiscal de contribuição previdenciária, procurador autárquico, médico-perito, concessor de benefícios e auditor; **12.** reavaliar os critérios de pagamento da GEFA (Gratificação de Estímulo à Fiscalização e Arrecadação) aos procuradores autárquicos e aos fiscais de contribuição previdenciária, com vistas a maior transparência do processo e maior produtividade; **13.** concluir a informatização da área e implantar sistemas gerenciais.

MODERNIZAÇÃO POLÍTICA. *Ciência política.* É a que acarreta aumento: de cidadãos, unidos por vínculos de colaboração, acompanhado pela expansão do direito de voto e da participação política pela maior adesão ao princípio da igualdade e ampla aceitação do valor das leis; da capacidade das autoridades na direção dos negócios públicos e no controle das tensões sociais; da integração de todas as instituições políticas (Pye e Verba).

MODERNIZAÇÃO SOCIAL. *Sociologia geral.* Processo que causa transformação na esfera social e o abandono de uma estratificação rígida (Pasquino).

MODERNO. 1. Recente. **2.** Atual, hodierno. **3.** O que está em uso por ser moda ou por se apresentar como novidade (De Plácido e Silva). **4.** Progressista.

MODÉSTIA. 1. Simplicidade. **2.** Humildade. **3.** Comedimento.

MODESTO. 1. Simples. **2.** Humilde. **3.** Comedido. **4.** Sóbrio.

MODICIDADE. Qualidade de módico.

MÓDICO. 1. Exíguo. **2.** Moderado. **3.** De pequenas proporções. **4.** Econômico. **5.** Razoável.

MODIFICABILIDADE. Qualidade do que se pode modificar.

MODIFICAÇÃO. 1. Alteração parcial ou total de uma coisa. **2.** Mudança que não altera a essência da coisa.

MODIFICAÇÃO CONTRATUAL. *Direito civil* e *direito comercial.* Alteração de alguma cláusula do contrato. Se houver qualquer modificação em contrato de sociedade, esta precisará ser arquivada na Junta Comercial.

MODIFICAÇÃO DA CONSTITUIÇÃO. *Direito constitucional.* Reforma da Constituição através de emendas que procuram inová-la, complementando, substituindo ou suprimindo conceitos, preceitos de interesse social, político, econômico etc.

MODIFICAÇÃO DE PRÉDIO. *Direito civil.* Conjunto de obras que visam alterar as divisões internas de um prédio, dar-lhe uma nova fachada, aumentar ou diminuir sua dimensão.

MODIFICAÇÃO DO DIREITO. *Direito civil.* Alteração do conteúdo ou do objeto e dos titulares do direito, sem contudo atingir sua substância.

MODIFICAÇÃO OBJETIVA DO DIREITO. *Direito civil.* Alteração que atinge a qualidade ou quantidade do objeto ou conteúdo da relação jurídica. Qualitativa será a modificação quando o conteúdo do direito se converte em outra espécie. Por exemplo, o credor por coisa determinada que recebe do devedor o equivalente em dinheiro, hipótese em que a obrigação de dar coisa certa se transmuda em dever de indenizar. Será quantitativa a modificação se o seu objeto aumentar ou diminuir no volume, sem alterar a qualidade do direito, em razão de fato jurídico *stricto sensu* (por exemplo: diminuição de terrenos ribeirinhos em virtude de aluvião), ou ato jurídico do titular ou de outrem (por exemplo: amortização do débito).

MODIFICAÇÃO SUBJETIVA DO DIREITO. *Direito civil.*
Alteração do titular, subsistindo a relação jurídica, hipótese em que se pode ter a substituição do sujeito de direito *inter vivos* ou *causa mortis.* Por exemplo, o poder jurídico exercido por ele sobre um imóvel passa a sê-lo por outra pessoa, em razão de alienação ou desapropriação que, então, terá a titularidade do direito, afastando o primitivo titular. Da mesma forma, com a morte do titular, aberta a sucessão, a herança se transporta para os herdeiros legítimos e testamentários, o que assegura a continuidade da relação jurídica. Não só o sujeito ativo pode ser substituído, mas também o passivo, pois o devedor da relação jurídica pode ser substituído por outro em ato voluntário (assunção de dívida) ou involuntário (responsabilidade do herdeiro dentro do acervo hereditário), sem qualquer alteração na sua substância. Urge não olvidar, ainda, que há direitos que não comportam modificação em seu sujeito por serem personalíssimos; extinguem-se com a sua morte ou substituição. Tem-se, ainda, modificação subjetiva se houver: a) multiplicação dos sujeitos, por exemplo, no caso de outras pessoas se associarem ao titular do direito de propriedade, gerando o condomínio, ou na hipótese de vários devedores de uma obrigação divisível tomarem o lugar do devedor; b) concentração, que se dá quando um direito possui vários titulares que, paulatinamente, se reduzem, como no usufruto simultâneo instituído em benefício de muitas pessoas, que diminuem de número, por morte ou por atingirem o limite de idade estipulado no ato constitutivo; c) desdobramento da relação jurídica que ocorre, por exemplo, quando o sujeito de direito outorga uma parte de seus poderes em favor de outrem, sem contudo perder o direito, como a constituição de renda vitalícia (Caio M. S. Pereira, Orlando Gomes, Serpa Lopes).

MODIFICATIVO. Que modifica.

MODIFICÁVEL. Suscetível de ser modificado.

MODISMO. Modo de falar próprio de uma língua que, apesar de contrário às regras gramaticais, é permitido pelo uso.

MODISTA. 1. Aquele que lança modas, criando modelos de vestes para as estações do ano. 2. Aquele que tem o ofício de alfaiate ou costureira. 3. O que canta modas.

MODO. 1. *Direito civil.* Encargo, isto é, cláusula acessória, em regra, aderente a atos de liberalidade *inter vivos* (doação) ou *mortis causa* (testamento, legado), embora possa aparecer em promessa de recompensa ou em outras declarações unilaterais de vontade, e que impõe um ônus ou uma obrigação à pessoa natural ou jurídica contemplada pelo referido ato. Pode consistir numa prestação em favor de quem o institui, de terceiro ou mesmo numa prestação sem interesse particular para determinada pessoa. Por exemplo, doação de um terreno para que nele se edifique uma escola para crianças excepcionais; legado com o encargo de construir um hospital. 2. *Lógica jurídica.* a) Asserção complementar da proposição relativa à natureza ou às condições da relação por ela enunciada. A lógica clássica conhece como modos o ser ou não ser possível e o ser ou não ser necessário; b) cada uma das diversas formas de raciocínio silogístico, que se classificam conforme as proposições que o compõem variem em quantidade e em qualidade. 3. *Filosofia geral.* a) Determinação de um sujeito; b) cada uma das classes de manifestação de uma função determinada; c) maneira de ser ou de manifestar-se; d) forma; e) cada uma das diversas maneiras de ação ou de existência de uma mesma substância. 4. *Direito administrativo.* Ônus imposto ao beneficiário de certa vantagem outorgada pelo ato administrativo. Por exemplo, concessão dada a particular para usar águas públicas, desde que faça determinada obra (José Cretella Jr.).

MODO DE PENSAR. 1. Maneira de entender determinado assunto. 2. Opinião. 3. Parecer.

MODO DE SER. Forma especial da existência dos seres.

MODO DE VIDA. 1. Profissão. 2. Ofício. 3. Ocupação.

MODORRA. 1. *Medicina legal.* a) Prostração mórbida que provoca no paciente uma enorme vontade de dormir; b) sonolência; c) apatia. 2. *Direito agrário.* Moléstia que ataca o gado lanífero ou ovelhum, causada pela abundância de sangue.

MÓDULO. 1. Na *linguagem comum* é: a) valor que mais freqüentemente é encontrado no decurso de uma série de mensurações de um mesmo objeto (Lalande); b) o que serve para medir; c) quantidade tomada como unidade de qualquer medida. 2. *Direito agrário.* a) Quantidade de água, em litros e por segundo, utilizada na irrigação; b) área mínima estabelecida pelo governo para

MÓDULO DE COMANDO

efeito de reforma agrária. **3.** *Direito espacial.* Cada uma das partes autônomas e dotadas de sistema de vôo de que se compõe uma astronave.

MÓDULO DE COMANDO. *Direito espacial.* Unidade principal da astronave, de forma cônica, onde viajam os astronautas, sendo, portanto, a única que retorna à Terra.

MÓDULO DE EXCURSÃO. *Direito espacial.* Veículo que desce na Lua ou em outros planetas com astronautas a bordo e os traz de volta ao módulo de comando.

MÓDULO DE SERVIÇO. *Direito espacial.* Cilindro não habitável que compõe a astronave por conter o sistema de propulsão e os equipamentos necessários às manobras em órbita espacial ou lunar e ao regresso à Terra.

MÓDULO e–MARCAS. *Direito virtual.* Integrante do sistema e-INPI, é um sistema eletrônico a ser utilizado pelo usuário dos serviços prestados pela Diretoria de Marcas do INPI para demandar serviços ou praticar atos processuais relativos a registros ou pedidos de registro de marcas, por meio dos formulários eletrônicos instituídos por este ato, fazendo uso da Internet.

MÓDULO RURAL. *Direito agrário.* Área mínima, com viabilidade econômica para a exploração agrícola, determinada pela lei conforme os caracteres de cada região. Trata-se de uma unidade de medida agrária limitativa do direito de propriedade de terra rural, que se baseia no princípio constitucional da função social da propriedade, evitando a multiplicação de minifúndios e permitindo a disseminação da propriedade familiar em processo de reforma agrária (Fernando Pereira Sodero).

MODUM NON TAM VERBA FACIUNT SED VOLUNTAS. *Brocardo latino.* Não tanto as palavras, como a vontade, fazem o modo.

MODUS. *Termo latino.* Modo.

MODUS ADQUIRENDI. *Locução latina.* Modo de adquirir.

MODUS ADQUIRENDI DOMINIUM. *Locução latina.* Modo de aquisição de propriedade.

MODUS CONCLUDENDI. *Locução latina.* Modo de concluir.

MODUS FACIENDI. *Locução latina.* Modo de fazer; maneira de proceder ou de agir ante determinadas circunstâncias.

MODUS IN REBUS. *Vide EST MODUS IN REBUS.*

MODUS OMNIBUS IN REBUS. *Expressão latina.* Em todas as coisas deve haver um limite ou medida.

MODUS OPERANDI. *Locução latina.* Modo de trabalhar.

MODUS PROBANDI. *Locução latina.* Modo de provar.

MODUS PROCEDENDI. 1. *Locução latina.* Modo de proceder. **2.** *Direito administrativo.* Comportamento ou procedimento irrepreensível, que deve ter o agente público na sua repartição e em sua vida particular (José Cretella Jr.).

MODUS VIVENDI. 1. *Locução latina.* a) Norma de vida; b) meio de vida; c) modo de viver. **2.** Na *linguagem comum:* compromisso que soluciona uma questão relacionada a duas pessoas, permitindo uma convivência (Renzo Tosi). **3.** *Direito internacional público.* a) Pacto provisório entre dois Estados para reger um problema, enquanto se espera a efetivação de um tratado definitivo (Renzo Tosi); b) acordo ou convênio provisório entre Estados em litígio, que visa manter sua convivência pacífica até que a questão pendente se resolva definitivamente. Tal ajuste se dá, em regra, mediante permuta de notas diplomáticas; c) acordo executivo que tem em vista apenas deixar as coisas no estado em que se encontram, ou estabelecer simples bases para negociações futuras (Hildebrando Accioly).

MOEDA. *Economia política.* **1.** Instrumento comum de troca; denominador comum de valores; padrão de pagamentos diferidos e reserva de valores, em forma metálica, ou em moeda-papel, papel-moeda ou moeda escritural (Othon Sidou). **2.** Meio legal de pagamento (Stanley Jevons). **3.** Fração equivalente ou múltiplo de uma unidade ideal (Nussbaum). **4.** Meio de compra indeterminado (Louis Baudin). **5.** Tudo a que se liga um valor; o que representa um valor. **6.** Dinheiro. **7.** Diz-se da casa ou do estabelecimento oficial onde são fabricadas as moedas. **8.** Mercadoria que intervém uniformemente, como equivalente de todas as outras, nas trocas (Cauwès). **9.** Unidade representativa de valor aceita, numa comunidade, como instrumento de troca (Paulo Matos Peixoto). **10.** Medida usual e convencional de valor. **11.** Mercadoria que tem curso oficial e cujo valor é estabelecido como o equivalente que permite a troca por outras mercadorias, de cujo valor comparativo é a medida (Aurélio).

MOEDA-BASE. *Vide* MOEDA DE CONTA.

MOEDA BRASILEIRA. *Economia política.* É a adotada pelo sistema monetário do Brasil, para servir como instrumento de troca nas operações comerciais e como meio de pagamento de obrigações (De Plácido e Silva).

MOEDA *BULLION.* *Economia política.* Moeda de ouro contemporânea, cunhada por casas da moeda oficiais em quantidades ilimitadas, para serem negociadas como investimento (Luiz Fernando Rudge).

MOEDA CONTRAMARCADA. *Economia política.* É a que contém um carimbo que modifica seu valor ou a torna nacional no país que a marque.

MOEDA CONVENCIONAL. *Economia política.* É aquela que nada representa, não sendo nem mesmo conversível, por ter um valor nominal fictício, imposto pelo Estado. Constitui meio legal de pagamento, tendo, portanto, poder liberatório integral. Trata-se da moeda sem lastro.

MOEDA CONVERSÍVEL. *Economia política.* **1.** Aquela que pode ser convertida em ouro ou outro metal precioso. **2.** A que pode ser trocada por outra moeda, bens ou serviços e reembolso de dívidas em outros países (Luiz Fernando Rudge). Por isso, trata-se da moeda forte.

MOEDA CORRENTE. *Economia política.* É a moeda circulante, isto é, em curso legal ou forçado.

MOEDA DE CÁLCULO. *Economia política.* É a imaginária por não ter existência real.

MOEDA DE CONTA. **1.** *Economia política.* É a moeda-tipo, na qual se funda o sistema monetário, ou seja, é a unidade monetária que, servindo de índice para estabelecimento de preços e de conversão em outra unidade monetária, constitui base das operações financeiras. É também designada "moeda-base". **2.** *Direito internacional privado.* É a que determina o montante da prestação pecuniária que é devida (Loussouarn e Bredin). É uma unidade de conta para medir débito, obrigação ou valor econômico (Luiz Olavo Baptista).

MOEDA DE CONVÊNIO. *Vide* MOEDA ESCRITURAL.

MOEDA DE CURSO FORÇADO. *Economia política.* Papel-moeda, emitido sem lastro e resgatável à vontade do governo que o emitiu. Seu valor é convencional, tendo poder liberatório, por imposição estatal.

MOEDA DE CURSO LEGAL. *Economia política.* Moeda-papel que pode ser convertida em qualquer tempo, operando-se seu resgate. Trata-se daquela que tem lastro e é resgatável à vontade do portador.

MOEDA DE LEI. *Economia política.* A que tem o toque e o peso prescrito legalmente.

MOEDA DE OURO. *Economia política.* Diz-se daquela que tem curso universalmente aceito, em razão de sua superioridade sobre as demais.

MOEDA DE PAGAMENTO. *Direito internacional privado.* É a que estabelece o instrumento material de reembolso, indicando a espécie através da qual o devedor efetua o pagamento (Loussouarn e Bredin). Meio de liberação ou de pagamento de débito, ou melhor, instrumento de pagamento (Luiz Olavo Baptista). É a moeda em que se efetua o pagamento (Van Hecke e Lalive).

MOEDA DE TROCO. *Vide* MOEDA DIVISIONÁRIA.

MOEDA DIRIGIDA. *Economia política.* É a existente no sistema monetário localizado fora do padrão ouro (Geraldo Magela Alves).

MOEDA DIVISIONÁRIA. *Economia política.* **1.** É a moeda convencional estabelecida para facilitar as operações, tendo poder liberatório nos limites determinados por lei (De Plácido e Silva). **2.** Dinheiro representativo de submúltiplo da unidade monetária em curso, empregada para troco (Othon Sidou). Representa ela a fração da moeda principal ou da moeda-padrão. Por exemplo, os centavos são frações do real.

MOEDA ELETRÔNICA. *Direito virtual.* Dinheiro escritural armazenado em disco rígido de computador e movimentável por programa (Luiz Fernando Rudge).

MOEDA ESCRITURAL. **1.** *Economia política.* É a moeda de convênio pactuada entre países cujas moedas são inconversíveis para estabelecer o intercâmbio comercial. **2.** *Direito bancário.* É a criada pelos bancos, em sua escrituração contábil, a partir dos depósitos recebidos, concretizando-se somente na sua contabilidade (José Tadeu de Chiara). É a que se constitui pelos lançamentos bancários a crédito dos seus depositantes (Othon Sidou).

MOEDA ESTRANGEIRA. *Economia política.* É a que está em curso em outro país que não o nosso, sendo objeto de operações de câmbio.

MOEDA FALIDA. *Economia política.* Diz-se daquela que perdeu, com o uso, parte do peso prescrito por lei.

MOEDA FALSA. *Direito penal.* Dinheiro, nacional ou estrangeiro, fabricado clandestinamente ou adulterado por particular, constituindo contrafação da moeda legal.

MOEDA FIDUCIÁRIA. *Economia política.* **1.** É a representada por bilhetes ou notas de bancos ou de estabelecimentos de crédito, por títulos de crédito, por moedas divisionárias ou por papel-moeda. **2.** É, sem lastro, a emitida pelo Estado, afiançada ou garantida por um valor convencional para facilitar as operações comerciais e efetuar pagamentos. Trata-se do papel-moeda.

MOEDA FORTE. *Economia política.* É a que, por ter valor nominal igual ao intrínseco e reserva metálica, torna-se, facilmente, conversível no mercado internacional.

MOEDA FRACA. *Economia política.* Aquela que por não ter suficiente reserva metálica ou cambial não é de fácil conversão no mercado internacional, uma vez que possui valor intrínseco menor que o nominal.

MOEDAGEM. *Economia política.* **1.** Cunhagem de moeda. **2.** O que se paga por essa cunhagem.

MOEDA IMAGINÁRIA. *Vide* MOEDA DE CÁLCULO.

MOEDA INCONVERSÍVEL. *Economia política.* **1.** Aquela que por não ter base cambial ou metálica é insuscetível de ser convertida no padrão-ouro. **2.** É a moeda fraca por não poder ser trocada por outra moeda, bens ou serviços, nem ser reembolso de dívidas em outros países (Luiz Fernando Rudge).

MOEDA LEGAL. *Economia política.* É a que circula livremente pelo país, em razão de autorização de lei.

MOEDA-MEDIDA. *Vide* MOEDA DE CONTA.

MOEDA METÁLICA. *Economia política.* É a cunhada em metal, precioso ou não, colocada em circulação pelo Estado.

MOEDA NACIONAL. *Economia política.* É aquela que tem curso legal no país.

MOEDA NORMAL. *Economia política.* É a que, por representar o estalão monetário, tem curso legal ilimitado, não podendo ser recusada como pagamento.

MOEDA OBSIDIONAL. *Economia política.* É a cunhada na hipótese de cerco do país, como por exemplo a de seis florins, que foi cunhada em Recife por ocasião da dominação holandesa.

MOEDA-PADRÃO. *Economia política.* É a que serve de base para o comércio internacional (Geraldo Magela Alves).

MOEDA-PAPEL. *Economia política.* Aquela que, representada em papel, pode, em qualquer tempo, sofrer conversão no seu valor metálico equivalente, uma vez que sua emissão se deu por ordem do Estado.

MOEDA QUEIMANTE. *Vide* CAPITAL QUEIMANTE.

MOEDA SONANTE. *Economia política.* Metal amoedado ou moeda metálica.

MOEDA TIPO. *Vide* MOEDA DE CONTA.

MOEGA. *Direito agrário.* Peça de moinho por onde cai o grão na calha.

MOEIRA. *Direito agrário.* Pá de malhar milho.

MOENDA. *Direito agrário.* **1.** Peça que serve para moer. **2.** Mó de moinho. **3.** Trituração de grão. **4.** Mecanismo para espremer cana-de-açúcar usado nas usinas e nos engenhos. **5.** Retribuição paga ao moleiro em grão ou em farinha pelo seu trabalho de transformação do grão em farinha.

MOENDEIRO. *Direito agrário.* **1.** Proprietário de moenda. **2.** Aquele que trabalha na moenda.

MOETA. *Direito agrário.* Tenaz com dois cabos compridos de madeira, utilizada para escardear.

MOEURS. *Termo francês.* **1.** Usos. **2.** Costumes.

MOFA. Zombaria, escárnio.

MOFATRA. *História do direito.* **1.** *Vide* MOATRA. **2.** Contrato feito entre o usurário e o que lhe tomava dinheiro emprestado, pelo qual o usurário vendia a este mercadorias por alto preço, para que ele, depois que as recebesse, revendesse ao mesmo usurário por preço muito menor e, assim, fraudasse a lei contra a usura (Morais). Tratava-se da trapaça.

MOFATRÃO. Aquele que efetua moatra.

MOFINA. Artigo difamatório e anônimo.

MOFINEIRO. Autor de mofina.

MOGIGRAFIA. *Medicina legal.* Dificuldade de escrever.

MOGILALIA. *Medicina legal.* Dificuldade em articular certas palavras.

MOGO. Marco para limitar terras.

MOIMENTO. *História do direito.* Monumento em honra de alguém.

MOINHA. *Direito agrário.* **1.** Alimpadura de cereais. **2.** Fragmentos de palha que ficam na eira após a debulha dos cereais. **3.** Palha que fica do trigo depois da alimpadura.

MOINHO. *Direito agrário.* **1.** Máquina que se move pela força da água ou do vento, apropriada para triturar certas substâncias. **2.** Local ou casa onde está instalada essa máquina.

MOIRÃO. *Direito civil.* Peça de madeira colocada entre prédios para servir de esteio a outros, ou arames farpados, formando cercas divisórias ou tapumes.

MOISEM. *História do direito.* Mandado judicial que citava alguém para comparecer, em determinado dia, à presença do magistrado.

MOISSON. *Termo francês.* Colheita.

MOLA. 1. Na *linguagem comum* designa tudo que promove um movimento. **2.** *Medicina legal.* Tumor placentário que apresenta vesículas.

MOLAGEM. Vantagem gratuita ou obtida à custa alheia.

MOLAR. *Direito agrário.* **1.** Diz-se do milho branco que dá muita farinha. **2.** Espécie de cereja. **3.** O que se tritura facilmente.

MOLDADOR. *Direito do trabalho.* Aquele que faz moldes para fundição.

MOLDAGEM. *Direito de propriedade industrial.* **1.** Ato de tirar, com uma substância plástica, a fôrma de um objeto, para obter-se o molde que dará origem ao modelo industrial. **2.** Produto obtido pelo uso do molde que serve de matriz para a confecção de objetos.

MOLDE. *Direito de propriedade industrial.* Fôrma que serve de modelo para a confecção de produtos industriais.

MOLÉCULAS DE ADN/ARN RECOMBINANTE. *Medicina legal* e *biodireito.* São as manipuladas fora das células vivas, mediante a modificação de segmentos de ácido desoxirribonucléico (ADN) e de ácido ribonucléico (ARN), natural ou sintético, que possam multiplicar-se em uma célula viva, ou, ainda, as moléculas de ADN/ARN resultantes dessa multiplicação; consideram-se também os segmentos de ADN/ARN sintéticos equivalentes aos de ADN/ARN naturais.

MOLEIRA. *Medicina legal.* **1.** Abóbada craniana.

MOLEIRO. *Direito agrário.* **1.** Dono de moinho. **2.** Aquele que trabalha em moagem.

MOLENDÁRIO. *Direito agrário.* Referente a moagem ou a moinho.

MOLESTAMENTO. 1. Incômodo. **2.** Ato de causar prejuízo a alguém.

MOLÉSTIA. *Medicina legal.* Doença física ou psíquica.

MOLÉSTIA DE ENCOMENDA. *Medicina legal.* Doença simulada para evitar cumprimento de algum compromisso.

MOLÉSTIA DO TRABALHO. *Vide* MOLÉSTIA PROFISSIONAL.

MOLÉSTIA GRAVE E TRANSMISSÍVEL. *Medicina legal.* Aquela doença que pode pôr em risco a saúde de alguém por contágio ou herança.

MOLÉSTIA PROFISSIONAL. *Direito do trabalho.* Enfermidade adquirida no exercício da profissão, equiparando-se, em seus efeitos jurídicos, ao acidente do trabalho, podendo dar origem à aposentadoria ou a indenizações.

MOLÉSTIA VASCULAR. *Medicina legal.* Processo patológico que afeta os vasos linfáticos e sangüíneos. Por exemplo, aneurisma, fístula arteriovenosa, hipoplasia aórtica etc. (José Lopes Zarzuela).

MOLÉSTIA VENÉREA. *Medicina legal.* É a doença que se contrai pelo contato sexual, como: sífilis, AIDS, blenorragia etc.

MOLESTO. 1. Importuno. **2.** O que causa incômodo. **3.** Prejudicial. **4.** Lesivo.

MOLHADO. *Direito comercial.* Líquido que é vendido em estabelecimentos comerciais especializados em comestíveis.

MOLHE–CAIS. *Direito marítimo.* Paredão à entrada do porto, que avança para o mar, construído para quebrar o ímpeto das ondas e abrigar as embarcações.

MOLHELHA. 1. *Direito agrário.* Almofada em que se assenta a canga que junge os bois. **2.** *Direito marítimo.* Chumaço nas peças da embarcação, ou navio, onde laboram os cabos.

MOLHELHEIRO. *Direito agrário.* Trabalhador rural que conserta molhelha.

MOLÍCIA. *Medicina legal.* Heteromasturbação entre pessoas do mesmo sexo.

MOLICO. *Direito agrário.* **1.** Mato pouco áspero. **2.** Colmo que serve para cobrir choupana.

MOLIME HEMORRÁGICO. *Medicina legal.* Fenômeno interno que antecede uma hemorragia.

MOLINHAR. *Direito agrário.* Fazer o moinho funcionar.

MOLINOTE. *Direito agrário.* **1.** Moenda de cana-de-açúcar. **2.** Cabrestante utilizado no engenho de açúcar para o fazer trabalhar por meio de animais, se faltar água para essa finalidade.

MOLO. *História do direito.* Carregação de navio.

MOMENTÂNEO. **1.** Instantâneo. **2.** Breve. **3.** Transitório.

MOMENTÃO. *Direito agrário.* Processo de enxerto de videira, pelo qual esta forma o garfo que deve estar próximo da que se pretende enxertar.

MOMENTI DI COLLEGAMENTO. *Expressão italiana.* Elemento de conexão.

MOMENTO. **1.** Impulso. **2.** Poder de mover. **3.** Lapso temporal para a prática de um ato ou cumprimento de uma obrigação. **4.** Instante. **5.** Cada uma das fases de um procedimento. **6.** Tempo ou ocasião em que certo fato ocorreu. **7.** Mínimo espaço em que o tempo se divide. **8.** Circunstância. **9.** Importância; urgência.

MOMENTOSO. **1.** Grave ou de grande importância. **2.** Vultoso.

MONACAL. *Direito canônico.* Relativo a monges ou à vida dos conventos.

MONACATO. *Direito canônico.* **1.** Instituição monástica. **2.** Vida monacal.

MÔNADA. *Filosofia geral.* **1.** Primeiro elemento simples e animado do ser substancial. Constitui a substância ativa e individual, de natureza abstrata, dos seres (Leibniz). **2.** Centro ou unidade da consciência.

MONADISMO. *Filosofia geral.* **1.** Sistema segundo o qual o universo se forma por unidades individuais bem definidas, que possuem um princípio de unidade interior ou de ordem espiritual (Lalande). **2.** Teoria de Leibniz sobre as mônadas.

MONADOLOGIA. *Filosofia geral.* Doutrina das mônadas de Leibniz.

MONANDRA. *Direito civil* e *sociologia jurídica.* Diz-se da mulher que vive em monandria.

MONANDRIA. *Direito civil* e *sociologia jurídica.* União legítima ou ilegítima de um homem a uma só mulher.

MONAQUISMO. *Direito canônico.* Monacato.

MONAQUIZAÇÃO. *Direito canônico.* Ato ou efeito de se tornar monge ou monja.

MONARCA. **1.** *Direito comparado.* Soberano de uma monarquia. **2.** *Direito agrário.* a) Diz-se, no Rio Grande do Sul, do cavalo elegante que galopa com o pescoço em arco; b) gaúcho que monta com garbo.

MONARCOLATRIA. *História do direito.* Culto dos monarcas, muito comum nos antigos povos asiáticos.

MONARCÔMACO. Inimigo do monarca ou do poder absoluto.

MONARQUIA. *Ciência política.* **1.** Estado que é governado por um monarca. **2.** Forma de governo em que o poder político concentra-se nas mãos de uma só pessoa: rei, imperador, príncipe, duque.

MONARQUIA ABSOLUTA. *Ciência política.* É aquela em que o monarca é o detentor de todos os poderes, não sofrendo quaisquer restrições.

MONARQUIA AUTOCRÁTICA. *Ciência política.* Aquela em que o poder se confunde com o próprio monarca, donde a célebre frase atribuída a Luís XIV, de França: *L'État c'est moi.*

MONARQUIAÇÃO. **1.** *Ciência política.* Monarquismo. **2.** *Direito agrário.* Ato de montar bem a cavalo.

MONARQUIA CONSTITUCIONAL. *Ciência política.* Aquela em que, além de haver limitações constitucionais ao poder do monarca, que, sendo chefe de Estado, se submete à Carta Magna, há outra força que participa do governo, pois o Primeiro-Ministro, que tem a chefia do governo, exerce suas funções assessorado por um gabinete emanado do Parlamento, que representa o povo. O poder está, portanto, dividido entre o monarca e o Primeiro-Ministro, assessorado pelo gabinete, que é o representante do povo, sendo seu exercício regulado por uma Constituição.

MONARQUIA DE DIREITO DIVINO. *Ciência política.* Diz-se daquela em que o monarca se julga investido do poder por vontade divina, não podendo, por isso, ser destituído pelos homens arbitrariamente.

MONARQUIA DE ESTAMENTOS. *Ciência política.* Resquício do feudalismo que consiste numa monarquia limitada, que, para a aprovação de determinadas medidas, além da manifestação do monarca, requer a dos Estamentos, Cortes ou Braços (A. Machado Paupério).

MONARQUIA DUALISTA. *Ciência política.* Dois reinos ligados por um monarca comum.

MONARQUIA ELETIVA. *Ciência política.* Aquela em que o monarca é eleito.

MONARQUIA HEREDITÁRIA. *Ciência política.* Aquela em que o monarca adquire o poder político por direito de sucessão. Com o falecimento do rei, o poder se transmite ao seu parente mais próximo.

MONARQUIA LIMITADA. *Ciência política.* É aquela na qual os poderes do monarca são limitados,

MON 326 MONARQUIA MISTA

em regra, por um Parlamento, ou melhor, por uma representação popular.

MONARQUIA MISTA. *Vide* MONARQUIA TEMPERADA.

MONARQUIA PARLAMENTAR. *Ciência política.* Monarquia constitucional que adota o regime parlamentar.

MONARQUIA PURA. *Ciência política.* Aquela em que inexiste qualquer poder representativo.

MONARQUIA REPRESENTATIVA. *Vide* MONARQUIA CONSTITUCIONAL.

MONARQUIA TEMPERADA. *Ciência política.* Aquela em que a autoridade do monarca está limitada pela de outro ou de outros poderes.

MONÁRQUICO. *Ciência política.* Relativo à monarquia.

MONARQUISMO. *Ciência política.* Sistema político dos monarquistas.

MONASTÉRIO. *História do direito.* Mosteiro.

MONASTICISMO. *Direito canônico.* **1.** Ascetismo organizado. **2.** Sistema de vida monástica.

MONÇÃO. 1. *História do direito.* Bandeiras ou expedições que, nos séculos XVIII e XIX, subiam e desciam os rios das capitanias de São Paulo e Mato Grosso, pondo-as em comunicação. **2.** *Direito marítimo.* a) Tempo favorável à navegação; b) diz-se da época das chuvas, em que as embarcações a vela não navegam.

MONDA. *Direito agrário.* **1.** Erva nociva às sementeiras. **2.** Ato de limpar uma plantação de ervas daninhas.

MONDINO. *Direito agrário.* Trabalhador rural que retira ervas daninhas das plantações.

MONDOLIM. *Direito agrário.* Doença que dá na raiz das palmeiras, impedindo o desenvolvimento e amadurecimento dos cocos.

MONELHA. *Direito marítimo.* Corda que reforça os mastros.

MONETA. *Direito marítimo.* Vela colocada por baixo dos papa-figos, para aproveitar o bom tempo.

MONETA IN OBLIGATIONE. *Expressão italiana.* Moeda de conta.

MONETA IN SOLUTIONE. *Expressão italiana.* *Vide* MOEDA DE PAGAMENTO.

MONETÁRIO. *Economia política.* Referente à moeda.

MONEY DAMAGES. *Locução inglesa.* Ressarcimento de danos.

MONEY FLOW INDEX. *Locução inglesa.* **1.** Índice de fluxo de recursos. **2.** Indicador de fluxo de recursos para o mercado, que detecta a presença de investidores pretendendo comprar ou vender grandes lotes de um ativo no mercado (Luiz Fernando Rudge).

MONEY LAUNDERING. *Locução inglesa.* Lavagem de dinheiro.

MONEY-LENDER. *Locução inglesa.* Agiota.

MONEY MARKET. *Locução inglesa.* **1.** Mercado monetário. **2.** Mercado onde se negociam títulos públicos e privados de alta liquidez e operações de arbitragem e mercado futuro (Luiz Fernando Rudge).

MONFIS. *História do direito.* Mouro espanhol que vivia de roubos e pilhagens.

MONGE. *Direito canônico.* Religioso que vive no mosteiro.

MONGER. *Termo inglês.* **1.** Negociante. **2.** Mercador. **3.** Vendedor.

MONGIL. 1. *Direito agrário.* Variedade de trigo. **2.** *Direito canônico.* a) Próprio de monge; b) hábito de monja.

MONGOLISMO. *Medicina legal.* Idiotia provocada por desordens do timo, que se caracteriza pela obliqüidade dos olhos e presença de epicanto na comissura das pálpebras (José Lopes Zarzuela).

MONGOLÓIDE. *Medicina legal.* Aquele que sofre de mongolismo.

MONIÇÃO. 1. *Direito canônico.* Advertência feita pelo bispo antes de infligir uma censura ou penalidade. **2.** *História do direito.* Aviso jurídico para que alguém viesse depor judicialmente.

MONISMO. *Filosofia geral.* **1.** Sistema filosófico pelo qual todas as coisas são redutíveis a uma unidade, sob o prisma de sua substância, as leis lógicas ou físicas que as regem, e da moral (Lalande, Wolff, Göschel, Lotze, Bradley, Haeckel e Morgan). **2.** Teoria negadora da dualidade do espírito e da matéria. **3.** Concepção que reduz os entes existentes a uma entidade primordial, permanente, infinitamente fecunda. **4.** Doutrina que admite a existência de uma só substância para a matéria ou para o espírito.

MONISMO IDEOLÓGICO. *Filosofia geral.* Aceitação geral de doutrina oficial.

MONISMO ORGÂNICO. *Ciência política.* Concentração do poder numa só pessoa (Geraldo Magela Alves).

MONISTA. *Filosofia geral.* Adepto do monismo.

MONÍSTICO. *Filosofia geral.* Relativo ao monismo.

MÔNITA. 1. Aviso. **2.** Advertência. **3.** Observação.

MONITA SECRETA SOCIETATIS JESU. *Direito canônico.* Suposta legislação secreta dos jesuítas que continha plano para que a Companhia de Jesus exercesse o domínio mundial (Marcus Cláudio Acquaviva).

MONITION. *Termo inglês.* Mandato judicial.

MONITOR. 1. *Direito militar.* Espécie de navio de guerra. **2.** Na *linguagem escolar* é aquele que dirige os estudos de um grupo de alunos, orientando-os, advertindo-os. **3.** *Direito do trabalho.* Aquele que tem a função de dirigir um grupo de trabalhadores. **4.** Na *linguagem comum* significa: a) tela usada para controle, que consiste num projetor para que o diretor de televisão possa dirigir a ação do estúdio; b) aparelho de televisão instalado para controlar as transmissões em qualquer ponto da estação emissora.

MONITORAMENTO DAS POPULAÇÕES. *Direito ambiental.* Acompanhamento sanitário acrescido de análises laboratoriais que incluem: testes sorológicos, provas com materiais biológicos ou não e análises epidemiológicas das condições de saúde dos animais aquáticos, com padronização dos resultados.

MONITORAMENTO ELETRÔNICO. *Direito virtual.* Feito por *software* que confere o conteúdo de troca e qualquer informação que entre, saia ou circule em determinada rede, como também de todos os endereços eletrônicos visitados por seus empregados, o tempo de visita e os dados trocados (Aieta).

MONITORAMENTO RANDÔMICO. *Direito virtual.* Método pelo qual se conferem *e-mails*, mensagens e históricos de navegação pela Internet, sem a existência de uma ordem determinada e previsível (Aieta).

MONITORIA. Cargo de monitor.

MONITÓRIA. *Direito processual civil.* Ação pela qual o credor de quantia certa ou de coisa determinada, cujo crédito esteja comprovado por documento hábil, requerendo a prolação de provimento judicial consubstanciado num mandado de pagamento ou de entrega de coisa, tem por fim a obtenção da satisfação de seu direito (José Rogério Cruz e Tucci). *Vide* AÇÃO MONITÓRIA.

MONITÓRIO. Que serve de aviso ou de advertência.

MONJA. *Direito canônico.* Freira de mosteiro.

MONJA-VELHA. *Direito agrário.* Espécie de maçã.

MONJOLEIRO. *Direito agrário.* **1.** Trabalhador rural que cuida do monjolo. **2.** Proprietário ou construtor de monjolo.

MONJOLO. *Direito agrário.* **1.** No Norte, é o bezerro pequeno. **2.** Engenho movido a água ou a animal, usado para pilar o milho, que teve muito uso, outrora, para descascamento do café.

MONO. Em *gíria comercial,* diz-se da mercadoria que fica muito tempo na loja, sem que ninguém a compre. **2.** Na *linguagem comum* quer dizer logro ou fraude.

MONOBLEPSIA. *Medicina legal.* **1.** Moléstia em que o paciente só consegue enxergar se fechar um dos olhos. **2.** Cegueira para as cores, em que o paciente só consegue distinguir uma delas.

MONOBÓIA. *Direito marítimo.* Bóia de instalação petrolífera.

MONOCA. *Direito agrário.* Feixe de folhas de tabaco fermentadas.

MONOCARRIL. Sistema ferroviário que utiliza só um trilho para rolamento.

MONOCEFALIA. *Medicina legal.* Qualidade daqueles que nascem com corpos ligados, tendo uma só cabeça.

MONOCRACIA. *Ciência política.* Autocracia ou monarquia cujo governo é exercido por uma só pessoa.

MONOCRATA. *Ciência política.* Adepto da monocracia.

MONOCRÁTICO. *Ciência política.* Referente à monocracia. Diz-se do órgão que é dirigido por uma só pessoa.

MONÓCROTO. *História do direito.* Navio que tinha apenas uma ordem de remos de cada lado.

MONOCULTOR. *Direito agrário.* Aquele que se dedica à monocultura.

MONOCULTURA. *Direito agrário.* Cultura de uma só especialidade agrícola.

MONOCULTURÍSTICO. *Direito agrário.* Que se refere à monocultura.

MONODIPLOPIA. *Medicina legal.* Visão dupla por um olho apenas.

MONOFISISMO. Doutrina dos que pregavam uma só natureza em Jesus Cristo.

MONOFOBIA. *Medicina legal.* Pavor à solidão.

MONOGAMIA. *Direito civil* e *sociologia jurídica.* Sistema matrimonial pelo qual o homem ou a mulher só pode ter, legalmente, apenas um cônjuge, enquanto a sociedade conjugal for vigente. Logo, neste regime, a família tem sua base no casamento de um homem com uma mulher.

MONOGÂMICO. *Direito civil* e *sociologia jurídica.* Relativo à monogamia.

MONOGAMISTA. *Direito civil* e *sociologia jurídica.* Partidário da monogamia como estado conjugal.

MONÓGAMO. *Direito civil* e *sociologia jurídica.* Diz-se daquele que tem apenas uma esposa.

MONOGÊNESE. *Filosofia geral.* Unidade de origem.

MONOGENISMO. *Antropologia* e *filosofia geral.* Doutrina pela qual todas as raças humanas descendem de um tipo único.

MONOGRAFIA. *Direito autoral.* **1.** Trabalho científico escrito, que visa sobre um determinado assunto. **2.** Estudo que pretende esgotar certo tema.

MONOGRÁFICO. *Direito autoral.* Referente à monografia.

MONOGRAFISTA. *Direito autoral.* Autor de uma monografia.

MONOIDEÍSMO. *Psicologia jurídica.* **1.** Estado de concentração do espírito em torno de uma idéia (Ribot). **2.** Estado hipnótico em que uma só idéia ocupa de modo exclusivo o espírito, fazendo com que haja uma irresistível tentação para sua realização.

MONOLÍTICO. *Ciência política.* Que apresenta caráter de monolitismo.

MONOLITISMO. *Ciência política.* Doutrina política que não permite nenhuma interpretação subjetiva ou autônoma por parte de seus sequazes.

MONOLÓGICO. *Filosofia do direito.* **1.** Diz-se do discurso em que o orador tem o dever de prova; além disso nem todo ato de falar do orador pode ser atacado. Na estrutura monológica do discurso, se o ato for defensável, não poderá ser posto em questão; se for atacável, não poderá ser proposto. A monologicidade pressupõe o princípio lógico do terceiro excluído, pois atos de falar são, de princípio, ou atacáveis ou inatacáveis, excluída uma terceira possibilidade. O ouvinte torna-se passivo, logo o objeto desse discurso é um *certum*, isto é, uma questão cuja reflexividade está interrompida, cujas alternativas são redutíveis a duas possibilidades contraditórias: sim ou não, verdadeiro ou falso etc. Não sendo reflexivo, o monólogo se desenvolve somente para frente, a partir da *quaestio certa*, admitindo axiomatização (Tércio Sampaio Ferraz Jr.). **2.** Relativo a monólogo.

MONÓLOGO. **1.** Discurso em que só o orador fala. **2.** Peça teatral em que apenas aparece e fala um só ator.

MONOMANIA. *Medicina legal.* **1.** Obsessão. **2.** Loucura ou perturbação mental crônica pela qual o paciente se concentra numa idéia fixa.

MONOMANÍACO. *Medicina legal.* Aquele que sofre de monomania.

MONOMAQUIA. *História do direito.* Prova judiciária, usual na era medieval, consistente no duelo.

MONOMETÁLICO. *Economia política.* Referente a monometalismo.

MONOMETALISMO. *Economia política.* **1.** Sistema monetário que admite como padrão legal somente o ouro. **2.** Sistema econômico pelo qual a moeda deve ser representada por uma única espécie de metal, apesar de permitir a utilização de outros metais nas moedas divisionárias.

MONOMETALISTA. *Economia política.* **1.** Relativo ao monometalismo. **2.** Adepto do monometalismo. **3.** Que só aceita um metal como padrão de moeda.

MONONFALIA. *Medicina legal.* Anormalidade congênita, consistente na união de duas pessoas por um umbigo comum.

MONONFÁLICO. *Medicina legal.* Aquele que tem mononfalia.

MONÔNIMO. Aquilo que exprime uma só idéia.

MONONUCLEOSE INFECCIOSA. *Medicina legal.* Moléstia que se caracteriza por febre repentina e inflamação dos nódulos linfáticos da região cervical.

MONOPARESIA. *Medicina legal.* Dificuldade de movimentação de um membro em virtude de lesão nervosa.

MONOPARTIDARISMO. *Ciência política.* Existência de partido único.

MONOPLANO. *Direito aeronáutico.* Aeronave com um só plano de sustentação.

MONOPLEGIA. *Medicina legal.* Paralisia de um membro ou de um grupo muscular.

MONOPÓLICO. *Economia política.* Referente a monopólio.

MONOPÓLIO. 1. *Economia política.* a) Privilégio concedido a alguém ou a empresa ou reservado ao governo para poder, sem competidor, explorar uma atividade econômica, uma indústria, vender certo gênero especial ou ocupar determinados cargos; b) domínio completo do mercado pela união de várias empresas em trustes ou cartéis; c) acordo empresarial que tem por escopo a eliminação da concorrência com o açambarcamento de certo produto, para vendê-lo por preço melhor ou mais acessível, e com isso ter-se o aumento arbitrário de lucros; d) mercado em que há um só vendedor e vários compradores. **2.** *Direito penal.* Abuso do poder econômico pelo controle de uma empresa ou de um cartel ou truste, de tal modo que passe a influenciar, decisivamente, sobre a produção, distribuição, prestação ou venda de certos produtos ou serviços e sobre seus preços.

MONOPÓLIO ADMINISTRATIVO. *Direito administrativo.* Modalidade de monopólio público, por consistir numa reserva legal que confere ao Estado o direito de explorar com exclusividade determinadas atividades de interesse público. Por exemplo, a exploração de minas etc.

MONOPÓLIO DA JURISDIÇÃO. *Direito processual.* Direito exclusivo do Poder Judiciário de solucionar conflitos de interesses por meio do processo.

MONOPÓLIO DE DIREITO. *Direito administrativo.* É aquele que se funda numa autorização legal que confere poder ao Estado ou a uma empresa para o exercício de certa atividade de interesse comum.

MONOPÓLIO DE FATO. *Direito penal* e *economia política.* Dá-se quando uma empresa ou um grupo empresarial (truste), sob mesma direção, por circunstâncias econômicas ou administrativas, tem primazia econômica em determinada atividade, tornando impossível qualquer tipo de concorrência. Constitui abuso do poder econômico, vedado juridicamente, uma vez que gera competição ilimitada, determinante do afastamento do concorrente mais fraco ou menos apto.

MONOPÓLIO DE INTERESSE PÚBLICO. *Economia política* e *direito de propriedade industrial.* É o concedido pelo Estado a um inventor para que, comercial e temporariamente, explore seu invento.

MONOPÓLIO DE ORDEM PÚBLICA. *Direito administrativo.* Dá-se quando o Estado explora um serviço público ou determinada indústria, como os serviços de águas e esgotos, de força e luz etc.

MONOPÓLIO ESTATAL. *Direito administrativo.* É o instituído pelo Estado em prol da coletividade, para atender os interesses públicos e o bem comum. Trata-se do monopólio público.

MONOPÓLIO EXCLUSIVO. *Direito administrativo.* Reserva de uma atividade lucrativa para determinada empresa ou pessoa coletiva de direito público, que não obsta o exercício da mesma atividade por particulares, desde que não haja fins lucrativos.

MONOPÓLIO FISCAL. *Direito administrativo* e *direito financeiro.* **1.** Modalidade de monopólio estatal, consistente na exploração pelo poder público do comércio de determinados produtos de grande consumo populacional, para eliminar concorrentes, diminuindo o preço final, e aumentar a receita do Estado. **2.** Reserva parcial ou total da produção, da compra e venda de mercadorias, com o objetivo de tributação (Geraldo Magela Alves).

MONOPÓLIO GENÉRICO. *Direito administrativo.* É o que compreende todos os processos de exercício da atividade monopolizada, em virtude de lei, em todo o país ou em toda uma região (Marcello Caetano).

MONOPÓLIO LEGAL. *Vide* MONOPÓLIO DE DIREITO.

MONOPÓLIO NATURAL. *Economia política.* Setor produtivo sob controle oficial de preços, em que a concorrência de outras empresas seria contraproducente (energia elétrica, gás, correios, telecomunicações). É a lição de Luiz Fernando Rudge.

MONOPÓLIO PRIVADO. *Direito penal* e *economia política.* É aquele instituído para obtenção de lucros avantajados de empresas monopolizadoras, sendo lesivo aos interesses da sociedade, uma vez que não almeja a consecução do bem comum.

MONOPÓLIO PÚBLICO. *Direito administrativo* e *direito financeiro.* É o instituído pelo Estado, em benefício da coletividade, tendo caráter administrativo ou fiscal. *Vide* MONOPÓLIO ADMINISTRATIVO e MONOPÓLIO FISCAL.

MONOPOLISMO. *Economia política.* Sistema que admite monopólios.

MONOPOLISTA. *Economia política.* **1.** Detentor do monopólio. **2.** Aquele que monopoliza.

MONOPOLIZAÇÃO. *Economia política.* Ato ou efeito de monopolizar.

MONOPOLIZADOR. *Economia política.* Aquele que monopoliza.

MONOPOLIZAR. *Economia política.* **1.** Exercer o monopólio. **2.** Açambarcar. **3.** Explorar abusivamente, vendendo produtos sem ter concorrentes. **4.** Instituir monopólio.

MONOPOSTO. 1. *Direito aeronáutico.* Avião que tem um só lugar. **2.** *Direito desportivo.* Carro de corrida que apenas pode ser ocupado por um competidor.

MONOPRÓS. *Medicina legal.* Contusões feitas por pancada, especialmente por nós de corda.

MONOPSÔNIO. *Economia política.* Monopólio de compra em que há um só comprador, detentor do monopólio de compra, e vários vendedores (Henri Guitton).

MONORQUIDIA. *Medicina legal.* Existência de um único testículo no saco escrotal.

MONO-SÁBIO. *Direito comparado.* Aquele que, nas praças de touros da Espanha, tem a incumbência de cuidar dos cavalos e de ajudar os picadores a montar.

MONOSPERMIA. *Medicina legal.* Fecundação normal do óvulo pela entrada de um só espermatozóide.

MONOTEÍSMO. *Filosofia geral.* Doutrina religiosa ou filosófica que admite a existência de um só Deus.

MONOTEÍSTA. *Filosofia geral.* Partidário do monoteísmo.

MONOTELITISMO. Sistema religioso que admite em Cristo duas naturezas e uma só vontade.

MONOTERMIA. *Medicina legal.* Condição na qual a temperatura do corpo é a mesma durante o dia todo.

MONOTIPIA. *Direito autoral.* Composição tipográfica com monotipo.

MONOTIPO. 1. *Direito autoral.* Máquina de compor que funde, automaticamente, os caracteres tipográficos de uma matriz. **2.** *Direito marítimo e direito desportivo.* Embarcação de esporte a vela.

MONOTONIA. 1. Falta de variação; rotina. **2.** Uniformidade de tom de voz.

MONOVALENTE. Univalente.

MONOVITELINO. *Medicina legal.* Diz-se dos gêmeos que advêm de um só óvulo.

MONÓXIDO DE CARBONO. *Medicina legal.* Gás venenoso, incolor e inodoro, gerado pela combustão incompleta do carbono ou do carvão vegetal ou de outro material usado para aquecer aposento fechado.

MONÓXIDO DE CHUMBO. *Medicina legal.* Composto venenoso oriundo do aquecimento moderado de chumbo no ar, utilizado na fabricação de chapas para certas pilhas secundárias, de borracha, de vidro, na vidragem de louça, em esmaltes vítreos e no fabrico de outros compostos de chumbo.

MONQUILHO. *Direito agrário.* **1.** Moléstia do gado lanígero. **2.** Doença de cães; esgana.

MONROELATRIA. *Ciência política.* Adesão exagerada ao monroísmo.

MONROÍNO. *Ciência política.* Relativo à doutrina de Monroe.

MONROÍSMO. *Ciência política* e *direito internacional público.* Teoria criada por Jaime Monroe, que não admite intervenção européia em assuntos políticos da América.

MONROÍSTA. *Ciência política* e *direito internacional público.* Partidário do monroísmo.

MONSENHOR. *Direito canônico.* Título honorífico que o papa concede a alguns eclesiásticos em razão de seus méritos.

MONSENHORADO. *Direito canônico.* Dignidade de monsenhor; monsenhoria.

MONSENHORIA. *Vide* MONSENHORADO.

MONSERRATE. *Direito agrário.* Espécie de manga.

MONSTRIPARIDADE. *Medicina legal.* Ato de dar à luz a um monstro.

MONSTRO. 1. *Medicina legal.* Ser humano que apresenta deformações congênitas. **2.** Na *linguagem comum:* a) diz-se da pessoa cruel; b) prodígio, portento; c) animal feroz. **3.** *Direito autoral.* a) Primeira redação de uma obra escrita; b) esboço grosseiro de uma escultura ou de um quadro.

MONSTRUOSIDADE. 1. Qualidade daquele que tem a natureza de monstro. **2.** Aquilo que é extraordinário. **3.** Coisa abominável.

MONTA. 1. Soma total de uma conta corrente ou operação mercantil. **2.** Preço ou valor de uma coisa. **3.** Gravidade; importância. **4.** O maior lanço num leilão. **5.** Local isolado para caça. **6.** Acasalamento de animais.

MONTA-CARGAS. 1. *Direito militar.* Aparelho apropriado para carregar peças de artilharia. **2.** *Direito comercial.* Pequeno elevador usado para transportar bagagens ou cargas.

MONTÁDEGO. *História do direito.* Tributo que era devido para trazer o gado às pastagens do monte.

MONTADO. 1. *Direito agrário.* a) Terreno onde crescem azinheiros e sobreiros, apropriado para o pasto e engorda de porcos; b) aquilo que se paga ao proprietário desse terreno pela engorda dos porcos; c) posto sobre a cavalgadura à maneira de cavaleiro. **2.** *Direito autoral.* Diz-se do palco preparado com cenários e distribuição de luz. **3.** Na *linguagem comum* significa: equipado; provido do necessário.

MONTADOR. *Direito do trabalho.* **1.** O que faz montagem. **2.** Aquele que completa os trabalhos de composição feitos à máquina, intercalando grandes espaços ou fios indicados no original.

MONTAGEM. *Direito autoral.* **1.** Ação de dispor as partes de um conjunto para efetuar certo trabalho. **2.** Operação técnico-estética consistente em criar ritmo e despertar emoção por meio da combinação de trechos de filmes. **3.** Reunião das partes do leiaute, como títulos, ilustração, composição do texto para confecção final do clichê ou para servir como original de rotogravura, *offset* etc. **4.** Conjunto de preparativos para colocar em cena uma peça teatral. **5.** Combinação de várias fotografias para formar uma só imagem.

MONTAGEM FOTOGRÁFICA. *Direito autoral.* Fotografia composta para fins publicitários ou decorativos, por meio de justaposição de fotos recortadas que, ao serem devidamente dispostas, formam um conjunto harmônico.

MONTANHA-RUSSA. Divertimento que possui vagonetas que deslizam, em grande velocidade, sobre súbitos e contínuos aclives e declives, provocando emoções violentas àqueles que nelas se encontram.

MONTANHEIRA. *Direito agrário.* Ceva de gado suíno em montado.

MONTANTE. 1. *História do direito.* Pesada espada utilizada na era medieval para, com ambas as mãos, golpear de baixo para cima. **2.** *Direito marítimo.* Refluxo da maré; enchente; preamar. **3.** *Economia política.* Soma do capital com os respectivos juros.

MONTAR. 1. *Direito desportivo.* Praticar equitação. **2.** *Direito agrário.* Cavalgar. **3.** *Direito autoral.* Pôr em cena uma peça de teatro. **4.** *Direito comercial.* Organizar ou abrir um estabelecimento mercantil, ou industrial. **5.** Na *linguagem jurídica* pode ter, ainda, o sentido de: a) preparar algo para entrar em funcionamento; b) prover do necessário; c) avaliar; d) atingir certa importância; e) servir.

MONTARAZ. *Direito agrário.* **1.** Maioral de gado. **2.** Guarda de matas.

MONTARIA. 1. *História do direito.* a) Arte da caça; b) ofício de monteiro; c) local onde havia caça; d) foro que era devido pela caça nos montes; e) encargo imposto ao súdito ou foreiro de ir à montaria por ordem do rei. **2.** *Direito militar.* Provisão de cavalos para o exército. **3.** *Direito agrário.* Animal usado para cavalgar. **4.** Na *linguagem comum* pode ter o sentido de: a) sela; b) canoa ligeira, de um só madeiro; c) perseguição feita por uma multidão a alguém.

MONT-DE-PIÉTÉ. *Locução francesa.* Montepio.

MONTE. 1. *Direito civil.* a) A massa dos bens da herança; acervo hereditário; b) conjunto de direitos e de bens móveis e imóveis que aguarda a partilha ou a satisfação de credores num concurso creditório; c) coleção das entradas de cada parceiro no jogo; d) jogo de azar em que se colocam na mesa quatro cartas para se apostar numas contra as outras, ganhando aquele que apostar nas que primeiro saírem; e) porção de cartas que fica na mesa após sua distribuição pelos parceiros; f) conjunto de apostas dos parceiros em cada mão de um jogo. **2.** *Direito agrário.* a) Terra alta com árvores, matos, pastos etc.; b) terra coberta de mato, sem qualquer cultura.

MONTE-DE-PIEDADE. *Vide* MONTE-DE-SO-CORRO.

MONTE-DE-SOCORRO. *Direito bancário.* Instituição financeira, em regra, a Caixa Econômica Federal, que efetua empréstimos com garantia pignoratícia de jóias ou de títulos de crédito que tenham cotação nas bolsas oficiais (De Plácido e Silva).

MONTE DE VÊNUS. *Medicina legal.* Protuberância pubiana da mulher.

MONTE HEREDITÁRIO. *Direito civil.* Totalidade dos bens do *de cujus.*

MONTÉIA. *Direito civil.* **1.** Esboço de uma construção. **2.** Área ocupada por um edifício.

MONTEIRIA. *História do direito.* **1.** Cargo de monteiro. **2.** Quantia a título de multa imposta pelos monteiros àqueles que caçavam nas coutadas.

MONTEIRO. 1. Aquele que caça nos montes. **2.** Guarda de mata.

MONTEIRO-MOR. *História do direito.* Oficial de casa real que superintendia nas caçadas reais.

MONTE LÍQUIDO. *Direito civil.* O que fica do monte-mor, após a dedução da meação do cônjuge supérstite, dos débitos, dos impostos, das despesas do funeral do inventariado e das custas processuais, constituindo o objeto da partilha. Trata-se do quinhão hereditário.

MONTE-MOR. *Direito civil.* **1.** Universalidade dos bens do *de cujus* arrecadados sem dedução dos encargos da herança e das despesas do espólio. Trata-se do valor bruto dos bens hereditários. **2.** Total dos bens inventariados (Sebastião Amorim e Euclides de Oliveira).

MONTE PARTILHÁVEL. *Vide* MONTE LÍQUIDO.

MONTE PARTÍVEL. *Vide* MONTE LÍQUIDO.

MONTEPIO. *Direito administrativo* e *direito previdenciário.* Instituto que ampara a família do funcionário público, concedendo-lhe uma pensão quando este vier a falecer ou ficar impossibilitado do exercício de suas funções.

MONTEU. *História do direito.* Magistrado da China antiga.

MONTRA. **1.** *Direito comercial.* Vitrina de estabelecimento mercantil. **2.** Em *gíria:* janela de prisão.

MONTUREIRA. *Direito agrário.* Estrumeira; esterqueira.

MONUMENTAL. **1.** Relativo a monumento. **2.** Extraordinário. **3.** Grandioso.

MONUMENTO. **1.** *Direito autoral.* a) Obra intelectual ou artística digna de passar à posteridade pela sua beleza, magnificência ou antigüidade; b) obra de arte que se ergue em honra da memória de uma personalidade ilustre ou em comemoração a um fato notável ou histórico. **2.** *História do direito.* Documento ou fragmento de obras literárias, científicas ou artísticas da antigüidade, que servem de base para o estudo das instituições jurídicas dos séculos passados.

MONUMENTO ARQUEOLÓGICO. Aquele que testemunha e comprova a cultura dos povos da antigüidade e dos índios.

MONUMENTO ARTÍSTICO. *Direito autoral.* Obra de arte considerada em sua grandiosidade.

MONUMENTO DE ARTE. *Vide* MONUMENTO ARTÍSTICO.

MONUMENTO HISTÓRICO. *Direito administrativo.* Imóvel, escultura, coisa móvel que, por perpetuar fatos ou preservar a memória de personalidades que prestaram serviços relevantes, constitui um bem protegido pelo Estado, por ser de interesse público.

MONUMENTO JURÍDICO. *Direito autoral.* Obra jurídica, ou coleção de leis, que passa à posteridade devido ao seu alto valor.

MONUMENTO NATURAL. *Direito ambiental.* Obra da natureza que, por sua beleza natural e ambiental, é protegida juridicamente. Tem como objetivo básico preservar sítios naturais raros, singulares ou de grande beleza cênica. O monumento natural pode ser constituído por áreas particulares, desde que seja possível compatibilizar os objetivos da unidade com a utilização da terra e dos recursos naturais do local pelos proprietários. Havendo incompatibilidade entre os objetivos da área e as atividades privadas ou não havendo aquiescência do proprietário às condições propostas pelo órgão responsável pela administração da unidade para a coexistência do monumento natural com o uso da propriedade, a área deve ser desapropriada, de acordo com o que dispõe a lei. A visitação pública está sujeita às condições e restrições estabelecidas no Plano de Manejo da unidade, às normas estabelecidas pelo órgão responsável por sua administração e àquelas previstas em regulamento.

MONUMENTO PÚBLICO. *Direito administrativo.* Obra que, por perpetuar a memória de uma pessoa notável ou de um fato importante, é preservada pelo Estado em local acessível ao povo.

MÓQUA. *História do direito.* Correria de muçulmanos da Índia pelas ruas, após o regresso da peregrinação a Meca, trucidando os que não acatavam sua religião.

MOQUE. *História do direito.* Tributo que era pago pelos mouros em Portugal, e que abrangia a quarentena dos frutos.

MORA. *Direito civil.* Inexecução culposa da obrigação e injusta recusa de recebê-la no tempo, no local e na forma devidos (R. Limongi França).

MORA ACCIPIENDI. *Vide* MORA CREDITORIS.

MORABITINO. *História do direito.* Moeda da época de D. Afonso Henriques.

MORA CREDITORIS. *Locução latina.* Mora do credor.

MORADA. **1.** *Direito civil.* Local onde se fixa residência. **2.** O mesmo que HABITAÇÃO.

MORA DE AMBOS OS CONTRATANTES. *Direito civil.* Mora simultânea que se dá, por exemplo, quando nenhum dos contratantes comparecer ao local ajustado para pagamento, gerando sua compensação, aniquilando-se, reciprocamente, ambas as moras, com a conseqüente liberação recíproca da pena pecuniária convencionada. Caso em que as coisas deverão permanecer no mesmo estado em que se achavam anteriormente, como se não tivesse havido mora, quer do devedor, quer do credor.

MORA DEBENDI. *Locução latina.* Mora do devedor.

MORA DEBITORIS. *Locução latina.* Mora do devedor.

MORADIA. **1.** *Vide* MORADA. **2.** *História do direito.* Ordenado que era pago aos fidalgos que tinham ofício e habitação na Casa Real.

MORA DO CREDOR. *Direito civil.* É a injusta recusa de aceitar o adimplemento da obrigação no tempo, lugar e forma devidos (R. Limongi França).

MORA DO DEVEDOR. *Direito civil.* É a que se configura quando o devedor não cumprir, por culpa sua, a prestação devida na forma, tempo e lugar estipulados.

MORADOR. **1.** *Direito civil.* a) Habitante; b) vizinho; c) inquilino. **2.** *Direito agrário.* Serviçal que reside na propriedade rural.

MORA EX PERSONA. *Direito civil.* Dá-se quando não houver estipulação de termo certo para o devedor executar a relação obrigacional; nesse caso, será imprescindível que o credor tome certas providências necessárias para constituir o devedor em mora, tais como: interpelação judicial ou extrajudicial, ou citação feita na própria causa principal pelo credor ajuizado para discutir a relação jurídica.

MORA EX RE. *Direito civil.* É a do devedor, decorrente de lei, resultando do próprio fato do descumprimento da obrigação, independendo, portanto, de provocação do credor. A mora do devedor ocorrerá *pleno iure*, não sendo necessário qualquer ato ou iniciativa do credor se houver vencimento determinado para o adimplemento da obrigação. É o que se dá, por exemplo: a) nas obrigações positivas e líquidas, não cumpridas no seu termo; b) nas obrigações negativas, pois o devedor fica constituído em mora, desde o dia em que executar o ato de que devia abster-se; c) nas obrigações provenientes de delito, considerando-se o devedor em mora desde o instante em que o perpetrou.

MORA INCULPADA. *Direito civil.* Impossibilidade de cumprimento da obrigação, sem que haja culpa do devedor, por ter havido força maior ou caso fortuito.

MORA IN SOLVENDO. *Locução latina.* Mora em fazer o pagamento.

MORAL. **1.** *Filosofia geral.* a) Tudo que é relativo aos bons costumes ou às normas de comportamento admitidas e observadas, em certa época, numa dada sociedade (Durkheim, Lévy-Bruhl, Shaftesbury e Hutcheson); b) conjunto de preceitos baseados na justiça e na eqüidade (Paulo Matos Peixoto); c) o que pertence ao domínio do espírito e ao da matéria; d) certeza que tem por base grandes probabilidades e não provas absolutas; e) o que é decente; f) parte da filosofia que se ocupa dos atos humanos, dos bons costumes e dos deveres sociais do ser humano; g) ética que estuda o comportamento disciplinado por normas. **2.** *Psicologia forense.* a) Ânimo; b) energia para enfrentar dificuldades; c) comportamento de quem apresenta perturbação diante de um fato; d) conjunto de faculdades morais ou de fenômenos mentais; e) estado afetivo.

MORAL CRISTÃ. *Direito canônico.* Conjunto de preceitos contidos no evangelho.

MORAL DE FUNIL. Moral liberal e ampla para uns e restrita para outros.

MORAL EM AÇÃO. Ensino da moral através de exemplos.

MORALICAPTO. *Medicina legal.* Doente mental amoral.

MORALIDADE. **1.** Qualidade do que é moral. **2.** Conduta regular, conforme ao ideal moral. **3.** Valor do ponto de vista do bem e do mal. **4.** Adequação dos valores morais. **5.** Conjunto das relações efetivas que têm significado moral com respeito à moral vigente (Sanchez Vázquez). **6.** Moral aplicada, ou melhor, ciência dos costumes ou sociologia da vida moral. **7.** Pudor.

MORALIDADE ADMINISTRATIVA. *Direito administrativo* e *direito constitucional.* **1.** Conjunto de normas de conduta que regem a disciplina interna da Administração. Normas da boa administração. **2.** Complexo de normas disciplinadoras do exercício do poder discricionário da Administração. **3.** Conjunto de normas de conduta da Administração que, em determinado ordenamento jurídico, são consideradas como *standards* comportamentais que a sociedade deseja e espera (Lúcia Valle Figueiredo). **4.** Princípio constitucional da Administração Pública, que visa a probidade no exercício de suas funções.

MORALIDADE CRISTÃ. Reflexão conforme aos princípios da religião cristã.

MORALIDADE PÚBLICA. 1. Conjunto de costumes conforme às normas que regem a atuação político-administrativa, os negócios particulares, a educação e o pudor público. **2.** Complexo de normas disciplinadoras dos costumes sociais de certa época.

MORALISCHE VERGELTUNG. *Locução alemã.* Retribuição moral.

MORALISMO. *Filosofia geral.* Sistema filosófico que se ocupa da moral.

MORALISTA. Aquele que preconiza preceitos morais.

MORALÍSTICO. Quem ensina princípios da moral.

MORA LITIS. *Locução latina.* Período em que decorre um processo judicial.

MORALIZAÇÃO. Ato ou efeito de moralizar.

MORALIZADOR. 1. Aquele que moraliza, contribuindo para os bons costumes. **2.** Quem dá bons exemplos.

MORALIZAR. 1. Tornar moral. **2.** Corrigir os costumes. **3.** Infundir idéias sãs.

MORAL PÚBLICA. Conjunto de preceitos gerais que devem ser observados pelos membros de uma coletividade.

MORANGA. *Direito agrário.* Variedade de abóbora.

MORANGAL. *Direito agrário.* Plantação de morangos.

MORANGO. *Direito agrário.* Fruto do morangueiro.

MORA NON EST, UBI NULLA PETITIO EST. *Aforismo jurídico.* Não há mora sem interpelação judicial.

MORA POSTERIOR NOCET. *Expressão latina.* A mora posterior causa dano.

MORAR. *Direito civil.* Residir; habitar.

MORAR PAREDES–MEIAS. *Direito civil.* Morar em casa contígua à de alguém.

MORA SALARIAL. *Direito do trabalho.* Atraso culposo do empregador no pagamento do salário, que pode ser causa de rescisão do contrato trabalhista.

MORA SEMPER OBFUIT, DILIGENTIA PROFUIT. *Expressão latina.* A demora sempre foi prejudicial e a diligência sempre foi útil.

MORA SOLVENDI. *Locução latina.* Mora do devedor.

MORA SUA CUILIBET NOCIVA EST. *Expressão latina.* A demora é lesiva ao retardatário.

MORATÓRIA. 1. *Direito civil.* a) Prorrogação de prazo concedido pelo credor, na obrigação de dar, já vencida ou por vencer, ao devedor; b) pena contratual imposta em caso de retardamento no cumprimento de uma obrigação. **2.** *Direito comercial* e *direito falimentar.* Dilatação convencional do prazo, ajustada entre o devedor-empresário e seus credores, para certas obrigações. Trata-se da recuperação judicial ou extrajudicial. **3.** *Direito tributário.* a) Hipótese suspensiva da exigibilidade do crédito tributário; b) prorrogação de prazo para pagamento do tributo (Eduardo M. Ferreira Jardim). **4.** *Direito administrativo.* Declaração unilateral do poder público, de que não honrará suas dívidas no vencimento dos contratos (Luiz Fernando Rudge).

MORATÓRIA LEGAL. *Direito civil.* **1.** Dilatação de prazo concedida por lei em razão da ocorrência de fato econômico-financeiro anormal numa determinada sociedade. **2.** Disposição legal, ditada por razão de interesse público, que suspende, em relação a certas pessoas, a exigibilidade dos créditos e o curso das ações judiciais, prolongando a duração das convenções e permitindo as prestações sucessivas (Capitant).

MORATÓRIO. *Direito civil.* **1.** Diz-se do juro cobrado pelo credor ao devedor que incorreu em mora. **2.** Relativo à prorrogação de prazo. **3.** Que concede dilação para pagamento de um débito.

MORBIDADE. *Medicina legal.* Relação entre o número de doentes e o de sãos, ou entre o de casos de doenças e o de habitantes de certa localidade.

MÓRBIDO. *Medicina legal.* **1.** Doentio. **2.** Anormal. **3.** Enfermo. **4.** Que causa uma moléstia ou que é efeito dela. **5.** Relativo a doença.

MORBILIDADE. *Vide* MORBIDADE.

MORBILIFORME. *Medicina legal.* O que é similar ao sarampo.

MORBILOSO. *Medicina legal.* **1.** Que tem sarampo. **2.** Referente ao sarampo.

MORBO. *Medicina legal.* **1.** Estado patológico. **2.** Enfermidade.

MORDAÇA. *Direito penal.* **1.** Objeto colocado na boca de uma pessoa para que não grite nem fale. **2.** Repressão à liberdade de falar. **3.** Soco no queixo.

MORDEDOURO. *Direito marítimo.* Aparelho que sustenta a amarra da âncora, quando corre pelo escovém.

MORDEDURA. *Medicina legal.* **1.** Dentada. **2.** Vestígio de dentada. **3.** Lesão corporal produzida por dentes humanos ou de animais, podendo-se identificar o agressor.

MORDIDA. *Medicina legal.* Ferida causada por dentada.

MORDOMADO. *Direito do trabalho.* **1.** Duração da mordomia. **2.** Mordomia.

MORDOMIA. *Direito do trabalho.* Cargo ou função de mordomo.

MORDOMIZAR. *Direito do trabalho.* **1.** Administrar uma casa como mordomo. **2.** Exercer a função de mordomo.

MORDOMO. **1.** *Direito do trabalho.* Administrador de uma casa, subordinado ao seu proprietário. **2.** *Direito canônico.* a) Aquele que administra uma irmandade ou confraria; b) aquele que dirige uma festa de Igreja, concorrendo para as suas despesas.

MORÉIA. *Direito agrário.* Meda; conjunto de feixes de trigo ou de cereais, formando montão de forma cônica.

MOREIRA. *Direito agrário.* Amoreira.

MOREIREDO. *Direito agrário.* Plantação de amoras.

MORE NOBILIUM. *Locução latina.* Segundo o costume dos nobres.

MORE PECUDUM. *Locução latina.* À maneira do gado, que vai para onde o pastor o levar.

MORES. **1.** *Termo latino.* Costumes. **2.** *Sociologia jurídica.* Costumes considerados essenciais pelos membros do grupo.

MORES BONI. *Locução latina.* Bons costumes.

MORES MAJORES. *Locução latina.* Costumes sólidos e antigos.

MORE SOLITO. *Locução latina.* Segundo o costume usual.

MORE UXORIO. **1.** *Locução latina.* a) Vida em comum entre homem e mulher, embora não sejam casados; b) conforme o casamento. **2.** *Direito civil.* a) Convivência de duas pessoas que, não sendo casadas, vivem maritalmente; b) união estável.

MORFÉIA. *Medicina legal.* **1.** Moléstia cutânea. **2.** Hanseníase. **3.** Elefantíase.

MORFÉTICO. *Medicina legal.* **1.** Hanseniano. **2.** Aquele que tem morféia.

MORFINA. *Medicina legal.* Narcótico usado como analgésico e sedativo, em casos de síndromes dolorosas.

MORFÍNICO. *Medicina legal.* Relativo à morfina.

MORFINISMO. *Medicina legal.* **1.** Abuso de morfina. **2.** Fenômeno que resulta desse uso abusivo.

MORFINIZAR. *Medicina legal.* **1.** Aplicar morfina. **2.** Contrair vício da morfinomania.

MORFINOMANIA. *Medicina legal.* Hábito mórbido de usar a morfina.

MORFINOMANÍACO. *Medicina legal.* Aquele que não pode passar sem a morfina.

MORFOLOGIA. **1.** *Medicina legal.* Estudo dos tipos característicos de seres humanos. **2.** Em *lingüística,* é o estudo das formas verbais, por oposição ao da sintaxe.

MORFOLOGIA SOCIAL. *Sociologia geral.* Estudo das estruturas ou das formas da vida social.

MORFOPSICOLOGIA. *Psicologia forense.* Teoria segundo a qual da forma do vulto humano se pode tirar conclusão útil à pesquisa psicológica.

MORGADIO. *História do direito.* **1.** Referente a morgado. **2.** Qualidade de morgado. **3.** Bens de morgado.

MORGADO. *História do direito.* **1.** Soma de bens que se transmitia ao primogênito do *de cujus.* **2.** Conjunto de bens vinculados que não podiam ser alienados nem divididos, e que, por morte de seu proprietário, passavam ao seu filho primogênito. **3.** Filho primogênito que recebia os bens do falecido; sucessão exclusiva, em Portugal, do primogênito, que, por ter nascido em primeiro lugar, tinha todas as prerrogativas.

MORGANÁTICO. *História do direito.* **1.** Casamento de um príncipe ou princesa, rei ou rainha, com pessoa plebéia, tendo por efeito fazer com que o cônjuge e a prole não herdassem títulos nem a propriedade da casa reinante. **2.** Dote ou presente dado pelo nobre à esposa, a título de compensação, uma vez que não pertenceria à nobreza nem receberia seus bens. **3.** Diz-se do cônjuge e dos filhos dessa união.

MORGENGABE. *Termo alemão.* Presente dado pelo marido no dia seguinte ao das núpcias à sua esposa, que representava o preço da virgindade.

MORGO. *Direito agrário.* Em Santa Catarina, é a medida agrária que equivale a 2.500 m².

MORGUE. *Termo francês.* Necrotério.

MORIA. *Medicina legal.* **1.** Perturbação mental que leva o paciente a apresentar euforia e agitação motora. **2.** Pendor mórbido ao gracejo.

MORIBUNDEAR. *Medicina legal.* Agonizar.

MORIBUNDEZ. *Medicina legal.* Estado do enfermo, que antecede a morte.

MORIBUNDO. *Medicina legal.* **1.** Agonizante. **2.** Aquele que está morrendo.

MORIGERADO. **1.** Diz-se daquele que tem boa educação, agindo de acordo com os bons costumes. **2.** Comedido; moderado.

MORITURO. *Medicina legal.* **1.** Aquele que vai morrer ou está para falecer. **2.** Pessoa que está à morte ou em iminente risco de vida.

MORMO. *Direito agrário.* Moléstia infecciosa do gado asinino ou cavalar, que, ao provocar inflamação da membrana pituitária, causa corrimento de pus pelas narinas.

MÓRMON. Sectário do mormonismo.

MORMONISMO. Seita religiosa, social e cooperativista, fundada nos Estados Unidos, em 1830, por Joseph Smith.

MORNING LOAN. *Locução inglesa.* Empréstimo a curto prazo.

MOROSIDADE. Lentidão.

MOROSO. **1.** Lento. **2.** Tardio.

MORRÃO. **1.** *Direito agrário.* Grão que apodrece na espiga antes de sua maturação, convertendo-se em pó negro. **2.** Em *gíria* designa cigarro de maconha.

MORRER. *Direito civil.* Falecer.

MORRER NO CAMPO DA HONRA. *Direito militar.* Ser morto em campo de batalha.

MORRINHA. **1.** *Direito agrário.* Sarna do gado. **2.** Em *gíria*: a) sargento que se preocupa com o regulamento e que vive repreendendo os subordinados; b) condutor de veículo que anda lentamente, prejudicando os que querem passar.

MORSE. Sistema inventado por Samuel Finley Breese Morse, que consiste em pontos, traços e espaços ou sons curtos e longos correspondentes, usado em telegrafia para representar letras do alfabeto ou números.

MORS OMNIA SOLVIT. *Aforismo jurídico.* A morte extingue tudo.

MORS OMNIBUS EX NATURA AEQUALIS EST: OBLIVIONE APUD POSTEROS, VEL GLORIA DISTINGUITUR. *Expressão latina.* A morte é naturalmente igual para todos, mas se distingue pelo nome que cada um deixa; isto é, a diferença está no esquecimento ou na glória perante a posteridade.

MORS ULTIMA LINEA RERUM EST. *Expressão latina.* A morte é o termo final de todas as coisas.

MORS ULTIMA RATIO. *Expressão latina.* A morte é a razão final de tudo.

MORTAL. **1.** Sujeito à morte. **2.** Transitório. **3.** O que causa a morte. **4.** Aplica-se a tudo que terá um fim. **5.** Cruel.

MORTALHA. Vestidura que envolve o cadáver que será sepultado.

MORTALIDADE. **1.** Número de mortes que se deram numa determinada época; obituário. **2.** Qualidade de mortal.

MORTANDADE. **1.** Matança; carnificina. **2.** Grande número de mortes.

MORTE. **1.** *Direito civil.* Termo da existência da pessoa natural. **2.** *Direito comparado.* Pena capital.

MORTE ACIDENTAL. *Vide* MORTE POR ACIDENTE.

MORTE AGÔNICA. *Medicina legal.* Aquela que é precedida de agonia, havendo um tempo mais ou menos prolongado em que se opera a extinção paulatina das funções vitais.

MORTE ANATÔMICA. *Medicina legal.* Aquela em que há parada das grandes funções vitais.

MORTE APARENTE. *Medicina legal.* Aquela em que a pessoa parece morta, mas, na verdade, está viva. É o estado orgânico em que as funções vitais parecem estar abolidas, ante a imperceptibilidade dos batimentos cardíacos, o fato de a respiração dar mostras de haver cessado e a ausência de reações a estímulos. É muito comum em casos de síncope anestésica, asfixia, eletrocução etc. (Paulo Matos Peixoto).

MORTE ATROZ. *História do direito.* Aquela em que o condenado era queimado, açoitado ou esquartejado e, após ser morto, seus bens eram confiscados.

MORTE BIOLÓGICA. *Medicina legal.* Destruição celular.

MORTE CEREBRAL. *Medicina legal.* **1.** Paralisação definitiva de todas as funções cerebrais, atingindo a vida de relação, em que se pode conservar a vida vegetativa por meios artificiais. **2.** É, na lição de Segre, a que atinge a vida de relação, sem cessar a vida vegetativa (respiração, pulsação cardíaca).

MORTE CIRCULATÓRIA. *Medicina legal.* Paralisação da função cardíaca.

MORTE CIVIL. *História do direito, direito comercial, direito civil* e *direito militar.* Perda de direitos, que se constituía em fator extintivo da personalidade, em condenados a penas perpétuas e religiosos professos; conquanto vivos, eram considerados mortos na seara jurídica. Entretanto, há alguns resquícios de morte civil na nossa ordenação jurídica, que constituía, pelo Código Comercial, causa de extinção do mandato mercantil; pelo Código Civil, a indignidade produz efeito pessoal, pois os descendentes do herdeiro excluído o sucedem, como se ele morto fosse, e há lei que dispõe que uma vez declarado indigno do oficialato, ou com ele incompatível, perde o militar o seu posto e patente, ressalvado à sua família o direito à percepção de sua pensão.

MORTE CLÍNICA. *Medicina legal.* Paralisação da função respiratória e cardíaca.

MORTE CRIMINA EXSTINGUUNTUR. *Aforismo jurídico.* A morte extingue os crimes.

MORTE CRUEL. *História do direito.* Aquela pena de morte em que o condenado devia ser torturado, mediante tenazes ardentes, esquartejamento etc., antes da execução capital.

MORTE DECLARADA. *Direito processual civil.* Reconhecimento judicial da morte de desaparecido em incêndio, inundação, naufrágio, terremoto etc., desde que se comprove que estava no local da catástrofe, não tendo sido possível localizar seu cadáver (Sebastião Amorim e Euclides de Oliveira). Trata-se da morte presumida, sem declaração de ausência.

MORTE DE UM DOS CÔNJUGES. *Direito civil.* Causa de dissolução tanto da sociedade como do vínculo conjugal, fazendo cessar o impedimento para contrair novo casamento. Com tal falecimento, passa o outro cônjuge ao estado de viuvez, a que estão ligados determinados efeitos. Por exemplo, se é o marido que morre a mulher tem o direito de continuar usando o nome dele, de herdar todos os seus bens, não havendo descendentes ou ascendentes ou, os havendo, de concorrer com eles na herança, de casar-se após dez meses de viuvez, a menos que tenha dado à luz a algum filho antes do término desse prazo. É preciso esclarecer que a dissolução do casamento não só se opera com a morte real ou efetiva, provada mediante certidão do assento de óbito do cônjuge, ainda que a abertura do termo tivesse sido feita sem atestado médico, mas com justificação admitida pelos juízes togados, como também com a morte presumida com ou sem a declaração judicial de ausência. A morte presumida, que considera um dos cônjuges como falecido em virtude de seu desaparecimento por longo tempo, produz, portanto, efeitos de ordem patrimonial ou sucessória, dissolvendo, ainda, o casamento, ficando o outro consorte num estado de viuvez.

MORTE ENCEFÁLICA. *Medicina legal.* **1.** É o dano irreversível, global, de todo o encéfalo, incluindo o tronco encefálico, mantendo-se as atividades pulmonar e cardiovascular por processos artificiais (Avelino Medina). Atinge a própria coordenação da vida vegetativa; logo, com a interrupção da sustentação vital por meios mecânicos, não configura eutanásia, porque o paciente já está morto. **2.** Abolição total e definitiva das funções do encéfalo, de que dependem todas as demais funções orgânicas (Manif e Elias Zacharias). Nesta morte está atingida a coordenação da vida vegetativa (Segre).

MORTE FICTÍCIA. *Vide* MORTE CIVIL.

MORTE HISTOLÓGICA. *Medicina legal.* É aquela em que há paulatina parada dos aparelhos vitais do organismo humano.

MORTE INTERMÉDIA. *Medicina legal.* É a que precede a morte absoluta e sucede a relativa. É o estádio inicial da morte definitiva. Nela a volta à vida é impossível (José Náufel).

MORTEIRO. **1.** *Direito marítimo.* Caixa onde está alojada a rosa-dos-ventos. **2.** *Direito militar.* Canhão curto e grosso. **3.** Na *linguagem comum* é uma peça pirotécnica, carregada de pólvora, para fazer explosão festiva.

MORTE MORAL. Perda dos sentimentos de honra.

MORTE NATURAL. **1.** *Direito comparado.* Perda da vida por execução de sentença judicial que impõe ao condenado a pena capital. **2.** *Direito civil.* Fim da vida de uma pessoa, qualquer que seja a causa que a originou, desde que não haja ação de agentes mecânicos. Trata-se da morte por doença ou velhice, havendo comprometimento natural dos órgãos vitais.

MORTE NATURAL FISIOLÓGICA. *Medicina legal.* É, como ensinam A. Almeida Jr. e J. B. de O. e Costa Jr., a que resulta da atrofia de tecidos orgânicos, independentemente de qualquer lesão (Aschoff) ou do desgaste de células nervosas, caso em que se configuraria a morte cerebral (Ribbert).

MORTE NATURAL PATOLÓGICA. *Medicina legal.* É a que advém de moléstia.

MORTE NATURAL TERATOLÓGICA. *Medicina legal.* É aquela decorrente de um grave defeito congênito, que impossibilita seu portador de ter vida longa.

MORTE NEUROLÓGICA. *Vide* MORTE ENCEFÁLICA E MORTE CEREBRAL.

MORTE NIHIL CERTIUS EST, NIHIL VERO INCERTIUS QUAM EJUS HORA. *Aforismo jurídico.* A morte é certa, só é incerta sua hora.

MORTE NO BERÇO. *Medicina legal.* Óbito de criança entre o 6º e 9º mês de idade, aparentemente sã, que se dá em razão de anafilaxia ao leite, de origem animal, que é aspirado pela criança após o vômito.

MORTE POR ACIDENTE. *Medicina legal.* É a resultante de um sinistro ou de um acontecimento inesperado.

MORTE POR INIBIÇÃO. *Medicina legal.* É a decorrente de síncope cardíaca, reflexa de ação traumática ou irritativa, como inalação de gases, golpes no epigástrio ou no pescoço (Paulo Matos Peixoto).

MORTE PRESUMIDA. *Direito civil.* É a admitida por lei, por presunção, com ou sem declaração de ausência de uma pessoa, produzindo efeitos patrimoniais e sucessórios. Se uma pessoa desaparecer, sem deixar notícias, qualquer interessado na sua sucessão ou o Ministério Público poderá requerer ao juiz a declaração de sua ausência e a conseqüente abertura de sua sucessão. Admitida está também, por lei, a declaração de *morte presumida, sem decretação de ausência,* em casos excepcionais, para viabilizar o registro do óbito, como: se for extremamente provável a morte de quem estava em perigo de vida ante as circunstâncias em que se deu o acidente, e se alguém, desaparecido em campanha ou feito prisioneiro, não foi encontrado até dois anos após o término da guerra. Nessas hipóteses, a declaração da morte presumida apenas poderá ser requerida depois de esgotadas as buscas e averiguações, devendo a sentença fixar a data provável do óbito. O óbito deverá ser, portanto, nestes casos, justificado judicialmente, diante da presunção legal da ocorrência do evento morte.

MORTE PROVOCADA. *Medicina legal* e *direito penal.* Aquela decorrente de suicídio ou de homicídio. É, portanto, a que põe termo à vida por ato de vontade da própria pessoa ou por ato criminoso de outrem.

MORTE REAL. 1. *Medicina legal.* Fim da vida humana constatando-se: perda da consciência, da sensibilidade da motilidade, parada da circulação e da respiração e cessação da atividade cerebral (Paulo Matos Peixoto). **2.** *Direito civil.* Cessação da personalidade natural pelo término de sua vida, que traz imediata extinção de obrigações e direitos de que o *de cujus* era titular, acarretando, por exemplo: a) dissolução do companheirismo, do vínculo conjugal e da comunhão de bens; b) extinção do poder familiar e dos contratos personalíssimos; c) cessação da obrigação de alimentos, com o falecimento do credor, pois com o do devedor, seus herdeiros assumirão os ônus até as forças da herança; da obrigação de fazer, quando convencionado o cumprimento pessoal; do pacto de venda a contento; da preempção e da obrigação oriunda de ingratidão de donatário; d) extinção do usufruto, da doação em forma de subvenção periódica; do encargo da testamentaria; do benefício da justiça gratuita. Contudo, o aniquilamento não é completo com a morte, pois: a vontade do *de cujus* sobrevive com o testamento; ao cadáver é devido respeito; o direito moral do autor, à imagem e à honra, produz efeitos após o óbito; militares e servidores públicos podem ser promovidos *post mortem* e aquinhoados com medalhas; a falência pode ser decretada mesmo depois de morto o comerciante; a reabilitação da memória do falecido é possível etc.

MORTE RELATIVA. *Medicina legal.* Aquela em que há parada completa e prolongada do coração, mas a massagem cardíaca pode fazer com que retorne à vida (José Náufel).

MORTE SIMULTÂNEA. *Vide* COMORIÊNCIA.

MORTE SÚBITA. *Medicina legal.* Aquela que se dá de repente, e por ser imprevista sua causa não é reconhecida de imediato, podendo gerar suspeita de que não se trata de morte natural. São seus fatores ocasionais: a) lesões preexistentes como: doença cardiovascular, esclerose, lesão luética dos vasos encefálicos, lesão pulmonar, úlcera do estômago, penetração de corpo estranho no aparelho respiratório, asma, anomalia de gestação etc.; b) epilepsia; c) choque por queda inesperada de água fria, durante o período digestivo; d) intervenção médica em funções ascítica, pleural ou raquiana ou na aplicação de injeção de soro etc.; e) prática de ato sexual; f) emoção violenta que pode acarretar ruptura de aneurisma, enfarto, hemorragia cerebral etc.; g) traumas que acarretem parada cardíaca: golpes no abdome ou nos órgãos genitais; choques no pescoço; hemorragia produzida pela ruptura do baço palúdico ou de uma úlcera estomacal; liberação de coágulo etc. (João Baptista de Oliveira e Costa Jr.).

MORTE VIOLENTA. *Medicina legal.* É a que se dá por acidente, suicídio ou homicídio.

MORTGAGE. *Termo inglês.* Hipoteca mobiliária, que é instituto de direito inglês pelo qual o devedor entrega a propriedade de bem móvel ao credor como garantia de débito. O devedor conserva a posse, sob a condição resolutiva do pagamento do *quantum* devido, e oferece ao credor um *estate* de que era proprietário. Uma vez paga a dívida, o devedor pode reclamar do credor a retrocessão do *estate*. Mas, se o débito não for pago dentro do prazo avençado, o credor adquire a titularidade e poderá alienar a coisa móvel para obter com o produto da venda a quantia a que tem direito, entregando o remanescente do valor apurado para o devedor. *Vide CHATTEL MORTGAGE.* No direito brasileiro há vestígio do *mortgage* no pacto comissório, ou compra e venda sob condição resolutiva.

MORTICÍNIO. *Vide* MORTANDADE.

MORTÍCOLA. *Direito penal.* Adepto da pena de morte.

MORTÍFERO. *Medicina legal.* **1.** Letal. **2.** O que causa a morte.

MORTIFICAÇÃO. 1. *Medicina legal.* Estado de carnes gangrenosas. **2.** Na *linguagem comum* designa: a) aflição; b) flagelação.

MORTIFICAÇÃO DE CARNE. *Direito canônico.* Penitência feita para moderar apetites carnais e os sentidos corporais.

MORTIFICADO. 1. Flagelado. **2.** Atormentado.

MORTINATALIDADE. *Medicina legal.* Taxa indicativa do número dos que nascem mortos em certo período, relativamente ao total de nascimentos com vida.

MORTINATO. *Medicina legal.* Aquele que nasceu morto.

MORTIS CAUSA. 1. *Locução latina.* Por causa da morte. **2.** *Direito civil.* Diz-se do negócio jurídico que produz efeitos após o óbito do agente.

MORT-NÉ. *Locução francesa.* Natimorto.

MORTO. 1. *Direito civil.* a) Falecido; b) aquele que morreu. **2.** *Economia política.* Diz-se do capital que não circula por não ter sido empregado. **3.** *Direito marítimo.* Navio que não obedece o leme. **4.** *Direito penal.* Cadáver humano. **5.** Em *gíria* é o objeto subtraído.

MORTÓRIO. 1. *Direito agrário.* Local onde a sementeira não germinou. **2.** *Direito civil.* Funeral. **3.** *História do direito.* Terra em desuso, que jazia no esquecimento.

MORTUALHA. 1. Grande número de cadáveres. **2.** Funeral.

MORTUÁRIAS. 1. Catacumbas. **2.** Sepulturas. **3.** Ossários.

MORTUÁRIO. 1. Relativo à morte ou aos mortos. **2.** Fúnebre.

MORTULHA. *História do direito.* Parte que, dos bens de um defunto, se pagava à Igreja.

MORTUÓRIO. Funeral.

MÓRULA. 1. Nas *linguagens jurídica* e *comum* tem o sentido de pequena demora ou de pequeno atraso. **2.** *Medicina legal.* Primeira forma do embrião após a segmentação do óvulo fecundado, constituída por uma massa globular sólida de células.

MORZELO. *Direito agrário.* Cavalo preto.

MOSCATEL. *Direito agrário.* Variedade de uva muito doce e aromática.

MOSQUEADO. *Direito agrário.* Cavalo branco que apresenta pequenas manchas negras.

MOSQUETÃO. *Direito militar.* Fuzil de cano curto, usado pela artilharia e cavalaria.

MOSQUETE. *História do direito.* Espingarda da infantaria, introduzida no século XVI, que era disparada apoiada sobre uma forquilha. **2.** *Direito agrário.* Cavalo de pequeno porte.

MOSQUETEIRO. *História do direito.* Soldado armado de mosquete.

MOSSA. *Medicina legal.* **1.** Abalo moral. **2.** Vestígio de pancada.

MOSSÉM. *História do direito.* Título que era dado, no reino de Aragão, aos nobres de segunda classe.

MOSTARDAL. *Direito agrário.* Terreno que contém mostardeiras.

MOSTARDEIRO. *Direito agrário.* Aquele que se dedica ao cultivo de mostarda.

MOSTEIRO. *Direito canônico.* Convento de monges ou monjas.

MOST FAVORED NATION-CLAUSE. *Expressão inglesa.* Cláusula da nação mais favorecida.

MOSTO. *Direito agrário.* Sumo de uva ou de qualquer fruta doce, antes de sua fermentação.

MOSTRA. **1.** *Direito militar.* a) Revista de um corpo de tropas, bem como de seu equipamento e armamento; b) documento relativo a essa revista. **2.** Na *linguagem jurídica* em geral, pode ter o significado de: a) exibição; b) modelo; c) sinal.

MOSTRADOR. *Direito comercial.* **1.** Mostruário. **2.** Balcão envidraçado onde, num estabelecimento mercantil, ficam expostas ao público as mercadorias a serem vendidas.

MOSTRADOR DE RELÓGIO. **1.** *Medicina legal.* Técnica empregada na perícia do defloramento para comparar o hímen ou seus retalhos com o mostrador de um relógio, descrevendo os entalhes de acordo com a posição ocupada pelas horas (Croce e Croce Jr.). **2.** Na *linguagem comum* é o quadrante do relógio onde se marcam as horas e os minutos.

MOSTRAR. **1.** Expor à vista. **2.** Indicar. **3.** Revelar-se. **4.** Aparentar. **5.** Demonstrar; provar.

MOSTRAR PARCIALIDADE. Julgar, com prevenção, contra ou a favor.

MOSTRUÁRIO. *Direito comercial.* **1.** Vitrina. **2.** Conjunto de mercadorias expostas ao público consumidor.

MOTA. **1.** *Direito comercial.* Objeto dado de presente pelo vendedor ao comprador. **2.** *Direito agrário.* a) Terra que se amontoa ao redor do tronco da árvore para proteger suas raízes do calor; b) aterro à beira do rio para resguardar o campo de inundações.

MOTEJO. Zombaria.

MOTEL. **1.** Hospedaria de beira de estrada para abrigar motoristas e viajantes em trânsito. **2.** Local usado para curta permanência, com o objetivo de atender a fins libidinosos.

MOTIM. **1.** Na *linguagem comum.* Movimento sedicioso da multidão; distúrbio causado pelo povo. **2.** *Direito penal.* Rebelião de militares subalternos contra seus superiores (Othon Sidou, João Vieira).

MOTIM DE PRESOS. *Direito penitenciário.* Revolta de presos, perturbando a ordem e a disciplina da prisão.

MOTINADA. *Vide* MOTIM.

MOTINEIRO. Aquele que causa motim.

MOTINOSO. Referente a motim.

MOTIVAÇÃO. **1.** *Sociologia geral.* Processo de iniciação de uma ação voluntária e consciente. **2.** *Psicologia forense.* a) Energia ou tensão que provoca certo comportamento; b) explicação de uma ação. **3.** Na *linguagem jurídica* é: a) a razão que deu origem a um ato; b) exposição de motivos; c) relação de um ato com os motivos que o justificam (Lalande); d) apresentação dos motivos determinantes de uma medida. **4.** *Direito processual.* Conjunto de fundamentos de fato e de direito, invocados pelo magistrado, que justificam uma decisão judicial.

MOTIVAÇÃO DA SENTENÇA JUDICIAL. *Direito processual.* Fundamentação de decisão judicial.

MOTIVAÇÃO DO ATO ADMINISTRATIVO. *Direito administrativo.* Exposição administrativa das razões, ou melhor, das circunstâncias fáticas que, ajustadas às hipóteses normativas, levaram à prática do ato, demonstrando o *iter* percorrido pelo administrador (Lúcia Valle Figueiredo).

MOTIVAÇÃO SIMBÓLICA. *Ciência política. Slogan* que constitui o sinal distintivo de um partido político, sendo um instrumento de transmissão simplificada das idéias (Acquaviva).

MOTIVACIONAL. Relativo à motivação.

MOTIVADO. **1.** Fundamentado. **2.** Causado; ocasionado. **3.** Justificado. **4.** Esclarecido; explicado.

MOTIVADOR. **1.** O que dá causa. **2.** Aquele que motiva.

MOTIVAR. **1.** Expor as razões. **2.** Fundamentar. **3.** Ler a causa de alguma coisa. **4.** Justificar um ato. **5.** Explicar.

MOTIVO. **1.** *Direito autoral.* a) Assunto de uma composição ou obra artística; b) conteúdo de obra literária. **2.** *Psicologia forense.* a) Fator que impulsiona certo comportamento; b) causa de ordem mental que tende à produção de uma ação voluntária. **3.** Na *linguagem jurídica* em geral, tem a acepção de: a) fundamento; b) justificativa; c) aquilo que dá causa a algo; d) intenção; ânimo; e) o que determina o movimento; f) causa; origem; g) razão de ser; h) causa determinante de atos ou ações. **4.** *Direito penal.* a) Razão ou causa determinante do crime; b) representação subjetiva que impele o agente à prática da ação ou omissão criminosa. **5.** *Direito civil.* Razão pela qual se realiza um negócio. É apurado subjetivamente, por ser concernente aos fatos que levaram alguém a efetivar um ato negocial. Distingue-se da *causa*, que se determina objetivamente, por ser a função econômico-social atribuída pela norma a um negócio (Moreira Alves). Por ex., numa compra e venda a *causa* é a troca da coisa pelo preço e o *motivo*, a razão pela qual os contratantes a entabularam, p. ex. para usar coisa na ornamentação de uma residência.

MOTIVO DE FATO. É o advindo de algum acontecimento ou ato suscetível de causar algo (De Plácido e Silva).

MOTIVO DE RELEVANTE VALOR MORAL. *Direito penal.* **1.** É aquele deduzido dos princípios éticos da sociedade presente; o que a moral média considera nobre (Mancini). **2.** Aquele que, por estar apoiado na moralidade em geral, justifica a atitude ilícita (Geraldo Magela Alves) e a diminuição da pena. **3.** Aquele determinado por uma ofensa injusta, por um impulso do dever, por um fim meritório ou por certa ameaça a um direito, colocando o agente na contingência de agir sob pena de sentir-se desmoralizado no ambiente social (Pedro Vergara).

MOTIVO DE RELEVANTE VALOR SOCIAL. *Direito penal.* Aquele que, por corresponder a um interesse coletivo, justifica a prática do delito (Geraldo Magela Alves), sendo uma circunstância atenuante.

MOTIVO DO ATO ADMINISTRATIVO. *Direito administrativo.* Razão fático-jurídica que levou o administrador à edição ou à prática do ato administrativo.

MOTIVO FRÍVOLO. *Vide* MOTIVO FÚTIL.

MOTIVO FÚTIL. *Direito penal.* Também designado de motivo frívolo ou irrelevante; é aquele que, por ser desprezível, ou por não ter qualquer valor, não pode justificar o crime. Não passa de um pretexto infundado, insignificante, gratuito ou despropositado, de que o agente se valeu ao perpetrar um crime, constituindo circunstância agravante de pena, por revelar perversidade do agente.

MOTIVO GRAVE. Razão relevante ou ponderável que justifica a prática ou a abstenção de um ato ou, ainda, tomada de certa medida.

MOTIVO IRRELEVANTE. *Vide* MOTIVO FÚTIL.

MOTIVO JURÍDICO. É aquele que se funda em norma jurídica.

MOTIVO JUSTO. Aquele que está apoiado em lei, sendo conforme à moral e aos bons costumes, sendo, por isso, oportuno.

MOTIVO TORPE. *Direito penal.* Aquele que, pela sua repugnância, ofende a moralidade média e a consciência ética de um povo num dado contexto histórico-social. Pela aversão que provoca e pela sua imoralidade, constitui circunstância agravante.

MOTIVO URGENTE. Aquele que, ante uma necessidade, impele à pratica imediata de um ato ou à determinação de uma medida, que virão a solucionar a questão surgida.

MOTO. **1.** *Direito autoral.* Sinal colocado pelo artista em sua obra, autenticando-a. **2.** *Direito comparado.* Seminário ou convento de hindus. **3.** *História do direito.* Divisa de cavaleiros antigos. **4.** Na *linguagem comum* indica: a) movimento; b) abreviação de motocicleta.

MOTOCICLETA. *Direito de trânsito.* **1.** Veículo similar à bicicleta, mas movido por motor de explosão. **2.** Veículo automotor de duas rodas, com ou sem "*side-car*", dirigido por condutor em posição montada.

MOTOCICLISMO. Transporte ou desporto em motocicleta.

MOTOCICLISTA. Condutor de motocicleta.

MOTOCICLÍSTICO. Referente à motocicleta.

MOTOCULTOR. *Direito agrário.* **1.** Relativo a motocultura. **2.** Diz-se de determinada máquina agrícola.

MOTOCULTURA. *Direito agrário.* **1.** Mecanização da lavoura. **2.** Uso de máquina motorizada na agricultura.

MOTONAUTA. *Direito marítimo.* Apto para conduzir *jet-ski* nos limites da navegação interior.

MOTONETA. *Direito de trânsito.* **1.** Veículo de carga de propulsão mecânica, que contém duas rodas, sendo dirigido por condutor em posição sentada, apropriado para entrega de volumes de pequeno porte. **2.** Veículo automotor de duas rodas, dirigido por condutor em posição sentada.

MOTOQUEIRO. Em *gíria* é aquele que anda de motocicleta.

MOTOR. **1.** Que faz mover. **2.** Determinante. **3.** Que se refere a movimento muscular. **4.** Diz-se do nervo que comanda o movimento. **5.** O que instiga ou persuade. **6.** Aquilo que imprime movimento a um maquinismo.

MOTOR-CASA. *Direito de trânsito.* Veículo automotor cuja carroçaria seja fechada e destinada a alojamento, escritório, comércio ou finalidades análogas.

MOTOR-HOME. *Vide* MOTOR-CASA.

MOTORISTA. *Direito de trânsito.* Aquele que dirige veículo motorizado como ônibus, automóvel, camioneta, caminhão etc.

MOTORNEIRO. Condutor de bondes.

MOTRICIDADE. 1. *Medicina legal.* Propriedade que têm algumas células nervosas para determinar a contração muscular. **2.** Na *linguagem comum* significa qualidade da força motriz.

MOTRIZ. Força que dá movimento.

MOTU PROPRIO. 1. *Locução latina.* Pelo seu próprio movimento; aquilo que se move espontaneamente por si mesmo; por vontade livre; por iniciativa própria. **2.** *Direito canônico.* Letra apostólica que contém uma decisão tomada por iniciativa própria do Papa, concedendo uma graça ou benefício.

MOUCARRÕES. *Direito marítimo.* Paus de bordo usados para empavesar o navio.

MOUCHÃO. *Direito agrário.* **1.** Terreno arborizado à beira do rio. **2.** Pequena ilhota em meio de um lago ou rio.

MOUCHARD. *Termo francês.* Espião policial.

MOURÃO. *Direito agrário.* Grosso toro que se finca no solo do curral, para nele amarrar as reses para trato, ferra ou castração. **2.** Estaca grossa onde se colocam tecidos de varas ou esteiras dos currais de peixe. **3.** Poste grosso onde se colocam esticadores, no qual se pregam fios da cerca de arame, formando tapumes.

MOURO. 1. *Direito agrário.* Diz-se do cavalo escuro, mesclado de branco. **2.** *Direito comparado.* a) Muçulmano; b) natural da antiga Mauritânia (África ocidental).

MOVEDIÇO. 1. Aquilo que está pouco firme. **2.** Que tem pouca estabilidade. **3.** Volúvel. **4.** Portátil.

MÓVEIS POR ANTECIPAÇÃO. *Direito civil.* Bens imóveis mobilizados pela vontade humana, em função da finalidade econômica. Por exemplo, árvores, frutos, pedras e metais, aderentes ao solo, são imóveis; se dele forem separados para fins humanos, tornam-se móveis. Por exemplo, são móveis por antecipação árvores abatidas para serem convertidas em lenha.

MÓVEIS POR DETERMINAÇÃO DE LEI. *Direito civil.* Aqueles considerados móveis por disposição legal como: energias (p. ex., a elétrica, a nuclear, a radiante etc.) que tenham valor econômico; direitos reais sobre objetos móveis e as ações correspondentes; os direitos pessoais de caráter patrimonial e respectivas ações; os direitos autorais.

MÓVEIS POR NATUREZA. *Direito civil.* Coisas corpóreas que se podem remover sem dano, por força própria ou alheia, com exceção das que acedem aos imóveis; logo os materiais de construção, enquanto não forem nela empregados, são bens móveis. Há móveis por natureza, que a lei transforma em imóveis. Por exemplo, navio e avião, que podem até ser hipotecados.

MÓVEL. 1. *Direito civil.* Bem que, sem deterioração na substância ou na forma, pode ser transportado de um lugar para outro por força própria ou estranha. No primeiro caso, temos o semovente, que é o animal, e, no segundo, o móvel propriamente dito: mercadoria, moeda, ação de companhia, título de dívida pública, objeto de uso etc. **2.** *Direito militar.* Projétil. **3.** Nas *linguagens comum* e *jurídica* pode ter o sentido de: a) causa motriz; motor; b) o que não está fixo; c) variável; d) volúvel; e) peça de mobília; f) motivo ou razão especial, material ou moral, que impele alguém a praticar um ato. **4.** *Direito penal.* Razão psicológica que levou o agente a cometer o crime; motivo relevante de valor social ou moral, determinante do delito.

MOVELARIA. *Direito comercial.* Estabelecimento onde se vendem mobílias.

MÓVEL DO CRIME. *Direito penal.* Causa ou razão subjetiva que determinou a prática da ação ou omissão delituosa.

MOVELEIRO. *Direito comercial.* Fabricante ou vendedor de móveis.

MÓVEL POLÍTICO. *Ciência política* e *direito administrativo.* Decisão tomada pela autoridade administrativa para desfavorecer adversário político, do qual diverge ideologicamente. Constitui, em regra, um desvio de poder (José Cretella Jr., Wedel e Waline).

MOVENTE. *Direito civil.* **1.** Que se move. **2.** Diz-se do bem móvel.

MOVER. 1. Dar movimento a alguma coisa. **2.** Deslocar. **3.** Intentar. **4.** Promover; estimular. **5.** Ceder; condescender. **6.** Abortar; ter móvito.

MOVIDO. 1. Impelido. **2.** Induzido.

MOVIMENTAÇÃO. Ato de movimentar.

**MOVIMENTAÇÃO DE MERCADORIAS SOB VIGILÂN-
CIA SANITÁRIA.** *Direito alfandegário.* São as práticas de embarque, desembarque, transbordo, transporte e armazenagem de mercadorias importadas em pátios, edificações e demais instalações de terminais aquaviários, portos organizados, aeroportos e recintos alfandegados.

MOVIMENTAÇÃO DE TÍTULOS. *Direito financeiro.* Depósito, retirada e transferência de títulos no tesouro direto.

MOVIMENTAÇÃO DO CRÉDITO. *Direito bancário.* Direito que tem o creditado, no contrato de abertura de crédito em conta corrente, de fazer retiradas e ingressos de dinheiro conforme o estipulado, movimentando o crédito concedido.

MOVIMENTADO. 1. Colocado em movimento. **2.** Em que há movimento.

MOVIMENTO. 1. *Direito comercial.* a) Quantidade de negócios realizados numa praça de comércio ou num estabelecimento mercantil; b) andamento das operações empresariais; c) circulação dos trens, conforme a necessidade do serviço. **2.** *Direito processual.* Andamento do processo. **3.** *Direito militar.* a) Marcha das tropas; b) promoção, transferência ou demissão no corpo militar. **4.** Nas *linguagens comum* e *jurídica* pode ter o sentido de: a) ato de se mover ou de mover algo; b) impulso; c) mudança de lugar ou de posição; d) agitação; animação. **5.** *Direito marítimo.* Número de navios que entram ou saem do porto.

MOVIMENTO DE FUNDOS. *Direito comercial.* Operação que visa fornecer à caixa de um estabelecimento empresarial o dinheiro ou numerário que for suficiente para cumprir os compromissos assumidos.

MOVIMENTO DE *LAW AND ORDER*. *Direito penal.* É o que propugna, ante o aumento da criminalidade, a imposição de severas penas, tendo por base o critério retributivo (Heleno Fragoso).

MOVIMENTO FETAL. *Medicina legal.* É aquele feito pelo feto no ventre materno, perceptível a partir da décima sexta e décima oitava semana de gravidez.

MOVIMENTO OPERÁRIO. *Ciência política.* Conjunto de fatos políticos relacionados com a vida ideológico-social da classe operária (Gian Mario Bravo).

MOVIMENTO POLÍTICO. *Ciência política.* Processo de transformação de sistema político (Pasquino).

MÓVITO. *Medicina legal.* **1.** Parto prematuro. **2.** Abortamento. **3.** Parto por aborto.

MOVÍVEL. Aquilo que se pode mover.

MP. *Medicina legal.* Membro principal mais usado, que é o superior direito para o destro, e o superior esquerdo para o canhestro.

MPL. *Direito virtual.* Trata-se da *Mozilla Public License* (Licença Pública de Mozilla), ou seja, da licença que a *Netscape* preparou para distribuir o Código de Mozilla, nova versão do seu *browser* em redes, mais orientada para empresas (Silmara B. Nogueira).

MS. *Medicina legal.* Membro secundário menos utilizado, que para o canhestro é o membro superior direito, e para o destro, o superior esquerdo.

MUAMBA. 1. *Direito penal.* a) Contrabando; b) compra e venda de coisas furtadas; c) produto de roubo; d) negócio escuso e ilícito. **2.** *Direito militar.* Conjunto de apetrechos dos soldados. **3.** *Direito comparado.* Espécie de canastra usada para transporte na África.

MUAMBEIRO. *Direito penal.* Aquele que efetua negócios ilícitos ou faz contrabando.

MUAR. *Direito agrário.* Pertencente à raça dos mus; mula.

MUCAMA. *História do direito.* Escrava negra que era escolhida para auxiliar nos serviços domésticos, acompanhar as pessoas da família ou para servir de ama-de-leite.

MUCHIR. *Direito comparado.* Marechal das tropas na Turquia.

MUCITE. *Medicina legal.* Inflamação de uma membrana mucosa.

MUCKER. *Termo alemão.* Diz-se do partidário religioso de um casal de alemães que criou, no Rio Grande do Sul, um movimento de fanatismo, que se extinguiu em 1874 por força de lei.

MUCO CERVICAL. *Medicina legal.* Fluido viscoso do colo do útero que: permite ou impede a passagem dos espermatozóides; filtra os espermatozóides; e serve de reservatório para a gradual liberação dos espermatozóides para a cavidade uterina (Roger Abdelmassih).

MUCOSA. *Medicina legal.* Tecido epitelial que segrega muco e forra o canal digestivo, as vias respiratórias, os condutos excretores do aparelho geniturinário, ouvido médio e saco conjuntivo do olho.

MUCUAXEIRO. *Direito agrário* e *direito penal.* Ladrão de gado; abigeatário.

MUÇULMANISMO. Islamismo; religião muçulmana.

MUDA. 1. *Direito agrário.* a) Planta tenra tirada do viveiro, ou da sementeira, para plantação definitiva; b) renovação das penas, do pêlo ou da pele por que alguns animais passam em certa época; c) época em que se dá essa mudança; d) cavalo descansado que se coloca, de distância em distância, para substituir o cansado; e) local onde o animal folgado aguarda o que chega cansado; f) material de propagação vegetal de qualquer gênero, espécie ou cultivar, proveniente de reprodução sexuada ou assexuada, que tenha finalidade específica de plantio. **2.** Na *linguagem comum* pode ter o sentido de mulher que não quer ou não pode falar. **3.** Em *gíria* significa: a) navalha ou faca; b) consciência.

MUDA CERTIFICADA. *Direito agrário.* Muda que tenha sido submetida ao processo de certificação, proveniente de planta básica ou de planta matriz.

MUDADO. 1. Modificado. **2.** Transportado. **3.** Deslocado.

MUDADOR. *Direito agrário.* No Rio Grande do Sul, é o local onde se mudam os cavalos, substituindo os montados pelos descansados.

MUDANÇA. 1. *Direito civil.* a) Alteração do estado civil, do nome, do domicílio ou da situação econômica; b) modificação por que pode passar uma coisa ou pessoa; c) ato de substituir o credor, ou o devedor, por outro; d) substituição de uma coisa por outra; e) transformação de uma coisa em outra. **2.** *Direito comercial.* a) Modificação na situação financeira de uma empresa; b) remoção e transporte de pessoas ou coisas de um local a outro; c) ato de remover móveis de uma habitação para outra.

MUDANÇA DE DOMICÍLIO. *Direito civil.* Transferência do centro de negócios com intenção de deixar o anterior para estabelecê-lo em outra parte, onde haverá o exercício habitual de atos e negócios jurídicos. É, portanto, a substituição do domicílio em que se tinha a sede dos negócios para outro.

MUDANÇA DE ESTADO CIVIL. *Direito civil.* Alteração de alguma qualidade inerente à pessoa em razão de casamento, adoção etc. Por exemplo: mudança do estado civil de solteiro para casado, de filho natural para filho adotivo etc.

MUDANÇA DE NOME. *Direito civil.* Alteração do nome em caso excepcional, por exemplo, quando: a) expuser o seu portador ao ridículo e a situações vexatórias, desde que se prove o escárnio a que é exposto; b) houver erro gráfico evidente; c) causar embaraços no setor empresarial; d) houver mudança de sexo; e) houver celebração de casamento, se um dos cônjuges quiser usar o patronímico do outro ou vier a perdê-lo, com a dissolução do matrimônio; f) adoção; g) houver reconhecimento de filiação ou adoção; h) houver necessidade de proteger vítima ou testemunha de crime; i) houver apelido público notório que torne conveniente substituir o prenome.

MUDANÇA DE RAZÃO SOCIAL. *Direito comercial.* Operação pela qual uma pessoa jurídica altera o seu nome empresarial.

MUDANÇA DE RESIDÊNCIA. *Direito civil.* Substituição da casa onde se habita por outra, que passará a ser a nova moradia, podendo influir na mudança de domicílio, se era a sede dos negócios.

MUDANCISTA. *História do direito.* Aquele que era adepto da mudança da capital do Brasil para Brasília.

MUDA PARA USO PRÓPRIO. *Direito agrário.* Muda produzida por usuário, com a finalidade de plantio em área de sua propriedade ou de que detenha a posse, sendo vedada a sua comercialização.

MUDAR. 1. Reformar. **2.** Remover de um local para outro. **3.** Desviar. **4.** Substituir. **5.** Alterar. **6.** Transformar. **7.** Transferir. **8.** Sofrer modificação.

MUDEZ. *Medicina legal.* Incapacidade para falar ou emitir sons articulados.

MUDIR. *Direito comparado.* Administrador de um mudirié.

MUDIRIÉ. *Direito comparado.* Província egípcia que é administrada pelo mudir.

MUDO. *Medicina legal.* Aquele que, por defeito congênito ou adquirido, está privado da fala.

MUFTI. *Termo árabe.* Magistrado religioso muçulmano, que decide, em última instância, as controvérsias religiosas e civis.

MUG BOOK. *Locução inglesa.* Álbum policial com retratos de criminosos ou suspeitos.

MUGIA. *Direito comparado.* Aparelho de pesca usado na África.

MUITÁ. *Direito agrário.* Armação colocada pelos seringueiros em árvores que não dão leite senão em cima.

MUJOLO. *Direito agrário.* No Norte, diz-se do bezerro ainda com cordão umbilical.

MULADA. *Direito agrário.* Manada de mulas.

MULADEIRO. *Direito agrário.* Condutor de mulas.

MULATEIRO. *Direito agrário.* Jumento de cobrição de éguas para produção de muares.

MULEI. *Direito comparado.* Título honorífico árabe que precede o nome de xerifes, sultões e príncipes.

MULETEIRO. *Direito agrário.* Tratador de mulas.

MULHER. **1.** *Medicina legal.* Pessoa adulta do sexo feminino. **2.** *Direito civil.* a) Esposa; b) companheira.

MULHER À-TOA. *Direito penal.* Prostituta; meretriz.

MULHER CASADA. *Direito civil.* **1.** Aquela que contraiu, legalmente, matrimônio. **2.** Esposa.

MULHER COMERCIANTE. *Direito comercial.* Aquela que, profissionalmente, pratica atividade econômica organizada para a produção e circulação de bens e serviços.

MULHER DA RUA. *Direito penal.* Meretriz.

MULHER DAS ONZE LETRAS. *Direito penal.* Alcoviteira.

MULHER DA VIDA. *Vide* MULHER DA RUA.

MULHER DE CASA. *Direito civil.* Aquela que administra uma casa, cuidando da economia doméstica e da educação da prole.

MULHER DESONESTA. Aquela que é fácil, por entregar-se aos homens por interesse ou depravação.

MULHER HONESTA. Aquela que possui conduta, sob o ponto de vista da moral sexual, irrepreensível, tendo a decência exigida pelos bons costumes.

MULHER PERDIDA. *Direito penal.* Prostituta.

MULHER VIRGEM. *Medicina legal.* Aquela que ainda não praticou a cópula vaginal.

MULTA. **1.** Ato ou efeito de multar quem infringe leis ou regulamentos. **2.** Pena pecuniária. **3.** Sanção pecuniária de natureza civil, tributária ou fiscal. **4.** Cláusula penal.

MULTA ADMINISTRATIVA. *Direito administrativo.* É a aplicada ao infrator de norma, correspondendo ao pagamento do dano presumido causado pela infração.

MULTA CIVIL. *Direito civil.* Trata-se da cláusula penal, que é o pacto acessório pelo qual os contratantes estipulam pena pecuniária, ou não, contra a parte infringente da obrigação, como conseqüência de sua inexecução culposa ou de seu retardamento, fixando, assim, o valor das perdas e danos, e garantindo o exato cumprimento da obrigação principal. É uma estipulação acessória pela qual, para reforçar o cumprimento da obrigação, o contratante se compromete a satisfazer certa prestação indenizatória, seja ela uma prestação em dinheiro ou de outra natureza, como a entrega de um objeto, a realização de um serviço ou a abstenção de um fato, se não cumprir o devido ou o fizer tardia ou irregularmente, fixando o valor das perdas e danos devidos à parte inocente em caso de inexecução contratual. Logo, pode ser uma multa moratória ou compensatória.

MULTA COMINATÓRIA. *Direito ambiental.* *Astreinte* ou multa imposta para compelir o réu ao cumprimento de obrigação de fazer e não fazer concedida na ação ambiental. Tal pena pecuniária reverterá à parte contrária, ou no caso de tutela coletiva, ao Fundo gerido por Conselho Federal ou Conselho Estadual (Marcelo B. Dantas).

MULTA COMPENSATÓRIA. *Direito civil.* Pena convencional estipulada para: a) a hipótese de total inadimplemento da obrigação, quando o credor poderá, ao recorrer às vias judiciais, optar livremente entre a exigência da cláusula penal e o adimplemento da obrigação, visto que a cláusula penal se converterá em alternativa em seu benefício; b) garantir a execução de alguma cláusula especial do título obrigacional, possibilitando ao credor o direito de exigir a satisfação da pena cominada juntamente com o desempenho da obrigação principal.

MULTA CONTRATUAL. *Vide* MULTA CONVENCIONAL.

MULTA CONVENCIONAL. *Direito civil.* Cláusula contratual que estipula uma pena pecuniária a ser paga pelo contratante que não venha a cumprir, no todo ou em parte, uma obrigação ou que atrase o seu adimplemento.

MULTA DIÁRIA. *Direito processual civil.* Trata-se da *astreinte*, que é a pena pecuniária que deve ser paga por dia de atraso no cumprimento de obrigação de fazer ou não fazer. Tal multa destina-se a forçar o devedor, indiretamente, a cumprir obrigação assumida, e não a reparar dano decorrente de inadimplemento. Só serve de instrumento às ações que visam cumprir obrigação de fazer ou não fazer.

MULTA FISCAL. *Direito tributário.* Pena pecuniária imposta a pessoa natural ou jurídica que viole lei fiscal, desde que se comprove tal infração após processo administrativo. Tem por escopo compelir o contribuinte a satisfazer sua obrigação tributária dentro do prazo legal.

MULTA IN BELLIS INANIA. *Expressão latina.* Tempo de guerra, mentiras como terra.

MULTA LIMINAR. *Direito processual civil* e *direito do consumidor.* É a fixada *initio litis*, a título de medida cautelar, em juízo de cognição parcial da lide, e que, apesar de ser devida desde o descumprimento da cominação liminar, apenas é exigível depois do trânsito em julgado da sentença favorável ao autor e computada desde o dia daquele inadimplemento da ordem judicial. Tem por finalidade exercer pressão sobre o devedor para obter, imediatamente, a cessação da atividade nociva (Hugo Nigro Mazzilli). Portanto, é, como ensina Hugo Nigro Mazzilli, a fixada, a título de medida de cautela, *initio litis*, em juízo de cognição parcial da lide, sendo devida desde seu descumprimento, mas exigível apenas após o trânsito em julgado da sentença.

MULTA MORATÓRIA. *Direito civil.* Cláusula penal convencionada para o caso de simples mora no cumprimento da obrigação. Ao credor, então, assistirá o direito de demandar, cumulativamente, a pena convencional e a prestação principal.

MULTA PAUCIS. *Locução latina.* Muitas coisas em poucas palavras.

MULTA PENAL. 1. *Direito civil.* Cláusula penal. **2.** *Direito penal.* Pena pecuniária que se aplica cumulativa ou alternativamente nos crimes, ou isoladamente nas contravenções.

MULTA PENITENCIAL. *Direito civil.* Configura-se quando os contratantes, na entrega do sinal, estipulam, expressamente, o direito de arrependimento, tornando resolúvel o contrato, atenuando-lhe a força obrigatória, mas à custa da perda do sinal, por aquele que o deu, ou de sua devolução em dobro, pelo que o recebeu, conforme seja um ou outro que desistiu do negócio efetivado. Temos, então, as arras penitenciais que excluem a indenização suplementar.

MULTA PROCESSUAL. *Direito processual.* Diz-se daquela pena pecuniária que é aplicada no processo, pelo órgão judicante, ao litigante e revertida em benefício da parte contrária.

MULTAR. Aplicar multa.

MULTA SANCIONATÓRIA. *Direito ambiental.* Imposta a quem deixar de observar provimentos de natureza mandamental ou criar embaraço à efetivação de qualquer determinação do juízo, seja ela antecipatória (satisfativa ou cautelar) ou definitiva. Tal multa visa reparar a atitude ofensiva ao próprio Estado-Juiz. Essa pena pecuniária será inscrita como dívida ativa da União e do Estado (Marcelo B. Dantas).

MULTA SUBSTITUTIVA. *Direito penal.* É a que se aplica em substituição à pena privativa de liberdade não superior a seis meses. A lei penal confere ao juiz um poder-dever de, apreciando as circunstâncias de cada caso diante das condições exigidas, aplicar ou não a substituição da pena. É também designada "multa vicariante".

MULTA TRABALHISTA. *Direito do trabalho.* É a imposta em caso de infração das obrigações previstas na legislação trabalhista. Como exemplos de multa trabalhista, podemos citar a de valor igual a trinta vezes o valor-de-referência regional por empregado não registrado; a de valor igual a quinze vezes o valor-de-referência regional por extravio ou inutilização da Carteira de Trabalho por culpa da empresa, e por falta de anotação desse documento pela empresa dentro do prazo legal de quarenta e oito horas; a de valor igual a noventa vezes o valor-de-referência regional àquele que, comerciante ou não, vender ou expuser a venda qualquer tipo de carteira igual ou semelhante ao tipo oficialmente adotado etc.

MULTA VICARIANTE. *Vide* MULTA SUBSTITUTIVA.

MULTICULTOR. *Direito agrário.* Diz-se daquele que se dedica a várias culturas.

MULTIDÃO. 1. Grande ajuntamento de pessoas ou de coisas. **2.** População; povo; massa popular. **3.** O comum dos homens em oposição à elite intelectual (Lalande).

MULTIDÃO CASUAL. *Sociologia geral.* Grande número de pessoas, agrupadas efemeramente, por exemplo, diante de uma vitrina.

MULTIDÃO CONVENCIONAL. *Sociologia geral.* Grupo de pessoas cuja conduta coletiva se expressa conforme normas preestabelecidas, tendo duração limitada, como ocorre com as que estão assistindo a uma partida futebolística.

MULTIDÃO EXPRESSIVA. *Sociologia geral.* Grupo de pessoas no qual as tensões por inquietação, reação ou contágio sociais descarregam-se por meio de movimentos físicos, como ocorre com aquelas que estão dançando.

MULTIDÃO PSICOLÓGICA. *Psicologia forense.* Reunião de pessoas que têm reações psicológicas comuns (Le Bon).

MULTIDIMENSIONAL. Diz-se do espaço que apresenta mais de três dimensões.

MULTIDIRECIONAL. O que tem muitas direções.

MULTIFACE. 1. O que tem vários aspectos. **2.** Aquilo que se aplica a diversos assuntos.

MULTIFÁRIO. 1. De vários modos. **2.** O que apresenta várias espécies. **3.** Aquilo que tem grande variedade.

MULTIFUNCIONALIDADE. *Direito comercial.* É o exercício de muitas funções diversificadas, em uma empresa, por um mesmo indivíduo.

MULTIGRÁVIDA. *Medicina legal.* Aquela que está na segunda gravidez ou numa das subseqüentes.

MULTIINFECÇÃO. *Medicina legal.* Infecção generalizada.

MULTILATERAL. *Direito internacional público.* Diz-se do tratado em que mais de dois países estão envolvidos.

MULTILATERALISMO. *Direito internacional privado.* Liberdade de comércio internacional e de transferência de reservas cambiais que visa obter para cada nação um equilíbrio comercial com a área total abrangida, mas não necessariamente com cada Estado soberano em particular.

MULTIMÍDIA. 1. *Direito autoral.* Artista que se expressa empregando diferentes meios, como música, artes plásticas etc. **2.** *Direito virtual.* Tecnologia que permite ao computador trabalhar com várias mídias (visuais, auditivas e textuais). **3.** *Direito das comunicações.* Integração de meios, tais como voz, dados e imagens, por meio de sistemas de informação ou de telecomunicação.

MULTIMODAL. *Direito comercial.* Diz-se do transporte de mercadorias em que se utilizam diversas modalidades, por via rodoviária e depois por via marítima. *Vide* TRANSPORTE INTERMODAL.

MULTÍMODO. 1. Que se apresenta de vários modos. **2.** Multifário.

MULTINACIONAL. 1. *Direito comercial.* Diz-se da empresa ligada a vários países. **2.** Na *linguagem jurídica* em geral, aquilo que é do interesse de mais de uma nação.

MULTINATALIDADE. Natalidade numerosa.

MULTÍPARO. *Medicina legal.* Referente à mulher que já teve vários partos.

MULTIPARTIDÁRIO. *Ciência política.* **1.** Diz-se do sistema que admite diversos partidos. **2.** Pluripartidário.

MULTIPARTIDARISMO. *Ciência política.* **1.** Pluripartidarismo. **2.** Teoria que consagra a possibilidade de vários partidos, formando um sistema multipartidário, em que nem sempre o partido que vencer as eleições terá a maioria parlamentar, levando às coligações partidárias, que tornam possível o exercício do governo, uma vez que com elas se forma a maioria no Parlamento. **3.** Admissibilidade de número excessivo e crescente de partidos políticos, o que vem a esfacelar a opinião pública (Acquaviva).

MULTIPLE USER DUNGEONS (MUDs). *Direito virtual.* São *sites* na Internet onde usuários podem se juntar para jogar *Role Playing Games* (RPG).

MULTÍPLEX. *Direito das comunicações.* Diz-se do sistema de transmissão simultânea de diversos sinais ou mensagens no mesmo circuito ou canal.

MULTIPLICAÇÃO LÓGICA. *Lógica jurídica.* Operação lógica aplicável a conceitos, proposições ou relações, tendo como resultado um produto lógico (Lalande).

MULTÍPLICE. 1. Variado. **2.** Aquilo que não é único por se manifestar de diversas maneiras.

MULTIPLICIDADE. 1. Característica do que apresenta vários elementos. **2.** Conjunto de elementos que compreendem essa característica. **3.** Qualidade de multíplice.

MULTIPROPRIEDADE IMOBILIÁRIA. *Vide* SISTEMA *TIME-SHARING*.

MULTIRREINCIDENTE. *Direito penal.* a) Diz-se daquele que é várias vezes reincidente; b) aquele que já recebeu mais de três condenações (Damásio E. de Jesus).

MULTISCIENTE. Aquele que é muito erudito.

MULTISOURCING. *Direito comercial.* Segmentação da terceirização de um departamento da empresa entre várias empresas, com o escopo de obter a redução de custos e a ampliação das vantagens da especialização.

MULTISSECULAR. 1. Muito antigo. **2.** Que tem muitos séculos.

MULTITAREFA. *Direito de informática.* Capacidade de um sistema operacional de computador de simultaneamente executar vários programas.

MULTÍVAGO. 1. Errante. **2.** Vagabundo.

MULTÍVOCO. O que exprime muitas idéias.

MULTÍVOLO. 1. Que deseja várias coisas concomitantemente. **2.** Ambicioso.

MULTORUM PECCATUM INULTUM. *Expressão latina.* O crime da multidão fica impune.

MULTOS IN SUMMA PERICULA MISIT VENTURI TIMOR IPSE MALI. *Expressão latina.* O temor de um mal futuro muitas vezes põe o homem em grave perigo.

MULTUM... VIVA VOX FACIT. *Expressão latina.* Grande é a eficácia da viva voz.

MUMBACA. *Direito agrário.* Espécie de rede usada para apanhar caranguejos.

MUMBAVA. *Direito agrário.* **1.** Capanga. **2.** Pessoa agregada de uma fazenda.

MUMBICA. *Direito agrário.* Bezerro magro de um ano.

MÚMIA. *Medicina legal.* Cadáver dessecado e embalsamado.

MUMIÁTICO. *Medicina legal.* Relativo a múmia.

MUMIFICAÇÃO. *Medicina legal.* **1.** Ato ou efeito de transformar o cadáver em múmia. **2.** Estado de dessecamento natural de um cadáver, devido ao fenômeno de sua decomposição tardia, de origem endoexógena, provocada pela desidratação cadavérica, que tem como causa a exposição em local ventilado, seco e quente. **3.** Embalsamamento.

MUNDANA. *Direito penal.* Mulher fácil, sem o mínimo de decência, que se entrega a prazeres carnais.

MUNDANAL. *Filosofia do direito.* Diz-se do objeto cultural, produto do fazer humano, que subsiste com autonomia ôntica em relação ao seu fabricante (Carlos Cossio). É aquele que se compõe de um substrato, que é a sua matéria, pertencente ao mundo físico e de um sentido, que é onde reside seu caráter valioso ou desvalioso.

MUNDANIDADE. 1. Caráter do que é mundano. **2.** Relativo ao mundo material. **3.** Vida desregrada.

MUNDANISMO. Hábito daqueles que têm vida mundana, por procurarem apenas prazeres materiais.

MUNDANO. 1. Dado a prazeres ou gozos materiais. **2.** Referente ao mundo.

MUNDÃO. *Direito agrário.* **1.** Grande número de animais. **2.** Grande extensão de terra.

MUNDIAL. Relativo ao mundo ou ao maior número de seus países.

MUNDIALISMO. *Ciência política* e *direito internacional público.* Movimento que visa a unificação da política mundial (Lucio Levi).

MUNDIALIZAR. 1. Difundir. **2.** Universalizar.

MUNDÍCIA. 1. Limpeza. **2.** Decência. **3.** Porcos, em Portugal.

MUNDIFICANTE. 1. Aquilo que limpa. **2.** Abstergente.

MÚNDIO. *História do direito.* Tutela ou direito que, na antiga lei germânica, o marido tinha sobre a mulher e o pai sobre os filhos.

MUNDIVIDÊNCIA. *Filosofia geral.* **1.** Cosmovisão. Concepção do mundo e dos valores por parte de uma pessoa ou grupo social, religioso, cultural, político, étnico etc.

MUNDO. 1. O universo. **2.** A Terra e cada um dos planetas considerados como habitados. **3.** A parte do universo habitada por homens. **4.** O novo e o antigo continentes. **5.** A humanidade. **6.** Classe social. **7.** Multidão. **8.** Opinião pública. **9.** Vasto conjunto de coisas de uma mesma espécie. **10.** Vida social.

MUNDO DESPORTIVO. *Direito desportivo.* Conjunto de organizações desportivas e dos que se interessam pelo desporto.

MUNDO ELEGANTE. 1. Aquilo que está na moda. **2.** Conjunto de pessoas da alta sociedade que se trajam conforme os ditames da moda.

MUNDO EXTERNO. Tudo o que está fora de nós.

MUNDO INTERNO. Foro íntimo de cada um de nós.

MUNDO LITERÁRIO. Conjunto dos homens de letras.

MUNDO LIVRE. *Ciência política.* Onde prevalece a democracia ou a social democracia, em oposição ao local que privilegia o sistema político-econômico totalitário ou comunista.

MUNDO MENTAL. 1. Amplitude da atenção e da compreensão de uma pessoa. **2.** Conjunto de objetos diversos que são familiares a alguém.

MUNDO SUBJETIVO. *Vide* MUNDO INTERNO.

MUNHÃO. 1. *Direito militar.* Eixo pertencente a uma peça de artilharia que fica no meio do comprimento e se encaixa nas munheiras, usado para abaixar ou levantar aquela, segundo a conveniência da pontaria. **2.** *Medicina legal.* Bíceps.

MUNIÇÃO. *Direito militar.* **1.** Projétil, cartucho. **2.** Víveres ou outros petrechos que forem necessários às Forças Armadas, ou para defender uma praça de guerra. **3.** Fortificação construída para a defesa de uma cidade.

MUNIÇÃO DE BOCA. *Direito militar.* **1.** Víveres ou objetos indispensáveis à alimentação. **2.** Mantimentos para o exército em guerra.

MUNIÇÃO DE GUERRA. *Direito militar.* Material bélico como projéteis, cartuchos, pólvora, foguetes, armas, canhões etc.

MUNIÇÃO NAVAL. *Direito marítimo.* Material imprescindível para a construção e aparelhagem dos navios e embarcações.

MUNICIADOR. *Direito militar.* **1.** Aquele que provê o exército de munições. **2.** Livro em que é escriturado todo o movimento diário da guarnição militar.

MUNICIAMENTO. *Direito militar.* Ato ou efeito de municiar.

MUNICIAR. *Direito militar.* **1.** Providenciar munições. **2.** Abastecer.

MUNÍCIO. 1. Na *linguagem popular,* é: a) pão que se distribui aos soldados; b) no Rio Grande do Sul, é o gado que acompanha as tropas para alimentá-las. **2.** *Direito agrário.* Víveres que o tropeiro leva consigo para atender a suas necessidades durante a viagem.

MUNICIONAMENTO. *Vide* MUNICIAMENTO.

MUNICIONÁRIO. *Direito militar.* Encarregado de prover de munições.

MUNICIPAL. *Direito administrativo.* Relativo ao Município.

MUNICIPALENSE. *Vide* MUNICIPAL.

MUNICIPALIDADE. *Direito administrativo.* **1.** Conjunto de órgãos que têm a incumbência de dirigir os negócios do Município, atendendo a seus peculiares interesses, como Prefeitura e Câmara Municipal. **2.** Pessoa jurídica de direito público que representa o Município na esfera de suas atividades. **3.** Edifício onde os vereadores exercem suas funções. **4.** Circunscrição territorial que forma um Município.

MUNICIPALISMO. *Ciência política.* **1.** Teoria que propugna a maior autonomia político-admi-

nistrativa possível dos Municípios. **2.** Sistema de descentralização da Administração Pública que preserva e defende a autonomia jurídica do Município, aprimorando sua administração e lutando pela obtenção de recursos financeiros, com os quais possa executar seus serviços, realizar seus negócios e atender a seus interesses.

MUNICIPALISTA. *Ciência política.* **1.** Referente a municipalismo. **2.** Adepto do municipalismo.

MUNICIPALIZAÇÃO. *Direito administrativo.* **1.** Ato ou efeito de municipalizar. **2.** Oficialização, pela Administração Pública, de determinados serviços, que eram prestados pelo Estado ou por empresas particulares, atribuindo-os aos Municípios, sob a forma de monopólio. **3.** Produção direta, cujos custos são suportados pela municipalidade, e que tem por finalidade a obtenção de produtos por preço unitário menor do que aquele que poderia ser obtido se se recorresse a produtores particulares que operam em regime de livre concorrência (Montemartini). **4.** Exclusividade de prestação de serviços públicos pelo Município.

MUNICIPALIZADOR. *Direito administrativo.* **1.** Que municipaliza. **2.** Partidário da autonomia dos Municípios.

MUNICIPALIZAR. *Direito administrativo.* **1.** Tornar municipal. **2.** Colocar a cargo do Município.

MUNÍCIPE. *Direito administrativo.* **1.** Pessoa que reside no Município. **2.** Aquele que goza dos direitos do Município.

MUNICÍPIO. *Direito administrativo* e *direito constitucional.* **1.** Pessoa jurídica de direito público interno de Administração direta dotada, constitucionalmente, de autonomia político-administrativa, com capacidade de ter governo próprio e de legislar no âmbito de sua competência, para a consecução de seus interesses peculiares e realização de suas finalidades locais. **2.** Circunscrição territorial administrada por um prefeito, para atender a seus interesses e executar leis emanadas dos vereadores eleitos pelo povo. **3.** Conjunto orgânico de famílias, associações naturais que, reconhecidas pelo Estado, tornam-se legais (Ataliba Nogueira). **4.** Área, mais ou menos conveniente, fixada sob a autoridade estatal, para a execução local de funções consideradas de seu interesse (Lane Lancaster). **5.** Corporação territorial intercalada no Estado, com governo próprio, que se realiza por meio de órgãos escolhidos e próprios, regulando, em seu próprio nome, os assuntos da comunidade local nos limites das leis e com auto-responsabilidade (Erich Becker). **6.** Unidade geográfica divisionária do Estado, dotada de governo próprio para a administração descentralizada de serviços estaduais e para o trato de interesses locais (Oswaldo Trigueiro). **7.** Unidade autônoma federativa do Estado (Geraldo Magela Alves).

MUNICÍPIO NEUTRO. *História do direito.* Cidade de São Sebastião do Rio de Janeiro, onde estava estabelecida a Corte Imperial. Com o advento da República, passou a ser o Distrito Federal ou a sede do governo.

MUNÍFICE. *Direito romano.* Soldado que, por não gozar de isenção alguma, era encarregado de todos os trabalhos e de trazer para o campo a água e a lenha.

MUNIFICÊNCIA. 1. Generosidade. **2.** Liberalidade.

MUNIFICENTE. 1. Generoso. **2.** Liberal.

MUNÍFICO. *Vide* MUNIFICENTE.

MUNIR. *Direito militar.* **1.** Armar-se. **2.** Abastecer-se de munições. **3.** Prover do necessário para o combate ou a defesa de uma praça.

MUNITOR. *Direito militar.* Pequeno veículo que conduz a munição de guerra.

MUNUS. *Termo latino.* Encargo; dever; função que alguém deve exercer obrigatoriamente.

MÚNUS PESSOAL. Encargo personalíssimo, ou seja, obrigação que, por ser indelegável, só pode ser exercida, única e exclusivamente, pela própria pessoa nomeada ou encarregada para esse fim.

MÚNUS PÚBLICO. 1. Encargo público. **2.** Encargo, ônus ou função imposta pela lei e pelo Estado a certos cidadãos ou a membros de determinada classe profissional, em benefício coletivo ou no interesse da pátria ou da ordem social. Por exemplo, a tutela, a curatela, o júri, o serviço militar, a advocacia de ofício etc.

MUNZUÁ. *Direito agrário.* Covo de bambu ou de taquara usado para prender os camarões no rio.

MURAR. 1. *Direito civil.* Fechar com muro. **2.** *Direito militar.* Defender; fortificar.

MURÇA. *Direito canônico.* Cabeção de cor usado pelos bispos e cônegos por cima da sobrepeliz.

MURCÍDIO. 1. *Medicina legal.* Automutilação. **2.** *Direito romano.* Ato daquele que, por covardia, cortava o próprio dedo polegar para não servir no Exército.

MURCII. *Termo latino* e *medicina legal.* Aquele que se automutila.

MÚRCIO. *Vide MURCII.*

MURCO. *Direito romano.* Aquele que cortava o dedo polegar para escapar do serviço militar.

MURDER. *Termo inglês.* Assassinato.

MURETA. Pequeno muro.

MURO. 1. *Direito civil.* Parede forte que veda algum imóvel, separa-o de outro por estar colocada nos limites divisórios dos prédios e defende-o de assaltos. **2.** *Direito agrário.* Lugar cerrado para resguardo de colméias.

MURO COMUM. *Direito civil.* Aquele que, construído nas divisas de prédios contíguos, pertence aos proprietários convizinhos.

MURO DE ARRIMO. *Direito civil* e *direito agrário.* Obra de alvenaria que sustém o empuxo de terras, evitando seu desmoronamento.

MURO DE MEAÇÃO. *Vide* MURO COMUM.

MURO DE SEPARAÇÃO. Motivo que separa duas pessoas.

MURO DE SUSTENTAÇÃO. *Vide* MURO DE ARRIMO.

MURO-GUIA DE JUSANTE. *Direito marítimo.* É o muro de cais que, a partir da porta da eclusa, avança pelo canal de navegação.

MURO-GUIA DE MONTANTE. *Direito marítimo.* É o muro flutuante ou fixo que, a partir da entrada da eclusa, avança dentro do lago formado pela barragem.

MURRA. *Medicina legal.* Mancha provocada na pele pela aproximação do fogo.

MURRINA. *História do direito.* Bebida amarga, na qual entrava a mirra, que era dada pelos judeus aos criminosos antes de serem executados.

MURRO. Soco.

MURTAMONIM. *Direito comparado.* Colar de duas contas ou duas peças de ouro colocado, na Índia, pelo sacerdote, no pescoço da noiva, para que ela o conservasse enquanto seu marido vivesse.

MURUS LARGUS. *História do direito.* Na Inquisição, era o regime que permitia ao preso que se comportasse bem locomover-se pelo interior do presídio em certas horas, assim como conversar com outras pessoas (João Bernardino Gonzaga).

MURUS STRICTUS. *História do direito.* Regime em que, na época da Inquisição, o preso não podia deixar a sua cela, onde ficava acorrentado (João Bernardino Gonzaga).

MURZÁ. *Direito comparado.* Designação dada, na Turquia, aos nobres.

MURZELO. *Direito agrário.* Cavalo que tem cor de amora.

MÚSCULO. *Medicina legal.* Estrutura ativa composta de feixes de fibra que, pela contração e relaxamento, dá movimento a alguma parte do corpo.

MUSEU. 1. Coleção de obras de arte ou de objetos de cultura. 2. Prédio onde esses objetos estão reunidos.

MUSEU CIENTÍFICO. Local onde estão documentadas as conquistas da ciência e da tecnologia.

MUSEU CRIMINAL. 1. *Direito penal.* Órgão de documentação, aberto ao público, que coleta, conserva e estuda objetos valiosos para o direito penal e a criminologia. 2. *Direito processual penal.* Local onde são recolhidos os instrumentos do crime, cuja perda em favor da União for decretada, e as coisas confiscadas, desde que haja interesse na sua conservação.

MUSEU CRIMINOLÓGICO. *Vide* MUSEU CRIMINAL.

MUSEU DE ASTRONOMIA E CIÊNCIAS AFINS (MAST). *Direito administrativo.* Órgão de pesquisa do Ministério da Ciência e Tecnologia. O MAST, como um centro nacional de pesquisa, de intercâmbio científico, de formação, treinamento e aperfeiçoamento de pessoal científico, tem por finalidade preservar e estudar os elementos constitutivos do legado científico e tecnológico nacional, realizar atividades educacionais, dirigidas ao estímulo e sensibilização da ciência, desenvolver atividades culturais voltadas para a compreensão da natureza e das relações entre sociedade, ciência e técnica e produzir conhecimentos sobre a história das ciências e da técnica no Brasil, e sobre educação e divulgação em ciências. O MAST tem por finalidade a ampliação do acesso da sociedade ao conhecimento científico e tecnológico por meio da pesquisa, preservação de acervos e divulgação da história da ciência e da tecnologia no Brasil. Ao MAST compete: a) promover e realizar estudos e pesquisas no campo da história da ciência, da museologia, da preservação de acervos de ciência e tecnologia e da educação em ciências; b) pesquisar, preservar e tornar acessíveis à sociedade acervos de ciência e tecnologia de importância histórica; c) preservar o acervo móvel e imóvel sob sua guarda; d) apoiar instituições e associações de caráter científico e tecnológico na preservação de seus acervos de importância histórica; e) disseminar o conhecimento científico e tecnológico; f) promover a formação e especialização de recursos humanos em suas áreas de atuação; g) promover e realizar cursos, conferências, seminários e outros eventos de caráter técnico-científico, educativo e de divulgação científica de interesse direto ou correlato ao órgão; h) desenvolver e disponibilizar produtos e serviços especializados, em decorrência de suas atividades; i) estabelecer intercâmbios científicos para o desenvolvimento de suas atividades de pesquisa; e j) criar mecanismos de captação de recursos financeiros para as suas atividades.

MUSEU DE BELAS ARTES. Aquele que contém obras artísticas de pintura e escultura.

MUSEU HISTÓRICO. Lugar onde se expõem objetos relativos à História.

MUSEU LASAR SEGALL. É um órgão incorporado à Fundação Nacional Pró-Memória, atual Instituto do Patrimônio Histórico e Artístico Nacional (IPHAN). Tem por finalidade precípua reunir, documentar, estudar, conservar, expor e divulgar a obra artística de Lasar Segall, bem como realizar outras atividades culturais e artísticas pertinentes. O museu Lasar Segall caracteriza-se como uma instituição de natureza museológica e educacional, preservadora da memória e patrimônio cultural, representados por seus acervos, sua história e experiências e geradora de produção artístico-cultural, orientada pela visão do papel dialético da cultura nos processos sociais, pela convicção de que o desenvolvimento do potencial expressivo/criativo do ser humano é elemento fundamental no processo de construção da individualidade, sensível e consciente, e pela adoção de um conceito contemporâneo e dinâmico de museologia em que todo ser humano, em sua relação com o objeto, independente de sua classe social e nível de formação, é visto como um agente de transformação da realidade concreta da qual ambos fazem parte. Para a consecução dessa finalidade, o museu Lasar Segall deverá: a) reunir, no imóvel ocupado pelo museu Lasar Segall, obras artísticas de autoria de Lasar Segall, bem como promover estudos necessários sobre o referido acervo; b) prover a adequada conservação da obra de Lasar Segall, de acordo com as normas técnicas de conservação, zelando por sua segurança; c) realizar exposições das obras de Lasar Segall para fins de visitação pública, bem como promover a divulgação desse acervo; d) atualizar e conservar a documentação referente à obra e à vida de Lasar Segall e de Jenny Klabin Segall; e) realizar exposições itinerantes do acervo em instituições congêneres, galerias de arte e organizações culturais do país e do exterior, observadas as normas regulamentares e legislação vigentes; f) ceder, temporariamente, obras do acervo a museus, instituições culturais ou galerias de arte de renome, no país ou no exterior, observadas as normas regulamentares e legislação vigentes e assegurada a exposição na organização destinatária; g) realizar, promover e facilitar pesquisas, estudos e publicações sobre a obra, documentação e a vida de Lasar Segall; h) reunir e conservar a documentação referente às atividades e história do museu Lasar Segall e de Mauricio Segall; i) promover atividades educativas, vinculadas à Arte-Educação; j) produzir, exibir e fazer circular material audiovisual, referente à obra e à vida de Lasar Segall; k) realizar em suas dependências, exposições de natureza cultural e artística de outros autores, independentemente daquelas relativas à obra de Lasar Segall; l) promover conferências, palestras, exibições de filmes e material audiovisual e realizar cursos sobre matéria de natureza cultural e artística; m) exercer atividades literárias, cinematográficas e de vídeo, musicais, audiovisuais, cênicas e de artes plásticas; n) promover pesquisas e publicações sobre artistas e intelectuais das diversas áreas criativas; o) ceder as instalações e os equipamentos a terceiros, exclusivamente para fins artísticos, culturais, comunitários e de pesquisa, obedecidas as normas regulamentares do Instituto do Patrimônio Histórico e Artístico Nacional (IPHAN); p) participar e incentivar movimentos e atividades culturais comunitários e de preservação do patrimônio cultural, especialmente na zona sócio-geográfica atingida pelo museu Lasar Segall.

MÚSICA. *Direito autoral.* **1.** Arte e técnica de combinar sons harmônicos. **2.** Composição musical.

MUSICAL. *Direito autoral.* Relativo à música.

MUSICAL INTERFACE DIGITAL (MIDI). *Direito virtual.* Programa de informática especializado em música, permitindo que o compositor escreva a partitura usando o *mouse* ou o teclado, ou envie a partitura à máquina tocando as partes correspondentes de cada instrumento em um sintetizador conectado ao computador.

MUSICISTA. Versado em música.

MÚSICO. 1. *Direito autoral.* Aquele artista que faz composição musical. **2.** *Direito do trabalho.* Aquele que, profissionalmente, exerce a arte da música.

MUSICOFOBIA. *Medicina legal.* Aversão mórbida à música.

MUSICOMANIA. *Medicina legal.* Paixão mórbida e excessiva pela música.

MUSICOTERAPIA. *Medicina legal.* Tratamento terapêutico por meio da música.

MUSTANGOS. *Direito agrário.* Raça de cavalos paraguaios, que vivem em completa liberdade, tendo qualidades próprias do estado selvagem.

MUSURGO. *História do direito.* Título que, na Grécia antiga, era dado à mulher que exercia arte liberal.

MUTÁ. *Direito agrário.* Escada tosca utilizada pelo seringueiro para trepar à árvore, golpeando-a mais alto.

MUTABILIDADE. 1. Qualidade de mutável. **2.** Instabilidade. **3.** Versatilidade.

MUTAÇÃO. 1. Mudança. **2.** Transformação. **3.** Substituição. **4.** Transmissão de bens.

MUTAÇÃO SOCIAL. *Sociologia geral.* Mudança na organização social.

MUTACISMO. *Medicina legal.* **1.** Repetição abusiva da letra "m". **2.** Troca de consoantes por "m".

MUTARE CONSILIUM QUIS NON POTEST IN ALTERIUS PRAEJUDICIUM. *Expressão latina.* Não podemos mudar de opinião prejudicando terceiros.

MUTATIONES FACTI, JUS MUTATUR. *Aforismo jurídico.* Mudanças no fato, direito mudado.

MUTATIS MUTANDIS. *Locução latina.* Mudando-se o que deve ser mudado; fazendo-se as alterações necessárias.

MUTATO NOMINE. *Locução latina.* Mudado o nome.

MUTATÓRIO. 1. Que muda. **2.** Aquilo que serve para operar mudança.

MUTILAÇÃO. 1. *Direito autoral.* Supressão de parte de uma obra literária. **2.** *Direito penal* e *direito civil.*

Lesão corporal que consiste no ato ou efeito de cortar ou destruir algum membro ou parte do corpo vivo ou morto, gerando a responsabilidade criminal e civil do agente. **3.** *Direito civil.* Desfalque no patrimônio. **4.** *Teoria geral do direito.* Deturpação do sentido normativo.

MUTILADO. *Direito penal* e *direito civil.* Aquele que foi privado de um membro.

MUTILADOR. *Direito penal* e *direito civil.* Aquele que mutila.

MUTILANTE. *Direito penal.* O que mutila.

MUTILAR. *Direito penal* e *direito civil.* **1.** Amputar. **2.** Decepar. **3.** Cortar. **4.** Castrar. **5.** Realizar mutilação. **6.** Diminuir o merecimento de alguém.

MUTIRÃO. 1. Na *linguagem comum,* tem o sentido de adjutório. **2.** *Direito agrário.* Auxílio mútuo prestado por pequenos lavradores a um deles, no plantio e na colheita, sem perceberem qualquer remuneração.

MUTIRÕES AMBIENTAIS. *Direito ambiental.* Participação voluntária de entidades civis com finalidade ambientalista que, no pleno exercício do direito de cidadania, voltam suas atividades para a fiscalização de Unidades de Conservação e demais áreas protegidas, obedecidos os seguintes requisitos: a) os Mutirões Ambientais deverão ser constituídos por, no mínimo, três pessoas credenciadas por Órgão Ambiental, acompanhadas por um servidor pertencente a uma corporação policial; b) quando não for possível o atendimento da solicitação acima, a realização do Mutirão Ambiental será efetuada apenas se houver a participação mínima de cinco pessoas.

MUTISMO. Estado de quem não pode ou não quer exprimir seu pensamento.

MÚTUA. *Direito civil.* Associação ou sociedade de auxílio e socorros mútuos, formada com pessoas que se unem com o intuito de se beneficiarem. A mútua não tem capital fixo, pois os associados contribuem, pecuniária e periodicamente, para atender a encargos de solidariedade recíproca, em casos de invalidez, morte etc.

MUTUAÇÃO. *Direito civil.* **1.** Tomar por empréstimo. **2.** Permutação, troca.

MUTUA DEFENSIO TUTISSIMA. *Expressão latina.* A defesa recíproca é mais segura.

MUTUADO. *Direito civil.* Bem que foi dado ou tomado como empréstimo.

MUTUADOR. *Direito civil.* Aquele que empresta.

MUTUALIDADE. *Direito civil.* **1.** Mútua. **2.** Qualidade do que é mútuo ou recíproco. **3.** Regime de cooperação recíproca da sociedade cujos sócios contribuem, periodicamente, com uma quantia, para atender, solidariamente, a encargos do grupo na prestação de socorros.

MUTUALISMO. *Direito civil.* Sistema especial de sociedade em que, visando a solidariedade recíproca, seus componentes, periodicamente, contribuem com uma soma pecuniária destinada à prestação de auxílio ou de socorro no setor da indústria, agricultura, seguro etc.

MUTUALISTA. *Direito civil.* **1.** Aquele que faz parte de uma sociedade de auxílios ou socorros mútuos, tendo direito de perceber os benefícios por ela proporcionados. **2.** O que se refere a mutualismo.

MUTUANTE. *Direito civil.* Aquele que entrega coisa fungível a outrem a título de empréstimo.

MUTUAR. *Direito civil.* Dar ou receber bem fungível por empréstimo.

MUTUÁRIO. *Direito civil.* **1.** Aquele que recebe bem fungível por empréstimo. **2.** Mutualista; associado de uma mútua.

MUTUATÁRIO. *Vide* MUTUÁRIO.

MUTUI DATIO. *Locução latina.* Doação em mútuo com transferência da propriedade do bem entregue.

MÚTUO. *Direito civil.* Contrato pelo qual um dos contratantes transfere a propriedade de bem fungível ao outro, que se obriga a restituir-lhe coisa do mesmo gênero, qualidade e quantidade.

MÚTUO COMERCIAL. *Vide* MÚTUO MERCANTIL.

MÚTUO CONSENSO. *Direito civil.* Consentimento manifestado por duas ou mais pessoas para a realização, modificação ou dissolução de um negócio jurídico.

MÚTUO CONSENTIMENTO. *Vide* MÚTUO CONSENSO.

MUTUO DI SCOPO. *Locução italiana.* Mútuo levado a efeito, tendo por fim específico o financiamento de aquisição de certo bem (Antonio Rappazzo).

MÚTUO DISSENSO. *Direito civil.* **1.** Distrato ou conjugação de vontades do mutuante e do mutuário para desfazer o mútuo. **2.** Desacordo das partes quanto ao modo de cumprir um negócio jurídico.

MÚTUO DISSENTIMENTO. *Vide* MÚTUO DISSENSO.

MÚTUO FENERATÍCIO. *Direito civil.* Empréstimo de dinheiro ou de coisas fungíveis a juros que não ultrapassem a taxa de 12% ao ano.

MÚTUO MERCANTIL. *Direito comercial.* Empréstimo oneroso, feito a empresário, de bem destinado ao uso comercial ou pertencente ao gênero comercial.

MÚTUO ONEROSO. *Vide* MÚTUO FENERATÍCIO.

MUTUUM QUIA EX MEO FIT TUUM. *Expressão latina.* Mútuo porque o meu torna-se teu.

MUXIRÃO. Adjutório.

MUZUNGO. *Direito comparado.* Nome vulgar que, na África, se dá ao patrão pertencente à raça branca.

MYDFA. Sigla de *Multi-Year Deposit Facility Agreement*, acordo regulamentado pelo CMN que pode ser assinado para disciplinar liberação de débitos externos de setores públicos e privados nacionais ou o mecanismo de reempréstimo de valores envolvidos na negociação de dívida externa.

NABA. *Direito agrário.* Espécie de couve similar ao nabo.

NABABIA. *Direito comparado.* **1.** Área jurisdicional do nababo, na Índia. **2.** Dignidade de nababo.

NABABO. *Direito comparado.* Governador de província na Índia muçulmana.

NABAL. *Direito agrário.* Plantação de nabos.

NABANGA. *Direito comparado.* Canoa da Malásia.

NABÃO. *História do direito.* Tributo devido pelos pescadores, para que pudessem pescar em determinado local, que consistia na entrega de um peixe por embarcação.

NABIÇA. *Direito agrário.* Variedade de nabo de que se podem aproveitar as folhas.

NABO. **1.** *Direito agrário.* Planta cuja raiz é usada como alimento. **2.** *Direito marítimo.* Peça com abertura no centro e válvula apropriada para regular a aspiração da bomba.

NAÇÃO. *Ciência política.* **1.** Conjunto de pessoas que habitam o mesmo território, ligadas por afinidades culturais, lingüísticas etc., seguem os mesmos costumes e obedecem às mesmas leis. **2.** Povo de um país. **3.** Sociedade organizada política e juridicamente que constitui o Estado. **4.** Governo de um país. **5.** Sociedade politicamente organizada que tem consciência de sua própria unidade e controla, com soberania, seu território. **6.** Território habitado por um povo, que tem autonomia política; país. **7.** Pátria. **8.** Raça. **9.** Grupo social que constitui um Estado, pois dele emana o poder. **10.** Substrato espiritual ou cultural em que se forma o Estado (Pinto Ferreira). **11.** Substância humana do Estado (Carré de Malberg). **12.** É um meio composto de tantos elementos quantos os fatores capazes de influir na gênese de um indivíduo humano (Delos).

NAÇÃO MAIS FAVORECIDA. *Direito internacional público.* Cláusula pactuada entre Estados signatários de um tratado, segundo a qual cada um deles fruirá de privilégios que concederam a outra nação, por meio de convenção ou tratado. Cada Estado contratante adquirirá, então, o direito de reclamar para si vantagens ou favores, que, em regra, serão de ordem mercantil, econômica, alfandegária, atinentes a direitos sobre mercadorias, importação e exportação, entrada, trânsito e saída de utilidades econômicas, estipulados em tratado de que não foi participante. Tal cláusula poderá ser considerada sob os seguintes aspectos: a) ilimitado, se

compreender todas as vantagens concedidas aos demais Estados, podendo conter algumas restrições alusivas ao tráfego de fronteiras, relativamente aos países limítrofes; b) limitado, se se referir a determinados Estados; c) simples, se as concessões forem feitas sem condições ou sem ônus, ou seja, gratuitamente; d) qualificado, se abranger concessões feitas contra outras concessões ou mediante compensações equivalentes. Essa cláusula da nação mais favorecida poderá apresentar desvantagens, como a posição incerta e mutável do Estado que goza de tratamento mais favorecido e a restrição da liberdade de ação do Estado contratante, visto que assumirá o dever de estender a outro Estado os benefícios concedidos a outros Estados. Sem embargo desses inconvenientes, apresenta vantagens, como a igualdade de tratamento e a uniformidade de condições estipuladas pela cláusula e garantidas pelo tratado.

NACELA. **1.** *Medicina legal.* Fossa navicular da uretra. **2.** *Direito aeronáutico.* Parte do avião onde está o assento do piloto.

NACHERBE. *Termo alemão.* Herdeiro sucessivo.

NACHERBFOLGE. *Termo alemão.* Fideicomisso.

NACIONAL. *Direito constitucional* e *ciência política.* **1.** O que é relativo à nação. **2.** Pessoa em relação ao Estado onde nasceu; indivíduo natural de um país. **3.** Brasileiro nato ou naturalizado. **4.** Órgão político ou administrativo do governo federal. **5.** Coisa em relação ao seu país de origem, ou seja, àquele em que foi produzida.

NACIONALIDADE. **1.** *Direito constitucional, direito civil, direito internacional privado* e *ciência política.* a) Qualidade de nacional; naturalidade; b) liame jurídico que prende o indivíduo a um Estado em razão do *ius soli* ou de *ius sanguinis*; c) vínculo existente entre uma pessoa e um país em virtude de naturalização; d) caráter jurídico que possuem os cidadãos de um Estado; e) vínculo jurídico que liga o indivíduo ao Estado em razão do local de nascimento, da ascendência paterna ou da manifestação de vontade do interessado (Marcus Cláudio Acquaviva); f) vínculo jurídico-político de direito público interno que faz da pessoa um dos elementos componentes da dimensão pessoal do Estado (Pontes de Miranda). **2.** *Sociologia jurídica.* a) Grupo social unido por aspirações comuns (Durkheim e Métin); b) grupo, racial ou cultural, de conflito que está lutando para obter autonomia e *status* em um grupo de nações.

NACIONALIDADE ADQUIRIDA. *Direito constitucional.* Aquela que provém da naturalização; do casamento, em alguns países; da conquista ou anexação do território do Estado vencido ao vencedor; ou de outro instituto jurídico que gere a perda da nacionalidade anterior para adquirir outra.

NACIONALIDADE BRASILEIRA. *Direito constitucional.* Condição de nacional do Brasil, outorgada ao: a) nascido na República Federativa do Brasil, ainda que de pais estrangeiros, desde que estes não estejam a serviço de seu país; b) nascido no exterior, de pai brasileiro ou mãe brasileira, desde que qualquer deles esteja a serviço do Brasil; c) nascido no exterior, de pai brasileiro ou mãe brasileira, desde que venha a residir na República Federativa do Brasil e opte, em qualquer tempo, pela nacionalidade brasileira; d) naturalizado que, na forma da lei, adquiriu a nacionalidade brasileira, exigidas ao originário de país de língua portuguesa apenas residência por um ano ininterrupto e idoneidade moral. Ao português com residência permanente no País, se houver reciprocidade em favor de brasileiros, serão atribuídos os direitos inerentes ao brasileiro, exceto nos casos previstos constitucionalmente; e) naturalizado de qualquer nacionalidade residente no Brasil há mais de quinze anos ininterruptos e sem condenação penal, desde que requeira a nacionalidade brasileira.

NACIONALIDADE DA EMBARCAÇÃO. *Direito internacional* e *direito marítimo.* Origem nacional da embarcação, que se rege por lei específica e se comprova pela provisão de Registro da Propriedade Marítima, expedida pelo Tribunal Marítimo, ou pelo Título de Inscrição, expedido pelas Capitanias dos Portos, Delegacias e Agências.

NACIONALIDADE DAS MERCADORIAS. *Direito internacional privado, direito comercial* e *direito tributário.* É o vínculo jurídico que liga as mercadorias ao local de sua fabricação ou industrialização.

NACIONALIDADE DE ORIGEM. *Direito civil* e *direito internacional privado.* É a determinada pela filiação (*jus sanguinis*) ou pelo local de nascimento (*jus soli*).

NACIONALIDADE DERIVADA. *Vide* NACIONALIDADE ADQUIRIDA.

NACIONALIDADE DO NAVIO. *Direito marítimo* e *direito internacional privado.* É a lei de seu pavilhão, ou bandeira, que é a do país onde se deu sua matrícula. A nacionalidade do navio é provada pela patente de navegação e a provisão do registro, expedidas pelo Tribunal Marítimo, ou pelo título de inscrição fornecido pela Capitania dos Portos, tendo a bandeira como sinal.

NACIONALIDADE EXPRESSA. *Vide* NACIONALIDADE VOLUNTÁRIA.

NACIONALIDADE MISTA. *Direito internacional privado.* Binacionalidade, decorrente do fato de aquele que é brasileiro em razão do *jus soli* ter sua segunda nacionalidade pelo direito de seus antepassados, em virtude do *jus sanguinis*, por ser filho ou neto de estrangeiro. Logo, mantém a nacionalidade brasileira aquele que tem reconhecida sua nacionalidade originária, por lei estrangeira.

NACIONALIDADE NATURAL. *Vide* NACIONALIDADE DE ORIGEM.

NACIONALIDADE ORIGINÁRIA. *Vide* NACIONALIDADE DE ORIGEM.

NACIONALIDADE TÁCITA. *História do direito, direito civil* e *direito internacional privado.* É a concedida por lei para atender a interesse político. Por exemplo, no Brasil, a Constituição de 1891, no art. 69, n. 4, estendeu a nacionalidade brasileira aos estrangeiros aqui domiciliados.

NACIONALIDADE VOLUNTÁRIA. *Direito constitucional, direito civil* e *direito internacional privado.* É aquela concedida pelo Estado por solicitação daquele que pede sua naturalização.

NACIONALISMO. 1. *Ciência política.* a) Patriotismo; amor cívico à pátria; b) preferência por tudo o que é próprio do país, ou nação, a que se pertence; c) sentimento que leva alguém a identificar-se com uma nação ou um fato histórico determinante na evolução da humanidade (José Lopes Zarzuela); d) regime de exclusividade nacional segundo o qual todas as questões jurídicas, políticas, econômicas e sociais devem ser resolvidas de modo a atender aos interesses da nação (De Plácido e Silva); e) política de nacionalização de todas as atividades do Estado; f) ambição de poder ilimitada que, ante o exagerado sentimento nacional, tem por escopo obter a independência de uma nação ou estender a outras o seu domínio; g) ideologia nacional; h) movimento que defende os interesses nacionais (Lucio Levi, Carr, Deutsch, Kohn, Shafer e Kedourie). **2.** *Sociologia geral.* Movimento social que busca autonomia e *status* a uma nacionalidade.

NACIONALISTA. *Ciência política.* **1.** Patriótico. **2.** Relativo aos interesses nacionais. **3.** Adepto do nacionalismo.

NACIONALIZAÇÃO. *Direito civil* e *direito internacional privado.* **1.** Ato de tornar-se nacional ou de naturalizar-se. **2.** Naturalização, ou melhor, ato pelo qual um estrangeiro, renunciando sua nacionalidade de origem, adota a do país onde reside. **3.** Ação de passar para o poder exclusivo do Estado o que se encontra em posição diferente, ou de integrar à nação tudo o que não lhe pertence (De Plácido e Silva).

NACIONALIZAÇÃO DO TRABALHO. *Direito do trabalho.* Obrigatoriedade de as empresas manterem, no quadro do pessoal composto de mais de três empregados, uma proporção de brasileiros nunca inferior a dois terços. Todavia, não se acham sujeitas às obrigações da proporcionalidade as indústrias rurais e extrativas, salvo as de minerais. Para tal finalidade, são equiparados aos brasileiros natos ou aos brasileiros em geral os estrangeiros que, residindo no Brasil há mais de dez anos, tenham cônjuge ou filho brasileiro e os portugueses.

NACIONALIZAR. *Direito civil* e *direito internacional privado.* **1.** Naturalizar-se. **2.** Tornar nacional. **3.** Dar a forma de nacional.

NACIONAL–SOCIALISMO. *Ciência política* e *história do direito.* Nazismo, isto é, ideologia política alemã que, inspirada na teoria nietzschiana da superraça, propugnava uma concepção étnica, que visava a pureza da raça ariana, tendo o anti-semitismo como expressão da reação social.

NACIONAL–SOCIALISTA. *História do direito* e *ciência política.* Nazista.

NADA. **1.** O inexistente. **2.** Quantidade nula de um objeto. **3.** Valor nulo; nenhum valor.

NÁDEGAS. *Medicina legal.* Duas porções carnudas e globulosas da parte posterior do corpo, que lhe servem de apoio, formadas pelos músculos glúteos.

NA DEVIDA FORMA. *Teoria geral do direito.* Conforme as formalidades legais.

NA FORMA DA LEI. *Teoria geral do direito.* Conforme a lei; nos termos legais.

NAFTA. **1.** Petróleo bruto. **2.** Mistura hidrocarbonada líquida volátil, usada como solvente e diluente e como matéria-prima para conversão em gasolina. **3.** *Direito internacional público.* Sigla de *North American Free Trade Association* (Acordo de Livre Comércio da América do Norte). Acordo firmado entre EUA, Canadá e México.

NAFTOMANIA. *Medicina legal.* Costume mórbido de embriagar-se mediante aspiração de vapores de nafta ou de petróleo.

NAFTÔMANO. *Medicina legal.* Aquele que sofre de naftomania.

NAGÃ. *Direito militar.* Espécie de revólver grande e de cano longo.

NAGUÈRE. *Termo francês.* Há pouco tempo; recentemente.

NAÍBA. *Direito comparado.* Tributo pessoal que os marroquinos devem pagar, anualmente, por ocasião das três principais festas.

NAIPE. *Direito civil.* Sinal gráfico pelo qual se distingue cada um dos quatro grupos de cartas de um baralho.

NAIRE. *Direito comparado.* **1.** Adestrador de elefantes. **2.** Militar nobre entre os hindus do Malabar.

NAJI. *Direito agrário.* É, na Bahia, o dono de fazenda de cacau.

NAMASSIM. *Direito comparado.* Campo cultivado que, na Ásia, fica próximo dos pagodes.

NAMBIJU. *Direito agrário.* Diz-se, no sul do Brasil, do gado vacum de pêlo baio e orelhas amarelas.

NAMING RIGHTS. *Direito desportivo.* Fonte alternativa de receita de entidades desportivas, obtida mediante negociação de nome de um estádio, de uma competição ou de uma equipe. P. ex., a empresa aérea dos Emirados Árabes pagou uma fortuna por quinze anos de nome no estádio e oito anos de patrocínio na camisa do clube londrino *Arsenal*, surgindo o *Emirates Stadium*.

NAMORADO. *Direito civil.* Aquele que, continuamente, requesta uma mulher com intenção de desposá-la.

NAM PARITUR PAX BELLO. *Expressão latina.* A paz nasce da guerra.

NAM PARUM EST JUS NOSSE, SI PERSONAE QUARUM CAUSA STATUTUM EST, IGNORENTUR. *Expressão latina.* De pouco vale o conhecimento do direito se as pessoas por cuja causa foi constituído forem ignoradas.

NAM QUAE ACCESSIONUM LOCUM OPTINENT, EXTINGUUNTUR, CUM PRINCIPALES RES PEREMPTAE FUERINT. *Expressão latina.* Se forem extintas as coisas principais, extintas estarão as acessórias.

NANAQUISMO. *Medicina legal.* **1.** Qualidade do anão. **2.** Desenvolvimento anormal do embrião que afeta o crescimento dos ossos, fazendo com que a cabeça cresça desproporcionalmente, enquanto as pernas e os braços afinam-se e encurvam-se. Denomina-se, também, nanismo.

NANISMO. *Vide* NANAQUISMO.

NANISTA. *Medicina legal.* Referente ao nanismo.

NANOCEFALIA. *Medicina legal.* Microcefalia ou condição daquele que apresenta cabeça anormalmente pequena.

NANOCEFÁLICO. *Medicina legal.* Relativo à nanocefalia.

NANOCÉFALO. *Medicina legal.* Aquele que tem nanocefalia.

NANOCORMIA. *Medicina legal.* Pequenez anômala do tronco humano.

NANOCÓRMICO. *Medicina legal.* Que diz respeito à nanocormia.

NANOCORMO. *Medicina legal.* Aquele que tem nanocormia.

NANOMELIA. *Medicina legal.* Pequenez anormal dos braços e das pernas.

NANOMÉLICO. *Medicina legal.* Referente à nanomelia.

NANOSSOMIA. *Medicina legal.* Pequenez de corpo.

NANOTECNOLOGIA MOLECULAR. Capacidade de se fabricar materiais manipulando-se átomo por átomo ou molécula por molécula por meio de braços de robôs nanoscópicos (José Luiz Telles de Almeida e Silvio Valle).

NANTISSEMENT. *Termo francês.* Garantia.

NÃO. 1. Expressão de negação. **2.** Negativa. **3.** Recusa. **4.** Proibição. **5.** Ausência.

NÃO-ALINHAMENTO. *Ciência política* e *direito internacional público.* **1.** Neutralismo, ou seja, rejeição da guerra fria e da política dos blocos por parte dos países do Terceiro Mundo e dos que estão à margem da esfera de influência e de colonização política das grandes potências; abstenção das opções políticas e estratégicas internacionais dos blocos contrários (Ostellino). **2.** Não-comprometimento de países que perseguem uma política independente fundada nos princípios da coexistência pacífica e da colaboração.

NÃO À ORDEM. *Direito cambiário.* Cláusula que se insere em título cambiário para indicar que sua transferência só pode-se dar por meio de cessão de crédito.

NÃO-COMBATENTE. *Direito militar.* Diz-se do pessoal militar que não participa dos combates, como, por exemplo, o corpo de saúde.

NÃO-CONFORMISTA. *Direito comparado.* Aquele que, na Inglaterra, não segue a religião anglicana.

NÃO CONHECER. 1. *Teoria geral do direito.* Não ter ciência; ignorar. **2.** *Direito processual.* a) Julgar improcedente; b) indeferir; c) não admitir.

NÃO-COOPERAÇÃO. 1. Nas *linguagens comum* e *jurídica,* quer dizer falta de colaboração. **2.** *Ciência política.* Forma de protesto contra medidas do governo, recusando-se a cumprir os deveres civis ou a pagar tributos.

NÃO-CUMPRIMENTO. *Direito civil.* Inadimplemento.

NÃO DEFERIDO. 1. *Direito civil.* Diz-se do direito futuro, quando está subordinado a fatos ou condições falíveis. Por exemplo, se A faz doação de uma casa a B, sob condição de este se casar, o direito de B sobre o imóvel dependerá da realização de seu casamento, que poderá ocorrer ou não. **2.** *Direito processual.* Diz-se do meio de prova que não se produziu ou que não foi admitido.

NÃO-DISCRIMINAÇÃO TRIBUTÁRIA EM RAZÃO DA ORIGEM OU DESTINO DA MERCADORIA. *Direito tributário.* Vedação de tributação mais ou menos onerosa em relação à localidade de origem ou de destino da mercadoria (Eduardo M. Ferreira Jardim).

NÃO ESPERADO. Imprevisto.

NÃO-EU. *Filosofia geral.* **1.** Mundo externo. **2.** Aquilo que não é princípio racional.

NÃO-EXECUÇÃO. Falta de execução.

NÃO-EXISTÊNCIA. *Filosofia geral.* Estado daquilo que inexiste.

NÃO FAZER. 1. *Direito civil.* Diz-se da obrigação assumida pelo devedor de abster-se de algum ato que poderia praticar livremente se não se tivesse obrigado para atender a interesse jurídico do credor ou de terceiro. **2.** Na *linguagem jurídica* em geral, pode, ainda, ter o sentido de: a) omitir; b) não cumprir o que se deve fazer; c) não executar.

NÃO FORMAL. *Direito civil.* Diz-se do ato ou negócio jurídico para o qual a lei não prescreve forma especial.

NÃO-GOVERNABILIDADE. *Ciência política.* **1.** Produto de uma sobrecarga de problemas aos quais

NÃO-INCIDÊNCIA   361   **NAO**

o Estado responde expandindo serviços e sua intervenção até que surja uma crise fiscal (O'Connor). **2.** Produto de uma crise de gestão administrativa do sistema e de uma crise de apoio político dos cidadãos às autoridades e ao governo (Pasquino e Habermas).

NÃO-INCIDÊNCIA. *Direito tributário.* Situação em que o tributo não é devido, pela não-verificação do fato gerador (Geraldo Ataliba).

NÃO-INTERVENÇÃO. *Direito internacional público.* **1.** Princípio pelo qual é ilegítima qualquer interferência indevida de um Estado na economia e nos negócios internos ou externos e na vida política de outro país, quando não tem de defender interesses seus. **2.** Princípio pelo qual uma nação deve-se manter neutra diante de conflitos que envolvam outras.

NÃO-INTERVENCIONISMO. *Economia política.* Princípio segundo o qual o Estado não deve interferir na economia privada, salvo para coibir abusos.

NÃO INTERVIR. *Direito internacional público.* Não se intrometer, um Estado, em questões internas ou externas de outro.

NÃO LEGAL. Aquilo que, apesar de não estar previsto em lei, não ofende o direito, podendo ser admitido por convenção.

NÃO-PAGAMENTO. *Direito civil.* Falta de pagamento.

NÃO PODER. **1.** Falta de poder. **2.** Proibição. **3.** Impossibilidade física ou jurídica de fazer algo ou de cumprir uma obrigação.

NÃO PRESENTE. *Direito civil.* **1.** Estar ausente. **2.** Não se encontrar em determinado lugar para atender às exigências legais, por se achar distante ou em local incerto e ignorado.

NÃO-PRONÚNCIA. Impronúncia.

NÃO RECEBER. **1.** *Direito civil.* a) Não aceitar; b) recusar; c) não chegar ao destino. **2.** *Direito processual.* a) Indeferir; b) não admitir; c) não tomar conhecimento.

NÃO-RETROATIVIDADE. *Teoria geral do direito.* Irretroatividade.

NÃO SABER. *Teoria geral do direito.* **1.** Ignorar. **2.** Não conhecer; desconhecer. **3.** Não ter conhecimento ou ciência.

NÃO-SER. *Filosofia geral.* **1.** Não ter existência. **2.** O que é análogo ao nada. **3.** Ser irreal.

NÃO SER PARTE. **1.** Não pertencer. **2.** Não tomar parte. **3.** Não ter direito de participar.

NÃO-USO. *Direito civil* e *direito processual.* **1.** Não-utilização, em razão de violação de um direito subjetivo, de uma pretensão, dentro do prazo legal, que constitui causa de prescrição. **2.** Não-exercício de um direito potestativo, configurando a decadência, extinguindo o direito pelo decurso do tempo estabelecido legal ou convencionalmente.

NÃO-VERIFICAÇÃO DA CONDIÇÃO. *Direito civil.* Não-ocorrência do evento futuro e incerto do qual depende a eficácia do negócio.

NÃO-VIOLÊNCIA. **1.** Paz. **2.** Ausência do emprego da força.

NÃO-VIOLÊNCIA DOUTRINAL E POSITIVA. *Direito internacional público* e *ciência política.* Teoria que visa responder aos problemas decorrentes dos armamentos, da violência política, da tendência totalitária de alguns Estados, da falta de controle do desenvolvimento do industrialismo e do desnível entre as populações pobres e as ricas. Para tanto se funda na concepção da vida associada, do homem como ser humano, em uma filosofia da educação apta para desenvolver a capacidade de um comportamento moral em situação de forte conflito e na rejeição da violência (Pontara).

NÃO-VIOLÊNCIA PRAGMÁTICA E NEGATIVA. *Direito internacional público* e *ciência política.* Conjunto de métodos de luta não militar que se caracterizam pela ausência da violência física ativa. Por exemplo, sabotagem, boicote, greve etc. (Giuliano Pontara, Capitini, Galtun, Muller e Sharp).

NAPALM. **1.** Gasolina ou combustível gelatinizado. **2.** Agente gelificante usado na gelatinização da gasolina, especialmente em bombas incendiárias e lança-chamas.

NAPISTA. *História do direito.* Dizia-se do grego que admitia o apoio da Rússia contra a dominação turca.

NAPOLEONISMO. *História do direito.* Partido político de Napoleão Bonaparte.

NARANDIBA. *Direito agrário.* Laranjal.

NARCISISMO. *Psicologia forense* e *medicina legal.* Estado da libido dirigida ao próprio ego, levando ao autossexualismo. Perversão sexual pela qual a pessoa atinge o prazer na mera contemplação das formas do próprio corpo ou de suas próprias excreções (muco nasal, urina, fezes), o que pode, às vezes, levá-la ao homossexualismo, exibicionismo, travestismo, fetichismo etc.

NARCOANÁLISE. *Psicologia forense* e *medicina legal.* Trata-se da subnarcose, vedada em lei, que é um método violento que permite, por meio de administração intravenosa de entorpecente, explorar o inconsciente de alguém, reduzindo sua resistência à censura, obtendo, assim, confissões ou revelações de episódios passados, que, em estado normal de consciência, se obstina a esconder e negar.

NARCOLEPSIA. *Medicina legal.* Tendência irresistível ao sono, de curta duração, que se manifesta em algumas doenças, como diabetes, epilepsia, traumatismo craniano, tumoração cerebral.

NARCOMANIA. *Medicina legal.* Inclinação mórbida para o uso de cocaína, morfina, éter etc.

NARCOMANÍACO. *Medicina legal.* **1.** Aquele que sofre de narcomania. **2.** Relativo à narcomania.

NARCOSE. *Medicina legal.* Sonolência provocada pela ação de narcótico ou anestésico, acompanhada de cessação de atividade motora e insensibilidade.

NARCOSSÍNTESE. *Psicologia forense.* Indução a um estado de seminarcose, mediante emprego de meios químicos, para obter a cura de certos tipos de neurose.

NARCOTERAPIA. *Psicologia forense.* Tratamento de determinadas moléstias mentais pelo sono prolongado.

NARCÓTICO. *Medicina legal.* Substância que, além de entorpecer o cérebro, paralisa suas funções, produzindo um estado similar ao sono natural, causando dependência psíquica, alterando a sensibilidade, inibindo a capacidade locomotora etc. Por exemplo, morfina, heroína, beladona, ópio, codeína, metadona, alfaprodine, maconha etc.

NARCOTISMO. *Medicina legal.* **1.** Conjunto de efeitos que os narcóticos provocam. **2.** Estado de entorpecimento causado por substância narcótica ou semelhante ao por ela produzido.

NARCOTIZAÇÃO. *Medicina legal.* Ato ou efeito de narcotizar.

NARCOTIZANTE. *Medicina legal.* Que narcotiza.

NARCOTIZAR. *Medicina legal.* Aplicar narcótico em alguém.

NARRAÇÃO. **1.** *Retórica jurídica.* Parte do discurso em que o orador divide e desenvolve o tema. **2.** Nas *linguagens jurídica* e *comum,* pode significar: a) exposição escrita ou verbal de um fato acontecido; b) descrição de um fato acontecido, aludindo a todas as suas particularidades.

NARRATIVA. Fato exposto numa narração.

NASCEDOURO. *Medicina legal.* **1.** Orifício do útero. **2.** O surgir do recém-nascido, no parto, fora da pelve.

NASCENTE. *Direito civil.* Lugar onde começa uma corrente de água; fonte da qual brota água.

NASCIMENTO. *Direito civil.* **1.** Ato de nascer. **2.** Início da vida extra-uterina da pessoa e de sua personalidade jurídica material, que permanece em estado potencial.

NASCIMENTO A BORDO. *Direito notarial.* Aquele que, por ocorrer durante uma viagem de avião ou de navio, deve ser lavrado no diário de bordo e registrado no primeiro porto. Aquele que nascer a bordo de uma aeronave terá a nacionalidade do Estado sobrevoado, e o que vier ao mundo a bordo de navio mercante, a do porto de onde saiu a embarcação antes de seu nascimento (Othon Sidou).

NASCITURO. *Direito civil.* **1.** Aquele que há de nascer, cujos direitos a lei põe a salvo. **2.** Aquele que, estando concebido, ainda não nasceu e que, na vida intra-uterina, tem personalidade jurídica formal, no que atina aos direitos da personalidade, passando a ter personalidade jurídica material, alcançando os direitos patrimoniais e pessoais, que permaneciam em estado potencial, somente com o nascimento com vida.

NASCITURUS PRO JAM NATO HABETUR, QUOTIES DE EJUS COMMODO AGITUR. *Aforismo jurídico.* O nascituro deve ser considerado nascido sempre que isso seja de seu interesse.

NASDAQ. Sigla de *National Association Securities Dealers Automated Quotation*, mercado eletrônico fundado em 1971. Bolsa eletrônica que concentra ações de empresas de alta tecnologia (Luiz Fernando Rudge).

NASE. *Direito comparado.* Presidente do sinédrio, entre os judeus.

NASOSSEPTITE. *Medicina legal.* Inflamação do septo nasal.

NASSA. *Direito agrário.* Armadilha feita de vime, arame ou rede esticada sobre aros apropriada para apanhar peixes.

NASTINA. *Medicina legal.* Substância gordurosa, obtida na cultura do bacilo da lepra, apropriada para produzir imunidade ativa contra aquela moléstia.

NATAÇÃO. *Direito desportivo.* Arte de nadar.

NATAL. 1. Pátrio. **2.** Relativo a nascimento. **3.** Data do aniversário. **4.** Dia em que se comemora o nascimento de Jesus Cristo.

NATALÍCIO. Referente ao dia do nascimento.

NATALIDADE. Número de nascimentos que se deram em determinada época em certo local, demonstrando a densidade demográfica e os índices de fertilidade humana.

NATALINA. *Direito do trabalho.* Modo abreviado de indicar o décimo terceiro salário.

NATALINO. Relativo ao Natal.

NATIMORTALIDADE. Número dos nascidos mortos.

NATIMORTO. *Direito civil.* Aquele que nasceu sem vida ou que morreu no ventre materno, depois de seis meses de vida intra-uterina, desde que sua morte seja natural ou acidental não dolosa ou não culposa.

NATINEU. *História do direito.* Servo dos levitas que, no templo de Jerusalém, fazia os trabalhos manuais.

NATIVIDADE. *Direito canônico.* Festa do nascimento de Cristo, da Virgem Maria ou de um santo.

NATIVISMO. 1. *Filosofia geral.* Doutrina das idéias inatas, independentes da experiência empírica. **2.** *Ciência política.* Xenofobia, ou seja, intolerância ou aversão ao estrangeiro.

NATIVISTA. *Ciência política.* **1.** Xenófobo. **2.** Infenso a estrangeiro. **3.** Aquele que defende os indígenas.

NATIVÍSTICO. *Ciência política.* Referente ao nativismo.

NATIVO. *Ciência política.* **1.** Aquele que é natural de uma região. **2.** Próprio de um lugar. **3.** O que não é estrangeiro.

NATO. 1. *Ciência política.* a) O que é fundado no nascimento; b) nascido em certo país. **2.** *Direito civil.* Diz-se de um membro pertencente a uma pessoa jurídica que nela tem função conatural, por ter ocupado certas posições em outras administrações. **3.** *Direito penal* e *medicina legal.* a) Congênito; hereditário; b) diz-se do criminoso que, por força do instinto ou da hereditariedade, possui qualidades internas com tendência à prática de ações delituosas.

NATURA AEQUUM EST NEMINEM CUM ALTERIUS DETRIMENTO FIERI LOCUPLETIONEM. *Expressão latina.* Segundo a natureza não é justo que alguém se enriqueça com o prejuízo alheio.

NATURAE JURA BELLUM IN CONTRARIA MUTAT. *Expressão latina.* A guerra se opõe às leis da natureza.

NATURA ET ARS, NIHIL AGUNT FRUSTRA. *Aforismo jurídico.* Natureza e arte nada fazem debalde.

NATURAL. 1. *Direito constitucional.* a) Termo usado para indicar a procedência ou o local de nascimento; b) nascido em tal lugar; c) habitante da localidade onde nasceu. **2.** *Direito civil.* Diz-se, didaticamente, do filho que não advém do casamento, pois, juridicamente, vedada está tal discriminação. **3.** *Ciência política.* a) *Vide* NATIVO; b) súdito de um governo. **4.** *Direito processual.* Diz-se da marcha normal do processo. **5.** *Filosofia geral.* a) O que advém da natureza ou a ela pertence; b) o que é próprio ou inerente a coisa, ato ou pessoa; c) o que é efeito de alguma causa; d) aquilo que segue a ordem regular das coisas; e) inato; f) conforme à razão ou ao uso; g) o que se oferece ao espírito espontaneamente.

NATURALIA NEGOTII. *Locução latina.* Efeito próprio e inerente ao negócio jurídico.

NATURALIA NON SUNT TURPIA. *Expressão latina.* As coisas naturais não são torpes.

NATURALIDADE. *Ciência política.* **1.** Naturalização. **2.** Nacionalidade que, em acepção estrita, diz respeito à região do país de onde a pessoa é natural. **3.** Vínculo territorial do nascimento, ou seja, o lugar onde o indivíduo nasceu. **4.** Qualidade de natural da localidade em que se nasceu, em seu próprio país (De Plácido e Silva).

NATURALI JURE. *Locução latina.* Por direito natural.

NATURALISMO. 1. *Filosofia geral.* a) Teoria segundo a qual nada existe fora da natureza, sendo, tudo, obra dela, independentemente de qualquer intervenção sobrenatural; b) estado do que é produzido pela natureza; c) doutrina para a qual a vida moral é apenas o prolongamento da vida biológica, e o ideal moral, a expressão das necessidades e dos instintos que constituem a vontade de viver (Lalande, Fouillée e Cresson). **2.** *Direito autoral.* Diz-se da tendência artística que reproduz fielmente a natureza. **3.** *Medicina legal.* Teoria que atribui à natureza o poder de curar todas as moléstias. *Vide* NATURALISMO.

NATURALIS POSSESSIO. *Locução latina.* Posse natural, baseada na mera detenção da coisa.

NATURALISTA. Partidário do naturalismo na filosofia, na literatura e na arte.

NATURALÍSTICO. Relativo aos naturalistas.

NATURALIZAÇÃO. *Ciência política.* **1.** Ato pelo qual alguém, preenchendo certos requisitos legais, muda de nacionalidade, de acordo com as normas vigentes no país que o acolhe e o inclui entre seus nacionais. **2.** Ato pelo qual se confere a estrangeiro os direitos reconhecidos aos nacionais. **3.** Ato pelo qual um estrangeiro renuncia sua nacionalidade de origem ao adotar a do outro país (De Plácido e Silva). **4.** Mudança de nacionalidade do país de origem pela do país de adoção. **5.** Nacionalidade adquirida ou derivada. **6.** Concessão da cidadania nacional a estrangeiro residente no país que preencha os requisitos legais, embora com restrições de direitos.

NATURALIZAÇÃO COLETIVA. *Ciência política.* Aquela que recai sobre todos os habitantes de um país, em razão de sua anexação ao território de outro.

NATURALIZAÇÃO EXPRESSA. *Ciência política.* É aquela requerida pelo próprio naturalizando, que renuncia sua nacionalidade de origem.

NATURALIZAÇÃO EXTRAORDINÁRIA. *Ciência política.* Trata-se da grande naturalização, que coloca o naturalizado em pé de igualdade com os naturais do país, quanto ao exercício e gozo dos direitos políticos e civis (José Náufel).

NATURALIZAÇÃO INDIVIDUAL. *Ciência política.* É a concedida isoladamente a um só indivíduo, que a requereu.

NATURALIZAÇÃO ORDINÁRIA. *Ciência política.* É também designada "pequena naturalização", pois o naturalizando, ao adquirir a nova nacionalidade, não terá todos os direitos dos nacionais, sofrendo limitações no exercício de direitos políticos.

NATURALIZAÇÃO TÁCITA. *Ciência política.* É a resultante de ato unilateral do governo do Estado cuja nacionalidade se adquire, ou de disposição legal, não se firmando em qualquer pedido do interessado.

NATURALIZADO. *Ciência política.* Aquele que se naturalizou.

NATURALIZANDO. *Ciência política.* Diz-se do estrangeiro que está cuidando de sua naturalização.

NATURALIZAR. *Ciência política.* **1.** Conceder a um estrangeiro os direitos dos cidadãos nacionais de um Estado. **2.** Tornar-se cidadão de um país, ao renunciar a nacionalidade de origem. **3.** Nacionalizar.

NATURALIZÁVEL. *Ciência política.* Aquele que tem condições de ser naturalizado, por preencher os requisitos exigidos por lei.

NATURAM FALLERE GRAVE EST. *Aforismo jurídico.* É grave crime enganar a natureza.

NATURANÇA. *História do direito.* Participação de herdeiros nos bens de instituição religiosa.

NATURA NON DEFICIT IN NECESSARIIS, NEQUE ABUNDAT IN SUPERFLUO. *Aforismo jurídico.* A natureza não falta ao necessário, nem abunda no supérfluo.

NATURA NON FACIT SALTUS. *Expressão latina.* A natureza não dá saltos.

NATURA RERUM CONDITUM EST UT PLURA SINT NEGOTIA QUAM VERBA. *Expressão latina.* A natureza das coisas quer que as obras humanas valham mais que as palavras.

NATUR DER SACHE. *Locução alemã.* Natureza das coisas.

NATUREZA. **1.** *Filosofia geral.* a) Princípio produtor do movimento do ser, nele realizando um determinado tipo; b) essência ou conjunto de propriedades de um ser; c) tudo que é inato no ser; d) conjunto de todas as coisas criadas por Deus; o universo; e) força ativa que conserva a ordem natural dos seres existentes; f) conjunto de leis que regem a existência das coisas e a sucessão dos seres; g) conjunto de seres movidos pela lei da causalidade; h) princípio fundamental do juízo normativo. **2.** *Medicina legal* e *psicologia forense.* a) Conjunto de feições, hábitos e funções hereditárias ou instintivas; b) temperamento; idiossincrasia; c) caracteres particulares do indivíduo. **3.** *Direito ambiental.* a) Conjunto dos seres encontrados na Terra; b) manifestação das forças naturais em certa região. **4.** Na *linguagem jurídica* em geral, indica: a) razão de ser de um ato ou negócio jurídico; b) essência ou substância.

NATUREZA DAS COISAS. *Filosofia geral* e *filosofia do direito.* Essência do ser, das coisas ou de toda criação.

NATUREZA HUMANA. *Sociologia geral.* Aquilo que distingue o ser humano dos outros seres vivos, ou seja, a capacidade, adquirida por meio da interação social, de assumir o papel de outrem, de autojulgar-se e de desenvolver o autocontrole (Pierson).

NATUREZA JURÍDICA. *Filosofia do direito.* **1.** Significado último dos institutos jurídicos. **2.** Afinidade que um instituto jurídico tem, em diversos pontos, com uma grande categoria jurídica, podendo nela ser incluído a título de classificação.

NATUREZA MORTA. *Direito autoral.* Diz-se da pintura que representa objetos inanimados, exceto paisagens e cadáveres humanos.

NATUREZA NATURADA. *Filosofia geral.* Conjunto dos seres e das leis por eles criadas (Siebeck).

NATUREZA NATURANTE. *Filosofia geral.* Deus, enquanto criador e princípio de toda e qualquer ação (Siebeck).

NATUREZA ORIGINÁRIA. *Sociologia geral.* Equipamento biológico do homem que resulta da combinação de genes no ato da fecundação.

NATUREZA VIVA. *Direito ambiental.* A fauna e a flora.

NATUREZA VIVENTE. *Vide* NATUREZA VIVA.

NATURISMO. 1. *Filosofia geral.* a) Sistema que preconiza um modo de vida conforme as leis da natureza, ou, por outras palavras, um retorno à natureza nas instituições sociais e na maneira de viver (Lalande); b) culto da natureza; c) doutrina que vislumbra a origem da religião na personificação e adoração dos fenômenos físicos que impressionam a imaginação humana, como o sol, os astros, o fogo etc. (Kuhn, Steinthal e Muller). **2.** *Medicina legal.* Teoria segundo a qual a natureza pode curar todas as moléstias. *Vide* NATURALISMO.

NATURISTA. 1. *Filosofia geral.* Partidário do naturismo. **2.** *Medicina legal.* Medicação que consiste em exagerar a perturbação funcional, como meio de terapêutica.

NATUROPATIA. *Medicina legal.* Terapia em que não se faz uso de drogas mas de meios naturais, como água, calor, ar etc.

NATURWISSENSCHAFTEN. *Termo alemão.* Ciência da natureza.

NAU. *Direito marítimo.* **1.** Embarcação de grande porte, seja ela mercante ou de guerra. **2.** Equipagem, tripulação.

NAU ALMIRANTE. *Direito militar.* É a nau capitânia, ou seja, o navio de guerra no qual se encontra o almirante ou o comandante da esquadra.

NAUCRARIA. *História do direito.* Divisão da fratria ática, na Grécia antiga.

NÁUCRARO. *História do direito.* Magistrado ateniense que, na antigüidade grega, presidia a naucraria.

NAU DE CARGA. *Direito marítimo.* É a de transporte.

NAU DE ESPIA. *Direito militar.* É a empregada no reconhecimento da Armada inimiga ou para observação de seus movimentos.

NAU DOS QUINTOS. *História do direito.* Aquela que levava o imposto denominado "quinto".

NAUFRAGADO. Aquele que naufragou.

NAUFRAGANTE. Quem naufraga.

NAUFRAGAR. 1. Ir, o navio, ao fundo. **2.** Sofrer naufrágio. **3.** Causar naufrágio.

NAUFRAGÁVEL. Que pode naufragar.

NAUFRÁGIO. 1. *Direito marítimo.* Perda parcial ou total do navio que se destroça, submerge, incendeia, encalha ou fica sem rumo, em razão de acidente, abalroamento ou ataque inimigo, sendo, por isso, abandonado pela tripulação. **2.** *Direito comercial.* Negócio que sofreu paralisação; ruína; quebra. **3.** Nas *linguagens comum* e *jurídica,* pode ter o sentido de: a) decadência moral; b) fraqueza; c) infortúnio; d) prejuízo.

NÁUFRAGO. 1. Aquele que naufragou; vítima de naufrágio. **2.** O que procede de naufrágio. **3.** Arruinado. **4.** Decadente.

NAUFRAGOSO. Aquilo que causa naufrágio.

NÁUMACO. *História do direito.* Soldado naumaquiário.

NAUMAQUIA. *História do direito.* **1.** Simulação de combate naval, muito utilizada pelos romanos e gregos. **2.** Local onde se operava tal combate.

NAUMAQUIÁRIO. *História do direito.* **1.** Referente à naumaquia. **2.** Aquele que participava do combate naval simulado.

NAUMÁQUICO. *História do direito.* Relativo ou pertencente à naumaquia.

NAUPATIA. *Medicina legal.* Enjôo que acomete o navegante.

NAUSCÓPIO. *Direito marítimo.* Instrumento que possibilita avistar navios a grande distância da terra.

NÁUSEA. *Medicina legal.* Ânsia ou enjôo acompanhado ou não de vômito.

NAUTA. *Direito marítimo.* Marinheiro.

NÁUTICA. *Direito marítimo.* Ciência ou arte de navegar.

NAUTICAGEM. *Direito desportivo.* Prática esportiva de atividade náutica.

NAUTICAR. *Direito desportivo.* Praticar esporte náutico.

NÁUTICO. *Direito marítimo.* **1.** Relativo à navegação. **2.** Indivíduo versado na arte de navegar.

NAUTICOMANIA. *Medicina legal.* Mania de navegar.

NAUTICOMANÍACO. *Medicina legal.* Aquele que sofre de nauticomania.

NAUTICUM FOENUS. *Direito romano.* Mútuo *sui generis* no qual se emprestava uma soma para ser transportada por via marítima ou para aquisição de mercadorias que seriam transportadas por navio, não tendo, o mutuário, a responsabilidade de devolver a quantia, exceto se chegasse ao porto de destino. Com isso, procurava-se incentivar o comércio marítimo. Os juros, que o devedor deveria pagar ao credor, compensavam o risco (Domingos S. Brandão Lima).

NAUTISMO. *Direito desportivo.* Conjunto de atividades náutico-desportivas.

NAUTÓDICO. *História do direito.* Magistrado subalterno que, na antigüidade grega, era incumbido de solucionar pendências entre marinheiros e estrangeiros.

NAVAGEM. *História do direito.* Preço que se pagava pela passagem, no transporte de pessoas em embarcações.

NAVAL. 1. *Direito militar.* Diz-se da batalha entre navios. **2.** *Direito marítimo.* O que pertence ou se refere à navegação ou a navio.

NAVALHA. *Medicina legal.* Lâmina de aço cortante, que se articula com o cabo, no qual se esconde.

NAVALHADA. *Medicina legal.* Golpe de navalha.

NAVALORAMA. *Direito marítimo* e *direito militar.* Painel que, com exatidão, representa a vista marítima, o combate naval etc.

NAVEGABILIDADE. *Direito marítimo.* Qualidade ou condição do que é navegável.

NAVEGABILIDADE DAS ÁGUAS. *Direito administrativo.* Qualidade de rios ou lagos de poderem ser usados para navegação comercial, sendo, então, de domínio público.

NAVEGABILIDADE DOS NAVIOS. *Direito marítimo.* Qualidade das embarcações, bem construídas, de navegar, transportando viajantes e mercadorias.

NAVEGAÇÃO. *Direito comercial.* **1.** Ação de navegar. **2.** Arte e técnica de navegar. **3.** Ação de transportar coisas e pessoas por via aérea ou marítima. **4.** Ação de conduzir ou dirigir um navio ou aeronave de um local a outro. **5.** Percurso marítimo, fluvial ou lacustre feito por uma embarcação, ou aéreo feito por avião.

NAVEGAÇÃO AÉREA. *Direito aeronáutico.* Conjunto de operações que conduzem e dirigem a aeronave entre o local de partida e o de destino. Trata-se da aeronavegação, que se ocupa do transporte de pessoas e mercadorias pelo espaço aéreo.

NAVEGAÇÃO A PARTES. *Direito marítimo.* Sistema de exploração do navio em que, por ajuste, se associam o armador e a equipagem, dividindo entre si, na forma avençada, os lucros ou resultados obtidos com a navegação. Trata-se da parceria marítima ou do contrato de dinheiro a risco.

NAVEGAÇÃO COSMONÁUTICA. *Direito espacial.* Ciência, técnica e arte de dirigir uma nave fora do espaço gravitacional da Terra. É designada, também, navegação interplanetária ou espacial.

NAVEGAÇÃO COSTEIRA. *Direito marítimo.* Operações de navegação feitas, sem perder a costa de vista, dentro das águas territoriais de um mesmo país, entre seus portos, caso em que se tem a pequena cabotagem, ou entre portos brasileiros e os de países vizinhos, hipótese em que se configura a grande cabotagem.

NAVEGAÇÃO DE ALTO-MAR. *Direito marítimo.* Navegação de longo curso.

NAVEGAÇÃO DE APOIO MARÍTIMO. *Direito marítimo.* É a que se realiza para o apoio logístico a embarcações e instalações em águas territoriais nacionais e na zona econômica, que atuem nas atividades de pesquisa e lavra de minerais e hidrocarbonetos.

NAVEGAÇÃO DE APOIO PORTUÁRIO. *Direito marítimo.* A realizada exclusivamente nos portos e terminais aquaviários, para atendimento a embarcações e instalações portuárias.

NAVEGAÇÃO DE CABOTAGEM. *Direito marítimo.* A realizada entre portos ou pontos do território brasileiro, utilizando a via marítima ou esta e as vias navegáveis interiores. *Vide* NAVEGAÇÃO COSTEIRA.

NAVEGAÇÃO DE COSTEAGEM. *Vide* NAVEGAÇÃO COSTEIRA.

NAVEGAÇÃO DE LONGO CURSO. *Direito marítimo.* Aquela feita entre países diversos e através de alto-mar, onde se perdem de vista as costas territoriais. É a que se dá entre portos nacionais e estrangeiros, sejam marítimos, fluviais ou lacustres.

NAVEGAÇÃO INTERIOR DE PERCURSO LONGITUDI-NAL. *Direito marítimo.* A realizada em hidrovias interiores em percurso interestadual ou internacional.

NAVEGAÇÃO DE PORTO. *Vide* NAVEGAÇÃO INTERIOR.

NAVEGAÇÃO DE PRATICAGEM. *Direito marítimo.* Realizada sob a assessoria ou direção de um ou mais práticos, exigindo perfeito conhecimento das peculiaridades locais, que dificultem a livre e segura movimentação das embarcações.

NAVEGAÇÃO DE RECREIO. *Direito marítimo.* É a levada a efeito, para fins turísticos, por um navio que não se dedica ao comércio nem à pesca, tendo por objetivo proporcionar prazer às pessoas.

NAVEGAÇÃO DE TRAVESSIA. *Direito marítimo.* É a que se rege pelas seguintes normas: a) nos atracadouros específicos de travessias somente poderão trafegar, atracar, desatracar e permanecer nas proximidades as embarcações autorizadas pelo setor competente do Ministério dos Transportes ou pelo Departamento Estadual de Estradas de Rodagem (DER) para explorar o serviço regular de travessia; b) o embarque e o desembarque de passageiros e veículos deverão ser feitos com a embarcação totalmente atracada e com as espias passadas, sob a orientação dos funcionários da empresa concessionária. Após a partida da embarcação, nenhum veículo poderá ser deslocado de sua posição de estacionamento; c) todos os veículos deverão estar com o freio de estacionamento (freio de mão) acionado, o motor desligado, a marcha engrenada, as luzes apagadas e suas rodas calçadas com, pelo menos, dois calços, de modo a impedir movimentos durante a travessia; e d) em hipótese alguma o transporte de veículos poderá impedir a perfeita visibilidade do timoneiro.

NAVEGAÇÃO ESPACIAL. *Vide* NAVEGAÇÃO COSMONÁUTICA.

NAVEGAÇÃO FLUVIAL. *Direito comercial.* É a praticada em rios navegáveis.

NAVEGAÇÃO FLUVIAL E LACUSTRE. *Direito comercial.* É aquela realizada entre portos brasileiros, utilizando exclusivamente as vias interiores.

NAVEGAÇÃO INTERIOR. *Direito comercial* e *direito marítimo.* **1.** Navegação fluvial ou lacustre. **2.** É a feita em águas interiores do Estado e em baías e enseadas, dentro dos limites geográficos do país. É designada, também, "navegação de porto". **3.** É a realizada em hidrovias interiores (rios, lagos, canais, baías, angras, enseadas e áreas marítimas consideradas abrigadas), em percurso nacional ou internacional.

NAVEGAÇÃO INTERIOR DE PERCURSO LONGITUDI-NAL. *Direito marítimo.* Aquela realizada em hidrovias interiores em percurso nacional ou internacional ao longo de rios e canais, fora das áreas portuárias, podendo estender-se aos portos fluviais e lacustres dos países vizinhos quando esses portos integrarem hidrovias interiores comuns.

NAVEGAÇÃO INTERPLANETÁRIA. *Vide* NAVEGAÇÃO COSMONÁUTICA.

NAVEGAÇÃO LACUSTRE. *Direito comercial.* É a que se opera em lagoas e lagos.

NAVEGAÇÃO MARÍTIMA. *Direito marítimo.* É a praticada no oceano ou no mar.

NAVEGAÇÃO SUBMARINA. *Direito marítimo.* Operação de navegar abaixo da superfície das águas.

NAVEGADO. *Direito marítimo.* Percorrido por navegante.

NAVEGADOR. 1. *Direito marítimo.* Marinheiro que tem habilidade para dirigir o navio. **2.** *Direito aeronáutico.* Perito em navegação aérea.

NAVEGAGEM. *Direito marítimo.* Preço da passagem em barco.

NAVEGANTE. *Direito marítimo.* Quem navega.

NAVEGAR. *Direito marítimo.* **1.** Viajar pelo mar. **2.** Transportar em navio.

NAVEGÁVEL. *Direito administrativo.* Que se pode percorrer em embarcações.

NAVICERT. *Direito militar* e *direito internacional público.* **1.** Sigla da locução inglesa *Navigation Certificate.* O certificado de navegação constitui o salvo-conduto fornecido por uma competente autoridade militar do país beligerante, declarando a neutralidade de uma embarcação pertencente a um Estado não envolvido no conflito, concedendo-lhe o direito de livre passagem para atingir o seu destino, desde que não venha a desviar-se de sua rota ordinária ou normal anteriormente estabelecida. Com isso, resguardam-se as nações alheias das operações bélicas, evitando-se-lhes o prejuízo no comércio internacional e o contrabando de guerra por parte dos inimigos. **2.** Medida que vem sendo aplicada aos transportes por via terrestre e às deslocações de pessoas, com o escopo de impedir quaisquer manobras políticas.

NAVÍFRAGO. *Direito marítimo.* **1.** Que despedaça navios. **2.** Aquilo que pode causar naufrágio.

NAVIO. *Direito marítimo.* Embarcação construída de madeira ou ferro, com dimensão de acordo com o tipo de navegação (marítima, lacustre, fluvial), que pode, com segurança, viajar, transportando pessoas ou mercadorias, sobre ou sob a superfície das águas, acionada por vento, vapor, eletricidade ou qualquer outra força locomotriz. Pode, ainda, ser destinado: a) à exploração de atividades industriais, como a pesca e a extração de minerais do mar e da plataforma marítima; b) ao serviço de reboque; c) a operações bélicas.

NAVIO CARGUEIRO. *Direito marítimo.* Embarcação que só transporta carga, tendo capacidade superior a vinte toneladas.

NAVIO CARTEL. *Direito internacional público.* Embarcação que, em tempo de guerra, é usada para repatriar diplomatas, efetuar permuta de prisioneiros ou conduzir pessoas encarregadas de apresentar propostas de armistício.

NAVIO CERRA-FILA. *Direito marítimo.* Diz-se daquele que segue na retaguarda dos outros.

NAVIO COM CAPACIDADE DE MANOBRA RESTRINGIDA. *Direito marítimo.* Todo navio que, devido à natureza de seu trabalho, tenha diminuída sua capacidade para manobrar na forma exigida por regulamento e, por conseguinte, não possa afastar-se da derrota de outro navio. A expressão "navios com capacidade de manobra restringida" incluirá, mas não se limitará, a: 1) navios dedicados a colocar, reparar ou recolher marcas de navegação, cabos ou condutos submarinos; 2) navios dedicados a dragagem, trabalhos hidrográficos, oceanográficos ou operações subaquáticas/com búzios; 3) navios em navegação que estejam trazendo combustível ou trasbordando carga, provisões ou pessoas; 4) navios dedicados ao lançamento ou recuperação de aeronaves; 5) navios dedicados a operações de limpeza de minas; 6) navios dedicados a operações de reboque que, por sua natureza, restrinjam fortemente o navio rebocador e seu reboque em sua capacidade para afastar-se da derrota.

NAVIO DE ALTO BORDO. *Direito marítimo.* Embarcação cujo bordo se eleva muito acima da linha da água.

NAVIO DE CARGA. *Direito marítimo.* Aquele que não é de passageiros.

NAVIO DEDICADO À PESCA. *Direito marítimo.* Navio que esteja pescando com redes, linhas, aparelhos de arrasto ou outras artes da pesca que restrinjam sua manobrabilidade; essa expressão não inclui os navios que pesquem com *curricán* ou outra arte de pesca que não restrinja sua manobrabilidade.

NAVIO DE GUERRA. *Direito militar.* Aquele que está a serviço das comissões militares, transportando tropas sob o comando de oficiais da Marinha, munido de material para entrar em combate, efetuando operações bélicas. É considerado território do país a que pertence mesmo estando em porto estrangeiro.

NAVIO DE LASTRO. *Direito marítimo.* Embarcação sem carga a bordo.

NAVIO DE PASSAGEIROS. *Direito marítimo.* É o que transporta mais de doze passageiros.

NAVIO DE RESERVA. *Direito marítimo.* Aquele que vai com outro para socorrê-lo em caso de necessidade.

NAVIO DE TRANSPORTE. *Direito marítimo.* É o apropriado para transportar mercadorias ou munições de guerra.

NAVIO EMBANDEIRADO. *Direito militar* e *direito internacional público.* Aquele que, durante uma guerra, possui a bandeira de um país neutro e passaporte para escapar dos que estão no conflito armado.

NAVIO ESTIVADO. *Direito marítimo.* **1.** Diz-se daquele que só tem a primeira estiva. **2.** Aquele que está carregado e equilibrado por igual.

NAVIO–HOSPITAL. *Direito internacional público.* Embarcação que opera nas áreas de conflito armado atendendo aos feridos, sendo reconhecida por todos pela faixa verde ou vermelha pintada em seu casco branco.

NAVIO LATINO. *Direito marítimo.* Aquele que possui velas latinas.

NAVIO LENTO. *Direito marítimo.* Aquele que não obedece prontamente à ação do leme.

NAVIO MERCANTE. *Direito comercial* e *direito marítimo.* **1.** Embarcação utilizada para fins mercantis, transportando pessoas e mercadorias de um porto a outro, no mesmo país ou fora dele. São navios mercantis os de pesca, os de carga e os de passageiros, utilizados em exploração turística. **2.** Aquele usado em pescas em alto-mar.

NAVIO MEXERIQUEIRO. *Direito militar.* Diz-se daquele que, em tempo de guerra, observa a esquadra inimiga, reconhecendo seus movimentos.

NAVIO MORTO. *Direito marítimo.* Aquele que não obedece ao leme.

NAVIO NACIONAL. *Direito marítimo.* Construção náutica brasileira que se destina à navegação de longo curso, de grande ou pequena cabotagem, apropriada ao transporte marítimo ou fluvial.

NAVIO NEGREIRO. *História do direito.* Aquele que, outrora, era utilizado no transporte de escravos negros.

NAVIO NEUTRO. *Direito militar* e *direito internacional público.* Aquele que pertence a um Estado neutro, não-participante do conflito armado, tendo livre trânsito.

NAVIO NUCLEAR. *Direito marítimo* e *direito militar.* **1.** Aquele navio mercante ou de guerra que é movido a energia nuclear. **2.** Cargueiro atômico.

NAVIO-PETROLEIRO. *Direito marítimo.* **1.** Navio construído ou adaptado principalmente para o transporte de óleo em granéis nos seus compartimentos de carga e inclui uma combinação de navio-tanque químico, conforme definido acima, quando estiver transportando uma carga total ou parcial de óleo em granéis. **2.** Embarcação especialmente construída para transportar combustível. Trata-se do navio-tanque. **3.** É o destinado ao transporte de petróleo.

NAVIO RASO. *Direito marítimo.* Navio de pequena quilha e de pouco fundo.

NAVIO RESTRINGIDO POR SEU CALADO. *Direito marítimo.* Navio de propulsão mecânica que, por causa de seu calado em relação com a profundidade e a largura disponível de água navegável, tem uma capacidade muito restrita de afastar-se da rota que está seguindo.

NAVIO SEM GOVERNO. *Direito marítimo.* Todo navio que, por qualquer circunstância excepcional, seja incapaz de manobrar na forma exigida, e, por conseguinte, não possa afastar-se da derrota.

NAVIOS LINERS. *Direito marítimo.* Cargueiros de linha regular, ligados a uma conferência de fretes, tendo percurso certo, horário e rota determinada, obedecendo a fretes tabelados (Geraldo Bezerra de Moura).

NAVIO SOLTO. *Direito marítimo.* Navio sem pouso em local certo e que, constantemente, cruza o mar alto.

NAVIOS PORTA-CONTÊINERES. *Direito marítimo.* Aqueles que têm porões de grande dimensão, suscetíveis de acomodar contêineres, diminuindo assim o tempo gasto com a operação de carga e descarga.

NAVIOS ROLL-ON ROLL-OFF. *Vide* NAVIOS RO-RO.

NAVIOS RO-RO. *Direito marítimo.* Navios *roll-on-roll-off*, apropriados para transportar veículos, por possuírem rampas que permitem seu acesso direto do cais ao porão (Daniel Azúa).

NAVIOS TRAMPS. *Direito marítimo.* Cargueiros sem linha regular que aceitam carga para qualquer parte, por qualquer tempo, sem plano fixo de ida e volta e sem tabela de frete (Geraldo Bezerra de Moura).

NAVIO-TANQUE. *Direito marítimo.* É o empregado em qualquer classe de navegação devendo ser dotado de embarcações salva-vidas totalmente fechadas em cada bordo para 100% do total de pessoas a bordo. Se transportar produtos químicos ou gasosos que desprendam vapores ou gases tóxicos, as embarcações salva-vidas deverão ser do tipo totalmente fechadas munidas de sistema autônomo de abastecimento de ar. Se o navio-tanque transportar produtos químicos ou gasosos que tenham ponto de fulgar inferior a 60°C (prova de cadinho fechado), as embarcações salva-vidas deverão ser do tipo totalmente fechadas a prova de fogo. *Vide* NAVIO-PETROLEIRO.

NAVIO-TANQUE PARA TRANSPORTE DE ÁLCOOL. *Direito marítimo.* Embarcação construída ou adaptada principalmente para transportar álcool a granel, inclusive os navios tanques petroleiros empregados nesse tipo de transporte.

NAVIO-TANQUE PARA TRANSPORTE DE GÁS (GASEIRO). *Direito marítimo.* Navio construído ou adaptado principalmente para o transporte de gases liquefeitos a granel.

NAVIO-TANQUE PARA TRANSPORTE DE PETRÓLEO (PETROLEIRO). *Direito marítimo.* Navio construído ou adaptado principalmente para transportar petróleo e seus derivados a granel em seus tanques de carga e inclui transportadores combinados (ORE-OIL e ORE-BULK-OIL) e qualquer navio tanque construído ou adaptado principalmente para transportar produtos químicos ou substâncias líquidas nocivas a granel, quando transportando petróleo e seus derivados.

NAVIO-TANQUE PARA TRANSPORTE DE PRODUTOS QUÍMICOS (QUIMIQUEIRO). *Direito marítimo.* Navio construído ou adaptado para transportar substâncias químicas perigosas e substâncias líquidas nocivas, a granel, e inclui os petroleiros quando transportando produtos químicos ou substâncias líquidas nocivas a granel.

NAVIO-TANQUE QUÍMICO. *Direito marítimo.* Navio construído ou adaptado principalmente para transportar carga de substâncias nocivas líquidas a granel e inclui uma combinação de navio-tanque quando estiver transportando uma carga total ou parcial de substâncias nocivas a granel.

NAVY. *Termo inglês.* **1.** Armada. **2.** Marinha. **3.** Frota de guerra.

NAVY-YARD. *Locução inglesa.* Arsenal da Marinha.

NÁZIR. *Direito comparado.* **1.** Superintendente das mesquitas do Oriente. **2.** Tribunal supremo, no Irã e na Pérsia.

NAZISMO. *História do direito.* Partido e doutrina nacional-socialista dos trabalhadores alemães, chefiados por Adolph Hitler, dominando a Europa de 1933 a 1945. *Vide* NACIONAL-SOCIALISMO.

NAZISTA. *História do direito.* **1.** Relativo ao nazismo. **2.** Adepto do partido nacional-socialista alemão.

NBC T 15 — INFORMAÇÕES DE NATUREZA SOCIAL E AMBIENTAL. *Direito ambiental.* Norma que estabelece procedimentos para evidenciação de informações de natureza social e ambiental, com o objetivo de demonstrar à sociedade a participação e a responsabilidade social da entidade. Para fins desta norma, entende-se por informações de natureza social e ambiental: a) a geração e a distribuição de riqueza; b) os recursos humanos; c) a interação da entidade com o ambiente externo; d) a interação com o meio ambiente.

NBR. Sigla de Norma Brasileira.

NEARTROSE. *Medicina legal.* Falsa articulação formada em caso de luxação.

NE BIS IN IDEM. *Expressão latina.* Não repetir algo pela segunda vez.

NECESSÁRIA. *Lógica jurídica.* **1.** Proposição cuja contraditória implica contradição, quer absolutamente, quer sob certos pressupostos que definem um universo de discurso (Lalande). **2.** Proposição cuja contraditória é conhecida como falsa *a priori* sem a mediação do raciocínio (Lalande). **3.** Conseqüência decorrente de um sistema de pressupostos. **4.** Dependência da proposição implicada em relação ao sistema de proposições que a implicam (Schopenhauer).

NECESSARIAE SUNT RES UTILIORES. *Expressão latina.* Necessidade é o que se torna útil.

NECESSÁRIO. **1.** Indispensável. **2.** O que não pode deixar de ser ou de se fazer. **3.** Forçoso; inevitável. **4.** Essencial. **5.** Exigido; requerido. **6.** Único meio para se atingir uma finalidade. **7.** Ser que, para existir, independe de outra causa ou condição. **8.** Aquilo que se opõe ao contingente. **9.** O que não pode ser de outro modo. **10.** Diz-se do encadeamento de causas e efeitos num dado sistema. **11.** Efeito resultante de uma causa. **12.** Moralmente obrigatório.

NECESSIDADE. **1.** O que é absolutamente necessário. **2.** Aquilo que não pode ser de maneira diversa do que é. **3.** Fatalidade. **4.** Inevitabilidade. **5.** Indispensabilidade. **6.** Carência. **7.** Penúria, pobreza ou miséria. **8.** Situação em que alguém se encontra em razão de circunstâncias que o levam a fazer ou a não fazer algo que, normalmente, não deveria efetivar. **9.** Motivo irresistível. **10.** Diz-se do estado que consiste na ofensa do direito alheio para remover perigo iminente, quando as circunstâncias o tornarem absolutamente necessário e quando não excederem os limites do indispensável para remoção do perigo. *Vide* ESTADO DE NECESSIDADE. **11.** Característica do que é necessário. **12.** Aquilo que é necessário para se atingir um fim. **13.** Pressão exercida sobre a ação humana pelo inevitável encadeamento dos efeitos e das causas.

NECESSIDADE DA CITAÇÃO. *Direito processual civil.* Indispensabilidade da citação inicial do réu para que o processo tenha validade, chamando-o a juízo para defender-se, provendo a tutela de seu interesse. A citação no começo da ação de conhecimento, da executiva ou da cautelar ou de qualquer outra constitui, por imposição legal, pressuposto da validade do processo, pois sem ela tem-se a nulidade do processo, uma vez que não se perfaz a relação jurídico-processual.

NECESSIDADE DA PERÍCIA. *Direito processual civil.* **1.** Imprescindibilidade de invocar conhecimentos científicos ou técnicos especializados de pessoas entendidas na matéria ou peritos para que o magistrado possa formar sua convicção sobre os fatos discutidos no processo, uma vez que não possui formação para tanto. **2.** Indispensabilidade de produção de prova pericial por pessoas especializadas, em determinado setor científico ou técnico, para tornar possível o convencimento do órgão judicante sobre a questão litigiosa *sub judice*.

NECESSIDADE DE CONHECER. Condição inerente ao efetivo exercício de cargo, função ou atividade, indispensável para que uma pessoa, possuidora de credencial de segurança adequada, tenha acesso a assunto sigiloso.

NECESSIDADE DE MEDIDA CAUTELAR. *Direito processual civil.* Indispensabilidade da medida assecuratória de um interesse ou direito ante a gravidade do fato justificada pelo *fumus boni iuris* e pelo perigo da demora.

NECESSIDADE PÚBLICA. *Direito civil* e *direito administrativo.* Caso legal que justifica a declaração de desapropriação, abrangendo as seguintes hipóteses, dentre outras: segurança nacional, defesa do Estado, socorro público em caso de calamidade, salubridade pública. Implica uma situação emergencial que requer, para sua solução satisfatória, a transferência de bens particulares para o patrimônio público.

NECESSITADO. 1. *Direito processual.* Aquele que não tem condições econômicas para custear o processo judicial e pagar os honorários advocatícios, sem prejuízo de seu próprio sustento e do de sua família. **2.** *Direito civil.* Aquele que, por não ter meios para sua subsistência, pode pleitear alimentos dos ex-cônjuge ou ex-convivente, parentes em linha reta e colaterais até segundo grau que tiverem condições de prestá-los. **3.** Nas *linguagens jurídica* e *comum,* pode ter, ainda, o significado de: a) indigente; b) pobre.

NECESSITANTE. Que necessita.

NECESSITAR. 1. Ter necessidade. **2.** Ter privações. **3.** Tornar necessário. **4.** Exigir; obrigar. **5.** Achar-se na necessidade de algo. **6.** Privar do necessário.

NECESSITAS ANTE RATIONEM EST MAXIME IN BELLO, QUOD RARO PERMITTITUR TEMPORA ELIGERE. *Expressão latina.* A necessidade, principalmente na guerra, supera a razão, porque raramente se poderá escolher a ocasião.

NECESSITAS CARET LEGE. *Aforismo jurídico.* A necessidade não se sujeita às leis.

NECESSITAS FACIT JUSTUM, QUOD DE JURE NON EST LICITUM. *Aforismo jurídico.* A necessidade torna justo o que o direito reputa ilícito.

NECESSITAS NON HABET LEGEM. *Expressão latina.* A necessidade não tem lei.

NECESSITAS PROBANDI INCUMBIT ILLI QUI AGIT. *Aforismo jurídico.* A necessidade de provar incumbe ao autor.

NECESSITAS QUAE FIUNT, IN FRAUDEM FIERI NON DICUNTUR. *Aforismo jurídico.* Necessidade não é fraude.

NECESSITAS RATIONUM INVENTRIX. *Expressão latina.* A necessidade inventa desculpas.

NEC IN BELLO NEC IN PACE LIBERTATEM TUERI LICET, NI MORTIS TIMOREM ABJECERIS. *Expressão latina.* Nem na guerra nem na paz é possível defender a liberdade sem perder o temor da morte.

NEC MANUS IN ARCA, NEC OCULOS IN CHARTA. *Expressão latina.* Não ponhas a mão em cofre alheio nem os olhos em carta de outrem.

NEC PLUS ULTRA. *Expressão latina.* Não mais além.

NEC POSSESSIO ET PROPRIETAS MISCERI DEBENT. *Expressão latina.* Nunca se deve confundir posse com propriedade.

NEC PROCEDAT JUDEX EX OFFICIO. *Brocardo latino.* O juiz não deve agir de ofício, mas apenas a requerimento do interessado.

NECRECTOMIA. *Medicina legal.* Extirpação de tecido morto.

NECRECTÔMICO. *Medicina legal.* Aquilo que se refere à necrectomia.

NECREMIA. *Medicina legal.* Perda da vitalidade sangüínea.

NECROANTROPOFAGIA. *Medicina legal.* Perversão sexual que leva a pessoa a deglutir ou devorar fragmentos do cadáver, dando origem à necrofagia, ou a chupar o sangue do pescoço. Neste último caso, tem-se o vampirismo.

NECROBACILOSE. *Medicina legal.* Moléstia infecciosa provocada por bactérias e caracterizada por lesão necrótica em vários órgãos.

NECROBIOSE. *Medicina legal.* Conjunto de processos degenerativos que, paulatinamente, causam a morte de células, tecidos ou órgãos.

NECROBIÓTICO. *Medicina legal.* Que diz respeito à necrobiose.

NECROCÔMIO. *Medicina legal.* Necrotério; local onde se depositam cadáveres.

NECROFAGIA. *Medicina legal.* **1.** Qualidade daquele que se alimenta de substâncias em decomposição. **2.** Hábito de alguns criminosos pervertidos de comer carne do cadáver da vítima.

NECROFÁGICO. *Medicina legal.* Referente à necrofagia.

NECRÓFAGO. *Medicina legal.* Aquele que se alimenta de corpos humanos em decomposição.

NECROFILIA. *Medicina legal.* Perversão que leva seu portador a obter o prazer sexual pela contemplação, prática de ato libidinoso, contato, coito vaginal ou anal, mutilação abdominal ou genital, ou evocação mental de um cadáver (Oswaldo Pataro).

NECROFILIA OCASIONAL. *Medicina legal.* É a perversão sexual que se apresenta como uma complicação do sadismo, levando, por exemplo, o assassino acometido de ataque epiléptico, após matar sua vítima, a ter com ela cópula *post mortem* (Oswaldo Pataro).

NECROFILIA PSÍQUICA. *Medicina legal.* Evocação de imagens de cadáver para obter satisfação sexual, por meio da masturbação.

NECROFILIA SIMBÓLICA. *Medicina legal.* Perversão sexual em que o doente pede ao parceiro que simule estar morto, para que possa atingir o orgasmo.

NECROFILIA SIMPLES. *Medicina legal.* Aberração sexual que leva à prática da cópula vaginal e, raramente, à anal com cadáver.

NECROFÍLICO. *Medicina legal.* Referente à necrofilia.

NECRÓFILO. *Medicina legal.* Aquele que tem necrofilia ou atração sexual doentia por cadáveres.

NECROFOBIA. *Medicina legal.* Pavor mórbido de cadáveres, de funerais ou da morte.

NECROFÓBICO. *Medicina legal.* Relativo à necrofobia.

NECRÓFOBO. *Medicina legal.* Aquele que sofre de necrofobia.

NECROLOGIA. *Medicina legal.* **1.** Relação de mortos. **2.** Notícia alusiva a pessoa falecida.

NECROMANIA. *Medicina legal.* **1.** Prazer doentio de contemplar cadáveres. **2.** Mania de profanar sepultura (Geraldo Magela Alves).

NECROMANÍACO. *Medicina legal.* **1.** Que diz respeito à necromania. **2.** Aquele que tem necromania.

NECRÓPOLE. Cemitério.

NECROPSE. *Medicina legal.* Exame médico de cadáver feito com minúcias.

NECROPSIA. *Medicina legal.* Autópsia ou exame médico-científico para averiguar a causa da morte, feito por meio de inspeção interna do cadáver, esclarecendo crime ou elucidando diagnóstico para fins clínicos ou sanitários.

NECROPSISTA. *Medicina legal.* Perito que faz a necropse.

NECROPSO. *Medicina legal.* O que faz a necropsia.

NECROSADO. *Medicina legal.* Que tem necrose.

NECROSE. *Medicina legal.* **1.** Morte de tecido. **2.** Gangrena.

NECROSE FIBRINÓIDE. *Medicina legal.* Processo que atinge as substâncias fundamentais do colágeno, provocando a fragmentação e desintegração das fibras colágenas.

NECROSSADISMO. *Medicina legal.* Modalidade de necrofilia que leva o necrófilo, antes ou depois de satisfazer seus impulsos sexuais, a mutilar a vítima ou a retirar suas vísceras.

NECROSTEOSE. *Medicina legal.* Estado de um osso privado de vida.

NECROTECA. *Medicina legal.* Gabinete de autópsia.

NECROTÉRIO. *Medicina legal.* **1.** Local onde ficam os cadáveres que aguardam sua identificação ou reconhecimento antes de serem sepultados, ou que vão ser autopsiados. **2.** Morgue. **3.** Edifício onde são depositados os cadáveres.

NEC UTILIS, NEC INUTILIS. *Expressão latina.* Não é útil nem inútil.

NEC VIDETUR DEFICERE CONDITIONI IS, QUI PARERE CONDITIONI NON POTEST. *Aforismo jurídico.* Não falta à condição aquele que não pode preenchê-la.

NEC VI, NEC CLAM, NEC PRECARIO. *Expressão latina.* Nem violenta, nem clandestina, nem precária.

NEFALISMO. *Medicina legal.* Absoluta abstinência de álcool.

NEFALISTA. Aquele que é partidário do nefalismo.

NEFANDO. **1.** Abominável, execrável. **2.** Perverso. **3.** Contrário à natureza. **4.** Indigno.

NEFÁRIO. *Vide* NEFANDO.

NEFAS. *Termo latino.* **1.** Ilícito. **2.** Injusto. **3.** Ilegítimo. **4.** Proibido. **5.** Não permitido. **6.** Ato que ofende a lei divina.

NEFASTO. **1.** *Direito romano.* a) Dia em que a religião proibia a realização de negócios públicos; b) dia de luto em memória de um triste acontecimento. **2.** Na *linguagem comum,* designa: a) triste; b) que causa desgraça; c) danoso.

NEFELOPIA. *Medicina legal.* Perturbação visual causada por opacidade da córnea.

NEFRALGIA. *Medicina legal.* Dor nos rins acompanhada de calafrios, vômitos e, às vezes, abundância de urina.

NEFRAPÓSTASE. *Medicina legal.* Abscesso renal.

NEFRAUXIA. *Medicina legal.* Hipertrofia dos rins.

NEFRECTASIA. *Medicina legal.* Dilatação do rim.

NEFRECTOMIA. *Medicina legal.* Extração do rim.

NEFRELCOSE. *Medicina legal.* Ulceração renal.

NEFRITE. *Medicina legal.* Inflamação dos rins.

NEFRÍTICO. *Medicina legal.* Relativo à nefrite.

NEFROBLASTOMA. *Medicina legal.* Carcinossarcoma renal.

NEFROCELE. *Medicina legal.* Hérnia renal.

NEFROCISTOSE. *Medicina legal.* Formação de cisto no rim.

NEFROCOLOPTOSE. *Medicina legal.* Queda do rim e do cólon.

NEFRÓLISE. *Medicina legal.* Destruição do tecido renal.

NEFROLITÍASE. *Medicina legal.* Moléstia provocada por cálculos renais.

NEFROMALACIA. *Medicina legal.* Amolecimento dos rins.

NEFROMEGALIA. *Medicina legal.* Aumento de volume dos rins.

NEFRONCOSE. *Medicina legal.* Tumefação renal.

NEFRONEUROSE. *Medicina legal.* Perturbação renal e urinária de origem nervosa ou histérica.

NEFROPARALISIA. *Medicina legal.* Paralisia dos rins.

NEFROPATIA GRAVE. *Medicina legal.* Patologia de evolução aguda, subaguda ou crônica que, de modo irreversível, acarreta insuficiência renal, determinando incapacidade para o trabalho ou risco de vida. Caracteriza-se por manifestações clínicas e alterações nos exames complementares, a saber: a) ectoscópicas: palidez amarelada, edema, hemorragia cutânea e sinais de prurido; b) cardiovasculares: pericardite serofibrinosa, hipertensão arterial e insuficiência cardíaca; c) gastrointestinais: soluço, língua saburrosa, hálito amoniacal, náuseas, vômitos, hemorragias digestivas, diarréias ou obstipação; d) neurológicas: cefaléia, astenia, insônia, lassidão, tremor muscular, convulsão e coma; e) oftalmológicas: retinopatia hipertensiva e retinopatia arteriosclerótica; f) pulmonares: pulmão urêmico e derrame pleural; e g) urinárias: nictúria.

NEFROPIOSE. *Medicina legal.* Supuração renal.

NEFROPTOSE. *Medicina legal.* Queda do rim.

NEFRORRAGIA. *Medicina legal.* Hemorragia renal.

NEFROSCLEROSE. *Medicina legal.* Esclerose e endurecimento do rim, que se dá na hipertensão renal.

NEFROSE. *Medicina legal.* Degeneração do rim, causando edema generalizado.

NEGAÇA. **1.** Engano. **2.** Logro. **3.** Recusa. **4.** Engodo. **5.** Sedução. **6.** Mostra ilusória.

NEGAÇÃO. **1.** Ato ou efeito de negar. **2.** Contestar um pedido. **3.** Falta de vocação, inaptidão. **4.** Indeferimento. **5.** Retratação. **6.** Revogação. **7.** Anulação.

NEGAÇÃO DE JUSTIÇA. *Direito processual.* **1.** Não-concessão de justiça. **2.** Denegação de justiça.

NEGACEAR. **1.** Enganar. **2.** Seduzir por meio de negaça. **3.** Negar.

NEGANTI INCUMBIT PROBATIO. *Aforismo jurídico.* Quem nega deve apresentar provas.

NEGAR. **1.** Proibir. **2.** Desmentir. **3.** Enunciar uma negativa. **4.** Contestar. **5.** Não reconhecer. **6.** Repudiar. **7.** Indeferir. **8.** Não aceitar; recusar.

NEGARE, TACERE VEL OBSCURE RESPONDERE IDEM EST. *Aforismo jurídico.* Negar, calar ou responder obscuramente importa o mesmo.

NEGATIO FACIT REM DUBIAM. *Aforismo jurídico.* A negação torna o caso duvidoso.

NEGATIVA. **1.** Negação. **2.** Proposição com que se nega algo, ou aquela cuja cópula é afetada por uma negação.

NEGATIVA PRAECEPTA OBLIGANT SEMPER, ET PRO SEMPER, NON SIC AFFIRMATIVA. *Aforismo jurídico.* Preceitos negativos obrigam para todo o sempre, não assim os afirmativos.

NEGATIVAS. *Direito administrativo.* **1.** Escritos que negam algum fato anterior. **2.** Certidões que atestam a inexistência de ônus, de processo anterior etc. **3.** Diz-se das certidões expedidas por repartições públicas a respeito de tributos, de processos judiciais ou extrajudiciais etc.

NEGATIVE PLEDGE. *Direito internacional privado.* Cláusula pela qual o devedor compromete-se a não mais onerar seu patrimônio com quaisquer garantias reais (Mascarenhas Simões; Pedro R. Martinez e Pedro Fuzeta da Ponte).

NEGATIVIDADE. **1.** Qualidade ou característica de negativo. **2.** Negação sistemática de méritos alheios. **3.** Aptidão de negar.

NEGATIVISMO

NEGATIVISMO. 1. *Medicina legal.* Distúrbio volitivo que leva o paciente a recusar-se a fazer o que lhe é pedido. Trata-se do estado patológico que conduz o doente a fazer exatamente o contrário do que se lhe é aconselhado, comum na esquizofrenia hebefrênica, na psicose maníaco-depressiva etc. **2.** *Filosofia geral.* Filosofia negativa.

NEGATIVISTA. 1. *Filosofia geral.* Partidário da filosofia negativa. **2.** *Medicina legal.* Que diz respeito ao negativismo.

NEGATIVO. 1. Que exprime negação. **2.** Nulo. **3.** Proibitivo. **4.** Contrário. **5.** Aquilo que indica falta ou ausência.

NEGATÓRIA. *Vide* AÇÃO NEGATÓRIA.

NEGATÓRIO. Que nega.

NEGÁVEL. Que pode ser negado.

NEGLECT. *Termo inglês.* Negligência.

NEGLIGÊNCIA. 1. Descuido. **2.** Incúria; desídia; inércia. **3.** Desatenção. **4.** Indiferença. **5.** Falta de diligência. **6.** Omissão ou inobservância de dever. **7.** Falta de precaução.

NEGLIGENCIAR. 1. Tratar com negligência. **2.** Descurar. **3.** Cometer negligência. **4.** Não dar atenção.

NEGLIGENS NON DICITUR QUI NON POTEST FACERE. *Aforismo jurídico.* Negligente não se diz quem não pode fazer.

NEGLIGENTE. 1. Desatento. **2.** Inerte. **3.** Descuidado. **4.** Que incide em negligência. **5.** Preguiçoso.

NEGLIGENTIA IMPUTARI NON DEBET IGNORANTI. *Aforismo jurídico.* Não se deve imputar negligência ao ignorante.

NEGOCIABILIDADE. 1. Qualidade inerente do que pode ser, por sua natureza ou pela garantia que oferece, negociado, transmitido ou cedido. **2.** Qualidade do que não é inalienável.

NEGOCIAÇÃO. 1. *Direito internacional público.* Entendimento preliminar entre dois ou mais países para solucionar pendências ou estabelecer uma convenção ou tratado entre eles, feito por meio de intermediação de enviados especiais ou de ministros plenipotenciários. **2.** *Direito civil.* a) Ajuste prévio para formação de um contrato; b) tratativa ou conversação sobre proposta de negócio até se encontrar uma solução satisfatória. **3.** *Direito comercial.* Estudo ou discussão sobre um negócio mercantil feito, preliminarmente, até que se chegue a um acordo.

NEGOCIAÇÃO BELICOSA. *Direito internacional privado.* É, para Luiz Olavo Baptista, muito comum no Oriente Médio e no norte da África, nos casos em que os contratantes têm interesses opostos, um quer adquirir e o outro, alienar e, por isso, agem de modo agressivo, depreciando tudo o que o outro vier a ofertar.

NEGOCIAÇÃO BILATERAL. *Direito internacional público.* Negociação de tratado internacional entre dois Estados, que é feita no território de um deles, na capital nacional, pela chancelaria, ou seja, pelo Ministério das Relações Exteriores e a embaixada do país co-pactuante ou delegação especialmente por ele enviada para tal fim. Se não houver relacionamento diplomático entre os contratantes, as negociações poderão ser feitas em território de um terceiro Estado. De tal negociação bilateral deverá resultar um texto convencional, decorrente do consenso entre os dois países contratantes (Rezek).

NEGOCIAÇÃO COLETIVA. 1. *Direito internacional público.* Negociação para a feitura de um ou mais tratados multilaterais, envolvendo vários Estados interessados, que requer a convocação de uma conferência diplomática internacional por um grupo de países, por uma organização internacional ou, até mesmo, por um Estado isolado que tenha interesse no trato da matéria (Rezek). **2.** *Direito do trabalho.* Visa celebrar instrumento normativo para regular contratos de trabalho de todos os trabalhadores submetidos aos limites da representação das partes convenentes ou acordantes. É uma modalidade autocompositiva do conflito trabalhista (Pedro Paulo Teixeira Manus).

NEGOCIAÇÃO COM O EXTERIOR. 1. *Direito internacional público.* Entendimento internacional mantido pelo Ministério das Relações Exteriores. **2.** *Direito internacional privado.* Efetivação de contratos de comércio internacional por empresas.

NEGOCIAÇÃO COMUM. *Direito comercial.* Negócio fechado no pregão de bolsa, por aceitação de oferta apregoada a viva voz (Luiz Fernando Rudge).

NEGOCIAÇÃO CONVERGENTE. *Direito internacional privado.* Aquela em que cada uma das partes procura o que melhor atender ao interesse da outra, para que possam concluir o contrato fazendo concessões mútuas ou trocando favores (Luiz Olavo Baptista).

NEGOCIAÇÃO DE TRATADOS. *Direito internacional público.* Negociação para obter um consenso entre os Estados signatários de tratado bilateral ou multilateral. Tal negociação pode ser bilateral ou coletiva.

NEGOCIAÇÃO DE VOTO. 1. *Direito penal.* Crime de fraude ou abuso na administração de sociedade por ações, punível com detenção e multa, que consiste no fato de o acionista negociar, para obter vantagem ilegítima para si ou para outrem, em prejuízo de outros acionistas, o voto nas deliberações de assembléia geral. **2.** *Direito comercial.* Permissão legal de acordo de acionistas sobre o exercício do direito de voto na assembléia geral, desde que não lese os interesses da sociedade por ações nem confira vantagens indevidas ou ilícitas aos acionistas. Esse acordo, devidamente formalizado e apresentado à companhia, deverá ser arquivado em sua sede e observado por aquela.

NEGOCIAÇÃO DIRETA. *Direito comercial.* Operação efetuada no pregão de bolsa ou na negociação eletrônica, na qual a sociedade corretora atua como compradora e vendedora, representando clientes diferentes (Luiz Fernando Rudge).

NEGOCIAÇÃO DISTRIBUTIVA. *Vide* NEGOCIAÇÃO BELICOSA.

NEGOCIAÇÃO HABITUAL. *Direito do trabalho.* Constitui justa causa de rescisão do contrato do trabalho por parte do empregador quando seu empregado exerce atividade empresarial, ou efetua operação mercantil, que implique desvio de clientela ou concorrência desleal, ou que seja prejudicial ao serviço, lesando a empresa.

NEGOCIAÇÃO PENDENTE. Entendimento entre pessoas ou Estados que, visando realizar um negócio, ainda não se concluiu.

NEGOCIAÇÃO POR CONTA PRÓPRIA. Efetivação de negócios com recursos próprios.

NEGOCIAÇÃO POSITIVA. *Vide* NEGOCIAÇÃO CONVERGENTE.

NEGOCIAÇÕES PRELIMINARES. *Direito civil.* Tratativas, ou seja, conversações, entendimentos e reflexões sobre a oferta até encontrar-se uma solução satisfatória. Os futuros contratantes tão-somente formulam hipóteses, indagam sobre a mútua situação econômico-financeira, mas nada realizam. As negociações preliminares, feitas numa fase pré-contratual, nada mais são do que conversações prévias, sondagens e estudos sobre os interesses de cada contratante, tendo em vista o contrato futuro, sem que haja qualquer obrigatoriedade ou vinculação jurí-

dica entre os participantes. Todavia, é preciso esclarecer que, apesar da falta de obrigatoriedade, pode gerar responsabilidade civil para os que delas participam no campo da culpa aquiliana. Portanto, apenas na hipótese de um dos participantes criar, no outro, a expectativa de que o negócio será celebrado, levando-o a despesas, a não contratar com terceiro ou a alterar planos de sua atividade imediata, e, depois, desistir, injustificada e arbitrariamente, causando-lhe sérios prejuízos, terá, por isso, a obrigação de ressarcir todos os danos.

NEGOCIADOR. 1. *Direito internacional público.* Agente diplomático encarregado de efetuar alguma negociação junto ao governo de um País, com o escopo de solucionar pendências ou realizar um tratado. **2.** *Direito civil.* Aquele que efetua negócio jurídico. **3.** *Direito comercial.* Agente.

NEGOCIAL. *Direito empresarial.* Diz-se da atividade das empresas.

NEGOCIANTE. *Direito comercial.* Comerciante, ou aquele que faz da mercancia profissão habitual.

NEGOCIANTE DE GROSSO TRATO. *Direito comercial.* Comerciante que vende por atacado.

NEGOCIANTE MATRICULADO. *História do direito.* Aquele que integrava a corporação oficial de negociantes de uma praça dentre os quais eram escolhidos os encarregados de efetuar determinados serviços públicos.

NEGOCIAR. 1. *Direito comercial.* a) Comerciar; b) comprar e vender com intuito de lucro; c) praticar atividade econômica organizada para a produção e circulação de bens e serviços ou realizar operação mercantil. **2.** *Direito civil.* a) Concluir contrato; contratar; b) ajustar; c) convencionar. **3.** *Direito internacional público.* a) Entrar em entendimento internacional; b) firmar ou celebrar tratado; c) estabelecer, uma nação, condições com outra; d) resolver interesses recíprocos.

NEGOCIATA. 1. Ajuste fraudulento. **2.** Empreendimento lesivo a alguém. **3.** Negócio em que há trapaça. **4.** Operação em que há lucro ilícito ou ganho indevido.

NEGOCIÁVEL. 1. *Direito cambiário.* Diz-se do título de crédito que pode ser endossado ou descontado. **2.** Na *linguagem jurídica* em geral, indica o que pode ser negociado.

NEGÓCIO. 1. *Direito comercial.* a) Operação mercantil; b) local onde se pratica o comércio; estabelecimento mercantil ou casa comercial. **2.** *Direito civil.* Ajuste entre as partes. **3.** Na *linguagem jurídica* em geral, indica qualquer atividade econômica.

NEGÓCIO ACESSÓRIO. *Direito civil.* Diz-se daquele cuja existência subordina-se à do negócio principal, como, por exemplo, fiança.

NEGÓCIO ADMINISTRATIVO. *Direito administrativo.* **1.** Ato administrativo. **2.** Manifestação volitiva da Administração Pública no exercício de suas funções.

NEGÓCIO ALEATÓRIO. *Direito civil.* Diz-se daquele cujo objeto envolve álea, ou seja, risco futuro e incerto, não se podendo, por isso, antecipar o seu montante.

NEGÓCIO APAGADO. Aquele que não teve resultado.

NEGÓCIO ATÍPICO. *Vide* NEGÓCIO INOMINADO.

NEGÓCIO BENÉFICO. *Direito civil.* Aquele que é levado a efeito por mera liberalidade, como a doação pura e simples.

NEGÓCIO BILATERAL. *Direito civil.* Aquele em que a declaração volitiva emanada de duas ou mais pessoas dirige-se em sentido contrário, podendo ser "simples", quando concederem benefício a uma das partes e ônus à outra (doação, depósito gratuito) e "sinalagmático", quando conferirem vantagens e obrigações a ambos os sujeitos (compra e venda, locação etc.).

NEGÓCIO CAUSAL. Aquele em que a causa é um dos elementos essenciais ao lado do objeto e da forma para sua efetivação.

NEGÓCIO *CAUSA MORTIS*. *Direito civil.* Aquele que regula relações jurídicas após a morte do sujeito, como legado, testamento.

NEGÓCIO COMPLEXO. *Direito civil* e *direito comercial.* **1.** Diz-se daquele que reúne figuras diversas, contratuais, típicas e atípicas. **2.** Ajuste volitivo em que as partes pretendem alcançar o mesmo fim, como, por exemplo, contrato de sociedade.

NEGÓCIO COMUTATIVO. *Direito civil.* Aquele em que cada contratante, além de receber do outro prestação equivalente à sua, pode verificar, imediatamente, essa equivalência. Há reciprocidade e equivalência nas obrigações ajustadas pelas partes.

NEGÓCIO CONFIRMATÓRIO. *Direito civil.* Aquele que ratifica negócio anterior, convalidando-o.

NEGÓCIO CONJUNTO. *Direito civil.* Aquele em que as manifestações de vontade dirigem-se ao mesmo sentido, por haver convergência de interesses.

NEGÓCIO CONSTITUTIVO. *Direito civil.* Aquele cuja eficácia opera-se *ex nunc*, ou seja, a partir do momento da conclusão, como, por exemplo, compra e venda.

NEGÓCIO DA CHINA. Aquele que traz muitas vantagens ou lucros.

NEGÓCIO DECLARATIVO. *Direito civil.* Aquele em que a eficácia é *ex tunc*, ou melhor, só se efetiva a partir do instante em que se operou o fato a que se vincula a declaração de vontade, como, por exemplo, reconhecimento de filho, divisão de condomínio etc.

NEGÓCIO DE DISPOSIÇÃO. *Direito civil.* Aquele que implica o exercício de amplos direitos sobre o objeto, como a doação.

NEGÓCIO DE OCASIÃO. Aquele que apresenta boa oferta.

NEGÓCIO DE SIMPLES ADMINISTRAÇÃO. *Direito civil.* É o que diz respeito ao exercício de direitos restritos sobre o objeto sem que haja alteração em sua substância, como o mútuo e a locação de prédio.

NEGÓCIO ESCABROSO. **1.** Negócio escuso. **2.** Aquele que é difícil de tratar.

NEGÓCIO ESTRANGEIRO. *Direito internacional público.* Atividade alusiva às relações exteriores que a União mantém com outros países.

NEGÓCIO EXTRAPATRIMONIAL. *Direito civil.* Aquele atinente aos direitos personalíssimos e ao direito de família.

NEGÓCIO FIDUCIÁRIO. *Direito civil.* Ato pelo qual se realiza a transmissão de uma coisa, de um direito para garantir ou resguardar certos interesses, estabelecendo-se a obrigação de o adquirente efetuar sua devolução ao alienante, uma vez atendido aquele fim. São figuras negociais fiduciárias: a) a venda e compra com fins de garantia, em que as partes aceitam uma garantia, sem que haja dação em pagamento. Quanto à transferência da propriedade, não extingue, ela, a dívida, mas apenas garante seu pagamento, para que, após esse fato, haja retrocessão da coisa fiduciada ao fiduciante; b) a venda com fins de administração, que ocorre quando o proprietário de uma coisa, não tendo condições de administrá-la, transfere a titularidade de direitos sobre esse bem para uma pessoa, que vai administrá-lo até realizar a finalidade proposta, restituindo, depois, a coisa fiduciada; c) a venda para recomposição de patrimônio, em que o proprietário de um patrimônio onerado transfere-o para pessoa capaz de livrá-lo do ônus, para, depois de alcançado esse objetivo, recobrar esse patrimônio livre e desimpedido; d) a venda e compra com reserva de domínio, como no caso, por exemplo, em que o devedor, dono de um carro, transfere-o ao credor, que o adquire com reserva de domínio. O credor fica com a propriedade fiduciária do automóvel, que continua a ser utilizado pelo devedor.

NEGÓCIO FORENSE. *Direito processual.* Atividade decorrente de função, ofício ou cargo exercido no foro. É qualquer atividade desenvolvida no foro.

NEGÓCIO FORMAL. *Direito civil.* Aquele que, por ser solene, requer obediência à forma especial fixada em lei para ter validade, como, por exemplo, testamento.

NEGÓCIO GRATUITO. *Direito civil.* Aquele em que há benefício ou enriquecimento patrimonial a apenas um dos contratantes, como, por exemplo, doação.

NEGÓCIO INOMINADO. *Direito civil.* É aquele atípico por afastar-se dos modelos legais, uma vez que não está regulado expressamente por lei, mas é admitido juridicamente, desde que não contrarie a ordem pública e os bons costumes, ante o princípio da autonomia da vontade e a doutrina do *numerus apertus*, que regem as relações negociais.

NEGÓCIO *INTER VIVOS.* *Direito civil.* Aquele que acarreta conseqüências jurídicas em vida dos interessados, como troca, mandato etc.

NEGÓCIO JUDICIAL. *Direito processual.* Ato praticado em juízo.

NEGÓCIO JURÍDICO. *Direito civil.* É o poder de auto-regulação dos interesses que contém a enunciação de um preceito, independentemente do querer interno (Bülow). É uma norma concreta estabelecida pelas partes.

NEGÓCIO MERCANTIL. *Direito comercial.* Ato de comércio.

NEGÓCIO MISTO. 1. *Vide* NEGÓCIO COMPLEXO. **2.** Aquele em que prestação onerosa mescla-se com a gratuita, como, por exemplo, sucede na doação com encargo.

NEGÓCIO NÃO RECEPTÍCIO. *Direito civil.* Aquele que se efetiva independentemente da ciência do outro interessado.

NEGÓCIO NÃO SOLENE. *Direito civil.* Aquele que não exige forma legal para sua efetivação, como, por exemplo, compra e venda de bem móvel.

NEGÓCIO NOMINADO. *Direito civil.* É o típico, que tem nomenclatura própria, sendo um tipo legal previsto e disciplinado por normas.

NEGÓCIO ONEROSO. *Direito civil.* Aquele em que os sujeitos visam, reciprocamente, a obtenção de vantagens para si ou para outrem. Assim, se as prestações forem equivalentes e certas, será comutativo (por exemplo, compra e venda); se não o forem, será aleatório (por exemplo, contrato de seguro).

NEGÓCIO ORDINÁRIO. Atividade normal e comum no exercício de qualquer ocupação, ofício ou função.

NEGÓCIO PARCIÁRIO. *Direito civil.* Ajuste volitivo pelo qual uma das partes percebe uma remuneração em razão dos resultados obtidos pela outra, em negócio levado a efeito com terceiro, como o contrato de mediação ou o de corretagem.

NEGÓCIO PATRIMONIAL. *Direito civil.* Aquele que versa sobre questões suscetíveis de aferição econômica.

NEGÓCIO PESSOAL. *Direito civil.* Aquele que possui natureza de ordem pessoal, como, por exemplo, o casamento e as relações familiares.

NEGÓCIO PLURILATERAL. *Direito civil.* Aquele em que três ou mais pessoas ajustam entre si um ato negocial.

NEGÓCIO PRINCIPAL. *Direito civil.* Aquele que existe por si mesmo, independentemente de qualquer outro.

NEGÓCIO PROCESSUAL. *Direito processual civil.* Declaração unilateral (como desistência da ação) ou bilateral (como compromisso arbitral) das partes litigantes visando constituir, modificar ou extinguir direitos processuais.

NEGÓCIO PÚBLICO. *Direito administrativo.* **1.** Atividade própria da Administração Pública para atender ao interesse coletivo. **2.** Ato administrativo. **3.** Ato de governo.

NEGÓCIO RECEPTÍCIO. *Direito civil.* Aquele que, para se perfazer, requer que o outro contratante tenha ciência da vontade declarada, como, por exemplo, revogação de mandato.

NEGÓCIO SOLENE. *Vide* NEGÓCIO FORMAL.

NEGÓCIO TÍPICO. *Vide* NEGÓCIO NOMINADO.

NEGÓCIO UNILATERAL. 1. *Direito civil.* Aquele em que o ato volitivo provém de um ou mais sujeitos, desde que estejam na mesma direção, colimando um único objetivo (testamento, codicilo, renúncia, promessa de recompensa, título ao portador). Subdivide-se em receptício, se os seus efeitos só se produzirem após o conhecimento da declaração pelo destinatário (concentração na obrigação alternativa), e não-receptício, se sua efetivação independer do endereço a certo destinatário (renúncia da herança). **2.** *Direito internacional público.* Declaração de vontade de um Estado que produz efeitos jurídicos, como a denúncia, pela qual um Estado desliga-se de um tratado, e a renúncia, pela qual um Estado abandona, expressamente, um direito ou territórios.

NEGÓCIO VERDE. Aquele que está em projeto ou no início de sua execução.

NEGOCISMO. 1. Traficância. **2.** Prática de negócios escusos. **3.** Negociata.

NEGOCISTA. Aquele que faz negociata.

NEGOTIATING BANK. *Locução inglesa.* Banco negociador, que é o autorizado pelo banco emitente a pagar ou aceitar ou negociar a letra de câmbio. É também designado *paying bank.*

NEGOTIATIO ET MERCATURA SEU NEGOTIARI ET MERCARI SIQUE NEGOTIATOR ET MERCATOR VIDENTUR UNUM ET IDEM. *Expressão latina.* A negociação e a mercancia, negociar e mercadejar, assim como o negociante e o mercador, são uma e mesma coisa.

NEGOTIATIONS SERIEUSES. *Direito internacional privado.* Conversações preliminares para estabelecimento de bases jurídicas e econômicas do contrato (Kahn).

NEGOTIA VIGILANTER PERAGENDA, QUIA JUS VIGILANTIBUS ET NON DORMIENTIBUS FAVET. *Aforismo jurídico.* Os negócios devem ser feitos com cuidado, porque o direito favorece os vigilantes e não os negligentes.

NEGOTIORUM GESTIO. *Locução latina.* Gestão de negócios.

NEGOTIORUM GESTOR. *Locução latina.* Gestor de negócios.

NEGOTIORUM MIXTUM. *Locução latina.* Negócio misto.

NEGOTIUM A SEMET IPSO. *Expressão latina.* Negócio consigo mesmo.

NEGOTIUM JURIS. *Locução latina.* Negócio jurídico.

NEGOTIUM MIXTUM CUM DONATIONAE. *Expressão latina.* Doação mista.

NEGREIRO. *História do direito.* **1.** Traficante de escravos negros. **2.** Navio que fazia o tráfico de escravos.

NEGRISMO. *Direito autoral.* Tendência literária ou artística de representar sentimentos, idéias e costumes dos negros.

NEGRITUDE. *Sociologia geral.* Conceituação global dos valores culturais da raça negra (Senghor).

NEGRO–DE–FUMO. *Medicina legal.* Fuligem que se apresenta no orifício de entrada produzido na pele por projétil de arma de fogo, pela combustão, nos tiros próximos.

NEGROFILIA. Qualidade daquele que propugna a equiparação da raça negra às demais.

NEGROFOBIA. *Medicina legal.* Aversão mórbida aos negros.

NEIGHBOUR. *Termo inglês.* Vizinho.

NE IMPEDIATUR LEGATIO. *Expressão latina.* Não se pode criar obstáculo à missão diplomática.

NEIXENTE. *Direito agrário.* Cria recém-nascida de ovelha ou de cabra.

NE LICEAT POTENTIORIBUS PATROCINIUM LITIGANTIBUS PRAESTARE. *Expressão latina.* Não é lícito aos poderosos patrocinar aqueles que litigam.

NELORE. *Direito agrário.* Raça de gado zebu oriundo da Índia, que produz pouco leite, mas que é muito apreciada pela sua carne.

NEMINE DISCREPANTE. *Locução latina.* Por unanimidade; sem discordância; sem que ninguém apresentasse divergência.

NEMINE LAEDERE. *Locução latina.* **1.** A ninguém ofender. **2.** Não prejudicar ninguém.

NEMINEN IGNORANTIA LEGIS EXCUSAT. *Expressão latina.* A ignorância da lei não escusa ninguém.

NEMINEN IN DELICTIS AETAS EXCUSAT. *Expressão latina.* No crime, a idade não exclui a culpa.

NEMINEN LAEDIT QUI SUO JURE UTITUR. *Expressão latina.* Não prejudica outrem aquele que usa de seu direito.

NEMO AD ALIUM PLUS JUS TRANSFERRE POTEST QUAM IPSE POTEST. *Aforismo jurídico.* Ninguém pode transferir a outrem mais direito do que tem.

NEMO AD FACTUM COGI POTEST. *Expressão latina.* Ninguém pode ser coagido pela força a efetuar ato a que se obrigou.

NEMO AD IMPOSSIBILIA TENETUR. *Expressão latina.* Ninguém é obrigado a fazer o impossível.

NEMO AUDITUR PROPRIAM TURPITUDINEM ALLEGANS. *Expressão latina.* Ninguém pode invocar a própria malícia.

NEMO CENSETUR IGNORARE JUS. *Expressão latina.* Ninguém pode ignorar a lei.

NEMO DAMNUM FACIT, NISI QUI ID FECIT, QUOD FACERE JUS NON HABET. *Expressão latina.* Ninguém causa dano, a não ser que venha a fazer o que não tinha direito.

NEMO DAT QUOD NON HABET. *Aforismo jurídico.* Ninguém pode dar o que não tem.

NEMO DEBET BIS VEXARI PRO UNA ET EADEM CAUSA. *Aforismo jurídico.* Ninguém deve ser punido duas vezes por uma mesma causa.

NEMO DEBET INAUDITUS DAMNARI. *Brocardo latino.* Ninguém deve ser condenado sem ser ouvido.

NEMO DEFERRE SE COGITUR. *Expressão latina.* Ninguém é obrigado a se denunciar.

NEMO ENIM EST TAM SENEX, QUI SE ANNUM NON PUTET POSSE VIVERE. *Expressão latina.* Não há quem se julgue tão velho que não possa viver mais um ano.

NEMO ESSE JUDEX IN SUA CAUSA POTEST. *Expressão latina.* Ninguém pode ser juiz em causa própria.

NEMO EX SUO DELICTO MELIOREM SUAM CONDITIONEM FACERE POTEST. *Expressão latina.* Ninguém pode saber melhor de sua situação senão através de seu próprio delito.

NEMO INNOCENS SI ACCUSARE SUFFICIT. *Expressão latina.* Ninguém seria inocente se bastasse acusar.

NEMO INVITUS COMPELLITUR AD COMMUNIONEM. *Aforismo jurídico.* Ninguém pode, contra sua vontade, ser obrigado a viver em comunhão.

NEMO IUDEX IN CAUSA PROPRIA. *Expressão latina.* Ninguém pode ser juiz em causa própria.

NEMO IUDEX SINE ACTORE. *Expressão latina.* Nenhum juiz decide sem autor.

NEMO IUDEX SINE LEGE. *Expressão latina.* Nenhum juiz decide sem lei.

NEMO JUS IGNORARE CENSETUR. *Aforismo jurídico.* A ninguém se escusa ignorância de direito.

NEMO, NISI VICTOR, PACE BELLUM MUTAVIT. *Expressão latina.* Só o vencedor pode mudar a guerra pela paz.

NEMO NOCENS SI INFITIARI SUFFICIT. *Expressão latina.* Não haveria culpado se bastasse negar.

NEMO PATRIAM, QUIA MAGNA EST, AMAT, SED QUIA SUA. *Expressão latina.* Amamos a pátria não por ser grande, mas por ser nossa.

NEMO PLUS JURIS AD ALIUM TRANSFERRE POTEST QUAM IPSE HABET. *Expressão latina.* Ninguém pode transferir a outrem mais direitos do que ele mesmo tem.

NEMO POTEST IN TESTAMENTO SUO CAVERE NE LEGES IN SUO TESTAMENTO LOCUM HABEANT. *Expressão latina.* Ninguém pode dispor em seu testamento que, no cumprimento deste, deixe de ser observada alguma disposição legal.

NEMO POTEST PLUS JURIS TRANSFERRE IN ALIUM QUAM SIBI COMPETERE DIGNOSCATUR. *Expressão latina.* Não se pode transferir a outrem mais direitos do que se tem.

NEMO PRO PARTE TESTATUS ET PRO PARTE INTESTATUS DECEDERE POTEST. *Expressão latina.* Ninguém pode falecer em parte com testamento e em parte intestado.

NEMO PUNITUR PRO ALIENO DELICTO. *Aforismo jurídico.* Ninguém é punido por delito de outrem.

NEMO SOCIETATEM CONTRAHENDO REI SUAE DOMINUS ESSE DESINIT. *Expressão latina.* Ninguém, constituindo uma sociedade, deixa de ser dono de sua coisa.

NEMO TENETUR CONTRA SE FACERE. *Aforismo jurídico.* Ninguém é obrigado a fazer contra si.

NEMO TENETUR SE IPSUM ACCUSARE. *Aforismo jurídico.* Ninguém é obrigado a acusar a si próprio.

NEMO UNUS. *Locução latina.* Absolutamente nada.

NEOCAPITALISMO. *Economia política.* Capitalismo moderado pela aplicação de princípios oriundos das conquistas sociais.

NEOCATOLICISMO. *Direito canônico.* Doutrina que procura aproximar o catolicismo das idéias modernas de liberdade e progresso.

NEOCÍCLICO. O que ocorreu no início de determinado período cronológico.

NEOCLASSICISMO. *Direito autoral.* Escola artística ou literária que imita artistas ou escritores clássicos.

NEOCOLONIALISMO. *Ciência econômica* e *direito internacional público.* Exercício do poder econômico sobre potências mais fracas.

NEOCONSTITUCIONALISMO. *Teoria geral do direito* e *direito constitucional.* Nova forma de estudar, in-

NEO 380 NEOCORPORATIVISMO

terpretar e aplicar a Constituição considerando-a como fonte auto-aplicativa e tendo como base o paradigma da interpretação para compreensão e da compreensão para a interpretação (Lenio Luiz Streck). Propõe a análise da Constituição como um sistema aberto de valores, dinâmico em suas estruturas e transformador da realidade social.

NEOCORPORATIVISMO. *Ciência política.* Forma de intermediação dos interesses entre sociedade e Estado. Tais interesses são organizados em números limitados de associações, sindicatos etc., diferenciados nas funções que desenvolvem (Marino Regini e Wilensky).

NEOCRISTIANISMO. *Direito canônico.* Doutrina que procura introduzir idéias modernas no catolicismo.

NEOCRITICISMO. *Filosofia geral.* Doutrina renovada do kantismo.

NEO-EPIGENESIA. *Medicina legal.* Teoria pela qual o desenvolvimento do embrião é determinado por ações estranhas supervenientes.

NEO-ESCOLÁSTICA. *Filosofia geral.* Doutrina conciliadora do tomismo e da filosofia moderna.

NEO-ESCOLÁSTICO. *Filosofia geral.* **1.** Relativo à neo-escolástica. **2.** Adepto da neo-escolástica.

NEO-EVOLUCIONISMO. *Medicina legal.* Doutrina segundo a qual as condições do desenvolvimento do embrião residem nele mesmo.

NEOFASCISMO. *Ciência política.* Ideologia político-fascista, que surgiu após a Segunda Guerra Mundial, organizada e representada no Parlamento pelo Movimento Social Italiano, espraiando-se por outros países da Europa.

NEOFASCISTA. *Ciência política.* **1.** Referente ao neofascismo. **2.** Adepto do neofascismo.

NEOFETO. *Medicina legal.* Embrião.

NEÓFITO. **1.** *Direito do trabalho.* Principiante; aquele que está introduzindo-se num ofício ou profissão. **2.** *Direito civil.* Recém-admitido numa corporação. **3.** *Direito canônico.* a) Aquele que acabou de ser batizado; b) recém-admitido ao sacerdócio.

NEOFOBIA. *Medicina legal.* Pavor doentio ao progresso.

NEOFÓBICO. *Medicina legal.* Relativo à neofobia.

NEÓFOBO. *Medicina legal.* Aquele que tem aversão às inovações.

NEOFRENIA. *Medicina legal.* Desordem mental que pode ocorrer na adolescência.

NEÓGALA. *Medicina legal.* Primeiro leite que, após o colostro, é secretado pela glândula mamária.

NEOGÜELFISMO. *Ciência política.* Atitude favorável tomada pela Igreja ante acontecimentos italianos (como fatos históricos isolados) ou a criação de um Estado confessional católico (Jemolo).

NEO-IMPRESSIONISMO. *Direito autoral.* Movimento pictórico que se baseia na sistematização científica do contraste cromático e de seus efeitos emocionais.

NEOKANTISMO. **1.** *Filosofia geral.* Renovação e desenvolvimento da teoria de Kant como reação às especulações apresentadas por Fichte, Hegel e Schelling. **2.** *Filosofia do direito.* Concepção filosófica que entende serem os princípios jurídicos decorrentes da consciência, por serem princípios *a priori* da razão prática (Stammler, Ravà, Del Vecchio e Solazzi).

NEOLALIA. *Medicina legal.* Desequilíbrio mental que leva o seu portador a usar, com certa freqüência, de neologismos e de formas estranhas de linguagem.

NEOLATINO. Diz-se dos países cuja língua e/ou civilização procedem da latina.

NEOLIBERALISMO. *Economia política.* Teoria que admite a intervenção estatal na economia para equilibrar os interesses sociais com os particulares.

NEOLOGIA. Emprego de termos novos ou de novas acepções.

NEOLÓGICO. Que diz respeito à neologia.

NEOLOGISMO. **1.** Vocábulo novo criado na própria língua ou adaptado de outra. **2.** Nova palavra ou expressão inventada. **3.** Uso de palavra antiga com um novo significado.

NEOMALTHUSIANISMO. *Sociologia geral.* Teoria que propugna a necessidade de limitar a propagação da espécie humana para evitar ou prevenir a miséria.

NEONATO. *Direito do menor.* Recém-nascido.

NEONATOLOGISTA. *Medicina legal.* Pediatra que estuda o recém-nascido, assistindo-o na hora do nascimento e dele cuidando no berçário, fazendo o Boletim de Apgar, ao avaliar os batimentos cardíacos, a respiração, cor, tônus muscular e respostas reflexas.

NEOPLASIA. *Medicina legal.* Proliferação de um tecido novo e anormal no organismo. Por exem-

NEOPLASIA MALIGNA. *Medicina legal.* Tumor cancerígeno. Caracteriza-se pelo desenvolvimento incontrolado de células anormais que se disseminam, podendo acometer outros órgãos, a partir de um sítio anatômico primitivo.

plo, sarcoma e carcinoma (A. Almeida Jr. e J. B. de Oliveira e Costa Jr.).

NEOPLASIA MALIGNA. *Medicina legal.* Tumor cancerígeno. Caracteriza-se pelo desenvolvimento incontrolado de células anormais que se disseminam, podendo acometer outros órgãos, a partir de um sítio anatômico primitivo.

NEOPLASTIA. *Medicina legal.* Restauração de tecidos orgânicos destruídos.

NEOPOSITIVISMO. *Filosofia geral e lógica.* Trata-se do positivismo lógico, movimento filosófico criado pela Escola de Viena, que entende que toda proposição que tem um sentido é ou um enunciado relativo a fatos de experiência externa, ou uma tautologia. Só admite o conhecimento da física ou das ciências puramente formais (lógica formal e matemática), atribui enorme papel à análise lógica, à procura de uma formalização completa desta e à crítica da linguagem, e rejeita toda e qualquer tese metafísica como "pseudoproposição" vazia de sentido.

NEO-REPUBLICANISMO. *Ciência política.* Republicanismo de nova feição e de novos processos.

NEO-REPUBLICANO. *Ciência política.* Partidário do neo-republicanismo.

NEO-SOCIALISMO. *Ciência política.* Moderna teoria do socialismo.

NEO-SOCIALISTA. *Ciência política.* **1.** Que se refere ao neo-socialismo. **2.** Adepto do neo-socialismo.

NEOTERISMO. *Medicina legal.* Vontade mórbida de inovar.

NEOTOMISMO. **1.** *Filosofia geral.* Corrente filosófica que, no mundo contemporâneo, visa a conciliação das lições de Santo Tomás de Aquino com as exigências da moderna ciência. **2.** *Filosofia do direito.* Corrente filosófica que, partindo da observação da natureza humana e da realidade social, reafirma o humanismo, a justiça e o personalismo (Mounier, Maritain, Fuchs, Dabin, Graneris, Hall etc.).

NEOTOMISTA. *Filosofia geral.* **1.** Partidário do neotomismo. **2.** Relativo ao neotomismo.

NEOVAGINOSPLASTIA. *Medicina legal.* Operação cirúrgica a que se submete transexual para implantação de vagina após sua emasculação.

NEOVITALISMO. *Filosofia geral.* Teoria segundo a qual os fenômenos vitais decorrem de agentes físico-químicos inerentes ao organismo.

NEOVITALISTA. *Filosofia geral.* **1.** Aquilo que diz respeito ao neovitalismo. **2.** Sequaz do neovitalismo.

NEP. Sigla de Núcleo de Estudos da Prostituição.

NÉPER. *Direito ambiental.* Unidade acústica 8,686 vezes maior do que o decibel.

NEPOTISMO. **1.** *Direito administrativo.* Favorecimento de parentes de certos políticos ou governantes, por meio de nomeação a cargos públicos ou distribuição de favores ou empregos, facilitando-lhes a ascensão social. **2.** *História do direito.* Influência excessiva que sobrinhos ou outros familiares dos papas exerciam na administração da Igreja.

NEPOTISTA. *Direito administrativo.* **1.** Que exerce nepotismo. **2.** Em que há nepotismo.

NEQUE QUIES GENTIUM SINE ARMIS, NEC ARMA SINE STIPENDIIS, NEC STIPENDIA SINE TRIBUTIS HABERI QUEUNT. *Expressão latina.* Não pode haver paz sem exércitos, nem exércitos sem soldo, nem soldo sem tributos.

NEQUE VITIATUR UTILIS (STIPULATIO) PER INUTILEM. *Expressão latina.* Uma cláusula útil não deve ser viciada por uma inútil.

NE QUID NIMIS. *Expressão latina.* Nada em demasia.

NERVO. *Medicina legal.* Filamento esbranquiçado responsável pela comunicação do cérebro e da medula espinhal com as demais partes do corpo, transmitindo sensações e incitamentos motores (Afonso Celso F. de Rezende).

NERVOSISMO. *Medicina legal.* Perturbação do sistema nervoso.

NERVOUS BREAKDOWN. *Locução inglesa.* Crise nervosa.

NERVUS GERENDARUM RERUM PECUNIA. *Expressão latina.* O dinheiro é o nervo dos empreendimentos.

NÉSCIO. **1.** Ignorante. **2.** Inepto. **3.** Irresponsável.

NESCIRE VEL NON POSSE VEL DUBITARE, PARIA SUNT. *Aforismo jurídico.* Não saber, não poder ou duvidar importa o mesmo.

NESCIT VOX MISSA REVERTI. *Expressão latina.* A voz emitida não pode voltar.

NESTOTERAPIA. *Medicina legal.* Tratamento baseado na abstinência mais ou menos completa de alimentos.

NETA. **1.** *Direito civil.* Descendente feminino de uma pessoa em segundo grau, em relação a seus genitores. É a filha de filho ou filha relativamente aos pais destes. **2.** *Direito agrário.* Escuma mais fina do melado, quando ferve, no engenho de açúcar.

NE TE REBUS IMPLICES DUBIIS. *Expressão latina.* Não te metas em negócios duvidosos.

NETO. 1. *Direito civil.* Filho do filho ou da filha em relação aos avós, sendo, quanto a estes, descendente masculino em segundo grau. **2.** *Direito comparado.* Cavaleiro que leva as ordens nas touradas aristocráticas. **3.** *Direito comercial.* Líquido, em oposição ao bruto. **4.** *Direito agrário.* Ramo axilar que advém em razão da brotação antecipada de uma das gemas secundárias.

NET TONNAGE. *Locução inglesa.* Arqueação líquida.

NEURAGMIA. *Medicina legal.* Ruptura de um cordão nervoso.

NEURALGIA. *Medicina legal.* Sensação de dor no trajeto de um nervo ou na parte do corpo inervada por ele, sem que haja qualquer alteração física correspondente.

NEURANEMIA. *Medicina legal.* Neurastenia causada por anemia no centro nervoso.

NEURANGIOSE. *Medicina legal.* Neurose nos vasos sangüíneos.

NEURAPRAXIA. *Medicina legal.* Paralisia de nervos periféricos sem que haja qualquer degeneração destes.

NEURARTRITISMO. *Medicina legal.* Moléstia das articulações acompanhada de fenômenos de ordem nervosa.

NEURARTROPATIA. *Medicina legal.* Afecção articular relacionada a uma moléstia do sistema nervoso central.

NEURASTENIA. *Medicina legal.* Esgotamento nervoso acompanhado de grande irritabilidade e fadiga físico-mental.

NEURASTÊNICO. *Medicina legal.* **1.** Aquele que sofre de neurastenia. **2.** Referente à neurastenia.

NEURATROFIA. *Medicina legal.* Nutrição defeituosa do sistema nervoso.

NEURECTOMIA. *Medicina legal.* Extirpação de uma parte de um nervo.

NEURELECTROTERAPIA. *Medicina legal.* Uso de electroterapia em doença nervosa.

NEURIPNOLOGIA. *Medicina legal.* Teoria nervosa do hipnotismo.

NEURISMA. *Medicina legal.* Aneurisma.

NEURITE. *Medicina legal.* Inflamação de um nervo.

NEURODERMATITE. *Medicina legal.* Erupção cutânea crônica nas regiões axilar e púbica, provocada por perturbação nervosa.

NEURODERMATOSE. *Medicina legal.* Lesão cutânea de origem nervosa.

NEURODERMIA. *Medicina legal.* Prurido cutâneo de origem nervosa.

NEUROFAGIA. *Medicina legal.* Destruição de células nervosas senis por leucócitos.

NEUROLÉPTICO. *Medicina legal.* Psicotrópico que, aliviando a ansiedade e impulsos agressivos e reduzindo a hiperatividade motora, é muito utilizado no tratamento de certas psicoses, como a esquizofrenia.

NEUROPARALISIA. *Medicina legal.* Paralisia causada por lesão no tecido nervoso.

NEURÓPIRA. *Medicina legal.* Febre de origem nervosa.

NEUROPROSOPALGIA. *Medicina legal.* Contração dolorosa dos músculos faciais, provocada por distúrbio nervoso.

NEUROPSICOPATIA. *Medicina legal.* Perturbação intelectual em razão de doença nervosa.

NEUROSE. *Medicina legal.* Transtorno psíquico, devido a moléstia nervosa, que não acarreta desintegração da personalidade nem afeta a capacidade de inteligência, apesar de causar dificuldades de adaptação social, profissional e sexual.

NEUROSTENIA. *Medicina legal.* Doença nervosa que causa grande excitação e hipersensibilidade à alegria ou à dor.

NEURÓTICO. *Medicina legal.* Aquele que sofre de neurose.

NEUROTONIA. *Medicina legal.* Condição doentia em que há hiperexcitabilidade motora ou neurovegetativa.

NEUTRAL. 1. Imparcial. **2.** Indiferente. **3.** Que se mantém em neutralidade.

NEUTRALIDADE. *Direito internacional público.* **1.** Situação de um Estado que não participa nas hostilidades ou no conflito armado existente entre países beligerantes, nele não intervindo, exceto para a paz. **2.** Condição jurídica em que, na comunidade internacional, se encontram os países alheios a um conflito bélico entre dois ou mais Estados (Mosconi, Von Grünigen, Hammarskjöld e Sico).

NEUTRALIDADE ARMADA. *Direito internacional público.* Condição da potência que, apesar de não interferir em favor ou em detrimento das beligerantes, arma-se com as forças que se fizerem necessárias para fazer respeitar sua abstenção.

NEUTRALISMO. *Direito internacional público.* **1.** Teoria que não aceita que, em tempo de paz, uma nação venha a participar de alianças militares. **2.** Estado de neutralidade de um Estado, que não se alinha por nenhum bloco ideológico ou econômico, nos conflitos existentes entre outros países (Geraldo Magela Alves). **3.** *Vide* NÃO-ALINHAMENTO.

NEUTRALISTA. *Direito internacional público.* Aquele que é partidário do neutralismo.

NEUTRALIZAÇÃO EXTRAORDINÁRIA. *Vide* NEUTRALIZAÇÃO PERPÉTUA.

NEUTRALIZAÇÃO ORDINÁRIA. *Vide* NEUTRALIZAÇÃO TEMPORÁRIA.

NEUTRALIZAÇÃO PERMANENTE. *Vide* NEUTRALIZAÇÃO PERPÉTUA.

NEUTRALIZAÇÃO PERPÉTUA. *Direito internacional público.* Situação de um país que, por força de uma convenção internacional, comprometeu-se a, permanentemente, abster-se de qualquer guerra ofensiva ou participação em conflitos existentes entre outros países, permanecendo num estado de paz que lhe garante o respeito à inviolabilidade de seu território e à sua soberania. Por isso, tem asseguradas suas relações pacíficas com outros países. É, por exemplo, o que ocorre com a Suíça. Designa-se, também, neutralização extraordinária ou neutralização permanente.

NEUTRALIZAÇÃO TEMPORÁRIA. *Direito internacional público.* É a neutralização ordinária, ou seja, aquela pela qual um país abstém-se da prática de quaisquer atos em favor ou em detrimento dos beligerantes.

NEUTRALIZAR. 1. *Direito internacional público.* Declarar ou tornar neutro. **2.** Na *linguagem comum,* quer dizer: a) tornar ineficaz o resultado que se pretende com uma determinada ação; b) anular; c) inutilizar.

NEUTRO. 1. *Direito internacional público.* Diz-se do país que não interfere num conflito armado nem dá assistência a qualquer dos beligerantes. **2.** *Direito processual.* Que não adere a nenhum dos litigantes, ficando imparcial.

NEVEIRA. *Direito comercial.* **1.** Fábrica de gelo. **2.** Sorveteria.

NEVEIRO. *Direito comercial.* Fabricante de gelo ou de sorvete.

NEVO. *Medicina legal.* Mancha da epiderme congênita, que pode auxiliar na identificação da pessoa.

NEVOLIPOMA. *Medicina legal.* Sinal cutâneo com tecido adiposo.

NEVO MATERNO. *Medicina legal.* Sinal que algumas crianças trazem na pele, ao nascer.

NEVO SEBÁCEO. *Medicina legal.* Tumor benigno sebáceo.

NEVO TUBEROSO. *Medicina legal.* Mancha saliente que pode apresentar pêlos.

NEWCOMERS. *Termo inglês.* Montadoras de veículos em fase de instalação.

NEW DEAL. 1. *Locução inglesa.* Nova orientação. **2.** *Economia política.* Plano socialista moderado de reforma econômico-financeira, instituído por Roosevelt, que permitia pequena ingerência do poder público na atividade econômica privada (Othon Sidou).

NEW LINE FACTOR. *Direito comercial.* **1.** Modalidade contratual, também designada *new style factor*, pela qual deixa de haver compra e venda de mercadorias, pois a empresa faturizada encarrega-se de cobrar, assumindo todos os riscos, as faturas do seu cliente, mediante a utilização de várias técnicas financeiras especializadas, bastante próximas da atividade bancária. Compreende as seguintes modalidades: *conventional factoring, maturity factoring, import-export factoring, non notification factoring, undisclosed factoring, commercial financing, equipment financing, leasing, hire-purchase financing, inventory financing, rediscounting, real estate mortgage financing* e *confirming* (Newton de Lucca e Bianchi). **2.** Aquela faturização em que o faturizador, além da cobrança de faturas, incumbe-se de outras atividades em benefício do faturizado mediante o emprego de técnicas financeiras (Newton de Lucca).

NEW MATTER. *Locução inglesa.* Fato novo.

NEWSGROUPS. *Direito virtual.* **1.** Grupos de discussão abertos, compostos por pessoas que têm interesses comuns em receber mensagens dos *news servers*, relativas a opiniões, informações, dúvidas etc. **2.** Grupos que têm por fim a troca de informações sobre certo assunto.

NEWS SERVERS. *Direito virtual.* Computadores que são servidores de notícias por conterem mensagens dirigidas aos *newsgroups* que nela ficam disponíveis. Os *news servers* são mantidos por empresas, instituições educacionais, agências governamentais etc.

NEW STYLE FACTOR. *Vide NEW LINE FACTOR.*

NEXO. **1.** *Filosofia geral.* Vínculo, liame. **2.** *Direito romano.* Aquele devedor que servia a seu credor, como escravo, até pagar o débito. **3.** *Direito civil.* Vínculo que liga a causa imputável a um agente que não cumpre seu dever.

NEXO CAUSAL. **1.** *Direito civil.* Relação existente entre a ação e o dano para que se configure a responsabilidade civil. **2.** *Direito penal.* Relação que se estabelece entre a ação delituosa e a causa de agir, de tal sorte que o resultado final apenas poderá ser imputado a quem lhe der causa (Geraldo Magela Alves). **3.** *Filosofia geral.* Relação de causa e efeito.

NEXO DE COMPETÊNCIA. *Direito processual.* Relação que existe entre uma ação judicial e o tribunal onde deve ser proposta e julgada (Ana Prata).

NEXO DIRETO. *Direito civil.* Aquele em que a ação estabelece-se imediatamente, sem que haja dever preexistente.

NEXO ETIOLÓGICO. **1.** *Medicina legal.* Causa das doenças. **2.** *Direito do trabalho* e *medicina do trabalho.* Relação entre o trabalho e o acidente-tipo ou doença profissional.

NEXO INDIRETO. *Direito civil.* Aquele em que a prática da ação lesiva não está relacionada com o agente, mas com aquele que o representa ou a que está subordinado, por estar sob suas ordens.

NEXO NEGATIVO. *Direito civil.* Aquele que exclui a responsabilidade jurídica de reparar o dano.

NEXO POSITIVO. *Direito civil.* Aquele que gera o dever de indenizar o dano.

NEXO SOCIAL. *Sociologia geral.* Conexão interna que liga indivíduos e grupos por efeito da dependência social, da compreensão mútua ou da origem comum.

NEXUM. *Termo latino.* Contrato que permita a transferência da propriedade da *res mancipi*, sobretudo nas relações entre patriciado e plebe. Era um modo de obrigação daquele que, não podendo dar garantias ao credor, fazia uma espécie de hipoteca pessoal de si mesmo.

NIBU. *Direito comparado.* Moeda japonesa de prata.

NICHTRECHTSFÄHIGER VEREIN. *Locução alemã.* Associação irregular.

NICODEMITA. *Direito canônico.* Protestante que, no século XVI, negava seu credo religioso, em país católico, para escapar de perseguições religiosas.

NICOLICINA. *Medicina legal.* Medicamento apropriado para combater morfinismo.

NICOTINISMO. *Medicina legal.* Intoxicação crônica causada pela nicotina, por uso abusivo de tabaco.

NICTALOPE. *Medicina legal.* Aquele que não vê durante o dia, por enxergar apenas quando escurece.

NICTALOPIA. *Medicina legal.* Afecção que leva o paciente a distinguir os objetos apenas quando anoitece.

NICTÊMERO. Espaço de tempo de vinte e quatro horas que abrange o dia e a noite.

NICTOBATISMO. *Medicina legal.* Sonambulismo.

NICTOFILÁCIO. *História do direito.* Guarda noturno das antigas cidades gregas.

NICTOFOBIA. *Medicina legal.* Aversão mórbida pela noite.

NICTÓFOBO. *Medicina legal.* Aquele que sofre de nictofobia.

NICTOFONIA. *Medicina legal.* Perda da voz durante a noite.

NICTOFÔNICO. *Medicina legal.* Que diz respeito à nictofonia.

NICTOSTRATEGO. *Direito romano.* Oficial que, na antigüidade romana, estava incumbido de, à noite, zelar pela ordem e combater os incêndios.

NICTOTIFLOSE. *Medicina legal.* Cegueira noturna.

NICTÚRIA. *Medicina legal.* Incontinência noturna da urina.

NIDAÇÃO DO OVO. *Medicina legal.* Implantação do óvulo fecundado no endométrio (Croce e Croce Jr.).

NIETZSCHIANO. *Filosofia geral.* Relativo à doutrina filosófica alemã de Friedrich Nietzsche.

NIFABLEPSIA. *Medicina legal.* Cegueira temporária causada pela reflexão da luz solar sobre a neve.

NIGERCAMBISTA. *Direito penal.* Aquele que opera com o câmbio negro.

NIGRÍCIA. *Medicina legal.* Coloração negra, geral ou parcial, da pele ou das mucosas.

NIHIL ALIUD EST ACTIO QUAM JUS QUOD SIBI DEBEATUR, JUDICIO PERSEQUENDI. *Expressão latina.* A ação é o direito de alguém perseguir, em juízo, o que lhe é devido.

NIHIL CONSUETUDINE MAJUS. *Expressão latina.* Nada é mais forte do que o costume.

NIHIL DIU OCCULTUM. *Expressão latina.* Nada se encobre por muito tempo.

NIHIL DOLO CREDITOR FACIT, QUI SUUM RECIPIT. *Aforismo jurídico.* De nenhuma malícia usa o credor que recebe o que é seu.

NIHIL EST INCERTIUS VULGO. *Expressão latina.* Nada é mais instável do que o povo.

NIHIL EST IN EFFECTU QUOD NON SIT IN CAUSA. *Expressão latina.* Nada está no efeito que não esteja na causa.

NIHIL EST IN INTELLECTU QUOD NON FUERIT PRIUS IN SENSU. *Expressão latina.* Nada há no intelecto que não tenha estado antes nos sentidos.

NIHIL ET INUTILE AEQUIPARANTUR. *Aforismo jurídico.* Nada e inútil equiparam-se.

NIHIL OBSTAT. *Locução latina.* **1.** Nada obsta. **2.** Imprima-se. **3.** Locução usada no frontispício de uma publicação canônica para indicar que um escrito está escoimado de erro doutrinário, e que conta com a aprovação eclesiástica.

NIHIL OBSTAT QUOMINUS IMPRIMATUR. *Expressão latina.* Nada impede a que seja impresso.

NIHIL PRODEST QUOD NON LAEDERE POSSIT IDEM. *Expressão latina.* Não há nada que seja útil e que ao mesmo tempo não possa prejudicar.

NIHIL TAM ABSURDUM DICI POTEST QUOD NON DICATUR A QUODDAM DOCTORUM. *Expressão latina.* Nada há de tão absurdo que não possa ser dito pelos doutores.

NIILIANISMO. Heresia que não aceitava a natureza humana de Cristo.

NIILIDADE. *Filosofia geral.* Não-existência.

NIILISMO. 1. *Filosofia geral.* a) Teoria que nega a existência do real e do ser; b) doutrina que inadmite a hierarquia de valores e a existência de verdades morais; c) idealismo como negação de Deus e absolutização do mundo (Jacobi); d) doutrina filosófico-política que nega os valores sociais e morais e não admite limitações à liberdade pessoal (Nietzsche). **2.** *Ciência política.* a) Doutrina do partido político russo que rejeitava quaisquer modalidades de coação estatal; b) teoria anarquista pela qual a sociedade só era recuperável se se destruísse a ordem social existente.

NIILISTA. *Ciência política.* Aquele que segue o niilismo.

NIL CONTRA DICENS SATIS ASSENTIRE VIDETUR. *Aforismo jurídico.* Quem cala consente.

NILO. *Direito agrário.* Diz-se, no Rio Grande do Sul, do gado bovino que tem cabeça branca e corpo de outra cor.

NIL PERFECTUM EST DUM ALIQUID RESTAT AGENDUM. *Aforismo jurídico.* Nada é perfeito desde que falte alguma coisa para fazer.

NIMIA FIDUCIA MAGNAE CALAMITATIS ESSE SOLET. *Expressão latina.* A presunção costuma causar muitos males.

NIMIA OMNIA NIMIUM EXHIBENT NEGOTII. *Expressão latina.* Todos os excessos contêm um excesso de dificuldades.

NÍMIO. Excessivo.

NIMIUM NE CREDE COLORI. *Expressão latina.* As aparências enganam.

NINFA. *Medicina legal.* Cada um dos pequenos lábios da vulva.

NINFAGOGO. *História do direito.* Mancebo que, na antiga Grécia, conduzia a noiva da casa paterna para a de seu esposo.

NINFITE. *Medicina legal.* Inflamação das ninfas.

NINFÔMANA. *Medicina legal.* Aquela que sofre de ninfomania.

NINFOMANIA. *Medicina legal.* Excessiva e incontrolável excitação sexual da mulher, levando-a para o abuso de conjunções carnais, sem que haja satisfação de sua sexualidade. Tal estado patológico é também designado furor uterino, uteromania, andromania, histeromania ou metromania.

NINFOMANÍACO. *Medicina legal.* Referente à ninfomania.

NINFONCOSE. *Medicina legal.* Tumor nas ninfas.

NINHO. *Direito agrário.* **1.** Local onde as fêmeas parem e criam os filhotes. **2.** Vivenda construída por aves ou por certos peixes para a postura de ovos, criação dos filhotes e proteção contra as intempéries e os inimigos. **3.** Local onde os animais recolhidos dormem.

NINHO DE METRALHADORAS. *Direito militar.* Trincheira onde os soldados em combate abrigam várias metralhadoras.

NINHO PATERNO. 1. Casa paterna. **2.** A pátria.

NÍQUEL. 1. *Economia política.* Moeda divisionária. **2.** Na *linguagem popular,* significa nada.

NIQUILIDADE. Aquilo que se reduziu a nada.

NIRVANA. *Filosofia geral.* Estado de libertação intelectual e afetiva obtido pela renúncia aos próprios interesses e às paixões, desejos e ilusões das sensações (Lalande e Schopenhauer).

NISSEI. *Sociologia geral.* Diz-se do filho de japoneses nascido no Brasil.

NISTAGMO. *Medicina legal.* Tremor espasmódico das pálpebras; movimento rápido do globo ocular.

NISUS. *Termo latino.* **1.** Esforço que não é voluntário nem consciente. **2.** Esforço muscular consciente (Hume).

NIT. Sigla de Norma Inmetro Técnica.

NITIDEZ. 1. Limpidez. **2.** Qualidade de nítido. **3.** Clareza.

NITIDIZAR. Tornar nítido.

NÍTIDO. 1. Límpido. **2.** Claro.

NITONTE. *Direito ambiental.* Força radioativa.

NITREIRA. *Direito agrário.* Depósito que recebe líquidos que escorrem dos estábulos.

NITROBENZENISMO. *Direito do trabalho.* Doença profissional causada pela ação tóxica do nitrobenzeno no organismo humano (José Lopes Zarzuela).

NITROCARBONETO. Explosivo que deriva dos carbonatos.

NIVEAL. Relativo ao inverno.

NÍVEIS DE EDUCAÇÃO PROFISSIONAL. *Direito educacional.* A educação profissional compreende os seguintes níveis: a) básico: destinado à qualificação, requalificação e reprofissionalização de trabalhadores, independente de escolaridade prévia. A educação profissional de nível básico é modalidade de educação não formal de duração variável, destinada a proporcionar ao cidadão trabalhador conhecimentos que lhe permitam reprofissionalizar-se, qualificar-se e atualizar-se para o exercício de funções demandadas pelo mundo do trabalho, compatíveis com a sua complexidade tecnológica, o seu grau de conhecimento técnico e o nível de escolaridade do aluno, não estando sujeita a regulamentação curricular. As instituições federais e as instituições públicas e privadas sem fins lucrativos, apoiadas financeiramente pelo Poder Público, que ministram educação profissional, devem, obrigatoriamente, oferecer cursos profissionais de nível básico em sua programação, abertos a alunos da rede pública e privada de educação básica, assim como a trabalhadores com qualquer nível de escolaridade. Aos que concluírem os cursos de educação profissional de nível básico é conferido certificado de qualificação profissional; b) técnico: destinado a proporcionar habilitação profissional a alunos matriculados ou egressos do ensino médio. A educação profissional de nível técnico possui organização curricular própria e independente do ensino médio, podendo ser oferecida de forma concomitante ou seqüencial a este; c) tecnológico: correspondente a cursos de nível superior na área tecnológica, destinados a egressos do ensino médio e técnico. Os cursos de nível superior, correspondentes à educação profissional de nível tecnológico, cujo diploma é o de tecnólogo, devem ser estruturados para atender aos diversos setores da economia, abrangendo áreas especializadas.

NÍVEL. 1. *Direito agrário.* Corte feito no terreno para plantio. **2.** Nas *linguagens comum* e *jurídica,* pode ter o sentido de: a) igualdade de altura; b) instrumento verificador da diferença de altura entre dois pontos ou da horizontalidade de um plano; c) paridade; d) categoria. **3.** *Direito administrativo.* Grau na escala do serviço público.

NIVELAÇÃO. 1. Ato ou efeito de nivelar. **2.** É, no Nordeste, o ato de regular o balastro do leito das estradas de ferro, de maneira que os trilhos determinem, nas curvas, superfície plana ou cônica. **3.** Cálculo geodésico para encontrar a diferença de altura entre dois pontos de um terreno.

NIVELADOR. 1. Implemento de terraplenagem. **2.** O que nivela.

NIVELAMENTO. 1. *Vide* NIVELAÇÃO. **2.** Ato ou efeito de igualar condições sociais. **3.** Obra de terraplenagem, tornando o terreno do mesmo nível.

NIVELAR. 1. Medir diferenças de altura entre dois pontos de um terreno, usando telêmetros com retículo e quadrantes de nivelação. **2.** Igualar. **3.** Pôr no mesmo nível. **4.** Graduar. **5.** Aplanar.

NIVELÁVEL. O que pode ser nivelado.

NÍVEL DAS ÁGUAS. 1. Altura das águas. **2.** Superfície das águas.

NÍVEL DE BIOSSEGURANÇA (NB). *Direito ambiental* e *biodireito.* Nível de contenção necessário para permitir o trabalho em laboratório com organismo geneticamente modificado (OGM) de forma segura e com risco mínimo para o operador e para o ambiente.

NÍVEL DE BIOSSEGURANÇA EM GRANDE ESCALA (NBGE). *Direito ambiental* e *biodireito.* Nível de contenção necessário para permitir o trabalho em grande escala com organismo geneticamente modificado (OGM) de forma segura e com risco mínimo para o operador e para o ambiente.

NÍVEL DE VIDA. *Sociologia geral* e *sociologia jurídica.* **1.** Padrão de vida. **2.** Condição real de vida de um povo. **3.** Conjunto de bens e serviços de que um indivíduo ou um grupo social dispõe para a satisfação de suas necessidades vitais básicas. **4.** Poder aquisitivo.

NÍVEL MENTAL. Capacidade mental ou intelectual.

NÍVEL SOCIAL. *Sociologia geral.* Categoria social determinada pelas diferenças existentes entre as classes em razão da profissão, do gênero de vida e dos recursos financeiros ou materiais.

NÍVEL UNIVERSITÁRIO. *Direito administrativo.* Gratificação dada a funcionário público que tenha diploma em curso superior.

NÓ. 1. *Direito marítimo.* a) Unidade náutica de velocidade que corresponde a uma milha por hora; b) cada uma das marcas da linha da barquinha, dispostas a quinze metros, mais ou menos, umas das outras; c) laço feito de corda. **2.** *Medicina legal.* a) Articulação das falanges dos dedos; b) caroço ósseo. **3.** *Direito agrário.* a) Laçada que enfeita a cauda das montarias; b) parte mais rija da madeira que corresponde à inserção dos ramos.

NOBILE OFFICIUM. *Locução latina.* Nobre ofício exercido pelo magistrado.

NOBILIÁRIO. *Direito comparado.* **1.** O que se refere à nobreza. **2.** Diz-se do registro das famílias nobres de uma nação.

NOBILIARISTA. Aquele que é o autor do nobiliário.

NOBILIARQUIA. *Direito comparado.* Arte especializada em apelidos, brasões, tradições e origem das famílias nobres.

NOBILIÁRQUICO. *Direito comparado.* Relativo à nobiliarquia.

NOBILIFOBIA. *Medicina legal.* Ódio a títulos de nobreza.

NOBILIFÓBICO. *Medicina legal.* Referente à nobilifobia.

NOBILITAÇÃO. *Direito comparado.* Concessão de títulos e privilégios de nobreza.

NOBRE. 1. *Direito comparado.* a) Aquele que pertence à nobreza; b) fidalgo; c) que tem título nobiliárquico; d) que é próprio da nobreza. **2.** Em *gíria,* diz-se do ladrão que não fere nem mata. **3.** Nas *linguagens comum* e *jurídica,* pode significar: a) distinto; b) ilustre; c) aquele que revela caráter elevado ou grandeza de alma; d) andar de uma casa imediatamente superior a loja ou sobreloja.

NOBREZA. 1. *História do direito.* Requisito que, outrora, exigia-se para o desempenho de determinados cargos públicos. **2.** *Direito comparado.* a) Fidalguia; b) classe dos nobres.

NOBREZA DE RAÇA. *Direito comparado.* Diz-se da classe dos que descendem de antepassados nobres.

NOBREZA PESSOAL. 1. Distinção. **2.** Mérito pessoal. **3.** Generosidade. **4.** Magnanimidade decorrente de qualidades pessoais próprias.

NOÇÃO. 1. Conceito. **2.** Idéia. **3.** Conhecimento. **4.** Exposição sumária. **5.** Pensamento.

NOCAUTE. *Direito desportivo.* Ato de, no boxe, jogar o adversário ao solo de modo que ele não consiga levantar-se dentro de dez segundos.

NOCAUTEADOR. *Direito desportivo.* Boxeador que vence, em regra, por nocaute.

NOCAUTEAR. *Direito desportivo.* Vencer uma luta de boxe por nocaute.

NOCAUTE TÉCNICO. *Direito desportivo.* Ato de derrotar, no boxe, o adversário pela sua impossibilidade física de prosseguir na luta, embora conserve-se em pé.

NOCE. *Termo francês.* Núpcias.

NOCH. *Direito comercial.* Negócio que concede à parte, contra o pagamento do prêmio, o direito de liquidar a operação em quantidade maior do que a acertada.

NOCIONAL. 1. Relativo a noção. **2.** Que tem o caráter de noção.

NOCIVIDADE. Qualidade de nocivo.

NOCIVIDADE NEGATIVA. *Direito penal.* Ato de adulterar substância alimentícia ou medicinal, reduzindo ou suprimindo seu valor nutritivo ou terapêutico, sem que haja dano à saúde.

NOCIVIDADE POSITIVA. *Direito penal.* Ato de alterar substância alimentícia ou medicinal causando gravame à saúde, configurando-se o crime contra a saúde pública.

NOCIVO. 1. Lesivo. **2.** Prejudicial. **3.** Que causa dano ou prejuízo.

NOCTAMBULAÇÃO. *Medicina legal.* Ato de andar à noite estando adormecido.

NOCTAMBULANTE. *Vide* NOCTÂMBULO.

NOCTAMBULISMO. *Medicina legal.* Sonambulismo.

NOCTÂMBULO. *Medicina legal.* Sonâmbulo.

NOCTIDIURNO. Diz-se do que abrange a seqüência da noite e do dia.

NOCTIFOBIA. *Medicina legal.* Pavor mórbido à noite.

NOCTÍFOBO. *Medicina legal.* Aquele que sofre de noctifobia.

NOCTÍFUGO. *Vide* NOCTÍFOBO.

NOCTURLÁBIO. *História do direito.* Relógio que, outrora, pela posição da Estrela do Norte, marcava as horas durante a noite.

NODAÇÃO. *Medicina legal.* Impedimento dos nervos causado por algum tumor.

NODO. *Medicina legal.* **1.** Proeminência de certos ossos. **2.** Tumor duro que se forma ao redor da articulação óssea.

NÓDOA. 1. *Medicina legal.* a) Mancha cutânea provocada por contusão; b) equimose. **2.** Nas *linguagens comum* e *jurídica,* pode ter o significado de: a) ignomínia; b) mácula.

NÓDULOS POLIMETÁLICOS. *Direito internacional público.* Minerais situados na região dos fundos marinhos, a qual, devido a uma Convenção, fica além dos limites de jurisdição nacional e pertence ao patrimônio comum da humanidade (Rezek).

NOEL. *Direito militar.* Peça de madeira, cilíndrica e oca, que é introduzida no meio do petardo, ao ser carregado.

NOELISTA. *Direito canônico.* Grupo de pessoas dedicadas à ação católica.

NOEMA. 1. *Retórica jurídica.* Figura que, ao dizer uma coisa, faz com que se entenda outra. **2.** *Filosofia geral.* a) Idéia em geral; b) objeto internacional do pensamento (Husserl).

NOEMÁTICO. O que é relativo ao noema.

NOERGIA. *Filosofia geral.* Inteligência; atividade intelectual.

NOESE. *Filosofia geral.* É o próprio ato do pensamento, que empresta um sentido a um fenômeno (Husserl).

NOESIS. *Vide* NOESE.

NOGAL. *Direito agrário.* Plantação de nogueiras; nogueiral.

NOGUEIRAL. *Vide* NOGAL.

NOISE REDUCING HUSHKIT. *Expressão inglesa.* Dispositivo, usado em aeronave que opera durante a noite, para reduzir o nível da poluição sonora.

NOITADA. 1. *Direito do trabalho.* Trabalho durante a noite. **2.** Na *linguagem comum,* quer dizer: a) divertimento que dura a noite toda; b) vigília.

NOITE. 1. Intervalo de tempo compreendido entre o pôr e o nascer do sol. **2.** Período de doze horas que vai das 18 horas de um dia até as 6 horas do dia seguinte, em que, exceto circunstâncias excepcionais, não há prática nem execução de atos judiciais. **3.** Período em que as pessoas recolhem-se para descansar. **4.** Período em que se tem trabalho noturno, com remuneração maior do que o diurno, e que é computado por um menor número de horas. **5.** Período em que, por estar em repouso a vítima, a prática de furto e violação de domicílio constitui circunstância agravante da pena. **6.** Trevas; escuridão. **7.** Ignorância.

NOITE DOS TEMPOS. Diz-se do tempo distante do qual se tem noções raras.

NOITE DO TÚMULO. Morte.

NOITEIRO. No Nordeste, aquele que contribui, financeiramente ou não, para as noites de novena das festas da Igreja.

NOIVA. *Direito civil.* Aquela que está para casar ou que casou recentemente.

NOIVADO. *Direito civil.* **1.** Esponsais. **2.** Período em que uma pessoa é noiva.

NOIVAR. *Direito civil.* **1.** Celebrar noivado. **2.** Cortejar aquele com quem se ajustou noivado. **3.** Ficar noivo.

NOIVO. *Direito civil.* **1.** Aquele que está para casar. **2.** Recém-casado. **3.** Aquele que prometeu contrair casamento.

NOJENTO. 1. Repugnante. **2.** O que causa nojo.

NOJICE. 1. Aquilo que faz nojo. **2.** Coisa nojenta.

NOJO. 1. *Direito processual.* Período em que não se deve citar o réu por motivo de falecimento ou doença grave de cônjuge ou companheiro, descendente ou ascendente de primeiro grau ou irmão. **2.** *História do direito.* Dano; prejuízo. **3.** *Direito administrativo.* Período de oito dias em que o funcionário público pode faltar ao serviço em razão de luto pelo óbito de cônjuge, ou companheiro ou parente muito próximo, como descendente, ascendente ou irmão. **4.** *Direito do trabalho.* Período de dois dias em que o empregado pode deixar de comparecer ao trabalho, sem prejuízo do salário, por motivo de falecimento de cônjuge, ou companheiro, ou parente próximo (pai, mãe, filho ou irmão).

NOLIÇÃO. 1. Ato ou efeito de não querer. **2.** Ato de opor-se a algo. **3.** Recusa.

NOLISEMENT. *Termo francês.* Fretamento de navio.

NOLLE ET NON POSSE PARIA SUNT. *Aforismo jurídico.* Não querer e não poder importam o mesmo.

NOLONTADE. *Filosofia geral.* **1.** Resistência voluntária a um impulso (Lalande). **2.** Inibição de uma ação que se efetivaria se não houvesse interferência da vontade.

NOMA. *Medicina legal.* Gangrena na boca ou nas mucosas de crianças que pode surgir após moléstias infecciosas que as venham acometer.

NÔMADE. *Sociologia jurídica* e *direito internacional privado.* Povo ou tribo que, por ser errante, não tem sede fixa.

NOMÁDICO. *Sociologia jurídica* e *direito internacional privado.* **1.** O que diz respeito aos nômades ou ao nomadismo. **2.** Qualificativo de povo errante.

NOMADISMO. *Sociologia jurídica* e *direito internacional privado.* Modo de viver dos nômades.

NOMADIZAR. *Sociologia jurídica* e *direito internacional privado.* Tornar-se nômade.

NOMANTOLOGIA. *Direito internacional privado.* Neologismo empregado por Raul Pederneiras para designar o direito internacional privado, no sentido de estudo do conflito das normas no espaço para averiguar qual seria a mais adequada ao caso concreto.

NOMARCA. 1. *História do direito.* **1.** Aquele que, no antigo Egito, governava um nomo. **2.** *Direito comparado.* Governador de nomarquia, na Grécia.

NOMARCADO. *Direito comparado.* Governo, função ou dignidade de nomarca, na Grécia.

NOMARQUIA. *Direito comparado.* **1.** Dignidade de nomarca. **2.** Governo de um nomo. **3.** Divisão administrativa que, na Grécia, denomina-se "nomo".

NOME. *Direito civil.* **1.** Sinal exterior pelo qual se designa, se individualiza e se reconhece a pessoa no seio da família e da sociedade. Dois são os elementos constitutivos do nome: o prenome, próprio da pessoa, e o nome de família ou sobrenome, comum a todos os que pertencem a uma certa família, e, às vezes, tem-se o agnome, que é o sinal distintivo que se acrescenta ao nome completo (Filho, Júnior, Neto, Sobrinho) para diferenciar parentes que tenham o mesmo nome, não sendo usual, no Brasil, a utilização de ordinais para distinguir membros da mesma família, como, por exemplo, Marcos Ribeiro Segundo. **2.** Reputação; fama.

NOMEAÇÃO. 1. *Direito administrativo.* Ato administrativo formal pelo qual o poder público nomeia alguém para um determinado cargo ou função pública. **2.** Na *linguagem jurídica* em geral, é: a) ato ou efeito de nomear pessoa para o exercício de uma função; b) indicação de alguém pelo nome; chamamento; c) discriminação ou indicação de alguma coisa pelo nome, individualizando-a.

NOMEAÇÃO À AUTORIA. *Direito processual civil.* Ato pelo qual o réu, que possui em nome de outrem a coisa demandada, invoca o nome do verdadeiro proprietário ou possuidor indireto, para que ele seja citado pelo autor como réu, por ser o verdadeiro integrante da relação jurídico-processual. É uma intervenção de terceiro pela qual o possuidor direto traz para o processo o proprietário ou possuidor indireto do bem litigioso (Marcus Cláudio Acquaviva), desse modo afastando de si as conseqüências da demanda. Todavia, o réu pode deixar de invocá-lo, argüindo ilegitimidade de parte, mas poderá responder pelas perdas e danos se não demonstrar a má-fé do autor.

NOMEAÇÃO A TERMO. Nomeação por certo prazo.

NOMEAÇÃO CONDICIONADA. *Direito administrativo.* É a que se sujeita a certas modalidades que restringem a discricionariedade do poder público (José Cretella Jr.).

NOMEAÇÃO DE BENS A PENHORA. *Direito processual civil.* Ato pelo qual o devedor executado deve indicar bens na seguinte ordem: dinheiro, pedras e metais preciosos, títulos da dívida pública da União ou dos Estados, títulos de crédito que tenham cotação em bolsa, móveis, veículos e semoventes, imóveis, navios, aeronaves, direitos e ações, pertencentes a seu patrimônio para serem penhorados judicialmente.

NOMEAÇÃO DISCRICIONÁRIA. *Direito administrativo.* Aquela em que o poder público tem liberdade para efetuar a designação (José Cretella Jr.).

NOMEAÇÃO EFETIVA. *Direito administrativo.* Nomeação de funcionário público para o exercício de cargo isolado ou de carreira em razão de ter sido aprovado num concurso público.

NOMEAÇÃO EM COMISSÃO. *Direito administrativo.* Ato administrativo formal pelo qual o poder público vem a atribuir determinada função a funcionário pertencente ao quadro do funcionalismo público, afastando-o do seu cargo, sem prejuízo de vencimentos, para que venha a exercer funções especiais e temporárias.

NOMEAÇÃO INTERINA. *Direito administrativo.* Nomeação de funcionário público para ocupar um cargo vago deixado pelo seu ocupante efetivo ou um cargo vago na classe inicial da carreira, para o qual não haja pessoa legalmente habilitada, ou para substituir, temporariamente, outro servidor ocupante efetivo de cargo isolado, em seu impedimento.

NOMEAÇÃO LIVRE. *Vide* NOMEAÇÃO DISCRICIONÁRIA.

NOMEAÇÃO RESERVADA. *Direito administrativo* e *direito militar.* Aquela que recai somente sobre certas pessoas de um grupo que, por terem prestado serviços ao Estado, principalmente nas Forças Armadas, têm direito de receber tratamento especial (José Cretella Jr.).

NOMEAÇÃO VITALÍCIA. *Direito administrativo.* Diz-se daquela que é válida pelo tempo em que viver o detentor de cargo privilegiado pela vitaliciedade.

NOMEADA. 1. Reputação. **2.** Celebridade. **3.** Fama. **4.** Pessoa cujo nome aparece numa nomeação.

NOMEADO. 1. *Direito administrativo.* Aquele que recebeu nomeação para o exercício de cargo ou função pública. **2.** *Direito civil.* Designado pelo nome.

NOMEADOR. Aquele que nomeia.

NOMEANTE. Quem nomeia.

NOME APAGADO. Nome daquele que ninguém conhece ou que ainda não foi notado pelas ações de seu portador.

NOMEAR. 1. Chamar alguém pelo nome. **2.** Designar pelo nome. **3.** Intitular. **4.** Indicar alguém para ocupação de um cargo. **5.** Eleger. **6.** Individualizar.

NOMEATÓRIO. Qualidade do ato pelo qual se faz uma nomeação.

NOME CIVIL. *Direito civil.* Sinal de identidade da pessoa natural que figura no registro civil.

NOME COLETIVO. *Direito comercial.* **1.** Razão social ou firma de uma sociedade. **2.** Sociedade em que duas ou mais pessoas físicas unem-se para exercer atividade econômica organizada para a produção e circulação de bens e serviços em comum sob uma firma. Todos os sócios respondem, solidária e ilimitadamente, pelas obrigações sociais, embora possam no ato constitutivo ou por convenção posterior limitar a responsabilidade de cada um.

NOME COMERCIAL. *Direito comercial.* Nome que uma pessoa física ou jurídica adota para realizar sua atividade econômica organizada, dirigida à produção e circulação de bens, e serviços e para distinguir-se de outra. É o nome do empresário, individual ou coletivo, que o identifica no giro dos negócios mercantis.

NOME DE BATISMO. *Direito canônico.* Prenome recebido no ato de batismo.

NOME DE DOMÍNIO NA INTERNET DA ADMINISTRAÇÃO PÚBLICA FEDERAL. *Direito virtual.* Os órgãos ou entidades da Administração Pública Federal, ao adotarem um nome de domínio na Internet, deverão observar as diretrizes seguintes: a) somente poderão ser utilizados os domínios de primeiro nível gov.br e mil.br, exceto nos casos de simples redirecionamento do programa de navegação na Internet para o nome de domínio principal e nos de unidades de ensino e pesquisa da Administração Pública Federal; b) o nome de domínio deverá guardar associação com o nome ou sigla do órgão ou entidade; c) a maior quantidade possível de conteúdo deverá ser agregada em um mesmo nome de domínio, criando-se, se necessário, uma estrutura de subdomínios; d) nomes de domínio alternativos ou de fantasia devem ser usados apenas para divulgação; e) é vedada a incorporação em subdomínios de sítios independentes, sem vinculação com o órgão ou entidade.

NOME DE EMPRESA. *Direito comercial.* Designação da firma, seja esta individual ou pessoa jurídica, e do estabelecimento empresarial (J. Motta Maia). É o nome comercial, ou melhor, a denominação adotada para o exercício da empresa. Equipara-se ao nome empresarial, para os efeitos de proteção legal, a denominação das sociedades simples, associações e fundações. O nome empresarial é aquele sob o qual o empresário e a sociedade empresária exercem suas atividades e se obrigam nos atos a elas pertinentes.

NOME DE FAMÍLIA. *Direito civil.* Sobrenome.

NOME DE FANTASIA. *Direito comercial.* Denominação adotada por uma empresa para distinguir seus produtos dos concorrentes, mas que não reproduz sua firma ou razão social (Paulo Matos Peixoto e Othon Sidou).

NOME DE GUERRA. 1. *Direito autoral.* a) Pseudônimo pelo qual um autor é conhecido; b) pseudônimo usado pelos maçons em suas sessões. **2.** *Direito penal.* É o usado pelas meretrizes e pelos criminosos para ocultar sua verdadeira identidade.

NOME DO CÔNJUGE. *Direito civil.* Sobrenome de um dos cônjuges que o outro, por ocasião do casamento, pode acrescer ao seu.

NOME EMPRESARIAL. 1. *Vide* FIRMA COMERCIAL. **2.** *Vide* NOME DE EMPRESA E NOME COMERCIAL.

NOME-FORMA. *Direito comercial.* Firma social adotada pelo empresário como assinatura em todas as operações econômicas organizadas voltadas à produção e circulação de bens e serviços que venha a efetivar.

NOME INDIVIDUAL. *Direito civil.* Prenome.

NOME LITERÁRIO. *Direito autoral.* Pseudônimo adotado por um escritor.

NOMEN ALIENO. *Locução latina.* **1.** Nome alheio. **2.** Em nome de outrem.

NOMENCLAÇÃO. Designação de coisas.

NOMENCLATURA. 1. *Filosofia geral.* a) Relação de nomes atribuídos a pessoas ou a coisas para individualizá-las; b) conjunto de termos peculiares ou específicos de uma ciência ou arte; terminologia científica; c) método de classificação de objetos de uma ciência. **2.** *Direito tributário.* Classificação, pelos nomes, das profissões, dos comércios e das indústrias exercidos pelos contribuintes, sobre cujas rendas a tributação recai.

NOMENCLATURAR. *Filosofia geral.* Fazer a nomenclatura.

NOMEN ESSENTIAM REI PROBAT. *Aforismo jurídico.* O nome prova a essência da coisa.

NOMEN GENTILICIUM. *Locução latina.* Nome ligado a *gens* ou a família; nome gentilício que resultava da descendência ou do antepassado epônimo, fundador da *gens*.

NOMEN JURIS. *Locução latina.* Nome de direito; designação; identificação intelectual; denominação legal.

NOME-RECLAMO. *Direito comercial.* Designação que o empresário adota em cartazes, papéis ou invólucros para assinalar as suas mercadorias e servir de publicidade ou meio de propaganda de sua atividade empresarial, atraindo clientela.

NOME RIDÍCULO. *Direito civil.* Aquele que expõe seu portador em situação vexatória, podendo ser motivo de sua alteração por via judicial, uma vez provado o escárnio a que seu portador é exposto.

NOME SINGULAR. *Direito civil.* Nome civil.

NOME SOCIAL. *Direito comercial.* Razão social ou nome empresarial pelo qual as sociedades distinguem-se.

NOME SUPOSTO. Aquele que não pertence a quem o usa.

NOME VOCATÓRIO. *Direito civil.* Aquele pelo qual a pessoa é mais conhecida entre colegas de trabalho, vizinhos, amigos etc.

NOMINAÇÃO. *Retórica jurídica.* Figura com que se dá nome a algo que não o tem.

NOMINAL. 1. *Direito cambiário* e *direito comercial.* Diz-se do cheque ou título de crédito em que se declara o nome do seu proprietário ou favorecido. **2.** *Economia política.* Valor convencional inscrito numa moeda ou num papel-moeda diverso do valor real ou efetivo. **3.** Na *linguagem jurídica* em geral, pode designar: a) o que não é real; b) o que se faz nomeando; c) relativo ao nome; d) o que só existe em nome; e) a chamada feita nome por nome.

NOMINALIDADE. Qualidade de nominal.

NOMINALISMO. 1. *Filosofia geral.* a) Teoria que considera os seres como entes abstratos; b) teoria que só considera as espécies por seus nomes; c) concepção que, na teoria das ciências, substitui as idéias de convenção, de comodidade e de sucesso empírico pelas de verdade e conhecimento do real (Darbon, Poincaré); d) doutrina segundo a qual só existem signos reais (Roscelin, Hobbes e D'Occam). **2.** *Economia política.* Doutrina segundo a qual o dinheiro só possui valor nominal.

NOMINALISMO SOCIAL. *Sociologia geral.* Concepção pela qual os grupos sociais são meros nomes, sem existência real, pois o indivíduo é o único ser autêntico.

NOMINALISTA. *Filosofia geral* e *economia política*. **1.** Referente ao nominalismo. **2.** Partidário do nominalismo.

NOMINA SUNT ODIOSA. *Expressão latina.* Citar nomes é odioso.

NOMINATA. Lista ou relação de nomes.

NOMINATED TORTS. *Locução inglesa.* Ilícitos individualizados.

NOMINATIVO. 1. *Direito civil, direito comercial* e *direito cambiário.* Diz-se do título de crédito ou ação que menciona o nome do beneficiário, favorecido ou proprietário. **2.** Nas *linguagens comum* e *jurídica,* pode ter o sentido de: a) o que encerra nome; b) o que tem nome; c) o que vem denominado.

NOMINATUS PRIOR, MAGIS DILECTUS, DIGNUSQUE PRAESUMITUR. *Aforismo jurídico.* O nomeado em primeiro lugar presume-se ser o mais querido e mais digno.

NOMO. 1. *História do direito.* Antiga província do Egito. **2.** *Direito comparado.* Nomarcado grego.

NOMOCÂNON. *Direito canônico.* Norma prescrita no concílio alusiva à disciplina eclesiástica e doutrinas não acatadas pela Igreja (Marcus Cláudio Acquaviva).

NOMOCRACIA. *Ciência política.* Governo ou império da lei.

NOMOFILÁCIO. *História do direito.* **1.** Oficial do Império Bizantino. **2.** Magistrado que, na antigüidade grega, velava pela execução das leis.

NOMOFOBIA. *Medicina legal.* Aversão à lei.

NOMOGÊNESE JURÍDICA. *Sociologia jurídica.* Ciência que estuda as normas que regem o desenvolvimento dos fatos jurídicos.

NOMOGRAFIA. *Filosofia geral.* Ciência das leis e de sua interpretação.

NOMOLOGIA. *Filosofia geral.* **1.** Ciência da legislação. **2.** Estudo das leis naturais.

NOMÓTETA. 1. *História do direito.* Legislador que integrava uma comissão legislativa formada de ex-juízes e que era, em Atenas, encarregado de fazer a revisão das leis existentes. **2.** *Ciência política.* Especialista em técnica legislativa.

NOMOTÉTICA. *Ciência política.* **1.** O que se refere à legislação. **2.** Processo de elaboração de leis.

NOMOTÉTICO. *Filosofia geral* e *lógica jurídica.* Diz-se do juízo que se infere da observação dos fatos.

NOMOXIM. *História do direito.* Oficial dos pagodes ou das comunidades na Índia Portuguesa.

NONADA. 1. Insignificância. **2.** Diz-se da coisa de pouco valor.

NON ADIMPLETI CONTRACTUS. *Expressão latina, direito civil* e *direito processual civil.* Exceção processual pela qual o réu se opõe ao autor que exige o cumprimento de uma prestação, alegando que este não cumpriu a contraprestação respectiva.

NON AEDIFICANDI. *Locução latina* e *direito civil.* Diz-se da servidão em que o proprietário do prédio serviente não pode edificar em favor do prédio dominante.

NON ALITER A SIGNIFICATIONE VERBORUM RECEDI OPORTET, QUAM CUM MANIFESTUM EST, ALIUD SENSISSE TESTORUM. *Expressão latina.* Não convém apartar-se da significação das palavras, senão quando é manifesto traduzir coisa diversa do que pensou o testador.

NONATO. *Medicina legal.* Aquele que foi extraído do ventre materno por meio de uma operação cesariana.

NON-BAILABLE. *Locução inglesa.* Inafiançável.

NON-BÉLIGÉRANCE. *Locução francesa.* Neutralidade provisória de um país, em caso de guerra.

NON BIS IN IDEM. *Expressão latina.* Não duas vezes na mesma coisa; não se deve punir alguém duas vezes pela mesma falta.

NON CAUSA PRO CAUSA. *Expressão latina* e *lógica jurídica.* **1.** Erro, involuntário ou sofístico, do raciocínio que consiste em tratar como causa de um fato o que não o é (Lalande). **2.** Uma não-causa tomada por causa. **3.** Sofisma da falsa causa, consistente em tentar demonstrar uma asserção, aduzindo como causa um elemento que, na realidade, não pode ser considerado causa (Renzo Tosi).

NON COGNOSCITUR AUDACIA NISI IN BELLO. *Expressão latina.* A audácia só é conhecida na guerra.

NON DAMNATIO SED CAUSA HOMINEM TURPEM FACIT. *Expressão latina.* Não é a condenação que traz vergonha ao homem, mas sim a sua causa.

NON DEBET ACTORI LICERE, QUOD REO NON PERMITTITUR. *Expressão latina.* Não deve ser lícito ao autor o que não se permite ao réu.

NON DEBET CUI PLUS LICET, QUOD MINUS EST NON LICERE. Não deve ser proibido o menos a quem é permitido o mais.

NON DECET. *Locução latina.* Não convém.

NON DOMINUS. *Locução latina.* Não dono; aquele que não é o proprietário da coisa.

NON DUCOR, DUCO. *Expressão latina.* Não sou conduzido, conduzo (lema do Estado de São Paulo).

NON ENIM DOTIBUS, SED AFFECTU MATRIMONIA CONTRAHUNTUR. *Expressão latina.* Os matrimônios são contraídos pela afeição e não pelos dotes.

NON ENIM LEX EST QUOD SCRIPTUM EST, SED QUOD LEGISLATOR VOLUIT, QUOD JUDICIO SUO PROBAVIT ET RECEPIT. *Aforismo jurídico.* As palavras não fazem o direito por ser apenas a manifestação da vontade do legislador.

NON ESSE ET NON POSSE PROBARI VEL REPERIRI IDEM EST. *Aforismo jurídico.* Não existir, não se poder provar ou não se achar importa o mesmo.

NON ESSET RECTUM MINORI PARERE MAJOREM. *Expressão latina.* Não seria justo que o maior obedecesse ao menor.

NON ESSE VEL ESSE NULLUM, PARIA SUNT. *Aforismo jurídico.* Não existir ou ser nulo é a mesma coisa.

NON EST IN MORA QUI POTEST EXCEPTIONE LEGITIMA SE TUERI. *Expressão latina.* Não está em atraso quem tiver escusa legítima.

NON EST MAGNI ANIMI, QUI DE ALIENO LIBERALIS EST. *Expressão latina.* **1.** Não é magnânimo quem é liberal com bens alheios. **2.** Fazer cortesia com chapéu alheio.

NON EST MAGNUM DAMNUM IN MORA MODICI TEMPORIS. *Expressão latina.* Não há grande dano em pequena demora.

NON EST MAJOR DEFECTUS, QUAM DEFECTUS POTESTATIS. *Aforismo jurídico.* Não há defeito maior do que o da jurisdição.

NON EST OBLIGATORIUM CONTRA BONOS MORES PRAESTITUM JURAMENTUM. *Expressão latina.* Não obriga o juramento que foi feito contra os bons costumes.

NON EST SINE CULPA QUI REI, QUAE AD SE NON PERTINET, SE IMMISCET. *Expressão latina.* Não é sem culpa quem se imiscui em um negócio alheio.

NON EXEMPLIS, SED LEGIBUS EST JUDICANDUM. *Expressão latina.* Deve-se julgar conforme a lei e não por analogia.

NON EXPEDIT. *Locução latina.* Não convém.

NON EXTENDITUR DE RE AD REM. *Expressão latina.* Princípio pelo qual a fiança, limitada ou dada para uma parte da dívida, não se estende para o resto.

NON EXTENDITUR DE TEMPORE AD TEMPUS. *Expressão latina.* Princípio pelo qual a fiança não se prolonga além do tempo estipulado.

NON FACERE. *Locução latina.* Não fazer.

NON FECIT QUOD DEBENTUR. *Expressão latina.* Não fazer o que deveria ser feito.

NON FIERI, VEL INUTILITER FIERI, PARIA SUNT. *Aforismo jurídico.* Não fazer ou fazer inutilmente importa o mesmo.

NON FIGURA LITTERARUM, SED ORATIONE QUAM EXPRIMUNT LITTERAE, OBLIGAMUR, QUATENUS PLACUIT NON MINUS VALERE, QUOD SCRIPTURA, QUAM QUOD VOCIBUS LINGUA FIGURATIS SIGNIFICARETUR. *Expressão latina.* Não se fica obrigado pela forma das letras, mas pela declaração nelas contida, pois o que se declara por escrito não vale menos do que o que se declara por palavras ditas oralmente.

NON FIRMATUR TRACTU TEMPORIS QUOD DE JURE AB INITIO NON SUBSISTIT. *Expressão latina.* O que é nulo desde o princípio não se convalida com o tempo.

NON LICET EX OFFICIO, QUOD ADMINISTRAT QUIS, EMERE QUID VEL PER SE VEL PER ALIAM PERSONAM. *Expressão latina.* Não é lícito a ninguém, em razão do cargo exercido, comprar algo por si mesmo ou por meio de outra pessoa.

NON LICET IN BELLO BIS PECCARE. *Expressão latina.* Na guerra não é permitido cometer duas vezes a mesma falta.

NON LIQUET. *Locução latina.* Não está claro; não esclarecido. Declaração que era feita, na era romana, pelo juiz de que não podia decidir o litígio ante a obscuridade da lei, o que hoje está vedado legalmente.

NON MINUS INTERDUM ORATORIUM ESSE TACERE QUAM DICERE. *Expressão latina.* Às vezes calar não é menos eloqüente do que falar.

NON MODO PECCANTES CASTIGA, SED PECATUROS ETIAM PROHIBE. *Expressão latina.* Não só castigue os que cometem faltas, mas também proíba que se as cometam.

NON MULTA, SED MULTUM. *Expressão latina.* Não se é importante pelo número, mas pelas qualidades das ações.

NON NEGOTIABLE RECEIPTS. *Expressão inglesa.* Recibos não negociáveis.

NON NOVA, SED NOVE. *Expressão latina.* Não são coisas novas, mas são tratadas de modo novo.

NONOBSTÂNCIA. *Direito canônico.* Terceira parte das provisões da corte pontifícia.

NON OMNE QUOD LICET HONESTUM EST. *Brocardo latino.* Nem tudo que é lícito é honesto.

NON OMNIA QUAE A MAJORIBUS CONSTITUTA SUNT RATIO REDDI POTEST. *Aforismo jurídico.* Não se pode dar a razão de todas as leis de nossos antepassados.

NON PLUS HABERE CREDITOR POTEST, QUAM HABET QUI PIGNUS DEDIT. *Expressão latina.* O credor não pode pretender mais do que o fiador possui.

NON PLUS ULTRA. *Locução latina.* Não mais além.

NON POSSUMUS. *Locução latina.* Não podemos.

NON PRAESTAT IMPEDIMENTUM, QUOD DE JURE NON SORTITUR EFFECTUM. *Expressão latina.* Não pode ser tido como impedimento o que é nulo de pleno direito.

NON PROBANDUM FACTUM NOTORIUM. *Brocardo latino.* O fato notório não deve ser provado.

NON PROGREDI EST REGREDI. *Expressão latina.* Não progredir é retroceder.

NON SEQUITUR. *Locução latina.* Não se segue.

NON SOLUM QUANTUM SIBI COMMISSUM, SED ETIAM QUATENUS PERMISSUM SIT. *Expressão latina.* Não só se deve considerar o que é permitido, como também até onde foi permitido.

NON SUNT BONA, NISI DEDUCTO AERE ALIENO. *Expressão latina.* Não há bens sem que as dívidas sejam deduzidas.

NON SUNT FACIENDA MALA UT EVENIANT BONA. *Expressão latina.* Não devemos praticar o mal para obter o bem.

NON TANTUM RATUM VERBIS HABERI POTEST SED ETIAM ACTU. *Brocardo latino.* Pode-se ratificar não só por palavras, mas também por atos.

NON TERM. *Locução inglesa.* Férias forenses.

NON VIDENTUR QUE ERRANT CONSENTIRE. *Expressão latina.* Não se pode considerar como quem consentiu aquele que se encontra em erro.

NOOCRACIA. *Filosofia geral.* Domínio que a razão pura exerce sobre outras faculdades humanas.

NOOCRÁTICO. *Filosofia geral.* **1.** Referente à noocracia. **2.** Que professa a noocracia.

NOOLOGIA. 1. *Sociologia geral.* Estudo dos fatos e relações causais. **2.** *Filosofia geral.* a) Psicologia racional (Crusius); b) ciência da razão pura (Hamilton); c) ciência da vida criadora do espírito (Eucken); d) análise e classificação dos vários tipos de espírito ou estudo das ligações que oferecem e da sua interação (Mentré).

NOOLÓGICA. *Filosofia geral.* Ciência concernente ao espírito (Ampère).

NOOLÓGICO. *Filosofia geral.* O que diz respeito à noologia.

NOOSFERA. *Filosofia geral.* Desenvolvimento de idéias gerais sobre a vida (Teilhard de Chardin).

NOOSTÊNICO. *Medicina legal.* Aquilo que estimula as funções mentais.

NORA. 1. *Direito civil.* Parentesco por afinidade, estabelecido pelo casamento ou união estável, de uma mulher com os pais de seu marido ou companheiro. É, portanto, a esposa ou companheira do filho em relação aos pais dele. **2.** *Direito agrário.* a) Poço de onde se tira água por meio de um engenho; b) oliveira pequena.

NORDESTAL. 1. O que provém do nordeste. **2.** O que está no nordeste.

NORDESTE. 1. Ponto situado entre o norte e o leste. **2.** Região brasileira constituída pelos Estados do Maranhão, Piauí, Rio Grande do Norte, Paraíba, Pernambuco, Alagoas, Sergipe e Bahia.

NORDESTINO. Relativo ao Nordeste do Brasil.

NÓRDICO. Referente aos países do norte da Europa, como Dinamarca, Suécia e Noruega.

NORMA. *Teoria geral do direito.* **1.** Preceito de direito. **2.** Padrão de comportamento. **3.** Fórmula abstrata do que deve ser. **4.** Modelo. **5.** Ação que se dirige a fim previsto.

NORMA ADJETIVA. *Vide* LEI ADJETIVA.

NORMA AGENDI. *Locução latina.* **1.** Norma de agir. **2.** Direito objetivo. **3.** Norma de ação, norma de conduta.

NORMA ATRIBUTIVA. *Teoria geral do direito.* Diz-se daquela que dá origem a situações jurídicas (José de Oliveira Ascensão).

NORMA AUTÔNOMA. *Teoria geral do direito.* Aquela que estatui sanções a serem aplicadas, pelo poder competente, ao seu transgressor (Kelsen).

NORMA CODIFICADA. *Vide* LEGISLAÇÃO CODIFICADA.

NORMA COGITANDI. *Locução latina.* **1.** Norma interpretativa; norma pensada. **2.** Regra lógica imposta ao pensamento.

NORMA CONSOLIDADA. *Vide* LEGISLAÇÃO CONSOLIDADA.

NORMA CONSTITUCIONAL DE EFICÁCIA ABSOLUTA. *Direito constitucional.* É a inatingível, por ter força paralisante total de toda legislação que vier a contrariá-la e por não poder sofrer emenda.

NORMA CONSTITUCIONAL DE EFICÁCIA PLENA. *Direito constitucional.* Aquela que é suficiente para disciplinar as relações jurídicas ou o processo de sua efetivação, por apresentar todos os requisitos necessários para produzir os efeitos previstos imediatamente (por exemplo, uma norma revoga outra; o efeito extintivo é imediato), já que, apesar de suscetível de emenda, não requer normação ulterior.

NORMA CONSTITUCIONAL DE EFICÁCIA RELATIVA COMPLEMENTÁVEL. *Direito constitucional.* Aquela cuja possibilidade de produzir efeitos é mediata, dependendo de norma posterior.

NORMA CONSTITUCIONAL DE EFICÁCIA RELATIVA RESTRINGÍVEL. *Direito constitucional.* Aquela que tem aplicabilidade imediata, embora sua eficácia possa ser reduzida nos casos e na forma que a lei estabelecer. Tem, portanto, seu alcance reduzido pela atividade legislativa. Sua possibilidade de produzir efeitos é imediata, embora seja sujeita a restrições nela mesma previstas.

NORMA DE ADJUDICAÇÃO. *Teoria geral do direito* e *filosofia do direito.* É a norma secundária que é o remédio para a insuficiência de pressão social difusa, visto que determina, sob a forma revestida de autoridade, se, em ocasião particular, houve a transgressão de uma norma primária ou de obrigação. Além de identificar os indivíduos que podem julgar, conferindo poder jurisdicional, define o procedimento que devem seguir. A norma que confere jurisdição é também norma de reconhecimento porque identifica a norma primária através das decisões dos tribunais e estas decisões se convertem em fonte de direito (Hart).

NORMA DE APERFEIÇOAMENTO. *Teoria geral do direito.* Norma moral que visa aprimorar a comunhão humana de um grupo social que já está ordenado pela norma jurídica. Constitui exemplo dessa norma: "amarás teu próximo", "praticarás caridade". A obediência à norma de aperfeiçoamento não é essencial à preservação da sociedade, pois o grupo social não deixará de existir só pelo fato de não serem tais normas seguidas (Goffredo Telles Jr.).

NORMA DECLARATIVA. *Teoria geral do direito.* **1.** Aquela que declara direitos. **2.** A que esclarece dúvida ao dar o sentido de outra.

NORMA DE CONDUTA. *Teoria geral do direito.* Aquela que tem por fim disciplinar o comportamento dos indivíduos e as atividades dos grupos sociais (Miguel Reale).

NORMA DEFINIDORA. *Teoria geral do direito.* Aquela em que é exposto o fundamento da lei, dependente ou não de regulamentação para gerar seus efeitos.

NORMA DE GARANTIA. *Teoria geral do direito.* Norma jurídica que confere ao grupo social a forma condizente com a sua razão de ser. É a que garante a ordem necessária à consecução dos objetivos sociais. Ordena aquela conduta do sujeito que é uma condição imprescindível para os demais sujeitos; logo sua violação acarreta decomposição ou aniquilamento do grupo social (Goffredo Telles Jr.).

NORMA DE IMPERATIVIDADE ABSOLUTA. *Teoria geral do direito.* É a norma impositiva, absolutamente cogente ou de ordem pública, visto que ordena ou proíbe algo de modo absoluto. É aquela que determina a ação, a abstenção ou o estado das pessoas, sem admitir qualquer alternativa, vinculando o destinatário a um único esquema de conduta e tutelando interesses fundamentais, diretamente ligados ao bem comum.

NORMA DE IMPERATIVIDADE RELATIVA. *Teoria geral do direito.* É a norma dispositiva que não ordena nem proíbe de modo absoluto; permite ação ou abstenção ou supre declaração de vontade não existente.

NORMA DE MUDANÇA. *Teoria geral do direito* e *filosofia do direito.* É a norma secundária que constitui, na teoria de Hart, o remédio para sanar o caráter estático da estrutura das normas primárias ou de obrigação, por permitir, ao prescrever o procedimento para o exercício do poder legislativo e a competência legislativa, a introdução pelo poder competente de novas normas primárias para a condução da vida grupal, deixando sem efeito as anteriores. Prescreve o procedimento para o exercício do poder legislativo e a competência legislativa (Hart).

NORMA DE ORGANIZAÇÃO. *Teoria geral do direito.* Aquela que visa não só a estrutura e o funcionamento de órgãos, mas também a disciplina de processos técnicos de identificação e aplicação de normas, assegurando uma convivência jurídica ordenada (Miguel Reale).

NORMA DE PRINCÍPIOS INSTITUTIVOS. *Direito constitucional.* Norma constitucional que requer que o legislador estabeleça, mediante lei complementar ou ordinária, esquemas gerais de estruturação e atribuições de órgãos, para que tenha aplicabilidade plena ou imediata. Impõe ao Legislativo uma obrigação política.

NORMA DE RECONHECIMENTO. *Teoria geral do direito* e *filosofia do direito.* Segundo Hart, é a norma secundária que constitui remédio para a falta de certeza da norma primária ou de obrigação, por especificar as características desta última, a fim de que o grupo social a reconheça como norma sua e possa exercer pressão social correspondente.

NORMA DE SEGURANÇA E SAÚDE NO TRABALHO NA MINERAÇÃO. *Direito do trabalho.* É a que tem por objetivo disciplinar os preceitos mínimos a serem observados na organização e no meio ambiente de trabalho de forma a tornar compatível o planejamento e o desenvolvimento com a busca permanente da promoção e garantia da segurança e saúde das pessoas. Esta norma se aplica a: a) minerações subterrâneas; b) minerações de superfície; c) garimpos e atividades correlatas; d) escavações, túneis, galerias e canais de construção civil, no que couber; e) instalações de beneficiamento e apoio das atividades acima mencionadas.

NORMA DISPOSITIVA. *Vide* LEI DISPOSITIVA.

NORMA EFICAZ. *Teoria geral do direito.* Norma vigente que tem a qualidade de produzir, no seio da coletividade, efeitos jurídicos concretos, supondo, portanto, não só a questão de sua condição técnica de aplicação e observância, ou não, pelas pessoas a quem se dirige, mas também de sua adequação, em face da realidade social por ela disciplinada e dos valores vigentes na sociedade, o que conduziria ao seu sucesso.

NORMA ESPARSA. *Vide* LEI ESPARSA.

NORMA ESTADUAL. *Vide* LEI ESTADUAL.

NORMA ÉTICA. *Teoria geral do direito.* Aquela que rege o comportamento humano, prescrevendo um dever. Estabelece uma direção a ser seguida e a medida da conduta considerada lícita ou ilícita. Abrange a norma costumeira, de trato social, moral, religiosa e jurídica, por ser a medida daquilo que se deve ou não fazer, determinando como deve conduzir-se a conduta de cada um.

NORMA EXPERIMENTAL DE PROTEÇÃO CONTRA INCÊNDIO EM INSTALAÇÕES NUCLEARES DO CICLO DO COMBUSTÍVEL. *Direito nuclear* e *direito ambiental.* É a que tem por escopo estabelecer o critério e os requisitos para a proteção contra incêndio durante os estágios de projeto, construção, comissionamento, operação e modificações eventuais das instalações nucleares do ciclo do combustível, exceto as de reprocessamento. O critério e os requisitos prescritos visam prevenir a ocorrência, neutralizar a ação e minimizar os efeitos do incêndio sobre o material nuclear e/ou tóxico presente nas instalações nucleares do ciclo do combustível, a fim de se evitar, ou limitar aos níveis mais baixos possíveis, os efeitos de radiações ionizantes ou substâncias tóxicas sobre as pessoas e o meio ambiente.

NORMA EXPERIMENTAL DE SEGURANÇA NA OPERAÇÃO DE USINAS NUCLEOELÉTRICAS. *Direito nuclear* e *direito ambiental.* É a que visa estabelecer os requisitos mínimos necessários para garantir que a condução da operação de usinas nucleoelétricas seja mantida sem risco indevido à saúde e à segurança da população como um todo e ao meio ambiente.

NORMA EXTRAVAGANTE. *Vide* LEI EXTRAVAGANTE.

NORMA FACIENDI. *Locução latina.* Norma técnica; norma do fazer.

NORMA FACULTATIVA. *Vide* LEI PERMISSIVA.

NORMA FEDERAL. *Vide* LEI FEDERAL.

NORMA FUNDAMENTAL. *Direito constitucional.* **1.** Carta Magna. **2.** Constituição de um país.

NORMA GERAL. *Teoria geral do direito* e *filosofia do direito.* Aquela cuja produção é regulada pela Constituição. É a criada pelo Poder Legislativo, pela autoridade administrativa e pelo costume, ligando a um fato abstratamente determinado uma conseqüência igualmente abstrata e precisa de individualização, para poder ser aplicada. Tem dupla função: a) a determinação dos órgãos aplicadores e do processo que devem observar; b) a definição do conteúdo da norma individual a ser produzida no processo judicial ou administrativo. A estas duas funções correspondem duas categorias de normas gerais: a) normas de direito formal, que são aquelas que regem a organização e o processo das autoridades judiciais e administrativas; b) normas de direito material, que são as que determinam o conteúdo dos atos judiciais e administrativos, pertencendo à seara dos direitos civil, comercial, penal etc. (Kelsen).

NORMA GERAL DE TELECOMUNICAÇÃO PARA EXPLORAÇÃO DE SERVIÇO MÓVEL CELULAR. *Direito administrativo* e *direito das comunicações.* É a que tem por fim reger as condições gerais para a exploração do Serviço Móvel Celular em ambiente de justa competição entre as concessionárias do serviço, dispondo, além disso, sobre os direitos e obrigações das concessionárias de Serviço Móvel Celular, das concessionárias de Serviço Telefônico Público, da Empresa Exploradora de Troncos Interestaduais e Internacionais, dos assinantes e usuários em geral.

NORMA HIPOTÉTICA FUNDAMENTAL. *Filosofia do direito.* Na teoria pura do direito de Hans Kelsen, é aquela que produz o direito como objeto de conhecimento jurídico-científico. É o instrumento de reconhecimento do direito, por ser a hipótese de trabalho lógico-técnico-jurídica que fundamenta a validade do sistema. Apenas por meio dela pode o jurista dizer se determinada lei, decreto ou regulamento é, ou não, parte integrante do sistema, isto é, se constitui ou não objeto de investigação jurídico-científica. O jurista é obrigado a admitir no plano das condições lógico-transcendentais uma norma básica que lhe garanta a possibilidade de conhecer o direito. A norma hipotética fundamental é uma hipótese lógica indispensável para que se possa considerar o direito como um sistema normativo, uma vez que fornece o fundamento de validade das normas sobre ele fundadas. É uma criação epistemológica, no sentido de que algo em virtude dela passa a ser objeto do conhecimento jurídico-científico. A norma hipotética fundamental não é positiva, não prescreve obrigações nem confere direitos. Também não constitui uma construção intelectual, porque não é criada pelo pensamento jurídico, mas sim pressuposta por ele, com o escopo de auxiliar o jurista a conhecer a ordem jurídica como um todo. Não é uma norma querida pelo teórico do direito, mas sim pensada ou ideada por ele como pressuposto logicamente indispensável para a cognoscibilidade do direito. A norma hipotética fundamental é metajurídica, no sentido de não ser positiva, criada por um ato real volitivo de um órgão jurídico, e sim uma norma pressuposta pelo pensamento jurídico. Por não ser positiva, não pertence ao sistema, sendo até mesmo anterior a ele, que dela depende. Fora do sistema tem ela uma função apenas postulatória, já que consiste no ponto de partida necessário à investigação jurídico-científica. Todavia, ela é jurídica no sentido de ter funções jurídicas relevantes, tais como fundamentar a validade objetiva do significado subjetivo dos atos de vontade criadores de norma e estabelecer a unidade de uma pluralidade destas. Dentro do sistema, tem ela dupla função constitutiva: dar unidade e validade a um sistema de normas.

NORMA IMPERATIVA. 1. *Vide* LEI IMPERATIVA. **2.** *Direito internacional público.* Aquela que, por ser reconhecida pela comunidade internacional, só pode ser alterada por novo preceito de direito internacional (Othon Sidou).

NORMA IMPERFEITA. *Vide* LEI IMPERFEITA.

NORMA IMPOSITIVA. *Vide* NORMA DE IMPERATIVIDADE ABSOLUTA.

NORMA INDIVIDUAL. *Teoria geral do direito* e *filosofia do direito.* É a que decorre da aplicação de uma norma geral (Kelsen), por meio de decisões judiciais, resoluções administrativas e declarações de vontade das partes contratantes. Assim, são normas jurídicas individuais a sentença ou decisão judicial, o ato administrativo e o negócio jurídico.

NORMA INJUNTIVA. *Vide* LEI IMPERATIVA.

NORMA INTERPRETATIVA. *Vide* LEI INTERPRETATIVA.

NORMA JURÍDICA. *Teoria geral do direito.* É o imperativo autorizante (Goffredo Telles Jr.). É imperativa porque regula o comportamento humano, e autorizante porque autoriza que o lesado pela sua violação exija do órgão competente o seu cumprimento ou a reparação do mal causado.

NORMAL. 1. Regular. **2.** Aquilo que está em ordem. **3.** Conforme a norma. **4.** Modelar; exemplar. **5.** Escola ou curso especializados em formar professores de ensino de primeiro grau. **6.** Que é tal como deve ser. **7.** O que constitui a média.

NORMA LEGAL. *Teoria geral do direito.* Disposição normativa fixada em lei e elaborada pelo Poder Legislativo.

NORMALIDADE. Estado ou qualidade de normal.

NORMA LIMITATIVA. *Vide* LEI LIMITATIVA.

NORMALISTA. *Direito educacional.* Aquele que fez o curso da escola normal.

NORMALIZAÇÃO. 1. Ato ou efeito de normalizar ou regularizar algo. **2.** Regulamentação que facilita a aplicação de uma lei.

NORMALIZAR. 1. Regularizar. **2.** Voltar à normalidade. **3.** Colocar em ordem.

NORMALIZÁVEL. O que pode ser normalizado.

NORMAM. *Direito marítimo.* Abreviação de Normas da Autoridade Marítima.

NORMA MAIS FAVORÁVEL. *Direito do trabalho.* Aquela que mais beneficia o trabalhador e que, por isso, deve ser aplicada (Pedro Nunes).

NORMA MAIS QUE PERFEITA. *Vide* LEI MAIS QUE PERFEITA.

NORMA MATRIZ DE INCIDÊNCIA. *Direito tributário.* Norma de conduta que disciplina a relação do Estado com seus súditos, tendo em vista contribuições pecuniárias. Concretizando-se os eventos descritos na hipótese, deve ser a conseqüência, e esta, por sua vez, prescreve uma obrigação patrimonial. Nela encontramos a pessoa obrigada a cumprir uma prestação em dinheiro. Daí o dever ser modalizado. É o esquema lógico de representação formal da norma de incidência, conforme seu substrato constitucional, tendo como ponto de partida o binômio hipótese de incidência e base de cálculo (Paulo de Barros Carvalho).

NORMA MENOS QUE PERFEITA. *Vide* LEI MENOS QUE PERFEITA.

NORMA MODIFICATIVA. *Teoria geral do direito.* Aquela que modifica sua eficácia em relação a certo caso ou impõe exceção relativamente a outra lei.

NORMA MORAL. *Teoria geral do direito.* É a que tem por fim provocar um comportamento, sem, porém, autorizar o emprego de coação para a obtenção de seu cumprimento. É uma norma autônoma, por ter como fonte a própria natureza humana e por regular a vida interior, compelindo o homem, se ele quiser, à objetivação do bem individual; logo, o sujeito é autolegislador. Só será válida a norma moral se o próprio sujeito a aceitar como obrigatória.

NORMA MUNICIPAL. *Vide* LEI MUNICIPAL.

NORMA NÃO AUTÔNOMA. *Teoria geral do direito.* Segundo Hans Kelsen, é aquela que não prescreve sanção, valendo apenas quando se liga a uma que estatua punição. Como normas não autônomas, podem ser citadas: a) a que permite positivamente uma determinada conduta, limitando o domínio de validade de uma norma jurídica que proíbe essa conduta, na medida em que lhe impõe uma sanção, por exemplo, a norma permissiva da legítima defesa; b) a norma derrogativa, que retira a validade de outra; c) a que confere competência para a realização de certa conduta; d) aquela que determina com exatidão o sentido de outra norma etc.

NORMA NEGATIVA. *Teoria geral do direito.* Aquela que, em certos casos, ao negar a validade do ato, suprime a eficácia da norma que o rege.

NORMA–OBJETIVO. *Teoria geral do direito.* Aquela que enuncia resultados concretos que devem ser alcançados pelos seus destinatários. Define finalidades a perseguir e permite comportamentos com elas coerentes (Eros Roberto Grau).

NORMA OPERACIONAL BÁSICA DO SISTEMA ÚNICO DE SAÚDE (NOB). *Direito administrativo.* É a que tem por fim primordial promover e consolidar o pleno exercício, por parte do Poder Público municipal e do Distrito Federal, da função de gestor da atenção à saúde dos seus munícipes, com a conseqüente redefinição das responsabilidades dos Estados, do Distrito Federal e da União, avançando na consolidação dos princípios do Sistema Único de Saúde (SUS). Esse exercício, viabilizado com a imprescindível cooperação técnica e financeira dos Poderes Públicos estadual e federal, compreende, portanto, não só a responsabilidade por algum tipo de prestação de serviços de saúde como, da mesma forma, a responsabilidade pela gestão de um sistema que atenda, com integralidade, à demanda das pessoas pela assistência à saúde e às exigências sanitárias ambientais. Busca-se, dessa forma, a plena responsabilidade do Poder Público municipal. Assim, esse Poder se responsabiliza como também pode ser responsabilizado, ainda que não isoladamente. Os Poderes Públicos estadual e federal são sempre co-responsáveis, na respectiva competência ou na ausência da função municipal. Essa responsabilidade, no entanto, não exclui o papel da família, da comunidade e dos próprios indivíduos na promoção, proteção e recuperação da saúde. Isso implica aperfeiçoar a gestão dos serviços de saúde no País e a própria organização do Sistema, visto que o município passa a ser, de fato, o responsável imediato pelo atendimento das necessidades e demandas de saúde do seu povo e das exigências de intervenções saneadoras em seu território. Ao tempo em que aperfeiçoa a gestão do SUS, essa NOB aponta para uma reordenação do modelo de atenção à saúde, na medida em que redefine: a) os papéis de cada esfera de governo e, em especial, no tocante à direção única; b) os instrumentos gerenciais para que municípios e Estados superem o papel exclusivo de prestadores de serviço e assumam seus respectivos papéis de gestores do SUS; c) os mecanismos financeiros, reduzindo as transferências por produção de serviços e ampliando aquelas de caráter global, fundo a fundo, com base em programações ascendentes, pactuadas e integradas; d) a prática do acompanhamento, controle e avaliação no SUS, superando os mecanismos tradicionais, centrados no faturamento de serviços produzidos, e valorizando os resultados advindos de programações com critérios epidemiológicos e desempenho com qualidade; e) os vínculos dos serviços com os seus usuários, privilegiando os núcleos familiares e comunitários, criando, assim, condições para uma efetiva participação e controle social.

NORMA OPERANDI. *Locução latina.* **1.** Norma operativa. **2.** Norma técnica.

NORMA–ORIGEM. *Teoria geral do direito.* Aquela que deu início a uma cadeia normativa, não havendo outra acima dela; logo, não é válida nem inválida, mas tão-somente eficaz ou mesmo efetiva. Ela tem sua supremacia garantida dentro do padrão da legalidade, que possibilita o funcionamento do sistema, apesar de ser dependente de regras de calibração ou regulagem, que poderão ser encontradas, por exemplo, no princípio da soberania ou no poder supremo de legislar (Tércio Sampaio Ferraz Jr.).

NORMA–PADRÃO DE INCIDÊNCIA TRIBUTÁRIA. *Vide* REGRA-MATRIZ DE INCIDÊNCIA TRIBUTÁRIA.

NORMA PARA A HOMOLOGAÇÃO DE ACORDO OPERACIONAL ENTRE EMPRESAS BRASILEIRAS E ESTRANGEIRAS DE NAVEGAÇÃO PARA TROCA DE ESPAÇOS NO TRANSPORTE MARÍTIMO INTERNACIONAL. *Direito marítimo.* É a norma que tem por objeto estabelecer os requisitos que devem ser atendidos pelos acordos operacionais, para troca de espaços, na navegação de longo curso, celebrados entre empresas brasileiras de navegação e empresas estrangeiras de navegação, visando promover a melhoria e a regularidade dos serviços, a racionalização do emprego de embarcações e a redução dos custos de operação. É vedado o transporte, por embarcação estrangeira participante de acordo, de cargas com origem e destino em portos do território nacional ou em instalações localizadas nas águas jurisdicionais brasileiras, salvo se tiverem sido regularmente afretadas por empresa brasileira de navegação para operar na navegação de cabotagem.

NORMA PENAL. *Vide* LEI PENAL.

NORMA PENAL EM BRANCO. *Vide* LEI PENAL EM BRANCO.

NORMA PERFEITA. *Vide* LEI PERFEITA.

NORMA PERMISSIVA. *Vide* LEI PERMISSIVA.

NORMA PRECEPTIVA. *Teoria geral do direito.* Aquela que impõe um dado comportamento.

NORMA PRIMÁRIA. *Teoria geral do direito.* **1.** Aquela que prescreve mandamentos. **2.** A que se referia à sanção, na primeira fase do pensamento de Kelsen. **3.** Aquela que, segundo Hart, constitui a norma de obrigação, por impor deveres, definindo certos tipos de comportamento que devem ser omitidos ou realizados por aqueles a quem se aplicam, prescrevendo sanções no caso de sua violação. Ocupa-se das ações que os indivíduos devem ou não praticar.

NORMA PROCESSUAL. *Vide* LEI PROCESSUAL.

NORMA PROGRAMÁTICA. *Direito constitucional.* Aquela em que o constituinte não regula diretamente os interesses ou direitos nela consagrados, limitando-se a traçar princípios a serem cumpridos pelos Poderes Públicos (Legislativo, Executivo e Judiciário) como programas das respectivas atividades, pretendendo unicamente a consecução dos fins sociais pelo Estado. Tem eficácia jurídica porque: a) impede que o legislador comum edite normas em sentido oposto ao direito assegurado pelo constituinte; b) impõe um dever político ao órgão com competência normativa; c) informa a concepção estatal ao indicar suas finalidades sociais e os valores objetivados pela sociedade; d) condiciona a atividade discricionária da Administração e do Judiciário; e) serve de diretriz teleológica para a interpretação e a aplicação jurídica (subsunção, integração e correção); f) estabelece direitos subjetivos por impedir comportamentos antagônicos a ela.

NORMA PROIBITIVA. *Teoria geral do direito.* Aquela que proíbe certo comportamento ou ordena a abstenção de determinado ato.

NORMA REGULAMENTADORA DE SEGURANÇA E SAÚDE NO TRABALHO, NA AGRICULTURA, PECUÁRIA, SILVICULTURA, EXPLORAÇÃO FLORESTAL E AQÜICULTURA. *Direito agrário* e *direito do trabalho.* Norma Regulamentadora que tem por objetivo estabelecer os preceitos a serem observados na organização e no ambiente de trabalho, de forma a tornar compatível o planejamento e o desenvolvimento das atividades da agricultura, pecuária, silvicultura, exploração florestal e aqüicultura com a segurança e saúde e meio ambiente do trabalho. Esta Norma Regulamentadora se aplica a: a) atividades da agricultura, pecuária, silvicultura, exploração florestal e aqüicultura, verificadas as formas de relações de trabalho e emprego e o local das atividades; e b) atividades de exploração industrial desenvolvidas em estabelecimentos agrários.

NORMA REMISSIVA. *Teoria geral do direito.* Aquela que não rege certa matéria, limitando-se a remeter para outra norma que a discipline, sendo, por isso, aplicável àquele caso (Ana Prata).

NORMAS BÁSICAS PARA ATIVIDADES DE SUBMERSÍVEIS TRIPULADOS PARA TURISMO E DIVERSÃO. São as que visam estabelecer os procedimentos e os parâmetros técnicos a serem observados nos projetos de construção ou alteração das respectivas licenças, vistorias e manutenção de submersíveis tripulados para atividades de turismo e diversão, para o tráfego e permanência e para a habilitação do pessoal em funções de operação e manutenção, sendo que a responsabilidade da operação, assistência e, em caso de necessidade, do socorro e salvamento do submersível, sua tripulação e passageiros será de seu armador/proprietário. O proprietário pode ser responsabilizado, de forma penal, por qualquer ação ou omissão voluntária, negligência, imprudência que cause violação de direitos ou prejuízos à integridade física ou ao patrimônio de terceiros.

NORMAS DE COMPORTAMENTO. *Vide* REGRAS DE COMPORTAMENTO.

NORMAS DE CONDUTA PARA O DESEMPENHO CORRETO, HONRADO E ADEQUADO DAS FUNÇÕES PÚBLICAS. *Direito administrativo.* Normas que têm por finalidade prevenir conflitos de interesses, assegurar a guarda e uso adequado dos recursos confiados aos funcionários públicos no desempenho de suas funções e estabelecer medidas e sistemas para exigir dos funcionários públicos que informem as autoridades competentes dos atos de corrupção nas funções públicas de que tenham conhecimento. Tais medidas ajudarão a preservar a confiança na integridade dos funcionários públicos e na gestão pública.

NORMAS DE CONFLITO. *Teoria geral do direito* e *direito internacional privado.* Aquelas que definem o campo de aplicação de normas, apontando a lei competente quando as relações jurídicas por elas reguladas estiverem em conexão com outras normas. Têm ação disciplinadora espácio-temporal, solucionando conflitos de leis no tempo e no espaço. Em relação aos primeiros, apontam soluções para os seguintes problemas: a) os alusivos aos princípios norteadores da efetividade das leis desde sua vigência; b) os relativos às conseqüências da *vacatio legis*; c) os atinentes à excepcionalidade da norma com eficácia suspensa e seus efeitos no plano hermenêutico; d) os condizentes com a permanência ou não da norma; e) os que dizem respeito à aplicação da lei ou da antiga já revogada aos efeitos decorrentes da relação jurídica pretérita. Solucionam também os conflitos de leis no espaço originários do intercâmbio entre nações, indicando o juízo competente e a lei aplicável ao caso, mesmo que seja alienígena.

NORMAS DE ESTRUTURA. *Vide* REGRAS DE ESTRUTURA.

NORMAS DE NORMAS. *Teoria geral do direito.* São as: a) normas sobre o processo normativo; b) normas de reenvio a outras; c) normas interpretativas; d) normas ab-rogantes ou derrogatórias de normas; e) normas repristinatórias; f) normas convalidantes de outras normas etc. (Lourival Vilanova).

NORMAS DE *ROCHDALE.* *Direito civil.* Enunciados da *Rochdale Society of Equitable Pioneers*, que são considerados básicos ao cooperativismo.

NORMA SECUNDÁRIA. *Teoria geral do direito.* **1.** Aquela que prescreve sanções, a serem aplicadas em caso de violação de um dever. **2.** Na primeira fase do pensamento kelseniano, era a concernente à conduta lícita, que evitaria a aplicação da sanção. **3.** Aquela que, segundo Hart, confere poderes jurídicos para decidir litígio ou legislar (competência pública) ou para criar ou modificar relações jurídicas (competência particular). A norma secundária pode ser de reconhecimento, mudança e adjudicação, visto que se ocupa da norma primária, especificando o modo como pode ser verificada, introduzida, eliminada e modificada, e determinando definitivamente sua violação.

NORMAS GERAIS DE DIREITO TRIBUTÁRIO. *Direito tributário* e *direito constitucional.* Aquelas que definem não só os tributos e as espécies tributárias, dispondo sobre seus respectivos fatos geradores, bases de cálculo e contribuintes, como também obrigação, lançamento, crédito, prescrição e decadência tributários, dando adequado tratamento ao ato cooperativo praticado pelas sociedades cooperativas. Além disso, são as que dispõem sobre conflitos de competência entre entidades tributantes e regulam as restrições constitucionais impostas ao poder de tributar.

NORMAS PARA AVALIAÇÃO DA SEGURANÇA ALIMENTAR DE PLANTAS GENETICAMENTE MODIFICADAS. *Direito ambiental* e *biodireito.* Normas aplicáveis à produção, importação e comercialização de plantas geneticamente modificadas e de suas partes destinadas à alimentação humana ou animal, assim como, no caso de importação, aos derivados de plantas geneticamente modificadas ou de suas partes. Os alimentos obtidos a partir de plantas geneticamente modificadas e de suas partes deverão ser liberados pelas autoridades federais competentes após observado o parecer técnico prévio conclusivo da Comissão Técnica Nacional de Biossegurança (CTNBio) sobre a sua segurança alimentar. As plantas geneticamente modificadas, importadas, cujo plantio comercial no País não tenha sido ainda autorizado pelas autoridades competentes, estarão sujeitas a requisitos adicionais, estabelecidos, caso a caso, pela CTNBio, de modo a evitar escape para o meio ambiente.

NORMAS TÉCNICAS DA ABNT. *Direito do consumidor.* Conjunto de regras sobre processo de simplificação para reduzir a crescente variedade de procedimentos, eliminando o desperdício e o retrabalho, facilitando a troca de informações entre fornecedor e consumidor, especificando critérios de aferição do desempenho do produto ou serviço, amparando a vida e a saúde. Fixam padrões de qualidade, regem a produtividade, tecnologia e *marketing* (Afonso Celso F. de Rezende).

NORMA SUBSTANTIVA. *Vide* LEI SUBSTANTIVA.

NORMA SUPLETIVA. *Vide* LEI SUPLETIVA.

NORMA TÉCNICA PARA EXECUÇÃO DO SERVIÇO DE RADIODIFUSÃO SONORA EM FREQÜÊNCIA MODULADA. *Direito das comunicações.* É a que tem por objetivo disciplinar a utilização da faixa de 88 a 108 MHz, nos serviços de radiodifusão sonora em freqüência modulada e em serviços nela executados, para: a) propiciar aos ouvintes um melhor serviço, com boa qualidade de reprodução e recepção mais confortável; b) evitar interferências objetáveis sobre serviços de telecomunicações regularmente autorizados; c) reduzir os riscos de danos físicos às pessoas; d) estabelecer requisitos mínimos para os equipamentos utilizados em radiodifusão sonora em freqüência modulada, a fim de, além de atender as alíneas anteriores, racionalizar sua produção industrial.

NORMÁTICO. Que tem a forma de norma.

NORMATIVIDADE. 1. *Filosofia do direito.* Segundo Müller, propriedade dinâmica de a norma jurídica influenciar a realidade a ela relacionada (normatividade concreta) e de ser, concomitantemente, influenciada e estruturada por esse aspecto da realidade (normatividade materialmente determinada). **2.** *Direito constitucional.* Efeito do procedimento de concretização da Constituição (Canotilho).

NORMATIVISMO JURÍDICO. *Filosofia do direito.* Também designado de "normativismo lógico" ou "racionalismo dogmático". Para essa doutrina fundada por Hans Kelsen, a ciência jurídica conserva a mais absoluta neutralidade em face do conteúdo das normas. Objetivando uma pureza metódica, submeteu a ciência jurídica a uma dupla depuração, que retirou de seu âmbito qualquer análise de aspectos valorativos e fáticos ligados ao direito e constituindo como seu objeto específico a norma jurídica. A ciência do direito deve expor sistematicamente as normas, mediante o emprego do método normológico, que, pela imputação, liga um fato condicionante a um condicionado. Pela imputação o jurista ergue o sistema e estabelece as relações entre normas superiores e inferiores, mediante um procedimento finito, que torna possível referir os comandos a um centro unificador: a norma hipotética fundamental, que fornece o fundamento de validade, constituindo a unidade na pluralidade de normas, sendo um pressuposto gnoseológico ou uma condição lógico-transcendental posta pelo jurista para tornar possível a pesquisa científico-jurídica, que considera o direito como um sistema de normas válidas. A estrutura lógica desse sistema é piramidal, pois a ciência jurídica estabelece uma hierarquia, uma relação de subordinação, de modo que a norma do escalão inferior harmonize-se com a que lhe for imediatamente superior, que lhe dá validade. A ciência do direito é normativa porque tem a função de conhecer e descrever normas, mediante uma proposição jurídica.

NORMATIVISMO LÓGICO. *Filosofia do direito.* Formalismo lógico-jurídico da escola de Kelsen, que estuda a norma jurídica lógico-formalisticamente.

NORMATIVISMO POSITIVISTA. *Filosofia do direito.* Concepção de Duguit, derivada de Comte, que, com base num critério realista, suprime todas as idéias e conceitos jurídicos puros, tidos como metafísicos, substituindo-os pelos fatos.

NORMATIVITÄT DES FAKTISCHEN. *Locução alemã.* Normatividade dos fatos.

NORMATIVO. *Teoria geral do direito.* **1.** O que tem força de norma. **2.** O que está de acordo com ela. **3.** Que serve de norma ou modelo de conduta. **4.** Que segue um padrão cultural. **5.** Que enuncia uma norma. **6.** O que diz respeito às normas. **7.** Que impõe normas.

NORMATIZAR. *Teoria geral do direito.* Estabelecer normas.

NORMA TRIBUTÁRIA EM SENTIDO AMPLO. *Direito tributário.* É, na lição de Paulo de Barros Carvalho, qualquer norma que discipline o tributo, desde que não defina a sua incidência. Logo, pode ser considerada como norma tributária em acepção lata a que demarca princípios tributários, as alusivas ao lançamento, ao recolhimento etc.

NORMA TRIBUTÁRIA EM SENTIDO ESTRITO. *Direito tributário.* É, como nos ensina Paulo de Barros Carvalho, a que define a incidência fiscal, ou seja, o núcleo do tributo, isto é, a regra-matriz da incidência fiscal. Nesta norma haverá uma hipótese (descritor), contendo um critério material (conduta humana) condicionado no tempo (critério temporal) e no espaço (critério espacial). A esta hipótese segue-se uma conseqüência (prescritor), que, por sua vez, apresenta um critério pessoal (sujeito ativo, que é o fisco, e sujeito passivo, o contribuinte) e um critério quantitativo, alusivo à base de cálculo e à alíquota.

NORMA VÁLIDA. *Teoria geral do direito.* Aquela que foi elaborada por órgão competente em obediência aos procedimentos legais.

NORMA VIGENTE. *Teoria geral do direito.* Aquela que tem existência específica em determinada época, regendo relações sociais "aqui e agora" (*hic et nunc*), podendo ser invocada para produzir concretamente seus diferentes efeitos.

NORMOERGIA. *Medicina legal.* Normalidade da reação do organismo em face de agentes estranhos.

NORTE. **1.** Um dos quatro pontos cardeais da rosa-dos-ventos. **2.** Região brasileira que abrange os Estados do Acre, Amazonas, Amapá, Pará, Rondônia, Roraima e Tocantins.

NORTEAÇÃO. Orientação.

NORTEADOR. Que orienta ou norteia.

NORTEAMENTO. **1.** Ato de nortear. **2.** Orientação. **3.** Direção.

NORTE-AMERICANIZAR. *Sociologia geral.* Dar feição norte-americana.

NORTE-AMERICANO. **1.** Relativo aos Estados Unidos da América. **2.** Que é natural daquele país.

NORTEAR. **1.** Guiar; orientar. **2.** Encaminhar para o norte.

NORTEIO. Ato de nortear.

NORTENSE. Designação que era dada em Goiás ao natural do norte desse Estado, hoje Tocantins.

NORTISMO. Qualidade de nortista.

NORTISTA. **1.** Na *linguagem comum*, aquele que pertence ou diz respeito aos Estados brasileiros do Norte, em especial ao Acre, Amazonas, Pará, Rondônia e Roraima. **2.** *História do direito.* Membro do partido conservador do Rio Grande do Norte, no período da Monarquia.

NOS. Abreviatura de *Networking Operating System*, isto é, Sistema Operacional de Rede.

NOSENCEFALIA. *Medicina legal.* Anormalidade em que o encéfalo é substituído por um tumor vascular.

NOSENCÉFALO. *Medicina legal.* Aquele que apresenta nosencefalia.

NOSOCÔMIO. *Direito civil.* Hospital.

NOSOFOBIA. *Medicina legal.* Medo mórbido de adoecer que leva a pessoa a fazer tratamento de doenças que não tem.

NOSOFÓBICO. *Medicina legal.* Aquilo que diz respeito à nosofobia.

NOSÓFOBO. *Medicina legal.* Aquele que sofre de nosofobia.

NOSOGENIA. *Medicina legal.* **1.** Patogenia. **2.** Origem das moléstias.

NOSOMANIA. *Medicina legal.* Mania que leva a pessoa à crença da existência de uma moléstia, sem que, na verdade, a tenha.

NOSOMANÍACO. *Medicina legal.* Aquele que sofre de nosomania.

NOSOMICOSE. *Medicina legal.* Doença causada por cogumelo.

NOSOTOXICOSE. *Medicina legal.* Auto-intoxicação provocada, no curso de uma doença aguda, pelo acúmulo de substâncias tóxicas, devido à insuficiência dos órgãos de eliminação.

NOSTALGIA. *Medicina legal.* Doença ou tristeza causada pela saudade da pátria.

NOS TERMOS DA LEI. *Teoria geral do direito.* Aquilo que está dentro dos limites legais.

NOSTOMANIA. *Medicina legal.* Alienação mental decorrente da nostalgia.

NOSTOMANÍACO. *Medicina legal.* Aquele que sofre de nostomania.

NOSTRAS. *Medicina legal.* Cólera esporádica.

NOSTRASIA. *Vide* NOSTALGIA.

NOTA. 1. *Direito registrário.* a) Registro das escrituras dos tabeliães; b) função de notário. **2.** *Direito internacional público.* Documento diplomático, contendo comunicação oficial que o governo de um país faz a outro, sobre assunto de interesse recíproco. **3.** *Economia política.* a) Papel-moeda; b) moeda-papel; c) papel que representa a moeda. **4.** *Direito comercial.* Relação da mercadoria adquirida pela clientela, com designação do preço, quantidade e espécie. **5.** *Direito administrativo.* a) Comunicação escrita relativa aos serviços públicos; b) comunicado aos funcionários. **6.** Na *linguagem jornalística,* notícia resumida sobre um acontecimento. **7.** Em *música*, é o sinal representativo de um som e da sua duração. **8.** Na *linguagem escolar,* valor dado pelo professor ao avaliar os trabalhos ou provas dos alunos. **9.** *Direito autoral.* a) Observação feita no final de um livro, na margem ou na parte inferior de suas páginas; b) aditamento a alguma parte do texto de uma obra. **10.** Na *linguagem comum:* a) apontamento; b) sinal com que se marca um trecho de livro; c) aquilo que distingue algo; d) observação; e) conhecimento; f) reputação; nomeada; g) reparo; h) defeito; erro; i) pequeno escrito ou comentário; j) sinal de lembrança para que não se esqueça algo; k) característica de um sujeito. **11.** Na *linguagem contábil:* a) apontamento de operações que devem ser contabilizadas; b) ficha de lançamento.

NOTA BENE (NB). *Locução latina.* Note bem. Tal locução é usada para chamar a atenção do leitor para certo fato.

NOTABILIDADE. Qualidade de notável.

NOTABILIZAR. 1. Destacar. **2.** Tornar-se notável ou afamado.

NOTAÇÃO. 1. *Filosofia geral.* Cada um dos diversos modos de descrever um mesmo fenômeno (Bergson). **2.** Na *linguagem comum:* a) ato ou efeito de notar; b) sistema de representação ou

designação convencional; c) conjunto de sinais para tal representação ou designação.

NOTA DE BAGAGEM. *Direito aeronáutico* e *direito comercial.* Documento que, no contrato de transporte, é entregue pelo transportador ao passageiro, para que este possa, ao desembarcar no local de destino, reaver o que lhe pertence.

NOTA DE BALCÃO. *Direito comercial.* Escrito que se entrega ao comprador assim que efetua a compra a vista ou a crédito.

NOTA DE BANCO. *Economia política* e *direito bancário.* **1.** Título, emitido pelo banco, representativo de dinheiro e de sua imediata conversibilidade. Trata-se da moeda-papel. **2.** Bilhete de banco.

NOTA DE COMPRAS. *Direito comercial.* Aquela que o empresário tem obrigação de extrair para atender às exigências do Fisco, especificando preço, quantidade, qualidade e procedência de mercadorias compradas de fornecedores não comerciantes.

NOTA DE CRÉDITO. Aviso de que houve lançamento de crédito na conta daquele que o recebe.

NOTA DE CRÉDITO À EXPORTAÇÃO. *Direito bancário, direito comercial* e *direito internacional privado.* Título de crédito emitido nas operações de financiamento à exportação ou à produção de bens a serem exportados.

NOTA DE CRÉDITO COMERCIAL. *Direito comercial* e *direito bancário.* Título de crédito emitido em operações de empréstimo feitas por instituições financeiras a pessoa natural ou jurídica dedicada ao comércio ou à prestação de serviços.

NOTA DE CRÉDITO INDUSTRIAL. *Direito bancário* e *direito comercial.* Título de crédito que encerra uma promessa de pagamento em dinheiro e a prazo, sem garantia real, destinada ao financiamento de indústrias por instituição financeira (Décio Cretton).

NOTA DE CRÉDITO RURAL. *Direito bancário.* Instrumento de financiamento rural. É o título de crédito civil que encerra promessa de pagamento a prazo, sem garantia real, com a indicação da finalidade ruralista a que se destina, contendo, ainda, taxa de juros a pagar, comissão de fiscalização, se houver, e tempo de seu pagamento.

NOTA DE CULPA. *Direito processual penal.* Documento entregue pela autoridade policial ao acusado preso em flagrante, contendo a razão determinante de sua prisão, o nome do condutor e das testemunhas. Com isso o acusado cientifica-se da acusação que lhe é feita. Ao recebê-la, deverá assinar um recibo, mas, se não puder ou não quiser fazê-lo, ela será firmada por duas testemunhas.

NOTA DE CURSO FORÇADO. *Direito bancário.* Aquela que deve ser aceita como pagamento, mas o banco que a emitiu não está obrigado a resgatá-la na sua apresentação.

NOTA DE CURSO LEGAL. *Direito bancário.* Aquela que, sendo aceita como pagamento, obriga o banco emissor a resgatá-la na apresentação (Geraldo Magela Alves).

NOTA DE DÉBITO. *Direito comercial.* Memorando que é enviado ao correntista para avisá-lo de um débito oriundo de remessa de mercadoria, despesas etc.

NOTA DE DINHEIRO. *Economia política.* Papel-moeda, isto é, bilhete ao portador emitido pelo Estado, por meio do banco ou do Tesouro Nacional, que representa dinheiro e tem curso obrigatório.

NOTA DE EXPEDIÇÃO. *Direito comercial.* **1.** Relação que o empresário faz da mercadoria que envia ao comprador. **2.** Conhecimento de transporte.

NOTA DE LANÇAMENTO. *Direito comercial.* **1.** Apontamento de operações que devem ser contabilizadas. **2.** Papel que serve de base para o lançamento de operações em livros apropriados.

NOTA DE TABELIÃO. *Direito registrário.* **1.** Lançamento de ato ou negócio jurídico em livros notariais. **2.** Registro que o tabelião faz em seus livros.

NOTA DE TRANSFERÊNCIA DE MERCADORIA (NTM). *Direito comercial.* Documento utilizado na transferência de mercadoria entre filiais da mesma empresa e na transferência de consignação entre empresas autorizadas a operar o regime. A NTM deverá conter as seguintes informações: a) denominação "nota de transferência de mercadoria"; b) razão social da empresa; c) número seqüencial e data de emissão do documento; d) tipo de operação (transferência entre filiais, transferência de consignação); e) identificação dos estabelecimentos ou empresas de origem e destino, com os respectivos números de inscrição no Cadastro Nacional de Pessoas Jurídicas (CNPJ); f) código, descrição, unidade e quantidade, número da fatura e da DI, por produto; g) preços unitário e total em dólares dos Estados Unidos, com destaque do frete e seguro inter-

nacionais; h) quantidade, peso bruto e líquido dos volumes; i) nome e assinatura do emitente e do destinatário.

NOTA DE VENDA. *Direito comercial.* **1.** Talão de caixa registradora extraído na venda de mercadorias a varejo. **2.** Documento apresentado pelo vendedor ao comprador, contendo especificação da mercadoria vendida. **3.** Fatura. **4.** É o documento emitido pelo estabelecimento de loja franca nas aquisições de mercadorias por passageiros, tripulantes de vôos internacionais e missões diplomáticas, repartições consulares, organismos internacionais e seus integrantes (clientela autorizada). A nota de venda deverá ser emitida nas seguintes modalidades; a) nota de venda (NV) a ser emitida nas aquisições de mercadorias por passageiros e tripulantes de vôos internacionais; b) nota de venda programada (NVP) a ser emitida nas aquisições de mercadorias por missões diplomáticas, repartições consulares e organismos internacionais; c) nota de venda ocasional (NVO) a ser emitida nas aquisições de mercadorias pela clientela autorizada; d) nota de venda a navios e aeronaves (NVN/NVA) a ser emitida nas aquisições de mercadorias por empresas de navegação marítima ou aérea. A NV deverá conter as seguintes informações: a) denominação "nota de venda"; b) razão social da empresa emitente; c) números do CNPJ e da inscrição estadual do estabelecimento; d) nome do aeroporto internacional e discriminação "embarque" ou "desembarque"; e) números do estabelecimento e do ponto de venda (PDV); f) número seqüencial, data e horário de emissão do documento; g) nacionalidade do adquirente, número do passaporte e identificação do vôo; h) código, descrição, quantidade, preços unitário e total, por produto, em dólares dos Estados Unidos; i) valor total da venda em dólares dos Estados Unidos; j) dados referentes ao pagamento, no tocante ao tipo de moeda recebida e sua conversão em dólares dos Estados Unidos, totais recebidos e a pagar e o troco em dólares dos Estados Unidos; k) número do Ato da Secretaria da Receita Federal que autorizou o funcionamento do estabelecimento; l) outros dados de interesse da operação ou da empresa desde que aprovados pela COANA.

NOTA DIPLOMÁTICA. *Direito internacional público.* Documento que contém uma comunicação oficial entre representantes de duas nações.

NOTADO. 1. Anotado. **2.** Observado. **3.** Notável.

NOTA DO BANCO CENTRAL. *Direito bancário.* Bilhete do Banco Central.

NOTADOR. Aquele que nota.

NOTA DO TESOURO NACIONAL (NTN). *Direito financeiro.* É a que tem a finalidade de prover o Tesouro Nacional de recursos necessários para cobertura de seus déficits explicitados nos orçamentos ou para realização de operações de crédito por antecipação de receita. As NTN poderão ser colocadas das seguintes formas: a) oferta pública, com a realização de leilões, podendo ser colocada ao par, com ágio ou deságio; b) direta, em favor de autarquia, fundação ou empresas públicas, ou sociedade de economia mista federal, mediante expressa autorização do ministro de Estado da Fazenda, não podendo ser colocada por valor inferior ao par; c) direta, em favor do interessado, e mediante expressa autorização do ministro de Estado da Fazenda, não podendo ser colocada por valor inferior ao par, quando se tratar de emissão para atender ao Programa de Financiamento às Exportações (Proex), nas operações de troca por "BIB" e nas operações de troca por bônus previstos nos acordos de reestruturação da dívida externa. A partir da data do seu vencimento, as NTN terão poder liberatório para pagamento de impostos federais, de responsabilidade de seus titulares ou de terceiros, pelo seu valor de resgate, desde que não se verifique operação de resgate pelo seu emissor. A emissão das NTN processar-se-á sob a forma escritural, mediante registro dos respectivos direitos creditórios, bem como das cessões desses direitos, no Sistema Especial de Liquidação e de Custódia (SELIC), por intermédio do qual serão também creditados os juros e os resgates do principal, quando for o caso. Para fins de aquisição da NTN-I, da NTN-M, da NTN-P e da NTN-R, as instituições não participantes do SELIC deverão indicar ao Banco Central do Brasil a instituição financeira integrante desse sistema por intermédio da qual receberão os correspondentes títulos, e em cuja conta de "reservas bancárias" serão realizadas as movimentações financeiras. As NTN poderão ser utilizadas como meio de pagamento para a aquisição de bens e direitos alienados no âmbito do Programa Nacional de Desestatização (PND).

NOTA ESPELHADA. *Direito tributário.* Registro de valores diferençados entre a primeira via entregue ao adquirente e as mantidas no estabelecimento, para apuração do imposto devido e escrituração, consistindo numa violação à lei tributária, com repercussão criminal (Eduardo M. Ferreira Jardim).

NOTA FALSA. *Direito penal.* Papel-moeda que imita o de emissão oficial.

NOTA FISCAL. *Direito tributário* e *direito comercial.* Documento exigido pela legislação fiscal que comprova uma compra, com indicação do preço, e serve de controle ao Fisco de toda e qualquer operação realizada pela empresa-contribuinte que constitua fato gerador de tributo ou tenha relevância para a fiscalização tributária.

NOTA FISCAL DE EXPORTAÇÃO. *Direito internacional privado.* Documento que acompanha a mercadoria do estabelecimento do exportador até o embarque para o exterior.

NOTA FISCAL-e (NF-e). *Direito virtual.* Nota fiscal eletrônica instituída pela Prefeitura Municipal de São Paulo, cujo acesso se dá por meio de uma senha cadastrada pelo interessado e desbloqueada. Traz benefícios à administração pública e para o prestador e tomador de serviço. O prestador de serviço que a emitir terá redução nos custos de impressão e armazenagem e não precisará de autorização para imprimir documentos fiscais. Para o tomador sua emissão permitirá abatimento do IPTU.

NOTA FRIA. *Direito tributário.* É a emitida com o escopo de tornar legítima uma irregularidade, como mercadoria de procedência desconhecida ou adquirida sem nota na sua origem ou operação que vise cobrir um ilícito tributário. Sua emissão constitui crime fiscal.

NOTALGIA. *Medicina legal.* Dor na região dorsal, sem que haja fenômeno inflamatório.

NOTÁLGICO. *Medicina legal.* Referente a notalgia.

NOTA MARGINAL. Cota marginal.

NOTA NOTAE EST NOTA REI IPSIUS; PRAEDICATUM PRAEDICATI EST PRAEDICATUM SUBJECTI. *Expressão latina.* A nota da nota é a nota da própria coisa; o predicado do predicado é o predicado do sujeito.

NOTA PROMISSÓRIA. *Direito cambiário.* Título de crédito em que o emitente se compromete a pagar certa quantia pecuniária, em determinada data, a uma pessoa natural ou jurídica (tomador ou beneficiário) ou à sua ordem.

NOTA PROMISSÓRIA RURAL. *Direito cambiário.* Título de crédito rural, emitido pelo comprador ou cooperativa (devedor), que encerra uma promessa de pagar ao credor (produtor rural) o valor da compra ou da entrega de bens de natureza agrícola, pastoril ou extrativa, no lugar e prazo estabelecidos.

NOTAR. **1.** Anotar. **2.** Marcar. **3.** Minutar. **4.** Registrar no livro de notas. **5.** Mencionar. **6.** Censurar.

NOTA REVERSAL. *Direito internacional público.* **1.** Documento em que um Estado obtém de outro certa concessão, decorrente de tratado assinado por ambos. **2.** Acordo ou documento diplomático em que os países fazem concessões recíprocas.

NOTA REVERSÍVEL. *Vide* NOTA REVERSAL.

NOTARIADO. *Direito registrário.* Cargo ou ofício de tabelião ou notário.

NOTARIAL. *Direito registrário.* Relativo à atividade do notário.

NOTARIALISTA. *Direito registrário.* Jurista versado em direito notarial.

NOTÁRIO. *Direito registrário.* **1.** Tabelião de notas. **2.** Oficial público que exara atos autênticos, escrituras ou instrumentos públicos ou transcreve em seus livros de nota todos os atos jurídicos. **3.** É aquele que tem a função de: a) formalizar juridicamente a vontade das partes; b) intervir nos atos e negócios jurídicos a que as partes devam ou queiram dar forma legal ou autenticidade, autorizando a redação ou redigindo os instrumentos adequados, conservando os originais e expedindo cópias fidedignas de seu conteúdo; c) autenticar fatos.

NOTAS DE AUDIÊNCIA. *Direito processual.* Apontamentos tomados por taquígrafo ou estenógrafo, contendo toda a matéria tratada na discussão de um julgamento, servindo de base para compor a decisão ou o acórdão.

NOTAS DO BANCO CENTRAL DO BRASIL. *Direito bancário.* Títulos de responsabilidade do Banco Central para fins de política monetária.

NOTAS DO BANCO CENTRAL DO BRASIL — SÉRIE ESPECIAL (NBCE). *Direito bancário.* São as emitidas para fins de política monetária, com as seguintes características: a) data-base de referência para atualização do valor nominal; b) valor nominal na data-base: múltiplo de R$ 1.000,00 (um mil reais); c) atualização do valor nominal: definida pela variação da cotação de venda do dólar dos Estados Unidos da América no mercado de câmbio de taxas livres, divulgada pelo Banco Central do Brasil, sendo consideradas as taxas médias do dia útil imediatamente anterior à data-base e à data de vencimento do título; d) taxa de juros, definida pelo Banco Central do Brasil, quando da emissão, em porcentagem ao ano, aplicada sobre o valor nominal atualizado; e) pagamento de juros, semestralmente, com ajuste de prazo no primeiro período de fluência, quando couber; o primeiro cupom de juros a ser pago contemplará a taxa integral definida para seis meses, independentemente da data de emissão do título; f) prazo: definido pelo Banco Central do Brasil, quando da emissão do título; g) modalidade: nominativa e negociável; h) forma de colocação: ofertas públicas, cujas condições serão divulgadas pelo Banco Central do Brasil; i) resgate do principal: em parcela única, na data do vencimento. A taxa de juros relativa ao cupom semestral será calculada de acordo com o conceito de juros simples e, portanto, corresponderá ao quociente da divisão da taxa anual por dois. A emissão da NBCE processar-se-á exclusivamente sob a forma escritural, mediante registro dos respectivos direitos creditórios, bem como das cessões desses direitos, no Sistema Especial de Liquidação e de Custódia (SELIC), por intermédio do qual serão creditados os juros e o resgate do principal.

NOTAS DO BANCO CENTRAL DO BRASIL — SÉRIE FLUTUANTE (NBCF). *Direito bancário.* Títulos de responsabilidade emitidos pelo Banco Central, com autorização do Conselho Monetário Nacional, para fins de execução de política monetária.

NOTA TÉCNICA ATUARIAL. Documento que contém a descrição e o equacionamento técnico do plano e que deverá ser protocolizado na SUSEP previamente à comercialização.

NOTÁVEL. **1.** Apreciável. **2.** Digno de nota ou louvor. **3.** Extraordinário. **4.** Insigne; ilustre. **5.** *Ciência política.* Aquele que, por ser detentor de poder político ou econômico, exerce influência na vida de um grupo social ou político (Zucchini).

NOTA VERBAL. *Direito internacional público.* **1.** Documento em que se anotam, para fins de protocolo, dados relativos às negociações diplomáticas, instruções ou registros que já foram objeto de entendimento. **2.** Observação diplomática sem autoridade obrigatória e sem as formalidades de praxe.

NO TAXATION WITHOUT REPRESENTATION. *Expressão inglesa.* Não há imposto sem o conselho dos representantes do povo.

NOTENCEFALIA. *Medicina legal.* Anormalidade em que o cérebro fica fora da caixa craniana, situando-se sobre as vértebras dorsais.

NOTENCEFÁLICO. *Medicina legal.* Referente a notencefalia.

NOTENCÉFALO. *Medicina legal.* Aquele que apresenta notencefalia.

NOT GUILTY. *Locução inglesa.* Inocente.

NOTICE OF READINESS. *Direito marítimo* e *direito internacional privado.* Aviso de pronto, enviado ao afretador, embarcador ou consignatário, pelo transportador, anunciando que o navio chegou ao porto e está em condições técnicas e administrativas de carregar ou descarregar. A partir desse aviso começa a correr o prazo de estadia do navio no porto e o embarcador fica responsável pela demora na entrega da carga.

NOTÍCIA. 1. Na *linguagem jurídica* em geral: a) anúncio; b) informação; c) apontamento; d) noção; conhecimento; e) exposição sucinta, escrita ou verbal, sobre determinado assunto; f) o que é público; g) instrumento probatório que registra a realização de um ato jurídico. **2.** Na *linguagem jornalística,* é a divulgação de um acontecimento por meio de órgão de comunicação: televisão, rádio ou imprensa.

NOTÍCIA DE ÚLTIMA HORA. Aquela que é colhida no instante em que se vai imprimir o jornal.

NOTICIADOR. 1. Aquele que dá a notícia. **2.** Informador.

NOTÍCIA EM PRIMEIRA MÃO. 1. Aquela que ainda não foi divulgada e que se ouve pela primeira vez. **2.** Furo jornalístico.

NOTICIAR. 1. Comunicar. **2.** Dar notícias. **3.** Publicar. **4.** Informar.

NOTICIÁRIO. 1. Seção de jornal que publica notícias. **2.** Resenha de notícias.

NOTICIARISMO. *Direito do trabalho.* **1.** Classe dos redatores de notícias. **2.** Profissão dos noticiantes.

NOTICIARISTA. *Direito do trabalho.* **1.** Redator de notícias. **2.** Aquele que dá notícias. **3.** Repórter. **4.** Jornalista que colhe informações ou que as redige, para serem divulgadas.

NOTICIOSO. 1. Programa de rádio que apresenta notícias recentes. **2.** Que dá notícias. **3.** Em que há notícias.

NOTÍCIPE. Repórter.

NOTIFICAÇÃO. 1. *Direito internacional público.* a) Ato governamental comunicando a outra potência a ocupação de um território, um bloqueio econômico etc.; b) ato pelo qual o agente diplomático anuncia sua chegada ao país em que é acreditado; c) ato formal por meio do qual um Estado declara ratificação, aceitação, aprovação ou adesão aos termos de um tratado plurilateral (Othon Sidou). **2.** *Direito processual civil.* a) Medida cautelar nominada com a qual se cientifica o requerido para que pratique ou deixe de praticar certo ato, sob pena de sofrer os ônus estabelecidos em lei (Othon Sidou); b) ato judicial pelo qual se dá conhecimento a uma pessoa de fato que é de seu interesse, para que possa fazer uso das medidas que lhe são asseguradas legalmente. Por exemplo, notificação ao credor hipotecário da penhora do bem hipotecado; c) ato judicial para a validade de um ato; d) ato que se dirige àquele que não está litigando em juízo, dando-lhe conhecimento do que deve fazer. **3.** Na *linguagem jurídica* em geral: a) forma de participar a alguém alguma resolução; b) atividade dirigida a pôr algo em conhecimento de alguém; c) ato de fazer chegar ao destinatário uma declaração de vontade. **4.** *Direito tributário.* Um dos modos de efetivar o lançamento, convocando alguém para pagar tributo.

NOTIFICAÇÃO COMPULSÓRIA. *Medicina legal* e *direito penal.* Aviso que o médico é obrigado a fazer à autoridade pública da existência de pessoa acometida por doença infecto-contagiosa prevista em regulamento sanitário, sob pena de praticar crime de omissão, punido com detenção e multa.

NOTIFICAÇÃO COMPULSÓRIA DE CASO DE VIOLÊNCIA CONTRA MULHER. *Direito penal.* Obrigatoriedade de notificar à autoridade competente violência contra mulher, que causar morte, sofrimento físico, sexual ou psicológico, atendida em serviço de saúde público ou privado, sob pena de infração da legislação alusiva à saúde pública, sem prejuízo das sanções penais cabíveis. Entender-se-á que violência contra a mulher inclui violência física, sexual e psicológica e que: a) tenha ocorrido dentro da família ou unidade doméstica ou em qualquer outra relação interpessoal, em que o agressor conviva ou haja convivido no mesmo domicílio que a mulher e que compreende, entre outros, estupro, violação, maus-tratos e abuso sexual; b) tenha ocorrido na comunidade e seja perpetrada por qualquer pessoa e que compreende, entre outros, violação, abuso sexual, tortura, maus-tratos de pessoas, tráfico de mulheres, prostituição forçada, seqüestro e assédio sexual no lugar de trabalho, bem como em instituições educacionais, estabelecimentos de saúde ou qualquer outro lugar; c) seja perpetrada ou tolerada pelo Estado ou seus agentes, onde quer que ocorra. A autoridade sanitária proporcionará as facilidades ao processo de notificação compulsória. A notificação compulsória dos casos de violência tem caráter sigiloso, obrigando nesse sentido as autoridades sanitárias que a tenham recebido. A identificação da vítima de violência fora do âmbito dos serviços de saúde, somente poderá efetivar-se, em caráter excepcional, em caso de risco à comunidade ou à vítima, a juízo da autoridade sanitária e com conhecimento prévio da vítima ou do seu responsável.

NOTIFICAÇÃO EXTRAJUDICIAL. Participação de um fato dirigida a uma pessoa, de qualquer forma, sem se socorrer de ato de serventuário da justiça.

NOTIFICAÇÃO JUDICIAL. *Direito processual civil.* **1.** Medida de caráter preventivo destinada a evitar responsabilidade, prover a conservação e ressalva de direitos ou manifestar qualquer intenção de modo formal. Consiste na manifestação escrita do protesto, em petição dirigida ao magistrado. Tal notificação, além de interromper a prescrição, constitui o devedor em mora nas obrigações sem prazo assinado. **2.** Comunicação judicial de um preceito, feita a alguém para que pratique ou deixe de praticar determinado ato, por exemplo, para que entregue um imóvel ou não perturbe o sossego da vizinhança.

NOTIFICAÇÃO PREMONITÓRIA DA LOCAÇÃO. *Direito civil.* Advertência antecipada ou o que se deve tomar como aviso quanto a uma ação diligenciada. É levada a efeito por meio de atos judiciais ou extrajudiciais (Afonso Celso F. de Rezende).

NOTIFICADO. 1. Aquele que, cientificado de um fato, deve comparecer a juízo ou participar de algum ato. **2.** Aquele que recebe a notificação.

NOTIFICADOR. Aquele que notifica.

NOTIFICANTE. 1. Aquele que notifica. **2.** O que dá ciência da convocação de alguém para com-

parecer e participar de algum ato processual. **3.** Autor da notificação.

NOTIFICAR. 1. Dar conhecimento. **2.** Chamar ou convocar alguém para comparecer a um local, em certa data, para participar de um ato policial ou judicial. **3.** Noticiar. **4.** Participar; comunicar.

NOTIFICATIVO. Que serve para notificar.

NOTIFICATÓRIO. Que notifica.

NOTIFICÁVEL. 1. Que pode ser notificado. **2.** Que merece notificação.

NOTISTA. *Direito comercial.* Aquele que está encarregado de extrair as notas fiscais nos estabelecimentos comerciais.

NOTITIA CRIMINIS. *Locução latina.* **1.** Notícia do crime ou informação sobre ele. **2.** *Direito penal.* Comunicação informal recebida pela autoridade policial, pelo órgão do Ministério Público ou pelo juiz da ocorrência de um crime.

NOTOMIELITE. *Medicina legal.* Inflamação da medula dorsal.

NOTOMIELÍTICO. *Medicina legal.* Relativo a notomielite.

NOTÓRIA ESPECIALIZAÇÃO. *Direito administrativo.* Causa excludente de licitação para efeito de contratação de serviços técnicos, desde que haja comprovação da alta capacidade e especialização do profissional ou da empresa, e em razão de ser seu trabalho essencialmente o mais adequado para atender aos interesses da Administração Pública. Considera-se de notória especialização o profissional ou a empresa cujo conceito no campo de sua especialidade, decorrente de desempenho anterior, estudos, experiências, publicações, organização, aparelhamento, equipe técnica ou outros requisitos relacionados com suas atividades, permite inferir que o seu trabalho é o mais adequado à plena satisfação do objeto do contrato.

NOTORIEDADE. 1. Estado daquilo que é por todos, ou pela maioria, conhecido. **2.** Qualidade de notório. **3.** O que é do domínio público. **4.** Verdade reconhecida pela voz pública. **5.** Publicidade. **6.** "Qualidade de certos fatos tão geralmente conhecidos e indiscutíveis que, para exigir para eles a prática da prova, não se aumentaria um pequeno grau que fosse a convicção que o juiz e as partes devem ter de sua verdade" (Piero Calamandrei).

NOTORIEDADE DE MARCA. *Direito de propriedade industrial.* Condição da marca de produtos ou serviços indicados em registro próprio, muito conhecidos pelos consumidores.

NOTORIEDADE PÚBLICA. Qualidade de notório de fato, acontecimento, ato de repercussão social ou direito, fundada na publicidade da sentença judicial. É a qualidade própria de notícia pública, que é de conhecimento geral.

NOTORIETATE FACTI. *Locução latina.* Fatos conhecidos por todos.

NOTORIETATE JURIS. *Locução latina.* Fatos conhecidos judicialmente por sentença transitada em julgado ou por confissão regular em juízo.

NOTÓRIO. 1. Público. **2.** Patente; evidente. **3.** Conhecido de todos. **4.** O que não precisa ser provado por ser de conhecimento geral.

NOTORIUM EST QUOD PUBLICE HOC EST VEL PLURIBUS VEL PLERUSQUE ITA MANIFESTUM ET EVIDENS EST UT NULLA TERGIVERSATIONI CELARI POTEST. *Direito romano.* Notório é aquilo que, de tal modo, é manifesto e evidente a muitos ou à maior parte que, por nenhuma tergiversação, pode ser escondido.

NOT OTHERWISE SPECIFIED. *Direito marítimo* e *direito internacional privado.* Frete não especificado, aplicado às mercadorias não constantes das tarifas de fretes das conferências (Daniel Azúa).

NOT-SELF EXECUTING PROVISIONS. *Expressão inglesa.* Normas constitucionais não-executáveis (Thomas Cooley) que apenas indicam princípios sem, contudo, estabelecer normas que lhes dêem eficácia, requerendo, portanto, ação legislativa ulterior para sua efetivação.

NOT TO INURE CLAUSE. *Direito internacional privado.* Aquela segundo a qual o seguro não produz efeito em benefício do transportador ou do depositário das mercadorias.

NÓTULA. 1. Ligeiro comentário. **2.** Breve anotação.

NOTURNAL. Relativo a noturno.

NOTURNO. 1. *Direito comercial.* Trem de passageiros que corre à noite. **2.** *Direito do trabalho.* Trabalho que deve ser executado à noite.

NOTWENDIGE STREITGENOSSENSCHAFT. *Locução alemã.* Litisconsórcio necessário.

NOUMENO. *Vide* NÚMENO.

NOUVELLETÉ. *Termo francês.* Negócio feito com possuidor de uma herança.

NOVA. 1. Notícia. **2.** Novidade. **3.** Primeira informação recebida. **4.** Recente. **5.** Ação possessória fundada em esbulho e turbação ocorridos dentro de ano e dia. Trata-se da força nova. **6.** Posse que tem menos de ano e dia.

NOVA AVALIAÇÃO. *Direito processual civil.* É admitida quando: a) qualquer das partes argüir, fundamentadamente, a ocorrência de erro na avaliação ou dolo do avaliador; b) se verificar, posteriormente à avaliação, que houve majoração ou diminuição no valor do bem, ou c) houver fundada dúvida sobre o valor atribuído ao bem.

NOVAÇÃO. *Direito civil.* Especial meio extintivo de obrigações, por ser o ato que cria uma nova, destinada a pôr fim à precedente, substituindo-a. Não extingue uma obrigação preexistente para criar outra nova, mas apenas gera uma nova relação obrigacional para findar a anterior. Sua intenção é criar para extinguir. A novação é, simultaneamente, causa extintiva e geradora de obrigações. É realmente duplo o conteúdo essencial desse instituto: um extintivo, atinente à antiga obrigação, e outro gerador concernente à nova. Ocorre uma substituição, pois a nova obrigação substitui a anterior.

NOVAÇÃO DE DÍVIDA. *Direito civil.* Criação de novo débito com o escopo de extinguir um anterior.

NOVAÇÃO EXPRESSA. *Direito civil.* Aquela em que há declaração do credor manifestando sua intenção de novar a dívida.

NOVAÇÃO JUDICIAL. *História do direito.* Era a novação por *litis contestatio*, que constituía um negócio processual pelo qual os litigantes, de comum acordo, aceitavam o escrito que continha a fórmula, deferida pelo magistrado, em presença de testemunhas. Com isso extinguia-se o direito do demandante, transformando-o em um novo, a originar-se da sentença, caso lhe fosse favorável, e criava-se uma nova obrigação, de caráter civil e transmissível aos herdeiros (Leopoldo Wenger).

NOVAÇÃO MERCANTIL. *Direito comercial.* É a oriunda de operações mercantis, que pode ocorrer, sem mesmo exigir o *animus novandi*, quando: a) o devedor contrai com o credor uma nova obrigação, que altera a natureza da primeira; b) um novo devedor substitui o antigo, desobrigando-o; c) por uma nova convenção é substituído um credor por outro, desobrigando o devedor daquele primeiro.

NOVAÇÃO NECESSÁRIA. *História do direito.* É a que se dava em razão de transformação operada num direito pela *litis contestatio*, que era ato forçado.

NOVAÇÃO OBJETIVA. *Direito civil.* Dá-se quando há alteração no objeto da relação obrigacional ou, em outras palavras, quando ocorre mutação do objeto devido entre as mesmas partes. Essa novação poderá ocorrer: a) se houver modificação na natureza da prestação, por exemplo, se o credor de uma obrigação de dar concordar em receber do devedor uma prestação de fazer; b) se mudar a *causa debendi*, por exemplo, se um indivíduo dever a outro certa soma de dinheiro e, no respectivo vencimento, convencionarem as partes que a importância devida seja convertida em uma renda vitalícia.

NOVAÇÃO PESSOAL. *Vide* NOVAÇÃO SUBJETIVA.

NOVAÇÃO REAL. *Vide* NOVAÇÃO OBJETIVA.

NOVAÇÃO SUBJETIVA. *Direito civil.* É a que ocorre quando o novo devedor sucede ao antigo, ficando este quite com o credor, ou quando, em virtude de nova obrigação, outro credor é substituído ao antigo, ficando o devedor quite com este.

NOVAÇÃO SUBJETIVA ATIVA. *Direito civil.* É aquela em que o credor originário, por meio de nova obrigação, deixa a relação obrigacional e outro o substitui, ficando o devedor liberado em relação ao antigo credor.

NOVAÇÃO SUBJETIVA PASSIVA. *Direito civil.* Ocorre quando a pessoa do devedor é substituída, ou seja, quando há intervenção de um novo devedor. Essa mudança pode dar-se de dois modos: por delegação e expromissão. Pela delegação a substituição do devedor é feita com o consentimento do devedor originário, sendo ele quem indica uma terceira pessoa para resgatar o seu débito, com o que deverá concordar o credor. Pela expromissão, um terceiro assume a dívida do devedor originário, substituindo-o sem seu assentimento, desde que o credor concorde com tal mudança.

NOVAÇÃO TÁCITA. *Direito civil.* **1.** Novação subjetiva por substituição do devedor que se opera independentemente do consenso deste. Trata-se da novação subjetiva passiva por expromissão. **2.** Aquela que se deduz de fatos que revelam a intenção de novar.

NOVAÇÃO VOLUNTÁRIA. 1. *História do direito.* Locução usada para distinguir da produzida pela *litis contestatio*, que era necessária. **2.** *Direito civil.* É a que resulta do acordo entre devedor e credor para criação de uma nova obrigação, extinguindo e substituindo a anterior.

NOVA CONSOLIDAÇÃO. *História do direito.* Corpo de leis organizado em 1899 por Carlos Carvalho que antecedeu o Código Civil.

NOVA CULTIVAR. *Direito agrário.* É a cultivar que não tenha sido oferecida à venda no Brasil há mais de doze meses em relação à data do pedido de proteção e que, observado o prazo de comercialização no Brasil, não tenha sido oferecida à venda em outros países, com o consentimento do obtentor, há mais de seis anos para espécies de árvores e videiras e há mais de quatro anos para as demais espécies.

NOVADOR. 1. Inovador. **2.** Aquele que apresenta novidades.

NOVAR. *Direito civil.* **1.** Renovar. **2.** Substituir uma obrigação por outra.

NOVATIO CRIMINIS. *Locução latina.* Criminalização de um comportamento anteriormente lícito.

NOVATIO LEGIS. *Locução latina.* **1.** Espécie de conflito de normas no tempo em que a lei posterior é mais favorável a uma situação jurídica, sendo, por isso, retroativa. Se lhe for desfavorável, será irretroativa (Othon Sidou). **2.** Renovação da lei.

NOVATIO LEGIS INCRIMINADORA. *Direito penal.* Modalidade de conflito de leis penais no tempo que se dá quando um ato que era lícito perante uma lei passa a ser ilícito com a edição de uma nova. A nova lei incriminadora não retroagirá para atingir fatos anteriores à sua vigência.

NOVATIO LEGIS IN MELLIUS. *Expressão latina.* Espécie de conflito de leis penais no tempo em que a lei nova, sem operar a descriminalização, é mais favorável ao criminoso, podendo, por isso, retroagir.

NOVATIO LEGIS IN PEJUS. *Expressão latina.* Modalidade de conflito de normas penais no tempo em que uma lei posterior, por ser mais severa, agrava a situação do delinqüente, não retroagindo por tal motivo.

NOVATIVO. *Direito civil.* O que encerra novação.

NOVATO. 1. Calouro. **2.** Principiante. **3.** Aprendiz. **4.** Inexperiente.

NOVATÓRIO. *Direito civil.* O que se refere a novação.

NOVE-HORAS. 1. Pretensões. **2.** Subterfúgios.

NOVEL. 1. *Direito militar.* Recruta; soldado que está iniciando nos exercícios militares. **2.** Nas *linguagens comum* e *jurídica:* a) novo; b) principiante; c) inexperiente; d) novato.

NOVELA. *Direito autoral.* Composição literária mais curta que o romance e mais longa que o conto.

NOVELAS. *Direito romano.* **1.** Constituições imperiais de Teodósio e seus sucessores. **2.** Constituições de Justiniano.

NOVELEIRO. 1. Advogado que cria ardis para protelar o processo em benefício do seu constituinte. **2.** O que descreve novelas. **3.** Aquele que gosta de dar notícias. **4.** Trapaceiro.

NOVELISTA. 1. Aquele que escreve novelas. **2.** Quem conta novelas. **3.** Aquele que faz intrigas. **4.** Quem gosta de dar notícias.

NOVELÍSTICA. *Direito autoral.* Gênero literário da novela.

NOVELÍSTICO. Relativo a novelista.

NOVENA. 1. *História do direito.* Castigo de açoites que era aplicado aos escravos durante nove dias seguidos. **2.** *Direito canônico.* Ato religioso que se realiza durante nove dias consecutivos.

NOVENDIAL. *Direito romano.* Festa que se dava na família do falecido, após nove dias de sua morte, para efetuar sacrifícios de expiação.

NOVÊNIO. Espaço de nove anos.

NOVENO. *Medicina legal.* Nono dia de uma moléstia.

NOVENVIRATO. *História do direito.* Cargo de novênviro.

NOVÊNVIRO. *História do direito.* **1.** Cada um dos nove magistrados que, na antigüidade romana, zelavam pela saúde pública. **2.** Cada um dos nove arcontes atenienses.

NOVERCAL. O que diz respeito a madrasta.

NOVIÇA. *Direito canônico.* Mulher que se está preparando em um convento para ser freira.

NOVICIADO. 1. *Direito canônico.* a) Tempo de preparação que antecede o voto dos que vão seguir a vida religiosa; b) é o período destinado à formação de noviços, fazendo com que conheçam melhor a vocação divina e a do instituto religioso e experimentem o modo de vida religiosa professada naquele instituto; c) estado de noviço; d) parte do convento destinada aos noviços ou noviças; e) provas a que se submetem os que pretendem ser padres ou freiras. **2.**

Na *linguagem jurídica* em geral, tem o sentido de aprendizagem.

NOVICIAR. *Direito canônico.* Praticar o noviciado.

NOVICIARIA. *Direito canônico.* Parte do convento destinada aos noviços.

NOVICIÁRIO. *Direito canônico.* Referente a noviço.

NOVIDADE. 1. *Direito de propriedade industrial.* Originalidade que uma invenção, modelo de utilidade ou desenho industrial deve ter para a concessão da patente. **2.** *Direito agrário.* Colheita. **3.** *Direito penal.* Motim. **4.** Nas *linguagens comum* e *jurídica:* a) desgraça; b) agitação popular; c) revolta; d) qualidade do que é novo; e) originalidade; f) o que se vê pela primeira vez; g) intriga; h) primeira informação sobre fato recente.

NOVIDADE ABSOLUTA. *Direito autoral.* Originalidade da obra.

NOVIDADE DA CONCLUSÃO. *Lógica jurídica.* Conclusão de um raciocínio demonstrativo, ou melhor, de um silogismo, podendo ser, concomitantemente, necessária, já presente virtualmente nas premissas, e nova, implicando a existência de ciências dedutivas que se desenvolvem sem serem puras tautologias (Goblot).

NOVIDADE LEGAL. *Direito de propriedade industrial.* Invenção que, segundo a lei, é considerada nova se não for compreendida pelo estado da técnica, que se constitui por tudo que foi tornado acessível ao público, seja por uma descrição escrita ou oral, seja por uso ou qualquer outro meio, inclusive conteúdo de patentes no Brasil e no exterior antes do depósito do pedido de patente.

NOVIDADE RELATIVA. *Direito de propriedade industrial.* Requisito para registro de marca que não é idêntica ou não constitui imitação ou reprodução parcial de marca alheia registrada. A marca deverá ser nova apenas no que concerne a produtos ou serviços concorrentes.

NOVILATINO. Neolatino; país cujo povo se exprime em língua derivada do latim, como a italiana, a portuguesa, a francesa, a espanhola etc.

NOVILHA. *Direito agrário.* **1.** Rês fêmea que ainda não deu cria. **2.** Bezerra.

NOVILHADA. *Direito agrário.* Manada de novilhos ou novilhas.

NOVILHO. *Direito agrário.* Garrote; boi ainda novo.

NOVILHONA. *Direito agrário.* No Rio Grande do Sul, é a novilha de três anos.

NOVILHOTE. *Direito agrário.* No Norte do Brasil, é o novilho com dois anos de idade.

NOVIMENSAL. O que ocorre de nove em nove meses.

NOVISSIMA VERBA. *Locução latina.* 1. Palavras mais recentes. 2. Últimas palavras.

NOVISSIMA VOLUNTAS SERVATUR. *Aforismo jurídico.* A última vontade é a que tem valor.

NOVO. 1. Recente. 2. O que tem pouco uso. 3. Aquilo que existe há pouco tempo. 4. O que substitui o anterior. 5. Incipiente. 6. Outro. 7. Visto pela primeira vez. 8. Original. 9. Em primeira mão. 10. Reformado. 11. Próxima colheita.

NOVO ADQUIRENTE. *Direito civil.* 1. Aquele que vem a adquirir um bem por último. 2. Novo proprietário da coisa. 3. O que adquire imóvel que se encontra locado a terceiro.

NOVOCAÍNA. *Medicina legal.* Anestésico atóxico muito usado na anestesia local.

NOVO PRODUTO. Produto técnico, pré-mistura ou produto formulado contendo ingrediente ativo ainda não registrado no Brasil.

NOVOS DIREITOS. *História do direito.* Tributos que eram pagos ao rei pelas mercês recebidas.

NOVUS REX, NOVA LEX. *Expressão latina.* Rei novo, lei nova.

NOXA. 1. *Medicina legal.* Agente nocivo ao corpo. 2. *Direito romano.* a) Castigo; punição; b) dano; c) ação ilícita.

NOXAL. 1. *Direito romano.* a) Referente a prejuízo; b) prejudicial. 2. *Direito processual civil.* Ação de perdas e danos.

NÓXIO. Nocivo.

NOYAUTAGE. *Termo francês.* Ato de estabelecer núcleos em uma sociedade.

NOZUL. *Direito comparado.* Imposto de guerra, na Turquia.

NRC. *Direito ambiental.* Sigla de *Nuclear Regulatory Commission*, ou melhor, Comissão Nuclear Reguladora.

NTN-A. *Direito financeiro.* Nota do Tesouro Nacional da série A, que é utilizada na operação de troca por *Brazil Investment Bond* (BIB), tendo os seguintes caracteres: a) prazo de até dezesseis anos, respeitado o cronograma original de vencimento do BIB utilizado na operação de troca; b) taxa de juros de 6% ao ano, calculada sobre o valor nominal atualizado; c) pode ser nominativa; d) valor nominal múltiplo de R$ 1.000,00; e) atualização do valor nominal pela variação da cotação de venda do dólar dos Estados Unidos no mercado de câmbio de taxas livres, divulgada pelo Banco Central do Brasil, sendo consideradas as taxas médias do dia útil imediatamente anterior às datas de emissão e de vencimento do título; f) pagamento de juros todo dia 15 dos meses de março e setembro, com ajuste no primeiro período de fluência, quando couber; g) resgate do principal nas mesmas condições observadas para o pagamento do principal que originou a operação de troca, com ajuste no primeiro período de fluência, quando couber.

NTN-B. *Direito financeiro.* Nota do Tesouro Nacional da série B, que possui as seguintes características: a) prazo definido pelo Ministro da Fazenda; b) taxa de juros definida pelo Ministro da Fazenda, em porcentagem ao ano, calculada sobre o valor nominal atualizado; c) modalidade nominativa; d) valor nominal múltiplo de R$ 1.000,00; e) atualização do valor nominal pela variação do Índice Nacional de Preços ao Consumidor Amplo (IPCA) do mês anterior, divulgado pela Fundação Getúlio Vargas; f) pagamento de juros na data do resgate; g) resgate do principal, em parcela única, na data do seu vencimento.

NTN-C. *Direito financeiro.* Nota do Tesouro Nacional da série C, que tem os seguintes caracteres: a) prazo definido pelo Ministro da Fazenda; b) taxa de juros em porcentagem definida pelo Ministro da Fazenda, calculada sobre o valor nominal atualizado; c) modalidades nominativa e negociável; d) valor nominal múltiplo de R$ 1.000,00; e) atualização do valor nominal pela variação do Índice Geral de Preços de Mercado (IGP-M) do mês anterior, divulgado pela Fundação Getúlio Vargas; f) pagamento de juros semestralmente, com ajuste no primeiro período de fluência, quando couber; g) resgate do principal, em parcela única, na data do seu vencimento.

NTN-D. *Direito financeiro.* Nota do Tesouro Nacional da série D, que apresenta as seguintes características: a) prazo definido pelo Ministro da Fazenda; b) taxa de juros definida pelo Ministro da Fazenda, em porcentagem ao ano, calculada sobre o valor nominal atualizado;

c) modalidade nominativa; d) valor nominal múltiplo de R$ 1.000,00; e) atualização do valor nominal pela variação da cotação de venda do dólar dos Estados Unidos no mercado de câmbio de taxas livres, divulgada pelo Banco Central do Brasil, sendo consideradas as taxas médias do dia útil imediatamente anterior às datas de emissão e resgate do título; f) pagamento de juros, segundo o prazo do título: até seis meses, no resgate, superior a esse período ou semestralmente, com ajuste no primeiro período de fluência, quando couber; g) resgate do principal, em parcela única, na data do seu vencimento.

NTN-F. *Direito financeiro.* Nota do Tesouro Nacional da série F, que tem os seguintes caracteres: a) prazo definido pelo Ministro da Fazenda; b) taxa de juros definida pelo Ministro da Fazenda, em porcentagem ao ano, calculada sobre o valor nominal atualizado; c) modalidade nominativa; d) valor nominal múltiplo de R$ 1.000,00; e) rendimento: definido pelo deságio sobre o valor nominal por índice calculado com base na taxa referencial (TR), divulgada pelo Banco Central do Brasil, desde a data da emissão até a do resgate; f) pagamento semestral de juros; g) resgate pelo valor nominal da data do vencimento.

NTN-H. *Direito financeiro.* Nota do Tesouro Nacional da série H, que possui as seguintes características: a) prazo definido pelo Ministro da Fazenda; b) modalidade nominativa; c) valor nominal múltiplo de R$ 1.000,00; d) atualização do valor nominal por índice calculado com base na taxa referencial (TR), divulgada pelo Banco Central do Brasil, desde a data da emissão até a do resgate; e) resgate do principal, em parcela única, na data do seu vencimento.

NTN-I. *Direito financeiro.* Nota do Tesouro Nacional da série I, utilizada na captação de recursos para o pagamento de equalização das taxas de juros dos financiamentos à exportação de bens e serviços brasileiros amparados pelo Programa de Financiamento às Exportações (Proex), previsto na Lei Orçamentária Anual. Tal nota apresenta os seguintes caracteres: a) prazo e taxa de juros em porcentagem ao ano, calculada sobre o valor nominal, definidos pelo Ministro da Fazenda; b) modalidades nominativa e inegociável; c) valor nominal múltiplo de R$ 1,00; d) atualização do valor nominal pela variação da cotação de venda do dólar americano no mercado de câmbio de taxas livres, divulgada pelo Banco Central do Brasil, sendo consideradas as taxas médias do dia útil imediatamente anterior às datas de emissão e de resgate do título; e) resgate do principal até a data de vencimento da correspondente parcela de juros do financiamento à exportação. A emissão da NTN-I será realizada após a comprovação pela instituição beneficiária da equalização ou por seu representante legal: a) nas operações com recursos em moeda estrangeira do embarque das mercadorias, bem como da liquidação dos contratos de câmbio relativos à totalidade do valor da exportação, na modalidade *incoterms* negociada; b) nos financiamentos concedidos com recursos em moeda nacional do embarque das mercadorias, do crédito em conta bancária titulada pelo exportador dos valores em moeda nacional correspondentes ao montante negociado, bem como da liquidação dos contratos de câmbio de exportação relativos à parcela não financiada.

NTN-J. *Direito financeiro.* Nota do Tesouro Nacional da série J, que tem por caracteres: a) prazo de até quinze anos; b) modalidades nominativa e negociável; c) valor nominal múltiplo de R$ 1.000,00; d) taxas de juros médias de rentabilidade das Letras do Tesouro Nacional (LTN), colocadas junto ao público no início de cada período de fluência da taxa de juros, cuja quantidade seja mais representativa, considerando o conjunto das LTN de prazos distintos emitidas no mercado primário em mesma data. Caso não haja emissão primária de LTN, junto ao público, no início de um período de fluência qualquer, a NTN-J passará a ser remunerada pela taxa média ajustada dos financiamentos diários apurados no Sistema Especial de Liquidação e de Custódia (SELIC) para títulos públicos federais, divulgada pelo Banco Central do Brasil, até que seja retomada a emissão de LTN junto ao público; e) período de fluência das taxas de juros equivalente ao prazo de vencimento das LTN a que se refere a alínea "d"; f) pagamento dos juros ao final de cada período de fluência, após o término do prazo de carência de três anos, sendo que, até o término do prazo de carência, eles serão incorporados ao principal. Na hipótese de o término do prazo de carência ocorrer em data situada entre duas repactuações, serão capitalizados, *pro rata* dias úteis, os juros correspondentes ao período compreendido entre a data da última repactuação, inclusive, e a data do término do prazo de carência, exclusive, sendo a parcela restante paga na data de repactuação seguinte. Caso o prazo de vencimento da LTN, que servirá de base à repactuação que precede o resgate do principal, seja superior ao prazo a decorrer até o vencimento do título, a NTN-J passará a ser remunerada pela taxa média ajustada dos financiamentos diários apurados no SELIC para títulos públicos federais, pelo prazo remanescente; g) resgate do principal em parcela única, na data do seu vencimento.

NTN-L. *Direito financeiro.* Nota do Tesouro Nacional da série L, emitida pela Secretaria do Tesouro Nacional, para fins de realização de troca de títulos de responsabilidade do Tesouro Nacional na carteira do Banco Central do Brasil, a ser emitida até o limite do passivo externo do Banco, que será assumido pelo Tesouro Nacional nos termos do Plano Brasileiro de Refinanciamento e Clube de Paris. Essa nota tem os seguintes caracteres: a) prazo de até dois anos; b) taxa de juros de 5% ao ano, calculada sobre o valor nominal atualizado; c) modalidades nominativa e inalienável; d) valor nominal múltiplo de R$ 1.000,00; e) atualização do valor nominal pela variação da cotação de venda do dólar dos Estados Unidos no mercado de câmbio de taxas livres, divulgada pelo Banco Central do Brasil, sendo consideradas as taxas médias do dia útil imediatamente anterior às datas de emissão e resgate do título; f) pagamento de juros na data do resgate do título; g) resgate do principal, em parcela única, na data do seu vencimento. A NTN-L poderá ser resgatada antecipadamente, em decorrência da assunção, pelo Tesouro Nacional, da dívida externa, atualmente de responsabilidade do Banco Central do Brasil.

NTN-M. *Direito financeiro.* Nota do Tesouro Nacional da série M, a ser adquirida com os recursos decorrentes das capitalizações realizadas ao amparo do Contrato de Troca e Subscrição do Bônus de Dinheiro Novo e de Conversão da Dívida, datado de 29 de novembro de 1993. Tal nota tem as seguintes características: a) prazo de quinze anos; b) taxa de juros *London Inter-Bank Offered Rate* (LIBOR) semestral, acrescida de *spread* de 0,875% ao ano, até o limite de 12%; c) forma de colocação direta, em favor do interessado e mediante expressa autorização do ministro de Estado da Fazenda, não podendo ser colocada por valor inferior ao par, em quantidade equivalente ao necessário para atender à demanda decorrente do Contrato de Troca e Subscrição do Bônus de Dinheiro Novo e de Conversão da Dívida, datado de 29 de novembro de 1993; d) modalidades nominativa e inegociável; e) valor nominal múltiplo de R$ 1.000,00; f) atualização do valor nominal pela variação da cotação de venda do dólar dos Estados Unidos no mercado de câmbio de taxas livres, divulgada pelo Banco Central do Brasil, sendo consideradas as taxas médias do dia útil imediatamente anterior às datas de emissão e resgate do título; g) pagamento de juros semestralmente, com ajuste no primeiro período de fluência, quando couber; h) resgate do principal em dezessete parcelas semestrais e consecutivas, a partir do sétimo aniversário, a contar de 15 de abril de 1994, inclusive. A NTN-M poderá ser utilizada, ao par, como meio de pagamento para aquisição de bens e direitos alienados no âmbito do PND.

NTN-P. *Direito financeiro.* Nota do Tesouro Nacional da série P, com os seguintes caracteres: a) prazo mínimo de quinze anos; b) taxa de juros de 6% ao ano, calculada sobre o valor nominal atualizado; c) modalidades nominativa e inegociável; d) valor nominal múltiplo de R$ 1,00; e) atualização do valor nominal por índice calculado com base na taxa referencial (TR), divulgada pelo Banco Central do Brasil, desde a data da emissão até a do resgate; f) pagamento dos juros na data do resgate do título; g) resgate do principal, em parcela única, na data do vencimento. Os recursos em moeda corrente provenientes da emissão da NTN-P serão utilizados para amortizar a dívida pública mobiliária federal de emissão do Tesouro Nacional e para custear programas e projetos nas áreas de ciência e tecnologia, saúde, defesa nacional, segurança pública e meio ambiente, aprovados pelo presidente da República. Os detentores das NTN-P poderão fazer uso destes títulos para quitar suas dívidas, vencidas até 31 de dezembro de 1992, para com o Tesouro Nacional, autarquia federal, empresas públicas federais, sociedade de economia mista controlada diretamente pela União e demais entidades federais que revistam outras formas jurídicas, mediante a expressa anuência dos credores, do ministro de Estado da Fazenda e dos ministros de Estado sob cuja supervisão estiverem as entidades credora e devedora. Isso não se aplica às dívidas de origem tributária para com a Fazenda Nacional. Observados os privilégios legais, terão preferência, para efeito de pagamento, as dívidas vencidas com o Tesouro Nacional ou aquelas decorrentes de avais honrados pela União. Nas operações citadas, a NTN-P será recebida ao par, valorizada *pro rata* dias úteis. Os Conselhos de Administração ou órgãos competentes das sociedades de economia mista, das empresas públicas e de outras entidades da Administração Federal, titulares de ações e bens alienados de acordo com o PND adotarão as providências necessárias, no sentido de que os recursos recebidos em moeda corrente, pela alienação daqueles bens, sejam aplicados na aquisição das NTN-P. Os recursos recebidos pelos alienantes de ações, bens e direitos no âmbito do PND serão atualizados pela taxa de remuneração das aplicações realizadas, por meio do Banco Central do Brasil, pelas empresas abrangidas em norma especial, desde a data da liquidação financeira do respectivo leilão de privatização até a da aquisição da NTN-P.

NTN-R. *Direito financeiro.* Nota do Tesouro Nacional da série R, emitida para fins de aquisição por parte das entidades fechadas de previdência privada que tenham por patrocinadoras, exclusivas ou não, empresas públicas, sociedades de economia mista, federais ou estaduais, autarquias, inclusive as de natureza especial e fundações instituídas pelo Poder Público. Faculta-se a aquisição de NTN-R por parte das demais entidades fechadas de previdência privada, bem assim pelas sociedades seguradoras, sociedades de capitalização e entidades abertas de previdência privada. A NTN-R é emitida em duas subséries distintas: R_1 e R_2. A NTN-R_1 tem as seguintes características: a) prazo de dois anos; b) taxa de juros de 8% ao ano, calculada sobre o valor nominal atualizado; c) modalidades nominativa e negociável; d) valor nominal múltiplo de R$ 1.000,00; e) atualização do valor nominal pela variação da cotação de venda do dólar dos Estados Unidos no mercado de câmbio de taxas livres, divulgada pelo Banco Central do Brasil, sendo consideradas as taxas médias do dia útil imediatamente anterior às datas de emissão e resgate do título; f) pagamento de juros na data do resgate; g) resgate do principal, em parcela única, na data

do seu vencimento. A NTN-R_2 tem as seguintes características: a) prazo de dez anos; b) taxa de juros de 12% ao ano, calculada sobre o valor nominal atualizado; c) modalidades nominativa e negociável; d) valor nominal múltiplo de R$ 1.000,00; e) atualização do valor nominal pela variação da cotação de venda do dólar dos Estados Unidos no mercado de câmbio de taxas livres, divulgada pelo Banco Central do Brasil, sendo consideradas as taxas médias do dia útil imediatamente anterior às datas de emissão e resgate do título; f) pagamento de juros mensalmente; g) resgate do principal em dez parcelas anuais, iguais e sucessivas.

NTN-R_2. *Direito financeiro.* Nota do Tesouro Nacional a ser utilizada para fins de aquisição por parte das entidades fechadas de previdência privada que tenham por patrocinadoras, exclusivas ou não, empresas públicas, sociedades de economia mista, federais ou estaduais, autarquias, inclusive as de natureza especial, e fundações instituídas pelo Poder Público. A NTN-R_2 terá as seguintes características: a) prazo: dez anos; b) taxa de juros: 12% ao ano, calculados sobre o valor nominal atualizado; c) modalidade: nominativa; d) valor nominal na data-base: múltiplo de R$ 1.000,00; e) atualização do valor nominal: pela variação da cotação de venda do dólar dos Estados Unidos da América no mercado de câmbio de taxas livres, divulgada pelo Banco Central do Brasil, sendo consideradas as taxas médias do dia útil imediatamente anterior à data-base e à data do vencimento do título; f) pagamento de juros: mensalmente; g) resgate do principal: em dez parcelas anuais, iguais e sucessivas. Fica facultada a aquisição de NTN-R_2 por parte das demais entidades fechadas de previdência privada, bem assim pelas sociedades seguradoras, sociedades de capitalização e entidades abertas de previdência privada.

NTN-S. *Direito financeiro.* Nota do Tesouro Nacional da Série S. Será emitida com as seguintes características gerais: 1) prazo, composto de dois períodos: a) primeiro período: mínimo de sete dias e rendimento prefixado; b) segundo período: mínimo de vinte e um dias e rendimento pós-fixado; 2) modalidade: nominativa e negociável; 3) valor nominal: múltiplo de R$ 1.000,00; 4) rendimento: a) no primeiro período: definido pelo deságio sobre o valor nominal; b) no segundo período: definido pela taxa média ajustada dos financiamentos diários apurados no Sistema Especial de Liquidação e de Custódia (SELIC) para títulos públicos federais divulgada pelo Banco Central do Brasil, acumulada a partir de data estabelecida para início do segundo período e calculada sobre o valor nominal; 5) resgate: no vencimento, pelo valor nominal, acrescido do rendimento relativo ao segundo período.

NTN-T. *Direito financeiro.* Nota do Tesouro Nacional da série T, que apresenta os seguintes caracteres: a) prazo de até quinze anos; b) taxa de juros de 5% ao ano, calculada sobre o valor nominal atualizado; c) modalidades nominativa e negociável; d) valor nominal múltiplo de R$ 1.000,00; e) atualização do valor nominal por índice calculado com base na Taxa de Juros de Longo Prazo (TJLP), divulgada pelo Banco Central do Brasil, desde a data de emissão até a do vencimento; f) pagamento de juros na data de resgate do título; g) resgate do principal, em parcela única, na data do vencimento.

NU. 1. Despido. **2.** Descoberto. **3.** Sem adorno. **4.** Privado. **5.** Carente.

NUA CONVENÇÃO. *Direito civil.* Acordo sem força jurídica para obrigar ao seu adimplemento, como ocorre com a obrigação natural ou inexigível juridicamente.

NUA DETENÇÃO. *Direito civil.* Situação fática em que alguém tem a detenção de um bem sem que dele seja possuidor ou proprietário, não produzindo, por tal razão, os efeitos jurídicos da posse.

NUA PROPRIEDADE. *Direito civil.* Propriedade despida do *usus, fructus* e *abutendi* que tem o proprietário da coisa sobre a qual se instituiu um usufruto, que o excluiu do pleno gozo, sobre ela. Essa propriedade está, portanto, limitada por um ônus de direito real sobre a coisa alheia de fruição.

NUA TRADIÇÃO. *Direito civil.* Mera transferência da posse que não produz efeitos jurídicos traslativos da propriedade. O proprietário da coisa continua com seu domínio que não é cedido nem transferido. A nua tradição está configurada, por exemplo, no comodato e no depósito.

NUBENTE. *Direito civil.* **1.** Noivo ou noiva. **2.** Aquele que está para casar. **3.** O que se está habilitando, legalmente, para convolar núpcias.

NÚBIL. *Direito civil.* **1.** Que está em idade de casar. **2.** Habilitado psicológica e fisiologicamente

para o casamento. **3.** Diz-se da idade de dezesseis anos para a mulher e para o homem, que, por lei, os habilita para o matrimônio. **4.** Púbere.

NUBILAR. *Direito agrário.* Coberta onde se recolhem os cereais quando há receio de chuva.

NUBILÁRIO. *Vide* NUBILAR.

NUBILIDADE. *Direito civil.* **1.** Qualidade de núbil. **2.** Aptidão para o casamento, que ocorre quando é atingida a puberdade, ocasião em que a faculdade de procriar tem início.

NUCALGIA. *Medicina legal.* Dor na nuca, isto é, na parte posterior do pescoço.

NUCÁLGICO. *Medicina legal.* Relativo a nucalgia.

NUÇÃO. 1. Consentimento; anuência. **2.** Vontade. **3.** Arbítrio.

NUCICULTOR. *Direito agrário.* Aquele que se ocupa da nucicultura.

NUCICULTURA. *Direito agrário.* Cultura de nogueira.

NUCÍFERO. *Direito agrário.* O que produz nozes.

NUCLEAÇÃO. *Sociologia geral.* Constituição de um núcleo social.

NUCLEAÇÃO HETEROGÊNEA. *Sociologia geral.* Povoamento formado por grupos étnicos diferentes, mas homogêneos entre si e economicamente especializados.

NÚCLEO. 1. *Direito agrário.* Hilo do grão de amido. **2.** *Direito comercial.* Sede principal de um estabelecimento empresarial ou de um empório. **3.** *Sociologia geral.* Ponto central em torno do qual se agrupam pessoas.

NÚCLEO BRASILEIRO DE DIREITOS HUMANOS E SAÚDE MENTAL. *Biodireito.* É uma iniciativa do Ministério da Saúde e da Secretaria Especial de Direitos Humanos que visa ampliar os canais de comunicação entre o Poder Público e a sociedade, por meio da constituição de um mecanismo para o acolhimento de denúncias e o monitoramento externo das instituições que lidam com pessoas com transtornos mentais, incluídas as crianças e adolescentes, pessoas com transtornos decorrentes do abuso de álcool e outras drogas, bem como pessoas privadas de liberdade. Tem como *objetivos gerais*: 1) aprimorar os canais de comunicação entre o Poder Público e a sociedade, para garantir a democratização e a transparência das informações no que diz respeito à interface saúde mental e direitos humanos; 2) fiscalizar a legalidade dos atos praticados pela administra-

NÚCLEO CENTRAL DE ORIENTAÇÃO AO CONTRIBUINTE (NCOC)   417

ção pública e pela iniciativa privada no que diz respeito à interface saúde mental e direitos humanos; 3) exigir condições adequadas de internação, custódia e detenção das pessoas com transtornos mentais e o cumprimento da legislação nacional e internacional de direitos humanos, no que se refere a esta população; 4) contribuir para o aperfeiçoamento e a ampliação dos mecanismos de promoção e proteção dos direitos, combatendo o estigma, a intolerância, a discriminação, a exclusão social e os maus tratos às pessoas com transtornos mentais; 5) desenvolver mecanismos de monitoramento das instituições que lidam com pessoas com transtornos mentais, incluídas as crianças e adolescentes, pessoas com transtornos decorrentes do abuso de álcool e outras drogas,bem como aquelas privadas de liberdade; 6) contribuir para o aprimoramento das legislações e normas capazes de garantir o direito integral à saúde de toda a sociedade, incluindo a população prisional ou internada em instituições para o cumprimento de medidas socioeducativas e hospitais de custódia e tratamento psiquiátrico; 7) produzir informações qualificadas, estudos e pesquisas sobre a interface saúde mental e direitos humanos que possam contribuir para a efetiva proteção dos direitos das pessoas com transtornos mentais, disponibilizando os dados colhidos à sociedade civil; e 8) criar e fomentar redes de proteção de direitos das pessoas com transtornos mentais, com a participação direta de representantes dos usuários do SUS e da sociedade em geral. E como *objetivos específicos*: a) realizar vistorias periódicas nos serviços de saúde mental em geral e fiscalizar as instituições de internação assegurando a existência de condições adequadas de internação, custódia e detenção e o cumprimento da legislação nacional e internacional de direitos humanos; b) receber sugestões, reclamações e denúncias visando à melhoria dos serviços de saúde mental, recomendando as medidas cabíveis nos casos de violação de direitos; c) apurar a procedência das reclamações e denúncias recebidas e propor a instauração de sindicâncias e inquéritos, sempre que cabíveis; d) criar indicadores e instrumentos de análise dos sistemas de informação existentes sobre as violações de direitos, agravos e óbitos por causas violentas, das pessoas com transtornos mentais em instituições de internamento; e) apoiar estudos de impacto sobre a saúde mental das pessoas em

regime de privação de liberdade, em especial em Regime Disciplinar Diferenciado (RDD); e f) solicitar relatórios periódicos às áreas de vigilância epidemiológica e sanitária, ao Ministério Público e a outros sistemas de informação.

NÚCLEO CENTRAL DE ORIENTAÇÃO AO CONTRIBUINTE (NCOC). *Direito previdenciário.* Voltado para a interação contribuinte/Instituto Nacional do Seguro Social (INSS), tem como finalidade propor, orientar, acompanhar e, por delegação de competência, aprovar programas visando ao cumprimento das obrigações decorrentes do Plano de Custeio da Seguridade Social. Tem por fim: a) fornecer ao público em geral informações e orientações, quanto aos deveres e direitos do contribuinte da Previdência Social nas áreas de Arrecadação, Fiscalização e Cobrança, em cumprimento às diretrizes da DAF e em consonância com os projetos desenvolvidos pela Assessoria de Comunicação Social (ACS/MPAS); b) orientar as projeções regionais na realização de programas de interação contribuinte/INSS, objetivando a eficácia da receita da Seguridade Social; c) assegurar a uniformização de procedimentos, buscando a otimização de rotinas e tarefas em relação ao aperfeiçoamento de servidores. O NCOC, com funções voltadas à melhoria da qualidade do atendimento ao público interno e externo, adotará as seguintes diretrizes: a) promover maior aproximação entre o cidadão e o INSS, possibilitando o conhecimento quanto à finalidade da Instituição; b) conscientizar a população em geral da importância de sua participação no custeio da Seguridade Social; c) viabilizar as ações que contribuam para a aprendizagem e a ampliação dos conhecimentos dos segmentos laborativo e empresarial sobre a contribuição previdenciária; d) fortalecer a Seguridade Social, por meio da divulgação e da participação das entidades abrangidas e identificadas com a Previdência Social em parceria com a Assessoria de Comunicação Social (ACS/MPAS); e) contribuir para a melhoria, qualificação e presteza dos serviços e informações destinados à clientela; f) contribuir com a profissionalização dos servidores da Linha, de forma a melhorar a qualidade dos serviços prestados.

NÚCLEO COLONIAL. *Sociologia geral.* Povoação central nos trabalhos de colonização de uma região.

NÚCLEO DE ACIDENTES E MEDICINA RODOVIÁRIA.

NÚCLEO DE ACIDENTES E MEDICINA RODOVIÁRIA. *Direito de trânsito.* Órgão a quem compete: a) orientar, controlar e executar as atividades relacionadas com a segurança do trânsito, prevenção, atendimento e levantamento de locais de acidentes, socorro e salvamento de vítimas; b) propor medidas para a redução dos índices de acidentes e preservação da integridade física dos usuários e dos servidores quando em serviço; c) manter arquivos atualizados de boletins de ocorrência; d) preparar e fornecer os elementos necessários à elaboração de relatórios e estatísticas de acidentes de trânsito; e) acompanhar o resultado do atendimento de vítimas socorridas em acidentes; f) orientar e fazer cumprir as normas de segurança relativas ao trânsito de produtos perigosos, elaborando planos e procedimentos para a condução ou atendimento a acidentes envolvendo esses produtos, bem como realizar estudos e análises sobre a legislação e as normas de segurança; g) colaborar com a educação de trânsito ministrada nas escolas, empresas e órgãos oficias; h) promover a realização de trabalhos de fotografia técnica, desenhos, plantas, croquis e demais meios necessários à ilustração e complementação dos serviços efetuados, assim como controlar, supervisionar e manter cadastro atualizado de formulários destinados a boletins de ocorrências; i) realizar estudos e pesquisas sobre acidentes de trânsito, objetivando, principalmente, a determinação de pontos críticos, assim como orientar e controlar as tarefas relativas a levantamentos, consolidação, análise e divulgação de dados e informações, promovendo a realização periódica de censos e outros métodos necessários à identificação dos fenômenos do trânsito rodoviário.

NÚCLEO DE APOIO AO MANEJO FLORESTAL (NAMF). *Direito ambiental.* Com sede em Brasília, atua em toda a área da Amazônia Legal e da Mata Atlântica e se subordina técnica e administrativamente à Diretoria de Florestas. Tem por finalidade estimular o manejo florestal sustentável de uso múltiplo, em todas as suas etapas de desenvolvimento, visando: a) promover a educação para o trabalho na área florestal, a Assessoria e a Assistência técnica, tecnológica e jurídica nos planos de manejo florestal, sustentável de uso múltiplo, quando couber; b) desenvolver mecanismos de gestão de projeto, processo, organização comunitária, qualidade e *marketing* ligados ao manejo flo-

restal; c) reunir e fornecer informações tecnológicas aos participantes dos seus programas e projetos; d) capacitar recursos humanos do IBAMA, dos técnicos e das comunidades no que se refere ao manejo e beneficiamento de recursos florestais.

NÚCLEO DE ASSESSORIA JURÍDICA POPULAR (NAJUP). *Direito civil.* Aquele que, sediado em Porto Alegre, Rio Grande do Sul, desde 1989, reúne advogados e estudantes de direito que pertencem ao Movimento Popular Urbano, com o escopo de refletir criticamente sobre o direito vigente e assessorar demandas populares (Wolkmer).

NÚCLEO DE ASSUNTOS ESTRATÉGICOS. *Direito administrativo.* Órgão essencial da Presidência da República que tem como área de competência os seguintes assuntos: a) formulação da concepção estratégica nacional de longo prazo; b) gestão, análise e avaliação de assuntos de natureza estratégica de longo prazo; c) articulação de centros de produção de conhecimento, pesquisa e análise estratégica; d) preparação, promoção de estudos e elaboração de cenários exploratórios na área de assuntos de natureza estratégica de longo prazo; e e) elaboração, coordenação e controle de planos, programas e projetos de natureza estratégica de longo prazo.

NÚCLEO DE COLONIZAÇÃO. *Direito agrário.* **1.** Conjunto de lotes rurais e urbanos integrados por uma sede administrativa e por serviços técnicos e comunitários. **2.** Unidade formada por agricultores. Ou melhor, é a unidade fundamental para estabelecimento de agricultores.

NÚCLEO DE INOVAÇÃO TECNOLÓGICA. Núcleo ou órgão constituído por uma ou mais ICT com a finalidade de gerir sua política de inovação.

NÚCLEO DE RESPOSTA RÁPIDA EM EMERGÊNCIAS EPIDEMIOLÓGICAS (NUREP). Atua nas seguintes situações: a) epidemias que ultrapassem os limites de uma unidade federada; b) epidemias de doenças emergentes; c) introdução no País de vetor e/ou agente infeccioso erradicado ou não existente previamente; d) epidemias de doenças integrantes do Regulamento Sanitário Internacional; e) epidemias caracterizadas como expansão para áreas sem ocorrências anteriores; f) enchentes, secas e outras calamidades e/ou desastres relevantes em saúde pública e quando demonstrada a insuficiência da ação do município e/ou Estado; g) execução inadequada ou insuficiente das atribuições estaduais previstas em lei, particularmente quando ficar caracterizado risco de disseminação de doenças; h) outras situações de relevância epidemiológica. Caberá ao NUREP: a) planejar, mobilizar recursos e coordenar a implementação das ações que reduzam ou eliminem riscos à saúde pública; b) manter sistema de informações relativo a recursos humanos e logísticos passíveis de mobilização; c) elaborar manuais de procedimentos para intervenções em situações de emergência.

NÚCLEO DE SELEÇÃO E REGISTRO DE MATÉRIAS DA IMPRENSA NACIONAL. *Direito administrativo.* É aquele a quem compete: a) analisar, selecionar e registrar as matérias destinadas a publicação nos jornais oficiais; b) devolver aos usuários os originais de matérias cuja elaboração não atenda às normas técnicas de publicação; c) manter os usuários permanentemente informados sobre as normas que regem a publicação de atos e de documentos oficiais.

NÚCLEO ESPECIAL DE COMBATE À IMPUNIDADE. *Direito administrativo* e *direito penal.* Criado, no âmbito do Ministério da Justiça, com o objetivo de coordenar os esforços do Poder Executivo Federal para a repressão ao crime organizado e para promover a articulação com os Poderes Legislativo e Judiciário e com as demais esferas da Federação.

NÚCLEO ESTRATÉGICO DO PROGRAMA DE PREVENÇÃO E CONTROLE DE QUEIMADAS E INCÊNDIOS FLORESTAIS. *Direito ambiental.* É o que tem por fim definir ações que visem mobilizar a Força-Tarefa criada para atender emergências em combate a incêndios florestais de grandes proporções. Compete-lhe, portanto: a) planejar e coordenar as ações de combate a incêndios florestais; b) avaliar e monitorar estrategicamente os dados e informações gerados pela Sala de Situação do IBAMA; c) subsidiar a SEPRE/MPO nos processos de declaração de "Situação de Emergência", nos Estados e Municípios localizados na Amazônia Legal, sempre que as condições climáticas e de vegetação, monitorados pela Sala de Situação do IBAMA, identifiquem o risco iminente de incêndios florestais; d) convocar a Força-Tarefa, outros órgãos e instituições, quando a situação de combate a incêndio assim o exigir; e) assegurar a efetiva colaboração e coordenação interinstitucional; f) executar outras atividades que lhe forem atribuídas para o cumprimento de sua finalidade.

NÚCLEOS DE EDUCAÇÃO EM URGÊNCIAS. Devem organizar-se como espaços de saber interinstitucional de formação, capacitação, habilitação e educação continuada de recursos humanos para as urgências, sob a administração de um conselho diretivo, coordenado pelo gestor público do SUS, tendo como integrantes as secretarias Estaduais e Municipais de saúde, hospitais e serviços de referência na área de urgência, escolas de bombeiros e polícias, instituições de ensino superior, de formação e capacitação de pessoal na área da saúde, escolas técnicas e outros setores que prestam socorro à população, de caráter público ou privado, de abrangência municipal, regional ou estadual. São princípios norteadores dos Núcleos de Educação em Urgências: a) a organicidade com o processo de formulação de políticas públicas para a atenção integral às urgências, buscando organizar o sistema regional de atenção às urgências a partir da qualificação assistencial com eqüidade; b) a promoção integral da saúde com o objetivo de reduzir a morbimortalidade regional, preservar e desenvolver a autonomia de indivíduos e coletividades, com base no uso inteligente das informações obtidas nos espaços de atendimento às urgências, considerados observatórios privilegiados da condição da saúde na sociedade; c) a educação continuada como estratégia permanente de acreditação dos serviços, articulada ao planejamento institucional e ao controle social; d) a transformação da realidade e seus determinantes, fundamentada na educação, no processamento de situações-problema, extraídas do espaço de trabalho e do campo social. Tem por objetivos estratégicos: a) constituir núcleos de excelência regional, estadual e nacional, para a formação de profissionais de saúde a serem inseridos na atenção às urgências; b) elaborar, implantar e implementar uma política pública, buscando construir um padrão nacional de qualidade de recursos humanos, instrumentalizada a partir de uma rede de núcleos regionais, os quais articulados entre si poderão incorporar paulatinamente critérios de atenção e profissionalização às urgências; c) buscar a nucleação pública dos recursos educativos em saúde; d) articular, processar e congregar as dificuldades e necessidades das instituições-membro para alcançarem as suas metas, a fim de constituir Sistemas Estaduais de Urgência e Emergência; e) ser espaço interinstitucional combinando conhecimentos e meios materiais que permitam abarcar a dimensão qualitativa e quantitativa das demandas de educação em urgências, potencializando as capacidades e respondendo ao conjunto de demandas inerentes a um sistema organizado de atenção; f) ser estratégia pública privilegiada para a transformação da qualificação da assistência às urgências, visando impactos objetivos em saúde populacional; g) constituir os meios materiais (área física e equipamentos) e organizar corpo qualificado de instrutores e multiplicadores, que terão como missão, entre outras, produzir os materiais didáticos em permanente atualização e adaptação às necessidades das políticas públicas de saúde e dos serviços/trabalhadores da saúde. São seus objetivos operacionais: a) promover programas de formação e educação continuada na forma de treinamento em serviço a fim de atender ao conjunto de necessidades diagnosticado em cada região, fundamentando o modelo pedagógico na problematização de situações; b) capacitar os recursos humanos envolvidos em todas as dimensões de atenção regional, ou seja, atenção pré-hospitalar – unidades básicas de saúde, unidades de saúde da família, pré-hospitalar móvel, unidades não-hospitalares de atendimento às urgências e emergências e ambulatórios de especialidades; atenção hospitalar e atenção pós-hospitalar – internação domiciliar e serviços de reabilitação, sob a ótica de promoção da saúde; c) estimular a criação de equipes multiplicadoras em cada região, que possam implementar a educação continuada nos serviços de urgência; d) congregar os profissionais com experiência prática em urgência, potencializando sua capacidade educacional; e) desenvolver e aprimorar de forma participativa e sustentada as políticas públicas voltadas para a área da urgência; f) certificar anualmente e recertificar a cada dois anos os profissionais atuantes nos diversos setores relativos ao atendimento das urgências; g) propor parâmetros para a progressão funcional dos trabalhadores em urgências, vinculados ao cumprimento das exigências mínimas de capacitação, bem como à adesão às atividades de educação continuada.

NÚCLEOS DE RASTREAMENTO DE EMBARCAÇÕES PESQUEIRAS. *Direito marítimo.* Unidades descentralizadas de rastreamento de embarcações pesqueiras, pertencentes à estrutura do Pro-

grama Nacional de Rastreamento de Embarcações Pesqueiras por Satélite (PREPS), locadas na SEAP/PR, IBAMA/MMA e Marinha do Brasil/Ministério da Defesa, vinculadas ao sistema informatizado da Central de Rastreamento de Embarcações Pesqueiras, tendo como objetivo o exercício das competências institucionais exclusivas dos respectivos órgãos gestores.

NÚCLEO SETORIAL DE SANEAMENTO. *Direito ambiental.* Instituído no âmbito da Secretaria Nacional de Saneamento Ambiental (SNSA), do Ministério das Cidades, o Núcleo Setorial de Saneamento tem a atribuição de articular os órgãos do Governo Federal com atuação no saneamento, as associações de caráter nacional, os prestadores de serviços e as instituições com experiências e atuação no setor, visando promover a melhoria da gestão do saneamento, em conformidade com as diretrizes e os objetivos do Programa Nacional da Gestão Pública (GESPÚBLICA). O Núcleo Setorial de Saneamento tem como objetivo a promoção e a coordenação das ações do GESPÚBLICA, em seu setor de atuação, mediante parceria com organizações públicas e a sociedade civil. São objetivos específicos do Núcleo Setorial de Saneamento: a) atuar como pólo setorial de desenvolvimento da excelência em gestão na administração pública, coordenando e disseminando as ações do GESPÚBLICA, no saneamento ambiental; b) conceber mecanismos que viabilizem a integração das instituições federais, estaduais e municipais com atuação no saneamento ambiental; e c) promover e divulgar estudos, pesquisas e experiências decorrentes da implantação de ações de melhoria da qualidade da gestão em organizações públicas do setor de saneamento.

NÚCLEO SOCIAL. *Sociologia geral.* Unidade central de uma sociedade que contém os germes de idéias, procedimentos ou ordens sociais novos.

NUDA. *Termo latino.* Nua.

NUDA COGITATIO. *Locução latina.* Mera cogitação; simples intenção de praticar um ilícito.

NUDA CONSENSU. *Locução latina.* Mero consentimento.

NUDA DETENTIO. *Locução latina.* Nua detenção, sem que haja transferência de posse ou propriedade.

NUDA PACTIO. *Locução latina.* Simples convenção a que falta sanção e ação para obter seu cumprimento.

NUDA PROPRIETAS. *Locução latina.* Nua proprie-dade.

NUDA REPROMISSIO. *Locução latina.* Estipulação consensual ligada ao *beneficium competentiae* (direito do cedente de bens por efeito de insol-vência de reter o necessário para sua subsis-tência), instituída em favor dos credores, para garantir a futura percepção judicial sobre no-vos bens que venham a entrar no patrimônio do devedor, até a liquidação da dívida objeto da estipulação (Othon Sidou).

NUDA VOLUNTAS. *Locução latina.* Mera vontade manifestada sem qualquer formalidade.

NUDUS DOMINUS. *Locução latina.* Nu-proprietário.

NUGAÇÃO. *Lógica jurídica.* Argumento ou sofisma sem consistência, pelo ridículo da afirmação que contém.

NUGACIDADE. Frivolidade.

NUGATIVO. Fútil, frívolo; ridículo.

NUGATÓRIO. *Vide* NUGATIVO.

NULIDADE. *Teoria geral do direito.* Sanção imposta pela norma jurídica, que determina a privação de efeitos jurídicos do negócio praticado em desobediência ao que prescreve.

NULIDADE AB INITIO. *Direito processual penal.* É a que atinge o processo a partir da queixa ou da de-núncia.

NULIDADE ABSOLUTA. *Direito civil.* Penalidade que, ante a gravidade do atentado à ordem jurídica, consiste na privação da eficácia jurídica que teria o negócio, caso fosse conforme a lei, de maneira que um ato negocial que resultar em nulidade será como se nunca tivesse existido desde sua formação, pois a declaração de sua invalidade produzirá efeito *ex tunc*. É nulo o ato negocial inquinado de vícios essenciais, não podendo ter, obviamente, qualquer efi-cácia jurídica. Por exemplo, quando lhe faltar algum elemento essencial, ou seja, se for pra-ticado por pessoa absolutamente incapaz, se tiver objeto ilícito, impossível ou indetermina-vel; quando o motivo determinante, comum a ambas as partes, for ilícito; se não se revestir da forma prescrita em lei ou preterir alguma solenidade imprescindível para sua validade; quando, apesar de ter elementos, essenciais, for praticado com infração à lei, e quando a lei taxativamente o declarar nulo ou proibir-lhe a prática, sem cominar sanção de outra natu-

reza. O negócio jurídico simulado é nulo, mas subsistirá o que se dissimulou, se válido for na forma e na substância.

NULIDADE ABSOLUTA DE TESTAMENTO. *Direito civil.* É a alegada por qualquer interessado, ou pelo Ministério Público, quando lhe couber inter-vir, e que deve ser pronunciada pelo magistra-do, quando conhecer do ato ou de seus efeitos e a encontrar provada, não lhe sendo, todavia, permitido supri-la, mesmo que haja reque-rimento das partes, quando: a) for feito por testador incapaz; b) seu objeto for ilícito im-possível ; c) não observar as formas prescritas em lei; d) a lei taxativamente o declarar nulo ou lhe negar efeito; e) suas disposições forem nulas por: instituir herdeiro ou legatário sob condição captatória de que este disponha tam-bém por testamento em benefício do testador ou de terceiro; referir-se a pessoa incerta, cuja identidade não se possa averiguar; favorecer pessoa incerta, cometendo a determinação de sua identidade a terceiro, por perder seu cará-ter personalíssimo, que lhe é essencial; ou dei-xar ao arbítrio do herdeiro ou de outrem fixar o valor do legado, uma vez que esse ato com-pete exclusivamente ao testador. É ainda nula a disposição que favorecer: pessoa que a rogo escreveu o testamento, como seu cônjuge ou companheiro, ou seus ascendentes e irmãos; os testemunhos testamentários; concubino de testador casado, salvo se este, sem culpa sua, estiver separado de fato do cônjuge há mais de cinco anos; tabelião, civil ou militar, ou o comandante ou escrivão, perante quem se fizer ou aprovar testamento; pessoa não legitimada a suceder, ainda quando simulada sob forma de contrato oneroso, ou feita mediante inter-posta pessoa.

NULIDADE ABSTRATA. *Vide* NULIDADE ABSO-LUTA.

NULIDADE ACIDENTAL. *Vide* NULIDADE RELA-TIVA.

NULIDADE ATÍPICA. *Direito civil.* É aquela em que, havendo nulidade de um ato negocial, não se lhe aplicam as normas próprias do regime ge-ral da nulidade. Por exemplo, é nula a venda de coisa alheia, mas pode ser convalidada se o vendedor vier a adquiri-la posteriormente.

NULIDADE COMPLETA. *Direito civil.* É a que atinge a obrigação principal, vindo a alcançar também as acessórias, tornando-as sem efeito.

NULIDADE DA EXECUÇÃO. *Direito processual civil.* Nula é a execução: a) se o título executivo extrajudicial não corresponder a obrigação certa, líquida e exigível; b) se o devedor não for regularmente citado; e c) se instaurada antes de se verificarem as condições ou de ocorrido o termo nos casos legais.

NULIDADE DA PARTILHA. *Direito civil.* É a que torna sem efeito uma partilha que, sendo ato material e formal, deixou de observar certos requisitos formais ou apresenta as mesmas causas que inquinam de eficácia os negócios jurídicos. A ação de nulidade relativa da partilha pode ser intentada dentro do prazo legal: a) de um ano, no caso de rescisão de partilha amigável, contado: na coação, do dia em que ela cessou, no erro ou dolo, do dia em que se realizou o ato, na hipótese de haver herdeiro incapaz, do dia em que cessou a incapacidade; b) de dois anos, no caso de rescisão de partilha judicial, que é rescindível nos casos acima mencionados, se feita com omissão de formalidades legais ou se houver preterição de herdeiro ou inclusão de quem não o seja. Com a declaração de nulidade relativa de partilha, os herdeiros deverão repor frutos e rendimentos que auferiram desde a data do ato anulado até o dia da anulação, a fim de serem incluídos na nova partilha. As inexatidões materiais que não afetem a partilha, atinentes à nomenclatura dos imóveis partilhados, menção de área, designação de seu número etc., podem ser corrigidas a qualquer tempo, mediante requerimento dos interessados, nos mesmos autos do inventário, convindo todas as partes (Caio Mário da Silva Pereira e Washington de Barros Monteiro).

NULIDADE DA SENTENÇA. *Direito processual.* Ineficácia de sentença que: a) não contiver relatório, os fundamentos de fato e de direito e o dispositivo em que o juiz solucionou a questão *sub judice*; b) for imprecisa; c) não estiver limitada à decisão invocada pelo autor, uma vez que o magistrado decidiu *extra petita*, *ultra petita* ou *citra petita*; d) apenas aprecie parte do pedido; e) for pronunciada por juiz absolutamente incompetente.

NULIDADE DE SENTENÇA ARBITRAL. *Direito processual civil.* Ineficácia de sentença arbitral que: a) se der estando nulo ou extinto o compromisso; b) for proferida fora dos limites do compromisso, ou em desacordo com o seu objeto, ou seja, se os árbitros ultrapassarem os poderes con-

feridos no compromisso; c) não julgar toda a controvérsia submetida ao juízo; d) for emanada de quem não podia ser nomeado árbitro; e) advier de árbitros nomeados sem observância das normas legais ou contratuais; f) for proferida por eqüidade sem expressa autorização prevista em lei; g) não contiver os requisitos essenciais exigidos legalmente, tais como: relatório, contendo nomes das partes, indicação do compromisso e objeto do litígio, os fundamentos da decisão, mencionando-se expressamente se esta foi dada por eqüidade, e o dispositivo, com o dia, mês, ano e lugar em que foi assinado; h) for prolatada fora do prazo.

NULIDADE DEPENDENTE DE AÇÃO. *Direito processual civil.* Aquela que só pode ser declarada por meio da competente ação proposta pelo interessado.

NULIDADE DEPENDENTE DE RESCISÃO. *Direito processual.* **1.** Aquela que resulta de preterição, em ato aparentemente válido, de formalidade intrínseca, que deve ser demonstrada em ação especial. **2.** Desconstituição de sentença transitada em julgado por meio de ação rescisória interposta dentro do biênio decadencial, desde que configurada uma das causas arroladas em lei.

NULIDADE DE PLENO DIREITO. *Direito civil.* **1.** *Vide* NULIDADE ABSOLUTA. **2.** Aquela que é pronunciada pela lei, por ter havido preterição de uma formalidade essencial à existência do ato jurídico.

NULIDADE DE PROCESSO. *Vide* NULIDADE PROCESSUAL.

NULIDADE DO ATO ADMINISTRATIVO. *Direito administrativo.* Invalidade do ato administrativo que leva à sua supressão, com efeito retroativo, por ter sido praticado em desconformidade com as prescrições legais (Celso Antônio Bandeira de Mello).

NULIDADE DO CANCELAMENTO DA AVERBAÇÃO. *Direito registrário.* Aquela que se dá por meio de ação ordinária para declarar a invalidade do cancelamento da averbação.

NULIDADE DO NEGÓCIO JURÍDICO. *Direito civil.* Sanção legal que priva de efeitos jurídicos o negócio praticado em desobediência aos ditames da lei. Tal nulidade pode ser absoluta ou relativa.

NULIDADE DO REGISTRO DE IMÓVEIS. *Direito registrário.* Invalidade do registro provocada pelo interessado, para que o Judiciário se manifeste, declarando-a. A ação de nulidade absoluta ou relativa do registro imobiliário é aquela em que o interessado pleiteia judicialmente a declaração de invalidade do assento levado a efeito em desacordo com as normas jurídicas ou do título, com reflexos no registro, que dele foi feito. Nulo ou anulado o registro, entendido amplamente como registro *stricto sensu*, matrícula e averbação, por sentença definitiva, nenhum assento posterior nele baseado poderá ter subsistência, por ser imprescindível, ante o princípio da continuidade e o encadeamento lógico dos registros. Se se anular uma matrícula, registros e averbações que a ela se seguirem ficarão atingidos e terão de ser cancelados. Todavia, se a nulidade declarada for parcial, não lesará a parte que permaneceu válida, se desta for separável.

NULIDADE ESPECIAL. *Direito processual.* Aquela que se restringe a certo ato processual ou a alguma parte do processo, não chegando a atingi-los totalmente.

NULIDADE EXCLUSIVAMENTE FORMAL. *Direito registrário.* Nulidade do registro imobiliário desligado de qualquer vínculo com o título causal (Serpa Lopes).

NULIDADE EXPRESSA. *Vide* NULIDADE LEGAL.

NULIDADE GERAL. *Direito processual.* Aquela que atinge todo o processo, por haver vício ou defeito de forma.

NULIDADE INSANÁVEL. 1. *Direito civil.* Nulidade absoluta que não pode ser suprida pelo interessado. **2.** *Direito processual.* Vício insuprível do processo que decorre de incompetência, suspeição ou suborno do magistrado; ilegitimidade de parte; omissão de formalidade; deficiência de quesitos e respostas dos jurados etc.

NULIDADE INSUPRÍVEL. *Vide* NULIDADE INSANÁVEL.

NULIDADE LEGAL. *Direito civil.* Aquela que vem declarada na lei, sancionando a falta de observância aos seus preceitos.

NULIDADE MATRIMONIAL. *Direito civil.* Invalidade de casamento contraído: a) pelo enfermo mental sem o necessário discernimento para os atos da vida civil; b) com infração de qualquer impedimento matrimonial. O casamento nulo, mesmo sem ser putativo, acarreta efeitos como: comprovação da filiação; matrimonialidade dos filhos; manutenção do impedimento de afinidade; proibição de casamento da mulher nos 300 dias subseqüentes à dissolução da

sociedade e do vínculo conjugal pela sentença que decreta a nulidade; e atribuição de alimentos provisionais ao cônjuge enquanto aguarda a decisão judicial. Não pode a nulidade absoluta do casamento ser decidida de ofício pelo magistrado, pois requer pronunciamento em ação ordinária. Exige a intervenção do representante do Ministério Público. Trata-se aqui da nulidade absoluta do casamento.

NULIDADE MISTA. 1. *Direito civil. Vide* NULIDADE ATÍPICA. **2.** *Direito registrário.* Aquela que atinge o título causal e o registro, independente ou conjuntamente, por exemplo: incapacidade absoluta do transmitente; defeito de forma (falta de assinatura das partes ou do tabelião; instrumento particular, se a lei exigir escritura pública); registro de coisa gravada com inalienabilidade, desde que esta cláusula conste do registro imobiliário (Serpa Lopes).

NULIDADE OBLÍQUA. *Direito registrário.* Aquela que alcança o título causal, por conter erro, dolo, coação, simulação ou fraude (Serpa Lopes).

NULIDADE PARCIAL. *Vide* NULIDADE ESPECIAL.

NULIDADE PROCESSUAL. *Direito processual.* Vício do ato processual que o priva de produzir seus efeitos, ocorrendo em virtude da falta de algum dos requisitos formais previstos em lei ou dos necessários para que aquele ato possa atingir sua finalidade (Eliezer Rosa).

NULIDADE RELATIVA. *Vide* ANULABILIDADE.

NULIDADE RELATIVA DO CASAMENTO. *Direito civil.* Anulabilidade de casamento contraído: a) por vício de vontade ou por incapacidade de consentir, ou seja, se realizado, por exemplo com pessoa por qualquer motivo coacta ou incapaz de consentir; b) com falta de autorização dos pais ou dos representantes legais ou com inexistência de suprimento judicial do consentimento; c) por mulheres e homens menores de dezesseis anos, salvo para evitar imposição ou cumprimento de pena criminal ou se tiver resultado gravidez; d) havendo erro essencial sobre a pessoa do outro cônjuge, considerando-se como tal: o que se diz respeito à sua identidade, honra e boa fama; a ignorância de crime anterior ao casamento e definitivamente julgado por sentença condenatória; a ignorância, anterior ao matrimônio, de defeito físico irremediável ou de moléstia grave e transmissível, por contágio ou herança, capaz de pôr em risco a saúde do outro cônjuge ou de sua descendência; a ignorância, anterior ao casamento, de doença mental grave que torne insuportável a vida em comum; e) por mandatário, sem que ele ou o outro contratante soubesse da revogação do mandato, e não sobrevindo coabitação entre os cônjuges; f) perante autoridade incompetente *ratione loci*, mas subsiste o casamento celebrado por esta que, sem possuir a competência exigida por lei, exercer publicamente as funções de juiz de casamento e, nessa qualidade, tiver registrado o ato no Registro Civil. Os motivos determinantes da anulabilidade do enlace matrimonial são de índole subjetiva, cabendo a um dos consortes o direito de propor a ação anulatória para paralisar os efeitos do casamento contraído defeituosamente. O matrimônio anulável, porém, tem validade pendente resolutivamente, produzindo efeitos, se o cônjuge ou a pessoa legitimada não propuser a ação no prazo legal. Decorrido este sem propositura da ação anulatória, ele será automática e definitivamente válido. Mesmo anulado, o casamento produz efeitos *ex nunc*, não apagando os já produzidos.

NULIDADE RELATIVA DO NEGÓCIO JURÍDICO. *Direito civil.* Anulabilidade do negócio inquinado de vício suscetível de determinar sua ineficácia, mas que poderá ser eliminado, restabelecendo-se sua normalidade (Clóvis Beviláqua). A declaração judicial de sua ineficácia opera *ex nunc*, de maneira que o negócio produz efeitos até esse momento. Será anulável aquele que: a) for praticado por pessoa relativamente incapaz, sem a devida assistência de seus legítimos representantes; b) estiver viciado por erro, dolo, coação, lesão, estado de perigo ou fraude contra credores; c) for assim declarado por lei, tendo em vista a situação particular em que se encontra determinada pessoa.

NULIDADE RELATIVA DO TESTAMENTO. *Direito civil.* Anulabilidade do testamento, que não tem efeito antes de julgada por sentença, nem se pronunciada de ofício, podendo ser alegada somente pelos interessados, aproveitando exclusivamente ao que a pleiteou, salvo o caso de solidariedade ou indivisibilidade. Dar-se-á por vício oriundo de: a) erro substancial na designação do herdeiro, do legatário ou da coisa legada, a não ser que, pelo contexto do testamento, por outros documentos ou por fatos inequívocos, puder ser identificada a pessoa ou a coisa a que o testador queria referir-se; b) dolo, ou seja, artifício malicioso para induzir

o testador em erro ou para mantê-lo em erro em que já se encontrava; c) coação, que é o estado de espírito em que o disponente, ao perder a energia moral e a espontaneidade da vontade, elabora o testamento que lhe é exigido; d) fraude, que é o emprego de artifícios maliciosos por alguém para enganar o testador, induzindo-o a dispor de modo diverso do que ele faria, se não houvesse tais manobras fraudulentas. O próprio testador pode, ainda, no testamento fraudar credores, como quando reconhece dívidas.

NULIDADE SANÁVEL. 1. *Direito civil.* A que decorre de ato anulável, que é aquele que pode ser confirmado ou suprido pelo interessado, restabelecendo sua validade. **2.** *Direito processual.* O relator poderá, constatada uma eventual irregularidade processual, no recurso de apelação, determinar a realização de diligência para saná-la e só então prosseguir-se-á no julgamento da apelação.

NULIDADE SUBSTANCIAL. *Vide* NULIDADE DE PLENO DIREITO.

NULIDADE SUPRÍVEL. *Vide* NULIDADE SANÁVEL.

NULIDADE TEXTUAL. *Direito processual penal.* Conseqüência sancionadora de conduta praticada em desconformidade com o modelo previsto na norma processual penal.

NULIDADE TOTAL. *Vide* NULIDADE GERAL.

NULIDADE VIRTUAL. *Direito processual penal.* Conseqüência de um ato que, por ter sido levado a efeito de modo diverso da previsão legal, acarreta a possibilidade de sua invalidação (Paulo Sérgio Leite Fernandes).

NULIFICAÇÃO. Ação de tornar um ato nulo.

NULIFICADOR. Aquele que decreta a nulidade de um ato.

NULIFICANTE. Que nulifica.

NULIFICAR. Tornar ou declarar um ato nulo.

NULIFICATIVO. *Vide* NULIFICADOR.

NULÍPARA. *Medicina legal.* Mulher que nunca pariu.

NULIPARIDADE. *Medicina legal.* Estado de nulípara.

NULLA ACTIO SINE LEGE. *Expressão latina.* Não há ação sem lei.

NULLA CAUSA ADEO MALA QUAM PERITUS ADVOCATUS NON POSSIT BONAM FACERE. *Expressão latina.* Não há tão má causa que um perito advogado não possa tornar boa.

NULLA EMPTIO SINE PRAETIO. *Brocardo latino.* Não há compra sem preço.

NULLA EST MAJOR PROBATIO, QUAM PROPRIO ORE CONFESSIO. *Aforismo jurídico.* Não há melhor prova que a própria confissão.

NULLA, ET NON FACTA, PARIA SUNT. *Brocardo jurídico.* Coisas nulas e não feitas são iguais.

NULLA EXECUTIO SINE TITULO. *Aforismo jurídico.* Não há execução judicial sem título executivo que a autorize.

NULLA IN RE POTESTAS. *Expressão latina.* Nenhum poder sobre a coisa.

NULLA LEX SATIS COMMODA OMNIBUS EST. *Expressão latina.* Nenhuma lei é igualmente cômoda para todos.

NULLAM POTEST VIDERI INJURIAM ACCIPERE QUI SEMEL VOLUIT. *Aforismo jurídico.* Não pode considerar-se injuriado quem consentiu na injúria, mesmo que seja uma só vez.

NULL AND VOID. *Expressão inglesa.* Sem efeito.

NULLA POENA SINE JUDICIO. *Expressão latina.* Nenhuma pena pode ser aplicada senão pelo juízo competente.

NULLA POENA SINE LEGE. *Expressão latina.* Nenhuma pena sem lei.

NULLA SIMULATIO DIUTURNA. *Expressão latina.* Nenhuma simulação pode ser duradoura.

NULLI EST HOMINI PERPETUUM BONUM. *Expressão latina.* A ninguém é dado gozar um bem perpétuo.

NULLITÉ SANS GRIEF N'OPÈRE RIEN. *Expressão francesa.* Nulidade sem prejuízo não produz efeito.

NULLIUS JURIS. *Locução latina.* Sem valor jurídico.

NULLUM CONSILIUM EST QUOD MUTARI NON POTEST. *Expressão latina.* Não há parecer que não se possa mudar.

NULLUM CRIMEN PATITUR IS QUI NON PROHIBET, CUM PROHIBERE POTEST. *Expressão latina.* Não incorre em crime quem, podendo impedi-lo, não o fizer.

NULLUM CRIMEN SINE CULPA. *Expressão latina.* Não há crime sem culpa.

NULLUM CRIMEN SINE LEGE. *Expressão latina.* Não há crime sem lei.

NULLUM CRIME NULLA POENA SINE PRAEVIA LEGE. *Expressão latina.* Não há crime nem pena sem que haja uma lei prévia.

NULLUM JUDEX SINE ACTORE. *Expressão latina.* Nenhuma intervenção judicial sem requerimento do autor.

NULLUM JUS SINE ACTIONE. *Brocardo latino.* Não há direito sem ação.

NULLUM QUOD EST, NULLUM PRODUCIT EFFECTUM. *Aforismo jurídico.* O que for nulo nenhum efeito produz.

NULLUM TAM IMPUDENS MENDACIUM QUOD CAREAT TESTE. *Expressão latina.* Não há mentira, por mais imprudente que seja, que não tenha uma testemunha.

NULLUM TRIBUTUM SINE PRAEVIA LEGE. *Expressão latina.* Não há tributo sem lei anterior.

NULLUM VIOLENTUM PERPETUUM. *Expressão latina.* A violência não faz obra duradoura.

NULLUS EST TAM TUTUS QUAESTUS QUAM QUOD HABEAS PARCERE. *Expressão latina.* Nenhum ganho é tão seguro quanto economizar o que se tem.

NULLUS EX CONSILIO, DUMMODO FRAUDULENTUM NON FUERIT, OBLIGATUR. *Expressão latina.* Não contraímos obrigação quando damos conselho, a não ser que o façamos de má-fé.

NULLUS INVITUS JURE SUO SPOLIANDUS. *Expressão latina.* Ninguém deve ser privado de seu direito contra sua vontade.

NULLUS PLURIBUS UTI DEFENSIONIBUS PROHIBETUR. *Expressão latina.* Não é proibido empregar muitos meios de defesa.

NULLUS VIDETUR DOLO FACERE, QUI SUO JURE UTITUR. *Expressão latina.* Não se pode entender que age com dolo quem está exercendo seu direito.

NULO. **1.** Sem efeito; ineficaz. **2.** Que não tem validade. **3.** Inepto. **4.** Que não pode produzir efeitos jurídicos. **5.** O que não prevalece. **6.** O que é contrário à lei.

NUMENALISMO. *Filosofia geral.* Doutrina que afirma a existência dos números.

NUMENALISTA. *Filosofia geral.* **1.** Adepto do numenalismo. **2.** Referente ao numenalismo.

NUMÊNCIO. *Vide* NUMÊNICO.

NUMÊNICO. *Filosofia geral.* O que diz respeito ao número.

NUMENISMO. *Vide* NUMENALISMO.

NUMENISTA. *Vide* NUMENALISTA.

NÚMENO. *Filosofia geral.* **1.** Noumenonisto é realidade inteligível ou objeto da razão, que constitui a coisa em si, considerada como realidade absoluta (Kant). **2.** Fato concebido pela consciência, não confirmado pela experiência. **3.** Objeto, cuja existência é problemática, por ser abstrata.

NUMERAÇÃO. Ato ou efeito de numerar ou de colocar números nas coisas, seguindo a ordem cronológica de sua apresentação, com o escopo de distingui-las por meio deles.

NUMERAÇÃO DE FATURAS CONSULARES. *Direito internacional privado.* Ato de numerar faturas, partindo do número um para cada ano, levado a efeito pelo cônsul ou agente consular, legalizando-as para fins fiscais.

NUMERAÇÃO DE PEÇAS. *Direito processual.* É a numeração atribuída às partes integrantes do processo.

NUMERAÇÃO DE PRÉDIOS. *Direito administrativo.* Ato da Prefeitura de colocar números pares ou ímpares em prédios para determinar sua identificação e sua localização no lado direito ou esquerdo da rua. Tal numeração pode ser: a) *seguida*, com números em ordem crescente; b) *métrica*, com números correspondentes à distância em metros do início da rua até o lugar onde o prédio está situado.

NUMERAÇÃO DE REFERÊNCIA. *Direito comercial* e *direito internacional privado.* Ato de numerar faturas, inclusive as consulares, em coluna própria, para distinguir uma encomenda da outra.

NUMERAÇÃO DOS VOLUMES. *Direito comercial* e *direito internacional privado.* Ato de numerar pela ordem volumes a serem despachados, mencionando seu número nas faturas comercial e consular.

NUMERAÇÃO PROGRESSIVA. Colocação adequada de algarismos para ordenar textos, expondo-os logicamente, indicando a sucessão, a prioridade e a dependência relativa dos tópicos abordados no documento, técnico ou didático, assegurando ao leitor uma fácil localização dos trechos (Maria Aparecida Pourchet Campos).

NUMERADO. 1. Em que há numeração. **2.** Aquilo que está indicado por números. **3.** O que está em ordem numérica.

NUMERADOR. 1. Que numera. **2.** Instrumento para numerar.

NUMERADORA. Máquina própria para numerar.

NUMERANTUR SENTENTIAE, NON PONDERANTUR. *Expressão latina.* Os votos são contados e não pesados.

NUMERAR. 1. Verificar quantidade. **2.** Contar. **3.** Dispor algo em ordem numérica. **4.** Distinguir por meio de números.

NUMERÁRIO. *Economia política.* **1.** Dinheiro disponível. **2.** Moeda cunhada. **3.** Relativo a dinheiro. **4.** Dinheiro de contado.

NUMERÁVEL. Que se pode numerar.

NUMÉRICO. Referente a número.

NUMERIUS NEGIDIUS. *Locução latina.* **1.** Aquele que se nega a pagar o numerário. **2.** Eventual réu na *actio.*

NÚMERO. 1. Expressão de quantidade. **2.** Soma de várias unidades. **3.** Cada um dos fascículos de uma obra publicados por partes ou cada exemplar de uma publicação periódica. **4.** Categoria. **5.** Algarismo usado em sorteio. **6.** Cada quadro ou cena de teatro. **7.** Bilhete de loteria.

NÚMERO DE DEPUTADOS. *Ciência política.* Quantidade legal de representantes do povo admitida em cada legislatura.

NÚMERO DE IDENTIFICAÇÃO DO REGISTRO DE EMPRESAS (NIRE). *Direito comercial.* É o número que se atribui a todo ato constitutivo de sociedade empresária, que deve ser compatível com os números adotados pelos demais cadastros federais, na forma de regulamentação do Poder Executivo.

NÚMERO DE ORDEM. Seqüência de tudo que foi numerado seguidamente ou em ordem cronológica.

NÚMERO DE PROCESSO. *Direito processual.* É o Número Único de Processo (NUP) atribuído ao processo quando da sua autuação.

NÚMERO DE REFERÊNCIA. *Direito comercial.* Algarismo colocado em volumes de mercadorias para distinguir as encomendas e as remessas feitas pelo mesmo expedidor a diferentes consignatários, devendo constar em coluna própria das faturas mercantil e consular, se enviadas para o exterior.

NÚMERO DE TESTEMUNHAS. *Direito civil* e *direito processual.* Quantidade de testemunhas necessária para atender aos objetivos previstos em lei, a fim de que haja validade de um ato jurídico ou para provar fatos submetidos a um julgamento.

NÚMERO LEGAL. *Ciência política, direito civil* e *direito comercial.* Quantidade de pessoas, prevista em lei ou no estatuto, que deve estar presente para a legalização de um ato ou de uma assembléia. Trata-se do *quorum* para funcionamento de uma reunião e tomada de deliberações.

NÚMERO ONU. *Direito internacional público.* Número atribuído pelo Comitê de Peritos em Transportes de Mercadorias Perigosas das Nações Unidas a cada produto ou substância, visando sua identificação.

NUMEROSIDADE. 1. Grande número. **2.** Qualidade de numeroso.

NUMEROSO. 1. Abundante. **2.** O que compreende grande número de elementos.

NÚMERO ÚNICO DE REGISTRO DE IDENTIDADE CIVIL. *Direito registrário.* É aquele pelo qual cada cidadão brasileiro, nato ou naturalizado, é identificado em todas as suas relações com a sociedade e com os organismos governamentais e privados.

NUMERUS APERTUS. *Locução latina.* Número aberto ou ilimitado; princípio da atipicidade.

NUMERUS CLAUSUS. *Locução latina.* Número limitado, que não admite acréscimos; princípio da tipicidade.

NUMÍMETRO. Instrumento usado para contar dinheiro.

NUMINOSO. *Filosofia geral.* Qualidade de valores (R. Otto).

NUMISMA. *Economia política.* Moeda cunhada.

NUMISMAL. *Economia política.* Relativo a numisma.

NUMISMATA. Aquele que coleciona moedas.

NUMISMÁTICA. Estudo de moedas de todas as épocas e países.

NUMISMÁTICO. 1. Numismata. **2.** Referente a moedas ou à numismática.

NUMISMATISTA. *Vide* NUMISMATA.

NUMISMATOTECA. Local onde se guarda material numismático.

NUMO. *Economia política.* **1.** Dinheiro. **2.** Moeda.

NUMULAR. *Vide* NUMISMAL.

NUMULÁRIO. *Economia política.* **1.** Capitalista. **2.** Banqueiro.

NUNCA. 1. Jamais. **2.** Em tempo algum.

NUNCA JAMAIS. Em tempo nenhum.

NUNCA MAIS. Em tempo nenhum futuro.

NUNC AUT NUNQUAM. *Expressão latina.* Agora ou nunca.

NUNC ET SEMPER. *Expressão latina.* Agora e sempre.

NÚNCIA. 1. Precursora. **2.** Anunciadora.

NUNCIAÇÃO. 1. Declaração. **2.** Ato de enunciar. **3.** Intimação para que se pare de fazer algo. **4.** Obstáculo criado ao que se está fazendo.

NUNCIAÇÃO DE OBRA NOVA. *Direito processual civil.* **1.** Ação que visa impedir que a propriedade ou a posse de um bem imóvel seja prejudicada, em sua natureza, substância, servidão ou fins, por obra nova do prédio vizinho. Só caberá essa ação se a obra contígua estiver em vias de construção. Se já estiver concluída ou na fase final de conclusão, como na da pintura, descaberá tal remédio possessório, que visa suspender a obra, até que haja sua demolição, se efetivamente prejudicada a posse ou a propriedade do nunciante, porque seu principal objetivo é o embargo à obra, ou melhor, impedir sua construção, mesmo que ela não acarrete dano atual, bastando que permita entrever algum resultado turbativo se vier a completar-se, daí por que há cominação de multa para o caso de reconstrução, bem como condenação em perdas e danos. **2.** Ação com que um condômino pode evitar que outro co-proprietário execute obra alterando ou prejudicando coisa comum. **3.** Ação movida pelo Município para exigir que uma obra siga os preceitos estabelecidos em lei (Othon Sidou).

NUNCIADO. *Direito processual civil.* Réu na ação de nunciação de obra nova.

NUNCIANTE. *Direito processual civil.* Autor da ação de nunciação de obra nova.

NUNCIAR. Anunciar.

NUNCIATIVO. 1. Na *linguagem comum,* aquilo em que há notícia de um fato. **2.** *Direito processual civil.* Cada artigo contido na peça vestibular da ação de nunciação de obra nova.

NUNCIATURA. *Direito canônico.* **1.** Cargo de núncio. **2.** Pessoal do núncio. **3.** Tribunal eclesiástico submetido ao núncio. **4.** Local onde reside o núncio.

NÚNCIO. *Direito canônico* e *direito internacional público.* **1.** Representante da Santa Sé junto a um governo estrangeiro, para cuidar das relações diplomáticas entre o Vaticano e o Estado onde ele é creditado e colaborar com a Igreja Católica nesse mesmo país. **2.** Embaixador e representante do Papa junto aos bispos, clero e fiéis de uma nação.

NÚNCIO APOSTÓLICO. *Vide* NÚNCIO.

NÚNCIO EXTRAORDINÁRIO. *Direito canônico* e *direito internacional público.* Núncio que deve tratar de uma negociação especial, tendo, portanto, função temporária.

NÚNCIO ORDINÁRIO. *Direito canônico* e *direito internacional público.* Núncio residente, como embaixador, com título e funções permanentes.

NUNCUPAÇÃO. *Direito civil.* **1.** Ato pelo qual o testador nomeia de viva voz seu herdeiro ou legatário, perante duas testemunhas, que devem escrever sua vontade, por estar empenhado em combate ou ferido em campo de batalha. **2.** Casamento realizado *in extremis vitae momentis*, sem as formalidades de praxe, ante a urgência do caso. **3.** Declaração verbal e solene da vontade, perante testemunhas.

NUNCUPATIVO. *Direito civil.* **1.** Testamento feito de forma verbal. **2.** Casamento feito sem as formalidades legais, ante o fato de um dos nubentes estar à morte. **3.** O que é formalizado por nuncupação.

NUNCUPATO. *Direito civil.* Nomeado; designado.

NÚNDINAS. *Direito romano.* Feiras ou mercados que eram realizados na antigüidade romana, de nove em nove dias, junto ao fórum, e onde era feito o pregão dos devedores para ciência daqueles que pudessem remir o débito e liberá-los.

NUNQUAM AD LIQUIDUM FAMA PERDUCITUR. *Expressão latina.* Nunca o boato se reduz à verdade.

NUNQUAM AUCTORES, SEMPER INTERPRETES. *Expressão latina.* Nunca autores, sempre tradutores.

NUNQUAM IMPERATOR ITA PACI CREDIT, UT NON SE PRAEPARET BELLO. *Expressão latina.* Quem governa não deixa de preparar-se para a guerra, por maior que seja a crença na paz.

NUNTIATIO NOVI OPERIS. *Expressão latina.* Nunciação de obra nova.

NUPCIAL. *Direito civil.* Relativo a núpcias.

NUPCIALIDADE. *Direito civil.* **1.** Capacidade para contrair matrimônio. **2.** Nubilidade. **3.** Estatística de casamentos, em que se aponta o número de matrimônios e habitantes de certo local numa determinada época.

NUPCIANDO. *Direito civil.* **1.** Nubente. **2.** Aquele que está em vias de contrair núpcias.

NUPCIAR. *Direito civil.* **1.** Casar. **2.** Contrair matrimônio.

NÚPCIAS. *Direito civil.* **1.** Casamento. **2.** União legal entre homem e mulher, segundo as formalidades legais, formando uma sociedade conjugal.

NUPEBA. *Direito agrário.* Campo limpo de vegetação baixa.

NUPER-FALECIDO. *Direito civil.* Falecido recentemente.

NUPÉRRIMO. Recentíssimo; que ocorreu há pouco tempo.

NU-PROPRIETÁRIO. *Direito civil.* Dono de um bem gravado de usufruto, que faz jus à substância da coisa, tendo apenas a nua propriedade, despojada de poderes elementares. Conserva o conteúdo do domínio, o *jus disponendi*, que lhe confere a disponibilidade do bem nas formas admitidas legalmente, mantendo a condição jurídica de senhor da coisa.

NUQUEAR. *Direito agrário.* Abater a rês por meio de punção bulbar.

NURSE. *Termo inglês.* Governanta de criança.

NUR ZUR VERRECHNUNG. *Expressão alemã.* **1.** Somente para ajuste de contas. **2.** Cruzamento de cheque.

NUSQUAM MINUS QUAM IN BELLO EVENTUS RESPONDET. *Expressão latina.* Em nenhuma ocasião pode-se contar menos com o acaso como na guerra.

NUTEC. Abreviatura da Fundação Núcleo de Tecnologia Industrial.

NUTO. **1.** Líbito. **2.** Arbítrio. **3.** Vontade.

NUTRIÇÃO. Ato ou efeito de nutrir.

NUTRIÇÃO ENTERAL (NE). Alimento para fins especiais, com ingestão controlada de nutrientes, na forma isolada ou combinada, de composição definida ou estimada, especialmente formulada e elaborada para uso por sondas ou via oral, industrializado ou não, utilizada, exclusiva ou parcialmente, para substituir ou complementar a alimentação oral em pacientes desnutridos ou não, conforme suas necessidades nutricionais, em regime hospitalar, ambulatorial ou domiciliar, visando a síntese ou manutenção dos tecidos, órgãos ou sistemas.

NUTRÍCIO. Nutritivo.

NUTRICIONAL. Referente a nutrição ou nutricionismo.

NUTRICIONISMO. Estudo dos problemas da nutrição.

NUTRICIONISTA. *Direito do trabalho.* Aquele que, profissionalmente, se dedica ao nutricionismo.

NUTRIDO. **1.** Alimentado; robusto. **2.** Fogo cerrado de artilharia.

NUTRIMENTO. Alimentação; nutrição.

NUTRIR. **1.** Alimentar. **2.** Produzir alimento. **3.** Ministrar recursos. **4.** Promover. **5.** Conservar.

NUTRITÍCIO. Relativo a mãe ou ama-de-leite.

NUTRITIVO. **1.** O que nutre. **2.** O que diz respeito a nutrição.

NUTRIZ. **1.** Ama-de-leite. **2.** Aquela que amamenta. **3.** Que alimenta. **4.** Pessoa que cuida de filhos alheios, mesmo que não os amamente; babá; pajem; ama-seca; *nurse.*

NUTUS SIGNIFICATIO EST VOLUNTATIS. *Brocardo latino.* O consentimento é a significação da vontade.

O. *Lógica jurídica.* Símbolo da proposição particular negativa.

OAB. Sigla da Ordem dos Advogados do Brasil, corporação que: a) alberga todos os advogados nela inscritos, submetendo-os ao Código de Ética Profissional, reprimindo seus erros profissionais e aplicando as penalidades cabíveis; b) zela, por ser um órgão de classe, por uma categoria organizada; c) exerce serviço público federal e goza de imunidade tributária total em relação a seus bens, rendas e serviços; d) organiza a assistência judiciária para atender às pessoas carentes; e) defende a Constituição, a ordem jurídica do Estado democrático de direito, os direitos humanos e a justiça social e pugna pela boa aplicação das leis, pela rápida administração da justiça e pelo aperfeiçoamento da cultura e das instituições jurídicas; f) promove, com exclusividade, a representação, a defesa, a seleção e a disciplina dos advogados em toda a República Federativa do Brasil.

OABPREV-SP. *Direito previdenciário.* Plano de previdência complementar oferecido aos profissionais inscritos na Seccional, desvinculado de bancos ou seguradoras, realizado por meio de uma entidade fechada. Como participante o advogado e sua família passam a ter garantida a manutenção do poder aquisitivo, da qualidade de vida e da prevenção contra três riscos sociais básicos: sobrevivência, invalidez e morte, pois toda a rentabilidade líquida auferida será creditada na conta individual de aposentadoria do participante. O participante terá direito à aposentadoria programada, aposentadoria diferida, aposentadoria por invalidez e abono anual. Aos beneficiários dos participantes serão garantidos pensão por morte de participante ativo, pensão por morte de participante assistido e abono anual. Os benefícios de aposentadoria e de risco (invalidez ou pensão por morte) serão pagos por opção do participante ou beneficiário por prazo determinado ou indeterminado. Quanto à rentabilidade, o participante terá repasse integral do rendimento líquido para sua conta individual. Aponta-nos, ainda, Tulnê Sebastião V. Vieira, as vantagens da OAB-Prev-SP: a) finalidade não lucrativa; b) baixas taxas de administração do plano; c) menores taxas de gestão; d) repasse integral da rentabilidade líquida das operações, tanto na fase de contribuição quanto na fase de recebimento do benefício; e) incentivos fiscais oferecidos pelo Governo. O participante pode deduzir até 12% da renda bruta anual. Ao mesmo tempo, os ganhos de capital (rentabilidade obtida) são isentos de tributação; f) livre escolha da forma de recebimento do benefício – prazo determinado ou indeterminado; g) participação direta e absoluta dos participantes e da entidade na administração do plano; h) ganhos de escala; i) poupança de longo prazo (permite canalizar recursos para o financiamento de projetos que objetivem favorecer o desenvolvimento sustentado do País, alavancando a cadeia produtiva, assegurando-se de rentabilidade adequada aos recursos investidos); j) transparência total (acompanhamento do plano 24 horas por dia – consulta de saldos, extratos, rentabilidade etc.); k) portabilidade (transferência dos valores aplicados em outros planos de entidades abertas sem Imposto de Renda).

OACI. *Direito internacional público.* Sigla da Organização da Aviação Civil Internacional.

OAMPI. *Direito internacional público.* Sigla do *Office Africain et Malgache de la Propriété Industrielle*, que é o órgão que aceita e registra os pedidos de marcas e patentes na República dos Camarões, Chade, República da África Central, Congo, Daomé, Gabão, Costa do Marfim, República Malgaxe, Mauritânia, Nigéria, Senegal, Togo e Alto Volta.

OARIALGIA. *Medicina legal.* Dor no ovário.

OARIÁLGICO. *Medicina legal.* Referente a oarialgia.

OÁRICO. *Medicina legal.* Relativo a ovário.

OARIOPATIA. *Medicina legal.* Doença nos ovários.

OARIOPÁTICO. *Medicina legal.* Que diz respeito a oariopatia.

OARIOTOMIA. *Medicina legal.* Ablação do ovário ou de tumor no ovário.

OARIÚLA. *Medicina legal.* Corpo amarelo que surge nos ovários após a ruptura da vesícula de Graaf e queda do óvulo.

OÁSIS. 1. Terreno fértil, coberto de vegetação, situado no meio do deserto. **2.** Prazer entre coisas desagradáveis.

OATH. *Termo inglês.* Juramento.

OBA. *História do direito.* Cada uma das seis divisões das antigas tribos atenienses.

OBAUDIÇÃO. *Medicina legal.* Falta de audição.

OBCECAÇÃO. *Medicina legal.* **1.** Teimosia. **2.** Pertinácia no erro advinda da ignorância, do ódio ou da paixão. **3.** Insistência em não reconhecer a verdade. **4.** Obscurecimento do espírito. **5.** Obstinação.

OBCECADO. *Medicina legal.* **1.** Aquele que apresenta cegueira do espírito ou que tem inteligência obscurecida. **2.** Pertinaz no erro.

OBCECANTE. *Medicina legal.* O que obceca.

OBCECAR. *Medicina legal.* **1.** Obscurecer o entendimento. **2.** Persistir no erro.

OBDORMÍCIO. *Medicina legal.* Entorpecimento de parte de um membro causado por compressão nervosa.

OBDUÇÃO. *Medicina legal.* Autópsia médico-legal.

OBDURAÇÃO. *Vide* OBCECAÇÃO.

OBEDECER. **1.** Cumprir ordens. **2.** Deixar-se governar. **3.** Ceder. **4.** Observar normas. **5.** Sujeitar-se.

OBEDIÊNCIA. **1.** *Direito administrativo.* Dever do funcionário público subalterno de acatar ordens legais dos órgãos e de seus superiores hierárquicos relativas ao serviço. **2.** Na *linguagem jurídica* em geral: a) cumprimento de dever em razão de imposição contratual ou legal; b) ato ou efeito de obedecer. **3.** *Direito canônico.* a) Um dos três votos dos religiosos que consiste em prestar reverência e obedecer às ordens de seus superiores; b) designação dada à casa religiosa inferior, sujeita à principal; c) na ordem de São Bento, é o nome dado ao mosteiro ou ao pequeno priorado submetido ao superior da ordem.

OBEDIÊNCIA À LEI. *Teoria geral do direito.* Respeito ao conteúdo dos preceitos legais.

OBEDIÊNCIA AUTOMÁTICA. *Medicina legal.* Complacência que se apresenta em alguns portadores de esquizofrenia.

OBEDIÊNCIA HIERÁRQUICA. *Direito administrativo, direito do trabalho* e *direito militar.* Dever do servidor público, do empregado e do militar de acatar as ordens atinentes ao desempenho de suas funções, não manifestadamente ilegais, emanadas de seus superiores hierárquicos.

OBEDIENCIAL. **1.** Relativo a obediência. **2.** Aquele que é capaz de obedecer.

OBEDIENTE. **1.** Que obedece. **2.** Submisso ao comando. **3.** Que presta obediência.

OBEDITE PRAEPOSITIS VESTRIS ETIAM DYSCOLIS. *Expressão latina.* Obedecei a vossos superiores, mesmo aos impertinentes.

OBELISCO. Monumento que tem forma de pilar, com ápice piramidal.

ÓBELO. *História do direito.* Sinal com que os copistas marcavam o que estava errado num manuscrito, para, em nova cópia, fazerem a emenda.

OBERADO. *Direito civil.* **1.** Onerado com despesas obrigatórias. **2.** Endividado.

OBERAR. *Direito civil.* Onerar com débitos.

OBESIDADE. *Medicina legal.* Acúmulo excessivo de gordura no corpo.

OBESO. *Medicina legal.* Aquele que tem obesidade, sendo, por isso, muito gordo.

OBFIRMADO. **1.** Obstinado. **2.** Contumaz.

OBFIRMAR. **1.** Ser contumaz. **2.** Obstinar. **3.** Estar firme.

ÓBICE. **1.** Impedimento. **2.** Obstáculo.

OBITER DICTUM. *Locução latina.* O que foi dito de passagem.

ÓBITO. **1.** *Direito civil.* a) Morte; b) falecimento; c) passamento. **2.** *Direito registrário.* Certidão ou extrato fornecido pelo oficial de registro, comprovando a morte de uma pessoa.

ÓBITO FETAL. *Medicina legal.* Morte do feto antes do seu nascimento.

ÓBITO HOSPITALAR. *Medicina legal.* É aquele que ocorre após o paciente ter dado entrada no hospital, independente do fato dos procedimentos administrativos relacionados à internação já terem sido realizados ou não. Os óbitos de pessoas que chegam mortas ao hospital não são considerados óbitos hospitalares.

ÓBITO INSTITUCIONAL. *Medicina legal.* É aquele que ocorre após decorridas pelo menos 24 horas do início da admissão hospitalar do paciente. Exclui os óbitos ocorridos nas primeiras 24 horas de internação hospitalar.

OBITUADO. *Direito civil.* **1.** *De cujus.* **2.** Aquele que faleceu.

OBITUÁRIO. *Direito civil.* **1.** Assentamento, em registro público, do falecimento de uma pessoa. **2.** Relativo a óbito.

OBJEÇÃO. **1.** *Filosofia geral.* a) Argumento que prova a falsidade de uma tese enunciada; b) raciocínio adverso. **2.** *Direito processual civil.* a) Contestação; ato de contestar; b) réplica; c) exceção substancial. **3.** Nas *linguagens comum* e *jurídica:* a) discordância; b) razão contrária; c) oposição; d) dúvida; e) desaprovação; f) refutação; g) impugnação.

OBJEÇÃO DE CONSCIÊNCIA

OBJEÇÃO DE CONSCIÊNCIA. *Direito constitucional* e *direito civil.* Recusa de praticar atos, opondo-se às leis que contrariarem a liberdade de crença ou de opinião.

OBJECT LINKING AN EMBREDING (OLE). *Direito virtual.* Vinculação e incorporação de objetos, padrão do *Windows*, que permitem que um trabalho elaborado em um programa de computador possa ser inserido em documento criado por outro programa.

OBJETAÇÃO. *Filosofia geral.* Processo gnoseológico ou ato pelo qual a consciência se coloca, intencionalmente, diante de objetos do meio circundante para conhecê-los (Hartmann).

OBJETANTE. Que objeta.

OBJETAR. 1. Opor-se. **2.** Apresentar uma objeção. **3.** Contrapor. **4.** Impugnar. **5.** Contestar.

OBJETÁVEL. Aquilo que é suscetível de objeção.

OBJETIDADE. *Filosofia geral.* Forma sob a qual a coisa em si aparece como objeto (Schopenhauer).

OBJETIVAÇÃO. *Filosofia geral.* **1.** Ato ou efeito de objetivar. **2.** Fenômeno pelo qual, numa alucinação, uma imagem é considerada como um objeto atual. **3.** Passagem da sensação ou do estado afetivo à percepção. **4.** Manifestação da coisa em si, sob a forma de fenômeno (Schopenhauer). **5.** Ato pelo qual a consciência projeta valores nos objetos do mundo físico, dando-lhes um sentido axiológico objetivamente comunicável (Hartmann).

OBJETIVAR. 1. Pretender. **2.** Tornar objetivo.

OBJETIVIDADE. 1. Qualidade de objetivo. **2.** Tendência de julgar pelos fatos, sem sofrer influência sentimental.

OBJETIVISMO. *Filosofia geral.* **1.** Teoria que admite que, na percepção, o espírito conhece diretamente uma realidade com existência própria. **2.** Conhecimento que garante o valor objetivo (Kant). **3.** Doutrina que aceita ter a moral uma existência *sui generis* fora da consciência ou do comportamento dos indivíduos (Lalande). **4.** Concepção para a qual o bem moral consiste na realização de um determinado estado (Baldwin).

OBJETIVO. 1. *Filosofia geral.* a) O que constitui uma idéia ou representação do espírito (Eucken); b) o que se oferece como objeto (Renouvier); c) realidade que subsiste por si própria, independente do espírito ou de qualquer conhecimento ou idéia (Kant, Franck e Cournot); d) oposto ao subjetivo; e) o que independe da vontade; f) que expõe as coisas sem relacioná-las ao sentimento; g) fim a ser atingido; h) relativo ao mundo exterior; i) causa final; causa da ação (Aristóteles). **2.** *Direito militar.* a) Posição estratégica a ser obtida para satisfazer uma operação militar; b) alvo de uma operação militar. **3.** *Teoria geral do direito.* Direito que regula as ações humanas, constituindo um complexo de normas jurídicas que regem o comportamento humano, prescrevendo uma sanção no caso de sua violação.

OBJETIVO COMUM. *Sociologia geral.* **1.** Consenso. **2.** O que os membros de um grupo compartilham de modo inconsciente ou consciente.

OBJETIVOS DA DEFESA NACIONAL. *Direito militar.* As relações internacionais são pautadas por complexo jogo de atores, interesses e normas que estimulam ou limitam o poder e o prestígio das Nações. Nesse contexto de múltiplas influências e de interdependência, os países buscam realizar seus interesses nacionais, podendo gerar associações ou conflitos de variadas intensidades. Dessa forma, torna-se essencial estruturar a Defesa Nacional de modo compatível com a estatura político-estratégica para preservar a soberania e os interesses nacionais em compatibilidade com os interesses da nossa região. Assim, da avaliação dos ambientes descritos, emergem objetivos da Defesa Nacional: a) a garantia da soberania, do patrimônio nacional e da integridade territorial; b) a defesa dos interesses nacionais e das pessoas, dos bens e dos recursos brasileiros no exterior; c) a contribuição para a preservação da coesão e unidade nacionais; d) a promoção da estabilidade regional; e) a contribuição para a manutenção da paz e da segurança internacionais; e f) a projeção do Brasil no concerto das Nações e sua maior inserção em processos decisórios internacionais.

OBJETIVOS DA EDUCAÇÃO PROFISSIONAL. *Direito educacional.* São eles: a) promover a transição entre a escola e o mundo do trabalho, capacitando jovens e adultos com conhecimentos e habilidades gerais e específicas para o exercício de atividades produtivas; b) proporcionar a formação de profissionais, aptos a exercerem atividades específicas no trabalho, com escolaridade correspondente aos níveis médio, superior e de pós-graduação; c) especializar, aperfeiçoar e atualizar o trabalhador em seus conhecimentos tecnológicos; d) qualificar, reprofissionalizar e atualizar jovens e adultos trabalhadores, com qualquer nível de escolaridade, visando à sua inserção e melhor desempenho no exercício do trabalho. A educação profissional será desenvolvida em articulação com o ensino regular ou em modalidades que contemplem estratégias de educação continuada, podendo ser realizada em escolas de ensino regular, em instituições especializadas ou nos ambientes de trabalho.

OBJETIVOS DA GESTÃO DA ZONA COSTEIRA. *Direito marítimo.* Tem por escopo: a) a promoção do ordenamento do uso dos recursos naturais e da ocupação dos espaços costeiros, subsidiando e otimizando a aplicação dos instrumentos de controle e de gestão da zona costeira; b) o estabelecimento do processo de gestão, de forma integrada, descentralizada e participativa, das atividades socioeconômicas na zona costeira, de modo a contribuir para elevar a qualidade de vida de sua população e a proteção de seu patrimônio natural, histórico, étnico e cultural; c) a incorporação da dimensão ambiental nas políticas setoriais voltadas à gestão integrada dos ambientes costeiros e marinhos, compatibilizando-as com o Plano Nacional de Gerenciamento Costeiro (PNGC); d) o controle sobre os agentes causadores de poluição ou degradação ambiental que ameacem a qualidade de vida na zona costeira; e) a produção e difusão do conhecimento para o desenvolvimento e aprimoramento das ações de gestão da zona costeira.

OBJETIVOS DAS AGÊNCIAS NACIONAIS DE REGULAÇÃO DOS TRANSPORTES TERRESTRE E AQUAVIÁRIO. *Direito administrativo* e *direito empresarial.* **1.** Implementar, em suas respectivas esferas de atuação, as políticas formuladas pelo Conselho Nacional de Integração de Políticas de Transporte e pelo Ministério dos Transportes, segundo os princípios e diretrizes estabelecidos legalmente. **2.** Regular ou supervisionar, em suas respectivas esferas e atribuições, as atividades de prestação de serviços e de exploração da infra-estrutura de transportes, exercidas por terceiros, com vistas a: a) garantir a movimentação de pessoas e bens, em cumprimento a padrões de eficiência, segurança, conforto, regularidade, pontualidade e modicidade nos fretes e tarifas; b) harmonizar, preservando o interesse público, os objetivos dos usuários, das empresas

concessionárias, permissionárias, autorizadas e arrendatárias, e de entidades delegadas, arbitrando conflitos de interesses e impedindo situações que configurem competição imperfeita ou infração da ordem econômica.

OBJETIVOS DAS CAPITANIAS DOS PORTOS E DE SUAS DELEGACIAS E AGÊNCIAS. *Direito marítimo.* Cabe-lhes contribuir para a supervisão das atividades relativas à Marinha Mercante e organizações correlatas, no que atina à segurança da navegação e à segurança nacional. Para tanto têm as seguintes tarefas: a) cumprir e fazer cumprir a legislação, os atos e as normas, nacionais e internacionais, que regulam os tráfegos marítimo, fluvial e lacustre; b) exercer a fiscalização dos serviços de praticagem e a Polícia Naval; c) auxiliar o serviço de salvamento marítimo; d) concorrer para a manutenção da sinalização náutica; e) ministrar cursos do Ensino Profissional Marítimo; f) apoiar o pessoal militar da Marinha e seus dependentes, quanto a pagamento, saúde e assistência social e, no que couber, o pessoal civil e seus dependentes, quando não competir a outra Organização Militar da Marinha. E em situação de mobilização, estado de guerra, estado de sítio e em regimes especiais, devem: a) executar, no seu nível de competência, as tarefas concernentes à mobilização, conforme as Normas e Diretrizes do "Sistema de Mobilização Marítima" (SIMOMAR); b) cumprir outras tarefas ou alterações da Missão que o exame da situação exigir, conforme determinado pela autoridade competente; c) exercer a Polícia Naval; d) servir de Divisão de Pessoal da Marinha Mercante e de Divisão de Material da Marinha Mercante; e) fazer licitações.

OBJETIVOS DO ESTADO. *Direito administrativo.* Funções sociais, políticas e jurídicas exercidas pelo Estado no desempenho ou na execução de seus serviços. Dentre suas funções sociais, podemos apontar as de: organizar órgãos superiores ou inferiores imprescindíveis para a estrutura do Estado; manter relações internas e externas, por meio de comunicação oral e escrita entre administradores e administrados; fomentar as mudanças sociais, oferecendo aos cidadãos condições de progresso econômico, bem-estar social, saúde, habitação, educação etc. Dentre suas funções políticas, citamos: manter a paz interna; defender a soberania nacional; renovar, por meio de eleições, os quadros dos dirigentes e parlamentares; comandar a implantação das iniciativas do Poder Público e apoiar as desenvolvidas pelo setor privado. Dentre suas funções jurídicas, temos as de: estabelecer e respeitar o ordenamento jurídico; subordinar-se aos preceitos constitucionais e legais; decidir as controvérsias surgidas entre particulares, entre o Estado e os cidadãos ou entre órgãos estatais (José A. Nascimento).

OBJETIVOS DOS CONSELHOS ESTADUAIS DE TRÂN-SITO (CETRAN) E DO CONSELHO DE TRÂNSITO DO DISTRITO FEDERAL (CONTRANDIFE). *Direito de trânsito.* Finalidades que competem ao CETRAN e ao CONTRANDIFE: a) cumprir e fazer cumprir a legislação e as normas de trânsito, no âmbito das respectivas atribuições; b) elaborar normas no âmbito das respectivas competências; c) responder a consultas relativas à aplicação da legislação e dos procedimentos normativos de trânsito; d) estimular e orientar a execução de campanhas educativas de trânsito; e) julgar os recursos interpostos contra decisões das JARI (Juntas Administrativas de Recursos de Infrações) e dos órgãos e entidades executivos estaduais, nos casos de inaptidão permanente constatados nos exames de aptidão física, mental ou psicológica; f) indicar um representante para compor a comissão examinadora de candidatos portadores de deficiência física à habilitação para conduzir veículos automotores; g) acompanhar e coordenar as atividades de administração, educação, engenharia, fiscalização, policiamento ostensivo de trânsito, formação de condutores, registro e licenciamento de veículos, articulando os órgãos do Sistema no Estado, reportando-se ao CONTRAN; h) dirimir conflitos sobre circunscrição e competência de trânsito no âmbito dos Municípios; e i) informar o CONTRAN sobre o cumprimento das exigências legais.

OBJETIVOS DO TRATADO DE ASSUNÇÃO. *Direito internacional público.* São os fins a serem atingidos para se obter desenvolvimento comercial como: a) inserção mais competitiva das economias dos quatro países (Brasil, Argentina, Paraguai e Uruguai); b) favorecer economias de escala, mediante o incremento de produtividade; c) estimular os fluxos do comércio, tornando mais atraentes os investimentos na região, promovendo esforços de abertura nas economias dos quatro países para obter a gradual integração da América Latina; d) balizar ações dos setores privados e da sociedade como um todo.

OBJETO. 1. *Filosofia geral.* a) Aquilo que é pensado; b) o que se pretende atingir ou realizar; c) o que tem existência própria, sendo independente do conhecimento (Duns Scot); d) aquilo que existe para o conhecimento (Schopenhauer); e) o que se põe diante dos sentidos; f) o que se coloca diante de nós na forma do entendimento ou na forma senso-perceptiva; g) coisa em si (Kant). **2.** Na *linguagem jurídica* em geral: a) aquilo sobre o qual incide um direito, uma ação ou uma obrigação; b) assunto; c) matéria; coisa material; d) fim a que se pretende chegar; e) motivo.

OBJETO APREENDIDO. 1. *Filosofia geral.* É o captado pelo sujeito cognoscente. A função deste consiste em apreender o objeto, e esta apreensão apresenta-se como uma saída do sujeito de sua esfera própria, invadindo a do objeto e captando as suas propriedades. O objeto captado conserva-se heterogêneo em relação ao sujeito, por ser transcendente, pois existe em si, tendo suas propriedades, que não são aumentadas, diminuídas ou modificadas pela atividade do sujeito que o quer conhecer. Todavia, na relação cognoscitiva, segundo os moldes kantianos, não é um "ser em si", como uma realidade transcendente; despoja-se desse caráter de existente por si e em si e converte-se em um ser "para" ser conhecido, em um ser posto, logicamente, pelo sujeito pensante como objeto de conhecimento. Aquilo que o objeto a conhecer é, não o é "em si", mas em relação ao sujeito conhecedor. O objeto enquanto conhecido é uma imagem e não algo do mundo extramental. Essa imagem não é a cópia de um objeto, apesar de ser sua tradução cerebral, e não é idêntica a ele, por ser mais pobre em elementos determinantes. O sujeito cognoscente é sujeito apenas enquanto há objeto a apreender, e este é somente objeto de conhecimento quando for apreendido pelo sujeito. **2.** *Direito administrativo.* Coisa tomada pela Administração Pública, por meio do exercício de seu poder de polícia, por não estar em condição de ser consumida, em razão de não ser seu vendedor credenciado etc. **3.** *Direito penal.* Objeto contrabandeado que é retirado do poder do criminoso. **4.** *Direito processual penal.* Objeto particular confiscado em favor do Estado.

OBJETO CAPTADO. *Vide* OBJETO APREENDIDO, n. 1.

OBJETO CONHECIDO. *Vide* OBJETO APREENDIDO, n. 1.

OBJETO CULTURAL. *Filosofia geral* e *filosofia do direito.* Aquele que resulta de obra humana, atuando segundo valorações. Esse objeto tem existência real no tempo e no espaço, encontra-se na experiência sensível, além de ser positiva ou negativamente valioso, pois tem finalidades e valores implícitos (Husserl). O objeto cultural compõe-se de um substrato e de um sentido indissoluvelmente compenetrados numa unidade dialética, isto é, compreende-se o substrato pelo sentido, e o sentido pelo seu substrato. Todo objeto cultural compõe-se da seguinte estrutura ontológica: a) de um substrato, que é sua matéria. Conforme esse suporte seja um objeto físico, como mármore, papel etc., ou uma conduta humana, o objeto cultural é, respectivamente, mundanal ou egológico; b) de um sentido ou significado, que é onde reside o seu caráter valioso ou desvalioso, que está ligado a uma finalidade ou valor, porque o homem sempre age em função de valores (Carlos Cossio).

OBJETO DA OBRIGAÇÃO. *Direito civil.* **1.** Aquilo que o devedor deve cumprir, que pode ser uma prestação de dar ou de fazer ou uma abstenção exigida pelo credor. **2.** Prestação de dar, de fazer e de não fazer. **3.** Conteúdo da prestação positiva ou negativa. **4.** Coisa ou fato que se deve prestar ou abster-se de prestar em razão de obrigação assumida num ato negocial.

OBJETO DA PENHORA. *Direito processual civil.* Bens do devedor inadimplente que estão sujeitos à execução judicial.

OBJETO DA PROVA. *Direito processual.* Conjunto de documentos ou de fatos que devem ser trazidos a juízo para julgamento do caso *sub judice.*

OBJETO DA RELAÇÃO JURÍDICA. *Teoria geral do direito.* Objeto sobre o qual recai o direito do sujeito ativo. O poder do sujeito passa a incidir sobre um objeto imediato, que é a prestação devida pelo sujeito passivo, por ter a permissão jurídica de exigir uma obrigação de dar, fazer ou não fazer, e sobre um objeto mediato, que é o bem móvel, imóvel ou semovente sobre o qual recai o direito, devido à permissão que lhe é dada por norma de direito de ter alguma coisa como sua, abrangendo, ainda, os seus modos de ser (vida, nome, liberdade, honra etc.).

OBJETO DA SOCIEDADE. *Direito civil* e *direito comercial.* Atividade que os sócios pretendem realizar em comum.

OBJETO DA SUCESSÃO HEREDITÁRIA. *Direito civil.* É a herança, dado que, com a abertura da sucessão, ocorre a mutação subjetiva do patrimônio do *de cujus*, que se transmite aos seus herdeiros ou sucessores, os quais se sub-rogam nas relações jurídicas do falecido, tanto no ativo como no passivo, até os limites da herança. O objeto da sucessão é o patrimônio do *de cujus*, ou seja, o conjunto de direitos e obrigações que se transmitem aos herdeiros legítimos ou testamentários.

OBJETO DE CORRESPONDÊNCIA. Abrange cartas, cartões-postais, pequenas encomendas, impressos e cecogramas.

OBJETO DE DESESTATIZAÇÃO. *Direito administrativo.* É o suscetível de desestatização, como: a) empresas e instituições financeiras, controladas direta ou indiretamente pela União, instituídas por lei ou ato do Poder Executivo; b) empresas criadas pelo setor privado e que, por qualquer motivo, passaram ao controle direto ou indireto da União; c) serviços públicos objeto de concessão, permissão ou autorização; d) instituições financeiras públicas e estaduais que tenham tido as ações de seu capital social desapropriadas.

OBJETO DE PRIMEIRA NECESSIDADE. Coisa sem a qual a pessoa não pode passar, como alimento, roupa, instrumento de trabalho, medicamento etc.

OBJETO DO ATO ADMINISTRATIVO. *Direito administrativo.* Efeito jurídico que se pretende com a edição do ato administrativo.

OBJETO DO CONTRATO. *Direito administrativo, direito civil* e *direito comercial.* **1.** Prestação de dar, fazer ou não fazer. **2.** Direitos e deveres que o contrato vem a criar ou modificar.

OBJETO DO DIREITO. *Teoria geral do direito.* **1.** Coisa que apresenta os requisitos da economicidade, permutabilidade e limitabilidade, ou seja, aquilo que é suscetível de avaliação pecuniária, podendo submeter-se ao domínio da pessoa e sendo o seu uso e quantidade limitados (Orlando Gomes). **2.** Coisa material ou imaterial; prestação ou abstenção do homem. **3.** Tudo o que está tutelado por lei; bem ou interesse sobre o qual incide um direito (Paulo Matos Peixoto e Othon Sidou).

OBJETO DO MANDATO. *Direito civil.* Obrigação do mandatário nele ordenada pelo mandante.

OBJETO DO PARTO

OBJETO DO PARTO. *Medicina legal.* Feto que deve ser expulso do álveo materno.

OBJETO DO PROCESSO. *Direito processual.* **1.** Relação jurídica controvertida. **2.** Litígio. **3.** Solução da lide, prolatando-se a sentença.

OBJETO DO RECURSO. *Direito processual.* Decisão ou a parte dela que é desfavorável ao recorrente (Ana Prata).

OBJETO FÓBICO. *Medicina legal.* Aquilo que causa angústia inconsciente ao portador de alguma fobia.

OBJETO HISTÓRICO. *Direito administrativo.* Bem tombado que demonstra fato ocorrido na história de um povo ou de uma nação.

OBJETO IDEAL. *Filosofia geral* e *filosofia do direito.* Objeto irreal, que, apesar de não existir no espaço e no tempo, tem existência intramental; não está na experiência sensível, sendo, por essa razão, *a priori* e, além disso, neutro de valor. A ele não chegamos por meio dos sentidos, mas da intuição intelectual. Como não existe por si, dele somente se pode predicar uma existência na medida em que se o vivencia intelectivamente, isto é, reduzindo-o a conceito ou produto da razão. Existe apenas como produto da mente (Husserl e Goldschmidt).

OBJETO IMEDIATO. *Teoria geral do direito.* Objeto da relação jurídica, que é a prestação devida pelo sujeito passivo, por ter o credor a permissão jurídica de exigir uma obrigação de dar, fazer ou não fazer.

OBJETO JURÍDICO. *Vide* OBJETO DO DIREITO.

OBJETO JURÍDICO DO CRIME. *Direito penal.* Interesse ou bem jurídico protegido pela lei penal, como a vida, a liberdade, a integridade corporal, a honra etc.

OBJETO LIBIDINOSO. *Direito penal* e *medicina legal.* Pessoa que constitui alvo das atenções amorosas de alguém (Croce e Croce Jr.).

OBJETO MATERIAL DO CRIME. *Direito penal.* Pessoa ou coisa sobre a qual o criminoso dirige sua ação delituosa.

OBJETO MEDIATO. *Teoria geral do direito.* Objeto da relação jurídica que consiste no bem móvel, imóvel ou semovente, sobre o qual recai o direito, devido à permissão que é dada por norma jurídica, ao sujeito ativo de ter algo como seu, abrangendo, ainda, os seus modos de ser, como sua vida, seu nome, sua honra etc.

OBJETO METAFÍSICO. *Filosofia geral.* Aquele que é real, isto é, tem existência, não está na experiência sensível e é valioso positiva ou negativamente (Husserl).

OBJETO NATURAL. *Filosofia geral.* Aquele que, por ser real, tem existência espácio-temporal, está na experiência sensível e é neutro de valor (Husserl), logo, só pode ser explicado. Explicar um objeto natural nada mais é que revelar o antecedente do qual decorre um efeito, isto é, declarar a causa que o originou. O fenômeno da natureza é conhecido na medida em que se explica do ponto de vista de causas e efeitos.

OBJETO NEGOCIAL. *Direito civil.* **1.** Direito ou dever emergente do negócio jurídico. **2.** Objeto lícito, ou melhor, conforme a lei, os bons costumes e a ordem pública, e possível, física ou juridicamente.

OBJETO OBSCENO. *Direito penal.* Escrito, desenho, pintura etc. que é imoral ou indecente ou atenta ao pudor e destina-se a comércio, distribuição ou exposição pública.

OBJETO PENSADO. *Vide* OBJETO APREENDIDO, N. 1.

OBJETOS DE USO OU CONSUMO PESSOAL. São os artigos de vestuário, higiene e demais bens de caráter manifestamente pessoal.

OBJETO SEGURADO. *Direito civil.* Coisa garantida num contrato de seguro, como a vida, o imóvel contra incêndio, um veículo etc.

OBJETO SEXUAL. *Direito penal* e *medicina legal.* Aquele sobre o qual incide uma perversão sexual.

OBJETO SOCIAL. *Vide* OBJETO DA SOCIEDADE.

OBJURAR. **1.** Censurar. **2.** Argüir asperamente. **3.** Repreender. **4.** Exprobrar.

OBJURGAÇÃO. **1.** Censura. **2.** Repreensão violenta. **3.** Argüição áspera.

OBJURGADO. **1.** Censurado. **2.** Repreendido com severidade.

OBJURGATIVO. *Vide* OBJURGATÓRIO.

OBJURGATÓRIA. *Vide* OBJURGAÇÃO.

OBJURGATÓRIO. **1.** Que desaprova algo com energia. **2.** Insulto. **3.** Relativo a objurgação.

OBLAÇÃO. **1.** *Direito civil.* a) Doação de bem móvel; b) dádiva; c) oferta contratual. **2.** *Direito canônico.* a) Oferenda feita pelos fiéis à Igreja; b) parte da missa entre o final do evangelho ou o credo e a Consagração.

OBLATA. 1. *Direito civil.* Coisa que foi objeto de uma proposta de contrato. **2.** *Direito canônico.* a) Oferta piedosa; b) hóstia posta na pátena e o vinho no cálice, antes da consagração; c) o que se oferece a Deus ou aos santos na Igreja; d) cada uma das religiosas que fazem voto de obediência à superiora.

OBLATIVIDADE. *Medicina legal.* Perturbação mental que torna a pessoa perdulária.

OBLATO. 1. *Direito civil.* Destinatário da proposta do contrato, que deve aceitá-la ou não. É o aceitante da proposta. **2.** *História do direito.* a) Criança que era dada pelos seus pais para efetuar serviços numa ordem religiosa; b) leigo que se oferecia para servir a uma comunidade religiosa. **3.** *Direito canônico.* Membro de ordem religiosa que, sem perder seu caráter de leigo, professa o voto de oblação, ou seja, de obediência ao seu superior, fazendo doação de seus bens à comunidade.

OBLATURA. Condição de oblato.

OBLIGATIO. *Termo latino.* Débito; obrigação.

OBLIGATIO AD NON FACIENDO. *Expressão latina.* Obrigação de não fazer.

OBLIGATIO DANDI. *Locução latina.* Obrigação de dar.

OBLIGATIO EST MATER ACTIONIS. *Aforismo jurídico.* A obrigação é mãe da ação.

OBLIGATIO EST VINCULUM JURIS, QUO NECESSI-TATE ADSTRINGIMUR ALICUJUS SOLVENDAE REI, SECUNDUM NOSTRAE CIVITATIS JURA. *Expressão latina.* Obrigação é um vínculo jurídico pelo qual sentimos a necessidade de pagar uma certa coisa, conforme o direito de nosso país.

OBLIGATIO FACIENDI. *Locução latina.* Obrigação de fazer.

OBLIGATIO IMPOSSIBILIUM NULLA EST. *Expressão latina.* É nula a obrigação de coisa impossível.

OBLIGATIO IN SOLIDUM. *Locução latina.* Obrigação solidária.

OBLIGATIO NON FACIENDI. *Locução latina.* Obrigação de não fazer.

OBLIGATIO OMNIS SOLUTIONE EJUS, QUOD DEBE-TUR TOLLITUR. *Aforismo jurídico.* Qualquer obrigação extingue-se pela solução do débito.

OBLIGATION PROPTER REM. *Locução latina.* Obrigação acessória real.

OBLIGATIO VERBORUM VERBIS TOLLITUR. *Aforismo jurídico.* Obrigação por palavras extingue-se por palavras.

OBLIGEANCE. *Termo francês.* Cortesia.

OBLIQÜIDADE. 1. Falta de retidão no modo de proceder. **2.** Qualidade de oblíquo.

OBLÍQUO. 1. *Medicina legal.* Denominação dada a alguns músculos do corpo humano. **2.** *Direito marítimo.* Navio cuja marcha segue rumo intermediário aos pontos cardeais. **3.** Nas *linguagens comum* e *jurídica:* a) sinuoso; b) inclinado sobre uma superfície; c) o que não é perpendicular; d) dissimulado; e) aquele que não tem retidão de caráter, nem na maneira de se comportar.

OBLITERAÇÃO. 1. Na *linguagem jurídica:* a) carimbamento ou inutilização legal, por meio de carimbo, do selo com que se franqueia a correspondência (De Plácido e Silva); b) ação de riscar o que se escreveu. **2.** *Medicina legal.* Estado de um canal obstruído pela presença de um corpo sólido ou pela aderência de suas paredes.

OBLITERAR. 1. *Medicina legal.* Fechar um canal. **2.** Na *linguagem jurídica:* a) destruir com o uso; b) inutilizar legalmente um selo; c) apagar ou riscar o que estava escrito; d) suprimir.

OBLIVIO SIGNUM NEGLIGENTIAE. *Expressão latina.* O esquecimento indica negligência.

OBNOXIAÇÃO. *História do direito.* Decisão de pessoa livre que se fazia serva ou doava seus bens a outra em troca de proteção.

OBNÓXIO. 1. Servil. **2.** Abominável; desprezível; nefando. **3.** Nefasto. **4.** Que se submete a castigo.

OBNUBILAÇÃO MENTAL. *Medicina legal.* Perturbação periódica da consciência e do pensamento causada por distúrbio da circulação no encéfalo, levando o paciente a ter obscurecimento das sensações, a não associar idéias e a perceber mal os objetos.

ÓBOLO. 1. *História do direito.* Pequena moeda da antigüidade grega. **2.** *Direito civil.* Esmola.

OBRA. 1. Produto industrial. **2.** Materialização de trabalho manual, artesanal, intelectual ou industrial. **3.** Produção industrial. **4.** Criação intelectual protegida pelo direito autoral. **5.** Operação. **6.** Trabalho artístico ou literário. **7.** Resultado de uma ação ou de um trabalho. **8.** Edifício em construção. **9.** Ardil. **10.** Efeito de uma ação da natureza.

OBRA ACABADA. Obra perfeita.

OBRA ANÔNIMA. *Direito autoral.* **1.** Trabalho que não indica o nome de seu autor por sua vontade. **2.** Obra de autor desconhecido.

OBRA ARTESANAL. *Vide* OBRA MANUAL.

OBRA ARTIFICIAL. *Direito civil.* **1.** Acessão artificial, ou seja, construção ou plantação. **2.** Obra produzida pelo engenho humano.

OBRA AUDIOVISUAL. *Direito autoral.* É a que resulta da fixação de imagens com ou sem som, que tenha a finalidade de criar, por meio de sua reprodução, a impressão de movimento, independentemente dos processos de sua captação, do suporte usado inicial ou posteriormente para fixá-lo, bem como dos meios utilizados para sua veiculação.

OBRA CAPITAL. *Direito autoral.* Obra-prima.

OBRA CERTA. *Direito do trabalho.* Contrato individual de trabalho para execução de serviço específico.

OBRA CIENTÍFICA. *Direito autoral.* Composição escrita sobre investigações científicas.

OBRA CINEMATOGRÁFICA. *Direito autoral.* **1.** Obra de fixação de movimento em função de temas para sua projeção em telas. **2.** Filme de cenas da vida real ou idealizadas por seu criador.

OBRA COLETIVA. *Direito autoral.* É a criada por iniciativa, organização e responsabilidade de uma pessoa física ou jurídica, que a publica sob seu nome ou marca e que é constituída pela participação de diferentes autores, cujas contribuições se fundem numa criação autônoma.

OBRA COMPARTILHADA. *Direito administrativo.* Obra executada conjuntamente por duas ou mais permissionárias para instalação de equipamentos de infra-estrutura urbana.

OBRA DE ALVENARIA. *Direito civil.* Construção feita em tijolo, cal, cimento e pedra.

OBRA DE ARTE. *Direito autoral.* Obra estética, criada pelo espírito em busca do belo, como a pintura, a escultura etc.

OBRA DE ARTE APLICADA. *Direito autoral* e *direito de propriedade industrial.* Criação intelectual que, além do belo, busca o útil, servindo ao processo econômico em aplicações comerciais ou industriais.

OBRA DE ARTE PLÁSTICA. *Direito autoral.* Obra intelectual materializada, cujo autor pode, se quiser, ao aliená-la, transmitir ao adquirente o direito de reproduzi-la ou de expô-la ao público.

OBRA DE BENEFICÊNCIA. *Vide* OBRA DE MISERICÓRDIA.

OBRA DE CARREGAÇÃO. Coisa mal-acabada, por ter sido feita às pressas.

OBRA DE CONSTRUÇÃO CIVIL. *Direito civil.* Construção, demolição, reforma, ampliação de edificação ou outra benfeitoria agregada ao solo ou ao subsolo.

OBRA DE DESENGANO. Aquela que não engana o consumidor ou comprador.

OBRA DE DOMÍNIO PÚBLICO. *Direito autoral.* É a que pertence ao domínio comum ou ao patrimônio da coletividade, em virtude de: a) haver decorrido setenta anos depois da morte de seu autor, cessando, então, o direito de seus herdeiros de reproduzir a obra; b) seu autor já falecido não ter deixado sucessores; c) ser seu autor desconhecido; d) ter sido publicada em país que não participe de tratado a que tenha aderido o Brasil e que não confira ao autor de obra aqui publicada o mesmo tratamento que dispensa ao autor sob sua jurisdição. Urge lembrar que a paternidade da obra é perpétua ou perene, apenas os direitos patrimoniais da obra são suscetíveis de exploração econômica pelo público ao cair em seu domínio.

OBRA DE EMPREITADA. *Direito civil.* Aquela que é objeto de contrato de empreitada, devendo ser realizada pelo empreiteiro, sem subordinação ao comitente ou dono da obra, pessoalmente ou por meio de terceiro, com material próprio ou fornecido pelo comitente, mediante remuneração determinada ou proporcional ao trabalho executado.

OBRA DE ENCOMENDA. **1.** *Direito civil* e *direito comercial.* É a feita sob medida. **2.** *Direito autoral.* Aquela que é objeto de contrato de encomenda de obra intelectual. É qualquer obra de engenho, seja literária, artística ou científica, resultante de solicitação de terceiro, que a sugere ao autor ou até mesmo dirige sua produção, tratando de sua divulgação ou reprodução.

OBRA DE ENGENHO. *Direito autoral.* Obra literária, artística ou científica oriunda da iniciativa do escritor, artista ou cientista ou de terceiro que contrata seu autor ou dirige sua produção.

OBRA DE ESTUQUE. *Direito civil.* Peça feita com gesso, argamassa de cal e areia, podendo ser executada em forma de metal, barro etc. ou trabalhada com instrumento apropriado, como, por exemplo, espátula. Em regra, sua execução dá-se por meio de contrato de empreitada.

OBRA DE EXAMINAÇÃO. *Direito do trabalho.* Obra feita pelo aprendiz, que deve ser submetida à aprovação do mestre.

OBRA DE FÔLEGO. *Direito autoral.* Obra literária muito extensa.

OBRA DE MISERICÓRDIA. *Direito civil.* **1.** Benefício. **2.** Serviço prestado a necessitados ou carentes. **3.** Esmola. **4.** Obra executada por caridade ou beneficência que pode constituir-se por assistência social, médica ou educativa.

OBRA DE PULSO. Obra muito importante.

OBRA DERIVADA. *Direito autoral.* Criação autônoma que advém de adaptação de obra originária. É a que, constituindo criação intelectual nova, resulta da transformação de obra originária.

OBRA DE TALHA. *Direito autoral.* É a executada por escultores em marfim, mármore, madeira ou metal.

OBRA DE UM INSTANTE. Aquela que é feita rapidamente.

OBRA EMBARGADA. *Direito administrativo.* Aquela que, por determinação do Poder Público, sofreu paralisação, por ter sido construída em desobediência às posturas municipais.

OBRA EM CO-AUTORIA. *Vide* OBRA EM COLABORAÇÃO.

OBRA EM COLABORAÇÃO. *Direito autoral.* Aquela cuja produção é feita, em comum, por dois ou mais autores.

OBRA EM TERRENO ALHEIO. *Direito civil.* Construção ou plantação feita em imóvel de propriedade de terceiro.

OBRA ESPÚRIA. *Direito autoral.* Aquela que não foi executada pelo autor a quem se atribui sua paternidade.

OBRA ESTÉTICA. *Direito autoral.* É a que busca o belo, procurando excitar os sentidos.

OBRA FONOGRÁFICA. *Direito autoral.* Aquela em que cantor, ator, dublador ou radialista busca a fixação do som e cede ao produtor o direito de reproduzir sua execução e, portanto, sua publicação e exploração comercial.

OBRA FOTOGRÁFICA. *Direito autoral.* Aquela que fixa imagens de objetos ou pessoas. É uma obra intelectual cujo autor tem o direito de reproduzi-la, difundi-la e colocá-la à venda, observando-se as limitações referentes à exposição, reprodução e venda de retratos.

OBRA FUTURA. *Direito autoral.* Aquela a ser produzida pelo seu autor, que se compromete a cedê-la, total ou parcialmente, a um editor, pelo prazo máximo de cinco anos.

OBRAGEIRO. *Direito agrário.* Trabalhador rural que, no Paraná, está encarregado da extração de madeira.

OBRAGEM. 1. *Direito civil.* Ato de construir. **2.** *Direito autoral.* Execução de uma obra pelo artista.

OBRAGES. *Direito agrário.* Local, à barranca do rio, onde a madeira é cortada para descer pela água.

OBRA GROSSA. Obra feita sem estilo e sem arte.

OBRA INDUSTRIAL. *Direito de propriedade industrial.* É a decorrente da utilização de qualquer processo industrial.

OBRA INÉDITA. *Direito autoral.* Aquela que ainda não foi publicada.

OBRA INTELECTUAL. *Direito autoral.* **1.** Obra de engenho. **2.** Obra literária, artística e científica amparada pelo direito do autor, abrangendo, portanto, as criações do espírito, expressas por qualquer meio ou fixadas em qualquer suporte, tangível ou intangível, conhecido ou que se invente no futuro, tais como: a) os textos de obras literárias, artísticas ou científicas; b) as conferências, alocuções, sermões e outras obras da mesma natureza; c) as obras dramáticas e dramático-musicais; d) as obras coreográficas e pantomímicas, cuja execução cênica se fixe por escrito ou por outra qualquer forma; e) as composições musicais, tenham ou não letra; f) as obras audiovisuais, sonorizadas ou não, inclusive as cinematográficas; g) as obras fotográficas e as produzidas por qualquer processo análogo ao da fotografia; h) as obras de desenho, pintura, gravura, escultura, litografia e arte cinética; i) as ilustrações, cartas geográficas e outras obras da mesma natureza; j) os projetos, esboços e obras plásticas concernentes à geografia, engenharia, topografia, arquitetura, paisagismo, cenografia e ciência; k) as adaptações, traduções e outras transformações de obras originais, apresentadas como criação intelectual nova; l) os programas de computador; m) as coletâneas ou compilações, antologias, enciclopédias, dicionários, bases de dados e outras obras, que, por sua seleção, organização ou disposição de seu conteúdo, constituam uma criação intelectual. Tais obras são protegidas como direito autoral.

OBRA LITERÁRIA. *Direito autoral.* Aquela relativa às letras ou à literatura, como livro que contenha romance, poesia, conto etc.

OBRA MANUAL. *Direito autoral.* Obra produzida pelo artesão, com ou sem o auxílio de máquina ou instrumento.

OBRA MAQUINIZADA. *Vide* OBRA MECÂNICA.

OBRA MECÂNICA. *Direito comercial.* É a produzida por máquinas, como, por exemplo, o artigo industrial (De Plácido e Silva).

OBRA MESTRA. 1. *História do direito.* Peça elaborada, na corporação medieval, pelo artesão para atingir a categoria de mestre. **2.** *Direito autoral.* Obra-prima ou a melhor obra executada por um autor.

OBRA MULTIMÍDIA. *Direito autoral* e *direito virtual.* Obra eletrônica que reúne, quando colocada de modo usual em informática, um conjunto de textos, de imagens fixas ou animadas ou de música, acessível num disco compacto, que requer um computador para que o usuário possa dela ter conhecimento (Pierre Yves Gautier).

OBRA MUSICAL. *Direito autoral.* Obra intelectual protegida pelo direito do autor e que se exterioriza em notas musicais que simbolizam sons.

OBRA NATURAL. *Direito civil.* **1.** Aquela que advém da força da natureza. **2.** Acessão natural, como formação de ilha, aluvião, avulsão e abandono de álveo.

OBRA NOVA. 1. *Direito civil.* Construção rústica urbana nova ou reformada, que conte menos de ano e dia de sua conclusão ou que ainda não se concluiu. **2.** *Direito processual civil. Vide* EMBARGOS DE OBRA NOVA E NUNCIAÇÃO DE OBRA NOVA.

OBRA ORIGINÁRIA. *Direito autoral.* Criação primígena, seja ela literária, científica ou artística.

OBRA OU SERVIÇO DE EMERGÊNCIA. *Direito administrativo.* Aquela que decorre de caso fortuito ou força maior, em que há necessidade de atendimento imediato, com o fim de salvaguardar a segurança da população e que não pode sofrer interrupção, sob pena de danos à coletividade.

OBRA OU SERVIÇO DE MANUTENÇÃO. *Direito administrativo.* Aquela que pode ser realizada rotineiramente, de acordo com um plano prévio, incluindo, dentre outros, as obras ou serviços necessários à preservação das instalações, os reparos e eventuais remoções, substituições ou reinstalações de equipamentos existentes.

OBRA PIA. *Direito civil.* Aquela que tem fins religiosos, como, por exemplo, oração, missa etc., ou beneficentes, como assistência a crianças abandonadas, a enfermos e a pessoas carentes, menos favorecidas ou necessitadas.

OBRA POR PEÇAS. *Direito civil.* É aquela contratada para ser feita por unidades.

OBRA PÓSTUMA. *Direito autoral.* Aquela que é publicada após o falecimento de seu autor.

OBRA-PRIMA. *Direito autoral.* **1.** Melhor obra de um autor. **2.** Aquela que é considerada a primeira dentre as do seu gênero.

OBRA PSEUDÔNIMA. *Direito autoral.* Aquela em que seu autor usa um pseudônimo para ocultar sua identificação.

OBRA PÚBLICA. *Direito administrativo.* **1.** É a realizada mediante o desempenho de agentes públicos e operários contratados por dia, sob a direção e supervisão da Administração Pública. Esta adquire, com seus recursos, o material necessário e recruta mão-de-obra, mediante contrato de fornecimento, de trabalho e locação de serviço. **2.** É a executada por pessoa alheia à Administração, que celebra com o Estado contrato de empreitada, recebendo uma remuneração pela sua realização ou proporcional ao trabalho executado, respondendo pela execução integral do serviço contratado. **3.** Aquela cuja execução é entregue pela Administração a uma pessoa, que fica com o dever de gerir o serviço público que dela decorrer, recebendo dos futuros usuários uma tarifa como remuneração, em vez de receber do Estado uma retribuição ao seu término (Adilson Abreu Dallari; José Cretella Jr.).

OBRA PUBLICADA. *Direito autoral.* Aquela que é utilizada economicamente, por ter sido editada ou publicada em diários ou periódicos.

OBRA PÚBLICA *IN CONCRETO*. *Direito administrativo.* É toda realização concreta, de natureza imóvel ou móvel, levada a termo pela Administração sobre um imóvel, direta ou indiretamente, para atender a fins de interesse público (José Cretella Jr.).

OBRA PÚBLICA *IN FIERI*. *Direito administrativo.* Atividade de construção, modificação, reforma ou manutenção de bem imóvel realizada pela Administração, direta ou indiretamente, para finalidade de interesse público.

OBRAR. 1. Executar trabalhos. **2.** Converter em obra. **3.** Atuar. **4.** Produzir efeito. **5.** Trabalhar.

OBRA RUINOSA. *Direito civil* e *direito processual civil.* Aquela que ameaça desabar, por estar em ruínas, dando origem à ação de dano infecto, possibilitando exigir do proprietário vizinho a sua demolição, a reparação necessária, a prestação de caução pelo dano iminente ou a indenização pelos danos causados.

OBRAS COMPLETAS. *Direito autoral.* Coleção de trabalhos intelectuais de um só autor ou de dois ou mais em colaboração.

OBRAS DAS VELAS. *Direito marítimo.* Cabos do aparelho ou guarnição das velas.

OBRAS DE INFRA–ESTRUTURA AGRÁRIA. *Direito agrário.* Partes integrantes ou suportes materiais importantes para a estrutura e a atividade rurais, constituindo, portanto, meios adequados para a prestação de serviços agrários tais como: barragens, irrigação, abertura de poços, regularização dos deflúvios dos cursos d'água, açudagem, drenagem, saneamento, reflorestamento etc.

OBRAS DE MARINHEIRO. *Direito marítimo.* Atividades praticadas pelo marinheiro para completar o aparelho, velame e manobra de um navio.

OBRAS MERITÓRIAS. Boas ações.

OBRAS MORTAS. *Direito marítimo.* Partes do casco do navio que ficam acima da linha de água, como castelos de popa, convés, tolda etc.

OBRAS SOBRE SI. *Direito autoral.* Obras que comentam uma outra e são publicadas separadamente desta.

OBRAS VIVAS. *Direito marítimo.* Partes do navio situadas abaixo de sua linha de flutuação, compreendendo-se entre o lume de água e a quilha. São as partes imersas da embarcação.

OBRA TEATRAL. *Direito civil* e *direito autoral.* Representação de uma história por atores.

OBRA VELHA. *Direito civil.* **1.** Construção já terminada há mais de ano e dia. **2.** Obra concluída.

OBRA VIDEOFONOGRÁFICA. *Direito autoral.* Aquela que fixa o som e a imagem.

OBRÉIA. 1. Na *linguagem comum*, pequena folha de papel gomado, usada para fechar cartas, substituindo o lacre. **2.** *Direito canônico.* Folha de massa com que se fazem hóstias para comunhão.

OBREIRA. 1. *Direito agrário.* Abelha operária. **2.** *Direito do trabalho.* Operária.

OBREIRO. 1. *Direito agrário.* a) Himenóptero neutro (abelha ou formiga); b) trabalhador rural. **2.** *Direito autoral.* a) Aquele que efetua obra de arte; b) o que por obras ou palavras vem a contri-

buir para o desenvolvimento de uma idéia. **3.** *Direito do trabalho.* Operário. **4.** *Direito civil.* Aquele que contribui para que uma instituição possa desenvolver-se.

OB–REPÇÃO. 1. *Direito penal.* a) Obtenção de alguma coisa mediante emprego de manobra astuciosa ou ardilosa; b) artimanha; c) ato praticado para ocultar a verdade e obter algum despacho ou medida judicial que de modo lícito não seria consentida. **2.** *Direito civil.* a) Dolo; b) simulação; c) fraude. **3.** *Direito canônico.* Exposição de motivos falsos para obter uma graça do Ordinário diocesano ou da Santa Sé.

OB–REPÇÃO SUBSTANCIAL. *Direito canônico.* Alegação de motivos, desde que sejam todos falsos, invalidando o rescrito em que é concedida uma graça. Se um dos motivos alegados for verídico, válida será a concessão.

OB–REPTICIAMENTE. 1. O que é feito ardilosamente. **2.** Fraudulentamente. **3.** De maneira ob-reptícia.

OB–REPTÍCIO. *Direito penal* e *direito civil.* **1.** Ardiloso. **2.** Astucioso. **3.** Doloso. **4.** Fraudulento. **5.** O que foi obtido por dissimulação.

OBREPTIO FIT VERITATE TACITA. *Expressão latina.* Ocultação da verdade.

OBRIGA. 1. *História do direito.* Imposto que era pago em caso de exportação de peixe. **2.** *Direito canônico.* Complexo de deveres do pároco em relação aos seus paroquianos.

OBRIGAÇÃO. 1. *Direito civil.* a) Relação jurídica, de caráter transitório, estabelecida entre devedor e credor e cujo objeto consiste numa prestação pessoal econômica, positiva ou negativa, devida pelo primeiro ao segundo, garantido-lhe o adimplemento por meio de seu patrimônio (Washington de Barros Monteiro); b) relação transitória de direito que nos constrange a dar, fazer ou não fazer alguma coisa economicamente apreciável, em proveito de alguém que, por ato nosso, de alguém conosco juridicamente relacionado ou em virtude de lei, adquiriu o direito de exigir de nós essa ação ou omissão (Clóvis Beviláqua); c) relação jurídica que consiste num dever de prestação patrimonial do devedor ao credor (Dernburg); d) vínculo de direito que nos obriga a dar, fazer ou não fazer alguma coisa para outrem (Pothier e Lacerda de Almeida); e) cláusula contratual pela qual uma das partes se compromete a fazer algo; f) instrumento pelo qual alguém se obriga a efetuar o pagamento de um débito ou a cumprir um contrato; g) dívida. **2.** Na *linguagem comum,* é o vínculo que liga um sujeito ao cumprimento de dever imposto por normas morais, religiosas, sociais ou jurídicas. **3.** Na *linguagem jurídica* em geral: a) documento que comprova um dever assumido; b) título de dívida amortizável do Estado ou de companhias mercantis; c) imposição; d) encargo; dever. **4.** *Direito agrário.* Prática nefasta para o trabalhador rural, como o é, por exemplo, o costume que tem o morador (trabalhador rural que reside nas terras com o consenso do seu proprietário) e o foreiro (arrendatário de terras) de prestar, durante alguns dias, ao dono da terra serviços gratuitos.

OBRIGAÇÃO ACESSÓRIA. *Direito civil.* Aquela que está vinculada a uma outra, designada principal, para complementá-la ou garanti-la, ou seja, sua existência supõe a da principal. Por exemplo, fiança, cláusula penal etc.

OBRIGAÇÃO *AD DANDUM.* *Direito civil.* Obrigação de dar.

OBRIGAÇÃO *AD FACIENDUM.* *Direito civil.* Obrigação de fazer.

OBRIGAÇÃO ALIMENTAR. *Vide* OBRIGAÇÃO ALIMENTÍCIA.

OBRIGAÇÃO ALIMENTÍCIA. *Direito civil.* Dever legal que tem o alimentante de prestar alimentos ao alimentando que não tem condições de prover sua subsistência.

OBRIGAÇÃO ALTERNATIVA. *Direito civil.* É também designada "obrigação disjuntiva", por conter duas ou mais prestações com objetos distintos, da qual o devedor se libera com o cumprimento de uma só delas, mediante escolha sua ou do credor. Por exemplo, se o sujeito passivo se obrigar a construir uma piscina ou a pagar quantia equivalente ao seu valor, alforriar-se-á do vínculo obrigacional se realizar uma dessas prestações.

OBRIGAÇÃO AMORTIZÁVEL. *Direito civil* e *direito comercial.* Aquela cujo pagamento pode ser feito parceladamente, se assim foi ajustado, amortizando-se até o final de seu adimplemento, enquanto não se vencer pelo decurso do prazo em que pode ser exigida.

OBRIGAÇÃO AO PORTADOR. *Direito civil.* Aquela que é representada por um título de crédito cujo portador é o presumível credor, que o entrega ao devedor por ocasião do pagamento.

OBRIGAÇÃO A PRAZO. *Vide* OBRIGAÇÃO A TERMO.

OBRIGAÇÃO A TERMO. *Direito civil.* Aquela em que as partes subordinam os efeitos do ato negocial a um acontecimento futuro e certo. Tal obrigação só é exigível depois de expirado o prazo.

OBRIGAÇÃO AUTÔNOMA. *Direito civil.* Obrigação principal que é avençada independentemente de outra.

OBRIGAÇÃO CAMBIAL. *Direito cambiário.* **1.** Ordem de pagamento dada por alguém a outrem, perante o qual detém o crédito, para que pague a terceiro a quantia nela exarada. **2.** Conjunto de normas que regulamentam a letra de câmbio (Luiz Fernando Rudge).

OBRIGAÇÃO CARTULAR. *Direito cambiário.* É a contida num título, que representa o direito ao crédito, materializando-o.

OBRIGAÇÃO CERTA. *Vide* OBRIGAÇÃO LÍQUIDA.

OBRIGAÇÃO CIVIL. *Direito civil.* Vínculo jurídico que sujeita o devedor à realização de uma prestação positiva ou negativa no interesse do credor, estabelecendo um liame entre os dois sujeitos, que abrange o dever da pessoa obrigada (*debitum*) e sua responsabilidade em caso de inadimplemento (*obligatio*), o que possibilita ao credor recorrer à intervenção estatal para obter a prestação, tendo como garantia o patrimônio do devedor.

OBRIGAÇÃO COM EFICÁCIA REAL. *Direito civil.* Aquela que, sem perder seu caráter de direito a uma prestação, transmite-se e é oponível a terceiro que adquira direito sobre determinado bem. Por exemplo, a locação quando oponível ao adquirente da coisa locada.

OBRIGAÇÃO COM ENCARGO. *Direito civil.* É a obrigação modal, ou seja, a que se encontra onerada com um modo ou encargo, isto é, por cláusula acessória, que impõe um ônus à pessoa natural ou jurídica contemplada com uma liberalidade. Por exemplo, obrigação imposta ao donatário de construir no terreno doado um prédio destinado ao ensino de excepcionais.

OBRIGAÇÃO COMERCIAL. *Direito comercial.* Aquela que, visando uma operação mercantil, é regida por normas comerciais e realizada entre devedor ou credor empresário.

OBRIGAÇÃO COM FACULDADE ALTERNATIVA. *Vide* OBRIGAÇÃO FACULTATIVA.

OBRIGAÇÃO COM FACULDADE DE SUBSTITUIÇÃO DO OBJETO. *Vide* OBRIGAÇÃO FACULTATIVA.

OBRIGAÇÃO COMPLEXA. *Vide* OBRIGAÇÃO COMPOSTA.

OBRIGAÇÃO COMPOSTA. *Direito civil.* Aquela cujo objeto é constituído por várias prestações, podendo ser alternativa ou cumulativa.

OBRIGAÇÃO COM PRAZO. *Vide* OBRIGAÇÃO A TERMO.

OBRIGAÇÃO COMUM. *Vide* OBRIGAÇÃO CUMULATIVA.

OBRIGAÇÃO CONDICIONAL. *Direito civil.* É a que contém cláusula que subordina seu efeito, total ou parcialmente, a evento futuro e incerto.

OBRIGAÇÃO CONDICIONAL CASUAL. *Direito civil.* É a subordinada a evento dependente de caso fortuito, alheio à vontade das partes, como, por exemplo, a que contém cláusula estipulando doação de uma jóia se chover amanhã.

OBRIGAÇÃO CONDICIONAL FÍSICA E JURIDICAMENTE IMPOSSÍVEL. *Direito civil.* Aquela que subordina a eficácia do ato negocial a um acontecimento física ou juridicamente impossível de acontecer. A fisicamente impossível é considerada inexistente, deixando o negócio de produzir seus efeitos como se a obrigação fosse pura e simples. A juridicamente impossível é tida como inválida, fulminando a sua própria eficácia.

OBRIGAÇÃO CONDICIONAL FÍSICA E JURIDICAMENTE POSSÍVEL. *Direito civil.* Aquela cuja eficácia está subordinada a um evento futuro e incerto que pode realizar-se conforme as leis físico-naturais e as normas de direito.

OBRIGAÇÃO CONDICIONAL ILÍCITA. *Direito civil.* Aquela que subordina seus efeitos a uma condição ilícita, condenada pela norma jurídica, pela moral e pelos bons costumes, afetando a liberdade da pessoa a quem se dirige. Porém, se for relativa, por exemplo, se limitar a utilização de um bem adquirido por compra e venda, cumpre admitir sua licitude, porque há certa margem de liberdade para a pessoa, que tem um determinado campo de ação.

OBRIGAÇÃO CONDICIONAL LÍCITA. *Direito civil.* Aquela que subordina sua eficácia a um evento futuro e incerto que não contraria a lei, a ordem pública, a moral e os bons costumes.

OBRIGAÇÃO CONDICIONAL MISTA. *Direito civil.* Aquela cuja eficácia decorre, deliberadamente, em parte da vontade e em parte de elemento casual, que pode ser até mesmo a vontade de terceiro alheio à relação obrigacional. Por exemplo, doação de um apartamento a "A" se ele constituir sociedade com "B".

OBRIGAÇÃO CONDICIONAL NECESSÁRIA. *Direito civil.* Aquela que contém dever inerente à natureza do ato negocial. Por exemplo, venda de um imóvel por escritura pública. É da essência desse negócio a outorga de escritura pública, logo, não há uma condição.

OBRIGAÇÃO CONDICIONAL POTESTATIVA. *Direito civil.* É a que contém condição que decorre da vontade de um dos contratantes.

OBRIGAÇÃO CONDICIONAL PROMÍSCUA. *Direito civil.* Aquela que contém uma condição que se apresenta no momento inicial como potestativa, vindo a perder essa característica por fato superveniente, alheio à vontade do agente, que venha a dificultar sua realização. Por exemplo, doação de certa soma em dinheiro se "A", campeão de futebol, jogar no próximo torneio. Tal obrigação condicional potestativa tornar-se-á promíscua se esse jogador vier a se machucar.

OBRIGAÇÃO CONDICIONAL PURAMENTE POTESTATIVA. *Direito civil.* Aquela cujo efeito está subordinado a uma condição advinda de mero arbítrio do agente, sendo por isso inválida. Por exemplo, se um dos contratantes estipular que só efetuará o contrato "x" se o outro contraente vestir a roupa "y" amanhã.

OBRIGAÇÃO CONDICIONAL RESOLUTIVA. *Direito civil.* Aquela que subordina a ineficácia do ato negocial a um evento futuro e incerto. Por exemplo, compra e venda de uma fazenda sob a condição de o contrato extinguir-se se gear nos próximos três anos. Se houver a geada, dissolver-se-á o negócio pelo implemento da condição a que foi submetido.

OBRIGAÇÃO CONDICIONAL SIMPLESMENTE POTESTATIVA. *Direito civil.* Aquela cujo efeito depende da prática de algum ato. Por exemplo, se um dos contratantes dispuser que só haverá doação de certo objeto a um ator se ele desempenhar bem seu papel. Além do arbítrio, exige uma atuação especial do sujeito, sendo admissível por não afetar a validade do ato negocial.

OBRIGAÇÃO CONDICIONAL SUSPENSIVA. *Direito civil.* Aquela em que os contratantes protelam, temporariamente, a eficácia do negócio até a realização de evento futuro e incerto. Por exemplo, se ficar estabelecido que o contrato de compra e venda do quadro "x" só produzirá efeito se ele for aceito numa exposição internacional.

OBRIGAÇÃO CONDICIONAL VOLUNTÁRIA. *Direito civil.* É a que contém cláusula oriunda de manifestação volitiva, sendo então autêntico ato negocial condicional.

OBRIGAÇÃO CONJUNTA. *Vide* OBRIGAÇÃO MÚLTIPLA.

OBRIGAÇÃO CONJUNTIVA. *Vide* OBRIGAÇÃO CUMULATIVA.

OBRIGAÇÃO CONTÍNUA. *Vide* OBRIGAÇÃO DE EXECUÇÃO CONTINUADA.

OBRIGAÇÃO CONVENCIONAL. *Direito civil.* Aquela que decorre da vontade das partes contratantes.

OBRIGAÇÃO CORRELATIVA. *Direito civil.* É a que depende do adimplemento de outra. Por exemplo, no contrato de compra e venda, por ser bilateral, a entrega do bem pelo vendedor corresponde ao pagamento do preço pelo comprador. Tal condição é, portanto, ínsita no contrato bilateral, pois exige de uma das partes o cumprimento de sua prestação para que a outra possa efetuar a sua.

OBRIGAÇÃO CREDITÓRIA. *Direito civil.* Aquela que consiste num crédito ou que se cumpre pela entrega de uma quantia pecuniária.

OBRIGAÇÃO *CUM POTUERIT*. *Direito comparado.* Admitida em Portugal, é aquela em que as partes estipulam que o devedor pagará quando puder, sendo exigível apenas quando ele tiver possibilidade de cumpri-la (Ana Prata).

OBRIGAÇÃO CUMULATIVA. *Direito civil.* Também denominada "obrigação conjuntiva" ou "comum", é uma relação obrigacional múltipla por conter duas ou mais prestações de dar, de fazer ou de não fazer, decorrentes da mesma causa ou do mesmo título, que deverão realizar-se totalmente, pois o inadimplemento de uma envolve o seu descumprimento total. Assim, a oferta de uma delas origina um inadimplemento parcial, visto que o credor não está obrigado a receber uma sem a outra. O devedor só se quitará fornecendo todas as prestações. Por exemplo, obrigação do promitente vendedor que se compromete a entregar o lote compromissado e a financiar a construção que nele será erguida. Quem contrair esse tipo de obrigação terá de satisfazer as várias prestações como se fossem uma só.

OBRIGAÇÃO *CUM VOLUERIT*. *Direito comparado.* Obrigação admitida em Portugal, segundo a qual as partes estipulam que o devedor poderá pagar quando quiser. Seu adimplemento é deixado ao arbítrio do devedor, sendo que o credor só poderá exigi-lo após sua morte ou de seus herdeiros. Logo, o prazo de sua prescrição só começa a correr depois do óbito do devedor (Ana Prata).

OBRIGAÇÃO DE ALIMENTOS. *Vide* OBRIGAÇÃO ALIMENTÍCIA.

OBRIGAÇÃO DE CONTRIBUIR. *Direito civil.* É a que, constituindo uma espécie de obrigação de dar, rege-se pelas normas que a regulam e pelas alusivas à prestação pecuniária. Por exemplo, a que tem o condômino de concorrer, na proporção de sua parte, para as despesas de conservação ou divisão da coisa.

OBRIGAÇÃO DE DAR. *Direito civil.* Aquela que tem por objeto mediato uma coisa que, por sua vez, pode ser certa ou incerta.

OBRIGAÇÃO DE DAR COISA CERTA. *Direito civil.* Aquela em que seu objeto é constituído por corpo certo e determinado, estabelecendo entre as partes da relação obrigacional um vínculo em que o devedor deverá entregar ao credor uma coisa individuada, por exemplo, o iate "Cristina" ou o quadro "x" de Portinari. É também designada "obrigação específica".

OBRIGAÇÃO DE DAR COISA INCERTA. *Direito civil.* Relação obrigacional em que o objeto, indicado de forma genérica no seu início, vem a ser determinado mediante ato de escolha, por ocasião de seu adimplemento. Sua prestação é indeterminada, porém suscetível de determinação, por ser indicada pelo gênero e quantidade e em razão de seu pagamento ser precedido de um ato preparatório de escolha, que a individualizará, momento em que a obrigação de dar coisa incerta transmudar-se-á em prestação de coisa certa. Por exemplo, obrigação de entregar cinqüenta exemplares de uma obra ou cem sacas de café.

OBRIGAÇÃO DE ESCOLHA. *Direito civil.* Prestação genérica em que, por ser seu objeto indeterminado, o devedor pode escolher as espécies dentro do gênero, separando a quantidade que deve entregar ao credor. Esse ato de escolha ou de seleção de coisas constantes do gênero, para que sejam enviadas ao credor, designa-se "concentração", que é a individuação do bem, que se manifesta no momento do adimplemento da obrigação, exteriorizando-se mediante atos apropriados, como a separação, que compreende a pesagem, a medição e a contagem, e a expedição (Antunes Varela e Washington de Barros Monteiro). É o mesmo que OBRIGAÇÃO DE DAR COISA INCERTA.

OBRIGAÇÃO DE EXECUÇÃO CONTINUADA. *Direito civil.* Também designada "obrigação duradoura, contínua, de trato sucessivo ou periódico", é aquela que se protrai no tempo, caracterizando-se pela prática ou abstenção de atos reiterados, solvendo-se num espaço mais ou menos longo de tempo. Constituem espécies as obrigações: do locador de ceder ao inquilino, por certo tempo, o uso e o gozo de um bem infungível; do locatário de pagar mensalmente o aluguel convencionado; do fornecimento de certas mercadorias em quantidade previamente ajustada, mas distribuída por várias partidas, por exemplo, 50.000 toneladas de petróleo em cinco carregamentos iguais.

OBRIGAÇÃO DE FAZER. *Direito civil.* É aquela que vincula o devedor à prestação de um serviço ou ato positivo, material ou imaterial, seu ou de terceiro, em benefício do credor ou de terceira pessoa. Tem por objeto qualquer comportamento humano, lícito e possível, do devedor ou de outra pessoa às custas daquele, seja a prestação de trabalho físico ou material (por exemplo, o de podar plantas, construir uma piscina etc.), seja a realização de serviço intelectual, artístico ou científico (por exemplo, o de escrever um livro, compor uma música etc.), seja, ainda, a prática de certo ato que não configura execução de qualquer trabalho (por exemplo, o de locar um imóvel, prometer determinada recompensa, reforçar uma garantia, renunciar a uma herança etc.).

OBRIGAÇÃO DE FAZER DE NATUREZA FUNGÍVEL. *Direito civil.* É aquela em que a prestação do ato pode ser realizada indiferentemente tanto pelo devedor como por terceiro, caso em que o credor será livre para mandar executar o ato à custa do devedor, havendo recusa ou mora deste, ou para pedir indenização por perdas e danos. Isso ocorre quando o objetivo do credor é obter a prestação do ato, sem levar em conta as qualidades pessoais do obrigado. Por exemplo, se o credor quiser que seu relógio de pulso seja consertado, pouco lhe importará que o serviço seja executado por "A" ou por "B", uma vez que seu objetivo é o conserto do objeto.

OBRIGAÇÃO DE FAZER DE NATUREZA INFUNGÍVEL. *Direito civil.* É a que consiste num *facere* que só pode, ante a natureza da prestação ou por disposição contratual, ser executado pelo próprio devedor, sendo, portanto, *intuitu personae*, uma vez que se levam em conta as qualidades pessoais do obrigado, insubstituível em razão de sua habilidade, técnica, cultura, reputação, pontualidade, idoneidade, experiência etc. Por exemplo, se alguém contratar "A", célebre cirurgião para operá-lo, claro está que o escolheu por sua habilidade profissional, técnica e reputação, logo, "A" não poderá ser substituído por outro médico na intervenção cirúrgica, mesmo que seja tão hábil quanto ele.

OBRIGAÇÃO DE GARANTIA. *Direito civil.* É a que tem por conteúdo a eliminação de um risco que pesa sobre o credor, reparando as conseqüências advindas da realização daquele. Constituem exemplos dessa obrigação a do segurador, fiador etc.

OBRIGAÇÃO DE INFORMAÇÃO. *Direito civil.* Aquela que resulta de lei, como a do tutor de prestar contas, ou de convenção das partes, quando se estipula a alguém que, em caso de dúvida, venha a fornecer as necessárias informações para esclarecê-la.

OBRIGAÇÃO DE MEIO. *Direito civil.* É aquela em que o devedor se obriga tão-somente a usar de prudência e diligência normais na prestação de certo serviço para atingir um resultado, sem, contudo, comprometer-se a obtê-lo. Por exemplo, obrigação decorrente do contrato de prestação de serviços profissionais pelo médico ou pelo advogado.

OBRIGAÇÃO DE NÃO FAZER. *Direito civil.* É aquela em que o devedor assume o compromisso de se abster de algum ato, que poderia praticar livremente se não se tivesse obrigado para atender interesse jurídico do credor ou de terceiro, por exemplo, a de não construir muro além de certa altura, para não interceptar a vista de um vizinho. Caracteriza-se, portanto, pela abstenção de um ato por parte do devedor em benefício do credor ou de terceiro. É uma obrigação negativa, visto que o devedor se conserva numa situação omissiva, pois a prestação negativa a que se comprometeu consiste numa privação ou num ato de tolerância, entendida esta como abstenção de resistência ou oposição, que poderia exercer se não houvesse a obrigação. Seria, por exemplo, o caso do proprietário que, suportando atividade alheia, obriga-se para com o vizinho a não lhe impedir a passagem sobre o seu terreno.

OBRIGAÇÃO DE RESTITUIR

OBRIGAÇÃO DE RESTITUIR. *Direito civil.* Aquela que não tem por escopo a transferência de propriedade, destinando-se apenas a proporcionar temporariamente o uso, a fruição ou a posse direta da coisa. Caracteriza-se por envolver uma devolução, como, por exemplo, a que incide sobre o locatário, o comodatário, o depositário, findo o contrato, dado que o devedor deverá restituir a coisa que o credor já tenha direito de propriedade por título anterior à relação obrigacional. Há tão-somente uma cessão de posse da coisa ao devedor. Assim, se este, vencido o prazo, não a devolver ao credor, cometerá esbulho, competindo ao titular da posse a ação de reintegração, enquanto pela lei do inquilinato o proprietário poderá valer-se da ação de despejo, para obter a desocupação.

OBRIGAÇÃO DE RESULTADO. *Direito civil.* É aquela em que o credor tem o direito de exigir do devedor a produção de um resultado, sem o qual haverá o inadimplemento da relação obrigacional. Essa obrigação só será considerada adimplida com a efetiva produção do resultado colimado. Por exemplo, a decorrente do contrato de transporte, uma vez que o transportador se compromete a conduzir os passageiros ou as mercadorias, sãos e salvos, do ponto de embarque ao de destino.

OBRIGAÇÃO DE SOLVER DÍVIDA EM DINHEIRO. *Direito civil.* É a que abrange prestações especiais que consistem não só em dinheiro (por exemplo, o pagamento do preço, na compra e venda, ou do aluguel, no contrato de locação), mas também em composição de perdas e danos (quando não puder ser exeqüível pela espécie estipulada no contrato) e pagamento de juros.

OBRIGAÇÃO DE SOMA DE VALOR. *Vide* OBRIGAÇÃO PECUNIÁRIA.

OBRIGAÇÃO DE TRATO SUCESSIVO. *Vide* OBRIGAÇÃO DE EXECUÇÃO CONTINUADA.

OBRIGAÇÃO DIRETA. *Vide* OBRIGAÇÃO PRINCIPAL.

OBRIGAÇÃO DISJUNTIVA. *Vide* OBRIGAÇÃO ALTERNATIVA.

OBRIGAÇÃO DIVISÍVEL. *Direito civil.* É aquela cuja prestação é suscetível de cumprimento parcial, sem prejuízo de sua substância e de seu valor. Trata-se de divisibilidade econômica e não material ou técnica. Havendo multiplicidade de devedores ou credores em obrigação divisível, esta presumir-se-á dividida em tantas obrigações, iguais e distintas, quantos forem os credores ou devedores. Por exemplo, se "A", "B" e "C" devem a "D" R$ 300.000,00, o débito será partilhado por igual entre os três devedores, de forma que cada um deverá pagar ao credor a quantia de R$ 100.000,00. Da mesma forma, se "A" deve a "B", "C" e "D" a quantia de R$ 60.000,00, deverá pagar a cada um de seus credores R$ 20.000,00.

OBRIGAÇÃO DURADOURA. *Vide* OBRIGAÇÃO DE EXECUÇÃO CONTINUADA.

OBRIGAÇÃO EM MOEDA ESTRANGEIRA. *Vide* OBRIGAÇÃO VALUTÁRIA.

OBRIGAÇÃO EM PRESTAÇÕES PERIÓDICAS. *Direito civil.* Aquela que estipula o pagamento total da prestação em vários prazos, de modo que cada vencimento venha a corresponder ao de uma parte da obrigação, que só será cumprida quando se der o pagamento da última prestação.

OBRIGAÇÃO ESPECÍFICA. *Direito civil.* Obrigação de dar coisa certa.

OBRIGAÇÃO EXEQÜENDA. *Direito processual civil.* Aquela que é suscetível de servir de base à execução (Ana Prata).

OBRIGAÇÃO EXIGÍVEL. *Direito civil.* Aquela em que, por estar vencida, o credor pode exigir seu cumprimento. Uma vez que já se deu o vencimento da dívida, o credor pode exigi-la.

OBRIGAÇÃO EXTRACARTULAR. *Direito civil* e *direito comercial.* Aquela que causou a emissão de um título de crédito sem, contudo, ficar vinculada a ele.

OBRIGAÇÃO FACULTATIVA. *Direito civil* e *direito comparado.* Também designada "obrigação com faculdade alternativa" (Ennecerus, Kipp e Wolff) ou "obrigação com faculdade de substituição do objeto" (Sílvio de Salvo Venosa), é aquela em que, não tendo por objeto senão uma só prestação, é permitido por lei ou contrato ao devedor substituí-la por outra, para facilitar-lhe o pagamento. Somente uma prestação encontra-se vinculada, permanecendo *in obligatione* e *in solutione*; a outra fica *in facultate solutionis*, pois o devedor a pagará apenas se preferir essa maneira de cumprir a relação obrigacional, desde que não esteja em mora. P. ex., se alguém, por contrato, obrigar-se a entregar cinqüenta sacas de arroz, dispondo que, se lhe convier, poderá substituí-las por R$ 500,00, ficará com o direito de pagar ao credor coisa diversa do objeto do débito.

OBRIGAÇÃO FRACIONADA. *Direito civil.* Aquela que pode ser realizada num único momento, mas, por convenção, as partes protelam seu cumprimento no tempo, por meio de prestações sucessivas (Ana Prata).

OBRIGAÇÃO FUNGÍVEL. *Direito civil.* Aquela que, por não ser personalíssima, pode ser cumprida pelo devedor ou por terceiro.

OBRIGAÇÃO GENÉRICA. *Vide* OBRIGAÇÃO DE DAR COISA INCERTA e OBRIGAÇÃO DE ESCOLHA.

OBRIGAÇÃO ILÍCITA. *Direito civil.* Aquela que não gera efeitos por contrariar a lei.

OBRIGAÇÃO ILÍQUIDA. *Direito civil.* É aquela incerta quanto à sua quantidade e que se torna certa pela liquidação, que é o ato de fixar o valor da prestação momentaneamente indeterminada, para que ela possa ser cumprida; logo, sem a liquidação dessa obrigação, o credor não terá possibilidade de cobrar seu crédito.

OBRIGAÇÃO IMORAL. *Direito civil.* É a ofensiva à decência, à moral e aos bons costumes.

OBRIGAÇÃO IMPERFEITA. *Direito civil.* Também denominada "obrigação natural", é a privada de tutela judicial para a exigência de seu cumprimento.

OBRIGAÇÃO IMPOSSÍVEL. *Direito civil.* Aquela que, física ou juridicamente, não pode ser cumprida, por contrariar as leis físico-naturais e as normas jurídicas.

OBRIGAÇÃO INDEXADA. *Direito civil.* Obrigação pecuniária que, ante um período inflacionário, por convenção das partes, é atualizável conforme o índice geral dos preços e a alteração do valor monetário. É aquela que inclui cláusula de atualização da prestação, como: a) a de escala móvel, que prevê uma revisão do pagamento, que deverá ser feito conforme a variação do preço de determinada mercadoria ou serviço (cláusula-mercadoria) ou do índice geral do custo de vida (cláusula *index-number*); e b) a de atualização monetária, que consiste em uma revisão estipulada pelas partes, ou imposta por lei, que tem por ponto de referência a desvalorização da moeda, procurando atualizar o seu valor real.

OBRIGAÇÃO INDIVISÍVEL. *Direito civil.* É aquela cuja prestação só pode ser cumprida por inteiro, não comportando sua cisão em várias obrigações parceladas distintas, pois, uma vez cumprida parcialmente a prestação, o credor

não obtém nenhuma utilidade ou apenas a que não representa a parte exata da que resultaria do adimplemento integral. A indivisibilidade da obrigação pode ser: a) física, se a prestação for indivisível física ou materialmente, por não poder ser fracionada em prestações homogêneas, cujo valor seja proporcional ao todo. Por exemplo, a obrigação de restituir coisa alugada, exibir um documento; b) legal, se a prestação for indivisível em virtude de disposição legal que, por motivos variáveis, impeça sua divisão, embora seja naturalmente divisível. Por exemplo, a obrigação concernente às ações de sociedade anônima em relação à pessoa jurídica; c) convencional, se a indivisibilidade da prestação advier da vontade das partes, apesar de ser materialmente divisível. Por exemplo, contrato de conta corrente, em que os créditos escriturados fundem-se num todo; contrato em que dois vendedores de açúcar obrigam-se a entregar, por inteiro, numa só partida, a uma refinaria de açúcar, 10.000 toneladas desse produto; d) judicial, quando a indivisibilidade da prestação é proclamada pelos tribunais, como ocorre, por exemplo, com a obrigação de indenizar nos acidentes de trabalho.

OBRIGAÇÃO INEXIGÍVEL. *Direito civil.* a) Aquela cujo adimplemento não pode ser exigido pelo credor por não se encontrar ainda vencida, em razão de não ter havido implemento de condição da qual depende sua eficácia; b) a obrigação natural, ou seja, a que por lei não pode ser exigida, como, por exemplo, a de pagar dívida de jogo.

OBRIGAÇÃO INFUNGÍVEL. *Direito civil.* Aquela cuja prestação só pode ser realizada pelo próprio devedor, por ser *intuitu personae.*

OBRIGAÇÃO *IN SOLIDUM.* *Vide* OBRIGAÇÃO SOLIDÁRIA.

OBRIGAÇÃO INSTANTÂNEA. *Vide* OBRIGAÇÃO MOMENTÂNEA.

OBRIGAÇÃO INVOLUNTÁRIA. *Direito civil.* Aquela que advém de preceito legal e não de convenção entre as partes.

OBRIGAÇÃO LEGAL. *Vide* OBRIGAÇÃO INVOLUNTÁRIA.

OBRIGAÇÃO LÍCITA. *Direito civil.* É a autorizada por lei.

OBRIGAÇÃO LÍQUIDA. *Direito civil.* Aquela que é certa quanto à sua existência e determinada quanto ao seu objeto. Este é certo e individuado; logo, sua prestação é relativa a coisa determinada quanto à espécie, quantidade e qualidade. É expressa por um algarismo, que se traduz por uma cifra.

OBRIGAÇÃO LITIGIOSA. *Direito civil.* **1.** É a que contém prestação sobre a qual não se põem os credores ou os devedores de acordo. **2.** Aquela em que há litígio entre credor e terceiro sobre o objeto do pagamento. Se o devedor, ciente da litigiosidade, efetuar o pagamento ao credor, em lugar de efetuar a consignação, a validade desse seu ato dependerá do êxito da demanda, ficando sem efeito se o terceiro for vencedor, hipótese em que aquele ficará obrigado a pagar ao verdadeiro credor que venceu a demanda, tendo, todavia, o direito de pedir a devolução do que tiver pago antes da decisão da ação ao litigante vencido.

OBRIGAÇÃO MANCOMUNADA. *Direito civil.* Aquela que tem pluralidade de devedores ou credores, obrigando cada um apenas na parte que lhe couber.

OBRIGAÇÃO MERCANTIL. *Vide* OBRIGAÇÃO COMERCIAL.

OBRIGAÇÃO MILITAR. *Direito militar.* É a que resulta do serviço militar, seja por convocação ou por incorporação.

OBRIGAÇÃO MODAL. *Vide* OBRIGAÇÃO COM ENCARGO.

OBRIGAÇÃO MOMENTÂNEA. *Direito civil.* Também denominada "instantânea, transitória ou transeunte", é aquela que se consuma num só ato, em certo momento, como, por exemplo, a entrega de uma mercadoria, o pagamento a vista de uma jóia ou do transporte em um táxi, a restituição de um quadro emprestado etc.

OBRIGAÇÃO MORAL. *Direito civil.* Aquela que constitui um mero dever de consciência, cumprido apenas por questão de princípios; logo, sua execução é, sob o prisma jurídico, mera liberalidade. É o caso, por exemplo, da obrigação de cumprir determinação de última vontade que não tenha sido expressa em testamento ou a de socorrer pessoas necessitadas.

OBRIGAÇÃO MÚLTIPLA. *Direito civil.* Trata-se da obrigação conjunta, pois a pluralidade de sujeitos, apesar de haver, aparentemente, uma só obrigação, encerra tantas quantas forem as pessoas dos credores e devedores. Todo credor tem um direito restrito à sua parte, não podendo exigir a obrigação de nenhum devedor, se-

não dentro dos limites de sua responsabilidade. Cada credor tem direito a uma parte, e cada devedor só responde por sua quota.

OBRIGAÇÃO NÃO AUTÔNOMA. *Direito civil.* Aquela que se constitui por um vínculo legal que já ligava as partes antes de sua constituição. Por exemplo, a obrigação alimentícia vincula pessoas ligadas entre si por parentesco ou relação familiar.

OBRIGAÇÃO NÃO CONVENCIONAL. *Vide* OBRIGAÇÃO INVOLUNTÁRIA.

OBRIGAÇÃO NATURAL. *Direito civil.* Aquela em que o credor não pode exigir do devedor uma certa prestação, embora, em caso de seu adimplemento espontâneo ou voluntário, possa retê-la a título de pagamento e não de liberalidade. Por exemplo, a obrigação de pagar dívida de jogo.

OBRIGAÇÃO NEGATIVA. *Vide* OBRIGAÇÃO DE NÃO FAZER.

OBRIGAÇÃO *OB REM.* *Vide* OBRIGAÇÃO *PROPTER REM.*

OBRIGAÇÃO PARCIÁRIA. *Vide* OBRIGAÇÃO CONJUNTA.

OBRIGAÇÃO PASSIVA UNIVERSAL. *Direito civil.* Dever que todos têm de respeitar o exercício de um direito pelo seu titular.

OBRIGAÇÃO PECUNIÁRIA. *Direito civil.* É aquela que tem por objeto uma prestação de dar quantia fixa em dinheiro, proporcionando ao credor o valor que as respectivas espécies representativas de dinheiro (moedas, notas ou títulos) possuam como tais. É uma modalidade de obrigação de dar que se caracteriza pelo valor da quantia devida, daí ser obrigação de soma de valor, pois deve ser satisfeita com o número de unidades monetárias estipulado no contrato.

OBRIGAÇÃO PERFEITA. *Direito civil.* Aquela que seu devedor pode ser constrangido judicialmente a cumprir (Pothier).

OBRIGAÇÃO PERIÓDICA. *Vide* OBRIGAÇÃO DE EXECUÇÃO CONTINUADA.

OBRIGAÇÃO PERSONALÍSSIMA. 1. *Direito civil.* Aquela que só pode ser cumprida pelo próprio devedor, por ser *intuitu personae.* **2.** *Vide* OBRIGAÇÃO INFUNGÍVEL.

OBRIGAÇÃO PERSONALÍSTICA. *Vide* OBRIGAÇÃO PERSONALÍSSIMA E OBRIGAÇÃO INFUNGÍVEL.

OBRIGAÇÃO PESSOAL. *Direito civil.* É a que se funda na confiança, logo, seu objeto é uma prestação ou um crédito que tem como garantia a fé que o credor tem no seu devedor (De Plácido e Silva).

OBRIGAÇÃO PLURAL. *Direito civil.* Aquela que possui mais de um credor ou mais de um devedor.

OBRIGAÇÃO POR ATO ILÍCITO. *Direito civil.* Obrigação de indenizar, ou de reparar o dano moral ou patrimonial, que é conseqüência do ato ilícito. É de ordem pública o princípio que obriga o autor direto ou indireto do ato ilícito a se responsabilizar pelo prejuízo que causou ao lesado, indenizando-o. Os bens do responsável pelo ato ilícito ficarão sujeitos à reparação do dano causado, e, se a ofensa tiver mais de um autor, todos responderão solidariamente pela reparação, por meio de seus bens, de tal maneira que ao titular da ação de indenização caberá a opção entre acionar apenas um ou todos ao mesmo tempo. Essa obrigação recebe a denominação de responsabilidade civil contratual, se advier da falta ou da demora de cumprimento de um contrato, ou extracontratual, se se fundar na violação de um dever legal.

OBRIGAÇÃO POR DECLARAÇÃO UNILATERAL DA VONTADE. *Direito civil.* Relação obrigacional oriunda de declaração da vontade de uma só pessoa, incluindo a proveniente de título de crédito, de pagamento indevido e enriquecimento sem causa, de gestão de negócio e de promessa de recompensa. Forma-se a partir do instante em que o agente se manifesta com intenção de se obrigar, independentemente da existência ou não de uma relação creditória que poderá surgir posteriormente, pois é preciso que chegue ao conhecimento da pessoa determinada ou determinável a quem se dirige.

OBRIGAÇÃO POSITIVA. *Direito civil.* É a que consiste na entrega da coisa certa ou incerta ou na prestação de fazer.

OBRIGAÇÃO PREVIDENCIÁRIA. É a que decorre da relação jurídica representada pelo vínculo entre o Instituto Nacional do Seguro Social (INSS) e o contribuinte ou entre o INSS e o responsável pelo cumprimento das obrigações previstas em lei, relativas ao pagamento de contribuições do descumprimento dessas obrigações. A obrigação previdenciária pode ser principal ou acessória, sendo que a obrigação: a) principal surge com a ocorrência do fato gerador e tem por objeto o pagamento da contribuição ou da penalidade pecuniária decorrente do não-cumprimento da obrigação prevista em lei; b) acessória decorre da legislação previdenciária e tem por objeto as prestações positivas (fazer) ou negativas (deixar de fazer) nela previstas, no interesse da arrecadação ou da fiscalização das obrigações previdenciárias.

OBRIGAÇÃO PRIMITIVA. *Vide* OBRIGAÇÃO PRINCIPAL.

OBRIGAÇÃO PRINCIPAL. *Direito civil.* Aquela existente por si, abstrata ou concretamente, sem qualquer sujeição a outras relações jurídicas. Por exemplo, a do vendedor, que se obriga, ao alienar um bem, a entregá-lo ao comprador. É também chamada de obrigação direta e obrigação primitiva.

OBRIGAÇÃO *PROPTER REM.* *Direito civil.* Aquela que recai sobre uma pessoa por força de um determinado direito real, permitindo sua liberação pelo abandono do bem. A sua força vinculante manifesta-se conforme a situação do devedor ante uma coisa, seja como possuidor, seja como titular do domínio. É obrigação *propter rem*: a do condômino de contribuir para a conservação da coisa comum; a do adquirente de um imóvel hipotecado de pagar o débito que o onera, se o quiser liberar; a do proprietário de coisa incorporada ao patrimônio histórico e artístico nacional de não destruí-la, de não realizar obras que lhe modifique a aparência. Encontra-se na zona fronteiriça entre os direitos reais e pessoais, visto que por um lado vincula o titular de um direito real e por outro tem caracteres próprios do direito de crédito, consistindo num liame entre sujeito ativo e passivo, sendo que este último deverá realizar uma prestação positiva ou negativa. Vincula-se a um direito real, objetivando uma prestação devida ao seu titular. É também designada de obrigação *ob rem*.

OBRIGAÇÃO PÚBLICA. *Direito administrativo.* Aquela que o Estado pode exigir, em juízo, do administrado e do funcionário público.

OBRIGAÇÃO PÚBLICA NEGATIVA. *Direito administrativo.* Dever de não fazer que tem o administrado, como a de não fabricar armas, não usar uniforme militar, não dirigir sem carta de habilitação (José Cretella Jr.).

OBRIGAÇÃO PÚBLICA POSITIVA. *Direito administrativo.* Obrigação de fazer (como, por exemplo, fornecer dados para recenseamento; reparar

OBRIGAÇÃO PURA E SIMPLES

prédio em ruína; prestar serviço militar; colocar no topo dos edifícios luz vermelha etc.) e de dar (como pagar tributos), que compete ao administrado (José Cretella Jr.).

OBRIGAÇÃO PURA E SIMPLES. *Direito civil.* Aquela que não depende de condição, termo ou encargo; por isso seu cumprimento é imediato.

OBRIGAÇÃO *QUASI EX CONTRACTU.* *Direito romano.* Trata-se do quase-contrato. É aquela que se não considera nascer propriamente do contrato, porém, como não recebe sua essência do delito, parece que nasce do contrato, criando um vínculo forçoso, embora independentemente de um acordo prévio ou de um *placitum consensus* (Justiniano). Por exemplo, gestão de negócios, curatela, tutela, legado, pagamento indevido e comunhão incidente.

OBRIGAÇÃO REAL. *Direito civil.* **1.** Obrigação *propter rem.* **2.** Obrigação com eficácia real. **3.** Aquela que visa cumprir a prestação, em uma garantia real, na qual se substitui a prestação se não for cumprida (De Plácido e Silva).

OBRIGAÇÃO RECÍPROCA DO SEGURADO E DO SEGURADOR. *Direito civil.* Dever que têm o segurado e o segurador de guardar, ao efetuar o contrato de seguro, a boa-fé e a veracidade do objeto, das circunstâncias e declarações que a ele forem alusivas.

OBRIGAÇÃO REPARTIDA. *Vide* OBRIGAÇÃO FRACIONADA.

OBRIGAÇÃO SIMPLES. *Direito civil.* Aquela cuja prestação recai somente sobre uma coisa (certa ou incerta) ou sobre um ato (fazer ou não fazer), como, por exemplo, a de entregar um quadro de Rafael, a de dar trinta sacas de café, a de pagar uma dívida pecuniária, a de restituir a coisa dada em comodato, a de pintar um automóvel, a de não cantar em determinado teatro. Destina-se a produzir um único efeito, liberando-se o devedor quando cumprir a prestação a que se obrigara, seja ela de dar, restituir, fazer ou não fazer.

OBRIGAÇÃO SINGULAR. *Direito civil.* Trata-se da obrigação única, que é aquela que tem, tanto do lado ativo como do passivo, apenas um sujeito titular da respectiva posição creditória ou debitória (Ana Prata). Há unicidade de credor e de devedor, porém, nem mesmo com a singularidade de cada um desses dois elementos será possível falar-se em indivisibilidade da obrigação ou em solidariedade, que só existem se

houver mais de um devedor ou se se apresentar mais de um credor, ou, ainda, se existir pluralidade de devedores e de credores simultaneamente (Serpa Lopes).

OBRIGAÇÃO SOLIDÁRIA. *Direito civil.* É aquela resultante de lei ou da vontade das partes, em que, havendo multiplicidade de credores ou de devedores, ou de uns e outros, cada credor terá direito à totalidade da prestação, como se fosse o único credor, ou cada devedor estará obrigado pelo débito todo, como se fosse o único devedor.

OBRIGAÇÃO SOLIDÁRIA ATIVA. *Direito civil.* Aquela que tem multiplicidade de credores que, em tese, só têm direito a uma quota da prestação, mas, em razão da solidariedade, podem reclamá-la por inteiro do devedor comum. Efetuado o pagamento da prestação, o credor que a recebeu, retendo sua parte, entregará aos demais as quotas de cada um.

OBRIGAÇÃO SOLIDÁRIA MISTA. *Direito civil.* Aquela em que há pluralidade ativa e passiva simultaneamente, isto é, presença concomitante de credores e devedores.

OBRIGAÇÃO SOLIDÁRIA PASSIVA. *Direito civil.* Aquela quando, havendo vários devedores, o credor está autorizado a exigir e a receber de um deles a dívida toda; desse modo, fica afastado o princípio *concursu partes fiunt*, pois cada co-devedor pode ser compelido a pagar todo o débito, apesar de ser, em tese, devedor apenas de sua quota-parte.

OBRIGAÇÃO SOLIDÁRIA RECÍPROCA. *Vide* OBRIGAÇÃO SOLIDÁRIA MISTA.

OBRIGAÇÃO SUBSIDIÁRIA. *Vide* OBRIGAÇÃO ACESSÓRIA.

OBRIGAÇÃO TRANSEUNTE. *Vide* OBRIGAÇÃO MOMENTÂNEA.

OBRIGAÇÃO TRANSITÓRIA. *Vide* OBRIGAÇÃO MOMENTÂNEA.

OBRIGAÇÃO TRIBUTÁRIA. *Direito tributário.* **1.** Obrigação *ex lege*, fundada no *jus imperii*, que tem por objeto uma prestação pecuniária exigível pela Fazenda Pública, a título de tributo, do contribuinte, conforme sua capacidade contributiva. **2.** Poder jurídico por força do qual o Estado (sujeito ativo) pode exigir de um particular (sujeito passivo) uma prestação positiva ou negativa (objeto da obrigação), nas condições definidas pela lei tributária (causa da obrigação) (Rubens Gomes de Souza).

OBRIGAÇÃO TRIBUTÁRIA ACESSÓRIA. *Direito tributário.* Obrigação decorrente de legislação tributária que, para atender interesse da arrecadação ou da fiscalização dos tributos, tem por objeto prestações positivas (por exemplo, declarar rendimentos, extrair notas fiscais, informar etc.) e prestações negativas (não efetuar determinados contratos sem prova de pagamento de tributo, não iniciar atividades sem antes fazer inscrição fiscal etc.) (Geraldo Ataliba).

OBRIGAÇÃO TRIBUTÁRIA PRINCIPAL. *Direito tributário.* É aquela que surge com a ocorrência do fato gerador, tendo por objeto o pagamento de tributo pelo contribuinte, ou de penalidade pecuniária.

OBRIGAÇÃO TRIBUTÁRIA RURAL. *Direito agrário* e *direito tributário.* Obrigação cujo objeto é o pagamento ao Fisco do imposto sobre propriedade territorial rural pelo contribuinte.

OBRIGAÇÃO ÚNICA. *Vide* OBRIGAÇÃO SINGULAR.

OBRIGAÇÃO VALUTÁRIA. *Direito civil.* É a obrigação cujo pagamento é estipulado para ser pago em moeda estrangeira.

OBRIGAÇÃO VENCIDA. *Direito civil.* Aquela que se venceu, podendo ser exigida.

OBRIGAÇÃO VINCENDA. *Direito civil.* Aquela que ainda não se venceu.

OBRIGAÇÃO VOLUNTÁRIA. *Direito civil.* É a obrigação convencional, estipulada pela vontade das partes.

OBRIGACIONAL. Relativo à obrigação.

OBRIGACIONÁRIO. 1. Obrigacionista. **2.** Aquele que é portador de títulos emitidos pelo governo ou pela sociedade anônima ou comandita por ações. **3.** Debenturista.

OBRIGACIONISTA. *Vide* OBRIGACIONÁRIO.

OBRIGAÇÕES DE UNIVERSALIZAÇÃO. *Direito das comunicações.* São as que objetivam possibilitar o acesso de qualquer pessoa ou instituição de interesse público a serviço de telecomunicações, independentemente de sua localização e condição socioeconômica, bem como as destinadas a permitir a utilização das telecomunicações em serviços essenciais de interesse público.

OBRIGAÇÕES DO PROPRIETÁRIO DE ARMA DE FOGO. São os deveres que tem o dono de arma de fogo de: a) guardá-la com a devida cautela, evitando que fique ao alcance de terceiros, principalmente de menores; b) comunicar imediatamente à Delegacia de Polícia mais próxima, para fins de implantação no SINARM, o extravio, furto ou roubo de arma de fogo ou do seu documento de registro, bem como sua recuperação; c) solicitar autorização junto ao órgão competente quando da transferência de propriedade de arma de fogo.

OBRIGAÇÕES DO TESOURO NACIONAL (OTN). *História do direito.* Títulos emitidos pelo governo para financiamento de dívidas públicas e para substituição das Obrigações Reajustáveis do Tesouro Nacional como cláusula de reajuste do valor de contratos por prazo igual ou superior a doze meses. Posteriormente, a OTN foi substituída pelo BTN, que foi extinto pela lei que criou a Taxa Referencial (TR).

OBRIGAÇÕES DO TRABALHADOR. *Direito do trabalho.* Deveres decorrentes da prestação dos serviços que devem ser cumpridos pelo empregado em virtude de contrato de trabalho assinado com o empregador, sob pena de rescisão contratual. Dentre tais obrigações podem-se citar as seguintes: a) executar seu trabalho com diligência e cuidado; b) ser assíduo e pontual; c) ser fiel e leal à empresa, não fazendo concorrência ao empregador; d) respeitar os regulamentos internos e as instruções recebidas; e) não se negar à realização de trabalhos extraordinários e urgentes se percebe a remuneração suplementar fixada em lei etc.

OBRIGAÇÕES ENDOSSÁVEIS. *Direito comercial.* Debêntures ou títulos de crédito ao portador, emitidos em série por sociedade anônima ou comandita por ações, que vencem juros representativos de empréstimo a longo prazo, mediante garantia real ou flutuante do seu ativo, e transferíveis por endosso (Othon Sidou).

OBRIGAÇÕES *EX MALEFICIO*. *Direito romano.* Aquelas decorrentes de atos que afetavam o interesse privado, para cujo adimplemento se recorria aos órgãos de jurisdição civil (*iudicia privata*).

OBRIGAÇÕES FISCAIS ACESSÓRIAS. *Direito tributário.* As microempresas e empresas de pequeno porte optantes do Simples Nacional apresentarão, anualmente, à Secretaria da Receita Federal, declaração única e simplificada de informações socioeconômicas e fiscais, que deverão ser disponibilizadas aos órgãos de fiscalização tributária e previdenciária, observados prazo e modelo aprovados pelo Comitê Gestor. As microempresas e empresas de pequeno porte optantes pelo Simples Nacional ficam obrigadas

OBRIGAÇÕES REAJUSTÁVEIS DO TESOURO NACIONAL (ORTN)   453   **OBR**

a: a) emitir documento fiscal de venda ou prestação de serviço, de acordo com instruções expedidas pelo Comitê Gestor; b) manter em boa ordem e guarda os documentos que fundamentaram a apuração dos impostos e contribuições devidos e o cumprimento das obrigações acessórias enquanto não decorrido o prazo decadencial e não prescritas as eventuais ações que lhes sejam pertinentes.

OBRIGAÇÕES REAJUSTÁVEIS DO TESOURO NACIONAL (ORTN). *História do direito.* Títulos de emissão da Administração Pública Federal que impunham a correção monetária real e permanente dos débitos previdenciários e fiscais, do reajustamento de aluguéis e das operações do Sistema Financeiro da Habitação etc.

OBRIGADO. 1. Aquele que se obrigou por convenção. **2.** Aquilo que decorre de imposição legal. **3.** Coagido. **4.** Sujeito passivo de uma obrigação. **5.** Devedor.

OBRIGADO DIRETO. *Direito civil.* Aquele que tem o dever de cumprir a obrigação em primeiro lugar.

OBRIGADO INDIRETO. *Direito civil.* Aquele que garante a obrigação.

OBRIGADO PRINCIPAL. *Vide* OBRIGADO DIRETO.

OBRIGADOR. Aquele que obriga.

OBRIGADO SUBSIDIÁRIO. *Vide* OBRIGADO INDIRETO.

OBRIGANTE. 1. Que obriga. **2.** Obrigador.

OBRIGAR. 1. Impor obrigação. **2.** Sujeitar. **3.** Contrair uma obrigação; assumir um dever. **4.** Responsabilizar. **5.** Forçar.

OBRIGATÁRIO. 1. Sujeito ativo da obrigação. **2.** Credor. **3.** Portador ou possuidor de títulos endossáveis ou negociáveis, emitidos pelo governo ou pelas sociedades. **4.** Obrigacionário; obrigacionista.

OBRIGATIVIDADE. 1. Obrigatoriedade. **2.** Qualidade de obrigativo ou de tudo que deve ser cumprido.

OBRIGATIVO. 1. Aquilo em que há obrigação. **2.** O que se impõe à observância de todos. **3.** Obrigatório.

OBRIGATORIEDADE. 1. Aquilo que, por lei ou contrato, deve ser cumprido. **2.** Qualidade de obrigatório.

OBRIGATORIEDADE DA LEI. *Teoria geral do direito.* Vigor normativo, ou seja, a qualidade do preceito legal relativa à sua força vinculante, pois não haverá, então, como subtrair-se ao seu comando após sua publicação. A publicação é o ato pelo qual a lei é levada ao conhecimento de todos os que lhe devam obediência, tornando-se obrigatória. A obrigatoriedade, portanto, supõe a publicação, sendo que a lei só a adquirirá após a *vacatio legis*. A lei tornar-se-á obrigatória só após sua publicação no Diário Oficial, por gerar a presunção de que a norma jurídica, já formada e declarada em execução, chegou ao conhecimento daqueles que devem obedecer ao seu comando, e dos que devem executá-la e aplicá-la.

OBRIGATORIEDADE DA PROPOSTA. *Direito civil.* Ônus imposto ao proponente de não revogar sua oferta por um certo tempo. Temos os seguintes corolários relativos à obrigatoriedade da proposta: a) o policitante deve manter a sua oferta dentro de um prazo variável, em conformidade com as circunstâncias; b) a oferta subsiste, mesmo em face da morte ou incapacidade superveniente do proponente, antes da aceitação, salvo se outra houver sido a sua intenção ou se infungível for a prestação. A obrigatoriedade da proposta tem por escopo assegurar a estabilidade das relações sociais, pois se permitido fosse ao ofertante retirar, arbitrária e injustificadamente, a oferta, ter-se-ia insegurança no direito; poder-se-ia causar prejuízo ao outro contratante, que de boa-fé estava convicto da seriedade da policitação. Daí a lei impor ao proponente o dever de manter a oferta, sob pena de ter de ressarcir as perdas e danos, se for inadimplente.

OBRIGATORIEDADE DO CONTRATO. *Direito civil.* Princípio pelo qual as estipulações feitas no contrato deverão ser fielmente cumpridas (*pacta sunt servanda*), sob pena de execução patrimonial contra o inadimplente. À idéia da auto-regulamentação dos interesses dos contratantes, baseada no princípio da autonomia da vontade, sucede a da necessidade social de proteger a confiança de cada um deles na observância da avença estipulada, ou melhor, na subordinação à *lex contractus*. Esse princípio da força obrigatória funda-se na regra de que o contrato é lei entre as partes, desde que estipulado validamente, com observância dos requisitos legais. Atualmente, o princípio *pacta sunt servanda* não é absoluto, pois, ante o dirigismo contratual, a doutrina e os tribunais têm admitido a revisão contratual, havendo desigualdade superveniente das obrigações contratadas e conseqüente enriquecimento ilícito de um dos contratantes.

OBRIGATÓRIO. 1. Imposto por lei ou por convenção. **2.** Que envolve obrigação. **3.** O que obriga.

OB-ROGAÇÃO. *Vide* AB-ROGAÇÃO DA LEI.

OB-ROGAR. *Teoria geral do direito.* Provar ab-rogação.

OB-ROGATÓRIO. *Teoria geral do direito.* Que tem poder de ab-rogar.

OBSCENIDADE. *Direito penal.* **1.** Qualidade do que é obsceno. **2.** Lascívia. **3.** Ato, dito ou coisa obscena. **4.** Ultraje público ao pudor e à decência. **5.** Torpeza sexual. **6.** Impudicícia. **7.** Ofensa à moral pública.

OBSCENIZAR. *Direito penal.* Dar forma obscena.

OBSCENO. *Direito penal.* **1.** Atentatório ou ofensivo ao pudor e aos bons costumes. **2.** Luxurioso. **3.** Impudico. **4.** Imoral. **5.** Indecente. **6.** Torpe sexualmente.

OBSCURANTISMO. 1. *Sociologia geral.* a) Atitude política contrária à transmissão de conhecimento científico às massas; b) doutrina que condena o ensino popular. **2.** Na *linguagem comum* quer dizer: a) estado de completa ignorância; b) oposição ao progresso intelectual.

OBSCURANTISTA. *Sociologia geral.* **1.** Adepto do obscurantismo. **2.** Referente ao obscurantismo.

OBSCURANTIZAR. *Sociologia geral.* Levar ao estado de obscurantismo.

OBSCURECER. 1. Tornar obscuro ou pouco explícito. **2.** Perturbar.

OBSCURECIDO. 1. O que é pouco inteligível. **2.** Que se obscureceu.

OBSCURECIMENTO. 1. Ausência de luz. **2.** Estado do que se obscureceu.

OBSCURE DICTUM HABETUR PRO NON DICTO. *Expressão latina.* O que é dito, confusamente, tem-se por não dito.

OBSCURIDADE. 1. Falta de clareza nas idéias. **2.** Incerteza. **3.** Estado de obscuro.

OBSCURO. 1. *Lógica jurídica.* a) Pouco inteligível; b) pensamento do qual não se pode saber os fatos por ele implicados nem os atos por ele comandados (Peirce). **2.** *Psicologia forense.* Estado ou ato do espírito, que é inconsciente ou subconsciente. **3.** Na *linguagem comum* significa: a) o que mal se compreende; b) o que não se exprime com clareza; c) pouco conhecido; d) oculto; e) vago.

OBSCURUM PER OBSCURIUS. *Locução latina.* **1.** O ininteligível. **2.** Expressão com termos raros.

OBSECRAÇÃO. *História do direito.* Oração pública feita, na antigüidade romana, quando a pátria corria perigo.

OBSECRAR. Suplicar.

OBSEDAR. 1. Importunar com freqüência. **2.** Preocupar constantemente.

OBSEQÜENTE. 1. *Direito romano.* Soldado romano de uma milícia organizada por Marco Aurélio. **2.** Na *linguagem comum* quer dizer: a) favorável; b) condescendente.

OBSEQUIAR. 1. Prestar serviço. **2.** Presentear. **3.** Ser grato.

OBSEQUIM. *História do direito.* Obrigação assumida pelo vassalo, por meio de juramento, em face do senhor feudal, de contribuir para a sua defesa.

OBSÉQUIO. 1. Favor. **2.** Benefício. **3.** Ação de obsequiar.

OBSEQUIOSIDADE. Benevolência.

OBSEQUIOSO. 1. Serviçal. **2.** Que faz obséquio.

OBSERVAÇÃO. 1. *Direito administrativo.* a) Advertência; b) repreensão de funcionário como medida disciplinar por ato irregular no desempenho de suas funções; c) chamamento à ordem. **2.** *Direito civil.* Exame sobre fatos relativos a um negócio jurídico. **3.** *Filosofia geral.* Constatação de fatos (Zimmermann). **4.** *Medicina legal.* a) Exame atento para averiguar se o suspeito do crime não está mentindo; b) exame da conduta pessoal para apurar-se a capacidade mental; c) ficha onde se anotam fatos de interesse clínico. **5.** *Teoria geral do direito.* a) Observância ou cumprimento dos preceitos normativos; b) reflexão explicativa; c) execução.

OBSERVAÇÃO CAUTELAR. *Direito penal.* Análise da conduta do condenado que recebe livramento condicional.

OBSERVAÇÃO HOSPITALAR. *Medicina legal.* Estado de pacientes que permanecem no hospital sob supervisão médica e/ou de enfermagem, para fins de diagnósticos ou terapêuticos, por período inferior a 24 horas. O limite de 24 horas é o limite máximo para a observação hospitalar. Idealmente um paciente deve permanecer em observação apenas pelo tempo necessário, por exemplo, para que seja averiguado o efeito de um tratamento, ou seja, tomada uma decisão sobre a internação ou não do mesmo. Os leitos de observação em geral oferecem menos con-

OBSERVACIONAL
455

dições de conforto e privacidade para o doente, e por razões humanitárias deve-se manter o período de observação restrito ao necessário para a segurança do paciente e para a tomada da decisão clínica.

OBSERVACIONAL. Relativo à observação.

OBSERVACIONISMO. *Medicina legal.* Mixoscopia.

OBSERVADOR. 1. Aquele que observa. **2.** Quem acompanha a marcha de um negócio. **3.** Aquele que cumpre as normas ou as promessas feitas. **4.** Espectador. **5.** Aquele que comparece, sem direito de palavra ou de voto, a uma reunião internacional para ter conhecimento das questões discutidas.

OBSERVADOR DE BORDO DA FROTA PESQUEIRA. *Direito marítimo.* Profissional não tripulante devidamente capacitado e habilitado no âmbito do PROBORDO, em permanente acompanhamento e avaliação, indicado pelo Estado para acompanhar as pescarias e registrar as operações de embarcações de pesca, na condição de agente do Estado brasileiro. É obrigatória a presença de Observador de Bordo nas seguintes embarcações: a) embarcações de pesca estrangeiras sob vigência de Autorização de Arrendamento, inscritas no Registro Geral da Pesca (RGP) e permissionadas para operarem em águas sob jurisdição brasileira, incluindo os cruzeiros de pesca realizados em águas internacionais; b) embarcações de pesca brasileiras, inscritas no RGP e permissionadas para operarem em águas sob jurisdição brasileira e que estejam sujeitas ao sistema de controle de cumprimento de limites de captura de recursos demersais de profundidade, estabelecidos por ato normativo específico; c) embarcações brasileiras ou estrangeiras sob regime de arrendamento, inscritas no RGP e permissionadas a operar na captura de recursos pesqueiros no Mar Antártico, administrados no âmbito da Comissão para a Conservação dos Recursos Vivos Marinhos Antárticos (CCAMLR); e d) outras embarcações, inscritas no RGP e devidamente permissionadas, as quais serão definidas em ato normativo específico.

OBSERVÂNCIA. 1. Ato ou efeito de observar. **2.** Cumprimento. **3.** Execução. **4.** Obediência à lei ou às ordens de uma autoridade.

OBSERVANTE. 1. *Direito canônico.* Frade que pertence à ordem franciscana. **2.** Nas *linguagens comum* e *jurídica,* tem o sentido de: a) obediente; b) aquele que respeita a lei; c) que observa; d) militante.

OBSERVANTIA LEGUM SUMMA LIBERTAS. *Brocardo latino.* A suma liberdade é a observância das leis.

OBSERVANTINO. *Direito canônico.* O que diz respeito ao observante franciscano.

OBSERVAR. 1. Cumprir a lei ou uma obrigação convencional. **2.** Obedecer. **3.** Censurar; advertir; admoestar. **4.** Objetivar. **5.** Espiar. **6.** Notar. **7.** Examinar. **8.** Pesquisar. **9.** Executar.

OBSERVATIVO. Que facilita a observação.

OBSERVAT NULLAM RES URGENTISSIMA LEGEM. *Expressão latina.* A necessidade não tem leis.

OBSERVATÓRIO. Local onde se fazem observações meteorológicas e astronômicas.

OBSERVATÓRIO BRASILEIRO DE INFORMAÇÕES SOBRE DROGAS (OBID). É o com competência para: a) constituir-se num órgão nacional de informações sobre drogas, contendo pesquisas, análises estatísticas e séries históricas sobre os principais aglomerados focos das ações de prevenção do uso indevido de drogas; redução dos danos decorrentes desse uso, tratamento e reinserção social do dependente químico e de pessoas que fazem uso indevido de drogas, subsidiando o planejamento, a execução, o acompanhamento, a avaliação e o aperfeiçoamento de sistemas, políticas, planos, programas e projetos de redução da demanda de drogas nas três esferas do governo; b) centralizar, facilitar o acesso e coordenar o intercâmbio de informações científicas e tecnológicas relativas à prevenção do uso indevido de drogas, ao tratamento, à recuperação e à reinserção social do dependente químico, entre instituições nacionais e internacionais, comunidades científicas e especialistas em geral; c) hospedar a Rede de Informações do Sistema Nacional Antidrogas, centralizando todas as informações necessárias à gestão do sistema, em todos os seus níveis de governo; d) prover um banco de dados dinâmico para suportar os sistemas de informações gerenciais da SENAD e de outras instituições integradas; e) estruturar um banco de dados dinâmico para suportar os sistemas de informações gerenciais da SENAD, de outros agentes do SISNAD e de outras instituições integradas; f) identificar métodos e indicadores de qualidade, de confiabilidade e de utilidade da informação, bem como referenciais comparativos, nacionais e internacionais, de tratamento e de guarda de informações; g) gerenciar a rede integrada CONEN's-SENAD, com estreita ligação com a DPT; h) disponibilizar informações à sociedade, com vistas ao esclarecimento sobre o tema; i) disponibilizar um acesso *on-line* e rápido a informações úteis sobre drogas; j) classificar as informações coletadas segundo grupos de interesses, fomentando e auxiliando a criação de comunidades virtuais; k) exercer outras atividades que lhe forem cometidas pelo diretor.

OBSERVATÓRIO DA EDUCAÇÃO. *Direito educacional.* Projeto de fomento ao desenvolvimento de estudos e pesquisas em educação, sob a gestão conjunta da Fundação Coordenação de Aperfeiçoamento de Pessoal de Nível Superior (CAPES) e do Instituto Nacional de Estudos e Pesquisas Educacionais Anísio Teixeira (INEP). O Observatório da Educação tem como finalidade fomentar a produção acadêmica e a formação de recursos humanos pós-graduados em educação, em nível de mestrado e doutorado, por meio de financiamento específico, conforme as seguintes diretrizes: a) contribuir para a criação, o fortalecimento e a ampliação de programas de pós-graduação *stricto sensu* na temática da educação; b) estimular a criação, o fortalecimento e a ampliação de áreas de concentração em educação em programas de pós-graduação *stricto sensu* existentes no País, nos diferentes campos do conhecimento; c) incentivar a criação e o desenvolvimento de programas de pós-graduação interdisciplinares e multidisciplinares que contribuam para o avanço da pesquisa educacional; d) ampliar a produção acadêmica e científica sobre questões relacionadas à educação; e) apoiar a formação de recursos humanos em nível de pós-graduação *stricto sensu* capacitados para atuar na área de gestão de políticas educacionais, avaliação educacional e formação de docentes; f) promover a capacitação de professores e a disseminação de conhecimentos sobre educação; g) fortalecer o diálogo entre a comunidade acadêmica, os gestores das políticas nacionais de educação e os diversos atores envolvidos no processo educacional; h) estimular a utilização de dados estatísticos educacionais produzidos pelo INEP como subsídio ao aprofundamento de estudos sobre a realidade educacional brasileira; e i) organizar publicação com os resultados do Observatório da Educação.

OBSERVATÓRIO NACIONAL (ON). É unidade de pesquisa integrante da estrutura do Ministé-

rio da Ciência e Tecnologia (MCT). A sede do ON está localizada na cidade do Rio de Janeiro – RJ, onde se encontra instalada sua administração central e parte de seus laboratórios. O ON tem, em linhas gerais, por finalidade promover e realizar atividades de pesquisa, desenvolvimento de tecnologias e prestação de serviços voltados para o campo da astronomia, astrofísica, geofísica e metrologia do tempo e de freqüência e suas aplicações, atuando ainda como centro nacional de pesquisa, de intercâmbio científico, de formação, treinamento e aperfeiçoamento de pessoal nas suas áreas de competência. Deve coordenar projetos e atividades nacionais, manter e disseminar a Hora Legal Brasileira. Ao ON, portanto, compete: a) promover, executar e divulgar estudos e pesquisas científicas e desenvolver tecnologias nas áreas de astronomia, astrofísica, geofísica e metrologia do tempo e de freqüência e suas aplicações; b) promover e patrocinar a formação e especialização de recursos humanos no âmbito de suas finalidades; c) estabelecer intercâmbio científico para o desenvolvimento de pesquisas; d) gerar, conservar, manter e operar laboratório primário de tempo e freqüência e difundir a Hora Legal Brasileira; e) efetuar a difusão do conhecimento técnico-científico através de palestras, publicações informativas, técnicas e científicas; f) transferir para a sociedade serviços e produtos singulares, resultantes de suas atividades de pesquisa e desenvolvimento, mediante o cumprimento de dispositivos legais aplicáveis; g) promover, patrocinar e realizar cursos, conferências, seminários e outros conclaves de caráter técnico-científico, de interesse direto ou correlato ao órgão; h) desenvolver e disponibilizar produtos e serviços especializados, em decorrência de suas atividades; e i) criar mecanismos de captação de novos recursos financeiros para pesquisa e ampliar as receitas próprias.

OBSERVATÓRIO NACIONAL DO MERCADO DE TRABALHO. *Direito do trabalho.* É a Comissão Técnica no âmbito da Secretaria Executiva do Ministério do Trabalho e Emprego (MTE), com o objetivo de promover estudos sobre o processo de formulação, implementação e avaliação de políticas públicas de trabalho, bem como de assessorar os órgãos do Ministério do Trabalho e Emprego nas matérias pertinentes. Ao Observatório Nacional do Mercado de Trabalho competirá: a) promover estudos sobre o mercado de trabalho e as políticas públicas de geração de emprego e renda; b) desenvolver pesquisas e realizar o acompanhamento e a qualificação periódicos dos indicadores sobre o mercado de trabalho; c) sistematizar e compilar informações sobre os estudos e pesquisas produzidos no âmbito do MTE sobre a matéria; d) subsidiar a formulação de políticas públicas de emprego e renda, bem como efetuar estudos e avaliação de seus impactos; e) promover estudos sobre o impacto, no mercado de trabalho, dos processos de integração regional e hemisférica; f) implementar metodologias para subsidiar a análise de cenários de mercado de trabalho; g) subsidiar as ações de Seção Brasileira do Observatório do Mercado de Trabalho do Mercosul; h) disponibilizar as informações existentes sobre Mercado de Trabalho no âmbito do MTE; i) promover a articulação das Secretarias do Ministério, visando ao desenvolvimento de estudos e pesquisas sobre mercado de trabalho; j) proceder à interlocução com instituições de saúde e pesquisas e centros produtores de estatísticas, cujas ações estejam voltadas para o mercado de trabalho.

OBSERVÁVEL. O que pode ser observado.

OBSESSÃO. 1. *Direito canônico.* Perseguição diabólica. **2.** *Medicina legal.* a) Perturbação mental que leva o paciente a ter idéia fixa e à execução de certo ato contrário à sua personalidade; b) preocupação que, sem cessar, representa uma associação de idéias mórbidas, que, por dominar a consciência, a vontade só consegue afastar momentaneamente (Janet); c) neurose de angústia em que o indivíduo passa a ter, inconscientemente, idéias fixas ou uma predisposição mórbida que o leva a maneirismos, à cleptomania, à piromania, à regressão à fase anal ou oral etc.

OBSESSÃO COMPULSIVA. *Medicina legal.* Perturbação mental que leva o paciente a praticar ato irracional ou absurdo.

OBSESSÃO FÓBICA. *Medicina legal.* Idéia mórbida que causa pavor ao paciente.

OBSESSÃO PURA. *Medicina legal.* Excesso de cuidado como, por exemplo, o receio de não ter fechado as portas da casa.

OBSESSIONADO. 1. *Direito canônico.* a) Possesso; b) endemoninhado; c) atormentado pelo demônio. **2.** *Medicina legal.* a) Aquele que sofre de obsessão; b) aquele que se preocupa em demasia, em razão de alguma idéia fixa ou de mero escrúpulo.

OBSESSIVO. *Medicina legal.* O que ocupa a mente com pertinácia.

OBSESSOR. *Medicina legal.* Que importuna ou causa obsessão.

OBSIDENTE. O que cerca ou sitia.

OBSIDIAR. 1. Atormentar. **2.** Preocupar-se contínua e demasiadamente. **3.** Sitiar; cercar.

OBSIDIONAL. 1. *Direito militar.* Relativo à arte de cercar, sitiar ou defender uma praça. **2.** Nas *linguagens comum* e *jurídica* significa: aquilo que diz respeito a assédio; cerco. **3.** *História do direito.* Moeda que circulou em Pernambuco por ocasião do domínio holandês.

OBSIGNADOR. *Direito romano.* Aquele que entre os romanos, após testemunhar ato de última vontade, devia assinar o testamento e nele colocar seu selo.

OBSOLESCÊNCIA. 1. *Medicina legal.* Atrofia dos tecidos, acompanhada de esclerose. **2.** Na *linguagem jurídica* é o fato de ter caído em desuso.

OBSOLETAR. Tornar obsoleto.

OBSOLETISMO. 1. Qualidade de obsoleto. **2.** Propensão ao que está em desuso.

OBSOLETO. 1. Antiquado. **2.** O que caiu em desuso; inoperante por desuso. **3.** Não mais aplicado. **4.** Arcaico. **5.** Velho.

OBSTACULARIZAR. 1. Dificultar. **2.** Criar obstáculo. **3.** Impedir.

OBSTÁCULO. 1. Impedimento a um ato. **2.** O que obsta a alguma coisa. **3.** O que resiste a uma força.

OBSTÁCULO JUDICIAL. *Direito processual.* Impedimento invencível que embaraça ato processual, sem que haja qualquer intervenção daquele que não o pode praticar.

OBSTÂNCIA. Impedimento.

OBSTAR. 1. Fazer oposição. **2.** Impedir. **3.** Causar embaraço.

OBSTATIVO. O que impede.

OBSTETRA. *Direito do trabalho.* Médico que se dedica à obstetrícia.

OBSTETRÍCIA. *Medicina legal.* Parte da medicina que se ocupa dos partos.

OBSTETRÍCIA FORENSE. *Medicina legal.* Parte da sexologia forense que estuda questões médico-legais alusivas à fecundação, à gravidez, ao parto, ao puerpério, à exclusão da maternidade ou paternidade, ao aborto, ao infanticídio etc.

OBSTÉTRICO. *Medicina legal.* Referente a partos.

OBSTETRIZ. *Direito do trabalho.* Parteira que se habilitou profissionalmente em estabelecimento oficial ou oficializado.

OBSTICIDADE. *Medicina legal.* Inclinação da cabeça para um dos membros, causada por lesão muscular ou reumatismo.

OBSTINAÇÃO. **1.** Pertinácia. **2.** Recusa a acordos ou conselhos. **3.** Resistência injustificada do devedor às ordens judiciais.

OBSTINAÇÃO TERAPÊUTICA. *Vide L'ACHARNEMENT THÉRAPEUTIQUE* E DISTANÁSIA.

OBSTINADO. **1.** O que é feito com insistência. **2.** Inflexível. **3.** Teimoso. **4.** Firme. **5.** Relutante. **6.** Perseverante no erro ou na falta. **7.** Diz-se do que resiste, sem motivo justo, a uma ordem judicial.

OBSTINAR. **1.** Insistir. **2.** Perseverar. **3.** Relutar.

OBSTRITO. **1.** Obrigado. **2.** Constrangido.

OBSTRUÇÃO. **1.** *Ciência política.* Ato da minoria parlamentar que embaraça o andamento dos trabalhos legislativos ao impedir a votação ou a apreciação ou aprovação de certa medida ou matéria, ou, ainda, ao criar obstáculos para que o *quorum* seja mantido. **2.** *Medicina legal.* Embaraço nos vasos ou canais do corpo humano. **3.** Nas *linguagens comum* e *jurídica* pode ter o significado de: a) embaraço; b) ação de impedir algo; c) oposição proposital.

OBSTRUÇÃO PARLAMENTAR. *Ciência política.* Oposição sistemática e intencional da minoria parlamentar para evitar a aprovação de determinada medida, a autorização de algum negócio político, levantando questões polêmicas ou abandonando o recinto para haver falta de *quorum*.

OBSTRUÇÃO POLÍTICA. *Vide* OBSTRUÇÃO PARLAMENTAR.

OBSTRUCIONISMO. *Ciência política.* Sistema dos que, pertencendo à minoria parlamentar, praticam a obstrução política para impedir a aprovação de medidas desejadas pela maioria.

OBSTRUCIONISTA. *Ciência política.* **1.** Parlamentar que é adepto do obstrucionismo. **2.** O que diz respeito à obstrução.

OBSTRUÍDO. Em que há obstrução.

OBSTRUIR. **1.** Impedir. **2.** Não deixar realizar. **3.** Causar obstrução.

OBSTRUTIVO. **1.** O que serve para obstruir. **2.** Aquilo que se sobressai de modo incômodo (Hamilton).

OBSTRUTOR. O que obstrui.

OBSTUPEFAÇÃO. Estado de quem está atônito.

OBSTÚPIDO. **1.** Estupefato. **2.** Atônito. **3.** Pasmado.

OBTEMPERAÇÃO. Ato de responder com ponderação.

OBTENÇÃO. Ato ou efeito de obter ou de conseguir algo.

OBTENÍVEL. Aquilo que se pode obter.

OBTENTOR. O que obtém.

OBTER. **1.** Conseguir. **2.** Granjear. **3.** Alcançar.

OBTESTAÇÃO. Ato de obtestar.

OBTESTAR. **1.** Tomar por testemunha. **2.** Desafiar. **3.** Suplicar. **4.** Provocar.

OBTIDO. **1.** Aquilo que se obteve. **2.** Conseguido.

OBTURADOR. *Direito militar.* Parte móvel que, nas armas de carregar pela culatra, impede o escapamento do gás entre esta e o cano.

OBTURAR. *Direito militar.* Impedir que, ao disparar uma arma de fogo, os gases da pólvora escapem entre as paredes da arma e o projétil.

OBTUSIDADE. *Medicina legal.* **1.** Qualidade de obtuso. **2.** Perda progressiva da capacidade intelectual, provocada por infecção, intoxicação etc.

OBTUSO. *Medicina legal.* **1.** Que é pouco sensível. **2.** Incapaz de compreender algo.

OBUMBRAÇÃO. *Medicina legal.* **1.** Obcecação. **2.** Cegueira de espírito. **3.** Inacessibilidade ao entendimento.

OBUMBRAR. *Medicina legal.* **1.** Tornar pouco acessível à compreensão. **2.** Obcecar. **3.** Atormentar.

OBUS. *Direito militar.* **1.** Granada. **2.** Peça de artilharia similar a um morteiro comprido.

OBUSEIRO. *Direito militar.* **1.** Soldado que lida com obuses. **2.** Canhão que atira projéteis ocos. **3.** Navio armado com obuses.

OBVENÇÃO. **1.** *História do direito.* Antigo imposto eclesiástico. **2.** *Direito comercial.* Lucro.

OBVERSÃO. *Lógica jurídica.* Operação lógica pela qual se substitui o predicado pelo seu contraditório, mudando-se a qualidade da proposição (Lalande).

OBVIAR. **1.** Remediar. **2.** Desviar. **3.** Resistir. **4.** Opor.

OBVIÁVEL. Aquilo que se pode remediar.

ÓBVIO. *Filosofia geral* e *teoria geral do direito.* **1.** O que é claro por si próprio ou parece sê-lo. **2.** Fácil de compreender. **3.** Patente. **4.** Manifesto.

OBVIR. *Direito civil.* **1.** Pertencer. **2.** Caber ao Estado. **3.** Vir a pertencer ao poder público, a título de direito à sucessão.

OCAIA. *Direito civil.* Amásia; amante.

OCASIÃO. 1. Exato momento. **2.** Instante em que o fato se realizou. **3.** Oportunidade; ensejo. **4.** Frente ao acontecimento. **5.** Tempo disponível. **6.** Momento propício. **7.** Causa ocasional; circunstância que permite a produção de um efeito por uma causa (Lalande).

OCASIÃO LEGAL. *Teoria geral do direito.* **1.** Momento em que a lei foi elaborada. **2.** Motivo que levou o legislador a elaborar uma lei. **3.** Oportunidade da lei.

OCASIONADO. 1. Causado; provocado. **2.** Que se ocasionou. **3.** A que se deu motivo de acontecer.

OCASIONADOR. Que ocasiona.

OCASIONAL. 1. Que serve de ocasião. **2.** Fortuito. **3.** Eventual. **4.** Casual. **5.** Acidental. **6.** Sem habitualidade.

OCASIONALIDADE. 1. Qualidade de ocasional. **2.** Mera contingência.

OCASIONALISMO. *Filosofia geral.* **1.** Sistema proposto pelos sectários de Descartes para explicação das relações da alma com o corpo. **2.** Doutrina das causas ocasionais (Geulincx, Cordemoy e Malebranche).

OCASIONALISTA. *Filosofia geral.* **1.** Referente a ocasionalismo. **2.** Adepto do ocasionalismo.

OCASIONAR. 1. Causar; originar. **2.** Proporcionar. **3.** Suceder. **4.** Ser motivo. **5.** Dar ocasião a algo.

OCASIONÁRIO. 1. Causal. **2.** Fortuito. **3.** Inopinado. **4.** Acidental.

OCCASIO CAPIENDA EST. *Aforismo jurídico.* Deve-se aproveitar a ocasião.

OCCASIO EST OPPORTUNITAS TEMPORIS CASU PROVENIENS. *Expressão latina.* A ocasião é a oportunidade vinda do acaso.

OCCASIO EST PARS TEMPORIS HABENS IN SE ALICUJUS REI IDONEAM FACIENDI AUT NON FACIENDI OPPORTUNITATEM. *Expressão latina.* A ocasião é a parte do tempo que traz consigo uma oportunidade idônea para que se possa fazer ou não fazer alguma coisa.

OCCASIO FACIT FUREM. *Expressão latina.* A ocasião faz o ladrão.

OCCASIO IN BELLO AMPLIUS SOLET JUVARE, QUAM VIRTUS. *Expressão latina.* Na guerra, muitas vezes, a ocasião ajuda mais do que o valor.

OCCASIO LEGIS. *Locução latina.* Ocasião da lei.

OCCIPITAL. *Medicina legal.* Osso que constitui a parede ínfero-posterior do crânio.

OCCIPÚCIO. *Medicina legal.* Região occipital.

OCCUPANTIS MELIOR EST CONDITIO. *Expressão latina.* É melhor a condição do que já ocupa, isto é, do que está na posse da coisa em litígio.

OCCUPATIO EST RERUM CORPORALIUM ADPREHENSIO CUM ANIMO SIBI HABENDI. *Expressão latina.* Ocupação é a apreensão de coisas corporais, com ânimo de tê-las para si.

OCD. *Direito das comunicações.* Organismo de Certificação Designado nos termos do Regulamento para Certificação e Homologação de Produtos para Telecomunicações.

OCDE. *Direito internacional público.* Sigla da Organização de Cooperação e Desenvolvimento Econômico.

OCEÂNICO. Que diz respeito ao oceano.

OCEANO. 1. Mar. **2.** Cada uma das grandes divisões da parte líquida da superfície da Terra: Atlântico, Pacífico, Índico.

OCIDENTAL. 1. Relativo a ocidente. **2.** Povo que habita as regiões do ocidente.

OCIDENTALIDADE. Qualidade de ocidental.

OCIDENTALISMO. Conjunto de conhecimentos atinentes ao ocidente da Europa.

OCIDENTALIZAÇÃO. Ato ou efeito de ocidentalizar.

OCIDENTALIZAR. Dar o aspecto do ocidente europeu.

OCIDENTE. 1. Parte da Terra ou da região situada do lado onde o Sol se põe. **2.** Povo que habita essa parte.

OCIO. *Direito agrário.* Que está com cio.

ÓCIO. 1. Lazer. **2.** Repouso. **3.** Folga. **4.** Desocupação para o trabalho.

OCIOSIDADE. 1. Qualidade de ocioso. **2.** Inatividade. **3.** Estado daquele que não pode ou não quer trabalhar.

OCIOSIDADE CRIMINAL. *Direito penal.* **1.** Vadiagem habitual. **2.** Ato de não trabalhar por vagabundagem.

OCIOSO. 1. Desocupado. **2.** Que não trabalha. **3.** Vadio. **4.** Improdutivo. **5.** Desempregado. **6.** O que se entrega à ociosidade.

ÓCIO VIL. 1. Inatividade espiritual. **2.** Inércia.

OCISÃO. *Direito penal.* **1.** Morte violenta. **2.** Ato de matar.

OCISIVO. *Direito penal.* **1.** Que mata. **2.** O que está acompanhado de morte.

OCITOCIA. *Medicina legal.* **1.** Rápida expulsão das secundinas após o parto. **2.** Parto rápido. **3.** *Vide DÉLIVRANCE* E *DÉLIVRANCE* ABDOMINAL.

OCITÓCICO. *Medicina legal.* Medicamento que provoca a aceleração do parto, por estimular a contração do músculo uterino.

OCLESE. *Medicina legal.* Doença que sofre os que vivem em local onde há confinamento de ar.

OCLOCRACIA. *Ciência política.* **1.** Sistema de governo exercido pela classe popular ou plebe. **2.** Forma de degeneração da democracia (Aristóteles).

OCLÓCRATA. *Ciência política.* Aquele que participa de uma oclocracia.

OCLOCRÁTICO. *Ciência política.* O que diz respeito à oclocracia.

OCLOFOBIA. *Medicina legal.* Pavor mórbido de multidões.

OCLOFÓBICO. *Medicina legal.* O que se refere à oclofobia.

OCLÓFOBO. *Medicina legal.* Aquele que sofre de oclofobia.

OCLUSÃO. 1. *Medicina legal.* Obliteração de uma abertura natural do organismo humano. **2.** Nas *linguagens comum* e *jurídica* significa ato de fechar.

OCLUSÃO INTESTINAL. *Medicina legal.* Moléstia que suspende a evacuação fecal.

OCLUSIVO. *Medicina legal.* O que provoca oclusão.

OCLUSO. 1. *Medicina legal.* Em que há oclusão. **2.** Nas *linguagens comum* e *jurídica* quer dizer fechado.

OCMI. *Direito internacional público.* Sigla de Organização Consultiva Marítima Internacional, sediada em Londres e ligada à ONU.

OCORRÊNCIA. 1. *Direito penal* e *direito processual penal.* a) Fato policial; b) livro ou boletim onde, na delegacia, são registrados os acontecimentos delituosos sob sua jurisdição, que constituem base para a formação do inquérito policial. **2.** Nas *linguagens comum* e *jurídica* pode ter o significado de: a) acontecimento fortuito; b) acaso; c) ato de ocorrer; d) ocasião; e) concurso de duas coisas ou de fatos que se registram no mesmo momento; concorrência; f) circunstância; g) encontro.

OCORRENTE. Que ocorre.

OCORRER. 1. Vir à memória. **2.** Remediar; prevenir. **3.** Acontecer. **4.** Sobrevir.

OCRODERMIA. *Medicina legal.* Palidez ou amarelidão da pele.

OCTÃ. *Medicina legal.* Febre que se repete de oito em oito dias.

OCTÓFORO. *História do direito.* Liteira usada na antigüidade romana e grega, que era transportada por oito escravos.

OCTORREME. *História do direito.* Antiga embarcação com oito remos e oito remadores de cada lado.

OCTÓVIRO. *Direito civil.* Diz-se de cada um dos oito membros de uma corporação.

OCTROI. *Termo francês.* **1.** Concessão. **2.** Outorga. **3.** Imposto de barreira. **4.** Repartição de cobrança desse imposto.

OCULAÇÃO. *Direito agrário.* Enxerto do olho de uma árvore numa outra.

OCULAR. *Direito processual.* Diz-se da testemunha presencial, que viu a prática do ato ilícito ou do delito.

OCULIS MAGIS HABENDA FIDES, QUAM AURIBUS. *Expressão latina.* Os olhos merecem mais confiança do que os ouvidos.

OCULISTA. *Medicina legal.* Especialista em doenças dos olhos; oftalmologista.

ÓCULO. 1. *Direito marítimo* e *direito militar.* Abertura circular nas portinholas dos navios e por onde se introduzem canos de peças de artilharia. **2.** *Direito civil.* Abertura redonda na parede para passagem de ar ou de luz. **3.** Na *linguagem comum* é, no plural, o conjunto de duas lentes para auxiliar a visão, montado em armação própria com hastes que se prendem às orelhas.

ÓCULO DE LUZ. *Direito civil.* Abertura oval ou circular feita em paredes de prédio para permitir a penetração de luz natural, desde que não seja maior de dez centímetros de largura por vinte de comprimento.

ÓCULOS PARA PRESBIOPIA. Aqueles fabricados em plástico injetável transparente que estão dispensados de registro no Ministério da Saúde e que devem conter as seguintes especificações técnicas: a) graduações de 0,25 em 0,25 dioptrias a partir de + 1,0 até no máximo + 4,5 dioptrias; b) lentes esféricas positivas; c) distâncias interpupilares de 62 mm ± 4 mm; d) inexistência de ondulações ou cilindricidade do centro da lente até 1 mm de suas bordas; e) inexistência de "cantos vivos" nas lentes injetadas em peça única. Sua comercialização, se atendidos os requisitos acima arrolados, poderá ser realizada independentemente de receita médica em qualquer estabelecimento mercantil.

OCULTAÇÃO. 1. *Direito penal* e *direito processual.* Ato ou efeito de ocultar fato, pessoa ou coisa, causando dano às diligências policiais e processuais. **2.** *Direito civil.* a) Ato de esconder defeitos da coisa, que pode dar origem aos efeitos relativos aos vícios redibitórios; b) encobrimento de impedimento matrimonial. **3.** *Direito tributário.* Sonegação.

OCULTAÇÃO DA VERDADE. *Direito processual.* Ato de esconder a verdade, para que não seja conhecida.

OCULTAÇÃO DE BENS. *Direito processual civil.* Ato de não declarar em juízo o local onde se encontram os bens a serem executados.

OCULTAÇÃO DE CADÁVER. *Direito penal.* Ato de esconder o corpo da vítima, sem, contudo, destruí-lo, para ocultar fatos, dificultar a ação da justiça ao apagar vestígios do crime, impedir uma sucessão, ou, ainda, satisfazer perversão sexual (necrofilia) etc.

OCULTAÇÃO DE CRIMINOSO. *Direito penal.* Ato de encobrir delinquente para subtraí-lo à ação da justiça.

OCULTAÇÃO DE IMPEDIMENTO MATRIMONIAL. 1. *Direito penal.* Crime contra a família, consistente em convolar núpcias, induzindo o outro nubente em erro essencial ou escondendo-lhe um impedimento matrimonial que não seja casamento anterior. **2.** *Direito processual civil.* Causa que pode invalidar o casamento.

OCULTAÇÃO DE MATERIAL DE SALVAMENTO. *Direito penal.* Crime contra a incolumidade pública, consistente em subtrair, ocultar ou inutilizar, em caso de incêndio, inundação, naufrágio, desastre ou calamidade, qualquer material idôneo ao serviço de socorro ou de combate ao perigo.

OCULTAÇÃO DE RECÉM-NASCIDO. *Direito penal.* Crime contra o estado de filiação, consistente em ocultar ou substituir recém-nascido, suprimindo ou alterando direito inerente ao estado civil, punido com reclusão. Mas, se o delito for praticado por motivo nobre ou altruísta, a pena será

de detenção, dando-se, ainda, ao magistrado a liberdade de deixar de aplicar essa pena.

OCULTAÇÃO DO RÉU. 1. *Direito processual civil.* Ato de o réu esconder-se para evitar o recebimento da citação judicial. Quando, por três vezes, o oficial de justiça procurar o réu em seu domicílio ou residência, não o encontrando, deverá, havendo suspeita de ocultação, intimar a qualquer pessoa da família ou, em sua falta, a qualquer vizinho, que, no dia imediato, voltará, a fim de efetuar a citação, na hora que designar. **2.** *Direito processual penal.* Ato de esconder o réu, para não ser citado, que gera a citação edital, com o prazo de cinco dias.

OCULTADOR. Aquele que oculta.

OCULTANTE. *Vide* OCULTADOR.

OCULTAR. 1. Encobrir. **2.** Esconder. **3.** Sonegar. **4.** Não contar.

OCULTAS. 1. De modo oculto. **2.** Às escondidas.

OCULTISMO. *Filosofia geral.* **1.** Conjunto de ciências ocultas. **2.** Conjunto de sistemas filosóficos e de artes misteriosas que tem por base conhecimentos secretos para desvendar fenômenos inexplicados pelas leis físico-naturais.

OCULTISTA. *Filosofia geral.* **1.** O que diz respeito ao ocultismo. **2.** Aquele que é adepto do ocultismo.

OCULTO. *Filosofia geral.* **1.** Escondido; secreto. **2.** Causa cuja explicação se desconhece. **3.** Poder material ou espiritual desconhecido pela grande maioria dos homens.

OCULUM PRO OCULO, DENTEM PRO DENTE. *Expressão latina* que expressa a lei de Talião: olho por olho, dente por dente.

OCUPAÇÃO. 1. *Direito civil.* Modo de aquisição originário da propriedade de coisa móvel ou semovente, sem dono, por não ter sido apropriada ou por ter sido abandonada, desde que tal apropriação não seja defesa por lei. A ocupação apresenta-se sob três formas: a) ocupação propriamente dita, que tem por objeto seres vivos e coisas inanimadas (*res nullius*). Suas principais manifestações são a caça e a pesca; b) a descoberta que é relativa a coisas perdidas; c) o achado de tesouro, concernente à coisa achada. **2.** *Direito militar.* Ato de ocupar temporariamente uma praça, um forte ou um País, em razão de leis marciais. **3.** *Direito do trabalho.* a) Ofício; profissão; b) emprego. **4.** *Direito internacional público.* a) Apropriação por um país de território vacante, não constituído em Estado nem sujeito a uma soberania; b) conquista. **5.** *Direito administrativo.* Intervenção estatal em negócio privado para atender a interesse coletivo.

OCUPAÇÃO DE TERRAS PÚBLICAS. *Direito agrário.* Posse por terceiros de área de terra rural, pertencente ao poder público, com ou sem direito a ela.

OCUPAÇÃO DO SOLO. *Direito urbanístico.* Processo de orientação e controle da densidade demográfica para ocupação e aproveitamento de áreas, para obtenção da melhor utilização dos espaços habitáveis ou destinados às diferentes atividades, a fim de salvaguardar a higiene, a segurança, a concentração equilibrada e o bem-estar da coletividade (Helita Barreira Custódio).

OCUPAÇÃO DO TERRITÓRIO. *Direito internacional público.* **1.** Apoderamento de um território, sem soberania, por um país ao qual passa a pertencer. **2.** Ocupação de território estrangeiro por uma força armada, em tempo de paz, em virtude de tratado.

OCUPAÇÃO OU INVASÃO DE ESTABELECIMENTO INDUSTRIAL, COMERCIAL OU AGRÍCOLA. *Direito penal.* Crime contra a organização do trabalho, consistente na invasão ou ocupação de estabelecimento industrial, comercial ou agrícola, com o escopo de fazer sabotagem ao impedir ou embaraçar o curso normal do trabalho, ou danificar o estabelecimento ou as coisas nele existentes, ou, ainda, delas dispor, punido com reclusão e multa.

OCUPAÇÃO TEMPORÁRIA. *Direito administrativo.* **1.** Utilização, por parte do poder público, mediante indenização, durante tempo limitado, de terrenos não edificados e vizinhos a imóveis desapropriados por ocasião da construção ou realização de obras públicas. **2.** Subtração da posse de um bem particular pelo Estado, a favor de alguém, com ou sem indenização, por tempo determinado, por motivos de utilidade pública, necessidade pública ou interesse social (Renato Alessi e Zanobini) ou por razões de urgência como inundação, incêndio, interdição de prédio em ruínas, isolamento para evitar propagação de doenças contagiosas (José Cretella Jr.).

OCUPACIONAL. *Medicina legal.* Neoplasia maligna que aparece em razão de condições ligadas à profissão do paciente.

OCUPADO. 1. Que se ocupou. **2.** De que se tomou posse.

OCUPADOR. 1. Quem ocupa. **2.** Ocupante.

OCUPANTE. 1. Aquele que se encontra na posse de terras públicas. **2.** O que se apossa. **3.** Ocupador. **4.** Aquele que ocupa imóvel rural, explorando-o mediante o exercício de atividade agrária. **5.** Aquele que se apodera de coisa abandonada ou não pertencente a ninguém.

OCUPAR. 1. Tomar posse de imóvel rural para nele exercer atividade agrícola ou pecuária. **2.** Apoderar-se de coisa móvel ou semovente, abandonada ou que constitui *res nullius.* **3.** Tomar assento. **4.** Conquistar. **5.** Dar trabalho a alguém. **6.** Exercer. **7.** Ter ou possuir por direito ou convenção. **8.** Gastar tempo com alguma coisa. **9.** Desenvolver alguma atividade.

OCUPOTERAPIA. *Medicina legal.* Terapêutica de certas moléstias mentais mediante ocupação manual.

OCURSO. 1. Ato de concorrer. **2.** Presença. **3.** Ato de aparecer ou de apresentar-se.

ODALISCA. 1. *Direito comparado.* Mulher do harém do sultão. **2.** *História do direito.* Escrava que servia as mulheres do harém.

ODAXISMO. *Medicina legal.* Prurido gengival que antecede o nascimento dos dentes.

ODECA. *Direito internacional público.* Organização do continente americano cuja carta, desde 1951, continua aberta ao Panamá, que foi a única república centro-americana não participante do tratado.

ODIA QUI NIMIUM TIMET REGNARE NESCIT. *Expressão latina.* Quem muito teme não sabe reinar.

ODIAR. 1. Ter ódio. **2.** Abominar. **3.** Detestar. **4.** Inimizar. **5.** Sentir aversão.

ODIA SUNT RESTRINGENDA ET FAVORES AMPLIANDI. *Aforismo jurídico.* Restrinja-se o odioso e amplie-se o favorável.

ODIÁVEL. Que se deve odiar.

ODIENTO. 1. Rancoroso. **2.** Que tem ou revela ódio.

ODINACÚSTICA. *Medicina legal.* Audição dolorosa.

ODINOACUSIA. *Medicina legal.* Dor provocada por ruídos.

ODINOFOBIA. *Medicina legal.* Medo mórbido à dor.

ODINOFÓBICO. *Medicina legal.* Relativo à odinofobia.

ODINÓFOBO. *Medicina legal.* Aquele que tem odinofobia.

ÓDIO. **1.** Aversão. **2.** Antipatia. **3.** Rancor profundo.

ÓDIO DE MORTE. Aversão mortal.

ÓDIO DE SI MESMO. *Medicina legal.* Sentimento que têm alguns neuróticos que se manifesta pela autodepreciação ou auto-acusação, levando-os à autodestruição (Croce e Croce Jr.).

ODIOSA SUNT RESTRINGENDA, FAVORABILIA AMPLIANDA. *Aforismo jurídico.* As disposições odiosas devem ser restringidas e as favoráveis ampliadas.

ODIOSIDADE. Qualidade de odioso.

ODIOSO. **1.** Merecedor ou digno de ódio. **2.** Que provoca o ódio. **3.** Que inspira aversão. **4.** Execrável.

ODISSÉIA. **1.** Acontecimento anormal. **2.** Viagem repleta de extraordinárias aventuras.

ODÔMETRO. *Direito de trânsito.* É o dispositivo indicador da distância percorrida pelo veículo.

ODONTAGRA. *Medicina legal.* **1.** Dor de dente que provoca inchação da face. **2.** Dor reumática no dente.

ODONTALGIA. *Medicina legal.* Dor de dente.

ODONTATROFIA. *Medicina legal.* Desenvolvimento dental imperfeito, que atrofia os dentes.

ODONTITE. *Medicina legal.* Inflamação da polpa dentária.

ODONTOCISMO. *Medicina legal.* Falta de consistência dos dentes por descalcificação.

ODONTOCLÍNICA DE AERONÁUTICA (OA). *Direito aeronáutico.* É a Organização do Comando da Aeronáutica que tem por finalidade prestar assistência odontológica aos militares da Aeronáutica e aos seus dependentes. É diretamente subordinada ao diretor de saúde e tem por atribuições: a) a prestação de assistência técnico-profissional, no campo da odontologia preventiva, curativa e de reabilitação, ao pessoal militar da Aeronáutica e aos seus dependentes; b) a ligação com organizações congêneres existentes na área, a fim de desenvolver, atualizar e aprimorar suas atividades específicas; c) o provimento de assessoria especializada e apoio na área odontológica às operações militares e às Organizações Militares sob jurisdição do Comando Aéreo Regional; d) o provimento de pessoal e material de odontologia necessário às

missões aeromédicas que lhe forem atribuídas; e) a realização de estudos e treinamento técnicos em sua área de atuação; f) a realização de cursos de especialização e estágios nas diversas especialidades odontológicas.

ODONTOGÊNESE. *Medicina legal.* Formação dos dentes.

ODONTOLOGIA. *Medicina legal.* Parte da medicina que cuida das enfermidades da boca, dos dentes, dos maxilares e da prótese dentária.

ODONTOLOGISTA. Aquele que se especializou em odontologia; dentista.

ODONTOLOXIA. *Medicina legal.* Irregularidade havida na conformação dos dentes.

ODONTOMA. *Medicina legal.* Tumor causado pela proliferação de tecidos dentários.

ODONTOMALACIA. *Medicina legal.* Amolecimento dos dentes.

ODONTONECROSE. *Medicina legal.* Necrose dos dentes.

ODONTOSCOPIA. *Medicina legal.* Identificação da pessoa pelos seus caracteres dentários.

ODONTOSQUISMO. *Medicina legal.* Fístula dentária.

ODONTOSTEÓFITO. *Medicina legal.* Tumor ósseo num dente.

OEA. *Direito internacional público.* Sigla da Organização dos Estados Americanos, a qual, sediada em Washington, congrega todos os Estados americanos que, em 1948, ratificaram a Carta de Bogotá, emendada em 1967 em Buenos Aires. A OEA tem por objetivo fomentar a solidariedade entre os Estados americanos, fortalecendo sua colaboração, e assegurar a paz do continente.

OECD. *Direito internacional público.* Sigla de Organização para o Desenvolvimento e Cooperação Econômica.

OELITOTOMIA. *Medicina legal.* Incisão para remover cálculos biliares.

OF COUNSEL. *Locução inglesa.* Consultor jurídico.

OFELIMIDADE. *Economia política.* **1.** Valor de uso, ou melhor, característica de um objeto, consistente no fato de ele corresponder ao desejo de um dado indivíduo (Vilfredo Pareto). **2.** Desejabilidade (Gide e Rist).

OFELIMIDADE DE UM BEM. *Vide* UTILIDADE ECONÔMICA.

OFENDER. *Direito civil* e *direito penal.* **1.** Lesar. **2.** Causar dano físico ou moral. **3.** Ultrajar, caluniar, injuriar ou difamar. **4.** Ferir na dignidade. **5.** Desacatar. **6.** Aborrecer.

OFENDÍCULA. *Direito civil, direito constitucional* e *direito penal.* Meio defensivo usado para proteger a posse ou a propriedade imóvel. Qualquer meio para defesa de um bem de eventual ameaça, por exemplo, ponta de lança em grades de residências, cacos de vidro sobre muros, cercas com arame eletrizado, alarme que emite sinal sonoro ou libera gases nocivos etc.

OFENDÍCULO. *Vide* OFENDÍCULA.

OFENDIDA. *Direito penal* e *direito civil.* **1.** Mulher que foi forçada ao ato sexual por estupro. **2.** Pessoa que sofreu lesão. **3.** Vítima.

OFENDIDO. *Direito civil* e *direito penal.* **1.** Prejudicado. **2.** Injuriado; difamado; caluniado. **3.** Ultrajado em sua honra. **4.** Aquele que sofreu dano físico, patrimonial ou moral, tendo o direito de pedir sua reparação. **5.** Lesado. **6.** Aquele que recebeu a ofensa.

OFENSA. *Direito civil* e *direito penal.* **1.** Lesão. **2.** Dano físico ou moral. **3.** Injúria, calúnia ou difamação. **4.** Ultraje. **5.** Transgressão à norma. **6.** Agravo infligido à integridade física ou moral de uma pessoa ou a bens ou a direitos alheios.

OFENSA À HONRA. *Direito civil* e *direito penal.* Atentado à dignidade moral, afetando a boa reputação moral e profissional da pessoa pela injúria (ofensa ao decoro ou à dignidade), calúnia (falsa imputação ou denúncia de fato definido como crime) ou difamação (imputação de fato ofensivo à reputação de pessoa física ou jurídica, atingindo-a no conceito ou na consideração a que tem direito), que gera responsabilidade civil e criminal.

OFENSA À LIBERDADE PESSOAL. *Direito civil* e *direito penal.* Privação da liberdade pessoal, por via de cárcere privado, de prisão por queixa ou denúncia falsa e de má-fé, e de prisão ilegal que, além das penas cominadas no Código Penal, enseja pagamento de indenização dos danos que sobrevierem ao ofendido.

OFENSA AO BOM NOME. *Direito civil.* **1.** Afirmação ou difusão de fato lesivo ao bom nome de pessoa natural ou jurídica, violando sua respeitabilidade, causando dano moral ou patrimonial. **2.** Uso malicioso de nome alheio para designar coisas, animais, personagens de romance,

novelas e filmes. **3.** Usurpação de nome ou de pseudônimo, dolosa ou culposa, que acarrete prejuízo material ou moral.

OFENSA AO CRÉDITO. *Direito civil.* Ato de afirmar ou difundir fato suscetível de prejudicar o crédito de pessoa natural ou jurídica, gerando a convicção socialmente generalizada de sua insolvabilidade, e dúvidas sobre sua honestidade e idoneidade econômica.

OFENSA AO DIREITO À IMAGEM. *Direito civil.* Atentado à imagem, que consiste na reprodução não autorizada de fotografia e de biografia.

OFENSA AO DIREITO À INTIMIDADE. *Direito civil.* Invasão, em esfera privada ou íntima, da pessoa, como, por exemplo: violação de domicílio alheio ou de correspondência; uso de drogas ou de meios eletrônicos para obrigar alguém a revelar fatos de sua vida particular ou segredo profissional; emprego de binóculos para espiar o que ocorre no interior de uma casa; instalação de aparelhos para captar sub-repticiamente conversas e imagens, ou copiar documentos dentro de uma residência ou repartição onde se trabalha; intrusão injustificada no isolamento de uma pessoa, seguindo-a, chamando-a continuamente pelo telefone etc.

OFENSA CORPORAL. *Direito civil* e *direito penal.* Lesão corporal; dano que atinge a integridade física da pessoa.

OFENSA FÍSICA. *Vide* OFENSA CORPORAL.

OFENSA IMPLÍCITA. *Direito civil.* Diz-se do dano físico ou moral dirigido a uma determinada pessoa, ao seu patrimônio ou a seus direitos, mas que reflexamente vem a atingir outra em sua dignidade ou decoro.

OFENSÃO. *Direito penal* e *direito militar.* Ofensa por meio de armas, combate ou ataque.

OFENSA OBLÍQUA. *Direito civil* e *direito penal.* **1.** Atentado contra a integridade moral da pessoa, mediante emprego de palavras que têm sentido equívoco. **2.** Transposição de palavras que se prestam a um sentido contrário do aparente (Bento de Faria).

OFENSO. *Vide* OFENDIDO.

OFENSOR. *Direito civil* e *direito penal.* **1.** Aquele que ofende. **2.** Sujeito ativo da ofensa. **3.** Aquele que, em crime sexual, vem a desvirginar uma mulher.

OFERECEDOR. **1.** Na *linguagem comum:* aquele que oferece. **2.** *Direito administrativo.* Licitante. **3.** *Di-*

reito civil. Policitante; aquele que faz a proposta. **4.** *Direito comercial.* O que expõe à venda alguma mercadoria ou oferece a prestação de algum serviço. **5.** *Direito processual civil.* O que, em praça ou leilão, oferece lanço com o objetivo de adquirir o bem.

OFERECER. 1. Apresentar proposta. **2.** Propor. **3.** Dar como oferta. **4.** Proporcionar. **5.** Pôr à disposição ou a serviço de alguém.

OFERECER A MÃO DE ESPOSO. *Direito civil.* Propor casamento.

OFERECER COMBATE. *Direito militar.* Combater.

OFERECER O SEU NOME. *Direito civil.* Pedir uma mulher em casamento.

OFERECER-SE EM SACRIFÍCIO. 1. Submeter-se a servir de vítima expiatória. **2.** Conformar-se.

OFERECIDO. 1. Que se ofereceu. **2.** Ofertado.

OFERECIMENTO. 1. Dedicatória. **2.** Ação ou efeito de oferecer. **3.** Apresentação. **4.** Oferta ou proposta. **5.** Exibição.

OFERENDA. 1. Oferta. **2.** O que se oferece.

OFERENTE. *Vide* OFERECEDOR.

OFERTA. 1. *Direito canônico.* Retribuição de certos atos litúrgicos. **2.** *Direito civil.* a) Proposta contratual; policitação; declaração receptícia de vontade, dirigida por uma pessoa a outra (com quem pretende celebrar um contrato), por força da qual a primeira manifesta sua intenção de se considerar vinculada, se a outra parte aceitar (Orlando Gomes e Gaudemet); declaração dirigida a outrem, visando com ele contratar, de modo que basta o seu consentimento para concluir o acordo (Von Tuhr); b) ação de oferecer; c) promessa; d) ato mediante o qual a corretora ou o operador especial apregoa ou registra a intenção de comprar ou vender valores mobiliários. **3.** *Direito comercial.* Produto exposto a preço menor, para atrair freguesia. **4.** *Direito processual civil.* Lanço na arrematação. **5.** *Direito administrativo.* Proposta do preço que se oferece na licitação. **6.** *Economia política.* Diz-se da maior ou menor existência de determinado produto ou serviço no mercado.

OFERTA AO PÚBLICO. *Direito administrativo, direito civil* e *direito comercial.* **1.** Negócio jurídico em que o aceitante não é identificado, por serem utilizados anúncios de jornais, cartazes, catálogos, letreiros, tabelas de preços, exibição de mercadorias em vitrinas com ficha indicativa de preço etc. sobre liquidações em lojas, feiras, exposições, leilões, licitações para contratação de serviços e obras, incluindo tomada de preços e concorrência pública, e contratos por adesão. **2.** Proposta que comporta reservas, como disponibilidade de estoques, ressalva quanto à escolha da outra parte e ao prazo moral da aceitação, em virtude da indeterminação do oblato. Vale como proposta obrigatória quando contiver os elementos essenciais do contrato. Há vários contratos que se formam mediante ofertas ao público, como, por exemplo, o contrato por adesão, o realizado por licitação e a exposição de objetos em lojas com ficha indicativa de preço. Constitui, ainda, tipo peculiar de oferta ao público, o que resulta do progresso técnico, com a adoção de aparelhos automáticos, nos quais a mercadoria é exposta e é fixado o preço, formando-se o contrato com a introdução de moeda numa ranhura. O aparelho automático é que representa o proponente, e o público é o oblato. O anonimato do destinatário cessa com a sua aceitação. Urge lembrar que, no mercado de capitais, a oferta pública dar-se-á na subscrição pública de ações, na constituição das sociedades anônimas, ou nos aumentos de capital, geralmente por meio de contratos específicos com instituições financeiras, como o de lançamento de ações ao mercado denominado *underwriting*, de obrigações (debêntures) ou de ofertas públicas de compras e ações.

OFERTA DA PEDRA. *Direito comercial.* Ordem de compra ou venda registrada no quadro de ofertas do pregão de uma bolsa de valores ou de mercadorias, com especificação de quantidade e preço. Em condições iguais ou mais favoráveis tem prioridade de fechamento sobre as outras operações de pregão (Luiz Fernando Rudge).

OFERTA E PROCURA. *Economia política.* Binômio que rege a economia na seara da troca mercantil (Othon Sidou).

OFERTANTE. *Vide* OFERECEDOR.

OFERTA PÚBLICA. *Vide* OFERTA AO PÚBLICO.

OFERTAR. 1. Oferecer. **2.** Apresentar uma oferta. **3.** Dar.

OFERTAS PÚBLICAS. *Direito bancário.* Volume de títulos comprados e vendidos pela instituição nos leilões formais de títulos do Tesouro Nacional e do Banco Central do Brasil, com peso relativo de 37,5%.

OFERTEIRA. *Direito canônico.* Aquela que conduz as ofertas à igreja.

OFE 466 OFERTÓRIO

OFERTÓRIO. *Direito canônico.* **1.** Parte da missa onde há rituais e orações para a oferta do pão e vinho. **2.** Ato de angariar ofertas para a igreja.

OFFENDENS IN UNO FACTUS EST OMMIUM REUS. *Expressão latina.* Considera-se ter violado toda a lei aquele que a infringir apenas em parte.

OFFENE LUCKE. *Locução alemã.* Lacuna patente.

OFFENTLICHES KONTROLLBEDURFNIS. *Locução alemã.* Interesse público de controle.

OFFICE-BOY. *Locução inglesa.* Aquele que faz pequenas tarefas internas ou externas para um escritório ou empresa.

OFFICE-COPY. *Locução inglesa.* Certidão.

OFFICE-HOLDER. *Locução inglesa.* Funcionário público.

OFFICIERS MINISTÉRIELS. *Locução francesa.* **1.** Advogados. **2.** Procuradores. **3.** Notários.

OFFICIUM PIETATIS. *Locução latina.* Dever de piedade do *de cujus* em relação e para com os parentes mais próximos.

OFFRE. *Termo francês.* Oferta.

OFFRE-APPROXIMATIF. *Direito internacional privado.* Convite para negociar.

OFFRE-NEGOTIATION. *Locução inglesa.* Oferta para negociar, ou melhor, para discutir minuta, condições, projeto etc.

OFF-SET. *Termo inglês.* Moderno processo de impressão litográfica, em que a imagem, gravada numa folha de metal, é transferida para o papel por meio de um cilindro de borracha.

OFFSHORE. *Termo inglês.* **1.** Local no exterior onde se efetuam investimentos isentos de tributação. **2.** Paraíso fiscal (Luiz Fernando Rudge).

OFFSPRING. *Termo inglês.* **1.** Prole. **2.** Descendência. **3.** Linhagem.

OFÍASE. *Medicina legal.* Alopecia que faz cair os cabelos por partes, em razão de peladas, deixando um sulco similar ao impresso no solo pela passagem de uma cobra.

OFICIAIS DE REGISTRO DE DISTRIBUIÇÃO. *Direito registrário.* São aqueles a quem compete privativamente: a) quando previamente exigida, proceder à distribuição eqüitativa pelos serviços da mesma natureza, registrando os atos praticados; em caso contrário, registrar as comunicações recebidas dos órgãos e serviços competentes; b) efetuar as averbações e os cancelamentos de sua competência; c) expedir certidões de atos e documentos que constem de seus registros e papéis.

OFICIAIS DE REGISTROS. *Direito registrário.* São os oficiais de registro de imóveis, de títulos e documentos e civis das pessoas jurídicas, civis das pessoas naturais e de interdições e tutelas, aos quais compete a prática dos atos relacionados na legislação pertinente aos registros públicos, de que são incumbidos, independentemente de prévia distribuição, mas sujeitos os oficiais de registro de imóveis e civis das pessoas naturais às normas que definirem as circunscrições geográficas.

OFICIAIS DO CORPO AUXILIAR DA MARINHA. *Direito militar.* São os que exercem cargos técnico-administrativos que visem às atividades de apoio técnico e às atividades gerenciais e administrativas em geral. Os Oficiais do Quadro Técnico e do Quadro de Capelães Navais são ordenados em uma escala hierárquica constituída pelos postos de Primeiro-Tenente a Capitão-de-Mar-e-Guerra, e dos Quadros Auxiliares da Armada e de Fuzileiros Navais, pelos postos de Segundo-Tenente a Capitão-Tenente. Ingressarão no Quadro Técnico os candidatos civis e militares graduados nas habilitações requeridas pelo Serviço Naval, aprovados em processo seletivo, Curso de Formação e Estágio de Aplicação de Oficiais e, por transferência, após seleção pela Comissão de Promoções de Oficiais, os Capitães-Tenentes dos Quadros Auxiliares da Armada e de Fuzileiros Navais, com curso superior, e os Capitães-Tenentes dos Quadros Complementares. Ingressarão nos Quadros Auxiliares da Armada e de Fuzileiros Navais as Praças da Marinha, com segundo grau completo, aprovadas em concurso de admissão, Curso de Formação e Estágio de Aplicação de Oficiais. Ingressarão no Quadro de Capelães Navais os candidatos aprovados em processo seletivo, Curso de Formação e Estágio de Aplicação de Oficiais.

OFICIAIS DO CORPO DE ENGENHEIROS DA MARINHA. *Direito militar.* São os que exercem cargos relativos à aplicação de conhecimentos específicos, necessários às atividades de manutenção e reparo dos meios existentes e ao desenvolvimento e projeto de novos meios. Os Oficiais do Corpo de Engenheiros da Marinha são ordenados em uma escala hierárquica constituída pelos postos de Primeiro-Tenente a Vice-Almirante. Ingressarão no Corpo de Engenheiros da

Marinha os candidatos civis e militares graduados nas habilitações requeridas pelo Serviço Naval, aprovados em processo seletivo, Curso de Formação e Estágio de Aplicação de Oficiais e, por transferência, os Oficiais do Quadro de Oficiais da Armada e do Quadro de Oficiais Fuzileiros Navais aprovados em exame de seleção e curso de graduação em engenharia.

OFICIAIS DO CORPO DE FUZILEIROS NAVAIS. *Direito militar.* São os que exercem cargos relativos à aplicação do Poder Naval e seu preparo, em especial, nas operações anfíbias. Os Oficiais do Quadro de Oficiais Fuzileiros Navais são ordenados em uma escala hierárquica constituída pelos postos de Segundo-Tenente a Almirante-de-Esquadra, e os do Quadro Complementar de Oficiais Fuzileiros Navais, pelos postos de Segundo-Tenente a Capitão-Tenente. Ingressarão no Quadro de Oficiais Fuzileiros Navais os Guardas-Marinha que concluírem com aproveitamento o curso da Escola Naval e, por transferência, os Capitães-Tenentes do Quadro Complementar de Oficiais Fuzileiros Navais selecionados pela Comissão de Promoções de Oficiais.

OFICIAIS DO CORPO DE INTENDENTES DA MARINHA. *Direito militar.* São os que exercem cargos relativos à aplicação e ao preparo do Poder Naval, que visem ao atendimento das atividades logísticas e das relacionadas com a economia, as finanças, o patrimônio, a administração e o controle interno. Tais Oficiais são ordenados em uma escala hierárquica constituída pelos postos de Segundo-Tenente a Vice-Almirante, e os do Quadro Complementar de Oficiais Intendentes da Marinha, pelos postos de Segundo-Tenente a Capitão-Tenente. Ingressarão no Quadro de Oficiais Intendentes da Marinha os Guardas-Marinha que concluírem com aproveitamento o curso da Escola Naval e, por transferência, os Capitães-Tenentes do Quadro Complementar de Oficiais Intendentes da Marinha selecionados pela Comissão de Promoções de Oficiais.

OFICIAIS DO CORPO DE SAÚDE DA MARINHA. *Direito militar.* São os que exercem, primordialmente, cargos técnicos voltados às atividades necessárias à manutenção, no mais alto grau, da higidez do pessoal militar da Marinha relativo à aplicação do Poder Naval e seu preparo. São ordenados em uma escala hierárquica constituída pelos postos de Primeiro-Tenente a Vice-Almirante, e os dos Quadros de Cirurgiões-

Dentistas e de Apoio à Saúde, pelos postos de Primeiro-Tenente a Capitão-de-Mar-e-Guerra. Ingressarão nos Quadros do Corpo de Saúde da Marinha os candidatos civis e militares graduados nas habilitações requeridas pelo Serviço Naval, aprovados em processo seletivo, Curso de Formação e Estágio de Aplicação de Oficiais.

OFICIAIS DO QUADRO COMPLEMENTAR DE OFICIAIS DA ARMADA. *Direito militar.* São os candidatos civis e militares graduados nas habilitações requeridas pelo Serviço Naval, aprovados em processo seletivo, Curso de Formação e Estágio de Aplicação de Oficiais.

OFICIAIS DO QUADRO COMPLEMENTAR DE OFICIAIS FUZILEIROS NAVAIS. *Direito militar.* São os candidatos civis e militares graduados nas habilitações requeridas pelo Serviço Naval, aprovados em processo seletivo, Curso de Formação e Estágio de Aplicação de Oficiais.

OFICIAIS DO QUADRO COMPLEMENTAR DE OFICIAIS INTENDENTES DA MARINHA. *Direito militar.* São os candidatos civis e militares graduados nas habilitações requeridas pelo Serviço Naval, aprovados em processo seletivo, Curso de Formação e Estágio de Aplicação de Oficiais.

OFICIAIS DO QUADRO DE OFICIAIS DA ARMADA. *Direito militar.* São os ordenados em uma escala hierárquica constituída pelos postos de Segundo-Tenente a Almirante-de-Esquadra, e os do Quadro Complementar de Oficiais da Armada, pelos postos de Segundo-Tenente a Capitão-Tenente. Ingressarão no Quadro de Oficiais da Armada os Guardas-Marinha que concluírem com aproveitamento o curso da Escola Naval e, por transferência, os Capitães-Tenentes do Quadro Complementar de Oficiais da Armada selecionados pela Comissão de Promoções de Oficiais.

OFICIAIS PÚBLICOS. *Direito registrário.* **1.** Responsáveis pelos setores de registro. **2.** Notários. **3.** Oficiais de registro imobiliário ou de registro civil. **4.** Serventuários da justiça.

OFICIAL. 1. *Direito militar.* a) Militar de posição superior à de subtenente, no Exército, e à de suboficial, na Marinha e na Aeronáutica; b) aquele que serve em um emprego militar a que corresponde certa graduação. **2.** *Direito marítimo.* Aquele que na Marinha Mercante tem posto superior ao de marinheiro. **3.** *Direito administrativo.* a) Que emana de autoridade pública ou do governo; b) o que diz respeito ao alto funcionalismo ou àqueles que têm cargos superiores; c) próprio das repartições públicas; d) burocrático; e) qualquer jornal ou documento em que se publicam declarações governamentais, leis, decretos, medidas provisórias, portarias ou avisos. **4.** *Direito registrário.* Titular de um ofício ou cartório. **5.** *Direito do trabalho.* a) Aquele que exerce ofício ou arte, tendo certa experiência; b) operário que conhece seu ofício ou arte.

OFICIALATO. *Direito militar.* Cargo, patente ou dignidade de oficial.

OFICIAL CIENTÍFICO. *Direito militar.* Aquele que fez algum curso de arma científica.

OFICIAL DE DILIGÊNCIAS. *Direito processual.* Oficial de justiça, ou melhor, auxiliar de justiça que deve proceder às diligências necessárias, ordenadas pelo juiz ou que lhe forem atribuídas por lei, ao andamento e julgamento das causas, e dar cumprimento às ordens judiciais, ou seja, às citações, intimações, lavra de certidões etc., no âmbito da circunscrição judiciária a que pertence. Incumbir-lhe-á: fazer pessoalmente as citações, prisões, penhoras, arrestos e mais diligências próprias do seu ofício, certificando no mandado o ocorrido, com menção de lugar, dia e hora; executar as ordens do juiz a que estiver subordinado; entregar, em cartório, o mandado, logo depois de cumprido; estar presente às audiências e coadjuvar o juiz na manutenção da ordem, e efetuar avaliações.

OFICIAL DE JUSTIÇA. *Vide* OFICIAL DE DILIGÊNCIAS.

OFICIAL DE REGISTRO. *Direito registrário.* **1.** Tabelião; notário. **2.** Servidor titular de um ofício de registro público; serventuário público que tem a seu cargo os registros: imobiliário; de títulos e documentos; de pessoas jurídicas; de nascimentos e óbitos.

OFICIAL DE RONDA. *Direito militar.* **1.** Aquele que comanda a ronda. **2.** O que tem a incumbência de fazer a ronda em postos militares. **3.** Sentinela.

OFICIAL-GENERAL. *Direito militar.* O que tem a patente de general.

OFICIALIDADE. *Direito militar.* **1.** Conjunto dos oficiais das Forças Armadas. **2.** Classe dos oficiais.

OFICIALISMO. *Direito administrativo.* **1.** Rodas oficiais do governo. **2.** Conjunto de funcionários públicos.

OFICIALIZAÇÃO. *Direito administrativo.* **1.** Ato ou efeito de oficializar. **2.** Ato que dá caráter oficial a instituições particulares. **3.** Ato do poder público que declara a equiparação de algo como oficial, atribuindo-lhe as mesmas regalias.

OFICIALIZADO. *Direito administrativo.* O que foi equiparado a oficial, tendo as mesmas regalias.

OFICIALIZADOR. *Direito administrativo.* O que oficializa ou dá cunho governamental.

OFICIALIZAR. *Direito administrativo.* **1.** Tornar oficial. **2.** Ter como oficial uma instituição, cargo ou função. **3.** Equiparar ao oficial. **4.** Igualar nas regalias ao oficial.

OFICIAL JUDICIÁRIO. *Direito processual.* Serventuário público que exerce um ofício de justiça, desempenhando função de auxiliar da justiça ou com esta intimamente ligada. Por exemplo, escrivão, distribuidor, contador, avaliador, oficial de registro, tabelião, partidor, leiloeiro, oficial de cartório de casamento, oficial de justiça.

OFICIAL-MAIOR. *Direito registrário.* Tabelião e notário.

OFICIAL-MAIOR DE SECRETARIA. *Direito administrativo.* Secretário-geral de um ministério.

OFICIAL-MARINHEIRO. *Direito marítimo.* Mestre, contramestre ou guardião do navio.

OFICIAL PÚBLICO. Todo titular de ofício público, judicial ou não, como: notário, oficial de registro, tabelião cartorário, oficial de registro de títulos e documentos, tradutor juramentado, agente de leilões, testamenteiro judicial, depositário público etc.

OFICIAL REFORMADO. *Direito militar.* O que obteve a reforma.

OFICIAL SUBALTERNO. *Direito militar.* Aquele que tem patente inferior à de capitão.

OFICIANTE. *Direito canônico.* Aquele que oficia ou preside ao ofício divino.

OFICIAR. 1. Na *linguagem jurídica* em geral, significa: dirigir um ofício a alguém. **2.** *Direito canônico.* a) Celebrar um ofício religioso; b) ajudar a celebrar a missa.

OFICINA. 1. Local onde se fazem consertos em veículos. **2.** Lugar onde se exerce certo ofício ou arte. **3.** Estabelecimento onde se fabrica algo novo, manual ou mecanicamente, e onde se conserta e renova obra inutilizada. **4.** Laboratório ou local onde são preparados medicamentos. **5.** Compartimento de igreja destinado a refeitório, despensa e cozinha. **6.** Local onde funciona o maquinismo de uma fábrica. **7.** Lugar onde estão os instrumentos de indústria, arte ou ofício. **8.** Mesa onde mecânicos trabalham.

OFICINAL. O que diz respeito a oficina.

OFÍCIO. 1. Nas *linguagens jurídica* e *comum* significa: a) função; cargo ou emprego; b) profissão; ocupação habitual; c) arte manual ou mecânica; d) incumbência; e) alcofa onde os sapateiros têm a ferramenta; f) o que se deve fazer por obrigação. **2.** *Direito administrativo* e *direito civil.* Participação ou comunicação em forma de carta expedida por autoridades, secretarias, associações sobre questões ou assuntos relativos ao serviço público ou particular. **3.** *Direito processual.* O que deve ser feito pelo juiz por iniciativa própria, por dever do cargo, ou por órgão do Poder Judiciário. **4.** *Direito registrário.* a) Serviço notarial feito por delegação do poder público; b) tabelionato; cartório. **5.** *Direito canônico.* a) Conjunto de orações e cerimônias; b) benefício sem jurisdição; c) hora canônica.

OFÍCIO DE CORRETOR. *Direito civil* e *direito comercial.* Intermediação entre contratantes feita por corretor, portador de título de habilitação para tanto.

OFÍCIO DE JUSTIÇA. *Direito processual.* Cargo ou função exercida por órgãos do Poder Judiciário, como: ofício de notas; cartório de protesto de título; cartório de registro de imóveis; distribuição etc.

OFÍCIO DIVINO. *Direito canônico.* a) Missa; b) culto; c) conjunto de orações religiosas.

OFÍCIO ECLESIÁSTICO. *Direito canônico.* É o encargo constituído estavelmente por disposição divina ou eclesiástica, a ser exercido para uma finalidade espiritual.

OFÍCIO MERCENÁRIO. *Direito processual.* Função do juiz na jurisdição contenciosa, em que são devidas as custas judiciais.

OFICIONÁRIO. *Direito canônico.* Livro que contém o ofício canônico.

OFÍCIO NOBRE. 1. *Direito processual.* Exercício de jurisdição graciosa. **2.** Na *linguagem comum* designa: a) trabalho intelectual; b) profissão liberal.

OFÍCIO PÚBLICO. *Direito administrativo.* Função estatal exercida para atender a interesse social ou público.

OFÍCIO REQUISITÓRIO. *Direito processual.* Ordem judicial de pagamento ao credor de importância devida pela Fazenda Pública.

OFÍCIOS. *Direito internacional público.* Intervenção de uma nação para solução de litígios entre outros países.

OFICIOSIDADE. Qualidade de oficioso.

OFICIOSO. 1. *Direito administrativo.* a) Diz-se do ato que não é oficial, logo dele não advém nenhum compromisso; b) diz-se do comunicado emanado de órgão governamental, que não tem caráter oficial; c) aquilo que é executado sem cunho oficial, mas sob proteção do poder público; d) jornal que, não sendo oficial, mostra-se como porta-voz do governo, por estar ligado a ele ou sob sua influência. **2.** Na *linguagem comum* quer dizer: a) gracioso; gratuito; b) serviçal; c) desinteressado; d) particular.

OFIDISMO. *Medicina legal.* **1.** Envenenamento causado por cobras. **2.** Estudo do veneno das serpentes.

OFIDONTOSE. *Medicina legal.* Estado produzido pela mordida de uma víbora ou serpente.

OFIDONTÓSICO. *Medicina legal.* Relativo à ofidontose.

OFIOFOBIA. *Medicina legal.* Medo mórbido de serpentes.

OFIOFÓBICO. *Medicina legal.* Referente à ofiofobia.

OFIÓFOBO. *Medicina legal.* Aquele que tem ofiofobia.

OFIOTOXINA. *Medicina legal.* Uma das toxinas do veneno da serpente.

OFTALGIA. *Medicina legal.* Dor nos olhos, que não causa inflamação.

OFTÁLGICO. *Medicina legal.* Que se refere à oftalgia.

OFTALMAGRA. *Medicina legal.* Dor súbita no globo ocular.

OFTALMÁGRICO. *Medicina legal.* Que diz respeito à oftalmagra.

OFTALMALGIA. *Medicina legal.* Neuralgia nos olhos.

OFTALMATROFIA. *Medicina legal.* Atrofia do globo ocular.

OFTALMATRÓFICO. *Medicina legal.* Relativo à oftalmatrofia.

OFTALMECTOMIA. *Medicina legal.* Extirpação do olho.

OFTALMIA. *Medicina legal.* Qualquer enfermidade do olho, principalmente conjuntivite grave.

OFTALMIA ELÉTRICA. *Medicina legal.* Inflamação do globo ocular, causada por eletroplessão, acompanhada, em regra, de catarata.

OFTALMIA GONOCÓCICA. *Medicina legal.* Inflamação dos olhos provocada por gonococos (Croce e Croce Jr.).

OFTALMIA NEONATORUM. *Medicina legal.* Inflamação ocular do recém-nascido, causada na fase expulsiva, no canal do parto, por gonococos (Croce e Croce Jr.), que se pode prevenir aplicando-se uma solução adequada de nitrato de prata, no saco conjuntival, logo após o nascimento.

OFTALMIA PURULENTA. *Medicina legal.* Inflamação da conjuntiva causada por germes que se encontram em toalhas ou mãos sujas.

OFTALMIATRO. *Medicina legal.* Médico especializado em doenças oculares.

OFTÁLMICO. *Medicina legal.* **1.** Que diz respeito à oftalmia. **2.** Medicamento contra a oftalmia.

OFTALMITE. *Medicina legal.* Fleimão no olho.

OFTALMOBLENORRÉIA. *Medicina legal.* Conjuntivite aguda mucopurulenta.

OFTALMOCOPIA. *Medicina legal.* **1.** Fadiga da vista. **2.** Enfraquecimento da vista.

OFTALMODESMITE. *Medicina legal.* Inflamação dos tendões dos músculos dos olhos.

OFTALMODONESE. *Medicina legal.* Movimento trêmulo do olho.

OFTALMÓLITO. *Medicina legal.* Cálculo das vias lacrimais.

OFTALMOLOGIA. *Medicina legal.* Setor da ciência médica voltado às doenças oculares.

OFTALMOLOGISTA. *Medicina legal.* Especialista em oftalmologia.

OFTALMOMALACIA. *Medicina legal.* Amolecimento mórbido do globo ocular.

OFTALMOMELANOSE. *Medicina legal.* Coloração negra dos olhos, provocada por depósito de pigmento melânico.

OFTALMOMIOSITE. *Medicina legal.* Inflamação dos músculos do olho.

OFTALMONCOSE. *Medicina legal.* Tumefação dos músculos do olho.

OFTALMOPLASTIA. *Medicina legal.* **1.** Prótese ocular. **2.** Substituição do olho perdido por um artificial.

OFTALMOPLEGIA. *Medicina legal.* Paralisia dos músculos oculares causada por lesão encefálica.

OFTALMOPONIA. *Medicina legal.* Cansaço do olho.

OFTALMOPTOSE. *Medicina legal.* Saída do olho para fora da órbita.

OFTALMORRAGIA. *Medicina legal.* Hemorragia na conjuntiva ocular.

OFTALMORRÉIA. *Medicina legal.* Corrimento das mucosidades oculares.

OFTALMOTERAPÊUTICA. *Medicina legal.* Tratamento das doenças oculares.

OFTALMOTOMIA. *Medicina legal.* Extirpação cirúrgica de um olho.

OGINO-KNAUS. *Medicina legal.* Lei descoberta por Ogino e Knaus, segundo a qual a ovulação se opera quinze dias antes do início da menstruação. Logo, a mulher, no intervalo entre duas menstruações, só é fecundável durante três dias, ou seja, no 15º, 16º e 17º dias que precederem a sua próxima menstruação.

OGM. *Medicina legal, biodireito* e *direito ambiental.* Abreviatura de Organismo Geneticamente Modificado por técnica de engenharia genética.

OIDIOMICOSE. *Medicina legal.* Micose produzida por cogumelo chamado *Oidium albicans*, vulgarmente designado "sapinho".

OIDIOMICÓSICO. *Medicina legal.* Relativo à oidiomicose.

OIT. *Direito internacional público.* Sigla da Organização Internacional do Trabalho. É órgão pertencente à ONU, com sede em Genebra, que tem o escopo de uniformizar o direito do trabalho e aprimorar o direito social.

OITANTE. *Direito marítimo.* Instrumento náutico apropriado para medir distâncias e alturas.

OITIVA. *Direito processual.* **1.** Ato de ouvir as testemunhas ou a parte. **2.** Diz-se da informação transmitida por ouvir dizer.

OJERIZA. Aversão.

OLARIA. *Direito comercial.* Fábrica de tijolos e telhas ou onde se faz objetos de barro ou cerâmica.

OLD-AGED. *Locução inglesa.* Idoso.

OLD-GLORY. *Locução inglesa.* Bandeira nacional dos EUA.

OLD LINE FACTORING. *Direito comercial.* **1.** Modalidade de *factoring*, na qual inexiste compra e venda de mercadorias, pois a empresa faturizadora assume o risco da cobrança das faturas emitidas pelo seu cliente, sendo o seu papel de natureza financeira. Comporta três modalidades: *conventional factoring, maturity factoring* e *import-export factoring*. **2.** Faturização ao estilo antigo. **3.** *Vide FACTORING* CONVENCIONAL. **4.** *Expressão inglesa.* Dá-se quando o faturizador, por ter função financeira, encarrega-se somente da cobrança das faturas do faturizado. Abrange a faturização convencional, a de vencimento e a de importação e exportação (Newton de Lucca). Trata-se, portanto, da faturização ao estilo antigo.

OLE. *Vide OBJECT LINKING AN EMBREDING.*

OLEAÇÃO. *Direito agrário.* Prática que consiste em tocar, levemente, com uma gota de óleo, o olho do figo em vias de amadurecimento, para acelerar sua maturação.

OLEARIA. *Direito comercial.* Fábrica de óleos.

OLEÍCOLA. 1. *Direito agrário.* O que diz respeito à cultura de oliveiras. **2.** *Direito comercial.* Referente ao comércio de azeite.

OLEICULTOR. *Direito agrário.* **1.** Produtor rural que se dedica à oleicultura. **2.** Trabalhador rural especializado em cultura de oliveira.

OLEICULTURA. 1. *Direito agrário.* Cultura de oliveiras. **2.** *Direito comercial.* Indústria que fabrica, trata e conserva azeite.

OLEIRO. 1. *Direito comercial.* Dono de olaria. **2.** *Direito do trabalho.* Aquele que trabalha em olaria.

OLEODUTO. Linha de tubos, equipados com bombas, para conduzir petróleo e seus derivados a grandes distâncias.

OLERÁCEO. *Direito agrário.* Relativo a legumes.

OLERICULTOR. *Direito agrário.* **1.** Produtor de legumes. **2.** Aquele que se dedica à olericultura.

OLERICULTURA. *Direito agrário.* Cultura de legumes.

OLEROSO. *Direito agrário.* **1.** Em que há hortaliça. **2.** Em que há plantas leguminosas.

OLFATO. *Medicina legal.* Sentido pelo qual se tem a percepção dos odores ou cheiros.

OLFATOMETRIA. *Medicina legal.* Medição das sensações olfatórias.

OLHADURA. *Direito agrário.* Parte do caule da cana-de-açúcar, que compreende os últimos gomos e as folhas mais desenvolvidas, a qual se deita à terra para dar origem a uma nova planta.

OLHAL. 1. *Direito marítimo.* Pequena argola fixa, para atender a certo fim, num ponto da amu-

rada ou das vergas do navio. **2.** *Direito militar.* Buraco onde pode ser adaptada a espoleta que comunica fogo às peças de artilharia.

OLHALVO. *Direito agrário.* Diz-se do animal que tem os olhos cercados de malhas brancas.

OLHAR. 1. Pesquisar. **2.** Examinar. **3.** Estudar. **4.** Fitar. **5.** Encarar. **6.** Velar; cuidar. **7.** Considerar. **8.** Ponderar. **9.** Contemplar.

OLHAR PARA O TEMPO. Andar na vadiagem.

OLHAR POR CIMA DO OMBRO. Desprezar a pessoa com quem se trata, como se ela fosse inferior ou insignificante.

OLHAR POR SI. Acautelar-se; fugir do perigo.

OLHEIRO. 1. *Direito do trabalho.* Empregado que fiscaliza ou vigia os serviços dos que lhe estão subordinados. **2.** *Direito agrário.* a) Abertura dos buracos dos formigueiros; b) cachão; jorro de água que salta do chão ou de entre água. **3.** Na *linguagem comum* pode indicar: a) fiscal que olha o jogo, por parte do banqueiro; b) auxiliar de inspetoria de veículos, que vigia os automóveis deixados ao seu cuidado, na rua, por seus donos.

OLHETADO. *Direito agrário.* Vara de videira, que se deixa com poucos olhos para que venha a arrebentar com mais força.

OLHIZAINO. Vesgo.

OLHIZARCO. *Direito agrário.* Cavalo que tem cada olho de uma cor.

OLHO. 1. *Medicina legal.* Órgão de visão. **2.** Nas *linguagens comum* e *jurídica,* pode ter o sentido de: a) atenção; b) vigilância; c) abertura; d) luz; lume; e) perspicácia; f) percepção; g) vista. **3.** *Direito agrário.* a) Abertura por onde entra a água que move a roda dos moinhos; b) broto de bolbos e tubérculos. **4.** *Direito civil.* Abertura oval ou redonda, nos tetos ou paredes de edifício, para permitir a entrada de claridade.

OLHO CLÍNICO. Argúcia profissional.

OLHO-D'ÁGUA. *Direito civil.* Ponto onde uma nascente de rio rebenta; fonte natural.

OLHO DA RUA. Lugar indeterminado para onde se manda a pessoa que se quer expulsar.

OLHO–DE–BOI. 1. *Direito civil.* a) Janela oval ou redonda; b) clarabóia; c) óculo de luz. **2.** *História do direito.* Um dos primeiros selos postais emitidos pelo Brasil, em 1843, contendo desenho similar ao olho. **3.** *Direito marítimo.* Buraco na parte anterior do navio, por onde passam os cabos.

OLHO-DE-CABRA. *História do direito.* Selo postal brasileiro, menor que o olho-de-boi, emitido em 1845.

OLHO-DE-MOSQUITO. *História do direito.* Dizia-se, outrora, em Minas Gerais, do diamante de pouco peso e pouco valor.

OLHO MÁGICO. 1. Dispositivo circular dotado de pequena lente que se coloca em portas e que permite olhar de dentro para fora sem ser notado. **2.** Válvula de sintonização usada nos receptores modernos.

OLHO MECÂNICO. Equipamento eletrônico que registra, no turfe, a passagem dos parelheiros pelo disco final.

OLHOS. *Medicina legal.* Diz-se do banco que consiste no depósito no qual o cirurgião oftalmológico pode conseguir uma córnea para usá-la em transplante.

OLIGANTROPIA. *Ciência política.* **1.** Escassez de homens. **2.** Insuficiência numérica de cidadãos.

OLIGANTRÓPICO. *Ciência política.* Referente à oligantropia.

OLIGARCA. *Ciência política.* **1.** Partidário da oligarquia. **2.** Membro do governo oligárquico.

OLIGARQUIA. *Ciência política.* **1.** Governo em que o poder fica concentrado em mãos de uma classe aristocrática ou de alguma família ou, ainda, de um pequeno grupo de pessoas pertencentes ao mesmo partido. **2.** Predomínio de uma facção na direção dos negócios públicos. **3.** Usurpação à soberania do povo, uma vez que o poder oligárquico advém da violência ou da riqueza. **4.** Regime político em que o grupo governante busca, arbitrariamente, a consecução de seus próprios interesses, agindo em seu benefício.

OLIGÁRQUICO. *Ciência política.* **1.** Que diz respeito à oligarquia. **2.** O que é governado por uma oligarquia.

OLIGARQUIZAR. *Ciência política.* Tornar oligárquico.

OLIGOBLENIA. *Medicina legal.* Falta de secreção mucosa.

OLIGOCITEMIA. *Medicina legal.* Diminuição na quantidade dos eritrócitos do sangue.

OLIGOCOLIA. *Medicina legal.* Escassez de secreção biliar.

OLIGOCRACIA. *Ciência política.* Aristocracia pouco numerosa.

OLIGOCRÁTICO. *Ciência política.* Relativo à oligocracia.

OLIGOCREMIA. *Medicina legal.* Escassez de hemoglobina no sangue.

OLIGODACRIA. *Medicina legal.* Pouca abundância de secreção lacrimal.

OLIGODATILIA. *Medicina legal.* Ausência congênita de algum dedo.

OLIGODATÍLICO. *Medicina legal.* Que se refere à oligodatilia.

OLIGODIPSIA. *Medicina legal.* Diminuição anormal da sede.

OLIGOERITROCITEMIA. *Medicina legal.* Escassez de hemácias sangüíneas.

OLIGOFARMÁCIA. Farmácia que contém número muito reduzido de remédios.

OLIGOFRENIA. *Medicina legal.* Distúrbio cerebral ocorrido durante a gestação ou nos primeiros anos de vida de uma criança, que pode causar mongolismo, debilidade, cretinismo, imbecilidade ou idiotia, prejudicando seu desenvolvimento mental, atrasando-o ou tornando-o incompleto.

OLIGOFRÊNICO. 1. *Medicina legal.* O que diz respeito à oligofrenia. **2.** *Direito civil* e *direito penal.* Paciente que sofreu deficiência ou parada do desenvolvimento mental, congênita ou adquirida em tenra idade, não tendo, por isso, capacidade de exercer por si os atos da vida civil, nem responsabilidade civil ou penal pelos atos lesivos que vier a praticar.

OLIGOIDRÂMNIOS. *Medicina legal.* Escassez de líquido amniótico.

OLIGOMANIA. *Medicina legal.* Mania mórbida incidente em um pequeno número de idéias.

OLIGOMANÍACO. *Medicina legal.* **1.** Aquele que padece de oligomania. **2.** Referente à oligomania.

OLIGOMENORRÉIA. *Medicina legal.* Menstruação que se dá com longos intervalos de tempo, por exemplo, a cada seis ou doze semanas, podendo, quando passar de três meses, ser confundida com amenorréia (Croce e Croce Jr.).

OLIGOPIONIA. *Medicina legal.* Magreza.

OLIGOPLASMIA. *Medicina legal.* Deficiência de plasma no sangue.

OLIGOPNÉIA. *Medicina legal.* Respiração superficial e lenta.

OLIGOPÓLIO. 1. *Economia política.* a) Competição entre um pequeno número de grandes vendedores que possibilita que cada um preveja as consequências das alterações feitas por um deles no preço da mercadoria ou produto ou na quantidade da oferta global; b) condição do mercado em que atua um número reduzido de vendedores para atender a uma demanda de compradores ou usuários (Othon Sidou). **2.** *Direito comercial.* Dá-se quando relativamente a um número restrito de empresas não haja condições de efetiva concorrência entre elas num determinado ramo de negócio ou de prestação de serviços (Tércio Sampaio Ferraz Jr.).

OLIGOPOSIA. *Medicina legal.* Diminuição da quantidade de ingestão de líquidos, por falta de sede.

OLIGOPSIQUIA. *Medicina legal.* Escassez de inteligência.

OLIGOPSÍQUICO. *Medicina legal.* Relativo à oligopsiquia.

OLIGOPSÔNIO. *Direito comercial.* Mercado em que se tem poucos compradores e muitos vendedores.

OLIGOQUILO. *Medicina legal.* Substância alimentar pouco nutritiva.

OLIGOSPERMIA. *Medicina legal.* Pouca secreção de esperma.

OLIGOSPÉRMICO. *Medicina legal.* Que se refere à oligospermia.

OLIGOSSIALIA. *Medicina legal.* Insuficiência de secreção de saliva.

OLIGOSSIDEROSIA. *Medicina legal.* Diminuição da dosagem de ferro no organismo humano.

OLIGOTRIQUIA. *Medicina legal.* Escassez natural ou mórbida de pêlos.

OLIGÚRIA. *Medicina legal.* Diminuição da quantidade de urina excretada.

OLIGÚRICO. *Medicina legal.* **1.** Aquele que sofre de oligúria. **2.** Relativo à oligúria.

OLIMPÍADA. 1. *Direito desportivo.* Competições atléticas internacionais similares às da antigüidade grega. **2.** *História do direito.* Período de quatro anos que intermediava duas celebrações consecutivas dos jogos olímpicos.

OLIMPIÁDICO. *Direito desportivo.* Referente às olimpíadas.

OLÍMPICO. 1. *Direito desportivo.* a) Cada jogo atlético das modernas olimpíadas; b) em futebol, é o gol feito diretamente de cobrança de escanteio, sem que nenhum jogador, de um ou de outro time, tenha tocado na bola. **2.** *História do direito.* a) Diz-se dos jogos que se celebravam, em

honra de Júpiter, de quatro em quatro anos, na Grécia antiga, perto de Olímpia; b) diz-se da coroa que se dava àqueles que venciam tais jogos.

OLIMPISMO. *Direito desportivo.* Instituição, sistema, influência ou prática dos jogos olímpicos.

OLIVAL. *Direito agrário.* Plantação de oliveiras.

OLIVEDO. *Direito agrário.* Porção de terrenos plantados com oliveiras.

OLIVEIRAL. *Vide* OLIVAL.

OLIVICULTOR. *Direito agrário.* **1.** Produtor rural que se dedica à olivicultura. **2.** Oleicultor.

OLIVICULTURA. *Direito agrário.* **1.** Cultura de oliveiras. **2.** Oleicultura.

OLOGÊNESE. *Sociologia geral.* Doutrina segundo a qual a humanidade surgiu em diferentes áreas da Terra, descendendo de pessoas da mesma espécie da que lhes deu formação (Othon Sidou).

OLOGRAFAR. *Direito civil.* Escrever com o próprio punho.

OLOGRAFIA. *Direito civil.* **1.** Documento escrito e assinado pelo próprio punho do autor. **2.** Testamento particular.

OLÓGRAFO. *Vide* OLOGRAFIA.

OLVIDADIÇO. Que se esquece muito facilmente das coisas e dos fatos.

OLVIDAMENTO. 1. Ato ou efeito de olvidar. **2.** Olvido.

OLVIDAR. 1. Esquecer. **2.** Desaprender.

OLVIDÁVEL. Aquilo que é suscetível de esquecimento.

OLVIDO. *Vide* OLVIDAMENTO.

OM. *Direito militar.* Sigla de Organização Militar.

OMACEFALIA. *Medicina legal.* Anomalia caracterizada pela ausência de braços e má conformação da cabeça.

OMAGRA. *Medicina legal.* Gota que ataca as espáduas.

OMALGIA. *Medicina legal.* Dor no ombro.

OMÁLGICO. *Medicina legal.* Que diz respeito à omalgia.

OMARTRITE. *Medicina legal.* Inflamação na articulação da espádua.

OMARTRÍTICO. *Medicina legal.* Relativo à omartrite.

***OMBUDSMAN.* 1.** *Termo sueco.* a) Comissário do Parlamento; atendente de queixas; ouvidor;

b) abreviação de *justitie-ombudsmen*. **2.** *História do direito, direito comparado* e *ciência política.* Instituto criado em 1713 na Suécia; órgão público especial, com livre trânsito nos três poderes estatais, incumbindo-se de controlar a administração, com o escopo de proteger as liberdades públicas e de zelar pelo cumprimento da lei, tutelando, assim, os cidadãos. É adotado por vários países como garantia contra abusos ou arbítrios do Judiciário e da Administração Pública, salvaguardando a liberdade, a propriedade e a segurança dos cidadãos, por agir sempre em prol do interesse da coletividade, ao conhecer de suas reclamações contra a injustiça e as distorções de autoridades administrativas. **3.** *Direito administrativo* e *ciência política.* a) Instituto autônomo vinculado ao Poder Legislativo, que tem por escopo controlar a administração e defender os direitos fundamentais do cidadão; b) instituição de origem escandinava que visa fiscalizar e controlar a administração pública, para proteger o cidadão (Paulo M. de Campos Petroni); c) órgão público que tem por escopo ouvir reclamações da coletividade sobre outros órgãos.

OMC. *Direito internacional público.* Sigla de Organização Mundial do Comércio e sucessora do *General Agreement on Tariffs and Trade* (GATT), fundada em 1955. Principal órgão internacional de regulamentação comercial e, por meio de negociações multilaterais, visa a liberalização do comércio internacional, contribuindo para o desenvolvimento econômico (Antonio Carlos Rodrigues do Amaral).

ÔMEGA. 1. Fim. **2.** O que pertence a um grupo ou a posições finais.

OMENTO. *Medicina legal.* Dobra do peritônio que liga uma víscera a outra.

ÔMER. *História do direito.* Medida de capacidade dos hebreus que correspondia a 2,937 l.

OMÍADA. *História do direito.* Dinastia árabe, procedente de Omias, tio de Maomé.

OMINOSO. 1. Nefasto. **2.** Abominável.

OMISSÃO. 1. *Direito penal.* Abstenção de um ato ou de cumprir um dever legal; não-realização da conduta exigida pela lei, sem a qual o resultado não teria ocorrido, gerando a responsabilidade criminal por ter sido a causa de um delito. **2.** *Teoria geral do direito.* Lacuna. **3.** *Direito civil.* a) Aquilo que se omitiu; b) ato ou efeito de omitir que, causando dano moral e/ou patrimonial, gera responsabilidade civil.

OMISSÃO DA LEI. *Teoria geral do direito.* *Vide* LACUNA.

OMISSÃO DE EFICIÊNCIA. *Direito militar.* Crime consistente em o oficial deixar a tropa que está sob seu comando em situação precária para a ação bélica.

OMISSÃO DE NOTIFICAÇÃO DE DOENÇA. *Direito penal.* Crime praticado por médico que deixa de denunciar uma doença à autoridade pública, cuja notificação tinha obrigação de fazer ante o interesse da coletividade.

OMISSÃO DE NOTIFICAÇÃO DE ESTERILIZAÇÃO CIRÚRGICA. *Direito penal.* Crime consistente em deixar o médico de notificar à autoridade sanitária as esterilizações cirúrgicas que realizar, punido com detenção e multa.

OMISSÃO DE SOCORRO. *Direito penal.* Ato de deixar de prestar assistência ou de não pedir socorro à autoridade pública, estando-se diante de quem está em perigo ou corre risco de vida, punido com detenção ou multa.

OMISSÃO INTENCIONAL. *Direito civil* e *direito penal.* Negligência.

OMISSIS. *Termo latino.* Omitidos.

OMISSIVO. Tudo que envolve omissão.

OMISSO. 1. Nas *linguagens comum* e *jurídica* é: a) faltoso; b) negligente; c) em que há falta; d) não previsto; e) esquecido. **2.** *Direito administrativo.* Diz-se do funcionário público que não toma as providências necessárias para o bom funcionamento dos serviços públicos.

OMISSOR. Que causa ou determina a omissão.

OMISSÓRIO. *Vide* OMISSOR.

OMISSUM NON DICITUR, QUOD FUISSET EXPRESSUM, SI PARS DE EO FUISSET INTERROGATA. *Aforismo jurídico.* Omisso não se diz, o que seria expresso, se a parte sobre tal fosse interrogada.

OMITE. *Medicina legal.* Inflamação da espádua.

OMITIR. 1. Negligência. **2.** Deixar de cumprir dever legal. **3.** Não mencionar. **4.** Deixar de fazer o que se deve. **5.** Esquecer.

OMM. *Direito internacional público.* Sigla da Organização Meteorológica Mundial, sediada em Genebra, vinculada à ONU.

OMNE AUTEM JUS QUO ULTIMUR VEL AD PERSONAS PERTINET VEL AD RES VEL AD ACTIONES. *Expressão latina.* Todo direito é relativo às pessoas, aos bens e às ações.

OMNE FUTURUM INCERTUM. *Expressão latina.* O futuro é incerto.

OMNE NIMIUM VERTITUR IN VITIUM. *Expressão latina.* Todo excesso transforma-se em vício.

OMNIA HABENT TEMPUS. *Expressão latina.* Tudo tem seu tempo.

OMNIA NIMIA NOCENT. *Expressão latina.* Todos os excessos prejudicam.

OMNIA PUGNACI JURA SUB ENSE CADUNT. *Expressão latina.* Onde há força, o direito se perde.

OMNIA QUAE JURE CONTRAHUNTUR CONTRARIO JURE PEREUNT. *Expressão latina.* Todas as obrigações contraídas em virtude de uma lei desaparecem em razão de uma norma contrária.

OMNIA SERVILITER PRO DOMINATIONE. *Expressão latina.* Tudo, servilmente, pelo domínio.

OMNIBUS IN RE PROPRIA ACENDI TESTIMONII FACULTATEM JURA SUBMOVERUNT. *Expressão latina.* Não é permitido por lei que alguém possa testemunhar em causa própria.

OMNIBUS JURA POSCENTIBUS FACILES ADITUS PANDITE. *Expressão latina.* Dê fácil acesso a todos que solicitarem a justiça.

OMNI DISCRIMINE REMOTO. *Expressão latina.* **1.** Afastada toda a distinção. **2.** Sem discriminação.

OMNI OBLIGATIONI FIDEIUSSOR ACCEDERE POTEST. *Expressão latina.* A toda obrigação pode-se agregar um fiador.

OMNI OPE. *Locução latina.* Com todo o empenho.

OMNIS DEFINITIO IN IURE CIVILI PERICULOSA EST. *Brocardo latino.* Toda definição em direito civil é perigosa.

OMNIS DEFINITIO IN JURE CIVILI PERICULOSA EST: PARUM EST ENIM UT NON SUBVERTI POSSIT. *Expressão latina.* Toda definição em direito civil é perigosa: poucas, com efeito, não podem ser alteradas.

OMNIUM CONSENSU. *Locução latina.* **1.** Unanimidade. **2.** Pelo consentimento de todos. **3.** Por vontade e com a aprovação unânime.

OMOFAGIA. Hábito de comer carne crua.

OMOTOCIA. *Medicina legal* e *direito penal.* **1.** Abortamento. **2.** Parto prematuro.

OMOTÓCICO. *Medicina legal* e *direito penal.* Referente à omotocia.

OMPI. *Direito internacional público.* Sigla da Organização Mundial da Propriedade Industrial, criada em Estocolmo em 1967 e vinculada à ONU, tendo por finalidade: a) promover a proteção da propriedade intelectual e dos direitos do autor, mediante a cooperação entre os países e com a colaboração de outras entidades internacionais; b) garantir a cooperação administrativa entre Uniões de propriedade intelectual.

OMS. *Direito internacional público.* Sigla da Organização Mundial de Saúde, sediada em Genebra.

ONAGRO. *História do direito.* Antiga máquina de guerra com que se lançavam pedras.

ONANISMO. *Medicina legal.* **1.** Cópula sexual incompleta, com o escopo de evitar a fecundação; ejaculação extravasada. **2.** Masturbação.

ONANISTA. *Medicina legal.* **1.** Aquele que pratica o coito interrompido. **2.** O que é dado a práticas masturbatórias. **3.** Aquele que se entrega ao onanismo.

ONANIZAR. *Medicina legal.* **1.** Masturbar. **2.** Praticar coito incompleto, para evitar a fecundação.

ONÇA. 1. *História do direito.* a) Antiga moeda brasileira que valia três centavos e um quinto; b) antigo peso brasileiro que correspondia à décima sexta parte do arrátel. **2.** *Direito comparado.* Medida de peso inglesa, equivalente a 28,349g.

ONÇA TROY. *Direito comparado.* Medida de peso da Inglaterra para metais e pedras preciosas, correspondente a 31,2g.

ONCOCERCOSE. *Medicina legal.* Infecção causada pela picada de mosquito, que procura o sangue da vítima, deixando em seu corpo ovos de *Onchocerca volvulus*, que formam tumores fibrosos do tamanho de uma ervilha.

ONCOLOGIA. *Medicina legal.* Estudo dos tumores.

ONCOLÓGICO. *Medicina legal.* Relativo à oncologia.

ONCOTOMIA. *Medicina legal.* Incisão de um tumor.

ONDA. 1. Água do mar que se eleva e se desloca. **2.** Agitação. **3.** Embrulhada. **4.** Multidão.

ONDA DE IMPULSO. *Direito comercial.* Diz-se da que vai na direção da tendência principal dos preços, contrapondo-se à de correção que se encontra em sentido oposto (Luiz Fernando Rudge).

ONDA DE POVO. Grande aglomeração de gente.

ONDA-MARÉ. *Vide* MARÉ.

ONDA MARINHEIRA. *Direito marítimo.* A mais alta que é formada pelo mar na saca e ressaca.

ONDAS DE TEMPESTADE. Ondas do mar de grande amplitude geradas por fenômeno meteorológico.

ONDA SÍSMICA. Propagação do abalo do solo causado por um tremor de terra.

ON-DIT. *Locução francesa.* Boato.

ONDULANTE. *Medicina legal.* Febre que alternadamente se eleva e se abaixa.

ONEMANIA. 1. *Medicina legal.* Oniomania ou idéia fixa e impulsiva de fazer compras sem necessidade. **2.** *Direito civil.* Prodigalidade.

ONEMANÍACO. 1. *Medicina legal.* Relativo à onemania. **2.** *Direito civil.* Pródigo.

ONERAÇÃO. *Direito civil.* Ato de impor ônus ou sujeitar um bem a algum gravame ou encargo.

ONERAÇÃO FRAUDULENTA DE COISA PRÓPRIA. *Direito penal.* Crime que consiste em dar em garantia coisa própria inalienável, gravada de ônus ou litigiosa, punível com reclusão e multa.

ONERADO. *Direito civil.* **1.** Gravado. **2.** Sujeito a um ônus real.

ONERAR. *Direito civil.* **1.** Impor encargos. **2.** Agravar. **3.** Sujeitar a coisa a um ônus real. **4.** Sobrecarregar.

ONERÁRIO. 1. *Direito comercial.* Aquilo que serve para transportar carga. **2.** *Direito administrativo* e *direito civil.* Que exerce, na verdade, um cargo ou função, não sendo honorário.

ONEROSIDADE. *Direito civil.* Qualidade de oneroso.

ONEROSIDADE EXCESSIVA. *Direito civil.* Causa de resolução contratual decorrente da superveniência de casos extraordinários e imprevisíveis por ocasião da formação do contrato de trato sucessivo ou a termo, que o tornam, de um lado, demasiadamente pesado para um dos contratantes, gerando a impossibilidade subjetiva de sua execução, e acarretam, de outro, lucro desarrazoado para outra parte. É motivo de resolução e revisão do contrato, por se considerar subentendida a cláusula *rebus sic stantibus*, correspondente à fórmula de que o vínculo obrigatório ficará subordinado ao estado de fato vigente à época de sua estipulação. Tal cláusula foi recepcionada pelo novo Código Civil, atendendo ao princípio da equivalência objetiva das prestações.

ONEROSO. *Direito civil.* **1.** Pesado. **2.** Que impõe ônus real ou encargo. **3.** Estar onerado. **4.** Diz-se do contrato que estipula vantagens e obrigações recíprocas para os contratantes, como, por exemplo, a compra e venda, a locação. Deveras, o contrato oneroso é aquele que traz vantagem para ambos os contratantes, pois estes sofrem um sacrifício patrimonial, correspondente a um proveito almejado. Por exemplo, na locação de coisa, o locatário paga o aluguel para poder usar e gozar do bem, e o locador entrega objeto que lhe pertence para receber aquele pagamento.

ONE-WAY TRIP. *Expressão inglesa.* Viagem só de ida.

ONFALECTOMIA. *Medicina legal.* Resseção do umbigo, para curar hérnia umbilical.

ONFALELCOSE. *Medicina legal.* Ulceração do umbigo.

ONFALITE. *Medicina legal.* Inflamação no umbigo.

ONFALOANGIÓPAGO. *Medicina legal.* Diz-se dos fetos duplos unidos pelos vasos do cordão umbilical.

ONFALOCELE. *Medicina legal.* Hérnia umbilical.

ONFALOCÉLICO. *Medicina legal.* Que se refere à onfalocele.

ONFALOFLEBITE. *Medicina legal.* Inflamação das veias do umbigo.

ONFALOFLEBÍTICO. *Medicina legal.* Relativo à onfaloflebite.

ONFALONCOSE. *Medicina legal.* Tumor no umbigo.

ONFALORRAGIA. *Medicina legal.* Hemorragia pelo umbigo, que pode ocorrer principalmente no recém-nascido.

ONFALORRÁGICO. *Medicina legal.* Que diz respeito à onfalorragia.

ONFALORRÉIA. *Medicina legal.* Fluxo de linfa pela cicatriz umbilical.

ONFALORREXIA. *Medicina legal.* Ruptura do cordão umbilical ou do umbigo.

ONFALOSITO. *Medicina legal.* Aquele que, por nascer com apenas alguns órgãos, morre assim que se der o rompimento do cordão umbilical.

ONFALOTOMIA. *Medicina legal.* Seção do cordão umbilical.

ONFALOTÔMICO. *Medicina legal.* Referente à onfalotomia.

ONFALOTRIPSIA. *Medicina legal.* Esmagamento do cordão umbilical.

ONG. Sigla de Organização Não-Governamental.

ÔNIBUS. *Direito de trânsito.* **1.** Transporte coletivo, urbano e interurbano, capacitado para conduzir muitos passageiros e com itinerário preestabelecido. **2.** É o veículo automotor de transporte coletivo com capacidade para mais

ONICATROFIA

de vinte passageiros, ainda que, em virtude de adaptações com vista à maior comodidade destes, transporte número menor.

ONICATROFIA. *Medicina legal.* Atrofia das unhas.

ONICAUXE. *Medicina legal.* Hipertrofia das unhas.

ONICOCRIPTOSE. *Medicina legal.* Perturbação provocada por encravamento de unha.

ONICOFAGIA. *Medicina legal.* Vício de roer as unhas.

ONICÓFAGO. *Medicina legal.* Aquele que tem onicofagia.

ONICOFIMA. *Medicina legal.* Espessamento das unhas.

ONICOMA. *Medicina legal.* Tumor na raiz da unha.

ONICOMALACIA. *Medicina legal.* Amolecimento das unhas.

ONICOPTOSE. *Medicina legal.* Queda da unha causada por uma infecção.

ONICRACIA. *Ciência política.* Poder de todos.

ONILÍNGÜE. Poliglota; aquele que conhece muitas línguas.

ONÍMODO. *Filosofia geral.* O que não tem limites.

ONIOMANIA. *Psicologia forense.* **1.** Impulso que conduz a pessoa a comprar coisas sem utilidade. **2.** Perturbação mental que leva o paciente a adquirir de forma descontrolada financeiramente tudo o que tiver vontade (Roberto Senise Lisboa). *Vide* ONEMANIA.

ONIPATENTE. 1. Aquilo que é público e notório. **2.** Patente para todos.

ONIPOTÊNCIA. *Filosofia geral* e *ciência política.* Poder absoluto ou ilimitado.

ONIPOTENTE. *Filosofia geral.* Que tem poder ilimitado.

ONIQUIA. *Medicina legal.* Ulceração da matriz da unha.

ONIQUITE. *Medicina legal.* Inflamação da matriz da unha, causada por bactérias ou cogumelos.

ONÍRICO. *Medicina legal.* **1.** Relativo ao sonho. **2.** Diz-se do delírio em que as oscilações do sensório variam desde a obnubilação até a lucidez momentânea, por representações desordenadas similares ao sonho.

ONIRISMO. *Medicina legal.* **1.** Forma de delírio subagudo, muito comum no alcoolismo crônico, que leva o paciente a ter alucinações e visões. **2.** Estado de espírito que leva a pessoa a sonhos, a idéias quiméricas ou a fantasias.

3. Distúrbio passageiro da faculdade de percepção sensorial que faz a pessoa ter visões irreais. É muito comum em abalos emocionais, crises histéricas, intoxicações alcoólicas etc.

ONIRODINIA. *Medicina legal.* Pesadelo.

ONIROGMO. *Medicina legal.* Poluição noturna provocada por sonho lascivo.

ONITUDE. *Filosofia geral.* Totalidade (Kant e Brunschvicg).

ON LINE. *Direito virtual.* **1.** Conjunto de manuais gravados no disco rígido ou disponíveis em uma rede, que podem ser acessados diretamente na tela do computador. **2.** Processamento eletrônico de dados que, instantaneamente, permite consultas e envio de mensagens imediatas ao internauta.

ONOMASIOLOGIA. *Filosofia geral.* **1.** Método consistente em reunir expressões lingüísticas para traduzir uma noção. **2.** Designação nominal.

ONOMASIOLOGIA JURÍDICA. *Filosofia do direito.* Estudo do significado e descoberta da definição dos termos utilizados na linguagem jurídica; busca a precisão terminológico-científica.

ONOMASIOLÓGICA. *Filosofia geral.* **1.** Referente à onomasiologia. **2.** Diz-se da busca do sentido do vocábulo correspondente com a realidade.

ONOMÁSTICO. 1. Relativo a nomes próprios. **2.** Diz-se do índice que contém o rol dos autores citados numa obra.

ONOMÁTICO. *Vide* ONOMÁSTICO.

ONOMATOMANIA. *Medicina legal.* Obsessão que leva o paciente a procurar um vocábulo ou a evitar o uso de um termo cuja pronúncia o aflija.

ONOMATOMANÍACO. *Medicina legal.* **1.** Que diz respeito à onomatomania. **2.** Aquele que tem onomatomania.

ONOMATOPOESE. 1. Criação de palavras novas. **2.** Neologismo.

ONOMATÓPOSE. 1. Pseudônimo. **2.** Nome disfarçado.

ON OPEN ACCOUNT. *Direito internacional privado.* Técnica da compra e venda internacional utilizada para diminuir os riscos decorrentes da distância, das variações cambiais e da política, salvaguardando tanto o exportador como o importador. Essa técnica poderá efetuar-se de várias formas, relativamente ao momento, assim: a) o vendedor poderá receber o preço antes do embarque ou da entrega da mercadoria (*cash with order*); b) o comprador poderá pagar contra a entrega dos documentos representativos da mercadoria, mediante remessa de numerário por via postal ou telegráfica (*sight payment*); c) o vendedor poderá receber, no ato da entrega, do comprador os documentos representativos da mercadoria (*cash against documents*); d) o comprador poderá efetuar o pagamento depois da inspeção da mercadoria, no local do destino (*cash on delivery*).

ONPFS. *Direito ambiental.* Abreviatura de Organismos Nacionais de Proteção Fitossanitária.

ONTEM. 1. Dia anterior ao de hoje. **2.** Data recente. **3.** Tempo passado.

ONTOGÊNESE. 1. Evolução. **2.** Desenvolvimento físico ou mental do ser humano. **3.** Ontogenia.

ONTOGENIA. *Vide* ONTOGÊNESE.

ONTOGENIA JURÍDICA. *Filosofia do direito.* Estudo das transformações sofridas pelos institutos jurídicos.

ONTOGNOSEOLOGIA. *Filosofia geral.* Doutrina do ser enquanto conhecido e das condições primeiras do pensamento em relação ao ser. A ontognoseologia desdobra-se, por abstração, em duas ordens ou momentos distintos de pesquisas: ora indaga das condições do conhecimento pertinentes ao sujeito que conhece (gnoseologia), ora indaga das condições de cognoscibilidade de algo, ou seja, das condições segundo as quais algo torna-se objeto do conhecimento ou, em última análise, do ser enquanto conhecido ou cognoscível (ontologia) (Miguel Reale). É a gnoseologia orientada no sentido das objetividades (Miguel Reale).

ONTOLOGIA. *Filosofia geral.* **1.** Ciência de algo e do nada, do ente e do não-ente, da coisa e do modo da coisa, da substância e do acidente (Leibniz). **2.** Ciência do ser dos entes. **3.** Parte da filosofia que estuda o ser enquanto ser (Aristóteles). **4.** Estudo ou conhecimento do que são as coisas em si mesmas, enquanto substâncias (Lalande). **5.** Fundamento de tudo (Cournot). **6.** Ciência do ser em geral e de suas propriedades transcendentais.

ONTOLOGIA DO ESTADO. *Filosofia do Estado.* **1.** Estudo dos elementos essenciais do Estado, como: idéia do porquê, do como e do para que do fato da convivência (Cabral de Moncada). **2.** Estudo da idéia do Estado, da realidade cultural empírica dos diferentes Estados, da representação ideal que se faz do Estado, para que se possa saber como devemos colaborar na sua formação e reforma (Cabral de Moncada).

ONTOLOGIA DOS VALORES. *Filosofia geral.* **1.** Estudo da essência dos valores enquanto seres valentes. Tal essência é sua referência a um sujeito, por serem apreendidos mediante uma forma particular de sentimento ou emoção. Logo, não são entes *in se* (Hessen). **2.** Estudo de essência dos valores que consiste em sua apeticibilidade, por serem colocados em relação com uma vontade ou impulso vital ou instintivo (Ehrenfels).

ONTOLOGIA JURÍDICA. *Filosofia do direito.* Parte da filosofia jurídica que se ocupa com o problema da essência do direito, investigando-o, para chegar a defini-lo e precisar seu conceito.

ONTOLÓGICO. *Filosofia geral.* **1.** Relativo à ontologia. **2.** Que pertence à ontologia.

ONTOLOGISMO. *Filosofia geral.* **1.** Emprego, no raciocínio filosófico, dos processos ontológicos. **2.** Tendência que subordina o ser à idéia (Gioberti). **3.** Teoria que visa a investigação da essência dos seres.

ONTOLOGISTA. *Filosofia geral.* **1.** Aquele que é versado em ontologia. **2.** Adepto do ontologismo.

ONTÓLOGO. *Vide* ONTOLOGISTA.

ONU. *Direito internacional público.* Sigla da Organização das Nações Unidas, criada em 1945 e sediada em Nova York, que abrange quase todos os países, por ser uma associação de Estados, e que tem por objetivo a manutenção da paz mundial; o desenvolvimento das relações amistosas entre as várias potências; a cooperação na solução de questões internacionais de caráter econômico, social, cultural e humanitário; a promoção do respeito aos direitos humanos e às liberdades fundamentais.

ÔNUS. 1. *Direito civil.* a) Encargo; obrigação; dever; b) subordinação de um interesse próprio a outro interesse próprio (Othon Sidou); c) gravame. **2.** *Direito tributário.* a) Imposto; b) tributo.

ÔNUS ANTICRÉTICO. *Direito civil.* Gravame oriundo de uma anticrese.

ÔNUS DA AFIRMAÇÃO. *Direito processual.* **1.** Dever das partes de provar os fatos necessários para a decisão e de os mencionar no processo mediante uma afirmação, convertendo-os em fundamento da decisão (Munir Karam). **2.** Incumbência do dever de provar a quem afirma.

ÔNUS DA ALEGAÇÃO. *Vide* ÔNUS DA AFIRMAÇÃO.

ÔNUS DA IMPUGNAÇÃO. *Direito processual civil.* Dever que tem o réu de manifestar-se sobre os fatos narrados na petição inicial, sob pena de presunção de sua veracidade.

ÔNUS DA PROVA. *Direito processual.* Obrigação de provar, que compete a quem afirmar os fatos ou a quem fizer as alegações e não a quem negar a existência do fato. Logo, o ônus da prova incumbe ao autor, quanto ao fato constitutivo do seu direito; ao acusador, quanto ao crime; e ao réu, quanto à existência do fato impeditivo, modificativo ou extintivo do direito do autor, demonstrando que das afirmações do autor não decorrem os efeitos por ele pretendidos.

ÔNUS DA SERVIDÃO. *Direito civil.* Gravame decorrente de servidão predial.

ÔNUS DE FRUIÇÃO. *Direito civil.* Ônus reais atinentes ao usufruto.

ÔNUS DE HABITAÇÃO. *Direito civil.* Encargo que pesa diretamente sobre a propriedade de um imóvel, restringindo seu uso por ter sido dado em habitação.

ÔNUS DE RENDAS. *História do direito.* Constituição de rendas sobre imóvel alheio, que era um direito real de fruição sobre coisa alheia.

ÔNUS DE USO. *Direito civil.* Gravame que limita a fruição de bem imóvel, em virtude de haver uso.

ÔNUS ENFITÊUTICOS. *Direito civil.* Ônus reais relativos às enfiteuses.

ONUS EST HONOS QUI SUSTINET REM PUBLICAM. *Expressão latina.* A honra de governar o Estado é um fardo.

ÔNUS HIPOTECÁRIO. *Direito civil.* Obrigações referentes à hipoteca.

ÔNUS PESSOAL. *Direito civil.* Obrigação que a pessoa deve cumprir, independentemente da coisa. É o encargo que deve ser cumprido pela pessoa, sem referência a bens.

ÔNUS PIGNORATÍCIO. *Direito civil.* Aquele que recai em coisa móvel, em razão de penhor.

ONUS PROBANDI. *Locução latina.* Ônus da prova.

ONUS PROBANDI EST QUI DIXIT. *Expressão latina.* O ônus da prova é de quem alega o fato.

ONUS PROBANDI INCUMBIT EI QUI AGIT. *Brocardo latino.* O ônus da prova incumbe ao que aciona.

ONUS PROBANDI SEMPER NUS PROBANDI EI INCUMBIT QUI DICIT. *Brocardo latino.* O ônus da prova incumbe sempre a quem alega.

ÔNUS REAIS. *Direito civil.* São obrigações que limitam a fruição e a disposição da propriedade. Representam os direitos reais sobre a coisa, móvel ou imóvel, prevalecem *erga omnes* e revestem-se do atributo da seqüela. São obrigações de realizar, periódica ou reiteradamente, uma prestação que recaem sobre o titular da coisa; logo, vinculam-se ao bem que servirá de garantia ao seu adimplemento. Grava, portanto, o bem, sem atender propriamente a pessoa que o possui. São ônus reais: a servidão predial, a enfiteuse, o usufruto, o uso, a habitação, a superfície, a hipoteca, o penhor, a anticrese.

ÔNUS TRIBUTÁRIOS. *Direito tributário.* Impostos ou tributos.

ONZENA. *História do direito.* **1.** Usura; agiotagem. **2.** Juro exorbitante. **3.** Juro de 11% que se cobrava do capital emprestado. **4.** Cobrança de juros acima da taxa legal.

ONZENAR. *História do direito.* **1.** Praticar usura ou agiotagem. **2.** Cobrar juros ilegais e altos pela quantia emprestada.

ONZENÁRIO. *História do direito.* **1.** Agiota. **2.** Usuário. **3.** Aquele que obtém grandes lucros, mediante cobrança de taxa exorbitante de juros pelo empréstimo de dinheiro que fez.

OÓCITO. *Medicina legal.* Célula-ovo antes de estar completado seu processo de maturação.

OOFORALGIA. *Medicina legal.* Dor no ovário.

OOFORAUXE. *Medicina legal.* Hipertrofia do ovário.

OOFORECTOMIA. *Medicina legal.* Ablação uni ou bilateral do ovário (Croce e Croce Jr.).

OOFOREPILEPSIA. *Medicina legal.* Epilepsia decorrente de perturbação havida no funcionamento dos ovários.

OOFOREPILÉPTICO. *Medicina legal.* Referente à ooforepilepsia.

OOFORISTERECTOMIA. *Medicina legal.* Extirpação do útero e dos ovários.

OOFORITE. *Medicina legal.* Inflamação dos ovários.

OOFOROCELE. *Medicina legal.* **1.** Tumor ovariano. **2.** Hérnia do ovário.

OOFOROCISTOSE. *Medicina legal.* Formação de cisto no ovário.

OOFOROMA. *Medicina legal.* Tumor nos ovários.

OOFOROMANIA. *Medicina legal.* Perturbação nervosa que se liga a uma lesão ovariana.

OOFOROMANÍACO. *Medicina legal.* **1.** Relativo à ooforomania. **2.** Aquele que sofre de ooforomania.

OOFOROPEXIA. *Medicina legal.* Fixação cirúrgica dos ovários.

OOFOROSSALPINGECTOMIA. *Medicina legal.* Ablação do ovário e da trompa de Falópio.

OOFOROSSALPINGITE. *Medicina legal.* Inflamação do ovário e da trompa de Falópio.

OOFOROSTOMIA. *Medicina legal.* Abertura cirúrgica de um tumor ovariano ou de um quisto.

OOSPERMA. *Medicina legal.* Zigoto; óvulo fecundado.

OPA. 1. *Direito canônico.* Capa sem mangas usada, em solenidades, pelos membros de confrarias religiosas. **2.** *Direito comercial.* Oferta pública de ações, por ocasião do fechamento do capital de uma companhia.

OPALGIA. *Medicina legal.* Dor na face.

OPÇÃO. 1. *Direito civil.* a) Contrato preliminar unilateral, em que ambos os interessados anuem para sua realização; porém, só gera deveres para um deles. Na opção conveniona-se que um dos interessados terá preferência para a realização do contrato, caso resolva celebrá-lo. Como contrato unilateral, gera obrigações a uma das partes, ao passo que a outra terá liberdade de efetuar ou não o contrato, conforme suas conveniências. É um contrato preliminar unilateral, visando um *contrahere* futuro. Poderá ser feito de dois modos: estabelecido num contrato autônomo, ou pactuado como cláusula de outro contrato, por exemplo, ao se conceder ao locatário, no contrato de locação, o direito de tornar efetiva a aquisição do imóvel dentro de determinado prazo. Na opção, o direito de adquirir é potestativo, visto que o seu titular, dentro do prazo fixado, pode exigir a venda do imóvel, sendo apenas um direito pessoal, consubstanciando-se numa obrigação de fazer, que gerará, se não cumprida, a indenização das perdas e danos; b) prerrogativa de escolher entre duas ou mais prestações, preferindo uma delas; c) direito preferencial para efetuar certo ato jurídico ou para escolher dois ou mais modos de exercer seus direitos; d) preempção; e) livre escolha. **2.** *Direito do trabalho.* Declaração escrita do empregado, dando preferência ao regime do FGTS. **3.** *Direito comercial.* Operação de bolsa de valores a termo, que pode ser desfeita, pagando a parte desistente o prêmio à outra. Tal venda com opção ocorre se um dos operadores (comprador ou vendedor) se reservar o direito de cancelar o contrato ou dele desistir,

antes do termo, liberando-se se pagar a soma previamente estipulada.

OPÇÃO COACTA. *Direito comparado.* Modo, adotado na França, de obter o resultado da vontade coletiva do tribunal, submetendo-se as duas correntes de maior votação aos juízes que se filiaram às que obtiveram menor número de votos (Lobão Ferreira).

OPÇÃO CONVENCIONAL. *Direito civil.* Dá-se quando o direito de escolha entre duas ou mais prestações, ou o de preferência, decorrem de cláusula contratual.

OPÇÃO DE COMPRA. *Direito comercial.* Contrato que confere ao titular o direito de comprar do lançador o ativo, objeto da opção, a um preço previamente estipulado e até a data de vencimento da opção (Luiz Fernando Rudge).

OPÇÃO DE VENDA. *Direito civil.* Instrumento e prova da corretagem, em que define o comitente as linhas básicas do negócio, seus limites ou contornos, balizando a ação do corretor, às quais lhe cabe ajustar o interesse do terceiro, para a conclusão do negócio (Carlos Alberto Bittar).

OPÇÃO LEGAL. *Direito civil.* Direito de escolha conferido pela lei, como o do herdeiro optar entre a aceitação ou renúncia de herança.

OPCIONAL. *Direito civil.* Relativo a opção.

OPE. *Termo latino.* Por efeito; por força.

OPE ACTIONIS. *Locução latina.* Por via de ação.

OPE CONTRACTUS. *Locução latina.* Por força de contrato.

OPE EXCEPTIONIS. *Locução latina.* Por via de exceção.

OPE JURIS. *Locução latina.* Por força do direito; em virtude do direito.

OPE LEGIS. *Locução latina.* Por efeito legal; por força da lei.

OPEN. *Termo inglês.* **1.** Aberto. **2.** Notório. **3.** Disponível.

OPEN ACCOUNT. 1. *Termo inglês.* Conta aberta. **2.** *Direito internacional privado.* Técnica usada nas operações de importação e exportação para minimizar riscos decorrentes da distância, das variações cambiais e da política, salvaguardando tanto o importador como o exportador. *Vide ON OPEN ACCOUNT.*

OPEN A JUDGMENT. *Locução inglesa.* Ação rescisória.

OPEN BID. *Locução inglesa.* Proposta em aberto, possibilitando a negociação de valores.

OPEN CHECK. 1. *Locução inglesa.* Cheque aberto. **2.** *Direito cambiário.* Cheque sacado à ordem do próprio sacador, confundindo o emitente e o beneficiário ou portador.

OPEN CORPORATION. *Locução inglesa.* Sociedade anônima de capital aberto.

OPEN COVER. 1. *Locução inglesa.* Cobertura aberta. **2.** *Direito internacional privado.* Modalidade de contratar seguro para embarques sucessivos, quando se ignoram seus detalhes à data da contratação.

OPEN CREDIT. *Locução inglesa.* Crédito em aberto.

OPENED CONTRACT. *Locução inglesa.* Compra e venda de mercadorias em que não há, durante o prazo estabelecido, quaisquer alterações no preço.

OPENED MORTGAGE. *Locução inglesa.* Crédito hipotecário ou pignoratício que admite novos empréstimos por conta da mesma garantia.

OPENEND INVESTMENT COMPANY. *Locução inglesa.* Fundo de investimentos.

OPENER. *Termo inglês.* Tomador.

OPEN FACTORING. *Direito comercial.* Contrato em que a empresa de *factoring* financia o negócio, encarregando-se, aditivamente, das cobranças.

OPENING BALANCE. *Locução inglesa.* Saldo anterior.

OPEN INTEREST. *Locução inglesa.* **1.** Contratos em aberto. **2.** Total de contratos existentes e registrados, para liquidação no vencimento do contrato futuro ou de opção em bolsas de valores ou de mercadorias e futuros, numa determinada data (Luiz Fernando Rudge).

OPEN MARKET. *Locução inglesa.* Mercado aberto de compra e venda de títulos públicos.

OPEN MARKET POLICY. *Economia política.* Política que, para regularizar o mercado monetário, pretende elevar preços pela injeção de moeda realizada pela compra maciça de títulos, ou fazê-los baixar pela subtração de moeda realizada pela venda maciça de títulos (Henri Guitton).

OPEN PRICE. *Locução inglesa.* Preço em aberto.

OPEN TOP AND OPEN SIDES. *Direito comercial* e *direito internacional privado.* Diz-se da forma de *container* que é aberto em cima e dos lados.

OPEP. *Direito internacional público.* Sigla da Organização dos Países Exportadores de Petróleo, sediada em Viena e criada em 1961.

OPERAÇÃO. 1. *Direito comercial.* Qualquer realização de negócios empresariais; transação comercial. **2.** *Medicina legal.* Intervenção cirúrgica. **3.** *Filosofia em geral.* Ação de conceber, julgar e raciocinar. **4.** *Direito militar.* Ação bélica executada no ataque ou na defesa. **5.** Na *linguagem jurídica* em geral: a) obra; b) execução; c) conjunto de meios para a consecução de um resultado; d) efeito; e) ocorrência; f) realização; g) ajuste. **6.** É toda e qualquer transação comandada em um sistema que possa resultar em transferência de fundos, títulos, valores mobiliários ou outros ativos financeiros. **7.** Atividade técnica, industrial ou operacional, ou qualquer combinação dessas atividades, executada por um ou mais operadores com a finalidade de realizar um objetivo específico.

OPERAÇÃO ACEITA. *Direito bancário.* Operação acolhida para fins de liquidação, pela câmara ou pelo prestador de serviços de compensação e de liquidação.

OPERAÇÃO A CONTADO. *Vide* OPERAÇÃO À VISTA.

OPERAÇÃO A DESCOBERTO. 1. *Direito bancário.* Pagamento de cheque feito por banco sem que haja provisão suficiente de fundos na conta de depósito do seu emitente. **2.** *Direito comercial.* Qualquer operação realizada sem garantia ou com garantia insuficiente.

OPERAÇÃO A PRÊMIO. *Direito comercial.* Operação em que o comprador se reserva o direito de torná-la sem efeito, pagando ao vendedor um prêmio, a título de indenização.

OPERAÇÃO A PRIME. *Direito comercial.* Operação a termo que contém a condição de ser o comprador indenizado se o vendedor vier a desfazer o negócio.

OPERAÇÃO ARRISCADA. *Direito comercial.* Aquela que, por não conter qualquer garantia, oferece riscos quanto aos seus resultados, trazendo, por conseqüência, incerteza, ou imprevisibilidade, quanto aos lucros.

OPERAÇÃO A TERMO. *Direito comercial.* Aquela que diz respeito à execução de contrato de compra e venda, pois, após sua conclusão, comprador e vendedor estabelecem que a execução deverá ser feita dentro de certo tempo inicial ou final. Tal operação far-se-á a descoberto, ou seja, o vendedor, por não possuir a mercadoria contratada, reserva-se o direito de, durante o prazo estipulado, procurá-la. O vendedor especulará na baixa, esperando que, no dia fixado para a entrega da mercadoria, esta esteja avaliada por um preço inferior ao contratual, e o comprador especulará na alta, esperando que o preço corrente seja superior ao preço que terá de pagar. Será, portanto, a probabilidade da alta ou da baixa dos preços que sugerirá ao especulador a efetivação de uma venda a termo. O termo na compra e venda poderá ser unilateral, se se puder retardar a exigibilidade somente da obrigação do comprador ou do vendedor, ou bilateral, se se adiar a execução das obrigações de ambos os contratantes. Tal operação é muito comum, tanto em relação a títulos ou valores mobiliários, quanto a mercadorias, podendo ocorrer em operações de Bolsa ou fora dela.

OPERAÇÃO A TERMO DE MERCADORIAS. *Direito comercial.* Aquela que abrange uma das seguintes modalidades: a) venda a entregar, que se opera se o vendedor não possuir a mercadoria, estabelecendo, por isso, o preço para entregá-la ao comprador por certo prazo, jogando, assim, na variação do preço, a fim de obter lucro; b) venda por enfiada, muito comum na França e na Itália, a qual consiste na transferência sucessiva do contrato inicial da venda, sendo que a mercadoria somente será entregue ao último comprador; c) *hedging*, que consiste numa cobertura contra riscos de variações e oscilações dos preços.

OPERAÇÃO ATIVA. *Direito bancário.* Empréstimo de dinheiro ou qualquer outra operação onerosa levada a efeito por banco.

OPERAÇÃO À VISTA. *Direito civil* e *direito comercial.* Aquela que se realiza de imediato, mediante pagamento integral, em dinheiro de contado, de *quantum* estipulado ou em até trinta dias. Também designada "operação a contado" ou "operação real".

OPERAÇÃO BANCÁRIA. *Direito bancário.* Qualquer negócio realizado por banco ou instituição financeira na sua habitual atividade mercantil, desde que tenha cunho creditício, e seja relativo a dinheiro, cheque, letra de câmbio, bilhete a ordem, ações, apólices etc.; ou em operações como cobrança, empréstimo, financiamento, depósito, desconto etc.

OPERAÇÃO CESARIANA. *Medicina legal.* Intervenção cirúrgica consistente em retirar o feto, mediante incisão na parede abdominal para atingir o útero, possibilitando seu nascimento.

OPERAÇÃO COMERCIAL. *Direito comercial.* Aquela executada por empresário em sua atividade econômica organizada para produção e circulação de bens e serviços.

OPERAÇÃO COMPROMISSADA. *Direito civil* e *direito cambiário.* **1.** A compra e venda de títulos com compromisso de revenda assumido pelo comprador conjugado com o compromisso de recompra assumido pelo vendedor. **2.** Operação envolvendo títulos de renda fixa.

OPERAÇÃO DA TALHA. *Medicina legal.* Cistotomia.

OPERAÇÃO DE BOLSA. *Direito comercial.* Contrato concluído, com a mediação de corretor, no local e nas horas de pregão na Bolsa, tendo por objeto valores ou mercadorias nela admitidas à negociação e à cotação, podendo ser à vista ou a termo, que, por sua vez, será firme, com opção, reporte ou deporte (Carvalho de Mendonça).

OPERAÇÃO DE BOLSA À VISTA. *Direito comercial.* É aquela para liquidação imediata ou em cinco dias, contando-se o prazo da sessão da Bolsa em que for efetuada.

OPERAÇÃO DE BOLSA DE MERCADORIA. *Direito comercial.* É a que tem por finalidade não só a corretagem, mas também a promoção do comércio e do desenvolvimento dos gêneros produzidos no país, negociáveis em Bolsa, classificando-os em tipos oficiais. Além disso, o desenvolvimento do intercâmbio comercial nacional e internacional no que atina a produtos; a verificação do estado geral do mercado e as cotações dos preços das mercadorias, registrando-os em livros próprios da junta, devendo, para tanto, fazer uma verificação diária dos pregões de compra e venda; a padronização dos gêneros de produção nacional; o conhecimento do mercado para prestar informações seguras.

OPERAÇÃO DE BOLSA DE MERCADORIA A TERMO. *Direito comercial.* Aquela em que as partes estipulam a execução do contrato para certa época, fixada antecipadamente. Apenas terá validade se lavrada por corretor de mercadoria e registrada na Caixa de Liquidação. As operações a termo de mercadorias podem ser: venda a entregar, venda por enfiada e *hedging*.

OPERAÇÃO DE BOLSA DE MERCADORIA À VISTA. *Direito comercial.* Aquela em que a ordem para a entrega da mercadoria é dada no mesmo dia da venda, mesmo que os pagamentos sejam feitos em prazos curtos estabelecidos pelos comitentes, pelos usos e regimentos da Bolsa.

OPERAÇÃO DE BOLSA DE VALORES A TERMO. *Direito comercial.* É a que pode realizar-se com vencimento para o último dia do mês, sempre que não dispuser de outro modo a vontade do comprador ou do vendedor; ou aquela cuja liquidação se processa após cinco dias de seu fechamento e os atos a ela concernentes apenas valerão se a mesma for lavrada em formulário fornecido pela Bolsa de Valores e registrada na Caixa de Liquidação. As operações a termo, verificadas nas Bolsas, são: a) vendas firmes, se não admitirem cláusula rescisória unilateral, ficando as partes obrigadas a cumpri-la, logo o comprador está obrigado a pagar o preço na época avençada e o vendedor a entregar o bem ou título, ou, então, a liquidar o contrato pela diferença; b) vendas com opção ou a prêmio, se puderem ser desfeitas, pagando a parte desistente o prêmio a outra. Ocorrerão se um dos operadores, comprador ou vendedor, se reservar o direito de cancelar o contrato ou dele desistir antes do termo, liberando-se de qualquer responsabilidade se pagar a soma previamente avençada, antevendo que no dia do vencimento poderá sofrer prejuízo, em razão de alta ou de baixa; c) vendas com reporte ou deporte, que consistirão na compra à vista e revenda a prazo, entre as mesmas partes contratantes, dos mesmos títulos ou de outros da mesma espécie.

OPERAÇÃO DE CÂMBIO. *Direito internacional privado* e *direito cambiário.* Aquela que envolve a compra e venda de moedas e de papéis representativos de moeda. Ocorre sempre que houver a transformação da moeda estrangeira em nacional, pelo câmbio oficial; ante a necessidade que tem o importador de efetuar pagamento dos produtos que adquire junto ao exportador e pelo turismo.

OPERAÇÃO DE CÂMBIO ESCRITURAL. *Vide* OPERAÇÃO DE CÂMBIO TRAJECTÍCIO.

OPERAÇÃO DE CÂMBIO MANUAL. *Direito cambiário* e *direito internacional privado.* Aquela que corresponde à troca da moeda nacional pela estrangeira, utilizada por turistas que se deslocam para o exterior.

OPERAÇÃO DE CÂMBIO SACADO. *Vide* OPERAÇÃO DE CÂMBIO TRAJECTÍCIO.

OPERAÇÃO DE CÂMBIO TRAJECTÍCIO. *Direito internacional privado.* Também designada "operação de câmbio sacado" e "operação de câmbio escritu-ral". É a ligada à exportação e à importação e realizada por bancos autorizados pelo governo e fiscalizados pelo Banco Central. Processa-se mediante cheque e resume-se na aquisição e venda de crédito documentário, ordem de pagamento, letra de câmbio pagável no exterior, ficando a cotação dessa letra cambial subordinada à lei da oferta e da procura, embora em certos casos o governo intervenha diretamente na política cambiária, determinando as operações que poderão ser feitas em taxa oficial e as que deverão seguir o câmbio livre, decorrente de convenção entre as partes. A operação de câmbio sacado ou trajectício envolve operação cambial financeira ou operação comercial.

OPERAÇÃO DE CARGA E DESCARGA. *Direito de trânsito.* É a imobilização do veículo, pelo tempo estritamente necessário ao carregamento ou descarregamento de animais ou carga, na forma disciplinada pelo órgão ou entidade executivo de trânsito competente com circunscrição sobre a via.

OPERAÇÃO DE CRÉDITO. 1. *Direito cambiário.* a) Negócio em que o credor transfere a propriedade de um bem seu ao devedor, o qual se obriga a restituir, dentro de certo prazo, coisa equivalente. Tal operação baseia-se na confiança da solvabilidade do devedor (Sérgio Carlos Covello); b) aquela que tem por objeto o dinheiro e os títulos-valores, com o fim de levantar ou suprir numerário, para atender às necessidades financeiras de um estabelecimento comercial, civil ou público (De Plácido e Silva). **2.** *Direito bancário.* Empréstimo feito por banco e desconto de título.

OPERAÇÃO DE CRÉDITO EXTERNA (OCE). *Direito internacional privado.* Compromisso financeiro assumido com organismo financeiro internacional, ajustado por intermédio de contrato, com pronunciamento prévio e expresso dos órgãos federais competentes, com a finalidade de financiamento para aquisições de bens e serviços.

OPERAÇÃO DE CRÉDITO INTERNO E EXTERNO REALIZADA PELO ESTADO, PELO DISTRITO FEDERAL, PELO MUNICÍPIO E POR SUAS RESPECTIVAS AUTARQUIAS. *Direito administrativo.* Toda e qualquer obrigação decorrente de financiamentos ou empréstimos, inclusive arrendamento mercantil, e a concessão de qualquer garantia, que representem compromissos assumidos com credores situados no País ou no exterior, e, ainda, a emissão de debêntures ou a assunção de obrigações por entidades controladas pelos Estados, pelo Distrito Federal e pelos Municípios, que não exerçam atividade produtiva ou não possuam fonte própria de receitas. Considera-se financiamento ou empréstimo a emissão ou aceite de títulos da dívida pública e a celebração de contratos que fixem valores mutuados ou financiados, ou prazos ou valores de desembolso ou amortização, bem como seus aditamentos que elevem tais valores ou modifiquem tais prazos. A assunção de dívidas pelos Estados, pelo Distrito Federal, pelos municípios e por suas respectivas autarquias equipara-se às operações de crédito. Tal operação realizada em um exercício não pode exceder o montante das despesas de capital fixadas na lei orçamentária anual, ressalvada a autorizada mediante créditos suplementares ou especiais, com finalidade precisa, aprovada pelo Poder Legislativo por maioria absoluta.

OPERAÇÃO DE EMERGÊNCIA. Operação de segurança a ser executada em uma situação de emergência.

OPERAÇÃO DE FINANCIAMENTO. *Direito comercial.* 1. Operação pela qual um investidor compra à vista um lote de ações e o revende imediatamente em um dos mercados a prazo. 2. Operação em que um investidor vende uma ação à vista e compra uma opção de compra sobre essa ação (Luiz Fernando Rudge).

OPERAÇÃO DE LANÇAMENTO. *Direito espacial.* Operação para colocar ou tentar colocar um veículo lançador e sua carga útil em uma trajetória suborbital, em órbita terrestre espacial ou em qualquer outra no espaço exterior.

OPERAÇÃO DE REPASSE. *Direito comercial.* Concessão de crédito vinculada à captação externa original na qual a instituição que repassa transfere a quem acolhe o repasse, pessoa física ou jurídica no País, idênticas condições de custo da dívida originalmente contratada em moeda estrangeira, assim como a tributação aplicável, não podendo ser cobrado pelo serviço de intermediação financeira, qualquer ônus, além da comissão de repasse (Luiz Fernando Rudge).

OPERAÇÃO DE SEGURANÇA. Atividade preventiva com a finalidade de evitar a ocorrência de acidentes.

OPERAÇÃO DE SUBMERSÍVEIS TRIPULADOS PARA TURISMO/DIVERSÃO. *Direito marítimo.* É inteira-mente nova não se dispondo de larga experiência nessa atividade. Em decorrência, buscou-se reunir informações disponíveis em normas oficiais estrangeiras e em requisitos estabelecidos pelas Sociedades Classificadoras que, aliados à experiência adquirida pela Diretoria de Engenharia Naval na construção e na manutenção de submarinos militares, resultaram nestas normas básicas: a) a responsabilidade da operação, assistência e, em caso de necessidade, do socorro e salvamento do submersível, sua tripulação e passageiros será de seu armador/proprietário; b) o proprietário poderá ser responsabilizado, de forma penal, por qualquer ação ou omissão voluntária, negligência ou imprudência que cause violação de direitos ou prejuízos à integridade física ou ao patrimônio de terceiros.

OPERAÇÃO DE *SWAP.* *Vide SWAP.*

OPERAÇÃO DE TRÂNSITO. *Direito de trânsito.* É o monitoramento técnico baseado nos conceitos de Engenharia de Tráfego, das condições de fluidez, de estacionamento e parada na via, de forma a reduzir as interferências, tais como veículos quebrados, acidentados, estacionados irregularmente atrapalhando o trânsito, prestando socorros imediatos e informações aos pedestres e condutores.

OPERAÇÃO DE TRÂNSITO ADUANEIRO. *Direito aduaneiro.* É a operação de transporte de mercadoria do local de origem ao local de destino, sob controle aduaneiro. São modalidades de operação de trânsito aduaneiro: a) o transporte de mercadoria procedente do exterior, do ponto de descarga do território aduaneiro até o ponto onde deva ocorrer outro despacho; b) o transporte de mercadoria nacional ou nacionalizada, verificada ou despachada para exportação, do local de origem ao local de destino, para embarque ou armazenamento em área alfandegada para posterior embarque; c) o transporte de mercadoria estrangeira despachada para reexportação, do local de origem ao local de destino, para embarque ou armazenamento em área alfandegada para posterior embarque; d) o transporte de mercadoria estrangeira de um recinto alfandegado, situado na zona secundária, a outro; e) a passagem, pelo território aduaneiro, de mercadoria procedente do exterior e a ele destinada. Incluem-se nesta modalidade de operação de trânsito aduaneiro, devendo ser objeto de procedimento simpli-

OPERAÇÃO ESTRUTURADA

ficado: o transporte de materiais de uso, reposição e conserto destinados a embarcações, aeronaves e outros veículos, estrangeiros, estacionados ou de passagem pelo território aduaneiro; o transporte de bagagem acompanhada de viajante em trânsito; o transporte de partes, peças e componentes necessários aos serviços de manutenção e reparo de embarcações em viagem internacional; f) o transporte, pelo território aduaneiro, de mercadoria procedente do exterior, conduzida em veículo em viagem internacional, até o ponto em que se verificar a descarga; g) o transporte, pelo território aduaneiro, de mercadoria estrangeira, nacional ou nacionalizada, verificada ou despachada para reexportação ou exportação e conduzida em veículo com destino ao exterior. Desde que regularmente declaradas e mantidas a bordo, independe de qualquer procedimento administrativo a operação de trânsito aduaneiro relativa: a) às provisões, sobressalentes, equipamentos e demais materiais de uso e consumo de veículos, em viagem internacional, nos limites quantitativos e qualitativos da necessidade do serviço e da manutenção do veículo e de sua tripulação e passageiros; b) aos pertences pessoais da tripulação e à bagagem de passageiros em trânsito, nos veículos referidos no inciso anterior; c) às mercadorias conduzidas por embarcação ou aeronave em viagem internacional, com escala intermediária no território aduaneiro; d) às provisões, sobressalentes, materiais, equipamentos, pertences pessoais, bagagens e mercadorias conduzidas por embarcações e aeronaves arribadas, condenadas ou arrestadas, até que lhes seja dada destinação legal.

OPERAÇÃO ESTRUTURADA. *Direito administrativo.* Operação para realização de obras de abastecimento de água e esgotamento sanitário e seus custos de estruturação, por intermédio de criação de uma SPE, com securitização dos recebíveis imobiliários decorrentes, mediante emissão de CRI por uma Companhia Securitizadora, destinados à aquisição pelo FGTS, na qual a garantia do pagamento dos recursos captados para a implementação de determinado projeto de saneamento básico seja o seu próprio fluxo de caixa da operação, além de seus ativos, recebíveis e contratos, claramente demonstrados pela viabilidade econômico-financeira do projeto.

OPERAÇÃO FINANCEIRA. *Direito cambiário.* Operação cambial não destinada à exportação ou importação.

OPERAÇÃO FINANCEIRA EXTERNA. *Direito financeiro.* Aquisição e pagamento, feitos pela União, em nome próprio, para resguardar suas relações creditícias e a normalidade do mercado financeiro, de capitais e de câmbio, de obrigações financeiras externas de pessoas jurídicas de direito público interno, sem garantia da República Federativa do Brasil, sub-rogando-se nos direitos do credor.

OPERAÇÃO FRACIONADA OU COMBOIO. *Direito comercial.* É a operação em que a mercadoria em trânsito aduaneiro, correspondente a um único despacho, é transportada por dois ou mais veículos rodoviários.

OPERAÇÃO FUTURA. *Direito comercial.* Aquela que, em Bolsa de Valores ou de Mercadoria, deve ser cumprida assim que expirar o prazo fixado.

OPERAÇÃO HEDGEADA. *Direito internacional privado.* Contrato que não é de *hedge*, mas cuja finalidade o é. É uma forma indireta de se constituir um *hedge*, por meio de outro contrato que não seja especificamente o contrato de *hedge*. Por exemplo, uma empresa "A", sediada no Brasil, importa mercadorias de "B" para pagamento a prazo em moeda estrangeira. Com isso, "B" passa a ter um crédito em moeda estrangeira contra uma importadora "A", que, preocupada com a desvalorização da moeda e aumento do valor do seu débito, propõe a "B" que lhe ceda, dentro de certo prazo e preço, em moeda nacional, o seu crédito de receber moeda estrangeira. Com a anuência de "B", ter-se-á uma cessão de crédito, mas com a finalidade de garantir "A" contra um risco.

OPERAÇÃO IMOBILIÁRIA. *Direito civil.* Aquela voltada à aquisição e alienação de bens imóveis como: compra e venda, troca, transferência de domínio útil etc., estando sujeita a registro no Cartório Imobiliário da situação do imóvel, para que haja translatividade do domínio ao adquirente.

OPERAÇÃO PASSIVA. *Direito bancário.* Recebimento de depósito em dinheiro pelos bancos (Geraldo Magela Alves).

OPERAÇÃO PORTUÁRIA. *Direito marítimo.* É a de movimentação de passageiros ou movimentação e armazenagem de mercadorias destinados ou provenientes de transporte aquaviário, realizada no porto organizado por operadores portuários.

OPERAÇÃO REAL. 1. *Direito comercial* e *direito civil. Vide* OPERAÇÃO À VISTA. **2.** *Direito bancário.* Operação de crédito garantida por penhor, hipoteca, *warrants* etc.

OPERAÇÃO RUINOSA. 1. *Direito comercial* e *direito falimentar.* Aquela que pode levar o agente à falência. **2.** Na *linguagem jurídica* em geral, aquela que pode levar à ruína.

OPERAÇÃO URBANA CONSORCIADA. *Direito urbanístico.* É o conjunto de intervenções e medidas coordenadas pelo poder público municipal, com a participação dos proprietários, moradores, usuários permanentes e investidores privados, com o objetivo de alcançar em uma área transformações urbanísticas estruturais, melhorias sociais e a valorização ambiental. Poderão ser previstas nas operações urbanas consorciadas, entre outras medidas: a) a modificação de índices e características de parcelamento, uso e ocupação do solo e subsolo, bem como alterações das normas edilícias, considerado o impacto ambiental delas decorrente; b) a regularização de construções, reformas ou ampliações executadas em desacordo com a legislação vigente.

OPERACIONAL. 1. Na *linguagem jurídica* em geral: a) aquilo que diz respeito a procedimento ou operação; b) procedimental. **2.** *Filosofia geral:* a) funcional; b) valor de um conhecimento ou de uma técnica pelos resultados obtidos.

OPERACIONALISMO. *Filosofia geral.* Impossibilidade de separar, no conhecimento do mundo exterior, o acidente da substância.

OPERACIONISMO. *Lógica jurídica.* Teoria segundo a qual o sentido de uma proposição resulta de uma série de operações e está por ela limitado.

OPERAÇÕES CAMBIAIS COMERCIAIS. *Direito internacional privado.* Operações de câmbio sacado ou trajectício alusivas ao comércio exterior, envolvendo exportação e importação de mercadorias e serviços correlatos de fretes e seguros.

OPERAÇÕES CAMBIAIS FINANCEIRAS. *Direito comercial* e *direito internacional privado.* Operações de câmbio sacado ou trajectício que se referem aos ingressos e saídas de capitais estrangeiros, envolvendo remessas ao exterior para manter bolsistas, para amortizações ou pagamentos de empréstimos, juros, dividendos, *royalties*, direitos autorais, assistência técnica, viagens internacionais e donativos.

OPERAÇÕES COMPROMISSADAS. *Direito bancário.* Operações de compra com compromisso de revenda e de venda com compromisso de recompra realizadas pela instituição, em condições competitivas, excluídas as efetuadas em fundos de investimento sob sua administração, com instituições do mesmo grupo e com o Banco Central do Brasil, com peso relativo de 25%.

OPERAÇÕES *DAY-TRADE.* *Direito comercial.* Operações de compra e venda realizadas no mesmo pregão, nos mercados disponível, futuro e de opções, para o mesmo cliente, pela mesma sociedade corretora, e registradas pelo mesmo agente (Luiz Fernando Rudge).

OPERAÇÕES DE APOIO À ATIVIDADE PESQUEIRA. *Direito marítimo.* São as de movimentação e armazenagem de pescados e de mercadorias relacionadas à pesca destinadas ou provenientes de embarcações pesqueiras, realizada no Terminal Pesqueiro Público por tripulantes das embarcações pesqueiras ou por operadores de apoio à atividade pesqueira.

OPERAÇÕES DE CRÉDITO POR ANTECIPAÇÃO DE RECEITA. *Direito administrativo.* Empréstimos feitos pelo poder público para, ajustando a saída com o ingresso das receitas, saldá-los no curso do mesmo exercício financeiro (Celso Bastos).

OPERAÇÕES DEFINITIVAS. *Direito bancário.* Operações definitivas de compra e de venda de títulos públicos federais realizadas pela instituição, em condições competitivas, excluídas as efetuadas com fundos de investimento sob sua administração, com instituições do mesmo grupo e com o Banco Central do Brasil, com peso relativo de 37,5%.

OPERAÇÕES DE *SWAP.* *Direito comercial.* São aquelas realizadas entre a contraparte transferidora e a contraparte receptora do risco de crédito para liquidação em data futura, que impliquem, quando da ocorrência de um ou mais eventos de deterioração de crédito, na recomposição, total ou parcial, do valor-de-referência estabelecido no contrato em favor da contraparte transferidora do risco.

OPERAÇÕES DO FUNDO MULTILATERAL DE INVESTIMENTOS (FUMIN). São as administradas por meio de três Serviços: o de Cooperação Técnica, o de Recursos Humanos e o de Desenvolvimento da Pequena Empresa. *Vide* SERVIÇO DE COOPERAÇÃO TÉCNICA, SERVIÇO DE RECURSOS HUMANOS E SERVIÇO DE DESENVOLVIMENTO DA PEQUENA EMPRESA.

OPERADO. 1. *Medicina legal.* Aquele que sofreu uma intervenção cirúrgica. **2.** Nas *linguagens comum* e *jurídica,* o que se operou.

OPERADOR. 1. *Medicina legal.* Cirurgião. **2.** Na *linguagem jurídica* em geral, designa: a) aquele ou aquilo que opera; b) encarregado de filmagem no estúdio cinematográfico; c) o que dirige, no cinema, a projeção do filme na tela; d) técnico responsável pelo som em programa de televisão ou de rádio; e) aquele que executa alguma coisa; f) a pessoa física ou jurídica, singular, associada ou consorciada, nacional, estrangeira ou multinacional, legalmente capacitada para executar qualquer segmento de uma operação. **3.** *Direito ambiental.* Pessoa jurídica autorizada para operar instalação nuclear.

OPERADORA DE PLANO DE ASSISTÊNCIA À SAÚDE. Pessoa jurídica constituída sob a modalidade de sociedade simples ou empresária, cooperativa, ou entidade de autogestão que opere produto, serviço ou contrato de plano de assistência à saúde.

OPERADORA DE PLANOS PRIVADOS DE ASSISTÊNCIA À SAÚDE. É toda e qualquer pessoa jurídica de direito privado, independente da forma jurídica de sua constituição, que ofereça tais planos mediante contraprestações pecuniárias, com atendimento em serviços próprios ou de terceiros.

OPERADORA DE SEGUROS PRIVADOS DE ASSISTÊNCIA À SAÚDE. Pode ser qualquer pessoa jurídica constituída e regulada em conformidade com a legislação específica para a atividade de comercialização de seguros e que garanta a cobertura de riscos de assistência à saúde, mediante livre escolha do segurado do prestador do respectivo serviço e reembolso de despesas, exclusivamente.

OPERADORA DE TV A CABO. É a pessoa jurídica de direito privado que atua mediante concessão, por meio de um conjunto de equipamentos e instalações que possibilitam a recepção, processamento e geração de programação e de sinais próprios ou de terceiros, e sua distribuição através de redes, de sua propriedade ou não, a assinantes localizados dentro de uma área determinada.

OPERADOR ASSOCIADO. *Direito espacial.* Operador de sítio de lançamento, de complexo de lançamento, de veículo lançador ou de carga útil.

OPERADOR CINEMATOGRÁFICO. *Direito do trabalho.* Profissional responsável pela projeção do fil-

me na tela, manejando máquinas projetoras e de som.

OPERADOR DA ECLUSA. *Direito marítimo.* É o responsável geral pela ordem na eclusa frente aos usuários e pelo exclusivo controle administrativo e operacional da mesma.

OPERADOR DE CARGA ÚTIL. *Direito espacial.* Operador responsável pelas operações relacionadas a carga útil, inclusive pelas operações de segurança a ela associadas.

OPERADOR DE CENTRO DE LANÇAMENTO. *Direito espacial.* Operador responsável pela supervisão das operações realizadas no centro de lançamento, inclusive das operações de segurança.

OPERADOR DE SEGURANÇA. *Direito espacial.* Operador responsável pela supervisão das operações de segurança durante as operações de lançamento, compreendendo a segurança de superfície, segurança de vôo e situações de emergência.

OPERADOR DE SEGURANÇA DE SUPERFÍCIE. *Direito espacial.* Operador responsável pelas atividades que garantam a segurança de superfície durante a operação de lançamento.

OPERADOR DE SEGURANÇA DE VÔO. *Direito espacial.* Operador responsável pelas atividades que garantam a segurança durante a fase de lançamento.

OPERADOR DE VEÍCULO LANÇADOR. *Direito espacial.* Operador responsável pelas operações relacionadas ao veículo lançador, inclusive pelas operações de segurança a ele associadas.

OPERADOR DE APOIO À ATIVIDADE PESQUEIRA. *Direito marítimo.* É a pessoa jurídica de direito privado registrada na forma legal e autorizada pela Administração do Terminal Pesqueiro Público para a execução de operações de apoio à atividade pesqueira na área de seu terminal. O operador de Apoio à Atividade Pesqueira é titular e responsável pela direção e coordenação das operações de apoio à atividade pesqueira que efetuar. O Operador de Apoio a Atividade Pesqueira responde perante: a) a Administração do Terminal Pesqueiro Público, pelos danos culposamente causados à infra-estrutura, às instalações e ao equipamento de que a mesma seja a titular ou que, sendo de propriedade de terceiro, se encontre a seu serviço ou sob sua guarda; b) o Proprietário ou Consignatário do pescado, pelas perdas e danos que ocorrerem durante as operações que realizar ou em decorrência delas; c) o Armador, pelas avarias provocadas na embarcação de pesca ou no pescado; d) o trabalhador nas operações de apoio à atividade pesqueira, pela remuneração dos serviços prestados e respectivos encargos; e) os Órgãos Competentes, pelo recolhimento dos tributos incidentes sobre o trabalho de apoio à atividade pesqueira.

OPERADOR DE TRANSPORTE MULTIMODAL (OTM). *Direito comercial.* **1.** Pessoa jurídica, transportadora ou não, que, devidamente habilitada pelo Ministério dos Transportes, celebre um contrato de transporte multimodal e atue como principal, e não como agente, assumindo a responsabilidade pela execução do transporte porta a porta frente ao contratante (James G. Heim). **2.** É toda pessoa jurídica, transportador ou não, que por si só ou através de outra que atue em seu interesse, celebre um contrato de transporte multimodal, atuando como principal e não como agente ou no interesse do expedidor ou de transportadores que participem das operações de transporte multimodal, e assumindo a responsabilidade pelo seu cumprimento e pela execução do transporte porta a porta frente ao contratante.

OPERADOR ESPECIAL. *Direito comercial.* Pessoa natural ou firma individual detentora de título de Bolsa de mercadorias e futuros, habilitada a atuar no pregão e nos sistemas eletrônicos de negociação e de registro de operações, executando operações por conta própria e por conta de corretoras, desde que autorizadas pela Bolsa.

OPERADOR NACIONAL DO SISTEMA ELÉTRICO (ONS). *Direito administrativo* e *direito civil.* Pessoa jurídica de direito privado, sob a forma de associação sem fins lucrativos, que tem por objeto executar as atividades de coordenação e controle da operação da geração e da transmissão de energia elétrica do Sistema Interligado Nacional (SIN), sob a fiscalização e regulação da Agência Nacional de Energia Elétrica (ANEEL), com vistas a: promover a otimização da operação do sistema eletroenergético, visando o menor custo para o sistema, observados os padrões técnicos e os critérios de confiabilidade estabelecidos nos Procedimentos de Rede aprovados pela ANEEL; garantir que todos os agentes do setor elétrico tenham acesso à rede de transmissão de forma não discriminatória; contribuir, de acordo com a natureza de suas atividades, para que a expansão do Sistema Interligado Nacional (SIN) se faça ao menor custo e vise as melhores condições operacionais futuras. Constituirão atribuições do ONS: a) o planejamento e a programação da operação e o despacho centralizado da geração, com vistas à otimização do Sistema Interligado Nacional (SIN); b) a supervisão e a coordenação dos centros de operação de sistemas elétricos, a supervisão e o controle da operação do SIN e das interligações internacionais; c) a contratação e a administração de serviços de transmissão de energia elétrica e as respectivas condições de acesso, bem como dos serviços ancilares; d) a proposição ao poder concedente das ampliações de instalações da Rede Básica, bem como de reforços do SIN, a serem considerados no planejamento da expansão dos sistemas de transmissão; e) a proposição de regras para a operação das instalações de transmissão da Rede Básica do SIN, mediante processo público e transparente, consolidadas em Procedimentos de Rede, a serem aprovadas pela ANEEL; f) a divulgação dos indicadores de desempenho dos despachos realizados, a serem auditados semestralmente pela ANEEL; g) a divulgação permanente ao Comitê de Monitoramento do Setor Elétrico (CMSE) sobre as condições operativas de continuidade e de suprimento eletroenergético do SIN; h) promover o desenvolvimento tecnológico nos assuntos relacionados com a operação sistêmica e integrada do SIN; i) outras que lhe forem atribuídas pelo Poder Concedente. O ONS desempenhará as suas atribuições com neutralidade, transparência, integridade, representatividade, flexibilidade e razoabilidade, realizando as ações necessárias ao desenvolvimento tecnológico do ONS.

OPERADOR PORTUÁRIO. *Direito marítimo* e *direito do trabalho.* É a pessoa jurídica pré-qualificada na administração do porto, de acordo com as normas expedidas pelo Conselho de Autoridade Portuária, para a execução da movimentação e armazenagem de mercadorias na área do porto organizado.

OPERAE. *Termo latino.* Trabalhos.

OPERAE SERVORUM ET ANIMALIUM. *Locução latina.* Trabalhos de escravos e animais.

OPERAGEM. *Direito do trabalho.* Trabalho de operários.

OPERANTE. 1. Relevante. **2.** Que opera. **3.** Próprio para operar. **4.** Diz-se do ato jurídico que produz os devidos efeitos.

OPERAR. 1. Submeter-se a uma intervenção cirúrgica. **2.** Fazer uma operação farmacêutica, cirúrgica etc. **3.** Executar; realizar. **4.** Agir. **5.** Trabalhar. **6.** Entrar em funcionamento. **7.** Produzir efeitos. **8.** Praticar.

OPERÁRIA. *Direito agrário.* Abelha-fêmea cujos órgãos reprodutores ainda não estão desenvolvidos.

OPERARIADO. *Direito do trabalho.* Classe dos operários.

OPERÁRIO. *Direito do trabalho.* **1.** Empregado. **2.** Obreiro; aquele que exerce ofício ou arte, sob as ordens de alguém, mediante percepção de salário. **3.** Trabalhador. **4.** Relativo a trabalho. **5.** Aquele que realiza trabalhos manuais, mecânicos ou intelectuais.

OPERÁRIO AGRÍCOLA. *Direito agrário.* Aquele trabalhador rural que, pela produção agrícola, recebe um salário, pago *in natura* ou em dinheiro ou, ainda, parte em dinheiro.

OPERÁRIO INDUSTRIAL. *Direito empresarial.* Aquele que se emprega em indústrias ou fábricas.

OPERÁRIO RURAL. *Direito agrário.* Empregado que executa, em prédio rústico, trabalho material na lavoura, na pecuária ou nas indústrias conexas. É aquele que presta serviços agropecuários remunerados a empregador rural.

OPERATIVO. 1. Que produz efeitos. **2.** Aquilo que for relativo a obras.

OPERATÓRIO. 1. Operante. **2.** Referente a operações.

OPERE CITATO. *Locução latina.* Obra citada.

OPERE DEMOLIENDO. *Locução latina.* Caução.

OPERIS NOVI NUNTIATIO. *Locução latina.* Ação de embargo de construção, que é hoje a ação da nunciação de obra nova.

OPERISTA. *Direito autoral.* Compositor de óperas.

OPE SENTENTIA. *Locução latina.* Por força de sentença.

OPES IRRITAMENTA MALORUM. *Expressão latina.* As riquezas incentivam os delitos.

ÓPIA. *Direito romano.* Lei que proibia o luxo e as excessivas despesas das mulheres.

OPIADO. *Medicina legal.* Aquilo que contém ópio.

OPIATO. *Medicina legal.* Remédio em cuja fórmula contém ópio.

OPILADO. *Medicina legal.* Doente de ancilostomíase duodenal.

OPINANTE. 1. Aquele que tem direito de emitir uma opinião. **2.** Quem opina.

OPINAR. 1. Expor o que pensa. **2.** Dar parecer. **3.** Votar. **4.** Julgar.

OPINATIVO. 1. Discutível. **2.** Aquilo que se baseia numa opinião pessoal.

OPINÁVEL. 1. O que está baseado em conjecturas. **2.** Sujeito a muitas opiniões. **3.** Em que se pode opinar.

OPINIÃO. 1. Modo de pensar. **2.** Estado de espírito consistente em julgar verdadeira uma afirmação, admitindo que possa não o ser. **3.** Juízo considerado verdadeiro. **4.** Parecer. **5.** Voto sobre determinado assunto sujeito a deliberação. **6.** Reputação.

OPINIÃO COLETIVA. *Sociologia geral.* A idéia que predomina sobre algum assunto num dado grupo social.

OPINIÃO DOS JURISCONSULTOS. *Direito romano.* *Responsa prudentium.*

OPINIÃO PÚBLICA. 1. *Sociologia geral.* a) Convergência de opiniões no seio de uma coletividade sobre um determinado fato; b) juízo adotado e exteriorizado por um grupo social ou por várias sociedades ou, ainda, por uma camada social. **2.** *Ciência política.* a) Manifestação dos julgamentos e dos pareceres dos indivíduos sobre seus interesses comuns (Hegel); b) juízo de valor adotado pela coletividade sobre um assunto de interesse público; c) manifestação da vontade popular sobre matéria relativa aos destinos da nação.

OPINIÁTICO. 1. Contumaz. **2.** Aquele que é fiel ao seu modo de ver as coisas.

OPINIO COMMUNIS. *Locução latina.* Opinião comum; consenso geral.

OPINIO DOCTORUM. *Locução latina.* Aquilo que é consagrado pelos doutores, sejam eles juristas, teólogos etc.

OPINIÕES CONSULTIVAS. *Direito internacional público.* Atribuições da Corte Internacional de Justiça (Sílvio de Macedo).

OPINIO IURIS DOCTORUM. *Locução latina.* Opinião acatada pelos juristas.

OPINIO JURIS. *Locução latina.* Opinião jurídica; opinião do direito.

OPINIO MAGISTRI PROBABILIS TANTUM. *Aforismo jurídico.* A opinião do mestre deve ser considerada como provável.

OPINIO NECESSITATIS. *Locução latina* e *teoria geral do direito.* Elemento interno do costume, que é a convicção da necessidade de ser a norma consuetudinária cumprida.

OPINIOSO. Diz-se de quem está aferrado numa opinião.

OPINIO VERITATI CEDIT. *Aforismo jurídico.* As opiniões cedem à verdade.

ÓPIO. *Medicina legal.* Produto da dessecação do látex, retirado da papoula dormideira (*Papaver somniferum*), que causa entorpecimento moral, decadência físico-mental, perturbações digestivas, insuficiência hepática e caquexia em seu usuário. Dele derivam os seguintes alcalóides: codeína, morfina, narcotina, tebaína e papaverina.

ÓPIO EM LÁGRIMAS. *Medicina legal.* Ópio tal como é extraído por incisão das cabeças das papoulas.

OPIOMANIA. *Medicina legal.* Vício de fumar ou mascar ópio.

OPIOMANÍACO. *Medicina legal.* **1.** Que diz respeito à opiomania. **2.** Aquele que é viciado em ópio.

OPIÔMANO. *Medicina legal.* Aquele que tem opiomania.

OPISFÓGRAFO. Documento ou papel que está escrito ou impresso em ambos os lados.

OPISTOFILÁCIO. *História do direito.* **1.** Comandante da última linha do exército grego. **2.** Soldado pertencente à tropa de retaguarda da Grécia antiga.

OPISTOPORIA. *Medicina legal.* Marcha que, na doença de Parkinson, faz com que o paciente recue involuntariamente.

OPISTOPÓRICO. *Medicina legal.* Referente a opistoporia.

OPISTÓTONO. *Medicina legal.* Posição do corpo que, num ataque convulsivo de tétano, arqueia de tal modo que o paciente pode ficar assente sobre a cama apenas pelos calcanhares e pela cabeça.

OPOÊNCIA. **1.** Qualidade do que se opõe. **2.** Qualidade de fato e de direito alegado por alguém, em juízo, contra a pretensão de outrem.

OPOENTE. *Direito processual civil.* **1.** Terceiro prejudicado que entra na lide para defender seu direito, interpondo oposição; embargante. **2.** Parte ativa na oposição. **3.** Oponente.

OPONENTE. **1.** *Direito processual civil.* É o mesmo que OPOENTE. **2.** Na *linguagem jurídica* em geral:

a) o que se opõe para impedir a realização de um ato; b) aquele que procura demonstrar a razão pela qual não se deve praticar um ato.

OPONIBILIDADE. *Direito processual civil.* Ação ou exceção idônea para, resguardando direitos, frustrar a pretensão de outrem.

OPONIBILIDADE A TERCEIROS. *Direito civil.* Qualidade de um ato jurídico ser oponível a terceiro, por estar devidamente registrado, quando versar sobre bem imóvel ou móvel sujeito a registro.

OPONÍVEL. Que se pode opor.

OPOR. **1.** *Direito processual civil.* a) Embargar; b) interpor, em juízo, uma oposição contra pretensão de outrem. **2.** Na *linguagem jurídica:* a) impugnar; b) resistir; c) objetar; d) apresentar impedimento; e) contrastar; f) ser contrário a alguma coisa ou idéia.

OPORTUNIDADE. **1.** Qualidade de oportuno. **2.** Conveniência. **3.** Ocasião favorável ou própria. **4.** Circunstância indicada como apropriada. **5.** Momento propício. **6.** Ensejo.

OPORTUNISMO. **1.** *Direito desportivo.* Habilidade do atleta em encontrar momento oportuno para dar bons lances em determinados jogos. **2.** *Ciência política.* a) Tendência conducente a sacrificar princípios para acomodar a certas circunstâncias; b) busca do proveito pessoal em uma atividade política sem se ater aos princípios morais e ideais (Pasquino).

OPORTUNISTA. *Ciência política.* **1.** Aquele que aproveita as oportunidades que surgirem. **2.** O que diz respeito ao oportunismo. **3.** Partidário do oportunismo.

OPORTUNO. **1.** Conveniente. **2.** Apropriado.

OPOSIÇÃO. **1.** *Ciência política.* a) Opinião de grupos sociais ou de partidos políticos contrária ao governo ou ao regime político vigente no país; b) fiscalização legal e permanente dos governantes exercida por minorias políticas (Marcus Cláudio Acquaviva); c) partido de resistência contra o governo; d) ato que se opõe ao governo para paralisar sua ação ou para retirá-lo do poder; e) lado da assembléia legislativa onde ficam os parlamentares pertencentes aos partidos políticos contrários ao governo; f) discordância parlamentar contra ato governamental que contrarie princípio de um partido político; g) conjunto de pessoas ou grupos que pretendem alcançar objetivos contrastantes com os visados pelos detentores do poder político ou econômico (Zucchini, Friedrich e Hofstadter). **2.** *Retórica jurídica.* Antítese que reúne duas idéias que, aparentemente, são contraditórias. **3.** *Lógica jurídica.* a) Discordância de proposições, que tendo o mesmo sujeito e o mesmo predicado, diferem em qualidade ou quantidade; b) contradição entre dois termos. **4.** *Direito processual civil.* a) Impedimento legal oposto ao cumprimento de um processo; b) modo pelo qual terceiro prejudicado intervém no processo para defender seu direito contra pretensão alheia. **5.** Na *linguagem jurídica* em geral: a) ato de contrapor-se; b) ato de opor-se; c) impedimento à prática de um ato; d) caráter do que é oposto; e) resistência; luta; f) antitético; g) contraste entre duas coisas contrárias. **6.** *Direito de propriedade intelectual.* Intervenção do interessado no registro de patente ou marca, com o escopo de impedir o pedido feito em prejuízo de um privilégio seu assegurado legalmente.

OPOSIÇÃO DE IMPEDIMENTO MATRIMONIAL OU DE CAUSA SUSPENSIVA DA CELEBRAÇÃO DO CASAMENTO. *Direito civil.* Ato praticado por pessoa legitimada que, antes da realização do casamento, leva ao conhecimento do oficial de registro público, perante quem se processa a habilitação, ou do juiz que celebra a solenidade, a existência de algum impedimento ou causa suspensiva previstos, legalmente, entre as pessoas que pretendem convolar núpcias.

OPOSIÇÃO DE TERCEIRO. *Direito processual civil.* Intervenção voluntária de terceiro no processo, do qual não é parte para defender direito próprio que está sendo questionado, afastando a pretensão de outrem e dos litigantes (autor e réu).

OPOSIÇÃO SOCIAL. *Sociologia geral.* Interação social em que pessoas ou grupos visam alcançar certo fim, porém, quanto maior for o êxito direto de um grupo, menor será o dos demais.

OPOSICIONISMO. *Ciência política.* **1.** Combate de um partido político ao governo. **2.** Oposição organizada e sistemática.

OPOSICIONISTA. *Ciência política.* Aquele que faz uma oposição.

OPOSITIVO. Que envolve oposição.

OPOSITOR. **1.** Concorrente. **2.** Aquele que participa de um concurso para conseguir uma vaga ou cargo disputado por muitos. **3.** Candidato.

OPOSTO. **1.** *Direito processual civil.* Parte passiva na oposição, que pode ser tanto o autor como o réu, ou ambos, contra quem terceiro prejudicado faz interposição. **2.** Na *linguagem jurídica:* a) contraditório; b) contrário; c) que se opõe.

OPPORTUNO TEMPORE. *Locução latina.* **1.** No devido tempo. **2.** No tempo oportuno. **3.** No prazo legal ou convencional.

OPPORTUNUS. *Termo latino.* **1.** Propício. **2.** Cômodo.

OPPUGNABITUR VERITAS, NON EXPUGNABITUR. *Expressão latina.* A verdade pode ser combatida, mas não vencida.

OPRESSÃO. **1.** *Ciência política.* a) Tirania exercida contra o povo; b) estado daquele que vive sob a tirania do poder; c) atuação governamental que impede o exercício das liberdades públicas. **2.** *Direito civil.* Ato de coagir ou de exercer coação material ou psíquica. **3.** Na *linguagem jurídica:* a) ato de cercear ou reprimir; b) ação violenta para impedir que a vontade de outrem prevaleça; c) ato de subjugar; d) atentado à liberdade. **4.** *Medicina legal.* Dificuldade de respirar.

OPRESSÃO DE FORÇAS. *Medicina legal.* **1.** Prostração das forças musculares. **2.** Abatimento.

OPRESSIVO. **1.** Que serve para oprimir. **2.** Que oprime.

OPRESSO. **1.** Oprimido. **2.** Aquele que sente dificuldades respiratórias.

OPRESSOR. **1.** Quem oprime. **2.** Tirano.

OPRESSÓRIO. *Vide* OPRESSIVO.

OPRIMENTE. *Vide* OPRESSOR.

OPRIMIDO. **1.** Vexado. **2.** Aquele a quem se oprime. **3.** Coagido. **4.** Opresso.

OPRIMIDOR. Que oprime.

OPRIMIR. **1.** Exercer pressão. **2.** Vexar. **3.** Tiranizar; dominar. **4.** Onerar. **5.** Reduzir. Extinguir.

OPRÓBRIO. **1.** Infâmia. **2.** Injúria. **3.** Afronta. **4.** Ignomínia. **5.** Extrema objeção. **6.** Vergonha.

OPROBRIOSO. **1.** Vergonhoso. **2.** Objeto. **3.** Infamante. **4.** Que causa ou envolve opróbrio.

OPSIGAMIA. *Direito civil.* Casamento contraído por pessoa idosa.

OPSÍGAMO. *Direito civil.* Aquele que casa com idade avançada.

OPSIMATIA. Vontade tardia de aprender.

OPSOMANIA. *Medicina legal.* Gosto exclusivo por alimentos finos.

OPSOMANÍACO. *Medicina legal.* Referente a opsomania.

OPSÔMANO. *Medicina legal.* Aquele que tem opsomania.

OPSÔNOMO. *História do direito.* Magistrado que, outrora, em Atenas fiscalizava os mercados, verificando o preço de peixes e comestíveis.

OPTAÇÃO. 1. *Vide* OPÇÃO. **2.** Ato de escolher dentre várias alternativas. **3.** Livre escolha.

OPTANTE. 1. Aquele que faz opção. **2.** Quem opta. **3.** O que tem direito de opção. **4.** Empregado que manifesta preferência pelo FGTS. **5.** Aquele que pode escolher entre várias coisas.

OPTAR. 1. Escolher. **2.** Ter preferência. **3.** Preferir. **4.** Exercer o direito de opção. **5.** Fazer opção.

OPTATIVO. Que permite escolha.

OPTIMA EST LEGUM INTERPRES CONSUETUDO. *Expressão latina.* O costume é o melhor intérprete das leis.

OPTIMATES. *Termo latino.* Partido da nobreza entre os antigos romanos.

OPTIONAL CONCILIATION. *Direito internacional privado.* Conciliação voluntária, em que qualquer das partes pode solicitar os ofícios da Comissão Administrativa da Câmara de Comércio Internacional, para solucionar a questão, mediante uma composição amigável proposta pela comissão de conciliação, que, sendo aceita tal composição, redigirá uma ata, que será registrada e subscrita pelas partes contratantes e pelos membros da comissão.

OPUGNAÇÃO. 1. Ataque. **2.** Ato ou efeito de opugnar. **3.** Ato de refutar uma idéia.

OPUGNADOR. 1. Beligerante; combatente. **2.** O que opugna.

OPUGNANTE. 1. Quem opugna. **2.** Opugnador.

OPUGNAR. 1. Atacar. **2.** Combater. **3.** Refutar por escrito ou oralmente. **4.** Rejeitar. **5.** Impugnar.

OPULÊNCIA. 1. Abundância de bens. **2.** Riqueza.

OPUS. *Termo latino.* Obra.

OPUS ARTIFICEM PROBAT. *Expressão latina.* A obra descobre o artista.

OPUS CITATUM. *Locução latina.* Obra citada.

OPUSCULAR. *Direito autoral.* **1.** Relativo a opúsculo. **2.** Publicar opúsculo.

OPÚSCULO. *Direito autoral.* Pequeno livro; folheto.

O QUE PODE O MAIS PODE O MENOS. *Teoria geral do direito.* Argumento *a fortiori a maiori ad minus*, segundo o qual se a lei permite o mais, impli-

citamente, permite o menos, como bem expressa o brocardo: *In eo quod plus est semper inest et minus*, ou seja, àquele a quem se permite o mais, não se deve negar o menos. Segundo Kalinowski, é o argumento que consiste em ter por ordenado ou permitido, de modo implícito, algo menos do que está ordenado ou permitido *expressis verbi*.

OQUIÉ. *Direito comparado.* Medida de peso egípcia que equivale a 37,1215g.

ORA. 1. *Direito comparado.* a) Pequena moeda da Suécia; b) medida grega de comprimento. **2.** *Lógica jurídica.* Signo lingüístico que assinala a relação lógica em que a proposição introduzida deve ser combinada com uma outra ou com outras proposições anteriormente postas para chegar a uma conclusão (Lalande).

ORAÇÃO. 1. *Direito canônico.* Prece; invocação dirigida a Deus ou aos santos. **2.** *Retórica jurídica.* Discurso eloqüente para ser pronunciado publicamente. **3.** *Lógica jurídica.* Encadeamento de termos orais, sem complexo de afirmações ou negações (Goffredo Telles Jr.).

ORAÇÃO IMPERFEITA. *Lógica jurídica.* É a que oferece um sentido incompleto ao ouvinte (Goffredo Telles Jr.).

ORAÇÃO PERFEITA. *Lógica jurídica.* É a que oferece um sentido completo ao ouvinte (Gredt, Goffredo Telles Jr. e Van Acker).

ORÁCULO. Pessoa cujo conselho ou parecer tem grande autoridade.

ORADOR. 1. Nas *linguagens comum* e *jurídica:* a) aquele que está discursando ou que discursou com eloqüência; b) tribuno. **2.** *História do direito.* a) Aquele que falava em nome do monarca; b) enviado diplomático.

ORAL. 1. Verbal. **2.** Feito de viva voz.

ORALIDADE. *Direito processual.* **1.** Procedimento verbal ou oral. **2.** Sistema processual em que há predominância da palavra falada para tudo quanto o processo possa prescindir de documentação (Othon Sidou), convertendo-se em termo escrito, para sua fixação nos autos. Por exemplo, no depoimento testemunhal, nos esclarecimentos dos peritos e assistentes técnicos, prestados na audiência de instrução e julgamento etc. *Vide* PRINCÍPIO DA ORALIDADE.

ORAL WILL. *Locução inglesa.* Testamento nuncupativo.

ORANGISMO. *História do direito.* **1.** Opinião político-partidária que, na Bélgica, ligava-se à dinastia de Orange. **2.** Partido irlandês dos protestantes ingleses, que se opunha ao partido católico sustentado por Jaime II.

ORAR. 1. Falar em público. **2.** Discursar. **3.** Rezar.

ORÁRIA. *História do direito.* Embarcação que só navegava junto da costa.

ORATE. Louco.

ORATIO. *Termo latino.* **1.** Proposição legislativa que era apresentada, na antigüidade romana, pelo imperador ao Senado. **2.** Deliberação do Senado.

ORATÓRIA. Arte de falar em público.

ORATÓRIA JURÍDICA. Eloqüência do foro.

ORATORIANO. *História do direito.* Membro da congregação do oratório.

ORATÓRIO. 1. *História do direito.* a) Antiga congregação religiosa anexa a uma paróquia, composta, em regra, de jovens; b) local onde os condenados à morte faziam suas preces antes de serem executados. **2.** Na *linguagem comum:* a) o que se refere à oratória; b) próprio de orador; c) armário ou nicho onde se colocam imagens de santos. **3.** *Direito canônico.* Local destinado, com a licença do Ordinário local, ao culto divino em favor de alguma comunidade ou grupo de fiéis que aí se reúnem, e ao qual também os outros fiéis podem ter acesso com a licença do Superior competente.

ORATORIS OFFICIUM EST DICERE AD PERSUADENDUM ACCOMODATE. *Expressão latina.* O dever do orador é falar adequadamente para persuadir.

ORBE. Mundo.

ORBÍCOLA. 1. Cosmopolita. **2.** Que viaja por toda parte.

ORÇA. *Direito marítimo.* **1.** Bolina. **2.** Ordem que se dá ao marinheiro do leme para efetuar manobras.

ORÇAMENTAL. *Direito financeiro.* Relativo a orçamento.

ORÇAMENTAR. *Direito financeiro.* Preparar orçamento.

ORÇAMENTÁRIO. *Vide* ORÇAMENTAL.

ORÇAMENTISTA. *Direito financeiro.* Técnico em orçamento.

ORÇAMENTÍVORO. *Direito financeiro.* **1.** Que absorve o orçamento. **2.** Que vive do orçamento estatal.

ORÇAMENTO. *Direito financeiro.* **1.** Ação ou efeito de orçar. **2.** Cálculo dos gastos que se terão para a realização de obras e serviços públicos. **3.** Cálculo prévio da receita e da despesa do Estado e válido para um período anual ou plurianual discutido e aprovado pelos representantes do povo. **4.** Previsão da receita e fixação da despesa para determinado exercício financeiro (Marcus Cláudio Acquaviva). **5.** Estimativa, por antecipação, do custo de obras ou serviços. **6.** Ato de aprovação prévia das receitas e despesas públicas.

ORÇAMENTO ANUAL. *Direito financeiro.* **1.** Aquele que é elaborado para ter vigor, conforme a lei orçamentária, por um ano no exercício imediatamente seguinte ao de sua elaboração (Geraldo Magela Alves). **2.** Plano financeiro anual, prefixando a receita e despesas públicas.

ORÇAMENTO DE CAIXA. *Direito comercial.* Registro de despesas e de receitas. Também designado "orçamento de fato". Trata-se de uma escrituração de caixa das entradas e saídas.

ORÇAMENTO DE COMPETÊNCIA. *Direito financeiro.* Documento textual onde estão indicadas, conforme as exigências legais, as receitas que a entidade pública pode receber, as verbas disponíveis e os gastos obrigatórios.

ORÇAMENTO DE FATO. *Vide* ORÇAMENTO DE CAIXA.

ORÇAMENTO DE SERVIÇO. *Direito do consumidor.* Documento prévio, válido por dez dias, salvo estipulação em contrário, que deve ser entregue, obrigatoriamente, pelo fornecedor de serviço ao consumidor, discriminando o valor da mão-de-obra e do material e do equipamento, as condições do pagamento, a data do início e do término do serviço. Os acréscimos não previstos no orçamento não podem ser cobrados.

ORÇAMENTO DO ESTADO. *Direito financeiro.* É o fixado por lei orçamentária, estimando as despesas e as receitas públicas para um ano fiscal.

ORÇAMENTO EXTRAORDINÁRIO. *Direito financeiro.* Estimativa da receita e da despesa elaborada em razão da ocorrência de uma situação de emergência.

ORÇAMENTOLOGIA. *Direito financeiro* e *direito comercial.* Técnica de elaborar orçamentos.

ORÇAMENTOLÓGICO. *Direito financeiro* e *direito comercial.* Referente à orçamentologia.

ORÇAMENTOLOGISTA. *Direito financeiro.* Aquele que se ocupa da orçamentologia.

ORÇAMENTÓLOGO. *Direito financeiro.* **1.** Economista. **2.** Perito em orçamentologia.

ORÇAMENTO ORDINÁRIO. *Direito financeiro.* Aquele feito, anualmente, pelo ente público para avaliar o custo da execução de obras e serviços de sua competência.

ORÇAMENTO PLURIANUAL. *Direito constitucional* e *direito financeiro.* Plano plurianual que estabelece, de forma regionalizada, as diretrizes, objetivos e metas da administração pública federal para as despesas de capital e outras delas decorrentes, além das relativas aos programas de duração continuada, que venham a extravasar o orçamento anual em que foram iniciados.

ORÇAMENTO-PROGRAMA. *Ciência política* e *direito financeiro.* **1.** Instrumento de programação econômica, de planejamento da ação governamental, procurando criar condições mais eficientes para o desenvolvimento nacional, regional, estadual e municipal (Pinto Ferreira). **2.** Técnica orçamentária que vincula orçamento e planejamento, considerado aquele como uma etapa do processo de planificação econômica e social (José Afonso da Silva). **3.** Instrumento de execução de planos e projetos de realização de obras e serviços, visando ao desenvolvimento da comunidade (José Afonso da Silva).

ORÇAMENTO PÚBLICO. *Direito financeiro.* Instrumento jurídico, político e econômico que tem por finalidade a previsão da receita e fixação das despesas do poder público para determinado período.

ORÇAMENTOS PÚBLICOS FEDERAIS. *Direito financeiro.* Instrumentos de execução de políticas macroeconômicas, que se interligam no desenvolvimento e no exercício da administração pública e na ação política estatal de administração financeira e de desenvolvimento econômico e social do País, integrando um sistema mais abrangente: o de planejamento. Dentro da concepção sistêmica interativa de planejamento e orçamento, o orçamento anual é o instrumento de operacionalização de curto prazo da programação constante dos planos setoriais e regionais de médio prazo, que buscam atender os marcos fixados pelos planos globais de longo prazo, onde estão definidos os grandes objetivos e metas, os projetos estratégicos e as políticas básicas. E, tendo em vista a sua funcionalidade administrativa, tem vital importância econômica, considerando o peso

que as despesas públicas têm na formação da renda de praticamente todos os países. Dessa forma, o orçamento público é o instrumento de que dispõe o poder público para efetivar a ação planejada do Estado em um determinado período, discriminando a origem e o montante dos recursos a serem obtidos, bem como os dispêndios a serem efetuados. O processo de elaboração e discussão da proposta orçamentária desenvolve-se praticamente ao longo de todo o ano, de tal forma que o orçamento seja executado a partir do início do exercício financeiro seguinte.

ORÇAR. 1. *Direito financeiro.* a) Fazer orçamento; b) calcular; estimar. **2.** Nas *linguagens comum* e *jurídica:* a) aproximar; ter aproximadamente; b) tocar os limites.

ORCINO. *História do direito.* Dizia-se do escravo alforriado por via testamentária.

ORDÁLIA. *Vide* ORDÁLIO.

ORDÁLIO. *História do direito.* Processo usado, na era medieval, que consistia em submeter ambos os litigantes a duras provas ou a testes de resistência, como exposição a animais ferozes, ingestão de substância idônea para produzir alterações físicas ou psíquicas, combate corpo a corpo, banho em água fervente, marcação com ferro em brasa etc., a fim de averiguar a inocência ou a culpa do acusado, esperando que a intervenção divina beneficiasse aquele que tivesse razão no conflito. A parte inocente sairia ilesa dessa prova. Tratava-se do juízo de Deus.

ORDEIRO. 1. Pacífico. **2.** Conciliador. **3.** Conservador.

ORDEM. 1. *Direito canônico.* a) Sacramento conferido pelo bispo, outorgando o poder de exercer funções eclesiásticas; b) conjunto de pessoas que fazem voto religioso, vivendo sob a autoridade de determinadas normas e de um chefe espiritual; c) confraria composta de seculares não sujeitos a votos, mas que, em estatuto próprio, comprometem a seguir preceitos religiosos. **2.** *Direito comercial.* a) Poder ou autorização para endossar uma letra de câmbio e transferi-la a outrem por mero endosso; b) ato mediante o qual o cliente determina a uma corretora que compre ou venda valores mobiliários, ou registre operação, em seu nome e nas condições que especificar. **3.** Nas *linguagens comum* e *jurídica:* a) disposição de coisas no local corresponden-

ORDEM ADVOCATÓRIA

495

ORD

te; b) categoria a que pertence uma pessoa; c) classe; hierarquia; d) mandado, outorga; autorização; e) conjunto de normas que prescrevem o modo de agir numa sociedade; f) determinação; g) conjunto de pessoas pertencentes à mesma categoria, formando um corpo; classe de pessoas pertencentes a uma profissão, e que estão sujeitas a normas regulamentares; h) ordem imposta pelo uso e pela natureza; i) cada um dos antigos três grandes corpos ou classes (clero, nobreza e povo) componentes do Estado; j) sinal exterior, venera ou colar que distingue certas pessoas pelos relevantes serviços prestados; k) tranqüilidade resultante da disciplina e da obediência à lei; l) estabilidade determinada pelas leis naturais. **4.** *Direito administrativo.* a) Honraria instituída pela autoridade máxima do país para recompensar alguém pelos seus méritos pessoais; b) boa administração.

ORDEM ADVOCATÓRIA. *Direito administrativo.* Determinação pela qual o superior hierárquico chama a si encargo de seu subordinado, passado a ter a função que, normalmente, lhe competia.

ORDEM AVOCATÓRIA. *Vide* ORDEM ADVOCATÓRIA.

ORDEM AXIOLÓGICO–SOCIAL. *Filosofia geral.* A que estabelece critérios avaliativos da conduta humana individual, condicionados ao grupo social a que pertence cada indivíduo.

ORDEM CIVIL. *Direito civil.* Complexo de normas que regem as relações entre particulares ou indivíduos, considerados como membros da sociedade.

ORDEM COMUM. Lei comum às coisas.

ORDEM CÓSMICA. Lei geral de natureza física.

ORDEM DA ARMADA. *Direito militar.* Publicação oficial emitida pelo Ministério da Defesa e pelos Comandos do Exército, da Marinha e da Aeronáutica, relativa às Forças Armadas.

ORDEM DE ARROMBAMENTO. *Direito processual civil.* Permissão judicial para que dois oficiais de justiça, em busca de bens penhoráveis, abram portas, móveis e gavetas da residência do devedor executado que vier a fechá-las com o escopo de impedir a penhora de seus pertences.

ORDEM DE BATALHA. *Direito militar.* Aquela que é dada para dispor as tropas para o combate.

ORDEM DE CAVALARIA. *Direito comparado.* Distinção honorífica instituída por vários soberanos.

ORDEM DE COMBOIO. *Direito marítimo.* Disposição de navios que vão uns atrás dos outros.

ORDEM DE CRÉDITO. *Direito bancário.* **1.** É a expedida por um banco a outro para creditar valor na conta corrente do beneficiário. **2.** Ordem de transferência de fundos da conta do participante emitente para a conta do participante favorecido.

ORDEM DE DESPEJO. *Direito processual civil.* Mandado judicial intimando o locatário a desocupar o prédio alugado.

ORDEM DE EXECUÇÃO DE SERVIÇO. *Direito administrativo.* Determinação da autoridade administrativa para que uma obra ou serviço público seja realizada pelos seus funcionários ou por particular contratado, após licitação.

ORDEM DE *HABEAS CORPUS*. *Direito constitucional e direito processual penal.* É a expedida pelo juiz competente à autora coatora para preservar a liberdade de locomoção de pessoa física que sofreu ou que se encontra ameaçada de perdê-la, por ter havido ilegalidade, inconstitucionalidade ou abuso de autoridade pública ou de particulares.

ORDEM DE INSTRUÇÃO. *Direito militar.* É o conjunto de documentos pelos quais a autoridade competente estabelece o treinamento mínimo a ser cumprido pelos militares da Aeronáutica, dentro das diversas habilitações, visando à manutenção da operacionalidade. Trata-se do programa de instrução.

ORDEM DE MARCHA. *Direito militar.* Conjunto de petrechos, como uniforme, armas etc., com que a tropa deve se apresentar numa marcha.

ORDEM DE MISSÃO. *Direito militar.* É o documento pelo qual a autoridade competente determina a missão a ser cumprida pela tripulação e aeronave envolvidas.

ORDEM DE NÃO REANIMAR. *Medicina legal.* **1.** Medida de não se opor a uma parada cardiorrespiratória, em paciente em situação de morte inevitável, de desconforto e de sofrimento, sem nenhuma condição de sobrevida e que a família ou o próprio paciente se tenha manifestado antes pela não-reanimação cardiopulmonar (Veloso de França). **2.** Não-adoção de medidas de reanimação de paciente.

ORDEM DE OPERAÇÃO. *Direito comercial.* É a emitida pelo investidor ao corretor de Bolsa de Valores, autorizando-o a comprar ou vender ações ou títulos mobiliários (Geraldo Magela Alves).

ORDEM DE PAGAMENTO. 1. *Direito bancário.* Autorização dada por alguém para que certa importância seja paga a quem de direito. **2.** *Direito cambiário.* a) Cheque; b) letra de câmbio; c) título de crédito negociável e transferível por endosso. **3.** *Direito comercial.* Determinação expedida por um banqueiro ou empresário a seu correspondente, agente ou banco para pagamento de certa soma em dinheiro a outrem. **4.** *Direito financeiro.* Despacho de autoridade administrativa competente autorizando, ao aprovar uma conta, o pagamento de uma despesa.

ORDEM DE PREFERÊNCIA. 1. *Direito processual civil.* Prioridade de alguns créditos sobre outros em face da penhora de bens do devedor insolvente ou do empresário falido. **2.** *Direito civil.* Posição de cada credor de devedor comum, conforme a natureza de seus créditos, assegurada pelas garantias ou privilégios recebidos por lei ou por convenção.

ORDEM DE PRISÃO. *Direito processual penal.* Determinação formal dada, por meio de mandado, pela autoridade competente para que seja efetuada a prisão de pessoa acusada de crime.

ORDEM DE SERVIÇO. *Direito administrativo.* Imposição de superior hierárquico a funcionário público de uma ação ou abstenção em atenção ao serviço que deve ser por este levado a efeito. *Vide* ORDEM DE EXECUÇÃO DE SERVIÇO.

ORDEM DE SUCESSÃO. *Vide* ORDEM DE VOCAÇÃO HEREDITÁRIA.

ORDEM DE SUPERIOR HIERÁRQUICO. *Direito administrativo* e *direito militar.* É a emitida por autoridade administrativa ou militar a seus subordinados, no exercício de seu poder de direção.

ORDEM DE TRANSFERÊNCIA DE FUNDOS. *Direito financeiro.* Ordem pela qual um participante comanda transferência de fundos de sua conta de liquidação para a de outro participante (Luiz Fernando Rudge).

ORDEM DE VOCAÇÃO HEREDITÁRIA. *Direito civil.* É a relação preferencial, estabelecida pela lei, das pessoas que são chamadas a suceder o finado (Silvio Rodrigues). Consiste na distribuição dos herdeiros em classes preferenciais, baseada em relações de família e de sangue, exceção feita ao Estado, cujos direitos se fundam na vida social politicamente organizada. Assim, pela lei brasileira, a sucessão legítima defere-se na ordem seguinte: aos descendentes; aos ascendentes; ao cônjuge sobrevivente; mas se houver descendentes, em concorrência com eles, salvo se casado com o falecido no regime da comunhão universal, ou no da separação obrigatória de bens, ou se, no regime da comunhão parcial, o autor da herança não houver deixado bens particulares; e havendo ascendentes, com eles concorrerá; ou aos colaterais até o quarto grau. Não havendo herdeiro sucessível, nem companheiro, como sucessor irregular será chamado o Município, o Distrito Federal ou a União. O companheiro (sucessor regular) participa da sucessão do outro, quanto aos bens adquiridos onerosamente na vigência da união estável, nas condições seguintes: se concorrer com filhos comuns, terá direito a uma quota equivalente à que por lei for atribuída ao filho; se concorrer com descendentes só do autor da herança, tocar-lhe-á metade do que couber a cada um daqueles; se concorrer com outros parentes sucessíveis, terá direito a um terço da herança; não havendo parentes sucessíveis, terá direito à totalidade da herança.

ORDEM DO DIA. 1. *Ciência política, direito civil* ou *direito comercial.* Rol da matéria ou assunto que deve ser tratado numa data por assembléia, durante a sessão do órgão colegiado, que deve efetuar as deliberações. **2.** *Direito militar.* a) Boletim informativo ou publicação diária feita pelo comandante, comunicando fatos, promoções, desligamentos, baixas, comissionamento, discriminando os serviços a serem executados ou dando as instruções devidas aos seus subordinados; b) ocasião do dia em que o general distribui serviços aos corpos por ele comandados.

ORDEM DO EXÉRCITO. *Vide* ORDEM DA ARMADA.

ORDEM DO JUIZ. *Direito processual.* Mandado judicial determinando a execução de algum ato processual ou de alguma diligência.

ORDEM DO MÉRITO AERONÁUTICO. *Direito militar.* É a destinada a premiar militares da Aeronáutica brasileira que prestaram notáveis serviços ao País ou que se distinguiram no exercício da profissão, assim como para reconhecer assinalados serviços prestados à Aeronáutica por personalidades civis e militares, brasileiras ou estrangeiras, e, ainda, por Organizações Militares e Instituições Civis, nacionais ou estrangeiras.

ORDEM DO MÉRITO CULTURAL. Prêmio conferido a personalidades nacionais e estrangeiras que se distinguiram por suas relevantes contribuições prestadas à cultura. Abrange três classes: Grã-Cruz, Comendador e Cavaleiro.

ORDEM DO MÉRITO MILITAR. *Direito militar.* Ordem instituída com o objetivo de conferir prêmios a militares por conduta exemplar, prestação de bons serviços, atos de bravura ou ações valorosas.

ORDEM DO PROCESSO. *Direito processual.* Marcha natural a ser observada no processo, por imposição normativa.

ORDEM DOS ADVOGADOS DO BRASIL. *Vide* OAB.

ORDEM ECONÔMICO-FINANCEIRA. *Direito constitucional.* Política governamental urbana, agrícola ou fundiária, da reforma agrária e do sistema financeiro nacional, que procura valorizar o trabalho e a livre iniciativa, mediante a observância dos princípios da soberania nacional, da função social da propriedade privada, da livre concorrência, da proteção do consumidor e do meio ambiente, da redução das desigualdades regionais e sociais, da busca do pleno emprego e do tratamento favorecido para as empresas brasileiras de capital nacional de pequeno porte (Geraldo Magela Alves).

ORDEM ECONÔMICO-SOCIAL. *Ciência política.* Conjunto de normas que buscam a fixação das bases da economia e da sociedade.

ORDEM ÉTICA. *Filosofia geral.* 1. Conjunto de relações de perfeição e de virtudes morais (Malebranche). 2. Conjunto de normas que regem o comportamento humano, sejam elas morais, sociais, religiosas ou jurídicas.

ORDEM EXECUTÓRIA. *Direito administrativo* e *direito processual.* Determinação de autoridade competente, dirigida a quem lhe deve obediência, para que realize determinado ato.

ORDEM EXTERNA. *Direito internacional público.* 1. Complexo de normas reguladoras dos direitos e deveres dos diversos países e organismos internacionais, com a finalidade de alcançar o bem comum. 2. Ordem pública internacional, que é o conjunto de normas e princípios que regem as relações jurídicas entre Estados soberanos e pessoas de diferentes nacionalidades, formando a consciência jurídica e moral dos povos civilizados.

ORDEM HEREDITÁRIA. *Vide* ORDEM DE VOCAÇÃO HEREDITÁRIA.

ORDEM HIERÁRQUICA. 1. Escala de graus do poder e da autoridade, subordinados uns aos outros, estabelecendo a disciplina e as relações de obediência. 2. Graduação de poder de mando dentro de uma organização jurídica, política, administrativa, militar etc., determinante da subordinação funcional e jurisdicional entre funcionários e membros da entidade, conforme suas classes e categorias (De Plácido e Silva).

ORDEM HONORÍFICA. *Direito administrativo* e *direito civil.* Honraria instituída pelo governo ou por uma entidade civil para homenagear uma pessoa pelos seus méritos ou pelos relevantes serviços prestados, os quais se mostram dignos de uma distinção pública.

ORDEM ILEGAL. *Direito administrativo.* Determinação contrária à lei dirigida por superior hierárquico ao seu subordinado, que, então, não está adstrito ao dever de obediência.

ORDEM ILEGÍTIMA. *Teoria geral do direito.* Complexo de normas e instituições estabelecidas por quem não tem o poder nem titularidade para tanto.

ORDEM INTERNA. 1. *Teoria geral do direito.* Conjunto de normas e instituições jurídicas imprescindíveis para o bom funcionamento dos serviços públicos, da organização estatal e da disciplina das relações entre as pessoas e delas com o Estado. É também designada "ordem nacional" e "ordem pública interna" ou "ordem jurídica interna". É, portanto, o complexo de normas vigentes num país. 2. *Direito administrativo.* Determinação escrita de uma autoridade administrativa competente, dirigida a seus subordinados, dispondo sobre as diretrizes internas de organização que devem ser por eles acatadas e cumpridas.

ORDEM JUDICIAL. *Direito processual.* Determinação dada por magistrado para que as partes, serventuários ou terceiros cumpram uma medida, realizem ou se abstenham de praticar determinado ato no curso da causa. Trata-se do "mandado judicial" ou da "ordem do juiz".

ORDEM JUDICIAL INEXEQÜÍVEL. *Direito processual.* Determinação judicial impossível de ser cumprida pelo seu destinatário, que, então, deverá demonstrar, em juízo, ao prestar as informações exigidas e as razões de sua irrealizabilidade.

ORDEM JUDICIÁRIA. *Direito processual.* 1. Organização judiciária que abrange todos os órgãos e instituições indispensáveis para a administração e distribuição da justiça. 2. Ordem seguida no foro.

ORDEM JURÍDICA. *Teoria geral do direito.* Conjunto de normas estabelecidas pelo poder político competente, que se impõem e regulam a vida social de um dado povo em determinada época. Com essas normas possível será obter o equilíbrio social, impedindo a desordem, os ilícitos e os crimes, procurando proteger a saúde e a moral pública, resguardando os direitos e a liberdade das pessoas. Pode-se dizer, seguindo a esteira de Miguel Reale, que o direito é uma ordenação heterônoma das relações sociais, baseada numa integração normativa de fatos e valores. Trata-se do ordenamento jurídico.

ORDEM LEGAL. 1. *Teoria geral do direito.* a) Conjunto de normas emanadas do Poder Legislativo; b) complexo de normas que devem ser observadas por todos para resguardar a convivência social. **2.** *Direito administrativo.* Determinação de uma autoridade competente, dirigida aos seus subordinados, que a devem acatar, pois seu conteúdo está conforme aos ditames da lei.

ORDEM LÓGICA. *Lógica jurídica.* É a realizada pela razão, no ato de raciocinar.

ORDEM METAJURÍDICA. *Filosofia geral.* É a que motiva, informa e influi nas demais ordens humanas, como a social, a política, a econômica, a jurídica etc., por conter fatos e valores como o amor, a esperança, a fé, a paz, a verdade, a liberdade, a justiça etc.

ORDEM MONÁSTICA. *Direito canônico.* Associação composta por pessoas cuja vida individual ficará absolvida na coletiva, por fazerem votos de pobreza, obediência e castidade.

ORDEM MORAL. *Filosofia geral.* **1.** Observância das normas morais. **2.** Cumprimento do dever moral por ato de vontade (Hegel).

ORDEM NACIONAL. *Teoria geral do direito.* Diz-se do conjunto de normas que regem um Estado. *Vide* ORDEM INTERNA.

ORDEM NACIONAL DO MÉRITO CIENTÍFICO. É a que objetiva premiar personalidades nacionais e estrangeiras que se distinguiram por suas relevantes contribuições prestadas à ciência e à tecnologia.

ORDEM NACIONAL DO MÉRITO EDUCATIVO. *Direito educacional.* Tem por finalidade premiar personalidades, nacionais e estrangeiras, por excepcionais e relevantes serviços prestados à educação.

ORDEM NATURAL. 1. *Filosofia geral.* Conjunto de leis descritivas dos fenômenos da natureza, explicando suas causas e seus efeitos. **2.** *Econo-*

mia política. Dependência das relações socioeconômicas à natureza, pois tudo vem da terra.

ORDEM OBLÍQUA. *Direito militar.* Aquela em que há possibilidade de combate com uma ala, envolvendo o inimigo com a outra que, marchando, o cerca.

ORDEM POLÍTICA. *Ciência política.* Conjunto de normas e princípios que tornam harmônicas as funções e relações do Estado com seus próprios órgãos e com outras potências e organismos internacionais, regendo sua vida política.

ORDEM POLÍTICA EXTERNA. *Ciência política.* Complexo de normas e instituições que visam manter a integridade territorial do Estado, sua independência e soberania na órbita internacional.

ORDEM POLÍTICA INTERNA. *Ciência política.* Complexo normativo dirigido à obtenção e manutenção do equilíbrio do governo e de suas instituições, para o bom desempenho dos poderes públicos.

ORDEM PRIMEIRA. *Direito canônico.* Ordem de São Francisco de Assis que se constitui de irmãos professos.

ORDEM PROFISSIONAL. *Direito civil.* Pessoa jurídica que representa uma classe profissional, por isso seus associados são impelidos a aderi-la, para o legal exercício de sua profissão, submetendo-os a normas estatutárias e a uma disciplina, garantida por meio de sanções aplicadas pelo Conselho eleito. Tem, portanto, por missão a regulamentação de uma profissão, que só pode ser exercida por aquele que nela se inscrever.

ORDEM PÚBLICA. 1. *Teoria geral do direito.* Conjunto de normas essenciais à convivência nacional; logo não comporta classificação em ordem pública interna ou em ordem pública internacional, mas tão-somente a de cada Estado. Sem embargo, autores existem, como Despagnet, que vislumbram três categorias de leis de ordem pública: a) a compreensiva de instituto e leis que interessam à consciência jurídica e moral de todos os povos civilizados, como as alusivas ao casamento e ao parentesco em linha reta; b) a que engloba leis tidas como aplicação de verdadeiros princípios da moral e da boa organização social; c) a referente às disposições imperativas inspiradas em considerações de ordem regional. As duas primeiras categorias são de ordem pública internacional, e a terceira, de ordem pública interna. A ordem pública é um limite ao foro ou à manifestação da vontade individual, às disposições e convenções particulares (ordem pública interna), ou à aplicação do direito estrangeiro, às leis, atos e sentenças de outro país (ordem pública internacional). Logo, a diferença entre ordem pública interna e internacional está tão-somente nos meios de sua defesa. **2.** *Direito administrativo.* Conjunto de condições essenciais a uma vida social conveniente, fundamentado na segurança das pessoas e bens, na saúde e na tranqüilidade pública (Othon Sidou).

ORDEM PÚBLICA EXTERNA. *Vide* ORDEM PÚBLICA INTERNACIONAL.

ORDEM PÚBLICA INTERNA. *Teoria geral do direito.* **1.** Conjunto de leis que, em um país, estabelecem os princípios indispensáveis à organização do Estado, sob o prisma social, político, econômico e moral, seguindo os preceitos de direito (Clóvis Beviláqua). **2.** Conjunto de normas que não tem caráter supletivo ou dispositivo, dirigindo-se a todos os cidadãos que não podem subtrair-se ao seu comando. São normas de imperatividade absoluta ou impositivas (Goffredo Telles Jr.), determinando, em certas circunstâncias, a ação, a abstenção ou o estado das pessoas, sem admitir qualquer alternativa, vinculando o destinatário a um único esquema de conduta.

ORDEM PÚBLICA INTERNACIONAL. *Teoria geral do direito* e *direito internacional privado.* Conjunto de princípios indispensáveis à organização da vida social e aos que se relacionam diretamente com a proteção da organização do Estado, sob o ponto de vista político, econômico e social (Clóvis Beviláqua). São obrigatórios a todos os que residem no território, sejam ou não nacionais. É o complexo de leis e institutos que interessam a todos os povos civilizados.

ORDEM PÚBLICA NACIONAL. *Vide* ORDEM PÚBLICA INTERNA.

ORDEM RELIGIOSA. *Direito canônico.* **1.** Instituição religiosa. **2.** Congregação religiosa. **3.** Associação de homens ou de mulheres que resolvem dedicar-se a Deus. Por exemplo: Ordem dos Franciscanos; Ordem das Vicentinas. **4.** Entidade aprovada por legítima autoridade religiosa, na qual os membros emitem votos públicos determinados, perpétuos ou temporários, passíveis de renovação, e assumem o compromisso comunitário regulamentar de convivência sob o mesmo teto.

ORDEM SEGUNDA. *Direito canônico.* Ordem de São Francisco de Assis, constituída pelas irmãs claristas, da ordem de Santa Clara.

ORDEM SOCIAL. 1. *Sociologia geral.* a) Conjunto de normas que regem a mútua dependência dos homens e dos grupos sociais ou as interações sociais; b) complexo de instituições inter-relacionadas de uma determinada sociedade. **2.** *Direito constitucional.* É aquele conjunto de normas que tem como base o primado do trabalho e como objetivo o bem-estar e a justiça sociais, ocupando-se da seguridade social, da educação, da cultura, do desporto, da ciência e tecnologia, da comunicação social, do meio ambiente, da família, da criança, do adolescente, do idoso e dos índios. Com isso tem por escopo fixar as bases da sociedade e da estabilidade das relações sociais.

ORDEM TERCEIRA. *Direito canônico.* Ordem de São Francisco de Assis, constituída por leigos de ambos os sexos.

ORDEM URBANÍSTICA. *Direito urbanístico.* **1.** Conjunto de normas vinculantes que condicionam positiva ou negativamente a ação individual na cidade. **2.** Estado de equilíbrio entre os diversos interesses legítimos coexistentes e conflitantes no espaço urbano (Carlos Ari Sundfeld e Suzana H. da Costa).

ORDENAÇÃO. 1. *Psicologia forense.* Teste psicológico consistente em fazer a pessoa classificar vários objetos, suscetíveis de uma classificação serial objetiva conhecida pelo aplicador, e em medir, por meio de uma fórmula adequada, o desvio entre a ordem verdadeira e a estabelecida (Claparède). É um novo método para medir a sensibilidade. **2.** *Direito canônico.* Ato solene pelo qual o bispo confere a alguém o grau de sacerdote e o poder espiritual de exercer, na Igreja, funções eclesiásticas. **3.** Na *linguagem jurídica* em geral: a) boa disposição; b) conjunto de normas sobre determinada matéria; c) mandado; d) organização; e) ordem superior; determinação; ato ou efeito de ordenar; f) o que tem força de lei.

ORDENAÇÃO JURÍDICA. *Vide* ORDEM JURÍDICA.

ORDENAÇÕES. *História do direito.* Compilações de leis outrora adotadas como obrigatórias, em Portugal, constituindo-se em leis gerais do Reino. As Ordenações do Reino foram as Afonsinas, as Manuelinas e as Filipinas.

ORDENAÇÕES AFONSINAS. *História do direito.* Primeira consolidação de leis portuguesas, editada em 1446, que vigorou até 1521. Continha leis dos direitos romano, germânico e canônico, dividindo-se em cinco livros abordando: a) o direito administrativo; b) o direito eclesiástico; c) as normas processuais civis; d) o direito civil e comercial; e) o direito penal.

ORDENAÇÕES DO REINO. *Vide* ORDENAÇÕES.

ORDENAÇÕES FILIPINAS. *História do direito.* Consolidação de leis promulgadas em Portugal, que, em substituição às Ordenações Manuelinas, publicadas em 1603, vigorou até 1868 como leis gerais, e, no Brasil, até 1916, como fonte subsidiária do direito pátrio, pois em 1917 entra em vigor o Código Civil brasileiro. Seguiu o modelo das Ordenações Afonsinas e Manuelinas, dividindo-se em cinco livros. No primeiro fixou os regimentos da magistratura e serventuários da justiça, explicitando seus direitos e deveres; no segundo cuidou das relações entre Igreja e Estado, dos privilégios da nobreza e das atribuições do fisco; no terceiro disciplinou o processo civil e o criminal e as matérias relativas ao direito subsidiário que deveria ser invocado em caso de ausência de disposição legal; no quarto regeu os direitos das pessoas e das coisas; e no quinto, a matéria penal.

ORDENAÇÕES MANUELINAS. *História do direito.* Foi o segundo Código de leis que vigorou em Portugal de 1521 a 1603, por ter revogado as Ordenações Afonsinas em 1521.

ORDENADO. **1.** *Direito do trabalho.* Salário percebido pelo empregado; retribuição certa e periódica a que faz jus o trabalhador por seu serviço. **2.** *Direito administrativo.* Vencimentos do funcionário público. **3.** Na *linguagem jurídica* em geral: a) disposto, preceituado, prescrito em norma; b) que tem ordem; c) colocado em ordem; d) metódico. **4.** *Direito militar.* Soldo.

ORDENADOR. Que ordena.

ORDENADOR DE DESPESA. *Direito financeiro.* Autoridade competente para autorizar pagamento de despesas públicas e que tem o dever de prestar contas ao órgão de contabilidade de todos os dispêndios de recursos públicos.

ORDENAMENTO. **1.** *Teoria geral do direito.* a) Ordenação jurídica; b) conjunto de normas emanadas de autoridades competentes vigorantes num dado Estado. Tais normas abrangem: a Constituição do país, as leis complementares, as leis ordinárias, as leis delegadas, medidas provisórias, decretos legislativos, resoluções, decretos regulamentares, despachos, estatutos, regimentos, portarias, contratos, testamentos, sentenças ou decisões judiciais, costumes e doutrina; c) ordem jurídica. **2.** Na *linguagem comum:* a) disposição harmoniosa; b) organização. **3.** *Direito ambiental.* Conjunto de preceitos ou métodos para tratar e explorar matas. **4.** *Direito processual.* Iniciativa de pôr em ordem os atos e termos de um processo em andamento.

ORDENAMENTO JURÍDICO. *Vide* ORDEM JURÍDICA.

ORDENAMENTO LEGAL. *Teoria geral do direito.* **1.** Conjunto de leis positivas. **2.** Legislação que vigora num Estado.

ORDENANÇA. **1.** *História do direito.* a) Conjunto de leis que regram certas instituições jurídicas francesas; b) corpo de tropa; exército; tropas irregulares. **2.** *Direito militar.* a) Regulamento militar; b) soldado colocado sob as ordens e a serviço de um único oficial ou repartição; c) regulamento alusivo às manobras de qualquer arma. **3.** *Direito administrativo.* Decreto editado por autoridade administrativa.

ORDENAR. **1.** Dispor segundo uma ordem. **2.** Organizar. **3.** Dar uma ordem; mandar que faça algo ou que se abstenha de alguma coisa. **4.** Decidir. **5.** Conferir a alguém o grau de sacerdote; tomar ou receber eclesiástico ou sacras. **6.** Preparar-se. **7.** Autorizar.

ORDENATÓRIO. *Direito processual.* Diz-se do despacho judicial que põe ordem a um feito ou que dispõe sobre a marcha do processo.

ORDENÁVEL. Que pode ser ordenado.

ORDENHA. *Direito agrário.* Ação ou efeito de ordenhar.

ORDENHADEIRA. *Direito agrário.* Máquina elétrica destinada à ordenha do gado vacum.

ORDENHADOR. *Direito agrário.* Trabalhador rural que faz ordenha, extraindo leite da vaca.

ORDENHAR. *Direito agrário.* **1.** Extrair leite animal por compressão manual ou por sucção mecânica de suas tetas. **2.** Praticar ordenha.

ORDENS TERCEIRAS. *Direito canônico.* Associações cujos membros levam vida apostólica e tendem à perfeição cristã, participando do espírito de um instituto religioso sob a alta direção desse instituto.

ORDÉOLO. *Medicina legal.* Furúnculo no bordo da pálpebra.

ORDER BILL OF LADING. *Direito marítimo* e *direito internacional privado*. Conhecimento de embarque "nominal à ordem" que indica o nome do consignatário das mercadorias, que pode transferi-las por endosso. Tal conhecimento pode ser emitido à ordem do banco interveniente no estrangeiro, que transmite as mercadorias, por endosso, ao comprador, desde que este cancele seus compromissos com o banco (Daniel Azúa).

ORDINANDO. *Direito canônico*. Aquele que está se preparando para receber as ordens eclesiásticas e seguir a vida religiosa.

ORDINANTE. *Direito canônico*. Aquele que confere ordens sacras.

ORDINÁRIA. 1. *Direito civil*. a) Pensão alimentícia; b) despesa diária mensal ou anual. **2.** *Direito processual civil*. Ação cujo rito obedece ao procedimento ordinário.

ORDINÁRIO. 1. *Direito militar*. a) Diz-se do passo normal de marcha; b) voz de comando para que a tropa marche a passo ordinário. **2.** *Direito processual civil*. a) Procedimento processual seguido em causas a que não se atribua procedimento especial ou sumário; b) juiz dotado de competência previamente estabelecida para apreciar e decidir certa matéria. **3.** *Direito canônico*. a) Bispo; b) vigário geral; c) juiz eclesiástico. **4.** Nas *linguagens comum* e *jurídica*: a) indivíduo grosseiro desclassificado ou sem caráter; b) aquilo que é comum ou geral; c) vulgar; d) habitual; freqüente; usual; e) o que se contrapõe a algo especial ou extraordinário; f) medíocre; g) alimento cotidiano. **5.** *Direito comercial*. a) O que mostra ter qualidade média ou inferior; b) de baixo preço. **6.** *Direito internacional público*. Enviado de um Estado para servir junto ao governo de outro, em caráter permanente; residente.

ORDINARISMO. 1. Falta de caráter. **2.** Qualidade do que é ordinário.

ORDINARY WRITTEN WILL. *Expressão inglesa*. Escrito ordinário que nos EUA é uma forma de testamento feito totalmente pelo testador e por ele assinado ou feito por outrem e subscrito pelo testador perante testemunhas, cujo número varia de Estado a Estado.

ORDINATORIAE LITIS. *Direito internacional privado*. Formalidades processuais obrigatórias. São as propriamente ditas do procedimento, prescritas com a finalidade de garantir a marcha justa e correta do processo, não influindo no conteúdo da sentença, submetiam-se à *lex fori*, por de-

penderem da organização judiciária do Estado, sendo evidentemente de ordem pública.

ORDINATÓRIO. *Direito processual civil*. a) Período de processo quando o autor apresenta sua inicial e o réu, sua contestação; b) despacho relativo ao expediente do feito.

ORDINE NON SERVATO. *Direito processual*. Diz-se do julgamento que não segue as prescrições legais.

ORDINE SERVATO. *Direito processual*. Diz-se da decisão que está conforme ao direito.

ORDO EST PARIUM DISPARIUMQUE RERUM SUA CUMQUE LOCA TRIBUENS DISPOSITIO. *Expressão latina*. A ordem é a disposição que atribui às coisas iguais e desiguais o seu lugar certo.

ORELHA. 1. *Medicina legal*. Pavilhão do ouvido. **2.** *Direito marítimo*. Cada um dos dois bicos que formam a parte interna da pata da âncora e que se opõem à unha. **3.** *Direito autoral*. Parte da sobrecapa ou da capa de alguns livros, contendo comentários sobre seu conteúdo ou dados biobibliográficos do autor. **4.** *Direito agrário*. Peça de madeira em que, no carro de bois, se prende a canga de coice.

ORELHANO. *Direito agrário*. Diz-se, no Centro e no Sul do Brasil, do animal sem marca alguma.

ORELHÃO. *Direito administrativo*. Aparelho telefônico público, cuja forma é similar ao pavilhão auricular, que permite a proteção de intempéries e de ruído excessivo tanto para o usuário como para o Telefone de Uso Público (TUP).

ORELHAR. *Direito agrário*. Segurar o animal pela orelha, imobilizando-o para que se o possa tosar, marcar, montar etc...

OREXIA. *Medicina legal*. Necessidade imperiosa de alimentar-se.

OREXÍGENO. *Medicina legal*. Que produz apetite.

OREXIMANIA. *Medicina legal*. Apetite exageradamente mórbido.

OREXÍMANO. *Medicina legal*. Aquele que sofre de oreximania.

ORFANAR. *Direito civil*. Tornar órfão.

ORFANATO. *Direito civil*. Estabelecimento beneficente que recolhe, sustenta e educa órfãos.

ORFANDADE. 1. *Direito civil*. a) Condição do menor que perde pai ou mãe, ou ambos; b) estado de quem é órfão. **2.** *Direito agrário*. Estado em que ficam as abelhas enquanto estiverem sem a rainha.

ORFANOLOGIA. 1. Parte da ciência jurídica que estuda os direitos e deveres dos órfãos. **2.** Repartição especializada em assuntos relativos a órfãos.

ORFANOLÓGICO. Referente a órfãos ou à orfanologia.

ORFANOTRÓFIO. *História do direito.* Asilo de órfãos, na antiguidade grega.

ÓRFÃO. *Direito civil.* Diz-se do menor que perdeu os pais ou um deles. Aquele que tornou-se órfão de pai e de mãe deverá ser posto em tutela, pois um tutor passará a reger sua pessoa e a administrar seus bens.

ORGANEIRO. 1. *Direito comercial.* Fabricante de órgãos. **2.** *Direito canônico.* Encarregado da limpeza e da conservação do órgão da Igreja.

ORGÂNICA. 1. *Teoria geral do direito.* Diz-se da lei fundamental que organiza uma instituição ao desenvolver princípios ou normas constitucionais. **2.** *Medicina legal.* a) Diz-se da doença em que a perturbação funcional é provocada por uma lesão dos órgãos; b) diz-se da vida vegetativa, ou seja, do conjunto de fenômenos comuns a todos os seres vivos.

ORGANICISMO. 1. *Filosofia geral.* a) Oposto de animismo e vitalismo, por ser a teoria que concede a vida como o resultado da organização biológica ou como algo inseparável dos órgãos vivos (Ganet). **2.** *Medicina legal.* Doutrina segundo a qual a moléstia é devida a uma lesão material de um ou mais órgãos (Dechambre; Duval; Littré). **3.** *Sociologia geral.* Concepção que realça a analogia entre a sociedade e o organismo vivo, procurando aplicar aos fatos sociais as leis biológicas, considerando a sociologia como um ramo da biologia (Novicow). **4.** *Psicologia.* Tendência de atribuir a todas as psicoses ou fenômenos mentais uma causa orgânica (Dalbiez).

ORGANICISTA. 1. Referente a organicismo. **2.** Adepto do organicismo.

ORGÂNICO. 1. *Teoria geral do direito.* a) O que diz respeito a órgão; b) relativo ou inerente ao organismo; c) fundamental; basilar; aquilo que é fundamento ou base; d) composto de partes que desempenham diversas funções coordenadas; organizado; e) que constitui ou organiza; f) o que resulta de organização ou da constituição da coisa; g) oposto a mecânico; h) diz-se do desenvolvimento oriundo de uma força interna, que age teleologicamente. **2.** *Medicina legal.* a) O que se refere aos órgãos do corpo hu-

mano; b) produzido por tecidos vivos.

ORGANISATIONSVERSCHULD. *Termo alemão.* Culpa da organização da empresa.

ORGANISMO. 1. *Direito civil.* Corporação. **2.** *Direito administrativo.* Instituição pública. **3.** *Direito internacional público.* Instituição reconhecida por tratado. **4.** *Medicina legal.* a) Ser vivo composto de partes que realizam diferentes e coordenadas funções; b) disposição de órgãos no ser vivo; c) conjunto de funções executadas pelos órgãos do corpo humano; d) temperamento; e) constituição orgânica. **5.** *Direito ambiental.* É toda entidade biológica capaz de reproduzir e/ou transferir material genético, incluindo vírus, prions e outras classes que venham a ser conhecidas.

ORGANISMO DE CERTIFICAÇÃO DE PRODUTO (OCP). Organismo de terceira parte credenciado pelo Inmetro.

ORGANISMO DE INSPEÇÃO (OI). Entidade nacional pública ou privada, credenciada pelo Instituto Nacional de Metrologia, Normalização e Qualidade Industrial (Inmetro) para executar a inspeção de segurança veicular e expedir laudos de capacitação técnica e de comprovantes de segurança veicular.

ORGANISMO DE OCORRÊNCIA NATURAL. *Direito ambiental.* Organismo componente de um ecossistema ou selecionado a partir de uma população silvestre, sem alteração por meios artificiais.

ORGANISMO DOADOR. *Direito ambiental.* **1.** Aquele que doa a seqüência de *DNA/RNA* introduzida por engenharia genética no organismo receptor. **2.** Organismo, do qual provém a seqüência de DNA/RNA, introduzido por engenharia genética na planta receptora.

ORGANISMO GENETICAMENTE MODIFICADO (OGM). *Medicina legal* e *biodireito.* Organismo cujo material genético (*ADN/ARN*) foi modificado por alguma técnica de engenharia genética. *Vide ADN* e *ARN.*

ORGANISMO INTERNACIONAL. *Direito internacional público.* **1.** Instituição formada por Estados soberanos, por meio de tratado, sendo, em regra, ligada à ONU. **2.** Sistema ou estrutura organizada composta por países e/ou agências intergovernamentais que exercem funções específicas de caráter diplomático, político, administrativo, entre outros. **3.** Sociedade entre Estados, dotada de personalidade jurídica internacional, constituída por meio de um trata-

ORGANISMO PARENTAL

do, com finalidade de buscar interesses comuns através de uma permanente cooperação entre seus membros. **4.** Pessoa jurídica de direito público externo, regulamentada pelo direito internacional (ONU, FAO, UNESCO, OEA etc.)

ORGANISMO PARENTAL. *Direito ambiental.* *Vide* ORGANISMO RECEPTOR.

ORGANISMO RECEPTOR. *Direito ambiental.* **1.** Hospedeiro. **2.** Microrganismo original, não transformado pelo processo de engenharia genética, a ser utilizado em experimento. **3.** Organismo no qual se insere a construção obtida por engenharia genética.

ORGANISMOS DE QUALIFICAÇÃO DE TRÂNSITO (ORT). *Direito de trânsito.* Organizações de atividade exclusiva, credenciadas pelo Instituto Nacional de Metrologia (INMETRO) e que realizam a certificação dos Centros de Formação de Condutores, bem como os exames teóricos para habilitação necessários à obtenção da Permissão Para Dirigir ou da Carteira Nacional de Habilitação a serem emitidas pelos órgãos executivos de trânsito dos Estados e do Distrito Federal. O funcionamento dos Organismos de Qualificação de Trânsito dependerá de prévio credenciamento pelo INMETRO para seu registro no órgão de trânsito competente, e posterior homologação pelo órgão máximo executivo de trânsito da União.

ORGANIZAÇÃO. 1. *Filosofia geral.* a) Ação ou efeito de organizar; b) característica ou estado do que está organizado; c) conjunto que se forma por partes; d) disposição que se dá a alguma coisa para que possa funcionar; e) instituição; f) regularização; g) plano; h) modo pelo qual se combinam as partes que formam o todo, para a realização de certas funções. **2.** *Medicina legal.* a) Organismo; conformação das várias partes do corpo; disposição e constituição física do corpo humano; b) constituição intelectual e moral. **3.** *Direito comercial.* a) Estudo dos elementos e condições da constituição e funcionamento das empresas; b) conjunto de atividades concernentes à direção, planejamento, operação e controle mediante relações estruturais que unem os meios da empresa e a coordenação do esforço individual (José Lopes Zarzuela). **4.** *Direito administrativo.* a) Conjunto de elementos essenciais para a constituição e funcionamento dos serviços públicos; b) constituição de um estabelecimento público. **5.** Na *linguagem jurídica* em geral: a) a constituição de um estabe-

lecimento particular; b) conjunto de medidas ou de normas adotadas para a composição e funcionamento de certas instituições; c) instituição de alguma coisa, cujo funcionamento se subordina às normas que lhe deram estrutura (De Plácido e Silva); d) conjunto de normas e princípios basilares à formação de uma instituição; e) conjunto de instrumentos devidamente coordenados para a consecução de um fim (Etzioni).

ORGANIZAÇÃO ADMINISTRATIVA DO TRÂNSITO. *Direito de trânsito.* Conjunto de órgãos que tratam da circulação de pessoas e de veículos nas vias terrestres.

ORGANIZAÇÃO CIENTÍFICA DO TRABALHO. *Direito do trabalho.* Aumento da produção de cada operário e de seu salário sem acarretar-lhe sobrecarga de fadiga (Frederic W. Taylor).

ORGANIZAÇÃO CRIMINOSA. *Direito penal.* **1.** Promoção da cooperação no crime por aquele que é seu autor intelectual, uma vez que tem a idéia da prática criminosa e a iniciativa de sua realização (Damásio E. de Jesus). A elaboração do plano de atividade criminosa faz com que a pena seja agravada em relação ao agente, autor intelectual que dirige a atividade dos demais, controlando a execução do delito. **2.** Associação clandestina organizada para realizar ações criminosas (Geraldo Magela Alves).

ORGANIZAÇÃO DA COLONIZAÇÃO. *Direito agrário.* É a que visa dar melhores condições de fixação ao homem na terra, levando-o ao progresso econômico-social, traçando projetos de loteamentos em núcleos de colonização, formando cooperativas, prestando serviços de produção, de beneficiamento, de industrialização e eletrificação rural, de comercialização e transportes, de planejamento e execução de obras etc.

ORGANIZAÇÃO DA JUSTIÇA DO TRABALHO. *Direito processual trabalhista.* Três graus de jurisdição representados pelo Tribunal Superior do Trabalho, pelos Tribunais Regionais de Trabalho e pelas Varas do Trabalho.

ORGANIZAÇÃO DAS NAÇÕES UNIDAS. *Vide* ONU.

ORGANIZAÇÃO DAS PRATICAGENS. *Direito marítimo.* As praticagens serão organizadas por Estado ou por Região, a critério do Diretor de Portos e Costas, em função de particularidades de cada área, considerados: o tempo de praticagem; a freqüência de navios; a sua tonelagem; o tipo das embarcações praticadas e a localização dos portos e terminais, entre outros aspectos vinculados à segurança da navegação. Dentro de uma ZP poderá existir uma das seguintes organizações de praticagem: a) Entidade Única de Praticagem (empresa, associação etc.). A entidade que reunirá todo o efetivo de Práticos existentes naquela ZP, sendo o Prático dirigente daquela entidade, o Representante da Praticagem, junto aos órgãos que compõem a Estrutura da Autoridade Marítima; e b) Entidade Representante de Praticagem (empresa, associação etc.). Caso haja mais de uma entidade de praticagem em uma determinada ZP, a entidade que representará a Praticagem junto ao Capitão dos Portos será aquela indicada por consenso entre as existentes. Não havendo consenso, caberá ao Capitão dos Portos sua designação, como Agente da Autoridade Marítima. Quando organizada por Estado, a Entidade de Praticagem do Estado terá representatividade junto ao Capitão dos Portos e será responsável pelo rodízio, pela manutenção do número mínimo de práticos qualificados em cada Zona de Praticagem (ZP) e pela coordenação da formação dos praticantes nas diversas ZP do Estado. As lotações serão fixadas para cada Estado ou Região, podendo ser estabelecido, ainda, a critério do DPC um número mínimo de Práticos habilitados por ZP, dentro do quadro da praticagem estadual ou regional, considerando os parâmetros estabelecidos normativamente.

ORGANIZAÇÃO DE EMPRESA. *Direito comercial* e *sociologia jurídica.* Conjunto de formas sistemáticas de cooperação humana para obter a produção e o intercâmbio de bens econômicos.

ORGANIZAÇÃO DE PROTEÇÃO FITOSSANITÁRIA. *Direito ambiental.* Serviço oficial estabelecido pelo governo para o desempenho das funções arroladas na Convenção Internacional de Proteção Fitossanitária da FAO (CIPF).

ORGANIZAÇÃO DO CRIME. *Vide* ORGANIZAÇÃO CRIMINOSA.

ORGANIZAÇÃO DO JÚRI. *Direito processual penal.* Composição do júri que abrange: o Conselho de sentença, que é temporário, pois seus sete membros são sorteados para cada sessão dentre os vinte e um jurados alistados anualmente e órgãos permanentes como o juiz de direito, que é seu presidente e está à frente dos trabalhos, dirigindo o julgamento; o escrivão, os oficiais de justiça, o promotor de justiça e o advogado de defesa. A organização do júri é feita sob exclusiva responsabilidade do juiz de direito presidente, seguindo as normas do Código de Processo Penal.

ORGANIZAÇÃO DOS ESTADOS AMERICANOS. *Vide* OEA.

ORGANIZAÇÃO E MÉTODOS. *Direito empresarial.* Denominação do órgão especial de assessoria, que visa supervisionar a estrutura e o funcionamento racional da empresa, verificando os problemas surgidos e aconselhando em todos os níveis de administração. Para tanto, possui cinco funções básicas: a) feitura de organogramas, que representem graficamente a estrutura da empresa; b) confecção de manuais de organização, que contenham a descrição dos objetivos a serem alcançados e das chefias em cada departamento; c) sistematização das rotinas e racionalização do trabalho, definindo a política de ação e a identificação dos fatores condicionantes, sem olvidar o levantamento das condições existentes e a determinação dos componentes técnicos do sistema; d) implantação do sistema planejado; e) acompanhamento, para avaliar o sistema implantado (José Lopes Zarzuela).

ORGANIZAÇÃO FEDERAL. *Ciência política.* Segmentação do poder de modo que a unidade superior tenha apenas uma competência subsidiária, pois cada Estado membro da federação regulamentará seus assuntos (Herkelmann).

ORGANIZAÇÃO INDUSTRIAL. *Sociologia jurídica* e *direito empresarial.* Configuração cultural caracterizada pelo uso de máquinas, pela produção em massa e pelo emprego de forças distintas das humanas.

ORGANIZAÇÃO INTERGOVERNAMENTAL. *Direito internacional público.* Organização cujo Estado-Membro que votar contra qualquer medida sua ou que vier a abster-se de votá-la não tem o dever de aceitá-la ou de respeitá-la (Ani Caprara).

ORGANIZAÇÃO INTERNACIONAL DA VINHA E DO VINHO (OIV). *Direito internacional público.* Organismo que passa a substituir o Escritório Internacional da Vinha e do Vinho. A OIV é um órgão intergovernamental de natureza científica e técnica, de competência reconhecida em matéria de vinha, vinho, bebidas derivadas do vinho, uvas de mesa, passas e outros produtos provenientes da vinha. Na esfera de sua competência, os objetivos da OIV serão os

ORGANIZAÇÃO INTERNACIONAL DO TRABALHO (OIT) 505 ORG

seguintes: a) indicar a seus membros medidas destinadas a atender às preocupações dos produtores, consumidores e outros protagonistas do setor vitivinícola; b) assistir outras organizações internacionais intergovernamentais e não governamentais, particularmente àquelas que exercem uma função normativa; c) contribuir para a harmonização internacional das práticas e normas existentes e, caso necessário, para a elaboração de novas normas internacionais, a fim de melhorar as condições de produção e comercialização de produtos vitivinícolas e para o atendimento dos interesses dos consumidores.

ORGANIZAÇÃO INTERNACIONAL DO TRABALHO (OIT). *Direito internacional público.* Organismo criado em 1919 pelo Tratado de Versalhes que tem por escopo melhorar as condições de trabalho, tendo em vista a justiça social.

ORGANIZAÇÃO JUDICIÁRIA. *Direito processual.* **1.** Conjunto de normas relativas à formação, hierarquia, composição, direitos, deveres e competência dos órgãos judiciários e dos auxiliares do juízo em cada Estado, formando o Código de Organização Judiciária (COJ), que se adapta ao Estatuto da magistratura. **2.** Constituição e disposição dos órgãos judiciários, principais e auxiliares, num organismo apto a atingir a sua finalidade (Moacyr Amaral Santos). **3.** Conjunto de normas sobre a criação de tribunais e cargos de juízes e de seus respectivos auxiliares, bem como sobre a investidura nesses cargos, os direitos e deveres de seus ocupantes ou titulares e as suas atribuições (José Frederico Marques). **4.** Conjunto de normas disciplinadoras do Poder Judiciário, dispondo sobre criação e desdobramento de comarcas, juizados e tribunais, bem como a distribuição de juízes e funcionários da justiça. **5.** Composição de órgãos judiciários, adotando o princípio do duplo grau de jurisdição, abrangendo Supremo Tribunal Federal, Superior Tribunal de Justiça, Tribunais Regionais Federais e juízes federais, Tribunais e juízes do Trabalho, Tribunais e juízes eleitorais, Tribunais e juízes militares, Tribunais e juízes dos Estados e do Distrito Federal e Territórios.

ORGANIZAÇÃO MILITAR (OM). *Direito militar.* **1.** Denominação genérica dada a corpo de tropa, repartição, estabelecimento, navio, base, arsenal ou a qualquer outra entidade tática, operativa ou administrativa das Forças Armadas. **2.** Organização do exército que possui denomina-

ção oficial, quadro de organização e quadro de cargos previstos, próprios.

ORGANIZAÇÃO MUNDIAL DE COMÉRCIO (OMC). *Direito internacional privado.* É o quadro institucional comum para a condução das relações comerciais entre seus membros nos assuntos ligados aos acordos e instrumentos legais conexos. 1) A OMC facilitará a aplicação, administração e funcionamento do acordo e dos acordos comerciais multilaterais e promoverá a consecução de seus objetivos, além de constituir o quadro jurídico para a aplicação, administração e funcionamento dos acordos comerciais plurilaterais. 2) Será o foro para as negociações entre seus membros acerca de suas relações comerciais multilaterais em assuntos tratados no quadro dos acordos, como tarifas, agricultura, aplicação de medidas sanitárias etc. 3) Poderá também servir de foro para ulteriores negociações entre seus membros acerca de suas relações comerciais multilaterais, e de quadro jurídico para a aplicação dos resultados dessas negociações, segundo decida a Conferência Ministerial. 4) Administrará o entendimento relativo às normas e procedimentos que regem a solução de controvérsias (denominado a seguir "Entendimento sobre Solução de Controvérsias" ou "ESC"). 5) Administrará o mecanismo de exame das políticas comerciais (denominado a seguir "TPRM"). 6) Com o objetivo de alcançar uma maior coerência na formulação das políticas econômicas em escala mundial, a OMC cooperará, no que couber, com o Fundo Monetário Internacional e com o Banco Internacional de Reconstrução e Desenvolvimento e com os órgãos a eles afiliados.

ORGANIZAÇÃO NACIONAL DE PROTEÇÃO FITOSSANITÁRIA (ONPF). Entidade do País responsável pelas ações na área de defesa fitossanitária.

ORGANIZAÇÃO NÃO GOVERNAMENTAL (ONG). *Direito civil.* Entidade organizada por particulares para atender a um interesse público (saúde, assistência social, educação etc.), que pode ser constituída sob a forma de associação ou de fundação. Para atuar com parceria com o poder público deverá qualificar-se junto ao Ministério da Justiça como Organização da Sociedade Civil de Interesse Público (OSCIP).

ORGANIZAÇÃO REGIONAL DE INTEGRAÇÃO ECONÔMICA. *Direito internacional público.* É uma organização constituída por Estados soberanos de uma região determinada, para a qual estes Estados tenham transferido competências nas questões reguladas pela Convenção das Nações Unidas contra o crime organizado transnacional e que tenha sido devidamente mandatada, em conformidade com os seus procedimentos internos, para assinar, ratificar, aceitar ou aprovar tal Convenção ou a ela aderir; as referências aos "Estados Partes" constantes da referida Convenção são aplicáveis a estas organizações, nos limites das suas competências.

ORGANIZAÇÃO SINDICAL. *Direito do trabalho.* Parte do direito coletivo de trabalho que analisa a estrutura dos sindicatos e as atividades por eles exercidas para consecução de suas finalidades (Octavio Bueno Magano).

ORGANIZAÇÃO SIONISTA MUNDIAL. *História do direito.* Organismo estruturado por Theodor Herzl que tinha por escopo fazer com que o movimento sionista criasse um Estado soberano, enaltecendo o princípio de que o povo judeu constituía uma nação.

ORGANIZAÇÃO SOCIAL. *Sociologia.* Sistema de relações intergrupais ou entre membros, que envolvem obrigações recíprocas e obedecem a padrões aprovados socialmente.

ORGANIZAÇÃO SUPRANACIONAL. *Direito internacional público.* Organização cuja medida por ela adotada contra a vontade de qualquer Estado-Membro deve ser respeitada e obriga a todos, inclusive ao que não a acatou. Isso é assim ante a capacidade que têm os órgãos dessa organização de tomar decisões imediatamente vinculantes (Ani Caprara).

ORGANIZAÇÕES DA SOCIEDADE CIVIL DE INTERESSE PÚBLICO (OSCIPS). *Direito civil.* São as pessoas jurídicas de direito privado, sem fins lucrativos, cujos objetivos sociais e normas estatutárias atendem aos requisitos legais, que não distribui, entre os seus sócios ou associados, conselheiros, diretores, empregados ou doadores eventuais excedentes operacionais, brutos ou líquidos, dividendos, bonificações, participações ou parcelas do seu patrimônio, auferidos mediante o exercício de suas atividades, e os aplica integralmente na consecução do respectivo objeto social. Não são passíveis de qualificação como organizações da sociedade civil de interesse público: as sociedades empresárias; os sindicatos, as associações de classe ou de representação de categoria profissional; as instituições religiosas ou voltadas para a disseminação de credos, cultos, práticas e visões devocionais e confessionais; as organizações partidárias e assemelhadas, inclusive suas fundações; as entidades de benefício mútuo destinadas a proporcionar bens ou serviços a um círculo restrito de associados ou sócios; as entidades e empresas que comercializam planos de saúde e assemelhados; as instituições hospitalares privadas não gratuitas e suas mantenedoras; as escolas privadas dedicadas ao ensino formal não gratuito e suas mantenedoras; as organizações sociais; as cooperativas; as fundações públicas; as fundações, sociedades simples ou associações de direito privado criadas por órgão público ou por fundações públicas; as organizações creditícias que tenham vinculação com o sistema financeiro nacional. Tal qualificação, observado o princípio da universalização dos serviços, no respectivo âmbito de atuação das organizações, somente será conferida às pessoas jurídicas de direito privado, sem fins lucrativos, cujos objetivos sociais tenham pelo menos uma das seguintes finalidades: a) promoção da assistência social; b) promoção da cultura, defesa e conservação do patrimônio histórico e artístico; c) promoção gratuita da educação e da saúde; d) promoção da segurança alimentar e nutricional; e) defesa, preservação e conservação do meio ambiente e promoção do desenvolvimento sustentável; f) promoção do voluntariado; g) promoção do desenvolvimento econômico e social e combate à pobreza; h) experimentação, não lucrativa, de novos modelos socioprodutivos e de sistemas alternativos de produção, comércio, emprego e crédito; i) promoção de direitos estabelecidos, construção de novos direitos e assessoria jurídica gratuita de interesse suplementar; j) promoção da ética, da paz, da cidadania, dos direitos humanos, da democracia e de outros valores universais; k) estudos e pesquisas, desenvolvimento de tecnologias alternativas, produção e divulgação de informações e conhecimentos técnicos e científicos que digam respeito às atividades acima mencionadas. São as que recebem uma nova regulamentação jurídica, como as pessoas de direito privado sem fins lucrativos, que integram o denominado *Terceiro Setor*, ao ser qualificadas, pelo Poder Público, como organizações da sociedade civil de interesse público (OSCIP) e poderem com ele relacionar-se por meio de parceria.

ORGANIZAÇÕES DE INTEGRAÇÃO ECONÔMICA NA AMÉRICA LATINA. *Direito internacional público.* Orga-

ORGANIZAÇÕES DE SEGUROS MÚTUOS

nismos que visam ordenar a vida econômica internacional, buscando o equilíbrio entre as economias diferenciadas (Alberto Xavier), a igualdade de oportunidades (Gunnar Myrdal), a maximização do bem-estar (Sannwald; Stofler), lançando mão da zona de comércio livre, união aduaneira, mercado comum, união econômica e integração econômica total (Duarte Ivo Cruz). Dentre eles podemos citar a antiga ALALC, hoje substituída pela ALADI, o Mercado Comum do Caribe, o Mercosul etc.

ORGANIZAÇÕES DE SEGUROS MÚTUOS. *Direito civil.* Associações formadas com pessoas que se unem, por meio de estatutos, a fim de repartir entre os associados o ressarcimento de dano que, eventualmente, um deles possa vir a sofrer em razão de certo sinistro, como, por exemplo, incêndio, mortalidade de gado etc. Os próprios segurados, nessa relação associativa, atuarão concomitantemente como seguradores e segurados, de tal forma que a responsabilidade pelo risco seria compartilhada entre todos os associados, respondendo cada um pelo gravame sofrido por qualquer deles. O novo Código Civil não faz menção ao seguro mútuo, logo, apenas o seguro-mútuo voltado à atividade agrícola, a acidente de trabalho ou à saúde poderá ser explorado por cooperativa, por estar submetida ao regime de liquidação extrajudicial.

ORGANIZAÇÕES INTERNACIONAIS. *Direito internacional público.* Organismos que reúnem Estados Soberanos para alcançar objetivos econômicos, sociais, culturais, políticos etc., tendo competências e os direitos que, por delegação instrumentalizada em tratado, receberam daqueles Estados. Tais organizações internacionais têm personalidade jurídica e atuam na órbita internacional, pois, em certa medida, equiparam-se aos Estados, por serem titulares de direito e sujeitos de deveres (Celso Bastos).

ORGANIZAÇÕES NACIONAIS. *Direito civil.* Associações brasileiras sem fins lucrativos que atuem em outros países, exclusivamente na adoção internacional de crianças e adolescentes estrangeiros por brasileiros. É preciso instituir, no âmbito da Autoridade Central Administrativa Federal, o credenciamento de todas as organizações nacionais que atuam em adoção internacional em outros países. Tal credenciamento é requisito obrigatório para posterior credenciamento junto a Autoridade Central do país de origem da criança. Para ser cre-

denciada, a organização nacional que atua em adoção internacional em outros países deverá: a) ter solicitado à Coordenação Geral de Justiça, Classificação, Títulos e Qualificação, da Secretaria Nacional de Justiça, do Ministério da Justiça, autorização para funcionamento no Brasil, para fins de reconhecimento da personalidade jurídica às organizações estrangeiras; b) estar de posse do registro assecuratório de caráter administrativo federal na órbita policial de investigação, obtido junto ao Departamento de Polícia Federal; c) perseguir unicamente fins não lucrativos, nas condições e dentro dos limites fixados pela Autoridade Central Administrativa Federal; d) ser dirigida e administrada por pessoas qualificadas por sua integridade moral e por sua formação ou experiência para atuar na área de adoção internacional, que deverão ter sido entrevistadas pela Polícia Federal e ter tido seu nome aprovado pela Autoridade Central Administrativa Federal e publicado em portaria assinada pelo Secretário Especial dos Direitos Humanos; e) a organização credenciada estará submetida à supervisão da Autoridade Central Administrativa Federal e demais órgãos competentes, no que tange à sua composição, funcionamento, situação financeira e cumprimento das obrigações estipuladas normativamente. A organização credenciada terá como obrigações: a) prestar, a qualquer tempo, todas as informações que lhe forem solicitadas pela Autoridade Central Administrativa Federal; b) comunicar à Autoridade Central Administrativa Federal em quais países estão atuando os seus representantes, assim como qualquer alteração de Estatuto ou composição de seus dirigentes e representantes; c) apresentar à Autoridade Central Administrativa Federal, a cada ano, contado da data de publicação da portaria de credenciamento, relatório geral das atividades desenvolvidas nos países em que atua e relatório de acompanhamento das adoções internacionais efetuadas no período; d) requerer renovação do credenciamento a cada dois anos de funcionamento, no período de 30 (trinta) dias que antecede o vencimento do prazo, de acordo com a data de publicação da portaria de credenciamento.

ORGANIZAÇÕES SOCIAIS. *Direito civil.* São pessoas jurídicas de direito privado, sem fins lucrativos, cujas atividades sejam dirigidas ao ensino, à pesquisa científica, ao desenvolvimento tecnológico, à proteção e à preservação do meio ambiente, à cultura e à saúde, atendidos os seguintes requisitos específicos: 1) comprovar o registro de seu ato constitutivo, dispondo sobre: a) natureza social de seus objetivos relativos à respectiva área de atuação; b) finalidade não lucrativa, com a obrigatoriedade de investimento de seus excedentes financeiros no desenvolvimento das próprias atividades; c) previsão expressa de a entidade ter, como órgãos de deliberação superior e de direção, um conselho de administração e uma diretoria definidos nos termos do estatuto, asseguradas àquele composição e atribuições normativas e de controle básicos previstos em lei; d) previsão de participação, no órgão colegiado de deliberação superior, de representantes do Poder Público e de membros da comunidade, de notória capacidade profissional e idoneidade moral; e) composição e atribuições da diretoria; f) obrigatoriedade de publicação anual, no *Diário Oficial da União*, dos relatórios financeiros e do relatório de execução do contrato de gestão; g) no caso de associação civil, a aceitação de novos associados, na forma do estatuto; h) proibição de distribuição de bens ou de parcela do patrimônio líquido em qualquer hipótese, inclusive em razão do desligamento, retirada ou falecimento de associado ou membro da entidade; i) previsão de incorporação integral do patrimônio, dos legados ou das doações que lhe foram destinados, bem como dos excedentes financeiros decorrentes de suas atividades, em caso de extinção ou desqualificação, ao patrimônio de outra organização social qualificada no âmbito da União, da mesma área de atuação, ou ao patrimônio da União, dos Estados, do Distrito Federal ou dos Municípios, na proporção dos recursos e bens por estes alocados. 2) Haver aprovação, quanto à conveniência e oportunidade de sua qualificação como organização social, do ministro ou titular de órgão supervisor ou regulador da área de atividade correspondente ao seu objeto social.

ORGANIZADO. **1.** Ordenado. **2.** Disposto com método. **3.** Constituído de órgãos. **4.** Composto de partes que realizam funções coordenadas e diferentes.

ORGANIZADOR. Aquele que organiza algo.

ORGANIZAR. **1.** Criar; formar; constituir; preparar; estabelecer. **2.** Ordenar. **3.** Colocar as partes numa ordem conveniente. **4.** Dispor para funcionar.

ORGANIZÁVEL. O que pode ser organizado.

ORGANIZED TOUR. *Locução inglesa.* Viagem organizada.

ORGANOGRAFIA. *Direito empresarial.* Descrição dos órgãos de uma empresa.

ORGANOGRÁFICO. *Direito empresarial.* O que diz respeito à organografia.

ORGANÓGRAFO. *Direito empresarial.* Aquele que é especialista em organografia.

ORGANOGRAMA. Esquema de uma organização ou de um serviço, assinalando suas unidades constitutivas e suas atribuições.

ORGANOMA. *Medicina legal.* Tumor formado de órgãos.

ORGANON. *Lógica jurídica.* Conjunto das obras aristotélicas sobre Lógica.

ORGANONEUROSES. *Medicina legal.* Neuroses psicossomáticas nas quais o órgão ou víscera serve de ponto de referência para as descargas de doenças imaginárias e recalques pessoais (Croce e Croce Jr.).

ORGANOPATIA. *Medicina legal.* Qualquer moléstia dos órgãos.

ORGANOTRANSPLANTE. *Medicina legal.* Transplante de órgãos.

ORGANOTROPISMO. *Medicina legal.* Ação específica de determinados agentes mórbidos sobre certos órgãos.

ÓRGÃO. **1.** *Medicina legal.* a) Parte do corpo humano que exerce função específica; b) conjunto de tecidos condicionados a uma determinada função, por exemplo, rim (J. B. de O. e Costa Jr.). **2.** *Direito administrativo.* a) Instituição legalmente organizada com incumbência de exercer determinada função administrativa; b) pessoa investida, por lei ou por norma estatutária, no poder de representar uma entidade pública. **3.** Nas *linguagens comum* e *jurídica:* a) instrumento para o desempenho de uma função ou para conseguir alguma coisa; b) meio empregado para execução de uma coisa; c) parte de uma sociedade que realiza determinada função; d) centro autônomo institucionalizado de formação e manifestação de vontade de uma pessoa jurídica (Paulo Matos Peixoto); e) elemento que se insere na organização da pessoa jurídica com vista a sua atuação; f) instituição

ÓRGÃO AMBIENTAL COMPETENTE

organizada por norma para pôr em funcionamento certa ordem de serviços; g) pessoa ou grupo de pessoas encarregadas de exercer as funções cometidas às pessoas jurídicas de direito público ou de direito privado; h) executor dos objetivos que devem ser atingidos pela instituição, e das funções que lhe são inerentes (De Plácido e Silva); i) publicação, pessoa ou coisa de que se pode servir para tornar conhecida uma idéia ou uma vontade; j) intermediário. **4.** Na *linguagem de imprensa* designa jornal e revista, publicados diária ou periodicamente, que representam um partido político ou uma classe (De Plácido e Silva). **5.** *Direito civil* e *biodireito.* Parte do corpo humano suscetível de ser doado para fins terapêuticos, mediante realização de transplante.

ÓRGÃO AMBIENTAL COMPETENTE. *Direito ambiental.* Órgão de proteção e controle ambiental do Poder Executivo federal, estadual ou municipal integrante do Sistema Nacional do Meio Ambiente (SISNAMA), responsável pelo licenciamento ambiental das atividades dos portos organizados, instalações portuárias ou terminais, dutos, plataformas e suas instalações de apoio, bem como pela fiscalização dessas unidades quanto às exigências previstas no referido licenciamento, no âmbito de sua competência.

ÓRGÃO ARBITRAL INSTITUCIONAL. *Direito internacional privado.* Instituição especializada na solução de litígios, na seara das relações de comércio internacional como a Comissão Interamericana de Arbitragem Comercial (CIAC), a *Chambre de Commerce International* (CCI) etc.

ÓRGÃO ATIVO. *Direito civil* e *direito comercial.* Órgão administrativo da pessoa jurídica que tem poder decisório.

ÓRGÃO AUTÔNOMO. *Direito administrativo.* Unidade que integra a administração indireta, incumbindo-se de atividades voltadas às pesquisas, ao ensino, à indústria, ao comércio ou à agricultura, tendo tratamento diferente dos órgãos de administração direta, uma vez que é dotada de certa independência administrativa e financeira.

ÓRGÃO CENTRAL DO SISTEMA DE EDUCAÇÃO FÍSICA E DESPORTO DO COMANDO DA AERONÁUTICA. *Direito aeronáutico.* É a Comissão de Desportos da Aeronáutica (CDA), que tem sua constituição e atribuições gerais definidas em regulamento e regimento interno próprios. O Órgão Central

tem por atribuições: a) a orientação normativa, a supervisão técnica, a coordenação e o controle das atividades do Sistema; b) a fiscalização específica do desempenho dos elos do Sistema. Tais elos estão localizados na estrutura do Comando da Aeronáutica, de acordo com as necessidades de realização da atividade-meio correspondente, e têm suas constituições e atribuições gerais estabelecidas nos regulamentos e regimentos internos próprios ou nos das organizações a que pertencerem. Os elos do Sistema têm por atribuições: o cumprimento das normas elaboradas pelo Órgão Central; o fornecimento de informações necessárias ao Órgão Central para o planejamento e elaboração de projetos e atividades de interesse do Sistema; o encaminhamento ao Órgão Central de sugestões que visem ao aperfeiçoamento do Sistema; c) a elaboração e a proposta de programas e orçamentos, visando ao eficiente funcionamento do Sistema; d) o apoio técnico, de material e de pessoal especializado aos elos do Sistema; e) a ligação com as organizações congêneres, tanto militares como civis, no trato de assuntos relativos ao Sistema.

ÓRGÃO CENTRAL DO SISTEMA DE GUERRA ELETRÔNICA DO COMANDO DA AERONÁUTICA. *Direito aeronáutico.* Comando-Geral do Ar (COMGAR), que tem a sua constituição e atribuições gerais definidas em regulamento e regimento interno próprios. O Órgão Central tem por atribuições: a) a orientação normativa, a supervisão técnica, a coordenação e o controle das atividades do Sistema; b) a fiscalização específica do desempenho dos elos do Sistema; c) a elaboração e a proposta de orçamentos, visando ao eficiente funcionamento do Sistema; d) a qualificação, a habilitação e o controle dos recursos humanos necessários ao Sistema nos seus diferentes níveis; e) o apoio técnico-operacional e de pessoal especializado aos elos do Sistema; f) o estabelecimento e a manutenção de canais técnico-administrativos com os órgãos responsáveis pela atividade de guerra eletrônica no Exército, na Marinha e no Estado-Maior das Forças Armadas; g) a constante atualização das informações existentes no Estado-Maior da Aeronáutica, inclusive no que se refere à execução das ações de sua competência.

ÓRGÃO COLEGIADO. Aquele que desempenha suas atividades pela atuação conjunta dos membros que o integram, logo suas decisões só podem ser tomadas pela vontade da maioria.

ÓRGÃO CONSULTIVO. 1. Na *linguagem jurídica* é aquele que tem a função de realizar estudos, emitindo pareceres. **2.** *Direito ambiental.* Órgão com representação do Poder Público e da sociedade civil, com a finalidade de assessorar, avaliar e propor diretrizes para a gestão de florestas públicas.

ÓRGÃO CONVENIADO. *Direito administrativo.* Instituição da Administração Pública da União, dos Estados, do Distrito Federal ou dos Municípios que exerce a fiscalização dos serviços de transporte interestadual e internacional de passageiros, ou que emite prévia autorização para a prestação dos serviços de fretamento eventual ou turístico, mediante convênio de descentralização administrativa celebrado com a Agência Nacional de Transportes Terrestres (ANTT).

ÓRGÃO DA ADMINISTRAÇÃO. *Direito administrativo.* Aquele aparelhamento que tem a incumbência de administrar.

ÓRGÃO DA ADMINISTRAÇÃO DIRETA. *Direito administrativo.* É aquele serviço integrado na estrutura administrativa da União, dos Estados e dos Municípios, abrangendo, por exemplo, os que compõem: a Presidência da República e ministérios, as secretarias do Governo estadual e das Prefeituras.

ÓRGÃO DA ADMINISTRAÇÃO INDIRETA. *Direito administrativo.* Pessoa jurídica, criada por lei, que exerce atividade de interesse público, sob tutela administrativa do órgão público a que está vinculada. Por exemplo: autarquia, fundação pública, associação pública, agência executiva e agência reguladora, e ainda, a sociedade de economia mista e empresa pública, por prestarem, apesar de dotadas de personalidade de direito privado, serviço público.

ÓRGÃO DE CONTABILIDADE. *Direito administrativo.* Unidade encarregada do registro do resumo, da documentação e da interpretação de fatos e atos que causem repercussão na situação econômico-financeira das pessoas jurídicas de direito público.

ÓRGÃO DE CONTABILIDADE ANALÍTICA. *Direito administrativo.* É aquele que, além de fazer o relatório minucioso dos atos de gestão financeira, está incumbido da guarda de toda documentação relativa à escrituração da receita e da despesa.

ÓRGÃO DE DELIBERAÇÃO COLETIVA. Órgão colegiado, cujo regimento interno prevê o quórum para sua deliberação final e cujas decisões só podem ser tomadas pela maioria de seus membros.

ÓRGÃO DELIBERATIVO. *Direito civil e direito comercial.* Aquele que, tomando as devidas deliberações, constitui a vontade da pessoa jurídica. Por exemplo: Assembléia geral das sociedades.

ÓRGÃO DE PLANEJAMENTO. *Direito administrativo.* Unidade da Administração Pública que cuida da elaboração de planos gerais de governo, programas gerais, setoriais e regionais de ação administrativa do Poder Executivo.

ÓRGÃO ESPECIAL DO TRIBUNAL DE JUSTIÇA. *Direito processual.* Compete ao Órgão Especial processar e julgar originariamente: a) nas infrações penais comuns, o Vice-Governador do Estado, os Secretários de Estado, os Deputados Estaduais, o Procurador-Geral de Justiça e o Procurador Geral do Estado; b) nas infrações penais comuns e nos crimes de responsabilidade, os juízes do Tribunal de Justiça Militar, os juízes de Direito e os juízes auditores da Justiça Militar, os membros do Ministério Público, o Delegado-Geral da Polícia Civil e o Comandante-Geral da Polícia Militar; c) os mandados de segurança e os *habeas data* contra atos do Governador, da Mesa e Presidência da Assembléia Legislativa, do próprio Órgão Especial, do Conselho Superior da Magistratura, do Presidente do Tribunal de Justiça, do Presidente do Tribunal de Contas, da Seção Criminal, do Corregedor-Geral da Justiça, das turmas especiais de uniformização de jurisprudência, dos grupos, da Câmara Especial, do Procurador-Geral da Justiça, do Prefeito, da Mesa e Presidência da Câmara Municipal de São Paulo; d) os *habeas corpus*, quando o coator ou o paciente for autoridade diretamente sujeita à sua jurisdição, ressalvada a competência do Tribunal de Justiça Militar, nos processos cujos recursos forem de sua atribuição jurisdicional; e) os mandados de injunção, quando a alegada omissão do ato regulamentador seja atribuída ao Governador do Estado, à Assembléia Legislativa, ao Conselho Superior da Magistratura ou a qualquer de seus integrantes; f) a representação de inconstitucionalidade de lei ou ato normativo estadual ou municipal, contestados em face da Constituição do Estado, o pedido de intervenção em município e a ação direta de inconstitucionalidade por omissão, em face de preceito da Constituição Estadual; g) as ações rescisórias de seus julgados e as revisões criminais nos processos de sua competência; h) as dúvidas de competência entre órgãos colegiados do Tribunal pertencentes a seções diversas, entre a Câmara Especial e qualquer desses órgãos, entre a Seção Criminal, grupos e câmaras do Tribunal, dúvidas essas suscitadas quer pelas turmas julgadoras, quer pelo Presidente ou por algum dos vice-presidentes, por ocasião da distribuição ou encaminhamento do processo, quer, finalmente, pelas partes; i) os conflitos de atribuição entre autoridades judiciárias e administrativas, quando interessados o Governador e Secretários de Estado, a Mesa da Assembléia Legislativa ou seu Presidente, o Prefeito da Capital, o Presidente do Tribunal de Contas do Estado ou o Procurador-Geral de Justiça; j) as exceções de suspeição opostas a Desembargador; k) os embargos de declaração opostos a seus acórdãos; l) os agravos regimentais em processos de sua competência; m) a ação civil proposta pelo Procurador-Geral de Justiça, para a perda do cargo e para a cassação da aposentadoria ou disponibilidade dos membros vitalícios do Ministério Público. Compete-lhe, ainda: a) provocar a intervenção da União no Estado, nos termos da Constituição da República e da Constituição do Estado; b) requisitar a intervenção do Estado em município, nas hipóteses previstas em lei; c) baixar resolução autorizando o Presidente do Tribunal a pleitear, perante o Supremo Tribunal Federal, a intervenção federal no Estado, quando se procurar coartar o livre exercício do Poder Judiciário do Estado; d) julgar, com base em parecer do Conselho Superior da Magistratura, as reclamações dirigidas contra Desembargador, determinando a redistribuição, se for o caso, dos processos em que ocorra o excesso de prazo.

ÓRGÃO GESTOR. *Direito ambiental.* Órgão ou entidade do poder concedente com a competência de disciplinar e conduzir o processo de outorga da concessão florestal.

ÓRGÃO GESTOR DE MÃO–DE–OBRA (OGMO). *Direito marítimo, direito do trabalho* e *direito previdenciário.* É entidade civil de utilidade pública e sem fins lucrativos, constituída pelos operadores portuários e equiparada à empresa em relação aos segurados que lhe prestem serviços. É o que fornece e administra a mão-de-obra do trabalhador portuário avulso, sendo também responsável pelo recebimento de todos os encargos previdenciários repassados pelos operadores portuários de um porto organizado, relativos ao trabalho portuário avulso, pelo desconto das contribuições do trabalhador avulso, e respectivos recolhimentos à Previdência Social, em conformidade com a legislação vigente. Estão incluídas nessa responsabilidade as contribuições relativas aos trabalhadores avulsos cedidos permanentemente a um operador portuário. O órgão gestor de mão-de-obra é o responsável pelo desconto e recolhimento à Previdência Social das contribuições incidentes sobre as remunerações pagas ou creditadas, a qualquer título, no decorrer do mês, aos seus empregados. Também é devida, pelo órgão gestor de mão-de-obra, a contribuição patronal com relação ao segurado que lhe preste serviço. Além da obrigação de manter disponíveis as listas de escalação diária dos trabalhadores avulsos, por tomador de mão-de-obra e por navio, deverá, também, confeccionar folha de pagamento mensal, por operador portuário, com discriminação do nome, registro, cargo, função ou serviço prestado e a correspondente remuneração dos trabalhadores avulsos. Deverá ainda ter controle de todas as remunerações pagas ou creditadas a cada trabalhador avulso, totalizadas por mês, para fins de aplicação das alíquotas de contribuição e do limite máximo do salário-de-contribuição, mantendo os correspondentes comprovantes. O operador portuário é responsável solidário ao órgão gestor de mão-de-obra no cumprimento das obrigações previdenciárias.

ÓRGÃO GESTOR DE PARCERIAS PÚBLICO-PRIVADAS FEDERAIS. *Direito administrativo.* Tem competência para: a) definir os serviços prioritários para execução no regime de parceria público-privada; b) disciplinar os procedimentos para celebração desses contratos; c) autorizar a abertura da licitação e aprovar seu edital; d) apreciar os relatórios de execução dos contratos.

ÓRGÃO OFICIAL. *Direito administrativo.* Jornal que publica ou divulga, diária ou periodicamente as leis e os atos emanados das autoridades públicas, dando-lhes obrigatoriedade.

ÓRGÃO PÚBLICO. *Ciência política.* Unidade que age em nome do Estado para a consecução dos fins comuns (Othon Sidou).

ÓRGÃO REPRESENTATIVO. Órgão ativo que representa a pessoa jurídica em suas relações com terceiros.

ÓRGÃOS DA JUSTIÇA DESPORTIVA. *Direito desportivo.* São órgãos autônomos e independentes das entidades de administração do desporto, com o custeio de seu funcionamento promovido na forma legal: a) o Superior Tribunal de Justiça Desportiva (STJD), com a mesma jurisdição da correspondente entidade nacional de administração do desporto; b) os Tribunais de Justiça Desportiva (TJD), com a mesma jurisdição da correspondente entidade regional de administração do desporto; c) as Comissões Disciplinares Nacionais e Regionais (CDN e CDR) colegiados de primeira instância dos órgãos judicantes.

ÓRGÃOS DE IMPRENSA. *Direito das comunicações.* Meios de comunicação jornalística como, por exemplo, jornais, revistas, periódicos etc.

ÓRGÃOS DO ESTADO. *Direito administrativo.* **1.** Conjunto de tarefas e poderes, sendo estes divididos e ordenados em grupos, atribuídos a pessoas físicas e por elas executados e exercidos (Alessandro Gropalli). **2.** Meios pelos quais o Estado promove a realização dos serviços e funções imprescindíveis à concretização de suas finalidades.

ÓRGÃOS DO PODER JUDICIÁRIO. *Direito processual.* Aqueles instituídos com o escopo de atender aos interesses ligados à administração e distribuição da justiça, tais como: STF, Conselho Nacional de Justiça, STJ, Tribunais Regionais Federais e Juízes Federais; Tribunais e Juízes do Trabalho; Tribunais e Juízes Eleitorais; Tribunais e Juízes Militares; Tribunais e Juízes dos Estados e do Distrito Federal e Territórios.

ÓRGÃOS DO PODER JUDICIÁRIO DO ESTADO. Aqueles que compõem o Judiciário do Estado, como: o Tribunal de Justiça; o Tribunal de Justiça Militar; os Tribunais do Júri; as Turmas de Recursos; os Juízes de Direito; as Auditorias Militares; os Juizados Especiais.

ÓRGÃOS PREVIDENCIÁRIOS. *Direito previdenciário.* Entidades que ministram à população, na forma estabelecida em seus próprios regulamentos, a previdência e a assistência social, no que tange ao estabelecimento dos planos previdenciários, aos benefícios, às prestações de serviços, ao custeio de atividades e programas assistenciais e à sua gestão administrativa, financeira e patrimonial.

ÓRGÃO TARIFADOR. *Direito aeronáutico.* É todo órgão com capacidade de gerar mensagem CONFAC: a) Os Centros de Controle de Área (ACC) e Centro de Controle de Aproximação (APP), Torre de Controle de Aeródromo (TWR) e Estação Permissionária de Telecomunicações Aeronáuticas (EPTA) são considerados órgãos tarifadores, ao gerarem ou informarem dados para a geração de mensagens CONFAC, quando tomam conhecimento da existência de plano ou notificação de vôo entre aeródromos que não dispõem de órgão tarifador; e b) é considerado, também, órgão tarifador e integrante do SUCOTAP o aeroporto administrado mediante convênio e devidamente classificado como arrecadador de tarifas pelo DAC.

ORGASMO. *Medicina legal.* Ponto culminante da excitação sexual, em que se tem a satisfação da sensação de prazer.

ORGÁSTICO. *Medicina legal.* O que se refere ao orgasmo.

ORGIA. 1. Bacanal. **2.** Desordem.

ÓRGIA. *Direito comparado.* Medida grega de comprimento, que corresponde a 1,80m.

ORGULHO. 1. Aquilo de que uma pessoa pode ufanar-se. **2.** Altivez. **3.** Brio. **4.** Amor-próprio exagerado.

ORIENTAÇÃO. 1. *Direito marítimo.* Disposição dada às velas e vergas para que possam ser impulsionadas pelo vento. **2.** Em *psiquiatria* é o complexo de fenômenos psíquicos que possibilita à pessoa dar-se conta da real situação em que se encontra (Croce e Croce Jr.). **3.** Na *linguagem comum:* a) ato ou arte de se orientar; b) guia; direção.

ORIENTAÇÃO ADMINISTRATIVA. *Direito administrativo.* **1.** Atividade exercida pelas autoridades públicas superiores para auxiliar seus subordinados no desempenho de suas tarefas ou para alcançar certo fim. **2.** Entendimento final sobre determinado assunto, para que todos os casos similares sejam igualmente solucionados.

ORIENTAÇÃO EDUCACIONAL. *Direito educacional.* Atividade de serviços escolares especializados em pedagogia que procura auxiliar o aluno em seu aprendizado e aprimorar a educação.

ORIENTAÇÃO PROFISSIONAL. Conjunto de testes para ajudar o jovem a escolher adequadamente sua profissão.

ORIENTAÇÃO SOCIAL. *Sociologia geral.* Direção social do pensamento e do esforço de um grupo

ORIENTAÇÕES ESTRATÉGICAS PARA REDUÇÃO DA DEMANDA E DA OFERTA DE... **513** **ORI**

social, tal como determinam seus valores sociais dominantes.

ORIENTAÇÕES ESTRATÉGICAS PARA REDUÇÃO DA DEMANDA E DA OFERTA DE DROGAS. Conjunto de estratégias do movimento antidrogas que visam reduzir a demanda e a oferta de drogas, tais como: a) garantir a observância dos direitos fundamentais da pessoa humana nas ações de redução da demanda e da oferta de drogas; b) promover a inclusão social do cidadão, visando torná-lo menos vulnerável a assumir comportamentos de risco para o uso indevido de drogas, violência e outros; c) promover os valores éticos, culturais e de cidadania do povo brasileiro, por se constituírem fatores de proteção a comportamentos de risco; d) reconhecer a família como importante fator de proteção ao uso indevido de drogas, por sua representatividade como instituição de base da sociedade e por se caracterizar como o espaço onde se definem e sedimentam os valores pessoais e sociais e se estabelecem vínculos capazes de proporcionar o desenvolvimento integral do ser humano; e) promover a participação da sociedade na redução da demanda e da oferta de drogas; f) promover a ação governamental integrada para a redução da demanda e da oferta de drogas nas três esferas de Governo, reconhecendo os impactos negativos do uso indevido e do tráfico ilícito de drogas na segurança pública, nas relações e no ambiente de trabalho e emprego, na capacidade produtiva das instituições e em alguns aspectos da soberania nacional; g) observar o necessário equilíbrio entre as ações governamentais de redução da demanda e da oferta de drogas, visando garantir a estabilidade e o bem-estar social; h) adotar abordagem global nas ações de redução da demanda e da oferta de drogas, assumindo que a preservação do uso indevido de drogas, a redução dos danos decorrentes desse uso, o tratamento e a reinserção social de dependentes químicos e pessoas que fazem uso prejudicial de álcool e outras drogas e a repressão ao tráfico ilícito são complementares e interdependentes; i) priorizar a redução da demanda e da oferta de drogas em áreas e populações de maior risco social; j) garantir assistência profissional aos dependentes químicos e às pessoas que fazem uso prejudicial de álcool e outras drogas; k) promover o conhecimento nacional sobre drogas, garantindo rigor científico às ações da redução da demanda e da oferta de drogas; l) promover o controle e a fiscalização dos medicamentos e substâncias controladas; m) promover medidas de prevenção e de repressão à lavagem de dinheiro no país, como forma de combater o crime organizado e o tráfico ilícito de drogas; n) acompanhar o aparecimento de novas modalidades de drogas e de tráfico ilícito e atuar sobre elas, de forma preventiva; o) garantir a atualização da política de governo e da legislação nacional para a redução da demanda e da oferta de drogas, à luz dos interesses da sociedade.

ORIENTADOR EDUCACIONAL. *Direito educacional.* Profissional habilitado a ministrar orientação em escolas, por ser versado em pedagogia.

ORIENTAL. 1. Relativo ao oriente. **2.** Que está do lado do oriente.

ORIENTALISMO. Conhecimento dos costumes, línguas e civilização dos povos orientais.

ORIENTALIZAR. Adquirir hábitos do Oriente.

ORIENTAR. 1. Guiar. **2.** Encaminhar. **3.** Indicar rumo a seguir. **4.** Examinar aspectos de uma questão.

ORIENTE. 1. Em *maçonaria*: a) o local onde se situa uma loja; b) loja a que as demais estão subordinadas; c) parte oposta à porta de entrada do templo maçônico, onde só têm assento os indivíduos de graus superiores. **2.** Na *linguagem comum:* a) o leste; b) princípio; c) país que fica do lado onde nasce o sol; d) povo que habita esse país.

ORIFÍCIO. 1. Entrada estreita. **2.** Abertura.

ORIFÍCIO DE ENTRADA. *Medicina legal.* Lesão no corpo causada por entrada de projétil de arma de fogo, menor que o orifício de saída, salvo raras exceções. Seja qual for a distância do tiro, o orifício de entrada apresenta uma orla de contusão e uma de enxugo, tendo, ainda, nos tiros próximos, zonas de tatuagem, de esfumaçamento e de chamuscamento (A. Almeida Jr. e J. B. de O. e Costa Jr.).

ORIFÍCIO DE SAÍDA. *Medicina legal.* Lesão no corpo provocada pela saída do projétil de arma de fogo, que pode apresentar forma irregular ou o aspecto de fenda, e trazer fragmentos de tecidos orgânicos. É maior que o orifício de entrada, não apresenta orla de contusão nem orla de enxugo e, muito menos, zona de tatuagem. Nele o complexo epiderme-derme é evertido de dentro para fora; a bala se enxuga na face profunda da derme e não em sua face superficial (A. Almeida Jr. e J. B. de O. e Costa Jr.).

ORIGEM. 1. Começo; princípio; início. **2.** Ponto de partida. **3.** Nascimento. **4.** Naturalidade. **5.** Ascendência; proveniência. **6.** Etimologia. **7.** Causa; motivo; razão de ser. **8.** Fonte histórica. **9.** Constituição de uma raça ou de uma família. **10.** Primeira manifestação. **11.** Realidade anterior da qual algo advém por transformação. **12.** Gênese. **13.** Fato de que resulta um costume. **14.** Fundamento. **15.** Procedência.

ORIGINADOR. 1. Causador. **2.** O que origina.

ORIGINAIS. *Direito processual.* Diz-se dos autos em que, diretamente, se está processando a causa.

ORIGINAL. 1. *Direito autoral.* a) Primeira redação de uma obra científica ou literária; b) texto manuscrito ou datilografado de que outro é cópia; manuscrito de uma obra ou de qualquer composição a ser editada; c) diz-se da obra resultante de criação de seu autor. **2.** Nas *linguagens comum* e *jurídica:* a) relativo à origem; b) fora do comum: aquilo que não se assemelha a nada; c) natural; primitivo; d) excêntrico; e) que não é copiado nem reproduzido; f) que não foi dito ou feito à imitação de outrem; g) extraordinário; h) que tem caráter próprio. **3.** *Direito civil* e *direito registrário.* a) Texto primitivo de um instrumento público ou particular, que não é cópia; b) escrito que neutralizou o ato jurídico ou o contrato; c) primeira reprodução do que consta dos assentos de livros notariais, dos termos ou das escrituras lavradas pelo cartório.

ORIGINALIDADE. 1. *Direito autoral.* a) Qualidade de original; b) conjunto de caracteres próprios de uma obra intelectual, que a distingue das demais (Carlos Alberto Bittar). **2.** *Medicina legal* e *direito processual penal.* Qualidade subjetiva do depoimento testemunhal, que é dada por sua contribuição pessoal, ou melhor, de sua cultura, educação, nível intelectual etc. (Claparède e Duprè).

ORIGINAR. 1. Ser a causa de alguma coisa; dar origem. **2.** Ter origem.

ORIGINÁRIO. 1. Proveniente. **2.** Primitivo. **3.** Inicial.

ORIGMA. *História do direito.* Abismo onde, outrora, os atenienses jogavam os criminosos.

ORIGO PETITIONIS. *Locução latina.* Motivo do pedido; fundamento do pedido apresentado em juízo.

ORIGO REI SEMPER ATTENDITUR. *Aforismo jurídico.* A origem da coisa deve ser sempre atendida.

ORINOTERAPIA. *Medicina legal.* Tratamento das moléstias decorrentes pela permanência em locais altos.

ORIZÍCOLA. *Direito agrário.* Que se refere à cultura do arroz.

ORIZICULTOR. *Direito agrário.* Trabalhador ou produtor rural que se dedica à cultura do arroz.

ORIZICULTURA. *Direito agrário.* Cultura de arroz.

ORLA. 1. *Direito marítimo.* Bainha em redor das velas. **2.** *Economia política* e *numismática.* Borda da moeda onde está a inscrição; parte da moeda que contorna os motivos, contendo em regra a inscrição. As inscrições mais comuns nas moedas brasileiras eram: *In hoc signo vinces* (por este sinal vencerás); *moderato splendeat usu* (brilhará com o uso moderado); *sub quo signo nata stabit* (este signo nasceu e permanecerá). **3.** Na *linguagem comum:* margem.

ORLA DE CONTUSÃO. *Medicina legal.* Mancha situada ao redor do orifício de entrada, causada por um projétil de arma de fogo, que apresenta escoriação, contusão e coloração escura. Tem valia para indicar a direção em que o disparo foi feito.

ORLA DE ENXUGO. *Medicina legal.* Elemento de vizinhança que caracteriza o orifício de entrada, produzido, na pele, por projétil de arma de fogo ao se enxugar nas bordas da ferida, limpando-se dos resíduos de pólvora, ferrugem, graxa, fragmentos de indumentária etc. (Croce e Croce Jr.; A. Almeida Jr. e J. B. de O. e Costa Jr.).

ORLA DE LIMPEZA. *Vide* ORLA DE ENXUGO.

ORLA HIMENIAL. *Medicina legal.* Parte do hímen que se constitui de duas membranas mucosas, separadas por uma camada de tecido conjuntivo com fibras elásticas, vasos e nervos, e, às vezes, musculatura lisa, compreendida desde o óstio até a margem de inserção vaginal. Pode ter consistência tênue, carnosa, tendinosa ou cartilaginosa. Se cartilaginosa impede a conjunção carnal, exigindo incisão (Croce e Croce Jr.).

ORLEANISMO. *História do direito.* Opinião político-partidária que existia na França, daqueles que pretendiam recolocar no trono um príncipe da casa de Orleães.

ORNAMENTAÇÃO (header) — omitted

ORNAMENTAÇÃO. *Direito civil.* Decoração, que é uma benfeitoria voluptuária.

ORNAMENTISTA. Diz-se daquele que faz decorações em prédios ou casas.

ORNAMENTO. Aquele que honra ou nobilita uma classe ou instituição.

ORNAR. 1. Decorar. 2. Tornar ilustre. 3. Engrandecer.

ORNITOMANIA. *Medicina legal.* Afeição mórbida às aves.

OROPA. *Direito agrário.* Abelha européia ou doméstica que, ao fugir do cortiço em enxame, faz o mel no oco do tronco das árvores.

ORQUEÍTE. *Medicina legal.* Inflamação do escroto.

ORQUESTRA. *Direito autoral.* Conjunto de músicos que executam um concerto, uma peça ou acompanham um cantor.

ORQUESTRADOR. *Direito autoral.* Aquele que escreve a instrumentação de uma melodia.

ORQUESTRAR. *Direito autoral.* Compor partes de uma peça musical para ser executada por uma orquestra.

ORQUIALGIA. *Medicina legal.* Neuralgia testicular.

ORQUIÁLGICO. *Medicina legal.* Referente à orquialgia.

ORQUIDÁRIO. Viveiro de orquídeas.

ORQUIECTOMIA. *Medicina legal.* 1. Castração. 2. Ablação de um ou de ambos os testículos.

ORQUIECTÔMICO. *Medicina legal.* O que diz respeito à orquiectomia.

ORQUIECTOMIZADO. *Medicina legal.* Castrado.

ORQUIECTOMIZAR. *Medicina legal.* Castrar.

ORQUIENCEFALOMA. *Medicina legal.* Tumor canceroso no testículo.

ORQUIENCEFALOMÁTICO. *Medicina legal.* Relativo a orquiencefaloma.

ORQUIEPIDIDIMITE. *Medicina legal.* Inflamação dos testículos e do epidídimo.

ORQUIOCELE. *Medicina legal.* Tumor dos testículos.

ORQUIOCÉLICO. *Medicina legal.* Relativo a orquiocele.

ORQUIOSCLEROSE. *Medicina legal.* Endurecimento do testículo.

ORQUIOSQUEOCELE. *Medicina legal.* Tumor nos testículos com hérnia escrotal.

ORQUIOTERAPIA. *Medicina legal.* Tratamento da sensibilidade sexual por meio de extratos testiculares.

ORQUIPAUSA. *Medicina legal.* Período da vida masculina em que há diminuição da atividade testicular.

ORQUITE. *Medicina legal.* Inflamação dos testículos causada por tuberculose, gonorréia, sífilis ou caxumba.

ORTHO PREGNANCY TEST. *Medicina legal.* Prova biológica de gravidez, também conhecida como *gravindex*, que consiste em usar um antígeno, constituído de uma suspensão de partículas de látex recoberto de gonadotrofina coriônica humana. O resultado será negativo se não houver aglutinação das hematias, e positivo se no fundo da ampola surgir um anel constituído de hematias sedimentadas (José Lopes Zarzuela).

ORTIGA. *História do direito.* 1. Canhão de dezenove palmos que atirava pelouros de pedra. 2. Tiro de pelouro de pedra.

ORTN. *Vide* OBRIGAÇÕES REAJUSTÁVEIS DO TESOURO NACIONAL.

ORTOCEFALIA. *Medicina legal.* Estado daquele em que a parte de cima de sua cabeça é quase plana, com índice longitudinal de 70 a 75 graus.

ORTOCÉFALO. *Medicina legal.* Aquele que apresenta ortocefalia.

ORTODONTIA. *Medicina legal.* Parte da Odontologia que estuda as formas de correção de irregularidades congênitas ou acidentais dos dentes.

ORTODORO. *História do direito.* Medida linear grega que correspondia a onze dedos.

ORTODOXIA. *Direito canônico.* 1. Conformidade com o dogma católico. 2. Doutrina religiosa tida como a verdadeira.

ORTODOXO. *Direito canônico.* 1. Conforme as leis da Igreja. 2. Relativo à ortodoxia. 3. Cristão da Igreja grega.

ORTODOXOGRAFIA. *Direito canônico.* Estudo dos dogmas católicos.

ORTOÉPIA. Estudo tradicional e normativo que determina os caracteres fônicos, considerados cultos e relevantes, e a boa pronúncia.

ORTOFRENOPEDIA. *Medicina legal.* Tratamento pedagógico de crianças anormais.

ORTOGÊNESE. *Filosofia geral.* Teoria segundo a qual o organismo contém em si direções predeterminadas de desenvolvimento, que, fatalmente, segue (Eimer; Rabaud).

ORTOGRAFIA. 1. Parte da gramática que ensina a escrever corretamente. 2. Modo de escrever palavras. 3. Escrita correta.

ORTOPEDIA. *Medicina legal.* Prevenção, correção e cura de afecções do aparelho de locomoção, mediante o emprego de técnicas apropriadas.

ORTOPEDIA DENTOFACIAL. *Medicina legal.* Ramo da ortopedia que procura aperfeiçoar o desenvolvimento dos dentes, dos maxilares e da musculatura facial, sob o prisma funcional e estético (José Lopes Zarzuela).

ORTOPÉDICO. *Medicina legal.* Relativo à ortopedia.

ORTOPEDISMO. *Medicina legal.* Ação ou efeito de prevenir ou corrigir as deformidades corporais.

ORTOPEDISTA. **1.** *Medicina legal.* Especialista em ortopedia. **2.** *Direito comercial.* Fabricante de aparelhos ortopédicos.

ORTOPNÉIA. *Medicina legal.* Impossibilidade de respirar, a não ser quando o tórax estiver ereto, quando desaparece o peso das vísceras do abdômen sobre o diafragma.

ORTOPNÉICO. *Medicina legal.* **1.** Aquele que sofre de ortopnéia. **2.** Relativo à ortopnéia.

ORTOSCELIA. *Medicina legal.* Correção de deformidades da perna, endireitando-a.

ORTOTANÁSIA. *Medicina legal.* **1.** Diz-se da morte natural, que ocorreu normalmente. **2.** Supressão dos recursos médicos empregados para a manutenção artificial da vida, deixando-se o paciente morrer (Paulo Matos Peixoto). É a suspensão de procedimentos que prolonguem artificialmente a vida do doente incurável em fase terminal, para evitar seu sofrimento, desde que seja esta a sua vontade ou, nos casos em que não possa responder por si mesmo, a de seus representantes legais. **3.** Ajuda dada pelo médico ao processo natural da morte (Jorge de Figueiredo Dias). **4.** Morte no seu tempo certo (Gafo). **5.** *Vide* EUTANÁSIA PASSIVA.

OSA. *História do direito.* **1.** Donativo do enfiteuta ao senhor das terras, para obter deste licença para casar. **2.** Donativo que, em regra, era de um par de calçados, que o marido fazia à mulher no dia seguinte ao das núpcias.

OSCILAÇÃO. *Direito comercial.* **1.** Variação do preço, que pode se referir à alta ou à baixa. **2.** Alternativa de alta e baixa na cotação de valores ou mercadorias, nos mercados ou nas bolsas.

OSCILAÇÃO DE PREÇOS. *Direito comercial.* Variação nos preços das mercadorias.

OSCO. *Direito agrário.* Cor de animal escuro, que apresenta o tom entre cinza e castanho.

OSFIITE. *Medicina legal.* Inflamação na região lombar.

OSFRESIA. *Medicina legal.* Sensibilidade muito desenvolvida do olfato.

OSMANLI. *Direito comparado.* Membro da última dinastia turca, fundada por Osmã.

OSMIDROSE. *Medicina legal.* Secreção abundante de suor, acompanhada de odor desagradável.

OSMINA. *Direito comparado.* Medida russa de capacidade que equivale a 104,908 litros.

OSQUEAL. *Medicina legal.* Referente ao escroto.

OSQUEÍTE. *Medicina legal.* Inflamação do escroto.

OSQUEOCALASIA. *Medicina legal.* Tumor provocado por uma hipertrofia do tecido celular do escroto.

OSQUEOCELE. *Medicina legal.* Hérnia do escroto.

OSQUEOIDROCELE. *Medicina legal.* Acúmulo de líquido no saco escrotal.

OSQUEOMA. *Medicina legal.* Tumor escrotal.

OSSADA. **1.** *Medicina legal.* a) Esqueleto; b) ossos de um cadáver; c) restos mortais humanos esqueletizados e isentos de partes moles. **2.** Nas *linguagens comum* e *jurídica:* a) ruínas; b) destroços; c) armação de um edifício. **3.** Na *gíria*, constitui, para os mineiros, uma variedade de sílex, satélite do diamante.

ÓSSEO. *Medicina legal.* Relativo a osso.

OSSIFICAÇÃO. *Medicina legal.* **1.** Processo de formação dos ossos, cuja evolução constitui elemento pericial para diagnosticar a idade. **2.** Transformação do tecido cartilaginoso em ósseo.

OSSIFICAÇÃO SOCIAL. *Sociologia geral.* Processo pelo qual certos elementos culturais, como instituições, perdem seu significado e suas funções originárias, mas resistindo às mudanças passam a ser meras sobrevivências de um estágio cultural anterior.

OSSIFLUENTE. *Medicina legal.* Abscesso que se forma numa articulação em razão de decomposição dos ossos.

OSSILÉGIO. *História do direito.* Empregado romano que retirava da fogueira os restos de um cadáver incinerado.

OSSOS DO OFÍCIO. Dificuldades resultantes de certos encargos.

OSSUÁRIO. Sepultura comum de muitos cadáveres.

OSTAGA. *Direito marítimo.* Cabo grosso que serve para sustentar as vergas em seus moitões.

OSTAGADURA. *Direito marítimo.* Local da verga onde as ostagas são firmadas.

OSTE. *Direito marítimo.* Vela latina do mastro grande.

OSTEALGIA. *Medicina legal.* Dor em um ou em vários ossos.

OSTEANABROSE. *Medicina legal.* Corrosão do osso.

OSTEARTRITE. *Medicina legal.* Inflamação das extremidades articulares ósseas.

OSTEÍTE. *Medicina legal.* Inflamação do tecido ósseo.

OSTEÍTE DEFORMANTE. *Medicina legal.* **1.** Moléstia óssea causada por processos de renovação óssea intensos, nos ossos longos e nos do crânio, causando-lhes consideráveis deformidades, provocando dores intensas e incômodas, autorizando a concessão de licença para tratamento de saúde e de aposentadoria por invalidez (Oswaldo Pataro). **2.** Doença de Paget, que é uma afecção óssea crônica, caracterizada por deformações ósseas de evolução lenta e progressiva, de etiologia desconhecida, geralmente assintomática e acometendo um só osso ou, menos freqüentemente, atingindo várias partes do esqueleto. A evolução da doença, que pode acompanhar-se de sintomatologia dolorosa e fraturas espontâneas, processa-se em duas fases: a) fase ativa ou osteoporótica, caracterizada pela formação de tecido ósseo ricamente vascularizado, onde são comuns fraturas com consolidação rápida; e b) fase de relativa inatividade, com formação de tecido ósseo denso e menos vascularizado, onde as fraturas têm retardo de consolidação.

OSTEMIA. *Medicina legal.* Afluxo de sangue nos ossos.

OSTEMPIOSE. *Medicina legal.* Osteíte purulenta.

OSTENSÍVEL. **1.** Patente. **2.** Evidente. **3.** Demonstrado.

OSTENSIVO. *Vide* OSTENSÍVEL.

OSTENTAÇÃO. **1.** Aparato; pompa. **2.** Alarde. **3.** Exibição. **4.** Sinal de riqueza material.

OSTEOCAQUEXIA. *Medicina legal.* Caquexia causada por afecção óssea crônica.

OSTEOCARCINOMA. *Medicina legal.* Carcinoma em um osso.

OSTEOCELE. *Medicina legal.* Tumor devido à ossificação de um saco herniário.

OSTEOCLASTOMA. *Medicina legal.* Sarcoma mielóide maligno.

OSTEOELCOSE. *Medicina legal.* Ulceração dos ossos.

OSTEOFLEBITE. *Medicina legal.* Inflamação dos vasos sangüíneos de um osso.

OSTEOFTORIA. *Medicina legal.* Cárie óssea.

OSTEOMA. *Medicina legal.* Tumor benigno.

OSTEOMIELALGIA. *Medicina legal.* Dor na medula óssea.

OSTEOMIELITE. *Medicina legal.* Moléstia microbiana que acarreta inflamação da medula óssea.

OSTEONECROSE. *Medicina legal.* Gangrena dos ossos.

OSTEOPOROSE. *Medicina legal.* Absorção do osso, que passa a ter uma estrutura porosa.

OSTEOPSATIROSE. *Medicina legal.* Fragilidade óssea senil ou mórbida.

OSTEORRAGIA. *Medicina legal.* Derrame sangüíneo pelos ossos.

OSTEOSPONGIOSE. *Medicina legal.* Inflamação óssea de origem tuberculosa que ataca as falanges, metacarpos e metatarsos.

OSTEOTABES. *Medicina legal.* Moléstia, em regra, infantil que faz desaparecer a medula óssea.

ÓSTIO HIMENIAL. *Medicina legal.* Orifício que há no hímen perfurado, limitado pelo bordo livre da orla himenial (Croce e Croce Jr.).

ÓSTIO VAGINAL. *Medicina legal.* Abertura externa da vagina onde fica inserido o hímen (Croce e Croce Jr.).

OSTOMIA. *Medicina legal.* Tipo de intervenção cirúrgica que permite criar uma comunicação entre um órgão interno e o exterior com a finalidade de eliminar os dejetos do organismo ante a impossibilidade de fazê-lo pelas vias normais. A nova abertura que se cria com o exterior através da ostomia chama-se "ostoma", que significa boca. A ostomia que afeta o aparelho digestivo chama-se *ostomia digestiva* e o conteúdo ou produto eliminado para o exterior são as fezes. A *ostomia urinária* é aquela que afeta o aparelho urinário e o conteúdo eliminado para o exterior é a urina. A ostomia pode ser permanente ou temporária.

OSTOMIZADO. *Medicina legal.* Paciente que, por ter sofrido ostomia, apresenta um ostoma, abertura abdominal onde se prende uma bolsa para a coleta de urina ou fezes. *Vide* OSTOMIA.

OSTRA. **1.** Nas *linguagens comum* e *jurídica:* a) molusco bivalve; b) assento preso à parede do anfiteatro, nas casas de espetáculos. **2.** Na *gíria*, diz-se da pessoa que está sempre junto de outra.

OSTRACISMO. 1. *História do direito.* Desterro a que os atenienses condenavam, por meio de votação secreta, aquele cidadão tido como perigoso para as instituições democráticas, cujo nome era escrito, por ocasião do escrutínio, em pedaço de barro (*ostrakon*). Tal banimento durava dez anos e não era acompanhado do confisco de bens. Essa pena de banimento visava garantir a segurança pública e evitar que o condenado viesse a exercer má influência política, afetando a democracia, reintroduzindo a oligarquia ou a tirania. **2.** Na *linguagem comum:* isolamento; exclusão; proscrição. **3.** *Sociologia geral.* Desprezo do grupo social em relação àquele membro que tiver comportamento fora do padrão estabelecido.

ÓSTRACO. *História do direito.* Fragmento de telha de argila usado para a escrita, ou seja, para fazer gravação, por poder ser apagado e reutilizado.

OSTREÍCOLA. *Direito agrário.* Relativo à ostreicultura.

OSTREICULTOR. *Direito agrário.* Trabalhador ou produtor rural voltado à criação e tratamento de ostras.

OSTREICULTURA. *Direito agrário.* Criação e tratamento das ostras.

OSTREIRA. *Direito agrário.* Viveiro de ostras.

OSTREIRO. 1. *Direito agrário.* Próprio para a pesca das ostras. **2.** *Direito comercial.* Aquele que vende ostras.

OSTREOTOXISMO. *Medicina legal.* Intoxicação causada pela ingestão de ostras deterioradas.

OSTRICULTOR. *Vide* OSTREICULTOR.

OSTRICULTURA. *Vide* OSTREICULTURA.

OTALGIA. *Medicina legal.* Dor de ouvidos.

OTAN. *Direito internacional público.* Sigla de Organização do Tratado do Atlântico Norte.

OTÁRIO. *Direito penal.* **1.** Vítima do estelionato chamado conto-do-vigário. **2.** Ingênuo, simplório ou tolo, que se deixa facilmente enganar, constituindo uma presa fácil ao estelionatário.

OTELCOSE. *Medicina legal.* Supuração do ouvido.

OTELO. *Direito agrário.* Variedade de uva rosada.

OTIA DANT VITIA. *Expressão latina.* Os ócios geram vícios.

OTIATRIA. *Medicina legal.* Tratamento de moléstias do ouvido.

OTIMISMO. 1. *Filosofia geral.* a) Doutrina que considera este mundo o melhor dos mundos possíveis (Leibniz); b) teoria que acredita no progresso moral e material atuais e na evolução social para o bem; c) doutrina para a qual tudo o que existe é bom (Pope). **2.** Na *linguagem comum:* a) o estado de espírito daquele que tem fé no êxito de um empreendimento e numa solução favorável para as situações difíceis; b) disposição de considerar o lado bom das coisas.

ÓTIMO. 1. Excelente. **2.** Muito bom.

ÓTIMO ECOLÓGICO. *Direito ambiental.* Conjunto de condições do meio que são favoráveis à realização das funções vegetais e animais.

OTITE. *Medicina legal.* Inflamação aguda ou crônica da membrana mucosa do ouvido externo, interno ou médio.

OTIUM CUM DIGNITATE. *Expressão latina.* Inatividade com dignidade.

OTOCEFALIA. *Medicina legal.* Aquele que não tem a mandíbula inferior e apresenta-se com as orelhas unidas sob a face.

OTOCEREBRITE. *Medicina legal.* Inflamação do cérebro ou do encéfalo, causada por otite média.

OTOCOFOSE. *Medicina legal.* Surdez que aparece gradualmente.

OTOEMINEURASTENIA. *Medicina legal.* Distúrbio nervoso da audição de um lado apenas.

OTOLOGISTA. *Medicina legal.* Médico especialista das moléstias do ouvido.

OTOMANO. *Direito comparado.* Relativo à Turquia.

OTOMASTOIDITE. *Medicina legal.* Otite média combinada com inflamação das células da mastóide.

OTONEURASTENIA. *Medicina legal.* Neurastenia causada por moléstias auditivas.

OTONEUROSE. *Medicina legal.* Surdez devida a lesão degenerativa, inflamatória ou tumoral do aparelho nervoso da audição além do labirinto.

OTOPIORRÉIA. *Medicina legal.* Otite purulenta.

OTOPLASTIA. *Medicina legal.* Restauração por enxerto do pavilhão auricular.

OTORRAGIA. *Medicina legal.* Hemorragia pelo ouvido.

OTORRÁGICO. *Medicina legal.* Referente à otorragia.

OTORRINOLARINGOLOGIA. *Medicina legal.* Estudo e tratamento de doenças do ouvido, nariz e garganta.

OTOSCLEROSE. *Medicina legal.* Esclerose do tecido ósseo do labirinto que pode levar à surdez.

OU. *Lógica jurídica.* Signo lingüístico de disjunção.

OUA. *Direito internacional público.* Sigla da Organização da Unidade Africana.

OUI–DIRE. *Locução francesa.* Rumor público.

OURIVES. *Direito comercial.* **1.** Fabricante ou vendedor de objetos de ouro. **2.** Joalheiro.

OURIVESARIA. *Direito comercial.* **1.** Oficina do ourives. **2.** Loja ou estabelecimento comercial onde se vendem jóias. **3.** Arte de ourives.

OURIVES DE PRATA. Aquele que trabalha com artefatos de prata.

OURO. **1.** Metal precioso. **2.** Moeda feita desse metal. **3.** Dinheiro. **4.** Riqueza. **5.** Diz-se da cláusula que estipula que o pagamento seja feito na base-ouro ou de conformidade com o valor-ouro. **6.** Grande valor.

OURO AMOEDADO. Moeda de ouro; aquele que está transformado em moeda.

OURO BRANCO. *Direito agrário.* Algodão.

OURO BRUTO. Aquele que está em estado nativo, tal como sai da mina.

OURO DE LEI. Aquele que tem os quilates determinados por lei.

OURO EM BARRA. Aquele que está fundido em pedaços.

OURO NATIVO. Aquele que se encontra na terra em estado metálico.

OURO NEGRO. **1.** Petróleo. **2.** Borracha.

OURO TRABALHADO. Aquele transformado em jóias pelo ourives.

OURO VERDE. *Direito agrário.* Café.

OURO VIRGEM. *Vide* OURO BRUTO.

OUSADIA. **1.** Coragem. **2.** Audácia.

OUSADO. **1.** Corajoso. **2.** Audacioso.

OUSTER. *Termo inglês.* Esbulho possessório.

OUTBIDDER. *Termo inglês.* Aquele que, num leilão, cobre o lanço de outro.

OUTGIVING. *Termo inglês.* **1.** Plataforma política. **2.** Declaração pública.

OUTIVA. *Vide* OITIVA.

OUTLAW. *Termo inglês.* Criminoso.

OUTLET CENTERS. *Locução inglesa.* **1.** Estabelecimentos onde os fabricantes, ou distribuidores, montam *stands* para vender, a preços convidativos, seus produtos ou mercadorias visando o término de seus estoques. **2.** Centros rotativos de compras que contêm instalações pequenas e simples (*stands*), alugadas a curto prazo.

OUTO. *Direito agrário.* Limpadura que fica na joeiria após de joeirados os cereais.

OUTONADA. *Direito agrário.* Colheita feita no outono.

OUTONO. **1.** O tempo da colheita. **2.** Estação do ano que precede o inverno. **3.** Idade que precede a velhice. **4.** Declínio. **3.** *Direito agrário.* Cereal semeado no outono.

OUTORGA. **1.** *Direito civil.* a) Autorização; b) consenso; c) permissão para uma pessoa praticar certo ato, sem a qual não seria válido; d) concessão de poderes por meio de mandato. **2.** *Ciência política* e *direito constitucional.* a) Concessão legal dada por aquele que, pela força, é detentor do poder, para legitimá-lo. Forma típica de expressão do poder constituinte originário, que consiste no ato de estabelecer uma Constituição pela declaração unilateral do agente desse poder, entregando-a ao povo, recomendando sua obediência. É uma autolimitação do agente revolucionário, ou do poder constituinte (Manoel Gonçalves Ferreira Filho); b) ato de o governante de um país impor-lhe uma Constituição, sem sujeitá-la a qualquer aprovação de uma Assembléia Constituinte.

OUTORGA CONJUGAL. *Direito civil.* Autorização dada por um cônjuge a outro, exceto se o regime for o de separação absoluta de bens, para que este possa: a) alienar ou gravar de ônus real os bens imóveis; b) pleitear, como autor ou réu, acerca desses bens ou direitos; c) prestar fiança ou aval; d) fazer doação, não sendo remuneratória, de bens comuns, ou dos que possam integrar futura meação.

OUTORGA DE ALTERAÇÃO DE USO DO SOLO. *Direito administrativo.* Ato de fixar áreas nas quais será permitida alteração de uso do solo mediante contrapartida a ser prestada pelo beneficiário. A lei municipal específica estabelece as condições para tanto, determinando: a) fórmula de cálculo para cobrança; b) casos de isenção de pagamento da outorga e contrapartida de beneficiário.

OUTORGA DE DIREITO DE USO DE RECURSOS HÍDRI-COS. *Direito administrativo.* Ato administrativo, de autorização, mediante o qual o Poder Público outorgante faculta ao outorgado o direito de uso de recurso hídrico, por prazo determinado, nos termos e nas condições expressas no respectivo ato.

OUTORGADO. **1.** Aquele em favor de quem se opera a outorga. **2.** Mandatário. **3.** Sujeito passivo da outorga. **4.** Aquele que foi autorizado por outrem para realizar um ato.

OUTORGADOR. **1.** Mandante. **2.** Que outorga. **3.** Que confere poderes. **4.** Que autoriza ou permite a prática de um ato. **5.** Aquele que transfere ou aliena uma coisa a outrem.

OUTORGA JUDICIAL. *Direito civil* e *direito processual civil.* Consentimento dado pelo juiz a alguém para a realização de certo ato jurídico, em suprimento ao que foi negado injustamente por quem devia ter dado tal autorização. Essa outorga judicial supre o consenso negado, por isso deve-se no ato a ser praticado fazer menção deste fato, anexando-se a ele a competente autorização, sem a qual não será válido.

OUTORGA MARITAL. *Direito civil.* Autorização dada pelo marido à sua mulher, salvo se o regime for o de separação absoluta de bens, para que ela possa, com validade, efetivar atos jurídicos, que, por exemplo, envolvam imóveis. Tal outorga pode ser suprida pelo magistrado, se for negada.

OUTORGA MARITAL PRESUMIDA. *História do direito.* Permissão dada pelo marido para que sua mulher praticasse determinado ato, que não constasse de nenhum instrumento, ante o fato de a lei presumir sua existência. Em certos casos a lei dispensava a prova da outorga marital, presumindo, *juris et de jure*, que ela fosse concedida à mulher para: a) comprar, ainda que a crédito, coisas necessárias à economia doméstica; b) emprestar quantias para a aquisição dessas coisas e contrair obrigações relativas à indústria, ou profissão que exercer.

OUTORGAMENTO. *Vide* OUTORGA.

OUTORGANTE. *Vide* OUTORGADOR.

OUTORGA ONEROSA DO DIREITO DE CONSTRUIR. *Direito administrativo.* Permissão dada pelo Município em certas áreas para o exercício do direito de construir em zona urbana, acima do coeficiente de aproveitamento básico adotado, mediante contrapartida a ser prestada pelo beneficiário.

OUTORGAR. *Direito civil.* **1.** Concordar. **2.** Consentir. **3.** Permitir. **4.** Aprovar. **5.** Declarar por escritura pública. **6.** Conceder. **7.** Dar mandato. **8.** Instituir mandatário. **9.** Conferir poderes.

OUTORGA UXÓRIA. *Direito civil.* Consentimento dado pela mulher a seu marido, exceto se o regime for o de separação absoluta de bens, para a prática de atos jurídicos que, sem tal autorização, seriam inválidos. Se tal permissão for negada injustamente, poderá ser suprida pelo magistrado.

OUTREM. Outra pessoa.

OUTRO. **1.** Que não é o mesmo. **2.** Diferente; diverso. **3.** Idêntico. **4.** Seguinte; imediato; ulterior. **5.** Restante.

OUTRORA. Antigamente.

OUTSIDERS. *Direito marítimo.* **1.** Navios que, em regra, fazem uma rota fixa, embora irregular, visto que não estão sujeitos à regularidade de freqüência. **2.** Armadores independentes, que não fazem parte das conferências de fretes, das quais são concorrentes diretos e com custos mais competitivos.

OUTSOURCING. *Direito empresarial.* Terceirização que abrange a transferência total de certos setores da empresa a terceiro, para reduzir custos ou ampliar os benefícios da especialização.

OUVIDA. *Vide* OITIVA.

OUVIDO. **1.** *Medicina legal.* Órgão da audição. **2.** Na *linguagem comum:* facilidade em fixar músicas na memória.

OUVIDOR. *História do direito.* **1.** No período colonial, era o juiz designado pelo donatário (metrópole portuguesa) em suas terras. **2.** Magistrado adjunto a certas repartições públicas.

OUVIDOR DO MINISTÉRIO DA AGRICULTURA, PECUÁRIA E ABASTECIMENTO (MAPA). *Direito administrativo.* Na defesa dos princípios de legalidade, legitimidade, impessoalidade, moralidade, economicidade, transparência administrativa e defesa dos direitos e interesses individuais do cidadão, especialmente dos usuários dos serviços prestados pelo Ministério, tem as seguintes atribuições: a) receber as manifestações dos cidadãos relativas à prestação dos serviços públicos no âmbito do Ministério, inclusive denúncias de práticas de irregularidades, encaminhando-as para apuração, acompanhando as providências tomadas, dando conhecimento da solução ao demandante; b) informar e orientar o cidadão sobre seus direitos e deveres contribuindo para a ampliação dos direitos políticos e sociais; c) promover o acesso do cidadão ao MAPA, disponibilizando canais de comunicação para o trâmite das manifestações apresentadas e das soluções dos pleitos decorrentes; d) manter sigilo e proteção dos envolvidos em manifestações de denúncias ou irregularidades, na forma legal, bem como a salvaguarda dos documentos recebidos; e) realizar visitas operacionais para apurar as procedências das reclamações ou denúncias recebidas e acessar quaisquer órgãos, unidades descentralizadas e entidades vinculadas do MAPA, para acompanhamento de assunto e exame, precedido de comunicação oficial; f) dar conhecimento aos titulares dos órgãos de direção superior e das unidades descentralizadas do MAPA, das reclamações relativas às deficiências em suas respectivas áreas de atuação, para adoção de medidas de prevenção, repressão ou supressão de práticas de condutas inadequadas de servidores; g) propor aos dirigentes dos órgãos de direção superior e das unidades descentralizadas do MAPA a implementação de medidas administrativas, incluindo a proposição de sindicâncias e processos administrativos, considerada a legislação vigente; h) promover entendimentos com os dirigentes dos órgãos, das unidades descentralizadas e das entidades vinculadas do Ministério, no trato de assuntos relativos aos serviços prestados aos cidadãos; i) promover, de forma permanente e sistemática, a articulação com os órgãos, unidades descentralizadas e entidades vinculadas do Ministério, quanto às reivindicações não solucionadas diretamente pelos responsáveis pelo atendimento; j) contribuir para a garantia da qualidade dos serviços públicos prestados pelo MAPA; k) assistir ao Secretário-Executivo nos assuntos relativos ao desempenho dos serviços prestados aos cidadãos pelos órgãos, unidades descentralizadas e entidades vinculadas do Ministério; l) propor ao Secretário-Executivo e acompanhar a aplicação de normas operacionais referentes às atribuições de ouvidoria, incluindo a interação com os órgãos, unidades descentralizadas e entidades vinculadas do MAPA; m) manter articulação com os órgãos, as unidades descentralizadas e as entidades vinculadas do MAPA por intermédio de servidores especificamente indicados para esse fim, pelos titulares dessas unidades organizacio-

nais; n) manter articulações com a Assessoria de Comunicação Social, do Gabinete do Ministro e demais unidades organizacionais da Secretaria-Executiva, quanto à divulgação de matéria no sítio eletrônico do MAPA na Rede Mundial de Computadores; o) divulgar estatísticas e informações relativas aos assuntos tratados; p) integrar a Comissão de Ética Setorial do Ministério da Agricultura, Pecuária e Abastecimento; e q) representar o Ministério perante entidades e organizações e em fóruns relacionados às suas atribuições.

OUVIDOR-GERAL. *História do direito.* Chefe dos ouvidores.

OUVIDORIA. *História do direito.* **1.** Cargo ou ofício de ouvidor. **2.** Órgão judiciário, colegiado ou não, de cada capitania.

OUVIDORIA DA JUSTIÇA. *Direito processual.* Órgão para atender reclamações e denúncias de qualquer interessado contra membros ou órgãos do Poder Judiciário.

OUVIDORIA DA POLÍCIA DO ESTADO DE SÃO PAULO. *Direito administrativo.* Órgão que atua junto ao gabinete do secretário da Segurança Pública, com a atribuição de: 1) receber: a) denúncias, reclamações e representações sobre atos considerados arbitrários, desonestos, indecorosos ou que violem os direitos humanos individuais ou coletivos praticados por servidores civis e militares da Secretaria da Segurança Pública; b) sugestões sobre o funcionamento dos serviços policiais; c) sugestões de servidores civis e militares da Secretaria da Segurança Pública sobre o funcionamento dos serviços policiais, bem como denúncias a respeito de atos irregulares praticados na execução desses serviços, inclusive por superiores hierárquicos; 2) verificar a pertinência das denúncias, reclamações e representações, propondo aos órgãos competentes da Administração a instauração de sindicâncias, inquéritos e outras medidas destinadas à apuração das responsabilidades administrativas, civis e criminais, fazendo ao Ministério Público a devida comunicação, quando houver indício ou suspeita de crime; 3) propor ao secretário da Segurança Pública: a) a adoção das providências que entender pertinentes e necessárias ao aperfeiçoamento dos serviços prestados à população pela polícia civil, pela polícia militar e por outros órgãos da Pasta; b) a realização de pesquisas, seminários e cursos versando assuntos de interesse da segurança pública e sobre temas ligados aos direitos humanos, divulgando os resultados desses eventos; 4) organizar e manter atualizado arquivo da documentação relativa às denúncias, às reclamações, às representações e às sugestões recebidas; 5) elaborar e publicar, trimestral e anualmente, relatório de suas atividades; 6) requisitar, diretamente, de qualquer órgão estadual, informações, certidões, cópias de documentos ou volumes de autos relacionados com investigações em curso, sem o pagamento de quaisquer taxas, custas ou emolumentos; 7) dar conhecimento, sempre que solicitado, das denúncias, reclamações e representações recebidas pela Ouvidoria ao governador do Estado, ao secretário da Segurança Pública e aos membros do Conselho Consultivo. Quando solicitada, a Ouvidoria manterá sigilo sobre denúncia e reclamações que receber, bem como sobre sua fonte, assegurando a proteção dos denunciantes. A Ouvidoria da polícia manterá serviço telefônico gratuito, destinado a receber as denúncias e reclamações, garantindo o sigilo da fonte de informação. Será dirigida por um ouvidor da polícia, autônomo e independente, nomeado pelo governador para um período de dois anos, entre os integrantes da lista tríplice elaborada pelo Conselho Estadual de Defesa dos Direitos da Pessoa Humana (Condepe). O ouvidor da polícia poderá ser reconduzido uma única vez e será substituído, nos seus impedimentos, por um assessor de Ouvidoria, escolhido pelo Conselho Consultivo. O cargo de ouvidor da polícia será exercido em jornada completa de trabalho, vedada qualquer outra atividade remunerada, com exceção do magistério. O ouvidor não poderá integrar órgãos diretivos, deliberativos ou consultivos de entidades públicas ou privadas, nem ter qualquer vínculo com a polícia civil ou com a polícia militar. A Ouvidoria da polícia compreende: a) Conselho Consultivo, composto de onze membros, incluído, na qualidade de membro nato, o ouvidor da polícia, que presidirá o colegiado. Os demais membros do Conselho serão designados pelo secretário da Segurança Pública, entre pessoas indicadas pelo ouvidor-geral, para um mandato de dois anos, admitida uma recondução por igual período. Tais membros poderão ser destituídos, a qualquer tempo, mediante decisão fundamentada do secretário da Segurança Pública, ouvido o Conselho Estadual de Defesa dos Direitos da Pessoa Humana (Condepe); b)

Grupo de Apoio Técnico; c) Grupo de Apoio Administrativo. Os atos oficiais da Ouvidoria da polícia serão publicados no Diário Oficial do Estado, no espaço reservado à Secretaria da Segurança Pública.

OUVIDORIA-GERAL DA REPÚBLICA. *Direito administrativo.* Órgão com competência para: a) apreciar e emitir parecer sobre manifestações e representações relacionadas com procedimentos e ações de agentes públicos, órgãos e entidades do Poder Executivo Federal; b) propor a adoção de medidas para a correção e a prevenção de falhas e omissões dos responsáveis pela inadequada prestação do serviço público; c) produzir estatísticas indicativas do nível de satisfação dos usuários dos serviços públicos prestados no âmbito do Poder Executivo Federal, a partir de manifestações recebidas; d) contribuir com a disseminação das formas de participação popular no acompanhamento e fiscalização da prestação dos serviços públicos; e) congregar e orientar a atuação das demais unidades de ouvidoria dos órgãos e entidades do Poder Executivo Federal; e f) realizar outras atividades determinadas pelo Ministro de Estado.

OUVIDOR-MOR. *Vide* OUVIDOR-GERAL.

OUVIELA. *Direito civil.* Vala para escoamento de águas.

OUVINTE. **1.** *Filosofia geral.* Aquele a quem o orador se dirige. **2.** Na *linguagem comum,* o estudante que freqüenta aulas sem estar matriculado.

OUVIR. **1.** Entender. **2.** Atender. **3.** Deferir. **4.** Dar audiência. **5.** Admitir. **6.** Escutar; ter o sentido da audição. **7.** Tomar depoimento. **8.** Prestar atenção. **9.** Dar ouvidos a alguém. **10.** Tomar conhecimento.

OUVIR DE SUA JUSTIÇA. Escutar as legações de fato ou de direito feitas por alguém.

OVAÇÃO. **1.** *História do direito.* Triunfo de segunda ordem que era, na antigüidade romana, concedido por uma vitória não muito importante. **2.** Na *linguagem comum,* a aclamação pública feita em honra de alguém. **3.** *Direito agrário.* Desova.

OVADO. *Direito agrário.* Diz-se do animal ou peixe que tem ovas.

OVAR. *Direito agrário.* **1.** Pôr ovos. **2.** Criar ovos ou ovas.

OVARIALGIA. *Medicina legal.* Dor ovariana.

OVARIECTOMIA. *Medicina legal.* Extirpação do ovário.

OVARIECTÔMICO. *Medicina legal.* Referente à ovariectomia.

OVARIOCELE. *Medicina legal.* Tumor no ovário.

OVÁRIOS. *Medicina legal.* Os dois órgãos do útero que contêm óvulos destinados à fecundação e que secretam estrógenos e progesterona. São as glândulas sexuais femininas.

OVARIOTÉSTIS. *Medicina legal.* Gônada histologicamente bissexual com secreção de hormônio feminino (Croce e Croce Jr.).

OVARIOTOMIA. *Medicina legal.* Incisão do ovário.

OVARITE. *Medicina legal.* Inflamação do ovário.

OVATE. *História do direito.* Nome dado pelos gauleses aos membros da segunda das três classes da hierarquia druídica, que tinham a incumbência de executar sacrifícios, de fazer augúrios etc.

OVELHA. 1. *Direito agrário.* Fêmea do carneiro. **2.** *Direito canônico.* Paroquiano em relação ao sacerdote.

OVELHADA. *Direito agrário.* Rebanho de ovelhas.

OVELHA NEGRA. Pessoa de costumes desregrados ou dissolutos; má companhia.

OVELHA TINHOSA. Pessoa cuja companhia e exemplo devem ser evitados, por serem perniciosos.

OVELHEIRO. *Direito agrário.* **1.** Pastor de ovelhas. **2.** Diz-se do cão que protege o rebanho.

OVELHUM. *Direito agrário.* Relativo ao gado ovino ou a ovelhas.

OVÉM. *Direito marítimo.* Cada um dos cabos que sustentam os mastros para a borda.

OVENÇA. *História do direito.* **1.** Oficina. **2.** Arrecadação das rendas da coroa. **3.** Serviço de mesa ou cargo que tinha por tarefa servir a mesa numa casa ou de cuidar dos mantimentos.

OVENÇADURA. *Direito marítimo.* Conjunto dos ovéns.

OVENÇAL. *História do direito.* **1.** Despenseiro. **2.** Provisor. **3.** Cobrador das rendas da coroa ou procurador.

OVER. *Termo inglês.* Identifica diferentes taxas por um dia em operações do mercado financeiro (Luiz Fernando Rudge).

OVERBOOKING. 1. *Termo inglês.* a) Fora do livro; b) além da cota. **2.** *Direito aeronáutico.* Costume de empresas de transporte aéreo que, para evitar prejuízo, vendem uma quantidade de bilhetes de passagem acima do número de assentos existentes nos aviões, prevenindo-se, assim, de eventuais desistências de passageiros na hora de viajar.

OVERBOUGHT. *Termo inglês.* Situação do mercado em alta, com predominância de compras especulativas (Luiz Fernando Rudge).

OVERCHARGE. *Termo inglês.* **1.** Sobrecarga. **2.** Imposto excessivo. **3.** Abuso no preço. **4.** Sobretaxa.

OVERDOSE. *Medicina legal.* Ingestão de quantidade exagerada de droga ou de produto tóxico.

OVERESTIMATE. *Termo inglês.* Alta avaliação.

OVERNIGHT. *Termo inglês.* Investimento cujo interesse é calculado em 24 horas.

OVERPRICE. 1. *Termo inglês.* Acima do preço. **2.** *Direito comercial.* a) Pagamento acima do que está expresso na nota fiscal, burlando tabelamento ou o Fisco; b) diferença obtida pelo corretor além do preço fixado, que só é legítima se pactuada, no contrato de corretagem, pelos contratantes.

OVERSEAS ECONOMIC COOPERATION FUND (OECF). *Direito comparado.* É uma instituição financeira do governo japonês que tem como principal objetivo a administração de empréstimos em bases concessionais para ajuda ao desenvolvimento econômico e social, tendo por prioridade os empréstimos diretos aos governos federal ou estadual. Os financiamentos para projetos têm sido direcionados para a construção e modernização de infra-estrutura econômica, principalmente em setores como transportes, energia elétrica, saneamento e meio ambiente.

OVERSOLD. *Termo inglês.* **1.** Vendido em excesso. **2.** Situação do mercado em baixa, com predominância de vendas de posições (Luiz Fernando Rudge).

OVER-THE-COUNTER. *Locução inglesa.* **1.** Mercado de balcão. **2.** Mercado que opera com ativos, títulos e valores mobiliários não negociados em bolsa, dentro das normas legais e regulamentares (Luiz Fernando Rudge).

OVERTIME. *Termo inglês.* Horas extras de trabalho.

OVERWEIGHT. *Termo inglês.* **1.** Acima do peso. **2.** Classificação de superexposição ao risco relativamente a títulos de crédito de um país ou empresa (Luiz Fernando Rudge).

OVERWORK. *Termo inglês.* Trabalho excessivo.

OVIÁRIO. *Direito agrário.* Rebanho de ovelhas.

OVIL. *Direito agrário.* Curral de ovelhas.

OVINO. *Direito agrário.* Relativo a cabras ou carneiros.

OVINOCULTOR. *Direito agrário.* Trabalhador ou produtor rural dedicado à criação de ovelhas.

OVINOCULTURA. *Direito agrário.* Criação de ovelhas.

OVNI. *Direito aeronáutico.* Sigla de Objeto Voador Não Identificado.

OVO. *Medicina legal.* Óvulo fecundado.

OVOBOTULISMO. *Medicina legal.* Intoxicação pela ingestão de ovos frescos, que ocorre em dispépticos nervosos.

OVÓCITO. *Vide* OÓCITO.

OVO DE COLOMBO. Diz-se do que à primeira vista é difícil de se fazer, mas que se torna fácil depois de se ver sua execução por outrem.

OVO–DE–PSEUDO–RAINHA. *Direito agrário.* Ovo não fecundado, posto por alguma obreira que, na falta da rainha, se inculcou como mãe da colméia.

OVODOAÇÃO. *Medicina legal.* Doação de óvulos para fins de fertilização assistida.

OVOFAGIA. *Direito agrário.* Doença que leva a galinha a comer ovos.

OVOSCÓPIO. *Direito agrário.* Aparelho que possibilita averiguar a idade e a fecundação dos ovos.

OVOTERAPIA. *Medicina legal.* Emprego terapêutico do extrato de ovários.

OVULAÇÃO. *Medicina legal.* Processo pelo qual o óvulo se desprende do folículo de Graaf do ovário, em regra a cada 28 dias, dirigindo-se ao útero para ser fecundado.

ÓVULO. *Medicina legal.* Célula sexual feminina que dá origem ao ovo se fecundada.

OWLER. *Termo inglês.* Contrabandista.

OWNER. *Termo inglês.* **1.** Proprietário. **2.** Possuidor. **3.** Fretador ou armador.

OXIAFIA. *Medicina legal.* Agudeza do sentido do tacto.

OXIBELO. *História do direito.* Máquina de guerra usada pelos bizantinos no lançamento de dardos.

OXIBLEPSIA. *Medicina legal.* Agudeza normal do sentido da visão.

OXIDAR. Enferrujar.

OXIESTESIA. *Medicina legal.* Agudeza excessiva dos sentidos.

OXIFLEGMASIA. *Medicina legal.* Inflamação violenta e aguda.

OXIFLOGOSE. *Medicina legal.* Inflamação agudíssima.

OXIGÊNIO. *Medicina legal.* Elemento gasoso, inodoro e incolor, utilizado no tratamento de várias moléstias respiratórias.

OXIGENOTERAPIA. *Medicina legal.* Aplicação médica do oxigênio feita por meio de inalação, de injeção subcutânea, intubação, cateterismo etc.

OXÍMORO. *Retórica jurídica.* Figura pela qual se reúnem palavras contraditórias.

OXIOPIA. *Medicina legal.* Visão penetrante que permite ver objetos a grande distância.

OXIOPSIA. *Medicina legal.* Agudeza da visão.

OXIOSFRESIA. *Medicina legal.* Desenvolvimento do olfato muito extraordinário.

OXIOSMIA. *Medicina legal.* Grande sensibilidade do olfato.

OYANT-COMPTE. *Locução francesa.* A quem se dá conta em justiça.

OWNERSHIP. *Termo inglês.* Propriedade.

OZENA. *Medicina legal.* Rinite atrófica que é uma moléstia que afeta a mucosa do nariz, ulcerando-a, caracterizando-se por exalar um cheiro muito desagradável.

OZENOSO. *Medicina legal.* Quem sofre de ozena.

P. 1. *Psicologia forense.* Abreviatura de *patiens*, que designa aquele que será submetido a uma experiência psicológica (Claparède). **2.** *Lógica jurídica.* Abreviação de predicado em certas fórmulas esquemáticas das proposições.

PÁ. *Direito agrário.* **1.** Utensílio muito usado em trabalhos agrícolas, que consiste numa chapa de ferro ou madeira presa a um cabo. **2.** *Direito marítimo* e *direito desportivo.* Parte larga e achatada do remo que exerce força contra a água para movimentar uma embarcação.

PACACIDADE. Qualidade de pacato.

PACAGE. *Termo francês.* Pastagem.

PACARÉ. Pequena jangada que no nordeste é usada na pesca.

PACATO. 1. Pacífico. **2.** Tranqüilo.

PACE BELLOQUE FIDELIS. *Expressão latina.* Fiel na paz e na guerra.

PACEIRO. *História do direito.* **1.** Cortesão. **2.** Aquele que freqüentava o paço real. **3.** Intendente de obras reais; vereador-mor das obras ou provedor.

PACEM CUM INIMICIS, BELLUM CUM VITIIS. *Expressão latina.* Paz com inimigos, guerra aos vícios.

PACIÊNCIA. 1. Qualidade de paciente. **2.** Virtude de suportar o mal, sem revolta. **3.** Perseverança em continuar um trabalho, apesar das dificuldades.

PACIENTE. 1. *Medicina legal.* a) Doente; b) aquele em que se pratica intervenção cirúrgica; c) o que vai ser examinado por médico. **2.** *Direito penal.* a) Vítima; b) aquele em favor de quem se impetra *habeas corpus*; c) aquele que sofre a condenação; réu ou agente do crime. **3.** *Direito civil.* a) Aquele que suporta ou tolera algo ou a execução de alguma coisa; b) Vítima de coação. **4.** Na *linguagem comum:* a) aquele que vai sentir os efeitos de uma ação praticada por outrem; b) perseverante; c) calmo; d) que tem paciência.

PACIENTE–DIA. *Medicina legal.* Unidade de medida que representa a assistência prestada a um paciente internado durante um dia hospitalar. O dia da saída só será computado se a saída do paciente ocorrer no mesmo dia da internação.

PACIENTE–HORA. *Medicina legal.* Unidade de medida que representa a assistência prestada a um paciente em observação durante uma hora.

PACIENTE PARCIAL. *Medicina legal.* O que está sob controle, situando-se numa zona cinzenta em que não é considerado plenamente são (Greaves).

PACIENTE TERMINAL. *Medicina legal* e *biodireito.* Aquele que não pode mais ser salvo, por encontrar-se em estado irreversível, portanto, à beira da morte.

PACÍFICA. 1. *Direito canônico.* Carta testemunhal ou a que contém recomendação dada pelo bispo aos diocesanos para atestar sua fé nos dogmas da Igreja. **2.** *Direito civil.* Diz-se da posse mansa, que não é perturbada nem contestada.

PACIFICAÇÃO. *Direito administrativo* e *direito militar.* **1.** Ato ou efeito de pacificar. **2.** Sufocação de revolta. **3.** Ação de fazer com que a paz, ou a tranqüilidade, retorne. **4.** Harmonização. **5.** Aquietação de discórdias. **6.** Ação de resguardar a ordem pública perturbada por uma revolução, fazendo voltar à normalidade.

PACIFICADOR. Que pacifica.

PACIFICAR. 1. Apaziguar. **2.** Restituir a paz. **3.** Tranqüilizar.

PACIFICIDADE. Qualidade de pacífico.

PACÍFICO. 1. Que é aceito sem contestação. **2.** Que tende para a paz. **3.** Sereno.

PACIFISMO. 1. *Direito internacional público.* Doutrina que preconiza, na relação entre as nações, uma paz permanente, propondo o desarmamento, a convivência em substituição à violência, e a solução dos conflitos por meio de acordos ou arbitragens, proscrevendo o recurso à guerra. **2.** *Ciência política.* Conjunto de atos e idéias que condena a guerra como meio para solução de litígio internacional e que tem por objetivo obter a paz entre os Estados (Bobbio, Scheler e Rota).

PACIFISTA. *Direito internacional público.* Partidário do pacifismo.

PACKAGE DEAL. *Locução inglesa.* Operação pacote.

PACKING LIST. *Locução inglesa.* Romaneio de embarque. **2.** Lista com as características dos diferentes volumes que compõem um embarque: número, marca etc. Esse documento facilita a localização do produto dentro de um lote, para fins de completa verificação no decorrer do desembaraço aduaneiro na exportação.

PACO. Na *gíria policial*, é o pacote de papéis que simulam notas, coberto por uma verdadeira, muito usado no conto-do-vigário.

PAÇO. 1. *Direito administrativo.* a) Local onde se reúne o Conselho ou a Câmara Municipal; b) edifício onde está instalada a municipalidade. **2.** *Direito comparado.* a) Palácio real; b) corte; c) residência dos nobres, onde recebem e dão audiências. **3.** *Direito canônico.* Residência episcopal. **4.** *História do direito.* Cartório de tabelião público.

PACOTE. 1. *Ciência política.* Conjunto de medidas ou de normas para superar questões políticas, econômicas ou administrativas. **2.** *Direito comercial.* a) Modo de se fazer embalagem; embrulho; b) pequeno volume contendo mercadorias ou produtos. **3.** Na *gíria policial:* a) trapaça; b) engano; c) conto-do-vigário.

PACOTILHA. 1. *Direito comercial.* a) Porção de mercadoria que pode ser embarcada livre de frete e de ônus fiscais; b) gêneros de qualidade inferior, transportados gratuitamente, que, com autorização expressa do armador, o comandante do navio se encarrega de vender em outros países onde aportar; c) contrato entre tripulante e comerciante (dador), pelo qual o primeiro recebe do segundo mercadorias para serem vendidas durante a viagem, repartindo-se entre ambos os lucros auferidos (De Plácido e Silva); d) aquisição de gêneros em pouca quantidade por moradores de fronteira de país vizinho, cujo trânsito aduaneiro é tolerado (Othon Sidou); e) entrega de dinheiro para compra de mercadorias em outros portos, a fim de serem trazidas ao dador (De Plácido e Silva). **2.** *História do direito.* Na era medieval, consistia no contrato entre nobre e capitão de navio, mantendo-se aquele oculto para esconder comércio desonroso, provendo este de dinheiro para que o aplicasse em várias operações, dividindo-se os lucros entre ambos.

PACTA ADJETO. *Direito civil.* Pacto acessório firmado junto ou em apartado a um contrato principal.

PACTA DANT LEGEM CONTRACTUI. *Aforismo jurídico.* Pactos dão leis ao contrato.

PACTA NON POSSUNT FACERE LICITA, QUAE ALIAS ILLICITA SUNT. *Aforismo jurídico.* Pactos não podem tornar lícito o ilícito.

PACTA NUDA. *Vide* PACTO NU.

PACTA PERSONALIA NON TRANSEUNT AD HAEREDES. *Aforismo jurídico.* Pacto personalíssimo não passa aos herdeiros.

PACTA PRAETORIA. *Direito romano.* Denominação que se dava ao pacto a que o pretor, para cuja eficácia, concedia ação pretoriana, como ocorria com o *iusiurandum voluntarium* (juramento), os *recepta* (*receptum arbitrii, recepta nautarum, cauponum, stabulariorum e receptum argentarii*) e o *constitutum.*

PACTA QUAE CONTRA LEGES, CONSTITUTIONES VEL CONTRA BONOS MORES FIUNT, NULLAM VIM HABERE INDUBITATI JURIS EST. *Expressão latina.* É incontroverso que os pactos contrários às leis ou aos bons costumes não têm valia.

PACTA QUAE TURPEM CAUSAM CONTINENT NON SUNT OBSERVANDA. *Expressão latina.* Pacto de causa torpe não deve ser cumprido.

PACTÁRIO. 1. Que pactua. **2.** Aquele que faz pacto. **3.** Pactuante. **4.** Estipulante.

PACTA SUNT SERVANDA. *Aforismo jurídico.* Os pactos devem ser observados.

PACTA TRANSITORIA. *Direito internacional público.* Tratado dispositivo ou tratado de efeito limitado, que deve ser executado de imediato, pois após sua execução a questão de que trata fica resolvida definitivamente. Por exemplo, o tratado de permuta ou de cessão de territórios e o tratado de limites.

PACTA VESTITA. *Vide PACTUM VESTITUM.*

PACTEAR. 1. Contratar. **2.** Avençar. **3.** Ajustar. **4.** Fazer pacto.

PACTÍCIO. 1. Que se refere a pacto. **2.** O que foi convencionado ou pactuado. **3.** Relativo a pacto.

PACTO. 1. *Direito internacional público.* Tratado relativo a organismos internacionais ou regionais sobre matéria de interesse comum, como, por exemplo, o Pacto de Renúncia à Guerra de 1928, o Pacto da Liga das Nações, o Pacto de Varsóvia etc. **2.** *Direito civil.* a) Contrato; b) ajuste; convenção; c) estipulação entre duas ou mais pessoas para efetivar um ato negocial; d) cláusula especial ou adjeta a certos contratos, como, por exemplo, o pacto de retrovenda que se liga à compra e venda.

PACTO ACESSÓRIO. *Direito civil.* Cláusula especial inserida em contrato principal para modificar seus efeitos ou garantir seu cumprimento. É também designado "pacto adjeto".

PACTO ADICIONAL. *Direito civil.* Cláusula agregada a um contrato para modificá-lo, completá-lo, esclarecê-lo ou anulá-lo no todo ou em parte.

PACTO ADJETO. *Vide* PACTO ACESSÓRIO.

PACTO ANTENUPCIAL. *Direito civil.* Contrato solene, de conteúdo patrimonial, firmado pelos nubentes antes do casamento, dispondo sobre o regime de bens que vigorará entre eles durante a vigência do matrimônio. Só pode ser estipulado, sob pena de nulidade, por escritura pública; e para valer contra terceiro deve ser

PACTO *A RETRO* 529

assentado, após o casamento, no Registro de Imóveis do domicílio dos cônjuges, pois somente assim terão publicidade e serão conhecidos de terceiro.

PACTO *A RETRO*. *Vide* PACTO DE RETROVENDA.

PACTO COMISSÓRIO. 1. *História do direito.* Cláusula especial inserida no contrato de compra e venda, pela qual os contratantes anuíam que a venda se desfizesse, caso o comprador deixasse de cumprir suas obrigações no prazo estipulado. Logo, a venda estava sob condição resolutiva, só se aperfeiçoando se, no prazo estipulado, o comprador pagasse o preço ou se, no prazo de dez dias seguintes ao vencimento do prazo de pagamento, o vendedor demandasse o preço; assim, se ele preferisse exigir o preço, não poderia exercer ação resolutória. **2.** *Direito civil.* Cláusula vedada legalmente pela qual se autoriza credor pignoratício, anticrético ou hipotecário a ficar com o objeto dado em garantia, se o débito vencido não for pago.

PACTO COMPROMISSÓRIO. 1. *Direito civil.* Ajuste em que as partes se comprometem a realizar ou celebrar um contrato futuro. Trata-se do pacto *de contrahendo*, pelo qual se assume a obrigação de contratar em certo momento e em determinadas condições, criando o contrato preliminar uma ou várias obrigações de fazer, mesmo quando o contrato definitivo originar a obrigação de dar. Há quem o designe como contrato preliminar, pré-contrato ou contrato preparatório. **2.** *Vide* CLÁUSULA COMPROMISSÓRIA.

PACTO *CONSTITUTI*. *Vide* CONSTITUTO POSSESSÓRIO.

PACTO CORVINA. *Vide* CONTRATO SUCESSÓRIO.

PACTO *DE CONTRAHENDO*. 1. *Direito civil.* Pacto compromissório. **2.** *Direito internacional público.* Tratado ou acordo preliminar em que se firma um começo de ajuste, ou seja, uma obrigação de efetuar convenção posterior sobre determinado assunto. Tal acordo não é vinculante, pois as potências não são obrigadas a chegar à conclusão do acordo (Hildebrando Accioli).

PACTO DE CONVIVÊNCIA. *Direito civil.* Contrato de convivência firmado entre companheiros estipulando normas relativas a questões pessoais ou econômicas, regendo mútuos interesses. Esse contrato pode ser alterado a qualquer tempo.

PACTO DE DISPLICÊNCIA. *Direito civil.* É a cláusula que subordina o contrato à condição de ficar desfeito se o comprador não se agradar da coisa (Clóvis Beviláqua). Trata-se da venda a contento.

PACTO DE MELHOR COMPRADOR. *História do direito.* Cláusula em que se dispunha que a venda de imóvel ficava desfeita se se apresentasse, dentro de certo prazo não superior a um ano, outro comprador oferecendo preço mais vantajoso. Por ser uma condição resolutiva do negócio, o direito do vendedor só surgia a partir do instante em que encontrasse quem lhe fizesse melhor oferta que a do comprador (como melhor preço, maiores garantias, pagamento à vista etc.), rescindindo-se o negócio simplesmente porque alguém ofereceu maiores vantagens. A compra, portanto, tinha eficácia desde a formação do contrato, resolvendo-se apenas se aparecesse pessoa disposta a oferecer maior preço. O novo Código Civil não prevê pacto de melhor comprador, mas nada obsta, ante o princípio da autonomia da vontade, que os contratantes o estipulem.

PACTO DE NÃO-AGRESSÃO. *Direito internacional público.* É o celebrado entre países que se comprometem a solucionar suas pendências de modo pacífico, sem recorrer ao uso da violência ou da força militar.

PACTO DE NÃO-CONCORRÊNCIA. *Direito do trabalho.* Cláusula implícita no contrato de trabalho que proíbe o empregado de realizar negócios habituais próprios ou alheios, sem permissão de seu empregador, desde que constitua ato de concorrência à empresa ou seja prejudicial ao serviço. Sua inobservância gera rescisão contratual por justa causa.

PACTO DE NÃO-EVICÇÃO. *Direito civil.* Cláusula que, inserida num contrato oneroso, libera o alienante dos riscos da evicção, desobrigando-o de qualquer responsabilidade pela perda judicial da coisa alienada, salvo caso de dolo.

PACTO *DE NON ALIENANDO*. *Direito civil.* Cláusula especial de compra e venda pela qual o comprador se compromete a não vender a coisa adquirida a determinada pessoa.

PACTO *DE NON CEDENDO*. 1. *Direito civil.* Cláusula que veda a cessão do direito ou do crédito a que se refere o contrato em que se insere. **2.** *Direito comercial.* Cláusula do pacto social que proíbe a cessão de cotas ou ações a pessoas estranhas à sociedade.

PACTO *DE NON PETENDO*. *Direito civil.* Ajuste pelo qual o credor se obriga perante ao devedor a não promover judicialmente a execução do débito. Trata-se, portanto, do pacto de não demandar.

PACTO DE NON PRAESTANDA EVICTIONE. *Vide* PACTO DE NÃO-EVICÇÃO.

PACTO DE OPÇÃO. *Direito civil.* Contrato preliminar unilateral visando um *contrahere* futuro, em que ambos os interessados concordam em efetivá-lo, mas que só gera deveres para um deles, ao passo que o outro, dentro de certo prazo, terá preferência para a realização do contrato, caso decida celebrá-lo, se for de sua conveniência.

PACTO DE PREEMPÇÃO. *Direito civil.* Cláusula adjeta à compra e venda em que o comprador de coisa móvel ou imóvel fica com a obrigação de oferecê-la a quem lhe vendeu, para que este use do seu direito de prelação em igualdade de condições, no caso, de pretender vendê-la ou dá-la em pagamento (Caio Mário da Silva Pereira). A venda em que aparece tal cláusula é pura e simples, pois produz todos os seus efeitos, enquanto o adquirente não tiver intenção de revender a coisa ou dá-la em pagamento; condicional será apenas a revenda ao vendedor, que dependerá de pretender o comprador vendê-la ou dá-la em pagamento. É um pacto estipulado em favor do alienante, visto que impõe ao comprador o dever de dar ciência ao vendedor de seu intuito de vender ou de dar o bem em pagamento, para que ele possa usar seu direito de preferência, readquirindo a coisa vendida em igualdade de condições com terceiro, tanto no que concerne à cifra numérica do preço, como no que atina às vantagens oferecidas.

PACTO DE PREFERÊNCIA. *Vide* PACTO DE PREEMPÇÃO.

PACTO DE PRELAÇÃO. *Vide* PACTO DE PREEMPÇÃO.

PACTO DE QUOTA LITIS. *Direito civil.* Cláusula adjeta ao contrato de honorários advocatícios, pela qual o constituinte se compromete a pagar seu advogado, a título de honorários, uma cota-parte do objeto do litígio, o que é proibido no Código de Ética Profissional de vários países.

PACTO DE RESERVA DE DOMÍNIO. *Direito civil.* Estipulação feita em contrato de compra e venda, em regra, de coisa móvel infungível, de que o vendedor reserva para si a sua propriedade até o momento em que se realize o pagamento integral do preço. Logo, o comprador só adquirirá o domínio da coisa se pagar todo o preço, momento em que o negócio terá eficácia plena. É muito comum nas vendas a crédito.

PACTO DE RESGATE. *Vide* PACTO DE RETROVENDA.

PACTO DE RETRATO. *Vide* PACTO DE RETROVENDA.

PACTO DE RETROVENDA. *Direito civil.* É também denominado pacto "a retro", pacto de resgate, pacto *redimendi* e pacto de retrato. É a cláusula adjeta à compra e venda pela qual o vendedor se reserva o direito de reaver, em certo prazo, o imóvel alienado, restituindo ao comprador o preço, mais as despesas por ele realizadas, desde que autorizadas por escrito, inclusive as empregadas em benfeitorias necessárias do imóvel. A retrovenda é uma condição resolutiva aposta ao contrato. O adquirente terá propriedade resolúvel, que se extinguirá no instante em que o alienante exercer o seu direito de reaver o bem, mediante declaração unilateral de vontade, não sujeita a nenhuma forma especial. Se o comprador se recusar a devolver o prédio, o vendedor poderá promover uma notificação para ressalva de direitos, consignando em juízo as importâncias exigidas por lei, podendo até usar ação reivindicatória para obter de volta o imóvel. O resgate resolve a venda, operando a requisição do domínio pelo vendedor.

PACTO DE SAN JOSÉ DA COSTA RICA. *Vide* CONVENÇÃO AMERICANA DE DIREITOS HUMANOS.

PACTO DE SUCCEDENDO. *Vide* PACTO SUCESSÓRIO.

PACTO DOTAL. *História do direito.* Ato pelo qual se instituía o dote, que se dava por meio de escritura pública antenupcial. Por ele se transferia bens ao marido, para que este utilizasse os frutos e rendimentos que produzissem, atendendo, assim, aos encargos da família.

PACTO FEDERAL. *Direito comparado.* Constituição política a que se subordinam províncias ou Estados confederados, como os da Suíça.

PACTO FUNDAMENTAL. *Direito constitucional.* Constituição política de um país; Carta Magna.

PACTO LEONINO. *Direito civil* e *direito do consumidor.* Diz-se daquele que confere vantagens a um só dos contratantes, a ponto de prejudicar o outro por conter cláusulas abusivas, que conferem vantagens demasiadas ao predisponente e onerosidade excessiva ao aderente, devendo ser, por isso, invalidado.

PACTO NU. 1. *Direito civil.* Aquele que é feito sob palavra, não havendo nada por escrito. **2.** *Direito romano.* Aquele que gerava apenas obrigação natural, conquanto pudesse tornar-se obrigatório. Apesar de não criar obrigação, por não ser sancionado por *actiones*, não era totalmente sem eficácia jurídica, pois aqueles que o celebravam podiam, para se proteger, fazer uso da *exceptio* (José Carlos Moreira Alves).

PACTO PRAELATIONIS. *Vide* PACTO DE PREEMPÇÃO.

PACTO PROIBIDO. *Direito civil.* Aquele que a lei fulmina de nulidade por ser contrário a ela, por ofender a ordem pública, os bons costumes ou o direito de terceiro.

PACTO PROMISSÓRIO DE VENDA. *Direito civil.* Promessa de venda, compromisso de compra e venda, ou contrato preliminar bilateral, pelo qual as partes fazem acordo para efetivação, no futuro, de um contrato de compra e venda definitivo. É uma promessa de celebrar contrato futuro, criando, portanto, obrigações para ambos os interessados, ficando, desde logo, programado o contrato definitivo. A coisa devida é o contrato de compra e venda definitivo, que se não for celebrado, o inadimplente deverá pagar indenização de perdas e danos, logo não será solução normal a conversão da *res debita* no seu equivalente pecuniário. Só com a impossibilidade de se fazer o contrato definitivo é que haverá perdas e danos.

PACTO PROTIMESEOS. *Vide* PACTO DE PREEMPÇÃO.

PACTO REDIMENDI. *Vide* PACTO DE RETROVENDA.

PACTO RESERVATI DOMINII. *Vide* PACTO DE RESERVA DE DOMÍNIO.

PACTO RETROEMENDO. *Direito romano.* Aquele feito em benefício do comprador, investindo-o no direito de forçar o vendedor a resgatar a coisa comprada dentro de certo prazo (Biondi).

PACTO RETROVENDENDI. *Vide* PACTO DE RETROVENDA.

PACTOS LEGÍTIMOS. *Direito romano.* Aqueles que eram sancionados por ações oriundas de constituições imperiais, não sendo considerados como contratos. Dentre eles podemos citar: o *compromissum*, que era o acordo entre duas ou mais pessoas para submeter o litígio à decisão de um árbitro; o *pactum donationes*, que era a promessa de doação, sancionada pela *condictio ex lege,* e o *pactum dotis,* ou seja, promessa de dote, que era obrigatória, pois o marido podia exigir sua execução por meio da *condictio ex lege.*

PACTO SOCIAL. 1. *Direito civil* e *direito comercial.* Convenção em que duas ou mais pessoas se obrigam a conjugar seus esforços ou recursos para a realização de um fim comum, tendo intuito lucrativo. Trata-se do contrato de sociedade ou do "contrato de social", que tem por escopo estabelecer as relações dos sócios ou associados, entre si e com terceiros, a fim de evitar demandas futuras, tendo verdadeira força de lei entre os contratantes, que ficarão adstritos ao pactuado. Tal ocorre ante a necessidade social de se proteger a confiança de cada um dos sócios, ou associados, na observância do pacto estipulado, que é a *lex privata* da sociedade, da associação e de seus membros componentes. A norma estatuária é, portanto, obrigatória tanto para o sócio ou associados, como para a sociedade, ou associação, pois a *affectio societatis* caracteriza-se por uma vontade de união e aceitação das áleas comuns. Apenas no silêncio do pacto social, ou estatuto, aplicar-se-ão, subsidiariamente, as normas legais pertinentes, sejam elas de caráter civil ou mercantil. O pacto social transforma o interesse individual de cada sócio, ou associado, em interesse coletivo, de modo que se obrigam a cumprir as cláusulas estatuárias e as alterações contratuais deliberadas pela maioria em assembléia, devendo colaborar, direta ou indiretamente, na obra comum. **2.** *Filosofia do direito.* a) Pacto pelo qual se sanam as deficiências do estado de natureza, instaurando o governo do estado civil ou político, com três poderes: o legislativo, o executivo e o federativo (Locke); b) pacto pelo qual se opera a passagem do estado de natureza ao estado social, definindo as condições mediante as quais os indivíduos abrem mão de direitos, sujeitando-se a um poder, tendo em vista a obtenção de certas vantagens. É o contrato social celebrado pelos homens, entregando a um governo absoluto o poder de estabelecer a ordem jurídica, garantindo todos os acordos necessários à vida pacífico-social e interindividual (Hobbes); c) aquele que estabelece uma forma de associação em que cada membro é defendido e protegido por um poder comunitário unido, mas sem prejuízo e antes com vantagem para a liberdade e a igualdade dos homens. Tal pacto social exige a entrega total da pessoa e dos bens de cada particular ao poder da comunidade, isto é, à vontade geral do povo soberano, que é competente para fixar o patrimônio social e redistribuir os bens, para consecução do bem comum (Rousseau).

PACTO SUCESSÓRIO. *Direito civil.* Aquele que tem por fim dispor dos bens de um dos pactuantes ou de terceiros para depois de sua morte. Está vedado em lei, pois ela não admite que seja objeto de contrato herança de pessoa viva. Essa proibição é absoluta, embora alguns autores apontem duas exceções: contrato antenupcial, em que os nubentes podem dispor a respeito da recíproca e futura sucessão e partilha de bens, entre os descendentes, feita pelos pais por ato *inter vivos.* No nosso entender só a partilha por ato *inter vivos* pode ser considerada uma exceção, por corresponder a uma sucessão antecipada.

PACTUAL. Relativo a pacto.

PACTUANTE. 1. Pactuário. **2.** Aquele que é parte na celebração de um pacto ou contrato.

PACTUAR. *Vide* PACTEAR.

PACTUÁRIO. *Vide* PACTUANTE.

PACTUM. *Termo latino.* Pacto.

PACTUM ADDICTIONIS IN DIEM. *Expressão latina.* Pacto de melhor comprador.

PACTUM A PARTE DEBITI NON PETENDI. *Expressão latina.* Pacto de não exigir parte do débito.

PACTUM CONTRAHENDO. *Locução latina.* Tratado preliminar.

PACTUM DE COMPROMITENDO. *Locução latina.* Cláusula compromissória.

PACTUM DE CONTRAHENDO CUM TERTIO. 1. *Direito internacional público.* Acordo preliminar concluído por um Estado, comprometendo-se a efetivar um acordo final sobre a mesma questão. **2.** *Direito civil.* Promessa em que uma das partes assume perante outra a obrigação de celebrar um contrato com terceiro, caso este venha a querer tal celebração (Ana Prata).

PACTUM DE FORO PRORROGANDO. *Direito comparado.* Pacto de aforamento, que é a convenção que visa afastar as normas relativas à competência dos tribunais, previsto na lei processual civil portuguesa.

PACTUM DE NON ALIENANDO. *Locução latina.* Pacto de não-alienação.

PACTUM DE NON CEDENDO. *Locução latina.* Pacto de proibição de cessão de crédito ou direito.

PACTUM DE NON PETENDO. *Locução latina.* Pacto de não executar judicialmente o crédito.

PACTUM DE NON PETENDO INTRA TEMPUS. *Locução latina.* **1.** Pacto de não exigir dentro de certo tempo. **2.** Moratória convencional.

PACTUM DE QUOTA LITIS. *Locução latina.* Pacto que fixa honorários de advogado no ganho obtido no processo.

PACTUM DE RETROVENDENDO. *Locução latina.* Pacto de retrovenda.

PACTUM DISCIPLICENTIAE. *Locução latina.* Pacto de displicência.

PACTUM EST DUORUM CONSENSUS ATQUE CONVENIO. *Expressão latina.* O pacto é o consenso ou convenção de dois.

PACTUM FIDUCIAE. *Locução latina.* Cláusula fiduciária.

PACTUM IN DIEM ADDICTIO. *Locução latina.* Pacto de melhor comprador.

PACTUM IUSIURANDUM. 1. *Locução latina.* Pacto de juramento. **2.** *Direito romano.* Aquele em que o autor prometia não acionar o réu se este jurasse que nada devia. Por sua vez, o réu prometia executar a prestação reclamada, se o autor jurasse a legitimidade de sua pretensão. Se o autor, que, ante o juramento feito, nada devia reclamar do réu, procedesse de modo diverso, concedia-se a este último uma *exceptio* para impedir o prosseguimento da exigência. Se o réu, compelido a cumprir a obrigação por efeito do juramento, não a executasse, o autor recebia do pretor o direito à *actio in factum iusiurandi* (Othon Sidou).

PACTUM NE DIVIDATUR. *Locução latina.* Cláusula de indivisão.

PACTUM NE PETITUR, PACTUM CONVENTUM. *Vide* PACTO *DE NON PETENDO.*

PACTUM PRAELATIONES. *Locução latina.* Pacto de preferência.

PACTUM PROTIMESEOS. *Locução latina.* Pacto de preempção.

PACTUM RESERVATI DOMINII. *Locução latina.* Pacto de reserva de domínio.

PACTUM SCELERIS. 1. *Locução latina.* Pacto do crime. **2.** *Direito penal.* Acordo entre co-autores para a prática de uma ação criminosa.

PACTUM SIMULATIONIS. *Locução latina.* Acordo simulatório.

PACTUM UT MINUS SOLVATUR. 1. *Expressão latina.* Pacto de solver com menos. **2.** *Direito romano.* Concordata (coativa e preventiva) por maioria, que adquiria força vinculante contra os credores dissidentes ou ausentes, que constituíam a minoria, por meio de um *decretum praetoris.* Logo, como havia tal homologação judicial do pretor, este tinha o poder discricionário de conceder ou não a concordata (Eduardo C. Silveira Marchi).

PACTUM VESTITUM. *Direito romano.* Aquele que, em razão da jurisprudência, do pretor ou de constituições imperiais, são sancionados pelas *actiones.* Incluem-se dentre os *pacta vestita: pacta adiecta* (pactos adjetos), *pacta praetoria* (pactos pretorianos) e *pacta legitima* (pactos legítimos).

PADA. 1. *Direito comercial.* a) Pão pequeno, de farinha ordinária; b) pequena porção. **2.** *Direito comparado.* Barco grande, de fundo chato, muito usado no Ceilão.

PADARIA. *Direito comercial.* Estabelecimento onde se fabricam e vendem pães, doces, biscoitos, bolos etc.

PADCT. Sigla do Programa de Apoio ao Desenvolvimento Científico e Tecnológico.

PADECENTE. 1. *Direito comparado.* Aquele que, condenado à pena de morte, vai ser executado. **2.** *Direito penal.* Sujeito passivo do crime; vítima.

PADEIRO. *Direito comercial.* Fabricante ou vendedor de pão.

PADEJAR. 1. *Direito agrário.* a) Atirar o grão ao ar com a pá para limpá-lo na eira; b) revolver a terra com a pá. **2.** *Direito comercial.* a) Exercer o ofício de padeiro; b) fabricar pão.

PADEJO. Ofício de padeiro.

PADIOLA. *Direito desportivo* e *medicina legal.* Maca que se destina ao transporte de doentes ou de atletas acidentados em campo.

PADIOLEIRO. *Direito desportivo* e *medicina legal.* Aquele que carrega a maca.

PADIXÁ. *Direito comparado.* Sultão ou imperador dos turcos.

PADRÃO. 1. *História do direito.* Marco de pedra alta ou monumento de pedra para indicar posse de terras descobertas. Falava-se *padroom.* **2.** *Direito comercial.* Modelo oficial de pesos e medidas. **3.** *Direito administrativo.* Registro ordenado dos funcionários de determinada categoria do serviço público. **4.** Na *linguagem comum*: a) protótipo; b) modelo; c) o que serve de tipo a outro; d) coisa originária utilizada como modelo; e) título autêntico.

PADRÃO DE CÂMBIO–OURO. *Direito comparado* e *economia política.* Sistema monetário, usado em vários países, pelo qual o ouro fica depositado no Tesouro Nacional, empregando-se o papel-moeda como instrumento de troca.

PADRÃO DE JURO. *História do direito.* a) Papel de crédito que, quando circulava de pessoa a pessoa, recebia anotações, sendo que os juros a ele relativos deviam ser pagos anualmente. Correspondia à apólice de dívida pública; b) título autêntico.

PADRÃO DE VIDA. Diz-se da quantidade de bens e serviços que uma pessoa, com certa renda, consome.

PADRÃO DO CARGO. *Direito administrativo.* Conjunto de referências numéricas seguidas de letras que, em ordem alfabética, indicam os diferentes graus de servidores públicos.

PADRÃO MONETÁRIO. *Economia política.* Valor legal da unidade monetária do país.

PADRÃO–OURO. *Economia política.* Sistema monetário no qual o ouro serve de lastro para emissão de papel-moeda, logo a autoridade monetária se obriga a converter o papel-moeda apresentado em ouro (Geraldo Magela Alves).

PADRAR. *Direito canônico.* **1.** Receber ou tomar ordens. **2.** Tornar-se padre.

PADRASTO. 1. *Direito civil.* Parentesco por afinidade que liga o indivíduo aos filhos do leito anterior de sua mulher ou companheira. É a relação de parentesco que se estabelece entre os filhos de uma viúva ou companheira e a pessoa com quem convolou novas núpcias ou firmou união estável. **2.** *Direito militar.* Obra de defesa militar.

PADRE. *Direito canônico.* **1.** Sacerdote secular ou regular. **2.** Aquele que recebeu ordenação sacerdotal.

PADREADOR. *Direito agrário.* Animal reprodutor.

PADREAR. *Direito agrário.* **1.** Emprenhar. **2.** Reproduzir-se o animal.

PADRINHO. 1. *Direito civil.* Testemunha convidada pelos nubentes para assistir à cerimônia do casamento. **2.** *Direito canônico.* Aquele que testemunha o batismo ou a crisma; pai espiritual.

3. Na *linguagem escolar*: a) patrono; b) paraninfo; c) aquele que acompanha o bacharel na colação de grau. **4.** *História do direito*. Aquele que assistia ao duelo. Era a testemunha do duelo, ou assegurador, que marcava as distâncias entre os contendores e dava o sinal para o início do combate, tomando a defesa de um dos duelistas, em caso de necessidade. **5.** Na *linguagem comum*, protetor.

PADROADO. *Direito canônico*. **1.** Direito de protetor adquirido por aquele que fundar ou dotar uma Igreja. **2.** Direito de conferir benefícios de natureza eclesiástica. **3.** Território onde esse direito é exercido.

PADROADO DA COROA. *História do direito*. Era todo o território português, continental, insular e ultramarino.

PADROEIRO. *Direito canônico*. **1.** Santo Protetor. **2.** Aquele que fundou um mosteiro ou lhe fez doações. **3.** Que possui o direito do padroado.

PADRÕES DE QUALIDADE DO AR. *Direito ambiental*. Concentrações de poluentes atmosféricos que, quando acima dos níveis tolerados, podem afetar a saúde, a segurança e o bem-estar da população, além de causar dano à flora e à fauna ou ao meio ambiente em geral.

PADRÕES MÍNIMOS DE HABITABILIDADE OU ADEQUADA HABITABILIDADE. *Direito urbanístico*. São padrões mínimos de edificação, salubridade e segurança definidos pelas posturas municipais.

PADRÓFOBO. Inimigo dos padres.

PADRONIZAÇÃO. **1.** *Sociologia geral*. Qualquer processo de controle social tendente a uniformizar as formas de comportamento ou de outros elementos de cultura material ou não material. **2.** *Direito comercial*. a) Estabelecimento de um padrão uniforme para todos os tipos de fabricação em série, mediante o emprego de um único modelo industrial; b) uniformização dos produtos industriais pertencentes ao mesmo gênero ou a um só tipo; c) adoção de normas uniformes que igualam o modo de execução de serviço e a forma dos atos a ele relativos, traçando modelos ou tipo (De Plácido e Silva); d) uniformização dos tipos de fabricação em série, reduzindo-os a um modelo ou padrão único. **3.** Nas *linguagens comum* e *jurídica* em geral: a) estandardização; b) ato ou efeito de padronizar.

PADRONIZAR. **1.** Nas *linguagens comum* e *jurídica* em geral: a) servir de modelo ou de padrão; b) submeter a uma padronização. **2.** *Direito comercial*. a)

Produzir mercadorias em série; b) uniformizar produtos fabricados em série; c) estabelecer normas de serviço segundo certo modelo ou método.

PAGA. **1.** *Direito do trabalho*. O que se dá em troca de um serviço; salário. **2.** *Direito civil*. a) Pagamento; satisfação de dinheiro de uma dívida; b) prestação; c) restituição de dinheiro que se devia; d) retribuição; e) recompensa; f) remuneração de serviço prestado. **3.** *Direito penal*. Gratificação dada a uma pessoa para que ela venha a praticar ato delituoso, dando origem à co-autoria e aumento de pena, sendo ainda forma qualificadora do crime de homicídio e do delito contra a honra.

PAGADOR. **1.** Na *linguagem jurídica* em geral: a) trem especial que leva dinheiro às agências ferroviárias; b) aquele que efetua pagamento. **2.** *Direito administrativo*. Funcionário público encarregado de executar pagamentos autorizados; tesoureiro; caixa; exator que guarda os valores do poder público.

PAGADORIA. **1.** *Direito administrativo*. Repartição pública onde os pagamentos são feitos. **2.** Na *linguagem jurídica* em geral: a) o local em estabelecimento particular onde se efetuam pagamentos; b) caixa; c) tesouraria; d) ofício de pagador.

PAGAMENTO. **1.** *Direito civil*. a) Execução satisfatória da obrigação, ou seja, solução, adimplemento, resolução, implemento, cumprimento; b) adimplemento, que é o modo direto ou indireto da extinção da obrigação, incluindo não só a efetivação exata da prestação daquilo que forma o objeto de obrigação, como também a novação, a compensação, a confusão, a imputação, a remissão de dívida etc.; c) meio direto e voluntário de extinguir a obrigação; execução voluntária e exata, por parte do devedor, da prestação devida ao credor, no tempo, forma e lugar previsto no título constitutivo; d) modo de satisfação do interesse do credor de certa obrigação, exaurindo-lhe qualquer pretensão (Barbero); e) satisfação de prestação pecuniária, extinguindo o débito; f) cumprimento efetivo de uma obrigação exigível, pela realização da prestação, extinguindo o vínculo jurídico, gerando satisfação do credor e liberação do devedor; g) quinhão que nas partilhas cabe ao herdeiro ou condômino; h) exoneração obrigacional mediante cumprimento da prestação devida. **2.** *Direito administrativo*. Folha que menciona a remuneração dos funcionários públicos. **3.** *Direito tributário.* Entrega pelo contribuinte à Fazenda Pública de uma soma pecuniária ou algo equivalente, extinguindo a obrigação tributária.

PAGAMENTO ADIANTADO. *Direito civil* e *direito comercial.* Aquele que precede a prestação do serviço ou a entrega da coisa, não havendo ainda prazo certo estipulado para exigir a obrigação.

PAGAMENTO ANTECIPADO. *Direito civil* e *direito comercial.* Aquele feito antes do vencimento da dívida, ou seja, do termo certo a vencer-se.

PAGAMENTO ANTECIPADO DE EXPORTAÇÃO. *Direito internacional privado.* É a aplicação de recursos em moeda estrangeira na liquidação de contratos de câmbio, anteriormente ao embarque das mercadorias. É um mecanismo de financiamento de produção de bens destinados à exportação, permitindo aos exportadores antecipar os recursos à taxa de juros internacionais, com maior anterioridade à efetivação das exportações. A antecipação de recursos em moeda estrangeira a exportadores brasileiros pode ser efetuada pelo importador ou por qualquer pessoa jurídica no exterior, inclusive instituições financeiras (Antonio Carlos Rodrigues do Amaral).

PAGAMENTO À VISTA. *Direito civil.* Aquele feito em dinheiro no ato contratual.

PAGAMENTO *CASH*. *Direito civil* e *direito comercial.* Pagamento a dinheiro de contado ou cheque.

PAGAMENTO COM SUB-ROGAÇÃO. *Direito civil.* Pagamento decorrente da sub-rogação pessoal ou subjetiva, em que há substituição, nos direitos creditórios, daquele que solveu obrigação alheia ou emprestou quantia necessária para o pagamento que satisfez o credor. Efetivado o pagamento por terceiro, o credor ficará satisfeito e não mais terá o poder de reclamar do devedor o adimplemento da obrigação, porém, como o devedor não solveu o débito, continuará a ter o dever de prestá-lo ante o terceiro solvente alheio à relação negocial primitiva, até que o pagamento de sua parte extinga o liame obrigacional.

PAGAMENTO CONSIGNATIVO. *Direito civil.* **1.** *Vide* PAGAMENTO EM CONSIGNAÇÃO. **2.** Aquele que se exige do devedor de pensão.

PAGAMENTO CORRESPECTIVO. *Direito civil.* Aquele que é feito a título de retribuição por um outro efetuado em razão de um contrato bilateral.

PAGAMENTO DA DÍVIDA DA HERANÇA. *Direito civil.* Ato de pagar as dívidas do espólio anteriores ou posteriores à abertura da sucessão, para apurar a liquidez da herança, ou melhor, o ativo remanescente, que será a herança a ser partilhada entre os herdeiros do *de cujus.* A partilha da herança só se dá depois de atendidos os credores do *auctor successionis.* A responsabilidade dos herdeiros relativamente a esses débitos é limitada *intra vires hereditatis*, logo os credores têm legitimidade para receber seus créditos, porém não poderão acionar os sucessores do devedor, senão dentro dos limites patrimoniais do espólio, assegurando-se, assim, o patrimônio pessoal dos herdeiros contra os credores do monte. O espólio deverá pagar, na ordem estabelecida legalmente, o seguinte: a) as dívidas póstumas, que surgiram depois do óbito do *de cujus*, ou seja: despesas com funeral, custas judiciais e despesas com a arrecadação e liquidação da massa hereditária; gastos com o luto do cônjuge sobrevivente e dos filhos do finado, se forem moderados; b) dívidas do falecido, oriundas de obrigações contraídas em vida pelo *de cujus*, transmitindo-se com sua morte aos herdeiros, como: despesas com a doença de que faleceu o devedor, no semestre anterior à sua morte; gastos necessários à mantença do devedor falecido e de sua família, no trimestre anterior ao falecimento; salário devido aos empregados e pessoas de serviço doméstico do devedor, nos seus últimos seis meses de vida; e demais débitos por ele contraídos, mesmo a prazo, pois o falecimento do devedor não acarreta vencimento da dívida a prazo, passando para seus herdeiros o direito ao prazo de débito não vencido, de modo que o credor não poderá acionar o espólio ou os herdeiros antes do vencimento do prazo convencionado. O pagamento das dívidas do falecido dependerá de habilitação do credor no inventário requerida antes da liquidação, para incluir o crédito no passivo do espólio, deduzindo-se-lhe o *quantum* no cálculo do imposto de transmissão *mortis causa*. Entretanto, nada obsta a que o credor se habilite em ação ordinária ou de execução contra o devedor, e há credores, como o hipotecário e a Fazenda Pública, em relação à percepção dos tributos, que independem de prévia habilitação, visto que têm direito de seqüela e que nem se sujeitam ao concurso de credores. Quanto às cambiais não vencidas, se os interessados concordarem com a habilitação, os credores deverão ser atendidos, mas se houver impugnação terão de aguardar o vencimento dos títulos.

PAGAMENTO DA LEGÍTIMA. *Direito civil.* Ato pelo qual, na partilha, se atribui a cada herdeiro necessário (descendente, ascendente ou cônjuge) o quinhão da herança que lhe couber.

PAGAMENTO DE CORRETAGEM. *Direito civil* e *direito comercial.* Ato de pagar a comissão ao corretor pelos seus serviços de intermediação no negócio concluído.

PAGAMENTO DE DESPESAS. *Direito processual civil.* Ato das partes litigantes de pagar as despesas dos atos realizados ou requeridos, em juízo, salvo em caso de justiça gratuita.

PAGAMENTO DE PROVENTOS DEVIDOS A MILITAR REFORMADO POR INCAPACIDADE, DECORRENTE DE ALIENAÇÃO MENTAL. *Direito militar.* O militar da Aeronáutica reformado por incapacidade, decorrente de alienação mental, terá os seus proventos pagos: **1.** pelo período de sessenta dias, aos seus beneficiários, desde que estes o tenham sob sua guarda e responsabilidade e lhe dispensem tratamento humano e condigno; **2.** após o prazo mencionado no item anterior, ao curador designado judicialmente, por iniciativa do Ministério Público, dos beneficiários, dos parentes ou dos responsáveis; **3.** ao curador designado judicialmente, por solicitação do Comando da Aeronáutica ao Ministério Público, quando: a) não forem satisfeitas as condições de tratamento exigidas no item 1; b) os beneficiários, parentes ou responsáveis não promoverem a interdição judicial do militar, em até sessenta dias, a contar da data do ato de reforma; c) não existirem beneficiários, parentes ou responsáveis, ou se existirem e não forem capazes para promover a interdição judicial do militar. Nas hipóteses constantes das alíneas *a*, *b*, e *c* do item 3, a Organização pagadora do militar, na condição de representante do Comando da Aeronáutica, oficiará ao Procurador da União da localidade em que estiver sediada, solicitando a interdição do militar e anexando os laudos médicos pertinentes. No caso de não ocorrer a nomeação judicial do curador dentro do prazo de sessenta dias, a contar da data do ato de reforma, e não houver constatação de que a designação esteja em andamento, a Organização pagadora do militar procederá ao depósito dos proventos deste, em juízo, na forma das disposições em vigor. O militar reformado por alienação mental, que

se julgar capaz de gerir seus bens, poderá requerer Inspeção de Saúde, em grau de recurso, com vistas a: 1) retorno ao serviço ativo, se o tempo decorrido na situação de reformado não ultrapassar dois anos; 2) transferência para a reserva remunerada, observando o limite de idade para a permanência nessa reserva se o tempo decorrido na situação de reformado ultrapassar dois anos; 3) elidir a interdição e a necessidade de curatela.

PAGAMENTO DIRETO. *Direito civil.* Execução voluntária e exata, por parte do devedor, da prestação devida ao credor, no tempo, forma e lugar previstos no título constitutivo.

PAGAMENTO DO CHEQUE. *Direito bancário.* Transferência do valor correspondente da conta do sacador, para efeito de entrega simultânea do dinheiro ao sacado ou do lançamento simultâneo na conta do beneficiário (Othon Sidou).

PAGAMENTO DO INDÉBITO. *Vide* PAGAMENTO INDEVIDO.

PAGAMENTO DO SALÁRIO. *Direito do trabalho.* Quantia paga pelo empregador, por meio de cheques, departamento, depósito bancário etc., ao empregado como remuneração dos serviços prestados. Havendo falecimento do empregado, sendo transferível o direito ao salário, este deverá ser pago ao representante do herdeiro do *de cujus*.

PAGAMENTO EFETIVO. *Direito civil.* Entrega de soma em dinheiro, correspondente ao objeto ou cumprimento da prestação de outra espécie não representada em dinheiro (De Plácido e Silva).

PAGAMENTO EM CONSIGNAÇÃO. *Direito civil* e *direito processual civil.* É o meio indireto de o devedor exonerar-se do liame obrigacional, consistente no depósito judicial (*consignação judicial*) ou em estabelecimento bancário (*consignação extrajudicial*) da coisa devida, nos casos e formas legais. Se inexistir razão legal ou se o devedor, sem que nada o justifique, depositar a prestação devida em vez de pagar diretamente ao credor ou a seu representante, será tido como carente da consignatória, por não haver motivo legal para a propositura da ação. Desse modo, seu depósito será julgado improcedente e não se terá pagamento algum, sofrendo o depositante todas as conseqüências de sua conduta (Silvio Rodrigues). É meio indireto de pagamento, uma vez que a prestação não é entregue, por motivo justo, ao credor, mas depositada em juízo para não sofrer as conseqüências da mora. É preciso não olvidar, ainda, que apenas a obrigação pecuniária e a de dar coisas móveis e imóveis são compatíveis com essa modalidade indireta de pagamento, pois a obrigação de fazer ou não fazer, pela sua natureza, dispensa a participação do credor, esgotando-se com a ação ou abstenção do devedor; não comporta, pois, por tais razões, consignação. Todavia, se a obrigação de fazer estiver ligada a uma de dar, por exemplo, se requerer a entrega do resultado da atividade do devedor, admitir-se-á consignação.

PAGAMENTO EM CONTA. *Direito civil* e *direito comercial.* Amortização de débito existente e exigível.

PAGAMENTO EM DINHEIRO. *Direito civil* e *direito comercial.* Adimplemento da obrigação feito em dinheiro de contado ou em moeda corrente do local em que é feito.

PAGAMENTO EM MOEDA ESTRANGEIRA. *Direito internacional privado.* Cláusula inserida em contrato ou em cheque de giro internacional, determinando que o título se execute em moeda estrangeira específica e sem conversão cambial (Othon Sidou), administrada em contratos, títulos referentes a importação ou exportação de mercadorias; aos contratos de financiamento ou de prestação de garantias relativos às operações de exportação de bens de produção nacional, vendidos a crédito para o exterior; aos contratos de compra e venda de câmbio em geral; aos empréstimos e quaisquer outras obrigações cujo credor ou devedor seja pessoa residente e domiciliada no exterior, excetuados os contratos de locação de imóveis situados no território nacional; aos contratos que tenham por objeto a cessão, transferência, delegação, assunção ou modificação das obrigações acima referidas, ainda que ambas as partes contratantes sejam pessoas residentes ou domiciliadas no país; aos contratos de locação de bens móveis, desde que haja registro prévio no Banco Central do Brasil. Além dessas hipóteses excepcionais, não se admitem no Brasil obrigações em moeda específica atinentes ao valor intrínseco, a serem fixadas no metal da moeda (por exemplo, em ouro ou em prata), nem obrigações em moeda estrangeira, chamadas valutárias.

PAGAMENTO EM PRESTAÇÕES. *Direito civil.* Aquele que é efetuado em parcelas periódicas de maneira que o débito diminui à medida que os pagamentos são efetuados pelo devedor, até que a dívida seja integralmente satisfeita. É muito comum no pacto com reserva de domínio, na venda em prestações, no compromisso de compra e venda etc.

PAGAMENTO INDEVIDO. 1. *Direito civil.* É uma das formas de enriquecimento ilícito, por decorrer de prestação feita por alguém com o intuito de extinguir obrigação erroneamente pressuposta, gerando ao *accipiens*, por imposição legal, o dever de restituir, uma vez estabelecido que a relação obrigacional não existia, tinha cessado de existir ou que o devedor não era o *solvens* ou o *accipiens* não era o credor. O pagamento indevido é o feito, espontaneamente, por erro, como o efetuado pelo *solvens*, convencido de que deve pagar, ou o levado a efeito por quem não é devedor, mas pensa sê-lo, ou a quem se supõe credor. *Vide* PAGAMENTO OBJETIVAMENTE INDEVIDO e PAGAMENTO SUBJETIVAMENTE INDEVIDO. **2.** *Direito administrativo.* Modalidade de quase-contrato administrativo cuja obrigação decorre de fato voluntário e lícito, independentemente de qualquer acordo entre as partes. Gera obrigações àquele que recebeu o pagamento não devido, que, então, deve restituí-lo à administração ou ao administrado. P. ex., pensão que se paga a funcionário que não tinha direito a ela; estipêndio excessivo pago a funcionário irregularmente promovido; diferença de câmbio indevidamente exigida de importador, para obter liberação alfandegária (Waline; José Cretella Jr.).

PAGAMENTO INDIRETO. *Direito civil.* É o que se opera, se ocorrem determinadas circunstâncias, por modos especiais ou indiretos de pagamento, tais como: pagamento por consignação, pagamento com sub-rogação, imputação do pagamento, dação em pagamento, novação, compensação, transação, compromisso, confusão e remissão de dívidas.

PAGAMENTO INTEGRAL. *Direito civil.* Quantia ou prestação entregue pelo devedor ao credor, acarretando sua exoneração e extinção do débito.

PAGAMENTO INTERNACIONAL. *Direito internacional privado.* Aquele que é pago em relação a bens ou serviços de origem estrangeira.

PAGAMENTO MERCANTIL. *Direito comercial.* Aquele que, para solver obrigação comercial, é feito pelo devedor ao credor ou a quem esteja autorizado por ele.

PAGAMENTO OBJETIVAMENTE INDEVIDO. *Direito civil.* É o que se dá quando o sujeito paga uma dívida inexistente por não haver qualquer vínculo obrigacional, ou um débito existente, mas que já foi extinto. Há uma prestação errônea do *solvens* com a intenção de solver uma obrigação, por ignorar a inexistência da dívida. Se a pessoa cumpre uma prestação, sabendo que não havia débito, pretendeu fazer uma liberalidade; não merece, pois, a tutela legal de propor ação para repetir o indevido, concedida tão-somente a quem por erro fizer tal pagamento.

PAGAMENTO PARA CAUSA TORPE. *Direito civil.* Aquele que é efetuado com o escopo de conseguir algo ilícito ou imoral, sendo que nele não há direito de repetição para o *turpiter datum*, seja ou não o *accipiens* conivente na ilegalidade ou imoralidade.

PAGAMENTO PARCIAL. 1. *Direito civil.* O que é feito por parcelas previamente ajustadas, até que se cumpra a prestação por inteiro. **2.** *Direito cambiário.* Pagamento de letra de câmbio e de nota promissória, pois o portador está obrigado a receber por partes.

PAGAMENTO POR COMPENSAÇÃO. *Vide* COMPENSAÇÃO.

PAGAMENTO POR CONTA. *Direito civil* ou *direito comercial.* Aquele que é feito para amortizar um débito ainda não exigível ou uma futura dívida a contrair.

PAGAMENTO POR DAÇÃO. *Vide* DAÇÃO EM PAGAMENTO.

PAGAMENTO POR HONRA DA FIRMA. *Vide* PAGAMENTO POR INTERVENÇÃO.

PAGAMENTO POR IMPUTAÇÃO. *Vide* IMPUTAÇÃO DO PAGAMENTO.

PAGAMENTO POR INTERVENÇÃO. *Direito cambiário* e *direito comercial.* É aquele feito no dia do vencimento, no ato do protesto, por falta ou recusa de pagamento de título cambial, por pessoa alheia à relação obrigacional, que, mesmo não sendo devedor nem co-responsável pelo débito, ou possuidor de nenhum dever de cumprir a obrigação, o faz por honra da firma do devedor.

PAGAMENTO POR REMISSÃO. *Vide* REMISSÃO DE DÍVIDA.

PAGAMENTO POR SUB-ROGAÇÃO. *Vide* PAGAMENTO COM SUB-ROGAÇÃO.

PAGAMENTO *PORTABLE*. *Direito civil.* Aquele que, por estipulação contratual, deve ser feito pelo devedor no domicílio do credor.

PAGAMENTO PORTÁVEL. *Vide* PAGAMENTO *PORTABLE*.

PAGAMENTO *QUÉRABLE*. *Direito civil.* Aquele que deve ser efetuado no domicílio do devedor, salvo se as partes convencionarem diversamente ou se o contrário dispuserem as circunstâncias, a natureza da obrigação ou a lei. É aquele que, à falta de indicação expressa em contrário, só pode dar-se no domicílio do devedor.

PAGAMENTO QUESÍVEL. *Vide* PAGAMENTO *QUÉRABLE*.

PAGAMENTO SEM CAUSA. *Direito civil.* Aquele que é feito para cumprir uma suposta prestação, não fundado em erro mas na inexistência legal da obrigação.

PAGAMENTO SUBJETIVAMENTE INDEVIDO. *Direito civil.* Pagamento de um débito existente se ele for feito por quem erroneamente se julgava ser o devedor. A dívida existe, mas foi paga por quem, não sendo devedor, julgava sê-lo. Há um vínculo obrigacional, porém, relativo a terceiro, e não ao *solvens*. Igualmente, ter-se-á indébito subjetivo se o pagamento é feito a pessoa diversa do verdadeiro credor. Para que se caracterize o pagamento subjetivamente indevido será necessário que não exista dívida nas relações entre o *solvens* e o *accipiens*, e que haja desconhecimento da situação real, isto é, ocorrência de erro por parte do *solvens*, que terá, então, direito à repetição.

PAGAMENTO *TURPIS CAUSA*. *Vide* PAGAMENTO PARA CAUSA TORPE.

PAGANISMO. 1. Diz-se da idolatria a muitos deuses. **2.** *Direito canônico.* Conjunto daqueles que não receberam o sacramento do batismo.

PAGANTE. 1. Na *linguagem jurídica* em geral, aquele que paga uma prestação, por conta própria ou de terceiro. **2.** *Direito tributário.* Contribuinte.

PAGÃO. 1. *Direito canônico.* a) Aquele que não é cristão; b) aquele que não é batizado, ou que não segue o catolicismo. **2.** *Direito agrário.* Animal xucro, ainda não montado ou nos primeiros galopes da doma.

PAGAR. **1.** Satisfazer o débito, extinguindo-o. **2.** Remunerar. **3.** Gratificar. **4.** Sofrer conseqüência de um dano causado. **5.** Retribuir. **6.** Indenizar. **7.** Compensar.

PAGARÁ. *História do direito.* Documento de dívida que tinha início com essa palavra.

PAGAR À BOCA DO COFRE. Pagar prontamente.

PAGAR À VISTA. Pagar uma letra cambiária ou uma dívida assim que ela for apresentada.

PAGARCA. *História do direito.* Era, no Império Romano, o primeiro magistrado de uma aldeia.

PAGAR COM USURA. Pagar muito mais do que recebeu, uma vez que os juros estão incluídos.

PAGÁVEL. Que se pode pagar.

PAGELA. **1.** Parcela. **2.** Prestação.

PAGERS. *Termo inglês.* Pequenos receptores de telefone para uso de profissionais da saúde, possibilitando melhor atendimento aos pacientes.

PAGÉTICO. *Medicina legal.* O que diz respeito à doença óssea de Paget.

PÁGINA. **1.** *Direito autoral.* a) Face de uma folha de papel, contendo escrita ou outra representação gráfica; b) obra literária ou musical; c) trecho de uma obra. **2.** Nas *linguagens comum* e *jurídica:* a) fato biográfico notável; b) período histórico.

PAGINAÇÃO. **1.** Ato de paginar. **2.** Ordem numérica das páginas de uma obra literária.

PAGINADOR. Aquele que organiza as páginas de livros, jornais, revistas etc.

PÁGINA INTERATIVA. *Direito virtual.* É a que tem capacidade para responder a ações do usuário.

PAGINAR. Organizar em páginas, em seqüência numérica, a composição de livros, jornais etc.

PAGING. *Direito das comunicações.* Serviço especial de radiochamada.

PAGO. **1.** Remunerado. **2.** Entregue para pagamento. **3.** Solvido. **4.** Pequeno povoado. **5.** Local onde alguém mora ou nasceu; rincão.

PAGODEIRO. Estróina.

PAGOSCÓPIO. *Direito agrário.* Aparelho que possibilita a previsão de geadas.

PAGP. *Direito previdenciário.* Sigla de Plano com Atualização Garantida e Performance. Designa planos que garantam aos participantes, durante o período anterior ao de pagamento de benefício, apenas a atualização de valores e a reversão, parcial ou total, de resultados financeiros, por meio da contratação de índice de atualização de valores.

PAGUEL. *História do direito.* Antiga embarcação indiana.

PAGUS. *Termo latino.* Pequeno cantão ou circunscrição territorial que, às vezes, tinha personalidade jurídica.

PAI. **1.** *Direito civil.* a) Parente masculino de primeiro grau da linha ascendente; b) genitor; c) adotante; d) aquele que anuiu na inseminação artificial heteróloga de sua mulher, assumindo a filiação da criança assim gerada. **2.** *Direito autoral.* Criador de obra literária artística ou científica. **3.** *Direito romano.* Chefe da família que, além de exercer um poder unificador da família, participava do exercício da soberania nacional.

PAI ADOTIVO. *Direito civil.* Aquele que aceita alguém como filho por meio de adoção.

PAI ADULTERINO. *Direito civil.* Aquele que, sendo casado, tem prole extramatrimonial.

PAICA. **1.** Medida tipográfica inglesa que vale doze pontos. **2.** Conjunto dos caracteres mais usados em máquinas de escrever.

PAID. *Termo inglês.* Pago.

PAI-DAS-QUEIXAS. No Nordeste, o delegado de polícia.

PAI DE FAMÍLIA. *Direito civil.* Aquele que, juntamente com sua mulher, ou companheira, tem a chefia da sociedade conjugal ou da entidade familiar, exercendo com ela o poder familiar.

PAI-DE-MALHADA. *Direito agrário.* No Norte, touro.

PAI-DE-MEL. *Direito agrário.* Abelha silvestre.

PAI-DE-SANTO. Na macumba, o chefe de terreiro.

PAID-IN-CAPITAL. *Locução inglesa.* Capital integralizado.

PAID-IN-SURPLUS. *Locução inglesa.* Superávit decorrente de contribuição de acionista.

PAI-DOS-BURROS. Dicionário.

PAI DOS MENINOS. *História do direito.* Aquele que recolhia crianças rejeitadas, conduzindo-as ao juiz de órfãos (Joaquim de Santa Rosa de Viterbo).

PAI DOS VELHACOS. *História do direito.* Juiz que, em Lisboa, tinha a função de recolher e empregar vagabundos (Joaquim de Santa Rosa de Viterbo).

PAID-UP-STOCK. *Locução inglesa.* Ação integralizada.

PAI ESPÚRIO. *Direito civil.* Aquele que estava impedido de se casar com mulher à época da concepção. Por exemplo, pai adulterino ou incestuoso.

PAI ILEGÍTIMO. *Direito civil.* Aquele que tem prole extramatrimonial, podendo ser espúrio ou natural.

PAI INCESTUOSO. *Direito civil.* Aquele que gera filho, estando impedido de se casar com sua mãe em razão de parentesco próximo.

PAI-JOÃO. *Direito agrário.* Parte traseira da rês.

PAI LEGÍTIMO. *Direito civil.* Aquele indicado pelo matrimônio ou pelas presunções legais.

PAI-LUÍS. *Direito agrário.* No Ceará diz-se do arbusto que nasce no roçado novo durante o inverno.

PAIN AND SUFFERING. *Locução inglesa.* Danos morais.

PAI NATURAL. *Direito civil.* Aquele que gera filho sem ser marido, tendo direito de reconhecê-lo.

PAINÇO. *Direito agrário.* **1.** Milho miúdo. **2.** Grão da planta gramínea *Setaria italica*.

PAINÉIS DE SINALIZAÇÃO. *Direito militar.* Pedaços de pano de formas diversas que possibilitam assegurar o entrosamento entre uma tropa em terra e a aviação ou, eventualmente, entre aquela e observatórios elevados.

PAINEL. 1. *Direito marítimo.* Conjunto de panos que formam as velas das embarcações. **2.** *Direito autoral.* a) Pintura feita sobre tela ou madeira; quadro; b) baixo relevo num monumento. **3.** *Direito do trabalho.* Estante onde os empregados guardam ferramentas. **4.** Nas *linguagens comum* e *jurídica*: tipo de reunião para debates de um determinado assunto.

PAINEL DE SOROS. *Medicina legal.* Conjunto de amostras de soros estáveis e bem caracterizadas quanto à sua negatividade ou positividade para sífilis, doença de Chagas, HBV, HCV, HTLV I e II, e HIV. A caracterização é feita por meio de ensaios de diferentes procedências e características, e também pela utilização de métodos complementares/confirmatórios. O resultado dos testes somente é conhecido pelo laboratório produtor (instituição de referência).

PAI NOBRE. *Direito autoral.* Ator que, no teatro, desempenha o papel de pai em altas comédias e tragédias.

PAIOL. 1. *Direito agrário.* a) Armazém rústico onde são depositados cereais, café, milho etc.; b) trilha de milho ou de outros cereais. **2.** *Direito militar.* Depósito de pólvora, munições e outros petrechos de guerra. **3.** *Direito marítimo.* Compartimento onde no navio se guardam mercadorias, bagagens etc.

PAIOL-DE-BATER-PALHA. *Direito agrário.* No Piauí e no Maranhão, é o cômodo fechado sem janelas onde são rasgadas e batidas as palhas de carnaúba para extração do pó, que dá a cera.

PAIOLEIRO. *Direito agrário.* Guarda de paiol.

PAI POR AFINIDADE. *Direito civil.* Padrasto.

PAI PUTATIVO. *Direito civil.* **1.** Aquele que é considerado pai por presunção legal, sem sê-lo na realidade. **2.** Aquele que é considerado por todos como pai de alguém, sem contudo sê-lo. Por exemplo, marido de adúltera. **3.** Aquele que se supõe pai de um filho, embora não o seja na verdade.

PAIS. *Direito civil.* Pai e mãe.

PAÍS. *Ciência política.* **1.** Nação. **2.** Pátria. **3.** Região; terra. **4.** Território que é habitado pelos cidadãos de um Estado; povo e território por ele ocupado não constituído em Estado, por lhe faltar soberania. **5.** Espaço territorial em que o Estado exerce sua soberania. **6.** Soma de habitantes que têm direito de voto e constituem a classe política dirigente (De Plácido e Silva).

PAÍS ACREDITADO. *Direito internacional público.* Aquele autorizado e reconhecido por um Estado para nele estabelecer-se através de sua representação diplomática.

PAÍS ACREDITANTE. *Direito internacional público.* Aquele que autoriza e reconhece o estabelecimento de um outro Estado em seu território, através da respectiva representação diplomática.

PAI SACRÍLEGO. *Direito canônico.* **1.** Sacerdote que vem a procriar. **2.** Aquele que tem prole com freira.

PAISAGEM. 1. *Direito ambiental.* Porção de terreno bastante agradável pelo seu aspecto estético. **2.** *Direito civil.* Vista de janela ou de mirante que pode constituir-se numa servidão. Trata-se da servidão de vista, pela qual o prédio dominante tem direito a vista, podendo impedir que o serviente a retire. **3.** *Direito autoral.* a) Trecho literário de assunto campestre; b) desenho ou quadro representativo de local campestre.

PAISAGEM URBANA. *Direito urbanístico.* É a vista do conjunto das superfícies que se constituem por edificações e logradouros ou vias de circulação (ruas, avenidas, alamedas, travessas, estradas, praças, parques, hortos, jardins etc.) de uma cidade, abrangendo a zona urbana e as zonas adjacentes ou suburbanas e as áreas que, a critério da municipalidade, venham a ser ocupadas por edificações.

PAISAGISTA. 1. Aquele que descreve regiões ou certos locais. **2.** Aquele que projeta jardins.

PAISANA. Traje de paisano.

PAISANO. 1. O que não é militar. **2.** Civil. **3.** Habitante de um país, que não pertence às Forças Armadas.

PAÍS DE DESTINO. 1. *Direito comercial.* a) Lugar onde se deve entregar mercadorias ou passageiros; b) local para onde se viaja. **2.** *Direito internacional privado.* Local para onde se remete a matéria-prima ou mercadoria exportada (Othon Sidou).

PAÍS DE FABRICAÇÃO. *Direito internacional privado.* Aquele onde o produto foi produzido ou, tendo sido elaborado em mais de um país, onde recebeu o último processo substancial de transformação.

PAÍS DE ORIGEM. 1. *Direito internacional privado.* a) Lugar onde alguém nasceu; b) é aquele de origem da(s) matéria(s)-primas(s) que integra(m) a composição da mercadoria importada. **2.** *Direito alfandegário.* Local de onde procede a matéria-prima ou os produtos importados, que deve constar nas faturas comerciais e consulares. **3.** *Direito comercial.* Local onde tem início a viagem dos passageiros e o trânsito de mercadorias.

PAÍS DE PROCEDÊNCIA. 1. *Direito comercial.* País de onde se vem, sem considerar o de origem. **2.** *Direito alfandegário.* a) Praça ou mercado em que se adquiriu a mercadoria para ser exportada, que deve constar na fatura consular; b) é o país onde a mercadoria importada se encontra no momento de sua aquisição e de onde sai para o Brasil, independentemente do país de origem e do ponto de embarque final.

PAISEIRO. *Direito agrário.* É, no Rio Grande do Sul, o cavalo crioulo.

PAI SOCIOAFETIVO. *Direito civil.* **1.** Padrasto. **2.** Adotante. **3.** Pai institucional, que anuiu na inseminação artificial heteróloga, assumindo paternidade do filho de sua mulher.

PAÍS SUBDESENVOLVIDO. Aquele que, ainda, não obteve pleno desenvolvimento em suas potencialidades.

PAIVOTO. *Direito agrário.* Variedade de bois da raça de Arouca.

PAIXÃO. *Medicina legal.* **1.** Fenômeno passivo da alma que, levada pelo prazer ou pela dor, procura ou se afasta do objeto que a motivou (Bossuet). **2.** Tendência mais ou menos duradoura acompanhada por estados afetivos e intelectuais ou por imagens, que pode dominar o espírito (Condillac; Kant; Hegel; Malapert; Ribot). **3.** Movimento da alma que a impulsiona para o bem ou para o mal. **4.** Sentimento forte ou exacerbado que pode provocar delírio de ciúme e até mesmo conduzir a crime passional. **5.** Atração de um sexo por outro; desejo violento. **6.** Estado emocional crônico, por tempo prolongado, e agudo, devido ao seu caráter violento. **7.** Gosto acentuado por alguma coisa. **8.** Coisa que é objeto de uma viva predileção. **9.** Sofrimento prolongado. **10.** Idéia fixa.

PAIXÕES ANTAGONISTAS. *Medicina legal.* Desvios do caráter que dão origem a conflitos de sentimentos, como, por exemplo, o amor-paixão.

PAIXÕES ANTI-SOCIAIS. Sentimentos tendentes à destruição das condições normais da vida humana, como o ódio, a vingança etc.

PAIXÕES CONSTITUCIONAIS. *Medicina legal.* Sentimentos egoísticos e nocivos de uma personalidade psicopata, como inveja, ambição, avareza etc.

PAIXÕES SOCIAIS. *Sociologia geral.* Sentimentos que cooperam com a vida social e fraterna como o amor, a honra etc.

PAIXÕES SUBSTITUTIVAS. *Medicina legal.* Estados passionais que, fundados na ira, no ciúme, na inveja, na emulação, no desejo, na ambição etc., tomam posse da consciência, substituindo a personalidade anterior, levando o paciente à loucura. Dentre eles podemos citar: amor-paixão, fanatismo etc., que podem levar a pessoa à prática de ações criminosas.

PAIZINHO. 1. *História do direito.* Escravo ou preto serviçal. Tratamento que os escravos brasileiros davam ao branco. Tratamento onde na Rússia imperial os humildes davam ao czar. **2.** Na *linguagem comum*, tratamento carinhoso dado ao pai, usando o diminutivo.

PAJÉ. Entre os indígenas, aquele que, além de ser feiticeiro da tribo, é médico, sacerdote e profeta.

PAJEADA. *Direito do trabalho.* Classe das pajens.

PAJEM. 1. *Direito comparado.* Cavaleiro que transmite ordens numa tourada. **2.** *Direito do trabalho.* Ama-seca. **3.** *Direito militar.* Marinheiro encarregado da limpeza nos navios de guerra. **4.** *História do direito.* Mancebo que prestava serviços, na era medieval, a um nobre ou a uma dama, para iniciar-se na carreira das armas.

PAJONAL. *Direito agrário.* **1.** Terreno onde há palha brava ou outra gramínea. **2.** Campo alagado.

PALA. 1. *Direito comparado.* a) Espécie de embarcação asiática; b) divisão de tempo, usada na Índia, correspondente a vinte e quatro segundos. **2.** *Direito comercial.* Engaste de anel ou de pedra preciosa. **3.** *Direito canônico.* Cartão guarnecido de pano branco com que o sacerdote cobre o cálice. **4.** *Direito militar.* Peça que guarnece a parte inferior e dianteira da barretina, quepe ou boné militar.

PALACETE. Residência de grande porte com fino acabamento.

PALACIANO. 1. *Direito administrativo.* Que diz respeito a palácio do governo. **2.** *Direito comparado.* a) Aristocrático; b) próprio de quem vive na corte; c) relativo a palácio real ou imperial.

PALÁCIO. 1. *História do direito.* Prédio onde se reunia a câmara de uma cidade. **2.** *Direito comparado.* a) Casa real ou imperial; b) local onde habita alguma família nobre. **3.** *Direito administrativo.* a) Sede de governo e habitação do detentor do Poder Executivo; b) edifício onde funciona um departamento público ou repartição pública.

PALÁCIO DE ÉOLO. *Direito comparado.* Reservatório de ar muito usado na Itália para arejar as moradias.

PALADAR. 1. *Medicina legal.* a) Sentido do gosto; b) abóbada da cavidade bucal. **2.** Na *linguagem comum* indica faculdade de apreciar o belo e de descobrir defeitos estéticos e literários.

PALADINAR. Combater, lutar.

PALADINO. *História do direito.* Cada um dos principais cavaleiros que acompanhavam Carlos Magno à guerra.

PALAFITA. Habitação lacustre ou fluvial sustentada por estacas.

PALAFRÉM. *História do direito.* Cavalo montado por nobre ao entrar nas cidades.

PALAFRENEIRO. *História do direito.* Aquele que tratava do palafrém e o conduzia à mão.

PALAMENTA. 1. *Direito desportivo.* Movimento de remador de regata, livrando a pá da pressão da água. **2.** *Direito militar.* Conjunto de objetos necessários ao serviço de uma boca-de-fogo ou a uma jornada militar.

PALANCO. *Direito marítimo.* Corda para içar as velas da embarcação.

PALANESTESIA. *Medicina legal.* Abolição da sensibilidade às vibrações.

PALANGRE. *Direito agrário.* Aparelho de pesca, que constitui uma variedade de espinhel.

PALANQUE. 1. *Direito agrário.* a) Esteio de cerca; b) poste grosso e forte onde se atam animais para simples estada, cura, ordenha ou doma. **2.** *Direito marítimo.* Pedaços de gaxeta com extremos pregados um sobre o outro na amurada, sobre os quais se coloca a palamenta da artilharia. **3.** Na *linguagem comum,* o estrado de madeira, com vários degraus, para expectadores de festas ou de comícios ao ar livre.

PALANQUEAR. *Direito agrário.* Ato de prender animal para ordenha, doma etc.

PALANQUEIRO. 1. *Direito agrário.* Diz-se do animal que está sempre, por ser rebelde, amarrado no palanque. **2.** Nas *linguagens comum* e *jurídica*: aquele que constrói palanques.

PALANQUETA. *História do direito.* Barra de ferro, terminada por duas bolas fixas, que era usada no combate naval como projétil.

PALANQUIM. *Direito comparado.* **1.** Liteira usada por aqueles que têm posses na Arábia, na Índia e na China, e transportada por criados, camelos ou elefantes. **2.** Condutor de palanquim.

PALÁRIA. *História do direito.* Exercício feito pelos soldados romanos que consistia em esgrimir, com uma espada de madeira, contra estacas fincadas ao solo.

PALATINADO. *História do direito.* **1.** Cada uma das antigas províncias polonesas. **2.** Dignidade de palatino. **3.** Região dominada por um palatino.

PALATINO. 1. *História do direito.* a) Vice-rei da Hungria; b) referente a palatinado; c) nobre que era encarregado de fazer serviços no palácio real; título daquele que tinha emprego no palácio de um soberano ou de um príncipe; d) governador de uma província da Polônia; e) nobre que possuía palácio e administrava na justiça. **2.** *Medicina legal.* a) Relativo a paladar; b) cada um dos pequenos ossos situados na parte posterior das fossas nasais.

PALATO. *Medicina legal.* **1.** Paladar. **2.** Céu da boca.

PALATOFARINGITE. *Medicina legal.* Inflamação do palato e da faringe.

PALATO FENDIDO. *Medicina legal.* Anomalia congênita que dá origem ao lábio leporino, dificultando a fala e os atos de sugar, beber e mastigar, pois a comida ingerida atravessa o céu da boca, alojando-se nas fossas nasais. Pode ser corrigida por meio de operação cirúrgica que coloca os tecidos do céu da boca no seu devido lugar.

PALAVRA. 1. Vocábulo representado graficamente; termo. 2. Som articulado que contém um significado. 3. Discurso. 4. Permissão de falar. 5. Promessa verbal de cumprir algo. 6. Direito de manifestação do pensamento por meio de discurso ou de escrita. 7. Objeto da técnica de interpretação literal.

PALAVRA CABELUDA. Obscenidade.

PALAVRA-CHAVE. É a relativa a um tema e que possibilita a localização de documentos sobre ele.

PALAVRA DE DEUS. Bíblia.

PALAVRA DE HONRA. Protesto verbal que garante a veracidade de alguma coisa ou o cumprimento de uma promessa.

PALAVRA DE PASSE. Ordem recebida na maçonaria pelo neófito ao entrar no templo, antes do início dos trabalhos, que deve ser transmitida ao ouvido do irmão vigilante.

PALAVRA GRAFADA. Escrita.

PALAVRÃO. Dito obsceno.

PALAVRA PELA ORDEM. Intervenção de orador para levantar uma questão urgente na condução dos trabalhos de uma reunião deliberativa, por ter o privilégio de expor o assunto antes dos demais (Othon Sidou).

PALAVRA PRIMITIVA. Aquela que serve, etimologicamente, de raiz e da qual outras derivam.

PALAVRA SECRETA. Na maçonaria é a imposta aos adeptos, devendo ser enunciada letra por letra: o que é interrogado dá a primeira letra, o que interroga, a segunda, e assim por diante.

PALAVRA VERBAL. Fala.

PALAVROSO. Prolixo em termos e pobre em idéias.

PALCO. *Direito civil.* Local onde se dá a representação dos atores.

PALEGA. *Direito comparado.* Pequena embarcação da Ásia.

PÁLEO. Antigo.

PALEOFOBIA. *Medicina legal.* Aversão mórbida às coisas antigas.

PALEOFÓBICO. *Medicina legal.* O que se refere à paleofobia.

PALEÓFOBO. *Medicina legal.* Aquele que sofre de paleofobia.

PALEOGRAFIA. *História do direito.* Arte de decifrar escrita antiga, averiguando suas variações pelos séculos e desvendando os costumes dos povos antigos e a evolução de instituições jurídicas.

PALEOGRÁFICO. *História do direito.* O que diz respeito à paleografia.

PALEÓGRAFO. Versado em paleografia.

PALEOLOGIA. Estudo das línguas antigas.

PALEONTOGRAFIA. Análise de espécies desaparecidas baseada em fósseis.

PALEONTOLOGIA. *Vide* PALEONTOGRAFIA.

PALEOTÉCNICA. *Sociologia geral.* Fase em que houve possibilidade da divisão da civilização ocidental, com início na segunda metade do século XVIII, antecedendo a neotécnica, que começa no século XX.

PALEÓTIPO. Documento escrito da antiguidade.

PALEOTRÓPICO. Diz-se da região tropical do Velho Mundo que abrange Ásia, África e norte da Austrália.

PALEOZOOLOGIA. Estudo de animais fósseis.

PALERMA. *Medicina legal.* Idiota; imbecil.

PALESCÊNCIA. *Medicina legal.* Palidez.

PALESTA. *História do direito.* Antiga medida grega que correspondia à terça parte do palmo.

PALESTESIA. *Medicina legal.* Sensibilidade às vibrações.

PALESTRA. 1. *História do direito.* Local onde eram feitos, na antiguidade romana e grega, exercícios corporais. 2. Nas *linguagens comum* e *jurídica:* discussão ou conferência sobre tema literário ou científico.

PALESTRITA. *História do direito.* Aquele que freqüentava os ginásios da Grécia e de Roma antigas.

PALESTROFILÁCIO. *História do direito.* Guarda ou diretor de uma palestra, na Antiga Grécia.

PALETA. *Direito autoral.* 1. Instrumento de ébano ou de marfim usado para esculpir em barro ou cera. **2.** Chapa ovalada de madeira ou louça, com um orifício para se colocar o polegar, sobre a qual o pintor mistura as tintas. **3.** Conjunto das tintas típicas de um pintor.

PALETE. *Direito comercial.* Conjunto formado por um estrado e pela carga geral fracionada utilizada sobre o mesmo. Pode ter peso de até 2.000 kg. O estrado pode ser formado por dois planos separados por vigas ou uma base única sustentada por pés, cuja altura é reduzida ao mínimo compatível com o seu manuseio por empilhadeiras, paleteiras ou outros sistemas de movimentação. Pode ser construído de madeira, plástico, metais, papelão ou combinações desses materiais. Pode ter dimensões variadas (James G. Heim). O mesmo que *PALLET.*

PALETEAR. *Direito agrário.* Esporear animal para que ele apresse o passo.

PALHA. 1. *Direito agrário.* a) Cobertura da espiga de gramíneas (arroz, milho etc.); b) folha de coqueiro que se dá a parelheiro, na tradição campestre. **2.** *Direito marítimo.* Diâmetro de mastros, mastaréus, vergas etc.

PALHABOTE. *Direito marítimo.* Barco de dois mastros muito juntos e vela triangular.

PALHABOTEIRO. *Direito marítimo.* Tripulante de palhabote.

PALHAÇA. *Direito agrário.* **1.** Porção de palha. **2.** O que resta da roça de milho.

PALHAÇADA. Cena burlesca.

PALHACISMO. *Medicina legal.* Seqüência de ações grotestas peculiares ao pitiatismo.

PALHAÇO. 1. *Direito do trabalho.* Artista de circo que diverte o público. **2.** Na *gíria,* diz-se da pessoa que pode ser facilmente enganada.

PALHADA. *Direito agrário.* Mistura de palha e farelo que se dá como alimento aos animais.

PALHA-DE-ARROZ. Designação dada ao distênio pelos mineradores de diamante.

PALHARAL. *Direito agrário.* Vegetação seca de gramíneas que cobre a terra entre duas estações chuvosas.

PALHEGAL. *Direito agrário.* Local onde há muita palha.

PALHEIREIRO. *Direito comercial.* **1.** Aquele que vende palha. **2.** Aquele que faz assentos de palha para cadeiras.

PALHEIRO. *Direito agrário.* **1.** Depósito de palha. **2.** Armazém de madeira onde o salineiro recolhe o produto das marinhas.

PALHIÇO. *Direito agrário.* **1.** Palha miúda ou moída. **2.** Colmo.

PALHOTA. *Direito comparado.* Habitação de negros na África.

PALIAR. 1. Encobrir. **2.** Atenuar. **3.** Remediar provisoriamente.

PALIATIVO. *Medicina legal.* Medicamento que tem eficácia apenas momentânea.

PALIÇADA. 1. *História do direito.* Fortificação de madeira construída em volta do campo de batalha. **2.** *Direito civil.* Tapume divisório; cerca de pau-a-pique.

PALICÁRIO. 1. *Direito comparado.* Partidário dos antigos costumes gregos. **2.** *História do direito.* Soldado grego que lutou na guerra da independência contra os turcos.

PALIDEZ. *Medicina legal.* Qualidade de pálido.

PÁLIDO. *Medicina legal.* Amarelado; sem cor.

PALILOGIA. *Retórica jurídica.* Repetição de uma palavra ou idéia.

PALILOGISTA. *Retórica jurídica.* Diz-se do que usa, com freqüência, da palilogia.

PALIMONY. *Termo inglês.* Pensão alimentícia a que faz jus a concubina.

PALIMPSESTO. *História do direito.* Diz-se do papiro cujo texto primitivo foi raspado ou pintado para dar lugar a outro, mas que possibilita que se decifre o anterior pelo emprego de fotografia com raios ultravioletas.

PALINDROMIA. *Medicina legal.* Recaída de uma moléstia.

PALINFRASIA. *Medicina legal.* Repetição mórbida de frases ou de palavras.

PALINGENESIA. *Filosofia geral.* **1.** Sistema filosófico da história segundo o qual as revoluções se reproduzem em certa ordem. **2.** Retorno periódico do mesmo acontecimento.

PALINGENESIA SOCIAL. *Sociologia geral.* Renascimento de sociedades (Ballanche).

PALINGRAFIA. *Medicina legal.* Repetição mórbida de palavras na escrita.

PALINÓDIA. *Direito penal.* Retratação do que se fez ou disse.

PALLET. *Direito comercial.* Plataforma ou estrado de madeira onde, na manipulação da carga para fins de movimentação e arrumação, se colocam as mercadorias, fixando-as com fitas de poliester ou *nylon,* ou outros meios, constituindo uma unidade de carga.

PALLIAE SUNT. *Locução latina.* Argumento frágil.

PALMADA. Pancada com a mão.

PALMAR. *Direito agrário.* Palmeiral.

PALMARES. *História do direito.* Agrupamento de negros que fugiram do cativeiro durante a guerra holandesa, em Pernambuco, indo estabelecer-se em Alagoas, onde formaram uma república, chefiada por Ganga Zumbi, que foi, depois de várias lutas, destroçada por Domingos Jorge Velho.

PALMAS. Aplauso em que se bate a palma de uma mão na outra.

PALMATOADA. *História do direito.* Pancada de palmatória.

PALMATÓRIA. **1.** *História do direito.* Pequena peça circular de madeira, contendo orifícios, provida de cabo, muito usada, outrora, em escolas para castigar crianças indisciplinadas. **2.** *Direito agrário.* a) Diz-se do animal que apresenta na testa uma lista de alto a baixo; b) placa de couro com ferros colocada sob peitoral da besta.

PALMEADOR. Excursionista; aquele explorador que palmeia a terra.

PALMEAR. *Direito marítimo.* Impelir um barco com a mão.

PALMEIRAL. *Direito agrário.* Conjunto de palmeiras.

PALMEIRIM. *História do direito.* Peregrino; estrangeiro.

PALMEIRO. Diz-se do que mede um palmo.

PALMEJAR. *Direito marítimo.* Prancha que reveste, interiormente, o arcabouço do navio.

PALMETA. **1.** *Direito agrário.* a) Método de poda no qual os galhos remanescentes que ficam situam-se num mesmo plano, em direções opostas, tal como uma palma; b) postigo das marinhas usado para abrir ou fechar a comunicação entre o rio e o viveiro. **2.** *Direito militar.* Cunha com que se levanta ou se abaixa a culatra.

PALMITAL. *Direito agrário.* **1.** Terreno onde crescem palmitos. **2.** Plantação de palmitos.

PALMO. **1.** Medida de 0,22 m muito usada na zona rural de São Paulo. **2.** Extensão que vai da ponta do polegar até o mínimo, estando a mão bem aberta.

PALMO DE SESMARIA. *Direito agrário.* Medida rural do Rio Grande do Sul que equivale a 0,22 vezes 6.600 m, ou seja, 0,15 ha.

PALMOURIA. *Medicina legal.* Hemiteria em que os dedos da mão ou os do pé são ligados por uma membrana.

PALÓGRAFO. *Direito marítimo.* Aparelho que determina as vibrações de um barco a vapor.

PALOGUINDÃO. *História do direito.* Arma de guerra da antiga China.

PALOMBA. *Direito marítimo.* **1.** Alça usada para içar no mastro a verga de uma vela latina. **2.** Corda da vela do estai.

PALOMBADURA. *Direito marítimo.* Conjunto de pontos que unem a tralha à vela.

PALOMINO. *Direito agrário.* Raça norte-americana de cavalos baios que têm crinas brancas ou amarelas.

PALPAÇÃO. *Medicina legal.* Examinar pelo tato.

PALPEBRITE. *Medicina legal.* Inflamação dos tecidos da pálpebra.

PALPITAÇÃO. *Medicina legal.* Movimento desordenado e violento do coração.

PALPITE. **1.** Intuição de ganho num jogo. **2.** Opinião.

PAMA. *Direito aeronáutico.* Sigla de Parque de Material Aeronáutico.

PAMPA. *Direito agrário.* **1.** Planície coberta de vegetação rasteira, muito comum no Rio Grande do Sul, Uruguai e Argentina. **2.** Animal malhado de cor, ora branca e avermelhada, ora branca e preta.

PÂMPANO. *Direito agrário.* **1.** Parra. **2.** Haste de videira coberta de folhas.

PAMPLEGIA. *Medicina legal.* Paralisação de todo o corpo.

PAMPLINA. Na *gíria,* diz-se do ladrão que vive se gabando do que não fez.

PAMPO. *Direito agrário.* Rebento tardio da cana-de-açúcar, pobre de sacarose, que cresce muito pouco e engrossa anormalmente.

PAMPSIQUISMO. *Filosofia geral.* Teoria segundo a qual o universo é composto de centros psíquicos, similares ao espírito humano.

PAN. *Direito aeronáutico.* Preço da utilização dos serviços e facilidades remunerados pela Tarifa de Uso das Comunicações e dos Auxílios à Navegação Aérea.

PANACA. Simplório.

PANADA. *Direito marítimo.* Caminho feito por uma embarcação sem virar de bordo, com as velas do mesmo lado.

PANADURA. *Direito agrário.* Eixo da moenda de cana-de-açúcar.

PANAGE. *História do direito.* Direito, concedido ao vassalo pelo senhor feudal, de introduzir animais para seu sustento nos bosques e florestas.

PANAL. 1. *Direito agrário.* a) Vela de moinho; b) tapume de madeira que resguarda a mó de cereais, impedindo que a farinha se misture com ciscos ou se espalhe. **2.** *Direito marítimo.* Rolo de madeira colocado na quilha para impelir o barco da praia para o mar.

PANAMÁ. 1. *Direito comercial.* Má administração de uma companhia, levando-a à ruína, pois os administradores locupletam-se à custa dos acionistas. **2.** *Direito penal* e *direito administrativo.* Roubalheira em empresas ou repartições públicas.

PAN-AMERICANISMO. *Ciência política.* **1.** Doutrina política que visa a união e a solidariedade dos países da América. **2.** Movimento que tem por objetivo associar os países americanos a interesses comuns de ordem jurídica, econômica, política, militar etc. **3.** Cooperação político-econômica entre as nações da América.

PAN-AMERICANISTA. *Ciência política.* Adepto do pan-americanismo.

PAN-AMERICANO. *Ciência política.* **1.** Alusivo ao pan-americanismo. **2.** Referente a todas as nações da América.

PANAMISTA. 1. *Direito penal.* Aquele que se envolve em negociações suspeitas. **2.** *História do direito.* Envolvido nas questões financeiras da companhia que tratava da abertura do Canal do Panamá.

PAN-ARÁBICO. *Ciência política.* O que se refere a todos os árabes.

PANARIZ. *Medicina legal.* Infecção purulenta das partes moles que circundam as falanges.

PANASCAL. *Direito agrário.* Local onde cresce panasco, a erva umbelífera que serve para pasto.

PANCADA. 1. Na *gíria,* diz-se da pessoa amalucada. **2.** *Medicina legal.* a) Paulada, bordoada; b) golpe traumático causado por algum objeto, produzindo hematoma, escoriação, ferida lácero-contusa, luxação de osso, fratura óssea e ruptura de órgãos internos. **3.** Na *linguagem comum,* chuva forte, repentina e passageira.

PANCADA EM FALSO. Diz-se daquela que não atinge o ponto visado.

PANCADARIA. *Direito penal.* **1.** Surra. **2.** Tumulto em que há muitas pancadas.

PANCALISMO. *Filosofia geral.* Teoria que exalta o belo como valor supremo do qual dependem os demais (Baldwin).

PANCARDITE. *Medicina legal.* Inflamação do pericárdio, miocárdio e válvulas cardíacas.

PANCARTA. *História do direito.* Pergaminho que continha leis, ordenanças, instruções civis ou eclesiásticas.

PANCARTE. *Termo francês.* Edital.

PANCISMO. *Filosofia geral.* Modo materialista de pensar e agir, sem ter qualquer ideal.

PANCOSMISMO. *Filosofia geral.* Doutrina que não admite a realidade transcendente, por ser o mundo tudo o que existe (Grote).

PANCRÁCIO. *História do direito.* Tipo de luta livre na antiguidade grega.

PANCRATIASTA. *História do direito.* Atleta que lutava no pancrácio.

PANCREATALGIA. *Medicina legal.* Dor no pâncreas.

PANCREATELCOSE. *Medicina legal.* Úlcera do pâncreas.

PANCREATITE. *Medicina legal.* Inflamação do pâncreas.

PANDECTAS. 1. *História do direito.* a) Segunda parte do *Corpus Juris,* que continha sinopse de decisões dos jurisconsultos que, com justiniano, tiveram força de lei; b) digesto. **2.** Na *linguagem tipográfica,* os caracteres tipográficos de corpo onze, usados na composição (De Plácido e Silva).

PANDECTISMO. *Filosofia do direito.* Escola que preconizou a incorporação do direito romano à ordenação jurídica alemã, logo apenas as fontes romanas importavam. Esta escola abeberava a tradição jurídica alemã a partir das fontes romanas — cultivando a história do direito romano e a interpretação dos textos da compilação justiniânea —, com o escopo de aplicá-las como fonte direta do direito romano, desembocando num sistema rígido de fetichismo pelos textos de construção sistemática, apregoando o uso do método dedutivo, exigindo a aplicação das leis de acordo com um processo rigorosamente silogístico.

PANDECTISTA. *Filosofia do direito.* **1.** Aqueles que, como Windscheid, Brinz, Glück, adeptos do pandectismo alemão, passaram a ter uma atitude rigorosamente exegética em relação aos textos do *Corpus Juris* e às leis, empregando o método dedutivo. **2.** Comentador das Pandectas. **3.** Partidário do pandectismo.

PANDECTOLOGIA. *Filosofia do direito.* **1.** Estudo das Pandectas. **2.** Apego demasiado aos métodos romanos, dando preferência aos comentários das compilações justiniâneas do que aos do direito moderno alienígena.

PANDEMIA. *Medicina legal.* Epidemia de grandes proporções que atinge numerosas pessoas em um país ou continente, pela propagação de germes.

PANDÊMICO. *Medicina legal.* Que tem o caráter de pandemia.

PANDEMÔNIO. 1. Tumulto. **2.** Acordo entre pessoas para provocar desordens.

PANDERING. *Termo inglês.* Ato de explorar o lenocínio.

PANDILHA. 1. *História do direito.* Conluio entre indivíduos para enganar alguém. **2.** *Direito penal.* É, no Rio Grande do Sul, a quadrilha de malfeitores ou bandidos.

PANDINAMISMO. *Filosofia geral.* Teoria que proclama a atividade constante de tudo e uma contínua modificação do Universo.

PANDINAMISTA. *Filosofia geral.* Adepto do pandinamismo.

PÂNDITA. 1. *História do direito.* Sábio da corte dos antigos reis da Índia. **2.** *Direito comparado.* Título honorífico concedido aos brâmanes letrados.

PANE. Defeito que pára o motor de aeronave, automóvel etc.

PANEGÍRIA. *História do direito.* Assembléia-geral ou festa pública entre os gregos da Antiguidade.

PANEGÍRICO. Diz-se do discurso em louvor de alguém, elogiando-o demasiadamente.

PANEIRO. 1. *Direito do trabalho.* Encarregado de abrir e fechar o pano de boca do teatro. **2.** *Direito marítimo.* Bancada à ré de pequenos barcos, destinada aos passageiros. **3.** *Direito agrário.* Cesto feito de cipó, para transporte de ouriços ou castanhas.

PANELA. 1. *História do direito.* Tributo que se pagava sobre carne vendida a retalho. **2.** Nas *linguagens comum* e *jurídica*: a) utensílio de cozinha que serve para cozer alimentos; b) peça de ferro que apóia trilhos em algumas vias férreas, em lugar de dormentes.

PANELEIRO. *Direito comercial.* Aquele que fabrica ou vende panelas.

PANEM ET CIRCENSIS. *Expressão latina.* Que é empregada para criticar: a) os costumes do povo romano que, na Antiguidade, pedia pão e circo; b) governante que distrai o povo com futilidade, com o intuito de encobrir inércia e corrupção (Othon Sidou).

PANENTEÍSMO. *Filosofia geral.* Teoria segundo a qual tudo gira em torno de Deus (Karl C. F. Krause).

PAN-ESLAVISMO. *Ciência política.* Doutrina propugnadora da reunião dos eslavos num só Estado.

PAN-ESLAVISTA. *Ciência política.* Partidário do pan-eslavismo.

PAN-EUROPA. *Ciência política.* União européia.

PANFÍLIO. *História do direito.* Navio a vela e a remo que, no século XVI, era usado no comércio.

PANFLETÁRIO. *Ciência política.* Autor de panfletos.

PANFLETISTA. *Ciência política. Vide* PANFLETÁRIO.

PANFLETO. *Ciência política.* Folheto contendo assuntos políticos, em estilo violento.

PANGAIO. 1. *Direito comparado.* Pequena embarcação da Ásia. **2.** Na *linguagem jurídica*: a) plataforma coberta ou alpendre, na estação ferroviária; b) farrista.

PANGARÉ. *Direito agrário.* Cavalo com pêlo vermelho-escuro ou amarelado, desbotado no focinho, barriga e virilhas.

PANGERMANISMO. *Ciência política.* Teoria que propugna a união de todos os povos de raça germânica num só Estado.

PANGERMANISTA. *Ciência política.* Adepto do pangermanismo.

PAN-HELENISMO. *Ciência política.* Doutrina que prega a união dos gregos num só Estado.

PÂNICO. 1. *Sociologia geral.* Reação descontrolada de uma multidão diante de um perigo real ou aparente. **2.** *Medicina legal.* Medo intenso e repentino que surge na forma subaguda do delírio alcoólico, levando o paciente a alucinações, à depressão, à sensação de morte iminente, à confusão mental etc., que podem fazê-lo tentar suicídio. **3.** *Direito comercial.* Medo que provoca reação descontrolada a baixas pronunciadas em cotações de ativos, causando vendas precipitadas com prejuízo (Luiz Fernando Rudge).

PANÍCULO ADIPOSO. *Medicina legal.* Camada gordurosa subcutânea.

PANIFICAÇÃO. *Direito comercial.* **1.** Ato ou efeito de fazer pães. **2.** Padaria.

PANIFICADOR. *Direito comercial.* Fabricante de pães.

PANIGUADO. *História do direito.* **1.** Criado que recebia pão e água para seu sustento, pelo serviço feito quando necessário, pois não residia na casa do seu senhor. **2.** Protegido ou favorecido por alguém.

PAN-ISLAMISMO. *Ciência política.* Sistema político-religioso que visa a reunião de todos os povos que seguem o islamismo num só Estado.

PANISMO. *Direito internacional público.* Termo que qualifica as teorias que visam estreitar os laços políticos dos povos afins como o pan-americanismo, pangermanismo, pan-islamismo etc. (Ruiz Moreno).

PANLOGISMO. *Filosofia geral.* **1.** Teoria segundo a qual tudo que é real é inteligível e construído pelas leis do espírito (Erdmann). **2.** Doutrina segundo a qual o Universo se rege pelas leis da lógica.

PANO. **1.** *Direito marítimo.* Velas do navio. **2.** *Direito civil.* Parte inferior da parede da chaminé, em frente e acima da lareira. **3.** *Medicina legal.* a) Manchas no rosto ou no corpo provocadas pela gravidez, sífilis etc.; b) manchas da córnea que se formam por tecido vascularizado.

PANO DE BOCA. Aquele que, no teatro, pende à frente do palco e que se abre no início da representação, fechando-se no final de cada ato ou da peça teatral.

PANO DE FUNDO. Aquele que, no palco do teatro, é colocado no fundo do cenário.

PANOFTALMITE. *Medicina legal.* Inflamação generalizada dos olhos.

PANÓPLIA. *História do direito.* **1.** Casa de armas. **2.** Escudo no qual se colocam armas, servindo de adorno em paredes. **3.** Armadura dos cavaleiros, na era medieval.

PANOSTEÍTE. *Medicina legal.* Osteomielite aguda.

PANOURA. *Direito agrário.* Embarcação a velas da Ásia.

PAN-PSIQUISMO. *Filosofia geral.* Teoria segundo a qual toda matéria é viva e tem natureza psíquica similar à do espírito humano (Strong, Flournoy).

PÂNRIA. **1.** Ociosidade. **2.** Indolência.

PANSOFIA. *Filosofia geral.* Ciência universal; todo o saber.

PANTAGRUELISMO. *Filosofia geral.* Filosofia daqueles que se preocupam apenas com o gozo material.

PANTANA. **1.** Na *linguagem comum:* designa dissipação de haveres. **2.** *Direito desportivo.* a) Salto ginástico lateral, em que, tocando-se as mãos no solo, o corpo realiza meia-volta; b) golpe de capoeira em que, com as mãos no chão, o corpo gira para dar com os pés no peito ou no rosto do adversário.

PANTANAL. *Direito ambiental* e *direito agrário.* Zona do Estado do Mato Grosso do Sul, onde corre o Rio Paraguai, rica em flora e fauna, em que há atividades agropecuárias regulamentadas.

PANTANEIRO. *Direito agrário.* **1.** O que é oriundo do pantanal mato-grossense. **2.** Raça de bovinos e eqüinos típicos dessa região. **3.** Trabalhador rural de pecuária do pantanal.

PANTEÍSMO. *Filosofia geral.* **1.** Doutrina que identifica Deus com o mundo (Toland; Boehmer; Diderot; D'Holbach). **2.** Atitude do espírito que representa a natureza como uma unidade viva.

PANTEÍSTA. *Filosofia geral.* **1.** Adepto do panteísmo. **2.** Referente ao panteísmo.

PANTELEGRAFIA. Transmissão de escrita ou desenho por meio da eletricidade.

PANTELISMO. *Filosofia geral.* Doutrina que admite ser a vontade a substância do mundo (Schopenhauer).

PANTEONÍMIA. Coleção de nomes que não guardam entre si qualquer afinidade classificatória específica (Othon Sidou).

PANTIM. **1.** Boato. **2.** Notícia alarmante.

PANTOCRATA. Quem governa tudo.

PANTOFOBIA. *Medicina legal.* Medo mórbido de tudo.

PANTÓFOBO. *Medicina legal.* Aquele que sofre de pantofobia.

PANTÓLOGO. **1.** Enciclopedista. **2.** Pessoa de grande saber geral. **3.** Aquele que sabe de tudo.

PANTOMIMA. *Direito civil.* Representação teatral em que os atores se expressam por meio de gestos.

PANTOMÍMICO. *Direito civil.* Relativo a pantomima.

PANTOMINA. *Vide* PANTOMIMA.

PANTOPOLISTA. 1. Cosmopolita. **2.** O que se refere a todas as cidades ou terras.

PANTOPTOSE. *Medicina legal.* Queda generalizada das vísceras.

PÃO. 1. *Direito canônico.* Hóstia consagrada. **2.** *Economia política.* Barra ou lingote de certos metais. **3.** *Direito agrário.* Planta ou grão do trigo, do milho ou do centeio. **4.** *Direito do trabalho.* a) Meio de subsistência; b) sustento diário. **5.** *Direito comercial.* Alimento feito com farinha, encontrado em padaria. **6.** Na *gíria* diz-se do homem muito bonito.

PÃO-DURISMO. Na *linguagem popular*, avareza.

PÃO-DURO. Na *linguagem popular* quer dizer sovina.

PÃOZEIRO. *Direito comercial.* No Nordeste, é o vendedor ambulante de pão ou aquele que entrega pães em domicílio.

PAPA. *Direito canônico.* **1.** Chefe supremo da Igreja Católica que detém todos os poderes de governo, de legislação, de jurisdição e de ensinamento; Sumo Pontífice. **2.** Soberano do Estado do Vaticano.

PAPA-FILA. Ônibus maior do que os comuns em que o motorista fica em local separado.

PAPAGAIO. 1. *Direito marítimo.* Ferro que conserva em posição horizontal a cana do leme. **2.** *Direito cambiário.* a) Letra de câmbio em que uma pessoa intervém, sem ter qualquer interesse, a não ser o de favorecer alguém; b) qualquer título cambiário. **3.** *Direito agrário.* a) Ave que imita voz humana; b) parte da espora a que se prende a roseta. **4.** *Medicina legal.* Vaso apropriado para que doentes do sexo masculino possam urinar sem sair da cama. **5.** *Direito civil.* Divisória exterior entre janelas ou sacadas do mesmo andar de uma casa pertencente a vários moradores. **6.** Na *linguagem figurada* diz-se daquele que repete o que ouve ou lê sem, contudo, compreender o sentido.

PAPA-JANTAR. Diz-se da pessoa que vive à custa alheia ou habituada a comer na casa de outras pessoas.

PAPAL. *Direito canônico.* O que diz respeito ao Papa.

PAPALIN. *Termo francês.* Soldado do Papa.

PAPALINO. *Direito canônico.* Soldado do Papa.

PAPA NEGRO. *História do direito.* Designação dada ao geral dos jesuítas.

PAPA-REI. *História do direito.* Dizia-se do papa, quando exercia o poder temporal.

PAPA-TERRA. Na *linguagem popular* designa o grileiro ou pessoa que se apropria de terras alheias.

PAPÁVEL. *Direito canônico.* Diz-se do cardeal que tem possibilidade de ser eleito papa.

PAPEL. 1. Documento escrito ou impresso. **2.** Produto utilizado na escrita, feito a base de celulose ou pasta mecânica, que substituiu o papiro e o pergaminho. **3.** Título negociável de crédito. **4.** Documento legal de um estabelecimento. **5.** Documento de identidade ou qualquer outro relativo à pessoa. **6.** Folha que serve para embrulhar. **7.** Personagem representado por um ator. **8.** Função; atribuição. **9.** Tudo que representa dinheiro como: cheque, letra de câmbio etc.

PAPELADA. Conjunto de documentos.

PAPELARIA. *Direito comercial.* Estabelecimento que vende papel, artigos escolares e de escritório.

PAPEL COMERCIAL. *Direito cambiário* e *direito comercial.* Documento que substitui a moeda ou representa mercadoria na operação mercantil: duplicata, letra de câmbio, cheque, conhecimento de transporte ou de depósito.

PAPEL CURTO. *Direito comercial.* Título de crédito a curto prazo.

PAPEL DE BORDO. *Direito aeronáutico* e *direito marítimo.* **1.** Documento que toda aeronave ou navio deve ter a bordo. Todo navio deve ter o registro, o passaporte, rol de equipagem, manifesto alfandegário, carta de fretamento, recibos das despesas de pilotagem, ancoragem e impostos de navegação. Já a aeronave deve, por sua vez, estar munida de certificado de matrícula e de navegabilidade. **2.** Documento atualizado que informa a autoridade pública sobre a individualidade, destino, roteiro, condições de viagem etc. de um avião ou navio.

PAPEL DE CARTA. Aquele que é usado para correspondência.

PAPEL DE COMÉRCIO. *Vide* PAPEL COMERCIAL.

PAPEL DE CRÉDITO. *Direito cambiário.* Título de crédito; ordem de pagamento que representa um crédito em operação mercantil ou financeira. Por exemplo, a nota promissória, a letra de câmbio e a duplicata.

PAPEL DE CRÉDITO ENDOSSÁVEL. *Direito cambiário.* Aquele título de crédito que representa valor ou crédito em operações mercantis ou financeiras, transferível por endosso.

PAPEL DE EMBRULHO. *Direito comercial.* Papel forte e ordinário que serve para embrulhar mercadorias.

PAPELEIRO. *Direito comercial.* **1.** Dono de papelaria. **2.** Aquele que fabrica papel.

PAPELETA. 1. *Direito comercial.* Pequeno papel avulso usado em organização e controle comercial. **2.** *História do direito.* Certificado expedido pelo cônsul de Portugal ao súdito português, que manteve, no Brasil após a independência, sua nacionalidade de origem. **3.** *Medicina legal.* Impresso colocado, no hospital, na guarda da cama do paciente, contendo observações médicas. **4.** Na *linguagem comum:* a) cartaz; b) papel fixado em certo local para ser lido por aqueles a quem o assunto ali tratado interessar.

PAPELETA DE SERVIÇO EXTERNO. *Direito do trabalho.* Ficha ou registro de ponto destinada à marcação do horário de trabalho, executado pelo empregado fora do estabelecimento, que possibilita averiguar se cumpriu a jornada de trabalho.

PAPEL IMPERIAL. Papel de superfície muito lisa que imita pergaminho, usado para escrever decretos, cartas de lei, requerimentos e petições dirigidas a corporações ou pessoas de alta categoria.

PAPELISMO. *Economia política.* **1.** Inflacionismo. **2.** Sistema financeiro que emite papel-moeda em abundância.

PAPEL-MOEDA. *Economia política.* Papel com um valor representativo, estabelecido pelo governo para servir de moeda. É o título emitido pelo Estado, com curso forçado, sem prazo e resgatável pelo governo a qualquer momento.

PAPEL PÚBLICO. 1. *Direito administrativo.* Documento público. **2.** *Direito penal.* É, para efeito de garantia contra falsificação, qualquer papel de emissão legal ou aquele emitido para efeito de arrecadação de renda pública, depósito ou caução por que o Poder Público seja responsável, bem como vale postal, bilhete ou conhecimento de transporte de empresa administrada pelo governo (Othon Sidou).

PAPEL SELADO. *História do direito.* Aquele que continha, em timbre, selo legal devido ao ato que nele ia ser praticado, sujeito ao imposto do selo.

PAPEL SOCIAL. *Sociologia geral.* Função atribuída a um indivíduo em razão do *status* por ele ocupado numa sociedade.

PAPERLESS. 1. *Termo inglês.* Sem papéis. **2.** *Direito virtual.* Esforço pelo qual as empresas reduzem a quantidade de papéis em circulação e arquivados em seus escritórios, ligando os seus computadores em rede para elaborar modelos eletrônicos de seus documentos.

PAPIERS-VALEURS. *Locução francesa.* Valores mobiliários.

PAPILA. *Medicina legal.* Pequena saliência da derme dos dedos, que formam desenhos digitais, ou de uma mucosa.

PAPILOMA. *Medicina legal.* Tumor da pele ou das mucosas, que provoca hipertrofia das papilas.

PAPILOSCOPIA. *Medicina legal.* Estudo da identificação humana pelas papilas epidérmicas (José Lopes Zarzuela).

PAPIMANIA. *Direito canônico.* Qualidade do partidário do governo espiritual e temporal do Papa.

PAPIRO. *História do direito.* Manuscrito antigo feito de papiro, ou seja, de uma planta ciperácea.

PAPIRO DO CAIRO. *História do direito.* Rolo de papiro que foi encontrado, em 1933, no Cairo, que continha partes dos Livros III e IV das Institutas de Gaio.

PAPIROLOGIA. *História do direito.* Estudo filológico dos antigos manuscritos em papiro.

PAPIRÓLOGO. Pessoa versada em papiros.

PAPOULA. *Medicina legal.* Planta de seiva leitosa, com propriedade narcótica, da qual é extraído o ópio.

PAPPARAZZI. *Termo italiano.* Fotógrafos que devassam ou violam a privacidade alheia.

PÁPULA. *Medicina legal.* Borbulha vermelha sem pus, que se forma na pele.

PAQUÊ. 1. Conjunto de composição tipográfica para ser paginada. **2.** Taco usado para revestir piso.

PAQUEBOTE. *História do direito.* Barco que transportava correspondência; paquete.

PAQUETE. 1. *História do direito.* a) Pequeno navio veleiro que levava ordens ou avisos; b) embarcação de pequeno porte que transportava cartas e passageiros. **2.** *Direito marítimo.* a) Navio a vapor de grande tonelagem que transporta mala postal, passageiros e mercadorias; b) em-

PAQUIDERMATOCELE

barcação de vela para carga e passageiros, no alto São Francisco; c) na Amazônia, é o barco de categoria superior aos gaiolas; d) jangada de tolda; costeira.

PAQUIDERMATOCELE. *Medicina legal.* Hipertrofia, em regra congênita, do tecido conjuntivo da pele.

PAQUIMENINGITE. *Medicina legal.* Inflamação da dura-máter.

PAR. 1. Na *linguagem jurídica* em geral: a) casal; b) igual ou semelhante; c) o que pode ser dividido por dois. **2.** *História do direito.* Cada um dos vassalos principais de um senhor feudal; grão-vassalo do rei. **3.** *Direito comparado.* Membro da Câmara Alta ou da Câmara dos Lordes na Inglaterra. **4.** *Economia política.* a) Diz-se do câmbio de moeda que fica inalterável, no que atina à equivalência da moeda em função do título, peso e metal precioso (Othon Sidou); b) valor atribuído a uma moeda em relação a outra, no mercado do câmbio, em face do peso de metal precioso, que as constitui (De Plácido e Silva); c) igualdade entre o valor dado à moeda ou a qualquer outro título e àquele em que é cotado. Se a cotação estiver abaixo do valor nominal, diz-se que está abaixo do par, se estiver acima daquele valor, diz-se que está acima do par (De Plácido e Silva). **5.** *Direito internacional* e *direito bancário.* Igualdade de câmbio entre dois países. **6.** *Direito comercial.* Título cujo valor na Bolsa é o nominal.

PARABOLANO. *História do direito.* Enfermeiro que cuida de doentes com moléstia contagiosa ou de pestíferos.

PARABULIA. *Medicina legal.* Forma anormal de volição, que leva o paciente a praticar atos criminosos ou impróprios, ou tornando-o incapaz para decidir (Lâpie).

PARAÇAVA. *Direito comparado.* Na Índia, designa a pessoa sem casta oriunda de casamento legítimo entre uma sudra e um brâmane.

PARACERATOSE. *Medicina legal.* Desenvolvimento anormal da camada córnea da pele.

PÁRA-CHOQUE. O que amortece choques.

PARACHUTE. *Direito desportivo.* Esporte similar ao esqui, no qual o participante fica suspenso a 35 m de altura por um pára-quedas.

PARACIESIA. *Medicina legal.* Gravidez extra-uterina.

PARACINESIA. *Medicina legal.* Movimentação desordenada, causada por distúrbio de natureza nervosa.

PARACLONAGEM. *Biodireito.* Utilização da célula de um embrião para transferência de núcleo (Vicente Bellver Capella).

PARA CONSTAR. *Direito registrário.* Locução usada em cartórios ou para declarar como certo e existente o ato realizado e para servir como prova do que foi feito ou dito.

PARACRONISMO. Erro de data, situando um fato em época posterior à que se deu.

PARACUSIA. *Medicina legal.* Estado daquele que ouve ruídos imaginários ou zumbidos que só existem no interior de seu ouvido.

PARADA. 1. *Direito de trânsito.* a) Ponto em que os veículos param para que seus passageiros subam ou desçam ou para que sejam feitas a carga e a descarga de mercadorias; b) imobilização do veículo com a finalidade e pelo tempo estritamente necessário para efetuar embarque ou desembarque de passageiros. **2.** *Direito militar.* a) Revista de tropas; b) desfile de tropas perante autoridades superiores. **3.** *Direito civil.* a) Importância que se oferece como aposta num jogo; b) quantia pela qual se contrata uma rinha de galos ou uma corrida de cavalos. **4.** *História do direito.* Direito que tinha o senhor da terra de perseguir seu vassalo, fora de seu território, para prendê-lo e reconduzi-lo. **5.** *Direito desportivo.* a) Ato de, na esgrima, defender-se de um golpe; b) golpe de capoeiragem. **6.** Na *linguagem comum:* a) ato ou efeito de parar; b) interrupção de alguma coisa ou reunião por alguns minutos.

PARADA DURA. Situação difícil de vencer.

PARADA MORTA. *Direito civil.* a) Aposta que não pode ser retirada antes da realização do jogo; b) aquela que, no Sul, se é obrigado a pagar mesmo quando por qualquer razão não faça correr seu cavalo ou brigar seu galo.

PARADIGMA. 1. Na *linguagem comum:* a) modelo; b) padrão; c) protótipo; d) exemplo. **2.** *Direito do trabalho.* Empregado cuja situação funcional na empresa serve de padrão para equiparação salarial dos demais, atendendo-se ao princípio da isonomia, isto é, desde que preenchidas as seguintes condições: a) identidade de função; b) igualdade de valor de trabalho; c) trabalho no mesmo local; d) antigüidade inferior a dois anos entre paradigma e equiparando; e) inexistência, na empresa, de quadro organizado, havendo acesso por antigüidade e merecimento.

PARADINAMIA. *Medicina legal.* Perversão do efeito de um medicamento, que se manifesta de maneira diversa da reação que costuma causar.

PARADISTA. *Direito do trabalho.* Empregado circense especializado em exercícios de equilíbrio.

PARADO. *Direito do trabalho.* Desempregado.

PARADOURO. *Direito agrário.* Local certo onde o gado passa a noite, próximo da casa ou das mangueiras da estância.

PARADOXAL. *Filosofia geral.* Que contém paradoxo.

PARADOXAR. *Filosofia geral.* Sustentar um paradoxo.

PARADOXO. *Filosofia geral* e *retórica jurídica.* **1.** Aquilo que é contrário à opinião admitida ou ao bom senso, contra-senso. **2.** Opinião sustentada sem convicção para causar admiração dos ouvintes. **3.** Afirmação, na mesma frase, de um conceito mediante aparentes contradições. **4.** Apresentação de uma idéia de forma a se chocar com o senso comum.

PARADOXO EPISTEMOLÓGICO. *Filosofia geral.* Aparente contradição apresentada pela ciência, que explica apenas pela redução ao idêntico, e que, por conseguinte, não poderia atingir a explicação completa sem fazer desaparecer o seu objeto (Meyerson).

PARÁDROMO. *História do direito.* Local descoberto, ao lado do ginásio onde os atletas da Grécia Antiga treinavam.

PARAESTATAL. *Direito administrativo.* **1.** Qualidade de determinada entidade, criada por lei, que, apesar de não ser parte integrante da Administração Pública, com ela colabora na prestação de serviços que promovem o bem-estar social e atendem ao interesse da coletividade. Trata-se de uma pessoa jurídica de direito privado, entidade da Administração indireta, que exerce atividade correlata à dos órgãos públicos, goza de autonomia e tem patrimônio próprio e competência específica para a realização de atividades, obras ou serviços de interesse coletivo, sob normas e controle do Estado (Hely Lopes Meirelles). **2.** Ente autárquico (Miguel Reale).

PARAFASIA. *Medicina legal.* Distúrbio da linguagem que leva o paciente a pronunciar palavras que não correspondem às idéias.

PARAFERNAIS. *História do direito.* Bens próprios e incomunicáveis da mulher que, no regime dotal, não estavam compreendidos no dote e eram levados para o casamento, abrangendo, ainda, os recebidos por ela após as núpcias por sucessão, doação ou outro título, podendo deles fruir e administrar.

PARAFERNALIDADE. *História do direito.* Qualidade dos bens parafernais.

PARAFILIA. *Medicina legal.* **1.** Perversão sexual. **2.** Transtorno de preferência sexual.

PARAFIMOSE. *Medicina legal.* **1.** Inflamação do prepúcio. **2.** Estrangulamento da base da glande pela abertura muito estreita do prepúcio.

PARAFINA. *Medicina legal.* Prova ou técnica química usada para comprovar a presença de resíduos de pólvora na mão daquele que disparou uma arma de fogo.

PARAFISCAL. *Direito tributário.* **1.** Tributo que nivela preços ou riquezas e reestrutura a economia. **2.** Contribuição para custear encargos que não são próprios da Administração, mas que interessa ao Poder Público ver desenvolvidos (Othon Sidou e Fanucchi).

PARAFISCALIDADE. *Direito tributário.* **1.** Cisão entre competência tributária e capacidade tributária ativa. O sujeito ativo passa a ser credor do tributo, ficando compelido a aplicar o produto arrecadado no desempenho de atividade de interesse público (Eduardo M. F. Jardim). **2.** Qualidade ou condição de parafiscal. **3.** É a atribuição, pelo titular da competência tributária, mediante lei, de capacidade tributária ativa, a pessoas públicas ou privadas (que tenham fins públicos) diversas do ente imposto, que, por vontade dessa mesma lei, passam a dispor do produto arrecadado, para a consecução dos seus objetivos (Roque Antonio Carrazza).

PARÁFORA. *Medicina legal.* Leve desordem mental.

PARÁFRASE. *Direito autoral.* **1.** Tradução livre. **2.** Tradução mais desenvolvida de um texto pelo uso de palavras diversas das que nele foram empregadas, passando a constituir uma obra nova. **3.** Discurso escrito, muito longo e difuso.

PARAFRASIA. *Medicina legal.* Perturbação da palavra ou da fala.

PARAFRASTA. *Direito autoral.* Autor de paráfrase.

PARAFRENESIA. *Medicina legal.* Delírio passageiro ou perturbação mental grave que leva alguém a ter mania de perseguição ou de grandeza, podendo praticar agressões na crença de que o agredido é seu inimigo ou concorrente.

PARAFRENIA. *Vide* PARAFRENESIA.

PARAFRONIA. *Medicina legal.* Perturbação mental que acarreta mudança na disposição e no caráter.

PARAFRÓSINA. *Medicina legal.* Delírio com alucinação que se dá em estado febril agudo.

PARAFUSO. *Direito aeronáutico.* Acidente ou acrobacia em que o avião desce, em posição vertical, girando em torno do seu eixo longitudinal.

PARAGE. *Termo francês.* **1.** Linhagem. **2.** Descendência.

PARAGEM. *Direito marítimo.* Parte do mar próxima a terra e acessível à navegação.

PARAGNOSIA. *Medicina legal.* Estado mórbido em que o doente supõe reconhecer em estranho pessoa de suas relações.

PARAGON. *Termo inglês.* Combinação baixista entre licitantes (EUA).

PARAGONFOSE. *Medicina legal.* Introdução parcial da cabeça do feto na bacia, durante o parto.

PARAGRAFIA. *Medicina legal.* Perturbação da linguagem escrita que consiste na confusão de palavras.

PARÁGRAFO. *Teoria geral do direito.* Disposição secundária de um artigo de lei que contém modificações, esclarecimentos e exemplificações, complementando e dividindo a disposição principal.

PARAÍSO FISCAL. *Direito tributário.* **1.** País que apresenta estabilidade política no sistema tributário, conjugada com segurança jurídica e sigilo bancário, havendo poucos tributos e muitas isenções, o que estimula o aporte de capital estrangeiro como ocorre no Uruguai, Liechtenstein, Panamá, Ilhas Cayman, Antilhas Holandesas e Channel Islands (Eduardo M. F. Jardim). **2.** Jurisdição fiscal mais vantajosa. **3.** País que, para o tratamento fiscal dos rendimentos de não-residentes ou equiparados a residentes, aplica uma baixa ou nenhuma tributação sobre os rendimentos, contando com segredo bancário e falta de controle de câmbios, e, com isso, tem desenvolvido grande flexibilidade para a constituição e administração de sociedades locais (Heleno Tôrres).

PARALAGMA. *Medicina legal.* Deslocamento de um osso ou de um fragmento ósseo.

PARALALIA. *Medicina legal.* **1.** Perda da faculdade de falar. **2.** Defeito vocal.

PARALEGAL. *Termo inglês.* Rábula.

PARALELEPÍPEDO. *Direito administrativo.* Bloco de pedra, em forma paralelepipédica, empregado no calçamento de ruas.

PARALÉLICO. O que apresenta paralelismo.

PARALELISMO. 1. *Teoria geral do direito.* a) Característica do que é paralelo; b) correspondência de idéias; c) raciocínio analógico que busca, em lei que prevê caso similar ao não previsto, alguma solução. **2.** *Medicina legal.* a) Fenômeno físico que corresponde a um psíquico e vice-versa (Hoppding e Spinosa); b) fenômeno psíquico que se relaciona a um só processo nervoso, de modo que o primeiro corresponde ao segundo, mas não há reciprocidade, pois pode existir ação nervosa e *a fortiori* ação física sem correspondência à psíquica (Paulhan).

PARALELISMO PSICOFÍSICO. *Medicina legal.* Hipótese segundo a qual o físico e o psíquico correspondem-se de tal forma que entre eles há uma relação similar à existente entre um texto e sua tradução (Fechner).

PARALELO. *Teoria geral do direito.* **1.** Análogo. **2.** Semelhante. **3.** Comparação desenvolvida ponto por ponto entre duas idéias. **4.** Relação entre duas doutrinas.

PARALERGIA. *Medicina legal.* Violenta reação alérgica a estímulos não específicos.

PARA LEVAR EM CONTA. *Direito cambiário.* Locução indicativa de que o cheque só pode ser realizado mediante lançamento contábil (Othon Sidou).

PARALEXIA. *Medicina legal.* Perturbação da leitura que se caracteriza pela troca de palavras textuais.

PARALIPSE. *Retórica jurídica.* Figura em que se fixa a atenção em um objeto, dando a impressão de que dele não se quer tratar.

PARALISAÇÃO. 1. Interrupção. **2.** Suspensão.

PARALISAÇÃO DE TRABALHO. *Direito do trabalho.* **1.** Interrupção ou suspensão do contrato de trabalho. **2.** Greve. **3.** Paralisação da empresa pelo empregador (*lockout*).

PARALISAÇÃO DE TRABALHO DE INTERESSE COLETIVO. *Direito penal.* Fato típico penal que consiste em participar de suspensão ou abandono coletivo de trabalho, provocando interrupção de obra pública ou serviço de interesse coletivo, punido com detenção e multa, visando a manutenção e a regularidade de serviços ou obras de relevância social.

**PARALISAÇÃO DE TRABALHO SEGUIDA DE VIOLÊN-
CIA OU PERTURBAÇÃO DA ORDEM.** *Direito penal.* Crime contra a liberdade de trabalho que consiste na participação de pelo menos três empregados na suspensão ou abandono coletivo de trabalho, praticando violência contra a pessoa ou seus bens, punido com detenção e multa, além da pena correspondente à violência física.

PARALISANTE. Que neutraliza ou paralisa.

PARALISIA. *Medicina legal.* **1.** Privação ou diminuição temporária ou permanente da sensibilidade ou do movimento voluntário de músculos, órgãos ou nervos do corpo humano. **2.** É a incapacidade de contração voluntária de um músculo ou grupo de músculos, resultante de uma lesão orgânica de natureza destrutiva ou degenerativa, a qual implica interrupção de uma das vias motoras, em qualquer ponto, desde o córtex cerebral até a própria fibra muscular, pela lesão do neurônio motor central ou periférico. A abolição das funções sensoriais, na ausência de lesões orgânicas das vias nervosas, caracteriza a paralisia funcional. As paralisias, considerando-se a localização e a extensão das lesões, classificam-se em: a) paralisia isolada ou periférica: quando é atingido um músculo ou um grupo de músculos; b) monoplegia: quando são atingidos todos os músculos de um só membro; c) hemiplegia: quando são atingidos os membros superiores e inferiores do mesmo lado, com ou sem paralisia facial homolateral; d) paraplegia ou diplegia: quando são atingidos os membros superiores ou os inferiores, simultaneamente; e) triplegia: quando resulta da paralisia de três membros; e f) tetraplegia: quando são atingidos os membros superiores e inferiores.

PARALISIA AGITANTE. *Medicina legal.* **1.** Moléstia que se caracteriza pela debilidade muscular e tremor das partes do corpo postas em repouso. **2.** Doença de Parkinson.

PARALISIA ASCENDENTE AGUDA. *Medicina legal.* Aquela que, em adultos, tem início com um enfraquecimento das pernas, não acompanhado de febre ou dor.

PARALISIA CEREBRAL. *Medicina legal.* Doença neuromuscular não fatal, de longa duração, provocada por lesão do cérebro, atingindo o sistema nervoso central.

PARALISIA COMPLETA. *Medicina legal.* Abolição total da sensibilidade e da capacidade de contração muscular.

PARALISIA FACIAL. *Medicina legal.* Perda da sensibilidade manifestada em uma ou em ambas as faces do rosto.

PARALISIA GERAL. *Medicina legal.* Último estágio da sífilis, após dez ou vinte anos do contágio, que pode levar o paciente a demência paralítica ou neurossífilis parética. São seus sintomas: irritabilidade, negligência no trajar ou na higiene pessoal, perda de memória, incapacidade de concentração, embotamento das faculdades mentais, perda de agilidade, falta de coordenação muscular, tremor nas mãos, dificuldade de dicção e perda da capacidade de dilatação da pupila.

PARALISIA GERAL PROGRESSIVA. *Medicina legal.* Estado patológico que, causado por sífilis nervosa acompanhada de alcoolismo, traumatismo crânio-encefálico, fadiga e estafa intelectual, pode levar o doente à prática de delitos sexuais, ultraje público ao pudor, homicídio, lesão corporal, roubo etc.

PARALISIA HISTÉRICA. *Medicina legal.* Aquela que resulta de histeria.

PARALISIA INFANTIL. *Medicina legal.* Poliomielite; paralisia espinal infecciosa que atinge crianças, causada por vírus que se localiza no sistema nervoso central e na parede do intestino.

PARALISIA IRREVERSÍVEL E INCAPACITANTE. *Medicina legal* e *medicina do trabalho.* É a incapacidade de contração voluntária de um músculo ou grupo de músculos, resultante de uma lesão orgânica de natureza destrutiva ou degenerativa, a qual implica a interrupção de uma das vias motoras, em qualquer ponto, desde o córtex cerebral até a própria fibra muscular, pela lesão do neurônio motor central ou periférico. A abolição das funções sensoriais, na ausência de lesões orgânicas das vias nervosas, caracteriza a paralisia funcional. A paralisia será considerada irreversível e incapacitante quando, esgotados os recursos terapêuticos da medicina especializada e os prazos necessários à recuperação motora, permanecerem distúrbios graves e extensos que afetem a motilidade, a sensibilidade e a troficidade e que tornem o inspecionando total e permanentemente impossibilitado para qualquer trabalho. São equiparadas às paralisias as lesões ósteo-músculo-articulares, exceto as da coluna vertebral, e vasculares graves e crônicas, das quais resultem alterações extensas e definitivas das funções nervosas, da motilidade e da troficidade, esgotados os recursos terapêuticos da medicina especializada e os prazos necessários à recuperação. São equiparadas às paralisias as paresias das quais resultem alterações extensas das funções nervosas e da motilidade, esgotados os recursos terapêuticos da medicina especializada e os prazos necessários à recuperação.

PARALISIA MUSCULAR HIPERTRÓFICA. *Medicina legal.* É a que acomete crianças e caracteriza-se pela degenerescência gordurosa dos músculos.

PARALISIA PERIFÉRICA. *Medicina legal.* A que afeta nervos periféricos.

PARALISIA SATURNINA. *Medicina legal.* Afecção provocada por intoxicação pelo chumbo.

PARALÍTICO. *Medicina legal.* Aquele que tem paralisia.

PÁRALO. *História do direito.* Navio sagrado que, na antiga Atenas, era usado apenas a serviço do Estado e da religião.

PARALOGIA. *Medicina legal.* Lentidão do pensamento; confusão na fala.

PARALÓGICO. *Medicina legal.* Referente a paralogia.

PARALOGISMO. *Lógica jurídica.* **1.** Raciocínio falso ou ilógico. **2.** Raciocínio cuja conclusão não decorre das premissas, sem que haja intenção de enganar, como no sofisma, uma vez que advém de erro de boa-fé. **3.** *Vide* SOFISMA.

PARAMASTITE. *Medicina legal.* Inflamação dos tecidos que rodeiam a glândula mamária.

PARAMENTO. *Direito canônico.* Veste usada pelo clero no exercício de suas funções.

PARAMETRITE. *Medicina legal.* Inflamação no tecido fibroso que, parcialmente, cerca o útero.

PARÂMETRO NA CONCESSÃO. *Direito administrativo.* Fator referencial de variação do preço que informa o contrato administrativo, protegendo os contratantes contra alterações econômicas relativas, por exemplo, salário e custo da matéria-prima (Bénoit).

PARÂMETROS DE PRODUTIVIDADE E QUALIDADE. *Direito comercial.* Dados pré-fixados que definem padrões de eficiência e qualidade do serviço a ser prestado na linha.

PARAMILITAR. *Ciência política.* Organização particular armada, devidamente adestrada, com caracteres similares às Forças Armadas, mas que a estas não pertence, que presta serviços a sistema político não democrático. Tal corporação é proibida no Brasil.

PARAMIOTONIA. *Medicina legal.* Rigidez espasmódica em determinados grupos musculares.

PARAMNÉSIA. *Medicina legal* e *psicologia forense.* **1.** Distúrbio da memória em que se relembram as palavras, mas fora de seu exato significado. **2.** Perturbação perceptiva que leva o paciente a ter a impressão de já ter vivido um estado de consciência global que, na verdade, é novo. **3.** Ilusão da memória consistente em julgar reconhecer até o último pormenor, com todas as circunstâncias de lugar, tempo, estado afetivo e intelectual, o conjunto psicológico que forma o conteúdo total e atual da consciência num dado momento, como se se revivesse um instante já vivido (Lalande). **4.** Falseamento da recordação, como engano de data ou acréscimo de pormenores falsos. **5.** Distúrbio apresentado na memória que pode levar a: a) alucinação mnêmica, ou seja, falsa lembrança de fatos não ocorridos, muito comum na esquizofrenia ou na demência senil; b) ilusão mnêmica, isto é, acréscimo de pormenores imaginários a um fato ocorrido, que se observa em esquizofrênicos, alcoólatras e epilépticos; c) fabulação, ou seja, preenchimento de lacunas da memória com fantasias que o doente crê que, realmente, se deram, comum na psicose de Korsakoff, na parafrenia e na demência senil; d) criptomnésia, que consiste em ver o doente como novidade aquilo que já conhece, mas cuja lembrança perdeu, muito comum na demência senil e na psicose delirante; e) sensação de já ter visto coisa, fato ou pessoa desconhecida, que, na realidade, jamais viu, muito comum em neuroses, epilepsia e esquizofrenia (Paulo Matos Peixoto). **6.** Falsificação da memória em que o paciente confunde o real com o imaginário (A. Almeida Jr. e J. B. de O. e Costa Jr.).

PARAMNÉTICO. *Medicina legal.* Referente a paramnésia.

PARAMOLOGIA. *Retórica jurídica.* Figura pela qual se finge fazer uma concessão, para retirar vantagem.

PARAMUSIA. *Medicina legal.* Perturbação da faculdade musical.

PARANEFRITE. *Medicina legal.* Inflamação dos tecidos próximos dos rins.

PARANÉIA. *Vide* PARANÓIA.

PARANINFO. 1. *História do direito.* Amigo do noivo que, na Grécia antiga, ia juntamente com ele buscar a noiva. **2.** Na *linguagem comum:* a) padrinho, em cerimônia de colação de grau, escolhido pelos graduandos para participar da solenidade e fazer o discurso de despedida e de estímulo à nova profissão; b) testemunha de casamento ou batizado.

PARANÓIA. *Medicina legal.* Psicose caracterizada pela mania de perseguição, acompanhada ou não de alucinações, em regra auditivas, que pode levar o paciente a assassinar seu "perseguidor", por considerá-lo o causador do malogro de seus intentos. Trata-se de uma loucura raciocinadora sistemática, com relativa e prolongada conservação da inteligência, da memória e da lucidez, que chega ao egoísmo, fazendo com que o paranóico se considere o melhor de todos os seres humanos.

PARANÓICO. *Medicina legal.* **1.** Aquele que sofre de paranóia. **2.** Que se refere a paranóia.

PARANÓIDE. *Medicina legal.* Aquele que, sem ser paranóico, apresenta traços de paranóia. Trata-se do indivíduo que apresenta demência precoce e alucinações, ligadas a um estado de enfraquecimento intelectual.

PARANOMIA. *História do direito.* Delito que, na antigüidade grega, consistia na apresentação de propostas contrárias às leis.

PARANORMAL. Fenômeno psíquico que não é normal.

PARAPEITO. **1.** *Direito civil* e *direito administrativo.* Parede que se eleva à altura do peito, muito comum em terraços, janelas, pontes etc. **2.** *Direito militar.* Parte superior de uma trincheira de fortificação que resguarda defensores, que podem atirar por cima dela.

PARAPLEGIA. *Medicina legal.* Paralisia das pernas.

PARAPLÉGICO. *Medicina legal.* Aquele que sofre de paraplegia.

PARAPLEXIA. *Medicina legal.* Designação que, às vezes, dá-se à paralisia e paraplegia.

PARAPROCTITE. *Medicina legal.* Inflamação dos tecidos vizinhos do ânus e do reto.

PARAPROSEXIA. *Medicina legal.* Perturbação da atenção que resulta de um prolongado e intenso esforço para mantê-la.

PARAPSICOLOGIA. Estudo de fenômenos psíquicos especiais, como premonição, telepatia etc. (Oesterreich).

PARAPSÍQUICO. *Psicologia forense.* Diz-se do fenômeno do espírito que se apresenta como ma-

nifestação de faculdades como telepatia, adivinhação, previsão do futuro etc. (Lalande, Maxwell, Boirac e Flournoy). Tal fenômeno constitui objeto de estudo da parapsicologia.

PARAPSIQUISMO. *Psicologia forense.* Estado mental temporário, muito freqüente em adolescentes, de natureza íntima (mania, sonho, obsessão), que se traduz numa crise psicológica obscura e muitas vezes premonitória de uma doença grave (Lemaitre).

PARAQUÊ. Alvo ou mira de uma ação.

PÁRA-QUEDAS. *Direito desportivo* e *direito militar.* Aparelho que, mais pesado do que o ar, serve para o transporte de pessoa ou carga, reduzindo-lhe a velocidade de queda no ar. Além de ser empregado como esporte, pode servir como salva-vidas e para lançamento de tropas, de material bélico, de bombas, de suprimento e, ainda, para extração de cargas de aviões e como freio de aeronaves a jato e planadores.

PÁRA-QUEDAS PILOTO. *Direito desportivo* e *direito militar.* Pequeno pára-quedas colocado sobre um principal para acelerar-lhe a abertura, funcionando como um cabo de ancoragem.

PÁRA-QUEDISMO. **1.** *Direito militar.* Especialidade existente na Aeronáutica, com o fim de treinar e habilitar soldados no uso e manejo de pára-quedas com saltos de aviões em vôo. **2.** *Direito desportivo.* Desporto dos saltos com pára-quedas.

PÁRA-QUEDISTA. **1.** *Direito desportivo.* Aquele que, no aeroclube, se especializou em saltos de pára-quedas. **2.** *Direito militar.* Soldado que se atira, do avião em vôo, em pára-quedas na retaguarda inimiga ou em pontos estratégicos para danificá-los. **3.** Na *linguagem popular:* a) passageiro que viaja de pé nos ônibus (Rio de Janeiro); b) aquele que surge inesperadamente; c) pessoa que se aproveita de um descuido para obter pequena vantagem.

PÁRA-QUEDISTA DA AERONÁUTICA. *Direito militar.* Militar da Aeronáutica com curso de pára-quedista ministrado pelo Esquadrão Aeroterrestre de Salvamento, por estabelecimento congênere das Forças Armadas do Brasil ou do exterior, considerando-se este último quando reconhecido pelo Comando da Aeronáutica.

PÁRA-RAIOS. Aparelho que contém uma haste metálica para atrair descargas elétricas da atmosfera, livrando prédios e lugares.

PARAR RODEIO. *Direito agrário.* No Sul do Brasil, é o ato de reunir o gado no local do rodeio ou de trazê-lo para o curral.

PARARTREMA. *Medicina legal.* Luxação incompleta.

PARASANGA. *Direito comparado.* Medida itinerária da Pérsia que corresponde a 5.250m.

PARASCENÁSTICA. *Medicina legal.* Ação enérgica de determinadas substâncias que são ministradas no paciente, preparando-o para uma intervenção cirúrgica.

PARA SER CREDITADO EM CONTA. *Vide* PARA LEVAR EM CONTA.

PARA SI. *Filosofia geral.* **1.** Característica própria do conhecimento que o ser consciente tem de si próprio (Lalande). **2.** Consciência de sentir ou agir primitiva ou espontaneamente (Fouillée e Hamelin).

PARASITA. *Medicina legal.* Ser vivo que é albergado por um hospedeiro, produzindo danos à sua saúde.

PARASITISMO. 1. *Medicina legal.* Associação entre dois organismos: o hospedeiro e o parasita, que vive à custa do primeiro, causando-lhe danos à saúde. **2.** *Sociologia geral.* Condição ou estado daquele que vive à custa alheia, consumindo sem nada produzir de socialmente útil, ou que produz coisas perniciosas à sociedade.

PARASITO. 1. *Medicina legal.* Organismo que se alimenta e desenvolve à custa das substâncias de outro. **2.** *Sociologia geral.* Aquele que vive, por hábito, às expensas de outra pessoa, sem nada produzir como ente social.

PARASITOFOBIA. *Medicina legal.* Medo mórbido de parasitos e das moléstias cutâneas que causam.

PARASITOGENIA. *Medicina legal.* Estado favorável do corpo que, em razão de falta de asseio, fraqueza ou doença, permite a proliferação de parasitos.

PARASITOSE. *Medicina legal.* Doença provocada pela infestação de parasitos.

PARASPADIA. *Medicina legal.* Anomalia em que a uretra se abre num dos lados do pênis e não no meato urinário.

PARASSÍFILIS. *Medicina legal.* Conjunto de manifestações patológicas comuns nos sifilíticos, que, contudo, não são originárias da sífilis.

PARASSIMPÁTICO. *Medicina legal.* **1.** Nervo vago. **2.** Sistema pertencente à divisão craniossacral do sistema nervoso autônomo, consistente na divisão óptica, bulbar e sacral.

PARATITLOS. 1. *Direito romano.* Breve explicação ou glosa dos títulos do Digesto e de outras compilações de leis romanas, para conhecer de suas matérias, concatenando-as. **2.** *Teoria geral do direito.* a) Sumário de jurisprudência; b) síntese de um corpo de lei.

PARATOPIA. *Medicina legal.* Qualquer deslocação de membro ou órgão.

PARATRIMA. *Medicina legal.* Eritema produzido na pele por pressão forte e constante.

PARATROPA. *Direito militar.* Tropa de pára-quedistas.

PARATUBERCULOSE. *Medicina legal.* Moléstia similar à tuberculose, mas causada por outro micróbio.

PARAVANTE. *Direito marítimo.* Parte da embarcação que está compreendida entre a proa e o mastro grande.

PARCEIRO. 1. Na *linguagem jurídica* em geral: a) o que tem parceria; b) sócio; c) par; d) companheiro; e) aquele com quem se joga; f) co-interessado num negócio; g) quinhoeiro; aquele que tem parte; h) participante do contrato de parceria. **2.** *História do direito.* Aquele que dava ou recebia a herdade para ser explorada às meias, às terças, às quartas etc. **3.** *Direito agrário.* Aquele que, comprovadamente, tem contrato de parceria agrícola ou pecuária com o proprietário de terra ou detentor da posse e desenvolve atividade agrícola, pastoril ou hortifrutigranjeira, partilhando o lucro conforme o ajuste.

PARCEIRO AGRÍCOLA. *Direito agrário.* Parceiro outorgado que, por não ter terras, contrata com o parceiro outorgante, dono de imóvel rural, a parceria agrícola.

PARCEIRO CRIADOR. *Vide* PARCEIRO PECUÁRIO.

PARCEIRO CULTIVADOR. *Direito agrário.* Parceiro outorgado que, por ter efetuado com o parceiro outorgante um contrato de parceria agrícola, recebe o fundo rústico, bens móveis e outras facilidades, com o escopo de nele exercer atividades ligadas à agricultura.

PARCEIRO LOCADOR. *História do direito.* Era aquele que, sendo proprietário de imóvel rústico, cedia a outrem o uso daquele bem de raiz, por meio de parceria rural. Trata-se, hodiernamente, do parceiro outorgante.

PARCEIRO LOCATÁRIO. *História do direito.* Aquele que recebia terras, móveis e outras facilidades, em parceria rural, para naquelas exercer atividade agropecuária. Hodiernamente, designa-se parceiro outorgado.

PARCEIRO OUTORGADO. *Direito agrário.* Pessoa ou conjunto familiar, representado pelo seu chefe, que recebe imóvel ou animais para os fins próprios das várias espécies de parceria.

PARCEIRO OUTORGANTE. *Direito agrário.* Cedente, proprietário ou não, que entrega imóvel ou animais ao parceiro outorgado, para que este os explore, em troca de participação nos frutos, produtos ou lucros havidos.

PARCEIRO PECUÁRIO. *Direito agrário.* Parceiro outorgado que participa do contrato de parceria pecuária, assumindo os riscos, direitos e deveres, ao exercer atividades voltadas a criação, pastoreio, invernagem, engorda, ordenha etc. do gado vacum, com o escopo de obter lucro e rendimento, repartindo-os percentualmente com o parceiro outorgante.

PARCEIRO PENSADOR. *Vide* PARCEIRO PECUÁRIO.

PARCEIRO PROPRIETÁRIO. *Direito agrário.* Parceiro outorgante, dono do imóvel rústico ou dos animais sobre os quais recai a parceria rural.

PARCEIRO TRATADOR. *Vide* PARCEIRO PECUÁRIO.

PARCELA. **1.** *Direito agrário.* a) Cada uma das partes em que se divide um imóvel próprio para o exercício de atividade rural; b) lote de terra usado para fins de exploração econômica; c) cada uma das terras individualizadas de uma propriedade rural (Sanz Jarque). **2.** Na *linguagem jurídica* em geral: a) verba; b) cada uma das prestações que devem ser pagas na venda a crédito, na tributação etc.

PARCELADO. **1.** Exame vestibular, para ingresso em escola superior, feito separadamente por disciplina. **2.** O que se parcelou ou foi dividido em parcelas. **3.** Feito em parcelas.

PARCELA EM SITUAÇÃO IRREGULAR. *Direito agrário.* Aquela que se enquadra numa das situações abaixo: a) estar abandonada; b) cujo beneficiário assentado pelo Incra evadiu-se da parcela; c) ter sido objeto de compra e venda relativa à terra nua e/ou benfeitorias, sem anuência do Incra; d) cujo ocupante atual tenha ocupado a parcela sem autorização do Incra; e) que esteja ocupada por um preposto do assentado pelo

Incra; f) quando houver comprovação de arrendamento da parcela; g) quando houver comprovação de reconcentração fundiária; h) parcelas em que for comprovado o descumprimento de quaisquer cláusulas estabelecidas no contrato de concessão de uso (ou contrato de assentamento para situações anteriores a 30/03/04).

PARCELA EM SITUAÇÃO REGULAR. *Direito agrário.* Aquela na qual o atual ocupante tenha sido cadastrado, selecionado e assentado pelo Incra e que esteja cumprindo as condições estabelecidas no contrato de concessão de uso (ou contrato de assentamento para situações anteriores a 30/03/04).

PARCELAMENTO. Divisão em parcelas.

PARCELAMENTO DE ÁREA E REGULARIZAÇÃO FUNDIÁRIA. *Direito urbanístico.* Modalidade do Pró-Moradia que abrange ações voltadas para o parcelamento de áreas, ocupadas ou não, e/ou a regularização fundiária de áreas ocupadas, estando vinculada às modalidades de urbanização de áreas ocupadas por sub-habitações e de áreas não ocupadas. Por parcelamento de área entende-se o loteamento de glebas, em conformidade com a legislação municipal. O parcelamento é ação obrigatória, nos casos de urbanização de áreas não ocupadas, e não obrigatória, nos casos de urbanização de áreas ocupadas por sub-habitações. A regularização fundiária tem por objetivo possibilitar o acesso à posse ou propriedade de áreas ocupadas de forma irregular pela população ali residente. Trata-se de ação obrigatória, quando voltada para dar solução à ocupação irregular de áreas, visando a transferência da propriedade para o proponente, e de ação não obrigatória, quando se tratar de dar acesso à posse ou propriedade à população ali residente.

PARCELAMENTO DE DÉBITO PARA COM A FAZENDA NACIONAL. *Direito financeiro* e *direito tributário.* Pagamento do débito com a Fazenda Nacional em até vinte e quatro prestações mensais e sucessivas, desde que haja concessão de órgão competente da Procuradoria-Geral da Fazenda Nacional (PGFN) ou da Secretaria da Receita Federal (SRF) com jurisdição sobre o domicílio tributário. O requerimento solicitando parcelamento deverá ser: 1) formalizado em formulário próprio; 2) distinto para cada tributo, contribuição ou outra exação qualquer, com a discriminação dos respectivos valores; 3) assinado pelo devedor ou seu representante legal, com poderes especiais, nos termos da lei, juntando-se o respectivo instrumento; 4) instruído com: a) DARF que comprove o pagamento da primeira parcela, segundo o montante confessado e o prazo pretendido; b) cópia do contrato social ou estatutos, se pessoa jurídica, com as respectivas alterações, que permitam identificar os responsáveis pela gestão da empresa; c) documentação relativa à garantia real ou fidejussória, quando for o caso, por exemplo, de *hipoteca*: escritura do imóvel e respectiva certidão do cartório de registro de imóveis, devidamente atualizada, bem assim documento de notificação ou cobrança do imposto predial territorial urbano (IPTU) ou do imposto territorial rural (ITR); de *penhor e anticrese*: prova da propriedade dos bens, acompanhada de certidão de inexistência de ônus reais e, tratando-se de frutos e rendimentos de bem imóvel, laudo circunstanciado relativo à produtividade, elaborado por empresa ou profissional legalmente habilitado; e de *fiança*: se bancária, proposta aprovada por instituição financeira, com prazo de validade igual ao do parcelamento requerido, ou, em outros casos, relação de bens do fiador, acompanhada de certidões dos cartórios de protesto e distribuição; d) declaração firmada pelo devedor, sob as penas da lei, de que a garantia apresentada não foi oferecida e aceita em outro parcelamento eventualmente existente perante a Fazenda Nacional. Tratando-se de débitos relativos a receitas exigíveis em quotas, o pedido de parcelamento de um determinado exercício deverá abranger todas as quotas não pagas, vencidas ou não, considerando-se o saldo do débito na data de vencimento da primeira quota vencida e não paga. Na hipótese de parcelamento de débito inscrito em dívida ativa da União e com execução fiscal ajuizada, a garantia do parcelamento será o bem objeto de penhora nos autos judiciais. Os formulários deverão ser preenchidos de acordo com as instruções próprias, contendo os débitos consolidados, podendo ser substituídos por relatório de sistema eletrônico oficial que calcule acréscimos legais. O pedido de parcelamento não exime o contribuinte de apresentar declaração a que estiver obrigado pela legislação específica de cada tributo ou contribuição. Enquanto não decidido o pedido, o contribuinte fica obrigado a recolher, mensalmente, até o último dia útil de cada mês, a partir do mês subseqüente ao do protocolo do pedido, valor correspondente a uma parcela do débito, a título de antecipação. O pedido de parcelamento importa em confissão irretratável do débito e configura confissão extrajudicial. Sendo necessária a verificação da exatidão dos valores objeto do parcelamento, a repartição poderá solicitar diligência ao órgão que administre a receita que deu origem ao débito, para apurar o montante realmente devido, ainda que já deferido o parcelamento, procedendo-se às eventuais correções. Os valores denunciados espontaneamente não serão passíveis de procedimento fiscal, desde que a denúncia seja anterior ao início desse procedimento. Tal exclusão não elimina a possibilidade de verificação da exatidão do débito constante do pedido de parcelamento e da cobrança de eventuais diferenças, acrescidas dos encargos legais e das penalidades cabíveis. Cabe à autoridade competente para autorizar o parcelamento manifestar expressamente a aceitação da garantia, avaliados os requisitos de idoneidade e suficiência, tendo em vista a sua acessibilidade e liquidez, o montante consolidado do débito e o prazo pretendido. Na hipótese de ter sido oferecida garantia real, o processo deverá ser encaminhado à unidade da Procuradoria-Geral da Fazenda Nacional da localização do bem, devidamente instruído, para o fim de sua formalização, no prazo de quinze dias. Tratando-se de garantia fidejussória, o requerente deverá formalizá-la no prazo legal, contado da comunicação do deferimento. Considerada inidônea ou insuficiente a garantia, exigirá a autoridade, mediante intimação, sua substituição ou complementação, conforme o caso, fixando prazo não superior a trinta dias para o atendimento da exigência. Vindo o objeto da garantia a perecer ou a se desvalorizar no curso do parcelamento, o devedor será intimado, dentro de idêntico prazo, para providenciar a sua reposição ou reforço, sob pena de rescisão do acordo e vencimento antecipado da dívida. Quando se tratar de parcelamento de débitos dos governos estaduais e municipais ou do Distrito Federal e de suas respectivas autarquias, fundações e empresas públicas, a garantia poderá ter por objeto as quotas dos fundos de participação dos Estados e dos municípios ou do Distrito Federal, conforme o caso. Considerar-se-ão automaticamente deferidos os pedidos de parcelamento instruídos com a observância da lei, após decorridos noventa dias da data de seu protocolo ou do vencimento do prazo para cumprimento da exigência legal sem a manifestação da autoridade decisória.

PARCELAMENTO DE GLEBAS. *Direito urbanístico.* É o conjunto de ações que objetivem o loteamento de áreas, em conformidade com a legislação vigente.

PARCELAMENTO DO SOLO. *Direito civil, direito agrário* e *direito urbanístico.* **1.** Loteamento. **2.** Divisão do imóvel urbano ou rural em porções autônomas, designadas lotes, contendo abertura de vias e logradouros públicos.

PARCELAMENTO, EDIFICAÇÃO OU UTILIZAÇÃO COMPULSÓRIOS. *Direito administrativo.* Ato ordenado por lei municipal específica para área urbana incluída no plano diretor, parcelando-a, edificando-a ou utilizando-a compulsoriamente por não estar edificada ou por encontrar-se subutilizada ou não utilizada. Considera-se subutilizado o imóvel cujo aproveitamento seja inferior ao mínimo definido no plano diretor ou em legislação dele decorrente. O proprietário será notificado pelo Poder Executivo municipal para o cumprimento da obrigação, devendo a notificação ser averbada no cartório de registro de imóveis. Tal notificação far-se-á: a) por funcionário do órgão competente do Poder Público municipal, ao proprietário do imóvel ou, no caso de este ser pessoa jurídica, a quem tenha poderes de gerência geral ou administração; b) por edital, quando frustrada, por três vezes, a tentativa de notificação na forma prevista anteriormente. Em empreendimentos de grande porte, em caráter excepcional, a lei municipal específica poderá prever a conclusão em etapas, assegurando-se que o projeto aprovado compreenda o empreendimento como um todo.

PARCELAMENTO IRREGULAR. *Direito urbanístico.* É aquele em que não foram executadas as obras de infra-estrutura no prazo previsto no ato administrativo de licença (Cláudia Maria Beré).

PARCELAR. Dividir em parcelas.

PARCELÁRIO. *História do direito.* Sistema em que se cultivavam as propriedades dos antigos possessores e no qual as parcelas designavam-se colônias.

PARCELEIRO. *Direito agrário.* Adquirente de lote em área destinada a reforma agrária ou a colonização pública ou particular, no qual reside com sua família e exerce atividade de cultivo.

PARCENER. *Termo inglês.* **1.** Co-proprietário. **2.** Co-herdeiro.

PARCERIA. **1.** Na *linguagem jurídica* em geral: a) reunião de pessoas que têm interesse comum; b) companhia; c) reunião de duas ou mais pessoas com finalidade comum, que repartem entre si lucros e perdas. **2.** *Direito comercial.* Sociedade empresária em que os sócios (parceiros) são responsáveis apenas pelo quinhão com que entraram. **3.** *Direito desportivo.* Grupo de parceiros em jogo. **4.** *Direito agrário.* Contrato agrário em que o parceiro outorgante recebe do parceiro outorgado uma parte da safra, por ceder-lhe um prédio rústico para que nela exerça atividades rurais.

PARCERIA AGRÍCOLA. *Direito agrário.* Contrato agrário que tem por objeto o uso temporário de imóvel rural, com a finalidade de nele serem exercidas atividades de exploração e produção vegetal, repartindo-se os frutos resultantes entre os contratantes. Essa atividade de produção visa obter gêneros vegetais consumidos pelo homem, não incluindo a formação de pastagens e forrageiras, plantios de árvores para o corte, beneficiamento de madeiras e a exploração de plantas nativas.

PARCERIA AGROINDUSTRIAL. *Direito agrário.* Contrato agrário que objetiva a cessão de uso de imóvel rural ou de maquinaria e implementos, tendo por finalidade a produção agrícola, pecuária, ou florestal ou a exploração de bens vitais e sua transformação para a venda, partilhando-se entre os contratantes os riscos do empreendimento e os lucros na proporção estabelecida no contrato, dentro dos limites e condições legais. Transformam-se os produtos cultivados em novos produtos.

PARCERIA DE PRODUÇÃO AGRÁRIA INTEGRADA. *Direito agrário.* É a sociedade entre produtores rurais, pessoa física ou pessoa jurídica, objetivando a produção agrária para fins de industrialização e/ou comercialização, sendo o resultado partilhado nos termos contratuais.

PARCERIA EXTRATIVA. *Direito agrário.* Contrato agrário que visa a cessão do uso do imóvel ou de animais de qualquer espécie, com o objetivo de ser exercida atividade extrativa de produto agrícola, animal ou florestal. Nessa atividade extraem-se certos produtos da natureza, sem alterar-lhes os caracteres ou a substância, por exemplo, cultivo de seringueiras para extração do látex, de árvores para colheita de frutos, criação de gado para extração de leite etc.

PARCERIA MARÍTIMA. *Direito comercial* e *direito marítimo.* Ajuste em que, para arcar com o ônus da construção e manutenção do navio, conjugam-se esforços, quotizando-se interessados e possibilitando a exploração comercial da embarcação, que, então, lhes pertencerá *pro indiviso.* Deste contrato decorre uma sociedade *sui generis,* destituída de personalidade jurídica, sendo, portanto, uma sociedade de fato, típica de direito marítimo.

PARCERIA MARÍTIMA AQUISITIVA. *Direito comercial* e *direito marítimo.* É aquela em que os parceiros contribuem com parcelas do preço de aquisição da embarcação.

PARCERIA MARÍTIMA COMPLEXA. *Direito comercial* e *direito marítimo.* Parceria em que os vínculos estabelecidos entre os compartes são distribuídos idealmente por meio de frações pertencentes a vários parceiros.

PARCERIA MARÍTIMA CONSTRUTIVA. *Direito comercial* e *direito marítimo.* Aquela que precede ou é constituída durante a fabricação do navio.

PARCERIA MARÍTIMA CONVENCIONAL. *Direito comercial* e *direito marítimo.* É a que ocorre mediante contrato disciplinador da participação dos direitos e obrigações dos sócios.

PARCERIA MARÍTIMA LEGAL. *Direito comercial* e *direito marítimo.* É a oriunda de um acordo tácito, fundado apenas na co-propriedade e regido por normas do Código Comercial.

PARCERIA MARÍTIMA SIMPLES. *Direito comercial* e *direito marítimo.* É aquela em que a sociedade é um ajuste paralelo, sendo a exclusiva proprietária do navio.

PARCERIA MARÍTIMA TRANSLATIVA. *Direito comercial* e *direito marítimo.* Aquela em que o proprietário do navio transmite aos compartes os quinhões mediante cessão de seus direitos.

PARCERIA MISTA. *Direito agrário.* Contrato agrário em que a cessão integral ou parcial do imóvel rural tem por objeto atividade que abranja mais de uma das modalidades de parceria rural definidas em lei: agrícola, pecuária, agroindustrial e extrativa animal ou vegetal.

PARCERIA PECUÁRIA. *Direito agrário.* Contrato de parceria rural que tem por objeto a cessão de animais para cria, recria, invernagem e engorda, mediante partilha proporcional dos riscos, frutos ou lucros havidos.

PARCERIA PÚBLICO-PRIVADA. *Direito administrativo.* É o contrato administrativo de concessão, na modalidade patrocinada ou administrativa. *Concessão patrocinada* é a concessão de serviços públicos ou de obras públicas, quando envolver, adicionalmente à tarifa cobrada dos usuários, contraprestação pecuniária do parceiro público ao parceiro privado. *Concessão administrativa* é o contrato de prestação de serviços de que a Administração Pública seja a usuária direta ou indireta, ainda que envolva execução de obra ou fornecimento e instalação de bens. Na contratação de parceria público-privada serão observadas as seguintes diretrizes: a) eficiência no cumprimento das missões de Estado e no emprego dos recursos da sociedade; b) respeito aos interesses e direitos dos destinatários dos serviços e dos entes privados incumbidos da sua execução; c) indelegabilidade das funções de regulação, jurisdicional, do exercício do poder de polícia e de outras atividades exclusivas do Estado; d) responsabilidade fiscal na celebração e execução das parcerias; e) transparência dos procedimentos e das decisões; f) repartição objetiva de riscos entre as partes; g) sustentabilidade financeira e vantagens socioeconômicas dos projetos de parceria.

PARCERIA REGIONALIZADA. *Direito agrário.* Negócio jurídico que se apresenta sob a forma de carta-recibo, firmada pelo obrigado, com ou sem testemunhas, servindo de prova de um acordo sinalagmático, oneroso, aleatório, consensual e de execução diferida. Trata-se do "Fica", que pode abranger compra e venda de gado bovino a entregar ou adiantamento ou empréstimo em dinheiro a ser pago em gado ao preço corrente na data do vencimento.

PARCERIA RURAL. *Direito agrário.* Contrato agrário pelo qual uma pessoa cede a outra, por tempo determinado ou não, o uso de prédio rústico, para que nele exerça atividade de exploração agrícola, pecuária, agroindustrial, extrativa vegetal ou mista, ou entrega-lhe animais para cria, recria, invernagem, engorda ou extração de matérias-primas de origem animal, partilhando riscos, frutos, produtos ou lucros havidos, nas proporções estipuladas, observados os limites percentuais de lei.

PARCERIZAÇÃO. *Direito comercial.* Processo de conhecimento mútuo e aceitação, pelo qual duas empresas passam para se integrarem, visando a consecução de uma mesma finalidade (James G. Heim).

PARCIAL. 1. Na *linguagem jurídica* em geral: a) o que é parte de um todo; b) o que se realiza apenas em parte; c) partidário; sectário; d) que toma ou tem parte numa empresa; e) quinhão; f) que não é total. **2.** *Direito processual.* a) Aquele que, numa demanda, demonstra ser favorável a um dos litigantes, em prejuízo do outro; b) juiz que não julga com independência de ânimo, dando preferência, injustamente, a uma das partes, favorecendo-a em detrimento da outra. Tal ato é motivo de suspeição.

PARCIALIDADE. 1. Qualidade do que é parcial. **2.** Condição do que não age com liberdade de ânimo. **3.** Tendenciosidade. **4.** Estado do que é favorável a uma das partes.

PARCIALISMO. 1. *Vide* PARCIALIDADE. **2.** Partidarismo.

PARCIALIZAÇÃO. Ato de parcializar.

PARCIALIZAR. 1. Tornar parcial. **2.** Aliar-se. **3.** Aderir.

PARCIAL-PARCIAL. *Teoria geral do direito.* Antinomia que se dá quando duas normas têm um campo de aplicação o qual, em parte, entra em conflito com o da outra e, em parte, não entra (Alf Ross).

PARCIÁRIO. 1. *Direito agrário.* a) Aquele que tem interesse numa parceria; b) parceiro; c) aquele que ajustou contrato de parceria. **2.** Na *linguagem jurídica* em geral: a) quinhoeiro; b) participante; c) aquele que compartilha ou tem parte em alguma coisa. **3.** *História do direito.* a) Sistema de colonização em que os frutos da terra eram repartidos entre agricultores e senhores; b) agricultor que repartia os frutos da terra com o senhorio.

PARCIMÔNIA. 1. Economia. **2.** Ato de poupar ou economizar. **3.** Poupança.

PARCIMONIA EST SCIENTIA VITANDI SUMPTUS SUPERVACUOS. *Expressão latina.* Economizar é saber evitar despesas supérfluas.

PARCIMONIA MAGNUM VECTIGAL. *Expressão latina.* A economia é um grande lucro.

PARCIMONIOSO. Em que há parcimônia.

PARCIMONISMO. *Direito financeiro.* Teoria segundo a qual o Poder Público deve poupar, despendendo a menor soma possível na administração dos negócios públicos.

PARCIONEIRO. *História do direito.* **1.** Sócio. **2.** Cúmplice.

PARCI-PARCIAL. *Lógica jurídica.* Proposição cujos sujeito e predicado são tomados particularmente (Hamilton, Thompson e Liard).

PARCI-TOTAL. *Lógica jurídica.* Proposição cujo sujeito é tomado particularmente e o predicado universalmente (Thompson e Hamilton).

PARCO. 1. Aquele que poupa ou economiza. **2.** De pequena monta.

PAR CONDITIO CREDITORUM. *Expressão latina.* Igualdade de situação dos credores.

PAR DA MOEDA. *Economia política.* Moeda cujo valor é equivalente ao de outra, estrangeira, de igual título e peso de metal precioso.

PAR DE CHAVES. *Direito virtual.* Seqüências numéricas criadas por computador, ficando uma das chaves (a privada) com o usuário, sendo utilizada para assinar documento eletrônico. A outra (a pública) é distribuída e usada para que se possa ter acesso ao documento assinado pela chave privada.

PARDIEIRO. *Direito civil.* **1.** Casa em ruínas. **2.** Casa velha que ameaça ruir.

PAR DO REINO. *Direito comparado.* Membro da Câmara dos Lordes, na Inglaterra.

PÁREA. *Direito agrário* e *direito comercial.* Régua de madeira com que se mede a altura de tonéis e pipas, regulando sua capacidade para condução de líquidos.

PAREADOR. *Direito do trabalho.* Empregado que faz a regulagem ou a aferição de pipas e tonéis.

PÁREAS. *História do direito.* Tributo que era pago por um príncipe ou por um Estado a outro, em reconhecimento de obediência ou vassalagem (De Plácido e Silva).

PARÉCBASE. *Retórica jurídica.* **1.** Digressão. **2.** Exagero numa argüição ou reprimenda.

PARECENÇA. Similitude; semelhança.

PARECENTE. 1. Similar; semelhante. **2.** Parecido.

PARECER. 1. *Direito administrativo.* Ato administrativo unilateral mediante o qual o órgão técnico-consultivo emite opinião jurídica, administrativa ou técnica sobre questões ou projetos submetidos a seu pronunciamento (Landi, Potenza e José Cretella Jr.). **2.** *Teoria geral do direito* e *direito processual.* a) Opinião escrita ou verbal emitida por jurista sobre pontos controvertidos de certo assunto, analisando-o juridicamente e apresentando uma solução, que pode ser juntada aos autos do processo; b) voto; c) modo de ver expresso por membro do Ministério Público; d) respostas de médico-legistas sobre questões relativas a crimes. **3.** Nas *linguagens comum* e *jurídica:* a) feição, aparência, aspecto geral; b) ter semelhança com alguém ou alguma coisa; c) ser provável; d) causar boa ou má impressão; e) opinião técnica sobre um assunto; f) juízo; g) conselho; h) esclarecimento; i) manifestação de pensamento; j) resultado de uma consulta feita a especialista. **4.** *Direito comercial.* Declaração dos membros do Conselho Fiscal de uma empresa sobre: a fiscalização feita em atos dos administradores; a verificação do cumprimento das obrigações estatutárias e legais; o relatório anual da administração e as demonstrações financeiras do exercício social (Luiz Fernando Rudge).

PARECER CONSULTIVO. *Direito internacional público.* Opinião emitida pela Corte de Haia a pedido da Assembléia Geral, do Conselho de Segurança da ONU ou das organizações autorizadas a requerer tal parecer pela Assembléia Geral da ONU, dentre elas: o Conselho Econômico e Social, o Conselho de Tutela da ONU, a OIT, a FAO, a UNESCO, a OMS, a OACI, o BIRD e o FMI. Dentre os vários pareceres consultivos proferidos pela Corte de Haia podemos citar: a) os de 1948 e 1950, sobre a admissão de novos membros na ONU; b) o de 1962, sobre o conceito de despesas da organização de custeio obrigatório para seus Estados-Membros (Rezek).

PARECER DO AUDITOR. *Direito comercial.* Certificação assinada por auditor independente sobre demonstrações contábeis de uma empresa, em função do exame de livros e de registros contábeis apresentados (Luiz Fernando Rudge).

PARECER FACULTATIVO. *Direito administrativo.* É o solicitado pela Administração ao órgão consultivo, fundada na oportunidade, sem que haja norma que a obrigue a isso (Oswaldo A. Bandeira de Mello, Landi e Potenza).

PARECERISTA. 1. *Direito administrativo.* Funcionário público que pertence ao órgão consultivo e tem a tarefa de emitir pareceres. **2.** Na *linguagem jurídica* em geral: a) o autor do parecer; b) jurista ou jurisconsulto que manifesta opinião fundamentada sobre questão jurídica, quando solicitado; c) técnico que emite sua opinião sobre um fato; d) médico-legista ou junta de médicos-legistas que responde a questões médico-forenses, esclarecedoras do crime, das circunstâncias delituosas, da arma, das lesões corporais havidas etc.

PARECER MÉDICO-LEGAL. *Medicina legal.* Resposta de médicos ou comissão científica de comprovada competência, dada, em relatório, a questões relativas a problemas médico-legais, esclarecendo-as.

PARECER OBRIGATÓRIO. *Direito administrativo.* Aquele que a norma jurídica dispõe que seja solicitado, em determinados casos, pela Administração Pública a seu órgão consultivo (Oswaldo A. Bandeira de Mello, Landi e Potenza).

PARECER VINCULANTE. *Direito administrativo.* Aquele que a Administração Pública, além de estar obrigada a solicitá-lo ao órgão consultivo, tem o dever de obedecer (Oswaldo A. Bandeira de Mello, Landi e Potenza).

PARECIDO. 1. Semelhante; similar. **2.** Que se parece com outrem. **3.** Análogo.

PAREDE. 1. *Direito do trabalho.* Greve. **2.** *Direito civil.* a) Tudo que fecha ou divide um espaço; b) obra feita com material apropriado e com a qual se fecham externamente os prédios; c) obra que forma as divisões internas de um prédio; d) o que serve de tapume divisório.

PAREDE COMUM. *Vide* PAREDE-MEIA.

PAREDE CORTA-FOGO. *Direito virtual.* Mecanismo que controla o trânsito de informações, impedindo acesso indesejável, quando rede local de uma empresa está conectada à Internet.

PAREDE DE ESPELHO. *Direito civil.* **1.** Aquela que é feita de um quarto de tijolo. **2.** Aquela em que se assentam os tijolos de lado.

PAREDE DE ESTUQUE. *Direito civil* e *direito agrário.* Aquela que é feita de tábuas cobertas de reboco.

PAREDE DE FRONTAL. *Direito civil.* Parede delgada para efetuar divisões internas, formando cômodos, formada por barrotes de tijolos, cujos intervalos são cobertos com pequenas pedras e argamassa.

PAREDE DE TAIPA. *Direito civil.* Parede de construção barata e rápida, formada por um gradeado de paus, cujos vãos são enchidos com barro amassado.

PAREDE DE TIJOLOS. *Direito civil.* Obra feita com tijolos sobre alicerce de pedra.

PAREDE DIVISÓRIA. *Direito civil.* **1.** Muro; cerca. **2.** Obra que serve para dividir prédios vizinhos.

PAREDE INTERMÉDIA. *Direito civil.* Parede construída mediando duas coisas ou nos seus limites.

É parede divisória, mas nem sempre será parede-meia, pois pode pertencer a apenas um dos proprietários contíguos, se feita, por exemplo, no solo de um deles, sem encostar no outro prédio.

PAREDE MEEIRA. *Vide* PAREDE-MEIA.

PAREDE-MEIA. *Direito civil.* Parede comum que pertence a ambos os proprietários de prédios vizinhos, até prova em contrário, por ser colocada nos seus limites precisos, elevando-se até os telhados. Cada proprietário pode dela usar até o meio de sua espessura. Trata-se da parede a meio.

PAREDE MESTRA. *Direito civil.* É a principal, ou seja, a mais forte e grossa de um prédio.

PAREDE SINGELA. *Direito civil.* Parede simples de pequena espessura, formada por uma fila de tijolos, colocados em toda sua extensão ou comprimento.

PAREDISMO. *Direito do trabalho.* Sistema de greves organizadas.

PAREDISTA. 1. *Direito do trabalho.* a) Referente a greve; b) grevista. **2.** Na *gíria*, cúmplice que se coloca na frente do ladrão, ocultando-o, como se fosse uma parede, para que possa furtar mais facilmente.

PAREDONIA. *Medicina legal.* Desejo mórbido e obsessivo de tocar, exibir ou ver órgãos genitais próprios ou alheios (Croce e Croce Jr.).

PAREDRO. 1. *História do direito.* Assessor de um conselho ou tribunal na Grécia antiga. **2.** Na *linguagem comum:* a) pessoa importante; b) conselheiro; c) diretor; d) manda-chuva político.

PARÉGIA. *Direito comparado.* Barco de cabotagem italiano, cuja lotação é de quarenta a cinqüenta toneladas.

PAREGÓRICO. *Medicina legal.* **1.** Elixir que acalma dores estomacais e intestinais. **2.** Calmante; o que suaviza a dor.

PARELHA. *Direito agrário.* Par de animais cavalares e muares.

PARELHEIRO. *Direito agrário.* Cavalo tratado e cuidado para disputar corridas.

PARÊMIA. *Teoria geral do direito.* Provérbio; brocardo; máxima.

PAREMÍACO. *Teoria geral do direito.* O que diz respeito a parêmia.

PAREMIOGRAFIA. *Teoria geral do direito.* Coleção de provérbios.

PAREMIOLOGIA. *Teoria geral do direito.* Estudo sobre provérbios.

PARÊNESE. *Filosofia geral.* Discurso moral; exortação.

PARENÉTICA. *Filosofia geral.* **1.** Parte da filosofia moral que consiste em preceitos pormenorizados para a vida moral, servindo de parâmetros diretos à consciência. **2.** Coleção de discursos morais. **3.** Referente a parênese.

PARÊNQUIMA. *Medicina legal.* Tecido específico das vísceras e dos órgãos glandulares.

PARÊNQUIMA PULMONAR. *Medicina legal.* Elemento funcional inerente à aeração realizada pelo pulmão (Croce e Croce Jr.).

PARENQUIMATOSO. *Medicina legal.* O que diz respeito a parênquima.

PARENTAL. *Direito civil.* Relativo a parente.

PARENTE. *Direito civil.* **1.** Que tem parentesco por consangüinidade, afinidade ou civil. **2.** Aquele que pertence a mesma família.

PARENTELA. *Direito civil.* Conjunto de parentes ligados a uma pessoa.

PARENTESCO. 1. *Sociologia jurídica.* Relação entre pessoas, baseada em ascendência comum, real ou suposta, ou em certa forma de afinidade, que liga um dos cônjuges aos parentes do outro. **2.** Na *linguagem comum:* a) semelhança; b) conexão. **3.** *Direito civil.* a) Qualidade de parente; b) relação vinculatória existente não só entre pessoas que descendem umas das outras ou de um mesmo tronco comum até o 4º grau, mas também entre o cônjuge ou companheiro e os parentes do outro, entre adotante e adotado e entre aquele, que anuiu na inseminação artificial heteróloga de sua mulher, e o filho assim gerado.

PARENTESCO ADOTIVO. *Vide* PARENTESCO CIVIL.

PARENTESCO CARNAL. *Vide* PARENTESCO POR CONSANGÜINIDADE.

PARENTESCO CIVIL. *Direito civil.* É o que se refere à adoção, estabelecendo um vínculo entre adotante e adotado, que se estende aos parentes de um e de outro, salvo para efeito de impedimento matrimonial.

PARENTESCO CLASSIFICATÓRIO. *Direito civil.* É o resultante da extensão de *status* e nome de determinado parentesco a parentes de graus diversos. O parentesco conta-se por graus, que constituem a distância que vai de uma geração

PARENTESCO CONSANGÜÍNEO

565

PAR

a outra. Para saber o grau de parentesco que há entre uma pessoa em relação a outra, basta averiguar as gerações que as separam, já que cada uma forma um grau.

PARENTESCO CONSANGÜÍNEO. *Vide* PARENTES-CO POR CONSANGÜINIDADE.

PARENTESCO DUPLO. *Direito civil.* É o natural ou consangüíneo que deriva dos dois genitores, isto é, que ocorre quando a mãe e o pai são comuns.

PARENTESCO EM LINHA COLATERAL. *Direito civil.* É o parentesco natural que vincula pessoas que, provindo de tronco comum, não descendem umas das outras, como, por exemplo, irmãos, tios, sobrinhos e primos. Esse parentesco em linha oblíqua ou transversal não é infinito, uma vez que não vai, perante nosso direito, além do 4º grau, pois há presunção de que, após esse limite, o afastamento é tão grande que o afeto e a solidariedade não mais servem de apoio às relações de direito. O parentesco na linha transversal pode ser: a) igual, quando, entre o antepassado comum e os parentes considerados, a distância em gerações é a mesma. Por exemplo, entre irmãos, porque a distância que os separa do tronco ancestral comum, em número de gerações, é igual; b) desigual se a distância não for a mesma, por exemplo, o que ocorre entre tio e sobrinho, porque são diversas as distâncias que os separam do tronco comum, ao mesmo tempo pai de um e avô do outro; o antepassado comum separa-se por duas gerações do parente-sobrinho e por uma só do parente-tio; c) dúplice, quando dois irmãos casam-se com duas irmãs. Assim, os filhos dessas uniões serão parentes colaterais em linha duplicada, ou seja, duplamente primos (Orlando Gomes, Washington de Barros Monteiro e Caio M. S. Pereira).

PARENTESCO EM LINHA OBLÍQUA. *Vide* PARENTESCO EM LINHA COLATERAL.

PARENTESCO EM LINHA RETA. *Direito civil.* É o parentesco natural em que as pessoas estão ligadas umas às outras por um vínculo de ascendência e descendência. A linha reta é ascendente ou descendente conforme se encare o parentesco, subindo-se da pessoa a seu antepassado ou descendo-se sem qualquer limitação; por mais afastadas que estejam as gerações serão sempre parentes entre si pessoas que descendem umas das outras. São parentes

na linha ascendente o pai, o avô, o bisavô etc., e, na linha descendente, o filho, o neto, o bisneto etc. Na linha reta, que vai até o infinito, o grau de parentesco é contado pelo número de gerações, ou seja, de relações existentes entre o genitor e o gerado. Tantos serão os graus quantas forem as gerações: de pai a filho, um grau; de avô a neto, dois; de bisavô a bisneto, três etc. Cada geração representa um grau.

PARENTESCO EM LINHA TRANSVERSAL. *Vide* PARENTESCO EM LINHA COLATERAL.

PARENTESCO ILEGÍTIMO. *Direito civil.* É didaticamente o parentesco natural oriundo de relações sexuais eventuais ou concubinárias.

PARENTESCO LEGÍTIMO. *Direito civil.* Parentesco natural, sob o prisma didático que procede de casamento.

PARENTESCO MATRIMONIAL. *Vide* PARENTESCO LEGÍTIMO.

PARENTESCO NÃO MATRIMONIAL. *Vide* PARENTESCO ILEGÍTIMO.

PARENTESCO NATURAL. *Vide* PARENTESCO POR CONSANGÜINIDADE.

PARENTESCO POR ADOÇÃO. *Vide* PARENTESCO CIVIL.

PARENTESCO POR AFINIDADE. *Direito civil.* É o fixado por determinação legal, sendo o liame jurídico estabelecido entre um consorte, ou companheiro, e os parentes consangüíneos do outro nos limites impostos por lei, desde que decorra de matrimônio válido, ou união estável, pois concubinato impuro ou mesmo casamento putativo não têm o condão de gerar afinidade. Na linha reta, tem-se a afinidade entre sogro e nora, sogra e genro, padrasto e enteada, madrasta e enteado. São, portanto, afins em 1º grau. Por exemplo, em razão de casamento, ou união estável, alguém poderá ser afim em 1º grau com a filha e a mãe da mulher a que se uniu, caso em que aquela será sua enteada e esta sua sogra. Em 2º grau, na linha reta, o marido, ou companheiro, será afim com os avós de sua mulher, ou companheira, e esta com os avós de seu marido, ou companheiro, porque na linha reta não há limite de grau. Na linha colateral, o parentesco por afinidade não vai além do 2º grau, existindo tão-somente com os irmãos do cônjuge ou convivente; assim, com o casamento uma pessoa torna-se afim com os irmãos do cônjuge ou convivente. Cunhados serão parentes por afinidade em 2º grau, mas entre marido e mulher ou entre companheiros não há parentesco algum nem por afinidade (Tarragato, Orlando Gomes, Scialoja, W. Barros Monteiro, Cunha Gonçalves e Bassil Dower).

PARENTESCO POR COGNAÇÃO. 1. *Direito civil. Vide* PARENTESCO POR CONSANGÜINIDADE. **2.** *Direito romano.* Parentesco pelo lado feminino.

PARENTESCO POR CONSANGÜINIDADE. *Direito civil.* Também designado parentesco natural ou por cognação, é o vínculo entre pessoas descendentes de um mesmo tronco ancestral, portanto, ligadas umas às outras pelo mesmo sangue. Por exemplo, pai e filho, dois irmãos, dois primos etc.

PARENTESCO SIMPLES. *Direito civil.* Parentesco natural oriundo apenas de um dos genitores, fazendo com que as pessoas sejam parentes só da linha paterna ou somente da materna.

PARENTESCO SOCIOAFETIVO. *Direito civil.* É o baseado em laços de afetividade, como, por ex., o estabelecido entre o marido, que anui na inseminação artificial heteróloga de sua mulher, e o filho assim havido.

PARENTESCO TOTÊMICO. *Sociologia jurídica.* Vínculo de sangue, real ou suposto, que existe entre vários membros de uma estirpe, que têm um totem comum.

PARÊNTESES. 1. *Filosofia geral.* Neutralização ou isolamento de determinado conteúdo do pensamento, em relação ao qual se deve abster de qualquer posição existencial (Husserl). **2.** Na *linguagem comum,* frase intercalada num período, formando um sentido a parte.

PÁREO. *Direito civil.* **1.** Corrida de cavalo entre diversos competidores. **2.** Cada uma das corridas disputadas no turfe. **3.** Prêmio dessa corrida.

PARERE. 1. *História do direito.* Voto ou parecer escrito dado pelo comerciante sobre questões mercantis ou certos negócios. **2.** *Direito comercial.* Parecer dado por escritório de assessoria econômico-financeira ou contábil em resposta a consultas mercantis (Othon Sidou).

PARÈRE. *Direito internacional privado.* Atestado fornecido pelas câmaras de comércio ou pelos sindicatos profissionais para prova do costume ou uso comercial.

PARERMENEUTAS. *História do direito.* Hereges sírios que, no século VII, interpretavam, com arbitrariedade, as Escrituras.

PARES CUM PARIBUS FACILLIME CONGREGANTUR. *Expressão latina.* Iguais com iguais unem-se com facilidade.

PÁRESE. *Vide* PARESIA.

PARESIA. *Medicina legal.* **1.** Paralisia incompleta de músculo ou nervo. **2.** Redução da capacidade de movimentação, sem chegar à completa abolição de movimentos, pois não há perda total da sensibilidade.

PARES IN TEMPORE, PARES SUNT IN JURE. *Aforismo jurídico.* Iguais em tempo, iguais em direito.

PARESTATAL. *Vide* PARAESTATAL.

PARESTESIA. *Medicina legal.* Desordem nervosa que produz alucinações sensoriais e sensações anormais ou falsas, por exemplo, de formigamento, queimadura etc.

PARESTESIA SEXUAL. *Medicina legal.* Perversão sexual que leva o paciente a encontrar o prazer mediante a prática de atos anormais.

PARESTÉSICO. *Medicina legal.* Relativo a parestesia.

PARÉTICO. *Medicina legal.* Referente a paresia.

PARETO LEGI, QUISQUE LEGEM SANXERIS. *Expressão latina.* Obedece a lei que promulgaste.

PARGA. *Direito agrário.* Acervo de trigo e palha arrumado de modo a resguardar o grão das intempéries.

PARI. *Termo francês.* Aposta.

PÁRIA. *Sociologia jurídica.* **1.** Indivíduo que, na Índia, não tem casta, sendo por isso privado de quaisquer direitos sociais e religiosos. **2.** Aquele que pertence a classe social ínfima ou desprezada.

PARIA DELICTA MUTUA PENSATIONE DISSOLVUNTUR. *Expressão latina.* As injúrias recíprocas compensam-se.

PARIATO. *Direito comparado.* Dignidade de par do reino, na Inglaterra.

PARIÇÃO. *Direito agrário.* Ato de o animal parir.

PARIDADE. 1. *Direito cambiário.* Estado do câmbio ao par. **2.** *Direito do trabalho* e *direito administrativo.* Igualdade de remuneração entre níveis idênticos de atividades funcionais distintas (Othon Sidou). **3.** *Direito constitucional.* a) Igualdade; b) qualidade de igual.

PARIFICAR. Estabelecer paridade.

PARINTÉRIM. *Termo francês.* Provisoriamente.

PARI PASSU. *Locução latina.* A passo igual; simultaneamente; aquilo que ocorre concomitantemente.

PARIR. *Medicina legal.* Dar à luz.

PARISIS. *História do direito.* Moeda fabricada em Paris que era um quarto mais forte do que a cunhada em Tours.

PARITÁRIO. 1. *História do direito.* Sistema de órgãos da Justiça do Trabalho constituídos de igual número de classistas representantes dos empregados e dos empregadores. **2.** Na *linguagem jurídica* em geral, o que é constituído por elementos pares, a fim de estabelecer a igualdade.

PARITUR PAX BELLO. *Expressão latina.* A paz é obtida pela guerra.

PARIUM EADEM EST JURIS DISPOSITIO ET JUDICIUM. *Aforismo jurídico.* Os iguais devem ser julgados pela mesma disposição jurídica.

PARJURE. *Termo francês.* Perjúrio.

PARLAMENTA. 1. *Direito desportivo.* Movimento de remador de regata, livrando a pá da pressão da água. **2.** *Direito militar.* Conjunto de objetos necessários ao serviço de uma boca-de-fogo ou a uma jornada militar.

PARLAMENTAR. 1. *Ciência política.* a) Congressista; b) membro do Poder Legislativo; c) relativo ao governo ou a regime que adota o parlamentarismo. **2.** *Direito internacional público.* a) Reunião dos delegados de potências inimigas para fazer negociações, chegando a um acordo ou procurando uma solução, em casos de conflito ou guerra; b) oficial enviado pelo chefe das Forças Armadas para tratar de assuntos alusivos à guerra ou para entabular condições para a rendição etc. **3.** Nas *linguagens comum* e *jurídica:* a) negociar; b) falar; c) entrar em negociação para chegar a um acordo.

PARLAMENTÁRIO. 1. *Direito internacional público.* a) Ato de fazer negociações em busca de uma solução para o conflito armado; b) veículo condutor daquele que vai negociar com a potência inimiga; c) aquele que vai parlamentar, propondo armistício. **2.** *Ciência política.* a) O que é próprio para parlamentar; b) que parlamenta.

PARLAMENTARISMO. *Ciência política.* Regime político de governo em que o gabinete, composto dos Ministros de Estado, liderados pelo primeiro-ministro, é o responsável, por ter a chefia do governo, perante o parlamento, que, por seu intermédio, dirige a nação e faz cumprir as normas constitucionais. Nesta forma de governo há a dominação política do parlamento. É o sistema em que a direção dos negócios públicos pertence ao chefe de Estado e ao parlamento, que age por meio do gabinete e por ele se responsabiliza (Pinto Ferreira).

PARLAMENTARISTA. *Ciência política.* **1.** Adepto do parlamentarismo. **2.** Relativo ao parlamentarismo.

PARLAMENTARY COMMISSIONER. *Vide OMBUDSMAN.*

PARLAMENTO. 1. *História do direito.* Antiga assembléia dos grandes, na França. **2.** *Ciência política* e *direito constitucional.* a) Conjunto das duas câmaras (o Senado e a Câmara dos Deputados) que exercem o Poder Legislativo. Trata-se do Congresso Nacional; b) corpo colegiado de legisladores que representa o povo; c) assembléia que elabora leis; Assembléia Legislativa.

PARLAMENTO MUNDIAL PARA A SEGURANÇA E PAZ. *Direito internacional público.* Organização intergovernamental que conta com representantes em todo o mundo, com delegações diplomáticas e parlamentares em treze nações. Foi fundado em Palermo (Sicília), em 15 de dezembro de 1975 e tem os seguintes objetivos: a) defesa da paz em todos os povos do mundo e da segurança em cada nação; b) obtenção de ajuda e colaboração por todos os países; c) prestação de apoio moral, político, diplomático, cultural, religioso, econômico e social a todos os governos. Seus membros (deputados e senadores) gozam de imunidade diplomática e parlamentar, não podendo ser perseguidos pela realização de atividades políticas e diplomáticas na defesa da paz, da segurança, da liberdade e da justiça. Tem participação em conferências internacionais organizadas pela ONU. Internacionalmente, sua denominação é *International Parliament for Safety an Peace, Intergovernmental Organization of the States.*

PARLAMENTO NACIONAL. *Direito constitucional.* Congresso Nacional.

PARLAPASSADA. No Rio Grande do Sul, significa ajuste prévio.

PARLATÓRIO. Locutório.

PARMA. *História do direito.* Escudo circular usado pelos romanos.

PARMULÁRIO. *História do direito.* **1.** Gladiador romano armado com uma pequena parma (pármula). **2.** Espectador que torcia por esse gladiador.

PARNASSINO. 1. Diretor de sinagoga. **2.** Diácono que recolhe e distribui esmolas entre os modernos israelitas.

PÁROCO. *Direito canônico.* **1.** Vigário. **2.** Sacerdote que, sob a dependência do bispo diocesano, tem uma paróquia a seu cargo. **3.** Pastor da paróquia que deve exercer o cuidado pastoral da comunidade que lhe foi entregue, sob a autoridade do bispo diocesano, de cujo ministério de Cristo é chamado a participar para exercer em favor dessa comunidade o múnus de ensinar, santificar e governar, com a cooperação também de outros presbíteros, ou diáconos, e com a colaboração de fiéis leigos. Suas principais funções são: a) administrar o batismo; o sacramento da confirmação aos que se acham em perigo de morte; o viático e a unção dos enfermos; b) dar a bênção apostólica; c) assistir os matrimônios, dando a bênção nupcial; d) realizar funerais; e) benzer a fonte batismal no tempo pascal; f) fazer procissões e dar bênçãos solenes fora da Igreja; g) celebrar mais solenemente a Eucaristia nos domingos e festas de preceito.

PARÓDIA. *Direito autoral.* Imitação cômica ou burlesca de uma obra literária ou artística, a qual, desde que não reproduza a original, pode ser feita sem a permissão do autor.

PARODISTA. *Direito autoral.* Aquele que faz paródia.

PARODONTIA. *Medicina legal.* Inflamação dolorosa na gengiva.

PAROL. *Direito agrário.* **1.** Manjedoura. **2.** Vasilha que apara o caldo da cana, no engenho de açúcar. **3.** Grande depósito de aguardente.

PAROLEE. *Termo inglês.* Condenado em liberdade condicional.

PAROMOLOGIA. *Retórica jurídica.* Figura pela qual se finge fazer uma concessão para retirar vantagem.

PARONFALOCELE. *Medicina legal.* Hérnia em redor do umbigo.

PARONÍQUIA. *Medicina legal.* Infecção purulenta nos tecidos adjacentes à unha.

PARONOMÁSIA. *Retórica jurídica.* Emprego de palavras similares no som, mas diferentes no significado.

PARÓQUIA. *Direito canônico.* **1.** Território ou circunscrição territorial da diocese sujeita à administração e à jurisdição espiritual do pároco. **2.** Freguesia. **3.** Igreja matriz em que o pároco atua exercendo suas funções eclesiásticas. **4.** Comunidade de fiéis, constituída na Igreja particular, dirigida por um pároco sob a autoridade do bispo diocesano.

PAROQUIAL. *Direito canônico.* O que diz respeito ao pároco ou à paróquia.

PAROQUIALIDADE. *Direito canônico.* Qualidade de paroquial.

PAROQUIANO. *Direito canônico.* Aquele que freqüenta uma paróquia.

PAROQUIAR. *Direito canônico.* Exercer as funções de pároco.

PAROQUIATO. *Direito canônico.* **1.** Investidura de pároco. **2.** Tempo durante o qual um sacerdote é pároco.

PARORASE. *Medicina legal.* Perversão da visão que impossibilita a nítida distinção das cores.

PARORQUIA. *Medicina legal.* Situação testicular anômala.

PAROSMIA. *Medicina legal.* Perversão do olfato.

PAROTIDITE. *Medicina legal.* Caxumba ou inflamação das parótidas, ou seja, das glândulas salivares localizadas abaixo e atrás das orelhas.

PAR PARI REFERTUR. *Expressão latina.* Pagar na mesma moeda.

PARQUE. 1. *Direito militar.* Local onde são guardados os petrechos de artilharia, munições de guerra etc. **2.** *Direito administrativo.* Grande jardim público, com muitas árvores, destinado a passeios, recreações, exposições etc., que constitui bem público de uso comum. **3.** *Direito comercial.* a) Reunião de peças de viaturas para transporte de material; b) conjunto de estabelecimentos fabris existentes numa localidade. **4.** *Direito ambiental.* Bosque cercado destinado à conservação do meio ambiente, pois o Estado o coloca sob sua proteção, visando conservar a flora e a fauna.

PARQUE AQÜÍCOLA. *Direito ambiental.* Espaço físico contínuo em meio aquático, delimitado, que compreende um conjunto de áreas aqüícolas afins, em cujos espaços físicos intermediários podem ser desenvolvidas outras atividades compatíveis com a prática da aqüicultura.

PARQUE DE ABASTECIMENTO DE AERONAVES (PAA). *Direito aéreo.* Conjunto de instalações fixas, compreendendo tanques, equipamentos e prédios (administração, manutenção e outros), com a

PARQUE DE CAÇA

finalidade de receber, armazenar e distribuir combustíveis de aviação, localizado dentro de aeródromo público ou privado, que atenda às normas da Autoridade Aeronáutica, da administração aeroportuária local, da Associação Brasileira de Normas Técnicas (ABNT), do órgão ambiental competente e às posturas municipais.

PARQUE DE CAÇA. *Direito ambiental.* Área sob o controle do Poder Público que visa proteger a fauna, permitindo o exercício da caça em certas zonas, em caráter permanente ou temporário, com fins educativos, recreativos e turísticos, desde que haja observância de leis específicas.

PARQUE DE MATERIAL AERONÁUTICO (PAMA). *Direito aeronáutico.* É a organização do Comando da Aeronáutica, de caráter industrial, que tem por finalidade a execução das atividades de suprimento e manutenção de aeronaves, de seus componentes e dos respectivos equipamentos de apoio, de acordo com os planos e programas elaborados pela Diretoria de Material da Aeronáutica (DIRMA). O PAMA é diretamente subordinado ao diretor de Material da Aeronáutica. A sede, denominação e classificação de cada PAMA são estabelecidas no ato de sua ativação e constam nos respectivos regimentos internos. Em função do vulto dos encargos, o PAMA é classificado nas categorias A, B ou C, por ato do comandante da Aeronáutica. O PAMA tem por atribuições: a) a manutenção e o reparo de aeronaves, componentes e equipamentos de apoio que lhe forem atribuídos pela DIRMA; b) a aquisição, o recebimento, a armazenagem e a distribuição do material aeronáutico necessário ao cumprimento do seu programa de trabalho e à operação das aeronaves cujo apoio seja de sua responsabilidade; c) a assistência técnica às unidades operadoras de aeronaves e de equipamentos cujo apoio seja de sua responsabilidade; d) a atualização e o treinamento especializado do pessoal em serviço nas atividades técnicas decorrentes do cumprimento das atribuições recebidas da DIRMA; e e) a conservação das edificações, instalações e equipamentos do seu acervo patrimonial.

PARQUE DE MUNIÇÕES. *Direito militar.* Local onde as Forças Armadas guardam armas, munições, apetrechos bélicos etc.

PARQUE FLORESTAL. *Direito ambiental.* Área florestal reservada por ato do Poder Público com o escopo de resguardar a natureza, conciliando a proteção integral da flora, da fauna e da beleza natural, com utilização para fins educacionais, recreativos e científicos.

PARQUE INDÍGENA. *Direito constitucional.* Área reservada destinada a posse e ocupação pelos índios, onde possam viver e obter meios de subsistência, com direito ao usufruto das suas riquezas naturais, respeitando-se sua liberdade, usos, costumes e tradições.

PARQUE INDUSTRIAL. *Direito comercial* e *direito empresarial.* Conjunto de indústrias de uma localidade.

PARQUE INFANTIL. *Direito administrativo.* Estabelecimento público apropriado a proporcionar recreação às crianças.

PARQUE NACIONAL. *Direito ambiental.* Região repleta de belezas e riquezas naturais, protegida e custodiada pelo Poder Público, para conservar a flora e a fauna em estado nativo e formar pontos de excursões, com objetivos científicos, educacionais e recreativos. Tem como objetivo básico a preservação de ecossistemas naturais de grande relevância ecológica e beleza cênica, possibilitando a realização de pesquisas científicas e o desenvolvimento de atividades de educação ambiental, de recreação em contato com a natureza e de turismo ecológico. O Parque Nacional é de posse e domínio públicos, sendo que as áreas particulares incluídas em seus limites serão desapropriadas. A visitação pública está sujeita às normas e restrições estabelecidas no Plano de Manejo da unidade, às normas regulamentares e às estabelecidas pelo órgão responsável por sua administração. A pesquisa científica depende de autorização prévia do órgão responsável pela administração da unidade e está submetida às condições e restrições por este estabelecidas, bem como àquelas previstas em regulamento. As unidades dessa categoria, quando criadas pelo Estado ou Município, serão denominadas, respectivamente, Parque Estadual e Parque Natural Municipal.

PARQUET. *Termo francês.* Corpo de oficiais do Ministério Público em alguns países da Europa, como a França.

PARQUÍMETRO. *Direito administrativo.* Pequeno poste com mecanismo apropriado para medição não só do tempo em que os automóveis ficam estacionados, como também da taxa que os motoristas devem pagar.

PARRA. *Direito agrário.* Folha de videira.

PARRANDA. No Rio Grande do Sul, é a associação de malandros para enganar incautos, furtando-os.

PARREIRA. *Direito agrário.* Videira.

PARREIRAL. *Direito agrário.* Série de videiras.

PARRÉSIA. *Retórica jurídica.* Afirmação audaciosa, surpreendente e atrevida.

PARRÉSICO. *Retórica jurídica.* **1.** Relativo a parrésia. **2.** O que encerra ousadia oratória.

PARRICIDA. *Direito penal.* **1.** Aquele que pratica parricídio. **2.** Quem mata qualquer ascendente.

PARRICÍDIO. 1. *Direito penal.* a) Ato de matar o próprio pai; b) homicídio praticado pelo filho contra seus pais. É o crime que consiste no ato de matar pai, mãe ou qualquer ascendente, tendo, por isso, pena agravada. **2.** *Direito romano.* Ato de assassinar qualquer parente próximo.

PARSEC. *Direito espacial.* Unidade de medida para o espaço interestelar igual à distância de um segundo ou equivalente a 30,8 trilhões de quilômetros.

PARS IN TOTO CONTINETUR. *Aforismo jurídico.* A parte se contém no todo.

PARS JUDICIS. *Locução latina.* Parte do juiz; dever do magistrado; o que o juiz deve fazer de ofício.

PART. *Termo francês.* **1.** Recém-nascido. **2.** Parição.

PARTAGE. *Termo francês.* **1.** Partilha. **2.** Quinhão. **3.** Empate.

PARTAGEUR. *Termo francês.* Socialista.

PARTE. 1. *Direito civil.* a) Porção de um todo; b) o que cada voz ou instrumento deve executar numa peça; c) papel que cabe ao ator numa representação; d) contratante; e) quinhão hereditário; f) participação; g) fração condominial. **2.** *Direito autoral.* a) Divisão de uma obra. **3.** *Direito processual civil.* a) Litigante, seja ele autor ou réu; sujeito ativo ou passivo na relação jurídico-processual; b) pessoa com quem outra está em contestação. **4.** *Direito processual penal.* a) Queixa; b) denúncia. **5.** *Direito administrativo.* a) Indiciado em processo administrativo; b) concorrente. **6.** *Direito do trabalho.* Reclamante ou reclamado na Justiça Trabalhista. **6.** *Direito comercial.* Cota.

PARTE ABSTRATA. *Direito civil.* Parte ideal ou ficta, que é a não concreta, sendo uma *fictio juris*. Por exemplo, aquela que tem cada condômino na coisa comum, à qual se pode atribuir um valor, permanecendo, porém, em estado de indivisão. É uma fração abstrata e não determinada na coisa comum indivisa.

PARTE ADVERSA. *Direito processual civil.* É um litigante em relação a outro; parte contrária.

PARTE ATIVA NA EXECUÇÃO. *Direito processual.* Exeqüente; aquele que promove a execução.

PARTE BENEFICIÁRIA. *Direito comercial.* Título negociável sem valor nominal, alheio ao capital social, emitido, a qualquer tempo, por sociedade anônima, conferindo ao seu proprietário direito creditório eventual contra a sociedade, consistente em participar nos lucros líquidos anuais. Trata-se da cota de lucros ou do bônus de participação.

PARTE COMPONENTE. *Direito civil.* Aquela que compõe estrutura do prédio, como portas, janelas, telhas, vigamentos etc.

PARTE DA HERANÇA. *Direito civil.* Quinhão hereditário cabível a cada herdeiro após a partilha.

PARTE DISPONÍVEL. *Direito civil.* Metade ideal dos bens do patrimônio que alguém, tendo herdeiro necessário (descendente, ascendente ou cônjuge), pode dispor em testamento, resguardando, assim, a legítima.

PARTE FICTA. *Vide* PARTE ABSTRATA.

PARTE IDEAL. *Vide* PARTE ABSTRATA.

PARTE ILEGÍTIMA *AD CAUSAM*. *Direito processual civil.* **1.** Aquela que não tem interesse econômico ou moral para propor ou contestar ação. **2.** A que não tem capacidade de ser parte.

PARTE ILEGÍTIMA *AD PROCESSUM*. *Direito processual civil.* **1.** Aquela que não tem capacidade de estar em juízo. **2.** Quem está inabilitado para a prática de atos processuais válidos.

PARTE INSUBMISSA. *Direito civil.* Aquela que, efetuando um compromisso, não acata a decisão arbitral devidamente homologada.

PARTE INTEGRANTE. *Direito civil.* Bem acessório que, unido ao principal, forma com ele um todo, sendo desprovida de existência material própria, embora mantenha sua identidade. Por exemplo, a lâmpada de um lustre.

PARTE INTERESSADA. 1. Titular de direito próprio ou do que lhe cabe exercer em razão de múnus público. **2.** Aquela que tem legítimo interesse.

PARTEIRA. *Medicina legal.* Mulher especializada em assistir a partos, socorrendo parturientes às vezes até mesmo em substituição ao médico.

PARTEIRA PRÁTICA. *Direito do trabalho.* É aquela que, mesmo sem possuir curso ou ser diplomada, obtém seu registro e habilitação profissional para o exercício regular da profissão.

PARTEJADA. *Medicina legal.* Mulher assistida no parto por parteira.

PARTEJAR. *Medicina legal.* Servir de parteira.

PARTEJO. *Medicina legal.* **1.** Ato de servir de parteira. **2.** Ato de dar à luz.

PARTE LEGÍTIMA *AD CAUSAM. Direito processual civil.* **1.** É a que tem legitimação para a causa. **2.** A que pode figurar na ação como autor ou réu.

PARTE LEGÍTIMA *AD PROCESSUM. Direito processual civil.* Pessoa capaz de estar em juízo.

PARTEM HABERE MELIUS EST, QUAM TOTUM PRIVARI. *Aforismo jurídico.* É melhor ficar com uma parte do que perder tudo.

PARTE NA SOCIEDADE. *Direito civil* e *direito comercial.* **1.** Quinhão que compete a cada sócio no capital. **2.** Cota-capital.

PARTÊNIO. *História do direito.* Filho bastardo, na antiga Esparta, principalmente se havia nascido durante a guerra da Messênia.

PARTENOGÊNESE. *Medicina legal* e *biodireito.* Trata-se do *cloning* ou clonagem, ou seja, estimulação do desenvolvimento de um óvulo por meios físicos ou químicos, sem que seja fecundado por um esperma. É a reprodução assexuada em ser humano, isto é, sem fecundação, à custa do desenvolvimento do gameta feminino, que contém todos os componentes genéticos do organismo a que pertence, para criar um novo ser idêntico àquele.

PARTENOGENÉTICO. *Medicina legal.* Relativo a partenogênese.

PARTE PASSIVA NA EXECUÇÃO. *Direito processual civil.* Executado; aquele contra quem a execução é movida.

PARTE REAL. *Direito civil.* Fração concreta, certa e determinada de um bem divisível.

PARTES BELIGERANTES. *Direito internacional público.* Potências em guerra.

PARTES PUDENDAS. *Medicina legal.* Órgãos genitais externos de ambos os sexos.

PARTIAL ZONA DRILLING (PZD). *Medicina legal* e *biodireito.* Micromanipulação de gametas que auxilia a fertilização assistida ao realizar alguns furos na zona pelúcida do óvulo, facilitando a passagem dos espermatozóides para que o fecundem (Roger Abdelmassih).

PARTIBUS FACTIS. *Locução latina.* Feita a partilha.

PARTIÇÃO. **1.** *Direito civil.* Ato de dividir em partes. **2.** *Lógica jurídica.* Divisão de um gênero nas suas espécies.

PARTICIPAÇÃO. **1.** *Direito civil.* Ato jurídico em sentido estrito que consiste em uma declaração para ciência ou comunicação de intenção ou fato, tendo, portanto, por escopo produzir *in mente alterius* um evento psíquico. Tem, necessariamente, destinatário, pois o sujeito pratica o ato para dar conhecimento a outrem de que tem certo propósito ou de que ocorreu determinado fato. Por exemplo, intimação, interpelação, notificação, oposição, aviso, confissão, denúncia, convite etc. (Messineo e Orlando Gomes). **2.** *Direito comercial.* Forma de sociedade não personificada, como a em conta de participação, na qual o sócio ostensivo age, em seu nome individual e sob sua própria e exclusiva responsabilidade, em proveito comum, pois os demais sócios participam dos resultados. **3.** Nas *linguagens comum* e *jurídica:* a) ato ou efeito de participar; b) ato de tomar parte; c) ato de integrar; d) aviso; e) comunicação; f) ação de intervir; g) contribuição; h) ato de receber quinhão numa partilha. **4.** *Filosofia geral.* a) União da parte com o todo e do ser finito com o infinito; b) ligação do individual e do universal na consciência e do ser absoluto e do eu no ato livre (Lavelle); c) relação dos seres sensíveis com as idéias e a relação que têm entre si as que não se excluem (Platão); d) modo de pensamento, comum nos povos de civilização inferior, segundo o qual os seres não formam senão um só e mesmo ser e podem ser tomados uns pelos outros, num grande número de casos (Lévy-Bruhl).

PARTICIPAÇÃO ACIONÁRIA. *Direito comercial.* Relação entre o estoque de capital de certo acionista ou grupo de acionistas e o estoque de capital total da empresa (Luiz Fernando Rudge).

PARTICIPAÇÃO CONDICIONADA. *Sociologia geral.* Acesso incompleto à cultura de um grupo social subordinado, como o dos negros na cultura norte-americana, que depende do grau da limitação cultural do papel designado e aceito pelos membros desse grupo.

PARTICIPAÇÃO DA COMUNIDADE NA ÁREA PENITENCIÁRIA. *Direito penitenciário.* Colaboração ou ajuda dada pela comunidade aos órgãos encarregados da execução penal e à administração penitenciária, no sentido de dar assistência aos presidiários, às suas famílias e vítimas.

PARTICIPAÇÃO DA JUVENTUDE NAS TRANSFORMAÇÕES DA ESCOLA E DA SOCIEDADE. *Teoria geral do direito, sociologia jurídica* e *direito educacional.* Movimento estudantil e dos jovens contra a sua marginalização nos processos de decisão e contra a inadequação das estruturas de ensino e da sociedade, que apresenta sugestões e críticas suscetíveis de acelerar as transformações sociais necessárias (A. Franco Montoro).

PARTICIPAÇÃO DOS CIDADÃOS NO PROCESSO POLÍTICO. *Ciência política.* Direito dos cidadãos de tomar parte no governo de seu país, diretamente ou por meio dos representantes livremente escolhidos, manifestando sua opinião e influenciando na direção da vida pública ao opinar sobre candidatos e programas de partidos políticos (A. Franco Montoro).

PARTICIPAÇÃO DOS MORADORES NA SOLUÇÃO DOS PROBLEMAS DA COMUNIDADE LOCAL. *Teoria geral do direito* e *direito civil.* Direito que têm os moradores do mesmo bairro de se reunirem em associações, que atuam como órgãos de representação da comunidade; de reivindicação de benefícios e serviços coletivos; de execução direta, coordenação ou fiscalização daqueles serviços; de estudo dos problemas locais e de integração da população no processo de desenvolvimento. Essa participação popular faz com que se atinja o bem comum, e leva a decisões e programas que, realmente, atendam às reais necessidades da localidade (A. Franco Montoro).

PARTICIPAÇÃO DOS TRABALHADORES NA VIDA DA EMPRESA E NAS DECISÕES SOCIAIS. *Direito do trabalho* e *direito constitucional.* Direito dos trabalhadores e de seus sindicatos de: tomar parte nas decisões alusivas ao seu interesse; ter conhecimento das informações necessárias, relativas às atividades da empresa e ao exercício responsável da função que lhes foi atribuída; ser consultado etc. (A. Franco Montoro).

PARTICIPAÇÃO DOS TRABALHADORES NOS LUCROS E RESULTADOS DA EMPRESA. *Direito constitucional* e *direito do trabalho.* Instrumento de integração entre o capital e o trabalho, que visa o incentivo à produtividade. Toda empresa deve convencionar com seus empregados, por meio de comissão por eles escolhida, a forma de participação daqueles em seus lucros ou resultados. Tal participação não substitui ou complementa a remuneração devida a qualquer empregado, nem constitui base de incidência de qualquer encargo trabalhista ou previdenciário, não se lhe aplicando o princípio da habitualidade. Para efeito de apuração do lucro real, a pessoa jurídica pode deduzir como despesa operacional as participações atribuídas aos empregados nos lucros ou resultados. É vedado o pagamento de qualquer antecipação ou distribuição de valores a título de participação nos lucros ou resultados da empresa em periodicidade inferior a um semestre. A periodicidade semestral mínima referida no parágrafo anterior pode ser alterada pelo Poder Executivo em função de eventuais impactos nas receitas tributárias ou previdenciárias. As participações são tributadas na fonte, em separado dos demais rendimentos recebidos no mês, como antecipação do imposto de renda devido na declaração de rendimentos da pessoa física, competindo à pessoa jurídica a responsabilidade pela retenção e pelo recolhimento do imposto. Dos instrumentos decorrentes da negociação devem constar regras claras e objetivas quanto à fixação dos direitos substantivos da participação e das regras adjetivas, inclusive mecanismos de aferição das informações pertinentes ao cumprimento do acordado, periodicidade da distribuição, período de vigência e prazos para revisão do acordo, podendo ser considerados, entre outros, os seguintes critérios e condições: a) índices de produtividade, qualidade ou lucratividade da empresa; b) programas de metas, resultados e prazos, pactuados previamente. O instrumento de acordo celebrado é arquivado na entidade sindical dos trabalhadores. Caso a negociação visando à participação nos lucros ou resultados da empresa resulte em impasse, as partes podem utilizar-se dos seguintes mecanismos de solução do litígio: a) mediação; b) arbitragem de ofertas finais, que é aquela em que o árbitro deve restringir-se a optar pela proposta apresentada, em caráter definitivo, por uma das partes. O mediador ou o árbitro é escolhido de comum acordo entre as partes. Firmado o compromisso arbitral, não é admitida a desistência unilateral de qualquer das partes. O laudo arbitral tem força normativa, independentemente de homologação judicial. A participação relativamente aos trabalhadores em empresas estatais observa diretrizes específicas fixadas pelo Poder Executivo.

PARTICIPAÇÃO NOS LUCROS DA EMPRESA

PARTICIPAÇÃO NOS LUCROS DA EMPRESA. 1. *Direito comercial.* Direito de cada sócio de perceber, na proporção de seus quinhões no fundo social, o que lhe cabe no rateio dos lucros. **2.** *Direito do trabalho* e *direito constitucional.* Direito social do empregado urbano e rural de participar de uma parcela dos lucros obtidos pela empresa empregadora, desvinculado da remuneração. Entretanto, pela jurisprudência do TST essa parcela participação nos lucros da empresa, habitualmente paga, tem natureza salarial, para todos os efeitos legais. Mas por norma constitucional constitui um pagamento não salarial. Se não são tidos como salário os valores pagos a título de participação nos lucros, não serão considerados para efeito de incidência de ônus sociais, trabalhistas, previdenciários ou fiscais. A participação nos lucros não entra no salário-base do empregado para fins de recolhimento do fundo de garantia, do cálculo de indenizações de 13º salário, de remuneração das férias e do repouso semanal, de pagamento de adicionais salariais, de gratificações, prêmios, abonos, de recolhimento de contribuições previdenciárias (Sussekind, Segadas Vianna, Sydney Sanches e Kiyoshi Harada). Não se equipara a empresa: 1) a pessoa física; 2) a entidade sem fins lucrativos que, cumulativamente: a) não distribua resultados, a qualquer título, ainda que indiretamente, a dirigentes, administradores ou empresas vinculadas; b) aplique integralmente os seus recursos em sua atividade institucional e no País; c) destine o seu patrimônio a entidade congênere ou ao Poder Público, em caso de encerramento de suas atividades; d) mantenha escrituração contábil capaz de comprovar a observância dos demais requisitos e das normas fiscais, comerciais e de direito econômico que lhe sejam aplicáveis. Essa participação não substitui ou complementa a remuneração devida a qualquer empregado, nem constitui base de incidência de qualquer encargo trabalhista, não se lhe aplicando o princípio da habitualidade. Para efeito de apuração do lucro real, a pessoa jurídica poderá deduzir como despesa operacional as participações atribuídas aos empregados nos lucros ou resultados, nos termos da lei, dentro do próprio exercício de sua constituição. É vedado o pagamento de qualquer antecipação ou distribuição de valores a título de participação nos lucros ou resultados da empresa em periodicidade inferior a um semestre civil, ou mais de duas vezes no mesmo ano civil. Todos os pagamentos efetuados em decorrência de planos de participação nos lucros ou resultados, mantidos espontaneamente pela empresa, poderão ser compensados com as obrigações decorrentes de acordos ou convenções coletivas de trabalho atinentes à participação nos lucros ou resultados. As participações serão tributadas na fonte, em separado dos demais rendimentos recebidos no mês, como antecipação do imposto de renda devido na declaração de rendimentos da pessoa física, competindo à pessoa jurídica a responsabilidade pela retenção e pelo recolhimento do imposto.

PARTICIPAÇÃO NOS LUCROS E PERDAS. *Direito civil.* Na sociedade simples, o sócio tem o direito de participar nos lucros produzidos pela sociedade e o dever de assumir as perdas por ela sofridas, na proporção de sua quota, se o contrato social não declarar, numa de suas cláusulas, a parte cabível a cada um nos lucros e nas perdas. Nula será a cláusula do pacto social que conferir só a um deles os lucros ou subtrair de um deles das perdas ou dos ônus decorrentes da atividade exercida para a consecução do fim social.

PARTICIPAÇÃO POLÍTICA. *Ciência política.* Conjunto de atividades políticas como: ato de votar, militância em partido político, contribuição para uma agremiação política, participação em comício, apoio a candidato em uma campanha eleitoral, difusão de idéias políticas etc. (Giacomo Sani).

PARTICIPAÇÕES GOVERNAMENTAIS. *Direito administrativo.* Pagamentos a serem realizados pelos concessionários de atividades de exploração e produção de petróleo e de gás natural nos prazos estipulados legalmente, em moeda corrente ou mediante transferência bancária, cujas receitas correspondentes serão mantidas na Conta Única do Governo Federal, enquanto não forem destinadas para as respectivas programações.

PARTICIPADOR. O que participa.

PARTICIPANTE. 1. *Direito cambiário.* Instituição financeira que integra o serviço de compensação de cheques, sendo remetente, quando encaminha papéis compensáveis àquele serviço, e destinatária quando os recebe. **2.** Nas *linguagens comum* e *jurídica*: a) pessoa que participa; b) participador.

PARTICIPANTE COM LIQUIDAÇÃO DIRETA. *Direito bancário.* Instituição financeira detentora de título de membro de compensação que realiza e liquida operações para sua carteira própria ou para fundos sob sua administração.

PARTICIPAR. 1. Comunicar. **2.** Avisar. **3.** Tomar parte. **4.** Ter parte. **5.** Associar-se pelo pensamento a alguma coisa; solidarizar-se. **6.** Ser membro de um grupo. **7.** Receber cota.

PARTICIPATIO FRAUDIS. *Locução latina.* Colaboração dolosa no ato fraudulento.

PARTICIPÁVEL. 1. O que pode ser participado. **2.** Que se pode participar.

PARTÍCIPE. *Direito civil.* **1.** Condômino. **2.** Sócio.

PARTÍCULA NOBILIÁRIA. *Direito civil.* Preposição (de, do, da, *von*) colocada diante do apelido de família, que indica, às vezes, procedência nobre.

PARTICULAR. 1. *Direito civil.* a) Confidencial; b) reservado; c) que não se destina ao uso público; d) segredo; e) pormenor; f) aquilo que pertence a pessoa natural ou jurídica de direito privado; g) especial; h) separado; i) privado; j) que é próprio; k) instrumento no qual só intervêm os interessados no ato negocial, dispensada a presença do oficial do cartório; l) interesse relativo a uma pessoa; m) instituição formada por iniciativa dos interessados para atender a um fim específico; n) testamento hológrafo, feito por instrumento escrito pelo próprio testador. **2.** *Lógica jurídica.* Proposição relativa a alguns indivíduos (indeterminados) de uma classe, ou mesmo a um só, se não for determinada (Lalande).

PARTICULARIDADE. 1. Qualidade do que é particular. **2.** Singularidade. **3.** Individualidade. **4.** Especialidade.

PARTICULARISMO. 1. Qualidade privativa. **2.** Caráter particular. **3.** Tendência de conservar caracteres peculiares.

PARTICULARIZAÇÃO. 1. Ato ou efeito de fazer distinção ou menção especial. **2.** Caracterização. **3.** Individualização. **4.** Pormenorização; ato de se referir a algo minuciosamente. **5.** Especialização de bens.

PARTICULARMENTE. Diz-se de um conceito que só é considerado numa parte de sua extensão (Lalande).

PARTIDA. 1. *Direito comercial.* a) Lote de mercadorias; quantidade maior ou menor de mercadorias da mesma espécie, destinadas ao comércio,

recebidas ou expedidas; b) quantidade definida de matéria-prima, material de embalagem ou produto, obtido em um único processo, cuja característica essencial é a homogeneidade; c) lançamento ou registro completo de uma operação mercantil no livro *Diário*. **2.** *Direito desportivo.* a) Competição desportiva entre duas pessoas ou dois grupos; b) ensaio feito pelos corredores antes da largada; c) largada. **3.** *Direito marítimo.* Fato de o navio deixar o porto para, em rota normal, tocar no porto de escala. **4.** Na *linguagem comum,* ato de partir.

PARTIDA DOBRADA. *Direito comercial.* **1.** Sistema de escrituração mercantil em que para cada artigo são indicados e reconhecidos, concomitantemente, um credor e um devedor, pois cada lançamento no *deve* corresponde a um no *haver*. **2.** Escrituração contábil em que cada lançamento se faz simultaneamente nas contas do ativo e do passivo, caracterizando origem e destino dos recursos (Luiz Fernando Rudge).

PARTIDA INICIAL. *Direito agrário.* É a primeira partida de vacina autógena fabricada a partir de uma semente.

PARTIDÁRIO. 1. *Ciência política.* a) Aquele que é filiado a um partido; b) que se refere a partido. **2.** Na *linguagem comum,* defensor de uma idéia.

PARTIDARISMO. Proselitismo.

PARTIDARISTA. Aquele que tem partidarismo.

PARTIDA SIMPLES. *Direito comercial.* Sistema contábil em que, antes de se expor a operação, assinala-se, de cada vez e em cada conta, o que *deve* e o *haver*. É o lançamento em que só se faz menção ao devedor ou ao credor nele anotado.

PARTIDISMO. *Vide* PARTIDARISMO.

PARTIDISTA. *Ciência política.* Aquele que é membro de um partido ou com ele simpatiza.

PARTIDO. 1. *Direito civil.* a) Ajuste firmado por profissional liberal, por exemplo, advogado, para prestação de serviços, mediante pagamento de remuneração mensal certa ou fixa; b) bem divisível que se partiu ou foi dividido em partes; c) associação de pessoas que têm a mesma doutrina política. **2.** *Sociologia geral.* União de muitas pessoas contra outras que têm interesses opostos. **3.** *Direito agrário.* Grande extensão de terra plantada com cana-de-açúcar. **4.** Na *linguagem comum:* a) saído; ido embora; b) decisão; c) expediente; d) vantagem.

PARTIDO DA MOCIDADE. *História do direito.* Agremiação estudantil fundada em 1925, na cidade de São Paulo, que visava sanar a má situação do País, ressaltando a gravidade dos problemas nacionais, enaltecendo o voto secreto e caracterizando a atividade político-eleitoral, principalmente a paulista, até 1937.

PARTIDO DE CONSERVAÇÃO. *Ciência política.* Aquele que está preso à tradição, sendo contrário a qualquer modificação no *status quo* (Nawiasky).

PARTIDO DE MASSA. *Ciência política.* **1.** É o que admite a intervenção política das massas populares no processo político (Georges Burdeau). **2.** Aquele que almeja obter o maior número possível de sequazes e servir de instrumento para que pessoas menos abastadas possam ocupar posições no governo (Maurice Duverger e Dalmo de Abreu Dallari).

PARTIDO DE MOVIMENTO. *Ciência política.* É aquele que pretende remodelar instituições (Nawiasky).

PARTIDO DE OPINIÃO. *Ciência política.* É aquele que aceita filiados de variada extração social, desde que acatem a ordem social existente, de caráter individualista (Georges Burdeau).

PARTIDO DE PATRONAGEM. *Ciência política.* Aquele que pretende alcançar o poder para obter vantagem material para seus dirigentes, e empregos públicos para seus filiados (Max Weber).

PARTIDO IDEOLÓGICO. *Ciência política.* É o que visa a concretização de nobres ideais justificadores de uma reforma da ordem política existente (Max Weber).

PARTIDO POLÍTICO. *Ciência política* e *direito civil.* Associação civil ou pessoa jurídica de direito privado que deve ter seu estatuto registrado, mediante requerimento ao cartório competente do Registro Civil das Pessoas Jurídicas da Capital Federal e ao Tribunal Superior Eleitoral, para arregimentar membros que, defendendo seu programa e seus princípios políticos, venham a alcançar o poder por meio das eleições. São registrados no Tribunal Superior Eleitoral: Partido do Movimento Democrático Brasileiro (PMDB); Partido Trabalhista Brasileiro (PTB); Partido Democrático Trabalhista (PDT); Partido dos Trabalhadores (PT); Democratas (DEM); Partido Liberal (PL); Partido Comunista do Brasil (PC do B); Partido Socialista Brasileiro (PSB); Partido da Social Democracia Brasileira (PSDB); Partido Trabalhista Cristão (PTC); Partido Social Cristão (PSC); Partido da Mobilização Nacional (PMN); Partido Republicano Progressista (PRP); Partido Popular Socialista (PPS); Partido Verde (PV); Partido Trabalhista do Brasil (PT do B); Partido Progressista (PP); Partido Socialista dos Trabalhadores Unificado (PSTU); Partido Comunista Brasileiro (PCB); Partido Renovador Trabalhista Brasileiro (PRTB); Partido Humanista na Solidariedade (PHS); Partido Social Democrata Cristão (PSDC); Partido da Causa Operária (PCO); Partido Trabalhista Nacional (PTN); Partido dos Aposentados da Nação (PAN); Partido Social Liberal (PSL); Partido Republicano Brasileiro (PRB); Partido Socialismo e Liberdade (PSOL) e Partido da República (PR).

PARTIDOR. *Direito processual civil.* Funcionário público encarregado de fazer cálculos e elaborar plano de partilha judicial de bens hereditários, de acordo com o despacho de sua deliberação, que deve ser homologado pelo juiz.

PARTIDOS DE QUADROS. *Ciência política.* Aqueles que, por se preocuparem com a qualidade de seus membros, não visam angariar o maior número de integrantes, mas sim em atrair pessoas notáveis ou que tenham prestígio ou excelente posição econômico-financeira (Dalmo de Abreu Dallari e Maurice Duverger).

PARTILHA. 1. *Direito civil.* a) Repartição de bens de uma herança; b) divisão de imóvel comum em quinhões distintos e proporcionais ao direito de cada um dos condôminos; c) divisão de coisa móvel. **2.** *Direito comercial* e *direito do trabalho.* Repartição de lucros empresariais entre sócios e empregados.

PARTILHA AMIGÁVEL. *Direito civil.* **1.** Divisão de bens em frações, de comum acordo entre os interessados, devidamente homologada pelo órgão judicante. Essa partilha amigável de coisa comum é feita por escritura pública, na qual intervêm todos os condôminos, desde que maiores e capazes. **2.** Repartição de bens da herança feita por acordo unânime de herdeiros maiores e capazes, por meio de escritura pública, termo nos autos do inventário ou escrito particular homologado pelo juiz. **3.** Partilha consensual extrajudicial dos bens do *de cujus* feita por herdeiros capazes e concordes, mediante escritura pública, desde que não haja testamento e estejam devidamente assistidos por advogado comum ou advogados de cada um deles. Essa escritura servirá de título hábil para o registro imobiliário.

PARTILHA ARITMÉTICA. *Direito civil.* Repartição do bem feita mediante cálculo matemático.

PARTILHA CONCRETA DE BENS. *Vide* PARTILHA MATERIAL.

PARTILHA CONTRATUAL. *Vide* PARTILHA AMIGÁVEL.

PARTILHA CONVENCIONAL. *Vide* PARTILHA AMIGÁVEL.

PARTILHA DE RECEITAS TRIBUTÁRIAS. *Vide* DISCRIMINAÇÃO DE RENDAS.

PARTILHA-DOAÇÃO. *Vide* PARTILHA *INTER VIVOS.*

PARTILHA EM VIDA. *Direito civil.* Disposição de bens feita por uma pessoa por meio de doação ou testamento, desde que não lese a legítima de seus herdeiros necessários, se houver. Logo, pode abranger parte ou a totalidade de seus bens. É o ato pelo qual alguém, observando as condições legais, distribui seus bens entre seus herdeiros por ato *inter vivos* ou testamento.

PARTILHA EXTRAJUDICIAL. *Vide* PARTILHA AMIGÁVEL, item n. 3.

PARTILHA IDEAL. *Vide* PARTILHA JURÍDICA.

PARTILHA *INTER LIBEROS*. *Vide* PARTILHA *INTER VIVOS.*

PARTILHA *INTER VIVOS*. *Direito civil.* Ato de deixar o pai a seu filho todos os seus bens, por meio de doação, desde que haja reserva de usufruto de bens suficientes que assegurem a subsistência do doador. A partilha em vida só pode ser feita se não prejudicar a legítima dos herdeiros necessários, não exigindo a presença da autoridade judiciária, embora sujeita a revisão judicial. É um adiantamento da legítima, que só pode dar-se relativamente ao direito dos herdeiros necessários. Tal partilha-doação, feita por ato *inter vivos*, sujeita-se às normas das doações quanto à forma, à capacidade, à aceitação, ao respeito das legítimas dos herdeiros necessários, à colação etc.

PARTILHA JUDICIAL. *Direito civil* e *direito processual civil.* **1.** Aquela que compete ao Poder Judiciário, após a ouvida das partes, distribuindo bens entre os interessados ou a quem de direito. A partilha ocorre, portanto, quando não há acordo entre os condôminos ou quando um deles é incapaz, cabendo, então, ao Judiciário decidir as questões e as dúvidas levantadas pelos interessados. **2.** Aquela que é feita no inventário por ordem do juiz, sendo obrigatória quando os herdeiros divergirem, ou se algum deles for menor ou incapaz, e facultativa entre capazes. Essa partilha procura a perfeita igualdade quantitativa e qualitativa entre os sucessores do *de cujus*, atendendo os direitos e interesses de todos, principalmente dos incapazes. Com a deliberação da partilha competirá ao partidor organizar-lhe o esboço, observando nos pagamentos a seguinte ordem: dívidas atendidas; meação do consorte; cota disponível, quinhões hereditários, a começar pelo co-herdeiro mais velho.

PARTILHA JURÍDICA. *Direito civil.* Partilha ideal, ou seja, aquela que se perfaz atribuindo-se a cada herdeiro, ante a impossibilidade de se dividir, concretamente, os bens da parte ideal do monte partível que lhe compete. Cada herdeiro receberá fração ideal dos bens da herança.

PARTILHA MATERIAL. *Direito civil.* É a partilha concreta de bens, ou seja, a repartição em que cada titular recebe coisa individuada ou distinta.

PARTILHA NA DIVISÃO. *Direito civil.* Distribuição de quinhões a cada titular de coisa comum, após sua divisão. Esta divisão, seja amigável ou judicial, tem efeito declaratório e não constitutivo, pois apenas declara a porção real de propriedade correspondente à fração ideal de cada comproprietário, substituindo-se o estado de compropriedade pelo de propriedade. Produz efeito *ex tunc*, havendo apenas a concretização da cota ideal de cada condômino, que de abstrata passa a ser concreta, certa ou individuada. Antes da divisão cada comproprietário é dono da totalidade da coisa, tendo uma cota ideal sobre ela; depois da partilha esse seu direito de propriedade fixa-se, concretamente, no quinhão que se lhe adjudica.

PARTILHA NA SOCIEDADE. *Direito comercial.* Repartição dos bens sociais entre os sócios, havendo liquidação da sociedade.

PARTILHA NO INVENTÁRIO. *Direito civil.* É a divisão oficial do monte líquido, apurado durante o inventário (judicial ou extrajudicial), entre os sucessores do *de cujus*, para adjudicar-lhes os respectivos quinhões hereditários.

PARTILHANTE. *Direito civil.* **1.** Aquele que realiza uma partilha por ato *inter vivos* ou por via testamentária. **2.** Aquele que distribui bens entre herdeiros, obedecendo as normas legais.

PARTILHA POR ATO *INTER VIVOS*. *Vide* PARTILHA *INTER VIVOS.*

PARTILHA POR ESCRITURA PÚBLICA. *Vide* PARTILHA EXTRAJUDICIAL.

PARTILHA POR LINHAS. *Direito civil.* Divisão meio a meio da herança, em caso de sucessão de ascendente, entre duas linhas, havendo igualdade em grau e diversidade em linha. Por exemplo, o *de cujus* possui apenas três avós (igualdade de graus), dois maternos e um paterno (diversidade em linha). Todos receberão a herança, que será repartida entre duas linhas meio a meio; metade será devolvida aos dois avós maternos (uma linha) e metade ao único avô paterno (outra linha).

PARTILHA PROVISÓRIA. *Direito civil.* Aquela que se dá, em caso de ausência, na sucessão provisória, passando-se a herança do ausente aos herdeiros condicionais, que devem guardar os bens, para serem devolvidos quando reclamados pelo desaparecido, por ocasião de sua volta. Se se provar, durante a sucessão provisória, a data certa da morte do ausente, converter-se-á tal sucessão em definitiva. Retornando o ausente ou enviando notícias suas, cessarão para os sucessores provisórios todas as vantagens, ficando obrigados a tomar medidas assecuratórias até a devolução dos bens a seu dono. Urge lembrar que a sucessão definitiva poderá ser requerida dez anos depois de passada em julgado a sentença que autorizou a abertura da sucessão provisória ou se se provar que o ausente tem mais de oitenta anos de idade e que de cinco datam as últimas notícias suas.

PARTILHAR. *Direito civil.* **1.** Repartir. **2.** Distribuir. **3.** Compartilhar; participar. **4.** Fazer partilha amigável ou judicial.

PARTILHA TESTAMENTÁRIA. *Direito civil.* Aquela que é feita por alguém por meio da distribuição de seus bens entre os herdeiros, por qualquer uma das formas de testamento previstas em lei, tendo eficácia jurídica somente após o óbito do testador.

PARTILHA-TESTAMENTO FEITA POR ASCENDENTE. *Direito civil.* Aquela em que os bens são divididos entre os herdeiros, podendo o testador-ascendente atribuir ao herdeiro necessário quinhões desiguais. Mas essas desigualdades serão imputadas à sua quota disponível, não podendo lesar quota legitimária de qualquer herdeiro necessário.

PARTILHÁVEL. *Direito civil.* O que é suscetível de partilha; aquilo que pode ser partilhado.

PARTIMENTO. 1. Saída. **2.** Divisão. **3.** Compartimento.

PARTI PRIS. *Locução francesa.* Ponto de vista preconcebido.

PARTIR. 1. Dividir. **2.** Repartir. **3.** Distribuir. **4.** Divergir. **5.** Retirar-se; ausentar-se. **6.** Falecer. **7.** Ter início. **8.** Provir; proceder.

PARTISAN. *Termo francês.* Partidário.

PARTIS SECANTO. *Locução latina.* Retalhamento do corpo do devedor, pena esta que, em regra, era substituída pela venda do devedor como escravo.

PARTITOCRACIA. *Ciência política.* Presença e consolidação sociopolítica dos partidos de massa (Pasquino).

PARTÍVEL. Aquilo que se pode partir.

PARTNER. *Termo inglês.* **1.** Associado. **2.** Parceiro. **3.** Sócio. **4.** Cônjuge. **5.** Companheiro.

PARTNERSHIP. *Termo inglês.* **1.** Corporação. **2.** Associação. **3.** Sociedade; sociedade comercial em nome coletivo. **4.** Consórcio.

PARTNERSHIP AGREEMENT. *Locução inglesa.* Contrato social.

PARTO. *Medicina legal.* **1.** Ato do nascimento de uma criança. **2.** Conjunto de fenômenos fisiológicos e mecânicos que acarretam a expulsão do feto e de seus anexos (Osvaldo Pataro).

PARTO A TERMO. *Medicina legal.* Aquele que completou o ciclo gravídico de duzentos e oitenta dias.

PARTO CESÁREO POST MORTEM. *Medicina legal.* Aquele que se processa mediante operação cesárea após o falecimento da mulher grávida.

PARTO DE VIA ALTA. *Medicina legal.* Nascimento ocorrido por meio de histerotomia ou cesariana segmentar transversa (Croce e Croce Jr.).

PARTOGRAMA. *Medicina legal.* É um gráfico onde são anotadas a progressão do trabalho de parto e as condições da mãe e do feto, facilitando o acompanhamento preciso do final da gestação.

PARTO MÚLTIPLO. *Medicina legal.* Nascimento de duas ou mais crianças, quase ao mesmo tempo, concebidas no mesmo instante.

PARTO NATURAL. *Medicina legal.* Aquele em que o nascimento se dá pela ruptura da bolsa e contrações uterinas, que expulsam o feto das vias genitais maternas, sem qualquer intervenção cirúrgica. Trata-se da parturição.

PARTO NORMAL. *Medicina legal.* Aquele que não causa preocupação nem ao médico nem a parturiente, além de não deixar seqüelas.

PARTO POST MORTEM. *Medicina legal.* Aquele em que se dá a expulsão do feto, após a morte da mulher grávida, pela: a) ação de contrações uterinas persistentes depois do óbito, possível nos momentos finais do parto natural; b) influência de gases putrefativos.

PARTO PREMATURO. *Medicina legal.* Expulsão do feto que ocorre antes da trigésima oitava semana de gravidez.

PARTO SECO. *Medicina legal.* Aquele em que a bolsa de água se rompe precocemente (Croce e Croce Jr.).

PARTO SUPOSTO. 1. *Medicina legal.* Parto simulado, para fingir nascimento que não houve; aquele que, na verdade, não ocorreu. **2.** *Direito penal.* Crime contra o estado de filiação, que consiste em dar parto alheio como próprio, punido com reclusão; se, porém, for praticado por motivo nobre, a pena será de detenção.

PARTURIÇÃO. *Medicina legal.* Parto natural.

PARTURIENTE. *Medicina legal.* Aquela que está em vias de dar à luz ou que teve um filho há pouco tempo.

PARÚLIDE. *Medicina legal.* Abscesso dental submucoso que incha o rosto.

PARUM, ET NIHIL, AEQUIPARANTUR, ET PARVA NON SUNT IN CONSIDERATIONE. *Aforismo jurídico.* Pouco e nada equiparam-se, e os mínimos não são levados em consideração.

PARUSIA. *Direito canônico.* Retorno de Cristo, que, no cristianismo primitivo, era aguardado como próximo.

PARVA. 1. *Direito agrário.* Meda de forragem, arroz ou trigo. **2.** *Economia política.* Pequena quantia em dinheiro.

PARVIFÚNDIO. *Direito agrário.* **1.** Minifúndio. **2.** Pequena propriedade rural em que há inviabilidade de exploração econômica.

PARVO. 1. Idiota. **2.** Pequeno.

PASCAL. *Direito canônico.* Relativo à Páscoa.

PASCER. *Direito agrário.* **1.** Pastar. **2.** Fazer pastar.

PASCIGO. *Direito agrário.* **1.** Pastagem. **2.** Local apropriado para o pasto.

PÁSCOA. *Direito canônico.* Festa anual da Igreja que comemora a ressurreição de Cristo.

PAS DE NULLITÉ SANS GRIEF. *Expressão francesa.* Não se declara a nulidade de um ato sem antes provar o dano.

PASEP. *Direito administrativo.* Abreviação de Programa de Formação do Patrimônio do Servidor Público.

PASIGRAFIA. 1. Sistema de abreviaturas taquigráficas. **2.** Escrita entendida por todos os povos.

PASMATÓRIO. Local onde perambulam pessoas ociosas.

PASMO. 1. Na *linguagem comum,* espanto; assombro. **2.** *Direito agrário.* Contração espasmódica dos músculos maxilares que ocorre quando a rês tem sede excessiva.

PASQUIM. 1. Folheto difamador. **2.** Sátira colocada em local público.

PASQUINADA. Crítica mordaz contida em pasquim.

PASQUINEIRO. Autor de pasquins.

PASS. *Direito urbanístico.* Sigla de Programa de Ação Social em Saneamento.

PASSA. *Direito agrário.* Fruta seca, principalmente uva.

PASSA–CULPAS. Pessoa muito indulgente.

PASSADA. *História do direito.* Antiga medida que correspondia a quatro palmos.

PASSADEIRA. 1. *Direito do trabalho.* Mulher que passa roupas profissionalmente. **2.** *Direito marítimo.* Cabo de três cordões de linho. **3.** *Direito militar* e *medicina legal.* Aparelho medidor do calibre das balas. **4.** *Direito agrário.* Vaso com o qual se passa o melado, no engenho de açúcar, de um tacho a outro.

PASSADIÇO. 1. Na *linguagem comum:* passageiro; temporário; transitório; efêmero. **2.** *Direito civil.* Corredor de comunicação entre dois prédios, que pode ser objeto de servidão ou condomínio. **3.** *Direito administrativo.* Passeio lateral das ruas. **4.** *Direito marítimo.* Ponte situada na parte superior do navio, onde ficam o homem do leme, o oficial de quarto e o comandante.

PASSADIO. Alimentação diária.

PASSADISMO. *Filosofia geral.* **1.** Doutrina que cultua o passado histórico. **2.** *Retórica jurídica.* Culto às antigas expressões históricas.

PASSADISTA. *Filosofia geral* e *retórica jurídica.* Adepto do passadismo.

PASSADO. 1. *Direito agrário.* a) Fruto que começa a apodrecer; b) fruto seco ao sol. **2.** Nas *linguagens comum* e *jurídica:* a) decorrido; b) que passou do tempo; c) imediatamente anterior; d) tempo

PASSADOR   579   **PAS**

passado; e) o que transcorreu; f) feito; g) dado; h) proferido; i) o que se fez duradouramente; j) desapontado; atordoado; k) o que se disse anteriormente.

PASSADOR. 1. *Direito civil.* Local em cerca, vala ou rio em que há passagem habitual. 2. *Direito cambiário.* a) Sacador de letra de câmbio; b) emitente de um cheque, nota promissória etc. 3. Na *gíria policial:* a) receptador; b) contrabandista. 4. *História do direito.* a) Aquele que, no Nordeste, levava o gado à feira ou aos pontos-de-venda; b) aquele que transportava algo clandestinamente. 5. *Direito penal.* Aquele que emite cheque sem fundos ou sem ter crédito legítimo que autorize a emissão; estelionatário. 6. *Direito marítimo.* Objeto pontiagudo usado pelos marinheiros para dar passagem aos cordões dos cabos onde se fazem costuras. 7. Nas *linguagens comum* e *jurídica:* a) desencaminhador; b) intriguista; c) o que faz passar; d) o que transporta; e) trocador de coisas falsas por verdadeiras.

PASSADOR DE CHEQUE SEM FUNDOS. *Direito penal.* Estelionatário que emite cheque sem que haja em sua conta bancária provisão suficiente de fundos ou sem ter crédito legítimo que permita aquela emissão.

PASSADOR DE GADO. *História do direito.* Trabalhador rural que, no Nordeste, levava o gado da fazenda de criação, por conta do fazendeiro, acompanhado pelos aboiadores, para ser vendido em feiras.

PASSADO RECIBO. *Direito civil* e *direito comercial.* Recibo feito e dado.

PASSADOURO. Ponto de passagem; comunicação.

PASSAGEIRO. 1. *Direito comercial.* a) Viajante; b) aquele que efetua contrato de transporte de pessoas por via terrestre, fluvial, marítima ou aérea; c) veículo que transporta pessoas; d) aquele que está sendo transportado, ao ponto de destino, mediante pagamento do bilhete de passagem; e) no Rio Grande do Sul, é o barqueiro ou balseiro que transporta pessoas de uma margem a outra do rio; f) todo aquele que, não fazendo parte da tripulação nem sendo profissional não tripulante prestando serviço profissional a bordo, é transportado pela embarcação; g) pessoa que efetuou pagamento de bilhete de passagem para viajar entre portos, em uma embarcação devidamente inscrita e licenciada no órgão público competente para a finalidade de transporte de pessoas. Inclui-

se também como passageiro pessoa autorizada pelo comandante da embarcação a viajar sem pagamento de taxas, devendo constar a sua presença nos registros oficiais da embarcação; h) qualquer pessoa física, transportada ou a ser transportada em aeronave, com o consentimento do transportador, exceto membro da tripulação, tripulantes extras e inspetor de aviação civil. 2. Nas *linguagens comum* e *jurídica:* a) efêmero; b) o que dura pouco; c) transitório; d) local por onde passa muita gente.

PASSAGEIRO EM TRÂNSITO. *Direito comercial.* Aquele que desembarca em aeroporto intermediário, para reembarcar na mesma aeronave ou em outra, em conexão, em prosseguimento à mesma viagem, constante do respectivo bilhete de passagem.

PASSAGEIRO GRATUITO. Aquele que viaja por cortesia, sem efetuar qualquer pagamento.

PASSAGEIRO *NO-SHOW*. *Direito comercial* e *direito internacional privado.* Passageiro que, em transporte aéreo, apesar de possuir reserva confirmada, não se apresenta para embarque.

PASSAGEIROS-QUILÔMETRO. *Direito comercial.* Unidade de medida utilizada no transporte aéreo, para fins de estatística que corresponde à multiplicação de quilômetros percorridos.

PASSAGEM. 1. *Direito comercial.* a) Bilhete ou documento que comprova o pagamento e dá direito à viagem; b) preço pago por quem viaja como passageiro; c) contrato de transporte de pessoas. 2. *Direito civil.* a) Servidão de trânsito por propriedade alheia vizinha; b) direito de acesso a via pública, nascente ou porto, passando por terreno de outrem. 3. *Direito autoral.* Trecho de obra citada. 4. Na *linguagem comum:* a) ato ou efeito de passar; b) local por onde se passa; caminho; c) acontecimento; d) trecho de rio; e) transferência de cargo; f) direito de passar. 5. *História do direito.* a) Prestação que era paga, anualmente, pelo enfiteuta em certas regiões, pelas vezes que o rei cruzava o Rio Douro, mas que se reduzia pela metade, se quem o atravessava era o príncipe herdeiro da Coroa; b) direito que se pagava pelo trânsito por certos locais.

PASSAGEM DE CABOS E TUBULAÇÕES. *Direito civil.* Restrição legal pela qual o proprietário deve tolerar, mediante recebimento de indenização que atenda, também, à desvalorização da área remanescente, a passagem, através de seu imó-

PAS 580   PASSAGEM DE NÍVEL

vel, de cabos e tubulações e outros condutos subterrâneos de serviços de utilidade pública, em proveito de proprietários vizinhos.

PASSAGEM DE NÍVEL. *Direito de trânsito.* **1.** Local onde uma via férrea cruza com um caminho do mesmo nível. **2.** É todo cruzamento de nível entre uma via e uma linha férrea ou trilho de bonde com pista própria.

PASSAGEM FORÇADA. *Direito civil.* Direito que tem o proprietário, usufrutuário, usuário ou enfiteuta de prédio rústico ou urbano que se encontra naturalmente encravado em outro, sem saída para a via pública, nascente ou porto, de reclamar do vizinho que lhe deixe passagem, fixando-se a esta judicialmente o rumo, quando necessário. Por outro lado, o proprietário do prédio por onde se estabelece tal passagem tem direito de receber uma indenização cabal, a título de compensação pelos prejuízos e incômodos que terá de passar.

PASSAGEM INOCENTE. *Direito internacional público.* **1.** Direito concedido a navios mercantes ou de guerra de navegar por mar territorial que não seja o de seu país, proibindo-se-lhes qualquer ato de manobra militar, de propaganda, pesquisa, pesca ou levantamento hidrográfico, pois nele podem apenas passar (Rezek). **2.** Direito de aeronave sobrevoar espaço aéreo que não é o de sua bandeira. **3.** É a passagem efetuada sem prejuízo à paz, à boa ordem ou à segurança do Estado, devendo, ainda, ser feita em conformidade com a Convenção das Nações Unidas sobre o Direito do Mar e demais normas de direito internacional. A passagem de um navio estrangeiro será considerada prejudicial à paz, à boa ordem ou à segurança do Estado se esse navio realizar, no mar territorial, alguma das seguintes atividades: a) ameaça ou uso da força contra a soberania, a integridade territorial ou a independência política do Estado, ou qualquer outra ação em violação dos princípios de direito internacional enunciados na Carta das Nações Unidas; b) exercício ou manobra com armas de qualquer tipo; c) ato destinado a obter informações em prejuízo da defesa ou da segurança do Estado; d) ato de propaganda destinado a atentar contra a defesa ou a segurança do Estado; e) o lançamento, pouso ou recebimento a bordo de qualquer aeronave ou dispositivo militar; f) o embarque ou desembarque de qualquer material, moeda, animal, vegetal ou pessoa, com violação das leis e regulamentos aduaneiros, fiscais, de imi-

gração, ambientais ou sanitários do Estado; g) ato intencional e grave de poluição; h) pesca; i) investigação ou levantamento hidrográfico; j) ato destinado a perturbar quaisquer sistemas de comunicação ou quaisquer outros serviços ou instalações do Estado; k) qualquer outra atividade que não esteja diretamente relacionada com a passagem. É reconhecido aos navios de todas as nacionalidades o direito de passagem inocente no Mar Territorial. Embarcações que estejam efetuando a passagem inocente não necessitam de autorização especial de trânsito, de acordo com as regras de direito marítimo internacional, estando sujeitas apenas à verificação de praxe da documentação exigida por acordos, normas e convenções internacionais aplicáveis, ratificadas pelo governo brasileiro. A entrada em portos brasileiros de embarcação estrangeira que esteja em atividade de pesquisa ou investigação científica fora de AJB exige notificação prévia, pela embaixada responsável, ao Ministério das Relações Exteriores (MRE), e só poderá se efetivar após autorização especial da Marinha do Brasil.

PASSAGEM INOFENSIVA. *Vide* PASSAGEM INOCENTE.

PASSAGEM INÓXIA. *Vide* PASSAGEM INOCENTE.

PASSAGEM OBRIGATÓRIA MOMENTÂNEA. *Direito civil.* Acesso assegurado a vizinho de prédio contíguo, quando isso for indispensável para limpar, reparar ou construir sua casa.

PASSAGEM PELO MAR TERRITORIAL. *Direito marítimo.* É a navegação pelo mar territorial com o fim de: a) atravessar esse mar sem penetrar nas águas interiores nem fazer escala num ancoradouro ou instalação portuária situada fora das águas interiores; ou b) dirigir-se para águas interiores ou delas sair, ou fazer escala num desses ancoradouros ou instalações portuárias. A passagem deverá ser contínua e rápida. No entanto, a passagem compreende o parar e o fundear, mas apenas na medida em que estes constituam incidentes comuns de navegação ou sejam impostos por motivos de força maior ou por dificuldade grave ou tenham por fim prestar auxílio a pessoas, navios ou aeronaves em perigo ou em dificuldade grave.

PASSAGEM POR OUTRO VEÍCULO. *Direito de trânsito.* É o movimento de passagem à frente de outro veículo que se desloca no mesmo sentido, em menor velocidade, mas em faixas distintas da via.

PASSAGEM SUBTERRÂNEA. *Direito de trânsito.* É a obra-de-arte destinada à transposição de vias, em desnível subterrâneo, e ao uso de pedestres ou veículos.

PASSAL. *História do direito.* **1.** Antiga medida agrária. **2.** Terreno cultivado que media trinta passos e pertencia à residência de pároco.

PASSAMENTO. *Direito civil.* Falecimento.

PASSA-MUROS. *História do direito.* Antiga peça de artilharia.

PASSANTE. Transeunte.

PASSAPORTE. 1. *Direito administrativo* e *direito internacional privado.* a) Documento de identificação, de propriedade da União, exigível de todos os que pretendam realizar viagem internacional, salvo nos casos previstos em tratados, acordos e outros atos internacionais. É documento oficial, pessoal e intransferível emitido pela autoridade estatal e entregue em comodato a alguém devidamente identificado, concedendo licença para o livre trânsito em nações estrangeiras que lhes permita o ingresso em seu território, que pode ser: diplomático, oficial, comum e para estrangeiro. Não pode ser usado sem a assinatura ou impressão digital do titular e não terá validade se contiver rasura ou emenda. Os passaportes brasileiros classificam-se nas categorias: diplomático; oficial; comum; para estrangeiro; e de emergência. Os passaportes diplomático e oficial serão expedidos pelo Ministério das Relações Exteriores, no território nacional; e pelas missões diplomáticas ou repartições consulares brasileiras, no exterior, e terão prazo de validade de até dez anos, podendo este ser reduzido a critério do Ministério das Relações Exteriores, tendo em conta a natureza da função ou a duração da missão dos seus titulares. Os passaportes comum e para estrangeiro serão expedidos pelo Departamento de Polícia Federal, no território nacional; e pelas missões diplomáticas ou repartições consulares brasileiras, no exterior. O interessado, ao solicitar novo passaporte, deve apresentar o anterior, válido ou não, para cancelamento. É, portanto, uma carteira internacional de identidade; b) licença concedida pelo Estado para que o navio mercante possa viajar. **2.** *Direito comparado.* Imposto cobrado, na França, pela alfândega, de navio estrangeiro para que possa sair do porto. **3.** *Direito alfandegário.* Documento que comprova a identidade do navio.

PASSAPORTE COMUM. *Direito internacional privado.* É o concedido a todo brasileiro que pretenda sair do território nacional, ou a ele retornar, tendo validade por cinco anos improrrogáveis, mas o órgão responsável pela sua concessão pode reduzir esse prazo, se houver razão que o justifique. O passaporte comum será assinado, no território nacional, pelo chefe do órgão competente do Departamento de Polícia Federal responsável pela sua expedição e, no exterior, pelo chefe da missão diplomática ou da repartição consular que o conceder ou por seus substitutos legais. O passaporte comum será entregue pessoalmente a seu titular, mediante recibo. São condições gerais para a obtenção do passaporte comum: 1) ser brasileiro; 2) apresentar, em original: a) carteira de identidade ou, na sua falta, certidão de nascimento ou de casamento; b) comprovante de quitação com as obrigações eleitorais; c) comprovante de quitação com as obrigações militares, para os solicitantes do sexo masculino entre dezoito e quarenta e cinco anos de idade, e para os naturalizados de qualquer idade; 3) comprovar o recolhimento da taxa ou emolumento devido; 4) fornecer duas fotos no tamanho padronizado, datadas, recentes, e que identifiquem plenamente o titular. Quando se tratar de menor de dezoito anos, será exigida autorização dos pais, ou do responsável legal, ou do juiz competente. Salvo nos casos de justificadas razões, nenhum outro documento poderá ser exigido. O pedido de passaporte comum deverá ser feito em formulário específico, assinado pelo próprio interessado ou, sendo este incapaz, pelo seu representante legal, e entregue ao órgão expedidor, acompanhado dos documentos exigidos, os quais, após conferidos, serão restituídos ao titular. Quando o solicitante não puder ou não souber ler e escrever, no formulário relativo ao pedido será aposta a impressão digital do polegar direito. Os passaportes concedidos e não retirados no prazo de noventa dias serão cancelados. No território nacional, os passaportes comuns poderão ser requeridos e recebidos por correspondência registrada, entregues por meio de aviso de recebimento em mãos próprias, conforme as normas do contrato entre o Departamento de Polícia Federal e a Empresa Brasileira de Correios e Telégrafos. Quando o requerimento for enviado ao órgão expedidor por meio dos Correios, toda a documentação acima arrolada deverá ser enviada em original, juntamente com o pedido, para o órgão do Departamento de Polícia Federal responsável pela expedição em Brasília, Distrito Federal, e devolvida com o passaporte, quando for o caso. No exterior, atendidas as peculiaridades locais, o recebimento da documentação e a remessa de passaportes por correspondência ficarão a critério do chefe da missão diplomática ou repartição consular brasileira. É o expedido pelo Departamento de Polícia Federal, no território nacional, e pelas missões diplomáticas ou repartições consulares brasileiras, no exterior. Concedido a todo brasileiro que pretenda sair do território nacional, ou a ele retornar, é assinado, no Brasil, pelo chefe do órgão competente do Departamento de Polícia Federal responsável pela sua expedição e, no exterior, pelo chefe da missão diplomática ou da repartição consular que o conceder ou por seus substitutos legais. É entregue pessoalmente a seu titular, mediante recibo, e tem prazo de validade de cinco anos, improrrogável.

PASSAPORTE DE EMERGÊNCIA. *Direito internacional privado.* É o concedido àquele que, tendo satisfeito as exigências para concessão de passaporte, necessite de documento de viagem com urgência e não possa comprovadamente aguardar o prazo de entrega, nas hipóteses de catástrofes naturais, conflitos armados ou outras situações emergenciais, individuais ou coletivas, definidas em ato dos Ministérios da Justiça ou das Relações Exteriores, conforme o caso. Tais exigências poderão ser dispensadas em situações excepcionais devidamente justificadas pela autoridade concedente.

PASSAPORTE DIPLOMÁTICO. *Direito internacional privado.* É o concedido: a) ao presidente da República, ao vice-presidente e aos ex-presidentes da República; b) aos ministros de Estado, aos ocupantes de cargos de natureza especial e aos titulares de Secretarias vinculadas à Presidência da República; c) aos governadores dos Estados e do Distrito Federal; d) aos funcionários da carreira de diplomata, em atividade ou aposentados, e aos vice-cônsules em exercício; e) aos correios diplomáticos; f) aos adidos credenciados pelo Ministério das Relações Exteriores; g) aos militares a serviço em missões da Organização das Nações Unidas e de outros organismos internacionais, a critério do Ministério das Relações Exteriores; h) aos chefes de missões diplomáticas especiais e aos chefes de delegações a reuniões de caráter diplomático, desde que designados por decreto; i) aos membros do Congresso Nacional, no exercício do seu mandato; j) aos ministros do Supremo Tribunal Federal e dos Tribunais Superiores da União; k) ao procurador-geral da República; l) aos subprocuradores-gerais do Ministério Público Federal, pelo prazo de sua missão oficial no exterior; m) aos juízes brasileiros em Tribunais Internacionais Arbitrais ou Tribunais Internacionais Judiciais. A concessão de passaporte diplomático aos familiares (cônjuge, convivente e dependente) dessas pessoas indicadas é regulada pelo Ministério das Relações Exteriores. A critério desse Ministério e tendo em conta as peculiaridades do país onde estiverem servindo em missão de caráter permanente, poderá ser concedido passaporte diplomático a funcionários de outras categorias. Mediante autorização expressa do ministro de Estado das Relações Exteriores, conceder-se-á passaporte diplomático às pessoas que, embora não relacionadas acima, devam portá-lo em função do interesse para o País. O passaporte diplomático, expedido no território nacional, será assinado pelo Ministro de Estado das Relações Exteriores, ou seu substituto legal ou delegado e, no exterior, pelo chefe da missão diplomática ou da repartição consular, seu substituto legal ou delegado. A validade do passaporte diplomático será estabelecida de acordo com a natureza da função de seu titular ou a duração da sua missão. Em regra, tem o prazo de validade de até dez anos, podendo ser reduzido a critério do Ministério das Relações Exteriores, levando-se em conta a natureza da função ou a duração da missão de seus titulares.

PASSAPORTE EQÜINO. *Direito desportivo.* É o emitido pela Confederação Brasileira de Hipismo para eqüinos de esporte, praticantes das modalidades de salto, enduro, adestramento, concurso completo de equitação, volteio, pólo e hipismo rural. Esse passaporte somente poderá ser expedido para eqüinos em bom estado de saúde e com atestado válido de exame negativo de anemia infecciosa eqüina, após identificação e resenha por profissional habilitado. O passaporte eqüino, regularmente expedido e com os registros sanitários atualizados, será aceito para fins de trânsito interestadual em substituição à Guia de Trânsito Animal e para retorno ao país de eqüinos procedentes do exterior, observadas as normas sanitárias vigentes e de acordo com a situação sanitária da zona ou país de procedência, ou quando da saída do país, salvo os casos em que a autoridade veterinária do país de destino requeira a emissão de um certificado zoossanitário internacional de origem. O passaporte eqüino terá a validade de um ano e poderá ser renovado por igual período por mais de uma vez. É, portanto, um documento de identificação que deve acompanhar o cavalo em todos os seus deslocamentos e deve ser apresentado ao ser requerido pelas autoridades encarregadas dos controles administrativos, técnicos e sanitários.

PASSAPORTE OFICIAL. *Direito internacional público.* O expedido pelo Ministério das Relações Exteriores, no território nacional, e pelas missões diplomáticas ou repartições consulares brasileiras, no exterior. É concedido: a) aos servidores da Administração direta que viajem em missão oficial ou a serviço dos governos federal, estadual e do Distrito Federal; b) aos servidores das autarquias dos governos federal, estadual e do Distrito Federal, das empresas públicas, das fundações federais e das sociedades de economia mista em que a União for acionista majoritária; c) às pessoas que viajem em missão relevante para o país, a critério do Ministério das Relações Exteriores; d) aos auxiliares dos adidos militares que se encontrem em missão de caráter permanente. A concessão de passaporte oficial aos familiares (cônjuge, companheiro e dependentes) das pessoas acima indicadas é regulada pelo Ministério das Relações Exteriores. O passaporte oficial será assinado, no território nacional, pelo Ministro das Relações Exteriores ou seu substituto legal e, no exterior, pelo chefe da missão diplomática ou repartição consular que o conceder ou por seus subtítulos legais ou delegados. Tem validade por dez anos, mas esse prazo pode ser reduzido a critério do Ministério das Relações Exteriores, tendo em conta a natureza da função ou a duração da missão dos seus titulares.

PASSAPORTE PARA ESTRANGEIRO. *Direito internacional privado.* É o concedido: 1) pelo Departamento de Polícia Federal, no território nacional: a) ao apátrida e ao de nacionalidade indefinida; b) ao asilado e ao refugiado no País, desde que reconhecidos nessas condições pelo governo brasileiro; c) ao nacional de país que não tenha representação no território nacional, nem

seja representado por outro país, ouvido, nesse caso, o Ministério das Relações Exteriores; d) ao estrangeiro comprovadamente desprovido de qualquer documento de identidade ou de viagem, e que não tenha como comprovar sua nacionalidade; e) ao estrangeiro legalmente registrado no Brasil e que necessite deixar o território nacional e a ele retornar, nos casos em que não disponha de documento de viagem; 2) pelas missões diplomáticas ou repartições consulares brasileiras, no exterior: a) ao apátrida ou de nacionalidade indefinida; b) ao cônjuge e à viúva ou viúvo de brasileiro que haja perdido a nacionalidade originária em virtude de casamento; c) ao estrangeiro legalmente registrado no Brasil e que necessite ingressar no território nacional, nos casos em que não disponha de documento de viagem válido, ouvido o órgão competente do Departamento de Polícia Federal. Esse passaporte tem a validade pelo tempo necessário a uma única viagem, de ida e volta, nunca superior a dois anos, e deve ser recolhido quando da chegada ou da saída de seu titular no País.

PASSAR. 1. Transpor; atravessar. **2.** Ultrapassar. **3.** Transitar. **4.** Ir de um lado a outro. **5.** Joeirar; peneirar. **6.** Introduzir. **7.** Mudar de ocupação, opinião ou partido. **8.** Ocupar sucessivamente. **9.** Ser aprovado em exame. **10.** Secar. **11.** Transmitir. **12.** Decorrer. **13.** Marcar lição. **14.** Acontecer. **15.** Estar em algum lugar. **16.** Acabar. **17.** Expedir. **18.** Lavrar. **19.** Ser sancionado. **20.** Endereçar. **21.** Preencher e assinar título cambiário. **22.** Experimentar. **23.** Sofrer. **24.** Relevar. **25.** Fazer correr a bola.

PASSAR À HISTÓRIA. Tornar-se notório, passando à posteridade e conservando-se na memória do povo por muitas gerações.

PASSAR A MÃO. Furtar; roubar.

PASSAR A PERNA. Enganar.

PASSAR À RESERVA. *Direito militar.* Ter guia para a reserva.

PASSAR A VARA. Entregar cargo a um sucessor ou confiá-lo, interinamente, a um suplente.

PASSAR A VISTA. Examinar superficialmente.

PASSAR COMO UMA SOMBRA. Ser efêmero.

PASSAR CONTRABANDO. *Direito penal.* Fazer entrar no país, de maneira clandestina, mercadorias, sem pagar direitos aduaneiros.

PASSAR DE MODA. Cair em desuso.

PASSAR DESPERCEBIDO. Não ser notado.

PASSARELA. 1. *Direito administrativo.* Ponte estreita usada para trânsito de pedestres. **2.** *Direito civil* e *direito comercial.* Palco estreito e comprido por onde passam candidatas de concurso de beleza e por onde desfilam os modelos. **3.** *Direito de trânsito.* Obra-de-arte destinada à transposição de vias, em desnível aéreo, e ao uso de pedestres.

PASSAR EM CLARO. 1. Deixar de ler. **2.** Não reparar. **3.** Não mencionar.

PASSAR EM JULGADO. *Direito processual.* **1.** Ser imutável uma decisão judicial, por não ser mais suscetível de recurso. **2.** Tornar-se uma decisão irrecorrível.

PASSAR EM REVISTA. Examinar; revistar.

PASSAR EM SILÊNCIO. Omitir.

PASSAR OS OLHOS. Olhar superficialmente ou de relance.

PASSAR O TEMPO. Entreter-se; distrair-se.

PASSAR PARA O INIMIGO. *Direito militar.* Desertar, passando para as fileiras do inimigo.

PASSAR PELA CABEÇA. Pensar; acudir alguma idéia.

PASSAR PELA MEMÓRIA. *Vide* PASSAR PELA CABEÇA.

PASSAR PELAS MÃOS. 1. Examinar. **2.** Ocupar-se de alguma coisa. **3.** Sujeitar-se. **4.** Estar na dependência de alguém.

PASSAR POR CIMA. 1. Violar; transgredir. **2.** Não dar atenção. **3.** Não ligar; não parar diante de uma dificuldade.

PASSAR UM MAU QUARTO DE HORA. Ficar em apuros.

PASSATEMPO. 1. Entretenimento. **2.** Ocupação agradável e ligeira.

PASSAVANTE. *História do direito.* Oficial da casa real que era incumbido de anunciar a guerra ou a paz.

PASSÁVEL. 1. Tolerável. **2.** Sofrível.

PASSA–VOLANTE. *História do direito.* Canhão de madeira que fazia apenas número em baterias.

PASSE. 1. *Direito desportivo.* a) Vínculo negociável do atleta com a agremiação que o contrata, suscetível de transferência temporária ou eventual para outra entidade desportiva, desde que haja anuência do cedido, mediante pagamento ao cedente de vultosa soma, a título de indenização da cessionária; b) preço cobrado pela concessão do atestado liberatório de atleta profissional, cujo valor tem por base a remuneração mensal do jogador, segundo critérios fixados pelo Conselho Superior de Desportos (CSD). É a importância devida por uma empregadora a outra pela transferência do atleta durante a vigência do contrato, ou depois de seu término, observadas as normas desportivas. Não mais é permitido o passe para os novos contratos de prestação de serviços profissionais de atleta, visto que foi substituído pela cláusula penal que limita no máximo de cem vezes a remuneração anual avençada entre atleta profissional e entidade desportiva e acata um redutor para cada ano do contrato vigente, permitida a livre estipulação da multa, havendo transferência internacional; c) no futebol, basquetebol e outros jogos, é o ato de o jogador passar a bola a um companheiro de equipe mais bem colocado; **2.** *Direito comercial* e *direito administrativo.* a) Bilhete de passagem concedido por empresa de transporte coletivo, gratuitamente ou com abatimento no preço; b) licença para passar.

PASSEATA. 1. Nas *linguagens comum* e *jurídica:* a) marcha coletiva realizada em sinal de protesto, reivindicação, homenagem, regozijo etc.; b) carreata; desfile de carros. **2.** *Direito militar.* Parada ou desfile de militares.

PASSEIO. 1. *Direito administrativo.* Parte lateral, pouco acima da rua, destinada ao transeunte; calçada. **2.** Na *linguagem comum*, ato ou efeito de passear. **3.** *Direito de trânsito.* É a parte da calçada ou da pista de rolamento, neste último caso, separada por pintura ou elemento físico separador, livre de interferências, destinada à circulação exclusiva de pedestres e, excepcionalmente, de ciclistas.

PASSEIO PÚBLICO. *Direito administrativo.* **1.** Local destinado ao passeio do povo. **2.** Jardim, parque ou praça onde se passeia.

PASSEIRA. *Direito agrário.* **1.** Local onde se secam frutas. **2.** Sítio onde as passas são guardadas.

PASSEIRO. 1. *Direito comercial.* No Rio Grande do Sul, é aquele que, no rio, dá passagem em canoa ou balsa, mediante remuneração. **2.** *Direito agrário.* Cavalo que tem bom passo.

PASSE LIVRE. 1. *Direito desportivo.* Liberação do atleta profissional pelo clube sem que haja qualquer pagamento. Nos novos contratos de prestação de serviços profissionais de atleta

PASSE–PARTOUT 585 **PAS**

não mais se estipulará passe. **2.** *Direito administrativo.* Autorização permanente para transporte de alguém a certo local ou para seu ingresso em determinados lugares.

PASSE–PARTOUT. *Locução francesa.* **1.** Moldura de cartolina onde se cola o leiaute para apresentação ao cliente. Peça de metal colocada em seringas de injeção que permite a aplicação de agulhas de vários calibres.

PASSIM. *Termo latino.* **1.** Aqui e ali. É muito utilizado em citação de obras para indicar que ela ocorre em outras páginas. **2.** Com freqüência.

PASSIONAL. *Direito penal.* **1.** Referente a paixão. **2.** Crime motivado pela paixão, que pode suscitar diminuição de pena.

PASSIONÁRIO. *Vide* PASSIONAL.

PASSISTA. 1. *Direito agrário.* Animal muar ou cavalar que só tem marcha de passo. **2.** Na *linguagem comum:* a) aquele que faz o passo no carnaval; b) pessoa que dança frevo.

PASSÍVEL. Que fica sujeito a alguma coisa.

PASSIVIDADE. Qualidade ou característica do que é passivo.

PASSIVISMO. 1. *Medicina legal.* Perversão sexual em que há sujeição à vontade alheia. **2.** Na *linguagem comum,* é o jeito daquele que não tem iniciativa própria.

PASSIVO. 1. *Direito militar.* Defesa que o povo opõe aos ataques aéreos do inimigo. **2.** *Direito comercial.* a) Conjunto de débitos, encargos e deveres de uma empresa, opondo-se, portanto, ao ativo; b) total de saldos credores das contas escrituradas em livros empresariais. **3.** *Medicina legal.* Homossexual masculino que exerce função de mulher, satisfazendo o desejo do seu parceiro, que é o ativo. Trata-se do pederasta passivo. **4.** *Direito civil.* a) O que se deve pagar; b) soma de dívidas exigíveis que pesam sobre um patrimônio; c) parte negativa de dado patrimônio. **5.** Na *linguagem jurídica* em geral: a) obrigações a pagar, sejam decorrentes de tributos, salários, prestações de serviços etc.; b) inerte; c) quem não age ou reage; d) aquele que sofre uma ação; e) quem presta obediência cega a outrem; f) aquele que não se produz por esforço ativo.

PASSIVO A DESCOBERTO. Na *linguagem contábil,* designa aquele que é maior do que o ativo, apresentando um déficit, pois, para cobri-lo, não há fundos disponíveis.

PASSIVO CIRCULANTE. 1. *Direito tributário.* Conjunto das obrigações vencíveis no exercício seguinte, por exemplo, debêntures, provisão para imposto sobre a renda, impostos a recolher etc. (Eduardo M. F. Jardim). **2.** Na *linguagem contábil,* diz-se da soma de obrigações suscetíveis de cobrança a curto prazo.

PASSIVO EXIGÍVEL. Na *linguagem contábil,* constitui o total das obrigações da empresa que podem ser cobradas a curto ou a longo prazo. É o passivo real. Trata-se das dívidas sujeitas a cobrança.

PASSIVO EXIGÍVEL A CURTO PRAZO. *Vide* PASSIVO CIRCULANTE.

PASSIVO EXIGÍVEL A LONGO PRAZO. Na *linguagem contábil,* é a soma das obrigações da pessoa jurídica que se vencem após o término do exercício social seguinte, como financiamentos, debêntures etc. (Eduardo M. F. Jardim).

PASSIVO FICTÍCIO. *Vide* PASSIVO NÃO EXIGÍVEL.

PASSIVO IDEAL. *Vide* PASSIVO NÃO EXIGÍVEL.

PASSIVO NÃO EXIGÍVEL. Na *linguagem contábil,* também designado passivo fictício ou ideal, é aquele que consiste no total de obrigações não suscetíveis de cobrança pelos credores, constituindo-se, por exemplo, do capital social ou pessoal, das reservas, do saldo da conta de lucros e perdas etc. São os ônus internos da empresa.

PASSIVO REAL. *Vide* PASSIVO EXIGÍVEL.

PASSO. 1. *Direito agrário.* a) Andar mais lento do animal; b) passagem estreita e difícil em valado ou monte; c) local onde se pode atravessar um rio, arroio, valo, cerca etc. **2.** *História do direito.* Antiga medida de comprimento correspondente a 0,65 m; b) depósito de pau-brasil ou açúcar, na era colonial. **3.** *Direito militar.* Modo de marchar das tropas. **4.** *Medicina legal.* a) Pegada; vestígios dos pés; b) maneira característica de andar associada a alguma moléstia degenerativa da medula espinal; c) coxeadura causada por músculo endurecido, dor localizada ou diferença de comprimento das pernas. **5.** *Direito autoral.* Trecho de uma obra citada. **6.** *Direito desportivo.* Golpe de capoeiragem.

PASS OFF. *Locução inglesa.* Uso indevido de marca.

PASSO GRAVE. *Direito militar.* Andar cadenciado na marcha em continência.

PASSO OBLÍQUO. *Direito militar.* Marcha de uma fileira sobre uma linha diagonal entre o ponto de partida e o de chegada, mantendo o paralelismo.

PASSO ORDINÁRIO. *Direito militar.* Passo habitual das tropas.

PASSTHROUGH. *Termo inglês* e *direito cambiário.* Efeito do repasse das variações cambiais sobre um sistema de preços que se manifesta em relação: à defasagem de tempo até que a variação cambial contamine o sistema e ao grau de intensidade das variações cambiais sobre os preços internos (Luiz Fernando Rudge).

PASSWORD. *Termo inglês* e *direito virtual.* **1.** Senha de segurança. **2.** Palavra-chave secreta que identifica o usuário em conjunto com o *login* e acessa os serviços privados (Afonso Celso F. de Rezende). **3.** Senha alfa-numérica usada em ambiente de rede para autenticar usuário, assegurando que este é, na verdade, quem diz ser (Aieta).

PASTA. 1. *Ciência política.* a) Cargo ou ofício de Ministro de Estado; b) ministério que integra o Poder Executivo; c) função do Ministro de Estado; d) secretaria de Estado. **2.** Na *linguagem comum:* a) carteira de papelão própria para guardar papéis; b) massa.

PASTAGEM. *Direito agrário.* **1.** Local coberto de ervas ou de vegetação própria para o gado se alimentar. **2.** Ação de pastar.

PASTAR. *Direito agrário.* Comer erva não ceifada.

PASTARIA. *Direito agrário.* Pastagem farta.

PASTEJAR. *Direito agrário.* Pastorear.

PASTELARIA. *Direito comercial.* Estabelecimento onde se fabricam e vendem pastéis.

PASTEURELOSE. *Direito agrário.* Doença que ataca animais e é provocada por bactérias do gênero Pasteurela, como, por exemplo, febre tifóide dos cavalos, septicemia hemorrágica do carneiro, do boi etc.

PASTEURIZAÇÃO. *Direito agrário.* Processo descoberto por Pasteur para esterilização do leite ou derivados, eliminando microorganismos patogênicos, mediante aquecimento de gradação variável, que pode chegar a 95 graus, esfriando-o depois rapidamente.

PASTEURIZADO. *Direito agrário.* Leite que passou pelo processo de pasteurização.

PASTEURIZADOR. *Direito agrário.* Aparelho de pasteurizar.

PASTEURIZAR. *Direito agrário.* Realizar a pasteurização do leite.

PASTIÇAL. *Direito agrário.* Lugar onde há muito pasto.

PASTICHER. *Termo francês.* Plagiar.

PASTICHO. Péssima imitação de obras artísticas ou literárias.

PASTIFÍCIO. *Direito comercial.* Fábrica de massas alimentícias.

PASTIO. *Direito agrário.* Terreno em que há pasto.

PASTO. 1. *Direito agrário.* Campo coberto de capim, gramíneas ou forrageiras que nutre o gado. É o mesmo que PASTAGEM. **2.** *Direito comercial.* Casa que fornece alimentação ou restaurante ordinário.

PASTO COMUM. *Direito civil.* Compáscuo; pasto de serventia comum, onde se nutre gado pertencente a donos diferentes.

PASTO DE MEL. *Direito agrário.* Pastagem atacada por fungos que secretam um melaço na ocasião da reprodução.

PASTOR. 1. *Direito canônico.* Sacerdote. **2.** *Direito agrário.* a) Trabalhador rural que leva o gado ao pasto, cuidando para que não se espalhe; b) cavalo, boi e carneiro destinados a reprodução.

PASTORADO. *Direito canônico.* **1.** Dignidade de sacerdote. **2.** Tempo de sacerdócio.

PASTORAL. 1. *Direito canônico.* a) Relativo ao pastor espiritual e, principalmente, ao bispo; b) carta circular endereçada aos padres e fiéis da diocese pelos bispos para esclarecer alguma posição doutrinária; c) livro que contém as cerimônias, as obrigações e as funções de um bispo. **2.** *Direito autoral.* Composição poética do gênero pastoril.

PASTOREADOR. *Direito agrário.* Aquele que pastoreia o gado.

PASTOREAR. 1. *Direito agrário.* Guiar e guardar o animal no pasto. **2.** *Direito canônico.* a) Governar eclesiasticamente; b) guiar espiritualmente.

PASTOREIO. *Direito agrário.* **1.** Profissão de pastor. **2.** Ação de pastorear. **3.** Indústria pastoril. **4.** Local onde se pastoreia o gado.

PASTOREJAR. *Direito agrário.* Cuidar de um grupo de reses, evitando que se espalhe pelo pasto.

PASTORÍCIO. *Direito agrário.* Relativo a pastor e à indústria pastoril.

PASTORIL. *Direito agrário.* **1.** Próprio de pastor. **2.** Campesino.

PASTOVINADOR. *Direito agrário.* Aparelho que aquece vinhos, segundo o processo de Pasteur.

PAT. 1. *Direito do trabalho.* Abreviatura de Programa de Alimentação do Trabalhador. **2.** *Direito aeronáutico.* Preço da utilização dos serviços e facilidades remunerados pela Tarifa de Uso das Comunicações e dos Auxílios-Rádio e Visuais em Área Terminal de Tráfego Aéreo.

PATA. 1. *História do direito.* Soldado da antiga guarda nacional. **2.** *Direito agrário.* Pé ou mão de animal. **3.** *Direito marítimo.* Extremidade achatada dos braços da âncora.

PATACA. *História do direito.* Moeda de prata brasileira que valia 320 réis.

PATACÃO. *História do direito.* **1.** Moeda de cobre portuguesa que tinha o valor de 40 réis, que passou a ser designada "pataco". **2.** Moeda de prata brasileira que valia 2.000 réis.

PATACHE. *Termo francês.* **1.** Barco de alfândega. **2.** Carro de aluguel.

PATACHO. *Direito comercial.* Embarcação mercante, ligeira, de dois mastros.

PATACO. *História do direito.* Moeda de valor de 40 réis.

PATE. *História do direito.* Antigo chefe de povoado na Índia.

PATEIRO. *Direito agrário.* Criador ou guardador de patos.

PATEL. *Vide* PATE.

PATELADO. *História do direito.* **1.** Área que, na Índia, era administrada pelo pate. **2.** Cargo de pate.

PATELHA. *Direito marítimo.* **1.** Parte inferior do leme. **2.** Parte da quilha sobre a qual o leme se move.

PATELINAGE. *Termo francês.* Artimanha.

PATENTE. 1. *Direito de propriedade industrial.* Título correspondente a invenção, de modelo de utilidade, de desenho industrial, que assegura ao seu autor a sua propriedade e o seu uso exclusivo por determinado espaço de tempo. **2.** *Direito militar.* a) Título que corresponde ao posto ocupado pelo servidor público militar; b) posto militar. **3.** *Direito comercial.* Contribuição paga pelos sócios novos de uma sociedade, em benefício dos antigos. **4.** *Direito civil.* Diploma de membro de uma confraria. **5.** Na *linguagem comum:* a) evidente; claro; sem sofisma; b) franco; c) aberto; acessível; d) positivo.

PATENTE DE AMBULANTE. *História do direito.* Autorização dada, ao tempo da legislação do imposto de consumo, pela repartição fiscal da Administração Pública ao vendedor ambulante, expedindo certificado, mediante o pagamento de uma taxa legal, para que ele pudesse vender suas mercadorias em residências e vias públicas.

PATENTE DE CORRETOR. *História do direito.* Documento que era expedido pelo Tribunal de Comércio ao matriculado para o exercício de atividades de corretor.

PATENTE DE INVENÇÃO. *Direito de propriedade industrial.* Título correspondente ao privilégio de invenção, conferindo ao inventor de uma descoberta de utilidade industrial o direito de propriedade e uso exclusivo da sua invenção.

PATENTE DE REGISTRO. *História do direito.* Certificado conferido, outrora, pela repartição fiscal aos contribuintes (comerciantes ou industriais) do imposto sobre consumo, mediante o pagamento de emolumentos, autorizando-os a fabricar ou comerciar mercadorias sujeitas àquele imposto. Três eram as espécies de patente de registro: a de fabricante, a de comerciante grossista e a de comerciante varejista, designando-se por isso patente de fábrica ou patente de comércio.

PATERE QUAM IPSE FECISTI LEGEM. *Expressão latina.* Os legisladores devem suportar os efeitos de suas próprias leis.

PATER FAMILIAS. *Direito romano.* Chefe da família romana, que exercia a *patria potestas* sobre seus descendentes, a *manus maritalis* sobre a mulher casada *cum manu* e a *dominica potestas* sobre seus escravos.

PATERGIA. *Medicina legal.* Forma de híper e hipoenergia (Rössle).

PATER IS EST QUEM NUPTIAE DEMONSTRANT. *Expressão latina.* Pai é aquele que o matrimônio indica como tal.

PATERNAL. *Direito civil.* O que é próprio de pai.

PATERNALIDADE. *Direito civil.* Qualidade de paternal.

PATERNALISMO. 1. *Sociologia geral.* a) Sistema social das relações paternais entre o chefe e seus subordinados, como se houvesse uma família comandada por aquele; b) regime da autoridade paterna. **2.** *Ciência política.* Política social e autoritária que se volta ao bem-estar do povo, mas que exclui sua participação direta (Matteucci).

PATERNALISTA. *Sociologia geral.* Que diz respeito ao paternalismo.

PATERNA PATERNIS, MATERNA MATERNIS. *Expressão latina.* Os bens do pai, aos parentes do pai; e os da mãe, aos parentes da mãe.

PATERNIDADE. 1. *Direito civil.* a) Vínculo jurídico entre pai e filho; b) qualidade do que é pai. **2.** *Direito autoral.* Qualidade de autor de obra literária, artística ou científica.

PATERNIDADE DESCONHECIDA. *Direito civil.* Aquela cuja menção não consta do registro de nascimento.

PATERNIDADE ESPÚRIA. *Direito civil.* Didaticamente, é a paternidade ilegítima por haver entre o pai e a mãe impedimento matrimonial.

PATERNIDADE ILEGÍTIMA. *Direito civil.* Aquela cuja prole é decorrente de relação sexual havida fora do matrimônio, podendo ser, sob o ponto de vista didático, natural ou espúria.

PATERNIDADE LEGÍTIMA. *Direito civil.* É, didaticamente, a que resulta de prole havida no matrimônio.

PATERNIDADE NATURAL. *Direito civil.* Didaticamente, é a paternidade ilegítima em que não há qualquer impedimento matrimonial por parte da mãe ou do pai.

PATERNIDADE SOCIOAFETIVA. *Direito civil.* **1.** Aquela baseada na afetividade existente entre uma pessoa e o companheiro de seu genitor. **2.** Vínculo institucional de filiação existente entre o concebido por meio de inseminação artificial heteróloga e o marido de sua mãe, que nela consentiu. **3.** Relação entre adotante e adotado.

PATERNO. *Direito civil.* **1.** O que diz respeito ao pai. **2.** O que procede do pai.

PATESCA. 1. *Direito marítimo.* Peça do poleame, com uma só roldana, por onde corre a driça do mastro grande. **2.** Na *gíria,* marinheiro que prefere estar mais no mar do que na terra.

PATESCO. Na *gíria,* é o marinheiro sem experiência.

PATI. *Direito civil* e *direito administrativo.* Tolerância de uma atividade alheia.

PATIBULAR. 1. *História do direito* e *direito comparado.* Relativo a patíbulo. **2.** *Direito penal.* a) Que tem aparência de criminoso; b) que traz o crime à idéia; c) aquele que tem tendência criminosa.

PATÍBULO. *História do direito* e *direito comparado.* **1.** Cadafalso; forca. **2.** Guilhotina. **3.** Local onde se aplica a pena capital. **4.** Cadeira elétrica.

PATIENTIA ET SCIENTIA SUPERIORUM JUSTIFICATUR OMNIS ACTUS. *Aforismo jurídico.* A paciência e a ciência dos superiores justificam os atos.

PÂTIS. *Termo francês.* Pasto.

PATOÁ. *Sociologia geral.* Dialeto local utilizado por uma camada da população tida como socialmente inferior.

PATOCRONIA. *Medicina legal.* Estudo do desenvolvimento dos traumatismos, das afecções e das lesões.

PATOFOBIA. *Medicina legal.* Pavor mórbido de doenças.

PATOGENESIA. *Medicina legal.* Conjunto de manifestações apresentadas pelos indivíduos sadios e sensíveis durante a experimentação de uma substância (droga).

PATOGENIA. *Medicina legal.* Estudo da origem das moléstias.

PATOGENICIDADE. *Medicina legal.* Capacidade de os microorganismos provocarem uma moléstia; virulência.

PATÓGENO. *Medicina legal.* Microrganismo que é suscetível de causar enfermidade.

PATOGNOMONIA. *Medicina legal.* Parte da patologia que trata dos diagnósticos de cada doença.

PATOGNOMÔNICO. *Medicina legal.* Relativo ao sinal ou sintoma característico de cada moléstia ou afecção.

PATÓLISE. *Medicina legal.* Desaparecimento da doença.

PATOLOGIA. *Medicina legal.* Ciência que estuda a origem, os sintomas e a natureza das moléstias.

PATOLÓGICO. *Medicina legal.* **1.** Que manifesta ou constitui um estado de doença. **2.** Referente a patologia.

PATOMANIA. *Medicina legal.* Doença mental muito próxima da loucura.

PATOMIMIA. *Medicina legal.* Influência mórbida da imitação nos atos do homem.

PATOPÉIA. *Retórica jurídica.* Figura com a qual se busca comover ou provocar paixão.

PATOPSICOLOGIA. *Psicologia forense.* Estudo dos fatos psíquicos que se apresentam mórbidos.

PATOTERAPIA. *Medicina legal.* Inoculação no paciente de vírus que combate o causador da moléstia, buscando sua cura.

PATRÃO. 1. *Direito do trabalho.* a) Empregador; b) tratamento dado pelo empregado ao proprietá-

PATRAZANA

rio de empresa, fábrica, oficina etc.; c) chefe. **2.** *Direito agrário.* Chefe do seringal, que é seu dono e, portanto, por ele responsável. **3.** *Direito desportivo.* Comandante de barco de regatas. **4.** *Direito civil.* Locatário ou tomador, na locação ou prestação de serviços. **5.** *Direito marítimo.* a) Capitão ou comandante do navio; b) arrais; mestre de barco.

PATRAZANA. *História do direito.* Soldado da antiga guarda nacional.

PÁTRIA. *Ciência política.* **1.** Terra natal; país onde se nasce. **2.** País de origem. **3.** Nação à qual se pertence como cidadão. **4.** Local onde floresce uma ciência ou arte.

PATRIAÇÃO. *Ciência política.* Concessão ou imposição de uma pátria a quem não a tem ou a perdeu.

PATRIA EST COMMUNIS OMNIUM PARENS. *Expressão latina.* A pátria é a mãe comum de todos nós.

PATRIAM TUAM MUNDUM EXISTIMA. *Expressão latina.* Considera o mundo como tua pátria.

PATRIA POTESTAS. *Direito romano.* **1.** Poder paternal. **2.** Poder do *pater familias* sobre todos os seus descendentes e sobre o grupo familiar, como único sujeito de direitos e deveres.

PATRIARCA. **1.** *Sociologia geral.* a) Chefe de família; b) velho que tem muitos descendentes. **2.** *Direito canônico.* a) Nome dado aos primeiros fundadores de ordens religiosas; b) prelado de algumas dioceses de maior importância, na antigüidade, que tinha dignidade eclesiástica superior à do arcebispo.

PATRIARCADO. **1.** *Sociologia geral.* a) Regime ou forma de organização social em que a chefia da família era exercida pelo pai, ou patriarca, detentor do poder absoluto, havendo exclusão da mulher na vida pública; b) dignidade de patriarca. **2.** *Direito canônico.* Diocese administrada ou dirigida por patriarca.

PATRIARCAL. **1.** *Sociologia geral.* a) Relativo a patriarca ou patriarcado; b) administração em forma de patriarcado. **2.** *Direito canônico.* Igreja onde o patriarca tem cadeira.

PATRIARCALISMO. *Sociologia geral.* **1.** *Vide* PATRIARCADO. **2.** Influência social exercida pelo patriarca. **3.** Estilo de vida patriarcal. **4.** Regime social em que a autoridade é exercida pelo pai.

PATRIARCALISTA. *Sociologia geral.* Adepto do patriarcalismo.

PATRIARQUIA. *Vide* PATRIARCADO.

PATRIARQUISMO. *Vide* PATRIARCADO.

PATRICIADO. *Direito romano.* **1.** Classe dos patrícios romanos. **2.** Qualidade de patrício. **3.** Aristocracia. **4.** Classe formada pelos quirites.

PATRÍCIO. **1.** *Direito romano.* a) Aristocrático; b) aristocrata; c) aquele que pertencia à classe dos nobres; d) título de uma dignidade instituída por Constantino; e) aquele que pertencia à classe dominante. **2.** Na *linguagem comum*: a) aquele que nasceu na mesma pátria ou localidade de outrem; b) nacional do mesmo país.

PATRILINEAR. *Sociologia jurídica.* Relativo à sucessão por linha paterna.

PATRILINEARIDADE. *Sociologia jurídica.* Organização social da família, clã, sipe ou linhagem que considera a descendência pela linha paterna.

PATRILOCALIDADE. *Sociologia jurídica.* Regime matrimonial segundo o qual a mulher, após as núpcias, passa a residir com a família do marido, no local em que ele antes morava.

PATRIMONIADO. *Direito civil.* Que tem ou recebeu patrimônio.

PATRIMONIAL. *Direito civil.* O que diz respeito a patrimônio.

PATRIMONIALIDADE. *Direito civil.* Qualidade de patrimonial.

PATRIMONIALISMO. *Sociologia geral* e *sociologia jurídica.* Tipo de organização política em que as relações subordinativas determinam-se pela dependência econômica e pelo sentimento de lealdade e respeito entre governados e governantes.

PATRIMÔNIO. **1.** *Direito civil.* Complexo das relações jurídicas de uma pessoa que tenham valor econômico (Clóvis Beviláqua). Incluem-se no patrimônio: a posse, os direitos reais, as obrigações e as ações correspondentes a tais direitos. O patrimônio abrange direitos e deveres redutíveis a dinheiro, conseqüentemente, nele não estão incluídos os direitos de personalidade, os pessoais entre cônjuges, os oriundos do poder familiar e os políticos. **2.** *Direito comercial.* Conjunto de bens e direitos de um empresário (individual ou coletivo) que têm valor econômico.

PATRIMÔNIO AUTONOMIZADO. **1.** *Direito administrativo.* Massa de bens que, ao se constituir por si mesma, se desmembrou de outra, formando uma universalidade de bens afetada a um objetivo especial determinado pelo Poder Público para atender a interesses coletivos. Por exemplo, o patrimônio da autarquia. **2.** *Direito civil.* Conjunto de bens que se destaca de um patrimônio para formar outro, atendendo a fins beneficentes. Por exemplo, o da fundação.

PATRIMÔNIO AUTÔNOMO. *Vide* PATRIMÔNIO AUTONOMIZADO.

PATRIMÔNIO AUTORIZADO. *Vide* PATRIMÔNIO AUTONOMIZADO.

PATRIMÔNIO BRUTO. *Direito civil.* Conjunto de bens considerados em seu todo, sem quaisquer deduções de débitos. Total de haveres sem cogitação do passivo.

PATRIMÔNIO CULTURAL BRASILEIRO. *Direito constitucional.* Complexo de bens materiais ou imateriais relativos à identidade, à ação e à memória dos diferentes grupos componentes da sociedade brasileira, nos quais se incluem: as formas de expressão, os modos de criar, fazer e viver; as criações científicas, artísticas e tecnológicas; as obras, objetos, documentos, edificações e demais espaços destinados a manifestações artístico-culturais; os conjuntos urbanos e sítios de valor histórico, paisagístico, artístico, arqueológico, paleontológico, ecológico e científico. O Poder Público promove e protege tal patrimônio por meio de inventários, registros, vigilância, tombamento, desapropriação e outras formas de acautelamento e preservação.

PATRIMÔNIO DA FUNDAÇÃO DE PROTEÇÃO E DEFESA DO CONSUMIDOR. *Direito do consumidor* e *direito administrativo.* É o constituído: a) pela dotação orçamentária inicial, no valor de R$ 100.000,00 (cem mil reais), proveniente do Tesouro do Estado; b) por doações que venha a receber de instituições públicas ou entidades privadas de utilidade pública estadual; c) por outros bens e direitos que vier a adquirir a qualquer título; d) pelo saldo de dotação da Coordenadoria de Proteção e Defesa do Consumidor, da Secretaria da Justiça e da Defesa da Cidadania; e) pelos bens móveis sob a administração da Coordenadoria de Proteção e Defesa do Consumidor e dos órgãos que a integram. Os bens e direitos da Fundação serão utilizados exclusivamente na consecução dos seus fins. No caso de extinção da Fundação, seus bens passarão a integrar o patrimônio do Estado.

PATRIMÔNIO DA UNIÃO. *Direito administrativo.* Conjunto de bens públicos (de uso comum, de uso especial e dominicais) pertencentes à União, sendo que sua guarda, defesa e conservação competem ao Serviço do Patrimônio da União.

PATRIMÔNIO DE AFETAÇÃO. *Direito civil.* A critério do incorporador, a incorporação poderá ser submetida ao regime da afetação, pelo qual o terreno e as acessões objeto de incorporação imobiliária, bem como os demais bens e direitos a ela vinculados, manter-se-ão apartados do patrimônio do incorporador e constituirão *patrimônio de afetação*, destinado à consecução da incorporação correspondente e à entrega das unidades imobiliárias aos respectivos adquirentes. O patrimônio de afetação não se comunica com os demais bens, direitos e obrigações do patrimônio geral do incorporador ou de outros patrimônios de afetação por ele constituídos e só responde por dívidas e obrigações vinculadas à incorporação respectiva. O incorporador responde pelos prejuízos que causar ao patrimônio de afetação. Os bens e direitos integrantes do patrimônio de afetação somente poderão ser objeto de garantia real em operação de crédito cujo produto seja integralmente destinado à consecução da edificação correspondente e à entrega das unidades imobiliárias aos respectivos adquirentes. No caso de cessão, plena ou fiduciária, de direitos creditórios oriundos da comercialização das unidades imobiliárias componentes da incorporação, o produto da cessão também passará a integrar o patrimônio de afetação. Os recursos financeiros integrantes do patrimônio de afetação serão utilizados para pagamento ou reembolso das despesas inerentes à incorporação. Excluem-se do patrimônio de afetação: os recursos financeiros que excederem a importância necessária à conclusão da obra, considerando-se os valores a receber até sua conclusão e, bem assim, os recursos necessários à quitação de financiamento para a construção, se houver; e o valor referente ao preço de alienação da fração ideal de terreno de cada unidade vendida, no caso de incorporação em que a construção seja contratada sob o regime por empreitada ou por administração. No caso de conjuntos de edificações, poderão ser constituídos patrimônios de afetação separados, tantos quantos forem os: subconjuntos de casas para as quais esteja prevista a mesma data de conclusão; e edifícios de dois ou mais pavimentos. A constituição de patrimônios de afetação

PATRIMÔNIO DO SERVIDOR PÚBLICO (PASEP)

separados deverá estar declarada no memorial de incorporação. Considera-se constituído o patrimônio de afetação mediante averbação, a qualquer tempo, no Registro de Imóveis, de termo firmado pelo incorporador e, quando for o caso, também pelos titulares de direitos reais de aquisição sobre o terreno. A averbação será obstada pela existência de ônus reais que tenham sido constituídos sobre o imóvel objeto da incorporação para garantia do pagamento do preço de sua aquisição ou do cumprimento de obrigação de construir o empreendimento. A Comissão de Representantes e a instituição financiadora da construção poderão nomear, a suas expensas, pessoa física ou jurídica para fiscalizar e acompanhar o patrimônio de afetação. O patrimônio de afetação extinguir-se-á pela: averbação da construção, registro dos títulos de domínio ou de direito de aquisição em nome dos respectivos adquirentes e, quando for o caso, extinção das obrigações do incorporador perante a instituição financiadora do empreendimento; revogação em razão de denúncia da incorporação, depois de restituídas aos adquirentes as quantias por eles pagas, ou de outras hipóteses previstas em lei; e liquidação deliberada pela assembléia geral. Os efeitos da decretação da falência ou da insolvência civil do incorporador não atingem os patrimônios de afetação constituídos, não integrando a massa concursal o terreno, as acessões e demais bens, direitos creditórios, obrigações e encargos objeto da incorporação.

PATRIMÔNIO DO SERVIDOR PÚBLICO (PASEP). *Direito administrativo* e *direito financeiro*. Fundo constituído por conjunto de depósitos efetuados pelas empresas públicas, em benefício de servidores públicos, correspondendo a um porcentual de suas dotações orçamentárias (Luiz Fernando Rudge).

PATRIMÔNIO ESPELEOLÓGICO. *Direito ambiental.* Conjunto de elementos bióticos e abióticos, socioeconômicos e histórico-culturais, subterrâneos ou superficiais, representados pelas cavidades naturais subterrâneas ou a estas associadas.

PATRIMÔNIO FLORESTAL. *Direito ambiental.* Conjunto de reservas florestais do País, sejam de propriedade particular ou do domínio público.

PATRIMÔNIO GENÉTICO. *Direito ambiental.* Informação de origem genética, contida no todo ou em parte de espécime vegetal, fúngico, microbia-

no ou animal, em substâncias provenientes do metabolismo de seres vivos e de extratos obtidos de organismos vivos ou mortos, encontrados em condições *in situ*, inclusive domesticados, ou mantidos em coleções *ex situ*, desde que coletados em condições *in situ*, no território nacional, na plataforma continental ou na zona econômica exclusiva.

PATRIMÔNIO HISTÓRICO, ARQUEOLÓGICO, CIENTÍFICO, CULTURAL E ARTÍSTICO. *Direito constitucional* e *direito administrativo*. Conjunto de bens que constituem objeto de tombamento, por serem de interesse público o resguardo e a proteção de obras e bens de importância histórica, arqueológica, científica, cultural e artística.

PATRIMÔNIO INDÍGENA. *Direito constitucional.* Conjunto de terras tradicionalmente ocupadas pelos índios, demarcadas e protegidas pela União, cabendo-lhes o usufruto exclusivo das riquezas do solo, rios e lagos nelas existentes.

PATRIMÔNIO LÍQUIDO. 1. *Direito comercial.* É o constituído, na sociedade por ações, por capital social, reservas de capital, reservas de avaliação, reservas de lucros ou prejuízos acumulados. **2.** *Direito civil.* Saldo apurado entre o ativo e o passivo de uma pessoa. É o conjunto de bens deduzidos das despesas.

PATRIMÔNIO NACIONAL. *Vide* PATRIMÔNIO DA UNIÃO.

PATRIMÔNIO NEGATIVO. *Direito civil* e *direito comercial.* É a soma do ativo inferior ao total do passivo, gerando insolvência ou falência do devedor.

PATRIMÔNIO PARTICULAR. *Direito civil.* Complexo de bens, direitos e obrigações próprios de uma pessoa, não constituindo parte de sua atividade econômica. Por exemplo, o particular do sócio em relação ao da sociedade a que pertence.

PATRIMÔNIO POSITIVO. *Direito civil* e *direito comercial.* Aquele em que o ativo supera o passivo.

PATRIMÔNIO PRIVADO. *Direito civil* e *direito comercial.* Conjunto de bens pertencentes a pessoas naturais e jurídicas de direito privado.

PATRIMÔNIO PÚBLICO. *Direito administrativo.* Conjunto de bens pertencentes às pessoas jurídicas de direito público da Administração direta ou indireta.

PATRIMÔNIO SEPARADO. *Direito civil.* Complexo de bens, direitos e deveres que se separa do patrimônio de uma pessoa, para atender a um fim determinado por lei ou pela vontade de seu titular.

PATRIMÔNIO SOCIAL. Conjunto de bens materiais e imateriais da coletividade como um todo e de interesses culturais (Hugo Nigro Mazzilli).

PATRIMONIZAÇÃO. *Direito administrativo.* Afetação de bens a um fim especial.

PATRIMONIZAR. *Direito administrativo.* Constituir um patrimônio com um fim especial, seja pela separação de bens pertencentes a outro patrimônio, seja pela acumulação de valores, resultantes de vantagens ou proveitos em negócio de uma instituição de interesse público.

PÁTRIO. **1.** *Direito civil.* Relativo a pai. **2.** *Ciência política.* Referente a pátria.

PATRIOFOBIA. *Medicina legal.* Aversão à pátria.

PÁTRIO PODER. *História do direito.* Poder que era exercido pelo pai, com a colaboração da mãe, sobre os filhos menores.

PATRIOTA. **1.** *Ciência política.* a) Aquele que pertence à mesma pátria de outrem; b) o que respeita sua pátria e procura servi-la. **2.** *História do direito.* a) Partidário das revoluções pernambucanas de 1817 e 1824; b) designação dada, no Rio Grande do Sul, em 1893, ao soldado da força irregular do governo na revolução federalista.

PATRIÓTICO. *Ciência política.* **1.** O que se refere a patriota. **2.** O que revela amor à pátria.

PATRIOTISMO. *Ciência política.* **1.** Sentimento de amor à pátria, ao seu solo, às suas tradições, à sua cultura e à sua integridade. **2.** Qualidade de quem é patriota.

PATRÍSTICO. *Direito canônico.* Tudo o que diz respeito aos padres da Igreja.

PATROAR. *Direito marítimo.* Dirigir uma embarcação na qualidade de patrão.

PATROÁRIO. Amparo; proteção.

PATROCINADO. **1.** Protegido. **2.** Que recebe auxílio.

PATROCINADOR. **1.** Protetor. **2.** Aquele que auxilia. **3.** Anunciante por conta de quem se dá a transmissão de um programa de televisão ou rádio. **4.** Empresa ou grupo de empresas, a União, os Estados, o Distrito Federal e os Municípios, suas autarquias, fundações, sociedades de economia mista e outras entidades públicas que instituam para seus empregados ou servidores plano de benefício de caráter previdenciário, por intermédio de entidade fechada. **5.** Pessoa física ou jurídica, contribuinte do im-

posto de renda, que apóie projetos desportivos ou paradesportivos aprovados pelo Ministério do Esporte.

PATROCINAR. **1.** Dar patrocínio a alguém. **2.** Proteger. **3.** Auxiliar. **4.** Defender uma causa.

PATROCÍNIO. **1.** *Direito processual.* a) Defesa de interesses, em juízo, exercida por um advogado; b) atuação de um advogado na defesa da causa de seu constituinte. **2.** *Direito romano.* Defesa e proteção dos interesses dos plebeus feitas pelos patrícios. **3.** Na *linguagem comum:* a) proteção; b) auxílio; c) amparo. **4.** *Direito desportivo.* a) Transferência gratuita, em caráter definitivo, ao proponente, de numerário para realização de projetos desportivos e paradesportivos, com finalidade promocional e institucional de publicidade; b) cobertura de gastos ou utilização de bens, móveis ou imóveis, do patrocinador, sem transferência de domínio, para a realização de projetos desportivos e paradesportivos, pelo proponente.

PATROCÍNIO A UMA ENTIDADE CULTURAL. *Direito civil.* **1.** A transferência gratuita, em caráter definitivo, a pessoa física ou jurídica de natureza cultural, com ou sem fins lucrativos, de recursos financeiros para a realização de projetos culturais, com finalidade promocional e institucional de publicidade. **2.** A cobertura de gastos ou utilização de bens móveis ou imóveis, do patrimônio do patrocinador, sem transferência de domínio, para a realização de projetos culturais por pessoa física ou jurídica de natureza cultural, com ou sem fins lucrativos.

PATROCÍNIO INFIEL. *Direito penal.* **1.** Crime contra a administração da justiça perpetrado por advogado ou procurador que, faltando ao dever e à ética profissional, lesa, em juízo, o interesse de seu constituinte, punido com detenção e multa. **2.** Conduta dolosa e consciente de advogado que consiste em trair dever profissional, prejudicando o seu constituinte.

PATROCÍNIO JUDICIÁRIO. *Direito processual.* Atuação, em juízo, do advogado, munido de procuração *ad judicia*, em prol dos interesses de seu constituinte, diligenciando ou tomando todas as medidas necessárias.

PATROCÍNIO SIMULTÂNEO. *Direito penal.* Trata-se de tergiversação, ou seja, do crime contra a administração da justiça, que consiste no fato de o advogado ou procurador judicial defender na mesma causa, simultânea ou sucessivamente, os interesses das partes contrárias, punido com detenção e multa.

PATRONAGEM. *Vide* PATROCÍNIO.

PATRONAL. *Direito do trabalho.* **1.** Referente a patrão. **2.** Próprio de empregador. **3.** O que diz respeito à classe dos patrões.

PATRONATO. 1. *Direito romano.* Direito do patrão em relação ao cliente. **2.** *Direito processual. Vide* PATROCÍNIO. **3.** *Direito da criança e do adolescente.* Estabelecimento onde se abrigam e educam menores abandonados. **4.** *Direito do trabalho.* a) Qualidade de empregador; classe dos patrões; b) regime de trabalho assalariado, em função do patrão (Marcus Cláudio Acquaviva).

PATRONATSERKLÄRUNGEM. *Termo alemão.* Carta de conforto.

PATRONIA. *Direito do trabalho.* **1.** Conjunto de funções do patrão. **2.** Dignidade de empregador.

PATRONÍMIA. *Direito civil.* Derivação do nome do pai ou de outros parentes patrilineares.

PATRONÍMICO. *Direito civil.* **1.** Regime no qual o filho recebe o sobrenome ou o apelido de família de seu pai. **2.** Derivado do sobrenome do pai. **3.** Nome designativo da linhagem. **4.** Relativo ao apelido de família do pai. **5.** Nome que vem do pai. **6.** Apelido de família. **7.** Nome materno seguido do paterno. **8.** Nome que indica a origem da pessoa.

PATRONÍMICO DO COMPANHEIRO. *Direito civil.* Apelido de família do companheiro usado, em concubinato puro, pela mulher que com ele vive, se tiver filho com ele ou se a vida em comum perdurar por mais de cinco anos, mas desde que ele concorde com isso.

PATRONÍMICO DO CÔNJUGE. *Direito civil.* É o apelido de família de um dos cônjuges adotado pelo outro, se o quiser, com a celebração do casamento, aditando-o ao seu. O direito de usá-lo, contudo, é perdido com a anulação do casamento, separação judicial, se culpado e se isso for requerido pelo inocente, não havendo qualquer prejuízo na mudança do nome e no divórcio haverá direito ao uso do nome do ex-cônjuge, salvo se o contrário estiver disposto na sentença de separação judicial. Excepcionalmente, porém, poderá conservar o apelido de família do ex-marido se houver: grave dano para sua identificação, manifesta distinção entre o seu nome de família e o dos filhos havidos da união dissolvida e prejuízo grave reconhecido em sentença judicial.

PATRÔNIMO. *Vide* PATRONÍMICO.

PATRONNER. *Termo francês.* **1.** Patrocinar. **2.** Proteger. **3.** Comandar embarcação.

PATRONO. 1. *Direito romano.* Senhor relativamente aos seus clientes (pessoas livres de condição inferior) e libertos. **2.** *Direito processual.* Advogado em relação aos seus constituintes. **3.** Na *linguagem comum,* protetor. **4.** *Direito canônico.* Padroeiro.

PATRÔNOMO. *História do direito.* Designação dada aos magistrados que, em Esparta, substituíram os éforos.

PATRUICÍDIO. *Direito penal.* Ato de matar tio paterno.

PATRULHA. 1. *Direito militar.* a) Grupo de militares em ronda com o escopo de exercer o policiamento da cidade, mantendo a ordem e a segurança, ou de executar qualquer outra missão; b) pequeno grupo de soldados, enviado por uma tropa, para fazer percurso de vigilância, colhendo informações; c) grupo de cada uma das Forças Armadas que tem a função de fiscalizar a conduta dos membros componentes do Exército, da Marinha ou da Aeronáutica. **2.** *Direito penal.* Bando de vadios. **3.** Na *gíria*, pequeno agrupamento político.

PATRULHA COSTEIRA. *História do direito.* Grupo de policiais encarregado da ronda ou da fiscalização das costas litorâneas. Trata-se da atual patrulha naval.

PATRULHAMENTO. *Direito de trânsito.* É a função exercida pela Polícia Rodoviária Federal com o objetivo de garantir obediência às normas de trânsito, assegurando a livre circulação e evitando acidentes.

PATRULHA NAVAL. *Direito marítimo* e *direito militar.* É a que, sob a responsabilidade do Comando da Marinha, tem a finalidade de implementar e fiscalizar o cumprimento de leis e regulamentos, em águas jurisdicionais brasileiras, na Plataforma Continental brasileira e no alto-mar, respeitados os tratados, convenções e atos internacionais ratificados pelo Brasil. As embarcações estrangeiras em atividades não autorizadas nas águas jurisdicionais brasileiras serão apresadas e encaminhadas pelo Comando da Marinha às autoridades competentes. No caso de navios de guerra ou de Estado estrangeiros, poderá o Comando da Marinha determinar a interrupção das citadas atividades e a sua retirada de águas jurisdicionais brasileiras.

A Patrulha Naval será realizada empregando-se meios navais, conceituados como aqueles que: a) possuem comandante legalmente designado por autoridade constituída e tripulação submetida às regras da disciplina militar; b) dispõem de armamento fixo em seus conveses; c) ostentam sinais exteriores próprios de navios, embarcações e aeronaves pertencentes à Marinha do Brasil.

PATRULHAR. *Direito militar.* **1.** Fazer ronda em patrulha. **2.** Fiscalizar ou vigiar com patrulha.

PAUCI SED BONI. *Locução latina.* Poucas mas boas coisas.

PAULA. *História do direito.* Moeda de prata de quinhentos réis.

PAULAMA. *Direito agrário.* Lenha que atravanca a roçada depois da queimada.

PAULATIM. *Termo latino.* Paulatino; pouco a pouco.

PAULATINO. 1. Vagaroso. **2.** Moroso. **3.** Feito aos poucos.

PAUPÉRIE. Miséria.

PAUPERISMO. *Economia política.* **1.** Fenômeno de generalização, recrudescimento e progressiva estabilização de indigência que marcou a primeira fase da Revolução Industrial (Mirella Larizza). **2.** Estado de indigência.

PAUSA. 1. *Direito civil.* Intervalo das vigas de um madeiramento. **2.** Na *linguagem comum,* interrupção temporária de uma ação.

PAUSAGEM. *Direito civil.* Madeiramento em que as vigas apresentam intervalos ou pausas.

PAUSA TÉCNICA. *Direito processual civil.* Recurso usado, na mediação, quando houver impasse ou calorosa discussão entre mediados, pelo qual o mediador solicita interrupção da sessão para acalmar os ânimos, repensar a questão e retomar o trabalho de forma mais producente (Juan Carlos Vezzula, Dante P. Martinelli e Christopher W. Moore).

PAUSIMENIA. *Medicina legal.* Menopausa.

PAUTA. 1. *Direito alfandegário.* a) Tarifa aduaneira; b) relação das mercadorias importadas sujeitas a tributação. **2.** *Direito processual.* Rol dos feitos e das datas de seus julgamentos. **3.** *Direito comercial.* a) Lista das cotações da Bolsa afixada no edifício onde esta funciona; b) relação de medidas ou de questões a serem discutidas numa assembléia societária. **4.** *Ciência política.* Ordem

do dia, isto é, relação dos projetos de lei e das matérias a serem submetidas a votação ou discussão dos membros de uma Câmara, Assembléia Legislativa etc. **5.** *Direito administrativo.* Ordem do dia que deve ser observada num órgão público colegiado. **6.** Na *linguagem comum:* a) regra ou modelo que deve ser seguido na execução de algo; b) relação dos assuntos a serem tratados numa reunião; c) golpe de navalha.

PAUTA DAS ALFÂNDEGAS. *Direito alfandegário.* Lista dos vários produtos de importação, com a designação dos direitos que devem pagar.

PAUTA DE JULGAMENTO. *Direito processual.* Relação dos feitos a serem julgados em determinado dia, que fica afixada no átrio do tribunal e é publicada no *Diário da Justiça.*

PAUTAL. *Direito alfandegário.* Consignado na pauta das alfândegas.

PAVEIA. *Direito agrário.* a) Gaveta de palha ou de feno ceifado, antes de atado em molhos; b) montículo de mato roçado para ser transportado ou reduzido a cinza para adubo.

PAVÊS. *Direito marítimo.* Armação de madeira que serve para proteção da tripulação do navio.

PAVILHÃO. 1. *Ciência política.* Bandeira de um país. **2.** *Direito internacional privado.* Símbolo da nacionalidade da embarcação ou da aeronave. **3.** *Direito internacional público.* Poder marítimo de uma nação. **4.** *Direito civil.* Pequena construção, em regra isolada, de um edifício ou prédio principal.

PAVILHÕES DE COMPLACÊNCIA. *Direito internacional público.* Aqueles da Libéria, Panamá e Chipre, que foram condenados pela Convenção de 1982, no que diz respeito à nacionalidade dos navios, ao ser afirmado que há sempre um vínculo entre o país e o navio que leva sua bandeira. Em mar alto a embarcação está sob a jurisdição de seu Estado, e o navio de guerra só pode exercer autoridade sobre o mercante de igual bandeira. Para que um navio de guerra possa constranger, sob forma do direito de visita, uma embarcação mercante de outra nacionalidade, é preciso que haja suspeita de pirataria, tráfico etc. ou de que o seu pavilhão não representa sua verdadeira nacionalidade (Rezek).

PAVILHÕES FACILITÁRIOS. *Vide* PAVILHÕES DE COMPLACÊNCIA.

PAVIMENTAÇÃO. *Direito administrativo.* Ato de pavimentar ou asfaltar ruas públicas para possibilitar ou facilitar o trânsito de veículos e pedestres.

PAVIMENTO. 1. *Direito civil.* a) Cada andar de um edifício; b) piso. **2.** *Direito administrativo.* Asfalto de via pública.

PAVOR. *Direito penal.* Medo excessivo que pode, às vezes, constituir causa atenuante de pena.

PAWN. *Termo inglês.* Penhor.

PAWNBROKER. *Termo inglês.* **1.** Dono de casa de penhores. **2.** Aquele que empresta dinheiro sob penhor.

PAWNEE. *Termo inglês.* **1.** Credor hipotecário. **2.** Credor pignoratício.

PAWNER. *Termo inglês.* Devedor pignoratício.

PAWN TICKET. *Locução inglesa.* Cautela de penhor.

PAXÁ. *Direito comparado.* Título dos governantes das províncias turcas.

PAXALATO. *Direito comparado.* Território turco sob a jurisdição de um paxá.

PAX OMNIUM RERUM TRANQUILITAS ORDINIS. *Expressão latina.* A paz de todas as coisas é a tranqüilidade da ordem.

PAX ROMANA. 1. *Direito internacional público.* Modo de conseguir a paz por meio de imposição, sem efetuar quaisquer negociações ou fazer quaisquer transigências. **2.** *Direito romano.* Locução que designava a tranqüilidade forçada imposta pelos romanos aos povos por eles dominados.

PAX VOBIS. *Locução latina.* Aquele que é de boa paz.

PAY BACK. *Termo inglês.* **1.** Prazo de amortização de financiamento ou empréstimo. **2.** Período para que o investimento seja pago (Luiz Fernando Rudge).

PAYE. *Termo francês.* Pagamento.

PAYER SA DETTE À SON PAYS. *Expressão francesa.* Prestar serviço militar.

PAYING BANK. *Vide NEGOTIATING BANK.*

PAY ROLL *Locução inglesa.* Folha de pagamento.

PAZ. 1. *Direito internacional público.* a) Estado em que se encontra um país que não está em guerra; b) diz-se do tratado que, amigavelmente, põe fim ao conflito armado entre países beligerantes, restabelecendo a harmonia; c) ausência de conflito entre potências; d) fim das hostilidades entre nações pela celebração de um tratado. **2.** Nas *linguagens comum* e *jurídica:* a) tranqüilidade; b) normalidade; c) calma; sossego; d) silêncio; e) concórdia; f) harmonia; g) concordância dos concidadãos. **3.** *Filosofia geral.*

a) Valor ético-social; b) tranqüilidade na ordem (Santo Agostinho); c) ausência de violência (Kelsen); d) obrigação do Estado (Grócio); e) eficácia de um sistema que realiza valores para cujo objeto foi instituído e a convicção de que as normas, além de eficazes, são justas (Garcia Máynez).

PAZ ARMADA. *Direito internacional público.* **1.** Respeito recíproco dos países mantido pelas suas Forças Armadas. **2.** Estado de não-beligerância garantido pela Marinha, Exército e Aeronáutica de duas ou mais nações, que, a qualquer momento, estão prontas para entrar em ação.

PAZEAR. Estabelecer a paz.

PAZ PÚBLICA. *Direito administrativo.* **1.** Estado de tranqüilidade e segurança social do país garantido pela ordem jurídica. **2.** Sentimento coletivo de paz assegurado pelo direito.

PAZ SOCIAL. *Vide* PAZ PÚBLICA.

PCN. Sigla de *Personal Communication Network* que, na Europa, é a tecnologia de comunicação pessoal que constitui alternativa ao telefone celular.

PCS. Sigla de *Personal Communication Service* que, nos EUA, é um serviço de comunicação pessoal que representa uma alternativa ao telefone celular.

PDV. 1. *Direito administrativo.* Abreviatura de Programa de Desligamento Voluntário do Servidor Público civil do Poder Executivo Federal. **2.** *Direito comercial.* a) Ponto de venda; b) Expressão usada para indicar caixa da loja, onde se usa *scanner* para leitura do código de barras de identificação de produtos (James G. Heim).

PÉ. 1. *Medicina legal.* Parte do corpo humano que se articula com a extremidade inferior da perna, permitindo a locomoção. **2.** *Direito comparado.* Medida de comprimento inglesa que equivale a 0,3048 m e divide-se em doze polegadas. **3.** *Direito agrário.* a) Haste de planta; b) planta; c) árvore. **4.** *Direito marítimo.* Ponta da corda com que se vira a vela. **5.** *Direito processual.* a) Estado de uma ação em certo momento; b) *Vide* CERTIDÃO DE OBJETO E PÉ. **6.** Na *linguagem comum:* a) parte inferior de um objeto; pedestal; base; suporte; b) pilar; c) parte da cama oposta à cabeceira; d) parceiro do jogo de cartas que as distribui. **7.** Na *linguagem jurídica* em geral: a) estado de um negócio; b) pretexto; motivo; razão.

PEAÇA. *Direito agrário.* Correia com que se prende o boi à carga pelos chifres.

PEADOURO. *Direito agrário.* Local onde se peiam as cavalgaduras.

PEAGEM. 1. *Direito civil.* Direito de passagem. **2.** *Direito administrativo* e *direito tributário.* Pedágio. **3.** *História do direito.* Imposto que era pago pela passagem por uma ponte etc.

PEALAR. *Direito agrário.* Derrubar animal, laçando-o pelas patas dianteiras.

PEALO. 1. *Direito agrário.* Arremesso de laço que prende o animal em corrida pelas patas dianteiras. **2.** Na *gíria forense,* designa o ato do advogado que, aproveitando-se de inadvertência ou negligência do adversário, inesperadamente, tira vantagem para seu constituinte.

PEANHO. *Direito marítimo.* Quilha e parte inferior do navio.

PEÃO. 1. *Direito agrário.* a) Empregado de campo, nas fazendas; b) trabalhador rural de estâncias do Rio Grande do Sul que executa serviços de pecuária, sempre montado a cavalo, tais como: reunir o gado, buscar reses extraviadas, campear, conduzir animais etc. (Fernando Sodero); c) trabalhador rural que, na Bahia, se emprega no cultivo do cacau; d) serviçal contratado para desmatar, na Amazônia, a floresta virgem, para formar pasto; e) aquele que se emprega na roça com vencimento mensal ou diário. **2.** *Direito militar.* Soldado de infantaria. **3.** *Direito marítimo.* Peça de ferro num mastro, para encaixe de verga do traquete ou da vela grande. **4.** *História do direito.* Plebeu.

PEÃO DE RODEIO. *Direito desportivo.* Atleta profissional cuja atividade consiste na participação, mediante remuneração pactuada em contrato próprio, em provas de destreza no dorso de animais eqüinos ou bovinos, em torneios patrocinados por entidades públicas ou privadas. Entendem-se como provas de rodeios as montarias em bovinos e eqüinos, as vaquejadas e provas de laço, além de outras atividades profissionais da modalidade organizadas pelos atletas e entidades dessa prática esportiva. O contrato celebrado entre a entidade promotora das provas de rodeios e o peão, obrigatoriamente por escrito, deve conter: a) a qualificação das partes contratantes; b) o prazo de vigência, que será, no mínimo, de quatro dias e, no máximo, de dois anos; c) o modo e a forma de remuneração, especificados o valor básico, os prêmios, as gratificações, e, quando houver, as bonificações, bem como o valor das luvas, se previamente convencionado; d) cláusula penal para as hipóteses de descumprimento ou rompimento unilateral do contrato. É obrigatória a contratação, pelas entidades promotoras, de seguro de vida e de acidentes em favor do peão de rodeio, compreendendo indenizações por morte ou invalidez permanente no valor mínimo de cem mil reais, devendo esse valor ser atualizado a cada período de doze meses, com base na Taxa Referencial de Juros (TR). A apólice de seguro deverá, também, compreender o ressarcimento de todas as despesas médicas e hospitalares decorrentes de eventuais acidentes que o peão vier a sofrer no interstício de sua jornada normal de trabalho, independentemente da duração da eventual internação, dos medicamentos e das terapias que assim se fizerem necessários. A entidade promotora que estiver com o pagamento da remuneração de seus atletas em atraso, por período superior a três meses, não poderá participar de qualquer competição, oficial ou amistosa. O contrato estipulará, conforme os usos e costumes de cada região, o início e o término normal da jornada de trabalho, que não poderá exceder a oito horas por dia.

PEAR. 1. *Direito agrário.* Prender animal. **2.** Nas *linguagens comum* e *jurídica:* colocar obstáculo; impedir. **3.** *História do direito.* Punir.

PEÇA. 1. *Direito processual.* Documento que integra os autos do processo, por exemplo, petição inicial, contestação, documentos probatórios, laudo pericial etc. **2.** *Direito civil.* a) Pertença; b) parte de um todo; c) cômodo de uma casa; d) móvel de uso numa residência; e) acessório de uma coisa. **3.** *Direito autoral.* a) Obra de arte; b) obra musical; c) composição dramática para ser representada no teatro. **4.** *Direito militar.* a) Canhão. **5.** *Direito penal.* Logro. **6.** *História do direito.* Designação dada ao escravo.

PEÇA ANATÔMICA. *Medicina legal.* Parte de um cadáver preparada para estudo de anatomia.

PEÇA DE ARTILHARIA. *Direito militar.* Canhão.

PEÇA DE CAÇA. *Direito civil.* Animal morto na caça.

PEÇA DE EXAME. 1. *Direito processual.* Documento ou coisa que é objeto de exame pericial. **2.** *Medicina legal.* Perícia realizada sobre pessoa ou coisa resultante de exame médico-legal, exumação, exame de laboratório e necroscopia.

PEÇA DE MÚSICA. *Direito autoral.* Composição musical.

PECADO. *Direito canônico.* Transgressão de preceito religioso.

PEÇA INCRIMINADA. *Direito processual penal.* Documento ou coisa examinada pelo perito para esclarecimento da justiça. Por exemplo, o corpo de delito, que é um conjunto de vestígios deixados pela ação criminosa e constitui valioso objeto probatório.

PEÇAS DE INFORMAÇÃO. 1. *Direito processual penal.* Representações, documentos, certidões, cópias de peças processuais, declarações ou quaisquer informações que, mesmo sem o inquérito policial, possibilitam a caracterização da materialidade e da autoria do crime, servindo de base à propositura da ação penal (Damásio E. de Jesus e Tourinho Filho). **2.** *Direito processual civil.* Elementos de convicção nos quais o membro do Ministério Público se baseia para propor a ação civil pública, imputando a alguém a responsabilidade pelo risco de lesão ou a própria prática de lesão a interesses difusos ou coletivos (Hugo Nigro Mazzilli).

PEÇA TEATRAL. *Vide* OBRA TEATRAL.

PEÇA VESTIBULAR. *Direito processual civil.* Petição inicial.

PECHA. 1. Apodo dado a alguém. **2.** Mau costume. **3.** Defeito.

PECHINCHA. *Direito comercial.* **1.** Coisa comprada a preço reduzido. **2.** Bom negócio. **3.** Vantagem ou lucro inesperado.

PECHINCHAR. *Direito comercial.* **1.** Alcançar vantagem. **2.** Comprar muito barato. **3.** Pedir redução de preço.

PECILÓCITO. *Medicina legal.* Hemácia de forma irregular e de tamanho variável, comum em anemias perniciosas.

PECILOCITOSE. *Medicina legal.* Doença congênita que decorre de problema nas formas das hemácias.

PECO. *Direito agrário.* **1.** Doença dos vegetais, que os faz definhar. **2.** Variedade de chá preto.

PEÇONHA. *Medicina legal.* Secreção venenosa e tóxica de alguns animais, que pode causar perturbação nervosa, parada cardíaca, queda de pressão, necrose, hemorragia etc.

PECUÁRIA. *Direito agrário.* Criação de gado.

PECUÁRIA BLINDADA. *Direito agrário.* Criação de quelônios (cágados, tartarugas, tracajás etc.).

PECUÁRIA DE BICO. *Direito agrário.* Avicultura.

PECUÁRIA EXTENSIVA. *Direito agrário.* Criação de gado em grandes áreas, alimentando-o com o pasto, que cresce livremente.

PECUÁRIA ULTRA-EXTENSIVA. *Vide* QUARTEAÇÃO.

PECUÁRIO. *Direito agrário.* **1.** O que diz respeito a pecuária e gado. **2.** Tratador de gado.

PECUARISTA. *Direito agrário.* **1.** Criador de gado. **2.** Aquele que se dedica à pecuária.

PECULADOR. *Direito penal.* Aquele que comete ou pratica peculato; peculatório.

PECULATÁRIO. *Vide* PECULADOR.

PECULATO. *Direito penal.* Crime de malversação praticado por funcionário público que se apropria, indevidamente, de dinheiro ou bens móveis confiados à sua guarda e posse, em razão do seu ofício, em proveito próprio ou de terceiro, ou que se vale de sua influência para desviá-los. Trata-se do peculato-tipo, que é crime contra a Administração Pública, punido com reclusão e multa.

PECULATO-APROPRIAÇÃO. *Direito penal.* Aquele em que há inversão do título da posse, pois o funcionário público se apropria de bem ou valor, público ou particular, como se fosse seu dono, alienando-o ou retendo-o (Damásio E. de Jesus).

PECULATO-CULPOSO. *Direito penal.* Aquele em que o servidor público, por negligência, imprudência ou imperícia, concorre para a prática de crime de outrem, funcionário (peculato) ou particular (furto). Tal conduta é punida com detenção, sendo que, se a reparação do dano preceder à sentença irrecorrível, será extinta a punibilidade, mas, se for posterior, reduzir-se-á a pena imposta pela metade.

PECULATO-DESVIO. *Direito penal.* Aquele em que o funcionário público, não tendo ânimo de apossar-se definitivamente da coisa subtraída, emprega-a para fim diverso de sua destinação, em proveito próprio ou alheio (Damásio E. de Jesus).

PECULATO-ESTELIONATO. *Vide* PECULATO MEDIANTE ERRO DE OUTREM.

PECULATO-FURTO. *Direito penal.* Crime contra a Administração Pública que consiste no fato de o funcionário público, valendo-se de seu cargo e não tendo a posse de dinheiro, valor ou bem, vir a subtraí-los ou a concorrer, consciente e voluntariamente, para que sejam furtados por outrem, obtendo, com isso, algum proveito próprio ou alheio. Trata-se do peculato impróprio, punido com reclusão e multa.

PECULATO IMPRÓPRIO. *Vide* PECULATO-FURTO.

PECULATO MEDIANTE ERRO DE OUTREM. *Direito penal.* Trata-se do peculato-estelionato, apenado com reclusão e multa. É crime contra a Administração que consiste no ato de o funcionário público, dolosamente, apropriar-se de dinheiro ou qualquer utilidade que recebeu, no exercício do cargo ocupado, por erro de outrem.

PECULATO-TIPO. *Vide* PECULATO.

PECULIAR. **1.** O que é próprio ou privativo de uma coisa ou pessoa. **2.** O que se refere a pecúlio.

PECÚLIO. **1.** *Direito civil.* a) Reserva de dinheiro acumulado com o esforço de trabalho e com economia; b) patrimônio. **2.** *História do direito.* a) Moeda corrente; b) conjunto de bens doados ou deixados aos filhos-famílias como auxílio matrimonial; c) coleção de apontamentos jurídicos feita por alguém para uso próprio; d) patrimônio de filho menor, destinado por seus pais, à maneira do dote (De Plácido e Silva). **3.** *Direito previdenciário.* a) Indenização devida em caso de morte ou invalidez provocadas por acidente de trabalho; b) prestação devida ao segurado que se incapacitar para o trabalho antes do término do período de carência para a aposentadoria (Othon Sidou); c) capital segurado pagável por morte do segurado, sob forma de capital fixo, corrigível ou não (Luiz Fernando Rudge); d) acúmulo de economias para uso futuro (Luiz Fernando Rudge). **4.** Na *linguagem comum:* a) coleção valiosa; b) conjunto de apontamentos ou notícias relativas a uma especialidade ou assunto; c) complexo de conhecimentos sobre uma matéria.

PECÚLIO ADVENTÍCIO. *Direito romano.* **1.** Conjunto de bens recebidos, por sucessão hereditária, pelo *filius familias.* **2.** Complexo de bens não castrenses, cujo domínio fosse atribuído a filho menor. **3.** Conjunto de bens que o filho recebia por dote ou doação. **4.** Complexo de bens herdados pelo filho menor de parentes da linha materna, ou que provinham da herança materna, sobre os quais o seu pai só podia ter o usufruto até que atingisse a maioridade.

PECÚLIO CASTRENSE. **1.** *Direito romano.* Conjunto de bens adquiridos pelo filho-família no servi-

ço militar. **2.** *História do direito.* Complexo de bens adquiridos em ato de guerra.

PECÚLIO DO PRESO. *Direito penitenciário.* Pagamento feito ao preso pelos serviços prestados na prisão.

PECÚLIO PROFECTÍCIO. *Direito romano.* **1.** Complexo de bens deixados pelos pais ou por estes abandonados aos filhos, quando se tornavam maiores (De Plácido e Silva). **2.** Conjunto de bens retirados pelos pais de seu patrimônio e confiados à gestão do filho.

PECÚLIO QUASE-CASTRENSE. **1.** *Direito romano.* Acervo de bens adquiridos pelo filho-família no exercício de uma função administrativa. **2.** *História do direito.* a) Conjunto de bens que se adquiria no exercício de emprego público ou de profissão liberal; b) complexo de bens doados a filho para auxiliá-lo nas núpcias.

PECULIUM. *Direito romano.* Separação de parcela do patrimônio do *pater familias* que era confiada ao filho ou a escravo para que a administrasse e exercesse o comércio (Othon Sidou).

PECÚNIA. **1.** *Direito romano.* Coisa supérflua. **2.** *História do direito.* a) Produto do cultivo das terras; b) uso de animal, que se agregava em rebanho, como instrumento de troca. **3.** *Economia política:* a) dinheiro; b) patrimônio.

PECUNIAE CREDITAE BONA DEBITORIS, NON CORPUS OBNOXIUM ESSE. Expressão latina. O que está sujeito a dívida são os bens do devedor e não seu corpo.

PECUNIAE IMPERARE HAUD SERVIRE ADDECET. Expressão latina. É preciso dominar e não servir ao dinheiro.

PECUNIAE OBEDIUNT OMNIA. Expressão latina. Tudo se submete ao dinheiro.

PECUNIA EST OPTIMUS FUTURAE NECESSITATI FIDEJUSSOR. Expressão latina. O dinheiro é ótimo fiador das necessidades futuras.

PECUNIAM IN LOCO NEGLIGERE MAXIMUM EST INTERDUM LUCRUM. Expressão latina. Renunciar o dinheiro em tempo oportuno constitui, às vezes, o maior lucro.

PECUNIA PECUNIAM NON PARIT. Expressão latina. O dinheiro não gera o dinheiro.

PECUNIÁRIO. **1.** Que consiste em dinheiro. **2.** Referente a dinheiro ou moeda. **3.** O que é representado por dinheiro.

PECUNIARUM TRANSLATIO A JUSTIS DOMINIS AD ALIENOS NON DEBET LIBERALIS VIDERI. Expressão latina. O donativo que se faz a estranhos com dinheiro tomado de seus legítimos proprietários não pode ser considerado como uma liberalidade.

PEDAÇO. **1.** Fragmento. **2.** Porção. **3.** Trecho. **4.** Espaço de tempo.

PEDAÇO DE GADO. *Direito agrário.* Algumas reses.

PEDAÇO DE TERRA. *Direito agrário.* **1.** Gleba de terra. **2.** Área de terra.

PEDAGEM. *Vide* PEDÁGIO.

PEDÁGIO. **1.** *História do direito.* Tributo pago pela passagem por uma ponte. **2.** *Direito tributário.* a) Taxa paga pelo uso de estradas para satisfazer despesas de conservação realizadas pelo Poder Público; b) posto fiscal situado em estradas para cobrança daquela taxa. **3.** Na *gíria*, é a quantia paga por delinqüentes a policiais para que estes não os prendam.

PEDAGOGIA. *Direito educacional.* Ciência da educação que analisa os sistemas e os procedimentos educacionais, dirigindo a ação do educador.

PEDAGÓGICO. Relativo à educação.

PEDAGOGO. **1.** Na *linguagem comum* e no *direito educacional,* é o especialista em métodos educativos ou de ensino. **2.** *História do direito.* Escravo que era encarregado da educação e acompanhava as crianças ao educandário.

PEDALINHO. Pequeno barco movido a pedal, para diversão pública.

PEDÂNEO. *História do direito.* **1.** Magistrado que, em locais pouco importantes, julgava de pé. **2.** Em Roma, era o juiz inferior, nomeado pelo governador, que tratava de negócios de pequena monta, em sua jurisdição.

PEDANTOCRACIA. *Ciência política.* Governo ou predomínio dos pedantes.

PEDARQUIA. Governo de crianças.

PEDARTROCACIA. *Medicina legal.* Doença infantil articular.

PÉ-DE-ALTAR. *Direito canônico.* Rendimento obtido pelo pároco com casamentos, batizados etc.

PÉ-DE-AMIGO. *Direito agrário.* Sistema para prender um animal por sua pata traseira, puxando-a para o pescoço, a fim de evitar que ele dê coices.

PÉ-DE-ATLETA. *Medicina legal.* Infecção micótica causada por dermatófitos que se localizam nos pés, muito comum em homens.

PÉ-DE-BOI. Pessoa muito trabalhadora e assídua ao serviço.

PÉ-DE-CABRA. Alavanca usada por operário ou criminoso para arrombar portas, dando origem, neste último caso, ao furto qualificado.

PÉ-DE-MADURA. *Medicina legal.* Infecção crônica, provocada por fungos, que invade a estrutura óssea do pé, inchando-o e causando-lhe deformidades incapacitantes.

PÉ-DE-MEIA. Economia.

PEDE POENA CLAUDO. *Expressão latina.* O castigo claudica, porque nem sempre o crime é, de imediato, punido.

PEDERASTA. *Medicina legal.* Aquele que tem o vício da pederastia.

PEDERASTIA. *Medicina legal.* Homossexualismo masculino; prática de ato libidinoso ou de coito anal entre pessoas do sexo masculino.

PEDERÁSTICO. *Medicina legal.* Que se refere a pederastia.

PÉ-DE-RÉDEA. *Direito agrário.* Cavaleiro que tem mão firme e guia bem o cavalo.

PEDESTRE. **1.** *História do direito.* Antigo policial do Rio de Janeiro. **2.** Nas *linguagens comum* e *jurídica:* a) aquele que anda ou está a pé; b) o que se faz a pé.

PEDESTRIANISMO. *Direito desportivo.* **1.** Esporte que consiste em fazer grandes marchas ou corridas a pé. **2.** Competição entre andarilhos ou corredores.

PEDESTRIANISTA. *Direito desportivo.* Aquele que pratica pedestrianismo.

PEDESTRIANO. *Direito desportivo.* Aquele que, desafiando outrem, marcha ou corre a pé.

PEDIALGIA. *Medicina legal.* Dor na planta do pé.

PEDIATRA. *Medicina legal.* Médico especialista em pediatria.

PEDIATRIA. *Medicina legal.* Disciplina médica voltada às crianças, ao seu desenvolvimento e ao tratamento de suas moléstias.

PEDIÁTRICO. *Medicina legal.* O que diz respeito a pediatria.

PEDICULAR. *Medicina legal.* Moléstia causada por piolhos.

PEDICULOSE. *Medicina legal.* Dermatose provocada por piolho.

PEDICURO. Profissional especializado no tratamento dos pés.

PEDIDO. **1.** *Direito processual civil.* a) Petição inicial; b) formulação da pretensão do autor; c) um dos elementos da ação, que é o objeto do processo; d) expressão da pretensão; e) o que se pede em juízo; dedução da pretensão em juízo (Moacyr Amaral Santos); f) formulação do bem jurídico que o autor procura obter com a ação, isto é, com a pretensão jurisdicional pleiteada (José Frederico Marques). **2.** *Direito comercial.* a) Proposta de compra e venda mercantil; b) documento em que se faz a encomenda de mercadorias, contendo as condições da compra e venda mercantil. **3.** *História do direito.* Tributo cobrado pelos senhores de terra arrendada de seu vassalo. Constituía uma *finta* lançada *per capita* (De Plácido e Silva). **4.** Na *linguagem jurídica* em geral: a) requerimento; b) encomenda; c) solicitação; d) ato de pedir.

PEDIDO ALTERNATIVO. *Direito processual civil.* Aquele em que se formulam duas ou mais pretensões, para que se conceda uma delas, quando pela natureza da obrigação o devedor puder cumprir a pretensão de mais de um modo.

PEDIDO ALTERNATIVO SUBSIDIÁRIO. *Direito processual civil.* **1.** Aquele em que se formula mais de um pedido em ordem sucessiva, pleiteando-se o acolhimento de um, que é o principal, e, se isso não for possível, que se acate o outro, que é o subsidiário. **2.** É chamado de pedido de cumulação alternativa por subsidiariedade, de cumulação sucessiva, subsidiário ou sucessivo, pois ocorre quando um pedido é prejudicial a outro, ou seja, quando o segundo pedido só pode ser considerado e apreciado, judicialmente, após a cognição do primeiro. Há quem o designe de cumulação eventual, como o faz Chiovenda, pois um dos pedidos é formulado na eventualidade de ser o anterior repelido.

PEDIDO CERTO. *Direito processual civil.* É o que vem definido e delimitado em sua qualidade e quantidade, logo, há individuação do bem sobre o qual recai a pretensão.

PEDIDO COMINATÓRIO. *Direito processual civil.* Se o autor, ao pedir para que seja imposta ao réu a abstenção da prática de um ato, tolerar alguma atividade, prestar ato ou entregar coisa, poderá requerer cominação de pena pecuniária para o caso de descumprimento da sentença ou da decisão antecipatória da tutela. Mas o juiz poderá, de ofício, impor multa diária ao réu, desde que suficiente ou compatível com a obrigação, fixando-lhe prazo para o cumprimento do preceito.

PEDIDO CONDICIONADO. *Direito processual civil.* Aquele que, havendo pedido alternativo, é o subsidiário, cuja cognição pressupõe a do anterior (pedido condicionante).

PEDIDO CONEXO. *Direito processual civil.* Pretensão deduzida em juízo que está em conexão com outra da mesma natureza.

PEDIDO CONSEQÜENTE. *Direito processual civil.* Petição que deriva logicamente de outra.

PEDIDO CUMULADO. *Direito processual civil.* Reunião de pretensões num só processo, apresentadas a um só magistrado, contra o mesmo réu, desde que o procedimento seja idêntico. Por exemplo, pedido de investigação de paternidade cumulado com petição de herança.

PEDIDO CUMULATIVO. *Vide* PEDIDO CUMULADO.

PEDIDO DE ANUÊNCIA. *Direito civil.* Pedido de autorização de outrem para a validade de um ato praticado.

PEDIDO DE CUMULAÇÃO EVENTUAL. *Vide* PEDIDO ALTERNATIVO SUBSIDIÁRIO.

PEDIDO DE CUMULAÇÃO SUCESSIVA. *Vide* PEDIDO SUCESSIVO.

PEDIDO DE DEMISSÃO. 1. *Direito administrativo.* Rompimento do vínculo do funcionário com o Estado consistente na sua expulsão por faltas graves. Quando o funcionário se retira por vontade sua dos quadros do funcionalismo público, tem-se exoneração e não demissão. **2.** *Direito comparado.* Desligamento do funcionário público por solicitação deste ou por ato punitivo da Administração Pública (Anacleto de Oliveira Faria).

PEDIDO DE EXPLICAÇÕES. *Direito processual penal.* Medida cautelar facultativa preparatória da ação penal alusiva a crimes contra a honra, inclusive os cometidos por meio da imprensa, para esclarecimento das afirmações feitas ou de sua equivocidade, averiguando-se a real intenção do suposto ofensor e obtendo-se até mesmo sua retratação e conseqüente satisfação da vítima, tornando inútil o ajuizamento da ação penal (Rogério Lauria Tucci).

PEDIDO DE INTERCEPTAÇÃO DE COMUNICAÇÃO TELEFÔNICA E DO FLUXO DE COMUNICAÇÕES EM SISTEMAS DE INFORMÁTICA E TELEMÁTICA. *Direito processual penal.* Ato de pedir essa interceptação demonstrando que é necessária para a investigação criminal e apuração da infração penal, e

PEDIDO DE PRESTAÇÃO INDIVISÍVEL 601 **PED**

indicando os meios a serem empregados. O juiz terá 24 horas no máximo para decidir sobre o pedido, mas não o concederá se: não houver indício razoável da autoria do crime; a prova puder ser feita por outros meios; o fato investigado for delito punido, no máximo, com detenção. A interceptação ocorrerá em autos apartados, apensados aos autos do inquérito policial ou do processo criminal, preservando-se o sigilo das diligências, gravações e transcrições respectivas.

PEDIDO DE PRESTAÇÃO INDIVISÍVEL. *Direito processual civil.* Aquele que pode ser feito legitimamente por qualquer um dos credores, sendo que o que não participar do processo receberá a sua cota, em dinheiro, deduzida das despesas na proporção de seu crédito.

PEDIDO DE PRESTAÇÕES PERIÓDICAS. *Direito processual civil.* Pretensão admissível na ação movida para obter o cumprimento de obrigações por trato sucessivo, como as decorrentes da locação, da constituição de renda etc., independentemente de declaração expressa do autor, por já estar o pagamento das prestações periódicas incluído no pedido.

PEDIDO DE RECONSIDERAÇÃO. *Direito administrativo.* Modalidade de recurso administrativo, pelo qual certa pessoa solicita à mesma autoridade que emanou determinado ato que este seja modificado no todo ou em parte, por ter havido alguma ilegalidade ou inconveniência.

PEDIDO DE RESTITUIÇÃO. *Direito falimentar.* Solicitação judicial do credor da devolução do bem arrecadado em poder do falido, que lhe é devido em razão de contrato ou direito real.

PEDIDO DETERMINADO. *Vide* PEDIDO CERTO.

PEDIDO FIXO. *Direito processual civil.* Aquele que consiste em determinada prestação. Tal pedido pode ser certo ou genérico. Estará formulando, assim, pedido fixo tanto o autor que pleitear a entrega de determinada coisa ou de quantia certa, como o que pedir pagamento de indenização pelos danos sofridos, cujo montante deverá ser apurado em liquidação de sentença. Em qualquer hipótese, o órgão judicante deverá levar em conta esse pedido, com exclusão de qualquer outro que possa converter-se (Rogério Lauria Tucci e Moacyr Amaral Santos).

PEDIDO GENÉRICO. *Direito processual civil.* Aquele que não vem determinado em sua quantidade ou em somas prefixadas, condicionando-se a uma futura situação, após o processo de conhecimento ou de execução, quando, então, apurar-se-á o *quantum* devido em liquidação de sentença.

PEDIDO MÍNIMO. *Direito comercial.* Lote mínimo estabelecido pela empresa para aceitar uma ordem de compra, visando economia de escala para o atendimento, baixando os custos do processamento de pedidos, pois para atender a um mesmo volume de negócios seria necessário um número maior de pedidos (James G. Heim).

PEDIDO PRINCIPAL. *Direito processual civil.* É aquele que, em caso de pedido sucessivo, por ter prioridade na dedução oferecida pelo autor na exordial, deve ser apreciado pelo magistrado em primeiro lugar. Logo, o pedido subsidiário só será atendido ante a impossibilidade de acatar o principal.

PEDIDOR. 1. *Direito civil* e *direito administrativo.* a) Pedinte; b) requerente. **2.** *Direito processual civil.* a) Peticionário; b) aquele que pede a apreciação judicial de uma pretensão. **3.** *Direito agrário.* Cavalo que quer correr.

PEDIDO SUBSIDIÁRIO. *Vide* PEDIDO ALTERNATIVO SUBSIDIÁRIO.

PEDIDO SUCESSIVO. *Vide* PEDIDO ALTERNATIVO SUBSIDIÁRIO.

PEDIDO ÚNICO. *Direito processual civil.* Ocorre quando o autor formula, em juízo, um só pedido. Há uma única pretensão.

PEDIGREE. *Direito agrário.* Linhagem de animal.

PEDIMENTO. 1. Súplica. **2.** Petição. **3.** Pedido. **4.** Ato de solicitar ou requerer.

PEDINTARIA. Mendicância.

PEDINTE. 1. Mendigo. **2.** Aquele que pede esmola.

PEDIR. 1. Requerer. **2.** Suplicar. **3.** Solicitar. **4.** Exigir como preço. **5.** Reclamar. **6.** Demandar.

PEDIR A MÃO. *Direito civil.* Pedir em casamento.

PEDIR A PALAVRA. Pedir licença para falar ao presidente de uma reunião formal.

PÉ-DIREITO. 1. Altura de um pavimento ou andar de um edifício medida desde o soalho até o teto. **2.** Pilar sobre o qual se assenta um arco (Afonso Celso F. de Rezende).

PEDIR O PREÇO. *Direito civil.* Exigir devolução do *quantum* pago no ajuste da compra e venda, havendo pacto comissório.

PEDITÓRIO. Ato de pedir contribuição a várias pessoas para fins religiosos ou beneficentes.

PEDOFILIA. *Medicina legal.* **1.** Desvio sexual caracterizado pela atração por crianças, levando o paciente a praticar com elas atos libidinosos. **2.** É o distúrbio de conduta sexual, que leva o indivíduo adulto a sentir desejo compulsivo, de caráter homossexual ou heterossexual, por crianças ou pré-adolescentes. Esse distúrbio ocorre, na maioria dos casos, em homens de personalidade tímida, que se sentem impotentes e incapazes de obter satisfação sexual com mulheres adultas. Às vezes, trata-se de homens casados, insatisfeitos sexualmente, ou portadores de distúrbios emocionais que dificultam um relacionamento sexual saudável com suas esposas (José Roberto Paiva). É uma doença psíquica, por ser um transtorno de personalidade acompanhado de distúrbio do comportamento sexual.

PEDOFÍLICO. *Medicina legal.* Referente a pedofilia.

PEDOFOBIA. *Medicina legal.* Aversão mórbida por crianças.

PEDOFÓBICO. *Medicina legal.* Que diz respeito a pedofobia.

PEDÓFOBO. *Medicina legal.* Quem sofre de pedofobia.

PEDÓGRAFO. *Direito autoral.* Aquele que escreve sobre temas infantis.

PEDOLOGIA. **1.** Ciência que se ocupa do desenvolvimento biológico, psicológico e social da criança (Blum, Louch e Chrisman). **2.** Ciência que estuda os solos.

PEDOMETRIA. Contagem dos passos dados por uma pessoa que caminha.

PEDOMORFISMO. *Vide* INFANTILISMO.

PEDÔNOMO. *História do direito.* Magistrado que, na Grécia antiga, zelava pela educação infantil.

PEDOTECNIA. Técnica científica da formação das crianças, ou seja, conjunto de aplicações oriundas do conhecimento de fatos alusivos ao desenvolvimento infantil (Decroly).

PEDOTROFIA. Parte da higiene que trata do regime alimentar das crianças e de sua educação física.

PEDRA. **1.** Na *linguagem da mineração,* é o diamante de peso superior a um quilate. **2.** *Direito administrativo* e *direito civil.* a) Mineral rochoso, duro e sólido, usado em construções públicas ou particulares, muros e calçadas; b) sepulcro; lápide. **3.** *Direito desportivo.* Peças de jogo de tabuleiro, como o xadrez. **4.** *Medicina legal.* Concreção formada pelos rins, bexiga etc.; cálculo.

PEDRA-D'ÁGUA. Diamante falso.

PEDRA DE MOINHO. *Direito agrário.* Grés muito duro com que são feitas as mós dos moinhos.

PEDRA DE OBRAGEM. *Direito civil* e *direito administrativo.* É a apropriada para edificações.

PEDRA DE TROPEÇO. **1.** Embaraço à realização de um negócio. **2.** Mau exemplo que pode levar alguém a se afastar da religião.

PEDRA FILOSOFAL. **1.** Pedra que, para os alquimistas, podia transformar qualquer metal em ouro. **2.** Bem precioso e difícil de realizar. **3.** Resultado da ação da vida humana sobre o transformismo mineral.

PEDRA FUNDAMENTAL. Aquela que serve de fundamento a qualquer coisa ou a uma construção.

PEDRA GROSSA. Diamante de peso ou valor acima do que o habitualmente dado pela mineração.

PEDRA PRECIOSA. Mineral ígneo precioso pela sua forma, cor e valor.

PEDRA SEPULCRAL. Aquela que cobre o túmulo.

PEDRA TUMULAR. *Vide* PEDRA SEPULCRAL.

PEDREIRO. **1.** *Direito do trabalho.* Aquele que efetua trabalhos em alvenaria e materiais de revestimento. **2.** *História do direito.* Peça de artilharia ou morteiro que atirava pedras.

PEDREIRO-LIVRE. *Direito civil.* Maçom.

PEDRISTA. **1.** *História do direito.* Partidário de D. Pedro IV, de Portugal, e de D. Pedro I, do Brasil. **2.** *Direito comercial.* Aquele que negocia pedras preciosas.

PÉ-DURO. *Direito agrário.* **1.** Trabalhador rural. **2.** Gado crioulo, sem raça.

PEEIRA. *Direito agrário.* **1.** Doença que causa febre nas reses, fazendo-as coxear. **2.** Ulceração cutânea entre as unhas do gado bovino.

PEGA. **1.** *História do direito.* Braga de ferro com que se prendiam os pés do escravo fugitivo; peia. **2.** *Direito marítimo.* Peça de madeira que cobre a cabeça dos mastros. **3.** *Direito agrário.* Cavalo malhado, também designado "pampa". **4.** Na *linguagem comum:* a) clamor público; b) luta; c) discussão acalorada; d) perseguição.

PEGADA. 1. *Medicina legal.* Sinal ou vestígio deixado pelos pés, que pode servir de subsídio valioso na descoberta do autor do crime e no esclarecimento do delito. **2.** *Direito desportivo.* Lance feito, no futebol, pelo arqueiro numa defesa, apanhando a bola nas mãos.

PEGADO. 1. *Direito civil.* Contíguo. **2.** *Direito agrário.* Diz-se da planta que criou raízes novamente.

PEGA-ENXAME. *Direito agrário.* Rede que recolhe o enxame que sai da colméia.

PEGA-LADRÃO. 1. *Direito comercial.* Dispositivo colocado em roupas para evitar que sejam furtadas das lojas. **2.** Nas *linguagens comum* e *jurídica,* é o dispositivo mecânico ou elétrico que dá alarme em caso de tentativa de arrombamento de uma casa, cofre, automóvel etc.

PEGA-REAL. *Direito marítimo.* Peça que mantém o mastaréu da gávea em posição vertical.

PÈGRÉ. *Termo francês.* Bando de ladrões.

PEGUNTA. *Direito agrário.* Marca colocada nas reses com pez derretido.

PEGUNTAR. *Direito agrário.* Marcar gado com pez derretido.

PEGURAL. *Direito agrário.* Pastoril.

PEGUREIRO. *Direito agrário.* **1.** Pastor. **2.** Trabalhador rural que guarda o gado. **3.** Cão de gado.

PEIA. 1. *Direito marítimo.* Cabo que une o calcês do mastro de mezena ao mastro grande. **2.** *História do direito.* Pega, ou seja, braga de ferro que prendia os pés dos escravos fugitivos. **3.** Nas *linguagens comum* e *jurídica,* obstáculo; impedimento. **4.** *Direito agrário.* Correia para amarrar patas de animais, impedindo que andem.

PEIOTE. *Medicina legal.* Planta cactácea natural do México, cuja polpa produz alucinações e dela se extrai a mescalina.

PEIOTISMO. *Medicina legal.* Hábito de usar peiote, que não gera dependência física, de maneira que, da suspensão de seu uso, não advirá crise de abstinência.

PEITA. 1. *História do direito.* Tributo pago pelos que não eram fidalgos. **2.** *Direito penal.* a) Suborno; b) ato de pagar ou presentear alguém para corrompê-lo ou suborná-lo.

PEITADO. *Direito penal.* **1.** Aquele que foi subordinado. **2.** Corrupto por suborno. **3.** Aquele que se deixou corromper.

PEITAR. 1. *Direito penal.* a) Subornar; b) corromper funcionário com dádivas; c) praticar crime de corrupção ativa ou passiva. **2.** *História do direito.* Impor tributo àquele que não era fidalgo.

PEITEIRA. *Direito agrário.* Peça que vai do peito do cavalo até a cabeça do arreio.

PEITEIRO. 1. *História do direito.* Aquele que pagava a peita. **2.** *Direito penal.* a) Corrupto; b) aquele que peita.

PEIXARIA. *Direito comercial.* Estabelecimento onde se vende peixe.

PEIXE. *Direito agrário.* Produto rural oriundo do extrativismo animal praticado na busca de alimento humano no mar ou em águas fluviais.

PEIXEIRO. *Direito comercial.* Aquele que vende peixe.

PEIXE ORNAMENTAL. *Direito comercial.* Produto industrial, por ser capturado e criado para ser vendido.

PÉLA. *Direito agrário.* Bola de trinta a quarenta quilos, produto da extração do látex da seringueira, que, depois de defumado, se solidifica.

PELADA. *Medicina legal.* Dermatose que atinge o couro cabeludo, fazendo cair os pêlos por zonas arredondadas.

PELAGIANISMO MORAL. *Filosofia geral.* Doutrina segundo a qual o ser humano é naturalmente bom, não tendo, pelo menos, nenhuma tendência natural contrária às normas morais.

PELAGRA. *Medicina legal.* **1.** Doença carencial provocada pela falta de dieta adequada e pela insuficiência de vitaminas e sais minerais. **2.** Avitaminose.

PELAMETOSCOPIA. *Medicina legal.* Impressão da palma das mãos.

PELE. 1. *Medicina legal.* Revestimento externo do corpo humano, composto de epiderme e derme, sendo seu órgão excretor, de regulação térmica e de proteção à radiação solar e à penetração de microorganismos. Tem grande importância na criminalística, por ser fator determinante da idade, por apresentar os sinais externos de asfixia mecânica por afogamento e por conter as bases da papiloscopia, que pode levar à identificação do criminoso. **2.** *Direito agrário.* a) No Pará, é o disco achatado de borracha bruta, que é colocado à venda, após o preparo dos seringais; b) invólucro de certos frutos e legumes; casca; c) artefato de couro de animais. **3.** Na *gíria*, é a cédula do papel-moeda.

PELEGO. 1. *Direito do trabalho.* Aquele que se infiltra no meio trabalhista para obter vantagem pessoal, atuando como falso líder sindical, como intermediário entre empregado e empregador (Marcus Cláudio Acquaviva). **2.** *Direito agrário.* Pele de carneiro com a lã, que se costuma usar entre o lombo do cavalo e a sela, para amaciar o assento.

PELEIA. *Direito militar.* Combate entre forças beligerantes.

PELEIRO. *Direito comercial.* Aquele que prepara e vende peles.

PELEJA. 1. Combate. **2.** Contenda. **3.** Briga. **4.** Ato de pugnar ou de defender algo. **5.** Oposição.

PELERIA. *Direito comercial.* Estabelecimento onde são vendidas as peles curtidas de animais.

PELE–VERMELHA. *Sociologia geral.* Indígena, principalmente o das tribos da América do Norte.

PELF. *Termo inglês.* Bem adquirido desonestamente.

PELICA. *Direito comercial.* Pele fina de carneiro ou cabrito, curtida e preparada para fabricação de bolsas, calçados, luvas etc.

PELICO. *Medicina legal.* Secundinas; invólucro do feto no ventre materno.

PELÍCULA. Filme cinematográfico.

PELIOMA. *Medicina legal.* Mancha cutânea lívida.

PELMATOGRAMA. *Medicina legal.* Impressão deixada pela planta do pé.

PELMATOSCOPIA. *Medicina legal.* Impressão da planta dos pés.

PÊLO. 1. *Direito agrário.* Lanugem de frutos ou de algumas plantas. **2.** *Medicina legal.* Produção filiforme à superfície da pele, que se desenvolve a partir dos folículos, sendo implantada na derme constituindo valioso subsídio para diagnóstico do sexo, idade, raça e região do corpo humano.

PELOTA. 1. *Direito desportivo.* Bola de futebol. **2.** *História do direito.* Couro de boi com os bordos virados para cima, que era utilizado como barco na passagem dos rios.

PELOTÃO. *Direito militar.* Cada uma das três partes em que se divide uma companhia de fuzileiros.

PÊLO TAPADO. *Direito agrário.* No Rio Grande do Sul, é a pelagem do cavalo de cor uniforme, não classificada como clara.

PELOTEIO. *Direito agrário.* Ajuntamento de várias operárias sobre a abelha-rainha para asfixiá-la.

PELOURINHO. *História do direito.* **1.** Aparelho giratório de madeira usado para castigar criminosos. **2.** Coluna de alvenaria levantada em praça pública, onde os criminosos condenados eram expostos e supliciados ou flagelados.

PELOURO. *História do direito.* **1.** Bola de cera onde o eleitor colocava seu voto ao escolher vereadores ou juízes ordinários. **2.** Cédula eleitoral, pois, pelo sorteio daquela bola, as pessoas eram eleitas para ocupar determinadas funções. **3.** Bola de metal utilizada em algumas peças de artilharia.

PELUDO. 1. *Direito do trabalho.* No Rio Grande do Sul, é o empregado de circo incumbido da retirada dos objetos que serviram, no picadeiro, para um número. **2.** Na *linguagem comum:* a) que tem muito pêlo; b) calouro; c) desconfiado. **3.** *Direito agrário.* Animal que não é de boa raça. **4.** Na *gíria,* aquele que tem muita sorte.

PELVE. *Medicina legal.* Cavidade óssea que se forma pela ligação dos ossos ilíacos com o sacro e o cóccix; bacia que se encontra na base do tronco.

PELVIPERITONITE. *Medicina legal.* Inflamação do peritônio pelviano (Croce e Croce Jr.).

PÉLVIS. *Vide* PELVE.

PELVITOMIA. *Medicina legal.* Corte do púbis para auxiliar certos partos.

PENA. 1. *Direito penal.* Sanção restritiva de liberdade ou pecuniária aplicada pelo Poder Judiciário a quem praticar contravenção ou crime. **2.** *Direito civil.* a) Sanção pecuniária imposta ao autor de um ato ilícito; b) multa contratual; c) prisão civil imposta a depositário infiel e àquele que não cumpriu o dever de pagar pensão alimentícia. **3.** *Direito autoral.* a) Designação dada a escritores; b) estilo ou modo de escrever; c) composição de obras literárias; d) obra de escrita. **4.** *Direito agrário.* Cada asa do rodízio do moinho. **5.** *Direito tributário.* Multa fiscal. **6.** *Direito administrativo.* a) Punição a funcionário faltoso; b) modo de repressão pelo Poder Público. **7.** *Direito marítimo.* Parte da vela latina fixada no penol do caranguejo. **8.** Nas *linguagens comum* e *jurídica:* a) bico da caneta; cálamo; b) órgão que cobre o corpo das aves; c) punição; castigo; d) sofrimento; e) contrariedade; desgosto; f) piedade; compaixão; g) tristeza; h) esforço; trabalho difícil; i) fadiga; j) correção; k) expiação de falta cometida; l) reparação de dano moral ou patrimonial causado.

PENA ACESSÓRIA. *História do direito.* Era a designação dada à pena restritiva de direito, que é a resultante da pena principal, por exemplo, perda de função pública, publicação de sentença, interdição de direito etc.

PENA ADMINISTRATIVA. *Direito administrativo.* **1.** Prisão administrativa. **2.** Cassação de disponibilidade. **3.** Sanção disciplinar.

PENA AFLITIVA. 1. *Direito penal.* a) Pena corporal, ou seja, aquela que priva a liberdade; b) por extensão, a que atinge o patrimônio do condenado. **2.** *Direito comparado.* Pena de morte.

PENA AFLITIVA NEGATIVA. *Direito penal.* Aquela que impede o exercício da liberdade.

PENA AFLITIVA POSITIVA. *História do direito.* Aquela que podia ser indelével, se deixasse marca no corpo do condenado, como a mutilação, marcação de ferro em brasa, ou delével, se não acarretasse tal conseqüência, como a prisão, fustigação, açoite etc.

PENA ALTERNATIVA. *Direito penal.* Mecanismo de execução penal pelo qual se estabelece a quem não é reincidente, nem dado a ato violento, como punição, a prestação de serviços à comunidade ou a entidades públicas, o pagamento de multa, a restrição parcial ao exercício de direitos e uma indenização à vítima (Afonso Celso F. de Rezende).

PENA-BASE. *Direito penal.* Aquela que, fixada em lei, contém o mínimo e o máximo da cominação, cuja aplicação depende do critério do juiz ao efetuar a individualização da pena, levando-se em conta atenuantes, agravantes, circunstâncias do crime, causas de aumento e diminuição, reincidência etc. A pena-base é o ponto de partida para o cálculo da graduação da sanção a ser imposta ao condenado.

PENA CAPITAL. *História do direito* e *direito comparado.* Pena de morte.

PENA CIVIL. *Direito civil* e *direito processual civil.* Sanção prevista em lei como reprovação à violação de um dever legal ou contratual. Por exemplo, indenização por perdas e danos, perda ou suspensão do poder familiar, exclusão da herança por indignidade, perda de direito sobre o bem sonegado, pagamento de juros moratórios e de multa contratual e prisão civil ao devedor de alimentos e ao depositário infiel.

PENA CIVIL DE SONEGAÇÃO. *Direito civil.* Perda do direito sobre o bem sonegado, que será restituído ao espólio e partilhado entre os outros co-herdeiros, como se o sonegador nunca tivesse existido. Se, porventura, o bem sonegado não estiver em seu poder, por já o ter alienado ou perdido, o sonegador deverá pagar o seu valor, mais as perdas e danos. A pena de sonegados tem caráter civil e consiste na perda do direito sobre o bem ocultado ou não colacionado.

PENA COMPLEMENTAR. 1. *Direito penal.* *Vide* PENA ACESSÓRIA E PENA RESTRITIVA DE DIREITOS. **2.** Aquela que é pronunciada ao lado de outra, por exemplo, a pena de multa cumulada com a de detenção.

PENA CONTRATUAL. *Direito civil.* **1.** Cláusula penal moratória ou compensatória. **2.** Multa prevista no contrato, a ser aplicada em caso de inadimplemento contratual.

PENA CONVENCIONAL. *Vide* PENA CONTRATUAL.

PENA CORPORAL. 1. *Direito penal.* É a restritiva da liberdade, como a de prisão simples, reclusão ou detenção. **2.** *Direito comparado.* Pena de morte. **3.** *História do direito.* A que atingia a integridade física e a saúde do condenado, como a das galés açoites, a de marcação de ferro em brasa. Era a consistente em sofrimento físico.

PENA CORRECIONAL. 1. *Direito do menor.* É a imposta ao delinqüente com o escopo de recuperá-lo e readaptá-lo socialmente. **2.** *Direito penal.* Aquela que é aplicada em caso de contravenção, como corretivo.

PENA CORRETIVA. *Vide* PENA CORRECIONAL.

PENA CRIMINAL. *Direito penal.* Pena prevista na lei penal, aplicável processualmente ao criminoso, pelo Poder Judiciário, punindo-o pelo crime ou contravenção que perpetrou.

PENA CRUEL. 1. *Direito comparado.* Pena de morte. **2.** *História do direito.* a) Punição que deixava marcas permanentes ou temporárias no corpo do condenado, como mutilação, ferro em brasa, açoite etc.; b) *Vide* PENA AFLITIVA POSITIVA.

PENA DE CONFESSO. *Direito processual civil.* É a aplicada pelo órgão judicante em caso de revelia.

PENA DE CONFISSÃO. *Direito processual civil.* Sanção aplicável àquele que, sendo intimado a prestar, em juízo, depoimento pessoal, não comparece ou, comparecendo, se recusa a depor ou a responder às questões formuladas, presumindo-se verdadeiros os fatos contra ele aduzidos.

PENA DE DETENÇÃO. *Direito penal.* Pena privativa da liberdade aplicável a crimes menos graves, logo, o condenado não está sujeito a um período inicial de isolamento diurno e noturno e tem direito de escolher o trabalho obrigatório que fará na prisão.

PENA DE DIREITO COMUM. *Direito penal.* É a imposta pelo Código Penal a crimes comuns, pois as alusivas a delitos especiais estão previstas em leis extravagantes e no Código Penal Militar.

PENA DE IMPEDIMENTO. *Direito penal militar.* Permanência do sentenciado no interior do estabelecimento militar, recebendo instrução pelo tempo fixado na sentença, pela prática de crime de insubmissão.

PENA DE MORTE. *Direito comparado.* Pena capital consistente em retirar a vida do criminoso, pela sua alta periculosidade e pela gravidade do delito cometido. Pode ser empregada mediante uso de diferentes métodos, que variam de país a país, como forca, cadeira elétrica, fuzilamento, envenenamento etc.

PENA DE MULTA. **1.** *Direito penal.* Quantia pecuniária, fixada em sentença, a ser paga pelo condenado ao Estado, em forma de dia-multa, para a formação do Fundo Penitenciário. **2.** *Direito civil.* Cláusula penal. **3.** *Direito tributário.* Importância a ser paga por infração fiscal.

PENA DE PRISÃO SIMPLES. *Direito penal.* Pena privativa da liberdade, imposta àquele que praticou alguma contravenção penal, que deve ser cumprida sem rigor penitenciário, com maior possibilidade de tempo livre, em estabelecimento ou seção especial de prisão comum, em regime semi-aberto ou aberto.

PENA DE RECLUSÃO. *Direito penal.* Pena privativa da liberdade, aplicada em casos de delitos de maior gravidade, devendo, por isso, o condenado ficar sujeito, no período inicial, ao isolamento diurno e noturno e ao trabalho obrigatório escolhido pela direção do presídio.

PENA DE SANGUE. *História do direito.* Era a aplicada a quem cometesse injúria ou crime que resultasse lesão corporal ou morte.

PENA DE SIMPLES POLÍCIA. *História do direito.* Era a sanção imposta ao funcionário pela Administração Pública, por ter infringido normas regulamentares alusivas à disciplina. Tratava-se da pena disciplinar, como advertência, repreensão, suspensão, disponibilidade, destituição de função etc.

PENA DE SONEGADO. *Vide* PENA CIVIL DE SONEGAÇÃO.

PENA DE TALIÃO. *História do direito.* Método de vingança privada que consistia na punição do condenado, impondo-lhe o mesmo mal que causou à vítima.

PENA DE TRABALHOS PÚBLICOS. *História do direito.* Aquela que consistia na imposição de trabalhos forçados ao condenado, que ficava preso a outro com correntes de ferro no pé.

PENA DISCIPLINAR. *Direito administrativo.* Sanção administrativa imposta pela autoridade competente, em processo administrativo, ao funcionário público que cometer falta disciplinar, na forma de repreensão, destituição, disponibilidade, suspensão, cassação de aposentadoria, multa etc.

PENADO. *Direito penal.* **1.** Que sofreu pena. **2.** Quem cumpre a pena. **3.** Condenado. **4.** Apenado.

PENA ECLESIÁSTICA. *Direito canônico.* Privação de algum bem imposta por autoridade legítima da Igreja, para correção do delinqüente e castigo pela infração cometida.

PENA ELIMINATIVA. *Vide* PENA ELIMINATÓRIA.

PENA ELIMINATÓRIA. *Direito comparado.* Aquela que visa retirar o condenado do seio da coletividade, como a pena de morte.

PENA ETERNA. *Direito canônico.* Aquela que a alma sofre no inferno.

PENA EXPULSIVA. *Vide* PENA EXPULSÓRIA.

PENA EXPULSÓRIA. *Direito administrativo.* Pena disciplinar que afasta, para proteger o serviço público, o funcionário de seu cargo, como demissão, aposentadoria compulsória e disponibilidade.

PENA INFAMANTE. *História do direito.* Aquela que degradava o condenado, atingindo-o em sua honra, como exposição em pelourinho, ferrete, mutilação, adorno simbólico degradante, açoite com baraço e pregão pela vila, banimento, privação de direitos políticos, degradação etc.

PENAL. *Direito penal.* **1.** Relativo a pena. **2.** Direito que se ocupa dos crimes e das contravenções no plano normativo, vendo-os como condutas

PENALIDADE · 607 · **PEN**

que não devem ser praticadas, por serem punidas por lei. Logo, o direito penal é o conjunto de normas atinentes aos crimes e às penas correspondentes, regulando a atividade repressiva do Estado, para preservar a sociedade do delito. **3.** Que se refere ao Código que se ocupa dos crimes, designando a pena a eles correspondente. **4.** Que impõe pena.

PENALIDADE. 1. *Direito penal.* a) Pena; privação de certos bens imposta pelo Estado; b) imposição legal da pena; c) cominação da pena; d) natureza da pena. **2.** *Direito desportivo.* Punição de falta cometida num jogo.

PENALIDADE ADMINISTRATIVA. *Direito administrativo.* É a imposta pela lei e pela Administração Pública competente.

PENALIDADE CIVIL. *Direito civil.* É a imposta pela lei civil ou pelo contrato firmado pelas partes com cláusula penal.

PENALIDADE CRIMINAL. *Direito penal.* Imposição legal de pena, em razão da prática de crime ou contravenção penal.

PENALIDADE FISCAL. *Direito tributário.* Imposição legal de pena em conseqüência de infração fiscal.

PENALIDADE MÁXIMA. *Direito desportivo.* Castigo máximo que é aplicado em vários esportes, como futebol e bola-ao-cesto, consistente na cobrança, de uma certa distância, de um tiro livre contra o infrator.

PENALIDADES APLICÁVEIS AO TRABALHADOR. *Direito do trabalho.* Sanções impostas pela legislação trabalhista e aplicáveis ao trabalhador faltoso de seus deveres contratuais, como repreensão, suspensão, multa e despedida sem indenização.

PENALISTA. 1. Criminalista. **2.** Jurista especializado em direito penal.

PENALÍSTICA. *Direito penal.* Teoria relativa às penas criminais que visa esclarecer seus objetivos e sua natureza.

PENALIZANTE. Que causa dó.

PENALIZAR. 1. Causar pena ou dó. **2.** Sobrecarregar de modo penoso.

PENALOGIA. *Direito penal.* **1.** Estudo da sanção penal como meio de defesa, preservação, repressão ou reação do grupo social. **2.** Ciência criminal que analisa a aplicação da sanção penal e seus efeitos na coletividade. **3.** Ciência criminal que se ocupa do tratamento do delinqüente (Lieber).

PENALÓGICO. *Direito penal.* Relativo a penalogia.

PENALOGISTA. *Direito penal.* Versado em penalogia.

PÊNALTI. *Direito desportivo.* Infração cometida por futebolista dentro da grande área de seu time, punida com a penalidade máxima.

PENALTY ENVELOPE. *Locução inglesa.* Envelope oficial ou timbrado.

PENA MAGNA. 1. *Direito comparado.* Pena de morte. **2.** *Direito penal.* Pena máxima.

PENA MILITAR. *Direito penal militar.* É a sanção prevista no Código Penal Militar, a ser imposta pela autoridade competente ao faltoso que perpetrou crime militar, como: reclusão, detenção, prisão, suspensão do exercício do posto, graduação, cargo ou função, reforma, perda do posto e patente, indignidade para o oficialato etc.

PENA MORATÓRIA. *Direito civil.* Multa moratória.

PENA PECUNIÁRIA. 1. *Direito penal.* a) Confisco; b) multa estipulada em lei. **2.** *Direito civil.* a) Multa prevista em cláusula penal; b) indenização por perdas e danos; c) aquela que diminui o patrimônio do devedor.

PENA PERPÉTUA. *Direito comparado* e *história do direito.* Aquela que é imposta para durar enquanto viver o condenado.

PENA PESSOAL. 1. *Direito penal.* Privação da liberdade. **2.** *História do direito.* Pena corporal.

PENA POLÍTICA. *Ciência política.* É a aplicável a quem cometer crime político. Por exemplo, cassação do cargo eletivo ou do mandato parlamentar, suspensão dos direitos políticos, perda da nacionalidade etc.

PENA PRINCIPAL. *Direito penal.* **1.** Dizia-se das penas privativas da liberdade: prisão simples, detenção e reclusão, e da pecuniária, que é a multa. **2.** Aquela que é autônoma, isto é, infligida por si só, não se acompanhando de outras. **3.** É a cominada legalmente para crimes ou contravenções, sendo proporcional à gravidade e natureza do delito.

PENA PRIVADA. *Direito civil.* Indenização por dano moral ou patrimonial, ou por perdas e danos, imposta em defesa de interesse privado violado.

PENA PRIVATIVA DE LIBERDADE. *Direito penal.* Aquela que segrega o condenado do convívio social, como a de prisão simples, reclusão e detenção,

PEN 608 PENA PÚBLICA

levando-o a viver, temporariamente, num estabelecimento carcerário, onde, recolhido, cumprirá a pena.

PENA PÚBLICA. *Direito penal.* É a imposta por lei pela prática de crimes, para tutelar bens jurídicos imprescindíveis ao ser humano e assegurar a convivência, a manutenção da ordem pública e a defesa da sociedade, zelando, assim, pelo interesse social.

PENAR. 1. *Direito penal.* a) Apenar; impor sanção; b) sofrer pena. **2.** Na *linguagem comum:* a) padecer; b) expiar; c) causar pena; d) sofrer dor, pesar ou aflição; e) desgostar.

PENA RESTRITIVA DE DIREITOS. *Direito penal.* **1.** Aquela que resulta da pena principal, como perda de função pública, publicação de sentença e interdição temporária de direito. **2.** Substitutiva da pena privativa da liberdade, que se aplica na forma de prestação de serviços à comunidade ou a entidades públicas. **3.** Limitação de fim de semana. **4.** Prestação pecuniária. **5.** Perda de bens e valores.

PENA REVOCATÓRIA. *Direito administrativo.* Pena disciplinar que consiste em punir servidor público inativo faltoso com cassação da aposentadoria ou da disponibilidade.

PENA SEMI-ELIMINATIVA. *Vide* PENA SEMI-ELIMINATÓRIA.

PENA SEMI-ELIMINATÓRIA. *Direito penal.* Aquela que segrega o condenado, temporariamente, da sociedade, como a detenção e a reclusão.

PENCA. *Direito agrário.* **1.** Ramo de árvore do qual pendem frutos. **2.** Cada um dos grupos frutíferos do cacho de bananas.

PENCA DE FILHOS. *Direito civil.* Grande número de filhos; prole numerosa.

PENDÃO AURIVERDE. Bandeira brasileira.

PENDÊNCIA. 1. *Direito processual.* a) Demanda; litígio; b) questão a ser solucionada judicialmente; c) estado do que está esperando uma decisão judicial; d) tempo durante o qual uma questão judicial está correndo em juízo. **2.** Na *linguagem jurídica* em geral: a) desavença; b) qualidade do que está pendente; c) estado do que ainda não atingiu seu fim.

PENDÊNCIA DA CONDIÇÃO. *Direito civil.* Período entre a celebração do negócio jurídico condicional e a verificação da condição.

PENDÊNCIA DE HONRA. *História do direito.* Duelo entre duas pessoas que se julgavam feridas em sua honra.

PENDENS CAUSA. *Locução latina.* Causa pendente; processo que está em curso.

PENDENTE. 1. *Direito civil.* Fruto ainda não colhido. **2.** *Direito processual civil.* a) Questão ainda não decidida em juízo ou processo em curso, isto é, dependente de uma solução judicial. **3.** Nas *linguagens comum* e *jurídica:* a) iminente; b) dependente; c) declive (Rio Grande do Sul); d) que pende; e) jóia ou objeto suspenso, no pescoço, por uma corrente; f) parte que prende a orla de uma bandeira; g) dependurado.

PENDENTE CONDITIONE. *Locução latina.* Condição pendente, ainda não realizada.

PENDENTE LITE. *Locução latina.* Durante a pendência da lide.

PENDENTIBUS NEGOTIIS. *Locução latina.* Negócios pendentes.

PENDERING. *Termo inglês.* Lenocínio.

PÊNDULO BALÍSTICO. *Direito militar.* Instrumento determinante da velocidade inicial de um projétil.

PENECTOMIA. *Medicina legal.* Ablação do pênis.

PENEIRAÇÃO. *Direito agrário.* Ato de peneirar cereais.

PENEIRAMENTO. *Sociologia geral.* Distribuição seletiva de homens e elementos culturais na sociedade, segundo as suas qualidades, funções ou serviços.

PENERADOR. *Direito agrário.* Trabalhador rural que lida com cultura de cereais.

PENETRA. Na *gíria,* é aquele que, sem ser convidado ou sem pagar, vai a festas, bailes, cinema etc.

PENETRAÇÃO. 1. *Direito administrativo.* Ingresso da autoridade administrativa no imóvel compreendido pelo decreto expropriatório. Tal operação dá-se na fase administrativa da desapropriação (José Cretella Jr.). **2.** Nas *linguagens comum* e *jurídica:* a) ato ou efeito de penetrar; b) perspicácia; c) facilidade de compreensão; d) invasão; ato de entrar em propriedade alheia.

PENETRANTE. 1. Que penetra. **2.** Inteligente; sagaz.

PENETRÁVEL. 1. Que pode ser penetrado. **2.** O que pode ser compreendido.

PÊNFIGO. *Medicina legal.* Doença da pele que se caracteriza pelo aparecimento de grande número de enormes bolhas. Trata-se do fogo-selvagem.

PENHOR · 609 · PEN

É um grupo de dermatoses de curso crônico, de etiologia ainda desconhecida, cujas características principais são: a) erupção bolhosa; b) acantólise; c) auto-imunidade. O pênfigo, por suas características clínicas e histopatológicas, classifica-se em: a) pênfigo vulgar: dermatose bolhosa, crônica, caracterizada pela presença de volumosas bolhas intra-epidérmicas, intra-malpighianas, acantolíticas, suprabasais, disseminadas na pele e mucosa e acompanhada de manifestações orgânicas gerais graves; b) pênfigo foliáceo: dermatose de caráter endêmico, mais comum em jovens, de evolução crônica, com progressivo agravamento do estado geral devido à espoliação protéica que leva à caquexia e morte. Caracterizada pela presença de manchas eritematosas na pele, sobre as quais se desenvolvem bolhas flácidas, intramalpighianas altas, com células acantolíticas. As lesões tendem para a descamação, com ardor local, febre irregular e exagerada sensibilidade ao frio. As lesões das mucosas não são comuns. Têm-se registrado casos de evolução benigna com regressão e cura da doença; c) pênfigo vegetante: dermatose bolhosa na qual as bolhas freqüentemente se rompem e exsudam um líquido de odor fétido. Após o rompimento das bolhas há o aparecimento de formações vegetantes papilomatosas, com maceração da pele ao calor ou à umidade ao nível das grandes dobras cutâneas. Há também formação de microabscessos intra-epiteliais e presença de acantólise e hiperceratose ao exame histológico. De grande malignidade e evolução rápida, apresenta alto índice de mortalidade quando não tratado; d) pênfigo eritematoso: síndrome de Senear-Usher, dermatose escamosa com lesões eritematosas ou bolhosas na face e regiões pré-esternal e médio-dorsal. Não ataca as mucosas. De evolução benigna, não compromete o estado geral dos pacientes. As lesões, pelo aspecto em vespertílio, lembram o lúpus eritematoso discóide e as bolhas podem, como no pênfigo foliáceo, localizar-se nas regiões pré-esternal e médio-dorsal.

PENHOR. *Direito civil.* Direito real que consiste na tradição de uma coisa móvel ou mobilizável, suscetível de alienação, realizada pelo devedor ou por terceiro ao credor, a fim de garantir o pagamento do débito.

PENHORA. *Direito processual civil.* **1.** Execução judicial de bens do devedor para pagamento do débito, satisfazendo o direito do credor. A penhora observará, preferencialmente, a seguinte ordem: a) dinheiro, em espécie ou em depósito ou aplicação em instituição financeira; b) veículos de via terrestre; c) bens móveis em geral; d) bens imóveis; e) navios e aeronaves; f) ações e quotas de sociedades empresárias; g) percentual do faturamento de empresa devedora; h) pedras e metais preciosos; i) títulos de dívida pública da União, Estados e Distrito Federal com cotação em mercado; j) títulos e valores mobiliários com cotação em mercado; k) outros direitos. Na *execução de crédito* com garantia *hipotecária*, *pignoratícia* ou *anticrética*, a penhora recairá, preferencialmente, sobre a coisa dada em garantia; se a coisa pertencer a terceiro garantidor, será também este intimado da penhora. **2.** Ato pelo qual são apreendidos e depositados tantos bens do devedor quantos bastem para a segurança da execução (Gabriel José R. de Rezende Filho). Por isso a penhora deverá incidir em tantos bens quantos bastem para o pagamento do principal atualizado, juros, custas e honorários advocatícios. Efetuar-se-á a penhora onde quer que se encontrem os bens, ainda que sob a posse, detenção ou guarda de terceiros.

PENHORA A PORTAS A DENTRO. *Vide* PENHORA COMPULSÓRIA.

PENHORABILIDADE. *Direito processual civil.* Qualidade do que é penhorável.

PENHORA COMPULSÓRIA. *Direito processual civil.* Execução judicial de bens do devedor que deixa de solver a dívida, levada a efeito sem sua intervenção, por não ter, no devido tempo, procedido à nomeação dos bens que possam pagar seu débito. Em outras palavras, ocorre sem que a ela anteceda a nomeação de bens pelo devedor, sendo escolhidos pelo oficial de justiça tantos quantos bastem para que se cumpra a execução e satisfaça-se o credor.

PENHORA DE BENS IMÓVEIS. *Direito processual civil.* É a venda judicial de imóveis realizada mediante auto ou termo de penhora, cabendo ao exeqüente, sem prejuízo da imediata intimação do executado, providenciar, para presunção absoluta de conhecimento por terceiros, o respectivo registro no ofício imobiliário, mediante apresentação de certidão de inteiro teor do ato e independentemente de mandado judicial. A penhora de bens imóveis realizar-se-á mediante auto ou termo de penhora, cabendo ao exeqüente, sem prejuízo da imediata intimação do executado, providenciar, para presunção absoluta de conhecimento por terceiros, a respectiva averbação no ofício imobiliário, mediante a apresentação de certidão de inteiro teor do ato, independentemente de mandato judicial. Se apresentada a certidão da matrícula, a penhora de imóveis, independentemente de onde se localizem, será realizada por termo nos autos, do qual se intimará o executado, pessoalmente ou na pessoa de seu advogado, e por este ato constituído depositário. A penhora que recair em imóveis requer a intimação do cônjuge do executado.

PENHORA DE DINHEIRO. *Direito processual civil.* A penhora de dinheiro em depósito ou aplicação financeira só será possível se o juiz, a requerimento do exeqüente, requisitar à autoridade supervisora do sistema bancário, preferencialmente por meio eletrônico, informações sobre a existência de ativos em nome do executado, podendo no mesmo ato determinar sua indisponibilidade, até o valor indicado na execução. As informações limitar-se-ão à existência ou não de depósito ou aplicação até o valor indicado na execução. Compete ao executado comprovar que as quantias depositadas em conta corrente estão revestidas de outra forma de impenhorabilidade. Na penhora de percentual do faturamento da empresa executada, será nomeado depositário, com a atribuição de submeter à aprovação judicial a forma de efetivação da constrição, bem como de prestar contas mensalmente, entregando ao exeqüente as quantias recebidas, a fim de serem imputadas no pagamento da dívida.

PENHORA DE QUOTA. *Direito processual civil.* Venda judicial de quota societária, e, se procedida por exeqüente alheio a sociedade, esta deverá ser intimada, assegurando preferência aos sócios.

PENHORA DE VIAS FÉRREAS. *Direito comparado* e *direito processual civil.* É a feita conforme o valor do crédito da sua concessão administrativa, devendo ser anotada no registro imobiliário, sem que haja paralisação da ferrovia.

PENHORADO. *Direito processual civil.* **1.** Bem que se penhorou. **2.** O que foi objeto de penhora.

PENHORA EXCESSIVA. *Direito processual civil.* É aquela que recai sobre bens que têm valor maior do que o montante da execução, logo, o executado pode pedir liberação do bem penhorado excessivo.

PENHOR AGRÍCOLA. *Direito agrário.* Direito real que grava culturas. Podem ser objeto de penhor agrícola: colheitas pendentes ou em vias de formação; frutos armazenados ou acondicionados para venda; madeiras das matas preparadas para o corte, em toras ou já serradas e lavradas; lenha cortada ou carvão vegetal; máquinas e instrumentos agrícolas; animais de serviço ordinário de estabelecimento agrícola. O prazo do penhor agrícola não pode ser superior a três ou quatro anos, prorrogável uma vez por igual tempo, devendo ser mencionada, no contrato, a época da colheita da cultura empenhada, e, embora vencido, permanece a garantia enquanto subsistirem os bens que a constituem, sendo que nos contratos de financiamento de café o prazo máximo é de quatro anos.

PENHORA IMOBILIÁRIA. *Direito processual civil.* É a feita sobre imóveis do devedor.

PENHORA NO ROSTO DOS AUTOS. *Direito processual civil.* Aquela que, por recair sobre bens ou direitos do executado, pleiteados por ele em juízo, é averbada pelo escrivão no rosto dos autos da ação, ou capa do processo, ou melhor, no anverso da primeira folha do processo em que foi lavrada a autuação, com o escopo de que se efetive nos direitos ou bens que forem adjudicados ao executado.

PENHORANTE. *Direito processual civil.* **1.** Que penhora. **2.** Exeqüente no processo de execução. **3.** Aquele que efetua a penhora sobre os bens do executado.

PENHORA *ON LINE.* **1.** *Direito processual trabalhista.* Trata-se do BACEN JUD que é o programa referente a ordens de bloqueio e desbloqueio de verbas para causas trabalhistas, que diminui a lentidão na execução dos processos, dando-lhes maior praticidade, por permitir o recebimento do crédito e por dar rapidez à cobrança dos créditos tributários. Tal programa apenas encaminha uma ordem judicial aos bancos, logo não há acesso ao extrato bancário, nem quebra de sigilo. *Vide* BACEN JUD. **2.** *Direito tributário.* Se o devedor tributário, citado, não pagar nem apresentar bens à penhora no prazo legal e não forem encontrados bens penhoráveis, o juiz determinará a indisponibilidade de seus bens e direitos por meio eletrônico, comunicando todos os órgãos e entidades que promovem registros de transferência de bens e as autoridades supervisoras do mercado bancário e do mercado de capitais, a fim de que, no âmbito de suas atribuições, façam cumprir a ordem judicial.

PENHORA POR NOMEAÇÃO. *Direito processual civil.* É a que recai sobre os bens apontados pelo próprio devedor, os quais, então, serão apreendidos e executados para satisfação do seu credor.

PENHORA PREVENTORA. *Direito processual civil.* Diz-se da primeira penhora, entre outras contra o mesmo devedor, que recai sobre os seus bens.

PENHORAR. *Direito processual civil.* Efetuar a penhora.

PENHORA REAL E FILHADA. *Direito processual civil.* Aquela em que os bens a serem executados são apreendidos, ficando sob a guarda de depositário judicial ou particular, para garantir a execução, evitando sua ocultação ou alienação pelo devedor.

PENHORA SOBRE CRÉDITO. *Direito processual civil.* Aquela que recai sobre créditos representativos de direito cartular, logo, requer a apreensão do título de crédito (letra de câmbio, cheque, nota promissória etc.), que esteja em poder do credor ou de terceiro (Othon Sidou).

PENHORA SOBRE PENHORA. *Direito processual civil.* A que incide sobre bens anteriormente penhorados.

PENHORA SUBSTITUTIVA. *Direito processual civil.* Aquela em que se substitui, a pedido do devedor antes da arrematação ou adjudicação, o bem penhorado por dinheiro.

PENHORATÍCIO. *Direito civil.* O que se refere a penhor; pignoratício.

PENHORÁVEL. *Direito processual civil.* 1. Que pode ser penhorado. 2. O que é suscetível de penhora.

PENHOR CIVIL. *Direito civil.* Direito real de garantia que se rege pelo direito civil, como, por exemplo, penhor legal e penhor convencional.

PENHOR COMERCIAL. *Vide* PENHOR MERCANTIL.

PENHOR CONVENCIONAL. *Direito civil.* Direito real de garantia resultante de acordo de vontade entre credor e devedor, pelo qual este dá a posse de coisa móvel àquele para assegurar o crédito.

PENHOR DE ANIMAIS. *Direito agrário.* Espécie de penhor rural que recai sobre animais.

PENHOR DE CRÉDITO. *Direito civil.* Aquele em que o credor oferece seu direito de crédito como garantia real de dívida que vier a contrair. O penhor desse direito recai num crédito ordinário.

PENHOR DE DIREITOS. *Direito civil.* Direito real de garantia que incide em direitos. Podem ser ob-

jeto do penhor de direitos: as ações de sociedades anônimas; as ações de companhias de seguro; as ações de companhias aeronáuticas; as cotas de capital de bancos de depósito; as patentes de invenção; os direitos autorais; os direitos de crédito etc.

PENHOR DE ESCRAVO. *História do direito.* Direito real de garantia que recaía sobre escravo, mas que era, no Brasil, vedado expressamente pelo Código Comercial.

PENHOR DE TÍTULO DE CRÉDITO. *Direito civil.* É o que tem por objeto o próprio título de crédito em que se documenta o direito. O direito de crédito materializa-se ao incorporar-se no documento. Seu objeto é, portanto, o documento representativo do crédito (coisa corpórea) e não os respectivos direitos (coisas incorpóreas), caso em que se teria o penhor de direitos.

PENHOR DE VEÍCULOS. *Direito civil.* É o que, para garantir débito, recai sobre veículos empregados em qualquer espécie de transporte (de pessoas ou de mercadorias) ou condução por via terrestre, pelo prazo de dois anos, prorrogável por mais dois, mediante instrumento público ou particular, que, para produzir efeito *erga omnes*, deve ser registrado no cartório de títulos e documentos do domicílio do devedor e anotado no certificado de propriedade.

PENHOR INDUSTRIAL. *Direito civil.* É o que recai sobre: animais utilizados na indústria; máquinas e aparelhos utilizados em indústrias; bens da indústria de sal; produtos de suinocultura; animais destinados à industrialização de carnes e derivados e pescado.

PENHORISTA. *Direito civil.* Credor pignoratício.

PENHOR JUDICIAL. *Direito processual civil.* Designação imprópria de penhora.

PENHOR LEGAL. *Direito civil.* É o direito real de garantia decorrente de imposição legal, com o escopo de assegurar o pagamento de certas dívidas de que determinadas pessoas são credoras, e que, por sua natureza, reclamam tratamento especial. Assim, são, por exemplo, credores pignoratícios, independentemente de convenção: a) os hospedeiros, sobre bagagens e bens que seus hóspedes tiverem consigo, pelas despesas, ou consumo, realizados em seu estabelecimento; b) o locador, sobre móveis do inquilino que estiverem guarnecendo o prédio locado, pelos alugueres; c) o artista e o auxiliar teatral, sobre o material cênico da empresa teatral, pela importância de seus salários e despesas de transporte, ou seja, pelo valor das obrigações não cumpridas pelo empregador. Em todos esses casos, o credor toma posse do objeto que se encontra em poder do devedor, completando-se *in iudicio*, ou seja, pela homologação judicial do penhor pelo magistrado. Se o credor deixar de requerer tal homologação, cometerá esbulho, desde que não devolva o bem que apreendeu.

PENHOR MERCANTIL. *Direito comercial.* Aquele que garante obrigação comercial e recai sobre coisa móvel (mercadorias), que ficará sujeita ao pagamento do débito; logo, não pode incidir sobre estabelecimento empresarial, por ser imóvel, nem sobre marcas de fábrica, por serem impenhoráveis.

PENHOR PECUÁRIO. *Direito agrário.* Direito real de garantia que incide sobre animais (gado vacum, muar, cavalar, ovídeo e caprídeo) criados para as indústrias pastoril, agrícola ou de laticínios, por prazo não excedente de três a quatro anos, suscetível de prorrogação por uma vez por igual tempo, uma vez averbada no respectivo assento.

PENHOR RURAL. *Direito agrário.* Direito real de garantia pelo qual agricultor ou criador gravam sua cultura ou seus animais para assegurar o cumprimento de seus débitos. Pode ser agrícola ou pecuário. No penhor rural dispensa-se a tradição; os bens empenhados continuam em poder de seus proprietários devedores, que conservam a posse direta na qualidade de depositários, ficando o credor com a posse indireta. O penhor rural deve ser registrado, para ter eficácia contra terceiros, no registro imobiliário da comarca em que estiverem situados os bens ou os animais empenhados. Feito o assento do contrato de penhor rural, o oficial do registro expedirá, a pedido do credor, a cédula rural pignoratícia, com todos os dados e especificações necessárias ao exato conhecimento do negócio garantido pignoraticiamente. Mas, nada obsta a que o devedor, prometendo pagar em dinheiro o débito, a emita espontaneamente em favor do credor, na forma determinada em lei especial.

PÊNI. *Direito comparado.* Moeda inglesa correspondente à duodécima parte do xelim.

PENIANO. *Medicina legal.* Referente a pênis.

PENICILINA. *Medicina legal.* Antibiótico descoberto por Fleming, muito usado contra germes provocadores de pneumonia, meningite, sífilis, gonorréia, angina diftérica etc.

PENIFICAR. *História do direito.* Impor pena.

PENIOMANIA. *Medicina legal.* Psicose que leva o paciente a pensar que se encontra na penúria.

PÊNIS. *Medicina legal.* Órgão copulador masculino.

PENITE. *Medicina legal.* Inflamação no pênis.

PENITÊNCIA. 1. *Direito canônico.* a) Sacramento da confissão; b) pena imposta pelo confessor para expiação de pecado. **2.** Na *linguagem jurídica* em geral, é o cumprimento de pena.

PENITENCIAL. Relativo a penitência.

PENITENCIÁRIA. *Direito penitenciário.* Estabelecimento oficial onde os condenados pela justiça cumprem as penas privativas de liberdade e recebem assistência estatal para sua readaptação social.

PENITENCIÁRIO. 1. *Direito penitenciário.* a) Referente a penitenciária; b) sentenciado; condenado; c) estabelecimento prisional; d) direito que consiste num complexo de normas que regem as relações entre Estado e condenado, desde a sentença condenatória que legitima a execução até o final desta; e) regime de normas que regulamenta o cumprimento da pena, o modo de agir e de proceder, sua execução e os métodos especiais de expiação do crime, fundados no trabalho. **2.** *Direito canônico.* a) Sacerdote que tem o poder de absolver pecados, impondo penitências; b) cardeal que preside a penitenciária pontifícia.

PENITENCIARISTA. *Direito penitenciário.* **1.** Aquele que é versado em assuntos penitenciários. **2.** Jurista especializado em ciência penitenciária.

PENITENCIEIRO. *Direito canônico.* Cardeal que é membro da penitenciária pontifícia.

PENITENTE. 1. *Direito canônico.* a) Aquele que confessa o seu pecado ao padre, por estar arrependido; b) quem faz penitência; c) frade franciscano. **2.** *Direito penitenciário.* Condenado que está cumprindo pena.

PENITUS EXTRANEI. *Locução latina.* Inteiramente alheio; terceiro que não participou do ato.

PENMAN. *Termo inglês.* Autor de obra literária.

PENNY. *Termo inglês.* Pêni.

PENOL. *Direito marítimo.* Ponta da verga no navio.

PENOLOGIA. *Vide* PENALOGIA.

PENOSEIRO. Na *gíria*, é o ladrão de aves e roupas de quintais.

PENOSO. 1. Incômodo. 2. Difícil.

PENSADO. Refletido; meditado.

PENSADOR. 1. *Filosofia geral.* a) Filósofo; b) aquele que estuda; c) que pensa. 2. *Direito agrário.* Parceiro tratador.

PENSAMENTO. *Filosofia geral.* 1. Fenômeno do espírito (Descartes). 2. Fenômeno cognitivo. 3. Operação da inteligência. 4. Entendimento. 5. Razão enquanto permite a compreensão. 6. Ato de pensar. 7. Opinião. 8. Aquilo que vem à mente.

PENSAMENTO DE CLASSE. *Sociologia geral.* Complexo de idéias, valorações e atitudes peculiares a membros de uma camada social.

PENSAMENTO MÁGICO. *História do direito.* Ritual de povos primitivos para provocar chuva ou impedir a propagação de uma moléstia.

PENSAMENTO SOCIAL. *Sociologia geral.* Conjunto de reflexões, não sistemáticas, feitas por uma pessoa sobre suas experiências como ser social.

PENSANTE. *Filosofia geral.* Que faz uso da razão.

PENSÃO. 1. *Direito civil.* a) Cânon ou foro devido na enfiteuse; b) renda constituída em favor de alguém; c) quantia a ser paga periodicamente a uma pessoa para prover sua subsistência. 2. *Direito administrativo.* Renda vitalícia ou temporária que o Poder Público deve pagar aos beneficiários de funcionário público falecido, aposentado ou não, correspondente ao valor mensal do provento, a partir da data do óbito. 3. *Direito previdenciário.* Benefício a que têm direito os dependentes do segurado falecido, aposentado ou não, a partir da data do óbito ou da decisão judicial, em caso de morte presumida. 4. *Direito comercial.* a) Estabelecimento que recebe hóspedes, sob pagamento mensal, para fornecer-lhes alojamento e comida; b) fornecimento regular de alimentos em domicílio.

PENSÃO ACIDENTÁRIA. *Direito previdenciário.* É o benefício concedido aos dependentes do segurado morto em razão de acidente do trabalho, com valor equivalente ao salário-de-contribuição do dia do sinistro.

PENSÃO ALIMENTÍCIA. *Direito civil.* Prestação de alimentos para a manutenção de descendente, ascendente, colateral de 2º grau, ex-cônjuge ou ex-companheiro, assegurando-lhe meio de subsistência, por não poder produzir recursos materiais com o próprio esforço. Deve haver proporcionalidade, na sua fixação, entre as necessidades do alimentário e os recursos econômico-financeiros do alimentante, sendo que a equação desses dois fatores deve ser feita em cada caso, levando-se em consideração que os alimentos são concedidos *ad necessitatem*.

PENSÃO CIVIL. *Direito civil.* Indenização devida pelo ofensor ao ofendido, em caso de lesão corporal, correspondente ao *quantum* do trabalho para o qual se inabilitou ou da depreciação sofrida. É preciso que a vítima sofra danos pessoais, resultantes de ato ilícito, que causem incapacidade física ou psíquica que a incapacite para o trabalho ou que diminua sua atividade produtiva.

PENSÃO ESPECIAL A PORTADOR DE HANSENÍASE. *Biodireito* e *direito previdenciário.* É a pensão especial, mensal, vitalícia e intransferível, paga pelo INSS a dependentes ou herdeiros de pessoa atingida pela hanseníase, desde que tenha sido submetida a isolamento e internação compulsória em hospital-colônia. O valor dessa pensão deverá ser reajustado anualmente, conforme os índices concedidos aos benefícios de valor superior ao piso do Regime Geral de Previdência Social. O recebimento dessa pensão especial não impede a fruição de qualquer benefício previdenciário.

PENSÃO ESPECIAL PARA DEFICIENTES FÍSICOS. *Direito previdenciário.* Pensão a que beneficiário (deficiente físico) tem direito, correspondente a um adicional de 35% sobre o valor do benefício desde que comprove pelo menos: a) vinte e cinco anos, se homem, e vinte anos, se mulher, de contribuição para a Previdência Social; b) cinqüenta e cinco anos de idade, se homem, ou cinqüenta anos de idade, se mulher, e contar pelo menos quinze anos de contribuição para a Previdência Social.

PENSÃO MILITAR. *Direito militar.* Direito a que fazem jus os militares, quando reformados, ou os seus herdeiros.

PENSÃO POR MORTE. *Direito previdenciário.* É a renda mensal devida, a contar da data do óbito do segurado, ao conjunto dos seus dependentes. A pensão poderá ser concedida, em caráter provisório, por morte presumida: a) mediante sentença declaratória de ausência, expedida por autoridade judiciária, a contar da data de sua emissão; b) em caso de desaparecimento do segurado por motivo de catástrofe, acidente ou desastre, a contar da data da ocorrência, mediante prova hábil. Verificado o reaparecimento do segurado, o pagamento da pensão cessa imediatamente, ficando os dependentes desobrigados da reposição dos valores recebidos, salvo má-fé. A pensão por morte, havendo mais de um pensionista, será rateada entre todos, em partes iguais. Reverterá em favor dos demais dependentes a parte daquele cujo direito à pensão cessar. O pagamento da cota individual da pensão por morte cessa: a) pela morte do pensionista; b) para o pensionista menor de vinte e um anos de idade, salvo se for inválido ou se freqüenta faculdade, caso em que a perderá ao completar vinte e quatro anos; c) para o pensionista inválido, pela cessação da invalidez, verificada em exame médico-pericial a cargo da Previdência Social. Portanto, é a devida ao conjunto dos dependentes do segurado que falecer, aposentado ou não, a contar da data do óbito ou da decisão judicial, no caso de morte presumida. O valor mensal da pensão por morte, inclusive a decorrente de acidente do trabalho, consistirá em uma renda mensal correspondente a 100% do salário-de-benefício. Será devida ao conjunto dos dependentes do segurado que falecer, aposentado ou não, a contar da data: 1) do óbito, quando requerida: a) pelo dependente maior de dezesseis anos de idade, até trinta dias depois do óbito; b) pelo dependente menor até dezesseis anos, até trinta dias após completar essa idade, devendo ser verificado se houve a ocorrência da emancipação; 2) do requerimento do benefício protocolizado após o prazo previsto legalmente contado da data da decisão judicial, no caso de morte presumida.

PENSÃO PREVIDENCIÁRIA. *Vide* PENSÃO POR MORTE.

PENSÃO PROTEGIDA. *Direito processual penal.* Estabelecimento ligado a um hospital psiquiátrico para atender situação de transição entre esse hospital e a plena reintegração social do paciente que, apesar de não precisar mais de hospitalização, precisa permanecer, provisoriamente, em ambiente supervisionado (Pedro Lazarini Neto).

PENSAR. 1. *Medicina legal.* Fazer curativo. **2.** *Filosofia geral.* a) Refletir; meditar; b) combinar idéias; c) supor; d) raciocinar; e) planejar; f) formar uma opinião; g) estar preocupado; h) tratar convenientemente.

PÊNSIL. 1. Construído sobre colunas. **2.** Suspenso.

PENSILVÂNICO. *Direito penitenciário.* Sistema penitenciário que propugna o isolamento completo dos condenados.

PENSIONADO. Aquele que recebe pensão.

PENSIONAR. 1. Impor ou dar pensão. **2.** Sobrecarregar com trabalhos.

PENSIONÁRIO. Aquele que recebe pensão.

PENSIONATO. *Direito civil.* **1.** Internato. **2.** Casa que recebe pensionista; casa de pensão.

PENSIONEIRO. Aquele que paga pensão.

PENSIONISTA. 1. Quem recebe pensão. **2.** Quem mora em casa de pensão e paga a mensalidade. **3.** Aquele que recebe pensão de comida em domicílio.

PENSO. 1. *Medicina legal.* Curativo. **2.** *Direito agrário.* Ração para gado. **3.** Na *linguagem comum,* diz-se do que está inclinado.

PENTACAMPEÃO. *Direito desportivo.* Atleta ou equipe que se sagrou campeã por cinco vezes.

PENTACOSIARCO. *História do direito.* Comandante de uma pentacosiarquia, na Grécia antiga.

PENTACOSIARQUIA. *História do direito.* Na antigüidade grega, era o grupo de 512 homens na falange macedônica.

PENTACÓSIO. *História do direito.* Membro do Senado de Atenas ou do Conselho dos Quinhentos, na Grécia antiga.

PENTACOSIOMEDIMNO. *História do direito.* Aquele que, em Atenas, tinha renda anual correspondente a 500 medimnos de trigo.

PENTADARCA. *História do direito.* Chefe de cinco homens, no exército da Grécia antiga.

PENTÁGONO. *Direito comparado.* **1.** Sede do Estado-Maior das Forças Armadas dos Estados Unidos. **2.** Esse Estado-Maior.

PENTAPROTIA. *História do direito.* Colégio dos cinco primeiros magistrados em determinadas cidades gregas, na época do Baixo Império.

PENTARCA. *Ciência política.* Membro de uma pentarquia.

PENTARCADO. *Ciência política.* Dignidade de pentarca.

PENTARQUIA. *Ciência política.* Governo ou poder composto de cinco membros ou aliança concluída por cinco nações.

PENTÁRQUICO. *Ciência política.* Relativo a pentarquia.

PENTATLETA. *Direito desportivo.* Atleta que participa de um pentatlo.

PENTATLO. *Direito desportivo.* Competição em que cada concorrente participa de cinco modalidades desportivas: equitação, esgrima, tiro, natação e corrida.

PENTE. 1. *Direito militar.* Peça em que se encaixam as balas em arma automática. **2.** Na *linguagem comum:* a) instrumento dentado com que se penteiam ou prendem cabelos; b) caixilho em que o tecelão passa os fios para formar o comprimento da teia; c) instrumento de ferro com dentes resado pelo cardador para o preparo da lã.

PENTOTAL. *Medicina legal.* Produto químico de ação sedativa, hipnótica e anestésica.

PENUGEM. *Direito agrário.* Lanugem de frutos.

PENÚRIA. Miséria; pobreza.

PEOTA. *Direito comparado.* Embarcação ligeira muito comum no Adriático.

PEPASMO. *Medicina legal.* Estado da moléstia que perdeu sua feição aguda.

PEPINAL. *Direito agrário.* Plantação de pepinos.

PEPITA. Grão de metal nativo, principalmente ouro.

PEQUENA CAUSA. *Direito processual.* É a causa de reduzido valor econômico.

PEQUENA COMPANHIA. *Direito comercial.* Espécie de sociedade anônima que, não sendo integrante de grupo de sociedades, deve ter menos de vinte acionistas e patrimônio líquido inferior ao valor nominal de vinte mil BTNs (hoje TR). Possui o poder de: a) convocar assembléia geral por anúncio entregue a todos os acionistas, contra recibo, com antecedência de oito dias, no mínimo, na primeira convocação, e de cinco, na segunda. Os recibos devem ser arquivados em Registro Público de Empresas Mercantis e atividades afins com ata respectiva; b) deixar de publicar as demonstrações financeiras e o relatório anual da administração, desde que arquive tais documentos no Registro Público de Empresas Mercantis; c) pagar participação aos administradores, mesmo sem haver pago o dividendo anual obrigatório, desde que aprovado pela unanimidade dos acionistas. É importante ressaltar que o regime da pequena companhia não se aplica à companhia controladora do grupo de sociedade, ou à que está a ela filiada.

PEQUENA EMPRESA. *Direito comercial.* É aquela com receita bruta anual acima de R$ 240.000,00 até R$ 2.400.000,00. É a Empresa de Pequeno Porte (EPP).

PEQUENA ESCALA. *Direito ambiental.* Trabalho com organismo geneticamente modificado (OGM) em laboratório, utilizando volumes de até dez litros.

PEQUENA GLEBA RURAL. *Direito agrário* e *direito tributário.* É o imóvel com área igual ou inferior a: a) cem hectares, se localizado em município compreendido na Amazônia Ocidental ou no Pantanal mato-grossense e sul-mato-grossense; b) cinqüenta hectares, se localizado em município compreendido no Polígono das Secas ou na Amazônia Oriental; c) trinta hectares, se localizado em qualquer outro município. Esse imóvel está imune de Imposto sobre Propriedade Territorial Rural (ITR).

PEQUENA PROPRIEDADE. *Direito agrário.* **1.** Minifúndio. **2.** Propriedade familiar, cuja área basta para ocupar o tempo integral do agricultor e de sua família, assegurando-lhe subsistência, estabilidade e possibilidade de desenvolvimento.

PEQUENA PROPRIEDADE RURAL. *Direito agrário.* **1.** Imóvel rural de área compreendida entre um a quatro módulos fiscais. **2.** Posse rural familiar, que é aquela explorada mediante o trabalho pessoal do proprietário ou posseiro e de sua família, admitida a ajuda eventual de terceiro e cuja renda bruta seja proveniente, no mínimo em 80%, de atividade agroflorestal ou do extrativismo, cuja área não supere: a) cento e cinqüenta hectares se localizada nos Estados do Acre, Pará, Amazonas, Roraima, Rondônia, Amapá e Mato Grosso e nas regiões situadas ao norte do paralelo 13° S, dos Estados de Tocantins e Goiás, e ao oeste do meridiano de 44° W, do Estado do Maranhão ou no Pantanal mato-grossense ou sul-mato-grossense; b) cinqüenta hectares, se localizada no polígono das secas ou a leste do meridiano de 44° W, do Estado do Maranhão; c) trinta hectares, se localizado em qualquer outra região do País.

PEQUENAS CAUSAS. *História do direito.* Designação que era dada ao Juizado que versava sobre causas de valor reduzido relativas a direitos patrimoniais, visando a entrega de coisa certa móvel, o pagamento de uma quantia em dinheiro, o cumprimento de uma obrigação de fazer, a desconstituição e a declaração de nulidade de contrato referente a semovente ou bem móvel.

PEQUENAS PARTES. *Medicina legal.* Membros do feto que podem ser percebidos pela simples palpação abdominal (Croce e Croce Jr.).

PEQUENO EMPRESÁRIO. *Direito comercial.* Aquele que efetua trabalho artesanal ou exerce num estabelecimento trabalho com familiares, tendo renda bruta não superior ao limite estabelecido pela lei (R$ 36.000,00). Tem um tratamento favorecido, diferenciado e simplificado relativamente à sua inscrição no Registro Público de Empresas Mercantis e aos efeitos oriundos desta.

PEQUENO MAL. *Medicina legal.* Tipo de epilepsia (Croce e Croce Jr.).

PEQUENO PRODUTOR RURAL. *Direito agrário.* É aquele que, residindo na zona rural, detenha a posse de gleba rural não superior a 50 hectares, explorando-a mediante o trabalho pessoal e de sua família, admitida a ajuda eventual de terceiros, bem como as posses coletivas de terra, considerando-se a fração individual não superior a 50 hectares, cuja renda bruta seja proveniente de atividades ou usos agrícolas, pecuários ou silviculturais ou do extrativismo rural em 80% no mínimo.

PEQUENOS LÁBIOS. *Medicina legal.* Ninfas, ou seja, pequenas pregas cutâneas que se situam na vulva entre os grandes lábios (Croce e Croce Jr.).

PER ACCIDENS. *Locução latina.* **1.** Por acidente. **2.** Indiretamente.

PERACTIS PERAGENDIS. *Locução latina.* Feito aquilo que se deve fazer.

PER AEQUA, PER INIQUIA. *Expressão latina.* Por todos os meios, bons ou maus; a torto e a direito.

PER AES ET LIBRAM. *Expressão latina.* Pelo bronze e balança.

PERAMA. *Direito comparado.* Barco turco a vela, de casco curvo e com ré e quilha muito erguidas.

PERAMBULAR. Vaguear a pé; passear.

PÉ-RAPADO. Indivíduo de baixa condição.

PER ARDUA SURGO. *Expressão latina.* Eu me ergo entre dificuldades.

PERÁRDUO. Muito difícil.

PERCALÇO. **1.** Na *linguagem jurídica* em geral: a) ganho; lucro; b) vantagem eventual; c) aborrecimento próprio de uma profissão. **2.** *História do direito.* Emolumentos ou proventos retirados do exercício de um ofício.

PER CAPITA. *Locução latina.* Por cabeça; por pessoa.

PERCAR. *História do direito.* **1.** Danificar. **2.** Causar prejuízo.

PERCEBER. **1.** Na *linguagem jurídica* em geral, é o ato de receber o que se tem direito. **2.** *Filosofia geral.* a) Compreender; b) adquirir conhecimento por meio dos sentidos. **3.** *Direito tributário.* Arrecadar ou recolher imposto.

PERCEBIDO. **1.** Compreendido. O que se percebeu.

PERCEBIMENTO. **1.** Ato de perceber. **2.** Ato de receber alguma vantagem.

PERCEBÍVEL. Que se pode perceber.

PERCENTAGEM. **1.** Taxa de juro. **2.** Comissão. **3.** Gratificação. **4.** Prestação proporcional a certo lucro ou quantia. **5.** Qualidade proporcional à base de 1/100 do que se tem como referência (Othon Sidou). **6.** *Quantum* pago ou recebido na razão de um ou tantos por cento. **7.** Proporção. **8.** Alíquota fixada para cálculo de tributo.

PERCENTEIRO. Porcentista.

PERCENTUAL. Relativo a percentagem.

PERCENTUALIDADE. *Vide* PERCENTAGEM.

PERCEPÇÃO. **1.** Na *linguagem jurídica* em geral: a) cobrança; b) ato de receber; c) arrecadação; d) apropriação de frutos e produtos. **2.** *Filosofia geral.* a) Recepção pelo centro nervoso de impressões colhidas pelos sentidos; b) fato de sofrer uma ação e de reagir de modo adaptado (Bacon); c) ato da inteligência (Descartes); d) compreensão; entendimento.

PERCEPÇÃO EXTERNA. *Filosofia geral.* Faculdade de perceber pelos sentidos.

PERCEPÇÃO INTERNA. *Filosofia geral.* Conhecimento que o "eu" possui dos seus estados e atos por meio da consciência (Lalande).

PERCEPÇÃO NATURAL. *Vide* PERCEPÇÃO EXTERNA.

PERCEPÇÃO PRIMÁRIA. *Vide* PERCEPÇÃO EXTERNA.

PERCEPCIONISMO. *Filosofia geral.* Teoria segundo a qual o espírito, no ato de perceber, tem consciência imediata da presença de uma realidade exterior a ele (Schopenhauer, Bergson, Cousin, Spencer etc.).

PERCEPÇÕES ADQUIRIDAS. *Filosofia geral.* Deduções imediatas.

PERCEPÇÕES OBSCURAS. *Filosofia geral.* Fenômenos subconscientes (Leibniz).

PERCEPTIBILIDADE. **1.** Qualidade de perceptível. **2.** Faculdade de perceber.

PERCEPTÍVEL. 1. Inteligível. **2.** Cobrável. **3.** Que pode ser percebido.

PERCEPTIVO. 1. Referente a percepção. **2.** Que tem a faculdade de perceber.

PERCEPTO. *Filosofia geral.* **1.** Conteúdo ou representação mental do que se percebeu. **2.** Objeto da percepção.

PERCEPTOR. 1. Na *linguagem jurídica,* em geral, significa o mesmo que PERCEPTIVO. **2.** *Direito tributário.* Arrecadador de imposto.

PERCHA. 1. *Direito esportivo.* Vara comprida usada por ginastas. **2.** *Direito marítimo.* Cada moldura que orna a proa do navio.

PERCHERÃO. *Direito agrário.* Raça de cavalo de grande peso, apropriada para tração.

PERCINTA. *Direito marítimo.* Tira de lona que forra cabo de navio.

PERCIPIENDÁRIO. Aquele que recebe algo regularmente.

PERCIPIENTE. Aquele que percebe.

PERCLUSÃO. *Direito processual.* Preclusão, ou seja, impossibilidade de praticar ato que não se efetivou no momento oportuno ou dentro do prazo devido.

PERCLUSIVO. *Direito processual.* O que se refere a perclusão; preclusivo.

PERCLUSO. *Medicina legal.* Aquele que está impossibilitado, total ou parcialmente, de se locomover.

PER CONTRA. *Locução latina.* Em sentido contrário; em oposição a algo.

PERCORRER. 1. Correr. **2.** Passar ligeiramente a vista sobre alguma coisa. **3.** Investigar. **4.** Passar ao longo.

PERCUCIÊNCIA. Qualidade de percuciente.

PERCUCIENTE. 1. Profundo. **2.** Agudo.

PERCURSO. 1. Trajeto. **2.** Ato ou efeito de percorrer. **3.** Seqüência de trechos e acessos entre duas localidades definidas.

PERCUFSOR. O que percorre.

PERCUSSÃO. 1. *Direito tributário.* Incidência imediata do tributo, atingindo o contribuinte de modo direto. **2.** *Medicina legal.* Método de observação e diagnóstico consistente em dar pequenas pancadas com os dedos sobre paredes da cavidade do corpo humano, para averiguar, pelo som produzido, alguma lesão. **3.** Na *linguagem comum:* a) pancada; b) choque.

PERCUSSOR. *Direito militar.* Peça de arma de fogo, em forma de agulha, que percute a espoleta do cartucho, explodindo a carga de pólvora; percutor.

PERCUTOR. *Vide* PERCUSSOR.

PERDA. 1. Ato ou efeito de perder. **2.** Dano; prejuízo; desfalque patrimonial. **3.** Ruína. **4.** Extravio. **5.** Privação daquilo que se possuía ou do exercício de algum direito. **6.** Destruição. **7.** Morte. **8.** Diminuição de alguma capacidade.

PERDA DA COMANDA. *Direito comercial.* Valor cobrado de cliente por casa noturna pelo suposto prejuízo causado pela perda de cartão de consumação.

PERDA DA INSTÂNCIA. *Direito processual.* Perda da relação processual por negligência das partes ou pelo fato de o autor abandonar a causa, por não promover os atos e diligências que lhe competiam, extinguindo-se o processo sem resolução do mérito.

PERDA DA NACIONALIDADE. *Ciência política.* Sanção que incide sobre brasileiro nato que vier a adquirir outra nacionalidade ou sobre brasileiro naturalizado que, por exercer atividades perniciosas ao interesse nacional, tiver cancelada, por ato judicial, sua naturalização.

PERDA DA POSSE DA COISA. *Direito civil.* Extinção da posse que se dá sempre que o possuidor não exercer ou não puder exercer poder inerente à exteriorização da propriedade. Assim, perde-se a posse da coisa: a) pelo abandono; b) pela tradição; c) pela perda ou destruição da coisa; d) pela inalienabilidade; e) pela posse de outrem; f) pelo constituto possessório.

PERDA DA POSSE DOS DIREITOS. *Direito civil.* Extinção da posse de direitos que se dá pela impossibilidade física ou jurídica de seu exercício e pelo desuso.

PERDA DA POSSE PARA POSSUIDOR QUE NÃO PRESENCIOU O ESBULHO. *Direito civil.* Extinção da posse que se opera quando: a) tendo notícia do esbulho (tomada de detenção) se abstém o possuidor de retomar o bem, abandonando seu direito, pois não se mostrou visível como proprietário em razão do seu completo desinteresse; b) tentando recuperar a sua posse, for violentamente repelido por quem detém a coisa e se recusa terminantemente a entregá-la.

PERDA DA PROPRIEDADE IMOBILIÁRIA. *Direito civil.* Meio legal que afasta alguém de seu patrimônio imobiliário. Os modos terminativos da propriedade imóvel, previstos em lei, são: alienação, renúncia, abandono, perecimento do imóvel, desapropriação por necessidade, utilidade pública ou interesse social, direito de requisição da propriedade particular, desapropriação judicial fundada na posse *pro labore*, usucapião, acessão, dissolução de casamento sob regime de comunhão universal de bens, sentença transitada em julgado, que atribui a um dos litigantes a propriedade imóvel, numa ação de reivindicação, implemento de condição resolutiva e confisco de propriedade que contém cultura ilegal de plantas psicotrópicas.

PERDA DA PROPRIEDADE MOBILIÁRIA. *Direito civil.* Extinção da titularidade do direito de propriedade de coisa móvel que se dá pela ocupação, especificação, confusão, comistão, adjunção, usucapião, tradição e sucessão hereditária.

PERDA DE ALTITUDE. *Direito aeronáutico.* Redução da altitude em que a aeronave está navegando, por manobra do piloto ou por alguma modificação no sistema externo de sustentação.

PERDA DE DIREITOS POLÍTICOS. *Ciência política.* Privação do exercício dos direitos de votar, ser votado e de participar de atividades de partidos políticos ao cidadão que: a) tiver cancelada, por decisão judicial, sua naturalização; b) recusar-se a cumprir obrigação imposta a todos ou prestação alternativa fixada legalmente; c) cometer ato de improbidade administrativa.

PERDA DE FUNÇÃO PÚBLICA. *Direito penal.* Pena restritiva de direitos que é aplicada ao funcionário faltoso, fazendo-o perder cargo eletivo ou de nomeação, por ter abusado de seu poder ou violado dever funcional, prevenindo a reincidência e assegurando a eficácia da pena principal (Garraud).

PERDA DE MANDATO ELETIVO. *Direito penal.* É efeito de condenação criminal.

PERDA DE SUBSTÂNCIA. *Medicina legal.* Lesão que atinge os tecidos, por exemplo, o muscular, o cartilaginoso ou o cutâneo, em qualquer proporção, causando sua perda.

PERDA DE UMA CHANCE. *Direito civil.* Frustração de uma oportunidade de obter um benefício, esperada pela vítima caso não houvesse o corte abrupto em decorrência de ato do lesante, que gera o dever de indenizar. P. ex., pintor que, impedido de expor suas obras, perde a chance de ser premiado por ato culposo do transporta-

dor de suas telas, e tem direito de receber indenização pelo prejuízo sofrido (Le Tourneau).

PERDA DO DOMICÍLIO. *Direito civil.* Alteração da sede jurídica da pessoa, que se dá: a) pela mudança, porque o domicílio da pessoa passa a ser o mais recente; b) por determinação de lei, pois, nas hipóteses de domicílio legal, o antecedente cede lugar ao do preceito normativo; c) por contrato, em razão de eleição das partes.

PERDA DO ESTADO CLERICAL. *Direito canônico.* Aquele fato pelo qual o sacerdote deixa de ter o estado clerical. O clérigo perde esse estado por: a) sentença judicial ou decreto administrativo que declara a nulidade de sua ordenação; b) pena de demissão irrogada por motivos legítimos; c) rescrito da Sé Apostólica, se ele for diácono, por motivo grave, ou, se presbítero, por razão gravíssima.

PERDA DO OFÍCIO ECLESIÁSTICO. *Direito canônico.* É a que se opera se houver: a) transcurso do tempo prefixado; b) renúncia; c) completamento da idade determinada pelo direito; d) transferência; e) destituição por decisão administrativa da autoridade competente ou por determinação legal; f) privação.

PERDA MATERIAL. *Direito civil* e *direito penal.* Dano e prejuízo patrimonial sofrido e declarado por terceiro, em decorrência de acidente ou de assalto.

PERDÃO. 1. *Direito civil.* a) Desobrigação ou remissão da dívida; b) desculpa; c) indulgência. **2.** *Direito penal* e *direito processual penal.* a) Desistência, na ação penal privada, da queixa-crime pelo ofendido; b) graça ou indulto concedido pelo chefe de Estado a um ou mais condenados, livrando-os da pena, desde que o crime por eles perpetrado seja comum; c) absolvição que resulte de perdão; d) anistia, isto é, perdão concedido pelo Legislativo a algum crime político.

PERDÃO DA DÍVIDA. *Direito civil.* Remissão da dívida; renúncia do credor quanto a obrigações que poderia exigir do devedor.

PERDÃO DO OFENDIDO. *Direito penal.* Ato pelo qual, uma vez iniciada a ação penal privada, o ofendido, ou seu representante legal, retira a queixa e desiste de seu prosseguimento, desde que a sentença penal condenatória não tenha ainda transitado em julgado, dependendo, ainda, da aceitação pelo ofensor.

PERDÃO EXPRESSO. *Direito penal* e *direito processual penal.* Perdão que está contido em declaração

PERDÃO EXPRESSO DO OFENDIDO

assinada pelo ofendido, pelo seu representante legal ou procurador com poderes especiais (Damásio E. de Jesus).

PERDÃO EXPRESSO DO OFENDIDO. *Direito penal* e *direito processual penal.* É aquele que o ofendido, seu representante legal ou procurador com poderes especiais concede em declaração assinada.

PERDÃO EXTRAPROCESSUAL. *Direito penal.* Perdão que se dá fora dos autos da ação penal privada (Damásio E. de Jesus).

PERDÃO EXTRAPROCESSUAL DO OFENDIDO. *Direito penal.* Aquele que é concedido fora dos autos da ação penal privada.

PERDÃO JUDICIAL. *Direito penal.* **1.** Extinção da punibilidade que se opera quando o magistrado, ao condenar o réu, deixa de aplicar a pena diante de certas circunstâncias e desde que se trate de uma das infrações penais indicadas pelo legislador. É um direito do réu, pois, presentes e constatadas as circunstâncias legais, o juiz está obrigado a deixar de aplicar a pena, sendo irrelevante a recusa do réu. **2.** Perdão que se dá quando o magistrado, apesar de comprovada a prática do delito pelo agente, deixa, devido a circunstâncias justificadas, de aplicar-lhe a pena cabível (Damásio E. de Jesus).

PERDÃO PROCESSUAL. *Direito processual penal.* Perdão que se opera nos autos da ação penal privada (Damásio E. de Jesus).

PERDÃO PROCESSUAL DO OFENDIDO. *Direito penal.* É o concedido nos autos da ação penal privada.

PERDÃO TÁCITO. *Direito penal.* Perdão que resulta de prática de ato incompatível com a vontade de prosseguir na ação (Damásio E. de Jesus).

PERDÃO TÁCITO DO OFENDIDO. *Direito penal.* É o que resulta da prática de ato incompatível com a vontade de continuar na ação penal privada, por exemplo, readmissão do querelado despedido pelo empregador querelante (Damásio E. de Jesus).

PERDA OU INUTILIZAÇÃO DE MEMBRO, SENTIDO OU FUNÇÃO. *Medicina legal* e *direito penal.* Ofensa à integridade física ou à saúde da vítima que atinge os seus membros superiores ou inferiores, impossibilitando-a de se locomover ou de efetuar movimentos com os braços, ou afetando sua visão, olfato, audição, tato e paladar, ou, ainda, alguma atividade do aparelho digestivo, respiratório ou circulatório.

PERDAS E DANOS. *Direito civil.* Representam o equivalente ao prejuízo ou dano suportado pelo credor, em virtude do devedor não ter cumprido, total ou parcialmente, absoluta ou relativamente, a obrigação, expressando-se numa soma de dinheiro correspondente ao desequilíbrio sofrido pelo lesado (Caio M. S. Pereira). As perdas e danos são uma conseqüência do inadimplemento do devedor. Para conceder indenização de perdas e danos, o magistrado deverá considerar se houve: a) dano positivo ou emergente, que consiste num déficit real e efetivo no patrimônio do credor; b) dano negativo ou lucro cessante ou frustrado, alusivo à privação de um ganho pelo credor, ou seja, ao lucro que ele deixou de auferir, em razão do descumprimento da obrigação pelo devedor; e c) nexo de causalidade entre o prejuízo e a inexecução culposa ou dolosa da obrigação por parte do devedor, pois o dano, além de ser efetivo, deverá ser um efeito direto e imediato do ato ilícito do devedor, de modo que, se o prejuízo decorrer de negligência do próprio credor, não haverá ressarcimento ou indenização por perdas e danos.

PERDAS EXTRAORDINÁRIAS. *Direito civil.* Prejuízos oriundos de força maior ou caso fortuito.

PERDEDOR. Aquele que perde.

PERDENTE. 1. Vencido. **2.** Quem perde.

PERDER. 1. Ficar sem a posse ou a propriedade de coisa móvel ou imóvel. **2.** Sofrer dano. **3.** Naufragar. **4.** Arruinar. **5.** Desperdiçar. **6.** Não vingar. **7.** Desaparecer. **8.** Extinguir. **9.** Corromper. **10.** Não aproveitar.

PERDER A CABEÇA. Não se dominar.

PERDER A PARTIDA. Ficar vencido.

PERDER A PISTA. Não saber que rumo levou.

PERDER A RAZÃO. Enlouquecer.

PERDER A REPUTAÇÃO. Perder o crédito; deixar de ter consideração social.

PERDER AS ESTRIBEIRAS. Enfurecer-se.

PERDER A VIDA. Morrer.

PERDER O CONCEITO. Deixar de gozar a boa opinião que tinha.

PERDER O CRÉDITO. *Vide* PERDER A REPUTAÇÃO.

PERDER O FIO. Esquecer do que se está por dizer.

PERDER O JUÍZO. Perder a razão; enlouquecer.

PERDER O TEMPO. Pretender resultado impossível.

PERDER-SE EM DIVAGAÇÕES. Discorrer sem nexo, não entrando na questão principal.

PERDER TERRENO. 1. Recuar. **2.** Ser suplantado pelo concorrente ou antagonista.

PERDIÇÃO. 1. Imoralidade. **2.** Ruína. **3.** Desonra. **4.** Ato de perder-se.

PERDIDA. *Direito penal.* Prostituta.

PERDIDO. 1. Extraviado. **2.** O que se perdeu. **3.** Naufragado. **4.** Devasso; pervertido.

PERDIMENTO DE BENS. 1. *História do direito.* Pena administrativa de natureza federal. **2.** *Direito penal.* Efeito da condenação criminal que consiste na perda, ou no confisco, em favor da União, ressalvado o direito do lesado ou de terceiro de boa-fé, dos produtos e instrumentos do crime, desde que consistam em coisas cujo fabrico, alienação, uso, porte ou detenção constitua fato ilícito, ou de qualquer bem ou valor resultante de proveito auferido pelo agente com a prática do fato criminoso.

PERDÍVEL. 1. Aquilo que se pode perder. **2.** O que é de lucro incerto.

PERDOADO. O que recebeu perdão.

PERDOAR. 1. Remitir. **2.** Absolver. **3.** Conceder perdão. **4.** Liberar graciosamente.

PERDOÁVEL. O que se pode perdoar.

PER DOLUM. *Locução latina.* Dolosamente.

PERDUELLIO. *Termo latino.* Atentado contra o Estado; crime de alta traição; delito contra autoridades constituídas, a nação ou o Poder Público; delito público.

PERDUELLIO DAMNATUS. *Locução latina.* Condenado por alta traição.

PERDULÁRIO. *Direito civil.* **1.** Pródigo. **2.** Dissipador; esbanjador. **3.** Aquele que gasta excessivamente.

PERDURABILIDADE. 1. Qualidade do que é perdurável. **2.** Característica do que dura longamente.

PERDURAÇÃO. 1. Ato de perdurar. **2.** Grande duração.

PERDURAR. 1. Durar muito. **2.** Ser lembrado por muitos e muitos anos. **3.** Continuar existindo.

PERDURÁVEL. 1. Duradouro. **2.** Suscetível de durar muito.

PEREAT MUNDUS, FIAT JUSTITIA. *Expressão latina.* Que o mundo pereça, mas se faça a justiça.

PERECEDOR. 1. O que não dura muito. **2.** O que há de perecer.

PERECER. 1. Deixar de existir. **2.** Morrer. **3.** Desaparecer.

PERECIMENTO. *Direito civil* e *direito processual civil.* **1.** Extinção de um direito ou do bem que lhe servia de objeto. **2.** Prescrição. **3.** Decadência. **4.** Perempção. **5.** Falecimento. **6.** Destruição. **7.** Perda. **8.** Ato ou efeito de perecer.

PERECÍVEL. 1. O que pode-se estragar. **2.** O que é suscetível de perecer.

PEREGRINAÇÃO. 1. Romaria a locais santificados. **2.** Viagem por terras longínquas.

PEREGRINAGEM. *Vide* PEREGRINAÇÃO.

PEREGRINANTE. Aquele que peregrina.

PEREGRINAR. 1. Ir em romaria. **2.** Viajar.

PEREGRINI ALICUIUS CIVITATIS. *Direito romano.* Estrangeiros que pertenciam a cidades que faziam tratados com Roma, para conservar suas instituições e reger suas recíprocas relações.

PEREGRINIDADE. Qualidade ou estado de peregrino.

PEREGRINI DEDITICII. *Direito romano.* Estrangeiros que habitavam as regiões conquistadas pelos romanos, ficando por isso sob seu jugo.

PEREGRINO. 1. *Direito romano.* a) Estrangeiro ou pessoa livre, que não possuía cidadania nem direitos latinos e que não podia ter propriedade romana; b) habitante de províncias. **2.** Na *linguagem jurídica* em geral, quer dizer: a) alienígena; b) romeiro; c) viajante.

PEREGRINUS. *Termo latino.* **1.** Peregrino. **2.** Estrangeiro. **3.** Aquele que morava em províncias.

PEREIRAL. *Direito agrário.* Plantação de pereiras.

PEREMPÇÃO. 1. *Direito processual civil.* Caducidade ou extinção de processo, sem resolução do mérito, quando o autor, por não promover atos e diligências que lhe competiam, abandonar a causa por mais de trinta dias, ou melhor, quando o autor der causa, por três vezes, à extinção do processo por não ter promovido as diligências, não poderá intentar a repropositura da quarta ação contra o réu com o mesmo objeto. É a perda do direito de demandar sobre o mesmo objeto. É o modo extintivo da relação processual fundado na desídia e inação do autor. **2.** *Direito processual penal.* Forma extintiva da punibilidade, em caso de ação penal privada, resultante da inércia do querelante, no que atina à movimentação processual, ou seja, por deixar de promover o andamento do processo durante trinta dias seguidos; ou não comparecer, sem motivo justificado, a qualquer ato processual a que deva estar presente; ou não formular o pedido de condenação nas alegações finais; ou pelo não-comparecimento em juízo, dentro de sessenta dias, em caso de morte ou incapacidade do querelante, de pessoa habilitada a fazê-lo; ou, ainda, pela extinção da pessoa jurídica, querelante, sem deixar sucessor.

PEREMPÇÃO LEGAL. *Vide* USUCAPIÃO DE LIBERDADE.

PEREMPTO. *Direito processual civil* e *direito processual penal.* **1.** Diz-se do ato processual que não mais pode-se realizar em razão de inércia da parte. **2.** Extinto por perempção. **3.** Caduco.

PEREMPTORIEDADE. *Direito processual civil* e *direito processual penal.* Qualidade de peremptório.

PEREMPTÓRIO. *Direito processual civil* e *direito processual penal.* **1.** Terminante. **2.** O que é extintivo ou definitivo. **3.** O que se refere à perempção. **4.** Decisivo. **5.** O que não admite questionamento.

PERENE. 1. Perpétuo. **2.** O que dura muitos anos. **3.** Ininterrupto.

PERENIDADE. Perpetuidade.

PERENIZAR. 1. Permanecer. **2.** Tornar perene.

PERENNIS PHILOSOPHIA. *Locução latina.* Filosofia perene.

PER EPISTULAM. *Locução latina.* Por meio de carta.

PEREQUAÇÃO. 1. Na *linguagem jurídica* em geral, significa: a) repartição eqüitativa; ato de repartir igualmente uma coisa entre várias pessoas; b) distribuição por igual de quinhões ou cotas; c) partilha feita em proporções idênticas. **2.** *Direito tributário.* Ato de repartir eqüitativamente a cota que compete a cada contribuinte, quando não houver alíquota fixada em lei para determinado tributo.

PERESTROIKA. *Direito comparado.* Reordenação da economia russa, que, apesar de competitiva, está vinculada ao socialismo.

PER FAS ET NEFAS. *Expressão latina.* Justa ou injustamente; por bem ou por mal; a torto e a direito; por todos os meios lícitos ou não; pelo justo e pelo injusto, isto é, por todos os meios possíveis, permitidos ou não.

PER FAS ET PER NEFAS. *Expressão latina.* Por todos os meios sejam lícitos ou ilícitos.

PERFAZIMENTO. Ato de perfazer; de concluir; de completar.

PERFECCIONAL. O que diz respeito à perfeição.

PERFECCIONISMO. 1. Doutrina inglesa que, no século XVII, pretendia a dispensa da religião para chegar à perfeição. **2.** Teoria norte-americana que, no século XIX, pregava a perfeição cristã pela comunidade dos bens e das mulheres.

PERFECCIONISTA. Partidário do perfeccionismo.

PERFECTA EMPTIONE PERICULUM AD EMPTOREM RESPICIT. *Expressão latina.* Quando a compra está perfeita, o risco é todo do comprador.

PERFECTIBILIDADE. Qualidade de perfectível.

PERFECTIBILISMO. Doutrina religiosa que, no século XIX, afirmava que os dogmas eram suscetíveis de aperfeiçoamento, por dever acompanhar o progresso científico.

PERFECTIBILISTA. Adepto do perfectibilismo.

PERFECTIBILIZAR. Aperfeiçoar.

PERFECTÍVEL. O que pode ser aperfeiçoado.

PERFECTIVO. 1. O que mostra perfeição; perfeito. **2.** O que perfaz.

PERFEIÇÃO. 1. Conclusão. **2.** Execução completa. **3.** Correção. **4.** Estado atingido por ato que completou seu ciclo de formação, contendo os elementos exigidos por lei.

PERFEITO. 1. Concluído; acabado; consumado. **2.** Acertado. **3.** O que corresponde a um conceito, a um tipo ou a uma norma. **4.** O que está completamente formado.

PERFEITO E ACABADO. O que está concluído e consumado conforme as normas, e apto para produzir efeitos.

PERFICIENTE. 1. Completo. **2.** Perfeito.

PERFÍDIA. 1. Traição. **2.** Deslealdade. **3.** Falsidade.

PÉRFIDO. 1. Desleal; infiel. **2.** Traidor.

PERFIL. 1. *Direito militar.* Ato de alinhar tropas. **2.** *Direito autoral.* a) Pequeno escrito em que se ressaltam os traços mais característicos de uma pessoa ou de um tema; b) contorno do rosto de uma pessoa vista de lado.

PERFILAR. 1. *Direito militar.* Pôr os soldados em linha. **2.** *Direito autoral.* Traçar perfil.

PERFILHAÇÃO. *Direito civil.* **1.** Adoção. **2.** Reconhecimento de filho.

PERFILHADO. *Direito civil.* **1.** Adotado. **2.** Aquele que foi reconhecido como filho.

PERFILHADOR. *Direito civil.* **1.** Adotante. **2.** Aquele que reconhece filho.

PERFILHAMENTO. *Vide* PERFILHAÇÃO.

PERFILHANTE. *Vide* PERFILHADOR.

PERFILHAR. *Direito civil.* **1.** Adotar. **2.** Reconhecer filho.

PERFIL PROFISSIOGRÁFICO PREVIDENCIÁRIO (PPP). *Direito previdenciário.* Constitui-se em um documento histórico-laboral do trabalhador que reúne, entre outras informações, dados administrativos, registros ambientais e resultados de monitoração biológica, durante todo o período em que este exerceu suas atividades. O PPP tem como finalidade: a) comprovar as condições para habilitação de benefícios e serviços previdenciários; b) prover o trabalhador de meios de prova produzidos pelo empregador perante a Previdência Social, a outros órgãos públicos e aos sindicatos, de forma a garantir todo direito decorrente da relação de trabalho, seja ele individual, ou difuso e coletivo; c) prover a empresa de meios de prova produzidos em tempo real, de modo a organizar e a individualizar as informações contidas em seus diversos setores ao longo dos anos, possibilitando que a empresa evite ações judiciais indevidas relativas a seus trabalhadores; d) possibilitar aos administradores público e privados acessos a bases de informações fidedignas, como fonte primária de informação estatística, para desenvolvimento de vigilância sanitária e epidemiológica, bem como definição de políticas em saúde coletiva.

PERFIL PSICOLÓGICO. *Psicologia forense.* **1.** Procedimento pelo qual se exprime a fisionomia mental de uma pessoa, por meio de gráfico. **2.** Gráfico representativo das várias aptidões de um indivíduo.

PERFORMANCE. *Termo inglês.* **1.** Eficiência. **2.** Realização. **3.** Desempenho obtido em alguma atividade (Luiz Fernando Rudge).

PERFORMANCE BOND. *Direito internacional privado.* **1.** Documento emitido por banco ou companhia, que constitui uma fiança, para possibilitar o ingresso de seus clientes em certames internacionais ou para garantir a execução de serviços ou o fornecimento de material vendido ao estrangeiro. É uma garantia acessória ao contrato principal que supre o inadimplemento do devedor principal. **2.** Tipo de seguro de garantia do adimplemento contratual. Trata-se de fiança no comércio internacional. **3.** Garantia de boa execução. **4.** Pagamento para as autoridades administrativas, cujo montante pode ser recuperado quando atingidas determinadas metas por elas fixadas (Paulo Lucena de Menezes).

PERFORMATIVO. *Lógica jurídica.* Enunciado que exprime uma ordem, um dever ou a forma não puramente cognitiva da atividade mental (Austin).

PERFUMARIA. *Direito comercial.* Fábrica de perfumes ou loja onde os perfumes são vendidos.

PERFUMISMO. *Medicina legal.* Vício de embriaguez por meio de perfumes.

PERFUMISTA. *Direito comercial.* Aquele que fabrica ou vende perfumes.

PERFUNCTÓRIO. **1.** Superficial. **2.** O que se pratica apenas por cumprimento de uma obrigação.

PERFURAÇÃO. *Medicina legal.* Abertura causada no corpo ou em órgão por afecção interna ou dano externo.

PERFURAÇÃO UTERINA. *Medicina legal.* Acidente que pode ocorrer, em caso de aborto ovular incompleto, durante a curetagem diagnóstica ou o esvaziamento do útero de restos placentários ou coriais, acompanhado de lesões de alças intestinais (Croce e Croce Jr.).

PERFURANTE. *Medicina legal.* Instrumento que perfura, penetra ou atravessa tecidos, como prego, alfinete, agulha etc.

PERFUROCORTANTE. *Medicina legal.* Arma branca que, além de perfurar, corta, como, por exemplo, a faca de ponta.

PERGAMINHAMENTO. *Medicina legal.* Aspecto coriáceo da pele resultante de escoriação, no vivo, quando o falecimento advém imediatamente após o trauma, ou no cadáver (Croce e Croce Jr.).

PERGAMINHARIA. *Direito comercial.* Indústria ou comércio de pergaminho.

PERGAMINHEIRO. *Direito comercial.* O que prepara ou vende pergaminho.

PERGAMINHO. Pele de carneiro ou cabrito preparada com alume, para nela escreverem-se coisas que se pretende conservar por muito tempo. Foi muito usado na elaboração de livros antigos (códices) e é utilizado na confecção de diplomas.

PÉRGULA. **1.** Terraço coberto. **2.** Caramanchão no jardim que serve de apoio a trepadeiras.

PERGUNTA. 1. Quesito. **2.** Ato de perguntar. **3.** Indagação. **4.** Ato de tomar informações.

PERGUNTA AO OFENDIDO. *Direito processual.* Inquirição do ofendido para esclarecimento de fatos.

PERGUNTA À TESTEMUNHA. *Direito processual.* Inquirição das testemunhas do autor e do réu, pelo magistrado, em audiência, sobre fatos articulados, cabendo, primeiro à parte que as arrolou e depois à parte contrária, formular as questões tendentes a esclarecer ou completar o depoimento.

PERGUNTA DE ALGIBEIRA. Questão difícil que se traz preparada para fazer a alguém despreveni-do.

PERGUNTADOR. *Direito processual.* **1.** Indagador. **2.** Aquele que inquire.

PERGUNTA IMPERTINENTE. *Direito processual.* Diz-se da questão formulada que não tem qualquer relação com a causa.

PERGUNTANTE. *Vide* PERGUNTADOR.

PERGUNTA PERTINENTE. *Direito processual.* É a relacionada com a causa.

PERGUNTAR. 1. Questionar. **2.** Inquirir. **3.** Indagar. **4.** Interrogar. **5.** Investigar. **6.** Pedir esclarecimentos.

PERIANGITE. *Medicina legal.* Inflamação dos tecidos que circundam vasos sangüíneos ou linfáticos.

PERIAORTITE. *Medicina legal.* Inflamação dos tecidos circundantes da aorta.

PERIAPENDICITE. *Medicina legal.* Inflamação do tecido peritoneal que envolve o apêndice.

PERIARTRITE. *Medicina legal.* Bursite; inflamação das bolsas serosas que cercam a articulação.

PERIBLEPSIA. *Medicina legal.* Olhar inquieto que sempre aparece no delírio.

PERIBLOSE. *Medicina legal.* Ulceração das pálpebras.

PERÍBOLO. Pátio.

PERICARDITE. *Medicina legal.* Inflamação da membrana serosa que envolve o coração.

PERÍCIA. 1. *Direito civil* e *direito processual civil.* a) Exame e vistoria. Exame é a apreciação de alguma coisa, por meio de peritos, para esclarecimento em juízo, como, por exemplo, exame de livros; exame de sangue, na ação de investigação de paternidade; exame grafotécnico; exame médico, nas interdições. Vistoria é a mesma operação, porém restrita à inspeção ocular, muito empregada nas questões possessórias, nas demarcatórias e nas referentes aos vícios redibitórios; b) arbitramento, que é o exame pericial que tem em vista determinar o valor da coisa ou da obrigação a ela ligada, muito comum na desapropriação, nos alimentos, na indenização dos danos por atos ilícitos; c) prova destinada a levar ao juiz elementos instrutórios sobre algum fato que depende de conhecimentos especiais de ordem técnica (José Frederico Marques); d) exame técnico, feito por perito, de fato, estado ou valor do objeto litigioso; e) verificação da verdade dos fatos, por técnicos de reconhecida habilidade e competência. **2.** *Direito processual penal.* a) Meio probatório que consiste em exames os quais fornecem elementos que possibilitam o magistrado a pronunciar sua decisão; b) parecer ou laudo técnico de perito oficial ou de pessoa habilitada, que serve para esclarecer o delito, por resultar, por exemplo, de exame de corpo de delito, direto ou indireto.

PERÍCIA AMBIENTAL. *Direito ambiental.* Exame levado a efeito por profissionais especializados, que tem por objetivo a apreciação, a interpretação ou a descrição de fatos ou circunstâncias, relacionadas com alterações ou danos ao meio ambiente, de presumível ou evidente interesse e que possam servir como meio de prova em procedimento judicial ou administrativo. Quanto ao modo de realização do trabalho, tal perícia pode ser: *direta*, se o exame for feito sobre a área degradada, ou *indireta*, se recair sobre documentos que possam levar à comprovação e extensão do dano. Em relação à finalidade, a perícia pode ser: de *retratação*, se visar somente a descrição pura e simples das impressões colhidas pelo perito; *interpretativa*, se realizada por meio de um processo científico de análise e interpretação dos fatos ou de suas circunstâncias, ou *opinativa*, se corresponder a um parecer de especialistas sobre dado assunto. Quanto ao momento de efetivação do exame em relação ao fato analisado, a perícia pode ser: *retrospectiva*, caso em que constitui exame realizado no presente, mas relacionado com fato pretérito e tem por fim perpetuar os elementos de prova colhidos (efeitos futuros), ou *prospectiva*, se corresponder ao exame de situação presente, cujo efeito deverá dar-se futuramente; p. ex., exame realizado para licenciamento ambiental. Se considerada uma em relação à outra a perícia pode ser: *primária*, se correspondente ao exame inicial, ou *complementar*, se surgir em decorrência de uma análise anterior (p. ex., vistoria técnica para comprovar regeneração de área degradada). É a lição de Eduardo Roberto Alcantara Del Campo.

PERÍCIA COMPLEXA. *Direito processual civil.* Nomeação de mais de um perito pelo juiz, e indicação pela parte de mais de um assistente técnico se for necessário para solucionar questão técnica e complexa, que abranja mais de uma área de conhecimento especializado, por envolver, p. ex., atividades empresariais de grande monta ou enorme patrimônio.

PERÍCIA CONTRADITÓRIA. *Direito processual.* **1.** Perícia que é feita para corrigir ou confirmar a anterior. **2.** Perícia realizada por peritos oficiais e pelo das partes que não coincide com exatidão (Croce e Croce Jr.). Se houver divergência entre os peritos, consignar-se-ão, no auto do exame, as declarações e respostas de um e de outro, ou cada um redigirá, em separado, o seu laudo, e a autoridade nomeará um terceiro. Se este divergir de ambos, proceder-se-á a novo exame por outros peritos.

PERÍCIA DO DEFLORAMENTO. *Medicina legal.* Exame técnico-pericial para averiguação do desvirginamento da mulher, mediante análise do hímen e constatação de esperma, de gravidez ou da alta taxa de fosfatase ácida na secreção vaginal.

PERÍCIA GRAFOSCÓPICA. *Vide* PERÍCIA GRAFOTÉCNICA.

PERÍCIA GRAFOTÉCNICA. *Direito processual.* Perícia efetuada mediante comparação de letras, para averiguar a sua autenticidade.

PERICIAL. *Direito processual.* O que se refere à perícia ou aos peritos.

PERÍCIA MÉDICA DA PREVIDÊNCIA SOCIAL. *Direito previdenciário.* É constituída pelos cargos efetivos de Perito Médico da Previdência Social, que tem competência para: a) emissão de parecer conclusivo quanto à capacidade laboral para fins previdenciários; b) inspeção de ambientes de trabalho para fins previdenciários; c) caracterização da invalidez para benefícios previdenciários e assistenciais; d) execução das demais atividades definidas normativamente como, por ex., requisitar exames complementares e pareceres especializados a serem reali-

zados por terceiros contratados ou conveniados pelo INSS, quando necessários ao desempenho de suas atividades.

PERÍCIA MÉDICO-LEGAL. *Medicina legal.* Perícia feita por médicos-legistas, para esclarecer fatos relacionados ao crime ou a acidentes de trabalho. Por exemplo, pode-se voltar à identificação da pessoa, à verificação da idade, à classificação das lesões corporais, à constatação da prática de ato sexual, ao diagnóstico de gravidez e de sanidade mental, ao momento e à causa da morte etc.

PERÍCIA PALEOGRÁFICA. *Vide* PERÍCIA GRAFOTÉCNICA.

PERICIAR. *Direito processual.* Executar perícia.

PERICÍNTIO. *Direito espacial.* Ponto mais próximo da Lua, ou da órbita de um míssil ou de uma espaçonave ao redor dela.

PERICISTITE. *Medicina legal.* Inflamação dos tecidos que envolvem a bexiga.

PERICLITAÇÃO. *Direito penal.* Ato de expor uma pessoa a perigo, por ação ou omissão, ou de criar situação propícia ao dano eventual (Othon Sidou).

PERICLITÂNCIA. *Direito penal.* Estado de perigo.

PERICLITANTE. *Direito penal.* **1.** Aquele que corre perigo. **2.** Pouco seguro.

PERICLITAR. *Direito penal.* Correr perigo.

PERICOLPITE. *Medicina legal.* Inflamação do tecido vaginal.

PERICRÂNIO. *Medicina legal.* Membrana que reveste o crânio exteriormente.

PERICULOSIDADE. 1. *Direito penal.* a) Qualidade de ser perigoso; b) condição daquilo que constitui um perigo; c) potencialidade ou aptidão criminosa de um delinqüente; d) probabilidade de que o criminoso venha a cometer novos crimes; e) condição daquele que pode colocar em risco sua vida ou a de outrem, por apresentar tendência para praticar crimes contra a pessoa ou contra a propriedade (Pedro Lazarini Neto). **2.** *Direito do trabalho.* Condição para que trabalhador que presta serviço em contato com explosivos ou inflamáveis tenha direito ao adicional de 30% sobre o salário.

PERICULUM ANTINOMIAE. *Locução latina* e *teoria geral do direito.* Perigo de dar origem a novo conflito de norma, ao se editar uma nova norma ab-rogando pelo menos uma das normas anta-

PERICULUM IN MORA

gônicas, pois a antinomia poderá reaparecer a qualquer tempo, já que a norma que a suprimir poderá originar um novo conflito.

PERICULUM IN MORA. *Expressão latina* e *direito processual civil.* **1.** Perigo na demora. **2.** Possibilidade de concessão de liminar em mandado de segurança e em medida cautelar, por existir um fato que pode ocasionar dano irreparável, se houver demora de uma providência que venha a impedi-lo.

PERICULUM SORTIS. *Locução latina.* **1.** Perigo de álea, que justifica a usura, ao lado do dano emergente e do lucro cessante (Othon Sidou). **2.** Perigo da sorte.

PERIDIDIMITE. *Medicina legal.* Inflamação da membrana que envolve os testículos.

PERÍDROMO. 1. Espaço aberto em torno de um prédio. **2.** Galeria situada entre as colunas e as paredes de um edifício.

PERIECO. *História do direito.* Habitante de um território conquistado pelo gregos que ficava numa posição intermediária entre a dos escravos e a dos cidadãos e estava sujeito a pesados encargos.

PERIEGESE. *Direito autoral.* Obra que esclarece o viajante sobre as curiosidades de um país, seus recursos etc.

PERIEGETE. *Direito autoral.* Autor de obra descritiva de locais ou regiões.

PERIENCEFALITE. *Medicina legal.* Inflamação da massa cinzenta do cérebro.

PERIEPATITE. *Medicina legal.* Inflamação do invólucro peritoneal do fígado.

PERIFERIA. *Direito administrativo.* Diz-se dos locais que circundam a cidade.

PERIFÉRICO. *Direito administrativo.* O que diz respeito à periferia.

PERIFLEBITE. *Medicina legal.* Inflamação do tecido que cerca as veias.

PERIFLEBÍTICO. *Medicina legal.* Referente à periflebite.

PERIFOLICULITE. *Medicina legal.* Inflamação do tecido que cerca o folículo piloso.

PERIFOLICULITE URETRAL. *Medicina legal.* Inflamação do tecido celular periuretral.

PERÍFRASE. *Retórica jurídica.* Uso de muitas palavras para exprimir o que se poderia dizer concisamente.

PERIGALHO. *Direito marítimo.* Cabo que sustenta superiormente o mastro da mezena ou que levanta o centro de um toldo.

PERIGAR. 1. Correr perigo. **2.** Periclitar. **3.** Estar em perigo.

PERIGO. *Direito civil* e *direito penal.* **1.** Risco. **2.** Eventualidade da qual pode resultar dano. **3.** Receio de algo que possa causar perda ou deterioração da coisa ou ofensa física. **4.** Dano temido. **5.** Probabilidade da ocorrência de um fato lesivo. **6.** Ação consciente de alguém com o intuito de criar uma situação que pode resultar dano.

PERIGO ABSTRATO. *Direito penal.* Perigo presumível, ou seja, aquele que se dá quando a probabilidade do evento temido é presumida legalmente de modo absoluto.

PERIGO ATUAL. *Direito penal.* Perigo que está presente e prestes a causar um dano. Trata-se do perigo iminente, do mal efetivo, ou da situação em que há efetiva probabilidade da ocorrência de um dano real. Para que haja configuração de crime, basta a mera exposição a perigo.

PERIGO COLETIVO. *Direito penal.* Perigo comum ou probabilidade de dano à coletividade ou a um número indeterminado de pessoas, que advém de uma ação ou omissão que põe em risco de lesão o bem jurídico tutelado pelo direito, como, por exemplo, difusão de doença, incêndio, inundação, desabamento, contaminação radioativa, uso de gás tóxico etc.

PERIGO COMUM. *Vide* PERIGO COLETIVO.

PERIGO CONCRETO. *Direito penal.* Perigo efetivo, ou seja, aquele em que a possibilidade do evento temido seria reconhecível caso por caso, devendo, portanto, ser demonstrado.

PERIGO DE CONTÁGIO DE MOLÉSTIA GRAVE. *Direito penal.* Crime contra a pessoa que consiste no fato de alguém, sabendo que está contaminado, praticar ato idôneo a provocar transmissão de doença grave.

PERIGO DE CONTÁGIO VENÉREO. *Direito penal.* Crime que consiste em expor uma pessoa, por meio da prática de ato libidinoso ou do ato sexual, a contágio de moléstia venérea (sífilis, blenorragia, cancro mole etc.), de que sabe ou deveria saber estar contaminado.

PERIGO DE DESASTRE FERROVIÁRIO. *Direito penal.* Crime que atinge a incolumidade pública e que consiste em impedir ou perturbar serviços de estrada de ferro, obstruindo ou danificando,

PER 626 PERIGO DE GUERRA

total ou parcialmente, uma linha férrea, ou praticando qualquer ato lesivo que possa provocar acidente em ferrovia.

PERIGO DE GUERRA. *Direito internacional público.* Aquele que pode advir durante a guerra, como ataque de navios, submarinos ou aviões.

PERIGO DE INUNDAÇÃO. *Direito penal.* Crime contra a incolumidade pública, punível com reclusão e multa, que consiste em remover, destruir ou inutilizar, em prédio próprio ou alheio, obstáculo natural ou obra destinada a impedir inundação, expondo a perigo a vida, a integridade física ou o patrimônio de outrem.

PERIGO DE VIDA. *Direito penal.* Diz-se daquele que ameaça a vida, expondo alguém à morte.

PERIGO DIRETO. Aquele que ocorre em relação a pessoa certa e determinada.

PERIGO DO MAR. *Direito marítimo.* **1.** Fortuna do mar; risco do mar. **2.** Acontecimento fortuito ou força maior que possa causar dano ao navio e a sua carga.

PERIGO EFETIVO. *Vide* PERIGO CONCRETO.

PERIGO FUTURO. *Direito penal.* Probabilidade de perigo; perigo remoto; perigo que pode vir a acontecer.

PERIGO GRAVE. Diz-se daquele que pode causar a destruição da coisa ou a morte de uma pessoa.

PERIGO IMINENTE. *Vide* PERIGO ATUAL.

PERIGO INDIVIDUAL. Diz-se do risco que ameaça coisa determinada ou uma pessoa.

PERIGO PARA A VIDA OU PARA A SAÚDE DE OUTREM. *Direito penal.* Crime que consiste em expor a vida ou a saúde de outrem a perigo direto e iminente, punível com detenção. A pena é aumentada de um sexto a um terço se a exposição da vida ou da saúde de outrem a perigo decorra do transporte de pessoas para a prestação de serviços em estabelecimento de qualquer natureza, em desacordo com as normas legais.

PERIGO PRESUMIDO. *Vide* PERIGO ABSTRATO.

PERIGO PRESUMÍVEL. *Vide* PERIGO ABSTRATO.

PERIGO REMOTO. *Vide* PERIGO FUTURO.

PERIGOSO. 1. Em que há perigo. **2.** Arriscado. **3.** O que causa perigo.

PERIMETRITE. *Medicina legal.* Inflamação do tecido que cerca o útero.

PERÍMETRO URBANO. *Direito de trânsito.* É o limite entre área urbana e área rural.

PERIMIR. 1. *Direito processual.* Causar perempção. **2.** *Direito cambiário.* Fazer ficar sem efeito título de crédito por ter expirado o prazo de validade.

PERINATAL. *Medicina legal.* Período ou condição da gestante e da criança que se dá imediatamente antes e depois do parto.

PERINECROSCOPIA. *Medicina legal.* Exame externo do cadáver e do local onde foi encontrado.

PERINEFRITE. *Medicina legal.* Inflamação do tecido que envolve o rim.

PERÍNEO. *Medicina legal.* Região que se situa entre o ânus e os órgãos sexuais externos.

PERINEOCELE. *Medicina legal.* Hérnia perineal.

PERINORMA. *Filosofia do direito* e *lógica jurídica.* Juízo hipotético que, no juízo disjuntivo de Carlos Cossio, enuncia o ilícito e sua conseqüência jurídica, que é a sanção, tendo a seguinte estrutura: Dada a não-prestação (ilícita), deve ser sanção (S) do responsável, imposta por um funcionário obrigado a isto (FO — sujeito passivo), graças à pretensão da comunidade (PC — sujeito ativo). Trata-se do enunciado do ilícito e da sanção, que é parte integrante da estrutura única da norma jurídica completa, como juízo hipotético disjuntivo (Carlos Cossio).

PERIODICAL. *Direito autoral.* Relativo a periódico ou a jornalista.

PERIODICIDADE. *Direito autoral.* Qualidade de periódico.

PERIODICISMO. *Direito autoral.* Influência de periódicos.

PERIODICISTA. *Direito autoral.* Aquele que escreve em periódicos; periodista.

PERIODICÍSTICO. *Direito autoral.* Referente ao periodicismo, ao periódico e ao periodicista.

PERIÓDICO. *Direito autoral.* **1.** Diz-se da obra ou publicação que é editada em época fixa. **2.** Jornal que sai em intervalos iguais.

PERIODISTA. *Vide* PERIODICISTA.

PERIODÍSTICO. *Direito autoral.* Relativo a periodista.

PERÍODO. 1. Na *linguagem jurídica* em geral, designa: a) ciclo; b) espaço de tempo ao final do que as coisas repetem-se; c) tempo de duração; d) divisão cronológica. **2.** *Medicina legal.* a) Unidade de tempo que decorre desde o começo de uma febre intermitente até o início da outra; b) cada espaço de tempo que uma moléstia deve percorrer sucessivamente.

PERÍODO AQUISITIVO. *Direito do trabalho.* Diz-se do espaço de doze meses de vigência do contrato de trabalho, que dá ao trabalhador o direito a férias e a indenização por despedida sem que haja justa causa (Othon Sidou).

PERÍODO CLÁSSICO. *Direito romano.* Período do Principado, que vai da ascensão de Augusto (27 a.C.) até metade do século III (235 d.C.), no qual houve grande produção jurídica.

PERÍODO COMPLEMENTAR. *Direito financeiro.* Prazo adicional em que se liquidam as operações relativas ao orçamento anual. Trata-se de um período de tolerância para regularizar contas e operações autorizadas no orçamento.

PERÍODO CONSTITUTIVO. *Direito comercial.* Tempo necessário para o aperfeiçoamento de atos preliminares para a constituição de uma sociedade.

PERÍODO DE CAÇA. *Direito ambiental.* Temporada em que o Poder Público admite a caça, tendo por objetivo preservar a fauna.

PERÍODO DE CARÊNCIA. 1. *Direito previdenciário.* Tempo durante o qual os beneficiários da previdência social não dispõem de seus benefícios, por não terem, ainda, cumprido o número de prestações exigidas. **2.** *Direito civil.* Espaço de tempo durante o qual os beneficiários de uma prestação de serviço não têm direito aos benefícios dela decorrentes, por não terem pago o número mínimo de prestações mensais exigidas.

PERÍODO DE CONCESSÃO. *Vide* PERÍODO DE GOZO.

PERÍODO DE DELIVRAMENTO. *Medicina legal.* Fase do parto em que se dá o deslocamento da placenta, dando início ao puerpério.

PERÍODO DE DEQUITAÇÃO. *Vide* PERÍODO DE DELIVRAMENTO.

PERÍODO DE DILATAÇÃO. *Medicina legal.* Fase em que se iniciam as contrações uterinas, dilatando o canal cervical e o colo do útero para dar passagem ao feto.

PERÍODO DE EXPERIÊNCIA. *Direito do trabalho.* Primeiro ano de vigência do contrato de trabalho por prazo indeterminado, para efeito de indenização devida em razão de rescisão contratual.

PERÍODO DE EXPULSÃO. *Medicina legal.* Fase do trabalho de parto que vai da dilatação total até a separação completa do feto (Croce e Croce Jr.).

PERÍODO DE FÉRIAS. *Direito do trabalho.* Duração de férias anuais concedidas ao empregado, que tem direito a sua remuneração. Para a contagem desses dias, não se contam os feriados e os domingos. O direito ao gozo dessas férias surge após o transcurso de um ano de vigência do contrato de trabalho.

PERÍODO DE GOZO. *Direito do trabalho.* Período de doze meses de vigência do contrato de trabalho, imprescindível para a concessão de férias ao empregado.

PERÍODO DE INCUBAÇÃO. *Medicina legal.* Intervalo de tempo que ocorre entre a infecção de uma pessoa e o aparecimento dos sintomas da moléstia.

PERÍODO DE PROVA. Prazo em que se promove prova.

PERÍODO DESCONTÍNUO. *Direito do trabalho.* É o computado no tempo de serviço de empregado readmitido, correspondente ao tempo em que trabalhou anteriormente na empresa, exceto se foi despedido por falta grave, se tiver recebido indenização legal ou se tiver se aposentado espontaneamente.

PERÍODO DE TRABALHO. *Direito do trabalho.* Tempo de duração da jornada de trabalho, que é de oito horas diárias, embora possa ser de seis, conforme o estipulado em leis esparsas. As horas que passarem esse período são consideradas extraordinárias e devem ser pagas a parte.

PERÍODO DE TRANSMISSIBILIDADE. *Medicina legal.* Tempo em que o agente infeccioso pode ser transferido da pessoa infectada a outra.

PERÍODO DO CONTRATO DE EXPERIÊNCIA. *Direito do trabalho.* Lapso de tempo que não pode exceder noventa dias.

PERÍODO DO MANDATO. *Ciência política.* Tempo de duração de um cargo eletivo.

PERÍODO DO ORÇAMENTO. *Direito financeiro.* Tempo em que o orçamento tem vigência ou deve ser executado.

PERÍODO ESCOLAR. *Direito educacional.* Período letivo; tempo ininterrupto de duração das aulas. Quando o ensino é interrompido no meio do ano, surge o período de férias escolares.

PERÍODO HISTÓRICO. *Direito romano.* Fase em que tem início o conhecimento do direito escrito, com a divulgação das fórmulas alusivas às ações da lei, até o Principado de Augusto, quando surge o período clássico (Othon Sidou).

PERÍODO INDENITÁRIO. *Direito civil.* Tempo decorrido entre a data em que o segurado de um contrato de seguro começa a sofrer as conseqüências de queda de produção, consumo ou de prestação de serviços, provocadas pelo evento coberto, e a data em que o segurado retorna às atividades normais (Luiz Fernando Rudge).

PERÍODO LETIVO. *Vide* PERÍODO ESCOLAR.

PERÍODO PÓS-CLÁSSICO. *Direito romano.* Fase, a partir do século III, que foi marcada pela decadência das obras dos jurisconsultos.

PERÍODO PRESIDENCIAL. *Ciência política.* Tempo de duração do mandato do Presidente da República.

PERIORQUITE. *Medicina legal.* Inflamação da porção superficial do parênquima testicular.

PERIOSTEOMEDULITE. *Medicina legal.* Inflamação da membrana fibrosa e muscular que envolve os ossos e da medula óssea.

PERIPAQUIMENINGITE. *Medicina legal.* Inflamação aguda da face externa da dura-máter espinal e do tecido conjuntivo que a separa da coluna vertebral.

PERIPATÉTICO. *Filosofia geral.* **1.** O que se refere à doutrina filosófica aristotélica. **2.** Sequaz da filosofia de Aristóteles.

PERIPATETISMO. *Filosofia geral.* Teoria de Aristóteles.

PERIPLEURITE. *Medicina legal.* Abscesso entre o tórax e a pleura.

PERIPNEUMONIA. *Medicina legal.* Inflamação pulmonar.

PERÍPOLOS. *História do direito.* Efebos atenienses que prestavam serviço militar por dois anos na fronteira.

PERIPROCTITE. *Medicina legal.* Inflamação do tecido que rodeia o reto.

PERIPROSTATITE. *Medicina legal.* Inflamação do tecido que cerca a próstata.

PERISPLENITE. *Medicina legal.* Inflamação do peritônio que cerca o baço.

PERISSALPINGITE. *Medicina legal.* Inflamação do peritônio que envolve a trompa de Falópio.

PERISSOLOGIA. *Retórica jurídica.* Repetição, em termos diversos, de um pensamento já expresso.

PERISTERONIA. Arte de criar e ensinar pombos-correio.

PERITAGEM. *Direito processual.* **1.** Conjunto de atos realizados por técnicos ou especialistas para esclarecimento de certos fatos ou para avaliações de imóveis. **2.** Procedimento da perícia.

PERITIS IN SUA ARTE CREDENDUM EST. *Expressão latina.* Devemos crer no que é perito em seu ofício.

PERITO. *Direito processual.* **1.** Aquele que é designado pelo magistrado para, em uma demanda, efetuar exame ou vistoria. **2.** Experto. **3.** Órgão auxiliar da administração da justiça, que ajuda a formar o convencimento do juiz quando a prova do fato dependa de conhecimento técnico.

PERITO ASSISTENTE. *Direito processual.* Técnico indicado pelas partes para acompanhar a peritagem a ser feita pelo perito nomeado pelo órgão judicante. Trata-se do assistente técnico.

PERITO DESEMPATADOR. *Direito processual.* É o terceiro perito nomeado pelo juiz para desempatar, quando os peritos nomeados pelas partes forem dissidentes.

PERITO HABILITADO. *Direito processual.* É o perito técnico que tem habilitação legal para o exercício de sua profissão.

PERITO JUDICANTE. *Direito processual.* Aquele que aprecia fato, emitindo juízo sobre ele.

PERITONITE. *Medicina legal.* Inflamação da membrana serosa que reveste as paredes do abdome.

PERITO PERCIPIENTE. *Direito processual.* Aquele que apenas verifica fatos relativos à matéria em que é versado, como, por exemplo, vestígio de posse num terreno, estado de conservação de um pomar etc.

PERITO TÉCNICO. *Vide* PERITO HABILITADO.

PERIVAGINITE. *Medicina legal.* Inflamação do tecido que envolve a vagina.

PERJURAR. *Direito penal.* Testemunhar falsamente.

PERJÚRIO. *Direito penal.* **1.** Falso testemunho ou ato de calar a verdade, em processo judicial, policial ou administrativo, ou em juízo arbitral, que, por constituir crime contra a administração da justiça, é punível com reclusão e multa. **2.** Quebra do juramento.

PERJURO. *Direito penal.* **1.** Aquele que cala a verdade ou presta falso testemunho em juízo. **2.** O que quebra o juramento de dizer a verdade.

PERLECHE. *Medicina legal.* Afecção contagiosa das comissuras labiais, muito freqüente em crianças.

PER LITTERAS. *Locução latina.* Por carta.

PERLONGA. *Direito processual.* **1.** Delonga capciosa de um processo. **2.** Demora indevida no andamento processual, causada pela parte que tem interesse na procrastinação do feito, para obter vantagem.

PERLONGAR. 1. Procrastinar. **2.** Adiar. **3.** Demorar.

PER LUDUM. *Locução latina.* Por brincadeira.

PERMANECENTE. 1. Duradouro. **2.** Estável.

PERMANECER. 1. Conservar-se. **2.** Durar. **3.** Demorar-se.

PERMANÊNCIA. 1. Na *linguagem jurídica* em geral, significa: a) estado de permanente; b) perseverança; c) qualidade do que é estável; d) persistência; e) estabilidade; f) continuidade; g) o que permanece o mesmo apesar do decurso do tempo. **2.** *Direito internacional privado.* Permissão concedida a um estrangeiro para permanecer e trabalhar no país.

PERMANENTE. 1. Efetivo. **2.** Inalterável. **3.** Persistente. **4.** Contínuo. **5.** O que se conserva no tempo. **6.** O que não sofre interrupção. **7.** Definitivo. **8.** Duradouro.

PER MANUS. *Locução latina.* À força.

PERMILAGEM. Proporção relativamente a mil; número de nascimentos, óbitos etc. em relação a mil.

PERMISSA MAXIMA VENIA. *Vide PERMISSA VENIA.*

PERMISSÃO. 1. *Retórica jurídica.* Figura em que o orador deixa ao ouvinte a decisão de alguma coisa. **2.** *Direito administrativo.* a) Ato unilateral pelo qual a Administração faculta precariamente a alguém a prestação de um serviço público ou defere a utilização de um bem público (Celso Antônio Bandeira de Mello); b) delegação, a título precário, mediante licitação, na modalidade de concorrência, da prestação do serviço de transporte rodoviário interestadual e internacional de passageiros, feita pela União à pessoa jurídica que demonstre capacidade para seu desempenho, por sua conta e risco, por prazo determinado; c) é a outorga, a título precário, mediante licitação, da prestação de serviços públicos feita pelo poder permitente à pessoa física ou jurídica que demonstre capacidade para seu desempenho, por sua conta e risco. **3.** *Direito civil.* Consentimento dado por alguém para a prática de um ato por outrem. **4.** *Teoria geral do direito.* Autorização legal para que uma pessoa possa praticar um ato.

PERMISSÃO DE SERVIÇO DE TELECOMUNICAÇÕES. *Direito das comunicações.* É o ato administrativo pelo qual se atribui a alguém o dever de prestar serviço de telecomunicações, no regime público e em caráter transitório, até que seja normalizada a situação excepcional que a tenha ensejado.

PERMISSÃO DE SERVIÇO PÚBLICO. *Direito administrativo.* **1.** Ato unilateral e precário, *intuitu personae*, por intermédio do qual o Poder Público transfere a alguém, por meio de licitação, o desempenho de um serviço de sua alçada, proporcionando a possibilidade de cobrança de tarifas dos usuários. O Poder Público pode outorgar a permissão gratuita ou onerosamente, caso em que o permissionário deverá pagar-lhe uma retribuição pelo desfrute daquela situação jurídica (Celso Antônio Bandeira de Mello). **2.** É a delegação, a título precário, mediante licitação, da prestação de serviços públicos, feita pelo poder concedente à pessoa física ou jurídica que demonstre capacidade para seu desempenho, por sua conta e risco. Não se confunde com a concessão, que é contrato administrativo bilateral, nem com a autorização, que é ato administrativo unilateral.

PERMISSÃO DE TRÂNSITO DE VEGETAIS (PTV). *Direito agrário.* É o documento emitido para acompanhar a partida de plantas, partes de vegetais ou produtos de origem vegetal de acordo com as normas de defesa sanitária vegetal, no trânsito, e para subsidiar, conforme o caso, a emissão do Certificado Fitossanitário, com declaração adicional do Ministério da Agricultura, Pecuária e Abastecimento (MAPA). O controle do trânsito de plantas, partes de vegetais ou produtos de origem vegetal envolve os transportes rodoviário, aéreo doméstico, hidroviário e ferroviário. A PTV será exigida para a movimentação de partida de plantas, partes de vegetais ou produtos de origem vegetal veiculadores de Praga Quarentenária A2, no trânsito, quando sair de uma Unidade da Federação (UF) na qual ocorra a praga e tiver como destino ou trânsito.

PERMISSÃO DE USO DE BEM PÚBLICO. *Direito administrativo.* Ato discricionário pelo qual o Poder Público permite ao particular, a título gratuito ou oneroso, o uso, em caráter precário, de bem público, no todo ou em parte, durante um determinado tempo, apesar de poder ser revogado para atender interesse público.

PERMISSÃO INTERNACIONAL DE CONDUZIR. *Direito de trânsito.* Permissão dada, pelo Conselho Nacional de Trânsito (CONTRAN), a motorista de outro país para dirigir veículo automotor em território nacional.

PERMISSÃO PARA CONSTRUIR. 1. *Direito administrativo.* Autorização municipal, dada por meio de alvará, para que alguém edifique prédio novo ou altere o antigo, mediante análise e aprovação da planta de construção e pagamento de emolumento. **2.** *Direito civil.* Licença pedida ao vizinho para fazer construção ou acréscimo à já existente, a menos de metro e meio do limite comum.

PERMISSÃO PARA EXPLORAR MINAS. *Direito constitucional.* Autorização da União, no interesse nacional, dada a brasileiro, ou empresa constituída sob as leis brasileiras e que tenha sua sede e administração no País na forma da lei, que também estabelecerá as condições específicas quando essas atividades se desenvolverem em faixa de fronteira ou terras indígenas. A autorização de pesquisa será sempre por prazo determinado e não poderá ser transferida ou cedida, total ou parcialmente, sem prévia anuência do poder concedente. O aproveitamento do potencial de energia renovável de capacidade reduzida não dependerá dessa autorização.

PERMISSA VENIA. *Locução latina.* Com a devida vênia; *data venia*; com a devida permissão.

PERMISSIONÁRIA. *Direito comercial.* Sociedade corretora que não possui título patrimonial de uma Bolsa, mas que é admitida no pregão (Luiz Fernando Rudge).

PERMISSIONÁRIA DE LOTERIAS. É a pessoa física ou jurídica vencedora de processo de licitação que firma contrato de permissão de loterias com a Caixa Econômica Federal. A Caixa traça as diretrizes para as permissões, a distribuição de bilhetes e de equipamentos e/ou terminais necessários à execução das atividades outorgadas à Rede de Unidades Lotéricas. As permissões lotéricas são outorgadas, considerando a disponibilidade de equipamentos e/ou terminais para a captação de apostas e prestação de serviços, de bilhetes das modalidades de Loteria Federal e/ou Instantânea, bem como a possibilidade de eficiência na execução dos serviços outorgados. É permitida a participação de um mesmo sócio ou titular em mais de uma permissão, desde que respeitadas as condições de outorga estabelecidas normativamente.

PERMISSIONÁRIO. *Direito constitucional.* Aquele que recebeu permissão para explorar serviço público ou usar bem público.

PERMISSÍVEL. 1. Admissível. **2.** O que se pode permitir.

PERMISSIVO. 1. O que dá ou contém permissão. **2.** Diz-se do dispositivo legal que permite algo.

PERMISSOR. *Vide* PERMISSÓRIO.

PERMISSÓRIO. 1. Permissivo. **2.** O que dá ou envolve permissão.

PERMISSUM AD TEMPUS, POST ILLUD CENSETUR PROHIBITUM. *Aforismo jurídico.* O permitido até certo tempo reputa-se depois proibido.

PERMISSUM CENSETUR QUOD PROHIBITUM NON REPERITUR. *Aforismo jurídico.* Permitido reputa-se o que não é proibido.

PERMITIDO. 1. O que se permitiu. **2.** O que tem ou recebeu permissão.

PERMITIMENTO. *Vide* PERMISSÃO.

PERMITIR. 1. Dar permissão. **2.** Consentir; anuir. **3.** Autorizar. **4.** Admitir. **5.** Tomar a liberdade.

PERMUTA. 1. *Direito bancário.* Câmbio. **2.** *Direito civil.* Troca, que é o contrato pelo qual as partes se obrigam a dar uma coisa por outra que não seja dinheiro (Clóvis Beviláqua). O objeto da permuta há de ser dois bens; se um dos contratantes, em vez de dar a coisa, prestar um serviço, não se terá troca. São suscetíveis de permuta os bens que puderem ser vendidos, não sendo necessário que os bens sejam da mesma espécie ou tenham igual valor. Assim, poderão ser permutados: móveis por móveis; móveis por imóveis; imóveis por imóveis; coisa corpórea por coisa corpórea; coisa por direito; direito por direito. **3.** *Direito comercial.* Escambo ou troca mercantil, em que coisa móvel ou semovente é trocada por outra, sendo uma das partes empresário e uma das coisas destinada a revenda ou locação. **4.** *Direito administrativo.* Troca de postos ou funções públicas entre dois funcionários da mesma categoria.

PERMUTABILIDADE. Qualidade de permutável.

PERMUTAÇÃO. 1. Troca. **2.** Ato de permutar. **3.** Troca de uma mercadoria por outra.

PERMUTA DE MERCADORIAS. *Direito internacional privado.* Operação mercantil realizada entre países, importando produtos em troca de outros exportáveis.

PERMUTADOR. O que permuta; permutante.

PERMUTAMENTO. *Vide* PERMUTA.

PERMUTANTE. 1. O que permuta; permutador. **2.** Cada um dos contratantes que efetuam a troca.

PERMUTAR. Trocar.

PERMUTATIO. *Termo latino.* Permutação.

PERMUTATIO VICEM TENET EMPTIONIS. *Aforismo jurídico.* Permutação faz as vezes de compra.

PERMUTATIVO. Referente a permuta.

PERMUTÁVEL. O que se pode trocar.

PERNA. *Medicina legal.* **1.** Membro locomotor do homem. **2.** Parte do membro inferior que vai do joelho ao pé.

PERNADA. 1. Na *linguagem comum,* significa longa caminhada. **2.** *História do direito.* Maritágio.

PERNAMBUCANIDADE. *Sociologia geral.* Exaltação de valores culturais pernambucanos.

PERNÉ. *Direito agrário.* Barco de pesca, comum na Bahia.

PERNICIOSA. *Medicina legal.* **1.** Febre palustre muito grave e, às vezes, mortal. **2.** Forma perigosa de anemia.

PERNICIOSO. 1. Nocivo. **2.** Prejudicial. **3.** Perigoso. **4.** Ruinoso.

PERNOITAR. Passar a noite.

PERNOITE. 1. *Direito civil.* Ato de passar a noite, computando-se, para fins de pagamento, a estada por uma noite ou dormida. **2.** *Direito militar.* Permissão dada a militar para passar a noite fora do quartel.

PERNOSTICISMO. Qualidade de pernóstico.

PERNÓSTICO. 1. Petulante. **2.** Pretensioso.

PERO. *História do direito.* Nome dado pelos índios ao português, nos primórdios da colonização.

PEROBAL. *Direito agrário.* Local repleto de perobas.

PER OBITUM. *Locução latina.* Por morte; em consequência do falecimento.

PEROBRÁQUIO. *Medicina legal.* Aquele que tem braços disformes.

PEROCEFALIA. *Medicina legal.* Desenvolvimento incompleto do encéfalo.

PERODATILIA. *Medicina legal.* Deformidade dos dedos.

PEROLÍFERO. Local onde se pescam pérolas.

PEROMELIA. *Medicina legal.* Deformidade dos membros.

PERÔMELO. *Medicina legal.* Aquele que não possui um ou mais membros.

PERONISMO. *Ciência política* e *história do direito.* **1.** Movimento político argentino criado por Juan D. Perón, também chamado de justicialismo por preconizar: a) a justiça social fundada na melhoria do nível de vida dos trabalhadores; b) a independência econômica do País diante do monopólio estrangeiro (Barbé, Germani e Portantiero). **2.** Política ou governo que foi instituído, na Argentina, por Juan Perón.

PERONISTA. *História do direito, direito comparado* e *ciência política.* **1.** O que se refere ao peronismo. **2.** Adepto do peronismo.

PERÓQUIRO. *Medicina legal.* Diz-se daquele que tem as mãos disformes.

PERORAÇÃO. *Retórica jurídica.* **1.** Epílogo; parte final de um discurso. **2.** Discurso sentimental e breve.

PERPASSAR. 1. Passar além. **2.** Decorrer. **3.** Passar ao longo de alguma coisa.

PERPASSÁVEL. 1. Admissível. **2.** Tolerável. **3.** Desculpável.

PERPETRAÇÃO. *Direito penal.* **1.** Consumação. **2.** Execução concluída. **3.** Ato de cometer crime ou ato punível.

PERPETRADOR. *Direito penal.* Aquele que comete ação ou omissão delituosa.

PERPETRAR. *Direito penal.* Praticar ato punível.

PERPETUAÇÃO. 1. Ato de perpetuar. **2.** Ato de tornar algo imutável. **3.** Qualidade do que tem duração indefinida. **4.** Perpetuidade. **5.** Prática de diligência para conservar um direito; continuidade do direito. **6.** Ato de dar maior duração.

PERPETUAÇÃO DA JURISDIÇÃO. *Vide* PRINCÍPIO DA *PERPECTUATIO JURISDICTIONIS.*

PERPETUADOR. Aquele que perpetua.

PERPETUALISMO. *Economia política.* Doutrina segundo a qual os fatos econômicos são sempre os mesmos, passando em todos os povos por fases idênticas.

PERPETUAMENTO. Ato ou efeito de perpetuar.

PERPETUAR. 1. Tornar perpétuo. **2.** Suceder. **3.** Transmitir de geração a geração.

PERPETUATIO LEGITIMATIONIS. *Direito processual civil.* Estabilização subjetiva da lide. Com a citação do réu válida, tornando a coisa litigiosa, não poderá haver alteração subjetiva no processo, salvo nos casos expressos em lei (Nelson Nery e Rosa Maria A. Nery).

PERPETUATIO OBLIGATIONIS. *Direito civil.* Perpetuação da obrigação; havendo perda ou deterioração da coisa devida, o devedor responsabiliza-se pelo dano causado ao credor.

PERPETUIDADE. 1. Duração perpétua. **2.** Qualidade de perpétuo ou do que é duradouro. **3.** Existência de indefinidade. **4.** Condição da obrigação não resgatável, emitida sem prazo de vencimento, mas com pagamento periódico e constante de juros (Luiz Fernando Rudge).

PERPÉTUO. 1. Contínuo; sem interrupção. **2.** Vitalício. **3.** Inalterável. **4.** Diz-se do jazigo adjudicado por prazo indeterminado.

PERPLEXAR. Tornar indeciso.

PERPLEXIDADE. 1. Indecisão. **2.** Hesitação. **3.** Qualidade de perplexo.

PERPLEXO. 1. Duvidoso. **2.** Ambíguo. **3.** Indeciso.

PERPOL! *Direito romano.* Forma de juramento.

PERQUIRIÇÃO. Ato de perquirir ou de investigar.

PERQUIRIDOR. Aquele que perquire.

PERQUIRIR. 1. Indagar; inquirir. **2.** Investigar.

PERQUIRITIVO. Relativo à perquirição.

PERQUIRITÓRIO. O que perquire.

PERQUISIÇÃO. Busca de pessoa ou coisa.

PERQUISIDOR. Investigador; perquiridor.

PERQUISITE. *Termo inglês.* **1.** Emolumento. **2.** Lucro eventual. **3.** Gratificação.

PERQUISITIVO. Relativo à perquirição.

PERRENGUE. *Direito agrário.* Diz-se do cavalo que sofre de manqueira crônica.

PERSA. 1. *Direito comparado.* O que se refere à Pérsia (hoje Irã). **2.** *Direito agrário.* Raça de cavalo com pelagem bicolor ou tricolor, em pintas diminutas.

PER SALTUM. 1. *Direito processual.* Diz-se do recurso ou reparação judicial buscada em instância superior, com preterição da instância própria (Othon Sidou). **2.** Na *linguagem jurídica* em geral, é a expressão de censura que qualifica qualquer ato realizado sem obediência à gradação preestabelecida (Othon Sidou).

PERSCRUTAÇÃO. Ato ou efeito de perscrutar.

PERSCRUTADOR. Aquele que perscruta.

PERSCRUTAR. 1. Indagar. **2.** Sondar. **3.** Investigar. **4.** Pesquisar.

PERSCRUTARI NATURAM CRIMINUM. *Expressão latina.* Estudar profundamente a natureza dos crimes.

PERSCRUTÁVEL. O que se pode perscrutar.

PER SE. *Locução latina.* **1.** Por si mesmo; diz-se do fato que por si próprio evidencia-se, não precisando de demonstração. **2.** Imediato.

PERSECUÇÃO. *Direito penal.* Ato de perseguir alguém para aplicar-lhe uma pena; perseguição.

PERSECUÇÃO PENAL. *Direito processual penal.* Atividade repressiva do Estado, detentor do *jus puniendi*, providenciando a punição do criminoso.

PERSECUTIO CRIMINIS. *Locução latina.* Persecução do crime; persecução penal.

PERSECUTÓRIA. *Direito processual civil.* Ação intentada para obter a coisa própria que se encontra em poder de terceiros; reivindicatória.

PERSECUTÓRIO. 1. O que envolve perseguição. **2.** Em que há perseguição.

PERSEGUIÇÃO. 1. *Sociologia geral.* Intolerância contra algum grupo social. **2.** *Direito processual penal.* a) Ação de perseguir em justiça; b) prosseguimento judicial para aplicar pena ao criminoso; ação da justiça para condenação do delinqüente. **3.** *Direito processual civil.* Reivindicação; ação para reclamar coisa própria em poder de outrem; reclamação na justiça para obtenção daquilo que é devido. **4.** *Direito internacional.* É a privação intencional e grave de direitos fundamentais em violação do direito internacional, por motivos relacionados com a identidade do grupo ou da coletividade em causa.

PERSEGUIÇÃO DO RÉU. *Direito processual penal.* Ato de ir ao encalço do réu para aplicar-lhe a pena cabível ao crime por ele perpetrado.

PERSEGUIDOR. Aquele que persegue.

PERSEGUIR. 1. Ir ao encalço. **2.** Tentar obter algo. **3.** Condenar; punir. **4.** Acossar.

PERSEIDADE. *Filosofia geral.* Qualidade do que existe *per se*, ou seja, daquilo que tem existência própria, independente de qualquer influência alheia.

PER SE QUOD CONVENIT ALICUI, NON POTEST SEPARARI EO. *Expressão latina.* O que convém a algo por si mesmo dele não se pode separar.

PER SE STANTE. *Expressão latina.* Por si mesmo; o que se efetua ou resolve sem interferência de quem quer que seja.

PERSEVERAÇÃO. Inércia mental, que se caracteriza pela persistência de expressões, com incapacidade de modificá-las segundo as necessidades da situação.

PERSEVERANÇA. 1. Constância. **2.** Firmeza. **3.** Qualidade de quem persevera. **4.** Pertinácia.

PERSEVERANTE. 1. Constante. **2.** Firme. **3.** Aquele que persevera. **4.** Pertinaz.

PERSEVERANTIA SCELERIS. *Locução latina.* Firme intenção de cometer um crime.

PERSEVERAR. 1. Persistir num estado de espírito. **2.** Não mudar de orientação. **3.** Conservar-se firme.

PER SI. Locução usada para indicar coisa singular, tendo o sentido de unitariamente, isoladamente, independentemente.

PERSISTÊNCIA. 1. Constância. **2.** Perseverança. **3.** Ato de persistir. **4.** Firmeza. **5.** Qualidade de persistente. **6.** Contumácia.

PERSISTENTE. 1. O que continua. **2.** Perseverante. **3.** Aquele que persiste.

PERSISTIR. 1. Perseverar. **2.** Insistir. **3.** Durar. **4.** Continuar. **5.** Permanecer.

PERSOLVER. *Direito civil.* **1.** Pagar inteiramente um débito. **2.** Saldar dívida. **3.** Desobrigar-se.

PERSONA. *Psicologia forense.* A palavra, de origem latina, designa a máscara usada pelos atores teatrais. Por isso, *persona* é o arquétipo referente à face que colocamos para enfrentar a vida social. Segundo Jung, não passa de um compromisso entre o indivíduo e a sociedade, acerca do que alguém parece ser: pai, filho, possuidor de um título, detentor de um cargo etc. Assim, durante a existência, muitas *personas* são utilizadas, relacionando-se com um *status* social, uma atividade ou profissão, um papel familiar. A *persona*, às vezes, é denominada arquétipo social, envolvendo todos os compromissos necessários para a vida em sociedade. Enquanto *animus/anima* têm como função estabelecer a mediação entre o *ego* e o mundo interno, a *persona* faz o mesmo em relação ao *ego* e o mundo externo (Lídia Reis de Almeida Prado).

PERSONA ALIENI JURIS. *Expressão latina.* Pessoa juridicamente incapaz.

PERSONAE TURPIS. *Locução latina.* Pessoas que têm vida desregrada ou que são desonestas.

PERSONAGEM. 1. Na *linguagem comum,* pessoa ilustre ou notável. **2.** *Sociologia geral.* Diz-se do homem, definido por seu papel social. **3.** *Direito civil.* Aquele que figura em narração, peça teatral etc.

PERSONAGEM MUDA. *Direito civil.* Diz-se daquela que entra como figurante em peça teatral.

PERSONA GRATA. *Direito internacional público.* **1.** Locução latina que, na diplomacia, aplica-se a uma pessoa designada para um cargo, que seria aceita com satisfação pelo governo estrangeiro junto ao qual seria acreditada para desempenhar suas funções. **2.** Pessoa bem-vinda.

PERSONALIDADE. 1. *Ciência política.* Soberania e autonomia. **2.** *Direito constitucional.* Cidadania. **3.** *Direito civil.* Aptidão, reconhecida juridicamente, para exercer direito e contrair obrigações. **4.** *Medicina legal.* Elemento determinante da individualidade de uma pessoa, distinguindo-a de outra. **5.** *Filosofia geral.* a) Conjunto de qualidades da pessoa; b) função psicológica pela qual o indivíduo considera-se como um eu uno e permanente (Lalande). **6.** *Sociologia geral.* Aquele que se destaca na sociedade de algum modo, pela função que exerce, pelo cargo que ocupa, pela sua influência, pela sua turbulência, pela sua presença habitual em certos locais.

PERSONALIDADE CIVIL. *Direito civil.* **1.** Aptidão legal de ser sujeito de direitos. **2.** Qualidade da pessoa natural que se inicia com o nascimento, gerando direitos e deveres, no âmbito patrimonial e obrigacional, na seara cível, resguardando-se, contudo, os direitos da personalidade do nascituro, e *in potentia* os seus direitos patrimoniais e pessoais desde a concepção.

PERSONALIDADE CRIMINAL. *Direito penal.* Personalidade do criminoso estudada pela antropologia, psicologia e sociologia.

PERSONALIDADE FÍSICA. *Direito civil.* Qualidade da pessoa natural que advém de seu nascimento com vida, terminando com sua morte.

PERSONALIDADE INTERNACIONAL. *Direito internacional público.* Aptidão que têm os Estados e os órgãos coletivos internacionais para exercer direitos e contrair obrigações, na órbita das relações jurídicas internacionais.

PERSONALIDADE JURÍDICA. *Direito civil.* Qualidade das pessoas jurídicas de direito privado (associações, sociedades, fundações) e de direito público (União, Estados, Municípios, autarquias, fundações públicas) que as torna capazes para a prática de atos jurídicos, uma vez que são reconhecidas pela lei, tendo direitos e deveres próprios, que não se confundem com os das pessoas naturais que nelas atuam.

PERSONALIDADE JURÍDICA FORMAL. *Direito civil.* É a concedida ao nascituro, na vida intra-uterina, e ao embrião, na vida extra-uterina, no que atina aos direitos da personalidade, visto ter carga genética diferenciada desde a concepção.

PERSONALIDADE JURÍDICA MATERIAL. *Direito civil.* É aquela que se obtém com o nascimento com vida, alcançando os direitos patrimoniais e obrigacionais, que se encontravam em estado potencial.

PERSONALIDADE MORAL. *Direito civil.* **1.** *Vide* PERSONALIDADE JURÍDICA. **2.** Qualidade moral da pessoa, que é parte integrante da personalidade física, uma vez que é constituída pela honra, pelo bom nome, pela probidade profissional etc.

PERSONALIDADE NATURAL. *Vide* PERSONALIDADE FÍSICA.

PERSONALIDADE PSICOPÁTICA. *Medicina legal.* Qualidade da pessoa que tem um certo padrão intelectual, mas que apresenta graves distúrbios de conduta, de natureza amoral ou anti-social, que conflitam com as normas éticas, por satisfazerem interesses egoístas, sem qualquer consideração pelas conseqüências sociais (Alves Garcia, Croce e Croce Jr.).

PERSONALIDADE SIMBÓLICA. Estereótipo pessoal que é símbolo de um governo, de uma associação, de um tipo de pensamento etc.

PERSONALIDADE-TIPO. Personalidade que caracteriza um grupo de personalidades semelhantes que são encontradas com certa freqüência na sociedade.

PERSONAL IDENTIFICATION NUMBER. *Expressão inglesa.* Número de identificação pessoal.

PERSONALISMO. **1.** *Filosofia geral.* a) Teoria que faz da personalidade a categoria suprema e o centro da sua concepção do mundo (Renouvier). A personalidade humana passa a ser o valor fundamental; b) doutrina segundo a qual Deus é pessoal; c) teoria moral e social baseada no valor absoluto da pessoa humana (Mounier). **2.** *Ciência política.* Sistema político baseado na personalidade do seu líder.

PERSONALISMO COMUNITÁRIO. *Filosofia geral.* Movimento que enaltece o valor absoluto da pessoa e da solidariedade humana (Mounier).

PERSONALÍSSIMO. *Direito civil.* **1.** Aquilo que é inerente a uma pessoa humana, sendo por isso intransferível. **2.** Diz-se do contrato *intuitu personae*. **3.** O que é privativo da pessoa. **4.** Diz-se do direito que é exclusivo de seu titular, por não poder ser exercido por outrem.

PERSONALISTA. **1.** Partidário do personalismo. **2.** Referente ao personalismo.

PERSONALITÄTSRECHTE. *Termo alemão.* Direitos da personalidade.

PERSONALIZAÇÃO. *Direito civil.* Ato de nomear uma pessoa ou de dar-lhe nome.

PERSONALIZADO. *Direito bancário.* Diz-se do cheque bancário que traz impresso o nome do usuário.

PERSONALIZAR. **1.** Na *linguagem comum:* indicar ou nomear alguém. **2.** *Direito civil* e *direito penal.* Proferir indiretas; fazer alusões injuriosas. **3.** *Direito comercial.* Adequar um serviço ou um produto especificamente para um cliente, atendendo às suas necessidades (James G. Heim).

PERSONA NON GRATA. *Direito internacional público.* Agente diplomático que não merece consideração nem aceitação do governo estrangeiro em cujo país vai servir, para que se acredite como representante da nação que o nomeou. A declaração de *persona non grata* pode ser feita antes que o diplomata chegue ao Estado onde vai servir, ou quando nele esteja instalado, tendo de vinte e quatro a quarenta e oito horas para deixar o país.

PERSONA SUI JURIS. *Expressão latina.* **1.** Pessoa capaz. **2.** Aquele que está em pleno gozo da capacidade jurídica.

PERSONATO. *História do direito.* Dizia-se da comédia em que os atores apresentavam-se mascarados.

PERSONIFICAÇÃO. **1.** Ato ou efeito de personificar. **2.** Tipo perfeito.

PERSONIFICAR. **1.** Atribuir qualidade pessoal a alguém. **2.** Ser modelo ou o tipo de algo. **3.** Realizar-se numa pessoa. **4.** Tornar igual a uma pessoa.

PERSÖNLICHKEITSRECHTE. *Termo alemão.* Direitos sobre a própria pessoa.

PERSPECTIVISMO. *Filosofia geral.* Fato de que o conhecimento é relativo às necessidades vitais daquele que conhece (Nietzsche).

PERSPICÁCIA. Agudeza de espírito.

PERSPICAZ. **1.** Aquele que tem agudeza de espírito. **2.** Sagaz.

PERSPICUIDADE. **1.** Lucidez. **2.** Qualidade de perspícuo. **3.** Clareza.

PERSPÍCUO. **1.** Evidente. **2.** Claro. **3.** O que se pode perceber nitidamente.

PER STIRPE. *Locução latina.* **1.** Por estirpe. **2.** Locução que indica que o sucessor do *de cujus* não herda por cabeça, mas por direito de representação.

PERSTRIÇÃO. *Medicina legal.* Aplicação de ligaduras muito apertadas.

PERSUADIR. *Teoria geral do direito.* **1.** Convencer. **2.** Induzir. **3.** Levar à convicção. **4.** Decidir; julgar.

PERSUASÃO. 1. *Teoria geral do direito.* a) Convicção; b) ato ou efeito de convencer; c) opinião formada. **2.** *Ciência política.* Método para exercer ação contensiva, por exemplo, pela ostentação de armas perante a outra parte.

PERSUASIVO. *Teoria geral do direito.* **1.** Convincente. **2.** Decisivo. **3.** Aquele que tem habilidade para persuadir.

PERSUASOR. *Teoria geral do direito.* Aquele que convence.

PERSUASÓRIA. *Teoria geral do direito.* Razão que persuade.

PERSUASÓRIO. *Teoria geral do direito.* Argumento hábil para convencer sobre determinado fato.

PER SUMMA CAPITA. *Expressão latina.* Sumariamente; tocando apenas nos pontos principais; ligeiramente; sucintamente.

PER SUPPOSITAM PERSONAM. *Expressão latina.* Interposta pessoa.

PER TEMPUS. *Locução latina.* A tempo; em tempo.

PERTENÇA. *Direito civil.* Coisa acessória destinada a conservar ou facilitar o uso do bem principal, sem ser parte integrante. É o bem que se destina de modo duradouro, ao uso, ao serviço ou ao aformoseamento de outro. Apesar de acessória, mantém sua individualidade e autonomia, tendo apenas com a principal uma subordinação econômico-jurídica, pois, sem haver qualquer incorporação, vincula-se à principal para que esta atinja suas finalidades. São pertenças todos os bens móveis ajudantes que o proprietário, intencionalmente, empregar na exploração industrial de um imóvel, no seu aformoseamento ou na sua comodidade. Por serem acessórios, acompanham a sorte da principal. Excepcionalmente, nada obsta a que se ligue, pertinencialmente, um imóvel a outro, para servi-lo na consecução de seus fins.

PERTENCE. 1. *Direito civil.* a) Bem ou objeto de alguém; b) declaração, em determinado título, pela qual se indica a pessoa a quem se transmite a propriedade do bem. **2.** *Direito alfandegário.*

Papel de crédito similar ao *warrant*, que atesta a existência de mercadorias nos armazéns da alfândega.

PERTENCENTE. *Direito civil.* **1.** O que pertence a uma pessoa ou a uma coisa. **2.** O que diz respeito a alguma coisa; concernente; relativo.

PERTENCER. *Direito civil.* **1.** Ser propriedade de alguém. **2.** Ser relativo a algo. **3.** Fazer parte de alguma coisa. **4.** Ser próprio de algo. **5.** Ser da obrigação de alguém. **6.** Remeter.

PÉRTICA. *Direito romano.* Vara com que eram medidas as terras distribuídas aos soldados romanos.

PERTINÁCIA. 1. Obstinação. **2.** Qualidade de pertinaz. **3.** Tenacidade. **4.** Persistência.

PERTINAZ. 1. Persistente. **2.** Obstinado.

PERTINENCE. *Termo francês.* Conveniência.

PERTINÊNCIA. 1. Exatidão. **2.** Adequabilidade. **3.** Aquilo que é relevante.

PERTINENTE. 1. Exato, preciso. **2.** Adequado. **3.** Apropriado. **4.** Referente. **5.** Relevante. **6.** Diz-se do argumento hábil para influenciar no julgamento de uma demanda.

PERTO. 1. Junto. **2.** Próximo.

PERTOSSE. *Medicina legal.* Coqueluche.

PERTURBABILIDADE. 1. Suscetível de perturbação. **2.** Qualidade de perturbado.

PERTURBAÇÃO. 1. Desordem; atentado à ordem. **2.** Revolução. **3.** Ato de perturbar. **4.** Irregularidade. **5.** Fenômeno mórbido.

PERTURBAÇÃO DA ORDEM. *Direito penal.* **1.** Tumulto. **2.** Todo ato que traga intranqüilidade e inquietação à coletividade, vindo a causar dano à ordem pública, o que constitui contravenção penal.

PERTURBAÇÃO DA TRANQÜILIDADE. 1. *Direito penal.* Contravenção penal que consiste em molestar alguém, perturbando sua tranqüilidade, punível com prisão simples ou multa. **2.** *Direito civil.* Ofensa ao sossego, tirando a tranqüilidade dos habitantes do prédio confinante, em razão de ruídos excessivos, sobretudo nas horas de repouso noturno, devido à grande influência nefasta do barulho na gênese das doenças nervosas.

PERTURBAÇÃO DOS SENTIDOS. *Medicina legal.* Distúrbio mental em que ocorre falta de discernimento e alteração na percepção, incapacitando a pessoa de entender a ilicitude do fato que cometeu.

PERTURBAÇÃO DO TRABALHO. *Direito penal.* **1.** Contravenção penal que consiste em molestar trabalho alheio com gritaria, algazarra; em exercer profissão incômoda ou ruidosa, em desacordo com as prescrições legais; em abusar de instrumentos sonoros; em provocar ou não procurar impedir barulho produzido por animal de que tem a guarda, punível com prisão simples ou multa. **2.** Embaraço ao regular funcionamento do trabalho. **3.** Sabotagem.

PERTURBAÇÃO FUNCIONAL. *Medicina legal.* Lesão transitória ou permanente, na atividade fisiológica ou psíquica. Por exemplo: perda ou diminuição de qualquer sentido; anquilose, ou seja, perda dos movimentos de uma articulação; perda de memória; dificuldades na fala etc. (A. Almeida Jr. e J. B. de O. e Costa Jr.).

PERTURBADO. **1.** Aquele que se perturbou. **2.** Psicótico.

PERTURBADOR. Aquele que perturba.

PERTURBANTE. O que perturba.

PERTURBAR. **1.** Causar perturbação. **2.** Criar desordem.

PERTURBAR O REPOUSO DOS MORTOS. *Direito penal.* Ultrajar a memória dos falecidos.

PERTURBATIVO. O que perturba.

PERTURBÁVEL. O que pode ser perturbado.

PERU. **1.** *Direito agrário.* Ave galinácea. **2.** *Direito marítimo.* Grande embarcação de carga, com um só mastro e em forma de canoa. **3.** *Direito penal.* Aquele que explora mulheres de teatro. **4.** *Direito desportivo.* Frango, no futebol. **5.** *História do direito.* Apelido dado aos legalistas, pelos revoltosos da Bahia, em 1836, durante a guerra civil da Sabinada.

PERUEIRO. *Direito agrário.* Criador e vendedor de perus.

PERURUCA. *Direito agrário.* Variedade de milho.

PERVERSÃO. *Direito penal.* **1.** Ato de corromper. **2.** Depravação. **3.** Comportamento anormal. **4.** Degradação dos instintos.

PERVERSÃO SEXUAL. *Medicina legal.* **1.** Desvio sexual. **2.** Aberração. **3.** Ato de buscar prazer sexual em práticas alheias à cópula normal, como o homossexualismo, a necrofilia, a zoofilia, a pedofilia, o fetichismo, o masoquismo, o voyeurismo, o sadismo etc.

PERVERSIDADE. *Direito penal.* **1.** Crueldade. **2.** Ato de maldade. **3.** Depravação. **4.** Ato de torturar a vítima, constituindo circunstância agravante da pena. **5.** Qualidade de perverso.

PERVERSIVO. *Direito penal.* **1.** Aquele que perverte. **2.** Pervertedor.

PERVERSO. *Direito penal.* **1.** Aquele que tem má índole. **2.** Malvado. **3.** Aquele que denota perversidade.

PERVERSOR. *Vide* PERVERTEDOR.

PERVERTEDOR. *Direito penal.* **1.** Aquele que perverte. **2.** Perversivo.

PERVERTER. *Direito penal.* **1.** Corromper. **2.** Depravar. **3.** Desvirtuar. **4.** Tornar-se cruel.

PERVERTIDO. *Direito penal.* **1.** Corrupto. **2.** Depravado. **3.** Aquele que se perverteu. **4.** O que se entrega a práticas sexuais anormais.

PER VIAM CONSEQUENTIAE. *Expressão latina.* Por via de conseqüência.

PER VIAM JUDICIS. *Expressão latina.* Por via judicial.

PER VICES. *Locução latina.* Por sua vez.

PESAGEM. **1.** *Direito civil* e *direito comercial.* a) Ação e efeito de pesar; b) verificação do peso. **2.** *Direito desportivo.* Local onde são pesados os concorrentes, em competições esportivas.

PÊSAMES. **1.** Condolências. **2.** Expressão de pesar pelo óbito de alguém.

PESAR. **1.** *Direito civil* e *direito comercial.* a) Verificar peso; b) ter peso certo; c) sobrecarregar. **2.** Nas *linguagens comum* e *jurídica*, pode ter o sentido de: a) desgosto; b) sentimento; c) sobrecarregar; d) recair; e) causar incômodo; f) ponderar; g) causar arrependimento; h) ser causa de mágoa.

PESAR A OLHO. *Direito agrário.* Calcular, pela simples inspeção visual, o peso de boi ou porco.

PESCA. **1.** *Direito agrário.* a) Arte e indústria de pescadores; b) ação de tirar peixes da água; c) exercício de atividades de captura, conservação, beneficiamento, transformação ou industrialização de seres animais ou vegetais aquáticos; d) o que se pescou. **2.** *Direito civil.* Ocupação, isto é, forma originária de aquisição e perda de propriedade de coisa semovente, em águas públicas ou particulares, desde que haja consentimento de seu dono e observância das normas disciplinares.

PESCA ARTESANAL. *Direito agrário.* Pesca praticada como meio de vida de pessoa física que, trabalhando individualmente ou em regime de economia familiar, ou, ainda, sob a forma de

PESCA CIENTÍFICA

parceria, por conta própria, sem vínculo empregatício, utilizando ou não embarcação pesqueira, faça captura ou extração de animais ou vegetais aquáticos.

PESCA CIENTÍFICA. Pesca exercida para fins de pesquisa por pessoas e instituições devidamente habilitadas.

PESCA COMERCIAL. *Direito comercial* e *direito agrário.* Extração da água de animais ou vegetais com o escopo de realizar atos mercantis.

PESCA DESPORTIVA. *Direito desportivo.* Pesca praticada com linha de mão, ou por meio de aparelhos de mergulho ou de outros permitidos pela autoridade competente, sem que haja qualquer intuito lucrativo.

PESCADO. **1.** *Direito administrativo.* Serviço municipal alusivo à pesca e aos pescadores. **2.** *Direito agrário.* a) O que se pescou; b) o que se pesca; c) qualquer peixe.

PESCADOR. *Direito agrário.* **1.** Aquele que pesca. **2.** Relativo à pesca. **3.** Próprio para pescar. **4.** Trabalhador rural que exerce atividade pesqueira.

PESCADOR AMADOR. *Vide* PESCADOR DESPORTIVO.

PESCADOR ARTESANAL. *Direito agrário.* **1.** Trabalhador rural que exerce atividade agrária extrativa de animal ou vegetal, os quais tenham na água seu *habitat.* É, portanto, aquele que, utilizando ou não embarcação própria, de até duas toneladas brutas, faz da pesca sua profissão habitual ou meio principal de vida e está matriculado na Capitania dos Portos ou no Instituto Brasileiro do Meio Ambiente (Ibama). **2.** Pequeno produtor que faz da pesca sua profissão habitual, trabalhando individualmente ou em regime de economia familiar, desde que: a) não utilize embarcação; b) faça uso de embarcação de até seis toneladas de arqueação bruta, ainda que com auxílio de parceiro; c) na condição, exclusivamente, de parceiro outorgado, utilize embarcação de até dez toneladas de arqueação bruta.

PESCADOR COMERCIAL. *Direito comercial.* Pessoa física ou jurídica, devidamente matriculada, que faz da pesca sua profissão habitual, realizando atividade empresarial.

PESCADOR DESPORTIVO. *Direito desportivo.* Pescador que pratica pesca por lazer, mediante licença, com linha de mão, ou por meio de aparelhos de mergulho ou quaisquer outros permitidos pela autoridade competente.

PESCARIA. *Direito agrário.* **1.** Indústria da pesca. **2.** Arte de pescar.

PÉS-DE-LEBRE. Carris recurvados que, acompanhando o coração do cruzamento das linhas férreas, mudam a direção do trem.

PESETA. *Direito comparado.* Moeda espanhola, dividida em 100 cêntimos.

PESO. **1.** Na *linguagem jurídica* em geral, quer dizer: a) pedaço de metal usado como padrão de balança; b) pressão exercida por um corpo sobre alguma coisa; c) qualidade de um corpo pesado; d) carga; e) quantidade de matéria; f) ônus; g) encargo; h) importância. **2.** *Direito desportivo.* a) Categoria de certos esportistas, como lutadores de boxe, halterofilistas etc.; b) esfera metálica de arremesso. **3.** *Direito comparado.* Unidade monetária de muitas nações hispano-americanas. **4.** *Direito comercial.* Participação de uma empresa na carteira hipotética usada para montagem de índices de bolsa de valores (Luiz Fernando Rudge).

PESO BRUTO. *Direito comercial.* É o peso da mercadoria com todos os seus recipientes, embalagens e demais envoltórios.

PESO BRUTO TOTAL. *Direito de trânsito.* É o peso máximo que o veículo transmite ao pavimento, constituído da soma da tara mais a lotação.

PESO BRUTO TOTAL COMBINADO. *Direito de trânsito.* É o peso máximo transmitido ao pavimento pela combinação de um caminhão-trator mais seu semi-reboque ou do caminhão mais o seu reboque ou reboques.

PESO-GALO. *Direito desportivo.* Categoria de lutador de boxe com peso até 53,525 kg.

PESO IGUAL. *Direito agrário.* É o que devem ter os cavalos que estão em iguais condições.

PESO LEGAL. *Direito comercial.* Peso constituído pela mercadoria e seu envoltório interno, pertencente à sua apresentação, como cordas, latas, garrafas etc.

PESO LEVE. *Direito desportivo.* Categoria de lutador de boxe com peso até 61,237 kg.

PESO LÍQUIDO. *Direito comercial.* Peso do objeto descontado o peso de sua embalagem ou o de qualquer envoltório ou acondicionamento.

PESO MÉDIO. *Direito desportivo.* Categoria de lutador de boxe com peso até 72,574 kg.

PESO MEIO-MÉDIO. *Direito desportivo.* Categoria de lutador de boxe que pesa até 66,678 kg.

PESO MEIO-PESADO. *Direito desportivo.* Categoria de lutador de boxe com peso até 79,379 kg.

PESO MORTO. 1. Pessoa que, numa família, nada produz. **2.** Diz-se do aparelho que absorve uma parte do trabalho útil.

PESO-MOSCA. *Direito desportivo.* Categoria de lutador de boxe com peso até 52,802 kg.

PESO NETO. *Vide* PESO LÍQUIDO.

PESO-PENA. *Direito desportivo.* Categoria de lutador de boxe com peso até 57,152 kg.

PESO PESADO. *Direito desportivo.* Categoria de lutador de boxe com peso acima de 79,378 kg.

PESQUEIRA. *Direito agrário.* **1.** Armação de pesca. **2.** Local onde há aparelhos de pesca.

PESQUEIRO. *Direito agrário.* **1.** Próprio para pescar. **2.** Referente a pesca. **3.** Local onde se pesca. **4.** Lugar onde peixes abrigam-se, comem ou vivem.

PESQUISA. 1. Investigação. **2.** Busca. **3.** Inquirição. **4.** Exame de laboratório. **5.** Explicação. **6.** Diligência. **7.** Peça de informação.

PESQUISA AGROPECUÁRIA. *Direito agrário.* É aquela voltada à execução de atividades agropecuárias, efetuando planos anuais ou plurianuais.

PESQUISA CIENTÍFICA. *Biodireito* e *direito ambiental.* É a pesquisa ou investigação científica que não tem por objeto seres humanos.

PESQUISA CLÍNICA. *Medicina legal* e *biodireito.* **1.** Investigação que utiliza seres humanos, destinada a verificar o desempenho, segurança e eficácia de um produto de saúde, na forma da legislação sanitária, que dispõe sobre a matéria. **2.** É a pesquisa, individual ou coletiva, que envolve o ser humano de forma direta ou indireta, em sua totalidade ou parte dele, incluindo o manejo de informações e materiais.

PESQUISA DE AUDIÊNCIA. *Direito das comunicações.* É a levada a efeito para apurar a freqüência com que as transmissões de uma emissora de televisão ou rádio são ouvidas pelo público.

PESQUISA DE MERCADO. *Direito comercial* e *direito do consumidor.* **1.** Coleta e análise interpretativa de fatos relativos a um produto ou serviço que podem influir na sua comercialização e no planejamento de sua propaganda. **2.** Estudo da preferência do consumidor por determinado produto ou serviço por meio de amostras e propagandas.

PESQUISA DE MINA. *Direito ambiental.* Específica para a obtenção de grandes volumes, para caracterização de Produto Mineral, realizada em áreas onde já incide Portaria ou Decreto de Lavra. É desenvolvida durante a fase de lavra, buscando subsídios para melhor aproveitamento dos recursos minerais diante de novas tecnologias desenvolvidas ou para novos estudos da jazida. Nesta etapa, pode ser necessária abertura de novos acessos e praças de sondagens com supressão de vegetação, estando sujeita ao licenciamento ambiental.

PESQUISADOR. 1. Aquele que pesquisa. **2.** Investigador.

PESQUISADOR PRINCIPAL. *Direito ambiental.* Supervisor do trabalho com Organismo Geneticamente Modificado (OGM).

PESQUISADOR PÚBLICO. *Direito administrativo.* Ocupante de cargo efetivo, cargo militar ou emprego público que realize pesquisa básica ou aplicada de caráter científico ou tecnológico.

PESQUISADOR RESPONSÁVEL. *Medicina legal.* Aquele que responde pela coordenação e realização da pesquisa e pela integridade e bem-estar dos seus sujeitos.

PESQUISA EM MINERAÇÃO. *Direito ambiental* e *direito constitucional.* **1.** Investigação sobre jazidas de minérios que possam existir no subsolo (De Plácido e Silva), avaliando-as e verificando a possibilidade de seu aproveitamento. **2.** Execução dos trabalhos necessários à definição da jazida, sua avaliação e a determinação da exeqüibilidade do seu aproveitamento econômico, e que compreende, entre outros, os seguintes trabalhos de campo e de laboratório: levantamentos geológicos pormenorizados da área a pesquisar, em escala conveniente; estudos dos afloramentos e suas correlações; levantamentos geofísicos e geoquímicos; abertura de escavações visitáveis; execução de sondagens no corpo mineral; amostragens sistemáticas; análises físicas e químicas das amostras e dos testemunhos de sondagens; ensaios de beneficiamento dos minérios ou das substâncias minerais úteis, para obtenção de concentrados, de acordo com as especificações do mercado ou aproveitamento industrial.

PESQUISA ENVOLVENDO SER HUMANO. *Medicina legal* e *biodireito.* Pesquisa que, individual ou coletivamente, envolva ser humano, de forma direta ou indireta, em sua totalidade ou em suas partes, incluindo manejo de informações ou materiais.

PESQUISA FLORESTAL. *Direito ambiental.* Averiguação dos objetivos econômicos florestais regionais, atendendo à economia e à ecologia.

PESQUISA MINERAL. *Vide* PESQUISA EM MINERAÇÃO.

PESQUISA MINERAL COM GUIA DE UTILIZAÇÃO. *Direito ambiental.* Toda pesquisa que admitir, em caráter excepcional, a autorização de extração de substâncias minerais em área titulada, antes da outorga da concessão de lavra, mediante prévia autorização do Departamento Nacional de Produção Mineral (DNPM), ficando sujeita ao licenciamento ambiental. A *Guia de Utilização* é o documento que, no regime de autorização, enseja a legalidade da extração e da circulação de substâncias minerais em área titulada, antes da concessão de lavra mediante prévia autorização do DNPM.

PESQUISA MINERAL SIMPLIFICADA. *Direito ambiental.* É a pesquisa composta por atividades reduzidas de pesquisa mineral suficientes para a conclusão de estudo técnico sem a Guia de Utilização. A pesquisa mineral simplificada é composta das seguintes etapas, que podem ocorrer, no todo ou em parte.

PESQUISA MINERAL SISTEMÁTICA. *Direito ambiental.* É a malha densa de sondagem, com espaçamento regular máximo de 100x100 m, visando a avaliação precisa da ocorrência mineral identificada nas etapas anteriores, onde se realiza abertura de praças de sondagem, alojamentos, helipontos e acessos.

PESQUISAR. 1. Inquirir. **2.** Investigar. **3.** Informar-se sobre algo. **4.** Indagar.

PESSÁRIO. *Medicina legal.* **1.** Aparelho circular de borracha colocado na vagina para remediar a queda do útero. **2.** Objeto circular introduzido na vagina para, fechando o colo uterino, evitar a entrada de espermatozóides.

PESSEGAL. *Direito agrário.* Pomar de pessegueiros.

PESSIMA RESPUBLICA, PLURIMAE LEGES. *Expressão latina.* O pior Estado é o que possui numerosas leis.

PESSIMISMO. *Filosofia geral.* **1.** Teoria segundo a qual a natureza é indiferente ao bem e ao mal moral. **2.** Doutrina pela qual a dor, por ser real, vence o prazer. **3.** Predisposição espiritual para ver o lado mau ou desfavorável das coisas; espírito de descontentamento (Coleridge). **4.** Antecipação do fracasso. **5.** Sistema daqueles que não crêem na melhoria das condições sociais.

PESSIMISTA. *Filosofia geral.* **1.** Adepto do pessimismo. **2.** Aquele que tem pessimismo. **3.** O que diz respeito ao pessimismo.

PESSOA. *Direito civil.* **1.** Sujeito de direito e obrigações. **2.** Personagem.

PESSOA ABSTRATA. *Vide* PESSOA JURÍDICA.

PESSOA ADMINISTRATIVA. *Direito administrativo.* **1.** Ente dotado de personalidade jurídica de direito público, criado para realizar serviços de interesse público, com autonomia de gestão e patrimonial, sob a tutela estatal. É o conjunto de pessoas e de bens afeto a um fim público, criado pelo Estado, com capacidade para autoadministrar-se, para a consecução de interesse público. **2.** É a entidade que exerce administração pública, como: União, Estados, Municípios, autarquias, fundações, agências reguladoras e empresas estatais não exploradoras de atividade econômica (Geraldo Ataliba).

PESSOA ARTIFICIAL. *Vide* PESSOA JURÍDICA.

PESSOA AUSENTE. *Direito civil.* Pessoa que desaparece de seu domicílio sem dar notícias de seu paradeiro e sem deixar representante ou procurador, declarada como tal pelo juiz e considerada absolutamente incapaz. Pessoa ausente também será o desaparecido que deixou mandatário que não quis ou não pôde exercer o mandato ou com poderes insuficientes.

PESSOA CAPAZ. *Direito civil.* Pessoa que tem aptidão para exercer, por si mesma, os atos da vida civil.

PESSOA CARENTE. *Direito civil.* Pessoa que não possui meios de prover sua subsistência.

PESSOA CERTA. *Direito civil.* Pessoa individualizada por sinais identificadores, como nome, idade, nacionalidade, profissão, estado civil e domicílio.

PESSOA CIVIL. *Vide* PESSOA JURÍDICA.

PESSOA COGITADA. *Direito civil.* Pessoa que foi pensada ou à qual se refere uma indicação, mesmo sem estar pessoalmente identificada.

PESSOA COLETIVA. *Vide* PESSOA JURÍDICA.

PESSOA COMPOSTA. *Vide* PESSOA JURÍDICA.

PESSOA CORPÓREA. *Vide* PESSOA NATURAL.

PESSOA DE BEM. Pessoa que possui integridade de caráter e é dada às boas obras.

PESSOA DE DISTINÇÃO. Pessoa notável; aquela que se distingue pelos seus merecimentos.

PESSOÁDEGO. *História do direito.* Cabecel ou pessoeiro.

PESSOA DE QUALIDADE. 1. Pessoa nobre, de ascendência ilustre. **2.** Pessoa conhecida pela sua qualidade.

PESSOA DETERMINADA. *Vide* PESSOA CERTA.

PESSOA FICTÍCIA. *Vide* PESSOA JURÍDICA.

PESSOA FÍSICA. *Vide* PESSOA NATURAL.

PESSOA FUTURA. *Direito civil.* Pessoa incerta.

PESSOA GERADA. *Direito civil.* **1.** Nascituro. **2.** Pessoa já existente no ventre materno. **3.** Pessoa por nascer.

PESSOA GRADA. *Direito processual civil.* Pessoa que merece respeito devido ao alto cargo que ocupa.

PESSOA IDÔNEA. 1. Pessoa que merece consideração. **2.** Pessoa que possui bom conceito ou nome limpo.

PESSOA IMUNE. *Medicina legal.* Pessoa que possui anticorpos protetores, em razão de infecção anterior.

PESSOA INCAPAZ. 1. *Direito civil.* Pessoa que não tem capacidade para o exercício dos atos da vida civil, devendo ser representada, se absolutamente incapaz, ou assistida, se relativamente incapaz, por quem o direito positivo encarrega deste ofício, em razão de parentesco, de relação de ordem civil ou de designação judicial. **2.** Nas *linguagens comum* e *jurídica,* pessoa que não tem habilitação ou habilidade para desempenhar uma função.

PESSOA INCERTA. *Direito civil.* Pessoa cuja identidade não pode ser determinada, por falta ou impossibilidade de identificação.

PESSOA INCORPÓREA. *Vide* PESSOA JURÍDICA.

PESSOA INDIVIDUAL. *Vide* PESSOA NATURAL.

PESSOA INFETADA. *Medicina legal.* Paciente com infecção não aparente e portador de germes.

PESSOA INTERESSADA. *Direito civil.* Pessoa que tem interesse jurídico ou moral em um negócio.

PESSOA INTERNACIONAL. *Direito internacional público.* País ou organismo que possui direitos e deveres na ordem externa, regulados pelas normas de direito internacional público.

PESSOA INTERPOSTA. *Direito civil.* **1.** Intermediário; pessoa que, em virtude de seu ofício, coloca-se entre outras pessoas, levando-as a efetuar um negócio. **2.** Pessoa que empresta nome, figurando, numa relação jurídica, em lugar de outra; testa-de-ferro.

PESSOA INVÁLIDA. *Direito civil.* Pessoa que, por um acidente ou fenômeno natural, não pode prover seu próprio sustento.

PESSOA JURÍDICA. *Direito civil.* Unidade de pessoas naturais ou de patrimônios, que visa à consecução de certos fins, reconhecida pela ordem jurídica como sujeito de direitos e obrigações.

PESSOA JURÍDICA DE DIREITO PRIVADO. *Direito civil.* Pessoa jurídica instituída por iniciativa de particular, podendo dividir-se em: a) fundação particular, que é uma universalidade de bens, personalizada pela ordem jurídica, em consideração a um fim estipulado pelo fundador, sendo este objetivo imutável e seus órgãos servientes, pois todas as resoluções estão delimitadas pelo instituidor; b) associação, quando não há fim lucrativo ou intenção de dividir o resultado, embora tenha patrimônio, formado com a contribuição de seus membros, para a obtenção de fins culturais, educacionais, esportivos, religiosos, recreativos, morais etc.; c) sociedade simples, que visa fim econômico ou lucrativo, que deve ser repartido entre os sócios, sendo alcançado pelo exercício de certas profissões ou pela prestação de serviços técnicos; d) sociedade empresária, que visa o lucro mediante exercício de atividade econômica organizada dirigida à produção e circulação de bens e serviços; e) empresa pública, entidade dotada de personalidade jurídica de direito privado, com patrimônio próprio e capital exclusivo da União, criada por lei para a exploração de atividade econômica que o governo seja levado a exercer por força de contingência ou de conveniência administrativa; f) sociedade de economia mista, criada por lei para exploração de atividade econômica, sob a forma de sociedade anônima, cujas ações com direito a voto pertençam em sua maioria à União ou a entidade de Administração indireta; g) partido político, associação civil que visa assegurar, no interesse do regime democrático, a autenticidade do sistema representativo e defender os direitos fundamentais definidos na Carta Magna.

PESSOA JURÍDICA DE DIREITO PÚBLICO EXTERNO. *Direito internacional público.* Pessoa jurídica regulamentada pelo direito internacional público, abrangendo: nações estrangeiras, Santa Sé e organismos internacionais como ONU, OEA, UNESCO, FAO etc.

PESSOA JURÍDICA DE DIREITO PÚBLICO INTERNO. *Direito administrativo.* Pessoa jurídica instituída por lei, podendo ser: a) de Administração direta, como União, Estados, Distrito Federal, Territórios e Municípios legalmente constituídos; b) de Administração indireta, abrangendo órgão descentralizado, criado por lei, com personalidade jurídica própria para o exercício de atividades de interesse público, como a autarquia, a associação pública, a agência reguladora, a agência executiva e a fundação pública, que surge quando a lei individualiza um patrimônio a partir de bens pertencentes a uma pessoa jurídica de direito público, afetando-o à realização de um fim administrativo e dotando-o de organização adequada.

PESSOA JURÍDICA ESTRANGEIRA. *Direito internacional público* e *direito internacional privado.* Pessoa jurídica que não tem nacionalidade brasileira, mas que, com seu reconhecimento, goza, no território brasileiro, da mesma capacidade que possui no país de origem. A sociedade estrangeira, qualquer que seja o seu objeto, não pode, sem autorização do Poder Executivo, funcionar no País, ainda que por estabelecimentos subordinados, podendo, todavia, ressalvados os casos expressos em lei, ser acionistas de sociedade anônima brasileira. Se vier a abrir, no Brasil, filial, sucursal, agência ou estabelecimento, deverá, para evitar fraude à lei, obter a aprovação de seu estatuto social pelo governo federal brasileiro, sujeitando-se, então, à lei brasileira, uma vez que adquirirá domicílio no Brasil. Com isso, não se nacionaliza a pessoa jurídica estrangeira; apenas determina-se-lhe o exercício de seus direitos, com as restrições estabelecidas pela ordem pública e os bons costumes. A pessoa jurídica estrangeira, mesmo sendo nulo o ato de sua constituição, poderá ser reconhecida como organização de fato, sem personalidade jurídica, quanto às operações já levadas a efeito, podendo, no que disser respeito a essas operações, recorrer ao tribunal brasileiro, pois a nulidade de sua constituição não terá efeito quanto aos fatos consumados. Com a aprovação de seus atos constitutivos, a pessoa jurídica estrangeira estará habilitada a aqui funcionar regularmente. Tal aprovação refere-se à sua capacidade funcional. Não precisa dessa autorização para que possa praticar negócios ou para que seja admitida em juízo, ativa ou passivamente, se tiver de pleitear direitos decorrentes de seu funcionamento regular fora do Brasil, já que o direito de estar em juízo constitui consectário jurídico de reconhecimento de sua personalidade jurídica, e não ato de exercício de sua capacidade funcional.

PESSOA JURÍDICA INEXISTENTE DE FATO. *Direito tributário.* É aquela: a) que não dispõe de patrimônio e capacidade operacional necessários à realização de seu objeto; b) que não for localizada no endereço informado à SRF, quando seus titulares também não o forem; c) que tenha cedido seu nome, inclusive mediante a disponibilização de documentos próprios, para a realização de operações de terceiros, com vistas ao acobertamento de seus reais beneficiários; ou d) cujas atividades regulares se encontrem paralisadas.

PESSOA JURÍDICA NACIONAL. *Direito civil* e *direito administrativo.* **1.** Pessoa de direito público interno de Administração direta (União, Estados, Distrito Federal e Municípios) e de Administração indireta (autarquia, agência reguladora, agência executiva, associação pública e fundação pública). **2.** É a sociedade organizada conforme a lei brasileira e que tem no País a sede de sua administração.

PESSOA JURÍDICA OMISSA CONTUMAZ. *Direito tributário.* Aquela que, embora obrigada, deixou de apresentar declaração anual de imposto de renda por cinco ou mais exercícios consecutivos e, intimada, não regularizou sua situação no prazo de sessenta dias, contado da data da publicação da intimação.

PESSOA JURÍDICA OMISSA E NÃO LOCALIZADA. *Direito tributário.* É a que, embora obrigada, deixar de apresentar a declaração anual de imposto de renda por um ou mais exercícios e, cumulativamente, não for localizada no endereço informado à Secretaria da Receita Federal (SRF).

PESSOAL. 1. *Direito civil.* a) Pertinente a pessoa; b) o que deve ser feito pela própria pessoa obrigada; c) exclusivo de certa pessoa. **2.** *Direito processual civil.* Diz-se da ação alusiva a direitos pessoais. **3.** *Direito do trabalho.* Conjunto de pessoas que trabalham em um estabelecimento civil ou comercial.

PESSOA LEGAL. *Vide* PESSOA JURÍDICA.

PESSOALIDADE. Qualidade da pessoa.

PESSOALMENTE. Aquilo que só pode ser executado pela própria pessoa.

PESSOA MAIOR. *Direito civil.* Pessoa que atingiu a maioridade, por haver sido emancipada ou ter completado dezoito anos, tornando-se capaz.

PESSOA MENOR. 1. *Direito civil.* Pessoa que é absoluta ou relativamente incapaz, não tendo sido emancipada nem atingido a maioridade. **2.** *Direito penal.* Inimputável criminalmente por ser menor de dezoito anos.

PESSOA MISERÁVEL. *Direito civil.* Pessoa que deve receber proteção por não poder prover suas necessidades.

PESSOA MÍSTICA. *Vide* PESSOA JURÍDICA.

PESSOA MORAL. *Vide* PESSOA JURÍDICA.

PESSOA MORTA. *Direito civil.* Pessoa já falecida.

PESSOA NÃO PRESENTE. *Direito civil.* Pessoa cuja ausência não foi declarada judicialmente por encontrar-se em local certo e sabido.

PESSOA NATURAL. *Direito civil.* Ser humano considerado como sujeito de direitos e obrigações.

PESSOA POR NASCER. *Direito civil.* Nascituro.

PESSOA PORTADORA DE DEFICIÊNCIA. *Biodireito* e *direito civil.* A que possui limitação ou incapacidade para a vida independente e para o desempenho de atividade laborativa e se enquadra nas seguintes categorias: a) deficiência física: alteração completa ou parcial de um ou mais segmentos do corpo humano, acarretando o comprometimento da função física, apresentando-se sob a forma de paraplegia, paraparesia, monoplegia, monoparesia, tetraplegia, tetraparesia, triplegia, triparesia, hemiplegia, hemiparesia, ostomia, amputação ou a ausência de membro, paralisia cerebral, nanismo, membros com deformidade congênita ou adquirida, exceto as deformidades estéticas e as que não produzam dificuldade para o desempenho de funções; b) deficiência auditiva: perda bilateral, parcial ou total, de quarenta e um decibéis (dB) ou mais, aferida por audiograma nas freqüências de 500 Hz, 1.000 Hz, 2.000 Hz e 3.000 Hz; c) deficiência visual: cegueira, na qual a acuidade visual é igual ou menor que 0,05 no melhor olho, com a melhor correção óptica; a baixa visão, que significa acuidade visual entre 0,3 e 0,05 no melhor olho, com a melhor correção óptica; os casos nos quais a somatória da medida do campo visual em ambos os olhos for igual ou menor que 60°, ou a ocorrência simultânea de quaisquer das condições anteriores; d) deficiência mental: funcionamento intelectual significativamente inferior à média, com manifestação antes dos 18 anos e limitações associadas a duas ou mais áreas de habilidades adaptativas, tais como: 1.

comunicação; 2. cuidado pessoal; 3. habilidades sociais; 4. utilização dos recursos da comunidade; 5. saúde e segurança; 6. habilidades acadêmicas; 7. lazer; e 8. trabalho; e) deficiência múltipla: associação de duas ou mais deficiências; e f) pessoa com mobilidade reduzida: aquela que, não se enquadrando no conceito de pessoa portadora de deficiência, tenha, por qualquer motivo, dificuldade de movimentar-se permanente ou temporariamente, gerando redução efetiva da mobilidade, flexibilidade, coordenação motora e percepção.

PESSOA PÚBLICA. *Vide* PESSOA JURÍDICA DE DIREITO PÚBLICO EXTERNO e PESSOA JURÍDICA DE DIREITO PÚBLICO INTERNO.

PESSOA QUALIFICADA. 1. Pessoa de linhagem nobre. **2.** Pessoa que possui qualidades ou funções honoríficas.

PESSOA REAL. *Vide* PESSOA NATURAL.

PESSOARIA. *História do direito.* Cargo de cabecel.

PESSOÁRIA. *História do direito.* Ação intentada pelo cabecel, mercê do domínio útil que tinha nos respectivos bens.

PESSOAS CONSTITUCIONAIS. *Direito constitucional.* Pessoas jurídicas de direito público interno.

PESSOAS DE OBRIGAÇÃO. *Direito civil.* **1.** Pessoas que os cônjuges têm o dever de sustentar. **2.** Alimentandos, ou seja, credores de alimentos em razão de vínculo de parentesco, casamento ou união estável.

PESSOAS DIVINAS. *Direito canônico.* As três pessoas da Santíssima Trindade: o Pai, o Filho e o Espírito Santo.

PESSOA SEM IMPUTAÇÃO. Pessoa que perdeu o crédito ou não possui importância social, por ser destituída de fé.

PESSOA SIMPLES. *Vide* PESSOA NATURAL.

PESSOA SINGULAR. *Vide* PESSOA NATURAL.

PESSOA SOCIAL. *Vide* PESSOA JURÍDICA.

PESSOAS POLITICAMENTE EXPOSTAS. *Ciência política.* São os agentes públicos que desempenham ou tenham desempenhado, nos últimos cinco anos, no Brasil ou em países, territórios e dependências estrangeiras, cargos, empregos ou funções públicas relevantes, assim como seus representantes, familiares e estreitos colaboradores. No caso de pessoas politicamente expostas brasileiras, devem ser abrangidos: 1. os detentores de mandatos eletivos dos Poderes

Executivo e Legislativo da União; 2. os ocupantes de cargo, no Poder Executivo da União: a) de Ministro de Estado ou equiparado; b) de Natureza Especial ou equivalente; c) de presidente, vice-presidente e diretor, ou equivalentes, de autarquias, fundações públicas, empresas públicas ou sociedades de economia mista; d) do Grupo Direção e Assessoramento Superiores (DAS), nível 6, e equivalentes; 3. os membros do Conselho Nacional de Justiça, do Supremo Tribunal Federal e dos Tribunais Superiores; 4. os membros do Conselho Nacional do Ministério Público, o Procurador-Geral da República, o Vice-Procurador-Geral da República, o Procurador-Geral do Trabalho, o Procurador-Geral da Justiça Militar, os Sub-procuradores-Gerais da República e os Procuradores–Gerais de Justiça dos Estados e do Distrito Federal; 5. os membros do Tribunal de Contas da União e o Procurador-Geral do Ministério Público junto ao Tribunal de Contas da União; 6. os governadores de Estado e do Distrito Federal, os presidentes de Tribunal de Justiça, de Assembléia Legislativa e de Câmara Distrital e os presidentes de Tribunal e de Conselho de Contas de Estado, de Municípios e do Distrito Federal; 7. os Prefeitos e Presidentes de Câmara Municipal de capitais de Estados.

PESSOAS REAIS. *Direito comparado.* Membros da família real.

PESSOA *SUI JURIS*. *Vide* PESSOA CAPAZ.

PESSOA SURDA. *Direito civil.* É a que, por ter perda auditiva, compreende e interage com o mundo por meio de experiências visuais, manifestando sua cultura principalmente pelo uso da Língua Brasileira de Sinais (Libras). Considera-se deficiência auditiva a perda bilateral, parcial ou total de quarenta e um decibéis (dB) ou mais, aferida por audiograma nas freqüências de 500 Hz, 1.000 Hz, 2.000 Hz e 3.000 Hz.

PESSOA UNIVERSAL. 1. *Direito civil.* Pessoa jurídica. **2. *Vide*** PESSOA INTERNACIONAL.

PESSOA VIVA. *Direito civil.* Pessoa que existe, por estar viva.

PESSOEIRO. *História do direito.* **1.** Cabecel. **2.** Cabeça-de-casal.

PESTE. *Medicina legal.* Doença contagiosa epidêmica, que pode acarretar grande mortandade.

PESTEADO. *Medicina legal.* Acometido de peste.

PESTE BOVINA. *Direito agrário.* Epizootia que ataca o gado bovino.

PESTE BUBÔNICA. *Medicina legal.* Moléstia infecciosa aguda, caracterizada por bubões, provocada por um micróbio transmitido ao ser humano por pulgas advindas de ratos atacados pela doença.

PESTE SUÍNA CLÁSSICA (PSC). *Direito agrário.* Doença transmissível causada por um pestivírus que acomete suínos domésticos ou silvestres.

PESTICIDA. *Direito agrário.* **1.** Substância que destrói, direta ou indiretamente, insetos, fungos, ervas daninhas, roedores e bactérias, protegendo vegetais. **2.** Praguicida.

PESTIFERAÇÃO. *Medicina legal.* Infestação.

PESTIFERAR. *Medicina legal.* Tornar nocivo à saúde.

PESTÍFERO. *Medicina legal.* **1.** Atacado de peste. **2.** O que transmite peste.

PESTILÊNCIA. *Medicina legal.* **1.** Epidemia. **2.** Contágio.

PETALISMO. *História do direito.* Exílio estabelecido em Siracusa pela vontade do povo, manifestada em votos inscritos em folhas de figueira ou oliveira.

PETARDO. 1. *Direito desportivo.* Chute violento, no futebol. **2.** *Direito militar.* a) Bomba; b) engenho explosivo portátil que faz saltar barreiras e outros obstáculos.

PETEQUIAL. *Medicina legal.* Referente a petéquias.

PETÉQUIAS. *Medicina legal.* Manchas vermelhas que aparecem na pele, no decorrer de algumas moléstias agudas, similares a mordeduras de pulgas.

PETIÇÃO. 1. *Direito processual civil.* a) Ato de pedir; b) requerimento escrito dirigido ao magistrado solicitando a execução de um ato forense; c) pretensão. **2.** *Direito agrário.* Animal grande, de pernas curtas.

PETIÇÃO ARTICULADA. *Direito processual civil.* Exordial exarada na forma de itens ou artigos.

PETIÇÃO DE HERANÇA. *Direito processual.* Ação em que se pleiteia o reconhecimento da condição de herdeiro e a obtenção, total ou parcial, da herança. Tal ação pode ser cumulada com a de anulação de testamento e com a de investigação de paternidade.

PETIÇÃO DE PRINCÍPIO. *Filosofia geral* e *lógica jurídica.* **1.** Falso raciocínio que se apóia na demonstração da tese que se quer demonstrar, ou erro lógico que dá como fundamento de uma proposição a demonstrar a mesma proposição sob outras palavras. É o argumento vicioso com que se responde, em outros termos, o mesmo que se encontra em questão. **2.** Sofisma material em que há aceitação no antecedente do que se pretende demonstrar, pela colocação disfarçada da conclusão como premissa (Goffredo Telles Jr.). A petição de princípio pode apresentar-se: a) colocando como princípio da demonstração a própria tese que se pretende provar; b) postulando uma proposição como evidente por si mesma, quando, na verdade, não o é; c) pondo como princípio da demonstração uma proposição tão duvidosa quanto a que se quer demonstrar (Vinicius T. Antunes). **3.** Erro de argumentação, que parte do pressuposto de que é verdade o que se quer provar (Reboul).

PETIÇÃO INEPTA. *Direito processual civil.* Diz-se da petição inicial: a) a que falta pedido; b) que apresenta pedido impossível juridicamente; c) em que a conclusão não decorre da narração dos fatos; d) que contém pedidos incompatíveis entre si; e) que não foi formulada segundo as normas processuais.

PETIÇÃO INICIAL. *Direito processual civil.* Ato declaratório e introdutório do processo pelo qual alguém exerce seu direito de ação, formulando sua pretensão, pretendendo a sua satisfação pela decisão judicial, uma vez que determina o conteúdo daquela decisão. Deve indicar o juiz ou o tribunal a que se dirige, a qualificação do autor e do réu, o fato e os fundamentos jurídicos do pedido, o pedido com suas especificações, o valor da causa, as provas com que se pretende demonstrar a verdade dos fatos alegados, e, além disso, conter o requerimento para citação do réu.

PETIÇÃO VESTIBULAR. *Direito processual civil.* *Vide* PETIÇÃO INICIAL.

PETICIONAR. *Direito processual civil.* **1.** Requerer. **2.** Fazer petição. **3.** Postular. **4.** Pedir a satisfação de uma pretensão por meio de uma petição inicial.

PETICIONÁRIO. *Direito processual civil.* **1.** Aquele que faz uma petição. **2.** Autor; aquele que intenta uma ação em juízo; postulante, suplicante. **3.** Requerente.

PETIÇO. *Direito agrário.* Diz-se do cavalo ou muar de pernas curtas, mas com corpo grande e robusto.

PETIMBAU. *Direito agrário.* Rolo de tabaco em folhas.

PETINTAL. *História do direito.* Despenseiro que, outrora, servia a bordo das galés.

PETITIONING. *Termo inglês.* Direito de petição.

PETITIO PRINCIPII. *Locução latina.* Petição de princípio.

PETITÓRIA. *Direito processual civil.* **1.** Qualquer ação que defenda a propriedade, como a reivindicatória, a confessória e a negatória. **2.** *Vide* PETIÇÃO.

PETITÓRIO. 1. *História do direito.* a) Convento que, na era medieval, dedicava-se à cura de doentes atacados de erisipela epidêmica, conhecida por fogo-de-santo-antão; b) dizia-se do juízo em que se requeria ação ordinária. **2.** *Direito processual civil.* a) O que se refere a pedido ou petição; b) aquilo com que se pede; c) parte da petição inicial em que se formula a pretensão do autor, após a demonstração do direito; d) petição; e) diz-se do juízo no qual tramita a ação petitória.

PETITORI POSSESSIONIS, NON EI QUI POSSIDET, ONUS PROBANDI INCUMBIT. *Aforismo jurídico.* A quem reclama a posse, e não a quem a tem, incumbe o ônus de provar o seu direito.

PETITUM. *Termo latino.* Pedido.

PETÓRRITO. *História do direito.* Carroça de quatro rodas, de origem gaulesa, utilizada em Roma.

PÉ TORTO. *Medicina legal.* Deformidade congênita ou causada por lesão ou paralisia muscular na qual a parte dianteira do pé é torcida para qualquer direção.

PETRECHADO. Provido de petrechos.

PETRECHO DA FALSIFICAÇÃO. *Direito penal.* Aparelho destinado a falsificar títulos ou papéis públicos, cuja fabricação, aquisição, fornecimento, posse ou guarda constitui crime contra a fé pública, punível com reclusão e multa.

PETRECHO PARA FALSIFICAÇÃO DE MOEDA. *Direito penal.* Aparelho que falsifica moeda, cuja fabricação, aquisição, fornecimento, posse ou guarda, a título gratuito ou oneroso, constitui crime contra a fé pública, punível com reclusão e multa.

PETRECHOS. 1. *Direito militar.* Instrumentos e munições de guerra. **2.** Na *linguagem jurídica* em geral, são objetos necessários para a execução de algo.

PETROBRAS. *Direito civil* e *direito administrativo.* Sociedade de economia mista vinculada ao Ministério de Minas e Energia, que tem como objeto a pesquisa, a lavra, a refinação, o processamento, o comércio e o transporte de petróleo proveniente de poço, de xisto ou de outras rochas, de seus derivados, de gás natural e de outros hidrocarbonetos fluidos, bem como quaisquer outras atividades correlatas ou afins. Essas atividades econômicas serão desenvolvidas pela Petrobras em caráter de livre competição com outras empresas, em função das condições de mercado. A Petrobras, diretamente ou por intermédio de suas subsidiárias, associada ou não a terceiros, poderá exercer, fora do território nacional, quaisquer das atividades integrantes de seu objeto social. A União manterá o controle acionário da Petrobras com a propriedade e posse de, no mínimo, 50% das ações, mais uma ação, do capital votante.

PETROLAGEM. *Vide* PETROLIZAÇÃO.

PETROLARIA. Refinaria de petróleo.

PETROLEIRO. 1. Navio especial que transporta petróleo. **2.** Referente a petróleo e seus derivados. **3.** Aquele que utiliza petróleo para destruição.

PETRÓLEO. *Direito constitucional.* **1.** Substância líquida mineral e oleosa, de coloração escura e de odor desagradável, solúvel em álcool absoluto, usada em asfalto, combustível, borracha, explosivo, gases, gasolina, querosene, solvente. Sua importação, exportação, refinação e transporte é monopólio da União. **2.** Todo e qualquer hidrocarboneto líquido em seu estado natural, a exemplo do óleo cru e condensado.

PETRÓLEO BRUTO. Petróleo tal como sai da terra.

PETROLÍFERO. 1. O que produz petróleo. **2.** Em que há petróleo.

PETROLIZAÇÃO. *Medicina legal.* Ato de colocar petróleo em charcos ou estagnações para destruição de vetores de moléstias.

PETROQUÍMICA. Tecnologia química especializada na fabricação de produtos derivados do petróleo.

PETTIFOGGERY. *Termo inglês.* Chicana.

PETULÂNCIA. 1. Ousadia. **2.** Imodéstia.

PEUR. *Termo francês.* **1.** Covardia. **2.** Medo.

PEVA. *Direito agrário.* Raça de galinha que tem corpo grande e pernas curtas.

PFENNIG. *Termo alemão.* Antiga unidade monetária alemã, correspondente a 1/100 do marco.

PFLICHT. *Termo alemão.* Dever.

PFLICHTSOLLEN. *Termo alemão.* Dever-ser de obrigação.

PGA TOUR. *Direito desportivo.* Nos EUA é o circuito anual, com cerca de quarenta e cinco torneios masculinos de golfe.

PGBL. *Direito previdenciário.* Plano Gerador de Benefício Livre, para designar planos que, durante o período de diferimento, tenham a remuneração da provisão matemática de benefícios a conceder baseada na rentabilidade da(s) carteira(s) de investimentos de FIE(s), no(s) qual(is) esteja aplicada a totalidade dos respectivos recursos, sem garantia de remuneração mínima e de atualização de valores e sempre estruturados na modalidade de contribuição variável.

PGR. Sigla de Procuradoria-Geral da República.

PHARMING. *Termo inglês. Direito virtual.* Redirecionamento do usuário da internet para *sites* fraudulentos, apoderando-se ilícita e temporariamente de determinado endereço na internet ou contaminando-o, com o escopo de obter dados (José Horácio H. R. Ribeiro).

PHD. *Direito comparado.* Abreviatura de *Philosophy Doctor*, que é o mais elevado título de pós-graduação universitária, na Inglaterra.

PH DE EQUILÍBRIO. *Direito empresarial.* É o pH do produto alimentício macerado e submetido a tratamento térmico, sendo essa condição alcançada quando as partes sólidas e líquidas do produto possuem o mesmo pH.

PHD ON LAW. *Direito comparado.* Doutor em direito.

PHEAKER. Especializado em fraudes nos sistemas telefônicos (Alexandre J. Daoun).

PHISHING. *Termo inglês. Direito virtual.* **1.** *Phishing* ou *scam* é uma técnica contra usuário de *e-mail*, que, por descuido, vem a atender solicitação, acreditando que seja verdadeira (José Horácio H. R. Ribeiro). **2.** Técnica usada pelo cibercriminoso que, mediante lançamento de isca (falso *site* de banco do Serasa, da Embratel, da Receita Federal etc.), induz o internauta a digitar o CPF e a fornecer dados confidenciais, como número de conta corrente e senha bancária, ao abrir falsa página depois de receber *e-mail*, avisando, p. ex., que está em débito. **3.** Modalidade de *spam*, consistente em enganar usuários para redirecioná-los a *sites* falsos com o intuito de obter fornecimento de seus dados pessoais ou a instalação de *softwares* maliciosos.

PHRONESIS. *Filosofia geral.* **1.** Sagacidade imprescindível em uma deliberação (Hannah Arendt).

2. Atributo da razão prática, imprescindível para a compreensão do que é bom ou mau para os homens no que atina àquelas coisas que o poder humano pode, ou não, alcançar (Celso Lafer).

PHS. Sigla de *Personal Handyphone System*, que, no Japão, corresponde ao PCS dos Estados Unidos da América e ao PCN da Europa. *Vide* PCS e PCN.

PHYLUM. Linhagem.

PHYSICAL HARM. *Locução inglesa.* Lesão corporal.

PIA BATISMAL. *Direito canônico.* Grande vaso de pedra, onde se coloca água, para servir no batismo.

PIA FRAUS. *Locução latina.* Fraude piedosa; mentira piedosa.

PIA-MÁTER. *Medicina legal.* Membrana mais interna que envolve o aparelho cerebrospinal.

PIÃO. *Direito militar.* Flanco sobre o qual as tropas rodam quando fazem uma conversão.

PIARTROSE. *Medicina legal.* Artrite purulenta.

PIASTRA. *Direito comparado.* Moeda de prata em curso em diversos países, tendo valores diferentes.

PIB. *Direito internacional público.* Sigla de Produto Interno Bruto, medida da riqueza de um país.

PICA. 1. *Medicina legal.* a) Malacia na gravidez; b) moléstia braditrófica. **2.** *Direito marítimo.* Peça que entra na construção da proa e da popa do navio.

PICAB. *Direito internacional público.* Abreviatura de Programa de Integração e Cooperação Econômica entre o Brasil e a Argentina.

PICACISMO. *Medicina legal.* Moléstia que traz, em seu curso, a depravação do apetite, levando o paciente a ingerir barro, carvão etc.

PICAÇO. *Direito agrário.* Diz-se do cavalo preto que tem a cara branca ou a cara e as patas brancas.

PICAÇO BRAGADO. *Direito agrário.* Cavalo malhado de branco.

PICADA. 1. *Direito agrário.* a) Caminho aberto no mato que permite a passagem de animais ou de homens; b) núcleo colonial formado nas imediações dos locais onde se abria caminho provisório (Bernardino José de Souza). **2.** *Medicina legal.* a) Ferida feita com objeto pontiagudo; b) mordedura de cobras ou insetos. **3.** *Direito ambiental.* É o caminho aberto na mata neces-

sário à realização de trabalhos relacionados à pesquisa mineral, como: topografia, coleta de amostras de solo e geofísica terrestre. A picada possui largura máxima de 1,0 m. A abertura de picada não requer autorização para supressão de vegetação.

PICADEIRO. 1. *Direito agrário.* a) No Nordeste, local onde é depositada a cana, dentro do engenho, para ser moída; b) local onde se adestram cavalos. **2.** *Direito marítimo.* Cada peça em que se assenta a quilha do navio que se está construindo. **3.** Na *linguagem comum,* arena do circo, onde os artistas realizam seus trabalhos.

PICADOR. 1. *Direito agrário.* a) Aquele que adestra cavalos e ensina equitação; b) aquele que abre picadas. **2.** *Direito comercial.* Máquina que fura bilhetes de passagem. **3.** *Direito comparado.* Toureiro que, a cavalo, pica o touro com a vara.

PICAR. 1. *Direito comercial.* Vender a varejo ou a retalho. **2.** *Direito agrário.* a) Lotear terras; b) esporear; c) abrir picada. **3.** *Medicina legal.* Ferir com instrumento perfurante.

PICARETA. 1. *Direito agrário.* Ferramenta com cabo de madeira e duas pontas de ferro, própria para escavar terra e arrancar pedra. **2.** *Direito comercial.* Pessoa sem escrúpulos que cava anúncios. **3.** Na *linguagem comum,* significa pessoa aproveitadora ou inescrupulosa.

PICARETAGEM. Uso de meio ardiloso para obter favores.

PICARIA. *Direito agrário.* Arte de adestrar cavalos.

PICHARDISMO. *Direito penal.* Crime contra a economia popular que consiste na promessa de devolver, após certo tempo, dinheiro ou coisa vendida.

PICKPOCKET. *Termo inglês.* Punguista; batedor de carteira.

PÍCNICOS. *Psicologia forense* e *medicina legal.* Indivíduos baixos, gordos, de rosto cheio e redondo e barrigudos (Kretschmer).

PICOTA. *História do direito.* Pelourinho.

PICOTAR. 1. *Direito tributário.* Inutilizar selo por meio de picotes, que formem a inicial do comerciante ou industrial. **2.** *Direito comercial.* Cortar bilhetes de passagem com o picador, inutilizando-os, por já terem cumprido sua finalidade. **3.** Na *linguagem técnica,* significa abrir uma série de furos em papéis impressos, cheques, livros de notas etc., para poderem ser destacados com facilidade.

PICOTE. Seqüência de pequenos furos em folhas impressas, selos postais, talões etc., para facilitar seu corte manual.

PICU. *Direito agrário.* Tabaco de má qualidade.

PICUÁ. Na *linguagem da mineração,* é o recipiente de madeira onde se guardam diamantes.

PICUAR. Guardar em picuá.

PIECEMEAL ENGINEERING. *Locução inglesa.* Tecnologia fragmentária, consciente das limitações do conhecimento humano sobre o mundo e da possibilidade de transformá-lo (Karl Popper).

PIEDADE. 1. *História do direito.* Cofre onde eram guardadas as multas impostas pelo juiz que deviam ser aplicadas em resgate de escravos ou em obras pias. **2.** *Filosofia geral.* Afeição respeitosa. **3.** Nas *linguagens jurídica* e *comum,* designa: a) misericórdia; compaixão; b) respeito à nação, aos pais, à religião etc.

PIEDADE FILIAL. Amor aos pais.

PIED-À-TERRE. *Expressão francesa.* Morada eventual.

PIÈGE. *Termo francês.* **1.** Armadilha. **2.** Emboscada.

PIÊMESE. *Medicina legal.* Vômito purulento.

PIGMALIONISMO. *Medicina legal.* Perversão sexual que leva a pessoa a satisfazer sua libido sobre estátuas, por meio de masturbação.

PIGMEÍSMO. *Medicina legal.* Anormalidade que leva o seu portador a ter uma estatura muito menor do que a de outros de sua espécie.

PIGMENTAÇÃO. *Medicina legal.* Coloração da pele determinada pela quantidade de pigmento presente na epiderme, pela cor do sangue e pelo tamanho dos vasos sangüíneos.

PIGMENTÁRIO. *História do direito.* Aquele que fabricava ou vendia cosméticos, pomadas, perfumes etc., na antigüidade romana.

PIGMENTO. 1. *Medicina legal.* Substância que dá cor às células e tecidos do organismo. **2.** *Direito empresarial.* Produto corante usado na confecção de tintas.

PIGMEU. *Medicina legal.* **1.** Anão. **2.** Aquele que tem pequeníssima estatura.

PIGNORATÍCIO. *Direito civil.* **1.** O que diz respeito a penhor. **2.** Diz-se do credor garantido com penhor.

PIGNORIS CAPIO. *Direito romano.* Ato pelo qual o credor se apoderava de um bem do devedor inadimplente, para conseguir satisfazer o seu crédito.

PIGNUS. *Termo latino.* Caução; garantia; penhor.

PIGNUS FIDEIJUSSORE SECURIUS. *Expressão latina.* Mais vale penhor na arca que fiador na praça.

PIGOUVIAN TAXES. *Locução inglesa.* Modalidade de tributos ambientais. Visam impor ao responsável direto pelo dano ambiental um tributo equivalente aos custos sociais externos gerados pelos mesmos, acatando o princípio da correção na fonte e o princípio do poluidor pagador. Com isso, altera-se o custo relativo da atividade atentatória ao meio ambiente, induzindo o responsável a reduzir a produção ou a investir em novas tecnologias para diminuir as externalidades ambientais geradas e, por decorrência, o valor do tributo (Wallart e Paulo Lucena de Menezes). Visa viabilizar a tributação incidente sobre a produção de poluentes e em especial no que diz respeito à emissão e descarga de gases tóxicos, efluentes líquidos e resíduos sólidos (Paulo Lucena de Menezes).

PILAGEM. 1. *Vide* CAÇULA. **2.** *Direito agrário.* Ato de esmagar no pilão ou de descascar.

PILAR. *Direito civil.* Coluna simples e lisa que sustenta uma construção.

PILARES DO DIREITO EDUCACIONAL. São os princípios fundamentais do Estado, especificamente: a dignidade da pessoa; a cidadania; igualdade de condições de acesso; liberdade de aprender, ensinar, pesquisar e divulgar o pensamento, a arte e o saber; pluralismo de idéias e de concepções pedagógicas e coexistência de instituições públicas e privadas (Maria Garcia). Contudo, têm de ser referidos também os quatro pilares da educação, propostos por Jacques Delors: aprender a conhecer, aprender a fazer, aprender a conviver e aprender a ser.

PILASTRA. *Direito civil.* Pilar de quatro faces, sendo que uma delas fica, em regra, unida à parede.

PILFERAGE. *Termo inglês.* Furto.

PILHA ATÔMICA. *Direito ambiental.* Reator.

PILHADO. *Direito internacional público* e *direito penal.* **1.** O que se pilhou. **2.** Roubado. **3.** Saqueado.

PILHAGEM. *Direito penal* e *direito internacional público.* **1.** Saque. **2.** Roubo praticado por tropas conquistadoras que ocupam o território inimigo.

PILHAR. *Direito penal* e *direito internacional público.* **1.** Saquear. **2.** Roubar a mão armada.

PILLARD. *Termo francês.* **1.** Saqueador. **2.** Larápio. **3.** Plagiário.

PILLEUR. *Termo francês.* **1.** Ladrão. **2.** Pilhante.

PILOSISMO. *Medicina legal.* Crescimento anormal de pêlos em pontos onde isso é raro.

PILOTAGEM. **1.** *Direito aeronáutico.* Profissão de piloto; arte de pilotar avião. **2.** *Direito marítimo.* a) Assistência prestada ao comandante do navio por piloto oficial na entrada ou na saída do porto; b) remuneração a que esse piloto faz jus; c) praticagem.

PILOTIS. Conjunto de colunas que sustentam certas edificações, ensejando uma área livre no andar térreo, permitindo circulação de veículos e pessoas (Marcus Cláudio Acquaviva).

PILOTO. **1.** *Direito marítimo.* a) Prático; b) aquele que dirige o navio na entrada ou saída do porto; c) imediato do comandante de navio mercante. **2.** *Direito aeronáutico.* a) Condutor de avião; b) aquele que regula a direção de um avião. **3.** *Direito agrário.* Agrimensor.

PILOTO AUTOMÁTICO. *Direito marítimo* e *direito aeronáutico.* Dispositivo que possibilita conservar navio ou aeronave numa determinada direção.

PILULEIRO. **1.** Aquele que fabrica ou manipula pílulas. **2.** Utensílio no qual as pílulas são preparadas.

PIMELITE. *Medicina legal.* Inflamação do tecido adiposo.

PIMENTAL. *Direito agrário.* Plantação de pimenteiras.

PIMENTEIRO. *Direito agrário.* O que planta e vende pimentas.

PIN. **1.** Abreviação de Programa de Integração Nacional. **2.** Sigla de *Personal Identification Number.*

PINACOTECA. **1.** Coleção de quadros de pintura. **2.** Museu de pintura.

PINÇA. **1.** *Direito agrário.* a) Parte ínfero-anterior do casco do cavalo; b) parte da ferradura correspondente a essa parte do casco do cavalo. **2.** *Direito marítimo.* Barra de ferro, em forma de S, aplicada a serviço da bomba, a bordo. **3.** *Direito do trabalho.* Utensílio usado em várias profissões. **4.** *Medicina legal.* Instrumento cirúrgico.

PINCELEIRO. *Direito comercial.* Aquele que fabrica ou vende pincéis.

PINDRA. *História do direito.* Penhor.

PINGO-DE-OURO. *Direito agrário.* Qualidade de manga da Bahia.

PINGUE. *Direito comparado.* Na China, medida de capacidade que corresponde a 562 litros.

PINGUÉCOLA. *Vide* MANCHA DA FENDA PALPEBRAL.

PINGUELO. *História do direito.* No Norte, era a designação dada ao Partido Liberal Monárquico e a seus sequazes.

PINGUE-PONGUE. *Direito desportivo.* Tênis de mesa.

PINHAL. *Direito agrário.* Mata de pinheiros.

PINHEIRAL. *Vide* PINHAL.

PINHEIRISMO. *História do direito.* No Rio Grande do Sul, partido político chefiado por Pinheiro Machado.

PINHEIRISTA. *História do direito.* Partidário do pinheirismo.

PINQUE. *Direito comparado.* Embarcação, usada no Mediterrâneo, que contém três mastros à latina.

PINTANE. *Direito comparado.* Embarcação de comércio, muito comum na China.

PINTEIRO. *Direito agrário.* Cercado para criação de pintos incubados artificialmente.

PINTOR. **1.** *Direito do trabalho.* Aquele que pinta prédios. **2.** *Direito autoral.* Artista que executa obras de arte pintando telas.

PINTURA. **1.** *Direito do trabalho.* Profissão de pintar prédios. **2.** *Direito autoral.* a) Arte de pintar; b) obra artística executada por pintor. **3.** Na *linguagem comum,* é: a) o conjunto de cosméticos para embelezar o rosto; b) embelezamento do rosto pelo uso de cosméticos. **4.** *Direito civil.* a) Benfeitoria, se executada em prédio; b) especificação, se se tratar de pintura em tela.

PINTURISTA. *Direito autoral.* Diz-se do escritor especializado no gênero literário descritivo.

PIO. **1.** *Direito civil.* a) Diz-se do estabelecimento beneficente ou de caridade; b) instrumento aerofônico usado por caçador para imitar aves, a fim de atraí-las. **2.** *Direito agrário.* Pia grande na qual uvas são pisadas.

PIOBACILOSE. *Direito agrário.* Doença infecciosa de leitões e bezerros causada por bactéria piogênica.

PIOCELIA. *Medicina legal.* Formação de pus no abdome.

PIOCOLPIA. *Medicina legal.* Transformação purulenta de sangue retido na vagina, havendo imperfuração do hímen.

PIOFOROSSALPINGE. *Medicina legal.* Inflamação purulenta dos ovários e das trompas.

PIOFTALMIA. *Medicina legal.* Acúmulo de pus no olho.

PIOLHO. *Medicina legal.* Artrópode pequeno, de corpo achatado, que vive sobre a pele, principalmente entre os cabelos da cabeça, das axilas e do púbis, podendo causar doenças.

PIOLHO-BRANCO-DO-CAFEEIRO. *Direito agrário.* Inseto homóptero encontrado na raiz do cafeeiro.

PIONEIRO. 1. *História do direito.* Explorador de sertões. **2.** Na *linguagem comum,* quer dizer precursor.

PIOPNEUMOPERICÁRDIO. *Medicina legal.* Presença de pus e gases no pericárdio.

PIORRÉIA. *Medicina legal.* Inflamação purulenta da gengiva.

PIPEICULTOR. *Direito agrário.* Trabalhador rural que se dedica à cultura de pimenta-do-reino.

PIPELINE. *Direito de propriedade intelectual.* **1.** Reconhecimento, pelo prazo de oito anos, da patente de produtos que estão em fase de desenvolvimento no laboratório cuja patente já foi concedida no exterior (Celso Antonio Pacheco Fiorillo e Marcelo Abelha Rodrigues). É, em outras palavras, o mecanismo que obriga o reconhecimento, no Brasil, de patente, já concedida por outro país, a remédios, produtos químicos e alimentos, desde que não estejam sendo vendidos em nenhum mercado. **2.** Instrumento pelo qual a empresa, que desenvolveu invenção atinente a substâncias, matérias ou produtos obtidos por meio de processos químicos, pôde depositar pedido de reconhecimento de patente no INPI, antes da entrada em vigor da nova Lei de Patentes, desde que aqueles produtos não tivessem sido comercializados em qualquer lugar do mundo ou que não estivessem sendo feitos preparativos, no Brasil, para sua produção ou uso.

PIQUE. *Direito agrário.* Atalho no meio de uma floresta.

PIQUETE. 1. *Direito do trabalho.* a) Grupo de pessoas que, por meios persuasivos ou coercitivos, impedem que empregados não grevistas compareçam ao trabalho. **2.** *Direito penal.* a) Sabotagem ou destruição sorrateira de matéria-prima, de instrumento do trabalho ou de produto, que consiste em crime contra a organização do trabalho; b) boicotagem ou ato de difamar uma pessoa, impedindo que alguém celebre contrato com ela. **3.** *Direito militar.* a) Grupo de soldados a cavalo encarregados de uma guarda de honra; b) pequeno corpo de tropa que forma guarda avançada. **4.** *Direito agrário.* a) Animal preso para serviço e pronto para ser encilhado; b) pequeno pasto utilizado para corte ou solta de animal; c) potreiro próximo da casa, onde os animais para trabalho diário são recolhidos; d) turma de trabalhadores rurais que efetuam serviço por turno.

PIRA. *História do direito.* Fogueira na qual cadáveres eram incinerados.

PIRACEMA. *Direito agrário.* Migração anual dos peixes rio acima, que se dá por ocasião da desova.

PIRÂMIDE DE POPULAÇÃO. *Sociologia geral.* Representação gráfica de uma população, baseada em certos caracteres: idade, sexo, profissão, raça, nacionalidade etc.

PIRANGE. *Direito comparado.* Carro oriental que possui seis rodas.

PIRANGUEIRO. *Direito agrário.* **1.** Bóia-fria. **2.** Aquele que se ocupa de atividade rural temporária.

PIRATA. 1. *Direito penal* e *direito marítimo.* Ladrão do mar. **2.** *Direito internacional público.* Embarcação que não se sujeita às convenções internacionais nem às leis do país e que, no mar ou na costa, apodera-se, nos navios, de bens alheios, por meio de saques.

PIRATAGEM. *Direito penal* e *direito marítimo.* Roubo feito por piratas.

PIRATARIA. 1. *Direito marítimo.* Pilhagem no mar. **2.** *Direito internacional público.* Saque, depredação ou apresamento de navio ou aeronave, mediante emprego de violência, para fins privados (Rezek). **3.** *Direito de propriedade intelectual* e *direito autoral.* Lesão a direito de autor, mediante reprodução, ou utilização, não autorizada, de obra intelectual.

PIRATARIA AÉREA. *Direito internacional público.* Ato de violência praticado em aeronave, para fins pessoais, pela tripulação ou pelos passageiros.

PIRATARIA DE VÍDEO. *Direito penal.* Crime contra a propriedade intelectual, punível com reclusão e multa, que consiste na reprodução, total ou parcial, de fitas de videocassete ou videofonograma, para fins de comércio, sem autorização do produtor ou de quem o represente, ou na venda, introdução no País, aquisição, oculta-ção e depósito, para fins de venda, de original ou cópia de videofonograma, produzido com violação de direito autoral.

PIRATEAR. *Direito internacional público* e *direito penal.* Exercer pirataria.

PIREXIA. *Medicina legal.* Acesso febril.

PIRICHE. *Direito comparado.* Pequeno barco hindu de guerra.

PIROBALÍSTICA. *Medicina legal* e *direito militar.* Arte de calcular o alcance das armas de fogo.

PIROBOLÁRIO. *História do direito.* Soldado que dis-parava projéteis inflamados.

PIROFOBIA. *Medicina legal.* Medo mórbido de fogo.

PIROFÓBICO. *Medicina legal.* O que se refere à pi-rofobia.

PIRÓFOBO. *Medicina legal.* Aquele que tem pirofo-bia.

PIRÓFORO. *História do direito.* Sacerdote grego que levava, à frente do exército, vaso cheio de fogo, o qual arremessava contra o inimigo, para dar sinal de combate.

PIROGA. *História do direito.* Embarcação indígena feita de tronco de árvore escavado, usada a remo ou a vela.

PIROGRAVURA. *Direito autoral.* Gravura feita em madeira ou couro com ponta metálica aque-cida.

PIROMANIA. *Medicina legal.* Prazer mórbido de pro-vocar incêndios, muito comum em esquizofrê-nicos, epilépticos, paranóicos, alcoólatras etc.

PIROMANÍACO. *Medicina legal.* Aquele que sofre de piromania; incendiário.

PIRÔMANO. *Vide* PIROMANÍACO.

PIROMOTOR. *Direito agrário.* Aparelho usado pelos agricultores para provocar calor no campo e aquecer novas plantações.

PIROSE. *Medicina legal.* Azia.

PIROTECNIA. Arte de preparar fogos de artifício.

PIROTÉCNICO. O que diz respeito à pirotecnia.

PIRRONISMO. *Filosofia geral.* **1.** Ceticismo radical. **2.** Hábito de duvidar de tudo.

PISA. *Direito agrário.* Maceração da uva no lagar.

PISADOR. *Direito agrário.* Aparelho para pisar uvas.

PISCA–ALERTA. *Direito de trânsito.* É a luz intermi-tente do veículo, utilizada em caráter de ad-vertência, destinada a indicar aos demais usu-ários da via que o veículo está imobilizado ou em situação de emergência.

PISCATÓRIO. *Direito agrário.* Referente à pesca.

PISCICULTOR. *Direito agrário.* Criador de peixes.

PISCICULTURA. *Direito agrário.* Arte de criar e mul-tiplicar peixes.

PISCINA. 1. *Direito agrário.* a) Viveiro para peixes; b) tanque de água para bebedouro do gado; c) açude. **2.** *Direito desportivo.* Tanque artificial para natação e de prática de outros esportes aquá-ticos. **3.** *Direito canônico.* a) Pia batismal; b) pia de pedra com escoadouro perto do altar, em velhas igrejas, para certas abluções.

PISCOSIDADE. *Direito agrário.* Qualidade da água em que há peixes em abundância.

PISO. 1. *Direito civil.* a) Pavimento; andar; b) parte horizontal do degrau da escada; c) solo. **2.** *Histó-ria do direito.* Propina que era paga pelas freiras quando entravam no convento.

PISO NACIONAL DE SALÁRIOS. *Direito do trabalho.* Salário mínimo.

PISO SALARIAL. *Direito do trabalho.* Valor mínimo pago como salário pela prestação de certo ser-viço ou pelo exercício de dada função, conside-rando-se a extensão, a periculosidade e a com-plexidade do trabalho. Os Estados e o Distrito Federal ficam autorizados a instituir, mediante lei de iniciativa do Poder Executivo, o piso sa-larial para os empregados que não tenham piso salarial definido em lei federal, convenção ou acordo coletivo de trabalho. Tal autorização não poderá ser exercida: a) no segundo semes-tre do ano em que se verificar eleição para os cargos de governador dos Estados e do Distrito Federal e de deputados estaduais e distritais; b) em relação à remuneração de servidores pú-blicos municipais. O piso salarial poderá ser estendido aos empregados domésticos.

PISOTEIO. *Direito agrário.* **1.** Ato de pisar feijão, para tirá-lo da vagem. **2.** Efeito da presença do gado no pasto, causando dano para o capim.

PIS-PASEP. *Direito previdenciário.* Sigla de Programa de Integração Social e Programa de Formação do Patrimônio dos Servidores Públicos, que é o instrumento de política parafiscal de redis-tribuição de riquezas, constituído por recursos públicos e privados, ou seja, 2% das receitas da

União, dos Estados, dos Municípios, do Distrito Federal e dos Territórios, e 0,5% do faturamento de empresas privadas (Othon Sidou). Fundo contábil, de natureza financeira, constituído pelos valores apurados em balanços do Fundo de Participação do Programa de Integração Social (PIS) e do Fundo Único do Programa de Formação do Patrimônio do Servidor Público (PASEP). Constituem recursos do PIS-PASEP: a) juros, atualização monetária e multas devidas pelos contribuintes dos Programas, em decorrência da inobservância das obrigações a que estão sujeitos; b) retorno, por via de amortização, de recursos aplicados em operações de empréstimos e financiamentos, incluído o total das receitas obtidas em tais operações; c) resultado das operações financeiras realizadas, compreendendo, quando for o caso, multa contratual e honorários; e d) resultados das aplicações do Fundo de Participação Social (FPS). A contribuição para o PIS-PASEP será apurada mensalmente: a) pelas pessoas jurídicas de direito privado e as que lhes são equiparadas pela legislação do imposto de renda, inclusive as empresas públicas e as sociedades de economia mista e suas subsidiárias, com base no faturamento do mês. Considera-se faturamento a receita bruta, como definida pela legislação do imposto de renda, proveniente da venda de bens nas operações de conta própria, do preço dos serviços prestados e do resultado auferido nas operações de conta alheia. Na receita bruta não se incluem as vendas de bens e serviços canceladas, os descontos incondicionais concedidos, o imposto sobre produtos industriais (IPI) e o imposto sobre operações relativas à circulação de mercadorias (ICMS), retido pelo vendedor dos bens ou prestador dos serviços na condição de substituto tributário; b) pelas entidades sem fins lucrativos definidas como empregadoras pela legislação trabalhista, inclusive as fundações, com base na folha de salários; c) pelas pessoas jurídicas de direito público interno, com base no valor mensal das receitas correntes arrecadadas e das transferências correntes e de capital recebidas. Nas receitas correntes serão incluídas quaisquer receitas tributárias, ainda que arrecadadas, no todo ou em parte, por outra entidade da Administração Pública, e deduzidas as transferências efetuadas a outras entidades públicas. As sociedades cooperativas, além da contribuição sobre a folha de pagamento mensal, pagarão,

também, a contribuição calculada na forma do item "a", em relação às receitas decorrentes de operações praticadas com não-associados. Na determinação da base de cálculo da contribuição serão também excluídas as receitas correspondentes: a) aos serviços prestados a pessoa jurídica domiciliada no exterior, desde que não autorizada a funcionar no Brasil, cujo pagamento represente ingresso de divisas; b) ao fornecimento de mercadorias ou serviços para uso ou consumo de bordo em embarcações e aeronaves em tráfego internacional, quando o pagamento for efetuado em moeda conversível; c) ao transporte internacional de cargas ou passageiros. A contribuição mensal devida pelos fabricantes de cigarros, na condição de contribuintes e de substitutos dos comerciantes varejistas, será calculada sobre o preço fixado para venda do produto no varejo, multiplicado por 1,38, podendo, o Poder Executivo, alterar esse coeficiente. A contribuição mensal devida pelos distribuidores de derivados de petróleo e álcool etílico hidratado para fins carburantes, na condição de substitutos dos comerciantes varejistas, será calculada sobre o menor valor, no País, constante da tabela de preços máximos fixados para venda a varejo, sem prejuízo da contribuição incidente sobre suas próprias vendas. A contribuição será calculada mediante a aplicação, conforme o caso, das seguintes alíquotas: a) 0,65% sobre o faturamento; b) 1% sobre a folha de salários; c) 1% sobre o valor das receitas correntes arrecadadas e das transferências correntes e de capital recebidas.

PISTA. 1. *Direito desportivo.* a) Local onde correm os competidores; b) pavimento para exibições esportivas. **2.** *Direito de trânsito.* Leito pavimentado de estradas de rodagem; é a parte da via normalmente utilizada para a circulação de veículos, identificada por elementos separadores ou por diferença de nível em relação às calçadas, ilhas ou aos canteiros centrais. **3.** *Direito aeronáutico.* Faixa do aeroporto apropriada para decolagem e aterrissagem de aviões. **4.** *Direito penal* e *medicina legal.* a) Encalço; b) pegada; c) vestígio; d) indício conducente ao esclarecimento de crime.

PISTEIRO. Rastreador; perito em seguir pista de caça.

PISTOLA. 1. *Medicina legal* e *direito militar.* Arma de fogo curta e leve. **2.** *História do direito.* Moeda de ouro espanhola correspondente a dois escudos espanhóis.

PISTOLA AUTOMÁTICA. *Medicina legal* e *direito militar.* Arma de repetição que usa o recuo para expelir a bala deflagrada, carregar e engatilhar novamente.

PISTOLA DE AR COMPRIMIDO. *Medicina legal* e *direito militar.* Aquela que contém ar comprimido para propelir o projétil.

PISTOLA DE GÁS. *Direito militar.* Arma de defesa que lança sobre o agressor um gás que o faz perder os sentidos, sem danificar sua saúde.

PISTOLA-METRALHADORA. *Direito militar.* Arma de fogo automática portátil, para combate a pouca distância.

PISTOLÃO. *Direito administrativo.* **1.** Proteção de pessoa influente. **2.** Aquele que tem prestígio para recomendar ou proteger alguém. **3.** Diz-se do regime em que só prevalece o apadrinhamento, não valendo o merecimento nem o esforço próprio.

PISTOLEIRO. 1. *Direito penal.* a) Matador profissional; aquele que usa arma de fogo para cometer assassinato, a mando de outrem, praticando homicídio qualificado; b) aquele que é hábil e rápido no manejo de pistola ou revólver. **2.** *História do direito.* Cavalariano que, no século XVI, era armado de pistola.

PIT. *Termo inglês.* Roda de negociação, na sala de pregão das bolsas (Luiz Fernando Rudge).

PITANGUEIRA. *Direito agrário.* **1.** Planta mirtácea produtora de pitangas. **2.** Raça bovina criada no município paulista de Pitangueiras, pelo cruzamento de guzerá com *Red Polled.*

PITIÁTICO. *Psicologia forense.* **1.** Método de tratar de doenças nervosas por meio de sugestão. **2.** Relativo a pitiatismo.

PITIATISMO. *Psicologia forense.* Manifestação histérica devida à sugestão e que desaparece pela contra-sugestão ou persuasão.

PITIMBOEIRO. *Direito penal.* Marinheiro sem escrúpulos que vive de pequenos contrabandos.

PITIMBÓIA. *Direito agrário.* **1.** Curral de pesca. **2.** Aparelho que auxilia na pesca de camarões.

PITIRÍASE. *Medicina legal.* Doença da pele que se caracteriza pela descamação.

PITOCO. 1. Adjutório. **2.** Aquele a quem falta uma das falanges dos dedos. **3.** Animal sem cauda ou que tem só o sabugo da cauda.

PIT TRADER. *Locução inglesa.* **1.** Aquele que, no pregão da Bolsa, procura tirar proveito das flu-

tuações diárias, propiciando aos participantes lucros nas altas e nas baixas. **2.** Aquele que busca a lucratividade nas ordens de *stop* ou de parada não executadas, ou seja, nas ordens de compra pelo preço mais alto ou de venda pelo preço mais baixo do que o mercadológico.

PITUBA. Ladrão de cavalos.

PIÚRIA. *Medicina legal.* Presença de pus na urina.

PIVETE. Na *gíria,* significa menino larápio e companheiro de ladrões.

PIVÔ. 1. *Direito desportivo.* Jogador de basquetebol que opera como base do jogo. **2.** *Medicina legal.* Dente artificial fixado com haste metálica.

PLACA. 1. *Direito civil.* Tabuleta com indicação do arquiteto responsável pela construção ou da firma construtora. **2.** *Direito administrativo.* a) Tabuleta com qualquer inscrição indicativa ou comemorativa, ou colocada em certas coisas comprovando a quitação do tributo devido, como placa de automóvel; b) chapa metálica que serve de identificação de ruas. **3.** *Direito tributário.* Tributo cobrado pelo emplacamento, por exemplo, de veículos. **4.** *Direito de trânsito.* É o elemento colocado na posição vertical, fixado ao lado ou suspenso sobre a pista, transmitindo mensagens de caráter permanente e, eventualmente, variáveis, mediante símbolos ou legendas pré-reconhecidas e legalmente instituídas como sinais de trânsito.

PLACA DE FABRICANTE. *Direito comercial.* É a usada pelo fabricante ou montadora de veículos automotores ou de pneumáticos, para a realização de testes destinados ao aprimoramento de seus produtos. O fabricante poderá, ainda, entregar veículo dotado com placas de "fabricante" às empresas que lhe forneçam peças, acessórios e/ou prestem serviços especializados no ramo automobilístico. Tal entrega será feita mediante celebração de contrato de comodato. O fabricante ou montadora de veículos automotores poderá apor sua placa de "fabricante" em veículos por eles importados. No uso da placa de "fabricante", observar-se-á o seguinte: a) o veículo que ostentar a placa de fabricante somente poderá ser conduzido por técnicos ou engenheiros do fabricante ou das empresas acima referidas; b) o veículo somente poderá conduzir, além do motorista, conforme a alínea anterior, técnicos ou engenheiros igualmente autorizados pelo fabricante ou pelas empresas já mencionadas, aos quais também poderá ser

PLACA DE IDENTIDADE · 653 · PLA

exigida a identificação pessoal; c) o fabricante e as empresas já mencionadas ficam obrigados a manter em condições hábeis de informação e exibição registro do uso da placa de "fabricante", no qual deverá constar relação nominal dos condutores, dia e hora de uso da placa; d) a critério do fabricante, o controle mencionado na alínea anterior poderá ser feito por sistemas computadorizados; e) o veículo portador da placa de "fabricante" deverá conter-se às normas disciplinadoras do trânsito em geral, podendo excepcionalmente ser concedida autorização para testes ou experiências em condições anormais ou excepcionais de uso.

PLACA DE IDENTIDADE. *Direito civil.* Chapa metálica em que se grava nome da pessoa, tipo sangüíneo etc., muito útil em caso de acidentes.

PLACA DE IDENTIFICAÇÃO DE VEÍCULOS AUTOMOTORES PERTENCENTES ÀS MISSÕES DIPLOMÁTICAS, ÀS REPARTIÇÕES CONSULARES DE CARREIRA, AOS ORGANISMOS INTERNACIONAIS, AOS FUNCIONÁRIOS ESTRANGEIROS ADMINISTRATIVOS DE CARREIRA E AOS PERITOS ESTRANGEIROS DE COOPERAÇÃO INTERNACIONAL. *Direito de trânsito* e *direito internacional público.* Placa com fundo na cor azul e os caracteres na cor branca, cujas combinações alfanuméricas serão as adotadas em cada unidade da Federação, e deverão conter as seguintes gravações estampadas na parte central superior da placa, substituindo-se a identificação do Município/UF: a) CMD, para os veículos de uso dos Chefes de Missão Diplomática; b) CD, para os veículos pertencentes ao Corpo Diplomático; c) CC, para os veículos pertencentes ao Corpo Consular de Carreira; d) OI, para os veículos pertencentes a Organismos Internacionais; e) ADM, para os veículos pertencentes a funcionários estrangeiros administrativos de carreira de Missões Diplomáticas, Repartições Consulares e Representações de Organismos Internacionais; f) CI, para os veículos pertencentes a peritos estrangeiros sem residência permanente que venham ao Brasil no âmbito de Acordo de Cooperação Internacional. Tais veículos devem ser registrados, emplacados e licenciados pelos órgãos de trânsito em conformidade com o funcionamento do Registro Nacional de Veículos Automotores (RENAVAM). O registro de veículo, a expedição do Certificado de Registro e a designação da combinação alfanumérica da placa de identificação serão realizados pelos Órgãos de Trânsito mediante a apresentação de autorização expedida pelo Cerimonial do Ministério das Relações Exteriores, que também inscreverá no RENAVAM as informações necessárias para o registro nas repartições de trânsito. Tais veículos registrados e emplacados devem ser licenciados anualmente, observando-se os casos de imunidade e isenções previstos na legislação e nos atos internacionais em vigor, devidamente declarados por intermédio do Cerimonial do Ministério das Relações Exteriores. Todo ato translativo de propriedade e a mudança de categoria desses veículos serão procedidos pelos Órgãos de Trânsito com as seguintes exigências: a) autorização expedida pelo Cerimonial do Ministério das Relações Exteriores; b) indicação da liberação da transação no RENAVAM, que deverá ser procedida pelo Cerimonial do Ministério das Relações Exteriores.

PLACA DE RUA. *Direito administrativo.* Tabuleta colocada em esquinas, contendo nome das ruas, para orientação do público.

PLACA DE VEÍCULO DE REPRESENTAÇÃO OFICIAL. *Direito de trânsito* e *direito internacional privado.* Chapa de licença para veículo pertencente ao corpo diplomático de países alienígenas e para turistas que, no exterior, adquirem automóveis de fabricação nacional destinados à exportação.

PLACA MUCOSA. *Medicina legal.* Lesão sifilítica secundária da mucosa da boca.

PLACA PERGAMINÁCEA. *Medicina legal.* Revestimento coriáceo ou apergaminhado, observado em cadáver, sobre suas lesões cutâneas superficiais.

PLACAR. *Direito desportivo.* Tabuleta em que são registrados os pontos e resultados de uma competição desportiva.

PLACARD. *Termo francês.* **1.** Edital afixado em local de destaque contendo aviso ou informação de interesse geral. **2.** Cartaz.

PLACENÇA. *História do direito.* **1.** Beneplácito. **2.** Aprovação.

PLACENTA. *Medicina legal.* Órgão mole e esponjoso que, no curso da gestação, forma-se no interior do útero, promovendo a oxigenação e nutrição do feto por meio do cordão umbilical.

PLACENTAÇÃO. *Medicina legal.* Desenvolvimento da placenta e junção íntima da mucosa uterina com o cório para possibilitar a troca metabólica entre a gestante e o feto.

PLACENTÁRIO. *Medicina legal.* Referente à placenta.

PLACENTITE. *Medicina legal.* Inflamação da placenta.

PLACENTOMA. *Medicina legal.* Tumor que se desenvolve de remanescentes placentários.

PLACET. **1.** *Termo francês.* a) Concessão de *exequatur* ao agente diplomático pelo Estado em que está acreditado. Trata-se da anuência dada pelo governo de um país a representante diplomático de outro para que venha a exercer suas funções em seu território; b) petição judicial. **2.** *Termo latino.* Apraz; parece bem.

PLACEUR. *Termo francês.* Agente de emprego.

PLÁCIDO. Pacífico; sossegado.

PLACIER. *Termo francês.* Locador de vaga em mercados e feiras.

PLACITADO. O que foi aprovado por autoridade.

PLACITAR. Aprovar.

PLÁCITO. Aprovação; beneplácito.

PLADAROSE. *Medicina legal.* Tumor mole que se forma na pálpebra.

PLAGIADOR. **1.** *Direito autoral.* Aquele que faz plágio. **2.** *História do direito.* O que roubava escravos para vendê-los; vendedor fraudulento de escravos.

PLAGIANTE. *Direito autoral.* Aquele que plagia.

PLAGIAR. *Direito autoral.* **1.** Usar obra alheia sem mencioná-la como fonte. **2.** Cometer furto literário, apresentando como sua uma idéia ou obra de outrem.

PLAGIÁRIO. *Vide* PLAGIADOR.

PLAGIATO. *Direito autoral.* a) Fraude decorrente de plágio; b) ato de praticar plágio.

PLÁGIO. **1.** *Direito autoral.* a) Reprodução, total ou parcial, de obra alheia, sem consentimento de seu autor ou sem indicação da fonte; b) furto literário. **2.** *Direito romano.* Venda de escravos, levada a efeito mediante fraude.

PLÁGIO–INTERNET. *Direito virtual.* Dá-se quando o provedor de conteúdo introduz na rede *software* alheio cuja reprodução, plagiada por terceiros, está vedada (Horacio F. Delpech).

PLÁGIO SERVIL. *Direito virtual.* Ato de apresentar como sua obra de *software* alheio, substituindo somente o título e o nome do autor, sem alterar seu conteúdo ou alterando-o levemente (Horacio F. Delpech).

PLÁGIO–TRADUÇÃO. *Direito virtual.* Reescrição de um *software* em outra linguagem (Horacio F. Delpech).

PLAID. *Termo francês.* **1.** Tribunal. **2.** Assembléia judiciária ou política.

PLAIDER. *Termo francês.* Demandar.

PLAIDOIRIE. *Termo francês.* Advocacia.

PLAIN–DEALING. *Locução inglesa.* Boa-fé.

PLAINTIFF. *Termo inglês.* **1.** Litigante. **2.** Querelante. **3.** Autor da ação judicial.

PLANA. **1.** Graduação. **2.** Categoria. **3.** Ordem.

PLANADO. *Direito aeronáutico.* Diz-se do avião que se sustenta no ar estando com o seu motor parado.

PLANADOR. *Direito aeronáutico.* Avião sem motor ou que se sustenta no ar sem o concurso de energia motriz.

PLANAR. *Direito aeronáutico.* Voar em planador.

PLANEADO. **1.** Projetado. **2.** Idealizado. **3.** O que se planejou.

PLANEAR. **1.** Projetar. **2.** Idealizar. **3.** Fazer plano. **4.** Programar.

PLANEIO. *Direito aeronáutico.* Vôo planado.

PLANEJADO. Diz-se do que obedece a um plano.

PLANEJADOR. Quem planeja.

PLANEJAMENTO. **1.** *Direito administrativo.* a) Dependência de repartição pública que deve planejar os serviços; b) elaboração de programa, com objetivos definidos, que deve ser executado baseado em cronograma financeiro, dentro de um determinado prazo. **2.** *Direito comercial.* Planificação de serviços feita em dependência da indústria ou empresa.

PLANEJAMENTO DA AUDITORIA. É a etapa do trabalho na qual o auditor independente estabelece a estratégia geral dos trabalhos a executar na entidade a ser auditada, elaborando-o a partir da contratação dos serviços, estabelecendo a natureza, a oportunidade e a extensão dos exames, de modo que possa desempenhar uma auditoria eficaz. O Planejamento da Auditoria é, muitas vezes, denominado Plano de Auditoria, ou Programa de Auditoria, e tais conceitos são considerados partes do Planejamento da Auditoria.

PLANEJAMENTO DE SINGRADURA. *Direito marítimo.* É o que visa a estabelecer controles e informações de forma a que seja possível facilitar a descrição e localização da embarcação em casos de emergência. Quando uma embarcação de esporte ou recreio sair barra afora, o proprietário ou responsável pela saída será obri-

PLANEJAMENTO ECONÔMICO

gado a entregar na marina organizada ou clube náutico a que estiver filiado, antes do início da viagem, o plano de navegação, ou reportar essas informações ao serviço de rádio das marinas e clubes náuticos. Na entrada dos portos, o proprietário ou responsável pela embarcação cumprirá o estipulado legalmente junto ao clube náutico ou marina organizada, cujas instalações utilizar. As ocorrências de viagem, bem como as saídas e entradas de embarcações não filiadas a clubes náuticos e marinas organizadas, serão comunicadas às Capitanias dos Portos, Delegacias ou Agências. Os clubes náuticos e marinas organizadas deverão manter rigoroso controle das embarcações que saírem barra afora. Antes de sair para o passeio, o condutor deve tomar conhecimento das previsões meteorológicas disponíveis e estar atento durante o passeio a eventuais sinais de mau tempo, como aumento da intensidade do vento e do estado de agitação do mar. Para evitar que a embarcação fique à deriva por falta de combustível, utilize-se a regra de "um terço" quando planejar o combustível para o passeio: um terço para a ida; um terço para a volta; e um terço para a reserva.

PLANEJAMENTO ECONÔMICO. *Economia política.* Planejamento que tem por fim programar e organizar a economia.

PLANEJAMENTO FAMILIAR. *Direito constitucional.* **1.** Direito de todo cidadão de decidir livre e responsavelmente quantos filhos quer ter, baseado em sua renda. **2.** Conjunto de ações de regulação da fecundidade que garantam direitos iguais de constituição, limitação ou aumento de prole pela mulher, pelo homem ou pelo casal, sendo proibida a utilização de qualquer tipo de controle demográfico. **3.** O planejamento familiar é parte integrante do conjunto de ações de atenção à mulher, ao homem ou ao casal, dentro de uma visão de atendimento global e integral à saúde. As instâncias gestoras do Sistema Único de Saúde, em todos os seus níveis, na prestação das ações já mencionadas, obrigam-se a garantir, em toda a sua rede de serviços, no que respeita a atenção à mulher, ao homem ou ao casal, programa de atenção integral à saúde, em todos os seus ciclos vitais, que inclua, como atividades básicas, entre outras: a) a assistência à concepção e contracepção; b) o atendimento pré-natal; c) a assistência ao parto, ao puerpério e ao neo-

nato; d) o controle das doenças sexualmente transmissíveis; e) o controle e a prevenção do câncer cérvico-uterino, do câncer de mama e do câncer de pênis. O planejamento familiar orienta-se por ações preventivas e educativas e pela garantia de acesso igualitário a informações, meios, métodos e técnicas disponíveis para a regulação da fecundidade. O Sistema Único de Saúde tem a função de promover o treinamento de recursos humanos, com ênfase na capacitação do pessoal técnico, visando a promoção de ações de atendimento à saúde reprodutiva. É dever do Estado, por meio do Sistema Único de Saúde, em associação, no que couber, às instâncias componentes do sistema educacional, promover condições e recursos informativos, educacionais, técnicos e científicos que assegurem o livre exercício do planejamento familiar. As ações de planejamento familiar devem ser exercidas pelas instituições públicas e privadas, filantrópicas ou não, de acordo com os mecanismos de fiscalização estabelecidos pelas instâncias gestoras do Sistema Único de Saúde. Compete à direção nacional do Sistema Único de Saúde definir as normas gerais de planejamento familiar. É permitida a participação direta ou indireta de empresas ou capitais estrangeiros nas ações e pesquisas de planejamento familiar, desde que autorizada, fiscalizada e controlada pelo órgão de direção nacional do Sistema Único de Saúde. A realização de experiências com seres humanos no campo da regulação da fecundidade somente deve ser permitida se previamente autorizada, fiscalizada e controlada pela direção nacional do Sistema Único de Saúde, e se atendidos os critérios estabelecidos pela Organização Mundial de Saúde. Para o exercício do direito ao planejamento familiar, devem ser oferecidos todos os métodos e as técnicas de concepção e contracepção cientificamente aceitos e que não coloquem em risco a vida e a saúde das pessoas, garantida a liberdade de opção. A prescrição referida só pode ocorrer mediante avaliação e acompanhamento clínico e com informação sobre os seus riscos, vantagens, desvantagens e eficácia. São vedadas a indução ou instigamento individual ou coletivo à prática da esterilização cirúrgica, sob pena de reclusão, e a exigência de atestado de esterilização ou de teste de gravidez para quaisquer fins, sob pena de reclusão e multa. Urge lembrar que somente é permitida a esterilização voluntária nas seguintes situações: a) em homens e mulheres com capacidade civil plena e maiores de vinte e cinco anos de idade ou, pelo menos, com dois filhos vivos, desde que observado o prazo mínimo de sessenta dias entre a manifestação da vontade e o ato cirúrgico, período no qual será propiciado à pessoa interessada acesso a serviço de regulação da fecundidade, incluindo aconselhamento por equipe multidisciplinar, visando desencorajar a esterilização precoce; b) risco à vida ou à saúde da mulher ou do futuro concepto, testemunhado em relatório escrito e assinado por dois médicos. É condição para que se realize a esterilização o registro de expressa manifestação da vontade em documento escrito e firmado, após a informação a respeito dos riscos da cirurgia, possíveis efeitos colaterais, dificuldades de sua reversão e opções de contracepção reversíveis existentes, no entanto, não será considerada a manifestação de vontade expressa durante ocorrência de alterações na capacidade de discernimento por influência de álcool, drogas, estados emocionais alterados ou incapacidade mental temporária ou permanente. É vedada a esterilização cirúrgica em mulher durante os períodos de parto ou aborto, exceto nos casos de comprovada necessidade, por cesarianas sucessivas anteriores; todavia, como método contraceptivo, ela somente será executada através da laqueadura tubária, vasectomia ou de outro método cientificamente aceito, sendo vedada histerectomia e ooforectomia. Na vigência de sociedade conjugal, a esterilização depende do consentimento expresso de ambos os cônjuges. Na hipótese de ser aplicada em pessoas absolutamente incapazes, somente poderá ocorrer mediante autorização judicial, regulamentada na forma da Lei. Toda esterilização cirúrgica será objeto de notificação compulsória à direção do Sistema Único de Saúde.

PLANEJAMENTO IMPERATIVO. *Economia política.* Planejamento preparado em função do intervencionismo estatal (Othon Sidou), muito comum no socialismo.

PLANEJAMENTO INDICATIVO. *Economia política.* Planejamento que se faz tendo em vista a livre iniciativa e a economia de mercado. Nele, há descentralização econômica.

PLANEJAMENTO TRIBUTÁRIO. *Direito tributário.* Estudo preventivo das alternativas legais menos onerosas juridicamente possíveis. Trata-se da elisão fiscal (Láudio Camargo Fabretti).

PLANEJAMENTO URBANO. *Direito urbanístico.* Programação envolvendo o crescimento de uma cidade, considerando suas necessidades sociais e estéticas (Afonso Celso F. de Rezende).

PLANEJAR. Formular plano.

PLANETÁRIO. Edifício que contém mecanismo ótico para projetar, no seu teto, a imagem do firmamento estrelado, das órbitas solar e lunar, e dos planetas.

PLANIFICAÇÃO. 1. Planejamento. 2. Programação de serviços. 3. Projeto de obras. 4. Planejamento imperativo.

PLANIFICADOR. Aquele que planifica.

PLANIFICAR. Criar planos para execução de serviços.

PLANIGRAFIA. *Medicina legal.* Tomografia.

PLANILHA TARIFÁRIA. Procedimento de cálculo utilizado na determinação do coeficiente tarifário.

PLANIPÉDIA. *Direito romano.* Comédia representada nas ruas por saltimbancos e pantomimeiros descalços.

PLANO. 1. Projeto que visa a um empreendimento. 2. Traçado ou planta de obra. 3. Programa de administração. 4. Planificação para ser cumprida dentro de certo período. 5. Cada lâmina horizontal que serve de asa ao aeroplano. 6. Superfície plana. 7. Planície. 8. Mapa; carta geográfica. 9. Documento em que estão expostas as prioridades de uma política de ação ou a demarcação de uma área. 10. Intriga; embuste.

PLANO AEROVIÁRIO NACIONAL. *Direito aeronáutico.* Projeto de aeroporto, pista de pouso e instalações à operação aérea e de serviços que tornem seguros o tráfego aéreo, a coordenação de busca e salvamento, a telecomunicação e a meteorologia.

PLANO ANUAL DE OUTORGA FLORESTAL (PAOF). *Direito ambiental.* Proposto pelo órgão gestor e definido pelo poder concedente, deve conter a descrição de todas as florestas públicas a serem submetidas a processos de concessão no ano em que vigorar. O Paof será submetido pelo órgão gestor à manifestação do órgão consultivo da respectiva esfera de governo. A inclusão de áreas de florestas públicas sob o domínio da União no Paof requer manifestação prévia da Secretaria de Patrimônio da União do Ministério do Planejamento, Orçamento e Gestão.

PLANO ANUAL DE SUPRESSÃO DE VEGETAÇÃO PARA PESQUISA MINERAL 657

O Paof deverá ser previamente apreciado pelo Conselho de Defesa Nacional quando estiverem incluídas áreas situadas na faixa de fronteira. O Paof para concessão florestal deverá considerar: a) as políticas e o planejamento para o setor florestal, a reforma agrária, a regularização fundiária, a agricultura, o meio ambiente, os recursos hídricos, o ordenamento territorial e o desenvolvimento regional; b) o Zoneamento Ecológico-Econômico (ZEE) nacional e estadual e demais instrumentos que disciplinam o uso, a ocupação e a exploração dos recursos ambientais; c) a exclusão das unidades de conservação de proteção integral, das reservas de desenvolvimento sustentável, das reservas extrativistas, das reservas de fauna e das áreas de relevante interesse ecológico, salvo quanto a atividades expressamente admitidas no plano de manejo da unidade de conservação; d) a exclusão das terras indígenas, das áreas ocupadas por comunidades locais e das áreas de interesse para a criação de unidades de conservação de proteção integral; e) as áreas de convergências com as concessões de outros setores, conforme regulamento; f) as normas e as diretrizes governamentais relativas à faixa de fronteira e outras áreas consideradas indispensáveis para a defesa do território nacional; g) as políticas públicas dos Estados, dos Municípios e do Distrito Federal.

PLANO ANUAL DE SUPRESSÃO DE VEGETAÇÃO PARA PESQUISA MINERAL. *Direito ambiental.* É o documento que prevê as demandas de intervenções ou supressão de vegetação em áreas de Florestas Nacionais, contendo programação da atividade; denominação dos alvos a pesquisar georreferenciados; caracterização geral da área considerando a cobertura vegetal, o relevo, a hidrografia e a pedologia; dimensão da área a ser afetada em hectare; o valor estimado de ressarcimento da floresta a ser suprimida; mapas da área em escala compatível para identificação de alvos, acessos e picadas e que contemplem o zoneamento do plano de manejo, a cobertura vegetal, o relevo, a hidrografia e a pedologia.

PLANO ANUAL DE SUPRESSÃO DE VEGETAÇÃO PARA LAVRA MINERAL. *Direito ambiental.* É o documento que prevê as atividades de lavra mineral que vão provocar supressão de vegetação no período de doze meses, contendo: programação da atividade; denominação das áreas a serem lavradas georreferenciadas; caracterização geral da área considerando a cobertura vegetal, o relevo, a hidrografia e a pedologia; dimensão da área a ser afetada em hectare; o valor estimado de ressarcimento da floresta a ser suprimida; mapas da área em escala compatível para identificação das frentes de lavra, pilhas de estéril, barragem de rejeitos e acessos e que contemplem o zoneamento do plano de manejo, a cobertura vegetal, o relevo, a hidrografia e a pedologia.

PLANO BRASILEIRO DE NORMALIZAÇÃO (PBN). Deverá com as Diretrizes Estratégicas da Metrologia e do Programa Brasileiro da Avaliação da Conformidade contribuir para com a maior organicidade do Sistema ante os desafios do processo de desenvolvimento socioeconômico do País, inclusive no que se refere à inserção competitiva da economia brasileira no contexto internacional. O objetivo do PBN é o de contribuir, de forma direta, para a consecução das políticas públicas orientadas para o desenvolvimento tecnológico e produtivo do País, provendo os diferentes agentes econômicos, tanto públicos como privados, de uma estratégia de normalização adequada aos seus interesses e necessidades, bem como para o necessário suporte técnico para diversas vertentes das políticas sociais. Tal estratégia desdobra-se em um conjunto de temas que, por sua vez, se desdobram em diretrizes e iniciativas. Sendo a normalização um componente essencial da moderna cultura tecnológica, a qual, por sua vez, tem um papel cada vez mais determinante na capacidade de competir do País, como um todo, e de seu setor produtivo em particular, o PBN deverá exercer o papel de vetor de transformação na sociedade brasileira, visando agregar a normalização como valor estratégico para a construção e consolidação de uma sociedade moderna e de uma economia progressivamente mais bem inserida no contexto internacional. Na consecução do seu objetivo, o PBN insere-se no contexto da Política Industrial, Tecnológica e de Comércio Exterior (PITCE) e de outras políticas nacionais. Propõe-se ser um instrumento dinâmico de gestão estratégica para o CONMETRO e CBN e alinhado com os objetivos e estratégias dos demais órgãos do SINMETRO, quais sejam: CBAC, CBM, ABNT e INMETRO. A implementação de suas diretrizes propiciará não só a busca da excelência, mas principalmente a alavancagem da competitividade brasileira no cenário do comércio internacional. Como resultante desse processo, o PBN deve contribuir para o desenvolvimento econômico e social brasileiro, e para a melhoria de qualidade de vida, respeitando o meio ambiente e agregando valor e responsabilidade social. O PBN integra o conjunto de orientações estratégicas do CONMETRO nos campos da metrologia, normalização e avaliação da conformidade. Nesse sentido, o PBN deverá contribuir para com a expansão e organicidade do Sistema Brasileiro de Normalização. Para tanto, três premissas são assumidas: a) necessidade de o País dispor de uma robusta infra-estrutura de metrologia, normalização e avaliação da conformidade, como parte das políticas públicas de desenvolvimento econômico com eqüidade social; b) adesão do País aos compromissos do multilateralismo no que se refere às atividades relacionadas com metrologia, normalização e avaliação da conformidade, em que se destaca o papel dos fóruns internacionais de normalização, em particular da ISO e IEC; c) envolvimento dos diversos segmentos da sociedade no processo de normalização, com destaque para os setores produtivos, agentes regulamentadores e entidades representativas dos consumidores e dos outros interesses públicos e privados.

PLANO CONJUGADO. *Direito civil.* Plano que, no momento da contratação e na forma da regulação específica, e das normas da SUSEP, preveja cobertura por sobrevivência e cobertura (ou coberturas) de risco, com o instituto da comunicabilidade.

PLANO CONTÁBIL DOS FUNDOS DE INVESTIMENTO (COFI). Dispõe sobre as normas de escrituração, avaliação de ativos, reconhecimento de receitas e apropriação de despesas e elaboração das demonstrações contábeis dos Fundos de Investimento e Fundos de Investimento em Cotas de Fundo de Investimento, dos Fundos Mútuos de Privatização (FMP – FGTS) e Fundos Mútuos de Privatização – Carteira Livre (FMP – FGTS – CL), e dos Fundos de Aposentadoria Programada Individual (FAPI). 1. As normas consubstanciadas neste Plano Contábil têm por objetivo uniformizar os registros contábeis dos atos e fatos administrativos praticados e os eventos econômicos ocorridos, racionalizar a utilização de contas, estabelecer regras, critérios e procedimentos necessários à obtenção

e divulgação de dados, possibilitar o acompanhamento, a análise, a avaliação do desempenho e o controle dos fundos de investimento, de modo que as demonstrações contábeis elaboradas expressem, com fidedignidade e clareza, a real situação econômico-financeira do fundo. 2. As normas e procedimentos, bem como as demonstrações contábeis padronizadas previstas neste Plano, são de uso obrigatório para: a) os Fundos de Investimento; b) os Fundos de Investimento em Cotas de Fundo de Investimento; c) os FMP – FGTS – Fundo Mútuo de Privatização – com Recursos Disponíveis da Conta Vinculada do FGTS; d) os FMP – FGTS – CL – Fundo Mútuo de Privatização – FGTS Carteira Livre; e) os FAPI – Fundos de Aposentadoria Programada Individual. 3. Sendo o Plano Contábil um conjunto integrado de normas, procedimentos e critérios de escrituração contábil de forma genérica, as diretrizes nele consubstanciadas, bem como a existência de títulos contábeis, não pressupõem permissão para a prática de operações ou serviços vedados por lei, regulamento ou ato administrativo, ou dependente de prévia autorização da CVM.

PLANO DE AÇÃO FEDERAL DA ZONA COSTEIRA (PAF). *Direito marítimo.* Planejamento de ações estratégicas para a integração de políticas públicas incidentes na zona costeira, buscando responsabilidades compartilhadas de atuação.

PLANO DE AÇÃO GOVERNAMENTAL PARA O SUBSETOR PORTUÁRIO. *Direito marítimo* e *direito administrativo.* É aquele que deve considerar os seguintes fatores condicionantes: a) compatibilização com as linhas mestras e os objetivos do Plano de Estabilização Econômica; b) perfeita integração ao Plano Plurianual do Governo; c) planificação global e coordenação pela Câmara de Políticas de Infra-Estrutura de todas as atividades que refletem sobre a vida portuária; d) execução descentralizada, no que concerne ao Programa Integrado de Modernização dos Portos. E, além disso, deve contribuir para a consecução dos seguintes objetivos principais do Programa Integrado de Modernização Portuária: a) consolidação da implantação do modelo institucional criado pela Lei dos Portos; b) recuperação e modernização da infra-estrutura portuária e melhoria de seu desempenho operacional; c) privatização da exploração das instalações portuárias e da prestação dos serviços portuários; d) reestruturação da admi-

PLANO DE ÁREA

nistração portuária; e) fortalecimento do processo de negociação coletiva; disseminação do contrato coletivo de trabalho; implantação e manutenção dos sistemas de acompanhamento de negociações coletivas, bem como fortalecimento do sistema de fiscalização do trabalho; f) promoção, aos trabalhadores e aos empregadores, dos conhecimentos sobre os procedimentos necessários para garantir a segurança e saúde do trabalhador, inclusive para a prevenção de acidentes e doenças ocupacionais; g) promoção da qualificação e requalificação de trabalhadores com baixa escolaridade, desempregados e afetados por processos de modernização dos portos; habilitação dos trabalhadores a uma melhor inserção no mercado de trabalho; integração das ações de educação profissional desenvolvidas por instituições públicas federais e estaduais, privadas, ONG, Sindicatos de empregados e empregadores; descentralização das ações de educação profissional; h) simplificação e informatização dos procedimentos de controle das operações de comércio exterior; i) consolidação e modernização da legislação e dos atos normativos relativos ao comércio exterior; j) implementação de sistema de prevenção e repressão a atos ilícitos nos portos, terminais e vias navegáveis; k) aprimoramento das práticas de inspeção sanitária nas embarcações, nos portos organizados e instalações portuárias; l) descongestionamento dos portos brasileiros; m) redução dos custos portuários; n) apoio ao desenvolvimento de cruzeiros marítimos nacionais e internacionais, para ampliação do turismo no Brasil.

PLANO DE ÁREA. *Direito ambiental.* Documento ou conjunto de documentos que contenham as informações, medidas e ações referentes a uma área de concentração de portos organizados, instalações portuárias, terminais, dutos ou plataformas e suas respectivas instalações de apoio, que visem integrar os diversos Planos de Emergência Individuais da área para o combate de incidentes de poluição por óleo, bem como facilitar e ampliar a capacidade de resposta deste Plano e orientar as ações necessárias na ocorrência de incidentes de poluição por óleo de origem desconhecida.

PLANO DE ASSISTÊNCIA. *Direito do trabalho.* Plano que visa dar assistência ao desempregado, reempregando-o por meio de agências de colocação e pagando-lhe um auxílio.

PLANO DE ASSISTÊNCIA AOS FAMILIARES DAS VÍTIMAS DE DESASTRE AÉREO. Conjunto de ações de responsabilidade das companhias aéreas para prover assistência, serviços e informações imediatas a esses familiares, que deverá conter, no mínimo, procedimentos para: a) disponibilizar um número de telefone exclusivo para chamadas gratuitas e pessoal habilitado a responder aos telefonemas; b) a elaboração imediata de uma lista atualizada das vítimas do desastre aéreo, baseada na confirmação de embarque; c) notificar, pessoalmente, na medida do possível, as famílias das vítimas do desastre aéreo antes de divulgar publicamente a lista dos nomes; d) a divulgação da lista das vítimas do desastre aéreo logo que possível, após a confirmação do embarque e da notificação aos familiares; e) auxiliar a família no desembaraço legal junto aos órgãos públicos competentes de quaisquer despojos e pertences embarcados da vítima; f) auxiliar a família no serviço funerário da vítima; g) auxiliar a família da vítima a viajar para o local do desastre aéreo e para prover neste as necessidades básicas de hospedagem, alimentação, transporte e assistência médica e psicológica inerentes à situação; h) mobilizar e deslocar a equipe de assistência aos familiares das vítimas para o local do desastre aéreo.

PLANO DE ASSISTÊNCIA PRÉ-ESCOLAR DO EXÉRCITO (PAPEEX). *Direito militar.* É o que tem por finalidade estabelecer normas e procedimentos para a aplicação e execução da assistência pré-escolar aos dependentes dos militares do Comando do Exército, compreendidos na faixa etária de zero a seis anos de idade, inclusive. Este Plano, que beneficia os militares com dependentes na faixa etária entre zero e seis anos de idade, inclusive, tem os seguintes objetivos: a) oferecer educação anterior ao 1º grau, com vistas ao desenvolvimento de sua personalidade e à sua integração ao ambiente social; b) proporcionar condições para crescerem saudáveis, mediante assistência médica, alimentação e recreação adequadas; c) proporcionar proteção à saúde, por meio da utilização de métodos próprios de vigilância sanitária e profilaxia; d) proporcionar assistência afetiva, estímulos psicomotores e desenvolvimento de programas educativos específicos para cada faixa etária; e) estabelecer condições para que se desenvolvam de acordo com suas características individuais, oferecendo-lhes ambiente favorável ao desenvolvimento da liberdade de expressão e da capacidade de pensar com independência.

PLANO DE ASSISTÊNCIA PRÉ-ESCOLAR PARA OS SERVIDORES CIVIS DO COMANDO DO EXÉRCITO.

Direito administrativo. É aquele que tem por finalidade estabelecer normas e procedimentos para a aplicação e execução da assistência pré-escolar aos dependentes dos servidores civis do Comando do Exército, compreendidos na faixa etária de zero a seis anos de idade, inclusive. Compete ao Plano: 1. proporcionar aos servidores a tranqüilidade necessária durante a jornada de trabalho, por intermédio da guarda e proteção de seus dependentes, mediante a assistência indireta, alusiva ao auxílio-creche; 2. oferecer aos servidores, durante sua jornada de trabalho, condições de atendimento aos seus dependentes, propiciando: a) educação anterior ao 1º grau, com vistas ao desenvolvimento de sua personalidade e à sua integração ao ambiente social; b) condições para crescerem saudáveis, mediante assistência médica, alimentação e recreação adequadas; c) proteção à saúde, por meio da utilização de métodos próprios de vigilância sanitária e profilaxia; d) assistência afetiva, estímulos psicomotores e desenvolvimento de programas educativos específicos para cada faixa etária; e) condições para que se desenvolvam de acordo com suas características individuais, oferecendo-lhes ambiente favorável ao desenvolvimento da liberdade de expressão e da capacidade de pensar com independência.

PLANO DE BENEFÍCIO DA PREVIDÊNCIA SOCIAL.
Direito previdenciário. Plano que traça, segundo lei específica, a outorga de benefícios previdenciários.

PLANO DE BENEFÍCIOS.
Direito previdenciário. É o conjunto de regras definidoras de benefícios de caráter previdenciário, comum à totalidade dos participantes a ele vinculados, com independência patrimonial, contábil e financeira em relação a quaisquer outros planos.

PLANO DE CAPITALIZAÇÃO.
Direito civil. Forma de acumulação de capital, instituída por companhias de seguro ou empresas de capitalização, mediante depósitos mensais, que especifica tempo de duração, resgate, sorteios e prêmios (antecipando o resgate ou provisionando um capital adicional imediato), participação nos lucros da sociedade emissora etc. (Luiz Fernando Rudge).

PLANO DE CONTAS.
Direito comercial. Planejamento contábil ou conjunto de contas estabelecido conforme o ramo de negócio ou o fato contabilizado.

PLANO DE CONTROLE AMBIENTAL DE SÍSMICA (PCAS).
Direito ambiental. Documento elaborado pelo empreendedor que prevê as medidas de controle ambiental da atividade de aquisição de dados sísmicos.

PLANO DE CUSTEIO DA PREVIDÊNCIA SOCIAL.
Direito previdenciário. 1. Plano em que consta o regime financeiro; os recursos destinados aos benefícios em direito e ao seguro de acidentes do trabalho; o valor das reservas; os limites dos recursos destinados à assistência médica e aos demais programas de previdência e assistência social; e os limites das despesas com pessoal e administração geral. 2. Periodicidade mínima anual, estabelecerá o nível de contribuição necessário à constituição das reservas garantidoras de benefícios, fundos, provisões e à cobertura das demais despesas, em conformidade com os critérios fixados pelo órgão regulador e fiscalizador. O regime financeiro de capitalização é obrigatório para os benefícios de pagamento em prestações que sejam programadas e continuadas. Observados critérios que preservem o equilíbrio financeiro e atuarial, o cálculo das reservas técnicas atenderá às peculiaridades de cada plano de benefícios e deverá estar expresso em nota técnica atuarial, de apresentação obrigatória, incluindo as hipóteses utilizadas, que deverão guardar relação com as características da massa e da atividade desenvolvida pelo patrocinador ou instituidor. As reservas técnicas, provisões e fundos de cada plano de benefícios e os exigíveis a qualquer título deverão atender permanentemente à cobertura integral dos compromissos assumidos pelo plano de benefícios, ressalvadas excepcionalidades definidas pelo órgão regulador e fiscalizador. As contribuições destinadas à constituição de reservas terão como finalidade prover o pagamento de benefícios de caráter previdenciário, observadas as especificidades previstas em lei. Tais contribuições classificam-se em: a) normais, aquelas destinadas ao custeio dos benefícios previstos no respectivo plano; b) extraordinárias, aquelas destinadas ao custeio de déficits, serviço passado e outras finalidades não incluídas na contribuição normal.

PLANO DE DESENVOLVIMENTO DO ASSENTAMENTO (PDA).
Direito agrário. É instrumento previsto

na normatização do Incra relativa ao processo de implantação e desenvolvimento de projetos de assentamento de reforma agrária, e aos critérios e procedimentos referentes ao Serviço de Assessoria Técnica, Social e Ambiental à Reforma Agrária (ATES). O PDA é instrumento educativo e operativo de mudança social, que deve dar resposta sustentável aos problemas prioritários identificados pelas comunidades. Representa uma intenção manifesta da comunidade ou associação de produtores de desenvolver atividades articuladas, ou seja, de promover um determinado empreendimento considerado crucial para o melhoramento das suas condições de vida, de produção e geração de renda, valendo-se principalmente das potencialidades locais.

PLANO DE EMERGÊNCIA. *Direito ambiental.* Conjunto de medidas a serem implementadas em caso de situação potencial ou real de acidente nuclear.

PLANO DE EMERGÊNCIA INDIVIDUAL. *Direito ambiental.* Documento ou conjunto de documentos que contenham informações e descrição dos procedimentos de resposta da respectiva instalação a um incidente de poluição por óleo que decorra de suas atividades, elaborado nos termos de norma própria.

PLANO DE ESTABILIZAÇÃO DA ECONOMIA. *Economia política.* Tabelamento de preços e salários imposto pelo governo para conter a inflação.

PLANO DE GERENCIAMENTO DE RESÍDUOS DE SERVIÇOS DE SAÚDE (PGRSS). *Direito ambiental.* Documento integrante do processo de licenciamento ambiental, que, no âmbito dos estabelecimentos de saúde, aponta e descreve as ações relativas ao manejo de resíduos sólidos, observadas suas características e riscos, no âmbito dos estabelecimentos contemplando os aspectos referentes à geração, segregação, acondicionamento, coleta, armazenamento, transporte, tratamento e disposição final, bem como as ações de proteção à saúde pública e ao meio ambiente. Baseia-se nos princípios da não-geração de resíduos e na minimização da geração de resíduos, contemplando os aspectos referentes à geração, segregação, acondicionamento, coleta, armazenamento, transporte, tratamento e disposição final, bem como a proteção à saúde pública. O PGRSS deve ser elaborado pelo gerador dos resíduos e de acordo com os critérios estabelecidos pelos órgãos de vigilância sanitária e meio ambiente federais e municipais.

PLANO DE GERENCIAMENTO DE RESÍDUOS SÓLIDOS (PGRS). *Direito ambiental.* É o instrumento que define o conjunto de informações e estratégias integradas de gestão, destinado a normatizar os procedimentos operacionais de gerenciamento de resíduos sólidos, contemplando os aspectos referentes à geração, à segregação, ao acondicionamento, à identificação, à coleta, ao transporte, ao armazenamento, ao tratamento e à disposição final em conformidade com a legislação sanitária e ambiental.

PLANO DE INCENTIVO À APOSENTADORIA PROGRAMADA INDIVIDUAL. *Direito previdenciário.* Aquele em que o empregador adquire em nome de seus empregados e administradores quotas dos Fundos de Aposentadoria Programada Individual (FAPI), constituídos sob a forma de condomínio aberto. O empregador que instituir tal Plano, na forma estabelecida pelo Conselho Monetário Nacional, pode deduzir como despesas operacionais o valor das quotas do Fundo de Aposentadoria Programada Individual adquiridas, desde que o Plano atinja, no mínimo, 50% dos seus empregados. Os recursos utilizados pelo empregador para aquisição de quotas em nome de seus empregados ou administradores, dentro do Plano de Incentivo à Aposentadoria Programada Individual, não são considerados integrantes da remuneração dos beneficiários para efeitos da legislação do trabalho e da previdência e não integram a base de cálculo para as contribuições para o Fundo de Garantia do Tempo de Serviço, de Assistência Social e Sindical. O participante de Plano de Incentivo à Aposentadoria Programada Individual que perder o vínculo com a empresa continua com direito às quotas do Fundo adquiridas em seu nome, com recursos do empregador, podendo movimentá-las somente após o prazo de capitalização, observados os casos especiais referidos legalmente.

PLANO DE MANEJO. *Direito ambiental.* Documento técnico mediante o qual, com fundamento nos objetivos gerais de uma unidade de conservação, se estabelece o seu zoneamento e as normas que devem presidir o uso da área e o manejo dos recursos naturais, inclusive a implantação das estruturas físicas necessárias à gestão da unidade.

PLANO DE MANEJO PARTICIPATIVO DE RESEX OU RDS. *Direito ambiental.* Documento que representa o principal instrumento de gestão da Unidade de Conservação, definindo sua estrutura física e de administração, o zoneamento, as normas de uso da área e de manejo dos recursos naturais e os programas de sustentabilidade ambiental e socioeconômica, construído juntamente com a população tradicional da Unidade.

PLANO DE MANUTENÇÃO, OPERAÇÃO E CONTROLE (PMOC). *Direito ambiental.* É o plano adotado para o sistema de climatização, o qual deve conter a identificação do estabelecimento que possui ambientes climatizados, a descrição das atividades a serem desenvolvidas, a periodicidade destas, as recomendações a serem adotadas em situações de falha do equipamento e de emergência, para garantia de segurança do sistema de climatização.

PLANO DE METAS COMPROMISSO TODOS PELA EDUCAÇÃO (COMPROMISSO). *Direito educacional.* É a conjugação dos esforços da União, Estados, Distrito Federal e Municípios, atuando em regime de colaboração, das famílias e da comunidade, em proveito da melhoria da qualidade da educação básica. A participação da União no Compromisso será pautada pela realização direta, quando couber, ou, nos demais casos, pelo incentivo e apoio à implementação, por municípios, Distrito Federal, Estados e respectivos sistemas de ensino, das seguintes diretrizes: 1) estabelecer como foco a aprendizagem, apontando resultados concretos a atingir; 2) alfabetizar as crianças até, no máximo, os 8 anos de idade, aferindo os resultados por exame periódico específico; 3) acompanhar cada aluno da rede individualmente, mediante registro da sua freqüência e do seu desempenho em avaliações, que devem ser realizadas periodicamente; 4) combater a repetência, dadas as especificidades de cada rede, pela adoção de práticas como aulas de reforço no contra-turno, estudos de recuperação e progressão parcial; 5) combater a evasão pelo acompanhamento individual das razões da não-freqüência do educando e sua superação; 6) matricular o aluno na escola mais próxima da sua residência; 7) ampliar as possibilidades de permanência do educando sob responsabilidade da escola para além da jornada regular; 8) valorizar a formação ética, artística e a educação física; 9) garantir o acesso e permanência das pessoas com necessidades educacionais especiais nas classes comuns do ensino regular, fortalecendo a inclusão educacional nas escolas públicas;

10) promover a educação infantil; 11) manter programa de alfabetização de jovens e adultos; 12) instituir programa próprio ou em regime de colaboração para formação inicial e continuada de profissionais da educação; 13) implantar plano de carreira, cargos e salários para os profissionais da educação, privilegiando o mérito, a formação e a avaliação do desempenho; 14) valorizar o mérito do trabalhador da educação, representado pelo desempenho eficiente no trabalho, dedicação, assiduidade, pontualidade, responsabilidade, realização de projetos e trabalhos especializados, cursos de atualização e desenvolvimento profissional; 15) dar seqüência ao período probatório, tornando o professor efetivo estável após avaliação, de preferência externa ao sistema educacional local; 16) envolver todos os professores na discussão e elaboração do projeto político pedagógico, respeitadas as especificidades de cada escola; 17) incorporar ao núcleo gestor da escola coordenadores pedagógicos que acompanhem as dificuldades enfrentadas pelo professor; 18) fixar regras claras, considerando mérito e desempenho, para nomeação e exoneração de diretor de escola; 19) divulgar na escola e na comunidade os dados relativos à área da educação, com ênfase no Índice de Desenvolvimento da Educação Básica (IDEB); 20) acompanhar e avaliar, com participação da comunidade e do Conselho de Educação, as políticas públicas na área de educação e garantir condições, sobretudo institucionais, de continuidade das ações efetivas, preservando a memória daquelas realizadas; 21) zelar pela transparência da gestão pública na área da educação, garantindo o funcionamento efetivo, autônomo e articulado dos conselhos de controle social; 22) promover a gestão participativa na rede de ensino; 23) elaborar plano de educação e instalar Conselho de Educação, quando inexistentes; 24) integrar os programas da área da educação com os de outras áreas como saúde, esporte, assistência social, cultura, dentre outras, com vista ao fortalecimento da identidade do educando com sua escola; 25) fomentar e apoiar os conselhos escolares, envolvendo as famílias dos educandos, com as atribuições, dentre outras, de zelar pela manutenção da escola e pelo monitoramento das ações e consecução das metas do Compromisso; 26) transformar a escola num espaço comunitário e manter ou recuperar aqueles espaços e equipamentos públicos da

PLANO DE PRESERVAÇÃO DE SÍTIO HISTÓRICO URBANO (PPSH) 663 **PLA**

cidade que possam ser utilizados pela comunidade escolar; 27) firmar parcerias externas à comunidade escolar, visando a melhoria da infra-estrutura da escola ou a promoção de projetos socioculturais e ações educativas; 28) organizar um comitê local do Compromisso, com representantes das associações de empresários, trabalhadores, sociedade civil, Ministério Público, Conselho Tutelar e dirigentes do sistema educacional público, encarregado da mobilização da sociedade e do acompanhamento das metas de evolução do IDEB.

PLANO DE PRESERVAÇÃO DE SÍTIO HISTÓRICO URBANO (PPSH). *Direito urbanístico.* É um instrumento de caráter normativo, estratégico e operacional, destinado ao desenvolvimento de ações de preservação em sítios urbanos tombados em nível federal, e deve resultar de acordo entre os principais atores públicos e privados, constituindo-se em processo participativo. O PPSH busca um equilíbrio favorável à sociedade entre o valor econômico e o valor cultural dos sítios tombados. O PPSH é proposto com a finalidade de: a) buscar a instituição de um regime de disciplina urbanística e edilícia compatível com o regime de proteção dos sítios históricos urbanos; b) tornar compreensíveis e explícitos os princípios, critérios e normas de preservação que devem balizar as ações públicas e privadas nos sítios tombados em nível federal; c) criar novos padrões de abordagem da preservação de sítios históricos urbanos, apoiados no planejamento e gestão urbanos; d) melhorar e intensificar a articulação entre as diversas esferas político-administrativas com competência sobre essas áreas, visando a maior eficácia na gestão do patrimônio cultural urbano; e) lidar de modo eficaz com o novo papel social, econômico e ambiental atribuído ao patrimônio cultural urbano. Tem por objetivo: a) preservar o patrimônio cultural da cidade para a sua população e para a coletividade; b) propiciar o estabelecimento de diretrizes e regulamentos para orientação, planejamento e fomento das ações de preservação de sítios históricos urbanos; c) promover uma atuação pública concertada; d) integrar ações propostas com vistas a alcançar um processo de preservação urbana; e) focalizar e territorializar políticas setoriais nos sítios históricos urbanos; f) promover o compartilhamento de responsabilidades entre os diversos agentes públicos envolvidos e a sua aplicação comum.

PLANO DE PROTEÇÃO DO SOLO E DE COMBATE À EROSÃO. *Direito administrativo.* Projeto discriminatório de terras que podem ser exploradas economicamente, de trabalhos de proteção do solo e de combate à erosão, de conformidade com as especificações dadas de financiamento para custeio dos referidos trabalhos.

PLANO DE RADIOPROTEÇÃO (PR). *Direito ambiental.* Regulamento integrante do processo de Licenciamento de Instalações Radiativas, pela Comissão Nacional de Energia Nuclear, que se aplica às atividades relacionadas com a localização, construção, operação e modificação de Instalações Radiativas, contemplando entre outros o Programa de Gerência de Rejeitos Radioativos (PGRR).

PLANO DE RECUPERAÇÃO JUDICIAL. *Direito falimentar.* O plano de recuperação é apresentado pelo devedor em juízo no prazo improrrogável de 60 (sessenta) dias da publicação da decisão que deferir o processamento da recuperação judicial, sob pena de convolação em falência, e deve conter: a) discriminação pormenorizada dos meios de recuperação a ser empregados, e seu resumo; b) demonstração de sua viabilidade econômica; e c) laudo econômico-financeiro e de avaliação dos bens e ativos do devedor, subscrito por profissionais legalmente habilitado ou empresa especializada. O juiz ordenará a publicação de edital contendo aviso aos credores sobre o recebimento do plano de recuperação e fixando o prazo para a manifestação de eventuais objeções. O plano de recuperação judicial não poderá prever prazo superior a 1 (um) ano para pagamento dos créditos derivados da legislação do trabalho ou decorrentes de acidentes de trabalho vencidos até a data do pedido de recuperação judicial.

PLANO DE SEGURANÇA. *Direito espacial.* Documento que estabelece os procedimentos de operações de segurança para uma operação de lançamento específica, compreendendo a segurança de superfície, a segurança de vôo e situações de emergência.

PLANO DE SEGURANÇA DE ESTABELECIMENTO FINANCEIRO. *Direito bancário.* Conjunto de informações que detalha as condições e os elementos de segurança dos estabelecimentos financeiros que realizam guarda ou movimentação de numerário, sujeito ao exame e à aprovação na forma legal.

PLANO DE SEGURANÇA DE SUPERFÍCIE. *Direito espacial.* Documento que estabelece os procedimentos de segurança de superfície a serem adotados para o controle de riscos durante a operação de lançamento.

PLANO DE SEGURANÇA DE VÔO. *Direito espacial.* Documento que estabelece os procedimentos de segurança de vôo a serem adotados para o controle de riscos, relacionados ao veículo lançador, durante a fase de lançamento.

PLANO DE SEGURIDADE SOCIAL DOS CONGRESSITAS. *Vide* INSTITUTO DE PREVIDÊNCIA DOS CONGRESSISTAS.

PLANO DE SERVIÇO. *Direito administrativo.* Conjunto de normas que definem os critérios e as condições de aplicação e fixam os valores para a prestação do serviço por concessionária de Serviço Móvel Celular.

PLANO DE SERVIÇO ALTERNATIVO. *Direito administrativo.* Plano de serviço, homologado pelo Ministério das Comunicações, disponível a todo assinante e interessado no serviço, opcional ao Plano de Serviço Básico, contendo valores e estrutura elaborados por concessionária de Serviço Móvel Celular, em função de características técnicas ou de custos específicos, provenientes do atendimento aos distintos segmentos dos usuários.

PLANO DE SERVIÇO BÁSICO. *Direito administrativo.* Plano de serviço, homologado pelo Ministério das Comunicações, disponível compulsoriamente, a qualquer tempo, a todo assinante e interessado no serviço, sendo seus valores estabelecidos no contrato de concessão da concessionária de Serviço Móvel Celular e sua estrutura definida em norma do Ministério das Comunicações.

PLANO DE TIRO. Plano vertical que passa pela linha de tiro de uma arma de fogo.

PLANO DE TRABALHO DA COMISSÃO INTERSETORIAL DE SAÚDE DA MULHER. *Medicina legal.* Plano que visa: a) promover a reflexão continuada acerca das bases conceituais e das estratégias necessárias para efetiva implementação da Política de Assistência Integral à Saúde de Mulheres no marco do Sistema Único de Saúde; b) acompanhar a montagem e operacionalização do Sistema de Planejamento e Avaliação do Ministério da Saúde, no sentido de assegurar a visibilidade adequada das ações relativas à assistência da saúde das mulheres e de seus impactos; c) acompanhar o processo de elaboração das diretrizes orçamentárias do Ministério da Saúde, assim como da execução do orçamento nos aspectos relativos à assistência a saúde integral das mulheres; d) elaborar proposições relativas à formação de recursos humanos para assistência integral à saúde das mulheres; e) estabelecer vínculos e apoiar as iniciativas que vêm sendo desenvolvidas pelo Ministério da Saúde e Organização Panamericana de Saúde para maior cooperação entre as agências produtoras de informação, estimulando o controle social da produção e disseminação dessas informações; f) articular e dialogar com as demais comissões do Conselho Nacional de Saúde, com particular ênfase no que se refere às Comissões Intersetoriais de Saúde do Trabalhador (CIST), de Reforma Psiquiátrica e do Grupo Executivo de Trabalho/Comissão Nacional de Ética em Pesquisa (Conep); g) estabelecer o diálogo permanente com o Poder Legislativo no sentido de viabilizar as bases legais para exercício do direito à saúde e dos direitos reprodutivos; h) canalizar demandas da sociedade civil no sentido de receber, analisar e encaminhar, ao Conselho Nacional de Saúde, relatórios, petições e moções sobre situações que coloquem em risco a saúde e o bem-estar da população feminina; i) proceder análise e discussões de possíveis problemas emergentes.

PLANO DE VÔO. *Direito espacial.* Documento descritivo do vôo de veículo lançador, incluindo todas as informações referentes às questões de segurança.

PLANO DIRETOR. *Direito urbanístico.* **1.** Delineamento relativo ao desenvolvimento de uma comunidade, visando um desdobramento da ação do governo municipal, para atender suas metas socioeconômicas ou administrativas. **2.** Instrumento de gestão contínuo para a transformação da cidade para estabelecer diretrizes para as ações pública e privada, garantindo as funções sociais da urbe e a consecução do interesse público. **3.** É o que tem por finalidade: a) a ocupação equilibrada do território, controlando o crescimento habitacional; b) a proteção do meio ambiente e defesa do patrimônio paisagístico, histórico e cultural; c) a afirmação do município como espaço residencial de qualidade; d) o apoio ao desenvolvimento dos serviços; e) a melhoria das condições de vida da população mais desfavorecida (Afonso Cel-

PLANO ESTADUAL DE GERENCIAMENTO COSTEIRO (PEGC)

so F. de Rezende). **4.** Imprescindível para que a propriedade urbana cumpra sua função social, acatando as exigências fundamentais de ordenação da cidade, nele expressa, para assegurar as necessidades dos cidadãos quanto à qualidade de vida, à justiça social e ao desenvolvimento das atividades econômicas. É o instrumento básico da política de desenvolvimento e expansão urbana, constituindo parte integrante do processo de planejamento municipal, devendo o plano plurianual, as diretrizes orçamentárias e o orçamento anual incorporar as diretrizes e as prioridades nele contidas. Tal plano é obrigatório para cidades: com mais de vinte mil habitantes; integrantes de regiões metropolitanas e aglomerações urbanas e de áreas de especial interesse turístico e inseridas na área de influência de empreendimentos ou atividades com significativo impacto ambiental de âmbito regional ou nacional.

PLANO ESTADUAL DE GERENCIAMENTO COSTEIRO (PEGC). *Direito marítimo.* Implementa a Política Estadual de Gerenciamento Costeiro, define responsabilidades e procedimentos institucionais para a sua execução, tendo como base o PNGC.

PLANO ESTRATÉGICO NACIONAL DE ÁREAS PROTEGIDAS (PNAP). *Direito ambiental.* Contém princípios e diretrizes que devem orientar as ações que se desenvolverão para o estabelecimento de um sistema abrangente de áreas protegidas ecologicamente representativo, efetivamente manejado, integrado a áreas terrestres e marinhas mais amplas, até 2015. Tem por princípios: a) respeito à diversidade da vida e ao processo evolutivo; b) a soberania nacional sobre as áreas protegidas; c) valorização dos aspectos éticos, étnicos, culturais, estéticos e simbólicos da conservação da natureza; d) valorização do patrimônio natural e do bem difuso, garantindo os direitos das gerações presentes e futuras; e) a defesa do interesse nacional; f) a defesa do interesse público; g) reconhecimento das áreas protegidas como um dos instrumentos eficazes para a conservação da diversidade biológica e sociocultural; h) valorização da importância e da complementaridade de todas as categorias de unidades de conservação e demais áreas protegidas na conservação da diversidade biológica e sociocultural; i) respeito às especificidades e restrições das categorias de unidades de conservação do Sistema Nacional de Unidades de Conservação da Natureza (SNUC), das terras indígenas e das terras ocupadas por remanescentes das comunidades dos quilombos; j) adoção da abordagem ecossistêmica na gestão das áreas protegidas; k) reconhecimento dos elementos integradores da paisagem, em especial as áreas de preservação permanente e as reservas legais, como fundamentais na conservação da biodiversidade; l) repartição justa e eqüitativa dos custos e benefícios advindos da conservação da natureza, contribuindo para a melhoria da qualidade de vida, erradicação da pobreza e redução das desigualdades regionais; m) desenvolvimento das potencialidades de uso sustentável das áreas protegidas; n) reconhecimento e fomento às diferentes formas de conhecimento e práticas de manejo sustentável dos recursos naturais; o) sustentabilidade ambiental como premissa do desenvolvimento nacional; p) cooperação entre União e os Estados, Distrito Federal e os Municípios para o estabelecimento e gestão de unidades de conservação; q) harmonização com as políticas públicas de ordenamento territorial e desenvolvimento regional sustentável; r) pactuação e articulação das ações de estabelecimento e gestão das áreas protegidas com os diferentes segmentos da sociedade; s) articulação das ações de gestão das áreas protegidas, das terras indígenas e terras ocupadas por remanescentes das comunidades dos quilombos com as políticas públicas dos três níveis de governo e com os segmentos da sociedade; t) promoção da participação, da inclusão social e do exercício da cidadania na gestão das áreas protegidas, buscando permanentemente o desenvolvimento social, especialmente para as populações do interior e do entorno das áreas protegidas; u) consideração do equilíbrio de gênero, geração, cultura e etnia na gestão das áreas protegidas; v) sustentabilidade técnica e financeira, assegurando continuidade administrativa e gerencial na gestão das áreas protegidas; x) reconhecimento da importância da consolidação territorial das unidades de conservação e demais áreas protegidas; y) garantia de ampla divulgação e acesso público às formações relacionadas às áreas protegidas; w) fortalecimento do Sistema Nacional do Meio Ambiente (SISNAMA) e dos órgãos e entidades gestores de áreas protegidas; e z) aplicação do princípio da precaução. E são suas diretrizes: a) os remanescentes dos biomas brasileiros e as áreas prioritárias para a conservação, utilização sustentável e repartição de benefícios da biodiversidade brasileira (Áreas Prioritárias para a Biodiversidade) devem ser referência para a criação de unidades de conservação; b) assegurar a representatividade dos diversos ecossistemas no SNUC; c) a localização, a categoria e a gestão de áreas protegidas na faixa de fronteira deverão contar com o assentimento prévio do Conselho de Defesa Nacional; d) o sistema representativo de áreas costeiras e marinhas deve ser formado por uma rede de áreas altamente protegidas, integrada a uma rede de áreas de uso múltiplo; e) as áreas protegidas costeiras e marinhas devem ser criadas e geridas visando compatibilizar a conservação da diversidade biológica com a recuperação dos estoques pesqueiros; f) as áreas protegidas devem ser apoiadas por um sistema de práticas de manejo sustentável dos recursos naturais, integrado com a gestão das bacias hidrográficas; g) facilitar o fluxo gênico entre as unidades de conservação, outras áreas protegidas e suas áreas de interstício; h) o planejamento para o estabelecimento de novas unidades de conservação, bem como para a sua gestão específica e colaborativa com as demais áreas protegidas, deve considerar as interfaces da diversidade biológica com a diversidade sociocultural, os aspectos econômicos, de infra-estrutura necessária ao desenvolvimento do País, de integração sul-americana, de segurança e de defesa nacional; i) assegurar os direitos territoriais das comunidades quilombolas e dos povos indígenas como instrumento para conservação de biodiversidade; j) fomentar a participação social em todas as etapas da implementação e avaliação do PNAP; k) assegurar o envolvimento e a qualificação dos diferentes atores sociais no processo de tomada de decisão para a criação e para a gestão das áreas protegidas, garantindo o respeito ao conhecimento e direitos dos povos indígenas, comunidades quilombolas e locais; l) fortalecer os instrumentos existentes de participação e controle social, bem como os de monitoramento e controle do Estado; m) assegurar a participação de representação das Forças Armadas na gestão de áreas protegidas na faixa de fronteira; n) utilizar o Fórum Nacional de Áreas Protegidas como instância de comunicação, participação, colaboração e controle social sobre o PNAP; o) garantir, em linguagem acessível, a ampla difusão das informações sobre o PNAP; p) utilizar o cadastro nacional de unidades de conservação como instrumento básico para gestão e monitoramento da efetividade do SNUC; q) avaliar os impactos, efeitos e resultados do PNAP, e ajustar permanentemente as metas e ações assegurando sua funcionalidade e efetividade; r) estruturar, qualificar e consolidar os órgãos e entidades do SISNAMA para implementar o SNUC e apoiar as demais áreas protegidas; s) fomentar a interlocução qualificada entre os órgãos do SISNAMA, demais órgãos gestores de áreas protegidas e a sociedade em geral; e t) incluir a criação de áreas protegidas na formulação e implementação das políticas de ordenamento territorial e de desenvolvimento regional.

PLANO GERADOR DE BENEFÍCIO LIVRE (PGBL). *Direito previdenciário.* O plano cuja finalidade é a concessão de benefícios previdenciários será estruturado na modalidade de contribuição variável, e terá como critério de remuneração das reservas técnicas, constituídas pelo montante das contribuições puras, durante o prazo de diferimento, sem garantia de mínimo, a rentabilidade de carteira de investimentos de fundo de investimento financeiro instituído especificamente para cada plano ou tipo de plano da espécie. A comercialização dos planos da espécie dependerá, caso a caso, de prévia e específica autorização da SUSEP. As reservas técnicas, durante o prazo de diferimento, serão aplicadas e terão seus valores atualizados em função da valoração das quotas de fundo de investimento financeiro criado especificamente para acolher tais recursos, em nome da EAPP. *Vide* EAPP.

PLANO GERAL DE APOSTAS. *Direito civil.* É o instrumento que estabelece as várias modalidades de apostas disciplinando-as separadas e convenientemente de modo que o apostador fique perfeitamente inteirado do procedimento da entidade quanto ao cálculo, a distribuição de rateio, ao percentual das retiradas e as particularidades que regem a sistemática por ela adotada. Tal instrumento poderá consubstanciar modalidade de apostas referentes à exibição de corrida de cavalo, sem geração e transmissão de imagem, com geração e transmissão de imagem para os recintos onde se realizam as apostas, e ainda com a exibição de corrida de cavalos, por meio de imagens geradas em outros hipódromos, localizados no Brasil ou no exterior, transmitidas ao vivo para os recintos onde se realizam as apostas, neste caso, denominado "*Simulcasting*". A transmissão da imagem gerada e recebida nas dependências autorizadas a realizar apostas deverão incluir, no mínimo, os seguintes dados que possibilitam a realização de apostas nas corridas: nome e número do cavalo; jóquei; peso do jóquei; distância da prova; tipo de pista (areia ou grama); estado da pista. Do Plano Geral de Apostas deverão constar: a) as modalidades de apostas separadamente; b) o valor unitário de cada bilhete; c) a percentagem a ser retirada pela entidade turfística do total apostado, em cada modalidade de aposta; d) o cálculo para a distribuição dos rateios aos apostadores de cada uma das modalidades de apostas; e) os limites mínimos e máximos de bonificações para as apostas; f) em caso de nulidade, as restituições de valores e a substituição de bilhete, em virtude de erro em sua emissão, não-realização de um ou mais páreos, retirada de animais ou quaisquer outros imprevistos; g) os locais e horários para o recebimento de cada uma das modalidades de apostas; h) a forma de apregoação das apostas; i) o prazo de prescrição dos bilhetes de apostas; j) o destino dos valores que não forem recebidos, em virtude de prescrição dos bilhetes.

PLANO GERAL DE METAS PARA A UNIVERSALIZAÇÃO DE SERVIÇO PRESTADO NO REGIME PÚBLICO. *Direito das comunicações.* É o que tem como objetivo possibilitar o acesso de qualquer pessoa ou instituição de interesse público a serviço de telecomunicações, independentemente de sua localização e condição socioeconômica, bem como permitir a utilização das telecomunicações em serviços essenciais de interesse público.

PLANO INTEGRADO FLORESTAL (PIF). *Direito ambiental.* É o cronograma de formação e manutenção de floresta, objetivando a plena sustentação da atividade desenvolvida. Tal plano deve ser apresentado à SUPES pela pessoa física ou jurídica que necessite de matéria-prima florestal, como siderúrgica, fábrica de celulose, cerâmica, cimenteira, indústria processadora de madeiras (serraria, fábrica de laminados, compensados, aglomerados) e outras, cujo consumo anual seja igual ou superior a 12.000 estéreos por ano ou 4.000 metros de carvão vegetal por ano ou 6.000 metros cúbicos de to-

ras por ano. Assim é porque essa pessoa física ou jurídica fica obrigada a manter ou formar, diretamente ou em participação com terceiros, florestas destinadas à sustentabilidade da atividade desenvolvida, inclusive em suas futuras expansões.

PLANO MUNICIPAL DE GERENCIAMENTO COSTEIRO (PMGC). *Direito marítimo.* Implementa a Política Municipal de Gerenciamento Costeiro, define responsabilidades e procedimentos institucionais para a sua execução, tendo como base o PNGC e o PEGC, devendo observar, ainda, os demais planos de uso e ocupação territorial ou outros instrumentos de planejamento municipal.

PLANO NACIONAL DE CONTROLE DE RESÍDUOS BIOLÓGICOS EM PRODUTOS DE ORIGEM ANIMAL (PNCRB). *Direito ambiental* e *direito agrário.* Plano em que a execução de suas atividades está a cargo do Secretário de Defesa Agropecuária, cabendo ao Coordenador-Geral gerenciar o cumprimento das metas estabelecidas na operacionalização do Plano, o qual comporta, ainda, uma comissão técnica com representantes do Departamento de Defesa Animal (DDA) e do Departamento de Inspeção de Produtos de Origem Animal (DIPOA) e um comitê consultivo, constituído por representantes de órgãos e entidades reconhecidamente envolvidos no contexto do PNCRB. A garantia da inocuidade de grande parcela dos alimentos ofertada ao consumo é possibilitada pelo controle de resíduos biológicos, decorrentes do emprego de drogas veterinárias, agroquímicos e contaminantes ambientais. É importante frisar que nem todas as drogas e os compostos químicos a que os animais ficam expostos deixam resíduos perigosos à saúde humana e animal, e mesmo aqueles reconhecidos como potencialmente nocivos somente permitem tal condição quando ultrapassam o umbral de concentração conhecido como nível de tolerância, limite de segurança ou limite máximo de resíduo (LMR), que o alimento pode conter, sem prejuízo da integridade orgânica de seres humanos e animais. Esses limites são determinados em centros de comprovada idoneidade científica, a partir de apurados estudos toxicológicos, de curto e médio prazos, realizados por renomados pesquisadores, em animais de laboratórios, microorganismos e genomas celulares. Após a conclusão desses estudos, organizações internacionais envolvidas com a saúde pública analisam os resultados e, posteriormente, recomendam os LMRs dos diferentes compostos aprovados, à consideração dos países membros do *Codex Alimentarius* – Programa das Nações Unidas sobre Harmonização de Normas Alimentares, gerenciado pela FAO/WHO. O principal objetivo do PNCRB é tornar-se parte integrante do esforço destinado à melhoria da produtividade e da qualidade dos alimentos de origem animal colocados à disposição da população brasileira e, secundariamente, proporcionar à nação condições de se adequar, do ponto de vista sanitário, às regras do comércio internacional de alimentos preconizadas pela Organização Mundial do Comércio (OMC) e órgãos auxiliares (FAO, OIE e WHO). Especificamente, o Plano desenvolve suas atividades visando: a) conhecer o potencial de exposição da população aos resíduos nocivos à saúde do consumidor, parâmetro orientador para a adoção de políticas nacionais de saúde animal e fiscalização sanitária; b) impedir o abate para consumo de animais oriundos de criatórios onde se tenha constatado violação dos LMRs e, sobretudo, uso de drogas veterinárias proibidas no território nacional.

PLANO NACIONAL DE CONTROLE E PREVENÇÃO DA DOENÇA DE NEWCASTLE E DE PREVENÇÃO DA INFLUENZA AVIÁRIA.
Direito ambiental e *direito agrário.* É uma estratégia passível de aplicação em todas as Unidades da Federação (UF), para promover ações direcionadas à defesa sanitária animal, visando ao fortalecimento do sistema de atenção veterinária e à implantação do Programa Nacional de Sanidade Avícola (PNSA), em todo o território nacional.

PLANO NACIONAL DE EDUCAÇÃO.
Direito educacional. Plano plurianual que tem por escopo o desenvolvimento do ensino e a erradicação do analfabetismo. E os Estados, o Distrito Federal e os Municípios deverão, com base no Plano Nacional de Educação, elaborar planos decenais. A União, em articulação com os Estados, o Distrito Federal, os Municípios e a sociedade, procederá a avaliações periódicas da implementação do Plano Nacional de Educação. O Poder Legislativo, por intermédio das Comissões de Educação, Cultura e Desporto da Câmara dos Deputados e da Comissão de Educação do Senado Federal, acompanhará a execução do Plano Nacional de Educação.

PLANO NACIONAL DE GERENCIAMENTO COSTEIRO (PNGC).
Direito marítimo. Conjunto de diretrizes gerais aplicáveis nas diferentes esferas de governo e escalas de atuação, orientando a implementação de políticas, planos e programas voltados ao desenvolvimento sustentável da zona costeira. É o que expressa o compromisso do Governo Brasileiro com o desenvolvimento sustentável em sua Zona Costeira, considerada como patrimônio nacional, tendo como princípios fundamentais: a) a observância da Política Nacional de Meio Ambiente e da Política Nacional para os Recursos do Mar, de forma articulada e compatibilizada com as demais políticas incidentes na sua área de abrangência e de atuação; b) a observância dos compromissos internacionais assumidos pelo Brasil na matéria; c) a observância dos direitos de liberdade de navegação, na forma da legislação vigente; d) a utilização sustentável dos recursos costeiros em observância aos critérios previstos em Lei e no Plano; e) a gestão integrada dos ambientes terrestres e marinhos da Zona Costeira, com a construção e manutenção de mecanismos transparentes e participativos de tomada de decisões, baseada na melhor informação e tecnologia disponível e na convergência e compatibilização das políticas públicas, em todos os níveis da administração; f) a necessidade de ser considerada, na faixa marítima, a área de abrangência localizada na plataforma continental interna, na qual os processos de transporte sedimentar e modificação topográfica do fundo marinho constituem parte integrante substancial dos processos costeiros, e ainda aquela porção de mar onde o efeito dos aportes terrestres sobre os ecossistemas marinhos é mais significativo; g) a não-fragmentação, na faixa terrestre, da unidade natural dos ecossistemas costeiros, de forma a permitir a regulamentação da utilização de seus recursos, respeitando sua integridade; h) a consideração, na faixa terrestre, das áreas marcadas por atividade socioeconômico-cultural de características costeiras e sua área de influência imediata, em função dos efeitos dessas atividades sobre a conformação do território costeiro; i) a consideração dos limites municipais, dada a operacionalidade das articulações necessárias ao processo de gestão; j) a preservação, conservação e controle de áreas que sejam representativas dos ecossistemas da Zona Costeira, com recuperação e reabilitação das áreas degradadas ou descaracterizadas; k) a aplicação do princípio de precaução, adotando-se medidas

PLANO NACIONAL DE HABITAÇÃO

eficazes para impedir ou minimizar a degradação do meio ambiente, sempre que houver perigo de dano grave ou irreversível, mesmo na falta de dados científicos completos e atualizados; e l) a execução em conformidade com o princípio da descentralização, assegurando o comprometimento e a cooperação entre os níveis de governo, e desses com a sociedade, no estabelecimento de políticas, planos e programas estaduais e municipais.

PLANO NACIONAL DE HABITAÇÃO. *Direito administrativo.* Conjunto de programas e projetos feitos por órgãos técnicos, administrativos e financeiros que, baseados nas condições socioeconômicas, procuram solucionar a crise habitacional.

PLANO NACIONAL DE POLÍTICA PARA MULHERES (PNPM). É o que visa: a) promover a autonomia econômica e financeira das mulheres; b) promover a eqüidade de gênero, raça e etnia nas relações de trabalho; c) promover políticas de ações afirmativas que assegurem a condição das mulheres como sujeitos sociais e políticos; d) ampliar a inclusão das mulheres na reforma agrária e na agricultura familiar; e) promover o direito à vida na cidade, com qualidade, acesso a bens e serviços públicos; f) incorporar a perspectiva de gênero, raça, etnia e orientação sexual no processo educacional formal e informal; g) garantir sistema educacional não discriminatório, que não reproduza estereótipos de gênero, raça e etnia; h) promover o acesso à educação básica de mulheres jovens e adultas; i) promover a visibilidade da contribuição das mulheres na construção da história da humanidade; j) combater os estereótipos de gênero, raça e etnia na cultura e comunicação; k) promover a melhoria da saúde das mulheres brasileiras, mediante a garantia de direitos legalmente constituídos e ampliação do acesso aos meios e serviços de promoção, prevenção, assistência e recuperação da saúde, em todo território brasileiro; l) garantir os direitos sexuais e direitos reprodutivos das mulheres; m) contribuir para a redução da morbidade e mortalidade feminina no Brasil em todos os ciclos de vida e nos diversos grupos populacionais, sem discriminação de qualquer espécie; n) ampliar, qualificar e humanizar a atenção integral à saúde da mulher no Sistema Único de Saúde; o) implantar política nacional de enfrentamento à violência contra a mulher; p) garantir o atendimento integral, humanizado e de qualidade às mulheres em situação de violência; q) reduzir os índices de violência contra as mulheres; r) garantir o cumprimento dos instrumentos internacionais e revisar a legislação brasileira de enfrentamento à violência contra as mulheres.

PLANO NACIONAL DE PREVENÇÃO, PREPARAÇÃO E RESPOSTA RÁPIDA A EMERGÊNCIAS AMBIENTAIS COM PRODUTOS QUÍMICOS PERIGOSOS (P2R2). *Direito ambiental.* Tem por objetivo prevenir a ocorrência de acidentes com produtos químicos perigosos e aprimorar o sistema de preparação e resposta a emergências químicas no País. São princípios orientadores do P2R2 aqueles reconhecidos como princípios gerais do direito ambiental brasileiro, tais como: princípio da informação; princípio da participação; princípio da prevenção; princípio da precaução; princípio da reparação; e princípio do poluidor-pagador. São diretrizes estratégicas do P2R2: a) elaboração e constante atualização de planejamento preventivo que evite a ocorrência de acidentes com produtos químicos perigosos; b) identificação dos aspectos legais e organizacionais pertinentes a tais ocorrências; c) criação e operação de estrutura organizacional adequada ao cumprimento das metas e dos objetivos estabelecidos no P2R2; d) estímulo à adoção de soluções inovadoras que assegurem a plena integração de esforços entre o poder público e a sociedade civil, especialmente no âmbito dos Estados e Municípios; e) definição das responsabilidades respectivas do poder público e dos setores privados em casos de acidentes com produtos químicos perigosos, e dos compromissos a serem assumidos pelas partes de proteger o meio ambiente e a saúde da população; f) desenvolvimento e implementação de sistemas de geração e compilação de informações essenciais à execução eficaz do P2R2, integrando as ações de controle (licenciamento e fiscalização) e de atendimento a emergências, com as atividades de produção, armazenamento, transporte e manipulação de produtos químicos perigosos, bem como assegurando ao cidadão o acesso à informação sobre os riscos de acidentes com produtos químicos perigosos; g) mobilização de recursos humanos e financeiros apropriados e suficientes para assegurar os níveis de desempenho estabelecidos pelo P2R2; h) fortalecimento da capacidade de gestão ambiental integrada dos órgãos e instituições públicas no âmbito federal, distrital, estadual e municipal, para o desenvolvimento de planos de ações conjuntas, no atendimento a situações emergenciais envolvendo produtos químicos perigosos, estabelecendo seus níveis de competência e otimizando a suficiência de recursos financeiros, humanos ou materiais, no sentido de ampliar a capacidade de resposta; e i) aperfeiçoamento contínuo do P2R2 por meio de processo sistemático de auditoria e avaliação do desempenho e da revisão periódica das diretrizes, dos objetivos e das metas.

PLANO NACIONAL DE SEGURANÇA E QUALIDADE DOS PRODUTOS DE ORIGEM VEGETAL (PNSQV). *Direito agrário.* O PNSQV tem como objetivo estabelecer, implantar e implementar as políticas de segurança e qualidade dos produtos de origem vegetal, por meio da integração dos programas de controle de contaminantes, de resíduos químicos e biológicos e de qualidade, utilizando como principais ferramentas os sistemas: de análise, rastreamento e cadastramento para certificação.

PLANO OU SEGURO – REFERÊNCIA DE ASSISTÊNCIA À SAÚDE. *Direito civil* e *direito do consumidor.* É aquele com cobertura assistencial compreendendo partos e tratamentos, realizados exclusivamente no Brasil, com padrão de enfermaria ou centro de terapia intensiva, ou similar, quando necessária a internação hospitalar, das doenças relacionadas na Classificação Estatística Internacional de Doenças e Problemas Relacionados com a Saúde, da Organização Mundial de Saúde, respeitadas as exigências mínimas estabelecidas legalmente, exceto: a) tratamento clínico ou cirúrgico experimental, assim definido pela autoridade competente; b) procedimentos clínicos ou cirúrgicos para fins estéticos, bem como órteses e próteses para o mesmo fim; c) inseminação artificial; d) tratamento de rejuvenescimento ou de emagrecimento com finalidade estética; e) fornecimento de medicamentos importados não nacionalizados; f) fornecimento de medicamentos para tratamento domiciliar; g) fornecimento de próteses, órteses e seus acessórios não ligados ao ato cirúrgico; h) procedimentos odontológicos, salvo o conjunto de serviços voltados à prevenção e manutenção básica da saúde dentária, assim compreendidos a pesquisa, o tratamento e a remoção de focos de infecção dentária,

profilaxia de cárie dentária, cirurgia e traumatologia bucomaxilar; i) tratamentos ilícitos ou antiéticos, assim definidos sob o aspecto médico, ou não reconhecidos pelas autoridades competentes; j) casos de cataclismos, guerras e comoções internas, quando declarados pela autoridade competente.

PLANO PLURIANUAL. 1. *Direito constitucional.* Projeto de lei que deve ser elaborado por iniciativa do Poder Executivo e aprovado pelas duas Casas do Congresso Nacional, contendo, de forma regionalizada, as diretrizes, os objetivos e as metas da Administração Pública federal para as despesas de capital e outras delas decorrentes e para as relativas aos programas de duração continuada. **2.** *Direito financeiro.* Instrumento que explicita a visão do Governo quanto ao desenvolvimento do País. Nesse sentido, traduz, de um lado, o compromisso entre as estratégias e o projeto de futuro e, de outro, a alocação real e concreta dos recursos orçamentários nas funções, áreas e órgãos públicos. Ou seja, projeta a intermediação entre a visão de longo prazo e as necessidades imediatas. Representa, ainda, rigoroso exercício de planejamento governamental, promovendo a convergência do conjunto das ações públicas e dos meios orçamentários para os vetores que implementam as transformações na realidade brasileira. Para cumprimento das disposições constitucionais disciplinadoras do Plano Plurianual, foram levados em conta: a) as diretrizes – o conjunto de critérios de ação e de decisão que deve disciplinar e orientar os diversos aspectos envolvidos no processo de planejamento; b) os objetivos – os resultados que se pretende alcançar com a realização das ações governamentais; c) as metas – a especificação e a quantificação física dos objetivos estabelecidos.

PLANO PREVIDENCIÁRIO COLETIVO. *Direito previdenciário.* Aquele que tenha por objetivo garantir benefícios previdenciários a grupos de pessoas vinculadas, direta ou indiretamente, por relação lícita a uma pessoa jurídica contratante. Tal vínculo indireto refere-se, exclusivamente, aos casos em que uma associação de classe empresarial representativa de pessoas jurídicas contrate plano previdenciário coletivo para componentes vinculados a pessoas jurídicas a ela filiadas.

PLANO PRIVADO DE ASSISTÊNCIA À SAÚDE. *Direito civil* e *direito do consumidor.* Prestação continuada de serviços ou cobertura de custos assistenciais a preço pré ou pós-estabelecido, por prazo indeterminado, com finalidade de garantir, sem limite financeiro, a assistência à saúde, pela facilidade de acesso e atendimento por profissionais ou serviços de saúde, livremente escolhidos, integrantes ou não de rede credenciada, contratada ou referenciada, visando a assistência médica, hospitalar e odontológica, a ser paga integral ou parcialmente às expensas da operadora contratada, mediante reembolso e pagamento direto ao prestador, por conta e ordem do consumidor.

PLANO REAL. *Economia política* e *direito financeiro.* Aquele que implantou o real como a unidade do Sistema Monetário Nacional, com curso legal em todo o território brasileiro, e estabeleceu as normas e condições de emissão do real e os critérios para conversão das obrigações para o real.

PLANOS DE BENEFÍCIOS DE ENTIDADES ABERTAS. *Direito previdenciário.* São os instituídos por entidades abertas e poderão ser: a) individuais, quando acessíveis a quaisquer pessoas físicas; ou b) coletivos, quando tenham por objetivo garantir benefícios previdenciários a pessoas físicas vinculadas, direta ou indiretamente, a uma pessoa jurídica contratante.

PLANOS DE BENEFÍCIOS DE ENTIDADES FECHADAS DE PREVIDÊNCIA COMPLEMENTAR. *Direito previdenciário.* São os que atendem às seguintes regras: a) carência mínima de sessenta contribuições mensais a plano de benefícios e cessação do vínculo com o patrocinador, para se tornar elegível a um benefício de prestação que seja programada e continuada; e b) concessão de benefício pelo regime de previdência ao qual o participante esteja filiado por intermédio de seu patrocinador, quando se tratar de plano na modalidade benefício definido. Os reajustes dos benefícios em manutenção serão efetuados de acordo com critérios estabelecidos nos regulamentos dos planos de benefícios, vedado o repasse de ganhos de produtividade, abono e vantagens de qualquer natureza para tais benefícios. Nas sociedades de economia mista e empresas controladas direta ou indiretamente pela União, pelos Estados, pelo Distrito Federal e pelos Municípios, a proposta de instituição de plano de benefícios ou adesão a plano de benefícios em execução será submetida ao órgão fiscalizador, acompanhada de manifestação favorável do órgão responsável pela supervisão, pela coordenação e pelo controle do patrocinador. As alterações no plano de benefícios que impliquem elevação da contribuição de patrocinadores serão objeto de prévia manifestação do órgão responsável pela supervisão, pela coordenação e pelo controle do patrocinador. A União, os Estados, o Distrito Federal e os Municípios, bem como suas autarquias, fundações, empresas públicas, sociedades de economia mista e outras entidades públicas, não podem fazer aporte de recursos a entidades de previdência privada de caráter complementar, salvo na condição de patrocinador. O custeio dos planos de benefícios será responsabilidade do patrocinador e dos participantes, inclusive assistidos. Além das contribuições normais, os planos poderão prever o aporte de recursos pelos participantes, a título de contribuição facultativa, sem contrapartida do patrocinador, pois este não pode assumir encargos adicionais para o financiamento dos planos de benefícios, além daqueles previstos nos respectivos planos de custeio. A despesa administrativa da entidade de previdência complementar será custeada pelo patrocinador e pelos participantes e assistidos, atendendo a limites e critérios estabelecidos pelo órgão regulador e fiscalizador. É facultada aos patrocinadores a cessão de pessoal às entidades de previdência complementar que patrocinam, desde que ressarcidos os custos correspondentes. A administração e execução dos planos de benefícios compete às entidades fechadas de previdência complementar organizadas sob a forma de fundação ou associação. Os planos de benefícios atenderão a padrões mínimos fixados pelo órgão regulador e fiscalizador, com o objetivo de assegurar transparência, solvência, liquidez, e equilíbrio econômico-financeiro e atuarial. A formalização da condição de patrocinador ou instituidor de um plano de benefício dar-se-á mediante convênio de adesão a ser celebrado entre o patrocinador ou instituidor e a entidade fechada, em relação a cada plano de benefícios por esta administrado e executado, mediante prévia autorização do órgão regulador e fiscalizador, conforme regulamentação do Poder Executivo. Admitir-se-á solidariedade entre patrocinadores ou entre instituidores, com relação aos respectivos planos, desde que expressamente prevista no convênio de adesão. O órgão regulador e fiscalizador, dentre outros requisitos, estabelecerá o número mínimo de participantes admitido para cada modalidade de plano de benefício. Os planos de benefício deverão prever os seguintes institutos, observadas as normas estabelecidas pelo órgão regulador e fiscalizador: a) benefício proporcional diferido, em razão da cessação do vínculo empregatício com o patrocinador ou associativo com o instituidor antes da aquisição do direito ao benefício pleno, a ser concedido quando cumpridos os requisitos da elegibilidade; b) portabilidade do direito acumulado pelo participante para outro plano; c) resgate da totalidade das contribuições vertidas ao plano pelo participante, descontadas as parcelas do custeio administrativo, na forma regulamentada; d) faculdade de o participante manter o valor de sua contribuição e a do patrocinador, no caso de perda parcial ou total da remuneração recebida, para assegurar a percepção dos benefícios nos níveis correspondentes àquela remuneração ou em outros definidos em normas regulamentares.

PLANOS DE PREVIDÊNCIA COMPLEMENTAR ABERTA. *Direito previdenciário.* Os que prevêem a reversão de resultados financeiros (excedentes ou déficits), pelo menos durante o período anterior ao de pagamento de benefício.

PLANO SETORIAL PARA OS RECURSOS DO MAR (PSRM). *Direito ambiental.* Com vigência plurianual, constitui um dos desdobramentos da PNRM (Política Nacional para os Recursos do Mar). O planejamento de todas as atividades relacionadas com os recursos do mar, nos diversos organismos envolvidos com esta área, deve guardar conformidade com o estabelecido no PSRM.

PLANO UNIFORME DE CONTAS. *Direito administrativo.* Adotado pelas Concessionárias de Serviços Públicos de Transporte Ferroviário, para propiciar informações eqüânimes, por todas as administrações ferroviárias. A exigência de uniformização das informações contábeis das empresas concessionárias tem como objetivo propiciar ao Poder concedente a adoção de sistemática unificada e padronizada para o acompanhamento econômico-financeiro, a análise dos custos dos serviços prestados e o estabelecimento de bases para a fixação de tarifas e sua revisão e avaliação sempre que necessário.

PLANQUETA. *História do direito.* Projétil constituído de duas malhas de ferro ligadas e que era muito usado em combate naval para desmastrear navio.

PLANTA. 1. *Direito agrário.* Vegetal. **2.** *Direito civil.* a) Projeto de construção de prédio; b) representação topográfica de um terreno.

PLANTA BAIXA. *Direito civil.* Representação dos vários cômodos de uma construção.

PLANTAÇÃO. *Direito agrário.* **1.** Conjunto de vegetais cultivados ou plantados. **2.** Plantio. **3.** Terra plantada.

PLANTAÇÃO INTERCALAR. *Vide* PLANTAÇÃO SUBSIDIÁRIA.

PLANTAÇÃO SUBSIDIÁRIA. *Direito agrário.* É a realizada pelo trabalhador rural em terra de seu empregador, mas com autorização deste, sendo objeto de contrato em separado do de emprego.

PLANTA DANINHA. *Direito agrário.* **1.** É a que causa prejuízo direto ou indireto no local em que ocorre. **2.** Planta que nasce inoportunamente numa cultura e que compete por espaço e nutrientes.

PLANTA DE ESTUFA. *Direito agrário.* Aquela originária de países quentes que, nos climas frios, só pode viver em estufa.

PLANTA ESPONTÂNEA. *Direito agrário.* Planta de ocorrência natural, ou seja, a que nasce sem ser cultivada.

PLANTADO. *Direito agrário.* O que se plantou.

PLANTADOR. *Direito agrário.* **1.** Aquele que planta. **2.** Dono de plantação.

PLANTA INTEIRA. *Direito agrário.* Planta com todas as suas partes passíveis de ser utilizadas na propagação de uma cultivar.

PLANTA NATIVA. *Vide* PLANTA ESPONTÂNEA.

PLANTÃO. 1. *Direito militar.* Serviço distribuído a um soldado, diariamente, na companhia, dele não se podendo afastar enquanto outro não vier substituí-lo. **2.** *Direito do trabalho.* Serviço noturno em hospital, farmácia, redação de jornal etc. **3.** *Direito administrativo.* Ato de o funcionário ficar à disposição do público, em dia preestabelecido, ou fora do expediente normal, resolvendo os problemas que surgirem. **4.** *Direito processual.* Atendimento judicial, em período de férias forenses, a certas questões. **5.** *Direito comercial.* Estabelecimento que, em domingos e feriados ou durante a noite, fica aberto para atender ao público.

PLANTA ORNAMENTAL. *Direito agrário* e *direito urbanístico.* Planta que é cultivada em viveiro, para ser plantada em praças, jardins, ruas, calçadas etc.

PLANTAR. 1. *Direito agrário.* Semear, cultivar. **2.** *Medicina legal.* Relativo à planta do pé.

PLANTA RECEPTORA. *Direito ambiental.* Planta, não transformada pelo processo de engenharia genética, a ser geneticamente modificada.

PLANTEL. 1. *Direito agrário.* a) Conjunto de animais de fina raça; b) potreiro onde se criam ovelhas. **2.** *Direito desportivo.* Grupo de jogadores selecionados.

PLANTIO. *Vide* PLANTAÇÃO.

PLANTOMANIA. *Medicina legal.* Mania de plantações.

PLANTONISTA. Aquele que está encarregado de um plantão.

PLAQUETA. *Medicina legal.* Célula incolor, de forma ovalada, presente no sangue de mamíferos, responsável pela coagulação.

PLAQUETOPENIA AUTO-IMUNE. *Medicina legal.* Diminuição do número de plaquetas causada por auto-anticorpos antiplaquetários.

PLASMA CONGELADO. *Medicina legal.* Plasma obtido de uma unidade de sangue total, separado em sistema fechado, cujo processo de congelamento se completou em mais de oito horas após a coleta e estocado em temperatura não superior a -20ºC.

PLASMAFERESE. *Medicina legal.* Procedimento de obtenção de plasma a partir da coleta de sangue total, onde os elementos celulares são removidos e devolvidos ao doador durante a doação.

PLASMA FRESCO. *Medicina legal.* Plasma obtido de uma unidade de sangue total, em sistema fechado, utilizado ou processado dentro do prazo máximo de oito horas após a coleta do sangue.

PLASMA FRESCO CONGELADO (PFC). *Medicina legal.* Plasma fresco cujo processo de congelamento se completou em um prazo máximo de oito horas após a coleta, devendo ser estocado em temperatura não superior a -20ºC.

PLASMA GERMINATIVO. *Medicina legal.* Reserva celular que reproduz o ser vivo e transmite-se de geração para geração (Weismann).

PLASMA RECUPERADO. *Medicina legal.* Plasma que não preenche os requisitos de plasma fresco, plasma fresco congelado, plasma congelado ou plasma remanescente e que se destina exclusivamente à produção de hemoderivados, devendo ser estocado em temperatura não superior a -20ºC.

PLASMA REMANESCENTE (COMUM). *Medicina legal.* Plasma obtido a partir de plasma fresco, plasma fresco congelado ou plasma congelado após a retirada de componente(s), devendo ser recongelado e estocado em temperatura não superior a -20ºC.

PLASMA SANGÜÍNEO. *Medicina legal.* Parte do sangue constituída por proteínas, hormônios, enzimas e componentes imunológicos.

PLASMA SOMÁTICO. *Medicina legal.* Plasma que forma os diversos órgãos do corpo humano cessando com sua morte.

PLASMÁTICO. *Medicina legal.* Referente ao plasma.

PLÁSTICA. *Medicina legal.* **1.** Processo cirúrgico corretivo que visa reconstituir uma parte do corpo que esteja deformada. **2.** Intervenção cirúrgica estética que pretende embelezar paciente. **3.** Conformação geral do corpo humano.

PLASTIC MONEY. *Locução inglesa.* **1.** Cartão de crédito. **2.** Cartão de saque.

PLASTRÃO NÁUTICO. *Direito marítimo.* Aparelho de salvação e natação, feito em uma meia couraça formada por almofada de ar de lona impermeável.

PLATAFORMA. 1. *Ciência política.* a) Programa eleitoral de partido político; b) programa de governo ou meta política de um candidato a cargo público eletivo; c) discurso solene em que o candidato expõe seu programa. **2.** *Direito civil.* Eirado; terraço. **3.** *Direito comercial.* a) Parte elevada da estação ferroviária à altura do estribo dos vagões, que facilita o embarque e desembarque de passageiros; b) estrado elevado, em um trem, apropriado para o maquinista. **4.** *Direito militar.* Base para montagem de canhão. **5.** *Direito marítimo.* É a instalação ou estrutura, fixa ou flutuante, destinada às atividades direta ou indiretamente relacionadas com a pesquisa, exploração e explotação dos recursos oriundos do leito das águas interiores e seu subsolo ou do mar, inclusive da plataforma continental e seu subsolo.

PLATAFORMA CONTINENTAL. *Direito internacional público.* Parte do leito do mar adjacente à costa, de largura variável e profundidade de até 200m, sobre a qual o Estado costeiro tem soberania na exploração de seus recursos naturais (Rezek). A plataforma continental do Brasil compreende o leito e o subsolo das áreas submarinas que se estendem além do seu mar territorial, em toda a extensão do prolongamento natural de seu território terrestre, até o bordo exterior da margem continental, ou até uma distância de duzentas milhas marítimas das linhas de base, a partir das quais se mede a largura do mar territorial, nos casos em que o bordo exterior da margem continental não atinja essa distância. O limite exterior da plataforma continental será fixado de conformidade com os critérios estabelecidos no art. 76 da Convenção das Nações Unidas sobre o Direito do Mar, celebrada em Montego Bay, em 10 de dezembro de 1982. Poderá alcançar a distância de até 350 milhas náuticas da costa. O Brasil exercerá direitos de soberania sobre a Plataforma Continental, que se estende além da Zona Econômica Exclusiva, para efeitos de exploração dos recursos naturais vivos pertencentes a espécies sedentárias, isto é, àquelas que, no período de captura, estão imóveis no leito do mar ou no seu subsolo, ou que só podem mover-se em constante contato físico com esse leito ou subsolo.

PLATAFORMA DE LANÇAMENTO. *Direito espacial.* Aquela em que se assentam mísseis e foguetes para lançamento.

PLATAFORMA DE MERGULHO. *Direito marítimo.* Navio, embarcação, balsa, estrutura fixa ou flutuante, canteiro de obras, estaleiro, cais ou local a partir do qual se realiza um mergulho ou qualquer tipo de intervenção submarina.

PLATAFORMA ESPACIAL. *Vide* ESTAÇÃO ESPACIAL.

PLATAFORMA GIRATÓRIA. *Direito comercial.* Disco giratório no qual se coloca o trem para que ele mude de via.

PLATAFORMA INSULAR. *Direito internacional público.* Plataforma continental, se se tratar de uma ilha.

PLATAFORMA SUBMARINA. *Vide* PLATAFORMA CONTINENTAL.

PLATAFORMA TERRITORIAL. *Vide* PLATAFORMA CONTINENTAL.

PLATANISTA. *História do direito.* Local sombreado de plátanos onde os espartanos faziam ginástica.

PLATÉIA. 1. Pavimento do teatro localizado entre o palco e os camarotes. **2.** Conjunto de espectadores que ficam naquele pavimento.

PLATICEFALIA. *Medicina legal.* Achatamento da cabeça.

PLATICÉFALO. *Medicina legal.* Diz-se daquele que possui cabeça chata.

PLATIPÓDICO. *Medicina legal.* Aquele que tem pé chato.

PLATIPOPIA. *Medicina legal.* Achatamento da arcada plantar.

PLATIRRINIA. *Medicina legal.* Achatamento do nariz.

PLATIRRINO. *Medicina legal.* Aquele que tem nariz achatado.

PLATÔNICO. *Filosofia geral.* **1.** O que diz respeito à filosofia de Platão. **2.** Aquele que não tem interesse material.

PLATONISMO. *Filosofia geral.* **1.** Doutrina filosófica de Platão. **2.** Qualidade do que é platônico.

PLAUSÍVEL. 1. Aceitável. **2.** Razoável.

PLAUSTRO. *Direito romano.* Carro rural de duas rodas.

PLAYBACK. *Termo inglês.* Reprodução de uma gravação imediatamente depois de feita para averiguar as possíveis falhas.

PLAYER. *Termo inglês.* Participante de um mercado.

PLEA BARGAIN. *Locução inglesa.* Instituto dos EUA pelo qual 90% dos crimes sujeitos à apreciação da justiça norte-americana são resolvidos por acordos, homologados pelo juiz, entre acusação e defesa. Trata-se da transação plenal, medida eficaz para a celeridade processual, desafogamento do Poder Judiciário, culminando, na maioria das vezes, com a despenalização (Fernando F. Abreu).

PLEASURE TRIP. *Locução inglesa.* Viagem de recreio.

PLEBE. 1. *Direito romano.* Povo que não pertencia à classe dos patrícios. **2.** *Sociologia geral.* a) Classe da população de condição mais baixa; b) classe que não faz parte da nobreza.

PLEBEIA PHILOSOPHIA. *Filosofia geral.* **1.** Materialismo. **2.** Empirismo. **3.** Apelo ao senso comum (Lalande).

PLEBEÍSMO. *Sociologia geral.* **1.** Modo ou uso peculiar à plebe. **2.** Condição de plebeu.

PLEBEU. *Sociologia geral.* **1.** Aquele que pertence à plebe. **2.** O que não faz parte da nobreza.

PLEBISCITAR. *Direito constitucional.* **1.** Consultar o povo por meio de plebiscito. **2.** Submeter a plebiscito.

PLEBISCITÁRIO. *Direito constitucional.* **1.** O que diz respeito a plebiscito. **2.** Aquele que vota em plebiscito. **3.** Partidário da votação plebiscitária.

PLEBISCITO. 1. *Direito romano.* Voto obrigatório apenas para os plebeus. **2.** *Direito constitucional.* a) Consulta feita ao eleitorado sobre matéria de grande importância política, econômica e social, aprovando-a ou rejeitando-a, expressando sua opinião, por meio de cédulas que, em regra, contêm um "sim" ou um "não"; b) é convocado com anterioridade a ato legislativo ou administrativo, cabendo ao povo, pelo voto, aprovar ou denegar o que lhe tenha sido submetido. É, portanto, aprovação ou desaprovação de um ato do governo pelo povo, que manifesta, ou não, sua confiança no detentor do poder. **3.** *Direito internacional público.* Consulta ao povo sobre questão apresentada em um tratado ou por um organismo internacional, ou sobre a sua independência ou anexação a território de outro Estado.

PLEBS GENTEM NON HABET. *Expressão latina.* A plebe não tem tradições familiares.

PLEDGE. *Termo inglês.* **1.** Garantia. **2.** Caução. **3.** Fiança. **4.** Penhor.

PLEDGE OF AGREEMENT. *Direito internacional privado.* Carta de intenção.

PLEITEADOR. *Direito processual civil.* **1.** Litigante; aquele que pleiteia algo em juízo. **2.** Pleiteante. **3.** Autor de ação judicial. **4.** Reivindicante. **5.** Parte no processo.

PLEITEANTE. *Vide* PLEITEADOR.

PLEITEAR. 1. *Direito processual civil.* a) Demandar em juízo; b) litigar; c) defender em pleito; d) contestar; e) discutir em juízo. **2.** *Direito administrativo.* a) Concorrer em concurso público; b) disputar cargo público. **3.** Nas *linguagens jurídica* e *comum,* pode ter o sentido de: a) rivalizar; b) sustentar em discussão; c) empenhar-se para obter algo; d) conquistar; e) reivindicar.

PLEITISTA. *Vide* PLEITEADOR.

PLEITO. *Direito processual civil.* **1.** Demanda judicial. **2.** Litígio. **3.** Lide. **4.** Disputa. **5.** Decisão. **6.** Controvérsia sobre conflito de interesses entre as partes.

PLEITO ELEITORAL. *Direito eleitoral.* **1.** Disputa pelos votos dos eleitores entre candidatos indicados, pelos partidos políticos, a um cargo eletivo. **2.** Eleição no período da votação.

PLENA ADOÇÃO. *Vide* ADOÇÃO PLENA.

PLENA PROPRIEDADE. *Vide* PROPRIEDADE PLENA.

PLENÁRIO. 1. *Direito processual.* Sessão de tribunal em que participam os magistrados com direito de deliberação. **2.** *Ciência política.* Local na Câmara, Assembléia Legislativa ou Senado reservado ao conjunto de representantes ou parlamentares.

PLENILÚNIO ABDOMINAL. *Medicina legal.* Abdômen volumoso.

PLENIPOTÊNCIA. Pleno poder.

PLENIPOTENCIÁRIO. *Direito internacional público.* **1.** Ministro de Estado responsável pelas relações exteriores, assim que investido pelo chefe de Estado ou chefe de governo naquela função especializada (Rezek). **2.** Chefe de missão diplomática ou embaixador encarregado da negociação de tratado bilateral entre Estado acreditante e Estado acreditado (Rezek), tratando de assuntos do interesse de ambos. **3.** Agente diplomático, investido de plenos poderes, que tem a missão permanente de representar o governo de seu país junto ao de uma nação alienígena.

PLENISMO. *Filosofia geral.* Doutrina segundo a qual o Universo é, inteiramente, ocupado pela matéria, inexistindo o vácuo.

PLENISTA. *Filosofia geral.* Adepto do plenismo.

PLENITUDE. *Teoria geral do direito.* **1.** Qualidade do que é pleno; totalidade. **2.** Completude. **3.** Perfeição.

PLENITUDE GÁSTRICA. *Medicina legal.* Estado estomacal repleto de alimento.

PLENIUS AEQUO, LAUDAT VENALIS QUI VULT EXTRUDERE MERCES. *Expressão latina.* O comerciante que pretende livrar-se de suas mercadorias enaltece-as mais do que convém.

PLENO. 1. *Direito processual.* Diz-se do tribunal em que há reunião de suas câmaras ou turmas para deliberação de questão de sua competência. **2.** Nas *linguagens comum* e *jurídica,* pode, ainda, significar: a) total; b) completo; c) perfeito; d) absoluto; e) no meio de algo.

PLENO DIREITO. *Teoria geral do direito.* Direito que independe, por determinação legal, para produzir efeitos jurídicos de julgamento ou sentença judicial.

PLENO EMPREGO. *Economia política* e *direito constitucional.* Equilíbrio entre a procura de trabalho e a oferta de emprego, acarretando ausência de desemprego e atendimento dos setores de produção, transformação e comercialização, que deve ser um dos objetivos da ordem econômica, fundada na valorização do trabalho humano e na livre iniciativa, para assegurar a todos existência digna, conforme os ditames da justiça social.

PLENO IURE. *Locução latina.* Pleno direito.

PLENO MAR. *Vide* ALTO-MAR.

PLENOS PODERES. 1. *Direito civil.* Diz-se do mandato geral, em que o mandatário pode administrar todos os negócios ou vender bens do mandante, tendo poderes ilimitados para atingir determinado fim. Trata-se da amplitude de poderes outorgados ao mandatário, necessários para que se cumpra o ato indicado e para que aja em nome do mandante. **2.** *Direito internacional público.* Outorga de poderes suficientes, pelo Estado, ao seu plenipotenciário, para conclusão de tratado ou de negócio junto ao país acreditado. **3.** *Direito constitucional.* Autoridade sem limites concedida ao chefe de Estado para administrar o país em situação emergencial ou crítica.

PLERAQUE IN JURE NON LEGIBUS SED MORIBUS CONSTAT. *Brocardo latino.* Muitas coisas, em direito, constam dos costumes, e não da lei.

PLEROSE. *Medicina legal.* Restauração de forças perdidas, após uma moléstia.

PLETORA. *Medicina legal.* Excesso de sangue no organismo.

PLETRO. *História do direito.* Antiga unidade grega de comprimento que correspondia a 30,85 m.

PLEURALGIA. *Medicina legal.* Dor na pleura, que é a membrana serosa que cobre a superfície dos pulmões.

PLEURIS. *Medicina legal.* Inflamação na pleura.

PLEURISIA. *Vide* PLEURIS.

PLEURITE. *Vide* PLEURIS.

PLEUROCELE. *Medicina legal.* Hérnia da pleura.

PLEUROPIOSE. *Medicina legal.* Presença de pus na pleura.

PLEUROPNEUMONIA. *Medicina legal.* Pleuris que se complica com pneumonia.

PLEURORRAGIA. *Medicina legal.* Hemorragia da pleura.

PLEURORRÉIA. *Medicina legal.* Derramamento de líquido na pleura.

PLFICHTGEMÄSS. *Termo alemão.* Função social.

PLOTAGEM. *Direito virtual.* Processo pelo qual, com o auxílio de um *plotter*, se transfere um desenho, criado em computador, para o papel.

PLOTTER. *Termo inglês.* Impressora de computador usada em engenharia e arquitetura.

PLOUGHER. *Termo inglês.* Lavrador.

PLUG–IN. *Direito virtual.* Programas desenvolvidos para auxiliar outro *software*.

PLUMBISMO. *Medicina legal.* Envenenamento crônico provocado por chumbo; intoxicação saturnina crônica.

PLURAL. *Lógica jurídica.* Diz-se do juízo que se aplica a vários sujeitos, enumerados separadamente ou reunidos em um termo geral (Sigwart).

PLURAL DE MODÉSTIA. *Direito autoral.* Plural usado pelos escritores e oradores com o propósito de evitar o desagradável de afirmação feita na primeira pessoa.

PLURALIDADE. 1. Maioria. **2.** Qualidade atribuída a mais de uma coisa ou pessoa. **3.** Qualidade de ser numeroso.

PLURALIDADE DE DOMICÍLIO. *Direito civil.* Fato de a pessoa natural ter várias residências onde alternadamente viva, ou diversos centros de ocupação habituais, podendo ser acionado em qualquer deles, sendo lícito ao autor escolher um deles.

PLURALIDADE DE EMPREGADORES RURAIS. O mesmo que CONSÓRCIO DE EMPREGADORES.

PLURALISMO. 1. *Filosofia geral.* a) Teoria pela qual os seres componentes do mundo são múltiplos, individuais e independentes. Logo, não podem ser considerados como fenômenos de uma única realidade (Lotze, Renouvier, W. James e Schiller); b) tese que sustenta que a heterogeneidade e a diversidade vencem, cientificamente, a homogeneidade e a identidade (Boex-Borel); c) doutrina que admite a coexistência de mais de um princípio último. **2.** *Sociologia geral.* Composição da sociedade em diversos grupos ou centros de poder, mesmo que conflitantes entre si. **3.** *Medicina legal.* Prática sexual entre três ou mais pessoas, sendo que pelo menos uma deve pertencer a sexo diferente (Paulo Matos Peixoto). **4.** *Ciência política.* Teoria que propõe como modelo a sociedade composta de vários grupos ou centros de poder, mesmo que em conflito entre si, aos quais se confere a função de controlar o poder dominante, identificado com o Estado (Bobbio).

PLURALISMO DE ORDENAÇÕES JURÍDICAS. *Teoria geral do direito.* Existência de normas estatutárias para cada grupo social, visto que a *potestas normandi* reside no Estado (sociedade política) e nos grupos sociais.

PLURALISMO JURÍDICO. *Filosofia do direito.* É aquele que reconhece ser o direito estatal apenas uma das várias formas jurídicas existentes na sociedade, geradas por diferentes forças sociais ou manifestações legais não-estatais reconhecidas pelo Estado (Wolkmer). Trata-se da co-existência de várias manifestações jurídicas, sejam elas estatais ou não.

PLURALISMO POLÍTICO. *Ciência política.* **1.** Teoria que se opõe à concentração de poderes em um só poder central, propugnando a descentralização e a limitação do poder dominante; a existência de grupos rivais, ou pluralidade de forças sociais, ou seja, de vários partidos políticos, sindicatos etc. **2.** Pluripartidarismo. **3.** Sistema de voto plural.

PLURALISTA. *Filosofia geral* e *medicina legal.* Adepto do pluralismo.

PLURALITAS NON EST PONENDA SINE NECESSITATE. *Expressão latina.* Não se deve introduzir uma pluralidade sem necessidade.

PLURA SUNT NEGOTIA QUAM VOCABULA. *Expressão latina.* Os negócios são mais do que as palavras.

PLURATIVO. *Lógica jurídica.* Diz-se do juízo plural, mas não universal, no qual a extensão do sujeito determina-se pelas seguintes expressões: a mais parte, alguns, muito etc. (Keynes).

PLURIANUALIDADE. *Direito constitucional.* Qualidade do plano plurianual instituído por lei complementar, que estabelece, de forma regionalizada, as diretrizes, objetivos e metas da Administração Pública federal para as despesas de capital e outras delas decorrentes, e para as relativas aos programas de duração continuada, cujo projeto deve ser apreciado pelas duas Casas do Congresso Nacional.

PLURIBUS INTENTUS, MINOR EST AD SINGULA SENSUS. *Expressão latina.* A atenção dividida entre muitas coisas é menos intensa, pois quem abarca muito pouco abraça.

PLURIENAL. *Direito administrativo.* Orçamento público que contém previsão de mais de um exercício.

PLURIGAMIA. *Direito comparado.* Poligamia.

PLURILATERAL. **1.** *Direito civil.* Diz-se do negócio jurídico para cuja formação concorre a manifestação da vontade de três ou mais pessoas. **2.** *Direito comercial* e *direito internacional privado.* Comércio livre que se efetua entre vários países. **3.** *Direito internacional público.* Diz-se do tratado efetivado por três ou mais signatários, também designado tratado multilateral.

PLURILÍNGÜE. **1.** Poliglota. **2.** O que se refere a várias línguas.

PLURIMUS. *Termo latino.* Vários.

PLURIPARTIDARISMO. *Ciência política* e *direito constitucional.* **1.** Aquilo que existe em um país o qual possui diversos partidos políticos. **2.** Existência de um número razoável de partidos (Acquaviva).

PLURIPARTIDARISTA. *Ciência política.* Partidário do pluripartidarismo.

PLURIS EST OCULATUS TESTIS UNUS QUAM AURITI DECEM. *Expressão latina.* Mais vale uma testemunha ocular do que dez por ouvir dizer.

PLURIS FACIMUS QUOD MAJORE LABORE COMPARAMUS. *Expressão latina.* Estimamos muito mais aquilo que nos vem do trabalho do que o que herdamos.

PLURISSECULAR. O que tem muitos séculos.

PLURISSIGNIFICATIVA. *Teoria geral do direito.* Palavra que se aplica em várias significações.

PLURITRIBUTAÇÃO INTERNACIONAL. *Direito internacional público.* Legítima exigência a um mesmo sujeito passivo, por dois ou mais Estados soberanos, autônoma e internamente a cada um dos créditos tributários que correspondam a tributos materialmente semelhantes e formados num mesmo período de tempo a partir de um mesmo suporte fático (Heleno Tôrres).

PLURIVALENTE. **1.** *Filosofia geral.* a) O que tem muitos valores; b) o que pode produzir diversos efeitos (Burloud). **2.** *Lógica jurídica.* Cálculo lógico que admite para as proposições outros valores além do verdadeiro e falso (Lalande).

PLURÍVOCO. *Teoria geral do direito.* O que possui vários sentidos.

PLUS. *Termo latino.* O mais; o excedente; maior quantidade; excesso.

PLUS AEQUO. *Locução latina.* Com mais rigor do que é justo.

PLUS COGITATUM QUAM DICTUM. *Expressão latina.* Mais se pensou do que se disse.

PLUS DICTUM QUAM COGITATUM. *Expressão latina.* Mais se disse do que se pensou.

PLUS ENIN PLERUMQUE EXEMPLA QUAM RATIOCINATIONIS VERBA COMPANGUNT. *Expressão latina.* Na maioria das vezes, os exemplos arregimentam mais do que os raciocínios.

PLUS EST FACTO EXPRIMERE QUAM VERBO. *Aforismo jurídico.* Mais vale exprimir com fatos do que com palavras.

PLUS JURIS NEMO IN ALIUM TRANSFERRE POTEST QUAM IPSE HABET. *Aforismo jurídico.* Ninguém pode transferir a outrem mais direito do que tem.

PLUS PETITA. *Locução latina.* Maior pedido; o que se dá além do pedido.

PLUS PETITIO. *Locução latina.* Pedido feito além do que se tem direito.

PLUS PETITIO CAUSA. *Locução latina.* Reclamação judicial de certa coisa do réu, sendo, a obrigação, alternativa.

PLUS PETITIO LOCO. *Locução latina.* Pedido feito em local diverso do convencionado ou do indicado pela lei para o adimplemento da obrigação.

PLUS PETITIO RE. *Locução latina.* **1.** Pedido excessivo relativamente ao objeto. **2.** Pedido, feito judicialmente, de uma quantidade de coisas acima daquela a que se tem direito.

PLUS PETITIO TEMPORE. *Locução latina.* Pedido, feito judicialmente. do cumprimento de uma obrigação antes de seu vencimento.

PLUS SEMPER IN SE CONTINET QUOD EST MINUS. *Expressão latina.* O mais sempre contém em si o menos.

PLUS, SI LICET, QUOD MINUS EST LICEBIT. *Aforismo jurídico.* Se o mais é lícito, o menos também o é.

PLUS ULTRA. *Locução latina.* Mais além.

PLUS USUS SINE DOCTRINA QUAM DOCTRINA SINE USU VALET. *Brocardo latino.* Mais vale o uso sem a doutrina do que a doutrina sem o uso.

PLUS VALERE QUOD AGITUR QUAM QUOD SIMULATE CONCIPITUR. *Expressão latina.* Tem mais força o que realmente foi feito do que as palavras com que se procura disfarçar.

PLUS VALIA. *Locução latina.* **1.** Supervalia. **2.** *Economia política.* Sobreganho proporcionado ao capital, em detrimento da remuneração pelo trabalho, fazendo com que o contrato de trabalho seja mais oneroso para o empregado e lucrativo para o empregador.

PLÚTEO. *Direito romano.* Abrigo móvel de tábuas que protegia os sitiantes das setas do inimigo.

PLUTOCRACIA. *Sociologia geral.* Domínio exercido pela classe capitalista, em razão de sua riqueza material, que, por isso, controla a economia, por ser detentora dos meios de produção, circulação e distribuição da riqueza, por dirigir as grandes sociedades industriais, comerciais e financeiras.

PLUTOCRATA. *Sociologia geral.* Aquele que exerce influência social e econômica pela sua riqueza.

PLUTOMANIA. *Medicina legal.* Distúrbio mental em que o paciente imagina-se dono de grande riqueza.

PLUTOMANÍACO. *Medicina legal.* **1.** Aquele que sofre de plutomania. **2.** O que se refere a plutomania.

PLUTONISMO. *Medicina legal.* Envenenamento causado por radiações de plutônio.

PLUTONOMIA. *História do direito.* Ciência econômica, que, hoje, se designa economia política.

PLUVIAL. *Direito civil.* Relativo à chuva.

PLUVIOGRAFIA. 1. Ramo da meteorologia que faz registro automático da precipitação da chuva ou da neve. **2.** Representação gráfica dos dados daquela precipitação.

PLUVIOMETRIA. Ramo da meteorologia que mede a quantidade de chuva caída.

PLUVIÔMETRO. Instrumento apropriado para medir a chuva que caiu em certo lugar.

PLUVIOSO. *História do direito.* Quinto mês do calendário da Revolução Francesa (de 20, 21 ou 22 de janeiro a 19, 20 ou 21 de fevereiro).

PNEOMETRIA. *Medicina legal.* Medição da quantidade de ar inspirada ou expirada para determinação da capacidade dos pulmões.

PNEÔMETRO. *Medicina legal.* Instrumento que mede a quantidade de ar inspirada ou expirada.

PNEUMATEMIA. *Medicina legal.* Presença de ar ou de gás nos vasos sangüíneos.

PNEUMÁTICA. Ramo da física que se ocupa de propriedades físicas do ar e de gases, como, por exemplo, sua pressão, seu peso etc.

PNEUMÁTICO. 1. O que diz respeito à pneumática. **2.** Coberta externa da câmara-de-ar da roda de um veículo.

PNEUMÁTICO-BALÃO. Pneumático leve e flexível que amortece choques por grande volume de ar a baixa pressão.

PNEUMATISMO. Espiritualismo substancialista (Kant).

PNEUMATOCARDIA. *Medicina legal.* Presença de ar no coração.

PNEUMATOCEFALIA. *Medicina legal.* Presença de ar nos ventrículos cerebrais.

PNEUMATOCELE. *Medicina legal.* **1.** Protuberância hernial do tecido pulmonar. **2.** Tumor gasoso do escroto.

PNEUMATOGENIA. *Medicina legal.* Processo de respiração artificial que consiste na elevação e abaixamento dos ombros.

PNEUMATÓGRAFO. *Psicologia forense.* Aparelho que registra, para cada ato respiratório, a duração discriminada da inspiração e da expiração, e a variação do ritmo respiratório conforme o acusado se prepara para mentir ou para falar a verdade.

PNEUMATOLOGIA. 1. Conhecimento da alma humana. **2.** Ciência dos espíritos (Bersot).

PNEUMATORRAQUIA. *Medicina legal.* Presença de gás no canal raquiano.

PNEUMENFRAXIA. *Medicina legal.* Obstrução dos brônquios por mucosidades.

PNEUMOCONIOSE. *Medicina legal.* Moléstia pulmonar causada por inalação habitual de ar que contém partículas metálicas ou minerais.

PNEUMOENCEFALITE. *Medicina legal.* Doença de Newcastle, isto é, moléstia causada, por um vírus, em galinhas, transmissível ao homem, provocando pneumonia e encefalomielite.

PNEUMOFLEBITE. *Medicina legal.* Inflamação das veias pulmonares.

PNEUMOMELANOSE. *Medicina legal.* Enegrecimento do tecido pulmonar devido à inalação de pó de carvão.

PNEUMONIA. *Medicina legal.* Inflamação do parênquima pulmonar, provocada por vírus, corpo estranho, irritação química etc.

PNEUMOPERICÁRDIO. *Medicina legal.* Derrame gasoso que ocorre na cavidade pericárdica, podendo advir de traumas ou de cirurgias.

PNEUMOPLEGIA. *Medicina legal.* Paralisia pulmonar.

PNEUMOTIFO. *Medicina legal.* Febre tifóide que se inicia com pneumonia.

PNEUMOTÓRAX. *Medicina legal.* Acúmulo de ar ou de gás na cavidade pleural.

PNGC. *Direito marítimo.* Sigla de Plano Nacional de Gerenciamento Costeiro, que orienta a utilização racional dos recursos na zona costeira, protegendo seu patrimônio natural, histórico, étnico e cultural.

PNMA. *Direito ambiental.* Sigla de Política Nacional do Meio Ambiente.

PNRM. *Direito marítimo.* Sigla de Política Nacional para os Recursos do Mar.

PNUD. *Direito internacional público.* Sigla de Programa das Nações Unidas para o Desenvolvimento.

POBRE. 1. *Direito civil.* a) Necessitado; b) o que não tem meios para prover sua subsistência e a de sua família. **2.** *Direito processual.* Aquele que não possui recursos financeiros para pagar custas e que, por isso, se vale da justiça gratuita. **3.** *Direito agrário.* Diz-se da terra pouco fértil ou pouco produtiva.

POBRERIO. *Sociologia geral.* Classe pobre.

POBREZA. 1. *Sociologia geral.* Situação em que o nível de vida de uma pessoa está abaixo do nível médio da comunidade. **2.** *Direito civil.* a) Estreiteza de haveres; b) penúria; c) carência de recursos para prover a própria subsistência. **3.** *Direito processual.* Falta de recursos para pagamento das despesas do processo. **4.** *Direito canônico.* Voto em que religioso renuncia bens materiais.

POBREZA DE ESPÍRITO. Escassez de inteligência.

POÇAL. *História do direito.* Medida portuguesa e castelhana de líquidos que equivalia a cinco almudes, correspondente a 31,94 l.

POCEIRO. *Direito agrário.* **1.** Aquele que cava poço. **2.** Cesto apropriado para lavar lã.

POCILGA. *Direito agrário.* Chiqueiro; curral de porcos.

POCILGO. *Direito agrário.* Alojamento para um ou mais porcos.

POCKET VETO. *Locução inglesa.* Veto por omissão de pronunciamento, no prazo legal, pela autoridade executiva.

POÇO. 1. *Direito agrário.* Profunda cavidade aberta no solo, onde se junta água nascente de uso geral. **2.** *Direito ambiental.* Escavação vertical no solo ou na rocha, utilizada para caracterização dos corpos geológicos. Os poços podem ter seção circular (0,8 metros de diâmetro), ou quadrada (1,0 metro de lado) e profundidade variável.

POCULA ABORTIONIS. *Locução latina.* Substância abortiva.

PODA. *Direito agrário.* Ato de podar.

PODADEIRA. *Direito agrário.* Tesoura ou foice com que se podam plantas.

PODADO. *Direito agrário.* O que se podou.

PODADOR. *Direito agrário.* O que poda.

PODAGRA. *Medicina legal.* **1.** Dor gotosa no polegar do pé. **2.** Gota no pé.

PODALGIA. *Medicina legal.* Dor nos pés.

PODAR. *Direito agrário.* Cortar ramos de plantas.

PODELCOSE. *Medicina legal.* Úlcera dos pés.

PODER. 1. *Sociologia jurídica.* a) Capacidade de impor a própria vontade numa relação social (Max Weber); b) relação bipolar e desigualitária que ocorre em todos os tipos de organização social (Simmel); c) liderança; d) autoridade a serviço de uma instituição; e) expressão de uma unidade social que se coloca acima dos indivíduos ou de outras unidades sociais particulares (Miguel Reale). **2.** *Filosofia do direito.* a) Potência; b) capacidade de agir; c) autoridade legal; d) direito de fazer ou exigir algo; e) atributo de uma autoridade. **3.** *Direito civil.* a) Capacidade; aptidão legal; b) autorização, permissão; c) obrigar; d) impor obediência; e) ser permitido; f) posse; g) domínio. **4.** *Direito administrativo.* a) Órgão público que exerce funções políticas ou administrativas; b) autoridade pública; c) função exercida pelo órgão instituído, dentro de sua competência; d) competência. **5.** Nas *linguagens comum* e *jurídica,* pode significar: a) prestígio; b) carisma; c) força. **6.** *Ciência política.* a) Infra-estrutura dinâmica das instituições sociopolíticas (Loewenstein); b) capacidade de alcançar resultados por meio da ação planejada; produto da mobilização de elementos de apoio (Lipson).

PODER ABSOLUTO. 1. *Sociologia jurídica.* Patologia do poder. **2.** *Ciência política.* a) Poder que está nas mãos de um só indivíduo, não havendo a divisão do poder político nos três Poderes:

Executivo, Legislativo e Judiciário; b) poder do governo despótico, segundo o qual o déspota considera o Estado uma propriedade sua e o direito, sua própria vontade.

PODER AQUISITIVO. *Direito civil* e *economia política.* Capacidade para comprar bens e locar serviços, em razão dos recursos econômicos que possui, possibilitando a troca de dinheiro por bens e serviços.

PODER ARBITRÁRIO. *Vide* PODER ABSOLUTO.

PODER ATUAL. *Ciência política.* Relação entre comportamentos, em que um pretende determinar o outro (Stoppino).

PODER CARISMÁTICO. *Ciência política.* Aquele exercido por um verdadeiro líder, que, com seu carisma, chega a interpretar as aspirações populares (Weber).

PODER CONCEDENTE. *Direito administrativo.* Pode ser a União, o Estado, o Distrito Federal ou o Município, em cuja competência se encontre o serviço público, precedido ou não da execução de obra pública, objeto de concessão ou permissão. Tem os encargos de: a) regulamentar o serviço e fiscalizar permanentemente a sua prestação; b) aplicar as penalidades regulamentares e contratuais; c) intervir na prestação do serviço, nos casos e condições previstos em lei; d) extinguir a concessão, nos casos previstos em lei e na forma prevista no contrato; e) homologar reajustes e proceder à revisão das tarifas na forma da lei, das normas pertinentes e do contrato; f) cumprir e fazer cumprir as disposições regulamentares do serviço e as cláusulas contratuais da concessão; g) zelar pela boa qualidade do serviço, receber, apurar e solucionar queixas e reclamações dos usuários, que serão cientificados, em até trinta dias, das providências tomadas; h) declarar de utilidade pública os bens necessários à execução do serviço ou obra pública, promovendo as desapropriações, diretamente ou mediante outorga de poderes à concessionária, caso em que será desta a responsabilidade pelas indenizações cabíveis; i) declarar de necessidade ou utilidade pública, para fins de instituição de servidão administrativa, os bens necessários à execução de serviço ou obra pública, promovendo-a diretamente ou mediante outorga de poderes à concessionária, caso em que será desta a responsabilidade pelas indenizações cabíveis; j) estimular o aumento da qualidade, produtividade, preservação do meio ambiente

PODER CONSTITUÍDO | 681 | **POD**

e conservação; k) incentivar a competitividade; l) estimular a formação de associações de usuários para defesa de interesses relativos ao serviço.

PODER CONSTITUÍDO. *Ciência política* e *direito constitucional.* **1.** Poder que emana do povo, conferindo a seus representantes o exercício de cargos eletivos. **2.** Poder constituinte derivado.

PODER CONSTITUINTE. *Ciência política* e *direito constitucional.* Poder que se encarrega de elaborar, reformar e revisar a Carta Magna de um país.

PODER CONSTITUINTE DECORRENTE. *Vide* PODER CONSTITUINTE DO ESTADO-MEMBRO DE UMA FEDERAÇÃO.

PODER CONSTITUINTE DERIVADO. *Ciência política* e *direito constitucional.* Aquele que faz a revisão ou a reforma dos textos constitucionais, dentro dos limites de sua competência.

PODER CONSTITUINTE DO ESTADO-MEMBRO DE UMA FEDERAÇÃO. *Ciência política* e *direito constitucional.* Poder decorrente, que complementa a obra do poder constituinte originário, elaborando a Constituição estadual, estabelecendo não só a organização fundamental do Estado-Membro de uma Federação, caso em que será poder constituinte decorrente inicial, como também sua revisão e reforma, hipótese em que se terá o poder constituinte de revisão estadual.

PODER CONSTITUINTE INAUGURAL. *Vide* PODER CONSTITUINTE ORIGINÁRIO.

PODER CONSTITUINTE INICIAL. *Vide* PODER CONSTITUINTE ORIGINÁRIO.

PODER CONSTITUINTE ORIGINÁRIO. *Ciência política* e *direito constitucional.* Poder que cria o Estado ao elaborar sua Carta Magna, mediante atuação ilimitada; ao fixar a forma de governo; ao definir as funções e competência dos Poderes Executivo, Legislativo e Judiciário, estabelecendo as diretrizes e os limites ao exercício daquelas competências públicas; e ao garantir os direitos individuais fundamentais do ser humano e do cidadão.

PODER DE AGIR. 1. Qualidade legal para agir em razão de um direito próprio ou de um poder de representação. **2.** Direito de praticar atos necessários à defesa de interesses legítimos ou de executar negócios em nome de outrem (De Plácido e Silva).

PODER DE COMANDO DO EMPREGADOR. *Direito do trabalho.* Poder assegurado ao empregador para que tenha a faculdade de dar ordens ao seu empregado.

PODER DE DEMANDAR. *Direito processual.* **1.** Interesse de agir. **2.** Direito de pleitear tutela jurisdicional; direito à jurisdição.

PODER DE DIREITO. *Filosofia do direito.* Poder que resulta de uma comparação entre os diversos graus de juridicidade do exercício do poder. Não significa que o poder se torna substancialmente jurídico, porque tal idéia identifica Estado e direito, mas, sim, que o poder se subordina às normas jurídicas, cuja positividade foi declarada por ele (Miguel Reale).

PODER DE DOMINAÇÃO. *Direito administrativo.* Poder do Estado sobre as pessoas em seu território (R. Reis Friede).

PODER DE FISCALIZAÇÃO DO EMPREGADOR. *Direito do trabalho.* Poder outorgado ao empregador para fiscalizar a execução das ordens que deu ao seu empregado (Geraldo Magela Alves).

PODER DE IMPÉRIO. *Direito administrativo.* **1.** Poder coercitivo que dá suporte ao Estado. **2.** Poder estatal sobre coisas em seu território (R. Reis Friede).

PODER DE JULGAR. *Direito processual.* **1.** Competência judicial para solucionar a demanda ou a lide. **2.** Jurisdição. **3.** Poder de tutela jurídica processual.

PODER DE MANDATO. *Direito civil.* Limite da capacidade de agir do mandatário, conferido pelo mandante por meio do mandato.

PODER DE MARIDO. *História do direito.* Poder que foi substituído pela autoridade conjunta e indivisa do casal, pois as decisões devem ser tomadas de comum acordo entre marido e mulher, desaparecendo a autocracia do poder marital.

PODER DE MERCADO SIGNIFICATIVO (PMS). Posição que possibilita influenciar de forma significativa as condições do mercado relevante, assim considerada pela Agência.

PODER DE POLÍCIA. *Direito administrativo.* **1.** Em sentido amplo, é a atividade estatal de condicionar a liberdade e a propriedade, ajustando-as aos interesses coletivos (Celso Antônio Bandeira de Mello). **2.** Em sentido estrito, é o conjunto de intervenções da Administração tendentes a impor, à livre ação dos particulares, a disciplina exigida pela vida em sociedade (Jean Rivero). **3.** Poder reservado ao Estado, oriundo de sua própria autoridade, para, por meio de seus agentes, preservar a segurança pública, manter não só a ordem social, política e econômica, como, também, a moralidade e a justiça, mesmo que seja necessário interferir na seara dos direitos e liberdades individuais, restringindo-os ou condicionando-os, por ser indispensável para a consecução de seus fins e dos interesses coletivos, e para a promoção do bem-estar social.

PODER DE REPRESENTAÇÃO. *Direito civil.* Poder conferido, por lei ou por convenção, a uma pessoa ou órgão para praticar atos em nome alheio, como representante legal ou mandatário.

PODER-DEVER. *Ciência política.* Autoridade emanada da cidadania e concentrada no eleitorado, para manifestar-se no exercício da soberania popular (Othon Sidou).

PODER DE VIOLÊNCIA SIMBÓLICA. *Filosofia do direito.* Poder capaz de impor significações como legítimas, dissimulando as relações de força que estão no fundamento da própria força, para uniformização do sentido normativo. O emissor não co-age, quem age é receptor, pois, para haver controle, é preciso que o receptor conserve suas possibilidades de ação, agindo de conformidade com o sentido ou esquema de ação do emissor. Logo, o emissor, ao controlar, não elimina as alternativas de ação do receptor, mas tão-somente as neutraliza (Bourdieu, Passeron e Tércio Sampaio Ferraz Jr.).

PODER DISCIPLINAR. *Direito administrativo.* Poder outorgado ao agente público para manter a ordem na repartição pública que dirige ou na efetivação do ato que preside (Othon Sidou).

PODER DISCIPLINAR DO EMPREGADOR. *Direito do trabalho.* Poder patronal, conferido por normas jurídicas, de sancionar as faltas intencionais cometidas pelos empregados na prestação de serviço, pela desobediência das ordens baixadas pelo empregador (Cabanellas, Marc e Gottschalk).

PODER DISCRICIONÁRIO. 1. *Ciência política.* Poder exercido pelo governante que se arroga no direito de legislar. **2.** *Direito administrativo.* a) Poder legal de executar a autoridade própria de um cargo ou função pública; b) poder de livre apreciação, concedido pela lei ao funcionário ou à Administração Pública, seguindo seu ponto de vista ou seu querer, em prol do interesse público; c) poder de editar atos administrativos discricionários. **3.** *Direito processual.* a) Poder dado pela lei ao magistrado de decidir qual a pena aplicável ao caso *sub judice*, dentro da moldura legal, mediante uma valo-

ração objetiva; b) poder de adequar o direito, quando houver omissão normativa ou quando a sua eficácia apresentar sintomas de inadaptabilidade em relação à realidade fático-social e aos valores positivos, mantendo-o vivo; c) poder de selecionar, mediante o emprego dos vários processos interpretativos, a melhor entre as várias soluções que a lei comporta, optando sob o prisma da utilidade social e da justiça, sem ultrapassar os limites de sua jurisdição.

PODER DIVINO. *Direito canônico.* Onipotência em que se funda a autoridade de Deus.

PODER DO JUIZ. *Direito processual.* Competência outorgada ao órgão judicante para manter a ordem e o decoro nas audiências por ele presididas e para solucionar os conflitos de interesse de sua jurisdição, prolatando uma decisão, aplicando a lei cabível.

PODER DOS PAIS. *Direito civil.* Poder familiar exercido conjuntamente pelos pais.

PODER ECONÔMICO. *Economia política.* **1.** Domínio mercadológico mediante imposição de normas, comum no regime de economia capitalista liberal (liberalismo e neoliberalismo), sendo que a lei reprimirá o abuso desse poder quando este dominar o mercado, eliminar a concorrência e aumentar, arbitrariamente, os lucros. **2.** Recurso econômico público ou privado (Geraldo Magela Alves). **3.** Capacidade de exercer atividade econômica.

PODERES CONSTITUÍDOS. *Direito constitucional.* Poderes estabelecidos pelo poder constituinte originário, como o poder constituinte derivado e os Poderes Executivo, Legislativo e Judiciário.

PODERES DA ADMINISTRAÇÃO. *Direito administrativo.* Deveres-poderes vinculados à supremacia do interesse público sobre o interesse privado na esfera administrativa (Celso Antônio Bandeira de Mello).

PODER ESPIRITUAL. *Direito canônico.* Autoridade eclesiástica.

PODER ESTATAL. *Ciência política.* Competência para criar normas, exigindo seu cumprimento para garantir a ordem jurídica (Othon Sidou).

PODER EXECUTIVO. *Direito constitucional.* Órgão do poder público que tem a missão constitucional de governar o país, administrar os negócios públicos, zelar pela execução das leis, defender a nação externa e internamente e assegurar o funcionamento dos serviços públicos. No nível nacional, o governo é exercido pelo presidente da República; no estadual, pelos governadores; e no municipal, pelos prefeitos.

PODER FAMILIAR. *Direito civil.* Conjunto de direitos e obrigações, quanto à pessoa e aos bens do filho menor não emancipado, exercido, conjuntamente e em igualdade de condições, por ambos os pais, para que possam desempenhar os encargos que a norma jurídica lhes impõe, tendo em vista o interesse e a proteção do filho.

PODER FINANCEIRO. *Direito administrativo.* Órgão estatal que deve promover a captação de recursos, por meio de tributação, para satisfazer as despesas públicas e a manutenção dos serviços indispensáveis para a consecução dos interesses coletivos.

PODER FUNCIONAL. *Direito civil.* Poder-dever de intervir, obrigatoriamente, no interesse de outrem, por força de lei, com o escopo de atender a finalidade altruística, como, por exemplo, o poder-dever dos pais de prover o sustento e a educação dos filhos menores.

PODER GERMINATIVO. *Direito agrário.* Percentual de germinação em função da idade das sementes.

PODER HIERÁRQUICO. *Direito administrativo.* **1.** Conjunto de atribuições ou funções dadas a superiores hierárquicos ou chefes de repartições públicas para que possam fiscalizar os atos praticados por seus subalternos na execução dos serviços públicos. **2.** Aquele de que dispõe a Administração Pública para distribuir e escalonar funções de seus órgãos, ordenar e rever a atuação de seus agentes, estabelecendo a relação de subordinação entre os seus servidores (R. Reis Friede).

PODER INQUISITÓRIO. *Direito processual.* Poder do magistrado de realizar ou ordenar as diligências necessárias para apuração da veracidade dos fatos submetidos à sua apreciação.

PODERIO. 1. Autoridade. **2.** Domínio. **3.** Senhorio. **4.** Grande poder. **5.** Império. **6.** Riqueza. **7.** Ato de se poder fazer, ordenar que se faça ou impedir a realização de algo. **8.** Jurisdição.

PODER JUDICANTE. *Direito processual.* Prerrogativa de quem exerce as funções de magistrado.

PODER JUDICIAL. *Vide* PODER DO JUIZ.

PODER JUDICIÁRIO. *Direito constitucional.* Um dos três Poderes do Estado, incumbido de aplicar, contenciosamente, as normas jurídicas a casos concretos, solucionando pendências, garantindo a observância do direito, assegurando a soberania da justiça e da inviolabilidade dos direitos individuais garantidos constitucionalmente, e exercendo o controle da constitucionalidade das leis. É, portanto, o órgão incumbido da administração da justiça, quando provocado pelos interessados.

PODER JURÍDICO. *Teoria geral do direito.* **1.** Possibilidade de o sujeito ativo exercer um direito subjetivo que lhe foi conferido pela lei. **2.** Vinculação do poder ao direito pela elaboração da constituição e pelo funcionamento dos órgãos constituídos, fundado na norma constitucional, visando promover o bem comum.

PODER JUSTO. *Filosofia do direito.* Aquele que é legítimo quanto ao título e legal quanto ao exercício (José Eduardo Faria).

PODER LEGAL. *Teoria geral do direito.* Capacidade civil, jurídica ou política de uma pessoa como sujeito de direito.

PODER LEGISLATIVO. *Direito constitucional.* Órgão coletivo com independência funcional que, como representante do povo, está incumbido de elaborar, discutir e aprovar leis. É exercido, na União, pelo Congresso Nacional, composto do Senado e da Câmara dos Deputados; nos Estados, pelas Assembléias Legislativas; e, nos Municípios, pela Câmara Municipal.

PODER LEGÍTIMO. *Ciência política.* É o poder consentido (Burdeau).

PODER MARITAL. *Vide* PODER DE MARIDO.

PODER MODERADOR. 1. *História do direito.* Poder que, no Brasil Império, era exercido pelo Imperador, que servia de árbitro dos conflitos havidos entre Executivo, Legislativo e Judiciário, mantendo a harmonia. **2.** *Direito comparado.* Poder em que o soberano, na Monarquia, tem autoridade para sancionar normas do Parlamento, convocá-lo extraordinariamente, demitir ministros, perdoar ou moderar penas impostas a condenados e conceder anistia política. **3.** *Ciência política.* Poder do soberano de intervir em assuntos de competência dos demais poderes, para que haja equilíbrio dentro dos limites constitucionais.

PODER NEGATIVO. *Ciência política.* **1.** Poder de veto (Rousseau). **2.** Soberania popular exercida na insurreição, secessão, resistência, desobediência civil ou greve. **3.** Poder que unifica as forças sociais de trabalhadores e intelectuais, sem implicar a debilitação do poder político ou do governo. **4.** Poder que impede tudo, inclusive a criação e aplicação do direito, apesar de não ter competência para tanto.

PODER NEGOCIAL. *Teoria geral do direito.* Força geradora de normas jurídicas particulares e individualizadas que só vinculam os participantes da relação jurídica (Miguel Reale). Trata-se da auto-regulamentação dos interesses particulares reconhecida pelo ordenamento jurídico que, assim, dá força criativa ao negócio (Santoro-Passarelli).

PODER NORMATIVO DOS GRUPOS SOCIAIS. *Teoria geral do direito.* Poder de cada grupo social de elaborar suas normas, para garantir a consecução dos fins que pretendem atingir e reger a sua vida interna. Há uma legislação canônica da Igreja Católica; há uma legislação corporativa de entidades públicas ou privadas, com objetivos culturais, econômicos, políticos ou desportivos, obrigatórios para todos os seus componentes, sujeitando-os a sanções, inclusive de caráter penal. Urge lembrar que tais normas de instituições menores têm sua juridicidade apoiada na ordenação da sociedade política. Portanto, o Estado desempenha papel de fator de unidade normativa da nação. De um lado, há um pluralismo de ordenações jurídicas e, de outro, a unidade da ordem normativa.

PODER OBJETIVADO. *Ciência política* e *filosofia do direito.* É o exercido conforme normas impessoais desvinculadas das vontades que as prescreveram, convertendo-se em intencionalidades objetivadas (José Eduardo Faria).

PODEROSO. 1. Quem exerce o poder de mando. **2.** Quem tem autoridade ou influência.

PODER PATERNAL. *Vide* PODER FAMILIAR.

PODER PERMITENTE. *Direito administrativo.* **1.** Órgão da administração pública direta que concede permissão para serviço público. Por exemplo, a União, por intermédio do Ministério dos Transportes, ao permitir serviço de transporte rodoviário interestadual e internacional de passageiros. **2.** A União, por intermédio da Agência Nacional de Transportes Terrestres (ANTT).

PODER POLICIAL. *Direito administrativo* e *direito processual penal.* Órgão investido de autoridade para exercer vigilância, garantindo à população o bom funcionamento da administração pública, ao apurar as infrações penais e sua autoria.

PODER POLÍTICO. *Ciência política.* **1.** Poder exercido por uma classe política, que impõe sua vontade a outrem, a uma determinada comunidade ou ao povo, que passa a ter uma certa conduta. Logo, o poder político resulta da força, da autoridade e da direção (Max Weber, Mosca, Raymond Aron, Maurice Duverger e Manoel Gonçalves Ferreira Filho). **2.** Poder que, numa sociedade legalmente constituída, detém e exerce a autoridade política (Geraldo Magela Alves). **3.** Poder exercido no Estado e pelo Estado, em razão de sua soberania, que se estende a todos os que estiverem sob sua jurisdição, alcançando todos os setores da vida social.

PODER POTENCIAL. *Ciência política.* Capacidade de determinar o comportamento dos outros, sendo, portanto, uma relação entre atitudes para agir (Stoppino).

PODER PÚBLICO. *Direito administrativo.* **1.** Administração pública. **2.** Conjunto de órgãos incumbidos da consecução do fim do Estado e do exercício das funções públicas. **3.** Poder estatal enquanto entidade soberana. **4.** Poder emanado do povo diretamente ou por meio de seus representantes por ele eleitos mediante sufrágio direto, universal, periódico e secreto.

PODER RACIONAL. *Ciência política.* Aquele exercido por uma autoridade investida legalmente (Weber).

PODER REFORMADOR. *Vide* PODER CONSTITUINTE DERIVADO.

PODER REGULAMENTAR. *Direito administrativo* e *direito constitucional.* Poder inerente ao Poder Executivo para editar decretos e regulamentos para a fiel execução da lei, e aos Poderes Legislativo e Judiciário para elaborarem seus regimentos internos.

PODER REPRESENTATIVO. *Direito civil.* Poder-faculdade conferido a alguém para atuar em nome e por conta de outrem (Mairan Gonçalves Maia Jr.).

PODER REVOLUCIONÁRIO. *Ciência política.* Aquele que decorre de uma revolução vitoriosa, pela qual o povo, titular do poder constituinte, exercendo seu direito de resistência em caso de abuso do poder, insurge-se contra a pretensão do governante de erigir, em direito positivo, preceitos contrários às idéias morais e sociais do grupo e à noção popular de justiça. Esse poder revolucionário manifesta a vontade de estabelecer uma nova ordem jurídica, ante a

PODER SOCIAL   685

falta de eco da ordem vigente na consciência jurídica dos membros da coletividade.

PODER SOCIAL. *Sociologia jurídica.* Poder emanado do próprio funcionamento da estrutura social, que consiste na capacidade de alguém impor sua vontade a outrem, dando ordens. É a capacidade da inteligência governante de um grupo social de dar ordens aos seus membros.

PODER SUPREMO. 1. *Direito canônico.* Poder de Deus. **2.** *Ciência política.* Poder do chefe de Estado ou do chefe de governo.

PODER TEMPORAL. *Ciência política.* **1.** Poder secular ou civil; autoridade civil. **2.** Poder do Papa enquanto soberano territorial do Estado do Vaticano ou da Santa Sé, considerada como pessoa jurídica de direito internacional ou externo.

PODER TRADICIONAL. *Ciência política.* Aquele próprio da monarquia, sendo independente da legalidade formal (Weber).

PODER TRIBUTÁRIO. *Direito tributário.* Atributo da soberania estatal para exercer atividade de tributação, aplicando leis tributárias, lançando e arrecadando tributos, para obter recursos financeiros para a consecução dos fins públicos.

PODER TUTELAR. *Direito civil.* Poder do tutor, que tem os mesmos direitos e obrigações dos pais, uma vez que substitui o poder familiar ao proteger o menor não emancipado e seus bens, se seus pais faleceram ou foram suspensos ou destituídos do poder paternal, dando-lhe assistência e representação na órbita jurídica. É, portanto, um complexo de direitos e obrigações conferidos pela lei a um terceiro, para que proteja a pessoa de um menor que não se encontra sob o poder familiar e administre seus bens, sob inspeção judicial.

PODESTADE. *História do direito.* **1.** Primeiro magistrado das cidades do norte e do centro da Itália, que era incumbido da política e da justiça civil e criminal. **2.** Homem rico, detentor da autoridade suprema em certas províncias.

PÓDIO. 1. *Direito desportivo.* Supedâneo, contendo várias alturas, no qual os vencedores de competições e torneios são sagrados campeões. **2.** *Direito romano.* a) Balcão de teatro no qual o imperador e altas personalidades assistiam aos espetáculos; b) muro baixo que rodeava a arena dos anfiteatros.

PODODEMA. *Medicina legal.* Edema nos pés.

PODOGRAMA. *Medicina legal.* **1.** Impressão da planta do pé; pegada; rasto. **2.** Registro gráfico da planta do pé.

PODRE. 1. Na *linguagem da mineração*, é, em Goiás, o ouro nativo de cor escura. **2.** *Direito civil.* a) Deteriorado; b) defeito; vício.

PODRIDÃO. 1. Estado de podre. **2.** Desmoralização. **3.** Corrupção moral. **4.** Doença causada por fungos, que ataca as raízes de vegetal.

PODRIDÃO BRANCA. *Direito agrário.* Doença da videira, oriunda do fungo *Coniothyrium diplodiella*, que atinge os bagos, pedicelos e pedúnculo.

PODRIDÃO NEGRA. *Direito agrário.* Doença da videira, originada pelo ascomicete *Guignardia bidwellii*, caracterizada pela presença de manchas acastanhadas nas folhas e vermelho-lívidas nos bagos.

POEDEIRA. *Direito agrário.* Galinha que põe muitos ovos.

POEIRA RADIOATIVA. *Direito nuclear.* Partícula radioativa que fica na atmosfera, em razão da deflagração de uma bomba atômica.

POENA. *Termo latino.* Indenização pecuniária, nos delitos privados.

POENA DEBET CULPAE RESPONDERE, COMMENSURARI DELICTO. *Aforismo jurídico.* A pena deve corresponder à culpa, medindo-se pelo delito.

POENALIA SUNT RESTRIGENDA. *Expressão latina.* As disposições penais devem ser interpretadas restritivamente.

POENA MAGNA. *Locução latina.* **1.** Pena máxima. **2.** Pena de morte.

POENA MAIOR ABSORVIT MINOREM. *Expressão latina.* Pena maior absorve a menor.

POENA NON IRROGATUR NISI EXPRESSE JURE CAVEATUR. *Aforismo jurídico.* Não se pode impor pena sem lei expressa que a decrete.

POENA PRAESUPONIT CULPAM. *Aforismo jurídico.* A pena pressupõe a culpa.

POENIS BENIGNIOR FIT INTERPRETATIO. *Aforismo jurídico.* As penas devem ter a interpretação mais benigna.

POER. *História do direito.* **1.** Pôr. **2.** Alegar. **3.** Requerer.

POER EM ESTADO. *História do direito.* Formar acusação contra alguém.

POGONÍASE. *Medicina legal.* **1.** Aparecimento de barba em mulheres. **2.** Excessivo crescimento da barba.

POGROM. *Termo russo.* Movimento contra judeus, acompanhado de assassinatos e pilhagens. Tratava-se da política alemã oficializada pelo nazismo, constituindo uma modalidade de genocídio.

POINT DE NON-RETOUR. *Direito internacional privado.* Ponto de não retorno que, segundo Jean Van Uytvanck, implica a passagem instantânea de uma situação de plena liberdade a uma situação de compromisso total por um acordo, se não sobre todos os elementos, mas pelo menos sobre a substância do contrato.

POINT OF CONTACT. *Locução inglesa.* Elemento de conexão.

POINT OF SALE (POS). **1.** *Termo inglês.* Ponto-de-venda. **2.** *Direito comercial.* Caixa de uma loja, onde é utilizado *scanner* para a leitura do código de barras de identificação de produtos (James G. Heim).

POIQUILOCITOSE. *Medicina legal.* **1.** Doença congênita, provocada por problema existente nas formas das hemácias. **2.** *Vide* PECILOCITOSE.

POITA. *Direito agrário.* Peso que, durante a pesca, é usado para que o barco fique parado.

POJA. *Direito marítimo.* Parte inferior da vela do navio.

POJANTE. *Direito marítimo.* O que navega bem ou com vento favorável.

POLA. *Direito agrário.* Ramo que rebenta da raiz da árvore.

POLACA. *História do direito.* Antiga embarcação do Mediterrâneo, constituída de dois ou três mastros com velas redondas ou, às vezes, latinas.

POLACIÚRIA. *Medicina legal.* Emissão muito freqüente de urina.

POLAMAZÔNIA. *Direito agrário.* Sigla de Programa de Pólos Agropecuários e Agrominerais da Amazônia, criado para promoção do aproveitamento integral das potencialidades agropecuárias, agroindustriais e minerais, em áreas prioritárias da Amazônia.

POLANTAR. Abreviação de Política Nacional para Assuntos Antárticos.

POLARIDADES DOS VALORES. *Filosofia do direito.* Nota inerente a todos os valores, que faz com que se desdobrem em duas direções, ou seja, em valores positivos, como, por exemplo, justiça e utilidade, e negativos, como injustiça e inutilidade.

POLARIDADE SOCIAL. *Sociologia geral.* Tendência oposta existente em grupos da mesma sociedade, constituindo fator de equilíbrio social.

POLARIZAÇÃO DA OPINIÃO PÚBLICA. *Sociologia geral.* Fenômeno que ocorre quando idéias, sentimentos ou interesses opostos de um grupo são confrontados, dando relevo a pontos antagônicos ou não.

POLARIZAÇÃO DE MULTIDÃO. *Sociologia geral.* Situação observável nas concentrações populares quando a atenção de todos se fixa em uma pessoa ou idéia.

POLDRO. *Direito agrário.* Potro.

POLÉ. *História do direito.* Antigo instrumento de suplício; estrapada.

POLEAME. *Direito marítimo.* Conjunto das peças de ferro ou de madeira usadas para o retorno dos cabos no navio.

POLEANGO. *Direito agrário.* Raça bovina criada no sul do Brasil.

POLEGADA. *Direito comparado.* Medida inglesa de comprimento equivalente a 2,54 cm.

POLEIRO. *Direito agrário.* **1.** Cavalo manso. **2.** Vara colocada no interior da gaiola ou do galinheiro, na qual as aves pousam.

POLEMARCO. *História do direito.* Na antigüidade grega, era o título, dado em Atenas, ao terceiro arconte, que era o supremo chefe militar, passando, depois, a ser o magistrado civil com jurisdição sobre estrangeiros e órfãos de pais mortos a serviço do país.

POLEMARQUIA. *História do direito.* **1.** Cargo de polemarco. **2.** Tempo de duração desse cargo.

POLÊMICA. **1.** Discussão oral a respeito de uma questão. **2.** Controvérsia. **3.** Troca de escritos a favor ou contra uma teoria ou opinião.

POLEMICAR. Entreter polêmica.

POLÊMICO. Relativo a polêmica.

POLEMISMO. Gosto pela polêmica.

POLEMISTA. Aquele que é hábil em polêmicas.

POLEMIZAR. *Vide* POLEMICAR.

POLEMOLOGIA. *Direito militar.* Estudo técnico da guerra (Othon Sidou).

POLEMONOMIA. *Direito militar.* Ciência da guerra.

POLEOGRAFIA. *Direito comercial.* Representação gráfica das operações comerciais, especialmente das operações da Bolsa.

POLIANDRA. *Direito comparado* e *direito penal.* Diz-se da mulher que tem, concomitantemente, mais de um marido.

POLIANDRIA. *Direito comparado* e *direito penal.* Matrimônio de uma mulher com vários homens, muito comum no matriarcado.

POLIÂNDRIO. *História do direito.* Túmulo comum a muitos guerreiros, que existia na Grécia antiga.

POLIANDRO. *Direito comparado* e *direito penal.* O que se refere à poliandria.

POLIARCA. *História do direito.* Governador de uma cidade na antiguidade grega.

POLIARQUIA. *História do direito* e *ciência política.* Forma de governo cujo exercício é confiado a muitas pessoas.

POLIÁRQUICO. *História do direito* e *ciência política.* O que diz respeito à poliarquia.

POLIARTERITE NODOSA. *Medicina legal.* Moléstia de natureza inflamatória que atinge as artérias, podendo causar hemorragia, trombose e enfarte.

POLIARTRITE. *Medicina legal.* Artrite generalizada a várias articulações.

POLIARTRÍTICO. *Medicina legal.* Relativo à poliartrite.

POLICARPO. *Direito agrário.* 1. O que frutifica várias vezes. 2. O que tem ou produz muitos frutos.

POLICENTRICIDADE. *Filosofia geral.* Modelo que possui pontos de ligação que são deslocados, sendo o deslocamento de cada um relacionado com o outro. Tal modelo constitui um esquema explicativo da liberdade, demonstrando a possibilidade das alternativas dela, que está condicionada por fatores sociais, apresentando fisionomias diversas conforme cada contexto (Polanyi).

POLICENTRISMO. *Ciência política.* Pluralidade de centros de poder (Geraldo Magela Alves).

POLICE POWER. *Locução inglesa.* Poder de polícia.

POLICETEMIA. *Medicina legal.* Aumento do número de glóbulos sangüíneos.

POLÍCIA. *Direito administrativo.* 1. Segurança pública. 2. Conjunto de normas que garantem a segurança da coletividade. 3. Corporação governamental que deve manter a ordem pública, prevenir e descobrir crimes, fazendo respeitar as leis e garantindo a integridade física ou moral das pessoas. 4. Guarda policial ou membro daquela corporação. 5. Profilaxia.

POLÍCIA ADMINISTRATIVA. *Direito administrativo.* 1. Poder de polícia. 2. Conjunto de poderes coercitivos exercidos pela Administração Pública, para restringir a livre ação dos particulares e promover a consecução da ordem pública (Jean Rivero e José Cretella Jr.). 3. Polícia que exerce atividades preventivas, com a finalidade de impedir a infração da lei, resguardando a ordem, a tranqüilidade e a segurança públicas, assegurando direitos individuais e auxiliando a execução dos atos judiciais e decisões da justiça e da Administração (José Cretella Jr.). 4. Segundo Celso Antônio Bandeira de Mello, é a atividade da Administração Pública, expressa em atos normativos ou concretos, de condicionar, com fundamento em sua supremacia geral e na forma da lei, a liberdade e a propriedade dos indivíduos, mediante ação, ora fiscalizadora, ora preventiva, ora repressiva, impondo coercitivamente aos particulares um dever de abstenção a fim de conformar-lhes os comportamentos aos interesses sociais consagrados no sistema normativo. 5. É a atividade administrativa, exercida sob previsão legal, com fundamento numa supremacia geral da Administração, e que tem por objeto ou reconhecer os confins dos direitos, através de um processo meramente interpretativo, quando derivada de uma competência vinculada, ou delinear os contornos dos direitos, assegurados no sistema normativo, quando resultante de uma competência discricionária, a fim de adequá-los aos demais valores albergados no mesmo sistema, impondo aos administrados uma obrigação de não fazer (Clóvis Beznos).

POLÍCIA ADUANEIRA. *Direito alfandegário.* Fiscalização da entrada e saída de embarcações e de aviões dos portos e aeroportos, fazendo cumprir as normas alusivas aos serviços de embarque, desembarque e transporte de cargas e passageiros, mantendo a ordem.

POLÍCIA AÉREA. *Direito aeronáutico.* Fiscalização dos serviços em aeroportos.

POLÍCIA CIVIL. *Direito administrativo.* Órgão especializado, composto por pessoas não militarizadas, encarregado pelo Poder Público de manter a ordem interna e a incolumidade das pessoas e de seu patrimônio, e de procurar, identificar e capturar o infrator da lei penal, para submetê-lo à ação da justiça, sendo subordinado ao Secretário da Segurança Pública.

POLÍCIA CORRECIONAL. *Direito penal* e *direito do menor.* Conjunto de processos utilizados para correção de delinqüentes.

POLÍCIA CRIMINAL. *Vide* POLÍCIA JUDICIÁRIA.

POLÍCIA DE COSTUMES. *Direito administrativo.* Órgão encarregado de fiscalizar jogos e diversões públicas, e de reprimir prostituição, lenocínio, uso de entorpecentes e mendicância.

POLÍCIA DE TRÂNSITO. *Direito de trânsito.* Corporação policial encarregada da fiscalização do trânsito de pedestres e de veículos em vias públicas.

POLICIADO. **1.** Vigiado ou guardado pela polícia. **2.** O que se policiou.

POLÍCIA DOS PORTOS. *Direito marítimo.* Polícia que exerce suas atividades em portos, exigindo a observância das normas relativas à navegação e à marinha mercante.

POLÍCIA ESTADUAL. *Direito administrativo.* Corpo militar ou civil organizado pelos Estados-Membros da Federação para manutenção da ordem pública.

POLÍCIA FEDERAL. *Direito administrativo.* Corporação incumbida de: a) executar policiamento marítimo, aéreo e de fronteiras; b) combater tráfico de entorpecentes e de drogas afins; c) investigar atos lesivos à segurança nacional e à ordem político-social; d) prevenir crimes contra a vida, o patrimônio e a comunidade indígena; e) executar medidas que assegurem a incolumidade do presidente da República e de diplomatas estrangeiros no território nacional; f) reprimir crimes contra a organização do trabalho; g) prevenir e reprimir os crimes perpetrados a bordo de navios ou aeronaves, ressalvada a competência militar; h) reprimir infrações às normas de ingresso e de permanência de estrangeiros no país; i) reprimir as infrações penais em detrimento de bens, serviços e interesses da União e de autarquias federais; j) coordenar e centralizar serviços de identificação datiloscópica criminal; k) selecionar e treinar seu pessoal; l) prestar assistência técnica aos Estados, Distrito Federal e Territórios, se solicitada; m) proceder às investigações determinadas pelo ministro da Justiça etc.

POLÍCIA FEMININA. *Direito militar* e *direito administrativo.* **1.** Unidade policial composta de mulheres, que protegem, em regra, crianças e adolescentes. **2.** Corporação integrada por mulheres que, após concurso público, cursaram a escola militar para executar tarefas de policiamento voltadas à proteção de carentes, idosos, migrantes, menores, mulheres, doentes etc. (Léia R. Maia).

POLÍCIA FERROVIÁRIA. *Direito administrativo.* Setor da polícia federal que faz o patrulhamento das ferrovias federais (Othon Sidou).

POLÍCIA FISCAL. *Vide* POLÍCIA MARÍTIMA.

POLÍCIA INTERNACIONAL. *Direito internacional público.* Polícia exercida por diversos Estados, mediante tratado ou convenção, reprimindo crimes praticados no exterior ou por estrangeiro, com a cooperação de organismos internacionais.

POLÍCIA JUDICIÁRIA. *Direito processual penal.* Polícia exercida pelas autoridades policiais, no território de suas respectivas circunscrições, com o intuito de apuração das infrações penais e de sua autoria.

POLICIAL. *Direito administrativo.* **1.** Membro de uma corporação policial. **2.** Referente à polícia. **3.** Aquele que desvenda crimes.

POLÍCIA LEGISLATIVA. *Direito administrativo.* Corpo policial criado pelo Poder Legislativo para garantir a sua segurança no prédio em que está instalado, assegurando a ordem interna contra os próprios parlamentares e estranhos.

POLICIALESCO. *Direito administrativo.* **1.** Próprio da polícia. **2.** À maneira dos policiais.

POLÍCIA MARÍTIMA. *Direito marítimo.* Fiscalização exercida no porto e a bordo das embarcações, nas costas e fronteira marítima, zelando pelo cumprimento de normas atinentes ao tráfego marítimo, ao transporte de passageiros, às cargas e descargas de mercadorias; impedindo a entrada de navios que possam colocar em risco a saúde pública; controlando, ainda, o contrabando, o descaminho, a imigração e a emigração; efetuando fiscalização aduaneira; e auxiliando as autoridades alfandegárias e da Capitania dos Portos.

POLICIAMENTO. *Direito administrativo.* Ação ou efeito de policiar.

POLICIAMENTO OSTENSIVO DE TRÂNSITO. *Direito de trânsito.* Função exercida pelas Polícias Militares com o objetivo de prevenir e reprimir atos relacionados com a segurança pública e de garantir obediência às normas relativas à segurança de trânsito, assegurando a livre circulação e evitando acidentes.

POLÍCIA MILITAR. 1. *Direito militar.* Corporação policial organizada de um exército que fiscaliza os soldados. **2.** *Direito administrativo.* Corporação dos Estados-Membros da Federação e do Distrito Federal organizada e armada como o Exército, ao qual auxilia na qualidade de reserva, tendo a incumbência de manter a ordem e a segurança internas nessas unidades federais.

POLÍCIA NAVAL. *Direito militar.* Polícia pertencente à Marinha que tem por escopo controlar e orientar a marinha mercante nacional, para prover a segurança nacional e a da navegação marítima, fluvial ou lacustre.

POLÍCIA POLÍTICA. *Direito administrativo.* Organização da polícia federal especializada na defesa do regime político do Estado, prevenindo e reprimindo os atentados contra a organização sociopolítica.

POLÍCIA PORTUÁRIA. *Direito marítimo.* Polícia incumbida da fiscalização e vigilância dos portos, zelando pelo fiel cumprimento das normas relativas às atividades portuárias. *Vide* POLÍCIA MARÍTIMA.

POLÍCIA PREVENTIVA. *Vide* POLÍCIA ADMINISTRATIVA.

POLICIAR. *Direito administrativo.* **1.** Manter a ordem pública. **2.** Prevenir e reprimir infrações normativas. **3.** Proteger; guardar. **4.** Fiscalizar.

POLÍCIA RODOVIÁRIA. *Direito de trânsito.* Corporação policial que tem a função de zelar pela segurança do trânsito de veículos em rodovias.

POLÍCIA RODOVIÁRIA FEDERAL. *Direito administrativo.* Corporação, pertencente ao âmbito do Poder Executivo, com as atribuições previstas na Constituição Federal, no Código de Trânsito Brasileiro e na legislação específica. A implantação da carreira far-se-á mediante transformação dos atuais cargos efetivos de Patrulheiro Rodoviário Federal, do quadro geral do Ministério da Justiça, em cargos de Policial Rodoviário Federal. O ingresso nos cargos da carreira dar-se-á mediante aprovação em concurso público, constituído de duas fases, ambas eliminatórias e classificatórias, sendo a primeira de exame psicotécnico e de provas e títulos e a segunda constituída de curso de formação. Órgão permanente, integrante da estrutura regimental do Ministério da Justiça, no âmbito das rodovias federais, com a atribuição de: **1.** realizar o patrulhamento ostensivo, executando operações relacionadas com a segurança pública, com o objetivo de preservar a ordem, a incolumidade das pessoas, o patrimônio da União e o de terceiros; **2.** exercer os poderes de autoridade de polícia de trânsito, cumprindo e fazendo cumprir a legislação e demais normas pertinentes, inspecionar e fiscalizar o trânsito, assim como efetuar convênios específicos com outras organizações similares; **3.** aplicar e arrecadar as multas impostas por infrações de trânsito e os valores decorrentes da prestação de serviços de estadia e remoção de veículos, objetos, animais e escolta de veículos de cargas excepcionais; **4.** executar serviços de prevenção, atendimento de acidentes e salvamento de vítimas nas rodovias federais; **5.** realizar perícias, levantamentos de locais, boletins de ocorrências, investigações, testes de dosagem alcoólica e outros procedimentos estabelecidos em leis e regulamentos, imprescindíveis à elucidação dos acidentes de trânsito; **6.** credenciar os serviços de escolta, fiscalizar e adotar medidas de segurança relativas aos serviços de remoção de veículos, escolta e transporte de cargas indivisíveis; **7.** assegurar a livre circulação nas rodovias federais, podendo solicitar ao órgão rodoviário a adoção de medidas emergenciais, bem como zelar pelo cumprimento das normas legais relativas ao direito de vizinhança, promovendo a interdição de construções, obras e instalações não autorizadas; **8.** executar medidas de segurança, planejamento e escoltas nos deslocamentos do presidente da República, ministros de Estado, Chefes de Estado e diplomatas estrangeiros e outras autoridades, quando necessário, e sob a coordenação do órgão competente; **9.** efetuar a fiscalização e o controle do trânsito e tráfico de menores nas rodovias federais, adotando as providências legais cabíveis; **10.** colaborar e atuar na prevenção e repressão aos crimes contra a vida, os costumes, o patrimônio, a ecologia, o meio ambiente, os furtos e roubos de veículos e bens, o tráfico de entorpecentes e drogas afins, o contrabando, o descaminho e os demais crimes previstos em lei. O documento de identidade funcional dos servidores policiais da polícia rodoviária federal confere ao seu portador livre porte de arma e franco acesso aos locais sob fiscalização do órgão, nos termos da legislação em vigor, assegurando-lhes, quando em serviço, prioridade em todos os tipos de transporte e comunicação.

POLÍCIA SANITÁRIA. *Direito administrativo.* **1.** Polícia que exerce funções fiscalizadora, preventiva e repressiva, para combater doenças infecto-contagiosas que ameacem a saúde pública. **2.** Funcionário encarregado dessa tarefa.

POLÍCIA SECRETA. *Direito processual penal.* Polícia não uniformizada que deve perseguir e prender delinqüentes.

POLÍCIA TÉCNICA. *Direito processual penal.* Departamento policial especializado na investigação técnico-científica, em medicina legal, em criminologia, procurando prestar auxílio à justiça criminal ao esclarecer fatos criminosos, descobrindo, mediante provas, os motivos e as circunstâncias dos delitos e seus autores.

POLICIÁVEL. *Direito administrativo.* O que se pode policiar.

POLICIOLOGIA. *Direito penal* e *direito processual penal.* Ciência que estuda e disciplina métodos de investigação policial, para descoberta de delitos e identificação dos criminosos, auxiliando o Poder Judiciário no preparo da instrução do processo.

POLICITAÇÃO. *Vide* OFERTA.

POLICITADO. *Direito civil.* Diz-se daquele a quem se faz uma policitação ou oferta.

POLICITANTE. *Direito civil.* Ofertante; proponente.

POLICITEMIA. *Medicina legal.* Aumento anormal do número de glóbulos sangüíneos.

POLICLÍNICA. *Medicina legal.* **1.** Clínica geral. **2.** Estabelecimento médico-hospitalar onde vários especialistas atendem seus clientes, portadores de diferentes doenças.

POLICLÍNICO. *Medicina legal.* **1.** Referente à clínica geral. **2.** Médico que trata das moléstias em geral, sem ser especializado em uma delas; clínico geral.

POLICOLIA. *Medicina legal.* Secreção excessiva da bílis.

POLICROMIA. *Medicina legal.* Pigmentação anormal da pele.

POLICULTOR. *Direito agrário.* Aquele que se dedica à cultura variada de vegetais, produtos ou frutos.

POLICULTURA. *Direito agrário.* Agricultura que consiste na exploração simultânea de vários vegetais, produtos ou frutos.

POLICY. *Termo inglês.* **1.** Política. **2.** Programa político. **3.** Plano de ação política. **4.** Prudência. **5.** Apólice de seguro. **6.** Loteria (EUA).

POLICY CONTROL. *Locução inglesa.* Controle da política.

POLICY DECISION. *Locução inglesa.* Definição da política.

POLICY EXECUTION. *Locução inglesa.* Execução da política.

POLICYHOLDER. *Termo inglês.* Segurado.

POLIDACTILIA. *Medicina legal.* Existência de dedos dos pés ou das mãos além do número normal.

POLIDÁCTILO. *Medicina legal.* Aquele que apresenta polidactilia.

POLIDEZ. **1.** Civilidade. **2.** Boa educação. **3.** Qualidade daquele que é polido.

POLIDIPSIA. *Medicina legal.* Freqüência excessiva de ingestão de água.

POLIDO. **1.** Cortês. **2.** Civilizado. **3.** Lustroso.

POLIEMIA. *Medicina legal.* Excesso de sangue nos vasos.

POLIFAGIA. *Medicina legal.* Fome exagerada.

POLIFARMÁCIA. *Medicina legal.* Prescrição médica que, simultaneamente, indica medicamentos diferentes contra a mesma moléstia.

POLIFONIA. **1.** *Teoria geral do direito.* Fenômeno pelo qual, sobre dado texto, se "ouvem vozes" que falam sobre pontos de vista diferentes com os quais o locutor se identifica ou não (Koch). P. ex., a voz do povo, a jurisprudencial, a dos juristas etc. **2.** Na *linguagem comum* é a pluralidade de sons tal como na reverberação de um eco.

POLIGAMIA. *Direito penal* e *direito comparado.* Casamento de um homem com várias mulheres sucessiva ou concomitantemente; patriarcado.

POLÍGAMO. *Direito penal* e *direito comparado.* Aquele que tem, simultaneamente, várias esposas.

POLIGASTRIA. *Medicina legal.* Secreção excessiva de suco gástrico.

POLIGÊNESE. *Filosofia geral.* Multiplicidade de origens.

POLIGENETISMO. *Filosofia geral.* **1.** Característica daquilo que se transforma indo de uma multiplicidade ou diversidade primitivas para uma multiplicidade ou diversidade menores, marchando para uma unidade por meio de coligação ou de involução (Lalande). **2.** Teoria para a qual a espécie humana descende de vários casais que não têm um ascendente comum (Lalande). **3.** Doutrina segundo a qual as espécies vivas pertencentes a um mesmo tipo (Lalande)

POLIGENIA

não advêm de uma espécie-origem única. **4.** Concepção que entende que os fenômenos vitais deram-se em diversos pontos ou em épocas diferentes (Lalande).

POLIGENIA. *Vide* POLIGENETISMO.

POLIGENISMO. *Vide* POLIGENETISMO.

POLIGENISTA. *Filosofia geral.* **1.** O que diz respeito ao poligenetismo. **2.** Partidário do poligenetismo.

POLIGINIA. *Vide* POLIGAMIA.

POLIGLOBULIA. *Medicina legal.* Excesso de eritrócitos no sangue.

POLIGLOTA. **1.** *Direito autoral.* a) Diz-se da edição de um texto em várias línguas, em colunas paralelas, para auxiliar a sua comparação; b) escrito em diversas línguas. **2.** Na *linguagem comum,* aquele que fala ou sabe várias línguas.

POLIGLOTISMO. Qualidade de poliglota.

POLIGRAFIA. **1.** *Medicina legal.* Qualidade de polígrafo. **2.** *Direito autoral.* Coleção de obras científicas ou literárias.

POLÍGRAFO. **1.** *Direito autoral.* Aquele que escreve sobre vários assuntos. **2.** *Medicina legal.* a) *Vide* DETECTOR DE MENTIRAS; b) aparelho que faz traçados simultâneos sobre uma folha de papel, registrando a tensão arterial, o ritmo respiratório, a pulsação apical e o pulso jugular, possibilitando averiguar se a pessoa está dizendo a verdade ou não.

POLILOGIA. Capacidade para discorrer sobre assuntos diferentes.

POLIMATA. Aquele que é erudito ou versado em muitas ciências.

POLIMATIA. *Filosofia geral.* **1.** Erudição inútil ou acúmulo de vários conhecimentos sem unidade entre si (Malebranche). **2.** Grande e vasta erudição.

POLIMORFISMO GENÉTICO. *Biodireito.* Diferença individual que o código DNA registra, mediante a seqüência nos pares de base do genoma humano.

POLINCTOR. *Direito romano.* Aquele que embalsamava cadáveres.

POLINOSE. *Medicina legal.* Manifestação alérgica causada por pólens, provocando rinite estacional (febre do feno), asma, dermatite, conjuntivite.

POLIOMIELITE. *Medicina legal.* Inflamação de substância cinzenta da medula espinhal.

POLIOMIELITE ANTERIOR AGUDA. *Medicina legal.* Paralisia infantil.

POLIOPIA. *Medicina legal.* Visão múltipla.

POLIOPSIA. *Vide* POLIOPIA.

POLIPATIA. *Medicina legal.* Presença de várias moléstias em uma só pessoa.

POLIPATRIA. *Direito internacional privado.* Vinculação, pela nacionalidade, a mais de um país.

POLIPÁTRIDA. *Direito internacional privado.* Aquele que possui mais de uma nacionalidade.

POLIPEDIA. *Medicina legal.* Gravidez múltipla.

POLIPNÉIA. *Medicina legal.* Respiração ofegante e acelerada.

PÓLIPO. *Medicina legal.* Tumor benigno que aparece nas mucosas do nariz, da laringe, do esôfago, do estômago, do intestino, da bexiga, da uretra e do útero.

POLIPOSE. *Medicina legal.* Desenvolvimento de pólipos múltiplos em uma só parte.

POLIPSIQUISMO. *Filosofia geral.* **1.** Crença de várias formas de inteligência em um só indivíduo. **2.** Doutrina que afirma ser, cada centro nervoso do cordão medular, um pequeno cérebro que possui o que é essencial ao centro encefálico, ou seja, cada centro nervoso é sede de outros centros psíquicos comparáveis ao do cérebro, que é designado "o eu" (Duran).

POLIRREALISMO. *Filosofia geral.* Teoria que admite a existência de várias ordens de realidades entre as quais não há medidas comuns: realidade moral, realidade lógico-matemática, realidade sensível etc. (Rauch).

POLIS. *Termo grego.* Cidade-Estado.

POLISPERMIA. *Medicina legal.* Excessiva secreção espermática.

POLISSARCIA. *Medicina legal.* Acúmulo, de origem patológica, de tecido muscular ou adiposo.

POLISSEMIA. *Filosofia geral.* **1.** Fenômeno semântico pelo qual uma palavra se estende de um sentido primitivo a vários outros (Bréal). **2.** Propriedade que tem uma palavra ou termo de representar idéias diferentes ou similares (Lalande) ou de apresentar diversos sentidos.

POLISSIALIA. *Medicina legal.* Secreção abundante de saliva.

POLISSILOGISMO. *Lógica jurídica.* Cadeia de dois ou mais silogismos em que a conclusão de cada um deles constitui a premissa do seguinte (Keynes e Goffredo Telles Jr.).

POLISSILOGÍSTICO. *Lógica jurídica.* **1.** O que se refere ao polissilogismo. **2.** O que constitui um polissilogismo.

POLISSINODIA. *Ciência política.* Sistema de governo que substitui cada ministro por um conselho.

POLISSINÓDICO. *Ciência política.* Relativo à polissinodia.

POLITBURO. *História do direito.* O mais alto órgão executivo do Partido Comunista da ex-URSS, eleito pelo Comitê Central e constituído por onze membros, que foi, depois, substituído pelo Presídio do Comitê Central.

POLITECNIA. Estudo de várias ciências aplicadas em muitas artes técnicas.

POLITEIA. *Ciência política.* Governo de muitos ou da maioria.

POLITEÍSMO. **1.** Sistema religioso que aceita a existência de vários deuses. **2.** Paganismo.

POLITELIA. *Medicina legal.* Existência de mais de um mamilo em uma só mama.

POLITELISMO. *Filosofia geral.* Meio único que possibilita atingir vários fins (Bougle).

POLITIC. *Termo inglês.* Político.

POLÍTICA. *Ciência política.* **1.** O que é de boa política. **2.** Relativo ao Estado e ao governo. **3.** Referente à vida coletiva de um grupo organizado de homens. **4.** Arte ou ciência de governar. **5.** Ciência da organização e administração dos países e da direção dos negócios públicos internos ou externos, em prol do bem comum. **6.** Arte de influenciar o modo de governo de um partido, aliciando eleitores, movimentando a opinião pública. **7.** Urbanidade. **8.** Conjunto de objetivos de um programa de ação governamental ou empresarial que condicionam sua execução (Luiz Fernando Rudge).

POLÍTICA ADUANEIRA. *Direito alfandegário.* Política exercida pelo Conselho de Política Aduaneira para regular a política alfandegária do país.

POLÍTICA AGRÁRIA. *Direito agrário.* **1.** Política que orienta, no interesse da economia rural, a atividade agropecuária, traçando planos, com a finalidade de harmonizá-la com o processo de industrialização do país e de melhorar a utilização da terra, implementando a produção, o aproveitamento da mão-de-obra rural e a colonização oficial e particular, atualizando a legislação e adaptando-a aos planos e programas de ação governamental, e, ainda, elevando o nível de vida do rurícola. **2.** Ação própria do Poder Público que consiste na escolha de meios adequados para influir na estrutura e na atividade agrárias, a fim de obter um ordenamento satisfatório da conduta das pessoas que delas participam ou a elas se vinculam, com o escopo de conseguir o desenvolvimento e o bem-estar da comunidade (Antonino C. Vivanco).

POLÍTICA AGRÍCOLA. **1.** *Vide* POLÍTICA AGRÁRIA. **2.** *Direito agrário.* Adoção de procedimentos relativos ao cadastramento e à recuperação de áreas desertificadas. O Poder Público: a) procederá à identificação, em todo o território nacional, das áreas desertificadas, as quais somente poderão ser exploradas mediante a adoção de adequado plano de manejo, com o emprego de tecnologias capazes de interromper o processo de desertificação e de promover a recuperação dessas áreas; b) estabelecerá cadastros das áreas sujeitas a processos de desertificação, em âmbito estadual ou municipal; c) promoverá, por intermédio dos órgãos competentes, a pesquisa, a geração e a difusão de adequadas tecnologias. Os planos de safra e os planos plurianuais, elaborados de acordo com os instrumentos gerais de planejamento, considerarão o tipo de produto, fatores e ecossistemas homogêneos, o planejamento das ações dos órgãos e entidades da Administração Federal direta e indireta, as especificidades regionais e estaduais, de acordo com a vocação agrícola e as necessidades diferenciadas de abastecimento, formação de estoque e exportação.

POLÍTICA AMBIENTAL. *Direito ambiental.* *Vide* POLÍTICA NACIONAL DO MEIO AMBIENTE.

POLÍTICA CAMBIAL. *Direito financeiro.* Política federal que orienta o comportamento do mercado de câmbio e da taxa de câmbio (Luiz Fernando Rudge).

POLÍTICA COLONIAL DA ASSIMILAÇÃO. *Ciência política* e *história do direito.* Teoria usada pela França e Portugal que invocava a identidade entre a colônia e a pátria-mãe (Gentili).

POLÍTICA COMERCIAL INTERNACIONAL. *Economia política* e *direito internacional privado.* Orientação estatal que tem por fim garantir a seus nacionais o direito de comerciar no mercado estrangeiro em pé de igualdade com os de outros países.

POLÍTICA CRIMINAL. *Direito penal.* **1.** Política que tem por objetivo traçar normas relativas à luta contra o crime, impondo condutas ao legislador, ao órgão judicante e aos estabelecimentos prisionais, estipulando penas e medidas afins para combater as causas da criminalidade, promovendo condições ou meios ambientais desfavoráveis à perpetração da ação ou omissão criminosas, diminuindo a delinqüência e estudando, cientificamente, o crime como fato social, sob todos os seus aspectos. **2.** Conjunto de procedimentos pelos quais o corpo social organiza as respostas ao fenômeno criminal (Delmas – Marty). **3.** Reação, organizada e deliberada, da coletividade contra as atividades delituosas, marginais e anti-sociais (Marc Ancel). **4.** Conjunto de procedimentos repressivos pelos quais o Estado reage contra o crime (Feuerbach).

POLÍTICA DA BOA VIZINHANÇA. *Direito internacional público.* Política fundada no princípio da amizade, cooperação e não-interferência nos negócios internos de outro país, principalmente se for vizinho.

POLÍTICA DE ASSISTÊNCIA SOCIAL DAS FORÇAS ARMADAS. *Direito militar.* Tem a finalidade de orientar as atividades de assistência social no âmbito das Forças Armadas, garantindo o bem-estar social do seu pessoal. Os objetivos e as diretrizes da Política de Assistência Social das Forças Armadas obedecem aos seguintes pressupostos básicos: a) as atividades de assistência social nas Forças Armadas são orientadas para atender às demandas socioassistenciais, preventivas e promocionais do seu pessoal; b) quanto aos militares, a sua execução deve levar em consideração as especificidades da carreira e os reflexos que essas ocasionam em seus familiares; c) a sua execução é buscada de maneira harmônica com as Políticas de Assistência Social estabelecidas pelo Governo Federal; d) as atividades de assistência social nas Forças Armadas são conduzidas de modo a assegurar o bem-estar social do seu pessoal, prevenindo e minimizando as situações que possam prejudicar a sua obtenção ou manutenção; e e) a eficácia das ações direcionadas à implementação de programas e projetos de assistência social nas Forças Armadas resulta diretamente do grau de conscientização alcançado pelas organizações e pessoas envolvidas e da identificação da demanda social das diferentes Organizações Militares (OM). São objetivos da Política de Assistência Social das Forças Armadas: a) promover o intercâmbio entre as instituições de assistência social das Forças Armadas; b)

aprimorar os recursos humanos necessários à condução das atividades de assistência social das Forças Armadas; c) transmitir os elementos essenciais da assistência social às Forças Armadas desde o início da formação militar; d) acompanhar a evolução doutrinária da assistência social nos âmbitos nacional e internacional; e e) promover o intercâmbio das Forças Armadas com instituições de pesquisa e ensino de serviço social e áreas afins.

POLÍTICA DE ATENDIMENTO AO IDOSO. *Direito civil e direito administrativo.* Essa política far-se-á por meio do conjunto articulado de ações governamentais e não-governamentais da União, dos Estados, do Distrito Federal e dos Municípios. São linhas de ação da política de atendimento: a) políticas sociais básicas, previstas em lei; b) políticas e programas de assistência social, em caráter supletivo, para aqueles que necessitarem; c) serviços especiais de prevenção e atendimento às vítimas de negligência, maus-tratos, exploração, abuso, crueldade e opressão; d) serviço de identificação e localização de parentes ou responsáveis por idosos abandonados em hospitais e instituições de longa permanência; e) proteção jurídico-social por entidades de defesa dos direitos dos idosos; f) mobilização da opinião pública no sentido da participação dos diversos segmentos da sociedade no atendimento do idoso.

POLÍTICA DE ATENDIMENTO AO PÚBLICO DA AGÊNCIA NACIONAL DE VIGILÂNCIA SANITÁRIA (ANVISA). *Direito administrativo.* Tem por objetivo definir os princípios, as diretrizes e os procedimentos gerais – observado o ordenamento jurídico – que devem ser seguidos na prestação do atendimento ao público da instituição, de modo que as solicitações sejam atendidas em tempo hábil e com efetiva resposta às necessidades do solicitante. São objetivos específicos da Política de Atendimento ao Público: a) garantir que o direito à informação, assegurado à sociedade, seja respeitado por todas as áreas da ANVISA; b) melhorar o acesso à informação e aos serviços da ANVISA como mecanismos indispensáveis à promoção da cidadania; c) possibilitar a prestação de um atendimento adequado a cada perfil de solicitante; d) padronizar entre as áreas internas os procedimentos de atendimento, a fim de garantir a identidade institucional da ANVISA ante seu público; e) propiciar um atendimento eficaz às demandas internas da instituição; f) proporcionar condições de trabalho adequadas aos funcionários que prestam atendimento ao público; e g) estabelecer procedimentos de acompanhamento, avaliação e controle do atendimento prestado na instituição.

POLÍTICA DE ATENDIMENTO AOS DIREITOS DO MENOR. *Direitos da criança e dos adolescentes.* Política que tem por diretrizes: a) a municipalização do atendimento; b) a criação de conselhos municipais, estaduais e nacional dos direitos da criança e do adolescente, órgãos deliberativos e controladores das ações em todos os níveis, assegurada a participação popular paritária por meio de organizações representativas, segundo leis federal, estaduais e municipais; c) a criação e manutenção de programas específicos, observada a descentralização político-administrativa; d) a manutenção de fundos nacional, estaduais e municipais vinculados aos respectivos conselhos dos direitos da criança e do adolescente; e) a integração operacional de órgãos do Judiciário, Ministério Público, Defensoria, Segurança Pública e Assistência Social, preferencialmente em um mesmo local, para efeito de agilização do atendimento inicial a adolescente a quem se atribua autoria de ato infracional; f) a mobilização da opinião pública no sentido da indispensável participação dos diversos segmentos da sociedade. A política de atendimento dos direitos da criança e do adolescente é feita mediante um conjunto articulado de ações governamentais e não governamentais da União, dos Estados, do Distrito Federal e dos Municípios, não remuneradas, apresentando, conforme as dotações orçamentárias: a) programas de assistência socioeducativa destinados a crianças e adolescentes, em regime de orientação e apoio sociofamiliar, apoio socioeducativo em meio aberto, colocação familiar, abrigo, liberdade assistida, semiliberdade e internação; b) programas de serviços de identificação e localização de menores e de pais, ou responsáveis, desaparecidos; c) programas de prevenção e atendimento médico e psicossocial às vítimas de negligência, maus-tratos e opressão. Esses programas devem ser devidamente registrados junto ao Conselho Municipal dos Direitos da Criança e do Adolescente, que os comunica ao Conselho Tutelar e à autoridade judiciária.

POLÍTICA DE CAMPANÁRIO. Política que só visa atender os interesses sociais.

POLÍTICA DE CIÊNCIA, TECNOLOGIA E INOVAÇÃO (C, T, & I) PARA A DEFESA NACIONAL. *Direito militar.* Tem por finalidade: a) apresentar os objetivos estratégicos para os componentes e órgãos de expressão militar do Poder Nacional; b) orientar as instituições que venham a participar de atividades de ciência, tecnologia e inovação de interesse da defesa; c) criar um ambiente capaz de estimular a pesquisa e o aproveitamento do conhecimento científico existente; d) fomentar o desenvolvimento industrial; e e) gerar produtos inovadores alinhados aos interesses comuns das Forças Armadas.

POLÍTICA DE COMPENSAÇÃO COMERCIAL, INDUSTRIAL E TECNOLÓGICA DO MINISTÉRIO DA DEFESA. *Direito militar.* Tem os seguintes objetivos: a) promoção do crescimento dos níveis tecnológico e qualitativo das indústrias de defesa, com a modernização dos métodos e processos de produção e aquisição de novas tecnologias, visando ao estado da arte; b) fomento e fortalecimento dos setores de interesse do Ministério da Defesa, criando condições para o aperfeiçoamento das indústrias de defesa e da sua base tecnológica, visando a aumentar suas cargas de trabalho e também a permitir a competitividade no mercado internacional; c) ampliação do mercado de trabalho, mediante a criação de novas oportunidades de emprego de alto nível tecnológico, através da especialização e do aperfeiçoamento dos recursos humanos dos setores de interesse; d) obtenção de recursos externos, de toda ordem, diretos e indiretos, para elevar a capacitação industrial e tecnológica dos setores de interesse da área de defesa; e) incremento da nacionalização e a progressiva independência do mercado externo, no que diz respeito a produtos de defesa.

POLÍTICA DE COMUNICAÇÃO SOCIAL DE DEFESA. *Direito militar.* A Política de Comunicação Social de Defesa visa sensibilizar a sociedade acerca da importância das questões que envolvam ameaças à soberania, aos interesses nacionais e à integridade territorial do Brasil. São objetivos da Política de Comunicação Social de Defesa (PCS): a) sensibilização e esclarecimento da opinião pública com o intuito de desenvolver a percepção da importância da defesa para a sociedade brasileira e demais setores do Governo; b) instituição do Sistema de Comunicação Social de Defesa – SisComDef; c) proposição de uma Doutrina de Comunicação Social para as operações combinadas e operações de paz; d) previsão dos meios, materiais e humanos, destinados à implementação das ações de comunicação social no âmbito do Ministério da Defesa; e) fortalecimento da coesão, da integração, da motivação e da satisfação do público interno; e f) fortalecimento da imagem das Forças Armadas no âmbito da sociedade brasileira. Para a consecução dos objetivos, a PCS estabelece as seguintes diretrizes: 1. sensibilização e esclarecimento da opinião pública com o intuito de desenvolver a percepção da importância de defesa para a sociedade brasileira e demais setores do Governo: a) sensibilizar a sociedade brasileira acerca da importância das questões que envolvam ameaças à soberania, aos interesses nacionais e à integridade territorial do País; b) buscar o constante entendimento da sociedade brasileira sobre o conceito de defesa nacional; c) desenvolver uma atitude favorável à defesa no âmbito dos poderes constituídos da República; d) manter os formadores de opinião atualizados e informados nos assuntos de defesa; e) transmitir a percepção à sociedade da necessidade de meios e de recursos para que as Forças possam cumprir a sua missão constitucional; f) transmitir a percepção à sociedade, em especial, aos agentes dos setores mobilizáveis, de sua importância na mobilização nacional; e g) sensibilizar a população brasileira da necessidade da defesa aos interesses do País nas águas jurisdicionais, na zona econômica exclusiva, na região amazônica, junto à faixa de fronteira e no espaço aéreo; h) divulgar, na sociedade brasileira, a participação das Forças Armadas nas operações de manutenção de paz, sob a égide da Organização das Nações Unidas ou da Organização dos Estados Americanos; i) difundir, na sociedade brasileira, em especial, junto aos formadores de opinião, a importância do serviço militar obrigatório para o Estado Brasileiro; e j) divulgar a história militar brasileira; 2. instituição do Sistema de Comunicação Social de Defesa – SisComDef: a) articular as ações de comunicação social, de interesse do Ministério da Defesa, e aquelas que envolvam mais de uma Força, bem como atuar como elemento de ligação no Sistema de Comunicação de Governo – SICOM; b) implementar o Centro de Comunicação Social de Defesa no Ministério da Defesa; c) gerenciar, por meio do Centro de Comunicação Social de Defesa, as atividades de mídia eletrônica da administração central

do Ministério da Defesa; d) elaborar e manter atualizado o Plano de Comunicação Social de Defesa, documento normativo que estabelece as atividades do Sistema; e) elaborar, atualizar, executar e acompanhar as ações previstas nos Planos Anuais de Comunicação – PAC dos órgãos do Sistema, ficando em condições de articular ações que recomendem essa providência; e f) organizar, implementar e gerir o Sistema de Comunicação Social de Defesa – SisComDef; 3. proposição de uma Doutrina de Comunicação Social de Defesa para as operações combinadas e operações de paz; a) elaborar, monitorar e aperfeiçoar a Doutrina de Comunicação Social de Defesa para as operações combinadas e operações de paz; b) articular, em conjunto com o Estado-Maior de Defesa, as atividades de comunicação social nas operações combinadas e operações de paz; e c) acompanhar a elaboração de documentos doutrinários para o emprego da comunicação social nas atividades de preparo e emprego combinado; 4. previsão dos meios, materiais e humanos, destinados à implementação das ações de comunicação social no âmbito do Ministério da Defesa: a) prever e propor a inserção, no orçamento do Ministério da Defesa, de recursos para a implementação das ações de comunicação social dos Comandos das Forças Singulares e da Administração Central desta Pasta; b) constituir parcerias para a realização de empreendimentos e execução de projetos comuns; e c) capacitar Recursos Humanos – RH especializados na área de Comunicação Social e *marketing*; 5. fortalecimento da coesão, da integração, da motivação e da satisfação do público interno: a) implementar campanhas, ações, programas e projetos, buscando o fortalecimento da autoestima e o comprometimento institucional do público interno; b) fomentar o aprimoramento cultural e educacional do público interno; c) estabelecer, acompanhar e difundir os indicadores de coesão, de integração, de motivação e de satisfação do público interno; d) fortalecer a imagem institucional do Ministério da Defesa perante o público interno; e e) fomentar campanhas e ações de congraçamento do público interno; 6. fortalecimento da imagem das Forças Armadas no âmbito da sociedade brasileira: a) divulgar a emissão e o papel do Ministério da Defesa e das Forças Armadas para a sociedade e demais setores do Governo; b) destacar as ações do Ministério da Defesa e das Forças Armadas na organização, na preparação, na modernização e na aplicação dos poderes naval, terrestre e aéreo na garantia da soberania nacional; c) fomentar a aproximação do Ministério da Defesa e das Forças Armadas, com a sociedade e outros setores do Governo, e reforçar a imagem positiva dessas instituições e de seus integrantes; e d) divulgar as operações militares, as pesquisas técnicas e científicas e atribuições subsidiárias desenvolvidas pelo Ministério da Defesa e pelas Forças Armadas.

POLÍTICA DE CRÉDITO RURAL. *Direito agrário.* Modalidade de política agrária de incumbência da Comissão Coordenadora da Política Nacional de Crédito Rural, que deve: a) propor ao CMN não só as diretrizes do crédito rural que sejam conformes ao desenvolvimento agropecuário nacional e à política relativa ao instrumento creditício, como também as que forem imprescindíveis ao funcionamento do Programa de Garantia da Atividade Agropecuária (Proagro) e ao mecanismo alusivo ao financiamento do desenvolvimento rural; b) submeter ao CMN o Programa Operativo de Crédito Rural do País, estabelecendo a distribuição regional dos recursos a serem aplicados; c) propor normas de planejamento operativo de aplicação de crédito rural, difundindo diretrizes e prestando assessoramento necessário à elaboração dos programas regionais e setoriais; d) traçar normas de articulação entre o crédito rural e a assistência técnica, estabelecendo condições essenciais ao convênio entre instituições pertinentes; e) promover avaliação periódica do Programa Operativo de Crédito Rural do País, bem como de suas diretrizes, com a finalidade de averiguar sua eficácia como instrumento de execução da política de desenvolvimento agropecuário do País (Rafael A. de Mendonça Lima).

POLÍTICA DE DEFESA NACIONAL. *Direito militar.* Voltada, preponderantemente, para ameaças externas, é o documento condicionante de mais alto nível do planejamento de defesa e tem por finalidade estabelecer objetivos e diretrizes para o preparo e o emprego da capacitação nacional, com o envolvimento dos setores militares e civil, em todas as esferas do Poder Nacional. O Ministério da Defesa coordena as ações necessárias à Defesa Nacional. A Política de Defesa Nacional, tema de interesse de todos os segmentos da sociedade brasileira, tem como premissas os fundamentos, objetivos e princípios dispostos na Constituição Federal e encontra-se em consonância com as orientações governamentais e a política externa do País, a qual se fundamenta na busca da solução pacífica das controvérsias e no fortalecimento da paz e da segurança internacionais.

POLÍTICA DE DESENVOLVIMENTO DA BIOTECNOLOGIA. *Biodireito.* Tem por objetivo o estabelecimento de ambiente adequado para o desenvolvimento de produtos e processos biotecnológicos inovadores, o estímulo à maior eficiência da estrutura produtiva nacional, o aumento da capacidade de inovação das empresas brasileiras, a absorção de tecnologias, a geração de negócios e a expansão das exportações.

POLÍTICA DE DESENVOLVIMENTO RURAL. *Vide* POLÍTICA AGRÁRIA.

POLÍTICA DE DESENVOLVIMENTO URBANO. *Direito constitucional.* É a levada a efeito pelo Poder Público Municipal, conforme diretrizes gerais estabelecidas em lei, com o escopo de ordenar o pleno desenvolvimento das funções sociais da cidade, e garantir o bem-estar de seus habitantes.

POLÍTICA DE ENSINO NA POLÍCIA RODOVIÁRIA FEDERAL. *Direito de trânsito* e *direito administrativo.* Iniciativa governamental cujos objetivos são os seguintes: a) qualificar recursos humanos necessários à ocupação de cargos e ao desempenho de funções, por intermédio das atividades de educação, de instrução e de pesquisa; b) atender às necessidades em recursos humanos profissionais, situando-os na sua época, calcados nos princípios da moral e da ética e de acordo com os valores históricos e culturais da PRF e do povo brasileiro; c) proporcionar ensino de formação, aperfeiçoamento e especialização para os Quadros, buscando atingir alto nível de capacitação operacional e tecnológica; d) buscar o permanente aperfeiçoamento profissional e proporcionar uma base humanística, filosófica, científica e tecnológica, necessária à cultura técnico-profissional do policial; e) estimular o estudo e o desenvolvimento da liderança em todas as linhas e ciclos de ensino; f) desenvolver a unidade de doutrina em toda a PRF, mediante a integração dos currículos do Sistema de Ensino; g) implementar o ensino e o emprego do equipamento em correspondência com os fatores operacionais peculiares a cada área de atuação; h) aplicar nas atividades de ensino e treinamento dados de planejamento, estruturas e organizações que reproduzam a realidade vivida; i) ministrar o ensino preparatório, quando necessário, para candidatos à matrícula em cursos; j) conduzir o ensino assistencial nos níveis fundamental e médio; k) participar do esforço nacional de modernização, mediante a implantação dos princípios de Administração pela Qualidade Total em todas as atividades pertinentes ao Sistema de Ensino; l) contribuir com as ações governamentais na área do ensino, ampliando o relacionamento do policial rodoviário com o meio educacional.

POLÍTICA DE GUERRA ELETRÔNICA DE DEFESA. *Direito militar.* Tem a finalidade de orientar as atividades de Guerra Eletrônica no âmbito das Forças Armadas, nos níveis estratégico, operacional e tático, visando à consecução dos seus objetivos. A Política de Guerra Eletrônica aplica-se a todos os componentes da expressão militar do Poder Nacional, bem como às entidades que venham a participar de atividades de Guerra Eletrônica. A definição dos objetivos e a determinação das diretrizes da Política de Guerra Eletrônica obedecem aos seguintes pressupostos básicos: a) as atividades de Guerra Eletrônica nas Forças Armadas são orientadas para atender às necessidades da defesa nacional; b) a capacitação tecnológica é buscada de maneira harmônica com a Política de Defesa para a área de Ciência e Tecnologia; c) as atividades de Guerra Eletrônica nas Forças Armadas são conduzidas de modo a assegurar o uso do espectro eletromagnético por nossas Forças e impedir, reduzir ou prevenir seu uso contra os interesses do País; e d) a eficácia das ações direcionadas à implementação da Guerra Eletrônica nas Forças Armadas depende diretamente do grau de conscientização alcançado junto às organizações e pessoas acerca do valor da informação que detêm ou processam. São *objetivos* da Política de Guerra Eletrônica de Defesa: a) interoperabilidade das atividades de Guerra Eletrônica desenvolvidas pelas Forças Armadas; b) ordenamento do intercâmbio entre as instituições de pesquisa das Forças Armadas no que se refere às atividades relacionadas com a Guerra Eletrônica; c) capacitação dos recursos humanos necessários à condução das atividades de Guerra Eletrônica; d) capacitação das Forças Armadas para a utilização simultânea do espectro eletromagnéti-

co, com segurança e sem interferência mútua; e) implementação da mentalidade de Guerra Eletrônica desde o início da formação militar, em todos os níveis, nas Forças Armadas; f) acompanhamento da evolução doutrinária e tecnológica da Guerra Eletrônica nos âmbitos nacional e internacional; g) ordenamento do intercâmbio entre as instituições de ensino de Guerra Eletrônica das Forças Armadas; e h) redução do grau de dependência externa em relação a sistemas, equipamentos, dispositivos e serviços vinculados à Guerra Eletrônica, de interesse dos componentes da expressão militar do Poder Nacional.

POLÍTICA DE IMIGRAÇÃO. *Direito administrativo* e *direito internacional privado.* Complexo de medidas alusivas à fixação de estrangeiros em um dado país, que variam conforme os interesses da nação, podendo: a) incentivá-la, divulgando as condições de captação de mão-de-obra de imigrantes e o interesse de aumentar o índice demográfico, oferecendo, para tanto, o custeio das despesas de viagem, venda de terras a preço bem abaixo do valor mercadológico etc.; b) restringi-la, impondo critérios de seleção, verificadores da capacidade de assimilação dos imigrantes; c) proibi-la, por ter elevado o índice demográfico (Ana Maria F. Augusto).

POLÍTICA DE INVESTIMENTO. *Direito financeiro.* **1.** Política do setor público para estimular um segmento econômico na destinação de investimentos. **2.** Para investidores institucionais, orientação estratégica para a formação e administração de carteiras de investimentos (Luiz Fernando Rudge).

POLÍTICA DE METEOROLOGIA DE DEFESA. *Direito militar.* Tem por finalidade orientar e possibilitar a coordenação, a organização e o desenvolvimento do Sistema de Meteorologia de Defesa (SisMetDef) nas atividades de pesquisa e desenvolvimento, integração, informações e recursos humanos, contribuindo, assim, para a consecução dos objetivos da Política de Defesa Nacional. A Política de Meteorologia de Defesa aplicar-se-á a todos os componentes e órgãos da expressão militar do Poder Nacional, bem como às entidades que porventura venham a participar de atividades meteorológicas de interesse militar. A definição dos objetivos e a determinação das diretrizes da Política de Meteorologia de Defesa obedecerão aos seguintes pressupostos básicos: a) as atividades de meteorologia desenvolvidas pelas Forças Armadas atenderão aos interesses da Defesa Nacional; b) os produtos de meteorologia atenderão às necessidades operacionais, de planejamento, de logística e de ensino das Forças Armadas e às necessidades da sociedade brasileira, nos termos da legislação vigente; c) o Sistema de Meteorologia de Defesa interagirá com as instituições civis de meteorologia; d) a busca de aprimoramento tecnológico constituir-se-á em preocupação permanente do setor, conforme previsto na Política de Defesa Nacional; e) o desenvolvimento de atividades meteorológicas, no âmbito das Forças Armadas, será orientado pelo princípio de integração entre os seus componentes; f) deverão ser observadas as normas gerais para a organização, o preparo e o emprego das Forças Armadas, bem como obedecidas as políticas estabelecidas pelo Ministro de Estado da Defesa; e g) a oceanografia, para os fins desta política, é considerada como parte integrante e vinculada à meteorologia marinha.

POLÍTICA DE PRIVACIDADE. *Direito virtual.* Conjunto de normas exteriorizadas nos *Websites*, para explicar o modo pelo qual os *cookies* e dados pessoais coletados sobre o internauta serão usados (Amaro Moraes e Silva Neto).

POLÍTICA DE QUALIFICAÇÃO DA SAÚDE SUPLEMENTAR. *Direito administrativo.* É a que visa construir um mercado de saúde suplementar cujo principal interesse seja a produção da saúde, com a realização de ações de promoção à saúde e prevenção de doenças. Baseia-se nos seguintes princípios: qualidade; integralidade; e resolutividade. A ANS, na implementação da política de qualificação da saúde suplementar, propõe-se a: a) incentivar as operadoras a atuarem como gestoras de saúde; b) incentivar os prestadores a atuarem como produtores do cuidado de saúde; c) incentivar os beneficiários a serem usuários de serviços de saúde com consciência sanitária; e d) aprimorar sua capacidade regulatória.

POLÍTICA DE RENDAS. *Direito financeiro.* Política governamental que estabelece controles sobre a remuneração dos fatores diretos de produção, como salários, depreciações, lucros, dividendos e preços dos produtos intermediários e finais (Luiz Fernando Rudge).

POLÍTICA DE SEGURANÇA DA INFORMAÇÃO. *Direito virtual.* No âmbito da Secretaria da Receita Federal (SRF), tem como pressuposto a garantia da confidencialidade, integridade e disponibilidade dos ativos de informação, isto é, do patrimônio composto por todos os dados e informações gerados e manipulados nos processos da SRF, bem assim todos os elementos de infra-estrutura, tecnologia, *hardware* e *software* necessários à execução dos processos da organização.

POLÍTICA DE SEGURANÇA DA INFORMAÇÃO DO MINISTÉRIO DA JUSTIÇA. *Direito administrativo.* Visa prover o Ministério da Justiça de uma norma para segurança da informação, estabelecendo responsabilidade e diretrizes, bem como atitudes adequadas para manuseio, tratamento, controle e proteção contra indisponibilidade, a divulgação, a modificação e o acesso não autorizados de informações e dados.

POLÍTICA DE SEGURANÇA DA INFORMAÇÃO NOS ÓRGÃOS E NAS ENTIDADES DA ADMINISTRAÇÃO PÚBLICA FEDERAL. *Direito administrativo* e *direito virtual.* É a que tem como pressupostos básicos: a) assegurar a garantia ao direito individual e coletivo das pessoas, à inviolabilidade da sua intimidade e ao sigilo da correspondência e das comunicações, nos termos previstos na Constituição; b) proteção de assuntos que mereçam tratamento especial; c) capacitação dos segmentos das tecnologias sensíveis; d) uso soberano de mecanismos de segurança da informação, com o domínio de tecnologias sensíveis e duais; e) criação, desenvolvimento e manutenção de mentalidade de segurança da informação; f) capacitação científico-tecnológica do País para uso da criptografia na segurança e defesa do Estado; g) conscientização dos órgãos e das entidades da Administração Pública Federal sobre a importância das informações processadas e sobre o risco da sua vulnerabilidade. São objetivos da Política da Informação: a) dotar os órgãos e as entidades da Administração Pública Federal de instrumentos jurídicos, normativos e organizacionais que os capacitem científica, tecnológica e administrativamente a assegurar a confidencialidade, a integridade, a autenticidade, o não-repúdio e a disponibilidade dos dados e das informações tratadas, classificadas e sensíveis; b) eliminar a dependência externa em relação a sistemas, equipamentos, dispositivos e atividades vinculadas à segurança dos sistemas de informação; c) promover a capacitação de recursos humanos para o desenvolvimento de compe-

POLÍTICA DE SEGURANÇA GERAL DA INFRA-ESTRUTURA DE CHAVES PÚBLICAS...

tência científico-tecnológica em segurança da informação; d) estabelecer normas jurídicas necessárias à efetiva implementação da segurança da informação; e) promover as ações necessárias à implementação e manutenção da segurança da informação; f) promover o intercâmbio científico-tecnológico entre os órgãos e as entidades da Administração Pública Federal e as instituições públicas e privadas, sobre as atividades de segurança da informação; g) promover a capacitação industrial do País com vistas à sua autonomia no desenvolvimento e na fabricação de produtos que incorporem recursos criptográficos, assim como estimular o setor produtivo a participar competitivamente do mercado de bens e de serviços relacionados com a segurança da informação; h) assegurar a interoperabilidade entre os sistemas de segurança da informação.

POLÍTICA DE SEGURANÇA GERAL DA INFRA-ESTRUTURA DE CHAVES PÚBLICAS BRASILEIRAS (ICP-BRASIL).
Direito virtual. É a que tem por objetivos específicos: a) definir o escopo da segurança das entidades; b) orientar, por meio de suas diretrizes, todas as ações de segurança das entidades, para reduzir riscos e garantir a integridade, sigilo e disponibilidade das informações dos sistemas de informações e recursos; c) permitir a adoção de soluções de segurança integradas; d) servir de referência para auditoria, apuração e avaliação de responsabilidades. A Política de Segurança abrange requisitos de Segurança Humana, de Segurança Física, de Segurança Lógica, e de Segurança dos Recursos Criptográficos. Os requisitos de segurança de pessoal consistem no conjunto de medidas e procedimentos de segurança a serem observados pelos prestadores de serviço e todos os empregados, necessário à proteção dos ativos das entidades participantes da ICP-Brasil, e tem por objetivos: a) reduzir os riscos de erros humanos, furto, roubo, apropriação indébita, fraude ou uso não apropriado dos ativos das entidades participantes da ICP-Brasil; b) prevenir e neutralizar as ações sobre as pessoas que possam comprometer a segurança das entidades participantes da ICP-Brasil; c) orientar e capacitar todo o pessoal envolvido na realização de trabalhos diretamente relacionados às entidades participantes da ICP-Brasil, assim como o pessoal em desempenho de funções de apoio, tais como a manutenção das instalações físicas e a adoção de medidas de proteção com-

patíveis com a natureza da função que desempenham; d) orientar o processo de avaliação de todo o pessoal que trabalhe nas entidades participantes da ICP-Brasil, mesmo em caso de funções desempenhadas por prestadores de serviço. Os requisitos de segurança física dizem respeito ao ambiente físico, que é aquele composto por todo o ativo permanente das entidades integrantes da ICP-Brasil. São suas diretrizes gerais: a) as responsabilidades pela segurança física dos sistemas das entidades deverão ser definidas e atribuídas a indivíduos claramente identificados na organização; b) a localização das instalações e o sistema de certificação da AC Raiz e das AC não deverão ser publicamente identificados; c) sistemas de segurança para acesso físico deverão ser instalados para controlar e auditar o acesso aos sistemas de certificação; d) controles duplicados sobre o inventário e cartões/chaves de acesso deverão ser estabelecidos. Uma lista atualizada do pessoal que possui cartões/chaves deverá ser mantida; e) chaves criptográficas sob custódia do responsável deverão ser fisicamente protegidas contra acesso não autorizado, uso ou duplicação; f) perdas de cartões/chaves de acesso deverão ser imediatamente comunicadas ao responsável pela gerência de segurança da entidade, que deverá tomar as medidas apropriadas para prevenir acessos não autorizados; g) os sistemas de AC deverão estar localizados em área protegida ou afastada de fontes potentes de magnetismo ou interferência de radiofreqüência; h) recursos e instalações críticas ou sensíveis devem ser mantidos em áreas seguras, protegidas por um perímetro de segurança definido, com barreiras de segurança e controle de acesso. Eles devem ser fisicamente protegidos de acesso não autorizado, dano, ou interferência. A proteção fornecida deve ser proporcional aos riscos identificados; i) a entrada e saída, nessas áreas ou partes delicadas, deverão ser automaticamente registradas com data e hora definidas e serão revisadas diariamente pelo responsável pela gerência de segurança da informação nas entidades da ICP-Brasil e mantidas em local adequado e sob sigilo; j) o acesso aos componentes da infra-estrutura, atividade fundamental ao funcionamento dos sistemas das entidades, como painéis de controle de energia, comunicações e cabeamento, deverá ser restrito ao pessoal autorizado; k) sistemas de detecção de intrusão deverão ser utilizados para monitorar e registrar os acessos físicos aos sistemas de certificação nas horas de utilização; l) o inventário de todo o conjunto de ativos de processamento deve ser registrado e mantido atualizado, no mínimo, mensalmente; m) quaisquer equipamentos de gravação, fotografia, vídeo, som ou outro tipo de equipamento similar só devem ser utilizados a partir de autorização formal e mediante supervisão; n) nas instalações das entidades integrantes da ICP-Brasil, todos deverão utilizar alguma forma visível de identificação (por exemplo: crachá), e informar à segurança sobre a presença de qualquer pessoa não identificada ou de qualquer estranho não acompanhado; o) visitantes das áreas de segurança devem ser supervisionados, registrando-se suas horas de entrada e saída e o local de destino. Essas pessoas devem obter acesso apenas às áreas específicas, com propósitos autorizados, e esses acessos devem seguir instruções baseadas nos requisitos de segurança da área visitada; p) os ambientes onde ocorrem os processos críticos das entidades integrantes da ICP-Brasil deverão ser monitorados, em tempo real, com as imagens registradas por meio de sistemas de CFTV; q) sistemas de detecção de intrusos devem ser instalados e testados regularmente de forma a cobrir os ambientes, as portas e janelas acessíveis, nos locais onde ocorrem processos críticos. As áreas não ocupadas devem possuir um sistema de alarme que permaneça sempre ativado. Os requisitos de segurança lógica são alusivos ao ambiente lógico, que é composto por todo o ativo de informações das entidades, tendo por diretrizes gerais: a) a informação deve ser protegida de acordo com o seu valor, sensibilidade e criticidade. Para tanto, deve ser elaborado um sistema de classificação da informação; b) os dados, as informações e os sistemas de informação das entidades sob sua guarda devem ser protegidos contra ameaças e ações não autorizadas, acidentais ou não, de modo a reduzir riscos e garantir a integridade, o sigilo e a disponibilidade desses bens; c) as violações de segurança devem ser registradas e esses registros devem ser analisados periodicamente para os propósitos de caráter corretivo, legal e de auditoria. Os registros devem ser protegidos e armazenados de acordo com a sua classificação; d) os sistemas e recursos que suportam funções críticas para operação das entidades devem assegurar a capacidade de recuperação nos prazos e condições definidas em situações de contingência; e) o inventário sistematizado de toda a estrutura que serve como base para manipulação, armazenamento e transmissão dos ativos de processamento deve estar registrado e mantido atualizado em intervalos de tempo definidos pelas entidades participantes da ICP-Brasil. Os requisitos gerais para Sistema Criptográfico da ICP-Brasil são: a) tal sistema deve ser entendido como um sistema composto de documentação normativa específica de criptografia aplicada na ICP-Brasil, conjunto de requisitos de criptografia, projetos, métodos de implementação, módulos implementados, módulos implementados de *hardware* e *software*, definições relativas a algoritmos criptográficos e demais algoritmos integrantes de um processo criptográfico, procedimentos adotados para gerência das chaves criptográficas, métodos adotados para testes de robustez das cifras e detecção de violações destas; b) toda a documentação referente à definição, descrição e especificação dos componentes dos sistemas criptográficos utilizados na ICP-Brasil deve ser aprovada pela AC Raiz; c) a força do sistema criptográfico deve ser periodicamente testada por entidades competentes na área de criptografia. Essa periodicidade não deve ser superior a dois anos; d) os testes devem estar previamente definidos em documento normativo específico e de caráter oficial aprovado pelo CG ICP-Brasil; e) todo parâmetro crítico, cuja exposição indevida comprometa a segurança do sistema criptográfico da ICP-Brasil, deve ser armazenado cifrado; f) os aspectos relevantes relacionados à criptografia no âmbito da ICP-Brasil devem ser detalhados em documentos específicos, aprovados pela AC Raiz.

POLÍTICA DE SEGURANÇA INSTITUCIONAL DA AGÊNCIA NACIONAL DE VIGILÂNCIA SANITÁRIA. *Direito administrativo.* Tem por objetivo geral estabelecer as diretrizes e o apoio necessários para assegurar o sigilo, a integridade, a autenticidade e a disponibilidade de dados, informações e conhecimentos no âmbito da ANVISA, bem como promover a proteção dos agentes públicos e dos recursos físicos da Instituição, de modo a resguardar a legitimidade de sua atuação e contribuir para o cumprimento de suas atribuições legais. São objetivos específicos da Política de Segurança Institucional: a) dotar a ANVISA de instrumentos normativos e organizacionais necessários à efetiva implementação da Política de Segurança Institucional; b) orientar a adoção de mecanismos, medidas e procedimentos de proteção a dados, informações e conhecimentos relativos à privacidade das pessoas, ao interesse institucional e aos direitos de propriedade intelectual; c) nortear a adoção de mecanismos, medidas e procedimentos internos para que o acesso a dados e informações sensíveis e sigilosos seja permitido apenas a pessoas e órgãos autorizados, segundo a legislação vigente; d) subsidiar ações voltadas à salvaguarda da exatidão e integridade de dados, informações e conhecimentos, bem como dos métodos de trabalho; e) direcionar a adoção de medidas que assegurem a disponibilidade de dados, informações, conhecimentos e ativos associados às pessoas e órgãos autorizados; f) orientar as ações permanentes de conscientização, capacitação e educação sobre a importância da proteção de dados, informações e conhecimentos, com o propósito de internalizar o compromisso com a segurança institucional; e g) nortear as ações necessárias à proteção dos agentes públicos e dos recursos físicos da ANVISA.

POLÍTICA DE SENSORIAMENTO REMOTO. *Direito militar.* Tem a finalidade de prover a base doutrinária e a orientação das atividades relacionadas com a aquisição, processamento, interpretação, armazenamento e difusão de imagens geradas por sensores, instalados em plataformas orbitais ou aerotransportados, no âmbito das Forças Armadas, contribuindo, assim, para a consecução dos objetivos da Política de Defesa Nacional. A Política de Sensoriamento Remoto aplica-se a todos os componentes e órgãos da expressão militar do Poder Nacional, bem como às entidades que venham a participar de atividades de aquisição, processamento, interpretação, armazenamento e difusão de imagens de interesse militar.

POLÍTICA DOS ARMAMENTOS. *Ciência política, direito militar* e *direito internacional público.* Instrumento pelo qual o Estado beligerante desenvolve a sua técnica bélico-militar.

POLÍTICA DOS BLOCOS. *Direito internacional público.* É a que tem por escopo a criação de uma rede de integração entre os países aderentes. Trata-se de uma política de alianças. Por exemplo, o Pacto de Varsóvia aproximou a estrutura do bloco oriental à do ocidental (Bonanate, Kaplan e Morgenthau).

POLÍTICA ECONÔMICA. *Economia política.* Teoria e prática da direção econômica de uma nação, que procura, oficialmente, efetivar algumas mudanças na economia, relativas à produção, circulação e distribuição de riquezas, para a consecução de certos fins e obter o seu saneamento.

POLÍTICA ENERGÉTICA NACIONAL. *Direito administrativo.* É a que, para aproveitamento racional das fontes de energia, tem os seguintes objetivos: a) preservar o interesse nacional; b) promover o desenvolvimento, ampliar o mercado de trabalho e valorizar os recursos energéticos; c) proteger os interesses do consumidor quanto a preço, qualidade e oferta dos produtos; d) proteger o meio ambiente e promover a conservação de energia; e) garantir o fornecimento de derivados de petróleo em todo o território nacional; f) incrementar, em bases econômicas, a utilização do gás natural; g) identificar as soluções mais adequadas para o suprimento de energia elétrica nas diversas regiões do País; h) utilizar fontes alternativas de energia, mediante o aproveitamento econômico dos insumos disponíveis e das tecnologias aplicáveis; i) promover a livre concorrência; j) atrair investimentos na produção de energia; k) ampliar a competitividade do País no mercado internacional.

POLÍTICA EXTERNA. *Ciência política* e *direito internacional público.* Política que se ocupa com os negócios externos do País.

POLÍTICA FINANCEIRA. *Direito administrativo.* Conjunto de atos do governo relativos às despesas e receitas públicas (Geraldo Magela Alves).

POLÍTICA FISCAL. *Direito tributário.* **1.** Processo de tributação que procura equilibrar a despesa pública, buscando recursos para solvê-la. **2.** Conjunto de atos governamentais relativos aos tributos.

POLÍTICA FLORESTAL. *Direito ambiental.* Política que tem por escopo a orientação e execução das medidas essenciais à utilização, proteção, conservação e desenvolvimento de florestas, elaborando planos de: a) florestamento e reflorestamento com fins econômicos, ecológicos, turísticos e paisagísticos; b) instalação e manutenção de parques nacionais e reservas biológicas; c) formulação de zoneamento florestal do País.

POLITICAGEM. *Ciência política.* Política interesseira, que procura obter vantagens ou favores junto a órgãos políticos ou governamentais, por meio de apadrinhamento ou de práticas desonestas.

POLÍTICA INSTRUMENTAL. *Ciência política.* Política que se orienta por símbolos referenciais, sendo privilégio de grupos minoritários que se organizam para a consecução de interesses específicos (Edelman).

POLÍTICA INTERNA. *Ciência política.* Política que administra os negócios internos de um país.

POLÍTICA JUDICIÁRIA. *Direito processual.* Política que tem por escopo a organização das atividades jurisdicionais, administrativas e disciplinares dos serviços judiciários e o bom funcionamento dos órgãos do Poder Judiciário.

POLÍTICA JURÍDICA. *Ciência política.* Ciência da organização do Estado, procurando estudar as relações entre autoridade e cidadãos, e das formas e meios jurídicos adequados à consecução dos fins da comunidade mediante ação estatal, como, por exemplo, as técnicas legislativas, que envolvem a questão do planejamento ante o intervencionismo estatal. Trata não só dos critérios de necessidade, conveniência ou oportunidade da atividade legislativa, como também de sua correlação com as exigências da opinião pública. Compete-lhe indagar dos campos de interesses que interferem no processo legislativo, como, por exemplo, os grupos de pressão, que procuram determinar as opções normativas do órgão legiferante. Ocupa-se das valorações e estruturas sociais que condicionam a elaboração da norma de direito, procurando superar os possíveis antagonismos fáticos e valorativos. Seu objeto próprio é o fenômeno estatal, ou seja, a origem, a função e a atividade do Estado desenvolvida para atingir os fins da coletividade (Miguel Reale, Luiz Fernando Coelho e A. B. Alves da Silva).

POLÍTICA MARÍTIMA NACIONAL (PMN). *Direito marítimo.* É a que tem por finalidade orientar o desenvolvimento das atividades marítimas do País, de forma integrada e harmônica, visando à utilização efetiva, racional e plena do mar e de nossas hidrovias interiores, de acordo com os interesses nacionais. Pretende a consecução dos seguintes objetivos: a) desenvolvimento de uma mentalidade marítima nacional; b) racionalidade e economicidade das atividades marítimas; c) independência tecnológica nacional, no campo das atividades marítimas; d) pesquisa, exploração e explotação racional dos recursos vivos – em especial no tocante à produção de alimentos – e não vivos da coluna d'água, do leito e subsolo do mar e de rios, la-

goas e lagos navegáveis, onde se exerçam atividades comerciais significativas para o Poder Marítimo; e) produção, no País, de navios, embarcações, equipamentos e material específico, relacionados com o desenvolvimento das atividades marítimas e com a defesa dos interesses marítimos do País; f) aprimoramento da infra-estrutura portuária, aquaviária e de reparos navais do País; g) otimização do transporte aquaviário no comércio interno e externo; h) proteção do meio ambiente, nas áreas em que se desenvolvem atividades marítimas; i) formação, valorização e aproveitamento racional dos recursos humanos necessários às atividades marítimas; j) privatização de atividades marítimas, sempre que a sua manutenção pelo Estado não constituir imperativo estratégico ou de segurança nacional; k) obtenção de benefícios decorrentes da participação em atos internacionais, no campo das atividades marítimas; l) segurança das atividades marítimas e salvaguarda dos interesses nacionais no mar; m) imagem favorável do País no exterior, em apoio à ação diplomática brasileira; n) garantia da existência de um Poder Naval eficaz e em dimensões compatíveis com os demais componentes do Poder Marítimo.

POLÍTICA MONETÁRIA. *Economia política.* Controle da oferta de dinheiro e de crédito com a finalidade de obter a estabilização da moeda.

POLÍTICA MUNICIPAL DE UTILIZAÇÃO DAS VIAS PÚBLICAS. *Direito administrativo.* Inclusive dos respectivos subsolos e espaço aéreo, e das obras de arte de domínio municipal paulistano para a implantação, instalação e manutenção de equipamentos de infra-estrutura urbana destinados à prestação de serviços públicos ou privados, tem como diretrizes: a) a implantação de galerias técnicas e obras compartilhadas; b) a substituição das redes e equipamentos de infra-estrutura urbana aéreos por redes e equipamentos de infra-estrutura urbana subterrâneos; c) a substituição de redes isoladas por redes compartilhadas; d) a utilização de métodos não-destrutivos e novas tecnologias para a execução das obras; e) a instalação de equipamentos de infra-estrutura urbana para a prestação de serviços públicos ou privados nas regiões de interesse do Poder Público, de modo a torná-los universais; f) a implantação de rede pública de transmissão de dados, voz, sinais e imagens; g) a gestão do planejamento e da execução das obras de manutenção dos equipamentos de infra-estrutura urbana já instalados; k) a execução do mapeamento da cidade em base cartográfica digital única, de caráter oficial e de uso geral.

POLÍTICA NACIONAL ANTIDROGAS. *Direito administrativo* e *direito penal.* É a que estabelece objetivos e diretrizes para o desenvolvimento de estratégias na prevenção, tratamento, recuperação e reinserção social, redução de danos sociais e à saúde, repressão ao tráfico e estudos, pesquisas e avaliações decorrentes do uso indevido de drogas. Tem por escopo: a) conscientizar a sociedade da ameaça representada pelo uso indevido de drogas e suas conseqüências; b) educar, informar, capacitar e formar agentes em todos os segmentos sociais para a ação efetiva e eficaz de redução da demanda, fundamentada em conhecimentos científicos validados e experiências bem-sucedidas; c) sistematizar as iniciativas, ações e campanhas de prevenção do uso indevido de drogas em uma rede operativa de medidas preventivas, com a finalidade de ampliar sua abrangência e eficácia; d) implantar e implementar rede de assistência a indivíduos com transtornos decorrentes do consumo de substâncias psicoativas, fundamentada em conhecimento validado, com a normatização funcional mínima, integrando os esforços desenvolvidos no tratamento de dependentes e abusadores; e) avaliar sistematicamente as diferentes iniciativas terapêuticas (fundamentadas em diversos modelos) com a finalidade de promover aquelas que obtiverem resultados favoráveis; f) reduzir as conseqüências sociais e de saúde decorrentes do uso indevido de drogas para o indivíduo, para a comunidade e para a sociedade em geral; g) coibir os crimes relacionados às drogas no sentido de aumentar a segurança do cidadão; h) agir contra o tráfico de drogas e os crimes conexos, através das fronteiras terrestres, aéreas e marítimas; i) combater a "lavagem de dinheiro", como forma de estrangular o fluxo lucrativo desse tipo de atividade ilegal, no que diz respeito ao tráfico de drogas; j) reunir, em órgão coordenador nacional, conhecimentos sobre drogas e as características do seu uso pela população brasileira, de forma contínua e atualizada, para fundamentar o desenvolvimento de programas e intervenções dirigidas à redução de demanda e de oferta de drogas; k) garantir rigor metodológico às atividades de redução da deman-

da por meio da promoção de levantamentos e pesquisas sistemáticas; l) assegurar a inovação dos métodos e programas de redução da demanda; m) instituir sistema de gestão para o planejamento, acompanhamento e avaliação das ações de redução da demanda, garantindo o rigor metodológico.

POLÍTICA NACIONAL DA BIODIVERSIDADE. *Direito ambiental* e *biodireito.* É a que reger-se-á pelos seguintes princípios: 1) a diversidade biológica tem valor intrínseco, merecendo respeito independentemente de seu valor para o homem ou potencial para uso humano; 2) as nações têm o direito soberano de explorar seus próprios recursos biológicos, segundo suas políticas de meio ambiente e desenvolvimento; 3) as nações são responsáveis pela conservação de sua biodiversidade e por assegurar que atividades sob sua jurisdição ou controle não causem dano ao meio ambiente e à biodiversidade de outras nações ou de áreas além dos limites da jurisdição nacional; 4) a conservação e a utilização sustentável da biodiversidade são uma preocupação comum à humanidade, mas com responsabilidades diferenciadas, cabendo aos países desenvolvidos o aporte de recursos financeiros novos e adicionais e a facilitação do acesso adequado às tecnologias pertinentes para atender às necessidades dos países em desenvolvimento; 5) todos têm direito ao meio ambiente ecologicamente equilibrado, bem de uso comum do povo e essencial à sadia qualidade de vida, impondo-se, ao Poder Público e à coletividade, o dever de defendê-lo e de preservá-lo para as presentes e as futuras gerações; 6) os objetivos de manejo de solos, águas e recursos biológicos são uma questão de escolha da sociedade, devendo envolver todos os setores relevantes da sociedade e todas as disciplinas científicas e considerar todas as formas de informação relevantes, incluindo os conhecimentos científicos, tradicionais e locais, inovações e costumes; 7) a manutenção da biodiversidade é essencial para a evolução e para a manutenção dos sistemas necessários à vida da biosfera e, para tanto, é necessário garantir e promover a capacidade de reprodução sexuada e cruzada dos organismos; 8) onde exista evidência científica consistente de risco sério e irreversível à diversidade biológica, o Poder Público determinará medidas eficazes em termos de custo para evitar a degradação ambiental; 9) a internalização dos custos ambientais e a utilização de instrumentos econômicos será promovida tendo em conta o princípio de que o poluidor deverá, em princípio, suportar o custo da poluição, com o devido respeito pelo interesse público e sem distorcer o comércio e os investimentos internacionais; 10) a instalação de obra ou atividade potencialmente causadora de significativa degradação do meio ambiente deverá ser precedida de estudo prévio de impacto ambiental, a que se dará publicidade; 11) o homem faz parte da natureza e está presente nos diferentes ecossistemas brasileiros há mais de dez mil anos, e todos estes ecossistemas foram e estão sendo alterados por ele em maior ou menor escala; 12) a manutenção da diversidade cultural nacional é importante para a pluralidade de valores na sociedade em relação à biodiversidade, sendo que os povos indígenas, os quilombolas e as outras comunidades locais desempenham um papel importante na conservação e na utilização sustentável da biodiversidade brasileira; 13) as ações relacionadas ao acesso ao conhecimento tradicional associado à biodiversidade deverão transcorrer com consentimento prévio informado dos povos indígenas, dos quilombolas e das outras comunidades locais; 14) o valor de uso da biodiversidade é determinado pelos valores culturais e inclui valor de uso direto e indireto, de opção de uso futuro e, ainda, valor intrínseco, incluindo os valores ecológico, genético, social, econômico, científico, educacional, cultural, recreativo e estético; 15) a conservação e a utilização sustentável da biodiversidade devem contribuir para o desenvolvimento econômico e social e para a erradicação da pobreza; 16) a gestão dos ecossistemas deve buscar o equilíbrio apropriado entre a conservação e a utilização sustentável da biodiversidade, e os ecossistemas devem ser administrados dentro dos limites de seu funcionamento; 17) os ecossistemas devem ser entendidos e manejados em um contexto econômico, objetivando: a) reduzir distorções de mercado que afetem negativamente a biodiversidade; b) promover incentivos para a conservação da biodiversidade e sua utilização sustentável; e c) internalizar custos e benefícios em um dado ecossistema o tanto quanto possível; 18) a pesquisa, a conservação *ex situ* e a agregação de valor sobre componentes da biodiversidade brasileira devem ser realizadas preferencialmente no País,

sendo bem-vindas as iniciativas de cooperação internacional, respeitados os interesses e a coordenação nacional; 19) as ações nacionais de gestão da biodiversidade devem estabelecer sinergias e ações integradas com convenções, tratados e acordos internacionais relacionados ao tema da gestão da biodiversidade; e 20) as ações de gestão da biodiversidade terão caráter integrado, descentralizado e participativo, permitindo que todos os setores da sociedade brasileira tenham, efetivamente, acesso aos benefícios gerados por sua utilização.

POLÍTICA NACIONAL DA INDÚSTRIA DE DEFESA (PNID). *Direito militar.* Tem como objetivo geral o fortalecimento da Base Industrial de Defesa (BID). Para a consecução do objetivo geral da PNID, concorrem os seguintes objetivos específicos: a) conscientização da sociedade em geral quanto à necessidade de o País dispor de uma forte BID; b) diminuição progressiva da dependência externa de produtos estratégicos de defesa, desenvolvendo-os e produzindo-os internamente; c) redução da carga tributária incidente sobre a BID, com especial atenção às distorções relativas aos produtos importados; d) ampliação da capacidade de aquisição de produtos estratégicos de defesa da indústria nacional pelas Forças Armadas; e) melhoria da qualidade tecnológica dos produtos estratégicos de defesa; f) aumento da competitividade da BID brasileira para expandir as exportações; e g) melhoria da capacidade de mobilização industrial na BID.

POLÍTICA NACIONAL DE ATENÇÃO À SAÚDE AUDITIVA. *Direito administrativo* e *biodireito.* É a implantada de forma articulada entre o Ministério da Saúde, as Secretarias de Estado de Saúde e as Secretarias Municipais de Saúde, permitindo: a) desenvolver estratégias de promoção da qualidade de vida, educação, proteção e recuperação da saúde e prevenção de danos, protegendo e desenvolvendo a autonomia e a eqüidade de indivíduos e coletividades; b) organizar uma linha de cuidados integrais (promoção, prevenção, tratamento e reabilitação) que perpasse todos os níveis de atenção promovendo, dessa forma, a inversão do modelo de atenção aos pacientes, com assistência multiprofissional e interdisciplinar; c) identificar os determinantes e condicionantes das principais patologias e situações de risco que levam à deficiência auditiva e desenvolver ações

POLÍTICA NACIONAL DE ATENÇÃO ÀS URGÊNCIAS   705   **POL**

transetoriais de responsabilidade pública, sem excluir as responsabilidades de toda a sociedade; d) definir critérios técnicos mínimos para o funcionamento e a avaliação dos serviços que realizam reabilitação auditiva, bem como os mecanismos de sua monitoração com vistas a potencializar os resultados da protetização; e) promover a ampla cobertura no atendimento aos pacientes portadores de deficiência auditiva no Brasil, garantindo a universalidade do acesso, a eqüidade, a integralidade e o controle social da saúde auditiva; f) fomentar, coordenar e executar projetos estratégicos que visem ao estudo do custo-efetividade, eficácia e qualidade, bem como a incorporação tecnológica do processo da reabilitação auditiva no Brasil; g) contribuir para o desenvolvimento de processos e métodos de coleta, análise e organização dos resultados das ações decorrentes da Política Nacional de Atenção à Saúde Auditiva, permitindo que a partir de seu desempenho seja possível um aprimoramento da gestão, da disseminação das informações e uma visão dinâmica do estado de saúde das pessoas portadoras de deficiência auditiva; h) promover intercâmbio com outros subsistemas de informações setoriais, implementando e aperfeiçoando permanentemente a produção de dados e garantindo a democratização das informações; e i) qualificar a assistência e promover a educação continuada dos profissionais de saúde envolvidos com a implantação e a implementação da Política de Atenção à Saúde Auditiva, em acordo com os princípios da integralidade e da humanização.

POLÍTICA NACIONAL DE ATENÇÃO ÀS URGÊN-CIAS. *Direito administrativo.* Implantada em todas as unidades federadas, respeitadas as competências das três esferas de gestão. A Política Nacional de Atenção às Urgências, composta pelos sistemas de atenção às urgências estaduais, regionais e municipais, deve ser organizada de forma que permita: a) garantir a universalidade, a eqüidade e a integralidade no atendimento às urgências clínicas, cirúrgicas, gineco-obstétricas, psiquiátricas, pediátricas e as relacionadas às causas externas (traumatismos não-intencionais, violências e suicídios); b) consubstanciar as diretrizes de regionalização da atenção às urgências, mediante a adequação criteriosa da distribuição dos recursos assistenciais, conferindo concretude ao dimensionamento e implantação

de sistemas estaduais, regionais e municipais e suas respectivas redes de atenção; c) desenvolver estratégias promocionais da qualidade de vida e saúde capazes de prevenir agravos, proteger a vida, educar para a defesa da saúde e recuperar a saúde, protegendo e desenvolvendo a autonomia e a eqüidade de indivíduos e coletividades; d) fomentar, coordenar e executar projetos estratégicos de atendimento às necessidades coletivas em saúde, de caráter urgente e transitório, decorrentes de situações de perigo iminente, de calamidades públicas e de acidentes com múltiplas vítimas, a partir da construção de mapas de risco regionais e locais e da adoção de protocolos de prevenção, atenção e mitigação dos eventos; e) contribuir para o desenvolvimento de processos e métodos de coleta, análise e organização dos resultados das ações e serviços de urgência, permitindo que a partir de seu desempenho seja possível uma visão dinâmica do estado de saúde da população e do desempenho do Sistema Único de Saúde em seus três níveis de gestão; f) integrar o complexo regulador do Sistema Único de Saúde, promovendo intercâmbio com outros subsistemas de informações setoriais, implementando e aperfeiçoando, permanentemente, a produção de dados e democratização das informações com a perspectiva de usá-las para alimentar estratégias promocionais; g) qualificar a assistência e promover a capacitação continuada das equipes de saúde do Sistema Único de Saúde na Atenção às Urgências, em acordo com os princípios da integralidade e humanização.

POLÍTICA NACIONAL DE CONSERVAÇÃO E USO RA-CIONAL DE ENERGIA. *Direito administrativo* e *direito ambiental.* É a que visa a alocação eficiente de recursos energéticos e a preservação do meio ambiente. O Poder Executivo estabelecerá os níveis máximos de consumo específico de energia, ou mínimos de eficiência energética, para máquinas e aparelhos consumidores de energia fabricados ou comercializados no País, com base em indicadores técnicos pertinentes.

POLÍTICA NACIONAL DE COOPERATIVISMO. *Direito civil.* Política que institui o regime jurídico das cooperativas.

POLÍTICA NACIONAL DE DEFESA CIVIL. *Direito administrativo.* É aquela a quem compete garantir o direito natural à vida e à incolumidade em circunstância de desastre. Seu objetivo geral é a redução de desastres, diminuindo sua ocorrência e intensidade, mediante ações que abrangem os seguintes aspectos globais: prevenção de desastres; preparação para emergências e desastres; resposta aos desastres e reconstrução. Tem, portanto, por objetivos específicos: 1. promover a defesa permanente contra desastres naturais ou provocados pelo homem; 2. prevenir ou minimizar danos, socorrer e assistir populações atingidas, reabilitar e recuperar áreas deterioradas por desastres; 3. atuar na iminência ou em situações de desastres; 4. promover a articulação e a coordenação do Sistema Nacional de Defesa Civil (Sindec), em todo o território nacional. Tal sistema tem a seguinte estrutura: 1. órgão superior: Conselho Nacional de Defesa Civil (Condec), constituído por representantes dos Ministérios e de órgãos da Administração Pública federal; 2. órgão central: Secretaria de Defesa Civil (Sedec), responsável pela coordenação e articulação do Sistema; 3. órgãos regionais: Coordenadorias Regionais de Defesa Civil (Cordec), cuja vinculação e localização, por região geográfica, serão estabelecidas em regulamento; 4. órgãos estaduais e municipais: Coordenadorias Estaduais de Defesa Civil (Cedec), Coordenadoria de Defesa Civil do Distrito Federal e Comissões Municipais de Defesa Civil (Comdec); 5. órgãos setoriais: órgãos e entidades da Administração Pública federal, dos Estados, do Distrito Federal e dos municípios, envolvidos nas ações de defesa civil; 6. órgãos de apoio: entidades públicas e privadas, organizações não-governamentais (ONGs), clubes de serviços e associações diversas, que venham prestar ajuda aos órgãos integrantes do Sindec.

POLÍTICA NACIONAL DE DESENVOLVIMENTO DAS ATIVIDADES ESPACIAIS (PNDAE). *Direito aeronáutico* e *direito espacial.* Tem como objetivo geral promover a capacidade do País para, segundo conveniência e critérios próprios, utilizar os recursos e técnicas espaciais na solução de problemas nacionais e em benefício da sociedade brasileira. Para a consecução deste objetivo geral identificam-se os seguintes objetivos específicos: 1. estabelecimento no País de competência técnico-científica na área espacial, que lhe possibilite atuar com real autonomia: a) na seleção de alternativas tecnológicas para a solução de problemas brasileiros; b) no desenvolvimento de soluções próprias para problemas específicos de nosso território ou de nossa sociedade, sempre que alternativas mais econômicas não sejam disponíveis ou de acesso assegurado; c) na efetiva utilização das informações propiciadas pelos meios espaciais que sejam de interesse para a sociedade brasileira; d) nas negociações, acordos e tratados internacionais envolvendo matérias pertinentes às atividades espaciais ou que possam beneficiar-se dos conhecimentos decorrentes dessas atividades; 2. promoção do desenvolvimento de sistemas espaciais, bem como de meios, técnicas e infra-estrutura de solo correspondentes, que venham propiciar ao Brasil a disponibilidade de serviços e informações de sua necessidade ou interesse; 3. adequação do setor produtivo brasileiro para participar e adquirir competitividade em mercados de bens e serviços espaciais. No planejamento e na execução dos programas decorrentes dos objetivos acima explicitados, as seguintes diretrizes deverão ser observadas: 1. prioridade para a solução de problemas nacionais: os recursos destinados ao desenvolvimento das atividades espaciais brasileiras deverão concentrar-se em iniciativas voltadas à busca de soluções, propiciadas pelos conhecimentos e meios espaciais, para problemas de âmbito nacional ou de interesse para o País; 2. concentração de esforços em programas mobilizadores: a experiência internacional tem demonstrado que o progresso no setor espacial é mais significativo, e apreciado pela opinião pública quando alavancado através de grandes programas mobilizadores, que concentrem esforços em objetivos claros, conseqüentes e meritórios, e que imponham consideráveis desafios científicos e tecnológicos aos órgãos e empresas incumbidos de sua execução.

POLÍTICA NACIONAL DE DESENVOLVIMENTO DE PESSOAL. *Direito administrativo.* Implementada pelos órgãos e entidades da administração pública federal direta, autárquica e fundacional, com as seguintes finalidades: a) melhoria da eficiência, eficácia e qualidade dos serviços públicos prestados ao cidadão; b) desenvolvimento permanente do servidor público; c) adequação das competências requeridas dos servidores aos objetivos das instituições, tendo como referência o plano plurianual; d) divulgação e gerenciamento das ações de capacitação; e e) racionalização e efetividade dos gastos com a capacitação. São diretrizes da Política Nacional de Desenvolvimento de Pessoal: a) incentivar e apoiar o servidor público em suas iniciativas de

POLÍTICA NACIONAL DE DESENVOLVIMENTO REGIONAL (PNDR)   707   **POL**

capacitação voltadas para o desenvolvimento das competências institucionais e individuais; b) assegurar o acesso dos servidores a eventos de capacitação interna ou externamente ao seu local de trabalho; c) promover a capacitação gerencial do servidor e sua qualificação para o exercício de atividades de direção e assessoramento; d) incentivar e apoiar as iniciativas de capacitação promovidas pelas próprias instituições, mediante o aproveitamento de habilidades e conhecimentos de servidores de seu próprio quadro de pessoal; e) estimular a participação do servidor em ações de educação continuada, entendida como a oferta regular de cursos para o aprimoramento profissional, ao longo de sua vida funcional; f) incentivar a inclusão das atividades de capacitação como requisito para a promoção funcional do servidor nas carreiras da administração pública federal direta, autárquica e fundacional, e assegurar a ele a participação nessas atividades; g) considerar o resultado das ações de capacitação e mensuração do desempenho do servidor complementares entre si; h) oferecer oportunidades de requalificação aos servidores redistribuídos; i) oferecer e garantir cursos introdutórios ou de formação, respeitadas as normas específicas aplicáveis a cada carreira ou cargo, aos servidores que ingressarem no setor público, inclusive àqueles sem vínculo efetivo com a administração pública; j) avaliar permanentemente os resultados das ações de capacitação; k) elaborar o plano anual de capacitação da instituição, compreendendo as definições dos temas e as metodologias de capacitação a serem implementadas; l) promover entre os servidores ampla divulgação das oportunidades de capacitação; e m) priorizar, no caso de eventos externos de aprendizagem, os cursos ofertados pelas escolas de governo, favorecendo a articulação entre elas e visando à construção de sistema de escolas de governo da União, a ser coordenado pela Escola Nacional de Administração Pública – ENAP.

POLÍTICA NACIONAL DE DESENVOLVIMENTO REGIONAL (PNDR). *Direito administrativo.* Tem como objetivo a redução das desigualdades de nível de vida entre as regiões brasileiras e a promoção da eqüidade no acesso a oportunidades de desenvolvimento, e deve orientar os programas e ações federais no Território Nacional.

POLÍTICA NACIONAL DE DESENVOLVIMENTO SUSTENTÁVEL DOS POVOS E COMUNIDADES TRADICIONAIS. *Biodireito.* A PNPCT tem como principal objetivo promover o desenvolvimento sustentável dos Povos e Comunidades Tradicionais, com ênfase no reconhecimento, fortalecimento e garantia dos seus direitos territoriais, sociais, ambientais, econômicos e culturais, com respeito e valorização à sua identidade, suas formas de organização e suas instituições. São *objetivos específicos* da PNPCT: a) garantir aos povos e comunidades tradicionais seus territórios, e o acesso aos recursos naturais que tradicionalmente utilizam para sua reprodução física, cultural e econômica; b) solucionar e/ou minimizar os conflitos gerados pela implantação de Unidades de Conservação de Proteção Integral em territórios tradicionais e estimular a criação de Unidades de Conservação de Uso Sustentável; c) implantar infra-estrutura adequada às realidades socioculturais e demandas dos povos e comunidades tradicionais; d) garantir os direitos dos povos e das comunidades tradicionais afetados direta ou indiretamente por projetos, obras e empreendimentos; e) garantir e valorizar as formas tradicionais de educação e fortalecer processos dialógicos como contribuição ao desenvolvimento próprio de cada povo e comunidade, garantindo a participação e controle social tanto nos processos de formação educativos formais quanto nos não-formais; f) reconhecer, com celeridade, a auto-identificação dos povos e comunidades tradicionais, de modo que possam ter acesso pleno aos seus direitos civis individuais e coletivos; g) garantir aos povos e comunidades tradicionais o acesso aos serviços de saúde de qualidade e adequados às suas características socioculturais, suas necessidades e demandas, com ênfase nas concepções e práticas da medicina tradicional; h) garantir no sistema público previdenciário a adequação às especificidades dos povos e comunidades tradicionais, no que diz respeito às suas atividades ocupacionais e religiosas e às doenças decorrentes destas atividades; i) criar e implementar, urgentemente, uma política pública de saúde voltada aos povos e comunidades tradicionais; j) garantir o acesso às políticas públicas sociais e a participação de representantes dos povos e comunidades tradicionais nas instâncias de controle social; k) garantir nos programas e ações de inclusão social recortes diferenciados voltados especificamente para os povos e comunidades tradicionais; l) implementar e fortalecer programas e ações voltados às relações de gênero nos povos e comunidades tradicionais, assegurando a visão e a participação feminina nas ações governamentais, valorizando a importância histórica das mulheres e sua liderança ética e social; m) garantir aos povos e comunidades tradicionais o acesso e a gestão facilitados aos recursos financeiros provenientes dos diferentes órgãos de governo; n) assegurar o pleno exercício dos direitos individuais e coletivos concernentes aos povos e comunidades tradicionais, sobretudo nas situações de conflito ou ameaça à sua integridade; o) reconhecer, proteger e promover os direitos dos povos e comunidades tradicionais sobre os seus conhecimentos, práticas e usos tradicionais; p) apoiar e garantir o processo de formalização institucional, quando necessário, considerando as formas tradicionais de organização e representação locais; e q) apoiar e garantir a inclusão produtiva com a promoção de tecnologias sustentáveis, respeitando o sistema de organização social dos povos e comunidades tradicionais, valorizando os recursos naturais locais e práticas, saberes e tecnologias tradicionais.

POLÍTICA NACIONAL DE ENFRENTAMENTO AO TRÁFICO DE PESSOAS. *Direito penal.* Tem por finalidade estabelecer princípios, diretrizes e ações de prevenção e repressão ao tráfico de pessoas e de atenção às vítimas, conforme as normas e instrumentos nacionais e internacionais de direitos humanos e a legislação pátria. São princípios norteadores da Política Nacional de Enfrentamento ao Tráfico de Pessoas: a) respeito à dignidade da pessoa humana; b) não-discriminação por motivo de gênero, orientação sexual, origem étnica ou social, procedência, nacionalidade, atuação profissional, raça, religião, faixa etária, situação migratória ou outros *status*; c) proteção e assistência integral às vítimas diretas e indiretas, independentemente de nacionalidade e de colaboração em processos judiciais; d) promoção e garantia da cidadania e dos direitos humanos; e) respeito a tratados e convenções internacionais de direitos humanos; f) universalidade, indivisibilidade e interdependência dos direitos humanos; e g) transversalidade das dimensões de gênero, orientação sexual, origem étnica ou social, procedência, raça e faixa etária nas políticas públicas.

POLÍTICA NACIONAL DE INFORMÁTICA. *Direito virtual.* É a que tem por finalidade a capacitação nacional nas atividades de informática, em proveito do desenvolvimento social, cultural, político, tecnológico e econômico da sociedade brasileira.

POLÍTICA NACIONAL DE PLANTAS MEDICINAIS E FITOTERÁPICOS. *Biodireito* e *direito ambiental.* É a que tem por: a) objetivo geral: garantir à população brasileira o acesso seguro e o uso racional de plantas medicinais e fitoterápicos, promovendo o uso sustentável da biodiversidade, o desenvolvimento da cadeia produtiva e da indústria nacional; b) objetivos específicos: ampliar as opções terapêuticas aos usuários, com garantia de acesso a plantas medicinais, fitoterápicos e serviços relacionados à fitoterapia, com segurança, eficácia e qualidade, na perspectiva da integralidade da atenção à saúde, considerando o conhecimento tradicional sobre plantas medicinais; construir o marco regulatório para a produção, distribuição e uso de plantas medicinais e fitoterápicos a partir dos modelos e experiências existentes no Brasil e em outros países; promover pesquisa, desenvolvimento de tecnologias e inovações e plantas medicinais e fitoterápicos, nas diversas fases da cadeia produtiva; promover o desenvolvimento sustentável das cadeias produtivas de plantas medicinais e fitoterápicos e o fortalecimento da indústria farmacêutica nacional neste campo; promover o uso sustentável da biodiversidade e a repartição dos benefícios decorrentes do acesso aos recursos genéticos de plantas medicinais e ao conhecimento tradicional associado. São suas diretrizes: a) regulamentar o cultivo, o manejo sustentável, a produção, a distribuição e o uso de plantas medicinais e fitoterápicos, considerando as experiências da sociedade civil nas suas diferentes formas de organização; b) promover a formulação técnico-científica e capacitação no setor de plantas medicinais e fitoterápicos; c) incentivar a formação e a capacitação de recursos humanos para o desenvolvimento de pesquisas, tecnologias e inovação em plantas medicinais e fitoterápicos; d) estabelecer estratégias de comunicação para divulgação do setor plantas medicinais e fitoterápicos; e) fomentar pesquisa, desenvolvimento tecnológico e inovação com base na biodiversidade brasileira, abrangendo espécies vegetais nativas e exóticas adaptadas, priorizando as necessidades epidemiológicas da população; f) promover a interação entre o setor público e a iniciativa privada, universidades, centros de pesquisa e organização não-governamentais na área de plantas medicinais e desenvolvimento de fitoterápicos; g) apoiar a implantação de plataformas tecnológicas piloto para o desenvolvimento integrado de cultivo de plantas medicinais e produção de fitoterápicos; h) incentivar a incorporação racional de novas tecnologias no processo de produção de plantas medicinais e fitoterápicos; i) garantir e promover a segurança, a eficácia e a qualidade no acesso a plantas medicinais e fitoterápicos; j) promover e reconhecer as práticas populares de uso de plantas medicinais e remédios caseiros; k) promover a adoção de boas práticas de cultivo e manipulação de plantas medicinais e de manipulação e produção de fitoterápicos, segundo legislação específica; l) promover o uso sustentável da biodiversidade e a repartição dos benefícios derivados do uso dos conhecimentos tradicionais associados e do patrimônio genético; m) promover a inclusão da agricultura familiar nas cadeias e nos arranjos produtivos das plantas medicinais, insumos e fitoterápicos; n) estimular a produção de fitoterápicos em escala industrial; o) estabelecer uma política intersetorial para o desenvolvimento socioeconômico na área de plantas medicinais e fitoterápicos; p) incrementar as exportações de fitoterápicos e insumos relacionados, priorizando aqueles de maior valor agregado; q) estabelecer mecanismos de incentivo para a inserção da cadeia produtiva de fitoterápicos no processo de fortalecimento da indústria farmacêutica nacional.

POLÍTICA NACIONAL DE PROTEÇÃO AOS DEFENSORES DOS DIREITOS HUMANOS (PNPDDH). Tem por finalidade estabelecer princípios e diretrizes de proteção aos defensores dos direitos humanos, conforme as leis brasileiras e os tratados internacionais de direitos humanos de que o Brasil faça parte. São *defensores dos direitos humanos* todos os indivíduos, grupos e órgãos da sociedade que promovem e protegem os direitos humanos e as liberdades fundamentais universalmente reconhecidos. A proteção visa a garantir a continuidade do trabalho do defensor, que promove, protege e garante os direitos humanos, e, em função de sua atuação e atividade nessas circunstâncias, encontra-se em situação de risco ou vulnerabilidade ou so-

fre violação de seus direitos. Tal violação caracteriza-se por toda e qualquer conduta atentatória à atividade pessoal ou institucional do defensor dos direitos humanos ou de organização e movimento social, que se manifeste, ainda que indiretamente, sobre familiares ou pessoas de sua convivência próxima, pela prática de homicídio tentado ou consumado, tortura, agressão física, ameaça, intimidação, difamação, prisão ilegal ou arbitrária, falsa acusação, atentados ou retaliações de natureza política, econômica ou cultural, de origem, etnia, gênero ou orientação sexual, cor, idade, entre outras formas de discriminação, desqualificação e criminalização de sua atividade pessoal que ofenda a sua integridade física, psíquica ou moral, a honra ou o seu patrimônio. São *princípios* da PNPDDH: a) respeito à dignidade da pessoa humana; b) não-discriminação por motivo de gênero, orientação sexual, origem étnica ou social, deficiência, procedência, nacionalidade, atuação profissional, raça, religião, faixa etária, situação migratória ou outro *status*; c) proteção e assistência aos defensores dos direitos humanos, independentemente de nacionalidade e de colaboração em processos judiciais; d) promoção e garantia da cidadania e dos direitos humanos; e) respeito a tratados e convenções internacionais de direitos humanos; f) universalidade, indivisibilidade e interdependência dos direitos humanos; e g) transversalidade das dimensões de gênero, orientação sexual, deficiência, origem étnica ou social, procedência, raça e faixa etária nas políticas públicas. São *diretrizes gerais* da PNPDDH: a) fortalecimento do pacto federativo, por meio da atuação conjunta e articulada de todas as esferas de governo na proteção aos defensores dos direitos humanos e na atuação das causas que geram o estado de risco ou vulnerabilidade; b) fomento à cooperação internacional bilateral ou multilateral; c) articulação com organizações não-governamentais, nacionais e internacionais; d) estruturação de rede de proteção aos defensores dos direitos humanos, envolvendo todas as esferas de governo e organizações da sociedade civil; e) verificação da condição de defensor e respectiva proteção e atendimento; f) incentivo e realização de pesquisas e diagnósticos, considerando as diversidades regionais, organização e compartilhamento de dados; g) incentivo à formação e à capacitação de profissionais para a proteção, bem como para a verificação da condição de defensor e para seu atendimento; h) harmonização das legislações e procedimentos administrativos nas esferas federal, estadual e municipal relativas ao tema; i) incentivo à participação da sociedade civil; j) incentivo à participação dos órgãos de classe e conselhos profissionais; e k) garantia de acesso amplo e adequado a informações e estabelecimento de canais de diálogo entre o Estado, a sociedade e os meios de comunicação. São *diretrizes específicas* de proteção aos defensores dos direitos humanos: a) implementação de medidas preventivas nas políticas públicas, de maneira integrada e intersetorial, nas áreas de saúde, educação, trabalho, segurança, justiça, assistência social, comunicação, cultura, dentre outras; b) apoio e realização de campanhas socioeducativas e de conscientização nos âmbitos internacional, nacional, regional e local, considerando suas especificidades, que valorizem a imagem e atuação do defensor dos direitos humanos; c) monitoramento e avaliação de campanhas com a participação da sociedade civil; d) apoio à mobilização social e fortalecimento da sociedade civil; e e) fortalecimento dos projetos já existentes e fomento à criação de novos projetos. São diretrizes específicas de proteção aos defensores dos direitos humanos no que se refere à responsabilização dos autores das ameaças ou intimidações: a) cooperação entre os órgãos de segurança pública; b) cooperação jurídica nacional; c) sigilo dos procedimentos judiciais e administrativos, nos termos da lei; e d) integração com políticas e ações de repressão e responsabilização dos autores de crimes correlatos. São diretrizes específicas de atenção aos defensores dos direitos humanos que se encontram em estado de risco ou vulnerabilidade: a) proteção à vida; b) prestação de assistência social, médica, psicológica e material; c) iniciativas visando a superação das causas que geram o estado de risco ou vulnerabilidade; d) preservação da identidade, imagens e dados pessoais; e) apoio para o cumprimento de obrigações civis e administrativas que exijam comparecimento pessoal; f) suspensão temporária das atividades funcionais; e g) excepcionalmente, a transferência de residência ou acomodação provisória em local sigiloso, compatível com a proteção.

POLÍTICA NACIONAL DE RECURSOS HÍDRICOS. *Direito administrativo.* Política que se baseia nos seguintes fundamentos: a) a água é um bem de domínio público; b) a água é um recurso natural limitado, dotado de valor econômico; c) em situações de escassez, o uso prioritário dos recursos hídricos é o consumo humano e a dessedentação de animais; d) a gestão dos recursos hídricos deve sempre proporcionar o uso múltiplo das águas; e) a bacia hidrográfica é a unidade territorial para implementação da Política Nacional de Recursos Hídricos e atuação do Sistema Nacional de Gerenciamento de Recursos Hídricos; f) a gestão dos recursos hídricos deve ser descentralizada e contar com a participação do Poder Público, dos usuários e das comunidades. Tem por objetivo: a) assegurar à atual e às futuras gerações a necessária disponibilidade de água, em padrões de qualidade adequados aos respectivos usos; b) a utilização racional e integrada dos recursos hídricos, incluindo o transporte aquaviário, com vistas ao desenvolvimento sustentável; c) a prevenção e a defesa contra eventos hidrológicos críticos de origem natural ou decorrentes do uso inadequado dos recursos naturais.

POLÍTICA NACIONAL DE RELAÇÕES DE CONSUMO. *Direito do consumidor.* Política que visa atender as necessidades dos consumidores, assegurando o respeito à sua dignidade, saúde e segurança; a proteção de seus interesses econômicos; a melhoria de sua qualidade de vida; a transparência e harmonia das relações de consumo, seguindo os princípios subseqüentes: a) reconhecimento da vulnerabilidade do consumidor no mercado de consumo; b) ação governamental no sentido de proteger efetivamente o consumidor não só por meio da iniciativa direta de incentivos à criação e ao desenvolvimento de associações representativas, como também pela presença do Estado no mercado de consumo e pela garantia dos produtos e serviços com padrões adequados de qualidade, segurança, durabilidade e desempenho; c) harmonização dos interesses dos participantes das relações de consumo e compatibilização da proteção do consumidor com a necessidade de desenvolvimento econômico e tecnológico, de modo a viabilizar os princípios nos quais se funda a ordem econômica, sempre com base na boa-fé e no equilíbrio nas relações entre consumidores e fornecedores; d) educação e informação de fornecedores e consumidores, quanto aos seus direitos e deveres, com vistas à melhoria do mercado de consumo; e) incentivo à criação, pelos fornecedores, de meios eficientes de controle de qualidade e segurança de produtos e serviços, assim como de mecanismos alternativos de solução de conflitos de consumo; f) coibição e repressão eficientes de todos os abusos praticados no mercado de consumo, inclusive a concorrência desleal e a utilização indevida de inventos e criações industriais das marcas e nomes comerciais e signos distintivos, que possam causar prejuízos aos consumidores; g) racionalização e melhoria dos serviços públicos; h) estudo constante das modificações do mercado de consumo.

POLÍTICA NACIONAL DE SANGUE, COMPONENTES E HEMODERIVADOS. *Direito administrativo* e *biodireito*. Tem por finalidade garantir a auto-suficiência do País nesse setor e harmonizar as ações do Poder Público em todos os níveis de governo, e será implementada, no âmbito do Sistema Único de Saúde (SUS), pelo Sistema Nacional de Sangue, Componentes e Derivados (SINASAN), composto por: a) organismos operacionais de captação e obtenção de doação, coleta, processamento, controle e garantia de qualidade, estocagem, distribuição e transfusão de sangue, seus componentes e hemoderivados; b) centros de produção de hemoderivados e de quaisquer produtos industrializados a partir do sangue venoso e placentário, ou outros obtidos por novas tecnologias, indicados para o diagnóstico, prevenção e tratamento de doenças. Sempre observando os princípios do Sistema Único de Saúde, tal política será desenvolvida por meio da rede nacional de Serviços de Hemoterapia, públicos e/ou privados, com ou sem fins lucrativos, de forma hierárquica e integrada, de acordo com regulamento emanado do Ministério da Saúde, e rege-se pelos seguintes princípios e diretrizes: a) universalização do atendimento à população; b) utilização exclusiva da doação voluntária, não remunerada, do sangue, cabendo ao Poder Público estimulá-la como ato relevante de solidariedade humana e compromisso social; c) proibição de remuneração ao doador pela doação de sangue; d) proibição da comercialização da coleta, processamento estocagem, distribuição e transfusão do sangue, componentes e hemoderivados; e) permissão de remuneração dos custos dos insumos, reagentes, materiais descartáveis e da mão-de-obra especializada, inclusive ho-

norários médicos, na forma estabelecida em lei e nas Normas Técnicas do Ministério da Saúde; f) proteção da saúde do doador e do receptor mediante informação ao candidato à doação sobre os procedimentos a que será submetido, os cuidados que deverá tomar e as possíveis reações adversas decorrentes da doação, bem como sobre qualquer anomalia importante identificada quando dos testes laboratoriais, garantindo-lhe o sigilo dos resultados; g) obrigatoriedade de responsabilidade, supervisão e assistência médica na triagem de doadores, que avaliará seu estado de saúde, na coleta de sangue e durante o ato transfusional, assim como no pré e pós-transfusional imediatos; h) direito a informação sobre a origem e procedência do sangue, componentes e hemoderivados, bem como sobre o serviço de hemoterapia responsável pela origem destes; i) participação de entidades civis brasileiras no processo de fiscalização, vigilância e controle das ações desenvolvidas no âmbito dos Sistemas Nacional e Estaduais de Sangue, Componentes e Hemoderivados; j) obrigatoriedade para que todos os materiais ou substâncias que entrem em contato com o sangue coletado, com finalidade transfusional, bem como seus componentes e derivados, sejam estéreis, apirogênicos e descartáveis; k) segurança na estocagem e transporte de sangue, componentes e hemoderivados, na forma das Normas Técnicas editadas pelo SINASAN; l) obrigatoriedade de testagem individualizada de cada amostra ou unidade de sangue coletado, sendo proibida a testagem de amostras ou unidades de sangue em conjunto, a menos que novos avanços tecnológicos a justifiquem, ficando a sua execução subordinada à portaria específica do Ministério da Saúde, proposta pelo SINASAN. A Política Nacional de Sangue, Componentes e Hemoderivados objetivará, entre outras coisas: a) o incentivo às campanhas educativas de estímulo à doação regular de sangue; b) o recrutamento, a triagem clínica e laboratorial do doador, a coleta, o fracionamento, o processamento, a estocagem, a distribuição, as provas imunoematológicas, a utilização e o descarte de sangue, componentes e hemoderivados; c) a verificação e aplicação permanente de métodos e ações de controle de qualidade de sangue, componentes e hemoderivados; d) a instituição de mecanismos de controle de descarte de todo o material utilizado na atividade hemoterápica, para que se evite a contaminação ambiental, devendo todos os materiais e substâncias que entrem em contato com o sangue coletado, seus componentes e hemoderivados, ser esterilizados ou incinerados após seu uso; e) a fiscalização da utilização ou estocagem de sangue, componentes e hemoderivados em todas as instituições públicas ou privadas que exerçam atividade hemoterápica; f) a implementação, o acompanhamento e a verificação da observância das normas relativas à manutenção de equipamentos e instalações físicas pelos órgãos que integram a Rede Nacional dos Serviços de Hemoterapia; g) a orientação e o apoio aos casos de reações transfusionais e doenças pós-transfusionais de sangue, seus componentes e hemoderivados; h) a participação na formação e aperfeiçoamento de recursos humanos em Hemoterapia e Hematologia; i) o ensino, a pesquisa e o desenvolvimento tecnológico em Hemoterapia e Hematologia; j) a implementação de sistemas informatizados com vistas à formação e estruturação de banco de dados e a disseminação de informações tecnológicas, operacionais e epidemiológicas; k) a produção de derivados industrializados de plasma e reagentes, para uso laboratorial em Hemoterapia e em Hematologia e autorização para requisição de anti-soros ou outros produtos derivados do sangue, essenciais para a pesquisa e diagnóstico.

POLÍTICA NACIONAL DE SAÚDE. *Direito administrativo.* Arte de desenvolver meios que regulem, promovam e garantam a saúde da população.

POLÍTICA NACIONAL DO IDOSO. *Direito previdenciário, direito civil* e *direito administrativo.* É a que visa: promover a capacitação de recursos humanos para atendimento ao idoso; estimular a criação de formas alternativas de atendimento ao idoso; fomentar a prestação da assistência social aos idosos nas modalidades asilar e não asilar; garantir ao idoso atendimento preferencial nos órgãos públicos e privados e assistência integral à saúde; criar mecanismos que impeçam a discriminação do idoso quanto à sua participação no trabalho e em eventos culturais.

POLÍTICA NACIONAL DO LIVRO. *Direito educacional* e *direito administrativo.* É a que visa: a) assegurar ao cidadão o pleno exercício do direito de acesso e uso do livro; b) o livro é o meio principal e insubstituível da difusão da cultura e transmissão do conhecimento, do fomento à pesquisa

social e científica, da conservação do patrimônio nacional, da transformação e aperfeiçoamento social e da melhoria da qualidade de vida; c) fomentar e apoiar a produção, a edição, a difusão, a distribuição e a comercialização do livro; d) estimular a produção intelectual dos escritores e autores brasileiros, tanto de obras científicas como culturais; e) promover e incentivar o hábito da leitura; f) propiciar os meios para fazer do Brasil um grande centro editorial; g) competir no mercado internacional de livros, ampliando a exportação de livros nacionais; h) apoiar a livre circulação do livro no País; i) capacitar a população para o uso do livro como fator fundamental para seu progresso econômico, político, social e promover a justa distribuição do saber e da renda; j) instalar e ampliar no País livrarias, bibliotecas e pontos de venda de livro; k) propiciar aos autores, editores, distribuidores e livreiros as condições necessárias ao cumprimento do disposto nesta Lei; l) assegurar às pessoas com deficiência visual o acesso à leitura.

POLÍTICA NACIONAL DO MEIO AMBIENTE. *Direito ambiental.* É a que visa à preservação, melhoria e recuperação da qualidade ambiental propícia à vida, assegurando, no País, condições ao desenvolvimento socioeconômico, aos interesses de segurança nacional e à proteção da dignidade da vida humana. Tem por objetivo: a) a compatibilização do desenvolvimento econômico-social com a preservação da qualidade do meio ambiente e do equilíbrio ecológico; b) a definição de áreas prioritárias de ação governamental relativa à qualidade e ao equilíbrio ecológico, atendendo aos interesses da União, dos Estados, do Distrito Federal, dos Territórios e dos Municípios; c) o estabelecimento de critérios e padrões da qualidade ambiental e de normas relativas ao uso e manejo de recursos ambientais; d) o desenvolvimento de pesquisas e de tecnologias nacionais orientadas para o uso racional de recursos ambientais; e) a difusão de tecnologias de manejo ambiental, a divulgação de dados e informações ambientais e a formação de uma consciência pública sobre a necessidade de preservação da qualidade ambiental e do equilíbrio ecológico; f) a preservação e restauração dos recursos ambientais com vistas à sua utilização racional e disponibilidade permanente, concorrendo para a manutenção do equilíbrio ecológico propício à vida; g) a imposição ao poluidor e ao predador da obrigação de recuperar ou indenizar os danos causados; e ao usuário da contribuição pela utilização de recursos ambientais com fins econômicos.

POLÍTICA NACIONAL INTEGRADA PARA A AMAZÔNIA LEGAL. *Direito administrativo* e *direito ambiental.* Corresponde à preocupação do governo federal em relação àquela região, no sentido de: a) cumprir os objetivos fundamentais da República, em especial o de promover o desenvolvimento nacional e o de reduzir as desigualdades sociais e regionais; b) atender às aspirações da população amazônica, no mesmo sentido; c) fazer respeitar, no curso desses processos, o meio ambiente e assegurar, para as gerações atuais e futuras, a possibilidade de desfrutar dele; d) dar bases sólidas à integração crescente da Amazônia brasileira no contexto da Amazônia continental e seu acesso aos mercados mundiais; e) orientar a ação do governo federal, principalmente o Ministério do Meio Ambiente, no cumprimento de suas tarefas e responsabilidades em sintonia e coerência com esses objetivos. A Política Nacional Integrada para a Amazônia Legal tem como objetivo final a elevação da qualidade de vida das suas populações, mediante o crescimento econômico sustentável, o pleno aproveitamento das potencialidades naturais e culturais e a internalização e melhor distribuição da riqueza. A efetivação desse objetivo pressupõe uma nova estratégia de desenvolvimento, centrada no respeito à diversidade interna, à articulação das dimensões econômica, social e ambiental e à redução dos conflitos e desigualdades regionais. Implica, também, o reconhecimento de que a Amazônia não é mera questão regional mas, pela sua importância estratégica, assume a condição de questão nacional central para as transformações em curso na virada do milênio. Nessa nova perspectiva, delineia-se a estruturação de um Projeto Amazônico que, além dos efeitos internos previstos, facilitará a integração crescente do Brasil com os demais países amazônicos e o ajudará a enfrentar o desafio de definir um novo e melhor padrão de inserção no sistema mundial – resguardada, sempre, a soberania nacional. A valorização humana e social da Amazônia, objetivo central da Política Integrada, será alcançada mediante duas estratégias principais de desenvolvimento: o crescimento econômico e a integração da região. São condições principais para tanto: a adoção de formas diversificadas de desenvolvimento, correspondentes à pluralidade natural e cultural da Amazônia; a valorização do seu patrimônio natural; a elevação da sua base científica e tecnológica e a adequação institucional aos objetivos e procedimentos indicados.

POLÍTICA NACIONAL PARA INTEGRAÇÃO DA PESSOA PORTADORA DE DEFICIÊNCIA. *Direito administrativo* e *direito civil.* É a que compreende o conjunto de orientações normativas que objetivam assegurar o pleno exercício dos direitos individuais e sociais dos portadores de necessidades especiais, tais como: à educação, à saúde, ao trabalho, ao desporto, ao turismo, ao lazer, à previdência social, à assistência social, ao transporte, à edificação pública, à habitação, à cultura, ao amparo à infância e à maternidade, e de outros que, decorrentes da Constituição e das leis, propiciem seu bem-estar pessoal, social e econômico. Tem por objetivo: a) o acesso, o ingresso e a permanência de pessoa portadora de deficiência, ou melhor, de necessidades especiais, em todos os serviços oferecidos à comunidade; b) integração das ações dos órgãos e das entidades públicos e privados nas áreas de saúde, educação, trabalho, transporte, assistência social, edificação pública, previdência social, habitação, cultura, desporto e lazer, visando a prevenção das deficiências, a eliminação de suas múltiplas causas e a inclusão social; c) desenvolvimento de programas setoriais destinados ao atendimento das necessidades especiais da pessoa portadora de deficiência; d) formação de recursos humanos para atendimento da pessoa portadora de necessidades especiais; e) garantia da efetividade dos programas de prevenção, de atendimento especializado e de inclusão social.

POLÍTICA NACIONAL PARA OS RECURSOS DO MAR (PNRM). *Direito marítimo.* É a que tem por finalidade fixar as medidas essenciais tanto à promoção da integração do mar territorial, da plataforma continental e da Zona Econômica Exclusiva (ZEE) ao espaço brasileiro quanto ao uso sustentável dos recursos do mar, compreendidos os recursos vivos e não vivos da coluna d'água, solo e subsolo, que apresentem interesse para o desenvolvimento econômico e social do País. A PNRM visa essencialmente: a) ao estabelecimento de princípios e objetivos para a elaboração de planos, programas e ações de governo no campo das atividades de formação de recursos humanos; no desenvolvimento da pesquisa, ciência e tecnologia marinha; e na exploração e aproveitamento sustentável dos recursos do mar; e b) à definição de ações para alcançar os objetivos estabelecidos nesta Política. São princípios básicos da PNRM: a) a observância às orientações políticas e estratégicas da Presidência da República; b) a harmonização com as demais políticas nacionais e com o plano plurianual; c) a definição de prioridades para os programas e ações, conforme previsto no plano plurianual e, também, em função de sua contribuição para a defesa dos interesses nacionais e do desenvolvimento sustentável do País; d) a execução descentralizada e participativa, incentivando as parcerias da União, dos Estados, dos Municípios, do setor privado e da sociedade; e) a adoção do princípio da precaução na exploração e aproveitamento sustentável dos recursos do mar; f) a proteção da biodiversidade e do patrimônio genético existente nas áreas marinhas sob a jurisdição nacional e zona costeira adjacente; e g) a observância dos compromissos internacionais assumidos pelo Governo brasileiro. Portanto, busca orientar o desenvolvimento das atividades que visem à efetiva utilização, exploração e aproveitamento dos recursos vivos, minerais e energéticos do Mar Territorial, da Zona Econômica Exclusiva e da Plataforma Continental, de acordo com os interesses nacionais, de forma racional e sustentável para o desenvolvimento socioeconômico do País, gerando emprego e renda e contribuindo para a inserção social. A implementação das atividades relativas aos recursos do mar ocorre no âmbito de vários Ministérios, Estados, Municípios, instituições de pesquisa, comunidade científica e iniciativa privada, de modo descentralizado, por meio de ações executadas por diversos agentes, de acordo com as suas respectivas competências e em consonância com as diretrizes estabelecidas na PNRM.

POLÍTICA NACIONAL SOBRE DROGAS. É a que tem por objetivo: a) conscientizar a sociedade brasileira sobre os prejuízos sociais e as implicações negativas representadas pelo uso indevido de drogas e suas conseqüências; b) educar, informar, capacitar e formar pessoas em todos os segmentos sociais para a ação efetiva e eficaz de redução da demanda, da oferta e de danos, fundamentada em conhecimentos científicos validados e experiências bem-sucedidas, adequadas à nossa realidade; c) conhecer, sistematizar e divulgar as iniciativas, ações e campanhas de prevenção do uso indevido de drogas em uma rede operativa, com a finalidade de ampliar sua abrangência e eficácia; d) implantar e implementar rede de assistência integrada, pública e privada, intersetorial, para pessoas com transtornos decorrentes do consumo de substâncias psicoativas, fundamentada em conhecimento validado, de acordo com a normatização funcional mínima, integrando os esforços desenvolvidos no tratamento; e) avaliar e acompanhar sistematicamente os diferentes tratamentos e iniciativas terapêuticas, fundamentados em diversos modelos, com a finalidade de promover aqueles que obtiverem resultados favoráveis; f) reduzir as conseqüências sociais e de saúde decorrentes do uso indevido de drogas para a pessoa, a comunidade e a sociedade em geral; g) difundir o conhecimento sobre os crimes, delitos e infrações relacionados às drogas ilícitas e lícitas, prevenindo-os e coibindo-os por meio da implementação e efetivação de políticas públicas para a melhoria da qualidade de vida do cidadão; h) combater o tráfico de drogas e os crimes conexos, em todo território nacional, dando ênfase às áreas de fronteiras terrestres, aéreas e marítimas, por meio do desenvolvimento e implementação de programas socioeducativos específicos, multilaterais, que busquem a promoção da saúde e a reparação dos danos causados à sociedade; i) assegurar, de forma contínua e permanente, o combate à corrupção e à lavagem de dinheiro, como forma de estrangular o fluxo lucrativo desse tipo de atividade ilegal, que diz respeito ao tráfico de drogas; j) manter e atualizar, de forma contínua, o Observatório Brasileiro de Informações sobre Drogas (OBID), para fundamentar, dentro de outras finalidades, o desenvolvimento de programas e intervenções dirigidas à redução de demanda (prevenção, tratamento e reinserção psicossocial), redução de danos e de oferta de drogas, resguardados o sigilo, a confidencialidade e seguidos os procedimentos éticos de pesquisa e armazenamento de dados; k) garantir rigor metodológico às atividades de redução da demanda, oferta e danos, por meio da promoção de levantamentos e pesquisas sistemáticas, avaliados por órgão de referência da comunidade científica; l) garantir a realização de estudos e pesquisas visando

POLÍTICA NACIONAL SOBRE O ÁLCOOL

à inovação dos métodos e programas de redução da demanda, da oferta e dos danos sociais e à saúde; m) instituir, em todos os níveis de governo, com rigor metodológico, sistema de planejamento, acompanhamento e avaliação das ações de redução da demanda, da oferta e dos danos sociais e à saúde; n) assegurar, em todos os níveis de governo, dotação orçamentária e efetivo controle social sobre os gastos e ações preconizadas nesta política, em todas as etapas de sua implementação, contemplando os preceitos estabelecidos pelo CONAD, incentivando a participação de toda a sociedade.

POLÍTICA NACIONAL SOBRE O ÁLCOOL. É a que contém princípios fundamentais à sustentação de estratégias para o enfrentamento coletivo dos problemas relacionados ao consumo de álcool, contemplando a intersetorialidade e a integralidade de ações para a redução dos danos sociais, à saúde e à vida causados pelo consumo desta substância, bem como as situações de violência e criminalidade associadas ao uso prejudicial de bebidas alcoólicas na população brasileira. São *diretrizes* da Política Nacional sobre o Álcool: 1. promover a interação entre governo e sociedade, em todos os seus segmentos, com ênfase na saúde pública, educação, segurança, setor produtivo, comércio, serviços e organizações não-governamentais; 2. estabelecer ações descentralizadas e autônomas de gestão e execução nas esferas federal, estadual, municipal e distrital; 3. estimular para que as instâncias de controle social dos âmbitos federal, estadual, municipal e distrital observem, no limite de suas competências, seu papel de articulador dos diversos segmentos envolvidos; 4. utilizar a lógica ampliada do conceito de redução de danos como referencial para as ações políticas, educativas, terapêuticas e preventivas relativas ao uso de álcool, em todos os níveis de governo; 5. considerar como conceito de redução de danos, para efeitos desta Política, o conjunto estratégico de medidas de saúde pública voltadas para minimizar os riscos à saúde e à vida, decorrentes do consumo de álcool; 6. ampliar e fortalecer as redes locais de atenção integral às pessoas que apresentam problemas decorrentes do consumo de bebidas alcoólicas, no âmbito do Sistema Único de Saúde (SUS); 7. estimular que a rede local de cuidados tenha inserção e atuação comunitárias, seja multicêntrica, comunicável e acessível aos usuários, devendo contemplar, em seu planejamento e funcionamento, as lógicas de território e de redução de danos; 8. promover programas de formação específica para os trabalhadores de saúde que atuam na rede de atenção integral a usuários de álcool do SUS; 9. regulamentar a formação de técnicos para a atuação em unidades de cuidados que não sejam componentes da rede SUS; 10. promover ações de comunicação, educação e informação relativas às conseqüências do uso do álcool; 11. promover e facilitar o acesso da população à alternativas culturais e de lazer que possam constituir alternativas de estilo de vida que não considerem o consumo de álcool; 12. incentivar a regulamentação, o monitoramento e a fiscalização da propaganda e publicidade de bebidas alcoólicas, de modo a proteger segmentos populacionais vulneráveis ao consumo de álcool em face do hiato existente entre as práticas de comunicação e a realidade epidemiológica evidenciada no País; 13. estimular e fomentar medidas que restrinjam, espacial e temporalmente, os pontos de venda e consumo de bebidas alcoólicas, observando os contextos de maior vulnerabilidade às situações de violência e danos sociais; 14. incentivar a exposição para venda de bebidas alcoólicas em locais específicos e isolados das distribuidoras, supermercados e atacadistas; 15. fortalecer sistematicamente a fiscalização das medidas previstas em lei que visam coibir a associação entre o consumo de álcool e o ato de dirigir; 16. fortalecer medidas de fiscalização para o controle da venda de bebidas alcoólicas a pessoas que apresentem sintomas de embriaguez; 17. estimular a inclusão de ações de prevenção ao uso de bebidas alcoólicas nas instituições de ensino, em especial nos níveis fundamental e médio; 18. privilegiar as iniciativas de prevenção ao uso prejudicial de bebidas alcoólicas nos ambientes de trabalho; 19. fomentar o desenvolvimento de tecnologia e pesquisa científicas relacionadas aos danos sociais e à saúde decorrentes do consumo de álcool e a interação das instituições de ensino e pesquisa com serviços sociais, de saúde e de segurança pública; 20. criar mecanismos que permitam a avaliação do impacto das ações propostas e implementadas pelos executores desta Política.

POLITICANTE. *Ciência política.* Aquele que faz política partidária.

POLÍTICA PENITENCIÁRIA. *Direito penitenciário.* Política encarregada dos assuntos penitenciários, trazendo critérios normativos relativos à cominação, aplicação e execução da pena; ao exercício do *jus puniendi*; ao preso como sujeito de direitos, deveres e responsabilidade; ao regime do estabelecimento prisional; à vítima e sua família etc.

POLÍTICA PREVIDENCIÁRIA. *Direito previdenciário.* É a que visa aperfeiçoar o sistema previdenciário de modo a assegurar sua viabilidade econômico-financeira, sua eqüidade social e os direitos das atuais e das futuras gerações, buscando a melhoria de benefícios e serviços e a correção de distorções corporativistas. São seus objetivos: a) dar continuidade ao estudo dos temas abordados no Livro Branco da Previdência Social e em outros documentos, de forma a subsidiar a análise permanente da situação global do sistema previdenciário; b) normatizar e uniformizar o processo de produção de informações gerenciais e estratégicas da previdência social, identificando-as e conceituando-as, mediante a atualização do Catálogo de Informações da Previdência Social; c) consolidar e divulgar as informações referentes às diversas linhas da previdência social, em nível macro, por meio do Anuário Estatístico da Previdência Social; d) atualizar os cenários atuariais para a previdência social, em seus aspectos demográficos, socioeconômicos e financeiros, mediante a implantação de modelos de projeção em meio eletrônico; e) dar continuidade ao projeto de revisão global da legislação previdenciária, com vistas ao seu aperfeiçoamento, simplificação e desburocratização, eliminando-se incongruências, contradições e lacunas; f) realizar estudos e propor medidas de aperfeiçoamento do modelo de seguro de acidente do trabalho; g) articular, com o Ministério da Justiça, a elaboração de legislação que confira reconhecimento legal às cópias microfilmadas e/ou digitalizadas de documentos; h) gestionar com vistas à conclusão do Acordo Multilateral de Seguridade Social do Mercosul e de seu respectivo Regulamento Administrativo.

POLITICAR. *Ciência política.* **1.** Tratar de política. **2.** Falar sobre política.

POLÍTICA SALARIAL. *Direito do trabalho.* Política que procura caracterizar o salário mínimo, seu reajustamento e os critérios de sua determinação quantitativa e de sua fixação qualitativa.

POLÍTICA SETORIAL DE ESPORTE RECREATIVO E DE LAZER. *Direito desportivo.* A Política Setorial de Esporte Recreativo e de Lazer comporta um conjunto de ações implementadas, tendo em vista a emancipação e o desenvolvimento humano. Sua maior expectativa é suprir as carências de políticas públicas e sociais que atendam às crescentes necessidades e demandas da população por esporte recreativo e lazer – sobretudo daquelas em situação de vulnerabilidade social e econômica – e combater a condição de injustiça e de exclusão social a que estão submetidas. Tem por escopo: a) ampliar o atendimento das crescentes demandas por esporte recreativo e lazer pela população brasileira, na perspectiva da melhoria de sua qualidade de vida, em contínuo aperfeiçoamento da qualidade dos serviços prestados; b) buscar a implantação e o aperfeiçoamento do esporte recreativo e de lazer considerando possibilidades de abordagens transversais, especialmente quanto à educação, saúde, meio ambiente, cultura, entre outras; c) fomentar e promover o desenvolvimento científico e tecnológico voltado ao esporte recreativo e ao lazer; d) ampliar e modernizar a infra-estrutura esportiva e de lazer na cidade e no campo, inclusive em conformidade com políticas de urbanismo e habitação; e) fomentar e apoiar programas de formação e capacitação de recursos humanos; f) criar mecanismos de ampliação e efetivação da participação popular na gestão do esporte recreativo e do lazer; g) estimular a constituição e interação de órgãos e redes governamentais e não-governamentais responsáveis pela publicação, preservação, indexação e disseminação de informações nas áreas do esporte recreativo e de lazer; h) promover a cooperação e o intercâmbio internacional; i) garantir a continuidade e o constante aperfeiçoamento dos serviços de esporte recreativo e de lazer, especialmente os direcionados à população de vulnerabilidade social; j) modernização e aperfeiçoamento da legislação esportiva e de lazer.

POLÍTICA SETORIAL PARA O ESPORTE DE ALTO RENDIMENTO. *Direito desportivo.* É marco indicativo de um conjunto de ações a serem implementadas nesta dimensão esportiva, em que se busca a máxima performance do atleta e do paraatleta, aonde a prática esportiva sistemática visa recordes nas modalidades em que é praticado, sempre obedecendo às normas e regras estabelecidas pelos organismos nacionais e internacionais de administração esportiva. Tem por objetivos: a) fomentar o esporte de base visando a prática do esporte de alto rendimento; b) criar mecanismos que possibilitem, aos atletas e paraatletas, o pleno desenvolvimento de suas potencialidades atléticas; c) modernizar a infra-estrutura esportiva nacional; d) gestionar para instituição de fonte permanente de recursos financeiros aos atletas e paraatletas, com a finalidade de proporcionar-lhes tranqüilidade financeira; e) fomentar a capacitação de recursos humanos nas áreas afins, por meio de cursos de formação e atualização; f) apoiar a produção científica e tecnológica e a sua difusão, por meio de publicações, inclusive técnicas, e a realização de eventos técnicos e científicos de abrangência regional, nacional e internacional; g) estabelecer condições para a melhoria dos resultados das equipes brasileiras em eventos internacionais de alto rendimento; e h) proporcionar aos atletas e paraatletas, ao longo de suas carreiras esportivas, a possibilidade de se capacitarem intelectual e profissionalmente.

POLÍTICA SETORIAL PARA O ESPORTE EDUCACIONAL. *Direito desportivo* e *direito educacional.* No âmbito do Esporte Educacional, exige-se o conhecimento dos problemas que envolvem programas e ações como esporte e inclusão social, esporte na escola básica e acesso à prática do esporte na universidade, porque eles demarcam a abrangência setorial e demandam o aprofundamento da discussão das políticas sociais de esporte a partir da matriz da Política Nacional. A Política Setorial para o Esporte Educacional, mantendo sua base de princípios, linhas e diretrizes, propõe-se a implantar ações, projetos e programas em parceria com outras áreas do governo federal, estadual, municipal e com a iniciativa privada, assumindo o paradigma do direito e da inclusão social, ao proporcionar, através da prática esportiva, o aperfeiçoamento de capacidades e habilidades indispensáveis ao processo de formação e de desenvolvimento humano. A finalidade do esporte escolar é o desenvolvimento integral do homem como ser autônomo, democrático e participante. Embora resguardando seu significado educativo, e os objetivos do projeto político-pedagógico de cada instituição, deve ter tratamento diferenciado dependendo de sua especificidade como objeto de estudo da Educação Física ou como atividade complementar da escola. Caracteri-

zado como espaço de intervenção e de direito social, o esporte escolar deve enriquecer e ampliar o currículo garantindo a gestão democrática e participativa e a elevação da qualidade de ensino. Precisa abranger a educação básica, pública e privada, e tratar seu conteúdo sob a perspectiva da inclusão. Tem por escopo: a) implementar programas esportivos que visem à inclusão social dos escolares e a universalização do esporte; b) democratizar o acesso dos alunos da Educação Básica e Superior ao esporte garantindo a infra-estrutura; c) assegurar a prática esportiva aos escolares com deficiências; d) garantir a gestão participativa e o controle social dos programas de esporte educacional; e) estimular a formação inicial e continuada de recursos humanos que atuam nos programas e projetos esportivos educacionais; f) consolidar parcerias para realização de eventos esportivos e jogos escolares e universitários, nacionais e internacionais, assegurando a participação das instituições públicas; e g) adequar o aparato normativo às mudanças de concepção, de prática e de funcionamento do esporte educacional atual.

POLÍTICA SIMBÓLICA. *Ciência política.* Política que, tendo como orientação símbolos-condensação, que evocam emoções associadas com a situação, consiste em um cenário apresentado abstratamente aos homens, sendo, portanto, uma parada de símbolos abstratos, de tal sorte que para o povo seria uma esfera de ações e vivência simbólicas. A política simbólica seria meio para a obtenção da harmonia social, reduzindo tensões, tranqüilizando psicologicamente o público (Edelman).

POLÍTICA SOCIAL. 1. *Ciência política.* Sistema que, contendo medidas públicas, visa o exercício, pelo Estado, do poder de, dentro de uma ordem social, conciliar, reparar desigualdades sociais e solucionar certos problemas sociais, instaurando uma nova ordem social. **2.** *Direito do trabalho.* a) Complexo de programas que têm por objetivo a garantia do bem-estar populacional e do desenvolvimento do progresso social; b) conjunto de problemas suscitados pela situação do assalariado enquanto tal, dentro do capitalismo (Pedro C. Beltrão); c) política que se preocupa com a proteção do trabalhador, a política de salários e a proteção à personalidade do trabalhador (Heyde).

POLÍTICAS PÚBLICAS DE TELECOMUNICAÇÕES. *Direito das comunicações.* Abrangem a organização da exploração dos serviços de telecomunicações e, entre outros aspectos, a indústria e o desenvolvimento tecnológico, tendo como finalidade atender ao cidadão, observando os seguintes objetivos: a) a inclusão social; b) a universalização; c) contribuir efetivamente para a otimização e modernização dos programas de Governo e da prestação dos serviços públicos; d) integrar as ações do setor de telecomunicações a outros setores, indispensáveis à promoção do desenvolvimento econômico e social do País; e) estimular o desenvolvimento industrial brasileiro no setor; f) fomentar a pesquisa e o desenvolvimento tecnológico do setor; g) garantir adequado atendimento na prestação dos serviços de telecomunicações; h) estimular a geração de empregos e a capacitação da mão-de-obra e a competição ampla, livre e justa entre as empresas exploradoras de serviços de telecomunicações, com vistas a promover a diversidade dos serviços com qualidade e a preços acessíveis à população; i) assegurar o acesso individualizado de todos os cidadãos a pelo menos um serviço de telecomunicação e a modalidade das tarifas; j) garantir o acesso a todos os cidadãos à Rede Mundial de Computadores (Internet); k) o atendimento às necessidades das populações rurais; l) o estímulo ao desenvolvimento dos serviços, de forma a aperfeiçoar e a ampliar o acesso, de toda a população, às telecomunicações, sob condições de tarifas e de preços justos e razoáveis; m) a promoção do desenvolvimento e a implantação de formas de fixação, reajuste e revisão de tarifas dos serviços, por intermédio de modelos que assegurem relação justa e coerente entre o custo do serviço e o valor a ser cobrado por sua prestação, assegurado o equilíbrio econômico-financeiro do contrato; n) a garantia do atendimento adequado às necessidades dos cidadãos, relativas aos serviços de telecomunicações com garantia de qualidade; o) a organização do serviço de telecomunicações visando a inclusão social; p) contribuir para a absorção e desenvolvimento local; q) a promoção da pesquisa e o desenvolvimento de soluções tecnológicas voltadas, preferencialmente, para as necessidades e condições socioeconômicas da população; r) a aplicação prioritária dos recursos do Fundo para o Desenvolvimento Tecnológico das Telecomunicações (FUNTTEL) e de outros estímulos existentes em projetos e programas que contemplem as soluções tecnológicas; s) o aproveitamento das oportunidades geradas pelas transições e pelo processo de convergência tecnológica, para ampliar a tecnologia nacional no setor de telecomunicações; t) a garantia de que o desenvolvimento tecnológico do setor esteja diretamente destinado ao benefício social de seus resultados; u) o incentivo às instituições de pesquisa a desenvolverem novas tecnologias de acesso a serviços de telecomunicações.

POLÍTICA TRIBUTÁRIA. *Vide* POLÍTICA FISCAL.

POLÍTICA URBANA. *Direito urbanístico.* É a que tem por objetivo ordenar o pleno desenvolvimento das funções sociais da cidade e da propriedade urbana, mediante as seguintes diretrizes gerais: **1.** Garantia do direito a cidades sustentáveis, entendido como o direito à terra urbana, à moradia, ao saneamento ambiental, à infra-estrutura urbana, ao transporte e aos serviços públicos, ao trabalho e ao lazer, para as presentes e futuras gerações; **2.** Gestão democrática por meio da participação da população e de associações representativas dos vários segmentos da comunidade na formulação, execução e acompanhamento de planos, programas e projetos de desenvolvimento urbano; **3.** Cooperação entre os governos, a iniciativa privada e os demais setores da sociedade no processo de urbanização, em atendimento ao interesse social; **4.** Planejamento do desenvolvimento das cidades, da distribuição espacial da população e das atividades econômicas do Município e do território sob sua área de influência, de modo a evitar e corrigir as distorções do crescimento urbano e seus efeitos negativos sobre o meio ambiente; **5.** Oferta de equipamentos urbanos e comunitários, transporte e serviços públicos adequados aos interesses e necessidades da população e às características locais; **6.** Ordenação e controle do uso do solo, de forma a evitar: a) a utilização inadequada dos imóveis urbanos; b) a proximidade de usos incompatíveis ou inconvenientes; c) o parcelamento do solo, a edificação ou o uso excessivos ou inadequados em relação à infra-estrutura urbana; d) a instalação de empreendimentos ou atividades que possam funcionar como pólos geradores de tráfego, sem a previsão da infra-estrutura correspondente; e) a retenção especulativa de imóvel urbano, que resulte na sua subutilização ou não utilização; f) deterioração das áreas urbanizadas; g) a poluição e a degradação ambiental; 7. Integração e complementaridade entre as atividades urbanas e rurais, tendo em vista o desenvolvimento socioeconômico do Município e do território sob sua área de influência; 8. Adoção de padrões de produção e consumo de bens e serviços e de expansão urbana compatíveis com limites da sustentabilidade ambiental, social e econômica do Município e do território sob sua área de influência; 9. Justa distribuição dos benefícios e ônus decorrentes do processo de urbanização; 10. Adequação dos instrumentos de política econômica, tributária e financeira e dos gastos públicos aos objetivos do desenvolvimento urbano, de modo a privilegiar os investimentos geradores de bem-estar geral e a fruição dos bens pelos diferentes segmentos sociais; 11. Recuperação dos investimentos do Poder Público de que tenham resultado a valorização de imóveis urbanos; 12. Proteção, preservação e recuperação do meio ambiente natural e construído, do patrimônio cultural, histórico, artístico, paisagístico e arqueológico; 13. Audiência do Poder Público municipal e da população interessada nos processos de implantação de empreendimentos ou atividades com efeitos potencialmente negativos sobre o meio ambiente natural ou construído, o conforto ou a segurança da população; 14. Regularização fundiária e urbanização de áreas ocupadas por população de baixa renda mediante o estabelecimento de normas especiais de urbanização, uso e ocupação do solo e edificação, consideradas a situação socioeconômica da população e as normas ambientais; 15. Simplificação da legislação de parcelamento, uso e ocupação do solo e das normas edilícias, com vistas a permitir a redução dos custos e o aumento da oferta dos lotes e unidades habitacionais; 16. Isonomia de condições para os agentes públicos e privados na promoção de empreendimentos e atividades relativos ao processo de urbanização, atendido o interesse social. É, portanto, o complexo de medidas e programas municipais que tem por escopo garantir o bem-estar dos habitantes de uma cidade, melhorando suas condições de vida, o pleno desenvolvimento das funções sociais dessa cidade e o cumpri-

mento da função social da propriedade, levando em conta: a desapropriação para fins de reforma urbana; a progressividade do imposto da propriedade urbana; a requisição urbanística; a reurbanização consorciada; a diminuição da poluição; a concessão de direito real de uso de superfície etc. (Nelson Saule Jr.).

POLÍTICO. *Ciência política.* **1.** O que exerce atividade política ou pública. **2.** O que trata de política. **3.** O que se refere a negócios públicos. **4.** Referente à arte de governar ou ao governo. **5.** O que é hábil em negócios de administração pública. **6.** Cortês.

POLÍTICO–ECONÔMICO. *Economia política.* **1.** O que diz respeito à *Economia política.* **2.** O que se relaciona com a política e a economia nacional.

POLITICOMANIA. Mania de só tratar de política.

POLÍTICO–RELIGIOSO. *Ciência política.* Referente à política e à vida religiosa do país.

POLÍTICO–SOCIAL. *Ciência política* e *direito do trabalho.* **1.** O que diz respeito à política social. **2.** O que se refere à política e à vida social da coletividade.

POLITISMO. *Filosofia geral.* Fato de que, na sociedade moderna, a vida espiritual ou material do indivíduo submete-se à intervenção estatal (Eucken).

POLITISTA. *Ciência política.* **1.** Aquele que tem a política como meio de subsistência. **2.** O que se ocupa da política partidária.

POLITIZAÇÃO. *Ciência política.* **1.** Ato ou efeito de politizar. **2.** Ato de influenciar a população, fazendo com que acate certas idéias políticas.

POLITIZADO. *Ciência política.* **1.** Cívico. **2.** Aquele que tem consciência de seus direitos e deveres políticos.

POLITIZAR. *Ciência política.* Formar a consciência de indivíduos e classes sociais, inculcando-lhes orientações relativas aos direitos e deveres cívicos.

POLITOLOGIA. *Ciência política.* Teoria da política.

POLITÓLOGO. *Ciência política.* Cientista político.

POLITRIQUIA. *Medicina legal.* Excessivo crescimento de cabelos ou de pêlos.

POLITRÓPICO. *Medicina legal.* Diz-se do veneno que pode atingir vários tecidos.

POLIÚRIA. *Medicina legal.* Freqüência na micção.

POLIVALENTE. **1.** *Filosofia geral.* Plurivalente; o que admite muitos valores. **2.** *Lógica jurídica.*

Diz-se da lógica que admite que as proposições tenham outros valores diversos do verdadeiro e do falso, como o "indeterminado" ou o "provável em tal grau" (Lalande). **3.** *Medicina legal.* O que tem eficácia contra mais de um agente mórbido.

POLL. *Termo inglês.* **1.** Lista eleitoral. **2.** Eleição. **3.** Voto. **4.** Rol. **5.** Escrutínio.

POLLED ANGUS. *Vide* POLEANGO.

POLLING. *Termo inglês.* Votação.

POLL–MAN. *Termo inglês.* Eleitor.

POLLS. *Termo inglês.* Colégios eleitorais.

POLLUTION RIGHTS. *Vide TRADABLE PERMITS.*

PÓLO. *Direito desportivo.* Hóquei que se joga a cavalo.

PÓLO AQUÁTICO. *Direito desportivo.* Jogo similar ao futebol que é disputado, em uma piscina, por dois times compostos de sete nadadores.

POLUÇÃO. 1. *Medicina legal.* Emissão espontânea de esperma, acompanhada de ereção e orgasmo, mas fora do ato sexual. **2.** *Direito ambiental.* Ato ou efeito de poluir; poluição.

POLUÇÃO NOTURNA. *Medicina legal.* Ejaculação noturna involuntária, ocorrida durante o sono, em razão da excitabilidade dos centros reflexos medulares da ereção e ejaculação (Croce e Croce Jr.).

POLUENTE. *Direito ambiental.* O que pode poluir ou que polui.

POLUENTE ATMOSFÉRICO. *Direito ambiental.* Forma de matéria ou energia com intensidade, quantidade, concentração, tempo ou características em desacordo com os níveis estabelecidos, e que tornem ou possam tornar o ar: a) impróprio, nocivo ou ofensivo à saúde; b) inconveniente ao bem-estar público; c) danoso aos materiais, à fauna e flora; d) prejudicial à segurança, ao uso e gozo da propriedade e às atividades normais da comunidade.

POLUIÇÃO. *Direito ambiental.* **1.** Poluição. **2.** Ato ou efeito de poluir, degradando o ar, as águas, o solo e o ambiente em geral, prejudicando a saúde, a segurança e o bem-estar do ser humano ou causando dano à fauna e à flora (Antônio Chaves). **3.** Presença de elementos exógenos em um determinado meio, de molde a lhe deteriorar a qualidade ou lhe ocasionar perturbações, tornando-o inadequado a uma dada utilização (Fábio Nusdeo). **4.** Ação ou re-

sultado dessa presença, que consiste em manchar, conspurcar ou alterar substancialmente as características naturais de um determinado objeto ou bem (Marco Aurélio Greco). **5.** Degradação da qualidade ambiental, resultante de atividade que, direta ou indiretamente: a) prejudique a saúde, a segurança e o bem-estar da população; b) crie condições adversas às atividades sociais e econômicas; c) afete desfavoravelmente a biota; d) afete as condições estéticas ou sanitárias do meio ambiente; e) lance matéria ou energia em desacordo com os padrões ambientais estabelecidos.

POLUIÇÃO AMBIENTAL. *Direito ambiental.* Adulteração do meio ambiente (solo, água e ar), tornando-o prejudicial à saúde, ao bem-estar das populações ou alteração lesiva à flora e à fauna (Paulo Affonso Leme Machado).

POLUIÇÃO ATMOSFÉRICA. *Direito ambiental.* Poluição decorrente de: a) gases poluentes despejados continuamente na atmosfera por chaminés de fábricas e veículos automotores, que comprometem os integrantes naturais do ar (oxigênio, azoto, gás carbônico e vapor de água), indispensáveis à vida, à proteção da terra, à conservação do calor irradiado pelo sol etc.; b) desmatamento, pois a falta de áreas verdes influi no clima, aumentando o calor da atmosfera no verão e a intensidade do frio no inverno. Imprescindível é, portanto, a preservação das áreas verdes, visto que filtram a poeira, retêm gás carbônico e liberam oxigênio, exercendo a função essencial de regeneradoras do ar, tendo grande poder contra a sua poluição.

POLUIÇÃO BACTERIANA. *Direito ambiental.* Aquela que decorre da poluição sobre o meio aquático, pois o dejeto de águas servidas contém inúmeros germes patogênicos (Armando Henrique Dias Cabral).

POLUIÇÃO DO SOLO. *Direito ambiental.* Despejo de detritos sólidos ou líquidos, material orgânico ou inorgânico, afetando o solo e o subsolo, inclusive o lençol freático (Luís Paulo Sirvinskas e Fernando R. V. Akaoui).

POLUIÇÃO HÍDRICA. *Direito ambiental.* Toda modificação das características do ambiente aquático, de modo a torná-lo impróprio às formas de vida que normalmente abriga (José Henrique Pierangeli).

POLUIÇÃO HORMONAL. *Direito ambiental.* É a provocada por substâncias tóxicas que atuam como interruptores endócrinos ou lesionadores hormonais, como DDT, aditivos alimentares etc., causando, por exemplo, feminilização da população masculina, por provocar desordens reprodutivas, como câncer testicular ou redução do número de espermatozóides. As mulheres, por sua vez, poderão sofrer distúrbios no aparelho reprodutor.

POLUIÇÃO LUMINOSA. *Direito ambiental.* Provocada por luzes artificiais que, nos centros urbanos, impedem boa parte da população de ver a luz da lua e a das estrelas e prejudicam as condições de visibilidade dos observatórios.

POLUIÇÃO MECÂNICA. *Direito ambiental.* Conseqüência da poluição do meio aquático que produz alterações, por excesso de matérias, em suspensão na água.

POLUIÇÃO POR AGROTÓXICO. *Direito ambiental.* Ato de poluir mediante uso de substâncias e produtos com propriedades tóxicas utilizados nas atividades agrosilvopastoris no combate a pragas ou como fertilizantes (Antônio Herman V. Bejamin).

POLUIÇÃO POR ÓLEO. *Direito ambiental.* Poluição causada por descarga de petróleo e seus derivados, incluindo óleo cru, óleo combustível, borra, resíduos de petróleo, produtos refinados e misturas de água e óleo em qualquer proporção.

POLUIÇÃO POR RESÍDUOS SÓLIDOS. *Direito ambiental.* Consiste no ato: de poluir com lançamento de resíduos sólidos, líquidos ou gasosos, ou detritos, óleos ou substâncias oleosas, em desacordo com as exigências legais; de abandonar produtos ou substâncias tóxicas, perigosas ou nocivas à saúde humana ou ao meio ambiente; de utilizar tais substâncias em desconformidade com as normas de segurança.

POLUIÇÃO SOBRE O MEIO AQUÁTICO. *Direito ambiental.* Poluição que resulta do lançamento de resíduos provenientes de atividades industriais, comerciais ou residenciais em lagos, rios e mares, cuja capacidade natural da autodepuração tornou-se insuficiente (Aguiar Dias), por apresentar, por exemplo, aspectos de: a) toxidez de numerosos compostos sintéticos, que alteram profundamente as funções vitais dos organismos aquáticos, podendo afetar a multiplicação celular, a reprodução etc.; b) radioatividade, que causa graves danos, inclusive alterações genéticas, aos organismos aquáticos e ao ho-

mem que os consome; c) biodegradabilidade nula ou insuficiente, que se caracteriza por substâncias resistentes à ação dos organismos que as decompõem. Como essas substâncias não são eliminadas (ou são eliminadas muito lentamente) do meio receptor pela autodepuração, seu teor pode sofrer um rápido aumento; d) eutroficação, que é devida ao enriquecimento excessivo das águas por sais nutritivos, como, por exemplo, nitratos, fosfatos etc., oriundos de detergentes, que decorrem de terras agrícolas ou de despejos industriais e urbanos; e) degradação das qualidades organolíticas das águas, pois os dejetos despejados dão à água gosto e cheiro desagradáveis, o que repercute nas qualidades alimentares dos organismos aquáticos, como, por exemplo, os peixes, que podem tornar-se inconsumíveis; f) temperatura, uma vez que os dejetos de águas quentes oriundos de esgotos e de câmaras de resfriamento industrial modificam o regime térmico das águas, afetando a fauna e a flora aquáticas, caso em que há a poluição térmica (Armando Henrique Dias Cabral).

POLUIÇÃO SONORA. *Direito ambiental.* Poluição freqüente em grandes cidades em decorrência de excesso de ruído e que provoca graves conseqüências psicológicas, como fadiga nervosa, perturbações auditivas, respiratórias, cardiovasculares, digestivas etc.

POLUIÇÃO TÉRMICA. *Direito ambiental.* Poluição causada pelo lançamento de águas quentes em rios, lagos ou mares, que altera o seu regime térmico, afetando a fauna e a flora aquáticas.

POLUIÇÃO VISUAL. *Direito ambiental.* Provocada por grafiteiros, dando um aspecto de abandono aos prédios.

POLUIDOR. *Direito ambiental.* Pessoa física ou jurídica, de direito público ou privado, responsável por ato causador de degradação ambiental.

POLUIR. *Direito ambiental.* Sujar; conspurcar; manchar.

POLUÍVEL. *Direito ambiental.* O que se pode poluir.

POLVILHADEIRA. *Direito agrário.* Aparelho portátil, mecânico ou motorizado, que permite combater certas doenças ou pragas das plantas.

PÓLVORA. *Direito militar* e *medicina legal.* Explosivo em forma de pó, grãos, cubos, discos etc., muito usado em armas de fogo.

POLVORARIA. *Direito comercial.* Fábrica de pólvora.

POLVORIM. *Direito militar* e *medicina legal*. **1**. Pó que sai da pólvora. **2**. Pólvora de grão muito miúdo.

POLVORISTA. *Direito do trabalho*. Aquele que trabalha na polvoraria.

POMAR. *Direito agrário*. Terreno plantado de árvores frutíferas.

POMAREIRO. *Direito agrário*. **1**. Dono de pomar. **2**. Aquele que trata de pomar.

POMBAL. *Direito agrário*. Local onde se criam e se abrigam pombas domésticas.

POMBALISTA. *História do direito*. Adepto do sistema governativo do Marquês de Pombal.

POMBEIRO. **1**. *Direito comercial*. a) Vendedor ambulante de galinhas; b) no sertão, comerciante que negocia com os índios; c) no Nordeste, aquele que revende, a retalho, os peixes comprados na jangada. **2**. *História do direito*. a) Guia de comboio africano escravizado até o navio negreiro; b) aquele que percorria a África para comprar escravos. **3**. *Direito agrário*. Variedade miúda de milho branco. **4**. *Direito comparado*. Capataz dos carregadores de uma expedição africana.

POMBO. *Direito agrário*. **1**. Espécie de ave pertencente à família dos Columbídeos. **2**. Diz-se do cavalo branco que apresenta albinismo.

POMBO–CORREIO. *Direito agrário*. Espécie de pombo usada e treinada para levar correspondência.

POMICULTOR. *Direito agrário*. O que se ocupa da pomicultura.

POMICULTURA. *Direito agrário*. Cultura de árvores pomíferas ou frutíferas, como pereiras, macieiras etc.

POMO DE ADÃO. *Medicina legal*. Estrutura resistente situada na entrada da traquéia, que envolve e protege as cordas vocais, facilmente visível nas pessoas do sexo masculino.

POMO DE DISCÓRDIA. O que dá causa a um desentendimento.

POMPA. **1**. Fausto. **2**. Aparato suntuoso. **3**. Grande luxo.

POM–POM. *Direito militar*. Canhão antiaéreo de tiro rápido, que, contendo, às vezes, vários canos, dispara projéteis de uma cinta contínua.

PONDERABILIDADE. Qualidade de ponderável.

PONDERAÇÃO. **1**. Reflexão. **2**. Ato de ponderar. **3**. Ato de exprimir o raciocínio conducente a uma alegação apresentando sua conveniência ou inconveniência.

PONDERADO. **1**. Refletido; pensado. **2**. Prudente. **3**. O que tem ponderação.

PONDERADOR. Aquele que pondera.

PONDERAR. **1**. Refletir; pensar. **2**. Examinar com atenção. **3**. Expor apresentando razões de peso. **4**. Medir. **5**. Apreciar.

PONDERATIVO. O que faz ponderar.

PONDERÁVEL. Aquilo que se pode ponderar ou avaliar.

PÔNEI. *Direito agrário*. Pequeno cavalo, muito ágil.

PONENDO-TOLLENS. *Lógica jurídica*. Diz-se do raciocínio em que uma das premissas é disjuntiva, ou seja, do silogismo disjuntivo e do dilema.

PONOFOBIA. *Medicina legal*. **1**. Preguiça mórbida. **2**. Medo de trabalhar. **3**. Pavor anormal de dor.

PONOMETRIA. *Medicina legal*. Avaliação e registro da sensibilidade à dor.

PONOSE. *Medicina legal*. Auto-intoxicação causada pela fadiga e excessos físicos.

PONTAGEM. *História do direito*. Taxa cobrada àquele que pretendia passar em ponte.

PONTAL. *Direito marítimo*. Altura da embarcação entre a quilha e a primeira coberta.

PONTÃO. *Direito marítimo*. **1**. Barco chato, sem cobertura, usado para auxiliar a navegação em pequenas travessias, ou para formar ponte, ou, ainda, para transporte de cargas, desde que puxado por rebocador. **2**. Embarcação ancorada em porto ou em local próximo à praia que serve de hospital, depósito ou armazém.

PONTE. **1**. *Direito administrativo* e *direito de trânsito*. a) Construção que serve de passagem de pedestres e veículos entre dois pontos; b) obra de construção civil destinada a ligar margens opostas de uma superfície líquida qualquer. **2**. *Direito marítimo*. a) Coberta de navio; b) plataforma que se estende de lado a lado do navio e de onde se dirige a manobra; trata-se da ponte de comando.

PONTE DE BATÉIS. *Direito marítimo*. Ponte formada por barcos, sobre os quais se colocam tábuas, que lhe servem de piso.

PONTE DOS BURROS. **1**. *Lógica jurídica*. Figura esquemática que contém a fórmula utilizada para a descoberta do meio-termo (Prantl e Petrus Tartaretus). **2**. Na *linguagem moderna*, tem o sen-

PONTE FIXA 723 PON

tido de: a) coisa fútil ou banal; b) teoria muito conhecida (Lalande).

PONTE FIXA. *Direito administrativo.* Ponte apoiada em pilares em toda sua extensão (De Plácido e Silva).

PONTE GIRANTE. *Direito marítimo.* Ponte que gira em torno de um eixo para permitir a passagem de navios mais altos que seu tabuleiro.

PONTE INTERNACIONAL. *Direito internacional público.* Ponte que se encontra sobre rios de fronteira, ficando, por isso, sob a jurisdição de países diversos, já que determina, em regra, salvo convenção ou tratado em sentido contrário, a fronteira de cada nação a partir do seu meio. Logo, cada metade da ponte pertence a um país diferente.

PONTEIRA. *Direito agrário.* Última colheita de algodão.

PONTEIRO. *Direito penal.* Apostador na banca de jogo.

PONTE LEVADIÇA. 1. *Direito marítimo.* Ponte que, ao se levantar, pode dar passagem a embarcações, não impedindo seu trânsito. **2.** *História do direito.* Aquela que, para vedar ou permitir passagem sobre fossos de castelos, podia ser abaixada ou levantada, por meio de mecanismo apropriado.

PONTE PÊNSIL. *Direito administrativo.* Ponte suspensa que se constitui de um tabuleiro firmado em pilares só pelas extremidades e suspenso por cabos de aço.

PONTE SUSPENSA. *Vide* PONTE PÊNSIL.

PONTIFICAÇÃO. *Direito canônico.* Ato de oficiar na qualidade de pontífice.

PONTIFICADO. *Direito canônico.* **1.** Dignidade de Papa. **2.** Exercício do poder papal. **3.** Período de duração do governo de um Papa.

PONTIFICAL. *Direito canônico.* **1.** Papal. **2.** Relativo à dignidade de pontífice. **3.** Próprio do pontífice.

PONTIFICAR. *Direito canônico.* **1.** Oficiar em qualidade de pontífice. **2.** Celebrar missa papal. **3.** Doutrinar dogmaticamente.

PONTÍFICE. *Direito canônico.* Papa.

PONTIFÍCIO. *Direito canônico.* **1.** O que diz respeito a pontífice. **2.** Papal.

PONTILHÃO. *Direito administrativo* e *direito agrário.* Pequena ponte construída em riachos, ribeirões e valas, para permitir passagem.

PONTINEU. *História do direito.* Prédio onde reis bárbaros concediam audiências.

PONTISTA. *Direito civil* e *direito penal.* Aquele que se presta para realizar negócios escusos ou ilícitos.

PONTO. 1. *Direito processual.* Assunto trazido à discussão ou debate judicial, para que, depois de demonstradas suas razões e fundamentos, possa servir de objeto à decisão do magistrado. **2.** *Direito administrativo* e *direito do trabalho.* a) Livro no qual funcionários e operários registram sua chegada e saída da repartição pública do emprego; b) avaliação do merecimento, analisando-se títulos, dos que, em um concurso, pretendem cargos públicos. **3.** *Direito comercial.* a) Subdivisão de tipos utilizada pelos classificadores de café e outros produtos agrícolas de exportação; b) local onde os táxis ficam estacionados aguardando passageiros; c) lugar onde são vendidas as mercadorias; d) fundo de comércio; e) local onde se situa estabelecimento empresarial, ao qual sua clientela se dirige; f) sede dos negócios empresariais; g) local do início de uma viagem; h) parada obrigatória, durante o percurso, para que viajantes e tripulação descansem e se alimentem. **4.** *Medicina legal.* a) Cada um dos segmentos de material que compõem uma sutura; b) pequeno adesivo colocado numa ferida para estancar o sangue e unir a pele. **5.** *Direito marítimo.* Cálculo de latitude e longitude que determina o local onde se encontra o navio. **6.** *Direito civil.* a) Aquele que, no teatro, em voz baixa, repete as falas, para que os atores não se enganem durante a representação; b) andamento de um negócio jurídico. **7.** Nas *linguagens comum* e *jurídica,* pode ter o sentido de: a) nome de vários pontos utilizados em bordados ou tapeçarias; b) valor convencional atribuído às cartas de baralho em certos jogos; c) unidade de contagem em determinados jogos; d) cada uma das pequenas impressões em relevo que formam os caracteres do alfabeto braile; e) som breve que, com outro mais prolongado, constitui, no alfabeto morse, os elementos básicos para a formação de letras ou sinais convencionais. **8.** Na *linguagem escolar,* diz-se da matéria de prova, exame ou concurso que foi sorteada.

PONTO COMERCIAL. *Vide* PONTO DE COMÉRCIO.

PONTO DE ABASTECIMENTO. *Direito aéreo.* Instalação dotada de equipamentos e sistemas destinados ao armazenamento de combustíveis de aviação, com registrador de volume apropriado para o abastecimento de aeronaves, devendo esses produtos ser destinados exclusivamente ao uso do detentor das instalações.

PONTO DE APOIO. *Direito comercial.* Local destinado a reparos, manutenção e socorro de veículos em viagem e atendimento da tripulação.

PONTO DE COMÉRCIO. *Direito comercial.* **1.** Fundo de comércio, que é o conjunto patrimonial organicamente agrupado para a produção, constituído de bens e serviços, sendo uma universalidade jurídica. No dizer de Ripert, é uma propriedade incorpórea, que consiste no direito à clientela o qual é vinculado ao imóvel pelos elementos destinados à sua exploração. É, portanto, o patrimônio criado e incorporado ao estabelecimento com fins lucrativos, pela influência de múltiplos fatores, tal como a criatividade no atendimento à clientela, ampliando-a ou selecionando-a, de forma a tê-la como elemento preponderante no sucesso do ramo explorado. **2.** Local onde o empresário se estabelece e para o qual flui sua clientela.

PONTO DE CONEXÃO À INTERNET. *Direito virtual.* Ponto através do qual o Serviço de Conexão à Internet (SCI) se conecta à Internet.

PONTO DE ESPERA DE PRÁTICO. *Direito marítimo.* Ponto estabelecido em coordenadas geográficas pelo Diretor de Portos e Costas, onde é efetuado o embarque/desembarque do prático, por ocasião das manobras de entrada e saída dos portos e terminais.

PONTO DE ESTABELECIMENTO EMPRESARIAL. *Vide* PONTO DE COMÉRCIO.

PONTO DE FRONTEIRA. *Direito internacional privado.* Lugar de vinculação entre os países, habilitado para a entrada e a saída de pessoas, mercadorias e meios de transporte de pessoas e cargas.

PONTO DE HONRA. *Direito civil* e *direito penal.* Questão que afeta a dignidade de uma pessoa, gerando responsabilidade civil ou criminal para o lesante ou ofensor.

PONTO DE PARADA. *Direito comercial.* Local de parada obrigatória, ao longo do itinerário, de forma a assegurar, no curso da viagem e no tempo devido, alimentação, conforto e descanso aos passageiros e às tripulações dos ônibus.

PONTO DE PARADA OBRIGATÓRIA. *Direito marítimo.* Local convenientemente demarcado por bóias, a jusante e a montante de cada eclusa, e na

entrada e saída de canais artificiais, a partir do qual as embarcações só poderão prosseguir a navegação com autorização do operador da eclusa, através de equipamento de radiocomunicação em VHF na modalidade "Serviço Móvel Marítimo", regulamentado por documento normativo do Ministério das Comunicações.

PONTO DE PARTIDA. **1.** *Filosofia geral.* a) Princípio; b) fundamento; c) causa. **2.** *Direito comercial.* Local de onde se inicia uma viagem. **3.** *Direito agrário, direito civil* e *direito processual civil.* Lugar em que a medição perimetral de um imóvel tem início, com o objetivo de obter a extensão de sua superfície, imprescindível na divisão e demarcação de propriedade.

PONTO DE SEÇÃO. *Direito administrativo.* Local que limita uma subdivisão de preço de passagens de bondes e ônibus urbanos.

PONTO DE VENDA. *Direito comercial.* Argumento principal, utilizado pelo vendedor, em favor do produto ou do serviço anunciado.

PONTO DE VISTA. Modo de considerar um assunto; opinião sobre uma questão.

PONTO FACULTATIVO. *Direito administrativo.* Comparecimento não exigível de funcionários públicos às suas repartições, decretado em dias não considerados por lei como feriados.

PONTO NEGRO. *Direito penal.* Fato culpável ou criminoso na vida de uma pessoa.

PONTONEIRO. *Direito militar.* Soldado da armada de engenharia que efetua construção de pontos.

PONTOS CARACTERÍSTICOS. *Medicina legal.* Acidentes encontrados nas cristas papilares, que são fatores importantes para determinar a identidade de uma impressão papilar. Tais pontos são: ilhota, linha cortada, bifurcação, forquilha e encerro.

PONTOS DE DEBATE. *Direito processual civil.* Questões fundamentais, apresentadas pelos litigantes, que integram uma controvérsia ou discussão judicial, ou, ainda, debate oral na audiência de instrução e julgamento.

PONTOS DE DIREITO. *Direito processual civil.* Questões jurídicas.

PONTOS DE FATO. *Direito processual civil.* Questões de fato discutidas em juízo.

PONTOS DE OSSIFICAÇÃO. *Medicina legal.* Núcleos de crescimento ósseo importantíssimos para a determinação da idade.

PONTOS DE OURO. *Economia política.* Indica tal locução que quando impera a conversibilidade

PONTOS ESTRATÉGICOS 725

das moedas em ouro e quando for preciso efetuar pagamentos de país a país, pode-se optar entre o pagamento material em ouro ou o pagamento imaterial pela utilização das divisas, escolhendo o mais vantajoso ou menos custoso (Henri Guitton).

PONTOS ESTRATÉGICOS. *Direito militar.* **1.** Pontos escolhidos para a efetivação de diferentes operações militares. **2.** Locais que, pela sua posição topográfica, são considerados necessários para certas manobras do Exército.

PONTUAL. 1. Aquilo que é feito dentro do prazo marcado. **2.** Aquele que chega na hora estipulada. **3.** Quem cumpre com exatidão suas obrigações.

PONTUALIDADE. 1. Qualidade de pontual. **2.** Regularidade no adimplemento de deveres, no tempo avençado para sua execução. **3.** Comparecimento do funcionário público à repartição no horário estabelecido para o início do trabalho (José Cretella Jr.).

PONXIRÃO. Adjutório; muxirão.

POOL. *Termo inglês.* **1.** Fusão parcial de empresas para que possam ter o domínio mercadológico de certos produtos. **2.** Contrato entre empresas para execução conjunta de uma atividade dirigida à obtenção de um fim comum, partilhando os lucros e as perdas. **3.** União de acionistas para fazer valer seus direitos. **4.** Fundo comum criado por diversas empresas, para aquisição de mercadorias em maior quantidade, açambarcando o indispensável para, baixando o preço, derrotarem os concorrentes. **5.** Grupo de instituições financeiras formado para determinado fim. **6.** Grupo de companhias de seguro formado para diluir riscos, compartilhando prêmios e resultados econômicos (Luiz Fernando Rudge).

POP. *Direito internacional público.* Abreviatura de Protocolo de Ouro Preto.

POP 3. Sigla de *Post Office Protocol 3.*

POPA. 1. *Direito marítimo.* Parte posterior da embarcação. **2.** *Direito aeronáutico.* Cauda da aeronave. **3.** *História do direito.* Sacerdote que tinha a função de imolar as vítimas do holocausto e de cuidar do fogo, do incenso etc.

POPEIRO. *Direito marítimo.* **1.** Aquele que rema na popa. **2.** O que pilota canoas no rio.

POPERI. *Direito agrário.* Barraca na qual os seringueiros defumam o látex logo após sua extração.

POPINA. *Direito romano.* Local onde eram vendidas as comidas cozidas.

POPULAÇÃO. 1. Em *estatística*, é o total de habitantes de um país, em determinado momento. **2.** *Direito constitucional.* Conjunto de pessoas que habitam certo território, ligadas por traços comuns, formando a nação politicamente organizada, que constitui o Estado.

POPULAÇÃO EQUILIBRADA. *Sociologia geral.* Aquela em que há equilíbrio entre natalidade e mortalidade, imigração e emigração.

POPULAÇÃO ESTABILIZADA. *Sociologia geral.* Aquela que possui, quantitativamente, meios para subsistência.

POPULAÇÃO ESTÁVEL. *Sociologia geral.* Aquela cujo crescimento, natalidade, mortalidade, distribuição de sexo e idade se mantêm constantes.

POPULAÇÃO INDÍGENA. *Direito civil* e *direito constitucional.* Conjunto de índios, não civilizados, reunidos em tribos, não estando integrados na comunidade nacional.

POPULAÇÃO PRESENTE. Em *estatística*, população composta por turistas, sendo, por isso, ocasional e flutuante.

POPULAÇÃO RESIDENTE. Em *estatística*, complexo de habitantes estáveis de certo território.

POPULAÇÃO SEMITRIBAL. *Direito civil* e *direito constitucional.* Grupo de indígenas que, apesar de quase terem perdido seus caracteres tribais, ainda não se integraram na comunidade nacional.

POPULAÇÃO TRADICIONAL. 1. *Direito ambiental.* É a população vivendo em estreita relação com o ambiente natural, dependendo de seus recursos naturais para a sua reprodução sociocultural, por meio de atividades de baixo impacto ambiental. **2.** *Sociologia em geral.* Grupos culturalmente diferenciados e que se reconhecem como tais; que possuem formas próprias de organização social, que ocupam e usam territórios e recursos naturais como condição para sua reprodução cultural, social, religiosa, ancestral e econômica, utilizando conhecimentos, inovações e práticas gerados e transmitidos pela tradição.

POPULAÇÃO TRIBAL. *Vide* POPULAÇÃO INDÍGENA.

POPULACHO. *Sociologia geral.* **1.** Plebe. **2.** Classe inferior da sociedade. **3.** Ralé.

POPULACIONAL. Relativo a população.

POPULAR. 1. *Direito desportivo.* Diz-se da acomodação, em estádio desportivo, de menor preço. 2. *Sociologia geral.* a) O que pertence ao povo; b) usual entre o povo; c) o que provém do povo; d) o que representa a vontade do povo; e) o que agrada ao povo; f) homem do povo que forma a massa comum. 3. *Ciência política.* Democrático.

POPULARIDADE. 1. Qualidade do que é popular. 2. Notoriedade. 3. Prestígio; nomeada; fama. 4. Divulgação. 5. Estima generalizada.

POPULÁRIO. *Sociologia geral.* 1. Folclore. 2. O que pertence ao povo sob o aspecto moral ou intelectual.

POPULARIS ACTIO. *Locução latina.* Ação popular.

POPULARIZAÇÃO. *Sociologia geral.* Ato ou efeito de popularizar.

POPULARIZADOR. *Sociologia geral.* Diz-se daquele que populariza.

POPULARIZAR. *Sociologia geral.* Tornar-se popular.

POPULISCITO IN PATRIAM RESTITUTUS EST. *Expressão latina.* É restituído à pátria por um decreto do povo.

POPULISCITUM. *Direito romano.* 1. Lei votada pelos comícios do povo; lei provinda do povo romano. 2. Deliberação popular. 3. Plebiscito.

POPULISMO. *Ciência política.* 1. Política que visa obter a simpatia das classes sociais menos favorecidas. 2. Fórmula política que tem o povo como ponto de referência, por considerá-lo como um agregado social homogêneo e como depositário de valores positivos e permanentes (Ludovico Incisa).

POPULISTA. 1. *Ciência política.* a) Aquele que pretende defender interesses da classe mais humilde; b) o que se refere ao populismo. 2. *Direito autoral.* a) Gênero literário em que se descreve a vida do povo humilde; b) escritor que cultiva esse gênero.

POPULOSO. Diz-se do que está muito povoado.

POPULUS ROMANUS. *Locução latina.* Povo romano.

PORÃO. 1. *Direito marítimo.* Parte mais funda do navio onde as cargas e provisões são depositadas. 2. *Direito civil.* a) Primeiro pavimento; b) parte do prédio que fica abaixo do solo.

PÔR À SOMBRA. Prender alguém.

PORÇÃO. 1. *Direito civil.* a) Quinhão hereditário; b) fração de um todo. 2. *Direito agrário.* Ração.

PORÇÃO DISPONÍVEL. *Direito civil.* 1. Parte do patrimônio do testador, que tem herdeiro necessário

(descendente, ascendente ou cônjuge), suscetível de ser, por ele, disposta livremente. 2. Meação disponível, imposta por lei para preservar a legítima dos herdeiros necessários, calculada sobre o total dos bens existentes por ocasião da morte do testador, abatidas as dívidas e as despesas do funeral, desde que retirada a metade a que tem direito o cônjuge-meeiro, em virtude do regime matrimonial da comunhão de bens ou da participação final dos aqüestos. Assim, uma metade do monte líquido fica para o cônjuge sobrevivente (na qualidade de meeiro) e a outra, para o *de cujus*, a qual, então, será subdividida em duas partes iguais, sendo uma delas a legítima dos herdeiros necessários e a outra, a porção disponível.

PORÇÃO VIRIL. *Direito civil.* Divisão, por cabeça, entre os titulares de um crédito (Othon Sidou).

PORCENTAGEM. *Vide* PERCENTAGEM.

PORCENTAGISTA. Aquele que recebe porcentagens.

PORCENTISTA. *Direito agrário.* Parceiro não proprietário que efetua parceria agrícola, pecuária, agroindustrial, extrativa ou mista, com o parceiro-outorgante, percebendo uma cota em percentagem.

PORCENTUAL. Relativo a percentagem.

PORCIONÁRIO. 1. *Direito canônico.* Beneficiário de rendas eclesiásticas. 2. *Direito civil.* a) Diz-se daquele que possui direito a uma parte se o bem condominial for partilhado; b) quinhoeiro; c) aquele que tem direito a uma cota de determinada coisa ou direito; d) aquele que percebe renda ou pensão.

POR CONTA. *Direito civil.* Pagamento parcial de um débito, lançado a crédito do seu titular, para fins de amortização.

POR ESTIRPE. *Vide PER STIRPE.*

PÓRFIRA. *Direito romano.* Prédio construído para nele nascerem os filhos dos imperadores romanos.

PORFIROGÊNITO. *Direito romano.* Filho de imperador nascido na pórfira.

PORIOMANIA. *Psicologia forense* e *medicina legal.* 1. Tendência mórbida e impulsiva de se afastar de casa. 2. Impulso para fazer viagens.

PORIOMANÍACO. *Medicina legal.* 1. Aquele que sofre de poriomania. 2. O que diz respeito à poriomania.

PORISMA. *Filosofia geral.* **1.** Forma de proposição entre os gregos da antiguidade que afirmava a possibilidade de se encontrarem condições que tornavam certo um problema indeterminado ou capaz de inúmeras soluções. **2.** Termo usado no ocultismo para designar os dogmas (Wronski).

PORÍSTICA. *Filosofia geral.* É a que visa a invenção de uma demonstração por meio de uma proposição enunciada (Tannery).

PORÍSTICO. *Filosofia geral.* Relativo a porisma.

PORMENOR. **1.** Minúcia. **2.** Particularidade.

PORMENORIZAÇÃO. Ato de pormenorizar.

PORMENORIZADO. Exposto com pormenores.

PORMENORIZAR. Expor minudentemente.

PORNOCRACIA. *História do direito.* Influência exercida pelas cortesãs no governo.

PORNOGRAFIA. *Direito autoral.* **1.** Arte ou literatura obscena. **2.** Caráter impudico de uma publicação.

PORNOGRÁFICO. Relativo à pornografia.

PORNOGRAFISMO. Gosto pela pornografia.

PORNÓGRAFO. *Direito autoral.* Aquele que escreve ou pinta coisas obscenas.

POROCELE. *Medicina legal.* Hérnia escrotal com endurecimento dos invólucros.

POROMA. *Medicina legal.* Formação de calo nas fraturas; porose.

POROROCA. Grande onda de maré alta perigosa à navegação.

POROSCOPIA. *Medicina legal.* Estudo analítico dos poros com a finalidade de obter identificação individual.

POROSE. *Vide* POROMA.

PORQUEIRO. *Direito agrário.* **1.** Tratador ou negociante de porcos. **2.** Relativo a porcos. **3.** Variedade de abóbora. **4.** Couve de caule alto e de qualidade inferior.

PORRISTA. *Medicina legal.* Alcoólatra; ébrio habitual.

POR SI. *Filosofia geral.* O que existe sem pressupor um ser diferente do que seja um atributo ou relação.

PORTA. *Direito civil.* **1.** Abertura vertical feita em muros ou paredes de prédio, permitindo a passagem. **2.** Peça de ferro ou madeira que serve para fechar um recinto.

PORTA-AVIÕES. *Direito militar.* Navio de guerra com aviões, tendo convés equipado para suas decolagens e descidas.

PORTA-BATÉIS. *Direito marítimo.* Embarcação apropriada para transportar batéis.

PORTABILIDADE. **1.** *Direito virtual.* Característica de *software* que possibilita seu uso em vários computadores. **2.** *Direito previdenciário.* Instituto que faculta ao participante transferir os recursos financeiros correspondentes ao seu direito acumulado para outro plano de benefícios de caráter previdenciário operado por entidade de previdência complementar ou sociedade seguradora autorizada a operar o referido plano. A portabilidade é direito inalienável do participante, vedada sua cessão sob qualquer forma. O direito à portabilidade será exercido na forma e condições estabelecidas pelo regulamento do plano de benefícios, em caráter irrevogável e irretratável. **3.** *Direito civil.* Instituto que permite ao segurado, antes da ocorrência do sinistro, a movimentação de recursos da Provisão Matemática de Benefícios a Conceder.

PORTABILIDADE DE CÓDIGO DE ACESSO (PORTABILIDADE). *Direito das comunicações.* Facilidade de rede que possibilita ao usuário de serviço de telecomunicações manter o código de acesso a ele designado, independentemente de prestadora de serviço de telecomunicações ou de área de prestação do serviço.

PORTABLE. **1.** *Termo francês.* Portável, levável. **2.** *Direito tributário.* Diz-se do pagamento de tributo que deve ser feito no local, em regra banco, indicado pela Fazenda Pública. **3.** *Direito civil.* Pagamento da dívida que deve ser oferecido, pelo devedor, no domicílio do credor.

PORTA-BOMBAS. *Direito militar.* Compartimento na parte inferior da fuselagem de um avião de combate, contendo alçapões por onde elas são atiradas ao alvo.

PORTA-CABOS. *Direito marítimo.* Aparelho apropriado para levar cabos de socorro a náufragos ou a embarcações ou navios que estejam em perigo.

PORTA-CARTAS. **1.** Caixa junto ao portão de residências destinada a receber a correspondência trazida pelo carteiro. **2.** Bolsa na qual o carteiro carrega as cartas a serem entregues.

PORTA-CHAVES. *Direito civil.* Local da portaria de hotéis, pensões etc. onde são penduradas as chaves dos quartos de hóspedes.

PORTADA. 1. *Direito civil.* Fachada com entrada principal de um prédio. 2. *Direito autoral.* Frontispício de livro.

PORTÁDIGO. *Vide* LAUDÊMIO E PORTAGEM.

PORTADOR. 1. *Direito cambiário.* Tomador, beneficiário, ou apresentante de título que foi endossado em branco. 2. *Direito civil.* Diz-se do título de crédito que traduz a obrigação de prestar dirigindo-se a um credor anônimo. Daí a exigibilidade da prestação por qualquer pessoa que o detenha, exceto na hipótese de desapossamento injusto, em que o devedor será judicialmente intimado a que não pague o capital ou seu interesse. 3. *Direito bancário.* Aquele a quem o banco sacado paga o cheque. 4. *Medicina legal.* Diz-se daquele indivíduo que hospeda, em seu corpo, organismos transmissores de uma moléstia, sem ter qualquer sintoma, agindo como veículo de distribuição da doença. 5. Na *linguagem comum,* significa: a) pessoa que, em nome de outra, leva ao destino alguma encomenda ou correspondência; b) mensageiro; c) condutor de mercadorias; d) carregador que transporta volumes.

PORTA–EMBRULHOS. *Direito comercial.* Compartimento destinado ao transporte de pequenos volumes, localizado no interior do veículo.

PORTA–ENXERTO. *Direito agrário.* Planta sobre a qual se faz um enxerto.

PORTA EXTERNA. *Direito civil.* Aquela que possibilita o acesso para fora dos prédios ou casas.

PORTAGEM. 1. *História do direito.* a) Portádigo ou portático; laudêmio; b) tributação paga pela entrada ou saída de mercadorias em fronteiras; c) imposto de viação; d) tributo cobrado pela entrada ou saída de mercadorias ou de produtos de consumo pelas portas da cidade. 2. *Direito tributário.* a) Pedágio; b) imposto de exportação ou importação.

PORTA INTERNA. *Direito civil.* Porta colocada nos cômodos de casas ou prédios para que se possa ter acesso a eles.

PORTAL. *Direito civil.* Entrada principal ou fachada principal de um prédio.

PORTA–LAÇOS. *Medicina legal.* Instrumento que, introduzindo cordões no útero, coloca o feto em posição natural, facilitando o parto.

PORTALÓ. *Direito marítimo.* Abertura existente no costado do navio para entrada ou saída da carga, ou seja, para serviços de estiva.

PORTA–LUVAS. Pequeno compartimento próximo à direção de um veículo, destinado à guarda de objetos de uso pessoal.

PORTA–MACHADO. *História do direito.* Soldado que se munia de machado para abrir caminho em florestas ou matas.

PORTA–MALAS. Local, em regra situado na traseira dos automóveis, utilizado para transportar bagagem.

PORTA–MIRA. *Direito agrário* e *direito processual civil.* Assistente de agrimensor ou topógrafo que segura a mira e faz outros serviços auxiliares.

PORTA–MITRA. *Direito canônico.* Aquele que, em determinadas solenidades, leva em suas mãos a mitra do prelado.

PORTA–NÍQUEIS. Bolsinha para moedas.

PORTA–NOTAS. Carteira.

PORTÃO. *Direito civil* e *direito comercial.* Grande porta que serve de acesso a jardim, a garagem, ou a fábricas ou oficinas, separando-os da rua.

PORTÃO DO SOM. Pequena abertura de projetor sonoro, que permite a passagem do raio luminoso transmissor da imagem sonora.

PORTA–ORDENS. *Direito administrativo.* Portador de ordens.

PORTA–PNEUMÁTICO. Local, no automóvel, onde é guardado o pneumático sobressalente.

PORTAR. 1. Levar. 2. Transportar. 3. Proceder. 4. Ir a determinado local.

PORTA–REDE. *Direito agrário.* Embarcação que conduz a rede, na pesca de alto-mar.

PORTARIA. 1. *Direito canônico.* a) Porta principal de convento; b) vestíbulo ou átrio de convento. 2. *História do direito.* Cargo ou ofício de porteiro. 3. *Direito administrativo.* Norma geral que órgão superior (desde o Ministério até uma simples repartição pública) edita para ser observada por seus subalternos. Veicula comando administrativo geral e especial, servindo, ainda, para designar funcionários para o exercício de funções menores, para abrir sindicâncias e para inaugurar procedimentos administrativos. 4. Na *linguagem jurídica* em geral, é o vestíbulo de um estabelecimento onde há pessoa encarregada de receber documento a ser protocolado ou correspondência e prestar informações.

PORTARIA *EXTERNA CORPORIS.* *Direito administrativo.* Aquela que explicita ou regulamenta decretos baixados pelo chefe do Executivo (Eduardo M. F. Jardim).

PORTARIA *INTERNA CORPORIS*. *Direito administrativo.* Portaria expedida pelas autoridades sujeitas ao chefe do Executivo, dirigindo-se aos seus subalternos, transmitindo-lhes decisões sobre atividades que devem ser executadas por eles.

PORTARIA RESERVADA. *Direito administrativo.* Portaria expedida pelo ministro de Estado, secretário de Estado ou chefe de repartição pública para conhecimento exclusivo de outro ministro ou do responsável por certo serviço.

PORTAR PELA AMARRA. *Direito marítimo.* Puxar embarcação pela amarra, aproando ao vento ou à maré.

PORTAR POR FÉ. *Direito registrário.* **1.** Certificar a autenticidade de um ato. **2.** Atestar a veracidade. **3.** Dar fé.

PORTAS ABERTAS. 1. *Direito civil.* Portas livres que admitem livre trânsito ou entrada. **2.** *Direito comercial.* Diz-se do estabelecimento mercantil que está em ampla atividade e em livre funcionamento, efetuando as operações habituais ou atividades econômicas organizadas para a produção ou circulação de bens ou de serviços. **3.** *Direito processual civil.* Audiência pública; ato processual que o público pode livremente assistir.

PORTAS A DENTRO. *Direito processual civil. Vide* PENHORA COMPULSÓRIA E PENHORA A PORTAS A DENTRO.

PORTAS CERRADAS. 1. *Direito processual civil* e *direito processual penal.* a) Diz-se da audiência que não pode ser divulgada por ser relativa a processos que correm em segredo de justiça; b) o que deve ser feito em segredo de justiça. **2.** *Direito comercial.* Não-funcionamento de um estabelecimento. **3.** *História do direito.* a) Arras prometidas às senhoras nobres para que decorassem sua casa ou quarto; b) doação de tudo que se encontrasse de portas a dentro.

PORTA-SEMENTES. *Direito agrário.* **1.** Árvore que se corta para colher suas sementes. **2.** Planta cultivada para produzir sementes.

PORTAS FECHADAS. *Vide* PORTAS CERRADAS.

PORTÁTICO. *Vide* PORTAGEM.

PORTÁTIL. 1. Aquilo que se pode transportar facilmente, por não ser fixo e por ter pouco peso. **2.** O que pode ser desarmado, facilitando seu transporte.

PORTÁVEL. *Vide PORTABLE.*

PORTA-VOZ. *Direito administrativo.* Aquele que transmite as palavras ou opiniões alheias.

PORTA-VOZ DA PRESIDÊNCIA DA REPÚBLICA. *Direito administrativo.* Compete assistir direta e imediatamente o Presidente da República no desempenho de suas atribuições, relativamente à comunicação com a sociedade por intermédio da divulgação dos atos do Presidente da República e relativamente aos temas que lhe forem determinados, falando em seu nome e promovendo o esclarecimento do impacto dos programas e políticas de governo sobre os cidadãos, contribuindo para a sua compreensão e expressando os pontos de vista do Presidente da República, por determinação deste, em todas as comunicações dirigidas à sociedade e à imprensa.

PORTE. 1. *Direito marítimo.* Tonelagem ou capacidade de um navio. **2.** *Direito comercial.* a) Frete; preço do transporte de mercadorias; b) transporte; condução; c) carga. **3.** *Direito agrário.* Altura ou desenvolvimento de vegetais ou animais. **4.** Nas *linguagens comum* e *jurídica,* pode ter o significado de: a) importância; b) aspecto físico de uma pessoa. **5.** *Direito administrativo.* Preço de remessa de cartas ou pacotes pelo correio, cobrado em razão de seu peso.

PORTEAR. *Direito administrativo.* Franquear ou selar correspondência ou remessa postal.

PORTE BRUTO (OU *DEADWEIGHT*). *Direito marítimo.* O porte bruto é definido como a diferença entre o deslocamento carregado e o deslocamento leve e caracteriza a quantidade de carga que uma embarcação pode transportar (não apenas a carga paga que normalmente é alocada nos porões ou tanques de carga, mas todo e qualquer item transportado a bordo, exceto quando considerado como item componente do deslocamento leve), sendo normalmente expresso em "toneladas de porte bruto" (tpb) ou "toneladas, de *deadweight*" (tdw). O porte bruto deve necessariamente incluir, entre outros, o peso dos seguintes elementos: a) combustíveis (óleo pesado, diesel, carvão etc.); b) lubrificantes (óleos ou graxas); c) águas potáveis, doces, de alimentação e lastro; d) provisões; e) tripulação com seus pertences; f) passageiros com bagagens; g) carga paga transportada (geral, granel, contentores, frigorificada etc.); h) hélice e eixo porta-hélice sobressalentes; i) sobressalentes de convés, máquinas e eletricidade; j) peças removíveis, tais como esticadores, cabos, peças de encaixe etc., usados para peiamento ou limitação de cargas de granéis, madeira, contentores etc.; k) peças removíveis para manobra de cargas, tais como caçambas, empilhadeiras, sugadoras de granéis, bombas portáteis para carga líquida etc.; l) água e óleo residuais nos tanques e tubulações do casco (exceto os resíduos de líquidos no interior das canalizações considerados na determinação do deslocamento leve); m) fornecimentos usuais do armador, tais como roupa de cama e mesa, talheres, cutelaria, artigos de consumo etc.

PORTE-CLEFS. *Locução francesa.* Carcereiro.

PORTE DE ARMA DE FOGO. *Direito administrativo.* É o uso permitido de arma que requer prévio cadastro e registro no órgão competente (SINARM), exceto a arma considerada obsoleta. Esse porte fica condicionado à autorização da autoridade competente. A autorização para portar arma de fogo terá eficácia temporal limitada, nos termos de atos regulamentares, e dependerá de o requerente comprovar idoneidade, comportamento social produtivo, efetiva necessidade, capacidade técnica e aptidão psicológica para o manuseio de arma de fogo. O Porte de Arma de Fogo é documento obrigatório que dá o direito ao proprietário de arma de fogo para transportá-la de forma discreta, sendo específico para cada arma; e deverá conter os seguintes dados: a) abrangência territorial; b) eficácia temporal; c) características da arma; d) número do registro da arma no SINARM ou SIGMA; e) identificação do proprietário da arma; e f) assinatura, cargo e função da autoridade concedente. O Porte de Arma de Fogo é pessoal, intransferível e revogável a qualquer tempo, sendo válido apenas com a apresentação do documento de identidade do portador. O titular do Porte de Arma de Fogo deverá comunicar imediatamente: a) a mudança de domicílio ao órgão expedidor do Porte de Arma de Fogo; b) o extravio, furto ou roubo da arma de fogo à Unidade Policial mais próxima e, posteriormente, à Polícia Federal. A não comunicação desses fatos implicará a suspensão do Porte de Arma de Fogo, por prazo a ser estipulado pela autoridade concedente. O titular do Porte de Arma de Fogo não poderá conduzi-la ostensivamente ou com ela adentrar ou permanecer em locais públicos, tais como igrejas, escolas, estádios desportivos, clubes ou outros locais onde haja aglomeração de pessoas, em virtude de eventos de qualquer natureza, sob pena de cassação do Porte de Arma de Fogo e de apreensão da arma pela autoridade competen-

te, que adotará as medidas legais pertinentes. Também haverá tal cassação quando o titular do Porte de Arma de Fogo estiver portando o armamento em estado de embriaguez ou sob o efeito de drogas ou medicamentos que provoquem alteração do desempenho intelectual ou motor. Será concedido pela Polícia Federal o Porte de Arma de Fogo, na categoria "caçador de subsistência", de uma arma portátil, de uso permitido, de tiro simples, com um ou dois canos, de alma lisa e de calibre igual ou inferior a 16, desde que o interessado comprove a efetiva necessidade em requerimento ao qual deverão ser anexados os seguintes documentos: a) certidão comprobatória de residência em área rural, a ser expedida por órgão municipal; b) cópia autenticada da carteira de identidade; c) atestado de bons antecedentes.

PORTE DE ARMAS. *Direito penal.* Ato de conduzir, fora de casa ou de dependência desta, arma, como pistola, revólver, punhal, o que constitui crime, apenado com detenção e multa, se não for autorizado pela autoridade competente ou estiver em desacordo com determinação legal.

PORTE DE ARMA DE FOGO DAS GUARDAS MUNICIPAIS. *Direito militar.* Sua autorização está condicionada à formação funcional de seus integrantes em estabelecimentos de ensino de atividade policial e à existência de mecanismos de fiscalização e de controle interno, nas condições estabelecidas em lei, observada a supervisão do Comando do Exército.

PORTE DE CARTA. *Direito administrativo.* Tarifa postal.

PORTE DO NAVIO. *Direito marítimo.* Tonelagem líquida do navio, ou seja, sua capacidade disponível para a carga a ser transportada.

PORTE FEDERAL DE ARMA DE FOGO. *Direito administrativo.* É aquele que é autorizado e expedido pela Polícia Federal, e tem como requisitos mínimos indispensáveis: a) apresentação do Certificado de Registro de arma de fogo, cadastrada no SINARM; b) comprovação de idoneidade, com a apresentação de certidões de antecedentes criminais fornecidas pela Justiça Federal, Estadual, Militar e Eleitoral, e de não estar o interessado, por ocasião do requerimento, respondendo a inquérito policial ou a processo criminal por infrações penais cometidas com violência, grave ameaça ou contra a incolumidade pública; c) apresentação de documento comprobatório de comportamento social produtivo; d) comprovação da efetiva necessidade, em razão de sua atividade profissional, cuja natureza o exponha a risco, seja pela condução de bens, valores e documentos sob sua guarda ou por quaisquer outros fatores; e) comprovação de capacidade técnica para manuseio de arma de fogo, atestada por instrutor de armamento e tiro do quadro das Polícias Federal ou Civis, ou por estas habilitado. Os militares e os policiais, ao requererem o Porte Federal, ficam dispensados dessa exigência; f) aptidão psicológica para manuseio de arma de fogo, atestada em laudo conclusivo fornecido por psicólogo do quadro das Polícias Federal ou Civis, ou credenciado por estas; g) apresentação do documento comprobatório de pagamento da taxa estipulada para a concessão do porte.

PORTEIRA. 1. *Direito agrário.* a) Portão de entrada de imóveis rurais, como, por exemplo, sítios, granjas, estâncias, fazendas etc.; b) cerca de curral ou divisória de pastos ou de propriedades agrárias que veda o trânsito. **2.** Na *linguagem jurídica* em geral, diz-se da encarregada da portaria de um estabelecimento.

PORTEIRO. 1. *História do direito.* Cobrador de direitos reais. **2.** *Direito administrativo.* Aquele que tem a incumbência de: a) guardar as portas de um estabelecimento público, anotando as pessoas que nele entram ou dele saem; b) atender as ordens de funcionários superiores relativas ao cumprimento de requisições ou ao provimento de material de expediente; c) chefiar serventes ou contínuos, distribuindo-lhes os serviços a eles incumbidos. **3.** Na *linguagem jurídica* em geral, é o responsável pela portaria de um estabelecimento privado ou de um prédio.

PORTEIRO DA REAL CÂMARA. *História do direito.* Funcionário do paço encarregado de receber o rei à porta da sala do trono, na tribuna do teatro, no palácio das cortes etc., em dias de despacho, solenidades e recepções.

PORTEIRO DOS AUDITÓRIOS. *Direito processual.* **1.** Pregoeiro de hastas públicas realizadas, por determinação judicial, no foro, passando certidões, editais de praça e arrematações (Moacyr Amaral Santos). **2.** Auxiliar da justiça encarregado do expediente nas salas de audiência, devendo, inclusive, assinalar ou apregoar a abertura e o encerramento das audiências. **3.** Oficial que, como serventuário, atua junto aos juízes e tribunais, efetuando citações e notificações em audiências.

PORTENTO. 1. Diz-se daquele que possui talento excepcional. **2.** Prodígio. **3.** Sucesso estupendo.

PORTENTOSO. 1. Extraordinário. **2.** Prodigioso. **3.** Raro. **4.** Maravilhoso.

PORTE-PAROLES. *Locução francesa.* Porta-voz.

PORTE POR FÉ. *Direito registral.* **1.** Certificar ou atestar a autenticidade de ato. **2.** Ter por verdadeiro. **3.** Dar fé.

PORTER UN CANDIDAT. *Expressão francesa.* Votar em um candidato.

PORTFÓLIO. 1. *Direito administrativo.* Pasta para documentos ministeriais. **2.** *Direito comercial.* a) Pasta para guardar amostras, folhetos etc.; b) carteira de títulos e valores mobiliários (Luiz Fernando Rudge).

PÓRTICO. *Filosofia geral.* Doutrina dos estóicos, ensinada sob um pórtico de Atenas por Zenão.

PORTO. *Direito marítimo.* **1.** Pequena baía ou área territorial, natural ou artificial, protegida das fortes correntes ou de grandes ondas, que serve de abrigo seguro e ancoradouro de embarcações, facilitando o embarque e desembarque de cargas e passageiros. **2.** É o atracadouro, o terminal, o fundeadouro ou qualquer outro local que possibilite o carregamento e o descarregamento de carga.

PORTO AÉREO. *Direito aeronáutico.* Aeroporto.

PORTO ALFANDEGADO. *Direito alfandegário.* Aquele que possui aduana ou alfândega, que é a repartição pública controladora da exportação e importação de mercadorias e encarregada da cobrança de impostos, despacho e desembaraço das mercadorias.

PORTO AUTÔNOMO. *Direito marítimo.* É o dirigido por entidade local.

PORTO BELIGERANTE. *Direito internacional público.* Aquele pertencente a nações em guerra.

PORTO DE AREIA. *Direito comercial.* Local no rio onde é feita a extração e venda de areia.

PORTO DE CABOTAGEM. *Direito marítimo.* Aquele apropriado para viagens costeiras.

PORTO DE CONTROLE SANITÁRIO. *Direito marítimo.* Porto organizado, terminal aquaviário, terminal de uso privativo, terminal retroportuário, terminal alfandegado e terminal de carga, estratégicos do ponto de vista epidemiológico e geográfico, localizados em território nacional, sujeitos a vigilância sanitária.

PORTO DE DESTINO. *Direito marítimo.* Local onde os passageiros são desembarcados e as mercadorias descarregadas, constante do bilhete de passagem ou do conhecimento de frete.

PORTO DE EMBARQUE. *Direito marítimo.* Aquele onde se dá o embarque de passageiros, consignado no bilhete de passagem, e de mercadorias, estipulado no conhecimento de frete.

PORTO DE ENTRADA. *Direito marítimo* e *direito internacional privado.* **1.** Porto onde as mercadorias advindas do exterior devem ser declaradas na alfândega. **2.** Aquele por onde os estrangeiros podem, legalmente, entrar no país.

PORTO DE ESCALA. *Direito marítimo.* Onde a embarcação faz escala, durante o percurso de sua viagem, para abastecer-se, para algum conserto ou para embarque ou desembarque de carga ou passageiros.

PORTO DE MAR. *Direito marítimo.* **1.** Cidade banhada pelo mar, que tem um porto. **2.** Porto na costa do mar.

PORTO DE MATRÍCULA. *Direito marítimo.* Local de origem do navio, ou melhor, o de seu registro.

PORTO DE ORIGEM. *Direito internacional privado.* **1.** Diz-se daquele de onde procede o produto ou mercadoria. **2.** Local da produção do produto ou mercadoria.

PORTO DE PESCA. *Direito marítimo* e *direito agrário.* Aquele que se destina ao abrigo das embarcações de pesca.

PORTO DE REGISTRO. *Vide* PORTO DE MATRÍCULA.

PORTO DE SAÍDA. *Direito marítimo.* Diz-se daquele onde o navio iniciou a viagem, transportando carga ou passageiros.

PORTO DE SALVAMENTO. 1. *Direito marítimo.* Final feliz de uma viagem. **2.** Na *linguagem comum,* quer dizer: a) bom êxito; b) termo feliz de uma empresa.

PORTO FECHADO. *Direito marítimo.* Aquele que só recebe determinados navios ou os de certas bandeiras.

PORTO FLUVIAL. *Direito comercial.* É o localizado em rios navegáveis, não sujeitos às marés, utilizado para embarque e desembarque de passageiros e cargas.

PORTO FRANCO. 1. *Direito alfandegário* e *direito internacional privado.* Aquele onde é permitido, por lei, o comércio internacional, livre de tarifas ou direitos aduaneiros sobre todas ou parte das mercadorias transportadas pelas embarcações que nele atracam. Trata-se do porto livre, ao qual foi concedida franquia fiscal. **2.** *Direito internacional público.* Aquele onde navios de todas as bandeiras têm acesso.

PORTO HABILITADO. *Direito marítimo.* **1.** Aquele no qual todas as mercadorias ou determinadas mercadorias estão autorizadas legalmente a transitar, para serem despachadas, procedendo ao seu desembaraço, seja na entrada ou na saída. **2.** O que permite certas expedições comerciais, sendo que conforme o teor da habilitação por ele dada, a importação ou exportação será feita pelo porto alfandegado.

PORTO INTERMEDIÁRIO. *Direito marítimo.* **1.** É aquele onde estava, transitoriamente, a mercadoria antes de ser carregada e transportada por um navio ao porto de destino. **2.** Diz-se do porto em que os navios têm escala obrigatória.

PORTO LACUSTRE. É o situado em lago navegável.

PORTO LIVRE. *Vide* PORTO FRANCO.

PORTO MARÍTIMO. *Direito marítimo.* Aquele que se encontra nas costas do oceano.

PORTO MILITAR. *Direito militar.* É o reservado aos navios de guerra.

PORTO MOLHADO. Estação fiscal fluvial ou marítima.

PORTO NÃO ALFANDEGADO. *Direito marítimo.* Aquele que não possui aduana ou repartição alfandegária que efetue o desembaraço das mercadorias que por ele transitam, entrando ou saindo.

PORTO NÃO HABILITADO. *Direito marítimo.* Aquele que não está habilitado para a autorização do trânsito de mercadorias, importadas ou exportadas.

PORTO NEUTRO. *Direito internacional público.* É o pertencente a países alheios a um conflito armado; logo, os navios que nele atracarem não estão sujeitos ao apresamento.

PORTO ORGANIZADO. *Direito marítimo* e *direito administrativo.* Diz-se do que tem equipamento e aparelhamento adequado para atender às necessidades de navegação de passageiros e da movimentação e armazenagem de mercadorias, concedido ou explorado pela União, cujo tráfego e operações portuárias estejam sob a jurisdição de uma autoridade portuária.

PORTOS, AEROPORTOS E PONTOS DE FRONTEIRA ALFANDEGADOS.
Direito aduaneiro. São os assim declarados pela autoridade competente, a fim de que neles possam, sob controle aduaneiro: a) estacionar ou transitar veículos procedentes do exterior ou a ele destinados; b) ser efetuadas operações de carga, descarga, armazenagem ou passagem de mercadorias procedentes do exterior ou a ele destinadas; c) embarcar, desembarcar ou transitar viajantes procedentes do exterior ou a ele destinados.

PORTOS DE CONTROLE SANITÁRIO. *Direito marítimo.* Postos organizados e terminais aquaviários estratégicos, do ponto de vista epidemiológico e geográfico, localizados no território nacional onde se encontra instalada uma unidade de vigilância sanitária, com a finalidade de promover a fiscalização das embarcações dos terminais de cargas e viajantes e dos demais serviços prestados e bens produzidos na área sob jurisdição do porto, bem como emitir documentos exigidos pela legislação sanitária federal vigente.

PORTO SECO. **1.** *Direito alfandegário* e *direito internacional privado.* a) Fronteira onde se permite o trânsito de mercadorias importadas ou exportadas por manter posto alfandegário encarregado de desembaraçar e fiscalizar esse comércio; b) recinto alfandegado de uso público no qual são executadas operações de movimentação, armazenagem e despacho aduaneiro de mercadorias e de bagagem, procedentes do exterior ou a ele destinadas. O porto seco não poderá ser instalado na zona primária de portos e aeroportos alfandegados. O porto seco poderá ser autorizado a operar com carga de importação e de exportação, ou apenas de exportação, tendo em vista necessidades e condições locais. **2.** *História do direito.* Posto fiscal estabelecido no interior e não na costa marítima ou em rios navegáveis. **3.** *Direito comercial.* É, no Rio de Janeiro, uma espécie de bazar ou armazém de grande sortimento de mercadorias, que vende secos e molhados, tecidos etc.

PORTOS TURÍSTICOS INTERNACIONAIS. *Direito comercial* e *direito marítimo.* Aqueles designados mediante critérios de interesse turísticos e onde ocorra a primeira ou a última escala de embarcações comerciais de turismo, procedentes do exterior ou com destino a este.

PORTO SUJO. *Direito marítimo.* Aquele que foi, oficialmente, declarado como infestado de alguma epidemia.

PORTO SUSPEITO. **1.** *Direito marítimo.* Diz-se daquele em que se desconfia que há alguma epidemia contagiosa. **2.** Na *linguagem comum,* designa a pessoa cuja companhia deve ser evitada, pelos seus maus hábitos e vícios.

PORTS CHARGES. *Locução inglesa.* Taxas nos portos.

PORTUÁRIO. *Direito marítimo.* **1.** Relativo a porto. **2.** *Direito do trabalho.* Trabalhador sujeito a normas regulamentares do porto, encarregado de realizar operações portuárias: a) que pelos seus métodos de manipulação, seus caracteres de automação ou mecanização, não requeiram a utilização de mão-de-obra ou possam ser executados exclusivamente pela própria tripulação das embarcações; b) de embarcações empregadas na execução de obras de serviços públicos nas vias aquáticas do País, seja diretamente pelos poderes públicos, seja por intermédio de concessionários ou empreiteiros; no transporte de gêneros de pequena lavoura e da pesca, para abastecer mercados de âmbito municipal; na navegação interior e auxiliar; no transporte de mercadorias líquidas a granel; no transporte de mercadorias sólidas a granel, quando a carga ou descarga for feita por aparelhos mecânicos automáticos, salvo quanto aos serviços de rechego, quando necessários; c) relativas à movimentação de: cargas em área sob controle militar, quando realizada por pessoal militar ou vinculado a organização militar; materiais pelos estaleiros de construção e reparação naval; peças sobressalentes, material de bordo, mantimentos e abastecimento de embarcações; d) atinentes ao abastecimento de aguada, combustíveis e lubrificantes à navegação. *Vide* OPERADOR PORTUÁRIO.

PORTUGUÊS. **1.** Língua nacional do Brasil. **2.** Idioma falado em Portugal e nos países por ele colonizados. **3.** Habitante ou natural de Portugal.

PORTUGUESA. **1.** *História do direito.* Antiga moeda brasileira de ouro. **2.** *Direito marítimo.* Amarração, feita de um cabo, para segurar antenas da cabrilha.

PORTUGUESISMO. Maneira de pensar e agir própria de portugueses.

PORTULANO. *História do direito.* Antigo manual de navegação da Era Medieval, que continha descrição das costas e dos portos, ilustrado com mapas.

PORUCA. *Direito agrário.* Peneira apropriada para escolher café em grão.

PORVINDOURO. 1. Futuro. **2.** Que há de vir; porvir.

PORVIR. *Vide* PORVINDOURO.

POSAR. *Direito autoral.* **1.** Servir de modelo para pintura ou escultura. **2.** Colocar-se em posição para ser fotografado.

PÓS-BÉLICO. *Direito militar* e *direito internacional público.* O que vem depois de uma guerra.

PÓS-COMUNHÃO. *Direito canônico.* Oração feita, na missa, pelo padre depois da comunhão.

PÓS-DATA. 1. *Direito civil.* Data falsa de um documento colocada após sua redação para simular a data verdadeira. Trata-se de simulação relativa objetiva, suscetível de invalidar o ato. **2.** *Direito processual civil.* Diz-se do instrumento particular que, havendo dúvida ou impugnação entre os litigantes, pode ser provado por todos os meios admissíveis em direito. **3.** *Direito penal.* Crime de falsidade ideológica consistente em alterar a verdade sobre a data da realização do ato ou do documento público ou particular com o escopo de prejudicar direito, criar obrigação ou alterar a verdade sobre fato juridicamente relevante, punido com reclusão e multa. Mas se o agente for funcionário público, que comete o crime prevalecendo-se do cargo, ou se a falsificação ou alteração de data for de assentamento de registro civil, aumenta-se a pena de sexta parte. **4.** *Direito bancário* e *direito cambiário.* Diz-se da data colocada em cheque, posterior ao seu preenchimento, ou ao dia em que foi assinado, para que ele só seja pago quando for apresentado naquela data. A função natural do cheque é ser um meio de pagamento à vista; entretanto, muitas pessoas vêm, reiterada e ininterruptamente, emitindo-o não como uma mera ordem de pagamento, mas como garantia de dívida, para desconto futuro, na convicção de que esse procedimento não constitui crime. Tal costume de emitir cheque pós-data, baseando em hábito da época, realizado constante e uniformemente e na convicção de que se trata de um sucedâneo da letra de câmbio ou de uma promessa de pagamento, tem sido aceito inclusive por magistrados.

PÓS-DATADO. Em que se colocou pós-data.

PÓS-DATAR. Pôr pós-data, atribuindo data futura.

POSE. *Direito autoral.* Posição para se deixar fotografar, pintar ou servir de modelo a pintor ou escultor.

PÓS-ESCOLAR. Em *linguagem escolar,* indica o que vem após o término da vida escolar.

PÓS-ESCRITO. O que vem acrescentado a um documento ou a uma carta logo após a assinatura. É expresso, abreviadamente, pelas letras P.S.

POSFÁCIO. *Direito autoral.* Advertência feita pelo autor no final de seu livro.

POSGÊNITO. Diz-se do que surge após o nascimento.

PÓS-GRADUAÇÃO. *Direito educacional.* Curso de mestrado ou de doutorado, feito após a colação de grau universitário, para obtenção do título de mestre ou de doutor.

PÓS-HIPNÓTICO. *Medicina legal.* Diz-se do que pode ocorrer, principalmente, durante o sono, em razão de hipnose anteriormente feita.

POSIÇÃO. 1. Na *linguagem jurídica,* em geral, quer dizer: a) local ou espaço ocupado por uma pessoa ou coisa; b) localização geográfica; c) situação ou condição econômica e social. **2.** *Direito militar.* Área ocupada por unidades de combate para defesa ou ataque. **3.** *Medicina legal.* a) Situação do feto na pelve; b) atitude particular de um paciente para qualquer processo terapêutico.

POSIÇÃO CONTRATUAL. *Direito civil.* Situação, no contrato bilateral, em que cada um dos contratantes tem direitos e deveres.

POSIÇÃO DE ATENDIMENTO (PA). *Direito das comunicações.* Estação de trabalho munida de microcomputador integrado ao sistema telefônico e à base de dados da concessionária, utilizada para a realização dos atendimentos.

POSIÇÃO DEFENSIVA. Aquela voltada à defesa.

POSIÇÃO DO LIBELO. *Direito processual penal.* Artigos do libelo afirmativo.

POSIÇÃO ECOLÓGICA. *Direito ambiental.* Situação de uma unidade ecológica, urbana ou suburbana.

POSIÇÃO EQUÍVOCA. Aquela para a qual não se encontra explicação razoável.

POSIÇÃO FALSA. 1. Dificuldade. **2.** Situação comprometedora. **3.** Apuro.

POSIÇÃO FINANCEIRA. *Direito bancário.* Saldo financeiro de um participante, a cada momento, em um sistema de liquidação.

POSIÇÃO ORBITAL. *Direito administrativo* e *direito internacional público.* Conjunto de recursos de órbita e espectro radioelétrico associado a uma rede de satélite.

POSIÇÃO ORBITAL NOTIFICADA PELO BRASIL. *Direito administrativo* e *direito internacional público.* Posição orbital objeto de notificação pelo Brasil junto à União Internacional de Telecomunicações (UIT), cujo processo é caracterizado, pelo menos, por uma das seguintes fases: publicação antecipada, coordenação e registro.

POSIÇÃO SOCIAL. *Sociologia jurídica.* Classe social a que pertence uma pessoa.

POSICIONAL. O que se refere à posição.

POSICIONAR. Pôr em posição.

POSIÇÕES DA TARIFA. *Direito tributário* e *direito alfandegário.* Artigos em que se especificam as mercadorias e taxas a que se sujeitam.

POSITIVAÇÃO. *Teoria geral do direito.* **1.** Fenômeno marcado pela crescente importância da lei e caracterizado pela libertação do direito de parâmetros imutáveis. Com a positivação cresce a disponibilidade temporal do direito, pois sua validade se torna maleável, podendo ser limitada no tempo, adaptada a prováveis necessidades de futuras revisões, institucionalizando a mudança e a adaptação através de procedimentos cambiáveis, conforme as diferentes situações, possibilitando com isso um alto grau de pormenorização dos comportamentos como jurisdificáveis, não dependendo mais o caráter jurídico das situações de algo que sempre tenha sido direito. O direito torna-se um instrumento da modificação planificada da realidade, abarcando-a nos seus mínimos aspectos. Ora, com isso surgem as condições para a colocação do problema do âmbito do direito, da existência ou não de situações pertencentes ao âmbito do não-jurídico. Além disso, a positivação forçou, de um modo novo, a tematização do ser humano como objeto central de preocupação do jurista, fazendo da ciência jurídica uma ciência humana no sentido moderno da expressão. Mesmo correntes que procuram, ainda hoje, fazer da Ciência do Direito uma ciência da norma posta, não podem deixar de enfrentar o problema do comportamento humano e suas implicações na elaboração e na aplicação do direito. Logo, a preocupação central da Ciência do Direito é o homem, que, do interior da positividade jurídica que o envolve, representa, discursivamente, o sentido das normas ou proposições prescritivas que ele próprio estabelece, obtendo, afinal, uma representação da própria positivação. A positivação envolve o ser humano de tal modo que toda e qualquer reflexão sobre o direito tem de tomar posição perante ele e, com isso, a questão da decidibilidade sempre faz frente ao problema da verdade (Tércio Sampaio Ferraz Jr.). **2.** É a que torna o direito positivo o objeto único da ciência jurídica.

POSITIVAR. 1. *Teoria geral do direito.* Tornar positivo. **2.** Na *linguagem jurídica* em geral, pode ter o sentido de: a) precisar; esclarecer; b) confirmar; c) dar fundamento.

POSITIVIDADE. 1. *Teoria geral do direito.* Estado do que é positivo (Comte). **2.** Na *linguagem comum,* diz-se da disposição favorável da pessoa a atitudes construtivas.

POSITIVIDADE DO DIREITO. *Teoria geral do direito.* **1.** Objetividade *sui generis* do direito, diversa da dos fatos da natureza. **2.** Essência do direito positivo como objeto cultural, que tem as seguintes características, que mutuamente se implicam: temporalidade e historicidade, imperatividade e normatividade, vigência, validade, eficácia; obrigatoriedade, coercitividade e compulsividade (Cabral de Moncada).

POSITIVISMO. *Teoria geral do direito* e *filosofia do direito.* **1.** Conjunto das doutrinas sociológicas de Augusto Comte ou das ligadas ou similares a elas. **2.** Teoria que arreda o direito natural, procurando reconhecer tão-somente o direito positivo, no sentido de direito vigente e eficaz em determinada sociedade, limitando assim o conhecimento científico-jurídico ao estudo das legislações positivas, consideradas como fenômenos espácio-temporais.

POSITIVISMO CRIMINOLÓGICO. *Vide* POSITIVISMO SOCIOLÓGICO, N. 2.

POSITIVISMO DE COMBATE. *Teoria geral do direito.* Uso e reconhecimento do direito positivo como instrumento de luta para a concretização de direitos não aplicados (Amilton B. de Carvalho).

POSITIVISMO FILOSÓFICO. *Filosofia do direito.* Doutrina que, sem abandonar suas posições antimetafísicas, acabou por se reformar, encerrando-se num mundo de relações lógicas e de símbolos, quando já não só de termos e formas de linguagem, em que toda a compreensão filosófica se cifra numa total imanência do espírito, autocontemplando-se, mas de relações cortadas com o ontologismo e toda a transcendência. Trata-se da escola jusformalista de Laband, para a qual só se deve investigar os conceitos jurídicos mais gerais, comuns às diversas disciplinas jurídicas, ou os entre si aparentados dentro dos diferentes ordenamentos jurídicos dos povos; em busca de um certo número de paradigmas de valor mais ou menos universal (Cabral de Moncada).

POSITIVISMO JURÍDICO. *Teoria geral do direito* e *filosofia do direito.* **1.** Trata-se, para alguns autores, do normativismo jurídico de Kelsen. **2.** Tentativa de amoralização completa do direito e da Ciência do Direito; purificando-a de qualquer fator, base ou fundamento moral ou jusnaturalístico, fazendo com que se limite aos fatos sem apreciar o valor. A eliminação do direito natural como fundamento moral do direito realizou-se pela: a) amoralização psicossocial do direito, feita por Rudolf von Ihering, que procurou eliminar a moral do direito, fundando este último no fator psicossocial do interesse geral garantido pelo poder coercitivo do Estado e por Henri de Page, que o funda na força social. Com isso o fator moral não foi excluído, por estar absorvido pelo fator interesse social e força social; b) amoralização político-estatal de Jellinek e Marcel Waline, que fundam o direito positivo no poder soberano do Estado que, por voluntária autolimitação e auto-regulamento, outorga aos cidadãos direitos subjetivos de ordem pública, que constituem a base de todos os direitos subjetivos de ordem privada; c) amoralização lógico-técnica de Hans Kelsen que, com sua Teoria Pura do Direito, o positivismo jurídico parece ter alcançado a mais completa eliminação da moral ou do direito natural. Segundo Kelsen a norma deve ser justa, mas essa justiça não pode ser estudada pela ciência jurídica, que só descreve normas. Cognoscível é apenas a validade que consiste na conformidade de uma norma com outra que lhe é superior. Por tal razão a ciência jurídica deve tão-somente procurar a base de uma ordem legal, ou seja, o fundamento objetivo e racional da sua validade legal, não num princípio metajurídico de moral ou direito natural, mas numa norma hipotética fundamental, que não é positiva, mas lógica, ou seja, numa hipótese de trabalho lógico-técnico-jurídica, supondo aquela ordem legal validamente estabelecida. Com isso, Kelsen tornou a ciência jurídica alheia a aferições valorativas, a influências políticas e a forças biopsicossociais (Van Acker).

POSITIVISMO LÓGICO. *Filosofia do direito* e *teoria geral do direito.* Corrente que nega os problemas do ser de tipo tradicional ou idealista (Russel).

POSITIVISMO PENAL. *Vide* POSITIVISMO SOCIOLÓGICO, N. 2.

POSITIVISMO SOCIOLÓGICO. *Teoria geral do direito.* **1.** Sociologismo eclético que adveio da teoria de Augusto Comte, que pretendeu realizar por meio da ciência uma reforma social, afirmando que a única ciência capaz de reformar a sociedade é a sociologia ou física social, que era a ciência positiva dos fatos sociais; logo, a ciência jurídica seria um setor da sociologia. Procurou eliminar da metodologia a busca apriorística de princípios estabelecidos por via dedutiva; negando a metafísica, supervaloriza o empirismo, dando preferência às ciências experimentais, confiando no conhecimento de fatos e afastando qualquer ato cognitivo que não tenha partido da observação. Durkheim continuou a obra de Comte, substituindo o direito natural pela ciência positiva da origem e evolução dos costumes sociais, criando um conflito em moral e sociologia e considerando o direito como um fato social, que deve ser estudado pelo método sociológico. Ao sociologismo francês comteano e durkheimiano juntam-se, dentre outros, Georges Davy, Léon Duguit, Maurice Hauriou, Georges Gurvitch, François Gèny; Tobias Barreto de Menezes, Sílvio Romero, Djacir Menezes, Pontes de Miranda, Pinto Ferreira, Pedro Lessa e Nestor Duarte. **2.** Positivismo criminológico ou sociologismo jurídico representado pela escola positiva do direito penal italiano, de orientação antropossociológica, cujos principais sequazes são Cesar Lombroso, Enrique Ferri, Rafael Garofalo, Florian e Grispigni, dedicados à aplicação dos novos dados biopsicológicos e sociológicos à interpretação do crime e à orientação da reação social contra a criminalidade, apreendendo na pessoa do delinqüente estigmas reveladores da criminalidade, concebendo a figura do criminoso nato que, pela presença de anomalias anatômicas e fisiológicas, seria o indivíduo propenso a praticar crimes. O crime passou a ser realidade fenomênica, fato humano e social, condicionado por fatores antropológicos, físicos e sociais, e o fim da pena era a defesa social pela prevenção do delito e reação contra o crime. **3.** Jurisprudência sociológica norte-americana de Holmes, Cardozo e Roscoe Pound que procurou solucionar os problemas práticos da função judicial, que surgiam na dinâmica e na aplicação judicial do *common law,* através do conhecimento social da realidade atual. **4.** Ofensiva sociologista de Eugen Erlich, segundo a qual o ordenamento jurídico-positivo é incompleto ante a complexa realidade, logo é preciso considerar os fatos que aparecem como suposto legal, de modo que a sociologia jurídica é a verdadeira ciência do direito. **5.** Lógica experimental de Dewey que propugna o abandono da lógica dedutiva como instrumento principal para chegar à sentença judicial; logo, apenas se deve aplicar a lógica de previsão de probabilidades para averiguar os efeitos prováveis da aplicabilidade da norma. **6.** Realismo jurídico norte-americano de Gray, Llewellyn e Frank, que considera o direito efetivamente existente e os fatos sociais e históricos que lhe deram origem. **7.** Realismo jurídico escandinavo que se preocupa com a questão hermenêutica e com a delimitação do ser do direito, tendo por escopo superar a concepção que o considera como um conjunto de fatores sociais, a consideração epistemológica que se apresenta como uma espécie de psicologia social e o jusnaturalismo que vislumbra o direito como uma ordem normativa que retira sua validade de princípios aprioristicos. A escola de Upsala, iniciada por Axel Hägerström, teve como sequazes Lundstedt, Karl Olivecrona e Alf Ross e rejeita o direito natural e todas as idéias absolutas de justiça, negando que as normas sejam deduzidas de princípios imutáveis de justiça. Essa escola preconiza uma interpretação antijusnaturalista dos ideais jurídicos, na descoberta dos princípios gerais de direito e dos ideais empíricos, que não são aprioristicos, visto que resultam da experiência concreta da coletividade. É uma concepção empírica do direito, com fundamento na natureza humana social, que pode ser descoberta mediante observações empíricas de cunho psicológico ou sociológico, buscando interpretar a vigência do direito em termos de efetividade social das normas jurídicas. **8.** Sociologismo soviético de inspiração marxista, segundo o qual o direito é constituído por normas técnico-sociais e o desenvolvimento das forças produtivas do país constitui o mais alto fim do Estado; daí a socialização radical dos meios de produção e a economia organizada racionalmente (Stuchka, Pashukanis, Vyshinskij, Golunskii, Strogovich, Korkounov). O positivismo sociológico é também chamado de sociologismo eclético, pois as diversas tendências teóricas ora consideram a ciência jurídica como dogmática jurídica, como ciência positiva da norma, ora como sociologia, ora como psicologia da vida do direito.

POSITIVISTA. *Filosofia do direito* e *teoria geral do direito.* **1.** Relativo ao positivismo. **2.** Adepto do positivismo.

POSITIVO. 1. *Filosofia geral.* a) Qualidade do que é real; b) o que se estabeleceu por instituição humana; c) oposto a negativo; afirmativo; d) o que é certo, logo nele se pode basear; o que não admite dúvida; e) que se ocupa das ciências positivas; f) utilitário. **2.** *Lógica jurídica.* É o termo que põe ou afirma uma qualidade. **3.** *Teoria geral do direito.* Diz-se do direito que é o conjunto de normas vigentes, estabelecidas pelo poder político, que se impõem e regulam a vida social de um dado povo em determinada época. **4.** *Direito civil.* É a obrigação de fazer.

POSLIMÍNIO. 1. *Direito romano.* Vide *POSTLIMINIUM.* **2.** *Direito internacional público.* a) Volta ao estado anterior; b) invalidação dos atos efetivados pelo inimigo durante a ocupação, pelo País que estava sob seu domínio e readquiriu sua liberdade, voltando ao estado jurídico anterior. **3.** *Ciência política.* Direito de voltar do exílio, retornando à pátria.

PÓS–MERIDIANO. Espaço de tempo que vai das 12 horas ao anoitecer.

PÓS–MILITAR. *Direito militar.* Aquilo que sucede o pedido de serviço militar.

PÓS–NATAL. *Medicina legal.* O que sucede o nascimento da criança. *Vide* POSGÊNITO.

PÓS–NUPCIAL. *Direito civil.* O que gera efeitos jurídicos após o matrimônio.

POSOLOGIA. 1. *Medicina legal.* Indicação da dosagem dos medicamentos. **2.** Dose e duração do tratamento, dose máxima diária, vias de administração; detalhe da dosagem para doenças específicas e situações especiais; descrição da conduta necessária caso haja esquecimento de administração (dose omitida); detalhe da equivalência em peso entre o composto químico da apresentação farmacêutica com a substância terapeuticamente ativa.

PÓS–OPERATÓRIO. *Medicina legal.* O que se manifesta posteriormente a uma intervenção cirúrgica.

PÓS–PARTO. *Medicina legal.* Diz-se do período que tem início no parto até que se dê a normalização no funcionamento dos órgãos femininos.

POSPOR. *Filosofia geral.* Colocar algo em plano secundário; fazer vir depois (Leibniz).

POSPREDICAMENTOS ARISTOTÉLICOS. *Lógica jurídica.* Na lição de Van Acker, são os predicáveis suscetíveis de serem atribuídos a todos ou a alguns predicamentos ou categorias. São eles: a) oposição entre negativo e positivo; b) prioridade ou precedência; c) simultaneidade; d) ter ou não hábito pospredicamental; e) mudança que pode ser geração ou corrupção (quando for imediata no sentido de não ter fase intermediária entre os termos inicial e final), ou o movimento propriamente dito (quando for imediata no sentido de comportar fase intermediária entre termos inicial e final).

PÓS-PUERPERAL. *Medicina legal.* **1.** Posterior ao parto. **2.** Infecção que pode ocorrer após o parto.

PÓS-ROMANO. *Direito romano.* Ulterior ao Império Romano ou à dominação dos romanos.

POSSANTE. 1. Que tem força; forte. **2.** Poderoso. **3.** Valoroso.

POSSAR. *Direito civil.* Apossar.

POSSE. *Direito civil.* Poder imediato ou direto, que tem a pessoa, de dispor fisicamente de um bem com a intenção de tê-lo para si e de defendê-lo contra a intervenção ou agressão de quem quer que seja. Logo, por esta teoria subjetiva de Savigny, adotada pelo nosso Código Civil, dois são os elementos constitutivos da posse: o *corpus*, que é o elemento material, que se traduz no poder físico sobre a coisa, e o *animus rem sibi habendi*, ou *animus domini*, consistente na intenção de exercer sobre a coisa o direito de propriedade. A posse para a maioria dos civilistas é um direito real devido ao seu exercício direto, sua oponibilidade *erga omnes* e sua incidência em objeto obrigatoriamente determinado (Ihering, Demolombe, Teixeira de Freitas, Stahl, Cogliolo etc.). Para outros é um mero fato (Windscheid, Trabucchi, Van Wetter, Cujacius etc.). E para alguns é, concomitantemente, um fato e um direito (Savigny, Lafayette, Domat, Wodon, Ribas, Laurent, Pothier etc.).

POSSE ACEDIDA. *Direito civil.* Aquela que continua pela soma do tempo do atual possuidor com o de seus antecessores. Trata-se da acessão, pela qual a posse de um se anexa à do outro, por meio da sucessão e união. *Vide* SUCESSÃO NA POSSE E UNIÃO DE POSSES.

POSSE *AD INTERDICTA*. *Direito processual civil* e *direito civil.* É a amparada nos interditos possessórios, na hipótese de ser ameaçada, turbada, esbulhada ou perdida.

POSSE *AD USUCAPIONEM*. *Direito civil* e *direito processual civil.* Aquela que dá origem à usucapião de

coisas, desde que obedecidos os requisitos exigidos por lei, gerando o direito de propriedade.

POSSE AGRÁRIA. *Direito agrário.* É a exercida sobre o imóvel rural por meio de atividades que visam a produção de bens primários, atendendo a um interesse social.

POSSE AGRÁRIA ALTERNATIVA. *Direito agrário.* Posse coletiva que constitui a soma dos espaços familiares e a área de uso comum da terra, materializando-se na casa, roça e mata (Benatti e Maues).

POSSE AGRÁRIA ALTERNATIVA DOS NEGROS. *Direito agrário.* Ocupação de território que mantém a identidade étnica dos remanescentes de quilombos. Os descendentes dos escravos fugidos têm seu modo de produção baseado na posse coletiva da terra, que é um bem de uso comum, regido pelo direito consuetudinário de seus antepassados (Benatti e Maues).

POSSE AGRÁRIA ALTERNATIVA DOS SERINGUEIROS. *Direito agrário.* Ocupação de área florestal por seringueiros, para exploração do látex, possibilitando sua sobrevivência (Benatti e Maues).

POSSE *A NON DOMINO*. *Direito civil.* É a daquele que não é o proprietário da coisa, nem está munido do título de domínio.

POSSEAR. *Direito civil.* Tomar posse.

POSSE ARTIFICIAL. *Direito civil.* É a chamada posse "ficta" ou "ideal", por ser concedida por lei e obtida por meio do constituto possessório, em que há tradição simbólica. *Vide* CONSTITUTO POSSESSÓRIO.

POSSE ATUAL. *Direito civil.* É a posse efetiva ou real, que se opera de fato, num dado momento.

POSSE CIVIL. *Direito civil.* **1.** É a resultante da transmissão do direito de um possuidor precedente ou do registro de um título translativo de domínio (Cunha Gonçalves). **2.** Detenção material da coisa com a intenção de tê-la para si, ou a que é adquirida por força legal (De Plácido e Silva), atendendo a um interesse privado.

POSSE CLANDESTINA. *Direito civil.* Detenção da coisa feita às ocultas de quem interessa conhecê-la, utilizando-se, portanto, de meios ilícitos.

POSSE CONTÍNUA. *Direito civil.* Detenção da coisa, ininterruptamente, durante um certo prazo, apresentando-se como um dos requisitos do usucapião.

POSSE DE BOA-FÉ. *Direito civil.* Aquela em que o possuidor ignora o vício ou obstáculo que lhe

POSSE DE DIREITO

impede a aquisição da coisa ou do direito possuído. O possuidor está convicto de que a coisa realmente lhe pertence, ignorando que está prejudicando direito alheio. O possuidor com justo título (contendo vício ou irregularidade) tem por si só presunção *juris tantum* de boa-fé, salvo prova em contrário, ou quando a lei expressamente não admite esta presunção.

POSSE DE DIREITO. *Direito civil.* É a oriunda de um direito, exteriorizando-se no exercício de detenção sobre a coisa, fundado na propriedade.

POSSE DE DIREITO PESSOAL. *Direito civil.* É a exteriorização de um direito real patrimonial ou de crédito, como o do locatário, comodatário, depositário etc., porque esses titulares encontram-se numa relação direta com a coisa, para que possam utilizá-la economicamente, de maneira que, se praticam atos de gozo direto da coisa alheia, precisam ter meios para protegê-la (Messineo).

POSSE DE DIREITO REAL. *Direito civil.* Trata-se da quase-posse, com o que não concordamos, pois não há qualquer distinção terminológica em nossa legislação a respeito da posse de bens corpóreos e incorpóreos. É a posse dos direitos reais de fruição e de garantia, excluída a hipoteca, pois ela não coloca a coisa sob o poder material do credor, vinculando, apenas, a coisa ao pagamento de uma dívida; não se estabelece, assim, nenhuma posse por parte do credor hipotecário. Isto é assim porque as coisas incorpóreas (direitos) podem ser objeto de proteção possessória, sendo a posse a visibilidade do domínio; logo, os direitos suscetíveis de posse são aqueles sobre os quais é possível exercer um poder ou atributo dominial.

POSSE DE ESTADO. *Direito civil.* É a que resulta da situação notória de sua pessoa na família e na sociedade, produzindo efeitos jurídicos.

POSSE DE ESTADO DE CASADO. *Direito civil.* Prova indireta do casamento pela situação em que se encontram as pessoas de sexo diverso que vivam notória e publicamente como marido e mulher, isto é, "coabitando, apresentando-se juntos, nas relações públicas e privadas, como esposos legítimos, tendo casa e economia comuns, e sendo havidos nesta qualidade pelo público" (Cunha Gonçalves). Daí exigir tal situação os seguintes requisitos: a) *nomen*, a mulher deve usar o nome do marido; b) *tractatus*, ambos devem tratar-se, ostensivamente, como casados; c) *fama*, a sociedade deve reconhecer sua condição de cônjuges. Essa prova, diz Silvio Rodrigues, vale para comprovar indiretamente casamento de pessoas falecidas, em benefício da prole; para eliminar dúvidas entre provas a favor ou contra o matrimônio e para sanear eventuais falhas de forma no respectivo assento.

POSSE DE ESTADO DE FILHO. *Direito civil.* Situação de uma pessoa que é considerada por todos como filho daquele que a reconhece como tal, dando-lhe proteção, educação e sustento.

POSSE DE FATO. *Direito civil.* **1.** Apreensão da coisa pelo possuidor que, não sendo o seu proprietário, a utiliza a qualquer título. Por exemplo, a do locatário, a do depositário, ocupante etc. Trata-se da "posse direta". **2.** Posse atual.

POSSE DE FUNCIONÁRIO. *Direito administrativo.* Ato solene pelo qual aquele que vai desempenhar cargo público aceita-o, passando a ocupá-lo, pois com sua aceitação completa a sua nomeação, tornando-o funcionário, ante o vínculo que o liga ao Estado.

POSSE DE IMÓVEL. *Direito civil.* Atos não defesos em lei exercidos por alguém sobre um imóvel, como se fosse seu proprietário (R. Limongi França).

POSSE DELEGADA. *Direito civil.* *Vide* POSSE DIRETA.

POSSE DE MÁ-FÉ. *Direito civil.* É aquela em que o possuidor tem ciência da ilegitimidade do seu direito, em virtude de vício ou obstáculo impeditivo de sua aquisição, na qual, entretanto, se conserva.

POSSE DERIVADA. *Vide* POSSE DIRETA.

POSSE DIRETA. *Direito civil.* É a daquele que detém materialmente a coisa, tendo sua guarda, uso ou administração, em razão de contrato, uma vez que não é seu proprietário. É a exercida pelo locatário, usufrutuário etc.

POSSE DO CARGO. *Direito administrativo.* Ato pelo qual funcionário ou agente político se investe em cargo público, recebendo as prerrogativas, os direitos e os deveres dele oriundos, assumindo o exercício das funções para as quais foi nomeado ou eleito.

POSSE DO INVENTARIANTE. *Direito civil.* Posse direta dos bens do acervo hereditário pelo inventariante nomeado que prestou compromisso para administrá-los, representá-los, ativa e passivamente, arrolá-los e, oportunamente, partilhá-los entre os herdeiros do *auctor successionis.*

POSSE EFETIVA. *Vide* POSSE ATUAL.

POSSE EM COMUM. *Direito civil.* Composse; aquela em que duas ou mais pessoas possuem coisa indivisa, embora por quota ideal, visto que cada uma pode exercer sobre o objeto comum atos possessórios, contanto que não exclua os dos demais compossuidores. *Vide* COMPOSSE PRO DIVISO E COMPOSSE PRO INDIVISO.

POSSE EM NOME DO NASCITURO. *Direito processual civil.* Medida judicial concedida à mulher que, provando seu estado de gravidez, a requer ao juiz, para garantir os direitos do filho nascituro à sucessão do seu falecido pai, investindo-se na posse dos direitos cabíveis ao filho que está para nascer.

POSSE EQUÍVOCA. *Direito civil.* Aquela em que há dúvidas quanto à sua legitimidade ou quanto ao fato de ser exercida em nome alheio ou em nome próprio.

POSSE FICTA. *Vide* POSSE ARTIFICIAL.

POSSE FORMAL. *Vide* POSSE MATERIAL.

POSSE IDEAL. *Vide* POSSE ARTIFICIAL.

POSSE ILEGÍTIMA. *Direito civil.* Aquela que não se funda em título válido ou que foi adquirida ilicitamente. Trata-se da posse irregular.

POSSE IMEDIATA. *Vide* POSSE DIRETA.

POSSE IMEMORIAL. *Direito civil.* Aquela cuja origem se perde no tempo, uma vez que não se tem a exata notícia de quando se deu seu início, por ser muito antiga.

POSSE IMPERFEITA. *Vide* POSSE DIRETA.

POSSE INDIRETA. *Direito civil.* Advinda da cessão do uso do bem pelo seu proprietário que, então, não exercita diretamente a posse sobre ele, o qual se encontra em poder de outrem. É a do proprietário que permitiu a outrem a posse da coisa em razão de um contrato. Por exemplo, o locador de um imóvel tem a sua posse indireta e o locatário, a direta; no usufruto, o usufrutuário tem o uso e gozo da coisa frutuária, tendo a posse direta porque a detém materialmente, já o nu-proprietário tem a indireta porque concedeu ao primeiro o direito de possuí-la, conservando apenas a nua-propriedade, ou seja, a substância da coisa.

POSSE INJUSTA. *Direito civil.* É a que se reveste de alguns vícios, ou seja, de violência, de clandestinidade ou de precariedade.

POSSEIRO. *Direito civil.* **1.** Detentor ou ocupante de terras, particulares ou públicas, sem ter título legítimo, mas sem clandestinidade ou má-fé. **2.** Compossuidor de coisa indivisa, que é seu ocupante; cabecel da posse. **3.** Ocupante de prédio, sem que haja clandestinidade ou má-fé. **4.** Intruso que de má-fé usurpou terras alheias.

POSSE IRREGULAR. *Vide* POSSE ILEGÍTIMA.

POSSE JUDICIAL. *Direito processual civil.* É a efetivada por sentença ou decisão judicial.

POSSE JURÍDICA. *Vide* POSSE DE DIREITO.

POSSE JUSTA. *Direito civil.* Aquela que não é violenta, uma vez que não se a adquire pela força física ou violência moral; nem clandestina, por não se estabelecer furtivamente; nem precária, por não se originar de abuso de confiança.

POSSE LEGAL. *Vide* POSSE ARTIFICIAL.

POSSE LEGÍTIMA. *Direito civil.* É a advinda de título válido e fundada em ato lícito.

POSSE MAIS ANTIGA. *Direito civil.* **1.** Aquela que antecede a posse atual. **2.** Aquela que deriva de título mais antigo, quando houver.

POSSE MANSA E PACÍFICA. *Direito civil.* Aquela que tem sido respeitada por todos, não havendo qualquer perturbação ou contestação por parte de terceiro, sendo um dos requisitos legais para a aquisição da propriedade por usucapião. Trata-se da posse exercida sem oposição.

POSSE MATERIAL. *Direito civil.* Proveniente de usurpação de bem alheio, portanto adquirida sem justo título e com má-fé.

POSSE MEDIATA. *Vide* POSSE INDIRETA.

POSSE MELHOR. *Direito civil.* Aquela adquirida pelo melhor título; se não houver título, ou sendo os títulos de igual valor, é a mais antiga. E se todos forem duvidosos, seqüestrar-se-á o bem, até que seja apurado quem tem direito a ela.

POSSE NATURAL. *Direito civil.* Mera detenção da coisa por quem não tem o *animus possidendi,* uma vez que, achando-se em relação de dependência econômica ou de vínculo de subordinação para com outro, conserva a posse em nome deste e em cumprimento de ordens ou instruções suas. Logo, o fâmulo da posse, o detentor dependente ou servidor da posse não tem direito de invocar a proteção possessória, uma vez que, neste caso, afastado está o elemento econômico da posse.

POSSE NOVA. *Direito civil.* É a posse de menos de ano e dia.

POSSE ORIGINÁRIA. *Direito civil.* É a daquele que possui a coisa a título de proprietário.

POSSE PARALELA. *Direito civil.* Posse direta e indireta exercida simultaneamente sobre a mesma coisa, por pessoas diversas.

POSSE PERFEITA. *Vide* POSSE JUSTA.

POSSE POR TOLERÂNCIA. *Direito civil.* Resulta do consenso do proprietário ou justo possuidor que, conservando seus direitos, permite o uso da coisa a outrem a título precário. Mas é preciso esclarecer que o ato de mera permissão ou tolerância oriundo de anuência expressa do dono da coisa não induz posse, tratando-se de uma mera autorização revogável por aquele que a concedeu, pois, na verdade, não cede direito algum, mas, tão-somente, retira a ilicitude do ato de terceiro, sem o consenso prévio do possuidor, que, sem renunciar a sua posse, mantém, ante aquela atividade, um comportamento omisso e consciente. O ato tolerado é uma forma de concessão benévola e revogável, não induzindo, portanto, posse.

POSSE PRECÁRIA. *Direito civil.* Origina-se do abuso de confiança por parte de quem recebe a coisa com o dever de restituí-la.

POSSE PRESUMIDA. *Vide* POSSE ARTIFICIAL.

POSSE *PRO DESERTO*. *Direito agrário.* Ocupação, para cultivo, de terra que foi abandonada, passando, então, o posseiro a cultivá-la.

POSSE *PRO EMPTORE*. *Direito civil.* Obtida pela compra, por meio da tradição do bem adquirido, passando o comprador a ter, além da propriedade, a posse.

POSSE *PRO LABORE*. *Direito civil.* Posse traduzida em trabalho criador, quer se concretize na construção de uma morada, quer se manifeste em investimentos de caráter produtivo ou cultural. Essa posse qualificada, também denominada *posse-trabalho,* é enriquecida pelo valor laborativo, pela realização de serviços produtivos ou obras e pela construção de uma residência. Pode dar origem à desapropriação judicial, hipótese em que a restituição do bem de raiz é convertida pelo órgão judicante em justa indenização, de modo que o proprietário reivindicante, em vez de rever a coisa, diante do interesse social, receberá, em dinheiro, o seu justo valor. Mas, além disso, reduz os prazos da usucapião extraordinária e ordinária.

POSSE PÚBLICA. *Direito civil.* É a exercida de maneira a poder ser conhecida pelos interessados (Othon Sidou).

POSSE REAL. *Vide* POSSE ATUAL.

POSSE RURAL FAMILIAR. *Vide* PEQUENA PROPRIEDADE RURAL.

POSSE SEXUAL MEDIANTE FRAUDE. *Direito penal.* Crime contra a liberdade sexual da mulher, punido com reclusão, consistente em ter conjunção carnal com mulher, mediante fraude, ou com mulher virgem, menor de 18 anos e maior de 14 anos, nesta última hipótese a pena é aumentada. Para tanto, é preciso, observa Damásio de Jesus, que o homem a induza em erro empregando meio ardiloso, fazendo-a crer numa situação falsa, ao forjar circunstâncias que a convençam da legitimidade do ato ou que a engane sobre sua identidade pessoal.

POSSE SIMBÓLICA. *Vide* POSSE ARTIFICIAL.

POSSESSÃO. 1. *Direito internacional público.* a) Território que está sob a dependência ou domínio de um país; b) nação sem independência que vive sob a autoridade e proteção de outra (Pedro Nunes); colônia. **2.** *Direito canônico.* Fenômeno observado em pessoas possuídas e dirigidas por demônio, sem poderem resistir, necessitando por isso do exorcismo.

POSSESSIBILIDADE. Qualidade de possessível.

POSSESSIO. *Termo latino.* Posse.

POSSESSIO AD INTERDICTA. *Locução latina.* Posse exercida por interdito possessório.

POSSESSIO AD USUCAPIONEM. *Locução latina.* Posse exercida por usucapião.

POSSESSIO BONAE FIDEI. *Locução latina.* Posse de boa-fé.

POSSESSIO BONORUM. *Locução latina.* Posse dos bens.

POSSESSIO CORPORIS. *Locução latina.* **1.** Posse corporal, ou melhor, posse direta. **2.** Aquela em há apreensão efetiva da coisa.

POSSESSÍVEL. O que pode ser possuído.

POSSESSIVO. Relativo à posse.

POSSESSO. 1. Aquele que está fora de si, por estar muito irritado. **2.** Possuído pelo demônio.

POSSESSOR. 1. *Direito romano.* Cada um dos colonos aos quais eram distribuídas as terras conquistadas pelos romanos. **2.** *Direito civil.* a) Possuidor; b) posseiro.

POSSESSÓRIO. 1. *Direito processual civil.* Diz-se do juízo onde são movidas as ações de posse. **2.** *Direito civil.* Referente à posse.

POSSESSOR MALAE FIDEI ULLO TEMPORE NON PRAESCRIBIT. *Expressão latina.* Em favor do possuidor de má-fé não corre prescrição em tempo algum.

POSSESSOR OLIM, ET HODIE, POSSESSOR PRAESUMITUR. *Aforismo jurídico.* Possuidor outrora e, ainda hoje, possuidor se presume.

POSSESSOR PRAESUMITUR DOMINUS, VEL, EX POSSESSIONE PRAESUMITUR DOMINIUM. *Aforismo jurídico.* O possuidor se presume senhor; por outra, da posse presume-se o domínio.

POSSE SUBORDINADA. *Direito civil.* *Vide* POSSE DIRETA.

POSSE TITULADA. *Direito civil.* É a fundada em justo título.

POSSE-TRABALHO. *Vide* POSSE *PRO LABORE.*

POSSE TRANQÜILA. *Vide* POSSE MANSA E PACÍFICA.

POSSE VÁCUA. *Direito civil.* Aquela não desfrutada.

POSSE VELHA. *Direito civil.* A que data de mais de ano e dia.

POSSE VICIOSA. *Vide* POSSE INJUSTA.

POSSE VIOLENTA. *Direito civil.* Aquela que para ser obtida há emprego de força física ou violência moral.

POSSIBILIDADE. 1. Qualidade do que é possível. **2.** Liberdade para fazer o que é possível. **3.** Aquilo que é possível. **4.** O que pode ser feito. **5.** Viabilidade. **6.** Praticabilidade.

POSSIBILIDADE FÍSICA. *Direito civil.* Característica do que não contraria as leis da natureza, por satisfazer as condições gerais da experiência.

POSSIBILIDADE JURÍDICA. *Direito civil.* O que pode ser realizado conforme as normas jurídicas.

POSSIBILIDADE JURÍDICA DA EXECUÇÃO FORÇADA. *Direito processual civil.* Admissibilidade do pedido executivo por apresentar condições peculiares das partes, do *petitum* e da causa de pedir e do caso concreto.

POSSIBILIDADE JURÍDICA DO PEDIDO. *Direito processual civil.* Uma das condições legais da validade da ação é a admissibilidade da *causa petendi* ou do pedido pelo fato de ser acatado pelo direito objetivo substancial (Liebman, Buzaid, José Frederico Marques).

POSSIBILIDADE LÓGICA. *Lógica jurídica.* **1.** Aquela em cujos termos não há qualquer contradição. **2.** Aquilo que não implica contradição.

POSSIBILIDADE MORAL. O que não contraria a moral e os bons costumes.

POSSIBILIDADES. 1. Rendimentos. **2.** Haveres. **3.** Capacidade.

POSSIBILISMO. *Ciência política.* Teoria político-social que propugna reformas sucessivas, sem uso de violência.

POSSIBILISTA. *Ciência política.* Partidário do possibilismo.

POSSIBILITAR. Tornar algo possível.

POSSIBILIZAR. *Vide* POSSIBILITAR.

POSSIDENTIS MELIOR EST CONDITIO. *Aforismo jurídico.* Possuidor está em melhor condição.

POSSIDÔNIO. *Ciência política.* Político que vê a salvação do país na redução drástica das despesas públicas.

PÓS-SIMBOLISTA. *Direito autoral.* Diz-se do escritor que pertenceu à era posterior ao simbolismo.

POSSÍVEL. *Filosofia geral.* **1.** O que pode ser feito. **2.** Provável. **3.** Que pode acontecer. **4.** Aquilo que pode existir. **5.** O que não repugna existir, quer em virtude de seus elementos, quer em razão da causa extrínseca suscetível de realizá-lo. **6.** Aquilo que satisfaz as condições gerais impostas a uma dada ordem de normalidade ou de realidade (Lalande). **7.** O que está em potência e não em ato. **8.** Aquilo de que aquele que fala não sabe se é verdadeiro ou falso (Lalande).

PÓS-SOCRÁTICO. *Filosofia geral.* O que é posterior ao tempo de Sócrates.

POSSUÍDO. *Direito civil.* **1.** O que está na posse de alguém. **2.** Desfrutado.

POSSUIDOR. *Direito civil.* **1.** Aquele que tem a detenção física da coisa, como proprietário ou como se o fosse. **2.** Quem está na posse de algum bem ou direito.

POSSUIDOR DE BOA-FÉ. *Direito civil.* Quem detém posse de algo ignorando o vício que lhe impede a isso, por estar convencido de que o bem é seu.

POSSUIDOR DE MÁ-FÉ. *Direito civil.* Quem tem conhecimento de que há algum vício ou obstáculo impeditivo de sua posse.

POSSUIDOR DIRETO. *Direito civil.* Aquele que detém materialmente o bem, podendo usar dos interditos possessórios, até mesmo contra o procurador indireto.

POSSUIDOR FICTO. *Direito civil.* Diz-se de quem recebe, legalmente, a posse, mediante tradição simbólica. É o adquirente da posse por meio do constituto possessório.

POSSUIDOR IMPRÓPRIO. *Direito civil.* Detentor direto da posse.

POSSUIDOR INDIRETO. *Direito civil.* O proprietário que concede a outrem, temporariamente, o exercício da posse.

POSSUIDOR MANUTENDO. *Direito civil.* Aquele que tem a posse real ou efetiva do bem.

POSSUIDOR MANUTENIDO. *Direito civil* e *direito processual civil.* Aquele que tendo sido turbado em sua posse é nela mantido por decisão judicial prolatada em ação de manutenção de posse.

POSSUIDOR *PRO HAEREDE*. *Direito processual civil.* Aquele que pleiteia, em juízo, herança que a outrem se deferiu, afirmando, de boa ou má-fé, ser o herdeiro do *auctor successionis*.

POSSUIDOR REINTEGRADO. *Direito processual civil* e *direito civil.* Aquele que tendo sido privado de sua posse, em razão de esbulho, vem a ser nela reempossado por decisão judicial proferida em ação de reintegração de posse.

POSSUINTE. *Direito civil.* Quem possui.

POSSUIR. **1.** *Direito civil.* a) Ter posse; b) desfrutar; c) ter ao seu dispor; d) ser dotado de inteligência. **2.** *Medicina legal.* Praticar ato sexual.

POSSUIR-SE DO SEU PAPEL. **1.** *Direito civil.* Representar o ator seu papel, com sentimento, identificando-se com a personagem. **2.** *Direito administrativo.* Desempenhar bem a comissão ou o encargo que lhe foi cometido.

POST. *Termo latino.* Depois; após.

POSTA. **1.** *História do direito.* a) Estação onde se mudavam as parelhas de tiro de diligências; b) casa onde tal estação era instalada para servir à expedição de mensagens. **2.** *Direito administrativo.* Correio; serviço postal.

POSTA DE SANGUE. *Medicina legal.* Porção de sangue coagulado.

POSTAL. *Direito administrativo.* **1.** Referente a correio ou a entrega de correspondência ou de volumes. **2.** Diz-se do cartão enviado pelo correio.

POSTALISTA. *Direito administrativo.* Funcionário da repartição de correios e telégrafos.

POSTAR. **1.** *Direito administrativo.* Colocar carta ou encomenda no correio. **2.** *Direito militar.* Pôr sentinela ou corpo de tropas num determinado local para guardá-lo, observar o que se passa ou, ainda, para defendê-lo.

POSTA-RESTANTE. *Direito administrativo.* **1.** Indicação colocada no sobrescrito de uma carta ou encomenda, remetidas sem endereço certo, para significar que devem permanecer na repartição do correio até serem reclamadas. **2.** Local no correio onde ficam tais cartas ou encomendas, aguardando sua reclamação.

POST-CAPTAIN. *Locução inglesa.* Capitão-de-mar-e-guerra.

POST DATA. *Vide* PÓS-DATA.

POST DATAR. *Vide* PÓS-DATAR.

POST DELICTUM. *Locução latina.* Depois do delito.

POSTE. **1.** *Direito administrativo.* Coluna fixada em calçadas para sustentar fios elétricos, telegráficos e telefônicos ou para suportar lâmpadas de iluminação das vias públicas. **2.** *Direito desportivo.* Cada um dos dois paus verticais que, junto com o travessão constituem a meta. **3.** *História do direito.* Coluna onde se prendiam criminosos, para expô-los à ignomínia pública.

POSTEIRO. *Direito agrário.* Trabalhador de estância que mora nos campos desta, tendo o dever de cuidar das cercas e gado, não deixando que haja invasão de seus domínios por pessoas ou gado estranho.

PÔSTER. Cartaz não comercial.

POSTERGAÇÃO. **1.** Adiamento. **2.** Abandono. **3.** Menosprezo. **4.** Preterição. **5.** Atraso.

POSTERGADOR. Aquele que adia ou posterga.

POSTERGAMENTO. *Vide* POSTERGAÇÃO.

POSTERGAR. **1.** Preterir. **2.** Adiar. **3.** Abandonar. **4.** Menosprezar. **5.** Deixar em atraso.

POSTERIDADE. **1.** Tempo futuro. **2.** Celebridade; glorificação futura. **3.** Descendência. **4.** Geração futura.

POSTERIOR. **1.** Futuro. **2.** Ulterior. **3.** O que vem depois.

POSTERIOR A PRIORIBUS DEROGAT. *Aforismo jurídico.* Lei posterior derroga a anterior.

POSTERIORIDADE. Caráter do que é posterior.

POSTERIUS. *Filosofia geral.* O que vem depois, no desenrolar de um raciocínio.

POSTERIZAR. Conseguir celebridade futura.

PÓSTERO. **1.** Porvindouro; futuro. **2.** A geração que irá suceder a atual.

POST FACTUM. *Locução latina.* Depois do fato.

POST HOC. *Locução latina.* Após esse fato.

POST HOC, ERGO PROPTER HOC. 1. *Expressão latina.* Em seguida a isto; logo, por causa disto. **2.** *Filosofia geral.* a) Erro consistente em tomar por causa o que apenas é um antecedente no tempo; b) sofisma consistente em concluir a existência de um laço de causalidade entre dois acontecimentos, pelo simples fato de se terem produzido na seqüência um do outro (Lalande).

POSTHUMUS HERES. *Locução latina.* Herdeiro póstumo.

POSTIÇA. *Direito marítimo.* Acréscimo que se faz no costado do navio, para torná-lo mais alto.

POSTIÇO. 1. Artificial. **2.** Falso. **3.** Que não é natural.

POSTIGO. 1. *Direito marítimo.* Gateira ou vigia no navio. **2.** *Direito civil.* a) Abertura que se faz em janela ou porta externas, contendo uma portinhola móvel, para que se possa ver quem está chegando ou passando, sem ter de abrir a porta ou a janela; b) abertura feita em parede para que sirva de passagem a utilidades de uma sala a outra. **3.** *Direito administrativo.* Guichê.

POSTILA. 1. Apostila; explicação do professor, anotada pelo aluno. **2.** Adendo ou aditamento feito ao teor de escritura ou documento, depois de concluídos.

POSTILADOR. Que ou o que postila.

POSTILHA. Apostila; postila.

POSTILHÃO. 1. *História do direito.* Condutor de carruagem puxada por cavalos que efetuava transporte de passageiro e correspondência.

POSTITE. *Medicina legal.* Inflamação do prepúcio.

POSTLIMÍNIO. *Vide* POSLIMÍNIO.

POSTLIMINIUM. *Direito romano.* Ficção pela qual o regresso a Roma de um romano prisioneiro de guerra, escravo ou considerado morto, fazia com que houvesse o restabelecimento de todos os direitos de cidadão, que havia perdido, como se nada tivesse ocorrido, como se nunca houvesse saído de sua terra.

POST MERIDIEM. *Locução latina.* **1.** Pós-meridiano. **2.** Depois do meio-dia.

POST MORTEM. *Locução latina.* Após a morte; depois de morrer.

POST-MORTEM EXAMINATION. *Expressão inglesa.* Autópsia.

POST MORTEM NIHIL EST. *Expressão latina.* Depois da morte, nada mais existe.

POSTO. 1. *Direito militar.* a) Alojamento de tropas ou de guardas policiais; b) local onde se encontra um corpo de tropa; c) grau de hierarquia militar dos oficiais das Forças Armadas. **2.** *Direito penal militar.* Lugar de serviço que, se for abandonado pelo militar, sem ordem superior, dá origem ao crime de abandono de posto. *Vide* ABANDONO DE POSTO. **3.** *Direito marítimo.* Lugar destinado a cada navio numa esquadra. **4.** *Direito agrário.* a) Local da estância, perto de casa de moradia, de mangueiras etc., onde se instala o posteiro; b) plantado. **5.** *Direito administrativo.* a) Agência de serviço público, permanente ou temporária; b) cargo ou ofício de funcionário público, decorrente de sua posição hierárquica e das funções que lhes são cometidas; c) local onde se colocam fiscais para vigilância e fiscalização de determinadas coisas. **6.** Nas *linguagens comum* e *jurídica,* significa: a) o que se pôs ou se colocou em certo local; b) disposto; c) entregue; d) local que uma coisa ou pessoa ocupa com certa permanência; e) emprego; f) cargo.

POSTO A BORDO. *Direito internacional privado.* Cláusula de contrato de compra e venda internacional, segundo a qual estão incluídas no preço da mercadoria todas as despesas feitas com seu transporte até o bordo do navio que irá levá-la ao seu destino.

POSTO AVANÇADO. *Direito militar.* Diz-se do posto militar colocado a pouca distância das tropas inimigas.

POSTO AVANÇADO DE ATENDIMENTO (PAA). *Direito bancário.* Dependência de instituição financeira bancária, ou melhor, de banco múltiplo com carteira comercial, de banco comercial e de Caixa Econômica, observado o seguinte: a) somente poderá ser instalado em praça desassistida de serviços bancários prestados por agência ou outro PAA daquelas instituições; b) a contabilização do posto deverá ficar a cargo da sede ou de agência da instituição, com registros independentes; c) os depósitos à vista não estarão sujeitos ao recolhimento compulsório; d) a instalação do posto não exigirá aporte de capital realizado e patrimônio líquido da instituição financeira; e) o horário de atendimento e os dias de funcionamento serão livremente fixados pela instituição, devendo ser observados os procedimentos regulamentares referentes à prestação de informações ao público; f)

POSTO DE ATENDIMENTO BANCÁRIO (PAB) 745

os serviços a serem prestados no posto, dentre aqueles para os quais a instituição estiver regulamentarmente habilitada, poderão ser livremente definidos; g) poderão ser utilizadas instalações cedidas, bem como as despesas do posto poderão ser custeadas por terceiros; h) será facultada a instalação, no mesmo Município, de posto de atendimento eletrônico (PAE), vinculado ao posto avançado de atendimento.

POSTO DE ATENDIMENTO BANCÁRIO (PAB). *Direito bancário.* Dependência de banco múltiplo com carteira comercial, de banco comercial e de caixa econômica, instalada em recinto interno de entidade de administração pública ou empresa privada, destinada a prestar todos os serviços para os quais a instituição esteja habilitada (Luiz Fernando Rudge).

POSTO DE ATENDIMENTO BANCÁRIO ELETRÔNICO (PABE). *Direito bancário.* Dependência de banco múltiplo com carteira comercial, de banco comercial e de caixa econômica, destina-se a prestar serviços de saques, depósitos, pagamentos, saldos de contas, extratos de contas, transferências de fundos e fornecimento de talonários de cheques (Luiz Fernando Rudge).

POSTO DE ATENDIMENTO TRANSITÓRIO (PAT). *Direito bancário.* Dependência de instituição financeira, instalada em recintos de feiras, exposições, congressos e locais de grande afluxo temporário de público (Luiz Fernando Rudge).

POSTO DE GASOLINA. *Direito comercial.* Posto de abastecimento de gasolina, álcool, óleo em veículos e de prestação de outros serviços como, por exemplo, lavagem de carros.

POSTO DE GUARDA. *Direito militar.* Local onde são colocados os soldados para combater ou vigiar.

POSTO DE HONRA. 1. Aquele determinado pelo dever. **2.** O mais perigoso.

POSTO DE MONTA. *Direito agrário.* Local onde se mantêm animais machos de raça, devidamente selecionados, para cobertura de fêmeas que ali são levadas, com o escopo de melhorar o rebanho.

POSTO DE NEGOCIAÇÃO. *Direito comercial.* **1.** Sistema de negociação contínua utilizado no pregão viva voz pelas bolsas, tendo como objetivo distribuir uniformemente o fluxo de operações pelo recinto de negociações. **2.** Local do pregão, onde se efetuam e registram operações com determinada mercadoria ou ativo financeiro (Luiz Fernando Rudge).

POSTO DE SENTINELA. *Direito militar.* Aquele em que a sentinela deve ficar, não podendo ultrapassá-lo.

POSTO DE SERVIÇO DE TELECOMUNICAÇÕES (PST). *Direito das comunicações.* É um conjunto de instalações de uso coletivo, mantido pela concessionária, dispondo de, pelo menos, TUP (Telefone de Uso Público) e TAP (Terminal de Acesso Público), e possibilitando o atendimento pessoal ao consumidor.

POSTO DE VENDA DE PRODUTOS (PVP). Unidade de atendimento destinada à venda de produtos comercializados pela Empresa Brasileira de Correios e Telégrafos (ECT), instalada em cidades, vilas e povoados, conforme definição do IBGE sobre localidade já contemplada com agência de correios.

POST OFFICE. *Locução inglesa.* Agência de correio.

POST OFFICE PROTOCOL 3. Protocolo de Agência de Correio 3, muito usado para o recebimento de correspondência.

POSTO METEOROLÓGICO. É o local provido de instrumentos apropriados para a observação de fenômenos meteorológicos de uma dada região.

POSTO OBSTETRÍCIO. *Vide* POSTO OBSTÉTRICO.

POSTO OBSTÉTRICO. *Medicina legal.* Onde o médico ou parteira podem ser encontrados a qualquer hora, para socorrer as parturientes no momento do parto.

POST PARTUM. *Locução latina.* Depois do parto.

POSTPONEMENT. *Direito comercial.* **1.** Retardamento na finalização de um produto. **2.** Adiamento, prorrogação. **3.** Estratégia de produção que procura retardar, até o último momento possível, a caracterização final de produtos manufaturados ou de serviços, com o objetivo de facilitar a redução dos estoques e incrementar a capacidade de personalização do que é oferecido no mercado (James G. Heim).

POST QUAM. *Locução latina.* **1.** Desde que. **2.** Depois que. **3.** Visto que.

POST SCRIPTUM. *Vide* PÓS-ESCRITO.

POST TEMPUS. *Locução latina.* **1.** Fora do prazo. **2.** Depois do tempo estipulado.

POST-TRIAL. *Locução inglesa.* Após o julgamento.

POSTULAÇÃO. 1. *Direito canônico.* Pedido feito ao Papa ou a um superior eclesiástico pela maioria de 2/3 do colégio eleitoral de um benefício

POS 746 POSTULAÇÃO EM JUÍZO

ou dignidade para que aceite indicação daquele que não pode ser eleito conforme os cânones, por não apresentar as condições exigidas, dispensando-o do impedimento. **2.** *Direito administrativo.* Solicitação feita a uma autoridade administrativa. **3.** *Direito processual civil.* a) Alegações contidas no pedido feito ao órgão judicante no exercício do direito de ação para que atenda certa pretensão; b) requerimento feito perante a justiça para que uma medida seja determinada em favor do postulante.

POSTULAÇÃO EM JUÍZO. *Direito processual civil.* **1.** Provocação, feita pelo interessado ou seu representante legal, da máquina judiciária, por meio do direito de ação, pedindo a satisfação de uma pretensão mediante petição inicial. **2.** Pedido feito em juízo para defender direitos de alguém.

POSTULAÇÃO SEM MANDATO. *Direito processual civil.* Direito outorgado ao advogado, sem estar munido de procuração *ad judicia*, para mover ação, em nome da parte, com o escopo de praticar atos processuais urgentes, ou evitar a decadência ou prescrição, desde que apresente aquela procuração dentro de 15 dias, prorrogáveis por mais 15, por despacho judicial.

POSTULADO. 1. *Filosofia geral.* a) Princípio de um sistema dedutivo, que não é definição, nem assunção provisória, nem proposição suficientemente evidente para que seja impossível colocá-la em dúvida. Apresenta a característica de poder ser negado sem contradição e de apenas poder ser tomado como fundamento da demonstração (Lalande); b) proposição que não é evidente por si própria, sendo aceita porque não há outro princípio ao qual se possa ligar, quer uma verdade que se não poderia pôr em dúvida, quer um ato cuja legitimidade não é contestada (Lalande); c) proposição cuja verdade é admitida, independente de prova, servindo, então, de base a afirmações ulteriores. É, portanto, a proposição, cuja verdade se admite em outras provas; d) proposição não demonstrada concernente a um ponto de fato (Mill; Liard); e) proposição que constitui o ponto de partida de uma dedução, sem que seja evidente ou demonstrável. **2.** *Direito canônico.* Período que antecede o noviciado, consistente em submeter aquele que pretende ingressar na comunidade religiosa a certos exercícios e provações.

POSTULADO DA RAZÃO PRÁTICA. *Filosofia geral.* Proposição teórica, mas indemonstrável enquanto tal, na medida em que está inseparavelmente ligada a uma lei prática, incondicionalmente válida *a priori* (Kant).

POSTULADO DE EXISTÊNCIA. *Filosofia geral.* Aquele que põe a existência lógica de um termo correspondente a uma definição dada ou que satisfaz determinadas condições (Lalande).

POSTULADO DO PENSAMENTO EMPÍRICO. *Filosofia geral.* Cada uma das seguintes proposições *a priori* pertencentes à categoria da moralidade: a) aquilo que está de acordo com as condições formais da experiência (no que concerce à intuição e aos conceitos) é possível; b) o que está ligado às condições materiais da experiência ou sensação é real; c) aquilo cuja ligação com o real é determinada pelas condições gerais da experiência é necessário (Kant).

POSTULADOR. *Direito canônico.* Sacerdote residente em Roma que, em nome próprio ou de quem promove a causa dos santos em processo de beatificação ou canonização, está encarregado de tratar do assunto junto ao tribunal competente, satisfazendo os gastos necessários, apresentando documentos e testemunhas, redigindo e entregando ao promotor da fé os artigos sobre os quais as testemunhas deverão ser interrogadas.

POSTULADOR-GERAL. *Direito canônico.* Cada sacerdote de institutos religiosos clericais que cuida de todas as causas dos membros pertencentes a esses institutos considerados dignos de serem canonizados.

POSTULANTE. 1. Candidato. **2.** Pretendente. **3.** Aquele que postula ou requer em juízo. **4.** Suplicante. **5.** Requerente. **6.** Peticionário.

POSTULAR. *Direito processual civil.* **1.** Requerer em juízo, alegando fatos e fundamentos jurídicos, que baseiam sua pretensão, devidamente comprovados. **2.** Suplicar.

POSTUMÁRIA. Período de tempo que advém após a morte de alguém.

PÓSTUMO. 1. *Direito civil.* a) Ato de última vontade; b) posterior à morte de alguém; c) o que vem depois do óbito da pessoa que o produziu; d) filho que nasceu depois do falecimento do pai. **2.** *Direito autoral.* Livro publicado ou divulgado depois da morte de seu autor.

POSTURA. *Medicina legal.* a) Porte; b) estatura; aspecto físico; c) conduta motora de origem patológica que faz o paciente ter certa atitude corporal. Por exemplo, a postura napoleônica (Croce e Croce Jr.). **2.** *História do direito.* a) Pacto ou condição de contrato imposto pela autoridade pública; b) regulamento da Câmara Municipal, visando beneficiar o Município, impondo penas e multas, elaborado conforme ditames dos juízes e homens bons da terra. **3.** *Direito agrário.* a) Quantidade de ovos que uma ave põe durante determinado tempo; b) período em que as aves põem ovos.

POSTURAL. Referente à postura.

POSTURAS. *Direito administrativo* e *ciência política.* Conjunto de normas emanadas pela Câmara Municipal que estabelecem o comportamento a ser observado, fixando penas e multa, cuidando de atividades mercantis, de questões alusivas a transportes urbanos, de construções e de qualquer questão de peculiar interesse do Município.

POSTUREIRO. *História do direito.* Fabricante ou vendedor de cosméticos.

POTABILIZAÇÃO. *Direito ambiental.* Conjunto de tratamentos físicos, biológicos e químicos feitos na água para torná-la potável e suscetível do consumo.

POTAMOFOBIA. *Medicina legal.* Pavor mórbido de rio.

POTAMOFÓBICO. *Medicina legal.* O que diz respeito à potamofobia.

POTAMÓFOBO. *Medicina legal.* Aquele que sofre de potamofobia.

POTÁVEL. Água que se pode beber.

POTE. 1. *História do direito.* Antiga medida de seis canadas. **2.** *Direito agrário.* Alvéolo em que a abelha indígena deposita provisão de mel.

POTÊNCIA. 1. *Medicina legal.* a) Eficácia desenvolvida por um remédio, em regra, homeopático; b) aptidão para a prática do ato sexual ou para a procriação. **2.** *Filosofia geral.* a) Poder (Locke); b) qualidade do que pode ser produzido (Descartes, Leibniz, Gilson); c) força ativa; fonte original da ação; causalidade eficaz (Lalande, Reid, Leibniz, Ravaisson); d) característica daquilo que muito pode (Montesquieu). **3.** *Ciência política* e *direito internacional público.* a) Nação soberana; b) autoridade; poderio; c) soma de força militar e poder econômico de um Estado em relação aos outros, com os quais se relaciona politicamente.

POTÊNCIA COEUNDI. *Medicina legal.* Aptidão para realizar o ato sexual.

POTÊNCIA CONCIPIENDI. *Medicina legal.* Capacidade para a concepção.

POTÊNCIA CONTRATADA DE ITAIPU. Potência em *quilowatts* que Itaipu coloca permanentemente à disposição das Altas Partes Contratantes, indicadas no Tratado celebrado em 26 de abril de 1973, entre a República Federativa do Brasil e a República do Paraguai, conforme Carta Compromisso ou Instrumento contratual firmado entre Itaipu e a Centrais Elétricas Brasileiras S.A. (ELETROBRAS).

POTÊNCIA EFETIVA. Potência real de um motor, medida em KW ou HP.

POTÊNCIA GENERANDI. *Medicina legal.* Capacidade para a fecundação.

POTENCIAL. 1. *Medicina legal.* Que não atua senão após determinado tempo. **2.** *Direito do trabalho.* Capacidade de trabalho, relativamente aos fatores que dificultam ou facilitam a ação. **3.** Na *linguagem jurídica* em geral, quer dizer: a) o que existe em potência e não em ato; b) virtual; c) relativo à potência; d) força total dos meios disponíveis para atingir determinada finalidade.

POTENCIALIDADE. Qualidade do que é potencial.

POTENCIALIZAR. 1. Reforçar. **2.** Tornar potente.

POTÊNCIAS DA ALMA. Consistem na memória, entendimento e vontade.

POTÊNCIA ÚTIL. *Vide* POTÊNCIA EFETIVA.

POTENTADO. 1. *Direito comparado.* a) Soberano poderoso de um país; b) príncipe de grande poder material ou de grande autoridade. **2.** Nas *linguagens comum* e *jurídica,* é a pessoa que exerce muita influência ou que possui grande riqueza.

POTENTE. 1. *Medicina legal.* Que tem aptidão para copular e procriar. **2.** Na *linguagem jurídica* em geral, pode ter o sentido de: a) poderoso; b) que exerce influência; c) eficaz; d) ativo; e) forte; f) que tem som forte; g) que goza de grande consideração; h) que é muito importante.

POTERNA. *Direito militar.* Galeria subterrânea ou porta falsa para sair, secretamente, de uma praça fortificada.

POTESTADE. 1. Potência. **2.** Poder supremo. **3.** Potentado.

POTESTADE PÚBLICA. *Direito administrativo.* **1.** Regime jurídico caracterizado, concomitantemente, por prerrogativas e por sujeições do direito comum, reconhecidas ou impostas àqueles que agem no exercício da soberania nacional (Vedel). **2.** Conjunto de prerrogativas da Administração Pública para, quando estiver em confronto com o administrado, obter a consecução de uma finalidade, atendendo ao interesse coletivo.

POTESTAS. *Termo latino.* **1.** Poder exercido pelo *pater familias*. **2.** Autoridade dos magistrados, necessária ao exercício de seu múnus, caso em que se tem o *imperium*. **3.** Curatela, segundo a Lei das XII Tábuas.

POTESTAS... ET SI SUPPLICET COGIT. *Expressão latina.* O poder, mesmo suplicando, coage.

POTESTAS NORMANDI. *Locução latina.* Poder de normar.

POTESTATIVA. *Direito civil.* Diz-se da condição agregada ao negócio jurídico que decorre da vontade de uma das partes, podendo ser: a) puramente potestativa, se depender do mero arbítrio do agente, considerada por lei como condição defesa. Por exemplo: constituir uma renda em favor de outrem, se este vestir certa roupa amanhã; b) simplesmente potestativa, se depender da prática de um ato e não de um mero uso do arbítrio. Por exemplo, alguém doar "x" ao cantor de ópera, se este desempenhar bem seu papel na estréia.

POTESTATIVO. *Direito civil.* a) Ato dependente, para sua execução, da vontade de apenas uma pessoa; b) o que se integra no poder da pessoa, permitindo-lhe que, segundo sua vontade, venha a fazer ou a não fazer algo, independentemente de intervenção ou colaboração alheia.

POTESTATIVUS. *Termo latino.* Revestido de poder.

POTEST, DUM RES INTEGRA EST, CONVENTIONE NOSTRA INFECTA FIERI EMPTIO. *Expressão latina.* Enquanto a coisa comprada estiver íntegra, é possível, de comum acordo, considerar a venda como não feita.

POTIOR IN TEMPORE, POTIOR IN JURE. *Aforismo jurídico.* Quem for o primeiro no tempo, terá mais direito.

POTIROM. *Vide* ADJUTÓRIO.

POTIRUM. *Termo latino.* Adjutório.

POTLATCH. *História do direito.* Instituição dos índios norte-americanos, consistente na troca de bens e serviços.

POTOMANIA. *Medicina legal.* Vício de beber; dipsomania.

POTRANCA. *Direito agrário.* Égua com menos de dois anos.

POTRARIA. *Direito agrário.* Grande número de potros.

POTREAÇÃO. *Direito agrário.* Ato de potrear.

POTREADOR. *Direito agrário.* **1.** Aquele que, no Rio Grande do Sul, potreia. **2.** Trabalhador rural que arrebanha eqüídeos e muares, para domá-los e adestrá-los, visando utilizá-los como tração, carga ou montaria.

POTREAR. *Direito agrário.* Arrebanhar animais cavalares para domá-los.

POTRECO. *Direito agrário.* No sul do Brasil é a designação dada ao potro pequeno.

POTREIRO. *Direito agrário.* **1.** Negociante de potros e de cavalos. **2.** Pasto de aluguel usado pelas boiadas em trânsito. **3.** No Rio Grande do Sul, é o pequeno campo fechado, perto de casas, com pasto e aguada, onde se recolhem os animais que prestam serviços ou os dos hóspedes do dono da estância.

POTRIL. *Direito agrário.* Local onde são recolhidos os potros para adestramento.

POTRILHADA. 1. *Direito agrário.* Porção de potrilhos. **2.** Na *linguagem comum,* significa leviandade.

POTRILHO. *Direito agrário.* Potro de menos de dois anos.

POTRO. 1. *História do direito.* Instrumento de tortura que consistia numa espécie de cavalo de madeira. **2.** *Direito agrário.* a) Cavalo novo que tem três anos; b) cavalo ainda não domado.

POUCA–VERGONHA. 1. Falta de vergonha. **2.** Patifaria. **3.** Imoralidade.

POUCO. 1. Bagatela. **2.** Pequeno. **3.** Insuficiente. **4.** Em pequena quantidade. **5.** Curto espaço de tempo.

POUPADO. 1. Econômico. **2.** Que se poupou.

POUPADOR. Que poupa.

POUPADURA. *Vide* POUPANÇA.

POUPANÇA. 1. *Economia política.* a) Ação ou efeito de economizar, tendo parcimônia nos gastos, com o objetivo de formar reserva para o futuro; b) o que resta do produto nacional bruto, depois de reservado o necessário ao consumo do povo. **2.** *Direito bancário.* Caderneta onde se guarda dinheiro, para obter juros.

POUPANÇA FORÇADA. *Economia política.* Emissão de dinheiro pelo governo, para reduzir o consumo e financiar suas atividades.

POUPANÇA VINCULADA. *Direito bancário.* Forma de depósito de poupança, por período mínimo de doze meses, destinado à concessão de crédito ao titular da conta para aquisição e/ou reforma

POUPAR   749   **POU**

e ampliação de imóvel, bem como construção de imóvel em terreno próprio, ou a ser adquirido com os recursos concedidos (Luiz Fernando Rudge).

POUPAR. 1. Gastar moderadamente ou com parcimônia. **2.** Economizar. **3.** Não desperdiçar. **4.** Não sacrificar. **5.** Conservar. **6.** Não perder. **7.** Fazer bom uso. **8.** Respeitar. **9.** Evitar.

POUPAR PALAVRAS. Ser moderado no emprego das palavras ao falar ou ao escrever.

POUPAR TEMPO. Não perder tempo.

POUPERIA. *Direito comercial.* Venda; taberna.

POURPARLERS. *Termo francês.* Negociações preliminares.

POURSUIVANT. *Termo francês.* **1.** Pretendente. **2.** Candidato. **3.** Solicitante.

POUSA. *Direito comercial.* Local onde se deposita a carga para descansar.

POUSADA. *Direito civil.* **1.** Morada; habitação; residência. **2.** Domicílio. **3.** Ação ou efeito de pousar, quando se viaja. **4.** Hospedagem. **5.** Albergue, hospedaria, estalagem. **6.** Local onde o viajante pára com o intuito de descansar ou de pernoitar.

POUSADEIRO. 1. *História do direito.* Aquele que dava pousada. **2.** *Direito agrário.* a) Poleiro; b) lugar onde a ave doméstica pousa.

POUSADIA. *Direito civil.* **1.** *Vide* POUSADA. **2.** Direito de tomar aposentos em casa alheia, para dormir e para alimentar-se.

POUSAR. 1. Descansar. **2.** Empoleirar-se. **3.** Aterrar. **4.** Hospedar-se. **5.** Recolher-se em hospedaria. **6.** Morar.

POUSAR AS ARMAS. *Direito internacional público* e *direito militar.* Cessar ou parar, momentaneamente, uma guerra.

POUSIO. *Direito agrário.* **1.** Terreno inculto. **2.** Repouso periódico, de um ou mais anos, de terras de semeadura, para recuperarem a fertilidade. **3.** Terreno cuja cultura se interrompeu, temporariamente, para que haja recuperação de sua fertilidade. **4.** Prática que prevê a interrupção de atividades ou usos agrícolas, pecuários ou silviculturais do solo por até dez anos para possibilitar a recuperação de sua fertilidade.

POUSO. 1. *Direito marítimo.* a) Ancoradouro; b) descanso de madeira onde, durante a construção da embarcação, se assenta a quilha. **2.** *Direito aeronáutico.* a) Aterragem de avião; b) operação pela qual a aeronave desce na pista

do aeroporto (Geraldo Magela Alves). **3.** *Direito agrário.* a) Rancho; b) diz-se do ano em que, após a colheita, se deixa o terreno em repouso, para recuperar sua fertilidade. **4.** *Direito civil.* a) Local onde a pessoa costuma estar; b) pousada; c) ato de pousar.

POUSO FORÇADO. *Direito aeronáutico.* Aterragem de avião que se dá por razão aleatória ou por ordem do órgão controlador do vôo.

POUTA. *Direito marítimo.* Corpo pesado que serve de fateixa aos pequenos barcos de pesca.

POUTAR. *Direito marítimo.* Fazer parar uma embarcação de pesca no meio do rio, ou ancorá-la.

POVARÉU. Grande multidão.

POVO. 1. *Direito constitucional.* a) Um dos três elementos essenciais do Estado, consistente no conjunto de pessoas para as quais se destina um ordenamento jurídico (Manoel Gonçalves Ferreira Filho); b) conjunto de cidadãos que têm o exercício dos direitos políticos; c) totalidade de pessoas nacionais ou estrangeiras domiciliadas num dado território; conjunto de habitantes de um país; d) complexo de pessoas vinculadas, juridicamente, a um país, em razão de nacionalidade ou cidadania. **2.** Nas *linguagens comum* e *jurídica,* tem o sentido de: a) multidão; b) grande número de pessoas. **3.** *Sociologia jurídica.* a) Sociedade composta de vários grupos locais, que ocupam território delimitado, tendo consciência da semelhança que existe entre seus membros, que têm homogeneidade cultural; b) conjunto de indivíduos que constituem uma nação, tribo ou raça; c) plebe.

PÓVOA. Pequena povoação.

POVOAÇÃO. 1. Na *linguagem jurídica* em geral, significa: a) população de uma certa região; b) local povoado; c) ato ou efeito de povoar. **2.** *Direito agrário.* Na Amazônia, é uma porção de seringueiras, que formam uma floresta.

POVOAÇÕES LACUSTRES. *História do direito.* Habitações da pré-história que eram construídas, num lago, sobre estacas, cujos restos foram encontrados na Irlanda, Escócia, Suíça e Sabóia.

POVOADO. Pequeno local habitado, que não se constitui numa unidade administrativa municipal.

POVOADOR. 1. *Direito agrário.* Colonizador. **2.** *História do direito.* Aquele que fundava povoação.

POVOAMENTO. 1. *Direito agrário* e *direito ambiental.* Conjunto de árvores que devem ser exploradas ou receber tratamento florestal. **2.** Na *linguagem comum*, é o ato ou efeito de povoar.

POVOAR. 1. *Direito agrário.* a) Colonizar; b) reflorestar; c) arborizar; d) disseminar animais em local para reprodução. **2.** Nas *linguagens comum* e *jurídica,* pode ter o significado de: a) formar povoação; b) encher de habitantes; c) infundir idéias; d) aglomerar.

POVOEIRO. *Direito agrário.* No Rio Grande do Sul é designação dada aos habitantes de uma cidade pelos camponeses.

POVO NATURAL. *Vide* POVO PRIMITIVO.

POVO POLÍTICO. *Direito constitucional* e *ciência política.* Conjunto de cidadãos.

POVO PRIMITIVO. *Sociologia jurídica.* Forma de sociedade semicivilizada, situada em local ermo e isolado, quando comparada às civilizações atuais, urbanas e industrializadas.

POVOS E COMUNIDADES TRADICIONAIS. *Sociologia jurídica* e *sociologia geral.* Grupos culturalmente diferenciados e que se reconhecem como tais, que possuem formas próprias de organização social, ocupam e usam territórios e recursos naturais como condição para sua reprodução cultural, social, religiosa, ancestral e econômica, utilizando conhecimentos, inovações e práticas gerados e transmitidos pela tradição.

PRAÇA. 1. *Direito comercial.* a) Área mercantil; b) conjunto de estabelecimentos empresariais e bancários de uma cidade; c) totalidade de empresários existentes numa localidade; d) comércio da cidade; e) mercado; f) feira; g) Bolsa de Mercadorias e de Valores. **2.** *Direito administrativo.* Local público bem espaçoso e ajardinado que tem por objetivo possibilitar o recreio coletivo, sendo bem público de uso comum do povo. **3.** *Direito militar.* a) Soldado sem patente; b) alistamento militar; c) fortaleza; d) cerco. **4.** *Direito processual civil.* a) Arrematação em hasta pública; b) arrematação; c) edital que avisa o público, com antecedência, da arrematação de bens penhorados, sob pena de torná-la nula. Tal edital, que precede a arrematação, deve conter: a descrição do bem penhorado com os seus caracteres e, tratando-se de imóvel, a situação, as divisas e o registro imobiliário; o valor do bem; o local onde estiverem os móveis, veículos e semoventes; e, sendo direito e ação, os autos do processo em que foram penhorados; o dia, o lugar e a hora da praça; a menção da existência de ônus, recurso ou causa pendente

sobre os bens a serem arrematados; a comunicação de que, se o bem não alcançar lanço superior à importância da avaliação, seguir-se-á, em dia e hora que forem desde logo designados entre os 10 e os 20 dias seguintes, a sua alienação pelo maior lanço.

PRAÇA COMERCIAL. *Direito comercial.* Cidade onde se faz muito comércio.

PRAÇA DAS ARMAS. *Direito militar.* a) Local onde são feitos exercícios e revistas militares; b) cidade na qual está o depósito principal de víveres e munições do exército e para onde, se for preciso, as tropas podem retirar-se.

PRAÇA DE GUERRA. *Direito militar.* Povoação fortificada e ocupada por guarnição ou força militar.

PRAÇA DE PRÉ. *Direito militar.* Aquele que está prestando serviço militar, em caráter temporário, não tendo efetividade nem direito à reforma.

PRAÇA DE SONDAGEM. *Direito ambiental.* Espaço físico necessário à disposição de todos os equipamentos indispensáveis para a execução de um furo de sonda.

PRAÇA DE TOUROS. *Direito comparado.* Arena de touradas.

PRAÇA DO COMÉRCIO. *Direito comercial.* **1.** Ponto onde, diariamente, se reúnem empresários e corretores para efetuar negócios mercantis. **2.** Reunião de pessoas que, habitualmente, praticam atividades econômicas organizadas para a produção e circulação de bens e serviços. **3.** Organização mercantil de uma cidade, composta pela totalidade de empresários. **4.** Bolsa de Valores e de Mercadorias.

PRAÇA FORTE. *Direito militar.* **1.** Fortaleza. **2.** Cidade fortificada.

PRAÇAS DE RESERVA. *Direito militar.* Soldados que receberam guia para pertencerem à reserva.

PRACEAMENTO. *Direito processual civil.* **1.** Alienação judicial de bens, por meio de hasta pública ou arrematação, àquele que oferecer o maior lance acima da avaliação.

PRACEAMENTO PARCIAL. *Direito processual civil.* Ordem judicial que, no processo de execução, é dada a requerimento do devedor, para alienação de parte do imóvel que admita uma divisão cômoda, desde que seja suficiente para cobrir a dívida que tem para com o credor.

PRACEAR. *Direito processual civil.* **1.** Pôr em praça. **2.** Submeter bens penhorados à arrematação judicial, por meio de praça.

PRACEIRO. *Direito processual civil.* Diz respeito à praça.

PRACEJAR. *Direito processual civil.* Fazer praça.

PRACINHA. 1. *Direito militar.* a) Soldado; b) soldado da Força Expedicionária Brasileira, na 2ª Guerra Mundial.

PRACISTA. 1. *Direito agrário.* Pessoa do campo com alguma instrução ou que freqüenta a cidade. **2.** *Direito do trabalho.* a) Vendedor empregado de um estabelecimento comercial ou industrial que exerce suas funções em determinada praça; b) balconista, aquele que desempenha suas funções no estabelecimento do seu empregador; c) caixeiro viajante ou vendedor externo que se locomove de cidade a cidade, de Estado a Estado ou de um país a outro com o objetivo de vender produtos ou mercadorias de seu empregador, desde que efetue suas vendas numa só praça, que não seja aquela onde está situada a loja ou indústria de seu empregador.

PRADARIA. *Direito agrário.* Grande planície coberta de gramíneas, apropriada para o pasto.

PRADO. *Direito agrário.* Terreno coberto de ervas próprias para pastagem.

PRADO ARTIFICIAL. *Direito agrário.* Campo semeado com ervas forrageiras.

PRADO NATURAL. *Direito agrário.* Campo que contém ervas nascidas espontaneamente ou que se multiplicam por si mesmas.

PRADO ULIGINOSO. *Direito agrário.* Pasto úmido.

PRAECEPTUM JURIS. *Locução latina.* Preceito de direito.

PRAECEPTUM LEGIS. *Locução latina.* Preceito legal.

PRAEJUDICATA OPINIO JUDICIA OBRUIT. *Expressão latina.* Opinião formada antecipadamente prejudica a decisão.

PRAESCRIPTIO. *Direito romano.* **1.** Título ou prefácio da lei onde estavam contidos o nome e a qualificação do magistrado que a propunha (Othon Sidou). **2.** Extinção ou aquisição da propriedade pela posse. **3.** Prescrição da lei.

PRAESCRIPTIO LONGISSIMI TEMPORIS. *Direito romano.* Extinção da ação reivindicatória, pela longa duração da posse.

PRAESCRIPTIO LONGI TEMPORIS. *Direito romano.* Aquisição da propriedade, em razão do relevante papel desempenhado pelo longo tempo.

PRAESCRIPTIO VIM PADI HABET. *Aforismo jurídico.* Prescrição tem força de pacto.

PRAESENS REI STATUS ATTENDITUR, NON QUI EVENIRE POTEST. *Aforismo jurídico.* O presente estado da coisa é o atendível, e não o futuro.

PRAESTAT POSSIDERE QUAM PERSEQUI. *Expressão latina.* Mais vale possuir do que reivindicar.

PRAESTITUTA DIE. *Locução latina.* No prazo avençado.

PRAESUMITUR IGNORANTIA, UBI SCIENTIA NON PROBATUR. *Expressão latina.* Presume-se a ignorância, onde não se prove ciência.

PRAESUMPTIO CEDIT VERITATI. *Aforismo jurídico.* A presunção cede à verdade.

PRAESUMPTIO FACTI. *Vide PRAESUMPTIO HOMINIS.*

PRAESUMPTIO HOMINIS. *Locução latina.* Presunção judicial.

PRAESUMPTIO JURIS ET DE JURE PROBATIONEM IN CONTRARIUM NON ADMITTIT. *Aforismo jurídico.* A presunção *juris et de jure* não admite prova em contrário.

PRAESUMPTIO LEGIS. *Locução latina.* Presunção legal.

PRAESUMPTIONES CESSANT IN CLARIS. *Expressão latina.* As presunções são dispensáveis diante de fatos evidentes.

PRAESUMPTIO PRO ACTUS VALORE PRAEPONDERAT ALIIS. *Expressão latina.* A presunção em favor da validade do ato deve preponderar sobre as outras.

PRAESUMPTIO UNA TOLLIT ALTERAM, ET POTIOR DEBELLIOREM TOLLIT. *Aforismo jurídico.* Presunção exclui outra contrária e a mais forte exclui a mais fraca.

PRAETER CONTRACTUM. *Locução latina.* Para além do contrato; complementar ao contrato.

PRAETER LEGEM. *Locução latina.* Para além da lei; complementar à lei, sem contrariar seu espírito.

PRAETIUM AFFECTIONIS. *Locução latina.* Valor estimativo.

PRAETULI ARMA TOGAE, SED PACEM ARMATUS AMAVI. *Expressão latina.* Preferi as armas à toga, mas, armado, amei a paz.

PRAGA. 1. *Direito agrário.* a) Denominação dada a doenças ou insetos que atacam as plantas ou animais; b) conjunto de vegetais daninhos; c) qualquer espécie, raça ou biótipo de planta, animal ou agente patógeno nocivo para plantas ou produtos vegetais. **2.** Na *linguagem comum,* significa: a) maldição; b) mal que se roga a alguém; c) flagelo; calamidade.

PRAGAL. *Direito agrário.* **1.** Caatinga. **2.** Terreno árido onde só crescem plantas bravias.

PRAGANA. *Direito agrário.* Barba de espigas de cereais.

PRAGANOSO. *Direito agrário.* **1.** Referente à pragana. **2.** Diz-se do cereal que contém barba em sua espiga.

PRAGMATAMNÉSIA. *Medicina legal.* Perda da faculdade de se lembrar do aspecto dos objetos.

PRAGMATAMNÉSICO. *Medicina legal.* O que se refere à pragmatamnésia.

PRAGMÁTICA. **1.** *Filosofia geral.* a) Ciência da ação, enquanto esta constitui uma ordem de realidade *sui generis* (Maurice Blondel); b) parte da semiótica que trata da relação dos signos, sinais ou expressões lingüísticas com aqueles que os usam; c) teoria da ação locucionária ou do ato de falar; d) lingüística do diálogo, que se baseia na intersubjetividade comunicativa (Tércio Sampaio Ferraz Jr.; Habermas; Appel); e) parte da semiótica que trata da origem, usos e efeitos produzidos pelos signos na conduta dentro da qual aparecem (Charles Morris). **2.** *História do direito.* a) Determinação do poder público sobre assuntos que requeriam regulamentação; b) regulamento que era emanado do poder civil relativo a assuntos religiosos. **3.** Na *linguagem comum,* pode ter o sentido de: a) etiqueta; b) complexo de normas que regem cerimônias oficiais ou religiosas; c) ritual; d) praxe.

PRAGMÁTICA JURÍDICA. *Filosofia do direito.* Visão da norma jurídica do ângulo da pragmática, sem que haja um menosprezo à sintaxe e semântica, assumindo um modelo empírico, que encara aquela norma como um processo comunicativo, entendendo-a como um fenômeno lingüístico. Verifica-se que em toda norma há um relato (*dubium*), que é a informação transmitida, e o cometimento (*certum*), que diz como a informação transmitida deve ser entendida (Tércio Sampaio Ferraz Jr.).

PRAGMATICISMO. *Vide* PRAGMATISMO.

PRAGMÁTICO. *Filosofia geral.* **1.** O que diz respeito à pragmática. **2.** Conforme a pragmática. **3.** O que é usual ou de praxe. **4.** Referente ao prag-

matismo. **5.** Realista. **6.** Objetivo. **7.** Utilitário, prático. **8.** Que se refere à ação e ao sucesso. **9.** Diz-se do jurista que interpreta leis. **10.** Ativo, atuante.

PRAGMATISMO. **1.** *Filosofia geral.* a) Consideração das coisas sob o prisma prático; b) filosofia utilitária; c) teoria que considera a verdade como uma relação imanente à experiência humana, de modo que o conhecimento é um instrumento a serviço da atividade e o pensamento tem caráter teleológico. Logo, a verdade de uma proposição consiste no fato de ser útil ou bem-sucedida (W. James); d) doutrina segundo a qual a ação é uma realidade que ultrapassa o simples fenômeno, cuja análise conduz à passagem do problema científico ao problema metafísico (Maurice Blondel); e) ênfase que se dá ao pensamento filosófico na aplicação de idéias ou de efeitos práticos de conceitos e conhecimentos. **2.** *História do direito.* Estudo dos fenômenos históricos, baseado em suas causas, condições antecedentes e resultados.

PRAGMATISTA. *Filosofia geral.* **1.** Referente ao pragmatismo. **2.** Adepto do pragmatismo.

PRAGMATOGNOSIA. *Medicina legal.* Incapacidade para reconhecer objetos.

PRAGMATOGNÓSICO. *Medicina legal.* Relativo à pragmatognosia.

PRAGMATOGNOSTA. *Medicina legal.* Aquele que sofre de pragmatognosia.

PRAGUEJADO. **1.** *Direito agrário.* Diz-se do terreno infestado de praga. **2.** Na *linguagem comum,* pode ter o significado de: a) doentio; b) amaldiçoado por pragas.

PRAGUEJAR. **1.** Amaldiçoar. **2.** Maldizer. **3.** Infestar.

PRAGUICIDA. *Direito agrário.* **1.** Produto químico de ação polivalente no combate às pragas da lavoura. **2.** Pesticida.

PRAIA. **1.** *Direito agrário.* Cancha na charqueada onde a rês é esquartejada. **2.** *Direito administrativo.* a) Bem público de uso comum do povo, consistente na faixa de terreno, coberta de areia, à beira do mar; b) terreno de marinha. **3.** *Direito civil.* Extensão do leito do rio que forma ilha rasa, que fica a descoberto quando as águas baixam em demasia. **4.** *Direito ambiental.* A área coberta e descoberta periodicamente pelas águas, acrescida da faixa subseqüente de material detrítico, tal como areias, cascalhos, seixos e pedregulhos, até o limite onde se inicie a vegetação natural ou, em sua ausência, onde comece um outro ecossistema.

PRAIEIRO. 1. *História do direito.* a) Rebelde da Revolução Pernambucana de 1848, que foi, na época, designada como Revolução Praieira; b) partido liberal a que pertencia aquele rebelde. 2. Na *linguagem comum,* é aquele que habita na praia.

PRAIRIAL. *História do direito.* Nono mês do calendário da Primeira República Francesa (19 de maio a 18 de junho).

PRAMA. *História do direito.* Embarcação artilhada, de fundo chato, que era usada para defender as costas.

PRANCHA. 1. *Direito civil.* Circular que uma loja maçônica envia a outra. 2. *Direito militar.* Folha da espada. 3. *Direito comercial.* Vagão ferroviário de bordas baixas usado para transportar cargas. 4. *Direito marítimo.* a) Tábua que, em caso de emergência, dá acesso para outro navio ou para a terra; b) tábua que em navio antiquado permite a passagem da carga, dos passageiros e da tripulação, quando o navio está fundeado num porto; c) diz-se do tempo de estadia do navio no porto para carga ou descarga; d) disponibilidade da embarcação para aceitar carga ou permitir sua retirada.

PRANCHEIRO. No Estado de Mato Grosso, é o remador de canoa.

PRASMAR. *História do direito.* Censurar; repreender.

PRATA. Metal precioso usado na cunhagem de moedas, na feitura de jóias, talheres etc.

PRATA DE LEI. Metal precioso ou prata, que tem os quilates marcados por lei.

PRATA NATIVA. Na *linguagem da mineração,* é a prata tal como encontrada na mina, em seu estado primitivo de pureza.

PRATARIA. 1. Conjunto de utensílios de prata. 2. Conjunto de pratos. 3. Baixela de prata.

PRATA VIRGEM. *Vide* PRATA NATIVA.

PRATEAR. Folhar de prata.

PRATELEIRA DE CIMA. Na *linguagem popular,* designa mercadoria de boa qualidade.

PRÁTICA. 1. *Direito marítimo.* Licença concedida a um navio para se comunicar com um porto, após a quarentena ou apresentação de um certificado de não haver moléstias contagiosas ou infecciosas a bordo. 2. *Direito do trabalho.* a) Habi-

lidade ou experiência em um ofício, adquirida pelo empregado após um longo exercício; b) execução repetida de um trabalho para adquirir destreza; c) exercício de uma profissão ou ocupação. 3. *Direito civil.* Efetivação de um ato ou negócio jurídico. 4. Nas *linguagens comum* e *jurídica,* pode ter a acepção de: a) relação moral ou jurídica existente entre as pessoas (Lévy-Bruhl); b) exercício habitual de uma atividade (Lalande); c) arte moral racional fundada sobre conhecimento dos fatos que fornecem meios para os fins que se pretende alcançar (Lévy-Bruhl); d) praxe ou método que se deve seguir na execução de algum ato, conforme o uso; e) realização de uma idéia ou de um projeto; f) aplicação das regras de uma arte ou ciência; g) ação ou efeito de praticar; h) cumprimento de leis, ordens e deveres. 5. *Direito canônico.* Exortação ou pequeno sermão feito pelo padre aos fiéis antes da missa, no intervalo ou no final. 6. *Filosofia do direito.* Ciência que conhece para dirigir a ação.

PRATICABILIDADE. Qualidade de praticável.

PRÁTICA DESPORTIVA FORMAL. *Direito desportivo.* É a regida por normas nacionais e internacionais e pelos preceitos normativos de prática desportiva de cada modalidade, aceitos pelas respectivas entidades nacionais de administração do desporto.

PRÁTICA DESPORTIVA NÃO-FORMAL. *Direito desportivo.* É a caracterizada pela liberdade lúdica de seus praticantes.

PRÁTICA DO MUNDO. 1. Experiência da vida. 2. Conhecimento dos usos e costumes de uma localidade.

PRATICADOR. Aquele que pratica.

PRÁTICA FORENSE. Na *linguagem do ensino jurídico,* é a disciplina que coloca em prática os ensinamentos processuais, imprescindível para a inscrição na OAB.

PRATICAGEM. 1. *Direito marítimo.* Contrato consistente em obter serviço auxiliar do transporte aquaviário que tem por fim a condução de embarcações em zonas perigosas à navegação (trechos de costa, barras, portos, canais, lagoas, rios), feita por pessoas conhecedoras do local, denominadas "práticos". Tal contrato efetiva-se mediante sinais de "chamada de prático" e "calado de navio", segundo o Código Internacional de Sinais, emitidos pelo navio, ao se aproximar da zona de praticagem, que

PRA 754   PRATICAGEM DIRETA

fica aguardando a vinda do profissional. Logo, o contrato de praticagem consiste numa prestação de serviços, formada pela troca de sinais, visto que tal contrato concluir-se-á quando o prático de guarda (atalaiador), percebendo o sinal de chamada do comandante, dirige-se ao encontro da embarcação. **2.** *Direito do trabalho.* a) Exercício da profissão de prático; b) aprendizagem; c) período de tempo em que o empregado-aprendiz inicia atividade em certo emprego para adquirir experiência e os conhecimentos imprescindíveis para o bom desempenho de sua profissão.

PRATICAGEM DIRETA. *Direito marítimo.* Contrato pelo qual o piloto-prático dirige a manobra, desde que devidamente informado pelo comandante sobre as condições de manobra e munido de elementos materiais necessários. Mas a circunstância de a manobra ser executada pelo prático não liberará o comandante da responsabilidade relativa à técnica da direção, visto que lhe competirá a fiscalização da execução dos serviços.

PRATICAGEM INDIRETA. *Direito marítimo.* Contrato em que o piloto-prático, em terra ou em sua própria embarcação, apenas orienta por meio de sinais a manobra que será feita pelo comandante, em razão de não poder estar a bordo da embarcação a ser conduzida, devido a força maior. Por exemplo: temporal ou mar revolto.

PRÁTICA INTERNACIONAL. *Direito internacional público.* Costume internacional.

PRÁTICA JURÍDICA. *Filosofia do direito.* É a que, na teoria crítica, concebe o direito como uma prática social específica que expressa, historicamente, os conflitos, os acordos e as tensões dos grupos sociais que atuam em uma formação social determinada. Esta tensão se manifesta nos modos de produção, circulação e consumo do discurso jurídico, e se situa não só na produção jurídica levada a cabo pelos distintos tipos e níveis de órgãos designados na instituição social, mas também na produção teórica, estruturando, assim, uma instância jurídica nas formações sociais, integrada pela produção do direito e pelo conhecimento deste (Entelman).

PRATICANTE. 1. *Direito do trabalho.* Aprendiz que se vai exercitando ou habilitando, durante algum tempo, numa profissão. **2.** *Direito canônico.* Católico que cumpre os mandamentos de Deus

e da Igreja. **3.** *Direito administrativo.* Primeiro grau de uma carreira do funcionalismo público, que após um estágio regulamentar permite a subida de posto, pela aquisição dos conhecimentos necessários ao acesso.

PRATICANTE DE PRÁTICO. *Direito marítimo.* Aquele que, pretendendo ser prático, após ser aprovado em exame de saúde e exame técnico, recebe o certificado de habilitação emitido pelo Capitão dos Portos e ingressa na profissão, desde que perfaça um período de aprendizado durante um ano pelo menos, adestrando-se a bordo de embarcação sob a supervisão de um Prático, e se submeta a novos exames com o propósito de habilitar-se para o exame prático-oral de Prático de determinada Zona de Praticagem (ZP).

PRÁTICA PRESERVACIONISTA. *Direito ambiental.* É a atividade técnica e cientificamente fundamentada, imprescindível à proteção da integridade da vegetação nativa, tal como controle de fogo, erosão, espécies exóticas e invasoras.

PRATICAR. 1. Levar a efeito; realizar. **2.** Exercer. **3.** Cometer. **4.** Exercitar-se numa profissão. **5.** Adquirir prática. **6.** Pôr em prática. **7.** Conviver. **8.** Freqüentar.

PRÁTICAS ADMINISTRATIVAS. *Direito administrativo* e *direito tributário.* **1.** Costumes administrativos. **2.** Conjunto de normas consuetudinárias ou advindas da praxe. Essas normas não impõem deveres aos órgãos administrativos, por não serem obrigatórias, e principalmente ao contribuinte, ante o princípio da estrita legalidade.

PRÁTICAS INFRATIVAS. *Direito do consumidor.* São as consistentes em: 1) condicionar o fornecimento de produto ou serviço ao fornecimento de outro produto ou serviço, bem como, sem justa causa, a limites quantitativos; 2) recusar atendimento às demandas dos consumidores na exata medida de sua disponibilidade de estoque e, ainda, de conformidade com os usos e costumes; 3) recusar, sem motivo justificado, atendimento à demanda dos consumidores de serviços; 4) enviar ou entregar ao consumidor qualquer produto ou fornecer qualquer serviço, sem solicitação prévia; 5) prevalecer-se da fraqueza ou ignorância do consumidor, tendo em vista sua idade, saúde, conhecimento ou condição social, para impingir-lhe seus produtos ou serviços; 6) exigir do consumidor vantagem manifestamente excessiva; 7) executar serviços sem a prévia elaboração de orçamento e autorização expressa do consumidor, ressalvadas as decorrentes de práticas anteriores entre as partes; 8) repassar informação depreciativa referente a ato praticado pelo consumidor no exercício de seus direitos; 9) colocar, no mercado de consumo, qualquer produto ou serviço: a) em desacordo com as normas expedidas pelos órgãos oficiais competentes, ou, se normas específicas não existirem, pela Associação Brasileira de Normas Técnicas (ABNT) ou outra entidade credenciada pelo Conselho Nacional de Metrologia, Normalização e Qualidade Industrial (CONMETRO); b) que acarrete riscos à saúde ou à segurança dos consumidores e sem informações ostensivas e adequadas; c) em desacordo com as indicações constantes do recipiente, da embalagem, da rotulagem ou mensagem publicitária, respeitadas as variações decorrentes de sua natureza; d) impróprio ou inadequado ao consumo a que se destina ou que lhe diminua o valor; 10) deixar de reexecutar os serviços, quando cabível, sem custo adicional; 11) deixar de estipular prazo para o cumprimento de sua obrigação ou deixar a fixação ou variação de seu termo inicial a seu exclusivo critério. Serão consideradas, ainda, práticas infrativas: 1) ofertar produtos ou serviços sem as informações corretas, claras, precisas e ostensivas, em língua portuguesa, sobre suas características, qualidade, composição, preço, condições de pagamento, juros, encargos, garantia, prazos de validade e origem, entre outros dados relevantes; 2) deixar de comunicar à autoridade competente a periculosidade do produto ou serviço, quando do lançamento dos mesmos no mercado de consumo, ou quando da verificação posterior da existência do risco; 3) deixar de comunicar aos consumidores, por meio de anúncios publicitários, a periculosidade do produto ou serviço, quando do lançamento dos mesmos no mercado de consumo, ou quando da verificação posterior da existência do risco; 4) deixar de reparar os danos causados aos consumidores por defeitos decorrentes de projetos, fabricação, construção, montagem, manipulação, apresentação ou acondicionamento de seus produtos ou serviços, ou por informações insuficientes ou inadequadas sobre a sua utilização e risco; 5) deixar de empregar componentes de reposição originais, adequados e novos, ou que mantenham as especificações técnicas do fabricante, salvo se existir autorização em contrário do consumidor; 6) deixar de cumprir a oferta,

publicitária ou não, suficientemente precisa, ressalvada a incorreção retificada em tempo hábil ou exclusivamente atribuível ao veículo de comunicação, sem prejuízo, inclusive nessas duas hipóteses, do cumprimento forçado do anunciado ou do ressarcimento de perdas e danos sofridos pelo consumidor, assegurado o direito de regresso do anunciante contra seu segurador ou responsável direto; 7) omitir, nas ofertas ou vendas eletrônicas, por telefone ou reembolso postal, o nome e endereço do fabricante ou do importador na embalagem, na publicidade e nos impressos utilizados na transação comercial; 8) deixar de cumprir, no caso de fornecimento de produtos e serviços, o regime de preços tabelados, congelados, administrados, fixados ou controlados pelo Poder Público; 9) submeter o consumidor inadimplente a ridículo ou a qualquer tipo de constrangimento ou ameaça; 10) impedir ou dificultar o acesso gratuito do consumidor às informações existentes em cadastros, fichas, registros de dados pessoais e de consumo, arquivados sobre ele, bem como sobre as respectivas fontes; 11) elaborar cadastros de consumo com dados irreais ou imprecisos; 12) manter cadastros e dados de consumidores com informações negativas, divergentes da proteção legal; 13) deixar de comunicar, por escrito, ao consumidor a abertura de cadastro, ficha, registro de dados pessoais e de consumo, quando não solicitada por ele; 14) deixar de corrigir, imediata e gratuitamente, a inexatidão de dados e cadastros, quando solicitado pelo consumidor; 15) deixar de comunicar ao consumidor, no prazo de cinco dias úteis, as correções cadastrais por ele solicitadas; 16) impedir, dificultar ou negar, sem justa causa, o cumprimento das declarações constantes de escritos particulares, recibos e pré-contratos concernentes às relações de consumo; 17) omitir, em impressos, catálogos ou comunicações, impedir, dificultar ou negar, a desistência contratual, no prazo de até sete dias a contar da assinatura do contrato ou do ato de recebimento do produto ou serviço, sempre que a contratação ocorrer fora do estabelecimento comercial, especialmente por telefone ou em domicílio; 18) impedir, dificultar ou negar a devolução dos valores pagos, monetariamente atualizados, durante o prazo de reflexão, em caso de desistência do contrato pelo consumidor; 19) deixar de entregar o termo de garantia, devidamente preenchido com as informações previstas em lei; 20) deixar, em contratos que envolvam vendas a prazo ou com cartão de crédito, de informar por escrito ao consumidor, prévia e adequadamente, inclusive nas comunicações publicitárias, o preço do produto ou do serviço em moeda corrente nacional, o montante dos juros de mora e da taxa efetiva anual de juros, os acréscimos legal e contratualmente previstos, o número e a periodicidade das prestações e, com igual destaque, a soma total a pagar, com ou sem financiamento; 21) deixar de assegurar a oferta de componentes e peças de reposição, enquanto não cessar a fabricação ou importação do produto, e, caso cessadas, de manter a oferta de componentes e peças de reposição por período razoável de tempo, nunca inferior à vida útil do produto ou serviço; 22) propor ou aplicar índices ou formas de reajuste alternativos, bem como fazê-lo em desacordo com aquele que seja legal ou contratualmente permitido; 23) recusar a venda de produto ou a prestação de serviços, publicamente ofertados, diretamente a quem se dispõe a adquiri-los mediante pronto pagamento, ressalvados os casos regulados em leis especiais; 24) deixar de trocar o produto impróprio, inadequado, ou de valor diminuído, por outro da mesma espécie, em perfeitas condições de uso, ou de restituir imediatamente a quantia paga, devidamente corrigida, ou fazer abatimento proporcional do preço, a critério do consumidor.

PRÁTICAS MERCANTIS. *Direito comercial.* Usos mercantis, cujo assentamento deve ser feito pelas juntas comerciais, para que possam ser aplicados nos casos que a lei os considera como norma jurídica consuetudinária.

PRATICÁVEL. 1. Utilizável. **2.** O que é exeqüível. **3.** Que se pode praticar. **4.** Andaime portátil e desmontável onde se colocam os refletores e câmaras, utilizado em filmagens e programas televisionados.

PRATICIEN. *Termo francês.* Prático em uma profissão.

PRÁTICO. 1. *Direito militar.* Oficial sem curso que pela sua prática conseguiu passar pelos postos de hierarquia militar. **2.** *Filosofia geral.* a) O que convém à ação; relativo à ação; b) utilitário; c) diz-se do interesse material, visando obter dinheiro ou subir na carreira; d) o que é engenhoso; e) procedimento adaptado à consecução de um fim; f) aquele que sabe administrar de maneira eficaz e econômica e ter em relação às coisas uma visão direta de sua situação (Lalande); g) o que determina o comportamento, prescrevendo o que deve ser; h) ético (Baldwin e Stout); i) próprio para ser adaptado ao uso efetivo. **3.** *Direito marítimo.* É o profissional aquaviário não tripulante que presta serviços de praticagem embarcado. Auxiliar técnico de navegação que exerce praticagem. Piloto que conhece zonas fluviais ou marítimas difíceis à navegação e, por isso, é chamado pelo capitão para conduzir a embarcação nas áreas de seu conhecimento. Ao prático competirá a execução das seguintes tarefas: direção da navegação de praticagem; manobra das embarcações e serviços correlatos, nas fainas de fundear, suspender, atracar, desatracar e mudar de fundadouro; serviço de amarração e desamarração, quando se tratar de porto não organizado. **4.** Nas *linguagens comum* e *jurídica,* pode ter o sentido de: a) aquele que exerce profissão liberal sem ser diplomado; b) hábil na prática de determinadas atividades úteis; c) experiente; exercitado; d) versado.

PRATÍCOLA. *Direito agrário.* O que se refere à cultura dos prados.

PRATICULTOR. *Direito agrário.* Aquele que se dedica à praticultura.

PRATICULTURA. *Direito agrário.* Cultura de pastagens e forragens.

PRATIVES. *Direito comercial.* Fabricante ou vendedor de objetos de prata.

PRAVIDADE. Perversidade.

PRAVO. 1. Perverso. **2.** Injusto.

PRAXE. 1. *Direito canônico.* Prática de determinado ato de virtude que se impõe, no convento ou seminário, a seminaristas pelo padre espiritual. **2.** *Filosofia do direito* e *teoria geral do direito.* a) Uso estabelecido; b) complexo de normas decorrentes da experiência e dos usos e costumes, fixando o procedimento a ser seguido na execução de atos jurídicos; c) pragmática; d) prática da aplicação das leis, instituída pelo uso, formulando o método a ser seguido. **3.** *Direito administrativo.* Conjunto de normas de conduta a serem seguidas, sem caráter obrigatório, pelos órgãos administrativos em suas relações com os administrados, advindas de decisões de superiores hierárquicos ou da rotina dos serviços públicos.

PRAXE BANCÁRIA

PRAXE BANCÁRIA. *Direito bancário.* Complexo de normas e operações acatadas pelos estabelecimentos bancários.

PRAXE FORENSE. *Direito processual.* **1.** Método estabelecido de conduzir processos ou quaisquer atos forenses. **2.** Conjunto de normas provenientes de usos e costumes locais, imprescindíveis para a execução de atos processuais, por não afetarem a essência da lei processual. **3.** Ritual processual a ser seguido na prática de atos em juízo.

PRAXIOLOGIA. Estudo das ações e dos comportamentos humanos.

PRAXIOLÓGICO. Referente à praxiologia.

PRÁXIS. *Filosofia geral.* **1.** Atividade; ação. **2.** Ação coletiva, econômico-social ou técnica que fundamenta a ideologia (Hegel, Marx).

PRAXISMO. *Direito processual.* Período advindo após a fase pré-praxista, inaugurando, no Brasil, a formação de uma literatura processual própria e de uma praxe forense peculiar à cultura brasileira, liberando-se dos rituais processuais de Portugal.

PRAXISTA. **1.** *Direito processual.* a) Aquele que é versado em praxe forense; b) processualista; c) jurista especializado em direito processual e em prática forense. **2.** *Filosofia do direito.* a) Pragmático; b) formalista; c) que conhece ou segue praxes.

PRAZENTEAR. Adular; bajular.

PRAZENTEIO. Adulação; bajulação.

PRAZER. **1.** Divertimento; distração. **2.** Gozo sexual. **3.** Satisfação consciente. **4.** Sensação agradável resultante de uma atividade satisfeita.

PRAZIMENTO. *Direito civil.* Aforamento; enfiteuse.

PRAZ–ME. *História do direito.* **1.** Portaria. **2.** Despacho.

PRAZO. **1.** *Direito civil.* a) Lapso temporal compreendido entre o termo inicial e o termo final de uma relação jurídica, com exclusão do dia em que começa e inclusão da data do vencimento; b) espaço de tempo convencionado para a realização de ato ou negócio jurídico ou para produção de seus efeitos. Trata-se da estipulação do dia em que começa ou se extingue a eficácia do negócio jurídico; c) termo inicial e termo final de um certo período de tempo; d) lapso temporal durante o qual não se pode exigir o adimplemento de uma obrigação; e) enfiteuse;

f) bem enfitêutico; g) prazo legal para fazer valer a pretensão à prestação oriunda de descumprimento de lei ou de obrigação; h) prazo legal ou convencional para exercer um direito potestativo. **2.** *Direito comercial.* Intervalo entre a prestação presente e a futura ou entre empréstimo e pagamento. **3.** *Direito administrativo.* Espaço de tempo concedido pela autoridade administrativa. **4.** *Direito processual.* a) Tempo concedido pelo magistrado, por justo impedimento alegado, ao interessado após o escoamento do lapso temporal que lhe havia sido conferido por lei; b) período de tempo outorgado pelo órgão judicante para que alguém possa recorrer em defesa de seu direito. **5.** *Direito penal.* Período em que se inclui o dia do seu começo e se exclui o do seu final. **6.** *Direito tributário.* Espaço de tempo para que o contribuinte efetue o pagamento do tributo.

PRAZO AJUSTADO. *Direito civil.* Período de tempo estabelecido em negócio jurídico para que ambas as partes, ou uma delas, venham a cumprir a obrigação assumida.

PRAZO ASSINADO. *Direito processual civil.* É o determinado por citação, intimação ou notificação (Geraldo Magela Alves).

PRAZO ATIVO. Diz-se daquele decorrente de contrato ou de lei.

PRAZO CERTO. **1.** *Direito civil.* Também denominado prazo determinado, por ser aquele cujo termo final é delimitado pelo preestabelecimento do número de dias que devem ser contados a partir da celebração do ato negocial ou pela fixação de uma data do calendário para sua extinção. **2.** *Direito processual.* É o estabelecido para a execução de ato processual, por exemplo, o de quinze dias para contestar. **3.** *Direito comercial.* É o prazo ajustado pelos sócios fixando o exato momento em que se terá a dissolução da sociedade comercial. Tal prazo certo pode, contudo, ser restabelecido, por prorrogação, promovida antes de seu término, reavivando, então, a sociedade.

PRAZO CITATÓRIO. *Direito processual civil.* **1.** Prazo judicial em que deve dar-se a citação. **2.** Aquele em que o citado deve comparecer a juízo, apresentando o ato dele exigido.

PRAZO COMINATÓRIO. *Direito processual civil.* Prazo fixado pelo juiz, se outro não estiver determinado no título executivo, para que o devedor citado satisfaça obrigação de fazer ou de não fazer, em cumprimento do julgado.

PRAZO COMUM. *Direito processual civil.* Dilação ou período de tempo que corre, simultaneamente, para todas as partes litigantes.

PRAZO CONSUETUDINÁRIO. 1. *Direito civil* e *direito comercial.* a) É o acatado e fixado pelos usos e costumes, não sendo alterado pelo ajuste; b) é o estabelecido pela praxe entre as partes. **2.** *Direito civil.* Prazo de favor que, apesar de consagrado pelo uso geral, não impede a compensação.

PRAZO CONTÍNUO. *Direito processual civil.* Espaço de tempo que é computado, sem qualquer interrupção, incluindo dias úteis, domingos e feriados.

PRAZO CONTRATUAL. *Vide* PRAZO CONVENCIONAL.

PRAZO CONVENCIONAL. *Direito civil* e *direito processual civil.* É o estabelecido de comum acordo pelas partes, mediante convenção, desde que não se trate de prazo peremptório e nos casos permitidos por lei.

PRAZO DADO. Entrevista.

PRAZO DA PRESTAÇÃO. *Direito civil.* É o momento em que, ante o vencimento da obrigação, a prestação deve ser cumprida pelo devedor.

PRAZO DE ATUAÇÃO. *Direito processual civil.* Aquele em que se determina um tempo para a execução de um ato processual.

PRAZO DECADENCIAL. *Direito civil* e *direito processual civil.* Diz-se do prazo legal ou convencional que deve ser cumprido para o exercício de um direito potestativo pelo seu titular, sob pena de, com sua inação, extinguir ou perder seu direito, sem ter qualquer possibilidade de interrupção ou suspensão, salvo disposição expressa em lei em contrário. Como se vê, o objeto da decadência é o direito que, por determinação legal ou vontade humana unilateral ou bilateral, está subordinado à condição de exercício em certo espaço de tempo, sob pena de caducidade. Se o seu titular deixar de exercê-lo dentro do prazo estabelecido, legal ou voluntariamente, tem-se a decadência, e, por conseguinte, o perecimento do direito, de modo que não mais será lícito ao titular pô-lo em atividade (Câmara Leal).

PRAZO DE CARÊNCIA. *Direito civil.* Período contado a partir da data de início de vigência do seguro ou do aumento do capital segurado ou da recondução, no caso de suspensão, durante o qual, na ocorrência do sinistro, o segurado ou os beneficiários não terão direito à percepção dos capitais segurados contratados.

PRAZO DE DECADÊNCIA. *Vide* PRAZO DECADENCIAL.

PRAZO DE DIREITO. *Direito civil* e *direito processual civil.* É o prazo legal fixado pelas normas de direito positivo, ou seja, é o previsto legalmente. Por exemplo, o de contestar, o de prescrição etc.

PRAZO DE FAVOR. 1. *Direito civil.* Aquele concedido ao devedor pelo credor, por tolerância ou graciosamente, após o vencimento do tempo avençado para o adimplemento da obrigação. Tal prazo, apesar de admitido pelo uso geral, não obsta a compensação. **2.** *Direito processual civil.* Aquele do qual a parte pode renunciar, por ser estabelecido a seu favor.

PRAZO DE FINANCIAMENTO. *Direito bancário.* Período, contado em meses ou anos, de um contrato de crédito ou financiamento (Luiz Fernando Rudge).

PRAZO DE GRAÇA. *Direito militar.* Período de oito dias concedido por lei ao militar para ausentar-se, sem autorização, do lugar onde exerce suas funções, sem que haja deserção. Logo, se se ausentar por mais de oito dias, será tido como desertor.

PRAZO DELIBERATÓRIO. *Direito processual.* Prazo marcado às partes litigantes para dentro dele apresentarem suas alegações ou defesas, após ponderarem, refletirem ou examinarem as suas razões para fundamentá-las.

PRAZO DE MOBILIZAÇÃO. *Direito marítimo.* É o período compreendido entre a data da efetiva contratação da embarcação e a do início da operação da embarcação.

PRAZO DE PRESCRIÇÃO. *Vide* PRAZO PRESCRICIONAL.

PRAZO DE SUBSCRIÇÃO DA AÇÃO. *Direito comercial.* Lapso temporal concedido a acionistas para subscreverem novas ações da sociedade anônima (Geraldo Magela Alves).

PRAZO DETERMINADO. *Vide* PRAZO CERTO.

PRAZO DE VALIDADE. *Direito do consumidor.* Data-limite para a utilização de um produto farmacêutico ou alimentício definida pelo fabricante, com base nos seus respectivos testes de estabilidade, mantidas as condições de armazenamento, com garantia das especificações de qualidade e transporte estabelecidas pelo mesmo.

PRAZO DE VALIDADE DO PASSAPORTE PARA ESTRANGEIRO E DO *LAISSEZ–PASSER*. *Direito interna-*

cional privado. O prazo de validade do passaporte para estrangeiro e do *laissez-passer* será de até dois anos, improrrogável. O passaporte para estrangeiro é válido para uma única viagem e será recolhido pelo Departamento de Polícia Federal, quando do ingresso de seu titular no Brasil. O *laissez-passer* será válido para múltiplas viagens e será recolhido, no Brasil, pelo Departamento de Polícia Federal, e no exterior, pelas missões diplomáticas ou repartições consulares, quando expirar seu prazo de validade ou, antes disso, em caso de uso irregular. A concessão de novo *laissez-passer* ou passaporte para estrangeiro é condicionada ao recolhimento e cancelamento do documento anterior, além do preenchimento dos requisitos legais pertinentes.

PRAZO DILATÓRIO. *Direito processual civil.* Tempo que, por acordo das partes litigantes ou por determinação judicial, pode ser aumentado ou encurtado para a prática de determinados atos, que, de ordinário, deveriam ser realizados dentro dele, apesar de não serem suscetíveis de prorrogação.

PRAZO EM DOBRO. *Direito processual civil.* Duplicação de um prazo pelo magistrado, em qualquer jurisdição, desde que haja motivo justificado. Se o juiz exceder, por igual tempo, o prazo que lhe foi assinado pelo Código de Processo Civil sem qualquer justificação, caberá representação administrativa contra ele (Nelson Nery Jr. e Rosa M. A. Nery).

PRAZO EXCLUSIVO. *Direito processual civil.* **1.** Aquele que, decorrido, extingue o direito de praticar o ato processual, independentemente de declaração judicial. Logo, uma vez esgotado, impossível será o cumprimento daquele ato. Trata-se do prazo preclusivo, que pode dar-se pela perda, extinção ou consumação de uma faculdade processual, decorrente da não-observância da ordem estabelecida legalmente para seu exercício ou da realização de atividade incompatível com o exercício da faculdade, ou do fato de já ter sido exercitada validamente a faculdade. Aplicando-se esse conceito à matéria dos prazos, temos a preclusão temporal, que é a inadmissibilidade da prática de um ato processual que não foi cumprido no tempo próprio (Chiovenda). **2.** É o prazo prescrito por lei para certos atos que devem realizar-se antes de outros (Batista Martins).

PRAZO EXTINTIVO. 1. *Direito civil* e *direito processual civil.* a) Aquele que, uma vez decorrido, gera a perda do próprio direito, em razão de decadência, ou da pretensão, em virtude de prescrição; b) *vide* PRAZO DECADENCIAL e PRAZO PRESCRICIONAL, DECADÊNCIA e PRESCRIÇÃO. **2.** *Direito civil.* Aquele que fixa a cessação da eficácia de um ato jurídico.

PRAZO EXTRAORDINÁRIO. *Direito processual civil.* É o imposto apenas para casos de exceção (Eduardo Pallares).

PRAZO FATAL. 1. É o período certo para o vencimento de um negócio ou para o cumprimento de uma obrigação, sob cominação da pena. **2.** Aquele que não pode sofrer interrupção nem suspensão. **3.** Prazo peremptório. **4.** Prazo improrrogável ou irrevogável. **5.** Prazo imodificável. **6.** Prazo decadencial. **7.** O que corre a partir da data da intimação legal.

PRAZO FINAL. *Direito processual.* É o novo e último prazo conferido pelo órgão judicante ou pela lei processual, após a prática de um ato ou término de outro prazo, para que se providencie a promoção de uma diligência ou a execução de um novo ato processual, em seguida ao anterior.

PRAZO FIXO. *Direito bancário.* Prazo determinado durante o qual o titular de uma conta não pode movimentá-la, já que os juros apenas serão pagos no dia do vencimento. *Vide* DEPÓSITO BANCÁRIO A PRAZO FIXO.

PRAZO GRATUITO. *Vide* PRAZO DE FAVOR.

PRAZO IMPRÓPRIO. *Direito processual civil.* Prazo concedido ao magistrado, aos auxiliares da justiça e ao Ministério Público. Se houver não-observância desse prazo, ter-se-á apenas uma conseqüência ou procedimento de ordem administrativa, uma vez que não ficará impedida a prática posterior do ato.

PRAZO IMPRORROGÁVEL. Prazo que tem vencimento certo e que não pode ser dilatado ou alterado, sendo, portanto, irrevogável e fatal.

PRAZO INALTERÁVEL. *Vide* PRAZO PEREMPTÓRIO.

PRAZO INCERTO. Aquele que é fixado relativamente a acontecimento futuro necessário, que ocorrerá em data indeterminada.

PRAZO INCIDENTAL. *Direito processual civil.* **1.** É o aberto à parte litigante para que atenda a algum incidente processual. **2.** Prazo que, mediante citação, notificação ou intimação, é assinado à parte contrária para que, segundo o teor da convocação, venha a praticar ato processual, a cumprir o encargo que lhe é atribuído ou a assistir algo, em juízo, que em princípio pode ser diminuído ou aumentado pelo magistrado (De Plácido e Silva). Trata-se do prazo passivo.

PRAZO INDEFINIDO. *Direito civil.* **1.** Aquele que não foi fixado pelas partes no instrumento do ato jurídico, sendo imediatamente exeqüível e exigível a obrigação, salvo se a execução tiver de ser feita em local diverso ou depender de tempo. **2.** *Vide* PRAZO INCERTO.

PRAZO INDETERMINADO. *Direito civil. Vide* PRAZO INCERTO e PRAZO INDEFINIDO.

PRAZO INDIVIDUAL. *Direito processual civil.* Aquele que só é determinado para um dos litigantes.

PRAZO INTERNUPCIAL. *Direito civil.* **1.** Período de 10 meses após a dissolução do vínculo matrimonial que, para evitar *turbatio sanguinis*, impede novas núpcias da mulher, salvo se antes dele der à luz algum filho. **2.** Período impeditivo de matrimônio de viúvo ou viúva que tiver filho do finado consorte, enquanto não fizer o inventário e a partilha, com o escopo de evitar confusão de patrimônio. **3.** Período que suspende casamento de divorciado enquanto não houver sido homologada ou decidida a partilha dos bens dos ex-cônjuges. **4.** Período que impede casamento de tutor ou curador e os seus descendentes, ascendentes, irmãos, cunhados ou sobrinhos, com a pessoa tutelada ou curatelada, enquanto não cessar a tutela ou curatela e não estiverem saldadas as respectivas contas. **5.** *Vide* CAUSAS SUSPENSIVAS DA CELEBRAÇÃO DO CASAMENTO, IMPEDIMENTO IMPEDIENTE OU IMPEDIMENTO PROIBITIVO.

PRAZO IRREVOGÁVEL. *Vide* PRAZO IMPRORROGÁVEL.

PRAZO JUDICIAL. *Direito processual civil.* **1.** É o concedido pelo livre-arbítrio do órgão judicante, em razão de omissão legal, para a prática de um ato processual, para a promoção de uma diligência que esclareça a demanda, para comparecimento em juízo, para juntada de documentos, para apresentação de laudo etc. **2.** É o tempo determinado legalmente para que o magistrado prolate sua decisão ou profira despacho ou decisão interlocutória. **3.** É o fixado por lei para que o serventuário da justiça venha a executar os atos processuais que a ele competem. **4.** *Vide* PRAZO EM DOBRO.

PRAZO LEGAL. *Vide* PRAZO DE DIREITO.

PRAZO LEGAL DA CONCEPÇÃO. *Direito civil.* Limite temporal, para efeitos legais de presunção *juris tantum*, de paternidade, determinado pela lei ao estabelecer que para tanto será necessária concepção do filho na constância do casamento, desde que: a) nascido 180 dias depois de estabelecida a convivência conjugal, não se contando o dia da celebração do ato nupcial, ante a possibilidade de haver caso em que se deu o casamento por procuração; b) nascido dentro de 300 dias, após a dissolução da sociedade conjugal por morte, separação ou anulação, porque a gestação não vai além desse prazo; c) havido por fecundação artificial homóloga, mesmo que falecido o marido; d) havido, a qualquer tempo, quando se tratar de embrião excedentário, decorrente de concepção artificial homóloga; e) havido por inseminação artificial heteróloga, desde que haja prévia autorização do marido.

PRAZO NA CONCESSÃO. *Direito administrativo.* Lapso temporal determinado ao concessionário pelo Poder Público concedente para a exploração do serviço público ou utilização de bens públicos.

PRAZO ORDINÁRIO. *Direito processual civil.* É o estabelecido para a generalidade dos casos (Eduardo Pallares).

PRAZO PARA EMBARGOS. *Direito processual civil.* Prazo de quinze dias para oferecimento de embargos infringentes, de cinco dias para interposição dos embargos de declaração; ou de divergência em recurso especial e em recurso extraordinário e de dez dias para oferta de embargos do devedor, contados da juntada aos autos da prova da intimação da penhora; do termo de depósito; da juntada aos autos do mandado de imissão na posse, ou de busca e apreensão, na execução para entrega da coisa e da juntada aos autos do mandado de citação, na execução das obrigações de fazer ou não fazer.

PRAZO PARA TOMADA DE CONTAS. *Direito processual civil.* Espaço de tempo estabelecido em lei para que o réu, na ação de prestação de contas movida pelo autor, venha prestá-las ou contestá-las.

PRAZO PARTICULAR. *Direito processual civil.* É o lapso temporal fixado por lei para uma só das partes, mas, por exemplo, se houver mais de um réu, o prazo para contestar, que é particular, será comum para todos.

PRAZO PASSIVO. *Vide* PRAZO INCIDENTAL.

PRAZO PEREMPTÓRIO. *Direito processual civil.* **1.** Lapso de tempo dentro do qual algo deve ser feito sob pena de não mais poder ser praticado. **2.** Prazo inalterável. **3.** Prazo fatal. **4.** Prazo improrrogável.

PRAZO PESSOAL. *Direito civil* e *direito comercial.* Nos contratos por correspondência, ou em contratos entre ausentes, é aquele que não foi determinado para a manifestação volitiva do solicitado.

PRAZO POR HORA. *Direito civil.* Aquele que é contado de minuto a minuto, até que se perfaça o número de horas estipulado.

PRAZO PRECLUSIVO. *Vide* PRAZO EXCLUSIVO.

PRAZO PRESCRICIONAL. **1.** *Direito penal.* *Vide* PRESCRIÇÃO CRIMINAL. **2.** *Direito processual civil* e *direito civil.* Tempo estipulado pela lei que opera a extinção de uma pretensão do titular do direito subjetivo violado de obter a prestação devida por quem o descumpriu, se a ação (em sentido material) não for ajuizada dentro dele, em razão de inação de seu titular, na ausência de algum fato ou ato a que a lei confere eficácia impeditiva, suspensiva ou interruptiva de curso prescricional. Mas esse fato não anula a obrigação do devedor, uma vez que será válido o pagamento voluntário da prestação devida, já prescrita, cuja restituição não poderá ser reclamada.

PRAZO PROBATÓRIO. *Direito processual civil.* Período de tempo em que se pode produzir provas.

PRAZO PROCESSUAL. *Direito processual.* Período temporal, contínuo e peremptório, dentro do qual os atos processuais devem ser praticados.

PRAZO PRÓPRIO. *Direito processual civil.* É o conferido por lei às partes para contestar, para interpor embargos e recursos.

PRAZO PRORROGÁVEL. **1.** *Direito processual civil.* Aquele suscetível de dilatação ou de prorrogação pelo juiz, *ex officio* ou a requerimento das partes, desde que não haja violação de lei e ainda não haja terminado o prazo ao qual se agrega. **2.** *Direito civil* e *direito comercial.* É o que pode ser prorrogado por iniciativa das partes contratantes, desde que, para tanto, haja estipulação contratual.

PRAZO RECURSAL. *Direito processual civil* e *direito processual penal.* É o conferido por norma processual para que o interessado interponha o recurso cabível.

PRAZO RENOVADO. Diz-se daquele que, após a extinção do termo final, é suscetível de renovação.

PRAZO RESOLUTO. *Direito civil.* Trata-se daquele que, uma vez expirado, extingue o direito. *Vide* DECADÊNCIA E PRAZO DECADENCIAL.

PRAZO RESTITUÍDO. *Direito processual.* Diz-se do que flui *ex novo*, ante a anulação do primitivo, que foi prejudicado, por motivo legal. *Vide* RESTITUIÇÃO DE PRAZO.

PRAZO SIMULTÂNEO. *Direito processual civil.* É o tempo duplicado, em havendo litisconsortes com diferentes procuradores, para contestar, recorrer ou falar nos autos.

PRAZOS NO CONTRATO AGRÁRIO. *Direito agrário.* É o prazo mínimo concedido por lei, mas razoavelmente extenso, para assegurar a estabilidade do arrendatário ou parceiro na terra, indispensável para que haja uma racional exploração, diversificação e rotatividade de culturas e maior rendimento econômico, salvaguardando a continuidade da empresa rural.

PRAZO SUPLEMENTAR. **1.** *Direito processual.* a) É o prazo adicional ou que serve como complemento de um prazo anteriormente existente ou concedido, deferido pelo magistrado, não havendo impedimento legal e existindo motivo justo para tanto ou algum obstáculo processual; b) prazo restituído; c) é o lapso de tempo concedido a título de compensação de um prazo perdido ou não utilizado, por razão justa. **2.** *Direito financeiro.* Prazo adicional estabelecido para o cumprimento definitivo das disposições orçamentárias (De Plácido e Silva).

PRAZO SUSPENSIVO. *Direito civil* e *direito cambiário.* É aquele em que se fixa uma data futura a partir da qual se pode exigir um determinado direito. Por exemplo: o prazo de empréstimo e o de títulos de créditos só podem ser cobrados após seu vencimento.

PRÉ. *Direito militar.* Remuneração diária a que faz jus o soldado.

PREACA. *Direito agrário.* Chicote de couro cru para tanger animais.

PRÉ-ADAMISMO. Doutrina segundo a qual Adão não foi o primeiro homem criado.

PRÉ-AGONIA. Estado que, imediatamente, antecede a agonia.

PRÉALABLE. *Termo francês.* **1.** Preliminar. **2.** Prévio.

PREAMAR. *Direito marítimo.* **1.** Maré-cheia. **2.** Altura máxima do nível do mar ao longo de um ciclo de maré, também chamado de maré-cheia.

PREAMBULAÇÃO. *Direito autoral.* Ato de prefaciar.

PREAMBULAR. *Direito autoral.* **1.** Relativo a preâmbulo. **2.** Prefaciar. **3.** Introdutivo. **4.** Ser o preâmbulo.

PREÂMBULO. 1. *Direito autoral.* a) Prefácio; b) introdução de um livro. **2.** *Direito constitucional e teoria geral do direito.* a) Parte preliminar onde se anuncia ou justifica a promulgação de uma norma; b) relatório que antecede uma lei ou decreto; c) exposição de motivos. **3.** *Direito civil.* Exposição explicativa do instrumento de um contrato, antes de se enunciar suas cláusulas; onde se anota os nomes dos contratantes e sua qualificação, ou os esclarecimentos que forem necessários.

PREÂMBULO DA CARTA MAGNA. *Direito constitucional.* Síntese do teor da Constituição, que lhe serve de frontispício, uma vez que a antecede como parte integrante de seu texto, enunciando por que, e para que fim foi estabelecida, e proclamando o que nela há de essencial.

PREÂMBULO DA LEI. *Teoria geral do direito.* Parte preliminar da lei, antecedente aos seus artigos, em que se anuncia sua promulgação, justificando e esclarecendo seu conteúdo.

PREÂMBULO DO TRATADO. *Direito internacional público.* Parte integrante do tratado firmado entre potências, que o precede enunciando o rol dos pactuantes, os seus objetivos e os motivos que levaram à sua efetivação, sendo, eventualmente, complementado por anexos, servindo de orientação para a interpretação dos seus dispositivos e determinando seu exato alcance e sentido.

PRÉ-ANESTESIA. *Medicina legal.* Anestesia preliminar ministrada antes de se aplicar o anestésico geral.

PREANUNCIAR. Anunciar algo com antecedência.

PREAR. 1. Conquistar. **2.** Aprisionar. **3.** Agarrar.

PRÉ-ATÔMICO. *Direito ambiental.* Referente ao período anterior à energia atômica ou nuclear.

PRÉAVIS. *Termo francês.* Aviso prévio.

PRÉ-AVISO. *Direito do trabalho.* Aviso prévio que precede à rescisão unilateral do contrato de trabalho.

PREBENDA. 1. *Direito canônico.* a) Rendimento eclesiástico; b) distribuição pecuniária, em regra, irrisória, feita diariamente aos sacerdotes ou párocos, a título de remuneração do ofício divino. **2.** *História do direito.* Dotação constituída a favor de uma mulher para que ela se casasse. **3.** *Direito civil.* a) Benefício concedido a um estudante para que possa prosseguir seus estudos, por meio de constituição de renda; b) concessão individual, não hereditária, de usufruto, sustento e propriedade imóvel.

PREBENDADO. *Direito canônico.* Aquele que faz jus à prebenda.

PREBENDALIZAÇÃO. Transformação da prebenda em instituição social.

PREBENDEIRO. *História do direito.* Aquele que era incumbido de arrematar as rendas de um bispado.

PRE-BID-AGREEMENTS. *Direito internacional privado.* Acordos entre várias empresas que pretendem participar, conjuntamente, de uma negociação privada ou licitação pública, onde definem as partes mais importantes, ficando condicionados às tratativas e à conclusão do contrato definitivo entre o grupo de empresas liderado por uma delas e o ente nacional ou estrangeiro (Maristela Basso).

PREBOSTADO. *História do direito.* Cargo de preboste.

PREBOSTAL. *História do direito.* O que dizia respeito ao cargo de preboste.

PREBOSTE. 1. *História do direito.* a) Bispo; b) funcionário real e senhorial; c) na época feudal, era o preposto do rei ou suserano no exercício de determinadas funções fiscais e judiciais; d) magistrado da justiça militar; e) auditor de guerra. **2.** *Direito canônico.* Na hierarquia eclesiástica, é aquela que, no convento, segue a de abade.

PREBOSTE DE SALA. *Direito desportivo.* No ensino de esgrima, é o ajudante do mestre-de-armas.

PRÉ-CABLAGEM. *Direito civil.* Moderno processo de instalação que substitui fiações não só de todos os sistemas elétricos auxiliares, como também os de telefonia, telemática, informática, vídeo, sonorização etc. (Afonso Celso F. Rezende).

PRECÁRIA. *Direito civil* e *direito processual civil.* Condição da posse concedida sem estabilidade, revogável a qualquer tempo pelo proprietário e possuidor.

PRECARIEDADE. 1. *Direito civil* e *direito processual civil.* Qualidade de precário. **2.** *Filosofia geral.* a) Característica dos valores, qualquer que seja sua consistência, de poderem ser violados, negados ou ignorados (Eugène Dupréel); b) qualidade do que tem valor somente para uma pessoa. **3.** *Linguagem comum:* a) imperfeição; b) falta de consistência.

PRECÁRIO. *Direito civil* e *direito processual civil.* **1.** O que não é estável. **2.** Sujeito a alguma eventualidade. **3.** Frágil.

PREÇÁRIO. 1. Lista de preços. **2.** Relação oficial de preços.

PRECARISTA. *Direito civil* e *direito processual civil.* **1.** Aquele que possui um bem a título precário. **2.** Quem possui por empréstimo.

PRECATADO. 1. Prudente. **2.** Cauteloso. **3.** Precavido.

PRECATAR. 1. Acautelar-se. **2.** Ter prudência. **3.** Pôr-se em precaução.

PRECATO. 1. Cautela. **2.** Prudência. **3.** Precaução.

PRECATÓRIA. *Vide* CARTA PRECATÓRIA.

PRECATÓRIO. 1. *Direito processual civil.* a) Documento precatório; b) pedido feito por um juiz a outro para que cumpra, em sua jurisdição, determinado ato processual. **2.** *Direito administrativo.* a) Dívida do Estado cujo pagamento é determinado judicialmente (Luiz Fernando Rudge); b) requisição de pagamento ou prestação pecuniária, que é objeto da execução contra a Fazenda Pública, contendo peças obrigatórias exigidas pelo Regimento do tribunal, pelo juízo da execução ou indicadas pelas partes, tais como: petição inicial, procuração, contestação, sentença de primeiro grau, acórdão do tribunal, petição inicial da execução, sentença que julgou a liquidação, conta de liquidação, firma reconhecida do magistrado e autenticação das peças que foram juntadas por cópia. A requerimento do autor, o juízo da execução promove o envio do aludido ofício ao presidente do tribunal para que este, após ouvir o Ministério Público e obter parecer favorável, requisite a verba junto à autoridade administrativa (Eduardo M. F. Jardim).

PRECAUÇÃO. 1. Prudência. **2.** Prevenção. **3.** Cautela antecipada. **4.** Evasão de um mal. **5.** Atenção de um homem médio ou normal.

PRECAUCIONAL. Preventivo.

PRECAUÇÕES ORATÓRIAS. *Retórica jurídica.* Recursos utilizados pelo orador para obter a benevolência de seus ouvintes.

PRECAUTELAR. Precaver.

PRECAUTÓRIO. 1. Que encerra uma precaução. **2.** O que se refere à precaução.

PRECAVER. 1. Prevenir. **2.** Acautelar.

PRECAVIDO. 1. Cauteloso. **2.** Que tem precaução. **3.** Prevenido.

PRECE. 1. Oração. **2.** Pedido.

PRECEDÊNCIA. 1. Na *linguagem jurídica* em geral, significa: a) qualidade de precedente; b) preferência; c) direito de preceder; d) anterioridade; e) primazia, prioridade; f) antecedência; g) ordem de colocação de pessoas numa solenidade, fundada em seu grau hierárquico; logo, o mais graduado precede o menos graduado e o mais antigo, o mais novo, se a graduação for igual. **2.** *Direito administrativo.* a) Ordem hierárquica dos três Poderes da República observada nas solenidades e eventos oficiais (Othon Sidou); b) direito de autoridade, civil ou militar, de ocupar a direita ou o lugar de maior relevo e de presidir cerimônias a que estiver presente (Paulo Matos Peixoto). **3.** *Direito internacional público.* a) Princípio hierárquico observado, dentro da repartição, pelo pessoal de uma missão diplomática; b) prerrogativa conferida ao chefe de missão diplomática dentro de sua classe, conforme a praxe do Estado acreditado e a data e hora que assumiu o cargo ou função.

PRECEDENTE. 1. Vida pregressa. **2.** Fato anterior. **3.** O que vem anteriormente. **4.** Ato antecedente a outro similar.

PRECEDER. 1. Viver em época anterior. **2.** Estar adiante de algo. **3.** Ser anterior. **4.** Vir antes de alguém. **5.** Fazer anteceder.

PRECEDIDO. 1. Antecipado. **2.** Que se precedeu.

PRECEITO. 1. *Teoria geral do direito.* a) Norma jurídica; b) norma que deve ser observada e seguida. **2.** *Direito processual.* Norma imposta judicialmente a uma pessoa para que faça ou deixe de fazer algo. **3.** *Direito canônico.* Norma imposta pela Igreja aos fiéis, para que a cumpram sob pena de culpa leve ou grave.

PRECEITO COMINATÓRIO. *Direito processual civil.* **1.** Pedido feito pelo autor para que o réu condenado faça ou se abstenha de fazer algo, ou tolere alguma atividade, sob pena de ser cominada uma multa em caso de descumprimento da sentença ou da decisão antecipatória de tutela. **2.** Interdito proibitório.

PRECEITO DIRETIVO. *Vide* PRECEITO DIRE-TÓRIO.

PRECEITO DIRETÓRIO. *Teoria geral do direito.* Norma que regulamenta outra, para que ela tenha eficácia e o direito nela previsto possa ser cumprido. É denominado também preceito diretivo ou facultativo.

PRECEITO DOMINATIVO. *Direito canônico.* Ordem dada pela autoridade eclesiástica a uma pessoa natural, moral ou jurídica, por força de seu poder dominativo.

PRECEITO FACULTATIVO. *Vide* PRECEITO DIRE-TÓRIO.

PRECEITO FUNDAMENTAL. *Direito constitucional.* **1.** Norma constitucional. **2.** Constituição de um País ou de um Estado federado.

PRECEITO INTERPRETATIVO. *Teoria geral do direito.* Norma interpretativa estabelecida para indicar o modo de interpretar determinada lei.

PRECEITO JURISDICIONAL. *Direito canônico.* Ordem emanada pela autoridade eclesiástica, por força do seu poder de jurisdição, temporariamente, a uma sociedade; e perpétua ou temporariamente, a uma pessoa natural ou moral.

PRECEITO MANDATÓRIO. *Teoria geral do direito.* Norma que se impõe por si mesma, não precisando de qualquer regulamentação para produzir efeitos jurídicos concretos.

PRECEITO PENAL. *Direito canônico.* Preceito da autoridade eclesiástica estipulando o que se deve fazer com a cominação de uma pena, na hipótese de transgressão normativa.

PRECEITOS DO DECÁLOGO. *Direito canônico.* Os dez mandamentos da lei de Deus.

PRECEITUAÇÃO. Ato de preceituar.

PRECEITUAR. **1.** Prescrever. **2.** Estabelecer um preceito. **3.** Dar ordem ou instrução.

PRECEITUÁRIO. Conjunto de normas.

PRECEPTIVO. **1.** Que contém preceitos. **2.** Que tem natureza normativa.

PRECEPTOR. **1.** *História do direito.* a) Comendador de uma ordem militar; b) grão-mestre. **2.** Nas *linguagens comum* e *jurídica* em geral, tem o significado de: a) mestre, professor; b) aquele que ensina outrem; c) quem está encarregado da instrução.

PRECEPTORADO. Função de professor ou de preceptor.

PRECEPTORAL. Próprio de preceptor.

PRECEPTORIA. *História do direito.* **1.** Qualidade de comendador de uma ordem militar. **2.** Prebenda que se conferia a professores e magistrados.

PRECES PÚBLICAS. *Direito canônico.* Orações preceituadas por bispo, para obtenção de alguma graça extraordinária.

PRECESSÃO. **1.** Precedência. **2.** Ato ou efeito de preceder.

PRECIDÂNEAS. *Direito romano.* Vítimas que eram imoladas na véspera de um sacrifício solene.

PRECINÇÃO. *Direito romano.* Área entre os andares de bancadas dos anfiteatros.

PRECINCT. *Termo inglês.* Delegacia de Polícia.

PRECINTA. *Direito marítimo.* Tira de lona com que se forram os cabos.

PRECIOSIDADE. Qualidade de precioso.

PRECIOSO. **1.** O que é muito valioso. **2.** Aquilo que tem alto preço.

PRECIPITAÇÃO. **1.** *Medicina legal.* Projeção do corpo humano voluntária, ou não, em queda livre de uma certa altura contra uma superfície, acarretando *jumping*, ou seja, suicídio; lesões corporais e homicídio em razão de empurrão doloso ou culposo, fazendo com que a vítima despenque de pontos elevados; acidente de trabalho, por queda do empregado de pisos em construção de andaimes (José Lopes Zarzuela). **2.** Nas *linguagens comum* e *jurídica* em geral, pode ter o sentido de: a) ação irrefletida; b) qualidade de precipitado; c) ato de tumultuar negócio; d) rapidez demasiada em se tomar uma decisão.

PRECIPITADO. **1.** Repentino. **2.** O que procede sem reflexão. **3.** Apressado. **4.** Imprudente. **5.** Feito com precipitação.

PRECIPITADOR. Que precipita.

PRECIPITANTE. *Vide* PRECIPITADOR.

PRECIPITAR. **1.** Levar a perigo. **2.** Atirar-se de algum ponto elevado sobre a água ou o solo. **3.** Acelerar; apressar muito. **4.** Lançar-se contra algo. **5.** Antecipar-se. **6.** Proceder irrefletidamente.

PRECIPITÁVEL. Que se pode precipitar.

PRECIPITOSO. **1.** Apressado. **2.** Imprudente. **3.** Impetuoso. **4.** Que tem precipício.

PRECÍPUO. **1.** Nas *linguagens comum* e *jurídica* tem a acepção de: a) essencial; fundamental; b) principal; c) preferencial; d) aquilo que domina ou é independente dos demais; e) especial. **2.** *Direito civil.* a) Bem que herdeiro necessário não precisa colacionar; b) vantagem legal ou testamentária a que tem direito um co-herdeiro; c) parte especial do espólio distinta da massa representativa dos bens hereditários. **3.** *História do direito.* Bem que se podia tirar da terça para um co-herdeiro, antes de sua divisão entre todos os co-herdeiros. **4.** *Direito romano.* Legado que era cumprido em primeiro lugar.

PRECISADO. *Direito civil.* **1.** Necessitado. **2.** Aquele que não possui meios para prover sua subsistência.

PRECISÃO. *História da filosofia.* Ação de abstrair, separando pelo pensamento coisas que são inseparáveis (Bossuet; Port-Royal). **2.** *Direito militar.* a) Qualidade do tiro que é certeiro; b) valor do tiro em grupamento, que está na razão inversa da área do retângulo que contém aquele grupamento. **3.** Nas *linguagens comum* e *jurídica,* pode significar: a) característica do que é preciso ou exato; b) indicação precisa; c) necessidade; urgência; d) exatidão rigorosa da ciência ou de cálculo; e) regularidade na execução; f) momento preciso; g) pontualidade; h) concisão.

PRECISAR. **1.** Indicar pormenorizadamente. **2.** Determinar. **3.** Calcular com exatidão. **4.** Ser necessitado. **5.** Ser necessário. **6.** Ter necessidade. **7.** Ter precisão.

PRECISIVA. *Filosofia geral.* Operação pela qual o espírito considera algo, não levando em consideração aquilo a que se liga, sem, contudo, negar ou afirmar a existência daquela outra coisa.

PRECISO. **1.** *Filosofia do direito.* a) Até o século XVIII, tinha o sentido de abstrato; separado de um todo dado na intuição (Bossuet); b) o que não acarreta indecisão do pensamento; c) diz-se do termo cuja extensão e compreensão são nitidamente determinadas (Lalande). **2.** Nas *linguagens comum* e *jurídica,* quer dizer: a) certeiro; b) exato; justo; c) determinado; certo; d) claro; e) conciso; f) o que é necessário ou indispensável.

PRECITADO. Citado anteriormente.

PRECITO. Condenado.

PRECLAMADOR. *História do direito.* Oficial romano que ia à frente dos flâmines, ordenando a cessação de todo trabalho à sua passagem.

PRECLARIDADE. Qualidade de preclaro.

PRECLARO. **1.** Famoso. **2.** Notável. **3.** Brilhante.

PRECLUIR. *Direito processual civil.* Ser atingido por preclusão.

PRECLUSÃO. *Direito processual civil.* **1.** Encerramento do processo ou perda do exercício de ato processual em razão de inação da parte litigante que deixou de praticar certo ato dentro do prazo legal ou judicial, impedindo que o processo se inicie ou prossiga. **2.** Perda de um direito subjetivo processual pelo seu não-uso no tempo e no prazo devidos.

PRECLUSÃO CONSUMATIVA. *Direito processual civil.* Ocorre quando a faculdade processual já foi exercida validamente, tendo o caráter de fato extintivo (José Frederico Marques).

PRECLUSÃO DO DIREITO À HERANÇA. *Direito civil* e *direito processual civil.* Não apresentação de herdeiros habilitados à sucessão, após o decurso do prazo de seis meses.

PRECLUSÃO LÓGICA. *Direito processual civil.* Incompatibilidade da prática de um ato processual com outro já praticado (José Frederico Marques), sendo, portanto, impeditiva a preclusão.

PRECLUSÃO *PRO JUDICATO.* *Direito processual civil.* Impedimento imposto ao magistrado, para que não mais possa apreciar a questão decidida (Nelson Nery Jr.).

PRECLUSÃO TEMPORAL. *Direito processual civil.* Preclusão impeditiva decorrente da perda de uma faculdade processual em virtude de seu não-exercício no prazo fixado legalmente (José Frederico Marques). Por exemplo: gera-se a preclusão temporal para quem não interpõe recurso dentro do prazo legal.

PRECLUSIVO. *Direito processual civil.* **1.** Referente à preclusão. **2.** Que produz ou envolve preclusão.

PRECLUSO. *Direito processual civil.* **1.** O que precluiu. **2.** O que não produz efeito. **3.** Caduco.

PREÇO. **1.** *Filosofia geral.* a) Valor ideal (Bouglé); b) valor econômico. **2.** *Direito comercial.* a) Valor em dinheiro de uma mercadoria ou serviço; b) custo. **3.** Nas *linguagens comum* e *jurídica* em geral, tem a acepção de: a) recompensa; b) punição; castigo; c) o que se obtém em troca de algo; d) apreço; e) valor; f) importância; g) consideração. **4.** *Direito civil.* Soma em dinheiro que o comprador paga ao vendedor em troca da coisa adquirida. Porém, nada obsta que seja pago com coisas representativas de dinheiro ou a ele redutíveis, como cheque, duplicata, letra de câmbio, nota promissória, títulos de dívida pública. Além da pecuniariedade, o preço deverá ter: a) seriedade, indicando firme objetivo de se constituir numa contraprestação relativamente ao dever do alienante de entregar a coisa vendida, de modo que não denuncie qualquer simulação absoluta ou relativa; não pode ser fictício nem irrisório; b) certeza, pois deve ser certo ou determinado para que o comprador possa efetuar o pagamento devidamente. O preço, em regra, é fixado pelos contratantes no ato de contratar. A taxação do preço pode ser deixada a um terceiro que é o mandatário escolhido pelos contratantes, de tal sorte que sua estimação equivalerá à determinação do preço pelas próprias partes. O preço também poderá ser determinável, se se deixar, por exemplo, a sua fixação à taxa do mercado, ou da Bolsa, em tal dia e lugar. Se a cotação variar na mesma data, prevalecerá o valor médio do mercado nesse dia. O preço pode, ainda, ser fixado por tarifamento, realizado por intervenção da autoridade pública, que impõe o preço do objeto ou estabelece o limite máximo.

PREÇO AJUSTADO. *Direito civil* e *direito comercial.* Aquele decorrente de ajuste ou convenção entre as partes contratantes.

PREÇO BAIXO. *Direito civil* e *direito comercial.* Preço módico.

PRECOCE. *Medicina legal.* **1.** Desenvolvimento mental adiantado. **2.** Prematuro.

PREÇO CERTO. *Direito civil* e *direito comercial.* Fixação exata de um *quantum* pecuniário.

PRECOCIDADE. *Medicina legal.* Qualidade de precoce.

PREÇO CONTROLADO. *Direito comercial.* É o regulamentado, para que seja coerente com as variações dos custos de produção e comercialização.

PREÇO CORRENTE. *Direito civil* e *direito comercial.* **1.** É o preço de mercado em certo dia e hora, derivado de uma cotação realizada, hipótese em que se tem *preço corrente do dia.* **2.** É o fixo que decorre de tarifa ou cotação certa, não sujeita a mutação, caso em que se configura o *preço corrente fixo.* **3.** É o determinado pela verificação da média entre os preços mais baixos e mais elevados ocorridos em dado momento; trata-se, então, do *preço corrente médio.*

PREÇO DA ADJUDICAÇÃO. *Direito processual civil.* É o atribuído à coisa para que, baseado nele, se proceda à adjudicação. Trata-se do preço da avaliação a ser pago se na adjudicação não houver lanço. Se houver maior lanço o preço da adjudicação é fixado pelo preço da arrematação.

PREÇO DA AQUISIÇÃO. 1. *Direito civil.* a) É o preço da venda; b) soma pecuniária paga pelo comprador ao vendedor. **2.** *Direito comercial.* Preço de custo da mercadoria ou produto adquirido.

PREÇO DA ARREMATAÇÃO. *Direito processual civil.* É a soma em dinheiro do maior lanço feito na arrematação.

PREÇO DA AVALIAÇÃO. *Direito processual civil.* **1.** É o preço calculado por peritos, avaliadores ou arbitradores. **2.** É o que advém do arbitramento relativo ao valor pecuniário de algo.

PREÇO DA DOR. *Direito civil* e *direito processual civil.* É o da indenização pecuniária em razão de dano moral, que constitui um lenitivo a atenuar, em parte, as conseqüências do prejuízo sofrido pelo lesado, melhorando seu futuro e superando o déficit acarretado pelo dano. Não se avalia, economicamente, a dor, a mágoa ou o desgosto, pela impossibilidade de uma rigorosa avaliação pecuniária. Todavia, nada obsta a que se dê reparação pecuniária a quem foi lesado nessa zona de valores, a fim de que ele possa atenuar certos prejuízos irreparáveis que sofreu, propiciando algum bem-estar ou distração. O dinheiro não aparece como a real correspondência equivalente, qualitativa ou quantitativamente, aos bens perdidos pelo lesado, pois não há quantia capaz de corresponder, por exemplo, ao sofrimento causado aos pais pela morte de um filho; ao abalo emocional pelo impacto de uma injúria etc. A reparação pecuniária teria no dano moral uma função compensatória e penal, visto ser encargo suportado por quem causou o dano moral.

PREÇO DA FATURA. *Direito comercial.* **1.** É o preço de custo ou o da aquisição da mercadoria, acrescido do valor das despesas de transporte e embalagem da mercadoria. **2.** Preço pelo qual o comerciante adquire mercadorias nas fábricas.

PREÇO DA REMIÇÃO. *Direito civil.* Quantia paga a determinada pessoa para liberar o objeto dado em garantia, sujeito à excussão judicial.

PREÇO DA VENDA. *Vide* PREÇO DA AQUISIÇÃO, n. 1.

PREÇO DE ABERTURA. *Direito comercial.* É o do primeiro negócio efetuado em determinado dia na Bolsa de Valores (Geraldo Magela Alves).

PREÇO DE AFEIÇÃO. *Direito civil.* É o estipulado para indenizar dano moral indireto que atinge interesse não econômico, resultante de lesão a bem patrimonial da vítima de valor afetivo, reconhecido juridicamente, por integrar o âmbito da intimidade, que abrange, além da restituição *in natura*, uma indenização por perdas e danos, salvo se se comprovar boa-fé do usurpador ou esbulhador. Nesse caso se restitui o bem, acrescido do valor das deteriorações. Mas se a coisa não mais existir, pagar-se-á o equivalente, estimando-a pelo seu preço ordinário e pelo de afeição, conquanto que este não se avantaje àquele. O preço de afeição não poderá, portanto, ultrapassar o preço comum da coisa.

PREÇO DE CONCORRÊNCIA. 1. *Direito comercial.* Aquele que está abaixo do preço normal. **2.** *Direito administrativo.* É aquele que, numa licitação, contém maiores vantagens, satisfazendo os interesses da Administração Pública.

PREÇO DE CUSTO. *Direito comercial.* **1.** É o preço efetivo ou real do produto, incluindo insumos e valores incorporados ao bem, matéria-prima, mão-de-obra, energia elétrica, despesas havidas e lucro. **2.** Aquele em que não há nenhum lucro. **3.** Valor pecuniário pago para a produção ou aquisição da coisa. **4.** É o preço total da fatura, com o valor de despesas com embalagem, transporte e seguro da mercadoria adquirida, se tais dispêndios não estiverem computados no preço da aquisição (De Plácido e Silva).

PREÇO DE CUSTO COMERCIAL. *Direito comercial.* É o preço de custo industrial acrescido do lucro da empresa para cada um dos produtos (Geraldo Magela Alves).

PREÇO DE CUSTO INDUSTRIAL. *Direito comercial.* Valor bruto que se gastou na fabricação de produtos, que é dividido pela quantidade de peças produzidas. Incluem-se nele todas as despesas havidas, sejam elas fiscais, administrativas, industriais ou mercantis.

PREÇO DE FÁBRICA. *Direito comercial.* Valor pelo qual a indústria comercializa seu produto (Geraldo Magela Alves).

PREÇO DE MERCADO. *Direito civil* e *direito comercial.* Trata-se do preço corrente do dia. *Vide* PREÇO CORRENTE, n. 1.

PREÇO DE NOIVA. *História do direito.* Era o pagamento feito, entre os povos primitivos, pelo noivo ao pai ou parente da noiva para esta-bilizar a união matrimonial ou compensar a família pela perda de um de seus membros.

PREÇO DE SUBSCRIÇÃO. *Direito comercial.* Preço a pagar à companhia emitente para comprar ações, em caso de subscrição (Luiz Fernando Rudge).

PREÇO DETERMINADO. *Vide* PREÇO CERTO.

PREÇO DE TRANSFERÊNCIA. *Direito comercial.* Preço cobrado por uma empresa nas vendas de mercadorias, serviços ou bens intangíveis feitas a uma filial, subsidiária ou a empresa de alguma forma vinculada à empresa vendedora (Antonio Carlos Rodrigues do Amaral).

PRECODIFICAÇÃO. *História do direito.* Período antecedente à época das codificações do direito positivo.

PREÇO DO SANGUE. *História do direito.* Entre os povos primitivos da Alemanha, consistia na indenização pecuniária paga pelo lesante ao lesado, substituindo, assim, a vingança. *Vide* WERGELD.

PREÇO FIXO. *Direito civil* e *direito comercial.* **1.** Aquele que não sofre desconto algum. **2.** Aquele que não se sujeita a oscilações, uma vez estabelecido. **3.** Preço invariável, por ter sido calculado com a margem de lucro a que faz jus o revendedor.

PRECOGNIÇÃO. Na *parapsicologia*, diz-se do conhecimento antecipado de um fato que ainda não ocorreu.

PREÇO INCERTO. *Vide* PREÇO INDETERMINADO.

PREÇO INDETERMINADO. *Direito civil* e *direito comercial.* Preço incerto, isto é, ainda não definido, por depender de uma avaliação, que o fixe, confiada a terceiro ou em evidência de algum fato que o determine.

PREÇO IRRISÓRIO. *Vide* PREÇO VIL.

PREÇO JUSTO. *Direito civil* e *direito comercial.* Diz-se daquele que é equivalente ao valor do objeto ou da mercadoria. Todavia, convém lembrar que não se exige justo preço ou uma perfeita equivalência objetiva entre a coisa e o preço, mas apenas que este não seja tão irrelevante a ponto de significar uma liberalidade do alienante.

PREÇO LEGAL. *Direito civil* e *direito comercial.* É o fixado por lei ou por autoridade competente.

PREÇO LÍQUIDO. *Direito comercial.* **1.** Aquele no qual se fez desconto. **2.** Preço abatido de todas as despesas feitas com embalagem, armazenagem, frete, transporte etc.

PRÉ-COLONIAL. *História do direito.* Período anterior à colonização.

PREÇO MÁXIMO. *Direito comercial.* Cotação mais alta alcançada por um ativo cotado em Bolsa ao longo do dia, até o momento da consulta (Luiz Fernando Rudge).

PREÇO MÉDIO. *Direito civil* e *direito comercial.* **1.** É o preço corrente médio. *Vide* PREÇO CORRENTE, n. 3. **2.** Média ponderada das cotações do ativo durante o dia. Relaciona preços e volumes negociados (Luiz Fernando Rudge).

PREÇO MERCADOLÓGICO. *Vide* PREÇO DE MERCADO.

PREÇO MÍNIMO. *Direito comercial.* Cotação mais baixa alcançada por um ativo cotado em Bolsa ao longo do dia, até o momento da consulta (Luiz Fernando Rudge).

PREÇO NATURAL. *Direito comercial.* Aquele que abrange as despesas de produção ou industrialização do produto, acrescido do lucro de venda. Logo, em suma, é o preço de custo da mercadoria, acrescido de uma margem razoável de lucro.

PRECONCEBER. **1.** Planejar. **2.** Conceber antecipadamente. **3.** Idear algo sem ter conhecimento adequado sobre o assunto.

PRECONCEBIDO. **1.** Concebido antecipadamente. **2.** Planejado. **3.** Ideado sem conhecimento adequado. **4.** O que se planeja induzido pela influência de alguma tendência ou propensão.

PRECONCEITO. **1.** *Direito constitucional.* Atividade condenada pela Carta Magna consistente em tratar desigualmente aqueles que pertencem a raça, cor ou religião diversa. **2.** *Direito penal.* Ato condenável e punível consistente em discriminar uma pessoa em razão de raça, cor, etnia, religião ou procedência nacional. Se esse ato consistir em injúria, a pena cabível será reclusão e multa. Além disso, é crime: a) Praticar, induzir ou incitar a discriminação ou preconceito de raça, cor, etnia, religião ou procedência nacional, inclusive por meios de comunicação social ou publicação de qualquer natureza. O juiz pode punir com reclusão e multa e determinar, ouvido o Ministério Público ou a pedido deste, ainda antes do inquérito policial, o recolhimento imediato ou a busca e apreensão dos exemplares do material respectivo e a cessação das respectivas transmissões radiofônicas ou televisivas, constituindo efeito da condenação a destruição do material apreendido, após o trânsito em julgado da decisão. b) Fabricar, comercializar, distribuir ou veicular símbolos, emblemas, ornamentos, distintivos ou propaganda que utilizem a cruz suástica ou gamada, para fins de divulgação do nazismo. Tal delito é punido com reclusão e multa. **3.** *Sociologia jurídica.* Atitude condicionada emocionalmente, baseada em opinião, determinando simpatia ou antipatia para com pessoas ou grupos sociais. **4.** Nas *linguagens comum* e *jurídica* em geral, pode ter o sentido de: a) superstição que obriga alguém a praticar ou a omitir certos atos; b) opinião formada antes de obter conhecimentos adequados; c) opinião desfavorável concebida antecipadamente, sem razão, independente de experiência.

PRECONCEITUAR. **1.** Adotar uma opinião, influenciada por preconceito ou sem o conhecimento adequado do assunto ou questão. **2.** Preconceber.

PRECONCEITUOSO. Que envolve preconceito.

PRECONCEPTIVO. *Filosofia geral.* Diz-se do conhecimento teórico fundado em idéias preconcebidas.

PRECONDIÇÃO. Condição prévia.

PRECONÍCIO. **1.** Propaganda. **2.** Reclamo.

PRECONIZAÇÃO. **1.** *Direito canônico.* Ato pelo qual o Papa, ou cardeal, declara em pleno consistório que o religioso, nomeado para um bispado, tem todas as qualidades exigidas. **2.** Nas *linguagens comum* e *jurídica,* em geral, pode ter o sentido de ato ou efeito de preconizar.

PRECONIZAR. **1.** Fazer preconização. **2.** Aconselhar. **3.** Proclamar. **4.** Anunciar. **5.** Elogiar em demasia.

PREÇO NOMINAL. *Direito comercial.* Preço fixado na pauta da Bolsa de Valores, durante a retração dos negócios.

PREÇO NORMAL. *Direito comercial.* É o corrente no mercado ou na Bolsa.

PRÉ-CONSCIENTE. *Psicologia forense.* **1.** Imagem explicativa pela qual se admite que em uma antecâmara do consciente possa haver idéias que em certo momento podem ser evocadas. **2.** Idéia que, apesar de não estar presente na consciência, pode ser lembrada sem resistência emocional, que a reprimia.

PRÉ-CONSTITUCIONAL. *História do direito* e *direito constitucional.* Anterior ao período constitucional.

PRÉ-CONTRATO. *Direito internacional privado.* **1.** É aquele que decorre de negociações prolongadas, de acordos parciais feitos pelas partes em que alguns pontos do negócio devem ser solucionados ulteriormente. **2.** *Vide* CONTRATO PRELIMINAR.

PREÇO ORDINÁRIO. *Direito comercial.* **1.** É o preço do mercado. **2.** Aquele determinado pela lei da oferta e da procura.

PREÇO PAGO. *Direito civil.* **1.** Soma devida paga a alguém como contraprestação ou remuneração de prestação de serviço ou de locação de obra. **2.** Quantia pecuniária que se pagou pela aquisição de um bem, conforme se estipulou por convenção.

PREÇO PÚBLICO. 1. *Direito administrativo.* a) Quantia pecuniária paga voluntariamente por aquele que fruir de um serviço público, prestado por um concessionário, de utilização não obrigatória; tarifa (Marco Aurélio Greco); b) *quantum* exigido pelo Estado ou por quem lhe fizer as vezes, em regime privado (Eduardo M. F. Jardim). **2.** *Direito tributário.* Taxa paga pela utilização de serviço público (Marco Aurélio Greco).

PREÇO REAL. 1. *Direito comercial* e *direito empresarial.* Preço de custo acrescido com o lucro normal do produtor e do intermediário. *Vide* PREÇO DE CUSTO. **2.** *Direito civil* e *direito comercial.* Valor justo do bem ou da mercadoria, baseado em suas utilidades econômicas. *Vide* PREÇO JUSTO.

PREÇO RECEBIDO. *Direito civil* e *direito comercial.* **1.** Quantia paga pelo comprador e recebida pelo vendedor. **2.** Quantia que se paga em remuneração ao que se deve a alguém.

PREÇO SÉRIO. *Direito civil.* É o real e o verdadeiro, constituindo-se na soma pecuniária compatível com o valor da coisa vendida, de modo que não haja qualquer simulação absoluta ou relativa.

PREÇO TETO. *Direito comercial.* Preço máximo para mercadorias, fixado em lei.

PREÇO VIL. *Direito civil.* Preço irrisório ou muito abaixo do valor do bem. Como não corresponde à realidade, não há venda, ante a grande diferença entre o valor da coisa e o preço estipulado, convertendo-se em doação.

PREÇO VULGAR. *Vide* PREÇO CORRENTE.

PRECURSOR. 1. O que precede outra pessoa ou coisa. **2.** O que anuncia a chegada de alguém.

PREDADOR. *Direito ambiental.* O que destrói o ambiente em que atua.

PRÉ-DATAR. 1. Lançar data com antecipação. **2.** Datar de antemão.

PREDATÓRIO. 1. *Direito penal.* Refere-se a roubo ou a pirataria. **2.** *História do direito.* Dizia-se da nau de corsários.

PREDATORY PRICING. *Direito comparado.* Oferta, nos EUA, ao mercado consumidor de produtos a preços predatórios, se comparados aos de seus competidores em um dado mercado. É comum quando uma empresa, detentora do monopólio sobre determinado mercado, vende seu produto a preço inferior ao de custo em outro mercado onde, ainda, não tem posição de monopolista. Essa venda de produto a preço abaixo do de custo é uma infração à ordem econômica que deve ser punida (Celso Bastos).

PREDECESSOR. Antecessor.

PREDEFINIÇÃO. 1. Prognóstico. **2.** Ato ou efeito de predefinir. **3.** Predestinação.

PREDEFINIR. 1. Definir com antecipação. **2.** Prognosticar. **3.** Predestinar.

PRÉ-DEFUNTO. *Direito civil.* Pré-morto; aquele que faleceu antes de outra pessoa; falecido anteriormente.

PREDELINEAÇÃO. *Filosofia geral.* Doutrina que entende estar o destino de cada monarca, previamente, determinado pela sua própria natureza (Leibniz).

PREDEMARCADO. *Direito civil* e *direito processual civil.* Demarcado previamente.

PREDESTINAÇÃO. 1. Fatalidade. **2.** Destino. **3.** Teoria teológica que aceita a ação de Deus predeterminando tudo que há de acontecer ou conduzindo os eleitos à bem-aventurança eterna.

PREDESTINADO. 1. Preordenado. **2.** Destinado de antemão.

PREDESTINAR. Destinar antes.

PREDESTINATIVO. Que predestina.

PREDESTINO. Destino antecipado.

PREDETERMINAÇÃO. 1. Premoção (Bossuet). **2.** Determinação de fato ou ato por motivos anteriores ao seu momento. **3.** Ato ou efeito de predeterminar.

PREDETERMINANTE. O que provoca ou causa a predeterminação.

PREDETERMINAR. Determinar antecipadamente.

PREDETERMINISMO. *Filosofia geral.* **1.** Determinismo; necessidade eterna dos acontecimentos como resultado da onipotência divina. **2.** Determinação de qualquer ato por fatos passados (Kant).

PREDIAL. Relativo a prédio.

PRÉDICA. Sermão.

PREDICAÇÃO. *Lógica jurídica.* **1.** Asserção de alguma coisa sobre um sujeito. **2.** Juízo no qual se considera o sujeito em extensão, ou seja, como um ser no qual o predicado é uma ação ou algo que se afirma ou se nega daquele ser (Keynes). **3.** Juízo de inerência (Lachelier). **4.** Juízo atributivo.

PREDICADO. **1.** *Lógica jurídica.* O que se afirma ou se nega do sujeito. **2.** Na *linguagem comum,* quer dizer: a) qualidade da pessoa; b) virtude; c) característica.

PREDICAL. Relativo a sermão.

PREDICAMENTAR. Classificar.

PREDICAMENTO. **1.** *Filosofia geral.* a) Categoria; b) uma das dez classes a que Aristóteles reduziu as coisas. **2.** *Lógica jurídica.* a) Categoria lógica; b) classe ou gênero sobre o qual se faz uma afirmação.

PREDICAMENTOS ARISTOTÉLICOS. *Filosofia geral.* São as seguintes dez categorias a que Aristóteles classificou as realidades: substância, quantidade, qualidade, relação, ação, paixão, ubicação, situação, quandocação e hábito.

PREDIÇÃO. **1.** Prognóstico. **2.** Ato ou efeito de predizer.

PREDICAR. **1.** Pregar. **2.** Fazer sermão. **3.** Aconselhar.

PREDICATIVO. *Lógica jurídica.* **1.** Juízo que atribui um predicado a um sujeito (Keynes). **2.** O que enuncia separadamente um predicado, por oposição às proposições nas quais se confundem numa só palavra, sujeito e predicado (Lalande). **3.** Diz-se do verbo ser, quando, concomitantemente, tiver uma cópula e um predicado.

PREDICATÓRIO. Lisonjeiro; encomiástico.

PREDICÁVEIS. *Filosofia geral.* **1.** São as seguintes classes indicadas por Porfírio: o gênero, a espécie, a diferença, o próprio e o acidente. **2.** Todos os conceitos *a priori,* mas derivados das categorias ou predicamentos como: a força, a ação e a paixão, na categoria da causalidade; a presença e a resistência, na categoria da comunidade; a origem, a destruição e a mudança, na da modalidade (Kant). **3.** Proposições gerais que podem ser *a priori* afirmadas relativamente ao espaço, ao tempo e à matéria (Schopenhauer). **4.** Categoremas.

PREDICÁVEIS ANÁLOGOS. *Lógica jurídica.* São, segundo Van Acker, aqueles obscuros, devido à indeterminação ou à variabilidade dos sentidos dos termos, que correspondem a sujeitos analogados ou aplicáveis a vários sujeitos em sentido relativamente idêntico e relativamente diferente. E são também denominados predicáveis universais não estritos.

PREDICÁVEIS ANÁLOGOS EXTRÍNSECOS. *Lógica jurídica.* São os que designam o respectivo (sujeito) analogado principal no que lhe é intrínseco e os (sujeitos) analogados secundários no que lhes é extrínseco (Van Acker).

PREDICÁVEIS ANÁLOGOS INTRÍNSECOS. *Lógica jurídica.* São os que designam os respectivos (sujeitos) analogados, tanto o principal como os secundários, pelo que lhes é intrínseco (Van Acker).

PREDICÁVEIS ANÁLOGOS POR PROPORÇÃO. *Lógica jurídica.* São os predicáveis análogos extrínsecos ou intrínsecos fundados em certa relação de semelhança entre as relações que caracterizam o analogado principal e os analogados secundários (Van Acker).

PREDICÁVEIS ANÁLOGOS POR RELAÇÃO. *Lógica jurídica.* São os predicáveis análogos extrínsecos ou intrínsecos nos quais a analogia se baseia em certa relação de causalidade entre o analogado principal e os analogados secundários (Van Acker).

PREDICÁVEIS CATEGORIAIS. *Lógica jurídica.* São também denominados predicáveis predicamentais, que são os unívocos genéricos supremos, designando os gêneros supremos das realidades univocadas, que são: substância, quantidade, qualidade, relação (incluindo ubicação, situação, quandocação e hábito), ação e paixão (Van Acker).

PREDICÁVEIS CLAROS. *Lógica jurídica.* São aqueles baseados em dois processos de formação: a *definição,* que não só define o sujeito por atribuição, *omni soli, semper,* como também o explica ordenadamente, esclarecendo-o; e a *divisão,* que distingue as partes de um todo ou os sentidos de uma palavra, preparando uma adequada e ordenada definição (Van Acker).

PREDICÁVEIS EQUÍVOCOS. *Lógica jurídica.* São os que designam vários predicáveis unívocos e os respectivos sujeitos, casualmente expressados pelo mesmo termo (Van Acker).

PREDICÁVEIS IDÊNTICOS ESTRITOS. *Lógica jurídica.* São os que têm a mesma compreensão e extensão (Van Acker).

PREDICÁVEIS IDÊNTICOS NÃO-ESTRITOS. *Lógica jurídica.* São aqueles que têm a mesma extensão, mas não têm a mesma compreensão (Van Acker).

PREDICÁVEIS NÃO IDÊNTICOS IMPERTINENTES. *Vide* PREDICÁVEIS NÃO IDÊNTICOS IRRESPECTIVOS.

PREDICÁVEIS NÃO IDÊNTICOS IRRESPECTIVOS. *Lógica jurídica.* São também designados de predicáveis não idênticos impertinentes, porque entre eles não há nenhuma relação lógica de inferência ou de oposição, já que não se excluem (Van Acker).

PREDICÁVEIS NÃO IDÊNTICOS PERTINENTES. *Vide* PREDICÁVEIS NÃO IDÊNTICOS RESPECTIVOS.

PREDICÁVEIS NÃO IDÊNTICOS RESPECTIVOS. *Lógica jurídica.* São aqueles também denominados predicáveis não idênticos pertinentes, por existir entre eles uma relação lógica de inferência ou de oposição.

PREDICÁVEIS NÃO IDÊNTICOS RESPECTIVOS POR INFERÊNCIA. *Lógica jurídica.* Aqueles que têm entre si uma relação lógica de inferência, mas não recíproca, porque, então, seriam idênticos (Van Acker).

PREDICÁVEIS NÃO IDÊNTICOS RESPECTIVOS POR OPOSIÇÃO. *Lógica jurídica.* Aqueles que apresentam uma relação lógica de oposição, que pode ser: a) contraditória, se houver negação de um predicável ou outro – p. ex., humano-não humano; b) privativa, porque um nega a qualidade designada pelo outro, que lhe é devida por ser normal – p. ex., lícito e ilícito; c) contrária, se os predicáveis designarem os extremos opostos em determinada classe – p. ex., verdade e falsidade; d) relativa, quando os predicados designam serem mutuamente dependentes – p. ex., pai e filho; patrão e empregado (Van Acker).

PREDICÁVEIS NEGATIVOS. *Lógica jurídica.* São os imprecisos ou indefinidos no sentido (Van Acker).

PREDICÁVEIS OBSCUROS. *Lógica jurídica.* São os conceitos unívocos não atribuíveis *omni, soli, semper* aos respectivos sujeitos (Van Acker).

PREDICÁVEIS PREDICAMENTAIS. *Vide* PREDICÁVEIS CATEGORIAIS.

PREDICÁVEIS TRANSCATEGORIAIS. *Vide* PREDICÁVEIS TRANSCENDENTAIS.

PREDICÁVEIS TRANSCENDENTAIS. *Lógica jurídica.* São também chamados de predicáveis transcategoriais por serem análogos, atribuíveis a toda realidade em qualquer de seus aspectos ou a todo ser enquanto ser ou apenas a vários gêneros de seres ou realidades univocadas (Van Acker).

PREDICÁVEIS UNIVERSAIS ESTRITOS. *Vide* PREDICÁVEIS UNÍVOCOS.

PREDICÁVEIS UNIVERSAIS NÃO ESTRITOS. *Vide* PREDICÁVEIS ANÁLOGOS.

PREDICÁVEIS UNÍVOCOS. *Lógica jurídica.* São também designados de predicáveis universais estritos, por serem atribuíveis a vários sujeitos num sentido estritamente idêntico (Van Acker).

PREDICÁVEIS UNÍVOCOS ESSENCIAIS. *Lógica jurídica.* São os que designam a essência do sujeito, ocupando-se do que lhe é, ontologicamente, fundamental ou substancial, podendo ser: a) genéricos, se apontarem a essência genérica; b) diferenciais ou específicos, quando desvendam a diferença específica do sujeito (Van Acker).

PREDICÁVEIS UNÍVOCOS NÃO ESSENCIAIS. *Lógica jurídica.* São os que não se ocupam da essência do sujeito, podendo ser: a) próprios, se atribuíveis a todo indivíduo ou sujeito particular de determinada classe (*omni*), de modo exclusivo (*soli*) e constante (*semper*). Por exemplo: a capacidade de rir e a capacidade de colaborar, racionalmente, para o bem comum ou societário são predicáveis próprios do homem; b) não próprios, se não forem atribuíveis a todo indivíduo ou sujeito particular de uma classe. Os predicáveis não próprios podem ser atribuíveis *omni, semper, non soli; omni, non semper, non soli; soli, non omni, non semper; non omni, non soli, non semper.*

PREDICÁVEL. 1. *Lógica jurídica.* Idéia ou conceito universal logicamente identificável a vários sujeitos, quer sejam indivíduos reais, atuais ou possíveis, quer sejam idéias universais (Van Acker). **2.** *Filosofia geral.* Qualquer uma das várias espécies de predicação que podem ser empregadas a um sujeito.

PREDILEÇÃO. 1. Preferência. **2.** Amizade preferente por alguém. **3.** Afeição extremosa.

PREDILECIONAR. Ter predileção.

PREDILETO. 1. Que é preferido. **2.** Que é estimado com preferência.

PRÉDIO. *Direito civil.* **1.** Imóvel, urbano ou rural, edificado ou não. **2.** Bem de raiz. **3.** Terra; terreno. **4.** Moradia. **5.** Casa. **6.** Edifício. **7.** Bem imobiliário.

PRÉDIO ALODIAL. *Direito civil.* Aquele imóvel isento ou livre de ônus, encargos ou foros.

PRÉDIO DOMINANTE. *Direito civil.* Aquele em prol do qual se estabelece uma servidão, podendo exercer algum direito real sobre o prédio serviente.

PRÉDIO ENCRAVADO. *Direito civil.* Aquele que, por não possuir saída própria para via pública, nascente ou porto, tem direito a uma passagem forçada pelos imóveis contíguos. *Vide* PASSAGEM FORÇADA.

PRÉDIO ENFITÊUTICO. *Direito civil.* É o prédio aforado, no qual o enfiteuta tem o domínio útil e o senhorio o domínio direto. *Vide* ENFITEUSE.

PRÉDIO FRUGÍVORO. *Direito agrário.* Diz-se do que produz frutos.

PRÉDIO INFERIOR. *Direito civil.* É o que se situa abaixo de outro, sendo, por isso e em razão da declividade, obrigado a receber as águas que deste fluem, e por ele passam.

PRÉDIO MISTO. *Direito civil* e *direito comercial.* Aquele que é em parte residencial e em parte mercantil ou industrial, abrangendo fundo de comércio e estabelecimento empresarial (comercial ou fabril).

PRÉDIO RURAL. *Direito administrativo* e *direito agrário.* **1.** É também denominado prédio rústico, por ser aquele que tem por finalidade a exploração agrícola, pecuária, extrativa ou agroindustrial, pouco importando se está situado dentro ou fora do perímetro urbano (Espínola Filho, Silva Pacheco, Agostinho Alvim, Teixeira de Freitas etc.). **2.** O situado fora dos limites do perímetro urbano estabelecido pelas leis municipais (Clóvis Beviláqua, Espínola, Sabino Jr.).

PRÉDIO RÚSTICO. *Vide* PRÉDIO RURAL.

PRÉDIO SERVIENTE. *Direito civil.* É aquele que está gravado por uma servidão. Seu uso está restrito em benefício do prédio dominante que pertence a proprietário diverso.

PRÉDIO SUBURBANO. Situado nas proximidades do perímetro urbano.

PRÉDIO SUPERIOR. *Direito civil.* É o prédio que, por estar situado em posição mais elevada que outro, as águas que por ele passarem correrão, forçosamente, pelo prédio que lhe ficar abaixo.

PRÉDIO URBANO. *Direito administrativo, direito urbanístico, direito civil* e *direito comercial.* **1.** Diz-se do prédio que, seja qual for a sua localização, está destinado à moradia, ao comércio e à indústria, e não à exploração agrária (Agostinho Alvim, Silva Pacheco, Teixeira de Freitas, Espínola Filho, Campos Batalha). **2.** É o localizado dentro das demarcações impostas administrativamente pela lei, ou seja, dentro do perímetro urbano (Clóvis Beviláqua, Dionísio da Gama, Carlos de Carvalho, Espínola, Sabino Jr.).

PREDISPONÊNCIA. Ato ou efeito de predispor.

PREDISPONENTE. Que predispõe.

PREDISPOR. Dispor de antemão.

PREDISPOSIÇÃO. 1. *Medicina legal.* Propensão do organismo para determinada doença. **2.** Nas *linguagens comum* e *jurídica* em geral, pode ter a acepção de: a) aptidão; b) ato de predispor.

PREDISPOSTO. Que se predispôs; que apresenta predisposição.

PREDITO. 1. Vaticinado. **2.** Prenunciado. **3.** Citado ou dito anteriormente.

PREDITOR. Aquele que prediz.

PREDIZER. 1. Anunciar algo com antecedência. **2.** Vaticinar; prognosticar.

PREDIZIBILIDADE. Grau de probabilidade em que um fenômeno pode ser previsto.

PREDOMINAÇÃO. 1. Predomínio. **2.** Ato ou efeito de predominar.

PREDOMINADOR. Aquele ou o que predomina.

PREDOMINÂNCIA. Qualidade ou estado de predominante.

PREDOMINANTE. 1. Preponderante. **2.** Que predomina.

PREDOMINAR. 1. Prevalecer. **2.** Sobressair. **3.** Exercer predomínio.

PREDOMÍNIO. **1.** Preponderância; predominação. **2.** Supremacia. **3.** Superioridade. **4.** Domínio principal.

PRÉ-ECLAMPSIA. *Medicina legal.* Toxemia, precursora da eclampsia, que se dá na última fase da gravidez.

PRÉ-ELEITORAL. *Ciência política.* O que antecede a eleição.

PREEMINÊNCIA. **1.** Qualidade de preeminente. **2.** Superioridade em hierarquia ou categoria. **3.** Primazia. **4.** Posição social elevada.

PREEMINENTE. **1.** Que ocupa lugar elevado. **2.** Superior. **3.** Que tem preeminência.

PREEMPÇÃO. *Direito civil.* **1.** Pacto adjeto à compra e venda em que o adquirente de móvel ou imóvel passa a ter o dever de ofertá-lo ao vendedor, para que este use de seu direito de prelação em igualdade de condições, se for vendê-lo ou dá-lo em pagamento. **2.** *Vide* CLÁUSULA DE PREFERÊNCIA.

PREENCHER. **1.** *Teoria geral do direito.* a) Completar; colmatar; b) cumprir; c) satisfazer. **2.** *Direito administrativo.* a) Ocupar um cargo vago; b) desempenhar bem seu cargo ou função; c) prover.

PREENCHIMENTO. *Teoria geral do direito* e *direito administrativo.* Ação ou efeito de preencher.

PREENCHIMENTO DE LACUNAS. *Teoria geral do direito.* **1.** Emprego, pelo magistrado, quando deparar com lacuna normativa, ontológica ou axiológica, de mecanismos complementares do direito, que consistem na analogia, costume, princípios gerais do direito e eqüidade, para elaborar sua norma individual aplicável ao caso *sub judice*, colmatando a lacuna encontrada. **2.** Integração da lacuna pelo magistrado, que não pode furtar-se a uma decisão, para chegar a uma solução adequada. **3.** Permissão para o desenvolvimento aberto do direito, dirigido metodicamente, pelo órgão judicante, sempre que se apresentar uma lacuna, cobrindo o vácuo normativo mediante analogia, costume, princípios gerais do direito e eqüidade, para encontrar a norma aplicável ao caso concreto, dentro dos marcos jurídicos, emitindo a norma individual completante, que solucionará o caso *sub judice* e vinculará ambos os litigantes.

PRÉ-ESCOLAR. Anterior ao período ou idade escolar.

PRÉ-ESCOLARIDADE. Qualidade do que é pré-escolar.

PREESTABELECER. **1.** Ordenar ou estabelecer previamente. **2.** Predispor.

PREESTABELECIDA. *Filosofia geral.* Teoria da harmonia de Leibniz, segundo a qual não há ação direta das substâncias criadas umas sobre as outras, mas apenas um desenvolvimento paralelo que mantêm entre elas em cada momento uma relação mútua ordenada antecipadamente. Trata-se, portanto, da harmonia preestabelecida (Lalande).

PREESTABELECIDO. **1.** Predisposto. **2.** Que se ordenou ou se estabeleceu de antemão.

PRÉ-ESTRÉIA. Representação de peça teatral ou projeção de filme a convidados especiais, antes da estréia ao público.

PREEXCELENTE. Muito excelente; superior a tudo.

PREEXISTÊNCIA. Existência anterior.

PREEXISTENTE. Que preexiste.

PREEXISTIR. **1.** Existir anteriormente. **2.** Ter existência anterior.

PRÉ-FABRICADO. O que é constituído de partes já fabricadas, prontas para serem montadas.

PREFAÇÃO. *Direito autoral.* Prefácio.

PREFACIADOR. *Direito autoral.* Aquele que prefacia.

PREFACIAL. *Direito autoral.* **1.** Refere-se a prefácio. **2.** Que serve de prefácio.

PREFACIAR. *Direito autoral.* Elaborar prefácio de uma obra científica ou literária.

PREFÁCIO. **1.** *Direito canônico.* Parte da missa que precede o cânon, quando o celebrante lê em voz alta uma oração. **2.** *Direito autoral.* a) Justificação ou apresentação da obra feita pelo seu autor, pelo seu editor ou por pessoa de reconhecida competência ou autoridade, antecedendo seu texto; b) prólogo.

PREFEITO. **1.** *Direito administrativo.* Chefe do Poder Executivo no Município, que o administra e governa. **2.** *Direito canônico.* Superior de ordem ou de uma comunidade religiosa, que deve dirigi-la. **3.** *Direito romano.* a) Era o magistrado encarregado do Poder Judiciário num Município com poderes para administrar livremente seus negócios internos; b) era o eleito por comício popular ou nomeado pelo pretor urbano, como administrador de uma localidade sujeita à jurisdição, situada em outra cidade.

PREFEITO MUNICIPAL. *Direito administrativo.* Eleito pelo povo em pleito direto e secreto, juntamente com o vice-prefeito e vereadores, para administrar e governar o Município de que é o legítimo representante.

PREFEITORAL. *Direito administrativo.* Referente a prefeito e a prefeitura.

PREFEITURA. 1. *Direito romano.* a) Cada uma das quatro divisões administrativas estabelecidas por Constantino, que eram a da Itália, das Gálias, do Oriente e da Ilíria; b) Município que, apesar de ter livre administração interna, estava sujeito à nomeação de um prefeito pelo povo ou pretor, que nele exercia o poder judiciário e interferia nos seus negócios internos. **2.** *Direito administrativo.* a) Prédio onde se encontram instalados os serviços da Administração municipal; repartição executiva central de cada Município; b) cargo de prefeito; c) período de duração desse cargo.

PREFEITURA APOSTÓLICA. *Vide* VICARIATO APOSTÓLICO.

PREFEITURA MUNICIPAL. *Direito administrativo.* **1.** Sede da Administração municipal, que está sob a direção de um prefeito eleito pelo povo. **2.** Órgão incumbido de exercer a função administrativa no âmbito do poder público municipal (Adilson de Abreu Dallari).

PREFERÊNCIA. 1. *Direito civil.* a) *Vide* CLÁUSULA DE PREFERÊNCIA; PREEMPÇÃO; PRELAÇÃO; b) primazia concedida legalmente para assegurar que determinados direitos sejam atendidos antes dos outros; c) vantagem que coloca alguma pessoa ou coisa em primeiro lugar, favorecendo-a ao dar-lhe prioridade em relação a outra, devido à situação em que se encontra ou o direito em que se funda; d) privilégio ou direito real instituído em favor do titular de um crédito, para que seja pago em primeiro lugar, preterindo os demais; e) direito de, preço por preço, haver certas coisas antes de outras pessoas. **2.** Nas *linguagens comum* e *jurídica,* em geral, pode significar: a) predileção ou ação de preferir uma coisa ou pessoa em relação a outra; b) prioridade; c) primazia.

PREFERÊNCIA ALFANDEGÁRIA. *Direito internacional privado.* É a diferença percentual entre a alíquota do imposto de importação aplicado sobre um produto originário de terceiros países e a alíquota do imposto de importação aplicado sobre o mesmo produto originário de países do Mercosul. É, portanto, a vantagem, em termos percentuais, que um país do Mercosul concede aos demais integrantes do bloco, quando das suas negociações de importação.

PREFERÊNCIA CREDITÓRIA. *Direito civil.* **1.** Vantagem que determinados credores têm de serem pagos em primeiro lugar, em razão da qualidade de seu crédito, quando estiverem em concorrência com outros credores do devedor. **2.** Aquela oriunda de direito real ou de títulos de privilégio concedido ao credor. **3.** Direito de um credor requerer, num concurso creditório, que seu crédito seja pago preferencial ou privilegiadamente, em função do direito em que está fundado ou pela força do título apresentado.

PREFERÊNCIA DO CRÉDITO TRIBUTÁRIO. *Direito tributário.* **1.** Privilégio conferido por lei ao crédito tributário para que seja pago antes dos créditos de outra natureza, exceto dos trabalhistas. **2.** Primazia absoluta do crédito tributário, inclusive sobre o trabalhista, no inventário, arrolamento, recuperação judicial ou extrajudicial ou falência.

PREFERÊNCIA DO INQUILINO. *Direito civil* e *direito comercial.* Direito pessoal concedido por lei ao inquilino, no caso de venda, promessa de venda, cessão ou promessa de cessão de direitos ou dação em pagamento, de ter primazia na aquisição do imóvel locado, destinado a fins residenciais, comerciais ou industriais, em igualdade de condições com terceiro, tanto no que concerne à cifra numérica do preço como no que atina às vantagens oferecidas. Devendo, para tanto, o locador, antes de alienar o prédio a estranho, oferecer o imóvel ao inquilino, mediante notificação judicial ou extrajudicial, ou qualquer outro meio hábil que comprove o cumprimento dessa exigência legal, para que ele possa usar do seu direito de prelação ou preferência.

PREFERENCIAL. 1. *Direito de trânsito.* Diz-se da via pública onde, nos cruzamentos, os veículos têm primazia de passagem sobre os que procedem destes. **2.** Na *linguagem jurídica* em geral é o que tem preferência.

PREFERENTE. Aquele que prefere ou disputa preferência que lhe assiste.

PREFERIDO. 1. Eleito. **2.** Que se prefere.

PREFERIR. 1. Dar primazia. **2.** Escolher. **3.** Ter preferência por pessoa ou coisa.

PREFERÍVEL. 1. Melhor. **2.** Que se deve preferir.

PREFINIÇÃO. 1. Designação, ou fixação, prévia. **2.** Predeterminação. **3.** Ato de prefixar prazo para o adimplemento da obrigação.

PREFINIR. 1. Fixar de antemão. **2.** Aprazar; marcar prazo ou termo.

PREFORMAÇÃO. Doutrina segundo a qual os órgãos e caracteres hereditários dos seres vivos existem nos germes. É também designada de Preformismo (Weismann, Leibniz).

PREFORMISMO. *Vide* PREFORMAÇÃO.

PREGAÇÃO. 1. Sermão. **2.** Discurso maçador. **3.** Repreensão; admoestação.

PREGADOR. 1. Aquele que faz sermões. **2.** Que repreende. **3.** Orador.

PREGÃO. 1. *Direito processual civil.* a) Notícia dada, publicamente, por oficial de justiça ou pelo porteiro dos auditórios forenses ou aviso dado, por eles, às partes, por ordem judicial, no começo ou no decorrer das audiências públicas, para que tenham conhecimento de alguma deliberação dos órgãos judicantes; b) anúncio em voz alta dos bens levados em hasta pública e dos lances ofertados para arrematação dos bens. **2.** *Direito comercial.* Modo pelo qual os corretores da Bolsa proclamam as ofertas negociais. **3.** *Direito administrativo.* Modalidade de licitação em que a disputa pelo fornecimento de bens ou serviços comuns é feita em sessão pública, por meio de propostas de preços escritas e lances verbais, e, inclusive, mediante o uso de recurso de tecnologia de informação.

PREGÃO ELETRÔNICO. *Direito virtual.* **1.** Venda pública feita mediante realização de pregão, via Internet, onde o interessado, que oferece preço maior, adquire o bem disputado pelos internautas. Prescinde da figura do leiloeiro, visto que o acesso dos produtos é aberto a qualquer pessoa; mas para colocar uma oferta, fazer o lance ou comprar produto, o interessado precisará anuir com as cláusulas do contrato de utilização do *site,* preencher um cadastro com dados pessoais, escolher um pseudônimo e uma senha e fornecer seu *e-mail* (Jorge José Lawand; Ronaldo L. da Silva e Ivo Waisberg). **2.** Modalidade de pregão utilizada, na licitação, com o emprego de recursos de tecnologia da informação destinada à aquisição de bens e serviços comuns no âmbito da União. Esse pregão realizar-se-á em sessão pública por meio de sistema eletrônico que promova a comunicação pela Internet. Tal sistema utilizará recursos de criptografia e de autenticação que garantam condições adequadas de segurança em todas as etapas do certame. O pregão será conduzido pelo órgão promotor da licitação, com o apoio técnico e operacional do Ministério do Planejamento, Orçamento e Gestão, representado pela Secretaria de Logística e Tecnologia da Informação, que atuará como provedor do sistema eletrônico para os órgãos integrantes do Sistema de Serviços Gerais.

PREGÃO VIRTUAL. *Direito virtual.* Sistema de negociação eletrônica no período *after-market,* que se dá fora do horário regular, qual seja, das 10 às 17h, funcionando das 17h50 min. às 18h (pré-abertura) e das 18 às 22h, quando ocorrem as negociações.

PREGAR. 1. Pronunciar sermão. **2.** Anunciar. **3.** Aconselhar. **4.** Repreender. **5.** Fixar. **6.** Causar. **7.** Impingir; infligir. **8.** Conservar-se muito tempo em determinado local. **9.** Ficar exausto.

PREGARIA. *Direito comercial.* Fábrica de pregos, que são hastes metálicas, com extremidade pontiaguda, destinadas a fixar objetos.

PREGNÂNCIA. *Filosofia geral.* **1.** Teoria da forma. **2.** Vivacidade das impressões (Pradines). **3.** Qualidade pela qual uma estrutura ou forma se impõe como privilegiada, de modo que a ela se reportam as demais que se afastam deste modelo típico por excesso ou por falta (Guillaume).

PREGNANTE. 1. Que se impõe ao espírito (Pradines). **2.** Aquilo que designa a boa ou a melhor forma (Guillaume).

PREGO. *Direito comercial.* Casa de penhores onde se empenha ou se dá um objeto como garantia pignoratícia para obter empréstimo.

PREGOADOR. *Direito processual civil* e *direito comercial.* Que pregoa.

PREGOAMENTO. *Direito processual civil* e *direito comercial.* Ação de lançar pregão.

PREGOAR. *Direito processual civil* e *direito comercial.* Fazer pregão.

PREGOEIRO. 1. *Direito processual civil.* a) Aquele que lança pregão; b) leiloeiro. **2.** *Direito comercial.* Corretor da Bolsa.

PREGÕES. 1. *Direito comercial.* Anúncios musicados feitos por vendedores ambulantes. **2.** *Direito civil.* Proclamas de casamento.

PREGRESSO. 1. O que aconteceu primeiro. **2.** Decorrido anteriormente.

PREGUEIRO. 1. *Direito marítimo.* Navio de grande calado. **2.** *Direito comercial.* Aquele que fabrica ou vende pregos.

PREGUIÇA. 1. Inação. **2.** Pouca disposição para o trabalho. **3.** Indolência. **4.** Negligência. **5.** Corda que dirige o peso dos guindastes.

PREGUIÇOSO. 1. *Lógica jurídica.* Raciocínio que não leva a nada ou que não cuida de nada. **2.** Nas *linguagens comum* e *jurídica,* em geral, é: a) o que é demorado; b) aquilo que funcional mal.

PREGUISTA. 1. Quem tem casa de penhores. **2.** Agiota.

PREGUSTADOR. *Direito romano.* Encarregado de provar comidas e bebidas antes de outra pessoa.

PREGUSTAR. Provar comida ou bebida.

PRÉ-HABILITAR. Habilitar-se previamente.

PRÉ-HISTÓRIA. *História do direito.* Parte da história que se analisa, ante a falta de documentos escritos, através de raciocínio partindo de rastros materiais encontrados.

PRÉ-IMPERIAL. *História do direito.* Período anterior ao do Império.

PRÉ-INDEPENDENTE. *História do direito.* Diz respeito a época anterior à independência.

PREITESIA. *História do direito.* Ajuste; contrato.

PREITO. 1. Nas *linguagens comum* e *jurídica,* em geral, significa: a) homenagem; b) sujeição; dependência. **2.** *História do direito.* Tributo como sinal de vassalagem.

PREITO DA TROPA. *Direito militar.* Honra militar prestada pela tropa e exteriorizada por meio de honra de gala ou honra fúnebre.

PREJUDICADO. 1. Na *linguagem jurídica,* em geral, tem o sentido de: a) lesado; b) o que sofreu dano moral e/ou patrimonial; c) que se prejudicou; d) que sofreu dano físico ou lesão em seus interesses; e) inutilizado; f) improfícuo. **2.** *Direito processual.* a) Diz-se do ato contra o qual se interpôs recurso em juízo; b) terceiro alheio à causa, que nela intervém para defender seu direito ofendido por ato judicial dela oriundo; c) ato ou medida processual que se tornou inoperante ou inútil ao processo, ante a ocorrência de determinadas circunstâncias.

PREJUDICAMENTO. 1. Dano. **2.** Perda. **3.** Lesão.

PREJUDICAR. 1. Na *linguagem jurídica,* em geral, tem o sentido de: a) causar dano moral ou patrimonial; b) deteriorar algo pertencente a outrem, provocando sua perda parcial de utili-

dade; c) provocar lesão corporal; lesar; d) tornar ineficaz ou inútil; e) diminuir valor; f) ser danoso. **2.** *Direito processual.* a) Tornar sem valia; anular ou invalidar processo; b) prejulgar; julgar previamente; c) tornar inoperante ato ou medida processual.

PREJUDICIAL. 1. *Direito processual civil.* a) Ação cível que, para ser solucionada, depende de decisão em ação criminal; b) ação em que se discutem questões alusivas ao Estado ou à família; c) ação acessória que deve ser julgada, preliminarmente, por exercer influência decisiva no mérito da causa principal; d) diz-se da questão resultante de ações conexas, sendo uma delas a principal; e) o que se refere a julgamento antecipado que procura qualificar a questão incidente que se deu no curso da demanda, cuja solução afeta a decisão da questão principal; f) questão, que, no conceito de direito material, reclama decisão anterior à do mérito, requerendo verificação de um fato, cuja apreciação é condição indispensável àquele julgamento, por isso deve ser discutida numa ação independente. **2.** *Direito processual penal.* Diz-se da ação penal cuja solução fica na dependência da ação cível. **3.** Nas *linguagens comum* e *jurídica,* em geral, tem o significado de: a) o que produz dano; lesivo; b) o que torna algo inválido; c) o que retira a eficácia; d) pernicioso; e) nocivo; f) maléfico.

PREJUDICIALIDADE. *Direito processual.* Diz-se do nexo ou vínculo existente entre a questão prejudicial (*prius*) e a prejudicada (*post*) ou da conexão qualificada entre dois feitos (Calamandrei; Brackenhoeft).

PREJUÍZO. 1. *Direito processual.* a) Ação de prejulgar; b) proferir prejulgado. **2.** Na *linguagem jurídica,* em geral, pode ter o significado de: a) dano moral e/ou patrimonial; b) ofensa física; c) destruição; perda; d) desfalque; e) desequilíbrio econômico; f) diminuição de valor; g) desvantagem; h) perda de lucro; i) preconceito; j) juízo antecipado.

PREJUÍZO DE LAZER. *Direito civil.* Dano que vem causar à vítima uma diminuição dos prazeres da vida.

PREJUÍZO ESTÉTICO. *Direito civil.* Dano estético que altera, morfologicamente, uma pessoa ao causar aleijão, mutilação, deformação, cicatriz, marca ou defeito físico, enfeiando-a, consistindo numa lesão desgastante ou num motivo de sua exposição ao ridículo, ou inculcando-lhe algum complexo de inferioridade.

PREJUÍZO JUVENIL. *Direito civil.* Perda da integridade corporal, sofrida por pessoa jovem, que prejudica o desenvolvimento de sua personalidade (Iturraspe, Viney e Jourdain).

PREJUÍZO SEXUAL. *Direito civil.* Perda, total ou parcial, da faculdade de manter relação sexual normal (Le Tourneau e Viney).

PREJUÍZO SOFRIDO. Soma pecuniária diminuída ou conjunto dos valores que foram desfalcados.

PREJULGADO. 1. *Direito processual civil.* a) Pronunciação prévia solicitada pelo magistrado, ao dar seu voto ao tribunal, sobre a interpretação do direito, quando houver divergência a seu respeito ou for diversa da dada pela outra turma ou câmara ou câmaras cíveis reunidas, para ser seguida no julgamento do recurso em andamento. O julgamento, tomado pelo voto da maioria absoluta dos membros integrantes do tribunal, poderá ser, a critério do tribunal, objeto de súmula, constituindo precedente de uniformização da jurisprudência. Todavia, não terá força obrigatória; b) que se prejulgou. **2.** *Direito do trabalho.* Enunciado que contém o pronunciamento prévio, de natureza interpretativa de direito em tese, do Tribunal Superior do Trabalho, com o escopo de uniformizar a jurisprudência.

PREJULGADOR. Aquele que prejulga.

PREJULGAMENTO. Julgamento antecipado.

PREJULGAR. 1. Nas *linguagens comum* e *jurídica,* em geral, quer dizer: a) avaliar previamente; b) julgar preventiva ou antecipadamente. **2.** *Direito processual civil* e *direito do trabalho.* a) Proferir um prejulgado; b) decidir matéria que serve de base à solução de uma questão principal.

PRÉ-JURÍDICO. 1. *Direito processual.* Anterior à ação judicial. **2.** Na *linguagem comum,* é o curso preparatório de vestibulares para ingresso às faculdades de direito.

PRELAÇÃO. 1. *História do direito.* Direito que tinham os filhos de serem providos nos cargos de seus pais, preferencialmente a outrem. **2.** Na *linguagem jurídica,* é o mesmo que CLÁUSULA DE PREFERÊNCIA; preempção e preferência.

PRELACIAL. *Direito canônico.* Referente a prelado.

PRELADA. *Direito canônico.* Superiora de convento.

PRELADIA. *Direito canônico.* Múnus do prelado.

PRELADO. *Direito canônico.* Título honorífico concedido a bispos, arcebispos etc., ou àqueles que têm jurisdição ordinária no foro externo.

PRELADOS. *Direito canônico.* Vigários-gerais e episcopais e superiores de institutos religiosos.

PRELADOS ASSISTENTES. *Direito canônico.* Aqueles que auxiliam quem sagra um bispo.

PRELADOS HONORÍFICOS. *Direito canônico.* Aqueles que, pertencentes à casa pontifícia, estão agrupados em ordens ou colégios, possuindo o título de "monsenhor".

PRELADOS MAIORES. *Direito canônico.* Cardeais, bispos, administradores, prefeitos apostólicos, vigários e oficiais-maiores (secretários e assessores) de congregações romanas.

PRELAZIA. *Direito canônico.* **1.** Cargo ou dignidade de prelado; preladia. **2.** Território onde o prelado exerce sua jurisdição.

PRELAZIA TERRITORIAL. *Vide* ABADIA TERRITORIAL.

PRELEÇÃO. 1. Conferência didática. **2.** Lição.

PRELECIONAR. 1. Fazer preleção. **2.** Lecionar. **3.** Dar lei sobre algum tema ou assunto.

PRELEGADO. *Direito civil.* **1.** Legado com que o testador contempla um dos co-herdeiros ou seu herdeiro necessário. **2.** Legado prévio que, por ser puro e simples, deve ser entregue ao legatário antes da partilha.

PRÉLÈVEMENT. 1. *Termo francês.* Ação de tirar, antecipadamente, uma parte do todo. **2.** *Direito internacional privado.* a) Princípio de favorecimento que um país reserva aos co-nacionais na ordem de vocação hereditária para suceder em bens de estrangeiros situados em seu território, sempre que estiverem em situação de inferioridade perante a lei pessoal do *de cujus*; b) variação da ordem de vocação hereditária em benefício de cônjuge ou filhos brasileiros, ou de quem os represente para sucederem em relação aos bens deixados no Brasil, salvo se a lei pessoal do *de cujus* lhes for mais favorável.

PRELIMINAR. 1. *Direito desportivo.* Competição ou prova que precede a principal. **2.** *Direito processual.* a) Questão cujo julgamento precede a causa principal; b) questão preliminar; c) *Vide* PREJUDICIAL. **3.** Na *linguagem jurídica,* em geral, pode significar: a) o que antecede algo; b) começo de ajuste ou acordo; c) introdução; d) prefácio; e) preâmbulo; f) o que goza de preferência.

PRELIMINARES. 1. Diz-se das negociações prévias. **2.** Noções que servem de introdução a um estudo.

PRELIMINARES DA CONTESTAÇÃO. 1. *Direito processual civil.* Exceções que podem ser alegadas pelo réu, antes da discussão do mérito da causa, como: inexistência ou nulidade de citação; incompetência absoluta; inépcia da petição inicial; perempção da ação; litispendência; coisa julgada; conexão; incapacidade da parte, defeito de representação ou falta de autorização; compromisso arbitral; carência de ação; falta de caução ou de outra prestação, que a lei exigir como preliminar. **2.** *Direito do trabalho.* Alegações que podem ser argüidas em juízo como: inexistência ou nulidade da citação; inépcia da petição inicial; litispendência; coisa julgada; conexão de ações; carência de ação.

PRELIMINARMENTE. Relativo ao que deve ser conhecido antes da questão principal ou do *thema decidendum.*

PRELIMITAR. Limitar algo previamente.

PRÉLIO. Luta; batalha; combate.

PRELISTA. Aquele que tira as provas de uma obra no prelo.

PRELO. *Direito autoral.* Obra prestes a ser publicada.

PRÉ-LÓGICA. *Filosofia geral.* **1.** Diz-se da mentalidade dos membros de sociedades inferiores, que não se restringe a abster-se da contradição (Lévy-Bruhl). **2.** Conjunto de noções lógicas ou pseudológicas determinantes da mentalidade dos povos da era primitiva.

PRELUCIDAÇÃO. Esclarecimento prévio.

PRELÚDIO. 1. Prefácio. **2.** Introdução. **3.** Prólogo. **4.** Ato preliminar. **5.** Indício de que algo vai acontecer. **6.** O que precede.

PREMATURIDADE. 1. Precocidade. **2.** Qualidade do que é prematuro.

PREMATURO. 1. *Medicina legal.* a) Feto que nasce vivo antes dos nove meses de gestação; b) parto ocorrido antes do término da gestação. **2.** *Direito agrário.* Fruto que amadurece antes do tempo próprio. **3.** Nas *linguagens comum* e *jurídica,* pode ter o sentido de: a) precoce; b) extemporâneo; o que vem antes do tempo; c) intempestivo; inoportuno; d) antecipado; e) que se realiza antes do tempo normal.

PRÉ-MÉDICO. 1. *Medicina legal.* Anterior ao tratamento médico. **2.** Na *linguagem comum,* é o curso que prepara alunos para serem admitidos às faculdades de medicina.

PREMEDITAÇÃO. 1. *Direito penal.* Intenção dolosa do agente de perpetrar o crime, depois de haver, durante certo prazo, refletido, antes de o consumar. **2.** Nas *linguagens comum* e *jurídica,* em geral, quer dizer: a) ato ou efeito de premeditar; b) planejamento e deliberação anteriores à prática de um ato.

PREMEDITADO. 1. Feito com premeditação. **2.** O que se planejou. **3.** Meditado antecipadamente.

PREMEDITADOR. Que premedita ou planeja.

PREMEDITAR. 1. Meditar. **2.** Resolver, antecipadamente, com reflexão. **3.** Planejar.

PREMÊNCIA. 1. Urgência. **2.** Ato de exercer pressão.

PREMENTE. 1. Urgente. **2.** Que pressiona.

PREMIADO. 1. Aquele que recebeu um prêmio. **2.** Referente a bilhete de loteria ou rifa correspondente ao prêmio.

PREMIADOR. Aquele que dá o prêmio.

PREMIAR. 1. Recompensar com um prêmio. **2.** Laurear. **3.** Conferir prêmio.

PREMIATIVO. O que se refere a prêmio.

PREMIER–NÉ. *Locução francesa.* Primogênito.

PRÉ-MILITAR. *Direito militar.* **1.** Anterior ao serviço militar. **2.** Diz-se da instrução militar dada àquele que, ainda, não atingiu a idade exigida para o serviço militar ativo.

PRÊMIO. 1. *Direito do trabalho.* a) Remuneração adicional que, além do salário, é paga ao empregado dedicado e eficiente; b) gratificação; c) comissão; d) abono. **2.** *Direito civil* e *direito comercial.* a) Taxa devida pelo segurado ao segurador pelo risco por este assumido, a qual é paga na entrega da apólice ou em prestações periódicas, para que obtenha direito à indenização por ocasião do sinistro; b) valor correspondente a cada um dos pagamentos destinados ao custeio do seguro; c) ágio em subscrição de ações por ocasião do aumento de capital das companhias (Luiz Fernando Rudge); d) lucro ou juros auferidos em uma aplicação financeira (Luiz Fernando Rudge). **3.** *Direito marítimo.* Lucro que, no contrato de câmbio marítimo, estipula-se em benefício do emprestador. **4.** *Direito comercial.* a) Diferença entre a taxa de emissão de debêntures e o preço do reembolso; b) lucro. **5.** *Direito civil.* a) Recompensa prometida pela prestação de um serviço ou pela vitória em concurso; b) o que se paga ao testamenteiro como retribuição ao cumprimento de seu encargo; c) taxa ou percentagem, admitida legalmente, em caso de empréstimo em dinheiro ou de mútuo feneratício; d) juro de dinheiro emprestado, baseado na taxa legal; e) objeto de rifa designado pela sorte; f) dinheiro atribuído a quem pertence o bilhete de loteria sorteado. **6.** *Direito processual civil.* Gratificação devida ao depositário pela guarda da coisa. **7.** *Direito desportivo.* a) Medalha ou percentual pecuniário que se dá aos atletas ou equipes que vencerem os torneios ou competições; b) gratificação concedida a atleta pelo seu bom desempenho na atividade desportiva. **8.** *Direito administrativo.* a) Licença especial ou licença-prêmio a que faz jus o funcionário que atender a certos requisitos; b) computação em dobro do tempo de licença especial para fins de aposentadoria, se o funcionário não a gozou; c) dinheiro a que fazem jus os vencedores da loteria esportiva. **9.** *Direito tributário.* Estímulo ou incentivo fiscal. **10.** Nas *linguagens comum* e *jurídica,* em geral, significa: a) distinção conferida como recompensa dos méritos de uma pessoa, ou pelos seus atos morais, científicos ou culturais, ou pelos relevantes serviços prestados; b) o que se ganha em razão de sorteio.

PRÊMIO CAMBIAL. *Direito cambiário.* Percentual pago sobre o valor da moeda que se troca.

PRÊMIO COMERCIAL. *Direito comercial* e *direito civil.* Valor correspondente ao prêmio pago, excluindo-se os impostos e o custo de emissão de apólice, se houver.

PRÊMIO DA QUALIDADE NA AGRICULTURA (PQA). *Direito agrário.* É o que tem por finalidade: a) buscar níveis de excelência na gestão de empresas do setor agropecuário, visando propiciar o aumento da competição entre elas e satisfazer as necessidades do mercado em condições cada vez melhores de produtos/serviços; b) estimular produtores, processadores e prestadores de serviços na agricultura para a competitividade na chamada economia globalizada. O PQA será conferido a produtores rurais, agroindústrias, cooperativas e a estabelecimentos prestadores de serviços na agricultura que apresentarem resultados significativos na busca de níveis de excelência pela gestão.

PRÊMIO DA QUALIDADE NAS DELEGACIAS FEDERAIS DE AGRICULTURA (PQDFA). *Direito agrário.* É o que tem por finalidade: a) estabelecer padrões de excelência nas Delegacias Federais de Agricultura – DFA's, visando propiciar um atendi-

mento de elevado nível à sociedade brasileira; b) contribuir para a melhoria da imagem do serviço público e da dignidade do seu servidor.

PRÊMIO DE QUALIDADE EM ASSISTÊNCIA HOSPITALAR. É, em suas respectivas categorias – nacional e regional –, o reconhecimento público, por parte do Ministério da Saúde, àquelas instituições hospitalares integrantes do Sistema Único de Saúde que tenham se destacado pela qualidade da assistência prestada aos pacientes, segundo a avaliação de seus próprios usuários, apurada por meio de Pesquisa de Satisfação dos Usuários conduzida pela Secretaria de Assistência à Saúde (SAS).

PRÊMIO DIREITOS HUMANOS. É aquele concedido anualmente pelo governo federal, com o apoio da iniciativa privada, a pessoas físicas ou jurídicas que merecerem destaque na promoção e defesa dos direitos humanos previstos na Constituição Federal, obedecidas as disposições legais. O Prêmio Direitos Humanos consistirá na concessão de diploma e trabalho artístico. Será concedido mediante apresentação de indicações e eleição por comitês de julgamento, nas seguintes categorias: a) Santa Quitéria Maranhão, compreendendo a atuação em prol da erradicação do sub-registro de nascimento; b) Dorothy Stang, compreendendo a atuação na qualidade de defensor de direitos humanos, conforme definição da Declaração sobre o Direito e o Dever dos Indivíduos, Grupos e Instituições de Promover e Proteger os Direitos Humanos e as Liberdades Fundamentais Universalmente Reconhecidos, da Organização das Nações Unidas; c) enfrentamento à violência, compreendendo a atuação relacionada à garantia do direito, à segurança pública e ao enfrentamento à tortura e outras penas ou tratamentos cruéis, desumanos ou degradantes, à violência institucional e às situações de violência e de maus-tratos a grupos sociais específicos; d) enfrentamento à discriminação, compreendendo a atuação na promoção da igualdade e no enfrentamento à discriminação relacionada a gênero, raça, orientação sexual, deficiência, idade, condição social ou econômica, nacionalidade, religião, opinião política, entre outras formas de discriminação; e) promoção dos Direitos Econômicos, Sociais, Culturais e Ambientais (DESCAs), compreendendo a atuação relacionada à garantia dos direitos consignados no Pacto Internacional dos Direitos Econômicos, Sociais e Culturais, da Organização das Nações Unidas; f) garantia dos Direitos da Criança e do Adolescente, compreendendo a atuação relacionada à implementação do Estatuto da Criança e do Adolescente. Em cada categoria será concedido um prêmio para pessoa jurídica regularmente estabelecida no território nacional, mais um prêmio para pessoa física, podendo ser concedido em vida ou *post mortem*.

PRÊMIO FORÇA AÉREA BRASILEIRA. *Direito militar.* Prêmio outorgado a militares das escolas de formação de oficiais aviadores e sargentos especialistas das Forças Aéreas da Argentina, Bolívia, Colômbia, Chile, Coréia, Equador, Paraguai, Peru, Portugal, Uruguai e Venezuela. Tal prêmio constará de: a) *brevet* de piloto da Força Aérea brasileira, a ser outorgado ao aluno que mais se distinguir no curso de formação de oficiais aviadores, em sua respectiva escola de formação; b) *brevet* de especialista da Força Aérea brasileira ao melhor aluno do curso de formação de sargentos, em sua respectiva escola de formação.

PRÊMIO HONORÍFICO. Distinção constituída por um diploma.

PRÊMIO NACIONAL DE VALORIZAÇÃO DO TRABALHO. *Direito do trabalho.* É o concedido, anualmente, pelo Ministério do Trabalho e Emprego, às empresas do setor privado que se destacarem na promoção, conjunta, de atividades voltadas para a valorização do trabalho, que objetivem: a) a criação de novos empregos; b) a valorização dos trabalhadores, mediante a realização periódica de programas de atualização e treinamento profissional; c) a redução dos índices de acidente de trabalho; d) a implementação de programas de participação dos trabalhadores nos lucros ou resultados da empresa.

PRÊMIO OBJETIVOS DE DESENVOLVIMENTO DO MILÊNIO BRASIL. *Direito administrativo.* É o concedido anualmente pelo Governo Federal, com apoio da iniciativa privada e do Programa das Nações Unidas para o Desenvolvimento (PNUD). O Prêmio Objetivos de Desenvolvimento do Milênio Brasil tem como objetivos: 1) incentivar, valorizar e dar visibilidade a práticas que contribuam para os compromissos dos Objetivos de Desenvolvimento do Milênio (ODM), dentre os quais: a) erradicar a extrema pobreza e a fome; b) alcançar a educação básica de qualidade para todos; c) promover a igualdade entre os sexos e a autonomia das mulheres; d)

reduzir a mortalidade na infância; e) melhorar a saúde materna; f) combater a Síndrome de Imunodeficiência Adquirida, a malária e outras doenças; g) garantir a sustentabilidade ambiental; e h) estabelecer parceria mundial para o desenvolvimento; 2) subsidiar a construção de repertório e banco de práticas de referência para a sociedade e gestores públicos, no marco das políticas públicas; e 3) reconhecer publicamente os esforços em favor dos ODM. O Prêmio Objetivos de Desenvolvimento do Milênio Brasil será concedido em duas categorias: a) governos municipais, com vistas a premiar práticas da administração municipal direta e indireta, inclusive universidades municipais, abrangendo políticas, programas ou projetos e suas atividades finalísticas e atividades-meio, que contribuam para o alcance dos ODM; e b) organizações, com vistas a premiar práticas de universidades públicas federais e estaduais e de organizações privadas, com ou sem fins lucrativos, abrangendo atividades finalísticas e atividades-meio, que contribuam para o alcance dos ODM.

PRÊMIO PECUNIÁRIO. Distinção acompanhada de uma determinada quantia de dinheiro.

PRÊMIO PELA ECONOMIA DE TEMPO. *Direito do trabalho.* Aquele que se confere ao empregado, calculando-se o tempo que economizou na execução de seu serviço.

PRÊMIO PELA QUALIDADE DO TRABALHO. *Direito do trabalho.* É o que se confere ao empregado dedicado ou diligente em seu trabalho, executando-o com primor.

PRÊMIO PELA VENDA. *Direito do trabalho.* É o salário progressivo, muito comum em lojas, onde os empregados recebem, além do salário fixo, um tanto por cento sobre as vendas por eles feitas.

PRÊMIO–PERMANÊNCIA. *Direito do trabalho.* Aquele prêmio condicionado à permanência do empregado na empresa, não tendo, portanto, natureza salarial.

PRÊMIO–PRODUÇÃO. *Direito do trabalho.* **1.** Direito do empregado a uma bonificação se alcançar os índices de produção exigidos. **2.** Aquele em que o operário é pago por tempo ou por peças, se a quantidade de produtos por ele fabricados ultrapassar determinada quantia, recebendo, então, um suplemento no salário. Trata-se de uma benesse concedida pelo empregador ao empregado para incentivar sua produtividade, compensando seu esforço.

PRÊMIO PURO. Valor correspondente ao prêmio pago, excluindo-se o carregamento, os impostos e o custo de emissão de apólice, se houver.

PRÊMIO QUALIDADE E PRODUTIVIDADE DO REGISTRO MERCANTIL. *Direito registrário.* É uma iniciativa do Departamento Nacional de Registro do Comércio (DNRC), que poderá contar com a cooperação técnica e financeira de órgãos públicos e de entidades representadas nos plenários das Juntas Comerciais, e tem por objetivo induzir nova postura gerencial nos dirigentes do Sistema Nacional de Registro de Empresas Mercantis (Sinrem), que conduza à melhoria da qualidade e produtividade dos serviços de registro mercantil, através da premiação anual conferida às Juntas Comerciais que apresentarem os melhores desempenhos na prestação dos seus serviços.

PREMISSA. 1. *História do direito.* Modalidade de imposto, similar ao foral, que era paga ao pároco, consistente na entrega de uma porção dos primeiros frutos produzidos pelas terras. **2.** *Lógica jurídica.* a) Cada uma das duas proposições (a maior e a menor) de um silogismo, das quais se tira a conclusão; b) princípio de um raciocínio.

PREMISSA MAIOR. *Lógica jurídica.* É a que contém o termo maior, ou seja, o predicado da conclusão.

PREMISSA MENOR. *Lógica jurídica.* É a que encerra o termo menor, que é o sujeito da conclusão.

PREMONIÇÃO. Pensamento que parece estar anunciando o futuro.

PREMONITÓRIA. 1. *Direito civil* e *direito processual civil.* a) Diz-se da autorização judicial indispensável à prática de certos atos jurídicos; b) diz-se da notificação que antecede uma ação. **2.** *Direito registrário.* Diz-se da prenotação acauteladora, requerida previamente. *Vide* PRENOTAÇÃO.

PREMONITÓRIO. 1. *Direito administrativo.* a) Preventório; b) estabelecimento que presta assistência social, para prevenir propagação de doenças contagiosas. **2.** *Medicina legal.* Precursor ou o que se mostra antes de uma moléstia, servindo de aviso. **3.** *Direito processual civil.* Ato ou medida que vem antes do principal. *Vide* MEDIDA CAUTELAR. **4.** Na *linguagem comum* significa: a) o que deve ser tomado como aviso; b) o que serve como advertência; c) o que adverte com antecipação.

PRÉ-MORAL. *Psicologia forense.* Criança que ainda não tem noção dos preceitos que regem o comportamento humano na sociedade.

PREMORIÊNCIA. *Direito civil.* **1.** Falecimento de alguém antes de outro, que se apurado for não se terá comoriência, que é o falecimento de duas ou mais pessoas na mesma ocasião e em razão do mesmo acontecimento, que repercute na transmissão de direitos sucessórios, pois se os comorientes são herdeiros uns dos outros não há transferência de direitos; um não sucederá ao outro, sendo chamados à sucessão os seus herdeiros ante a presunção *juris tantum* de que faleceram ao mesmo tempo. Se dúvida houver no sentido de se saber quem faleceu primeiro, o magistrado presumirá que morreram simultaneamente, e não haverá nenhuma transmissão de direitos entre eles.

PREMORTO. *Direito civil.* Aquele que falece antes de outro.

PREMUNIÇÃO. *Retórica jurídica.* Figura pela qual o orador prepara os ouvintes para alguma idéia, que, enunciada sem tal precaução, poderia vir a ofendê-los.

PREMUNIDADE. *Medicina legal.* Equilíbrio entre a força de agentes causadores de uma moléstia e o recurso de defesa do próprio organismo.

PREMUNIR. 1. Evitar. **2.** Prevenir. **3.** Preparar-se. **4.** Tomar precauções.

PREMUNITIVO. *Medicina legal.* Relativo à vacinação.

PRÉ-NASCIDO. *Medicina legal.* O que nasceu antes.

PRÉ-NATAL. *Medicina legal.* **1.** Tempo que vai da concepção até o parto. **2.** Período que antecede o nascimento da criança. **3.** Diz-se da assistência médica que se presta durante a gestação. **4.** Situação que pode ocorrer antes do nascimento, atingindo a gestante ou o feto.

PRENDA. 1. Presente dado a uma pessoa por qualquer motivo. **2.** Oferta que se dá, em quermesse, a quem for sorteado ou brinde a que faz jus quem ganhar os jogos. **3.** Aptidão adquirida em alguma arte, ciência ou indústria.

PRENDADO. 1. Aquele que recebeu dádiva, brinde ou presente. **2.** Quem tem qualidades apreciáveis ou que é bem-dotado. **3.** Quem recebeu educação esmerada.

PRENDAS DOMÉSTICAS. Conhecimentos necessários à mulher nos trabalhos do lar.

PRENDER. 1. Amarrar. **2.** Fixar. **3.** Capturar. **4.** Encarcerar. **5.** Reter. **6.** Unir moralmente. **7.** Arraigar-se. **8.** Tolher; impedir. **9.** Subornar.

PRENHE. **1.** *Direito agrário.* Fêmea de animal no período de gestação. **2.** *Medicina legal.* Grávida.

PRENHEZ. **1.** *Direito agrário.* Estado de fêmea prenhe. **2.** *Medicina legal.* Gravidez.

PRENOÇÃO. *Filosofia geral.* **1.** Para os estóicos é o conhecimento do geral, espontâneo e natural, anterior a qualquer experiência (Renouvier; Lalande). **2.** Conceito formado, espontaneamente, no decurso da ação, antes de qualquer estudo científico do fato (Durkheim). **3.** Conhecimento antecipado que, por isso, é vago e está repleto de imperfeições.

PRENOME. *Direito civil.* **1.** *Vide* ANTENOME. **2.** Nome individual ou próprio da pessoa natural que vem antes do apelido de família ou do sobrenome, distinguindo os membros de uma mesma família.

PRENOME COMPOSTO. *Direito civil.* É o nome individual, próprio da pessoa natural, que pode ser duplo (José Fernando) ou ainda triplo ou quádruplo, como se dá em famílias reais (Caroline Louise Marguerite, princesa de Mônaco).

PRENOME RIDÍCULO. *Direito civil* e *direito processual.* Aquele nome individual que pode provocar situações vexatórias ou de escárnio ao portador. Levado a registro, esse nome pode até ser recusado ou, ainda, se registrado pode ser alterado por via judicial.

PRENOME SIMPLES. *Direito civil.* Nome individual, próprio da pessoa natural, que contém um só antenome, como, por exemplo, João, Marina, Ricardo.

PRENOTAÇÃO. *Direito registral.* **1.** Ato ou efeito de prenotar. **2.** Anotação prévia e provisória que assegura a presunção de prioridade em favor daquele que apresenta o documento para a matrícula ou o título que depende de registro público, desde que seja lançada pelo oficial no Livro n. 1. (Protocolo) ou livro de entrada do oficial do registro. O lançamento do título no Protocolo é, portanto, um direito do apresentante, que é a parte interessada no registro. Trata-se da anotação premonitória.

PRENOTAR. *Direito registral.* Anotar previamente no Livro n. 1. (Protocolo) o título, apresentado pelo interessado ao oficial, dependente de registro.

PRENSEIRO. *Direito agrário.* **1.** Trabalhador rural que, no fabrico de farinha, está encarregado do manejo da prensa. **2.** Aquele que prensa e enfarda o algodão, na usina de beneficiamento da malvácea. **3.** Aquele que trabalha na prensa da lavoura fumageira (Fernando P. Sodero).

PRENUNCIAÇÃO. **1.** Ato ou efeito de prenunciar. **2.** Prenúncio.

PRENÚNCIO. **1.** Anúncio do que vai acontecer. **2.** Prognóstico.

PRÉ-NUPCIAL. *Direito civil.* **1.** Anterior ao casamento. **2.** Diz-se do exame feito por dois médicos, exigido para o casamento entre colaterais de terceiro grau, ou seja, entre tio e sobrinha, atestando sua sanidade. **3.** Certificado no qual os médicos que fizeram o exame citado no n. 2 afirmam não haver inconveniência, sob o ponto de vista da saúde de qualquer dos nubentes, parentes colaterais de terceiro grau e da futura prole, na realização do casamento. Equivale à dispensa do impedimento matrimonial, devendo, para tanto, ser juntado ao requerimento para obter-se habilitação matrimonial. **4.** Exame médico não obrigatório, feito antes do casamento, em nubentes.

PREOCUPAÇÃO. **1.** Ato de se preocupar. **2.** Idéia fixa que causa inquietação. **3.** Apreensão.

PRÉ-OCUPAÇÃO. *Direito civil.* **1.** Diz-se do prédio que foi ocupado antecipadamente; anterioridade de ocupação do imóvel. **2.** Critério para averiguar se é normal ou anormal o exercício de um direito de vizinhança, com que se verifica quem chegou primeiro ao local; exerce influência sobre a tolerância que se deve ter em relação a um uso preexistente. Todavia, não se pode aceitá-lo absolutamente, pois a anterioridade da ocupação não tem o condão de paralisar toda propriedade nova, sujeitando o que chega posteriormente a se conformar com tudo, hipótese em que se teria uma servidão e não restrição ao direito de vizinhança.

PREOCUPANTE. O que preocupa.

PRÉ-OCUPANTE. *Direito civil.* Pessoa que ocupa prédio antecipadamente, podendo impedir que o mau uso de propriedade vizinha possa prejudicar sua segurança, sossego ou saúde.

PREOCUPAR. **1.** Tornar apreensivo. **2.** Ter ou causar preocupação. **3.** Inquietar.

PRÉ-OCUPAR. *Direito civil.* Ocupar algo antecipadamente.

PRÉ-OPERATÓRIO. *Medicina legal.* Diz-se do tratamento que precede uma intervenção cirúrgica.

PREOPINAR. Emitir opinião ou parecer antes de outrem.

PREORDENAÇÃO. Ato ou efeito de preordenar.

PREORDENADO. Ordenado antecipadamente.

PREORDENAR. Ordenar antecipadamente.

PREPARAÇÃO. 1. *Filosofia geral.* Modificação sofrida por uma percepção no instante em que penetra na consciência até aquele em que produz um efeito associativo (Claparède; Scripture). **2.** Nas *linguagens comum* e *jurídica,* em geral, pode significar: a) ato ou efeito de preparar; b) ato preliminar para efetuar algo; c) o que é feito para atingir um fim; d) tratamento industrial ou mecânico; e) operação que apronta algo para uso ou serviço.

PREPARADO. 1. Produto manipulado segundo receita ou prescrição médica; produto farmacêutico. **2.** Produto químico. **3.** Aquilo que serve como objeto de demonstração em aulas práticas de qualquer ciência. **4.** O que se preparou com antecedência. **5.** Apto. **6.** Culto; instruído.

PREPARADO HOMEOPÁTICO INDUSTRIALIZADO. Toda forma farmacêutica que contenha, em sua composição, tintura-mãe, hidrolatos e sucos preparados de acordo com a Farmacopéia Homeopática Brasileira, e, na ausência desta, em seu conteúdo, conforme os compêndios oficiais, reconhecidos pela ANVISA.

PREPARADOR. Aquele que prepara algo.

PREPARADOR DE MÁQUINAS–FERRAMENTAS PARA TRABALHAR METAIS. *Direito do trabalho.* Operário encarregado do preparo de vários tipos de máquinas-ferramentas para usinagem de metais, possibilitando a sua manipulação pelos não-qualificados.

PREPARAR. 1. *Direito processual.* a) Depositar quantia para garantir pagamento de custas; b) pagar despesas e custas legais ou ato normativo exigido para que um processo ou recurso tenha seguimento. **2.** *Direito penal.* Premeditar; maquinar. **3.** *Direito autoral.* Organizar tecnicamente os originais ou provas de um livro, indicando tipos, medidas de composição, rodapés, cabeçalhos etc. **4.** Na *linguagem comum* pode ter o sentido de: a) habilitar; b) educar; c) estudar; d) seguir processo adequado, ao elaborar algo; d) dosar ingredientes para um medicamento. **5.** *Direito militar.* Voz de comando para engatilhar a arma, colocando-a na posição conveniente e, em seguida, apontá-la.

PREPARAR A TERRA. *Direito agrário.* Dar-lhe o necessário amanho para poder ser semeada ou plantada.

PREPARAR O CAMPO. Criar um clima favorável a um empreendimento.

PREPARATIVA. *Direito marítimo.* Sinal de bandeira dado a bordo do navio chefe para que certa manobra ou ordem seja executada, simultaneamente, pelos demais.

PREPARATIVO. 1. *Vide* PREPARAÇÃO. **2.** Complexo de medidas para iniciar-se um ato.

PREPARATÓRIO. 1. Nas *linguagens comum* e *jurídica,* quer dizer: a) o que prepara; b) estudos prévios para ingresso em um curso superior ou para a obtenção da aprovação num concurso público. **2.** *Direito processual civil.* a) Medida preliminar assecuratória da ação a ser instaurada judicialmente; b) medida preventiva que antecede a ação principal, por exemplo, o pedido de sustação de protesto a que se sucede a ação declaratória de inexistência de relação cambial.

PREPARO. 1. *Direito processual civil.* a) Depósito de quantia para pagamento de custas processuais, para que o processo prossiga em seu andamento; b) promoção do andamento do feito. **2.** Na *linguagem comum* pode ter o sentido de: a) preparação; b) cultura intelectual; c) aptidão.

PREPARO DA AÇÃO. *Direito processual civil.* Ato de pagar as custas iniciais do feito.

PREPARO DO AGRAVO DE INSTRUMENTO. *Direito processual civil.* Pagamento das custas e do porte de retorno conforme tabela publicada pelos tribunais, que deve acompanhar a petição.

PREPARO DO RECURSO. *Direito processual civil.* Prévio pagamento das custas, requisito extrínseco exigido para a admissão e conhecimento do recurso, sob pena de abandono ou deserção. Por isso, no ato de interposição do recurso, o recorrente deverá comprovar o preparo, inclusive porte de retorno. Urge lembrar que são dispensados desse preparo os recursos interpostos pelo Ministério Público, pela União, pelos Estados e Municípios e respectivas autarquias e pelos que gozam de isenção legal.

PREPARO DOS EMBARGOS. *Direito processual civil.* Pagamento das custas para que os embargos do devedor e embargos de terceiro possam ter seguimento ou andamento.

PREPONDERÂNCIA. 1. Superioridade numérica. **2.** Supremacia. **3.** Superioridade de poder. **4.** Qualidade de preponderante.

PREPONDERÂNCIA DA LEGISLAÇÃO. *Teoria geral do direito.* Proeminência da lei que se deu em razão de condições políticas e jurídicas, oriundas da Revolução Francesa. As condições *políticas* foram a soberania nacional e a separação de poderes. E as *jurídicas*: caráter privilegiado da lei como fonte formal do direito; controle da legalidade das decisões judiciais e concepção do direito como sistema (Tércio Sampaio Ferraz Jr.; Gilissen).

PREPONDERANTE. 1. Decisivo. **2.** Superior em quantidade. **3.** Que tem influência ou força. **4.** Que prepondera.

PREPONDERANTISMO. *Ciência política.* Caráter opressivo de certos políticos, ante sua exagerada influência.

PREPONDERAR. 1. Influenciar. **2.** Predominar. **3.** Ter a maioria.

PREPONENTE. 1. *Direito civil.* a) Mandante; b) locatário ou tomador de serviço; c) pessoa de quem uma outra é preposta; d) aquele que tem responsabilidade civil pelos atos de seus prepostos. **2.** *Direito comercial.* Aquele que coloca uma pessoa na direção de um negócio mercantil para que, em seu nome, o administre.

PREPOR. 1. Preferir. **2.** Designar; escolher. **3.** Pôr adiante.

PREPOSIÇÃO. 1. *Direito civil.* Contrato pelo qual o preponente indica ou designa alguém para, na qualidade de preposto, prestar-lhe serviços permanentes, mediante remuneração. Tal contrato pressupõe o mandato. **2.** *Direito comercial.* Contrato pelo qual o empresário admite alguém em seu estabelecimento, para gerir seus negócios, cumprir determinadas obrigações e assumir certo cargo, em seu nome, por sua conta e sob suas ordens.

PREPOSTO. 1. *Direito civil.* a) Mandatário com encargos permanentes; b) locador ou prestador de serviço, investido no poder de representação de seu patrão ou preponente; c) aquele que, no contrato de preposição, se obriga a cumprir uma obrigação ou a prestar serviço, sob as ordens do preponente, que remunera os seus serviços. **2.** *Direito comercial.* Aquele que dirige negócio, na seara empresarial, por incumbência de outrem, que é o preponente. **3.** *Direito do trabalho.* a) Empregado que representa, em juízo, o empregador, desde que tenha conhecimento do fato; b) aquele que, estando devidamente credenciado ou munido de carta de preposição e tenha conhecimento dos fatos, venha a representar o empregador em juízo.

PREPOTÊNCIA. *Ciência política.* **1.** Abuso de poder. **2.** Despotismo; tirania. **3.** Opressão.

PREPOTENTE. *Ciência política.* **1.** Despótico; tirano. **2.** Muito influente ou poderoso. **3.** O que abusa de sua autoridade. **4.** Opressor.

PRÉ-PRAXISMO. *História do direito.* Período em que os brasileiros se acomodaram, aplicando obras portuguesas ao foro brasileiro.

PREPUCIAL. *Medicina legal.* Referente a prepúcio.

PREPÚCIO. *Medicina legal.* Dobra da pele que cobre a glande do pênis.

PREQUESTIONAMENTO. *Direito processual civil.* **1.** Requisito — condição para interposição dos recursos extraordinário e especial ou para o acesso ao Supremo Tribunal Federal ou Superior Tribunal de Justiça. **2.** Debate anterior à decisão recorrida das partes para, tornando controvertido um ponto, provocar manifestação de tribunal sobre questão federal ou constitucional. **3.** Manifestação expressa do tribunal sobre um assunto. **4.** Soma da postulação das partes, seguida de manifestação a respeito do tribunal. **5.** Questionamento antes do julgamento (Theotonio Negrão). **6.** Exigência que serve para instrumentalizar o conhecimento da questão constitucional ou federal pela decisão recorrida, decorrendo, assim, de manifestação do princípio dispositivo e do efeito devolutivo, perante a instância inferior. Não é requisito para interposição dos recursos extraordinário e especial, por ser, na verdade, mera decorrência do princípio dispositivo e do efeito devolutivo, em relação ao recurso que provoca a manifestação do tribunal *a quo*, sobre questão constitucional ou federal (José Miguel Garcia Medina).

PRÉ-QUESTIONAMENTO. *Direito processual.* Análise e discussão, no STF, sobre um determinado caso jurídico sob o prisma dos permissivos constitucionais, para fins de conhecimento do recurso extraordinário.

PRÉ-REFLEXIVO. *Filosofia geral.* O que precede a reflexão, onde aquele que conhece se opõe ao conhecido (Lalande; Sartre).

PRÉ-REFRIGERAÇÃO. *Direito comercial.* Refrigeração prévia de frutas, legumes, carnes etc., feita antes do embarque.

PRÉ-REGISTRO NO REB. *Direito marítimo.* Registro provisório de embarcação como contrato de construção com estaleiro nacional, visando ao benefício dos incentivos do REB.

PRÉ-REPUBLICANO. *História do direito.* Diz-se do período anterior ao republicano.

PRERINTENCIONALIDADE. *Direito penal.* Preterintencionalidade que consiste no fato de um ato criminoso, no qual se mesclam o dolo e a culpa, resultar em superação dos limites do pretendido pelo agente mas não do previsível.

PRERROGATIVA. 1. *Direito administrativo.* a) Privilégio inerente a uma função ou a um funcionário pela posição ou cargo que ocupa; b) poder especial, ou posição mais favorável, conferida à Administração Pública em relação ao administrado, na prática de atos de interesse público. Por exemplo, desapropriação, requisição etc. **2.** Na *linguagem jurídica,* em geral: a) privilégio ou vantagem que alguém tem em razão de lei ou contrato; b) privilégio especial pertencente a uma determinada classe ou categoria de pessoas. **3.** *Direito civil.* Direito exclusivo de uma pessoa.

PRERROGATIVA DA COROA. *Direito comparado.* Direito concedido, constitucionalmente, ao monarca.

PRERROGATIVA DE FUNÇÃO. *Direito processual civil.* Regalia concedida legalmente aos que exercem altas funções públicas para serem julgados em foro especial ou serem inquiridos, na qualidade de testemunhas, em sua residência ou onde exercem sua função. Dentre eles podemos citar: presidente e vice-presidente da República; presidente do Senado e o da Câmara dos Deputados; ministros de Estado; ministros do STF, STJ, do STM, TSE, TST e do TCU; procurador-geral da República; senadores; deputados federais; governadores; deputados estaduais; desembargadores; juízes dos Tribunais de Alçada, dos Tribunais Regionais do Trabalho e dos Tribunais Regionais Eleitorais; conselheiros dos Tribunais de Contas dos Estados e Distrito Federal; embaixador de país que, por lei ou tratado, concede idêntica prerrogativa ao agente diplomático do Brasil.

PRERROGATIVAS DO EMPRESÁRIO. *Direito comercial.* Direitos decorrentes das atividades econômicas organizadas para a produção e circulação de bens e serviços, tais como: a) o reconhecimento legal da validade de instrumento público das procurações dos empresários feitas por instrumento particular; b) o de demonstrar, por todos os meios admitidos em direito, que os lançamentos dos seus livros mercantis não correspondem à verdade dos fatos; c) o de usar como prova os livros empresariais que preencham os requisitos legais a seu favor no litígio com outros empresários.

PRERROGATIVA SINDICAL. *Direito do trabalho.* Direito que têm os sindicatos de: a) não sofrer quaisquer ingerências estranhas em sua formação, administração e funcionamento; b) representar os interesses gerais da respectiva categoria e os particulares dos associados alusivos à atividade exercida; c) celebrar convenções coletivas de trabalho; d) eleger representantes; e) colaborar com o Estado como órgãos técnicos e consultivos, no estudo e solução de problemas relacionados com a respectiva categoria; f) impor contribuições a todos os que participam das categorias profissionais representadas.

PRESA. 1. *Direito penal, direito processual penal* e *direito penitenciário.* Diz-se da mulher que está cumprindo pena privativa de liberdade a que foi condenada. **2.** *Direito internacional público.* a) Apoderamento de objetos ou bens do inimigo; b) apreensão ou captura, em caso de guerra, de navio neutro que veio a violar as normas de neutralidade ou do navio inimigo e de sua carga; c) diz-se de quem foi, na praça de guerra, apreendido pelo inimigo durante operações bélicas; d) arrecadação do despojo de guerra ou dos bens abandonados pelo adversário no campo de batalha.

PRÉ-SANTIFICADO. *Direito canônico.* Aquele que é tido como santo antes da beatificação da Igreja.

PRESBIOFRENIA. *Medicina legal.* Tipo de demência senil que se caracteriza por amnésia e tendência à loquacidade, que preenche os vazios da memória com experiências inventadas.

PRESBÍOPE. *Medicina legal.* Aquele que sofre de presbiopia.

PRESBIOPIA. *Medicina legal.* Defeito da visão oriundo de idade avançada, que torna o seu portador incapaz de distinguir os objetos próximos a ele. Logo, só permite que veja os objetos, distintamente, a grande distância.

PRESBIÓPICO. *Medicina legal.* Que se refere à presbiopia.

PRESBITA. *Vide* PRESBÍOPE.

PRESBITERADO. *Direito canônico.* Dignidade de presbítero.

PRESBITERAL. *Direito canônico.* O que diz respeito a presbítero.

PRESBITÉRIO. *Direito canônico.* **1.** Residência do pároco. **2.** Altar-mor. **3.** Igreja paroquial. **4.** Antigo conselho do bispo formado pelos presbíteros residentes na sede da catedral.

PRESBÍTERO. *Direito canônico.* Sacerdote.

PRESBITIA. *Vide* PRESBIOPIA.

PRESBITISMO. *Vide* PRESBIOPIA.

PRESCIÊNCIA. **1.** Pressentimento. **2.** Previsão do futuro.

PRESCINDIR. **1.** Dispensar. **2.** Abstrair mentalmente uma coisa de outra.

PRESCINDÍVEL. **1.** Escusável. **2.** Que pode ser dispensado.

PRESCREVER. **1.** *Direito civil* e *direito processual civil.* Extinguir-se a pretensão ou ação em sentido material por inércia de seu titular, que não a exerce *in opportuno tempore,* fazendo escoar o prazo legal. **2.** *Medicina legal.* Receitar remédio. **3.** *Direito processual penal.* Extinguir ação penal. **4.** *Teoria geral do direito.* a) Ordenar; preceituar; estabelecer norma; b) fixar; c) caducar; d) cair em desuso; e) ficar sem efeito.

PRESCRIBENTE. *Direito processual.* **1.** Aquele que alega prescrição da pretensão ou em cujo benefício ela se opera. **2.** O que prescreve.

PRESCRIÇÃO. **1.** *Teoria geral do direito.* a) Ordem expressa; b) preceito normativo; c) maneira pela qual se dá a aquisição de um direito ou a liberação de uma obrigação, pela inação do titular do direito ou credor da obrigação, durante um lapso temporal previsto legalmente; d) sanção adveniente, oriunda da inércia do titular à pretensão; e) modo extintivo da pretensão, que tolhe o direito de ação (em sentido material) como o de exceção, visto que o meio de defesa de direito material deve ser exercido no mesmo prazo em que prescreve a pretensão. **2.** *Direito civil* e *direito processual civil.* a) Exceção oposta ao exercício da ação (em sentido material) com o objetivo de extinguir a pretensão; b) extinção de uma pretensão, em virtude da inércia de seu titular, durante certo lapso de tempo. **3.** *Direito penal* e *direito processual penal.* a) Perda do direito de punir pelo decurso do tempo (Magalhães Noronha); b) renúncia estatal do direito de punir o criminoso pela infração, ante o decurso do tempo predeterminado em lei (Basileu Garcia); c) impossibilidade de o Estado concretizar a pretensão punitiva, em face da desnecessidade criada pelo decurso do tempo (Andrés A. Balestra); d) extinção da punibilidade, por não ter o órgão competente se manifestado, den-

tro do prazo legal, contra o criminoso (Paulo Matos Peixoto); e) decurso do tempo legal, que vem a extinguir o direito à ação penal ou os efeitos da condenação; f) extinção da responsabilidade criminal do acusado, por já se encontrar findo o prazo legal da punição, que lhe fora imposta por sentença judicial. **4.** *Direito do trabalho.* Perda do direito de pleitear reparação de qualquer ato que venha a infringir a legislação trabalhista, em razão do decurso do prazo legal, computado a partir do término do contrato de trabalho ou da lesão do direito. **5.** *Direito tributário.* Extinção da obrigação tributária pelo fato de a Fazenda Pública ter perdido o direito de cobrar o tributo, por ter ficado inerte pelo prazo de cinco anos, contado da data da sua constituição definitiva. **6.** *Medicina legal.* Receita médica.

PRESCRIÇÃO ADMINISTRATIVA. *Direito administrativo.* **1.** Lapso temporal em que se opera a extinção da ação disciplinar contra servidor público civil. É de: a) dois anos, em caso de suspensão; b) cinco anos, nas hipóteses de demissão, cassação de aposentadoria ou disponibilidade e destituição de cargo em comissão; c) 180 dias, se disser respeito à advertência. **2.** Período em que se dá a extinção do direito de petição conferido ao funcionário público que foi atingido por processo administrativo disciplinar.

PRESCRIÇÃO AQUISITIVA. *Direito civil.* Trata-se da usucapião, para alguns autores, que é o meio aquisitivo do domínio de coisa móvel ou imóvel pela posse e pelo tempo. Todavia entendemos que a usucapião é, concomitantemente, uma energia criadora e extintiva de direitos; criadora porque leva à aquisição de um direito real pela posse prolongada; e extintiva porque redunda na perda da propriedade por parte daquele que dela se desobriga pelo decurso do tempo, ao passo que a prescrição é puramente extintiva da pretensão e não de direitos. Assim, parece-nos que não há que se falar em prescrição aquisitiva, pois, de acordo com a sistemática do nosso Código Civil, a prescrição e a usucapião constituem dois institutos diversos, uma vez que a prescrição está regulamentada na parte geral e a usucapião, na parte especial, referente ao direito das coisas.

PRESCRIÇÃO CIVIL. *Direito civil* e *direito comercial.* É a perda da pretensão de o titular do direito violado exigir a prestação devida e da capacidade defensiva em razão do não-uso da pretensão durante um período de tempo. É uma pena ao negligente que deixar de exercer sua pretensão

PRESCRIÇÃO COMERCIAL

787

PRE

dentro do prazo legal. Tal prescrição é regulamentada pelo direito civil.

PRESCRIÇÃO COMERCIAL. *Direito comercial.* Extinção da pretensão pela inação do titular de algum direito comercial ou empresarial violado, que na verdade é denominada "prescrição civil" em oposição à "penal". *Vide* PRESCRIÇÃO CIVIL.

PRESCRIÇÃO COMUM. *Vide* PRESCRIÇÃO ORDINÁRIA.

PRESCRIÇÃO CRIMINAL. *Vide* PRESCRIÇÃO PENAL.

PRESCRIÇÃO DA EXCEÇÃO. *Direito civil.* Meio de defesa indireta para resistir ao exercício da pretensão do autor, contrapondo um benefício ao réu. Não nega o direito material do autor, visa neutralizá-lo. A *exceção* é técnica de defesa que só se viabiliza quando a *pretensão* for deduzida. Por isso ambas têm igual lapso temporal, desde que o demandado, pela via de exceção, oponha ao demandante o mesmo direito que antes poderia ter manejado, como pretensão, em via de ação (em sentido material). Para isso será preciso que a exceção seja dependente, p. ex., se a defesa se funda na compensação de um crédito do réu contra o autor, prescrito este não há como excepcioná-lo. Se a exceção for independente, não há prescrição, p. ex., a exceção de coisa julgada, a exceção de pagamento. A prescrição é uma exceção que alguém tem contra quem não exerceu, durante o prazo legal, sua pretensão. Se a exceção não for oposta pelo demandado, a prescrição nenhum efeito produzirá sobre a ação (sentido processual), pois o juiz não pode conhecê-la de ofício, salvo se favorecer absolutamente incapaz. A prescrição é preliminar de mérito e sua solução faz coisa julgada material, apesar de, ao acolher a exceção, a sentença deixe de examinar a existência, ou não, do direito material subjetivo em litígio (Humberto Theodoro Júnior e Hélio Tornaghi).

PRESCRIÇÃO DA EXECUÇÃO. *Direito processual trabalhista.* Dá-se, havendo trânsito em julgado da sentença, quando o exeqüente deixa de iniciar os atos de acertamento (liquidação) inseridos, no processo trabalhista, na execução (Iara A. Cordeiro Pacheco).

PRESCRIÇÃO DA MULTA. *Direito penal.* É a que se opera em dois anos se a multa for a única pena imposta, computados do trânsito em julgado da sentença condenatória, ou no mesmo prazo estabelecido para a prescrição da pena privativa de liberdade, quando a multa for alternativa ou cumulativamente cominada ou aplicada.

PRESCRIÇÃO DA PENA. *Direito penal.* Extinção da responsabilidade criminal do acusado em razão de término do prazo legal relativo à pena ordenada por sentença judicial (Afonso Celso F. de Rezende).

PRESCRIÇÃO DA PRETENSÃO EXECUTÓRIA. *Direito penal.* Perda do direito de executar a sanção penal imposta na sentença condenatória pelo decurso do tempo (Damásio E. de Jesus). É a que se verifica após o trânsito em julgado de sentença condenatória. Começa a correr: a) do dia em que transita em julgado a sentença condenatória, para a acusação, ou a que revoga a suspensão condicional da pena ou o livramento condicional; b) do dia em que se interrompe a execução, salvo quando o tempo de interrupção deva computar-se na pena.

PRESCRIÇÃO DA PRETENSÃO PUNITIVA. *Direito penal.* Dá-se antes do trânsito em julgado da sentença final e desdobra-se em: a) *prescrição intercorrente,* que cuida da prescrição da pretensão punitiva de que somente o réu tenha recorrido, incidindo sobre o lapso temporal entre a sentença e a decisão de segunda instância, ou, então, quando, mesmo havendo recurso do órgão acusatório, tenha sido ele improvido; b) *prescrição retroativa,* aquela que opera efeitos *ex tunc* estando pendente a ação penal de decisão definitiva que consagra o quanto da pena aplicável ao caso concreto, retroagindo ao tempo da instauração da ação penal. Essa prescrição pode ocorrer entre o recebimento da denúncia ou queixa e a publicação da sentença condenatória da inferior instância e o acórdão da superior instância; entre o recebimento da inicial e o acórdão da superior instância, sempre que provido o recurso de sentença absolutória; entre a data do fato e a data do recebimento da denúncia ou queixa (Paulo José da Costa Jr.).

PRESCRIÇÃO DE FALTA DISCIPLINAR. *Direito administrativo.* Perda, pelo decurso do tempo, da possibilidade de a Administração Pública punir, disciplinarmente, servidor faltoso.

PRESCRIÇÃO ESPECIAL. *Direito civil.* Diz-se daquela em que a norma jurídica estatui prazos mais exíguos pela conveniência de reduzir o prazo geral para possibilitar o exercício de certos direitos (Orlando Gomes). Esse prazo pode ser: ânuo, bienal, trienal, quadrienal e qüinqüenal.

PRESCRIÇÃO EXTINTIVA. *Direito civil.* É a prescrição liberatória que atinge a pretensão, fundamentando-se na inércia ou incúria do titular e no tempo, extinguindo a capacidade de defender um direito violado em juízo. O titular do direito à pretensão, que prescreveu, não perde o direito processual da ação (em sentido processual), visto que, havendo rejeição de sua demanda, por ter sido acolhida a exceção da prescrição, importa uma sentença de mérito (Humberto Theodoro Júnior).

PRESCRIÇÃO INTERCORRENTE. 1. *Direito administrativo* e *direito processual.* a) É a admitida pela doutrina e jurisprudência, surgindo após a propositura da ação. Dá-se quando, suspensa ou interrompida a exigibilidade, o processo administrativo ou judicial fica paralisado por incúria da Fazenda Pública (Eduardo M. F. Jardim). Logo, essa prescrição seria um modo de sancionar a negligência da Fazenda; b) ocorre quando o autor, p. ex., o credor, por desídia, não dá seqüência ao processo, voltando, então, a fluir o prazo prescricional, como sanção à inércia processual, a partir do último ato do processo que o interrompeu, por culpa do autor. Se o processo se imobilizou por deficiência do serviço forense, por manobra maliciosa do réu, ou devedor, ou por qualquer motivo alheio ao autor, não haverá prescrição intercorrente. Se ocorrer imobilização processual por ato culposo do credor, o devedor poderá requerer, nos próprios autos, o decreto da prescrição intercorrente. **2.** *Direito processual trabalhista.* a) É a que ocorre, segundo a Súmula 327 do STF, na justiça trabalhista, na fase da execução, que por culpa do interessado não é promovida, causando paralisação do processo, logo, contra ele deve e pode ser contado o prazo prescricional próprio (Osiris Rocha). Em contrário o Enunciado n. 114 do TST; b) dá-se quando o exeqüente inicia a execução, que fica paralisada, porque não se encontra o devedor ou os bens ou por ter havido falha no serviço de secretaria (Iara A. Cordeiro Pacheco).

PRESCRIÇÃO INTERCORRENTE NA EXECUÇÃO FISCAL. *Direito processual civil.* Situação na qual a prescrição, anteriormente interrompida, volta a correr no curso da execução fiscal, nele completando o fluxo de seu prazo. A prescrição intercorrente possui *dies a quo* e *ad quem* fixados dentro da execução fiscal (Ernesto José Toniolo). É a prescrição que, depois de interrompida, pela propositura da execução fiscal, reinicia

o seu curso, em razão da inércia culposa da Fazenda Pública (Sakakihara). Opera a extinção da pretensão ou mesmo do próprio crédito tributário, visando proteger o executado da instabilidade jurídica provocada pela inércia do credor em exigir a satisfação de seu direito (Zimmermann e Dinamarco).

PRESCRIÇÃO LIBERATÓRIA. *Vide* PRESCRIÇÃO EXTINTIVA.

PRESCRIÇÃO MÉDICA. *Medicina legal.* **1.** Fórmula para manipulação de um remédio. **2.** Receita em que o médico indica o medicamento que o cliente deve tomar.

PRESCRIÇÃO MÉDICA INDEVIDA DE ENTORPECENTE. *Direito penal.* Crime consistente no fato de médico, dentista, enfermeira, farmacêutico no exercício regular de sua profissão receitar ou ministrar substância que determine dependência psíquica ou física, infringindo norma ou indicando dose maior do que a necessária.

PRESCRIÇÃO NEGATIVA. *História do direito.* Denominação dada pelo antigo direito português à atual prescrição extintiva ou liberatória.

PRESCRIÇÃO NO CASO DE EVASÃO DO CONDENADO. *Direito penal.* É a regulada pelo tempo que resta da pena a ser cumprida pelo detento evadido. A prescrição da pretensão executória computar-se-á a partir da data em que se deu a fuga.

PRESCRIÇÃO NO CASO DE REVOGAÇÃO DO LIVRAMENTO CONDICIONAL. *Direito penal.* É a que se regula pelo tempo que falta da pena, computado a partir do trânsito em julgado da sentença que revogou o livramento condicional.

PRESCRIÇÃO ORDINÁRIA. *Direito civil.* É denominada também prescrição comum, pois a lei determina prazo único e mais longo. Tal prazo é decenal. As ações pessoais, que têm por fim fazer valer direitos oriundos de uma obrigação de dar, fazer ou não fazer algo, quer assumida voluntariamente pelo sujeito passivo, quer imposta por lei, prescrevem, ordinariamente, em dez anos, e as ações reais, alusivas ao patrimônio do titular da pretensão, também. Trata-se de prazo subsidiário, aplicável quando a lei não estabelecer prazo menor para a pretensão ou exceção.

PRESCRIÇÃO PENAL. *Direito penal.* **1.** Extinção do direito de processar aquele que cometeu o delito ou de aplicar a pena ao condenado, condicionada ao decurso de um período de tempo. **2.**

PRESCRIÇÃO POSITIVA. Extinção do *jus puniendi* do Estado pelo decurso continuado de um lapso temporal previsto em lei, salvo as causas impeditivas ou interruptivas por ela consignadas.

PRESCRIÇÃO POSITIVA. 1. *Direito civil.* O mesmo que PRESCRIÇÃO AQUISITIVA. **2.** *História do direito.* Antiga denominação dada pelo direito português à usucapião ou prescrição aquisitiva.

PRESCRIÇÃO PRESUNTIVA. *Direito comparado.* É aquela que, no direito português, se funda na presunção do cumprimento, uma vez decorrido o prazo. Portanto, o devedor está dispensado de fazer sua prova. Tal presunção só pode ser ilidida por confissão do devedor originário ou daquele a quem o débito for transmitido por sucessão (Ana Prata).

PRESCRIÇÃO QÜINQÜENAL. 1. *Direito do consumidor.* Perda da ação para reparação dos danos causados por fato do produto ou do serviço, pela inação do consumidor que deixa escoar o prazo de cinco anos, contados da data do conhecimento do prejuízo e de sua autoria. **2.** *Direito civil.* Extinção da pretensão pelo decurso do prazo da ação: a) de cobrança de dívidas líquidas constantes de instrumento público ou particular; b) de profissionais liberais em geral, procuradores judiciais, curadores e professores pelos seus honorários, contado o prazo da conclusão dos serviços, da cessação dos respectivos contratos ou mandato; c) do vencedor para haver do vencido o que despendeu em juízo.

PRESCRIÇÃO TRABALHISTA. *Direito do trabalho* e *direito constitucional.* Perda da ação pelo empregado, quanto aos créditos resultantes das relações de trabalho, se ficar inerte: a) durante cinco anos, se trabalhador urbano, até o limite de dois anos após a extinção do contrato; b) até dois anos após a extinção do contrato, se trabalhador rural.

PRESCRIÇÃO TRIBUTÁRIA. *Direito tributário.* Perda da ação de cobrança do crédito tributário pelo decurso do prazo de cinco anos, contados da data de sua constituição.

PRESCRIÇÃO TRINTENÁRIA. *Direito previdenciário.* Perda do direito ao benefício da previdência social pelo decurso do prazo de 30 anos, mas a constituição do crédito previdenciário oriundo desse direito sujeita-se ao lapso temporal prescritivo de cinco anos (Othon Sidou).

PRESCRIPTIVT. *Termo inglês.* Usucapião.

PRESCRITIBILIDADE. 1. Qualidade do que é suscetível de prescrição. **2.** O que é prescritível.

PRESCRITÍVEL. O que pode prescrever, por ser passível de prescrição.

PRESCRITIVISMO. *Filosofia geral.* **1.** Toda e qualquer tendência segundo a qual certos grupos de expressões, que, às vezes, se considera serem enunciados, especificamente enunciados declarativos ou informativos, não enunciam ou não descrevem nada e não veiculam informação nenhuma. **2.** Normativismo. **3.** Prescrições de normas (José Ferrater Mora).

PRESCRITO. 1. Que prescreveu; o que incorreu em prescrição. **2.** O que está previsto normativamente ou ordenado por lei.

PRESENÇA. 1. Estar diante. **2.** Colocar-se à frente de alguém para defendê-lo. **3.** Fato de estar presente. **4.** Característica do que está presente. **5.** Comparecimento em certo local. **6.** Participação em ato jurídico. **7.** Assistência ou proteção que se dá em juízo.

PRESENÇA DE ESPÍRITO. Presteza em dizer ou fazer, imediatamente, o que é oportuno.

PRESENCIAL. 1. Relativo àquele que presenciou ou viu. **2.** Feito à vista de alguém. **3.** Diz-se da testemunha que viu algo ou que estava presente ao ato.

PRESENCIALIDADE. Qualidade de presencial.

PRESENCIAR. 1. Assistir. **2.** Estar presente. **3.** Observar.

PRESENTAÇÃO. *Filosofia geral.* Estado da consciência caracterizado pela presença de um objeto ao espírito.

PRESENTACIONISMO. *Filosofia geral.* **1.** Percepcionismo. **2.** Teoria pela qual o espírito tem consciência, ou seja, o conhecimento imediato da existência objetiva de certos atributos da matéria tais como existem em si (Hamilton).

PRESENTE. 1. *Filosofia geral.* a) O que é apreendido por um ato consciente do espírito; b) existente no momento em que se fala; c) que se encontra no local onde se está. **2.** Na *linguagem jurídica,* em geral, pode significar: a) dádiva; brinde; oferta; b) o que assiste ou comparece a um ato; c) atual; d) o que está em vigor; e) iminente.

PRESENTEAR. 1. Dar algo. **2.** Brindar. **3.** Obsequiar.

PRESENTE DE GREGO. Presente, ou dádiva, que prejudica quem o recebe.

PRESÉPIO. *Direito canônico.* Local onde se faz a representação do nascimento de Cristo, comemorando-o por ocasião do Natal.

PRESERVAÇÃO. **1.** Conservação. **2.** Proteção. **3.** Prevenção. **4.** Cautela. **5.** Conjunto de métodos, procedimentos e políticas que visem a proteção a longo prazo das espécies, hábitats e ecossistemas, além da manutenção dos processos ecológicos, prevenindo a simplificação dos sistemas naturais.

PRESERVAÇÃO DE ARQUIVOS. Tratamento de acervos documentais que permita a prevenção da deterioração física dos documentos, com vistas à recuperação da informação.

PRESERVAÇÃO DE RECURSOS NATURAIS. *Direito ambiental.* Conjunto de atos que visam, baseados em normas, a conservação de florestas, fauna, flora, águas, atmosfera etc., evitando poluição, protegendo o meio ambiente e condicionando o uso da propriedade à sua função social.

PRESERVAÇÃO PERMANENTE. *Direito ambiental.* Diz-se do conjunto de florestas e demais formas de vegetação natural que são colocadas ao abrigo de dano presente ou futuro.

PRESERVATIVO. *Medicina legal.* Invólucro que reveste o órgão sexual masculino durante o ato sexual, para evitar a fertilização do óvulo ou para prevenir de infecções ou de moléstias transmissíveis sexualmente.

PRESIDÊNCIA. **1.** Ação de presidir. **2.** Cargo ou ofício de presidente. **3.** Período de tempo no qual o presidente exerce suas funções; tempo de duração do mandato presidencial. **4.** Palácio ou tribunal onde o presidente reside ou exerce sua função. **5.** Poder Executivo no País onde o chefe de Estado, que também é o do governo, tem o título de presidente. **6.** Local de honra numa mesa.

PRESIDÊNCIA DA REPÚBLICA. *Direito administrativo.* Conjunto de órgãos que prestam assessoria direta e dão consulta ao presidente da República. A Presidência da República é constituída, essencialmente, pela Casa Civil, pela Secretaria-Geral, pela Secretaria de Relações Institucionais, pelo Gabinete Pessoal, pelo Gabinete de Segurança Institucional e pelo Núcleo de Assuntos Estratégicos.

PRESIDENCIAL. *Direito administrativo.* **1.** Relativo à presidência. **2.** O que provém do presidente.

PRESIDENCIALISMO. *Ciência política* e *direito constitucional.* Sistema ou regime de governo republicano onde não há subordinação entre os Poderes Executivo, Legislativo e Judiciário, sendo as chefias de Estado e de governo exercidas pelo presidente da República, eleito para um determinado período, que nomeia ou demite à sua vontade os ministros de Estado, orientando a vida política nacional. Por ser independente da maioria do Congresso, o presidente da República não pode ser destituído de seu cargo por moção de desconfiança.

PRESIDENCIALISTA. *Ciência política.* **1.** Referente ao presidencialismo. **2.** Partidário do presidencialismo.

PRESIDENCIÁVEL. *Ciência política.* Diz-se daquele que pode ser eleito presidente, por preencher os requisitos legais.

PRESIDENTE. **1.** *Ciência política* e *direito constitucional.* a) Título oficial do chefe do Poder Executivo de um país que acata o presidencialismo tendo em suas mãos a chefia de Estado e a do governo; b) aquele que dirige as discussões de uma assembléia legislativa ou os trabalhos da Câmara Municipal. **2.** *Direito civil* e *direito comercial.* a) Aquele que tem os maiores poderes, inclusive o de representação ativa e passiva, em juízo ou fora dele, e direção de uma associação ou sociedade (simples ou empresária); b) aquele que dirige os negócios de uma pessoa jurídica de direito privado por ter a chefia administrativa, sendo a primeira autoridade do órgão coletivo de administração, geralmente, designado por diretoria. **3.** Na *linguagem jurídica,* em geral, designa, ainda: a) aquele que preside um ato, um concurso público, uma defesa de tese etc.; b) quem dirige as deliberações de um conselho, de um tribunal etc.

PRESIDENTE DA ASSEMBLÉIA. *Direito comercial.* Aquele que, escolhido pelos sócios ou acionistas, dirige os trabalhos da assembléia de uma sociedade, em suas deliberações sobre certos assuntos.

PRESIDENTE DA ASSEMBLÉIA LEGISLATIVA. *Ciência política.* Aquele que, sendo escolhido pelos seus pares, dirige a sessão e executa as decisões deliberadas pela Assembléia Legislativa.

PRESIDENTE DA AUDIÊNCIA. *Direito processual.* É o magistrado incumbido de dirigir os trabalhos de uma audiência, encaminhando os debates, determinando diligências cabíveis e indispensáveis ao esclarecimento dos fatos alegados pelos litigantes e prolatando a decisão.

PRESIDENTE DA CÂMARA. *Ciência política.* Vereador eleito por seus pares para dirigir os trabalhos administrativos e legislativos da Câmara Municipal e para representá-la em juízo e fora dele (Adilson Abreu Dallari).

PRESIDENTE DA REPÚBLICA. *Ciência política* e *direito constitucional.* Chefe do Poder Executivo que, eleito pelo povo, é auxiliado pelos ministros de Estado. Tem competência privativa para: nomear e exonerar os ministros de Estado; exercer, com o auxílio dos ministros de Estado, a direção superior da administração federal; iniciar o processo legislativo, na forma e nos casos previstos pela Carta Magna; sancionar, promulgar e fazer publicar as leis, bem como expedir decretos e regulamentos para sua fiel execução; vetar projetos de lei, total ou parcialmente; dispor sobre a organização e o funcionamento da Administração federal, na forma da lei; manter relações com Estados estrangeiros e acreditar seus representantes diplomáticos; celebrar tratados, convenções e atos internacionais, sujeitos a referendo do Congresso Nacional; decretar o estado de defesa e o estado de sítio; decretar e executar a intervenção federal; remeter mensagem e plano de governo ao Congresso Nacional por ocasião da abertura da sessão legislativa, expondo a situação do País e solicitando as providências que julgar necessárias; conceder indulto e comutar penas, com audiência, se necessário, dos órgãos instituídos em lei; exercer o comando supremo das Forças Armadas, promover seus oficiais-generais e nomeá-los para os cargos que lhes são privativos; nomear, após aprovação pelo Senado Federal, os ministros do Supremo Tribunal Federal e dos tribunais superiores, os governadores de territórios, o procurador-geral da República, o presidente e os diretores do Banco Central e outros servidores, quando determinado em lei; nomear os ministros do Tribunal de Contas da União; nomear os magistrados, nos casos previstos na Constituição Federal, e o advogado-geral da União; nomear membros do Conselho da República; convocar e presidir o Conselho da República e o Conselho de Defesa Nacional; declarar guerra, no caso de agressão estrangeira, com autorização do Congresso Nacional ou referendado por ele, quando ocorrida no intervalo das sessões legislativas, e, nas mesmas condições, decretar, total ou parcialmente, a mobilização nacional; celebrar a paz, autorizado ou com o referendo do Congresso Nacional; conferir condecorações e distinções honoríficas; permitir, nos casos previstos em lei complementar, que forças estrangeiras transitem pelo território nacional ou nele permaneçam temporariamente; enviar ao Congresso Nacional o plano plurianual, o projeto de lei de diretrizes orçamentárias e as propostas de orçamento previsto constitucionalmente; prestar, anualmente, ao Congresso Nacional, dentro de 60 dias após a abertura da sessão legislativa, as contas referentes ao exercício anterior; prover e extinguir os cargos públicos federais, na forma da lei; editar medidas provisórias, com força de lei; exercer as atribuições previstas pela Carta Magna.

PRESIDENTE DA SOCIEDADE. *Direito civil* e *direito comercial.* Aquele que, por eleição dos sócios de sociedade simples ou empresária, fica investido não só do poder de administrá-la como também do de representá-la.

PRESIDENTE DE MESA RECEPTORA. *Direito eleitoral.* O incumbido de, durante as eleições, dirigir a recepção de votos dos eleitores, resolver todas as dúvidas ocorridas, autenticar com sua rubrica as cédulas oficiais, assinar fórmulas de observações dos fiscais, e de remeter todos os papéis utilizados durante a recepção de votos à junta eleitoral etc.

PRESIDENTE DO CONSELHO. 1. *Ciência política.* No regime parlamentarista, é o primeiro-ministro que, como chefe de governo, preside o Conselho de Ministros, uma vez que coordena as atividades do Poder Executivo, por ser o representante político da maioria parlamentar. **2.** Na *linguagem jurídica,* em geral, é aquele que dirige e administra os negócios de uma entidade, denominada "conselho", exercendo suas funções de conformidade com o previsto em normas regulamentares.

PRESIDENTE DO FEITO. *Direito processual.* É o juiz que dirige o processo, determinando as medidas e diligências necessárias para seu andamento, vindo, então, a prolatar sua decisão.

PRESIDENTE DO TRIBUNAL. *Direito processual.* É o magistrado designado para administrar o tribunal, dirigindo-o, e para representá-lo em suas relações com outros poderes.

PRESIDENTE NATO. É o que preside determinadas entidades privadas ou públicas, em razão de sua investidura no cargo decorrer da posição por ele ocupada ou de outra função, por ele exercida, sem necessidade de ser eleito pelos seus pares.

PRESIDIAL. *História do direito.* Tribunal que tinha competência para julgar certos casos em última instância.

PRESIDIÁRIO. *Direito penitenciário.* **1.** Condenado que cumpre pena num presídio. **2.** Aquele que está recolhido em presídio. **3.** Relativo a presídio.

PRESÍDIO. 1. *Direito penitenciário.* a) Estabelecimento prisional ou carcerário público; b) penitenciária; c) prisão fortificada e guarnecida militarmente, onde são cumpridas as penas impostas em virtude de prática de crime militar ou político ou de crime comum grave. **2.** *Direito militar.* a) Ação de defender uma praça; b) guarnição militar colocada em certo local para defendê-lo; c) praça de guerra; d) prisão numa praça de guerra; e) prisão militar. **3.** *Direito comparado.* Comitê executivo permanente que, nos países comunistas, tem amplos poderes para dirigir os seus negócios interiores e exteriores.

PRESIDIR. 1. Dirigir como presidente um ato ou cerimônia. **2.** Ocupar a presidência. **3.** Superintender.

PRESIGANGA. Diz-se do navio utilizado como prisão ou daquele que recolhe prisioneiros.

PRESILHA EXTERNA. *Medicina legal.* Numa impressão digital, no sistema dactiloscópico de Vucetich, é a figura em que um só delta situa-se à esquerda do observador do dactilograma.

PRESILHA INTERNA. *Medicina legal.* É, na impressão digital, segundo a classificação de Vucetich, a presença de um só delta à direita do observador do dactilograma.

PRÉ-SIMULAÇÃO DA LOUCURA. *Medicina legal.* Simulação preventiva da loucura, levada a efeito, durante um certo tempo, por aquele que pretende cometer uma ação criminosa, para que, tornando pública sua "perturbação mental", ao perpetrar o crime possa alegar em sua defesa seu notório estado de "insanidade" (Croce e Croce Jr.).

PRÉ-*SLING*. *Direito comercial.* Rede especial prélingada, feita de fios de poliéster, náilon ou similar, suficientemente resistente para proceder, na manipulação da carga a ser transportada, à unitização de mercadorias ensacadas, empacotadas ou acondicionadas, facilitando seu transporte.

PRESO. 1. *Direito penal* e *direito processual penal.* a) Aquele que, por ter sido condenado a pena de prisão, está encarcerado em estabelecimento prisional; b) aquele que não tem liberdade para ausentar-se de determinado sítio; c) aquele que está privado de sua liberdade individual, estando recolhido numa prisão; d) aquele que foi detido ou capturado por policial. **2.** Nas *linguagens comum* e *jurídica,* em geral, pode ter o sentido de: a) sem liberdade de ação; b) tolhido; c) fixo; d) ligado, atado.

PRÉ-SOCRÁTICO. *Filosofia geral.* Diz-se do que se refere ao período filosófico anterior ao de Sócrates.

PRESO INCOMUNICÁVEL. *Direito processual penal.* Aquele que, durante o inquérito policial, fica sujeito ao regime de incomunicabilidade, podendo ter contato apenas com as pessoas do presídio e com seu advogado.

PRESO PROVISÓRIO. *Direito processual penal.* **1.** Aquele que se encontra encarcerado por ordem de prisão em flagrante ou preventiva, ou sentença de pronúncia. **2.** O que, tendo sido condenado, aguarda o trânsito em julgado da sentença (Geraldo Magela Alves).

PRESSA. 1. Celeridade. **2.** Urgência. **3.** Rapidez na execução de alguma coisa.

PRESSÁGIO. 1. Prognóstico; previsão. **2.** Conjetura retirada de um fato.

PRESSÃO. *Direito civil.* Coação física ou moral para obrigar alguém a efetivar ato que não quer.

PRESSÃO ARTERIAL. *Medicina legal.* Pressão do sangue dentro das artérias, exercida pelo coração, permitindo sua circulação em todo o organismo humano.

PRESSÃO ARTERIAL ALTA. *Medicina legal.* Trata-se da hipertensão provocada pela constrição de ramificações pequenas das artérias, diminuindo o fluxo sangüíneo e provocando a necessidade de o coração bombear com mais força para manter o sangue em circulação.

PRESSÃO ARTERIAL BAIXA. *Medicina legal.* Hipotensão que causa fraqueza, cansaço, enjôo ou tontura.

PRESSÃO POPULACIONAL. *Sociologia geral.* Aumento de nascimentos desproporcional ao número de óbitos ocorridos numa dada região.

PRESSÃO SOCIAL. *Sociologia geral.* Ato de coagir pessoas ou grupos para obter alteração de um valor ou de um determinado interesse.

PRESSENTIMENTO. 1. Suspeita. **2.** Ato ou efeito de prever algo. **3.** Previsão.

PRESSGANG. *Termo inglês.* Presiganga.

PRESSUPOR. 1. Levar a entender. **2.** Conjeturar.

PRESSUPOSIÇÃO. 1. *Direito civil.* a) Condição cuja evolução não se completou; uma limitação da vontade que não se desenvolveu até se tornar condição. O cumprimento do encargo é uma forma de pressuposição (Clóvis Beviláqua), pois se o donatário não o cumprir, a doação pode ser revogada. Condição cujo desenvolvimento não atingiu a finalidade pretendida; b) elemento subentendido de certos contratos e que, por isso, não decorre da declaração da vontade (Cunha Gonçalves). Por exemplo: se o credor empresta dinheiro, com ou sem prazo, há pressuposição de que o mútuo está baseado na solvência do devedor. Mas tal instituto não foi acolhido pelo direito brasileiro. **2.** *Direito comparado.* Teoria germânica criada por Windscheid, atualmente quase que abandonada, segundo a qual a não-concretização de uma convicção do contratante, que constituiu o motivo determinante da efetivação contratual, permite-lhe a resolução contratual ou a sua modificação. **3.** *Filosofia geral.* a) Prenoção; b) ato mental decisório pelo qual se admite um pressuposto; c) o que se considera concedido no início de uma investigação, demonstração ou discussão (Lalande).

PRESSUPOSTO. 1. *Filosofia geral.* a) Pressuposição, ou melhor, aquilo que se entende concedido no começo de uma investigação, pesquisa, debate etc.; b) aquilo que é considerado como hipótese; c) o que deve vir antes; d) conjetura. **2.** *Direito processual.* Requisito ou condição necessária para que uma ação seja conhecida e julgada. **3.** Nas *linguagens comum* e *jurídica,* em geral, pode ter, ainda, o sentido de: a) pretexto; b) projeto; c) propósito; d) o que se pressupôs; e) situação fática ou jurídica indispensável para que um ato seja válido.

PRESSUPOSTO DE CRIME. *Direito penal.* Circunstância que antecede e motiva a ação criminosa.

PRESSUPOSTO FÁTICO. Circunstância de fato, integrante do caso concreto, que, necessariamente, antecede outra.

PRESSUPOSTO GNOSIOLÓGICO. *Filosofia geral.* Ponto de vista escolhido por uma ciência (Mochi).

PRESSUPOSTO JURÍDICO. *Teoria geral do direito.* Diz-se da circunstância de direito tida como antecedente necessário de outra.

PRESSUPOSTO PROCESSUAL. *Direito processual civil.* Requisito ou condição imprescindível à constituição, à validade, à regularidade do desenvolvimento de uma relação jurídico-processual e à admissibilidade do julgamento do mérito da causa.

PRESSUPOSTO PROCESSUAL NEGATIVO. *Direito processual civil.* Condição extrínseca ao processo, impeditiva de sua validade como coisa julgada, litispendência etc.

PRESSUPOSTOS DE EXISTÊNCIA DO PROCESSO. *Direito processual civil.* São a jurisdição, o pedido e as partes litigantes (Geraldo Magela Alves).

PRESSUPOSTOS DO ATO ADMINISTRATIVO. *Direito administrativo.* São os requisitos extrínsecos e os elementos intrínsecos que devem estar reunidos no ato administrativo para que ele seja válido e eficaz. Tais requisitos são: a) competência do agente: b) formalidade procedimental; c) motivo; d) finalidade pública, mediata ou imediata; e) causa. Os seus elementos intrínsecos são: a) objeto lícito, possível e determinado, ou seja, o conteúdo do ato; b) forma não vedada em lei (*v.* Lúcia Valle Figueiredo, Celso Antônio Bandeira de Mello, Arturo Lentini e Marcelo Caetano).

PRESTAÇÃO. 1. *Direito civil.* a) Ato pelo qual o devedor cumpre a obrigação na forma estabelecida solvendo-a totalmente; b) aquilo a que está obrigado o devedor, que pode traduzir-se na entrega de uma coisa, na prática ou na abstenção de um ato; c) objeto da obrigação, cujo adimplemento no devido prazo exonera o devedor; d) pagamento feito a prazos sucessivos. Consiste, portanto, em cada uma das frações em que a prestação foi dividida, quando se conveniona que seu cumprimento se efetive em diversas parcelas. Trata-se do pagamento parcelado da obrigação, até solver totalmente a dívida; e) quantia que deve ser paga em cada prazo; f) contribuição que o devedor está obrigado a pagar. **2.** *Direito romano.* Ato de o devedor fornecer certa coisa ao credor. **3.** *Direito administrativo.* Obrigação da administração para com o administrado ou deste para com aquela, consistente em dar, fazer ou não fazer algo, em decorrência de relação jurídico-administrativa (José Cretella Jr.).

PRESTAÇÃO ACESSÓRIA. *Direito civil* e *direito comercial.* É a que recai sobre os juros, os frutos ou os rendimentos da coisa que constitui a prestação principal.

PRESTAÇÃO ALIMENTÍCIA. *Direito civil.* **1.** É aquela com a qual um parente, ex-cônjuge, ou ex-companheiro, visa satisfazer as necessidades vitais daquele que não pode por si provê-las, fundado no princípio de solidariedade familiar. São pressupostos essenciais da obrigação de prestar alimentos: a) a existência de um vínculo de parentesco ou conjugal, ou, ainda, de companheirismo entre o alimentando e o alimentante. Assim têm tal dever: ascendentes, descendentes maiores, irmãos germanos ou unilaterais, e o ex-cônjuge, sendo que este último, apesar de não ser parente, é devedor de alimentos ante o dever legal de assistência. E também o ex-companheiro, enquanto tiver procedimento digno e não vier a constituir nova união, poderá pleitear alimentos do outro, provando sua necessidade por não poder prover sua subsistência; b) a necessidade do alimentando; c) a possibilidade econômica do alimentante, que deverá cumprir seu dever sem que haja desfalque do necessário ao seu próprio sustento; d) proporcionalidade, na sua fixação entre as necessidades do alimentário e os recursos econômico-financeiros do alimentante, sendo que a equação desses dois fatores deve ser feita caso por caso, considerando-se que a prestação alimentícia é concedida *ad necessitatem*. **2.** Modo determinado pelo magistrado para cumprimento da obrigação alimentar. Portanto, é, por exemplo, a descontada em folha de pagamento de pessoa obrigada por sentença judicial; a decorrente de reserva de aluguéis de prédios do alimentante, que serão recebidos diretamente pelo alimentando; a oriunda de penhora de vencimento de magistrados, professores, funcionários públicos, de soldos dos militares, dos salários em geral e dos subsídios de parlamentares, para pagar ex-cônjuge, ou ex-convivente, e filhos quando o executado houver sido condenado a prestar alimentos etc.

PRESTAÇÃO ALTERNATIVA. É o objeto da obrigação alternativa.

PRESTAÇÃO ANUAL. *Direito civil.* **1.** Pagamento que deve ser feito por ano. **2.** Foro ou renda.

PRESTAÇÃO DE ALIMENTOS COMPLEMENTARES. *Direito civil.* Dá-se quando parente mais chegado (pai) do alimentando não tiver condições de pagar a pensão alimentícia integralmente, pois o mais remoto (avô) poderá ser compelido a complementá-la. O reclamante pode investir contra o avô, pleiteando alimentos complementares. Assim, se o pai só puder arcar com 30% do *quantum*, o avô contribuirá com 70%.

PRESTAÇÃO DE CAUÇÃO. *Direito civil.* Satisfação de uma garantia dada, seja ela real ou fidejussória, em cumprimento de exigência legal ou de determinação judicial.

PRESTAÇÃO DE CONTAS. **1.** *Direito administrativo.* Ato pelo qual os responsáveis por uma gestão (governadores, prefeitos, diretores, secretários tesoureiros etc.) demonstram as despesas feitas para atender a uma finalidade pública. Trata-se da apresentação documentada feita pelos administradores públicos sobre o emprego de verbas destinadas ao atendimento do interesse público. **2.** *Direito civil* e *direito processual civil.* Ato pelo qual aquele que age em nome de outrem (tutor, curador, inventariante, mandatário, testamenteiro etc.), gerindo seus negócios e bens, justifica as despesas feitas durante sua administração ou gestão.

PRESTAÇÃO DE FATO. *Direito civil.* É a que se esgota numa atividade ou abstenção do devedor, abrangendo a obrigação de fazer ou a de não fazer.

PRESTAÇÃO DE SERVIÇO. **1.** *Direito civil.* *Vide* CONTRATO DE LOCAÇÃO DE SERVIÇO. **2.** *Direito do consumidor.* Contrato pelo qual o fornecedor se obriga, mediante remuneração, a executar, para o consumidor, certo serviço sem o fornecimento de coisa, ou com o emprego dessa somente em caráter acessório (Othon Sidou).

PRESTAÇÃO DE SERVIÇOS À COMUNIDADE. **1.** *Direito da criança e do adolescente.* Realização de tarefas gratuitas de interesse geral pelo menor infrator, por um período não superior a seis meses, conforme suas aptidões, em entidades assistenciais ou em programas comunitários ou governamentais, aos sábados, domingos e feriados ou em dias úteis desde que não o prejudique em seus estudos ou no seu trabalho diário normal. **2.** *Direito penal.* Pena restritiva de direito consistente na atribuição ao condenado, conforme sua aptidão, de tarefas gratuitas junto a entidades assistenciais, hospitais, escolas, orfanatos e outros estabelecimentos congêneres, em programas comunitários ou estatais, durante oito horas semanais, aos sábados, domingos e feriados ou em dias úteis desde que não haja prejuízo à sua jornada normal de trabalho.

PRESTAÇÃO DE SERVIÇOS DE FORMA DIRETA. *Direito ambiental.* Consiste na execução de obras de recuperação de áreas degradadas e de atividades de preservação, melhoria e recuperação da qualidade do meio ambiente, a ser prestado diretamente pelo interessado.

PRESTAÇÃO DE SERVIÇOS DE FORMA INDIRETA. *Direito ambiental.* Consiste no custeio pelo interessado de programas e de projetos ambientais, visando o fortalecimento institucional da entidade autárquica, para fins de execução de atividades de preservação, conservação, melhoria e recuperação da qualidade do meio ambiente.

PRESTAÇÃO DE SERVIÇOS POR LINHA DEDICADA. *Direito das comunicações* e *direito administrativo.* É inerente às entidades exploradoras de serviços públicos de telecomunicações a prestação de serviços por linha dedicada, de conformidade com a regulamentação em vigor. As condições associadas à prestação de serviços através de linhas dedicadas destinadas aos serviços especiais de telecomunicações são estabelecidas em normas específicas, observada a regulamentação aplicável. Havendo condições técnicas e atendidas as disposições regulamentares aplicáveis, o acesso a serviços por linha dedicada ou a formação de redes por linhas dedicadas são assegurados quando destinados a: a) atender às necessidades de comunicações de uma mesma pessoa física ou jurídica ou de empresas de um mesmo grupo legalmente constituído; b) interligar usuário e provedor de serviço de informações, diretamente ou através de terceiro que seja prestador de outros serviços de valor adicionado não definidos como serviços de informações; c) interligar usuários constituintes de um grupo bem determinado, diretamente ou através de terceiro que seja prestador de outros serviços de valor adicionado não definidos como serviços de informações, com o fim de permitir a realização de atividades específicas comuns a este grupo; ou d) possibilitar a complementação de redes de permissionárias de serviços de telecomunicações, nos termos das respectivas permissões, ou de outras concessionárias de serviços públicos de telecomunicações.

PRESTAÇÃO DETERMINADA. *Direito civil.* É aquela que tem objeto devidamente individualizado pela sua qualidade e quantidade.

PRESTAÇÃO FACULTATIVA. É o objeto da "obrigação facultativa".

PRESTAÇÃO FRACIONADA. *Direito civil.* Aquela que deve ser executada por parcelas, ou seja, pelo pagamento parcelado do *quantum* devido.

PRESTAÇÃO INDETERMINADA. *Direito civil.* Diz-se daquela cujo objeto está indicado genericamente ou em que há ausência de previsão do local ou do momento de seu cumprimento.

PRESTAÇÃO NEGATIVA. *Direito civil.* É o objeto da obrigação de não fazer, traduzindo-se na abstenção de praticar certo ato.

PRESTAÇÃO PERIÓDICA. *Direito civil.* É a cumprida em um espaço mais ou menos longo de tempo, sendo, portanto, objeto da obrigação de execução continuada, que se caracteriza pela prática ou abstenção de atos reiterados. Por exemplo: a obrigação do locador de ceder ao inquilino, por certo tempo, o uso e gozo de coisa infungível, e a do locatário de pagar mensalmente o aluguel convencionado etc.

PRESTAÇÃO PESSOAL. *Direito civil.* Objeto da obrigação de fazer de natureza infungível que deve ser executado pelo próprio devedor, não se admitindo, portanto, sua substituição por outrem, por ser *intuitu personae*, uma vez que se consideram as qualidades pessoais do obrigado.

PRESTAÇÃO POSITIVA. *Direito civil.* Objeto da obrigação de dar e da de fazer.

PRESTAÇÃO PRINCIPAL. *Direito civil.* É a coisa que consiste no objeto da obrigação que subsiste por si mesma, independentemente de qualquer outra. A prestação principal é a essencial no cumprimento do débito. Por exemplo: no mútuo a obrigação principal é a devolução do que foi emprestado.

PRESTAÇÃO TRIBUTÁRIA. *Direito tributário.* Pagamento do tributo pelo contribuinte que a ele está obrigado.

PRESTAÇÃO VENCIDA. *Direito civil.* Diz-se daquela que não foi cumprida no vencimento do prazo estipulado.

PRESTAÇÃO VINCENDA. *Direito civil.* Aquela que está por vencer, sendo, por isso, inexigível.

PRESTACIONADO. *Direito civil.* Beneficiário da prestação.

PRESTACIONAR. *Direito civil.* Pagar em prestações.

PRESTACIONISTA. *Direito civil.* **1.** Aquele que paga a prestação devida. **2.** Devedor da prestação. **3.** Aquele que compra algo a prazo.

PRESTAÇÕES DA PREVIDÊNCIA SOCIAL. *Direito previdenciário.* São os benefícios e serviços que podem ser exigidos pelos beneficiários, de conformidade com o previsto em lei.

PRESTAÇÕES DO REGIME GERAL DE PREVIDÊNCIA SOCIAL. *Direito previdenciário.* São as prestações, compreendidas no Regime Geral da Previdência Social, devidas inclusive em razão de eventos decorrentes de acidente do trabalho, expressas em benefícios e serviços: 1) quanto ao segurado: a) aposentadoria por invalidez; b) aposentadoria por idade; c) aposentadoria por tempo de serviço; d) aposentadoria especial; e) auxílio-doença; f) salário-família; g) salário-maternidade; h) auxílio-acidente; 2) quanto ao dependente: a) pensão por morte; b) auxílio-reclusão; 3) quanto ao segurado e dependente: a) serviço social; b) reabilitação profissional.

PRESTADIO. 1. Útil. **2.** Serviçal.

PRESTADOR. *Direito civil.* **1.** Aquele que dá algo em empréstimo. **2.** Mutuante. **3.** Comodante.

PRESTADORA BRASILEIRA DE SERVIÇOS DE TRANSPORTE AQUAVIÁRIO E DE APOIO. *Direito marítimo.* É a empresa constituída sob as leis brasileiras, autorizada pela Agência Nacional de Transportes Aquaviários (ANTAQ) a prestar os serviços de transporte aquaviário e de apoio marítimo e portuário.

PRESTADORA DE SERVIÇO DE ALIMENTAÇÃO COLETIVA. *Direito do trabalho.* Pessoa jurídica registrada no Programa de Alimentação do Trabalho (PAT) que tem a função de: 1. Garantir que os restaurantes e outros estabelecimentos por elas credenciados se situem nas imediações dos locais de trabalho. 2. Garantir que os documentos de legitimação para a aquisição de refeições ou gêneros alimentícios sejam diferenciados e regularmente aceitos pelos estabelecimentos credenciados, de acordo com a finalidade expressa no documento. 3. Reembolsar, ao estabelecimento comercial credenciado, os valores dos documentos de legitimação, mediante depósito em conta bancária expressamente indicada para esse fim. 4. Cancelar o credenciamento dos estabelecimentos empresariais que não cumprirem as exigências sanitárias e nutricionais e, ainda, que por ação ou omissão concorrerem para o desvirtuamento do PAT, através do uso indevido dos documentos de legitimação ou outras práticas irregulares, especialmente: a) a troca do documento por dinheiro em espécie ou por mercadorias, serviços ou produtos não compreendidos na finalidade do PAT; b) a exigência de qualquer tipo de ágio ou a imposição de descontos sobre o valor do documento de legitimação; c) o uso dos documentos de legitimação que lhes forem apresentados para qualquer outro fim que não o de reembolso direto junto à prestadora do serviço, emissora do documento, vedada a utilização de quaisquer intermediários. Tal pessoa jurídica é registrada no PAT nas seguintes categorias: 1. Fornecedora de alimentação coletiva: a) operadora de cozinha industrial e fornecedora de refeições preparadas transportadas; b) administradora de cozinha da contratante; c) fornecedora de alimentos *in natura* embalados para transporte individual (cesta de alimentos). 2. Prestadora de serviço de alimentação coletiva: a) administradora de documentos de legitimação para a aquisição de refeições em restaurantes ou estabelecimentos similares (refeição-convênio); b) administradora de documentos de legitimação para a aquisição de gêneros alimentícios em estabelecimentos empresariais (alimentação-convênio).

PRESTADORA DE SERVIÇO DE RASTREAMENTO DE EMBARCAÇÕES PESQUEIRAS. *Direito marítimo.* Empresa formalmente constituída no Brasil, devidamente autorizada pela Agência Nacional de Telecomunicações (ANATEL), para exploração do Serviço Limitado Especializado, com finalidade de monitoramento de cargas e frotas marítimas, aquisição remota de dados, radiolocalização e telecomando, que ofereça o equipamento e os serviços de sistema de rastreamento, incluindo a instalação, treinamento e suporte técnico ao sistema, na forma de proposta comercial aos responsáveis pelas embarcações dentro das condições exigidas em Instrução Normativa. É representada perante o Estado por meio de seu Representante Legal.

PRESTADORA DE SERVIÇOS DE TELECOMUNICAÇÕES. *Direito administrativo* e *direito das comunicações.* É a pessoa jurídica que detém concessão, permissão ou autorização de prestação de serviço de telecomunicações.

PRESTADORA ESTRANGEIRA DE SERVIÇOS DE TRANSPORTE AQUAVIÁRIO. *Direito internacional privado.* É a empresa estrangeira operando no transporte aquaviário internacional com o Brasil. E será tida como domiciliada no território nacional se operar ou tiver no Brasil filial, sucursal, escritório, estabelecimento, agente ou representante.

PRESTADOR DE SERVIÇO. *Direito civil.* **1.** Locador de serviço. **2.** Empreiteiro.

PRESTADOR DE SERVIÇO DE CERTIFICAÇÃO (PSC). *Direito virtual.* Qualquer entidade credenciada para operar na ICP-Brasil, como: as Autoridades Certificadoras (AC); as Autoridades de Registro (AR); os Prestadores de Serviço de Suporte (PSS); ou entidade vinculada, como o Laboratório de Ensaios e Auditoria (LEA) e outros que executem ou determinem a execução de itens de certificação presentes nas resoluções da ICP-Brasil.

PRESTAMISTA. *Direito civil.* **1.** Aquele que faz empréstimo. **2.** O que empresta dinheiro a juros. **3.** Aquele que possui títulos de dívida pública. **4.** Aquele que se inscreve em sociedade de capitalização para, mediante pagamento de mensalidades, ter direito ao prêmio que ela distribui.

PRÉSTAMO. *História do direito.* **1.** Imposto territorial que era pago em gêneros ou em espécie, a favor da coroa, de obra de caridade, do Fisco ou de certa pessoa. **2.** Terra sobre a qual recaía esse imposto.

PRESTA-NOME. *Direito civil.* **1.** Interposta pessoa ou "testa-de-ferro". **2.** Diz-se da pessoa que simula agir num negócio por conta própria, quando, na verdade, o faz em nome de outrem. É, portanto, aquele que empresta seu nome para que alguém possa efetuar certo ato negocial, uma vez que o encobre.

PRESTAR. **1.** Ser útil ou adequado. **2.** Conceder. **3.** Dar ou fazer. **4.** Praticar. **5.** Pronunciar em ato solene. **6.** Exibir.

PRESTAR O NOME. Permitir que outrem use do seu nome ou influência para determinado fim.

PRESTAR SERVIÇO. Fazer-se útil.

PRESTATÁRIO. *Direito civil.* **1.** Aquele que recebeu algo por empréstimo; aquele a quem se emprestou alguma coisa. **2.** Mutuário. **3.** Comodatário.

PRESTEZA. **1.** Celeridade. **2.** Prontidão.

PRESTÍGIO. **1.** *Sociologia geral.* Qualidade pessoal que suscita, em razão de carisma e sucesso, atitudes de subordinação ou de respeito. **2.** Nas *linguagens comum* e *jurídica*, em geral, pode ter o sentido de: a) importância social; b) reputação; c) respeito; d) crédito; e) grande influência.

PRESTIMANEAR. *Direito penal.* Furtar algo às escondidas, usando destreza das mãos.

PRÉSTIMO. **1.** Utilidade. **2.** Obséquio. **3.** Auxílio.

PRESTIMONIAL. *Direito canônico.* **1.** Aquele que usufrui de um prestimônio. **2.** O que se refere a prestimônio.

PRESTIMÔNIO. *Direito canônico.* **1.** Pensão ou bens destinados ao sustento de um sacerdote. **2.** Renda eclesiástica que serve de auxílio aos padres.

PRÉSTITE. *Direito romano.* Aquele que presidia determinados atos solenes.

PRÉSTITO. **1.** Grande número de pessoas em caminhada. **2.** Cortejo. **3.** Procissão.

PRESUMIDO. **1.** Que se presumiu. **2.** Hipotético. **3.** Conjeturado. **4.** Vaidoso, presunçoso. **5.** Em que há presunção.

PRESUMIR. **1.** Imaginar. **2.** Conjeturar. **3.** Supor. **4.** Pressupor. **5.** Suspeitar.

PRESUMÍVEL. **1.** O que se pode presumir. **2.** Provável.

PRESUNÇÃO. **1.** *Direito civil* e *direito processual civil.* É a ilação tirada de um fato conhecido para provar ou demonstrar outro desconhecido. É a conseqüência que a lei ou o magistrado tiram, tendo como ponto de partida o fato conhecido para chegar ao fato ignorado. **2.** *Direito canônico.* Conjetura provável de uma coisa incerta (Paulo Matos Peixoto). **3.** *Filosofia geral.* a) Raciocínio pelo qual se supõe, sendo a matéria de fato, uma conclusão provável, ainda que incerta; b) ação de presumir, confiando demasiadamente em suas faculdades mentais; c) ato de admitir uma afirmação como verdadeira até prova em contrário; d) inferência baseada na probabilidade. **4.** Na *linguagem comum* designa: a) vaidade; b) afetação; c) orgulho.

PRESUNÇÃO ABSOLUTA. *Direito civil* e *direito processual civil.* É a estabelecida por lei como verdade indestrutível, sendo também designada *juris et de jure.* É aquela que não pode ser ilidida, pois a norma a considera como verdade legal, não admitindo prova contrária ao fato presumido.

PRESUNÇÃO COMUM. *Direito civil* e *direito processual civil.* É a deixada ao critério e prudência do magistrado, que se funda naquilo que ordinariamente acontece. O juiz para tanto se baseia em indício ou circunstância havida no decorrer do processo. O indício é tão-somente o ponto de partida de onde, por inferências ou deduções, o magistrado estabelece alguma presunção. Tal presunção resulta da experiência e da convicção do órgão judicante, uma vez que decorre da própria natureza dos fatos e não do texto legal. Denomina-se também presunção de fato "simples", "judicial" ou *hominis*. Todavia, o órgão judicante não deve aceitá-la senão quando se trate de fatos graves, precisos e concordantes. É admitida dentro dos mesmos limites em que se permite a prova testemunhal, excluídos os casos em que tal prova não seja possível. Contra a presunção comum pode valer, desde que concludente, a prova testemunhal.

PRESUNÇÃO CONDICIONAL. *Vide* PRESUNÇÃO *JURIS TANTUM* OU RELATIVA.

PRESUNÇÃO DE DIREITO. *Vide* PRESUNÇÃO LEGAL.

PRESUNÇÃO DE DOMÍNIO. *Direito civil.* **1.** Presunção *juris tantum* de propriedade imobiliária decorrente da força probante fundada na fé pública do registro, levado a efeito por serventuário provido de autoridade legal. Tal presunção prevalecerá até prova em contrário, se *comum* o registro. **2.** Presunção *juris et de jure* de propriedade rural imobiliária, se se tratar de registro Torrens. O registro Torrens consiste num especial sistema registrário da propriedade imóvel rural que, mediante sentença transitada em julgado, confere um direito incontestável a quem o fizer, por tornar-se portador de um título de matrícula que o protege de ulteriores impugnações, por haver presunção *juris et de jure* de certeza de que nenhuma ação poderá atingi-lo, exceto a rescisória.

PRESUNÇÃO DE FATO. *Vide* PRESUNÇÃO COMUM.

PRESUNÇÃO DE INOCÊNCIA. *Direito constitucional* e *direito processual penal.* Prerrogativa conferida constitucionalmente ao acusado de não ser tido como culpado até que a sentença penal condenatória transite em julgado. Trata-se do princípio constitucional do estado de inocência. A natureza jurídica da presunção de inocência pode ser vista sob dois pontos de vista distintos, a saber: do ponto de vista formal ou extrínseco, o princípio da inocência constitui um direito constitucional fundamental que se encontra inserido no rol dos direitos e das garantias fundamentais da pessoa. Já do ponto de vista substancial ou intrínseco, a presunção de inocência é um direito de natureza processual com reflexo, *ad exemplum*, no campo de tratamento do acusado ou, no caso que interessa a esta matéria, do suposto autor do fato, uma vez que a presunção de inocência obsta qualquer antecipação de juízo condenatório ou de culpabilidade em desfavor do possível sujeito ativo do delito, advindo da situação que seja ocorrida na lide penal, ainda que constitua somente um procedimento, tal qual sucede com a primeira fase das causas apreciadas pelos Juizados Especiais Criminais, em que não há a atividade jurisdicional do processo propriamente dito e, assim, não há, também, que falar, naquela fase, na figura do réu. Tendo-se a presunção de inocência como presunção *juris tantum*, ou seja, que admite prova em contrário, vale como uma idéia-força, no sentido de impedir que o réu seja tratado como se já estivesse condenado, que sofra restrições de direito que não sejam necessárias à apuração dos fatos e ao cumprimento da lei penal, em suma, que não seja tratado como mero objeto de investigações, mas como sujeito de direitos, gozando de todas as garantias comuns ao devido processo legal, sobretudo as garantias da plena defesa (Weber M. Batista). Do princípio da presunção de inocência advêm outros princípios que lhe completam, tais como o direito à ampla defesa, o direito de recorrer em liberdade, o duplo grau de jurisdição e o contraditório, todos contando com os demais da mesma linha constitucional, exercendo função de alicerce do sistema democrático, haja vista que garantem ao réu, ao suposto autor do fato, um julgamento imparcial, em que as prerrogativas legais de defesa serão observadas no respeito a sua ainda não-provada, em definitivo, autoria (Júlio Victor dos Santos Moura).

PRESUNÇÃO DE PERICULOSIDADE. *Direito penal* e *direito processual penal.* Conjunto de fatos ou indícios que levam a supor que alguém venha a praticar o delito ou a reincidir.

PRESUNÇÃO *HOMINIS*. *Vide* PRESUNÇÃO COMUM.

PRESUNÇÃO JUDICIAL. *Vide* PRESUNÇÃO COMUM.

PRESUNÇÃO JURÍDICA. *Vide* PRESUNÇÃO LEGAL.

PRESUNÇÃO *JURIS ET DE JURE*. *Vide* PRESUNÇÃO ABSOLUTA.

PRESUNÇÃO *JURIS TANTUM*. *Direito civil* e *direito processual civil.* É também denominada presunção condicional ou relativa. Ocorre quando a lei estabelece um fato como verdadeiro até prova em contrário.

PRESUNÇÃO *JURIS TANTUM* DA PATERNIDADE. *Direito civil* e *direito processual civil*. É aquela em que a lei considera ser do marido o filho havido pela mulher casada, durante a constância da sociedade conjugal, ou seja, nascido 180 dias, pelo menos, depois de estabelecida a convivência conjugal ou dentro nos 300 dias subseqüentes à dissolução da sociedade conjugal por morte, separação ou anulação. Presume-se também concebido na constância do casamento filho havido: por fecundação artificial homóloga, mesmo que falecido o marido; a qualquer tempo, quando se tratar de embrião excedente, decorrente de concepção artificial homóloga *in vitro*; por inseminação artificial heteróloga, desde que tenha havido anuência prévia do marido. Mas permite ao marido contestar a paternidade, ilidindo-a, provando o contrário, movendo ação negatória, comprovando judicialmente que não podia ser o pai porque: a) houve adultério; b) estava fisicamente impossibilitado de coabitar com sua mulher no instante da concepção; c) não havia possibilidade de inseminação artifical homóloga, nem de fertilização *in vitro*, visto que não doou sêmen para isso ou que houve troca de material germinativo, e d) não poderia ter havido inseminação artificial heteróloga, já que não havia dado autorização ou que ela se dera por vício de consentimento.

PRESUNÇÃO LEGAL. *Direito civil* e *direito processual civil*. É a decorrente de lei, sendo, por isso, também denominada presunção de direito ou presunção jurídica. Abrange a presunção absoluta ou *juris et de jure*, e a relativa ou *juris tantum*.

PRESUNÇÃO RELATIVA. *Vide* PRESUNÇÃO *JURIS TANTUM*.

PRESUNÇÃO SIMPLES. *Vide* PRESUNÇÃO COMUM.

PRESUNTIVO. 1. *Direito civil*. a) O que se pode presumir; b) diz-se do herdeiro mais próximo do *de cujus*. **2.** *Filosofia geral*. a) Provável; b) pressuposto; c) que está para ser.

PRÊT. *Termo francês*. **1.** Soma pecuniária abonada para sustento de soldado. **2.** Empréstimo.

PRETENDENTE. 1. *Direito comercial*. Freguês que mostra interesse na aquisição de uma mercadoria exposta à venda. **2.** *Direito civil*. Noivo; candidato a casamento. **3.** *Direito processual civil*. Aquele que pleiteia um direito em juízo. **4.** *Direito administrativo*. a) O que pretende um cargo ou função pública; b) candidato a um concurso público.

PRETENDIDA. *Direito civil*. Noiva.

PRÊTE-NOM. *Locução francesa*. Testa-de-ferro.

PRETENSÃO. 1. *Direito processual civil*. Invocação pelo titular de um direito violado, da prestação que lhe é devida, em juízo, exigindo sua tutela jurisdicional. Trata-se do pedido ou objeto da ação em sentido material exarado na petição inicial. **2.** Na *linguagem comum* quer dizer: a) vaidade; b) jactância; c) aspiração infundada.

PRETENSIOSO. 1. Afetado. **2.** Orgulhoso.

PRETENSO. 1. Pretendido. **2.** O que se pretende.

PRETERDOLO. *Direito penal*. **1.** Concurso, num mesmo delito, de dolo e culpa: dolo no antecedente e culpa no subseqüente (Nélson Hungria). **2.** Causalidade psíquica complexa, que caracteriza o crime preterdoloso. **3.** Além do dolo ou da intenção. **4.** Diz-se do resultado que, por culpa do agente, ultrapassa a sua intenção dolosa.

PRETERDOLOSO. *Direito penal*. Diz-se do crime que apresenta preterdolo, cujo resultado involuntário advém de culpa do delinqüente, excedendo à sua intenção dolosa. A intenção do agente é a prática de um crime menos grave, que acarreta resultado mais grave, imputável a título de culpa. Trata-se do crime preterintencional.

PRETERIÇÃO. 1. *Retórica jurídica*. Figura pela qual se declara não querer falar sobre certa coisa, da qual se vem a falar por este meio. **2.** *Direito administrativo*. Promoção de alguém a um cargo que, por direito, seria de outrem. **3.** *Direito civil*. a) Inobservância dos requisitos essenciais à validade de um ato ou negócio jurídico; b) omissão do testador, relativa a herdeiro necessário. **4.** Na *linguagem jurídica* em geral, pode significar: a) postergação; b) ato ou efeito de preterir ou omitir.

PRETERIDO. 1. Esquecido. **2.** Omitido. **3.** Substituído por outro. **4.** Que se preteriu.

PRETERINTENÇÃO. *Vide* PRETERDOLO.

PRETERINTENCIONAL. *Vide* PRETERDOLOSO.

PRETERINTENCIONALIDADE. *Direito penal*. Qualidade de crime preterintencional.

PRETERIR. 1. Ir além. **2.** Não dar importância. **3.** Rejeitar. **4.** Omitir. **5.** Prescindir. **6.** Ocupar indevidamente cargo ou posto que cabia a outrem. **7.** Desprezar. **8.** Não prover alguém no que tem direito. **9.** Não observar.

PRETERÍVEL. Que pode ser preterido.

PRETERNATURAL. *Filosofia geral.* **1.** Que está acima do natural. **2.** O que ultrapassa a possibilidade da natureza. **3.** O que está fora do curso ordinário das coisas (Lalande). **4.** Sobrenatural.

PRETERNATURALISMO. *Filosofia geral.* **1.** Qualidade do que é preternatural. **2.** Teoria filosófica segundo a qual muitos fenômenos são sobrenaturais, isto é, atribuídos a um princípio preternatural.

PRETERNATURALISTA. *Filosofia geral.* **1.** Relativo ao preternaturalismo. **2.** Sequaz do preternaturalismo.

PRÊTER SERMENT. *Locução francesa.* Fazer juramento.

PRETEXTA. *Direito romano.* Toga branca, debruada de púrpura, que era usada pelos magistrados superiores e mancebos pertencentes às famílias patrícias.

PRETEXTO. **1.** Escusa. **2.** Alegação que visa ocultar o real motivo pelo qual se faz ou se deixa de fazer algo.

PRETIUM AFFECTIONIS. *Locução latina.* Valor estimativo.

PRETIUM DOLORIS. *Locução latina.* Preço da dor.

PRETIUM REI EX COMMUNI, NON PARTICULARI AESTIMATIONE, CENSETUR. *Aforismo jurídico.* O preço da coisa é julgado pela estimação comum e não pela particular.

PRETIUM SUCCEDIT LOCO REI. *Aforismo jurídico.* O preço sucede em lugar da coisa.

PRETOR. **1.** *Direito romano.* Magistrado, eleito pelas centúrias, que era encarregado da administração da justiça. **2.** *História do direito.* a) No período medieval, era o senhor absoluto das terras que lhe foram cometidas, ou o alcaidemor com poderes militares e civis; b) juiz de categoria inferior à do juiz de direito. **3.** *Direito civil.* Juiz de casamento.

PRETORIA. **1.** *História do direito.* a) Jurisdição de pretor; b) local onde o pretor exercia suas funções; c) ofício de pretor. **2.** *Direito civil.* Lugar onde o juiz de casamento celebra as núpcias.

PRETORIANISMO. *Ciência política.* Sistema de governo em que a elite preponderará pela força, fraude ou venalidade.

PRETORIANO. *História do direito.* **1.** Relativo a pretor ou pretório. **2.** Pertencente à guarda dos cabos-de-guerra ou imperadores, na antigüidade romana. **3.** Soldado da guarda pretoriana.

PRETÓRIO. **1.** *Direito processual.* a) Designação dada a qualquer tribunal; b) sala de audiência. **2.** *Direito romano.* a) Tribunal onde o pretor exercia suas funções; b) residência do pretor; c) tenda do general romano em campanha.

PRETORÍOLO. *História do direito.* Camarote do comandante das naus.

PRETOR MAXIMUS. *Direito romano.* Cada um dos dois cônsules da República, que agiam em sistema colegial sem que um se sobrepusesse ao outro (Kunkel).

PRETOR PEREGRINO. *Direito romano.* Magistrado que decidia questões entre peregrinos ou estrangeiros entre si, ou entre romanos e estrangeiros.

PRETOR URBANO. *Direito romano.* Magistrado que resolvia pendências entre romanos.

PRE-TRIAL CONFERENCE. *Expressão inglesa.* Encontro prévio para acordo.

PRETURA. *História do direito.* **1.** Cargo de pretor romano. **2.** Período ânuo em que o pretor exercia sua função.

PRÉ–UNIVERSITÁRIO. *Direito educacional.* Diz-se do curso que prepara para o ingresso numa universidade, ou do que antecede os estudos na universidade.

PREVALECENTE. Que prevalece.

PREVALECER. **1.** Ter preferência. **2.** Predominar. **3.** Ter mais valor. **4.** Preponderar. **5.** Ser acolhido. **6.** Vencer em juízo.

PREVALECIDO. **1.** Que se prevaleceu. **2.** Aquele que abusa de sua influência. **3.** Quem abusa de seu poder político, mostrando-se autoritário ou despótico.

PREVALECIMENTO. **1.** Preponderância. **2.** Ação ou efeito de prevalecer. **3.** Predomínio.

PREVALÊNCIA. **1.** Qualidade do que prevalece ou do que é decisivo. **2.** Superioridade. **3.** Característica de um valor, que é superior a outro (Le Senne e Lalande).

PREVALER. *Vide* PREVALECER.

PREVARICAÇÃO. **1.** *Direito penal.* Crime funcional punido com detenção e multa, consistente no fato de o funcionário público retardar ou deixar de cumprir suas funções para a satisfação de seus próprios interesses. **2.** *Direito civil.* Adultério; quebra do dever de fidelidade conjugal. **3.** *Direito romano.* a) Ato daquele que, após ter acusado alguém, fazia um conluio com ele para obter sua absolvição; b) ato do *advocatus* que traía a causa, passando para o lado do réu, e prejudicando o autor, seu constituinte. **4.** Na *linguagem jurídica* em geral, pode significar: a) não-cumprimento de um dever de ofício por má-fé ou improbidade; b) afirmação que perverte ou desvia a verdade; c) ato de revelar segredo de justiça ou de secretaria; d) abuso de confiança; e) ato de o magistrado prolatar decisão manifestadamente injusta; f) conivência de advogado com a parte contrária.

PREVARICADOR. 1. Aquele que prevarica ou comete prevaricação. **2.** Quem abusa da confiança que lhe foi dada.

PREVARICAMENTO. *Vide* PREVARICAÇÃO.

PREVARICAR. 1. Faltar aos deveres de ofício. **2.** Abusar do exercício de funções. **3.** Cometer adultério. **4.** Violar segredo de justiça ou de secretaria.

PREVARICATO. *Vide* PREVARICAÇÃO.

PREVENÇÃO. 1. *Direito militar.* Serviço de prontidão. **2.** *Direito processual civil* e *direito processual penal.* Critério para determinar a competência de um magistrado perante outro igualmente competente, pelo simples fato de ter tido conhecimento da causa antes dele. Logo, o juiz que conhecer da causa, em primeiro lugar, terá sua jurisdição preventa. A prevenção apenas assegura a competência de um magistrado que já era competente. Como diz Plácido e Silva, a prevenção decorre do primeiro conhecimento da causa. **3.** Na *linguagem jurídica* em geral, pode ter, ainda, o significado de: a) aviso prévio; b) precaução; c) ato ou efeito de prevenir; d) preconceito.

PREVENÇÃO DE ACIDENTE. 1. *Direito aeronáutico.* Complexo de medidas que visam planejar, orientar, coordenar, controlar e executar as atividades de investigação, e prevenir acidentes aeronáuticos. Tais providências são da responsabilidade daqueles que estiverem envolvidos na fabricação, manutenção, operação e circulação de aviões (Othon Sidou). **2.** *Direito do trabalho.* Conjunto de medidas de segurança do trabalho, que evitem danos ao trabalhador.

PREVENÇÃO E REPRESSÃO DE AÇÕES DE ORGANIZAÇÕES CRIMINOSAS. *Direito penal.* Utilização de meios e operações para prevenir e reprimir atos praticados por organizações criminosas, como, por exemplo: a) regulamentação de meios de prova e procedimentos investigatórios que versem sobre ilícitos decorrentes de ações praticadas por quadrilha ou bando ou organizações ou associações criminosas de qualquer tipo; b) permissão, em qualquer fase da persecução criminal, dos seguintes procedimentos de investigação e formação de prova: a captação e a interceptação ambiental de sinais eletromagnéticos, óticos ou acústicos, e o seu registro e análise, mediante circunstanciada autorização judicial; infiltração por agentes de polícia ou de inteligência em tarefas de investigação, constituída pelos órgãos especializados pertinentes, mediante circunstanciada autorização judicial. A autorização judicial será estritamente sigilosa e permanecerá nesta condição enquanto perdurar a infiltração.

PREVENIDO. 1. *Filosofia geral.* Estado de espírito que se apresenta disposto, de antemão, para aceitar ou não aceitar algo. **2.** Nas *linguagens comum* e *jurídica,* pode ter a acepção de: a) acautelado; b) que se preveniu; c) avisado.

PREVENIR. 1. *Direito processual.* Fixar competência do juiz por prevenção. **2.** Nas *linguagens comum* e *jurídica,* pode significar: a) acautelar; b) precaver; c) antecipar; d) impedir; e) dispor com antecedência; f) avisar; g) influenciar.

PREVENTA. *Direito processual.* **1.** Diz-se da jurisdição em que um juiz competente firma sua competência por ter tomado conhecimento da causa antes de outro magistrado igualmente competente. **2.** Diz-se da competência firmada por prevenção.

PREVENTIVA. 1. Na *linguagem jurídica* em geral, é medida necessária para o exercício de algum direito. **2.** *Direito penal.* Diz-se da prisão determinada por motivo de segurança, quando o indiciado revela periculosidade, ou quando se presume que ele poderá frustrar ou obstar a ação da justiça. **3.** *Direito processual civil.* Medida cautelar que objetiva evitar um prejuízo ou ressalvar um direito.

PREVENTIVE DETENTION. *Locução inglesa.* Prisão preventiva que é similar à medida de segurança. Trata-se, na verdade, do internamento de segurança.

PREVENTIVO. 1. *Medicina legal.* Profiláctico. **2.** Na *linguagem jurídica* tem o seguinte sentido: a) o que previne; b) aquilo que impede; c) o que acautela; d) o que se faz como medida de prevenção; e) aquilo que visa evitar algo; f) o que é próprio para resguardar; g) o que se faz por precaução. **3.** *Direito processual civil.* Meio processual que visa resguardar direitos, evitando dano, como a medida cautelar.

PREVENTO. **1.** *Direito processual.* a) O que se determinou por prevenção; b) diz-se do juiz que tomou conhecimento de certa causa em primeiro lugar, adiantando-se aos demais magistrados igualmente competentes, firmando sua competência e a do foro de sua jurisdição por prevenção.

PREVENTOR. Aquele que previne.

PREVENTORES. *História do direito.* Soldados da guarda avançada.

PREVENTÓRIO. **1.** Orfanato. **2.** Dispensário; local onde se tratam preventivamente aqueles que têm tendência para certas doenças, como tuberculose, lepra, tifo etc. **3.** Internato onde são criados e educados os filhos de tuberculosos e leprosos, evitando-se, assim, o contágio.

PRÉVIA E JUSTA INDENIZAÇÃO NA DESAPROPRIAÇÃO. *Direito administrativo* e *direito constitucional.* Premissa expropriatória que exige que se pague ao desapropriado uma justa e prévia indenização em dinheiro, e, em se tratando de desapropriação por interesse social para fins de reforma agrária, uma justa e prévia indenização em títulos de dívida agrária, com cláusula de preservação do valor real, sendo que as benfeitorias úteis e necessárias serão pagas em dinheiro. A indenização precisa ser prévia, ou seja, o expropriante deverá pagar ou depositar antes da aquisição da propriedade do imóvel, e justa porque não se pode afetar o patrimônio do expropriado, devendo-se reparar todo e qualquer prejuízo havido. A garantia constitucional prevê tão-somente a possibilidade de se substituir o objeto sobre o qual se exerce o domínio por uma integral indenização capaz de habilitar o expropriado a adquirir outro equivalente. A obrigação indenizatória desaguará, portanto, na equação: justo – preço – atual.

PREVIDENCIAL. *Direito previdenciário.* Relativo às normas da previdência social.

PREVIDÊNCIA PRIVADA. *Direito previdenciário.* **1.** Instituição de planos de benefícios similares ou complementares às atividades da previdência social, que se dá mediante contribuição de interessados, de empregadores ou de ambos. Sua execução se dá por entidades fechadas ou abertas (Othon Sidou). **2.** Complexo de vantagens sociais suplementares, garantidas aos assalariados por instituições que estão fora do esque-

ma oficial do seguro social (Dupeyroux). **3.** É a previdência complementar, ou seja, sistema de complemento das aposentadorias do serviço público, recebida por trabalhadores, desde que eles tenham contribuído para esta modalidade de previdência (Luiz Fernando Rudge).

PREVIDENCIÁRIO. Que se refere à previdência privada ou à social.

PREVIDÊNCIA SOCIAL. *Direito previdenciário.* **1.** Conjunto de benefícios ou medidas públicas para cobrir certos riscos normais de existência ou que acarretem aumento de despesas, contribuindo para seu financiamento, protegendo e amparando o trabalhador e o funcionário e suas famílias, nos casos de velhice, prisão, morte, invalidez, doença, desemprego involuntário, por meio de aposentadorias e assistência médico-hospitalar e pensão a seus herdeiros. **2.** Contribuição que tem por fim garantir aos seus beneficiários meios indispensáveis de manutenção por motivo de incapacidade, desemprego involuntário, idade avançada, tempo de serviço, encargos familiares e de reclusão ou morte daqueles de quem dependiam economicamente. Rege-se pelos seguintes princípios e objetivos: a) universalidade de participação nos planos previdenciários; b) uniformidade e equivalência dos benefícios e serviços às populações urbanas e rurais; c) seletividade e distributividade na prestação dos benefícios; d) cálculo dos benefícios considerando-se os salários-de-contribuição corrigidos monetariamente; e) irredutibilidade do valor dos benefícios, de forma a preservar-lhe o poder aquisitivo; f) valor da renda mensal dos benefícios substitutos do salário-de-contribuição ou do rendimento do trabalho do segurado não inferior ao do salário mínimo; g) previdência complementar facultativa, custeada por contribuição adicional; h) caráter democrático e descentralizado da gestão administrativa, com a participação do governo e da comunidade, em especial de trabalhadores em atividade, empresários e aposentados.

PREVIDENTE. **1.** Prudente. **2.** Acautelado. **3.** Que prevê.

PREVIGENTE. *Vide* PREVIGORANTE.

PREVIGORANTE. *Teoria geral do direito.* Diz-se da norma que vigorava antes da que está em vigor.

PRÉVIO. **1.** Anterior. **2.** Antecipado. **3.** Preliminar. **4.** O que antecede. **5.** O que é dado por antecipação. **6.** Diz-se do aviso que deve ser antecipado à realização de um ato.

PREVISÃO. 1. Conhecimento antecipado obtido por meio de indício. **2.** Ação de prever o que deve ser feito em prol da coletividade. **3.** Prevenção. **4.** Ato ou efeito de prever. **5.** Ato de prevenir-se ou acautelar-se.

PREVISIBILIDADE. 1. Qualidade de previsível. **2.** Possibilidade de antever a ocorrência de determinado evento.

PREVISIONAL. *Teoria geral do direito.* Que está na previsão legal.

PREVISÍVEL. Que pode ser previsto.

PREVISOR. Aquele que, no posto meteorológico, está encarregado de fazer as previsões do tempo.

PREVISTO. 1. Mencionado antecipadamente. **2.** Prognosticado. **3.** Conjecturado com antecedência. **4.** Conhecido previamente. **5.** Prevenido.

PREVMÓVEL. *Direito previdenciário.* Agência móvel da Previdência Social totalmente informatizada, para atender os segurados e contribuintes do interior do País, nas localidades onde inexistam postos do INSS.

PRÉ-VOCACIONAL. *Direito educacional.* Diz-se do ensino que visa descobrir as tendências vocacionais de seus alunos.

PREZAR. 1. Ter em grande consideração. **2.** Respeitar. **3.** Ter dignidade.

PREZÁVEL. 1. Digno de apreço. **2.** Estimável.

PRÉZEA. *História do direito.* Jóia de alto preço.

PRGP. *Direito previdenciário.* Abreviatura de Plano com Remuneração Garantida e Performance. Denominação que designa planos que garantam aos participantes, durante o período anterior ao de pagamento de benefício, remuneração por meio da contratação de taxa de juros e de índice de atualização de valores e, ainda, a reversão, parcial ou total, de resultados financeiros.

PRI. *Direito previdenciário.* Plano de Renda Imediata, para designar planos que, mediante contribuição única, garantam o pagamento do benefício sob a forma de renda imediata.

PRIAMOMANIA. *Medicina legal.* Mania de fazer compras.

PRIAPISMO. *Medicina legal.* **1.** Exagerada excitação sexual. **2.** Ereção peniana dolorosa, muito comum nos casos de blenorragia, cistite, afecções medulares, intoxicação por cantárida etc.

PRIMA. 1. *Direito desportivo.* A primeira posição na esgrima. **2.** *Direito civil.* Parente colateral de quarto grau, do sexo feminino. Parentesco existente entre filhas de irmãos ou entre filhas de tios ou tias em relação aos respectivos sobrinhos. **3.** *Direito comercial.* Diz-se da matéria em estado nativo, usada na produção de artigos industriais ou manufaturados. **4.** *Direito autoral.* Diz-se da obra que é a primeira no seu gênero ou que é excelente.

PRIMACIAL. 1. O que é de qualidade superior. **2.** Referente a primaz ou a primazia.

PRIMADO. 1. *Teoria geral do direito.* a) Supremacia, superioridade; b) preponderância. **2.** *Direito civil.* Parentesco entre filhos de primos (De Plácido e Silva).

PRIMA FACIE. *Locução latina.* À primeira vista; sem maior exame; ao primeiro aspecto; primeira aparência; o que logo pode ser verificado, sem necessidade de uma acurada análise.

PRIMAGEM. *História do direito.* Era a gratificação que o embarcador pagava ao capitão do navio pelos cuidados prestados no transporte da mercadoria. Também designada "chapéu-do-capitão" ou "capa". Atualmente, a comissão sobre o frete, já nele incluída, pertence ao armador do navio.

PRIMAR. 1. Ter a primazia; ser o primeiro. **2.** Distinguir-se. **3.** Ser hábil.

PRIMÁRIA. *Ciência política.* Eleição, comum nos Estados Unidos, na qual os partidos definem por meio de voto aqueles que serão candidatos à presidência da República.

PRIMÁRIO. 1. *Direito penal.* Diz-se do réu que apenas cometeu um delito, devendo, por isso, receber um tratamento mais brando do que o reincidente. **2.** *Medicina legal.* O que pertence ao primeiro estádio de uma moléstia. **3.** Na *linguagem comum* pode ter o sentido de: a) primeiro em ordem; que está primeiro; b) o que precede outro em lugar; c) inicial; d) primitivo.

PRIMAVERIZAÇÃO. *Direito agrário.* Processo que visa apressar o florescimento e frutificação das plantas, mediante emprego de um método de tratamento de mudas, sementes e bulbos, que lhes encurta o ciclo evolutivo anual.

PRIMAZ. 1. *Direito canônico.* a) Principal prelado de uma jurisdição; b) arcebispo que tem autoridade superior e poderes jurisdicionais sobre os bispos e arcebispos de uma região. **2.** Na *lin-*

guagem comum designa: a) o que ocupa o primeiro lugar; b) aquele que tem primazia.

PRIMAZIA. 1. *Direito canônico.* Dignidade de primaz. **2.** Nas *linguagens comum* e *jurídica,* pode ter o sentido de: a) prioridade; b) primeiro lugar; c) competência; d) superioridade.

PRIME. *Termo francês.* **1.** Bônus. **2.** Prêmio. **3.** Brinde. **4.** Diz-se, nas operações de bolsa a termo, da quantia que deve ser paga pelo comprador ao vendedor, em caso de desfazimento contratual a pedido do vendedor.

PRIMEIRA INSTÂNCIA. *Direito processual.* Corresponde ao atual primeiro grau de jurisdição; fase em que se inicia uma ação que vai até a prolatação da sentença; trata-se do juízo singular.

PRIMEIRANISTA. Diz-se do aluno que cursa o primeiro ano de qualquer escola ou faculdade.

PRIMEIRAS DECLARAÇÕES. *Direito civil* e *direito processual civil.* São as feitas pelo inventariante no início do processo de inventário, dentro de vinte dias contados da data em que prestou compromisso, que serão reduzidas a termo, por constituir a base do processo de divisão da herança. Deverão conter: identificação dos herdeiros; relação completa e individuada de todos os bens do espólio que estavam no domínio e posse do *auctor successionis* ao tempo de seu óbito, situados no Brasil ou no estrangeiro, e dos alheios que nele forem encontrados, designando seus proprietários, se conhecidos; tais bens, apesar de mencionados nas declarações preliminares, estão excluídos do inventário.

PRIMEIRO. 1. Nas *linguagens comum* e *jurídica,* designa: a) o que dá início a uma ordem; b) o mais importante; principal; c) que é o melhor; d) fundamental; e) o mais valioso; f) o que está em primeiro lugar; g) o mais antigo na ordem cronológica; h) o mais urgente. **2.** *Filosofia geral.* a) O que é a causa final; b) o que contém a razão de ser das outras realidades (Lalande e Saisset); c) o que é obtido em último lugar numa análise regressiva; d) o que se impõe ao espírito de tal modo que não se possa dele duvidar, logo sua verdade ou clareza servem de explicação para os outros termos ou de garantia de verdade das outras proposições daí tiradas (Lalande). Trata-se do princípio primeiro. **3.** *Lógica jurídica.* a) É o termo, ou proposição, que não se define por meio de outros termos ou proposições; b) é o termo, ou proposição, colocado no início da dedução; c) ponto de partida na formação de um juízo ou raciocínio (Lalande).

PRIMEIRO GRAU DE JURISDIÇÃO. *Direito processual.* Diz-se do juízo monocrático ou singular. *Vide* PRIMEIRA INSTÂNCIA.

PRIMEIRO-MINISTRO. *Ciência política.* No regime parlamentarista, é o chefe de governo que preside o Conselho de Ministros ou gabinete.

PRIMEIRO, SEGUNDO E TERCEIRO CONSELHOS DE CONTRIBUINTES. *Direito tributário.* Órgãos colegiados judicantes integrantes da estrutura do Ministério da Fazenda que têm por finalidade julgar recursos de ofício e voluntário de decisão de primeira instância sobre a aplicação da legislação referente a tributos administrados pela Secretaria da Receita Federal do Brasil, observadas suas competências e dentro dos limites de sua alçada.

PRIMEIRO SETOR. *Direito administrativo.* **1.** Setor governamental. **2.** Estado (Norberto Pasquatti).

PRIMEIROS SOCORROS. *Medicina legal.* Diz-se do tratamento imediato e de emergência, administrado em caso de mal súbito ou acidente, que evita problemas mais sérios e pode até mesmo salvar a vida do doente ou acidentado.

PRIMEIRO TRIBUNAL DE ALÇADA CIVIL DE SÃO PAULO. *História do direito.* Era o que tinha competência para, em grau de recurso ou originariamente, processar e julgar os seguintes feitos: a) ações que versassem sobre a posse, domínio ou negócio jurídico que tenha por objeto coisas móveis e semoventes; b) ações, diretas ou regressivas, de reparação de dano causado em acidente de veículo, bem como as que dissessem respeito ao respectivo seguro, obrigatório ou facultativo; c) ações oriundas de representação comercial, comissão mercantil, comodato, condução e transporte, depósito de mercadorias e edição; d) ações de retribuição ou indenização de depositário ou leiloeiro; e) ações e execuções relativas à dívida ativa das Fazendas Municipais; f) ações e execuções de insolvência civil e as execuções singulares, quando fundadas em título executivo extrajudicial, as ações tendentes a declarar-lhe a inexistência ou ineficácia, ou a decretar-lhe a anulação ou nulidade, as de sustação de protesto e semelhantes, bem como ações de recuperação ou substituição de título ao portador; g) ações relativas a contratos bancários, nominados ou inominados; h) ações relativas a franquia (*franchising*); i) ações discriminatórias de terras e as relativas a servidão de caminho e direito de passagem; j) ações relativas a locação e prestação de ser-

PRIMÍCIAS

viços, salvo as de natureza pública; k) ações derivadas de consórcio, excetuadas as relativas a alienação fiduciária; l) ações possessórias de imóveis, excluídas as derivadas de arrendamento rural, parceria agrícola, arrendamento mercantil e ocupação ou uso de bem público; m) ações de eleição de cabecel; n) ações civis públicas, monitórias e de responsabilidade civil contratual, relacionadas com matéria de competência do próprio Tribunal.

PRIMÍCIAS. 1. *Direito agrário.* a) Primeiros frutos colhidos; b) primeiros animais que nascem num rebanho. **2.** *Medicina legal.* Líquido aminiótico que é eliminado, no parto, antes que se opere a expulsão do feto. **3.** *Direito comercial.* Primeiros lucros obtidos num dado negócio ou empreendimento mercantil. **4.** *Direito autoral.* Primeiras produções literárias, artísticas ou científicas.

PRIMIGRÁVIDA. *Medicina legal.* Diz-se da mulher que engravida pela primeira vez.

PRIMIPILO. *Direito romano.* Comandante da vanguarda dos triários. Era o primeiro centurião.

PRIMITIVISMO. 1. Qualidade do que é rudimentar ou primitivo. **2.** Modo de proceder primitivo. **3.** Teoria que propugna a superioridade da vida simples sobre a da sociedade superindustrializada. **4.** Estilo de arte similar ao dos artistas primitivos. **5.** Arte dos povos primitivos.

PRIMITIVO. 1. O mais antigo; o inicial. **2.** Rudimentar. **3.** O que é simples. **4.** Diz-se do povo da pré-história ou daquele que se conserva em estado natural, tendo uma civilização inferior (Lèvy-Bruhl). **5.** O que diz respeito aos primórdios da civilização. **6.** Pintor ou escultor que antecedeu ao Renascentismo.

PRIMO. 1. *Direito civil.* a) Filho do tio ou tia, relativamente às sobrinhas e aos sobrinhos destes; b) parente colateral de quarto grau, do sexo masculino, por ser o parentesco entre filhos de irmão ou irmã. **2.** Na *linguagem comum* significa: a) primeiro; b) excelente. **3.** *Termo latino.* Em primeiro lugar.

PRIMOGÊNITO. 1. *Direito civil.* Aquele que é o primeiro filho do casal, e, em caso de gêmeos, é o que nasceu antes do outro; o filho mais velho. **2.** *Direito comparado.* Filho mais velho que tem direito de sucessão no título de nobreza. **3.** *História do direito.* Morgado que detinha, por ser o mais velho, determinados direitos sucessórios.

PRIMOGENITOR. *Direito civil.* **1.** Pai do primogênito. **2.** Antepassado.

PRIMOGENITURA. 1. *Sociologia jurídica.* Instituição social que dá exclusividade de sucessão ao filho mais velho ou primogênito. **2.** *História do direito.* a) Instituição que, em certos países, como em Portugal, conferia ao filho mais velho o direito de morgadio, ou seja, de receber, com a morte do pai, os bens vinculados que não podiam ser divididos nem alienados; b) título concedido ao primogênito, na sociedade patriarcal, ao qual se ligavam direitos hereditários. **3.** *Direito civil.* a) Condição, dignidade ou qualidade de primogênito; b) prioridade de idade entre irmãs e irmãos. **4.** *Direito comparado.* Direito especial de suceder título nobiliárquico concedido, no regime monárquico, ao filho mais velho.

PRIMO ICTU OCULI. *Locução latina.* Ao primeiro golpe de vista.

PRIMO OCCUPANTI. *Locução latina.* O primeiro ocupante.

PRIMOPONENDO. Que se deve antepor ou pôr em primeiro lugar.

PRIMOR. 1. Obra-prima; o que, pela excelência de sua qualidade, deve ser considerado como o primeiro de seu gênero. **2.** Esmero. **3.** Perfeição.

PRIMORDIAL. 1. Que se refere a primórdio. **2.** Que existe desde o início. **3.** Qualidade de primeiro. **4.** O que deu origem. **5.** Exordial. **6.** O que é de primeira importância. **7.** O mais antigo.

PRIMORDIALIDADE. Estado de primordial.

PRIMÓRDIO. 1. Exórdio. **2.** Fonte; origem. **3.** Início. **4.** O que se organizou primeiro.

PRIMOROSO. 1. Excelente. **2.** Perfeito. **3.** Que tem boa qualidade. **4.** Feito com primor.

PRIMUM MOVENS. *Locução latina.* Causa ou motivo principal de um ato.

PRIMUM NON NOCERE. *Expressão latina.* Primeiro não prejudicar.

PRIMUS INTER PARES. *Locução latina.* O primeiro entre seus iguais.

PRINCEPS. *Termo latino.* Príncipe; primeiro; primeira edição de uma obra; edição principal; edição príncipe.

PRINCESA. 1. *Direito comparado.* a) Filha do casal reinante; b) esposa do príncipe; c) soberana de um principado. **2.** Na *linguagem comum,* diz-se daquela que é a primeira e mais distinta de sua categoria.

PRINCIPADO. 1. *Direito comparado.* a) Dignidade de príncipe ou princesa; b) estado governado por um príncipe ou princesa. **2.** *Direito romano.* a) Dignidade imperial; b) regime político que vigorou em Roma na época de Augusto, após o assassinato de Júlio César, extinguindo-se na era de Diocleciano.

PRINCIPAL. 1. *Direito civil.* a) Diz-se da coisa ou da obrigação que existe sobre si, independentemente de outra; b) o capital objeto de uma dívida em relação aos juros respectivos. **2.** *Direito processual.* a) Diz-se da ação fundamental em que se discute a controvérsia jurídica relativamente à acessória; b) parte precípua da condenação, sendo acessórios: os honorários advocatícios, os juros e as multas contratuais (José Naúfel). **3.** *Direito canônico.* Superior hierárquico de comunidade religiosa. **4.** *Direito bancário.* Capital aplicado para render juros. **5.** Nas *linguagens comum* e *jurídica,* pode significar: a) o que é mais importante; b) o mais influente; c) fundamental; d) essencial; e) precípuo; f) aquele que é mais notável; g) o que está em primeiro lugar; h) o que é básico.

PRINCIPALATO. Qualidade ou função de principal.

PRINCIPAL DEVEDOR. *Direito civil.* Diz-se do devedor que deve efetuar o pagamento da dívida no seu vencimento, pois o fiador só o fará se aquele não o fizer.

PRINCIPALIDADE. Qualidade do que é principal.

PRINCIPAL LOCATÁRIO. *Direito civil.* Aquele que alugou um imóvel e depois o sublocou; sublocador.

PRINCIPAL PAGADOR. *Direito civil.* Fiador que, ao renunciar o benefício de ordem, se obriga a pagar o débito por ele garantido, passando a ser o principal responsável.

PRINCIPATUS ET LIBERTAS. *Locução latina.* Monarquia e liberdade.

PRÍNCIPE. 1. Na *linguagem comum,* diz-se daquele que, no seu gênero, é o mais notável em talento, mérito, qualidades etc. **2.** *Direito comparado.* a) Membro da família real; b) filho do monarca; c) título de nobreza; d) soberano de um principado; e) consorte da rainha. **3.** *Direito autoral.* a) *Vide PRINCEPS*; b) edição principal de uma obra; c) primeira edição de um livro. **4.** *Direito canônico.* Alta dignidade da Igreja, como cardeal, arcebispo, bispo. **5.** *Direito administrativo.* Ato da administração que onera os que com ela contrataram. Trata-se do fato do príncipe.

PRÍNCIPE CONSORTE. *Direito comparado.* Marido da rainha.

PRÍNCIPE DA IGREJA. *Direito canônico.* Cardeal ou alto dignatário da Igreja.

PRÍNCIPE DE GALES. *Direito comparado.* Herdeiro do trono inglês.

PRÍNCIPE DE SANGUE. *Direito comparado.* Aquele que é oriundo por varonia da casa imperial ou real.

PRÍNCIPE DO GRÃO-PARÁ. *História do direito.* Era o filho, no Brasil Império, do príncipe herdeiro do trono.

PRINCIPESCO. *Direito comparado.* O que diz respeito a príncipe.

PRINCIPIADOR. 1. Iniciador. **2.** Aquele que começa ou inaugura algo.

PRINCIPIANTE. 1. Aprendiz. **2.** Aquele que está aprendendo alguma coisa. **3.** Novato. **4.** Que principia. **5.** Incipiente. **6.** Aquele que se inicia numa ciência, arte ou profissão.

PRINCIPIA PER SE NOTA. *Lógica jurídica.* Princípios que, por serem evidentes por si mesmos, não precisam ser demonstrados.

PRINCIPIAR. 1. Dar início a alguma coisa. **2.** Iniciar.

PRINCIPIATIVO. O que serve de princípio.

PRINCIPII BONI, FINIS BONUS. *Expressão latina.* De bom princípio, bom fim.

PRINCIPIIS OBSTA. *Locução latina.* Obsta no princípio, combatendo paixões, antes que criem raízes (Afonso Celso F. de Rezende).

PRINCÍPIO. 1. *Filosofia geral.* a) Origem ou causa da ação (Pascal); causa primária; b) o que contém ou faz compreender as propriedades ou caracteres essenciais da coisa (Lalande); c) cada uma das proposições diretivas ou características a que se subordina o desenvolvimento de uma ciência (Leibniz, Descartes, Newton e Spencer); regras fundamentais de qualquer ciência ou arte; d) norma de ação enunciada por uma fórmula (Fouillée); e) fundamento; f) o que contém em si a razão de alguma coisa (Christian Wolff); g) proposição geral que resulta da indução da experiência para servir de premissa maior ao silogismo (Kant); h) aquilo do qual alguma coisa procede na ordem de existência ou do conhecimento; i) lei empírica, subtraída ao controle da experiência, que obedece a motivos de simples comodidade (Poincaré); j)

PRINCÍPIO *ARM'S LENGTH*

característica determinante; k) agente ou força originadora ou atuante; l) proposição inicial, obtida pelo conhecimento, da qual se deduzem outras proposições. **2.** Nas *linguagens jurídica* e *comum,* pode significar: a) preceito; norma de conduta; b) máxima; c) opinião; maneira de ver; d) parecer; e) código de boa conduta através do qual se dirigem as ações e a vida de uma pessoa; f) educação; g) doutrina dominante; h) alicerce; base.

PRINCÍPIO *ARM'S LENGTH*. *Direito tributário.* Princípio que permite a concretização de pressupostos qualificados como valores, como o da livre concorrência e o da capacidade contributiva (Heleno Tôrres).

PRINCÍPIO ATIVO. *Vide* INGREDIENTE ATIVO.

PRINCÍPIO CONSTITUCIONAL. *Direito constitucional.* Norma, explícita ou implícita, que determina as diretrizes fundamentais dos preceitos da Carta Magna, influenciando sua interpretação. Por exemplo, o princípio da isonomia, o da função social da propriedade etc.

PRINCÍPIO CONSTITUCIONAL DO ESTADO DE INOCÊNCIA. *Vide* PRESUNÇÃO DE INOCÊNCIA.

PRINCÍPIO CONSTITUCIONAL DO JUIZ NATURAL. *Direito constitucional* e *direito processual.* É aquele segundo o qual a lei não pode excluir da apreciação do Poder Judiciário lesão ou ameaça a direito.

PRINCÍPIO DA ADERÊNCIA DA JURISDIÇÃO AO TERRITÓRIO. *Direito processual.* Aquele que constata que a jurisdição pressupõe a existência de um território no qual é exercida (Massami Uyeda).

PRINCÍPIO DA ADESÃO LIVRE. *Direito civil.* É o que rege as cooperativas, pois por ele seus associados têm liberdade de ingresso ou saída, exceto nos casos em que existam exigências estatutárias.

PRINCÍPIO DA ADJUDICAÇÃO COMPULSÓRIA AO LICITANTE VENCEDOR. *Direito administrativo.* Aquele que obsta a que a Administração, após o término da licitação, venha a qualificar como aceitável proposta ou objeto a licitante que não seja o vencedor do processo licitatório (R. Reis Friede).

PRINCÍPIO DA AMPLA DEFESA. *Direito processual* e *direito constitucional.* Aquele pelo qual está assegurada a amplitude da defesa dos litigantes em processos judiciais e administrativos.

PRINCÍPIO DA ANTERIORIDADE. 1. *Direito tributário.* É aquela norma constitucional que subordina a cobrança ou exigência do tributo a ser objeto de lei votada no exercício anterior (Othon Sidou). É o que impõe à lei que venha a instituir ou a aumentar tributo a sua entrada em vigor antes do início do exercício financeiro em que se pretende cobrar aquele tributo. Logo, desapareceu no ordenamento jurídico o princípio da anualidade, pois a lei instituidora ou majoradora de tributo pode ser aplicada no ano seguinte, apesar de não haver específica autorização orçamentária (Paulo de Barros Carvalho). **2.** *Direito penal.* É o que exige lei anterior que defina o crime e a pena, pois não há crime sem lei *anterior* que o defina, nem pena sem *prévia* imposição legal.

PRINCÍPIO DA ANTERIORIDADE RESTRITA. *Direito tributário.* É o que veda não só a cobrança de tributos no mesmo exercício (anterioridade), como também antes de decorridos 90 dias da publicação da lei que os instituiu ou aumentou. É também chamado, por isso, princípio da noventena, que visa evitar burla ao princípio da anterioridade, publicando-se lei que institui o aumento ou tributo nos últimos dias de dezembro, para vigorar a partir do primeiro dia de janeiro do ano seguinte. Trata-se, portanto, de uma limitação ao poder de tributar (Laúdio Camargo Frebetti).

PRINCÍPIO DA ANUALIDADE. *Vide* PRINCÍPIO DA ANTERIORIDADE.

PRINCÍPIO DA *ASCRIPTION*. *Ciência política* e *sociologia geral.* Aquele pelo qual as posições sociais são atribuídas pelo privilégio do nascimento (Lorenzo Fischer).

PRINCÍPIO DA AUTODETERMINAÇÃO DOS POVOS. *Direito constitucional.* É o do respeito à soberania nacional e da não-ingerência de outros países ou organismos internacionais no governo ou na política do Estado.

PRINCÍPIO DA AUTO-EXECUTORIEDADE. *Direito administrativo.* **1.** É aquele segundo o qual a Administração Pública executa seus próprios atos, sem que haja necessidade de algum título executório prévio, conferido judicialmente. **2.** Aquele pelo qual os atos administrativos, sem prévio título executório, produzem efeitos jurídicos assim que forem editados.

PRINCÍPIO DA AUTONOMIA DA VONTADE. *Direito civil.* É aquele que confere aos contratantes o poder de auto-regulamentação de seus interesses, desde que se submetam às normas jurídicas, e seus fins não contrariem o interesse geral, de tal sorte que a ordem pública e os bons costumes constituam limites à liberdade contratual. Envolve, além da liberdade de criação do contrato, a de contratar ou não contratar; de escolher o outro contratante, embora às vezes a pessoa do outro contratante seja insuscetível de opção; de fixar o conteúdo do contrato, escolhendo qualquer uma das modalidades contratuais reguladas por lei (contratos típicos ou nominados), introduzindo cláusulas ou alterações que melhor se coadunem com seus interesses e com as peculiaridades do negócio; ampliando ou restringindo os efeitos do vínculo contratual, ou adotando novos tipos contratuais, distintos dos modelos previstos pela ordem jurídica, conforme as necessidades do negócio jurídico, dando origem, assim, aos contratos atípicos ou inominados.

PRINCÍPIO DA AUTOTUTELA. *Direito administrativo.* É o que obriga a Administração Pública a policiar os bens públicos e os atos administrativos, impedindo danos àqueles bens, desfazendo atos ilegais, anulando-os, ou, inoportunos ou inconvenientes, revogando-os.

PRINCÍPIO DA AUTOTUTELA ADMINISTRATIVA. *Direito administrativo.* Aquele pelo qual a autoridade administrativa deve policiar seus atos e bens públicos.

PRINCÍPIO DA BENEFICÊNCIA. *Biodireito.* É aquele pelo qual o médico deve atender aos mais importantes interesses da pessoa envolvida em prática biomédica ou médica, para atingir seu bem-estar, evitando, na medida do possível, qualquer dano a ela.

PRINCÍPIO DA BOA-FÉ. **1.** *Direito civil.* É aquele ligado não só à interpretação do contrato, pois, segundo ele, o sentido literal da linguagem não deverá prevalecer sobre a intenção inferida da declaração de vontade das partes, mas também ao interesse social de segurança das relações jurídicas, uma vez que as partes deverão agir com lealdade e confiança recíprocas, isto é, proceder com boa-fé. **2.** *Direito do consumidor.* Aquele que proíbe conteúdo desleal de cláusula nos contratos que versam sobre relações de consumo, impondo sua nulidade. **3.** *Direito internacional público.* Aquele pelo qual o Estado se compromete a respeitar as convicções dos demais países com os quais se relaciona (Geraldo Bezerra de Moura).

PRINCÍPIO DA CAPACIDADE CONTRIBUTIVA. *Direito tributário.* Segundo o qual, na medida do possí-

vel, os impostos terão caráter pessoal e serão graduados segundo a capacidade econômica do contribuinte, facultado à administração tributária, especialmente para conferir efetividade a esses objetivos, identificar, respeitados os direitos individuais e nos termos da lei, o patrimônio, os rendimentos e as atividades econômicas do contribuinte. Tal princípio atende a máxima da justiça tributária: "quem pode mais deve pagar mais, quem pode menos deve pagar menos e quem não pode não deve pagar nada" (Láudio Camargo Fabretti).

PRINCÍPIO DA CELERIDADE. *Direito processual.* É aquele que requer rapidez na solução de conflitos.

PRINCÍPIO DA CERTEZA DO DIREITO. *Teoria geral do direito.* Aquele que rege toda a aplicação do ordenamento jurídico, dentro dos seus próprios marcos, coibindo arbitrariedades.

PRINCÍPIO DA COMPLEMENTARIDADE. *Direito processual civil.* Aquele segundo o qual há admissibilidade de o recorrente complementar a fundamentação do pedido de nova apreciação pelo juízo *ad quem*, ou seja, pelo recurso já interposto, desde que tenha havido qualquer modificação em razão de acolhimento de embargos de declaração (Nelson Nery Jr.).

PRINCÍPIO DA COMPLEMENTARIDADE DOS RECURSOS. *Direito processual civil.* Aquele que permite a possibilidade de complementação da fundamentação do recurso, se houver complementação da decisão, em razão do acolhimento dos embargos de declaração (Ada Pellegrini Grinover).

PRINCÍPIO DA CONCENTRAÇÃO. *Direito processual civil.* **1.** É aquele segundo o qual deve-se concentrar o processo, eliminando fases e providências desnecessárias ou dispensáveis (Geraldo Magela Alves). **2.** Norma pela qual, ante a oralidade processual, o processo deve desenvolver-se numa só audiência contínua, que poderá ter prosseguimento em dia próximo, ante a impossibilidade de concluir a instrução, o debate e o julgamento num só dia, para que, pela imediatidade e identidade do órgão judicante, este possa, ao prolatar a sua decisão, manter vivas as provas colhidas (Othon Sidou).

PRINCÍPIO DA CONCORDÂNCIA PRÁTICA OU DA HARMONIZAÇÃO. *Direito constitucional.* Por esse princípio os bens jurídicos constitucionalmente protegidos devem ser coordenados de modo

PRINCÍPIO DA CONFIANÇA

que, na solução de problemas, todos conservem sua entidade (Konrad Hesse), impedindo o sacrifício ou exclusão de um ou alguns deles em relação aos outros (Canotilho).

PRINCÍPIO DA CONFIANÇA. *Direito civil.* **1.** *Vide* PRINCÍPIO DA BOA-FÉ. **2.** Ínsito se encontra no princípio da boa-fé objetiva, visto que, no âmbito contratual, constitui o dever de cooperação, de realização de obrigações secundárias implícitas e, no fundo, de atendimento à confiança depositada por um contratante no outro, à expectativa gerada, pelo contrato para as partes que o firmaram. O dever de atuar de boa-fé de um contratante corresponde ao direito do outro de ver realizada a sua expectativa de não ser frustrada a confiança depositada no co-contratante (Arnaldo Wald).

PRINCÍPIO DA CONFORMIDADE FUNCIONAL. *Direito constitucional.* É mais um princípio autônomo de competência do que um princípio de interpretação constitucional (Canotilho). Para Konrad Hesse, se a Constituição estabelece a função dos agentes estatais, por esse princípio, o órgão interpretativo deverá manter-se no marco das funções a eles recomendadas, não podendo modificar a distribuição de suas funções no resultado de sua interpretação.

PRINCÍPIO DA CONSERVAÇÃO. 1. *Direito civil.* Aquele pelo qual se deve preservar ato ou negócio jurídico válido e eficaz. **2.** *Direito processual civil.* Princípio pelo qual o ato processual, para que possa alcançar seu objetivo, deve ter validade e eficácia. **3.** *Teoria geral do direito.* Princípio pelo qual o intérprete deve, em sua exegese ou interpretação do ato negocial, procurar conservá-lo, evitando, sempre que possível, a declaração de sua nulidade.

PRINCÍPIO DA CONSTITUCIONALIDADE. *Direito constitucional.* Aquele no qual o Estado se funda na legitimidade de uma Constituição rígida e suprema, emanada da vontade popular, e que vincule todos os poderes e atos deles provenientes com as garantias de atuação livre da jurisdição constitucional (José Afonso da Silva).

PRINCÍPIO DA CONSUMAÇÃO. *Direito processual civil.* É o da preclusão recursal consumativa, exceto na hipótese de acolhimento de embargos de declaração. Com isso, pondera Nelson Nery Jr., fica defeso ao recorrente a possibilidade de, no caso de recursos com duplicidade de regime, escolher mais de uma via para impugnar o mesmo pronunciamento judicial, se já houver exercido esse direito anteriormente.

PRINCÍPIO DA CONSUNÇÃO. *Direito civil.* Aquele pelo qual, em caso de concorrência de responsabilidade contratual e extracontratual, o regime contratual absorve a responsabilidade nos casos em que ela se encontra nessa zona de fronteira, e o extracontratual abarca o contratual no caso de responsabilidade de médico, farmacêutico, parteira e dentista (M. J. de Almeida Costa e Sérgio Severo).

PRINCÍPIO DA CONTINUIDADE DAS LEIS. *Teoria geral do direito.* É aquele segundo o qual, ante a ausência de previsão do termo final, as leis serão permanentes, vigorando indefinidamente e produzindo efeitos até que outra as revogue.

PRINCÍPIO DA CONTINUIDADE DO ESTADO. *Direito internacional público.* Aquele em que o povo, por ser imune, é o responsável pela existência ininterrupta da nação. Tal princípio refere-se à área territorial habitada por uma comunidade de pessoas. O Estado, pelo fato de existir, tem tendência de continuar existindo, mesmo que sob outra roupagem política ou quando ocorrerem alterações na titularidade da soberania. Isto é assim por ser o Estado uma realidade física, um contingente humano estabelecido em certa área territorial, sob a regência de uma ordem jurídica cujo colapso não tem o condão de fazer desaparecer os elementos materiais preexistentes à composição do sistema de poder (Rezek).

PRINCÍPIO DA CONTINUIDADE DO SERVIÇO PÚBLICO. *Direito administrativo.* É aquele que, decorrente do princípio da obrigatoriedade do desempenho da atividade pública ininterrupta, impõe o prosseguimento dos serviços públicos, que não podem ficar paralisados, em qualquer circunstância, para atender às finalidades públicas que a administração deve atingir, zelando pelo interesse da coletividade.

PRINCÍPIO DA COOPERAÇÃO INTERNACIONAL. *Direito espacial.* É o que admite pesquisa científica nos corpos celestes, impondo aos Estados pesquisadores que venham a facilitar e encorajar a cooperação internacional naquelas pesquisas.

PRINCÍPIO DA CORREÇÃO DO DESVIO PUBLICITÁRIO. *Direito do consumidor.* É o que impõe a contrapropaganda.

PRINCÍPIO DA CORREÇÃO FUNCIONAL. *Direito constitucional.* Aquele segundo o qual o órgão de interpretação deve manter-se na função estatal a ele imposta pela Constituição (Hesse). Por exemplo, se a norma constitucional requer que se concretize garantia individual por meio do mandado de injunção, o Poder Judiciário deve colmatar a lacuna existente.

PRINCÍPIO DA CORRELAÇÃO. *Direito processual penal.* Aquele em que deve haver uma correlação entre a sentença e o fato descrito na denúncia ou queixa, para impedir a decisão *extra petita* (Júlio Fabbrini Mirabete).

PRINCÍPIO DA CORTESIA. *Direito administrativo.* Aquele que requer que os agentes públicos dêem bom tratamento ao público (Hely Lopes Meirelles).

PRINCÍPIO DA DEMANDA. *Direito processual civil.* Aquele pelo qual é a vontade da parte que instaura o processo, movimentando a máquina judiciária para apreciar determinado caso concreto.

PRINCÍPIO DA DIALETICIDADE. *Direito processual civil.* É aquele segundo o qual o procedimento recursal deve ser dialético, havendo, ao lado das alegações do recorrente, justificando os motivos do pedido de nova decisão, as contra-razões do recorrido, formando o contraditório no juízo *ad quem.*

PRINCÍPIO DA DIFUSÃO E ALCANCE DA TECNOLOGIA. *Direito de propriedade industrial.* É aquele que, para promover o acesso ao conhecimento tecnológico, veda qualquer cláusula restritiva ao recipiente da tecnologia que impeça ou restrinja a transferência desta a terceiros ou seu livre uso (Fernando A. Albino de Oliveira).

PRINCÍPIO DA DISCREPÂNCIA. *Vide* PRINCÍPIO DO TERCEIRO EXCLUÍDO.

PRINCÍPIO DA DISCRICIONARIEDADE. *Direito administrativo.* É o que permite à Administração Pública a avaliação da melhor solução entre as possíveis admitidas legalmente.

PRINCÍPIO DA DISPONIBILIDADE DOS RECURSOS. *Direito processual penal.* Aquele que permite: a) renúncia ao recurso anterior à sua interposição, que antecipa a preclusão; b) desistência do recurso, posterior à sua interposição, extinguindo a via recursal (Ada Pellegrini Grinover).

PRINCÍPIO DA ECONOMIA PROCESSUAL. *Direito processual.* Aquele pelo qual se deve conseguir o máximo com um mínimo de tempo.

PRINCÍPIO DA ECONOMICIDADE. *Direito processual.* Aquele que requer a racionalização dos serviços judiciários, principalmente em primeira instância (Nagib Slaibi Filho).

PRINCÍPIO DA EDUCAÇÃO AMBIENTAL. *Direito ambiental.* É o que requer orientação sobre ecologia à população, fazendo com que ela se conscientize do problema e seja guardiã do meio ambiente.

PRINCÍPIO DA EFETIVIDADE. 1. *Direito internacional público.* Aquele pelo qual a todo exercício do poder deve corresponder uma situação fática (Geraldo Bezerra de Moura). **2.** *Direito internacional privado.* Aquele segundo o qual cada Estado, ao delimitar a sua competência internacional, estabelece ser o juiz incompetente para proferir decisão que não possa ser executada. **3.** *Direito constitucional.* É o relacionado à eficácia social da norma constitucional, ou seja, à sua aptidão para conformar a realidade a que visa reger, ou melhor, à garantia da força normativa da Constituição (Otávio H. M. Port). A norma constitucional deve ser interpretada de forma a lhe ser atribuído o sentido que maior eficácia se lhe dê (Canotilho).

PRINCÍPIO DA EFICÁCIA INTEGRADORA. *Direito constitucional.* É aquele segundo o qual a Constituição visa a manutenção da unidade política (Hesse e Canotilho).

PRINCÍPIO DA EFICIÊNCIA. *Direito administrativo.* É aquele que norteia a prestação do serviço público, entendendo que ele deve ser atualizado.

PRINCÍPIO DA EQUIVALÊNCIA FUNCIONAL DOS ATOS JURÍDICOS PRODUZIDOS POR MEIOS ELETRÔNICOS COM OS ATOS JURÍDICOS TRADICIONAIS. *Direito virtual.* É o que veda qualquer diferenciação entre os contratos produzidos em papel e os efetivados pela Internet (Jorge José Lawand), em que o registro em meio magnético cumpre as mesmas funções do papel (Fábio Ulhoa Coelho).

PRINCÍPIO DA ESCOLHA DO MEIO MAIS SUAVE. *Vide* PRINCÍPIO DA MENOR INGERÊNCIA POSSÍVEL.

PRINCÍPIO DA ESPECIALIDADE. 1. *Teoria geral do direito.* É aquele que, desdobrando-se do princípio da isonomia, propugna o tratamento desigual do que é desigual, fazendo-se as diferenciações exigidas fática e axiologicamente. **2.** *Direito administrativo.* a) Aquele pelo qual cada pessoa jurídica de direito público tem, ante a divisão de trabalho, fins próprios que não pode deixar de cumprir; b) aquele pelo qual só se pode usar o patrimônio, os meios técnicos e o pessoal para a consecução do fim específico para o qual foram criados (Massami Uyeda).

PRINCÍPIO DA ESPECIFICIDADE. *Direito tributário.* É o que requer que os recursos sejam autorizados para atividades estatais definidas e determinadas em obediência às prioridades politicamente decididas na aprovação do orçamento, pois a imprecisão ou a falta de especificidade conduziria ao arbítrio na despesa pública, motivo pelo qual se proíbe a transferência de dotação orçamentária de uma despesa para outra despesa (Aurélio Pitanga Seixas Filho).

PRINCÍPIO DA ETICIDADE. *Direito civil* e *direito constitucional.* É o que se funda no respeito à dignidade humana, dando prioridade à boa fé subjetiva e objetiva, à probidade e à eqüidade.

PRINCÍPIO DA EVENTUALIDADE. *Direito processual civil.* É o que exige que o autor e o réu venham, em suas peças processuais, a alegar, fundamentadamente, tudo o que pretendem obter do órgão jurisdicional, invocando de uma só vez os meios de que dispõem para o ataque e a defesa.

PRINCÍPIO DA EXCLUSÃO DE CRIME COMUM. Aquele pelo qual não se permite extradição por crimes políticos, ou de opinião, por crimes de imprensa, por infrações administrativas etc. (Antonio José M. Feu Rosa).

PRINCÍPIO DA EXCLUSIVIDADE. *Direito tributário.* É o que proíbe que uma lei orçamentária contenha dispositivo alheio à previsão da receita e à fixação da despesa.

PRINCÍPIO DA EXIGIBILIDADE DO EXERCÍCIO DA COMPETÊNCIA. *Direito administrativo.* É o da compulsoriedade da atividade administrativa para a Administração Pública que, mesmo em certos casos de discricionariedade, tem a obrigação de emanar determinados provimentos (Lúcia Valle Figueiredo).

PRINCÍPIO DA EXTRATERRITORIALIDADE. *Teoria geral do direito* e *direito internacional privado.* É o que admite a aplicação judicial da lei em território de outro país, de conformidade com o estabelecido em princípios e convenções internacionais, para proteger a pessoa em território estrangeiro e regular os efeitos de atos alienígenas que venham a se cumprir, no todo ou em parte, no país. A lei será extraterritorial se o juiz puder aplicar outra, que não é a sua, a fatos ocorridos no seu território ou no exterior.

A norma extraterritorial imperará no exterior de conformidade com as normas estabelecidas pelas convenções ou pelos princípios de direito internacional. A lei extraterritorial solucionará interesses internos e externos da nação de origem, por ser obrigatória dentro da nação, embora seus efeitos se prolonguem, por sua matéria ou conteúdo, atuando em território estrangeiro. A lei extraterritorial é territorialmente interna, relativamente às nações onde se aplicar. Tal princípio, contudo, encontra restrições, pois o Estado apenas poderá permitir que, dentro de seu território, se aplique a norma alienígena que não atente contra a soberania nacional, a ordem pública e os bons costumes.

PRINCÍPIO DA FINALIDADE. *Direito administrativo.* Aquele segundo o qual a Administração Pública, ao exercer sua atividade, deve atender ao fim legal ao qual está subordinada. Tal finalidade legal, que é a função do interesse público, é o limite do poder discricionário, e se não for atendida ter-se-á desvio de poder.

PRINCÍPIO DA FORÇA NORMATIVA DA CONSTITUIÇÃO. *Direito constitucional.* É aquele segundo o qual se deve preferir, na solução dos problemas jurídico-constitucionais, os pontos de vista que propiciem a máxima efetividade da norma constitucional, para que se mantenha atualizada diante de mudanças históricas e, portanto, eficaz (Konrad Hesse).

PRINCÍPIO DA FUNÇÃO SOCIAL DA PROPRIEDADE. *Direito constitucional* e *direito civil.* Aquele que limita o direito de propriedade, com o escopo de coibir abusos e impedir que o seu exercício acarrete prejuízo ao bem-estar social, criando condições para que a propriedade seja economicamente útil e produtiva, atendendo o desenvolvimento econômico e os reclamos de justiça social. O direito de propriedade, por esse princípio constitucional, desempenha uma função social no sentido de que a ordem jurídica confere ao seu titular um poder em que estão conjugados o interesse do proprietário e o do Estado ou o social.

PRINCÍPIO DA FUNÇÃO SOCIAL DOS CONTRATOS. *Direito civil.* É o que limita a liberdade de contratar para atender à supremacia da ordem pública, que veda convenções que lhe sejam contrárias e aos bons costumes, de forma que a vontade dos contratantes está subordinada ao interesse coletivo. Com isso, repelido está o individualismo. Nítida é, como diz Francisco Amaral, a função institucional do contrato, visto que está limitada a autonomia da vontade pela intervenção estatal, ante a função econômico-social daquele ato negocial, que o condiciona ao atendimento do bem comum e dos fins sociais.

PRINCÍPIO DA FUNGIBILIDADE DO RECURSO. *Direito processual civil.* Aquele que, em caso de erro escusável ou de dúvida sobre qual o recurso cabível, admite a substituição de um recurso interposto por outro que seria, na verdade, o apropriado para a obtenção de uma nova decisão. Era esse princípio previsto, expressamente, no Código de Processo Civil de 1939.

PRINCÍPIO DA GARANTIA DE DEFESA. *Direito administrativo.* Aquele que, fundado na ampla defesa, requer que o interessado conheça os termos constantes do processo, podendo contraditar e apresentar provas.

PRINCÍPIO DA GENERALIDADE. *Direito administrativo.* Aquele que impõe a igual prestação de serviço público para todos (R. Reis Friede; Hely Lopes Meirelles).

PRINCÍPIO DA GRATUIDADE. *Direito administrativo.* Indica que o processo administrativo deve ser gratuito, isto é, a instauração e o impulso do processo administrativo não devem acarretar encargos econômicos ao administrado. A gratuidade só seria obrigatória nos processos restritivos ou ablativos de direito. Os processos ampliativos da esfera jurídica dos administrados não precisam ser gratuitos. Admite-se, portanto, a cobrança de taxas ou emolumentos, que, no entanto, devem ser módicos (Silvio Luís Ferreira da Rocha).

PRINCÍPIO DA HARMONIZAÇÃO DAS RELAÇÕES DE CONSUMO. *Direito do consumidor.* Aquele que visa proteger o consumidor, evitando a ruptura na harmonia das relações de consumo.

PRINCÍPIO DA HIERARQUIA. *Direito administrativo.* É aquele segundo o qual há subordinação entre os órgãos da Administração Pública.

PRINCÍPIO DA IDENTIFICABILIDADE. *Direito do consumidor.* É o que impõe a necessidade, para proteção do consumidor, da identificação de anúncio ou publicidade veiculada pelo público destinatário. Com isso a publicidade não pode ser enganosa ou dissimulada, devendo indicar claramente a marca, a firma, o produto ou serviço, sem induzir em erro o consumidor a respeito da natureza, caracteres, qualidade, quantidade, origem, preço e quaisquer outros dados sobre produtos e serviços.

PRINCÍPIO DA IDENTIFICAÇÃO DA MENSAGEM PUBLICITÁRIA. *Direito do consumidor.* Aquele que exige a veiculação da mensagem publicitária de forma direta, de tal modo que o consumidor possa, de imediato, identificá-la.

PRINCÍPIO DA IGUALDADE. *Direito constitucional.* Trata-se do princípio da isonomia, segundo o qual todos são iguais perante a lei, sem distinção de qualquer natureza, garantindo-se aos brasileiros e estrangeiros residentes no país a inviolabilidade do direito à vida, à liberdade, à igualdade, à segurança e à propriedade. Propugna que se tratem igualmente os iguais e desigualmente os desiguais.

PRINCÍPIO DA IGUALDADE DAS PARTES. *Direito processual.* É o que estabelece a paridade de direitos e deveres entre aqueles que estão litigando em juízo.

PRINCÍPIO DA IGUALDADE DAS PARTES LICITANTES. *Direito administrativo.* Aquele que requer tratamento igual entre os licitantes, vedando qualquer favorecimento a um deles.

PRINCÍPIO DA IGUALDADE DAS PESSOAS CONSTITUCIONAIS. *Direito constitucional.* É aquele que consagra a isonomia e a autonomia, numa Federação, da União, dos Estados e Municípios.

PRINCÍPIO DA IGUALDADE DOS ADMINISTRADOS. *Direito administrativo.* Aquele que exige da Administração Pública o tratamento igual a todos os administrados, não conferindo privilégio a nenhum deles.

PRINCÍPIO DA IGUALDADE ENTRE ESTADOS SOBERANOS. *Direito internacional público.* Princípio reconhecido internacionalmente e consagrado pela Carta Magna, que confere igual dignidade jurídica às nações, por ser fundamental que, nas relações entre potências, igualmente soberanas, não haja qualquer tratamento jurídico diferenciado.

PRINCÍPIO DA IMEDIATIDADE. 1. *Direito processual.* a) É aquele segundo o qual o magistrado, que instruiu, dirigiu e assistiu o processo e a produção das provas, deve ser, necessariamente, o mesmo que vai prolatar a decisão, por ter pleno conhecimento da causa. Trata-se do princípio de identidade; b) princípio oriundo da oralidade processual, baseado na relação do juiz com os litigantes e as provas, assegurando o seu livre convencimento. **2.** *Direito do trabalho.* Princípio pelo qual o empregador, assim que tiver conhecimento da falta cometida pelo empregado, deverá puni-lo, rescindindo o contrato, sob pena de, se continuar a relação empregatícia, não mais poder haver rescisão do contrato sem ônus para o empregador. Tal princípio da atualidade da falta também se aplica à hipótese de rescisão contratual por iniciativa do empregado.

PRINCÍPIO DA IMPESSOALIDADE. *Direito administrativo* e *direito constitucional.* Aquele que consagra o tratamento igual dos administrados pela Administração Pública, sem quaisquer discriminações, favoritismos, animosidades etc.

PRINCÍPIO DA IMUNIDADE DE IMPOSTOS. *Direito tributário.* É o que proíbe aos entes federados instituir impostos sobre: patrimônio, renda ou serviços, uns dos outros; templos de qualquer culto; patrimônio, renda ou serviços dos partidos políticos, inclusive suas fundações, das entidades sindicais dos trabalhadores, das instituições de educação e de assistência social, sem fins lucrativos, atendidos aos requisitos legais; livros, jornais, periódicos e o papel destinado a sua impressão.

PRINCÍPIO DA INACUMULABILIDADE DE CARGOS PÚBLICOS. *Direito administrativo* e *direito constitucional.* Aquele pelo qual os que ingressam no serviço público, por meio de concurso, não podem acumular, remuneradamente, cargos públicos tanto na Administração direta como indireta. Isto é assim porque a proibição de acumular estende-se a empregos e funções, e abrange autarquias, empresas públicas, sociedades de economia mista e fundações públicas. Mas, quando houver compatibilidade de horários, pode haver acumulação de dois cargos de professor; de um cargo de professor com outro técnico ou científico; e de dois cargos privativos de médico.

PRINCÍPIO DA INAFASTABILIDADE. *Direito processual.* Aquele em que o Estado-juiz não pode deixar de pronunciar-se nas causas submetidas à sua apreciação. É o que garante o direito de acesso à justiça.

PRINCÍPIO DA INALIENABILIDADE DOS DIREITOS RELATIVOS A INTERESSES PÚBLICOS. *Direito administrativo.* Aquele que veda a alienação ou transferência dos direitos internos ao setor público, ou dos concernentes à atividade pública, pois o interesse público não pode ficar em mãos de particulares (Celso Antônio Bandeira de Mello).

PRINCÍPIO DA INALTERABILIDADE DO DIREITO EXISTENTE SOBRE OBRIGAÇÕES E CONTRATOS PRIVADOS. *Direito virtual.* Aquele que não permite que norma jurídica, que venha a reger comércio eletrônico, modifique substancialmente o direito obrigacional e o contratual (Jorge José Lawand; Ana Paula Gambogi Carvalho; Rafael I. Ortiz).

PRINCÍPIO DA INDELEGABILIDADE DA COMPETÊNCIA TRIBUTÁRIA. *Direito tributário.* Aquele que veda a delegação do poder de instituir tributos, que é prerrogativa constitucional conferida pela Constituição Federal a certos órgãos. A competência tributária recebida do poder constituinte é intransferível ou indelegável.

PRINCÍPIO DA INDELEGABILIDADE DA JURISDIÇÃO. *Direito processual.* É o que obriga o magistrado a exercer pessoalmente sua função jurisdicional, que não poderá delegar a ninguém.

PRINCÍPIO DA INDEPENDÊNCIA NACIONAL. *Direito constitucional* e *direito internacional público.* É o da preservação da unidade nacional, defendendo-a através da manutenção, pelas Forças Armadas, da ordem e da paz interna e externa, garantindo a autonomia da nação na seara internacional.

PRINCÍPIO DA INDISPONIBILIDADE DO INTERESSE PÚBLICO. *Direito administrativo.* É o que proíbe o titular do órgão administrativo de dispor, a seu bel-prazer, de bens, serviços e interesses públicos, pois tem a incumbência de geri-los conforme o prescrito em lei.

PRINCÍPIO DA INÉRCIA. *Direito processual.* **1.** Aquele pelo qual o processo, que se desenvolve por impulso oficial, tem sua origem em razão da iniciativa do autor da ação, que não pode ficar inerte, sob pena de prescrição. **2.** Aquele pelo qual o Poder Judiciário somente pode agir se for provocado pela parte.

PRINCÍPIO DA INFORMAÇÃO. *Direito do consumidor.* Aquele que requer que o consumidor receba informação clara, precisa e verdadeira sobre os produtos e serviços fornecidos, baseando-se na boa-fé e na lealdade.

PRINCÍPIO DA INFORMAÇÃO AMBIENTAL. *Direito ambiental.* Princípio pelo qual os órgãos competentes devem, sempre que forem solicitados pelos interessados, fornecer os resultados das análises feitas, avisar o público dos males causados por certos produtos à saúde etc.

PRINCÍPIO DA INFORMALIDADE. *Direito processual.* É o que acata meios de prova alternativos, desde que não tenham sido obtidos ilicitamente (Acquaviva).

PRINCÍPIO DA INSIGNIFICÂNCIA. *Direito penal.* **1.** Princípio em que, por ser o resultado do delito irrelevante quanto ao dano ou perigo ao bem juridicamente tutelado, não há crime, por haver excludente de tipicidade, ou seja, o fato não pode ser subsumido ao comando legal. **2.** É o que considera necessário, na aferição do relevo material da tipicidade penal, a presença de certos vetores, como: mínima ofensividade da conduta do agente; ausência de periculosidade social do ato; reduzido grau de reprovação da conduta; inexpressividade da lesão jurídica provocada. Tais vetores poderão descaracterizar a tipicidade penal e admitir a concessão de liminar em ação de *habeas corpus*, para suspender eficácia de condenação penal imposta ao réu (Celso Mello).

PRINCÍPIO DA INSTRUMENTALIDADE DA FORMA. *Direito processual civil.* **1.** É aquele pelo qual os atos processuais estão subordinados. Por esse princípio, ao se julgar a validade ou invalidade de um ato processual, deve-se atender, mais do que à observância de seus requisitos formais extrínsecos, à circunstância de haver ou não atingido a finalidade para cuja obtenção funciona como instrumento. **2.** Aquele pelo qual o ato realizado de forma diversa da exigida por lei deve ser considerado válido pelo magistrado se alcançar a finalidade pretendida.

PRINCÍPIO DA INTEGRAÇÃO LEGISLATIVA. *Teoria geral do direito* e *direito constitucional.* É aquele segundo o qual a lei não pode conflitar-se com a Constituição, nem nela interferir, exceto para tornar possível a consecução de um fim nela previsto (Lavagna).

PRINCÍPIO DA INTERPRETAÇÃO DA LEI EM CONFORMIDADE COM A CONSTITUIÇÃO. *Direito constitucional* e *teoria geral do direito.* Aquele pelo qual na interpretação da norma plurissignificativa deve-se preferir aquele sentido conforme à Constituição (Canotilho).

PRINCÍPIO DA INTERVENÇÃO ESTATAL NA ECONOMIA NEGOCIAL. *Direito civil.* É o do dirigismo contratual, que visa impor restrições do princípio da autonomia da vontade dos contratantes. Trata-se da admissibilidade da intervenção do Estado na economia do negócio jurídico contratual, por entender-se que, se se deixasse o contratante estipular livremente o contrato, ajustando qualquer cláusula sem que o juiz pudesse interferir, mesmo quando uma das partes ficasse em completa ruína, a ordem jurídica não estaria assegurando a igualdade econômica. A locução "dirigismo contratual" é aplicável às medidas restritivas estatais que invocam a supremacia dos interesses coletivos sobre os individuais dos contratantes, com o escopo de dar execução à política do Estado de coordenar os vários setores da vida econômica. O Estado intervém no contrato, não só mediante a aplicação de normas de ordem pública, mas também com a adoção de revisão judicial dos contratos, alterando-os, estabelecendo-lhes condições de execução, ou mesmo exonerando a parte lesada, conforme as circunstâncias, fundando-se em princípios de boa-fé e de supremacia do interesse coletivo, no amparo do fraco contra o forte, hipótese em que a vontade estatal substitui a vontade dos contratantes, valendo a sentença como se fosse declaração volitiva do interessado.

PRINCÍPIO DA INTERVENÇÃO MÍNIMA DO DIREITO PENAL. *Direito processual penal* e *direito penal.* **1.** Aquele em que o direito penal só é aplicado em casos de ataque aos bens jurídicos mais importantes (Muñoz Conde). É uma limitação ao exercício da atividade penal, como modo de resolução dos conflitos. **2.** Aquele pelo qual o direito deve abster-se de intervir em certas situações, protegendo apenas bens indispensáveis ao desenvolvimento humano em comunidade e atuando, subsidiariamente, quando outras medidas de controle social fracassarem (Alberto Z. Toron).

PRINCÍPIO DA INVERSÃO DO ÔNUS DA PROVA. *Direito do consumidor.* Princípio pelo qual, na seara cível ou administrativa, competirá ao fabricante ou fornecedor, diante da reclamação do consumidor, demonstrar a ausência de fraude, e que o consumidor não foi lesado na compra de seu produto ou serviço. Mas a inversão do ônus da prova a favor do consumidor só é admitida quando: a) a critério do juiz for verossímil a alegação do consumidor; b) o consumidor for hipossuficiente. Para aferir a verossimilhança das alegações e a hipossuficiência do consumidor, o magistrado deve ater-se às máximas, ou regras ordinárias de experiência, ou seja, ao conjunto de juízos fundados sobre a observação do que de ordinário acontece.

PRINCÍPIO DA INVESTIDURA. *Direito processual.* Aquele pelo qual a função jurisdicional apenas pode ser exercida por aquele que se encontre legitimamente investido (Massami Uyeda).

PRINCÍPIO DA IRRECORRIBILIDADE EM SEPARADO DAS DECISÕES INTERLOCUTÓRIAS. *Direito processual civil.* Princípio segundo o qual, na lição de Nelson Nery Jr., as decisões interlocutórias não são impugnáveis de modo tal a paralisar todo o curso do procedimento. Isso é assim porque sua impugnação se dá com a observância dos princípios da concentração dos atos processuais e da economia processual. Dessa maneira se evita que se dê efeito suspensivo ao recurso previsto para atacar as interlocutórias, e que haja procrastinação do andamento processual.

PRINCÍPIO DA IRRETROATIVIDADE DA LEI. 1. *Direito constitucional* e *teoria geral do direito.* Princípio constitucional de utilidade social, que soluciona conflito entre a norma mais recente e a relação jurídica definida sob a égide da norma anterior, segundo o qual a lei nova não se aplica à situação jurídica anteriormente constituída, ou seja, ao direito adquirido, ao ato jurídico perfeito e à coisa julgada. Embora haja exceção em matéria penal, pois, pela norma constitucional, a lei penal não retroagirá, salvo para beneficiar o réu; assim, norma que prescrever pena mais leve retroagirá em favor de réu se a da norma anterior for mais severa. **2.** *Direito tributário.* Por esse princípio é vedada a cobrança de tributos relativamente a fatos geradores ocorridos antes do início da vigência da lei que os houver instituído ou aumentado.

PRINCÍPIO DA ISONOMIA. *Vide* PRINCÍPIO DA IGUALDADE.

PRINCÍPIO DA ISONOMIA TRIBUTÁRIA. *Direito constitucional* e *direito tributário.* É o que veda a entes federados instituir tratamento desigual entre contribuintes que se encontrem em situação equivalente, proibida qualquer distinção em razão de ocupação profissional ou função por eles exercida, independentemente da denominação jurídica dos rendimentos, títulos ou direitos.

PRINCÍPIO DA JUSTEZA. *Direito constitucional. Vide* PRINCÍPIO DA CONFORMIDADE FUNCIONAL.

PRINCÍPIO DA LEALDADE. *Direito do consumidor.* **1.** É o princípio da concorrência leal dos fornecedores de produtos e serviços no exercício de suas atividades. **2.** É o que visa a proteção do consumidor ao exigir que haja lealdade na concorrência publicitária, ainda que comparativa.

PRINCÍPIO DA LEALDADE E BOA-FÉ. *Direito administrativo.* Aquele segundo o qual a Administração Pública deve proceder, em relação aos administrados, com lhaneza e sinceridade, não podendo agir maliciosamente para confundir ou dificultar o exercício de direitos por parte dos cidadãos (Jesus Gonzales Peres e Celso Antônio Bandeira de Mello).

PRINCÍPIO DA LEALDADE PROCESSUAL. *Direito processual.* É o que requer a lealdade das partes e de seus procuradores na condução do processo.

PRINCÍPIO DA LEGALIDADE. *Direito constitucional.* Princípio constitucional pelo qual ninguém será obrigado a fazer ou deixar de fazer senão em virtude de lei.

PRINCÍPIO DA LEGALIDADE OBJETIVA. *Direito administrativo.* Princípio que rege o processo administrativo, requerendo que seja feito baseado numa lei específica.

PRINCÍPIO DA LESIVIDADE. *Direito processual penal.* É aquele segundo o qual só pode ser punida a conduta moralmente reprovável que vier a lesar outrem.

PRINCÍPIO DA LIBERDADE CONTRATUAL. *Vide* PRINCÍPIO DA AUTONOMIA DA VONTADE.

PRINCÍPIO DA LIBERDADE DE EXPLORAÇÃO E DE UTILIZAÇÃO DO ESPAÇO CÓSMICO. *Direito espacial.* Aquele que permite a pesquisa científica, a exploração e a utilização livre de todas as regiões dos corpos celestes, para fins pacíficos, por qualquer Estado.

PRINCÍPIO DA LIBERDADE DE TRABALHO. *Direito constitucional* e *direito do trabalho.* É o do livre exercício de trabalho, ofício ou profissão, tutelado pela norma constitucional.

PRINCÍPIO DA LIMITAÇÃO EM RAZÃO DA PENA. Aquele segundo o qual não se concede extradição por crime em que haverá imposição de pena de morte no exterior (Antonio José M. Feu Rosa).

PRINCÍPIO DA MANUTENÇÃO DO MEIO AMBIENTE. *Direito espacial* e *direito ambiental.* Aquele que impõe a quem vier a explorar o espaço cósmico o dever de evitar modificações nocivas ao meio ambiente da Terra, ao usar de substâncias extraterrestres e terrestres advindas de lixo espacial e de satélites (John Pike e Marcelo V. von Adamek).

PRINCÍPIO DA MÁXIMA EFETIVIDADE. *Direito constitucional.* Aquele pelo qual na interpretação da norma constitucional se deve buscar a solução que lhe dê maior eficiência e aplicabilidade (Canotilho e Jorge Miranda). É, portanto, aquele princípio interpretativo pelo qual à norma constitucional deve ser dado um sentido que lhe dê maior eficácia.

PRINCÍPIO DA MENOR INGERÊNCIA POSSÍVEL. *Direito constitucional.* Aquele em que os meios escolhidos para atingir certo fim devem ser os menos onerosos. É também denominado "princípio da necessidade" ou "da escolha do meio mais suave" (Nagib Slaibi Filho).

PRINCÍPIO DA MODICIDADE. *Direito administrativo.* Aquele que reclama tarifas razoáveis para a execução de certos serviços públicos (Hely Lopes Meirelles).

PRINCÍPIO DA MORALIDADE ADMINISTRATIVA. *Direito administrativo* e *direito constitucional.* **1.** Princípio pelo qual a Administração e seus agentes devem atuar de conformidade com os princípios éticos (Celso Antônio Bandeira de Mello). **2.** Conjunto de normas de conduta da Administração que, em determinado ordenamento jurídico, são considerados os *standards* comportamentais que a sociedade deseja e espera (Lúcia Valle Figueiredo). **3.** É o que preconiza o comportamento da Administração ou do administrado que com ela se relaciona juridicamente, embora em consonância com a lei, sem ofensa à moral, aos bons costumes, às normas de boa administração, à eqüidade, à justiça, à idéia comum de honestidade (Maria Sylvia Zanella Di Pietro). **4.** Princípio que determina a todos os poderes e funções do Estado atuação conforme o padrão jurídico da moralidade, da boa-fé, da lealdade, da honestidade (Marcelo Figueiredo).

PRINCÍPIO DA MORALIDADE MÉDICA E CIRÚRGICA. *Medicina legal.* Aquele pelo qual não se deve executar no ser humano uma experiência que possa causar-lhe malefício, mesmo que o resultado seja vantajoso para a ciência ou para a saúde de outros (Claude Bernard).

PRINCÍPIO DA MOTIVAÇÃO. *Direito administrativo.* Aquele que impõe à Administração Pública o dever de expor as razões de fato e de direito pelas quais expediu o ato ou tomou a providência adotada, justificando-a (Celso Antônio Bandeira de Mello). Constitui uma forma expressa na Constituição de controle da atividade administrativa, pois sem ela não se poderia aferir a legalidade ou ilegalidade, a justiça ou injustiça de uma decisão administrativa (Lúcia Valle Figueiredo).

PRINCÍPIO DA MUTUALIDADE. *Direito civil.* É aquele que rege as cooperativas, e segundo o qual suas decisões não obedecem à força do capital investido por cada um dos cooperadores, mas subjetivamente ao valor da pessoa natural ou jurídica que as compõem, pouco importando o *quantum* de sua contribuição material (bens fungíveis ou infungíveis) nos negócios comuns.

PRINCÍPIO DA NÃO-ABUSIVIDADE DA PUBLICIDADE. *Direito do consumidor.* É o que reprime desvios prejudiciais ao consumidor, provocados por publicidade abusiva, ainda que não sejam de ordem material, mas que atinjam outros bens jurídicos (Antonio Herman de V. e Benjamin).

PRINCÍPIO DA NÃO-APROPRIAÇÃO DOS CORPOS CELESTES. *Direito espacial.* Aquele segundo o qual os corpos celestes, por serem *res communes omnium universi*, não podem ser apropriados ou ocupados, já que constituem uso comum da humanidade (Haroldo Valladão).

PRINCÍPIO DA NÃO-CUMULATIVIDADE. *Direito tributário.* É o que confere ao sujeito passivo o direito de abatimento do imposto de ICMS e IPI pago na operação anterior. A não-cumulatividade considera as operações ou prestações realizadas num período de tempo. Sendo os débitos pelas saídas superiores aos créditos pelas entradas, há imposto a recolher, mas se os créditos forem maiores que os débitos, nada há a pagar, e os créditos transferir-se-ão para o próximo período da apuração (Láudio Camargo Fabretti).

PRINCÍPIO DA NÃO-DISCRIMINAÇÃO TRIBUTÁRIA, EM RAZÃO DA ORIGEM OU DO DESTINO DOS BENS. *Direito tributário* e *direito constitucional.* Aquele que proíbe a graduação de tributos, considerando-se a procedência ou o local de destino dos bens, que são tidos como índices irrelevantes para estipulação de alíquotas e base de cálculo pela legislação federal, estadual ou municipal (Paulo de Barros Carvalho).

PRINCÍPIO DA NÃO-ENTREGA DE NACIONAIS. *Direito constitucional.* Aquele que veda a extradição de brasileiros natos, mas admite a do naturalizado, em caso de crime comum praticado antes da naturalização ou de comprovado envolvimento em tráfico ilícito de entorpecentes e drogas.

PRINCÍPIO DA NÃO-INTERVENÇÃO DE UM PAÍS EM OUTRO. *Direito internacional público.* Aquele que, resguardando a soberania dos Estados, veda quaisquer ingerências de uma nação em outra, impondo sua vontade na vida interna de outra (Fauchille); mas permitida está tal intervenção se um país solicitar a outro um reforço militar, por exemplo.

PRINCÍPIO DA NÃO-MALEFICÊNCIA. *Biodireito.* É o que impõe, em caso de terapias, a obrigação de não acarretar dano intencional.

PRINCÍPIO DA NÃO-RETROATIVIDADE. *Vide* PRINCÍPIO DA IRRETROATIVIDADE DA LEI.

PRINCÍPIO DA NECESSIDADE. *Vide* PRINCÍPIO DA MENOR INGERÊNCIA POSSÍVEL.

PRINCÍPIO DA NEUTRALIDADE CONCORRENCIAL DO ESTADO. *Direito constitucional.* É o que requer a atuação imparcial do interesse comum em face dos agentes concorrentes com seus interesses privados num mercado livre, ou a não-interferência estatal, no sentido de que não deve ser criadora de privilégios na concorrência entre concorrentes em um mercado relevante (Tércio Sampaio Ferraz Júnior).

PRINCÍPIO DA NEUTRALIDADE TECNOLÓGICA DAS DISPOSIÇÕES REGULADORAS DO COMÉRCIO ELETRÔNICO. *Direito virtual.* Postulado referente à tecnologia neutra, que deve ser seguido pelas leis disciplinadoras de contratos eletrônicos; que abarcarão a tecnologia existente no instante de sua promulgação e também a futura (Jorge José Lawand; Ana Paula Gambogi Carvalho).

PRINCÍPIO DA NOVENTENA. *Vide* PRINCÍPIO DA ANTERIORIDADE RESTRITA.

PRINCÍPIO DA OBRIGATORIEDADE DA CONVENÇÃO. *Direito civil.* É aquele segundo o qual as estipulações feitas no contrato deverão ser fielmente cumpridas (*pacta sunt servanda*), sob pena de execução patrimonial contra o inadimplente. Isto é assim porque o contrato, uma vez concluído livremente, incorpora-se ao ordenamento jurídico, constituindo uma verdadeira norma de direito individual, autorizando, portanto, o contratante a pedir a intervenção estatal para assegurar a execução da obrigação porventura não cumprida, segundo a vontade que a constituiu. À idéia da auto-regulamentação dos interesses dos contratantes, baseada no princípio da autonomia da vontade, sucede a da necessidade social de proteger a confiança de cada um deles na observância da avença estipulada, ou melhor, na subordinação à *lex contractus*. Esse princípio é mantido no direito atual, mas com atenuações, uma vez que, hodiernamente, para a doutrina e tribunais, ante o dirigismo contratual, o princípio *pacta sunt servanda* não é absoluto, pois, por exemplo, a equivalência das prestações, lhe impõe restrições e dá ao juiz, excepcionalmente, um poder de resolução ou de revisão sobre os atos negociais, havendo desigualdade superveniente das obrigações contratadas e conseqüente enriquecimento ilícito de um dos contratantes.

PRINCÍPIO DA OBRIGATORIEDADE DA INFORMAÇÃO. *Direito do consumidor.* Aquele que requer clareza e precisão na publicidade; com isso o anunciante terá a obrigação de informar corretamente o consumidor sobre os produtos e serviços anunciados.

PRINCÍPIO DA OBRIGATORIEDADE DO DESEMPENHO DA ATIVIDADE PÚBLICA. *Direito administrativo.* É o que impõe à Administração Pública, direta ou indireta, o dever de cumprir as finalidades públicas, atendendo ao interesse público, que é indisponível, uma vez que a lei assim determina. Dele deriva o princípio da continuidade do serviço público.

PRINCÍPIO DA OFICIALIDADE. 1. *Direito tributário.* Princípio da tributação pelo qual compete à Administração fiscal a apuração de ofício dos fatos, considerando todas as circunstâncias relevantes, inclusive as favoráveis às partes. **2.** *Direito administrativo.* a) Aquele que requer, após a instauração do processo administrativo, que o Poder Público o impulsione até a decisão final (R. Reis Friede); b) Significa que compete à Administração dar andamento ao processo administrativo de modo a que seja atingido o ato final – no caso, a decisão da Administração. Não se aplica o princípio da oficialidade no processo de exclusivo interesse do administrado. Neste a Administração não tem a obrigação de impulsionar o processo de ofício, podendo encerrá-lo antecipadamente caso o administrado se desinteresse por ele (Silvio Luís Ferreira da Rocha).

PRINCÍPIO DA OPERABILIDADE. *Direito civil.* É o que confere ao julgador maior elastério, para que, em busca de solução mais justa, a norma, que, contendo cláusulas gerais ou conceitos indeterminados, possa, na análise de caso por caso, ser efetivamente aplicada, com base na valoração objetiva, vigente na sociedade atual (Miguel Reale).

PRINCÍPIO DA ORALIDADE. *Direito processual.* Aquele segundo o qual o processo deve realizar-se verbalmente, sendo subsidiado no uso da forma escrita apenas no que atina ao preparo da ação, à prova documental etc.

PRINCÍPIO DA PARTICIPAÇÃO. *Direito ambiental.* Aquele pelo qual a coletividade e o Poder Público têm o dever de defender e de proteger o meio ambiente.

PRINCÍPIO DA *PERPECTUATIO JURISDICTIONIS.* *Direito processual civil* e *direito internacional privado.* **1.** Aquele pelo qual se determina a competência jurisdicional no momento em que a ação é proposta, sendo irrelevantes as ulteriores modificações do estado de fato ou de direito, exceto quando vierem a suprimir o órgão judiciário ou a alterar a competência em razão da matéria ou da hierarquia (J. Moreira de Carvalho). **2.** Aquele pelo qual há imutabilidade da competência legalmente estabelecida, ressalvadas as situações especiais que tornam sua aplicação logicamente impossível.

PRINCÍPIO DA PERSONALIDADE. *Direito penal.* É aquele que requer a aplicação da lei nacional do criminoso estrangeiro.

PRINCÍPIO DA PERSONALIDADE DOS RECURSOS. *Direito processual penal.* Princípio pelo qual o recurso apenas pode aproveitar àquela parte que o interpôs, e pelo qual, não havendo recurso da parte contrária, aquele que recorreu não pode ser prejudicado, pois vedada está a *reformatio in pejus* (Ada Pellegrini Grinover).

PRINCÍPIO DA PRECAUÇÃO. *Direito penal.* É o que impõe ao Estado o dever de evitar tudo que possa causar dano à saúde e vida das pessoas e de agir com o devido cuidado para proteção dos cidadãos.

PRINCÍPIO DA PREDOMINÂNCIA DO INTERESSE. *Direito constitucional.* Princípio em que, na repartição de competência legislativa, cabe à União legislar sobre matérias de interesse nacional e aos Estados, sobre as de interesse regional (Celso A. P. Fiorillo e Marcelo A. Rodrigues).

PRINCÍPIO DA PREEMPÇÃO. 1. *Direito internacional público.* Princípio segundo o qual as normas da organização internacional têm preferência sobre as editadas pelos seus Estados-Membros, fazendo com que estes percam o poder de legislar sobre matérias cuja competência passou para aquele organismo. **2.** *Direito constitucional* e

teoria geral do direito. Princípio pelo qual há supremacia das leis federais sobre as estaduais.

PRINCÍPIO DA PRESUNÇÃO DA COMPETÊNCIA PROFISSIONAL. *Direito processual* e *direito internacional privado.* Aquele segundo o qual os árbitros pressupõem que os contratantes têm competência profissional (Derains).

PRINCÍPIO DA PRESUNÇÃO DA VERDADE. *Direito administrativo.* Aquele segundo o qual os atos administrativos trazem em si a presunção *juris tantum* da verdade, cabendo o ônus da prova a quem vier a contestar sua veracidade.

PRINCÍPIO DA PRESUNÇÃO DE INOCÊNCIA. *Direito constitucional* e *direito processual penal.* Aquele pelo qual ninguém pode ser tido como culpado até o trânsito em julgado de sentença penal condenatória.

PRINCÍPIO DA PRESUNÇÃO DE RENÚNCIA À SANÇÃO CONTRATUAL. *Direito internacional privado.* Aquele em que se o contratante, diante da violação do contrato por parte do outro, ficar inerte, entende-se que renunciou à sanção contratual, salvo se houver cláusula contratual especificando que não há renúncia por parte do lesado à sanção contratual se ele não a aplicar, caso em que os árbitros deverão averiguar as consequências da violação do contrato pelo lesante, exigindo dele a reparação do dano que causou (Derains).

PRINCÍPIO DA PREVALÊNCIA. *Vide* PRINCÍPIO DA SUPREMACIA DO INTERESSE PÚBLICO.

PRINCÍPIO DA PREVENÇÃO. 1. *Direito ambiental.* Princípio fundamental do direito ambiental, que visa tutelar o meio ambiente por meio da abstenção de atos a ele nocivos. **2.** *Direito civil* e *direito processual civil.* Aquele que enaltece o aspecto educacional da indenização do dano, por dissuadir o autor da ofensa da prática de novo atentado. **2.** *Direito do consumidor.* O que sustenta ser direito básico do consumidor a prevenção de prejuízos patrimonial e extrapatrimonial, revelando o compromisso da lei com a devida antecipação, pelo julgador, no que se refere ao momento anterior à violação contratual e não apenas sua investigação prematura antes que ela se dê, mediante o ardil da publicidade enganosa (Paulo Roberto R. Nalin).

PRINCÍPIO DA PRIMAZIA DA REALIDADE. *Direito do trabalho.* Princípio subordinado ao da legalidade; por esse princípio, havendo discordância entre o que ocorre na prática e o que emerge de documentos ou acordos, deve-se dar preferência ao primeiro (Plá Rodrigues).

PRINCÍPIO DA PROBIDADE ADMINISTRATIVA. *Direito administrativo.* É aquele que constitui espécie do gênero moralidade administrativa, sendo o da moralidade administrativa qualificada. Seria o aspecto "pessoal-funcional" da moralidade administrativa; logo a improbidade está vinculada ao aspecto da conduta ilícita do administrador ou agente público ao, em suas tarefas ordinárias, violar os tipos legais. Assim, são atos de improbidade administrativa aqueles que importam enriquecimento ilícito; que causam danos ao erário; que atentam contra os princípios da administração pública (Marcelo Figueiredo).

PRINCÍPIO DA PROBIDADE PROCESSUAL. *Direito processual civil.* Aquele em que os litigantes devem sustentar suas razões, dentro da ética e da moral, praticando atos necessários à defesa de seu direito, agindo de acordo com a verdade, com lealdade e boa-fé, não fazendo uso de chicana ou de fraude processual (Rosa Maria Andrade Nery e Nelson Nery Jr.).

PRINCÍPIO DA PROIBIÇÃO DA *REFORMATIO IN PEJUS.* *Direito processual civil.* É o que visa evitar que o tribunal onde o recurso foi interposto decida de forma a piorar a situação do recorrente, ou porque extrapole o âmbito da devolutividade fixado com a interposição do recurso, ou, ainda, em virtude de não haver recurso da parte contrária (Nelson Nery Jr.).

PRINCÍPIO DA PROIBIÇÃO DE TRIBUTO COM EFEITO DE CONFISCO. *Direito constitucional* e *direito tributário.* Princípio constitucional que limita o poder de tributar, vedando à União, aos Estados, ao Distrito Federal e aos Municípios a utilização de tributo com efeito de confisco.

PRINCÍPIO DA PROPORCIONALIDADE. 1. *Direito administrativo.* a) É aquele que, decorrendo do princípio da legalidade, requer proporcionalidade do ato administrativo à situação que demandou sua expedição. Por esse princípio, as competências administrativas só podem ser exercidas, validamente, na extensão e intensidade proporcionais ao que seja, realmente, demandado para cumprimento do fim público (Celso Antônio Bandeira de Mello); b) é o que tem por objeto a aferição da relação entre o fim e o meio com o sentido teleológico ou fi-

nalístico, reputando arbitrário o ato que não observar que os meios destinados a realizar um fim não são por si mesmos apropriados, ou quando a desproporção entre o fim e o fundamento for manifesta (Nagib Slaibi Filho); c) trata-se do princípio da razoabilidade, que requer proporcionalidade entre os meios de que se utilize a administração e os fins que ela tem de alcançar. Tal proporcionalidade deve ser medida segundo os padrões comuns na sociedade, não se podendo considerar os termos frios da lei (Maria Sylvia Z. Di Pietro). **2.** *Direito constitucional.* a) Aquele em que os meios e os fins devem ser equacionados, para avaliar se o meio utilizado é, ou não, proporcional em relação ao fim; b) é aquele que constitui um limite à liberdade de conformação do legislador, pois, através de sua aplicação, podem-se mensurar suas opções políticas em harmonia com os fins constitucionalmente previstos, coibindo-se desvios de finalidade ou excessos de poder (Marcio Augusto de Vasconcelos Diniz); c) Canotilho o divide em três subprincípios: o da *conformidade* ou adequação de meios apropriados para a consecução dos fins pretendidos, o que requer investigação e prova de que o ato do Poder Público é apto para os fins justificativos de sua adoção; o da *exigibilidade* ou da necessidade de que não era possível adotar outro meio menos gravoso para o cidadão para obtenção do fim colimado e o da *proporcionalidade em sentido estrito*, que avalia se o meio utilizado é ou não desproporcionado em relação ao fim, pesando as desvantagens dos meios em relação às vantagens dos fins.

PRINCÍPIO DA PROVISÃO. *Direito cambiário.* É aquele que, na duplicata, garante ao sacado condições de pagar o título no vencimento ou na apresentação.

PRINCÍPIO DA PUBLICIDADE DO ATO ADMINISTRATIVO. *Direito administrativo* e *direito constitucional.* É o da transparência da Administração, para que os administrados possam saber se ela está sendo bem, ou mal conduzida, e tenham conhecimento dos negócios administrativos, salvo daqueles que devem ser sigilosos para não prejudicar o andamento do serviço, os legítimos interesses de terceiros, ou comprometer a ordem pública.

PRINCÍPIO DA PUBLICIDADE DOS ATOS DA LICITAÇÃO. *Direito administrativo.* Aquele que torna necessária a divulgação de documentos e propostas ao público e a publicação, no *Diário Oficial*, das decisões dos órgãos julgadores das propostas (R. Reis Friede).

PRINCÍPIO DA RAZÃO SUFICIENTE. *Lógica jurídica.* É aquele segundo o qual a demonstração da certeza de uma demonstração requer o conhecimento suficiente dos fundamentos bastantes, em razão do qual aquela proposição é verdadeira.

PRINCÍPIO DA RAZOABILIDADE. 1. *Direito administrativo.* a) É a relação de congruência lógica entre o motivo ou fato e a atuação concreta da Administração, que possibilita averiguar se o ato administrativo está dentro da moldura legal (Lúcia Valle Figueiredo); b) por esse princípio os atos do Poder Público deverão estar informados pela justiça, sempre relacionados à conexão entre meio e fim e à adequação aos meios e fins admitidos pela Constituição. **2.** *Vide* PRINCÍPIO DA PROPORCIONALIDADE. **3.** *Teoria geral do direito.* Princípio que serve de parâmetro à interpretação das leis e aos atos da Administração ao preconizar o bom senso na aplicação do direito, apoiando a legalidade e o respeito à Constituição.

PRINCÍPIO DA REALIZABILIDADE. *Direito civil.* É o que propugna o desapego a formas jurídicas, em busca da operacionalidade, traçando normas gerais definidoras de instituições e de suas finalidades para garantir sua eficácia, reservando pormenores às leis especiais, mais expostas às variações dos fatos da existência cotidiana e das exigências socio-contemporâneas, eliminando, ainda, normas processuais ao admitir apenas as intimamente ligadas ao direito material (Miguel Reale).

PRINCÍPIO DA RECIPROCIDADE DO AVISO PRÉVIO. *Direito do trabalho.* Aquele que reclama a exigência de aviso prévio tanto por parte do empregado que pretende rescindir o contrato de trabalho como do empregador que tenha tal pretensão. A falta de aviso prévio por parte do empregado confere ao empregador o direito de descontar o salário correspondente ao prazo respectivo, e a ausência daquele aviso por parte do empregador dá ao empregado o direito ao salário correspondente ao prazo do aviso, garantindo a integração desse período no seu tempo de serviço.

PRINCÍPIO DA RELATIVIDADE DOS EFEITOS DO CONTRATO. *Direito civil.* É aquele pelo qual o ato negocial contratual não aproveita nem prejudica terceiros, vinculando, exclusivamente, as partes que nele intervieram. O contrato só produz efeitos entre os contratantes. Todavia, o princípio da relatividade dos contratos sofre exceções, como, por exemplo, nos casos: a) dos herdeiros universais de um contratante que, embora não tenham participado da formação do contrato, em razão do princípio geral de direito *ubi commoda ibi incommoda*, sofrem seus efeitos; contudo, a obrigação do *de cujus* não se lhes transmitirá além das forças da herança; e b) da estipulação em favor de terceiro, do contrato por terceiro e do contrato com pessoa a declarar, que podem, conforme o caso, estender seus efeitos a outras pessoas, criando-lhes direitos e impondo-lhes deveres, apesar de elas serem alheias à constituição da avença.

PRINCÍPIO DA RENOVABILIDADE DE SENTENÇA. *Direito processual civil.* É aquele pelo qual se uma sentença prolatada na ação civil pública, tendo como causa de pedir a defesa de interesses difusos, a julgar improcedente por falta de provas, ela não terá eficácia *erga omnes*, podendo, então, ser renovado o pedido por qualquer pessoa legitimada (Carvalho Filho).

PRINCÍPIO DA RENTABILIDADE. *Direito administrativo.* É o que admite que o serviço público venha a proporcionar lucro social, que se reverterá em prol da coletividade.

PRINCÍPIO DA REPARAÇÃO INTEGRAL DOS DANOS. *Direito civil* e *direito processual civil.* Aquele segundo o qual, havendo dano, deve-se, se possível, colocar o lesado na situação em que estava antes do evento lesivo.

PRINCÍPIO DA RESERVA DE MERCADO PARA A EMPRESA NACIONAL. *Direito de propriedade industrial.* Aquele que norteia a transferência de tecnologia e a política industrial, no sentido de proteger a indústria nacional de concorrente estrangeiro.

PRINCÍPIO DA RESERVA DE LEI PARA RENÚNCIA FISCAL. *Direito tributário.* Diz respeito à possibilidade de o ente federado, competente para cobrar tributos, renunciar à parte de sua arrecadação, como forma de incentivo para atrair novos investimentos. Esse modo de utilizar tributo para finalidades diversas da arrecadação é a extrafiscalidade. Urge lembrar que a renúncia fiscal apenas poderá ser feita por lei e está sujeita às disposições da Lei de Responsabilidade

Fiscal, que impõe normas, segundo as quais a concessão ou ampliação de incentivo ou benefício de natureza tributária da qual decorra renúncia de receita deve indicar a fonte de receita que compensará essa perda de arrecadação (Láudio Camargo Fabretti).

PRINCÍPIO DA RESERVA DO POSSÍVEL. *Direito constitucional.* Princípio da efetiva disponibilidade de recursos para tornar viável o efetivo cumprimento dos direitos subjetivos a certos direitos sociais (Canotilho e Ingo Wolfgang Sarlet).

PRINCÍPIO DA RESERVA LEGAL. *Direito penal.* **1.** É o que estabelece que não há crime, nem pena, sem lei anterior que o preveja. **2.** É o da legalidade que constitui uma garantia político-jurídica do cidadão ao exigir que a lei elaborada pelo Congresso Nacional seja conforme a Constituição Federal, determinando o crime e a pena que lhe é cabível. Com isso vem a considerar a lei como a única fonte formal do direito penal; conseqüentemente, por esse princípio está vedada a interpretação extensiva e a utilização da analogia, salvo quando beneficiar o réu.

PRINCÍPIO DA RESPONSABILIDADE DO ESTADO. *Direito civil.* Segundo Celso Antônio Bandeira de Mello, o princípio da responsabilidade civil aquiliana do Estado, no caso de atos ilícitos (comissivos ou omissivos), é uma conseqüência do princípio da legalidade; na hipótese de comportamentos ilícitos comissivos, também o é do princípio da isonomia, e, na de atos lícitos e na de danos ligados a situação criada pelo Poder Público, do princípio da igualdade. Para esse autor, o princípio da responsabilidade patrimonial extracontratual do Estado é a obrigação que lhe incumbe de reparar economicamente os danos lesivos à esfera juridicamente garantida de outrem e que lhe sejam imputáveis em decorrência de comportamentos unilaterais, lícitos ou ilícitos, comissivos ou omissivos, materiais ou jurídicos. Nas relações entre Estado e administrado, a responsabilidade civil funda-se ora na teoria do risco administrativo, em razão de comportamentos comissivos danosos, caso em que será objetiva, ora na teoria da culpa, que se caracteriza pela falta impessoal de serviço público, isto é, por atos omissivos lesivos a terceiros, hipótese em que será subjetiva, se se interpretar a palavra *ato*, contida no Código Civil, no artigo que

prevê a responsabilidade estatal, no sentido de agir, que resulta de uma ação e não uma omissão. A responsabilidade será subjetiva nas relações entre Estado e funcionário, pois o direito de regresso do Estado contra o agente faltoso está condicionado à culpa ou dolo deste.

PRINCÍPIO DA RESPONSABILIDADE NA EXPLORAÇÃO E UTILIZAÇÃO DO ESPAÇO EXTERIOR. *Direito espacial.* Aquele pelo qual os Estados signatários do Tratado sobre os Princípios Reguladores da Atividade dos Estados na Exploração e Uso do Espaço Cósmico, inclusive da Lua e demais corpos celestes, têm responsabilidade de velar para que aquela atividade exercida por organismos governamentais ou não governamentais seja efetuada de conformidade com as disposições do referido tratado, procurando o humanitarismo, ao zelar pelo bem da população terrestre, e a manutenção do meio ambiente, reparando todos os danos causados.

PRINCÍPIO DA RESTRITIVIDADE. *Direito administrativo.* Aquele pelo qual o agente público apenas pode executar ato autorizado expressamente por norma.

PRINCÍPIO DA RETROATIVIDADE. *Teoria geral do direito.* É aquele segundo o qual a nova norma atinge efeitos de atos praticados sob o império da lei revogada, em determinados casos como, por exemplo, os de: a) ausência de ofensa ao ato jurídico perfeito, direito adquirido ou coisa julgada; b) pendência de efeitos de ato jurídico perfeito verificado antes da novel norma; c) direitos adquiridos que devem ceder ao interesse tutelado pela nova ordem pública, que será retroativa, desde que expressa e sem que haja desequilíbrio jurídico-social; d) normas constitucionais, políticas, administrativas e processuais, principalmente as de organização judiciária e de competência, que alcançam os atos que estão sob seu domínio, ainda que iniciados sob o império da lei anterior; e) aplicação do princípio *tempus regit actum*, que faz com que os atos processuais realizados sob a vigência da lei anterior sejam válidos, e que as normas processuais tenham aplicabilidade imediata, regendo o desenvolvimento restante do processo; f) normas penais se extinguirem ou reduzirem penas; g) normas sobre estado e capacidade das pessoas, que se aplicam àqueles que estiverem nas condições a que se referem; h) leis sobre direito de família alusivas aos direitos pessoais puros; i) aplicação de lei nova que modificar o caráter de um bem jurídico; j) aplicação de lei nova que altere prazo prescricional, aumentando-o, embora deva ser computado o lapso temporal já decorrido na vigência da norma revogada. Mas, se o encurtar, o novo prazo de prescrição começará a correr por inteiro a partir da lei revogadora. E, se o prazo prescricional já se ultimou, a nova lei que o alterar não o atingirá; k) norma extintiva de institutos jurídicos vigora de imediato, sem qualquer atenuação etc.

PRINCÍPIO DA RETROATIVIDADE BENÉFICA. *Direito penal.* É aquele pelo qual as normas penais retroagirão quando extinguirem ou reduzirem penas. Haverá retroatividade da lei penal que decretar penas mais brandas do que a anterior, ou inocentar atos tidos como passíveis de pena. A norma que for favorável ao indivíduo só poderá ser aceita no âmbito do direito penal, em virtude do primordial princípio *nulla poena sine lege*, em homenagem à *humanitatis causa*.

PRINCÍPIO DA REVISIBILIDADE. *Direito administrativo.* Assegura ao administrado o direito de recorrer da decisão que lhe seja desfavorável. No caso, se a autoridade encarregada de aplicar a sanção da desqualificação for o Ministro de Estado haverá possibilidade de recorrer administrativamente da decisão para a mais alta autoridade do Executivo — no caso, o Chefe do Poder Executivo (Silvio Luís Ferreira da Rocha).

PRINCÍPIO DA *RULE OF REASON*. *Direito comparado.* Aquele que permite a punição de certos comportamentos concorrenciais na economia mercadológica e de determinadas formas de concentração de empresas ante o fato de abusarem de seu poder econômico.

PRINCÍPIO DA SEGURANÇA JURÍDICA. *Direito constitucional.* É aquele dirigido à implantação de um valor específico, qual seja, o de coordenar o fluxo das interações inter-humanas, no sentido de propagar no seio da comunidade social o sentimento de previsibilidade quanto aos efeitos jurídicos da regulação da conduta, tranqüilizando os cidadãos, possibilitando-lhes o planejamento de ações futuras, cuja disciplina jurídica conhecem, confiantes que estão no modo pelo qual a aplicação das normas do direito se realiza (Paulo de Barros Carvalho).

PRINCÍPIO DA SELETIVIDADE. *Direito tributário.* É o que visa atender não ao interesse do contribuinte de direito, mas sim o dos consumidores finais, que, na verdade, suportam a carga econômica. Para tanto considera-se a natureza do produto, mercadoria ou serviço, e não sua origem ou destinação, estendendo-se aos seus componentes e insumos. O ente federado reduz o tributo para atender objetivos de política econômica e social. Assim, na hipótese de IPI e ICMS, estes deverão ser graduados de forma seletiva, em função da essencialidade do produto, da mercadoria ou do serviço. Cumprir-se-á esse princípio comparando produtos, mercadorias ou serviços, quanto mais supérfluos forem, maior será a alíquota que sobre eles incidirá e, se for de primeira necessidade, as alíquotas serão menores ou até mesmo zeradas (Láudio Camargo Fabretti). Assim, p. ex., os negócios jurídicos que tiverem por objeto mercadorias destinadas à preservação da vida ou da saúde humana (como medicamentos, próteses, aparelhos cirúrgicos etc.) deverão ser menos onerados pelo ICMS (Roque Antônio Carrazza).

PRINCÍPIO DA SELETIVIDADE E OPORTUNIDADE. *Direito de propriedade industrial.* É aquele que faz com que os órgãos administrativos competentes privilegiem a tecnologia necessária para o país, em um dado momento (Fernando A. Albino de Oliveira).

PRINCÍPIO DA SIMILITUDE. *Medicina legal.* Sistema terapêutico que utiliza, para a totalidade sintomática do doente, uma ou mais substâncias, e em cuja experimentação no indivíduo sadio e sensível (patogenesia) foi observado um estado artificial (medicamentoso) semelhante ao que se deseja tratar.

PRINCÍPIO DA SIMPLICIDADE. *Direito processual.* Princípio norteador do processo nas ações que se processam perante juizados especiais, que requer simplicidade no procedimento.

PRINCÍPIO DA SINCERIDADE. *Direito tributário.* Aquele pelo qual o orçamento deve projetar-se com exatidão, para que não haja discrepância entre o valor da despesa autorizada e o despendido (Aurélio Pitanga Seixas Filho).

PRINCÍPIO DA SINGULARIDADE DOS RECURSOS. *Direito processual civil.* É aquele pelo qual para cada ato judicial recorrível apenas há um único recurso previsto juridicamente, proibindo a interposição simultânea ou cumulativa de mais de um recurso impugnando uma sentença (Nelson Nery Jr.).

PRINCÍPIO DA SOCIALIDADE. *Direito civil.* O que prestigia os valores coletivos, colocando os individuais em segundo plano (Miguel Reale).

PRINCÍPIO DA SUBMISSÃO. *Direito internacional privado.* Aquele segundo o qual cada Estado, ao delimitar sua competência internacional, deve estabelecer que, em certas hipóteses mais ou menos limitadas, uma pessoa poderá sujeitar-se, voluntariamente, a uma jurisdição a que não estaria, normalmente, submetida.

PRINCÍPIO DA SUBSIDIARIEDADE. *Direito civil.* Diz-se do que vigora quando não existir meios ou instrumentos jurídicos para solucionar uma determinada situação, como se dá por exemplo com o que veda o enriquecimento sem causa.

PRINCÍPIO DA SUCUMBÊNCIA. *Direito processual civil.* Aquele que impõe à parte vencida na demanda o dever de reembolsar a vencedora pelas despesas processuais e honorários advocatícios (Moacyr Amaral Santos).

PRINCÍPIO DA SUPREMACIA DA CONSTITUIÇÃO. *Direito constitucional.* Por esse princípio todas as normas e atos jurídicos devem ser compatíveis com a Carta Magna.

PRINCÍPIO DA SUPREMACIA DA LEI ESCRITA. *Vide* PRINCÍPIO DA LEGALIDADE.

PRINCÍPIO DA SUPREMACIA DO INTERESSE PÚBLICO. *Direito administrativo* e *direito tributário.* Aquele que sobreleva a superioridade do interesse público sobre o do particular, para que haja ordem nas atividades administrativas e respeito à coletividade.

PRINCÍPIO DA TAXATIVIDADE. *Direito processual civil.* É, segundo Nelson Nery Jr., o que proíbe não só a criação de novos recursos, pois apenas são cabíveis ou admissíveis aqueles indicados por lei federal, em *numerus clausus*, como também a escolha discricionária de um deles, pois, pelo princípio da singularidade, somente, há um único recurso para cada ato judicial suscetível de impugnação.

PRINCÍPIO DA TERRITORIALIDADE. *Teoria geral do direito* e *direito internacional privado.* É aquele segundo o qual a norma é aplicada no território do Estado (*leges non valent ultra territorium*), incluindo-se o ficto (embaixadas, consulados, navios de guerra, navios mercantes em águas territoriais ou em alto-mar, navios estrangeiros em águas territoriais e aeronaves no espaço aéreo do Estado) por ser havido como extensão do território nacional. A norma territorial é a aplicável apenas no território nacional, atendendo a interesses internos relativos à nação de origem, obrigando, exclusivamente, dentro do seu território. Uma lei será territorial, portanto, quando o órgão judicante não puder aplicar no território nacional outra norma por ocasião dos fatos ocorridos no seu território. É o que se dá com as leis relativas aos imóveis, por exemplo, pois só se poderão aplicar a eles as normas do local de sua situação. Logo, o juiz deverá aplicar a lei territorial estrangeira se o bem estiver localizado no exterior, uma vez que se sujeita à *lex rei sitae*.

PRINCÍPIO DA TIPOLOGIA TRIBUTÁRIA. *Direito tributário.* É, segundo Paulo de Barros Carvalho, o que requer que o tipo tributário se defina pela hipótese de incidência e base de cálculo, pois esse binômio diferencia as várias espécies de tributo entre si.

PRINCÍPIO DA TRANSPARÊNCIA. *Direito do consumidor.* É aquele pelo qual a atividade e a mensagem publicitárias devem assegurar ao consumidor informações claras, corretas e precisas.

PRINCÍPIO DA TRÍPLICE IDENTIDADE. *Lógica jurídica.* Aquele em que dois termos, idênticos ao terceiro, são idênticos um ao outro (Goffredo Telles Jr.).

PRINCÍPIO DA TUTELA ADMINISTRATIVA. *Direito administrativo.* **1.** É o da sujeição de um ente público à fiscalização de entidade pública maior. **2.** Princípio pelo qual a pessoa jurídica pública matriz, com base em lei, tem o poder de fiscalizar os atos dos agentes da pessoa jurídica pública menor, a ela vinculada, quanto à legalidade e ao mérito (R. Reis Friede).

PRINCÍPIO DA UBIQÜIDADE DO MEIO AMBIENTE. *Direito ambiental.* Aquele que requer a consideração da proteção do meio ambiente por ocasião do desenvolvimento de uma obra, atividade, política etc. (Celso A. P. Fiorillo e Marcelo A. Rodrigues).

PRINCÍPIO DA ULTRAPETIÇÃO DA SENTENÇA. *Direito processual trabalhista.* Aquele que torna possível ao juiz decidir além daquilo que foi pedido expressamente, abrangendo o que foi efetivamente pretendido pelo empregado. Por exemplo, se, ao apreciar a pretensão de trabalhador, verificar que no seu pedido há cálculo inferior ao realmente devido, por eqüidade vem a decidir *ultra petita* (Fernando Américo V. Damasceno).

PRINCÍPIO DA UNIDADE DA CONSTITUIÇÃO. *Direito constitucional* e *teoria geral do direito.* Aquele que busca a coerência entre as normas constitucionais, por inexistir escala de valores no ordenamento constitucional, pois todas as normas da Constituição têm igual hierarquia (Canotilho).

PRINCÍPIO DA UNIFORMIDADE. *Direito administrativo.* Princípio que rege a prestação de serviço público, segundo o qual as tarifas devem ser uniformes para cada serviço.

PRINCÍPIO DA UNIFORMIDADE GEOGRÁFICA. *Direito constitucional* e *direito tributário.* É o que requer que os tributos instituídos pela União sejam uniformes em todo o território nacional, não podendo haver preferência em relação a um dado Estado ou Município (Paulo de Barros Carvalho).

PRINCÍPIO DA UNIRRECORRIBILIDADE. *Vide* PRINCÍPIO DA SINGULARIDADE DOS RECURSOS.

PRINCÍPIO DA UNITARIEDADE MATRICIAL. *Direito registrário.* O que submete a matrícula do imóvel a uma individualidade registral. Para cada matrícula, um só imóvel (Afonso Celso F. de Rezende).

PRINCÍPIO DA UNIVERSALIDADE DA JURISDIÇÃO. *Direito constitucional.* É o princípio pelo qual a lei não excluirá da apreciação do Poder Judiciário lesão ou ameaça a direito.

PRINCÍPIO DA VARIABILIDADE DO MODO DE SER DA OBRIGAÇÃO NA SOLIDARIEDADE. *Direito civil.* Princípio que possibilita estipular a obrigação como condicional ou a prazo para um dos co-credores ou co-devedores, e pura e simples para outro. Isso é assim porque a solidariedade diz respeito à prestação, e não ao modo pela qual ela é devida.

PRINCÍPIO DA VARIABILIDADE DOS RECURSOS. *História do direito.* Aquele em que a interposição de um recurso não ligava o recorrente à impugnação, por permitir a interposição de outros recursos, se no prazo. Hoje há a preclusão consumativa, que acarreta perda da faculdade processual se esta já foi exercida. Se alguém recorreu, não pode impugnar provimento jurisdicional já impugnado (Ada Pellegrini Grinover).

PRINCÍPIO DA VERACIDADE. *Direito do consumidor.* É aquele pelo qual as informações ou mensagens publicitárias devem ser verídicas, apresentando dados corretos sobre os elementos do produto ou do serviço (Carlos Alberto Bittar).

PRINCÍPIO DA VERDADE MATERIAL. *Direito administrativo.* **1.** Aquele pelo qual a Administração Pública coleta, valora e baseia-se em qualquer prova de que tenha conhecimento para proferir sua decisão (R. Reis Friede). **2.** É o que decorre de a Administração ter que alcançar sempre o interesse público verdadeiro fixado na lei, o que será possível apenas com a busca da verdade real, e não com a verdade formal. Por ele, a Administração deve procurar a verdade real, pouco importando o que foi alegado e o que foi provado pelos interessados (Celso Antonio Bandeira de Mello e Silvio Luís Ferreira da Rocha).

PRINCÍPIO DA VERIFICABILIDADE. *Lógica jurídica.* Aquele segundo o qual o significado cognoscitivo de uma proposição está determinado pelas experiências que permitem determinar, conclusivamente, se ela é verdadeira ou falsa (Schlick).

PRINCÍPIO DA VERIFICAÇÃO. *Vide* PRINCÍPIO DA VERIFICABILIDADE.

PRINCÍPIO DA VINCULABILIDADE DA TRIBUTAÇÃO. *Direito constitucional* e *direito tributário.* É aquele segundo o qual os atos administrativos relativos aos fins últimos da pretensão tributária são vinculados (Paulo de Barros Carvalho).

PRINCÍPIO DA VINCULAÇÃO AO EDITAL OU À CARTA-CONVITE. *Direito administrativo.* Aquele segundo o qual os termos do edital ou da carta-convite devem, uma vez fixados, ser mantidos durante o procedimento licitatório.

PRINCÍPIO DA VINCULAÇÃO CONTRATUAL. *Direito do consumidor.* É aquele segundo o qual o consumidor pode exigir do fornecedor o cumprimento do conteúdo da comunicação publicitária (Antonio H. de V. e Benjamin).

PRINCÍPIO DA VOLUNTARIEDADE. *Direito processual civil.* É o que requer a manifestação da vontade de recorrer por parte do recorrente. Haverá, segundo Nelson Nery Jr., não-conhecimento do recurso se houver: renúncia ou desistência do curso; aquiescência à decisão que se pretende modificar; fato impeditivo ou extintivo do poder de recorrer.

PRINCÍPIO DA VULNERABILIDADE DO CONSUMIDOR. *Direito do consumidor.* Aquele que, ante a fraqueza do consumidor no mercado, requer que haja equilíbrio na relação contratual.

PRINCÍPIO DE APERFEIÇOAMENTO. *Direito administrativo.* Aquele que reclama a necessidade de

PRINCÍPIO DE EXASPERAÇÃO

reverter os avanços da tecnologia em prol da coletividade, fazendo com que seus benefícios sejam absorvidos pelo serviço público, evitando que se tornem absolutos (R. Reis Friede).

PRINCÍPIO DE EXASPERAÇÃO. *Direito penal.* É o que prescreve a aplicação da pena mais grave, em caso de unificação de penas decorrentes de concurso formal ou de infrações ou crime continuado (Othon Sidou).

PRINCÍPIO DE IDENTIDADE. 1. *Direito processual civil.* *Vide* PRINCÍPIO DA IMEDIATIDADE. **2.** *Lógica jurídica.* Aquele segundo o qual os pensamentos enunciados são idênticos entre si, se tiverem a mesma extensão.

PRINCÍPIO DE IMACULAÇÃO. *Direito processual civil.* É aquele que, ante o publicismo processual, investe o magistrado, por despacho e antes da audiência de instrução e julgamento, de tornar o processo hábil a capacitar o julgamento do mérito (Othon Sidou).

PRINCÍPIO DE IMPULSÃO OFICIAL. *Direito processual civil.* É o que concentra nas mãos do órgão judicante a maior parte dos poderes relativos à condução do processo.

PRINCÍPIO DE INICIATIVA DE PARTE. *Direito processual civil.* É aquele que confere aos litigantes a iniciativa de atos atinentes ao desenvolvimento do processo.

PRINCÍPIO DE NÃO-CONTRADIÇÃO. *Lógica jurídica.* É aquele segundo o qual dois juízos contrários entre si não podem ser concomitantemente verdadeiros, logo um deles será falso.

PRINCÍPIO DE NON-REFOULEMENT. *Direito internacional público.* Direito alusivo à não-expulsão ou não-devolução obrigatória de um refugiado a qualquer Estado no qual possa ser objeto de perseguição (Hannah Arendt e Celso Lafer).

PRINCÍPIO DE PARETO. 1. *Vide* CURVA DE PARETO. **2.** *Direito empresarial.* Princípio pelo qual a maioria da riqueza dos países é controlada por uma minoria (Vilfredo Pareto). Tal princípio aplica-se a muitas situações empresariais, pois fatores que, em conjunto, contribuem para um efeito, sendo que um número reduzido destes representa a maior parte do efeito causado coletivamente. Assim, se uma empresa possui 100 clientes, cerca de 20% serão responsáveis por 80% dos lucros empresariais. Cerca de 20% dos materiais (insumos), adquiridos por uma empresa, correspondem a 80% do custo total dos insumos (James G. Heim).

PRINCÍPIO DE PERMANÊNCIA DA LEI. *Teoria geral do direito.* É aquele pelo qual, não sendo temporária a sua vigência, a norma poderá produzir efeitos, tendo força vinculante até sua revogação por outra da mesma hierarquia ou de hierarquia superior. *Vide* PRINCÍPIO DA CONTINUIDADE DAS LEIS.

PRINCÍPIO DE PRECLUSÃO. *Direito processual civil.* Aquele segundo o qual cada fase do processo desenvolve-se sucessiva e definitivamente, não mais sendo permitido voltar a qualquer uma delas após ter sido ultimada.

PRINCÍPIO DE PROVA. *Direito civil* e *direito processual civil.* Começo de prova por escrito.

PRINCÍPIO DE RES IPSA LOQUITUR. *Direito processual civil.* Instrumento processual cujo efeito prático é a inversão do ônus da prova.

PRINCÍPIO DER WILKLICHE BIOLOGISCHE VATER. *Direito civil* e *biodireito.* Princípio do verdadeiro pai biológico.

PRINCÍPIO DISPOSITIVO. *Vide* PRINCÍPIO DA INÉRCIA.

PRINCÍPIO DISPOSITIVO E INQUISITÓRIO. *Direito processual civil.* É aquele que confere poder aos litigantes para dispor do processo, delimitando os pontos controvertidos, exigindo a inquisição de testemunhas e a produção de outras provas (Geraldo Magela Alves).

PRINCÍPIO DO ACHIEVEMENT. *Ciência política* e *sociologia geral.* É aquele segundo o qual as posições sociais são adquiridas em razão da capacidade individual (Lorenzo Fischer).

PRINCÍPIO-DO-CHEFE. *História do direito.* Aquele que, na ideologia nacional-socialista, fazia com que a lei fosse interpretada como a vontade do *Führer.*

PRINCÍPIO DO CONSENSO AFIRMATIVO. *Direito civil.* Aquele que requer que cada um manifeste sua vontade de doar, ou não, seus órgãos e tecidos em vida ou depois da morte, para fins terapêuticos, de enxerto ou transplante.

PRINCÍPIO DO CONSENSUALISMO. *Direito civil.* É aquele segundo o qual o simples acordo de duas ou mais vontades basta para gerar contrato válido, pois a maioria dos negócios jurídicos bilaterais é consensual, embora alguns, por serem solenes, tenham sua validade condicionada à observância de certas formalidades legais.

PRINCÍPIO DO CONSENTIMENTO PRESUMIDO. *História do direito.* Aquele segundo o qual, enquanto não houvesse manifestação em contrário, cada brasileiro, maior e capaz, era considerado, automática e presumidamente, doador *post mortem* de seus órgãos e tecidos.

PRINCÍPIO DO CONTRADITÓRIO. *Direito constitucional* e *direito processual.* É o que assegura aos litigantes em processo judicial ou administrativo, e aos acusados em geral, o direito de ampla defesa, com os meios e recursos a ela inerentes, vedando ao órgão judicante a prolatação da decisão sem antes ouvi-los, sob pena de nulidade processual. Mas se um deles não se manifestar, sendo revel, aplicar-se-lhe-á a pena de confesso, presumindo-se como verídicas as alegações da outra parte.

PRINCÍPIO DO CONTROLE ADMINISTRATIVO. *Direito administrativo.* É aquele segundo o qual o Estado dispõe de poder, exercitável por meio dos órgãos da Administração, de conformar a conduta de seus auxiliares às finalidades que lhe foram atribuídas (Celso Antônio Bandeira de Mello).

PRINCÍPIO DO CONTROLE DO BALANÇO DE PAGAMENTOS E DO PREÇO DA TECNOLOGIA IMPORTADA. *Direito de propriedade industrial.* É aquele pelo qual a remessa de divisas para o exterior, por meio de contrato de transferência de tecnologia, deve sofrer severo crivo da autoridade administrativa por ser impossível que onere a balança de pagamentos com remessas que não sejam suportáveis, e para evitar, ao exercer o controle do preço, que se pague pela tecnologia o que, inicialmente, pretendiam as partes, estabelecendo restrição nos preços (Fernando A. Albino de Oliveira).

PRINCÍPIO DO CONTROLE JURISDICIONAL DOS ATOS ADMINISTRATIVOS. *Direito administrativo.* É aquele pelo qual compete ao Poder Judiciário declarar a invalidade de atos administrativos e impor as indenizações necessárias.

PRINCÍPIO DO DESENVOLVIMENTO SUSTENTÁVEL. *Direito ambiental.* Aquele que norteia a política ambiental, uma vez que, como salienta a Comissão Mundial sobre Meio Ambiente, requer que o desenvolvimento atenda às necessidades presentes, sem comprometer a capacidade das futuras gerações de efetivarem suas próprias necessidades (Celso A. F. Fiorillo; Marcelo A. Rodrigues; e Luiz A. David Araújo).

PRINCÍPIO DO DEVER DE COOPERAÇÃO DAS PARTES. *Direito internacional privado.* É, para Derains, aquele em que cada contratante tem o dever de agir de boa-fé, não prejudicando o outro, fornecendo informações necessárias etc.

PRINCÍPIO DO DEVER DO CREDOR DE MINIMIZAR O SEU PREJUÍZO. *Direito internacional privado.* Aquele pelo qual o credor de uma obrigação descumprida deve tomar providências para diminuir seus prejuízos e, apenas depois disso, reclamar a reparação por perdas e danos junto ao tribunal arbitral, pois seria danoso que ficasse passivamente à espera de uma indenização (Derains e Luis Fernando A. de Almeida).

PRINCÍPIO DO DEVIDO PROCESSO LEGAL. *Direito processual* e *direito constitucional.* Aquele pelo qual ninguém será privado da liberdade e de seus bens sem o devido processo legal.

PRINCÍPIO DO DIREITO DE AMPLA DEFESA E DO DEVIDO PROCESSO LEGAL. *Vide* PRINCÍPIO DO CONTRADITÓRIO.

PRINCÍPIO DO DUPLO GRAU DE JURISDIÇÃO. *Direito constitucional* e *direito processual.* É o que tem por escopo garantir a justiça, ao possibilitar a reapreciação ou revisão da decisão judicial por outro órgão, de hierarquia superior, do Poder Judiciário, em grau de recurso.

PRINCÍPIO DO EFEITO INTEGRADOR. *Direito constitucional.* **1.** Princípio pelo qual se a Constituição propõe a manutenção da unidade política, será preciso dar preferência na solução dos problemas jurídico-constitucionais àqueles pontos de vista aptos a atingir aquela unidade (Canotilho). **2.** Por tal princípio na resolução dos problemas jurídico-constitucionais dever-se-á prestigiar os critérios que facilitem a integração político-social e o reforço da unidade política (Konrad Hesse).

PRINCÍPIO DO EQUILÍBRIO. *Direito tributário.* Princípio que rege a elaboração e execução da lei orçamentária, segundo o qual ao se aprovar o orçamento é preciso recorrer-se aos recursos próprios e certos, como as receitas públicas, para depois, havendo carência de recursos próprios para atender despesas inadiáveis, socorrer-se de financiamento ou de outras formas de empréstimo público (Aurélio Pitanga Seixas Filho).

PRINCÍPIO DO *FORUM DELITI COMISSI*. *Direito internacional privado.* Princípio segundo o qual é competente para julgar o delito o foro do território onde aquele foi perpetrado.

PRINCÍPIO DO IMPULSO OFICIAL. *Direito processual trabalhista.* Consiste no fato de, não conseguindo as partes solucionar negocialmente a questão, provocar a jurisdição estatal; o juiz, ante o interesse público de pôr fim à demanda, automovimenta-se, promovendo diligências úteis à solução do litígio, tendo ampla liberdade de direção do processo, inclusive para instaurar o processo de execução (Fernando Américo V. Damasceno).

PRINCÍPIO DO INFORMALISMO. *Direito administrativo.* **1.** Aquele em que se dispensam procedimentos solenes para o processo administrativo, se for apto à obtenção da segurança jurídica. **2.** A Administração não deve ater-se a rigorismos formais na consideração das manifestações do administrado. O princípio do informalismo não se aplica aos procedimentos concorrenciais, como as licitações (Maria Sylvia Z. Di Pietro e Silvio Luís Ferreira da Rocha).

PRINCÍPIO DO INTERESSE. *Direito processual civil* e *direito processual penal.* Princípio segundo o qual: a) aquele que deu causa à irregularidade não terá legitimidade para pleitear a anulação do ato; b) a nulidade não será pronunciada quando o julgamento do mérito for a favor da parte a ser beneficiada pelo seu reconhecimento (Ada Pellegrini Grinover).

PRINCÍPIO DO INTERESSE SOCIAL. *Direito civil* e *direito processual civil.* Aquele que entende que deve haver socialização dos riscos pelo dano patrimonial individual, pois o dano emergente e o lucro cessante sofridos pelo lesado na atividade cotidiana refletem-se no meio social em certos casos. Logo a indenização deve ser devida independentemente da culpa do lesante. Por exemplo, os acidentes de trabalho e de viação importam em risco sociabilizado, suportado pela comunidade (Paulo Roberto R. Nalin).

PRINCÍPIO DO *JUDICIAL SELF-RESTRAINT.* *Direito constitucional.* É o emanado do princípio da divisão das funções estatais, que requer que o órgão controlador de constitucionalidade se esforce para declarar a inconstitucionalidade da lei quando for patente o conflito ou houver insuficiência das tentativas de interpretar o ato normativo em conformidade com a Constituição, ou de adequá-lo, por meios hermenêuticos, ao sistema constitucional (Marcio Augusto de Vasconcelos Diniz).

PRINCÍPIO DO JUIZ CONSTITUCIONAL. *Direito constitucional* e *direito processual.* É o princípio do juiz natural, pelo qual a jurisdição só pode ser exercida por juiz ou tribunal previsto, explícita ou implicitamente, na Constituição Federal (José Frederico Marques).

PRINCÍPIO DO JUIZ NATURAL. *Direito constitucional* e *direito processual.* É aquele segundo o qual ninguém será processado ou sentenciado senão pelo juiz competente para a causa.

PRINCÍPIO DO JULGAMENTO OBJETIVO. *Direito administrativo.* Aquele que requer que o julgamento das propostas dos licitantes siga critérios objetivos estipulados no edital.

PRINCÍPIO DO LIVRE CONVENCIMENTO DO JUIZ. *Direito processual.* É aquele que preconiza a liberdade do magistrado para, ao decidir o caso *sub judice*, seguir livremente sua convicção, valendo-se de fatos e provas apresentadas em juízo; para tanto é usual a citação das opiniões de juristas insignes, daqueles que pela sua obra transmitem maior credibilidade, em pareceres nos processos, em fundamentações de decisões. Trata-se do argumento *ab auctoritatem*, que é um *topos* de qualidade, porque é o prestígio da pessoa invocada que garante a tese que se sustenta, podendo ser, contudo, um *topos* de quantidade, quando um grande número de opiniões for invocado para defender a tese adotada.

PRINCÍPIO DO LIVRE CONVENCIMENTO MOTIVADO. *Teoria geral do direito* e *direito processual.* Aquele que requer que o magistrado solucione o caso *sub judice* conforme o critério que melhor o convencer para a consecução da justiça e a adequação da ordem jurídica à realidade social presente, justificando, devidamente, as razões que o levaram a ter tal entendimento.

PRINCÍPIO DO MELHOR ESCLARECIMENTO DA CAUSA. *Direito processual.* Aquele pelo qual o maior compromisso do processo deve ser com a verdade (Fritz Baur).

PRINCÍPIO DO NÃO-FORMALISMO DO CONSENTIMENTO. *Direito internacional público.* Aquele pelo qual o Estado fica vinculado ao seu consentimento, mesmo que se tenha exteriorizado por um ato de comportamento (Geraldo Bezerra de Moura).

PRINCÍPIO DO *PERICULUM IN MORA* INVERSO. *Direito processual.* É aquele que proíbe a concessão de medida cautelar que cause dano maior do que o já suportado.

PRINCÍPIO DO PODER-DEVER. *Direito administrativo.* É aquele que obriga a autoridade administrativa a tomar todas as medidas necessárias para atender ao interesse público.

PRINCÍPIO DO POLUIDOR-PAGADOR. *Direito ambiental.* Princípio que, para evitar a ocorrência de dano ao meio ambiente, impõe sanções penais e administrativas ao poluidor (pessoa natural ou jurídica), independentemente do dever de indenizar ou reparar os danos causados (Celso A. P. Fiorillo e Marcelo A. Rodrigues).

PRINCÍPIO DO *PRIVITY OF CONTRACT*. *Direito civil* e *direito comparado.* Aquele segundo o qual: a) o contratante não é responsável perante terceiro com quem não está vinculado negocialmente; b) não existindo transação direta entre autor e demandado, não há fundamento para exigir que o segundo cumpra o contrato em relação ao primeiro, exceto se o contrato tiver sido concluído em favor dele ou se houve transmissão de direitos (Luiz Gastão Paes de Barros Leães). Trata-se do princípio da relatividade dos contratos.

PRINCÍPIO DO PROCEDIMENTO FORMAL. *Direito administrativo.* Aquele que torna obrigatória a vinculação do procedimento licitatório ao preceito imposto pela norma legal (R. Reis Friede).

PRINCÍPIO DO PROMOTOR NATURAL. Aquele segundo o qual, na lição de Hugo Nigro Mazzilli, o promotor de justiça tem cargo e atribuição legal, sendo inafastável por ato discricionário do procurador-geral. É o que reclama a existência de um órgão independente do Ministério Público, que possa exercer atribuições conferidas por lei à instituição, escolhido por critérios legais.

PRINCÍPIO DO RESPEITO À DIGNIDADE HUMANA. *Direito constitucional.* Paradigma da ordem jurídica do Estado Democrático de Direito e cerne de todo ordenamento jurídico. A pessoa humana e sua dignidade constituem o fundamento e fim da sociedade e do Estado, sendo o valor que prevalecerá na aplicação do direito e sobre qualquer tipo de avanço científico e tecnológico. Há uma imposição de limites ao legislador e ao operador do direito, reconhecendo-se que o respeito ao ser humano em todas as suas fases evolutivas (antes de nascer, no nascimento, no viver, no sofrer e no morrer) só é alcançado se se estiver atento à sua dignidade.

PRINCÍPIO DO RESPEITO PELA DEFESA DO CONSUMIDOR. *Direito do consumidor.* Princípio que requer que no exercício da publicidade não se lese o consumidor.

PRINCÍPIO DO SIGILO NA APRESENTAÇÃO DAS PROPOSTAS. *Direito administrativo.* Aquele que proíbe que, antes da data da abertura dos envelopes contendo as propostas dos licitantes, haja conhecimento da proposta de qualquer um deles (R. Reis Friede).

PRINCÍPIO DO TERCEIRO EXCLUÍDO. *Lógica jurídica.* **1.** É aquele pelo qual de dois juízos contrários entre si um é necessariamente verdadeiro e o outro falso, logo não há terceiro. **2.** Princípio pelo qual dois termos, dos quais um é idêntico e outro não é idêntico a um terceiro, não são idênticos um ao outro (Goffredo Telles Jr. e Gredt).

PRINCÍPIO FEDERATIVO. *Direito constitucional.* É aquele que assegura a Federação, como forma de Estado, impondo ao legislador infraconstitucional e ao aplicador da norma constitucional o respeito à autonomia e à competência dos entes políticos que a compõem.

PRINCÍPIO GERAL DE DIREITO. *Teoria geral do direito.* É fonte subsidiária do direito, por ser de diretriz para a colmatação de lacunas. Norma de valor genérico que orienta a compreensão do direito, em sua aplicação e integração.

PRINCÍPIO GERAL DE DIREITO ESSENCIAL. *Teoria geral do direito.* É aquele estável, por abarcar os elementos primeiros da justiça e os básicos que decorrem da natureza das instituições, por exemplo: é da natureza do casamento o destinar-se à procriação e à educação da prole, bem como ao auxílio mútuo e ao apaziguamento da concupiscência. Assim, em questões duvidosas sobre direito de família, a cuja solução não se possa chegar por meio da norma, do emprego da analogia e do costume, o magistrado decidirá conforme o princípio que norteia a instituição do matrimônio (Rubens Limongi França).

PRINCÍPIO GERAL DE TRANSPARÊNCIA. *Direito do consumidor.* É o que requer não só clareza na informação dada ao consumidor, relativa aos caracteres do produto ou serviço e ao conteúdo do contrato a ser firmado, mas também acesso pleno de informações sobre o produto ou serviço e sobre os futuros termos do negócio (Cláudia Lima Marques e Alcides Tomasetti Jr.).

PRINCÍPIO GERAL DO DIREITO CONTINGENTE. *Teoria geral do direito.* É o que, por vontade do legislador, varia no tempo e no espaço; quando da solução *in concreto* da controvérsia jurídica, deve preferir ao princípio essencial porque o aplicador

PRINCÍPIO *IN DOMO DEBITORIS* 829 **PRI**

se encontra sob a égide do direito positivo. Esse princípio contingente abrange: a) o princípio do ordenamento, que informa a constituição da sociedade das nações (como, por exemplo, o da igualdade soberana de todos os membros; o da proteção das minorias etc.), as bases do regime político-jurídico nacional (por exemplo, o do livre acesso ao poder; o princípio da liberdade, da necessidade, que informa todo o título da ordem econômica e social), e a estrutura positiva das instituições (por exemplo, o de que o estado civil de casado não é mais requisito indispensável ao direito de adotar pessoa maior ou menor); b) o princípio do direito consuetudinário, como, por exemplo, o aceito pela opinião corrente de que, para a eficácia da emissão de vales como sinal de um contrato, de um empréstimo ou como antecipação de pagamento, é suficiente a indicação do preço e a assinatura do responsável, independentemente de qualquer outra referência; c) o princípio do direito das gentes, pois há uma série de princípios que de modo mais ou menos constante informam o direito dos povos cultos e dos reconhecidos pelas nações civilizadas (Rubens Limongi França).

PRINCÍPIO *IN DOMO DEBITORIS*. *Direito civil.* Presunção de pagamento quesível que é aplicada ordinariamente, se o contrato não mencionar o local do pagamento e se a dívida não for interpretada como *portable* nem pelas circunstâncias, nem pela natureza da obrigação, nem pela lei. *Vide* PORTABLE e QUESÍVEL.

PRINCÍPIO *IN DUBIO PRO ADERENTE*. *Direito civil* e *direito do consumidor.* Aquele que, sendo o contrato por adesão, deve ser interpretado, havendo dúvida, de forma mais favorável ao aderente (Roberto Senise Lisboa).

PRINCÍPIO *IURA NOVIT CURIA*. *Direito processual.* É aquele pelo qual o órgão judicante deverá ter, pela sua função de aplicar a lei, conhecimento preciso do direito nacional, e saber encontrar a norma aplicável ao caso *sub judice*. Tal princípio apresenta duas faces: o dever do magistrado de conhecer e aplicar de ofício a norma; o poder de o juiz procurar e aplicar a lei, ainda que não alegada e provada pelas partes. O direito nacional não precisará ser alegado nem provado pelos interessados. Todavia, nada obstará a que as partes o aleguem em colaboração com o Judiciário, sem que contudo tenham tal obrigação. Daí os seguintes corolários do *iura novit curia*: a) os litigantes apenas deve-

rão provar os fatos, pois ao juiz ou tribunal competirá dizer qual a norma que lhes será aplicável; b) o Judiciário, ante a proibição do *non liquet*, não poderá eximir-se de sentenciar, nem mesmo em caso de lacuna ou obscuridade, uma vez que a lei lhe dá os meios supletivos e interpretativos.

PRINCÍPIO JURÍDICO. *Teoria geral do direito.* Enunciado lógico, implícito ou explícito, que, por sua grande generalidade, ocupa posição de preeminência nos vastos quadrantes do direito e, por isso mesmo, vincula, de modo inexorável, o entendimento e a aplicação das normas jurídicas que com ele se conectam (Roque Antonio Carrazza).

PRINCIPIOLOGIA ADMINISTRATIVA. *Direito administrativo.* Conjunto de princípios norteadores do direito administrativo.

PRINCIPIOLOGIA JURÍDICA. *Teoria geral do direito.* Uma das denominações da disciplina propedêutica e enciclopédica, designada Introdução à Ciência do Direito, que tem por escopo fornecer uma noção global ou panorâmica da ciência que trata do fenômeno jurídico, propiciando uma compreensão de conceitos jurídicos comuns a todas as disciplinas do currículo do curso de direito, e introduzindo o estudante e o jurista na terminologia técnico-jurídica. A principiologia jurídica não é uma ciência, mas uma enciclopédia, visto que contém conhecimentos científicos (jurídicos, sociológicos e, às vezes, históricos), filosóficos, introdutórios ao estudo da ciência jurídica.

PRINCÍPIO MAJORITÁRIO. *Direito constitucional* e *direito eleitoral.* Critério pelo qual o candidato eleito é aquele que reuniu, em seu nome ou no de seu partido, maior número de votos.

PRINCÍPIO NOMINALISTA. *Direito civil.* É aquele segundo o qual o adimplemento das obrigações pecuniárias se dá pela entrega feita pelo devedor ao credor de moeda que tenha curso legal no país.

PRINCÍPIO *NON BIS IN IDEM*. *Direito internacional privado.* Aquele pelo qual não se concede extradição de agente já julgado no Brasil pelo crime objeto do pedido de extradição.

PRINCÍPIO PROCESSUAL CONSTITUCIONAL DO PROMOTOR NATURAL. *Direito constitucional* e *direito processual.* Aquele em que o promotor de justiça, por ser o maior defensor dos interesses da sociedade, ante o princípio do devido processo legal, atua como sujeito da relação processual, como órgão agente ou interveniente, devendo por isso gozar de inamovibilidade e independência funcional, proibindo-se o promotor de exceção.

PRINCÍPIO PROCESSUAL DA CONTINUIDADE. *Direito processual civil.* Aquele que, regendo a questão dos prazos, requer que sejam contínuos, sem fracionamento, fazendo com que o processo flua seguidamente, salvo se houver suspensão do processo, suspensão do prazo pela superveniência de férias ou de obstáculo provocado pela parte litigante ou por pessoas do juízo (José S. Sampaio).

PRINCÍPIO PROPORCIONAL. *Direito constitucional* e *direito eleitoral.* Sistema pelo qual o número de lugares a serem preenchidos por meio de eleição é proporcional à população (Othon Sidou).

PRINCÍPIOS BÁSICOS DA EDUCAÇÃO AMBIENTAL. *Direito ambiental.* São: a) o enfoque humanista, holístico, democrático e participativo; b) a concepção do meio ambiente em sua totalidade, considerando a interdependência entre o meio natural, o socioeconômico e o cultural, sob o enfoque da sustentabilidade; c) o pluralismo de idéias e concepções pedagógicas, na perspectiva da inter, multi e transdisciplinaridade; d) a vinculação entre a ética, a educação, o trabalho e as práticas sociais; e) a garantia de continuidade e permanência do processo educativo; f) a permanente avaliação crítica do processo educativo; g) a abordagem articulada das questões ambientais locais, regionais, nacionais e globais; h) o reconhecimento e o respeito à pluralidade e à diversidade individual e cultural.

PRINCÍPIOS COMUNS À SOLIDARIEDADE. *Direito civil.* São aqueles comuns às obrigações solidárias, ou seja: a) o da variabilidade do modo de ser da obrigação na solidariedade, pois não é incompatível com sua natureza jurídica a possibilidade de estipulá-la como condicional ou a prazo para um dos co-credores ou co-devedores, e pura e simples para outro, desde que estabelecido no título originário; e b) o da não-presunção da solidariedade, pois nosso ordenamento jurídico-civil não admite a solidariedade presumida, resultando ela de lei ou da vontade das partes, por importar um agravamento da responsabilidade dos devedores, que passarão a ser obrigados ao pagamento total. Se a lei não a impuser ou o contrato não a estipular, não se terá solidariedade.

PRINCÍPIOS CONSTITUCIONAIS DAS EMPRESAS PÚBLICAS. *Direito constitucional* e *direito administrativo.* São os mesmos da Administração Pública como o: da obrigatoriedade da licitação; da legalidade; da impessoalidade; da moralidade; da publicidade; da proibição de acumulação de cargos etc.

PRINCÍPIOS CONSTITUCIONAIS DE PROCESSO CIVIL. *Direito constitucional* e *direito processual civil.* Aqueles consagrados na Constituição Federal, como o do devido processo legal, o do juiz natural, o do contraditório, o da inafastabilidade do controle jurisdicional.

PRINCÍPIOS CONSTITUCIONAIS DO DIREITO ADMINISTRATIVO. *Direito administrativo.* São os previstos na Constituição Federal, que regem a Administração Pública, como, por exemplo, o da isonomia; o da legalidade; o da razoabilidade; o da motivação; o da moralidade administrativa; o da publicidade e o da impessoalidade.

PRINCÍPIOS CONSTITUCIONAIS GERAIS. *Direito constitucional.* São os que informam e traçam diretrizes à interpretação e aplicação das normas jurídicas, como o: do respeito à dignidade da pessoa humana da certeza do direito; da segurança jurídica; da isonomia; da legalidade; da irretroatividade da lei; da universalidade da jurisdição; do contraditório e do devido processo legal; do direito de propriedade; da função social da propriedade; da liberdade de trabalho; da supremacia do interesse público; da indisponibilidade dos bens e serviços públicos.

PRINCÍPIOS CONSTITUCIONAIS TRIBUTÁRIOS. *Direito tributário.* São aqueles contidos na Lei Maior, alusivos ao exercício do poder tributário, como o: da estrita legalidade; da anterioridade; da irretroatividade da lei tributária; da tipologia tributária; da proibição de tributo com efeito de confisco; da vinculabilidade da tributação; da uniformidade geográfica; da não-discriminação tributária, em razão da procedência ou destino dos bens; da territorialidade da tributação; da indelegabilidade da competência tributária (Paulo de Barros Carvalho).

PRINCÍPIOS DA APLICAÇÃO DA LEI PENAL NO ESPAÇO. *Direito penal.* São, como ensina Damásio de Jesus, os que regem a delimitação espacial do âmbito eficacial da norma penal, tais como o da: a) territorialidade, segundo o qual a legislação penal brasileira só pode viger dentro do território do Estado que a determinou, sem que se considere a nacionalidade do sujeito ativo do delito ou do titular do bem jurídico lesado, desde que o crime tenha sido perpetrado no território nacional, em embarcações e aeronaves brasileiras, de natureza pública ou a serviço do governo brasileiro, onde quer que se encontrem; em aeronaves ou navios brasileiros, mercantes ou de propriedade particular, que se encontrem no espaço aéreo correspondente ou em alto-mar; em aeronaves ou embarcações estrangeiras de propriedade privada, em aeroporto ou porto situado no território nacional ou em vôo no espaço aéreo correspondente ou em navegação no mar territorial do Brasil; b) defesa ou proteção, que considera a nacionalidade do bem jurídico lesado pelo crime, independentemente do local de sua prática ou da nacionalidade do sujeito ativo. Por ele pode-se aplicar a lei brasileira a um crime praticado no exterior, lesivo ao interesse nacional, qualquer que seja a nacionalidade do criminoso. Portanto, ao princípio da extraterritorialidade sujeitam-se não só os crimes contra: a vida ou a liberdade do Presidente da República; o patrimônio ou a fé pública da União, do Distrito Federal, de Estado, de Território, de Município, de empresa pública, sociedade de economia mista, autarquia ou fundação instituída pelo Poder Público; a Administração Pública, por quem está a seu serviço; como também o de genocídio, quando o agente for brasileiro ou domiciliado no Brasil. A lei brasileira aplica-se também ao crime cometido por estrangeiro contra brasileiro fora do Brasil, se, reunidas as condições legais, não foi pedida ou negada a extradição, ou se houve requisição do Ministro da Justiça; c) justiça penal universal, que preconiza o poder de cada Estado de punir qualquer crime, seja qual for a nacionalidade do delinqüente e da vítima, ou o local de sua prática. Para a aplicação da pena basta que o delinqüente se encontre dentro do território de um país. Assim, ficarão sujeitos à lei brasileira, embora cometidos no exterior, os crimes que, por tratado ou convenção, o Brasil se obrigou a reprimir; d) nacionalidade, segundo a qual a lei penal do Estado aplica-se a seus cidadãos, onde quer que se encontrem. Tal princípio subdivide-se em: princípio da nacionalidade ativa, segundo o qual aplica-se a lei nacional ao cidadão brasileiro que comete crime no estrangeiro, independentemente da nacionalidade do sujeito passivo; e princípio da nacionalidade passiva, que requer, para a aplicação da lei

brasileira, que o fato praticado pelo nacional no exterior atinja um bem jurídico de seu próprio Estado ou de um co-cidadão; e) representação, pelo qual a lei penal de determinado país é também aplicável aos crimes cometidos em aviões e navios privados, quando perpetrados no exterior e aí não forem julgados.

PRINCÍPIOS DA APLICAÇÃO DA LEI PENAL NO TEMPO. *Direito penal.* São os relativos à questão da retroatividade ou irretroatividade da legislação penal. Logo, na seara penal, vigora o princípio da irretroatividade da lei mais severa e o da retroatividade da lei mais benigna.

PRINCÍPIOS DA ASSISTÊNCIA SOCIAL. *Direito previdenciário.* São os seguintes: a) supremacia do atendimento às necessidades sociais sobre as exigências de rentabilidade econômica; b) universalização dos direitos sociais, a fim de tornar o destinatário da ação assistencial alcançável pelas demais políticas públicas; c) respeito à dignidade do cidadão, à sua autonomia e ao seu direito a benefícios e serviços de qualidade, bem como à convivência familiar e comunitária, vedando-se qualquer comprovação vexatória de necessidade; d) igualdade de direitos no acesso ao atendimento, sem discriminação de qualquer natureza, garantindo-se equivalência às populações urbanas e rurais; e e) divulgação ampla dos benefícios, serviços, programas e projetos assistenciais, bem como dos recursos oferecidos pelo Poder Público e dos critérios para sua concessão.

PRINCÍPIOS DA EDUCAÇÃO NACIONAL. São os: a) da igualdade de condições para o acesso e permanência na escola; b) da liberdade de aprender, ensinar, pesquisar e divulgar a cultura, o pensamento, a arte e o saber; c) do pluralismo de idéias e de concepções pedagógicas; d) do respeito à liberdade e apreço à tolerância; e) da coexistência de instituições públicas e privadas de ensino; f) da gratuidade do ensino público em estabelecimentos oficiais; g) da valorização do profissional da educação escolar; h) da gestão democrática do ensino público, na forma da Lei de Diretrizes e Bases da Educação Nacional e da legislação dos sistemas de ensino; i) da garantia de padrão de qualidade; j) da valorização da experiência extra-escolar; k) da vinculação entre a educação escolar, o trabalho e as práticas sociais.

PRINCÍPIOS DA EXPLICAÇÃO CIENTÍFICA. *Teoria geral do direito.* São, na lição de Sílvio de Macedo, aqueles que norteiam a metodologia científica, como: a) os fatos, que constituem o modo de ser das coisas, sendo sua individualidade ou a razão última do ente (Duns Scott); b) as hipóteses, que são o conjunto de enunciados, que podem ser colocados à prova, confirmados indiretamente ou por meio de suas conseqüências. Constituem explicações provisórias, que visam a fácil compreensão dos fatos, mas que escapam à prova (Erns Mach), necessárias para qualquer procedimento experimental (Henri Poincaré). Segundo Duhem, as condições da hipótese científica, imprescindíveis para a constituição do fundamento da teoria científica, são as seguintes: a hipótese não deve ser uma proposição contraditória; a hipótese não pode contradizer-se com outras hipóteses; de seu conjunto pode extrair-se a dedução matemática, com suficiente aproximação, que representa o conjunto das leis experimentais; c) os axiomas, que são proposições evidentes e, por isso, não requerem demonstração; d) as definições que, por determinarem os conceitos, competem às ciências.

PRINCÍPIOS DA GESTÃO DE FLORESTAS PÚBLICAS. *Direito ambiental.* Consistem nos voltados: a) à proteção dos ecossistemas, do solo, da água, da biodiversidade e valores culturais associados, bem como do patrimônio público; b) ao estabelecimento de atividades que promovam o uso eficiente e racional das florestas e que contribuam para o cumprimento das metas do desenvolvimento sustentável local, regional e de todo o País; c) ao respeito ao direito da população, em especial das comunidades locais, de acesso às florestas públicas e aos benefícios decorrentes de seu uso e conservação; d) à promoção do processamento local e o incentivo ao incremento da agregação de valor aos produtos e serviços da floresta, bem como à diversificação industrial, ao desenvolvimento tecnológico, à utilização e à capacitação de empreendedores locais e da mão-de-obra regional; e) ao acesso livre de qualquer indivíduo às informações referentes à gestão de florestas públicas; f) à promoção e difusão da pesquisa florestal, faunística e edáfica, relacionada à conservação, à recuperação e ao uso sustentável das florestas; g) ao fomento ao conhecimento e à promoção da conscientização da população sobre a importância da conservação, da recuperação e do manejo sustentável dos recursos florestais; h) à garantia de condições estáveis e seguras que estimulem investimentos de longo prazo no manejo, na conservação e na recuperação das florestas.

PRINCÍPIOS DA LICITAÇÃO. *Direito administrativo.* São aqueles norteadores da licitação, como: o da legalidade, que exige a fiel observância ao procedimento legal; o da impessoalidade, que veda favoritismos; o da igualdade de todas as partes licitantes; o da publicidade, pois todos os atos devem ser levados ao conhecimento de todos os interessados; o da moralidade, visto que o procedimento licitatório deve seguir os padrões éticos; o da vinculação ao edital ou carta-convite; o do procedimento formal; o do julgamento objetivo pelos membros da comissão julgadora; o da competitividade; o da possibilidade dos atos de licitação; o da escolha da proposta mais vantajosa; o da adjudicação compulsória ao vencedor; o da economicidade e da capacidade técnica; o do sigilo na apresentação das propostas de cada licitante, antes da data da abertura dos envelopes que as contêm; o da possibilidade do disputante fiscalizar o atendimento dos princípios anteriores (Celso Antônio Bandeira de Mello, Adilson Dallari, Dromi, Laso, Friede, Diogo de Figueiredo Moreira Neto e Povina Cavalcanti).

PRINCÍPIOS DA ORGANIZAÇÃO DA PREVIDÊNCIA SOCIAL. *Direito previdenciário.* São os que traçam as suas diretrizes, como o: a) da universalidade de participação nos planos previdenciários, mediante contribuição; b) do valor da renda mensal dos benefícios substitutos do salário-de-contribuição ou do rendimento do trabalho do segurado, não inferior ao do salário mínimo; c) do cálculo dos benefícios, considerando-se os salários-de-contribuição, corrigidos monetariamente; d) da preservação do valor real dos benefícios; e) da previdência complementar facultativa, custeada por contribuição adicional.

PRINCÍPIOS DA ORGANIZAÇÃO DAS ATIVIDADES DE SAÚDE. *Direito previdenciário* e *biodireito.* São os que traçam diretrizes à organização das atividades de saúde, como os: a) do acesso universal e igualitário; b) do provimento das ações e serviços por meio de rede regionalizada e hierarquizada, integrados em sistema único; c) da descentralização, com direção única em cada esfera governamental; d) do atendimento integral, com prioridade para as atividades preventivas; e) da participação da comunidade

PRINCÍPIOS DA POLÍTICA GLOBAL DO MEIO AMBIENTE

na gestão, fiscalização e acompanhamento das ações e serviços de saúde; f) da participação da iniciativa privada na assistência à saúde.

PRINCÍPIOS DA POLÍTICA GLOBAL DO MEIO AMBIENTE. *Direito ambiental.* São aqueles que norteiam essa política, possibilitando maior proteção ao meio ambiente, tais como o princípio: a) da obrigatoriedade da intervenção do Estado; b) da prevenção e da precaução; c) da informação e da notificação ambiental; d) da educação ambiental; e) da participação; f) do poluidor-pagador; g) da responsabilidade da pessoa física e jurídica; h) da soberania estatal para estabelecer sua política ambiental e de desenvolvimento com cooperação internacional; i) da eliminação de modos de produção e consumo e da política demográfica adequada; e j) do desenvolvimento sustentável (Celso A. P. Fiorillo; Marcelo A. Rodrigues; Paulo Affonso Leme Machado).

PRINCÍPIOS DA POLÍTICA NACIONAL DO MEIO AMBIENTE. *Direito ambiental.* São os parâmetros que devem ser por ela seguidos na consecução de seus objetivos como: a) ação governamental na manutenção do equilíbrio ecológico, considerando o meio ambiente como um patrimônio público a ser assegurado, tendo em vista o uso coletivo; b) racionalização do uso do solo, do subsolo, da água e do ar; c) planejamento e fiscalização do uso dos recursos ambientais; d) proteção dos ecossistemas, com a preservação de áreas representativas; e) controle e zoneamento de atividades poluidoras; f) incentivos ao estudo e à pesquisa de tecnologias voltadas para a proteção dos recursos ambientais; g) recuperação de áreas degradadas; h) acompanhamento do estado de qualidade ambiental; i) proteção de áreas ameaçadas de degradação; j) educação ambiental a todos os níveis de ensino, inclusive a educação da comunidade, capacitando-a para participação ativa na defesa do meio ambiente.

PRINCÍPIOS DA POLÍTICA NACIONAL PARA A INTEGRAÇÃO DA PESSOA PORTADORA DE DEFICIÊNCIA. *Direito constitucional.* Em consonância com o Programa Nacional de Direitos Humanos, essa política obedece aos seguintes princípios: a) desenvolvimento de ação conjunta do Estado e da sociedade, de modo a assegurar a plena integração da pessoa portadora de deficiência no contexto socioeconômico e cultural; b) estabelecimento de mecanismos e instrumentos legais e operacionais que assegurem às pessoas portadoras de deficiência o pleno exercício de seus direitos básicos que, decorrentes da Constituição e das leis, propiciam o seu bem-estar pessoal, social e econômico; c) respeito às pessoas portadoras de necessidades especiais, que devem receber igualdade de oportunidades na sociedade por reconhecimento dos direitos que lhes são assegurados, sem privilégios ou paternalismos.

PRINCÍPIOS DA PUBLICIDADE. *Direito do consumidor.* São aqueles que regem a informação ou mensagem publicitária, evitando quaisquer danos ao consumidor dos produtos e serviços anunciados, tais como: o da liberdade; o da legalidade; o da transparência; o da boa-fé; o da identificabilidade; o da vinculação contratual; o da obrigatoriedade da informação; o da veracidade; o da lealdade; o da responsabilidade objetiva; o da inversão do ônus da prova na publicidade; o da correção do desvio publicitário (Ester E. da Costa).

PRINCÍPIOS DA REVISÃO CRIMINAL. *Direito processual penal.* Requisitos para que seja possível a revisão criminal, como: a) trânsito em julgado da sentença (ou acórdão), desde que esta não seja absolutória, pouco importando a quantidade da pena; b) impossibilidade de alteração dos fundamentos da sentença; c) possibilidade de revisão parcial, com efeito de desclassificação do crime ou diminuição da pena em face de circunstância especial; d) admissibilidade em sentença condenatória contrária à lei e à evidência dos autos, ou fundada em depoimentos, exames ou documentos comprovadamente falsos; e) descoberta de novas provas de inocência do condenado ou de circunstância determinante de diminuição especial da pena (Damásio E. de Jesus, Rogério Lauria Tucci e Florêncio de Abreu).

PRINCÍPIOS DA SEGURIDADE SOCIAL. *Direito previdenciário.* São aqueles que norteiam a seguridade social, como: a) o da universalidade da cobertura e do atendimento; b) o da uniformidade e equivalência dos benefícios e serviços às populações urbanas e rurais; c) o da seletividade e distributividade na prestação dos benefícios e serviços; d) o da irredutibilidade do valor dos benefícios; e) o da eqüidade na forma de participação no custeio; f) o da diversidade da base de financiamento; g) o do caráter democrático e descentralizado da gestão administrativa com a participação da comunidade, em especial de trabalhadores, empresários e aposentados.

PRINCÍPIOS DA SERVIDÃO PREDIAL. *Direito civil.* São os que regem a servidão predial e resultam de seus caracteres como das normas que a disciplinam. São eles, assim enunciados: a) a servidão é uma relação entre prédios vizinhos (*praedia debent esse vicina*), embora a contigüidade entre prédios dominante e serviente não seja essencial, pois, apesar de não serem vizinhos, um imóvel pode ter servidão sobre outro, desde que se utilize daquele de alguma maneira, como, por exemplo, ocorre com a servidão de aqueduto, em que o titular do domínio de um prédio tem direito real de passar água por muitos outros, dos quais só um deles lhe é confinante; b) não há servidão sobre a própria coisa (*nulli res sua servit*), pois a existência da servidão implica a circunstância de que os imóveis, dominante e serviente, pertençam a donos diversos; c) a servidão favorece a coisa e não o dono (*servitus in faciendo consistere nequit*), já que o titular do domínio do imóvel serviente não se obriga à prestação de um fato positivo ou negativo, mas apenas assume o encargo de tolerar certas limitações de seus direitos dominiais em benefício do prédio dominante; d) não se pode de uma servidão constituir outra (*servitus servitutis esse non potest*); e) a servidão não se presume, porque deve ser constituída de modo expresso, e transcrita no Registro de Imóveis; f) a servidão é inalienável, não pode ser transferida total ou parcialmente, nem sequer cedida ou gravada com uma nova servidão.

PRINCÍPIOS DIRETORES DO CONHECIMENTO. *Vide* PRINCÍPIOS RACIONAIS.

PRINCÍPIOS DE *COMMON LAW.* *Direito comparado.* Em sistema de *common law*: a) as decisões proferidas por tribunais de instância superior, em determinado processo, devem ser seguidas pelos de instância inferior em todos os casos futuros que tratem do mesmo assunto; b) o precedente cria lei nova ou interpreta a já existente; c) o precedente só pode ser alterado pelo mesmo tribunal que o criou ou pelo hierarquicamente superior; d) o tribunal superior pode restringir a aplicação de um precedente; e) o tribunal deve eliminar a ambigüidade do precedente quando for aplicado ao fato concreto; f) o precedente permite que o advogado saiba qual o sentido da lei, podendo aconselhar o cliente sem o temor de que a lei venha a ser interpretada de forma diferente; g) os alunos de direito aprofundam seus conhecimentos lendo e estudando decisões dos tribunais, escolhidas criteriosamente pelos professores e apresentadas em ordem cronológica para que possam perceber a evolução e a mudança do *common law* ao longo do tempo; h) os livros doutrinários têm pouca relevância; o que importa é a leitura de pareceres judiciais, com suas interpretações definitivas da lei; i) os processos mais importantes estão catalogados e existem bancos de dados eletrônicos de decisões, que podem ser pesquisados por palavra-chave (Troy Giles).

PRINCÍPIOS DO DIREITO DE FAMÍLIA. *Direito civil.* São os que norteiam o direito de família, como o da: a) *ratio* do matrimônio, segundo o qual o fundamento básico do casamento e da vida conjugal é a afeição entre os cônjuges; b) igualdade jurídica dos cônjuges e companheiros, no que atina ao exercício de seus direitos na sociedade conjugal ou na entidade familiar, formada pela união estável; c) igualdade jurídica de todos os filhos, consagrada pelo nosso direito positivo que: nenhuma distinção faz entre filhos legítimos, naturais e adotivos; permite o reconhecimento de filhos havidos fora do casamento; proíbe que se revele no assento do nascimento a ilegitimidade simples ou espuriedade, e veda designações discriminatórias relativas à filiação; d) consagração do poder familiar exercido, conjuntamente, pelo pai e pela mãe; e) liberdade, fundada no livre poder de constituir uma comunhão de vida familiar por meio de casamento ou união estável, sem qualquer imposição ou restrição da pessoa jurídica de direito público ou privado; na decisão livre do casal no planejamento familiar; na livre aquisição e administração do patrimônio familiar; na livre escolha pelo regime matrimonial mais conveniente; na livre opção pelo modelo de formação educacional e religiosa da prole; na livre conduta, respeitando-se a integridade físico-psíquica dos membros da família; f) pluralidade familiar, visto abranger a família matrimonial e as entidades familiares (união estável e família monoparental); g) respeitabilidade da dignidade humana (Paulo Luiz Netto Lobo).

PRINCÍPIOS DO DIREITO MATRIMONIAL. *Direito civil.* Segundo Orlando Gomes, três são os princípios que regem o casamento. O princípio da: a) livre união dos futuros cônjuges, pois o casamento advém do consentimento dos próprios nubentes, que devem ser capazes para manifestá-lo; b) monogamia, que não permite a existência simultânea de dois ou mais vínculos matrimoniais contraídos pela mesma pessoa; c) comunhão indivisa, que valoriza o aspecto moral da união sexual de dois seres, visto ter o matrimônio por objetivo criar uma plena comunhão de vida entre os cônjuges, que pretendem passar juntos as alegrias e os dissabores da existência.

PRINCÍPIOS DO DIREITO PROCESSUAL DO TRABALHO. *Direito do trabalho.* São os relativos ao direito processual trabalhista e à organização da Justiça do Trabalho, como o: da paridade; da subsidiariedade, segundo o qual o direito processual comum é fonte subsidiária do direito processual do trabalho, exceto no que lhe for incompatível; da oralidade; da economia processual; da celeridade; da adequação das normas processuais trabalhistas às normas trabalhistas substantivas ou materiais; do tratamento desigual, para elevar a igualdade real; da finalidade social, fazendo com que o interesse individual ou classista não prevaleça sobre o interesse público, visando a conciliação e a paz social; da normatividade jurisdicional, que inspira a adequação do direito processual do trabalho, pelo direito processual coletivo, ao direito sindical, deveras quando fracassa a negociação coletiva; não havendo convenção sindical normativa, nem acordo da mesma natureza, após greve ou não, a controvérsia não individual é resolvida por sentença normativa (José M. Catharino).

PRINCÍPIOS DO PROGRAMA SEGURO–DESEMPREGO. *Direito do trabalho.* Na execução das ações descentralizadas do Programa Seguro-Desemprego, o Sistema Nacional de Emprego (SINE) se norteará pela adoção dos seguintes princípios, inclusive, na definição de recursos necessários ao funcionamento de sua rede: a) *princípio da eficácia das ações*: necessidade de estímulo a maior capacidade de cumprimento de metas por parte das unidades de atendimento integrantes do SINE; b) *princípio da necessidade*: reconhece a existência de especificidades locais de cada mercado de trabalho, buscando estreitar o hiato entre a necessidade, ou o tamanho do público para o qual as ações se destinam, e os recursos dos convenentes; c) *princípio da integração*: necessário estímulo a ações que visem à integração das políticas públicas de trabalho, emprego e renda, no sentido de torná-las mais ativas, na busca pela (re) inserção produtiva do trabalhador no mercado de trabalho; d) *princípio de focalização*: reconhece o necessário atendimento específico ou focalizado a grupos vulneráveis mais ameaçados pelo desemprego e com maior dificuldade de (re) inserção no mercado de trabalho; e) *princípio da viabilidade de controle*: necessidade de adoção de mecanismos de aferição de resultado do desempenho e de gestão, que sejam mensuráveis e viáveis do ponto de vista operacional e de controle.

PRINCÍPIOS DO SISTEMA NACIONAL DE EMPREGO. *Direito do trabalho.* Na execução das ações descentralizadas do Programa Seguro–Desemprego, o Sistema Nacional de Emprego (SINE) se norteará pela adoção dos seguintes princípios, inclusive, na definição de recursos necessários ao funcionamento de sua rede: *princípio da eficácia das ações*: necessidade de estímulo a maior capacidade de cumprimento de metas por parte das unidades de atendimento integrantes do SINE; *princípio da necessidade*: reconhece a existência de especificidades locais de cada mercado de trabalho, buscando estreitar o hiato entre a necessidade, ou o tamanho do público para o qual as ações se destinam, e os recursos dos convenentes; *princípio da integração*: necessário estímulo a ações que visem à integração das políticas públicas de trabalho, emprego e renda, no sentido de torná-las mais ativas, na busca pela (re) inserção produtiva do trabalhador no mercado de trabalho; *princípio da focalização*: reconhece o necessário atendimento específico ou focalizado a grupos vulneráveis mais ameaçados pelo desemprego e com maior dificuldade de (re) inserção no mercado de trabalho; *princípio da viabilidade de controle*: necessidade de adoção de mecanismos de aferição de resultados do desempenho e de gestão, que sejam mensuráveis e viáveis do ponto de vista operacional e de controle.

PRINCÍPIOS DO SISTEMA PRISIONAL. *Direito penitenciário.* Um sistema prisional adequado deve atender ao conjunto de princípios descritos por Michel Foucalt, em sua obra *Vigiar e punir.* São eles: a) princípio da correção: a detenção penal deve visar à transformação do comportamento do indivíduo; b) princípio da classificação: os detentos devem ser isolados ou repartidos de acordo com a gravidade penal de seu ato, sua idade, suas disposições e, ainda, de acordo com as técnicas que se pretende utilizar com eles e as fases de sua transformação; c) princípio da modulação das penas: o desenrolar das penas deve poder ser modificado segundo a individualidade dos detentos, dos resultados obtidos e dos progressos/recaídas; d) princípio do trabalho como obrigação e como direito: o trabalho deve ser uma das peças essenciais da transformação e ressocialização progressiva dos detentos; e) princípio da educação penitenciária: a educação do detento, por parte do Poder Público, é, ao mesmo tempo, uma precaução indispensável ao interesse da sociedade e uma obrigação com o detento; f) princípio do controle técnico da detenção: o regime de prisão deve ser, pelo menos em parte, controlado e assumido por pessoal especializado, que possua as capacidades morais e técnicas de zelar pela boa formação dos indivíduos; g) princípio das instituições anexas: o encarceramento deve ser acompanhado de medidas de controle e de assistência até a readaptação definitiva do detento.

PRINCÍPIOS ÉTICOS DOS AGENTES PÚBLICOS DA AGÊNCIA NACIONAL DE PETRÓLEO (ANP). *Direito administrativo.* Os agentes públicos da ANP deverão observar os seguintes princípios éticos da: a) *legalidade* – pautar-se dentro dos limites estabelecidos pelas leis, decretos e normas em vigor; b) *impessoalidade* – evitar o estabelecimento, com os usuários, de vínculos pessoais ou obrigações particulares, que possam gerar tratamento privilegiado a qualquer pessoa física ou jurídica; c) *moralidade* – observar comportamento condizente com os bons costumes, buscando sempre o bem comum e evitando a deslealdade, a injustiça e a corrupção; d) *integridade* – atuar com honestidade e retidão, zelando sempre pela verdade, em prol da credibilidade da Agência; e) *eficiência* – buscar resultados úteis, que atinjam de modo racional e econômico os objetivos da instituição, mediante a utilização dos recursos disponíveis de forma adequada, evitando, por um lado, o desperdício e, por outro, moderações excessivas que comprometam a eficiência; f) *precedência do interesse público* – observar a prevalência do interesse público sobre o particular, sendo vedada a utilização de quaisquer informações, bens ou serviços da Agência, em proveito próprio ou de pessoa ou grupo restrito de pessoas, físicas ou jurídicas; g) *transparência* – primar

pela clareza e pelo caráter ostensivo em suas ações no trabalho, ressalvadas as hipóteses legais de sigilo ou a reserva necessária à manutenção da isonomia e do respeito à privacidade e ao sigilo profissional; h) *isonomia* – observar, indistintamente, a igualdade de tratamento com relação aos usuários; i) *pontualidade* – cumprir os prazos estabelecidos, evitando delongas e procrastinações que prejudiquem os direitos ou interesses dos usuários; j) *cordialidade* – primar pelo atendimento respeitoso, atencioso, afável e cortês.

PRINCÍPIOS FUNDAMENTAIS ATINENTES AOS CONTRATOS PRINCIPAIS E ACESSÓRIOS. *Direito civil.* São os que norteiam os contratos principais e acessórios, como os de que: a) a nulidade da obrigação principal acarretará a das acessórias, porém a destas não implica a da principal; b) a prescrição da obrigação principal induzirá à dos direitos acessórios, mas a recíproca não é verdadeira; assim, a prescrição dos acessórios não atinge o direito principal.

PRINCÍPIOS FUNDAMENTAIS DA GESTÃO DA ZONA COSTEIRA. *Direito marítimo.* Além daqueles estabelecidos na Política Nacional do Meio Ambiente, na Política Nacional para os Recursos do Mar e na Política Nacional de Recursos Hídricos: a) a observância dos compromissos internacionais assumidos pelo Brasil na matéria; b) a observância dos direitos de liberdade de navegação, na forma da legislação vigente; c) a utilização sustentável dos recursos costeiros em observância aos critérios previstos em lei e neste Decreto; d) a integração da gestão dos ambientes terrestres e marinhos da zona costeira, com a construção e manutenção de mecanismos participativos e na compatibilidade das políticas públicas, em todas as esferas de atuação; e) a consideração, na faixa marítima, da área de ocorrência de processos de transporte sedimentar e modificação topográfica do fundo marinho e daquela onde o efeito dos aportes terrestres sobre os ecossistemas marinhos é mais significativo; f) a não-fragmentação, na faixa terrestre, da unidade natural dos ecossistemas costeiros, de forma a permitir a regulamentação do uso de seus recursos, respeitando sua integridade; g) a consideração, na faixa terrestre, das áreas marcadas por atividades socioeconômico–culturais de características costeiras e sua área de influência imediata, em função dos efeitos dessas atividades sobre a conformação do território costeiro; h) a consideração dos limites municipais, dada a operacionalidade das articulações necessárias ao processo de gestão; i) a preservação, conservação e controle de áreas que sejam representativas dos ecossistemas da zona costeira, com recuperação e reabilitação das áreas degradadas ou descaracterizadas; j) a aplicação do princípio da precaução, adotando-se medidas eficazes para impedir ou minimizar a degradação do meio ambiente, sempre que houver perigo de dano grave ou irreversível, mesmo na falta de dados científicos completos e atualizados; k) o comprometimento e a cooperação entre as esferas de governo, e dessas com a sociedade, no estabelecimento de políticas, planos e programas federais, estaduais e municipais.

PRINCÍPIOS FUNDAMENTAIS DO DESPORTO. *Direito desportivo.* Aqueles que o norteiam como direito individual. Tais princípios são os seguintes: a) o da *soberania*, caracterizado pela supremacia nacional na organização da prática desportiva; b) o da *autonomia*, definido pela faculdade e liberdade de pessoas físicas e jurídicas organizarem-se para a prática desportiva; c) o da *democratização*, garantido em condições de acesso às atividades desportivas sem quaisquer distinções ou formas de discriminação; d) o da *liberdade*, expresso pela livre prática do desporto, de acordo com a capacidade e interesse de cada um, associando-se, ou não, a entidade do setor; e) o do *direito social*, caracterizado pelo dever do Estado de fomentar as práticas desportivas formais e não formais; f) o da *diferenciação*, consubstanciado no tratamento específico dado ao desporto profissional e não profissional; g) o da *identidade nacional*, refletido na proteção e incentivo às manifestações desportivas de criação nacional; h) o da *educação*, voltado para o desenvolvimento integral do homem como ser autônomo e participante, e fomentado por meio da prioridade dos recursos públicos ao desporto educacional; i) o da *qualidade*, assegurado pela valorização dos resultados desportivos, educativos e dos relacionados à cidadania e ao desenvolvimento físico e moral; j) o da *descentralização*, consubstanciado na organização e funcionamento harmônicos de sistemas desportivos diferenciados e autônomos para os níveis federal, estadual, distrital e municipal; k) o da *segurança*, propiciado ao praticante de qualquer modalidade desportiva, quanto à sua integridade física, mental

ou sensorial; l) o da *eficiência*, obtido por meio do estímulo à competência desportiva e administrativa.

PRINCÍPIOS FUNDAMENTAIS DO DIREITO CONTRATUAL. *Direito civil.* São aqueles que regem as obrigações contratuais, como o: a) da autonomia da vontade, atrelado ao da socialidade; b) do consensualismo; c) da obrigatoriedade da convenção; d) da relatividade dos efeitos do negócio jurídico contratual; e) da boa-fé e da probidade; f) da função social dos contratos; g) da equivalência das prestações.

PRINCÍPIOS FUNDAMENTAIS DO REGIME MATRIMONIAL DE BENS. Aqueles a que se subordina a organização do regime matrimonial de bens. São eles: a) o da variedade de regime de bens, visto que a norma não impõe um só regime matrimonial aos nubentes, pois oferece-lhes quatro tipos diferentes: o da comunhão universal e o da comunhão parcial, que são comunitários; o da separação e o de participação final nos aqüestos, não comunitários; b) o da liberdade dos pactos antenupciais, pois permite-se aos nubentes a livre escolha do regime que lhes convier, para regulamentar os interesses econômicos decorrentes do ato nupcial, já que, como não estão adstritos à adoção de um daqueles tipos, acima mencionados, tal como se encontram definidos em lei, podem combiná-los formando um regime misto ou especial, sendo-lhes lícito, ainda, estipular cláusulas, desde que respeitados os princípios de ordem pública, os fins e natureza do matrimônio. Se os noivos não escolherem o regime de bens ou se sua liberdade de escolha for exercida de modo defeituoso, vigorará o regime legal, de comunhão parcial, que é um regime misto, formado em parte pelo da comunhão universal (quanto ao futuro) e em parte pelo da separação (quanto ao passado), tendo por característica a comunhão dos bens adquiridos na constância do casamento; c) o da mutabilidade justificada do regime matrimonial adotado, desde que haja autorização judicial, atendendo a um pedido motivado de ambos os cônjuges, após a verificação da procedência das razões por eles invocadas e da certeza de que tal modificação não causará qualquer gravame a direitos de terceiros. Outrora, a jurisprudência, apesar da imutabilidade do regime matrimonial, já havia admitido a comunicação de bens adquiridos na constância do casamento, pelo esforço comum de ambos os consortes, mesmo se casados no estrangeiro pelo regime de separação de bens, pois justo não era que esse patrimônio, fruto do mútuo labor, só pertencesse ao marido apenas porque, em seu nome, se fez a respectiva aquisição. O Supremo Tribunal Federal entendeu que o princípio da inalterabilidade do regime matrimonial de bens não era ofendido por pacto antenupcial que estipulasse que, na hipótese de superveniência de filhos, o casamento com separação se convertesse em casamento com comunhão. Igualmente não violava o princípio da imutabilidade do regime adotado a circunstância de um dos consortes, casado pela separação, constituir o outro procurador para administrar e dispor de seus bens.

PRINCÍPIOS FUNDAMENTAIS DO SISTEMA PENITENCIÁRIO. *Direito penitenciário.* São os que devem ser seguidos para que haja um bom funcionamento do sistema penitenciário, e que foram apontados por Foucault. Dentre eles temos o princípio: a) da correção, pelo qual se deve recuperar o condenado; b) da classificação, que requer que os detentos sejam distribuídos no estabelecimento prisional conforme sua periculosidade, a gravidade de seu crime, sua idade, seu sexo etc.; c) da modulação das penas; d) do trabalho, para que haja ressocialização do condenado; e) da educação penitenciária, pois se deve preparar o detento para a vida extramuros; f) do controle técnico da detenção, por ser imprescindível que um pessoal especializado e apto zele pela formação dos condenados; g) das instituições anexas, uma vez que se deve prestar total assistência aos presos para facilitar sua readaptação social.

PRINCÍPIOS GERAIS DE DIREITO AGRÁRIO. *Direito agrário.* São os que regem o direito agrário, como o: do monopólio legislativo da União; da importância da utilização da terra; da desapropriação para fins de reforma agrária; da defesa da ecologia; da conservação dos recursos naturais; da defesa da economia rural etc.

PRINCÍPIOS GERAIS DO DIREITO CAMBIÁRIO. *Direito cambiário.* Princípios que traçam as diretrizes do direito cambiário, que são: a) o da cartularidade, segundo o qual o credor de um título de crédito só pode exercer os direitos nele representados se estiver na posse da cártula ou de documento, salvo casos legais ou se houver título de crédito não cartularizado; b) o da literalidade, segundo o qual só terá eficácia

ato instrumentalizado naquela cártula; c) o da autonomia, que requer independência das obrigações representadas por um mesmo título de crédito, de modo que, se uma for nula, inalterável permanecerá a outra. Esse princípio, observa Fábio Ulhoa Coelho, desdobra-se em dois subprincípios: o da abstração, que põe em relevo a ligação entre o título de crédito e o ato jurídico que deu origem à obrigação cambial; e o da inoponibilidade das exceções pessoais aos terceiros de boa-fé.

PRINCÍPIOS INFORMADORES DA DEFINIÇÃO. *Teoria geral do direito* e *lógica jurídica.* São aqueles imprescindíveis para a elaboração de uma definição, como o de que: a) a definição deve ser conversível ao definido; b) a definição deve ser mais clara que o definido; c) o definido não entra na definição; d) a definição deve ser, de preferência, positiva; e) a definição deve ser breve (Gredt).

PRINCÍPIOS LÓGICO-JURÍDICOS DO IMPERATIVO. *Lógica jurídica.* São aqueles que servem como parâmetros para a possibilidade da verdade nos juízos enunciativos, e que são necessários para fundamentar a validade e observância dos juízos imperativos. São eles os de: a) identidade no imperativo, que parte da afirmação de que todo imperativo é idêntico a si mesmo; b) contradição no imperativo, segundo o qual um pensamento imperativo não pode ser e não ser ao mesmo tempo; logo, permitir e proibir uma mesma conduta ao mesmo tempo é incorrer em contradição; c) terceiro excluído no imperativo, pelo qual duas ordens contraditórias não podem ser ambas desobedecidas (Betancur), excluindo-se a possibilidade de uma terceira ordem que seja obedecida fora das duas anteriores contraditórias. Uma dessas duas deve ser acatada; não há uma terceira ordem; d) razão suficiente no imperativo, segundo o qual o juízo verdadeiro tem sua razão de ser ou razão suficiente no objeto e no seu comportamento, logo a pretensão de cumprir as ordens deve ter uma razão suficiente ou uma razão de ser, que é a conduta humana, cuja disciplina conforme a certos fins ou valores é o objetivo da ordem jurídica. Assim, a ordem para ser obedecida deve prescrever uma conduta devida como idêntica a si mesma e não contraditória. Tal conduta devida é a razão suficiente da observância do pensamento imperativo (Hernando de Plaza).

PRINCÍPIOS LÓGICO-JURÍDICOS NO RACIOCÍNIO. *Lógica jurídica.*

São os norteadores do raciocínio jurídico, como: a) o princípio lógico-jurídico da não-contradição, pelo qual duas normas jurídicas contraditórias entre si não podem ambas ser válidas, baseando-se no axioma ontológico de que uma conduta juridicamente regulada não pode ser, concomitantemente, lícita e ilícita, proibida e permitida, omitida e executada por um mesmo sujeito dentro de uma mesma circunstância de tempo e lugar. Desses princípios decorrem os seguintes corolários: uma proibição não pode ser ao mesmo tempo uma permissão; uma permissão não pode ser proibitiva; uma norma que ordena não pode ao mesmo tempo proibir a execução do ato ordenado; uma norma que proíba não pode, concomitantemente, ordenar o ato proibido (García Máynez); b) o princípio lógico-jurídico do terceiro excluído, que afirma que duas normas jurídicas contraditórias não podem ser ao mesmo tempo inválidas; uma delas deve ser válida; excluída está, portanto, a possibilidade de uma terceira norma válida no meio de duas inválidas. Tal princípio funda-se no axioma ontológico de que o comportamento regido normativamente só pode ser permitido ou proibido, lícito ou ilícito; c) o princípio lógico de razão suficiente, segundo o qual tudo tem sua razão de ser, logo toda norma jurídica para ser válida e obedecida deve ter um fundamento ou razão suficiente que está fora dela. Esse princípio é lógico porque a razão suficiente das normas de direito reside na norma constitucional que lhes dá força obrigatória e validade temporal e espacial, e ontológico porque atrás desse aparato jurídico-técnico e politicamente organizado está o âmbito da conduta regulada pelo direito, da qual as normas extraem sua razão suficiente de dever ser. A conduta exterior do homem social é a razão de ser do dever ser normativo, porque sem ela não haveria matéria a reger, ficando a norma sem conteúdo vital e reduzida a uma mera abstração; d) princípio lógico-jurídico de identidade, segundo o qual todas as formas da conduta juridicamente regulada são idênticas a si mesmas, logo o que não está juridicamente proibido está juridicamente permitido, e o que não está juridicamente permitido está juridicamente proibido, assim a norma que permite o que não está juridicamente proibido ou proíbe o que não está juridicamente permitido é necessariamente válida (García Máynez). Além disso, a norma cujo preceito coincide com a conduta proibida ou permitida é também, necessariamente, válida e obedecida. Deve haver identidade entre a conduta proibida ou permitida e a norma proibitiva ou permissiva que se refere a essa conduta (Hernando de Plaza).

PRINCÍPIOS LÓGICOS. *Vide* PRINCÍPIOS UNIVERSAIS DA LÓGICA.

PRINCÍPIOS MONOVALENTES. *Filosofia geral.* São os que servem de fundamento a uma só ciência.

PRINCÍPIOS ONIVALENTES. *Filosofia geral.* São os universais, comuns a todas as ciências.

PRINCÍPIOS PLURIVALENTES. *Filosofia geral.* São os princípios regionais alusivos a um grupo de ciências, como o da causalidade, que é válido para as ciências físicas, e o da sociabilidade, aplicável às ciências sociais.

PRINCÍPIOS RACIONAIS. *Lógica jurídica.* **1.** São os que se aplicam aos princípios da lógica formal. **2.** Conjunto de verdades, evidentes por si próprias, sobre as quais se apóiam os raciocínios. São os princípios diretores do conhecimento, comuns a todas as inteligências, necessários e *a priori* (Boirac e Lalande).

PRINCÍPIOS SETORIAIS. *Filosofia do direito.* São os informadores de cada ramo do direito público ou privado.

PRINCÍPIO *STARE DECISIS.* *Direito comparado.* Em país de *Common Law*, é aquele que diz respeito ao poder vinculante do precedente judicial, assegurando igual tratamento aos litigantes em casos quase que idênticos.

PRINCÍPIOS UNIVERSAIS DA LÓGICA. *Lógica jurídica.* São as leis lógicas que regem os elementos do raciocínio, constituindo-se como verdadeiras leis do pensamento. Tais princípios *a priori* fundam-se na razão universal e são válidos para qualquer forma de pensamento coerente e para todo objeto de pensamento. São lógicos por regerem as relações e processos dos juízos, e ontológicos por expressarem a estrutura ôntica das coisas. Esses princípios são: a) o da identidade, pelo qual o que é, é, e o que não é, não é, resultando numa equivalência, a saber: toda proposição é equivalente a si mesma. Os pensamentos enunciados são idênticos a si mesmos se possuem a mesma extensão. Sujeito e predicado são equivalentes porque o enunciado por um está contido no outro; b) o da contradição ou o de contrariedade, segundo o qual o contrário do verdadeiro é falso, logo nenhuma proposição pode ser, concomitantemente, verdadeira ou falsa; uma será verdadeira e a outra falsa. É também designado de princípio da não-contradição; c) o do terceiro excluído, segundo o qual de duas proposições contraditórias uma é verdadeira e a outra falsa, excluindo a possibilidade de um terceiro juízo verdadeiro entre dois juízos contraditórios e simultaneamente falsos. Um dos juízos contraditórios deve ser verdadeiro; não existe, logicamente, uma terceira possibilidade de juízo verdadeiro entre dois contraditórios, cuja falsidade não pode ser simultânea, já que um dos dois deve ser verdadeiro e o outro falso; d) o de razão suficiente, pelo qual a demonstração da certeza de uma demonstração exige o suficiente conhecimento dos fundamentos bastantes, em virtude do qual tal proposição é verdadeira. Isto é assim porque por esse princípio tudo tem sua razão de ser (Leibniz). Há uma razão lógica da verdade do juízo. Por isso afirma Phaender que todo juízo para ser realmente verdadeiro deve ter, necessariamente, uma razão suficiente. Há razão suficiente para que um juízo seja verdadeiro se o objeto ao qual se refere possui uma identidade própria e não apresenta contradições; e) o do silogismo, pelo qual se *a* implica *b* e se *b* implica *c*, *a* implica *c* (Lalande, Silvio de Macedo, Hernando de Plaza, Aristóteles, Leibniz, Fingermann, Hartmann, Alejandro Phaender, Arturo Schopenhauer).

PRINCÍPIO VOLUNTAS SPECTANDA. *Direito civil.* É o que rege a interpretação do testamento, requerendo a determinação precisa da verdadeira intenção do testador, mediante a aplicação de normas interpretativas, fazendo com que o sentido subjetivo prevaleça sobre o objetivo, para que se possa respeitá-lo como ato de última vontade, que produz efeitos *post mortem*.

PRIOR. 1. *Direito canônico.* a) Superior de algumas ordens religiosas ou monásticas; b) pároco, em certas freguesias. **2.** *História do direito.* Dignitário de ordens militares.

PRIORADO. *Direito canônico.* **1.** Cargo de prior. **2.** Tempo de duração desse cargo. **3.** Área territorial em que o prior exerce suas funções eclesiásticas.

PRIORAL. Que diz respeito a prior ou a priorado.

PRIORATO. *Vide* PRIORADO.

PRIORESA. *Direito canônico.* Superiora de convento de certas ordens religiosas.

PRIORIDADE. 1. Precedência; anterioridade; antecedência no tempo. **2.** Preferência. **3.** Direito de falar ou de ser atendido em primeiro lugar. **4.** Preferência de fabricação, fornecimento, transporte etc., decretada para produtos escassos em situações emergenciais.

PRIORIDADE CONCEITUAL. *Lógica jurídica.* É a prioridade lógica que se dá quando um conceito é suposto por outro, podendo ser por ele inferido. Por exemplo, o conceito animal tem prioridade sobre o de homem, porque este supõe e infere animal.

PRIORIDADE CRONOLÓGICA. É a antecedência ou precedência no tempo. Designa-se também "prioridade temporal".

PRIORIDADE DE ATENDIMENTO A IDOSO NA TRAMITAÇÃO DOS PROCEDIMENTOS JUDICIAIS. *Direito processual civil.* Direito a pessoa que figure como parte ou interveniente com idade igual ou superior a sessenta anos de ter prioridade na tramitação de todos os atos e digilências em qualquer instância, desde que comprove sua idade e requeira ao órgão judicante que presida o feito.

PRIORIDADE DE ATENDIMENTO A PORTADOR DE DEFICIÊNCIA, IDOSO, GESTANTE, LACTANTE E PESSOA ACOMPANHADA POR CRIANÇA DE COLO. *Direito administrativo.* Obrigação de repartições públicas e empresas concessionárias de serviços públicos de dispensar atendimento prioritário, por meio de serviços individualizados que assegurem tratamento diferenciado e atendimento imediato a essas pessoas. É assegurada, em todas as instituições financeiras, tal prioridade de atendimento. As empresas públicas de transporte e as concessionárias de transporte coletivo reservarão assentos, devidamente identificados, aos idosos, gestantes, lactantes, portadores de deficiência e pessoas acompanhadas por crianças de colo. Os logradouros e sanitários públicos, bem como os edifícios de uso público, terão normas de construção, para efeito de licenciamento da respectiva edificação, baixadas pela autoridade competente, destinadas a facilitar o acesso e uso desses locais pelas pessoas portadoras de deficiência. Os veículos de transporte coletivo a serem produzidos serão planejados de forma a facilitar o acesso a seu interior das pessoas portadoras de deficiência. Os proprietários de veículos de transporte coletivo em utilização deverão cumprir o prazo legal para proceder às adaptações necessárias ao acesso facilitado das pessoas portadoras de deficiência. A infração a tal dever sujeitará os responsáveis: a) no caso de servidor ou de chefia responsável pela repartição pública, às penalidades previstas na legislação específica; b) no caso de empresas concessionárias de serviço público, a uma multa por veículo sem as condições exigidas; c) no caso das instituições financeiras, às penalidades previstas em lei. Tais penalidades serão elevadas ao dobro, em caso de reincidência. Os Tribunais Regionais Eleitorais deverão, a cada eleição, expedir instruções aos juízes eleitorais, para orientá-los na escolha dos locais de votação de mais fácil acesso para o eleitor deficiente físico.

PRIORIDADE DE QUALIDADE. *Filosofia geral.* É a prioridade natural, por exemplo, a causa, enquanto princípio, tem prioridade natural sobre o efeito; a substância a tem sobre o acidente, se este dela depender quanto à essência e à existência. Mas pode haver, reciprocamente, prioridade natural do acidente sobre a substância, se esta dele depender no agir ou funcionar (Van Acker).

PRIORIDADE LÓGICA. *Vide* PRIORIDADE CONCEITUAL.

PRIORIDADE MORAL. *Filosofia geral.* É a preferência que se dá tendo-se em vista a dignidade da função ou a autoridade. Denomina-se também prioridade social (Van Acker).

PRIORIDADE NATURAL. *Vide* PRIORIDADE DE QUALIDADE.

PRIORIDADE SOCIAL. *Vide* PRIORIDADE MORAL.

PRIORIDADE TEMPORAL. *Vide* PRIORIDADE CRONOLÓGICA.

PRIOR IN TEMPORE, POTIOR IN IURE. *Expressão latina.* 1. Anterior no tempo, mais forte no direito. 2. Direito de antiguidade.

PRIORITÁRIO. *Direito falimentar.* Diz-se do crédito que deve ser pago, legal e preferentemente, aos demais admitidos à falência.

PRIOR LOCUS. *Locução latina.* Anterioridade; primazia no tempo.

PRIOR QUI EST IN TEMPORE, POTIOR EST IN JURE. *Aforismo jurídico.* Primeiro em tempo, melhor em direito.

PRIOSTADO. *História do direito.* Ofício de prioste.

PRIOSTE. *História do direito.* Era o que cobrava os rendimentos eclesiásticos.

PRISÃO. *Direito penal* e *direito processual penal.* 1. Ato ou efeito de prender. 2. Pena privativa da liberdade, imposta pelo poder competente, que deve ser cumprida na cadeia. 3. Estabelecimento que recolhe os condenados que devem cumprir pena restritiva da liberdade. 4. Cativeiro. 5. Estado de quem se encontra preso. 6. Medida judicial, de caráter punitivo, restritiva da liberdade de locomoção (Marcus Cláudio Acquaviva).

PRISÃO ADMINISTRATIVA. *Direito administrativo* e *direito processual penal.* É a determinada por ordem de autoridade administrativa competente não só contra servidor público responsável pelos bens públicos ou por valores da Fazenda Pública, em caso de omissão de prestação de contas ou de desfalque ou desvio de dinheiro público, mas também nos demais casos previstos em lei.

PRISÃO-ALBERGUE. *Direito penal.* Medida restritiva da liberdade, pela qual o condenado de bom comportamento, durante o dia, trabalha fora do estabelecimento penal, devendo permanecer à noite em local público destinado ao cumprimento de pena privativa de liberdade, em regime aberto, e da pena de limitação de fim de semana, situado em centro urbano não contendo, ainda, quaisquer obstáculos contra a fuga.

PRISÃO-ALBERGUE DOMICILIAR. *Direito processual penal.* Recolhimento em residência particular, concedido ao condenado, beneficiário de regime aberto: a) maior de 70 anos; b) acometido de doença grave; c) com filho menor ou deficiente mental ou físico; e à condenada gestante.

PRISÃO-CAPTURA. *Direito processual penal.* Ato pelo qual se prende o indiciado, o acusado, pronunciado ou condenado.

PRISÃO CAUTELAR. *Direito processual penal.* 1. Medida proposta por alguns doutrinadores, consistente numa ordem de prisão provisória dada pela autoridade competente, com imediata comunicação do juiz, acompanhada das razões da detenção, ante a presença de indícios suficientes da autoria do delito, com o escopo de apurar os fatos. 2. É a destinada a garantir medidas judiciais a serem tomadas posteriormente (Marcus Cláudio Acquaviva). 3. Também denominada preventiva, é a que decorre de flagrante, pronúncia ou sentença condenatória recorrível, qualquer que seja o delito de que se acusa o réu e que tem por base o *fumus boni* *juris* e o *periculum in mora*, sendo decretada como garantia da ordem pública, por conveniência da instrução criminal ou para assegurar a aplicação da lei penal, se houver prova da existência do crime e indícios suficientes de sua autoria (Dirceu A. Dias Cintra Jr.).

PRISÃO CELULAR. *Direito penal.* **1.** Período da pena de prisão em que o condenado fica isolado em sua cela, não tendo vida comum com os demais, ou trabalha em completo silêncio, sem comunicar-se com os outros. **2.** Privação da liberdade, que se caracteriza pela reclusão ou isolamento noturno do condenado em sua cela.

PRISÃO CIVIL. *Direito constitucional, direito civil* e *direito processual civil.* É a decretada pela autoridade judicial para compelir, por meio de restrição da liberdade de locomoção, o devedor a cumprir obrigação alimentícia, e o depositário infiel a devolver o bem depositado, ressarcindo os danos oriundos de seu inadimplemento. O devedor de pensão alimentícia pode ser condenado a até sessenta dias, e em se tratando de alimentos provisórios, pelo prazo de um a três meses de prisão, e o depositário infiel, por prazo não excedente a um ano.

PRISÃO CIVIL POR DÉBITO ALIMENTAR. *Direito constitucional* e *direito civil.* Meio pelo qual se impõe sanção a parente, privando-o de sua liberdade por até sessenta dias, para forçá-lo a pagar, dentro dos limites legais, pensão alimentícia a outro parente, seu credor. Mas o prazo máximo da pena de prisão, em se tratando de alimentos provisionais, é de um a três meses.

PRISÃO COM TRABALHO OBRIGATÓRIO. **1.** *História do direito.* Era a cominada para aquele que mendigava simulando enfermidade, que, então, era condenado à pena de prisão com trabalho obrigatório por um a dois meses em penitenciária agrícola ou em presídio militar. **2.** *Direito processual penal.* É aquela em que o condenado à pena de reclusão deve trabalhar, não podendo escolher o trabalho a ser executado, e em que o condenado à pena de detenção pode escolher o tipo de trabalho a ser realizado, de conformidade com suas aptidões.

PRISÃO COMUM. *Direito processual penal.* **1.** É a que não concede ao preso nenhum privilégio de tratamento. **2.** Casa de detenção.

PRISÃO CORRECIONAL. *Direito penal.* **1.** Pena restritiva de liberdade, que tem por escopo a educação e reeducação de marginais ou delinqüentes, reintegrando-os na sociedade (Othon Sidou). **2.** Captura de pessoas em atitudes suspeitas, deixando-as à disposição da autoridade policial até que não mais interessem à investigação, ou seja, libertados pelos seus advogados (Paulo Sérgio Leite Fernandes).

PRISÃO-CUSTÓDIA. *Direito processual penal.* Mínimo de privação da liberdade do réu, que se dá quando a autoridade tiver razão fundada para duvidar da legitimidade do executor ou da legalidade do mandado que apresentar, até que se esclareça a dúvida surgida.

PRISÃO DISCIPLINAR. **1.** *Direito administrativo.* Aquela em que não cabe fiança nem *habeas corpus* por tratar-se de prisão administrativa. *Vide* PRISÃO ADMINISTRATIVA.

PRISÃO DOMICILIAR. *Vide* PRISÃO-ALBERGUE DOMICILIAR.

PRISÃO EM FLAGRANTE. *Direito processual penal.* É a efetuada pela autoridade policial, ou por qualquer pessoa do povo, contra aquele que está cometendo delito, ou quando, após sua prática, pelos claros vestígios de o ter perpetrado, é surpreendido no mesmo local, ou é perseguido, quando foge, pelo clamor público (De Plácido e Silva). Considera-se em flagrante delito, suscetível de ser preso, quem está cometendo a infração penal, quem acaba de cometê-la, quem for perseguido, logo após, pela autoridade, pelo ofendido ou por qualquer pessoa, em situação que faça presumir ser autor do delito, ou for encontrado, logo depois, com armas, instrumentos, objetos ou papéis que façam presumir ser ele o autor da infração.

PRISÃO EM FLAGRANTE FACULTATIVA. *Direito processual penal.* É a que pode ser efetuada por qualquer pessoa do povo, que deve apresentar o preso, que se encontrava em flagrante delito, ao agente da autoridade policial mais próximo.

PRISÃO EM FLAGRANTE OBRIGATÓRIA. *Direito processual penal.* É a que deve ser efetuada, ante a certeza visual do crime, pela autoridade policial e seu agente.

PRISÃO ESPECIAL. *Direito processual penal.* É aquela em que, por causa da função exercida, da posição ocupada, da profissão ou de serviços prestados pelo preso, há regalia de tratamento especial e o privilégio de ficar em local diverso da prisão comum, livre de contato com os criminosos, até a condenação definitiva. A prisão especial consiste, exclusivamente, no recolhimento em local distinto da prisão comum. Todavia, não havendo estabelecimento específico para o preso especial, este será recolhido em cela distinta do mesmo estabelecimento. A cela especial poderá consistir em alojamento coletivo, atendidos os requisitos de salubridade do ambiente, pela concorrência dos fatores de aeração, insolação e condicionamento térmico adequados à existência humana. Além disso, o preso especial não será transportado juntamente com o preso comum. Os demais direitos e deveres do preso especial serão os mesmos do preso comum. Tal prerrogativa se dá, portanto, apenas antes do trânsito em julgado da sentença condenatória. Após a sentença definitiva, perde tal regalia e cumpre a pena em igualdade de condições com os demais condenados.

PRISÃO ILEGAL. *Direito processual penal.* Aquela imposta sem as formalidades legais, ou oriunda de abuso de poder, privando alguém de sua liberdade pessoal, sem que haja justa causa. Logo, cabível será o *habeas corpus*, que é o instituto de direito processual constitucional hábil para defender a liberdade de locomoção violada ou ameaçada por ato ilegal ou inconstitucional de autoridade pública.

PRISÃO LEGAL. *Direito processual penal.* Pena restritiva da liberdade pessoal, imposta por condenação judicial fundada em lei e com observância das formalidades legais.

PRISÃO MAIOR. *Direito comparado.* Em Portugal, é a aplicada, pela sua severidade, aos crimes mais graves.

PRISÃO MILITAR. *Direito militar.* É aquela resultante de condenação por crime militar, ou determinada pela autoridade militar a título de disciplina.

PRISÃO PENAL. *Direito processual penal.* É a decorrente de juízo penal, podendo ser de reclusão, detenção ou prisão simples.

PRISÃO PERPÉTUA. *Direito comparado.* É aquela que consiste em manter o condenado encarcerado pelo restante de sua vida. É a pena mais pesada depois da pena de morte.

PRISÃO POR PRONÚNCIA. *Direito processual penal.* É a prisão do réu, oriunda de sentença de pronúncia, exceto se ele vier a prestar a fiança, admissível em certos crimes.

PRISÃO PREVENTIVA. *Direito processual penal.* Pena privativa da liberdade individual, decretada judicialmente em qualquer fase do inquérito policial ou da instrução criminal, desde que haja prova da existência do delito e indícios de sua autoria pelo acusado. É imposta no interesse da justiça, como garantia de ordem pública e como medida de cautela ou precaução, mesmo antes que se dê a condenação ou a apuração de sua culpabilidade por órgão jurisdicional. Trata-se de uma prisão provisória, imprescindível para assegurar a aplicação da lei penal, em certos casos.

PRISÃO PROCESSUAL. *Direito processual penal.* É a decorrente de ato de autoridade judicial, podendo ser civil ou penal.

PRISÃO PROVISÓRIA. *Vide* PRISÃO PREVENTIVA.

PRISÃO SIMPLES. *Direito penal.* É a pena privativa da liberdade pessoal, aplicável em caso de contravenção penal e cumprida, sem rigor penitenciário, em regime semi-aberto ou aberto, por prazo não superior a cinco anos. O condenado fica separado daqueles que cumprem pena de reclusão ou detenção, e lhe será facultativo o trabalho, se a pena cominada não for superior a quinze dias.

PRISÃO TEMPORÁRIA. *Direito processual penal.* **1.** Pena restritiva da liberdade pessoal, com duração máxima de cinco ou trinta dias, em hipótese de crime hediondo, prorrogável por igual prazo se necessário for, decretada judicialmente quando: a) for imprescindível para as investigações do inquérito policial; b) o indiciado não tiver residência fixa ou não apresentar elementos esclarecedores de sua identidade; c) houver razões fundadas de autoria ou participação do indiciado no crime. Com o decurso do prazo, o preso será colocado em liberdade, a não ser que tenha havido decretação de sua prisão preventiva. **2.** Prisão cautelar decretada por ordem judiciária anterior à sentença penal condenatória contra o indiciado, se isso for necessário.

PRISCO. *Direito agrário.* Diz-se do cavalo que dá saltos para os lados e para frente, com o objetivo de livrar-se do seu cavaleiro.

PRISE. *Termo francês.* Captura.

PRISÉE. *Termo francês.* Lanço em leilão.

PRISER. *Termo francês.* Avaliar.

PRISEUR. *Termo francês.* Avaliador.

PRISIONAL. *Direito penal.* Referente à prisão.

PRISIONEIRO. *Direito penal* e *direito processual penal.* Aquele que foi privado de sua liberdade.

PRISIONEIRO DE GUERRA. *Direito internacional público.* Soldado aprisionado pelo inimigo durante as operações de guerra.

PRISMA. Modo de ver ou de considerar algo.

PRISÕES TERCEIRIZADAS. *Vide* TERCEIRIZAÇÃO DE PENITENCIÁRIAS.

PRISONER AT THE BAR. *Locução inglesa.* Réu que se encontra em julgamento.

PRISTE. *História do direito.* Antigo navio grego armado de esporão na proa.

PRÍTANE. *História do direito.* **1.** Magistrado supremo, em certos Estados da antiguidade grega. **2.** Em Atenas, era cada um dos cinqüenta membros de uma das dez seções do conselho ou senado durante a presidência de sua seção.

PRITANEU. *História do direito.* Edifício público que, na Grécia antiga, abrigava o lar oficial da comunidade e servia de sala de reuniões e refeitório aos prítanes e, em Atenas, para hospedar cidadãos ou visitantes ilustres.

PRITANIA. *História do direito.* **1.** Na antiga Grécia, era o cargo de prítane. **2.** Cada uma das dez seções do conselho ou do senado de Atenas durante o tempo de sua presidência. **3.** Período de cinco semanas durante o qual era exercida a presidência por uma seção de prítanes.

PRIUS. *Termo latino.* Primeiro; antes; o que antecede outro.

PRIVAÇÃO. **1.** Na *linguagem jurídica* em geral, significa: a) ato ou efeito de privar; b) supressão de um bem ou direito a alguém; c) miséria; carência de recursos; falta do necessário à subsistência; d) perda; e) falta do que é desejado; f) perda do que é útil. **2.** *Lógica jurídica.* Relação do sujeito com o predicado que, de fato, não lhe pertence mas que não é incompatível com seus caracteres essenciais (Sigwart e Sartre).

PRIVAÇÃO DA POSSE. *Direito civil.* Perda da posse.

PRIVAÇÃO DA PROPRIEDADE. *Direito civil.* Perda da propriedade.

PRIVAÇÃO DE SENTIDOS. *Direito penal.* Estado emocional que leva a pessoa a agir instintivamente, sem raciocinar em relação às conseqüências que possam advir de seu ato. Tal emoção violenta não exclui a culpabilidade nem a imputabilidade do agente, a não ser que tenha cunho patológico.

PRIVAÇÃO DO CARGO. Afastamento ou perda do cargo.

PRIVAÇÃO DO DIREITO. *Direito civil* e *direito processual civil.* Impossibilidade ou perda de um direito potestativo pelo seu não-exercício a tempo, deixando escoar o prazo decadencial.

PRIVAÇÃO DO DIREITO AO NOME DO CÔNJUGE. *Direito civil.* Perda do direito ao uso do nome do cônjuge pelo outro, com a separação judicial ou divórcio, pois só adquiriu esse direito em função do casamento. O separado judicialmente deverá voltar a usar o nome de solteiro, só conservando o apelido de família do ex-cônjuge, se inocente na separação, ou, quando culpado, apenas se o outro o permitir, desde que a alteração não acarrete: a) grave dano para sua identificação; b) manifesta distinção entre o seu nome de família e o dos filhos havidos da união dissolvida; c) prejuízo grave reconhecido em sentença judicial. O divorciado poderá continuar usando o sobrenome do ex-cônjuge, salvo se o contrário estiver determinado em sentença de separação judicial.

PRIVACIDADE. **1.** *Direito constitucional.* a) Intimidade, que constitui um direito da personalidade, cuja inviolabilidade está garantida constitucionalmente; b) direito de ficar em paz ou de estar só (Cooley); c) direito do respeito à vida privada, com o mínimo de ingerências exteriores (Urabayen). **2.** *Direito civil.* É a pretensão do indivíduo, de grupos ou instituições de decidir, por si, quando, como e até que ponto uma informação sobre eles pode ser comunicada a outrem (Alain Westen).

PRIVADO. *Teoria geral do direito.* **1.** Diz-se do direito que rege as relações entre particulares, nas quais prevalece o interesse de ordem privada. **2.** Diz-se daquele interesse que afeta cada pessoa em seus direitos. **3.** O que é próprio a cada indivíduo, isoladamente considerado. **4.** Relativo à pessoa ou às suas relações particulares. **5.** Que não é público. **6.** Pessoal ou individual. **7.** Interior; íntimo. **8.** Que se privou; carente; desprovido.

PRIVANÇA. Intimidade.

PRIVAR. **1.** Despojar. **2.** Recusar. **3.** Tirar algo de alguém. **4.** Desapossar; impedir que alguém exerça sua posse sobre algo.

PRIVÁSTICO. O que se refere aos interesses particulares.

PRIVATA PRIVILEGIA. *Locução latina.* Exceção em favor de determinada pessoa.

PRIVATE BANKING. *Locução inglesa* e *direito bancário.* Estratégia comercial bancária por segmentação de clientes em função de volumes disponíveis para aplicações financeiras.

PRIVATE CARRIER. *Locução inglesa.* Proprietário que opera navio sob o regime de fretamento por viagem (Geraldo Bezerra de Moura).

PRIVATE EQUITY. *Locução inglesa* e *direito comercial.* Modalidade de fundo de investimento que adquire participação acionária em empresa de capital fechado.

PRIVATIVIDADE. 1. Qualidade de privativo. **2.** Modo de ser da pessoa, consistente na exclusão do conhecimento alheio daquilo que se refere à sua pessoa (De Cupis).

PRIVATIZAÇÃO. *Direito administrativo.* Transferência ou substituição parcial ou total das propriedades pertencentes ao governo para o setor privado, principalmente na área das telecomunicações, transportes, energia e indústria, com o escopo de reduzir os gastos públicos e melhorar o atendimento do povo e a qualidade na produção (Afonso Celso F. de Rezende).

PRIVATIVO. 1. Na *linguagem jurídica* em geral, indica: a) o que, por ser próprio de determinada pessoa, exclui as demais; aquilo que é exclusivo de alguém ou de alguma coisa; b) o que só pode ser feito pela pessoa competente; c) diz-se do direito que apenas pode ser exercido por certo indivíduo; d) peculiar; e) particular; f) que exprime privação; g) o que tem função especial; h) o que é próprio do titular; i) prerrogativa particular. **2.** *Lógica jurídica.* Diz-se do termo que marca a ausência de uma característica que o sujeito deveria ter no momento em que é considerado (Mill e Bossuet).

PRIVATORUM CONVENTIO JURI PUBLICO NON DEROGAT. *Expressão latina.* O direito público não pode ser derrogado por uma convenção particular.

PRIVILÈGE DU PRÉALABLE. 1. *Locução francesa.* Privilégio do prévio ou do antecedente. **2.** *Direito administrativo.* Prerrogativa ou posição privilegiada da Administração Pública de executar seus atos administrativos ou suas decisões, independentemente de ordem judicial; autoexecutoriedade do ato administrativo.

PRIVILEGIADO. 1. Aquele que tem algum privilégio, prerrogativa ou imunidade. **2.** O que não está sujeito a norma, em razão de alguma circunstância excepcional ou especial.

PRIVILEGIAR. 1. Considerar algo privilegiado. **2.** Conceder alguma prerrogativa ou privilégio a alguém. **3.** Dar algum benefício peculiar. **4.** Tratar com distinção.

PRIVILEGIATIVO. O que contém privilégio, prerrogativa, imunidade, benefício etc.

PRIVILEGIATUS CONTRA PARITER PRIVILEGIATUM SUO PRIVILEGIO NON GAUDET. *Aforismo jurídico.* Privilegiado contra igualmente privilegiado não goza do seu privilégio.

PRIVILEGIÁVEL. Que se pode ou se deve privilegiar.

PRIVILÉGIO. 1. Na *linguagem jurídica* em geral, é: a) o ato de conferir algum benefício especial ou prerrogativa a alguém; b) vantagem ou imunidade especial gozada por certa pessoa; medida de exceção disposta, em caráter exclusivo, em prol de uma pessoa; direito próprio e exclusivo de uma pessoa, conferido por lei; direito excepcional; c) permissão concedida a alguém para exercer algum direito com exclusividade; benefício legal; d) prerrogativa; e) posição de superioridade oriunda de uma desigual distribuição do poder econômico ou político; f) exceção ao direito comum em benefício de alguém. **2.** *História do direito.* Patente. **3.** *Ciência política.* Discriminação feita em regime monárquico em favor da classe aristocrática, com exclusão do povo. **4.** *Direito canônico. Lex privata favorabilis*, isto é, norma particular favorável.

PRIVILÉGIO CREDITÓRIO. *Direito civil.* **1.** Direito, previsto legalmente, conferido a um credor para receber seu crédito em primeiro lugar, havendo vários credores que pretendam receber seus créditos ao mesmo tempo e o patrimônio do devedor comum for insuficiente ao pagamento integral de todos (Mário Luiz Delgado Regis). **2.** Título legal de preferência, que pode ser: a) especial, compreensivo de bens sujeitos, por lei, ao pagamento do crédito que visa favorecer; b) geral, abrangendo todos os bens não sujeitos a crédito real ou privilégio especial. O privilégio conferido a certo crédito visa garantir ao seu titular a preferência no pagamento em relação aos credores quirografários do devedor comum.

PRIVILÉGIO DA ADMINISTRAÇÃO PÚBLICA. *Direito administrativo.* É o de tomar decisões executórias (Geraldo Ataliba).

PRIVILÉGIO DA FAZENDA PÚBLICA. *Direito administrativo.* Direito singular da Fazenda Pública, ou seja, do erário ou do Estado no que atina à sua atividade financeira, como, por exemplo, o relativo aos prazos judiciais para contestar e recorrer; o arresto sem justificação prévia; a preferência absoluta ao crédito tributário; a não-sujeição do crédito tributário a concurso de credores, habilitação em falência, recuperação judicial ou extrajudicial, inventário ou arrolamento; o recurso de ofício das sentenças proferidas contra a União, o Estado ou o Município etc.

PRIVILÉGIO DA FÉ. *Direito canônico.* Permissão para dissolução de casamento entre dois não-batizados ou entre um batizado e outro não-batizado, em favor da fé católica de um dos cônjuges, para que possa convolar novas núpcias com outro fiel.

PRIVILÉGIO DE INVENÇÃO. *História do direito.* Direito exclusivo sobre a utilização e exploração comercial de um invento, decorrente da patente, por tempo determinado. Atualmente, fala-se em patente de invenção.

PRIVILÉGIO DE ZONA. *Vide* ESFERA DE INFLUÊNCIA E ZONA DE INFLUÊNCIA.

PRIVILÉGIO DO CRÉDITO TRIBUTÁRIO. *Direito tributário.* Preferência absoluta, outorgada por lei, ao crédito tributário, em relação a qualquer outro, seja qual for a natureza ou o tempo da constituição deste, ressalvados, apenas, os créditos decorrentes da legislação trabalhista. A cobrança judicial do crédito tributário não se sujeita a concurso creditório, habilitação em falência, recuperação judicial ou extrajudicial, inventário ou arrolamento. E, além disso, é pago, preferencialmente, a qualquer crédito habilitado em inventário, ou arrolamento, ou a outros encargos do monte, os créditos tributários vencidos ou vincendos, a cargo do *de cujus* ou de seu espólio, exigíveis no decurso do processo de inventário ou arrolamento.

PRIVILÉGIO DO EDITOR. *Direito autoral.* Direito exclusivo de reprodução de uma obra literária, científica ou artística, e de difundi-la entre o público.

PRIVILÉGIO DO FORO. *Direito processual.* Vantagem legal conferida a determinadas pessoas ou questões de serem julgadas por tribunal ou foro especial ou de exceção.

PRIVILÉGIO DO LOCADOR. *Direito civil.* Diz-se do direito que o dono do prédio, rústico ou urbano, tem sobre os bens móveis que o rendeiro ou inquilino tiver guarnecendo o mesmo prédio, pelos aluguéis ou rendas. Trata-se do penhor legal, pelo qual o locador poderá, se não receber os aluguéis, reter os bens móveis existentes no interior do prédio locado, para garantir o seu pagamento. Se se tratar de prédio urbano, o penhor legal abrangerá não só a mobília do inquilino, mas também qualquer coisa móvel que se encontrar no imóvel. Se o prédio for rústico, o penhor recairá, além da mobília, nos animais, frutas colhidas, plantas em vaso, madeiras cortadas, sementes, instrumentos agrícolas etc.

PRIVILÉGIO DO PRÉVIO. *Vide PRIVILÈGE DU PRÉALABLE.*

PRIVILÉGIO ESPECIAL. *Direito civil.* É aquele privilégio creditório que compreende os bens sujeitos, por disposição legal, ao pagamento do crédito, que visa favorecer. Assim, por lei, tem privilégio especial sobre: a coisa arrecadada e liquidada, o credor de custas e despesas judiciais feitas com a arrecadação e liquidação; a coisa salvada, o credor por despesas de salvamento; a coisa beneficiada, o credor por benfeitorias necessárias ou úteis; os prédios rústicos ou urbanos, fábricas, oficinas ou quaisquer outras construções, o credor de materiais, dinheiro ou serviços para a sua edificação, reconstrução ou melhoramento; os frutos agrícolas, o credor por sementes, instrumentos e serviços à cultura, ou à colheita, cessando tal privilégio se os frutos forem reduzidos a outra espécie ou vendidos depois de recolhidos; as alfaias e utensílios de uso doméstico, nos prédios rústicos ou urbanos, o credor de aluguéis, quanto às prestações do ano corrente e do anterior; os exemplares da obra existente na massa do editor, o autor dela ou seus legítimos representantes, pelo crédito fundado contra aquele no contrato de edição; o produto da colheita, para a qual houver concorrido com o seu trabalho, e precipuamente a quaisquer outros créditos, o trabalhador agrícola, quanto à dívida dos seus salários.

PRIVILÉGIO FISCAL. *Direito tributário.* **1.** Preferência conferida, por lei, à Fazenda Pública no sentido de garantir o pagamento do crédito tributário. **2.** Isenção tributária.

PRIVILÉGIO GERAL. *Direito civil.* É o que abrange todos os bens que não estão sujeitos a crédito real ou privilégio especial. Pelo Código Civil, gozam de privilégio geral, na ordem seguinte, sobre os bens do devedor: o crédito por despesas do seu funeral, feito sem pompa, segundo a condição do finado e o costume do lugar; o crédito por custas judiciais, ou por despesas com a arrecadação e liquidação da massa; o crédito por despesas com o luto do cônjuge sobrevivente e dos filhos do devedor falecido, se forem moderadas; o crédito por despesas com a doença de que faleceu o devedor, no semestre anterior à sua morte; o crédito pelos gastos necessários à mantença do devedor falecido e sua família, no trimestre anterior ao falecimento; o crédito pelos impostos devidos à Fazenda Pública, no ano corrente e no anterior; o crédito pelo salário dos empregados do serviço doméstico do devedor, nos seus derradeiros seis meses de vida.

PRIVILÉGIO INDUSTRIAL. *Vide* PRIVILÉGIO DE INVENÇÃO.

PRIVILÉGIO PARLAMENTAR. *Ciência política.* Imunidade e inviolabilidade daquele que tem mandato parlamentar no exercício de sua função.

PRIVILÉGIO PESSOAL. 1. *Direito processual penal.* Prisão especial concedida a determinadas pessoas em razão de cargo, título universitário ou função por elas exercidas. **2.** *Direito falimentar.* Preferência dos empregados por salário e indenização, no processo falimentar. **3.** Na *linguagem jurídica* em geral, vem a ser: a) a distinção, benefício ou prerrogativa fundada em direito pessoal, em títulos honoríficos; b) o direito de preferência de determinado credor para que receba seus créditos antes dos demais credores do devedor comum.

PRIVILÉGIO PRECÍPUO. Diz-se do privilégio pessoal que tem preferência sobre qualquer outro, como, por exemplo, o crédito trabalhista em caso de processo de falência; o crédito fiscal; o crédito com garantia real.

PRIVILÉGIO REAL. *Direito civil.* É aquele garantido por anticrese, hipoteca ou penhor.

PRIVILÉGIOS CONSULARES. *Direito internacional público.* Prerrogativas concedidas aos cônsules para o bom desempenho de suas funções, como: inviolabilidade física; imunidade ao processo cível ou criminal no que diz respeito aos atos de ofício e isenção de impostos que recaírem sobre sua residência.

PRIVILÉGIOS DIPLOMÁTICOS. *Direito internacional público.* Prerrogativas conferidas aos membros do quadro diplomático de carreira (do embaixador ao terceiro-secretário) e aos do quadro administrativo-técnico (tradutores, contabilistas etc.), desde que advindos do Estado acreditante, tais como: a) imunidade de jurisdição penal e civil, exceto para fins sucessórios ou em ação real relativa a imóvel particular; b) imunidade tributária, mas o beneficiário do benefício diplomático deve arcar com impostos indiretos, incluídos no preço de bens ou serviços que efetivamente utilizou, e com os impostos que incidirem sobre imóvel particular no território local; c) inviolabilidade física; d) liberação do dever de depor como testemunhas; e) inviolabilidade do local da missão diplomática e de residência, com todos os bens que as guarnecem, inclusive arquivos e documentos. Esses imóveis e valores mobiliários não podem ser objeto de penhora, busca, requisição etc. Tais privilégios estendem-se aos membros de suas famílias, desde que vivam sob sua dependência. O pessoal de serviços da missão diplomática só tem imunidades relativas a seus atos de ofício (Rezek).

PRIVILÉGIOS DO FISCO. *Direito tributário.* São os que decorrem do princípio da auto-executoriedade dos atos administrativos, ante a presunção de sua veracidade. Tais privilégios são: presunção de certeza qualitativa e quantitativa do débito representado pelo aviso do lançamento; exigibilidade de prestação de fiança ou de depósito prévio, em caução, para discussão no contencioso tributário e penhora incontinenti no executivo fiscal (Geraldo Ataliba).

PRIVILEGIUM FORI. *Locução latina.* Privilégio de foro.

PRIVILEGIUM IMUNITATIS. *Locução latina.* Privilégio da imunidade.

PRIVILEGIUM PERSONAM SEQUITUR ET CUM EA EXSTINGUITUR. *Aforismo jurídico.* Privilégio personalíssimo que segue a pessoa, extinguindo-se com ela.

PRIX. *Termo francês.* **1.** Prêmio. **2.** Preço.

PRÓ. 1. Em defesa; a favor. **2.** Conveniência.

PROA. *Direito marítimo.* Parte dianteira do navio.

PROÁFRICA – PROGRAMA DE COOPERAÇÃO TEMÁTICA EM MATÉRIA DE CIÊNCIA E TECNOLOGIA. O PROÁFRICA tem por objetivo contribuir para a elevação da capacidade científico-tecnológica dos países africanos, por meio do financiamento da mobilidade de cientistas e pesquisadores com atuação em projetos nas áreas selecionadas por sua relevância estratégica e interesse prioritário para a cooperação científico-tecnológica.

PROAGRO. *Direito agrário.* Programa de garantia da atividade agropecuária, que tem por fim a exoneração do produtor rural de obrigações financeiras alusivas às operações de crédito dificultadas pela ocorrência de força maior ou doenças que venham a atingir as plantações e os rebanhos.

PROAGRO MAIS. *Direito agrário.* Subprograma criado no âmbito do Programa de Garantia da Atividade Agropecuária (Proagro) para atender aos pequenos produtores vinculados ao Programa Nacional de Fortalecimento da Agricultura Familiar (Pronaf) nas operações de custeio agrícola. O "Proagro Mais" será regido pelas normas gerais aplicadas ao Proagro, inclusive quanto ao Zoneamento Agrícola, no que não conflitarem com norma específica, bem como com as seguintes condições especiais: a) para as culturas zoneadas nas respectivas unidades da Federação que concluíram o Zoneamento Agrícola divulgado pelo Ministério da Agricultura, Pecuária e Abastecimento, a concessão de crédito de custeio agrícola ao amparo do Pronaf somente será efetivada mediante a adesão do beneficiário ao "Proagro Mais" ou a outra modalidade de seguro agrícola para o empreendimento; b) enquadra-se no "Proagro Mais", a título de recursos próprios, o valor de sessenta e cinco por cento da receita líquida esperada do empreendimento, limitado a cem por cento do valor do financiamento ou a um mil e oitocentos reais; c) a base de cálculo da cobertura corresponde a cem por cento do valor enquadrado, cadastrado no sistema de Registro Comum de Operações Rurais (Recor) do Banco Central do Brasil, para o qual tenha ocorrido o recolhimento do adicional, acrescido dos juros contratuais incidentes sobre as parcelas de crédito utilizadas, calculados até a data da cobertura, deduzidos o valor das receitas obtidas com o empreendimento, as parcelas de crédito não aplicadas na finalidade ajustada no instrumento de crédito e o valor das perdas decorrentes de causas não amparadas; d) o beneficiário não terá direito à cobertura quando em relação ao empreendimento amparado se verificar, ou se calcular por índice médio, perda igual ou

inferior a trinta por cento da receita bruta esperada; e) não será concedido financiamento ao amparo do Pronaf para custeio agrícola de empreendimento do mesmo mutuário que for beneficiado com três coberturas do "Proagro Mais", consecutivas ou não, no período de até sessenta meses; f) são imputáveis ao "Proagro Mais", além das despesas relacionadas normativamente, a remuneração pelos serviços de acompanhamento e fiscalização dos empreendimentos e pelo trabalho dos agentes financeiros na montagem e análise dos processos de cobertura; g) o valor do adicional do "Proagro Mais" será de dois a quatro por cento do valor enquadrado e será fixado no início do ano-agrícola; h) são também causas de cobertura pelo "Proagro Mais" as perdas decorrentes de granizo, seca, tromba d'água, vendaval, doença fúngica ou praga sem método difundido de combate, controle ou profilaxia: a. em culturas de mandioca, mamona, caju, uva e banana; b. em lavouras cultivadas em consórcio no qual a atividade principal desenvolvida conte com Zoneamento Agrícola divulgado pelo Ministério da Agricultura, Pecuária e Abastecimento, e que sejam indicadas por instituição de assistência técnica e extensão rural oficial.

PROAP. Sigla de Programa de Administração Patrimonial Imobiliária da União.

PROBABILIDADE. **1.** Possibilidade de ocorrência de algum acontecimento. **2.** Determinação racional de uma possível conduta. **3.** Verossimilhança. **4.** Perspectiva da verdade de algo. **5.** Circunstância que torna alguma coisa provável. **6.** O que leva à presunção da veracidade de algo ou de um fato; indício. **7.** O que é possível; evento provável.

PROBABILIDADE DA VIDA. Número de pessoas que, num dado grupo, presume-se, segundo cálculo estatístico, suscetível de chegar a determinadas idades.

PROBABILIORISMO. *Filosofia geral.* Teoria pela qual a certeza em questões morais é impossível, devendo-se, por isso, seguir a opinião mais provável.

PROBABILIORISTA. *Filosofia geral.* **1.** Aquele que acata o probabiliorismo. **2.** Referente a probabiliorismo.

PROBABILISMO. **1.** *Filosofia geral.* Doutrina pela qual se deve agir de conformidade com uma opinião provável, e que tem por sequazes pessoas respeitáveis, isto porque o conhecimento não pode atingir a certeza, já que a verdade não pode ser conhecida. **2.** *Lógica jurídica.* Concepção pela qual só se pode, ante a impossibilidade de se conhecer a verdade absoluta, distinguir as proposições mais ou menos prováveis (Cournot).

PROBABILISTA. *Filosofia geral.* **1.** Aquele que é partidário do probabilismo. **2.** Que diz respeito ao probabilismo.

PROBABILIZAR. *Filosofia geral.* **1.** Tornar provável. **2.** Demonstrar a probabilidade de alguma coisa.

PROBA MERX FACILE EMPTOREM REPERIT. *Expressão latina.* A boa mercadoria logo encontra comprador.

PROBANDO. *Direito processual.* O que se pretende ou se deve provar.

PROBANTE. *Direito processual.* **1.** O que faz prova. **2.** Aquilo que prova. **3.** O que tem valor de prova, em juízo.

PROBARE OPORTET, NON SUFFICIT DICERE. *Aforismo jurídico.* Provar é o que importa, não bastando apenas alegar.

PROBATIO FORTIOR DEBELLIOREM TOLLIT. *Expressão latina.* A prova mais forte destrói a mais fraca.

PROBATIO INCUMBIT ASSERENTI. *Aforismo jurídico.* A prova incumbe a quem afirma.

PROBATIO INCUMBIT NEGANTI. *Expressão latina.* A prova compete a quem nega.

PROBATIO MUTATAE VOLUNTATIS AB HAEREDIBUS EXIGENDA EST. *Expressão latina.* Compete aos herdeiros provar que o *de cujus* havia mudado sua vontade.

PROBATION. *Direito comparado.* **1.** *Sursis* em regime de prova, do sistema anglo-saxão, que tem o condão de suspender, condicionalmente, o processo, concedendo ao delinqüente uma chance de se recuperar. Trata-se de uma medida judicial de defesa social, que visa a readaptação social do acusado. **2.** Regime de liberdade dirigida, em virtude do qual não se condena o acusado, mesmo depois da prova de sua culpabilidade, tendo-se em vista seus bons antecedentes, e submetendo-o à ação de assistente social ou educador, para recuperá-lo em seu ambiente natural. **3.** Condenação probatória usada na Bélgica, Noruega e Portugal para, ao lado do *sursis*, oferecer ao magistrado maior possibilidade de substituir a pena privativa da liberdade. Na *probation* o juiz limita-se

a sobrestar o processo penal, impondo ao réu certas obrigações durante um período probatório, supervisionado pelo *probation officer*, que determina as medidas necessárias à formação ou educação, como a residência num *approved probation hotel*, a freqüência a um *day trainning center*, a aplicação de um tratamento psiquiátrico ou de desintoxicação. Se o acusado não cumprir as obrigações impostas, o juiz imporá, então, a pena (Paulo José da Costa Jr.).

PROBATION OFFICER. *Direito comparado.* Assistente social especializado que, nos EUA e Inglaterra, supervisiona vários delinqüentes que estão sob o regime de liberdade dirigida. É o agente de *probation*, diretamente subordinado ao magistrado, que tem a incumbência de recuperar o delinqüente e de promover sua reinserção na sociedade.

PROBATIO PER TESTES EANDEM VIM QUAM PER INSTRUMENTA. *Aforismo jurídico.* A prova testemunhal tem a mesma força que a instrumental.

PROBATIO SPECIALIS SEMPER PRAEVALET GENERALI. *Aforismo jurídico.* A prova especial sempre prevalece sobre a geral.

PROBATIO VINCIT PRAESUMPTIONEM. *Aforismo jurídico.* A prova destrói a presunção.

PROBATÓRIO. *Direito processual.* **1.** O que serve de prova. **2.** Que se refere à prova. **3.** Que constitui prova. **4.** O que contém a prova. **5.** Diz-se do ato que produz a prova de um fato.

PROBATUM EST. *Locução latina.* Está provado.

PROBIDADE. **1.** Retidão. **2.** Qualidade de probo. **3.** Integridade de caráter. **4.** Modo criterioso de agir e de cumprir deveres. **5.** Honestidade de proceder. **6.** Honradez. **7.** Sentimento de dignidade pessoal.

PROBIDADE ADMINISTRATIVA. *Direito administrativo.* Integridade no agir que deve ter aquele que está no exercício do serviço público.

PROBIDADE CONTRATUAL. *Direito civil.* Sentimento de lealdade que deve estar presente em ambos os contratantes, os quais devem colaborar de boa-fé na formação e execução do contrato, impedindo que um dificulte a ação do outro.

PROBIDADE PROCESSUAL. *Direito processual civil.* Conduta que os litigantes e seus procuradores devem observar em juízo, agindo de boa-fé e com lealdade ao praticar os atos necessários ao andamento da causa.

PROBIDOSO. Que tem probidade.

PROBITÉ. *Termo francês.* Probidade.

PROBLEMA. 1. *Filosofia geral.* a) Questão teórica ou prática (Bréhier); b) tema cuja solução requer reflexão; c) assunto que envolve pontos controvertidos ou dúvidas; d) questão levantada para discussão. **2.** *Lógica jurídica.* Tarefa consistente na determinação de algo, partindo das relações que deve ter com as coisas dadas (Duhamel). **3.** *Direito desportivo.* Posição construída no jogo de xadrez, em que um certo resultado deve ser alcançado em um determinado número de lances.

PROBLEMA INDETERMINADO. Diz-se daquele que admite várias soluções.

PROBLEMA SOCIAL. *Sociologia geral.* Situação que, por decorrer de falhas existentes na própria estrutura social ou de desajustamentos individuais às normas sociais, ameaça determinados valores básicos e culturais.

PROBLEMA SOCIOLÓGICO. *Sociologia geral.* Problema que não pode ser resolvido pela Sociologia ante as dificuldades de análise, observação e interpretação dos fatos.

PROBLEMÁTICA. 1. Totalidade de problemas que se referem a um dado tema. **2.** Análise de um assunto em todos os seus pontos controvertidos, propondo soluções apropriadas.

PROBLEMATICIDADE. 1. Incerteza. **2.** Qualidade de problemático.

PROBLEMÁTICO. 1. *Lógica jurídica.* Característica de um juízo que pode ser verdadeiro. **2.** Na *linguagem jurídica* em geral, pode ter o sentido de: a) duvidoso; b) o que se afirma sem ter provas suficientes; c) equívoco; d) questionável; e) o que se refere a problema; f) incerto.

PROBLEMATIZAR. 1. Tornar problemático. **2.** Dar forma de problema a alguma coisa.

PROBO. 1. Honesto. **2.** Justo. **3.** Aquele que tem caráter íntegro. **4.** Honrado. **5.** O que cumpre seus deveres. **6.** Criterioso no agir.

PRO BONO. 1. *Termo latino.* Para o bem. **2.** *Linguagem jurídica.* Desenvolvimento de trabalhos voluntários e gratuitos, no Brasil e no exterior, integrantes do "terceiro setor", composto, p. ex., por organizações não-governamentais (Fernando Castelo Branco).

PRO BONO PACIS. *Expressão latina.* **1.** Pelo bem da paz; pela paz. **2.** Conciliação. **3.** Pacificamente.

PROCACIDADE. 1. Audácia. **2.** Insolência.

PROCEDÊNCIA. 1. *Direito processual civil.* a) Qualidade da demanda bem fundada no mérito; b) fundamento legal e oportunidade do que se pede ou se requer a uma autoridade juridical ou administrativa (De Plácido e Silva); c) acolhimento, total ou parcial, pelo magistrado do pedido do autor; d) resolução do mérito da causa; e) qualidade procedente de uma ação ou recurso; f) instituição que originou o documento. **2.** *Direito comercial.* a) Origem das mercadorias; b) ponto de partida de mercadorias ou produtos importados; praça de onde saíram os bens importados.

PROCEDÊNCIA DA AÇÃO. *Direito processual.* Oportunidade de sua propositura e fundamento legal do pedido.

PROCEDÊNCIA DA EMBARCAÇÃO. *Direito marítimo.* Último porto de escala de uma embarcação antes da sua chegada ao porto de destino.

PROCEDÊNCIA DO RECURSO. *Direito processual.* Legalidade e razão jurídica para sua interposição.

PROCEDENTE. 1. *Direito processual.* a) O que tem fundamento legal; b) diz-se da ação ou recurso que deve ser acatado, por merecer o reconhecimento judicial; c) a que se deve dar provimento; d) o que está conforme ao direito; e) o que tem fundamento na prova aduzida em juízo; f) aquele que intenta processo judicial (De Plácido e Silva). **2.** *Lógica jurídica.* Concludente; conseqüente. **3.** *Direito comercial.* Que provém; oriundo de tal local; de onde vem; proveniente; originário.

PROCEDER. 1. *Direito comercial.* Provir; ter origem. **2.** *Direito processual.* a) Apresentar-se oportunamente; b) ter fundamento legal; c) ser justo; d) estar comprovado; e) instaurar processo; demandar; entrar na justiça; f) agir judicialmente; g) prosseguir alguma ação; h) ter o processo seguimento. **3.** *Direito civil.* Descender. **4.** *Lógica jurídica.* a) Concluir; b) inferir. **5.** Na *linguagem comum* significa: comportamento; modo de agir.

PROCEDER BEM. Ter bom comportamento.

PROCEDER MAL. 1. Comportar-se de forma pouco recomendável. **2.** Comportamento social reprovável.

PROCEDIDO. Que procede.

PROCEDIMENTO. 1. *Direito processual.* a) Processo; b) ação judicial intentada; c) conjunto de normas relativas ao modo de agir em juízo; d) trâmite da ação; soma de atos processuais que se realizam, ordenada e sucessivamente, para

PROCEDIMENTO ADMINISTRATIVO

a solução da lide; e) modo de desenvolvimento do processo em busca da solução final do litígio; f) forma material com que o processo se realiza em cada caso concreto (José Frederico Marques). **2.** Na *linguagem comum,* designa: comportamento; maneira como uma pessoa se comporta em suas relações sociais. **3.** *História do direito.* Decisão que julgava procedente o pedido para que fosse recebido.

PROCEDIMENTO ADMINISTRATIVO. *Direito administrativo.* **1.** Conjunto de operações ou de fases que se dão no processo administrativo. **2.** Técnica de funcionamento da máquina administrativa (Marcelo Caetano).

PROCEDIMENTO ADMINISTRATIVO TRIBUTÁRIO. *Direito administrativo* e *direito tributário.* Conjunto de atos seqüencialmente estruturados, que se realizam perante a Administração Pública e estão ligados à atuação da norma tributária. Abrange: o procedimento de reconhecimento de isenção ou de imunidade; o de lançamento; o para obter a satisfação do crédito tributário etc. (Marco Aurélio Greco).

PROCEDIMENTO ARBITRAL. *Direito processual civil.* Modo de desenvolvimento do processo no juízo arbitral, estabelecido pelas partes ou pelo juiz competente.

PROCEDIMENTO CAUTELAR. *Direito processual civil.* É o relativo ao processo cautelar, indicativo do modo ou do rito pelo qual a medida cautelar (arresto, seqüestro, busca e apreensão etc.) se desenvolve em juízo.

PROCEDIMENTO COMUM. *Direito processual civil.* Procedimento que abrange o ordinário ou o sumário.

PROCEDIMENTO DE FISCALIZAÇÃO DE CERTIFICAÇÃO (PFC). *Direito virtual.* Conjunto de ações que objetivam a verificação do cumprimento das normas, por parte das entidades credenciadas na ICP-Brasil, incluídos os atos administrativos de início e finalização e as ações de aplicação de penas, ampla defesa e comunicação de fiscalizações realizadas e dadas como conformes.

PROCEDIMENTO DE INVESTIGAÇÃO PRELIMINAR (PIP). É o instaurado por despacho fundamentado sempre que for necessário para formar o convencimento do membro do Ministério Público da União.

PROCEDIMENTO DESONROSO. *Direito civil.* **1.** Comportamento inqualificável do outro cônjuge,

anterior ao casamento e desconhecido pelo consorte enganado, que pode dar causa à ação anulatória do casamento. **2.** Causa de separação judicial litigiosa, por ser a conduta do cônjuge que implique menosprezo no ambiente familiar ou no meio social em que vive o casal, como: uso de entorpecentes, lenocínio, embriaguez, ociosidade, homossexualismo, vício de jogo, prática de crimes sexuais, namoro do cônjuge com outrem etc.

PROCEDIMENTO DO FUNCIONÁRIO. *Direito administrativo.* Conduta do funcionário público, no exercício de suas funções, conforme aos padrões morais e jurídicos e às ordens superiores, sob pena de sofrer sanção disciplinar, como disponibilidade, suspensão, repreensão etc.

PROCEDIMENTO DO REGISTRO IMOBILIÁRIO. *Direito registrário.* Conjunto de atos que devem ser praticados pelo oficial do Registro Imobiliário, desde a exibição do título até o seu assento. O primeiro passo para o procedimento do registro do imóvel é a apresentação de título hábil, que se pretende assentar ou calcular as custas, pois ante o princípio da instância, pelo qual a prática cartorária dependerá de requerimento do interessado, do Ministério Público ou de ordem judicial, será vedado ao oficial do cartório efetuar o registro se alguém não o solicitar. Logo em seguida o oficial deverá, após pagamento antecipado das custas, no ato do requerimento ou no da apresentação do título, proceder ao exame formal do título, verificando se apresenta os elementos extrínsecos exigidos por lei. Examinando o título, o oficial procederá à prenotação ou lançamento do título no protocolo (Livro n. 1), com o respectivo número de ordem, reproduzindo, no título, o número de ordem e a data de sua prenotação. Apresentado o título em cartório, feita a sua prenotação e o lançamento do número do protocolo no título, o apresentante poderá exigir que o oficial lhe passe recibo ou lhe dê comprovante da entrega do título e da sua prenotação. Procede-se, para garantia do registro, à matrícula do imóvel para preservar sua continuidade. Protocolizado o título, estando o imóvel devidamente matriculado, não havendo nenhuma dúvida, proceder-se-á ao registro no cartório da circunscrição em que estiver o imóvel, imediatamente ou dentro de trinta dias, contados da data em que o título ingressou em cartório, com o lançamento no Livro de Recepção ou no

Livro Protocolo, desde que haja regularidade do título apresentado.

PROCEDIMENTO EDITAL. *Direito processual civil.* Juízo de provocação pelo qual o autor convoca terceiros conhecidos, desconhecidos ou indeterminados, eventuais pretendentes a certo bem, por ele também pretendido ou tido como seu, para virem, em prazo edital preclusivo, expor e argüir seu direito, sob pena de perdê-lo (Jacy de Assis).

PROCEDIMENTO ESCRITO. *Direito processual civil.* Diz-se daquele em que se adota a forma escrita como meio de comunicação dos litigantes com o órgão judicante.

PROCEDIMENTO ESPECIAL. *Direito processual civil.* Aquele que, ante a natureza do direito material controvertido, não segue o rito do procedimento comum, apresentando menos formalidades e maior celeridade.

PROCEDIMENTO ESPECIAL DE JURISDIÇÃO CONTEN-CIOSA. *Direito processual civil.* Rito estabelecido por lei para determinadas ações que requerem ligeireza em sua tramitação, como, por exemplo, a ação de consignação em pagamento; a ação de depósito; a ação de anulação e substituição de títulos ao portador; a ação de prestação de contas; as ações possessórias; a ação de usucapião; a ação de divisão e de demarcação de terras particulares; o inventário e partilha; os embargos de terceiro; a de venda a crédito com reserva de domínio; o juízo arbitral.

PROCEDIMENTO ESPECIAL DE JURISDIÇÃO VOLUN-TÁRIA. *Direito processual civil.* Trâmite que deve ser seguido na atividade judiciária de administração pública de interesses privados, em que não há lide nem litigantes, mas apenas controvérsia e interessados, como ocorre em caso de: pedido de nomeação de curador especial para menor; remoção de curador especial para ausente; alienação judicial; extinção de usufruto e de fideicomisso; emancipação; separação consensual; interdição; execução de testamento; pedido de especialização de hipoteca legal etc.

PROCEDIMENTO FISCAL. Ação fiscal.

PROCEDIMENTO INJUNTIVO. *Vide* PROCEDI-MENTO MONITÓRIO.

PROCEDIMENTO INQUISITIVO. *Direito processual penal.* Inquérito policial aberto para coleta de informações sobre um delito, desprovido do princípio do contraditório e de rito obrigatório a ser seguido.

PROCEDIMENTO INQUISITORIAL. *História do direito.* Era o seguido pelo Tribunal do Santo Ofício da Inquisição, que adotava o sistema processual inquisitivo. A ação penal tinha origem numa denúncia de qualquer pessoa, ou decorria de inquérito aberto *ex officio* e instaurava-se por ordem de uma autoridade (inquisidor) que a conduzia juntamente com seus assistentes, conselheiro espiritual e escrivão, reduzindo tudo a escrito e de modo sigiloso. Primeiramente reuniam-se fiéis para que, sob juramento, indicassem o herege. Logo em seguida vinha o Tempo de Graça, que durava de 15 a 30 dias, para que o culpado se purificasse, procurando seu confessor e o inquisidor, fornecendo garantias de sua sinceridade, consistentes em cumprir a penitência, em dar à Igreja seus bens, no todo ou em parte, e em apontar hereges de que tivesse notícia. Se, após o término desse prazo, o suspeito não comparecesse, era citado para apresentar-se no tribunal, para dizer a verdade, sob juramento, realizar a penitência e indicar os hereges que fossem de seu conhecimento. Se se negasse, entendia-se que confessava sua culpa e era submetido a interrogatório, quando podia ser usada a tortura. Era, então, submetido a uma prisão processual, enquanto as investigações eram feitas. Nesse ínterim, era o réu visitado em sua cela pelo inquisidor e seus assistentes para persuadi-lo a confessar o crime e a arrepender-se. Concluída a instrução, encerrava-se o processo com sentença absolutória ou condenatória, caso em que as penas graves eram impostas pelo tribunal secular, a quem se entregava o réu (João Bernardino Gonzaga).

PROCEDIMENTO IRREGULAR DO FUNCIONÁRIO. *Direito administrativo.* Má conduta do servidor público no exercício de sua atividade funcional, repercutindo na esfera administrativa e acarretando a imposição de sanções disciplinares.

PROCEDIMENTO JUDICIAL. *Direito processual civil.* **1.** Conjunto de atos previstos em lei, componentes do processo ou para demandar em juízo. Rito comum ou especial pelo qual o processo se desenvolve até chegar ao seu termo. **2.** Atuação do autor e do réu em juízo, conforme os trâmites legais. **3.** Curso de uma demanda.

PROCEDIMENTO LEGISLATIVO. *Vide* PROCESSO LEGISLATIVO.

PROCEDIMENTO LICITATÓRIO DA CÂMARA DOS DE-PUTADOS. *Direito administrativo.* Conjunto de atos

PROCEDIMENTO MONITÓRIO

alusivo à licitação para contratação de obras, serviços, inclusive de publicidade, compras, alienações de bens, concessões, permissões e locações de interesse da Câmara dos Deputados, quando contratadas por terceiro, para garantir a observância do princípio da isonomia e selecionar a proposta mais vantajosa. Tal licitação deve ser processada e julgada em estrita conformidade com os princípios básicos da legalidade, da impessoalidade, da moralidade, da igualdade, da publicidade, da probidade administrativa, da vinculação ao instrumento convocatório, do julgamento objetivo e dos que lhes são correlatos.

PROCEDIMENTO MONITÓRIO. *Direito processual civil.* **1.** Conjunto de atos compulsórios ou não que visam a consecução de certo pronunciamento judicial, tutelando o direito subjetivo de credor sem título executivo, sem que seja preciso passar por um processo de conhecimento. Nesse procedimento o magistrado emite uma ordem liminar, *inaudita altera pars*, determinando que o devedor pague certa quantia ou entregue uma coisa ao credor. Trata-se da tutela jurisdicional diferenciada, também chamada de procedimento injuntivo (José Rogério Cruz e Tucci). **2.** É aquele de que se pode valer o credor para obter pagamento de soma em dinheiro, entrega de coisa fungível ou de certo bem móvel, com base em documento, que não tem eficácia de título executivo, podendo, então, o devedor fazer uso da oposição de embargos. Não sendo oferecidos os embargos, à ordem judicial ou mandado de pagamento, adquirirá a condição de sentença condenatória transitada em julgado (Carlos Alberto S. Lenzi).

PROCEDIMENTO MONITÓRIO DOCUMENTAL. *Direito processual civil.* Ordem judicial de pagamento fundada em prova escrita do crédito (Calamandrei).

PROCEDIMENTO MONITÓRIO PRESUNCIONAL. *Direito processual civil.* Aquele que está baseado na presunção legal da improbabilidade da contradição, quando se requer prova do direito do autor (Luís Alberto Vieira).

PROCEDIMENTO MONITÓRIO PURO. *Direito processual civil.* Emissão da ordem de pagamento que não se baseia na existência de prova escrita da dívida (Calamandrei).

PROCEDIMENTO OPERACIONAL PADRONIZADO (POP). *Direito comercial.* **1.** É a descrição pormenorizada e objetiva de instruções, técnicas e operações rotineiras a serem utilizadas pelos fabricantes e industrializadores de alimentos, visando à proteção, à garantia de preservação da qualidade dos ingredientes e matérias-primas e à segurança dos manipuladores. **2.** Procedimento escrito de forma objetiva que estabelece instruções seqüenciais para a realização de operações rotineiras e específicas na industrialização, armazenamento e transporte de alimentos ou de água mineral natural ou de água natural envasada. **3.** É um documento ativo e operacional, específico e exclusivo para cada estabelecimento.

PROCEDIMENTO ORAL. *Vide* PROCESSO ORAL.

PROCEDIMENTO ORDINÁRIO. *Direito processual civil.* Rito-padrão estabelecido por lei para as ações que não seguem o procedimento sumário ou o especial. Tal procedimento normal apresenta as seguintes fases: a postulatória, a probatória, a decisória e a executória. A decisão definitiva da lide passa por um total conhecimento do processo, do *meritum causae*, dos fatos, das provas, permitindo ampla discussão entre autor e réu.

PROCEDIMENTO PRIVADO ROMANO. *Direito romano.* Meios de postulação em juízo, que se dividiu em dois períodos: a) *ordo iudiciorum privatorum*, que tinha duas fases que admitiam a instauração da ação perante um juiz público (pretor), e a instrução e decisão atribuída a um juiz único ou a um colegiado. Tais fases eram: processo oral e o escrito; b) *extraordinaria cognitio* ou do conhecimento oficial, que só admitia uma única instância a cargo do órgão público ou pretor.

PROCEDIMENTOS DURANTE A ECLUSAGEM. *Direito marítimo.* Modos de proceder durante a eclusagem: as embarcações deverão estar sob os cuidados de sua tripulação, vigiadas e convenientemente amarradas, sem poder, em caso algum, ser amarradas às portas, às escadas ou a outros locais senão aos cabeços flutuantes ou a outros específicos para amarração. A amarração não deve ser desfeita até que seja dado o sinal sonoro de dois toques de sirene longos. As máquinas das embarcações só serão dispensadas após a conclusão definitiva da amarração pela popa e pela proa. Dentro da eclusa os comandantes e os tripulantes devem observar as orientações que lhes forem dadas pelo operador da eclusa, com vistas a assegurar a rapidez na passagem, assim como a plena utilização e segurança na operação. As embarcações não devem permanecer nas eclusas por tempo superior ao necessário à operação de eclusagem, devendo entrar ou sair imediatamente ao receberem o sinal sonoro correspondente. As manobras solicitadas pelo operador da eclusa devem ser prontamente executadas, para se evitarem atrasos nas eclusagens subseqüentes. No convés aberto das embarcações, quando dentro das câmaras das eclusas, somente poderão circular os tripulantes que estiverem na faina de amarração, os quais obrigatoriamente deverão estar vestindo coletes salva-vidas. É vedado o embarque, desembarque ou transbordo de passageiros, tripulantes ou carga no interior da eclusa ou em seus canais de acesso.

PROCEDIMENTOS LICITATÓRIOS. *Direito administrativo.* São aqueles cinco procedimentos legais que, atendendo aos princípios da legalidade, impessoalidade, moralidade, igualdade, publicidade, probidade administrativa, vinculação ao instrumento convocatório, e do julgamento objetivo, permitem selecionar um eventual e futuro contratante com a Administração Pública para a aquisição ou a alienação de bens, a prestação de serviços e a execução de obras, mediante escolha da melhor proposta apresentada pelo particular. Tais procedimentos licitatórios são: a) concorrência efetuada mediante convocação genérica a um número indeterminado de pessoas, cuja idoneidade se verificará no curso do procedimento, e que, em função da máxima amplitude do chamamento, exige grande publicidade. É a modalidade licitatória entre quaisquer interessados que, na fase inicial de habilitação preliminar, venham a comprovar que possuem os requisitos mínimos de qualificação exigidos no edital para a execução de seu objeto; b) tomada de preços feita mediante convocação genérica a um grupo determinado de pessoas, cuja idoneidade já foi devidamente comprovada, e que, em função da relativa amplitude do chamamento, exige publicidade suficiente para atingir o grupo de pessoas ao qual se destina. É a modalidade de licitação entre interessados previamente cadastrados, ou que atenderem a todas as condições exigidas para cadastramento até o terceiro dia anterior à data do recebimento das propostas; c) convite efetuado mediante convocação específica a pessoas determinadas, cuja idoneidade é presumida, e que, em função da estreiteza do chamamento, exige um mínimo de publicidade indispensável para a observância do princípio da isonomia. É a modalidade licitatória entre, no mínimo, três interessados do ramo pertinente ao seu objeto, cadastrados ou não, escolhidos pela unidade administrativa, que fixará, em local apropriado, cópia do instrumento convocatório, estendendo-o aos demais cadastrados na especialidade, que manifestarem seu interesse com antecedência de até vinte e quatro horas da apresentação da proposta. Se existir na praça mais de três possíveis interessados, a cada novo convite realizado para objeto idêntico ou similar é obrigatório o convite a, no mínimo, mais de um interessado, enquanto existirem cadastrados não convidados nas últimas licitações; d) concurso, que é apenas uma modalidade de licitação, idônea para obter estudo de terceiro, de natureza técnica, científica ou artística, em que se oferece trabalho criativo à Administração Pública, que o adquirirá para utilizá-lo na consecução de obra ou serviço público. O concorrente vencedor terá direito ao prêmio avençado no edital publicado com antecedência mínima de quarenta e cinco dias, e não à realização da obra ou serviço; e) leilão, que é a modalidade de licitação entre quaisquer interessados para a venda de bens móveis inservíveis para a Administração, ou de produtos legalmente apreendidos ou penhorados, ou para alienação de imóveis, a quem oferecer maior lance, igual ou superior ao da avaliação; f) pregão, modalidade licitatória em que a disputa pelo fornecimento de bens ou serviços comuns é feita em sessão pública, por meio de propostas de preços escritas e lances verbais.

PROCEDIMENTOS PARA O REGISTRO CONTÁBIL DAS OPERAÇÕES DE *SWAP*. *Direito bancário.* Conjunto de normas procedimentais, baixadas pelo Banco Central do Brasil, para o registro contábil das operações de *swap*. Podemos assim discriminar: a) o valor de referência dos contratos deve ser contabilizado em contas de compensação; b) o diferencial a receber ou a pagar deve ser reconhecido contabilmente em contas de resultado como renda ou despesa, individualizado por contrato, em contrapartida às respectivas contas patrimoniais, observados os procedimentos de apropriação mensal de resultados; c) cada contrato de *swap*, exceto os com garantia e de terceiros, deve ser avaliado a valor de mercado pelo prazo remanescente da operação, descontando-se o seu valor projetado para o vencimento pela taxa de mercado, segundo o

PROCEDIMENTO SUMARIÍSSIMO. *Vide* PROCEDIMENTO SUMARÍSSIMO.

PROCEDIMENTO SUMÁRIO. 1. *Direito processual penal.* Rito processual simplificado, próprio do processo penal e da contravenção penal. 2. *Direito processual civil.* Aquele que substituindo o antigo procedimento sumaríssimo, se caracteriza pela simplificação dos atos processuais e pelo trâmite concentrado, para que se tenha uma rápida ou breve solução de causa urgente ou de pequena importância. Observa-se o procedimento sumário: 1. Nas causas cujo valor não exceder sessenta vezes o salário mínimo; 2. Nas causas, qualquer que seja o valor: a) de arrendamento rural e de parceria agrícola; b) de cobrança ao condômino de quaisquer quantias devidas ao condomínio; c) de ressarcimento por danos em prédio urbano ou rústico; d) de ressarcimento por danos causados em acidente de veículo de via terrestre; e) de cobrança de seguro, relativamente aos danos causados em acidente de veículo, ressalvados os casos de processo de execução; f) de cobrança de honorários dos profissionais liberais, ressalvado o disposto em legislação especial; g) nos demais casos previstos em lei. Este procedimento não será observado nas ações relativas ao estado e à capacidade das pessoas. Na petição inicial, o autor apresentará o rol de testemunhas e, se requerer perícia, formulará quesitos, podendo indicar assistente técnico. O juiz designará a audiência de conciliação a ser realizada no prazo de trinta dias, citando-se o réu com a antecedência mínima de dez dias, determinando o comparecimento das partes. Sendo ré a Fazenda Pública, os prazos contar-se-ão em dobro. A conciliação será reduzida a termo e homologada por sentença, podendo o juiz ser auxiliado por conciliador. Deixando injustificadamente o réu de comparecer à audiência, reputar-se-ão verdadeiros os fatos alegados na petição inicial, salvo se o contrário resultar da prova dos autos, proferindo o juiz, desde logo, a sentença. As partes comparecerão pessoalmente à audiência, podendo fazer-se representar por preposto com poderes para transigir. O juiz, na audiência, decidirá de plano a impugnação ao valor da causa ou a controvérsia sobre a natureza da demanda, determinando, se for o caso, a conversão do procedimento sumário em ordinário. A conversão também ocorrerá quando houver necessidade de prova técnica de maior complexidade. Não obtida a conciliação, oferecerá o réu, na própria audiência, resposta escrita ou oral, acompanhada de documentos e rol de testemunhas e, se requerer perícia, formulará seus quesitos desde logo, podendo indicar assistente técnico. É lícito ao réu, na contestação, formular pedido em seu favor, desde que fundado nos mesmos fatos referidos na inicial. Havendo necessidade de produção de prova oral, será designada audiência de instrução e julgamento para data próxima, não excedente de trinta dias, salvo se houver determinação de perícia. Os atos probatórios realizados em audiência poderão ser documentados mediante taquigrafia, estenotipia ou outro método hábil de documentação, fazendo-se a respectiva transcrição se a determinar o juiz. Nas comarcas ou varas em que não for possível a taquigrafia, a estenotipia ou outro método de documentação, os depoimentos serão reduzidos a termo, do qual constará apenas o essencial. No procedimento sumário: não será admissível ação declaratória incidental, nem a intervenção de terceiro, salvo assistência, o recurso de terceiro prejudicado e a intervenção fundada em contrato de seguro, sendo, ainda, defesa a sentença ilíquida, cumprindo ao juiz, se for o caso, fixar de plano, a seu prudente critério, o valor devido, nas hipóteses de ressarcimento por danos causados em acidente de veículo de via terrestre e de cobrança de seguro, relativamente aos danos causados em acidente de veículo; o perito terá o prazo de quinze dias para apresentação do laudo; das decisões sobre matéria probatória, ou proferidas em audiência, o agravo será sempre retido. Findos a instrução e os debates orais, o juiz proferirá sentença na própria audiência ou no prazo de dez dias.

PROCEDIMENTO SUMARÍSSIMO. 1. *História do direito.* Era o rito seguido, no processo civil, para causas simples de pequeno valor, hoje substituído pelo procedimento sumário, que está adstrito a prazos mais curtos, e à simplifica-

ção de atos dispensando certas solenidades, e dando ao processo um andamento mais breve. **2.** *Direito processual penal.* Rito para o conhecimento de questões em sede dos Juizados Especiais Criminais. **3.** *Direito processual trabalhista.* Rito para conhecer dissídios individuais cujo valor não exceda a quarenta vezes o salário mínimo vigente na data do ajuizamento da reclamação, exceto se da demanda for parte a Administração Pública direta, autárquica e fundacional. Nas reclamações enquadradas no procedimento sumaríssimo: a) o pedido deverá ser certo ou determinado e indicará o valor correspondente; b) não se fará citação por edital, incumbindo ao autor a correta indicação do nome e endereço do reclamado; c) a apreciação da reclamação deverá ocorrer no prazo máximo de quinze dias do seu ajuizamento, podendo constar de pauta especial, se necessário, de acordo com o movimento judiciário da vara da Justiça do Trabalho. As demandas sujeitas a rito sumaríssimo serão instruídas e julgadas em audiência única, sob direção do juiz presidente ou substituto, que poderá ser convocado para atuar simultaneamente com o titular. O juiz dirigirá o processo com liberdade para determinar as provas a serem produzidas, considerando o ônus probatório de cada litigante, podendo limitar ou excluir as que considerar excessivas, impertinentes ou protelatórias, bem como para apreciá-las e dar especial valor às regras de experiência comum ou técnica. Aberta a sessão, o juiz esclarecerá as partes presentes sobre as vantagens da conciliação e usará os meios adequados de persuasão para a solução conciliatória do litígio, em qualquer fase da audiência. Na ata da audiência serão registrados resumidamente os atos essenciais, as afirmações fundamentais das partes e as informações úteis à solução da causa trazida pela prova testemunhal. Serão decididos, de plano, todos os incidentes e exceções que possam interferir no prosseguimento da audiência e do processo. As demais questões serão decididas na sentença. Todas as provas serão produzidas na audiência de instrução e julgamento, ainda que não requeridas previamente. Sobre os documentos apresentados por uma das partes manifestar-se-á imediatamente a parte contrária, sem interrupção da audiência, salvo absoluta impossibilidade, a critério do juiz. As testemunhas, até o máximo de duas para cada parte, comparecerão à audiência de instrução e

julgamento independentemente de intimação. Só será definida a intimação de testemunha que, comprovadamente convidada, deixar de comparecer. Não comparecendo a testemunha intimada, o juiz poderá determinar sua imediata condução coercitiva. Somente quando a prova do fato o exigir, ou for legalmente imposta, será deferida prova técnica, incumbindo ao juiz, desde logo, fixar o prazo, o objeto da perícia e nomear perito. As partes serão intimadas a manifestar-se sobre o laudo, no prazo comum de cinco dias. Interrompida a audiência, o seu prosseguimento e a solução do processo dar-se-ão no prazo máximo de trinta dias, salvo motivo relevante justificado nos autos pelo juiz da causa. A sentença mencionará os elementos de convicção do juízo, com resumo dos fatos relevantes ocorridos em audiência, dispensado o relatório. O juízo adotará em cada caso a decisão que reputar mais justa e equânime, atendendo aos fins sociais da lei e às exigências do bem comum. As partes serão intimadas da sentença na própria audiência em que for prolatada. Nas reclamações sujeitas ao procedimento sumaríssimo, o recurso ordinário será imediatamente distribuído, uma vez recebido no Tribunal, devendo o relator liberá-lo no prazo máximo de dez dias, e a Secretaria do Tribunal ou Turma colocá-lo imediatamente em pauta para julgamento, sem revisor; terá parecer oral do representante do Ministério Público presente à sessão de julgamento, se este entender necessário o parecer, com registro na certidão; e terá acórdão consistente unicamente na certidão de julgamento, com a indicação suficiente do processo e parte dispositiva, e das razões de decidir do voto prevalente. Se a sentença for confirmada pelos próprios fundamentos, a certidão de julgamento, registrando tal circunstância, servirá de acórdão. Os Tribunais Regionais, divididos em Turmas, poderão designar Turma para o julgamento dos recursos ordinários interpostos das sentenças prolatadas nas demandas sujeitas ao procedimento sumaríssimo. Nas causas sujeitas ao procedimento sumaríssimo, somente será admitido recurso de revista por contrariedade à súmula de jurisprudência uniforme do Tribunal Superior do Trabalho e violação direta da Constituição da República. Caberão embargos de declaração da sentença ou acórdão, no prazo de cinco dias, devendo seu julgamento ocorrer na primeira audiência ou

PROCEDIMENTO TRIBUTÁRIO

857

PRO

sessão subseqüente a sua apresentação, registrado na certidão, admitido efeito modificativo da decisão nos casos de omissão e contradição no julgado e manifesto equívoco no exame dos pressupostos extrínsecos do recurso. Os erros materiais poderão ser corrigidos de ofício ou a requerimento de qualquer das partes.

PROCEDIMENTO TRIBUTÁRIO. *Direito tributário.* **1.** Seqüência de atos tendentes à verificação da ocorrência do fato gerador da obrigação, à determinação da matéria tributável, ao cálculo do montante do tributo devido, à identificação do sujeito passivo e à aplicação da pena cabível (Ruy Barbosa Nogueira). **2.** É, na esfera administrativa e na judicial, o conjunto de atos e termos que visam obter um pronunciamento conclusivo da autoridade competente (Eduardo M. Ferreira Jardim; Bülow; Carnelutti).

PROCEDURA. *Direito processual.* **1.** Procedimento. **2.** Conjunto das várias fases do processo judicial.

PROCÉDURE. *Termo francês.* Processo.

PROCELA. 1. Borrasca; tempestade marítima. **2.** Grande agitação.

PRÓCER. 1. Magnata. **2.** Homem importante num dado país, partido, classe etc. **3.** Chefe. **4.** Pessoa de alta distinção.

PRÓCERO. 1. Importante. **2.** Elevado. **3.** Alto.

PROCESSADO. 1. *Direito processual penal.* Denunciado; querelado. **2.** *Direito processual civil.* Que tem processo civil instaurado.

PROCESSADOR DE TEXTO. *Direito virtual.* Programa utilizado para que se possa escrever algo no computador.

PROCESSADOR *OVERDRIVE. Direito virtual.* Aquele que, ao ser encaixado sobre *chip* existente, lhe imprime velocidade de processamento.

PROCESSAMENTO. 1. *Direito processual.* a) Ato de processar; b) organização de um processo; c) instauração de processo contra alguém. **2.** *Direito comercial.* Preparação de algo para fins industriais ou mercantis, sujeitando-o a um processo especial. **3.** *Direito bancário.* Conjunto de procedimentos que antecedem a liquidação e, quando for o caso, a compensação.

PROCESSAMENTO DE DADOS. *Direito virtual.* Processamento técnico-científico de números estatísticos, resultados de medições, transformando as informações em uma forma apropriada para o aproveitamento por meio de computadores

eletrônicos, instrumentos de medição, contadores etc.

PROCESSAMENTO DE GÁS NATURAL. Conjunto de operações destinadas a permitir o seu transporte, distribuição e utilização.

PROCESSANTE. *Direito processual.* Diz-se do magistrado que preside a um processo, participando da formação e desenvolvimento da relação processual, e assegurando a ordem nos trabalhos forenses, em razão de sua função jurisdicional.

PROCESSÃO. *Filosofia geral.* **1.** Relação entre as realidades de ordem superior e as de ordem inferior (Plotino). **2.** Modo como as formas da realidade dependem umas das outras (Bréhier).

PROCESSAR. *Direito processual.* **1.** Intentar ação judicial. **2.** Fazer responder em juízo. **3.** Apurar em processo administrativo ou judicial. **4.** Juntar documentos relativos a um assunto judicial ou administrativo. **5.** Denunciar. **6.** Ato de promover o exercício da função jurisdicional para a solução da lide.

PROCESSÁVEL. *Direito processual.* Que pode ser processado.

PROCESSIONISTA. *Direito processual.* Demandista.

PROCESS MANAGEMENT. *Termo inglês* e *direito empresarial.* Administração por processos, que agrupa cargos em torno de um fluxo de atividades, atendendo às necessidades dos clientes (James G. Heim).

PROCESSO. 1. *Medicina legal.* Marcha das lesões ou dos sintomas de uma moléstia. **2.** *Filosofia geral.* Seqüência de fenômenos que apresentam certa unidade. **3.** *Sociologia geral.* Sucessão sistemática de mudanças numa direção definida. **4.** *Direito processual.* a) Conjunto de atos necessários e que devem ser praticados numa ordem preestabelecida, para esclarecimento da controvérsia e para obtenção de uma solução jurisdicional para o caso *sub judice*; b) forma que, segundo os preceitos legados, a ação toma no seu curso; forma estabelecida pela lei para tratar das causas em juízo (Cândido de Oliveira Filho); c) processamento; d) conjunto de peças imprescindíveis à instrução do juízo; instrução judicial da causa; e) complexo de princípios e normas alusivos à administração da justiça; f) autos em que se materializam os atos processuais; g) é o documento ou o conjunto de documentos que exige um estudo mais detalhado, bem como procedimentos expressos por despacho, pareceres técnicos, anexos ou, ainda, instruções para pagamento de despesas, devendo ser protocolado e autuado pelos órgãos autorizados a executar tais procedimentos. **5.** Nas *linguagens comuns* e *jurídica,* pode significar: a) ação de prosseguir; b) ordem seqüencial; ação progressiva; c) ato de proceder; d) concatenação de fenômenos; e) decurso; f) série de ações que ocorrem de certo modo; g) conjunto de documentos atinentes a um negócio.

PROCESSO ACESSÓRIO. *Direito processual.* **1.** Aquele que prepara um principal, do qual depende. Por exemplo, processo cautelar. **2.** Aquele que serve de instrumento a um processo principal, não tendo, portanto, autonomia.

PROCESSO ADMINISTRATIVO. *Direito administrativo.* **1.** É o promovido pela Administração Pública, baseado em inquérito administrativo para apuração das irregularidades praticadas pelo funcionário no exercício de sua atividade funcional. **2.** Conjunto de providências orientadas por autoridade administrativa para investigar fato ou denúncia sobre conduta ou ocorrência danosa ao serviço público. **3.** No âmbito da Administração Federal direta e indireta, é o que visa, em especial, a proteção dos direitos dos administrados e ao melhor cumprimento dos fins da Administração. A Administração Pública obedecerá, dentre outros, aos princípios da legalidade, finalidade, motivação, razoabilidade, proporcionalidade, moralidade, ampla defesa, contraditório, segurança jurídica, interesse público e eficiência. Nos processos administrativos serão observados, entre outros, os critérios de: atuação conforme a lei e o direito; atendimento a fins de interesse geral, vedada a renúncia total ou parcial de poderes ou competências, salvo autorização em lei; objetividade no atendimento do interesse público, proibida a promoção pessoal de agentes ou autoridades; atuação segundo padrões éticos de probidade, decoro e boa-fé; divulgação oficial dos atos administrativos, ressalvadas as hipóteses de sigilo previstas na Constituição; adequação entre meios e fins, vedada a imposição de obrigações, restrições e sanções em medida superior àquelas estritamente necessárias ao atendimento do interesse público; indicação dos pressupostos de fato e de direito que determinarem a decisão; observância das formalidades essenciais à garantia dos direitos dos administrados; adoção de formas simples,

suficientes para propiciar adequado grau de certeza, segurança e respeito aos direitos dos administrados; garantia dos direitos à comunicação, à apresentação de alegações finais, à produção de provas e à interposição de recursos, nos processos de que possam resultar sanções e nas situações de litígio; proibição de cobrança de despesas processuais, ressalvadas as previstas em lei; impulsão, de ofício, do processo administrativo, sem prejuízo da atuação dos interessados; interpretação da norma administrativa da forma que melhor garanta o atendimento do fim público a que se dirige, vedada aplicação retroativa de nova interpretação.

PROCESSO ADMINISTRATIVO DA DÚVIDA. *Direito registrário.* Jurisdição administrativa que se inicia com o exame formal dos títulos apresentados pelo Oficial do Registro de Imóveis, e que culmina no julgamento da dúvida pelo magistrado. Só o interessado pode requerer o levantamento da dúvida ao oficial do registro, e nesse processo apenas se poderá examinar a legalidade, ou não, do título que foi apresentado para ser levado a assento. Se o oficial deparar com alguma irregularidade sanável, levará o fato ao conhecimento do apresentante do título, indicando por escrito a exigência a ser satisfeita. Se o interessado não se conformar com a exigência do oficial, o título, a seu requerimento e com a declaração de dúvida, será remetido pelo oficial ao juízo competente para dirimi-la. A dúvida é um pedido de natureza administrativa, formulado pelo Oficial do Registro Imobiliário, a requerimento do apresentante do título, para que o magistrado se pronuncie sobre a legalidade da exigência feita, relativamente a um instrumento ou a vários documentos, decidindo se é ou não indispensável ao registro pretendido. O processo administrativo da dúvida é um dos caminhos legais para se submeter à apreciação judicial a exigência formulada pelo serventuário, pois nada obsta a que o interessado provoque o pronunciamento do Poder Judiciário por outra via, como, por exemplo, o mandado de segurança, se se tratar de exigência ilegal.

PROCESSO ADMINISTRATIVO DISCIPLINAR. *Direito administrativo.* Conjunto de atos e formalidades que devem ser seguidos pela Administração Pública, na esfera de sua competência, para apurar, imediatamente, e punir as faltas graves

PROCESSO ADMINISTRATIVO FISCAL. *Direito administrativo* e *direito tributário.* **1.** Conjunto de atos
escritos levados a efeito pela Fazenda Públi-
ca para determinação da obrigação tributária,
apuração e fixação do *quantum* devido e, ainda, para averiguar as sanções fiscais cabíveis.
Abrange duas fases: o lançamento pelo fisco e
a reação do contribuinte contra o ato da administração, defendendo-se na hipótese de auto
de infração no caso de lançamento de ofício.
Esse processo administrativo tributário tem
por escopo formar um título hábil a ser inscrito
como dívida ativa, possibilitando a execução
do crédito dela oriundo. **2.** É aquele que diz
respeito à determinação e exigência do crédito
tributário e às consultas relativas à aplicação
das leis tributárias (Othon Sidou).

PROCESSO ADMINISTRATIVO DISCIPLINAR. *Direito administrativo.* Instrumento destinado a apurar responsabilidade de servidor público federal por
infração praticada no exercício de suas atribuições, ou que tenha relação com as atribuições
do cargo em que se encontre investido.

PROCESSO ADMINISTRATIVO PENAL. *Direito penal* e
direito administrativo. É aquele que visa a apuração
da falta-crime cometida por servidor público.

PROCESSO ADMINISTRATIVO SANCIONADOR (PAS).
Direito administrativo. Aquele que verse sobre a
aplicação de sanções administrativas por infração a dispositivos legais ou infralegais
disciplinadores do mercado de seguros, previdência complementar aberta, capitalização e
corretagem de seguros.

PROCESSO ADMINISTRATIVO TRIBUTÁRIO. *Direito
tributário.* **1.** É aquele privativo da autoridade
administrativa fiscal voltado à elaboração do
lançamento, ao auto de infração e ao procedimento contencioso, como nos ensina Ruy Barbosa Nogueira. Se o contribuinte, notificado
do lançamento e cobrança, estiver de acordo
e pagar no prazo marcado, extinto estará o
crédito tributário; mas, se ele não concordar,
deverá apresentar impugnação dirigida à autoridade administrativa lançadora, suspendendo
a exigibilidade do crédito tributário. O auto de
infração é um relatório do presumido delito,
dirigido à autoridade julgadora. Ele instaura a
instância contenciosa, onde obrigatoriamente
haverá julgamento, mesmo que o contribuinte

não venha a se defender. Se aquela impugnação não for acatada, no todo ou em parte, o
contribuinte pode apresentar recurso dirigido
ao órgão fiscal de segunda instância. **2.** *Vide*
PROCESSO ADMINISTRATIVO FISCAL.

PROCESSO AGRÁRIO. *Direito comparado.* Processo
especial, simplificado e oral, para garantir a
celeridade da administração da justiça e a decisão de conflitos de interesses que emergem
entre aqueles que se dedicam à atividade agrária, assegurando, integralmente, a quem de direito os benefícios conferidos pela legislação
agrária.

PROCESSO APARTADO. *Direito processual.* Processo
separado de outro.

PROCESSO APENSO. *Direito processual.* Diz-se daquele que, por força das circunstâncias ou da
lei, ou por determinação judicial, é dependurado a um outro para que os efeitos da decisão
deste também o alcance.

PROCESSO CAUTELAR. *Direito processual civil.* **1.** Medida cautelar. **2.** Procedimento cautelar que
visa concretizar medida urgente, ante o *periculum in mora* e o *fumus boni iuris,* para atender
o direito afirmado pelo autor. **3.** Aquele que,
instaurado antes, no curso do processo principal, visa assegurar o seu resultado.

PROCESSO CAUTELAR INCIDENTE. *Direito processual
civil.* Aquele que é instaurado no curso do processo principal.

PROCESSO CAUTELAR PREPARATÓRIO. *Direito processual civil.* Aquele que antecede o principal, do
qual é acessório.

PROCESSO CIVIL. *Direito processual civil.* **1.** É o que
versa sobre matéria de direito civil e de direito
comercial, sendo o instrumento hábil para obter a prestação jurisdicional do Estado. **2.** Conjunto de ritos, das fases procedimentais e de
atos praticados em juízo para a solução judicial
de questões cíveis ou mercantis. **3.** Relação jurídico-processual que, por provocação do interessado, se estabelece em juízo entre as partes
litigantes e o juiz e demais intervenientes, para
fazer valer uma pretensão não-penal, de conformidade com a lei processual civil. **4.** Diz-se
do ramo do direito público interno que rege a
organização, as funções do Poder Judiciário e
o processo, isto é, a operação por meio da qual
se obtém a composição ou solução de lides, liti-
gios ou conflitos de interesses surgidos nas atividades civis, mercantis, administrativas etc.

5. Complexo de normas e atos imprescindíveis para a aplicação judicial de normas na decisão de controvérsias de direito privado.

PROCESSO COMERCIAL. *Direito processual civil.* Conjunto de atos regidos pela lei processual civil, praticados em juízo, com o escopo de solucionar questões de natureza comercial.

PROCESSO COMUM. 1. *Direito processual civil.* Vide PROCEDIMENTO COMUM. **2.** *História do direito.* Processo romano-canônico.

PROCESSO CONDENATÓRIO. 1. *Direito processual civil.* Conjunto de atos e procedimentos ou processo de conhecimento que tem por fim obter uma sentença de condenação do réu, consistente numa prestação de dar, de fazer ou não fazer, que valha como título executivo contra o réu, em favor do autor, que, então, pode mover a execução. **2.** *Direito processual penal.* Aquele em que o magistrado condena o acusado ao cumprimento de uma pena por ter perpetrado um crime.

PROCESSO CONSTITUCIONAL. *Direito constitucional.* **1.** Em *sentido estrito* é o processo autônomo que visa a proteção da ordem constitucional objetivamente considerada (Manoel Gonçalves Ferreira Filho). **2.** Em *sentido amplo* é o processo não autônomo, pois as normas processuais aplicáveis ao controle da constitucionalidade são normas comuns do processo comum, e tem por fim a tutela de interesses juridicamente protegidos, dos direitos subjetivos do cidadão, inclusive os direitos fundamentais (Manoel Gonçalves Ferreira Filho). **3.** Em *sentido amplíssimo* abrange a tutela constitucional dos princípios fundamentais da organização judiciária e a jurisdição constitucional (Cintra, Grinover e Dinamarco).

PROCESSO CONSTITUTIVO. *Direito processual civil.* Aquele processo de conhecimento que visa criar, modificar ou extinguir uma relação jurídica, sendo que a sentença do magistrado vem a reforçar o comando legal. Por exemplo, o que pretende a anulação de um negócio.

PROCESSO CONTENCIOSO. *Direito processual civil.* Processo litigioso que tem por finalidade obter a solução judicial de um conflito de interesses ou a composição da lide, que contém uma pretensão insatisfeita ou resistida. É aquele que põe um fim à contenda entre os litigantes.

PROCESSO CONTENCIOSO ORAL. *Direito canônico.* Aquele que visa agilizar a tramitação das causas, salvo as que visam a declaração da nulidade do matrimônio religioso (Hortal).

PROCESSO CONTRAVENCIONAL. *Direito processual penal.* Aquele que, sendo desenvolvido de forma sumária, resolve questão relativa à contravenção penal, iniciando-se pelo auto da prisão em flagrante ou mediante portaria de autoridade policial, juiz ou requerimento do Ministério Público.

PROCESSO CRIMINAL. *Vide* PROCESSO PENAL.

PROCESSO DE AFERIÇÃO DO GRAU DE SATISFAÇÃO DOS USUÁRIOS DOS SERVIÇOS DE TELECOMUNICAÇÕES. *Direito das comunicações.* É o que tem por premissa básica retratar, efetivamente, aquilo que usuários reputam ser importante no serviço para o atendimento às suas necessidades. Para tanto, deve: a) identificar, de forma dinâmica e contínua, quaisquer mudanças nas necessidades dos usuários, de forma a avaliar permanentemente e efetivamente o que o usuário valoriza como importante; b) ser confiável e possibilitar a participação da sociedade; c) retratar fidedignamente a visão do usuário; d) ser transparente à sociedade. O processo de aferição do grau de satisfação dos usuários dos Serviços de Telecomunicações tem os seguintes requisitos mínimos: a) identificar novos atributos julgados importantes pelos usuários; b) medir a importância e o grau de satisfação atribuídos pelo usuário a cada atributo dos serviços pesquisados ou da prestadora; c) adaptar-se às mudanças identificadas e mensuradas pela lei; d) contemplar pesquisas com amostras coletadas no decorrer do dia e nos diversos dias da semana, incluindo finais de semana e feriados; e) possibilitar a análise da evolução do grau de satisfação dos usuários dos Serviços de Telecomunicações, em períodos a serem estabelecidos pela Anatel; f) contemplar, permanentemente, a avaliação de atributos apresentados à Anatel, diretamente pelos usuários e assinantes; g) garantir precisão dos resultados adequada a sua utilização pela Anatel e pela sociedade; h) garantir a imparcialidade do processo tanto no que diz respeito ao usuário quanto à prestadora do serviço; i) ter a sua metodologia apresentada, discutida e disponível para a sociedade.

PROCESSO DE APLICAÇÃO DE MEDIDA DE SEGURANÇA POR FATO NÃO CRIMINOSO. *História do direito.* Conjunto de atos para aplicação da medida de segurança ao autor do quase-crime.

PROCESSO DE APRENDIZAGEM. *Sociologia geral.* Verificação das mutações e dos desenvolvimentos culturais dos grupos sociais.

PROCESSO DE AVALIAÇÃO DE CURSOS E INSTITUIÇÕES DE ENSINO SUPERIOR. *Direito educacional.* Processo que deve compreender os procedimentos de: a) análise dos principais indicadores de desempenho global do sistema nacional de ensino superior, por região e unidade da Federação, segundo as áreas do conhecimento e o tipo ou a natureza das instituições de ensino, sendo que esses indicadores de desempenho global devem ser levantados pela Secretaria de Avaliação e Informação Educacional (SEDIAE) e compreender: taxas de escolarização bruta e líquida; taxas de disponibilidade e de utilização de vagas para ingresso; taxas de evasão e de produtividade; tempo médio para conclusão dos cursos; índices de qualificação do corpo docente; relação média alunos por docente; tamanho médio das turmas; participação da despesa com ensino superior nas despesas públicas com educação; despesas públicas por aluno no ensino superior público; despesa por aluno em relação ao Produto Interno Bruto (PIB) por habitante nos sistemas público e privado; e proporção da despesa pública com a remuneração de professores; b) avaliação do desempenho individual das instituições de ensino superior, compreendendo todas as modalidades de ensino, pesquisa e extensão, sendo que essa avaliação, conduzida por comissão externa à instituição especialmente designada pela Secretaria de Educação Superior (SESu), deve considerar os aspectos de: administração geral: efetividade do funcionamento dos órgãos colegiados, relações entre a entidade mantenedora e a instituição de ensino, e eficiência das atividades-meio em relação aos objetivos finalísticos; administração acadêmica: adequação dos currículos dos cursos de graduação e da gestão da sua execução, adequação do controle do atendimento às exigências regimentais de execução do currículo, e adequação dos critérios e procedimentos de avaliação do rendimento escolar; integração social: avaliação do grau de inserção da instituição na comunidade, local e regional, por meio dos programas de extensão e de prestação de serviços; produção científica, cultural e tecnológica: avaliação da produtividade em relação à disponibilidade de docentes qualificados, considerando o seu regime de trabalho na instituição; e aquela comissão externa deve levar em consideração a auto-avaliação realizada pela própria instituição, as avaliações dos cursos realizadas pelas comissões de especialistas, os resultados dos exames nacionais de cursos, a avaliação da pós-graduação conduzida pela Fundação Coordenação de Aperfeiçoamento de Pessoal de Nível Superior (CAPES) e a análise dos indicadores de desempenho global realizada pela SEDIAE; c) avaliação do ensino de graduação, por curso, por meio da análise das condições de oferta pelas diferentes instituições de ensino e pela análise dos resultados do Exame Nacional dos Cursos, sendo que tal avaliação deve-se fazer pela análise de indicadores estabelecidos pelas comissões de especialistas de ensino e levar em consideração os resultados dos exames nacionais de cursos e os indicadores acima mencionados, adequadamente adaptados para o caso, e, sendo conduzida por aquelas comissões de especialistas designadas pela SESu, deve ser precedida de análise abrangente da situação da respectiva área de atuação acadêmica ou profissional, quanto ao domínio do estado da arte na área, levando em consideração o contexto internacional e o comportamento do mercado de trabalho nacional, e, para essa avaliação, a análise das condições de oferta pelas instituições de ensino superior deve considerar: a organização didático-pedagógica; a adequação das instalações físicas em geral; a adequação das instalações especiais, tais como laboratórios, oficinas e outros ambientes indispensáveis à execução do currículo; a qualificação do corpo docente; e as bibliotecas, com atenção para o acervo bibliográfico, inclusive livros e periódicos, regime de funcionamento, modernização dos serviços e adequação ambiental; d) avaliação dos programas de mestrado e doutorado, por área do conhecimento, de acordo com critério e metodologia próprios. Tais procedimentos são complementares, porém independentes, podendo ser conduzidos em momentos diferentes e fazer uso de métodos e técnicas apropriados a cada um.

PROCESSO DECLARATÓRIO. *Direito processual civil.* Processo de conhecimento que tem por escopo obter a declaração judicial da existência ou inexistência de uma relação jurídica.

PROCESSO DE COGNIÇÃO. *Vide* PROCESSO DE CONHECIMENTO.

PROCESSO DE COLETA DE LEITE CRU REFRIGERADO A GRANEL. *Direito agrário.* Consiste em recolher o produto em caminhões com tanques isotérmicos construídos internamente de aço inoxidável, através de mangote flexível e bomba sanitária, acionada pela energia elétrica da propriedade rural, pelo sistema de transmissão ou caixa de câmbio do próprio caminhão, diretamente do tanque de refrigeração por expansão direta ou dos latões contidos nos refrigeradores de imersão.

PROCESSO DE COMPETÊNCIA DO SUPREMO TRIBUNAL FEDERAL E DOS TRIBUNAIS DE JUSTIÇA. *Direito processual penal.* Rito especial para apuração de delitos comuns e funcionais, que são da competência do Supremo Tribunal Federal e dos Tribunais de Justiça. A denúncia ou queixa deve ser dirigida ao presidente do tribunal, que designará o relator, que será o juiz da instrução do processo. Será possível agravo, sem efeito suspensivo, para o tribunal, do despacho do relator que: receber ou rejeitar a queixa ou denúncia; conceder ou denegar fiança ou a arbitrar; decretar prisão preventiva; recusar a produção de qualquer prova ou a realização de qualquer diligência. Com o recebimento da queixa ou da denúncia, o acusado será notificado para que, no prazo de quinze dias, apresente resposta, por escrito, salvo se: a) encontrar-se fora do território sujeito à jurisdição do tribunal, ou em local desconhecido ou incerto; b) o crime for inafiançável. Se sua resposta ou defesa prévia vier a convencer da improcedência da acusação, o relator propõe ao tribunal o arquivamento do processo.

PROCESSO DE CONHECIMENTO. *Direito processual civil.* É aquele em que a controvérsia existente entre autor e réu é apresentada ao órgão judicante para que a conheça e a qualifique juridicamente, prolatando uma sentença sobre o *meritum causae*, baseado nos arrazoados e nas provas apresentadas, e conferindo o direito entre pretensões contestadas.

PROCESSO DE DESAPROPRIAÇÃO. *Direito administrativo.* Procedimento administrativo pelo qual o Poder Público adquire propriedade particular para si, compulsoriamente, fundado em utilidade e necessidade públicas ou interesse social, mediante justa e prévia indenização.

PROCESSO DE EXECUÇÃO. *Direito processual civil.* Processo independente do processo de conhecimento, pelo qual se pede a efetivação de um direito reconhecido em título executivo judicial ou extrajudicial.

PROCESSO DE HABILITAÇÃO. *Vide* PROCESSO MATRIMONIAL.

PROCESSO DE INVENTÁRIO. *Vide* INVENTÁRIO, n. 1.

PROCESSO DE REDAÇÃO. *Direito autoral.* Procedimento que caracteriza a intenção do autor relativamente ao objeto de seu texto. Por exemplo: narração, dissertação, descrição etc.

PROCESSO DE RESTAURAÇÃO DE AUTOS EXTRAVIADOS OU DESTRUÍDOS. *Direito processual penal.* Conjunto de atos para restaurar autos originais de processo penal extraviados ou destruídos, em primeira ou segunda instância. Se houver ou for exibida cópia autêntica ou certidão do processo, será uma ou outra considerada como original. Se faltar cópia autêntica ou certidão do processo, o juiz mandará, de ofício ou a requerimento de qualquer das partes, que: a) o escrivão certifique o estado do processo, segundo sua lembrança e reproduza o que houver a respeito em seus protocolos e registros; b) sejam requisitadas cópias do que constar a respeito no Instituto Médico Legal, no Instituto de Identificação e Estatística ou em estabelecimentos congêneres, repartições públicas, penitenciárias ou cadeias; c) as partes sejam citadas pessoalmente ou, se não forem encontradas, por edital, com o prazo de dez dias, para o processo de restauração dos autos. As partes são ouvidas no dia designado, mencionando-se em termo circunstanciado os pontos em que estiverem acordes e a exibição e a conferência das certidões e mais reproduções do processo apresentadas e conferidas. O magistrado determina as diligências necessárias para a restauração, observando-se o seguinte: a) caso ainda não tenha sido proferida a sentença, reinquirir-se-ão as testemunhas, podendo ser substituídas as que tiverem falecido ou se encontrarem em local não sabido; b) os exames periciais, quando possível, serão repetidos, de preferência pelos mesmos peritos; c) a prova documental será reproduzida da cópia autêntica ou, quando impossível, feita por testemunhas; d) poderão também ser inquiridas sobre os atos do processo, que deverá ser restaurado, as autoridades, os serventuários, os peritos e demais pessoas que tenham nele funcionado; e) o Ministério Público e as partes poderão oferecer testemunhas e produzir documentos para provar o teor do processo extraviado ou destruído. Realizadas as diligências que, salvo motivo de força maior, deverão concluir-se dentro de vinte dias, serão os autos conclusos para julgamento. No curso do processo, e depois de subirem os autos conclusos para sentença, o juiz poderá, dentro de cinco dias, requisitar de autoridades ou de repartições todos os esclarecimentos para a restauração. Os selos e taxas judiciárias que já foram pagos nos autos originais não serão cobrados novamente. Os causadores de extravio de autos responderão pelas custas, em dobro, sem prejuízo da responsabilidade criminal. Os autos restaurados valerão como originais. Se no curso da restauração aparecerem os originais, nestes continuará o processo, ficando apensos a eles os autos da restauração. Até a decisão que julgue restaurados os autos, a sentença condenatória em execução continuará a produzir efeito, desde que conste da respectiva guia arquivada na cadeia ou na penitenciária, onde o réu estiver cumprindo a pena, ou de registro que torne a sua existência inequívoca.

PROCESSO DISCRIMINATÓRIO DE TERRAS DEVOLUTAS DA UNIÃO. *Direito administrativo.* Aquele pelo qual a União vem a separar suas terras das que pertencem aos particulares.

PROCESSO DOS CRIMES CONTRA A PROPRIEDADE IMATERIAL. *Direito processual penal.* É o processo especial que segue o rito processual dos crimes punidos com reclusão, apesar de os delitos contra a propriedade imaterial serem apenados com detenção, sendo imprescindível, se houver vestígio desses crimes, que a denúncia ou queixa seja instruída com o exame pericial dos objetos que constituem o corpo de delito, sendo ainda necessário que o ofendido, ao apresentar a queixa, demonstre o seu direito a ação, e que possui legítimo interesse na punição do ofensor.

PROCESSO DOS CRIMES DA COMPETÊNCIA DO JUIZ SINGULAR. *Direito processual penal.* Aquele processo comum em que, após a instrução criminal e a inquirição das testemunhas, o Ministério Público ou o querelante, dentro de vinte e quatro horas, e depois o réu, em igual prazo, pode requerer diligências, após o que os autos conclusos sobem para conhecimento do juiz, sendo aberta vista dos autos para alegações finais por três dias. Após isso, o juiz terá cinco dias para ordenar diligências com a finalidade de sanar

qualquer nulidade ou suprir falta que prejudique o esclarecimento da verdade, ou, ainda, reinquirir as testemunhas e o ofendido, se não presidiu esses atos na instrução criminal.

PROCESSO DOS CRIMES DE CALÚNIA E INJÚRIA. *Direito processual penal.* Processo especial que segue o rito processual da ação penal por delito contra a honra, iniciando-se com o oferecimento da queixa, e, tendo-se notificação das partes para que, desacompanhadas de seus advogados, compareçam, em juízo, à audiência de reconciliação, onde o juiz, após ouvir o querelante e o querelado, promoverá o entendimento das partes. Se houver reconciliação, o querelante assina um termo de desistência, arquivando-se, então, a queixa, pondo um fim ao processo. Se não houver reconciliação, o órgão judicante recebe a queixa e marca data para o interrogatório do querelado, que deverá ser citado para tanto, e oferecer a defesa prévia e a exceção da verdade; com isso o querelante terá dois dias para contestar essa exceção, seguindo-se a oitiva de testemunhas, as diligências requeridas, as alegações finais e a decisão.

PROCESSO DOS CRIMES DE FALÊNCIA. *Direito processual penal.* Processo especial em que, no caso de crime de falência fraudulenta ou culposa, apenado com reclusão ou detenção, a ação penal é intentada, no juízo de falência ou, excepcionalmente, no juízo criminal, por denúncia do Ministério Público ou por queixa do liquidatário ou de qualquer credor habilitado por sentença passada em julgado, instruída com cópia do relatório do administrador judicial e da ata de assembléia de credores, se realizada. O administrador judicial ou os credores podem intervir como assistentes nesta ação.

PROCESSO DOS CRIMES DE RESPONSABILIDADE DOS FUNCIONÁRIOS PÚBLICOS. *Direito processual penal.* Processo especial que tem início com a denúncia, ou a queixa, em caso de ação penal privada, subsidiária da pública, que será autuada, seguindo-se da notificação do acusado para, dentro de quinze dias, apresentar resposta por escrito. Se o juiz receber a denúncia ou queixa, citará o acusado e designará data para o seu interrogatório, sob pena de revelia; após tal interrogatório, ter-se-á a defesa prévia e requerimento de diligências, e apresentação de oito testemunhas, que serão ouvidas; depois da audiência das testemunhas de acusação e de defesa, as partes terão vinte e quatro horas para requerer diligências, seguindo-se as alegações finais e por fim a sentença.

PROCESSO DO TRABALHO. *Direito processual trabalhista.* **1.** Conjunto de normas relativas às ações trabalhistas. **2.** Complexo de atos processuais que visa tratar de questões específicas às relações empregatícias, apresentar solução dos conflitos de trabalho, conciliar e julgar os dissídios individuais e os atinentes ao cumprimento de convenções coletivas de trabalho, mesmo quando ocorrerem entre sindicatos ou entre sindicato de trabalhadores e empregador.

PROCESSO E JULGAMENTO DOS RECURSOS EM SENTIDO ESTRITO E DAS APELAÇÕES NO TRIBUNAL DE JUSTIÇA. *Direito processual penal.* Conjunto de atos para julgamento de recursos, apelações e embargos pelo Tribunal de Justiça, câmaras ou turmas criminais, conforme a competência estabelecida em leis de organização judiciária. Se a decisão de segunda instância for desfavorável ao réu, não havendo unanimidade, são admissíveis embargos infringentes e de nulidade. Nos recursos em sentido estrito, com exceção do de *habeas corpus* e nas apelações de sentenças em processo de contravenção ou de crime apenado com detenção, os autos irão, de imediato, com vista ao procurador-geral, pelo prazo de cinco dias, passando, por igual prazo, ao relator, que designará o dia para o julgamento. O relator, no julgamento, exporá o fato e o presidente concederá, pelo prazo de dez minutos, a palavra aos advogados ou às partes que a solicitarem e ao procurador-geral, quando o requerer. Os recursos de *habeas corpus* são julgados na primeira sessão. As apelações de sentença prolatada em processo por crime punido com reclusão, além do procedimento acima indicado, requerem que: a) exarado o relatório nos autos, passem estes ao revisor para exame do processo e designação do dia para o julgamento; b) os prazos sejam ampliados ao dobro; c) o tempo para debates seja de um quarto de hora. No julgamento das apelações pode haver novo interrogatório do acusado, reinquirição de testemunhas ou determinação de outras diligências. O tribunal deve decidir por maioria de votos, e, havendo empate, o presidente do tribunal, câmara ou turma profere o voto de desempate.

PROCESSO ELEITORAL. *Direito eleitoral.* Conjunto de atos que se inicia com a instalação da mesa receptora, visando coletar votos, e termina com o encerramento da eleição, seguindo-se o lacre da urna, a lavratura da ata e a remessa da urna e dos documentos do ato eleitoral à Junta Eleitoral (Walter C. Swensson).

PROCESSO ELETRÔNICO. *Direito processual.* Os órgãos do Poder Judiciário poderão desenvolver sistemas eletrônicos de processamento de ações judiciais por meio de autos total ou parcialmente digitais, utilizando, preferencialmente, a rede mundial de computadores e acesso por meio de redes internas e externas. Todos os atos processuais do processo eletrônico serão assinados eletronicamente. No processo eletrônico, todas as citações, intimações e notificações, inclusive da Fazenda Pública, serão feitas por meio eletrônico. Quando, por motivo técnico, for inviável o uso do meio eletrônico para a realização de citação, intimação ou notificação, esses atos processuais poderão ser praticados segundo as regras ordinárias, digitalizando-se o documento físico, que deverá ser posteriormente destruído. A distribuição da petição inicial e a juntada da contestação, dos recursos e das petições em geral, todos em formato digital, nos autos de processo eletrônico, podem ser feitas diretamente pelos advogados públicos e privados, sem necessidade da intervenção do cartório ou secretaria judicial, situação em que a autuação deverá se dar de forma automática, fornecendo-se recibo eletrônico de protocolo. Quando o ato processual tiver de ser praticado em determinado prazo, por meio de petição eletrônica, serão considerados tempestivos os efetivados até às 24 horas do último dia, e, se o Sistema do Poder Judiciário se tornar indisponível por motivo técnico, o prazo fica automaticamente prorrogado para o primeiro dia útil seguinte à resolução do problema. Os órgãos do Poder Judiciário deverão manter equipamentos de digitalização e de acesso à rede mundial de computadores à disposição dos interessados para distribuição de peças processuais. Os documentos produzidos eletronicamente e juntados aos processos eletrônicos com garantia da origem e de seu signatário serão considerados originais para todos os efeitos legais. Os extratos digitais e os documentos digitalizados e juntados aos autos pelos órgãos da Justiça e seus auxiliares, pelo Ministério Público e seus auxiliares, pelas procuradorias, pelas autoridades policiais, pelas repartições públicas em geral e por advogados públicos e privados têm a mesma força probante dos originais, ressalvada a alegação motivada e fundamentada de adulteração antes ou durante o processo de digitalização. A argüição de falsidade do documento original será processada eletronicamente na forma da lei processual em vigor. Os originais dos documentos digitalizados deverão ser preservados pelo seu detentor até o trânsito em julgado da sentença ou, quando admitida, até o final do prazo para interposição de ação rescisória. Os documentos cuja digitalização seja tecnicamente inviável devido ao grande volume ou por motivo de ilegibilidade deverão ser apresentados ao cartório ou secretaria no prazo de 10 (dez) dias contados do envio de petição eletrônica comunicando o fato, os quais serão devolvidos à parte após o trânsito em julgado. Os documentos digitalizados juntados em processo eletrônico somente estarão disponíveis para acesso por meio da rede externa para suas respectivas partes processuais e para o Ministério Público, respeitado o disposto em lei para as situações de sigilo e de segredo de justiça. A conservação dos autos do processo poderá ser efetuada total ou parcialmente por meio eletrônico. Os autos dos processos eletrônicos deverão ser protegidos por meio de sistemas de segurança de acesso e armazenados em meio que garanta a preservação e integridade dos dados, sendo dispensada a formação de autos suplementares. Os autos de processos eletrônicos que tiverem de ser remetidos a outro juízo ou instância superior que não disponham de sistema compatível deverão ser impressos em papel e autuados conforme o Código de Processo Civil, ainda que de natureza criminal ou trabalhista, ou pertinentes a juizado especial. Nesta última hipótese o escrivão ou o chefe de secretaria certificará os autores ou a origem dos documentos produzidos nos autos, acrescentando, ressalvada a hipótese de existir segredo de justiça, a forma pela qual o banco de dados poderá ser acessado para aferir a autenticidade das peças e das respectivas assinaturas digitais. Feita a autuação, o processo seguirá a tramitação legalmente estabelecida para os processos físicos. A digitalização de autos em mídia não digital, em tramitação ou já arquivados, será precedida de publicação de editais de intimações ou da intimação pessoal das partes e de seus procuradores, para que, no prazo preclusivo de 30 dias, se manifestem sobre o desejo de manterem pessoalmente a guarda de algum dos documentos originais. O

magistrado poderá determinar que sejam realizados por meio eletrônico a exibição e o envio de dados e de documentos necessários à instrução do processo. Consideram-se cadastros públicos, para os efeitos legais, dentre outros existentes ou que venham a ser criados, ainda que mantidos por concessionárias de serviço público ou empresas privadas, os que contenham informações indispensáveis ao exercício da função judicante. Quando se tratar de processo total ou parcialmente eletrônico, os atos processuais praticados na presença do juiz poderão ser produzidos e armazenados de modo integralmente digital em arquivo eletrônico inviolável, na forma da lei, mediante registro em termo que será assinado digitalmente pelo juiz e pelo escrivão ou chefe de secretaria, bem como pelos advogados das partes.

PROCESSO ESPECIAL. *Direito processual.* É aquele que tem rito próprio, estipulado em normas.

PROCESSO EXECUTIVO. *Vide* PROCESSO DE EXECUÇÃO.

PROCESSO EXTINTO. *Direito processual civil.* Diz-se daquele que, por várias razões circunstanciais, terminou sem ou com resolução do mérito. Por exemplo, extingue-se sem resolução do mérito quando: o juiz indeferir a petição inicial; ficar parado durante mais de um ano por negligência das partes; por não promover os atos e diligências que lhe competir, o autor abandonar a causa por mais de trinta dias; se verificar a ausência de pressupostos de constituição e de desenvolvimento válido e regular do processo; o juiz acolher a alegação de perempção, litispendência ou de coisa julgada; não concorrer qualquer das condições da ação, como a possibilidade jurídica, a legitimidade das partes e o interesse processual; o autor desistir da ação; houver compromisso arbitral; a ação for considerada intransmissível por disposição legal; ocorrer confusão entre autor e réu etc. Extingue-se o processo com resolução do mérito quando: o juiz acolher ou rejeitar o pedido do autor; o réu reconhecer a procedência do pedido; as partes transigirem; o juiz pronunciar decadência ou prescrição; o autor renunciar ao direito sobre que se funda a ação.

PROCESSO FALIMENTAR. *Direito falimentar.* Conjunto de procedimentos ou atos, com prazos peremptórios e contínuos, dirigidos à declaração da falência do empresário ou da sociedade empresária, compreendendo três etapas: a) etapa pré-falencial, que se abre com a petição inicial de falência, indo até a sentença declaratória de falência; b) etapa falencial, que vai dessa sentença até o encerramento da falência ou liquidação, cujo objetivo é realizar o ativo apurado e pagar o passivo; c) reabilitação do devedor falido, extinguindo-se sua responsabilidade civil e penal, possibilitando sua volta à mercância ou à atividade econômica organizada para a produção ou circulação de bens ou serviços (Fábio Ulhoa Coelho).

PROCESSO FINDO. *Direito processual.* Diz-se da ação, cível ou criminal, de que já não cabe recurso (Othon Sidou).

PROCESSO FORMAL. *Direito processual.* É aquele processo especial em que lei substantiva ou material prescreve seu rito de conformidade com a natureza da matéria por ela disciplinada.

PROCESSO GRACIOSO. *Direito processual.* Aquele que é objeto de jurisdição graciosa, ou voluntária, uma vez que não envolve discussão entre os litigantes nem a solução de qualquer litígio, ou conflito de interesses, sendo uma ação de caráter administrativo, sem réu, culminando, em regra, com uma homologação judicial. Por exemplo, dessa natureza é o processo de emancipação; de separação judicial consensual; de abertura, registro e cumprimento de ato de última vontade; de alienação de bens de menores; de extinção de usufruto etc.

PROCESSO INCIDENTAL. *Direito processual.* É aquele processo acessório que aparece no decorrer de uma causa principal em razão da ocorrência de um incidente ou fato imprevisto, por exemplo, argüição de falsidade documental. Esse processo incidental pode ser promovido dentro do próprio processo principal em curso ou em autos apartados, em apenso ou juntados àquele principal. Suspende-se, então, o processo principal até que se resolva o incidental, visto que consubstancia incidente que com ele se relaciona.

PROCESSO INCIDENTE. *Vide* PROCESSO INCIDENTAL.

PROCESSO INFRACIONAL. *Direito processual penal* e *direito da criança e do adolescente.* Meio para apurar, em juízo, infração cometida por adolescente apreendido em flagrante ou quando se tiver indício de sua participação no ato delituoso.

PROCESSO INJUNCIONAL. *Direito comparado.* Aquele em que, na Alemanha, Áustria e Suíça, o credor, sem citação prévia do devedor, consegue, ante determinados créditos, do magistrado a ordem *inaudita altera pars* de prestação, sendo, contudo, admitida a exceção, hipótese em que retoma a via ordinária.

PROCESSO JUDICIAL. *Direito processual.* **1.** Sistema de compor a lide em juízo, por meio de uma relação jurídica vinculativa de direito público (José Frederico Marques). **2.** É a relação jurídica de direito público, de caráter continuativo, resultado do exercício do direito de ação que tem por objeto mediato ou a solução da lide, ou a satisfação do interesse do litigante, ou a pretensão cautelar que, provisoriamente, as assegure, ou a integração de negócios jurídicos que versem sobre direitos indisponíveis, mediante a prestação da tutela jurídica que, como obrigação do Estado, incumbe ao Poder Judiciário (Celso Neves).

PROCESSO JUDICIALIFORME. *Direito processual penal.* Forma judicial ou acusatória que a ação penal toma na fase policial, abrangendo a instrução e o contraditório. Nesse processo a fase inquisitória é substituída pela acusatória, visto que a autoridade policial passa a ter, concomitantemente, os papéis de juiz e de acusador, ausente o Ministério Público, mas presente a defesa. O processo das contravenções penais é judicialiforme quando se iniciar por portaria da autoridade policial ou pelo auto de prisão em flagrante (Manoel Pedro Pimentel).

PROCESSO JUDICIAL TRIBUTÁRIO. *Direito tributário.* É o meio empregado para composição do litígio entre o fisco e o contribuinte, não resolvido satisfatoriamente na esfera administrativa, desde que haja pedido do interessado. Por exemplo, a Fazenda pode, para excutir crédito tributário exigível, propor a execução fiscal; o contribuinte, por sua vez, pode propor: ação anulatória da dívida fiscal, do lançamento, ou da decisão administrativa; mandado de segurança contra coação tributária ilegítima; ação de repetição do indébito; ação de consignação em pagamento da importância do crédito tributário etc.

PROCESSO JUDICIÁRIO DO TRABALHO. *Vide* PROCESSO DO TRABALHO.

PROCESSO JURISDICIONAL. *Direito processual.* É o exercido e desenvolvido perante o Poder Judiciário, por iniciativa da parte autora, opondo-se ao administrativo, que se processa perante autoridade administrativa.

PROCESSO LEGISLATIVO. *Direito constitucional.* Conjunto de normas que regem o procedimento a ser seguido pelo órgão competente, especificando os atos infraconstitucionais preordenados (iniciativa, discussão, votação, sanção ou veto, promulgação e publicação) a serem realizados na elaboração das leis.

PROCESSO LITIGIOSO. *Vide* PROCESSO CONTENCIOSO.

PROCESSOLOGIA. *Direito processual.* Ramo da processualística que regulamenta e classifica os atos e formas imprescindíveis para o exercício do direito de ação.

PROCESSO MATRIMONIAL. *Direito civil.* Diz-se do conjunto de formalidades que precedem à celebração do casamento, com o escopo de verificar a inexistência de impedimentos matrimoniais ou de causas suspensivas e de demonstrar que os nubentes estão em condições de convolar núpcias. Trata-se do processo de habilitação matrimonial em que os nubentes deverão demonstrar, perante o Oficial de Registro Civil, que estão legalmente habilitados para o ato nupcial.

PROCESSO NOS TRIBUNAIS. *Direito processual.* **1.** Aquele que, por ser instrumento da jurisdição, é instaurado perante os órgãos do Poder Judiciário, visando a composição dos litígios. **2.** Aquele que é promovido, em grau de recurso, perante os tribunais, que são órgãos colegiados, competentes para julgar as causas já decididas pelos juízes singulares.

PROCESSO NULO. *Direito processual.* Diz-se daquele que não possui alguma condição essencial.

PROCESSO ORAL. *Direito processual, direito comparado* e *história do direito.* **1.** É aquele em que predomina a forma verbal, como o das ordenações em causas de valor até quatrocentos réis, e nas infrações de polícia municipal. O procedimento oral, atualmente, tem expressão na Hungria, Áustria e Alemanha. No Brasil, temos o princípio da oralidade, que prevalece em certas fases do processo sem que haja exclusão da forma escrita. **2.** Trata-se do procedimento que obedece ao princípio da oralidade processual.

PROCESSO ORDINÁRIO. *Direito processual.* É aquele que deve ser seguido em todas as ações para as quais não há previsão legal de rito especial. Trata-se do processo comum que, por ser um rito-padrão, é aplicável a todas as causas em geral. Nas palavras de Paula Baptista, vem a ser aquele que a lei tem estabelecido como regra geral para todas as causas.

PROCESSO PENAL. *Direito processual penal.* **1.** É aquele referente à matéria criminal, ocupando-se com a atuação jurisdicional do direito penal, as atividades da polícia judiciária, os órgãos respectivos e seus auxiliares (Magalhães Noronha). Forma preestabelecida que torna possível a *persecutio criminis* e a atuação do *jus puniendi* do Estado. **2.** Instrumento apropriado para a composição de litígios penais, uma vez que abrange um conjunto de atos imprescindíveis para a movimentação da ação do poder judiciário para reunir provas, constituir culpa, impor penas àquele que cometeu o delito. **3.** Ramo do direito público interno, que rege a organização e as funções do Poder Judiciário e a operação por meio da qual se opera a aplicação das normas penais ao caso *sub judice* pelo Estado ao solucionar as lides oriundas de infrações da lei penal.

PROCESSO PENDENTE. *Direito processual.* **1.** Aquele que está em curso, não havendo, ainda, sentença transitada em julgado. **2.** Aquele que depende de sentença definitiva não proferida. **3.** Aquele em que a sentença em primeiro grau foi prolatada e da qual o recurso interposto ainda não foi apreciado.

PROCESSO PRELIMINAR DE FALÊNCIA. *Direito falimentar* e *direito processual.* É o que tem início com o pedido de falência do empresário ou da sociedade empresária, terminando com sua decretação pelo magistrado.

PROCESSO PREPARATÓRIO. *Direito processual.* Processo acessório que tem por escopo, em razão do *periculum in mora* ou do *fumus boni juris*, aparelhar a instrução de uma causa ou ressalvar direitos, servindo de instrumento ao futuro processo principal ao assegurar sua eficácia, sendo, em regra, uma medida cautelar, proposta antes do início da demanda, visto que garante a permanência ou estado de conservação das coisas, das pessoas ou das provas.

PROCESSO PREVENTIVO. *Direito processual.* É aquele instaurado no curso da lide para acautelar interesses ou evitar lesão de direitos sujeitos a pleito judicial. Trata-se de um processo cautelar, de natureza acessória, promovido no curso do processo principal, seja ele de conhecimento ou de execução, garantindo seu eficaz desenvolvimento.

PROCESSO PRINCIPAL. *Direito processual.* Aquele que, por tutelar o direito, é autônomo e tem vida própria, pois nele se discute a matéria, que é objeto da demanda.

PROCESSO PROIBIDO. *Direito penal.* É o emprego criminoso de substâncias falsificadas na elaboração de produtos alimentícios industrializados.

PROCESSO ROMANO-CANÔNICO. *História do direito.* Fusão das formas de procedimento: a) romano, oriundo do ressurgir do velho direito das pandectas, e b) canônico, que, baseado no direito romano, possuía suas próprias peculiaridades.

PROCESSOS DE IDENTIFICAÇÃO DO CRIMINOSO. *Medicina legal.* Aqueles que servem para tornar possível descobrir o agente do crime, como: dactiloscopia; averiguação de marca, cicatriz, tatuagem, mutilação que ele apresenta; fotografia; descrição empírica; retrato falado; antropometria etc.

PROCESSO SIMULADO. *Direito processual civil.* Aquele decorrente da combinação entre autor e réu para a efetivação de um ato defeso por lei.

PROCESSO SOCIAL. *Sociologia geral.* Mudança que se opera numa sociedade em razão de interação de seus membros.

PROCESSOS PRODUTIVOS BÁSICOS. *Direito empresarial.* São os processos dos projetos industriais já aprovados ou que venham a ser aprovados pelo Conselho de Administração da Superintendência da Zona Franca de Manaus (CAS) ou pela Superintendência da Zona Franca de Manaus (SUFRAMA), nos casos explicitamente previstos em delegação feita pelo CAS, desde que atendam cumulativamente às seguintes condições: a) devem ser únicos para produtos enquadrados na mesma classificação da Nomenclatura Comum do MERCOSUL (NCM); b) o conjunto de etapas que caracteriza o cumprimento do processo produtivo básico não pode ser limitado, exclusivamente, a operações de envazamento, embalagem ou acondicionamento; c) no caso de insumo cuja fabricação seja exigida no processo produtivo básico do bem final a que se destine, o conjunto de etapas acima referidas não pode ser inferior àquele estabelecido para a fabricação do insumo no processo produtivo básico do bem final; d) todas as etapas do processo produtivo devem ser executadas na Zona Franca de Manaus.

PROCESSO SUMÁRIO. *Vide* PROCEDIMENTO SUMÁRIO.

PROCESSO SUMARÍSSIMO. *Vide* PROCEDIMENTO SUMARÍSSIMO.

PROCESSO TELEOLÓGICO. *Sociologia geral.* Sucessão de atos que visam a consecução de um determinado fim.

PROCESSO TRABALHISTA. *Vide* PROCESSO DO TRABALHO.

PROCESSO TRIBUTÁRIO. *Direito tributário.* 1. Processo administrativo ou judicial que tem por escopo compor litígio ou declarar direito fundado numa relação jurídico-tributária. 2. Meio para resolução de litígio ou para declarar direito baseado em relação jurídico-tributária. Pode ser administrativo ou judicial. Se a solução administrativa dada pela Fazenda Pública for favorável ao contribuinte ou se ele a acatar, o caso termina na instância administrativa. Se lhe for desfavorável, segue para a esfera judicial.

PROCESSO VERBAL. *Vide* PROCESSO ORAL.

PROCESS SERVER. *Locução inglesa.* Oficial de justiça.

PROCESSUAL. *Direito processual.* 1. Relativo a processo. 2. Judicial. 3. Qualidade do que se refere a processo. 4. O que diz respeito ao instrumento da jurisdição. 5. Diz-se do direito alusivo à regulamentação do exercício da função jurisdicional.

PROCESSUALISTA. *Direito processual.* 1. Aquele que é versado em matéria de processos. 2. Jurista especializado em direito processual civil ou em direito processual penal.

PROCESSUALÍSTICA. *Direito processual.* Teoria do processo judicial.

PROCIDÊNCIA. *Medicina legal.* Prolapso de parte mole do corpo.

PROCIDÊNCIA DA LÍNGUA. *Medicina legal.* Projeção da língua além da arcada dentária, que ocorre em casos de asfixia mecânica por constrição do pescoço (Croce e Croce Jr.).

PROCIDÊNCIA DO CORDÃO. *Medicina legal.* Cordão umbilical que se exterioriza antes que se opere a expulsão do nascituro (Croce e Croce Jr.).

PROCISSÃO. *Direito canônico.* Reunião ordenada de fiéis, sob a direção do clero, que desfilam pelas ruas em sinal de devoção ou para render graças a Deus.

PROCLAMAÇÃO. 1. Publicação ou declaração solene de alguma coisa, tornando-a conhecida. 2. Promulgação. 3. Instrumento ou documen-

PROCLAMAÇÃO DOS ELEITOS

869

PRO

to pelo qual se divulga algo. **4.** Ato pelo qual órgão coletivo ou assembléia torna público os resultados das deliberações tomadas. **5.** Declaração pública e solene de fato político que venha a inaugurar uma forma de governo.

PROCLAMAÇÃO DOS ELEITOS. *Direito eleitoral.* Ato oficial pelo qual o órgão competente declara, publicamente, o resultado final das eleições, apontando os nomes dos candidatos que foram eleitos.

PROCLAMAR. 1. Eleger. **2.** Anunciar algo pública, solene e oficialmente. **3.** Aclamar solenemente.

PROCLAMAS DE CASAMENTO. 1. *Direito civil.* a) Pregão de casamento civil; b) edital de casamento. O oficial do Registro Civil, à vista dos documentos exigidos por lei, apresentados pelos nubentes, lavra os proclamas de casamento, mediante edital, afixando-os durante quinze dias em local ostensivo do edifício onde se celebram os casamentos, ou os publica em jornal, para que se possa opor os impedimentos matrimoniais. **2.** *Direito canônico.* Publicação solene de anúncio de casamento religioso a ser realizado, em local apropriado para conhecimento dos fiéis, avisando aos que souberem de impedimento, para que o denuncie.

PROCON. *Direito do consumidor.* Abreviatura de Fundação de Proteção e Defesa do Consumidor que é entidade de direito público, que visa não só a recepção, análise e encaminhamento de reclamações de forma individual ou coletiva, apresentadas pela população, mas também a orientação aos consumidores sobre seus direitos.

PRO CONSUL. *Locução latina.* Como se fosse cônsul.

PROCÔNSUL. *Direito romano.* Magistrado que era o governador de província e que tinha a autoridade de cônsul.

PROCONSULADO. *Direito romano.* **1.** Cargo de procônsul; investidura conferida ao cônsul para administrar uma província, depois de ter exercido a magistratura por um ano. **2.** Território que se submetia à autoridade ou jurisdição do procônsul. **3.** Período em que o procônsul exercia essas funções.

PRO CONSULE FUNGEBANTUR. *Expressão latina.* Funcionando em lugar do cônsul.

PROCONVE. Sigla do Programa de Controle da Poluição do Ar por Veículos Automotores.

PROCRASTINAÇÃO. 1. Ato de procrastinar; postergação. **2.** Adiamento. **3.** Demora indevida ou injustificável. **4.** Qualificação jurídica da conduta daquele que atua com má-fé, em juízo, convencido de não ter razão, com ânimo de prejudicar o adversário ou terceiro, ou criar obstáculos ao exercício do seu direito (Couture).

PROCRASTINADOR. 1. Quem procrastina. **2.** Moroso.

PROCRASTINAR. 1. Adiar. **2.** Deixar para outro momento por razão repreensível. **3.** Demorar; delongar; retardar.

PROCRASTINATÓRIO. O que adia.

PROCRIAÇÃO. 1. Ato ou efeito de criar ou gerar um ser humano. **2.** Geração.

PROCRIADO. Aquele que foi gerado.

PROCRIADOR. Que procria; genitor.

PROCRIAR. 1. Gerar. **2.** Dar origem a um ser humano.

PROCTALGIA. *Medicina legal.* Dor retal.

PROCTECTASIA. *Medicina legal.* Dilatação do ânus ou do reto.

PROCTITE. *Medicina legal.* Inflamação do reto.

PROCTOCELE. *Medicina legal.* Hérnia do reto.

PROCTORRAGIA. *Medicina legal.* Hemorragia retal.

PROCURA. 1. *Economia política.* a) Conjunto dos produtos e serviços pedidos no comércio ou indústria; b) venda. **2.** *Direito civil.* a) Procuração; b) outorga do poder de representação. **3.** Nas *linguagens comum* e *jurídica* pode ter a acepção de: a) pesquisa; b) busca; c) indagação.

PROCURAÇÃO. *Direito civil.* **1.** Instrumento do mandato, contendo as especificações dos poderes conferidos ao mandatário para que este, em seu nome, pratique atos ou administre interesses. **2.** Instrumento pelo qual uma pessoa, física ou jurídica, outorga a outrem poder de representação (Pontes de Miranda). **3.** Instrumento do mandato com representação por ser ato pelo qual alguém investe outrem dos poderes representativos. **4.** Negócio jurídico na medida em que é um ato volitivo, firmado numa declaração, que constitui preceito de autonomia privada destinado à regulamentação de uma situação de interesses (Fernando Crespo Allue).

PROCURAÇÃO *AD JUDICIA*. *Direito civil* e *direito processual.* Instrumento, público ou particular, do mandato *ad judicia*, pelo qual o advogado pode agir em juízo, praticando atos judiciais, em nome do constituinte. Trata-se da procuração geral para o foro, que habilita o advogado a praticar todos os atos do processo, salvo para receber citação inicial, confessar, reconhecer a procedência do pedido, transigir, desistir, renunciar ao direito sobre que se funda a ação, receber, dar quitação e firmar compromisso. A procuração pode ser assinada digitalmente com base em certificado emitido por autoridade certificadora credenciada, na forma da lei específica.

PROCURAÇÃO *AD NEGOTIA*. *Direito civil.* Instrumento do mandato *ad negotia*, no qual o mandante confere poderes ao mandatário para praticar atos extrajudiciais.

PROCURAÇÃO AO PORTADOR. *Vide* PROCURAÇÃO A PESSOA INDETERMINADA.

PROCURAÇÃO A PESSOA INDETERMINADA. *Direito civil* e *direito comparado.* Instrumento, que não contém o nome do mandatário, pelo qual alguém institui como seu representante a pessoa que com ele se apresentar. É admitida por alguns juristas e, expressamente, nos EUA, pelo Código Civil da Louisiana (Othon Sidou).

PROCURAÇÃO *APUD ACTA*. *Direito processual civil.* É a equiparada a instrumento público, conferida nos próprios autos do processo, perante o juiz oficiante.

PROCURAÇÃO A ROGO. *Direito civil.* É o instrumento público passado por quem não sabe ou não pode escrever, e assinado, a seu pedido, por outra pessoa, na presença de duas testemunhas que também o subscrevem.

PROCURAÇÃO BASTANTE. *Direito civil.* Instrumento que outorga todos os poderes que forem necessários para atender ao fim pretendido.

PROCURAÇÃO COLETIVA. *Direito civil.* Instrumento formalizador do mandato conferido por vários mandantes para que o mandatário os represente, atendendo a um interesse comum, e fazendo com que cada mandante se responsabilize, solidariamente, pelo mandatário por todos os compromissos e efeitos do mandato. Logo, o mandatário terá direito de reclamar de qualquer deles o cumprimento dos deveres resultantes do mandato, como pagamento de remuneração, dos adiantamentos, dos juros e dos prejuízos. E aquele que vier a pagar tais obrigações terá ação regressiva contra os de-

mais mandantes, recebendo de cada um a parte que lhes couber, reavendo o que desembolsou.

PROCURAÇÃO CONJUNTA. *Direito civil.* Instrumento do mandato conjunto.

PROCURAÇÃO EM BRANCO. *Direito civil.* Instrumento do mandato no qual se deixa um espaço que, ulteriormente, se coloca o nome do procurador.

PROCURAÇÃO EM CAUSA PRÓPRIA. *Direito civil.* Instrumento pelo qual o procurador passa a agir ou a gerir como se fosse o dono do negócio.

PROCURAÇÃO EM TERMOS GERAIS. *Direito civil.* Instrumento do mandato, outorgado em termos gerais, que confere ao mandatário poderes de administração ordinária, como, por exemplo, pagar tributos, fazer reparações, contratar e despedir empregado etc.

PROCURAÇÃO ESPECIAL. *Direito civil.* Instrumento que confere poderes para a prática de um ou mais negócios do mandante, expressamente consignados.

PROCURAÇÃO EXTRAJUDICIAL. *Vide* PROCURAÇÃO *AD NEGOTIA*.

PROCURAÇÃO FRACIONÁRIA. *Direito civil.* Instrumento pelo qual se nomeiam vários procuradores, designando-se os atos que cada um deve realizar.

PROCURAÇÃO GERAL. *Direito civil.* Instrumento do mandato geral, que se conferem ao mandatário amplos poderes para a administração de um ou mais negócios do mandante.

PROCURAÇÃO GERAL PARA O FORO. *Vide* PROCURAÇÃO *AD JUDICIA*.

PROCURAÇÃO *IN SOLIDUM*. *Vide* PROCURAÇÃO SOLIDÁRIA.

PROCURAÇÃO INSUFICIENTE. *Direito civil.* Instrumento que não contém os poderes necessários para que o mandatário possa agir, atingindo a incumbência que lhe foi cometida. Trata-se da procuração não bastante.

PROCURAÇÃO IRREVOGÁVEL. *Direito civil.* Instrumento que confere poderes ao procurador, os quais não podem ser revogados até a concretização da finalidade do mandato.

PROCURAÇÃO JUDICIAL. *Vide* PROCURAÇÃO *AD JUDICIA*.

PROCURAÇÃO NÃO BASTANTE. *Vide* PROCURAÇÃO INSUFICIENTE.

PROCURAÇÃO *OMNIUM RERUM*. *Direito civil.* Instrumento do mandato geral.

PROCURAÇÃO PARTICULAR. *Direito civil.* Instrumento particular escrito e assinado pelo mandante, que pode outorgar poderes ao mandatário, desde que a forma pública não seja exigida legalmente.

PROCURAÇÃO PLURAL. *Direito civil.* Instrumento do mandato plural, que confere poderes a vários procuradores.

PROCURAÇÃO *PRO RATO*. *Direito civil.* É a feita por pessoa que, por motivo urgente ou justo, por amizade ou parentesco, constitui-se procurador de outra pessoa, obrigando-se a apresentar, dentro de certo prazo, instrumento de procuração.

PROCURAÇÃO PÚBLICA. *Direito civil* e *direito processual civil.* Instrumento público do mandato que, feito por tabelião ou escrivão do processo, é exigido, em certos casos, por lei, para sua validade.

PROCURAÇÃO SINGULAR. *Direito civil.* Instrumento do mandato, se o encargo for cometido a um só procurador.

PROCURAÇÃO SOLIDÁRIA. *Direito civil.* Instrumento do mandato plural, pelo qual os vários procuradores nomeados podem agir, separadamente, independentemente da ordem de nomeação. Trata-se da procuração *in solidum*.

PROCURAÇÃO SUBSTITUTIVA. *Direito civil.* Instrumento do mandato plural, que confere poderes a diversos procuradores, sendo que cada um pode agir na falta do outro pela ordem de nomeação.

PROCURAÇÃO SUCESSIVA. *Vide* PROCURAÇÃO SUBSTITUTIVA.

PROCURADOR. 1. *Direito civil.* a) Mandatário; b) o que age como representante do mandante em juízo ou fora dele. **2.** *Direito comercial.* Empregado de estabelecimento mercantil que efetua cobrança das dívidas de sua clientela. **3.** *Direito processual.* Advogado que, munido de procuração *ad judicia*, representa a parte litigante em juízo. **4.** *Direito administrativo.* Mandatário que representa judicial ou extrajudicialmente o Estado, o Município, a autarquia e fundação pública.

PROCURADOR BASTANTE. *Direito civil.* Aquele que está investido de poderes suficientes e necessários para alcançar a finalidade almejada pelo representado.

PROCURADOR DE JUSTIÇA DO ESTADO. *Direito processual.* Membro do Ministério Público local, que exerce atribuições institucionais junto aos tribunais (Hugo Nigro Mazzilli).

PROCURADOR DO BANCO CENTRAL DO BRASIL. *Direito bancário.* É o encarregado do procuratório judicial e extrajudicial, da defesa dos interesses do Banco Central em juízo e fora dele, da consultoria e assessoramento jurídicos, e de todas as atribuições próprias da profissão de advogado.

PROCURADOR ECÔNOMO. *Direito canônico.* Padre incumbido de administrar uma congregação religiosa, providenciando tudo o que for necessário.

PROCURADORES REGIONAIS DA UNIÃO. *Direito processual.* São os que têm a incumbência de orientar e supervisionar, tecnicamente, os representantes judiciais da União com exercício no âmbito da jurisdição dos respectivos Tribunais Regionais Federais, respeitada a competência dos Procuradores Regionais da Fazenda Nacional.

PROCURADOR-GERAL DA REPÚBLICA. *Direito constitucional.* Aquele que exerce a chefia do Ministério Público da União, por ter sido nomeado pelo Presidente da República dentre os integrantes da carreira, maiores de trinta e cinco anos, após a aprovação de seu nome pela maioria absoluta do Senado Federal, para mandato de dois anos, sendo admitida sua recondução. Pode ser destituído por iniciativa do Presidente da República, desde que haja autorização da maioria absoluta do Senado Federal.

PROCURADOR-GERAL DE JUSTIÇA. *Direito processual.* É aquele que tem a representação geral do Ministério Público estadual nos atos do ofício que lhe sejam cometidos. Cabe-lhe representar aos tribunais locais: a) por inconstitucionalidade de leis ou atos normativos estaduais ou municipais, em face da Constituição Estadual; b) para fins de intervenção do Estado no Município, com o fim de garantir a observância de princípios indicados na Constituição Estadual, ou prover a execução de lei, de ordem ou de decisão judicial. Compete-lhe, ainda, determinar o arquivamento de representação, notícia de crime, peças de informação, inquérito policial, investigações a ele encaminhadas por comissões parlamentares de inquérito, desde que dentro de suas atribuições legais (Hugo Nigro Mazzilli).

PROCURADORIA. *Direito administrativo.* **1.** Cargo ou ofício de procurador. **2.** Local onde o procurador exerce seu ofício.

PROCURADORIA DA JUSTIÇA DESPORTIVA. *Direito desportivo.* Destina-se a promover a responsabilidade das pessoas físicas ou jurídicas que violarem as disposições do Código Brasileiro de Justiça Desportiva, exercida por procuradores nomeados pelo respectivo órgão judicante (STJD ou TJD), sendo um escolhido Procurador-Geral pelo presidente, com mandato idêntico ao estabelecido para os auditores, aos quais compete: a) oferecer denúncia, nos casos previstos em lei; b) dar parecer nos processos de competência do órgão judicante ao qual esteja vinculado; c) formalizar as providências legais e acompanhá-las em seus trâmites; d) requerer vistas dos autos; e) interpor recursos nos casos previstos em lei ou neste Código ou propor medidas que visem à preservação dos princípios que regem a Justiça Desportiva; f) requerer a instauração de inquérito; g) exercer outras atribuições que lhes forem conferidas normativamente.

PROCURADORIA-GERAL DA FAZENDA NACIONAL (PGFN). *Direito administrativo.* É o órgão específico singular do Ministério da Fazenda e de direção superior da Advocacia-Geral da União, administrativamente subordinado ao Ministro de Estado da Fazenda, que tem por finalidade: 1) apurar a liquidez e certeza da dívida ativa da União, tributária ou de qualquer outra natureza, inscrevendo-a para fins de cobrança, amigável ou judicial; 2) representar privativamente a União na execução de sua dívida ativa de caráter tributário; 3) examinar previamente a legalidade dos contratos, concessões, acordos, ajustes ou convênios que interessem à Fazenda Nacional, inclusive os referentes à dívida pública externa, e, quando for o caso, promover a respectiva rescisão ou declaração de caducidade, por via administrativa ou judicial; 4) representar a União nas causas de natureza fiscal, assim entendidas as relativas a tributos de competência da União, inclusive infrações à legislação tributária, empréstimos compulsórios, apreensão de mercadorias nacionais ou estrangeiras, decisões de órgãos do contencioso administrativo fiscal, benefícios e isenções fiscais, créditos e estímulos fiscais à exportação, responsabilidade tributária de transportadores e agentes marítimos, e incidentes processuais suscitados em ações de natureza fiscal; 5) fixar a interpretação da Constituição, das leis, dos tratados e demais atos normativos a ser uniformemente seguida em suas áreas de atuação e coordenação, quando não houver orientação normativa do Advogado-Geral da União; 6) representar e defender os interesses da Fazenda Nacional: a) nos contratos, acordos ou ajustes de natureza fiscal ou financeira, em que intervenha, ou seja parte, de um lado, a União, e, de outro, os Estados, o Distrito Federal, os municípios, as autarquias, as empresas públicas, as sociedades de economia mista ou entidades estrangeiras, bem assim nos de concessões; b) em contratos de empréstimo, garantia, contragarantia, aquisição financiada de bens e arrendamento mercantil, em que seja parte ou intervenha a União; c) junto à Câmara Superior de Recursos Fiscais, aos Conselhos de Contribuintes, ao Conselho de Recursos do Sistema Financeiro Nacional, aos Conselhos Superior e Regionais do Trabalho Marítimo e em outros órgãos de deliberação coletiva; d) nos atos relativos a aquisição, alienação, cessão, aforamento, locação e outros concernentes a imóveis do patrimônio da União, junto aos cartórios de registro de imóveis, requerendo a matrícula, inscrição, transcrição ou averbação de títulos relativos a imóvel do patrimônio da União e, quando for o caso, manifestando recusa ou impossibilidade de atender à exigência do oficial, bem assim a ele requerendo certidões no interesse do referido patrimônio, e, ainda, promovendo o registro de propriedade dos bens imóveis da União discriminados administrativamente, possuídos ou ocupados por órgãos da Administração federal e por unidades militares, nas hipóteses previstas na legislação pertinente; e) nos atos constitutivos e em assembléias de sociedades por ações de cujo capital participe a União, bem assim nos atos de subscrição, compra, venda ou transferência de ações ou direito de subscrição; 7) aceitar as doações, sem encargos, em favor da União. A Procuradoria-Geral da Fazenda Nacional desempenha as atividades de consultoria e assessoramento jurídicos no âmbito do Ministério da Fazenda e entidades vinculadas.

PROCURADORIA-GERAL DA FUNDAÇÃO NACIONAL DO ÍNDIO. *Direito administrativo.* É o órgão vinculado à Advocacia-Geral da União que tem por finalidade: a) assessorar o presidente da

PROCURADORIA-GERAL DO ESTADO 873

Fundação Nacional do Índio em assuntos de natureza jurídica; b) promover a defesa dos direitos e interesses da Fundação e das sociedades indígenas, judicial e extrajudicialmente; c) cumprir e velar pelo cumprimento da Constituição, das leis, dos tratados e das orientações normativas emanadas da Advocacia-Geral da União; d) assessorar o presidente no controle interno da legalidade dos atos administrativos a serem por ele praticados ou já efetivados; e) examinar, prévia e conclusamente, os textos de editais de licitação e seus respectivos contratos ou instrumentos congêneres, bem como os atos pelos quais se vá reconhecer a inexigibilidade ou decidir a dispensa de licitação; f) examinar, previamente, convênios, acordos, contratos, ajustes e seus respectivos termos aditivos, bem como outros atos semelhantes; g) exercer a coordenação e supervisão dos trabalhos desenvolvidos pelos advogados lotados nas Unidades regionais.

PROCURADORIA-GERAL DO ESTADO. *Direito administrativo.* Órgão que, integrando Poder Executivo estadual, representa o Estado em juízo ou fora dele, agindo em defesa dos interesses públicos.

PROCURADORIA JURÍDICA DA CVM. *Direito administrativo.* Órgão com incumbência para: a) representar a Comissão de Valores Mobiliários judicial e extrajudicialmente; b) exercer atividades de consultoria e assessoramento jurídicos aos órgãos da CVM; c) apurar a da liquidez e certeza dos créditos, de qualquer natureza, inerentes às atividades da CVM, inscrevendo-os em dívida ativa, para fins de cobrança amigável ou judicial.

PROCURADOR JUDICIAL. *Direito processual.* Advogado que, munido de procuração *ad judicia*, está habilitado para defender seu constituinte em juízo.

PROCURAR. 1. Exercer a incumbência de procurador. **2.** Advogar uma causa em juízo. **3.** Investigar. **4.** Diligenciar. **5.** Dirigir-se a alguém.

PROCURAR EM JUÍZO. *Direito processual.* Funcionar em juízo na qualidade de procurador *ad judicia*, defendendo os interesses de seu constituinte.

PROCURATIO IN REM PROPRIAM. *Locução latina.* Procuração em causa própria.

PROCURATIO IN REM SUAM. *Locução latina.* Procuração em causa própria.

PROCURATIO UNUS REI. *Locução latina.* Procuração especial.

PROCURATORIA. *Vide* PROCURADORIA.

PROCURATÓRIO. Referente a procurador ou à procuração.

PROCURATURA. 1. *Vide* PROCURADORIA. **2.** Exercício do mandato.

PROCURÁVEL. *Direito civil.* Diz-se da dívida portável (Nehemias Gueiros).

PRO DERELICTO. *Locução latina.* Em completo abandono.

PRO DESERTO. *Locução latina.* Abandonado.

PRODIÇÃO. *Direito penal.* **1.** Traição. **2.** Entrega da mulher para ato obsceno.

PRÓDICO. *História do direito.* Tutor dos reis menores, na antiga Esparta.

PRODIGALIDADE. *Direito civil.* **1.** Afeidomia. **2.** Caráter de pródigo. **3.** Ato de efetuar, habitualmente, gastos excessivos, que torna a pessoa incapaz de administrar seu patrimônio. **4.** Dissipação desordenada de bens; desbaratamento da fortuna. **5.** Liberalidade profusa e injustificada, que constitui razão para a interdição daquele que, assim, age, impedindo-o de administrar seu patrimônio.

PRODIGALIZAÇÃO. 1. Esbanjamento. **2.** Propagação de algo em grande escala.

PRODIGALIZADOR. *Direito civil.* Pródigo.

PRODIGALIZAR. *Direito civil.* **1.** Esbanjar ou dissipar ruinosamente uma fortuna. **2.** Gastar em excesso.

PRODÍGIO. 1. Diz-se daquele que possui extraordinário talento. **2.** Fenômeno inexplicável.

PRÓDIGO. *Direito civil.* Pessoa relativamente incapaz, por ser aquele que, comprovada, habitual e desordenadamente, dilapida seu patrimônio, fazendo gasto excessivo. Com sua interdição, privado está dos atos que possam comprometer seus bens, não podendo, sem a assistência de seu curador, alienar, emprestar, dar quitação, transigir, hipotecar, agir em juízo e praticar, em geral, atos que não sejam de mera administração. Todos os demais atos da vida civil poderão por ele ser validamente praticados, como: casamento; a fixação do domicílio do casal; a autorização para que seus filhos menores contraiam matrimônio. É, portanto, aquele que por sua prodigalidade se torna incapaz de administrar seu patrimônio.

PRODITADOR. *Direito romano.* Magistrado que tinha autoridade ditatorial, na ausência dos cônsules.

PRODITADURA. *Direito romano.* Cargo de proditador.

PRODITATORIAL. *Direito romano.* Referente a proditador ou a proditadura.

PRÓDITO. *Direito penal.* Atraiçoado.

PRODITOR. *Direito penal.* Traidor.

PRODITÓRIO. *Direito penal.* **1.** O que contém traição. **2.** Traiçoeiro.

PRO DIVISO. **1.** Locução latina que indica a divisão de uma propriedade entre seus vários donos. **2.** Divisível.

PRO DOMO SUA. *Locução latina.* **1.** Em benefício próprio. **2.** Pela sua casa. **3.** Em defesa de interesses particulares.

PRÓDROMO. **1.** *Direito autoral.* a) Primeira obra de um autor; b) modalidade de prefácio; preâmbulo. **2.** *Medicina legal.* Sintoma que indica a aproximação de uma moléstia.

PRODUÇÃO. **1.** *Direito autoral.* a) Contrato pelo qual o autor confere a empresário o direito de fixação da obra pelos meios de reprodução, para possibilitar sua exploração econômica (Carlos Alberto Bittar); b) obra literária ou artística. **2.** *Economia política* e *direito comercial.* a) Ato ou efeito de produzir; fabricação; manufatura; b) quantidade de mercadoria produzida; c) obtenção, através do trabalho conjugado ao capital e à técnica, de bens comerciais ou de matérias-primas destinadas ao mercado; d) soma de bens produzidos; e) porção de riquezas obradas industrialmente ou extraídas da natureza; f) processo que, por meio de técnicas adequadas, ordena recursos disponíveis, com o escopo de criar produtos ou serviços econômicos. **3.** *Direito processual.* a) Ação de produzir provas em juízo; b) apresentação, num processo, de razões jurídicas em defesa de um direito. **4.** *Medicina legal.* a) Desenvolvimento de um sintoma mórbido; b) hipertrofia de um tecido normal.

PRODUÇÃO AGRÍCOLA. *Direito agrário.* Frutos ou produtos tirados da terra através do exercício da agricultura.

PRODUÇÃO ANTECIPADA DE PROVA. *Direito processual civil.* Realização de provas, como interrogatório da parte, inquirição de testemunhas e exame pericial, antes da instrução e julgamento da causa.

PRODUÇÃO CINEMATOGRÁFICA. *Direito autoral.* Contrato que visa a fixação do movimento em função de temas, plasmando em telas cenas da vida real ou idealizadas por seu criador. É desenvolvida por empresa especializada, que se utiliza, desde a preparação do tema até a efetivação do filme, de mão-de-obra de vários criadores intelectuais. Esse contrato deve conter: a remuneração devida pelo produtor aos co-autores da obra, aos artistas-intérpretes ou executantes; tempo, local e forma de pagamento; prazo para o término da obra; responsabilidade do produtor para com os demais co-autores, artistas-intérpretes ou executantes, no caso de co-produção da obra cinematográfica. Na produção cinematográfica o produtor adquire do autor o direito de reproduzir e propagar a obra, explorando-a pela venda e locação de cópias.

PRODUÇÃO DE PROGRAMA DE COMPUTADOR. *Direito autoral* e *direito virtual.* Contrato que diz respeito aos direitos relativos ao *software*, ou seja, ao programa de computação desenvolvido ou elaborado, dispondo sobre sua comercialização ou exploração econômica.

PRODUÇÃO DE PROGRAMA DE TELEVISÃO. *Direito autoral.* Contrato para fixação de interpretações ou execuções autorizadas, e transmissão de imagens a distância, mediante conversão de ondas luminosas em elétricas e a posterior reconversão à forma anterior.

PRODUÇÃO ECONÔMICA. *Economia política.* Soma de utilidades ou bens econômicos destinados ao uso e consumo público, advindos de atividades industriais ou agrárias.

PRODUÇÃO FABRIL. *Direito empresarial.* Conjunto de bens manufaturados pelo homem, pela transformação da matéria-prima em várias utilidades de outra espécie (De Plácido e Silva).

PRODUÇÃO FONOGRÁFICA. *Direito autoral.* Contrato pelo qual o artista cede ao produtor fonográfico o direito de reproduzir sua execução e, portanto, sua publicação e exploração comercial.

PRODUÇÃO FOTOGRÁFICA. *Direito autoral.* Contrato pelo qual o autor de uma obra fotográfica, artística ou documental, concede o direito de sua reprodução, difusão e comercialização, desde que se observe as limitações atinentes à exposição, reprodução e venda.

PRODUÇÃO INDUSTRIAL. *Vide* PRODUÇÃO FABRIL.

PRODUÇÃO INTEGRADA DE FRUTAS (PIF). *Direito ambiental.* Sistema de produção que gera alimentos e demais produtos de alta qualidade, mediante aplicação de recursos naturais e regulação de mecanismos para a substituição de insumos poluentes e a garantia de sustentabilidade da produção agrícola, enfatizando o enfoque do sistema holístico, envolvendo a totalidade ambiental como unidade básica, o papel central do agroecossistema, o equilíbrio do ciclo de nutrientes, a preservação e o desenvolvimento da fertilidade do solo e a diversidade ambiental como componentes essenciais, além de métodos e técnicas biológicos e químicos cuidadosamente equilibrados, levando-se em conta a proteção ambiental, o retorno econômico e os requisitos sociais.

PRODUÇÃO INTELECTUAL. *Direito autoral.* Obra artística, literária ou científica.

PRODUÇÃO PECUÁRIA. *Direito agrário.* Criação de bovinos, ovinos, caprinos, cavalares e muares.

PRODUÇÃO POR MEIO DE SATÉLITE. *Direito autoral.* Contrato que visa a difusão de obras intelectuais, por meio de satélite ou de cabovisão, mediante a representação, quando leva a público a obra recebida, e reprodução, pela fixação da obra recebida, selecionando partes ou programas (Carlos Alberto Bittar).

PRODUÇÃO PRIMÁRIA. *Economia política* e *direito agrário.* É a proporcionada pelas matérias-primas da natureza, como a agrícola, a pecuária, a extrativa etc. (Othon Sidou).

PRODUÇÃO RURAL. *Direito agrário.* Toda produção de origem animal ou vegetal, em estado natural ou submetidas a processos de beneficiamento ou industrialização rudimentar, assim compreendidos, entre outros, os processos de lavagem, limpeza, descaroçamento, pilagem, descascamento, lenhamento, pasteurização, resfriamento, secagem, fermentação, embalagem, cristalização, fundição, carvoejamento, cozimento, destilação, moagem, torrefação, bem como os subprodutos e os resíduos obtidos através destes processos.

PRODUÇÃO SECUNDÁRIA. *Economia política* e *direito empresarial.* É a das indústrias de transformação ou de produtos manufaturados (Othon Sidou).

PRODUÇÃO TEATRAL. *Direito autoral.* Contrato de representação teatral.

PRODUÇÃO TERCIÁRIA. *Economia política* e *direito comercial.* É a do comércio em geral, de mercadorias, dinheiro e valores (Othon Sidou).

PRODUCENTE. 1. Lógico. **2.** Concludente. **3.** Que produz algo; produtor.

PRODUCTA SCELERIS. *Locução latina.* Produtos da ação ou omissão criminosa.

PRODUKTENBÖRSE. *Termo alemão.* **1.** Operação de Bolsa de Mercadorias. **2.** Bolsa de Mercadorias.

PRODUKTIONSFEHLER. *Termo alemão.* Defeitos de fabricação.

PRODUTIBILIDADE. Qualidade do que é produtivo.

PRODUTÍVEL. O que se pode produzir.

PRODUTIVIDADE. 1. *Economia política.* a) Rendimento de uma atividade econômica em função de tempo, capital, área, pessoal e outros fatores de produção; b) relação entre a quantidade de produção e a de recurso usado em certo processo produtivo (Paulo Matos Peixoto). **2.** *Direito agrário.* Maior quantidade de bens rurais produzida numa unidade de predeterminada área (Felipe Meira Aguiar). **3.** *Direito do trabalho.* Capacidade que tem o empregado de oferecer bons resultados em sua atividade laborativa. **4.** *Direito administrativo.* Capacidade de produção do servidor público.

PRODUTIVO. 1. Rendoso. **2.** O que produz. **3.** Fértil. **4.** Diz-se do trabalho aplicado diretamente no processo de manufaturação.

PRODUTO. 1. *Direito civil.* Utilidade que se pode retirar da coisa, alterando sua substância, com a diminuição da quantidade até o esgotamento, porque não se reproduz periodicamente. Por exemplo: metal precioso de uma mina; petróleo de um poço; pedra de uma pedreira. **2.** *Direito autoral.* Resultado de um trabalho intelectual. **3.** *Direito comercial.* O que é produzido pela indústria. **4.** *Economia política.* a) Resultado útil, advindo do trabalho humano; b) o que resulta de uma operação econômica. **5.** *Medicina legal.* Tecido anormal que se desenvolve no organismo. **6.** *Direito do consumidor.* a) Bem móvel ou imóvel, material ou imaterial, colocado no mercado para atender o consumidor; b) mercadoria ou serviço. **7.** Na *linguagem financeira* é a soma pecuniária obtida numa operação ou negócio (De Plácido e Silva).

PRODUTO ABANDONADO. *Direito civil.* Aquele que foi abandonado pelo proprietário.

PRODUTO ACABADO. *Direito comercial.* É aquele que passa por todas as fases de produção e acondicionamento, pronto para a comercialização e/ou entrega ao consumo.

PRODUTO A GRANEL *(BULK)*. *Direito comercial.* É o material processado que se encontra em sua forma definitiva, e que só é acondicionado ou embalado antes de converter-se em produto terminado, sendo os injetáveis, na sua embalagem primária, considerados produtos a granel.

PRODUTO AGROPECUÁRIO. *Direito agrário.* Aquele oriundo do exercício de atividades agrícolas, pecuárias ou extrativas.

PRODUTO AMPLIADO. *Direito do consumidor.* Produto tangível somado ao conjunto de serviços que o acompanha (Kotler).

PRODUTO APREENDIDO. *Direito tributário.* Diz-se da mercadoria que foi tomada de seu dono pela autoridade fiscal.

PRODUTO BRUTO. 1. Receita bruta. **2.** Soma total, sem que haja qualquer dedução de gastos ou despesas porventura efetuados.

PRODUTO CRIPTOGRÁFICO. *Direito virtual.* Denominação genérica atribuída a *hardware*, *software*, *firmware*, ou a qualquer combinação que contenha um módulo criptográfico, como também a atribuída a serviço que empregue recursos criptográficos.

PRODUTO DA AGRICULTURA ORGÂNICA. *Direito ambiental.* É o produto orgânico, seja ele *in natura* ou processado, aquele obtido em sistema orgânico de produção agropecuária ou oriundo de processo extrativista sustentável e não prejudicial ao ecossistema local.

PRODUTO DA CONCEPÇÃO. *Medicina legal.* **1.** Denominação dada ao ser vivo, desde a fecundação até a parturição. **2.** Óvulo fecundado; embrião e feto.

PRODUTO DEFEITUOSO. *Direito do consumidor.* Mercadoria ou serviço que apresenta algum defeito ou vício aparente ou oculto.

PRODUTO DURÁVEL. *Direito do consumidor.* Aquele que resiste ao uso normal, sem afetar sua substância, por exemplo, eletrodomésticos, automóvel etc.

PRODUTO EMBALADO. *Direito do consumidor.* É todo produto que está contido em uma embalagem, pronto para ser oferecido ao consumidor.

PRODUTO ESTRANGEIRO. *Direito internacional privado* e *direito tributário.* Qualquer mercadoria fabricada no exterior.

PRODUTO ESTRATÉGICO DE DEFESA. *Direito militar.* Bem e serviço que, pelas peculiaridades de obtenção, produção, distribuição, armazenagem, manutenção ou emprego, possam comprometer, direta ou indiretamente, a consecução de objetivos relacionados à segurança ou à defesa do País.

PRODUTO FARMACÊUTICO INTERCAMBIÁVEL. *Direito do consumidor.* Equivalente terapêutico de um medicamento de referência, comprovados, essencialmente, os mesmos efeitos de eficácia e segurança.

PRODUTO FITOSSANITÁRIO. *Direito ambiental.* Qualquer substância ou mistura de substâncias destinadas a prevenir, destruir e controlar qualquer organismo nocivo, incluindo as espécies não desejadas de plantas ou animais que causam prejuízo ou que interferem de qualquer forma na produção, elaboração ou armazenamento de produtos agrícolas. O termo inclui coadjuvantes, fitorreguladores, dessecantes e as substâncias aplicadas nos cultivos, antes e depois da colheita, para proteger os vegetais contra a deterioração durante o armazenamento e transporte.

PRODUTO FLORESTAL. *Direito agrário.* **1.** É aquele oriundo da madeira, como: toro; torete; lenha; acha ou lasca; apara ou resíduo, partícula; madeira serrada, beneficiada, laminada ou compensada; polpa de madeira; polpa mecânica; polpa semiquímica; polpa química; celulose; papelão; papel; óleo ou essência de sassafrás; chapa de fibra; placa de madeira aglomerada; alcatrão de madeira; carvão vegetal; tanino; resina e goma. **2.** Aquele que se encontra no seu estado bruto ou *in natura*, na forma abaixo: a) madeira em toras; b) toretes; c) postes não imunizados; d) escoramentos; e) palanques roliços; f) dormentes nas fases de extração/fornecimento; g) estacas e moirões; h) achas e lascas; i) pranchões desdobrados com motosserra; j) bloco ou filé, tora em formato poligonal, obtida a partir da retirada de costaneiras; k) lenha; l) palmito; m) xaxim; e n) óleos essenciais. Consideram-se, ainda, produto florestal as plantas ornamentais, medicinais e aromáticas, mudas, raízes, bulbos, cipós e folhas de origem nativa ou plantada das espécies constantes da lista oficial de flora brasileira ameaçada de extinção. **3.** Produto madeireiro e não madeireiro gerado pelo manejo florestal sustentável.

PRODUTO FORMULADO PRONTO PARA O USO. *Direito do consumidor.* Aquele cuja formulação, para ser empregada, não necessita de nenhum procedimento de diluição.

PRODUTO FUMIGANTE. *Direito agrário* e *direito do consumidor.* É a formulação que apresenta propriedade de volatilização, alcançando deste modo os insetos e outras pragas a serem controladas.

PRODUTO GENÉRICO. *Direito do consumidor.* Benefício esperado do produto. É, portanto, o aspecto intangível do produto (Kotler).

PRODUTO INDUSTRIALIZADO. *Direito tributário.* Bem que foi submetido a qualquer operação que lhe altere a natureza ou finalidade, ou o aperfeiçoe para o consumo, sobre o qual recai o Imposto sobre Produto Industrializado (IPI).

PRODUTO *IN NATURA*. *Direito agrário* e *direito do consumidor.* É todo alimento de origem vegetal ou animal, para cujo consumo imediato se exija, apenas, a remoção da parte não-comestível e os tratamentos indicados para a sua perfeita higienização e conservação.

PRODUTO LÍQUIDO. É aquela soma resultante de operações que já deduziram os gastos e despesas.

PRODUTO LOGÍSTICO. *Direito comercial.* É o ofertado pela empresa ao cliente, causando-lhe satisfação. Se o produto for algum tipo de serviço, ele deverá apresentar conveniência, distinção e qualidade. Se o produto for um bem físico, ele também tem atributos como peso, volume e forma, que influenciam no custo logístico (Ronald H. Ballou e James G. Heim).

PRODUTO MÉDICO. *Medicina legal.* **1.** Equipamento, aparelho, instrumento, material, artigo, acessório ou sistema de uso ou aplicação médica, hospitalar, odontológica ou laboratorial, destinado à prevenção, ao diagnóstico, ao tratamento ou à reabilitação da saúde individual ou coletiva. **2.** Produto para a saúde, tal como equipamento, aparelho, material, artigo ou sistema de uso ou aplicação médica, odontológica ou laboratorial, destinado à prevenção, ao diagnóstico, ao tratamento, à reabilitação ou anticoncepção e que não utiliza meios farmacológico, imunológico ou metabólico para realizar sua principal função em seres humanos, podendo entretanto ser auxiliado em suas funções por tais meios.

PRODUTO MÉDICO ATIVO. *Medicina legal.* Qualquer produto médico cujo funcionamento depende de fonte de energia elétrica ou qualquer outra fonte de potência distinta da gerada pelo corpo humano ou gravidade e que funciona pela conversão dessa energia. Não são considerados produtos médicos ativos os produtos médicos destinados a transmitir energia, substâncias ou outros elementos entre um produto médico ativo e o paciente, sem provocar alteração significativa.

PRODUTO MÉDICO ATIVO PARA DIAGNÓSTICO. *Medicina legal.* Qualquer produto médico ativo, utilizado isoladamente ou em combinação com outros produtos médicos, destinado a proporcionar informações para a detecção, diagnóstico, monitoração ou tratamento das condições fisiológicas ou de saúde, enfermidades ou deformidades congênitas.

PRODUTO MÉDICO ATIVO PARA TERAPIA. *Medicina legal.* Qualquer produto médico ativo, utilizado isoladamente ou em combinação com outros produtos médicos, destinado a sustentar, modificar, substituir ou restaurar funções ou estruturas biológicas, no contexto de tratamento ou alívio de uma enfermidade, lesão ou deficiência.

PRODUTO MÉDICO DE USO ÚNICO. *Medicina legal.* Qualquer produto médico destinado a ser usado na prevenção, diagnóstico, terapia, reabilitação ou anticoncepção, utilizável somente uma vez, segundo especificado pelo fabricante.

PRODUTO MÉDICO ESTÉRIL. *Medicina legal.* Produto livre de toda contaminação microbiana.

PRODUTO MÉDICO IMPLANTÁVEL. *Medicina legal.* Qualquer produto médico projetado para ser totalmente introduzido no corpo humano ou para substituir uma superfície epitelial ou ocular, por meio de intervenção cirúrgica, e destinado a permanecer no local após a intervenção. Também é considerado um produto médico implantável qualquer produto médico destinado a ser parcialmente introduzido no corpo humano através de intervenção cirúrgica e permanecer após esta intervenção por longo prazo.

PRODUTO MÉDICO INVASIVO. *Medicina legal.* Produto médico que penetra, total ou parcialmente, dentro do corpo humano, seja através de orifício do corpo ou de superfície epitelial.

PRODUTO MÉDICO INVASIVO CIRURGICAMENTE. *Medicina legal.* Produto médico invasivo que penetra no interior do corpo humano através da superfície corporal por meio, ou no contexto, de uma intervenção cirúrgica.

PRODUTO NACIONAL BRUTO. *Economia política.* Valor total dos bens e serviços produzidos pelo País durante um ano.

PRODUTO NÃO DURÁVEL. *Direito do consumidor.* Aquele que é perecível, como alimento, medicamento, cosmético etc.

PRODUTO PARA USO INSTITUCIONAL. *Direito civil* e *direito comercial.* Produto destinado à venda e utilização sob a responsabilidade de pessoa jurídica, não sendo necessária a aplicação por pessoa/empresa especializada.

PRODUTOR. 1. *Economia política.* a) País ou região que produz certo bem ou mercadoria; b) o que produz artigos de consumo. **2.** *Direito agrário.* a) Aquele que, com trabalho agrícola, pecuário ou extrativo, cria, aperfeiçoa, industrializa e distribui produtos naturais, alimentícios e transformados; b) aquele que, proprietário ou não, desenvolve atividade agrícola, pastoril ou hortifrutigranjeira, por conta própria, individualmente ou em regime de economia familiar. **3.** *Direito comercial.* a) Industrial; o que promove produção industrial; b) o que fabrica artigos de consumo de matérias-primas; fabricante; c) aquele que beneficia ou transforma um produto. **4.** *Direito autoral.* a) Autor; b) aquele que idealiza, orienta, escreve e realiza espetáculos, programas de rádio e televisão ou roteiros cinematográficos; c) aquele que cria os anúncios publicitários; d) é a pessoa física ou jurídica que toma a iniciativa e tem a responsabilidade econômica da primeira fixação do fonograma ou da obra audiovisual, qualquer que seja a natureza do suporte utilizado.

PRODUTOR INDEPENDENTE AUTÔNOMO (PIA). *Direito administrativo.* Um produtor independente de energia elétrica é considerado autônomo quando sua sociedade, não sendo ela própria concessionária de qualquer espécie, não é controlada ou coligada de concessionária de serviço público ou de uso de bem público de geração, transmissão ou distribuição de energia elétrica, nem de seus controladores ou de outra sociedade controlada ou coligada com o controlador comum.

PRODUTOR INDEPENDENTE DE ENERGIA ELÉTRICA (PIE). *Direito administrativo.* É a pessoa jurídica ou o conjunto de empresas reunidas em consórcio que recebam concessão ou autorização do poder concedente para produzir energia elétrica destinada ao comércio de toda ou parte da energia produzida, por sua conta e risco.

PRODUTOR OU IMPORTADOR DE BIODIESEL. *Direito comercial* e *direito administrativo.* Pessoa jurídica constituída na forma de sociedade sob as leis brasileiras, com sede e administração no País, beneficiária de concessão ou autorização da Agência Nacional de Petróleo (ANP) e possuidora de Registro Especial de Produtor ou Importador de Biodiesel junto à Secretaria da Receita Federal do Ministério da Fazenda.

PRODUTOR RURAL. *Direito agrário.* Pessoa física ou jurídica, proprietária ou não, que em estabelecimento rural explore não só atividade agrícola, pastoril ou hortigranjeira, ou a indústria rural e a extração de produtos primários, vegetais ou animais, como também atividade pesqueira, em caráter permanente ou temporário, diretamente ou através de prepostos. Para Fernando P. Sodero, é o empresário agrícola, pecuário, agroindustrial ou extrativo, ou seus empregados, arrendatários e parceiros, colonos e outros, que cultivam produtos agrícolas, criam animais, exercem a indústria rural ou praticam o extrativismo vegetal ou animal, em caráter profissional e com fito de lucro, visando a sua própria subsistência e comercializando o excedente dos frutos ou produtos, no mercado interno ou no externo.

PRODUTOS À BASE DE BACTÉRIAS. *Direito ambiental.* Produtos à base de microrganismos viáveis que têm a propriedade de degradar a matéria orgânica e reduzir odores provenientes de sistemas sépticos, tubulações sanitárias de deságüe e outros sistemas semelhantes.

PRODUTOS DE ANIMAIS AQUÁTICOS. *Direito agrário.* Produtos destinados à cria (ovos, embriões, cistos, gametas, larvas, alevinos e outros), ao consumo humano, ao consumo animal, ou para uso farmacêutico, biológico ou industrial.

PRODUTOS DERIVADOS DE OGM. *Direito ambiental.* Produtos obtidos de um organismo geneticamente modificado, que não possuam capacidade de replicação.

PRODUTOS DESPORTIVOS. *Direito desportivo.* Conjunto de equipamentos e materiais para uso no treinamento e na competição de atletas e equipes de representação nacional da modalidade de atletismo.

PRODUTOS DE VENDA DIRETA AO CONSUMIDOR. *Direito do consumidor.* São formulações de baixa toxicidade, de emprego considerado seguro, de acordo com as recomendações de uso.

PRODUTOS DE VENDA RESTRITA A ENTIDADES ESPECIALIZADAS

PRODUTOS DE VENDA RESTRITA A ENTIDADES ESPECIALIZADAS. *Direito do consumidor.* São formulações que podem estar prontas para uso ou podem estar mais concentradas para posterior diluição ou outras manipulações autorizadas, em local adequado e por pessoal especializado da empresa aplicadora, imediatamente antes de serem utilizadas para a aplicação.

PRODUTO SEMI-ELABORADO. *Direito comercial.* É substância ou mistura de substância que requerem posteriores processos de produção em estabelecimentos habilitados pela autoridade sanitária, antes de sua comercialização.

PRODUTO SIMILAR. *Direito internacional privado.* Produto fabricado internamente que é idêntico ao importado, não só em seus caracteres físicos e químicos, como também em sua aplicabilidade.

PRODUTOS ORGÂNICOS DA SUPERFÍCIE. *Direito civil.* Seres organizados, ou seja, os animais e vegetais que são encontrados na superfície do solo.

PRODUTOS OU REJEITOS RADIOATIVOS. *Direito ambiental.* Materiais radioativos obtidos durante o processo de produção ou de utilização de combustíveis nucleares ou de exposição às irradiações inerentes a tal processo, salvo os radioisótopos que tenham alcançado o estágio final de elaboração e já se possam utilizar para fins científicos, médicos, agrícolas, comerciais ou industriais.

PRODUTO SUBSIDIADO. *Direito internacional privado.* Aquele que se beneficia de subsídio acionável. *Vide* SUBSÍDIO ACIONÁVEL.

PRODUTOS VEGETAIS. *Direito agrário* e *direito ambiental.* Materiais não-manufaturados de origem vegetal (inclusive grãos) e aqueles produtos manufaturados que, por sua natureza ou por sua elaboração, podem gerar um risco de introdução e disseminação de pragas.

PRODUTO TANGÍVEL. *Direito do consumidor.* Aspecto físico do produto, por ser a aparência com que é reconhecido imediatamente no mercado de consumo (Kotler).

PRODUTO TÉCNICO. *Direito do consumidor.* É a substância obtida diretamente das matérias-primas, por um processo de manufatura (químico, físico ou biológico) cuja composição contém porcentagens definidas do ingrediente ativo, impurezas e aditivos.

PRODUTO TERMINADO. O mesmo que PRODUTO ACABADO.

PRODUTO VEGETAL E ANIMAL. *Direito agrário.* Produto alimentício de origem vegetal e animal, *in natura* ou industrializado, que se destina à comercialização.

PRODUTO VETERINÁRIO. *Direito agrário* e *direito comercial.* É toda substância química, biológica, biotecnológica ou preparação manufaturada cuja administração seja aplicada de forma individual ou coletiva, direta ou misturada com os alimentos, destinada à prevenção, ao diagnóstico, à cura ou ao tratamento das doenças dos animais, incluindo os aditivos, suprimentos, promotores, melhoradores da produção animal, anti-sépticos, desinfetantes de uso ambiental ou equipamentos, pesticidas e todos os produtos que, utilizados nos animais e/ou no seu hábitat, protejam, restaurem ou modifiquem suas funções orgânicas e fisiológicas. Compreendem-se ainda nessa definição os produtos destinados à higiene e ao embelezamento dos animais. Todo produto veterinário deverá ser registrado junto ao Departamento de Defesa Animal da Secretaria de Defesa Agropecuária do Ministério da Agricultura, do Abastecimento e da Reforma Agrária, segundo as normas estabelecidas. Os produtos veterinários deverão atender às normas de qualidade das matérias-primas, dos processos de produção e dos produtos terminados, para as quais se terão como referência as normas, recomendações e diretrizes das instituições reconhecidas internacionalmente.

PRODUZENTENHAFTPFLICHT. *Termo alemão.* Responsabilidade do fabricante.

PRODUZIR. 1. Fornecer. **2.** Realizar. **3.** Criar. **4.** Causar, motivar. **5.** Fabricar. **6.** Apresentar.

PROEBERE VIRUM. *Locução latina.* Portar-se como homem.

PROEIRO. 1. *Direito marítimo.* Marinheiro que fica na proa. **2.** *Direito desportivo.* Tripulante de veleiro esportivo que está encarregado das velas da proa.

PROEMIAL. *Direito autoral.* **1.** Referente a prefácio. **2.** Introdutório.

PROEMIAR. *Direito autoral.* Prefaciar; elaborar o prefácio de uma obra literária.

PROÊMIO. *Direito autoral.* **1.** Prefácio. **2.** Introdução.

PROEX. *Direito internacional privado.* Sigla de Programa de Financiamento às Exportações.

PRO EXPENSIS. *Locução latina.* Para efeito de pagamento.

PROEZA. 1. Façanha. 2. Ação de valor.

PROFANAÇÃO. 1. *Direito penal.* a) Ato de tratar com irreverência ou desprezo pessoa digna de respeito ou coisa venerável; b) falta de respeito ao que deve ser reverenciado; c) ultraje ao que é sagrado. 2. *Direito canônico.* Delito gravíssimo praticado contra coisas sagradas, levando o agente a: ser suspeito de heresia; incorrer em excomunhão; ficar infame. Por exemplo: a) lançar fora ou espalhar bens sacros em local profano ou indevido; b) levá-los do lugar próprio para mau fim; c) retê-los em outro local para mau uso. Se o delinqüente for clérigo, deverá ser deposto.

PROFANAÇÃO DE SEPULTURA. *Direito penal.* Crime contra o respeito aos mortos, consistente em violar sepultura ou urna funerária, punido com reclusão e multa.

PROFANADOR. *Direito penal.* Aquele que profana.

PROFANAR. 1. Usar, de modo aviltante, das coisas dignas de apreço. 2. Aviltar. 3. Tratar com irreverência o que é sagrado ou venerável.

PROFANO. 1. O que não é sagrado. 2. Alheio à religião; herético. 3. Secular.

PROFECTÍCIO. *Direito civil.* 1. Bem, outrora, procedente de dote constituído por ascendente ou de herança paterna. 2. Bem adquirido pelo filho com valores, cuja administração lhe foi dada ou autorizada por ascendente. 3. Bem administrado pelo filho, mediante autorização dos pais.

PROFERIR. 1. Prolatar. 2. Publicar. 3. Proclamar. 4. Pronunciar. 5. Enunciar. 6. Decretar.

PROFESSANTE. Diz-se daquele que põe em prática sua profissão.

PROFESSAR. 1. Praticar. 2. Exercer profissão. 3. Reconhecer. 4. Ter convicção. 5. Preconizar. 6. Poferir voto. 7. Declarar-se adepto de uma idéia; adotar determinada teoria.

PROFESSIO IURIS. *História do direito.* Instituto do século IX segundo o qual aquele que comparecia em juízo devia declarar sua lei pessoal, para ser julgado conforme a ela.

PROFESSOR. *Direito educacional.* 1. Aquele que ensina uma ciência ou uma arte. 2. Mestre; docente.

PROFESSORADO. *Direito educacional.* 1. Cargo de professor. 2. Classe dos professores. 3. Grupo de professores; conjunto de professores.

PROFESSORAL. *Direito educacional.* O que se refere a professor.

PROFESSORANDO. *Direito educacional.* Aquele aluno que está se habilitando para ser professor; aquele que está prestes a receber o grau de professor.

PROFICIÊNCIA. 1. Competência. 2. Qualidade de proficiente.

PROFICIENTE. 1. Hábil. 2. Competente.

PROFICUIDADE. 1. Qualidade de profícuo. 2. Utilidade.

PROFÍCUO. 1. Útil. 2. Vantajoso. 3. Proveitoso.

PROFILÁCTICO. *Medicina legal.* 1. O que diz respeito à profilaxia. 2. Diz-se daquilo que evita certas doenças contagiosas. 3. Preventivo.

PROFILAXIA. 1. *Direito administrativo.* Função da repartição pública que tem a obrigação de zelar pela saúde pública, tomando medidas que evitem moléstias contagiosas. 2. *Medicina legal.* a) Prevenção de doenças; b) medicina preventiva que se ocupa de medidas necessárias à preservação da saúde pública. 3. *Direito do trabalho.* Medida preventiva de medicina do trabalho.

PROFISSÃO. 1. *Direito do trabalho.* a) Emprego; b) ofício; cargo habitual; c) ocupação que requer conhecimento especializado; d) gênero do trabalho exercido por alguém; e) modo de vida; f) conjunto de pessoas que têm a mesma ocupação especializada; g) soma de atividades habituais que alguém exerce para prover a sua subsistência, obtendo proventos necessários ao seu sustento e ao de sua família. 2. *Direito canônico.* Solenidade na qual alguém se consagra à vida religiosa. 3. Na *linguagem comum* pode designar: a) ato ou efeito de professar; b) confissão ou declaração pública.

PROFISSÃO CONEXA. *Direito do trabalho.* Atividade exercida, juntamente com outra, para que se consiga o resultado final. Por exemplo, numa construção será necessária a atuação do pedreiro e a do carpinteiro por serem conexas.

PROFISSÃO DE FÉ. Declaração pública que alguém faz de sua crença religiosa ou opinião político-social.

PROFISSÃO LIBERAL. *Direito do consumidor* e *direito civil.* 1. Atividade técnica ou intelectual exercida, com autonomia e independência e sem vínculo hierárquico ou de subordinação, por pessoa detentora de diploma universitário, como a profissão de advogado, médico, arquiteto, engenheiro etc. **2.** Atividade lucrativa por conta própria, que não tenha natureza mercantil nem industrial (Ana Prata).

PROFISSÃO REGULAMENTADA. *Direito civil.* É a regida por norma que dispõe sobre suas atividades, os direitos e deveres dos profissionais, as incompatibilidades e impedimentos ao seu exercício, sanções disciplinares etc. Por exemplo, a de advogado está regulamentada pela Lei n. 8.906/94.

PROFISSÃO RELIGIOSA. *Direito canônico.* **1.** Consagração feita por um religioso de sua pessoa a Deus, prometendo seguir as normas de sua ordem eclesiástica. **2.** Ato pelo qual alguém se incorpora à vida religiosa, passando a pertencer a uma ordem.

PROFISSÃO RURAL. *Direito agrário.* É a atividade exercida, como empregador ou como empregado, por quem explora estabelecimento rural, ou presta-lhe serviços, como empreiteiro, dirigente, parceiro, auxiliar, agregado ou assalariado.

PROFISSIONAL. *Direito do trabalho* e *direito do consumidor.* **1.** Aquele que exerce uma ocupação especializada para prover sua subsistência. **2.** Relativo à profissão. **3.** Aquele que possui conhecimentos específicos ou técnicos para o exercício habitual de uma atividade ou ofício. **4.** Mestre numa arte ou ofício.

PROFISSIONALISMO. **1.** *Direito do trabalho.* Condição ou estado do profissional, ou seja, daquele que exerce continuadamente uma atividade, recebendo salário para garantir a sua sobrevivência e a de sua família. **2.** *Direito desportivo.* Situação do atleta que recebe remuneração pela prática do desporto.

PROFISSIONALISMO POLÍTICO. *Ciência política.* É o exercido não pelo político diletante, mas pelo de profissão, que vive não só para a política, mas também da política, uma vez que se dedica a ela cotidianamente, fazendo dela a fonte de seu sustento (Belligni).

PROFISSIONALIZAÇÃO. *Direito do trabalho* e *direito da criança e do adolescente.* Ato ou efeito de profissionalizar uma pessoa, habilitando-a no exercício de um trabalho habitual.

PROFISSIONALIZANTE. *Direito do trabalho.* **1.** Diz-se daquilo que profissionaliza. **2.** O que determina a profissão.

PROFISSIONALIZAR. *Direito do trabalho.* Tornar profissional.

PROFISSIONAL NÃO-TRIPULANTE. *Direito marítimo.* É aquele que, sem exercer atribuições diretamente ligadas à operação da embarcação, presta serviços eventuais a bordo.

PROFLIGAÇÃO. **1.** Ruína. **2.** Derrocada.

PROFLÚVIO SEMINAL. *Medicina legal.* Saída da vagina do líquido seminal que durante o ato sexual nela foi depositado.

PRO FORMA. *Locução latina.* **1.** Pela forma e não pela substância. **2.** Por formalidade.

PROFORMAÇÃO. *Direito educacional.* É um curso a distância, de formação inicial para o magistério, em nível médio, na modalidade normal, oferecido para professores em exercício nos anos iniciais do ensino fundamental, classes de alfabetização e de jovens e adultos (1º segmento) das redes públicas de ensino, nos sistemas estaduais e municipais de educação e que não possuem a formação exigida pela legislação vigente.

PRO FORMA INVOICE. *Direito internacional privado.* É a fatura *pro forma*, emitida pelo exportador, em caráter preliminar a pedido do importador, para providenciar o início da efetivação da importação. Não gera a obrigação de pagar, apesar de conter os dados da fatura definitiva.

PRÓFUGO. *Direito penal.* **1.** Fugitivo. **2.** Desertor.

PROFUNDIDADE. **1.** *Direito civil.* Extensão de um terreno entre sua testada e a divisa oposta. **2.** *Filosofia geral.* a) Qualidade do que é profundo ou difícil de compreender; b) grande saber.

PROFUNDIDADE JURÍDICA. *Filosofia do direito.* Caráter do que é profundo, cuja compreensão deve ir além do texto legal, atingindo os princípios que o norteiam.

PROFUSÃO. *Direito civil.* **1.** Gasto excessivo. **2.** Prodigalidade. **3.** Excesso de liberalidade.

PROFUSO. Pródigo.

PROGÊNIE. *Direito civil.* **1.** Estirpe. **2.** Ascendência.

PROGÊNITO. *Direito civil.* Descendente.

PROGENITOR. *Direito civil.* **1.** Ascendente. **2.** Pai. **3.** Antepassado. **4.** Avô.

PROGENITURA. *Direito civil.* **1.** Ascendência. **2.** Família de que se descende.

PROGER. *Direito do trabalho.* Sigla de Programa de Geração de Emprego e Renda.

PROGERIA. *Medicina legal.* **1.** Velhice prematura ou precoce. **2.** Modalidade de infantilismo, cujo

PRO 882 PROGESTACIONAL

portador apresenta estatura baixa, ausência de pêlos, pele enrugada, cabelo grisalho e conduta de pessoa idosa.

PROGESTACIONAL. *Medicina legal.* Diz-se da fase do ciclo menstrual que antecede à menstruação, na qual há atividade do corpo-lúteo e secreção do endométrio.

PROGESTERONA. *Medicina legal.* Hormônio da gestação produzido pelo corpo-lúteo, que prepara o útero para receber e desenvolver o ovo, mantendo o processo gravídico. Esse hormônio impede a ovulação e é, por isso, usado como anticoncepcional, sob a forma de pílula. É, portanto, o hormônio sexual produzido pelo corpo-lúteo, após a ovulação, sendo responsável pela manutenção da gestação (Roger Abdelmassih).

PROGNATISMO. *Medicina legal.* Alongamento mandibular muito comum na raça negra e rara na branca.

PROGNOSE. *Medicina legal.* Parecer médico sobre o desenvolvimento de uma doença.

PROGNÓSTICO. 1. *Medicina legal.* a) Que se refere à prognose; b) diz-se do sintoma que serve de base para uma prognose. **2.** *Direito civil* e *direito desportivo.* Diz-se do concurso ou jogo autorizado, em que se entregam os prêmios a quem de direito e o Estado aufere benefícios, empregando parte de seu resultado na realização de obras sociais, como, por exemplo, no caso das várias formas de loterias: federal, esportiva, sena, loto e raspadinha, que tratam de apostas sobre os resultados de sorteios de números, com distribuição de prêmios mediante rateio. A participação em cada concurso consiste no registro dos prognósticos indicados pelos apostadores sobre as competições esportivas nacionais ou internacionais, contidas em bilhetes fornecidos pela Caixa Econômica Federal, através de revendedores credenciados, mediante pagamento do preço correspondente às apostas efetuadas, caracterizando a vinculação do apostador ao concurso e à aceitação de todos os dispositivos normativos.

PROGNÓSTICO *QUO AD FUNCTIONEM.* *Medicina legal.* Previsão médica relativa à recuperação funcional de um órgão, em razão de um dano ou lesão corporal (Croce e Croce Jr.).

PROGNÓSTICO *QUO AD VALETUDINEM.* *Vide* PROGNÓSTICO *QUO AD FUNCTIONEM.*

PROGNÓSTICO *QUO AD VITAM.* *Medicina legal.* Previsão quanto à vida na evolução de uma moléstia ou lesão corporal (Croce e Croce Jr.).

PRÓGONO. Precursor de uma doutrina.

PROGRAMA. 1. *Ciência política.* Plano resumido das finalidades pretendidas ou medidas a serem tomadas por um partido ou um candidato. **2.** *Direito civil.* Exposição da ordem a ser seguida numa representação teatral ou musical. **3.** *Direito administrativo.* a) Breve explanação da ordem de atos que se seguem numa cerimônia pública; b) rol de temas que serão objeto de questões de um concurso público; c) conjunto de medidas a serem levadas a efeito por um órgão público. **4.** *Direito desportivo.* Plano a ser seguido em competições esportivas. **5.** Na *linguagem escolar* é o rol das matérias a serem ministradas ao corpo discente. **6.** *Direito financeiro.* Conjunto de ações que visam a obtenção de um objetivo geral, idêntico e definido, dentro do complexo político, econômico e social, e cuja execução esteja a cargo de uma unidade orçamentária (José Afonso da Silva).

PROGRAMA AGENTES AMBIENTAIS VOLUNTÁRIOS. *Direito ambiental.* Com a finalidade de propiciar a toda pessoa física ou jurídica, que preencha os requisitos necessários à participação de forma voluntária, auxiliando o Ibama em atividades de educação ambiental, proteção, preservação e conservação dos recursos naturais em Unidades de Conservação Federal e Áreas Protegidas.

PROGRAMA ANCINE DE INCENTIVO À QUALIDADE DO CINEMA BRASILEIRO. *Direito administrativo.* Mecanismo de apoio financeiro à indústria cinematográfica brasileira em razão da seleção, indicação e premiação de obras cinematográficas brasileiras de longa-metragem de produção independente em festivais nacionais, internacionais e seus congêneres. Esse Programa tem como objetivo o estímulo ao desenvolvimento da indústria cinematográfica brasileira por intermédio das empresas de produção.

PROGRAMA ANTIVÍRUS. *Direito virtual.* Aquele que, contido em CD ou disquete, vasculha os arquivos do computador para eliminar possíveis contaminações por vírus.

PROGRAMA ÁREAS PROTEGIDAS DA AMAZÔNIA (ARPA). *Direito ambiental.* Programa desenvolvido com recursos ordinários de programas do Ministério do Meio Ambiente, com recursos oriundos de cooperação internacional internalizados pelo Programa Piloto para a Proteção de Florestas Tropicais do Brasil (PPG7), e com recursos de doação internacional e nacional. O ARPA tem por finalidade expandir e consolidar a totalidade de áreas protegidas no bioma Amazônia, de modo a assegurar a conservação da biodiversidade na região e contribuir para o seu desenvolvimento sustentável de forma descentralizada e participativa. São seus objetivos específicos: a) a criação de unidades de conservação de proteção integral e de uso sustentável na região amazônica; b) a consolidação das unidades de conservação de proteção integral; c) a manutenção das unidades de conservação de proteção integral e dos serviços de vigilância das unidades de conservação do uso sustentável (reservas extrativistas e reservas de uso sustentável); d) a criação de mecanismos que garantam a sustentação financeira das unidades de conservação de proteção integral e de uso sustentável em longo prazo.

PROGRAMA BICICLETA BRASIL. *Direito urbanístico.* É o que tem por *objetivos*: a) estimular os governos municipais a implantar sistemas cicloviários e um conjunto de ações que garantam a segurança de ciclistas nos deslocamentos urbanos; b) inserir e ampliar o transporte por bicicleta na matriz de deslocamentos urbanos; c) integrar o transporte por bicicleta aos sistemas de transportes coletivos; d) reduzir o custo com transporte, principalmente da população de menor renda; e) difundir o conceito de mobilidade urbana sustentável; f) estimular os meios não-motorizados de transporte. Constituem ações do Programa Bicicleta Brasil: a) capacitar pessoal para elaboração de projetos e implantação de sistemas cicloviários; b) estimular a integração da bicicleta com os demais modais de transporte público; c) estimular o desenvolvimento tecnológico; d) estimular a integração das ações dos diferentes níveis de governo; e) sensibilizar a sociedade para efetivação do programa; f) fomentar a implantação de ciclovias. Constituem instrumentos do Programa Bicicleta Brasil a serem utilizados pelo Ministério das Cidades: a) publicação de material informativo e de capacitação; b) realização de cursos e seminários nacionais e internacionais; c) edição de normas e diretrizes; d) realização e fomento de pesquisas; e) implantação de banco de dados; f) fomento da implementação de programas municipais de mobilidade por bicicleta; g) criação de novas fontes de financiamento; h) divulgação das boas políticas.

PROGRAMA BOLSA-ALIMENTAÇÃO. *Direito administrativo.* Consiste na concessão de benefício em dinheiro às gestantes, nutrizes e crianças de seis meses a seis anos e onze meses, em risco nutricional, pertencentes a famílias que possuam renda *per capita* inferior ao valor fixado nacionalmente em ato do Poder Executivo para cada exercício, para melhoria da alimentação.

PROGRAMA BOLSA-FAMÍLIA. *Direito administrativo.* É o que, no âmbito da Presidência da República, se destina às ações de transferência de renda com condicionalidades. Tem como finalidade a unificação dos procedimentos de gestão e execução das ações de transferência de renda do Governo Federal, especialmente as do Programa Nacional de Renda Mínima vinculado à Educação – Bolsa Escola, do Programa Nacional de Acesso à Alimentação (PNAA), do Programa Nacional de Renda Mínima vinculada à Saúde – Bolsa Alimentação, do Programa Auxílio-Gás, e do Cadastramento Único do Governo Federal. Constituem benefícios financeiros desse Programa: a) o benefício básico, destinado a unidades familiares que se encontrem em situação de extrema pobreza; b) o benefício variável, destinado a unidades familiares que se encontrem em situação de pobreza e extrema pobreza e que tenham em sua composição gestantes, nutrizes, crianças entre zero e doze anos ou adolescentes até quinze anos. Tem por objetivo: a) promover o acesso à rede de serviços públicos, em especial, de saúde, educação e assistência social; b) combater a fome e promover a segurança alimentar e nutricional; c) estimular a emancipação sustentada das famílias que vivem em situação de pobreza e extrema pobreza; d) combater a pobreza; e e) promover a intersetorialidade, a complementaridade e a sinergia das ações sociais do Poder Público.

PROGRAMA BOLSA-RENDA. *Direito agrário.* É aquele que deverá ser custeado com recursos alocados para ações emergenciais de defesa civil, para atendimento dos agricultores familiares atingidos pelos efeitos da estiagem em Municípios em estado de calamidade pública ou situação de emergência; criado pelo Governo Federal, mediante portaria do Ministro de Estado da Integração Nacional.

PROGRAMA BRASIL ALFABETIZADO. *Direito educacional.* Tem por objetivo a universalização da alfabetização de jovens e adultos de 15 anos ou mais. Este programa consiste na transferência de recursos financeiros em favor dos Estados, do Distrito Federal e dos municípios, destinados à Formação de Alfabetizadores e Alfabetização de Jovens e Adultos que atendam, em especial, as ações: **1.** articuladas ou integradas com outros segmentos sociais para o mesmo público alvo, especialmente iniciativas de educação de jovens e adultos; **2.** em municípios com taxa de analfabetismo igual ou maior que 20% da população com quinze anos ou mais, conforme dados do censo 2000 do Instituto Brasileiro de Geografia e Estatística (IBGE); **3.** em municípios de região metropolitana com número absoluto de população analfabeta igual ou superior a trinta mil habitantes conforme dados do IBGE; e **4.** que incluam segmentos sociais específicos como: a) populações indígenas, bilíngües, fronteiriças ou não; b) populações do campo e remanescentes de quilombos; c) pessoas com deficiência auditiva (DA) e/ou visual (DV); d) pessoas com necessidades educativas especiais associadas à deficiência.

PROGRAMA BRASILEIRO DE MOBILIDADE URBANA – BRASIL ACESSÍVEL. *Direito urbanístico.* Programa Brasil Acessível que visa estimular e apoiar os governos municipais e estaduais a cumprirem suas atribuições relacionadas à garantia da acessibilidade para pessoas com restrição de mobilidade aos sistemas de transportes, equipamentos urbanos e a circulação em áreas públicas.

PROGRAMA BRASILEIRO DO *DESIGN* (PBD). É aquele estruturado por meio de subprogramas gerais, com o escopo de promover o desenvolvimento do *design* brasileiro, para aumentar a competitividade dos bens e serviços produzidos no País.

PROGRAMAÇÃO. 1. Ato ou efeito de programar algo ou de organizar um programa. **2.** Anúncio do que vai ser realizado durante determinado dia numa emissora de rádio ou de televisão.

PROGRAMA CARTA DE CRÉDITO ASSOCIATIVO. *Direito civil* e *direito bancário.* Visa oferecer acesso à moradia por intermédio da concessão de financiamentos a pessoas físicas, integrantes da população-alvo do FGTS, organizadas sob a forma de grupos associativos destinando recursos para construção de unidades habitacionais e para a aquisição de unidades prontas. As propostas de participação no programa serão formuladas por entidades representativas dos grupos associativos. São consideradas entidades representativas dos grupos associativos: a) condomínios; b) sindicatos; c) cooperativas; d) associações; e) pessoas jurídicas voltadas à produção habitacional; e f) Companhias de Habitação ou órgãos assemelhados. É o destinado a promover a concessão de financiamento a pessoas físicas agrupadas sob a forma associativa, organizadas por sindicatos, cooperativas, associações ou entidades privadas, voltada para a produção habitacional, denominadas entidades organizadoras, por meio das seguintes modalidades: a) construção de unidade habitacional; b) execução de lote urbanizado; e c) reabilitação urbana.

PROGRAMA CARTA DE CRÉDITO ASSOCIATIVO OPERAÇÕES COM COMPANHIAS DE HABITAÇÃO POPULAR OU ÓRGÃOS ASSEMELHADOS. Visa destinar recursos para a construção de unidades habitacionais; para a aquisição de unidades prontas novas, desde que produzidas no âmbito do programa; para a produção de lotes urbanizados; ou para projetos de reabilitação urbana, por intermédio da concessão de financiamentos a pessoas físicas associadas por Companhias de Habitação Popular ou órgãos assemelhados. Preliminarmente à contratação dos financiamentos, as entidades organizadoras do grupo associativo deverão comprovar a viabilidade técnica, comercial, jurídica e econômico-financeira do empreendimento, na forma que vier a ser regulamentada pelo Agente Operador. Os contratos de financiamento aos mutuários (pessoas físicas) serão firmados com a intervenência da entidade organizadora do grupo associativo. Na apresentação de proposta de produção de lotes urbanizados, a entidade organizadora do grupo deverá demonstrar a viabilidade da execução das unidades habitacionais. Os projetos de reabilitação urbana objetivarão a aquisição de imóveis usados, conjugada com a execução de obras e serviços voltados à recuperação e ocupação para fins habitacionais, admitidas ainda obras e serviços necessários à modificação de uso. Os projetos deverão estar comprovadamente inseridos em planos municipais de reabilitação de áreas urbanas dotadas de infra-estrutura, equipamentos e serviços públicos.

PROGRAMA CARTA DE CRÉDITO INDIVIDUAL. *Direito bancário.* É o que tem por escopo promover a concessão de financiamento a pessoas físicas, adquirentes ou proprietárias de habitações ou lotes, integrantes da população alvo do FGTS por meio da Caixa Econômica Federal, através das seguintes modalidades: a) aquisição de unidade habitacional ou de lote urbanizado; b) construção de unidade habitacional; e c) conclusão, ampliação, reforma e/ou melhoria de unidade habitacional.

PROGRAMA COMUNIDADE SOLIDÁRIA. *História do direito.* Era aquele que, estava vinculado à Presidência da República, tendo por objetivo coordenar as ações governamentais voltadas para o atendimento da parcela da população que não dispõe de meios para prover suas necessidades básicas e, em especial, o combate à fome e à pobreza. Recebiam atenção preferencial na implementação do Programa as ações governamentais nas áreas de alimentação e nutrição, serviços urbanos, desenvolvimento rural, geração de emprego e renda, defesa de direitos e promoção social. Programa que tinha um Conselho, com finalidade consultiva e com competência para: a) propor e opinar sobre ações prioritárias na área social; b) incentivar na sociedade o desenvolvimento de organizações que realizem, em parceria com o governo, o combate à pobreza e à fome; c) incentivar a parceria e a integração entre os órgãos públicos federais, estaduais e municipais, visando a complementariedade das ações desenvolvidas; d) promover campanhas de conscientização da opinião pública para o combate à pobreza e à fome, visando a integração de esforços do governo e da sociedade; e) estimular e apoiar a criação de conselhos estaduais e municipais de combate à fome e à pobreza; f) elaborar seu regimento interno.

PROGRAMA DE AÇÃO SOCIAL EM SANEAMENTO (PASS). *Direito administrativo.* É o que tem por objetivo a universalização dos serviços de abastecimento de água, esgotamento sanitário e coleta/destinação final de resíduos sólidos, preferencialmente nas áreas de maior concentração de pobreza das grandes cidades e dos municípios de pequeno e médio porte do País, selecionados pelos Programa de Redução da Mortalidade na Infância e Programa Comuni-

dade Solidária, visando a melhoria da saúde e das condições de vida das populações beneficiadas. As seguintes ações e modalidades integram o PASS: 1. Implantação, ampliação e/ou melhoria dos serviços de abastecimento de água, que contempla intervenções necessárias ao aumento da cobertura dos serviços de abastecimento de água nas áreas selecionadas, compreendendo as seguintes ações: a) sistema de produção-captação, estação elevatória; b) adução (água bruta e/ou água tratada); c) reservação; d) estação de tratamento (ETA); e) rede de distribuição; f) ligação domiciliar; g) sistema simplificado (poços, reservatórios, chafarizes). 2. Implantação, ampliação e/ou melhoria dos serviços de esgotamento sanitário, que contempla intervenções necessárias ao aumento da cobertura dos serviços de esgotamento sanitário nas áreas selecionadas, compreendendo, na implantação de soluções coletivas, com sistemas de coleta e tratamento de esgotos as seguintes ações: a) rede coletora, adotando-se, sempre que possível, o sistema condominial; b) estação elevatória; c) interceptor e emissário; d) estação de tratamento (ETE); e) ligação domiciliar. E compreende, nas soluções individuais de esgotamento sanitário: fossa, com ou sem sumidouro ou acoplada a valas de infiltração. 3. Implantação e/ou melhoria de instalações hidráulico-sanitárias. 4. Implantação, ampliação e/ou melhoria dos serviços de coleta e tratamento de resíduos sólidos, que diz respeito às intervenções necessárias ao aumento da cobertura dos serviços de coleta e tratamento de resíduos sólidos urbanos nas áreas selecionadas, com a implantação de projetos voltados para a gestão de sistemas de coleta, reciclagem, tratamento e aproveitamento de subprodutos do lixo urbano, compreendendo a implementação das seguintes ações: a) acondicionamento; b) varredura (em logradouros públicos); c) coleta seletiva e convencional; d) transporte; e) tratamento; f) destinação final. 5. Participação comunitária estimulada na implementação dos projetos de saneamento, envolvendo: a) apoio à mobilização e organização comunitária: ações que objetivem definir as atribuições de cada participante do programa (comunidade, técnicos, governo), estabelecendo os interlocutores entre esses participantes, e desenvolver uma sistemática para divulgação e informação dos assuntos de interesse comum; b) capacitação profissional: ações que objetivem a formação e capacitação de agentes sanitários, de pessoal para operar e manter os serviços implantados, quando for o caso, e de grupos de geração de renda, no caso de gestão de resíduos sólidos; c) educação sanitária: ações que objetivem a adequação de hábitos da população, visando a correta apropriação e uso dos benefícios implantados.

PROGRAMA DE ACOMPANHAMENTO GERENCIAL DE GASTOS E AVALIAÇÃO INSTITUCIONAL. *Direito administrativo.* É o instituído, no âmbito da Administração Pública federal, com a finalidade de prover os dirigentes públicos com informações gerenciais referentes aos gastos de suas unidades administrativas.

PROGRAMA DE ALIMENTAÇÃO DO TRABALHADOR (PAT). *Direito do trabalho.* É o que tem por objetivo a melhoria da situação nutricional dos trabalhadores, visando promover sua saúde e prevenir as doenças profissionais. Não integra a remuneração, a parcela *in natura*, sob forma de utilidade alimentação, fornecida pela empresa regularmente inscrita no PAT aos trabalhadores por ela diretamente contratados, de conformidade com os requisitos estabelecidos pelo órgão gestor competente. O pagamento em pecúnia do salário utilidade alimentação integra a base de cálculo das contribuições sociais.

PROGRAMA DE APOIO À AGRICULTURA IRRIGADA (PROIRRIGA). *Direito agrário.* Visa apoiar o desenvolvimento da agricultura irrigada de maneira a assegurar maior estabilidade à produção, sobretudo de olerícolas, grãos e frutas, financiando investimentos fixos e semifixos para implantação, renovação ou reconversão de sistemas de irrigação, inclusive obras de infraestrutura associadas.

PROGRAMA DE APOIO À AQUISIÇÃO DE PERIÓDICOS (PAAP). *Direito educacional.* É um empreendimento cooperativo, coordenado pela CAPES, com o objetivo de planejar, coordenar e executar ações que têm a finalidade de facilitar e promover o acesso à informação científica e tecnológica nacional e internacional a instituições de ensino superior e de pesquisa do País. Esse Programa desenvolverá ações nas seguintes áreas: a) aquisição e distribuição pela CAPES, através da Internet, de publicações eletrônicas de interesse das instituições participantes; b) incentivo ao desenvolvimento de políticas institucionais próprias para o acesso à informação científica e tecnológica; c) incentivo ao desenvolvimento de programas interinstitucionais de aquisição planificada e cooperativa, em bases regionais ou temáticas, visando reduzir duplicações de títulos e aumentar o número de publicações disponíveis no País; d) promoção da integração do PAAP com outros programas cooperativos nacionais e internacionais, visando ampliar e facilitar o acesso a serviços de informação no País.

PROGRAMA DE APOIO AO DESENVOLVIMENTO DA AQÜICULTURA. *Direito agrário.* Tem por beneficiários os produtores rurais (pessoas físicas ou jurídicas), associações e cooperativas de produtores rurais, e a finalidade do crédito é o aumento da produção de peixes, camarões e moluscos em regime de aqüicultura, visando a ocupação de espaços nos mercados interno e externo. São financiáveis: aquisição de máquinas, equipamentos e instalações de estruturas de apoio, aquisição de redes, cabos e material para a confecção de poitas, construção de viveiros, açudes, tanques e canais, serviços de topografia e terraplenagem.

PROGRAMA DE APOIO AO DESENVOLVIMENTO DA CACAUICULTURA (PROCACAU). *Direito agrário.* Visa aumentar a produtividade da lavoura cacaueira por meio de clonagem e adensamento.

PROGRAMA DE APOIO A ORQUESTRAS. *Direito educacional.* Tem por objetivo valorizar e estimular a atividade orquestral no País, com o apoio à formação, ampliação e desenvolvimento de orquestras brasileiras, dando incentivo à criação e difusão de obras de compositores nacionais. Será desenvolvido mediante a concessão de recursos financeiros destinados a projetos que se enquadrem nas condições, critérios e prioridades estabelecidos normativamente e por meio de ações diretas e indiretas do Ministério da Cultura.

PROGRAMA DE APOIO AO SISTEMA NACIONAL DE RADIODIFUSÃO EDUCATIVA (PROSINRED). *Direito educacional.* É o que tem por finalidade financiar projetos de aquisição de equipamentos, de produção de programas educativos de rádio e de TV e de capacitação de recursos humanos na área de radiodifusão educativa.

PROGRAMA DE APOIO AOS SISTEMAS DE ENSINO PARA ATENDIMENTO À EDUCAÇÃO DE JOVENS E ADULTOS. *Direito educacional.* Programa que consiste na transferência, em caráter suplementar, de recursos financeiros em favor dos estados, do Distrito Federal e dos municípios, destinados a ampliar a oferta de vagas no ensino fundamental público de jovens e adultos e propiciar o atendimento educacional, com qualidade e aproveitamento, aos alunos matriculados nessa modalidade de ensino. São beneficiários do Programa: a) os alunos de escolas públicas estaduais e municipais do ensino fundamental, matriculados nos cursos da modalidade educação de jovens e adultos presencial com avaliação no processo, que pertençam aos estados e municípios que, em 2003, foram contemplados pelo Programa de Apoio a Estados e Municípios para Educação Fundamental de Jovens e Adultos, e que apresentaram matrículas no Censo Escolar 2003; b) os alunos, não contemplados no critério anterior, cadastrados pelos estados, Distrito Federal e municípios que, por meio de suas secretarias de educação ou prefeituras municipais, conveniaram com o Programa Brasil Alfabetizado e apresentaram matrículas nos cursos da modalidade educação de jovens e adultos presencial com avaliação no processo no Censo Escolar 2003.

PROGRAMA DE APOIO A PLANOS DE REESTRUTU-RAÇÃO E EXPANSÃO DAS UNIVERSIDADES FEDE-RAIS (REUNI). *Direito educacional.* Tem o objetivo de criar condições para a ampliação do acesso e permanência na educação superior, no nível de graduação, pelo melhor aproveitamento da estrutura física e de recursos humanos existentes nas universidades federais. O Programa tem como meta global a elevação gradual da taxa de conclusão média dos cursos de graduação presenciais para 90% e da relação de alunos de graduação em cursos presenciais por professor para 18%, ao final de cinco anos, a contar do início de cada plano. O Programa terá as seguintes diretrizes: a) redução das taxas de evasão, ocupação de vagas ociosas e aumento de vagas de ingresso, especialmente no período noturno; b) ampliação da mobilidade estudantil, com a implantação de regimes curriculares e sistemas de títulos que possibilitem a construção de itinerários formativos, mediante o aproveitamento de créditos e a circulação de estudantes entre instituições, cursos e programas de educação superior; c) revisão da estrutura acadêmica, com reorganização dos cursos de graduação e atualização de metodologias de ensino-aprendizagem, buscando a constante elevação da qualidade; d) diversificação das modalidades de graduação, preferencialmente não voltadas à profissionalização precoce e especializada; e) ampliação de políticas de inclusão e assistência estudantil; e f) articulação da graduação com a pós-graduação e da educação superior com a educação básica.

PROGRAMA DE APOIO À PÓS-GRADUAÇÃO (PROAP). *Direito educacional.* Destina-se a proporcionar melhores condições para a formação de recursos humanos, à produção e ao aprofundamento do conhecimento nos cursos de pós-graduação *stricto sensu,* ministrados pelas instituições de ensino superior públicas (IES), observados os seguintes aspectos: a) apoio às atividades inovadoras dos programas de pós-graduação, voltadas para o seu desenvolvimento acadêmico, de modo a oferecer formação cada vez mais qualificada e diversificada aos estudantes de pós-graduação; b) utilização dos recursos disponíveis à titulação de mestres e doutores em número capaz de atender às principais necessidades da demanda nacional e em tempo adequado; c) acesso aos recursos direcionados ao custeio das atividades acadêmicas e de pesquisa dos programas de pós-graduação relacionadas aos estudos de dissertação e tese dos estudantes de pós-graduação, e à manutenção e desenvolvimento desses programas; d) apoio ao desenvolvimento dos trabalhos de planejamento, definição e execução da política institucional de pós-graduação e a articulação da participação da IES no PROAP.

PROGRAMA DE APOIO À PRODUÇÃO DE HABITA-ÇÕES. *Direito urbanístico.* Programa que tem por objetivo destinar a pessoas jurídicas do ramo da construção civil recursos financeiros para a produção de empreendimentos habitacionais de reabilitação urbana voltados à população-alvo do FGTS, previamente aprovados pelo agente financeiro e com desembolso vinculado à comercialização efetiva de, no mínimo, 50% das unidades habitacionais. O Programa de Apoio à Produção de Habitações será operado por intermédio das modalidades seguintes: a) Produção de empreendimentos habitacionais: modalidade que objetiva a execução de obras e serviços que resultem em unidades habitacionais dotadas de padrões mínimos de habitabilidade, salubridade e segurança, definidos pelas posturas municipais; b) reabilitação urbana: modalidade que objetiva a aquisição de imóveis usados, conjugada com a execução de obras e serviços voltados à recuperação e ocupação para fins habitacionais, admitidas ainda obras e serviços necessários à modificação de uso. Serão adquiridos no âmbito desta modalidade, exclusivamente, imóveis usados que se encontrem vazios, abandonados ou subutilizados ou ainda em estado de conservação que comprometa sua habitabilidade, segurança ou salubridade. Os imóveis deverão estar situados em áreas inseridas na malha urbana, dotadas de infra-estrutura, equipamentos e serviços públicos. O proponente deverá apresentar manifestação favorável de órgão competente da administração municipal em relação à contribuição do projeto para o desenvolvimento social, econômico ou urbano da área e ainda com relação à recuperação e ocupação do imóvel para fins habitacionais.

PROGRAMA DE APOIO A PROJETOS INSTITUCIONAIS COM A PARTICIPAÇÃO DE RECÉM-DOUTORES (PRODOC). *Direito educacional.* Busca responder a essa ordem de necessidade, viabilizando a complementação da formação de recém-doutores, e, ao mesmo tempo, estimulando o desenvolvimento de projetos institucionais voltados para a integração das atividades de ensino, pesquisa e extensão, e a melhoria do desempenho dos programas brasileiros de pós-graduação. O PRODOC tem como principal objetivo estimular o desenvolvimento, no âmbito dos programas de pós-graduação de instituições de ensino superior públicas, de projetos institucionais que contribuam para: a) a complementação da formação de recém-doutores e a aquisição, por esses profissionais, de prática acadêmica junto a equipes docentes de programas de pós-graduação; b) a diversificação interna dos grupos de ensino e pesquisa mediante a participação dos egressos de cursos de doutorado de outras instituições do País e do exterior; c) o fortalecimento de grupos de pesquisa nos programas de pós-graduação; d) a integração das atividades de ensino, de pesquisa e de extensão.

PROGRAMA DE APOIO ÀS EXPORTAÇÕES (PAE). *Direito internacional privado.* Implementação de ações conjuntas das áreas do Banco Central, no País e no exterior, tendo como objetivo apoiar a inserção das micro e pequenas empresas na atividade exportadora.

PROGRAMA DE APOIO À UTILIZAÇÃO DE MATERIAL OU SISTEMA DE CONSTRUÇÃO ALTERNATIVO. É o que tem por escopo estimular a produção de habitação popular que utilize materiais e/ou sistemas construtivos alternativos mediante concessão de financiamento a pessoas físicas, com rendimento mensal de até cinco salários mínimos, adquirentes/proprietárias de unidades habitacionais ou lotes. A utilização de materiais e/ou sistemas construtivos alternativos objetivará a redução de custos e prazo de execução das obras e serviços. Tal Programa operará por intermédio das seguintes modalidades: a) aquisição de unidade habitacional construída com material e/ou sistema de construção alternativo ou lote urbanizado; b) construção de unidade habitacional que utilize material e/ou sistema de construção alternativo; c) módulos de materiais de construção para conclusão, ampliação ou melhoria de unidade habitacional.

PROGRAMA DE APOIO À TRADUÇÃO DE AUTOR BRASILEIRO. *Direito autoral.* É identificado como Bolsa de Tradução, instituído pelo Ministério da Cultura (MinC), por meio da Fundação Biblioteca Nacional (BN), Coordenadoria Geral do Livro e da Leitura, em conexão com a Coordenadoria Geral de Pesquisa e Editoração, tem por objetivo difundir a cultura brasileira no exterior.

PROGRAMA DE APRESENTAÇÃO. *Direito virtual.* Substituto de *slides*, transparências e quadros-negros que, com o auxílio do *mouse*, sem o uso de linguagem de programação, cria um quadro de apresentação de idéias na tela do próprio computador ou projetado em telão, com o auxílio de um projetor especial.

PROGRAMA DE ARRENDAMENTO RESIDENCIAL. *Direito bancário.* É o destinado para atendimento exclusivo da necessidade de moradia da população de baixa renda, sob a forma de arrendamento residencial com opção de compra. A Caixa Econômica Federal é o seu agente gestor, tendo autorização para criar um fundo financeiro com o fim de segregação patrimonial e contábil dos haveres financeiros e imobiliários do referido Programa. Esse fundo deverá subordinar-se à fiscalização do Banco Central do Brasil, e sua contabilidade sujeitar-se-á às normas do Plano Contábil das Instituições do Sistema Financeiro Nacional. Deve ter as seguintes diretrizes: a) fomento à oferta de unidades habitacionais e a melhoria das condições do estoque de imóveis existentes, por meio da aquisição de empreendimentos a construir, concluídos, em construção e reforma, especialmente destinadas a reduzir os domicílios existentes com coabitação familiar e com ônus excessivo de aluguel; b) promoção da melhoria da qualidade de vida das famílias beneficiadas; c) intervenção habitacional em áreas objeto de planos diretores no âmbito estadual ou municipal, garantindo sustentabilidade social, econômica e ambiental aos projetos de maneira integrada a outras intervenções ou programas da União e demais esferas de governo; d) criação de novos postos de trabalho diretos e indiretos, especialmente por meio de cadeia produtiva da construção civil; e) aproveitamento de imóveis públicos ociosos em áreas de interesse habitacional; e f) atendimento aos idosos ou portadores de deficiências físicas, previamente identificados, pela adoção de projetos ou soluções técnicas que eliminem barreiras arquitetônicas ou urbanísticas, bem como pela execução de equipamentos comunitários voltados ao atendimento desse segmento da população.

PROGRAMA DE ARRENDAMENTO RURAL. *Direito agrário.* Destina-se ao atendimento complementar de acesso à terra por parte dos trabalhadores rurais qualificados para participar do Programa Nacional de Reforma Agrária. Os imóveis que integrarem o referido programa não serão objeto de desapropriação para fins de reforma agrária enquanto estiverem arrendados.

PROGRAMA DE ARRENDAMENTO RURAL PARA A AGRICULTURA FAMILIAR. *Direito agrário.* Tem por objetivo o atendimento complementar de acesso à terra por parte dos agricultores e trabalhadores rurais, mediante a sistematização da oferta de negócios agropecuários para a realização de parcerias e arrendamentos rurais. Para a implementação dos objetivos do Programa, os agricultores e trabalhadores rurais poderão constituir entidades societárias por cotas em forma consorcial ou condominial, com a denominação de "consórcio" ou "condomínio"; condomínio agrário é o agrupamento de pessoas físicas ou jurídicas constituído em sociedade por cotas, mediante fundo patrimonial preexistente, com o objetivo de produzir bens, comprar e vender, prestar serviços que envolvam atividades agropecuárias, extrativistas vegetal, silviculturais, artesanais, pesqueiras e agroindustriais, cuja duração é por tempo indeterminado; consórcio é o agrupamento de pessoas físicas ou jurídicas constituído em sociedade por cotas, com o objetivo de produzir, prestar serviços, comprar e vender, quando envolver atividades agropecuárias, extrativistas

vegetal, silviculturais, artesanais, pesqueiras e agroindustriais, cuja duração é por tempo indeterminado. A Bolsa de arrendamento é o local no qual são estabelecidos os contatos de oferta e procura de terras, máquinas, equipamentos agrícolas e animais, para parcerias e arrendamentos, e onde se presta assessoria para a organização e contratação destes negócios. O fundo patrimonial do condomínio agrário poderá ser integralizado com bens móveis, imóveis ou moeda corrente, como dispuser o seu estatuto. O estatuto social do consórcio ou condomínio estabelecerá a forma de adesão, de remuneração e de distribuição dos resultados. O arrendamento rural objeto do Programa poderá incidir sobre a terra nua, bem como sobre as benfeitorias úteis e necessárias à exploração do imóvel arrendado, além daquelas indispensáveis à habitação dos arrendatários. Os imóveis suscetíveis de arrendamento ou parceria deverão apresentar potencialidade de exploração sustentável de seus recursos naturais e infra-estrutura produtiva capaz de, com baixo nível de investimento adicional, dar o suporte socioeconômico às famílias demandantes. A utilização de áreas protegidas relativas à conservação dos recursos naturais e à preservação e proteção do meio ambiente deve ser realizada em consonância com os preceitos legais. As áreas deverão estar livres de invasões, litígios e penhoras ou quaisquer outros ônus ou impedimentos legais que possam inviabilizar a celebração do contrato. O arrendatário ao amparo do Programa deverá, individualmente ou como membro de um consórcio ou condomínio, enquadrar-se nas normas da agricultura familiar, ficando vedado arrendar área superior ao limite de área de quatro módulos fiscais da região, ou manter, simultaneamente, mais de um contrato de arrendamento de terra, para se beneficiar dos créditos e outros instrumentos da espécie.

PROGRAMA DE ASSISTÊNCIA À SAÚDE (PRÓ-SAÚDE). *Direito militar.* No âmbito da administração central do Ministério da Defesa (MD), do Hospital das Forças Armadas (HFA) e da Escola Superior de Guerra (ESG). O Programa tem como finalidade precípua oferecer a todos os servidores e militares da administração central do MD, do HFA e da ESG um sistema de serviços e benefícios sociais capaz de proporcionar-lhes a manutenção de níveis elevados de saúde física e mental, favoráveis ao pleno exercício de suas atribuições, consistindo nas seguintes ações: a) assistência médico-hospitalar e ambulatorial; b) assistência odontológica; e c) qualidade de vida.

PROGRAMA DE ASSISTÊNCIA PRÉ-ESCOLAR. *Direito educacional.* Objetiva prestar assistência aos dependentes legais dos magistrados e servidores da Justiça Federal de Primeiro e Segundo Graus da 4ª Região, no que se relaciona com o custeio dos serviços prestados por instituições e estabelecimentos pré-escolares, utilizados em regime de período integral ou parcial, entendido esse último como período semi-integral ou meio turno, de livre escolha do servidor. A Assistência Pré-Escolar será custeada, em parte, pelo Órgão, por meio de verbas específicas de seu orçamento, e pelos magistrados e servidores usuários.

PROGRAMA DE ASSISTÊNCIA TÉCNICA AOS MUNICÍPIOS (PATEM). *Direito administrativo.* É o destinado a apoiar as prefeituras na solução de problemas para os quais elas não contam com técnicos especializados e de problemas emergenciais.

PROGRAMA DE ATENDIMENTO AO CIDADÃO (PACI). *Direito agrário.* Vincula-se à Assessoria de Comunicação Social da Presidência do INCRA e tem por finalidade: a) promover a melhoria do atendimento prestado pelo INCRA por meio da Sala do Cidadão, centralizando, no mesmo espaço físico, o fornecimento de informações e serviços de forma ágil e eficiente aos seus usuários; b) manter, com as diversas áreas de atuação do INCRA/MDA, constante intercâmbio de informações para a execução de atividades essenciais ao atendimento do cidadão; c) promover ampla divulgação dos serviços prestados e da produção resultante dos Projetos de Assentamento (PA) junto ao público da reforma agrária e sociedade em geral, reafirmando o papel do INCRA/MDA; d) apoiar as iniciativas e projetos de alcance social, incentivando o exercício de cidadania dos servidores do INCRA, dos beneficiários da reforma agrária e prestadores de serviços; e) estabelecer canais de comunicação e participação entre o INCRA e o cidadão, permitindo e facilitando o encaminhamento de informações, dúvidas, sugestões, reclamações, denúncias, solicitações e elogios; f) elaborar, sistematizar e intercambiar relatórios periódicos das ações desenvolvidas no Programa, g) promover, implantar e difundir ações que assegurem o resgate e registro his-

tórico e cultural das realizações do INCRA; h) elaborar, estimular, promover, difundir, monitorar, e supervisionar as ações de atendimento voltadas aos usuários dos serviços do INCRA, executadas por meio da Sala do Cidadão, i) promover intercâmbio com entidades públicas e privadas que possibilitem a prestação de serviços de utilidade pública, tais como campanhas de vacinação, combate à pobreza e outros; j) disponibilizar dados estratégicos de atendimento que possibilitem a melhoria de desempenho da gestão do INCRA/MDA; k) acompanhar o desempenho das unidades administrativas internas do INCRA no que se refere ao atendimentos das solicitações demandadas pelo Programa; l) acompanhar a eficácia das ações do Programa junto ao cidadão.

PROGRAMA DE ATENDIMENTO HABITACIONAL ATRAVÉS DO PODER PÚBLICO (PRÓ-MORADIA). *Direito administrativo.* 1. É o que visa apoiar o Poder Público no desenvolvimento de ações integradas e articuladas com outras políticas setoriais, que resultem na melhoria da qualidade de vida da população de menor renda, através de alternativas habitacionais. Tem por objetivo oferecer acesso à moradia adequada à população em situação de vulnerabilidade social e com rendimento familiar mensal preponderante de até três salários mínimos, por intermédio de financiamento a Estados, Municípios, Distrito Federal ou órgãos das respectivas administrações direta ou indireta. O programa PRÓ-MORADIA será implementado observadas as seguintes diretrizes: a) atendimento à população urbana ou rural; b) promoção e observância do ordenamento territorial das cidades, por intermédio do uso e ocupação regular do solo urbano; c) promoção da melhoria da qualidade de vida das famílias beneficiárias, agregando-se, obrigatoriamente, às obras e serviços propostos a execução de trabalho social; d) adoção de soluções técnicas e regimes de construção que possibilitem ganhos de eficiência e redução de custos; e e) elaboração de projetos que contemplem, na forma da legislação em vigor, os cidadãos idosos ou portadores de deficiência física previamente identificados entre os beneficiários finais das obras e serviços propostos. Os Estados, Municípios e Distrito Federal serão orientados a constituir, sempre que viável, por intermédio de lei específica, Conselhos Estaduais ou Municipais, com caráter deliberativo, tendo a ele vinculado um fundo, voltado a propiciar apoio institucional e financeiro ao exercício da política local de habitação e desenvolvimento urbano, recomendando-se a utilização de conselho ou fundo já existente com objetivo semelhante. **2.** *Vide* PRÓ-MORADIA.

PROGRAMA DE AUTOMAÇÃO E REDAÇÃO DE ATOS JURÍDICOS (PAR). *Direito virtual.* Programa de computador que auxilia profissionais na elaboração de contrato de locação, alertando-os sobre implicações legais em relação a cláusulas estabelecidas.

PROGRAMA DE BOLSAS PARA A EDUCAÇÃO PELO TABALHO. *Direito educacional.* Caracteriza-se como um instrumento para a viabilização de programas de aperfeiçoamento e especialização em serviço, bem como de iniciação ao trabalho, estágios e vivências, dirigidos, respectivamente, aos profissionais e aos estudantes da área da saúde, de acordo com as necessidades do Sistema Único de Saúde (SUS) com o objetivo de: a) possibilitar que o Ministério da Saúde cumpra seu papel constitucional de ordenador da formação de profissionais de saúde por meio da indução e do apoio ao desenvolvimento dos processos formativos necessários em todo o País, de acordo com características sociais e regionais; b) contribuir para a formação de profissionais de saúde com perfil adequado às necessidades e políticas de saúde do País; c) sensibilizar e preparar estudantes e profissionais de saúde para o adequado enfrentamento das diferentes realidades de vida e de saúde da população brasileira em todo o território nacional; d) induzir o provimento e favorecer a fixação de profissionais de saúde capazes de prover a atenção em saúde com qualidade em todo o território nacional; e e) contribuir para a universalidade e a eqüidade no acesso à atenção em saúde. O Programa de Bolsas para a Educação pelo trabalho terá as seguintes abrangências: a) bolsas para acadêmicos, modalidade iniciação ao trabalho; b) bolsas para profissionais em educação em serviço, sob supervisão docente-assistencial, voltadas ao aperfeiçoamento e especialização, modalidade residente; c) bolsas para corpo docente da educação em serviço, sob supervisão docente-assistencial, orientadas ao aperfeiçoamento e especialização, modalidade preceptor, tutor e orientador de serviço.

PROGRAMA DE CAPITALIZAÇÃO DE COOPERATIVAS DE CRÉDITO (PROCAPCRED). *Direito civil.* Tem o objetivo de promover o fortalecimento da estrutura patrimonial das cooperativas de crédito. O Procapcred será desenvolvido por meio da concessão de financiamentos diretamente aos cooperados, para aquisição de cotas-partes de cooperativas singulares de crédito com mais de um ano de atividade. Podem ser beneficiários do Procapcred cooperados pessoas físicas dedicadas a atividades produtivas de caráter autônomo, tais como os produtores rurais, pescadores, empresários, prestadores de serviço autônomo e microempreendedores, bem como cooperados pessoas jurídicas dedicadas a atividades de produção rural, pesqueira ou industrial, comércio ou serviços.

PROGRAMA DE CARTA DE CRÉDITO ASSOCIATIVO. *Direito bancário* e *direito urbanístico.* É o que visa incrementar a construção de unidades habitacionais e a execução de lotes urbanizados mediante financiamento à pessoa física, sob forma associativa representada através de condomínios, sindicatos, cooperativas, associações ou pessoas jurídicas voltadas à produção habitacional.

PROGRAMA DE CARTA DE CRÉDITO ASSOCIATIVO DESTINADO À PRODUÇÃO DE EMPREENDIMENTOS HABITACIONAIS, MEDIANTE FINANCIAMENTO À PESSOA FÍSICA. *Direito bancário.* Programa que visa destinar recursos para a construção de unidades habitacionais e a execução de lotes urbanizados, por meio da concessão de financiamentos a pessoas físicas, adquirentes de habitações ou de lotes, agrupadas em condomínio ou por sindicatos, cooperativas, associações ou pessoas jurídicas voltadas à produção habitacional. Tais adquirentes devem ter renda familiar situada nos patamares do público-alvo do FGTS. O contrato de financiamento deve ser firmado entre o agente financeiro e o mutuário, com interveniência da entidade representativa do grupo. Na apresentação de proposta de produção de lotes urbanizados, a entidade organizadora do grupo deve demonstrar a viabilidade da execução das unidades habitacionais.

PROGRAMA DE COMBATE AO ABUSO E À EXPLORAÇÃO SEXUAL DE CRIANÇAS E ADOLESCENTES. *Direito do menor.* É o que possui as seguintes ações: a) apoio à capacitação dos participantes do sistema de garantia de direitos no combate ao abuso, violência e exploração sexual infanto-juvenil; a comitês estaduais de combate à exploração sexual infanto-juvenil; a projetos de prevenção do abuso e da exploração sexual de crianças e adolescentes; e b) rede nacional de informações para prevenção e combate ao abuso e exploração sexual de crianças e adolescentes.

PROGRAMA DE COMPLEMENTAÇÃO AO ATENDIMENTO EDUCACIONAL ESPECIALIZADO ÀS PESSOAS PORTADORAS DE DEFICIÊNCIA (PAED). *Biodireito* e *direito educacional.* Consiste na transferência, pelo FNDE (Fundo Nacional de Desenvolvimento da Educação) de recursos financeiros, consignados em seu orçamento, em favor das escolas privadas de educação especial e mantidas por entidades definidas normativamente. O PAED tem por finalidade garantir, supletivamente, recursos financeiros para as escolas de educação especial necessários à consecução dos objetivos básicos de promover o atendimento especializado aos educandos portadores de necessidades especiais e sua progressiva inclusão em classes comuns de ensino, além de concorrer para que este alunado usufrua educação com qualidade.

PROGRAMA DE COMPUTADOR. *Direito virtual.* **1.** Expressão de um conjunto organizado de instruções em linguagem natural ou codificada, contida em suporte físico de qualquer natureza, de emprego necessário em máquinas automáticas de tratamento da informação, dispositivos, instrumentos ou equipamentos periféricos, baseados em técnica digital ou análoga, para fazê-los funcionar de certo modo e para fins determinados. **2.** Instrução em código que possibilita ao computador efetuar trabalho determinado. É protegido como propriedade intelectual. **3.** Escrito destinado ao processamento de dados, envolvendo o conjunto de instituições para este fim, como os diagramas, textos, manuais e codificações (Carlos Alberto Bittar). **4.** Conjunto de afirmações ou instruções usadas, direta ou indiretamente, em um computador para a obtenção de certo resultado. É amparado pelo direito autoral.

PROGRAMA DE COMPUTADOR DE LICENÇA *COPYLEFT.* *Direito virtual.* **Vide** PROGRAMA DE COMPUTADOR DE USO LIVRE.

PROGRAMA DE COMPUTADOR DE USO LIVRE. *Direito virtual.* Licença *creative copyleft,* em que o código fonte é aberto, ou seja, de livre utilização, modificação e distribuição, estimulando-se melhorias no programa para redistribuição ao usuário final (Sérgio Iglesias Nunes da Silva).

PROGRAMA DE COMUTAÇÃO BIBLIOGRÁFICA (COMUT). *Direito educacional* e *direito virtual.* Tem por objetivos: a) facilitar o acesso ao documento requerido nas tarefas de pesquisa, ensino e gerenciamento independentemente de sua localização, mediante a celebração de convênios de prestação de serviços com Bibliotecas-Base (depositárias) e fornecedores de textos completos (editores, livreiros, bases de dados de texto completo etc.), sob a égide de um sistema de comutação bibliográfica descentralizado; b) desburocratizar o processo administrativo e contábil nas transações de compra e venda de cópias de documentos; c) contribuir para o aperfeiçoamento do ensino e da pesquisa, criando condições para a transferência e uso cooperativo de informações interdisciplinares armazenadas nas instituições depositárias dos acervos bibliográficos; d) apoiar a Biblioteca Digital Brasileira, criada no âmbito do Ibict, no fornecimento de cópias de documentos disponibilizados nas Bases de Dados; e) garantir a obtenção de cópias de documentos em texto completo oferecidos, mediante pagamento, através da Internet.

PROGRAMA DE CONSOLIDAÇÃO E EMANCIPAÇÃO (AUTO-SUFICIÊNCIA) DOS ASSENTAMENTOS RESULTANTES DA REFORMA AGRÁRIA (PAC). *Direito agrário.* É o que tem por finalidade dar continuidade às ações pertinentes à implantação, ao desenvolvimento sustentável e à consolidação de projetos de assentamentos de reforma agrária, assegurando a continuidade do Programa no INCRA. O PAC é um Programa piloto, baseado na gestão compartilhada ou co-gestão, por meio do qual o INCRA experimenta metodologias que fortaleçam a organização e a participação das famílias assentadas enquanto principais executoras das ações de consolidação do assentamento. As ações implementadas pelo Programa têm por finalidade desenvolver e implantar um sistema para desenvolvimento e consolidação dos projetos de assentamentos resultantes da reforma agrária no Brasil, tendo como instrumento básico a elaboração de Plano de Consolidação do Assentamento — PCA, com a alocação de recursos para investimentos complementares em infra-estrutura socioeconômica, ambiental, capacitação e co-financiamento em assistência técnica e social, objetivando a promoção do desenvolvimento sustentável do projeto de assentamento e a integração das famílias assentadas na agricultura familiar. Esse Programa, em suas atribuições, tem como *objetivos* específicos: a) propor e experimentar metodologias de desenvolvimento e consolidação de projetos de assentamento (PA), tendo como principais eixos as ações ambientais, sociais, produtivas e organizacionais, promovendo condições de sustentabilidade dos PAs; b) aperfeiçoar os procedimentos de consolidação de assentamentos da Reforma Agrária utilizados pelo INCRA, melhorando sua capacidade institucional; c) acelerar o processo de desenvolvimento sustentável das famílias assentadas por meio da realização de investimentos em infra-estrutura social e produtiva, do apoio técnico/organizacional e da melhoria da capacidade produtiva; d) fortalecer a organização e participação das famílias assentadas – homens, mulheres, jovens e idosos – nas tomadas de decisão, na gestão de recursos financeiros e execução de obras, serviços e ações financiados pelo PAC, visando a conquista e a consolidação de sua autonomia, enquanto pessoas e como agricultores(as) familiares; e) criar as condições sociais, ambientais, técnicas, econômicas e organizacionais que assegurem um nível mínimo de renda das famílias assentadas, possibilitando melhores condições de vida no assentamento; f) incorporar nas ações desenvolvidas pelo Programa as abordagens de gênero, classe, raça/etnia e geração para contemplar a diversidade de situações existentes no assentamento, na medida em que as necessidades e interesses dos indivíduos são determinados em função da idade, do fato de ser homem ou mulher, da condição de classe e das diferenças de hábitos e costumes decorrentes dos fatores étnico-raciais; g) ter a família como foco das ações desenvolvidas, passando a considerar a divisão de trabalho existente entre seus membros nas atividades produtivas e reprodutivas, assim como o acesso de cada integrante da família aos direitos econômicos, sociais e políticos, contemplando as diferentes necessidades e interesses.

PROGRAMA DE CONTROLE DA POLUIÇÃO DO AR POR VEÍCULOS AUTOMOTORES (PROCONVE). *Direito ambiental.* Programa em caráter nacional, para ser atendido nas homologações dos veículos automotores novos, nacionais e importados, leves e pesados, destinados exclusivamente ao mercado interno brasileiro, com os seguintes objetivos: a) reduzir os níveis de emissão de poluentes pelo escapamento e por evaporação, visando o atendimento aos padrões nacionais de qualidade ambiental vigentes; b) promover o desenvolvimento tecnológico nacional, tanto na engenharia de projeto e fabricação como também em métodos e equipamentos para o controle de emissão de poluentes; c) promover a adequação dos combustíveis automotivos comercializados, para que resultem em produtos menos agressivos ao meio ambiente e à saúde pública, e que permitam a adoção de tecnologias automotivas necessárias ao atendimento das exigências legais.

PROGRAMA DE CONTROLE DE INFECÇÕES HOSPITALARES. *Medicina legal.* Conjunto de ações desenvolvidas deliberada e sistematicamente com vistas à redução máxima possível da incidência e da gravidade das infecções hospitalares.

PROGRAMA DE CONTROLE DE RESÍDUOS BIOLÓGICOS EM CARNE (PCRBC). *Direito ambiental* e *direito do consumidor.* Programa que tem como função regulamentar básica o controle e a vigilância. Sua ações estão direcionadas para se conhecer e evitar a violação dos níveis de segurança ou dos LMRs de substâncias autorizadas, bem como a ocorrência de quaisquer níveis de resíduos de compostos químicos de uso proibido no País. Para isso, são colhidas amostras de animais abatidos e vivos, de modo a cobrir as espécies de açougue (bovinos, suínos, aves, caprinos, coelhos e eqüídeos) abatidas nos estabelecimentos sob inspeção federal (SIF). Entretanto, por uma questão de infra-estrutura dos próprios estabelecimentos (sistema de frio, localização, acesso etc.) e do SIF, não tem sido possível colher amostras, como seria desejável, de todos os estabelecimentos de abate sob inspeção federal, no território nacional. Para contornar esse impedimento, optou-se por incluir no programa de estabelecimentos de abate da lista geral de exportadores de carnes e derivados, que, em face de suas localizações, recebem matéria-prima (animais) de todas as regiões, de criações existentes nestas, possibilitando, assim, a detecção de violações porventura existentes. Caso seja identificada a existência de regiões sem informações, devem ser incluídas no Programa unidades abatedoras que recebem animais dessas regiões para a complementação de informações. Visando a um controle do nível de contaminantes metálicos

nos produtos cárneos enlatados, os encarregados da inspeção federal nos estabelecimentos de conserva remetem amostras desses produtos aos laboratórios oficiais ou credenciados, para pesquisa de resíduos de metais pesados. Para uma melhor execução do PCRBC, houve por bem dividi-lo em: a) Subprograma de Monitoramento, cujo objetivo é obter informações sobre a freqüência, os níveis e a distribuição dos resíduos biológicos no País, ao longo do tempo. No controle das violações dos níveis de tolerâncias dos resíduos das drogas de uso permitido, é essencial que a amostragem seja aleatória, em base anual, e feita na cadeia de processamento dos alimentos, no momento do abate. No controle dos resíduos das drogas de uso proibido, a amostragem também é aleatória, em base anual ou estacional, de acordo com o tipo de produto animal e resíduo considerado, e feita em animais vivos nas propriedades, utilizando-se sangue e urina como amostras. Os resíduos a serem pesquisados são selecionados com base no potencial de risco e disponibilidade de metodologia analítica adequada aos objetivos do monitoramento. Os resíduos a serem analisados, o número de amostras, o nível de tolerância, a metodologia analítica, os laboratórios analíticos e os substratos a serem analisados devem constar das programações anuais do PCRBC. b) Subprograma de Investigação, que tem como meta investigar e controlar o movimento de produtos potencialmente adulterados. A amostragem é tendenciosa e dirigida a determinadas carcaças ou produtos, em função de informações obtidas no Subprograma de Acompanhamento. Investiga, pois, produtos e propriedades suspeitas de violação dos níveis de tolerância ou do emprego de drogas proibidas, por fundadas denúncias, requerimento do Serviço de Sanidade Animal ou das autoridades de saúde pública, ou devido a observações durante a inspeção *ante mortem*. Nos casos em que os objetivos buscam a aplicação de sanções previstas em legislação específica, as amostras são colhidas em duplicata, para possibilitar a contraprova. O número de amostras não é possível qualificar; por isso, não consta das programações anuais das análises de resíduos. c) Subprograma Exploratório, desenvolvido em situações especiais, frente aos mais variados objetivos, tendo em comum o fato de os resultados das análises não serem utilizados para a

promoção de ações punitivas nem conduzirem ao Subprograma de Investigação. O seu planejamento e a sua execução ocorrem geralmente por solicitações de outras instituições, com o fim de possibilitar o estudo da ocorrência de resíduos de compostos para os quais ainda não existem limites de tolerância estabelecidos. Sabe-se, por exemplo, que muitas substâncias químicas nessas condições (metais pesados, micotoxinas e poluentes ambientais) podem estar presentes nos alimentos. Assim, devem ser planejados tantos Subprogramas quanto forem necessários, para gerar informações a respeito da freqüência e dos níveis em que os resíduos das substâncias estudadas ocorrem no território nacional, ou em regiões previamente selecionadas, conforme a solicitação. A amostragem, nesse caso, pode ser aleatória, como a utilizada no Subprograma de Acompanhamento, ou dirigida para a obtenção de informações, como, por exemplo, os mais elevados índices de resíduos de uma determinada substância. Todos os resultados gerados por esses Subprogramas são tabulados e remetidos à instituição solicitante. d) Subprograma de Controle de Produtos Importados, que consiste na colheita de amostras de produtos cárneos importados, no objetivo de verificar se o Programa de Resíduos do país exportador é efetivo e se o produto importado atende os mesmos requisitos estabelecidos para o produto doméstico.

PROGRAMA DE CONTROLE MÉDICO DE SAÚDE OCUPACIONAL (PCMSO). *Direito do trabalho.* É o que, obrigatoriamente, deve ser elaborado e implementado, por parte de todos os empregadores e instituições que admitam trabalhadores como empregados, com o escopo de promoção e preservação da saúde do conjunto dos seus trabalhadores. O PCMSO é parte integrante do conjunto mais amplo de iniciativas da empresa no campo da saúde dos trabalhadores, e deverá: a) considerar as questões incidentes sobre o indivíduo e a coletividade de trabalhadores, privilegiando o instrumental clínico-epidemiológico na abordagem da relação entre sua saúde e o trabalho; b) ter caráter de prevenção, rastreamento e diagnóstico precoce dos agravos à saúde relacionados ao trabalho, inclusive de natureza subclínica, além da constatação da existência de casos de doenças profissionais ou danos irreversíveis à saúde dos trabalhadores; c) ser planejado e implantado com base nos riscos à saúde dos trabalhadores, especialmente os identificados nas avaliações previstas nas demais Nrs. Compete ao empregador: a) garantir a elaboração e efetiva implementação do PCMSO, bem como zelar pela sua eficácia; b) custear todos os procedimentos relacionados ao PCMSO e, quando solicitado pela inspeção do trabalho, comprovar a execução da despesa; c) indicar, dentre os médicos dos Serviços Especializados em Engenharia de Segurança e Medicina do Trabalho (SESMT) da empresa, um coordenador responsável pela execução do PCMSO; d) no caso de a empresa estar desobrigada de manter médico do trabalho, deverá o empregador indicar médico do trabalho, empregado ou não da empresa, para coordenar o PCMSO; e) inexistindo médico do trabalho na localidade, o empregador poderá contratar médico de outra especialidade para coordenar o PCMSO. Compete ao médico coordenador: a) realizar os exames médicos admissional, periódico, de retorno ao trabalho, de mudança de função e demissional, ou encarregar esses exames a profissional médico familiarizado com os princípios da patologia ocupacional e suas causas, bem como com o ambiente, as condições de trabalho e os riscos a que está ou será exposto cada trabalhador da empresa a ser examinado; b) encarregar dos exames complementares profissionais ou entidades devidamente capacitados, equipados e qualificados.

PROGRAMA DE COOPERAÇÃO INTERNACIONAL PARA AÇÕES DE CONTROLE E PREVENÇÃO DO HIV PARA PAÍSES EM DESENVOLVIMENTO. *Biodireito.* Tem por objetivo reforçar a resposta nacional de seis países, assistindo-os com ações que visem alcançar o tratamento universal. Seus projetos apresentarão as seguintes características: a) capacitação de recursos humanos em manejo clínico e doação de medicamentos anti-retrovirais, de primeira linha, produzidos por laboratórios nacionais; b) elaboração e implementação de projetos de cooperação técnica em parceria com governos, organismos do sistema da ONU, organizações da sociedade civil e agências internacionais de cooperação técnica; e c) possibilidade de transferência de tecnologia em logística de distribuição de medicamentos anti-retrovirais.

PROGRAMA DE CRÉDITO DIRETO AO CONSUMIDOR PARA AQUISIÇÃO DE IMÓVEL (CRED-CASA). *Direito bancário* e *direito administrativo.* É aquele que tem por fim proporcionar melhores condições de moradia às famílias de baixa renda, mediante a concessão de crédito direto ao financiado, pessoa física, para a aquisição de imóvel destinado ao uso imediato para residência do proponente.

PROGRAMA DE CRÉDITO DIRETO AO CONSUMIDOR PARA COMPRA DE MATERIAL DE CONSTRUÇÃO (CRED-MAC). *Direito bancário* e *direito administrativo.* Programa que visa proporcionar melhores condições de moradia às famílias de baixa renda, mediante a concessão de crédito direto ao financiado, pessoa física, individualmente ou organizada sob a forma associativa, para a aquisição de materiais de construção visando a construção, conclusão, ampliação e reforma de habitação para uso imediato para residência do proponente. Para fins de acesso aos recursos do CRED-MAC, o imóvel objeto do financiamento deverá estar situado em local próprio para uso residencial de acordo com as posturas municipais e ser de uso, posse ou propriedade do proponente ou, em caso de imóvel de propriedade ou posse de terceiros, possuir autorização expressa para a execução das obras propostas.

PROGRAMA DE DEMANDA SOCIAL (DS). *Direito educacional.* Tem por objetivo a formação de recursos humanos de alto nível necessários ao País, proporcionando aos programas de pós-graduação *stricto sensu* condições adequadas ao desenvolvimento de suas atividades. O instrumento básico da DS é a concessão de quota de bolsas aos programas de pós-graduação *stricto sensu*, definida com base nos resultados do sistema de acompanhamento e avaliação, coordenado pela CAPES, para que mantenham em tempo integral alunos de excelente desempenho acadêmico. Tem as seguintes atribuições: a) incumbir formalmente à pró-reitoria, ou à unidade equivalente, a responsabilidade pela coordenação da execução do Programa; b) representar a Instituição perante a CAPES, nas relações atinentes ao Programa; c) supervisionar as atividades da DS no âmbito de sua instituição; d) garantir o funcionamento de uma Comissão de Bolsa-CAPES da DS em suas dependências; e) preparar e enviar à CAPES toda a documentação necessária à implementação do Programa; f) proceder aos pagamentos dos bolsistas informando a CAPES sobre as respectivas datas da efetivação; g) cumprir rigorosamente e divulgar entre os candidatos e bolsistas todas as normas do Programa e o teor das comunicações pertinentes feitas pela CAPES; h) cientificar aos bolsistas que seu tempo de estudos somente será computado, para fins de aposentadoria, se efetuadas contribuições para a Seguridade Social, como "contribuinte facultativo"; i) restituir integral e imediatamente à CAPES todos os recursos aplicados sem a observância das normas do Programa de DS procedendo à apuração das eventuais infrações ocorridas no âmbito de sua atuação, para cobrança regressiva, quando couber; j) disponibilizar via *on-line* até o dia quinze de cada mês as alterações ocorridas em relação ao mês em curso dos bolsistas do Programa; k) efetuar nos prazos estabelecidos as prestações de contas dos convênios executados; l) interagir com a CAPES para o aperfeiçoamento do Programa e o desenvolvimento da pós-graduação; m) apresentar prontamente quaisquer relatórios solicitados pela CAPES e praticar todos os demais atos necessários ao bom funcionamento do Programa.

PROGRAMA DE DESENVOLVIMENTO CIENTÍFICO E TECNOLÓGICO DO SETOR ESPACIAL. *Direito espacial.* Destinado ao fomento da atividade de pesquisa científica e desenvolvimento tecnológico do Setor Espacial, a ser custeado pelos seguintes recursos, além de outros que lhe forem destinados para a mesma finalidade: a) 25% das receitas, provenientes da utilização de posições orbitais; b) 25% das receitas auferidas pela União, provenientes de lançamentos, em caráter comercial, de satélites e foguetes de sondagem a partir do território brasileiro; c) 25% das receitas auferidas pela União, provenientes da comercialização dos dados e imagens obtidos por meio de rastreamento, telemedidas e controle de foguetes e satélites; d) o total da receita auferida pela Agência Espacial Brasileira (AEB), decorrentes da concessão de licenças e autorizações.

PROGRAMA DE DESENVOLVIMENTO COOPERATIVO PARA AGREGAÇÃO DE VALOR À PRODUÇÃO AGROPECUÁRIA (PRODECOOP). *Direito agrário* e *direito bancário.* Visa o amparo de recursos equalizados pelo Tesouro Nacional junto ao Banco Nacional de Desenvolvimento Econômico e Social (BNDES), sujeito às normas gerais do crédito rural e às seguintes condições especiais: 1) objetivo:

incrementar a competitividade do complexo agroindustrial das cooperativas brasileiras, por meio da modernização dos sistemas produtivos e de comercialização; 2) abrangência: todo o território nacional; 3) beneficiários: a) cooperativas de produção agropecuária; b) cooperados, para integralização de cotas-partes vinculadas ao projeto a ser financiado; 4) setores e ações enquadráveis: a) industrialização de derivados de oleaginosas; b) realocação de plantas de processamento de oleaginosas; c) industrialização de carnes e pescados; d) instalação de unidades de beneficiamento, padronização e processamento de frutas, legumes e hortaliças; e) implantação de indústrias para processamento de ovos; f) modernização industrial e logística do setor lácteo; g) implantação de indústrias de moagem de cereais; h) industrialização de couro semi-acabado e acabado; i) implantação de fábrica de rações; j) industrialização de mandioca e seus derivados; k) implantação de unidades industriais de cacau, chás e mate; l) implantação ou ampliação de maltearias; m) instalação de unidades industriais para produção de cafés e de bebida superior; n) implantação e realocação de plantas de beneficiamento de algodão, unidades de fiação, tecelagem e estamparia de algodão; o) instalação, ampliação e modernização de unidades armazenadoras; p) instalação de unidades e de sistemas de beneficiamento, padronização, acondicionamento e logística para exportação de produtos agropecuários; q) implantação de sistemas para geração e co-geração de energia e linhas de ligação, para consumo próprio como parte integrante de um projeto de agroindústria; 5) itens financiáveis: a) estudos, projetos e tecnologia; b) obras civis, instalações e outros; c) máquinas e equipamentos nacionais; d) despesas pré-operacionais; e) despesas de importação; f) capital de giro associado ao projeto de investimento; g) treinamento; h) integração de cotas-partes vinculadas ao projeto a ser financiado.

PROGRAMA DE DESENVOLVIMENTO DA APICULTURA (PRODAMEL). *Direito agrário.* Tem a finalidade de acelerar o processo de desenvolvimento da apicultura brasileira, por meio do aumento da produção, da produtividade e da qualidade dos produtos apícolas.

PROGRAMA DE DESENVOLVIMENTO DE SISTEMA DE INTEGRAÇÃO RURAL. *Direito agrário.* Visa estimular a parceria entre produtores e unidades integra-doras, de forma a garantir a comercialização da produção oriunda dos empreendimentos integrados financiados pelo FCO, com o escopo de financiar projetos destinados à implantação, ampliação e modernização de empreendimentos conduzidos em regime de integração cujo processo produtivo esteja direcionado às necessidades de unidade integradora.

PROGRAMA DE DESENVOLVIMENTO ENERGÉTICO DOS ESTADOS E MUNICÍPIOS (PRODEEM). *Direito administrativo.* É coordenado pelo Ministério de Minas e Energia, e tem por escopo: a) viabilizar a instalação de microssistemas energéticos de produção e uso locais, em comunidades carentes isoladas não servidas por rede elétrica, destinados a apoiar o atendimento das demandas sociais básicas; b) promover o aproveitamento das fontes de energia descentralizadas no suprimento de energéticos aos pequenos produtores, aos núcleos de colonização e às populações isoladas; c) complementar a oferta de energia dos sistemas convencionais com a utilização de fontes de energia renováveis descentralizadas; d) promover a capacitação de recursos humanos e o desenvolvimento da tecnologia e da indústria nacionais, imprescindíveis à implantação e à continuidade operacional dos sistemas a serem implantados.

PROGRAMA DE DESENVOLVIMENTO SUSTENTADO DA FLORICULTURA (PRODEFLOR). *Direito agrário* e *direito bancário.* Tem operações amparadas em recursos equalizados pelo Tesouro Nacional junto ao Banco Nacional de Desenvolvimento Econômico e Social (BNDES), que ficam sujeitas às normas gerais do crédito rural e às seguintes condições especiais: a) finalidade do crédito: acelerar o desenvolvimento da floricultura brasileira e ampliar a exportação de flores; b) abrangência: todo o território nacional; c) itens financiáveis: investimentos fixos e semifixos relacionados com a implantação ou melhoramento de culturas de flores, preferencialmente aquelas voltadas para a exportação; d) limite de crédito: R$ 50.000,00 (cinqüenta mil reais) por produtor, independentemente de outros créditos concedidos ao amparo de recursos controlados do crédito rural; e) encargos financeiros: taxa efetiva de juros de 8,75% a.a. (oito inteiros e setenta e cinco centésimos por cento ao ano); f) prazo de reembolso: até cinco anos, incluídos até dois anos de carência,

dependendo da espécie objeto de financiamento; g) amortizações: semestrais ou anuais, de acordo com o fluxo de receitas da propriedade beneficiada.

PROGRAMA DE DESLIGAMENTO VOLUNTÁRIO DE SERVIDORES PÚBLICOS CIVIS DO PODER EXECUTIVO FEDERAL (PDV). *Direito administrativo.* É o que fica instituído para tornar possível a alocação de recursos humanos, propiciar a modernização da Administração e auxiliar no equilíbrio das contas públicas. Podem aderir a esse Programa os servidores públicos civis da Administração direta, autárquica e fundacional, inclusive dos extintos territórios, ocupantes de cargo efetivo, salvo os que: a) estejam em estágio probatório; b) tenham requerido aposentadoria; c) tenham se aposentado em função pública, e tenham optado pela remuneração do cargo efetivo que ocupem; d) tenham sido condenados por decisão judicial transitada em julgado, que importe na perda do cargo; e) estejam afastados nas condições legais; f) estejam afastados em virtude de licença para tratamento de saúde, quando acometidos das doenças especificadas em lei; g) ocupem, na Advocacia-Geral da União, os de Advogado da União, Procurador da Fazenda Nacional e Assistente Jurídico; na Auditoria do Tesouro Nacional, os de Auditor Fiscal do Tesouro Nacional e Técnico do Tesouro Nacional; os de Especialista em Políticas Públicas e Gestão Governamental; no Serviço Exterior Brasileiro, os de diplomata e oficial de chancelaria; e) no Planejamento e Orçamento, os de Analista de Orçamento, Técnico de Orçamento e Técnico de Planejamento e Pesquisa do Instituto de Pesquisa Econômica Aplicada; nas Finanças e Controle, os de Analista de Finanças e Controle e Técnico de Finanças e Controle; os de nível superior das carreiras da área de Ciência e Tecnologia; no Grupo-Defesa Aérea e Controle do Tráfego Aéreo, os de Técnico de Defesa Aérea e Controle do Tráfego Aéreo, Técnico de Programação e Operação de Defesa Aérea e Controle de Tráfego Aéreo, Técnico em Informações Aeronáuticas, Controlador de Tráfego Aéreo, Técnico em Eletrônica e Telecomunicações Aeronáuticas e Técnico em Meteorologia Aeronáutica; no Ministério da Agricultura, Pecuária e do Abastecimento, os de Engenheiro Agrônomo, Médico Veterinário, Farmacêutico, Químico e Zootecnista, cujos ocupantes exerçam atividades de fiscalização e controle de produtos de origem animal ou vegetal e insumos de uso na agropecuária; nas Instituições Federais de Ensino do Ministério da Educação e do Ministério da Defesa, os de Grupo-Magistério; no Instituto Nacional do Seguro Social, os de Fiscal de Contribuições Previdenciárias; no Ministério da Saúde e suas vinculadas, nos Hospitais Universitários do Ministério da Educação e nos Hospitais Militares, os de Enfermeiro, Fisioterapeuta, Médico, Médico de Saúde Pública, Médico-Cirurgião, Técnico em Radiologia, Técnico em Raios X, Operador de Raios X, Técnico em Enfermagem (inclusive Técnico Enfermagem ou Técnico de Enfermagem), Auxiliar de Enfermagem, Atendente de Enfermagem, Agente de Saúde Pública, Agente de Saúde, Dentista, Odontólogo, Cirurgião-Dentista, Farmacêutico, Farmacêutico Bioquímico, Laboratorista, Técnico em Laboratório (inclusive Técnico de Laboratório), Auxiliar de Laboratório, Sanitarista, Técnico de Banco de Sangue, Biomédico, Técnico em Anatomia e Necropsia, Instrumentador Cirúrgico, Fonoaudiólogo, Técnico em Reabilitação ou Fisioterapia, Técnico em Prótese Dentária e Nutricionista; no Ministério do Trabalho, os de Fiscal do Trabalho, Médico do Trabalho e Engenheiro; no Departamento Nacional de Combustíveis do Ministério de Minas e Energia, os de Fiscal de Derivados de Petróleo e outros Combustíveis; no Ministério da Justiça, os de Patrulheiro Rodoviário Federal, Delegado de Polícia Federal, Perito Criminal Federal, Censor Federal, Escrivão de Polícia Federal, Agente de Polícia Federal e Papiloscopista Policial Federal; no Instituto Nacional de Colonização e Reforma Agrária, os de Fiscal de Cadastro e Tributação Rural; os de Assistente Jurídico, Procurador Autárquico, Procurador, Advogado e Contador; os cargos cujos ocupantes exerçam atividades de fiscalização na Comissão de Valores Mobiliários e na Superintendência de Seguros Privados; os do Banco Central do Brasil; e os da Secretaria de Assuntos Estratégicos e da Subsecretaria de Inteligência da Casa Militar da Presidência da República. A Administração, no estrito interesse do serviço público, reserva-se o direito de não aceitar pedidos de adesão ao PDV. O servidor que tenha ingressado com requerimento para fins de aposentadoria, desde que ainda não publicada no *Diário Oficial da União*, poderá participar do PDV, mediante apresentação de prova for-

mal de desistência daquele processo. O deferimento definitivo da inclusão no PDV de servidor que esteja respondendo a procedimento administrativo ou procedimento penal dependerá da conclusão do processo no prazo máximo de cento e vinte dias, a contar da data de encerramento do prazo de adesão, com decisão pelo não-cabimento da pena de demissão, valendo, para fins de adesão ao Programa, a data constante do seu pedido. O servidor que tiver participado ou esteja participando de curso às expensas do Governo Federal somente poderá aderir ao PDV após ressarcimento da despesa havida com o afastamento, na hipótese de ainda não ter decorrido, após o curso, período de efetivo exercício equivalente ao do afastamento. Serão indeferidos e publicados no *Diário Oficial da União* os pedidos de exoneração em desacordo com o disposto neste artigo, não sendo admitido recurso em nível administrativo. O servidor que aderir ao PDV deverá permanecer em efetivo exercício até a data da publicação de sua exoneração. O ato de exoneração dos servidores que tiverem deferida sua adesão ao PDV será publicado no *Diário Oficial da União*, impreterivelmente nos trinta dias seguintes à data de entrega do pedido de adesão ao Programa na unidade de Recursos Humanos. Ao servidor que aderir ao PDV serão concedidos os seguintes incentivos financeiros: 1) para o servidor que contar, na data da exoneração, com até catorze anos, inclusive, de efetivo exercício no âmbito da Administração Pública Federal direta, autárquica e fundacional: a) indenização de uma remuneração por ano de efetivo exercício; b) acréscimo de 25% sobre o valor total da indenização prevista na alínea *a* deste item, para os que aderirem ao PDV nos primeiros quinze dias do Programa; c) acréscimo de 5% sobre o valor total da indenização prevista na alínea *a* deste item para os que aderirem ao PDV entre o décimo sexto e o vigésimo dia do Programa; 2) para o servidor que contar, na data da exoneração, com mais de catorze e até vinte e quatro anos, inclusive, de efetivo exercício no âmbito da Administração Pública Federal direta, autárquica e fundacional: a) indenização de uma remuneração por ano de efetivo exercício até o décimo quarto ano; b) indenização de uma remuneração e meia por ano de efetivo exercício, a partir do décimo quinto até o vigésimo quarto ano; c) acréscimo de 25% sobre o valor total da indenização prevista nas alíneas *a* e *b* deste item, para os que aderirem ao PDV nos primeiros quinze dias do Programa; d) acréscimo de 5% sobre o valor total da indenização prevista nas alíneas *a* e *b* deste item, para os que aderirem ao PDV entre o décimo sexto e o vigésimo dia do Programa; 3) para o servidor que contar, na data da exoneração, com mais de vinte e quatro anos de efetivo exercício no âmbito da Administração Pública Federal direta, autárquica e fundacional: a) indenização de uma remuneração por ano de efetivo exercício até o décimo quarto ano; b) indenização de uma remuneração e meia por ano de efetivo exercício a partir do décimo quinto até o vigésimo quarto ano; c) indenização de uma remuneração, somada a 80% do seu valor, por ano de efetivo exercício a partir do vigésimo quinto ano.

PROGRAMA DE DIFUSÃO DE TECNOLOGIA PARA A CONSTRUÇÃO DE HABITAÇÃO DE BAIXO CUSTO (PROTECH). *Direito administrativo.* Programa governamental que tem por objetivo: a) estimular o desenvolvimento de estudos e pesquisas que tenham por finalidade a redução do custo de construção da habitação popular, bem como promover, em colaboração com o setor privado, a divulgação de novas tecnologias especialmente desenvolvidas para esse fim; b) demonstrar de forma concreta, por intermédio de novos assentamentos, as reais vantagens da adoção e difusão regionalizadas de propostas urbanísticas e arquitetônicas, bem como de inovações tecnológicas que resultem em significativa redução do custo da produção e na melhoria da qualidade das habitações populares. O Protech é executado por intermédio das seguintes ações: a) estudos, pesquisas e divulgação de tecnologia voltadas à construção de habitações de baixo custo; b) construção de unidades habitacionais em "Vilas Tecnológicas"; c) construção de unidades e execução de melhorias habitacionais destinadas a famílias com rendimento mensal preponderante de até cinco salários mínimos, com a utilização de tecnologias inovadoras que resultem em significativa redução do custo da produção e no aumento da qualidade das habitações. Nos casos de propostas destinadas à construção das "Vilas Tecnológicas", admitir-se-á a constituição de Conselhos Técnicos Locais, compostos por representantes de organismos, governamentais ou não, diretamente vinculados às questões urbanas e habitacionais, com o obje-

tivo de promover parceria entre a União, o Poder Público local e a sociedade, no processo de seleção, acompanhamento, avaliação e difusão de tecnologias voltadas para a construção de habitações de baixo custo. É vedada qualquer remuneração aos participantes do Conselho Técnico Local em virtude de suas atuações como conselheiros.

PROGRAMA DE EDUCAÇÃO TUTORIAL (PET). *Direito educacional.* É integrado por grupos tutoriais de aprendizagem e busca propiciar aos alunos de cursos de graduação das Instituições de Ensino Superior (IES), sob a orientação de um professor tutor, condições para a realização de atividades extracurriculares de ensino, pesquisa e extensão de forma integrada, que complementam a sua formação acadêmica. O PET constitui-se em programa de educação tutorial desenvolvido em grupos organizados a partir de cursos de graduação das instituições de ensino superior do País, orientados pelo princípio da indissociabilidade entre ensino, pesquisa e extensão, que tem por objetivos: a) desenvolver atividades acadêmicas em padrões de qualidade de excelência, mediante grupos de aprendizagem tutorial de natureza coletiva e interdisciplinar; b) contribuir para a elevação da qualidade da formação acadêmica dos alunos de graduação; c) estimular a formação de profissionais e docentes de elevada qualificação técnica, científica, tecnológica e acadêmica; d) formular novas estratégias de desenvolvimento e modernização do ensino superior no País; e e) estimular o espírito crítico, bem como a atuação profissional pautada pela cidadania e pela função social da educação superior.

PROGRAMA DE ENSINO PROFISSIONAL MARÍTIMO (PREPOM). *Direito marítimo.* É o que tem o propósito de relacionar todos os cursos aprovados em um determinado ano, por OM (Organização Militar), para aplicação pelo SEPM (Sistema do Ensino Profissional Marítimo).

PROGRAMA DE ESTÍMULO À INTERAÇÃO UNIVERSIDADE-EMPRESA PARA O APOIO À INOVAÇÃO. *Direito educacional.* Tem como objetivo principal estimular o desenvolvimento tecnológico brasileiro, mediante programas de pesquisa científica e tecnológica cooperativa entre universidades, centros de pesquisa e o setor produtivo. Compreende as seguintes atividades: a) projetos de pesquisa científica e tecnológica; b) desenvolvimento tecnológico experimental;

c) desenvolvimento de tecnologia industrial básica; d) implantação de infra-estrutura para atividades de pesquisa e inovação; e) capacitação de recursos humanos para a pesquisa e inovação; f) difusão do conhecimento científico e tecnológico; g) educação para a inovação; h) capacitação em gestão tecnológica e em propriedade intelectual; i) ações de estímulo a novas iniciativas; j) ações de estímulo ao desenvolvimento de empresas de base tecnológica; k) promoção da inovação tecnológica nas micro e pequenas empresas; l) apoio ao surgimento e consolidação de incubadoras e parques tecnológicos; m) apoio à organização e consolidação de aglomerados produtivos locais; n) processos de inovação, agregação de valor e aumento da competitividade do setor empresarial. Para fins de atendimento desse programa, fica instituída contribuição de intervenção no domínio econômico, devida pela pessoa jurídica detentora de licença de uso ou adquirente de conhecimentos tecnológicos, bem como aquela signatária de contratos que impliquem transferência de tecnologia, firmados com residentes ou domiciliados no exterior.

PROGRAMA DE ESTÍMULO AO ENSINO E À PRODUÇÃO ACADÊMICA NA ÁREA DO COOPERATIVISMO. *Direito agrário* e *direito educacional.* Visa: a) fomentar o ensino do cooperativismo, estimular a produção acadêmica e o resgate da sua história nas escolas, universidades e centros de formação profissional das redes pública e privada; b) implementar o Sistema de Informação e Gestão, com banco de dados da memória do cooperativismo brasileiro; c) estabelecer prêmio anual à produção intelectual na área do cooperativismo; d) dar apoio financeiro a pesquisas e teses do interesse do cooperativismo brasileiro; e) apoiar o intercâmbio de universidades brasileiras com universidades estrangeiras que ministrem cursos de cooperativismo; f) apoiar a criação da Biblioteca Virtual do Cooperativismo, objetivando o intercâmbio com universidades brasileiras e estrangeiras sobre o sistema cooperativista; g) conceder bolsas de estudo para alunos selecionados.

PROGRAMA DE ESTÍMULO À REESTRUTURAÇÃO E AO FORTALECIMENTO DO SISTEMA FINANCEIRO NACIONAL. *Direito bancário* e *direito financeiro.* Foi instituído pelo Conselho Monetário Nacional com vistas a assegurar liquidez e solvência ao referido Sistema e a resguardar os interesses de depositantes e investidores, e será implementado por meio de reorganizações administrativas, operacionais e societárias, previamente autorizadas pelo Banco Central do Brasil. O mecanismo de proteção a titulares de créditos contra instituições financeiras, instituído pelo Conselho Monetário Nacional, é parte integrante do Programa. Na hipótese de incorporação, aplica-se às instituições participantes do Programa o seguinte tratamento tributário: a) a instituição a ser incorporada deverá contabilizar como perdas os valores dos créditos de difícil recuperação, observadas, para esse fim, normas fixadas pelo Conselho Monetário Nacional; b) as instituições incorporadoras poderão registrar como ágio, na aquisição do investimento, a diferença entre o valor de aquisição e o valor patrimonial da participação societária adquirida; c) as perdas acima mencionadas deverão ser adicionadas ao lucro líquido da instituição a ser incorporada, para fins de determinação do lucro real e da base de cálculo da Contribuição Social sobre o Lucro Líquido; d) após a incorporação, o ágio, registrado contabilmente, poderá ser amortizado; e) para efeitos de determinação do lucro real, a soma do ágio amortizado com o valor compensado dos prejuízos fiscais de períodos-base anteriores não poderá exceder, em cada período-base, a 30% do lucro líquido, ajustado pelas adições e exclusões previstas na legislação aplicável; f) o valor do ágio amortizado deverá ser adicionado ao lucro líquido, para efeito de determinar a base de cálculo da Contribuição Social sobre o Lucro Líquido; g) isto somente se aplica às incorporações realizadas até 31 de dezembro de 1996, observada a exigência de a instituição incorporadora ser associada à entidade administradora do mecanismo de proteção a titulares de crédito.

PROGRAMA DE EXPANSÃO DA EDUCAÇÃO PROFISSIONAL (PROEP). *Direito educacional.* É o que visa apoiar a Implantação da Reforma da Educação Profissional, por meio de um novo modelo de Educação Profissional, que proporcione a diversificação da oferta e a definição de cursos de forma adequada às demandas sociais, à realidade do mercado de trabalho e às exigências da moderna tecnologia.

PROGRAMA DE FINANCIAMENTO A CONCESSIONÁRIOS PRIVADOS DE SANEAMENTO. *Direito administrativo.* É o que tem por objetivo financiar concessionários privados de saneamento, visando a implantação de empreendimentos destinados ao aumento da cobertura dos serviços de abastecimento de água e esgotamento sanitário e a reciclagem de ativos do FGTS, oriundos de empréstimos concedidos anteriormente para investimentos pelo setor público e transferidos, através do processo de concessão dos serviços, ao operador privado. Tal programa abrange as seguintes modalidades: a) abastecimento de água – visando o aumento da cobertura e/ou da capacidade de produção de sistemas de abastecimento de água; b) esgotamento sanitário – visando o aumento da cobertura de sistemas de esgotamento sanitário e/ou ao tratamento e destinação final adequados de efluentes; c) DO – desenvolvimento operacional – visando a implementação de ações que resultem no aumento da eficiência operacional da prestação dos serviços de água e esgoto; d) estudos e projetos – visando a elaboração de estudos de concepção, projetos básicos e executivos para empreendimentos nas modalidades de abastecimento de água e esgotamento sanitário. É, portanto, o que tem por objetivo financiar, à iniciativa privada, empreendimentos destinados à melhoria das condições sanitárias nas áreas urbanas, por meio do aumento da cobertura e melhoria no atendimento dos serviços de saneamento básico, contribuindo na promoção do desenvolvimento socioeconômico e com a preservação do meio ambiente.

PROGRAMA DE FINANCIAMENTO ÀS EXPORTAÇÕES (PROEX). *Direito internacional privado.* Programa instituído pelo Governo Federal para proporcionar às exportações brasileiras condições de financiamento equivalentes às do mercado internacional, mediante financiamento com recursos do Tesouro Nacional ou equalização de taxas de juros ou financiamento realizado por instituições financeiras, cabendo ao Tesouro Nacional o pagamento de parte dos encargos financeiros.

PROGRAMA DE FINANCIAMENTO INDIVIDUAL À MORADIA ATRAVÉS DE CARTA DE CRÉDITO. *Direito previdenciário.* É o Programa que visa proporcionar melhores condições de moradia a famílias com renda mensal de até R$ 1.200,00, mediante a concessão de recursos diretamente ao mutuário final pessoa física através de carta de crédito, com preferência de atendimento aos detentores de conta vinculada do FGTS.

A carta de crédito constitui-se na concessão, pelo agente financeiro, de abertura de crédito ao proponente que: a) preencher todos os pré-requisitos para participação no Programa; b) obtiver classificação entre os selecionados que resulte da aplicação dos critérios exigidos. O Programa operará por intermédio das seguintes modalidades: a) aquisição de unidade habitacional nova ou usada; b) construção de unidade habitacional. Para a utilização dessa modalidade a construção será isolada ou sob a forma associativa, compreendendo esta última o grupo de pessoas organizadas por sindicatos, cooperativas, associações ou em condomínios; a utilização de área de propriedade do proponente ou de área a ser por este adquirida com os recursos do financiamento que lhe for concedido; c) conclusão, ampliação ou melhoria de unidade habitacional. Constitui-se pré-requisito básico para a contratação de recursos através de cartas de crédito o atendimento às premissas abaixo especificadas: a) tenham por objetivo o uso do imóvel, pelo próprio proponente; b) contemplem unidades cujo menor dos valores de venda ou avaliação não excedam a R$ 36.000,00; c) no caso de construção sob a forma associativa, observem, cumulativamente, as seguintes situações: contemplem no máximo cem unidades; utilizem áreas dotadas, nos seus limites, de vias de acesso e infra-estrutura básica.

PROGRAMA DE FOMENTO À PÓS-GRADUAÇÃO (PROF). *Direito educacional.* Tem como objetivo permitir um atendimento mais adequado das necessidades ou especificidades das instituições de ensino superior, para alcançarem com qualidade a formação de recursos humanos, estabelecidos no planejamento institucional. O financiamento é estabelecido em negociação com a CAPES, com base no projeto de planejamento institucional a ser implementado no período de dois anos. Os recursos do PROF destinam-se exclusivamente à implementação dos projetos de planejamento institucionais responsáveis pela formação de recursos humanos, avaliados e aprovados pela CAPES.

PROGRAMA DE FOMENTO À INDÚSTRIA CINEMATOGRÁFICA BRASILEIRA. *Direito administrativo.* Tem como objetivo o estímulo ao desenvolvimento da indústria cinematográfica brasileira, mediante a concessão de apoio financeiro a projetos de produção e finalização da produção, bem como a propostas de desenvolvimento de projetos de obras cinematográficas brasileiras de longa-metragem, de produção independente, nos gêneros ficção, documental e animação. O valor do apoio financeiro, o número de beneficiários, bem como os programas de execução orçamentários serão fixados pela Diretoria Colegiada da Agência Nacional do Cinema (ANCINE). O apoio financeiro concebido no âmbito do Programa de Fomento à Indústria Cinematográfica Brasileira será efetivado por meio da modalidade operacional – aplicação não reembolsável. Serão beneficiados pelo Programa de Fomento à Indústria Cinematográfica Brasileira os projetos de produção ou finalização da produção, bem como as propostas de desenvolvimento de projetos apresentados por empresas produtoras brasileiras. Os projetos, bem como as propostas apresentadas por empresa produtora brasileira, serão selecionados e classificados mediante Concurso Público. Os recursos aplicados no Programa de Fomento à Indústria Cinematográfica Brasileira correrão à conta das dotações orçamentárias da Agência Nacional do Cinema (ANCINE).

PROGRAMA DE FORMAÇÃO DE APERFEIÇOAMENTO – PRIMEIRA FASE (PROFA – I). *Direito administrativo.* É o estabelecido pelo Ministério das Relações Exteriores tendo por finalidade a avaliação das aptidões e capacidade de funcionário nomeado para o cargo inicial da carreira de diplomata do serviço exterior, durante o estágio probatório. O Profa – I compreende as atividades de formação e desempenho funcional, a serem coordenadas pelo Instituto Rio Branco (IRBr). Considerando a natureza da carreira diplomática, serão utilizados como instrumento de formação e aperfeiçoamento trabalhos práticos, exercícios, preleções, exames, debates em seminários, monografias, treinamento em postos no exterior e nas unidades da Secretaria de Estado das Relações Exteriores (SERE), visitas a Estados da Federação e demais atividades que programe o diretor do IRBr. O Profa – I começará no máximo trinta dias após a nomeação dos aprovados no Concurso de Admissão à Carreira de Diplomata, e terá a duração de quatro períodos consecutivos, assim distribuídos: a) os dois primeiros períodos, de não mais do que vinte semanas cada um, darão ênfase a atividades indispensáveis à formação e ao aperfeiçoamento do funcionário nomeado, à luz das necessidades da carreira diplomática; b) o terceiro, de noventa e um dias, será dedicado ao treinamento em missão transitória no exterior; c) o quarto, de oito meses, incluirá treinamento no IRBr, para as técnicas de gestão do Ministério, e em estágios sucessivos nas demais unidades da SERE. A estrutura do Profa – I, incluindo a seleção dos postos no exterior para a missão transitória e das unidades da SERE para efeitos de estágio, e o período de férias serão definidos pelo Secretário-Geral das Relações Exteriores, por proposta do diretor do IRBr, em edital a ser publicado no *Diário Oficial da União*. O funcionário não se poderá recusar a tomar parte ou submeter-se a quaisquer dos instrumentos e atividades de formação e aperfeiçoamento acima mencionados.

PROGRAMA DE FORTALECIMENTO DA CAPACIDADE INSTITUCIONAL PARA GESTÃO EM REGULAÇÃO (PRO–REG). *Direito administrativo.* Tem a finalidade de contribuir para a melhoria do sistema regulatório, da coordenação entre as instituições que participam do processo regulatório exercido no âmbito do Governo Federal, dos mecanismos de prestação de contas e de participação e monitoramento por parte da sociedade civil e da qualidade da regulação de mercados. O PRO-REG deverá contemplar a formulação e implementação de medidas integradas que objetivem: a) fortalecer o sistema regulatório de modo a facilitar o pleno exercício de funções por parte de todos os atores; b) fortalecer a capacidade de formulação e análise de políticas públicas em setores regulados; c) a melhoria da coordenação e do alinhamento estratégico entre políticas setoriais e processo regulatório; d) o fortalecimento da autonomia, transparência e desempenho das agências reguladoras; e e) o desenvolvimento e aperfeiçoamento de mecanismos para o exercício do controle social e transparência no âmbito do processo regulatório.

PROGRAMA DE GARANTIA DA ATIVIDADE AGROPECUÁRIA (PROAGRO). *Direito agrário.* É o que tem por finalidade: a) exonerar o beneficiário do cumprimento de obrigações financeiras em operações de crédito rural de custeio, no caso de perdas das receitas em conseqüência das causas legais; b) indenizar os recursos próprios do beneficiário utilizados em custeio rural, inclusive em empreendimento não financiado, no caso de perdas das receitas em conseqüência das causas legais; c) promover a utilização de tecnologia, obedecida a orientação preconizada pela pesquisa. Constituem recursos financeiros do Proagro: a) os provenientes dos beneficiários do programa, mediante pagamento de taxa de participação denominada adicional; b) outros que vierem a ser alocados ao programa; c) os provenientes das remunerações previstas legalmente; d) as receitas auferidas da aplicação dos recursos previstos nos incisos anteriores; e) os do orçamento da União alocados ao programa. O Proagro é administrado pelo Banco Central do Brasil, ao qual compete: a) elaborar as normas aplicáveis ao programa, em articulação com o Conselho Nacional de Política Agrícola (CNPA), submetendo-as à aprovação do Conselho Monetário Nacional; b) divulgar as normas aprovadas; c) fiscalizar o cumprimento das normas por parte dos agentes do programa e aplicar as penalidades cabíveis; d) gerir os recursos financeiros do programa, em consonância com as normas aprovadas pelo Conselho Monetário Nacional; e) publicar relatório financeiro do programa; f) elaborar e publicar, ao final de cada exercício, relatório circunstanciado das atividades no período; g) apurar o resultado do programa, ao final de cada safra, no caso de custeio agrícola, ou de cada ano civil, no caso de custeio pecuário, sendo-lhe facultado alterar então, com base em estudos e cálculos atuariais, as alíquotas de adicional previstas para cada produto, de forma a estabelecer o necessário equilíbrio entre receitas e despesas do empreendimento enquadrável; h) alterar os prazos estipulados para recolhimento do adicional; i) alterar a remuneração devida pelo agente ao programa, incidente sobre os recursos provenientes do adicional; j) regulamentar as condições necessárias ao enquadramento de custeio agrícola conduzido exclusivamente com recursos próprios do beneficiário; k) prorrogar o prazo estabelecido para análise e julgamento do pedido de cobertura, quando ocorrer evento causador de perdas que acarrete acúmulo de pedidos de cobertura ou recursos em dependências do agente, desde que consideradas plausíveis as justificativas apresentadas pelo agente; l) prestar informações do programa ao Comitê Permanente de Avaliação e Acompanhamento do Proagro; m) adotar as medidas inerentes à administração do programa, inclusive elaborar e divulgar documentos e normativos necessários à sua operacionalização. São agentes do Proagro as instituições financeiras autorizadas a operar em crédito rural. Podem ser beneficiários do Proagro os produtores ru-

rais e suas cooperativas. O beneficiário obriga-se a: a) utilizar tecnologia capaz de assegurar a obtenção dos rendimentos programados; b) entregar ao agente, no ato da formalização do enquadramento da operação no Proagro, croqui ou mapa de localização da área com caracterização de pontos referenciais, onde será implantada a lavoura; c) entregar ao agente, no ato da formalização do enquadramento da operação no Proagro, orçamento analítico das despesas previstas para o empreendimento; d) entregar ao agente, no ato da formalização do enquadramento da operação no Proagro, resultado de análise química do solo, com até dois anos de emissão, e recomendação de uso de insumos, quando o valor do empreendimento a ser enquadrado for superior a dezessete mil reais; e) entregar ao agente os comprovantes de aquisição de insumos utilizados no empreendimento, quando formalizada a comunicação de ocorrência de perdas; f) exigir que o técnico ou empresa encarregada de prestar assistência técnica em nível de imóvel mantenha permanente acompanhamento do empreendimento, emitindo laudos que permitam ao agente conhecer sua evolução; g) entregar ou fazer chegar ao agente os laudos emitidos na forma da alínea anterior, no prazo de quinze dias contados da visita do técnico ao empreendimento; h) comunicar imediatamente ao agente ou, no caso de operações de subempréstimo, à sua cooperativa a ocorrência de qualquer evento causador de perdas, assim como o agravamento que sobrevier; i) adotar, após a ocorrência de perdas, todas as práticas necessárias para minimizar os prejuízos e evitar o agravamento das perdas; j) observar as demais normas do programa e do crédito rural.

PROGRAMA DE GARANTIA DE PREÇOS PARA A AGRICULTURA FAMILIAR (PGPAF). *Direito agrário.* Insere-se nas operações contratadas no âmbito do Programa Nacional de Fortalecimento da Agricultura Familiar (PRONAF). O PGPAF tem por objetivo assegurar a remuneração dos custos de produção aos agricultores familiares financiados pelo PRONAF por ocasião da amortização ou da liquidação de suas operações de crédito junto aos agentes financeiros. A garantia consiste na concessão de bônus de desconto representativo do diferencial entre os preços de garantia definidos anualmente e os preços de comercialização praticados no período que antecede a amortização ou liquidação do financiamento. O preço de garantia será definido com base no custo de produção variável de cada produto, apurado conforme metodologia definida pelo Comitê Gestor do PGPAF, acrescido ou decrescido de uma variação de até dez por cento, não podendo ser inferior ao preço mínimo do referido produto, definido anualmente pelo Governo Federal.

PROGRAMA DE GERAÇÃO DE EMPREGO E RENDA DO SETOR RURAL (PROGER RURAL). *Direito agrário* e *direito previdenciário.* É aquele que se destina ao financiamento, exclusivo, de empreendimento privado objetivando o desenvolvimento das atividades rurais dos micro e pequenos produtores, de forma individual ou coletiva, associada a programas de qualificação, de assistência técnica e de extensão rural, cujos beneficiários satisfaçam os requisitos a seguir: a) ser proprietário, posseiro, arrendatário ou parceiro; b) estar executando o trabalho de forma direta e pessoal, ou com ajuda familiar, ou, ainda, com a eventual ajuda de terceiros quando a atividade assim o exigir; c) não deter a qualquer título, inclusive sob forma de arrendamento, área de terra superior a quinze módulos fiscais, conforme legislação em vigor; d) ter no mínimo 80% de sua renda originária da atividade agropecuária ou extrativa vegetal; e) comprovar, se pessoa jurídica, estar adimplente com as obrigações trabalhistas, previdenciárias e fiscais, e, se pessoa física, no decorrer da vigência do contrato, regularidade com a previdência social; f) comprovar residir na terra ou em aglomerado urbano rural próximo; g) comprovar renda bruta anual de até R$ 60.000,00, por participante envolvido no empreendimento. O Programa financiará empreendimentos economicamente viáveis e será executado de forma descentralizada, por meio de instituição oficial federal de crédito, mediante apresentação de projeto simplificado, podendo contemplar inclusive a modalidade de crédito rotativo. Nas hipóteses de empreendimentos organizados de forma coletiva, os financiamentos poderão ser contratados pelos participantes, desde que, individualmente, o requerente satisfaça os requisitos legalmente previstos.

PROGRAMA DE GERAÇÃO DE NEGÓCIOS INTERNACIONAIS (PGNI). *Direito internacional privado.* Implementação de ações conjuntas das áreas do Banco do Brasil, no País e no exterior, para incrementar negócios de comércio exterior e expandir a base de exportadores.

PROGRAMA DE GERÊNCIA DE REJEITOS RADIOATIVOS (PGRR). *Direito ambiental.* Regulamento integrante do Plano de Radioproteção da Instalação, em que se descrevem a metodologia e os controles administrativos e técnicos que devem ser implementados para assegurar a proteção da saúde humana e do ambiente contra os possíveis danos associados à radiação ionizante dos rejeitos radioativos no presente e no futuro, sem impor ônus indevidos às próximas gerações. Estão envolvidas todas as atividades técnicas e administrativas de segregação, acondicionamento, tratamento, transporte, armazenamento, controle e deposição dos rejeitos.

PROGRAMA DE GESTÃO DE DOCUMENTOS DOS PROCESSOS JUDICIAIS (PGDPJ). *Direito processual trabalhista.* É o conjunto de procedimentos e operações técnicas referentes à produção, tramitação, uso, arquivamento, desarquivamento e acesso, nas fases corrente, intermediária e permanente, visando a sua avaliação para descarte ou recolhimento para guarda permanente. Consideram-se processos judiciais aqueles originados ou recebidos no Tribunal Superior do Trabalho, que se destinam à entrega da prestação jurisdicional trabalhista. Os processos judiciais se classificam, para fins de arquivamento, em correntes, intermediários e permanentes. No arquivo corrente ficarão os processos em curso ou que, mesmo findos e sem movimentação, possam ser freqüentemente consultados para extração de peças ou estudo. Serão classificados como intermediários os processos que recebam aposição de carimbo contendo os dizeres "arquivamento permanente" ou "arquivamento pelo tempo de..." ou "eliminar após avaliação". No arquivo permanente serão conservados: a) o Fundo de Arquivo do Conselho Nacional do Trabalho; b) os processos que possuam valor histórico ou que, pela importância e grande alcance da decisão, não devam ser eliminados; c) os acórdãos, despachos, processos de dissídio coletivo e qualquer outro documento que assim ficar determinado pela Comissão Permanente de Documentação.

PROGRAMA DE GESTÃO URBANA. *Direito internacional público.* Foi o lançado pelo Programa das Nações Unidas para o Desenvolvimento (PNUD), em Istambul, para promover intercâmbio de experiências, transferência de tecnologia e cooperação em soluções urbanas.

PROGRAMA DE HUMANIZAÇÃO NO PRÉ-NATAL E NASCIMENTO, NO ÂMBITO DO SISTEMA ÚNICO DE SAÚDE.
Direito administrativo e *biodireito*. Executado de forma articulada pelo Ministério da Saúde e pelas Secretarias de Saúde dos Estados, Municípios e do Distrito Federal. Tem por objetivo o desenvolvimento de ações de promoção, prevenção e assistência à saúde de gestantes e recém-nascidos, promovendo a ampliação do acesso a essas ações, o incremento da qualidade e da capacidade instalada da assistência obstétrica e neonatal, bem como sua organização e regulação no âmbito do Sistema Único de Saúde. Visa estabelecer os seguintes princípios e diretrizes para a estruturação do Programa de Humanização no Pré-natal e Nascimento: a) toda gestante tem direito ao acesso a atendimento digno e de qualidade no decorrer da gestação, parto e puerpério; b) toda gestante tem direito ao acompanhamento pré-natal adequado de acordo com os princípios gerais e condições estabelecidas em portaria; c) toda gestante tem direito de saber e ter assegurado o acesso à maternidade em que será atendida no momento do parto; d) toda gestante tem direito à assistência ao parto e ao puerpério e que esta seja realizada de forma humanizada e segura, de acordo com os princípios gerais e condições estabelecidas em Portaria; e) todo recém-nascido tem direito à assistência neonatal de forma humanizada e segura; f) as autoridades sanitárias dos âmbitos federal, estadual e municipal são responsáveis pela garantia dos direitos enunciados acima.

PROGRAMA DE INCENTIVO À CONSTRUÇÃO E MODERNIZAÇÃO DE UNIDADES ARMAZENADORAS EM PROPRIEDADES RURAIS (PROAZEM).
Direito agrário. Tem por escopo fornecer crédito para aumentar a capacidade instalada de armazenagem a nível de propriedades rurais e modernizar as unidades armazenadoras atualmente existentes, com prioridade de atendimento a produtores e regiões com maior deficiência de armazenagem.

PROGRAMA DE INCENTIVO ÀS FONTES ALTERNATIVAS DE ENERGIA ELÉTRICA (PROINFA).
Direito administrativo. Instituído com o objetivo de aumentar a participação da energia elétrica, produzida com base em fontes eólicas, pequenas centrais hidrelétricas e biomassa, no Sistema Elétrico Interligado Nacional.

PROGRAMA DE INFRA-ESTRUTURA URBANA (PRÓ-INFRA).
Direito urbanístico e *direito administrativo.* É o programa que visa, por meio de ações que priorizam os investimentos públicos em transporte coletivo urbano e segurança viária, a redução dos custos de deslocamento, da poluição ambiental e dos acidentes de trânsito e objetiva, complementando os Programas Habitar-Brasil e PASS, a redução das situações de risco e de insalubridade em áreas habitadas por população de baixa renda. Abrange as seguintes modalidades de ação: 1. Melhoria da infra-estrutura do transporte coletivo urbano. Esta modalidade contempla intervenções na infra-estrutura viária visando a ampliação e melhoria dos serviços de transporte coletivo urbano, quais sejam: a) melhorias na infra-estrutura viária de acesso e mobilidade dos serviços de transporte coletivo urbano, compreendendo, entre outros, os serviços de drenagem, pavimentação e segregação de vias; b) melhoria e/ou implantação de equipamentos fixos de apoio ao transporte coletivo urbano, tais como: abrigos para passageiros, terminais de transbordo de passageiros, sinalização vertical e horizontal nas vias, entre outras intervenções necessárias para a operação do transporte coletivo urbano. 2. Apoio à redução de acidentes no trânsito. Esta modalidade contempla intervenções na infra-estrutura viária, visando a redução dos acidentes de trânsito, sobretudo em áreas onde há risco de acidentes envolvendo pedestres, compreendendo as seguintes ações: a) melhoria e/ou implantação de vias destinadas ao deslocamento e travessia de pedestres; proteção de vias e implantação de passarelas; sistemas de segurança viária, mediante sinalização horizontal e/ou vertical, equipamentos de obstáculos para a redução de velocidade de veículos e outras ações necessárias que garantam a redução dos acidentes de trânsito. 3. Melhorias na infra-estrutura urbana em áreas degradadas, insalubres ou em situação de risco. Esta modalidade contempla intervenções em áreas degradadas ou insalubres (lixões, alagados, cortiços ou favelas), sujeitas a situações de risco (erosões, deslizamentos, desmoronamentos ou enchentes) e ocupadas, predominantemente, por famílias com renda mensal de até 3 salários mínimos, podendo compreender, entre outras, as seguintes ações: a) canalização de córregos; b) contenção e estabilização de encostas; c) serviços de coleta

e tratamento de resíduos sólidos; d) sistemas de esgotamento sanitário; e) sistema de abastecimento de água; f) drenagem, superficial ou profunda; g) pavimentação urbana.

PROGRAMA DE INSTRUÇÃO. *Vide* ORDEM DE INSTRUÇÃO.

PROGRAMA DE INTEGRAÇÃO LAVOURA/PECUÁRIA (PROLAPEC). *Direito ambiental* e *direito agrário.* Visa o amparo de recursos administrados pelo Banco Nacional de Desenvolvimento Econômico e Social (BNDES) e com encargos financeiros equalizados pelo Tesouro Nacional. Tem por finalidades: a) intensificar o uso da terra em áreas já desmatadas por meio de estímulo à adoção de sistemas de produção sustentáveis que integre agricultura e pecuária; b) aumentar a produção de produtos agropecuários em áreas já desmatadas; c) tornar a produção sustentável, ambiental e economicamente; d) disponibilizar recursos para investimentos necessários à implementação de sistema de integração de agricultura com pecuária; e) aumentar a produção agropecuária em áreas já desmatadas, a oferta interna e a exportação de carnes, produtos lácteos, grãos, fibras e oleaginosas; f) estimular a adoção do plantio direto; g) diversificar a renda do produtor rural; h) estimular a adoção de sistemas de produção sustentáveis do ponto de vista econômico e ambiental; i) assegurar condições para o uso racional e sustentável das áreas agrícolas e de pastagens, reduzindo problemas ambientais causados pela utilização da prática de queimadas, pela erosão, pela monocultura, pela redução do teor de matéria orgânica no solo e outros; j) diminuir a pressão por desmatamento de novas áreas; k) financiar itens de investimento fixo e semifixo e de custeio associado, vinculados a projetos de adoção de sistemas de integração de agricultura com pecuária. Os bens e serviços necessários ao empreendimento, tidos como itens financiáveis são: preparo do solo, aquisição, transporte, aplicação e incorporação de corretivos agrícolas (calcários e outros), construção de terraço e realocação de estradas; aquisição de sementes e mudas; plantio de lavouras, pastagens e de culturas de cobertura do solo; construção e modernização de benfeitorias e instalações destinadas à produção no sistema de integração; aquisição de máquinas e equipamentos para a agricultura e/ou pecuária, associados ao projeto de inte-

gração objeto do financiamento; adequação ambiental da propriedade rural à legislação vigente; aquisição de matrizes bovinas e ovinas para reprodução; aquisição de reprodutores, sêmen e embriões de bovinos e ovinos; aquisição de bezerros desmamados padrão novilho precoce, para terminação; custeio associado ao investimento. São seus beneficiários os produtores rurais, na condição de pessoas física ou jurídica, suas cooperativas de produção e associações de produtores, desde que se dediquem à atividade produtiva no setor rural.

PROGRAMA DE INTEGRAÇÃO SOCIAL (PIS). *Direito previdenciário.* Fundo de participação em benefício do empregado. É um pecúlio que visa atender certo fim social de integração do trabalhador. É o conjunto dos depósitos efetuados pelas empresas, em benefícios dos trabalhadores cadastrados, correspondente a um percentual sobre o faturamento. Os depósitos formam uma caixa única que é rateada entre os beneficiários do fundo, segundo normas estabelecidas pela legislação (Luiz Fernando Rudge).

PROGRAMA DE LIBERALIZAÇÃO COMERCIAL. *Direito internacional público.* Aquele pelo qual os países do Mercosul e a Bolívia estabelecem uma zona de livre comércio, em um prazo de dez anos, no que atina aos seus produtos. Consiste em desgravações progressivas e automáticas, aplicáveis aos gravames vigentes para terceiros países no momento do despacho aduaneiro das mercadorias. Aplicam-se, ainda, àqueles produtos, medidas de salvaguarda que consistem na suspensão do incremento de preferências programadas ou na diminuição ou eliminação da margem de preferência.

PROGRAMA DE MELHORIA E EXPANSÃO DO ENSINO MÉDIO (PROMED). *Direito educacional.* O objetivo geral do Programa é apoiar a promoção da reforma e expansão do Ensino Médio, melhorando sua qualidade e grau de cobertura, alcançando com isso maior eqüidade, a fim de contribuir para o desenvolvimento econômico e social do País. Os objetivos específicos do Programa, com referência à eqüidade, eficiência e efetividade do Ensino Médio sãos os seguintes: a) aumentar a cobertura do Ensino Médio, atendendo, em particular, os jovens em idade escolar; b) reduzir os índices de repetência e de evasão nas escolas de Ensino Médio; e c) aumentar o grau de aprendizagem dos alunos.

PROGRAMA DE MENTALIDADE MARÍTIMA (PROMAR). *Direito marítimo* e *direito ambiental.* É o que pretende mobilizar a população brasileira para o efetivo engajamento na preservação do mar e na utilização sustentável dos seus recursos e criar na juventude o interesse pelas coisas do mar. Tem como propósito estimular, por meio de ações planejadas, objetivas e continuadas, o desenvolvimento de uma mentalidade marítima na população brasileira, consentânea com os interesses nacionais e voltada para um maior conhecimento do mar e seus recursos, da sua importância para o Brasil, da responsabilidade de seu aproveitamento racional e sustentável e da consciência da necessidade de preservá-lo.

PROGRAMA DE MOBILIZAÇÃO DA INDÚSTRIA NACIONAL DE PETRÓLEO E GÁS NATURAL (PROMINP). *Direito administrativo.* É o que visa fomentar a participação da indústria nacional de bens e serviços, de forma competitiva e sustentável, na implantação de projetos de petróleo e gás no Brasil e no Exterior.

PROGRAMA DE MODERNIZAÇÃO, AGILIZAÇÃO, APRIMORAMENTO E SEGURANÇA DA FISCALIZAÇÃO DO TRÁFEGO INTERNACIONAL E DO PASSAPORTE BRASILEIRO (PROMASP). *Direito administrativo* e *direito internacional privado.* É aquele que visa: padronizar os requisitos básicos para a criação do passaporte de leitura mecânica, objetivando a agilização da fiscalização do tráfego internacional; uniformizar o passaporte, dotando-o de padrões de segurança; facilitar e agilizar o atendimento do fluxo de passageiros do tráfego internacional.

PROGRAMA DE MODERNIZAÇÃO DO PARQUE INDUSTRIAL NACIONAL (MODERMAQ). *Direito administrativo.* Tem a finalidade de promover e incentivar a modernização geral da indústria e a dinamização do setor de bens de capital. O Modermaq compreende financiamentos (com recursos do BNDES e do FAT) para a aquisição de máquinas e equipamentos e demais bens de capital, com o objetivo de fomentar a geração de empregos, o aumento da produtividade e o desenvolvimento tecnológico do parque industrial nacional.

PROGRAMA DE MODERNIZAÇÃO DO PODER EXECUTIVO FEDERAL. *Direito administrativo.* É o que tem por fim contribuir para melhorar o desempenho da Administração Pública Federal (APF), buscando aumentar a eficiência, a eficácia e a economicidade na execução das funções de sua competência. Os objetivos específicos são: a) reduzir os custos relativos mediante a revisão das metas institucionais e a implantação de novas estruturas administrativas que facilitem o planejamento, acompanhamento e controle dos resultados das funções do Governo Federal; b) alcançar maior eficiência e eficácia na prestação de serviços que estão sob responsabilidade da Administração Pública; c) descentralizar e transferir funções que podem ser mais bem desenvolvidas por entidades não governamentais; d) melhorar a gestão e o desenvolvimento dos recursos humanos do Governo Federal; e) melhorar o atendimento ao cidadão, ampliando os canais de comunicação entre os governos e a sociedade para consolidar e direcionar a reforma do setor público.

PROGRAMA DE NORMALIZAÇÃO TÉCNICA PARA INFORMÁTICA PÚBLICA. *Direito administrativo* e *direito virtual.* É o vinculado ao Sistema de Administração dos Recursos de Informação e Informática (SISP), com o objetivo de estudar e propor normas, procedimentos, padrões, especificações e orientações técnico-administrativas visando promover a utilização racional dos recursos de informática e a integração dos sistemas de tratamento da informação no âmbito da Administração Pública federal direta, autárquica e fundacional.

PROGRAMA DE OBSERVADORES DE BORDO DE FROTA PESQUEIRA (PROBORDO). O PROBORDO deverá atender às seguintes finalidades: a) viabilizar o recrutamento, a capacitação, a qualificação e a sistemática de atuação de observadores de bordo no âmbito do PROBORDO; b) estabelecer e padronizar os procedimentos de coleta, armazenamento e disponibilidade dos dados e informações sobre as capturas das espécies-alvo e respectiva fauna acompanhante, bem como sobre as capturas incidentais e descartes, das pescarias que serão abrangidas pelo PROBORDO; c) acompanhar as operações de todas as embarcações de pesca estrangeiras permissionadas a operar em águas sob jurisdição brasileira, independentemente de suas características ou permissão de pesca; d) acompanhar as operações das embarcações pesqueiras nacionais integrantes do PROBORDO, respeitados os percentuais de cobertura estabelecidos pela gerência executiva, e em conformidade com as metas normativas; e) permitir o acompanha-

mento do controle do cumprimento de limites de captura nas pescarias onde este mecanismo de gestão for estabelecido em ato normativo; f) gerar informações biológicas indispensáveis ao monitoramento e avaliação dos estoques das espécies-alvo e das capturas associadas, com vistas ao uso voltado ao gerenciamento dos recursos pesqueiros; e g) atender aos objetivos e demandas de acordos, memorandos de entendimento, comissões regionais de ordenamento pesqueiro e programas internacionais dos quais o Brasil é signatário, membro ou parte contratante, voltados à sustentabilidade da pesca e conservação de organismos marinhos.

PROGRAMA DE ORIENTAÇÃO ALIMENTAR. *Direito administrativo* e *direito educacional.* É o que, no Instituto Nacional de Alimentação e Nutrição (Inam), tem as atribuições de: a) definir, atualizar e divulgar, periodicamente, diretrizes alimentares para a população; b) organizar programas informativos e educativos sobre alimentos e alimentação; c) produzir material didático e treinar pessoal de saúde para a orientação alimentar no âmbito do Sistema Único de Saúde (SUS); d) produzir material didático para a orientação alimentar nas escolas; e) estimular e apoiar financeiramente a realização de estudos e pesquisas sobre novas alternativas alimentares.

PROGRAMA DE PLANTIO COMERCIAL DE FLORESTAS (PROPFLORA). *Direito agrário.* Instituído ao amparo de recursos equalizados pelo Tesouro Nacional junto ao Banco Nacional de Desenvolvimento Econômico e Social (BNDES), sujeito às normas gerais do crédito rural e às seguintes condições especiais: **1.** objetivos: a) econômicos: contribuir para a redução do déficit existente no plantio de árvores utilizadas como matérias-primas pelas indústrias, principalmente a indústria moveleira; incrementar a diversificação das atividades produtivas no meio rural; gerar emprego e renda de forma descentralizada; e alavancar o desenvolvimento tecnológico e comercial do setor, assim como a arrecadação tributária; b) sociais: fixar o homem no meio rural e reduzir a sua migração para as cidades, por meio da viabilização econômica de pequenas e médias propriedades; c) ambientais: contribuir para a preservação das florestas nativas e ecossistemas remanescentes; **2.** beneficiários: produtores rurais, pessoas físicas ou jurídicas, associações e cooperativas de produtores rurais; **3.** finalidade do crédito: implantação e manutenção de florestas destinadas ao uso industrial.

PROGRAMA DE PRESERVAÇÃO DA NATUREZA (PRO-NATUREZA). *Direito ambiental.* É o que visa: a) incentivar projetos que objetivem a conservação e a proteção do meio ambiente, a recuperação de áreas degradadas e o desenvolvimento de atividades sustentáveis; b) apoiar a adaptação dos processos produtivos a tecnologias apropriadas às condições ambientais da região; c) incentivar a recuperação da área de reserva legal, matas ciliares e de preservação ambiental; d) propiciar condições para expansão da atividade orgânica. Tem por finalidade o financiamento de investimentos, de custeio agrícola e de custeio associado a projeto de investimento destinados a: a) reabilitação de áreas degradadas ou em degradação, com a utilização de espécies nativas ou exóticas adaptadas, mediante: implantação de sistemas agroflorestais; florestamento e reflorestamento, para fins energéticos e madeireiros; implantação de viveiros regionais para fornecimento de mudas; b) conservação e recuperação de microbacias, nascentes e mananciais; c) implantação de sistemas para o aproveitamento de fontes alternativas de energia; d) tratamentos de efluentes oriundos de atividades agropecuárias; e) produção de alimentos associados a práticas ecologicamente sustentáveis (agricultura orgânica, controle biológico, plantio direto); f) produção de insumos orgânicos para uso próprio (biofertilizantes, compostos orgânicos, sementes, entre outros); g) custear despesas inerentes à fase de transição da agricultura convencional para a orgânica, inclusive as relativas à certificação (inscrição, inspeção e manutenção, entre outros).

PROGRAMA DE PREVENÇÃO E CONTROLE DE QUEIMADAS E INCÊNDIOS FLORESTAIS NA AMAZÔNIA LEGAL. *Direito ambiental.* É o que tem por finalidade: **1.** identificar áreas de maior risco de ocorrência de incêndios florestais, por meio de sistema de monitoramento e previsão climática; **2.** controlar o uso do fogo ao longo da região, por meio das ações de fiscalização das autorizações de queima controlada; **3.** informar os produtores e comunidades rurais quanto aos riscos dos incêndios florestais, por meio de campanhas educativas de mobilização social, conscientização e treinamento; **4.** estruturar e implantar núcleo estratégico com capacidade institucional de mobilizar força-tarefa para atender a emergências em combate a incêndios florestais de grandes proporções.

PROGRAMA DE PREVENÇÃO DE RISCOS AMBIENTAIS (PPRA). *Direito ambiental* e *direito do trabalho.*

É aquele que deve ser implantado, obrigatoriamente, por todos os empregadores e instituições que admitam trabalhadores como empregados, visando a preservação da saúde e da integridade dos trabalhadores, através da antecipação, reconhecimento, avaliação e conseqüente controle da ocorrência de riscos ambientais existentes ou que venham a existir no ambiente de trabalho, tendo em consideração a proteção do meio ambiente e dos recursos naturais. As ações do PPRA devem ser desenvolvidas no âmbito de cada estabelecimento da empresa, sob a responsabilidade do empregador, com a participação dos trabalhadores, sendo sua abrangência e profundidade dependentes das características dos riscos e das necessidades de controle. Consideram-se riscos ambientais os agentes físicos, químicos e biológicos existentes nos ambientes de trabalho que, em função de sua natureza, concentração ou intensidade e tempo de exposição, são capazes de causar danos à saúde do trabalhador. São agentes físicos as diversas formas de energia a que possam estar expostos os trabalhadores, tais como ruído, vibrações, pressões anormais, temperaturas extremas, radiações ionizantes, radiações não ionizantes, bem como o infra-som e o ultra-som. Consideram-se agentes químicos as substâncias, compostos ou produtos que possam penetrar no organismo pela via respiratória, nas formas de poeiras, fumos, névoas, neblinas, gases ou vapores, ou que, pela natureza da atividade de exposição, possam ter contato ou ser absorvidos pelo organismo através da pele ou por ingestão. São tidos como agentes biológicos as bactérias, fungos, bacilos, parasitas, protozoários, vírus, entre outros. Os trabalhadores interessados terão o direito de apresentar propostas e receber informações e orientações a fim de assegurar a proteção aos riscos ambientais identificados na execução do PPRA. Os empregadores deverão informar os trabalhadores de maneira apropriada e suficiente sobre os riscos ambientais que possam originar-se nos locais de trabalho e sobre os meios disponíveis para prevenir ou limitar tais riscos e para proteger-se dos mesmos.

PROGRAMA DE PROMOÇÃO E DEFESA DOS DIREITOS DA CRIANÇA E DO ADOLESCENTE. *Direito do menor.*

Conta com as seguintes ações: a) apoio a estudos e pesquisas na área dos direitos da criança e do adolescente, à implantação de módulos do sistema de informações para a infância e a adolescência (SIPIA), a organizações de jovens, a projetos de prevenção da violência nas escolas, a serviços de atendimento a crianças e adolescentes sob medidas de proteção, a unidades de defesa dos direitos da criança e do adolescente, e b) à capacitação de profissionais para promoção e defesa dos direitos da criança e do adolescente.

PROGRAMA DE QUALIFICAÇÃO DA SAÚDE SUPLEMENTAR. *Direito administrativo.*

Consiste na avaliação sistemática de um conjunto de atributos esperados no desempenho de áreas, organizações e serviços relacionados ao setor de saúde suplementar. O Programa de Qualificação da Saúde Suplementar é composto pelas seguintes linhas de avaliação: a) avaliação de desempenho das operadoras, denominada qualificação das operadoras; e b) avaliação de desempenho da ANS, denominada qualificação institucional.

PROGRAMA DE QUALIFICAÇÃO DO ATENDIMENTO E DA GESTÃO DOS CENTROS DE ATENÇÃO PSICOSSOCIAL (CAPS).

É o que inclui as seguintes ações: a) supervisão clínico-institucional regular (semanal); b) ações de atenção domiciliar e em espaços comunitários; c) ações de acompanhamento integrado com a rede de atenção básica em seu território de referência; d) realização de projetos de estágio e de treinamento em serviço, em articulação com centros formadores; e) ações de integração com familiares e comunidade; f) desenvolvimento de pesquisas que busquem a integração entre teoria e prática e a produção de conhecimento, em articulação com centros formadores.

PROGRAMA DE RACIONALIZAÇÃO DAS UNIDADES DESCENTRALIZADAS DO GOVERNO FEDERAL. *Direito administrativo.*

Aquele que tem a finalidade de promover a melhoria dos serviços prestados, o fortalecimento das atividades finalísticas e a otimização dos recursos alocados às unidades civis da Administração Pública federal direta. O programa deve ser implementado por intermédio de projetos específicos, desenvolvidos em conformidade com as características locais de cada unidade federativa, devendo suas ações observar as seguintes diretrizes: a) reestruturação das unidades organizacionais voltadas para a execução de atividades de suporte administrativo, dando prioridade ao compartilhamento dos recursos humanos, materiais e patrimoniais; b) reavaliação de estruturas responsáveis por atividades finalísticas que não representem competência exclusiva da União; c) gradualismo na implementação de quaisquer medidas que possam afetar a continuidade de serviços; d) estímulo à participação constante dos usuários na avaliação dos serviços de suporte administrativo prestados de forma descentralizada; e) profissionalização da gestão das unidades prestadoras de serviços de suporte administrativo; f) utilização dos mecanismos de redistribuição de pessoal e realocação de recursos materiais e patrimoniais entre os diferentes órgãos, com vistas a suprir carências e garantir maior racionalidade na distribuição de recursos; g) absorção e unificação gradual da gestão dos serviços de suporte administrativo.

PROGRAMA DE RECICLAGEM DE RESÍDUOS (PRR). *Direito ambiental.* Faz parte do Plano de Gerenciamento de Resíduos, que aponta e descreve as ações relativas à minimização de resíduos sólidos de estabelecimento de saúde com o reaproveitamento destes, aplicando tecnologias para sua transformação e beneficiamento, reutilizando a matéria-prima que os compõe para fabricação de novos produtos.

PROGRAMA DE RECUPERAÇÃO FISCAL (REFIS). *Direito financeiro.* Destinado a promover a regularização de créditos da União, decorrentes de débitos de pessoas jurídicas, relativos a tributos e contribuições, administrados pela Secretaria da Receita Federal e pelo Instituto Nacional do Seguro Social (INSS), constituídos ou não, inscritos ou não em dívida ativa, ajuizados ou a ajuizar, com exigibilidade suspensa ou não, inclusive os decorrentes de falta de recolhimento de valores retidos. O Refis será administrado por um Comitê Gestor, com competência para implementar os procedimentos necessários à execução do Programa, observado o disposto no regulamento.

PROGRAMA DE REDE DE PESQUISA E DESENVOLVIMENTO DE POLÍTICAS PÚBLICAS. *Direito administrativo.* É o que tem por escopo apoiar as ações destinadas a definir, desenvolver e avaliar as políticas públicas do País, de forma descentralizada e participativa, compreendendo os seguintes componentes: a) constituição da rede de pesquisa e desenvolvimento de políticas públicas; b) melhoria das estatísticas econômicas básicas; c) produção e divulgação de estudos e pesquisas.

PROGRAMA DE REESTRUTURAÇÃO E QUALIDADE NOS MINISTÉRIOS. *Direito administrativo.* É o que tem por finalidade dinamizar a política de modernização administrativa dos órgãos e entidades da Administração Pública Federal, com enfoque especial em duas categorias de ações: a) a reorganização da Administração Pública, com ênfase na distribuição de papéis entre as diferentes esferas de governo e setores de atividades e nas transformações organizacionais necessárias visando à atuação mais racional e eficiente; b) a introdução da "Administração Pública Gerencial", alicerçada nos princípios da Gestão pela Qualidade e centrada em resultados, direcionada para a efetivação de melhorias concretas nos serviços públicos disponibilizados à sociedade e para a eficiência na prestação desses serviços, com destaque para a redução de custos. Os princípios que norteiam as ações do Programa são os seguintes: a) orientar a ação governamental para os seus clientes, estabelecendo mecanismos que permitam conhecer suas expectativas e grau de satisfação com a gestão da coisa pública, e, de forma específica, com os serviços que recebem; b) envolver e obter o compromisso de todos os servidores com a melhoria contínua da organização; c) tornar a gestão participativa, compartilhando a missão, os objetivos e as metas da organização com todos os servidores, disseminando as informações, estabelecendo a cooperação entre gerentes e gerenciados, compartilhando desafios e delegando autoridade; d) implantar a gerência de processos, avaliando seus resultados, estabelecendo metas de melhoria e de aperfeiçoamento, tendo sempre como objetivo agregar valor aos seus clientes; e) valorizar o servidor, por meio da conscientização do valor da sua missão, da sua profissionalização e do reconhecimento do seu mérito; f) implantar sistemas de planejamento estratégico, avaliação de resultados, informação e educação de forma a garantir a constância de propósitos e a melhoria contínua; g) assumir o compromisso de valorizar a organização, por meio do combate a todas as formas de desperdício.

PROGRAMA DE REORIENTAÇÃO INSTITUCIONAL DO MINISTÉRIO DA AGRICULTURA, PECUÁRIA E ABASTECIMENTO (PRIMA).

Direito agrário. Unidade-piloto do Plano Diretor de Reforma do Aparelho do Estado, com o objetivo de formular e operacionalizar as ações de reformulação do Ministério da Agricultura, Pecuária e Abastecimento, dentro da visão de cadeias agroprodutivas, seus agentes e processos, de forma a propiciar sua adequação aos novos cenários internos e externos determinados pela globalização econômica, à busca da competitividade do setor e à Reforma do Aparelho do Estado. A execução do PRIMA efetiva-se com apoio de agentes da cadeia agroprodutiva junto ao Conselho Nacional de Política Agrícola. Cabe ao Ministério da Agricultura, Pecuária e Abastecimento a formulação da estratégia e da metodologia de elaboração dos projetos executivos a serem implementados pelos seus órgãos e entidades.

PROGRAMA DE RESPONSABILIDADE SOCIAL E COM O MEIO AMBIENTE (PRESMA).

Direito ambiental. Programa que opera por meio da doação de resíduos industriais e administrativos a instituições filantrópicas sem fins lucrativos, reconhecidas de utilidade pública pelo Governo Federal, e a Organizações da Sociedade Civil de Interesse Público, com vistas a propiciar que a sua comercialização contribua para o desenvolvimento de projetos de interesse social. Consideram-se resíduos industriais e administrativos para os fins do PRESMA os materiais sólidos e secos inservíveis para as atividades da Imprensa Nacional, originários do processo de produção gráfica e das atividades administrativas, tais como aparas, sabugo e manta de papel, provas e acerto de máquina, resíduos de publicações, cartuchos de impressoras, disquetes e CDs inutilizados, restos plásticos de material de escritório, papel e outros materiais de uso administrativo, desde que caracterizados como materiais irrecuperáveis. Para pleitear a participação no PRESMA a instituição filantrópica sem fins lucrativos ou a Organização da Sociedade Civil de Interesse Público deverá apresentar um projeto voltado para a ampliação da capacidade de cumprimento de suas finalidades ou aperfeiçoamento dos seus serviços, implicando que os recursos apurados com a comercialização dos resíduos sejam utilizados em investimentos, sendo admitida a utilização complementar de recursos na manutenção de seus serviços dentro do prazo estabelecido para a realização dos investimentos. É considerado investimento para os fins do PRESMA a aplicação de recursos que represente ampliação do patrimônio da instituição ou da capacidade de atendimento de seu público-alvo ou de cumprimento de sua atividade-fim.

PROGRAMA DE REVITALIZAÇÃO DE COOPERATIVAS DE PRODUÇÃO AGROPECUÁRIA (RECOOP).

Direito agrário. Aquele que visa reestruturar e capitalizar cooperativas de produção agropecuária, visando o desenvolvimento auto-sustentado, em condições de competitividade e efetividade, que resulte na manutenção, geração e melhoria do emprego e renda.

PROGRAMA DE SANEAMENTO (PRÓ-SANEAMENTO).

Direito administrativo. É o que tem por escopo promover a melhoria das condições de saúde e da qualidade de vida da população por meio de ações de saneamento, integradas e articuladas com outras políticas setoriais, através de empreendimentos destinados ao aumento da cobertura dos serviços de abastecimento de água, esgotamento sanitário, drenagem urbana e tratamento e disposição final de resíduos sólidos.

PROGRAMA DE SEGURO-DESEMPREGO.

Direito do trabalho. **1.** É o que desenvolve diversas atividades de apoio ao trabalhador, destacando-se: pagamento de benefício financeiro temporário ao trabalhador demitido sem justa causa; qualificação profissional; intermediação de mão-de-obra; geração de informações sobre o mercado de trabalho (RAIS, CAGED e PED); apoio operacional ao PROGER; identificação profissional (Carteira de Trabalho e Previdência Social – CTPS); Classificação Brasileira de Ocupações (CBO). **2.** Tem por finalidade: a) prover assistência financeira temporária ao trabalhador desempregado em virtude de dispensa sem justa causa, inclusive a indireta, ou seja, a: trabalhadores formais (empregados de pessoa jurídica ou física a ela equiparada) demitidos sem justa causa e/ou auxiliá-los na busca de uma nova colocação no mercado de trabalho, incluindo-se, para tanto, a reciclagem e o treinamento profissional; trabalhadores resgatados de trabalho análogo ao trabalho escravo; pescador artesanal em período de defeso; empregado doméstico dispensado sem justa causa; e trabalhadores com contrato de trabalho suspenso e beneficiário de bolsa de qualificação profissional; e b) auxiliar os trabalhadores na busca de emprego, promovendo, para tanto, ações integradas de orientação, recolocação e qualificação profissional. Terá direito a perceber o seguro-desemprego o trabalhador dispensado sem justa causa, inclusive a indireta, que comprove: a) ter recebido salários consecutivos no período de 6 meses imediatamente anteriores à data da dispensa, de uma ou mais pessoas jurídicas ou físicas equiparadas às jurídicas; b) ter sido empregado de pessoa jurídica ou pessoa física equiparada à jurídica durante, pelo menos, 6 meses nos últimos 36 meses que antecederam a data de dispensa que deu origem ao requerimento do seguro-desemprego; c) não estar em gozo de qualquer benefício previdenciário de prestação continuada, previsto no Regulamento de Benefícios da Previdência Social, excetuando o auxílio-acidente e a pensão por morte; e d) não possuir renda própria de qualquer natureza suficiente à sua manutenção e de sua família.

PROGRAMA DE SUBSÍDIO À HABITAÇÃO DE INTERESSE SOCIAL (PSH). *Direito bancário* e *direito administrativo.* Objetiva tornar acessível a moradia para os segmentos populacionais de renda familiar alcançados pelas operações de financiamento ou parcelamento habitacional de interesse social, operados por instituições financeiras autorizadas a funcionar pelo Banco Central do Brasil ou pelos agentes financeiros do Sistema Financeiro da Habitação (SFH), na forma definida pelo Conselho Monetário Nacional. Na destinação dos recursos operados no âmbito do PSH, cabe observar as seguintes diretrizes: a) atendimento à população urbana e rural conferindo-se prioridade às famílias de mais baixa renda e à mulher chefe de família; b) integração a outras intervenções ou programas da União ou das demais esferas do governo; c) integração a outras ações que possibilitem a sustentabilidade dos projetos e promovam a inclusão social dos beneficiários; d) atendimento a áreas sujeitas a fatores de risco, insalubridade ou degradação ambiental; e) promoção do ordenamento territorial das cidades, por intermédio da regular ocupação e uso do solo urbano, observada a compatibilidade com Plano Diretor Municipal ou equivalente ou Plano de Ação Estadual ou Regional, quando existentes; f) possibilitar a permanência do homem no campo, nos casos de intervenções em áreas rurais; g) promoção da melhoria da qualidade de vida das famílias beneficiárias, agregando-se às obras e serviços a execução de trabalho social; h) adoção de soluções técnicas que objetivem ganhos de eficiência e redução de custos; i) utilização preferencial de mão-de-obra e de micros, pequenas e médias empresas locais, sem prejuízo da lei de licitações; j) adoção preferencial de mutirão e autoconstrução, de forma a minimizar custos; k) constituição, por intermédio de lei específica, de Conselho Estadual, Municipal, com caráter deliberativo, tendo a ele vinculado um fundo, voltado a propiciar apoio institucional e financeiro ao exercício da política local de habitação e desenvolvimento urbano, recomendando-se a utilização de conselho ou fundo já existente, com objetivo semelhante; l) atendimento aos cidadãos idosos ou portadores de deficiências físicas.

PROGRAMA DE SUBVENÇÃO AO PRÊMIO DO SEGURO RURAL. *Direito agrário.* Tem por objetivo implementar a subvenção ao prêmio do seguro rural, respeitadas as normas de seguros do Conselho Nacional de Seguros Privados (CNSP). São diretrizes do Programa de Subvenção ao Prêmio do Seguro Rural: a) promover a universalização do acesso ao seguro rural; b) assegurar o papel do seguro rural como instrumento para a estabilidade da renda agropecuária; c) induzir o uso de tecnologias adequadas e modernizar a gestão do empreendimento agropecuário. São beneficiários da subvenção ao prêmio do seguro rural os produtores rurais, pessoas físicas ou jurídicas, que satisfaçam os requisitos exigidos por lei e pelas demais normas do Comitê Gestor Interministerial do Seguro Rural. Para se beneficiar da subvenção ao prêmio do seguro rural, o produtor rural deverá estar adimplente com a União, na forma da legislação. O seguro rural subvencionado será contratado junto a sociedades seguradoras autorizadas a operar em seguros pela Superintendência de Seguros Privados (SUSEP).

PROGRAMA DE SUPORTE À PÓS-GRADUAÇÃO DE INSTITUIÇÕES DE ENSINO PARTICULARES (PROSUP). *Direito educacional.* Tem por objetivo apoiar diretamente as instituições particulares de ensino superior, contribuindo para a manutenção de padrões de excelência e eficiência, adequados à formação dos recursos humanos de alto nível, imprescindíveis ao desenvolvimento do País. O PROSUP apoiará as instituições com recursos financeiros (créditos-bolsa) destinados ao custeio de bolsas de estudo, nas modalidades definidas legalmente.

PROGRAMA DE TREINAMENTO DE TRIPULANTES BRASILEIROS. *Direito marítimo.* Programa obrigatório a ser desenvolvido para capacitação da mão-de-obra brasileira no empreendimento pesqueiro.

PROGRAMA DE TREINAMENTO E CAPACITAÇÃO DOS SERVIDORES DO MINISTÉRIO DA CIÊNCIA E TECNOLOGIA (PTC/MCT). *Direito administrativo.* É o que visa institucionalizar as atividades de treinamento e capacitação de recursos humanos no âmbito do Ministério da Ciência e Tecnologia. O PTC visa o desenvolvimento dos recursos humanos pertencentes ao quadro de servidores do MCT, independentemente da unidade ou entidade vinculada onde estejam lotados, abrangendo todos os níveis e categorias profissionais, mediante viabilização de um processo de educação permanente e de formação contínua, no País ou no exterior, visando a progressiva melhoria de sua qualificação e das ações do Ministério, necessárias ao cumprimento de suas missões institucionais. Para servidores sem vínculo empregatício com o MCT e suas entidades vinculadas, bem como para os requisitados de outros órgãos ou entidades, só serão admissíveis as modalidades de curso de curta duração e de treinamento em serviço. A dinâmica das inovações organizacionais e gerenciais, bem como a difusão do progresso técnico-científico no serviço público, como por exemplo aquelas resultantes da utilização das tecnologias da informação e da informática, tem exigido de todos os cidadãos e particularmente dos servidores um esforço permanente de atualização e de aperfeiçoamento profissional. Consciente das exigências dessa dinâmica, o MCT, através do Programa de Treinamento e Capacitação dos Servidores do MCT-PTC, busca viabilizar para os seus servidores e para os seus colaboradores, funcionários lotados ou cedidos, atuantes nos âmbitos da Administração central, de suas agências e institutos, as oportunidades necessárias para qualificação e aperfeiçoamento profissional, no sentido de oferecer à sociedade brasileira um serviço de qualidade crescente.

PROGRAMA DE TREINAMENTO PARA AQUAVIÁRIOS (PTA). *Direito marítimo.* É aquele que se apresenta sob duas formas: a) o PTA-A, que tem como propósito preparar o aquaviário para executar serviços gerais na navegação interior, regional e na pesca e para conduzir embarcações de pequeno porte, conforme estabelecido pela DPC; b) o PTA-B, que tem como propósito adaptar profissionais para exercer a bordo atividades não ligadas diretamente à condução da embarcação, como taifeiros, cozinheiros, enfermeiros, técnicos e auxiliares de enfermagem. O programa é aplicado através de publicações e fitas de vídeo, mediante processo padronizado de execução, de forma a permitir sua aplicação por qualquer pessoa, desde que treinada para tal propósito. O programa contém uma carga horária mínima que possibilita o ensino através de unidades móveis utilizadas pela OM. O programa pode ter sua parte prática ampliada de forma que o conhecimento adquirido seja mais sedimentado. Não será exigido do público-alvo qualquer nível de escolaridade.

PROGRAMA DE VOLUNTARIADO EMPRESARIAL. *Direito comercial.* Modo de apoio formal ou organizado de uma empresa e empregados ou aposentados que desejam servir, voluntariamente, a uma comunidade com o seu tempo e habilidades.

PROGRAMA DINHEIRO DIRETO NA ESCOLA. *Direito educacional.* É o que tem o objetivo de prestar assistência financeira às escolas públicas do ensino fundamental das redes estaduais, municipais e do Distrito Federal e às escolas de educação especial qualificadas como entidades filantrópicas ou por elas mantidas.

PROGRAMA DIVERSIDADE NA UNIVERSIDADE. *Direito educacional.* Pertence ao âmbito do Ministério da Educação, com a finalidade de implementar e avaliar estratégias para a promoção do acesso ao ensino superior de pessoas pertencentes a grupos socialmente desfavorecidos, especialmente dos afrodescendentes e dos indígenas brasileiros. O Programa Diversidade na Universidade será executado mediante a transferência de recursos da União a entidades de direito público ou de direito privado, sem fins lucrativos, que atuem na área de educação e que venham a desenvolver projetos inovadores para atender à finalidade do Programa. A transferência de recursos para entidades de direito privado, sem fins lucrativos, que atendam aos requisitos legais será realizada por meio da celebração de convênio ou de outro instrumento autorizado por lei.

PROGRAMA DO ARTESANATO BRASILEIRO. É aquele instituído com a finalidade de coordenar e desenvolver atividades que visem valorizar o artesão brasileiro, elevando o seu nível cultural, profissional, social e econômico, bem assim desenvolver e promover o artesanato e a empresa artesanal.

PROGRAMADOR. Aquele que organiza programas.

PROGRAMA EMERGENCIAL DE FRENTES PRODUTIVAS. *Direito agrário.* É o que visa prestar assistência à população das regiões afetadas pela seca.

PROGRAMA ESCOLA BÁSICA IDEAL. *Direito educacional.* Tem por objetivo assegurar aos estabelecimentos de ensino básico das redes públicas estaduais, municipais e distrital, em regime de parceria entre os governos Federal, Estadual, Municipal e do Distrito Federal: **1.** infra-estrutura física, mobiliário, utensílios e equipamentos para garantir condições ideais de ensino aprendizagem; **2.** materiais didático-pedagógicos de qualidade para escolas, bem como para seus alunos e professores individualmente; **3.** atendimento pelos programas institucionais geridos pelo Ministério da Educação: a) Programa de Infra-Estrutura Física e de Equipamento das Escolas Públicas (PROIDEAL); b) Transporte Escolar; c) Alimentação Escolar; d) Uniforme Escolar; e) Livro Didático; f) Casa da Leitura; g) Programa Dinheiro Direto na Escola; h) Ações voltadas à capacitação de professores e demais servidores da escola; i) Educação de Jovens e Adultos; j) Bolsa-Escola; k) Disponibilização, para as unidades da federação e aos municípios, de nova proposta pedagógica; l) Valorização dos profissionais da educação; **4.** a inclusão nos demais programas que venham a ser instituídos pelo Ministério da Educação.

PROGRAMA ESPECIAL DE DESENVOLVIMENTO DO ENTORNO DO DISTRITO FEDERAL. *Direito administrativo.* É o que, ouvidos os órgãos competentes, estabelecerá, mediante convênio, normas e critérios para unificação de procedimentos relativos aos serviços públicos, abrangidos tanto os federais e aqueles de responsabilidade de entes federais como aqueles de responsabilidade dos entes federados de Goiás, Minas Gerais e Distrito Federal especialmente em relação a: a) tarifas, fretes e seguros, ouvido o Ministério da Fazenda; b) linhas de crédito especiais para atividades prioritárias; c) isenções e incentivos fiscais, em caráter temporário, de fomento a atividades produtivas em programas de geração de empregos e fixação de mão-de-obra. Os programas e projetos prioritários para a região, com especial ênfase para os relativos à infra-estrutura básica e geração de empregos, serão financiados com recursos: a) de natureza orçamentária, que lhe forem destinados pelo Distrito Federal, pelos Estados de Goiás e de Minas Gerais, e pelos Municípios abrangidos pela Região Integrada de Desenvolvimento do Distrito Federal e do Entorno; e b) de operações de crédito externas e internas.

PROGRAMA ESPECIAL DE FINANCIAMENTO. *Direito agrário.* Criado para auxiliar produtores rurais que tiverem suas atividades prejudicadas pelos efeitos da estiagem que assola a área de atuação da Superintendência do Desenvolvimento do Nordeste (SUDENE).

PROGRAMA ESPECIAL DE FINANCIAMENTO A PRODUTORES RURAIS. *Direito agrário* e *direito bancário.* É o que se opera pelo Banco do Nordeste do Brasil S. A. para beneficiar produtores rurais que tiverem suas atividades prejudicadas pelos efeitos da estiagem que assola a área de atuação da Superintendência do Desenvolvimento do Nordeste (SUDENE).

PROGRAMA ESPECIAL DE FINANCIAMENTO PARA COMBATE AOS EFEITOS DA ESTIAGEM NA ÁREA DE ATUAÇÃO DA SUPERINTENDÊNCIA DO DESENVOLVIMENTO DO NORDESTE (SUDENE). *Direito agrário.* É o que visa atender produtores rurais que tiverem suas atividades prejudicadas pelos efeitos da estiagem que assolarem a área de atuação da SUDENE.

PROGRAMA ESPECIAL DE HABITAÇÃO POPULAR (PEHP). Tem o objetivo de oferecer acesso à moradia adequada aos segmentos populacionais de renda familiar mensal de até três salários mínimos.

PROGRAMA ESPECIAL DE TREINAMENTO (PET). *Direito educacional.* É integrado por grupos tutoriais de aprendizagem e busca propiciar aos alunos de cursos de graduação das Instituições de Ensino Superior (IES), sob a orientação de um professor tutor, condições para a realização de atividades extracurriculares de ensino, pesquisa e extensão de forma integrada, que complementam a sua formação acadêmica. O Programa Especial de Treinamento (PET) está vinculado à Coordenação Geral de Acompanhamento e Avaliação de Projetos (CGAAP) do Departamento de Projetos Especiais de Modernização e Qualificação do Ensino Superior (DEPEM) da Secretaria de Educação Superior (SESu). Nas Instituições de Ensino Superior (IES), a Pró-Reitoria de Graduação, ou órgão equivalente, será responsável pelo Programa e indicará um interlocutor junto à SESu; a IES deverá constituir um Comitê Local de Acompanhamento e Avaliação do PET responsável pelo acompanhamento e avaliação do Programa, sendo 2/3 dos participantes indicados pelos integrantes do Programa e 1/3 indicado pela Pró-Reitoria de Graduação ou órgão equivalente; a SESu deverá constituir a Comissão Nacional de Acompanhamento e Avaliação do Programa, sendo 50% de seus componentes indicados pela SESu e 50% pela Executiva Nacional do PET, presidida por um representante da SESu; o grupo PET deverá ser constituído por um professor tutor e alunos dos cursos de graduação da IES (em número mínimo de quatro e máximo de doze, conforme especificado do Manual de Orientações Básicas (PET).

PROGRAMA "FARMÁCIA POPULAR DO BRASIL". *Direito administrativo.* Consistirá no pagamento pelo Ministério da Saúde de percentual do Valor de Referência (VR), por unidade farmacotécnica (uf), do princípio ativo de medicamentos, para dispensação diretamente no comércio farmacêutico, mediante complementação, pelo paciente, da diferença para o preço de venda da correspondente apresentação que lhe foi prescrita ou do genérico equivalente. O objetivo do Programa, na promoção da assistência terapêutica integral, é o de favorecer a aquisição de medicamentos indispensáveis ao tratamento de doenças com maior prevalência na população, com redução de seu custo para os seus portadores.

PROGRAMA FEDERAL DE ASSISTÊNCIA A VÍTIMAS E A TESTEMUNHAS AMEAÇADAS. *Direito processual penal.* Instituído no âmbito da Secretaria de Estado dos Direitos Humanos do Ministério da Justiça, consiste no conjunto de medidas adotadas pela União com o fim de proporcionar proteção e assistência a pessoas ameaçadas ou coagidas em virtude de colaborarem com a investigação ou o processo criminal. As medidas do Programa, aplicadas isolada ou cumulativamente, objetivam garantir a integridade física e psicológica das vítimas e testemunhas ameaçadas e a cooperação com o sistema de justiça, valorizando a segurança e o bem-estar dos beneficiários, e consistem, dentre outras, em: a) segurança nos deslocamentos; b) transferência de residência ou acomodação provisória em local sigiloso, compatível com a proteção; c) preservação da identidade, imagem e dados

pessoais; d) ajuda financeira mensal; e) suspensão temporária das atividades funcionais; f) assistência social, médica e psicológica; g) apoio para o cumprimento de obrigações civis e administrativas que exijam comparecimento pessoal; h) alteração de nome completo, em casos excepcionais.

PROGRAMA FEDERAL DE AUXÍLIO A AEROPORTOS (PROFAA). *Direito administrativo* e *direito aeronáutico.* Tem por escopo promover o melhoramento, reaparelhamento, reforma e a expansão dos aeródromos de interesse estadual ou regional.

PROGRAMA FLORESTAS NACIONAIS. *Direito ambiental.* É o destinado a dinamizar o manejo florestal sustentável de produtos madeireiros e não madeireiros, em caráter empresarial ou comunitário.

PROGRAMA FRONTEIRAS. *Direito administrativo, direito educacional* e *biodireito.* Visa promover a realização de pesquisas científicas e tecnológicas na região amazônica mediante apoio do Ministério da Ciência e Tecnologia, utilizando instalações e serviços do Comando do Exército, através de financiamento do Banco Nacional de Desenvolvimento Econômico e Social (BNDES) e eventuais recursos de demais parceiros, com a participação de pesquisadores de universidades brasileiras e de instituições de ciência e tecnologia.

PROGRAMA GERADOR. *Direito financeiro* e *direito virtual.* É todo aplicativo homologado pela Secretaria da Receita Federal (SRF), cujo fim seja viabilizar meios para a geração de arquivos digitais com informações cadastrais ou econômico-fiscais a serem fornecidas à SRF pelo sujeito passivo de obrigação tributária. O desenvolvimento de qualquer Programa Gerador deve ser executado em consonância com a metodologia do Programa Nacional de Qualidade de Serviços de Informação na SRF (QSRF). O desenvolvimento de Programa Gerador compreende as seguintes atividades: a) definição do escopo; b) definição das funcionalidades (casos de uso) e dos requisitos não funcionais; c) elaboração do modelo lógico de dados; d) definição das regras de negócio; e) elaboração de cronograma; f) definição do leiaute dos arquivos; g) definição da interface gráfica; h) elaboração da documentação da especificação; i) implementação; j) elaboração das instruções de preenchimento; k) elaboração da minuta do ato normativo que aprova o Programa Gerador e as suas instruções de preenchimento; l) elaboração dos casos de testes de projeto e aplicativo; m) testes de qualidade do prestador de serviços; n) testes de projeto.

PROGRAMA GRANDE FRONTEIRA DO MERCOSUL. *Direito agrário* e *direito ambiental.* Implementado na área formada pelos Municípios dos Estados de Mato Grosso do Sul, Paraná, Rio Grande do Sul e Santa Catarina, cujas sedes estejam localizadas na faixa de até 450 km (quatrocentos e cinqüenta quilômetros) de largura ao longo da fronteira do Brasil com a Argentina, o Paraguai e o Uruguai. São objetivos do Programa Grande Fronteira do Mercosul: a) promover a fixação do homem no campo e desestimular o êxodo rural, dotando os Municípios em que predomine população composta por pequenos e médios produtores rurais de centros de convivência social; b) promover o fortalecimento da agricultura familiar pelo estímulo ao cooperativismo e ao associativismo econômico; c) promover, mediante ações integradas das diferentes esferas de governo, o desenvolvimento econômico e social da área de abrangência, dotando-a das condições indispensáveis a sua inserção no Mercado Comum do Sul e à competição internacional; d) estabelecer modelos de desenvolvimento sustentável adequados às características naturais, à vocação econômica e às potencialidades de microrregiões homogêneas na área de abrangência; e) assegurar a aplicação de forma articulada de recursos públicos e privados em áreas selecionadas para a criação de pólos de desenvolvimento. Os recursos do Programa Grande Fronteira do Mercosul serão aplicados, prioritariamente, em projetos voltados para: a) a instalação de centros de convivência social rural; b) a realização de obras de infra-estrutura nos setores dos transportes e de recursos energéticos; c) a defesa sanitária vegetal e animal; d) a proteção do meio ambiente e o gerenciamento dos recursos hídricos; e) a criação e a expansão de núcleos de pesquisa científica e tecnológica.

PROGRAMA HABITAR–BRASIL. *Direito administrativo* e *direito urbanístico.* É o que visa o atendimento a grupos de famílias com renda mensal preponderante até três salários mínimos e, prioritariamente, nos municípios integrantes do Programa Comunidade Solidária, que estejam vivendo em áreas de risco e ocupadas por favelas, mocambos, palafitas e cortiços, que não apresentem condições mínimas de habitabilidade, por meio de ações integradas de habitação, saneamento, apoio ao desenvolvimento comunitário, além de ações complementares, articuladas com outras políticas setoriais, que resultem em melhoria da qualidade de vida da população urbana e rural. O Programa Habitar-Brasil opera por intermédio das seguintes ações: 1) Urbanização de áreas ocupadas por subabitações, que contempla intervenções necessárias à segurança, salubridade e habitabilidade de áreas ocupadas por favelas, mocambos, palafitas ou outros tipos de aglomerados habitacionais inadequados, buscando desenvolver ações integradas que envolvam a mobilização da comunidade, a execução de obras e serviços de infra-estrutura, equipamentos comunitários, a construção de habitações e melhorias habitacionais. A melhoria de habitações compreende a realização de obras e serviços voltados à recuperação de edificações inadequadas para uso habitacional, executados exclusivamente em razão de: a) insalubridade e insegurança; b) inexistência do padrão mínimo de edificação e habitabilidade definido pelas posturas municipais; c) inadequação do número de moradores à quantidade de cômodos passíveis de serem utilizados como dormitórios na residência, considerando o número máximo de três pessoas por cômodo. 2) Urbanização de áreas não ocupadas, a qual contempla intervenções necessárias à segurança, salubridade e habitabilidade da população localizada em áreas impróprias para o uso habitacional, buscando desenvolver ações integradas que envolvam a mobilização da comunidade, a execução de obras de infra-estrutura, equipamentos comunitários, construção de unidades habitacionais ou sanitárias, exclusivamente para assentamento ou reassentamento de famílias originárias de: a) áreas que configurem situação de risco e/ou insalubridade; b) áreas degradadas, sem possibilidade de recuperação para uso habitacional; c) áreas objeto de legislação que defina a proibição de ocupação residencial. 3) Desenvolvimento comunitário, o qual abrange ações que objetivem desencadear e/ou fortalecer a mobilização, organização e promoção da comunidade beneficiada e, quando ocorrer, deve ser de maneira concomitante com as demais ações acima mencionadas, sempre sob forma de contrapartida. O desenvolvimento comunitário poderá abranger as seguintes ações: a) apoio à mobilização e organização comunitária: ações que objetivem definir as atribuições claras de cada um dos participantes do programa (comunidade, governo e conselhos), estabelecer os interlocutores entre esses participantes e desenvolver uma sistemática para divulgação e informação dos assuntos de interesse comum; b) capacitação profissional: ações que objetivem a geração de ocupação e renda para as pessoas da comunidade beneficiada, favorecendo seu desenvolvimento econômico-financeiro e sua conseqüente fixação na área; c) educação sanitária: ações que objetivem a adequação de hábitos da população, visando a correta apropriação e uso dos benefícios implantados.

PROGRAMA INSTITUCIONAL DE BOLSAS DE INICIAÇÃO CIENTÍFICA DO IBAMA. *Direito educacional* e *direito ambiental.* Tem por objetivos: a) despertar a vocação científica e desenvolver talentos para a pesquisa, mediante a participação de estudantes de graduação em projetos de nível e mérito científico e tecnológico reconhecidos; b) contribuir para a formação de recursos humanos para a pesquisa em temas ambientais; c) incentivar a consolidação de uma política de pesquisa e desenvolvimento científico e tecnológico para iniciação científica no IBAMA; d) estimular servidores a engajarem estudantes de graduação nas atividades de iniciação científica e tecnológica, integrando-os em grupos de pesquisa; e) contribuir para a expansão e renovação do quadro de servidores atuantes na produção de conhecimento e, conseqüentemente, estimular o envolvimento de novos orientadores.

PROGRAMA INSTITUCIONAL DE QUALIFICAÇÃO DOCENTE PARA A REDE FEDERAL DE EDUCAÇÃO PROFISSIONAL E TECNOLÓGICA (PIQDTEC). *Direito educacional.* Tem por objetivos: a) viabilizar a formação, em nível de pós-graduação *stricto sensu* no País, dos integrantes do quadro de pessoal permanente da Rede Federal de Educação Profissional e Tecnológica (RFEPT), a saber: Universidades Tecnológicas Federais, Centros Federais de Educação Profissional e Tecnológica e suas Unidades de Ensino Descentralizadas, Escolas Agrotécnicas Federais, Escolas Técnicas Federais e Escolas Técnicas vinculadas às Universidades Federais; b) incentivar as instituições da Rede Federal de Educação Profissional e Tecnológica (RFEPT) a abordarem a capacitação de seus quadros docentes, técnicos

e gestores como uma questão institucional a ser enfrentada por um conjunto integrado de iniciativas de curto, médio e longo prazo, que envolvam em seu planejamento e promoção o intenso comprometimento de seus dirigentes e dos integrantes de suas unidades de ensino e pesquisa; c) contribuir para a melhoria da qualidade e a consolidação da educação profissional técnica e tecnológica no País mediante a elevação do nível de qualificação de seus docentes; d) colaborar para que as instituições da RFEPT considerem a capacitação de docente, gestores e técnicos como um desafio a ser permanentemente enfrentado e que exijam a criação de condições não apenas para que esses profissionais tenham a qualificação ou titulação requerida para o desempenho de suas funções, mas também para que eles possam se manter academicamente ativos e comprometidos com a melhoria da qualidade do ensino por elas oferecido; e) estruturar uma política permanente da RFEPT visando a formação continuada, em nível de pós-graduação *stricto sensu* no País, do seu quadro de pessoal permanente – docentes, técnicos e gestores; f) contribuir para a constituição de uma política permanente da RFEPT de formação de docentes, técnicos e gestores em nível de pós-graduação *stricto sensu.*

PROGRAMA INTEGRADO DE MODERNIZAÇÃO DOS PORTOS. *Direito marítimo* e *direito administrativo.* É aquele que visa reduzir os custos do comércio exterior brasileiro e aumentar a produtividade dos portos nacionais, dentro de padrões de qualidade compatíveis com os principais portos internacionais, procurando desenvolver atividades como: a) descentralização, inclusive para a iniciativa privada, da exploração das instalações portuárias e da prestação dos serviços portuários; b) aprimoramento da gestão da mão-de-obra e das relações de trabalho portuário; c) reestruturação da administração portuária; d) modernização e racionalização da administração aduaneira; e) aprimoramento dos procedimentos e controles relacionados com o comércio exterior; f) aprimoramento das atividades referentes às autoridades marítima, sanitária, de saúde e de polícia marítima; g) interpretação e regulamentação de aspectos específicos da lei em apoio às ações relativas aos pontos acima mencionados. O Programa procura, ainda, determinar que o Gempo (Grupo Executivo para Modernização dos Portos), de acordo com as necessidades, estabeleça relações com entidades públicas e privadas que tenham interesse e capacitação específica dentro das atividades portuárias.

PROGRAMA INTERNACIONAL DE MEDIDAS DE PRECIPITAÇÃO – *GLOBAL PRECIPITATION MEASUREMENT* (GPM). *Direito espacial.* É um programa desenvolvido pela *National Aeronautics and Space Administration* (NASA) e pela *Japan Aerospace Exploration Agency* (JAXA) (ex-NASDA) e aberto à participação internacional, por meio de agências espaciais e meteorológicas, que visa a monitorar globalmente, por meio de satélites, as precipitações na atmosfera, em alta resolução temporal. O GPM vem suceder o *Tropical Rainfall Measurement Mission* (TRMM), ampliando sua abrangência e aprimorando a resolução temporal oferecida. O Núcleo Brasileiro do Programa Internacional de Medidas de Precipitação, GPM – Brasil tem como objetivo coordenar a atuação de instituições brasileiras no GPM e estimular o uso dos dados disponibilizados.

PROGRAMA JOVEM AGRICULTOR EMPREENDEDOR. *Direito agrário.* É o que visa ampliar as oportunidades de formação profissional dos jovens no meio rural buscando sua inserção econômica e social e o fortalecimento de suas unidades familiares na expectativa de constituírem redes de referência para o desenvolvimento local sustentável.

PROGRAMA MICROGRAVIDADE. *Direito espacial.* Tem por objetivo colocar ambientes de microgravidade à disposição da comunidade técnico-científica brasileira, provendo meios de acesso e suporte técnico para a viabilização de experimentos nesses ambientes.

PROGRAMA NACIONAL DA DIVERSIDADE BIOLÓGICA (PRONABIO). *Direito administrativo* e *direito ambiental.* É o instituído no âmbito do Ministério do Meio Ambiente. É o que tem por objetivo: a) orientar a elaboração e a implementação da Política Nacional da Biodiversidade, com base nos princípios e diretrizes por lei instituídos mediante a promoção de parceria com a sociedade para o conhecimento e a conservação da diversidade biológica, a utilização sustentável de seus componentes e a repartição justa e eqüitativa dos benefícios derivados de sua utilização, de acordo com os princípios e diretrizes da Convenção sobre Diversidade Biológica e da Política Nacional do Meio Ambiente; b)

promover a implementação dos compromissos assumidos pelo Brasil junto à Convenção sobre Diversidade Biológica e orientar a elaboração e apresentação de relatórios nacionais perante esta Convenção; c) articular as ações para implementação dos princípios e diretrizes da Política Nacional da Biodiversidade no âmbito do Sistema Nacional do Meio Ambiente (SISNAMA) e junto aos órgãos e entidades da União, Estados, Distrito Federal, Municípios e da sociedade; d) formular e implantar programas e projetos em apoio à execução das ações previstas em lei; e) estimular a cooperação interinstitucional e internacional, inclusive por meio do mecanismo de intermediação da Convenção sobre Diversidade Biológica, para a melhoria da implementação das ações de gestão da biodiversidade; f) promover a elaboração de propostas de criação ou modificação de instrumentos necessários à boa execução das ações legalmente previstas, em articulação com os Ministérios afetos aos temas tratados; g) promover a integração de políticas setoriais para aumentar a sinergia na implementação de ações direcionadas à gestão sustentável da biodiversidade; h) promover ações, projetos, pesquisas e estudos com o objetivo de produzir e disseminar informações e conhecimento sobre a biodiversidade; i) estimular a capacitação de recursos humanos, o fortalecimento institucional e a sensibilização pública para a conservação e uso sustentável da biodiversidade; j) orientar as ações de acompanhamento e avaliação da execução dos componentes temáticos para atendimento aos princípios e diretrizes para implementação da Política Nacional da Biodiversidade; k) orientar o acompanhamento da execução das ações previstas para implementação dos princípios e diretrizes da Política Nacional da Biodiversidade, inclusive mediante a definição de indicadores adequados.

PROGRAMA NACIONAL DE ACESSO À ALIMENTAÇÃO (PNAA). *Direito administrativo.* Vinculado às ações dirigidas ao combate à fome e à promoção da segurança alimentar e nutricional, que é a garantia da pessoa humana ao acesso à alimentação todos os dias, em quantidade suficiente e com a qualidade necessária. Os benefícios financeiros decorrentes do PNAA serão efetivados mediante cartão unificado (cartão alimentação), ou pelo acesso a alimentos em espécie pelas famílias em situação de insegurança alimentar. O cartão unificado constitui

PROGRAMA NACIONAL DE AÇÕES AFIRMATIVAS

instrumento para recebimento de recursos financeiros do PNAA pelas famílias em situação de insegurança alimentar, bem como para beneficiários de outros programas de transferência de renda.

PROGRAMA NACIONAL DE AÇÕES AFIRMATIVAS. *Direito administrativo.* É aquele que, sob a coordenação da Secretaria de Estado dos Direitos Humanos do Ministério da Justiça, contemplará, entre outras medidas administrativas e de gestão estratégica, as seguintes ações, respeitada a legislação em vigor: a) observância, pelos órgãos da Administração Pública Federal, de requisito que garanta a realização de metas percentuais de participação de afrodescendentes, mulheres e pessoas portadoras de deficiência no preenchimento de cargos em comissão do Grupo-Direção e Assessoramento Superiores (DAS); b) inclusão, nos termos de transferências negociadas de recursos celebradas pela Administração Pública Federal, de cláusulas de adesão ao Programa; c) observância, nas *licitações* promovidas por órgãos da Administração Pública Federal, de critério adicional de pontuação, a ser utilizado para beneficiar fornecedores que comprovem a adoção de políticas compatíveis com os objetivos do Programa; d) inclusão, nas contratações de empresas prestadoras de serviços, bem como de técnicos e consultores no âmbito de projetos desenvolvidos em parceria com organismos internacionais, de dispositivo estabelecendo metas percentuais de participação de afrodescendentes, mulheres e pessoas portadoras de deficiência.

PROGRAMA NACIONAL DE ALIMENTAÇÃO ESCOLAR (PNAE). *Direito educacional.* É o que tem como objetivo atender às necessidades nutricionais dos alunos, durante sua permanência em sala de aula, contribuindo para seu crescimento e desenvolvimento, sua aprendizagem e seu rendimento escolar, bem como a formação de hábitos alimentares saudáveis. Consiste na transferência de recursos financeiros em favor das entidades executoras, destinados a suprir, parcialmente, as necessidades nutricionais dos alunos, com vistas a melhorar o rendimento escolar, colaborando para a redução da evasão e repetência, assim como formar bons hábitos alimentares. Serão atendidos pelo PNAE os alunos matriculados na educação infantil oferecida em creches e pré-escolas, no ensino fundamental da rede pública de ensino dos Estados, do Distrito Federal e dos Municípios, ou em estabelecimentos mantidos pela União, e, ainda, das escolas indígenas, que constam no censo escolar realizado pelo Ministério da Educação no ano anterior ao do atendimento. Excepcionalmente, poderão, também, ser computados como parte da rede municipal e do Distrito Federal os alunos matriculados na educação infantil oferecida em creches e pré-escolas e no ensino fundamental das escolas mantidas por entidades beneficentes de assistência social, cadastradas no censo escolar do ano anterior ao do atendimento. A educação infantil oferecida em creches, pré-escolas e no ensino fundamental será atendida pelo PNAE, mediante a comprovação no censo escolar do número do Registro e o do Certificado de Entidade Beneficente de Assistência Social, emitidos pelo Conselho Nacional de Assistência Social (CNAS), bem como a oferta de alimentação aos alunos matriculados. Poderão ser computados, ainda, os alunos matriculados em escolas de educação especial mantidas por entidades beneficentes de assistência social, desde que estas tenham informado no censo escolar o número do Registro ou o do Certificado de Entidade Beneficente de Assistência Social, emitidos pelo Conselho Nacional de Assistência Social (CNAS). Os recursos financeiros destinados ao programa de alimentação escolar nos estabelecimentos mantidos pela União poderão ser administrados pela Prefeitura Municipal. O cardápio da alimentação escolar deverá ser programado de modo a fornecer cerca de 350 quilocalorias (Kcal) e 9 gramas de proteínas por refeição, ou seja, 15% das necessidades diárias de calorias e proteínas dos alunos beneficiados. Os produtos classificados como chocolates, sob a forma de tabletes, de barras, de ovos, ou de bombons; balas; pirulitos; chicletes; refrigerantes; pó para preparo de refresco e outros alimentos que sejam caracterizados como "guloseimas" não são recomendados no cardápio diário da alimentação escolar. Os produtos com teor alcoólico e pimenta não deverão integrar o cardápio da alimentação escolar. Os produtos a serem adquiridos para a clientela do PNAE devem conter padrões de identificação e qualidade de acordo com a indicação legal. Participam do Programa Nacional de Alimentação Escolar (PNAE): a) o FNDE, responsável pela assistência financeira, normatização, coordenação, acompanhamento, cooperação técnica e avaliação da efetividade da aplicação dos recursos, diretamente ou por delegação; b) Entidade Executora, responsável pelo recebimento e execução dos recursos financeiros transferidos pelo FNDE à conta do PNAE, sendo: Secretaria de Estado de Educação e do Distrito Federal, no caso das escolas públicas estaduais e escolas públicas do Distrito Federal; Prefeitura Municipal, no caso das escolas públicas municipais, das escolas filantrópicas e das escolas da rede estadual por delegação da Secretaria de Estado de Educação; escolas federais, a própria escola ou a Prefeitura Municipal; c) Conselho de Alimentação Escolar. Colegiado instituído no âmbito de cada entidade executora; d) o Tribunal de Contas da União, do Estado, do Distrito Federal e do Município, a Câmara Municipal, o Conselho de Contas do Município como órgãos fiscalizadores. É facultado aos Estados, ao Distrito Federal e aos Municípios repassar os recursos do Programa diretamente às escolas de sua rede, devendo a entidade executora notificar previamente ao FNDE para acompanhamento. São princípios do Programa Nacional de Alimentação Escolar (PNAE): a) a universalidade do atendimento da alimentação escolar gratuita, o qual consiste na atenção aos alunos da educação infantil e ensino fundamental da rede pública de ensino; b) o respeito aos hábitos alimentares, considerados como tais, as práticas tradicionais que fazem parte da cultura e da preferência alimentar local saudáveis; c) a eqüidade, que compreende o direito constitucional à alimentação escolar, com vistas a garantia do acesso ao alimento de forma igualitária, respeitando as diferenças biológicas entre idades e condições de saúde dos alunos que necessitem de atenção específica e aqueles que se encontram em situação de insegurança alimentar; d) a descentralização das ações, pelo compartilhamento da responsabilidade pela oferta da alimentação escolar entre os entes federados; e) a participação social no controle e acompanhamento das ações realizadas pelos Estados, Distrito Federal e Municípios, para garantir a oferta da alimentação escolar saudável e adequada. São diretrizes do Programa Nacional de Alimentação Escolar (PNAE): a) o emprego da alimentação saudável e adequada, que compreende o uso de alimentos variados, seguros, que respeitem a cultura e as tradições alimentares, contribuindo para o crescimento e desenvolvimento dos alunos em conformidade com a faixa etária, sexo e atividade física e o estado de saúde dos mesmos, inclusive os que necessitam de atenção específica; b) a aplicação da educação alimentar e nutricional no processo de ensino e aprendizagem; c) a promoção de ações educativas que perpassam transversalmente pelo currículo escolar; d) o apoio ao desenvolvimento sustentável, com incentivos para a aquisição de gêneros alimentícios diversificados, preferencialmente produzidos e comercializados em âmbito local.

PROGRAMA NACIONAL DE APOIO À ADMINISTRAÇÃO FISCAL PARA OS ESTADOS BRASILEIROS. *Direito financeiro.* É aquele financiado parcialmente com recursos do Banco Interamericano de Desenvolvimento (BID), mediante um empréstimo concedido ao governo federal (União), para apoiar a iniciativa dos governos estaduais e do Distrito Federal (Estados) na elaboração de projetos específicos (projetos) para modernização e fortalecimento institucional dos órgãos responsáveis pela gestão da área fiscal dos Estados brasileiros. Esse programa tem por objetivo geral melhorar a eficiência administrativa, a racionalização e a transparência na gestão dos recursos públicos estaduais. Para atingir esse fim, o programa prevê o apoio a projetos de modernização fiscal destinados a: a) aperfeiçoar os mecanismos legais, operacionais, administrativos e tecnológicos com que contam os distintos órgãos responsáveis pela administração fiscal dos Estados; b) fortalecer e integrar a administração financeira e consolidar a auditoria e o controle internos dos Estados; c) aperfeiçoar o controle do cumprimento das obrigações tributárias por parte do contribuinte, mediante a implantação de novas técnicas e metodologias de arrecadação e fiscalização tributárias; e d) agilizar a cobrança coativa da dívida tributária e fortalecer os processos de integração entre as administrações tributárias e os órgãos de cobrança judicial. O órgão executor do programa é o Ministério da Fazenda, que se responsabiliza pela implantação e implementação da UCP (Unidade de Coordenação de Programa). Os recursos do programa são destinados aos Estados, mediante financiamento administrado pela CEF (Caixa Econômica Federal), que funciona como agente financeiro para a União. O programa foi definido com dois componentes principais: a) Assistência Técnica e Coordenação: este componente visa fortalecer o Ministério da Fazenda para que possa desempenhar suas funções de supervisão, integração e coordenação da área fiscal em nível nacional, de forma mais eficiente. Os recursos do programa serão utilizados na criação e operação da Unidade de Coordenação do Programa – UCP, na realização de conferências e cursos em nível nacional e na prestação de assistência técnica aos Estados para preparação de projetos de administração tributária e financeira; b) Administração Fiscal: este componente está destinado a financiar os projetos de modernização fiscal dos Estados nas áreas de administração tributária e financeira. O programa foi desenhado com o propósito de minimizar as disparidades atualmente existentes entre as várias administrações tributárias e financeiras estaduais e criar as bases para a integração dos diferentes sistemas estaduais, de modo a permitir um maior apoio às administrações estaduais menos desenvolvidas e, assim, contribuir para a obtenção de maior homogeneidade na atuação fiscal da Administração Pública e, conseqüentemente, de maior eqüidade na estrutura e no funcionamento do federalismo fiscal brasileiro. Com esta finalidade, o BID estabeleceu critérios de dimensionamento e de financiamento para os distintos projetos de cada Estado, de maneira a atender seus diferentes graus de necessidades e garantir recursos para todos os Estados. Os recursos, disponíveis para os Estados, que não forem comprometidos mediante projetos aprovados pelo BID, até 12 meses da data de assinatura do empréstimo entre a União e o BID, serão incorporados na categoria de imprevistos do orçamento do programa, para serem redistribuídos entre os Estados que melhor desempenho tiverem na administração de seus projetos e que necessitarem de recursos adicionais para completar o seu programa de modernização. Esta avaliação será efetuada de acordo com os indicadores estabelecidos pelo BID.

PROGRAMA NACIONAL DE APOIO À CULTURA (PRONAC). *Direito administrativo.* Órgão que se desenvolve mediante programas, projetos e ações culturais, cujos proponentes não estejam vinculados, direta ou indiretamente, aos membros e suplentes do Comitê Assessor do Fundo Nacional da Cultura (FNC) e da Comissão Nacional de Incentivo à Cultura (CNIC). Na execução do PRONAC, serão apoiados programas, projetos e ações culturais destinados às seguintes finalidades: a) valorizar a cultura nacional, considerando suas várias matrizes e formas de expressão; b) estimular a expressão cultural dos diferentes grupos e comunidades que compõem a sociedade brasileira; c) viabilizar a expressão cultural de todas as regiões do País e sua difusão em escala nacional; d) promover a preservação e o uso sustentável do patrimônio cultural brasileiro em sua dimensão material e imaterial; e) incentivar a ampliação do acesso da população à fruição e à produção dos bens culturais; f) fomentar atividades culturais afirmativas que busquem erradicar todas as formas de discriminação e preconceito; g) desenvolver atividades que fortaleçam e articulem as cadeias produtivas e os arranjos produtivos locais que formam a economia da cultura; h) apoiar as atividades culturais de caráter inovador ou experimental; i) impulsionar a preparação e o aperfeiçoamento de recursos humanos para a produção e a difusão cultural; j) promover a difusão e a valorização das expressões culturais brasileiras no exterior, assim como o intercâmbio cultural com outros países; k) estimular ações com vistas a valorizar artistas, mestres de culturas tradicionais, técnicos e estudiosos da cultura brasileira; l) contribuir para a implementação do Plano Nacional de Cultura e das políticas de cultura do Governo Federal; e m) apoiar atividades com outras finalidades compatíveis com os princípios constitucionais e os objetivos legais, assim consideradas pelo Ministro de Estado da Cultura.

PROGRAMA NACIONAL DE APOIO AO TRANSPORTE DO ESCOLAR (PNATE). *Direito educacional.* É o consistente na transferência, em caráter suplementar, aos Estados, Distrito Federal e Municípios de recursos financeiros destinados a custear o oferecimento de transporte escolar aos alunos do ensino fundamental público residentes em área rural, com o objetivo de garantir o acesso à educação.

PROGRAMA NACIONAL DE APOIO À PESQUISA DA FUNDAÇÃO BIBLIOTECA NACIONAL. *Direito educacional.* Com a finalidade de conceder bolsas para projetos de pesquisa nas áreas de Ciências Humanas e Sociais que utilizem, prioritariamente, o acervo da Biblioteca Nacional.

PROGRAMA NACIONAL DE ARRENDAMENTO DE ÁREAS E INSTALAÇÕES PORTUÁRIAS. *Direito marítimo.* Tem por objetivo otimizar a operação portuária e atender ao crescimento da movimentação de cargas nos portos organizados. Na elaboração do Programa de Arrendamento, a autoridade portuária observará as seguintes diretrizes: a) promoção dos arrendamentos das áreas e instalações portuárias, atendendo às suas destinações específicas, de acordo com os respectivos Planos de Desenvolvimento e Zoneamento (PDZ); b) aumento do desempenho operacional e a melhoria da qualidade dos serviços portuários; c) redução dos custos portuários objetivando a redução dos preços dos serviços praticados no porto; d) implantação de ambiente de competitividade, em bases isonômicas, na operação e exploração portuária; e) revitalização de áreas portuárias não operacionais, para fins culturais, sociais, recreativos e comerciais; f) preservação ambiental na área do porto organizado.

PROGRAMA NACIONAL DE ATENÇÃO INTEGRAL À CRIANÇA E AO ADOLESCENTE (PRONAICA). *Direito da criança e do adolescente.* Aquele que visa promover e coordenar o desenvolvimento de ações de atenção integral a crianças e adolescentes, de forma descentralizada, articulada e integrada, por meio de órgãos federais, estaduais, municipais, organizações não-governamentais e com a cooperação de organismos internacionais.

PROGRAMA NACIONAL DE COMBATE AO CONTRABANDO E AO DESCAMINHO. *Direito penal.* É o destinado a criar condições para a realização conjunta de tarefas e atividades, pela Secretaria da Receita Federal do Ministério da Fazenda e pelo Departamento de Polícia Federal do Ministério da Justiça, relativas à prevenção e repressão dos ilícitos penais e administrativos referentes à importação e exportação de bens.

PROGRAMA NACIONAL DE CONTROLE DA DENGUE (PNCD). É o que deve ter as seguintes diretrizes: a) desenvolvimento de campanhas de informação e de mobilização das pessoas, de maneira a criar maior responsabilização de cada família na manutenção de seu ambiente doméstico livre de potenciais criadouros do vetor; b) fortalecimento da vigilância epidemiológica e entomológica para ampliar a capacidade de predição e de detecção precoce de surtos da doença; c) melhoria da qualidade do trabalho de campo de combate ao vetor; d) integração das ações de controle da dengue na atenção básica, com a mobilização do Programa de Agentes Comunitários de Saúde e Programa de Saúde

da Família; e) utilização de instrumentos legais que facilitem o trabalho do Poder Público na eliminação de criadouros em imóveis comerciais, casas abandonadas, dentre outras; f) atuação multissetorial por meio do fomento à destinação adequada de resíduos sólidos e a utilização de recipientes seguros para armazenagem de água; g) desenvolvimento de instrumentos mais eficazes de acompanhamento e supervisão das ações desenvolvidas pelo Ministério da Saúde, Estados e Municípios.

PROGRAMA NACIONAL DE CONTROLE DE QUALIDADE EXTERNO EM SOROLOGIA (PNCQES). *Medicina legal.* Programa de amplitude nacional, implantado pelo Ministério da Saúde, com o objetivo de avaliar a qualidade e o desempenho dos resultados dos testes sorológicos realizados nas Unidades Hemoterápicas. Essa avaliação é realizada, no mínimo, semestralmente, utilizando painéis de soros conhecidos (multipainéis), produzidos pela instituição credenciada.

PROGRAMA NACIONAL DE CONTROLE DO CÂNCER DE PRÓSTATA. *Direito administrativo.* Deverá incluir, dentre outras, as seguintes atividades: a) campanha institucional nos meios de comunicação, com mensagens sobre o que é o câncer de próstata e suas formas de prevenção; b) parcerias com as Secretarias Estaduais e Municipais de Saúde, colocando-se à disposição da população masculina acima de quarenta anos exames para a prevenção do câncer de próstata; c) parcerias com universidades, sociedades e sindicatos, organizando-se debates e palestras sobre a doença e as formas de combate e prevenção a ela; d) outros atos de procedimentos lícitos e úteis para a consecução dos objetivos desta instituição.

PROGRAMA NACIONAL DE CONTROLE DOS DISTÚRBIOS POR DEFICIÊNCIA DE IODO (PNCDDI). *Direito administrativo.* Implantado pelo Ministério da Saúde, tendo como linhas básicas de ação as seguintes diretrizes: a) levantamento e controle de todos os distúrbios por deficiência de iodo; b) vigilância sanitária do sal e outras formas de suplementação de iodo utilizadas na correção da carência específica; c) educação para a saúde – programas de reciclagem para profissionais da área da saúde e informações à população em geral. Tal Programa tem como objetivos: 1) gerais: a) combater e controlar a deficiência dos distúrbios causados pela deficiência de iodo; b) promover medidas administrativas e ações necessárias à execução das atividades de acordo com a legislação, normas e regulamentos em vigor, compatibilizando-as às peculiaridades regionais; c) garantir a iodação do sal através do controle mais atuante da Secretaria de Vigilância Sanitária; 2) específicos: a) definir as formas de suplementação de iodo, conforme áreas de risco e grupos populacionais específicos; b) definir a manutenção de inquéritos e levantamentos epidemiológicos referentes às patologias decorrentes dos distúrbios por deficiência de iodo e à iodação do sal; c) controlar os dados epidemiológicos referentes aos distúrbios por deficiência do iodo através do Centro Nacional de Epidemiologia (Cenepi); d) promover a produção e distribuição de materiais educativos e informativos, para profissionais de saúde, educadores, indústrias produtoras do sal e população em geral, no intuito de esclarecê-los quanto à problemática causada nas pessoas em regiões com deficiência de iodo; e) assegurar a qualidade das ações do Programa através da prestação de assessoria técnica; f) firmar convênios com Universidades Federais para o desenvolvimento de pesquisa – formação de centros de referência para pesquisa e trabalho de campo; g) firmar convênios específicos com as Secretarias Municipais e Estaduais de Saúde para uma atenção adequada a essa população; h) estimular os profissionais da área de vigilância sanitária para um melhor desempenho junto à comercialização (controle do sal e de alimentos). Deve, para tanto: 1) Criar não só grupo técnico nas áreas de epidemiologia, educação para a saúde e comunicação, para controle de dados, elaboração e divulgação, através de materiais educativo e informativo, como também grupo consultivo para assegurar a manutenção das diretrizes do Programa. 2) Articular, com organismos governamentais e não governamentais, ações e recursos para execução do Programa.

PROGRAMA NACIONAL DE CONTROLE PREVENTIVO DE QUALIDADE NOS PRODUTOS DE ORIGEM VEGETAL NA CADEIA PRODUTIVA (PNCQV). *Direito agrário* e *direito do consumidor.* É o que estabelece as linhas gerais para implantação e implementação do monitoramento e controle preventivo de qualidade dos produtos, subprodutos e derivados de origem vegetal *in natura*, processados, semiprocessados e minimamente processados.

O monitoramento e o controle terão suas ações voltadas para os fatores que ocorrem na cadeia agroprodutiva e influenciam na qualidade intrínseca e extrínseca de grãos, frutas, amêndoas, especiarias, hortaliças etc. e nos respectivos processos de manejos do pré e pós-colheita (tratos culturais, tratamentos fitossanitários, práticas de beneficiamento, armazenamento, transporte, processamentos etc.), provocando perdas, desperdício, depreciação, entre outros, prejudicando, principalmente, os agricultores e os consumidores, que são os elos considerados finalísticos da cadeia agroprodutiva e se constituem nos setores mais vulneráveis à falta de uma política específica e eficiente de controle preventivo de qualidade.

PROGRAMA NACIONAL DE DESCENTRALIZAÇÃO. *Direito administrativo.* É o que tem por escopo fortalecer a Federação e proporcionar melhores condições para o desenvolvimento nacional, a ser implantado e progressivamente executado mediante a repartição e descentralização das atribuições da União, a fim de tornar a rede de serviços públicos mais acessível à população e de estabelecer condições para melhor aplicação dos recursos públicos, eliminando a dualidade e a superposição de ações dos órgãos e entidades da Administração Pública federal.

PROGRAMA NACIONAL DE DESESTATIZAÇÃO (PND). *Direito administrativo.* É aquele que visa: a) reordenar a posição estratégica do Estado na economia nacional, mediante a transferência, à iniciativa privada, de atividades econômicas indevidamente exploradas pelo setor público; b) contribuir para a redução da dívida pública, concorrendo para o saneamento das finanças do setor público; c) permitir a retomada de investimentos nas atividades econômicas das sociedades que vierem a ser transferidas à iniciativa privada; d) contribuir para a modernização do parque industrial do País, ampliando sua competitividade e reforçando a capacidade empresarial nos diversos setores da economia nacional; e) permitir que a Administração Pública federal concentre seus esforços e recursos nas atividades em que a presença do Estado seja fundamental para a consecução das prioridades nacionais; f) contribuir para o fortalecimento do mercado de capitais, mediante o aumento de ofertas públicas de valores mobiliários e a democratização da propriedade do capital social das sociedades que integrarem o Programa Nacional de Desestatização. Poderão ser objeto de desestatização: a) empresas, inclusive instituições financeiras, controladas direta e indiretamente pela União, instituídas por lei ou ato do Poder Executivo; b) empresas criadas pelo setor privado e que, por qualquer motivo, passaram ao controle direto ou indireto da União; c) serviços públicos objeto de concessão, permissão ou autorização; d) instituições financeiras públicas estaduais que tenham tido as ações de seu capital social desapropriadas.

PROGRAMA NACIONAL DE DIREITOS HUMANOS (PNDH). *Direito constitucional* e *direito internacional privado.* Aquele que, contendo diagnóstico da situação desses direitos no País e medidas para a sua defesa e promoção, tem por finalidade: a) a identificação dos principais obstáculos à promoção e defesa dos direitos humanos no País; b) a execução, a curto, médio e longo prazos, de medidas de promoção e defesa desses direitos; c) a implementação de atos e declarações internacionais, com a adesão brasileira, relacionados com direitos humanos; d) a redução de condutas e atos de violência, intolerância e discriminação, com reflexos na diminuição das desigualdades sociais; e) a observância dos direitos fundamentais do homem e deveres previstos na Constituição; f) a plena realização da cidadania. Esse programa é coordenado pelo Ministério da Justiça, com participação e apoio dos órgãos da Administração Pública federal. É, portanto, o que contém propostas de ações governamentais para a defesa e promoção dos direitos humanos. O PNDH tem como objetivo: a) a promoção da concepção de direitos humanos como um conjunto de direitos universais, indivisíveis e interdependentes, que compreendem direitos civis, políticos, sociais, culturais e econômicos; b) a identificação dos principais obstáculos à promoção e defesa dos direitos humanos no País e a proposição de ações governamentais e não-governamentais voltadas para a promoção e defesa desses direitos; c) a difusão do conceito de direitos humanos como elemento necessário e indispensável para a formulação, execução e avaliação de políticas públicas; d) a implementação de atos, declarações e tratados internacionais dos quais o Brasil é parte; e) a redução de condutas e atos de violência, intolerância e discriminação, com reflexos na diminuição das desigualdades sociais; f) a observância dos direitos e deveres previstos na Constituição, especialmente os inscritos em seu art. 5º.

PROGRAMA NACIONAL DE DRAGAGEM PORTUÁRIA E HIDROVIÁRIA. *Direito marítimo* e *direito ambiental.* Programa que abrange as obras e serviços de engenharia de dragagem do leito nas vias aquaviárias, compreendendo a remoção do material sedimentar submerso e a escavação ou derrocamento do leito, com vistas à manutenção da profundidade dos portos em operação ou a sua ampliação, bem assim as ações de licenciamento ambiental e as relativas ao cumprimento das exigências ambientais decorrentes.

PROGRAMA NACIONAL DE EDUCAÇÃO E CONTROLE DE POLUIÇÃO SONORA. *Direito ambiental.* Programa "Silêncio", que tem por objetivo: a) promover cursos técnicos para capacitar pessoal e controlar problemas de poluição sonora nos órgãos de meio ambiente estadual e municipal; b) divulgar junto à população matéria educativa e conscientizadora dos efeitos lesivos do excesso de ruído; c) incentivar a fabricação e uso de máquinas e equipamentos com menor intensidade de ruído; d) estabelecer convênios com entidades que possam contribuir para o desenvolvimento do programa de combate à poluição sonora etc.

PROGRAMA NACIONAL DE EDUCAÇÃO SANITÁRIA EM DEFESA AGROPECUÁRIA. *Direito agrário* e *direito ambiental.* Tem como objetivo geral proporcionar condições para que as três instâncias do Sistema Unificado de Atenção à Sanidade Agropecuária e os Sistemas Brasileiros de Inspeção de Produtos e Insumos Agropecuários possam desenvolver as atividades de educação sanitária de forma continuada e harmonizada. Os objetivos específicos do Programa Nacional de Educação Sanitária em Defesa Agropecuária são: a) estabelecer diretrizes para a execução, acompanhamento e avaliação das atividades educativas em defesa agropecuária; b) criar estrutura organizacional capaz de garantir a execução contínua das atividades de educação sanitária em defesa agropecuária; c) promover a capacitação em Educação Sanitária e Comunicação para a Educação para os servidores oficiais integrantes do Sistema Unificado de Atenção à Sanidade Agropecuária e dos Serviços de Inspeção de Insumos e Produtos Agropecuários, de forma continuada; d) promover a Educação Sanitária em Defesa Agropecuária no ensino formal; e) promover parcerias com instituições públicas e privadas para o desenvolvimento e implementação de programas, projetos e atividades de educação sanitária em defesa agropecuária; f) promover a compreensão e adoção das normas sanitárias vigentes pelos integrantes das cadeias produtivas.

PROGRAMA NACIONAL DE ESTÍMULO AO PRIMEIRO EMPREGO PARA JOVENS (PNPE). *Direito do trabalho.*

Vinculado a ações dirigidas à promoção da inserção de jovens no mercado de trabalho e sua escolarização, ao fortalecimento da participação da sociedade no processo de formulação de políticas e ações de geração de trabalho e renda, objetivando, especialmente, promover: a) a criação de postos de trabalhos para jovens ou prepará-los para o mercado de trabalho e ocupações alternativas, geradoras de renda; b) a qualificação do jovem para o mercado de trabalho e inclusão social. O PNPE atenderá jovens com idade de dezesseis a vinte e quatro anos em situação de desemprego involuntário, que atendem cumulativamente aos seguintes requisitos: a) não tenham tido vínculo empregatício anterior; b) sejam membros de famílias com renda mensal *per capita* de até meio salário mínimo; c) estejam matriculados e freqüentando regularmente estabelecimento de ensino fundamental ou médio, ou cursos de educação de jovens e adultos ou que tenham concluído o ensino médio; d) estejam cadastrados nas unidades executoras do Programa, nos termos legais; e e) não sejam beneficiados por subvenção econômica de programas congêneres e similares. Ainda prevê a participação cidadã como parte da estratégia de inclusão da população jovem do meio rural no mundo do trabalho, por meio do processo de formação. Considerando que existe um "desestímulo" da juventude pela área rural, procura-se mudar esta concepção, incorporando variáveis qualificadoras, incluindo como parcerias entidades da Sociedade Civil e dos Movimentos Sociais, que irão trabalhar na perspectiva de motivar esta juventude a ver a terra como forma de garantir o seu sustento e a sua renda. Coerente com essa opção, o PNPE assume um papel inovador, ao propor e estimular a constituição dos "Consórcios Sociais da Juventude Rural", como instrumento gerador de novas possibilidades de permanência da juventude no campo, seja por questões econômicas ou sociais, além de consolidar a parceria governo-sociedade e garantir a integração das Políticas Públicas de Geração de Trabalho e Renda.

PROGRAMA NACIONAL DE FINANCIAMENTO DA AMPLIAÇÃO E MODERNIZAÇÃO DA FROTA PESQUEIRA NACIONAL (PROFROTA PESQUEIRA). *Direito administrativo* e *direito marítimo.* O Profrota Pesqueira

compreende financiamentos para a aquisição, construção, conversão, modernização, adaptação e equipagem de embarcações pesqueiras com o objetivo de reduzir a pressão de captura sobre estoques sobreexplotados, proporcionar a eficiência e sustentabilidade da frota pesqueira costeira e continental, promover o máximo aproveitamento das capturas, aumentar a produção pesqueira nacional, utilizar estoques pesqueiros na Zona Econômica Exclusiva brasileira e em águas internacionais, consolidar a frota pesqueira oceânica nacional e melhorar a qualidade do pescado produzido no Brasil. As modalidades acima referenciadas para a frota costeira e continental vinculam-se à diretriz de redução da pesca de espécies sobreexplotadas e envolvem duas linhas de financiamentos: a) conversão e adaptação: consiste no aparelhamento de embarcações oriundas da captura de espécies oficialmente sobreexplotadas para a captura de espécies cujos estoques suportem aumento de esforço com abdicação da licença original; b) substituição de embarcações: visa à substituição de embarcações e equipamentos de pesca tecnicamente obsoletos, com ou sem transferência de atividade sobreexplotada, por novas embarcações e apetrechos que em quaisquer das hipóteses impliquem redução de impactos sobre espécies com estoques saturados ou em processo de saturação e que resultem em melhores condições laborais. O Profrota Pesqueira será financiado com recursos do Fundo da Marinha Mercante (FMM), e dos Fundos Constitucionais de Financiamento do Nordeste e do Norte, podendo ser realizado em bases e condições diferenciadas das vigentes para os respectivos Fundos. Constituem metas do Profrota Pesqueira: a) construção de até cem embarcações destinadas à pesca oceânica; b) aquisição de até trinta embarcações, construídas há no máximo cinco anos, destinadas à pesca oceânica; c) conversão de até duzentas e quarenta embarcações da frota costeira que atua sobre recursos em situação de sobrepesca ou ameaçados de esgotamento para a pesca oceânica ou outras pescarias em expansão, de forma a reduzir o esforço de pesca sobre aquelas espécies; e d) construção de até cento e cinqüenta embarcações de médio e grande porte para a renovação das frotas que capturam piramutaba (*Brachyplatystoma vaillanti*), pargo (*Lutjanus purpureus*) e camarão (*Farfantepenaeus subtilis*) no litoral das regiões Norte e Nordeste.

PROGRAMA NACIONAL DE FORTALECIMENTO DA AGRICULTURA FAMILIAR (PRONAF). *Direito agrário.* Programa instituído pelo Conselho Monetário Nacional, no âmbito do crédito rural, que tem por finalidade promover o desenvolvimento sustentável do meio rural, por intermédio de ações destinadas a implementar o aumento da capacidade produtiva, a geração de empregos e a elevação da renda, visando a melhoria da qualidade de vida e o exercício da cidadania dos agricultores familiares. O PRONAF assenta-se na estratégia da parceria entre os órgãos e as entidades da Administração Pública federal, estadual, distrital e municipal, a iniciativa privada e os agricultores familiares e suas organizações sociais. Tem por objetivo apoiar as atividades agrícolas e não-agrícolas desenvolvidas por agricultores familiares no estabelecimento ou aglomerado rural urbano próximo e poderá: a) negociar e articular políticas e programas junto aos órgãos setoriais dos Governos Federal, Estaduais e Municipais que promovam a melhoria da qualidade de vida dos agricultores e suas famílias; b) promover a capacitação dos agricultores familiares com vistas à gestão de seus empreendimentos; c) disponibilizar linhas de crédito adequadas às necessidades dos agricultores familiares; d) contribuir para a instalação e melhoria da infra-estrutura pública e comunitária de apoio às atividades desenvolvidas pelos agricultores familiares; e) apoiar as ações de assistência técnica e extensão rural e a geração de tecnologia compatíveis com as características e demandas da agricultura familiar e com os princípios da sustentabilidade; f) estimular a agregação de valor aos produtos e serviços das unidades de base familiar, contribuindo para a sua inserção no mercado e a ampliação da renda familiar; g) apoiar a criação de fóruns municipais e estaduais representativos dos agricultores familiares para a gestão integrada de políticas públicas. O PRONAF orientar-se-á pelos seguintes princípios: a) gestão social, por meio de conselhos estaduais e municipais; b) descentralização mediante a valorização do papel propositor dos agricultores familiares e suas organizações, em relação às ações e aos

recursos do Programa; c) acesso simplificado dos agricultores familiares aos agentes, instrumentos e benefícios do Programa; d) parceria no planejamento, na execução e na monitoria de ações entre os agentes executores e os beneficiários do Programa; e) respeito às especificidades locais e regionais na definição de ações e na alocação de recursos; f) ações afirmativas que facilitem o acesso de mulheres, jovens e minorias étnicas aos benefícios do Programa; g) defesa do meio ambiente e preservação da natureza baseada nos princípios da sustentabilidade. São considerados beneficiários do PRONAF todos aqueles que explorem e dirijam estabelecimentos rurais na condição de proprietários, posseiros, arrendatários, parceiros, comodatários ou parceleiros, desenvolvendo naqueles estabelecimentos atividades agrícolas ou não-agrícolas e que atendam, simultaneamente, aos seguintes requisitos: a) não possuam, a qualquer título, na área superior a quatro módulos fiscais, quantificados na legislação em vigor; b) utilizem predominantemente mão-de-obra da família nas atividades do estabelecimento ou empreendimento; c) obtenham renda familiar originária, predominantemente, de atividades vinculadas ao estabelecimento ou empreendimento; d) residam no próprio estabelecimento ou em local próximo. São também beneficiários do Programa os aqüicultores, pescadores artesanais, silvicultores, extrativistas, indígenas, membros de comunidades remanescentes de quilombos e agricultores assentados pelos programas de acesso à terra do Ministério de Desenvolvimento Agrário.

PROGRAMA NACIONAL DE GESTÃO PÚBLICA E DESBUROCRATIZAÇÃO (GESPÚBLICA). *Direito administrativo.* Tem a finalidade de contribuir para a melhoria da qualidade dos serviços públicos prestados aos cidadãos e para o aumento da competitividade do País. O GESPÚBLICA deverá contemplar a formulação e implementação de medidas integradas em agenda de transformações da gestão, necessárias à promoção dos resultados preconizados no plano plurianual, à consolidação da administração pública profissional voltada ao interesse do cidadão e à aplicação de instrumentos e abordagens gerenciais, que objetivem: a) eliminar o déficit institucional, visando o integral atendimento das competências constitucionais do Poder Executivo Federal; b) promover a governança, aumentando a capacidade de formulação, implementação e avaliação das políticas públicas; c) promover a eficiência, por meio de melhor aproveitamento dos recursos, relativamente aos resultados da ação pública; d) assegurar a eficácia e efetividade da ação governamental, promovendo a adequação entre meios, ações, impactos e resultados; e e) promover a gestão democrática, participativa, transparente e ética.

PROGRAMA NACIONAL DE IMUNIZAÇÕES (PNI). *Direito administrativo.* Programa da Secretaria de Vigilância em Saúde (SVS) que tem como objetivo contribuir para o controle, eliminação e/ou erradicação de doenças imunopreveníveis, utilizando estratégias básicas de vacinação de rotina e de campanhas anuais, desenvolvidas de forma hierarquizada e descentralizada.

PROGRAMA NACIONAL DE INCLUSÃO DE JOVENS (PROJOVEM). *Direito educacional.* Programa emergencial e experimental, destinado a executar ações integradas que propiciem aos jovens brasileiros, na forma de curso, elevação do grau de escolaridade visando a conclusão do ensino fundamental, qualificação profissional inicial para o trabalho, voltada a estimular a inserção produtiva e cidadã e o desenvolvimento de ações comunitárias com práticas de solidariedade, exercício da cidadania e intervenção na realidade local. O ProJovem terá validade de 2 (dois) anos devendo ser avaliado ao término do 2º (segundo) ano, com o objetivo de assegurar a qualidade do Programa. O Programa poderá ser prorrogado pelo prazo acima referido, de acordo com as disponibilidades orçamentárias e financeiras da União. A certificação da formação dos alunos, no âmbito do ProJovem, obedecerá à legislação educacional em vigor. As organizações juvenis participarão do desenvolvimento das ações comunitárias, conforme disposto em Ato do Poder Executivo. O ProJovem destina-se a jovens com idade entre 18 (dezoito) e 24 (vinte e quatro) anos que atendam, cumulativamente, aos seguintes requisitos: a) tenham concluído a 4ª (quarta) série e não tenham concluído a 8ª (oitava) série do ensino fundamental; b) não tenham vínculo empregatício. Quando o número de inscrições superar o de vagas oferecidas pelo programa, será realizado sorteio público para preenchê-las, com ampla divulgação do resultado. Fica assegurada ao jovem portador de deficiência participação no ProJovem e o atendimento de sua necessidade especial, desde que atendidas as condições previstas legalmente. O ProJovem deverá contribuir especificamente para: a) a reinserção do jovem na escola; b) a identificação de oportunidades de trabalho e capacitação dos jovens para o mundo do trabalho; c) a identificação, elaboração de planos e desenvolvimento de ações comunitárias; e d) a inclusão digital dos jovens, para que desfrutem desse instrumento de inserção produtiva e de comunicação.

PROGRAMA NACIONAL DE MICROCRÉDITO PRODUTIVO ORIENTADO (PNMPO). *Direito do trabalho* e *direito administrativo.* Tem por objetivo incentivar a geração de trabalho e renda entre os microempreendedores populares. São beneficiárias do PNMPO as pessoas físicas e jurídicas empreendedoras de atividades produtivas de pequeno porte, a serem definidas em regulamento, especificamente para fins do PNMPO. O PNMPO tem por finalidade específica disponibilizar recursos para o microcrédito produtivo orientado, que é o crédito concedido para o atendimento das necessidades financeiras de pessoas físicas e jurídicas empreendedoras de atividades produtivas de pequeno porte, utilizando metodologia baseada no relacionamento direto com os empreendedores no local onde é executada a atividade econômica, devendo ser considerado, ainda, que: a) o atendimento ao tomador final dos recursos deve ser feito por pessoas treinadas para efetuar o levantamento socioeconômico e prestar orientação educativa sobre o planejamento do negócio, para definição das necessidades de crédito e de gestão voltadas para o desenvolvimento do empreendimento; b) o contato com o tomador final dos recursos deve ser mantido durante o período do contrato, para acompanhamento e orientação, visando o seu melhor aproveitamento e aplicação, bem como o crescimento e sustentabilidade da atividade econômica; e c) o valor e as condições do crédito devem ser definidos após a avaliação da atividade e da capacidade de endividamento do tomador final dos recursos, em estreita interlocução com este e em consonância com o previsto em norma.

PROGRAMA NACIONAL DE MONITORAMENTO E CONTROLE DE RESÍDUOS QUÍMICOS E BIOLÓGICOS EM PRODUTOS VEGETAIS (PNCRV). *Direito ambiental.* Tem por objetivo geral: detectar os resíduos de agrotóxicos e afins, compostos de uso agrícola, poluentes ambientais ou outras substâncias químicas potencialmente perigosas, em concentrações que possam colocar em risco a saúde pública, por meio de análises de amostras de vegetais em laboratórios credenciados, a fim de impedir, de acordo com a legislação vigente, a comercialização de produtos agrícolas com resíduos químicos acima dos limites estabelecidos e, ainda, orientar os produtores/exportadores e manipuladores quanto ao uso correto e adequado dos agrotóxicos e afins. Seus objetivos específicos são: a) implantar e manter banco de dados sobre os agrotóxicos utilizados na agricultura brasileira e a incidência de sua aplicação nos cultivos de produtos vegetais destinados à exportação ou ao mercado interno; b) manter avaliação contínua sobre os resíduos químicos e biológicos nos produtos vegetais exportáveis, propondo medidas preventivas e de controle que impeçam eventuais surtos de contaminações indesejadas e o bloqueio de produtos agrícolas brasileiros nos mercados importadores; c) manter avaliação contínua sobre os resíduos químicos e biológicos nos produtos comercializados no mercado interno, propondo medidas preventivas e de controle que impeçam eventuais surtos de contaminação indesejados; d) fornecer subsídios e informações a Órgãos Federais e aos Governos Estaduais e Municipais, que lhes permitem fiscalizar e orientar os produtores na utilização de agrotóxicos e afins; e) criar um sistema de cadastramento e credenciamento de empresas produtoras/exportadoras e entrepostos manipuladores/exportadores de vegetais e seus subprodutos, tendo por base as culturas prioritárias do Programa; f) possibilitar a criação, em conjunto com outros países, de um Banco Internacional de padrões analíticos; g) estabelecer a Certificação de Uso Adequado de Agrotóxicos.

PROGRAMA NACIONAL DE PREVENÇÃO E CONTROLE DA MALÁRIA (PNCM). *Direito administrativo* e *direito ambiental.* Tem as seguintes diretrizes: a) desenvolver campanhas de informação e de mobilização político-social, com o objetivo de aumentar a participação da população nas ações de prevenção e controle da malária; b) fortalecer a vigilância em saúde para ampliar a capacidade de predição e de detecção precoce de surtos da doença; c) melhorar a qualidade do trabalho de combate ao vetor; d) integrar as ações de controle da malária na atenção básica, com a mobilização do Programa de Agentes Comunitários de Saúde e do Programa Saúde da Família; e) utilizar os instrumentos legais que facilitem o trabalho do poder público no controle do meio ambiente para evitar surtos da doença; f) atuar com o Instituto Nacional de Colonização e Reforma Agrária (INCRA) e o Instituto Brasileiro do Meio Ambiente e dos Recursos Naturais Renováveis (IBAMA) nas regiões endêmicas de malária, visando a promoção de ações de prevenção e controle da doença para evitar o surgimento de epidemias decorrentes de atividades antrópicas; g) desenvolver instrumentos de acompanhamento e supervisão das ações desenvolvidas pelos gestores federal, estaduais e municipais.

PROGRAMA NACIONAL DE RASTREAMENTO DE EMBARCAÇÕES PESQUEIRAS POR SATÉLITE (PREPS). *Direito marítimo.* Instituído para fins do monitoramento, gestão pesqueira e controle das operações da frota pesqueira permissionada pela Secretaria Especial de Aqüicultura e Pesca da Presidência da República (SEAP/PR).

PROGRAMA NACIONAL DE RECUPERAÇÃO DE PASTAGENS DEGRADADAS (PROPASTO). *Direito agrário.* Tem por objetivo a recuperação de pastagens cultivadas degradadas, observando-se que, nos Estados da Região Sul, é admitida a recuperação de áreas de pastagens nativas.

PROGRAMA NACIONAL DE REGULARIZAÇÃO AMBIENTAL DE RODOVIAS FEDERAIS. *Direito ambiental.* Tem o objetivo de adequar a malha rodoviária federal pavimentada existente às normas ambientais, compatibilizando-a com a necessidade de sua conservação, manutenção, restauração e melhoria permanentes.

PROGRAMA NACIONAL DE RENDA MÍNIMA VINCULADO À EDUCAÇÃO — BOLSA-ESCOLA. *Direito educacional.* Constitui o instrumento de participação financeira da União em programas municipais de garantia de renda mínima associados a ações socioeducativas, sem prejuízo da diversidade dos programas municipais. Caberá à Caixa Econômica Federal, na qualidade de agente operador, mediante remuneração e condições a serem pactuadas com o Ministério da Educação, obedecidas as formalidades legais: a) o fornecimento da infra-estrutura necessária à organização e manutenção do cadastro nacional de beneficiários; b) o desenvolvimento dos sistemas de processamento de dados; c) a organização e operação da logística de pagamento dos benefícios; d) a elaboração dos rela-

tórios necessários ao acompanhamento, à avaliação e à auditoria da execução do programa por parte do Ministério da Educação. A União apoiará programas de garantia de renda mínima associados a ações socioeducativas, que preencham, cumulativamente, os seguintes requisitos: a) sejam instituídos por lei municipal, compatível com o termo de adesão; b) tenham como beneficiárias as famílias residentes no Município, com renda familiar *per capita* inferior ao valor fixado nacionalmente em ato do Poder Executivo para cada exercício e que possuam sob sua responsabilidade crianças com idade entre seis e quinze anos, matriculadas em estabelecimentos de ensino fundamental regular, com freqüência escolar igual ou superior a 85%; c) incluam iniciativas que, diretamente ou em parceria com instituições da comunidade, incentivem e viabilizem a permanência das crianças beneficiárias na rede escolar, por meio de ações socioeducativas de apoio aos trabalhos escolares, de alimentação e de práticas desportivas e culturais em horário complementar ao das aulas; d) submetam-se ao acompanhamento de um conselho de controle social, designado ou constituído para tal finalidade, composto por representantes do Poder Público e da sociedade.

PROGRAMA NACIONAL DE RENDA MÍNIMA VINCULADO À SAÚDE — BOLSA-ALIMENTAÇÃO. *Direito administrativo* e *biodireito.* É o que se destina à promoção das condições de saúde e nutrição de gestantes, nutrizes e crianças de seis meses a seis anos e onze meses de idade, mediante a complementação da renda familiar para melhoria da alimentação. Tais pessoas deverão estar em risco nutricional, ser pertencentes a famílias com renda *per capita* inferior ao valor fixado nacionalmente em ato do Poder Executivo, para cada exercício financeiro. Crianças filhas de mães soropositivas para o HIV/Aids poderão receber o benefício desde o seu nascimento.

PROGRAMA NACIONAL DE SEGURANÇA PÚBLICA COM CIDADANIA (PRONASCI). *Direito administrativo.* É o executado pela União, por meio da articulação dos órgãos federais, em regime de cooperação com Estados, Distrito Federal e Municípios e com a participação das famílias e da comunidade, mediante programas, projetos e ações de assistência técnica e financeira e mobilização social, visando à melhoria da segurança pública. O PRONASCI destina-se à pre-

venção, controle e repressão da criminalidade, atuando em suas raízes socioculturais, articulando ações de segurança pública e das políticas sociais. São diretrizes do PRONASCI: a) promoção dos direitos humanos, considerando as questões de gênero, étnicas, raciais, geracionais, de orientação sexual e de diversidade cultural; b) criação e fortalecimento de redes sociais e comunitárias; c) promoção da segurança e da convivência pacífica; d) modernização das instituições de segurança pública e do sistema prisional; e) valorização dos profissionais de segurança pública e dos agentes penitenciários; f) participação do jovem e do adolescente em situação infracional ou em conflito com a lei, do egresso do sistema prisional e famílias; g) promoção e intensificação de uma cultura de paz, de apoio ao desarmamento e de combate sistemático aos preconceitos; h) ressocialização dos indivíduos que cumprem penas privativas de liberdade e egressos do sistema prisional, mediante a implementação de projetos educativos e profissionalizantes; i) intensificação e ampliação das medidas de enfrentamento do crime organizado e da corrupção policial; j) garantia de acesso à justiça, especialmente nos territórios vulneráveis; k) garantia, por meio de medidas de urbanização, da recuperação dos espaços públicos; e l) observância dos princípios e diretrizes dos sistemas de gestão descentralizados e participativos das políticas sociais e resoluções dos conselhos de políticas sociais e de defesa de direitos afetos ao PRONASCI.

PROGRAMA NACIONAL DE TELESSAÚDE. *Direito educacional.* Tem por objetivo desenvolver ações de apoio à assistência à saúde e, sobretudo, de educação permanente de saúde da família, visando a educação para o trabalho e, na perspectiva de mudanças de práticas de trabalho, que resulte na qualidade do atendimento da Atenção Básica do SUS.

PROGRAMA NACIONAL DE TRANSPORTE DO ESCOLAR (PNTE). *Direito administrativo.* É o que tem por objetivo contribuir financeiramente com as prefeituras municipais para o transporte diário do educando da rede pública do ensino fundamental.

PROGRAMA NACIONAL DE TURISMO HISTÓRICO-CULTURAL NOS FORTES E FORTALEZAS (CINAFOR). *Direito administrativo.* Órgão com a finalidade de desenvolver ações necessárias à preservação, restauração e divulgação do acervo histórico caracterizado por esses sítios e fortalezas, tendo o dever de: a) buscar, pela integração de interesses, a preservação do acervo histórico-cultural representado pelas áreas, sítios e fortes históricos brasileiros; b) estimular o turismo cultural, integrando-o com outros segmentos de turismo, como forma de preservação e divulgação desse patrimônio; c) recuperar áreas, sítios e fortes históricos militares, estimulando o seu uso para atividades culturais variadas, garantindo a sua conservação; d) desenvolver ações que permitam o conhecimento do acervo documental-histórico do Exército e possibilitem a sua utilização na pesquisa histórica; e) desenvolver ações de pesquisa de arqueologia histórica e de pesquisa de tecnologias construtivas que permitam a recuperação das informações históricas e técnicas sobre as edificações; f) implementar projetos de educação patrimonial que venham a contribuir para o desenvolvimento da consciência de cidadania; g) desenvolver projetos que proporcionem a divulgação do acervo pelos diferentes meios de comunicação; h) enfatizar, por meio de eventos e projetos a serem realizados, as comemorações referentes aos quinhentos anos do descobrimento do Brasil, com vistas a ativar o processo de formação da nacionalidade brasileira; i) difundir a História do Brasil, valendo-se das áreas, sítios e fortes históricos como forma de preservar o patrimônio nacional e contribuir para a edificação da nacionalidade.

PROGRAMA NACIONAL DE UNIVERSALIZAÇÃO DO ACESSO E USO DA ENERGIA ELÉTRICA — LUZ PARA TODOS. *Direito administrativo* e *direito agrário*. É o destinado a propiciar o atendimento em energia elétrica à parcela da população do meio rural brasileiro que ainda não possui acesso a esse serviço público.

PROGRAMA NACIONAL DE VOLUNTARIADO EM UNIDADE DE CONSERVAÇÃO. *Direito ambiental.* É coordenado pela Diretoria do Programa Nacional de Áreas Protegidas, da Secretaria de Biodiversidade e Florestas, do Ministério do Meio Ambiente. Compete à Coordenação do Programa: a) propor políticas e diretrizes para o desenvolvimento do Programa; b) fomentar a participação das unidades de conservação no Programa; c) incentivar o intercâmbio de experiências entre os gestores das unidades de conservação sobre a gestão do serviço voluntário; d) divulgar as oportunidades de serviço voluntário e incentivar a participação da sociedade no Programa; e) apoiar as unidades de conservação inscritas no Programa, promovendo cursos de capacitação sobre gestão do voluntariado, bem como produzindo e distribuindo material de apoio; e f) acompanhar e avaliar o desempenho do Programa.

PROGRAMA NACIONAL DO LIVRO PARA O ENSINO MÉDIO. *Direito educacional.* Tem por objetivo prover as escolas do ensino médio das redes públicas estaduais, municipais e do Distrito Federal de livros e outros materiais didáticos de qualidade, para uso dos alunos e professores, abrangendo os componentes curriculares para essa etapa da Educação Básica.

PROGRAMA NACIONAL PARA A PREVENÇÃO E O CONTROLE DAS HEPATITES VIRAIS. *Direito administrativo.* A ser desenvolvido de forma articulada pelo Ministério da Saúde e pelas Secretarias de Saúde dos Estados, Municípios e Distrito Federal, tendo por objetivos: a) desenvolvimento de ações de promoção da saúde, prevenção, diagnóstico, vigilância epidemiológica e sanitária das hepatites virais, acompanhamento e tratamento dos portadores de hepatites virais detectadas e inseridas no Programa; b) a ampliação do acesso, o incremento da qualidade e da capacidade instalada dos serviços de saúde em todos os seus níveis de complexidade, bem como de centros de referência para o tratamento das hepatites; c) a organização, regulação, acompanhamento e avaliação do conjunto destas ações de saúde para o efetivo controle das hepatites virais.

PROGRAMA NUCLEAR BRASILEIRO (PNB). *Direito ambiental.* Conjunto dos projetos e atividades relacionados com a utilização da energia nuclear, segundo orientação, controle e supervisão do governo federal.

PROGRAMA NÚCLEO DE APOIO À FAMÍLIA (NAF). *Direito administrativo.* O NAF foi concebido na perspectiva de convergir e otimizar o trabalho realizado pelas instituições sociais do Município, objetivando atingir o princípio da centralidade na família, mediante ações de fortalecimento das relações intrafamiliares, ou seja, com os integrantes da família, prevendo abordagens de indivíduos na estrutura familiar.

PROGRAMA PARTICIPAÇÃO BRASILEIRA NA ESTAÇÃO ESPACIAL INTERNACIONAL (ISS–BR). *Direito espacial.* Tem por objetivo utilizar disponibilidades na Estação Espacial Internacional (ISS) para realizar experimentos técnico-científicos de interesse nacional, oferecidas em decorrência do fornecimento pelo Governo brasileiro de peças para equipar aquela estação.

PROGRAMA PERMANENTE DE COMBATE À SECA (PROSECA). *Direito ambiental.* Tem os seguintes objetivos: a) realização de estudo detalhado de todas as disponibilidades hídricas locais do Semi-árido do Nordeste; b) identificação de alternativas de complementação da demanda hídrica do Semi-árido do Nordeste; c) impletação de ações imediatas destinadas à eliminação do déficit hídrico do Semi-árido setentrional do Nordeste; d) implementação de projeto permanente de utilização otimizada e sustentada dos recursos hídricos locais do Semi-árido do Nordeste; e) capacitar a população para a convivência harmônica com o clima e o ecossistema Semi-árido, aproveitando plenamente suas potencialidades.

PROGRAMA PILOTO PARA PROTEÇÃO DAS FLORESTAS TROPICAIS DO BRASIL. *Direito ambiental.* É o que tem por objetivo a implantação de um modelo de desenvolvimento sustentável em florestas tropicais brasileiras, compatível com os objetivos de crescimento do País, constituindo-se de um conjunto de projetos de execução integrada pelos governos federal, estaduais e municipais e a sociedade civil organizada, com o apoio técnico e financeiro da comunidade internacional. A primeira fase do Programa inclui atividades como: zoneamento ecológico-econômico; monitoramento e vigilância; controle e fiscalização; fortalecimento institucional de órgãos estaduais de meio ambiente; implantação e operação de parques e reservas, florestas nacionais, reservas extrativistas e terras indígenas; pesquisas orientadas ao desenvolvimento sustentável e ao estabelecimento de centros de excelência científica; manejo de recursos naturais; reabilitação de áreas degradadas; educação ambiental e projetos demonstrativos.

PROGRAMA POLÍTICO. *Ciência política.* Plano apresentado por um candidato durante a propaganda eleitoral, expondo suas idéias e os atos que pretende realizar se for eleito.

PROGRAMA PRÓ-MORADIA. *Direito urbanístico.* É o que visa oferecer acesso à moradia adequada à população em situação de vulnerabilidade social e com rendimento familiar mensal preponderante de até três salários mínimos, por intermédio de financiamento a Estados, Municípios, Distrito Federal ou órgãos das respectivas administrações direta ou indireta.

PROGRAMAR. Organizar um programa ou uma programação.

PROGRAMA SANEAMENTO PARA TODOS. *Direito ambiental.* As operações do Programa SANEAMENTO PARA TODOS estão subordinadas aos critérios legais, às normas gerais que regem as operações do FGTS e às normas complementares do Gestor da Aplicação e do Agente Operador. O Programa SANEAMENTO PARA TODOS tem por objetivo promover a melhoria das condições de saúde e da qualidade de vida da população urbana por meio de ações de saneamento, integradas e articuladas com ações de outras políticas setoriais, por meio de empreendimentos destinados ao aumento da cobertura e ao desenvolvimento institucional dos serviços públicos de saneamento básico, compreendendo abastecimento de água, esgotamento sanitário, manejo de águas pluviais e manejo de resíduos sólidos, ao adequado manejo de resíduos da construção e demolição e a preservação e recuperação de mananciais. O Programa SANEAMENTO PARA TODOS abrange as modalidades abaixo relacionadas: a) *Abastecimento de Água*, para aumento da cobertura ou da capacidade de produção de sistemas de abastecimento de água. b) *Esgotamento Sanitário*, visando o aumento da cobertura de sistemas de esgotamento sanitário ou da capacidade de tratamento e destinação final adequados de efluentes. c) *Saneamento Integrado*, destinado ao saneamento integrado de áreas ocupadas por população de baixa renda, onde esteja caracterizada a precariedade ou a inexistência de condições sanitárias e ambientais mínimas, por meio de soluções técnicas adequadas, com participação comunitária e educação sanitária. d) *Desenvolvimento Institucional*, procurando o aumento da eficiência dos agentes prestadores de serviços públicos de saneamento básico, por meio da promoção de melhorias operacionais, incluindo a reabilitação e a recuperação de sistema existente, e de outras ações de redução de custos e de perdas. e) *Manejo de Águas Pluviais*, para melhoria das condições de salubridade ambiental associada ao manejo das águas pluviais, em particular por meio de promoção de ações de prevenção e de controle de inundações e de seus danos nas áreas urbanas e de melhoria da qualidade das águas dos corpos que recebem lançamentos de águas pluviais. f) *Manejo de Resíduos Sólidos*, destinado ao aumento da cobertura dos serviços de coleta, transporte, transbordo, tratamento e destinação final dos resíduos sólidos domiciliares e assemelhados, dos oriundos das atividades de limpeza pública e dos serviços de saúde, por meio da implantação da infra-estrutura necessária ao desenvolvimento destes serviços públicos e à promoção da coleta seletiva, da triagem e da reciclagem, bem como das ações complementares de suporte à implantação dos empreendimentos, relativas à educação ambiental, ao desenvolvimento da participação comunitária, ao apoio à inclusão social de catadores e ao aproveitamento econômico do material reciclável. g) *Manejo de Resíduos da Construção e Demolição (RCD)*, que se destina à implementação de ações relativas ao acondicionamento, à coleta e transporte, ao transbordo, à triagem, à reciclagem e à destinação final dos resíduos oriundos das atividades de construção e demolição, por meio de implantação e ampliação de instalações físicas inclusive de aterros, de aquisição de equipamentos e do desenvolvimento de ações complementares de suporte à implantação dos empreendimentos, relativas à educação ambiental e à participação comunitária, ao apoio à inclusão social de transportadores informais destes resíduos. h) *Preservação e Recuperação de Mananciais*, para a implementação de ações relativas à preservação e recuperação de mananciais para o abastecimento público de água. i) *Estudos e Projetos*, destinados a elaboração de planos, estudos de concepção e de projetos para empreendimentos nas modalidades de abastecimento de água, esgotamento sanitário, desenvolvimento institucional, manejo de águas pluviais, manejo de resíduos sólidos, manejo de resíduos da construção e demolição e de preservação e recuperação de mananciais, desde que estes empreendimentos possam ser enquadrados em uma das modalidades anteriores do Programa SANEAMENTO PARA TODOS, ou disponham de recursos para a sua execução oriundos de financiamentos com Organismos Nacionais ou Internacionais ou em programas com recursos do Orçamento Geral da União, dos Estados ou Municípios.

PROGRAMAS DE AUTORIA. *Direito virtual.* Aqueles usados para a criação de títulos multimídia.

PROGRAMAS DE COMPUTADOR DESTINADOS À GESTÃO EMPRESARIAL. *Direito virtual. Softwares* que têm por finalidade controlar e administrar os processos produtivos e procedimentos internos ou externos da sociedade empresária, abrangendo o gerenciamento de suas finanças e o de sua cadeia de fornecedores, a integração das operações realizadas entre ambos e o seu relacionamento com a clientela (Hélio A. Bellintani Jr.).

PROGRAMAS DE EFICIÊNCIA ENERGÉTICA. *Direito do consumidor.* São aqueles que resultam em economias e benefícios diretos para o consumidor, com ações implementadas nas instalações da unidade consumidora. Os benefícios diretos são aqueles passíveis de verificação, após a execução do programa, por meio de indicadores de intensidade energética ou de medição direta, que permitam constatar a redução da demanda e/ou do consumo de energia.

PROGRAMA SENTINELA. *Direito da criança e do adolescente.* Tem por escopo: a) atender, no âmbito da Política de Assistência, através de um conjunto articulado de ações, crianças e adolescentes vitimados pela violência, com ênfase no abuso e exploração sexual; b) criar condições que possibilitem às crianças e aos adolescentes vitimados e suas respectivas famílias o resgate e a garantia dos direitos, o acesso aos serviços de assistência social, saúde, educação, justiça e segurança, esporte, lazer e cultura, guardando compromisso ético, político e a multidisciplinaridade das ações; c) desenvolver ações sociais especializadas de atendimento às crianças e aos adolescentes vitimados pela violência, proporcionando-lhes serviços que permitam construir, em um processo coletivo, a garantia de seus direitos fundamentais, o fortalecimento da sua auto-estima, o restabelecimento de seu direito à convivência familiar e comunitária, em condições dignas de vida; d) proporcionar a inclusão social de crianças e de adolescentes vitimados pela violência e de suas famílias nas ações desenvolvidas por organizações governamentais e não-governamentais de atendimento e/ou defesa de direitos; e) inserir as famílias das crianças e dos adolescentes vitimados pela violência em programas de geração de trabalho e renda, bem como de formação e qualificação profissional: Apoio à Agricultura Familiar (PRONAF), Programa de Geração de Emprego e Renda (PRONAGER) e outros; f) contribuir para a articulação de um sistema de informações sobre a violação dos direitos da criança e do adolescente, como o Sistema de Informação para a Infância e Adolescência (SIPIA) e outros; g) garantir a qualificação continuada dos profissionais envolvidos no atendimento social às crianças e jovens vitimados pela violência; h) contribuir para o fortalecimento de ações coletivas de enfrentamento da violência, com ênfase no abuso e exploração sexual de crianças e adolescentes, a exemplo

PROGRAMÁTICA

dos Planos de Ações Integradas, na compreensão de que a rede articulada potencializa recursos; i) proceder a exame diagnóstico da situação, identificando fatores que determinam suas ocorrências, de forma a subsidiar a definição dos mecanismos que permitam sua remissão a curto, médio e longo prazos.

PROGRAMÁTICA. *Direito constitucional.* Diz-se da norma constitucional em que o constituinte não regulou diretamente os interesses ou direitos nela consagrados, limitando-se a traçar princípios a serem observados pelos poderes públicos como programas das respectivas atividades, pretendendo a consecução dos fins sociais pelo Estado (José Afonso da Silva). *Vide* NORMA PROGRAMÁTICA.

PROGRAMÁTICO. Referente a programa.

PROGRAMA UNIESPAÇO. *Direito espacial* e *direito educacional.* Tem por objetivo formar, tornar operacional e aperfeiçoar uma base de pesquisa e desenvolvimento, composta por núcleos especializados, sediados em universidades ou em instituições congêneres, capazes de realizar estudos, pesquisas e desenvolvimento de interesse da área espacial. O Programa UNIESPAÇO, particularmente, visará: a) estimular e ampliar a participação de universidades, de instituições congêneres ou de outros núcleos de estudo, pesquisa e desenvolvimento nas atividades espaciais; b) fomentar a realização de estudos, pesquisa e desenvolvimento em temas selecionados e em conformidade com Anúncios de Oportunidades (AOs); c) aprimorar a qualificação de núcleos de estudos, pesquisas e desenvolvimento em nível de excelência, que os capacite a executar projetos de maior envergadura e complexidade, consolidando suas projeções no cenário internacional.

PROGRAMA UNIVERSIDADE PARA TODOS (PROUNI). *Direito educacional.* Destinado à concessão de bolsas de estudo integrais e bolsas de estudo parciais de 50% (cinqüenta por cento) ou de 25% (vinte e cinco por centro) para estudantes de cursos de graduação e seqüenciais de formação específica, em instituições privadas de ensino superior, com ou sem fins lucrativos. A bolsa de estudo integral será concedida a brasileiros não portadores de diploma de curso superior, cuja renda familiar mensal *per capita* não exceda o valor de até 1 (um) salário mínimo e ½ (meio). As bolsas de estudo parciais de 50% (cinqüenta por cento) ou de 25% (vinte e cinco

por cento), cujos critérios de distribuição serão definidos em regulamento pelo Ministério da Educação serão concedidas a brasileiros não-portadores de diploma de curso superior, cuja renda familiar mensal *per capita* não exceda o valor de até 3 (três) salários mínimos, mediante critérios definidos pelo Ministério da Educação. Tal bolsa de estudo refere-se às semestralidades ou anuidades escolares fixadas em lei. As bolsas de estudo parciais de 50% (cinqüenta por cento) ou de 25% (vinte e cinco por cento) deverão ser concedidas, considerando-se todos os descontos regulares e de caráter coletivo oferecidos pela instituição, inclusive aqueles dados em virtude do pagamento pontual das mensalidades. A bolsa será destinada: a) a estudante que tenha cursado ensino médio completo em escola da rede pública ou em instituições privadas na condição de bolsista integral; b) a estudante portador de deficiência; c) a professor da rede pública de ensino, para os cursos de licenciatura, normal, superior e pedagogia, destinados à formação do magistério da educação básica, independentemente da renda referida normativamente. A manutenção da bolsa pelo beneficiário, observado o prazo máximo para a conclusão do curso de graduação ou seqüencial de formação específica, dependerá do cumprimento de requisitos de desempenho acadêmico, estabelecidos em normas expedidas pelo Ministério da Educação. O estudante a ser beneficiado pelo PROUNI será pré-selecionado pelos resultados e pelo perfil socioeconômico do Exame Nacional do Ensino Médio (ENEM) ou outros critérios a serem definidos pelo Ministério da Educação, e, na etapa final, selecionado pela instituição de ensino superior, segundo seus próprios critérios, à qual competirá, também, aferir as informações prestadas pelo candidato. O beneficiário do PROUNI responde legalmente pela veracidade e autenticidade das informações socioeconômicas por ele prestadas. Todos os alunos da instituição, inclusive os beneficiários do PROUNI, estarão igualmente regidos pelas mesmas normas e regulamentos internos da instituição. A instituição privada de ensino superior, com fins lucrativos ou sem fins lucrativos, não beneficente poderá aderir ao PROUNI, mediante assinatura de termo de adesão, cumprindo-lhe oferecer, no mínimo, 1 (uma) bolsa integral para o equivalente a 10,7 (dez inteiros e sete décimos) estudantes regularmente pagantes e devidamente matriculados ao final do correspondente período letivo anterior, conforme regulamento a ser estabelecido pelo Ministério da Educação, excluído o número correspondente a bolsas integrais concedidas pelo PROUNI ou pela própria instituição, em curso efetivamente nela instalado. Está sob a gestão do Ministério da Educação, implementado por intermédio de sua Secretaria de Educação Superior. A instituição de ensino superior interessada em aderir ao PROUNI firmará, em ato de sua mantenedora, termo de adesão junto ao Ministério da Educação. São beneficiários do PROUNI os estudantes e professores que atenderem aos requisitos legais. O Ministério da Educação disporá sobre os procedimentos operacionais para a adesão ao PROUNI. O professor beneficiário de bolsa integral ou parcial de cinqüenta por cento (meia-bolsa), vinculado ao PROUNI, deverá estar no efetivo exercício do magistério da educação básica, integrando o quadro de pessoal permanente de instituição pública. A pré-seleção dos estudantes a serem beneficiados pelo PROUNI levará em conta o Exame Nacional do Ensino Médio (ENEM) referente ao ano anterior ao ingresso do estudante em curso de graduação ou seqüencial de formação específica, cabendo ao Ministério da Educação, se for o caso, dispor sobre a ocupação de eventuais vagas remanescentes. Para efeitos de apuração do número de bolsas integrais a serem concedidas pelas Instituições privadas de ensino superior, excluem-se da base de estudantes pagantes os beneficiários de bolsas parciais de cinqüenta por cento (meia-bolsa) vinculadas ao PROUNI. A permuta de bolsas entre cursos e turnos, quando prevista no termo de adesão, é restrita a um quinto das bolsas oferecidas para cada curso e turno, e o número de bolsas resultantes da permuta não pode ser superior ou inferior a este limite, para cada curso ou turno. As instituições de ensino superior que não gozam de autonomia ficam autorizadas, a partir da assinatura do termo de adesão ao PROUNI, a ampliar o número de vagas em seus cursos, respeitadas as seguintes condições: a) observância estrita ao número de bolsas integrais efetivamente oferecidas pela instituição de ensino superior, após eventuais permutas de bolsas entre cursos e turnos ou permutas de bolsas integrais por bolsas parciais, observadas as regras pertinentes; e b)

excepcionalmente, para recompor a proporção entre bolsas integrais e parciais originalmente ajustada no termo de adesão, única e exclusivamente para compensar a evasão escolar por parte de estudantes bolsistas integrais ou parciais vinculados ao PROUNI. A ampliação de vagas de que trata este artigo deverá ser comunicada à Secretaria de Educação Superior pela instituição de ensino superior, em relatório circunstanciado, a cada novo processo seletivo. A instituição de ensino superior que aderir ao PROUNI apresentará ao Ministério da Educação, anual ou semestralmente, de acordo com o respectivo regime curricular acadêmico: a) o controle de freqüência mínima obrigatória do bolsista, correspondente a setenta e cinco por cento da carga horária do curso; b) o aproveitamento do bolsista no curso, considerando-se, especialmente, o desempenho acadêmico, a média ponderada ou índice equivalente obtido a partir da relação entre matéria e crédito, além de outros critérios de avaliação adotados pela instituição de ensino superior; e c) a evasão de alunos por curso e turno, bem como o total de alunos matriculados, relacionando-se os estudantes vinculados ao PROUNI. A entidade beneficente de assistência social que atue no ensino superior e aderir ao PROUNI encaminhará ao Ministério da Educação relatório de atividades e gastos em assistência social, até sessenta dias após o encerramento do exercício fiscal.

PROGRAMA USINAS DE LIXO. *Direito administrativo* e *direito ambiental.* É o que visa dotar Municípios ou consórcios de Municípios com usinas de reciclagem e compostagem que trabalham com processo simplificado.

PROGREDIR. 1. Fazer progresso. **2.** Aumentar. **3.** Desenvolver-se. **4.** Prosseguir.

PROGRESSÃO. 1. Sucessão. **2.** Marcha em frente. **3.** Desenvolvimento por graus ou progressivo. **4.** Mudança de um regime de execução penal para outro menos severo, por exemplo, do regime fechado para o semi-aberto, observando-se o cumprimento de certo tempo da pena, o bom comportamento do condenado e o exame criminológico (Afonso Celso F. de Rezende).

PROGRESSISMO. *Ciência política.* Aprovação de uma política progressista que propugna reformas sociais e políticas.

PROGRESSISTA. 1. *História do direito.* Aquele que era adepto da política relativa à regência do

PROGRESSIVIDADE

Padre Feijó. **2.** *Ciência política.* a) Diz-se do partido político favorável ao progresso e às reformas sociais; b) membro desse partido. **3.** Na *linguagem comum* designa: a) tudo que for relativo ao progresso; b) o que é favorável ao progresso ou às idéias novas.

PROGRESSIVIDADE. 1. Nas *linguagens comum* e *jurídica,* significa: caráter do que é progressivo. **2.** *Direito tributário.* a) Existência de alíquotas diferençadas, que vão-se tornando mais altas na medida em que a base tributável o for (Eduardo M. F. Jardim); b) progressividade fiscal ou extrafiscal das alíquotas tributárias. A fiscal é a inerente ao próprio tributo, inserido dentro de um sistema carregado de preocupação social. A extrafiscal visa promover os vários valores constitucionais; logo ela pode ser: a) realizadora desses valores; b) instrumento de planejamento urbano, pois a Constituição Federal prevê a progressividade no tempo do IPTU para reforçar e sancionar a política urbana municipal (Geraldo Ataliba).

PROGRESSIVIDADE DOS IMPOSTOS. *Direito tributário.* **1.** Modo de o legislador estruturá-los, aumentando as alíquotas à medida que cresce a base imponível (Geraldo Ataliba). É uma maneira de realizar o princípio da capacidade contributiva informador dos impostos (Fritz Neumark). **2.** Fenômeno pelo qual as alíquotas de um imposto crescem à medida que aumentam as dimensões ou intensidade da circunstância considerada pela norma como condição de sua aplicabilidade. A base de cálculo permanece inalterada, variando apenas a circunstância normativamente eleita, como condição de aplicação da alíquota (Misabel Derzi e Sacha Calmon).

PROGRESSIVO. 1. *Direito tributário.* a) Diz-se do imposto no qual se aplicam, gradativamente, alíquotas cada vez mais altas sobre importâncias também elevadas. O imposto aumenta em progressão à elevação do valor da coisa sobre a qual incide; b) aumento crescente do elemento que serve de base à incidência do tributo. **2.** *Direito penal.* Crime no qual a ação percorre fases delituosas, aplicando-se a pena da última, cuja gravidade é maior. **3.** Na *linguagem comum* significa: a) o que faz progressos; b) aquilo que progride ou avança contínua ou gradualmente; c) o que é cada vez maior; d) o que constitui um progresso.

PROGRESSO. 1. Transformação gradual do bom para o melhor (Leibniz e Comte). **2.** Curso do tempo. **3.** Aperfeiçoamento gradual da cultura e das condições econômicas de uma nação. **3.** Desenvolvimento. **4.** Bom êxito. **5.** Idéia de que na civilização há um gradual crescimento do bem-estar do indivíduo e da humanidade, constituindo um movimento direcionado a um objetivo desejável (Binetti, Franchini e Sampson).

PROHIBERE NON POTEST QUOD TIBI NON NOCET ET ALTERI PRODEST. *Aforismo jurídico.* Não se pode proibir o que não te prejudica e aproveita a outrem.

PROHIBITO PRINCIPALI, PROHIBENTUR OMNIA QUAE SEQUENTUR EX ILLO. *Aforismo jurídico.* Proibindo-se o principal, proibido está tudo o que dele for conseqüente.

PROIBIÇÃO. *Teoria geral do direito.* **1.** Ato ou efeito de proibir. **2.** Vedação, legal ou convencional, da prática de um certo ato. **3.** O que é defeso por lei. **4.** Aquilo que não é permitido. **5.** Impedimento para que se faça algo. **6.** Interdição. **7.** Preceito legal ou cláusula contratual que não permite a efetivação de algum ato.

PROIBIÇÃO DA DENEGAÇÃO DA JUSTIÇA. *Direito processual civil.* Vedação ao órgão judicante de abster-se de julgar, alegando lacuna ou obscuridade da lei. O juiz está obrigado a decidir todo e qualquer litígio, não se eximindo de sentenciar ou de despachar; logo, havendo lacuna, deve recorrer à analogia, aos costumes e aos princípios gerais de direito.

PROIBIÇÃO DE COMERCIAR. *Direito comercial.* Vedação legal imposta a certas pessoas do exercício do comércio. Assim, não podem comerciar os funcionários públicos, os militares, os magistrados, os falidos etc.

PROIBIÇÃO DE DEPOR. *Direito processual penal.* Impedimento que algumas pessoas, em virtude de sua profissão, ofício ou função, têm de prestar depoimento em juízo, pois devem guardar sigilo profissional, a não ser que sejam desobrigadas pelo interessado.

PROIBIÇÃO DE EXIGÊNCIA DE ATESTADO DE GRAVIDEZ E ESTERILIZAÇÃO PARA EFEITO DE ACESSO À RELAÇÃO EMPREGATÍCIA. *Direito penal* e *direito do trabalho.* Prática discriminatória e limitativa para acesso à relação de emprego ou sua manutenção, que constitui crime punido com detenção e multa, se houver: 1. a exigência de teste, exame, perícia, laudo, atestado, declaração ou qualquer outro procedimento relativo à esterilização ou a estado de gravidez; **2.** a adoção de quaisquer medidas, de iniciativa do empregador, que configurem: a) indução ou instigamento à esterilização genética; b) promoção do controle de natalidade, assim não considerado o oferecimento de serviços e de aconselhamento ou planejamento familiar, realizados através de instituições públicas ou privadas, submetidas às normas do Sistema Único de Saúde (SUS). São sujeitos ativos desses crimes: **1.** a pessoa física empregadora; **2.** o representante legal do empregador, como definido na legislação trabalhista; **3.** o dirigente, direto ou por delegação, de órgãos públicos e entidades das Administrações públicas direta, indireta e fundacional de qualquer dos Poderes da União, dos Estados, do Distrito Federal e dos Municípios. As infrações aos atos acima mencionados são passíveis das seguintes cominações: 1) multa administrativa de dez vezes o valor do maior salário pago pelo empregador, elevado em cinqüenta por cento em caso de reincidência; 2) proibição de obter empréstimo ou financiamento junto a instituições financeiras oficiais. O rompimento da relação de trabalho por ato discriminatório, nos moldes desta lei, faculta ao empregado optar entre: 1) a readmissão com ressarcimento integral de todo o período de afastamento, mediante pagamento das remunerações devidas, corrigidas monetariamente, acrescidas dos juros legais; 2) a percepção, em dobro, da remuneração do período de afastamento, corrigida monetariamente e acrescida dos juros legais.

PROIBIÇÃO DE UTILIZAÇÃO DE VEÍCULO OFICIAL. *Direito administrativo.* Conjunto de normas que vedam: 1) A utilização de veículos oficiais: a) para transporte a casas de diversões, supermercados, estabelecimentos empresariais e de ensino, exceto quando em objeto de serviço; b) em excursões ou passeios; c) aos sábados, domingos ou feriados, salvo para desempenho de encargos inerentes aos serviços públicos; d) no transporte de familiares do servidor ou de pessoas estranhas ao serviço público. 2) O uso de placas não oficiais em veículos oficiais, bem como o de placas oficiais em veículos particulares, salvo os casos previstos em lei. 3) A guarda de veículo oficial em garagem residencial, ressalvado o caso em que a garagem oficial for situada a grande distância da residên-

cia de quem use o automóvel, condicionada à autorização do respectivo ministro de Estado.

PROIBIÇÃO DO EMPREGO DO FOGO. *Direito ambiental.* Vedação legal do emprego do fogo em práticas agropastoris e florestais, ou seja: 1) nas florestas e demais formas de vegetação; 2) para queima pura e simples, assim entendida aquela não carbonizável, de: a) aparas de madeira e resíduos florestais produzidos por serrarias e medeireiras, como forma de descarte desses materiais; b) material lenhoso, quando seu aproveitamento for economicamente viável; 3) numa faixa de: a) quinze metros dos limites das faixas de segurança das linhas de transmissão e distribuição de energia elétrica; b) cem metros ao redor da área de domínio de subestação de energia elétrica; c) vinte e cinco metros ao redor da área de domínio de estações de telecomunicações; d) cinqüenta metros a partir de aceiro, que deve ser preparado, mantido limpo e não cultivado, de dez metros de largura ao redor das Unidades de Conservação; e) quinze metros de cada lado de rodovias estaduais e federais e de ferrovias, medidos a partir da faixa de domínio; 4) no limite da linha que simultaneamente corresponda: a) à área definida pela circunferência de raio igual a onze mil metros, tendo como ponto central o centro geométrico da pista de pouso e decolagem de aeródromo; b) à área cuja linha perimetral é definida a partir da linha que delimita a área patrimonial de aeródromo, dela distanciando no mínimo dois mil metros, externamente, em qualquer de seus pontos.

PROIBIÇÃO DO *NON LIQUET*. *Vide* PROIBIÇÃO DA DENEGAÇÃO DA JUSTIÇA.

PROIBIÇÃO LEGAL. *Teoria geral do direito.* Preceito de lei que veda ou impede a prática de determinado ato.

PROIBICIONISMO. 1. Na *linguagem jurídica* em geral, é o caráter de proibição. **2.** *Direito internacional privado.* a) Teoria que propugna a proibição de certos atos de comércio, de fabricação de certos produtos, de exportações ou importações de determinadas mercadorias etc.; b) ato de estabelecer tarifas proibitivas de importação. **3.** *História do direito.* Lei revogada em 1933, que proibiu, nos EUA, bebidas alcoólicas.

PROIBICIONISTA. *Direito internacional privado.* **1.** Relativo a proibicionismo. **2.** Partidário do proibicionismo.

PROIBIÇÕES DE ECLUSAGEM. *Direito marítimo.* Casos em que não se permite a certas embarcações a passagem pelas eclusas. Assim, é vedada a eclusagem a: a) embarcações em perigo de naufragar; b) embarcações que tenham cargas mal estivadas ou petrechos mal acondicionados; c) embarcações tendo cargas salientes de tal modo que possam danificar a eclusa; d) embarcações tendo correias, cabos ou outros artefatos pendentes irregularmente para o lado de fora; e) embarcações que apresentem defeitos nas máquinas, vazamento ou falhas no seu sistema de governo, ou que venham a comprometer a sua manobra na eclusagem ou ainda na saída e/ou na entrada da eclusa; f) embarcações que não tenham sistemas de inversão de marcha funcionando perfeitamente; g) embarcações classificadas como miúdas, de acordo com instruções específicas da Diretoria de Portos e Costas; h) embarcações sem equipamento de comunicação para trocar informações com o operador da eclusa. Em circunstâncias especiais, a critério da Administração, as embarcações miúdas poderão eclusar, desde que possuam a equipagem obrigatória, isto é, defensas em bom estado de conservação e distribuídas ao longo do costado, em quantidades suficientes para que somente elas fiquem em contato com as muralhas das eclusas nas manobras de eclusagem.

PROIBIDO. *Teoria geral do direito.* 1. Vedado. 2. Impedido. 3. Defeso. 4. Aquilo que se proibiu. 5. O que não está permitido legalmente. 6. Interdito.

PROIBIDOR. Que proíbe.

PROIBIR. 1. Vedar. 2. Impedir. 3. Interditar. 4. Não permitir. 5. Não dar licença. 6. Ordenar a não-realização de um ato. 7. Tornar defeso. 8. Opor-se. 9. Prescrever a abstenção de um ato.

PROIBITIVO. 1. *Teoria geral do direito.* a) Diz-se do preceito legal que veda a prática de um ato; b) o que contém uma proibição; o que proíbe. 2. *Economia política.* Qualificativo do preço elevado que torna difícil a aquisição do produto. 3. Em *direito alfandegário,* diz-se do tributo excessivo que impossibilita que haja concorrência entre o produto estrangeiro e o nacional, restringindo seu comércio.

PROIBITÓRIO. 1. *Teoria geral do direito.* Qualificativo do dispositivo legal que impede a realização de certo ato. 2. *Direito processual civil.* Interdito que visa a proteção preventiva da posse ante a ameaça de turbação ou esbulho. *Vide* INTERDITO PROIBITÓRIO.

PROIE. *Termo francês.* Vítima.

PRO INDIVISO. *Locução latina.* 1. Por dividir. 2. Diz-se do bem que não pode ser dividido entre os condôminos, em razão de lei ou de convenção. 3. O que está sujeito a uma divisão ainda não levada a efeito.

PROINFANTIL. *Direito educacional.* É um curso, em nível médio, na modalidade normal, que proporciona aos professores sem a habilitação mínima exigida pela legislação vigente e que atuam como docentes nas instituições de educação infantil, o domínio dos conteúdos do ensino médio e a formação pedagógica necessários para a melhoria da qualidade de sua prática profissional. Além de atividades individuais e atividades coletivas presenciais, o cursista do PROINFANTIL conta com um serviço de apoio à aprendizagem composto pelas equipes das agências formadoras (supervisores de curso e professores formadores) e pelos tutores.

PRÓ-INFRA. *Direito urbanístico.* Sigla de Programa de Infra-estrutura Urbana.

PROIZ. *Direito marítimo.* Cabo usado para amarrar embarcações a terra.

PROJEÇÃO. 1. Importância; destaque de uma pessoa pelo seu talento ou cultura. 2. Arremesso. 3. Exibição de um filme cinematográfico. 4. Processo psicológico pelo qual alguém atribui a outrem os motivos de seus próprios conflitos. 5. Mecanismo de defesa do *ego*, uma operação inconsciente, através da qual o indivíduo tira de si e coloca no outro (coisa ou pessoa) qualidades, sentimentos, desejos que lhe parecem inaceitáveis (Lídia Reis de Almeida Prado).

PROJETADO. 1. O que faz parte de um projeto. 2. Planejado.

PROJÉTIL. *Direito militar, direito penal* e *medicina legal.* 1. Objeto mortífero e destruidor arremessado por arma de fogo. 2. Corpo sólido e pesado que, ao ser impulsionado, move-se no espaço. 3. Bala. 4. Grão de chumbo.

PROJÉTIL DE PERCUSSÃO. *Direito militar.* Aquele que explode ao sofrer impacto.

PROJÉTIL FUMÍGENO. *Direito militar.* Aquele que, ao sofrer o impacto, solta fumaça.

PROJÉTIL INCENDIÁRIO. *Direito militar.* Aquele que provoca incêndio ao ser arremessado ao alvo.

PROJÉTIL LUMINOSO. *Direito militar.* Aquele que, por conter uma composição química, apresenta, em sua trajetória, um rasto de fogo.

PROJÉTIL MÚLTIPLO. *Direito militar.* Grão de chumbo.

PROJÉTIL PERFURANTE. *Direito militar.* O que atravessa blindagens de chapa de aço.

PROJÉTIL TRAÇADOR. *Vide* PROJÉTIL LUMINOSO.

PROJÉTIL ÚNICO. *Direito militar.* Bala; instrumento perfurocontundente que causa ferida perfurocontusa.

PROJETISTA. *Direito do trabalho* e *direito civil.* Aquele que faz plantas de casas, edifícios, obras, máquinas etc.; croquis; projetos etc.

PROJETISTA DE MÓVEIS. *Direito do trabalho* e *direito civil.* Aquele especializado em projetar móveis para residências ou escritórios, efetuando cálculos para sua fabricação.

PROJETO. 1. Empreendimento. **2.** Plano para realizar certo ato; planejamento. **3.** Intenção. **4.** Esboço de uma obra de arte. **5.** Redação provisória ou primeira redação de uma medida, de uma lei, um estatuto, um contrato etc. **6.** Representação gráfica e escrita, contendo o orçamento da construção de um prédio, de uma estrada etc. **7.** Planta de uma edificação.

PROJETO AGENTE JOVEM DE DESENVOLVIMENTO SOCIAL E HUMANO. *Direito da criança e do adolescente.* Visa definir uma proposta de ocupação para jovens de quinze a dezessete anos em situação de risco e vulnerabilidade social, que não configure trabalho, mas que possibilite, de fato, sua permanência no sistema educacional e proporcione experiências práticas que o preparem para futuras inserções no mundo do trabalho. São seus objetivos específicos: a) criar condições para a inserção, reinserção e permanência do jovem no sistema de ensino; b) promover sua integração à família, à comunidade e à sociedade; c) desenvolver ações que oportunizem o protagonismo juvenil; d) preparar o jovem para atuar como agente de transformação e desenvolvimento de sua comunidade; e) contribuir para a diminuição dos índices de violência, uso de drogas, DST/AIDS, gravidez não planejada; f) desenvolver ações que facilitem sua integração e interação, quando da sua inserção no mundo do trabalho.

PROJETO BÁSICO. *Direito administrativo.* Conjunto de elementos necessários e suficientes, com nível de precisão adequada para caracterizar a linha de transporte objeto de licitação, elaborado com base nas indicações de estudos preliminares que apontem a respectiva viabilidade técnica e econômica.

PROJETO CASULO. *Direito agrário.* Modalidade descentralizada de assentamento destinada à ex-

ploração agropecuária, por meio de atividades economicamente viáveis, socialmente justas e ecologicamente sustentáveis. É preciso condicionar a prefeitura municipal para que ela detenha o domínio da área para habilitar-se a esse projeto; designar em cada Divisão de Assentamento das Superintendências Regionais o interlocutor do referido projeto, responsável pelo elo entre as prefeituras municipais e o INCRA e orientar a Diretoria de Assentamento a orçar, provisionar e controlar os recursos destinados à implantação, investimento e custeio necessários às atividades a serem desenvolvidas no âmbito desse projeto.

PROJETO CIDADÃO CONECTADO – COMPUTADOR PARA TODOS. Instituído, no âmbito do Programa de Inclusão Digital com o objetivo de promover a inclusão digital mediante a aquisição em condições facilitadas de soluções de informática constituídas de computadores, programas de computador (*software*) neles instalados e de suporte e assistência técnica necessários ao seu funcionamento, observadas as definições, especificações e características técnicas mínimas estabelecidas em ato do Ministro de Estado da Ciência e Tecnologia. Os produtos abrangidos por tal Projeto deverão ser produzidos no País, observado o Processo Produtivo Básico (PPB).

PROJETO DE ASSENTAMENTO FLORESTAL (PAF). *Direito ambiental.* É uma modalidade de assentamento, voltada para o manejo de recursos florestais em áreas com aptidão para a produção florestal familiar comunitária e sustentável, especialmente aplicável à região norte.

PROJETO DE COOPERAÇÃO TÉCNICA INTERNACIONAL. *Direito administrativo.* Conjunto de ações inter-relacionadas que visam alcançar, por meio da mobilização de recursos humanos e materiais, objetivos e resultados que conduzam a um salto técnico quantitativo e qualitativo do beneficiário da cooperação, institucionalmente sustentado.

PROJETOS DE GERAÇÃO DE RENDA. Objetivam promover ações que possibilitem a inserção das pessoas no mercado de trabalho, o aumento da produção e da produtividade, a ampliação dos trabalhos executados por cooperativas comunitárias e outros sistemas associativistas, abrindo frentes de trabalho compatíveis com a vocação econômica local, regional. Visam, ainda, a realização de pesquisa de mercado, respeitando o meio ambiente, a idade laboral das pessoas e as potencialidades individuais dos segmentos a serem beneficiados.

PROJETO DE INTEGRAÇÃO DAS UNIDADES DE APOIO À SEGURANÇA PÚBLICA. *Direito penal* e *direito das comunicações.* É o que procura disponibilizar acesso a serviços de telecomunicações em unidades de órgãos judiciários, que permitam a comunicação com os sistemas de Segurança Pública e suas unidades de apoio, com o escopo de promover o intercâmbio e a integração dos sistemas de informação entre os cartórios de registro civil e de pessoas naturais, institutos de identificação, institutos de criminalística e institutos médico-legais e outras instituições, dos órgãos judiciários com órgãos de Segurança Pública. A implantação do projeto proporcionará facilidades de telecomunicação ao Sistema de Segurança Pública Nacional no controle e prevenção do crime.

PROJETO DE INTEGRAÇÃO DAS UNIDADES POLICIAIS. *Direito penal* e *direito das comunicações.* É o que visa disponibilizar acesso a serviços de telecomunicações para intercâmbio de informações entre as unidades do Sistema de Segurança Pública. Seu objetivo é prover o acesso ao serviço de telecomunicações às organizações integrantes do Sistema de Segurança Pública. Os acessos permitirão a integração de unidades móveis, dos patrulheiros, dos centros integrados de atendimento e despacho e demais unidades do Sistema.

PROJETO DE INTEGRAÇÃO DO SISTEMA PENITENCIÁRIO. *Direito penitenciário.* É o que visa disponibilizar acesso a serviços de telecomunicações em instituições de Segurança Pública para integração dos sistemas de informação prisional, tendo por objetivo possibilitar o acesso *on-line* a informações constantes de prontuários de detentos e condenados, bem como a informações sobre estabelecimentos prisionais, através de sistema de informações penitenciárias. A implantação do projeto proporciona facilidades de telecomunicações às atividades de administração e de segurança prisionais.

PROJETO DE INTERESSE SOCIAL PREDOMINANTE. *Direito administrativo.* É aquele que, na política nacional de irrigação, destina-se exclusivamente ao reassentamento de populações desalojadas por força da construção de obra em área pública.

PROJETO DE LEI. *Teoria geral do direito, ciência política* e *direito constitucional.* **1.** Proposta escrita, em texto articulado, em regra precedida de exposição de motivos, que dá início ao processo legislativo, apresentada à mesa da câmara legislativa por quem tem a iniciativa, ou melhor, o poder de propor direito novo, sobre determinado assunto, para ser discutida e deliberada em plenário e convertida em lei. **2.** Proposta do texto legal a ser submetida à aprovação do poder legislativo.

PROJETO DESPORTIVO. *Direito desportivo.* É o conjunto de ações organizadas e sistematizadas por entidades de natureza esportiva, destinado à implementação, à prática, ao ensino, ao estudo, à pesquisa e ao desenvolvimento do desporto, atendendo a pelo menos uma das manifestações desportivas previstas normativamente.

PROJETO FUNDIÁRIO. *Direito agrário* e *direito administrativo.* Órgão zonal do Instituto Nacional de Colonização e Reforma Agrária (INCRA), que tem, dentre outras, a finalidade de: promover medidas necessárias à discriminação das terras devolutas; providenciar a incorporação ao patrimônio público de áreas desocupadas ou ilegalmente ocupadas, administrando-as enquanto não tiverem outra destinação legal; propor o reconhecimento dos títulos de domínio existentes, uma vez provada sua legitimidade; proceder ao tombamento de imóveis rurais da União; organizar cadastro de terras públicas; rever concessões e transferências dos aforamentos de terras públicas, visando sua extensão, bem como das licenças de ocupação, outorgadas a qualquer título, com o fim de regularizar a situação dominial das áreas concedidas; executar parcelamento das áreas devolutas desocupadas etc.

PROJETO GENOMA HUMANO (PGH). *Biodireito.* Mapeamento e seqüenciamento do genoma humano para possibilitar identificação de genes e diagnóstico e tratamento de doenças genéticas.

PROJETO JUVENTUDE CIDADÃ. *Direito educacional* e *direito do trabalho.* Pretende contribuir para ampliar as oportunidades de qualificação, expandindo as possibilidades de inserção e permanência dos jovens no mundo do trabalho. Visa oferecer oportunidades formativas inovadoras e criativas de desenvolvimento pessoal, social e profissional para que os jovens participantes possam construir um caminho ao exercício pleno da cidadania, mediante sua formação integral aliada à vivência concreta da prestação de serviços voluntários à comunidade, por meio de ações de qualificação sócio-profissional para inserção na atividade produtiva. E, especificamente, tem por fim: a) contribuir para a efetiva inserção de jovens no mercado de trabalho, inserindo ao final do projeto o mínimo de 30% (trinta por cento) do total de jovens

qualificados em atividades produtivas; b) promover ações que contribuam para o reconhecimento e a valorização dos direitos humanos e da cidadania, e à superação das desigualdades e diferenças de classe, raça, orientação sexual, etnia, gênero e geração, mediante a prestação de serviços voluntários à comunidade; e c) estimular e criar condições objetivas para elevação da escolaridade dos jovens participantes do projeto.

PROJETO ORÇAMENTÁRIO. *Ciência política* e *direito financeiro.* Proposta escrita enviada ao legislativo para que, com base nela, elabore a lei orçamentária.

PROJETO PILOTO DE HARMONIZAÇÃO DAS ATIVIDADES DOS AGENTES DA AUTORIDADE NOS PORTOS. *Direito marítimo.* É o que tem por fim preparar as bases para a criação e implementação, em cada porto organizado e em nível nacional, de comissões para a harmonização das ações dos agentes da autoridade, visando, em especial, adequar os procedimentos operacionais relativos ao atendimento de embarcações e ao despacho/liberação de cargas, tripulantes e passageiros, compatibilizando-os com os padrões internacionais. O Projeto Piloto de Harmonização das Atividades dos Agentes da Autoridade nos Portos rege-se pelas seguintes orientações básicas: a) os agentes da autoridade, no desempenho de suas atribuições no porto, objetivarão a maior agilidade das atividades de despacho de embarcações, de cargas e de passageiros; e b) a harmonização dos procedimentos nas atividades de despacho de embarcações e de cargas, no embarque e no desembarque, deve refletir-se na redução de custos, objetivando melhores condições de competitividade internacional.

PROJETO RONDON. *Direito educacional.* É o que tem por finalidade levar as Instituições de Ensino Superior e seus estudantes àquelas regiões do Brasil menos favorecidas, dando-lhes a oportunidade de conhecerem essas realidades, socializarem seus saberes e, na interação com as comunidades, elaborarem propostas e criarem soluções participativas, de modo a atenuar as deficiências estruturais locais, contribuir para o bem-estar dessas populações, e, simultaneamente, consolidar a formação dos universitários como cidadão. A missão do Projeto Rondon, orientado pelos princípios da democracia, da responsabilidade social e da defesa dos interesses nacionais, é viabilizar a participação do estudante universitário nos processos de desenvolvimento local sustentável e de fortalecimento da cidadania. São seus *objetivos*: a) contribuir para a formação do universitário como cidadão; b) integrar o universitário ao processo de desenvolvimento nacional, por meio de ações participativas sobre a realidade do País; c) consolidar no universitário brasileiro o sentido de responsabilidade social, coletiva, em prol da cidadania, do desenvolvimento e da defesa dos interesses nacionais; d) estimular no universitário a produção de projetos coletivos locais, em parceria com as comunidades assistidas. Tem por *diretrizes*: a) contribuir para o desenvolvimento sustentável nas comunidades carentes, usando as habilidades universitárias; b) estimular a busca de soluções para os problemas sociais da população, formulando políticas públicas locais, participativas e emancipadoras; c) contribuir na formação acadêmica do estudante, proporcionando-lhe o conhecimento da realidade brasileira, o incentivo à sua responsabilidade social e o patriotismo; d) manter articulações com os órgãos governamentais e não-governamentais, em seus diferentes níveis, para evitar a pulverização de recursos financeiros e a dispersão de esforços em ações paralelas; e) assegurar a participação da população na formulação e no controle das ações; f) priorizar áreas que apresentem maiores índices de pobreza e exclusão social, bem como áreas isoladas do território nacional que necessitem de maior aporte de bens e serviços; g) buscar garantir a continuidade das ações desenvolvidas; h) democratizar o acesso às informações sobre benefícios, serviços, programas e projetos, bem como recursos oferecidos pelo poder público e iniciativa privada e seus critérios de concessão.

PROJETO SERTANEJO. *Direito agrário.* É o que tem por escopo fortalecer a economia das unidades de produção agropecuária, principalmente do Nordeste, tornando-as mais resistentes às secas, a partir de núcleos de prestação de serviços e assistência técnica.

PROJETO SOLDADO-CIDADÃO. *Direito militar* e *direito educacional.* Oferecer aos jovens brasileiros incorporados às fileiras das Forças Singulares para prestação de serviço militar cursos profissionalizantes que lhes proporcionem capacitação técnico-profissional básica, formação cívica e ingresso no mercado de trabalho em melhores condições.

PROJETO VIGISUS. *Direito administrativo.* Estruturação do Sistema Nacional de Vigilância em Saúde que tem por finalidade a criação de infra-estrutura e de capacidade técnica do Sistema Nacional de Vigilância em Saúde, compatível com o Sistema Único de Saúde (SUS), e que reflita a complexidade do perfil epidemiológico do País.

PROJURIS–CAMARBI. *Direito comparado.* Associação sem fins lucrativos que tem por finalidade funcionar como uma Câmara de Mediação e Arbitragem Internacional imparcial e independente para a solução extrajudicial de litígios.

PROL. 1. Proveito. **2.** Lucro. **3.** Vantagem. **4.** Benefício.

PRO LABORE. 1. *Locução latina.* Pelo trabalho. **2.** *Direito administrativo.* Qualificativo da gratificação a que tem direito o servidor público que vier a prestar serviço extraordinário. Essa gratificação é paga por hora de trabalho antecipado ou prorrogado. **3.** *Direito civil* e *direito comercial.* a) Denominação da posse produtiva; b) diz-se do *quantum* pago ao sócio ou diretor de empresa pela atividade nela desenvolvida. Tal verba é computada como despesa geral do estabelecimento empresarial. **4.** *Direito do trabalho.* a) Gratificação pelo trabalho (Othon Sidou); b) ganho percebido como compensação do trabalho realizado (De Plácido e Silva).

PROLAÇÃO. 1. *Direito processual.* a) Ato ou efeito de proferir sentença, decisão judicial ou despacho; b) pronunciamento da sentença. **2.** *Direito constitucional* e *teoria geral do direito.* Promulgação da lei. **3.** Na *linguagem jurídica* pode, ainda, ter o sentido de: a) adiamento; b) ato de dar publicidade.

PROLALIA. 1. *Direito autoral.* Prefácio. **2.** *Retórica jurídica.* Saudação que o orador faz aos ouvintes antes de iniciar o discurso.

PROLAPSO. *Medicina legal.* **1.** Procidência. **2.** Queda ou saída de um órgão do local normal.

PROLATAR. 1. Proferir. **2.** Pronunciar. **3.** Dar sentença. **4.** Promulgar lei.

PROLATOR. 1. *Direito constitucional.* Aquele que promulga uma lei. **2.** *Direito processual.* Magistrado que profere ou dita uma sentença.

PROLE. *Direito civil.* **1.** Descendência. **2.** Conjunto de filhos. **3.** Geração.

PROLE COMUM. *Direito civil.* **1.** Conjunto de filhos nascidos de pais comuns. **2.** Filhos de um mesmo casal (De Plácido e Silva).

PRO LEGE, REGE ET GREGE. *Expressão latina.* Pela lei, pelo rei e pelo povo.

PROLEGÔMENOS. *Direito autoral.* **1.** Introdução expositiva de uma obra literária, científica ou artística, indicando as suas razões, apontando os princípios fundamentais ou tudo que for necessário para sua compreensão. **2.** Conjunto de noções preliminares de uma arte ou ciência. **3.** Prefácio longo e explicativo.

PROLEMA. *Lógica jurídica.* **1.** Proposição preparatória. **2.** Conjunto de proposições que servem de fundamento ao lema.

PROLEPSE. 1. *Lógica jurídica.* Substituição do portador abstrato do predicado (alguém) por um sujeito determinado (A). **2.** *Retórica jurídica.* Figura pela qual se previne uma objeção, fazendo-a antecipadamente, a si mesmo, e refutando-a em seguida. **3.** *Medicina legal.* a) Retorno de um acesso febril periódico antes do tempo previsto; b) precocidade; fenômeno natural que aparece em alguém antes da época normal.

PROLÉPTICO. *Medicina legal.* **1.** Diz-se do sintoma advindo do desenvolvimento precoce de órgãos ou tecidos. **2.** Estado febril cujo acesso se antecipa quanto à hora em que, em regra, se dá. **3.** Acesso de moléstia periódica que se repete em intervalos cada vez mais curtos.

PROLETARIADO. 1. *Direito do trabalho* e *sociologia jurídica.* a) Classe operária; camada social composta de pessoas que recebem salários pelo seu trabalho; b) estado permanente de assalariado (Juárez Bezerra); estado de proletário. **2.** *Ciência política.* Grupo social formado por trabalhadores dependentes que recebem salário, em troca do trabalho prestado, daquele que detém a propriedade dos meios de produção e controla a sua prestação de trabalho (Paolo Ceri).

PROLETÁRIO. 1. *Direito do trabalho* e *sociologia jurídica.* a) Membro do proletariado ou da classe operária; b) operário que provê sua subsistência com o salário; c) relativo a proletariado. **2.** *História do direito.* a) Cidadão romano pobre, pertencente à última classe social, que era, por isso, isento de imposto e considerado útil apenas pelos filhos que possuía e que serviam ao exército; b) plebeu desprovido de bens ou renda, que não declarava, no censo, mais de 1.500 asses (Othon Sidou).

PROLETARIZAÇÃO. *Sociologia jurídica.* **1.** Ato ou efeito de proletarizar. **2.** Processo social pelo qual indivíduos pertencentes a uma camada social superior descem ao nível do proletariado, tornando-se proletários.

PROLETARIZAR. *Sociologia jurídica.* **1.** Tornar-se proletário. **2.** Reduzir-se a operário.

PROLIFERAÇÃO. 1. Ato de proliferar. **2.** Multiplicação. **3.** Reprodução.

PROLIFERANTE. 1. O que prolifera. **2.** O que se reproduz.

PROLIFERAR. 1. Aumentar. **2.** Reproduzir. **3.** Multiplicar.

PROLÍFERO. Fecundo.

PROLIXIDADE. Qualidade de prolixo ou do que se apresenta demasiadamente longo ou enfadonho.

PROLIXO. 1. Aquilo que é muito longo ou extenso. **2.** Excessivamente circunstanciado ou minucioso. **3.** Difuso.

PROLOGAR. *Direito autoral.* Prefaciar.

PROLOGISTA. *Direito autoral.* **1.** Prefaciador. **2.** Autor de prólogos.

PRÓLOGO. *Direito autoral.* **1.** Prefácio de uma obra. **2.** Preâmbulo.

PROLONGA. 1. Demora. **2.** Ato de prolongar tempo.

PROLONGAÇÃO. 1. Dilação. **2.** Ato ou efeito de prolongar. **3.** Aquilo que se acrescenta.

PROLONGADO. 1. Na *linguagem comum:* a) duradouro; b) demorado; c) o que se prolongou. **2.** *Direito marítimo.* Diz-se de cada verga colocada na direção longitudinal da embarcação, com o escopo de evitar a impressão do vento nas velas que sustenta (Laudelino Freire).

PROLONGAMENTO. 1. Prorrogação de tempo; dilação. **2.** Continuação de alguma coisa ou ação. **3.** Aumento na extensão de uma coisa, na mesma direção; acréscimo de comprimento.

PROLONGAR. 1. Dar maior comprimento. **2.** Prorrogar. **3.** Continuar. **4.** Estender. **5.** Demorar. **6.** Propagar-se demoradamente.

PROLONGÁVEL. Aquilo que se pode prolongar.

PROLONGO. *Direito civil.* Beiral do telhado.

PROLOQUIAL. 1. Referente a prolóquio. **2.** Axiomático.

PROLÓQUIO. 1. Axioma. **2.** Máxima; provérbio.

PROLUSÃO. *Direito autoral.* **1.** Preâmbulo. **2.** Introdução a uma obra de grande profundidade.

PROMANAÇÃO. Origem.

PROMANAR. 1. Originar. **2.** Advir. **3.** Derivar. **4.** Provir.

PROMANDAR. Mandar em auxílio.

PRO MEMORIA. *Locução latina.* **1.** Por memória. **2.** Para memória.

PROMESSA. 1. Na *linguagem comum,* pode ter o sentido de: a) voto; b) compromisso futuro, verbal ou escrito; c) ato ou efeito de prometer; d) declaração pela qual alguém se obriga a fazer ou a não fazer algo; e) aquilo que se promete; coisa prometida; f) o que dá motivo para esperança. **2.** *Direito civil.* Declaração da intenção de realizar certo negócio jurídico ou contrair uma obrigação em futuro próximo.

PROMESSA ABSTRATA DE DÍVIDA. *Direito civil* e *direito comparado.* Contrato abstrato, ou melhor, o contrato unilateral concluído sem *causa debendi* e sob forma de promessa. Não indica a causa que obriga o promitente, nem o objetivo de sua realização (Othon Sidou).

PROMESSA CONDICIONADA. *Direito civil.* Aquela cujo adimplemento depende de uma condição.

PROMESSA DE CASAMENTO. *Direito civil.* Esponsais ou compromisso de casamento entre duas pessoas desimpedidas, de sexo diferente, com o escopo de possibilitar que se conheçam melhor, que aquilatem suas afinidades e gostos (Antônio Chaves). É um ato preparatório do matrimônio.

PROMESSA DE COMPRA E VENDA. *Direito civil.* **1.** Compra e venda futura. **2.** Contrato preliminar bilateral ou compromisso de compra e venda, que é um contrato autônomo pelo qual as partes se obrigam a realizar oportunamente um contrato de compra e venda definitivo.

PROMESSA DE CONTRATO. *Vide* CONTRATO PRELIMINAR.

PROMESSA DE DOAÇÃO. *Direito civil.* Contrato preliminar em que o comprometente-doador se compromete a doar algo ao compromissário-donatário ou a terceiro.

PROMESSA DE FATO DE TERCEIRO. *Vide* CONTRATO POR TERCEIRO.

PROMESSA DE PAGAMENTO. *Direito civil.* Compromisso assumido de pagar certa quantia, dentro de determinado prazo, a uma pessoa. Por exemplo, nota promissória.

PROMESSA DE RECOMPENSA. *Direito civil.* Declaração de vontade, feita mediante anúncio público, pela qual alguém se obriga a gratificar quem se encontrar em certa situação ou praticar determinado ato, independentemente do consentimento do eventual credor. A promessa de recompensa obriga quem emite a declaração de vontade, desde o instante em que ela se

PROMESSA DE SOCIEDADE

torna pública, independentemente de qualquer aceitação, visto que se dirige a pessoa ausente ou indeterminada, isto é, anônima, que se determinará no momento em que se preencherem as condições de exigibilidade da prestação. A pessoa que reunir a condição proposta poderá exigir o cumprimento da obrigação; assim sendo, quem oferecer, publicamente, a recompensa estará obrigado a pagá-la.

PROMESSA DE SOCIEDADE. *Direito civil* e *direito comercial.* Acordo feito entre duas ou mais pessoas, no qual prometem conjugar esforços para formar uma sociedade simples ou empresária, conforme o estipulado por elas.

PROMESSA DE VENDA. *Direito civil.* **1.** *Vide* PROMESSA DE COMPRA E VENDA. **2.** Ato pelo qual o proprietário de um bem se compromete a vendê-lo a certa pessoa, estabelecendo ou não, desde logo, as condições dessa venda (De Plácido e Silva).

PROMESSA IRRETRATÁVEL DE COMPRA E VENDA. *Vide* COMPROMISSO IRRETRATÁVEL DE COMPRA E VENDA.

PROMESSA PURA E SIMPLES. *Direito civil.* Diz-se daquela que não se prende a nenhuma condição.

PROMESSA QUEBRADA. Aquela que não foi cumprida pelo promitente.

PROMESSA UNILATERAL DE COMPRA E VENDA. *Direito civil.* Aquela em que o vendedor se obriga a vender ao titular da opção, que ficará com a prerrogativa de lhe exigir a obrigação, mediante um termo e com caráter potestativo. Trata-se da opção onde se convenciona que um dos interessados terá preferência para a realização do contrato de compra e venda, caso resolva celebrá-lo. Como se vê, a opção é um contrato preliminar, que visa um *contrahere* futuro, com a única diferença de ser unilateral. Por exemplo, "A" obriga-se para com "B" a vender-lhe determinado imóvel dentro de certo prazo, sem que receba de "B" a correspectiva obrigação de adquirir. Assim sendo, tal contrato subordina-se a uma condição potestativa do estipulante; *si volet.* Se tal promessa não for cumprida, gera o dever de pagar perdas e danos.

PROMETER. 1. Afirmar, verbalmente ou por escrito, que se vai dar, fazer ou não fazer algo. **2.** Oferecer; fazer promessa. **3.** Dar sinal de má ou boa produção.

PROMETIDO. *Direito civil.* **1.** Noivo; aquele que ajustou casamento. **2.** Aquilo que se prometeu.

PROMISCUIDADE. 1. Confusão de coisas. **2.** Mistura desordenada de pessoas, sem se ater a princípios morais. **3.** Vida desregrada em comum, onde homens e mulheres mantêm entre si ou com pessoas do grupo relações sexuais indiscriminadas, sem qualquer respeito ou constrangimento.

PRO MISERO. *Locução latina.* A favor do necessitado.

PROMISSÃO. *Vide* PROMESSA.

PROMISSÁRIO. 1. Aquele em favor de quem se fez uma promessa. **2.** Beneficiário da promessa.

PROMISSIO BONI VIRI EST OBLIGATIO. *Expressão latina.* Promessa de homem de bem é obrigação.

PROMISSIO DEBET INTELLIGI, REBUS SIC STANTIBUS. *Aforismo jurídico.* Promessa deve ser entendida, não tendo mudado as circunstâncias.

PROMISSIO INDEMNITATIS. *Direito romano.* Promessa de indenização na hipótese de dano oriundo de aceitação de herança. Para evitar que herdeiro viesse a renunciar, *hereditas damnosa*, os credores hereditários prometiam-lhe, por meio de *stipulatio*, assumir os riscos advindos da *aditio*.

PROMISSIVO. 1. Promissório. **2.** Aquilo em que há promessa.

PROMISSOR. 1. O que se refere a promessa. **2.** O que promete.

PROMISSÓRIA. *Direito cambiário.* Nota promissória; título de crédito pelo qual alguém promete pagar, dentro de certo prazo, uma quantia a outrem.

PROMISSÓRIA RURAL. *Direito cambiário* e *direito agrário.* Título de crédito, com privilégio especial, utilizado pelas cooperativas: nas vendas a prazo de bens de natureza agrícola ou extrativa; nas vendas de produção ou consumo aos seus associados; nos recebimentos de produtos agrícolas e extrativos entregues por seus cooperados.

PROMISSÓRIO. 1. Promissivo. **2.** Que encerra uma promessa. **3.** O que diz respeito a promessa.

PROMITENTE. 1. Aquele que promete ou faz a promessa. **2.** Devedor na promessa, por ter assumido a obrigação de realizar ou de não realizar algo.

PROMOÇÃO. 1. *Direito comercial.* Campanha de propaganda; impulso publicitário de um produto ou serviço. **2.** *Direito processual.* Requerimento do Ministério Público, juntado aos autos, para que se proceda a certos atos judiciais ou se cumpra uma diligência. **3.** *Direito administrativo.* Acesso, por antiguidade ou merecimento, de funcionário público efetivo à classe imediatamente superior do quadro a que pertence, percebendo todas as vantagens inerentes ao cargo. **4.** *Direito do trabalho.* Elevação do empregado a uma categoria, imediatamente, superior à sua.

PROMOÇÃO DE AÇÃO PENAL. *Direito processual penal.* Ato que dá início a uma ação penal pública, mediante denúncia do Ministério Público, ou a uma ação penal privada, por atuação do particular através de queixa.

PROMOÇÃO DE EMPREGADO DA CAIXA ECONÔMICA FEDERAL. *Direito bancário.* É uma das formas de ascensão funcional caracterizada pela elevação do empregado a nível salarial superior ao do cargo ocupado, com ou sem alteração das atribuições, do nível de complexidade das tarefas por ele desempenhadas e do seu poder de decisão, podendo ser concedida através dos critérios de antiguidade e merecimento.

PROMOÇÃO DE VENDAS. *Direito do consumidor.* Atividade complementar da venda pessoal e da publicidade (McCarthy), que pretende obter em curto prazo resultados de venda, incluindo: *layout* de embalagem, espetáculo, exposição de produtos, amostras, prêmios, vale-brindes etc. (Marcos Cobra).

PROMOÇÃO EM RESSARCIMENTO DE PRETERIÇÃO. *Direito militar.* É aquela feita após ser reconhecido, ao graduado preterido, o direito à promoção que lhe caberia. A promoção será efetuada segundo os critérios de antiguidade ou de merecimento, sendo o graduado colocado na escala hierárquica como se houvesse sido promovido, na época devida, pelo princípio em que ora é feita a sua promoção.

PROMOÇÃO EXPROPRIATÓRIA. *Direito administrativo.* Fase executória da desapropriação, que compreende a estimativa da justa indenização e a transferência da coisa expropriada para o domínio do expropriante.

PROMOÇÃO INDEVIDA. *Direito administrativo.* Acesso de funcionário público realizado, por lapso, de maneira incorreta, que provoca a anulação do ato que o decretou, sem que haja devolução pelo beneficiado das importâncias recebidas.

PROMOÇÃO POR ANTIGÜIDADE. 1. *Direito militar.* É aquela que se baseia na precedência hierárquica de um graduado sobre os demais de igual graduação, dentro da mesma qualificação militar de sargento (QMS), conforme estabelecido pelo comandante do Exército. **2.** *Direito processual.* Promoção de entrância para entrância por antiguidade, caso em que o tribunal só poderá recusar juiz mais antigo pelo voto fundamentado de 2/3 de seus membros, conforme procedimento próprio e assegurada ampla defesa, repetindo-se a votação até fixar-se a indicação.

PROMOÇÃO POR BRAVURA. *Direito militar.* É aquela que resulta de ato ou atos não comuns de coragem e audácia que, ultrapassando os limites normais de cumprimento do dever, representem feitos indispensáveis ou úteis às operações militares, pelos resultados alcançados ou pelo exemplo positivo deles emanados, durante a guerra.

PROMOÇÃO POR MERECIMENTO. 1. *Direito militar.* É aquela que se baseia no conjunto de qualidades e atributos que distinguem o graduado entre seus pares e que, uma vez quantificados em documento hábil — ficha de promoção —, passa a traduzir sua capacidade de ascender hierarquicamente. **2.** *Direito processual.* Promoção de entrância para entrância por merecimento que pressupõe dois anos de exercício na respectiva entrância e integrar o juiz a primeira quinta parte da lista de antiguidade desta, salvo se não houver com tais requisitos quem aceite o lugar vago. A aferição do merecimento será conforme o desempenho e pelos critérios objetivos de produtividade e presteza no exercício da jurisdição e pela freqüência e aproveitamento em cursos oficiais ou reconhecidos de aperfeiçoamento.

PROMOÇÃO *POST MORTEM*. *Direito militar.* É aquela que visa a expressar o reconhecimento da Pátria ao graduado falecido no cumprimento do dever ou em conseqüência disso, ou a reconhecer o direito do graduado a quem cabia a promoção, não efetivado por motivo de óbito.

PRÓ-MORADIA. *Direito previdenciário* e *direito urbanístico.* É o programa de atendimento habitacional que visa apoiar o Poder Público no desenvolvimento de ações integradas e articuladas com outras políticas setoriais, que resultem na melhoria da qualidade de vida das famílias de menor renda, por meio da oferta de soluções habitacionais, da regularização fundiária e da urbanização de áreas, sendo financiado com recursos do Fundo de Garantia do Tempo de Serviço (FGTS) e subordinado às diretrizes do Conselho Curador do FGTS, às regulamentações programáticas do Ministério do Planejamento e Orçamento, gestor da aplicação, e às normas operacionais da Caixa Econômica Federal (CEF), agente operador do FGTS. O Pró-Moradia operará por intermédio das seguintes modalidades: a) produção e aquisição de lotes urbanizados; b) construção, aquisição, conclusão e melhoria de unidades habitacionais; c) recuperação de áreas degradadas para uso habitacional, compreendendo ações de urbanização, melhorias habitacionais e proteção ambiental; d) urbanização, parcelamento de glebas e regularização fundiária de áreas ocupadas. Constituem-se em diretrizes do Pró-Moradia: a) a compatibilização das ações do Programa com as políticas setoriais fixadas pelo governo federal, voltadas para o atendimento da população carente, em especial nas áreas definidas pelo Programa Comunidade Solidária; b) o enquadramento do projeto no Plano Diretor Municipal ou equivalente e nos Planos Setoriais de Desenvolvimento Urbano de âmbito regional, estadual ou federal; c) o atendimento à população urbana em áreas com predominância de segmentos populacionais de baixa renda; d) a utilização preferencial de vazios urbanos, dotados de infra-estrutura e equipamentos, visando reduzir os investimentos e otimizar o uso da malha urbana existente; e) a adoção de soluções técnicas que objetivem ganhos de eficiência e redução de custos; f) a utilização preferencial de mão-de-obra local, com estímulo à autoconstrução, ao mutirão, à administração direta; g) a utilização de micro, pequenas e médias empresas locais; h) a implantação, desde que economicamente viável, de soluções que tornem o empreendimento acessível às pessoas portadoras de deficiência.

PROMOTIONAL TRIP. *Locução inglesa.* Viagem promocional.

PROMOTOR. 1. O que promove. **2.** Aquele que desenvolve esforços para a realização de um evento.

PROMOTOR DA FÉ. *Direito canônico.* Sacerdote que está encarregado de pesquisar a vida da pessoa cujo processo de beatificação e canonização está em andamento, verificando sua santidade.

PROMOTOR DE ENCOMENDA. Aquele escolhido livremente pelo procurador-geral de justiça, que o designa e afasta *ad nutum* (Hugo Nigro Mazzilli).

PROMOTOR DE JUSTIÇA. *Direito processual* e *direito constitucional.* Membro do Ministério Público que tem por função fiscalizar a correta aplicação da lei, dar impulso à ação penal pública e zelar pelos interesses privados indisponíveis (Othon Sidou e José Afonso da Silva). Tem: a) funções judiciais: inicia processos ou atua como fiscal em ações ajuizadas por terceiros: titulares dos processos criminais públicos, inclusive para oferecer proposta de transação penal (acordo para evitar o processo penal e nos cíveis onde haja incapazes (menores de 18 anos e interditados), interesse público e coletivo em ação civil pública ou ação comum, bem como ações de Estado (alimentos, família, divórcio, dissolução de união estável, tutela, curatela, guarda e outras da mesma natureza), além de feitos referentes a usucapião, falência, acidente de trabalho, registro público, paternidade, exercendo a fiscalização para proteção dos direitos em discussão, ajuizando ações quando verificar a necessidade destas, e recorrendo em caso de divergência com a decisão judicial; b) funções extrajudiciais; 1) instauração de inquérito civil público na defesa do patrimônio público, meio ambiente, consumidor e outros assuntos de natureza coletiva; 2) fiscalização de aplicação de verbas oriundas do FUNDEF (educação) e do SUS (saúde); 3) averiguação de procedimentos que retornam do Tribunal de Contas relativos às contas dos prefeitos e vereadores; 4) verificação de indícios de improbidade administrativa em qualquer dos Poderes; 5) defesa do idoso, do portador de deficiência em medidas coletivas e preventivas; 6) controle externo da atividade policial, civil e militar; 7) apuração de infração contida no Estatuto da Criança e do Adolescente, inclusive administrativa, podendo em atos infracionais aplicar remissão; 8) fiscalização das fundações civis; 9) fiscalização das atividades eleitorais; 10) investigações criminais e civis de interesse coletivo; 11) atendimento ao público, em assuntos da atribuição da promotoria; 12) correição trimestral nos feitos criminais; 13) acompanhamento da execução penal; 14) fiscalização da freqüência às aulas de alunos até quatorze anos; 15) influencia o Legislativo a elaborar

PRO 946 PROMOTOR DE JUSTIÇA MILITAR

leis que melhorem as condições da sociedade e o Executivo a realizar ações sociais concretas e reais; 16) busca solucionar as questões previstas como judiciais sem ajuizar ações, através de ações preventivas e/ou conciliação entre as partes; 17) participa de conselhos comunitários e governamentais a fim de implementar as ações públicas (André Luís Alves de Mello).

PROMOTOR DE JUSTIÇA MILITAR. *Direito militar.* Oficial que, perante os tribunais e justiças militares, exerce a função do Ministério Público.

PROMOTOR ELEITORAL. *Direito eleitoral.* Membro do Ministério Público local que atua junto ao juízo encarregado do serviço eleitoral de cada zona. Na inexistência de promotor nessas condições, ou havendo impedimento ou recusa justificada, o procurador-geral de justiça do Estado indicará ao procurador regional eleitoral o substituto a ser designado (Hugo Nigro Mazzilli).

PROMOTORIA. *Direito processual.* **1.** Cargo ou ofício de promotor de justiça. **2.** Repartição em que atua ou está sediado.

PROMOVENTE. **1.** Na *linguagem comum,* é aquele que toma providências para que se efetive algum evento. **2.** *Direito processual civil.* a) Aquele que propõe uma ação em juízo; autor da ação; demandante; o que instaura um processo e movimenta o feito; b) aquele que propõe uma ação demarcatória ou de divisão.

PROMOVER. **1.** Realizar. **2.** Originar. **3.** Fomentar. **4.** Trabalhar a favor de alguma coisa. **5.** Dar impulso. **6.** Propor. **7.** Requerer. **8.** Elevarse de posto ou no emprego. **9.** Ter iniciativa de algo. **10.** Conferir, ao funcionário, grau mais alto na hierarquia.

PROMPT. *Termo inglês* e *direito virtual.* Mensagem de programa de computador que solicita uma ação por parte do usuário (Afonso Celso F. de Rezende).

PROMOVIDO. **1.** Elevado a cargo ou dignidade superior. **2.** Originado. **3.** Que recebeu impulso. **4.** Que se promoveu.

PROMULGAÇÃO DA LEI. *Direito constitucional.* É o ato pelo qual o Poder Executivo autentica a lei, atestando sua existência, ordenando sua aplicação e cumprimento, uma vez que passa a pertencer ao ordenamento jurídico. A promulgação, no processo legislativo, sucede à sanção ou à recusa do veto.

PROMULGAÇÃO DO TRATADO. *Direito internacional público.* Ato do Presidente da República atestando, por decreto, que o tratado foi objeto de aprovação congressional, dando-lhe a publicidade necessária para integrar o acervo normativo nacional (Rezek).

PROMULGADOR. *Direito constitucional.* Que promulga.

PROMULGAR. *Direito constitucional.* **1.** Fazer promulgação. **2.** Declarar a autenticidade de uma lei, ordenando seu cumprimento.

PRONAF. Sigla de Programa Nacional de Fortalecimento da Agricultura Familiar.

PRONTA ENTREGA. *Direito comercial.* Modo de venda de mercadoria que, de imediato, será entregue ao comprador assim que efetuado o negócio.

PRONTIDÃO. *Direito militar.* Estado de alerta dos militares que, a qualquer momento, havendo necessidade, agem prontamente, sem demora, conforme a ocasião exigir.

PRONTIFICAR. **1.** Declarar-se pronto para cumprir um encargo cometido. **2.** Dar conta da incumbência.

PRONTO. **1.** *Direito financeiro.* Diz-se do pagamento imediato de certos gastos públicos. **2.** *Direito militar.* Desimpedido para o serviço. **3.** Nas *linguagens comum* e *jurídica,* pode significar: a) imediato; b) rápido; c) instantâneo; d) preparado para agir sem demora se for necessário e conforme a ocasião o exige; e) acabado; concluído; feito; realizado; f) eficaz; g) diligente; h) disponível. **4.** Na *linguagem popular,* tem o sentido de: a) pobre; b) sem dinheiro.

PRONTO EMBARQUE. *Direito comercial.* Embarque imediato da mercadoria vendida no primeiro meio de transporte que tiver por destino o local de sua entrega.

PRONTO-SOCORRO. Hospital de assistência pública onde são feitos os tratamentos de emergência de pessoas acidentadas ou doentes.

PRONTUARIADO. Aquele de quem se fez ficha.

PRONTUÁRIO. **1.** *Direito processual penal.* a) Ficha policial onde se registram os crimes e contravenções penais praticados por uma pessoa, qualificando-a; b) cadastro onde se registram, em ordem, os dados informativos sobre os delitos perpetrados por alguém; c) antecedentes criminais de uma pessoa; d) registro da vida carcerária do sentenciado, durante todo o tempo em que cumpriu a pena, que acompanha

PRONTUÁRIO POLICIAL

o relatório enviado ao Conselho Penitenciário para efeito de concessão do livramento condicional. **2.** *Direito administrativo.* a) Fichário que contém apontamentos ordenados e classificados, relativos a certas informações sobre fatos ou pessoas que devam ser logo encontradas; b) cadastro ou registro que constitua uma fonte de informações imediata sobre os fatos anotados; c) pasta ou cadastro que contém os dados da vida funcional do servidor público, como data de ingresso, promoções, cargos, gratificações, férias etc. **3.** Nas *linguagens comum* e *jurídica,* pode ter o sentido de: a) livro que contém indicações ou informações úteis; b) local onde são guardados objetos que possam ser necessários a qualquer momento; c) arquivo médico, em papel ou informatizado, contendo toda a documentação sobre dados biomédicos, prescrição terapêutica, relatórios de enfermagem, da anestesia e da cirurgia e os resultados de exames do paciente, tendo por objetivo facilitar a manutenção e o acesso às informações durante o atendimento ou tratamento.

PRONTUÁRIO POLICIAL. *Direito processual penal.* Ficha organizada pela polícia onde são anotados não só as infrações penais cometidas por uma pessoa, mas também as condenações por ela sofridas e os dados necessários para o conhecimento dos fatos a eles ligados. Tal prontuário é consultado por ocasião da expedição de atestado de antecedente criminal.

PRONÚNCIA. *Direito penal* e *direito processual penal.* **1.** Decisão interlocutória em que o juiz presidente do Tribunal do Júri, ante as provas colhidas, reconhecendo a existência do fato e a suposição da autoria do acusado, remete o réu a julgamento. Como diz Hermínio Alberto Marques Porto, é uma decisão interlocutória de preparação à sentença final do juiz presidente do Tribunal do Júri. Com sua prolação encerra-se a fase de formação de culpa, e o processo é encaminhado ao Tribunal do Júri para a solução do mérito da causa. **2.** Decisão que declara o dispositivo legal em cuja sanção julgar o réu incurso, a ponto de recomendar sua prisão ou expedir ordens necessárias para sua captura.

PRONUNCIAÇÃO. *Direito processual.* **1.** *Vide* PRONÚNCIA. **2.** Sentença proferida oralmente. **3.** Decisão; despacho; declaração.

PRONUNCIADO. *Direito processual penal.* **1.** Réu que está sujeito à pronúncia. **2.** Indiciado que foi declarado pelo juiz como suspeito da autoria

do crime a ser julgado pelo Tribunal do Júri. **3.** Que se pronunciou.

PRONUNCIAMENTO. 1. *Ciência política.* a) Discurso apresentado em público ou em plenário; b) ato de pronunciar-se, coletivamente, a favor ou contra uma medida política ou governamental; c) rebelião; insurreição; revolta; d) manifestação de opinião. **2.** *Direito processual.* Decisão judicial.

PRONUNCIANTE. *Direito processual penal.* Juiz que faz a pronúncia.

PRONUNCIAR. 1. Proferir. **2.** Emitir opinião. **3.** Dar despacho. **4.** Declarar. **5.** Decretar.

PRONUNCIÁVEL. Que se pode pronunciar.

PRONÚNCIO. *Direito canônico.* Cardeal enviado, diretamente, pelo pontífice com as funções de núncio em circunstâncias especiais.

PRONUNTIATIO JUDICIS. *Locução latina.* Sentença judicial.

PRONUNTIATIO JUDICIS FINEM CONTROVERSIAE IMPONENS ABSOLUTIONE VEL CONDEMNATIONE. *Expressão latina.* A sentença do juiz põe fim à controvérsia pela absolvição ou pela condenação.

PROPAGAÇÃO. 1. *Medicina legal.* Transmissão de moléstia por contágio. **2.** *Direito comercial* e *direito do consumidor.* Divulgação; difusão. **3.** *Direito agrário.* É a reprodução e a multiplicação de uma cultivar, ou a concomitância dessas ações.

PROPAGAÇÃO IN VITRO. *Direito agrário.* Propagação vegetal em ambiente artificial, usando frascos de cultura, técnicas assépticas e meio nutritivo adequado para crescimento e desenvolvimento das plantas.

PROPAGADOR. *Direito comercial* e *direito do consumidor.* Aquele que faz propaganda ou que divulga.

PROPAGANDA. 1. *Direito comercial* e *direito do consumidor.* a) Técnica de criar opinião pública que constitui uma forma remunerada de difusão de idéias, produtos, mercadorias ou serviços por parte de um anunciante identificado; b) conjunto de formas de publicidade que divulgam, por meio de anúncios, mercadorias, produtos ou serviços, despertando o interesse do consumidor pela sua aquisição ou uso. **2.** Na *linguagem jurídica* em geral: a) é a disseminação de doutrinas, idéias político-sociais ou fatos por meio de comunicação, com o intuito de influenciar a opinião alheia; b) difusão deliberada e sistemática de mensagens que visam criar nos destinatários uma imagem, positiva ou negativa, de objetos, pessoas, instituições, produtos, acontecimentos etc. (Sani, Lasswell e Leites). **3.** *Direito autoral.* Produção publicitária, como *outdoor, jingle, slogan, filmlet,* cartaz, filme etc., cujo criador merece proteção jurídica na utilização econômica de sua obra.

PROPAGANDA COMERCIAL DE BEBIDAS. *Direito do consumidor.* Divulgação de bebidas potáveis com teor alcoólico superior a treze graus Gay-Lussac permitida em emissoras de rádio e televisão entre as vinte e uma e as seis horas. Tal propaganda não pode associar o produto ao esporte olímpico ou de competição, ao desempenho saudável de qualquer atividade, à condução de veículos e a imagens ou idéias de maior êxito ou sexualidade das pessoas. As chamadas e caracterizações de patrocínio desses produtos em estádios, veículos de competição e locais similares, bem como em eventos alheios à programação normal de emissoras de rádio e televisão, podem ser feitas em qualquer horário, desde que identificadas apenas com a marca ou o *slogan* do produto, sem, contudo, recomendar o seu consumo.

PROPAGANDA COMERCIAL DE PRODUTOS DE TABACO. *Direito do consumidor.* Propaganda que só é permitida nas emissoras de rádio e televisão no horário compreendido entre as vinte e uma e as seis horas. A propaganda comercial dos produtos de tabaco deve ajustar-se aos princípios de: a) não sugerir o consumo exagerado ou irresponsável nem a indução ao bem-estar ou saúde, ou fazer associação a celebrações cívicas ou religiosas; b) não induzir as pessoas ao consumo, atribuindo aos produtos propriedades calmantes ou estimulantes, que reduzam a fadiga ou a tensão, ou qualquer efeito similar; c) não associar idéias ou imagens de maior êxito na sexualidade das pessoas, insinuando o aumento de virilidade ou feminilidade de pessoas fumantes; d) não associar o uso do produto à prática de esportes olímpicos nem sugerir ou induzir seu consumo em locais ou situações perigosas ou ilegais; e) não empregar imperativos que induzam diretamente ao consumo; f) não incluir, na radiodifusão de sons ou de sons e imagens, a participação de crianças ou adolescentes, nem a eles dirigir-se. A propaganda deve conter, nos meios de comunicação e em função de suas características, advertência escrita e/ou falada sobre os malefícios do

fumo, por meio das seguintes frases, usadas seqüencialmente, de forma simultânea ou rotativa, nessa última hipótese devendo variar no máximo a cada cinco meses, todas precedidas da afirmação "O Ministério da Saúde adverte": a) fumar pode causar doenças do coração e derrame cerebral; b) fumar pode causar câncer de pulmão, bronquite crônica e enfisema pulmonar; c) fumar durante a gravidez pode prejudicar o bebê; d) quem fuma adoece mais de úlcera do estômago; e) evite fumar na presença de crianças; f) fumar provoca diversos males à sua saúde.

PROPAGANDA COMERCIAL DOS DEFENSIVOS AGRÍCOLAS. *Direito do consumidor* e *direito ambiental.* Divulgação de defensivos agrícolas que contenham produtos de efeito tóxico, mediato ou imediato, para ser humano, que se deve restringir a programas de rádio ou TV e publicações dirigidas aos agricultores e pecuaristas, contendo completa explicação sobre a sua aplicação, precaução no emprego, consumo ou utilização, segundo o que disponha o órgão competente do Ministério da Agricultura, Pecuária e Abastecimento, sem prejuízo das normas estabelecidas pelo Ministério da Saúde ou outro órgão do Sistema Único de Saúde. A citação de danos eventuais à saúde e ao meio ambiente deve ser feita com dizeres, sons e imagens na mesma proporção e tamanho do produto anunciado. A propaganda comercial de agrotóxicos e afins, comercializáveis mediante prescrição de receita, deve mencionar expressa referência a essa exigência. A propaganda comercial de agrotóxicos, componentes e afins, em qualquer meio de comunicação, deve conter, obrigatoriamente, clara advertência sobre os riscos do produto à saúde dos homens, animais e ao meio ambiente, e observar que: 1) deve estimular os compradores e usuários a ler atentamente o rótulo e, se for o caso, o folheto, ou a pedir que alguém os leia para eles, se não souberem ler; 2) não deve conter: a) representação visual de práticas potencialmente perigosas, tais como a manipulação ou aplicação sem equipamento protetor, ou o uso em proximidade de alimentos ou presença de crianças; b) afirmações ou imagens que possam induzir o usuário a erro quanto à natureza, composição, segurança e eficácia do produto, e sua adequação ao uso; c) comparações falsas ou equívocas com outros produtos; d) indicações que contra-

PROPAGANDA DE MEDICAMENTOS E TERAPIAS

949

digam as informações obrigatórias do rótulo; e) declarações de propriedades relativas à inocuidade, tais como "seguro", "não venenoso", "não tóxico", com ou sem uma frase complementar, como "quando utilizado segundo as instruções"; f) afirmações de que o produto é recomendado por qualquer órgão do governo; 3) deve conter clara orientação para que o usuário consulte profissional habilitado e siga corretamente as instruções recebidas; 4) deve destacar a importância do manejo integrado de pragas; 5) deve restringir-se, na paisagem de fundo, a imagens de culturas ou ambientes para os quais se destine o produto. O oferecimento de brindes deve atender, no que couber, ao que foi acima mencionado, ficando vedada a oferta de quantidades extras do produto a título de promoção comercial.

PROPAGANDA DE MEDICAMENTOS E TERAPIAS. *Direito do consumidor.* Divulgação de medicamentos e terapias de qualquer espécie, cuja venda depende de prescrição médica ou de cirurgião dentista, só pode ser feita em publicações especializadas dirigidas direta e especificamente a profissionais e instituições de saúde. Se se trata de medicamento anódino ou de venda livre, este pode ser anunciado nos órgãos de comunicação social, desde que haja autorização do Ministério da Saúde, observando-se as condições de: a) registro do produto, quando este for obrigatório, no órgão de vigilância sanitária competente; b) que o texto, figura, imagem ou projeções não ensejem interpretação falsa, erro ou confusão quanto à composição do produto, suas finalidades, modo de usar ou procedência, ou apregoem propriedades terapêuticas não comprovadas por ocasião do registro referido acima; c) que sejam declaradas obrigatoriamente as contra-indicações, indicações, cuidados e advertências sobre o uso do produto; d) que se enquadre nas demais exigências genéricas que venham a ser fixadas pelo Ministério da Saúde; e) que contenha as advertências quanto ao seu abuso, conforme indicado pela autoridade classificatória. A dispensa da exigência de autorização prévia não exclui a fiscalização por parte do órgão de vigilância sanitária competente do Ministério da Saúde, dos Estados e do Distrito Federal. Tais condições devem ser obedecidas por todos os meios de divulgação, comunicação ou publicidade, tais como cartazes, anúncios luminosos ou não, placas, referências em programações radiofônicas, filmes de televisão ou cinema e outras modalidades. A propaganda dos medicamentos não pode conter afirmações que não sejam passíveis de comprovação científica nem pode utilizar depoimentos de profissionais que não sejam legalmente qualificados para fazê-lo. Os produtos fitoterápicos da flora medicinal brasileira devem apresentar comprovação científica dos seus efeitos terapêuticos no prazo de cinco anos, sem o que sua propaganda é automaticamente vedada. Toda propaganda de medicamentos deve conter, obrigatoriamente, advertência indicando que, ao persistirem os sintomas, o médico deve ser consultado. Na propaganda ao público dos produtos dietéticos, é proibida a inclusão ou menção de indicações ou expressões, mesmo subjetivas, de qualquer ação terapêutica ou tratamento de distúrbios metabólicos, sujeitando-se os infratores às penalidades cabíveis.

PROPAGANDA DESLEAL. *Direito penal.* Crime consistente na publicação de falsa afirmação, lesando o concorrente, para obter vantagem indevida.

PROPAGANDA ELEITORAL. *Direito eleitoral.* Divulgação, na época das eleições, do programa do partido e das idéias do candidato a cargo eletivo.

PROPAGANDA PARTIDÁRIA. *Ciência política.* Atuação permanente do partido político, divulgando seu programa e suas atividades por meio de realização de palestras, transmissão gratuita, em âmbito nacional e estadual, em rádio e televisão, promoção de sessões públicas para difundir suas idéias e sua posição em relação a temas político-comunitários.

PROPAGANDA PARTIDÁRIA GRATUITA. *Direito eleitoral* e *ciência política.* É a efetuada, gratuitamente, mediante transmissão por rádio e televisão para, com exclusividade: a) difundir os programas partidários; b) transmitir mensagens aos filiados sobre a execução do programa partidário, dos eventos com este relacionados, e das atividades congressuais do partido; c) divulgar a posição do partido em relação a temas político-comunitários.

PROPAGANDA POLÍTICA. *Ciência política.* **1.** Modalidade de propaganda que se caracteriza pela comunicação persuasiva com fins ideológicos para obtenção e conservação do poder (Carlos

Alberto Rabaça e Gustavo Barbosa). **2.** Difusão de ideologia política, programa e filosofia partidários (J. B. Pinho).

PROPAGANDEAR. Fazer propaganda.

PROPAGANDISMO. Arte de divulgar doutrinas ou de empregar propaganda.

PROPAGANDISTA. Aquele que faz propaganda.

PROPAGAR. 1. *Direito agrário.* Fazer com que os animais e plantas se multipliquem. **2.** *Medicina legal.* Alastrar doença por contágio. **3.** Na *linguagem jurídica* em geral, significa: a) difundir; divulgar; b) tornar público.

PROPAGATIVO. Que propaga.

PROPAGÁVEL. Que se pode propagar.

PROPÁGULO. *Direito agrário.* Rebento que assegura a multiplicação de determinados vegetais.

PROPALAÇÃO. Ato ou efeito de propalar.

PROPALADOR. Aquele que propala ou divulga.

PROPALAR. 1. Divulgar. **2.** Tornar público.

PROPEDÊUTICA. *Filosofia geral.* **1.** Ciência cujo estudo constitui uma preparação para o de outra (Kant). Ciência preparatória do estudo de outra, devido às noções básicas ou gerais que visa transmitir. **2.** Ciência preliminar. **3.** Conjunto de noções preliminares para o conhecimento de uma ciência (De Plácido e Silva).

PROPEDÊUTICO. *Filosofia geral.* **1.** Estudo elementar de uma ciência. **2.** Preparatório para um estudo mais aprofundado de uma ciência (Lalande). **3.** Aquilo que serve de introdução a uma ciência ou arte. **4.** Ensino preliminar.

PROPELIR. 1. Impelir. **2.** Projetar.

PROPENDÊNCIA. Estado ou qualidade de propendente.

PROPENDENTE. Que propende.

PROPENDER. 1. Ter tendência para algo. **2.** Estar inclinado.

PROPENSÃO. 1. Tendência. **2.** Inclinação.

PROPENSO. 1. Que mostra propensão para alguma coisa. **2.** Favorável. **3.** Inclinado.

PROPER LAW OF CONTRACT. *Direito internacional privado.* Lei do contrato; lei da autonomia da vontade dos contratantes; é a lei escolhida, intencionalmente, pelas partes para regulamentar a avença. Se a vontade dos contratantes for expressa, a *proper law of contract* ficará desde logo evidenciada; se aquela vontade não for explícita, necessário será inferir dos termos contratuais e da natureza do objeto do contrato qual a lei de sua regência, que nele está implícita, pretendida pelas partes tanto na formação como na execução contratual. Com a omissão dos contratantes, ficará, portanto, a critério do juiz ou da corte de arbitragem a interpretação da *proper law of contract*, que poderá não coincidir com a real intenção das partes interessadas. Não há inteira liberdade de escolha dos contratantes da lei que regerá o contrato, não só ante limitações impostas pela ordem pública, como também em razão de interpretações jurisprudenciais, que nos países de *common law* criam precedentes para casos similares.

PROPÍCIO. 1. Oportuno. **2.** Benévolo.

PROPINA. 1. *Direito do trabalho.* Pequena quantia pecuniária que se dá a um empregado; gratificação. **2.** *Direito civil.* a) Gorjeta; b) jóia que um novo sócio paga a uma associação ao ser admitido. **3.** *História do direito.* *Quantum* que era pago pelo doutorado a cada mestre que assistia ao seu doutoramento. **4.** *Direito administrativo.* Ato vedado ao servidor público, que consiste em receber, direta ou indiretamente, em razão de suas funções, alguma vantagem indevida para praticar, omitir ou retardar algum ato de suas atribuições. **5.** Na *linguagem médica*, é a prescrição ou administração de medicamento (De Plácido e Silva).

PRÓPOLE. *Direito agrário.* Substância resinosa e cerosa segregada pelas abelhas.

PROPOLISAÇÃO. *Direito agrário.* Ato pelo qual as abelhas vedam as fendas do cortiço com própole.

PROPONENTE. 1. *Direito civil.* a) Aquele que apresenta uma proposta de contrato; b) policitante; ofertante. **2.** *Direito administrativo.* a) Licitante; b) aquele que, numa licitação, apresenta uma proposta. **3.** Na *linguagem jurídica* em geral, diz-se, ainda, daquele que apresenta numa assembléia uma idéia ou sugestão.

PROPONÍVEL. Que se pode propor.

PRO POPULO. *Locução latina.* Em benefício do povo.

PROPOR. 1. Apresentar uma questão para ser discutida. **2.** Ofertar. **3.** Submeter algo à apreciação de alguém. **4.** Sugerir. **5.** Apresentar alguém como candidato. **6.** Oferecer como preço.

PROPORÇÃO. 1. *Filosofia geral.* Conveniência das partes com o todo. **2.** Nas *linguagens comum* e *jurídica*, pode ter o sentido de: a) harmonia; b) con-

PROPORCIONAL   951   **PRO**

formidade; c) dimensão; d) relação das partes de um todo entre si ou entre cada uma delas e o todo.

PROPORCIONAL. 1. Que está em proporção. **2.** O que corresponde a alguma coisa em grau, tamanho ou intensidade; o que apresenta correspondência entre as partes e o todo. **3.** Diz-se da igualdade que se realiza na distribuição de benefícios ou encargos entre os membros de uma comunidade, conforme a posição por eles ocupada, o seu mérito, a natureza do serviço prestado, a sua condição econômica ou capacidade contributiva, o seu tempo de serviço, a sua quota social etc.

PROPORCIONALIDADE. 1. Nas *linguagens comum* e *jurídica,* é a qualidade de proporcional. **2.** *Direito tributário.* Adoção de alíquota fixa que incide sobre uma dada base tributável (Eduardo M. F. Jardim).

PROPORCIONALIZAR. Tornar proporcional.

PROPORCIONAR. 1. Dar; oferecer. **2.** Tornar oportuno. **3.** Fazer com que haja proporção entre duas ou mais coisas; harmonizar.

PROPORCIONÁVEL. Que se pode proporcionar.

PROPOR CONSIGO MESMO. Deliberar.

PROPOSIÇÃO. 1. Na *linguagem jurídica* em geral, pode ter o sentido de: a) proposta; b) o que se propõe; c) ato de submeter algo a uma apreciação, exame ou deliberação; d) asserção; afirmação. **2.** *Ciência política.* Projeto de lei; proposta articulada de um texto legal. **3.** *Retórica jurídica.* Primeira parte de um discurso, onde se apresenta o assunto que vai ser tratado. **4.** *Lógica jurídica.* a) Afirmação ou negação de alguma coisa de um sujeito; b) significado de um enunciado declarativo ou descritivo. Trata-se do conteúdo de um enunciado; c) forma lingüística de um juízo; d) enunciado verbal de um juízo, que pode ser verdadeiro ou falso; e) enunciação de um juízo; f) elemento da argumentação em que um termo é afirmado ou negado de outro (Van Acker); g) organismo lógico em que termos são ligados por afirmação ou por negação (Goffredo Telles Jr.).

PROPOSIÇÃO ADVERSATIVA. *Lógica jurídica.* Proposição hipotética em que há duas proposições hipotéticas enlaçadas por uma conjunção adversativa, de modo que o segundo membro não seja uma simples alternativa, mas conseqüência do não-cumprimento do enunciado no primeiro membro. Por exemplo, dado H deve ser P, mas se não P deve ser S.

PROPOSIÇÃO AFIRMATIVA. *Lógica jurídica.* Aquela que tem cópula afirmativa (Goffredo Telles Jr.). Em toda proposição afirmativa, o predicado é particular ou tomado em parte de sua extensão. É a que identifica o sujeito ao predicado (Van Acker). O predicado é atribuído ao sujeito.

PROPOSIÇÃO A JULGAR. *Vide* PROPOSIÇÃO SIMPLESMENTE ENUNCIATIVA.

PROPOSIÇÃO ALTERNATIVA. *Lógica jurídica.* É a que apresenta duas partes opostas, sendo que uma delas deve ser admitida necessariamente.

PROPOSIÇÃO ANALÍTICA. *Lógica jurídica.* Aquela em que o predicado está contido no sujeito, por ser uma de suas notas essenciais (Puigarnau).

PROPOSIÇÃO APODÍCTICA. *Lógica jurídica.* É aquela em que a relação entre sujeito e predicado é necessária (Puigarnau).

PROPOSIÇÃO ASSERTÓRIA. *Lógica jurídica.* É aquela em que a relação entre sujeito e predicado é real.

PROPOSIÇÃO ATRIBUTIVA. *Lógica jurídica.* **1.** Proposição que afirma ou nega uma qualidade de um sujeito, por oposição à proposição concebida como decomposta em um sujeito e em um predicado e à proposição formada por dois termos unidos por uma relação (Lalande). **2.** *Vide* PROPOSIÇÃO CATEGÓRICA.

PROPOSIÇÃO CATEGÓRICA. *Lógica jurídica.* É aquela que afirma ou nega algo de duas classes (a do sujeito e a do predicado), podendo ser afirmativa ou negativa ao incluir ou excluir, total ou parcialmente, uma classe da outra. Tal proposição pode propor: a) a inclusão total de uma classe em outra (todo x é y), caso em que será universal afirmativa; b) a exclusão total de uma classe de outra (nenhum x é y), sendo, então, universal negativa; c) a inclusão parcial de uma classe em outra (alguns x são y), denominando-se particular afirmativa; e d) a exclusão parcial de uma classe de outra (alguns x não são y), chamada particular negativa. É também chamada de "proposição atributiva" ou "proposição simples". É, em suma, a constituída de apenas dois conceitos ou termos (sujeito e predicado) unidos por uma afirmação ou negação, não tendo cópula afetada por certa modalidade.

PROPOSIÇÃO COM MODALIDADE. *Vide* PROPOSIÇÃO MODAL.

PROPOSIÇÃO COM MODALIDADE CONTINGENTE. *Lógica jurídica.* Proposição que se reduz à modalidade possível, no sentido de existir ou não, sendo contingente no existir ou no ser (Van Acker).

PROPOSIÇÃO COM MODALIDADE IMPOSSÍVEL. *Lógica jurídica.* *Vide* PROPOSIÇÃO COM MODALIDADE NECESSÁRIA.

PROPOSIÇÃO COM MODALIDADE NECESSÁRIA. *Lógica jurídica.* Proposição que se reduz à modalidade impossível, pois o impossível é o que necessariamente não o é (Van Acker).

PROPOSIÇÃO COM MODALIDADE POSSÍVEL. *Vide* PROPOSIÇÃO COM MODALIDADE CONTINGENTE.

PROPOSIÇÃO COMPLEXA. *Vide* PROPOSIÇÃO HIPOTÉTICA.

PROPOSIÇÃO COMPOSTA. *Vide* PROPOSIÇÃO HIPOTÉTICA.

PROPOSIÇÃO CONDICIONAL. *Lógica jurídica.* Proposição hipotética em que, posto o antecedente ou condição, é necessário pôr o conseqüente ou condicionado; e disposto o conseqüente ou condicionado, é preciso dispor o antecedente ou a condição (Van Acker). É aquela em que a verificação da hipótese é condição do que é afirmado ou negado, sendo que o membro que exprime a hipótese chama-se antecedente ou condição, e o outro membro, conseqüente ou condicionado (Goffredo Telles Jr.). Por exemplo, se A é, deve ser B.

PROPOSIÇÃO CONJUNTIVA. *Lógica jurídica.* Proposição hipotética em que a verificação da hipótese não é a única alternativa necessária, oposta ao que é afirmado ou negado (Goffredo Telles Jr.). Por exemplo, se A é, B deve ser, e se B não é, deve ser S. Há uma coordenação conjuntiva de duas proposições hipotéticas, indicando a concorrência de ambas.

PROPOSIÇÃO CONTRADITÓRIA. *Lógica jurídica.* **1.** Aquela em que, em relação a outra, não há nenhum ponto de concordância. **2.** Aquela cuja oposição consiste em ser uma negação de outra.

PROPOSIÇÃO CONTRÁRIA. *Lógica jurídica.* **1.** É aquela que, relativamente a outra, apresenta concordância num só ponto (Goffredo Telles Jr.). **2.** Aquela cuja oposição consiste em negar a outra.

PROPOSIÇÃO DE EXISTÊNCIA. *Lógica jurídica.* É a que simplesmente enuncia um fato. Trata-se do juízo de existência (Puigarnau).

PROPOSIÇÃO DEFINIDA. *Lógica jurídica.* Proposição simples cujo sujeito está acompanhado de um sincategorema que determina sua quantidade (Puigarnau).

PROPOSIÇÃO DE INERÊNCIA. *Vide* PROPOSIÇÃO ATRIBUTIVA.

PROPOSIÇÃO DE *INESSE*. *Lógica jurídica.* **1.** Proposição de estar dentro. **2.** *Vide* PROPOSIÇÃO SIMPLESMENTE ATRIBUTIVA.

PROPOSIÇÃO DE REALIDADE. *Vide* PROPOSIÇÃO DE EXISTÊNCIA.

PROPOSIÇÃO DETERMINATIVA. *Lógica jurídica.* Aquela que determina outra ou parte de outra.

PROPOSIÇÃO DIRETA. *Lógica jurídica.* É a considerada por oposição à que resulta da inversão de seus termos.

PROPOSIÇÃO DISJUNTIVA. *Lógica jurídica.* Aquela em que a verificação da hipótese é a única alternativa necessária, oposta ao que é afirmado ou negado (Goffredo Telles Jr.). Implica a exclusão ou incompatibilidade das duas relações, pois os membros da disjuntiva não podem ser ao mesmo tempo. A disjuntiva contém duas possibilidades de dever: "deve ser P" ou "deve ser S", logo ambas as relações de dever se excluem. Se é devida a primeira, não pode ser devida a segunda. Por exemplo, se A é, deve ser B, ou se B não é, deve ser S. É, nas palavras de Van Acker, aquela em que, posto um membro, necessariamente se dispõe o outro, e disposto um membro qualquer, necessariamente se põe o outro.

PROPOSIÇÃO EM MATÉRIA CONTINGENTE. *Lógica jurídica.* Proposição em que pode haver conveniência, ou não, entre sujeito e predicado, conforme as suas naturezas e independentemente da cópula lógica (Van Acker).

PROPOSIÇÃO EM MATÉRIA IMPOSSÍVEL. *Lógica jurídica.* Proposição em que há uma conveniência impossível entre sujeito e predicado, independentemente da cópula e da verdade (Van Acker).

PROPOSIÇÃO EM MATÉRIA NECESSÁRIA. *Lógica jurídica.* Proposição em que, entre sujeito e predicado, há uma conveniência necessária, independentemente da cópula lógica (Van Acker).

PROPOSIÇÃO ENUNCIATIVA. *Lógica jurídica.* É a que denota a existência de um fato, como a referente à natureza, tanto de tipo singular (descrição de uma cordilheira) como a de tipo geral (descrição da conexão entre vários fenômenos: a queda dos corpos, sua dilatação, sua vibração); a da ciência psicológica, que manifesta o modo de ser dos fenômenos anímicos; a dos teoremas matemáticos, que expressam conexões ideais; a dos relatos históricos, que expõem fatos ocorridos (Recasens Siches).

PROPOSIÇÃO HIPOTÉTICA. *Lógica jurídica.* Também designada de proposição complexa, composta ou supositiva. É a constituída por duas ou mais proposições simples. É um organismo lógico em que, além da afirmação ou negação, próprias de todas as proposições, existe sempre a expressão de uma hipótese, cuja verificação é suposta pela afirmação ou negação. Pode ser: condicional, disjuntiva e conjuntiva (Goffredo Telles Jr.). É aquela que possui cópula hipotética ou supositiva como elemento de ligação de proposições para um modo eventual de argumentar. Por isso, não visa só afirmar ou negar, mas indicar alguns modos necessariamente conseqüentes de argumentar, na hipótese ou suposição de que alguém escolha um ou outro deles. Toda proposição hipotética encerra proposições categóricas, ligadas por uma cópula hipotética de argumentação (Van Acker).

PROPOSIÇÃO IDÊNTICA. *Lógica jurídica.* Aquela que tem predicado implícita ou explicitamente igual ao sujeito.

PROPOSIÇÃO INCOMPLEXA. *Lógica jurídica.* É a que tem o sujeito e o predicado expressos cada um por uma única palavra ou termo.

PROPOSIÇÃO INDEFINIDA. *Lógica jurídica.* **1.** É a proposição geral que convém a todos os seres da mesma espécie. **2.** Aquela cujo sujeito não está acompanhado de termo indicativo de sua extensão (Puigarnau).

PROPOSIÇÃO INDIVIDUAL. *Lógica jurídica.* **1.** Aquela em que o predicado é afirmado por um só objeto que o sujeito pode designar. **2.** Aquela em que por sujeito se tomam um ou vários indivíduos determinados entre si, que caem sob a extensão de certo conceito ou predicado (Puigarnau).

PROPOSIÇÃO INVERSA. *Lógica jurídica.* Diz-se daquela cujos termos estão invertidos em relação aos de outra proposição.

PROPOSIÇÃO JUDICATIVA. *Lógica jurídica.* É aquela que exprime um julgamento ou declaração da verdade, que se reduz a uma afirmação ou negação de uma coisa relativamente à outra. É também denominada proposição a julgar (Goffredo Telles Jr.).

PROPOSIÇÃO JURÍDICA. *Filosofia do direito* e *lógica jurídica.* Descrição de uma norma jurídica. Juízo que contém uma enunciação sobre a norma jurídica. Fruto de ato de conhecimento, que tem uma origem científica, sendo uma criação epistemológica (Hans Kelsen).

PROPOSIÇÃO MAIOR. *Lógica jurídica.* É a primeira premissa das antecedentes no silogismo.

PROPOSIÇÃO MENOR. *Lógica jurídica.* É a segunda premissa do silogismo; aquela em que se afirma que o sujeito da conclusão entra na extensão do meio-termo.

PROPOSIÇÃO MENTAL. *Lógica jurídica.* Organismo lógico em que termos são ligados por afirmação ou negação. Sujeito é o termo do qual o outro é afirmado ou negado. E o predicado é o termo que é afirmado ou negado do outro (Goffredo Telles Jr.).

PROPOSIÇÃO MODAL. *Lógica jurídica.* É aquela em que o predicado é atribuído ao sujeito, revelando o modo pelo qual aquele neste se contém. O predicado é atribuído ao sujeito de um certo modo. Os modos que transformam em modais as proposições simplesmente atributivas são de: possibilidade, impossibilidade e contingência (isto é, não-necessidade). Trata-se da proposição com modalidade.

PROPOSIÇÃO MODAL COMPOSTA. *Lógica jurídica.* Aquela que se exprime na forma de predicado atribuído a uma proposição não-modal, funcionando como sujeito, e com esta compondo uma proposição modal (Van Acker).

PROPOSIÇÃO MODAL CONTINGENTE. *Lógica jurídica.* É a que se reduz à modalidade possível, tomada no sentido de poder existir ou não, sendo, portanto, contingente no existir ou ser (Van Acker).

PROPOSIÇÃO MODAL DIVISA. *Lógica jurídica.* Aquela que, afetando a cópula, divide pelo meio uma proposição originária não-modal (Van Acker).

PROPOSIÇÃO MODAL NECESSÁRIA. *Lógica jurídica.* É a que se reduz ao que é necessário.

PROPOSIÇÃO NÃO MODAL. *Lógica jurídica.* É aquela sem modalidade, sendo simplesmente atributiva.

PROPOSIÇÃO NEGATIVA. *Lógica jurídica.* Proposição categórica que contém uma negação, significando que os seres a que se estende o sujeito não são os seres a que se estende o predicado; conseqüentemente, a extensão do predicado acha-se totalmente excluída da extensão do sujeito (Goffredo Telles Jr.). Em toda proposição negativa, o predicado é total ou tomado em toda a extensão. A extensão menor do sujeito é excluída da extensão maior do predicado (Van Acker). O predicado é excluído do sujeito.

PROPOSIÇÃO ORAL. *Lógica jurídica.* Expressão sonora ou falada da proposição mental. É a oração perfeita exprimindo a proposição mental (Goffredo Telles Jr. e Jacques Maritain). Os termos enunciativos orais, essencialmente, dividem-se, segundo a maior ou menor capacidade na significação, em significativos (categoremáticos), relativos a um objeto por si só, e consignificativos (sincategoremáticos), alusivos a um objeto em relação a outro, determinando-o ou modificando-o (Van Acker).

PROPOSIÇÃO ORDINÁRIA. *Vide* SÍMBOLO DICENTE.

PROPOSIÇÃO PARCIAL–PARCIAL. *Lógica jurídica.* Diz-se daquela em que sujeito e predicado são particulares (Puigarnau).

PROPOSIÇÃO PARCIAL–TOTAL. *Lógica jurídica.* Aquela em que o sujeito é particular e o predicado universal (Puigarnau).

PROPOSIÇÃO PARTICULAR. *Lógica jurídica.* **1.** Diz-se da que se refere a um ou a alguns indivíduos e não a todos da mesma espécie. **2.** É aquela em que o sujeito é tomado em parte de sua extensão (Puigarnau).

PROPOSIÇÃO PROBLEMÁTICA. *Lógica jurídica.* Aquela em que a relação inerente do predicado ao sujeito é concebida como meramente possível (Puigarnau).

PROPOSIÇÃO REAL E MANIFESTAMENTE COMPOSTA. *Lógica jurídica.* Aquela cuja estrutura evidencia a presença de duas ou mais proposições (Puigarnau).

PROPOSIÇÃO REALMENTE COMPOSTA. *Lógica jurídica.* Aquela cuja estrutura é composta, mas aparentemente simples, podendo ser: a) comparativa, se exprimir que algo é superior, igual ou inferior a outro; b) exclusiva, se expressar a conveniência única de um predicado a um sujeito e vice-versa; c) exceptiva, se parte da extensão do sujeito for excluída do predicado ou se parte da compreensão deste for excluída do sujeito; d) restritiva, se o sujeito apenas em sentido limitado convém ao predicado; e) reduplicativa, se reafirma o predicado do sujeito (Puigarnau).

PROPOSIÇÃO SEM MODALIDADE. *Vide* PROPOSIÇÃO NÃO MODAL.

PROPOSIÇÃO SIMPLES. *Vide* PROPOSIÇÃO CATEGÓRICA.

PROPOSIÇÃO SIMPLESMENTE ATRIBUTIVA. *Lógica jurídica.* **1.** *Vide* PROPOSIÇÃO CATEGÓRICA. **2.** É aquela em que o predicado é simplesmente atribuído ao sujeito, sendo-lhe conveniente. Todavia, essa conveniência não está qualificada ou determinada por qualquer modo. Essa proposição afirma ou nega que o predicado está dentro do sujeito (Goffredo Telles Jr.). Trata-se da proposição de *inesse*.

PROPOSIÇÃO SIMPLESMENTE ENUNCIATIVA. *Lógica jurídica.* Aquela que não é judicativa, por não ter merecido o assentimento intelectual ou a declaração da verdade de que aquilo que existe no espírito acha-se em conformidade com o que é. Não é expressão de um julgamento, mas é matéria de um juízo projetada, sendo por isso apta a exprimir um julgamento (Goffredo Telles Jr.).

PROPOSIÇÃO SINGULAR. *Vide* PROPOSIÇÃO INDIVIDUAL.

PROPOSIÇÃO SINTÉTICA. *Lógica jurídica.* **1.** Aquela cuja certeza tem por base a identidade dos conceitos. **2.** Aquela em que o predicado não está contido no sujeito, mas de certo modo está a ele agregado, de tal sorte que para comprovar a sua verdade ou falsidade é preciso, além de analisar as notas do sujeito, recorrer à experiência (Puigarnau).

PROPOSIÇÃO SUBCONTRÁRIA. *Lógica jurídica.* **1.** Aquela que se opõe a outra por serem subalternadas de juízos contrários, podendo ser ambas verdadeiras, ou uma verdadeira e a outra falsa; logo, da falsidade de uma pode inferir-se a verdade da outra, mas da verdade de uma não se pode deduzir nem a falsidade, nem a verdade da outra. Não podem ser ambas falsas porque são contrárias entre si (Puigarnau). **2.** Aquela oposta a outra, embora haja entre elas concordância num só ponto: ambas podem ser simultaneamente verdadeiras (Goffredo Telles Jr.). Duas subcontrárias não podem ser juntamente rejeitadas, mas ambas podem ser aceitas. Duas subcontrárias não podem ser dispostas juntamente, mas sim postas. Se uma subcontrária for rejeitada, a outra deve ser aceita; mas se uma for aceita nem por isso a outra deve ser forçosamente rejeitada (Goffredo Telles Jr., Van Acker e Gredt).

PROPOSIÇÃO SUPOSITIVA. *Vide* PROPOSIÇÃO HIPOTÉTICA.

PROPOSIÇÃO TEMERÁRIA. *Lógica jurídica.* É aquela que leva a induções contrárias à verdadeira doutrina (Laudelino Freire).

PROPOSIÇÃO TOTAL. *Lógica jurídica.* Aquela em que tanto o sujeito como o predicado são universais, mas o primeiro é quantificado totalmente, e o segundo, particularmente (Van Acker).

PROPOSIÇÃO TOTAL–PARCIAL. *Lógica jurídica.* Aquela em que o sujeito é universal e o predicado, particular (Puigarnau).

PROPOSIÇÃO TOTAL–TOTAL. *Lógica jurídica.* Aquela em que o sujeito e o predicado são universais (Puigarnau).

PROPOSIÇÃO UNIVERSAL. *Lógica jurídica.* **1.** É aquela em que se toma o sujeito em toda a sua extensão (Puigarnau). **2.** Aquela em que o predicado é afirmado da universalidade de objetos que a palavra que serve de sujeito pode designar.

PROPOSICIONAL. *Lógica jurídica.* Referente à proposição ou à proposição enquanto oposta ao conceito (Lalande).

PROPOSIÇÕES DIVERSAS. *Vide* PROPOSIÇÕES RECÍPROCAS.

PROPOSIÇÕES FUNDAMENTAIS. *Filosofia geral.* **1.** Postulados. **2.** Axiomas.

PROPOSIÇÕES RECÍPROCAS. *Lógica jurídica.* Aquelas em que o sujeito de uma se converte em predicado de outra e vice-versa.

PROPOSITADO. 1. Que revela intenção. **2.** Premeditado.

PROPOSITAL. 1. Intencional. **2.** *Vide* PROPOSITADO.

PROPÓSITO. 1. Intento. **2.** Intenção. **3.** Aquilo que se tem em vista. **4.** Projeto.

PROPOSITURA. 1. *Direito processual civil.* Ato que dá início a uma ação judicial, para fazer valer uma pretensão. **2.** Na *linguagem jurídica* em geral, pode ter o sentido de: a) ato ou efeito de propor alguma coisa; b) o que se propõe; c) oferta; d) condição que se propõe para que se possa chegar a um acordo; e) argumento.

PROPOSITURA DA AÇÃO. *Direito processual civil.* **1.** Ato pelo qual se ingressa em juízo, apresentando uma petição inicial, pleiteando ou prevenindo um direito. **2.** Ajuizamento de uma ação, levando uma pretensão em face de outrem ao magistrado, pedindo a aplicação da norma jurídica. **3.** Ato de propor a demanda.

PRO POSSESSORE HABETUR, QUI DOLO DESIT POSSIDERE. *Expressão latina.* Quem por fraude deixa de possuir, é sempre considerado possuidor.

PROPOSTA. 1. *Direito civil.* a) Ato de propor um contrato; b) declaração inicial de vontade cuja finalidade é a realização de um contrato; c) ato de oferecer a alguém a realização de um negócio, mediante certas condições; d) policitação; e) aquilo que se propõe. **2.** *Direito administrativo.* Oferta de preço e das demais condições apresentadas por escrito pelo licitante.

PROPOSTA CONTRATUAL. *Direito civil.* **1.** Declaração receptícia de vontade, dirigida por uma pessoa a outra, com quem pretende celebrar um contrato, por força da qual a primeira manifesta sua intenção de se considerar vinculada, se a outra parte aceitar (Orlando Gomes e Gaudemet). **2.** Declaração dirigida a outrem, visando com ele contratar, de modo que basta o seu consentimento para concluir o acordo (Von Tuhr). **3.** Manifestação da vontade de uma parte contratante, que solicita a vontade acorde da outra parte (Clóvis Beviláqua).

PROPOSTA DA LEI. *Direito constitucional.* Projeto de lei que é apresentado por quem tem a iniciativa à discussão, deliberação e aprovação do Poder Legislativo.

PROPOSTA ORÇAMENTÁRIA. *Direito financeiro.* Projeto de lei orçamentária apresentado, anualmente, pelo Executivo ao Legislativo, contendo não só a discriminação da receita e da despesa, como também o programa de trabalho do governo, acompanhado da justificação da política econômico-financeira e de tabelas justificativas.

PROPOSTO. O que se propôs.

PROPRETOR. *Direito romano.* Magistrado com autoridade de pretor.

PROPRETORIA. *Direito romano.* Cargo de propretor.

PROPRIA MANU. *Locução latina.* De próprio punho.

PROPRIEDADE. 1. Na *linguagem jurídica* em geral, pode ter o sentido de: a) qualidade do que é próprio; b) o que é próprio de alguma coisa, distinguindo-a de outra; característica do que é próprio; c) qualidade especial; d) uso certo de palavras em relação ao que se pretende exprimir. **2.** *Direito civil.* a) O que pertence a uma pessoa; b) imóvel rural ou urbano; bem de raiz; c) relação jurídica de apropriação de um bem corpóreo ou incorpóreo; d) poder que se exerce sobre coisas; e) direito que tem uma pessoa de tirar diretamente da coisa toda a sua utilidade jurídica (Tito Fulgêncio); f) poder assegurado pelo grupo social à utilização dos bens da vida psíquica e moral (Clóvis Beviláqua); g) direito real que vincula à nossa personalidade uma coisa corpórea sob todas as suas relações (Lacerda de Almeida); h) direito que a pessoa física ou jurídica tem, dentro dos limites normativos, de usar, gozar e dispor de um bem, corpóreo ou incorpóreo, bem como de reivindicá-lo de quem injustamente o detenha; i) é o direito, excludente de outrem, que dentro dos limites do interesse público e social submete juridicamente a coisa corpórea, em todas as suas relações (substância, acidentes e acessórios), ao poder da vontade do sujeito, mesmo quando injustamente esteja sob a detenção física de outrem (R. Limongi França); j) é o direito real exercido de modo absoluto, exclusivo e, em geral, perpétuo (Cunha Gonçalves). **3.** *Direito comercial.* Estabelecimento empresarial.

PROPRIEDADE ADJACENTE. *Direito agrário.* É o estabelecimento pecuário com rebanhos da mesma espécie da propriedade-alvo no qual foi isolado o agente etiológico da enfermidade, que faz divisa física com a propriedade-alvo ou faz parte de sistemas integrados com a introdução comprovada de animais oriundos da propriedade-alvo.

PROPRIEDADE AGRÍCOLA. *Direito agrário.* Prédio ou terreno destinado à exploração de atividades agrícolas para atender à alimentação humana.

PROPRIEDADE ALODIAL. *Direito civil.* Diz-se do bem livre de ônus sobre o qual o proprietário tem pleno poder jurídico, por não haver restrição ao seu direito, decorrente da relação de domínio. Trata-se da propriedade plena.

PROPRIEDADE-ALVO. *Direito agrário.* É o estabelecimento pecuário em que foi colhida uma amostra, diagnosticada uma enfermidade por meio do isolamento e identificação do agente etiológico.

PROPRIEDADE APARENTE. *Direito civil.* Diz-se da coisa que se mostra pertencente a uma deter-

minada pessoa que, na verdade, não é o seu legítimo dono, por estar fundado em direito incerto ou duvidoso.

PROPRIEDADE AUTORAL. *Direito autoral.* Conjunto de direitos assegurados ao autor de obra literária, artística ou científica.

PROPRIEDADE BONITÁRIA. *Direito romano.* Domínio protegido pelo direito honorário, mediante uma *actio* ou uma *exceptio.*

PROPRIEDADE COLETIVA. *Direito administrativo.* Bem destinado ao uso geral, de tal sorte que aquele que o utilizar não pode pretender ter uma parte dele, por estar fora do comércio, sendo inalienável e insuscetível de apropriação individual, em razão da existência de uma afetação de ordem pública.

PROPRIEDADE COMERCIAL. *Direito comercial.* **1.** Propriedade empresarial onde se explora atividade econômica com intuito lucrativo. **2.** Estabelecimento empresarial onde há exploração de atividades econômicas organizadas para a produção e circulação de bens e serviços. **3.** Conjunto de direitos assegurados ao empresário, no que diz respeito às coisas de seu comércio, ao nome comercial, à marca de indústria e comércio, ao fundo de comércio e ao direito de renovação do contrato de locação do prédio em que está o estabelecimento mercantil (Othon Sidou e De Plácido e Silva).

PROPRIEDADE COMUM. *Direito civil.* **1.** Condomínio. **2.** Co-propriedade indivisa, em que uma coisa pertence aos condôminos, cabendo a cada um deles igual direito, idealmente, sobre o todo e cada uma de suas partes (Caio M. da Silva Pereira). Concede-se a cada condômino uma quota ideal qualitativamente igual da coisa e não uma parcela material desta. É possível que os co-proprietários venham a realizar a divisão do bem, pondo fim ao estado de comunhão.

PROPRIEDADE CONSOLIDADA. *Vide* PROPRIEDADE PLENA.

PROPRIEDADE CORPÓREA. *Direito civil.* É aquela em que o domínio recai sobre bem ou coisa material.

PROPRIEDADE DE DIREITO CREDITÍCIO. *Direito civil.* É a titularidade referente aos direitos obrigacionais (R. Limongi França).

PROPRIEDADE DE DIREITOS REAIS. *Direito civil.* É a titularidade relativa aos direitos reais de fruição de coisa alheia, de garantia (R. Limongi França) ou de aquisição.

PROPRIEDADE DE IMÓVEL. *Vide* PROPRIEDADE IMOBILIÁRIA.

PROPRIEDADE DE INVENTO. *Direito de propriedade industrial.* Patente de invenção.

PROPRIEDADE DE TEMPO COMPARTILHADO. *Vide* SISTEMA *TIME-SHARING.*

PROPRIEDADE DIVISÍVEL. *Direito civil.* Aquela que pode ser, física ou juridicamente, dividida entre os seus co-proprietários.

PROPRIEDADE EM REGIME DE SANEAMENTO. *Direito agrário* e *direito ambiental.* Estabelecimento que após a confirmação do foco de infecção ou do local de exalação do mau cheiro entra em Regime de Saneamento.

PROPRIEDADE FAMILIAR. *Direito agrário.* Propriedade agrária cuja área máxima é fixada por região e tipo de exploração, que é feita, direta e pessoalmente, pelo rurícola e sua família para garantir-lhes o sustento e o progresso socioeconômico. Trata-se do fundo agrário trabalhado pelo proprietário, arrendatário, parceiro etc. em regime de economia familiar (Fernando P. Sodero).

PROPRIEDADE FIDUCIÁRIA. *Direito civil.* **1.** É a gravada com fideicomisso, por ser resolúvel após o decurso de um certo tempo, ou ocorrendo a morte do fiduciário, passando, então, ao fideicomissário. **2.** Propriedade resolúvel de coisa móvel infungível que o devedor, com escopo de garantia, transfere ao credor. Constitui-se com o assento do contrato no Registro de Títulos e Documentos do domicílio do devedor, ou, em se tratando de veículos, na repartição competente para o licenciamento, fazendo-se a anotação no certificado de registro. **3.** Propriedade de caráter temporário transferida pelo devedor ao credor, com a finalidade de garantir uma dívida. Quitado o empréstimo, opera-se automaticamente a revogação da fidúcia, com a conseqüente consolidação da propriedade plena em nome do devedor, sendo que, quando ocorre a inadimplência contratual por parte do devedor, ter-se-á a consolidação da propriedade plena em nome do credor fiduciário (Luiz Fernando Rudge).

PROPRIEDADE–FOCO. *Direito agrário.* Estabelecimento onde foi comprovada e notificada, pelo serviço veterinário oficial, a presença de um ou mais animais infectados pelo agente etiológico do mormo (*Burkholderia mallei*).

PROPRIEDADE HORIZONTAL. *Direito civil.* Condomínio em edifício, que se caracteriza pela justaposição de propriedades distintas e exclusivas ao lado de partes que constituem propriedade comum, tais como: solo, fundações, pórtico, escadas, elevadores, corredores, porão, jardim etc. Cada proprietário de fração autônoma (apartamento, sala ou loja) poderá usar livremente das partes comuns, atendendo à sua destinação. E com relação à sua unidade, o titular tem direitos tão completos quanto os do proprietário único de uma casa. Tudo que não for objeto de propriedade exclusiva pertence em condomínio aos donos dos apartamentos, por ser complemento indispensável da propriedade de cada um.

PROPRIEDADE IMATERIAL. *Direito civil, direito autoral* e *direito de propriedade industrial.* Diz-se da que recai sobre direitos, bens incorpóreos, como direitos autorais, privilégios de invenção, patentes, marcas de fábrica e de comércio. Abrange a propriedade industrial e a propriedade literária, artística e científica.

PROPRIEDADE IMOBILIÁRIA. *Direito civil.* Aquela que incide sobre coisa imóvel ou bem de raiz, como terreno, casa, prédio etc.

PROPRIEDADE IMÓVEL. *Vide* PROPRIEDADE IMOBILIÁRIA.

PROPRIEDADE IMPERFEITA. *Vide* PROPRIEDADE LIMITADA.

PROPRIEDADE INCORPÓREA. *Vide* PROPRIEDADE IMATERIAL.

PROPRIEDADE INDIVIDUAL. *Direito civil.* É a pertencente a determinada pessoa, em relação a um bem, podendo usá-lo, gozá-lo, fruí-lo e dele dispor. É a propriedade privada ou particular de uma pessoa.

PROPRIEDADE INDUSTRIAL. **1.** *Direito empresarial.* Estabelecimento industrial. **2.** *Direito de propriedade industrial.* a) Conjunto de direitos que recaem sobre invenções trazidas à indústria para sua exploração econômica; b) relação jurídica que vincula o invento ao seu autor; c) é a que tem por objeto as patentes de invenção, os modelos de utilidade, os desenhos industriais, as marcas de fábrica ou de comércio, as marcas de serviço, o nome empresarial, as indicações geográficas e a repressão da concorrência desleal. **3.** *Direito agrário.* É a que incide sobre produtos manufaturados ou naturais oriundos de indústria agrícola ou extrativa.

PROPRIEDADE INTELECTUAL. *Direito autoral* e *direito de propriedade industrial.* É a resultante de um direito imaterial decorrente de trabalho intelectual como o de o autor utilizar suas obras literárias, artísticas e científicas, patentes de invenções, marcas etc. Trata-se da propriedade imaterial.

PROPRIEDADE INTERDITADA. *Direito agrário.* Estabelecimento onde foi notificada a suspeita de mormo ao serviço veterinário oficial, no qual foram aplicadas medidas de defesa sanitária, incluindo a suspensão temporária do egresso e ingresso de eqüídeos pelo serviço oficial.

PROPRIEDADE LIMITADA. *Direito civil.* Também chamada de propriedade imperfeita ou de propriedade restrita. É aquela em que se desmembra um ou alguns dos poderes de seu titular, que passam a ser de outrem, caso em que se constitui o direito real sobre coisa alheia. Assim, no usufruto, limitada é a propriedade do nu-proprietário, porque o usufrutuário tem sobre a coisa o uso e gozo. Limitado é o domínio gravado com cláusula de inalienabilidade, já que o seu proprietário está privado do direito de dispor do bem. É limitada quando tem ônus real ou quando dela se desprende qualquer parcela para constituir direito real de outra pessoa (Clóvis Beviláqua).

PROPRIEDADE LITERÁRIA, CIENTÍFICA E ARTÍSTICA. *Direito autoral.* Conjunto dos direitos que tem o autor de obra literária, científica ou artística, inclusive o de explorá-la economicamente, o de impedir sua contratação ou sua reprodução.

PROPRIEDADE LIVRE. *Direito agrário.* Estabelecimento cujo plantel de eqüídeos é submetido, periodicamente, a exames clínicos e laboratoriais, segundo normas estabelecidas pelo serviço oficial, com vistas à certificação da propriedade.

PROPRIEDADE MOBILIÁRIA. *Direito civil.* É a que incide sobre coisa móvel por natureza ou por determinação legal.

PROPRIEDADE MÓVEL. *Vide* PROPRIEDADE MOBILIÁRIA.

PROPRIEDADE NUA. *Direito civil.* É aquela em que o seu titular não tem sobre o bem o *uis utendi* e *fruendi*, não podendo dele usar nem gozar por ter transferido tais direitos a outrem. Trata-se de uma propriedade limitada, desprovida do direito de uso. O proprietário é dono do bem, mas não tem o uso e gozo. É o que ocorre no usufruto e na enfiteuse.

PROPRIEDADE PERFEITA. *Vide* PROPRIEDADE PLENA.

PROPRIEDADE PERPÉTUA. *Direito civil.* É aquela que tem duração ilimitada.

PROPRIEDADE PLENA. *Direito civil.* **1.** Propriedade alodial. **2.** Propriedade perfeita que se dá quando todos os seus elementos constitutivos se acham reunidos na pessoa do proprietário, ou seja, quando seu titular pode usar, gozar e dispor do bem de modo absoluto, exclusivo e perpétuo, bem como reivindicá-lo de quem, injustamente, o detenha. Trata-se da propriedade consolidada ou propriedade pura.

PROPRIEDADE PRIVADA. *Vide* PROPRIEDADE INDIVIDUAL.

PROPRIEDADE PRODUTIVA. *Direito agrário.* É a que, explorada econômica e racionalmente, atinge, simultaneamente, Grau de Utilização da Terra (GUT) igual ou superior a 80% (oitenta por cento) e Grau de Eficiência na Exploração (GEE) igual ou superior a 100% (cem por cento).

PROPRIEDADE PÚBLICA. *Direito civil* e *direito administrativo.* Diz-se da coisa ou bem corpóreo ou incorpóreo pertencente ao Poder Público. Abrange, portanto, os bens públicos de uso comum do povo, de uso especial, e os dominicais, que pertencem à União, aos Estados, Municípios, Distrito Federal, territórios, autarquias etc.

PROPRIEDADE PURA. *Vide* PROPRIEDADE PLENA.

PROPRIEDADE RESOLÚVEL. *Direito civil.* É a que encontra, no seu título constitutivo, uma razão de sua extinção, ou seja, as próprias partes ou a lei estabelecem uma condição resolutiva. É o que se dá no fideicomisso, com a propriedade do fiduciário, na doação, com cláusula de reversão, e na retrovenda, com o domínio do comprador. É aquela que no próprio título de sua constituição encerra o princípio que a tem de extinguir, realizada a condição resolutória, ou vindo o termo extintivo, seja por força da declaração de vontade, seja por determinação da lei (Clóvis Beviláqua). É também designada propriedade revogável.

PROPRIEDADE RESTRITA. *Vide* PROPRIEDADE LIMITADA.

PROPRIEDADE REVOGÁVEL. *Vide* PROPRIEDADE RESOLÚVEL.

PROPRIEDADE RURAL. 1. *Direito tributário.* Imóvel localizado fora do perímetro urbano do município, que constitui a hipótese de incidência do imposto sobre a propriedade territorial rural. **2.** *Direito administrativo.* Prédio improdutivo que se sujeita à desapropriação por interesse social para fins de reforma agrária, por não estar cumprindo sua destinação econômica. **3.** *Direito agrário.* Imóvel situado ou não fora do perímetro urbano, com destinação agropecuária, extrativa vegetal ou agroindustrial.

PROPRIEDADE RÚSTICA. *Vide* PROPRIEDADE RURAL.

PROPRIEDADES ESSENCIAIS DA MATÉRIA. *Filosofia geral.* São a extensão e a impenetrabilidade que, por si sós, são suficientes para definir a matéria.

PROPRIEDADE SUPERFICIÁRIA. *Vide* SUPERFÍCIE.

PROPRIEDADE TEMPORÁRIA. *Direito civil.* É a que se extingue por causa superveniente, alheia ao título e posterior à transmissão do domínio, acarretando efeitos *ex nunc*. Por exemplo, perda da propriedade do bem doado por ingratidão cometida contra o doador, que vem a revogar a doação, extinguindo o domínio do donatário sobre o bem, sem prejudicar direitos adquiridos por terceiros; logo valerá hipoteca ou venda que o donatário houver feito antes da sentença que reconhece sua ingratidão. Ressalva-se, porém, ao doador o direito de mover ação contra o donatário para haver o valor do bem, ante a impossibilidade de sua restituição.

PROPRIEDADE TERRITORIAL. 1. *Direito administrativo.* Terra devoluta. **2.** *História do direito.* Domínio relativo a uma porção de terras extensa na qual o Poder Público exercia seu direito por título histórico-político, repousando na concessão pública e no reconhecimento da ocupação primária, como ocorreu no regime das sesmarias.

PROPRIEDADE URBANA. 1. *Direito tributário.* Imóvel situado na zona urbana municipal, sobre o qual incide o imposto sobre propriedade predial e territorial urbana. **2.** *Direito administrativo.* Imóvel localizado dentro das demarcações impostas administrativamente pela lei. **3.** *Direito civil* e *direito comercial.* Imóvel que, qualquer que seja sua localização, se destina à moradia, ao comércio e indústria, e não à exploração agrária.

PROPRIEDADE VERTICAL. *Direito civil.* Casa de parede-meia.

PROPRIE DICITUR RES NON REDDITA QUAE DETERIOR REDDITUR. *Expressão latina.* Coisa que é entregue deteriorada deve ser considerada como não entregue.

PROPRIETARIADO. *Direito civil.* **1.** Conjunto dos proprietários de imóveis. **2.** Classe dos proprietários imobiliários.

PROPRIETÁRIO. 1. *Direito civil.* a) Titular do direito de usar, gozar e dispor de uma coisa e de reavê-la de quem a detiver injustamente; b) dono do bem; c) o que tem a propriedade. **2.** *Direito administrativo.* Ocupante efetivo do cargo público. **3.** *Direito marítimo.* Pessoa física ou jurídica cuja propriedade da embarcação é registrada em seu nome na autoridade marítima e, quando legalmente exigido, no Tribunal Marítimo.

PROPRIETÁRIO ARMADOR. *Direito marítimo.* Aquele que explora diretamente o navio ou embarcação que lhe pertence, efetuando contratos para equipá-la e utilizá-la.

PROPRIETAS CUM POSSESSIONE NIL COMMUNE HABET. *Aforismo jurídico.* Propriedade nada tem de comum com a posse.

PRÓPRIO. 1. *Filosofia geral.* a) Aquilo que pertence à essência; b) conjunto de caracteres pertencentes a todos os seres de uma classe. **2.** Nas *linguagens comum* e *jurídica* em geral, pode significar: a) o que é inerente a um dado sujeito, por lhe ser peculiar; b) que pertence exclusivamente a alguém; c) adequado; oportuno; d) conveniente; e) exato; certo; f) o que exprime uma idéia de modo exato; g) que não se faz representar por outra pessoa; h) mensageiro; i) aquele que foi encarregado de cumprir uma dada missão. **3.** *Direito civil.* Diz-se do bem sobre o qual incide o direito de propriedade.

PRÓPRIO NACIONAL. *Direito administrativo.* Bem que pertence à União, integrando seu patrimônio.

PROPRIO NOMINE. *Locução latina.* **1.** Em nome próprio; no próprio nome. **2.** Diz-se do ato efetivado no interesse da própria pessoa.

PROPRIO SENSU. *Locução latina.* No sentido próprio.

PROPTER NUPTIAS. *Locução latina.* Por causa das núpcias.

PROPTER OFFICIUM. *Locução latina.* Em razão da profissão ou do ofício.

PROPTER REM. *Locução latina.* Diz-se da obrigação acessória real.

PROPTER SCANDALUM EVITANDUM NON EST OMITTENDA VERITAS. *Expressão latina.* Não se deve omitir a verdade para evitar o escândalo.

PROPTOMA. *Medicina legal.* Saliência do globo ocular, que se desloca para a frente.

PROPUGNADOR. Defensor.

PROPUGNAR. Defender.

PROPULSANTE. *Direito espacial.* Combustível líquido ou sólido usado para propulsão do foguete.

PROPULSÃO. *Direito aeronáutico* e *direito espacial.* Ato ou efeito de impelir avião ou foguete por um motor a jato.

PROQUESTOR. *Direito romano.* Substituto do questor.

PROQUESTURA. *Direito romano.* Função de proquestor.

PRO RATA. *Locução latina.* **1.** Em proporção (calculada quantitativamente); proporcionalmente. Abreviação de *pro rata parte.* **2.** Método de cálculo do prêmio do seguro com base nos dias de vigência contratual, se o contrato se der por período inferior a um ano (Luiz Fernando Rudge).

PRO RATA PARTE. *Vide PRO RATA.*

PRO RATA TEMPORIS. *Locução latina.* Proporção relacionada com o tempo (e não com a quantidade).

PRO RE NATA. *Locução latina.* Conforme os fatos.

PRORRATEAR. Efetuar um rateio antecipado.

PRORRATEIO. Rateio prévio de um bem antes da adjudicação ou da divisão.

PRORROGABILIDADE. Qualidade de prorrogável.

PRORROGAÇÃO. **1.** Dilação. **2.** Adiamento. **3.** Ato de tornar um prazo estabelecido mais longo; aumento de tempo. **4.** Extensão de um cargo. **5.** Ampliação de uma atribuição. **6.** Ato de ampliar uma relação jurídica que já devia ter expirado.

PRORROGAÇÃO DA COMPETÊNCIA. *Direito processual civil.* Fenômeno processual pelo qual a competência pode ser alterada pela vontade das partes ou pela conexão de causas, tornando competente um juiz incompetente para determinado processo que refoge de sua jurisdição (José Frederico Marques). É a ampliação da competência do juiz para que ele possa conhecer uma questão que, por razão especial, é levada à sua presença.

PRORROGAÇÃO DA JURISDIÇÃO. *Vide* PRORROGAÇÃO DE COMPETÊNCIA.

PRORROGAÇÃO DA LOCAÇÃO. *Direito civil.* **1.** Dilatação do prazo de um contrato de locação residencial, por tempo indeterminado, se, findo o prazo de dois anos e meio ajustado, o locatário continuar na posse do imóvel locado por mais de trinta dias sem oposição do locador. Trata-se da figura da prorrogação voluntária tácita. A permanência do inquilino no imóvel locado e a inércia do locador induzirão à prorrogação da locação. Ocorrendo a prorrogação, o locador poderá denunciar o contrato a qualquer tempo, concedido o prazo de trinta dias para desocupação. **2.** Continuação da locação por prazo indeterminado, se findo o tempo de duração contratual estipulado, que era inferior a trinta meses. Trata-se da prorrogação automática por prazo indeterminado, somente podendo ter retomado o prédio locado nos casos previstos em lei. **3.** Prolongação no tempo da mesma relação jurídica *ex locato*, em razão de lei ou de vontade das partes, modificando-se apenas o prazo e o aluguel. Não haverá novo contrato.

PRORROGAÇÃO DA SOCIEDADE. *Direito comercial.* Ampliação, deliberada por ato, escrito dos sócios, do período de duração de um contrato de sociedade, antes que se expire o prazo convencionado para sua vigência, para que a sociedade continue e atinja seus objetivos.

PRORROGAÇÃO DO HORÁRIO. *Direito do trabalho.* Aumento da jornada de trabalho por acordo entre empregado e empregador ou para atender a uma necessidade imperiosa.

PRORROGADOR. Aquele que prorroga.

PRORROGAR. **1.** Aumentar. **2.** Dilatar. **3.** Prolongar. **4.** Adiar. **5.** Fazer continuar.

PRORROGATIVO. **1.** Que prorroga. **2.** Que serve para prorrogar.

PRORROGATÓRIO. *Vide* PRORROGATIVO.

PRORROGÁVEL. Que pode ser prorrogado.

PRORURAL. *Direito agrário.* Sigla de Programa de Assistência ao Trabalhador Rural, que concede benefícios como: aposentadoria, pensão, auxílio-funeral, serviços de saúde e serviço social, desde que o trabalhador ou a empresa rural façam o recolhimento regular da contribuição (Paulo Guilherme de Almeida).

PROSAICO. **1.** Trivial. **2.** Referente à prosa. **3.** Sem grandeza.

PRÓ-SANEAMENTO. *Direito ambiental.* É o programa de saneamento que visa promover a melhoria das condições de saúde e da qualidade de vida da população de baixa renda, alvo dos programas do FGTS, por meio de ações de saneamento, integradas e articuladas com outras políticas setoriais, através de empreendimentos destinados ao aumento da cobertura dos serviços de abastecimento de água, esgotamento sanitário, drenagem urbana e tratamento e disposição final de resíduos sólidos. O programa abrangerá as seguintes modalidades operacionais: a) abastecimento de água; b) esgotamento sanitário; c) saneamento integrado – Prosanear; d) desenvolvimento institucional; e) drenagem urbana; f) resíduos sólidos; e g) estudos e projetos. O desenvolvimento institucional destina-se a financiar ações a serem implementadas de forma integrada, visando o aumento da eficiência dos agentes prestadores de serviços de água e esgoto através da redução de custos, melhorias operacionais e redução de perdas. Constituem-se diretrizes do Pró-Saneamento: a) a compatibilização das ações do Programa com as políticas setoriais fixadas pelo governo federal, voltadas para o atendimento da população carente, em especial nas áreas definidas pelo Programa Comunidade Solidária; b) o enquadramento dos projetos no Plano Diretor Municipal ou equivalente, e nos Planos Setoriais de Desenvolvimento Urbano, de âmbito regional, estadual ou federal; c) o atendimento à população urbana em áreas com predominância de segmentos populacionais de baixa renda; d) a adoção de soluções técnicas que objetivem ganhos de eficiência e redução de custos; e) a utilização preferencial de mão-de-obra local; f) a utilização de micro, pequenas e médias empresas locais na execução dos projetos; h) a adoção de medidas visando o aumento da eficiência dos agentes prestadores de serviços de água e esgoto. Constituem-se em pré-requisitos básicos para a contratação de recursos através do Pró-Saneamento, além do cumprimento dos compromissos formalmente assumidos em relação a empreendimentos produzidos ou em execução com recursos do FGTS: 1) nas modalidades abastecimento de água e esgotamento sanitário: a) comprovação de déficit na cobertura dos serviços de água e esgoto; b) receitas tarifárias compatíveis com o custo dos prestadores de serviços; c) índices de perdas de água do sistema local e do operador dos serviços compatíveis com os estabelecidos em atos normativos do órgão gestor e do agente operador; d) apresentação de estudos de concepção que comprovem que a solução es-

colhida, do ponto de vista técnico, econômico e financeiro, é a mais adequada e de menor custo; e) projetos voltados para a melhoria das condições de habitabilidade da população-alvo dos programas do FGTS; f) a adoção de medidas especiais, se for o caso, de preservação ambiental da área de intervenção e seu entorno; 2) na modalidade Prosanear: a) atendimento a aglomerados urbanos, caracterizados pela precariedade ou inexistência das condições sanitárias e ambientais mínimas, com pré-definição das famílias a serem beneficiadas; b) adoção de soluções alternativas tecnicamente viáveis, de menores custos de investimento, manutenção e operação; c) participação da comunidade beneficiada na definição e no acompanhamento do projeto; d) previsão de receitas tarifárias compatíveis com, pelo menos, o custo de operação e manutenção dos serviços; e) índices de perdas de água do sistema local compatíveis com os estabelecidos em atos normativos do órgão gestor e do agente operador, que poderão prever, excepcionalmente, que os operadores que não se enquadrarem nessa exigência deverão apresentar, simultaneamente, pedidos de financiamento para a modalidade DI, buscando atingir as metas mínimas estabelecidas; 3) na modalidade DI: apresentação de um plano estratégico com a definição dos indicadores de desempenho operacionais e financeiros atuais e das metas futuras a serem atingidas com a implementação dos projetos propostos, em consonância com os indicadores e as metas mínimas definidas pelo órgão gestor e agente operador.

PROSAPODOSE. *Retórica jurídica.* Figura em que a cada ponto exposto se acrescenta uma breve prova.

PROSCREVER. 1. Banir. **2.** Expulsar. **3.** Condenar; proibir. **4.** Extinguir.

PROSCRIÇÃO. 1. Banimento. **2.** Desterro; exílio. **3.** Ato governamental pelo qual se expulsa do território nacional pessoa cuja conduta é lesiva ao regime ou ao país. **4.** Vedação.

PROSCRIPTIO. *Direito romano.* Venda forçada da qual resultava para o devedor-vendedor (decoctor) efeito infamante, pois este era considerado como falido ou dissipador.

PROSCRITO. 1. Banido; expulso. **2.** Desterrado; exilado. **3.** Proibido; vedado.

PROSCRITOR. Aquele que proscreve.

PROSECUTING ATTORNEY. *Locução inglesa.* Promotor de justiça.

PROSELITISMO. Conjunto de adeptos de uma teoria ou idéia.

PROSÉLITO. 1. Partidário. **2.** Aquele que adere a uma doutrina ou a uma idéia.

PROSODEMIA. *Medicina legal.* Epidemia cujo contágio se dá de pessoa a pessoa, não atingindo, contudo, grande número de indivíduos.

PROSODÊMICO. *Medicina legal.* Que diz respeito à prosodemia.

PRO SOLUTO. *Locução latina.* A título de pagamento; para o pagamento.

PRO SOLVENDO. *Locução latina.* O que deve ser pago; "para pagar"; destinado ao pagamento de débito; em pagamento; recebimento por conta da dívida.

PRO SOLVENS. *Locução latina.* Pela quitação do débito.

PROSÔNIMO. *Direito civil.* Alcunha; cognome.

PROSOPAGNOSIA. *Medicina legal.* Deficiência que leva seu portador a ter incapacidade de identificar feições humanas ou de reconhecer pessoas (Marcus Cláudio Acquaviva).

PROSOPLEGIA. *Medicina legal.* Paralisia da face.

PROSOPOGRAFIA. *Medicina legal.* Descrição das feições humanas.

PROSOPOLOGIA. *Medicina legal.* Estudo das fisionomias (Geraldo Magela Alves).

PROSOPOTOCIA. *Medicina legal.* Parto com apresentação de face.

PROSPECÇÃO. 1. *Filosofia geral.* a) Reflexão; b) conhecimento direto, sensato e deliberado (Maurice Blondel); c) análise profunda; d) pensamento finalista ou prático, orientado para a ação. **2.** *Direito ambiental.* Diz respeito às atividades de amostragem geoquímica de solos e trabalhos terrestres de geofísica, executados em malhas topográficas regulares, com abertura de picadas de até 1 m de largura, coleta de amostras de solo e rochas com uso de trado e execução de sondagens, com malhas superiores a 100 x 100 m.

PROSPECTIVO. *Filosofia geral.* Relativo ao pensamento, enquanto voltado para o futuro (Lalande).

PROSPECTO. 1. *Direito comercial.* a) Documento que contém as bases da constituição da sociedade anônima por subscrição pública, para efeito de cooptação de acionistas; b) impresso no qual se anuncia e se faz propaganda de mercadorias ou produtos, elucidando seus principais aspectos e suas qualidades; c) programa que contém o plano de um estabelecimento ou de um negócio. **2.** *Direito constitucional.* Feição geológica mapeada como resultado de estudos geofísicos e de interpretação geológica, que justificam a perfuração de poços exploratórios para a localização de petróleo ou gás natural.

PROSPECTOR. Aquele que explora uma região, procurando jazidas de minérios.

PROSPERADOR. Que promove a prosperidade.

PROSPERAR. 1. Promover. **2.** Tornar-se próspero. **3.** Ter bom êxito nos negócios. **4.** Crescer.

PROSPERIDADE. Qualidade de próspero.

PRÓSPERO. Que tem bom êxito.

PROSPERUM AD FELIX SCELUS VIRTUS VOCATUR. *Expressão latina.* O crime bem-sucedido chama-se virtude.

PROSSECTOR. Aquele que corta e prepara peças anatômicas para as lições de um professor de medicina.

PROSSEGUIMENTO. 1. Ato de prosseguir. **2.** Continuação.

PROSSEGUIR. 1. Fazer seguir. **2.** Continuar.

PROSSIGNATÁRIO. *Direito romano.* Soldado que combatia diante da bandeira em segunda linha, depois dos antessignanos.

PROSSILOGISMO. *Lógica jurídica.* **1.** Silogismo em que a sua conclusão serve de premissa a outro seguinte. **2.** Encadeamento de silogismos em que a conclusão de cada um se torna a premissa maior do seguinte. **3.** Polissilogismo, que é a argumentação composta de dois ou mais silogismos, de forma que a conclusão de um silogismo é premissa do seguinte (Goffredo Telles Jr.).

PROSSILOGÍSTICO. *Lógica jurídica.* Referente a prossilogismo.

PROST. *Biodireito.* Abreviação de *Pro nucleo stage transfer*, ou seja, transferência do material fecundado em estágio de pró-núcleo, em regra, para as trompas.

PROSTAGLANDINA. *Medicina legal.* Substância do corpo humano que, sendo metabolizada nos corpos cavernosos, como, por exemplo, no do pênis, permite a ereção.

PRÓSTATA. *Medicina legal.* Glândula do aparelho genital masculino que se situa à altura do colo da bexiga e secreta fluido que possibilita a motilidade e a sobrevivência do sêmen na vagina.

PROSTATECTOMIA. *Medicina legal.* Ablação total ou parcial da próstata.

PROSTATITE. *Medicina legal.* Inflamação da próstata.

PROSTATOCELE. *Medicina legal.* Tumor na próstata.

PROSTATÓLITO. *Medicina legal.* Cálculo da próstata.

PROSTIBULAR. *Direito penal.* Relativo a prostíbulo.

PROSTIBULÁRIO. *Direito penal.* Aquele que freqüenta prostíbulo.

PROSTÍBULO. *Direito penal.* **1.** Bordel. **2.** Casa de prostituição. **3.** Lugar destinado a encontros libidinosos, mantido por alguém para o comércio carnal.

PROSTÍBULO INDIVIDUAL. *Direito penal.* Local onde uma pessoa exerce sozinha o meretrício, que neste caso não é tido como crime, apesar de imoral.

PROSTITUIÇÃO. *Direito penal.* **1.** Comércio carnal. **2.** Crime consistente em entregar-se à prática do ato sexual, habitual e profissionalmente, satisfazendo a lascívia alheia, mediante uma prefixada remuneração pecuniária imediata.

PROSTITUÍDA. *Direito penal.* Que se prostituiu.

PROSTITUIR. *Direito penal.* Entregar-se à prostituição.

PROSTITUÍVEL. *Direito penal.* Suscetível de prostituir-se.

PROSTITUTA. *Direito penal.* **1.** A que habitualmente, mediante pagamento, mantém relação sexual com aquele que a procurar para tal finalidade. **2.** Meretriz. **3.** Aquela que vende seu corpo para fins libidinosos. **4.** Traficante do próprio corpo.

PROSTITUTO. *Direito penal.* Pederasta ativo ou passivo que recebe pagamento pela relação sexual.

PROSTRAÇÃO. *Medicina legal.* Abatimento extremo ou debilidade oriunda de fadiga ou moléstia.

PROSTRAÇÃO DE ESPÍRITO. *Medicina legal.* **1.** Desânimo; falta de energia e de vontade. **2.** Abatimento moral.

PROTAGONISTA. **1.** *Direito civil.* Personagem de uma peça teatral ou de um filme. **2.** Na *linguagem comum*, aquele que, num acontecimento, ocupa o primeiro plano.

PROTANOPSIA. *Medicina legal.* Espécie de daltonismo, cujo portador está impossibilitado de ver a cor vermelha.

PRÓTASE. **1.** *Teoria geral do direito* e *filosofia do direito.* Hipótese legal, representada pelo conceito, que é o elemento da norma que se refere à situação da vida ou ao fato a que vai conexionado o dever-ser (Engisch). **2.** *Lógica jurídica.* Primeira proposição de uma demonstração; premissa maior.

PROTÁTICO. *Teoria geral do direito* e *lógica jurídica.* Relativo à prótase.

PROTEÇÃO. **1.** *Direito espacial.* Conjunto de medidas e disposições tomadas para garantia da manutenção de uma base de lançamento de foguete ou nave. **2.** *Economia política.* Auxílio ou favor concedido à industria nacional. **3.** Na *linguagem jurídica* em geral, designa: a) ato ou efeito de proteger; b) auxílio; socorro; c) amparo; d) esforço para o progresso de alguma coisa; e) cuidado que se toma relativamente aos interesses alheios; f) benefício.

PROTEÇÃO À CRIANÇA E AO ADOLESCENTE. *Direito da criança e do adolescente.* Conjunto de medidas legais que procuram proteger, integralmente, a criança até doze anos de idade, e o adolescente entre doze e dezoito anos, assegurando-lhes todos os direitos fundamentais inerentes à pessoa humana, que deverão ser respeitados, prioritariamente, não só pela família, pela sociedade, como também pelo Estado, sob pena de responderem pelos danos causados.

PROTEÇÃO À MATERNIDADE. *Direito constitucional* e *direito do trabalho.* Conjunto de medidas previstas em lei que têm por objetivo dar assistência à gestante e à mulher no seu papel de mãe, como, por exemplo, auxílio-maternidade, licença à gestante, salário-maternidade etc.

PROTEÇÃO AMBIENTAL. *Direito ambiental.* Conjunto de medidas legais que têm como finalidade precípua a preservação do meio ambiente e a obtenção de melhores condições para que o ser humano possa ter uma qualidade superior de vida, bem-estar e segurança.

PROTEÇÃO AO CONSUMIDOR. *Direito do consumidor.* Complexo de normas que visam a defesa do consumidor de produtos e serviços.

PROTEÇÃO AO NOME EMPRESARIAL. *Direito comercial* e *direito registrário.* É aquele que, a cargo das Juntas Comerciais, decorre, automaticamente, do arquivamento da declaração de firma mercantil individual, do ato constitutivo de sociedade empresária ou de alterações desses atos que impliquem mudança de nome. A proteção ao nome empresarial circunscreve-se à unidade federativa de jurisdição da Junta Comercial que procedeu àquele arquivamento. Tal proteção pode ser estendida a outras unidades da federação, a requerimento da empresa interessada, observada instrução normativa do Departamento Nacional de Registro do Comércio (DNRC). Expirado o prazo da sociedade celebrada por tempo determinado, esta perde a proteção do seu nome empresarial. O nome empresarial atende aos princípios da veracidade e da novidade e identifica, quando assim o exigir a lei, o tipo jurídico da sociedade. Havendo indicação de atividades econômicas no nome empresarial, essas devem estar contidas no objeto da firma mercantil individual ou sociedade empresária. Não pode haver colidência por identidade ou semelhança do nome empresarial com outro já protegido. O Departamento Nacional de Registro do Comércio (DNRC), através de instruções normativas, disciplina a composição do nome empresarial e estabelece critérios para verificação da existência de identidade ou semelhança entre nomes empresariais.

PROTEÇÃO AO VÔO. *Direito aeronáutico.* Conjunto de normas, atividades e providências que visam a segurança da aeronave durante o seu percurso pelo espaço aéreo, transportando passageiros e mercadorias.

PROTEÇÃO À PROPRIEDADE INTELECTUAL DE PROGRAMA DE COMPUTADOR. *Direito autoral* e *direito virtual.* Tutela pelo prazo de 50 anos, independentemente de registro, não se lhe aplicando as normas relativas aos direitos morais, ressalvado, a qualquer tempo, o direito do autor de reivindicar a paternidade do programa de computador e o de opor-se a alterações não-autorizadas, quando estas impliquem deformação, mutilação ou outra modificação do programa de computador, que prejudiquem sua honra ou reputação. Inclui-se ainda o direito exclusivo de autorizar ou proibir o aluguel comercial, não sendo esse direito exaurível pela venda, licença ou outra forma de transferência da cópia do programa. Os direitos relativos ao programa de computador, desenvolvido e elaborado durante a vigência do contrato ao empregador, serão do empregado se gerado sem relação com o contrato de trabalho e sem utilização de recursos, informações tecnológicas, segredos industriais etc. da empresa.

PROTEÇÃO DA LEI. *Teoria geral do direito.* Amparo legal que tem por fim a preservação, em certas circunstâncias, de pessoas e de bens.

PROTEÇÃO DIPLOMÁTICA. *Direito internacional público.* Medida protetiva da pessoa física ou jurídica de direito privado que, no exterior, for vítima de um procedimento estatal arbitrário ou abusivo, possibilitando pleitear, dirigindo-se à ligação diplomática de sua bandeira, ao seu país de origem que faça da sua reclamação uma autêntica demanda entre ele e o governo estrangeiro responsável pelo ato que lhe causou o dano. A concessão da proteção diplomática de uma nação a um particular é denominada endosso, que é o ato pelo qual o Estado assume aquela reclamação, tornando-a sua, dispondo-se a cuidar do assunto junto ao Estado autor do ilícito (Rezek).

PROTEÇÃO DOS FILHOS. *Direito civil.* Conjunto de normas que têm por escopo amparar a prole, conferindo direitos e impondo deveres aos pais para que cuidem de sua educação moral e intelectual e sustento, e zelem pelos seus interesses, preparando-os para a vida.

PROTEÇÃO DO TRABALHO. *Direito do trabalho.* Conjunto de medidas e providências tomadas para proteger o empregado contra riscos de acidentes de trabalho e danos à sua saúde.

PROTEÇÃO EM FACE DA AUTOMAÇÃO. *Direito do trabalho.* Princípio pelo qual se assegura ao empregado o posto e as condições de trabalho mesmo com o avanço tecnológico.

PROTEÇÃO FÍSICA. *Direito ambiental.* Conjunto de medidas destinadas a evitar ato de sabotagem contra material, equipamento e instalação, a impedir a remoção não autorizada de material, em especial nuclear, e prover meios para rápida localização e recuperação de material desviado, e a defender o patrimônio e a integridade física do pessoal de uma Unidade Operacional.

PROTEÇÃO FUNCIONAL. *Direito internacional público.* Variante da proteção diplomática, pela qual as organizações internacionais estão habilitadas em proteger agente que a seu serviço se torne vítima de ilícito. Logo, entre o agente e a organização internacional não há vínculo de nacionalidade, mas um liame resultante da função por ele exercida no quadro da pessoa jurídica em causa (Rezek).

PROTEÇÃO INTEGRAL. *Direito ambiental.* É a manutenção dos ecossistemas livres de alterações causadas por interferência humana, admitido apenas o uso indireto dos seus atributos naturais.

PROTEÇÃO JURÍDICA. *Direito civil* e *direito processual civil.* **1.** Conjunto de atos conservatórios previstos em lei para resguardar direitos de seu titular, como: protesto; retenção; arresto; seqüestro; caução fidejussória ou real; interpelações judiciais para constituir devedor em mora, quando esta não resulta de cláusula expressa na convenção, ou de termo estipulado com esse escopo, ou de notificação extrajudicial. **2.** Direito de movimentar a máquina judiciária, propondo uma ação judicial para proteger um direito subjetivo, fazendo cessar a sua violação, desde que haja interesse econômico ou moral. **3.** Conjunto de instrumentos (meios legais) de que o titular dispõe para defender, preventivamente, o seu direito, impedindo sua violação, que podem ser: extrajudiciais, como arras, fiança, cláusula penal etc., ou judiciais, como interdito proibitório, ação de dano infecto etc.

PROTEÇÃO POSSESSÓRIA. *Direito processual civil.* Poder que tem o possuidor de invocar os interditos possessórios, ou seja, de propor ações possessórias quando for ameaçado, molestado ou esbulhado em sua posse, para repelir tais agressões e continuar na posse.

PROTECH. *Direito administrativo.* Sigla de Programa de Difusão de Tecnologia para a Construção de Habitação de Baixo Custo.

PROTECIONAL. *Economia política.* Relativo ao protecionismo.

PROTECIONISMO. 1. *Economia política.* a) Política de industrialização dos países de economia agrária; b) medida político-econômica que impede a entrada de produtos estrangeiros com o objetivo de proteger a produção nacional; c) sistema de proteção da indústria e do comércio nacional, concedendo-lhes o monopólio mercadológico e onerando com taxas elevadas os produtos estrangeiros. **2.** *Ciência política.* Proteção concedida a certas pessoas por autoridade pública.

PROTECIONISTA. *Economia política.* **1.** Referente ao protecionismo. **2.** Partidário do protecionismo.

PROTEGER. 1. Dar proteção. **2.** Defender. **3.** Socorrer; prestar auxílio. **4.** Favorecer. **5.** Resguardar. **6.** Apoiar.

PROTEGIDO. 1. Aquele que recebe auxílio ou proteção de alguém. **2.** Que se protege.

PROTEÍSMO. Mudança de opinião ou de partido.

PROTELAÇÃO. 1. Ato ou efeito de protelar. **2.** Adiamento; procrastinação. **3.** Retardamento ou demora no cumprimento de uma obrigação.

PROTELADOR. Aquele que protela.

PROTELAMENTO. *Vide* PROTELAÇÃO.

PROTELAR. 1. Procrastinar; protrair. **2.** Prorrogar. **3.** Adiar. **4.** Demorar. **5.** Usar meios para passar o tempo, indo além do prazo.

PROTELATÓRIO. 1. Qualidade do ato que retarda o processo ou a solução de algum negócio. **2.** Diz-se do meio próprio ou adequado para protelar. **3.** Que protela.

PRO TEMPORE. *Locução latina.* **1.** Temporariamente. **2.** Conforme as circunstâncias. **3.** Segundo o tempo. **4.** Consoante a necessidade. **5.** O que depende de termo resolutivo.

PROTENSÃO. *Filosofia geral.* **1.** O que ocupa uma extensão no tempo. **2.** Ação ou efeito de alongar-se ou de estender para a frente.

PROTENSIVO. *Filosofia geral.* **1.** Que tem duração (Kant). **2.** Estendido no tempo; duradouro.

PROTERRA. *Direito agrário.* Sigla de Programa de Redistribuição de Terra e de Estímulo à Agroindústria do Norte e Nordeste, que tem por fim: promover o fácil acesso do homem à terra; criar melhores condições de emprego de mão-de-obra; e fomentar a agroindústria (Rafael Augusto de Mendonça Lima).

PROTÉRVIA. 1. Insolência. **2.** Brutalidade.

PROTERVO. 1. Petulante. **2.** Descarado. **3.** Brutal.

PRÓTESE. *Medicina legal.* Substituição, parcial ou total, de membro ou órgão mutilado ou atrofiado por peça artificial.

PRÓTESE MIOELÉTRICA. *Medicina legal.* Substitui membros amputados, permitindo que o paciente tenha movimentos mecânicos.

PRÓTESE PENIANA. *Medicina legal.* Esqueleto novo para o pênis, obtido por meio de tratamento para que o homem volte a ter relação sexual normal.

PROTESTAÇÃO. 1. Ato ou efeito de protestar. **2.** Declaração pública e formal, pela qual se reclama contra algo. **3.** Declaração feita, conforme a norma, com o escopo de assegurar direitos ou de prometer alguma coisa.

PROTESTAÇÃO DE FÉ. *Direito canônico.* Confissão; profissão de fé.

PROTESTADO. 1. Que foi objeto de protesto. **2.** Aquele contra quem se promoveu um protesto. **3.** Título levado a protesto, por não ter sido pago.

PROTESTADOR. 1. Aquele que protesta. **2.** Que contém protesto.

PROTESTANTE. 1. Relativo ao protestantismo. **2.** Adepto do protestantismo. **3.** Partidário da Reforma, como o luterano, o calvinista, o anglicano etc. **4.** Quem protesta manifestando, publicamente, seu desagrado por alguma coisa. **5.** Aquele que promove um protesto, declarando a verdade de um fato para garantir ou defender um direito.

PROTESTANTISMO. Interpretação dos princípios da Igreja Católica pelos protestantes, rejeitando a existência do purgatório, restringindo os sacramentos ao batismo e à eucaristia, e não acatando o culto da Virgem Maria e dos santos etc.

PROTESTAR. 1. Fazer protesto de título comercial por falta de aceite ou pagamento. **2.** Negar a validade de um ato. **3.** Prometer. **4.** Afirmar algo categoricamente. **5.** Insurgir-se contra alguma coisa. **6.** Obrigar-se. **7.** Fazer valer algo, quando ofendido. **8.** Pugnar.

PROTESTATÁRIO. Aquele que protesta.

PROTESTATIO CONSERVAT JUS PROTESTANTIS. *Aforismo jurídico.* O protesto conserva o direito de quem protesta.

PROTESTATIO CONTRA FACTUM NON VALET. *Expressão latina.* Princípio pelo qual um dado comportamento produz os efeitos correspondentes à vontade que ele, tacitamente, exprime, apesar de haver uma reserva expressa (Ana Prata).

PROTESTATIO FACTO CONTRARIA. *Expressão latina.* Protesto pelo qual se atesta a verificação de uma declaração expressa, contrária a uma anterior tácita (Ana Prata).

PROTESTATIVO. Que protesta.

PROTESTATÓRIO. 1. Que equivale a protesto. **2.** O que serve para protestar. **3.** Referente a protesto.

PROTESTO. 1. *Direito processual civil.* Declaração formal feita em petição dirigida ao juiz, com o objetivo de prevenir responsabilidade, prover a conservação e ressalva de seus direitos, e de requerer que se intime a quem de direito. **2.**

Direito comercial. **a)** Modo interruptivo de prescrição, havendo protesto judicial; **b)** ato formal e solene pelo qual se prova a inadimplência e o descumprimento de obrigação originada em títulos e outros documentos de dívida. Tem natureza probatória por evidenciar que o devedor não cumpriu aquela sua obrigação no prazo e na forma devidos. **3.** *Direito cambiário.* **a)** Ato pelo qual alguém, que devia pagar uma letra de câmbio, duplicata ou nota promissória, se declara responsável pelas despesas e prejuízos causados por não tê-lo feito no vencimento; **b)** é o ato pelo qual se positiva o inadimplemento de uma obrigação cambial, caracterizando a *mora debitoris*; **c)** ato formal praticado por oficial público, pelo qual se prova que um título cambial não foi não aceito nem pago no dia do vencimento (Luiz Fernando Rudge). **4.** Nas *linguagens comum* e *jurídica* em geral, quer dizer: **a)** declaração formal e pública pela qual se reclama contra a ilegalidade de uma coisa ou se exprime a contrariedade pelo que se tem feito; **b)** protestação; **c)** declaração pública de uma opinião; **d)** resolução inabalável; **e)** promessa de fazer algo. **5.** *Direito notarial.* Medida extrajudicial ou ato formal do oficial do Cartório de Protestos de Títulos, que visa prevenir responsabilidade, prover a conservação e ressalva de direitos, ou manifestar qualquer intenção de modo formal (Othon Sidou), provando ter sido a cambial apresentada ao sacado ou ao aceitante, e a falta de aceite ou de pagamento (Waldemar Ferreira). **6.** *Direito internacional público.* Declaração pública feita por um país de que não considera legítimo ato praticado por outro, com a finalidade de resguardar-se de alguma conseqüência, prevenindo-se dos pedidos de reparação que possam advir (Othon Sidou).

PROTESTO CAMBIÁRIO. *Direito notarial* e *direito cambiário.* Declaração pública feita pelo proprietário ou portador de título, dentro de prazo regulamentar, perante o notário, alegando o fato de que o devedor de um título cambial (letra de câmbio, duplicata, nota promissória, cheque) se recusa a aceitá-lo ou a pagá-lo no vencimento, para que se autentique a veracidade do inadimplemento obrigacional pela pessoa que devia cumprir a obrigação. Esse protesto acarreta os seguintes efeitos: **a)** caracterização da mora do devedor, dando início à fluência dos juros; **b)** instrução do pedido de falência contra o devedor, por constituir prova do não-pagamento da prestação devida; **c)** não-interrupção da prescrição da ação executiva para cobrar o valor da obrigação, contida no título, por ser conseqüência própria do protesto judicial. Em suma, como assevera Othon Sidou, é o ato registrável, passado pelo oficial público competente, por meio do qual o portador do título cambial, vencido e não pago, declara sua intenção de conservar os direitos dele decorrentes contra os obrigados. Ou ainda, como prefere Marcus Cláudio Acquaviva, é o ato registrário levado a efeito por oficial público, para provar falta de aceite ou de pagamento de título vencido e não pago ou a intenção do credor de manter íntegros seus direitos e dar publicidade ao fato.

PROTESTO COM FINALIDADE ESPECIAL. Destinado a títulos e documentos que a princípio não eram protestáveis, para atingir a um fim ou completar o sentido da obrigação no universo negocial (Sílvio de S. Venosa).

PROTESTO CONSERVATÓRIO. *Direito notarial* e *direito processual civil.* Declaração feita perante oficial do Cartório de Protesto de Títulos ou por meio de medida cautelar para conservação de direitos.

PROTESTO DE DUPLICATA. *Direito cambiário.* É aquele que se faz em razão de falta de aceite, de devolução ou de pagamento da duplicata.

PROTESTO DE LETRA. *Direito cambiário.* Designação dada ao protesto cambiário atinente à letra de câmbio e nota promissória por falta de aceite ou pagamento (De Plácido e Silva).

PROTESTO DE TÍTULOS. *Direito notarial* e *direito cambiário.* **1.** Denominação que se dá ao protesto de títulos de crédito feito ao Cartório de Protesto de Títulos do domicílio do devedor ou de seu representante. São títulos protestáveis: letra de câmbio, nota promissória, duplicata, cheque, conhecimentos de transporte ou de depósito, apólice de seguro marítimo, cartas de crédito, ordens de pagamento etc. **2.** É o ato formal e solene pelo qual se prova a inadimplência e o descumprimento de obrigação originada em títulos e outros documentos de dívida. Compete privativamente ao Tabelião de Protesto de Títulos, na tutela dos interesses públicos e privados, a protocolização, a intimação, o acolhimento da devolução ou do aceite, o recebimento do pagamento, do título e de outros documentos de dívida, bem como lavrar e registrar o protesto ou acatar a desistência do credor em relação ao mesmo, proceder às averbações, prestar informações e fornecer certidões relativas a todos os atos praticados na forma legal.

PROTESTO DE TÍTULOS DE MICROEMPRESÁRIO OU EMPRESA DE PEQUENO PORTE. *Direito comercial.* O protesto de título, quando o devedor for microempresário ou empresa de pequeno porte, está sujeito às seguintes condições: a) sobre os emolumentos do tabelião não incidirão quaisquer acréscimos a título de taxas, custas e contribuições para o Estado ou Distrito Federal, carteira de previdência, fundo de custeio de atos gratuitos, fundos especiais do Tribunal de Justiça, bem como de associação de classe, criados ou que venham a ser criados sob qualquer título ou denominação, ressalvada a cobrança do devedor das despesas de correio, condução e publicação de edital para realização da intimação; b) para o pagamento do título em cartório não poderá ser exigido cheque de emissão de estabelecimento bancário, mas, feito o pagamento por meio de cheque, de emissão de estabelecimento bancário ou não, a quitação dada pelo tabelionato de protesto será condicionada à efetiva liquidação do cheque; c) o cancelamento do registro de protesto, fundado no pagamento do título, será feito independentemente de declaração de anuência do credor, salvo no caso de impossibilidade de apresentação do original protestado; d) para tais fins, o devedor deverá provar sua qualidade de microempresa ou de empresa de pequeno porte perante o tabelionato de protestos de títulos, mediante documento expedido pela Junta Comercial ou pelo Registro Civil das Pessoas Jurídicas, conforme o caso; e f) quando o pagamento do título ocorrer com cheque sem a devida provisão de fundos, serão automaticamente suspensos pelos cartórios de protesto, pelo prazo de um ano, todos os benefícios previstos para o devedor, independentemente da lavratura e registro do respectivo protesto.

PROTESTO ESPECIAL. *Direito comercial* e *direito falimentar.* Ato registral obrigatório, em caso de falência, de títulos que, apesar de não sujeitos a protesto em outra circunstância, devem ser protestados para que se possa fazer prevalecer o crédito que representam (Othon Sidou).

PROTESTO EXTRAJUDICIAL. *Direito notarial.* Aquele feito perante oficial do Cartório de Protesto de Títulos, que o recebe e processa sem intervenção judicial.

PROTESTO FORMADO A BORDO. *Vide* PROTESTO MARÍTIMO.

PROTESTO JUDICIAL. *Direito processual civil.* É a medida cautelar nominada processada perante o juiz por meio de requerimento do interessado, para que se tome por termo as declarações feitas e se intime terceiro para que se abstenha de fazer algo, com o escopo de ressalvas ou conservar direitos do requerente e prevenir responsabilidade.

PROTESTO MARÍTIMO. *Direito marítimo.* É também designado "protesto formado a bordo" e "protesto testemunhável". Trata-se do ato escrito, extrajudicial e formal, testemunhado e assinado pelas pessoas presentes a bordo e lavrado pelo comandante do navio, no Diário de Navegação, para comprovar sinistros, avarias ou qualquer perda ou incidente sofrido pela embarcação ou carga, durante a viagem, e eximir o capitão da responsabilidade por caso fortuito ou força maior, ao ser apresentado à autoridade competente do primeiro porto a que chegar, que, por sua vez, interrogará tripulantes e passageiros sobre a veracidade dos fatos alegados.

PROTESTO MERCANTIL. *Direito comercial.* É o alusivo a título mercantil feito com a finalidade de declarar inadimplemento da obrigação nele contida, assegurando, assim, o direito dele decorrente.

PROTESTO NECESSÁRIO. *Direito cambiário.* É o levado a efeito perante oficial cartorário competente, quando for imprescindível ao exercício do direito de regresso do portador do título cambial contra o sacador, emitente, endossante e respectivos analistas (Othon Sidou).

PROTESTO PARA FALÊNCIA. *Direito comercial* e *direito falimentar.* É aquele que se dá fora do prazo regulamentar, mesmo relativamente a títulos não sujeitos a protesto obrigatório, para que se possa requerer a falência do devedor faltoso.

PROTESTO POR FALTA DE ACEITE. *Direito civil* e *direito comercial.* Dá-se se a cambial é apresentada para aceite e o devedor a recusa. Ultima-se antes do vencimento do título ou depois do decurso do prazo legal para o aceite ou devolução.

PROTESTO POR FALTA DE DEVOLUÇÃO. *Direito civil* e *direito comercial.* Opera-se quando o sacado retém duplicata, ou letra de câmbio, enviada para aceite, não restituindo o título dentro do prazo legal. Lavrar-se-á tal protesto com base na segunda via da letra ou na triplicata.

PROTESTO POR FALTA DE PAGAMENTO. *Direito civil* e *direito comercial.* É o que visa comprovar o não-pagamento do título, operando-se após o vencimento da cambial.

PROTESTO POR NOVO JÚRI. *Direito processual penal.* Recurso de que pode lançar mão a defesa, por uma única vez, em caso de sentença condenatória, pelo juiz presidente do Tribunal do Júri, de acordo com o veredicto dos jurados, impondo pena de reclusão por prazo igual ou superior a vinte anos, para que um novo júri venha a reformá-la.

PROTESTO POR PREFERÊNCIA. *Direito civil* e *direito comercial.* É aquele necessário para que o credor com direito de preferência possa assegurá-lo, participando do concurso creditório. Para tanto deverá providenciá-lo antes da instauração daquele concurso.

PROTESTO TESTEMUNHÁVEL. *Vide* PROTESTO MARÍTIMO.

PROTÊT. *Termo francês.* Protesto de título.

PROTÉTICO. 1. *Medicina legal.* a) O que diz respeito à prótese; b) em que há prótese. **2.** *Direito do trabalho.* Profissional especializado em prótese dentária e hábil na confecção e reparação de dentaduras.

PROTETIVO. Aquilo que serve para proteção.

PROTETOR. 1. Nas *linguagens comum* e *jurídica,* aquele que protege ou defende. **2.** *Direito do trabalho.* Dispositivo que resguarda o trabalhador de acidentes do trabalho ou de doença profissional. **3.** *Direito agrário.* Estaca própria para apoio de videiras, roseiras etc. **4.** *Direito canônico.* Cardeal que, em Roma, tem a incumbência de cuidar de negócios consistoriais de certas ordens religiosas ou de determinados países. **5.** *Direito marítimo.* Revestimento metálico colocado na superfície de um navio. **6.** *Direito civil.* Título honorífico conferido por uma associação ou pessoa jurídica de direito privado a uma pessoa que exerce influência em sua prosperidade.

PROTETORADO. *Direito internacional público.* **1.** Estado que, em razão de tratado, se coloca sob a proteção de outro, cedendo ou alienando em parte sua soberania, sem que haja submissão total. Por exemplo, Principado de Mônaco em relação à França. **2.** Apoio que um País dá a outro menos poderoso, para garanti-lo contra agressões externas. **3.** Diz-se do Estado ou território que se encontra nessa situação.

PROTETORADO COLONIAL. *Direito internacional público* e *história do direito.* Região pouco civilizada, ocupada por país colonizador, que dela toma posse mediante acordo feito com chefe nativo ou com o grupo local (Hildebrando Acioli e Lawrence).

PROTETORADO INTERNACIONAL. *Vide* PROTETORADO.

PROTETORAL. *Direito internacional público.* Referente a protetorado.

PROTETORATO. *Vide* PROTETORADO.

PROTETORIA. Qualidade de protetor.

PROTETÓRIO. 1. Relativo a protetor. **2.** Que protege ou defende.

PROTEU. 1. Diz-se daquele que muda de opinião. **2.** O que é suscetível de mudança de estrutura.

PROTIMÉSEO. *Direito civil.* **1.** Que diz respeito à opção. **2.** Que estabelece o direito de opção. **3.** Direito de preferência conferido ao senhorio direto na hipótese de o enfiteuta vender ou dar em pagamento o domínio útil.

PROTIMIA. Mentalidade.

PROTO. 1. *Direito do trabalho.* a) Revisor de prova tipográfica; b) chefe de oficina tipográfica. **2.** Nas *linguagens comum* e *jurídica,* designa: a) principal; b) primeiro.

PROTOBARBEIRATO. *História do direito.* Antiga corporação que, na Espanha, era incumbida de passar títulos a barbeiros e sangradores depois de averiguar sua habilidade.

PROTOCIRURGIÃO. *Medicina legal.* Cirurgião principal.

PROTOCOLADO. O que foi registrado em protocolo.

PROTOCOLAR. 1. Que se refere a protocolo. **2.** Protocolizar; anotar no protocolo. **3.** O que está de acordo com o protocolo, ou conforme o cerimonial, por seguir normas ou o ritual. **4.** O que é feito de modo formal.

PROTOCOLE D'ACCORD. *Direito internacional privado.* Carta de intenção.

PROTOCOLISTA. *Direito administrativo* e *direito civil.* Aquele que, em repartição pública ou pessoa jurídica de direito privado, escritura protocolo.

PROTOCOLIZAR. Inscrever ou registrar em protocolo.

PROTOCOLO. 1. *Direito internacional público.* a) Conjunto de atos cerimoniais ou de regras de etiqueta que são observados nas recepções oficiais a representantes diplomáticos ou a chefes de Estado; b) documento internacional que pode significar tratado (Convenção) que altera ou modifica outro Tratado. Por exemplo, o Protocolo de Buenos Aires, de 1967, que modificou a Carta da OEA, de 1948; ato que contém acordo a que chegam os negociadores de um Tratado; ato final de uma conferência internacional; grandes convenções, como o Protocolo de Genebra, de 1924; ou, ainda, complemento a um Tratado; c) registro das deliberações tomadas numa conferência ou deliberação diplomática e anotadas em ata de reunião. **2.** *Direito administrativo.* a) Conjunto de formalidades a serem observadas em certas cerimônias públicas; b) formulário que regula atos públicos; c) registro dos atos públicos; d) autenticação de entrega de um documento feita, numa repartição pública, por um protocolista. **3.** *Direito registrário.* Livro nº 1 onde são feitas as anotações dos títulos que, diariamente, são apresentados pelos interessados, salvo dos que o forem só para exame e cálculo das custas. O lançamento de um título no Protocolo é um direito do apresentante, que é a parte interessada no registro; logo, o oficial é mero receptor dos documentos. A escrituração do protocolo pode ser feita não só pelo oficial titular e seu substituto legal, mas também por qualquer escrevente auxiliar devidamente credenciado, ou seja, designado pelo oficial e seu substituto, e autorizado pelo juiz-corregedor permanente, possibilitando-se, assim, que seja encerrada diariamente. **4.** *História do direito.* a) Folha de papel pregada, na antigüidade romana, em cartas ou títulos, contendo indicações sobre sua identificação; b) selo usado pelos romanos em papel onde os atos públicos eram registrados. **5.** *Direito comercial.* a) Plano de incorporação de uma ou mais sociedades por outra, contendo as condições em que ela vai efetuar-se; b) caderno onde se registram as correspondências expedidas por uma firma e os recibos dos destinatários. **6.** *Direito processual civil.* a) Livro onde são registrados a entrada e saída de documentos, fatos e deliberações ocorridas numa reunião, documentando-os; b) registro de audiências realizadas nos tribunais.

PROTOCOLO ADMINISTRATIVO. *Direito administrativo.* Ato negocial pelo qual o Poder Público acerta com o particular a realização de uma atividade ou a abstenção de certa conduta, no interesse recíproco da Administração e do administrado signatário do instrumento protocolar (Hely Lopes Meirelles).

PROTOCOLO CENTRAL. *Direito administrativo.* É a unidade junto ao órgão ou entidade, encarregada dos procedimentos referentes às rotinas de recebimento e expedição de documentos.

PROTOCOLO DE KYOTO. *Direito internacional público.* Documento que firma acordo ambiental entre países signatários, prescrevendo a obrigatoriedade da redução da emissão de dióxido de carbono por estar relacionada ao aquecimento global e ao efeito estufa.

PROTOCOLO DE MONTREAL DE 1978. *Direito aeronáutico* e *direito internacional público.* Instrumento concluído em 23-9-1978, em Montreal (Canadá), que complementa a Convenção de Roma, de 1952, no que atina aos limites indenizatórios dos danos causados a terceiros por aeronave internacional.

PROTOCOLO DE PESQUISA. *Medicina legal.* Documento que contém descrição da pesquisa em seus aspectos fundamentais, informação relativa ao sujeito da pesquisa, à qualificação dos pesquisadores e a todas as instâncias responsáveis.

PROTOCOLO DE REGISTRO. *Direito registrário.* Livro nº 1 no qual, nos cartórios de registro imobiliário, são anotados, por ordem cronológica, os títulos ou documentos para serem registrados ou averbados. O funcionário do Cartório, no ato da apresentação dos documentos pelo interessado, não deverá proceder ao exame de vícios intrínsecos ou extrínsecos, nem da situação fiscal, pois terá tão-somente o dever funcional de fazer o apontamento assinalador da sua entrada em cartório, mesmo se contiverem alguma irregularidade. Os títulos apresentados para exame e cálculo de emolumentos, cujo prazo não deverá ser superior a dez dias, não estão sujeitos à protocolização (Nicolau Balbino Filho).

PROTOCOLO DE REPROCESSAMENTO. *Medicina legal.* É a descrição dos procedimentos necessários à realização do reprocessamento do produto médico. Deve ser instituído por meio de um instrumento normativo interno do estabelecimento e validado pela equipe por meio da execução de protocolo teste.

PROTOCOLO DOS CORRETORES. *Direito comercial.* Livro obrigatório onde, diariamente, os corretores lançam as operações nas quais intervieram, identificando-as. Por meio desses assentos podem expedir certidões.

PROTOCOLOS DE MONTREAL, DE 1975. *Direito aeronáutico* e *direito internacional público.* Instrumentos adicionais de ns. 1 a 4, concluídos em Montreal (Canadá), em 25-9-1975, modificativos da Convenção de Varsóvia, de 1929, no que diz respeito à limitação do *quantum* indenizatório.

PROTOCOLO SETORIAL. *Direito administrativo.* É a unidade localizada junto aos setores específicos dos órgãos ou entidades, encarregada de dar suporte às atividades de recebimento e expedição de documentos no âmbito da área a qual se vincula. Tem a finalidade de descentralizar as atividades do protocolo central.

PROTOCOLO TESTE. *Medicina legal.* É a descrição dos procedimentos necessários ao teste da metodologia proposta para o reprocessamento do produto médico.

PROTÓGAMO. *Direito civil.* Diz-se daquele que se casa pela primeira vez.

PROTO-HISTÓRIA. *História do direito.* Primeiros tempos históricos; história primitiva.

PROTO-HISTÓRICO. *História do direito.* O que se refere à proto-história.

PROTOMEDICATO. *História do direito.* Junta médica que cuidava da fiscalização das boticas, do exame dos boticários, da saúde pública.

PROTONAUTA. *História do direito.* Aquele que navegava primeiro por certas paragens marítimas.

PROTOPATIA. *Medicina legal.* Doença primitiva que independe de qualquer outra.

PROTO-REVOLUÇÃO. Princípio de revolução.

PROTO-REVOLUCIONÁRIO. Primeiro revolucionário.

PROTÓTESE. *Filosofia geral.* Hipótese suscetível de verificação no estado atual da ciência (Ostwald).

PROTOTÉTICO. *Filosofia geral.* Relativo a protótese.

PROTÓTIPO. 1. Nas *linguagens jurídica* e *comum:* a) modelo; padrão; b) exemplar mais perfeito; c) primeiro exemplar. **2.** *Direito marítimo.* Primeira embarcação de uma série, que já teve seu projeto aprovado.

PROTÓTRONO. *História do direito.* Primeiro dignatário de uma província, na antigüidade grega.

PROTOZOOSE. *Medicina legal.* Designação genérica das moléstias provocadas por protozoários.

PROTRAIMENTO. 1. Ato ou efeito de protrair. **2.** Adiamento; procrastinação.

PROTRAIR. 1. Adiar. **2.** Protelar. **3.** Prolongar.

PROTRAÍVEL. Que se pode protrair.

PROTRÁTIL. Suscetível de ser protraído.

PROTRATOR. 1. O que protrai. **2.** Que serve para protrair.

PROTRUSÃO. *Medicina legal.* **1.** Avanço anormal de um órgão, através de um orifício, por ter aumentado de volume, por ruptura ou por outros motivos de ordem patológica. **2.** Projeção dos dentes para diante de sua posição normal.

PROTRUSO. *Medicina legal.* Órgão que sobressai diante de outros ou que ressai de um orifício.

PROTUBERÂNCIA. *Medicina legal.* Saliência na superfície externa dos ossos cranianos.

PROTUTELA. 1. *Direito civil* e *direito comparado.* a) Atividade específica do protutor; b) duração desse encargo. **2.** *História do direito.* Gestão de negócios do pupilo admitida, na antigüidade romana, em virtude de erro, em benefício do tutelado (Waldemar César da Silveira).

PROTUTOR. 1. *Direito civil.* a) Aquele que, sem preencher as condições de tutor, administra os negócios do menor e exerce as funções próprias da tutela; b) curador especial nomeado pelo juiz quando colidirem os interesses do pai com os do filho menor; c) aquele que, sendo órgão complementar, é nomeado pelo magistrado para finalização dos atos do tutor, mediante gratificação módica arbitrada judicialmente. Exerce sua função com zelo e boa-fé, informando o juiz não só sobre o bom andamento do exercício da tutela, como também da ocorrência de atos de má-administração, de descuido ou malversação dos bens do tutelado, sob pena de responder solidariamente pelos danos causados. **2.** *História do direito.* Espécie de gestor de negócio que, na Roma antiga, de boa-fé, administrava, sem ser tutor do menor, seus negócios. **3.** *Direito comparado.* a) Na França, é o administrador dos bens do tutelado, que não se encontram em seu domicílio, nem no do tutor e de seus negócios, quando houver colisão com os interesses do tutor. Trata-se do subtutor ou vice-tutor ou, ainda, tutor-extra nomeado pelo conselho de família; b) em Portugal, é um dos vogais do Conselho de família, que tem por função: exercer permanentemente a fiscalização da ação do tutor, devendo pertencer a uma linha de parentesco diversa da do tutor; cooperar com o tutor no exercício de suas funções, podendo até mesmo administrar alguns bens do menor nas condições estabelecidas pelo Conselho de família e com a anuência do tutor; substituir o tutor em seus impedimentos e faltas, situação em que outro vogal passará a exercer as funções de protutor; e representar o menor em juízo e fora dele sempre que houver conflito entre os interesses do menor e os do tutor, não havendo curador especialmente nomeado (Ana Prata).

PROVA. 1. *Filosofia geral.* a) Operação mental que, convincentemente, leva a inteligência ao conhecimento da verdade de uma proposição; b) raciocínio ou apresentação de fato que afasta dúvidas (Lalande); c) o que estabelece a verdade por demonstração; d) aquilo que confirma a veracidade de um fato. **2.** *Direito civil.* Conjunto de meios empregados para demonstrar, legalmente, a existência de negócios jurídicos (Clóvis Bevilácqua), tais como: confissão; atos processados em juízo; documentos públicos e particular; testemunhas; presunção; exames e vistorias; arbitramento; inspeção judicial. **3.** *Direito processual.* a) Elemento legal e moralmente legítimo, idôneo para a apuração da verdade dos fatos alegados em juízo, determinante da convicção ou do convencimento do magistrado; b) demonstração da existência do fato em que se baseia o direito do postulante, e da veracidade do que se alega como fundamento do direito que se defende ou contesta; c) afirmação negativa ou positiva do fato contestado, de cuja demonstração depende a certeza do alegado (De Plácido e Silva); d) meio de demonstrar o direito subjetivo em juízo; e) soma dos meios produtores da certeza (Mittermayer). **4.** *Direito de propriedade industrial.* Experiência ou ensaio que verifica os resultados de um invento. **5.** *Direito comercial.* a) Experimentação de mercadoria vendida *ad gustum*; b) degustação de substância alimentar. **6.** *Direito desportivo.* Competição entre atletas que buscam uma classificação. **7.** Na *linguagem tipográfica,* impressão tirada de uma composição para averiguar seus erros e providenciar sua emenda ou correção. Designa-se prova de *paquet* (pedaço de composição corrida) e de página. **8.** *Medicina legal.* Investigação da existência de uma substância no organismo ou de uma lesão. **9.** Na *linguagem comum* quer dizer: a) sinal; b) competência; c) exame; d) experiência; e) provação.

PROVA ABSOLUTA. *Direito processual.* Aquela que, por não admitir contrariedade, não pode ser destruída nem impugnada. Por exemplo, a que se baseia na presunção *juris et jure* ou na fundada em fato notório. Tal prova é irrefutável ou indestrutível, não podendo ser ilidida.

PROVA ADMISSÍVEL. *Direito civil* e *direito processual.* Aquela produzida conforme os meios admitidos em lei. É a não vedada legalmente, sendo por isso aplicável ao caso.

PROVA *AD PERPETUAM REI MEMORIAM*. *Direito processual civil.* Diz-se daquela feita antes da instauração da ação para assegurar o direito a ser pleiteado para a perpétua memória da coisa (Geraldo Magela Alves).

PROVA ARTIFICIAL. 1. *Retórica jurídica.* É a inventada pelo orador, além da fornecida pelo assunto tratado. **2.** *História do direito.* Aquela que, no direito português, era deduzida por meio de raciocínio, baseado em fatos, instrumentos ou no depoimento testemunhal. Era, outrora, designada também de prova indireta ou oblíqua.

PROVA BASTANTE. *Direito processual.* Aquela que, apesar de não estar completa, pode ser admitida desde que haja apresentação ulterior de outra mais convincente.

PROVA CABAL. *Vide* PROVA GENÉRICA.

PROVAÇÃO. 1. Na *linguagem comum* é o infortúnio que atesta a coragem daquele que se encontra em situação aflitiva. **2.** Na *linguagem jurídica* é o ato ou efeito de provar.

PROVA CASUAL. *Direito processual.* É a produzida acidentalmente, no curso da demanda, sem qualquer preparação intencional, como a surgida na apresentação de documentos particulares, no depoimento eventual de testemunhas etc.

PROVA CAUSAL. *Direito processual.* Aquela que foi produzida em juízo, de conformidade com a lei processual, ou a que foi preparada como medida acauteladora da demanda. Diz-se causal ou por causa da demanda, porque é causada em face dela (De Plácido e Silva).

PROVA CIRCUNSTANCIAL. *Direito processual.* É a prova indiciária surgida de um complexo de indícios, ou seja, de fatos conhecidos dos quais se

parte para o desconhecido em que se funda o raciocínio do juiz para chegar ao fato probando (Moacyr Amaral Santos).

PROVA CIVIL. *Direito civil.* Meio admissível em direito para comprovar a existência de um ato negocial.

PROVA COMERCIAL. *Direito comercial.* Conjunto de meios probatórios de contratos mercantis, como: escritura pública; escrito particular; notas de corretores e certidões por eles extraídas de seus protocolos; correspondência epistolar; livros mercantis; testemunhas.

PROVA COMPLETA. *Direito processual.* Aquela que é convincente por esclarecer de forma total e induvidosa a verdade do fato controvertido ou daquilo que se investiga. Trata-se de prova convincente perfeita, ou plena.

PROVA CONCLUDENTE. *Direito processual.* Aquela que esclarece o ponto controvertido, confirmando a existência e a veracidade do fato alegado. É a apta a esclarecer pontos controversos ou confirmar alegações feitas.

PROVA CONJECTURAL. *Direito processual.* Prova presuntiva baseada em presunções que devem ser comprovadas por prova direta. Trata-se da prova indireta.

PROVA CONSTITUENDA. *Direito processual.* É a formada no decurso do processo.

PROVA CONTRÁRIA. *Direito processual.* É a produzida pela parte adversa à que alega o fato controvertido que se pretende provar. Trata-se da contraprova que visa destruir a apresentada pela outra parte, anulando a força dos fatos por ela alegados e demonstrados.

PROVA CONVINCENTE. *Vide* PROVA COMPLETA.

PROVA CRÍTICA. *Direito processual.* É a que não se refere ao próprio fato probando, mas a outro, do qual, por meio de raciocínio, se chega àquele (Carnelutti). É a prova indireta que, baseada em presunções e indícios, se chega a uma conclusão quanto à existência daquele fato alegado que se quer provar (Moacyr Amaral Santos).

PROVA CUMPRIDA. *Direito processual.* Diz-se da que foi produzida totalmente e regularmente feita, atingindo seu objetivo de formar o convencimento judicial no que atina à existência e veracidade do fato alegado em juízo.

PROVA DA ASSOCIAÇÃO VERBAL. *Medicina legal.* Técnica consistente em apresentar ao paciente certo número de palavras indutoras, que agem

PROVA DA CONDIÇÃO DE FILHO

como estímulos verbais, para que venha a responder com a primeira palavra que lhe acudir ao espírito, com o objetivo de verificar o grau de inteligência e de diagnosticar não só certas anomalias psíquicas, como também a existência de complexos e perturbações emotivas, que podem revelar sua culpabilidade na prática da ação criminosa.

PROVA DA CONDIÇÃO DE FILHO. *Direito processual civil.* Meio probatório da filiação matrimonial, tal como: a) certidão do termo do nascimento, inscrito no Registro Civil; b) qualquer modo admissível em direito, se o registro faltar, porque os pais não o fizeram ou porque se perdeu o livro, ou se o termo de nascimento for defeituoso, como quando o filho é dado com nome diverso ou se lhe atribui paternidade incógnita, desde que: haja começo de prova por escrito, proveniente dos pais, conjunta ou separadamente, como cartas familiares, declaração formal, diário onde se registra que, em certa época, lhes nasceu um filho; existam veementes presunções resultantes de fatos já certos, por exemplo, se, em companhia do casal, vive há muito tempo pessoa tida como filha, sabendo-se que houve casamento e que a mulher teve um filho; estribada na posse do estado de filho, a pessoa educada e criada pelo casal pode vindicar em juízo o reconhecimento da filiação, se não se fez, oportunamente, no termo de nascimento, menção a esse fato. Essa prova vem sendo admitida em nossos tribunais, embora com reserva, desde que se façam presentes três elementos: o *nomen*, ou seja, que a pessoa traga o nome paterno; o *tractatus*, isto é, que ela seja tratada na família como filha, e a *fama*, ou seja, que tenha sido constantemente reconhecida pelos presumidos pais, pela família e pela sociedade como filha matrimonial. A ação de prova da filiação é pessoal, pois compete ao filho, enquanto viver, passando aos herdeiros, se morrer menor ou incapaz. Importante é adquirir a condição jurídica de filho para obter não só direito ao nome, à educação e à criação compatível com o nível social de seus pais, à companhia dos genitores, à sucessão na qualidade de descendente, e aos alimentos, mas também aos direitos decorrentes do poder familiar e da tutela.

PROVA DA FENIL-TIO-URÉIA. *Medicina legal.* Prova pericial determinante da exclusão da paternidade, mediante a averiguação da capacidade incomum de algumas pessoas para perceberem o gosto da fenil-tio-uréia. Para tanto, submete-se o suposto pai e o filho que pretende ser reconhecido ao teste consistente em dar a ambos papéis impregnados daquela substância para mastigarem, e se sentirem gosto amargo, doce ou salgado, azedo, o resultado será positivo.

PROVA DA FLUORESCEÍNA DE ICARDI. *Medicina legal.* Aquela feita pelos peritos para verificar se a morte é aparente ou real. Para tanto, injeta-se no indivíduo uma solução carbonatada de fluoresceína; se sua pele ficar amarelada, é sinal de que há vida, por haver circulação sangüínea, mas se a cor da epiderme se mantiver inalterada, conclui-se pela morte real.

PROVA DA IMPONTUALIDADE. *Direito falimentar.* Protesto.

PROVA DA TENSÃO ARTERIAL. *Medicina legal.* Teste revelador da mentira, idealizado por Marston, pois aquele que mente, ante o esforço voluntário suplementar feito, obriga o coração a bater com maior energia, fazendo a pressão sangüínea subir. Isso pode ser constatado pelo emprego de um esfigmomanômetro "Tycos", que registra a tensão arterial.

PROVA DE ASCARELLI. *Medicina legal.* Prova pericial para constatação da morte de uma pessoa, que consiste em extrair fragmento de fígado ou baço para deixá-lo secar num papel, pingando uma gota de tintura de cochonilha sobre ele. Não havendo mutação de cor, ter-se-á a ocorrência da morte real (Paulo Matos Peixoto).

PROVA DE BENUSSI. *Vide* PROVA DO RITMO RESPIRATÓRIO.

PROVA DE BOUDIMIR E LEVASSEUR. *Medicina legal.* Prova consistente em aplicar uma ventosa escarificada sobre o epigástrio para constatar a morte real, pois se ela ocorreu não haverá presença de sangue, uma vez que os capilares estão vazios (Paulo Matos Peixoto).

PROVA DE BRISSEMORET E AMBARD. *Medicina legal.* Prova pericial que consiste em colocar um fragmento do baço ou fígado num papel azul de tornassol para averiguar a ocorrência de morte real. Se o papel tornar-se avermelhado, em razão de acidez do PH do organismo alcalino em vida, comprovada está a morte.

PROVA DE DEGUSTAÇÃO. *Direito comercial.* Prova a que certos produtos, como, por exemplo, vinho, café, são submetidos para que pelo seu sabor e aroma possa ser classificado comercialmente.

PROVA DE DIREITO ESTRANGEIRO APLICÁVEL. *Direito internacional privado.* Conjunto de meios probatórios do direito estrangeiro, considerado como um fato, indicados pelo *ius fori* como, por exemplo: a) apresentação do jornal oficial em que venha publicada a lei; b) certidão autenticada por autoridade diplomática ou consular, contendo relatório sobre o texto legal, vigência e sentido do direito aplicável; c) declaração de dois advogados em exercício no país a que o direito que se pretende aplicar pertence, declarando a vigência da norma; e se dúvida houver, pode-se pedir ao tribunal, à Procuradoria-Geral, à Secretaria ou ao Ministério da Justiça desse país informação sobre o conteúdo e existência daquela lei; d) pedido por carta precatória de informações sobre o texto legal, sentido e vigência da norma; e) referências a obras doutrinárias alienígenas; f) pareceres de juristas de nomeada do país, cuja norma se pretende provar; g) expedição do *parère*, que é um atestado fornecido pelas câmaras de comércio e pelos sindicatos profissionais, comprovando um costume ou uso comercial.

PROVA DE DOMINICIS. *Medicina legal.* Prova pericial para constatação da morte real, aplicando sobre a parede abdominal escarificada papéis azul e vermelho de tornassol, e concluindo pela ocorrência do óbito se o azul adquirir cor avermelhada, ficando o vermelho inalterável.

PROVA DEDUZIDA. *Direito processual.* Aquela que não se refere diretamente ao fato que se pretende provar, mas a outro, do qual, por meio de raciocínio lógico, se pode conhecer o primeiro mediante indícios e presunções.

PROVA DE EMENDAS. Em *tipografia*, é a que foi revista, mas ainda não passada pelo linotipista para as devidas correções.

PROVA DE FATO OCORRIDO NO EXTERIOR. *Direito internacional privado.* É o *onus probandi* disciplinado pela lei do lugar onde ocorreu o fato que se quer demonstrar, e não pela norma que regula a relação do direito material em litígio. Os meios de prova regem-se pela lei do local onde se deu o fato ou onde o ato foi celebrado. A *lex loci actus* aplica-se a qualquer gênero de prova, apontando quais as provas admissíveis. Mas o modo de produção dessas provas indicadas pela *lex loci*, por pertencer à ordem processual, rege-se pela *lex fori*. Logo, se a *lex loci* indicar a prova testemunhal, a *lex fori* irá disciplinar, por exemplo, a maneira como se processará, em juízo, a inquirição de testemunhas, resguardando-se princípios de ordem pública internacional, como o de dispensa de certas testemunhas em razão de segredo profissional, de menoridade, de loucura etc., mesmo que tenham presenciado o ato. Com isso firma-se a unidade da lei disciplinadora dos meios probatórios e do ônus correspondente, que é a *lex loci*, ficando a *lex fori* com a regência do modo de produção daquelas provas em juízo.

PROVA DE FATO PERMANENTE. *História do direito.* Dizia-se da prova direta e visual, como o exame pericial e a vistoria.

PROVA DE FATO TRANSEUNTE. *História do direito.* Era a relativa ao fato passado, que não podia ser reconhecido pelos sentidos, sendo, por isso, prova indireta ou intuitiva, como presunção, depoimento testemunhal etc.

PROVA DE GRANEL. Em *linguagem tipográfica*, diz-se da primeira prova tirada de uma composição tipográfica, depois de completo o granel.

PROVA DE HALLUIM. *Medicina legal.* Constatação da morte real se não se apresentar qualquer reação conjuntival hiperêmica no olho em que se colocou uma gota de éter.

PROVA DE JUNG–BLEULER. *Vide* PROVA DA ASSOCIAÇÃO VERBAL.

PROVA DE LABORDE. *Medicina legal.* Averiguação da existência da morte real mediante ausência de oxidação da agulha de aço introduzida num músculo do braço ou da perna.

PROVA DE LANCISI. *Medicina legal.* Comprovação da morte real pela ausência de edema ou eritema na planta do pé em que foi aplicado um pedaço de ferro aquecido.

PROVA DE LECHA–MARZO. *Medicina legal.* Constatação da morte pela tonalidade avermelhada apresentada no pedaço de papel azul de tornassol colocado entre o globo ocular e a pálpebra superior.

PROVA DE MANDATO *AD JUDICIA*. *Direito civil* e *direito processual civil.* Exibição do mandato *ad judicia* juntamente com a petição inicial, ou dentro do prazo de quinze dias, prorrogável por mais quinze por despacho judicial.

PROVA DE MÁQUINA. Em *tipografia*, é aquela dada pelo impressor ao revisor, antes de fazer a tiragem.

PROVA DE MARSTON. *Vide* PROVA DA TENSÃO ARTERIAL.

PROVA DE MIDDELDORFF. *Medicina legal.* Demonstração da ocorrência da morte pela ausência de oscilação apresentada na agulha introduzida no coração.

PROVA DE OTT. *Medicina legal.* Constatação da morte pela formação de uma bolha seca na pele, propositalmente queimada, que após estourar expele o gás nela contido e não um líquido seroso.

PROVA DE REBOUILLAT. *Medicina legal.* Prova pericial que demonstra a existência da morte real, injetando-se na coxa 1 ou 2 mm de éter sulfúrico com gotas de ácido pícrico, verificando-se a saída do éter pelo orifício feito pela agulha, pois, se houver vida, o éter é absorvido pelo tecido humano (Paulo Matos Peixoto).

PROVA DESCONHECIDA PELO DIREITO PÁTRIO. *Direito internacional privado.* Aquela que é inadmissível e inaplicável pelo juiz local, não só por ser autorizada pela *lex fori*, mas também em atenção à ressalva da ordem pública, e ante a circunstância da impossibilidade de produzir-se tal prova pela inexistência de preceito legal indicativo da forma processual para levá-la a efeito adequadamente.

PROVA DE SÍLVIO REBELO. *Medicina legal.* Comprovação da morte pela coloração amarelo-esverdeada apresentada pelo fio de seda atado a uma agulha passado num músculo, embebido em solução do indicador azul de bromotimol, uma hora depois, pois se houver vida a tonalidade azul permanece (Paulo Matos Peixoto).

PROVA DE TERSON. *Medicina legal.* Prova pericial que visa demonstrar a ocorrência da morte pela falta de reação conjuntival hiperêmica ao pingar-se uma gota de dionina no olho da pessoa.

PROVA DE WINSLOW. *Medicina legal.* Prova pericial da morte pela ausência de embaciamento ou de bruxuleio, ao se colocar um espelho diante das narinas, ou a chama de uma vela.

PROVA DIRETA. *Direito processual.* É a decorrente de uma relação íntima com o fato probando, por se referir a ele, como, por exemplo, o depoimento testemunhal, o documento de confissão de dívida. É designada também de prova natural.

PROVADO. 1. Demonstrado. **2.** Que se provou. **3.** Experimentado.

PROVA DO ATO JURÍDICO. *Direito civil.* **1.** Meio de evidenciação de um ato jurídico (R. Limongi França). **2.** É a que tem por fim comprovar legalmente a existência de ato jurídico.

PROVA DO ATO NEGOCIAL. *Direito civil.* Soma dos meios empregados para atestar a existência de negócio jurídico.

PROVA DO CASAMENTO. 1. *Direito civil.* Conjunto de meios diretos ou indiretos para atestar a existência de um matrimônio. Comprova-se diretamente o casamento celebrado no Brasil pela certidão do registro feito ao tempo de sua celebração, que é sua prova específica. Mas tal prova não é a única, pois o ato nupcial pode ser demonstrado por outras provas diretas supletórias, já que há hipóteses em que é impossível provar a existência do matrimônio por meio da certidão do registro, por exemplo, quando houver destruição ou perda dos livros do registro ou mesmo falta de registro por ato culposo, ou não, do oficial. Admitem-se, assim, como meios subsidiários de prova, o passaporte, a certidão de proclamas, o depoimento de testemunhas do ato, os documentos etc. Aceita-se como prova indireta a posse do estado de casado apenas para: comprovar, em benefício da prole, o casamento de pessoas falecidas, ante a impossibilidade de se obter prova direta; eliminar dúvidas entre provas a favor ou contra o casamento e sanar eventuais defeitos de forma do matrimônio. **2.** *Direito internacional privado.* Demonstração da existência de um casamento realizado no exterior de conformidade com a lei do país em que se celebrou, em aplicação do princípio *locus regit actum*. Mas se contraído perante agente consular, tal prova dar-se-á pela certidão do assento no registro do consulado.

PROVA DOCUMENTAL. *Direito civil, direito do trabalho* e *direito processual.* Aquela que tem por base um documento público ou particular que venha a atestar a existência e a veracidade do fato, podendo ser oferecida tanto pelo autor como pelo réu, em qualquer tempo, no curso da demanda.

PROVA DO PAGAMENTO. *Direito civil* e *direito processual civil.* É a quitação regular que comprova o cumprimento da obrigação por ser um documento em que o credor ou seu representante, reconhecendo ter recebido o pagamento de seu crédito, exonera o devedor da obrigação. Se o devedor não pagar a dívida, ficará sujeito às conseqüências do inadimplemento da obrigação; daí a necessidade de se provar o cumprimento da prestação. Assim, uma vez solvido o débito, surge o direito do devedor, que o paga, de receber do credor um elemento que prove o que pagou, que é a quitação regular; de reter o pagamento enquanto esta não lhe for dada; ou de consignar em pagamento, ante a recusa do credor em dar a quitação, citando o credor para esse fim, de forma que o devedor ficará quitado pela sentença que condenar o credor, pois a recusa do credor, caracteriza *mora creditoris*. A quitação pode ser dada não só pelo recibo, que é o meio normal, mas também pela devolução do título, se se tratar de débitos certificados por um título de crédito (nota promissória, letra de câmbio etc.). Em juízo não se admite comprovação de pagamento por via testemunhal, se exceder a taxa legal. Mas qualquer que seja o valor do contrato, admite a lei processual a prova testemunhal, quando: a) houver começo de prova por escrito, reputando-se tal o documento emanado da parte contra quem se pretende utilizar o documento como prova; b) o credor não pode ou não podia, moral ou materialmente, obter a quitação regular, em casos como o de parentesco, depósito necessário ou hospedagem em hotel. É preciso lembrar que o ônus da prova do pagamento cabe ao devedor ou a seu representante, por se tratar de um dos fatos extintivos da obrigação. Mas se se tratar de obrigação de não fazer, o *onus probandi* incumbirá ao credor, que deverá demonstrar que o devedor não cumpriu o dever de se abster de certo ato. Todavia, nem sempre o recibo ou a posse do título pelo credor provam a exoneração do devedor; em regra, demonstram que houve satisfação da prestação devida, porém não é em todos os casos que se tem o reconhecimento do credor de que houve, realmente, pagamento. Isto é assim porque se trata de presunção *juris tantum* de que o débito foi pago; que poderá ser destruída por prova em contrário.

PROVA DO PAGAMENTO EM QUOTAS PERIÓDICAS. *Direito civil.* É a quitação da última quota que estabelece a presunção, até prova em contrário, de que as precedentes foram solvidas, por não ser comum que o credor receba aquela sem que as antecedentes tenham sido pagas.

PROVADOR. 1. Aquele que demonstra a existência, ou não, de um ato, de um negócio ou de um fato. **2.** O que prova. **3.** Aquele que experimenta a bebida feita com amostras de café, para classificá-lo conforme seu tipo.

PROVA DO RITMO RESPIRATÓRIO. *Medicina legal.* Teste subsidiário para obter-se a revelação da mentira, criado por Benussi, consistente em registrar, por meio de pneumatógrafo, em cada ato respiratório, a duração discriminada da inspiração e da expiração, calculando-se o quociente dos atos correspondentes aos dois períodos. Logo, se o valor médio do quociente, antes da resposta, for maior do que o valor médio desse quociente, depois da resposta, a pessoa está dizendo a verdade, mas se o valor do quociente, antes da resposta, for menor do que o avaliado depois, o indivíduo está mentindo (A. Almeida Jr. e J. B. de O. e Costa Jr.).

PROVADURA. 1. Pequena quantidade de líquido que serve para atestar sua qualidade. **2.** Ato de experimentar o sabor de um alimento.

PROVA EFETIVA. Diz-se daquela que, além de convincente, está conforme com as fórmulas previstas em lei.

PROVA EMPRESTADA. *Direito processual.* É aquela que, apesar de sua produção ter se dado num processo, foi trasladada para outro (Geraldo Magela Alves).

PROVA ESCRITA. 1. *Direito processual. Vide* PROVA LITERAL. **2.** Na *linguagem escolar,* é aquela em que os alunos, por escrito, durante certo período de tempo, procuram demonstrar os conhecimentos adquiridos sobre determinada matéria.

PROVA EXCLUSIVAMENTE TESTEMUNHAL. *Direito processual civil* e *direito civil.* É aquela consistente em depoimento de testemunhas só admitidas para provar fatos fundados em contratos cuja quantia não exceda ao valor previsto em lei.

PROVA EXTRAJUDICIAL. É aquela que decorre de documento produzido fora do juízo, mas idôneo para promover a prova judicial.

PROVA FALSA. *Direito processual.* É a intencional supressão, modificação ou alteração da verdade, seja qual for o meio com que se produza e obtenha. Trata-se da dolosa violação da fé pública, isto é, da certeza jurídica que deve decorrer do pronunciamento judicial. Não há, sob o prisma jurídico, que se distinguir entre falsidade ideológica (ato autêntico com declarações mendazes) e material (criação de documento falso simulando o verdadeiro) da prova, que enseja sua apuração tanto na justiça criminal, onde se destaca o crime de falsa perícia, como no procedimento rescisório.

PROVA FUNDADA. *Direito processual.* É a idônea ou admitida legalmente para formar o convencimento judicial e atestar a existência do fato probando.

PROVA GENÉRICA. *Direito civil* e *direito processual.* **1.** Aquela que pode ser produzida em relação a qualquer fato ou posteriormente ao fato que se pretende provar (Cunha Gonçalves). **2.** A produzida no curso da demanda de modo comum ou ordinário. **3.** Prova cabal ou prova simples. **4.** Prova casual.

PROVA IDÔNEA. *Vide* PROVA FUNDADA.

PROVA ILEGÍTIMA. *Direito processual.* Aquela contrária à norma processual (Nuvolone).

PROVA ILÍCITA. *Direito processual.* **1.** É a que viola norma de direito material (Nuvolone). **2.** É a ilegitimamente obtida. **3.** A que contraria o direito material, quanto ao meio ou modo de obtenção. **4.** A proibida por lei. **5.** A atentatória à moral e aos bons costumes do meio social. **6.** A contrária à dignidade ou liberdade da pessoa humana. **7.** A que viola os direitos fundamentais garantidos legal e constitucionalmente (Hernando Devis Echandia). **8.** Prova colhida com infração de normas ou princípios constitucionais, que protegem liberdades públicas e direitos da personalidade, dentre eles o da intimidade (Ada P. Grinover, A. Scarance Fernandes e A. Magalhães Gomes Filho). **9.** É a obtida com violação das normas legais ou de princípios implícitos ou explícitos do ordenamento jurídico de natureza processual ou material (Marcelo Luiz Barone).

PROVA ILÍCITA *PRO SOCIETATE*. *Direito processual.* É a admitida, tendo por base o princípio da proporcionalidade, para que se analisem as circunstâncias do caso concreto em busca da verdade, em prol da sociedade (Marcelo Luiz Barone).

PROVA IMPERFEITA. 1. *História do direito.* Meia-prova. **2.** *Direito processual.* Diz-se daquela que, embora fazendo alguma fé, não é suficiente para levar o magistrado a decidir o litígio, sem algum outro adminículo (Carneiro Leão). É por ser incompleta, por exemplo, a fornecida por uma testemunha somente. Pode ser considerada como subsidiária ou como reforço de prova.

PROVA IMPERTINENTE. *Direito civil* e *direito processual.* É a que não pode ser aplicada ao caso em julgamento, por não ser adequada nem autorizada em lei para aquele caso que se tem por fim julgar, uma vez que não lhe diz respeito, por estribar-se em fato que nenhuma influência exerce sobre a decisão da causa (Moacyr Amaral Santos).

PROVA IMPRESTÁVEL. *Direito processual.* Aquela ineficaz que, por não ter sido produzida por meios juridicamente idôneos, e por não atender à lei, é falha, viciosa, imprecisa ou inadequada. Para que o órgão judicante possa acolher uma prova do fato probando, será preciso que ela tenha sido obtida pelos meios admitidos juridicamente.

PROVA INARTIFICIAL. *História do direito.* Era obtida sem auxílio do raciocínio, como a contida no documento ou no testemunho, sendo por essa razão considerada como prova direta. A que demonstrava o fato diretamente, por provir de instrumentos públicos ou particulares, de depoimento testemunhal, de confissão, de inspeção ocular ou vistoria (Pereira e Souza e João Mendes Jr.).

PROVA INCOMPLETA. *Vide* PROVA IMPERFEITA.

PROVA INDICIÁRIA. *Vide* PROVA CIRCUNSTANCIAL.

PROVA INDIRETA. *Vide* PROVA CONJECTURAL.

PROVA INSTRUMENTAL. *Direito processual.* É a constituída de documentos autênticos exarados por oficial do cartório ou funcionário público, ou de instrumentos particulares.

PROVA INTUITIVA. *Vide* PROVA DE FATO TRANSEUNTE.

PROVA IRRELEVANTE. *Direito processual.* Diz-se daquela atinente a fato que não tem qualquer relação com a causa, não podendo, por tal motivo, influenciar o magistrado em sua decisão.

PROVA JUDICIAL. *Direito processual.* É aquela cuja produção se dá em juízo.

PROVA JUDICIÁRIA. *Direito processual.* É qualquer meio probatório que instrui o processo e serve para formar o convencimento do magistrado na apuração da existência e da veracidade do fato em que se funda a ação. A prova judiciária, portanto, tem como: a) objeto os fatos da causa, deduzidos pelos litigantes; b) fim a formação da convicção do juiz que preside o processo; c) destinatário direto o magistrado a cuja apreciação o caso está submetido, e destinatários indiretos as partes que precisam ficar convencidas para acatarem a decisão como justa; d) parâmetro de sua produção a observância das normas (Moacyr Amaral Santos).

PROVA JUNG-BLEULER. *Medicina legal.* Prova de associações determinadas, que consiste num teste psicológico que, ao apresentar uma relação de palavras-estímulos, visa despertar no indivíduo reações emocionais para: a) averiguar as idéias afetivas reprimidas; b) obter a revelação de segredos ou dados que o entrevistado tem interesse em ocultar; c) descobrir traços do caráter que possibilitem enquadrar a pessoa como introvertida ou extrovertida; d) desvendar atitudes afetivas que ligam ou separam entre si os membros de uma família. Para tanto será preciso registrar as alterações circulatórias e respiratórias, titubeios, mudança de voz etc. Essa prova veio dar origem ao detector de mentiras (*lie-detector*) (Sérgio Carlos Covello).

PROVA JURÍDICA. *Direito processual.* Demonstração da existência, positiva ou negativa, e da verdade dos fatos que foram alegados em juízo.

PROVALE. Sigla do Programa Especial para o Vale do São Francisco.

PROVA LEGAL. *Direito processual.* É aquela prevista em lei ou produzida por meios legais, que venha a formar a convicção judicial.

PROVA LITERAL. *Direito civil* e *direito processual.* É a resultante de qualquer escrito produzido em juízo pelas partes para demonstrar a existência e a verdade dos fatos alegados. Abrange tanto a prova documental como a instrumental.

PROVA LIVRE. *Direito processual.* Aquela cuja apreciação pelo órgão judicante se realiza livremente, conforme a sua convicção e impressão pessoal.

PROVA MATERIAL. *Direito processual.* Elemento físico que, ao ser apresentado à percepção direta do magistrado, nele produz a certeza da existência e veracidade do fato que se pretende provar em juízo. Por exemplo, o corpo de delito; exame; vistoria; instrumento do crime; palavras, orais ou escritas, injuriosas (Othon Sidou e Manoel Aureliano de Gusmão).

PROVA MUDA. *História do direito.* A que resultava de inspeção ocular, de indício ou presunção (João Mendes Jr.).

PROVA NATURAL. *Vide* PROVA DIRETA.

PROVANTE. *Direito processual.* **1.** Que faz fé. **2.** Suscetível de prova. **3.** O que comprova ou demonstra algo. **4.** Probante. **5.** Fato probatório.

PROVÃO. *Vide* EXAME NACIONAL DE CURSO DE DIREITO.

PROVA OBLÍQUA. *Vide* PROVA ARTIFICIAL.

PROVA ORAL. 1. *Direito processual.* É aquela produzida, verbalmente, em juízo, na audiência de instrução e julgamento, na seguinte ordem: esclarecimento de perito e de assistentes técnicos, tomada do depoimento pessoal, primeiro do autor e depois do réu, e inquirição de testemunhas. **2.** Na *linguagem escolar,* é o exame prestado verbalmente, pelo qual o professor verifica o conhecimento de seus alunos sobre determinado assunto.

PROVA PEREMPTÓRIA. *Direito processual.* É a decisiva e definitiva, não admitindo réplica.

PROVA PERFEITA. *Vide* PROVA COMPLETA.

PROVA PERICIAL. *Direito processual.* É a produzida, por determinação judicial, por peritos, por exigir conhecimento técnico-científico e especializado, que, analisando o fato probando por meio de exames, avaliações etc., emitem laudo pericial contendo parecer esclarecedor dos pontos controvertidos, ao responderem aos quesitos que lhes foram formulados, auxiliando o magistrado na apreciação do caso *sub judice.* É aquela prova que revela, mediante adoção de regras técnicas, a verdade do fato da causa (João Carlos Pestana de Aguiar).

PROVA PERTINENTE. *Direito processual.* É a idônea para demonstrar os fatos relacionados com a questão discutida. É a adequada ou indicada por lei para comprovar o fato. *Vide* PROVA IDÔNEA OU PROVA FUNDADA.

PROVA PESSOAL. *Direito processual.* Afirmação feita por uma pessoa com o escopo de fazer fé, por exemplo, a da testemunha que conta fatos que viu, o documento de confissão de débito etc. (Moacyr Amaral Santos).

PROVA PLENA. *Vide* PROVA COMPLETA.

PROVA PLENA ABSOLUTA. *Direito processual.* É aquela irrefutável, como a constituída por escritura pública ou a oriunda de presunção *juris et de jure.*

PROVA PLENA RELATIVA. *Direito processual.* Diz-se daquela que admite prova em contrário, por exemplo, a fundada em presunção *juris tantum.*

PROVA PLENÍSSIMA. *História do direito.* Era a constituída por instrumento, solene e autêntico, lavrado por oficial de fé pública (João Mendes Jr.).

PROVA POR INDÍCIOS. *Vide* PROVA INDICIÁRIA.

PROVA PRÉ-CONSTITUÍDA. *Direito processual.* Diz-se daquela que foi, antecipada ou previamente, formada pelo interessado, por determinação legal ou para garantia de sua segurança, por meio, por exemplo, de documento firmado anteriormente, antes do início da demanda, apresentado-se juntamente com a petição inicial.

PROVA PREESTABELECIDA. *Vide* PROVA PRÉ-CONSTITUÍDA.

PROVA PRESUNTIVA. *Vide* PROVA CONJECTURAL.

PROVA PURA. *Direito penal.* A que, não sendo tendenciosa, não serve aos interesses da acusação, tampouco aos da defesa, e sim aos interesses da justiça (J. W. Seixas Santos).

PROVAR. 1. Aprovar. **2.** Demonstrar a existência, a autenticidade e a verdade de algo. **3.** Dar testemunho. **4.** Experimentar.

PROVARÁ. *Direito processual.* Cada um dos artigos ou itens de um libelo arrazoado, petição inicial ou requerimento judicial, que desenvolvem os argumentos relativos ao fato probando, que deve ser decidido em juízo.

PROVAR ARMAS. *Direito militar.* Entrar em combate.

PROVA REAL. *Direito processual.* **1.** Demonstração certa e incontestável. **2.** Atestação, feita por uma coisa, da modalidade que o fato probando imprimiu. Por exemplo: trinca de parede; ferimento; carreira de cipreste na linha limítrofe de prédios contíguos (Moacyr Amaral Santos).

PROVA RELATIVA. *Direito processual.* Aquela que pode ser considerada perfeita ou satisfatória se não advier outra, mais forte, ilidindo-a.

PROVA SANGÜÍNEA. *Medicina legal.* Exame hematológico de grande importância para a exclusão de paternidade, que averigua se o filho e o suposto pai pertencem a grupo sangüíneo diverso. Porém, se do mesmo grupo, não se pode proclamar a filiação, mas tão-somente a mera possibilidade da relação biológica da paternidade, devido à circunstância de que os tipos sangüíneos e o fator RH, embora transmissíveis hereditariamente, são encontrados idênticos em milhões de pessoas. Mas pelo exame *DNA Finger-print* é possível a aplicação de teste conclusivo para se estabelecer a paternidade, ante o fato da probabilidade de se encontrar ao acaso duas pessoas com a mesma Impressão Digital do DNA ser de 1 (um) em cada 30 bilhões. Logo, é virtualmente impossível que haja coincidência.

PROVAS BIOLÓGICAS DA GRAVIDEZ. *Medicina legal.* Testes feitos para comprovar a gravidez através de reações biológicas, empregando urina, plasma sangüíneo, pele, extrato hipofisário, colostro da mulher que se supõe grávida.

PROVAS DE PROPRIEDADE DE EMBARCAÇÃO. *Direito civil* e *direito marítimo.* Meios comprobatórios do domínio, necessários para que a embarcação possa ser inscrita. Prova-se a sua propriedade: 1) por compra: a) no País — instrumento público de compra e venda (escritura pública ou recibo particular transcrito em cartório de títulos e documentos), em que deverá estar perfeitamente caracterizada a embarcação e consignados a compra, o preço, o vendedor e o comprador. Para as embarcações novas, esta se fará mediante apresentação do documento comprobatório de compra (nota fiscal). O instrumento público poderá ser substituído pela presença do vendedor e do comprador munidos de documentos de identidade, CPF/CGC e com o respectivo recibo de compra e venda; b) no estrangeiro — além do comprovante de regularização da importação perante o órgão competente, deve ser apresentado o instrumento de compra e venda, de acordo com a legislação do país onde se efetuou a transação; 2) por arrematação: a) judicial — carta de adjudicação ou de arrematação do juízo competente; b) administrativa — recibo da importância total da compra à repartição pública passada na própria guia de recolhimento; c) em leilão público — escritura pública; 3) por doação em pagamento: escritura pública; 4) por sucessão: a) civil — formal de partilha ou carta de adjudicação extraída dos autos de inventário; b) comercial — instrumento público ou particular registrado na repartição competente, Junta Comercial ou departamento oficial correspondente; 5) por doação: escritura pública na qual esteja perfeitamente caracterizada a embarcação, o seu valor, o doador e o donatário; 6) por construção: a) própria — licença de construção e certidão da Capitania dos Portos ou OM subordinada de que o próprio ou seu estabelecimento construiu a embarcação; b) contratada — licença de construção, contrato de construção e sua quitação de preço; 7) por abandono liberatório ou sub-rogatório: instrumento formal desse abandono; 8) por permuta: instrumento público ou com a presença dos interessados munidos de documentos de identidade e CPF/CGC com o respectivo documento de permuta.

PROVA SEMIPLENA. *Vide* PROVA IMPERFEITA.

PROVA SIMPLES. *Vide* PROVA GENÉRICA.

PROVAS RETÓRICAS. *Retórica jurídica.* São as que o orador pode recorrer para exercer influência sobre o auditório: o *ethos* (caráter que o orador assume para inspirar confiança em seu público); o *pathos* (vincula-se à paixão que suscita através das palavras) e o *logos* (parte dialética ou argumento de ordem racional (Aristóteles).

PROVA SUBSIDIÁRIA. *Direito processual.* Diz-se da prova testemunhal que, no caso de a lei apenas admitir a prova escrita, tem por finalidade complementá-la (Othon Sidou).

PROVA SUBSTANCIAL. **1.** *Direito processual.* Aquela da qual a decisão da causa depende, por ser concludente ao comprovar a existência ou não do fato. **2.** *Direito canônico.* Registro ou documento exigido para demonstração de batismo, confirmação, casamento, ordenação sacerdotal, consagração de local sagrado, colação de benefício, admoestação, aplicação de pena, constituição de mandato etc.

PROVA TESTEMUNHAL. *Direito processual.* É aquela resultante de depoimento oral de testemunhas sobre o crime ou os fatos que, por constituírem objeto da causa, devem ser investigados e apurados.

PROVATÓRIO. *Vide* PROBATÓRIO.

PROVA TRABALHISTA. *Direito do trabalho.* Aquela que, no processo trabalhista, visa comprovar alegações das partes.

PROVÁVEL. **1.** Aquilo que pode ser provado. **2.** O que pode acontecer. **3.** O que aparenta ser verídico. **4.** Verossímil. **5.** O que apresenta certo grau de credibilidade.

PROVA VERBAL. *Vide* PROVA ORAL.

PROVECTO. **1.** Avançado em anos. **2.** Que progrediu. **3.** Experimentado. **4.** Conhecedor.

PROVEDOR. **1.** *Direito administrativo* e *direito civil.* a) Aquele que é colocado na direção de uma instituição para chefiar sua administração; b) chefe de um estabelecimento de caridade. **2.** *História do direito.* Aquele que cumulava as funções de juiz e administrador com jurisdição para conhecer questões alusivas aos órfãos, às confrarias, às obras pias e testamentos, corrigindo o que não estava de acordo com as respectivas leis. **3.** *Direito virtual.* a) Empresa que se liga à Internet, possibilitando ao usuário a conexão à Rede Mundial de Computadores por meio de uma ligação telefônica ou linha privada (Afonso Celso F. de Rezende); b) aquele que presta, ao usuário, um serviço de natureza vária, seja franqueando o endereço na Internet, seja armazenando e disponibilizando o *site* para a rede, seja prestando e coletando informações etc. É designado, tecnicamente, de Provedor de Serviço de Conexão à Internet (PSCI), sendo a entidade que presta o serviço de conexão à Internet (SCI). Este, por seu turno, é o nome genérico que designa o Serviço de Valor Adicionado, que possibilita o acesso à Internet de Usuários e Provedores de Serviços de Informações (Newton de Lucca).

PROVEDORAL. Relativo a provedor.

PROVEDOR DE ACESSO. *Direito virtual.* **1.** Fornecedor de serviços que viabiliza, mediante pagamento, a conexão do usuário autenticando o seu acesso à Rede (Amaro Moraes e Silva Neto). **2.** O mesmo que *INTERNET SERVICE PROVIDER (ISP).* **3.** É o que presta ao usuário serviços como o de franquear endereço na Internet, armazenar e disponibilizar o *site* para a rede, prestando e coletando informações etc. **4.** É designado de Provedor de Serviço de Conexão à Internet (PSCI) (Newton de Lucca). **5.** É o que repassa acesso à Internet para pessoa física ou jurídica, mediante cobrança de preço pelo serviço prestado (Cláudio José Lawand).

PROVEDOR DE *BACKBONE*. *Direito virtual.* É o que fornece a infra-estrutura necessária para que os provedores de acesso e hospedagem tenham acesso à grande rede mundial de computadores. Por meio dele transmitem-se as informações. Não desenvolve qualquer atividade editorial ou de monitoramento no tráfego de dados (Cláudio José Lawand). É um *access service providers* com a função específica de ofertar estrutura técnica para que as empresas de *Internet Service Provider* (ISPs) possam ter acesso ao ciberespaço (Antonio Jeová Santos).

PROVEDOR DE CONTEÚDO. *Direito virtual.* É o que disponibiliza as informações próprias ou de terceiros por meio de páginas ou *sites* da *web.* Exerce o controle editorial daquilo que vai publicar por meio da Internet (Waldo A. Roberto Sobrinho e Cláudio José Lawand).

PROVEDOR DE CORREIO ELETRÔNICO. *Direito virtual.* É o que fornece o serviço de *e-mail* a todo usuário contratante por meio da disponibilização de uma conta de acesso para receber e enviar mensagens eletrônicas, mediante verificação de nome e senha do titular da conta (Cláudio José Lawand).

PROVEDOR DE HOSPEDAGEM. *Direito virtual.* É o que proporciona a locação de espaço físico de seus servidores para o armazenamento de conteúdos e arquivos da *web*, que podem ser acessados remotamente por meio da Internet (Cláudio José Lawand).

PROVEDOR DE SERVIÇO DE CONEXÃO À INTERNET (PSCI). *Direito virtual.* Entidade que presta serviço de conexão à Internet.

PROVEDOR DE SERVIÇO DE INFORMAÇÕES. *Direito virtual.* Entidade que possui informações de interesse e as dispõe na Internet, por intermédio do Serviço de Conexão à Internet.

PROVEDORIA. 1. *História do direito.* Cargo, ofício ou jurisdição de provedor (De Plácido e Silva). 2. *Direito administrativo* e *direito civil.* Local da instituição ou repartição, ou escritório, onde o provedor desempenha suas funções ou atividades.

PROVEITO. 1. *Direito comercial.* Lucro. 2. Na *linguagem comum,* pode ter o sentido de: a) melhoramento; b) acréscimo econômico; c) ganho; d) vantagem imaterial ou material; e) benefício; f) adiantamento; g) interesse; h) utilidade.

PROVEITOSO. 1. *Direito comercial.* Lucrativo. 2. Na *linguagem comum,* significa: a) útil; b) vantajoso; c) profícuo.

PROVENIÊNCIA. 1. Fonte. 2. Procedência. 3. Local de origem.

PROVENIENTE. 1. Procedente. 2. Originário. 3. Resultante. 4. Que provém.

PROVENTO. 1. *Direito comercial.* Lucro obtido nos negócios empresariais. 2. *Direito do trabalho.* Ganho que se obtém em razão do trabalho que se está exercendo ou que já se exerceu (Othon Sidou); salário. 3. Na *linguagem comum,* pode ter o sentido de: a) rendimento; b) proveito. 4. *Direito administrativo.* Remuneração percebida pelo servidor público inativo, esteja ele aposentado ou em disponibilidade (Adilson Abreu Dallari).

PROVER. 1. Nas *linguagens comum* e *jurídica,* quer dizer: a) proporcionar algo; b) tomar providência sobre alguma coisa; c) ordenar; d) abaste-

cer; e) remediar; f) acudir. 2. *Direito administrativo.* Nomear alguém para ocupar cargo público vago. 3. *Direito processual.* a) Deferir pedido ou recurso; b) despachar favoravelmente o que se requer.

PROVERBIADOR. Livro de provérbios.

PROVERBIAL. 1. Que diz respeito a provérbio. 2. Que tem a natureza de provérbio. 3. Notório; conhecido.

PROVÉRBIO. 1. Máxima. 2. Adágio. 3. Axioma. 4. Sentença ou dito moral.

PRO VERITATE. *Locução latina.* Em bem da verdade.

PRO VERITATE HABETUR. *Expressão latina.* Seja tido como verdade.

PROVERSÃO. *Filosofia geral.* Ato de encarar apenas o futuro, sem levar em conta o passado.

PROVERSIVO. *Filosofia geral.* Voltado para o futuro; prospectivo.

PROVETA. *Medicina legal.* 1. Tubo de ensaio. 2. Recipiente de vidro ou cristal que, tendo a forma de tubo graduado e com suporte, é usado para medir quantidades de líquido e para experiências científicas.

PROVETE. *Direito militar.* Pequeno morteiro usado para experiências com pólvora.

PROVIDÊNCIA. 1. *Direito administrativo.* a) Resolução ou determinação da autoridade pública sobre uma medida que deve ser seguida; b) medida ordenada pela autoridade competente (De Plácido e Silva). 2. Nas *linguagens comum* e *jurídica,* pode significar: a) medida tomada para preparar ou prevenir algo ou, ainda, para atenuar os efeitos de algum acontecimento (De Plácido e Silva); b) disposição antecipada de meios necessários para evitar um mal, remediar uma necessidade, obter um fim ou solucionar uma questão; c) atitude tomada para auxiliar ou proteger alguém; d) acontecimento feliz. 3. *Direito canônico.* a) Deus; b) ação pela qual Deus governa o mundo por Ele criado, dirigindo os seres para o fim que se propôs; c) suprema sabedoria divina na direção dos entes existentes no mundo; d) ação exercida pela vontade de Deus sobre o universo, conduzindo os acontecimentos para os seus propósitos (Lalande). 4. *Direito agrário.* Variedade de pêra pequena muito saborosa.

PROVIDÊNCIA DIVINA. *Direito canônico.* Deus.

PROVIDÊNCIA GERAL. *Direito canônico.* Ação de Deus organizando o mundo, estabelecendo as leis físico-naturais, prevendo seus efeitos benfazejos ao combinar a natureza com a graça, fazendo que haja o menos possível de desordem na natureza (Lalande e Malebranche).

PROVIDENCIAL. 1. O que é inerente ou relativo à providência. **2.** Oportuno. **3.** Que produziu bom resultado.

PROVIDENCIALIDADE. Qualidade de providencial.

PROVIDENCIALISMO. *Filosofia geral.* Sistema que atribui tudo à ação da Providência Divina.

PROVIDENCIALISTA. *Filosofia geral.* Adepto do providencialismo.

PROVIDÊNCIA PARTICULAR. *Direito canônico.* Intervenção divina pessoal ou análoga a de uma pessoa, no curso dos acontecimentos sucessivos e desordenados, remediando-os por meio de milagres (Malebranche).

PROVIDENCIAR. 1. Tomar providências. **2.** Prover. **3.** Dispor de modo providente.

PROVIDÊNCIAS PRELIMINARES. *Direito processual civil.* Medidas ordenadas, conforme o caso, pelo juiz, dentro do prazo de dez dias, findo o lapso temporal para a resposta do réu e após a conclusão dos autos feita pelo escrivão. Se o réu não contestar a ação, o magistrado, verificando a não-ocorrência do efeito da revelia, mandará que o autor especifique as provas que pretende produzir na audiência. Se o réu contestar a pretensão do autor, este poderá requerer ao juiz a prolatação de sentença incidente, se o julgamento da lide depender, no todo ou em parte, da declaração da existência ou inexistência do direito. Se o réu, ao reconhecer o fato em que se fundou a ação, outro lhe opuser impeditivo, modificativo ou extintivo do direito do autor, este deverá ser ouvido, dando-lhe o juiz o direito de produzir prova documental. Se o réu alegar inexistência ou nulidade da citação; incompetência absoluta; inépcia da petição inicial; perempção; litispendência; coisa julgada; conexão; incapacidade da parte; defeito de representação ou falta de autorização; compromisso arbitral; carência de ação; falta de caução ou de outra prestação, que a lei exige como preliminar, o juiz mandará ouvir o autor, permitindo-lhe a produção de prova documental. Se o magistrado verificar a existência de irregularidades ou de nulidades sanáveis, mandará supri-las, fixando à parte prazo nunca superior a trinta dias. Cumpridas essas providências preliminares, ou não havendo necessidade delas, o juiz proferirá o julgamento conforme o estado do processo.

PROVIDENTE. 1. Prudente. **2.** Acautelado. **3.** Que toma providência. **4.** Que provê.

PROVIDO. 1. Nas *linguagens comum* e *jurídica,* designa: a) cheio; b) o que tem o necessário; c) guarnecido. **2.** *Direito administrativo.* a) Nomeado; b) cargo público vago ocupado por alguém. **3.** *Direito processual.* Diz-se do recurso decidido a favor de quem o interpôs.

PRÓVIDO. *Vide* PROVIDENTE.

PROVIGÁRIO. *Direito canônico.* Sacerdote investido na função de vigário.

PROVIGÁRIO CAPITULAR. *Direito canônico.* Sacerdote que, por nomeação do metropolita, rege uma diocese, na falta daquele que devia ter sido eleito pelo cabido.

PROVIMENTAR. *Direito processual.* **1.** Decidir um recurso em favor de quem o interpôs. **2.** Despachar em favor de quem apresentou, em juízo, um pedido.

PROVIMENTO. 1. *Direito processual.* a) Despacho de petição ou requerimento; b) ato pelo qual o órgão judicante *ad quem* acolhe recurso, aceitando as razões apresentadas por quem o interpôs; c) ato de autoridade judiciária que, na qualidade de corregedor-geral da justiça ou presidente de tribunal, estabelece normas administrativas disciplinadoras da prestação da atividade jurisdicional ou baixa instruções para fazer correição ou para serem cumpridas pelos juízes e servidores do juízo. **2.** *Direito administrativo.* a) Nomeação ou promoção de alguém para cargo público; b) autorização ou licença para desempenhar determinada função pública. **3.** Na *linguagem jurídica,* pode ter o sentido de: a) instrução geral e normativa expedida pelo Conselho Federal da OAB, para cumprimento de seu Estatuto e dos fins almejados pelo órgão, relativos à matéria de interesse da classe dos advogados, e para regulamentação do exame de ordem; b) ação ou efeito de prover; c) provisão; abastecimento; d) víveres; e) cautela; f) medida ordenada a título de providência; g) providência.

PROVIMENTO ABLATÓRIO. *Direito administrativo.* É aquele que contém alto grau de autoridade, uma vez que sacrifica interesses ou bens de outro sujeito (Giannini e Lúcia Valle Figueiredo).

PROVIMENTO AUTÔNOMO. *Direito administrativo.* É aquele em que alguém assume cargo público, mediante nomeação de autoridade competente, não havendo qualquer relação com a situação anterior do provido (Celso Antônio Bandeira de Mello).

PROVIMENTO AUTORIZATÓRIO. *Direito administrativo.* Aquele que permite ao indivíduo o exercício de atividade legal, sob certos pressupostos, para realizar interesses privados e públicos (Lúcia Valle Figueiredo e Giannini).

PROVIMENTO CONCESSIVO. *Direito administrativo.* É o regido por normas, e que tem o escopo de conferir vantagem particular em matéria alusiva ao Poder Público. Por exemplo, concessão de títulos honoríficos, de bens e serviços públicos etc. (Giannini e Lúcia Valle Figueiredo).

PROVIMENTO DA ORDEM DOS ADVOGADOS DO BRASIL. Ato normativo, emanado do Conselho Federal da OAB, para regulamentar normas estatutárias.

PROVIMENTO DE CARGO PÚBLICO. *Direito administrativo.* Ato da administração destinado a preencher cargo público, designando o seu titular por meio de nomeação, promoção, transferência, acesso, readmissão, reversão, reintegração, aproveitamento.

PROVIMENTO DE CORREGEDORIA DE JUSTIÇA. *Direito processual.* Ato regimental que contém determinações para servidores do juízo e magistrados (Marcus Cláudio Acquaviva).

PROVIMENTO DERIVADO. *Direito administrativo.* É, segundo Celso Antônio Bandeira de Mello, aquele em que o servidor, por ter algum vínculo anterior com o cargo público, assume cargo mais elevado, ou é transferido a outro, ou retorna ao serviço ativo do qual estava desligado.

PROVIMENTO LIMINAR. *Direito processual civil.* Provimento judicial *in limine litis*, ou seja, no mesmo momento em que há a instauração do processo (Adroaldo F. Fabrício). Trata-se do primeiro provimento judicial prolatado nos autos de um processo, por ex.: determinação de citação do réu para contestar a lide ou indeferimento da petição inicial (Marcelo B. Dantas). Trata-se do despacho liminar (José Carlos Barbosa Moreira).

PROVIMENTO ORIGINÁRIO. *Vide* PROVIMENTO AUTÔNOMO.

PROVÍNCIA. 1. *História do direito.* a) Divisão territorial do Brasil, no tempo do Império, que fica sob a autoridade de um delegado do poder central; b) terra conquistada pelos romanos, que fica sob a administração de um governador romano, (procônsul ou pretor), sujeitando-se às leis de Roma. 2. *Direito comparado.* a) Qualquer parte de um país, com exclusão da capital; b) divisão territorial argentina dotada de autonomia política; c) cada parte da divisão do território italiano e belga, resultante de descentralização administrativa de Estado unitário, desprovida de autonomia política, apesar de ter independência administrativa e de estar sob tutela do poder central, que a controla. 3. *Direito canônico.* Conjunto de conventos de uma ordem monástica, dentro do mesmo país, governados pelo provincial e sujeitos ao geral da ordem.

PROVÍNCIA ECLESIÁSTICA. *Direito canônico.* Distrito de um território que está sob a jurisdição de um arcebispo, e que inclui várias dioceses sufragâneas e prelazias.

PROVINCIAL. 1. *Direito canônico.* Superior de casas religiosas, ou melhor, superior maior de uma província religiosa, com autoridade sobre todos os seus membros e casas, embora esteja subordinado ao superior-geral (Paulo Matos Peixoto). 2. *Direito comparado* e *história do direito.* a) O que se refere a província; b) pertencente a uma província.

PROVINCIALADO. *Direito canônico.* Cargo de provincial de uma ordem religiosa.

PROVINCIALATO. *Vide* PROVINCIALADO.

PROVINCIALISMO. *Vide* PROVINCIANISMO.

PROVINCIALIZAÇÃO. *Direito comparado* e *história do direito.* 1. Divisão territorial em províncias. 2. Distribuição pelas províncias.

PROVINCIALIZADOR. *Direito comparado.* 1. Partidário da autonomia das províncias. 2. Que provincializa.

PROVINCIALIZAR. *Direito comparado.* 1. Dividir território de um país em províncias. 2. Dar feição de província.

PROVINCIANISMO. *Sociologia jurídica.* a) Estado mental que reflete nas ações do indivíduo, originário de regiões rurais ou de cidades do interior do Estado; b) conjunto de hábitos próprios de uma província.

PROVINCIANO. 1. Que é natural de uma província. 2. Relativo a pessoa da província. 3. Atrasado.

PROVÍNCIA RELIGIOSA. *Direito canônico.* Parte de um instituto religioso centralizado, dividido em diversas casas, governada pelo provincial.

PROVINCO. *História do direito.* Linhagem.

PROVINDO. 1. Procedente. **2.** Derivado. **3.** Originário.

PROVIR. 1. Derivar. **2.** Proceder. **3.** Resultar. **4.** Advir. **5.** Vir de algum lugar.

PROVISÃO. 1. *Economia política.* a) Abundância de coisas necessárias, destinadas ao uso futuro; b) abastecimento de bens proveitosos ou necessários. **2.** *Direito civil.* a) Víveres; b) o que é necessário para a subsistência de alguém; alimentos; c) prestação alimentícia. **3.** *Direito cambiário* e *direito bancário.* Soma líquida devida pelo banco ao correntista para ser consumida por meio de cheque (Othon Sidou). **4.** *Direito comercial.* a) Reserva de valores ou de dinheiro; b) fundo de reserva; c) fundo disponível; d) importância pecuniária tirada antecipadamente do total dos lucros empresariais para atender a uma eventualidade surgida; e) estoque de mercadorias. **5.** *Direito administrativo.* a) Providência; b) ordem; c) documento oficial no qual o governo confere cargo, autoriza o exercício de uma atividade ou expede instrução. **6.** *Direito internacional público.* Carta pela qual o governo de um país autoriza o cônsul a desempenhar suas funções diplomáticas junto a governo estrangeiro (José Náufel).

PROVISÃO CANÔNICA. *Direito canônico.* Documento pelo qual o bispo investe um sacerdote dos poderes de pároco.

PROVISÃO DE FUNDOS. *Direito comercial.* Reserva em dinheiro ou valores.

PROVISÃO DE OFÍCIO ECLESIÁSTICO. *Direito canônico.* Conjunto de atos pelos quais se: a) designa a pessoa que deve desempenhá-lo; b) lhe concede o título que justificará o exercício; c) lhe entrega a posse do ofício (Hortal).

PROVISÃO EM MATÉRIA DE CHEQUE. *Direito cambiário* e *direito bancário.* **1.** Acúmulo de dinheiro para ser consumido por cheque (Paulo de Lacerda). **2.** Soma líquida devida pelo sacado ao sacador (Maffré). **3.** Pressuposto subjetivo do cheque (Othon Sidou).

PROVISIONADO. 1. Nas *linguagens jurídica* e *comum:* a) aquele a quem se concedeu provisão; b) que dispõe de provisão; c) garantido por provisão; d) originado de provisão. **2.** *História do direito.* Aquele que, sem ter diploma de bacharel em direito, após exame na OAB, estava autorizado a exercer a advocacia em primeira instância, praticando atos privativos de advogado.

PROVISIONAL. 1. Relativo à provisão. **2.** Feito por provisão. **3.** Provisório. **4.** Interino. **5.** Medida tomada, provisoriamente, pelo magistrado.

PROVISIONAMENTO. Ato de autorizar alguém a exercer uma profissão.

PROVISÕES DE BOCA. 1. *Direito marítimo* e *direito militar.* Alimentos necessários para o sustento de soldados e da equipagem (De Plácido e Silva). **2.** Na *linguagem comum,* significa mantimentos.

PROVISÕES DE GUERRA. *Direito militar.* Armamentos e munições necessários para a execução da guerra.

PROVISOR. 1. *Direito canônico.* Sacerdote que foi incumbido pelo bispo da jurisdição contenciosa da diocese. **2.** Na *linguagem comum,* é aquele que faz provisões.

PROVISORIA. 1. Cargo de provisor. **2.** Duração desse cargo.

PROVISÓRIA. 1. *Direito constitucional.* Diz-se da medida, com força de lei, expedida pelo presidente da República, no exercício de competência constitucional, em caso de relevância e urgência, submetida ao Congresso Nacional, perdendo sua eficácia, desde a edição, se não for convertida em lei dentro de sessenta dias, a partir de sua publicação. **2.** *Direito processual penal.* Diz-se da liberdade concedida pela lei, como medida preventiva, ao suposto ou imputado agente de atuação ou omissão, considerada como infração de preceito penal, para assegurar a sua liberdade pessoal durante o processo instaurado para apurá-la (Rogério Lauria Tucci).

PROVISORIEDADE. Qualidade do que é passageiro ou transitório.

PROVISÓRIO. 1. Soldado que auxilia a milícia estadual, pertencente ao corpo criado a título provisório. **2.** Temporário; transitório; breve; passageiro. **3.** Interino. **4.** Feito por provisão. **5.** O que não é definitivo.

PROVOCAÇÃO. 1. *Direito penal.* Ato de incitar alguém, excitando seu ânimo, levando-o a praticar crime; instigação ao crime. **2.** *Direito processual civil.* Ato de pedir a manifestação da justiça, ingressando em juízo com uma ação ou interpondo recurso. **3.** Na *linguagem comum,* pode ter a acepção de: a) ato ou efeito de estimular ou desafiar; b) insulto; c) desafio; d) exaltação; e) incitamento.

PROVOCAR. 1. *Direito processual civil.* a) Propor ação judicial; b) interpor recurso; recorrer. **2.** *Direito* *penal.* a) incitar ao crime; b) injuriar; c) ofender. **3.** Na *linguagem comum,* pode ter o significado de: a) assanhar; b) excitar; c) desafiar; d) reclamar; e) promover; f) empreender; g) tentar; h) estimular; i) irritar; j) facilitar; k) dar causa.

PROVOCATIO AD POPULUM. 1. *Locução latina.* Apelo ao povo. **2.** *Direito romano.* Recurso que consistia em convocar o povo para que, reunido em comício, decidisse assunto de grande significado social, como o banimento e a pena de morte.

PROVOCATIVO. *Vide* AGENTE PROVOCADOR.

PROVOCATÓRIO. *Vide* AGENTE PROVOCADOR.

PROVOST. *Termo inglês.* **1.** Superintendente. **2.** Reitor.

PROVOST COURTS. *Direito comparado.* Cortes marciais do direito norte-americano, que constituem meros órgãos auxiliares, de caráter administrativo, cujas decisões não são tidas como sentenças pelos tribunais, que, por isso, não conhecem dos recursos contra elas que, perante eles, forem apresentados (James K. Gaynor).

PROVVEDIMENTO. *Termo italiano.* **1.** Ato administrativo. **2.** Forma de atividade que constitua meio para a realização de serviço público (Alessi).

PROXENETA. *Direito penal.* **1.** Aquele que exerce atividade ligada ao proxenetismo. **2.** Intermediário entre a prostituta e o cliente para encontro libidinoso. **3.** Cafetão. **4.** Explorador do lenocínio. **5.** Rufião.

PROXENETISMO. *Direito penal.* **1.** Rufianismo. **2.** Prática do lenocínio, que consiste em manter local destinado a encontros lascivos, ou em viver à custa do ganho obtido por prostitutas. **3.** Atividade ou qualidade de proxeneta.

PROXENIA. *História do direito.* Na antiguidade grega era: a) o contrato de hospitalidade pública entre dois Estados; b) cargo de próxeno; c) conjunto de privilégios que se conferiam aos hóspedes públicos de um Estado.

PRÓXENO. *História do direito.* **1.** Título honorífico que, na Grécia Antiga, era concedido a estrangeiro ou a outro Estado, como reconhecimento aos serviços prestados. **2.** Magistrado ou cidadão grego que tinha a incumbência de receber, em nome do Estado, os hóspedes públicos, embaixadores ou estrangeiros considerados notáveis. **3.** Hóspede público, na antiguidade grega.

PROXIMIDADE. 1. Vizinhança; contigüidade. **2.** Iminência. **3.** Cercania; arredores.

PROXIMISMO. Filantropia.

PRÓXIMO. 1. Perto. **2.** Vizinho. **3.** Que não tarda a acontecer. **4.** Diz-se do período que deve seguir o atual. **5.** Qualquer homem.

PROXIMUS AGNATUS. *Direito romano.* Irmão que, em relação a outro, também se tornou *pater familias,* em razão do óbito do antepassado comum.

PROXY. *Direito virtual.* Conexão para restringir a possibilidade de acesso ilegal (Amaro Moraes e Silva Neto).

PROZON. *Direito ambiental.* Comitê Executivo Interministerial que estabelece diretrizes e coordena as ações relativas à proteção da camada de ozônio, com as atribuições de: 1) coordenar as ações relacionadas à implementação do Programa Brasileiro de Eliminação da Produção e do Consumo de Substâncias que Destroem a Camada de Ozônio (PBCO); 2) promover a atualização do PBCO, considerando o desenvolvimento científico e tecnológico, os aspectos econômicos e em consonância com o Protocolo de Montreal sobre Substâncias que Destroem a Camada de Ozônio; 3) propor políticas e diretrizes, orientar, harmonizar e coordenar as ações relativas à proteção da camada de ozônio; 4) coordenar a alocação de recursos necessários à implementação do PBCO; 5) coordenar a ação das Agências Implementadoras do Fundo Multilateral na execução do PBCO; 6) promover a divulgação do PBCO e a participação da sociedade na sua implementação.

PRSA. *Direito previdenciário.* Plano com Remuneração Garantida e Performance sem Atualização, para designar planos que, sempre estruturados na modalidade de contribuição variável, garantam aos participantes, durante o período de diferimento, remuneração por meio da contratação de taxa de juros e a reversão, parcial ou total, de resultados financeiros.

PRUÁ. *Direito agrário.* Algodão descaroçado.

PRUDÊNCIA. 1. *Filosofia geral.* a) Virtude que consiste na força de espírito e no conhecimento da verdade; b) sabedoria prática, que é a disposição de agir acompanhada de razão concernente às coisas boas ou más para o homem (Aristóteles); c) qualidade do caráter, consistente na reflexão e na previdência imprescindíveis para evitar perigos da vida (Lalande); d) habilidade na escolha dos meios de obter o maior bem-estar (Kant). **2.** Nas *linguagens comum* e *jurídica,* quer dizer: a) tino na direção da ação ou na execução de algo, para obtenção de bons resultados; b) cautela; precaução; c) exata compreensão para realizar algum empreendimento; d) atenção; e) moderação; f) seriedade.

PRUDENCIAL. 1. Sensato. **2.** Referente à prudência. **3.** Moderado.

PRUDÊNCIA OBJETIVA. *Filosofia do direito.* É o discernimento exigido ao Poder com competência normativa pelo conjunto das circunstâncias fático-axiológicas em que se acham situados os destinatários das normas jurídicas. Isto porque não podem os preceitos normativos advir de decisão arbitrária do Poder, pois do ponto de vista da norma em elaboração há uma pressão axiológica relacionada com uma situação fática concreta. Deveras, a norma jurídica corresponde às necessidades de ordem, de equilíbrio, de harmonia, de justiça, cujas raízes se fundam numa determinada realidade social, logo não pode ser criação arbitrária do Poder de que emana. O Poder deve pressupor sempre uma série de fatos e de valores, com base nos quais estabelece a norma de direito.

PRUDÊNCIA POLÍTICA. *Ciência política.* Virtude da qual se vale o governante para descobrir as normas que, ao serem projetadas sobre a realidade social, produzem efeitos satisfatórios e promulgá-las. Assim é porque as normas têm por fim dirigir a atividade humana; logo, a autoridade que as estabelece opera por via de valores ao decidir o que deve ser permitido ou não.

PRUDENCIAR. Proceder com prudência.

PRUDENTE. 1. Comedido. **2.** Cauteloso. **3.** Circunspecto. **4.** Aquele que age com prudência. **5.** Judicioso. **6.** Aquele que tem sabedoria prática e a sutileza em discernir o bem do mal. **7.** Aquele que exerce sua profissão com cautela e probidade. **8.** Aquele que não procura o perigo.

PRUDENTIS EST MUTARE CONSILIUM; STULTUS SICUT LUNA MUTATUR. *Expressão latina.* Mudar de parecer é próprio do sábio; o néscio, porém, muda como a lua.

PRUMADOR. *Direito marítimo.* Marinheiro encarregado de prumar.

PRUMAR. *Direito marítimo.* Lançar o prumo para sondagens.

PRUMO. 1. *Direito agrário.* Garfo de enxerto. **2.** Na *linguagem comum,* significa: a) esteio; b) prudência; cautela; c) perspicácia.

PRUMO DA BOMBA. *Direito marítimo.* Régua que serve para medir a altura da água no porão, ou a quantidade de água que o navio faz em cada hora.

PRUMO DE SONDA. *Direito marítimo.* Instrumento cônico de chumbo, em cujo vértice se fixa a sondareza.

PRURIDO. *Medicina legal.* **1.** Sensação que leva a pessoa a coçar-se. **2.** Comichão.

PRURIGEM. *Medicina legal.* Dermopatia ou moléstia de pele que se caracteriza pela presença de pápulas pouco salientes e por comichão.

PSAMOMA. *Medicina legal.* Tumor com concreções calcárias.

PSAMOSSARCOMA. *Medicina legal.* Sarcoma com areia.

PSÉCADE. *História do direito.* Escrava que, na antiguidade romana, tinha a função de aromatizar e pentear os cabelos de sua ama.

PSEFISMA. *História do direito.* Decreto da assembléia popular, que era equivalente ao plebiscito entre os romanos.

PSEFOFORIA. *História do direito.* Voto, na Grécia Antiga, em que se usavam pedrinhas brancas ou negras.

PSEFÓGRAFO. *Direito eleitoral.* Máquina para contar e registrar votos em assembléia eleitoral.

PSELISMO. *Medicina legal.* Designação genérica a qualquer defeito da fala.

PSEUDARTROSE. *Medicina legal.* Articulação acidental entre duas extremidades de uma fratura óssea não consolidada.

PSEUDENCEFALIA. *Medicina legal.* Ausência de encéfalo, que foi substituído por um tumor vascular.

PSEUDESTESIA. *Medicina legal.* Percepção ou sensação ilusória.

PSEUDO. Falso.

PSEUDO-ALUCINAÇÃO. *Medicina legal.* **1.** Falsa alucinação. **2.** Estado psíquico mórbido, que leva o paciente a julgar que ouve vozes interiores que o induzem à prática de violência ou ato censurável. Trata-se da alucinação psíquica.

PSEUDO-ANÔNIMO. O que é anônimo apenas aparentemente, pois se sabe qual é o nome da pessoa.

PSEUDOBATISMO. *Direito canônico.* Batismo que não tem validade por ter sido feito sem a observância das normas religiosas.

PSEUDOBLEPSIA. *Medicina legal.* Perversão do sentido da vista.

PSEUDOCÂNONE. *Filosofia geral.* Regra falsa; cânon errado.

PSEUDOCEFALIA. *Medicina legal.* Anormalidade que se caracteriza pela existência de uma caixa craniana oculta na parte superior do tórax.

PSEUDOCIÊNCIA. *Filosofia geral.* Falsa ciência.

PSEUDOCIENTÍFICO. *Filosofia geral.* Supostamente científico.

PSEUDOCIESE. *Medicina legal.* Gravidez falsa ou aparente.

PSEUDOCOGNITIVO. *Lógica jurídica.* Sentido que dá aparência de proposição ao sentimento nele expresso.

PSEUDOCONCEITO. *Filosofia geral.* Conceito ilusório, seja porque o termo que o designa contém na sua definição elementos incompatíveis, seja porque esta implica assunções inexatas (Lalande).

PSEUDOCONTÍNUO. *Medicina legal.* Estado febril intermitente e remitente, que tem aparência de febre contínua.

PSEUDODISCURSO DIRETO. *Retórica jurídica.* É o que leva ao conhecimento das intenções de alguém (Browning, Perelman e Olbrechts-Tyteca).

PSEUDO-ESTÉTICA. *Filosofia geral.* Beleza natural, enquanto percepção de um modelo-harmonia das formas e das funções de um ser vivo (Lalo).

PSEUDO-ETIMOLÓGICO. O que não é rigorosamente etimológico.

PSEUDO-EXIBICIONISMO. *Medicina legal.* Exibição pública de órgãos sexuais por idiota, imbecil, demente senil, que, por descuido ou inconsciência, não se abotoam, não havendo, por isso, exibicionismo.

PSEUDOFOBIA. *Medicina legal.* Medo mórbido de coisas que, apesar de não causarem dor, desgostam.

PSEUDOFÓBICO. *Medicina legal.* Referente à pseudofobia.

PSEUDÓFOBO. *Medicina legal.* Aquele que sofre de pseudofobia.

PSEUDOGEUSIA. *Medicina legal.* Percepção de gosto sem estímulo exterior.

PSEUDÓGINO. *Direito autoral.* O que assina com nome de mulher.

PSEUDOGRAFIA. 1. Falsificação de assinatura alheia. **2.** Habilidade de imitar a letra de outra pessoa.

PSEUDO-HERMAFRODITA. *Medicina legal.* Aquele que possui glândulas genitais de um sexo e órgãos sexuais externos de outro.

PSEUDO-HERMAFRODITA ANDROGINÓIDE. *Medicina legal.* Homem que tem aparência feminina, pela exigüidade do pênis, que simula clitóris, apresentando, ainda, testículos em posição ectópica.

PSEUDO-HERMAFRODITA GINANDRÓIDE. *Medicina legal.* Mulher que tem aspecto masculino, por apresentar desenvolvimento excessivo do clitóris, que chega a simular um pênis, e coalescência dos grandes lábios, que lembram a bolsa escrotal (Croce e Croce Jr.).

PSEUDO-HERMAFRODITA VERDADEIRO. *Medicina legal.* Aquele que tem dubiedade sexual, por mostrar caracteres sexuais externos próprios ao pseudo-hermafrodita masculino, que se mesclam com os do pseudo-hermafrodita feminino (Croce e Croce Jr.).

PSEUDO-HERMAFRODITISMO. *Medicina legal.* Anomalia nas glândulas genitais ou nos órgãos genitais externos, fazendo com que seus portadores exibam, no todo ou em parte, conformação semelhante à do sexo oposto ao das glândulas genitais de que são portadores (A. Almeida Jr. e João Baptista de O. e Costa Jr.).

PSEUDO-HISTÓRIA. Narração de fatos que, na verdade, não são históricos.

PSEUDO-IDÉIA. *Filosofia geral.* Idéia confusa ou inexistente, reduzida a uma palavra.

PSEUDOLÓGICO. *Lógica jurídica.* **1.** Que se afirma ser lógico; o que o é apenas aparentemente. **2.** Falsamente lógico.

PSEUDOMENINGITE. *Medicina legal.* Moléstia que, apesar de apresentar sinais de meningite, não é causada por inflamação das meninges.

PSEUDOMNÉSIA. *Medicina legal.* Perturbação da memória, que leva o paciente a lembrar-se de fatos que nunca ocorreram. Trata-se da ilusão da memória, consistente no falso reconhecimento do que não foi percebido, ou na crença da novidade do que já foi percebido (Jastrow).

PSEUDONIMATO. *Direito autoral.* Condição daquele que se apresenta na vida artística ou literária com nome diverso do que detém no registro civil.

PSEUDONÍMIA. *Direito autoral.* Qualidade de pseudônimo.

PSEUDONÍMICO. *Direito autoral.* O que se refere à pseudonímia.

PSEUDÔNIMO. *Direito autoral.* **1.** Nome literário ou artístico. **2.** Nome suposto ou falso, adotado por um autor em suas obras ou por um artista para ocultar sua verdadeira identidade ou seu nome civil.

PSEUDOPARALISIA. *Medicina legal.* Paresia dolorosa muito semelhante à infantil.

PSEUDOPIA. *Medicina legal.* Alucinação visual.

PSEUDÓPICO. *Medicina legal.* O que diz respeito à pseudopia.

PSEUDOPROBLEMA. *Filosofia geral.* **1.** Problema aparente, que deixa de ser quando analisados os pressupostos contidos nos seus pretensos dados (Lalande). **2.** Mito. **3.** Falso problema, que não espelha a realidade.

PSEUDO-RAINHA. *Direito agrário.* Abelha obreira que, em determinadas circunstâncias, passa a pôr ovos.

PSEUDO-REXIA. *Medicina legal.* Falso apetite.

PSEUDO-SARCOCELE. *Medicina legal.* Elefantíase própria de alguns povos asiáticos, principalmente árabes, que se caracteriza pelo espessamento edematoso do escroto.

PSEUDOSCOPIA. *Medicina legal.* **1.** Falsa construção de sensações visuais. **2.** Ilusão visual.

PSEUDOSMIA. *Medicina legal.* Alucinação olfativa.

PSEUDOSOFIA. *Filosofia geral.* **1.** Falsa sabedoria. **2.** Falsa ciência.

PSEUDOSÓFICO. *Filosofia geral.* Referente à pseudosofia.

PSEUDOSTENIA. *Medicina legal.* Perda aparente da sensibilidade, causada, por exemplo, pela hipnose.

PSEUDOSTEOSE. *Medicina legal.* Tumor que tem aparência óssea.

PSEUDOTITLÔNIMO. **1.** Falsa qualidade tomada por um autor. **2.** Título falso.

PSICALGIA. Dor moral.

PSICANALISAR. *Psicologia forense.* Submeter à psicanálise.

PSICANÁLISE. *Psicologia forense.* **1.** Método de psicologia clínica individual, criado por Freud, para tratamento de doentes mentais, e daqueles que têm perturbações neuróticas, e para prevenção de distúrbios psíquicos de natureza inconsciente. **2.** Análise da mente. **3.** Ciência do inconsciente; estudo dos fenômenos mentais inconscientes (A. Almeida Jr. e J. B. de O. e Costa Jr.).

PSICANALISMO. *Psicologia forense.* Teoria que, através da psicanálise, explica fenômenos psicológicos, sociais, culturais, históricos etc.

PSICANALISTA. *Psicologia forense.* **1.** Aquele psiquiatra especializado em terapêutica psicanalítica. **2.** Aquele que aplica técnicas e métodos de psicanálise.

PSICANALÍTICO. *Psicologia forense.* O que se refere à psicanálise.

PSICASTENIA. *Medicina legal.* **1.** Fraqueza intelectual. **2.** Tendência mórbida para dúvidas. **3.** Enfraquecimento de funções psíquicas. **4.** Neurose que se caracteriza por fobias e obsessões que afastam a pessoa da realidade, deixando-a em estado de temor infundado, provocando esgotamento nervoso. Pode ser causada por abalo moral, predisposição hereditária, repressão sexual, desarmonia no lar, doença crônica e disfunção endócrina (Paulo Matos Peixoto). **5.** Estado mental mórbido, que consiste num conjunto de obsessões, de dúvidas etc., caracterizando-se pela ausência de decisão, de atenção, de crença e pela incapacidade de experimentar um sentimento exato relativo à situação presente (Janet).

PSICASTÊNICO. *Medicina legal.* **1.** Aquele que sofre de psicastenia. **2.** Relativo à psicastenia.

PSICOANALÉPTICO. *Medicina legal.* Psicotrópico que estimula a atividade mental.

PSICOBIOLOGIA. *Psicologia forense.* Investigação de problemas psicológicos no campo da biologia.

PSICOCULTURAL. O que diz respeito à psicologia e à cultura de um povo.

PSICODÉLICA. **1.** *Medicina legal.* a) Diz-se da droga provocadora de alucinações; b) visão colorida que experimenta aquele que está sob o efeito dessa droga. **2.** Na *linguagem comum,* refere-se à roupa muito colorida e a bar ou restaurante etc. que apresente decoração que lembre alucinação provocada por droga alucinógena.

PSICODEMIA. *Medicina legal.* Psicose coletiva.

PSICODIAGNÓSTICO. *Psicologia forense.* **1.** Determinação clínica de tendência psicológica. **2.** Conhecimento de sintomas de ordem psíquica.

PSICODINÂMICA. *Psicologia forense.* Parte da Psicologia que se ocupa dos efeitos dinâmicos dos fenômenos psíquicos (Lehmann).

PSICODINÂMICO. *Psicologia forense.* Método que mede os processos psíquicos através dos seus efeitos dinâmicos (Aliotta e Claparède).

PSICODINAMISMO. 1. *Filosofia geral.* Teoria filosófica que reduz a uma só força todas as energias do universo. **2.** *Psicologia forense.* Caráter dinâmico dos fatos psíquicos.

PSICODISLÉPTICO. *Medicina legal.* Psicotrópico alucinógeno (LSD; maconha) ou euforizante (cocaína; ópio) que influi na capacidade de julgamento, deformando a percepção da realidade, por causar delírio, alucinação, onirismo, euforia e, até mesmo, lesões cerebrais.

PSICODRAMA. *Psicologia forense.* Improvisação dramática feita por um grupo de pacientes, para fins de terapêutica ou de diagnóstico.

PSICOESTATÍSTICA. Método que mede a proporção dos indivíduos que apresentam certo fenômeno psíquico (Lalande).

PSICOFARMACOLOGIA. *Medicina legal.* Análise dos efeitos de drogas e remédios no processo mental.

PSICOFÍSICA. *Psicologia forense.* Estudo da relação que existe entre fenômenos psíquicos e físicos, entre os fenômenos psicológicos e os do sistema nervoso, e entre a sensação e a excitação que a origina.

PSICOFÍSICO. Relativo à psicofísica.

PSICOFISIOLOGIA. *Psicologia forense.* Estudo das bases biológicas do comportamento e das relações entre os fenômenos psíquicos e as funções do sistema nervoso.

PSICOGALVANÔMETRO. *Psicologia forense.* Aparelho apropriado para medir as variações da corrente elétrica provocadas pela sudação das mãos do acusado, havendo qualquer coisa que o emocione ou que cause medo ou que indique sua mentira.

PSICOGÊNESE. *Psicologia forense.* Análise do desenvolvimento do espírito, tido como efeito de leis naturais.

PSICOGNOSE. *Medicina legal.* Conhecimento do estado de espírito do paciente.

PSICOGRAFIA. 1. *Psicologia forense.* Descrição dos fatos psíquicos da mente e de suas funções. **2.** Na *linguagem do espiritismo,* é a escrita de um espírito pela mão de um médium.

PSICOGRAMA. *Psicologia forense.* **1.** Rol das características psíquicas de um indivíduo. **2.** Gráfico que representa esses caracteres.

PSICOLEPSIA. *Medicina legal.* Estado de diminuição da tensão mental ou da depressão brusca.

PSICOLÉPTICO. *Medicina legal.* Psicotrópico redutor da atividade mental, minorando a angústia e a ansiedade, aliviando, portanto, a depressão e a tensão por ser um tranqüilizante.

PSICOLEXIA. Estudo qualitativo e descritivo dos fenômenos psicológicos (Claparède).

PSICOLOGIA. 1. Ciência que estuda os fenômenos e atividades mentais. **2.** Ciência do comportamento humano. **3.** Conjunto de processos mentais de uma pessoa, determinantes da conduta.

PSICOLOGIA APLICADA. *Psicologia forense.* Aplicação da psicologia, tendo por base a investigação biológica e os estudos sociais, com o escopo de solucionar problemas humanos.

PSICOLOGIA BIOLÓGICA. *Vide* PSICOLOGIA MODERNA.

PSICOLOGIA COLETIVA. *Vide* PSICOLOGIA SOCIAL.

PSICOLOGIA COMERCIAL. *Direito comercial* e *direito publicitário.* Técnica utilizada para orientação de propagandistas e vendedores na perfeita distribuição de produtos industriais e agrícolas.

PSICOLOGIA COMPARADA. Análise de fenômenos psicológicos em suas variações, conforme os caracteres das diversas raças humanas, e o estado de saúde mental do indivíduo.

PSICOLOGIA CRIMINAL. *Psicologia forense.* **1.** É o estudo das condições psíquicas do criminoso e do modo pelo qual nele se origina e se processa a ação delituosa (Aníbal Bruno). **2.** Ciência voltada ao estudo da personalidade do delinqüente.

PSICOLOGIA DA CONFISSÃO. *Psicologia forense.* Análise dos motivos que levam o agente a confessar, ou não, um crime, expondo-se voluntariamente à punição; da falsidade ou da veracidade da confissão feita por pessoa normal ou anormal; da eficácia não só dos soros da verdade, mas também do emprego da prova das associações verbais, do ritmo respiratório, da tensão arterial, do psicogalvanômetro e do polígrafo.

PSICOLOGIA DA CONSCIÊNCIA. *Psicologia forense.* Aquela que analisa, recorrendo à introspecção, os fatos da consciência.

PSICOLOGIA DO COMPORTAMENTO. *Psicologia forense.* Estudo das reações humanas.

PSICOLOGIA DO INCONSCIENTE. *Psicologia forense.* Trata-se da psicanálise que investiga a influência do subconsciente no comportamento humano.

PSICOLOGIA EMPÍRICA. *Psicologia forense.* Estudo e descrição dos fenômenos psicológicos, formulando suas leis.

PSICOLOGIA EXPERIMENTAL. *Psicologia forense.* É a voltada ao emprego de técnicas experimentais de laboratório, testes etc.

PSICOLOGIA FISIOLÓGICA. 1. *Psicologia forense.* Estudo das funções do sistema nervoso (Wundt). **2.** *Filosofia geral.* Doutrina filosófica que estuda os fenômenos psíquicos por meio dos princípios da fisiologia. *Vide* PSICOFISIOLOGIA.

PSICOLOGIA FORENSE. Ciência que coloca à disposição do jurista e do aplicador valiosos estudos sobre a natureza do comportamento humano, abordando problemas da psicologia normal e patológica que interessam à medicina legal, tais como os referentes: a) aos limites e aos modificadores da responsabilidade e da capacidade; b) às doenças mentais e suas aplicações forenses; c) à periculosidade; d) às paixões, de grande interesse nos crimes passionais; e) à sugestão e ao hipnotismo, que podem ter importância para a ciência do direito, devido ao seu papel na confissão, no testemunho, no reconhecimento de pessoas e coisas, na prática de fraudes (conto-do-violino; conto-da-santa-casa), de crimes ou mesmo de abusos de ordem sexual; f) à interpretação psicanalítica do crime; g) à delinqüência neurótica, isto é, movida pelo sentimento de culpa; h) à delinqüência essencial, provocada pelo sentimento de rejeição afetiva, também designado por sentimento de inferioridade, que pode originar a personalidade psicopática; i) à embriaguez alcoólica e ao seu diagnóstico no vivo e no cadáver, tendo em vista a questão da habilidade para conduzir veículos a motor, a perturbação psíquica que pode levar à prática do crime; j) à confissão de um crime; k) aos reveladores da mentira, usados para constranger testemunhas e acusados a dizer a verdade, como: os soros da verdade (bebida alcoólica, narcóticos, na narcoanálise); tortura inquisitiva; a prova das associações verbais; o reflexo psicogalvânico (redução da secreção de saliva e aumento de secreção de suor); a prova do ritmo respiratório; e a prova da tensão arterial; l) ao testemunho infantil, indicando como se pode aproveitá-lo; m) ao reconhecimento judiciário; n) à psicologia testamentária. A psicologia forense, ao estudar os fenômenos mentais ligados ao direito, e os princípios de onde procedem, proporcionando um conhecimento do homem, de suas faculdades e inclinações, vem facilitar o trabalho do jurista, do legislador, que dita normas sobre o comportamento humano, e do magistrado, que as aplica ao pronunciar-se sobre a conduta humana.

PSICOLOGIA INDIVIDUAL. *Psicologia forense.* Estudo das diferenças psíquicas que distinguem os indivíduos (Adler, Binet e Henri). Designa-se Etnologia, na concepção de Mill; Caracterologia, na opinião de Wundt e Bahnsen; e Etologia, como quer Stern.

PSICOLOGIA JUDICIÁRIA. *Psicologia forense.* É a que tem, baseada na psicologia experimental, por finalidade: a) averiguar a formação, conservação, reprodução e deformação do testemunho; b) estudar o depoimento de pessoas idosas, de menores, de psicopatas e daqueles que estão sob o efeito da emoção; c) apreciar a inquirição, a confissão, a acareação, a redução a termo, os tipos de testemunhas, o julgamento público (singular ou coletivo), a fadiga dos magistrados e dos jurados, e a perícia da credibilidade (Hélio Gomes).

PSICOLOGIA JURÍDICA. *Psicologia forense.* Psicologia aplicada ao melhor exercício do direito, não se limitando a solucionar apenas problemas voltados a assuntos processuais ou de direito penal, de criminologia, de regime penitenciário ou policial (Paulo Matos Peixoto).

PSICOLOGIA MODERNA. Também chamada de psicologia biológica, tem por objetivo investigar fenômenos psíquicos, o conjunto de fatos que, subjetivamente, formam a experiência interna, demonstrando as manifestações do funcionamento do organismo humano e as ações da pessoa no meio social (Emílio Mira y Lopez). Tem por fim pesquisar o resultado da atividade psíquica.

PSICOLOGIA MORAL. *Filosofia geral.* Parte da teologia moral que investiga as operações da vontade como manifestações da natureza humana.

PSICOLOGIA OBJETIVA. *Psicologia forense.* Método de observação de fenômenos psíquicos que se socorre da extrospecção.

PSICOLOGIA PATOLÓGICA. *Psicologia forense.* Também designada de psicopatologia por ser a ciência que estuda as funções psíquicas por meio das anomalias que elas apresentam nos alienados mentais, com o escopo de determinar, entre os fenômenos, relações ou leis elementares válidas tanto para o estado normal como para o mórbido (Jastrow, Claude Bernard e Dumas).

PSICOLOGIA RACIONAL. *Filosofia geral.* **1.** Parte da metafísica que se ocupa dos princípios e das causas dos fenômenos do pensamento humano (Laudelino Freire). **2.** Estudo dos fundamentos dos processos psíquicos, da natureza e essência da alma.

PSICOLOGIA SOCIAL. *Psicologia forense.* Análise dos aspectos sociológicos da vida mental.

PSICOLOGIA TESTAMENTÁRIA. *Psicologia forense.* Verificação do estado mental do agonizante para apuração de sua capacidade de testar.

PSICOLÓGICO. *Psicologia forense.* **1.** O que se refere à psicologia. **2.** Mental.

PSICOLOGISMO. *Filosofia geral.* **1.** Tendência para fazer com que o ponto de vista psicológico venha a predominar sobre os demais. **2.** Pretensão da psicologia em absorver a filosofia, servindo-lhe de fundamento (Couturat). **3.** Explicação psicológica do conhecimento lógico (Wundt). **4.** Doutrina que funda a filosofia e as ciências humanas nos conhecimentos da psicologia. **5.** Conjunto de concepções psicológicas.

PSICOLOGISTA. *Psicologia forense.* **1.** Técnico em psicologia aplicada. **2.** Especialista em psicologia.

PSICOLOGIZAR. *Psicologia forense.* **1.** Estudar a mente. **2.** Dedicar-se ao estudo da psicologia.

PSICÓLOGO. *Psicologia forense* e *direito do trabalho.* **1.** Psicologista. **2.** Versado em psicologia. **3.** Aquele que tem a função de: a) utilizar métodos e técnicas psicológicos para fins de diagnóstico psicológico, orientação e seleção profissional, orientação psicopedagógica ou solução de problema de ajustamento; b) dirigir serviços de psicologia em órgãos e estabelecimentos públicos e privados; c) dar aulas de psicologia nos vários níveis de ensino; d) supervisionar profissionais e alunos em trabalhos teórico-práticos de psicologia; e) assessorar tecnicamente órgãos e estabelecimentos públicos e particulares; e f) realizar perícias e emitir pareceres sobre matéria de ordem psicológica (Francisco de Paula Ferreira).

PSICOMETRIA. *Psicologia forense.* **1.** Registro e medida da atividade intelectual (Laudelino Freire). **2.** Conjunto de processos e métodos de medida empregados nos estudos de psicologia.

PSICOMONISMO. *Filosofia geral.* Doutrina negadora do dualismo entre corpo e alma.

PSICONEUROSE. *Medicina legal.* **1.** Transtorno funcional psicossomático que se dá em razão de desequilíbrio psíquico e alteração orgânica, como perturbação genital, circulatória, digestiva, urinária, respiratória etc. **2.** Inabilidade ou fracasso da pessoa para encontrar satisfação harmoniosa de suas necessidades específicas, em determinada situação; é uma discrepância entre a própria pessoa e o seu ambiente (Alexander).

PSICONEURÓTICO. *Medicina legal.* **1.** Aquele que apresenta psiconeurose. **2.** Referente à psiconeurose.

PSICOPATA. *Medicina legal.* Doente mental que pode apresentar dotes artísticos e intelectuais, apesar das falhas na parte afetiva e instintiva.

PSICOPATA ABÚLICO. *Psicologia forense.* Aquele que não resiste à solicitação do ambiente, agindo bem ou mal conforme a situação em que se encontra.

PSICOPATA SEXUAL. *Medicina legal.* Aquele que sofre impulso incontrolável para a prática de crimes sexuais.

PSICOPATIA. *Medicina legal.* **1.** Estado mental patológico que, apesar de não provocar distúrbios das funções intelectuais, pode levar seu portador a ter conduta anti-social, por influir na esfera volitiva, afetiva e instintiva. **2.** Estado fronteiriço entre a sanidade mental e a psicose, que se caracteriza por causar transtornos da afetividade, dos instintos, da vontade, do temperamento e do caráter (Croce e Croce Jr.).

PSICOPÁTICO. *Medicina legal.* O que diz respeito ao psicopata ou à psicopatia.

PSICOPATOLOGIA FORENSE. *Psicologia forense.* **1.** Estudo sobre moléstias mentais, que fundamenta a psiquiatria, que se utiliza de seus dados para fins terapêuticos. **2.** Análise do comportamento anormal, não psicótico, nas suas relações com as ciências jurídicas e sociais (Oswaldo Pataro e Bonnet).

PSICOPATOLÓGICO. *Psicologia forense.* O que se refere à psicopatologia.

PSICOPEDAGOGIA. Aplicação de conhecimentos psicológico-científicos às práticas educativas.

PSICOPEDOLOGIA. Psicologia infantil.

PSICOPENOLOGIA. *Psicologia forense.* Ciência do desenvolvimento da penologia, que aplica os princípios da biopsicologia com o intuito de recuperar o delinqüente e humanizar a pena (Breiner).

PSICORRAGIA. *Medicina legal.* Movimento convulsivo da agonia.

PSICOSE. *Medicina legal* e *psicologia forense.* **1.** Doença mental grave; alienação mental; loucura. **2.** Moléstia mental de evolução rápida, que aparece em predisposto e jamais em pessoa mentalmente sã, resultante de fatores prejudiciais exógenos e endógenos, acarretando delírio, alucinação, mudança de comportamento, alteração de ânimo, atitude regressiva, diminuição das necessidades elementares (Croce e Croce Jr.). **3.** Estado mental mórbido que, além de alterar a personalidade, acarreta incapacidade de autodeterminação e para a vida social, fazendo com que o paciente não possa elaborar juízos críticos nem distinguir o real do irreal e o verdadeiro do falso (Paulo Matos Peixoto). **4.** Inquietação mental extrema de um indivíduo ou de um grupo social, por exemplo, a psicose de guerra.

PSICOSE ALUCINATÓRIA CRÔNICA. *Psicologia forense.* Estado intelectual mórbido, que se caracteriza: a) pela presença de alucinações múltiplas, como, por exemplo, distúrbios psicossensoriais da audição; b) pelo aparecimento de delírios; c) por uma evolução para um estado psíquico próximo ao de debilidade intelectual e da apatia afetiva da demência precoce (Dumas).

PSICOSE CARCERÁRIA. *Psicologia forense.* Distúrbio mental conducente à depressão ou alucinação que pode sofrer aquele que está encarcerado em razão das condições precárias do estabelecimento penal.

PSICOSE COLETIVA. *Psicologia forense.* Estado psíquico-anormal, que pode atingir um grupo de pessoas que experimentam os efeitos de fenômenos graves, geradores de pânico, ódio, misticismo (Othon Sidou).

PSICOSE ENDÓGENA. *Psicologia forense.* Aquele estado mental mórbido, causado por disposição congênita ou hereditária, como: psicose maniaco-depressiva, epilepsia essencial, paranóia, esquizofrenia etc.

PSICOSE ENDOTÓXICA. *Medicina legal.* Distúrbio mental produzido por uma auto-intoxicação do organismo.

PSICOSE EXÓGENA. *Psicologia forense.* Estado psíquico mórbido oriundo de fatos supervenientes, como abalo emocional, intoxicação, alteração cerebral etc., que geram demência senil, psicoses pós-traumáticas ou decorrentes de tumores cranianos etc. (Paulo Matos Peixoto).

PSICOSE EXOTÓXICA. *Medicina legal.* É o distúrbio mental provocado por tóxicos, como cocaína, morfina, álcool, gás de carvão, mercúrio, chumbo (Hélio Gomes), pois a sua absorção atua no sistema nervoso central.

PSICOSE MANÍACO–DEPRESSIVA. *Medicina legal.* **1.** Psicopatia em que à excitação se sucede a depressão, com intervalos de lucidez (Marcus Cláudio Acquaviva). **2.** Doença mental grave, também designada loucura cíclica, por apresentar ciclos alternados de mania e de depressão, fazendo, por exemplo, com que seu portador tenha planos ambiciosos e explosões de raiva, exija agressivamente atenção, expressando seus desejos sem cessar, apresente erotismo acentuado, alcoolismo, toxicomania, excesso de amor-próprio, irritabilidade, tendência suicida, insônia, perda de peso etc.

PSICOSE PUERPERAL. *Medicina legal.* Distúrbio mental que pode se manifestar após o parto, no período que vai da dequitação (descolamento e expulsão da placenta) à volta do organismo materno às condições pré-gravídicas (Briquet), levando a mulher ao infanticídio, matando seu próprio filho.

PSICÓSICO. *Medicina legal* e *psicologia forense.* **1.** Que diz respeito à psicose. **2.** Aquele que sofre de psicose.

PSICOSSOCIAL. *Psicologia forense.* *Vide* PSICOSSOCIOLÓGICO.

PSICOSSOCIOLOGIA. *Psicologia forense.* Análise científica da influência da sociedade nas funções psíquicas.

PSICOSSOCIOLÓGICO. *Psicologia forense.* Referente à psicossociologia.

PSICOSSOMÁTICA. *Medicina legal.* Estudo das inter-relações entre processos mentais emocionais e somáticos, e dos modos pelos quais os conflitos de ordem emocional influenciam a sintomatologia somática.

PSICOSSOMÁTICA ESPACIAL. *Direito espacial.* Estudo analítico-científico do organismo do ser humano, submetido, efetiva ou simuladamente, às condições caracterizadoras do espaço cósmico e das viagens nele efetuadas.

PSICOSSOMÁTICO. *Medicina legal.* O que se refere às manifestações orgânicas ou somáticas de origem psíquica.

PSICOTÉCNICA. *Psicologia forense.* Ciência atinente à aplicação de dados da psicologia aos problemas humanos.

PSICOTÉCNICO. *Psicologia forense.* **1.** Relativo à psicotécnica. **2.** Versado em psicotécnica.

PSICOTERAPEUTA. *Psicologia forense.* Aquele que aplica ou estuda psicoterapia.

PSICOTERAPIA. *Medicina legal* e *psicologia forense.* Técnica apropriada para tratar de doenças mentais, mediante emprego de métodos psicológicos, de psicanálise, de atividades lúdicas, de persuasão, de sugestão etc.

PSICÓTICO. *Medicina legal.* Louco.

PSICOTRÓPICO. *Medicina legal.* Medicamento ou droga que, atuando como estimulante ou calmante, provoca dependência psíquica por alterar a atividade mental. Se o psicotrópico for: a) psicoanaléptico, causa excitação mental; b) psicoléptico, deprime a ação da mente; e c) psicodisléptico, perturba psiquicamente.

PSICROESTESIA. *Medicina legal.* Sensação de frio.

PSICROFOBIA. *Medicina legal.* Pavor mórbido do frio.

PSICRÓFOBO. *Medicina legal.* Aquele que sofre de psicrofobia.

PSICROTERAPIA. *Medicina legal.* Emprego de aplicações de gelo para combater a febre.

PSILAGIA. *História do direito.* Corpo de tropas ligeiras que era constituído por 256 soldados gregos.

PSÍLAGO. *História do direito.* Na antigüidade grega, era o chefe de uma psilagia.

PSILETAS. *História do direito.* Milícia adjunta à falange macedônica, usada outrora para o serviço da segurança em marcha, guarda do campo e combate em ordem dispersa.

PSILITO. *História do direito.* Soldado grego armado à ligeira.

PSILOSE. *Medicina legal.* Queda de pêlos ou de cabelos.

PSIQUE. *Psicologia forense.* **1.** Mente. **2.** Manifestação dos centros nervosos. **3.** Complexo de processos psíquicos conscientes e inconscientes.

PSIQUE OBJETIVA. *Psicologia forense.* Termo utilizado por Jung, que tem mais de uma acepção, sendo comum a que indica que certos componentes da psique não são apenas de natureza pessoal ou subjetiva, mas dizem respeito a toda a humanidade. Nesse sentido, Jung equipara a psique objetiva ao inconsciente coletivo (Lídia Reis de Almeida Prado).

PSIQUIATRA. *Medicina legal* e *psicologia forense.* Médico especialista em psiquiatria.

PSIQUIATRIA. *Medicina legal* e *psicologia forense.* Ciência que estuda moléstias e anormalidades mentais, cuidando de sua prevenção, diagnóstico e tratamento.

PSIQUIATRIA CRIMINAL. *Medicina legal.* Aplicação da psiquiatria ao estudo da personalidade anormal do indivíduo que veio a cometer delitos, dos fenômenos psicopatológicos alusivos ao problema da criminalidade, dos relativos às condições de periculosidade etc. Tem por objetivo: a) informar sobre a sanidade psíquica do criminoso, seu desenvolvimento mental retardado ou tolhido, sua periculosidade, seu estado de embriaguez, sua simulação de loucura; b) indicar as medidas de segurança que devem ser aplicadas a ele; e c) prestar assistência àquele que estiver com grave doença mental ou louco (Hélio Gomes).

PSIQUIATRIA FORENSE. *Medicina legal.* Aplicação da psiquiatria clínica ao campo judiciário, estudando a personalidade anormal psicótica do agente, e enquadrando-o nos dispositivos legais disciplinadores de sua situação jurídica. Assim, no âmbito do direito civil, aponta quais são os que não possuem discernimento ou os que o têm reduzido; no direito administrativo, examina a sanidade mental dos candidatos ao funcionalismo público e opina sobre licença ou aposentadoria de servidor público portador de desordem mental; no de direito social, esclarece sobre psicose decorrente de acidente do trabalho, estuda a assistência social ao alienado e o reeduca profissionalmente, havendo cura com defeito; no do direito processual, analisa o depoimento de psicopata, de idoso, de histérico; no direito penal, informa sobre a sanidade psíquica ou periculosidade do acusado etc. (José Lopes Zarzuela).

PSIQUIÁTRICO. *Medicina legal.* Referente à psiquiatria.

PSÍQUICO. **1.** *Filosofia geral.* Relativo à espiritualidade humana. **2.** *Medicina legal* e *psicologia forense.* a) Mental; b) o que diz respeito às faculdades

PSI 994 PSIQUISMO

morais ou intelectuais e aos fenômenos do comportamento e do espírito ou pensamento.

PSIQUISMO. 1. *Filosofia geral.* a) Doutrina que considera a alma como um fluido especial; b) conjunto de fenômenos espirituais; c) espiritualismo. **2.** *Medicina legal.* Psique.

PSITACISMO. 1. *Filosofia geral.* Método aquisitivo de conhecimentos, que se dá pela fixação na memória, sem intervenção da inteligência. **2.** *Lógica jurídica.* Raciocínio ou juízo que se faz de palavras, sem levar em consideração o sentido das idéias que elas representam (Dugas).

PSITACOSE. *Medicina legal.* Doença infecciosa de aves, periquitos e papagaios, causada por vírus, que se transmite ao homem, por inalação, atingindo seus pulmões, provocando dores de cabeça, calafrio, febre, dor nas costas e tosse seca.

PSORELCOSE. *Medicina legal.* Úlcera provocada pela sarna.

PSORELITRIA. *Medicina legal.* Estado granuloso da vagina, que se apresenta em caso de blenorragia.

PSORENTERIA. *Medicina legal.* Erupção na mucosa intestinal, comum naquele que sofre de cólera-morbo.

PSORÍASE. *Medicina legal.* Dermatose não infecciosa, que afeta jovens na idade de quinze anos, caracterizada pela formação de escamas grossas, secas e branco-prateadas.

PTERÍGIO. *Vide* MANCHA DA FENDA PALPEBRAL.

PTERIGOMA. *Medicina legal.* Tumefação crônica dos pequenos lábios da vulva, que impede a prática do ato sexual.

PTIALISMO. *Medicina legal.* Excessiva salivação.

PTILOMANIA. *Medicina legal.* Hábito mórbido de coçar a cabeça, que provoca queda dos cabelos.

PTILOSE. *Medicina legal.* Queda dos cílios.

PTOCOTRÓFIO. *História do direito.* Local destinado a alimentar pobres.

PTOMAÍNA. *Medicina legal.* Veneno ou tóxico oriundo da putrefação cadavérica.

PTOMOFAGIA. *Medicina legal.* Gosto mórbido de comer cadáver ou carne podre.

PTOMÓFAGO. *Medicina legal.* Aquele que sofre de ptomofagia.

PUBA. *Direito agrário.* **1.** Terreno úmido, coberto de capim. **2.** No Norte, diz-se do boi gordo de corte.

PUBEIRO. *Direito agrário.* Gado que pasta em terreno úmido, coberto de capim.

PUBENTE. *Vide* PÚBERE.

PUBERDADE. *Direito civil* e *medicina legal.* **1.** Qualidade de púbere. **2.** Idade de dezesseis anos para a mulher e para o homem, em que a lei permite as núpcias ante o fato de tornar a pessoa apta para a procriação. **3.** Adolescência. **4.** Maturidade sexual que, na mulher, se caracteriza pela menstruação, e, no homem, pela presença de espermatozóides maduros no líquido espermático.

PÚBERE. *Direito civil* e *medicina legal.* Estado ou qualidade daquele que atingiu a puberdade, tornando-se adulto.

PUBERTÁRIO. *Direito civil* e *medicina legal.* O que é próprio da puberdade ou relativo a ela.

PUBESCER. *Direito civil* e *medicina legal.* Chegar à puberdade.

PÚBIS. *Medicina legal.* Eminência triangular do abdômen, que cobre o osso anterior da pelve, que, ao começar a puberdade, apresenta pêlos.

PÚBLICA. 1. Na *linguagem escolar,* diz-se da sessão de colação de grau. **2.** *Direito administrativo.* O que pertence à coletividade, por ser do interesse de todos.

PUBLICAÇÃO. 1. *Direito autoral.* a) Obra literária, científica ou artística publicada pela imprensa; b) livro; folheto; boletim; c) escrito inserido em jornal a título de propaganda ou notícia; d) jornal; revista ou periódico; e) é o oferecimento de obra literária, artística ou científica ao conhecimento do público, com o consentimento do autor, ou de qualquer outro titular de direito de autor, por qualquer forma ou processo. **2.** *Direito administrativo.* Afixação de editais em local público; anúncio ou texto de lei inserido em órgão de imprensa oficial. **3.** Na *linguagem jurídica,* pode ter o sentido de: a) ato de tornar conhecida uma lei; b) ato de levar um fato ao conhecimento de todos, divulgando-o para torná-lo público e notório; c) divulgação escrita ou oral. **4.** *Direito processual.* Ato pelo qual o magistrado comunica às partes o teor da sentença prolatada, que decide o litígio.

PUBLICAÇÃO ANTECIPADA. Procedimento que tem por objetivo informar a todas as administrações sobre qualquer sistema de satélite planejado e suas características principais.

PUBLICAÇÃO AVULSA. *Direito autoral.* Aquela que não é periódica, como: livro, monografia, tese etc.

PUBLICAÇÃO CIENTÍFICA. *Direito autoral.* Revista, livro, periódico que seja atinente a temas científicos, com o escopo de atualizar o conhecimento (Pourchet Campos).

PUBLICAÇÃO DA LEI. *Direito constitucional.* Fase do processo legislativo que consiste na inserção do texto da lei nova no órgão de imprensa oficial, visando torná-la pública, possibilitando seu conhecimento pela comunidade e pelos destinatários. A publicação da novel lei no *Diário Oficial da União*, por comunicar sua existência a quem se dirige, é condição da sua eficácia.

PUBLICAÇÃO DA SENTENÇA. *Direito processual.* Ato que, ao levar o conteúdo de sentença ao conhecimento das partes, lhe dá existência jurídica, sendo imprescindível para que possa produzir seus efeitos jurídicos. Publicada a sentença o juiz poderá alterá-la: a) para lhe corrigir, de ofício ou a requerimento da parte, inexatidões materiais, ou lhe retificar erros de cálculo; b) por meio de embargos de declaração.

PUBLICAÇÃO DO ATO ADMINISTRATIVO. *Direito administrativo.* Divulgação pelo poder público do ato administrativo, tornando-o conhecido de todos, por meio de comunicação credenciada, ou seja, de *Diário Oficial*. Os efeitos do ato administrativo não decorrem dessa publicação, mas dos elementos exigidos por lei para sua eficácia (José Cretella Jr.).

PUBLICAÇÃO DO TRATADO. *Direito internacional público.* Ato de publicar no *Diário Oficial da União* tratado que prescinde do assentimento parlamentar e de intervenção confirmatória do chefe de Estado, para que ele passe a fazer parte integrante do ordenamento jurídico nacional, habilitando-se ao cumprimento por particulares e governantes, e à garantia de vigência pelo Judiciário (Rezek).

PUBLICAÇÃO PERIÓDICA. *Direito autoral.* Diz-se das obras que aparecem a intervalos fixos por tempo indeterminado, sendo, por isso, numeradas sucessivamente, constituindo volumes que se referem ao período de um ano civil. E, quando tal publicação tiver periodicidade maior que a anual, é subdividida em fascículos que, ao cabo de um ano, constituem um volume (Pourchet Campos).

PUBLICADOR. *Direito autoral.* Que faz uma publicação.

PÚBLICA-FORMA. *Direito registral.* Cópia autêntica de um documento extraída e reconhecida por tabelião, para substituir o original. Com a moderna técnica do xerox autenticado, a pública-forma tenderá a desaparecer.

PUBLICANO. *História do direito.* Na Roma Antiga, era o cobrador de tributos ou rendimentos públicos. Era aquele que antecipadamente os recolhia ao erário e depois os cobrava dos devedores a título de reembolso, executando-os, ainda, em caso de mora, por meio da ação da lei *pignoris capio*, para apreender seus bens.

PUBLICAR. 1. Editar obra. **2.** Levar algo ao conhecimento do público. **3.** Tornar público e notório. **4.** Divulgar. **5.** Afirmar publicamente.

PUBLICÁVEL. Aquilo que pode ser publicado.

PUBLIC DEFENDER. *Locução inglesa.* Defensor público.

PUBLICIDADE. 1. *Direito comercial* e *direito do consumidor.* a) Qualquer forma de divulgação de mensagens, por meio de anúncio, para influenciar o consumidor a adquirir produtos ou a usar serviços; b) atividade empresarial pela qual se procura fazer com que o consumidor tenha interesse pela aquisição ou pelo uso de certos produtos ou serviços anunciados por meio de mensagens escritas ou orais, utilizando-se, ainda, de *marketing* ou de *teaser*; c) forma de comunicação que envolve problemas de concorrência desleal e de defesa do consumidor; d) diz-se da agência especializada na arte e técnica publicitárias; e) técnica para vender produto ou serviço; dar imagem favorável a uma empresa ou marca. **2.** *Direito autoral.* Contrato feito com o escopo de obter não só criações publicitárias (*jingles*, *outdoors*, filmes, *filmlets*, *slides*, *slogans*, cartazes), que assumem feições de obra literária, artística e científica, embora destinadas a apontar produtos ou serviços ao público consumidor, como também autorização específica para seu aproveitamento econômico, ressalvando ao seu criador os direitos autorais. Para tanto, nesse contrato devem ser inseridas cláusulas protetoras dos direitos autorais, para regerem relações entre o anunciante e a agência, a agência e o criador, a agência e a produtora de fonogramas ou de filmes, estipulando a verba publicitária e fixando-a proporcionalmente em função do custo da campanha, sem olvidar o respeito ao direito à imagem. **3.** *Economia política.* Meio de comunicação de massa que visa obter fins econômicos. **4.** *Direito processual civil.* Princípio que constitui corolário da oralidade e requer que o ato processual se realize a portas abertas, e que seja permitido o livre acesso de qualquer pessoa aos cartórios dos juízos e secretarias dos tribunais para consultar autos ou obter certidões ou cópias das peças processuais. Os atos processuais são públicos, correndo em segredo de justiça apenas aqueles em que o exigir o interesse público e os que disserem respeito a casamento, filiação, separação, alimentos e guarda de menores. **5.** *Direito registrário.* Efeito constitutivo conferido pelo Estado por meio de seu órgão competente, não só das mutações da propriedade imobiliária e da instituição de ônus reais sobre bem de raiz, tornando-as conhecidas de todos para garantir a segurança das operações realizadas com o imóvel, como também de todas as operações realizadas pelos oficiais de Registro Público. **6.** Na *linguagem jurídica,* pode, ainda, ter o sentido de: a) qualidade do que é público; b) divulgação de informações sobre pessoas, idéias ou instituições pelo uso de veículos normais de comunicação; c) ato de divulgar um fato para que se torne notório e público; d) ato de tornar algo de conhecimento geral; e) na presença de todos.

PUBLICIDADE ABUSIVA. *Direito do consumidor.* É a que constitui um atentado aos valores básicos da comunidade. Publicidade discriminatória, de qualquer natureza, que: incita à violência, explora o medo ou a superstição, se aproveita da deficiência de julgamento e experiência da criança, explorando sua inocência, desrespeita valores ambientais, ou que é capaz de induzir o consumidor a se comportar de forma prejudicial ou perigosa à sua saúde ou segurança.

PUBLICIDADE CLANDESTINA. *Direito comercial* e *direito do consumidor.* Tipo de modalidade enganosa que, por não ser o anúncio do produto ou do serviço ostensivo, aparecendo em contexto de programas dos veículos de comunicação, pode induzir o consumidor em erro (Lampreia). Designa-se também publicidade indireta ou oculta.

PUBLICIDADE COMERCIAL. *Direito comercial* e *direito do consumidor.* Ato ou processo que visa despertar o interesse do consumidor para o produto ou serviço divulgado por meio de anúncios, prospectos, cartazes, boletins etc.

PUBLICIDADE COMPARATIVA. *Direito do consumidor* e *direito comparado.* **1.** Ato consistente em divulgar produto ou serviço aludindo ao do concorrente, para esclarecer o consumidor, desde que não o induza em erro e haja respeito aos princípios da concorrência leal. **2.** Publicidade de conteúdo objetivo, feita com base em comparações e confrontações de dados, sem afastar-se da veracidade e desde que não seja abusiva nem conflitante com as normas de propriedade industrial (Nelson Nery Jr.). **3.** É a mensagem que mostra aos consumidores o interesse que há na escolha de tal produto ou serviço, de preferência a outro de concorrente (Jean Calais-Auloy), ressaltando seus caracteres relativamente aos similares de outras marcas (Rocha e Christensen).

PUBLICIDADE COOPERADA. *Direito do consumidor.* Aquela em que um grupo de fornecedores promove, conjuntamente, produtos similares de diferentes marcas. Trata-se do *pool* (Rocha e Christensen).

PUBLICIDADE DA AUDIÊNCIA. *Direito processual.* Princípio pelo qual a audiência deve ser pública, realizando-se de portas abertas, salvo nos casos previstos em lei.

PUBLICIDADE DA HIPOTECA. *Direito civil.* Resulta da hipoteca no Registro Imobiliário, do assento e da especialização, tornando-a existente e eficaz, dando conhecimento a todos de quais os imóveis do devedor que estão onerados, e da existência de uma hipoteca sobre eles, para garantir terceiros. Trata-se de princípio que tem por escopo completar a evolução do direito hipotecário no que tange à segurança do comércio imobiliário e à situação dos terceiros (De Page e Dekkers).

PUBLICIDADE DE PRODUTO. *Direito do consumidor.* É a que focaliza o produto ligando-o, ou não, a uma marca (Rocha e Christensen).

PUBLICIDADE DESLEAL. *Direito penal.* Crime de concorrência desleal consistente em publicar falsa afirmação, prejudicando o concorrente, para conseguir alguma vantagem indevida.

PUBLICIDADE DISSIMULADA. *Direito comercial.* É aquela vedada legalmente por estar disfarçada no conjunto editorial em que os anúncios apresentam o mesmo tipo gráfico, sem os fios isoladores e a tarja de informe publicitário, para se fazerem passar por reportagens, aproveitando-se da credibilidade da imprensa (Lampreia).

PUBLICIDADE DO ATO ADMINISTRATIVO. *Direito administrativo.* Divulgação do ato administrativo apenas no âmbito da repartição pública, ou ao grande público, mediante sua publicação em órgão da imprensa oficial (José Cretella Jr.).

PUBLICIDADE DO CASAMENTO. *Direito civil.* Ato de celebrar casamento de portas abertas, sob pena de o ato nupcial sofrer impugnações ou de ser considerado clandestino. Pois só assim é que se poderá permitir o livre ingresso, no local, de qualquer pessoa interessada em opor algum impedimento e afastar os riscos de intimidação ou falseamento da vontade (Beudant, Caio M. da S. Pereira e W. de Barros Monteiro).

PUBLICIDADE DOS REGISTROS. *Direito registrário.* Efeito constitutivo dos atos registrários para que todos possam ter conhecimento do que neles se contém, e para que tenham eficácia *erga omnes.*

PUBLICIDADE ENGANOSA. *Direito do consumidor.* Qualquer modalidade de informação publicitária, inteira ou parcialmente falsa, ou, por qualquer outro modo, capaz de induzir em erro o consumidor a respeito da natureza, caracteres, qualidade, quantidade, propriedades, origem, preço e quaisquer outros dados sobre produtos e serviços. Tal prática está legalmente proibida.

PUBLICIDADE ENGANOSA POR OMISSÃO. *Direito do consumidor.* Divulgação que deixa de informar dado essencial sobre o produto ou serviço veiculado, induzindo o consumidor a adquirir a mercadoria ou a contratar o serviço anunciado, com possível gravame seu.

PUBLICIDADE GOVERNAMENTAL. *Direito administrativo* e *direito constitucional.* Aquela que, feita pelo governo ou por empresas estatais, tem por fim não só criar, reforçar ou modificar a imagem do governo, dentro e fora do país (Y. B. Pinho), mas também divulgar, por qualquer meio de comunicação de massa, atos, programas, obras, serviços e campanhas dos órgãos públicos. Essa publicidade deve ter caráter educativo, informativo ou de orientação social, dela não podendo constar nomes, símbolos ou imagens que caracterizem promoção pessoal de autoridades ou servidores públicos. Designa-se, também, publicidade oficial.

PUBLICIDADE INDIRETA. *Vide* PUBLICIDADE CLANDESTINA.

PUBLICIDADE INJUSTA. *Direito do consumidor.* Anúncio publicitário que pode trazer algum dano à pessoa ou à sociedade se, por exemplo, colocado em local onde se realiza algum evento esportivo, para que seja transmitido pela televisão, e por utilizar-se de erotismo ou cenas de sexo fora dos padrões éticos, sendo, por isso, abusiva. Identificada está tal publicidade quando houver transferência de valores de um grupo para a sociedade, fazendo com que o consumidor, impossibilitado de alcançar a realidade mostrada, passe a comprar para atingir o referencial preconizado pelo anúncio (Gino Giacomini Filho).

PUBLICIDADE INSTITUCIONAL. *Direito do consumidor.* Atividade exercida pelas empresas privadas para difusão de suas marcas. É a que divulga a marca e não o produto (Rocha e Christensen).

PUBLICIDADE INSTITUCIONAL GOVERNAMENTAL. *Vide* PUBLICIDADE GOVERNAMENTAL.

PUBLICIDADE OCULTA. *Vide* PUBLICIDADE CLANDESTINA.

PUBLICIDADE OFICIAL. *Vide* PUBLICIDADE GOVERNAMENTAL.

PUBLICIDADE PERIGOSA. *Direito do consumidor.* Espécie de publicidade abusiva que induz o consumidor a se comportar de modo prejudicial à sua saúde e segurança (Ester Evangelista da Costa).

PUBLICIDADE POR TESTEMUNHO. *Direito do consumidor.* Aquele que usa pessoa influente ou famosa para opinar sobre as qualidades de um produto (Nelson Nery Jr.).

PUBLICIDADE SIMULADA. *Direito do consumidor.* Aquela vedada pelo Código de Defesa do Consumidor, por disfarçar o caráter publicitário do anúncio, fazendo com que o seu destinatário não venha a perceber a promoção nele contida (Fábio Ulhoa Coelho).

PUBLICIDADE SINGULAR. *Direito do consumidor.* Mensagem publicitária que conecta o produto a uma só marca (Rocha e Christensen).

PUBLICIDADE SUBLIMINAR. *Direito do consumidor.* Técnica de propaganda baseada na transmissão, a uma velocidade de 1/3.000 de segundo, de mensagens, que são captadas pelo subconsciente, fazendo, se repetida várias vezes, com que a pessoa passe a agir conforme o que ficou registrado em seu cérebro (Rabaça). É, por isso, vedada.

PUBLICIDADE SUPERLATIVA. *Direito do consumidor.* É a que se opera mediante emprego de superlati-

PUB 998 PUBLICIDADE VERDADEIRA

vos ou hipérboles. Por exemplo, preços inigualáveis; produtos sem concorrência no mercado (Santini).

PUBLICIDADE VERDADEIRA. *Direito do consumidor.* É não só a que se preocupa em mostrar as utilidades práticas ou diferenças concretas entre os produtos ou serviços, sem simplesmente motivar o consumidor a comprar, como também a buscada, efetivamente, pelos órgãos de controle da publicidade, ao vedar condutas nefastas (Ester Evangelista da Costa).

PUBLICISMO. *Direito do trabalho.* Profissão de publicista.

PUBLICISTA. *Direito autoral.* **1.** Aquele que escreve obras sobre ciência política ou direito público. **2.** Jornalista.

PUBLICÍSTICA. *Direito autoral.* **1.** Conjunto de autores versados em ciência política e em direito público. **2.** Imprensa jornalística.

PUBLICÍSTICO. *Direito administrativo.* O que qualifica aquilo que se relaciona com o poder estatal, interesse público ou da coletividade.

PUBLICITÁRIO. 1. *Direito do trabalho.* a) Técnico de publicidade ou de propaganda, que pode, por exemplo, ser: planificador, contato, redator, pesquisador de publicidade etc.; b) aquele que trabalha em agência de propaganda ou em empresa que produza propaganda; c) aquele que exerce função de natureza técnica da especialidade em agência de propaganda, nos veículos de divulgação ou em qualquer empresa voltada à produção de propaganda. **2.** Nas *linguagens comum* e *jurídica,* é tudo aquilo que diz respeito à publicidade.

PUBLICITY. *Termo inglês.* Técnica de promoção de eventos, produtos ou serviços, em torno da publicidade (Fábio Ulhoa Coelho).

PUBLICIZAÇÃO DO DIREITO. *Direito administrativo* e *teoria geral do direito.* Interferência estatal no âmbito do direito privado.

PUBLICIZAR. *Direito administrativo.* Interferir, o Estado, na esfera jusprivatística.

PÚBLICO. 1. *Teoria geral do direito.* Diz-se do direito que apresenta normas que regem as relações em que o sujeito é o Estado, tutelando os interesses gerais e visando o fim social, quer perante os seus membros, quer perante os outros Estados. **2.** *Sociologia geral.* Agrupamento amorfo, elementar e espontâneo, que se empenha para chegar a uma decisão uniforme ao discutir

problemas de interesse comum. **3.** Na *linguagem jurídica* em geral, designa: a) povo; massa popular; b) o que é comum do povo; c) o que serve para uso de todos; d) relativo ao povo; e) auditório; grupo de pessoas reunidas para assistir a uma cerimônia, espetáculo ou comício; f) divulgado; g) notório ou conhecido de todos; h) poder ou interesse do Estado; i) o que se refere ao governo em suas relações com os administrados.

PUBLÍCOLA. *Ciência política.* **1.** Democrata. **2.** Aquele que lisonjeia o povo. **3.** Defensor dos interesses populares.

PUBLIC–PULSE. *Locução inglesa.* Opinião pública.

PUBLICUM BONUM PRIVATO EST PRAEFERENDUM. *Aforismo jurídico.* O bem público deve ter preferência sobre o do particular.

PUBLISHER. *Direito comparado.* Aquele que, nos EUA, efetua a publicação da obra editada pelo editor, que preparou seus originais, reproduzindo-a, distribuindo-a e colocando-a ao alcance do grande público (Ploman e Hamilton).

PUDENDAGRA. *Medicina legal.* Dor nas partes genitais externas.

PUDENDÁGRICO. *Medicina legal.* Que diz respeito à pudendagra.

PUDENDO. *Direito penal* e *medicina legal.* **1.** O que ofende ao pudor. **2.** Relativo aos órgãos genitais externos.

PUDENTE. Que tem pudor.

PUDICÍCIA. 1. Pudor. **2.** Qualidade de pudico. **3.** Castidade.

PUDICO. 1. Que tem pudor. **2.** Casto. **3.** Recatado.

PUDLADOR. *Direito do trabalho.* Operário que transforma ferro fundido em forjável.

PUDLAR. *Direito empresarial.* Transformar ferro fundido em ferro forjável.

PUDOR. *Direito penal.* **1.** Sentimento de vergonha. **2.** Decência. **3.** Recato. **4.** Instinto humano desenvolvido pelo costume, preservado pela lei e manifestado pelo sentimento de encobrir as partes pudendas do corpo, não praticar certos atos e não proferir palavras que despertem a idéia desses atos e daquelas partes, em certas circunstâncias (Othon Sidou). **5.** Sentimento de timidez provocado pelo que possa ferir a decência, a honra, a honestidade ou modéstia (José Lopes Zarzuela). **6.** Seriedade.

PUDORE ET LIBERALITATE LIBEROS RETINERE SATIUS ESSE DUCO, QUAM METU. *Expressão latina.* É preferível reter os filhos pela bondade e sentimentos de honra do que pelo medo.

PUDOROSO. 1. Em que há pudor. **2.** Relativo ao pudor.

PUDOR PÚBLICO. *Direito penal.* **1.** Modo de entender predominante numa sociedade, sobre o comportamento sexual, fixado em lei, cuja infração pode dar origem à aplicação de uma pena, por ofender a moral e os bons costumes. **2.** Decoro público. **3.** Sentimento coletivo a respeito da decência, fundado na moral e nos bons costumes.

PUERÍCIA. *Medicina legal.* **1.** Idade pueril. **2.** Período da vida humana compreendida entre a infância e a adolescência, iniciando-se aos sete anos e terminando por volta dos treze e quatorze anos.

PUERICULTOR. *Direito do trabalho.* Aquele que se dedica à puericultura.

PUERICULTURA. 1. Educação voltada às crianças. **2.** Conjunto de meios médico-sociais adequados ao desenvolvimento infantil.

PUERIL. 1. Infantil. **2.** Relativo às crianças ou à sua idade. **3.** Fútil.

PUERILIDADE. 1. Qualidade de pueril. **2.** Infantilidade. **3.** Futilidade.

PUERILISMO. *Medicina legal.* **1.** Infantilismo. **2.** Reaparecimento na idade adulta de caracteres físicos ou psíquicos próprios da puerícia.

PUÉRPERA. *Medicina legal.* Parturiente.

PUERPERAL. *Medicina legal.* Referente a parto.

PUERPERALIDADE. *Medicina legal.* Estado puerperal.

PUERPÉRIO. *Medicina legal.* **1.** Período que vai do parto até a volta ao estado normal dos órgãos genitais da parturiente. **2.** Dor que acompanha o período do parto. **3.** Parto. **4.** Recém-nascido.

PUFE. Anúncio impudente.

PUFFING. *Direito do consumidor.* Publicidade exagerada, contendo anúncio jocoso ou subjetivo. Por exemplo: a que afirma ser um produto o melhor que existe no mercado (Nelson Nery Jr.).

PUFISMO. Arte de propaganda impudente.

PUGILATO. *História do direito.* **1.** Combate às punhadas. **2.** Ato de lutar com os punhos.

PUGILISMO. *Direito desportivo.* Boxe.

PUGILISTA. *Direito desportivo.* Aquele que luta seguindo as regras do pugilismo.

PUGILÔMETRO. *Direito desportivo.* Dinamômetro avaliador do impulso dado pela força de um murro.

PUGIO PLUMBEUS. *Locução latina.* Argumento frágil.

PUGNA. 1. Discussão; polêmica. **2.** Combate; luta.

PUGNACIDADE. Belicosidade.

PUGNADOR. Aquele que, numa luta, defende ou ataca.

PUGNAR. 1. Combater; lutar. **2.** Sustentar. **3.** Defender.

PUGNAZ. Belicoso.

PUÍDO. Desgastado pelo uso prolongado.

PUISSANCE PUBLIQUE. *Locução francesa.* **1.** Potestade pública. **2.** Conjunto de prerrogativas da Administração Pública para que faça com que haja predomínio do interesse geral (Rivero).

PUJANÇA. 1. Robustez. **2.** Grandeza. **3.** Exuberância.

PUJANTE. 1. Poderoso. **2.** Que tem superioridade. **3.** Exuberante. **4.** Magnificente.

PUL. *História do direito.* Moeda de cobre que era usada na Pérsia.

PULE. *Direito civil.* Bilhete de aposta em corrida de cavalos.

PULGUEIRO. 1. Local para pernoite ou estada que esteja em más condições.

PULICÁRIA. *Medicina legal.* Erupção cutânea que dá a impressão de que a pele foi picada por pulgas.

PULL BACK. *Locução inglesa* e *direito comercial.* Movimento de correção de preços que sucede a uma onda de impulso de alta, no curto prazo (Luiz Fernando Rudge).

PULLMAN. *Termo inglês.* **1.** Vagão dotado de conforto especial, próprio para longas viagens em estrada de ferro. **2.** Tipo de poltrona muito confortável usada em trens, ônibus e aviões.

PULMOTUBERCULOSE. *Medicina legal.* Tuberculose dos pulmões.

PULOROSE. *Direito agrário.* Doença contagiosa de aves e galinhas, provocada pela bactéria *Salmonella pullorum*, que causa a morte dos pintos.

PÚLPITO. *Direito canônico.* Tribuna onde o sacerdote prega aos fiéis.

PULSAÇÃO. *Medicina legal.* **1.** Movimento de contração e dilatação do coração e das artérias. **2.** Latejo do pulso ou do coração.

PULSÃO. *Psicologia forense.* Instinto que compele o ser humano a agir.

PULVERÍMETRO. *Direito ambiental.* Aparelho que avalia a quantidade de poeira existente em certo volume de ar.

PULVERIZAR RISCO. *Direito civil.* Distribuir as responsabilidades do risco assumido pela companhia de seguros, através do co-seguro e do resseguro (Luiz Fernando Rudge).

PUNÇÃO. *Medicina legal.* Introdução de agulha ou bisturi numa cavidade para retirar líquido para fins terapêuticos ou de diagnóstico.

PUNÇÃO DA MEMBRANA DO OVO. *Medicina legal* e *direito penal.* Técnica abortiva que produz a morte do ser concebido, mediante emprego pelo aborteiro ou pela própria gestante de objetos longos e pontiagudos, como pinças, agulhas de *tricot*, fios de arame, hastes de madeira.

PUNCTAÇÃO. *Direito civil.* Minuta ou documento escrito que contém alguns pontos constitutivos do conteúdo do contrato (cláusulas ou condições), sobre os quais já chegaram a um acordo, para que sirva de modelo ao contrato que depois realizarão, mesmo que nem todos os detalhes tenham sido acertados. Não há, ainda, qualquer vínculo jurídico entre as partes. Somente quando se obtiver o completo acordo sobre todos os pontos essenciais da relação contratual é que surgirá o contrato; portanto, acordos parciais que forem, eventualmente, estabelecidos carecem de valor e obrigatoriedade, embora possa surgir, excepcionalmente, havendo dano, a responsabilidade civil para os que deles participam, não no campo da culpa contratual, mas no da aquiliana.

PUNCTICULAR. *Medicina legal.* Diz-se da febre que causa manchas lenticulares, em pontículos.

PUNCTÓRIA. *Medicina legal.* Lesão corporal ou ferida provocada por instrumento perfurante, como prego, agulha, florete, sovela.

PUNCTUM PRURIENS. *Locução latina.* Ponto controvertido.

PUNCTUM SALIENS. *Locução latina.* Ponto principal.

PUNDONOR. **1.** Decoro. **2.** Brio. **3.** Denodo.

PUNDONORAR. Considerar-se ofendido no pundonor.

PUNGA. **1.** *Direito agrário.* Diz-se do cavalo ruim. **2.** *Direito penal.* a) Ato de retirar com habilidade do bolso ou bolsa de alguém dinheiro ou objetos sem que ele venha a perceber; b) produto do furto cometido pelo punguista; c) furto mediante destreza.

PUNGENTE. **1.** Ofensivo. **2.** Doloroso. **3.** Aflitivo.

PUNGUEAR. *Direito penal.* **1.** Furtar mediante destreza carteira, relógio etc., em via pública, veículos, em locais de ajuntamento de pessoas sem que a vítima perceba. **2.** Praticar punga.

PUNGUISMO. *Direito penal.* **1.** Ato de punguista. **2.** Conjunto de punguistas.

PUNGUISTA. *Direito penal.* **1.** Aquele que, ao empregar a habilidade das mãos, furta carteira ou valores, sem que a vítima se dê conta. **2.** Batedor de carteira.

PUNHAL. *Medicina legal.* Arma branca que causa ferida incisa.

PUNHO. **1.** *Direito civil.* Mão. **2.** *Direito marítimo.* Cada um dos cantos da vela do navio. **3.** Na *linguagem comum,* tem o sentido de: a) pulso; b) mão fechada; c) parte de uma arma branca por onde se empunha.

PUNHO DE VELA. *Direito marítimo.* Cada ângulo da vela onde se prende a escota, a adriça, a amura e outros cabos.

PUNIBILIDADE. *Direito penal.* **1.** Qualidade de punível. **2.** Possibilidade de o Estado fazer uso do *jus puniendi* para reprimir ações delituosas.

PUNIBILIDADE EM MATÉRIA TRIBUTÁRIA. *Direito tributário.* Previsão legal de sanção tanto para o ilícito tributário em lei administrativa fiscal como para o crime fiscal, em normas de direito penal.

PUNICA FIDES. *Locução latina.* Má-fé; falta de lealdade.

PUNIÇÃO. **1.** Ação e efeito de punir o infrator da norma. **2.** Sanção imposta pelo poder competente em caso de violação de norma jurídica. **3.** Condenação.

PUNIDOR. **1.** Aquele que tem o poder de punir, impondo sanção prevista em lei. **2.** Autoridade que impõe pena.

PUNIR. **1.** Aplicar a sanção. **2.** Castigar. **3.** Reprimir.

PUNIRI NEMO DEBET SI NULLAM ADMISIT CULPAM. *Expressão latina.* Ninguém deve ser punido sem culpa.

PUNITIVO. 1. Que serve de punição. **2.** Que pune. **3.** O que envolve castigo.

PUNÍVEL. 1. Digno de punição. **2.** Aquele que merece pena ou castigo. **3.** Diz-se do ato passível de pena.

PUPILADO. *Direito civil.* Aquele que está em estado de pupilagem.

PUPILAGEM. *Direito civil.* **1.** Educação de pupilo. **2.** Período em que um menor fica sob tutela, em razão de óbito, ausência dos pais ou perda de poder familiar.

PUPILAR. *Direito civil.* **1.** Tornar pupilo. **2.** Pôr-se na dependência de um tutor. **3.** Relativo a pupilo.

PUPILARIDADE. *Direito civil.* Tempo de duração da pupilagem.

PUPILO. *Direito civil.* **1.** Menor órfão que está sob tutela. **2.** Tutelado.

PUREZA. 1. Qualidade de puro. **2.** Estado do que não está sujo. **3.** Qualidade do que não é corrupto. **4.** Inocência. **5.** Castidade; virgindade.

PURGA. *Direito civil.* Meio extintivo da obrigação, mediante implemento da prestação devida.

PURGAÇÃO. 1. Na *linguagem comum,* designa: a) purificação; b) evacuação provocada por medicamento apropriado para constipação intestinal; c) gonorréia. **2.** *Direito civil.* a) Emenda de uma obrigação, com o escopo de extingui-la; b) correção da falta contratual cometida.

PURGAÇÃO CANÔNICA. *História do direito.* Ato pelo qual o acusado se justificava perante juiz eclesiástico, segundo a forma prevista nos cânones.

PURGAÇÃO DA MORA. *Direito civil.* Ato espontâneo do contratante moroso, que tem por fim remediar a situação a que deu causa, evitando os efeitos dela decorrentes e reconduzindo a obrigação à normalidade.

PURGAR. 1. Eliminar. **2.** Corrigir falta contratual cometida. **3.** Purificar. **4.** Livrar do que é prejudicial. **5.** Expiar culpa.

PURGATIO MORAE. *Locução latina.* Purgação da mora.

PURIDADE. 1. Na *linguagem comum,* significa: qualidade de puro. **2.** *História do direito.* a) Segredo; b) particular; c) intimidade; d) confidência.

PURIFORME. *Medicina legal.* O que tem aparência de pus.

PURISMO. *Retórica jurídica.* Observância rigorosa da pureza da língua.

PURITANISMO. 1. Austeridade de princípios. **2.** *História do direito.* Movimento de reforma religiosa que surgiu na era de Isabel I da Inglaterra para purificar a Igreja Anglicana de todos os resíduos de papismo (Bonazzi, Eusden e Hill).

PURITANO. 1. Íntegro. **2.** Austero. **3.** Sectário do puritanismo.

PURO. 1. *Direito civil.* Diz-se do negócio jurídico que não contém condição ou restrição. **2.** *Filosofia geral.* a) O conhecimento que não contém em si nada de estranho (Lalande); b) aquilo que independe da experiência (Kant); c) aquilo a que nada de diferente se acrescenta a título de complemento ou corretivo (Descartes); d) o que não contém nada em si que o corrompa ou macule (Lalande); e) incontestável; f) verdadeiro. **3.** Na *linguagem jurídica* em geral, pode ter o sentido de: a) que não sofreu alteração; b) casto; c) exclusivo; d) simples; e) exato. **4.** *Direito ambiental.* a) Limpo; b) não contaminado; c) o que não está poluído.

PURO-SANGUE. *Direito agrário.* Diz-se do animal de raça fina, sem cruzamento de outra.

PURO-SANGUE DE ORIGEM. *Direito agrário.* Animal de raça não cruzado com outro também puro.

PURO-SANGUE POR CRUZA. *Direito agrário.* Animal de raça, cruzado com outro puro-sangue, mas de raça diversa.

PURPOSE. *Termo inglês.* **1.** Intenção. **2.** Propósito. **3.** Resultado. **4.** Projeto.

PURPRESTURE. *Termo inglês.* Uso indevido de bem público.

PÚRPURA. 1. *História do direito.* Dignidade dos cônsules romanos e de outros magistrados ou soberanos. **2.** *Direito canônico.* Dignidade cardinalícia.

PURPURADO. *Direito canônico.* Aquele que foi elevado à dignidade de cardeal.

PÚRPURA HEMORRÁGICA. *Medicina legal.* **1.** Afecção caracterizada pelo aparecimento de plaquetas vermelhas formadas por extravasamento de sangue na espessura da pele, aparentando equimoses. **2.** Moléstia que apresenta hemorragia mucosa e visceral.

PURPURAR. *Direito canônico.* Elevar à dignidade cardinalícia.

PÚRPURA REUMÁTICA. *Medicina legal.* Erupção cutânea na extensão dos membros, formando equimoses, sendo, geralmente, precedidas de lesões urticarianas, provocando freqüentes dores articulares e distúrbios renais e gastrintestinais. Tal moléstia é causada por alergia alimentar e infecção bacteriana, principalmente estreptocócica.

PÚRPURA ROMANA. *Direito canônico.* Dignidade de cardeal.

PÚRPURA TROMBOCITOPÊNICA IDIOPÁTICA. *Medicina legal.* Afecção hemorrágica, aguda ou crônica, caracterizada por equimoses na pele e sangramentos de mucosas e de tecidos (Werlhof).

PURULÊNCIA. *Medicina legal.* Afluência de pus.

PURULENTO. *Medicina legal.* O que segrega pus.

PURUPURU. *Medicina legal.* **1.** Dermatose caracterizada por manchas brancas. **2.** Afecção parasitária do cabelo.

PUS. *Medicina legal.* Líquido mais ou menos espesso cremoso que resulta de inflamações.

PUSEÍSMO. *História do direito.* Movimento que procurava aproximar do catolicismo o anglicanismo.

PUSEÍSTA. *História do direito.* Partidário do puseísmo.

PUSILÂNIME. Covarde.

PUSILANIMIDADE. **1.** Covardia. **2.** Fraqueza de ânimo.

PÚSTULA. *Medicina legal.* Pequeno tumor cutâneo que termina com a supuração.

PUT. *Direito comercial.* Operação em que o titular tem o direito de vender ao lançador ações ou mercadorias a um preço previamente estipulado e com data preestabelecida.

PUTA. Em *linguagem popular,* é a mulher devassa, não sendo necessário que exerça o comércio de relações sexuais.

PUT AND CALL. *Locução inglesa.* Opção de compra e venda.

PUTATIVO. *Direito civil.* **1.** O que tem aparência de legal. **2.** O que se supõe verdadeiro, embora, na verdade, não o seja. **3.** Diz-se do credor, seja ele cessionário, legatário ou herdeiro que, sem o ser, aos olhos de todos, aparenta sê-lo, apesar de estar na posse do título, que, contudo, é suscetível de anulação. **4.** Diz-se do casamento que, embora nulo ou anulável, produz alguns efeitos civis válidos.

PUT OPTION. *Locução inglesa.* Venda de ações a preço futuro.

PUTREDÍNEO. *Medicina legal.* Em que há putrefação.

PUTREDINOSIDADE. *Medicina legal.* Estado de putredinoso.

PUTREFAÇÃO. *Medicina legal.* **1.** Ato ou efeito de putrefazer. **2.** Decomposição do cadáver, provocada pela ação de micróbios anaeróbios e aeróbios.

PUTREFACIENTE. *Medicina legal.* **1.** Que causa putrefação. **2.** Putrefativo.

PUTREFATIVO. *Vide* PUTREFACIENTE.

PUTREFATO. *Medicina legal.* **1.** Podre. **2.** O que apodreceu. **3.** O que está em putrefação.

PUTREFATOR. *Medicina legal.* Que putrefaz.

PUTREFATÓRIO. *Vide* PUTREFACIENTE.

PUTREFAZER. *Medicina legal.* **1.** Fazer entrar em putrefação. **2.** Apodrecer.

PUTRESCÊNCIA. *Medicina legal.* Estado de putrescente.

PUTRESCENTE. *Medicina legal.* Que está apodrecendo.

PUTRESCIBILIDADE. *Medicina legal.* Qualidade de putrescível.

PUTRESCÍVEL. *Medicina legal.* Suscetível de apodrecer.

PÚTRIDO. *Medicina legal.* **1.** Que apresenta os fenômenos da putrefação. **2.** Podre.

PUTRIFICÁVEL. *Medicina legal.* O que pode apodrecer.

PUTRÍGENO. *Medicina legal.* Que causa putrefação.

PUTRILAGEM. **1.** Corrupção. **2.** Podridão.

PUTSCH. *Termo alemão.* Golpe ou tentativa de golpe para tomar o poder; golpe de Estado.

PUXAÇÃO. *Direito agrário.* Atividade madeireira consistente na tração ou condução da árvore derrubada até o lugar próprio para ser transportada ao depósito ou serraria (Bernardino José de Souza e Fernando Pereira Sodero).

PUXADA. **1.** *Direito desportivo.* a) Esforço numa competição; b) ação vigorosa no movimento de nadar ou remar, quando a mão ou pá se apóiam no corpo d'água formado. **2.** *Direito agrário.* Ação de levantar a rede na pescaria. **3.** Na *linguagem comum,* pode ter o sentido de: a) viagem forçada e longa; b) carta jogada por um parceiro, ao

PUXA-FRICTOR

principiar a mão; c) construção que prolonga o corpo central da casa. **4.** Na *linguagem popular,* significa: a) bajulação; b) ação de puxa-saco.

PUXA-FRICTOR. *Direito militar.* Peça do aparelho que comunica fogo ao canhão.

PUXA-SACO. Na linguagem popular, quer dizer: **1.** Bajulador. **2.** Adulador. **3.** Aquele que faz elogio servil.

PUXA-SAQUISMO. Na *linguagem popular*: 1. Ação de puxa-saco. 2. Caráter de puxa-saco.

PUXA-VISTA. Aquele que conduz cartazes pelas vias públicas, chamando a atenção do povo ao que está anunciado.

PUXETA. *Direito desportivo.* Maneira com que o jogador de futebol toca na bola, fazendo com que esta passe por cima de sua cabeça e caia atrás de si.

PUZZLE. *Termo inglês.* Problema cuja solução requer trabalho de paciência.

PZD. *Vide PARTIAL ZONA DRILLING.*

RR DONNELLEY

IMPRESSÃO E ACABAMENTO
Av Tucunaré 299 - Tamboré
Cep. 06460.020 - Barueri - SP - Brasil
Tel.: (55-11) 2148 3500 (55-21) 2286 8644
Fax: (55-11) 2148 3701 (55-21) 2286 8844

IMPRESSO EM SISTEMA CTP